作者简介

喻海松，1980年生，湖南新邵人。法学学士（2003年，西北政法学院）、法学硕士（2005年，中国人民大学法学院）、法学博士（2008年，中国人民大学法学院）。曾在德国马普外国刑法暨国际刑法研究所研修。现从事刑事司法工作，兼任中国刑法学研究会常务理事、副秘书长。获第十届"全国杰出青年法学家"提名奖。独著《刑法的扩张》（人民法院出版社2015年版）、《文物犯罪理论与实务》（法律出版社2016年版）、《环境资源犯罪实务精释》（法律出版社2017年版）、《网络犯罪二十讲》（法律出版社2018年第1版、2022年第2版）、《刑事诉讼法修改与司法适用疑难解析》（北京大学出版社2021年版）；编著《侵犯公民个人信息罪司法解释理解与适用》（中国法制出版社2018年版）、《实务刑法评注》（北京大学出版社2022年版）；发表论文近八十篇。

实务刑事法评注

喻海松 编著

实务刑事诉讼法评注
StPO Praxiskommentar

北京大学出版社
PEKING UNIVERSITY PRESS

目 录

引　言　程序整体的理念倡导与刑事诉讼的问题解决 ………………… 1

第一编　总则（第1～108条）

第一章　任务和基本原则 ……………………………………………… 5

第一条　【立法宗旨】 ……………………………………………………… 5
第二条　【刑事诉讼法的任务】 …………………………………………… 5
第三条　【职权原则】【严格遵守法定程序原则】 ……………………… 11
第四条　【国家安全机关的职权】 ……………………………………… 12
相关规范集成·反间谍调查处置措施 ………………………………… 14
第五条　【依法独立行使审判权、检察权】 …………………………… 16
相关规范集成·请示案件与上下级司法机关关系 …………………… 24
第六条　【依靠群众原则】【以事实为根据，以法律为准绳原则】
　　　　【法律面前人人平等原则】 …………………………………… 32
第七条　【分工负责、互相配合、互相制约原则】 …………………… 33
第八条　【人民检察院的法律监督职责】 ……………………………… 34
第九条　【使用本民族语言文字的权利】 ……………………………… 52
第十条　【两审终审制】 ………………………………………………… 53
第十一条　【公开审判制度与辩护原则】 ……………………………… 54
第十二条　【未经法院判决不得确定有罪原则】 ……………………… 55
第十三条　【人民陪审制度】 …………………………………………… 56
第十四条　【诉讼权利的保障与救济】 ………………………………… 63
第十五条　【认罪认罚从宽制度】 ……………………………………… 64
第十六条　【不追究刑事责任的法定情形】 …………………………… 86
第十七条　【外国人犯罪适用本法规定】 ……………………………… 99
第十八条　【刑事司法协助】 …………………………………………… 113
相关规范集成·涉港澳台司法协助 …………………………………… 127

第二章 管 辖 ··· 140
第十九条 【职能管辖分工】 ··· 140
相关规范集成·公安机关内部的管辖分工 ···························· 157
第二十条 【基层法院管辖】 ··· 175
第二十一条 【中级法院管辖】 ·· 175
第二十二条 【高级法院管辖】 ·· 175
第二十三条 【最高法院管辖】 ·· 175
相关规范集成·最高人民法院巡回法庭的管辖 ······················· 184
相关规范集成·新疆维吾尔自治区生产建设兵团人民法院和人民检察院的管辖 ·· 186
第二十四条 【人民法院级别管辖的变更】 ··························· 189
第二十五条 【地域管辖】 ··· 195
第二十六条 【地域管辖冲突的解决】 ································· 220
第二十七条 【指定管辖】 ··· 222
第二十八条 【专门管辖】 ··· 225

第三章 回 避 ··· 227
第二十九条 【回避的法定情形】 ·· 227
第三十条 【办案人员违反禁止行为的回避】 ······················· 239
第三十一条 【决定回避的程序】 ·· 241
第三十二条 【回避制度的准用规定】 ·································· 245

第四章 辩护与代理 ··· 248
第三十三条 【辩护人的范围】 ·· 248
第三十四条 【委托辩护的时间、辩护告知】 ······················· 268
第三十五条 【法律援助机构指派律师辩护】 ······················· 272
第三十六条 【值班律师】 ·· 272
相关规范集成·刑事辩护全覆盖 ·· 297
第三十七条 【辩护人的职责】 ·· 310
第三十八条 【侦查期间的辩护】 ··· 311
第三十九条 【辩护人会见、通信】 ····································· 313
第四十条 【辩护人查阅、摘抄、复制案卷材料】 ··············· 322
第四十一条 【辩护人向办案机关申请调取证据】 ··············· 328

第四十二条【辩护人向办案机关告知证据】…… 329
第四十三条【辩护律师收集材料、辩护律师申请取证及证人出庭】…… 331
第四十四条【辩护人行为禁止、追究辩护人刑事责任的特别规定】…… 334
第四十五条【被告人拒绝辩护】…… 337
第四十六条【诉讼代理人】…… 339
第四十七条【委托诉讼代理人】…… 339
第四十八条【辩护律师执业保密及例外】…… 341
第四十九条【妨碍辩护人、诉讼代理人行使诉讼权利的救济】…… 342

第五章 证据 …… 350

第五十条【证据的含义及法定种类】…… 350
第五十一条【举证责任】…… 356
第五十二条【依法收集证据】【不得强迫任何人自证其罪】…… 357
第五十三条【办案机关法律文书的证据要求】…… 363
第五十四条【向单位和个人收集、调取证据】【行政证据的使用】【证据保密】【伪造、隐匿、毁灭证据的责任】…… 363
相关规范集成·涉外证据的收集提取与审查判断 …… 374
第五十五条【证明标准】…… 378
相关规范集成·证据分类收集提取与审查判断 …… 384
第五十六条【非法证据排除】…… 447
第五十七条【检察机关对非法收集证据的法律监督】…… 448
第五十八条【对证据收集的合法性的法庭调查】【非法证据排除申请】…… 448
第五十九条【对证据收集的合法性的证明】…… 448
第六十条【庭审排除非法证据】…… 448
第六十一条【证人证言的质证与查实】【有意作伪证或者隐匿罪证的责任】…… 467
第六十二条【证人的范围和作证义务】…… 468
第六十三条【证人及其近亲属的安全保障】…… 468
第六十四条【作证保护】…… 469
第六十五条【证人作证补助与保障】…… 485

第六章　强制措施 ··· 487

- 第六十六条　【拘传、取保候审、监视居住】 ··············· 508
- 第六十七条　【取保候审的法定情形和执行机关】 ··········· 510
- 第六十八条　【取保候审的方式】 ························· 522
- 第六十九条　【保证人的法定条件】 ······················· 525
- 第七十条　【保证人的法定义务】 ························· 526
- 第七十一条　【取保候审的执行规范】 ····················· 530
- 第七十二条　【保证金数额的确定与执行】 ················· 538
- 第七十三条　【保证金的退还】 ··························· 540
- 第七十四条　【取保候审的适用条件和执行机关】 ··········· 542
- 第七十五条　【监视居住的执行场所与被监视居住人的权利保障】 ··· 545
- 第七十六条　【指定居所监视居住折抵刑期】 ··············· 551
- 第七十七条　【监视居住的执行规范】 ····················· 552
- 第七十八条　【对监视居住人的监督】 ····················· 554
- 第七十九条　【取保候审、监视居住的期限和解除】 ········· 555
- 第八十条　【逮捕的批准、决定权和执行权】 ··············· 560
- 第八十一条　【逮捕的条件】 ····························· 561
- 第八十二条　【刑事拘留的对象和条件】 ··················· 588
- 第八十三条　【异地拘留、逮捕】 ························· 590
- 第八十四条　【扭送】 ··································· 596
- 第八十五条　【拘留程序】 ······························· 597
- 相关规范集成·盘问 ····································· 601
- 第八十六条　【对被拘留的人应当及时讯问】 ··············· 609
- 第八十七条　【提请批准逮捕的程序】 ····················· 611
- 第八十八条　【审查批准逮捕的程序】 ····················· 613
- 相关规范集成·提前介入 ································· 619
- 第八十九条　【审查批准逮捕的决定权限】 ················· 623
- 第九十条　【审查批准逮捕的决定和执行】 ················· 625
- 第九十一条　【批准逮捕的期限和对不批捕决定的执行】 ····· 632
- 第九十二条　【对不批捕决定的复议、复核】 ··············· 632
- 第九十三条　【逮捕执行程序】 ··························· 634
- 第九十四条　【对被逮捕的人应当及时讯问】 ··············· 637
- 第九十五条　【羁押必要性审查】 ························· 638

- 第九十六条 【撤销或者变更强制措施】 …… 656
- 第九十七条 【申请变更强制措施】 …… 658
- 第九十八条 【羁押期满未能结案的处理】 …… 660
- 第九十九条 【强制措施期满的处理】 …… 664
- 第一百条 【检察机关对侦查活动的监督】 …… 666
- 相关规范集成·换押 …… 668
- 相关规范集成·武器、械具的使用 …… 672
- 相关规范集成·留置 …… 676

第七章 附带民事诉讼 …… 680

- 第一百零一条 【附带民事诉讼的提起】 …… 680
- 第一百零二条 【附带民事诉讼中的保全措施】 …… 687
- 第一百零三条 【附带民事诉讼的调解和裁判】 …… 689
- 第一百零四条 【附带民事诉讼一并审判及例外】 …… 702
- 相关规范集成·司法救助 …… 702
- 相关规范集成·刑事附带民事公益诉讼 …… 716

第八章 期间、送达 …… 736

- 第一百零五条 【期间的计算】 …… 736
- 第一百零六条 【期间的耽误及补救】 …… 737
- 第一百零七条 【送达】 …… 738

第九章 其他规定 …… 743

- 第一百零八条 【本法用语解释】 …… 743

第二编 立案、侦查和提起公诉（第109～182条）

第一章 立 案 …… 794

- 第一百零九条 【立案侦查机关】 …… 794
- 第一百一十条 【报案、举报、控告及自首的处理】 …… 827
- 第一百一十一条 【报案、控告、举报的形式、程序及保障】 …… 832
- 第一百一十二条 【对报案、控告、举报和自首的审查】 …… 834
- 第一百一十三条 【立案监督】 …… 844
- 第一百一十四条 【自诉案件的起诉与受理】 …… 856

相关规范集成·监察调查立案 ·· 857

第二章 侦　查

第一节　一般规定
第一百一十五条　【侦查】 ·· 862
第一百一十六条　【预审】 ·· 864
第一百一十七条　【对违法侦查的申诉、控告与处理】 ·············· 865
相关规范集成·监察调查 ·· 873

第二节　讯问犯罪嫌疑人
第一百一十八条　【讯问的主体与地点】 ····························· 881
第一百一十九条　【传唤、拘传讯问的地点、持续时间及权利保障】 ··· 883
第一百二十条　【讯问程序】 ··· 886
第一百二十一条　【对聋、哑犯罪嫌疑人讯问的要求】 ············· 889
第一百二十二条　【讯问笔录】 ·· 889
第一百二十三条　【讯问过程录音录像】 ····························· 891
相关规范集成·监察谈话与讯问 ·· 898

第三节　询问证人
第一百二十四条　【询问证人的地点、方式】 ······················· 901
第一百二十五条　【询问证人的告知事项】 ·························· 902
第一百二十六条　【询问证人笔录】 ···································· 902
第一百二十七条　【询问被害人的法律适用】 ······················· 902
相关规范集成·监察询问 ·· 904

第四节　勘验、检查
第一百二十八条　【勘验、检查的主体和范围】 ···················· 906
第一百二十九条　【犯罪现场保护】 ··································· 919
第一百三十条　【勘验、检查的手续】 ································ 921
第一百三十一条　【尸体解剖】 ·· 922
第一百三十二条　【人身检查】 ·· 923
第一百三十三条　【勘验、检查笔录的制作】 ······················· 925
第一百三十四条　【复验、复查】 ······································ 925
第一百三十五条　【侦查实验】 ·· 926
相关规范集成·监察勘验检查 ·· 928

第五节　搜　查 ·· 930

第一百三十六条　【搜查的主体、目的和范围】 ………………… 930
　第一百三十七条　【单位和个人提交证据的义务】 ……………… 931
　第一百三十八条　【出示搜查证】 …………………………………… 932
　第一百三十九条　【搜查的一般要求】 ……………………………… 933
　第一百四十条　【搜查笔录的制作】 ………………………………… 933
　相关规范集成·监察搜查 …………………………………………… 934
第六节　查封、扣押物证、书证 …………………………………………… 936
　第一百四十一条　【查封、扣押物证、书证的范围和保管】 …… 936
　第一百四十二条　【查封、扣押物证、书证的具体程序】 ……… 936
　第一百四十三条　【通知邮电机关扣押邮件、电报】 …………… 936
　第一百四十四条　【查询、冻结财产】 ……………………………… 936
　第一百四十五条　【查询、扣押、冻结的解除】 ………………… 937
　相关规范集成·监察查询、冻结、查封、扣押 ………………… 996
第七节　鉴　定 ……………………………………………………………… 1005
　第一百四十六条　【鉴定的目的和主体】 ………………………… 1005
　第一百四十七条　【鉴定意见的制作及故意作虚假鉴定的责任】 … 1005
　第一百四十八条　【鉴定意见的告知及补充鉴定、重新鉴定】 … 1005
　第一百四十九条　【精神病鉴定的期间】 ………………………… 1005
　相关规范集成·价格认证 ………………………………………… 1063
　相关规范集成·文物鉴定评估 …………………………………… 1071
第八节　技术侦查措施 …………………………………………………… 1081
　第一百五十条　【技术侦查措施的适用范围】 …………………… 1082
　第一百五十一条　【技术侦查措施的批准决定】 ………………… 1084
　第一百五十二条　【技术侦查措施的执行】 ……………………… 1086
　第一百五十三条　【隐匿身份侦查、控制下交付】 ……………… 1087
　第一百五十四条　【技侦材料的证据资格】 ……………………… 1088
　相关规范集成·技术调查措施 …………………………………… 1089
第九节　通　缉 ……………………………………………………………… 1091
　第一百五十五条　【通缉令的发布】 ……………………………… 1091
　相关规范集成·限制出境 ………………………………………… 1095
第十节　侦查终结 ………………………………………………………… 1097
　第一百五十六条　【一般侦查羁押期限】 ………………………… 1097
　第一百五十七条　【特殊侦查羁押期限】 ………………………… 1097

第一百五十八条 【重大复杂案件的侦查羁押期限】…… 1097
第一百五十九条 【重罪案件的侦查羁押期限】…… 1097
第一百六十条 【侦查羁押期限的重新计算】…… 1097
第一百六十一条 【听取辩护律师意见】…… 1114
第一百六十二条 【侦查终结】…… 1115
第一百六十三条 【撤销案件】…… 1125
相关规范集成·监察调查处置 …… 1128
第十一节 人民检察院对直接受理的案件的侦查 …… 1130
第一百六十四条 【检察机关自侦案件的法律适用】…… 1130
第一百六十五条 【检察机关自侦案件的逮捕、拘留】…… 1139
第一百六十六条 【检察机关自侦案件中对被拘留人的讯问】…… 1141
第一百六十七条 【检察机关自侦案件决定逮捕的期限】…… 1142
第一百六十八条 【检察机关自侦案件侦查终结的处理】…… 1143
相关规范集成·侦查活动监督 …… 1147

第三章 提起公诉 …… 1149

第一百六十九条 【检察机关审查起诉】…… 1150
第一百七十条 【审查监察机关移送起诉案件】…… 1151
第一百七十一条 【审查起诉的内容】…… 1153
第一百七十二条 【审查起诉的期限】…… 1159
第一百七十三条 【审查起诉时讯问和听取意见】…… 1161
第一百七十四条 【签署认罪认罚具结书】…… 1161
第一百七十五条 【证据合法性说明和补充侦查】…… 1166
相关规范集成·补充调查 …… 1177
第一百七十六条 【提起公诉及提出量刑建议】…… 1178
相关规范集成·对被调查人提出从宽处罚建议 …… 1203
第一百七十七条 【不起诉】…… 1206
第一百七十八条 【不起诉决定的宣布】…… 1217
第一百七十九条 【公安机关对不起诉决定的异议】…… 1218
相关规范集成·监察机关对不起诉的异议 …… 1220
第一百八十条 【被害人对不起诉决定的异议】…… 1221
第一百八十一条 【被不起诉人对不起诉决定的异议】…… 1222
第一百八十二条 【撤销案件、不起诉或者部分不起诉的特殊

　　　　规定】 …………………………………………………………… 1224
　　相关规范集成·企业刑事合规 ……………………………………… 1225

第三编　审判(第183～258条)

　　相关规范集成·三项规程 …………………………………………… 1260
第一章　审判组织 ……………………………………………………… 1279
　　第一百八十三条　【审判组织及合议庭人员的组成】 ……………… 1279
　　第一百八十四条　【合议庭评议规则】 ……………………………… 1310
　　第一百八十五条　【合议庭判决与审委会讨论决定案件】 ………… 1317
第二章　第一审程序 …………………………………………………… 1334
第一节　公诉案件 …………………………………………………… 1334
　　第一百八十六条　【对公诉案件决定开庭审判的条件】 …………… 1334
　　第一百八十七条　【庭前准备】 ……………………………………… 1343
　　第一百八十八条　【一审公开审理的原则与例外】 ………………… 1351
　　第一百八十九条　【人民检察院派员出庭公诉】 …………………… 1359
　　第一百九十条　　【开庭时审判长宣布、告知、审查的事项】 ……… 1379
　　第一百九十一条　【被告人、被害人参与庭审的程序】 …………… 1382
　　第一百九十二条　【证人、鉴定人出庭】 …………………………… 1384
　　第一百九十三条　【要求证人到庭】 ………………………………… 1394
　　第一百九十四条　【证人、鉴定人参与庭审的程序】 ……………… 1397
　　第一百九十五条　【法庭质证程序】 ………………………………… 1401
　　第一百九十六条　【庭外调查核实证据】 …………………………… 1405
　　第一百九十七条　【调取新证据与申请有专门知识的人出庭】 …… 1410
　　第一百九十八条　【法庭辩论】 ……………………………………… 1418
　　第一百九十九条　【违反法庭秩序的处理】 ………………………… 1429
　　第二百条　【作出判决】 ……………………………………………… 1434
　　第二百零一条　【认罪认罚案件对指控罪名和量刑建议的采纳原则
　　　　和例外】 …………………………………………………………… 1450
　　第二百零二条　【判决的宣告和送达】 ……………………………… 1455
　　第二百零三条　【判决书的署名及写明上诉的内容】 ……………… 1465
　　第二百零四条　【延期审理】 ………………………………………… 1469

第二百零五条　【延期审理后补充侦查的期限】…………………… 1472
　第二百零六条　【中止审理】…………………………………………… 1472
　第二百零七条　【制作法庭笔录的程序要求】………………………… 1473
　第二百零八条　【公诉案件第一审审理期限】………………………… 1475
　第二百零九条　【人民检察院的监督】………………………………… 1482
　相关规范集成·单位犯罪案件的审理程序 …………………………… 1484
　相关规范集成·在法定刑以下判处刑罚和特殊假释的核准 ………… 1492
第二节　自诉案件 ………………………………………………………… 1495
　第二百一十条　【自诉案件的范围】…………………………………… 1495
　第二百一十一条　【自诉案件的审查处理与证据调查核实】………… 1497
　第二百一十二条　【自诉案件的调解、和解、撤诉和审限】………… 1505
　第二百一十三条　【自诉案件被告人的反诉】………………………… 1509
第三节　简易程序 ………………………………………………………… 1511
　第二百一十四条　【简易程序的适用条件】…………………………… 1511
　第二百一十五条　【不适用简易程序的情形】………………………… 1513
　第二百一十六条　【简易程序的审判组织与人民检察院派员
　　　　　　　　　出庭】………………………………………………… 1514
　第二百一十七条　【简易程序的法庭调查】…………………………… 1515
　第二百一十八条　【简易程序的法庭辩论】…………………………… 1516
　第二百一十九条　【简易程序的程序简化及保留】…………………… 1517
　第二百二十条　【简易程序的审理期限】……………………………… 1519
　第二百二十一条　【简易程序转普通程序】…………………………… 1519
第四节　速裁程序 ………………………………………………………… 1520
　第二百二十二条　【速裁程序的适用范围和条件】…………………… 1520
　第二百二十三条　【不适用速裁程序的情形】………………………… 1522
　第二百二十四条　【适用速裁程序审理案件的具体程序】…………… 1524
　第二百二十五条　【速裁程序的审限】………………………………… 1527
　第二百二十六条　【速裁程序转普通程序或者简易程序】…………… 1527

第三章　第二审程序 ……………………………………………………… 1529
　第二百二十七条　【上诉主体及上诉权保障】………………………… 1529
　第二百二十八条　【抗诉主体】………………………………………… 1530
　第二百二十九条　【请求抗诉】………………………………………… 1556

第二百三十条　【上诉、抗诉期限】	1557
第二百三十一条　【上诉程序】	1557
第二百三十二条　【抗诉程序】	1559
第二百三十三条　【全面审查原则】	1563
第二百三十四条　【二审开庭审理与不开庭审理】	1565
第二百三十五条　【二审检察院派员出庭】	1567
第二百三十六条　【二审对一审判决的处理】	1574
第二百三十七条　【上诉不加刑原则】	1579
第二百三十八条　【违反法定诉讼程序的处理】	1584
第二百三十九条　【重新审判】	1585
第二百四十条　【二审对一审裁定的处理】	1585
第二百四十一条　【发回重审案件审限的计算】	1585
第二百四十二条　【二审法律程序适用】	1586
第二百四十三条　【二审的审限】	1586
第二百四十四条　【终审判决、裁定】	1589
第二百四十五条　【涉案财物的处置】	1590

第四章　死刑复核程序　1631

第二百四十六条　【死刑核准权】	1631
第二百四十七条　【死刑核准程序】	1631
第二百四十八条　【死缓缓期二年执行核准权】	1635
第二百四十九条　【死刑复核合议庭组成】	1637
第二百五十条　【最高人民法院复核死刑案件的处理】	1637
第二百五十一条　【最高人民法院复核的程序要求及最高人民检察院的监督】	1642

第五章　审判监督程序　1675

第二百五十二条　【申诉的主体与效力】	1675
第二百五十三条　【对申诉应当重新审判的法定情形】	1698
第二百五十四条　【提起再审的主体、方式和理由】	1705
第二百五十五条　【再审法院】	1713
第二百五十六条　【再审的程序及效力】	1713
第二百五十七条　【再审的强制措施与中止原裁判执行】	1724
第二百五十八条　【再审的期限】	1724

相关规范集成·刑事赔偿 ·· 1726

第四编 执行(第259～276条)

第二百五十九条 【发生法律效力的裁判种类】·················· 1745
第二百六十条 【一审宣判后立即释放】······················ 1746
第二百六十一条 【死刑的执行】····························· 1747
第二百六十二条 【死刑的交付执行和停止执行、恢复执行】········ 1750
第二百六十三条 【死刑执行程序】··························· 1753
第二百六十四条 【交付执行的职责分工】······················ 1756
第二百六十五条 【暂予监外执行的条件和决定程序】············· 1764
第二百六十六条 【检察机关对暂予监外执行在决定前的监督】····· 1765
第二百六十七条 【检察机关对暂予监外执行决定的监督】········· 1765
第二百六十八条 【暂予监外执行的罪犯收监执行】··············· 1765
第二百六十九条 【社区矫正】······························· 1803
第二百七十条 【剥夺政治权利的执行】······················ 1836
第二百七十一条 【罚金的执行】··························· 1837
第二百七十二条 【没收财产的执行】························ 1837
第二百七十三条 【刑罚执行期间对新罪、漏罪的追诉和减刑、假释
的程序】··· 1849
第二百七十四条 【检察机关对减刑、假释裁定的监督】··········· 1849
第二百七十五条 【执行机关对错案、申诉的处理】··············· 1884
第二百七十六条 【检察机关对刑罚执行合法性的监督】··········· 1886

第五编 特别程序(第277～307条)

第一章 未成年人刑事案件诉讼程序 ··················· 1903

第二百七十七条 【未成年人刑事案件的办案方针、原则及总体
要求】··· 1917
第二百七十八条 【对未成年犯罪嫌疑人、被告人指派辩护律师】··· 1926
第二百七十九条 【社会调查】······························· 1928
第二百八十条 【严格限制适用逮捕措施及与成年人的分别关押、管理
和教育】··· 1929

第二百八十一条　【讯问、审判、询问未成年诉讼参与人的特别
　　　　　　　　　　规定】 ·· 1930
　　第二百八十二条　【附条件不起诉】 ······································ 1948
　　第二百八十三条　【对附条件不起诉未成年犯罪嫌疑人的监督
　　　　　　　　　　考察】 ·· 1948
　　第二百八十四条　【附条件不起诉的撤销与不起诉决定】 ········· 1948
　　第二百八十五条　【不公开审理及其例外】 ··························· 1962
　　第二百八十六条　【犯罪记录封存】 ······································ 1962
　　第二百八十七条　【未成年人刑事案件的法律适用】 ··············· 1972

第二章　当事人和解的公诉案件诉讼程序 ································· 2032
　　第二百八十八条　【和解程序的适用范围】 ··························· 2032
　　第二百八十九条　【对和解的审查】 ······································ 2036
　　第二百九十条　【对和解案件的从宽处理】 ····························· 2043

第三章　缺席审判程序 ··· 2047
　　第二百九十一条　【犯罪嫌疑人、被告人在境外的缺席审判】 ··· 2047
　　第二百九十二条　【缺席审判的送达】 ··································· 2047
　　第二百九十三条　【缺席审判的辩护】 ··································· 2047
　　第二百九十四条　【缺席审判判决书的送达和上诉、抗诉】 ······ 2047
　　第二百九十五条　【缺席审判被告人到案的处理和财产处理错误
　　　　　　　　　　的救济】 ·· 2047
　　第二百九十六条　【被告人因病无法出庭案件的缺席审判】 ······ 2055
　　第二百九十七条　【被告人死亡案件的缺席审判】 ··················· 2057

第四章　犯罪嫌疑人、被告人逃匿、死亡案件违法所得的没收程序 ··· 2059
　　第二百九十八条　【违法所得没收的适用范围及申请程序】 ······ 2060
　　第二百九十九条　【违法所得没收的审理程序】 ······················ 2068
　　第三百条　【没收裁定的作出及上诉、抗诉】 ··························· 2071
　　第三百零一条　【违法所得没收程序的终止和没收错误的救济】 ····· 2074

第五章　依法不负刑事责任的精神病人的强制医疗程序 ··············· 2088
　　第三百零二条　【强制医疗的适用范围】 ······························· 2088
　　第三百零三条　【强制医疗的决定程序和临时保护性约束措施】 ······ 2089

第三百零四条　【强制医疗案件的审理】 …………………………… 2093
　　第三百零五条　【强制医疗决定的作出及复议】 ………………… 2099
　　第三百零六条　【定期评估与强制医疗的解除】 ………………… 2101
　　第三百零七条　【检察机关对强制医疗程序的监督】 …………… 2102

附　则（第308条）

　　第三百零八条　【军队保卫部门、中国海警局、监狱的侦查权】 ……… 2117
　　相关规范集成·在线诉讼 …………………………………………… 2123

附　录

附录一 …………………………………………………………………… 2135
　　《全国人民代表大会常务委员会关于军队战时调整适用〈中华人民
　　　共和国刑事诉讼法〉部分规定的决定》（自2023年2月25日
　　　起施行） ……………………………………………………………… 2135

附录二　刑诉基本规范的共用条文 …………………………………… 2136
　　《最高人民法院关于适用〈中华人民共和国刑事诉讼法〉的解释》
　　　（法释〔2021〕1号，自2021年3月1日起施行） ………………… 2136
　　《人民检察院刑事诉讼规则》（高检发释字〔2019〕4号，自2019年
　　　12月30日起施行） …………………………………………………… 2139
　　《公安机关办理刑事案件程序规定》（公安部令第159号修正，修正后
　　　自2020年9月1日起施行） …………………………………………… 2144
　　《海警机构办理刑事案件程序规定》（中国海警局令第1号，自2023年
　　　6月15日起施行） ……………………………………………………… 2146

附录三　刑事诉讼立法、司法解释及相关文件总目录 ……………… 2149

引 言
程序整体的理念倡导与刑事诉讼的问题解决

"小绿书"《刑事诉讼法修改与司法适用疑难解析》于 2021 年 5 月出版以来,被不少实务工作者于日常办案查询刑诉规范所用,成为实质意义上的刑诉工具书。有鉴于此,笔者曾撰写《司法实务理念探究与刑诉工具书的定位——"小绿书"〈刑事诉讼法修改与司法适用疑难解析〉的编撰缘起》一文,着重阐释程序整体的理念,详细说明外编所涉"刑事诉讼相关规范集成"采取完整呈现常用基本规范模式的缘由。日而久之,笔者萌生了编撰一部真正意义上的刑诉工具书的念头,于是便有了呈现在读者同仁面前的《实务刑事诉讼法评注》,成为与"小黄书"《实务刑法评注》配套的刑事工具书"姊妹篇"。可以说,《实务刑事诉讼法评注》继续秉持程序整体的理念与立场,以此作为体系编排与栏目设置的基准。

一、"4+N"实施模式与刑诉规范的体系特点

刑事诉讼法的实施讲求一体遵循,强调程序的阶段性、接续性与整体性,业已形成通过"4+N"保障实施的规范体系。所谓"4",即为"高法解释+高检规则+公安部规定+海警局规定",此为刑事诉讼法贯彻实施的主干;所谓"N",即为在此基础上再行制定的若干司法解释、规范性文件,此为刑事诉讼法贯彻实施的补充。整体而言,"N"所涉规范虽亦不少,但数量与刑法司法解释、规范性文件不可相提并论。可以说,与刑法规则面广点多不同,刑诉规范聚集于"4+N"。

各家通过一部司法解释/部门规章系统规范刑事诉讼法的实施,渊源已久。以法院系统为例,为贯彻 1996 年《刑事诉讼法》,《最高人民法院关于执行〈中华人民共和国刑事诉讼法〉若干问题的解释》(法释〔1998〕23 号)自 1998 年 9 月 8 日起施行;而后为贯彻 2012 年《刑事诉讼法》,发布《最高人民法院关于适用〈中华人民共和国刑事诉讼法〉的解释》(法释〔2012〕21 号,以下简称《2012 年刑诉法解释》);现行为贯彻 2018 年《刑事诉讼法》而发布的《最高人民法院关于适用〈中华人民共和国刑事诉讼法〉的解释》(法释〔2021〕1 号,以下简称《刑诉法解释》),这是当前人民法院全面正确施行刑事诉讼法,规范刑事审判工作的基本规范依据。与之类似,《人民检察院刑事诉讼规则》(高检发释字〔1999〕1 号)亦

针对1996年《刑事诉讼法》,而后为针对2012年《刑事诉讼法》的《人民检察院刑事诉讼规则(试行)》(高检发释字〔2012〕2号),现行则为针对2018年《刑事诉讼法》的《人民检察院刑事诉讼规则》(高检发释字〔2019〕4号)。与之相比,《公安机关办理刑事案件程序规定》早在1987年3月18日即由公安部印发,最初针对1979年《刑事诉讼法》,后历经1998年(公安部令第35号)、2007年(公安部令第95号)、2012年(公安部令第127号)、2020年(公安部令第159号)多次修改,延续至今。此外,中国海警局于2023年5月发布《海警机构办理刑事案件程序规定》(中国海警局令第1号),自2023年6月15日起施行。《海警机构办理刑事案件程序规定》多达12章、345条,系统规定了海警机构办理刑事案件的主要任务和基本原则、管辖分工、回避制度、律师参与刑事诉讼、证据规则、刑事强制措施适用、受案、立案、撤案、刑事侦查手段使用、特别程序以及办案协作等内容。故而,作为规范海警机构实施刑事诉讼法的规章,《海警机构办理刑事案件程序规定》亦应被纳入基本规范的范畴。

"4+N"规范体系的创制修订,亦与《刑事诉讼法》修改相衔接。现行《刑事诉讼法》制定于1979年,先后于1996年、2012年、2018年作过三次修改。与1997年《刑法》之后单行刑法或者修正案所采取的"小修小补"有所不同,《刑事诉讼法》修改明显超出刑法修正的限度。2018年所作的第三次修改,整体而言是一次应急性的局部修改,打破此前《刑事诉讼法》"十六年改一回"的惯例,并首次由全国人大常委会审议通过(前两次修改由全国人大审议通过)。这次修改可谓"指向明确、内容特定",修改幅度整体有限。即便如此,2018年《刑事诉讼法》修改,亦修正18个条款,新增18个条款,并增设"速裁程序""缺席审判程序"章节。与《刑事诉讼法》大幅修改相衔接,"4+N"的贯彻实施体系也会相应地进行系统调整,尽管有不少条文可以沿用,但多数仍需要修改和补充。正是在此意义上,刑诉领域存在"刑事诉讼法配套司法解释、规范性文件"的说法:(1)"4"的调整势在必行,以及时与《刑事诉讼法》修改相衔接。以2018年《刑事诉讼法》修改之后的《刑诉法解释》为例,与《2012年刑诉法解释》相比,"增加'认罪认罚案件的审理''速裁程序''缺席审判程序'三章,增加107条,作了实质修改的条文超过200条"[1],新增和修改幅度占到全部条文的一半左右,实乃"废旧立新"。(2)"N"的情况较为复杂,与《刑事诉讼法》修改相衔接的情形多

---

[1] 《〈最高人民法院关于适用〈中华人民共和国刑事诉讼法〉的解释〉新闻发布会实录》,载李少平主编:《〈最高人民法院关于适用〈中华人民共和国刑事诉讼法〉的解释〉理解与适用》,人民法院出版社2021年版。

种多样。一方面,在《刑事诉讼法》修改之后,可能会针对新增或者修正制度制定新的规范性文件。例如,针对2018年《刑事诉讼法》修改所增设的认罪认罚从宽制度,最高人民法院、最高人民检察院、公安部、国家安全部、司法部于2019年10月联合发布《关于适用认罪认罚从宽制度的指导意见》(高检发〔2019〕13号),以确保认罪认罚从宽制度正确有效实施。另一方面,会对一些已有的规范性文件作出调整,以贯彻落实修改后的《刑事诉讼法》。例如,针对2012年《刑事诉讼法》修改对取保候审措施的调整,最高人民法院、最高人民检察院、公安部、国家安全部对《关于取保候审若干问题的规定》(公通字〔1999〕59号)作了修订,于2022年9月联合发布了《关于取保候审若干问题的规定》(公通字〔2022〕25号)。但是,总体而言,"N"之中多为联合规范性文件,修改调整难度较大,故存在清理不及时的现象。

一言以蔽之,刑事诉讼法及"4+N"贯彻实施体系,明显有别于刑法规范体系,要求实务工作者关注刑诉规范内在逻辑,注重程序的整体性。

二、程序整体理念与刑诉工具书的体系编排

程序整体的理念是刑事诉讼的基本出发点,要求刑诉工具书的体系设计与栏目设置必须对其予以充分考虑。基于此,《实务刑事诉讼法评注》搭建以刑诉法条为本原的规范体系,将相关司法解释、规范性文件及其他规范纳入其中,尽可能完整呈现规范以保持内在逻辑和体系,进而围绕实务中的疑难问题加以解析,真正促进刑诉法条在实务中的贯彻落实。

(一)以刑诉法条为本原

如前所述,刑事诉讼法的贯彻实施业已形成"4+N"体系。单就"高法解释+高检规则+公安部规定+海警局规定"而言,相较于308条的《刑事诉讼法》,27章655条的《刑诉法解释》、17章684条的《人民检察院刑事诉讼规则》、14章388条的《公安机关办理刑事案件程序规定》、12章345条的《海警机构办理刑事案件程序规定》确实不可不谓"庞大",也就使得不少实务工作者易陷入"只见司法解释,不见法条"的状况。久而久之,法条虚无主义现象开始出现。刑事实务工作者始终不应忘记的是,"4+N"体系囊括的司法解释、规范性文件,条文再多、体系再完整,都是紧紧围绕《刑事诉讼法》而制定的,都是为了更好地落实《刑事诉讼法》的各项规定。《刑事诉讼法》方为相关司法解释、规范性文件的本源。

《刑事诉讼法》是规范刑事诉讼活动的基本法律。无论是侦查机关立案侦查,还是司法机关后续办理案件,都应当以刑事诉讼法为基本依据。尊重《刑事诉讼法》，认真对待法条，应当成为刑事实务工作者的基本理念。有鉴于此，《实务刑事诉讼法评注》强调对《刑事诉讼法》核心地位的认知，以刑诉法条作为规范体系的本原，将相关司法解释、规范性文件及其他规范围绕刑诉法条展开编排。作此编排，旨在提醒实务工作者在司法办案应时刻不忘法条，真正做到认真对待法条。

(二) 以贯彻实施为目的

法律的生命在于实施。《刑事诉讼法》多为操作层面的规范，主要是如何结合实际情况贯彻执行的问题。刑诉工具书应当以便利刑诉法条规定的贯彻实施为出发点，相关规范收录范围须以此为基点。

《实务刑事诉讼法评注》对此作了充分考虑。刑诉工具书应讲求"实用""好用""管用"，以快速解决常见问题为目标。基于此，刑诉工具书对全面收录的刑诉规范应当划分层级，而不应等而观之。而相关层级的划分，还须回到刑事诉讼法保障实施的规范体系，充分体现刑诉规范的体系特点。具体而言，在刑事诉讼法"4+N"的贯彻实施体系之下，司法实务八成以上问题可以在《刑事诉讼法》及"高法解释+高检规则+公安部规定+海警局规定"之中找到依据；而在此基础上补充制定的其他司法解释、规范性文件，也以前者为基础。这就使得实务工作者运用刑诉规范区分层次成为可能，即优先查找刑诉法条、立法解释、"六部委"规定(俗称"小刑事诉讼法")等立法层面的规范和基本规范("高法解释+高检规则+公安部规定+海警局规定")；而后在必要时，再行查找其他规范(基本规范之外再行制定的司法解释、规范性文件等)。这就是《实务刑事诉讼法评注》区分基本规范与其他规范的主要缘由，目的就是与刑事诉讼法的贯彻实施体系保持一致，便于实务工作者在刑事诉讼领域"找法"，做到"手中有规范，心中有体系"。

(三) 以完整呈现为原则

与个案之中刑法的适用集中于特定法条有所不同，办理刑事案件之中对程序法的适用可谓"全流程"：即便是侦查机关，适用的也不限于特定条文，至少要囊括全部侦查程序的规范，特别是在推进以审判为中心刑事诉讼制度改革的背景之下，侦查阶段收集提取证据就应考虑审判阶段审查证据的要求，自不应无视侦查后续环节的相关程序规范；就检察机关和人民法院而言，全流程适用程序规范自不待言，这是证据审查和案件办理的起码要求。而且，"4+N"体系所涉规范，特别是"高法解释+高检规则+公安部规定+海警局规定"，由于条文数量多达数百条，往往采取特定的内在逻辑结构加以编排。对刑诉规范作过细的拆分，固然有助于迅速定位并直接关联条文,但会使得刑诉规范体系"支离破碎",不利于对规范的全面把握与整体运用。

基于此,《实务刑事诉讼法评注》收录的"其他规范",尽可能不作拆分,而是以全文、整体面貌呈现,保持各部规范的整体全貌;对于"基本规范",由于高法解释、高检规则、公安部规定、海警局规定均属"大部头"规范,无法做到全文呈现,但亦尽量以章节作为切割单位,体现关联性,确需在章节之内再作拆分的,亦保留所在章节标题,便于判断相关法条的体系位置。作此处理,实则提倡对相关规范的全流程掌握与体系化运用,旨在提醒实务工作者关注其内在逻辑,注重程序的整体性。

(四)以疑难解析为重点

较之静态规则,司法实践更加丰富而多彩。正因此,刑事实务遭遇规则盲区则成为必然甚至多发现象。面对层出不穷的刑诉实务难题,工具书应当提供适当指引,以方便实务工作者在必要时习惯"求助于书"。实际上,解决这些问题,也是确保刑诉法条和相关规范在具体案件中得到统一正确实施的必要前提。

刑诉实务之中具体问题的解决,应当考虑诉讼原理的基本要求,在遵循基本理论的前提下解决问题。当然,这并不是奢求所有刑诉实务问题都能在理论著述之中找到答案。相反,理论提供的只是基本原理与价值指引,具体问题的解决离不开实务的自力更生。基于此,《实务刑事诉讼法评注》坚持将理论融入实务、用理论指导实务的基本方法,针对刑事诉讼法实施之中的诸多疑难问题进行探讨,以此演绎疑难解析的基本路径。刑诉实务难题自不限于此,但通过理念传导和方法示范,可以为未来问题的解决提供借鉴参考。

三、实务问题解决与刑诉工具书的栏目逻辑

使用工具书查询规范本身只是手段,解决问题方为目的。基于此,刑诉工具书的栏目设计,当然应以方便查询规范为基点,但终极目的应当立足于促进刑事程序实务问题的解决,便利《刑事诉讼法》条文在具体案件之中的适用。基于此,《实务刑事诉讼法评注》对栏目的具体设置和逻辑编排作了相应考虑。下面,就主要栏目作如下介绍[①]:

[①] 为方便查阅,相关立法、司法解释、规范性文件的理解与适用通过脚注形式摘编,未设专门栏目。

(一) 立法沿革

《实务刑事诉讼法评注》专设"立法沿革"栏目,针对现行刑诉法条追溯至1979年《刑事诉讼法》之中。为便于实务工作者准确把握现行刑诉法条的渊源,本栏目概括修改要点,实现对修改情况的"一目了然"。采取从立法到司法的脉络,通过系统阐释《刑事诉讼法》条文的演变过程,以期为解决实务难题奠定基础。特别是,以刑诉法条为起始基点,旨在向实务工作者传导以立法为本原、认真对待法条的基本理念,倡导司法实务在任何时候、处理任何案件、遇到任何问题都应当回归法条这一取向。

(二) 相关规定

《刑事诉讼法》是刑事诉讼程序运行的基本法律,但还有多部配套的法律亦与《刑事诉讼法》的贯彻实施直接相关。基于此,《实务刑事诉讼法评注》专设"相关规定"栏目,对相关立法规定等一并予以收录。

相关规定以与刑事诉讼法相关的立法规定为主。具体而言,相关立法规定主要涉及如下两类:一是与刑事诉讼相关的专门性立法,实际系对某些刑诉专门制度的进一步细化规定。例如,社区矫正是保障刑事判决、刑事裁定和暂予监外执行决定的正确执行的重要制度设计,是刑罚执行的重要环节。2019年12月28日,十三届全国人大常委会第十五次会议通过《社区矫正法》,自2020年7月1日起施行。鉴于此类专门法律针对特定刑事诉讼制度,为了便于司法实务人员对其作全面系统把握,《实务刑事诉讼法评注》作了全文收录。二是针对三大诉讼制度共性问题的专门性立法,这些立法实际也会涉及刑事诉讼制度。例如,人民陪审员制度涉及三大诉讼,是人民群众参与司法、监督司法的有效形式。为了保障公民依法参加审判活动,促进司法公正,十三届全国人大常委会第二次会议于2018年4月27日通过《人民陪审员法》。鉴于此类法律并非专门针对刑事诉讼,不少条文与刑事诉讼不直接相关,基于控制全书体量的考虑,《实务刑事诉讼法评注》作了节录处理,主要收录与刑事诉讼相关的条文。

(三) 立法解释

《立法法》第四十八条规定:"法律解释权属于全国人民代表大会常务委员会。法律有以下情况之一的,由全国人民代表大会常务委员会解释:(一)法律的规定需要进一步明确具体含义的;(二)法律制定后出现新的情况,需要明确适用法律依据的。"刑事诉讼领域立法解释相对不多,现今适用的主要有三个立法解释。《实务刑事诉讼法评注》专设"立法解释"栏目,对上述立法解释予以收录。

(四) 立法工作机关意见

《立法法》第六十九条规定:"全国人民代表大会常务委员会工作机构可以对有关具体问题的法律询问进行研究予以答复,并报常务委员会备案。"根据该规定,全国人大常委会法工委就涉及刑事诉讼法适用的具体问题的法律询问进行研究并予以答复。《实务刑事诉讼法评注》专设"立法工作机关意见"栏目,对相关意见予以收录。需要注意的是,本栏目所收录的意见不仅包括法律询问的答复,还包括基于部门之间相互征求意见而形成的复函。

(五) "六部委"规定

《最高人民法院、最高人民检察院、公安部、国家安全部、司法部、全国人大常委会法制工作委员会关于实施刑事诉讼法若干问题的规定》(2012年12月26日)在刑事实务界被称为"小刑事诉讼法",系在刑事诉讼法以外对实施法律中需要解决的涉及多个部门的问题作出了具体规定,有利于执法机关统一认识,保证刑事诉讼法正确实施。各级司法机关应当严格适用,一体遵循。

从历史沿革来看,1996年修改《刑事诉讼法》后,根据实践的需要,全国人大常委会法工委会同最高人民法院等中央政法机关共同研究,针对1996年《刑事诉讼法》涉及人民法院、人民检察院、公安机关、国家安全机关、司法行政机关以及律师等参与刑事诉讼活动行使职权时出现的互涉问题研究起草了《最高人民法院、最高人民检察院、公安部、国家安全部、司法部、全国人大常委会法制工作委员会关于刑事诉讼法实施中若干问题的规定》(已失效,以下简称"1998年'六部委'规定"),于1998年1月19日发布施行,对于正确实施《刑事诉讼法》,解决各部门互涉问题起了重要作用。2012年修改《刑事诉讼法》,1998年"六部委"规定中有些内容经进一步完善已被纳入《刑事诉讼法》,有些规定已与2012年《刑事诉讼法》不相适应,需要修改或者废止,而随着一些新的诉讼制度安排,又出现了一些新的互涉问题。为保障2012年《刑事诉讼法》的执行,法工委会同有关部门积极开展有关互涉问题的研究,在沟通协调,反复征求各部门意见,达成共识的基础上,起草了《关于实施刑事诉讼法若干问题的规定》(以下简称"'六部委'规定"),并继续沿用1998年"六部委"规定的办法,由最高人民法院、最高人民检察院、公安部、国家安全部、司法部、全国人大常委会法工委于2012年12月26日联合发文公布。① 2018年修改后的《刑事诉讼法》施行以来,由于各种

---

① 参见全国人大常委会法制工作委员会刑法室编著:《〈关于实施刑事诉讼法若干问题的规定〉解读》,中国法制出版社2013年版,第1—2页。

原因,"六部委"规定未得到及时修改。但从实质层面而言,"六部委"规定的绝大多数条文可以根据2018年《刑事诉讼法》的规定继续沿用。基于此,《实务刑事诉讼法评注》专设"'六部委'规定"栏目,对"六部委"规定予以收录,并通过脚注的方式对其中一些需要根据2018年《刑事诉讼法》作出相应理解的规定加以标注。

(六)基本规范

如前所述,在"4+N"规范体系之下,有必要区分"4"与"N"。由于前者搭建了贯彻实施刑事诉讼法的主干,应当属于基本规范的范畴。基于此,《实务刑事诉讼法评注》专设"基本规范"栏目,对《最高人民法院关于适用〈中华人民共和国刑事诉讼法〉的解释》(法释〔2021〕1号)、《人民检察院刑事诉讼规则》(高检发释字〔2019〕4号)、《公安机关办理刑事案件程序规定》(公安部令第159号修改)、《海警机构办理刑事案件程序规定》(中国海警局令第1号)予以收录。

具体而言,《公安机关办理刑事案件程序规定》《海警机构办理刑事案件程序规定》属于部门规章的范畴,而《刑诉法解释》《人民检察院刑事诉讼规则》属于司法解释的范畴。四部规范共同构筑起保障2018年《刑事诉讼法》贯彻实施规范体系的基本框架。在具体适用之中,对于其他规范,特别是相关规范性文件,如果与基本规范相违背的,对其适用应当持慎重立场。

(七)其他规范

在"4+N"规范体系之下,"N"所涉其他规范,不仅是对刑事诉讼法的贯彻实施,也是对"4"的具体细化和必要补充。基于此,《实务刑事诉讼法评注》专设"其他规范"栏目,从"N"选取重要规范予以收录或者节录。

具体而言,其他规范可以区分为司法解释和规范性文件两大类别。(1)司法解释。司法解释是中国特色社会主义司法制度的重要组成部分,制定司法解释是法律赋予"两高"的重要职责。《全国人民代表大会常务委员会关于加强法律解释工作的决议》(1981年6月10日)第二条规定:"凡属于法院审判工作中具体应用法律、法令的问题,由最高人民法院进行解释。凡属于检察院检察工作中具体应用法律、法令的问题,由最高人民检察院进行解释。最高人民法院和最高人民检察院的解释如果有原则性的分歧,报请全国人民代表大会常务委员会解释或决定。"① 《立法法》第一百一十九条第一款规定:"最高人民法院、最高人

---

① 此前,《全国人民代表大会常务委员会关于解释法律问题的决议》(1955年6月23日)第二条规定:"凡关于审判过程中如何具体应用法律、法令的问题,由最高人民法院审判委员会进行解释。"

民检察院作出的属于审判、检察工作中具体应用法律的解释,应当主要针对具体的法律条文,并符合立法的目的、原则和原意……"根据法律授权,"两高"就刑事诉讼法适用制定了一大批司法解释,充分发挥了统一刑事诉讼法适用、指导司法办案的重要作用。例如,《最高人民法院、最高人民检察院关于适用犯罪嫌疑人、被告人逃匿、死亡案件违法所得没收程序若干问题的规定》(法释〔2017〕1号)对依法适用犯罪嫌疑人、被告人逃匿、死亡案件违法所得没收程序作了进一步细化规定。(2)规范性文件。司法解释之外,还存在大量涉及刑诉法律适用的规范性文件,这一现象在刑诉领域较为突出。与刑事实体问题主要通过司法解释加以明确有所不同,有相当比例的刑事程序问题采用规范性文件的方式予以明确。正是基于此,对刑诉规范区分司法解释与规范性文件,其意义远不如刑法规范领域明显。而刑诉规范领域普遍采用规范性文件,究其原因,主要就在于刑事程序相关问题主要不是法律适用问题,而是贯彻实施的问题。刑事诉讼始于侦查,这些问题如果不从侦查环节就开始落实,则后续的审查起诉和审判程序也就成为"无米之炊"。例如,"两个证据规定"(《关于办理死刑案件审查判断证据若干问题的规定》和《关于办理刑事案件排除非法证据若干问题的规定》)对办理刑事案件,特别是死刑案件提出了更高的标准、更严的要求,涉及侦查破案、批捕起诉、刑事审判、执行工作等刑事诉讼全流程和各环节,必须取得中央政法各单位的一致同意。基于此,"两个证据规定"由最高人民法院、最高人民检察院、公安部、国家安全部和司法部联合发布(法发〔2010〕20号)。又如,排除非法证据涉及侦查、起诉、辩护、审判等各方面,特别是应当重视对刑讯逼供和非法取证的源头预防。基于此,《关于办理刑事案件严格排除非法证据若干问题的规定》于2017年4月18日由中央全面深化改革领导小组第34次会议审议通过,并由最高人民法院、最高人民检察院、公安部、国家安全部、司法部联合发布(法发〔2017〕15号)。

当然,需要注意的是,《最高人民法院关于裁判文书引用法律、法规等规范性法律文件的规定》(法释〔2009〕14号)第三条明确规定,"刑事裁判文书应当引用法律、法律解释或者司法解释"。可见,与司法解释不同,规范性文件不能在人民法院裁判文书中援引作为裁判依据,但在实践之中仍具有普遍适用的规范效力,可以在裁判说理部分引用。①

---

① 《最高人民法院关于加强和规范裁判文书释法说理的指导意见》(法发〔2018〕10号)第十三规定:"除依据法律法规、司法解释的规定外,法官可以运用下列论据论证裁判理由,以提高裁判结论的正当性和可接受性:最高人民法院发布的指导性案例;(转下页)

此外，刑诉基本规范的体系化较强，通常采取"废旧立新"的模式，对于新旧条文之间不会出现难以取舍的问题。与之不同，其他规范的清理工作难以及时跟上。究其原因，主要有二：一方面，其他规范不少涉及多个部门，开展清理需要多部门达成一致，难度相对较大；另一方面，在相关规范作出调整之前，由于缺乏其他的替代性文件，即使在作为制定依据的《刑事诉讼法》修改之后也无法立即停止执行，否则可能使得相关刑诉程序陷入"无法可依"或者"依据不足"的状况。例如，涉及取保候审的相关问题，在2012年《刑事诉讼法》修改乃至2018年《刑事诉讼法》修改之后的较长时间内，执行的规范性文件仍为《最高人民法院、最高人民检察院、公安部、国家安全部关于取保候审若干问题的规定》（公通字〔1999〕59号）。虽然该规定所依据的《刑事诉讼法》已历经2012年、2018年两次修改，但涉及取保候审的部门互涉问题，仍然得依据这一规定。这一现象直至《最高人民法院、最高人民检察院、公安部、国家安全部关于取保候审若干问题的规定》（公通字〔2022〕25号）于2022年9月22日起施行才得以改变。基于此，就其他规范而言，在具体适用之中，需要辨明所用条文与现行法条之间的关系，以确保准确妥当适用。

(八) 指导性案例

指导性案例是指裁判已经发生法律效力，认定事实清楚，适用法律正确，裁判说理充分，法律效果和社会效果良好，对审理类似案件具有普遍指导意义的案例。《实务刑事诉讼法评注》专设"指导性案例"栏目，对刑诉指导性案例予以收录。从当前来看，刑事指导性案例多为刑法案例，刑诉指导性案例相对较少；即使就刑诉指导性案例而言，也主要是最高人民检察院发布的指导性案例。

需要注意的是，与英美法系判例具有法律渊源的效力不同，我国的指导性案例不是法律渊源，但具有参照的效力。对此，《最高人民法院关于案例指导工作的规定》（法发〔2010〕51号）第七条规定："最高人民法院发布的指导性案例，各级人民法院审判类似案例时应当参照。"《〈最高人民法院关于案例指导工作的规定〉实施细则》（法〔2015〕130号）第十一条进一步明确："在办理案件过程中，案件承办人员应当查询相关指导性案例。在裁判文书中引述相关指导性案例的，应在裁判理由部分引述指导性案例的编号和裁判要点。公诉机关、案件当事

（接上页）最高人民法院发布的非司法解释类审判业务规范性文件；公理、情理、经验法则、交易惯例、民间规约、职业伦理；立法说明等立法材料；采取历史、体系、比较等法律解释方法时使用的材料；法理及通行学术观点；与法律、司法解释等规范性法律文件不相冲突的其他论据。"

人及其辩护人、诉讼代理人引述指导性案例作为控(诉)辩理由的,案件承办人员应当在裁判理由中回应是否参照了该指导性案例并说明理由。"《最高人民检察院关于案例指导工作的规定》(修订后自2019年4月4日起施行)第十五条规定:"各级人民检察院应当参照指导性案例办理类似案件,可以引述相关指导性案例进行释法说理,但不得代替法律或者司法解释作为案件处理决定的直接依据。各级人民检察院检察委员会审议案件时,承办检察官应当报告有无类似指导性案例,并说明参照适用情况。"

最高人民法院发布的指导性案例,由标题、关键词、裁判要点、相关法条、基本案情、裁判结果、裁判理由以及包括生效裁判审判人员姓名的附注等组成。最高人民检察院发布的指导性案例的体例,一般包括标题、关键词、要旨、基本案情、检察机关履职过程、指导意义和相关规定等部分。基于我国司法实务的操作习惯,对指导性案例重在适用"裁判要点"或者"要旨"。基于此,本栏目只对相关指导性案例的标题、关键词、裁判要点/要旨、指导意义予以摘录。

(九)法律适用答复、复函

下级法院就具有法律适用意义的案件或者问题向上级法院提出请示,是各国司法运行的通例,当然形式表现有所不同。在我国,针对地方法院的请示,最高司法机关及其内设部门作出的答复,具有重要参考价值。此外,针对部门之间的征求意见,最高人民法院、最高人民检察院、公安部等及其内设部门的复函也会涉及刑诉法律适用问题。《实务刑事诉讼法评注》专设"法律适用答复、复函"栏目,对涉及刑事诉讼法适用的答复、复函予以收录。① 与涉刑法适用的答复、复函数量较多有所不同,涉刑诉法律适用的答复、复函整体数量有限。而且,在《刑事诉讼法》修改之后"4+N"的系统调整过程之中,特别是"高法解释+高检规则+公安部规定+海警局规定",不仅会对相关司法解释、规范性文件加以梳理吸收,还会对此前法律适用答复、复函等非规范层面的规则进行筛选吸收。故而,不少答复、复函在2018年《刑事诉讼法》及配套司法解释施行之后,已被吸收或者无实际意义,故《实务刑事诉讼法评注》作了适当筛选后选择收录。

本栏目收录的文件包括两大类:一是法律适用答复。《最高人民法院关于法律适用问题请示答复的规定》(法〔2023〕88号)第二条第一款规定:"具有下

---

① 需要说明的是,由于法律适用答复、复函主要针对具体案件的法律适用问题,目前缺乏统一的公开途径。少数答复、复函在相关法律数据库未能搜索到,但个别工具书有收录(此种情形下的部分答复、复函实际系摘录,并非完整版本,但有主体内容)。对此,本栏目亦予以收录,同时注明出处,以便于读者进一步查询核实。

列情形之一的,高级人民法院可以向最高人民法院提出请示:(一)法律、法规、司法解释、规范性文件等没有明确规定,适用法律存在重大争议的;(二)对法律、法规、司法解释、规范性文件等规定具体含义的理解存在重大争议的;(三)司法解释、规范性文件制定时所依据的客观情况发生重大变化,继续适用有关规定明显有违公平正义的;(四)类似案件裁判规则明显不统一的;(五)其他对法律适用存在重大争议的。"例如,《最高人民法院研究室关于对一审宣告无罪的被告人采取强制措施有关问题的答复》(法研〔2015〕54号)明确第一审人民法院判后,可能存在抗诉或者上诉,为保障后续诉讼顺利进行,应当变更或者解除强制措施,具体手续由第一审人民法院办理。①与之类似,《人民检察院案件请示办理工作规定(试行)》(高检发〔2015〕17号)第二条第一款规定:"下级人民检察院在办理具体案件时,对涉及法律适用、办案程序、司法政策等方面确属重大疑难复杂的问题,经本级人民检察院研究难以决定的,应当向上级人民检察院请示。"而最高人民检察院及其内设部门也会就适用刑法问题对下作出答复。例如,《最高人民检察院关于"骨龄鉴定"能否作为确定刑事责任年龄证据使用的批复》(高检发研字〔2000〕6号)针对《宁夏回族自治区人民检察院关于"骨龄鉴定"能否作为证据使用的请示》批复如下:"犯罪嫌疑人不讲真实姓名、住址,年龄不明的,可以委托进行骨龄鉴定或其他科学鉴定,经审查,鉴定结论能够准确确定犯罪嫌疑人实施犯罪行为时的年龄的,可以作为判断犯罪嫌疑人年龄的证据使用。如果鉴定结论不能准确确定犯罪嫌疑人实施犯罪行为时的年龄,而且鉴定结论又表明犯罪嫌疑人年龄在刑法规定的应负刑事责任年龄上下的,应当依法慎重处理。"二是法律适用复函。围绕刑法适用问题,部门之间征求意见较为常见,从而形成了法律适用复函。例如,《最高人民法院办公厅关于刑事裁判涉财产部分执行可否收取诉讼费意见的复函》(法办函〔2017〕19号)针对国家发展改革委办公厅《关于商请明确人民法院可否收取刑事案件涉财产执行诉讼费有关问题的函》,明确提出:"刑事裁判涉财产部分执行不同于民事执行,人民法院办理刑事裁判涉财产部分执行案件,不应收取诉讼费。"

与司法解释、规范性文件不同,法律适用答复、复函没有普遍适用的规范效力,但其毕竟代表了最高司法机关及其内设部门的观点立场,故实际往往为司法

---

① 根据《最高人民法院关于法律适用问题请示答复的规定》(法〔2023〕88号)的规定,自2023年9月1日起,最高人民法院作出的法律适用问题答复统一采用"答复"形式,且应当以院而非内设部门的名义作出。

实务处理类似案件作为重要借鉴参考。①

(十) 司法疑难解析

对现有规范层面的规则和非规范层面的规则未予涉及的刑事程序疑难问题进行探讨,亦应成为刑诉工具书的功能定位之一,唯此才能真正解决实务问题。可以说,司法实务之中疑难问题的呈现重复度较高,后来案件的处理需要借鉴此前的司法经验。例如,关于行政证据的使用,《刑事诉讼法》第五十四条第二款规定:"行政机关在行政执法和查办案件过程中收集的物证、书证、视听资料、电子数据等证据材料,在刑事诉讼中可以作为证据使用。"对此,"4"所涉基本规范均作了专门规定。但是,司法实务之中还会遇到新的问题。公安机关在办理行政案件过程中收集证据材料的使用,就是争议较大的问题之一。公安机关具有行政执法和刑事司法的双重职能,对其在行政执法过程中收集的言词证据,在刑事立案之后是否需要重新收集,实践之中不无争议。对此,确有必要加以解析。

基于此,《实务刑事诉讼法评注》专设"司法疑难解析"栏目,选取司法实务中关注度较高的若干疑难问题进行专题探讨,演绎解决实务难题应当注意的方法。对部分刑法疑难问题展开探讨,提出"一家之言"。需要说明的是,本栏目所涉问题并非写作过程之中"拍脑袋"而来,基本有实务来源,但对其出处作了适当技术处理。此外,《实务刑事诉讼法评注》不少地方出现"本评注认为""本评注倾向""本评注注"之类的表述,也主要是围绕司法疑难问题加以探讨,亦属同一范畴。需要强调的是,与前述栏目不同,相关观点只是"一孔之见",不具有任何效力,不能作为办案的依据,是否作为参考,听凭读者。所涉问题并无定论,抛出问题只是为实务提供参考。

刑诉工具书的理想图景应为"实务推进器",真正起到便利实务办案的功能。基于规范查询和问题解决的双重考虑,《实务刑事诉讼法评注》坚持程序整体的理念,以刑诉法条为本原,完整呈现相关规范与解析实务疑难问题,希望成为一部可以带进看守所、带上法庭、带到讨论室,用于刑事办案全过程的"刑诉

---

① 《最高人民法院关于法律适用问题请示答复的规定》(法〔2023〕88号)第十五条规定:"对最高人民法院的答复,提出请示的人民法院应当执行,但不得作为裁判依据援引。"《人民检察院案件请示办理工作规定(试行)》(高检发〔2015〕17号)第二十条亦规定:"对上级人民检察院的答复意见,下级人民检察院应当执行,并在执行完毕后十日以内将执行情况报送上级人民检察院。""下级人民检察院因特殊原因对答复意见不能执行的,应当书面说明有关情况和理由,经本院检察长批准后报送上级人民检察院。"

规则集成"与"随翻随答手册"。当然,若《实务刑事诉讼法评注》亦能为刑事理论工作者和广大法科学生所认可,用于规范查询与研习参考,则笔者更感欣慰。未来,随着刑诉规范的更新完善,加之笔者对刑诉实务的感知深化与经验累积,《实务刑事诉讼法评注》也会修补更新,不断改进完善。真诚期待读者同仁就《实务刑事诉讼法评注》的未来修改完善提出宝贵意见,具体建议可以通过编辑出版团队负责运维的微信公众号"实务刑事法评注"反馈。

喻海松

2023 年 7 月于北京东交民巷

配套公众号使用指南

纸质刑事法工具书固然便捷,但一经出版即落后于"瞬息万变"的刑事实务。"小红书"《实务刑事诉讼法评注》与"小黄书"《实务刑法评注》亦不能外。有鉴于此,本系列图书编辑团队特推出"实务刑事法评注"公众号,为您"速递"最新刑事法及其适用规则,实现"红""黄"二书"与时俱进"。

公众号不求"最快",但求"最细",系统收录规范层面的规则,适当增补法律适用问题答复、复函等非规范层面的规则;不求"庞大",但求"清晰",妥当衔接新旧规则,明晰相互层级关系;不求"权威",但求"实用",持续编纂千余刑参案例规则,提供当下实务难题专业解析。究其愿景,一号展示刑事法及其适用规则最新面貌,一号厘清刑事规则演进脉络与逻辑体系,一号解决刑事实务常见争议。

做实务工作者满意的公众号,助力"永不过时"的刑事法工具书!

反馈意见请扫码
关注"实务刑事法评注"公众号

中华人民共和国刑事诉讼法

(1979年7月1日第五届全国人民代表大会第二次会议通过 根据1996年3月17日第八届全国人民代表大会第四次会议《关于修改〈中华人民共和国刑事诉讼法〉的决定》第一次修正 根据2012年3月14日第十一届全国人民代表大会第五次会议《关于修改〈中华人民共和国刑事诉讼法〉的决定》第二次修正 根据2018年10月26日第十三届全国人民代表大会常务委员会第六次会议《关于修改〈中华人民共和国刑事诉讼法〉的决定》第三次修正)

目 录

第一编 总 则
 第一章 任务和基本原则
 第二章 管 辖
 第三章 回 避
 第四章 辩护与代理
 第五章 证 据
 第六章 强制措施
 第七章 附带民事诉讼
 第八章 期间、送达
 第九章 其他规定
第二编 立案、侦查和提起公诉
 第一章 立 案
 第二章 侦 查
  第一节 一般规定
  第二节 讯问犯罪嫌疑人
  第三节 询问证人
  第四节 勘验、检查
  第五节 搜 查

　　　　第六节　查封、扣押物证、书证
　　　　第七节　鉴　定
　　　　第八节　技术侦查措施
　　　　第九节　通　缉
　　　　第十节　侦查终结
　　　　第十一节　人民检察院对直接受理的案件的侦查
　　第三章　提起公诉
第三编　审　判
　　第一章　审判组织
　　第二章　第一审程序
　　　　第一节　公诉案件
　　　　第二节　自诉案件
　　　　第三节　简易程序
　　　　第四节　速裁程序
　　第三章　第二审程序
　　第四章　死刑复核程序
　　第五章　审判监督程序
第四编　执　行
第五编　特别程序
　　第一章　未成年人刑事案件诉讼程序
　　第二章　当事人和解的公诉案件诉讼程序
　　第三章　缺席审判程序
　　第四章　犯罪嫌疑人、被告人逃匿、死亡案件违法所得的没收程序
　　第五章　依法不负刑事责任的精神病人的强制医疗程序
附　则

司法疑难解析

刑事程序法的时间效力问题。 与《刑法》第十二条对刑法溯及力规定从旧兼从轻原则不同，《刑事诉讼法》之中未见关于时间效力问题的规定。**本评注认为**，对新旧刑事程序法的选择，原则上应当坚持从新原则，只有当新法相关规定不利于被告人时，才宜作为例外适用旧法。主要考虑：与刑法修改既可能有利于被告人，也可能不利于被告人不同，刑事程序法的修改整体有利于被告人权利的保障，适用新法通常会有利于被告人，故不宜套用刑事实体法的"从旧兼从轻"原则，而宜坚持原则上从新的立场。

第一编 总则

第一章
任务和基本原则

第一条 【立法宗旨】 为了保证刑法的正确实施,惩罚犯罪,保护人民,保障国家安全和社会公共安全,维护社会主义社会秩序,根据宪法,制定本法。

■ 立法沿革

1979年7月1日第五届全国人民代表大会第二次会议通过的《中华人民共和国刑事诉讼法》(自1980年1月1日起施行,以下简称为"1979年《刑事诉讼法》")第一条规定:"中华人民共和国刑事诉讼法,以马克思列宁主义毛泽东思想为指针,以宪法为根据,结合我国各族人民实行无产阶级领导的、工农联盟为基础的人民民主专政即无产阶级专政的具体经验和打击敌人、保护人民的实际需要制定。"1996年3月17日第八届全国人民代表大会第四次会议通过的《全国人民代表大会关于修改〈中华人民共和国刑事诉讼法〉的决定》(自1997年1月1日起施行,以下简称为"1996年《刑事诉讼法修改决定》");根据该决定作相应修改,重新公布的《中华人民共和国刑事诉讼法》简称为"1996年《刑事诉讼法》")对本条作了修改,即考虑到制定《刑事诉讼法》的根据是《宪法》,而《宪法》已经包含立法指导思想等内容,故未在本条再作重复规定。2012年、2018年修改《刑事诉讼法》时对本条规定未作调整。

第二条 【刑事诉讼法的任务】 中华人民共和国刑事诉讼法的任务,是保证准确、及时地查明犯罪事实,正确应用法律,惩罚犯罪分子,保障无罪的人不受刑事追究,教育公民自觉遵守法律,积极同犯罪行为作斗争,维护社会主义法制,尊重和保障人权,保护公民的人身权利、财产权利、民主权利和其他权利,保障社会主义建设事业的顺利进行。

■ 立法沿革

1979年《刑事诉讼法》第二条规定:"中华人民共和国刑事诉讼法的任务,是保证准确、及时地查明犯罪事实,正确应用法律,惩罚犯罪分子,保障无罪的人不受刑事追究,教育公民自觉遵守法律,积极同犯罪行为作斗争,以维护社会主义法制,保护公民的人身权利、民主权利和其它权利,保障社会主义革命和社会主义建设事业的顺利进行。"1996年《刑事诉讼法修改决定》在原条文中的保障公民的人身权利之后增加"财产权利",将原条文"保障社会主义革命和社会主义建设事业的顺利进行"修改为"保障社会主义建设事业的顺利进行"。2012年3月14日第十一届全国人民代表大会第五次会议通过的《关于修改〈中华人民共和国刑事诉讼法〉的决定》(自2013年1月1日起施行,以下简称为"2012年《刑事诉讼法修改决定》";根据该决定作相应修改,重新公布的《中华人民共和国刑事诉讼法》简称为"2012年《刑事诉讼法》")增加"尊重和保障人权"的规定。2018年修改《刑事诉讼法》时对本条规定未作调整。

基本规范

《公安机关办理刑事案件程序规定》(公安部令第159号修正,修正后自2020年9月1日起施行)

第一章 任务和基本原则

第二条 公安机关在刑事诉讼中的任务,是保证准确、及时地查明犯罪事实,正确应用法律,惩罚犯罪分子,保障无罪的人不受刑事追究,教育公民自觉遵守法律,积极同犯罪行为作斗争,维护社会主义法制,尊重和保障人权,保护公民的人身权利、财产权利、民主权利和其他权利,保障社会主义建设事业的顺利进行。

《海警机构办理刑事案件程序规定》(中国海警局令第1号,自2023年6月15日起施行)

第一章 总 则

第二条 海警机构在刑事诉讼中的任务,是保证准确、及时地查明犯罪事实,正确应用法律,惩罚犯罪分子,保障无罪的人不受刑事追究,教育公民自觉遵守法律,积极同犯罪行为作斗争,维护社会主义法制,尊重和保障人权,保护公民的人身权利、财产权利、民主权利和其他权利,保障社会主义建设事业的顺利进行。

其他规范

《中央政法委关于切实防止冤假错案的规定》(中政委〔2013〕27号)

为深入贯彻落实习近平总书记和孟建柱、郭声琨同志的重要批示精神,深入贯彻落实中央政法委员会第四次全体会议精神,依法惩罚犯罪,尊重和保障人权,提高司法公信力,维护社会公平正义,现就严格遵守法律程序制度,坚守防止冤假错案底线作如下规定。

一、讯问犯罪嫌疑人、被告人,除情况紧急必须现场讯问外,应当在规定的办案场所进行;犯罪嫌疑人被送交看守所羁押后,讯问应当在看守所讯问室进行并全程同步录音或者录像。侦查机关不得以起赃、辨认等为由将犯罪嫌疑人提出看守所外进行讯问。

二、侦查机关移交案件时,应当移交证明犯罪嫌疑人、被告人有罪或者无罪、犯罪情节轻重的全部证据。严禁隐匿证据、人为制造证据。

三、在侦查、审查起诉、审判时发现有应当排除的证据的,应当依法予以排除,不得作为提请批准逮捕、批准或决定逮捕、移送审查起诉、作出起诉决定和判决的依据。对于采用刑讯逼供等非法方法收集的犯罪嫌疑人、被告人供述和采用暴力、威胁等非法方法收集的证人证言、被害人陈述,不得作为定案的根据。

四、人民检察院依法对侦查活动是否合法进行监督,及时提出收集、固定和完善证据的意见和建议,必要时指派检察官参加侦查机关对重大案件的讨论和对犯罪有关的场所、物品、人身、尸体的复验、复查。

五、人民检察院严格把好审查逮捕、审查起诉和抗诉关,对不符合法定逮捕、起诉条件的案件,依法作出不批准逮捕、不起诉的决定;对符合抗诉条件的案件,特别是无罪判处有罪、有罪判处无罪、量刑畸轻畸重的案件,依法提出抗诉。

六、坚持证据裁判原则。依法应当出庭的证人没有正当理由拒绝出庭或者出庭后拒绝作证,法庭对其证言真实性无法确认的,该证人证言不得作为定案的根据。证据未经当庭出示、辨认、质证等法庭调查程序查证属实的,不得作为定案的根据。

七、严格执行法定的证明标准。只有被告人供述,没有其他证据的,不能认定被告人有罪和处以刑罚。对于定罪证据不足的案件,应当坚持疑罪从无原则,依法宣告被告人无罪,不能降格作出"留有余地"的判决。对于定罪证据确实、充分,但影响量刑的证据存在疑点的案件,应当在量刑时作出有利于被告人的处理。

八、人民法院、人民检察院、公安机关办理刑事案件,必须以事实为依据,以法律为准绳,不能因为舆论炒作、当事人及其亲属上访闹访和"限时破案"、地方"维稳"等压力,作出违反法律规定的裁判和决定。

九、切实保障律师会见、阅卷、调查取证和庭审中发问、质证、辩论等辩护权利。人民法院、人民检察院、公安机关在侦查终结、审查起诉、死刑复核等环节,应当依法听取辩护律师的意见。对于被告人及其辩护人提出的辩解辩护意见和提交的证据材料,人民法院应当认真审查,并在裁判文书中说明采纳与否的理由。

十、对确有冤错可能的控告和申诉,人民检察院、人民法院应当依法及时复查。经复查,认为刑事判决、裁定确有错误的,依法提出(请)抗诉、再审。人民检察院对本院及下级院确有错误的刑事处理决定,依据法定程序及时纠正。

十一、对罪犯提出的申诉、控告、检举材料,监狱或其他刑罚执行机关不得扣押,应当及时转送或者提请有关机关处理。有关机关应当认真审查、及时处理,并将处理结果通知监狱或其他刑罚执行机关。罪犯提出申诉、控告的,不影响对其减刑、假释。

十二、建立健全合议庭、独任法官、检察官、人民警察权责一致的办案责任制,法官、检察官、人民警察在职责范围内对办案质量终身负责。对法官、检察官、人民警察的违法办案行为,依照有关法律和规定追究责任。

十三、明确冤假错案的标准、纠错启动主体和程序,建立健全冤假错案的责任追究机制。对于刑讯逼供、暴力取证、隐匿伪造证据等行为,依法严肃查处。

十四、建立健全科学合理、符合司法规律的办案绩效考评制度,不能片面追求破案率、批捕率、起诉率、定罪率等指标。

十五、各级党委政法委应当支持人民法院、人民检察院依法独立公正行使审判权、检察权,支持政法各单位依照宪法和法律独立负责、协调一致地开展工作。对事实不清、证据不足的案件,不予协调;协调案件时,一般不对案件定性和实体处理提出具体意见。

《最高人民法院关于建立健全防范刑事冤假错案工作机制的意见》(法发〔2013〕11号)

为依法准确惩治犯罪,尊重和保障人权,实现司法公正,根据《中华人民共和国刑事诉讼法》和相关司法解释等规定,结合司法实际,对人民法院建立健全防范刑事冤假错案的工作机制提出如下意见:

一、坚持刑事诉讼基本原则,树立科学司法理念

1. 坚持尊重和保障人权原则。尊重被告人的诉讼主体地位,维护被告人的辩护权等诉讼权利,保障无罪的人不受刑事追究。

2. 坚持依法独立行使审判权原则。必须以事实为根据,以法律为准绳。不能因为舆论炒作、当事方上访闹访和地方"维稳"等压力,作出违反法律的裁判。

3. 坚持程序公正原则。自觉遵守刑事诉讼法有关规定,严格按照法定程序审判案件,保证准确有效地执行法律。

4. 坚持审判公开原则。依法保障当事人的诉讼权利和社会公众的知情权,审判过程、裁判文书依法公开。

5. 坚持证据裁判原则。认定案件事实,必须以证据为根据。应当依照法定程序审查、认定证据。认定被告人有罪,应当适用证据确实、充分的证明标准。

二、严格执行法定证明标准,强化证据审查机制

6. 定罪证据不足的案件,应当坚持疑罪从无原则,依法宣告被告人无罪,不得降格作出"留有余地"的判决。

定罪证据确实、充分,但影响量刑的证据存疑的,应当在量刑时作出有利于被告人的处理。

死刑案件,认定对被告人适用死刑的事实证据不足的,不得判处死刑。

7. 重证据,重调查研究,切实改变"口供至上"的观念和做法,注重实物证据的审查和运用。只有被告人供述,没有其他证据的,不能认定被告人有罪。

8. 采用刑讯逼供或者冻、饿、晒、烤、疲劳审讯等非法方法收集的被告人供述,应当排除。

除情况紧急必须现场讯问以外,在规定的办案场所外讯问取得的供述,未依法对讯问进行全程录音录像取得的供述,以及不能排除以非法方法取得的供述,应当排除。

9. 现场遗留的可能与犯罪有关的指纹、血迹、精斑、毛发等证据,未通过指纹鉴定、DNA 鉴定等方式与被告人、被害人的相应样本作同一认定的,不得作为定案的根据。涉案物品、作案工具等未通过辨认、鉴定等方式确定来源的,不得作为定案的根据。

对于命案,应当审查是否通过被害人近亲属辨认、指纹鉴定、DNA 鉴定等方式确定被害人身份。

三、切实遵守法定诉讼程序,强化案件审理机制

10. 庭前会议应当归纳事实、证据争点。控辩双方有异议的证据,庭审时重点调查;没有异议的,庭审时举证、质证适当简化。

11. 审判案件应当以庭审为中心。事实证据调查在法庭,定罪量刑辩论在法庭,裁判结果形成于法庭。

12. 证据未经当庭出示、辨认、质证等法庭调查程序查证属实,不得作为定案的根据。

采取技术侦查措施收集的证据,除可能危及有关人员的人身安全,或者可能产生其他严重后果,由人民法院依职权庭外调查核实的外,未经法庭调查程序查证属实,不得作为定案的根据。

13. 依法应当出庭作证的证人没有正当理由拒绝出庭或者出庭后拒绝作证,其庭前证言真实性无法确认的,不得作为定案的根据。

14. 保障被告人及其辩护人在庭审中的发问、质证、辩论等诉讼权利。对于被告人及其辩护人提出的辩解理由、辩护意见和提交的证据材料,应当当庭或者在裁判文书中说明采纳与否及理由。

15. 定罪证据存疑的,应当书面建议人民检察院补充调查。人民检察院在二个月内未提交书面材料的,应当根据在案证据依法作出裁判。

四、认真履行案件把关职责,完善审核监督机制

16. 合议庭成员共同对案件事实负责。承办法官为案件质量第一责任人。

合议庭成员通过庭审或者阅卷等方式审查事实和证据,独立发表评议意见并说明理由。

死刑案件,由经验丰富的法官承办。

17. 审判委员会讨论案件,委员依次独立发表意见并说明理由,主持人最后发表意见。

18. 原判事实不清、证据不足,第二审人民法院查清事实的,不得发回重新审判。以事实不清、证据不足为由发回重新审判的案件,上诉、抗诉后,不得再次发回重新审判。

19. 不得通过降低案件管辖级别规避上级人民法院的监督。不得就事实和证据问题请示上级人民法院。

20. 复核死刑案件,应当讯问被告人。辩护律师提出要求的,应当听取意见。证据存疑的,应当调查核实,必要时到案发地调查。

21. 重大、疑难、复杂案件,不能在法定期限内审结的,应当依法报请延长审理期限。

22. 建立科学的办案绩效考核指标体系,不得以上诉率、改判率、发回重审率等单项考核指标评价办案质量和效果。

五、充分发挥各方职能作用,建立健全制约机制

23. 严格依照法定程序和职责审判案件,不得参与公安机关、人民检察院联合办案。

24. 切实保障辩护人会见、阅卷、调查取证等辩护权利。辩护人申请调取可能证明被告人无罪、罪轻的证据的,应当准许。

25. 重大、疑难、复杂案件,可以邀请人大代表、政协委员、基层群众代表等旁听观审。

26. 对确有冤错可能的控告和申诉,应当依法复查。原判决、裁定确有错误的,依法及时纠正。

27.建立健全审判人员权责一致的办案责任制。审判人员依法履行职责,不受追究。审判人员办理案件违反审判工作纪律或者徇私枉法的,依照有关审判工作纪律和法律的规定追究责任。

> **第三条 【职权原则】** 对刑事案件的侦查、拘留、执行逮捕、预审,由公安机关负责。检察、批准逮捕、检察机关直接受理的案件的侦查、提起公诉,由人民检察院负责。审判由人民法院负责。除法律特别规定的以外,其他任何机关、团体和个人都无权行使这些权力。
>
> **【严格遵守法定程序原则】** 人民法院、人民检察院和公安机关进行刑事诉讼,必须严格遵守本法和其他法律的有关规定。

立法沿革

1979年《刑事诉讼法》第三条规定:"对刑事案件的侦查、拘留、预审,由公安机关负责。批准逮捕和检察(包括侦查)、提起公诉,由人民检察院负责。审判由人民法院负责。其他任何机关、团体和个人都无权行使这些权力。""人民法院、人民检察院和公安机关进行刑事诉讼,必须严格遵守本法和其他法律的有关规定。"1996年《刑事诉讼法修改决定》对本条第一款作了修改,使公检法三机关的职责分工更加明确、清晰。2012年、2018年修改《刑事诉讼法》时对本条规定未作调整。

基本规范

《公安机关办理刑事案件程序规定》(公安部令第159号修正,修正后自2020年9月1日起施行)

第一章 任务和基本原则

第三条 公安机关在刑事诉讼中的基本职权,是依照法律对刑事案件立案、侦查、预审;决定、执行强制措施;对依法不追究刑事责任的不予立案,已经追究的撤销案件;对侦查终结应当起诉的案件,移送人民检察院审查决定;对不够刑事处罚的犯罪嫌疑人需要行政处理的,依法予以处理或者移送有关部门;对被判处有期徒刑的罪犯,在被交付执行刑罚前,剩余刑期在三个月以下的,代为执行刑罚;执行拘役、剥夺政治权利、驱逐出境。

《海警机构办理刑事案件程序规定》(中国海警局令第1号,自2023年6月15日起施行)

第一章 总 则

第三条 海警机构在刑事诉讼中的基本职权,是依照法律对海上发生的刑事案件进行立案、侦查、预审;决定、执行强制措施;对依法不应当追究刑事责任的不予立案,已经追究的撤销案件;对侦查终结应当起诉的案件,移送人民检察院审查决定;对不够刑事处罚的犯罪嫌疑人需要行政处理的,依法予以处理或者移送有关部门。

第四条 【国家安全机关的职权】国家安全机关依照法律规定,办理危害国家安全的刑事案件,行使与公安机关相同的职权。

立法沿革

本条系1996年《刑事诉讼法修改决定》增加的规定。第六届全国人民代表大会第一次会议决定设立国家安全机关。1983年9月2日公布并施行的《全国人民代表大会常务委员会关于国家安全机关行使公安机关的侦查、拘留、预审和执行逮捕的职权的决定》规定国家安全机关承担原由公安机关主管的间谍、特务案件的侦查工作,是国家公安机关的性质,因而国家安全机关可以行使宪法和法律规定的公安机关的侦查、拘留、预审和执行逮捕的职权。1996年《刑事诉讼法修改决定》将上述内容纳入《刑事诉讼法》,增加本条规定。2012年、2018年修改《刑事诉讼法》时对本条规定未作调整。

相关规定

《全国人民代表大会常务委员会关于国家安全机关行使公安机关的侦查、拘留、预审和执行逮捕的职权的决定》(自1983年9月2日起施行,节录)

第六届全国人民代表大会第一次会议决定设立的国家安全机关,承担原由公安机关主管的间谍、特务案件的侦查工作,是国家公安机关的性质,因而国家安全机关可以行使宪法和法律规定的公安机关的侦查、拘留、预审和执行逮捕的职权。

《中华人民共和国反间谍法》(主席令第4号修订,修订后自2023年7月1日起施行,节录)

第六条 国家安全机关是反间谍工作的主管机关。

公安、保密等有关部门和军队有关部门按照职责分工,密切配合,加强协调,依法做好有关工作。

第二十三条 国家安全机关在反间谍工作中依法行使本法和有关法律规定的职权。

第三十九条 国家安全机关经调查,发现间谍行为涉嫌犯罪的,应当依照《中华人民共和国刑事诉讼法》的规定立案侦查。

第七十条 国家安全机关依照法律、行政法规和国家有关规定,履行防范、制止和惩治间谍行为以外的危害国家安全行为的职责,适用本法的有关规定。

公安机关在依法履行职责过程中发现、惩治危害国家安全的行为,适用本法的有关规定。

《中华人民共和国国家安全法》(自2015年7月1日起施行,节录)

第四十二条 国家安全机关、公安机关依法搜集涉及国家安全的情报信息,在国家安全工作中依法行使侦查、拘留、预审和执行逮捕以及法律规定的其他职权。

有关军事机关在国家安全工作中依法行使相关职权。

《中华人民共和国反间谍法实施细则》(国务院令第692号,自2017年11月22日起施行,节录)

第二十五条 国家安全机关、公安机关依照法律、行政法规和国家有关规定,履行防范、制止和惩治间谍行为以外的其他危害国家安全行为的职责,适用本细则的有关规定。

"六部委"规定

《最高人民法院、最高人民检察院、公安部、国家安全部、司法部、全国人大常委会法制工作委员会关于实施刑事诉讼法若干问题的规定》(自2013年1月1日起施行,节录)

国家安全机关依照法律规定,办理危害国家安全的刑事案件,适用本规定中有关公安机关的规定。

司法疑难解析

国家安全机关管辖案件范围。根据《刑事诉讼法》第四条的规定,国家安全机关管辖的案件范围是危害国家安全的刑事案件,主要是刑法分则第一章规定的危害国家安全犯罪中规定的犯罪,但在其他章中规定的犯罪,如果涉及国家安全,依照规定应当由国家安全机关负责侦查的,也属于该条规定的国家安全机关办理的"危害国家安全的刑事案件"。①

相关规范集成·反间谍调查处置措施

相关规定

《中华人民共和国反间谍法》(修订后自2023年7月1日起施行,节录)
第三章 调查处置
第二十三条 国家安全机关在反间谍工作中依法行使本法和有关法律规定的职权。

第二十四条 国家安全机关工作人员依法执行反间谍工作任务时,依照规定出示工作证件,可以查验中国公民或者境外人员的身份证明,向有关个人和组织问询有关情况,对身份不明、有间谍行为嫌疑的人员,可以查看其随带物品。

第二十五条 国家安全机关工作人员依法执行反间谍工作任务时,经设区的市级以上国家安全机关负责人批准,出示工作证件,可以查验有关个人和组织的电子设备、设施及有关程序、工具。查验中发现存在危害国家安全情形的,国家安全机关应当责令其采取措施立即整改。拒绝整改或者整改后仍存在危害国家安全隐患的,可以予以查封、扣押。

对依照前款规定查封、扣押的电子设备、设施及有关程序、工具,在危害国家安全的情形消除后,国家安全机关应当及时解除查封、扣押。

第二十六条 国家安全机关工作人员依法执行反间谍工作任务时,根据国家有关规定,经设区的市级以上国家安全机关负责人批准,可以查阅、调取有关的文件、数据、资料、物品,有关个人和组织应当予以配合。查阅、调取不得超出执行反间谍工作任务所需的范围和限度。

第二十七条 需要传唤违反本法的人员接受调查的,经国家安全机关办案部门负责人批准,使用传唤证传唤。对现场发现的违反本法的人员,国家安全机关工作人员依照规定出示工作证件,可以口头传唤,但应当在询问笔录中注明。传唤的原因和依据应当告知被传唤人。对无正当理由拒不接受传唤或者逃避传唤的人,可以强制传唤。

国家安全机关应当在被传唤人所在市、县内的指定地点或者其住所进行询问。

---

① 参见王爱立主编:《〈中华人民共和国刑事诉讼法〉释义》,法律出版社2018年版,第6页。

国家安全机关对被传唤人应当及时询问查证。询问查证的时间不得超过八小时；情况复杂，可能适用行政拘留或者涉嫌犯罪的，询问查证的时间不得超过二十四小时。国家安全机关应当为被传唤人提供必要的饮食和休息时间。严禁连续传唤。

除无法通知或者可能妨碍调查的情形以外，国家安全机关应当及时将传唤的原因通知被传唤人家属。在上述情形消失后，应当立即通知被传唤人家属。

第二十八条 国家安全机关调查间谍行为，经设区的市级以上国家安全机关负责人批准，可以依法对涉嫌间谍行为的人身、物品、场所进行检查。

检查女性身体的，应当由女性工作人员进行。

第二十九条 国家安全机关调查间谍行为，经设区的市级以上国家安全机关负责人批准，可以查询涉嫌间谍行为人员的相关财产信息。

第三十条 国家安全机关调查间谍行为，经设区的市级以上国家安全机关负责人批准，可以对涉嫌用于间谍行为的场所、设施或者财物依法查封、扣押、冻结；不得查封、扣押、冻结与被调查的间谍行为无关的场所、设施或者财物。

第三十一条 国家安全机关工作人员在反间谍工作中采取查阅、调取、传唤、检查、查询、查封、扣押、冻结等措施，应当由二人以上进行，依照有关规定出示工作证件及相关法律文书，并由相关人员在有关笔录等书面材料上签名、盖章。

国家安全机关工作人员进行检查、查封、扣押等重要取证工作，应当对全过程进行录音录像，留存备查。

第三十二条 在国家安全机关调查了解有关间谍行为的情况、收集有关证据时，有关个人和组织应当如实提供，不得拒绝。

第三十三条 对出境后可能对国家安全造成危害，或者对国家利益造成重大损失的中国公民，国务院国家安全主管部门可以决定其在一定期限内不准出境，并通知移民管理机构。

对涉嫌间谍行为人员，省级以上国家安全机关可以通知移民管理机构不准其出境。

第三十四条 对入境后可能进行危害中华人民共和国国家安全活动的境外人员，国务院国家安全主管部门可以通知移民管理机构不准其入境。

第三十五条 对国家安全机关通知不准出境或者不准入境的人员，移民管理机构应当按照国家有关规定执行；不准出境、入境情形消失的，国家安全机关应当及时撤销不准出境、入境决定，并通知移民管理机构。

第三十六条 国家安全机关发现涉及间谍行为的网络信息内容或者网络攻

击等风险,应当依照《中华人民共和国网络安全法》规定的职责分工,及时通报有关部门,由其依法处置或者责令电信业务经营者、互联网服务提供者及时采取修复漏洞、加固网络防护、停止传输、消除程序和内容、暂停相关服务、下架相关应用、关闭相关网站等措施,保存相关记录。情况紧急,不立即采取措施将对国家安全造成严重危害的,由国家安全机关责令有关单位修复漏洞、停止相关传输、暂停相关服务,并通报有关部门。

经采取相关措施,上述信息内容或者风险已经消除的,国家安全机关和有关部门应当及时作出恢复相关传输和服务的决定。

第三十七条 国家安全机关因反间谍工作需要,根据国家有关规定,经过严格的批准手续,可以采取技术侦察措施和身份保护措施。

第三十八条 对违反本法规定,涉嫌犯罪,需要对有关事项是否属于国家秘密或者情报进行鉴定以及需要对危害后果进行评估的,由国家保密部门或者省、自治区、直辖市保密部门按照程序在一定期限内进行鉴定和组织评估。

第三十九条 国家安全机关经调查,发现间谍行为涉嫌犯罪的,应当依照《中华人民共和国刑事诉讼法》的规定立案侦查。

第五条 【依法独立行使审判权、检察权】人民法院依照法律规定独立行使审判权,人民检察院依法法律规定独立行使检察权,不受行政机关、社会团体和个人的干涉。

▌立法沿革

本条系1996年《刑事诉讼法修改决定》增加的规定。1982年《宪法》规定人民法院依法独立行使审判权,人民检察院依法独立行使检察权,不受任何行政机关、社会团体和个人的干涉。1996年《刑事诉讼法修改决定》将上述内容纳入《刑事诉讼法》,增加本条规定。2012年、2018年修改《刑事诉讼法》时对本条规定未作调整。

▌相关规定

《领导干部干预司法活动、插手具体案件处理的记录、通报和责任追究规定》(中共中央办公厅、国务院办公厅,中办发〔2015〕23号,自2015年3月18日起施行)

第一条 为贯彻落实《中共中央关于全面推进依法治国若干重大问题的决定》有关要求,防止领导干部干预司法活动、插手具体案件处理,确保司法机关依法独立公正行使职权,根据宪法法律规定,结合司法工作实际,制定本规定。

第二条 各级领导干部应当带头遵守宪法法律,维护司法权威,支持司法机关依法独立公正行使职权。任何领导干部都不得要求司法机关违反法定职责或法定程序处理案件,都不得要求司法机关做有碍司法公正的事情。

第三条 对司法工作负有领导职责的机关,因履行职责需要,可以依照工作程序了解案件情况,组织研究司法政策,统筹协调依法处理工作,督促司法机关依法履行职责,为司法机关创造公正司法的环境,但不得对案件的证据采信、事实认定、司法裁判等作出具体决定。

第四条 司法机关依法独立公正行使职权,不得执行任何领导干部违反法定职责或法定程序、有碍司法公正的要求。

第五条 对领导干部干预司法活动、插手具体案件处理的情况,司法人员应当全面、如实记录,做到全程留痕,有据可查。

以组织名义向司法机关发文发函对案件处理提出要求的,或者领导干部身边工作人员、亲属干预司法活动、插手具体案件处理的,司法人员均应当如实记录并留存相关材料。

第六条 司法人员如实记录领导干部干预司法活动、插手具体案件处理情况的行为,受法律和组织保护。领导干部不得对司法人员打击报复。非因法定事由,非经法定程序,不得将司法人员免职、调离、辞退或者作出降级、撤职、开除等处分。

第七条 司法机关应当每季度对领导干部干预司法活动、插手具体案件处理情况进行汇总分析,报送同级党委政法委和上级司法机关。必要时,可以立即报告。

党委政法委应当及时研究领导干部干预司法活动、插手具体案件处理的情况,报告同级党委,同时抄送纪检监察机关、党委组织部门。干预司法活动、插手具体案件处理的领导干部属于上级党委或者其他党组织管理的,应当向上级党委报告或者向其他党组织通报情况。

第八条 领导干部有下列行为之一的,属于违法干预司法活动,党委政法委按程序报经批准后予以通报,必要时可以向社会公开:

(一)在线索核查、立案、侦查、审查起诉、审判、执行等环节为案件当事人请托说情的;

(二)要求办案人员或办案单位负责人私下会见案件当事人或其辩护人、诉讼代理人、近亲属以及其他与案件有利害关系的人的;

(三)授意、纵容身边工作人员或者亲属为案件当事人请托说情的;

（四）为了地方利益或者部门利益，以听取汇报、开协调会、发文件等形式，超越职权对案件处理提出倾向性意见或者具体要求的；

（五）其他违法干预司法活动、妨碍司法公正的行为。

第九条 领导干部有本规定第八条所列行为之一，造成后果或者恶劣影响的，依照《中国共产党纪律处分条例》、《行政机关公务员处分条例》、《检察人员纪律处分条例(试行)》、《人民法院工作人员处分条例》、《中国人民解放军纪律条令》等规定给予纪律处分；造成冤假错案或者其他严重后果，构成犯罪的，依法追究刑事责任。

领导干部对司法人员进行打击报复的，依照《中国共产党纪律处分条例》、《行政机关公务员处分条例》、《检察人员纪律处分条例(试行)》、《人民法院工作人员处分条例》、《中国人民解放军纪律条令》等规定给予纪律处分；构成犯罪的，依法追究刑事责任。

第十条 司法人员不记录或者不如实记录领导干部干预司法活动、插手具体案件处理情况的，予以警告、通报批评；有两次以上不记录或者不如实记录情形的，依照《中国共产党纪律处分条例》、《行政机关公务员处分条例》、《检察人员纪律处分条例(试行)》、《人民法院工作人员处分条例》、《中国人民解放军纪律条令》等规定给予纪律处分。主管领导授意不记录或者不如实记录的，依纪依法追究主管领导责任。

第十一条 领导干部干预司法活动、插手具体案件处理的情况，应当纳入党风廉政建设责任制和政绩考核体系，作为考核干部是否遵守法律、依法办事、廉洁自律的重要依据。

第十二条 本规定所称领导干部，是指在各级党的机关、人大机关、行政机关、政协机关、审判机关、检察机关、军事机关以及公司、企业、事业单位、社会团体中具有国家工作人员身份的领导干部。

第十三条 本规定自2015年3月18日起施行。

《中华人民共和国人民法院组织法》(修订后自2019年1月1日起施行，节录)

第三十三条 合议庭审理案件，法官对案件的事实认定和法律适用负责；法官独任审理案件，独任法官对案件的事实认定和法律适用负责。

人民法院应当加强内部监督，审判活动有违法情形的，应当及时调查核实，并根据违法情形依法处理。

第三十九条 合议庭认为案件需要提交审判委员会讨论决定的，由审判长提出申请，院长批准。

审判委员会讨论案件,合议庭对其汇报的事实负责,审判委员会委员对本人发表的意见和表决负责。审判委员会的决定,合议庭应当执行。

审判委员会讨论案件的决定及其理由应当在裁判文书中公开,法律规定不公开的除外。

第五十二条 任何单位或者个人不得要求法官从事超出法定职责范围的事务。

对于领导干部等干预司法活动、插手具体案件处理,或者人民法院内部人员过问案件情况的,办案人员应当全面如实记录并报告;有违法违纪情形的,由有关机关根据情节轻重追究行为人的责任。

《中华人民共和国人民检察院组织法》(修订后自 2019 年 1 月 1 日起施行,节录)

第二十九条 检察官在检察长领导下开展工作,重大办案事项由检察长决定。检察长可以将部分职权委托检察官行使,可以授权检察官签发法律文书。

第三十四条 人民检察院实行检察官办案责任制。检察官对其职权范围内就案件作出的决定负责。检察长、检察委员会对案件作出决定的,承担相应责任。

第四十七条 任何单位或者个人不得要求检察官从事超出法定职责范围的事务。

对于领导干部等干预司法活动、插手具体案件处理,或者人民检察院内部人员过问案件情况的,办案人员应当全面如实记录并报告;有违法违纪情形的,由有关机关根据情节轻重追究行为人的责任。

■ 基本规范

《人民检察院刑事诉讼规则》(高检发释字〔2019〕4 号,自 2019 年 12 月 30 日起施行)

第一章 通 则

第四条 人民检察院办理刑事案件,由检察官、检察长、检察委员会在各自职权范围内对办案事项作出决定,并依照规定承担相应司法责任。

检察官在检察长领导下开展工作。重大办案事项,由检察长决定。检察长可以根据案件情况,提交检察委员会讨论决定。其他办案事项,检察长可以自行决定,也可以委托检察官决定。

本规则对应当由检察长或者检察委员会决定的重大办案事项有明确规定的,依照本规则的规定。本规则没有明确规定的,省级人民检察院可以制定有关规定,报最高人民检察院批准。

以人民检察院名义制发的法律文书,由检察长签发;属于检察官职权范围内决定事项的,检察长可以授权检察官签发。

重大、疑难、复杂或者有社会影响的案件,应当向检察长报告。

◼ 其他规范

《司法机关内部人员过问案件的记录和责任追究规定》(中央政法委,中政委〔2015〕10号)

第一条 为贯彻落实《中共中央关于全面推进依法治国若干重大问题的决定》有关要求,防止司法机关内部人员干预办案,确保公正廉洁司法,根据宪法法律规定,结合司法工作实际,制定本规定。

第二条 司法机关内部人员应当依法履行职责,严格遵守纪律,不得违反规定过问和干预其他人员正在办理的案件,不得违反规定为案件当事人转递涉案材料或者打探案情,不得以任何方式为案件当事人说情打招呼。

第三条 司法机关办案人员应当恪守法律,公正司法,不徇私情。对于司法机关内部人员的干预、说情或者打探案情,应当予以拒绝;对于不依正当程序转递涉案材料或者提出其他要求的,应当告知其依照程序办理。

第四条 司法机关领导干部和上级司法机关工作人员因履行领导、监督职责,需要对正在办理的案件提出指导性意见的,应当依照程序以书面形式提出,口头提出的,由办案人员记录在案。

第五条 其他司法机关的工作人员因履行法定职责需要,向办案人员了解正在办理的案件有关情况的,应当依照法律程序或者工作程序进行。

第六条 对司法机关内部人员过问案件的情况,办案人员应当全面、如实记录,做到全程留痕,有据可查。

第七条 办案人员如实记录司法机关内部人员过问案件的情况,受法律和组织保护。

司法机关内部人员不得对办案人员打击报复。办案人员非因法定事由,非经法定程序,不得被免职、调离、辞退或者给予降级、撤职、开除等处分。

第八条 司法机关纪检监察部门应当及时汇总分析司法机关内部人员过问案件的情况,并依照以下方式对司法机关内部人员违反规定干预办案的线索进行处置:

(一)机关内部人员违反规定干预办案的,由本机关纪检监察部门调查处理;

(二)本机关领导干部违反规定干预办案的,向负有干部管理权限的机关纪检监察部门报告情况;

(三)上级司法人员违反规定干预下级司法机关办案的,向干预人员所在司法机关纪检监察部门报告情况;

(四)其他没有隶属关系的司法机关人员违反规定干预办案的,向干预人员所在司法机关纪检监察部门通报情况。

干预人员所在司法机关纪检监察部门接到报告或者通报后,应当及时调查处理,并将结果通报办案单位所属司法机关纪检监察部门。

第九条 司法机关内部人员有下列行为之一的,属于违反规定干预办案,负有干部管理权限的司法机关按程序报经批准后予以通报,必要时可以向社会公开:

(一)在线索核查、立案、侦查、审查起诉、审判、执行等环节为案件当事人请托说情的;

(二)邀请办案人员私下会见案件当事人或其辩护人、诉讼代理人、近亲属以及其他与案件有利害关系的人的;

(三)违反规定为案件当事人或其辩护人、诉讼代理人、亲属转递涉案材料的;

(四)违反规定为案件当事人或其辩护人、诉讼代理人、亲属打探案情、通风报信的;

(五)其他影响司法人员依法公正处理案件的行为。

第十条 司法机关内部人员有本规定第九条所列行为之一,构成违纪的,依照《中国共产党纪律处分条例》、《行政机关公务员处分条例》、《人民法院工作人员处分条例》、《检察人员纪律处分条例(试行)》、《公安机关人民警察纪律条令》等规定给予纪律处分;构成犯罪的,依法追究刑事责任。

司法机关内部人员对如实记录过问案件情况的办案人员进行打击报复的,依照《中国共产党纪律处分条例》、《行政机关公务员处分条例》、《人民法院工作人员处分条例》、《检察人员纪律处分条例(试行)》、《公安机关人民警察纪律条令》等规定给予纪律处分;构成犯罪的,依法追究刑事责任。

第十一条 办案人员不记录或者不如实记录司法机关内部人员过问案件情况的,予以警告、通报批评;两次以上不记录或者不如实记录的,依照《中国共产党纪律处分条例》、《行政机关公务员处分条例》、《人民法院工作人员处分条例》、《检察人员纪律处分条例(试行)》、《公安机关人民警察纪律条令》等规定给予纪律处分。主管领导授意不记录或者不如实记录的,依法依纪追究主管领导责任。

第十二条 司法机关内部人员违反规定过问和干预办案的情况和办案人员记录司法机关内部人员过问案件的情况,应当纳入党风廉政建设责任制和政绩考核体系,作为考核干部是否遵守法律、依法办事、廉洁自律的重要依据。

第十三条 本规定所称司法机关内部人员,是指在法院、检察院、公安机关、国家安全机关、司法行政机关工作的人员。

司法机关离退休人员违反规定干预办案的,适用本规定。

第十四条 最高人民法院、最高人民检察院、公安部、国家安全部、司法部应当结合工作实际,制定本规定的实施办法,确保有关规定落到实处。

第十五条 本规定自下发之日起施行。

《人民法院落实〈领导干部干预司法活动、插手具体案件处理的记录、通报和责任追究规定〉的实施办法》(最高人民法院,法发〔2015〕10号,具体条文未收录)

《最高人民检察院关于检察机关贯彻执行〈领导干部干预司法活动、插手具体案件处理的记录、通报和责任追究规定〉和〈司法机关内部人员过问案件的记录和责任追究规定〉的实施办法(试行)》(2015年5月15日,具体条文未收录)

《最高人民法院、最高人民检察院、公安部、国家安全部、司法部关于进一步规范司法人员与当事人、律师、特殊关系人、中介组织接触交往行为的若干规定》(2015年9月6日)

第一条 为规范司法人员与当事人、律师、特殊关系人、中介组织的接触、交往行为,保证公正司法,根据有关法律和纪律规定,结合司法工作实际,制定本规定。

第二条 司法人员与当事人、律师、特殊关系人、中介组织接触、交往,应当符合法律纪律规定,防止当事人、律师、特殊关系人、中介组织以不正当方式对案件办理进行干涉或者施加影响。

第三条 各级司法机关应当建立公正、高效、廉洁的办案机制,确保司法人员与当事人、律师、特殊关系人、中介组织无不正当接触、交往行为,切实防止利益输送,保障案件当事人的合法权益,维护国家法律统一正确实施,维护社会公平正义。

第四条 审判人员、检察人员、侦查人员在诉讼活动中,有法律规定的回避情形的,应当自行回避,当事人及其法定代理人也有权要求他们回避。

审判人员、检察人员、侦查人员的回避,应当依法按程序批准后执行。

第五条 严禁司法人员与当事人、律师、特殊关系人、中介组织有下列接触交往行为：

（一）泄露司法机关办案工作秘密或者其他依法依规不得泄露的情况；

（二）为当事人推荐、介绍诉讼代理人、辩护人，或者为律师、中介组织介绍案件，要求、建议或者暗示当事人更换符合代理条件的律师；

（三）接受当事人、律师、特殊关系人、中介组织请客送礼或者其他利益；

（四）向当事人、律师、特殊关系人、中介组织借款、租借房屋，借用交通工具、通讯工具或者其他物品；

（五）在委托评估、拍卖等活动中徇私舞弊，与相关中介组织和人员恶意串通、弄虚作假、违规操作等行为；

（六）司法人员与当事人、律师、特殊关系人、中介组织的其他不正当接触交往行为。

第六条 司法人员在案件办理过程中，应当在工作场所、工作时间接待当事人、律师、特殊关系人、中介组织。因办案需要，确需与当事人、律师、特殊关系人、中介组织在非工作场所、非工作时间接触的，应依照相关规定办理审批手续并获批准。

第七条 司法人员在案件办理过程中因不明情况或者其他原因在非工作时间或非工作场所接触当事人、律师、特殊关系人、中介组织的，应当在三日内向本单位纪检监察部门报告有关情况。

第八条 司法人员从司法机关离任后，不得担任原任职单位办理案件的诉讼代理人或者辩护人，但是作为当事人的监护人或者近亲属代理诉讼或者进行辩护的除外。

第九条 司法人员有违反本规定行为的，当事人、律师、特殊关系人、中介组织和其他任何组织和个人可以向有关司法机关反映情况或者举报。

第十条 对反映或者举报司法人员违反本规定的线索，司法机关纪检监察部门应当及时受理，全面、如实记录，认真进行核查。对实名举报的，自受理之日起一个月内进行核查并将查核结果向举报人反馈。

不属于本单位纪检监察部门管辖的司法人员违反本规定的，将有关线索移送有管辖权的纪检监察部门处理。

第十一条 司法人员违反本规定，依照《中国共产党纪律处分条例》、《行政机关公务员处分条例》、《人民法院工作人员处分条例》、《检察人员纪律处分条例(试行)》、《公安机关人民警察纪律条令》等规定给予纪律处分，并按程序报经批准后予以通报，必要时可以向社会公开；造成冤假错案或者其他严重后果，构成犯罪的,依法追究刑事责任。

第十二条 司法机关应当将司法人员执行本规定的情况记入个人廉政档案。单位组织人事部门将执行本规定情况作为司法人员年度考核和晋职晋级的重要依据。

第十三条 司法机关应当每季度对司法人员与当事人、律师、特殊关系人、中介组织的不正当接触、交往情况进行汇总分析,报告同级党委政法委和上级司法机关。

第十四条 本规定所称"司法人员",是指在法院、检察院、公安机关、国家安全机关、司法行政机关依法履行审判、执行、检察、侦查、监管职责的人员。

本规定所称"特殊关系人",是指当事人的父母、配偶、子女、同胞兄弟姊妹和与案件有利害关系或可能影响案件公正处理的其他人。

本规定所称"中介组织",是指依法通过专业知识和技术服务,向委托人提供代理性、信息技术服务性等中介服务的机构,主要包括受案件当事人委托从事审计、评估、拍卖、变卖、检验或者破产管理等服务的中介机构。公证机构、司法鉴定机构参照"中介组织"适用本规定。

第十五条 本规定自印发之日起施行。

相关规范集成·请示案件与上下级司法机关关系

其他规范

《最高人民法院关于审判工作请示问题的通知》(法〔1999〕13号)

各省、自治区、直辖市高级人民法院,解放军军事法院,新疆维吾尔自治区高级人民法院生产建设兵团分院:

为了规范向最高人民法院请示有关审判工作的范围和程序,保证依法、正确、及时地审判案件,现作出如下规定:

一、对于审判案件如何具体应用法律的问题,需要最高人民法院作出司法解释的,高级人民法院、解放军军事法院可以向最高人民法院请示。

二、高级人民法院、解放军军事法院向最高人民法院请示的案件必须是:

1. 适用法律存在疑难问题的重大案件;

2. 依照有关规定应当报最高人民法院审核的涉外、涉港澳、涉台和涉侨案件。

报送请示案件的事实、证据问题由高级人民法院、解放军军事法院负责。案件事实不清、证据不足的不得报送请示。

三、向最高人民法院请示问题,必须写出书面报告(案件请示一式十五份;法律问题请示一式十份),逐级报送。报告中应当写明高级人民法院、解放军军事法院审判委员会的意见及理由。有分歧意见的,要写明倾向性意见。

四、最高人民法院答复请示问题,应当采用书面形式。

五、本通知自下发之日起执行。此前最高人民法院制定下发的有关请示工作的文件不再执行。

《最高人民法院关于规范上下级人民法院审判业务关系的若干意见》(法发〔2010〕61号)

为进一步规范上下级人民法院之间的审判业务关系,明确监督指导的范围与程序,保障各级人民法院依法独立行使审判权,根据《中华人民共和国宪法》和《中华人民共和国人民法院组织法》等相关法律规定,结合审判工作实际,制定本意见。

第一条 最高人民法院监督指导地方各级人民法院和专门人民法院的审判业务工作。上级人民法院监督指导下级人民法院的审判业务工作。监督指导的范围、方式和程序应当符合法律规定。

第二条 各级人民法院在法律规定范围内履行各自职责,依法独立行使审判权。

第三条 基层人民法院和中级人民法院对于已经受理的下列第一审案件,必要时可以根据相关法律规定,书面报请上一级人民法院审理:

(一)重大、疑难、复杂案件;

(二)新类型案件;

(三)具有普遍法律适用意义的案件;

(四)有管辖权的人民法院不宜行使审判权的案件。

第四条 上级人民法院对下级人民法院提出的移送审理请求,应当及时决定是否由自己审理,并下达同意移送决定书或者不同意移送决定书。

第五条 上级人民法院认为下级人民法院管辖的第一审案件,属于本意见第三条所列类型,有必要由自己审理的,可以决定提级管辖。

第六条 第一审人民法院已经查清事实的案件,第二审人民法院原则上不得以事实不清、证据不足为由发回重审。

第二审人民法院作出发回重审裁定时,应当在裁定书中详细阐明发回重审的理由及法律依据。

第七条 第二审人民法院因原审判决事实不清、证据不足将案件发回重审的,原则上只能发回重审一次。

第八条 最高人民法院通过审理案件、制定司法解释或者规范性文件、发布指导性案例、召开审判业务会议、组织法官培训等形式,对地方各级人民法院和专门人民法院的审判业务工作进行指导。

第九条 高级人民法院通过审理案件、制定审判业务文件、发布参考性案例、召开审判业务会议、组织法官培训等形式,对辖区内各级人民法院和专门人民法院的审判业务工作进行指导。

高级人民法院制定审判业务文件,应当经审判委员会讨论通过。最高人民法院发现高级人民法院制定的审判业务文件与现行法律、司法解释相抵触的,应当责令其纠正。

第十条 中级人民法院通过审理案件、总结审判经验、组织法官培训等形式,对基层人民法院的审判业务工作进行指导。

第十一条 本意见自公布之日起施行。

《人民检察院案件请示办理工作规定(试行)》(2015年12月30日)

第一章 总 则

第一条 为了落实人民检察院司法责任制要求,完善人民检察院司法办案指导决策机制,规范人民检察院案件请示办理工作,根据有关法律、司法解释和检察工作规定,制定本规定。

第二条 下级人民检察院在办理具体案件时,对涉及法律适用、办案程序、司法政策等方面确属重大疑难复杂的问题,经本级人民检察院研究难以决定的,应当向上级人民检察院请示。

上级人民检察院认为必要时,可以要求下级人民检察院报告有关情况。

第三条 各级人民检察院依法对案件事实认定、证据采信独立承担办案责任,下级人民检察院不得就具体案件的事实认定问题向上级人民检察院请示。

第二章 请 示

第四条 下级人民检察院依据本规定第二条向上级人民检察院请示的,应当经本院检察委员会审议决定。

下级人民检察院未经本院检察委员会审议决定向上级人民检察院请示的,上级人民检察院不予受理。

第五条 案件请示应当遵循逐级请示原则。对重大紧急的突发案件,下级人民检察院必须越级请示的,应当说明理由,接受请示的上级人民检察院认为理由不能成立的,应当要求其逐级请示。

上级人民检察院对下级人民检察院请示的案件,经本院检察委员会审议决定,可以逐级向更高层级人民检察院请示。

第六条 下级人民检察院应当以院名义向上级人民检察院请示。

下级人民检察院业务部门向上级人民检察院对口业务部门请示,上级人民检察院业务部门认为请示问题属于重大疑难复杂的,应当要求下级人民检察院业务部门报请本院检察委员会讨论后,以院名义请示。

第七条 下级人民检察院请示案件,应当以书面形式提出。请示文书包括以下内容:

(一)案件基本情况;

(二)需要请示的具体问题;

(三)下级人民检察院检察委员会讨论情况、争议焦点及倾向性意见;

(四)下级人民检察院检察长的意见。

下级人民检察院有案卷材料的,应当一并附送。

第八条 下级人民检察院对正在办理的案件向上级人民检察院请示的,应当在办案期限届满十日之前报送上级人民检察院;法律规定的办案期限不足十日的,应当在办案期限届满三日之前报送。

第九条 下级人民检察院请示案件,应当由本院案件管理部门通过统一业务应用系统,报送上级人民检察院案件管理部门,同时报送书面请示一式三份。

第三章 答 复

第十条 人民检察院案件管理部门收到案件请示材料后应当立即进行审查,对符合请示条件的,根据案件性质及诉讼环节,移送相关业务部门办理;认为不符合请示条件的,应当退回下级人民检察院并说明理由;认为请示材料不符合要求的,应当要求下级人民检察院补送或者重新报送。

第十一条 对案件管理部门移送的下级人民检察院请示,承办部门经审查认为不属于本部门职责范围的,应当报分管副检察长批准后,退回案件管理部门重新提出分办意见。承办部门不得自行移送其他部门办理。

下级人民检察院请示的问题,上级人民检察院曾经作出过规定、明确过意见或者针对特定检察院请示作过答复的,应当告知下级人民检察院按照有关规定、意见和答复办理。

第十二条 承办部门应当指定专人办理答复工作。承办人应当全面审查请示内容和案卷材料,研究提出处理意见,经部门负责人审查后报分管副检察长审批。

分管副检察长认为必要时,可以报检察长或者提请检察委员会审议决定。检察委员会开会时,可以根据情况要求下级人民检察院有关负责人和办案人员列席。

第十三条 请示内容涉及本院其他部门业务的,承办部门应当商请有关部门共同研究,或者征求相关部门意见。需要征求院外机关意见或者组织专家咨询的,应当报分管副检察长批准。

第十四条 上级人民检察院对案件请示应当及时办理并答复下级人民检察院。对在诉讼程序内案件的请示,应当在办案期限届满之前答复下级人民检察院。对不在诉讼程序内案件的请示,应当在一个月以内答复下级人民检察院;特别重大复杂案件,经分管副检察长批准,可以延长一个月。

因特殊原因不能在规定的办理期限内答复的,承办部门应当在报告检察长后,及时通知下级人民检察院,并抄送本院案件管理部门。

第十五条 上级人民检察院办理请示的案件,应当严格依据法律、司法解释和检察工作规定,对请示问题提出明确的答复意见,并阐明答复依据和理由。

第十六条 对下级人民检察院的请示,上级人民检察院应当以院发文件进行答复。紧急情况下,经分管副检察长批准,上级人民检察院承办部门可以先通过其他方式向下级人民检察院告知答复意见,并立即制发公文进行正式答复。正式答复应当与其他方式答复内容一致。

第十七条 上级人民检察院对下级人民检察院正式答复后,承办部门应当在三个工作日以内将答复意见抄送本院案件管理部门和法律政策研究部门。对于案件已经办结并且不涉密的答复意见,上级人民检察院可以通过适当方式在检察机关内部公布,所属各级人民检察院办理类似案件或者处理类似问题,可以参照适用。

第四章 相关责任

第十八条 故意隐瞒、歪曲事实或者因重大过失错报漏报重要事实或者情节,导致上级人民检察院作出错误答复意见的,下级人民检察院有关人员应当承担相应纪律责任和法律责任。

第十九条 故意违反办理程序或者严重不负责任,导致作出的答复意见违反法律、司法解释或者检察工作规定的,上级人民检察院有关人员应当承担相应纪律责任和法律责任。

第二十条 对上级人民检察院的答复意见,下级人民检察院应当执行,并在执行完毕后十日以内将执行情况报送上级人民检察院。

下级人民检察院因特殊原因对答复意见不能执行的,应当书面说明有关情况和理由,经本院检察长批准后报送上级人民检察院。

第二十一条 对上级人民检察院的答复意见,下级人民检察院应当执行而不执行,无正当理由拖延执行以及因故意或者重大过失错误执行,对办案工作造成不利影响的,应当追究相关人员纪律责任和法律责任。

第五章 附 则

第二十二条 本规定适用于人民检察院对具体案件的请示与答复工作。下级人民检察院就某一类案件如何适用法律的问题向上级人民检察院请示的，依照其他相关规定办理。

第二十三条 人民检察院在案件请示办理工作中应当遵守保密工作规定。

第二十四条 本规定由最高人民检察院负责解释，自发布之日起施行。

《最高人民法院关于法律适用问题请示答复的规定》（法〔2023〕88号）

一、一般规定

第一条 为规范人民法院法律适用问题请示答复工作，加强审判监督指导，提升司法公正与效率，根据有关法律、司法解释的规定，结合审判工作实际，制定本规定。

第二条 具有下列情形之一的，高级人民法院可以向最高人民法院提出请示：

（一）法律、法规、司法解释、规范性文件等没有明确规定，适用法律存在重大争议的；

（二）对法律、法规、司法解释、规范性文件等规定具体含义的理解存在重大争议的；

（三）司法解释、规范性文件制定时所依据的客观情况发生重大变化，继续适用有关规定明显有违公平正义的；

（四）类似案件裁判规则明显不统一的；

（五）其他对法律适用存在重大争议的。

技术类知识产权和反垄断法律适用问题，具有前款规定情形之一的，第一审人民法院可以向最高人民法院提出请示。

最高人民法院认为必要时，可以要求下级人民法院报告有关情况。

第三条 不得就案件的事实认定问题提出请示。

二、请示

第四条 向最高人民法院提出请示，应当经本院审判委员会讨论决定，就法律适用问题提出意见，并说明理由；有分歧意见的，应当写明倾向性意见。

第五条 请示应当按照审级逐级层报。

第六条 提出请示的人民法院应当以院名义制作书面请示，扼要写明请示的法律适用问题，并制作请示综合报告，写明以下内容：

（一）请示的法律适用问题及由来；

（二）合议庭、审判委员会对请示的法律适用问题的讨论情况、分歧意见及各自理由；

（三）类案检索情况；

（四）需要报告的其他情况；

（五）联系人及联系方式。

高级人民法院就基层、中级人民法院请示的法律适用问题向最高人民法院请示的，应当同时附下级人民法院的请示综合报告。

请示、请示综合报告一式五份，连同电子文本，一并报送最高人民法院立案庭。

三、办理

第七条 最高人民法院立案庭应当自收到请示材料之日起三个工作日内审查完毕。请示材料符合要求的，应当编定案号，并按照下列情形分别处理：

（一）符合请示范围、程序的，应当受理，并确定请示的承办部门；

（二）不属于请示范围，或者违反请示程序的，不予受理，并书面告知提出请示的人民法院。

请示材料不符合要求的，应当一次性告知提出请示的人民法院在指定的期限内补充。

第八条 最高人民法院立案庭应当按照下列规定确定请示的承办部门：

（一）请示的法律适用问题涉及司法解释、规范性文件规定的具体含义，或者属于司法解释、规范性文件所针对的同类问题的，由起草部门承办；有多个起草部门的，由主要起草部门承办；

（二）不属于前项规定情形的，根据职责分工确定请示的承办部门。

承办部门难以确定的，由立案庭会同研究室确定。

第九条 承办部门收到立案庭转来的请示材料后，经审查认为不属于本部门职责范围的，应当在三个工作日内，与立案庭协商退回；协商不成的，报分管院领导批准后，退回立案庭重新提出分办意见。有关部门不得自行移送、转办。

其他部门认为请示应当由本部门办理的，应当报分管院领导批准后，向立案庭提出意见。

第十条 承办部门应当指定专人办理请示。承办人研究提出处理意见后，承办部门应当组织集体研究。

对请示的法律适用问题，承办部门可以商请院内有关部门共同研究，或者提出初步处理意见后，征求院内有关部门意见。必要时，可以征求院外有关部门或者专家的意见。

第十一条 承办部门应当将处理意见报分管院领导审批。必要时，分管院领导可以报院长审批或者提请审判委员会讨论决定。

在报分管院领导审批前,承办部门应当将处理意见送研究室审核。研究室一般在五个工作日内出具审核意见。研究室提出不同意见的,承办部门在报分管院领导审批时,应当作出说明。

第十二条 最高人民法院应当分别按照以下情形作出处理:

(一)对请示的法律适用问题作出明确答复,并写明答复依据;

(二)不属于请示范围,或者违反请示程序的,不予答复,并书面告知提出请示的人民法院;

(三)最高人民法院对相同或者类似法律适用问题作出过答复的,可以不予答复,并将有关情况告知提出请示的人民法院。

第十三条 最高人民法院的答复应当以院名义作出。

答复一般采用书面形式。以电话答复等其他形式作出的,应当将底稿等材料留存备查。

答复作出后,承办部门应当及时将答复上传至查询数据库。

第十四条 最高人民法院应当尽快办理请示,至迟在受理请示之日起二个月内办结。需要征求院外有关部门意见或者提请审判委员会讨论的,可以延长二个月。

因特殊原因不能在前款规定的期限内办结的,承办部门应当在报告分管院领导后,及时通知提出请示的人民法院,并抄送审判管理办公室。

对于涉及刑事法律适用问题的请示,必要时,可以提醒有关人民法院依法变更强制措施。

第十五条 对最高人民法院的答复,提出请示的人民法院应当执行,但不得作为裁判依据援引。

第十六条 可以公开的答复,最高人民法院应当通过适当方式向社会公布。

四、其他规定

第十七条 最高人民法院对办理请示答复编定案号,类型代字为"法复"。

第十八条 最高人民法院在办理请示答复过程中,认为请示的法律适用问题具有普遍性、代表性,影响特别重大的,可以通知下级人民法院依法将有关案件移送本院审判。

第十九条 答复针对的法律适用问题具有普遍指导意义的,提出请示的人民法院可以编写案例,作为备选指导性案例向最高人民法院推荐。

第二十条 对请示的法律适用问题,必要时,最高人民法院可以制定司法解释作出明确。

第二十一条 最高人民法院应当建设本院办理请示答复的专门模块和查询数据库,对请示答复进行信息化办理、智能化管理和数字化分析应用。

请示答复的流程管理、质量评查等由审判管理办公室负责。

承办部门超过本规定第十四条规定期限未办结的,审判管理办公室应当要求承办部门书面说明情况,督促其限期办结,并视情予以通报。

第二十二条 提出、办理请示等工作,应当遵守有关保密工作规定。

第二十三条 基层、中级人民法院就法律适用问题提出请示,中级、高级人民法院对法律适用问题作出处理的,参照适用本规定。

第二十四条 各高级人民法院、解放军军事法院应当在每年1月31日之前,将上一年度本院作出的答复报送最高人民法院研究室。

第二十五条 本规定自2023年9月1日起施行。此前的规范性文件与本规定不一致的,以本规定为准。

附件:文书参考样式(略)

第六条 【依靠群众原则】【以事实为根据,以法律为准绳原则】【法律面前人人平等原则】人民法院、人民检察院和公安机关进行刑事诉讼,必须依靠群众,必须以事实为根据,以法律为准绳。对于一切公民,在适用法律上一律平等,在法律面前,不允许有任何特权。

立法沿革

本条系沿用1979年《刑事诉讼法》第四条的规定。

相关规定

《中华人民共和国人民法院组织法》(修订后自2019年1月1日起施行,节录)

第五条 人民法院审判案件在适用法律上一律平等,不允许任何组织和个人有超越法律的特权,禁止任何形式的歧视。

第六条 人民法院坚持司法公正,以事实为根据,以法律为准绳,遵守法定程序,依法保护个人和组织的诉讼权利和其他合法权益,尊重和保障人权。

第十一条 人民法院应当接受人民群众监督,保障人民群众对人民法院工作依法享有知情权、参与权和监督权。

《中华人民共和国人民检察院组织法》(修订后自2019年1月1日起施

行,节录)

第五条 人民检察院行使检察权在适用法律上一律平等,不允许任何组织和个人有超越法律的特权,禁止任何形式的歧视。

第六条 人民检察院坚持司法公正,以事实为根据,以法律为准绳,遵守法定程序,尊重和保障人权。

第十一条 人民检察院应当接受人民群众监督,保障人民群众对人民检察院工作依法享有知情权、参与权和监督权。

■ 基本规范

《**公安机关办理刑事案件程序规定**》(公安部令第 159 号修正,修正后自 2020 年 9 月 1 日起施行)

第一章 任务和基本原则

第四条 公安机关进行刑事诉讼,必须依靠群众,以事实为根据,以法律为准绳。对于一切公民,在适用法律上一律平等,在法律面前,不允许有任何特权。

《**海警机构办理刑事案件程序规定**》(中国海警局令第 1 号,自 2023 年 6 月 15 日起施行)

第一章 总 则

第四条 海警机构办理刑事案件,必须依靠群众,以事实为根据,以法律为准绳。对于一切公民,在适用法律上一律平等,在法律面前,不允许有任何特权。

第七条 【分工负责、互相配合、互相制约原则】人民法院、人民检察院和公安机关进行刑事诉讼,应当分工负责,互相配合,互相制约,以保证准确有效地执行法律。

■ 立法沿革

本条系沿用 1979 年《刑事诉讼法》第五条的规定。

■ 相关规定

《**中华人民共和国监察法**》(自 2018 年 3 月 20 日起施行,节录)

第四条 监察委员会依照法律规定独立行使监察权,不受行政机关、社会团体和个人的干涉。

监察机关办理职务违法和职务犯罪案件,应当与审判机关、检察机关、执法部门互相配合,互相制约。

监察机关在工作中需要协助的,有关机关和单位应当根据监察机关的要求依法予以协助。

《中华人民共和国监察法实施条例》(自2021年9月20日起施行,节录)

第八条 监察机关办理职务犯罪案件,应当与人民法院、人民检察院互相配合、互相制约,在案件管辖、证据审查、案件移送、涉案财物处置等方面加强沟通协调,对于人民法院、人民检察院提出的退回补充调查、排除非法证据、调取同步录音录像、要求调查人员出庭等意见依法办理。

◼ 基本规范

《公安机关办理刑事案件程序规定》(公安部令第159号修正,修正后自2020年9月1日起施行)

第一章 任务和基本原则

第五条 公安机关进行刑事诉讼,同人民法院、人民检察院分工负责,互相配合,互相制约,以保证准确有效地执行法律。

《海警机构办理刑事案件程序规定》(中国海警局令第1号,自2023年6月15日起施行)

第一章 总 则

第五条 海警机构在刑事诉讼中,应当与人民法院、人民检察院分工负责,互相配合,互相制约,以保证准确有效地执行法律。

海警机构办理刑事案件,应当与公安机关、国家安全机关、军队保卫部门等部门加强协作。

◼ 其他规范

《最高人民法院关于加强司法建议工作的意见》(法〔2012〕74号,具体条文未收录)

第八条 【人民检察院的法律监督职责】人民检察院依法对刑事诉讼实行法律监督。

◼ 立法沿革

本条系1996年《刑事诉讼法修改决定》增加的规定。

相关规定

《**中华人民共和国宪法**》（修订后自 2018 年 3 月 11 日起施行，节录）

第一百三十四条　中华人民共和国人民检察院是国家的法律监督机关。

《**中共中央关于加强新时代检察机关法律监督工作的意见**》（2021 年 6 月 15 日）

人民检察院是国家的法律监督机关，是保障国家法律统一正确实施的司法机关，是保护国家利益和社会公共利益的重要力量，是国家监督体系的重要组成部分，在推进全面依法治国、建设社会主义法治国家中发挥着重要作用。党的十八大以来，在以习近平同志为核心的党中央坚强领导下，各级检察机关认真贯彻党中央决策部署，依法忠实履行法律监督职责，为促进经济社会发展作出了积极贡献。进入新发展阶段，与人民群众在民主、法治、公平、正义、安全、环境等方面的新需求相比，法律执行和实施仍是亟需补齐的短板，检察机关法律监督职能作用发挥还不够充分。为进一步加强党对检察工作的绝对领导，确保检察机关依法履行宪法法律赋予的法律监督职责，现就加强新时代检察机关法律监督工作提出如下意见。

一、总体要求

坚持以习近平新时代中国特色社会主义思想为指导，全面贯彻党的十九大和十九届二中、三中、四中、五中全会精神，深入贯彻习近平法治思想，增强"四个意识"、坚定"四个自信"、做到"两个维护"，紧紧围绕统筹推进"五位一体"总体布局、协调推进"四个全面"战略布局，讲政治、顾大局、谋发展、重自强，以高度的政治自觉依法履行刑事、民事、行政和公益诉讼等检察职能，实现各项检察工作全面协调充分发展，推动检察机关法律监督与其他各类监督有机贯通、相互协调，全面深化司法体制改革，大力推进检察队伍革命化、正规化、专业化、职业化建设，着力提高法律监督能力水平，为坚持和完善中国特色社会主义制度、推进国家治理体系和治理能力现代化不断作出新贡献。

二、充分发挥法律监督职能作用，为大局服务、为人民司法

1. 坚决维护国家安全和社会大局稳定。坚持总体国家安全观，积极投入更高水平的平安中国建设。坚决防范和依法惩治分裂国家、颠覆国家政权、组织实施恐怖活动等犯罪，提高维护国家安全能力。常态化开展扫黑除恶斗争，实现常治长效。依法惩治和有效预防网络犯罪，推动健全网络综合治理体系，营造清朗的网络空间。根据犯罪情况和治安形势变化，准确把握宽严相济刑事政策，落实认罪认罚从宽制度，严格依法适用逮捕羁押措施，促进社会和谐稳定。积极参与

社会治安防控体系建设,促进提高社会治理法治化水平。

2. 服务保障经济社会高质量发展。准确把握新发展阶段,深入贯彻新发展理念,服务构建新发展格局,充分发挥检察职能作用,为经济社会高质量发展提供有力司法保障。依法参与金融风险防范化解工作,服务巩固拓展脱贫攻坚成果和全面推进乡村振兴,加强生态文明司法保护。依法维护企业合法权益。加强知识产权司法保护,服务保障创新驱动发展。加强区域执法司法协作,服务保障国家重大战略实施。深化国际司法合作,坚决维护司法主权、捍卫国家利益。

3. 切实加强民生司法保障。坚持以人民为中心的发展思想,顺应新时代人民对美好生活的新需求,依法从严惩治危害食品药品安全、污染环境、危害安全生产等犯罪,切实保障民生福祉。抓住人民群众反映强烈的执法不严、司法不公等问题,加大法律监督力度,维护社会公平正义。坚持和发展新时代"枫桥经验",健全控告申诉检察工作机制,完善办理群众信访制度,引入听证等方式审查办理疑难案件,有效化解矛盾纠纷。强化未成年人司法保护,完善专业化与社会化相结合的保护体系。

4. 积极引领社会法治意识。将社会主义核心价值观融入法律监督,通过促进严格执法、公正司法,规范社会行为,引领社会风尚。定期分析公布法律监督工作有关情况,深化检务公开,提升司法公信力,以司法公正引领社会公正。落实"谁执法谁普法"普法责任制,及时发布指导性案例和典型案例,加强法律文书说理和以案释法,深化法治进校园、进社区等活动,促进全民法治观念养成。

三、全面提升法律监督质量和效果,维护司法公正

5. 健全行政执法和刑事司法衔接机制。完善检察机关与行政执法机关、公安机关、审判机关、司法行政机关执法司法信息共享、案情通报、案件移送制度,实现行政处罚与刑事处罚依法对接。对于行政执法机关不依法向公安机关移送涉嫌犯罪案件的,检察机关要依法监督。发现行政执法人员涉嫌职务违法或者职务犯罪线索的,移交监察机关处理。健全检察机关对决定不起诉的犯罪嫌疑人依法移送有关主管机关给予行政处罚、政务处分或者其他处分的制度。

6. 强化刑事立案、侦查活动和审判活动监督。及时发现和纠正应当立案而不立案、不应当立案而立案、长期"挂案"等违法情形,坚决防止和纠正以刑事手段插手民事纠纷、经济纠纷。增强及时发现和纠正刑讯逼供、非法取证等侦查违法行为的能力,从源头上防范冤假错案发生。规范强制措施和侦查手段适用,切实保障人权。落实以审判为中心的诉讼制度改革要求,秉持客观公正立场,强化证据审查,严格落实非法证据排除规则,坚持疑罪从无,依法及时有效履行审查逮捕、审查起诉和指控证明犯罪等职责。加强保障律师执业权利法律监督,纠正

阻碍律师依法行使诉讼权利的行为。综合运用抗诉、纠正意见、检察建议等监督手段，及时纠正定罪量刑明显不当、审判程序严重违法等问题。进一步加强死刑复核法律监督工作。

7. 加强检察机关与监察机关办案衔接和配合制约。健全衔接顺畅、权威高效的工作机制，推动刑事司法与监察调查的办案程序、证据标准衔接。落实检察机关与监察机关办理职务犯罪案件互相配合、互相制约原则，完善监察机关商请检察机关派员提前介入办理职务犯罪案件工作机制，以及检察机关退回补充调查和自行补充侦查机制。加强检察机关立案侦查司法工作人员相关职务犯罪与监察机关管辖案件的衔接协调、线索移送和办案协作，不断增强依法反腐合力。

8. 完善刑事执行和监管执法监督。健全对监狱、看守所等监管场所派驻检察与巡回检察相结合的工作机制，加强对社区矫正和财产刑执行的监督，促进严格依法监管，增强罪犯改造成效。加强对刑罚交付执行、强制医疗执行的监督，维护司法权威。完善对刑罚变更执行的同步监督机制，有效防止和纠正违法减刑、假释、暂予监外执行。加强与监管场所信息联网建设，强化对超期羁押、在押人员非正常死亡案件的监督。

9. 精准开展民事诉讼监督。以全面实施民法典为契机，进一步加强民事检察工作，畅通司法救济渠道，加强对损害社会公共利益、程序违法、裁判显失公平等突出问题的监督，依法保护公民、法人和其他组织的合法权益。健全检察机关依法启动民事诉讼监督机制，完善对生效民事裁判申诉的受理审查机制，完善案卷调阅制度。健全抗诉、检察建议等法律监督方式，增强监督的主动性、精准度和实效性。深入推进全国执行与监督信息法检共享，推动依法解决执行难问题，加强对损害国家利益或者社会公共利益、严重损害当事人合法权益、造成重大社会影响等违法执行行为的监督。加强检察机关与审判机关、公安机关协作配合，健全对虚假诉讼的防范、发现和追究机制。

10. 全面深化行政检察监督。检察机关依法履行对行政诉讼活动的法律监督职能，促进审判机关依法审判，推进行政机关依法履职，维护行政相对人合法权益；在履行法律监督职责中发现行政机关违法行使职权或者不行使职权的，可以依照法律规定制发检察建议等督促其纠正；在履行法律监督职责中开展行政争议实质性化解工作，促进案结事了。

11. 积极稳妥推进公益诉讼检察。建立公益诉讼检察与行政执法信息共享机制，加大生态环境和资源保护、食品药品安全、国有财产保护、国有土地使用权出让和英烈权益保护、未成年人权益保护等重点领域公益诉讼案件办理力度。积极稳妥拓展公益诉讼案件范围，探索办理安全生产、公共卫生、妇女及残疾人权益保护、个人信息保护、文物和文化遗产保护等领域公益损害案件,总结实践经验,完善相关立法。

12. 完善审判监督工作机制。加强对审判工作中自由裁量权行使的监督。完善对人民法院巡回法庭和跨行政区划审判机构等审判活动的监督机制,确保法律监督不留死角。

13. 进一步提升法律监督效能。检察机关要加强对监督事项的调查核实工作,精准开展法律监督。检察机关依法调阅被监督单位的卷宗材料或者其他文件,询问当事人、案外人或者其他有关人员,收集证据材料的,有关单位和个人应当协助配合。依法向有关单位提出纠正意见或者检察建议的,有关单位应当及时整改落实并回复,有不同意见的,可以在规定时间内书面说明情况或者提出复议。对于无正当理由拒绝协助调查和接受监督的单位和个人,检察机关可以建议监察机关或者该单位的上级主管机关依法依规处理。检察机关在法律监督中发现党员涉嫌违犯党纪或者公职人员涉嫌职务违法、职务犯罪的线索,应当按照规定移送纪检监察机关或者有关党组织、任免机关和单位依规依纪依法处理。

四、加强过硬检察队伍建设,全面落实司法责任制

14. 旗帜鲜明把加强党的政治建设放在首位。强化政治机关意识,不断提高检察人员政治判断力、政治领悟力、政治执行力。深入开展社会主义法治理念教育,确保检察人员绝对忠诚、绝对纯洁、绝对可靠。扎实开展检察队伍教育整顿,推动解决顽瘴痼疾。加强检察机关党风廉政建设,严格落实中央八项规定精神。完善检察权运行制约监督机制,建立健全廉政风险防控体系。强化内部监督,严格执行领导干部干预司法活动、插手具体案件处理的记录、通报和责任追究等规定。

15. 着力提升检察人员专业素养。围绕检察机关专业化建设目标,全面提升检察人员专业知识、专业能力、专业作风、专业精神。按照政法队伍人才发展规划要求,加快实施检察领军人才培养计划,健全检察业务专家制度,深化检察人才库建设。健全检察人员职业培训制度,建立检察官与法官、人民警察、律师等同堂培训制度,统一执法司法理念和办案标准尺度。

16. 深化司法责任制综合配套改革。健全检察官、检察辅助人员和司法行政人员分类招录、管理、保障制度,畅通三类检察人员职业发展通道,严格控制编制外聘用人员。完善检察官遴选入额和员额退出机制及其配套政策。建立健全检察官惩戒和权益保障制度,落实检察人员履行法定职责保护机制和不实举报澄清机制。

五、加强对检察机关法律监督工作的组织保障

17. 坚持和完善党对检察机关法律监督工作的领导。严格执行《中国共产党政法工作条例》，最高人民检察院党组要认真履行领导责任，贯彻落实党中央决策部署，对于检察机关法律监督工作中的重大问题和重大事项，按照规定向党中央和总书记以及中央政法委请示报告。地方各级检察机关党组要严格执行向同级党委及其政法委请示报告工作的制度。各级党委要定期听取检察机关工作情况汇报，研究解决检察机关法律监督工作中的重大问题。各级党委政法委要指导、支持、督促检察机关在宪法法律规定的职责范围内开展工作。坚持党管干部原则，把政治标准作为选配领导干部的第一标准，选优配强各级检察机关领导班子。按照有关规定，做好上级检察机关党组对下级检察机关领导班子协管工作。落实检察机关领导班子成员任职回避及交流轮岗制度，根据实际情况对任职时间较长的副职进行异地交流、部门交流。

18. 加强对检察机关法律监督工作的监督制约。各级人民代表大会及其常委会要通过听取和审议检察机关工作报告、专项工作报告以及开展法律实施情况检查、询问和质询、特定问题调查等方式，监督和支持检察机关依法履行职责。各级政协要加强对检察机关的民主监督。各级纪检监察机关要加强对检察人员履职行为的监督，健全调查处置违纪违法检察人员与检察官惩戒制度的衔接机制，确保检察权依法规范行使。完善人民监督员制度，拓宽群众有序参与和监督司法的渠道。审判机关、检察机关、公安机关按照有关规定分工负责、互相配合、互相制约，保证准确有效执行法律。

19. 加强对检察机关法律监督工作的支持保障。各级政府及其工作部门要支持检察机关依法开展法律监督工作。加强对检察机关履行职责的经费保障和办案业务装备建设。加强检察机关信息化、智能化建设，运用大数据、区块链等技术推进公安机关、检察机关、审判机关、司法行政机关等跨部门大数据协同办案，实现案件数据和办案信息网上流转，推进涉案财物规范管理和证据、案卷电子化共享。因地制宜，有序推进省以下检察院财物省级统管改革，完善市、县级检察院公用经费保障标准。根据经济社会发展和案件数量变化，适应检察机关法律监督工作需要，优化编制布局，强化编制动态管理，加强省级行政区划内编制动态调整。完善符合基层实际的人才招录政策，加强检察机关基层基础建设。加大对边远、欠发达、条件艰苦地区基层检察院帮扶援建力度。按照重心下移、检力下沉要求，加强基层检察院办案规范化建设，全面提高做好新时代法律监督工作的能力和水平。

◆ 基本规范

《人民检察院刑事诉讼规则》(高检发释字〔2019〕4号，自2019年12月30日起施行)

第十三章 刑事诉讼法律监督
第一节 一般规定

第五百五十一条 人民检察院对刑事诉讼活动实行法律监督,发现违法情形的,依法提出抗诉、纠正意见或者检察建议。

人民检察院对于涉嫌违法的事实,可以采取以下方式进行调查核实:
(一)讯问、询问犯罪嫌疑人;
(二)询问证人、被害人或者其他诉讼参与人;
(三)询问办案人员;
(四)询问在场人员或者其他可能知情的人员;
(五)听取申诉人或者控告人的意见;
(六)听取辩护人、值班律师意见;
(七)调取、查询、复制相关登记表册、法律文书、体检记录及案卷材料等;
(八)调取讯问笔录、询问笔录及相关录音、录像或其他视听资料;
(九)进行伤情、病情检查或者鉴定;
(十)其他调查核实方式。

人民检察院在调查核实过程中不得限制被调查对象的人身、财产权利。

第五百五十二条 人民检察院发现刑事诉讼活动中的违法行为,对于情节较轻的,由检察人员以口头方式提出纠正意见;对于情节较重的,经检察长决定,发出纠正违法通知书。对于带有普遍性的违法情形,经检察长决定,向相关机关提出检察建议。构成犯罪的,移送有关机关、部门依法追究刑事责任。

有申诉人、控告人的,调查核实和纠正违法情况应予告知。

第五百五十三条 人民检察院发出纠正违法通知书的,应当监督落实。被监督单位在纠正违法通知书规定的期限内没有回复纠正情况的,人民检察院应当督促回复。经督促被监督单位仍不回复或者没有正当理由不纠正的,人民检察院应当向上一级人民检察院报告。

第五百五十四条 被监督单位对纠正意见申请复查的,人民检察院应当在收到被监督单位的书面意见后七日以内进行复查,并将复查结果及时通知申请复查的单位。经过复查,认为纠正意见正确的,应当及时向上一级人民检察院报告;认为纠正意见错误的,应当及时予以撤销。

上一级人民检察院经审查,认为下级人民检察院纠正意见正确的,应当及时通报被监督单位的上级机关或者主管机关,并建议其督促被监督单位予以纠正;认为下级人民检察院纠正意见错误的,应当书面通知下级人民检察院予以撤销,下级人民检察院应当执行,并及时向被监督单位说明情况。

第八节 羁押期限和办案期限监督

第六百一十二条 人民检察院依法对羁押期限和办案期限是否合法实行法律监督。

第六百一十三条 对公安机关、人民法院办理案件相关期限的监督,犯罪嫌疑人、被告人被羁押的,由人民检察院负责刑事执行检察的部门承担;犯罪嫌疑人、被告人未被羁押的,由人民检察院负责捕诉的部门承担。对人民检察院办理案件相关期限的监督,由负责案件管理的部门承担。

第六百一十四条 人民检察院在办理案件过程中,犯罪嫌疑人、被告人被羁押,具有下列情形之一的,办案部门应当在作出决定或者收到决定书、裁定书后十日以内通知本院负有监督职责的部门:

(一)批准或者决定延长侦查羁押期限的;

(二)对于人民检察院直接受理侦查的案件,决定重新计算侦查羁押期限、变更或者解除强制措施的;

(三)对犯罪嫌疑人、被告人进行精神病鉴定的;

(四)审查起诉期间改变管辖、延长审查起诉期限的;

(五)案件退回补充侦查,或者补充侦查完毕移送起诉后重新计算审查起诉期限的;

(六)人民法院决定适用简易程序、速裁程序审理第一审案件,或者将案件由简易程序转为普通程序、由速裁程序转为简易程序、普通程序重新审理的;

(七)人民法院改变管辖、决定延期审理、中止审理,或者同意人民检察院撤回起诉的。

第六百一十五条 人民检察院发现看守所的羁押期限管理活动具有下列情形之一的,应当依法提出纠正意见:

(一)未及时督促办案机关办理换押手续的;

(二)未在犯罪嫌疑人、被告人羁押期限届满前七日以内向办案机关发出羁押期限即将届满通知书的;

(三)犯罪嫌疑人、被告人被超期羁押后,没有立即书面报告人民检察院并通知办案机关的;

(四)收到犯罪嫌疑人、被告人及其法定代理人、近亲属或者辩护人提出的变更强制措施、羁押必要性审查、羁押期限届满要求释放或者变更强制措施的申请、申诉、控告后,没有及时转送有关办案机关或者人民检察院的;

(五)其他违法情形。

第六百一十六条 人民检察院发现公安机关的侦查羁押期限执行情况具有

下列情形之一的,应当依法提出纠正意见:

(一)未按规定办理换押手续的;

(二)决定重新计算侦查羁押期限、经批准延长侦查羁押期限,未书面通知人民检察院和看守所的;

(三)对犯罪嫌疑人进行精神病鉴定,没有书面通知人民检察院和看守所的;

(四)其他违法情形。

第六百一十七条 人民检察院发现人民法院的审理期限执行情况具有下列情形之一的,应当依法提出纠正意见:

(一)在一审、二审和死刑复核阶段未按规定办理换押手续的;

(二)违反刑事诉讼法的规定重新计算审理期限、批准延长审理期限、改变管辖、延期审理、中止审理或者发回重审的;

(三)决定重新计算审理期限、批准延长审理期限、改变管辖、延期审理、中止审理、对被告人进行精神病鉴定,没有书面通知人民检察院和看守所的;

(四)其他违法情形。

第六百一十八条 人民检察院发现同级或者下级公安机关、人民法院超期羁押的,应当向该办案机关发出纠正违法通知书。

发现上级公安机关、人民法院超期羁押的,应当及时层报该办案机关的同级人民检察院,由同级人民检察院向该办案机关发出纠正违法通知书。

对异地羁押的案件,发现办案机关超期羁押的,应当通报该办案机关的同级人民检察院,由其依法向办案机关发出纠正违法通知书。

第六百一十九条 人民检察院发出纠正违法通知书后,有关办案机关未回复意见或者继续超期羁押的,应当及时报告上一级人民检察院。

对于造成超期羁押的直接责任人员,可以书面建议其所在单位或者有关主管机关依照法律或者有关规定予以处分;对于造成超期羁押情节严重,涉嫌犯罪的,应当依法追究其刑事责任。

第六百二十条 人民检察院办理直接受理侦查的案件或者审查逮捕、审查起诉案件,在犯罪嫌疑人侦查羁押期限、办案期限即将届满前,负责案件管理的部门应当依照有关规定向本院办案部门进行期限届满提示。发现办案部门办理案件超过规定期限的,应当依照有关规定提出纠正意见。

第十五章 案件管理

第六百六十四条 人民检察院负责案件管理的部门对检察机关办理案件的受理、期限、程序、质量等进行管理、监督、预警。

第六百六十五条 人民检察院负责案件管理的部门发现本院办案活动具有

下列情形之一的,应当及时提出纠正意见:

(一)查封、扣押、冻结、保管、处理涉案财物不符合有关法律和规定的;

(二)法律文书制作、使用不符合法律和有关规定的;

(三)违反羁押期限、办案期限规定的;

(四)侵害当事人、辩护人、诉讼代理人的诉讼权利的;

(五)未依法对立案、侦查、审查逮捕、公诉、审判等诉讼活动以及执行活动中的违法行为履行法律监督职责的;

(六)其他应当提出纠正意见的情形。

情节轻微的,可以口头提示;情节较重的,应当发送案件流程监控通知书,提示办案部门及时查明情况并予以纠正;情节严重的,应当同时向检察长报告。

办案部门收到案件流程监控通知书后,应当在十日以内将核查情况书面回复负责案件管理的部门。

第六百六十六条 人民检察院负责案件管理的部门对以本院名义制发法律文书实施监督管理。

第六百六十七条 人民检察院办理的案件,办结后需要向其他单位移送案卷材料的,统一由负责案件管理的部门审核移送材料是否规范、齐备。负责案件管理的部门认为材料规范、齐备,符合移送条件的,应当立即由办案部门按照规定移送;认为材料不符合要求的,应当及时通知办案部门补送、更正。

第六百六十八条 监察机关或者公安机关随案移送涉案财物及其孳息的,人民检察院负责案件管理的部门应当在受理案件时进行审查,并及时办理入库保管手续。

第六百六十九条 人民检察院负责案件管理的部门对扣押的涉案物品进行保管,并对查封、扣押、冻结、处理涉案财物工作进行监督管理。对违反规定的行为提出纠正意见;涉嫌违法违纪的,报告检察长。

第六百七十条 人民检察院办案部门需要调用、移送、处理查封、扣押、冻结的涉案财物的,应当按照规定办理审批手续。审批手续齐全的,负责案件管理的部门应当办理出库手续。

基本规范

《公安机关办理刑事案件程序规定》(公安部令第 159 号修正,修正后自 2020 年 9 月 1 日起施行)

第一章 任务和基本原则

第六条 公安机关进行刑事诉讼,依法接受人民检察院的法律监督。

《海警机构办理刑事案件程序规定》(中国海警局令第 1 号,自 2023 年 6 月

15日起施行)

第一章　总　则

第六条　海警机构在刑事诉讼中,依法接受人民检察院的法律监督。

其他规范

《人民检察院检察建议工作规定》(高检发释字〔2019〕1号)

第一章　总　则

第一条　为了进一步加强和规范检察建议工作,确保检察建议的质量和效果,充分发挥检察建议的作用,根据《中华人民共和国人民检察院组织法》等法律规定,结合检察工作实际,制定本规定。

第二条　检察建议是人民检察院依法履行法律监督职责,参与社会治理,维护司法公正,促进依法行政,预防和减少违法犯罪,保护国家利益和社会公共利益,维护个人和组织合法权益,保障法律统一正确实施的重要方式。

第三条　人民检察院可以直接向本院所办理案件的涉案单位、本级有关主管机关以及其他有关单位提出检察建议。

需要向涉案单位以外的上级有关主管机关提出检察建议的,应当层报被建议单位的同级人民检察院决定并提出检察建议,或者由办理案件的人民检察院制作检察建议书后,报被建议单位的同级人民检察院审核并转送被建议单位。

需要向下级有关单位提出检察建议的,应当指令对应的下级人民检察院提出检察建议。

需要向异地有关单位提出检察建议的,应当征求被建议单位所在地同级人民检察院意见。被建议单位所在地同级人民检察院提出不同意见,办理案件的人民检察院坚持认为应当提出检察建议的,层报共同的上级人民检察院决定。

第四条　提出检察建议,应当立足检察职能,结合司法办案工作,坚持严格依法、准确及时、必要审慎、注重实效的原则。

第五条　检察建议主要包括以下类型:

(一)再审检察建议;

(二)纠正违法检察建议;

(三)公益诉讼检察建议;

(四)社会治理检察建议;

(五)其他检察建议。

第六条　检察建议应当由检察官办案组或者检察官办理。

第七条　制发检察建议应当在统一业务应用系统中进行,实行以院名义统一编号、统一签发、全程留痕、全程监督。

第二章 适用范围

第八条 人民检察院发现同级人民法院已经发生法律效力的判决、裁定具有法律规定的应当再审情形的,或者发现调解书损害国家利益、社会公共利益的,可以向同级人民法院提出再审检察建议。

第九条 人民检察院在履行对诉讼活动的法律监督职责中发现有关执法、司法机关具有下列情形之一的,可以向有关执法、司法机关提出纠正违法检察建议:

(一)人民法院审判人员在民事、行政审判活动中存在违法行为的;

(二)人民法院在执行生效民事、行政判决、裁定、决定或者调解书、支付令、仲裁裁决书、公证债权文书等法律文书过程中存在违法执行、不执行、怠于执行等行为,或者有其他重大隐患的;

(三)人民检察院办理行政诉讼监督案件或者执行监督案件,发现行政机关有违反法律规定、可能影响人民法院公正审理和执行的行为的;

(四)公安机关、人民法院、监狱、社区矫正机构、强制医疗执行机构等在刑事诉讼活动中或者执行人民法院生效刑事判决、裁定、决定等法律文书过程中存在普遍性、倾向性违法问题,或者有其他重大隐患,需要引起重视予以解决的;

(五)诉讼活动中其他需要以检察建议形式纠正违法的情形。

第十条 人民检察院在履行职责中发现生态环境和资源保护、食品药品安全、国有财产保护、国有土地使用权出让等领域负有监督管理职责的行政机关违法行使职权或者不作为,致使国家利益或者社会公共利益受到侵害,符合法律规定的公益诉讼条件的,应当按照公益诉讼案件办理程序向行政机关提出督促依法履职的检察建议。

第十一条 人民检察院在办理案件中发现社会治理工作存在下列情形之一的,可以向有关单位和部门提出改进工作、完善治理的检察建议:

(一)涉案单位在预防违法犯罪方面制度不健全、不落实,管理不完善,存在违法犯罪隐患,需要及时消除的;

(二)一定时期某类违法犯罪案件多发、频发,或者已发生的案件暴露出明显的管理监督漏洞,需要督促行业主管部门加强和改进管理监督工作的;

(三)涉及一定群体的民间纠纷问题突出,可能导致发生群体性事件或者恶性案件,需要督促相关部门完善风险预警防范措施,加强调解疏导工作的;

(四)相关单位或者部门不依法及时履行职责,致使个人或者组织合法权益受到损害或者存在损害危险,需要及时整改消除的;

（五）需要给予有关涉案人员、责任人员或者组织行政处罚、政务处分、行业惩戒，或者需要追究有关责任人员的司法责任的；

（六）其他需要提出检察建议的情形。

第十二条 对执法、司法机关在诉讼活动中的违法情形，以及需要对被不起诉人给予行政处罚、处分或者需要没收其违法所得，法律、司法解释和其他有关规范性文件明确规定应当发出纠正违法通知书、检察意见书的，依照相关规定执行。

第三章 调查办理和督促落实

第十三条 检察官在履行职责中发现有应当依照本规定提出检察建议情形的，应当报经检察长决定，对相关事项进行调查核实，做到事实清楚、准确。

第十四条 检察官可以采取以下措施进行调查核实：

（一）查询、调取、复制相关证据材料；

（二）向当事人、有关知情人员或者其他相关人员了解情况；

（三）听取被建议单位意见；

（四）咨询专业人员、相关部门或者行业协会等对专门问题的意见；

（五）委托鉴定、评估、审计；

（六）现场走访、查验；

（七）查明事实所需要采取的其他措施。

进行调查核实，不得采取限制人身自由和查封、扣押、冻结财产等强制性措施。

第十五条 检察官一般应当在检察长作出决定后两个月以内完成检察建议事项的调查核实。情况紧急的，应当及时办结。

检察官调查核实完毕，应当制作调查终结报告，写明调查过程和认定的事实与证据，提出处理意见。认为需要提出检察建议的，应当起草检察建议书，一并报送检察长，由检察长或者检察委员会讨论决定是否提出检察建议。

经调查核实，查明相关单位不存在需要纠正或者整改的违法事实或者重大隐患，决定不提出检察建议的，检察官应当将调查终结报告连同相关材料订卷存档。

第十六条 检察建议书要阐明相关的事实和依据，提出的建议应当符合法律、法规及其他有关规定，明确具体、说理充分、论证严谨、语言简洁、有操作性。

检察建议书一般包括以下内容：

（一）案件或者问题的来源；

（二）依法认定的案件事实或者经调查核实的事实及其证据；

(三)存在的违法情形或者应当消除的隐患;
(四)建议的具体内容及所依据的法律、法规和有关文件等的规定;
(五)被建议单位提出异议的期限;
(六)被建议单位书面回复落实情况的期限;
(七)其他需要说明的事项。

第十七条 检察官依据本规定第十一条的规定起草的检察建议书,报送检察长前,应当送本院负责法律政策研究的部门对检察建议的必要性、合法性、说理性等进行审核。

检察建议书正式发出前,可以征求被建议单位的意见。

第十八条 检察建议书应当以人民检察院的名义送达有关单位。送达检察建议书,可以书面送达,也可以现场宣告送达。

宣告送达检察建议书应当商被建议单位同意,可以在人民检察院、被建议单位或者其他适宜场所进行,由检察官向被建议单位负责人当面宣读检察建议书并进行示证、说理,听取被建议单位负责人意见。必要时,可以邀请人大代表、政协委员或者特约检察员、人民监督员等第三方人员参加。

第十九条 人民检察院提出检察建议,除另有规定外,应当要求被建议单位自收到检察建议书之日起两个月以内作出相应处理,并书面回复人民检察院。因情况紧急需要被建议单位尽快处理的,可以根据实际情况确定相应的回复期限。

第二十条 涉及事项社会影响大、群众关注度高、违法情形具有典型性、所涉问题应当引起有关部门重视的检察建议书,可以抄送同级党委、人大、政府、纪检监察机关或者被建议单位的上级机关、行政主管部门以及行业自律组织等。

第二十一条 发出的检察建议书,应当于五日内报上一级人民检察院对口业务部门和负责法律政策研究的部门备案。

第二十二条 检察长认为本院发出的检察建议书确有不当的,应当决定变更或者撤回,并及时通知有关单位,说明理由。

上级人民检察院认为下级人民检察院发出的检察建议书确有不当的,应当指令下级人民检察院变更或者撤回,并及时通知有关单位,说明理由。

第二十三条 被建议单位对检察建议提出异议的,检察官应当立即进行复核。经复核,异议成立的,应当报经检察长或者检察委员会讨论决定后,及时对检察建议书作出修改或者撤回检察建议书;异议不成立的,应当报经检察长同意后,向被建议单位说明理由。

第二十四条 人民检察院应当积极督促和支持配合被建议单位落实检察建议。督促落实工作由原承办检察官办理,可以采取询问、走访、不定期会商、召开联席会议等方式,并制作笔录或者工作记录。

第二十五条　被建议单位在规定期限内经督促无正当理由不予整改或者整改不到位的,经检察长决定,可以将相关情况报告上级人民检察院,通报被建议单位的上级机关、行政主管部门或者行业自律组织等,必要时可以报告同级党委、人大,通报同级政府、纪检监察机关。符合提起公益诉讼条件的,依法提起公益诉讼。

第四章　监督管理

第二十六条　各级人民检察院检察委员会应当定期对本院制发的检察建议的落实效果进行评估。

第二十七条　人民检察院案件管理部门负责检察建议的流程监控和分类统计,定期组织对检察建议进行质量评查,对检察建议工作情况进行综合分析。

第二十八条　人民检察院应当将制发检察建议的质量和效果纳入检察官履职绩效考核。

第二十九条　上级人民检察院应当加强对下级人民检察院开展检察建议工作的指导,及时通报情况,帮助解决检察建议工作中的问题。

第五章　附　则

第三十条　法律、司法解释和其他有关规范性文件对再审检察建议、纠正违法检察建议和公益诉讼检察建议的办理有规定的,依照其规定办理;没有规定的,参照本规定办理。

第三十一条　本规定由最高人民检察院负责解释。

第三十二条　本规定自公布之日起施行,2009年印发的《人民检察院检察建议工作规定(试行)》同时废止。

《最高人民检察院、中国海警局关于健全完善侦查监督与协作配合机制的指导意见》(高检发办字〔2023〕71号)

为深入学习贯彻习近平新时代中国特色社会主义思想,全面贯彻习近平法治思想,深入贯彻党的二十大精神,认真落实《中共中央关于加强新时代检察机关法律监督工作的意见》,依法履行检察机关侦查监督职能,协力推进海洋执法司法工作高质量发展,最高人民检察院、中国海警局联合就进一步健全完善侦查监督与协作配合机制制定本指导意见。

一、加强侦查监督与协作配合组织建设

1.人民检察院、海警机构可以结合本地实际,统筹考虑办案数量、人员配置等因素设立侦查监督与协作配合办公室,承担侦查监督协作配合相关工作。人民检察院原有派驻海警机构的检察室、检察官办公室、联络点,可以加挂牌子,不再重复派出人员。海警机构应当为办公室提供必要的办公场所。

2. 人民检察院可以根据实践需要采用专职常驻、轮值常驻、定期当值等不同模式开展工作。海警机构应当指定专人负责联络配合。

二、健全完善监督制约机制

3. 人民检察院对海警机构办理刑事案件和治安管理领域行刑衔接案件、海警机构协助其他部门侦查刑事案件以及采取取保候审、监视居住等强制措施情况实施法律监督。

4. 人民检察院对海警机构应当立案而不立案、不应当立案而立案、不应当撤案而撤案、应当撤案而不撤案的情形开展监督，重点监督群众反映强烈、影响社会和谐稳定以及涉嫌违法插手经济纠纷、谋取非法利益的案件。对监督立案侦查的案件，人民检察院应当加强跟踪，防止海警机构怠于侦查。对于不应当立案而立案，人民检察院通知撤销案件的，海警机构应当依法及时撤销案件。

5. 人民检察院对海警机构的刑事侦查活动进行监督，重点监督纠正非法取证、违法采取强制措施或者强制措施法定期限届满不予释放、解除、变更，以及违法查封、扣押、冻结、处置涉案财物等情形。

6. 人民检察院对海警机构立案侦查的刑事案件，具有下列情形之一的，应当开展监督：

（一）对犯罪嫌疑人解除强制措施之日起十二个月以内，仍然不能移送起诉或者依法作出其他处理的；

（二）对犯罪嫌疑人未采取强制措施，自立案之日起二年以内，仍然不能移送起诉或者依法作出其他处理的。

人民检察院应当督促海警机构积极开展侦查并跟踪案件进度，具备法定条件的，应当要求海警机构尽快侦查终结。海警机构侦查终结移送起诉的，人民检察院应当依法审查处理；对于人民检察院违反规定拒绝收卷的，海警机构可以向其上一级人民检察院通报。

对于符合法定撤案情形的，人民检察院应当依法监督海警机构撤销案件。海警机构撤销案件后，对相关违法行为应当依法予以行政处罚或者移交有关部门处理。撤销案件后，又发现新的涉嫌犯罪事实或者证据，依法需要追究刑事责任的，海警机构应当重新立案侦查。

海警机构应当通过科学设置考核指标提升案件办理质效。

7. 人民检察院可以对海警机构办理治安管理处罚案件的行刑衔接情况进行监督，重点监督是否存在降格处理、以罚代刑、不当撤案等问题。对于已经涉嫌犯罪但未予刑事立案或者立案后又撤销刑事案件的，人民检察院经审查，要求海警机构说明不立案或者撤案依据和理由的，海警机构应当在七日以内书面说明理由,连同有关证据材料回复人民检察院。人民检察院认为不立案或者撤销案件理由不成立的,应当依法提出监督意见。

对于人民检察院决定不起诉并提出行政处罚检察意见的案件,海警机构应当依法处理,自收到检察意见书之日起两个月以内将处理结果或者办理情况书面回复人民检察院。因情况紧急需要立即处理的,人民检察院可以根据实际情况确定回复期限。

8. 人民检察院开展法律监督应当依法进行调查核实,主要方式包括:

(一)查阅台账、法律文书及工作文书,调阅卷宗及执法记录仪,查看、调取讯问同步录音录像;

(二)讯问、询问犯罪嫌疑人,询问证人、被害人或者其他诉讼参与人;

(三)询问办案人员;

(四)询问在场人员或者其他可能知情的人员;

(五)听取申诉人或者控告人意见;

(六)听取辩护人、值班律师意见;

(七)查看、了解刑事强制措施执行情况以及涉案财物查封、扣押、冻结、返还、处理情况;

(八)进行伤情、病情检查或者鉴定,查询、调取犯罪嫌疑人出入看守所身体检查记录;

(九)其他调查核实方式。

人民检察院开展调查核实,不得干预海警机构侦查人员依法办案,不得干扰和妨碍侦查活动正常进行。

人民检察院在调查核实过程中,应当加强与海警机构沟通,充分听取办案人员意见。经依法调查核实后,需要监督纠正的,应当及时向海警机构提出监督意见。海警机构对人民检察院提出的监督意见,应当依法及时将处理结果或者进展情况回复人民检察院。

9. 海警机构对人民检察院的不批准逮捕、不起诉决定以及立案监督、纠正侦查违法等监督意见有异议的,可以依据法律及相关规定要求说明理由或者要求复议、提请复核、申请复查,人民检察院应当认真审查并及时回复海警机构。人民检察院经复议、复核、复查,认为原决定或者监督意见有错误的,应当及时撤销。

三、健全完善协作配合机制

10. 海警机构办理重大、疑难案件,可以商请检察机关派员,通过审查证据材料、参与案件讨论等方式,就案件定性、证据收集、法律适用等提出意见建议。

海警机构应当向检察机关指派人员全面介绍案件情况,提供相关文书和证据材料,及时通报案件侦查进展,根据检察机关提出的意见建议,进一步收集、固定证据,完善证据体系;存在证据瑕疵或取证、强制措施适用违反规定程序等问题的,应当及时补正纠正。

11. 人民检察院在审查案件过程中,认为需要补充侦查或者依法作出不批准逮捕或者不起诉决定的,应当加强说理,制发补充侦查文书,提出明确、具体、可行的补充侦查意见。海警机构应当按照检察机关补充侦查文书的要求及时、有效开展补充侦查。人民检察院在审查起诉阶段自行补充侦查、要求海警机构补充证据材料的,海警机构应当积极配合。庭审阶段,侦查人员应当依法出庭,配合人民检察院做好取证合法性证明工作。

12. 对发生在出海渔民之间的故意伤害、侵财类案件,双方当事人在侦查环节已达成和解协议,海警机构提出从宽处理建议的,人民检察院在作出审查逮捕、审查起诉决定时应当充分考虑海警机构的建议。对侦查阶段达成的和解协议,经审查符合法律规定,且当事人未提出异议的,人民检察院应当认定和解协议有效。双方当事人和解系自愿、合法且已履行或者提供担保,不采取逮捕措施不致发生社会危险性的,人民检察院可以依法不批准逮捕,或者建议海警机构不提请批准逮捕。

13. 人民检察院和海警机构可以通过组织庭审观摩评议、开展联合调研、举办同堂培训、类案指导、共同编发办案指引、典型案例等方式,统一执法司法理念和标准。双方建立联席会议机制,研究解决工作中遇到的重大问题,共同提高案件办理质效。

14. 海警机构在行政执法和刑事侦查过程中发现海洋生态环境和渔业资源领域涉及损害国家利益、社会公共利益的线索,应当及时移送人民检察院。对于破坏海洋生态环境资源犯罪案件,人民检察院可以提起刑事附带民事公益诉讼。

四、健全完善信息共享机制

15. 海警机构应当及时向人民检察院提供刑事案件受案、立案、破案、撤案等执法信息。人民检察院应当向海警机构及时提供检察建议、纠正违法、立案监督、追捕追诉等数据和情况。人民检察院、海警机构应当加强信息化建设,逐步实现案件信息跨部门网上实时共享。

16. 检察人员、海警执法人员获取、使用相关数据信息应当保护信息安全,严格依照权限查询、使用信息,对违法泄露案件信息的,依法追究相关责任。人民检察院、海警机构应当加强数据分类分级保护,强化数据授权提取、使用机制,建立数据查询审批和记录制度。

17. 本指导意见由最高人民检察院、中国海警局协商解释,自发布之日起施行。

指导性案例

李卫俊等"套路贷"虚假诉讼案(检例第87号)

关键词 虚假诉讼　套路贷　刑民检察协同　类案监督　金融监管

要　旨 检察机关办理涉及"套路贷"案件时,应当查清是否存在通过虚假诉讼行为实现非法利益的情形。对虚假诉讼中涉及的民事判决、裁定、调解协议书等,应当依法开展监督。针对办案中发现的非法金融活动和监管漏洞,应当运用检察建议等方式,促进依法整治并及时堵塞行业监管漏洞。

指导意义

（一）刑民检察协同,加强涉黑涉恶犯罪中"套路贷"行为的审查。检察机关在办理涉黑涉恶案件存在"套路贷"行为时,应当注重强化刑事检察和民事检察职能协同。既充分发挥刑事检察职能,严格审查追诉犯罪,又发挥民事检察职能,以发现的异常案件线索为基础,开展关联案件的研判分析,并予以精准监督。刑事检察和民事检察联动,形成监督合力,加大打击黑恶犯罪力度,提升法律监督质效。

（二）办理"套路贷"案件要注重审查是否存在虚假诉讼行为。对涉黑涉恶案件中存在"套路贷"行为的,检察机关应当注重审查是否存在通过虚假诉讼手段实现"套路贷"非法利益的情形。对此,可围绕案件中是否存在疑似职业放贷人、借贷合同是否为统一格式、原告提供的证据形式是否不合常理、被告是否缺席判决等方面进行审查。发现虚假诉讼严重损害当事人利益,妨害司法秩序的,应当依职权启动监督,及时纠正错误判决、裁定和调解协议书。

（三）综合运用多种手段促进金融行业治理。针对办案中发现的非法金融活动、行业监管漏洞、诚信机制建设等问题,检察机关应当分析监管缺位的深层次原因,注重运用检察建议等方式,促进行业监管部门建章立制、堵塞管理漏洞。同时,还应当积极会同纪委监委、法院、公安、金融监管、市场监管等单位建立金融风险联防联惩体系,形成监管合力和打击共识。对所发现的倾向性、苗头性问题,可以通过联席会议的方式,加强研判,建立健全信息共享、线索移送、案件协查等工作机制,促进从源头上铲除非法金融活动的滋生土壤。

第九条　【使用本民族语言文字的权利】各民族公民都有用本民族语言文字进行诉讼的权利。人民法院、人民检察院和公安机关对于不通晓当地通用的语言文字的诉讼参与人,应当为他们翻译。

在少数民族聚居或者多民族杂居的地区,应当用当地通用的语言进行审讯,用当地通用的文字发布判决书、布告和其他文件。

立法沿革

本条系沿用1979年《刑事诉讼法》第六条的规定。

相关规定

《中华人民共和国宪法》（修订后自2018年3月11日起施行，节录）

第一百三十九条　各民族公民都有用本民族语言文字进行诉讼的权利。人民法院和人民检察院对于不通晓当地通用的语言文字的诉讼参与人，应当为他们翻译。

在少数民族聚居或者多民族共同居住的地区，应当用当地通用的语言进行审理；起诉书、判决书、布告和其他文书应当根据实际需要使用当地通用的一种或者几种文字。

基本规范

《公安机关办理刑事案件程序规定》（公安部令第159号修正，修正后自2020年9月1日起施行）

第一章　任务和基本原则

第十一条　公安机关办理刑事案件，对不通晓当地通用的语言文字的诉讼参与人，应当为他们翻译。

在少数民族聚居或者多民族杂居的地区，应当使用当地通用的语言进行讯问。对外公布的诉讼文书，应当使用当地通用的文字。

《海警机构办理刑事案件程序规定》（中国海警局令第1号，自2023年6月15日起施行）

第一章　总　则

第八条　海警机构办理刑事案件，对不通晓当地通用的语言文字的诉讼参与人，应当为他们翻译。

第十条　【两审终审制】人民法院审判案件，实行两审终审制。

立法沿革

本条系沿用1979年《刑事诉讼法》第七条的规定。

司法疑难解析

两审终审制的例外。 作为例外的情形,最高人民法院审判的第一审案件的判决和裁定,即为终审的判决和裁定。对于死刑案件的判决,应当由最高人民法院经过死刑复核程序予以核准才发生法律效力。

第十一条 【公开审判制度与辩护原则】 人民法院审判案件,除本法另有规定的以外,一律公开进行。被告人有权获得辩护,人民法院有义务保证被告人获得辩护。

立法沿革

本条系沿用1979年《刑事诉讼法》第八条的规定。

其他规范

《最高人民法院关于严格执行公开审判制度的若干规定》(法发〔1999〕3号)

各省、自治区、直辖市高级人民法院,解放军军事法院,新疆维吾尔自治区高级人民法院生产建设兵团分院:

为了严格执行公开审判制度,根据我国宪法和有关法律,特作如下规定:

一、人民法院进行审判活动,必须坚持依法公开审判制度,做到公开开庭、公开举证、质证,公开宣判。

二、人民法院对于第一审案件,除下列案件外,应当依法一律公开审理:

(一)涉及国家秘密的案件;

(二)涉及个人隐私的案件;

(三)十四岁以上不满十六岁未成年人犯罪的案件;经人民法院决定不公开审理的十六岁以上不满十八岁未成年人犯罪的案件;

(四)经当事人申请,人民法院决定不公开审理的涉及商业秘密的案件;

(五)经当事人申请,人民法院决定不公开审理的离婚案件;

(六)法律另有规定的其他不公开审理的案件。

对于不公开审理的案件,应当当庭宣布不公开审理的理由。

三、下列第二审案件应当公开审理:

(一)当事人对不服公开审理的第一审案件的判决、裁定提起上诉的,但因违反法定程序发回重审的和事实清楚依法迳行判决、裁定的除外。

(二)人民检察院对公开审理的案件的判决、裁定提起抗诉的,但需发回重审的除外。

四、依法公开审理案件应当在开庭三日以前公告。公告应当包括案由、当事人姓名或者名称、开庭时间和地点。

五、依法公开审理案件,案件事实未经法庭公开调查不能认定。

证明案件事实的证据未在法庭公开举证、质证,不能进行认证,但无需举证的事实除外。缺席审理的案件,法庭可以结合其他事实和证据进行认证。

法庭能够当庭认证的,应当当庭认证。

六、人民法院审理的所有案件应当一律公开宣告判决。

宣告判决,应当对案件事实和证据进行认定,并在此基础上正确适用法律。

七、凡应当依法公开审理的案件没有公开审理的,应当按下列规定处理:

(一)当事人提起上诉或者人民检察院对刑事案件的判决、裁定提起抗诉的,第二审人民法院应当裁定撤销原判决,发回重审;

(二)当事人申请再审的,人民法院可以决定再审;人民检察院按照审判监督程序提起抗诉的,人民法院应当决定再审。

上述发回重审或者决定再审的案件应当依法公开审理。

八、人民法院公开审理案件,庭审活动应当在审判法庭进行。需要巡回依法公开审理的,应当选择适当的场所进行。

九、审判法庭和其他公开进行案件审理活动的场所,应当按照最高人民法院关于法庭布置的要求悬挂国徽,设置审判席和其他相应的席位。

十、依法公开审理案件,公民可以旁听,但精神病人、醉酒的人和未经人民法院批准的未成年人除外。

根据法庭场所和参加旁听人数等情况,旁听人需要持旁听证进入法庭的,旁听证由人民法院制发。

外国人和无国籍人持有效证件要求旁听的,参照中国公民旁听的规定办理。

旁听人员必须遵守《中华人民共和国人民法院法庭规则》的规定,并应当接受安全检查。

十一、依法公开审理案件,经人民法院许可,新闻记者可以记录、录音、录相、摄影、转播庭审实况。

外国记者的旁听按照我国有关外事管理规定办理。

第十二条 【未经法院判决不得确定有罪原则】未经人民法院依法判决,对任何人都不得确定有罪。

立法沿革

本条系 1996 年《刑事诉讼法修改决定》增加的规定,2012 年、2018 年修改《刑事诉讼法》时未作调整。

其他规范

《最高人民法院、最高人民检察院、公安部、国家安全部、司法部关于推进以审判为中心的刑事诉讼制度改革的意见》(法发〔2016〕18 号)第一条强调未经人民法院依法判决,对任何人都不得确定有罪。(→参见第三编"审判"标题下所附"其他规范",第 1252 页)

第十三条　【人民陪审制度】人民法院审判案件,依照本法实行人民陪审员陪审的制度。

立法沿革

本条系沿用 1979 年《刑事诉讼法》第九条的规定。

相关规定

《中华人民共和国人民陪审员法》(自 2018 年 4 月 27 日起施行,节录)

第二条　公民有依法担任人民陪审员的权利和义务。

人民陪审员依照本法产生,依法参加人民法院的审判活动,除法律另有规定外,同法官有同等权利。

第五条　公民担任人民陪审员,应当具备下列条件:

(一)拥护中华人民共和国宪法;

(二)年满二十八周岁;

(三)遵纪守法、品行良好、公道正派;

(四)具有正常履行职责的身体条件。

担任人民陪审员,一般应当具有高中以上文化程度。

第六条　下列人员不能担任人民陪审员:

(一)人民代表大会常务委员会的组成人员,监察委员会、人民法院、人民检察院、公安机关、国家安全机关、司法行政机关的工作人员;

(二)律师、公证员、仲裁员、基层法律服务工作者;

(三)其他因职务原因不适宜担任人民陪审员的人员。

第七条 有下列情形之一的,不得担任人民陪审员:
(一)受过刑事处罚的;
(二)被开除公职的;
(三)被吊销律师、公证员执业证书的;
(四)被纳入失信被执行人名单的;
(五)因受惩戒被免除人民陪审员职务的;
(六)其他有严重违法违纪行为,可能影响司法公信的。

第十三条 人民陪审员的任期为五年,一般不得连任。

第二十九条 人民陪审员参加审判活动期间,所在单位不得克扣或者变相克扣其工资、奖金及其他福利待遇。

人民陪审员所在单位违反前款规定的,基层人民法院应当及时向人民陪审员所在单位或者所在单位的主管部门、上级部门提出纠正意见。

第三十条 人民陪审员参加审判活动期间,由人民法院依照有关规定按实际工作日给予补助。

人民陪审员因参加审判活动而支出的交通、就餐等费用,由人民法院依照有关规定给予补助。

《人民陪审员选任办法》(司法部、最高人民法院、公安部,司发〔2018〕6号)

第一条 为规范人民陪审员选任工作,保障人民陪审员制度有效实施,根据《中华人民共和国人民陪审员法》(以下简称人民陪审员法),制定本办法。

第二条 人民陪审员选任工作应当坚持依法民主、公开公正、协同高效的原则。

第三条 人民陪审员主要通过随机抽选方式产生。因审判活动需要,可以通过个人申请和所在单位、户籍所在地或者经常居住地的基层群众性自治组织、人民团体推荐(以下简称组织推荐)方式产生。

第四条 人民陪审员选任工作由司法行政机关会同基层人民法院、公安机关组织开展。

省级和设区的市级司法行政机关负责人民陪审员选任工作的指导监督,县级司法行政机关负责人民陪审员选任工作的具体实施。

司法行政机关应当按照职责需要,健全工作机构,配备工作人员,建立完善工作制度。

司法行政机关、基层人民法院、公安机关应当加强沟通联系,建立协调配合机制。

第五条 基层人民法院根据审判案件的需要以及本辖区人口数量、地域面积、民族状况等因素，并结合上级人民法院随机抽取人民陪审员的需要，提出不低于本院法官数三倍的人民陪审员名额数的意见，提请同级人民代表大会常务委员会确定。

第六条　人民陪审员的名额数意见在提请同级人民代表大会常务委员会确定之前，基层人民法院应当先报上一级人民法院审核，上一级人民法院可以对本辖区内人民陪审员名额数进行适当调整。上一级人民法院审核确认后，报省（市、区）高级人民法院备案。

第七条　人民陪审员的名额数可以根据实际情况进行调整。调整应当由基层人民法院按照确定人民陪审员名额数的程序进行。

第八条　通过个人申请和组织推荐产生的人民陪审员，不得超过所在基层人民法院人民陪审员名额数的五分之一。

第九条　基层人民法院应当将人民陪审员名额数及时通报同级司法行政机关。基层人民法院应当会同司法行政机关分别确定随机抽选以及需要通过个人申请和组织推荐的拟任命人民陪审员数。

第十条　司法行政机关会同基层人民法院、公安机关，向社会发布选任人民陪审员公告，内容包括选任名额、选任条件、选任程序等有关事项，公告期为三十日。

需要通过个人申请和组织推荐方式产生人民陪审员的，还应当在公告中明确申请和推荐期限。

第十一条　司法行政机关会同基层人民法院、公安机关，从辖区内年满二十八周岁的常住居民名单中，随机抽选拟任命人民陪审员数五倍以上的人员作为人民陪审员候选人。

第十二条　司法行政机关会同基层人民法院、公安机关，开展人民陪审员候选人信息采集工作，建立人民陪审员候选人信息库。

基层人民法院、公安机关应当将人民陪审员候选人相关信息及时提供给司法行政机关。

第十三条　司法行政机关会同基层人民法院、公安机关，依照人民陪审员法第五条、第六条、第七条、第十三条规定对人民陪审员候选人进行资格审查。

必要时，司法行政机关会同基层人民法院、公安机关到候选人所在单位、户籍所在地或者经常居住地的基层群众性自治组织、人民团体进行走访调查，或者对候选人进行当面考察。

第十四条　司法行政机关应当会同基层人民法院、公安机关向符合选任条件的人民陪审员候选人告知人民陪审员的权利义务，并征求其对担任人民陪审员的意见。

第十五条　司法行政机关会同基层人民法院,从通过资格审查的人民陪审员候选人名单中随机抽选确定人民陪审员拟任命人选。

第十六条　公民申请担任人民陪审员的,应当按选任公告要求,向本人户籍所在地或者经常居住地的县级司法行政机关提交身份、学历证明等书面材料,并填写人民陪审员候选人申请表。

组织推荐人民陪审员的,需征得公民本人同意后,向县级司法行政机关提交被推荐人简历、学历证明等书面材料,并填写人民陪审员候选人推荐表。

第十七条　司法行政机关会同基层人民法院、公安机关依照本办法第十三条规定,对人民陪审员申请人和被推荐人进行资格审查。

第十八条　司法行政机关会同基层人民法院,从通过资格审查的人民陪审员申请人和被推荐人中确定人民陪审员拟任命人选。个人申请或者组织推荐人数超过拟选任人数的,可以在通过资格审查的申请人和被推荐人中随机抽选确定拟任命人选。

确定人民陪审员拟任命人选,应当充分体现人民陪审员的广泛性和代表性。

第十九条　司法行政机关应当会同基层人民法院、公安机关向社会公示拟任命人民陪审员名单。公示期不少于五个工作日。

第二十条　经公示后确定的人民陪审员人选,由基层人民法院院长提请同级人民代表大会常务委员会任命。

基层人民法院提请同级人民代表大会常务委员会任命人民陪审员,应当提交提请任命人民陪审员的议案、人选名单以及同级人民代表大会常务委员会要求提供的其他材料。

司法行政机关应当配合基层人民法院提供有关材料。

第二十一条　基层人民法院应当会同司法行政机关向社会公告人民陪审员名单。

第二十二条　人民法院应当会同司法行政机关及时将任命决定通知人民陪审员本人及其所在单位、户籍所在地或经常居住地的基层群众性自治组织、人民团体,并通报公安机关。

第二十三条　司法行政机关、基层人民法院应当将人民陪审员名单逐级报省级司法行政机关、高级人民法院备案。

第二十四条　人民陪审员的任期为五年,一般不得连任。公民担任人民陪审员不得超过两次。

第二十五条　公民不得同时在两个以上的基层人民法院担任人民陪审员。

第二十六条　人民陪审员缺额数超过基层人民法院人民陪审员名额数十分之一的,或者因审判工作需要,可以适时增补人民陪审员。

增补人民陪审员人选从通过资格审查的人民陪审员候选人名单中随机抽选确定。公示与任命程序依照本办法第十九条、第二十条、第二十一条、第二十二条规定进行。

第二十七条　人民陪审员经人民代表大会常务委员会任命后,应当公开进行就职宣誓。

人民陪审员宣誓誓词为:我是中华人民共和国人民陪审员,我宣誓:忠于国家,忠于人民,忠于宪法和法律,依法参加审判活动,忠实履行审判职责,廉洁诚信,秉公判断,维护社会公平正义!

第二十八条　人民陪审员就职宣誓仪式由基层人民法院会同司法行政机关组织。

第二十九条　海事法院、知识产权法院、铁路运输法院等没有对应同级人民代表大会的法院一般不单独进行人民陪审员选任,需要由人民陪审员参加合议庭审判案件的,在其所在地级市辖区内的基层人民法院或案件管辖区内的人民陪审员名单中随机抽取确定。

第三十条　本办法由司法部、最高人民法院、公安部共同负责解释。

第三十一条　本办法自公布之日起施行。本办法施行前司法部、最高人民法院、公安部制定的有关人民陪审员选任的规定,与本办法不符的,以本办法为准。

《中共中央办公厅、国务院办公厅关于依法从严打击证券违法活动的意见》(2021年7月6日,节录)

(十二)完善证券案件审判体制机制。充分利用现有审判资源,加强北京、深圳等证券交易场所所在地金融审判工作力量建设,探索统筹证券期货领域刑事、行政、民事案件的管辖和审理。深化金融审判专业化改革,加强金融审判队伍专业化建设。落实中级法院和同级检察院办理证券犯罪第一审案件的级别管辖。加大行政处罚、司法判决的执行力度。建立专家咨询制度和专业人士担任人民陪审员的专门机制。

法律适用答复、复函

《最高人民法院、司法部关于〈中华人民共和国人民陪审员法〉实施中若干问题的答复》(法发〔2020〕29号)

在《中华人民共和国人民陪审员法》(以下简称《人民陪审员法》)及配套规

范性文件实施过程中,部分地方就有关问题进行请示,经研究,现答复如下:

1. 新疆维吾尔自治区生产建设兵团法院如何选任人民陪审员?

答:没有对应同级人民代表大会的兵团基层人民法院人民陪审员的名额由兵团分院确定,经公示后确定的人民陪审员人选,由基层人民法院院长提请兵团分院任命。在未设立垦区司法局的垦区,可以由师(市)司法局会同垦区人民法院、公安机关组织开展人民陪审员选任工作。

2.《人民陪审员法》第六条第一项所指的监察委员会、人民法院、人民检察院、公安机关、国家安全机关、司法行政机关的工作人员是否包括行政编制外人员?

答:上述工作人员包括占用行政编制和行政编制外的所有工作人员。

3. 乡镇人民代表大会主席团的成员能否担任人民陪审员?

答:符合担任人民陪审员条件的乡镇人民代表大会主席团成员,不是上级人民代表大会常务委员会组成人员的,可以担任人民陪审员,法律另有禁止性规定的除外。

4. 人民代表大会常务委员会的工作人员能否担任人民陪审员?

答:人民代表大会常务委员会的工作人员,符合担任人民陪审员条件的,可以担任人民陪审员,法律另有禁止性规定的除外。

5. 人民代表大会常务委员会的组成人员、法官、检察官,以及人民法院、人民检察院的其他工作人员,监察委员会、公安机关、国家安全机关、司法行政机关的工作人员离任后能否担任人民陪审员?

答:(1)人民代表大会常务委员会的组成人员,监察委员会、人民法院、人民检察院、公安机关、国家安全机关、司法行政机关的工作人员离任后,符合担任人民陪审员条件的,可以担任人民陪审员。上述人员担任人民陪审员的比例应当与其他人员的比例适当平衡。

(2)法官、检察官从人民法院、人民检察院离任后二年内,不得担任人民陪审员。

(3)法官从人民法院离任后,曾在基层人民法院工作的,不得在原任职的基层人民法院担任人民陪审员;检察官从人民检察院离任后,曾在基层人民检察院工作的,不得在与原任职的基层人民检察院同级、同辖区的人民法院担任人民陪审员。

(4)法官从人民法院离任后,担任人民陪审员的,不得参与原任职人民法院的审判活动;检察官从人民检察院离任后,担任人民陪审员的,不得参与原任职人民检察院同级、同辖区的人民法院的审判活动。

6. 劳动争议仲裁委员会的仲裁员能否担任人民陪审员?

答：劳动争议仲裁委员会的仲裁员不能担任人民陪审员。

7. 被纳入失信被执行人名单的公民能否担任人民陪审员？

答：公民被纳入失信被执行人名单期间，不得担任人民陪审员。人民法院撤销或者删除失信信息后，公民符合法定条件的，可以担任人民陪审员。

8. 公民担任人民陪审员不得超过两次，是否包括《人民陪审员法》实施前以及在不同人民法院任职的情形？

答：公民担任人民陪审员总共不得超过两次，包括《人民陪审员法》实施前任命以及在不同人民法院任职的情形。

9. 有独立请求权的第三人是否可以申请由人民陪审员参加合议庭审判案件？

答：有独立请求权的第三人可以依据《人民陪审员法》相关规定申请由人民陪审员参加合议庭审判案件。

10. 人民法院可否吸收人民陪审员参加减刑、假释案件的审理？

答：人民法院可以结合案件情况，吸收人民陪审员参加减刑、假释案件审理，但不需要开庭审理的除外。

11. 人民陪审员是否可以参加案件执行工作？

答：根据《人民陪审员法》，人民陪审员参加第一审刑事、民事、行政案件的审判。人民法院不得安排人民陪审员参加案件执行工作。

12. 人民法院可以根据案件审判需要，从人民陪审员名单中随机抽取一定数量的候补人民陪审员，并确定递补顺序，一并告知当事人。如果原定人民陪审员因故无法到庭，由候补人民陪审员参与案件审理，是否需要变更合议庭成员另行告知双方当事人？候补人民陪审员的递补顺序，应如何确定？

答：人民法院已一并告知候补人民陪审员名单的，如变更由候补人民陪审员参加庭审的，无需另行告知当事人。确定候补人民陪审员的递补顺序，可按照姓氏笔画排序等方式确定。

13. 根据《最高人民法院关于适用〈中华人民共和国人民陪审员法〉若干问题的解释》，七人合议庭开庭前和评议时，应当制作事实认定问题清单。审判实践中，如何制作事实认定问题清单？

答：事实认定问题清单应当立足全部案件事实，重点针对案件难点和争议的焦点内容。刑事案件中，可以以犯罪构成要件事实为基础，主要包括构成犯罪的事实、不构成犯罪的事实，以及有关量刑情节的事实等。民事案件中，可以根据不同类型纠纷的请求权规范基础，归纳出当事人争议的要件事实。行政案件中，主要包括审查行政行为合法性所必须具备的事实。

14. 合议庭评议案件时，人民陪审员和法官可否分组分别进行评议、表决？

答：合议庭评议案件时，人民陪审员和法官应当共同评议、表决，不得分组进行。

15. 案件审结后，人民法院将裁判文书副本送交参加该案审判的人民陪审员时，能否要求人民陪审员在送达回证上签字？

答：人民陪审员不是受送达对象，不能要求人民陪审员在送达回证上签字。人民法院将裁判文书副本送交人民陪审员时，可以以适当方式请人民陪审员签收后存档。

16. 如何把握人民陪审员年度参审数上限一般不超过30件的要求？对于人民陪审员参与审理批量系列案件的，如何计算案件数量？

答：个别案件量大的人民法院可以结合本院实际情况，提出参审数上限在30件以上设置的意见，层报高级人民法院备案后实施。高级人民法院应统筹辖区整体情况从严把握。

人民陪审员参加审理批量系列案件的，可以按一定比例折算案件数以核定是否超出参审数上限。具体折算比例，由高级人民法院确定。

17. 对于人民陪审员参审案件数占第一审案件数的比例即陪审率，是否可以设定考核指标？

答：《人民陪审员法》及相关司法解释规定了人民陪审员参审案件范围和年度参审数上限，要严格执行相关规定。人民法院不得对第一审案件总体陪审率设定考核指标，但要对第一审案件总体陪审率、人民陪审员参加七人合议庭等情况进行统计监测。

18. 人民陪审员是否适用法官法中法官任职回避的规定？

答：人民陪审员适用民事、刑事、行政诉讼法中诉讼回避的规定，不适用法官法中法官任职回避的规定。

19. 人民陪审员在参加庭审等履职过程中，着装有何要求？

答：人民陪审员在参加庭审等履职过程中，着装应当端庄、得体，但不得配发、穿着统一制服。

第十四条 【诉讼权利的保障与救济】人民法院、人民检察院和公安机关应当保障犯罪嫌疑人、被告人和其他诉讼参与人依法享有的辩护权和其他诉讼权利。

诉讼参与人对于审判人员、检察人员和侦查人员侵犯公民诉讼权利和人身侮辱的行为，有权提出控告。

立法沿革

1979年《刑事诉讼法》第十条规定："人民法院、人民检察院和公安机关应当保障诉讼参与人依法享有的诉讼权利。""对于不满十八岁的未成年人犯罪的案件,在讯问和审判时,可以通知被告人的法定代理人到场。""诉讼参与人对于审判人员、检察人员和侦查人员侵犯公民诉讼权利和人身侮辱的行为,有权提出控告。"1996年修改《刑事诉讼法》时对本条规定未作调整。2012年《刑事诉讼法修改决定》在本条第一款增加保障"犯罪嫌疑人、被告人"依法享有的"辩护权"的内容,并删去原第二款规定,集中规定于本法第五编"特别程序"之中"未成年人刑事诉讼程序"一章。2018年修改《刑事诉讼法》时对本条规定未作调整。

基本规范

《公安机关办理刑事案件程序规定》(公安部令第159号修正,修正后自2020年9月1日起施行)

第一章　任务和基本原则

第九条　公安机关在刑事诉讼中,应当保障犯罪嫌疑人、被告人和其他诉讼参与人依法享有的辩护权和其他诉讼权利。

《海警机构办理刑事案件程序规定》(中国海警局令第1号,自2023年6月15日起施行)

第一章　总　则

第七条　海警机构办理刑事案件,应当保障犯罪嫌疑人、被告人和其他诉讼参与人依法享有的辩护权和其他诉讼权利。

任何组织和个人对海警机构及其工作人员在办理刑事案件中超越职权、滥用职权和其他违法行为,都有权依法提出申诉、控告。

第十五条　【认罪认罚从宽制度】犯罪嫌疑人、被告人自愿如实供述自己的罪行,承认指控的犯罪事实,愿意接受处罚的,可以依法从宽处理。

立法沿革

本条系2018年10月26日第十三届全国人民代表大会常务委员会第六次会议通过的《全国人民代表大会常务委员会关于修改〈中华人民共和国刑事诉讼法〉的决定》(自2018年10月26日起施行,以下简称为"2018年《刑事诉讼法》修改决定");根据该决定作相应修改,重新公布的《中华人民共和国刑事诉讼法》简称为"《刑事诉讼法》",与修改前《刑事诉讼法》对照时,简称为"现行《刑事诉讼法》")增加的规定。

基本规范

《最高人民法院关于适用〈中华人民共和国刑事诉讼法〉的解释》(法释〔2021〕1号)第十二章"认罪认罚案件的审理"(第三百四十七条至第三百五十八条)对认罪认罚案件审理的有关问题作了规定。(→参见第二百零一条所附"基本规范",第1451—1453页)

《人民检察院刑事诉讼规则》(高检发释字〔2019〕4号,自2019年12月30日起施行)第十章"审查逮捕和审查起诉"第二节"认罪认罚从宽案件办理"(第二百六十七条至第二百六十九条)(→参见第一百七十三条—第一百七十四条所附"基本规范",第1162—1163页)

其他规范

《最高人民法院、最高人民检察院、公安部、国家安全部、司法部关于适用认罪认罚从宽制度的指导意见》(高检发〔2019〕13号)

适用认罪认罚从宽制度,对准确及时惩罚犯罪、强化人权司法保障、推动刑事案件繁简分流、节约司法资源、化解社会矛盾、推动国家治理体系和治理能力现代化,具有重要意义。为贯彻落实修改后刑事诉讼法,确保认罪认罚从宽制度正确有效实施,根据法律和有关规定,结合司法工作实际,制定本意见。

一、基本原则

1. 贯彻宽严相济刑事政策。落实认罪认罚从宽制度,应当根据犯罪的具体情况,区分案件性质、情节和对社会的危害程度,实行区别对待,做到该宽则宽,当严则严,宽严相济,罚当其罪。对可能判处三年有期徒刑以下刑罚的认罪认罚案件,要尽量依法从简从快从宽办理,探索相适应的处理原则和办案方式;对因民间矛盾引发的犯罪,犯罪嫌疑人、被告人自愿认罪、真诚悔罪并取得谅解、达成和解、尚未严重影响人民群众安全感的,要积极适用认罪认罚从宽制度,特别是对其中社会危害不大的初犯、偶犯、过失犯、未成年犯,一般应当体现从宽;对严重危害国家安全、公共安全犯罪,严重暴力犯罪,以及社会普遍关注的重大敏感案件,应当慎重把握从宽,避免案件处理明显违背人民群众的公平正义观念。

2. 坚持罪责刑相适应原则。办理认罪认罚案件,既要考虑体现认罪认罚从宽,又要考虑其所犯罪行的轻重、应负刑事责任和人身危险性的大小,依照法律规定提出量刑建议,准确裁量刑罚,确保罚当其罪,避免罪刑失衡。特别是对于共同犯罪案件,主犯认罪认罚,从犯不认罪认罚的,人民法院、人民检察院应当注意两者之间的量刑平衡,防止因量刑失当严重偏离一般的司法认知。

3. 坚持证据裁判原则。办理认罪认罚案件,应当以事实为根据,以法律为准绳,严格按照证据裁判要求,全面收集、固定、审查和认定证据。坚持法定证明标准,侦查终结、提起公诉、作出有罪裁判应当做到犯罪事实清楚,证据确实、充分,防止因犯罪嫌疑人、被告人认罪而降低证据要求和证明标准。对犯罪嫌疑人、被告人认罪认罚,但证据不足,不能认定其有罪的,依法作出撤销案件、不起诉决定或者宣告无罪。

4. 坚持公检法三机关配合制约原则。办理认罪认罚案件,公、检、法三机关应当分工负责、互相配合、互相制约,保证犯罪嫌疑人、被告人自愿认罪认罚,依法推进从宽落实。要严格执法、公正司法,强化对自身执法司法办案活动的监督,防止产生"权权交易"、"权钱交易"等司法腐败问题。

二、适用范围和适用条件

5. 适用阶段和适用案件范围。认罪认罚从宽制度贯穿刑事诉讼全过程,适用于侦查、起诉、审判各个阶段。

认罪认罚从宽制度没有适用罪名和可判处刑罚的限定,所有刑事案件都可以适用,不能因罪轻、罪重或者罪名特殊等原因而剥夺犯罪嫌疑人、被告人自愿认罪认罚获得从宽处理的机会。但"可以"适用不是一律适用,犯罪嫌疑人、被告人认罪认罚后是否从宽,由司法机关根据案件具体情况决定。

6. "认罪"的把握。认罪认罚从宽制度中的"认罪",是指犯罪嫌疑人、被告人自愿如实供述自己的罪行,对指控的犯罪事实没有异议。承认指控的主要犯罪事实,仅对个别事实情节提出异议,或者虽然对行为性质提出辩解但表示接受司法机关认定意见的,不影响"认罪"的认定。犯罪嫌疑人、被告人犯数罪,仅如实供述其中一罪或部分罪名事实的,全案不作"认罪"的认定,不适用认罪认罚从宽制度,但对如实供述的部分,人民检察院可以提出从宽处罚的建议,人民法院可以从宽处罚。

7. "认罚"的把握。认罪认罚从宽制度中的"认罚",是指犯罪嫌疑人、被告人真诚悔罪,愿意接受处罚。"认罚",在侦查阶段表现为表示愿意接受处罚;在审查起诉阶段表现为接受人民检察院拟作出的起诉或不起诉决定,认可人民检察院的量刑建议,签署认罪认罚具结书;在审判阶段表现为当庭确认自愿签署具结书,愿意接受刑罚处罚。

"认罚"考察的重点是犯罪嫌疑人、被告人的悔罪态度和悔罪表现,应当结合退赃退赔、赔偿损失、赔礼道歉等因素来考量。犯罪嫌疑人、被告人虽然表示"认罚",却暗中串供、干扰证人作证、毁灭、伪造证据或者隐匿、转移财产,有赔偿能力而不赔偿损失,则不能适用认罪认罚从宽制度。犯罪嫌疑人、被告人享有程序选择权,不同意适用速裁程序、简易程序的,不影响"认罚"的认定。

三、认罪认罚后"从宽"的把握

8."从宽"的理解。从宽处理既包括实体上从宽处罚,也包括程序上从简处理。"可以从宽",是指一般应当体现法律规定和政策精神,予以从宽处理。但可以从宽不是一律从宽,对犯罪性质和危害后果特别严重、犯罪手段特别残忍、社会影响特别恶劣的犯罪嫌疑人、被告人,认罪认罚不足以从轻处罚的,依法不予从宽处罚。

办理认罪认罚案件,应当依照刑法、刑事诉讼法的基本原则,根据犯罪的事实、性质、情节和对社会的危害程度,结合法定、酌定的量刑情节,综合考虑认罪认罚的具体情况,依法决定是否从宽、如何从宽。对于减轻、免除处罚,应当于法有据;不具备减轻处罚情节的,应当在法定幅度以内提出从轻处罚的量刑建议和量刑;对其中犯罪情节轻微不需要判处刑罚的,可以依法作出不起诉决定或者判决免予刑事处罚。

9.从宽幅度的把握。办理认罪认罚案件,应当区别认罪认罚的不同诉讼阶段、对查明案件事实的价值和意义、是否确有悔罪表现,以及罪行严重程度等,综合考量确定从宽的限度和幅度。在刑罚评价上,主动认罪优于被动认罪,早认罪优于晚认罪,彻底认罪优于不彻底认罪,稳定认罪优于不稳定认罪。

认罪认罚的从宽幅度一般应当大于仅有坦白,或者虽认罪但不认罚的从宽幅度。对犯罪嫌疑人、被告人具有自首、坦白情节,同时认罪认罚的,应当在法定刑幅度内给予相对更大的从宽幅度。认罪认罚与自首、坦白不作重复评价。

对罪行较轻、人身危险性较小的,特别是初犯、偶犯,从宽幅度可以大一些;罪行较重、人身危险性较大的,以及累犯、再犯,从宽幅度应当从严把握。

四、犯罪嫌疑人、被告人辩护权保障

10.获得法律帮助权。人民法院、人民检察院、公安机关办理认罪认罚案件,应当保障犯罪嫌疑人、被告人获得有效法律帮助,确保其了解认罪认罚的性质和法律后果,自愿认罪认罚。

犯罪嫌疑人、被告人自愿认罪认罚,没有辩护人的,人民法院、人民检察院、公安机关(看守所)应当通知值班律师为其提供法律咨询、程序选择建议、申请变更强制措施等法律帮助。符合通知辩护条件的,应当依法通知法律援助机构指派律师为其提供辩护。

人民法院、人民检察院、公安机关(看守所)应当告知犯罪嫌疑人、被告人有权约见值班律师,获得法律帮助,并为其约见值班律师提供便利。犯罪嫌疑人、被告人及其近亲属提出法律帮助请求的,人民法院、人民检察院、公安机关(看守所)应当通知值班律师为其提供法律帮助。

11. 派驻值班律师。法律援助机构可以在人民法院、人民检察院、看守所派驻值班律师。人民法院、人民检察院、看守所应当为派驻值班律师提供必要办公场所和设施。

法律援助机构应当根据人民法院、人民检察院、看守所的法律帮助需求和当地法律服务资源,合理安排值班律师。值班律师可以定期值班或轮流值班,律师资源短缺的地区可以通过探索现场值班和电话、网络值班相结合,在人民法院、人民检察院毗邻设置联合工作站,省内和市内统筹调配律师资源,以及建立政府购买值班律师服务机制等方式,保障法律援助值班律师工作有序开展。

12. 值班律师的职责。值班律师应当维护犯罪嫌疑人、被告人的合法权益,确保犯罪嫌疑人、被告人在充分了解认罪认罚性质和法律后果的情况下,自愿认罪认罚。值班律师应当为认罪认罚的犯罪嫌疑人、被告人提供下列法律帮助:

(一)提供法律咨询,包括告知涉嫌或指控的罪名、相关法律规定,认罪认罚的性质和法律后果等;

(二)提出程序适用的建议;

(三)帮助申请变更强制措施;

(四)对人民检察院认定罪名、量刑建议提出意见;

(五)就案件处理,向人民法院、人民检察院、公安机关提出意见;

(六)引导、帮助犯罪嫌疑人、被告人及其近亲属申请法律援助;

(七)法律法规规定的其他事项。

值班律师可以会见犯罪嫌疑人、被告人,看守所应当为值班律师会见提供便利。危害国家安全犯罪、恐怖活动犯罪案件,侦查期间值班律师会见在押犯罪嫌疑人的,应当经侦查机关许可。自人民检察院对案件审查起诉之日起,值班律师可以查阅案卷材料、了解案情。人民法院、人民检察院应当为值班律师查阅案卷材料提供便利。

值班律师提供法律咨询、查阅案卷材料、会见犯罪嫌疑人或者被告人、提出书面意见等法律帮助活动的相关情况应当记录在案,并随案移送。

13. 法律帮助的衔接。对于被羁押的犯罪嫌疑人、被告人,在不同诉讼阶段,可以由派驻看守所的同一值班律师提供法律帮助。对于未被羁押的犯罪嫌疑人、被告人,前一诉讼阶段的值班律师可以在后续诉讼阶段继续为犯罪嫌疑人、被告人提供法律帮助。

14. 拒绝法律帮助的处理。犯罪嫌疑人、被告人自愿认罪认罚,没有委托辩护人,拒绝值班律师帮助的,人民法院、人民检察院、公安机关应当允许,记录在案并随案移送。但是审查起诉阶段签署认罪认罚具结书时,人民检察院应当通知值班律师到场。

15. 辩护人职责。认罪认罚案件犯罪嫌疑人、被告人委托辩护人或者法律援助机构指派律师为其辩护的,辩护律师在侦查、审查起诉和审判阶段,应当与犯罪嫌疑人、被告人就是否认罪认罚进行沟通,提供法律咨询和帮助,并就定罪量刑、诉讼程序适用等向办案机关提出意见。

五、被害方权益保障

16. 听取意见。办理认罪认罚案件,应当听取被害人及其诉讼代理人的意见,并将犯罪嫌疑人、被告人是否与被害方达成和解协议、调解协议或者赔偿被害方损失,取得被害方谅解,作为从宽处罚的重要考虑因素。人民检察院、公安机关听取意见情况应当记录在案并随案移送。

17. 促进和解谅解。对符合当事人和解程序适用条件的公诉案件,犯罪嫌疑人、被告人认罪认罚的,人民法院、人民检察院、公安机关应当积极促进当事人自愿达成和解。对其他认罪认罚案件,人民法院、人民检察院、公安机关可以促进犯罪嫌疑人、被告人通过向被害方赔偿损失、赔礼道歉等方式获得谅解,被害方出具的谅解意见应当随案移送。

人民法院、人民检察院、公安机关在促进当事人和解谅解过程中,应当向被害方释明认罪认罚从宽、公诉案件当事人和解适用程序等具体法律规定,充分听取被害方意见,符合司法救助条件的,应当积极协调办理。

18. 被害方异议的处理。被害人及其诉讼代理人不同意对认罪认罚的犯罪嫌疑人、被告人从宽处理的,不影响认罪认罚从宽制度的适用。犯罪嫌疑人、被告人认罪认罚,但没有退赃退赔、赔偿损失,未能与被害方达成调解或者和解协议的,从宽时应当予以酌减。犯罪嫌疑人、被告人自愿认罪并且愿意积极赔偿损失,但由于被害方赔偿请求明显不合理,未能达成调解或者和解协议的,一般不影响对犯罪嫌疑人、被告人从宽处理。

六、强制措施的适用

19. 社会危险性评估。人民法院、人民检察院、公安机关应当将犯罪嫌疑人、被告人认罪认罚作为其是否具有社会危险性的重要考虑因素。对于罪行较轻、采用非羁押性强制措施足以防止发生刑事诉讼法第八十一条第一款规定的社会危险性的犯罪嫌疑人、被告人,根据犯罪性质及可能判处的刑罚,依法可不适用羁押性强制措施。

20. 逮捕的适用。犯罪嫌疑人认罪认罚,公安机关认为罪行较轻、没有社会危险性的,应当不再提请人民检察院审查逮捕。对提请逮捕的,人民检察院认为没有社会危险性不需要逮捕的,应当作出不批准逮捕的决定。

21. 逮捕的变更。已经逮捕的犯罪嫌疑人、被告人认罪认罚的,人民法院、人民检察院应当及时审查羁押的必要性,经审查认为没有继续羁押必要的,应当变更为取保候审或者监视居住。

七、侦查机关的职责

22. 权利告知和听取意见。公安机关在侦查过程中,应当告知犯罪嫌疑人享有的诉讼权利、如实供述罪行可以从宽处理和认罪认罚的法律规定,听取犯罪嫌疑人及其辩护人或者值班律师的意见,记录在案并随案移送。

对在非讯问时间、办案人员不在场情况下,犯罪嫌疑人向看守所工作人员或者辩护人、值班律师表示愿意认罪认罚的,有关人员应当及时告知办案单位。

23. 认罪教育。公安机关在侦查阶段应当同步开展认罪教育工作,但不得强迫犯罪嫌疑人认罪,不得作出具体的从宽承诺。犯罪嫌疑人自愿认罪,愿意接受司法机关处罚的,应当记录在案并附卷。

24. 起诉意见。对移送审查起诉的案件,公安机关应当在起诉意见书中写明犯罪嫌疑人自愿认罪认罚情况。认为案件符合速裁程序适用条件的,可以在起诉意见书中建议人民检察院适用速裁程序办理,并简要说明理由。

对可能适用速裁程序的案件,公安机关应当快速办理,对犯罪嫌疑人未被羁押的,可以集中移送审查起诉,但不得为集中移送拖延案件办理。

对人民检察院在审查逮捕期间或者重大案件听取意见中提出的开展认罪认罚工作的意见或建议,公安机关应当认真听取,积极开展相关工作。

25. 执法办案管理中心建设。加快推进公安机关执法办案管理中心建设,探索在执法办案管理中心设置速裁法庭,对适用速裁程序的案件进行快速办理。

八、审查起诉阶段人民检察院的职责

26. 权利告知。案件移送审查起诉后,人民检察院应当告知犯罪嫌疑人享有的诉讼权利和认罪认罚的法律规定,保障犯罪嫌疑人的程序选择权。告知应当采取书面形式,必要时应当充分释明。

27. 听取意见。犯罪嫌疑人认罪认罚的,人民检察院应当就下列事项听取犯罪嫌疑人、辩护人或者值班律师的意见,记录在案并附卷:

(一)涉嫌的犯罪事实、罪名及适用的法律规定;

(二)从轻、减轻或者免除处罚等从宽处罚的建议;

(三)认罪认罚后案件审理适用的程序;
(四)其他需要听取意见的情形。
人民检察院未采纳辩护人、值班律师意见的,应当说明理由。

28. 自愿性、合法性审查。对侦查阶段认罪认罚的案件,人民检察院应当重点审查以下内容:
(一)犯罪嫌疑人是否自愿认罪认罚,有无因受到暴力、威胁、引诱而违背意愿认罪认罚;
(二)犯罪嫌疑人认罪认罚时的认知能力和精神状态是否正常;
(三)犯罪嫌疑人是否理解认罪认罚的性质和可能导致的法律后果;
(四)侦查机关是否告知犯罪嫌疑人享有的诉讼权利,如实供述自己罪行可以从宽处理和认罪认罚的法律规定,并听取意见;
(五)起诉意见书中是否写明犯罪嫌疑人认罪认罚情况;
(六)犯罪嫌疑人是否真诚悔罪,是否向被害人赔礼道歉。
经审查,犯罪嫌疑人违背意愿认罪认罚的,人民检察院可以重新开展认罪认罚工作。存在刑讯逼供等非法取证行为的,依照法律规定处理。

29. 证据开示。人民检察院可以针对案件具体情况,探索证据开示制度,保障犯罪嫌疑人的知情权和认罪认罚的真实性及自愿性。

30. 不起诉的适用。完善起诉裁量权,充分发挥不起诉的审前分流和过滤作用,逐步扩大相对不起诉在认罪认罚案件中的适用。对认罪认罚后没有争议,不需要判处刑罚的轻微刑事案件,人民检察院可以依法作出不起诉决定。人民检察院应当加强对案件量刑的预判,对其中可能判处免刑的轻微刑事案件,可以依法作出不起诉决定。
对认罪认罚后案件事实不清、证据不足的案件,应当依法作出不起诉决定。

31. 签署具结书。犯罪嫌疑人自愿认罪,同意量刑建议和程序适用的,应当在辩护人或者值班律师在场的情况下签署认罪认罚具结书。犯罪嫌疑人被羁押的,看守所应当为签署具结书提供场所。具结书应当包括犯罪嫌疑人如实供述罪行、同意量刑建议、程序适用等内容,由犯罪嫌疑人、辩护人或者值班律师签名。
犯罪嫌疑人认罪认罚,有下列情形之一的,不需要签署认罪认罚具结书:
(一)犯罪嫌疑人是盲、聋、哑人,或者是尚未完全丧失辨认或者控制自己行为能力的精神病人的;
(二)未成年犯罪嫌疑人的法定代理人、辩护人对未成年人认罪认罚有异议的;

(三)其他不需要签署认罪认罚具结书的情形。

上述情形犯罪嫌疑人未签署认罪认罚具结书的,不影响认罪认罚从宽制度的适用。

32.提起公诉。人民检察院向人民法院提起公诉的,应当在起诉书中写明被告人认罪认罚情况,提出量刑建议,并移送认罪认罚具结书等材料。量刑建议书可以另行制作,也可以在起诉书中写明。

33.量刑建议的提出。犯罪嫌疑人认罪认罚的,人民检察院应当就主刑、附加刑、是否适用缓刑等提出量刑建议。人民检察院提出量刑建议前,应当充分听取犯罪嫌疑人、辩护人或者值班律师的意见,尽量协商一致。

办理认罪认罚案件,人民检察院一般应当提出确定刑量刑建议。对新类型、不常见犯罪案件,量刑情节复杂的重罪案件等,也可以提出幅度刑量刑建议。提出量刑建议,应当说明理由和依据。

犯罪嫌疑人认罪认罚没有其他法定量刑情节的,人民检察院可以根据犯罪的事实、性质等,在基准刑基础上适当减让提出确定刑量刑建议。有其他法定量刑情节的,人民检察院应当综合认罪认罚和其他法定量刑情节,参照相关量刑规范提出确定刑量刑建议。

犯罪嫌疑人在侦查阶段认罪认罚的,主刑从宽的幅度可以在前款基础上适当放宽;被告人在审判阶段认罪认罚的,在前款基础上可以适当缩减。建议判处罚金刑的,参照主刑的从宽幅度提出确定的数额。

34.速裁程序的办案期限。犯罪嫌疑人认罪认罚,人民检察院经审查,认为符合速裁程序适用条件的,应当在十日以内作出是否提起公诉的决定;对可能判处的有期徒刑超过一年的,可以在十五日以内作出是否提起公诉的决定。

九、社会调查评估

35.侦查阶段的社会调查。犯罪嫌疑人认罪认罚,可能判处管制、宣告缓刑的,公安机关可以委托犯罪嫌疑人居住地的社区矫正机构进行调查评估。

公安机关在侦查阶段委托社区矫正机构进行调查评估,社区矫正机构在公安机关移送审查起诉后完成调查评估的,应当及时将评估意见提交受理案件的人民检察院或者人民法院,并抄送公安机关。

36.审查起诉阶段的社会调查。犯罪嫌疑人认罪认罚,人民检察院拟提出缓刑或者管制量刑建议的,可以及时委托犯罪嫌疑人居住地的社区矫正机构进行调查评估,也可以自行调查评估。人民检察院提起公诉时,已收到调查材料的,应当将材料一并移送,未收到调查材料的,应当将委托文书随案移送;在提起公诉后收到调查材料的,应当及时移送人民法院。

37. 审判阶段的社会调查。被告人认罪认罚,人民法院拟判处管制或者宣告缓刑的,可以及时委托被告人居住地的社区矫正机构进行调查评估,也可以自行调查评估。

社区矫正机构出具的调查评估意见,是人民法院判处管制、宣告缓刑的重要参考。对没有委托社区矫正机构进行调查评估或者判决前未收到社区矫正机构调查评估报告的认罪认罚案件,人民法院经审理认为被告人符合管制、缓刑适用条件的,可以判处管制、宣告缓刑。

38. 司法行政机关的职责。受委托的社区矫正机构应当根据委托机关的要求,对犯罪嫌疑人、被告人的居所情况、家庭和社会关系、一贯表现、犯罪行为的后果和影响、居住地村(居)民委员会和被害人意见、拟禁止的事项等进行调查了解,形成评估意见,及时提交委托机关。

十、审判程序和人民法院的职责

39. 审判阶段认罪认罚自愿性、合法性审查。办理认罪认罚案件,人民法院应当告知被告人享有的诉讼权利和认罪认罚的法律规定,听取被告人及其辩护人或者值班律师的意见。庭审中应当对认罪认罚的自愿性、具结书内容的真实性和合法性进行审查核实,重点核实以下内容:

(一)被告人是否自愿认罪认罚,有无因受到暴力、威胁、引诱而违背意愿认罪认罚;

(二)被告人认罪认罚时的认知能力和精神状态是否正常;

(三)被告人是否理解认罪认罚的性质和可能导致的法律后果;

(四)人民检察院、公安机关是否履行告知义务并听取意见;

(五)值班律师或者辩护人是否与人民检察院进行沟通,提供了有效法律帮助或者辩护,并在场见证认罪认罚具结书的签署。

庭审中审判人员可以根据具体案情,围绕定罪量刑的关键事实,对被告人认罪认罚的自愿性、真实性等进行发问,确认被告人是否实施犯罪,是否真诚悔罪。

被告人违背意愿认罪认罚,或者认罪认罚后又反悔,依法需要转换程序的,应当按照普通程序对案件重新审理。发现存在刑讯逼供等非法取证行为的,依照法律规定处理。

40. 量刑建议的采纳。对于人民检察院提出的量刑建议,人民法院应当依法进行审查。对于事实清楚,证据确实、充分,指控的罪名准确,量刑建议适当的,人民法院应当采纳。具有下列情形之一的,不予采纳:

(一)被告人的行为不构成犯罪或者不应当追究刑事责任的;

(二)被告人违背意愿认罪认罚的;

（三）被告人否认指控的犯罪事实的；

（四）起诉指控的罪名与审理认定的罪名不一致的；

（五）其他可能影响公正审判的情形。

对于人民检察院起诉指控的事实清楚，量刑建议适当，但指控的罪名与审理认定的罪名不一致的，人民法院可以听取人民检察院、被告人及其辩护人对审理认定罪名的意见，依法作出裁判。

人民法院不采纳人民检察院量刑建议的，应当说明理由和依据。

41.量刑建议的调整。人民法院经审理，认为量刑建议明显不当，或者被告人、辩护人对量刑建议有异议且有理有据的，人民法院应当告知人民检察院，人民检察院可以调整量刑建议。人民法院认为调整后的量刑建议适当的，应当予以采纳；人民检察院不调整量刑建议或者调整后仍然明显不当的，人民法院应当依法作出判决。

适用速裁程序审理的，人民检察院调整量刑建议应当在庭前或者当庭提出。调整量刑建议后，被告人同意继续适用速裁程序的，不需要转换程序处理。

42.速裁程序的适用条件。基层人民法院管辖的可能判处三年有期徒刑以下刑罚的案件，案件事实清楚，证据确实、充分，被告人认罪认罚并同意适用速裁程序的，可以适用速裁程序，由审判员一人独任审判。人民检察院提起公诉时，可以建议人民法院适用速裁程序。

有下列情形之一的，不适用速裁程序办理：

（一）被告人是盲、聋、哑人，或者是尚未完全丧失辨认或者控制自己行为能力的精神病人的；

（二）被告人是未成年人的；

（三）案件有重大社会影响的；

（四）共同犯罪案件中部分被告人对指控的犯罪事实、罪名、量刑建议或者适用速裁程序有异议的；

（五）被告人与被害人或者其法定代理人没有就附带民事诉讼赔偿等事项达成调解或者和解协议的；

（六）其他不宜适用速裁程序办理的案件。

43.速裁程序的审理期限。适用速裁程序审理案件，人民法院应当在受理后十日以内审结；对可能判处的有期徒刑超过一年的，应当在十五日以内审结。

44.速裁案件的审理程序。适用速裁程序审理案件，不受刑事诉讼法规定的送达期限的限制，一般不进行法庭调查、法庭辩论，但在判决宣告前应当听取辩护人的意见和被告人的最后陈述意见。

人民法院适用速裁程序审理案件,可以在向被告人送达起诉书时一并送达权利义务告知书、开庭传票,并核实被告人自然信息等情况。根据需要,可以集中送达。

人民法院适用速裁程序审理案件,可以集中开庭,逐案审理。人民检察院可以指派公诉人集中出庭支持公诉。公诉人简要宣读起诉书后,审判人员应当当庭询问被告人对指控事实、证据、量刑建议以及适用速裁程序的意见,核实具结书签署的自愿性、真实性、合法性,并核实附带民事诉讼赔偿等情况。

适用速裁程序审理案件,应当当庭宣判。集中审理的,可以集中当庭宣判。宣判时,根据案件需要,可以由审判员进行法庭教育。裁判文书可以简化。

45.速裁案件的二审程序。被告人不服适用速裁程序作出的第一审判决提出上诉的案件,可以不开庭审理。第二审人民法院审查后,按照下列情形分别处理:

(一)发现被告人以事实不清、证据不足为由提出上诉的,应当裁定撤销原判,发回原审人民法院适用普通程序重新审理,不再按认罪认罚案件从宽处罚;

(二)发现被告人以量刑不当为由提出上诉的,原判量刑适当的,应当裁定驳回上诉,维持原判;原判量刑不当的,经审理后依法改判。

46.简易程序的适用。基层人民法院管辖的被告人认罪认罚案件,事实清楚、证据充分,被告人对适用简易程序没有异议的,可以适用简易程序审判。

适用简易程序审理认罪认罚案件,公诉人可以简要宣读起诉书,审判人员当庭询问被告人对指控的犯罪事实、证据、量刑建议及适用简易程序的意见,核实具结书签署的自愿性、真实性、合法性。法庭调查可以简化,但对有争议的事实和证据应当进行调查、质证,法庭辩论可以仅围绕有争议的问题进行。裁判文书可以简化。

47.普通程序的适用。适用普通程序办理认罪认罚案件,可以适当简化法庭调查、辩论程序。公诉人宣读起诉书后,合议庭当庭询问被告人对指控的犯罪事实、证据及量刑建议的意见,核实具结书签署的自愿性、真实性、合法性。公诉人、辩护人、审判人员对被告人的讯问、发问可以简化。对控辩双方无异议的证据,可以仅就证据名称及证明内容进行说明;对控辩双方有异议,或者法庭认为有必要调查核实的证据,应当出示并进行质证。法庭辩论主要围绕有争议的问题进行,裁判文书可以适当简化。

48.程序转换。人民法院在适用速裁程序审理过程中,发现有被告人的行为不构成犯罪或者不应当追究刑事责任、被告人违背意愿认罪认罚、被告人否认指控的犯罪事实情形的,应当转为普通程序审理。发现其他不宜适用速裁程序但符合简易程序适用条件的,应当转为简易程序重新审理。

发现有不宜适用简易程序审理情形的,应当转为普通程序审理。

人民检察院在人民法院适用速裁程序审理案件过程中,发现有不宜适用速裁程序审理情形的,应当建议人民法院转为普通程序或者简易程序重新审理;发现有不宜适用简易程序审理情形的,应当建议人民法院转为普通程序重新审理。

49. 被告人当庭认罪认罚案件的处理。被告人在侦查、审查起诉阶段没有认罪认罚,但当庭认罪,愿意接受处罚的,人民法院应当根据审理查明的事实,就定罪和量刑听取控辩双方意见,依法作出裁判。

50. 第二审程序中被告人认罪认罚案件的处理。被告人在第一审程序中未认罪认罚,在第二审程序中认罪认罚的,审理程序依照刑事诉讼法规定的第二审程序进行。第二审人民法院应当根据其认罪认罚的价值、作用决定是否从宽,并依法作出裁判。确定从宽幅度时应当与第一审程序认罪认罚有所区别。

十一、认罪认罚的反悔和撤回

51. 不起诉后反悔的处理。因犯罪嫌疑人认罪认罚,人民检察院依照刑事诉讼法第一百七十七条第二款作出不起诉决定后,犯罪嫌疑人否认指控的犯罪事实或者不积极履行赔礼道歉、退赃退赔、赔偿损失等义务的,人民检察院应当进行审查,区分下列情形依法作出处理:

(一)发现犯罪嫌疑人没有犯罪事实,或者符合刑事诉讼法第十六条规定的情形之一的,应当撤销原不起诉决定,依法重新作出不起诉决定;

(二)认为犯罪嫌疑人仍属于犯罪情节轻微,依照刑法规定不需要判处刑罚或者免除刑罚的,可以维持原不起诉决定;

(三)排除认罪认罚因素后,符合起诉条件的,应当根据案件具体情况撤销原不起诉决定,依法提起公诉。

52. 起诉前反悔的处理。犯罪嫌疑人认罪认罚,签署认罪认罚具结书,在人民检察院提起公诉前反悔的,具结书失效,人民检察院应当在全面审查事实证据的基础上,依法提起公诉。

53. 审判阶段反悔的处理。案件审理过程中,被告人反悔不再认罪认罚的,人民法院应当根据审理查明的事实,依法作出裁判。需要转换程序的,依照本意见的相关规定处理。

54. 人民检察院的法律监督。完善人民检察院对侦查活动和刑事审判活动的监督机制,加强对认罪认罚案件办理全过程的监督,规范认罪认罚案件的抗诉工作,确保无罪的人不受刑事追究、有罪的人受公正处罚。

十二、未成年人认罪认罚案件的办理

55. 听取意见。人民法院、人民检察院办理未成年人认罪认罚案件,应当听取未成年犯罪嫌疑人、被告人的法定代理人的意见,法定代理人无法到场的,应当听取合适成年人的意见,但受案时犯罪嫌疑人已经成年的除外。

56. 具结书签署。未成年犯罪嫌疑人签署认罪认罚具结书时,其法定代理人应当到场并签字确认。法定代理人无法到场的,合适成年人应当到场签字确认。法定代理人、辩护人对未成年人认罪认罚有异议的,不需要签署认罪认罚具结书。

57. 程序适用。未成年人认罪认罚案件,不适用速裁程序,但应当贯彻教育、感化、挽救的方针,坚持从快从宽原则,确保案件及时办理,最大限度保护未成年人合法权益。

58. 法治教育。办理未成年人认罪认罚案件,应当做好未成年犯罪嫌疑人、被告人的认罪服法、悔过教育工作,实现惩教结合目的。

十三、附则

59. 国家安全机关、军队保卫部门、中国海警局、监狱办理刑事案件,适用本意见的有关规定。

60. 本指导意见由会签单位协商解释,自发布之日起施行。

《人民检察院办理认罪认罚案件监督管理办法》(高检发办字〔2020〕35号)

第一条 为健全办理认罪认罚案件检察权运行监督机制,加强检察官办案廉政风险防控,确保依法规范适用认罪认罚从宽制度,根据《刑事诉讼法》《人民检察院刑事诉讼规则》《关于加强司法权力运行监督管理的意见》等相关规定,结合检察工作实际,制定本办法。

第二条 加强对检察官办理认罪认罚案件监督管理,应当坚持以下原则:
(一)坚持加强对办案活动的监督管理与保障检察官依法行使职权相结合;
(二)坚持检察官办案主体职责与分级分类监督管理职责相结合;
(三)坚持案件管理、流程监控与信息留痕、公开透明相结合;
(四)坚持加强检察机关内部监督管理与外部监督制约相结合。

第三条 办理认罪认罚案件,检察官应当依法履行听取犯罪嫌疑人、被告人及其辩护人或者值班律师、被害人及其诉讼代理人的意见等各项法定职责,依法保障犯罪嫌疑人、被告人诉讼权利和认罪认罚的自愿性、真实性和合法性。

听取意见可以采取当面或者电话、视频等方式进行,听取情况应当记录在案,对提交的书面意见应当附卷。对于有关意见,办案检察官应当认真审查,并将审查意见写入案件审查报告。

第四条 辩护人、被害人及其诉讼代理人要求当面反映意见的,检察官应当在工作时间和办公场所接待。确因特殊且正当原因需要在非工作时间或者非办公场所接待的,检察官应当依照相关规定办理审批手续并获批准后方可会见。因不明情况或者其他原因在非工作时间或者非工作场所接触听取相关意见的,应当在当日或者次日向本院检务督察部门报告有关情况。

辩护人、被害人及其诉讼代理人当面提交书面意见、证据材料的,检察官应当了解其提交材料的目的、材料的来源和主要内容等有关情况并记录在案,与相关材料一并附卷,并出具回执。

当面听取意见时,检察人员不得少于二人,必要时可进行同步录音或者录像。

第五条 办理认罪认罚案件,检察官应当依法在权限范围内提出量刑建议。在确定和提出量刑建议前,应当充分听取犯罪嫌疑人、被告人、辩护人或者值班律师的意见,切实开展量刑协商工作,保证量刑建议依法体现从宽、适当,并在协商一致后由犯罪嫌疑人签署认罪认罚具结书。

第六条 检察官提出量刑建议,应当与审判机关对同一类型、情节相当案件的判罚尺度保持基本均衡。在起诉文书中,应当对量刑建议说明理由和依据,其中拟以速裁程序审理的案件可以在起诉书中概括说明,拟以简易程序、普通程序审理的案件应当在起诉书或者量刑建议书中充分叙明。

第七条 案件提起公诉后,出现新的量刑情节,或者法官经审理认为量刑建议明显不当建议检察官作出调整的,或者被告人、辩护人对量刑建议提出异议的,检察官可以视情作出调整。若原量刑建议由检察官提出的,检察官调整量刑建议后应当向部门负责人报告备案;若原量刑建议由检察长(分管副检察长)决定的,由检察官报请检察长(分管副检察长)决定。

第八条 办理认罪认罚案件,出现以下情形的,检察官应当向部门负责人报告:

(一)案件处理结果可能与同类案件或者关联案件处理结果明显不一致的;

(二)案件处理与监察机关、侦查机关、人民法院存在重大意见分歧的;

(三)犯罪嫌疑人、被告人签署认罪认罚具结书后拟调整量刑建议的;

(四)因案件存在特殊情形,提出的量刑建议与同类案件相比明显失衡的;

(五)变更、补充起诉的;

(六)犯罪嫌疑人、被告人自愿认罪认罚,拟不适用认罪认罚从宽制度办理的;

(七)法院建议调整量刑建议,或者判决未采纳量刑建议的;

(八)被告人、辩护人、值班律师对事实认定、案件定性、量刑建议存在重大意见分歧的;

（九）一审判决后被告人决定上诉的；

（十）其他应当报告的情形。

部门负责人、分管副检察长承办案件遇有以上情形的，应当向上一级领导报告。

第九条 对于犯罪嫌疑人罪行较轻且认罪认罚，检察官拟作出不批准逮捕或者不起诉决定的案件，应当报请检察长决定。报请检察长决定前，可以提请部门负责人召开检察官联席会议研究讨论。检察官联席会议可以由本部门全体检察官组成，也可以由三名以上检察官（不包括承办检察官）组成。

参加联席会议的检察官应当根据案件的类型、讨论重点等情况，通过查阅卷宗、案件审查报告、听取承办检察官介绍等方式，在全面准确掌握案件事实、情节的基础上参加讨论、发表意见，供承办检察官决策参考，并在讨论笔录上签字确认。

检察官联席会议讨论意见一致或者形成多数意见的，由承办检察官自行决定或者按检察官职权配置规定报请决定。承办检察官与多数意见分歧的，应当提交部门负责人审核后报请检察长（分管副检察长）决定。

第十条 对于下列拟作不批捕、不起诉的认罪认罚从宽案件，可以进行公开听证：

（一）被害人不谅解、不同意从宽处理的；

（二）具有一定社会影响，有必要向社会释法介绍案件情况的；

（三）当事人多次涉诉信访，引发的社会矛盾尚未化解的；

（四）食品、医疗、教育、环境等领域与民生密切相关，公开听证有利于宣扬法治、促进社会综合治理的；

（五）具有一定典型性，有法治宣传教育意义的。

人民检察院办理认罪认罚案件应当按照规定接受人民监督员的监督。对公开听证的认罪认罚案件，可以邀请人民监督员参加，听取人民监督员对案件事实、证据认定和案件处理的意见。

第十一条 检察长、分管副检察长和部门负责人要认真履行检察官办案中的监督管理责任，承担全面从严治党、全面从严治检主体责任，检务督察、案件管理等有关部门承担相应的监督管理责任，自觉接受派驻纪检监察机构的监督检查，对涉嫌违纪违法的依照规定及时移交派驻纪检监察机构处理。

第十二条 部门负责人除作为检察官承办案件，履行检察官职责外，还应当履行以下监督管理职责：

（一）听取或者要求检察官报告办案情况；

(二)对检察官办理的认罪认罚案件进行监督管理,必要时审阅案卷、调阅与案件有关材料,要求承办检察官对案件情况进行说明,要求检察官复核、补充、完善证据;

(三)召集或者根据检察官申请召集并主持检察官联席会议;

(四)对于应当由检察长(分管副检察长)决定的事项,经审核并提出处理意见后报检察长(分管副检察长)决定;

(五)定期组织分析、汇总通报本部门办案情况,指导检察官均衡把握捕与不捕、诉与不诉法律政策、量刑建议等问题,提请检察委员会审议作出决定;

(六)其他应当履行的职责,或者依据检察长(分管副检察长)授权履行的职责。

第十三条 部门负责人、分管副检察长对检察官办理案件出现以下情形的,应当报请检察长决定:

(一)处理意见与检察官联席会议多数检察官意见存在分歧的;

(二)案件处理与监察机关、侦查机关、人民法院存在重大意见分歧需要报请检察长(分管副检察长)决定的;

(三)发现检察官提出的处理意见错误,量刑建议明显不当,或者明显失衡的,应当及时提示检察官,经提示后承办检察官仍然坚持原处理意见或者量刑建议的;

(四)变更、补充起诉的;

(五)其他应当报告的情形。

第十四条 检察长(分管副检察长)除作为检察官承办案件,履行检察官职责外,还应当履行以下职责:

(一)听取或者要求检察官报告办案情况;

(二)对检察官的办案活动进行监督管理;

(三)发现检察官不正确履行职责的,应当予以纠正;

(四)依据职权清单,在职权范围内对检察官办理的认罪认罚案件作出决定;

(五)听取部门负责人关于认罪认罚案件办理情况的报告;

(六)要求部门负责人对本院办理的认罪认罚案件定期分析、汇总通报,涉及法律、政策理解、适用的办案经验总结、规则明确等,提请检察委员会审议,必要时向上级检察院汇报;

(七)其他应当履行的职责。

第十五条 检察长(分管副检察长)发现检察官办理认罪认罚案件不适当

的,可以要求检察官复核,也可以直接作出决定或者提请检察委员会讨论决定。检察长(分管副检察长)要求复核的意见、决定应当以书面形式作出并附卷。

第十六条 案件管理部门对认罪认罚案件办理应当履行以下监督管理职责:

(一)进行案件流程监控,对案件办理期限、诉讼权利保障、文书制作的规范化等进行监督;

(二)组织案件评查,对评查中发现的重要情况及时向检察长报告;

(三)发现违反检察职责行为、违纪违法线索的,及时向相关部门移送;

(四)其他应当履行的职责。

第十七条 下列情形的案件应当作为重点评查案件,经检察长(分管副检察长)批准后进行评查,由案件管理部门或者相关办案部门组织开展:

(一)检察官超越授权范围、职权清单作出处理决定的;

(二)经复议、复核、复查后改变原决定的;

(三)量刑建议明显不当的;

(四)犯罪嫌疑人、被告人认罪认罚后又反悔的;

(五)当事人对人民检察院的处理决定不服提出申诉的;

(六)人民法院裁判宣告无罪、改变指控罪名或者新发现影响定罪量刑重要情节的;

(七)其他需要重点评查的。

第十八条 检务督察部门应当指导办案部门做好认罪认罚案件廉政风险防控和检察官履职督查和失责惩戒工作,重点履行以下监督职责:

(一)对检察官办理认罪认罚案件执行法律、规范性文件和最高人民检察院规定、决定等情况进行执法督察;

(二)在执法督察、巡视巡察、追责惩戒、内部审计中发现以及有关单位、个人举报投诉办案检察官违反检察职责的,依职权进行调查,提出处理意见;

(三)对检察官违反检察职责和违规过问案件,不当接触当事人及其律师、特殊关系人、中介组织等利害关系人的,依职权进行调查,提出处理意见;

(四)针对认罪认罚案件办案廉政风险,加强廉政风险防控制度建设和工作指导,开展司法办案廉政教育;

(五)其他应当监督的情形。

第十九条 上级人民检察院要履行对下级人民检察院办理认罪认罚案件指导、监督管理责任,定期分析、汇总通报本辖区内办案整体情况,通过案件指导、备案备查、专项检查、错案责任倒查、审核决定等方式,对下级人民检察院办理认罪认罚案件进行监督。对存在严重瑕疵或者不规范司法行为,提出监督纠正意见。案件处理决定确有错误的,依法通过指令下级人民检察院批准逮捕、提起公诉、提出抗诉或者撤销逮捕、撤回起诉等方式予以纠正。

第二十条　人民检察院办理认罪认罚案件,应当按照规定公开案件程序性信息、重要案件信息和法律文书,接受社会监督。

第二十一条　严格落实领导干部干预司法活动、插手具体案件处理,司法机关内部或者其他人员过问案件,司法人员不正当接触交往的记录报告和责任追究等相关规定,对违反规定的严肃追责问责。

检察官对存在过问或者干预、插手办案活动,发现有与当事人、律师、特殊关系人、中介组织不当接触交往行为情况的,应当如实记录并及时报告部门负责人。

检察长、分管副检察长和部门负责人口头或者短信、微信、电话等形式向检察官提出指导性意见的,检察官记录在案后,依程序办理。

第二十二条　当事人、律师等举报、投诉检察官违反法律规定办理认罪认罚案件或者有过失行为并提供相关线索或者证据的,检察长(分管副检察长)可以要求检察官报告办案情况。检察长(分管副检察长)认为确有必要的,可以更换承办案件的检察官,将涉嫌违反检察职责行为、违纪违法线索向有关部门移送,并将相关情况记录在案。

第二十三条　对检察官办理认罪认罚案件的质量效果、办案活动等情况进行绩效考核,考核结果纳入司法业绩档案,作为检察官奖惩、晋升、调整职务职级和工资、离岗培训、免职、降职、辞退的重要依据。

第二十四条　检察官因故意违反法律法规或者因重大过失导致案件办理出现错误并造成严重后果的,应当承担司法责任。

检察官在事实认定、证据采信、法律适用、办案程序、文书制作以及司法作风等方面不符合法律和有关规定,存在司法瑕疵但不影响案件结论的正确性和效力的,依照相关纪律规定处理。

第二十五条　负有监督管理职责的检察人员因故意或者重大过失怠于行使或者不当行使职责,造成严重后果的,应当承担司法责任。

《最高人民法院、最高人民检察院关于常见犯罪的量刑指导意见(试行)》(法发〔2021〕21号,自2021年7月1日起施行,节录)

三、常见量刑情节的适用

(十四)对于被告人认罪认罚的,综合考虑犯罪的性质、罪行的轻重、认罪认罚的阶段、程度、价值、悔罪表现等情况,可以减少基准刑的30%以下;具有自首、重大坦白、退赃退赔、赔偿谅解、刑事和解等情节的,可以减少基准刑的60%以下,犯罪较轻的,可以减少基准刑的60%以上或者依法免除处罚。认罪认罚与自首、坦白、当庭自愿认罪、退赃退赔、赔偿谅解、刑事和解、羁押期间表现好等量刑情节不作重复评价。

《最高人民检察院、公安部关于依法妥善办理轻伤害案件的指导意见》(高检发办字〔2022〕167号)第十二条要求充分适用认罪认罚从宽制度。(→参见第二编"立案、侦查和提起公诉"标题下所附"其他规范",第791页)

指导性案例

无锡F警用器材公司虚开增值税专用发票案(检例第81号)

关键词 单位认罪认罚 不起诉 移送行政处罚 合规经营

要　旨 民营企业违规经营触犯刑法情节较轻,认罪认罚的,对单位和直接责任人员依法能不捕的不捕,能不诉的不诉。检察机关应当督促认罪认罚的民营企业合法规范经营。拟对企业作出不起诉处理的,可以通过公开听证听取意见。对被不起诉人(单位)需要给予行政处罚、处分或者需要没收其违法所得的,应当依法提出检察意见,移送有关主管机关处理。

指导意义

1. 对犯罪情节较轻且认罪认罚的涉罪民营企业及其有关责任人员,应当依法从宽处理。检察机关办理涉罪民营企业刑事案件,应当充分考虑促进经济发展,促进职工就业,维护国家和社会公共利益的需要,积极做好涉罪企业及其有关责任人员的认罪认罚工作,促使涉罪企业退缴违法所得、赔偿损失、修复损害、挽回影响,从而将犯罪所造成的危害降到最低。对犯罪情节较轻且认罪认罚、积极整改的企业及其相关责任人员,符合不捕、不诉条件的,坚持能不捕的不捕,能不诉的不诉,符合判处缓刑条件的要提出适用缓刑的建议。

2. 把建章立制落实合法规范经营要求,作为悔罪表现和从宽处罚的考量因素。检察机关在办理企业涉罪案件过程中,通过对自愿认罪认罚的民营企业进行走访、调查,查明企业犯罪的诱发因素、制度漏洞、刑事风险等,提出检察建议。企业通过主动整改、建章立制落实合法规范经营要求体现悔罪表现。检察机关可以协助和督促企业执行,帮助企业增强风险意识,规范经营行为,有效预防犯罪并据此作为从宽处罚的考量因素。

3. 依法做好刑事不起诉与行政处罚、处分有效衔接。检察机关依法作出不起诉决定的案件,要执行好《中华人民共和国刑事诉讼法》第一百七十七条第三款的规定,对被不起诉人需要给予行政处罚、处分或者需要没收其违法所得的,应当提出检察意见,移送有关主管机关处理。有关主管机关应当将处理结果及时通知人民检察院。有关主管机关未及时通知处理结果的,人民检察院应当依法予以督促。

钱某故意伤害案(检例第82号)

关键词 认罪认罚 律师参与协商 量刑建议说理 司法救助

要 旨 检察机关应当健全量刑协商机制,规范认罪认罚案件量刑建议的形成过程。依法听取犯罪嫌疑人、辩护人或者值班律师的意见,通过出示有关证据、释法说理等方式,结合案件事实和情节开展量刑协商,促进协商一致。注重运用司法救助等制度措施化解矛盾,提升办案质效。

指导意义

1. 有效保障辩护人或者值班律师参与量刑协商。办理认罪认罚案件,检察机关应当与被告人、辩护人或者值班律师进行充分有效的量刑协商。检察机关组织开展量刑协商时,应当充分听取被告人、辩护人或者值班律师的意见。检察机关可以通过向被告人出示证据、释法说理等形式,说明量刑建议的理由和依据,保障协商的充分性。被告人及其辩护人或者值班律师提出新的证据材料或者不同意见的,应当重视并认真审查,及时反馈是否采纳并说明理由,需要核实或一时难以达成一致的,可以在充分准备后再开展协商。检察机关应当听取被害方及其诉讼代理人的意见,促进和解谅解,并作为对被告人从宽处罚的重要因素。

2. 运用司法救助促进矛盾化解。对于因民间矛盾纠纷引发、致人伤亡的案件,被告人认罪悔罪态度好,但因家庭经济困难没有赔偿能力或者赔偿能力有限,而被害方又需要救助的,检察机关应当积极促使被告人尽力赔偿被害方损失,争取被害方谅解,促进矛盾化解。同时要积极开展司法救助,落实帮扶措施,切实为被害方纾解困难提供帮助,做实做细化解矛盾等社会治理工作。

琚某忠盗窃案(检例第83号)

关键词 认罪认罚 无正当理由上诉 抗诉 取消从宽量刑

要 旨 对于犯罪事实清楚,证据确实、充分,被告人自愿认罪认罚,一审法院采纳从宽量刑建议判决的案件,因被告人无正当理由上诉而不再具有认罪认罚从宽的条件,检察机关可以依法提出抗诉,建议法院取消因认罪认罚给予被告人的从宽量刑。

指导意义

被告人通过认罪认罚获得量刑从宽后,在没有新事实、新证据的情况下,违背具结承诺以量刑过重为由提出上诉,无正当理由引起二审程序,消耗国家司法资源,检察机关可以依法提出抗诉。一审判决量刑适当、自愿性保障充分,因为认罪认罚后反悔上诉导致量刑不当的案件,检察机关依法提出抗诉有利于促使被告人遵守协商承诺,促进认罪认罚从宽制度健康稳定运行。检察机关提出抗诉时,应当建议法院取消基于认罪认罚给予被告人的从宽量刑,但不能因被告人反悔行为对其加重处罚。

林某彬等人组织、领导、参加黑社会性质组织案(检例第84号)

关键词 认罪认罚 黑社会性质组织犯罪 宽严相济 追赃挽损

要 旨 认罪认罚从宽制度可以适用于所有刑事案件,没有适用罪名和可能判处刑罚的限定,涉黑涉恶犯罪案件依法可以适用该制度。认罪认罚从宽制度贯穿刑事诉讼全过程,适用于侦查、起诉、审判各个阶段。检察机关办理涉黑涉恶犯罪案件,要积极履行主导责任,发挥认罪认罚从宽制度在查明案件事实、提升指控效果、有效追赃挽损等方面的作用。

指导意义

1.对于黑社会性质组织犯罪等共同犯罪案件,适用认罪认罚从宽制度有助于提升指控犯罪质效。检察机关应当注重认罪认罚从宽制度的全流程适用,通过犯罪嫌疑人、被告人认罪认罚,有针对性地收集、完善和固定证据,同时以点带面促使其他被告人认罪认罚,完善指控犯罪的证据体系。对于黑社会性质组织等涉案人数众多的共同犯罪案件,通过对被告人开展认罪认罚教育转化工作,有利于分化瓦解犯罪组织,提升指控犯罪的效果。

2.将认罪认罚与追赃挽损有机结合,彻底清除有组织犯罪的经济基础,尽力挽回被害人损失。检察机关应当运用认罪认罚深挖涉案财产线索,将退赃退赔情况作为是否认罚的考察重点,灵活运用量刑建议从宽幅度激励被告人退赃退赔,通过认罪认罚成果巩固和扩大追赃挽损的效果。

3.区别对待,准确贯彻宽严相济刑事政策。认罪认罚从宽制度可以适用于所有案件,但"可以"适用不是一律适用,被告人认罪认罚后是否从宽,要根据案件性质、情节和对社会造成的危害后果等具体情况,坚持罪责刑相适应原则,区分情况、区别对待,做到该宽则宽,当严则严,宽严相济,罚当其罪。对犯罪性质恶劣、犯罪手段残忍、危害后果严重的犯罪分子,即使认罪认罚也不足以从宽处罚的,依法可不予以从宽处罚。

阻断性侵犯罪未成年被害人感染艾滋病风险综合司法保护案(检例第172号)的要旨提出:"对于犯罪情节恶劣,社会危害严重,主观恶性大的成年人性侵害未成年人案件,即使认罪认罚也不足以从宽处罚的,依法不予从宽。"(→参见

第二百七十七条所附"指导性案例",第1924页)

第十六条 【不追究刑事责任的法定情形】有下列情形之一的,不追究刑事责任,已经追究的,应当撤销案件,或者不起诉,或者终止审理,或者宣告无罪:
(一)情节显著轻微、危害不大,不认为是犯罪的;
(二)犯罪已过追诉时效期限的;
(三)经特赦令免除刑罚的;
(四)依照刑法告诉才处理的犯罪,没有告诉或者撤回告诉的;
(五)犯罪嫌疑人、被告人死亡的;
(六)其他法律规定免予追究刑事责任的。

立法沿革

1979年《刑事诉讼法》第十一条规定:"有下列情形之一的,不追究刑事责任,已经追究的,应当撤销案件,或者不起诉,或者宣告无罪:(一)情节显著轻微、危害不大,不认为是犯罪的;(二)犯罪已过追诉时效期限的;(三)经特赦令免除刑罚的;(四)依照刑法告诉才处理的犯罪,没有告诉或者撤回告诉的;(五)被告人死亡的;(六)其他法律、法令规定免予追究刑事责任的。"1996年《刑事诉讼法修改决定》增加"终止审理"的规定,并将第六项修改为"其他法律规定免予追究刑事责任的"。2012年、2018年修改《刑事诉讼法》时对本条规定未作调整。

相关规定

《中华人民共和国刑法》(节录)

第十三条 一切危害国家主权、领土完整和安全,分裂国家、颠覆人民民主专政的政权和推翻社会主义制度,破坏社会秩序和经济秩序,侵犯国有财产或者劳动群众集体所有的财产,侵犯公民私人所有的财产,侵犯公民的人身权利、民主权利和其他权利,以及其他危害社会的行为,依照法律应当受刑罚处罚的,都是犯罪,但是情节显著轻微危害不大的,不认为是犯罪。

第八十七条 犯罪经过下列期限不再追诉:
(一)法定最高刑为不满五年有期徒刑的,经过五年;
(二)法定最高刑为五年以上不满十年有期徒刑的,经过十年;
(三)法定最高刑为十年以上有期徒刑的,经过十五年;
(四)法定最高刑为无期徒刑、死刑的,经过二十年。如果二十年以后认为必须追诉的,须报请最高人民检察院核准。

第八十八条 在人民检察院、公安机关、国家安全机关立案侦查或者在人民法院受理案件以后,逃避侦查或者审判的,不受追诉期限的限制。

被害人在追诉期限内提出控告,人民法院、人民检察院、公安机关应当立案而不予立案的,不受追诉期限的限制。

第八十九条 追诉期限从犯罪之日起计算;犯罪行为有连续或者继续状态的,从犯罪行为终了之日起计算。

在追诉期限以内又犯罪的,前罪追诉的期限从犯后罪之日起计算。

《全国人民代表大会常务委员会关于特赦部分服刑罪犯的决定》(自2015年8月29日起施行)

第十二届全国人民代表大会常务委员会第十六次会议讨论了全国人民代表大会常务委员会委员长会议关于提请审议《全国人民代表大会常务委员会关于特赦部分服刑罪犯的决定(草案)》的议案,为纪念中国人民抗日战争暨世界反法西斯战争胜利70周年,体现依法治国理念和人道主义精神,根据宪法,决定对依据2015年1月1日前人民法院作出的生效判决正在服刑,释放后不具有现实社会危险性的下列罪犯实行特赦:

一、参加过中国人民抗日战争、中国人民解放战争的;

二、中华人民共和国成立以后,参加过保卫国家主权、安全和领土完整对外作战的,但犯贪污受贿犯罪、故意杀人、强奸、抢劫、绑架、放火、爆炸、投放危险物质或者有组织的暴力性犯罪,黑社会性质的组织犯罪,危害国家安全犯罪,恐怖活动犯罪的,有组织犯罪的主犯以及累犯除外;

三、年满七十五周岁,身体严重残疾且生活不能自理的;

四、犯罪的时候不满十八周岁,被判处三年以下有期徒刑或者剩余刑期在一年以下的,但犯故意杀人、强奸等严重暴力性犯罪,恐怖活动犯罪,贩卖毒品犯罪的除外。

对本决定施行之日符合上述条件的服刑罪犯,经人民法院依法作出裁定后,予以释放。

本决定自2015年8月29日起施行。

《全国人民代表大会常务委员会关于在中华人民共和国成立七十周年之际对部分服刑罪犯予以特赦的决定》(自2019年6月29日起施行)

第十三届全国人民代表大会常务委员会第十一次会议审议了全国人民代表大会常务委员会委员长会议关于提请审议《全国人民代表大会常务委员会关于

在中华人民共和国成立七十周年之际对部分服刑罪犯予以特赦的决定(草案)》的议案,为庆祝中华人民共和国成立70周年,体现依法治国理念和人道主义精神,根据宪法,决定对依据2019年1月1日前人民法院作出的生效判决正在服刑的下列罪犯实行特赦:

一、参加过中国人民抗日战争、中国人民解放战争的;

二、中华人民共和国成立以后,参加过保卫国家主权、安全和领土完整对外作战的;

三、中华人民共和国成立以后,为国家重大工程建设做过较大贡献并获得省部级以上"劳动模范""先进工作者""五一劳动奖章"等荣誉称号的;

四、曾系现役军人并获得个人一等功以上奖励的;

五、因防卫过当或者避险过当,被判处三年以下有期徒刑或者剩余刑期在一年以下的;

六、年满七十五周岁、身体严重残疾且生活不能自理的;

七、犯罪的时候不满十八周岁,被判处三年以下有期徒刑或者剩余刑期在一年以下的;

八、丧偶且有未成年子女或者有身体严重残疾、生活不能自理的子女,确需本人抚养的女性,被判处三年以下有期徒刑或者剩余刑期在一年以下的;

九、被裁定假释已执行五分之一以上假释考验期的,或者被判处管制的。

上述九类对象中,具有以下情形之一的,不得特赦:

(一)第二、三、四、七、八、九类对象中系贪污受贿犯罪,军人违反职责犯罪,故意杀人、强奸、抢劫、绑架、放火、爆炸、投放危险物质或者有组织的暴力性犯罪,黑社会性质的组织犯罪,贩卖毒品犯罪,危害国家安全犯罪,恐怖活动犯罪的罪犯,其他有组织犯罪的主犯,累犯的;

(二)第二、三、四、九类对象中剩余刑期在十年以上的和仍处于无期徒刑、死刑缓期执行期间的;

(三)曾经被特赦又因犯罪被判处刑罚的;

(四)不认罪悔改的;

(五)经评估具有现实社会危险性的。

对本决定施行之日符合上述条件的服刑罪犯,经人民法院依法作出裁定后,予以释放。

本决定自2019年6月29日起施行。

立法工作机关意见

《全国人民代表大会常务委员会法制工作委员会对刑法追诉时效制度有关规定如何理解适用的答复意见》(法工办发〔2014〕277号)①

最高人民检察院办公厅：

你厅对刑法追诉时效制度有关规定如何理解适用征求意见的函(高检办字〔2014〕107号)收悉。经研究，答复如下：

一、关于1979年刑法第七十七条规定的"采取强制措施"如何理解的问题

1979年刑法第七十七条规定，在人民法院、人民检察院、公安机关采取强制措施以后，逃避侦查或者审判的，不受追诉时效的限制。该条规定的"采取强制措施"包括已经批准对犯罪嫌疑人采取强制措施，但因犯罪嫌疑人逃匿，致使强制措施不能执行的情况。②

二、关于1997年刑法生效前的案件，被害人家属于刑法生效后提出控告，公安机关应当立案而不立案，是否适用刑法第八十八条第二款的规定

1997年刑法修订后的刑法第十二条第一款规定：中华人民共和国成立以后本法施行以前的行为，如果当时的法律不认为是犯罪的，适用当时的法律；如果当时的法律认为是犯罪的，依照本法总则第四章第八节的规定应当追诉的，按照

---

① 参见李立众编：《刑法一本通——中华人民共和国刑法总成》(第十六版)，法律出版社2022年版，第133页。

② 《最高人民检察院关于刑法第七十七条有关采取强制措施的规定应如何适用的批复》〔高检发研字〔1992〕4号，已被《最高人民检察院关于废止部分司法解释和规范性文件的决定》(高检发释字〔2002〕2号)废止，废止理由为"该批复中的相关内容已在刑法第88条、第89条中作出明确规定"〕针对河南省人民检察院《关于刑法第七十七条应如何理解的请示》(豫检研字〔1992〕第4号)批复："刑法第七十七条有关在人民法院、人民检察院、公安机关采取强制措施以后，逃避侦查或者审判的，不受追诉期限的限制的规定，既适用于已经执行强制措施后逃避侦查或者审判的，也适用于人民法院、人民检察院、公安机关决定(批准)采取强制措施后，由于犯罪分子逃避而无法执行，以及犯罪分子在逃，经决定(批准)逮捕并发布通缉令后拒不到案的。人民检察院对符合上述情况的犯罪分子，应当依法追诉。"《最高人民法院研究室关于1979年刑法第七十七条规定的"采取强制措施"有关问题的答复》(法研〔2018〕90号)针对《吉林省高级人民法院关于对追诉时限相关问题的请示》(2018年9月5日)答复如下："1979年刑法第七十七条规定：'在人民法院、人民检察院、公安机关采取强制措施以后，逃避侦查或者审判的，不受追诉期限的限制。'该条规定的'采取强制措施'，包括已经批准、决定对犯罪嫌疑人、被告人采取强制措施，但因犯罪嫌疑人、被告人逃匿，致使强制措施不能实际执行的情形。"可见，相关立场是一致的。

当时的法律追究刑事责任,但是如果本法不认为是犯罪或者处刑较轻的,适用本法。根据上述规定,对 1997 年前发生的行为,被告人及其家属在 1997 年后刑法规定的时效内提出控告的,应当适用刑法第八十八条第二款的规定,不受追诉时效的限制。

基本规范

《人民检察院刑事诉讼规则》(高检发释字〔2019〕4 号,自 2019 年 12 月 30 日起施行)

第十章 审查逮捕和审查起诉

第六节 核准追诉

第三百二十条 法定最高刑为无期徒刑、死刑的犯罪,已过二十年追诉期限的,不再追诉。如果认为必须追诉的,须报请最高人民检察院核准。

第三百二十一条 须报请最高人民检察院核准追诉的案件,公安机关在核准之前可以依法对犯罪嫌疑人采取强制措施。

公安机关报请核准追诉并提请逮捕犯罪嫌疑人,人民检察院经审查认为必须追诉而且符合法定逮捕条件的,可以依法批准逮捕,同时要求公安机关在报请核准追诉期间不得停止对案件的侦查。

未经最高人民检察院核准,不得对案件提起公诉。

第三百二十二条 报请核准追诉的案件应当同时符合下列条件:

(一)有证据证明存在犯罪事实,且犯罪事实是犯罪嫌疑人实施的;

(二)涉嫌犯罪的行为应当适用的法定量刑幅度的最高刑为无期徒刑或者死刑;

(三)涉嫌犯罪的性质、情节和后果特别严重,虽然已过二十年追诉期限,但社会危害性和影响依然存在,不追诉会严重影响社会稳定或者产生其他严重后果,而必须追诉的;

(四)犯罪嫌疑人能够及时到案接受追诉。

第三百二十三条 公安机关报请核准追诉的案件,由同级人民检察院受理并层报最高人民检察院审查决定。

第三百二十四条 地方各级人民检察院对公安机关报请核准追诉的案件,应当及时进行审查并开展必要的调查。经检察委员会审议提出是否同意核准追诉的意见,制作报请核准追诉案件报告书,连同案卷材料一并层报最高人民检察院。

第三百二十五条 最高人民检察院收到省级人民检察院报送的报请核准追诉案件报告书及案卷材料后,应当及时审查,必要时指派检察人员到案发地了解案件有关情况。经检察长批准,作出是否核准追诉的决定,并制作核准追诉决定书或者不予核准追诉决定书,逐级下达至最初受理案件的人民检察院,由其送达报请核准追诉的公安机关。

第三百二十六条 对已经采取强制措施的案件,强制措施期限届满不能作出是否核准追诉决定的,应当对犯罪嫌疑人变更强制措施或者延长侦查羁押期限。

第三百二十七条 最高人民检察院决定核准追诉的案件,最初受理案件的人民检察院应当监督公安机关的侦查工作。

最高人民检察院决定不予核准追诉,公安机关未及时撤销案件的,同级人民检察院应当提出纠正意见。犯罪嫌疑人在押的,应当立即释放。

▌其他规范

《最高人民法院关于适用刑法时间效力规定若干问题的解释》(法释〔1997〕5号,节录)

第一条 对于行为人1997年9月30日以前实施的犯罪行为,在人民检察院、公安机关、国家安全机关立案侦查或者在人民法院受理案件以后,行为人逃避侦查或者审判,超过追诉期限或者被害人在追诉期限内提出控告,人民法院、人民检察院、公安机关应当立案而不予立案,超过追诉期限的,是否追究行为人的刑事责任,适用修订前的刑法第七十七条的规定。

《最高人民检察院关于办理核准追诉案件若干问题的规定》(高检发侦监〔2012〕21号)①

第一条 为了规范办理核准追诉案件工作,依法打击严重犯罪,保障国家利益和社会公共利益以及公民合法权利,根据《中华人民共和国刑法》、《中华人民共和国刑事诉讼法》等有关规定,结合工作实际,制定本规定。

第二条 办理核准追诉案件应当严格依法、从严控制。

第三条 法定最高刑为无期徒刑、死刑的犯罪,已过二十年追诉期限的,不再追诉。如果认为必须追诉的,须报请最高人民检察院核准。

第四条 须报请最高人民检察院核准追诉的案件在核准之前,侦查机关可以依法对犯罪嫌疑人采取强制措施。

侦查机关报请核准追诉并提请逮捕犯罪嫌疑人,人民检察院经审查认为必须追诉而且符合法定逮捕条件的,可以依法批准逮捕,同时要求侦查机关在报请

---

① 《人民检察院刑事诉讼规则》(高检发释字〔2019〕4号)第十章第六节"核准追诉"部分吸收了高检发侦监〔2012〕21号的条文(未作实质修改)。——**本评注注**

核准追诉期间不停止对案件的侦查。

未经最高人民检察院核准,不得对案件提起公诉。

第五条 报请核准追诉的案件应当同时符合下列条件:

(一)有证据证明存在犯罪事实,且犯罪事实是犯罪嫌疑人实施的;

(二)涉嫌犯罪的行为应当适用的法定量刑幅度的最高刑为无期徒刑或者死刑的;

(三)涉嫌犯罪的性质、情节和后果特别严重,虽然已过二十年追诉期限,但社会危害性和影响依然存在,不追诉会严重影响社会稳定或者产生其他严重后果,而必须追诉的;

(四)犯罪嫌疑人能够及时到案接受追诉的。

第六条 侦查机关报请核准追诉的案件,由同级人民检察院受理并层报最高人民检察院审查决定。

第七条 人民检察院对侦查机关移送的报请核准追诉的案件,应当审查是否移送下列材料:

(一)报请核准追诉案件意见书;

(二)证明犯罪事实的证据材料;

(三)关于发案、立案、侦查、采取强制措施和犯罪嫌疑人是否重新犯罪等有关情况的书面说明及相关法律文书;

(四)被害方、案发地群众、基层组织等的意见和反映。

材料齐备的,应当受理案件;材料不齐备的,应当要求侦查机关补充移送。

第八条 地方各级人民检察院对侦查机关报请核准追诉的案件,应当及时进行审查并开展必要的调查,经检察委员会审议提出是否同意核准追诉的意见,在受理案件后十日之内制作《报请核准追诉案件报告书》,连同案件材料一并层报最高人民检察院。

第九条 最高人民检察院收到省级人民检察院报送的《报请核准追诉案件报告书》及案件材料后,应当及时审查,必要时派人到案发地了解案件有关情况。经检察长批准或者检察委员会审议,应当在受理案件后一个月之内作出是否核准追诉的决定,特殊情况下可以延长十五日,并制作《核准追诉决定书》或者《不予核准追诉决定书》,逐级下达最初受理案件的人民检察院,送达报请核准追诉的侦查机关。

第十条 对已经批准逮捕的案件,侦查羁押期限届满不能做出是否核准追诉决定的,应当依法对犯罪嫌疑人变更强制措施或者延长侦查羁押期限。

第十一条 最高人民检察院决定核准追诉的案件,最初受理案件的人民检察院应当监督侦查机关及时开展侦查取证。

最高人民检察院决定不予核准追诉,侦查机关未及时撤销案件的,同级人民检察院应当予以监督纠正。犯罪嫌疑人在押的,应当立即释放。

第十二条 人民检察院直接立案侦查的案件报请最高人民检察院核准追诉的,参照本规定办理。

第十三条 本规定自发布之日起施行。

指导性案例

马世龙(抢劫)核准追诉案(检例第20号)

关键词　核准追诉　后果严重　影响恶劣

要　旨　故意杀人、抢劫、强奸、绑架、爆炸等严重危害社会治安的犯罪,经过二十年追诉期限,仍然严重影响人民群众安全感,被害方、案发地群众、基层组织等强烈要求追究犯罪嫌疑人刑事责任,不追诉可能影响社会稳定或者产生其他严重后果的,对犯罪嫌疑人应当追诉。

丁国山等(故意伤害)核准追诉案(检例第21号)

关键词　核准追诉　情节恶劣　无悔罪表现

要　旨　涉嫌犯罪情节恶劣、后果严重,并且犯罪后积极逃避侦查,经过二十年追诉期限,犯罪嫌疑人没有明显悔罪表现,也未通过赔礼道歉、赔偿损失等获得被害方谅解,犯罪造成的社会影响没有消失,不追诉可能影响社会稳定或者产生其他严重后果的,对犯罪嫌疑人应当追诉。

杨菊云(故意杀人)不核准追诉案(检例第22号)①

关键词　不予核准追诉　家庭矛盾　被害人谅解

要　旨

1.因婚姻家庭等民间矛盾激化引发的犯罪,经过二十年追诉期限,犯罪嫌疑人没有再犯罪危险性,被害人及其家属对犯罪嫌疑人表示谅解,不追诉有利于化

---

① 本指导性案例与法工办发〔2014〕277号答复意见、法研〔2019〕52号复函不完全一致。本案发生于1989年9月2日,追诉期限为二十年;公安机关于1989年9月26日立案侦查,但未对杨菊云采取强制措施。按照法工办发〔2014〕277号答复意见、法研〔2019〕52号复函所持立场,本案在1997年《刑法》生效前,由于未对犯罪嫌疑人采取强制措施,应当受追诉期限的限制;但在1997年《刑法》生效之时,本案未超过二十年的追诉期限,在1997年《刑法》施行后应当适用《刑法》第八十八条的规定,不受追诉期限的限制。——**本评注注**

解社会矛盾、恢复正常社会秩序，同时不会影响社会稳定或者产生其他严重后果的，对犯罪嫌疑人可以不再追诉。

2.须报请最高人民检察院核准追诉的案件，侦查机关在核准之前可以依法对犯罪嫌疑人采取强制措施。侦查机关报请核准追诉并提请逮捕犯罪嫌疑人，人民检察院经审查认为必须追诉而且符合法定逮捕条件的，可以依法批准逮捕。

蔡金星、陈国辉等（抢劫）不核准追诉案（检例第 23 号）①
关键词 不予核准追诉 悔罪表现 共同犯罪
要 旨

1.涉嫌犯罪已过二十年追诉期限，犯罪嫌疑人没有再犯罪危险性，并且通过赔礼道歉、赔偿损失等方式积极消除犯罪影响，被害方对犯罪嫌疑人表示谅解，犯罪破坏的社会秩序明显恢复，不追诉不会影响社会稳定或者产生其他严重后果的，对犯罪嫌疑人可以不再追诉。

2.1997 年 9 月 30 日以前实施的共同犯罪，已被司法机关采取强制措施的犯罪嫌疑人逃避侦查或者审判的，不受追诉期限限制。司法机关在追诉期限内未发现或者未采取强制措施的犯罪嫌疑人，应当受追诉期限限制；涉嫌犯罪应当适用的法定量刑幅度的最高刑为无期徒刑、死刑，犯罪行为发生二十年以后认为必须追诉的，须报请最高人民检察院核准。

法律适用答复、复函

《公安部关于刑事追诉期限有关问题的批复》（公复字〔2000〕11 号）②
陕西省公安厅：
你厅《关于刑事追诉期限有关问题的请示》（陕公法发〔2000〕29 号）收悉。

---

① 本指导性案例与法工办发〔2014〕277 号答复意见、法研〔2019〕52 号复函不完全一致。本案发生于 1991 年 3 月 12 日，追诉期限为二十年；1991 年 3 月 12 日被害人到公安机关报案，公安机关于 1991 年 4 月 18 日对核准追诉的犯罪嫌疑人以外的犯罪嫌疑人进行通缉（相关措施以刑事立案为前提）。按照法工办发〔2014〕277 号答复意见、法研〔2019〕52 号复函所持立场，本案在 1997 年《刑法》生效前，由于未对犯罪嫌疑人采取强制措施，应当受追诉期限的限制；但在 1997 年《刑法》生效之时，本案未超过二十年的追诉期限，在 1997 年《刑法》施行后应当适用《刑法》第八十八条的规定，不受追诉期限的限制。——**本评注**

② 对本批复，应当结合法工办发〔2014〕277 号答复意见、法研〔2019〕52 号复函所持立场加以把握，即理解为 1997 年《刑法》生效之时已超过追诉期限的情形。——**本评注**

现批复如下：

根据从旧兼从轻原则，对1997年9月30日以前实施的犯罪行为，追诉期限问题应当适用1979年刑法第七十七条的规定，即在人民法院、人民检察院、公安机关采取强制措施以后逃避侦查或者审判的，不受追诉期限的限制。

《最高人民法院关于被告人林少钦受贿请示一案的答复》（〔2016〕最高法刑他5934号）

福建省高级人民法院：

你院闽高法〔2016〕250号《关于立案追诉后因法律司法解释修改导致追诉时效发生变化的案件法律适用问题的请示》收悉。经研究，答复如下：

追诉时效是依照法律规定对犯罪分子追究刑事责任的期限，在追诉时效期限内，司法机关应当依法追究犯罪分子刑事责任。对于法院正在审理的贪污贿赂案件，应当依据司法机关立案侦查时的法律规定认定追诉时效。依据立案侦查时的法律规定未过时效，且已经进入诉讼程序的案件，在新的法律规定生效后应当继续审理。

《最高人民法院研究室关于如何理解和适用1997年刑法第十二条第一款规定有关问题征求意见的复函》（法研〔2019〕52号）①

最高人民检察院法律政策研究室：

贵室《关于如何理解和适用1997年刑法第十二条第一款规定有关问题征求意见的函》（高检办字〔2018〕235号）收悉。经研究，提出如下意见：

一、1997年刑法施行以前实施的犯罪行为，1997年刑法施行以后仍在追诉时效期限内，具有"在人民检察院、公安机关、国家安全机关立案侦查或者在人民法院受理案件以后，逃避侦查或者审判"或者"被害人在追诉期限内提出控告，人民法院、人民检察院、公安机关应当立案而不予立案"情形的，适用1997年刑法第八十八条的规定，不受追诉期限的限制。

二、1997年刑法施行以前实施的犯罪行为，1997年刑法施行时已超过追诉期限的，是否追究行为人的刑事责任，应当适用1979年刑法第七十七条的规定。

司法疑难解析

1. "依照本法总则第四章第八节的规定应当追诉"的理解。1997年《刑法》

---

① 参见李立众编：《刑法一本通——中华人民共和国刑法总成》（第十六版），法律出版社2022年版，第134页。

第十二条第一款规定:"中华人民共和国成立以后本法施行以前的行为,如果当时的法律不认为是犯罪的,适用当时的法律;如果当时的法律认为是犯罪的,依照本法总则第四章第八节的规定应当追诉的,按照当时的法律追究刑事责任,但是如果本法不认为是犯罪或者处刑较轻的,适用本法。"该款规定对刑事实体法的适用确立了从旧兼从轻原则,但其中"依照本法总则第四章第八节的规定应当追诉的"规定应当如何理解,一直存在争议,影响到追诉时效制度的适用。

1979年《刑法》和1997年《刑法》均规定了追诉期限延长(即不受追诉期限限制)的情形,但适用条件不同。1979年《刑法》第七十七条规定:"在人民法院、人民检察院、公安机关采取强制措施以后,逃避侦查或者审判的,不受追诉期限的限制";1997年《刑法》第八十八条则规定:"在人民检察院、公安机关、国家安全机关立案侦查或在人民法院受理案件以后,逃避侦查或者审判的,不受追诉期限的限制。""被害人在追诉期限内提出控告,人民法院、人民检察院、公安机关应当立案而不予立案的,不受追诉期限的限制。"整体而言,1979年《刑法》第七十七条的规定比1997年《刑法》第八十八条的规定,对行为人更为有利。

根据从旧兼从轻原则的要求,《最高人民法院关于适用刑法时间效力规定若干问题的解释》(法释〔1997〕5号)第一条规定:"对于行为人1997年9月30日以前实施的犯罪行为,在人民检察院、公安机关、国家安全机关立案侦查或者在人民法院受理案件以后,行为人逃避侦查或者审判,超过追诉期限或者被害人在追诉期限内提出控告,人民法院、人民检察院、公安机关应当立案而不予立案,超过追诉期限的,是否追究行为人的刑事责任,适用修订前的刑法第七十七条的规定。"据此,对于1997年《刑法》施行以前实施的犯罪行为,1997年《刑法》施行时已超过追诉期限的,是否追究行为人的刑事责任,应当适用1979年《刑法》第七十七条而非1997年《刑法》第八十八条的规定,即不能依据此后施行的1997年《刑法》关于追诉期限的规定再行追究刑事责任。否则,既是不利于被告人的溯及既往,也超出了一般人的预期,明显不妥当。对此没有疑义,实践中一直照此操作。

然而,对于1997年《刑法》施行以前实施的犯罪行为,1997年《刑法》施行后仍在追诉期限内,究竟应当适用1979年《刑法》第七十七条的规定还是1997年《刑法》第八十八条的规定,实践中存在两种不同观点:第一种观点认为应当坚持从旧兼从轻原则。对于1997年《刑法》施行前发生的犯罪行为,1997年《刑法》施行时仍在追诉期限内的,应当适用对被告人更为有利的1979年《刑法》第七十七条的规定。第二种观点认为应当坚持从新原则。1997年《刑法》第十二条第一款的表述为"依照本法总则第四章第八节的规定应当追诉的",可以认为在追诉期限上应当采取从新原则,即对于1997年《刑法》施行前发生的犯罪行为,1997年《刑法》施行时仍在追诉期限内的,应当适用1997年《刑法》第八十八条的规定。

本评注倾向第二种观点(即法工办发〔2014〕277号答复意见、法研〔2019〕52号复函所持立场),认为对于1997年《刑法》施行以前实施的犯罪行为,1997年《刑法》施行以后仍在追诉期限内,1997年《刑法》施行后追诉期限内有立案侦查相关活动或者被害人提出控告的,应当适用1997年《刑法》第八十八条的规定,不受追诉期限的限制。主要考虑:(1)符合1997年《刑法》第十二条关于溯及力的规定。1997年《刑法》第十二条明确规定,对于"本法施行以前的行为""如果当时的法律认为是犯罪的,依照本法总则第四章第八节的规定应当追诉的,按照当时的法律追究刑事责任,但是如果本法不认为是犯罪或者处刑较轻的,适用本法"。可以明显看出,对于追诉期限的规定,1997年《刑法》第十二条采用的是从新原则,即对于1997年《刑法》施行后未过追诉期限的案件,应当依据1997年《刑法》总则第四章第八节的规定决定是否追诉。(2)符合刑法追诉期限制度的立法精神。设立追诉时效制度,明确对犯罪分子追究刑事责任的有效期限,对于超过期限的案件不再追究犯罪分子的刑事责任,旨在平衡惩治犯罪与维护社会关系稳定。基于此,在追诉期限制度的司法适用中,也应当注意平衡这一关系。1997年《刑法》施行以前实施的犯罪行为,1997年《刑法》施行时仍在追诉期限内,1997年《刑法》施行后追诉期限内有立案侦查相关活动或者被害人提出控告的,说明相关社会关系并未得到修复和平稳,在具体考量时应当着重顾及追诉犯罪的现实需要。如前所述,1997年《刑法》关于追诉期限的规定更加有利于追诉犯罪。因此,对于此种情形适用1997年《刑法》的相关规定更为妥当。(3)实际上未作不利于被告人的溯及既往。在刑事实体法领域,不作不利于被告人的溯及既往,是为了保障被告人只受当时法律的约束,不因事后的新法而被追责或者加重责任。而就追诉期限制度而言,被告人的行为的实体法评价性质未发生改变,无论依据旧法还是新法均构成犯罪,且在新法施行时依据旧法未超过追诉期限,此时结合新法确定的追诉期限的特殊规定依法追诉,只是让被告人承担其本应承担的罪责,并未加重其责任。

2.《刑法》第八十八条有关表述的理解。由于《刑法》制定在前,《监察法》制定在后,《刑法》第八十八条第一款采用了"侦查"的表述。**本评注认为**,在《监察法》施行之后,对于此处的"侦查",应当理解为包括侦查和监察调查在内,对于"人民检察院、公安机关、国家安全机关"亦应理解为包括其他侦查主体(如国家安全机关、军队保卫部门、中国海警局、监狱)和监察机关在内。同理,对于《刑法》第八十八条第二款规定的接受控告后"应当立案而不予立案"的主体,也不应按字面意义理解为"人民法院、人民检察院、公安机关",而应当包括其他侦查主体和监察机关在内。

3. 对人立案还是对事立案。讨论共同犯罪案件的追诉期限,还存在对人立案还是对事立案的争议。**本评注认为**,在能够查清行为人的情形下,原则上追诉期限所涉的立案可以以对人立案为判断标准;但实践情况十分复杂,如案发后根本无法查清具体行为人,又如有人顶罪导致对人立案错误,故特殊情形下应当允许对事立案。

4. "逃避侦查或者审判"的把握。本评注认为,追诉时效制度的设立,既督促办案机关积极行使职权,又保障犯罪嫌疑人、被告人的权利。在办案机关积极行使侦查、审查起诉、审判职权的情况下,案件一经立案便进入办案期限,一般不再考虑追诉期限;但是,在办案机关怠于行使职权且犯罪嫌疑人、被告人没有逃避侦查的情况下,应当受追诉期限的限制。否则,会导致犯罪嫌疑人、被告人一直处于被追诉的状态,不利于人权保障。基于此,原则上对《刑法》第八十八条第一款规定的"逃避侦查或者审判"可以作虚化理解;但是,特定情形下,相关机关怠于行使职权,导致案件长时间未作处理的,则可以依据行为人未"逃避侦查或者审判"主张超过追诉期限。例如,被告人被一审判处一两年的短期自由刑,二审法院发回重审后,被告人被取保候审,一审法院逾二十多年未开庭审理。此种情形下,被告人未被追究刑事责任的主要原因在于人民法院怠于行使审判权。本案被告人在被取保候审后,未逃避审判,不存在追诉时效中断的情形。在法院怠于行使审判权的情况下,在二十多年后再对被告人启动重审程序,似有不妥,宜以未"逃避侦查或者审判"为由主张超过追诉期限。

5. "被害人在追诉期限内提出控告"的认定。本评注认为,《刑法》第八十八条第二款关于无限追诉的规定,旨在平衡被害人权益保护和被告人权利保障之间的关系。基于此,对于无具体被害人的案件,如果有关行政执法机关将案件移送公安机关,公安机关应当立案而不予立案的,基于罪刑法定原则的要求,似不宜依据《刑法》第八十八条第二款的规定认为不受追诉期限的限制。

6. 关联犯罪的核准追诉。司法实践中,对于行为人犯一罪的情形,核准追诉自然针对该特定罪名,并无疑义。但是,对于行为人犯数罪的案件,且数罪之间存在关联的,如何核准追诉就会存在争议。例如,行为人强奸后,为灭口杀害被害人,构成强奸罪和故意杀人罪。就强奸罪而言,符合基本犯罪构成,法定最高刑为十年有期徒刑;就故意杀人罪而言,法定最高刑为死刑。根据《刑法》第八十七条第四项的规定,应当就故意杀人罪报请最高人民检察院核准追诉。基于方便司法实务操作的考虑,**本评注主张**对关联犯罪一体核准追诉,即将该案所关联的强奸罪亦报请追诉,以便于准确评价行为的整体社会危害性。

第十七条 【外国人犯罪适用本法规定】对于外国人犯罪应当追究刑事责任的,适用本法的规定。

对于享有外交特权和豁免权的外国人犯罪应当追究刑事责任的,通过外交途径解决。

立法沿革

本条系沿用 1979 年《刑事诉讼法》第十二条的规定。

相关规定

《**中华人民共和国刑法**》(节录)

第六条 凡在中华人民共和国领域内犯罪的,除法律有特别规定的以外,都适用本法。

凡在中华人民共和国船舶或者航空器内犯罪的,也适用本法。

犯罪的行为或者结果有一项发生在中华人民共和国领域内的,就认为是在中华人民共和国领域内犯罪。

第八条 外国人在中华人民共和国领域外对中华人民共和国国家或者公民犯罪,而按本法规定的最低刑为三年以上有期徒刑的,可以适用本法,但是按照犯罪地的法律不受处罚的除外。

第九条 对于中华人民共和国缔结或者参加的国际条约所规定的罪行,中华人民共和国在所承担条约义务的范围内行使刑事管辖权的,适用本法。

第十条 凡在中华人民共和国领域外犯罪,依照本法应当负刑事责任的,虽然经过外国审判,仍然可以依照本法追究,但是在外国已经受过刑罚处罚的,可以免除或者减轻处罚。

第十一条 享有外交特权和豁免权的外国人的刑事责任,通过外交途径解决。

第三十五条 对于犯罪的外国人,可以独立适用或者附加适用驱逐出境。

《**全国人民代表大会常务委员会关于对中华人民共和国缔结或者参加的国际条约所规定的罪行行使刑事管辖权的决定**》(1987 年 6 月 23 日)

第六届全国人民代表大会常务委员会第二十一次会议决定:对于中华人民共和国缔结或者参加的国际条约所规定的罪行,中华人民共和国在所承担条约义务的范围内,行使刑事管辖权。

基本规范

《最高人民法院关于适用〈中华人民共和国刑事诉讼法〉的解释》(法释〔2021〕1号,自2021年3月1日起施行)

第二十章 涉外刑事案件的审理和刑事司法协助

第一节 涉外刑事案件的审理

第四百七十五条① 本解释所称的涉外刑事案件是指:

(一)在中华人民共和国领域内,外国人犯罪或者我国公民对外国、外国人

---

① 根据本条规定,以下四类案件属于涉外刑事案件,应当依照本章有关规定进行审理:(1)在中华人民共和国领域内,外国人犯罪的或者我国公民对外国、外国人犯罪的案件。需要注意的是:其一,根据《刑法》第六条的规定,犯罪的行为或者结果有一项发生在中华人民共和国领域内的,就认为是"在中华人民共和国领域内"犯罪。其二,此处的"外国人犯罪",也包括外国单位犯罪。其三,对在中华人民共和国领域内,我国单位侵犯外国人合法权利的刑事案件,以及我国单位侵犯外国人或者外国单位合法权利的刑事案件,也应当视为"我国公民对外国、外国人犯罪的案件",适用本章的相关规定。(2)符合《刑法》第七条、第十条规定情形的我国公民在中华人民共和国领域外犯罪的案件。《刑法》第七条规定:"中华人民共和国公民在中华人民共和国领域外犯本法规定之罪的,适用本法,但是按本法规定的最高刑为三年以下有期徒刑的,可以不予追究。""中华人民共和国国家工作人员和军人在中华人民共和国领域外犯本法规定之罪的,适用本法。"第十条规定:"凡在中华人民共和国领域外犯罪,依照本法应当负刑事责任的,虽然经过外国审判,仍然可以依照本法追究,但是在外国已经受过刑罚处罚的,可以免除或者减轻处罚。"理论上,将《刑法》第七条规定概括为属人管辖原则。根据本条第2项的规定,属人管辖原则适用范围内的犯罪案件,也属于涉外刑事案件的范畴。这主要是考虑:尽管这类犯罪的主体是中国公民,但其是在境外实施犯罪的;侵害的对象既有可能是中国国家或者公民,也有可能是外国国家或者公民,也涉及境外证据的审查认定、外国领事官员旁听等事项,故也应作为涉外刑事案件审理。(3)符合《刑法》第八条、第十条规定情形的外国人犯罪的案件。《刑法》第八条规定:"外国人在中华人民共和国领域外对中华人民共和国国家或者公民犯罪,而按本法规定的最低刑为三年以上有期徒刑的,可以适用本法,但是按照犯罪地的法律不受处罚的除外。"理论上,将《刑法》第八条规定概括为保护管辖原则。属于保护管辖原则适用范围内的犯罪案件,被告人是外国人,犯罪是在中国领域外实施,无疑应作为涉外刑事案件审理。(4)符合《刑法》第九条规定情形的中华人民共和国在所承担国际条约义务范围内行使管辖权的案件。《刑法》第九条规定:"对于中华人民共和国缔结或者参加的国际条约所规定的罪行,中华人民共和国在所承担条约义务的范围内行使刑事管辖权的,适用本法。"理论上,将《刑法》第九条规定概括为普(转下页)

犯罪的案件；

（二）符合刑法第七条、第十条规定情形的我国公民在中华人民共和国领域外犯罪的案件；

（三）符合刑法第八条、第十条规定情形的外国人犯罪的案件；

（四）符合刑法第九条规定情形的中华人民共和国在所承担国际条约义务范围内行使管辖权的案件。

第四百七十六条 第一审涉外刑事案件，除刑事诉讼法第二十一条至第二十三条规定的以外，由基层人民法院管辖。必要时，中级人民法院可以指定辖区内若干基层人民法院集中管辖第一审涉外刑事案件，也可以依照刑事诉讼法第二十四条的规定，审理基层人民法院管辖的第一审涉外刑事案件。

第四百七十七条① 外国人的国籍，根据其入境时持用的有效证件确认；国

(接上页)遍管辖原则。属于普遍管辖原则适用范围内的犯罪案件，被告人是外国人，犯罪是在中国领域外实施，侵害的对象也不是中国国家或者公民，显然应作为涉外刑事案件审理。需要注意的是：**其一**，《刑法》第六条至第九条所规定的管辖原则有梯次关系，即凡符合前一个管辖原则的，就排除其他管辖原则的适用。因此，只有在被告人是外国人，犯罪是在我国领域外实施，侵害的对象也不是我国国家或者公民，而相关罪行是我国缔结或者参加的国际条约所规定的罪行的，我国才能在所承担条约义务的范围内，根据普遍管辖原则，对相关犯罪行使刑事管辖权。**其二**，对根据普遍管辖原则审理的刑事案件，其实体法的适用根据仍是我国《刑法》，而非国际条约，因为国际条约没有对罪行规定法定刑，而是要求缔约国或者参加国将国际条约所列的罪行规定为国内刑法上的犯罪。参见张明楷：《刑法学》（第六版上），法律出版社2021年版，第99页。——**本评注注**

① 需要注意的问题有三：(1)《2012年刑诉法解释》第三百九十四条第一款规定："外国人的国籍，根据其入境时的有效证件确认……"实践中存在被告人通过海关进入我国境内，但持有两国甚至多国护照或身份证明的情况。此种情形下，应当以其入境时所持用的国籍证件作为认定国籍的依据。鉴此，作了相应调整。(2)《国籍法》第三条明确规定："中华人民共和国不承认中国公民具有双重国籍。"对中国公民以购买等方式取得外国国籍且同时具有中国国籍的，应当根据《国籍法》第九条、第十一条的规定确认其国籍，也即，中国公民必须同时具备定居国外，以及自动加入或取得外国国籍两个条件，才自动丧失中国国籍，如非同时具备，则不能认定其具有外国国籍，而仍应认定其属于中国公民。国家工作人员和现役军人，不得退出中国国籍。(3)港澳居民具有中国国籍，同时持有英国、葡萄牙等国护照的，根据《全国人民代表大会常务委员会关于〈中华人民共和国国籍法〉在香港特别行政区实施的几个问题的解释》《全国人民代表大会常务委员会(转下页)

籍不明的,根据公安机关或者有关国家驻华使领馆出具的证明确认。

国籍无法查明的,以无国籍人对待,适用本章有关规定,在裁判文书中写明"国籍不明"。

第四百七十八条① 在刑事诉讼中,外国籍当事人享有我国法律规定的诉讼权利并承担相应义务。

第四百七十九条 涉外刑事案件审判期间,人民法院应当将下列事项及时通报同级人民政府外事主管部门,并依照有关规定通知有关国家驻华使领馆:

(一)人民法院决定对外国籍被告人采取强制措施的情况,包括外国籍当事人的姓名(包括译名)、性别、入境时间、护照或者证件号码、采取的强制措施及法律依据、羁押地点等;

(二)开庭的时间、地点、是否公开审理等事项;

(三)宣判的时间、地点。

涉外刑事案件宣判后,应当将处理结果及时通报同级人民政府外事主管部门。

对外国籍被告人执行死刑的,死刑裁决下达后执行前,应当通知其国籍国驻华使领馆。

外国籍被告人在案件审理中死亡的,应当及时通报同级人民政府外事主管部门,并通知有关国家驻华使领馆。

第四百八十条 需要向有关国家驻华使领馆通知有关事项的,应当层报高级人民法院,由高级人民法院按照下列规定通知:

(一)外国籍当事人国籍国与我国签订有双边领事条约的,根据条约规定办

(接上页)关于〈中华人民共和国国籍法〉在澳门特别行政区实施的几个问题的解释》等确认其国籍。——**本评注注**

① 《民事诉讼法》第五条规定:"外国人、无国籍人、外国企业和组织在人民法院起诉、应诉,同中华人民共和国公民、法人和其他组织有同等的诉讼权利义务。""外国法院对中华人民共和国公民、法人和其他组织的民事诉讼权利加以限制的,中华人民共和国人民法院对该国公民、企业和组织的民事诉讼权利,实行对等原则。"征求意见过程中,有意见建议规定:"外国法院对中华人民共和国公民、法人和其他组织的民事诉讼权利加以限制的,中华人民共和国人民法院对该国公民、企业和组织的刑事诉讼权利,实行对等原则。"经研究认为,上述观点似有不妥。刑事审判不同于民事审判,即使外国法院在刑事审判中对中国公民作出限制的,我国法院在刑事审判中也不宜采用对等原则,限制对方国家公民的刑事诉讼权利。正是基于此,《刑事诉讼法》第十七条第一款规定:"对于外国人犯罪应当追究刑事责任的,适用本法的规定。"——**本评注注**

理;未与我国签订双边领事条约,但参加《维也纳领事关系公约》的,根据公约规定办理;未与我国签订领事条约,也未参加《维也纳领事关系公约》,但与我国有外交关系的,可以根据外事主管部门的意见,按照互惠原则,根据有关规定和国际惯例办理;

(二)在外国驻华领馆领区内发生的涉外刑事案件,通知有关外国驻该地区的领馆;在外国领馆领区外发生的涉外刑事案件,通知有关外国驻华使馆;与我国有外交关系,但未设使领馆的国家,可以通知其代管国家驻华使领馆;无代管国家、代管国家不明的,可以不通知;

(三)双边领事条约规定通知时限的,应当在规定的期限内通知;没有规定的,应当根据或者参照《维也纳领事关系公约》和国际惯例尽快通知,至迟不得超过七日;

(四)双边领事条约没有规定必须通知,外国籍当事人要求不通知其国籍国驻华使领馆的,可以不通知,但应当由其本人出具书面声明。

高级人民法院向外国驻华使领馆通知有关事项,必要时,可以请人民政府外事主管部门协助。

第四百八十一条① 人民法院受理涉外刑事案件后,应当告知在押的外国籍被告人享有与其国籍国驻华使领馆联系,与其监护人、近亲属会见、通信,以及请求人民法院提供翻译的权利。

第四百八十二条 涉外刑事案件审判期间,外国籍被告人在押,其国籍国驻华使领馆官员要求探视的,可以向受理案件的人民法院所在地的高级人民法院提出。人民法院应当根据我国与被告人国籍国签订的双边领事条约规定的时限予以安排;没有条约规定的,应当尽快安排。必要时,可以请人民政府外事主管

---

① 征求意见过程中,有意见提出,根据《刑诉法解释》第四百八十二条第二款的规定,外国籍被告人的监护人、近亲属申请会见的,应提交关系证明。如在押的外国籍被告人要求与其监护人、近亲属会见的,该监护人、近亲属是否应提交关系证明?有观点认为,在押外国籍被告人会见监护人和近亲属系法定权利,其提出会见,法院即应予安排。有观点认为,在押外国籍被告人会见监护人和近亲属系法定权利无疑,但人民法院应对在押外国籍被告人申请会见的监护人、近亲属的身份及其与被告人之间的关系进行审查,否则无法确定相关人员与在押的外国籍被告人是否存在关系、是否存在妨碍案件审判的情况,故亦应提交关系证明。经研究认为,要求提供关系证明,主要是为了确认其与被告人的关系,而不是为了限制外国籍被告人的法定权利。故而,在押的外国籍被告人要求与其监护人、近亲属会见的,有必要审查是否具有监护人、近亲属的身份,只要确认具有监护人、近亲属的身份即可,不一定必须提供关系证明。——**本评注注**

部门协助。

涉外刑事案件审判期间,外国籍被告人在押,其监护人、近亲属申请会见的,可以向受理案件的人民法院所在地的高级人民法院提出,并依照本解释第四百八十六条的规定提供与被告人关系的证明。人民法院经审查认为不妨碍案件审判的,可以批准。

被告人拒绝接受探视、会见的,应当由其本人出具书面声明。拒绝出具书面声明的,应当记录在案;必要时,应当录音录像。

探视、会见被告人应当遵守我国法律规定。

第四百八十三条①　人民法院审理涉外刑事案件,应当公开进行,但依法不应公开审理的除外。

公开审理的涉外刑事案件,外国籍当事人国籍国驻华使领馆官员要求旁听的,可以向受理案件的人民法院所在地的高级人民法院提出申请,人民法院应当安排。

第四百八十四条②　人民法院审判涉外刑事案件,使用中华人民共和国通

---

① 在适用本条规定时应当注意:(1)根据《刑事诉讼法》的规定,有关国家秘密、个人隐私的案件,以及涉及商业秘密的案件,当事人申请不公开审理的,人民法院经审查同意的,不公开审理。涉外刑事案件,除属于以上三类案件的以外,均应当公开审理。(2)对于公开审理的涉外刑事案件,外国籍当事人国籍国驻华使领馆官员要求旁听的,可以向受理案件的人民法院所在地的高级人民法院提出申请,人民法院应当安排。(3)目前,我国只与个别国家在双边领事条约中规定有旁听条款,同时均规定有关权利的行使,应遵照接受国的法律。因此,对于依照我国《刑事诉讼法》规定不公开审理的涉外刑事案件,外国驻华使领馆官员要求旁听的,应不予安排。——**本评注注**

② 在适用本条时应当注意:(1)使用本国通用的语言文字进行诉讼是世界各国公认的通行做法,也是国家独立行使司法权的重要体现。人民法院审理涉外刑事案件,制作诉讼文书,应当使用我国通用的语言文字。(2)在《2012年刑诉法解释》起草过程中,曾有意见提出,随着改革开放的深入,当前,涉外刑事案件呈增多趋势,当事人的国籍也越来越多样。有的案件中,要找到通晓当事人所使用的语言、文字的翻译人员十分困难,鉴此实际情况,建议规定:外国籍当事人或者其国籍国驻华使领馆申请自行聘请翻译人员的,人民法院可以准许,有关费用由外国籍当事人或者其国籍国驻华使领馆承担。征求意见过程中,有意见提出,涉外刑事案件中,翻译工作对于准确查明案件事实具有重要影响,不应接受当事人或者其国籍国驻华使领馆自行聘请翻译。鉴此,解释未对上述问题作出明确规定。审判实践中,可根据具体案件情况加以把握:如系外国籍被告人或者其国籍国驻华使领馆申请自行聘请翻译,而该外国籍被告人被指控的并非重大犯罪的,(转下页)

用的语言、文字,应当为外国籍当事人提供翻译。翻译人员应当在翻译文件上签名。

人民法院的诉讼文书为中文本。外国籍当事人不通晓中文的,应当附有外文译本,译本不加盖人民法院印章,以中文本为准。

外国籍当事人通晓中国语言、文字,拒绝他人翻译,或者不需要诉讼文书外文译本的,应当由其本人出具书面声明。拒绝出具书面声明的,应当记录在案;必要时,应当录音录像。

第四百八十五条 外国籍被告人委托律师辩护,或者外国籍附带民事诉讼原告人、自诉人委托律师代理诉讼的,应当委托具有中华人民共和国律师资格并依法取得执业证书的律师。

外国籍被告人在押的,其监护人、近亲属或者其国籍国驻华使领馆可以代为委托辩护人。其监护人、近亲属代为委托的,应当提供与被告人关系的有效证明。

外国籍当事人委托其监护人、近亲属担任辩护人、诉讼代理人的,被委托人应当提供与当事人关系的有效证明。经审查,符合刑事诉讼法、有关司法解释规定的,人民法院应当准许。

外国籍被告人没有委托辩护人的,人民法院可以通知法律援助机构为其指派律师提供辩护。被告人拒绝辩护人辩护的,应当由其出具书面声明,或者将其口头声明记录在案;必要时,应当录音录像。被告人属于应当提供法律援助情形的,依照本解释第五十条规定处理。

第四百八十六条 外国籍当事人从中华人民共和国领域外寄交或者托交给中国律师或者中国公民的委托书,以及外国籍当事人的监护人、近亲属提供的与当事人关系的证明,必须经所在国公证机关证明,所在国中央外交主管机关或者其授权机关认证,并经中华人民共和国驻该国使领馆认证,或者履行中华人民共和国与该所在国订立的有关条约中规定的证明手续,但我国与该国之间有互免认证协定的除外。

第四百八十七条 对涉外刑事案件的被告人,可以决定限制出境;对开庭审理案件时必须到庭的证人,可以要求暂缓出境。限制外国人出境的,应当通报同级人民政府外事主管部门和当事人国籍国驻华使领馆。

(接上页)人民法院可以准许;对外国籍被害人或者附带民事诉讼中的外国籍当事人要求自行聘请翻译的,人民法院也可以准许。对自行聘请翻译的,应当由申请人承担翻译费用。当然,对自行聘请翻译的申请,人民法院应当加以审查,认为可能妨碍案件公正审理的,不应准许。——**本评注注**

人民法院决定限制外国人和中国公民出境的,应当书面通知被限制出境的人在案件审理终结前不得离境,并可以采取扣留护照或者其他出入境证件的办法限制其出境;扣留证件的,应当履行必要手续,并发给本人扣留证件的证明。

需要对外国人和中国公民在口岸采取边控措施的,受理案件的人民法院应当按照规定制作边控对象通知书,并附有关法律文书,层报高级人民法院办理交控手续。紧急情况下,需要采取临时边控措施的,受理案件的人民法院可以先向有关口岸所在地出入境边防检查机关交控,但应当在七日以内按照规定层报高级人民法院办理手续。

第四百八十八条 涉外刑事案件,符合刑事诉讼法第二百零八条第一款、第二百四十三条规定的,经有关人民法院批准或者决定,可以延长审理期限。

第四百八十九条 涉外刑事案件宣判后,外国籍当事人国籍国驻华使领馆要求提供裁判文书的,可以向受理案件的人民法院所在地的高级人民法院提出,人民法院可以提供。

第四百九十条 涉外刑事案件审理过程中的其他事项,依照法律、司法解释和其他有关规定办理。

《公安机关办理刑事案件程序规定》(公安部令第 159 号修正,修正后自 2020 年 9 月 1 日起施行)

第十二章 外国人犯罪案件的办理

第三百五十七条 办理外国人犯罪案件,应当严格依照我国法律、法规、规章,维护国家主权和利益,并在对等互惠原则的基础上,履行我国所承担的国际条约义务。

第三百五十八条 外国籍犯罪嫌疑人在刑事诉讼中,享有我国法律规定的诉讼权利,并承担相应的义务。

第三百五十九条 外国籍犯罪嫌疑人的国籍,以其在入境时持用的有效证件予以确认;国籍不明的,由出入境管理部门协助予以查明。国籍确实无法查明的,以无国籍人对待。

第三百六十条 确认外国籍犯罪嫌疑人身份,可以依照有关国际条约或者通过国际刑事警察组织、警务合作渠道办理。确实无法查明的,可以按其自报的姓名移送人民检察院审查起诉。

第三百六十一条 犯罪嫌疑人为享有外交或者领事特权和豁免权的外国人的,应当层报公安部,同时通报同级人民政府外事办公室,由公安部商请外交部通过外交途径办理。

第三百六十二条 公安机关办理外国人犯罪案件,使用中华人民共和国通用的语言文字。犯罪嫌疑人不通晓我国语言文字的,公安机关应当为他翻译;犯罪嫌疑人通晓我国语言文字,不需要他人翻译的,应当出具书面声明。

第三百六十三条 外国人犯罪案件,由犯罪地的县级以上公安机关立案侦查。

第三百六十四条 外国人犯中华人民共和国缔结或者参加的国际条约规定的罪行后进入我国领域内的,由该外国人被抓获地的设区的市一级以上公安机关立案侦查。

第三百六十五条 外国人在中华人民共和国领域外对中华人民共和国国家或者公民犯罪,应当受刑罚处罚的,由该外国人入境地或者入境后居住地的县级以上公安机关立案侦查;该外国人未入境的,由被害人居住地的县级以上公安机关立案侦查;没有被害人或者是对中华人民共和国国家犯罪的,由公安部指定管辖。

第三百六十六条 发生重大或者可能引起外交交涉的外国人犯罪案件的,有关省级公安机关应当及时将案件办理情况报告公安部,同时通报同级人民政府外事办公室。必要时,由公安部商外交部将案件情况通知我国驻外使馆、领事馆。

第三百六十七条 对外国籍犯罪嫌疑人依法作出取保候审、监视居住决定或者执行拘留、逮捕后,应当在四十八小时以内层报省级公安机关,同时通报同级人民政府外事办公室。

重大涉外案件应当在四十八小时以内层报公安部,同时通报同级人民政府外事办公室。

第三百六十八条 对外国籍犯罪嫌疑人依法作出取保候审、监视居住决定或者执行拘留、逮捕后,由省级公安机关根据有关规定,将其姓名、性别、入境时间、护照或者证件号码、案件发生的时间、地点、涉嫌犯罪的主要事实、已采取的强制措施及其法律依据等,通知该外国人所属国家的驻华使馆、领事馆,同时报告公安部。经省级公安机关批准,领事通报任务较重的副省级城市公安局可以直接行使领事通报职能。

外国人在公安机关侦查或者执行刑罚期间死亡的,有关省级公安机关应当通知该外国人国籍国的驻华使馆、领事馆,同时报告公安部。

未在华设立使馆、领事馆的国家,可以通知其代管国家的驻华使馆、领事馆;无代管国家或者代管国家不明的,可以不予通知。

第三百六十九条 外国籍犯罪嫌疑人委托辩护人的,应当委托在中华人民共和国的律师事务所执业的律师。

第三百七十条 公安机关侦查终结前,外国驻华外交、领事官员要求探视被监视居住、拘留、逮捕或者正在看守所服刑的本国公民的,应当及时安排有关探视事宜。犯罪嫌疑人拒绝其国籍国驻华外交、领事官员探视的,公安机关可以不予安排,但应当由其本人提出书面声明。

在公安机关侦查羁押期间,经公安机关批准,外国籍犯罪嫌疑人可以与其近亲属、监护人会见、与外界通信。

第三百七十一条 对判处独立适用驱逐出境刑罚的外国人,省级公安机关在收到人民法院的刑事判决书、执行通知书的副本后,应当指定该外国人所在地的设区的市一级公安机关执行。

被判处徒刑的外国人,主刑执行期满后应当执行驱逐出境附加刑的,省级公安机关在收到执行监狱的上级主管部门转交的刑事判决书、执行通知书副本或者复印件后,应当通知该外国人所在地的设区的市一级公安机关或者指定有关公安机关执行。

我国政府已按照国际条约或者《中华人民共和国外交特权与豁免条例》的规定,对实施犯罪,但享有外交或者领事特权和豁免权的外国人宣布为不受欢迎的人,或者不可接受并拒绝承认其外交或者领事人员身份,责令限期出境的人,无正当理由逾期不自动出境的,由公安部凭外交部公文指定该外国人所在地的省级公安机关负责执行或者监督执行。

第三百七十二条 办理外国人犯罪案件,本章未规定的,适用本规定其他各章的有关规定。

第三百七十三条 办理无国籍人犯罪案件,适用本章的规定。

《海警机构办理刑事案件程序规定》(中国海警局令第1号,自2023年6月15日起施行)

第十章 涉外案件办理

第三百一十七条 海警机构办理外国人犯罪的刑事案件,应当严格按照我国法律、法规、规章,维护国家主权和利益,并在对等互惠原则的基础上,履行我国所承担的国际条约义务。

第三百一十八条 外国籍犯罪嫌疑人在刑事诉讼中,享有我国法律规定的诉讼权利,并承担相应的义务。

第三百一十九条 外国籍犯罪嫌疑人的国籍,根据其在入境时持用的有效证件确认;国籍不明的,通过公安机关出入境管理部门协助查明;国籍确实无法查明的,以无国籍人对待。

第三百二十条 确认外国籍犯罪嫌疑人身份,可以依照有关国际条约或者通过国际合作渠道办理。确实无法查明的,可以按其自报的姓名移送人民检察院审查起诉。

第三百二十一条 海警机构发现外国籍犯罪嫌疑人享有外交或者领事特权和豁免权的,应当在四十八小时以内层报中国海警局,同时通报相应人民政府外事主管部门,由中国海警局商请外交部通过外交途径办理。

第三百二十二条 海警机构办理外国人犯罪案件,应当使用中华人民共和国通用的语言文字。犯罪嫌疑人不通晓我国语言文字的,海警机构应当为他翻译;犯罪嫌疑人通晓我国语言文字,不需要他人翻译的,应当出具书面声明。

第三百二十三条 外国籍犯罪嫌疑人委托辩护人的,应当委托在中华人民共和国的律师事务所执业的律师。

外国籍犯罪嫌疑人在押的,其监护人、近亲属或者其国籍国驻华使馆、领馆可以代为委托辩护人;其监护人、近亲属代为委托的,应当提供与犯罪嫌疑人关系的有效证明。

第三百二十四条 发生重大或者可能引起外交交涉的外国人犯罪案件的,海警机构应当及时将案件受理、办理情况层报中国海警局,同时通报省级人民政府外事主管部门。必要时,由中国海警局商外交部将案件情况通知我国驻外使馆、领馆。

第三百二十五条 海警机构对外国籍犯罪嫌疑人依法作出取保候审、监视居住决定或者执行拘留、逮捕后,应当在四十八小时以内层报中国海警局,同时通报相应人民政府外事主管部门。

第三百二十六条 对外国籍犯罪嫌疑人依法作出取保候审、监视居住决定或者执行拘留、逮捕后,由省级海警局根据有关规定,将其姓名、性别、护照或者证件号码、入境时间、案件发生的时间、地点、涉嫌犯罪的主要事实、已采取的强制措施及其法律依据等,通知该外国人所属国家的驻华使馆、领馆,同时报告中国海警局。

外国人在海警机构侦查期间死亡的,有关省级海警局应当通知该外国人国籍国的驻华使馆、领馆,同时报告中国海警局。

未在华设立使馆、领馆的国家,可以通知其代管国家的驻华使馆、领馆;无代管国家或者代管国家不明的,可以不予通知。

第三百二十七条 海警机构侦查终结前,外国驻华外交、领事官员要求探视被海警机构监视居住、拘留、逮捕的本国公民的,应当向省级海警局提出。海警机构应当在双边领事条约规定的时限以内予以安排;没有条约规定的,应当尽快安排。

在海警机构侦查羁押期间,外国籍犯罪嫌疑人的监护人、近亲属申请会见的,应当向省级海警局提出,并提供与犯罪嫌疑人关系的证明文件。证明文件应当经犯罪嫌疑人监护人、近亲属所在国公证机关公证,所在国中央外交主管机关或者其授权机关认证,并经中华人民共和国驻该国使馆、领馆认证,或者履行中华人民共和国与该所在国订立的有关条约中规定的证明手续,但我国与该国之间有互免认证协定的除外。海警机构经审核认为不影响案件侦办的,可以批准。

外国籍犯罪嫌疑人拒绝探视、会见的,可以不予安排,但应当由其本人出具书面声明。拒绝出具书面证明的,应当记录在案;必要时,应当录音录像。

探视、会见外国籍犯罪嫌疑人应当遵守我国法律规定。

第三百二十八条 在海警机构侦查羁押期间,经省级海警局负责人批准,外国籍犯罪嫌疑人可以与外界通信。

第三百二十九条 办理外国人犯罪案件,本章未规定的,适用本规定其他各章的有关规定。

第三百三十条 办理无国籍人犯罪案件,适用办理外国人犯罪案件有关规定。

其他规范

《外交部、最高人民法院、最高人民检察院、公安部、安全部、司法部关于处理涉外案件若干问题的规定》(外发〔1995〕17号,具体条文未收录)

《公安部关于打击拐卖妇女儿童犯罪适用法律和政策有关问题的意见》(公通字〔2000〕25号)"八、关于办理涉外案件"对涉外案件办理的有关问题作了规定。(→参见第二十五条所附"其他规范",第202页)

法律适用答复、复函

《公安部关于如何处理无法查清身份的外国籍犯罪嫌疑人问题的批复》(公复字〔1999〕1号)

吉林省公安厅:

你厅《关于打击拐卖朝鲜妇女犯罪中有关问题的请示》(公吉明发(98)2239号)收悉。经研究,现就如何处理无法查清身份的外国籍犯罪嫌疑人问题,批复如下:

公安机关在办理刑事案件过程中,需要确认外国籍犯罪嫌疑人身份的,如果我国与该犯罪嫌疑人所称的国籍国签订的有关司法协助条约或者共同缔结或参加的国际公约有规定,可以按照有关司法协助条约或者国际公约的规定,请求该国协助查明其身份。如果没有司法协助条约或者国际公约规定,可以通过外交途径或者国际刑警组织渠道办理。

公安机关应当尽可能地查明外国籍犯罪嫌疑人的身份,避免引起外交交涉。如果确实无法查清或者有关国家拒绝协助,可以根据《刑事诉讼法》第一百二十八条第二款①的规定处理,即犯罪嫌疑人不讲真实姓名、住址,身份不明,但犯罪事实清楚,证据确实、充分的,也可以按其自报的姓名移送人民检察院审查起诉。

司法疑难解析

1. 涉外刑事案件的内部通报和对外通知。涉外刑事案件涉及外国籍当事人,为保障案件审理过程中的有关问题得到及时、妥善处理,需要向人民政府外事主管部门通报有关事项。此外,根据《维也纳领事关系公约》和我国与有关国家签订的双边领事条约的规定,我国承担向外国籍当事人国籍国驻华使领馆通知有关事项的义务。这是涉外刑事案件审理中的一项重要工作。不通知或者延误通知会引发外事交涉,甚至可能对我国与相关国家的关系造成影响。相关通知义务是双向的,我国若不能严格履行通知义务,往往会影响我驻外使领馆对境外中国公民、机构的有效保护。

2. 需要内部通报、对外通知的具体事项。涉外刑事案件的处理涉及侦查、审查起诉、审判和执行一系列工作环节。根据所处诉讼阶段和案件情况,人民法院在受理涉外刑事案件后,对下列事项,应当及时通报同级人民政府外事主管部门,并通知外国籍当事人国籍国驻华使领馆:(1)对外国籍被告人采取强制措施的情况。这里的"对外国籍被告人采取强制措施",仅限于人民法院决定采取强制措施时。如是公安、检察机关决定采取强制措施的,已由公安、检察机关负责

---

① 现行《刑事诉讼法》第一百六十条第二款。——**本评注注**
② 1963年4月24日订于维也纳,1967年3月19日生效,1979年7月3日我国政府向联合国秘书长交存加入书,同年8月1日对我国生效。《维也纳领事关系公约》第36条第1款第2、3项规定:"遇有领馆辖区内有派遣国国民受逮捕或监禁或羁押候审,或受任何其他方式之拘禁之情事,经其本人请求时,接受国主管当局应迅即通知派遣国领馆。受逮捕、监禁、羁押或拘禁之人致领馆之信件亦应由该当局迅予递交。该当局应将本款规定之权利迅即告知当事人。""领事官员有权探访受监禁、羁押或拘禁之派遣国国民,与之交谈或通讯,并代聘其法律代表。领事官员并有权探访其辖区内依判决而受监禁、羁押或拘禁之派遣国国民。但如受监禁、羁押或拘禁之国民明示反对为其采取行动时,领事官员应避免采取此种行动。"

通报,无须重复通报。通报的内容包括外国籍当事人的姓名(包括译名)、性别、入境时间、护照或者证件号码、采取的强制措施及法律依据、羁押地点等。(2)开庭的时间、地点、是否公开审理等事项。(3)宣判的时间、地点。此外,涉外刑事案件宣判后,应当将处理结果及时通报同级人民政府外事主管部门;对外国籍被告人执行死刑的,死刑裁决下达后执行前,应当通知其国籍国驻华使领馆;外国籍被告人在案件审理中死亡的,应当将死亡的时间、地点、原因等及时通报同级人民政府外事主管部门,并通知有关国家驻华使领馆;在规定的通报、通知期限内无法确定死亡原因的,应当在确定死亡原因后及时补充通报、通知。另根据《刑诉法解释》的规定,限制外国人出境的,也应当通报同级人民政府外事主管部门和当事人国籍国驻华使领馆。

3. 对外通知的具体程序。需要向有关国家驻华使领馆通知有关事项的,应当层报高级人民法院,一律由高级人民法院负责通知;必要时,高级人民法院可以请人民政府外事主管部门给予协助。通知按照下列规定办理:(1)外国籍当事人国籍国与我国签订有双边领事条约的,根据条约规定办理;未与我国签订双边领事条约,但参加《维也纳领事关系公约》的,根据公约规定办理;未与我国签订领事条约,也未参加《维也纳领事关系公约》,但与我国有外交关系的,可以根据外事主管部门的意见,按照互惠原则,根据有关规定和国际惯例办理。(2)在外国驻华领馆领区内发生的涉外刑事案件,通知有关外国驻该地区的领馆;在外国领馆领区外发生的涉外刑事案件,通知有关外国驻华使馆;与我国有外交关系,但未设使领馆的国家,可以通知其代管国家驻华使领馆;无代管国家、代管国家不明的,可以不通知。(3)双边领事条约规定通知时限的,应当在规定的期限内通知;没有规定的,应当根据或者参照《维也纳领事关系公约》和国际惯例尽快通知,至迟不得超过七日通知。(4)双边领事条约没有规定必须通知,外国籍当事人要求不通知其国籍国驻华使领馆的,可以不通知,但应当由其本人出具书面声明。根据我国与其他国家签订的双边领事条约,对外通知有强制性通知和非强制性通知之分。所谓强制性通知,是指涉外案件发生后,有关单位无须询问涉案人的意见,即通知其国籍国驻华使领馆。我国与美国、英国、法国、俄罗斯、日本、印度等多个国家签订的双边领事条约中规定有强制通知条款。如这些国家的公民涉案,即使其本人不希望通知,也须向其国籍国驻华使领馆通知有关事项。所谓非强制性通知,是指在我国与有关国家签订的双边领事条约中没有规定必须通知,如有关国家的公民涉案,其本人不希望通知,则可不予通知,但须由其本人出具《关于领事通报的声明书》。

第十八条 【刑事司法协助】根据中华人民共和国缔结或者参加的国际条约,或者按照互惠原则,我国司法机关和外国司法机关可以相互请求刑事司法协助。

立法沿革

本条系 1996 年《刑事诉讼法修改决定》增加的规定。2012 年、2018 年修改《刑事诉讼法》时未作调整。

相关规定

《中华人民共和国引渡法》(自 2000 年 12 月 28 日起施行,节录)

第一章 总 则

第四条 中华人民共和国和外国之间的引渡,通过外交途径联系。中华人民共和国外交部为指定的进行引渡的联系机关。

引渡条约对联系机关有特别规定的,依照条约规定。

第五条 办理引渡案件,可以根据情况,对被请求引渡人采取引渡拘留、引渡逮捕或者引渡监视居住的强制措施。

第二章 向中华人民共和国请求引渡

第一节 引渡的条件

第七条 外国向中华人民共和国提出的引渡请求必须同时符合下列条件,才能准予引渡:

(一)引渡请求所指的行为,依照中华人民共和国法律和请求国法律均构成犯罪;

(二)为了提起刑事诉讼而请求引渡的,根据中华人民共和国法律和请求国法律,对于引渡请求所指的犯罪均可判处一年以上有期徒刑或者其他更重的刑罚;为了执行刑罚而请求引渡的,在提出引渡请求时,被请求引渡人尚未服完的刑期至少为六个月。

对于引渡请求中符合前款第一项规定的多种犯罪,只要其中有一种犯罪符合前款第二项的规定,就可以对上述各种犯罪准予引渡。

第八条 外国向中华人民共和国提出的引渡请求,有下列情形之一的,应当拒绝引渡:

(一)根据中华人民共和国法律,被请求引渡人具有中华人民共和国国籍的;

(二)在收到引渡请求时,中华人民共和国的司法机关对于引渡请求所指的

犯罪已经作出生效判决,或者已经终止刑事诉讼程序的;

(三)因政治犯罪而请求引渡的,或者中华人民共和国已经给予被请求引渡人受庇护权利的;

(四)被请求引渡人可能因其种族、宗教、国籍、性别、政治见解或者身份等方面的原因而被提起刑事诉讼或者执行刑罚,或者被请求引渡人在司法程序中可能由于上述原因受到不公正待遇的;

(五)根据中华人民共和国或者请求国法律,引渡请求所指的犯罪纯属军事犯罪的;

(六)根据中华人民共和国或者请求国法律,在收到引渡请求时,由于犯罪已过追诉时效期限或者被请求引渡人已被赦免等原因,不应当追究被请求引渡人的刑事责任的;

(七)被请求引渡人在请求国曾经遭受或者可能遭受酷刑或者其他残忍、不人道或者有辱人格的待遇或者处罚的;

(八)请求国根据缺席判决提出引渡请求的。但请求国承诺在引渡后对被请求引渡人给予在其出庭的情况下进行重新审判机会的除外。

第九条 外国向中华人民共和国提出的引渡请求,有下列情形之一的,可以拒绝引渡:

(一)中华人民共和国对于引渡请求所指的犯罪具有刑事管辖权,并且对被请求引渡人正在进行刑事诉讼或者准备提起刑事诉讼的;

(二)由于被请求引渡人的年龄、健康等原因,根据人道主义原则不宜引渡的。

第三章 向外国请求引渡

第四十七条 请求外国准予引渡或者引渡过境的,应当由负责办理有关案件的省、自治区或者直辖市的审判、检察、公安、国家安全或者监狱管理机关分别向最高人民法院、最高人民检察院、公安部、国家安全部、司法部提出意见书,并附有关文件和材料及其经证明无误的译文。最高人民法院、最高人民检察院、公安部、国家安全部、司法部分别会同外交部审核同意后,通过外交部向外国提出请求。

第四十八条 在紧急情况下,可以在向外国正式提出引渡请求前,通过外交途径或者被请求国同意的其他途径,请求外国对有关人员先行采取强制措施。

第四十九条 引渡、引渡过境或者采取强制措施的请求所需的文书、文件和材料,应当依照引渡条约的规定提出;没有引渡条约或者引渡条约没有规定的,可以参照本法第二章第二节、第四节和第七节的规定提出;被请求国有特殊要求的,在不违反中华人民共和国法律的基本原则的情况下,可以按照被请求国的特殊要求提出。

第五十条 被请求国就准予引渡附加条件的,对于不损害中华人民共和国主权、国家利益、公共利益的,可以由外交部代表中华人民共和国政府向被请求国作出承诺。对于限制追诉的承诺,由最高人民检察院决定;对于量刑的承诺,由最高人民法院决定。

在对被引渡人追究刑事责任时,司法机关应当受所作出的承诺的约束。

第五十一条 公安机关负责接收外国准予引渡的人以及与案件有关的财物。

对于其他部门提出引渡请求的,公安机关在接收被引渡人以及与案件有关的财物后,应当及时转交提出引渡请求的部门;也可以会同有关部门共同接收被引渡人以及与案件有关的财物。

《中华人民共和国国际刑事司法协助法》(自 2018 年 10 月 26 日起施行,节录)

第一章 总 则

第二条 本法所称国际刑事司法协助,是指中华人民共和国和外国在刑事案件调查、侦查、起诉、审判和执行等活动中相互提供协助,包括送达文书,调查取证,安排证人作证或者协助调查,查封、扣押、冻结涉案财物,没收、返还违法所得及其他涉案财物,移管被判刑人以及其他协助。

第四条 中华人民共和国和外国按照平等互惠原则开展国际刑事司法协助。

国际刑事司法协助不得损害中华人民共和国的主权、安全和社会公共利益,不得违反中华人民共和国法律的基本原则。

非经中华人民共和国主管机关同意,外国机构、组织和个人不得在中华人民共和国境内进行本法规定的刑事诉讼活动,中华人民共和国境内的机构、组织和个人不得向外国提供证据材料和本法规定的协助。

第五条 中华人民共和国和外国之间开展刑事司法协助,通过对外联系机关联系。

中华人民共和国司法部等对外联系机关负责提出、接收和转递刑事司法协助请求,处理其他与国际刑事司法协助相关的事务。

中华人民共和国和外国之间没有刑事司法协助条约的,通过外交途径联系。

第六条 国家监察委员会、最高人民法院、最高人民检察院、公安部、国家安全部等部门是开展国际刑事司法协助的主管机关,按照职责分工,审核向外国提出的刑事司法协助请求,审查处理对外联系机关转递的外国提出的刑事司法协助请求,承担其他与国际刑事司法协助相关的工作。在移管被判刑人案件中,司法部按照职责分工,承担相应的主管机关职责。

办理刑事司法协助相关案件的机关是国际刑事司法协助的办案机关,负责向所属主管机关提交需要向外国提出的刑事司法协助请求、执行所属主管机关交办的外国提出的刑事司法协助请求。

第二章 刑事司法协助请求的提出、接收和处理
第一节 向外国请求刑事司法协助

第九条 办案机关需要向外国请求刑事司法协助的,应当制作刑事司法协助请求书并附相关材料,经所属主管机关审核同意后,由对外联系机关及时向外国提出请求。

第十条 向外国的刑事司法协助请求书,应当依照刑事司法协助条约的规定提出;没有条约或者条约没有规定的,可以参照本法第十三条的规定提出;被请求国有特殊要求的,在不违反中华人民共和国法律的基本原则的情况下,可以按照被请求国的特殊要求提出。

请求书及所附材料应当以中文制作,并附有被请求国官方文字的译文。

第十一条 被请求国就执行刑事司法协助请求提出附加条件,不损害中华人民共和国的主权、安全和社会公共利益的,可以由外交部作出承诺。被请求国明确表示对外联系机关作出的承诺充分有效的,也可以由对外联系机关作出承诺。对于限制追诉的承诺,由最高人民检察院决定;对于量刑的承诺,由最高人民法院决定。

在对涉案人员追究刑事责任时,有关机关应当受所作出的承诺的约束。

第十二条 对外联系机关收到外国的有关通知或者执行结果后,应当及时转交或者转告有关主管机关。

外国就其提供刑事司法协助的案件要求通报诉讼结果的,对外联系机关转交有关主管机关办理。

第三章 送达文书
第一节 向外国请求送达文书

第二十条 办案机关需要外国协助送达传票、通知书、起诉书、判决书和其他司法文书的,应当制作刑事司法协助请求书并附相关材料,经所属主管机关审核同意后,由对外联系机关及时向外国提出请求。

第二十一条 向外国请求送达文书的,请求书应当载明受送达人的姓名或者名称、送达的地址以及需要告知受送达人的相关权利和义务。

第二节　向中华人民共和国请求送达文书

第二十二条　外国可以请求中华人民共和国协助送达传票、通知书、起诉书、判决书和其他司法文书。中华人民共和国协助送达司法文书，不代表对外国司法文书法律效力的承认。

请求协助送达出庭传票的，应当按照有关条约规定的期限提出。没有条约或者条约没有规定的，应当至迟在开庭前三个月提出。

对于要求中华人民共和国公民接受讯问或者作为被告人出庭的传票，中华人民共和国不负有协助送达的义务。

第二十三条　外国向中华人民共和国请求送达文书的，请求书应当载明受送达人的姓名或者名称、送达的地址以及需要告知受送达人的相关权利和义务。

第二十四条　负责执行协助送达文书的人民法院或者其他办案机关，应当及时将执行结果通过所属主管机关告知对外联系机关，由对外联系机关告知请求国。除无法送达的情形外，应当附有受送达人签收的送达回执或者其他证明文件。

第四章　调查取证

第一节　向外国请求调查取证

第二十五条　办案机关需要外国就下列事项协助调查取证的，应当制作刑事司法协助请求书并附相关材料，经所属主管机关审核同意后，由对外联系机关及时向外国提出请求：

（一）查找、辨认有关人员；

（二）查询、核实涉案财物、金融账户信息；

（三）获取并提供有关人员的证言或者陈述；

（四）获取并提供有关文件、记录、电子数据和物品；

（五）获取并提供鉴定意见；

（六）勘验或者检查场所、物品、人身、尸体；

（七）搜查人身、物品、住所和其他有关场所；

（八）其他事项。

请求外国协助调查取证时，办案机关可以同时请求在执行请求时派员到场。

第二十六条　向外国请求调查取证的，请求书及所附材料应当根据需要载明下列事项：

（一）被调查人的姓名、性别、住址、身份信息、联系方式和有助于确认被调查人的其他资料；

（二）需要向被调查人提问的问题；

（三）需要查找、辨认人员的姓名、性别、住址、身份信息、联系方式、外表和行为特征以及有助于查找、辨认的其他资料；

（四）需要查询、核实的涉案财物的权属、地点、特性、外形和数量等具体信息，需要查询、核实的金融账户相关信息；

（五）需要获取的有关文件、记录、电子数据和物品的持有人、地点、特性、外形和数量等具体信息；

（六）需要鉴定的对象的具体信息；

（七）需要勘验或者检查的场所、物品等的具体信息；

（八）需要搜查的对象的具体信息；

（九）有助于执行请求的其他材料。

第二十七条　被请求国要求归还其提供的证据材料或者物品的，办案机关应当尽快通过对外联系机关归还。

第五章　安排证人作证或者协助调查

第一节　向外国请求安排证人作证或者协助调查

第三十一条　办案机关需要外国协助安排证人、鉴定人来中华人民共和国作证或者通过视频、音频作证，或者协助调查的，应当制作刑事司法协助请求书并附相关材料，经所属主管机关审核同意后，由对外联系机关及时向外国提出请求。

第三十二条　向外国请求安排证人、鉴定人作证或者协助调查的，请求书及所附材料应当根据需要载明下列事项：

（一）证人、鉴定人的姓名、性别、住址、身份信息、联系方式和有助于确认证人、鉴定人的其他资料；

（二）作证或者协助调查的目的、必要性、时间和地点等；

（三）证人、鉴定人的权利和义务；

（四）对证人、鉴定人的保护措施；

（五）对证人、鉴定人的补助；

（六）有助于执行请求的其他材料。

第三十三条　来中华人民共和国作证或者协助调查的证人、鉴定人在离境前，其入境前实施的犯罪不受追诉；除因入境后实施违法犯罪而被采取强制措施的以外，其人身自由不受限制。

证人、鉴定人在条约规定的期限内或者被通知无需继续停留后十五日内没有离境的，前款规定不再适用，但是由于不可抗力或者其他特殊原因未能离境的除外。

第三十四条　对来中华人民共和国作证或者协助调查的证人、鉴定人,办案机关应当依法给予补助。

第三十五条　来中华人民共和国作证或者协助调查的人员系在押人员的,由对外联系机关会同主管机关与被请求国就移交在押人员的相关事项事先达成协议。

主管机关和办案机关应当遵守协议内容,依法对被移交的人员予以羁押,并在作证或者协助调查结束后及时将其送回被请求国。

第六章　查封、扣押、冻结涉案财物

第一节　向外国请求查封、扣押、冻结涉案财物

第三十九条　办案机关需要外国协助查封、扣押、冻结涉案财物的,应当制作刑事司法协助请求书并附相关材料,经所属主管机关审核同意后,由对外联系机关及时向外国提出请求。

外国对于协助执行中华人民共和国查封、扣押、冻结涉案财物的请求有特殊要求的,在不违反中华人民共和国法律的基本原则的情况下,可以同意。需要由司法机关作出决定的,由人民法院作出。

第四十条　向外国请求查封、扣押、冻结涉案财物的,请求书及所附材料应当根据需要载明下列事项:

(一)需要查封、扣押、冻结的涉案财物的权属证明、名称、特性、外形和数量等;

(二)需要查封、扣押、冻结的涉案财物的地点。资金或者其他金融资产存放在金融机构中的,应当载明金融机构的名称、地址和账户信息;

(三)相关法律文书的副本;

(四)有关查封、扣押、冻结以及利害关系人权利保障的法律规定;

(五)有助于执行请求的其他材料。

第四十一条　外国确定的查封、扣押、冻结的期限届满,办案机关需要外国继续查封、扣押、冻结相关涉案财物的,应当再次向外国提出请求。

办案机关决定解除查封、扣押、冻结的,应当及时通知被请求国。

第七章　没收、返还违法所得及其他涉案财物

第一节　向外国请求没收、返还违法所得及其他涉案财物

第四十七条　办案机关需要外国协助没收违法所得及其他涉案财物的,应当制作刑事司法协助请求书并附相关材料,经所属主管机关审核同意后,由对外联系机关及时向外国提出请求。

请求外国将违法所得及其他涉案财物返还中华人民共和国或者返还被害人

的,可以在向外国提出没收请求时一并提出,也可以单独提出。

外国对于返还被查封、扣押、冻结的违法所得及其他涉案财物有特殊要求的,在不违反中华人民共和国法律的基本原则的情况下,可以同意。需要由司法机关作出决定的,由人民法院作出决定。

第四十八条 向外国请求没收、返还违法所得及其他涉案财物的,请求书及所附材料应当根据需要载明下列事项:

(一)需要没收、返还的违法所得及其他涉案财物的名称、特性、外形和数量等;

(二)需要没收、返还的违法所得及其他涉案财物的地点。资金或者其他金融资产存放在金融机构中的,应当载明金融机构的名称、地址和账户信息;

(三)没收、返还的理由和相关权属证明;

(四)相关法律文书的副本;

(五)有关没收、返还以及利害关系人权利保障的法律规定;

(六)有助于执行请求的其他材料。

第四十九条 外国协助没收、返还违法所得及其他涉案财物的,由对外联系机关会同主管机关就有关财物的移交问题与外国进行协商。

对于请求外国协助没收、返还违法所得及其他涉案财物,外国提出分享请求的,分享的数额或者比例,由对外联系机关会同主管机关与外国协商确定。

第八章 移管被判刑人

第一节 向外国移管被判刑人

第五十五条 外国可以向中华人民共和国请求移管外国籍被判刑人,中华人民共和国可以向外国请求移管外国籍被判刑人。

第五十六条 向外国移管被判刑人应当符合下列条件:

(一)被判刑人是该国国民;

(二)对被判刑人判处刑罚所针对的行为根据该国法律也构成犯罪;

(三)对被判刑人判处刑罚的判决已经发生法律效力;

(四)被判刑人书面同意移管,或者因被判刑人年龄、身体、精神等状况确有必要,经其代理人书面同意移管;

(五)中华人民共和国和该国均同意移管。

有下列情形之一的,可以拒绝移管:

(一)被判刑人被判处死刑缓期执行或者无期徒刑,但请求移管时已经减为有期徒刑的除外;

(二)在请求移管时,被判刑人剩余刑期不足一年;

(三)被判刑人在中华人民共和国境内存在尚未了结的诉讼;
(四)其他不宜移管的情形。

第五十七条 请求向外国移管被判刑人的,请求书及所附材料应当根据需要载明下列事项:
(一)请求机关的名称;
(二)被请求移管的被判刑人的姓名、性别、国籍、身份信息和其他资料;
(三)被判刑人的服刑场所;
(四)请求移管的依据和理由;
(五)被判刑人或者其代理人同意移管的书面声明;
(六)其他事项。

第五十八条 主管机关应当对被判刑人的移管意愿进行核实。外国请求派员对被判刑人的移管意愿进行核实的,主管机关可以作出安排。

第五十九条 外国向中华人民共和国提出移管被判刑人的请求的,或者主管机关认为需要向外国提出移管被判刑人的请求的,主管机关应当会同相关主管部门,作出是否同意外国请求或者向外国提出请求的决定。作出同意外国移管请求的决定后,对外联系机关应当书面通知请求国和被判刑人。

第六十条 移管被判刑人由主管机关指定刑罚执行机关执行。移交被判刑人的时间、地点、方式等执行事项,由主管机关与外国协商确定。

第六十一条 被判刑人移管后对原生效判决提出申诉的,应当向中华人民共和国有管辖权的人民法院提出。
人民法院变更或者撤销原生效判决的,应当及时通知外国。

基本规范

《最高人民法院关于适用〈中华人民共和国刑事诉讼法〉的解释》(法释〔2021〕1号,自2021年3月1日起施行)
第二十章 涉外刑事案件的审理和刑事司法协助
第二节 刑事司法协助
第四百九十一条 请求和提供司法协助,应当依照《中华人民共和国国际刑事司法协助法》、我国与有关国家、地区签订的刑事司法协助条约、移管被判刑人条约和有关法律规定进行。
对请求书的签署机关、请求书及所附材料的语言文字、有关办理期限和具体程序等事项,在不违反中华人民共和国法律的基本原则的情况下,可以按照刑事司法协助条约规定或者双方协商办理。

第四百九十二条 外国法院请求的事项有损中华人民共和国的主权、安全、社会公共利益以及违反中华人民共和国法律的基本原则的,人民法院不予协助;属于有关法律规定的可以拒绝提供刑事司法协助情形的,可以不予协助。

第四百九十三条 人民法院请求外国提供司法协助的,应当层报最高人民法院,经最高人民法院审核同意后交由有关对外联系机关及时向外国提出请求。

外国法院请求我国提供司法协助,有关对外联系机关认为属于人民法院职权范围的,经最高人民法院审核同意后转有关人民法院办理。

第四百九十四条 人民法院请求外国提供司法协助的请求书,应当依照刑事司法协助条约的规定提出;没有条约或者条约没有规定的,应当载明法律规定的相关信息并附相关材料。请求书及其所附材料应当以中文制作,并附有被请求国官方文字的译本。

外国请求我国法院提供司法协助的请求书,应当依照刑事司法协助条约的规定提出;没有条约或者条约没有规定的,应当载明我国法律规定的相关信息并附相关材料。请求书及所附材料应当附有中文译本。

第四百九十五条[①] 人民法院向在中华人民共和国领域外居住的当事人送达刑事诉讼文书,可以采用下列方式:

(一)根据受送达人所在国与中华人民共和国缔结或者共同参加的国际条约规定的方式送达;

(二)通过外交途径送达;

(三)对中国籍当事人,所在国法律允许或者经所在国同意的,可以委托我国驻受送达人所在国的使领馆代为送达;

(四)当事人是自诉案件的自诉人或者附带民事诉讼原告人的,可以向有权代其接受送达的诉讼代理人送达;

(五)当事人是外国单位的,可以向其在中华人民共和国领域内设立的代表机构或者有权接受送达的分支机构、业务代办人送达;

[①]《2012年刑诉法解释》第四百一十二条第三项规定:"对中国籍当事人,可以委托我国驻受送达人所在国的使、领馆代为送达;"征求意见过程中,有意见提出,关于委托驻外使领馆向位于我国领域外的中国籍当事人送达刑事文书问题,部分国家对于在其境内送达刑事司法文书的态度较为谨慎,如有的国家明确表示,在其境内送达刑事司法文书被视为执法行为,不属于领事职务范畴,须由其执法部门执行,其他国家也要求执行送达须不违反其国内法。鉴此,对第三项的表述作了修改,增加了"所在国法律允许或者经所在国同意的"要件。——本评注注

（六）受送达人所在国法律允许的，可以邮寄送达；自邮寄之日起满三个月，送达回证未退回，但根据各种情况足以认定已经送达的，视为送达；

（七）受送达人所在国法律允许的，可以采用传真、电子邮件等能够确认受送达人收悉的方式送达。

第四百九十六条 人民法院通过外交途径向在中华人民共和国领域外居住的受送达人送达刑事诉讼文书的，所送达的文书应当经高级人民法院审查后报最高人民法院审核。最高人民法院认为可以发出的，由最高人民法院交外交部主管部门转递。

外国法院通过外交途径请求人民法院送达刑事诉讼文书的，由该国驻华使馆将法律文书交我国外交部主管部门转最高人民法院。最高人民法院审核后认为属于人民法院职权范围，且可以代为送达的，应当转有关人民法院办理。

《人民检察院刑事诉讼规则》（高检发释字〔2019〕4号，自2019年12月30日起施行）

第十六章　刑事司法协助

第六百七十一条 人民检察院依据国际刑事司法协助法等有关法律和有关刑事司法协助条约进行刑事司法协助。

第六百七十二条 人民检察院刑事司法协助的范围包括刑事诉讼文书送达，调查取证，安排证人作证或者协助调查，查封、扣押、冻结涉案财物，返还违法所得及其他涉案财物，移管被判刑人以及其他协助。

第六百七十三条 最高人民检察院是检察机关开展国际刑事司法协助的主管机关，负责审核地方各级人民检察院向外国提出的刑事司法协助请求，审查处理对外联系机关转递的外国提出的刑事司法协助请求，审查决定是否批准执行外国的刑事司法协助请求，承担其他与国际刑事司法协助相关的工作。

办理刑事司法协助相关案件的地方各级人民检察院应当向最高人民检察院层报需要向外国提出的刑事司法协助请求，执行最高人民检察院交办的外国提出的刑事司法协助请求。

第六百七十四条 地方各级人民检察院需要向外国请求刑事司法协助的，应当制作刑事司法协助请求书并附相关材料。经省级人民检察院审核同意后，报送最高人民检察院。

刑事司法协助请求书应当依照相关刑事司法协助条约的规定制作；没有条约或者条约没有规定的，可以参照国际刑事司法协助法第十三条的规定制作。被请求方有特殊要求的，在不违反我国法律的基本原则的情况下，可以按照被请求方的特殊要求制作。

第六百七十五条 最高人民检察院收到地方各级人民检察院刑事司法协助请求书及所附相关材料后,应当依照国际刑事司法协助法和有关条约进行审查。对符合规定、所附材料齐全的,最高人民检察院是对外联系机关的,应当及时向外国提出请求;不是对外联系机关的,应当通过对外联系机关向外国提出请求。对不符合规定或者材料不齐全的,应当退回提出请求的人民检察院或者要求其补充、修正。

第六百七十六条 最高人民检察院收到外国提出的刑事司法协助请求后,应当对请求书及所附材料进行审查。对于请求书形式和内容符合要求的,应当按照职责分工,将请求书及所附材料转交有关主管机关或者省级人民检察院处理;对于请求书形式和内容不符合要求的,可以要求请求方补充材料或者重新提出请求。

外国提出的刑事司法协助请求明显损害我国主权、安全和社会公共利益的,可以直接拒绝提供协助。

第六百七十七条 最高人民检察院在收到对外联系机关转交的刑事司法协助请求书及所附材料后,经审查,分别作出以下处理:

(一)根据国际刑事司法协助法和刑事司法协助条约的规定,认为可以协助执行的,作出决定并安排有关省级人民检察院执行;

(二)根据国际刑事司法协助法或者刑事司法协助条约的规定,认为应当全部或者部分拒绝协助的,将请求书及所附材料退回对外联系机关并说明理由;

(三)对执行请求有保密要求或者有其他附加条件的,通过对外联系机关向外国提出,在外国接受条件并且作出书面保证后,决定附条件执行;

(四)需要补充材料的,书面通过对外联系机关要求请求方在合理期限内提供。

第六百七十八条 有关省级人民检察院收到最高人民检察院交办的外国刑事司法协助请求后,应当依法执行,或者交由下级人民检察院执行。

负责执行的人民检察院收到刑事司法协助请求书和所附材料后,应当立即安排执行,并将执行结果及有关材料报经省级人民检察院审查后,报送最高人民检察院。

对于不能执行的,应当将刑事司法协助请求书和所附材料,连同不能执行的理由,通过省级人民检察院报送最高人民检察院。

因请求书提供的地址不详或者材料不齐全,人民检察院难以执行该项请求的,应当立即通过最高人民检察院书面通知对外联系机关,要求请求方补充提供材料。

第六百七十九条　最高人民检察院应当对执行结果进行审查。对于符合请求要求和有关规定的,通过对外联系机关转交或者转告请求方。

《公安机关办理刑事案件程序规定》(公安部令第159号修正,修正后自2020年9月1日起施行)

第一章　任务和基本原则

第十三条　根据《中华人民共和国引渡法》《中华人民共和国国际刑事司法协助法》、中华人民共和国缔结或者参加的国际条约和公安部签订的双边、多边合作协议,或者按照互惠原则,我国公安机关可以和外国警察机关开展刑事司法协助和警务合作。

第十三章　刑事司法协助和警务合作

第三百七十四条　公安部是公安机关进行刑事司法协助和警务合作的中央主管机关,通过有关法律、国际条约、协议规定的联系途径、外交途径或者国际刑事警察组织渠道,接收或者向外国提出刑事司法协助或者警务合作请求。

地方各级公安机关依照职责权限办理刑事司法协助事务和警务合作事务。

其他司法机关在办理刑事案件中,需要外国警方协助的,由其中央主管机关与公安部联系办理。

第三百七十五条　公安机关进行刑事司法协助和警务合作的范围,主要包括犯罪情报信息的交流与合作,调查取证,安排证人作证或者协助调查,查封、扣押、冻结涉案财物,没收、返还违法所得及其他涉案财物,送达刑事诉讼文书,引渡、缉捕和递解犯罪嫌疑人、被告人或者罪犯,以及国际条约、协议规定的其他刑事司法协助和警务合作事宜。

第三百七十六条　在不违背我国法律和有关国际条约、协议的前提下,我国边境地区设区的市一级公安机关和县级公安机关与相邻国家的警察机关,可以按照惯例相互开展执法会晤、人员往来、边境管控、情报信息交流等警务合作,但应当报省级公安机关批准,并报公安部备案;开展其他警务合作的,应当报公安部批准。

第三百七十七条　公安部收到外国的刑事司法协助或者警务合作请求后,应当依据我国法律和国际条约、协议的规定进行审查。对于符合规定的,交有关省级公安机关办理,或者移交其他有关中央主管机关;对于不符合条约或者协议规定的,通过接收请求的途径退回请求方。

对于请求书的签署机关、请求书及所附材料的语言文字、有关办理期限和具体程序等事项,在不违反我国法律基本原则的情况下,可以按照刑事司法协助条约、警务合作协议规定或者双方协商办理。

第三百七十八条 负责执行刑事司法协助或者警务合作的公安机关收到请求书和所附材料后,应当按照我国法律和有关国际条约、协议的规定安排执行,并将执行结果及其有关材料报经省级公安机关审核后报送公安部。

在执行过程中,需要采取查询、查封、扣押、冻结等措施或者返还涉案财物,且符合法律规定的条件的,可以根据我国有关法律和公安部的执行通知办理有关法律手续。

请求书提供的信息不准确或者材料不齐全难以执行的,应当立即通过省级公安机关报请公安部要求请求方补充材料;因其他原因无法执行或者具有应当拒绝协助、合作的情形等不能执行的,应当将请求书和所附材料,连同不能执行的理由通过省级公安机关报送公安部。

第三百七十九条 执行刑事司法协助和警务合作,请求书中附有办理期限的,应当按期完成。未附办理期限的,调查取证应当在三个月以内完成;送达刑事诉讼文书,应当在十日以内完成。不能按期完成的,应当说明情况和理由,层报公安部。

第三百八十条 需要请求外国警方提供刑事司法协助或者警务合作的,应当按照我国有关法律、国际条约、协议的规定提出刑事司法协助或者警务合作请求书,所附文件及相应译文,经省级公安机关审核后报送公安部。

第三百八十一条 需要通过国际刑事警察组织查找或者缉捕犯罪嫌疑人、被告人或者罪犯,查询资料、调查取证的,应当提出申请层报国际刑事警察组织中国国家中心局。

第三百八十二条 公安机关需要外国协助安排证人、鉴定人来中华人民共和国作证或者通过视频、音频作证,或者协助调查的,应当制作刑事司法协助请求书并附相关材料,经公安部审核同意后,由对外联系机关及时向外国提出请求。

来中华人民共和国作证或者协助调查的证人、鉴定人离境前,公安机关不得就其入境前实施的犯罪进行追究;除因入境后实施违法犯罪而被采取强制措施的以外,其人身自由不受限制。

证人、鉴定人在条约规定的期限内或者被通知无需继续停留后十五日内没有离境的,前款规定不再适用,但是由于不可抗力或者其他特殊原因未能离境的除外。

第三百八十三条 公安机关提供或者请求外国提供刑事司法协助或者警务合作,应当收取或者支付费用的,根据有关国际条约、协议的规定,或者按照对等互惠的原则协商办理。

第三百八十四条 办理引渡案件,依照《中华人民共和国引渡法》等法律规定和有关条约执行。

《海警机构办理刑事案件程序规定》(中国海警局令第1号,自2023年6月15日起施行)

第十二章 附 则

第三百四十三条 海警机构办理刑事案件,需要请求国际刑警组织协助或者借助公安部跨境警务协作机制的,由中国海警局商请公安部办理。

其他规范

《人民检察院办理网络犯罪案件规定》(高检发办字〔2021〕3号)第六章"跨国(边)境司法协作"(第五十六条至第六十条)对人民检察院办理网络犯罪案件开展跨国(边)境司法协作的有关问题作了规定。(→参见第二编"立案、侦查和提起公诉"标题下所附"其他规范",第783页)

相关规范集成·涉港澳台司法协助

其他规范

《海峡两岸共同打击犯罪及司法互助协议》(自2009年6月25日起施行)

为保障海峡两岸人民权益,维护两岸交流秩序,海峡两岸关系协会与财团法人海峡交流基金会就两岸共同打击犯罪及司法互助与联系事宜,经平等协商,达成协议如下:

第一章 总 则

一、合作事项

双方同意在民事、刑事领域相互提供以下协助:

(一)共同打击犯罪;

(二)送达文书;

(三)调查取证;

(四)认可及执行民事裁判与仲裁裁决(仲裁判断);

(五)移管(接返)被判刑人(受刑事裁判确定人);

(六)双方同意之其他合作事项。

二、业务交流

双方同意业务主管部门人员进行定期工作会晤、人员互访与业务培训合作,交流双方制度规范、裁判文书及其他相关资讯。

三、联系主体

本协议议定事项,由各方主管部门指定之联络人联系实施。必要时,经双方同意得指定其他单位进行联系。

本协议其他相关事宜,由海峡两岸关系协会与财团法人海峡交流基金会联系。

第二章 共同打击犯罪

四、合作范围

双方同意采取措施共同打击双方均认为涉嫌犯罪的行为。

双方同意着重打击下列犯罪:

(一)涉及杀人、抢劫、绑架、走私、枪械、毒品、人口贩运、组织偷渡及跨境有组织犯罪等重大犯罪;

(二)侵占、背信、诈骗、洗钱、伪造或变造货币及有价证券等经济犯罪;

(三)贪污、贿赂、渎职等犯罪;

(四)劫持航空器、船舶及涉恐怖活动等犯罪;

(五)其他刑事犯罪。

一方认为涉嫌犯罪,另一方认为未涉嫌犯罪但有重大社会危害,得经双方同意个案协助。

五、协助侦查

双方同意交换涉及犯罪有关情资,协助缉捕、遣返刑事犯与刑事嫌疑犯,并于必要时合作协查、侦办。

六、人员遣返

双方同意依循人道、安全、迅速、便利原则,在原有基础上,增加海运或空运直航方式,遣返刑事犯、刑事嫌疑犯,并于交接时移交有关证据(卷证)、签署交接书。

受请求方已对遣返对象进行司法程序者,得于程序终结后遣返。

受请求方认为有重大关切利益等特殊情形者,得视情决定遣返。

非经受请求方同意,请求方不得对遣返对象追诉遣返请求以外的行为。

第三章 司法互助

七、送达文书

双方同意依己方规定,尽最大努力,相互协助送达司法文书。

受请求方应于收到请求书之日起三个月内及时协助送达。

受请求方应将执行请求之结果通知请求方,并及时寄回证明送达与否的证明资料;无法完成请求事项者,应说明理由并送还相关资料。

八、调查取证

双方同意依己方规定相互协助调查取证,包括取得证言及陈述;提供书证、物证及视听资料;确定关系人所在或确认其身份;勘验、鉴定、检查、访视、调查;搜索及扣押等。

受请求方在不违反己方规定前提下,应尽量依请求方要求之形式提供协助。

受请求方协助取得相关证据资料,应及时移交请求方。但受请求方已进行侦查、起诉或审判程序者,不在此限。

九、罪赃移交

双方同意在不违反己方规定范围内,就犯罪所得移交或变价移交事宜给予协助。

十、裁判认可

双方同意基于互惠原则,于不违反公共秩序或善良风俗之情况下,相互认可及执行民事确定裁判与仲裁裁决(仲裁判断)。

十一、罪犯移管(接返)

双方同意基于人道、互惠原则,在请求方、受请求方及被判刑人(受刑事裁判确定人)均同意移交之情形下,移管(接返)被判刑人(受刑事裁判确定人)。

十二、人道探视

双方同意及时通报对方人员被限制人身自由、非病死或可疑为非病死等重要讯息,并依己方规定为家属探视提供便利。

第四章 请求程序

十三、提出请求

双方同意以书面形式提出协助请求。但紧急情况下,经受请求方同意,得以其他形式提出,并于十日内以书面确认。

请求书应包含以下内容:请求部门、请求目的、事项说明、案情摘要及执行请求所需其他资料等。

如因请求书内容欠缺致无法执行请求,可要求请求方补充资料。

十四、执行请求

双方同意依本协议及己方规定,协助执行对方请求,并及时通报执行情况。

若执行请求将妨碍正在进行之侦查、起诉或审判程序,可暂缓提供协助,并及时向对方说明理由。

如无法完成请求事项,应向对方说明并送还相关资料。

十五、不予协助

双方同意因请求内容不符合己方规定或执行请求将损害己方公共秩序或善

良风俗等情形,得不予协助,并向对方说明。

十六、保密义务

双方同意对请求协助与执行请求的相关资料予以保密。但依请求目的使用者,不在此限。

十七、限制用途

双方同意仅依请求书所载目的事项,使用对方协助提供之资料。但双方另有约定者,不在此限。

十八、互免证明

双方同意依本协议请求及协助提供之证据资料、司法文书及其他资料,不要求任何形式之证明。

十九、文书格式

双方同意就提出请求、答复请求、结果通报等文书,使用双方商定之文书格式。

二十、协助费用

双方同意相互免除执行请求所生费用。但请求方应负担下列费用:

(一)鉴定费用;

(二)笔译、口译及誊写费用;

(三)为请求方提供协助之证人、鉴定人,因前往、停留、离开请求方所生之费用;

(四)其他双方约定之费用。

第五章 附 则

二十一、协议履行与变更

双方应遵守协议。

协议变更,应经双方协商同意,并以书面形式确认。

二十二、争议解决

因适用本协议所生争议,双方应尽速协商解决。

二十三、未尽事宜

本协议如有未尽事宜,双方得以适当方式另行商定。

二十四、签署生效

本协议自签署之日起各自完成相关准备后生效,最迟不超过六十日。

本协议于四月二十六日签署,一式四份,双方各执两份。

《最高人民法院关于人民法院办理海峡两岸送达文书和调查取证司法互助案件的规定》(法释〔2011〕15 号,自 2011 年 6 月 25 日起施行)

为落实《海峡两岸共同打击犯罪及司法互助协议》(以下简称协议),进一步推动海峡两岸司法互助业务的开展,确保协议中涉及人民法院有关送达文书和调查取证司法互助工作事项的顺利实施,结合各级人民法院开展海峡两岸司法互助工作实践,制定本规定。

一、总　则

第一条　人民法院依照协议,办理海峡两岸民事、刑事、行政诉讼案件中的送达文书和调查取证司法互助业务,适用本规定。

第二条　人民法院应当在法定职权范围内办理海峡两岸司法互助业务。

人民法院办理海峡两岸司法互助业务,应当遵循一个中国原则,遵守国家法律的基本原则,不得违反社会公共利益。

二、职责分工

第三条　人民法院和台湾地区业务主管部门通过各自指定的协议联络人,建立办理海峡两岸司法互助业务的直接联络渠道。

第四条　最高人民法院是与台湾地区业务主管部门就海峡两岸司法互助业务进行联络的一级窗口。最高人民法院台湾司法事务办公室主任是最高人民法院指定的协议联络人。

最高人民法院负责:就协议中涉及人民法院的工作事项与台湾地区业务主管部门开展磋商、协调和交流;指导、监督、组织、协调地方各级人民法院办理海峡两岸司法互助业务;就海峡两岸调查取证司法互助业务与台湾地区业务主管部门直接联络,并在必要时具体办理调查取证司法互助案件;及时将本院和台湾地区业务主管部门指定的协议联络人的姓名、联络方式及变动情况等工作信息通报高级人民法院。

第五条　最高人民法院授权高级人民法院就办理海峡两岸送达文书司法互助案件,建立与台湾地区业务主管部门联络的二级窗口。高级人民法院应当指定专人作为经最高人民法院授权的二级联络窗口联络人。

高级人民法院负责:指导、监督、组织、协调本辖区人民法院办理海峡两岸送达文书和调查取证司法互助业务;就办理海峡两岸送达文书司法互助案件与台湾地区业务主管部门直接联络,并在必要时具体办理送达文书和调查取证司法互助案件;登记、统计本辖区人民法院办理的海峡两岸送达文书司法互助案件;定期向最高人民法院报告本辖区人民法院办理海峡两岸送达文书司法互助业务情况;及时将本院联络人的姓名、联络方式及变动情况报告最高人民法院,同时通报台湾地区联络人和下级人民法院。

第六条　中级人民法院和基层人民法院应当指定专人负责海峡两岸司法互助业务。

中级人民法院和基层人民法院负责:具体办理海峡两岸送达文书和调查取证司法互助案件;定期向高级人民法院层报本院办理海峡两岸送达文书司法互助业务情况;及时将本院海峡两岸司法互助业务负责人员的姓名、联络方式及变动情况层报高级人民法院。

三、送达文书司法互助

第七条 人民法院向住所地在台湾地区的当事人送达民事和行政诉讼司法文书,可以采用下列方式:

(一)受送达人居住在大陆的,直接送达。受送达人是自然人,本人不在的,可以交其同住成年家属签收;受送达人是法人或者其他组织的,应当由法人的法定代表人、其他组织的主要负责人或者该法人、其他组织负责收件的人签收。

受送达人不在大陆居住,但送达时在大陆的,可以直接送达。

(二)受送达人在大陆有诉讼代理人的,向诉讼代理人送达。但受送达人在授权委托书中明确表明其诉讼代理人无权代为接收的除外。

(三)受送达人有指定代收人的,向代收人送达。

(四)受送达人在大陆有代表机构、分支机构、业务代办人的,向其代表机构或者经受送达人明确授权接受送达的分支机构、业务代办人送达。

(五)通过协议确定的海峡两岸司法互助方式,请求台湾地区送达。

(六)受送达人在台湾地区的地址明确的,可以邮寄送达。

(七)有明确的传真号码、电子信箱地址的,可以通过传真、电子邮件方式向受送达人送达。

采用上述方式均不能送达或者台湾地区当事人下落不明的,可以公告送达。

人民法院需要向住所地在台湾地区的当事人送达刑事司法文书,可以通过协议确定的海峡两岸司法互助方式,请求台湾地区送达。

第八条 人民法院协助台湾地区法院送达司法文书,应当采用民事诉讼法、刑事诉讼法、行政诉讼法等法律和相关司法解释规定的送达方式,并应当尽可能采用直接送达方式,但不采用公告送达方式。

第九条 人民法院协助台湾地区送达司法文书,应当充分负责,及时努力送达。

第十条 审理案件的人民法院需要台湾地区协助送达司法文书的,应当填写《〈海峡两岸共同打击犯罪及司法互助协议〉送达文书请求书》附录部分,连同需要送达的司法文书,一式二份,及时送交高级人民法院。

需要台湾地区协助送达的司法文书中有指定开庭日期等类似期限的,一般应当为协助送达程序预留不少于六个月的时间。

第十一条 高级人民法院收到本院或者下级人民法院《〈海峡两岸共同打击犯罪及司法互助协议〉送达文书请求书》附录部分和需要送达的司法文书后,应当在七个工作日内完成审查。经审查认为可以请求台湾地区协助送达的,高级人民法院联络人应当填写《〈海峡两岸共同打击犯罪及司法互助协议〉送达文书请求书》正文部分,连同附录部分和需要送达的司法文书,立即寄送台湾地区联络人;经审查认为欠缺相关材料、内容或者认为不需要请求台湾地区协助送达的,应当立即告知提出请求的人民法院补充相关材料、内容或者在说明理由后将材料退回。

第十二条 台湾地区成功送达并将送达证明材料寄送高级人民法院联络人,或者未能成功送达并将相关材料送还,同时出具理由说明给高级人民法院联络人的,高级人民法院应当在收到之日起七个工作日内,完成审查并转送提出请求的人民法院。经审查认为欠缺相关材料或者内容的,高级人民法院联络人应当立即与台湾地区联络人联络并请求补充相关材料或者内容。

自高级人民法院联络人向台湾地区寄送有关司法文书之日起满四个月,如果未能收到送达证明材料或者说明文件,且根据各种情况不足以认定已经送达的,视为不能按照协议确定的海峡两岸司法互助方式送达。

第十三条 台湾地区请求人民法院协助送达台湾地区法院的司法文书并通过其联络人将请求书和相关司法文书寄送高级人民法院联络人的,高级人民法院应当在七个工作日内完成审查。经审查认为可以协助送达的,应当立即转送有关下级人民法院送达或者由本院送达;经审查认为欠缺相关材料、内容或者认为不宜协助送达的,高级人民法院联络人应当立即向台湾地区联络人说明情况并告知其补充相关材料、内容或者将材料送还。

具体办理送达文书司法互助案件的人民法院应当在收到高级人民法院转送的材料之日起五个工作日内,以"协助台湾地区送达民事(刑事、行政诉讼)司法文书"案由立案,指定专人办理,并应当自立案之日起十五日内完成协助送达,最迟不得超过两个月。

收到台湾地区送达文书请求时,司法文书中指定的开庭日期或者其他期限逾期的,人民法院亦应予以送达,同时高级人民法院联络人应当及时向台湾地区联络人说明情况。

第十四条 具体办理送达文书司法互助案件的人民法院成功送达的,应当由送达人在《〈海峡两岸共同打击犯罪及司法互助协议〉送达回证》上签名或者盖章,并在成功送达之日起七个工作日内将送达回证送交高级人民法院;未能成功送达的,应当由送达人在《〈海峡两岸共同打击犯罪及司法互助协议〉送达回证》上注明未能成功送达的原因并签名或者盖章,在确认不能送达之日起七个工作日内,将该送达回证和未能成功送达的司法文书送交高级人民法院。

高级人民法院应当在收到前款所述送达回证之日起七个工作日内完成审查,由高级人民法院联络人在前述送达回证上签名或者盖章,同时出具《〈海峡两岸共同打击犯罪及司法互助协议〉送达文书回复书》,连同该送达回证和未能成功送达的司法文书,立即寄送台湾地区联络人。

四、调查取证司法互助

第十五条 人民法院办理海峡两岸调查取证司法互助业务,限于与台湾地区法院相互协助调取与诉讼有关的证据,包括取得证言及陈述;提供书证、物证及视听资料;确定关系人所在地或者确认其身份、前科等情况;进行勘验、检查、扣押、鉴定和查询等。

第十六条 人民法院协助台湾地区法院调查取证,应当采用民事诉讼法、刑事诉讼法、行政诉讼法等法律和相关司法解释规定的方式。

在不违反法律和相关规定、不损害社会公共利益、不妨碍正在进行的诉讼程序的前提下,人民法院应当尽力协助调查取证,并尽可能依照台湾地区请求的内容和形式予以协助。

台湾地区调查取证请求书所述的犯罪事实,依照大陆法律规定不认为涉嫌犯罪的,人民法院不予协助,但有重大社会危害并经双方业务主管部门同意予以个案协助的除外。台湾地区请求促使大陆居民至台湾地区作证,但未作出非经大陆主管部门同意不得追诉其进入台湾地区之前任何行为的书面声明的,人民法院可以不予协助。

第十七条 审理案件的人民法院需要台湾地区协助调查取证的,应当填写《〈海峡两岸共同打击犯罪及司法互助协议〉调查取证请求书》附录部分,连同相关材料,一式三份,及时送交高级人民法院。

高级人民法院应当在收到前款所述材料之日起七个工作日内完成初步审查,并将审查意见和《〈海峡两岸共同打击犯罪及司法互助协议〉调查取证请求书》附录部分及相关材料,一式二份,立即转送最高人民法院。

第十八条 最高人民法院收到高级人民法院转送的《〈海峡两岸共同打击犯罪及司法互助协议〉调查取证请求书》附录部分和相关材料以及高级人民法院审查意见后,应当在七个工作日内完成最终审查。经审查认为可以请求台湾地区协助调查取证的,最高人民法院联络人应当填写《〈海峡两岸共同打击犯罪及司法互助协议〉调查取证请求书》正文部分,连同附录部分和相关材料,立即寄送台湾地区联络人;经审查认为欠缺相关材料、内容或者认为不需要请求台湾地区协助调查取证的,应当立即通过高级人民法院告知提出请求的人民法院补充相关材料、内容或者在说明理由后将材料退回。

第十九条 台湾地区成功调查取证并将取得的证据材料寄送最高人民法院联络人,或者未能成功调查取证并将相关材料送还,同时出具理由说明给最高人民法院联络人的,最高人民法院应当在收到之日起七个工作日内完成审查并转送高级人民法院,高级人民法院应当在收到之日起七个工作日内转送提出请求的人民法院。经审查认为欠缺相关材料或者内容的,最高人民法院联络人应当立即与台湾地区联络人联络并请求补充相关材料或者内容。

第二十条 台湾地区请求人民法院协助台湾地区法院调查取证并通过其联络人将请求书和相关材料寄送最高人民法院联络人的,最高人民法院应当在收到之日起七个工作日内完成审查。经审查认为可以协助调查取证的,应当立即转送有关高级人民法院或者由本院办理,高级人民法院应当在收到之日起七个工作日内转送有关下级人民法院办理或者由本院办理;经审查认为欠缺相关材料、内容或者认为不宜协助调查取证的,最高人民法院联络人应当立即向台湾地区联络人说明情况并告知其补充相关材料、内容或者将材料送还。

具体办理调查取证司法互助案件的人民法院应当在收到高级人民法院转送的材料之日起五个工作日内,以"协助台湾地区民事(刑事、行政诉讼)调查取证"案由立案,指定专人办理,并应当自立案之日起一个月内完成协助调查取证,最迟不得超过三个月。因故不能在期限届满前完成的,应当提前函告高级人民法院,并由高级人民法院转报最高人民法院。

第二十一条 具体办理调查取证司法互助案件的人民法院成功调查取证的,应当在完成调查取证之日起七个工作日内将取得的证据材料一式三份,连同台湾地区提供的材料,并在必要时附具情况说明,送交高级人民法院;未能成功调查取证的,应当出具说明函一式三份,连同台湾地区提供的材料,在确认不能成功调查取证之日起七个工作日内送交高级人民法院。

高级人民法院应当在收到前款所述材料之日起七个工作日内完成初步审查,并将审查意见和前述取得的证据材料或者说明函等,一式二份,连同台湾地区提供的材料,立即转送最高人民法院。

最高人民法院应当在收到之日起七个工作日内完成最终审查,由最高人民法院联络人出具《〈海峡两岸共同打击犯罪及司法互助协议〉调查取证回复书》,必要时连同相关材料,立即寄送台湾地区联络人。

证据材料不适宜复制或者难以取得备份的,可不按本条第一款和第二款的规定提供备份材料。

五、附则

第二十二条 人民法院对于台湾地区请求协助所提供的和执行请求所取得的相关资料应当予以保密。但依据请求目的使用的除外。

第二十三条 人民法院应当依据请求书载明的目的使用台湾地区协助提供的资料。但最高人民法院和台湾地区业务主管部门另有商定的除外。

第二十四条 对于依照协议和本规定从台湾地区获得的证据和司法文书等材料,不需要办理公证、认证等形式证明。

第二十五条 人民法院办理海峡两岸司法互助业务,应当使用统一、规范的文书样式。

第二十六条 对于执行台湾地区的请求所发生的费用,由有关人民法院负担。但下列费用应当由台湾地区业务主管部门负责支付:

(一)鉴定费用;

(二)翻译费用和誊写费用;

(三)为台湾地区提供协助的证人和鉴定人,因前往、停留、离开台湾地区所发生的费用;

(四)其他经最高人民法院和台湾地区业务主管部门商定的费用。

第二十七条 人民法院在办理海峡两岸司法互助案件中收到、取得、制作的各种文件和材料,应当以原件或者复制件形式,作为诉讼档案保存。

第二十八条 最高人民法院审理的案件需要请求台湾地区协助送达司法文书和调查取证的,参照本规定由本院自行办理。

专门人民法院办理海峡两岸送达文书和调查取证司法互助业务,参照本规定执行。

第二十九条 办理海峡两岸司法互助案件和执行本规定的情况,应当纳入对有关人民法院及相关工作人员的工作绩效考核和案件质量评查范围。

第三十条 此前发布的司法解释与本规定不一致的,以本规定为准。

《最高人民法院关于进一步规范人民法院涉港澳台调查取证工作的通知》

(法〔2011〕243号)

各省、自治区、直辖市高级人民法院,解放军军事法院,新疆维吾尔自治区高级人民法院生产建设兵团分院:

近年来,内地与香港特别行政区、澳门特别行政区、台湾地区司法协(互)助的范围和领域不断扩展,方式和内容不断深化,案件数量不断增加。与此同时,人民法院在案件审判尤其是涉港澳台案件审判中需要港澳特区、台湾地区协助调查取证的情况日渐增多。根据《关于内地与澳门特别行政区法院就民商事案件相互委托送达司法文书和调取证据的安排》，内地与澳门特区法院之间可就民商事案件相互委托调查取证；根据《海峡两岸共同打击犯罪及司法互助协议》及《最高人民法院关于人民法院办理海峡两岸送达文书和调查取证司法互助案件的规定》，最高人民法院与台湾地区业务主管部门之间可就民事、刑事、行政案件相互委托调查取证；内地法院与香港特区目前在调查取证方面尚未建立制度性的安排，但在实践中也存在以个案处理的方式相互协助调查取证的情况。为确保人民法院涉港澳台调查取证工作规范有序地开展，现就有关事项通知如下：

一、人民法院在案件审判中，需要从港澳特区或者台湾地区调取证据的，应当按照相关司法解释和规范性文件规定的权限和程序，委托港澳特区或者台湾地区业务主管部门协助调查取证。除有特殊情况层报最高人民法院并经中央有关部门批准外，人民法院不得派员赴港澳特区或者台湾地区调查取证。

二、人民法院不得派员随同公安机关、检察机关团组赴港澳特区或者台湾地区就特定案件进行调查取证。

三、各高级人民法院应切实担负起职责，指导辖区内各级人民法院做好涉港澳台调查取证工作。对有关法院提出的派员赴港澳特区或者台湾地区调查取证的申请，各高级人民法院要严格把关，凡不符合有关规定和本通知精神的，应当予以退回。

四、对于未经报请最高人民法院并经中央有关部门批准，擅自派员赴港澳特区或者台湾地区调查取证的，除严肃追究有关法院和人员的责任，并予通报批评外，还要视情暂停审批有关法院一定期限内的赴港澳台申请。

请各高级人民法院接此通知后，及时将有关精神传达至辖区内各级人民法院。执行中遇有问题，及时层报最高人民法院港澳台司法事务办公室。

特此通知。

《最高人民法院关于人民法院办理接收在台湾地区服刑的大陆居民回大陆服刑案件的规定》(法释〔2016〕11号，自2016年5月1日起施行)

为落实《海峡两岸共同打击犯罪及司法互助协议》，保障接收在台湾地区服刑的大陆居民回大陆服刑工作顺利进行，根据《中华人民共和国刑法》《中华人民共和国刑事诉讼法》等有关法律，制定本规定。

第一条 人民法院办理接收在台湾地区服刑的大陆居民(以下简称被判刑人)回大陆服刑案件(以下简称接收被判刑人案件)，应当遵循一个中国原则，遵守国家法律的基本原则，秉持人道和互惠原则，不得违反社会公共利益。

第二条　接收被判刑人案件由最高人民法院指定的中级人民法院管辖。

第三条　申请机关向人民法院申请接收被判刑人回大陆服刑,应当同时提交以下材料:

(一)申请机关制作的接收被判刑人申请书,其中应当载明:

1. 台湾地区法院认定的被判刑人实施的犯罪行为及判决依据的具体条文内容;

2. 该行为在大陆依据刑法也构成犯罪、相应的刑法条文、罪名及该行为未进入大陆刑事诉讼程序的说明;

3. 建议转换的具体刑罚;

4. 其他需要说明的事项。

(二)被判刑人系大陆居民的身份证明;

(三)台湾地区法院对被判刑人定罪处刑的裁判文书、生效证明和执行文书;

(四)被判刑人或其法定代理人申请或者同意回大陆服刑的书面意见,且法定代理人与被判刑人的意思表示一致;

(五)被判刑人或其法定代理人所作的关于被判刑人在台湾地区接受公正审判的权利已获得保障的书面声明;

(六)两岸有关业务主管部门均同意被判刑人回大陆服刑的书面意见;

(七)台湾地区业务主管部门出具的有关刑罚执行情况的说明,包括被判刑人交付执行前的羁押期、已服刑期、剩余刑期,被判刑人服刑期间的表现、退赃退赔情况,被判刑人的健康状况、疾病与治疗情况;

(八)根据案件具体情况需要提交的其他材料。

申请机关提交材料齐全的,人民法院应当在七日内立案。提交材料不全的,应当通知申请机关在十五日内补送,至迟不能超过两个月;逾期未补送的,不予立案,并于七日内书面告知申请机关。

第四条　人民法院应当组成合议庭审理接收被判刑人案件。

第五条　人民法院应当在立案后一个月内就是否准予接收被判刑人作出裁定,情况复杂、特殊的,可以延长一个月。

人民法院裁定准予接收的,应当依据台湾地区法院判决认定的事实并参考其所定罪名,根据刑法就相同或者最相似犯罪行为规定的法定刑,按照下列原则对台湾地区法院确定的无期徒刑或者有期徒刑予以转换:

(一)原判处刑罚未超过刑法规定的最高刑,包括原判处刑罚低于刑法规定的最低刑的,以原判处刑罚作为转换后的刑罚;

(二)原判处刑罚超过刑法规定的最高刑的,以刑法规定的最高刑作为转换后的刑罚;

(三)转换后的刑罚不附加适用剥夺政治权利。

前款所称的最高刑,如台湾地区法院认定的事实依据刑法应当认定为一个犯罪的,是指刑法对该犯罪规定的最高刑;如应当认定为多个犯罪的,是指刑法对数罪并罚规定的最高刑。

对人民法院立案前,台湾地区有关业务主管部门对被判刑人在服刑期间作出的减轻刑罚决定,人民法院应当一并予以转换,并就最终应当执行的刑罚作出裁定。

第六条　被判刑人被接收回大陆服刑前被实际羁押的期间,应当以一日折抵转换后的刑期一日。

第七条　被判刑人被接收回大陆前已在台湾地区被假释或保外就医的,或者被判刑人或其法定代理人在申请或者同意回大陆服刑的书面意见中同时申请暂予监外执行的,人民法院应当根据刑法、刑事诉讼法的规定一并审查,并作出是否假释或者暂予监外执行的决定。

第八条　人民法院作出裁定后,应当在七日内送达申请机关。裁定一经送达,立即生效。

第九条　被判刑人回大陆服刑后,有关减刑、假释、暂予监外执行、赦免等事项,适用刑法、刑事诉讼法及相关司法解释的规定。

第十条　被判刑人回大陆服刑后,对其在台湾地区已被判处刑罚的行为,人民法院不再审理。

第十一条　本规定自 2016 年 5 月 1 日起施行。

第二章

管　辖

司法疑难解析

《刑事诉讼法》关于级别管辖和地域管辖规定的属性。《刑事诉讼法》关于级别管辖和地域管辖的条文，是围绕审判管辖作出的规定。基于此，关于侦查和批准逮捕、提起公诉应当以审判管辖为基准。换言之，指定侦查管辖并不会对后续审判管辖产生影响，对于未经指定审判管辖的相关案件提起公诉的，仍然应当遵从审判管辖的相关规定。

第十九条　【职能管辖分工】刑事案件的侦查由公安机关进行，法律另有规定的除外。

人民检察院在对诉讼活动实行法律监督中发现的司法工作人员利用职权实施的非法拘禁、刑讯逼供、非法搜查等侵犯公民权利、损害司法公正的犯罪，可以由人民检察院立案侦查。对于公安机关管辖的国家机关工作人员利用职权实施的重大犯罪案件，需要由人民检察院直接受理的时候，经省级以上人民检察院决定，可以由人民检察院立案侦查。

自诉案件，由人民法院直接受理。

立法沿革

1979年《刑事诉讼法》第十三条规定："告诉才处理和其他不需要进行侦查的轻微的刑事案件，由人民法院直接受理，并可以进行调解。""贪污罪、侵犯公民民主权利罪、渎职罪以及人民检察院认为需要自己直接受理的其他案件，由人民检察院立案侦查和决定是否提起公诉。""第一、二款规定以外的其他案件的侦查，都由公安机关进行。"1996年《刑事诉讼法修改决定》对人民检察院自侦案件的范围作了修改调整，明确为"贪污贿赂犯罪，国家工作人员的渎职犯罪，国家机关工作人员利用职权实施的非法拘禁、刑讯逼供、报复陷害、非法搜查的侵犯公民人身权利的犯罪以及侵犯公民民主权利的犯罪，由人民检察院立案侦查。

对于国家机关工作人员利用职权实施的其他重大的犯罪案件,需要由人民检察院直接受理的时候,经省级以上人民检察院决定,可以由人民检察院立案侦查。"2018年《刑事诉讼法修改决定》根据国家监察体制改革要求,对人民检察院的侦查职权作了进一步调整,形成本条第二款规定。

相关规定

《中华人民共和国刑法》(节录)

第二百四十六条 【侮辱罪】【诽谤罪】以暴力或者其他方法公然侮辱他人或者捏造事实诽谤他人,情节严重的,处三年以下有期徒刑、拘役、管制或者剥夺政治权利。

前款罪,告诉的才处理,但是严重危害社会秩序和国家利益的除外。

通过信息网络实施第一款规定的行为,被害人向人民法院告诉,但提供证据确有困难的,人民法院可以要求公安机关提供协助。

第二百五十七条 【暴力干涉婚姻自由罪】以暴力干涉他人婚姻自由的,处二年以下有期徒刑或者拘役。

犯前款罪,致使被害人死亡的,处二年以上七年以下有期徒刑。

第一款罪,告诉的才处理。

第二百六十条 【虐待罪】虐待家庭成员,情节恶劣的,处二年以下有期徒刑、拘役或者管制。

犯前款罪,致使被害人重伤、死亡的,处二年以上七年以下有期徒刑。

第一款罪,告诉的才处理,但被害人没有能力告诉,或者因受到强制、威吓无法告诉的除外。

第二百七十条 【侵占罪】将代为保管的他人财物非法占为己有,数额较大,拒不退还的,处二年以下有期徒刑、拘役或者罚金;数额巨大或者有其他严重情节的,处二年以上五年以下有期徒刑,并处罚金。

将他人的遗忘物或者埋藏物非法占为己有,数额较大,拒不交出的,依照前款的规定处罚。

本条罪,告诉的才处理。

《中华人民共和国监察法》(自2018年3月20日起施行,节录)

第一章 总 则

第十一条 监察委员会依照本法和有关法律规定履行监督、调查、处置职责:

(一)对公职人员开展廉政教育,对其依法履职、秉公用权、廉洁从政从业以

及道德操守情况进行监督检查;

（二）对涉嫌贪污贿赂、滥用职权、玩忽职守、权力寻租、利益输送、徇私舞弊以及浪费国家资财等职务违法和职务犯罪进行调查;

（三）对违法的公职人员依法作出政务处分决定;对履行职责不力、失职失责的领导人员进行问责;对涉嫌职务犯罪的,将调查结果移送人民检察院依法审查、提起公诉;向监察对象所在单位提出监察建议。

《中华人民共和国监察法实施条例》(自2021年9月20日起施行,节录)

第三章 监察范围和管辖

第二节 管 辖

第五十一条 公职人员既涉嫌贪污贿赂、失职渎职等严重职务违法和职务犯罪,又涉嫌公安机关、人民检察院等机关管辖的犯罪,依法由监察机关为主调查的,应当由监察机关和其他机关分别依职权立案,监察机关承担组织协调职责,协调调查和侦查工作进度、重要调查和侦查措施使用等重要事项。

第五十二条 监察机关必要时可以依法调查司法工作人员利用职权实施的涉嫌非法拘禁、刑讯逼供、非法搜查等侵犯公民权利、损害司法公正的犯罪,并在立案后及时通报同级人民检察院。

监察机关在调查司法工作人员涉嫌贪污贿赂等职务犯罪中,可以对其涉嫌的前款规定的犯罪一并调查,并及时通报同级人民检察院。人民检察院在办理直接受理侦查的案件中,发现犯罪嫌疑人同时涉嫌监察机关管辖的其他职务犯罪,经沟通全案移送监察机关管辖的,监察机关应当依法进行调查。

"六部委"规定

《最高人民法院、最高人民检察院、公安部、国家安全部、司法部、全国人大常委会法制工作委员会关于实施刑事诉讼法若干问题的规定》(自2013年1月1日起施行,节录)

一、管辖

1.公安机关侦查刑事案件涉及人民检察院管辖的贪污贿赂案件时,应当将贪污贿赂案件移送人民检察院;人民检察院侦查贪污贿赂案件涉及公安机关管辖的刑事案件,应当将属于公安机关管辖的刑事案件移送公安机关。在上述情况中,如果涉嫌主罪属于公安机关管辖,由公安机关为主侦查,人民检察院予以配合;如果涉嫌主罪属于人民检察院管辖,由人民检察院为主侦查,公安机关予以配合。①

■ 基本规范

《最高人民法院关于适用〈中华人民共和国刑事诉讼法〉的解释》(法释〔2021〕1号,自2021年3月1日起施行)

第一章 管 辖

第一条 人民法院直接受理的自诉案件包括:

(一)②告诉才处理的案件:

1. 侮辱、诽谤案(刑法第二百四十六条规定的,但严重危害社会秩序和国家利益的除外);

2. 暴力干涉婚姻自由案(刑法第二百五十七条第一款规定的);

3. 虐待案(刑法第二百六十条第一款规定的,但被害人没有能力告诉或者因受到强制、威吓无法告诉的除外);

4. 侵占案(刑法第二百七十条规定的)。

(二)③人民检察院没有提起公诉,被害人有证据证明的轻微刑事案件:

1. 故意伤害案(刑法第二百三十四条第一款规定的);

---

① 2018年《刑事诉讼法修改决定》调整了人民检察院侦查职权,删去了人民检察院对贪污贿赂等案件行使侦查权的规定。本条所涉问题的处理规则亦应作相应调整。——**本评注**

② 需要注意的问题有二:(1)根据《刑法》第二百六十条规定,虐待家庭成员,情节恶劣的,构成虐待罪;没有致被害人重伤、死亡的,告诉的才处理。《刑法修正案(九)》考虑到实践中发生的被害人因病重、年幼、智力缺陷、精神障碍等没有能力告诉,或者因受到强制、威吓无法告诉的情况,增加规定了虐待罪告诉才处理的例外情形,即:被害人没有能力告诉,或者因受到强制、威吓无法告诉的,应按照公诉案件处理,由人民检察院提起公诉。这是告诉才处理的例外情形,属于公诉案件范畴。基于此,本条第一项第三目增加"但被害人没有能力告诉或者因受到强制、威吓无法告诉的除外"的规定。(2)《刑法》第九十八条还规定:"本法所称告诉才处理,是指被害人告诉才处理。如果被害人因受强制、威吓无法告诉的,人民检察院和被害人的近亲属也可以告诉。"这意味着,对其他告诉才处理的犯罪,如侵占罪等,如被害人因受强制、威吓无法告诉的,应当适用代为告诉的相关规定,仍属于自诉案件的范畴。——**本评注**

③ 对于相关案件,被害人直接向人民法院起诉的,人民法院应当依法受理。对其中证据不足,可以由公安机关受理的,或者认为对被告人可能判处三年有期徒刑以上刑罚的,应当告知被害人向公安机关报案,或者移送公安机关立案侦查。征求意见过程中,有意见提出,对于本条第二项规定的案件,数罪并罚后可能判处三年以上有期徒刑的自(转下页)

2. 非法侵入住宅案(刑法第二百四十五条规定的);
3. 侵犯通信自由案(刑法第二百五十二条规定的);
4. 重婚案(刑法第二百五十八条规定的);
5. 遗弃案(刑法第二百六十一条规定的);
6. 生产、销售伪劣商品案(刑法分则第三章第一节规定的,但严重危害社会秩序和国家利益的除外);
7. 侵犯知识产权案(刑法分则第三章第七节规定的,但严重危害社会秩序和国家利益的除外);
8. 刑法分则第四章、第五章规定的,可能判处三年有期徒刑以下刑罚的案件。

本项规定的案件,被害人直接向人民法院起诉的,人民法院应当依法受理。对其中证据不足,可以由公安机关受理的,或者认为对被告人可能判处三年有期徒刑以上刑罚的,应当告知被害人向公安机关报案,或者移送公安机关立案侦查。

(三)被害人有证据证明对被告人侵犯自己人身、财产权利的行为应当依法追究刑事责任,且有证据证明曾经提出控告,而公安机关或者人民检察院不予追究被告人刑事责任的案件。①

《人民检察院刑事诉讼规则》(高检发释字〔2019〕4号,自2019年12月30日起施行)

第二章 管 辖

第十三条 人民检察院在对诉讼活动实行法律监督中发现的司法工作人员利用职权实施的非法拘禁、刑讯逼供、非法搜查等侵犯公民权利、损害司法公正

(接上页)诉案件,法院是否应当受理,实践中存在不同认识。经研究认为,自诉案件规定的是单个刑事案件,如果同一被告人涉及多个案件,且都符合自诉案件受理条件,则都应当受理;符合并案条件的,应当并案处理。——**本评注注**

① 需要注意的是,实践中公安机关或者人民检察院不予追究被告人刑事责任的,可能不会出具书面材料。基于此,为避免影响公民的告诉权,本条并未要求"公安机关和人民检察院作出不予追究的书面决定",只是要求被害人有证据证明"曾经提出控告,而公安机关或者人民检察院不予追究被告人刑事责任"即可。因此,对实践中发生的公安机关、人民检察院不受理被害人控告又不出具相关证明材料的案件,只要被害人有证据证明"曾经提出控告,而公安机关或者人民检察院不予追究被告人刑事责任"的,无论公安机关、人民检察院是否出具书面材料,均符合自诉案件的受案范围。——**本评注注**

的犯罪,可以由人民检察院立案侦查。

对于公安机关管辖的国家机关工作人员利用职权实施的重大犯罪案件,需要由人民检察院直接受理的,经省级以上人民检察院决定,可以由人民检察院立案侦查。

第十五条 对本规则第十三条第二款规定的案件,人民检察院需要直接立案侦查的,应当层报省级人民检察院决定。

报请省级人民检察院决定立案侦查的案件,应当制作提请批准直接受理书,写明案件情况以及需要由人民检察院立案侦查的理由,并附有关材料。

省级人民检察院应当在收到提请批准直接受理书后十日以内作出是否立案侦查的决定。省级人民检察院可以决定由设区的市级人民检察院立案侦查,也可以自行立案侦查。

第十七条 人民检察院办理直接受理侦查的案件,发现犯罪嫌疑人同时涉嫌监察机关管辖的职务犯罪线索的,应当及时与同级监察机关沟通。

经沟通,认为全案由监察机关管辖更为适宜的,人民检察院应当将案件和相应职务犯罪线索一并移送监察机关;认为由监察机关和人民检察院分别管辖更为适宜的,人民检察院应当将监察机关管辖的相应职务犯罪线索移送监察机关,对依法由人民检察院管辖的犯罪案件继续侦查。

人民检察院应当及时将沟通情况报告上一级人民检察院。沟通期间不得停止对案件的侦查。

第十八条 人民检察院办理直接受理侦查的案件涉及公安机关管辖的刑事案件,应当将属于公安机关管辖的刑事案件移送公安机关。如果涉嫌的主罪属于公安机关管辖,由公安机关为主侦查,人民检察院予以配合;如果涉嫌的主罪属于人民检察院管辖,由人民检察院为主侦查,公安机关予以配合。

对于一人犯数罪、共同犯罪、共同犯罪的犯罪嫌疑人还实施其他犯罪、多个犯罪嫌疑人实施的犯罪存在关联,并案处理有利于查明案件事实和诉讼进行的,人民检察院可以在职责范围内对相关犯罪案件并案处理。

《公安机关办理刑事案件程序规定》(公安部令第159号修正,修正后自2020年9月1日起施行)

第二章 管 辖

第十四条 根据刑事诉讼法的规定,除下列情形外,刑事案件由公安机关管辖:

(一)监察机关管辖的职务犯罪案件。

(二)人民检察院管辖的在对诉讼活动实行法律监督中发现的司法工作人

员利用职权实施的非法拘禁、刑讯逼供、非法搜查等侵犯公民权利、损害司法公正的犯罪,以及经省级以上人民检察院决定立案侦查的公安机关管辖的国家机关工作人员利用职权实施的重大犯罪案件。

(三)人民法院管辖的自诉案件。对于人民法院直接受理的被害人有证据证明的轻微刑事案件,因证据不足驳回起诉,人民法院移送公安机关或者被害人向公安机关控告的,公安机关应当受理;被害人直接向公安机关控告的,公安机关应当受理。

(四)军队保卫部门管辖的军人违反职责的犯罪和军队内部发生的刑事案件。

(五)监狱管辖的罪犯在监狱内犯罪的刑事案件。

(六)海警部门管辖的海(岛屿)岸线以外我国管辖海域内发生的刑事案件。对于发生在沿海港岙口、码头、滩涂、台轮停泊点等区域的,由公安机关管辖。

(七)其他依照法律和规定应当由其他机关管辖的刑事案件。

第二十九条 公安机关侦查的刑事案件的犯罪嫌疑人涉及监察机关管辖的案件时,应当及时与同级监察机关协商,一般应当由监察机关为主调查,公安机关予以协助。

第三十条 公安机关侦查的刑事案件涉及人民检察院管辖的案件时,应当将属于人民检察院管辖的刑事案件移送人民检察院。涉嫌主罪属于公安机关管辖的,由公安机关为主侦查;涉嫌主罪属于人民检察院管辖的,公安机关予以配合。

公安机关侦查的刑事案件涉及其他侦查机关管辖的案件时,参照前款规定办理。

第三十一条 公安机关和军队互涉刑事案件的管辖分工按照有关规定办理。

公安机关和武装警察部队互涉刑事案件的管辖分工依照公安机关和军队互涉刑事案件的管辖分工的原则办理。

《海警机构办理刑事案件程序规定》(中国海警局令第1号,自2023年6月15日起施行)

第二章 管 辖

第十三条 依照《中华人民共和国刑事诉讼法》《中华人民共和国海警法》的规定,除下列案件外,海上发生的刑事案件由海警机构管辖:

(一)监察机关、人民检察院管辖的犯罪案件;

(二)人民法院管辖的自诉案件。但是,对于人民法院直接受理的被害人有证据证明的轻微刑事案件,因证据不足驳回起诉,人民法院移送海警机构或者被害人向海警机构控告的,海警机构应当受理;被害人直接向海警机构控告的,海警机构应当受理;

(三)公安机关管辖的发生在沿海港岙口、码头、滩涂、台轮停泊点以及设有公安机构的岛屿等区域的刑事案件;

(四)国家安全机关管辖的危害国家安全的刑事案件;

(五)其他依照法律和规定由其他机关管辖的刑事案件。

第二十一条 犯罪嫌疑人的犯罪行为涉及其他侦查机关管辖的,海警机构应当按照有关规定与其他侦查机关协调案件管辖。涉嫌主罪属于海警机构管辖的,由海警机构为主侦查;涉嫌主罪属于其他侦查机关管辖的,海警机构予以配合。

第二十二条 其他规章或者规范性文件对有关犯罪案件的管辖作出特别规定的,从其规定。

▰ 其他规范

《海关总署关于贯彻执行〈关于刑事诉讼法实施中若干问题的规定〉的通知》(署法〔1998〕202号,节录)

广东分署、各直属海关:

为了保障《中华人民共和国刑事诉讼法》(以下简称"刑事诉讼法")的正确执行,最高人民法院、最高人民检察院、公安部、国家安全部、司法部、全国人大常委会法制工作委员会于1998年1月19日联合发布了《关于刑事诉讼法实施中若干问题的规定》①(以下简称《规定》),自公布之日起施行。《规定》对海关办理移送走私罪嫌疑案件(以及走私、贩卖、运输、制造毒品罪嫌疑案件,下同)更好地依法行政具有重要意义。现将《规定》转发给你们,请各关组织有关人员,特别是调查、法律部门的人员认真学习。现就《规定》执行中的几个问题明确如下:

一、关于走私罪嫌疑案件侦查的管辖

根据刑事诉讼法第十八条②和《规定》第1条、第2条关于刑事案件管辖的

---

① 现为《最高人民法院、最高人民检察院、公安部、国家安全部、司法部、全国人大常委会法制工作委员会关于实施刑事诉讼法若干问题的规定》(2012年12月26日)。——**本评注**注

② 现行《刑事诉讼法》第十九条。——**本评注**注

分工规定,走私罪嫌疑案件由公安机关立案侦查。海关查获的走私罪嫌疑案件应按规定一律移送公安机关,其他机关向海关提出直接受理走私罪嫌疑案件移送要求的,海关可根据上述规定予以解释。

《最高人民法院、最高人民检察院、公安部、司法部、海关总署关于走私犯罪侦查机关办理走私犯罪案件适用刑事诉讼程序若干问题的通知》(署侦〔1998〕742号)

各省、自治区、直辖市高级人民法院、人民检察院、公安厅(局)、司法厅(局),海关总署广东分署、各直属海关:

根据《国务院关于缉私警察队伍设置方案的批复》(国函〔1998〕53号)和《国务院办公厅关于组建缉私警察队伍实施方案的复函》(国办函〔1998〕52号),海关总署、公安部组建成立走私犯罪侦查局,纳入公安部编制机构序列,设在海关总署。缉私警察是对走私犯罪案件依法进行侦查、拘留、执行逮捕、预审的专职刑警队伍。走私犯罪侦查局既是海关总署的一个内设局,又是公安部的一个序列局,实行海关与公安双重垂直领导、以海关领导为主的体制,按照海关对缉私工作的统一部署和指挥,部署警力,执行任务。走私犯罪侦查局在广东分署和全国各直属海关设立走私犯罪侦查分局;走私犯罪侦查分局原则上在隶属海关设立走私犯罪侦查支局。各级走私犯罪侦查机关负责其所在海关业务管辖区域内的走私犯罪案件的侦查工作。

为保证缉私警察队伍依法履行职责,与各行政执法部门、司法机关密切配合,切实加大打击走私犯罪活动的力度,现将走私犯罪侦查机关办理走私案件适用刑事诉讼程序的若干问题通知如下:

一、走私犯罪侦查机关在中华人民共和国海关关境内,依法查缉涉税走私犯罪案件和发生在海关监管区内的走私武器、弹药、核材料、伪造的货币、文物、贵重金属、珍贵动物及其制品、珍稀植物及其制品、淫秽物品、固体废物和毒品等非涉税走私犯罪案件。接受海关调查部门、地方公安机关(包括公安边防部门)和工商行政等执法部门查获移送的走私犯罪案件。

二、走私犯罪侦查机关在侦办走私犯罪案件过程中,依法采取通缉、边控、拘留、执行逮捕、监视居住等措施,以及核实走私罪嫌疑人身份和犯罪经历时,需地方公安机关配合的,应通报有关地方公安机关,地方公安机关应予配合。其中在全国范围通缉、边控走私犯罪嫌疑人,请求国际刑警组织或者境外警方协助的,以及追捕走私犯罪嫌疑人需要地方公安机关调动警力的,应层报公安部批准。

走私犯罪侦查机关决定对走私犯罪嫌疑人采取取保候审的,应通知并移送走私犯罪嫌疑人居住地公安机关执行。罪犯因走私罪被人民法院判处剥夺政治权利、管制以及决定暂予监外执行、假释或者宣告缓刑的,由地方公安机关执行。

走私犯罪侦查机关因办案需要使用技术侦察手段时,应严格遵照有关规定,按照审批程序和权限报批后,由有关公安机关实施。

三、走私犯罪侦查分局、支局在查办走私犯罪案件过程中进行侦查、拘留、执行逮捕、预审等工作,按《公安机关办理刑事案件程序规定》(以下简称《程序规定》)办理。

四、走私犯罪侦查机关依照刑事诉讼法的规定出具和使用刑事法律文书,适用公安部统一制定的文书格式,冠以"＊＊＊走私犯罪侦查(分、支)局"字样并加盖"＊＊＊走私犯罪侦查(分、支)局"印章。

五、走私犯罪侦查机关在侦办走私犯罪案件过程中,需要提请批准逮捕走私犯罪嫌疑人时,应按《程序规定》制作相应的法律文书,连同有关案卷材料、证据,直接移送走私犯罪侦查机关所在地的分、州、市级人民检察院审查决定。

六、走私犯罪侦查机关对犯罪事实清楚,证据确实、充分,已侦查终结的案件,应当制作《起诉意见书》连同案卷材料、证据,一并移送走私犯罪侦查机关所在地的分、州、市级人民检察院审查决定。

七、人民检察院认为走私犯罪嫌疑人的犯罪事实已经查清,证据确实、充分,依法应当追究刑事责任的,应当依法提起公诉。对于基层人民法院管辖的案件,可以依照刑事诉讼法第二十三条的规定,向当地中级人民法院提起公诉,人民法院应当依法作出判决。

八、律师参加刑事诉讼活动,应严格按《中华人民共和国刑事诉讼法》、《中华人民共和国律师法》、《最高人民法院、最高人民检察院、公安部、国家安全部、司法部、全国人大常委会法制工作委员会关于刑事诉讼法实施中若干问题的规定》以及本通知等有关规定办理。

九、对走私犯罪案件的侦查、提起公诉、审判的其他程序,依照《中华人民共和国刑事诉讼法》以及其他相关法律的规定办理。

十、对经侦查不构成走私罪和人民检察院依法不起诉或者人民法院依法免予刑事处罚的走私案件,依照《中华人民共和国海关法》的规定,移送海关调查部门处理。

十一、海关调查部门、地方公安机关(包括公安边防部门)和工商行政等执法部门对于查获的需移送走私犯罪侦查机关的案件,应当就近移送。走私犯罪侦查机关应及时接受,出具有关手续,并将案件处理结果书面通报移送部门。

本通知自下发之日起执行。

《公安机关办理伤害案件规定》(公安部,公通字〔2005〕98号)第二章"管辖"对伤害案件管辖的有关问题作了规定。(→参见第二编"立案、侦查和提起公诉"标题下所附"其他规范",第750页)

《最高人民法院、最高人民检察院关于办理侵犯知识产权刑事案件具体应用法律若干问题的解释(二)》(法释〔2007〕6号,自2007年4月5日起施行,节录)

第五条 被害人有证据证明的侵犯知识产权刑事案件,直接向人民法院起诉的,人民法院应当依法受理;严重危害社会秩序和国家利益的侵犯知识产权刑事案件,由人民检察院依法提起公诉。

《最高人民法院、最高人民检察院、公安部关于公安部证券犯罪侦查局直属分局办理经济犯罪案件适用刑事诉讼程序若干问题的通知》(公通字〔2009〕51号)对公安部证券犯罪侦查局直属分局管辖的有关问题作了规定。(→参见第二编"立案、侦查和提起公诉"标题下所附"其他规范",第755页)

《最高人民法院关于人民法院推行立案登记制改革的意见》(法发〔2015〕6号,节录)

二、登记立案范围

有下列情形之一的,应当登记立案:

……

(三)属于告诉才处理的案件,被害人有证据证明的轻微刑事案件,以及被害人有证据证明应当追究被告人刑事责任而公安机关、人民检察院不予追究的案件,被害人告诉,且有明确的被告人、具体的诉讼请求和证明被告人犯罪事实的证据,属于受诉人民法院管辖的;

……

《最高人民法院关于人民法院登记立案若干问题的规定》(法释〔2015〕8号,自2015年5月1日起施行,节录)

为保护公民、法人和其他组织依法行使诉权,实现人民法院依法、及时受理案件,根据《中华人民共和国民事诉讼法》《中华人民共和国行政诉讼法》《中华人民共和国刑事诉讼法》等法律规定,制定本规定。

第一条 人民法院对依法应该受理的一审民事起诉、行政起诉和刑事自诉,实行立案登记制。

第二条 对起诉、自诉,人民法院应当一律接收诉状,出具书面凭证并注明收到日期。

对符合法律规定的起诉、自诉,人民法院应当当场予以登记立案。

对不符合法律规定的起诉、自诉,人民法院应当予以释明。

第三条 人民法院应当提供诉状样本,为当事人书写诉状提供示范和指引。

当事人书写诉状确有困难的,可以口头提出,由人民法院记入笔录。符合法律规定的,予以登记立案。

第五条 刑事自诉状应当记明以下事项:

(一)自诉人或者代为告诉人、被告人的姓名、性别、年龄、民族、文化程度、职业、工作单位、住址、联系方式;

(二)被告人实施犯罪的时间、地点、手段、情节和危害后果等;

(三)具体的诉讼请求;

(四)致送的人民法院和具状时间;

(五)证据的名称、来源等;

(六)有证人的,载明证人的姓名、住所、联系方式等。

第六条 当事人提出起诉、自诉的,应当提交以下材料:

(一)起诉人、自诉人是自然人的,提交身份证明复印件;起诉人、自诉人是法人或者其他组织的,提交营业执照或者组织机构代码证复印件、法定代表人或者主要负责人身份证明书;法人或者其他组织不能提供组织机构代码的,应当提供组织机构被注销的情况说明;

(二)委托起诉或者代为告诉的,应当提交授权委托书、代理人身份证明、代为告诉人身份证明等相关材料;

(三)具体明确的足以使被告或者被告人与他人相区别的姓名或者名称、住所等信息;

(四)起诉状原本和与被告或者被告人及其他当事人人数相符的副本;

(五)与诉请相关的证据或者证明材料。

第七条 当事人提交的诉状和材料不符合要求的,人民法院应当一次性书面告知在指定期限内补正。

当事人在指定期限内补正的,人民法院决定是否立案的期间,自收到补正材料之日起计算。

当事人在指定期限内没有补正的,退回诉状并记录在册;坚持起诉、自诉的,裁定或者决定不予受理、不予立案。

经补正仍不符合要求的,裁定或者决定不予受理、不予立案。

第八条 对当事人提出的起诉、自诉,人民法院当场不能判定是否符合法律规定的,应当作出以下处理:

（一）对民事、行政起诉，应当在收到起诉状之日起七日内决定是否立案；

（二）对刑事自诉，应当在收到自诉状次日起十五日内决定是否立案；

（三）对第三人撤销之诉，应当在收到起诉状之日起三十日内决定是否立案；

（四）对执行异议之诉，应当在收到起诉状之日起十五日内决定是否立案。

人民法院在法定期间内不能判定起诉、自诉是否符合法律规定的，应当先行立案。

第九条 人民法院对起诉、自诉不予受理或者不予立案的，应当出具书面裁定或者决定，并载明理由。

第十条 人民法院对下列起诉、自诉不予登记立案：

（一）违法起诉或者不符合法律规定的；

（二）涉及危害国家主权和领土完整的；

（三）危害国家安全的；

（四）破坏国家统一和民族团结的；

（五）破坏国家宗教政策的；

（六）所诉事项不属于人民法院主管的。

第十七条 本规定的"起诉"，是指当事人提起民事、行政诉讼；"自诉"，是指当事人提起刑事自诉。

第十八条 强制执行和国家赔偿申请登记立案工作，按照本规定执行。

上诉、申请再审、刑事申诉、执行复议和国家赔偿申诉案件立案工作，不适用本规定。

《最高人民法院关于审理拒不执行判决、裁定刑事案件适用法律若干问题的解释》[法释〔2015〕16号，根据《最高人民法院关于修改〈最高人民法院关于人民法院扣押铁路运输货物若干问题的规定〉等十八件执行类司法解释的决定》（法释〔2020〕21号）修正，修正后自2021年1月1日起施行，节录]

第三条 申请执行人有证据证明同时具有下列情形，人民法院认为符合刑事诉讼法第二百一十条第三项规定的，以自诉案件立案审理：

（一）负有执行义务的人拒不执行判决、裁定，侵犯了申请执行人的人身、财产权利，应当依法追究刑事责任的；

（二）申请执行人曾经提出控告，而公安机关或者人民检察院对负有执行义务的人不予追究刑事责任的。

第四条 本解释第三条规定的自诉案件，依照刑事诉讼法第二百一十二条的规定，自诉人在宣告判决前，可以同被告人自行和解或者撤回自诉。

第五条 拒不执行判决、裁定刑事案件，一般由执行法院所在地人民法院管辖。

《最高人民法院关于拒不执行判决、裁定罪自诉案件受理工作有关问题的通知》(法〔2018〕147号)

各省、自治区、直辖市高级人民法院,解放军军事法院,新疆维吾尔自治区高级人民法院生产建设兵团分院:

近期,部分高级人民法院向我院请示,申请执行人以负有执行义务的人涉嫌拒不执行判决、裁定罪向公安机关提出控告,公安机关不接受控告材料或者接受控告材料后不予书面答复的;人民法院向公安机关移送拒不执行判决、裁定罪线索,公安机关不予书面答复或者明确答复不予立案,或者人民检察院决定不起诉的,如何处理?鉴于部分高级人民法院所请示问题具有普遍性,经研究,根据相关法律和司法解释,特通知如下:

一、申请执行人向公安机关控告负有执行义务的人涉嫌拒不执行判决、裁定罪,公安机关不予接受控告材料或者在接受控告材料后60日内不予书面答复,申请执行人有证据证明该拒不执行判决、裁定行为侵犯了其人身、财产权利,应当依法追究刑事责任的,人民法院可以以自诉案件立案审理。

二、人民法院向公安机关移送拒不执行判决、裁定罪线索,公安机关决定不予立案或者在接受案件线索后60日内不予书面答复,或者人民检察院决定不起诉的,人民法院可以向申请执行人释明;申请执行人有证据证明负有执行义务的人拒不执行判决、裁定侵犯了其人身、财产权利,应当依法追究刑事责任的,人民法院可以以自诉案件立案审理。

三、公安机关接受申请执行人的控告材料或者人民法院移送的拒不执行判决、裁定罪线索,经过60日之后又决定立案的,对于申请执行人的自诉,人民法院未受理的,裁定不予受理;已经受理的,可以向自诉人释明让其撤回起诉或者裁定终止审理。此后再出现公安机关或者人民检察院不予追究情形的,申请执行人可以依法重新提起自诉。

《最高人民检察院关于人民检察院立案侦查司法工作人员相关职务犯罪案件若干问题的规定》(2018年11月24日)

2018年10月26日,第十三届全国人民代表大会常务委员会第六次会议审议通过了《关于修改〈中华人民共和国刑事诉讼法〉的决定》。修改后的《刑事诉讼法》第十九条第二款规定:"人民检察院在对诉讼活动实行法律监督中发现的司法工作人员利用职权实施的非法拘禁、刑讯逼供、非法搜查等侵犯公民权利、损害司法公正的犯罪,可以由人民检察院立案侦查。"为做好人民检察院与监察委员会案件管辖范围的衔接,对在诉讼监督中发现的司法工作人员利用职权实施的侵犯公民权利、损害司法公正的犯罪依法履行侦查职责,作出如下规定:

一、案件管辖范围

人民检察院在对诉讼活动实行法律监督中,发现司法工作人员涉嫌利用职权实施的下列侵犯公民权利、损害司法公正的犯罪案件,可以立案侦查:

1. 非法拘禁罪(刑法第二百三十八条)(非司法工作人员除外);

2. 非法搜查罪(刑法第二百四十五条)(非司法工作人员除外);

3. 刑讯逼供罪(刑法第二百四十七条);

4. 暴力取证罪(刑法第二百四十七条);

5. 虐待被监管人罪(刑法第二百四十八条);

6. 滥用职权罪(刑法第三百九十七条)(非司法工作人员滥用职权侵犯公民权利、损害司法公正的情形除外);

7. 玩忽职守罪(刑法第三百九十七条)(非司法工作人员玩忽职守侵犯公民权利、损害司法公正的情形除外);

8. 徇私枉法罪(刑法第三百九十九条第一款);

9. 民事、行政枉法裁判罪(刑法第三百九十九条第二款);

10. 执行判决、裁定失职罪(刑法第三百九十九条第三款);

11. 执行判决、裁定滥用职权罪(刑法第三百九十九条第三款);

12. 私放在押人员罪(刑法第四百条第一款);

13. 失职致使在押人员脱逃罪(刑法第四百条第二款);

14. 徇私舞弊减刑、假释、暂予监外执行罪(刑法第四百零一条)。

二、级别管辖和侦查部门

本规定所列犯罪案件,由设区的市级人民检察院立案侦查。基层人民检察院发现犯罪线索的,应当报设区的市级人民检察院决定立案侦查。设区的市级人民检察院也可以将案件交由基层人民检察院立案侦查,或者由基层人民检察院协助侦查。最高人民检察院、省级人民检察院发现犯罪线索的,可以自行决定立案侦查,也可以将案件线索交由指定的省级人民检察院、设区的市级人民检察院立案侦查。

本规定所列犯罪案件,由人民检察院负责刑事检察工作的专门部门负责侦查。设区的市级以上人民检察院侦查终结的案件,可以交有管辖权的基层人民法院相对应的基层人民检察院提起公诉;需要指定其他基层人民检察院提起公诉的,应当与同级人民法院协商指定管辖;依法应当由中级人民法院管辖的案件,应当由设区的市级人民检察院提起公诉。

三、案件线索的移送和互涉案件的处理

人民检察院立案侦查本规定所列犯罪时,发现犯罪嫌疑人同时涉嫌监察委员会管辖的职务犯罪线索的,应当及时与同级监察委员会沟通,一般应当由监察委员会为主调查,人民检察院予以协助。① 经沟通,认为全案由监察委员会管辖更为适宜的,人民检察院应当撤销案件,将案件和相应职务犯罪线索一并移送监察委员会;认为由监察委员会和人民检察院分别管辖更为适宜的,人民检察院应当将监察委员会管辖的相应职务犯罪线索移送监察委员会,对依法由人民检察院管辖的犯罪案件继续侦查。人民检察院应当及时将沟通情况报告上一级人民检察院。沟通期间,人民检察院不得停止对案件的侦查。监察委员会和人民检察院分别管辖的案件,调查(侦查)终结前,人民检察院应当就移送审查起诉有关事宜与监察委员会加强沟通,协调一致,由人民检察院依法对全案审查起诉。

人民检察院立案侦查本规定所列犯罪时,发现犯罪嫌疑人同时涉嫌公安机关管辖的犯罪线索的,依照现行有关法律和司法解释的规定办理。

四、办案程序

(一)人民检察院办理本规定所列犯罪案件,不再适用对直接受理立案侦查案件决定立案报上一级人民检察院备案,逮捕犯罪嫌疑人报上一级人民检察院审查决定的规定。

(二)对本规定所列犯罪案件,人民检察院拟作撤销案件、不起诉决定的,应当报上一级人民检察院审查批准。

(三)人民检察院负责刑事检察工作的专门部门办理本规定所列犯罪案件,认为需要逮捕犯罪嫌疑人的,应当由相应的刑事检察部门审查,报检察长或者检察委员会决定。

(四)人民检察院办理本规定所列犯罪案件,应当依法接受人民监督员的监督。

最高人民检察院此前印发的规范性文件与本规定不一致的,以本规定为准。

《国家监察委员会、最高人民法院、最高人民检察院、公安部、司法部关于在扫黑除恶专项斗争中分工负责、互相配合、互相制约严惩公职人员涉黑涉恶违法犯罪问题的通知》(2019年10月20日,节录)

11. 监察机关、公安机关、人民检察院、人民法院、司法行政机关要建立公职

---

① 这一规定体现了《监察法》对国家公职人员管辖全覆盖这一原则,检察机关的侦查只是对监察机关调查的补充,即上述案件"可以"由人民检察院立案侦查,而如果监察机关进行调查的,应当坚持监察机关调查优先原则。——**本评注注**

人员涉黑涉恶违法犯罪线索移送制度,对工作中收到、发现的不属于本单位管辖的公职人员涉黑涉恶违法犯罪线索,应当及时移送有管辖权的单位处置。

移送公职人员涉黑涉恶违法犯罪线索,按照以下规定执行:

(1)公安机关、人民检察院、人民法院、司法行政机关在工作中发现公职人员涉黑涉恶违法犯罪中的涉嫌贪污贿赂、失职渎职等职务违法和职务犯罪等应由监察机关管辖的问题线索,应当移送监察机关。

(2)监察机关在信访举报、监督检查、审查调查等工作中发现公职人员涉黑涉恶违法犯罪线索的,应当将其中涉嫌包庇、纵容黑社会性质组织犯罪等由公安机关管辖的案件线索移送公安机关处理。

(3)监察机关、公安机关、人民检察院、人民法院、司法行政机关在工作中发现司法工作人员涉嫌利用职权实施的侵犯公民权利、损害司法公正案件线索的,根据有关规定,经沟通后协商确定管辖机关。

12. 监察机关、公安机关、人民检察院接到移送的公职人员涉黑涉恶违法犯罪线索,应当按各自职责及时处置、核查,依法依规作出处理,并做好沟通反馈工作;必要时,可以与相关线索或案件并案处理。

对于重大疑难复杂的公职人员涉黑涉恶违法犯罪案件,监察机关、公安机关、人民检察院可以同步立案、同步查处,根据案件办理需要,相互移送相关证据,加强沟通配合,做到协同推进。

13. 公职人员涉黑涉恶违法犯罪案件中,既涉嫌贪污贿赂、失职渎职等严重职务违法或职务犯罪,又涉嫌公安机关、人民检察院管辖的违法犯罪的,一般应当以监察机关为主调查,公安机关、人民检察院予以协助。监察机关和公安机关、人民检察院分别立案调查(侦查)的,由监察机关协调调查和侦查工作。犯罪行为仅涉及公安机关、人民检察院管辖的,由有关机关依法按照管辖职能进行侦查。

14. 公安机关、人民检察院、人民法院对公职人员涉黑涉恶违法犯罪移送审查起诉、提起公诉、作出裁判,必要时听取监察机关的意见。

15. 公职人员涉黑涉恶违法犯罪案件开庭审理时,人民法院应当通知监察机关派员旁听,也可以通知涉罪公职人员所在单位、部门、行业以及案件涉及的单位、部门、行业等派员旁听。

司法疑难解析

1. 人民检察院的侦查职权的范围。根据《刑事诉讼法》第十九条的规定,人民检察院的侦查权包括补充侦查权和机动侦查权。具体而言:(1)补充侦查权,即人民检察院在对诉讼活动实行法律监督中发现的司法工作人员利用职权实施的非法拘禁、刑讯逼供、非法搜查等侵犯公民权利、损害司法公正的犯罪,可以由人民检察院立案侦查。(2)机动侦查权,即对于公安机关管辖的国家机关工作人员利用职权实施的重大犯罪案件,需要由人民检察院直接受理的时候,经省级以上人民检察院决定,可以由人民检察院立案侦查。通常而言,机动侦查权的行使属于极其特殊的情形,应当限于由公安机关侦查无法保证查明案件事实和依法公正处理的情形。

2.《刑事诉讼法》与《监察法》的具体衔接问题。虽然《刑事诉讼法》未在附则部分明确规定"监察机关调查职务犯罪,适用《监察法》的相关规定",但这应当系不言而明之理。对于监察机关调查职务犯罪,应当适用《监察法》的相关规定。故而,在相关案件进入刑事诉讼程序之后,也应当根据《监察法》而非《刑事诉讼法》的规定审查调查阶段的相关活动是否合法。当然,《监察法》如果明确要求适用刑事诉讼标准的除外。例如,《监察法》第三十三条规定:"监察机关依照本法规定收集的物证、书证、证人证言、被调查人供述和辩解、视听资料、电子数据等证据材料,在刑事诉讼中可以作为证据使用。""监察机关在收集、固定、审查、运用证据时,应当与刑事审判关于证据的要求和标准相一致。""以非法方法收集的证据应当依法予以排除,不得作为案件处置的依据。"该条明确了监察机关依据《监察法》收集的证据材料具有刑事证据资格,同时要求取证适用刑事审判的标准和要求。因此,《刑诉法解释》第七十六条规定:"监察机关依法收集的证据材料,在刑事诉讼中可以作为证据使用。""对前款规定证据的审查判断,适用刑事审判关于证据的要求和标准。"

相关规范集成·公安机关内部的管辖分工

基本规范

《公安机关办理刑事案件程序规定》(公安部令第 159 号修正,修正后自 2020 年 9 月 1 日起施行)

第二章 管 辖

第二十六条 铁路公安机关管辖铁路系统的机关、厂、段、院、校、所、队、工区等单位发生的刑事案件,车站工作区域内、列车内发生的刑事案件,铁路沿线发生的盗窃或者破坏铁路、通信、电力线路和其他重要设施的刑事案件,以及内部职工在铁路线上工作时发生的刑事案件。

铁路系统的计算机信息系统延伸到地方涉及铁路业务的网点,其计算机信息系统发生的刑事案件由铁路公安机关管辖。

对倒卖、伪造、变造火车票的刑事案件,由最初受理案件的铁路公安机关或者地方公安机关管辖。必要时,可以移送主要犯罪地的铁路公安机关或者地方公安机关管辖。

在列车上发生的刑事案件,犯罪嫌疑人在列车运行途中被抓获的,由前方停靠站所在地的铁路公安机关管辖;必要时,也可以由列车始发站、终点站所在地的铁路公安机关管辖。犯罪嫌疑人不是在列车运行途中被抓获的,由负责该列车乘务的铁路公安机关管辖;但在列车运行途经的车站被抓获的,也可以由该车站所在地的铁路公安机关管辖。

在国际列车上发生的刑事案件,根据我国与相关国家签订的协定确定管辖;没有协定的,由该列车始发或者前方停靠的中国车站所在地的铁路公安机关管辖。

铁路建设施工工地发生的刑事案件由地方公安机关管辖。

第二十七条 民航公安机关管辖民航系统的机关、厂、段、院、校、所、队、工区等单位、机场工作区域内、民航飞机内发生的刑事案件。

重大飞行事故刑事案件由犯罪结果发生地机场公安机关管辖。犯罪结果发生地未设机场公安机关或者不在机场公安机关管辖范围内的,由地方公安机关管辖,有关机场公安机关予以协助。

第二十八条 海关走私犯罪侦查机构管辖中华人民共和国海关关境内发生的涉税走私犯罪和发生在海关监管区内的非涉税走私犯罪等刑事案件。

其他规范

《公安部关于印发〈公安部刑事案件管辖分工规定〉的通知》(公通字〔2020〕9号)

各省、自治区、直辖市公安厅、局,新疆生产建设兵团公安局:

根据《刑法》《刑事诉讼法》及其他有关规定,结合国家监察体制改革、公安机关机构改革、公安部机关内设机构改革情况,从加强对刑事案件发案形势、发案规律、打防策略研究和组织、指导、监督地方公安机关办理刑事案件的实际需要出发,公安部对各有关业务部门刑事案件管辖分工进行了调整,制定了《公安部刑事案件管辖分工规定》,现印发给你们,并就确定刑事案件管辖分工的原则和有关工作要求通知如下:

一、关于确定刑事案件管辖分工的原则

(一)权责一致、分工明确。各业务部门管辖的刑事案件范围应当与其职责权限、管理职能保持一致,坚持防范与打击并重,做到权责一致、打防结合,提升发现、打击犯罪的效率和能力。

(二)统一管辖、减少交叉。将同类刑事案件统一划归一个业务部门管辖,取消共同管辖的规定,避免因职责交叉引发争议或者责任不清。

(三)结合实际、合理配置。统筹考虑发案形势、案件管辖历史沿革、机构职能设置以及各业务部门办案力量等实际情况,合理配置刑事案件管辖范围。

二、关于管辖的几类特殊情况

(一)关于并案管辖。各业务部门在办理本部门管辖的案件过程中,发现其他业务部门管辖的犯罪,符合《公安机关办理刑事案件程序规定》有关并案侦查规定的,可以一并办理,不再移交;对没有直接关联的案件,应当移交主管的业务部门办理。

(二)关于行业公安机关管辖。根据《公安机关办理刑事案件程序规定》和行业公安机关管理体制调整情况,本规定明确了铁路公安局、海关总署缉私局和中国民用航空局公安局的管辖范围。其中,铁路公安局管辖铁路运营安全事故案,中国民用航空局公安局管辖重大飞行事故案;海关总署缉私局增加管辖逃避商检案、妨害国境卫生检疫案、妨害动植物检疫案。此外,在治安管理局管辖案件范围中规定,治安管理局指导长江航运公安机关,办理长江干线跨区域的中央管理水域发生的刑事案件。

(三)关于专案和专项打击工作。各业务部门牵头办理专案或者开展专项打击工作,根据有关工作专门要求办理或者指导办理相关案件。

(四)关于与其他机关共同管辖的案件。根据《刑事诉讼法》《监察法》《监狱法》等法律和有关文件的规定,部分罪名存在公安机关与监察机关、人民法院、检察机关、国家安全机关、军队保卫部门、海警机构、监狱等共同管辖的情况,工作中要根据不同的犯罪主体、发生区域、危害后果等情形,区分、确定管辖权,必要时征求有关机关意见。

三、有关工作要求

(一)明确本地管辖分工。各地公安机关根据本通知要求,结合自身机构设置情况和职责任务,抓紧确定刑事案件内部管辖分工,报上级公安机关备案,并认真贯彻执行。

(二)加强办案协作配合。要正确处理管辖分工与相互配合的关系,形成打击犯罪的有效合力。各业务部门要依法积极履职,对本业务部门管辖的案件加强政策、法律研究,强化犯罪预防与打击查处。对业务部门提出的办案协助、配合请求,相关业务部门和技术部门要依照职权及时予以办理。

（三）协商解决管辖争议。各级公安机关业务部门之间对案件管辖发生争议的，要从有利于打击犯罪、维护社会稳定、保护公民合法权益的角度出发，予以协商解决；达不成一致意见的，由所属公安机关确定管辖部门。

本通知自印发之日起施行。执行中遇到的问题，请及时报公安部。《公安部关于印发〈公安部刑事案件管辖分工规定〉的通知》（公通字〔1998〕80号）、《公安部关于印发〈公安部刑事案件管辖分工补充规定〉的通知》（公通字〔2008〕9号）、《公安部关于印发〈公安部刑事案件管辖分工补充规定（二）〉的通知》（公通字〔2012〕10号）、《公安部关于印发〈公安部刑事案件管辖分工补充规定（三）〉的通知》（公通字〔2015〕36号）同时废止。

公安部
2020年9月1日

附件：公安部刑事案件管辖分工规定

根据《刑法》《刑事诉讼法》及最高人民法院、最高人民检察院、公安部、国家安全部、司法部、全国人大常委会法制工作委员会《关于实施刑事诉讼法若干问题的规定》，以及最高人民法院、最高人民检察院关于执行《刑法》确定罪名的有关司法解释等规定，结合公安部组织、指导、监督地方公安机关办理刑事案件的实际需要，对公安部刑事案件管辖分工作如下规定：

一、政治安全保卫局管辖案件范围（共30种）

（一）《刑法》分则第一章危害国家安全罪中的下列案件：

1. 背叛国家案（第102条）
2. 分裂国家案（第103条第1款）
3. 煽动分裂国家案（第103条第2款）
4. 武装叛乱、暴乱案（第104条）
5. 颠覆国家政权案（第105条第1款）
6. 煽动颠覆国家政权案（第105条第2款）
7. 资助危害国家安全犯罪活动案（第107条）
8. 投敌叛变案（第108条）
9. 叛逃案（第109条）
10. 间谍案（第110条）
11. 为境外窃取、刺探、收买、非法提供国家秘密、情报案（第111条）
12. 资敌案（第112条）

(二)《刑法》分则第二章危害公共安全罪中的下列案件：

13. 宣扬极端主义案(第120条之三)
14. 利用极端主义破坏法律实施案(第120条之四)
15. 强制穿戴宣扬极端主义服饰、标志案(第120条之五)
16. 非法持有宣扬极端主义物品案(第120条之六)

(三)《刑法》分则第四章侵犯公民人身权利、民主权利罪中的下列案件：

17. 诽谤案(告诉才处理的除外)(第246条)
18. 煽动民族仇恨、民族歧视案(第249条)
19. 出版歧视、侮辱少数民族作品案(第250条)

(四)《刑法》分则第六章妨害社会管理秩序罪中的下列案件：

第一节 扰乱公共秩序罪中的下列案件：

20. 非法获取国家秘密案(第282条第1款)
21. 非法持有国家绝密、机密文件、资料、物品案(第282条第2款)
22. 非法生产、销售专用间谍器材案(第283条)
23. 非法使用窃听、窃照专用器材案(第284条)
24. 侮辱国旗、国徽案(第299条第1款)
25. 侮辱国歌案(第299条第2款)

第二节 妨害司法罪中的下列案件：

26. 拒绝提供间谍犯罪、极端主义犯罪证据案(第311条)

(五)《刑法》分则第七章危害国防利益罪中的下列案件：

27. 战时故意提供虚假敌情案(第377条)
28. 战时造谣扰乱军心案(第378条)

(六)《刑法》分则第九章渎职罪中的下列案件：

29. 故意泄露国家秘密案(第398条第2款)
30. 过失泄露国家秘密案(第398条第2款)

二、经济犯罪侦查局管辖案件范围(共77种)

(一)《刑法》分则第二章危害公共安全罪中的下列案件：

1. 帮助恐怖活动案(以资助方式实施的帮助行为,第120条之一第1款)

(二)《刑法》分则第三章破坏社会主义市场经济秩序罪中的下列案件：

第二节 走私罪中的下列案件：

2. 走私假币案(第151条第1款)

第三节 妨害对公司、企业的管理秩序罪中的下列案件：

3. 虚报注册资本案(第158条)

4. 虚假出资、抽逃出资案（第159条）

5. 欺诈发行股票、债券案（第160条）

6. 违规披露、不披露重要信息案（第161条）

7. 妨害清算案（第162条）

8. 隐匿、故意销毁会计凭证、会计账簿、财务会计报告案（第162条之一）

9. 虚假破产案（第162条之二）

10. 非国家工作人员受贿案（第163条）

11. 对非国家工作人员行贿案（第164条第1款）

12. 对外国公职人员、国际公共组织官员行贿案（第164条第2款）

13. 背信损害上市公司利益案（第169条之一）

第四节　破坏金融管理秩序罪中的下列案件：

14. 伪造货币案（第170条）

15. 出售、购买、运输假币案（第171条第1款）

16. 金融工作人员购买假币、以假币换取货币案（第171条第2款）

17. 持有、使用假币案（第172条）

18. 变造货币案（第173条）

19. 擅自设立金融机构案（第174条第1款）

20. 伪造、变造、转让金融机构经营许可证、批准文件案（第174条第2款）

21. 高利转贷案（第175条）

22. 骗取贷款、票据承兑、金融票证案（第175条之一）

23. 非法吸收公众存款案（第176条）

24. 伪造、变造金融票证案（第177条）

25. 妨害信用卡管理案（第177条之一第1款）

26. 窃取、收买、非法提供信用卡信息案（第177条之一第2款）

27. 伪造、变造国家有价证券案（第178条第1款）

28. 伪造、变造股票、公司、企业债券案（第178条第2款）

29. 擅自发行股票、公司、企业债券案（第179条）

30. 内幕交易、泄露内幕信息案（第180条第1款）

31. 利用未公开信息交易案（第180条第4款）

32. 编造并传播证券、期货交易虚假信息案（第181条第1款）

33. 诱骗投资者买卖证券、期货合约案（第181条第2款）

34. 操纵证券、期货市场案（第182条）

35. 背信运用受托财产案（第185条之一第1款）

36. 违法运用资金案(第185条之一第2款)

37. 违法发放贷款案(第186条)

38. 吸收客户资金不入账案(第187条)

39. 违规出具金融票证案(第188条)

40. 对违法票据承兑、付款、保证案(第189条)

41. 骗购外汇案(《全国人民代表大会常务委员会关于惩治骗购外汇、逃汇和非法买卖外汇犯罪的决定》第1条)

42. 逃汇案(第190条)

43. 洗钱案(第191条)

第五节 金融诈骗罪中的下列案件：

44. 集资诈骗案(第192条)

45. 贷款诈骗案(第193条)

46. 票据诈骗案(第194条第1款)

47. 金融凭证诈骗案(第194条第2款)

48. 信用证诈骗案(第195条)

49. 信用卡诈骗案(第196条)

50. 有价证券诈骗案(第197条)

51. 保险诈骗案(第198条)

第六节 危害税收征管罪中的下列案件：

52. 逃税案(第201条)

53. 抗税案(第202条)

54. 逃避追缴欠税案(第203条)

55. 骗取出口退税案(第204条)

56. 虚开增值税专用发票、用于骗取出口退税、抵扣税款发票案(第205条)

57. 虚开发票案(第205条之一)

58. 伪造、出售伪造的增值税专用发票案(第206条)

59. 非法出售增值税专用发票案(第207条)

60. 非法购买增值税专用发票、购买伪造的增值税专用发票案(第208条第1款)

61. 非法制造、出售非法制造的用于骗取出口退税、抵扣税款发票案(第209条第1款)

62. 非法制造、出售非法制造的发票案(第209条第2款)

63. 非法出售用于骗取出口退税、抵扣税款发票案(第209条第3款)

64. 非法出售发票案(第 209 条第 4 款)
65. 持有伪造的发票案(第 210 条之一)
第八节　扰乱市场秩序罪中的下列案件：
66. 损害商业信誉、商品声誉案(第 221 条)
67. 虚假广告案(第 222 条)
68. 串通投标案(第 223 条)
69. 合同诈骗案(第 224 条)
70. 组织、领导传销活动案(第 224 条之一)
71. 非法经营案(第 225 条)
72. 非法转让、倒卖土地使用权案(第 228 条)
73. 提供虚假证明文件案(第 229 条第 1 款)
74. 出具证明文件重大失实案(第 229 条第 3 款)
(三)《刑法》分则第五章侵犯财产罪中的下列案件：
75. 职务侵占案(第 271 条第 1 款)
76. 挪用资金案(第 272 条第 1 款)
(四)《刑法》分则第六章妨害社会管理秩序罪中的下列案件：
第二节　妨害司法罪中的下列案件：
77. 虚假诉讼案(第 307 条之一)
三、治安管理局管辖案件范围(共 76 种)
(一)《刑法》分则第二章危害公共安全罪中的下列案件：
1. 非法制造、买卖、运输、储存危险物质案(第 125 条第 2 款)
2. 违规制造、销售枪支案(第 126 条)
3. 非法持有、私藏枪支、弹药案(第 128 条第 1 款)
4. 非法出租、出借枪支案(第 128 条第 2 款、第 3 款)
5. 丢失枪支不报案(第 129 条)
6. 非法携带枪支、弹药、管制刀具、危险物品危及公共安全案(第 130 条)
7. 重大责任事故案(第 134 条第 1 款)
8. 强令违章冒险作业案(第 134 条第 2 款)
9. 重大劳动安全事故案(第 135 条)
10. 大型群众性活动重大安全事故案(第 135 条之一)
11. 危险物品肇事案(第 136 条)
12. 工程重大安全事故案(第 137 条)
13. 教育设施重大安全事故案(第 138 条)

14. 不报、谎报安全事故案(第139条之一)

(二)《刑法》分则第三章破坏社会主义市场经济秩序罪中的下列案件:

第二节 走私罪中的下列案件:

15. 走私淫秽物品案(第152条第1款)

第八节 扰乱市场秩序罪中的下列案件:

16. 强迫交易案(第226条)
17. 伪造、倒卖伪造的有价票证案(第227条第1款)
18. 倒卖车票、船票案(第227条第2款)

(三)《刑法》分则第四章侵犯公民人身权利、民主权利罪中的下列案件:

19. 强迫劳动案(第244条)
20. 雇用童工从事危重劳动案(第244条之一)

(四)《刑法》分则第五章侵犯财产罪中的下列案件:

21. 故意毁坏财物案(第275条)
22. 破坏生产经营案(第276条)
23. 拒不支付劳动报酬案(第276条之一)

(五)《刑法》分则第六章妨害社会管理秩序罪中的下列案件:

第一节 扰乱公共秩序罪中的下列案件:

24. 非法生产、买卖警用装备案(第281条)
25. 代替考试案(第284条之一第4款)
26. 聚众扰乱社会秩序案(第290条第1款)
27. 聚众冲击国家机关案(第290条第2款)
28. 扰乱国家机关工作秩序案(第290条第3款)
29. 组织、资助非法聚集案(第290条第4款)
30. 聚众扰乱公共场所秩序、交通秩序案(第291条)
31. 聚众斗殴案(第292条)
32. 寻衅滋事案(第293条)
33. 非法集会、游行、示威案(第296条)
34. 非法携带武器、管制刀具、爆炸物参加集会、游行、示威案(第297条)
35. 破坏集会、游行、示威案(第298条)
36. 聚众淫乱案(第301条第1款)
37. 引诱未成年人聚众淫乱案(第301条第2款)
38. 赌博案(第303条第1款)
39. 开设赌场案(第303条第2款)

40. 故意延误投递邮件案(第304条)

第四节　妨害文物管理罪中的下列案件：

41. 故意损毁文物案(第324条第1款)

42. 故意损毁名胜古迹案(第324条第2款)

43. 过失损毁文物案(第324条第3款)

第五节　危害公共卫生罪中的下列案件：

44. 妨害传染病防治案(第330条)

45. 非法组织卖血案(第333条)

46. 强迫卖血案(第333条)

47. 非法采集、供应血液、制作、供应血液制品案(第334条第1款)

48. 采集、供应血液、制作、供应血液制品事故案(第334条第2款)

49. 医疗事故案(第335条)

50. 非法行医案(第336条第1款)

51. 非法进行节育手术案(第336条第2款)

第八节　组织、强迫、引诱、容留、介绍卖淫罪中的下列案件：

52. 组织卖淫案(第358条第1款)

53. 强迫卖淫案(第358条第1款)

54. 协助组织卖淫案(第358条第4款)

55. 引诱、容留、介绍卖淫案(第359条第1款)

56. 引诱幼女卖淫案(第359条第2款)

57. 传播性病案(第360条)

第九节　制作、贩卖、传播淫秽物品罪中的下列案件：

58. 制作、复制、出版、贩卖、传播淫秽物品牟利案(第363条第1款)

59. 为他人提供书号出版淫秽书刊案(第363条第2款)

60. 传播淫秽物品案(第364条第1款)

61. 组织播放淫秽音像制品案(第364条第2款)

62. 组织淫秽表演案(第365条)

(六)《刑法》分则第七章危害国防利益罪中的下列案件：

63. 故意提供不合格武器装备、军事设施案(第370条第1款)

64. 过失提供不合格武器装备、军事设施案(第370条第2款)

65. 聚众冲击军事禁区案(第371条第1款)

66. 聚众扰乱军事管理区秩序案(第371条第2款)

67. 煽动军人逃离部队案(第373条)

68. 雇用逃离部队军人案(第373条)
69. 接送不合格兵员案(第374条)
70. 非法生产、买卖武装部队制式服装案(第375条第2款)
71. 伪造、盗窃、买卖、非法提供、非法使用武装部队专用标志案(第375条第3款)
72. 战时拒绝、逃避征召、军事训练案(第376条第1款)
73. 战时拒绝、逃避服役案(第376条第2款)
74. 战时窝藏逃离部队军人案(第379条)
75. 战时拒绝、故意延误军事订货案(第380条)
76. 战时拒绝军事征收、征用案(第381条)

治安管理局指导长江航运公安机关,办理长江干线跨区域的中央管理水域发生的刑事案件。

四、防范和处理邪教犯罪工作局管辖案件范围(共2种)
《刑法》分则第六章第一节扰乱公共秩序罪中的下列案件:
1. 组织、利用会道门、邪教组织、利用迷信破坏法律实施案(第300条第1款)
2. 组织、利用会道门、邪教组织、利用迷信致人重伤、死亡案(第300条第2款)

五、刑事侦查局管辖案件范围(共119种)
(一)《刑法》分则第二章危害公共安全罪中的下列案件:
1. 放火案(第114条、第115条第1款)
2. 决水案(第114条、第115条第1款)
3. 爆炸案(第114条、第115条第1款)
4. 投放危险物质案(第114条、第115条第1款)
5. 以危险方法危害公共安全案(第114条、第115条第1款)
6. 失火案(第115条第2款)
7. 过失决水案(第115条第2款)
8. 过失爆炸案(第115条第2款)
9. 过失投放危险物质案(第115条第2款)
10. 过失以危险方法危害公共安全案(第115条第2款)
11. 破坏交通工具案(第116条、第119条第1款)
12. 破坏交通设施案(第117条、第119条第1款)
13. 破坏电力设备案(第118条、第119条第1款)

14. 破坏易燃易爆设备案(第118条、第119条第1款)
15. 过失损坏交通工具案(第119条第2款)
16. 过失损坏交通设施案(第119条第2款)
17. 过失损坏电力设备案(第119条第2款)
18. 过失损坏易燃易爆设备案(第119条第2款)
19. 劫持航空器案(第121条)
20. 劫持船只、汽车案(第122条)
21. 暴力危及飞行安全案(第123条)
22. 破坏广播电视设施、公用电信设施案(第124条第1款)
23. 过失损坏广播电视设施、公用电信设施案(第124条第2款)
24. 非法制造、买卖、运输、邮寄、储存枪支、弹药、爆炸物案(第125条第1款)
25. 盗窃、抢夺枪支、弹药、爆炸物、危险物质案(第127条第1款)
26. 抢劫枪支、弹药、爆炸物、危险物质案(第127条第2款)
27. 消防责任事故案(第139条)

(二)《刑法》分则第三章第二节走私罪中的下列案件:
28. 走私武器、弹药案(第151条第1款)
29. 走私核材料案(第151条第1款)
30. 走私文物案(第151条第2款)
31. 走私贵重金属案(第151条第2款)
32. 走私珍贵动物、珍贵动物制品案(第151条第2款)
33. 走私国家禁止进出口的货物、物品案(第151条第3款)
34. 走私废物案(第152条第2款)

(三)《刑法》分则第四章侵犯公民人身权利、民主权利罪中的下列案件:
35. 故意杀人案(第232条)
36. 过失致人死亡案(第233条)
37. 故意伤害案(第234条)
38. 组织出卖人体器官案(第234条之一第1款)
39. 过失致人重伤案(第235条)
40. 强奸案(第236条)
41. 强制猥亵、侮辱案(第237条第1款、第2款)
42. 猥亵儿童案(第237条第3款)
43. 非法拘禁案(第238条)
44. 绑架案(第239条)

45. 拐卖妇女、儿童案(第240条)
46. 收买被拐卖的妇女、儿童案(第241条)
47. 聚众阻碍解救被收买的妇女、儿童案(第242条第2款)
48. 诬告陷害案(第243条)
49. 非法搜查案(第245条)
50. 非法侵入住宅案(第245条)
51. 侮辱案(告诉才处理的除外)(第246条)
52. 侵犯通信自由案(第252条)
53. 私自开拆、隐匿、毁弃邮件、电报案(第253条第1款)
54. 破坏选举案(第256条)
55. 暴力干涉婚姻自由案(告诉才处理的除外)(第257条)
56. 重婚案(第258条)
57. 破坏军婚案(第259条第1款)
58. 虐待案(第260条)
59. 虐待被监护、看护人案(第260条之一)
60. 遗弃案(第261条)
61. 拐骗儿童案(第262条)
62. 组织残疾人、儿童乞讨案(第262条之一)
63. 组织未成年人进行违反治安管理活动案(第262条之二)

(四)《刑法》分则第五章侵犯财产罪中的下列案件:
64. 抢劫案(第263条)
65. 盗窃案(第264条)
66. 诈骗案(第266条)
67. 抢夺案(第267条)
68. 聚众哄抢案(第268条)
69. 敲诈勒索案(第274条)

(五)《刑法》分则第六章妨害社会管理秩序罪中的下列案件:
第一节 扰乱公共秩序罪中的下列案件:
70. 妨害公务案(第277条)
71. 煽动暴力抗拒法律实施案(第278条)
72. 招摇撞骗案(第279条)
73. 伪造、变造、买卖国家机关公文、证件、印章案(第280条第1款)
74. 盗窃、抢夺、毁灭国家机关公文、证件、印章案(第280条第1款)

75. 伪造公司、企业、事业单位、人民团体印章案(第280条第2款)
76. 伪造、变造、买卖身份证件案(第280条第3款)
77. 使用虚假身份证件、盗用身份证件案(第280条之一)
78. 非法生产、销售窃听、窃照专用器材案(第283条)
79. 扰乱无线电通讯管理秩序案(第288条)
80. 投放虚假危险物质案(第291条之一第1款)
81. 编造、故意传播虚假恐怖信息案(第291条之一第1款)
82. 组织、领导、参加黑社会性质组织案(第294条第1款)
83. 入境发展黑社会组织案(第294条第2款)
84. 包庇、纵容黑社会性质组织案(第294条第3款)
85. 传授犯罪方法案(第295条)
86. 盗窃、侮辱、故意毁坏尸体、尸骨、骨灰案(第302条)

第二节 妨害司法罪中的下列案件：

87. 伪证案(第305条)
88. 辩护人、诉讼代理人毁灭证据、伪造证据、妨害作证案(第306条)
89. 妨害作证案(第307条第1款)
90. 帮助毁灭、伪造证据案(第307条第2款)
91. 打击报复证人案(第308条)
92. 泄露不应公开的案件信息案(第308条之一第1款)
93. 披露、报道不应公开的案件信息案(第308条之一第3款)
94. 扰乱法庭秩序案(第309条)
95. 窝藏、包庇案(第310条)
96. 掩饰、隐瞒犯罪所得、犯罪所得收益案(第312条)
97. 拒不执行判决、裁定案(第313条)
98. 非法处置查封、扣押、冻结的财产案(第314条)
99. 破坏监管秩序案(第315条)
100. 脱逃案(第316条第1款)
101. 劫夺被押解人员案(第316条第2款)
102. 组织越狱案(第317条第1款)
103. 暴动越狱案(第317条第2款)
104. 聚众持械劫狱案(第317条第2款)

第三节 妨害国(边)境管理罪中的下列案件：

105. 破坏永久性测量标志案(第323条)

第四节　妨害文物管理罪中的下列案件：
106. 非法向外国人出售、赠送珍贵文物案(第 325 条)
107. 倒卖文物案(第 326 条)
108. 非法出售、私赠文物藏品案(327 条)
109. 盗掘古文化遗址、古墓葬案(第 328 条第 1 款)
110. 盗掘古人类化石、古脊椎动物化石案(第 328 条第 2 款)
111. 抢夺、窃取国有档案案(第 329 条第 1 款)
112. 擅自出卖、转让国有档案案(第 329 条第 2 款)
(六)《刑法》分则第七章危害国防利益罪中的下列案件：
113. 阻碍军人执行职务案(第 368 条第 1 款)
114. 阻碍军事行动案(第 368 条第 2 款)
115. 破坏武器装备、军事设施、军事通信案(第 369 条第 1 款)
116. 过失损坏武器装备、军事设施、军事通信案(第 369 条第 2 款)
117. 冒充军人招摇撞骗案(第 372 条)
118. 伪造、变造、买卖武装部队公文、证件、印章案(第 375 条第 1 款)
119. 盗窃、抢夺武装部队公文、证件、印章案(第 375 条第 1 款)
六、反恐怖局管辖案件范围(共 7 种)
(一)《刑法》分则第二章危害公共安全罪中的下列案件：
1. 组织、领导、参加恐怖组织案(第 120 条)
2. 帮助恐怖活动案(以培训招募、运送人员方式实施的帮助行为，第 120 条之一第 2 款)
3. 准备实施恐怖活动案(第 120 条之二)
4. 宣扬恐怖主义、煽动实施恐怖活动案(第 120 条之三)
5. 强制穿戴宣扬恐怖主义服饰、标志案(第 120 条之五)
6. 非法持有宣扬恐怖主义物品案(第 120 条之六)
(二)《刑法》分则第六章第二节妨害司法罪中的下列案件：
7. 拒绝提供恐怖主义犯罪证据案(第 311 条)
七、食品药品犯罪侦查局管辖案件范围(共 33 种)
(一)《刑法》分则第三章破坏社会主义市场经济秩序罪中的下列案件：
第一节　生产、销售伪劣商品罪中的下列案件：
1. 生产、销售伪劣产品案(第 140 条)
2. 生产、销售假药案(第 141 条)
3. 生产、销售劣药案(第 142 条)

4. 生产、销售不符合安全标准的食品案(第 143 条)
5. 生产、销售有毒、有害食品案(第 144 条)
6. 生产、销售不符合标准的医用器材案(第 145 条)
7. 生产、销售不符合安全标准的产品案(第 146 条)
8. 生产、销售伪劣农药、兽药、化肥、种子案(第 147 条)
9. 生产、销售不符合卫生标准的化妆品案(第 148 条)

第七节　侵犯知识产权罪中的下列案件：

10. 假冒注册商标案(第 213 条)
11. 销售假冒注册商标的商品案(第 214 条)
12. 非法制造、销售非法制造的注册商标标识案(第 215 条)
13. 假冒专利案(第 216 条)
14. 侵犯著作权案(第 217 条)
15. 销售侵权复制品案(第 218 条)
16. 侵犯商业秘密案(第 219 条)

(二)《刑法》分则第六章妨害社会管理秩序罪中的下列案件：

第五节　危害公共卫生罪中的下列案件：

17. 传染病菌种、毒种扩散案(第 331 条)
18. 妨害动植物防疫案(第 337 条)

第六节　破坏环境资源保护罪中的下列案件：

19. 污染环境案(第 338 条)
20. 非法处置进口的固体废物案(第 339 条第 1 款)
21. 擅自进口固体废物案(第 339 条第 2 款)
22. 非法捕捞水产品案(第 340 条)
23. 非法猎捕、杀害珍贵、濒危野生动物案(第 341 条第 1 款)
24. 非法收购、运输、出售珍贵、濒危野生动物、珍贵、濒危野生动物制品案(第 341 条第 1 款)
25. 非法狩猎案(第 341 条第 2 款)
26. 非法占用农用地案(第 342 条)
27. 非法采矿案(第 343 条第 1 款)
28. 破坏性采矿案(第 343 条第 2 款)
29. 非法采伐、毁坏国家重点保护植物案(第 344 条)
30. 非法收购、运输、加工、出售国家重点保护植物、国家重点保护植物制品案(第 344 条)

31. 盗伐林木案(第345条第1款)

32. 滥伐林木案(第345条第2款)

33. 非法收购、运输盗伐、滥伐的林木案(第345条第3款)

八、铁路公安局管辖案件范围

(一)铁路系统的机关、厂、段、院、校、所、队、工区等单位发生的刑事案件;

(二)车站工作区域内、列车内发生的刑事案件;

(三)铁路沿线发生的盗窃或者破坏铁路、通信、电力线路和其他重要设施的刑事案件;

(四)内部职工在铁路线上工作时发生的刑事案件;

(五)铁路系统的计算机信息系统延伸到地方涉及铁路业务的网点,其计算机信息系统发生的刑事案件;

(六)《刑法》分则第二章危害公共安全罪中的下列案件:

1. 铁路运营安全事故案(第132条)

九、网络安全保卫局管辖案件范围(共11种)

(一)《刑法》分则第四章侵犯公民人身权利、民主权利罪中的下列案件:

1. 侵犯公民个人信息案(第253条之一)

(二)《刑法》分则第六章第一节扰乱公共秩序罪中的下列案件:

2. 组织考试作弊案(第284条之一第1款)

3. 非法出售、提供试题、答案案(第284条之一第3款)

4. 非法侵入计算机信息系统案(第285条第1款)

5. 非法获取计算机信息系统数据、非法控制计算机信息系统案(第285条第2款)

6. 提供侵入、非法控制计算机信息系统程序、工具案(第285条第3款)

7. 破坏计算机信息系统案(第286条)

8. 拒不履行信息网络安全管理义务案(第286条之一)

9. 非法利用信息网络案(第287条之一)

10. 帮助信息网络犯罪活动案(第287条之二)

11. 编造、故意传播虚假信息案(第291条之一第2款)

十、海关总署缉私局管辖案件范围(共15种)

(一)海关关境内发生的《刑法》分则第三章第二节走私罪中的下列案件:

1. 走私普通货物、物品案(第153条、第154条)

(二)海关监管区内发生的《刑法》分则第三章第二节走私罪和第六章第七节走私、贩卖、运输、制造毒品罪中的下列案件:

2. 走私武器、弹药案(第151条第1款)

3. 走私核材料案(第151条第1款)

4. 走私假币案(第151条第1款)

5. 走私文物案(第151条第2款)

6. 走私贵重金属案(第151条第2款)

7. 走私珍贵动物、珍贵动物制品案(第151条第2款)

8. 走私国家禁止进出口的货物、物品案(第151条第3款)

9. 走私淫秽物品案(第152条第1款)

10. 走私废物案(第152条第2款)

11. 走私毒品案(第347条)

12. 走私制毒物品案(第350条)

(三)《刑法》分则第三章第八节扰乱市场秩序罪中的下列案件:

13. 逃避商检案(第230条)

(四)《刑法》分则第六章第五节危害公共卫生罪中的下列案件:

14. 妨害国境卫生检疫案(第332条)

15. 妨害动植物检疫案(第337条)

十一、中国民用航空局公安局管辖案件范围

(一)民航系统的机关、厂、段、院、校、所、队、工区等单位发生的刑事案件;

(二)机场工作区域内、民航飞机内发生的刑事案件;

(三)《刑法》分则第二章危害公共安全罪中的下列案件:

1. 重大飞行事故案(第131条)

十二、交通管理局管辖案件范围(共2种)

《刑法》分则第二章危害公共安全罪中的下列案件:

1. 交通肇事案(第133条)

2. 危险驾驶案(第133条之一)

十三、禁毒局管辖案件范围(共11种)

《刑法》分则第六章第七节走私、贩卖、运输、制造毒品罪中的下列案件:

1. 走私、贩卖、运输、制造毒品案(第347条)

2. 非法持有毒品案(第348条)

3. 包庇毒品犯罪分子案(第349条第1款)

4. 窝藏、转移、隐瞒毒品、毒赃案(第349条第1款)

5. 非法生产、买卖、运输制毒物品、走私制毒物品案(第350条)

6. 非法种植毒品原植物案(第351条)

7. 非法买卖、运输、携带、持有毒品原植物种子、幼苗案(第352条)

8. 引诱、教唆、欺骗他人吸毒案(第353条第1款)

9. 强迫他人吸毒案(第353条第2款)

10. 容留他人吸毒案(第354条)

11. 非法提供麻醉药品、精神药品案(第355条)

十四、国家移民管理局管辖案件范围(共7种)

《刑法》分则第六章第三节妨害国(边)境管理罪中的下列案件:

1. 组织他人偷越国(边)境案(第318条)

2. 骗取出境证件案(第319条)

3. 提供伪造、变造的出入境证件案(第320条)

4. 出售出入境证件案(第320条)

5. 运送他人偷越国(边)境案(第321条)

6. 偷越国(边)境案(第322条)

7. 破坏界碑、界桩案(第323条)

第二十条 【基层法院管辖】 基层人民法院管辖第一审普通刑事案件,但是依照本法由上级人民法院管辖的除外。

第二十一条 【中级法院管辖】 中级人民法院管辖下列第一审刑事案件:

(一)危害国家安全、恐怖活动案件;

(二)可能判处无期徒刑、死刑的案件。

第二十二条 【高级法院管辖】 高级人民法院管辖的第一审刑事案件,是全省(自治区、直辖市)性的重大刑事案件。

第二十三条 【最高法院管辖】 最高人民法院管辖的第一审刑事案件,是全国性的重大刑事案件。

立法沿革

本四条系关于法院级别管辖的规定。

第二十条、第二十二条、第二十三条系分别沿用1979年《刑事诉讼法》第十四条、第十六条、第十七条的规定。

关于第二十一条,1979年《刑事诉讼法》第十五条规定:"中级人民法院管辖下列第一审刑事案件:(一)反革命案件;(二)判处无期徒刑、死刑的普通刑事案件;(三)外国人犯罪或者我国公民侵犯外国人合法权利的刑事案件。"1996 年《刑事诉讼法修改决定》增加规定中级人民法院管辖"危害国家安全案件""外国人犯罪的刑事案件"。2012 年《刑事诉讼法修改决定》删去中级人民法院管辖"反革命案件""外国人犯罪的刑事案件"的规定,增加规定中级人民法院管辖"恐怖活动案件"。2018 年修改《刑事诉讼法》时对本条规定未作调整。

相关规定

《中华人民共和国人民法院组织法》(修订后自 2019 年 1 月 1 日起施行,节录)

第十二条　人民法院分为:
(一)最高人民法院;
(二)地方各级人民法院;
(三)专门人民法院。

第十三条　地方各级人民法院分为高级人民法院、中级人民法院和基层人民法院。

第十六条　最高人民法院审理下列案件:
(一)法律规定由其管辖的和其认为应当由自己管辖的第一审案件;
(二)对高级人民法院判决和裁定的上诉、抗诉案件;
(三)按照全国人民代表大会常务委员会的规定提起的上诉、抗诉案件;
(四)按照审判监督程序提起的再审案件;
(五)高级人民法院报请核准的死刑案件。

第二十条　高级人民法院包括:
(一)省高级人民法院;
(二)自治区高级人民法院;
(三)直辖市高级人民法院。

第二十一条　高级人民法院审理下列案件:
(一)法律规定由其管辖的第一审案件;
(二)下级人民法院报请审理的第一审案件;
(三)最高人民法院指定管辖的第一审案件;
(四)对中级人民法院判决和裁定的上诉、抗诉案件;
(五)按照审判监督程序提起的再审案件;
(六)中级人民法院报请复核的死刑案件。

第二十二条　中级人民法院包括:

(一)省、自治区辖市的中级人民法院;
(二)在直辖市内设立的中级人民法院;
(三)自治州中级人民法院;
(四)在省、自治区内按地区设立的中级人民法院。

第二十三条 中级人民法院审理下列案件:
(一)法律规定由其管辖的第一审案件;
(二)基层人民法院报请审理的第一审案件;
(三)上级人民法院指定管辖的第一审案件;
(四)对基层人民法院判决和裁定的上诉、抗诉案件;
(五)按照审判监督程序提起的再审案件。

第二十四条 基层人民法院包括:
(一)县、自治县人民法院;
(二)不设区的市人民法院;
(三)市辖区人民法院。

第二十五条 基层人民法院审理第一审案件,法律另有规定的除外。
基层人民法院对人民调解委员会的调解工作进行业务指导。

第二十六条 基层人民法院根据地区、人口和案件情况,可以设立若干人民法庭。
人民法庭是基层人民法院的组成部分。人民法庭的判决和裁定即基层人民法院的判决和裁定。

基本规范

《最高人民法院关于适用〈中华人民共和国刑事诉讼法〉的解释》(法释〔2021〕1号,自2021年3月1日起施行)

第一章 管 辖

第十四条 人民检察院认为可能判处无期徒刑、死刑,向中级人民法院提起公诉的案件,中级人民法院受理后,认为不需要判处无期徒刑、死刑的,应当依法审判,不再交基层人民法院审判。①

---

① 征求意见过程中,有意见建议增加一款,规定:"中级人民法院审理二审案件时,发现被告人应当被判处无期徒刑以上刑罚,基层人民法院没有管辖权的,应当撤销原判,发回原审人民法院重新审判,由原审人民法院请求移送中级人民法院审判,并通知同(转下页)

第十五条　一人犯数罪、共同犯罪或者其他需要并案审理的案件,其中一人或者一罪属于上级人民法院管辖的,全案由上级人民法院管辖。①

第十六条　上级人民法院决定审判下级人民法院管辖的第一审刑事案件的,应当向下级人民法院下达改变管辖决定书,并书面通知同级人民检察院。②

第十七条第一款、第三款　基层人民法院对可能判处无期徒刑、死刑的第一审刑事案件,应当移送中级人民法院审判。

需要将案件移送中级人民法院审判的,应当在报请院长决定后,至迟于案件审理期限届满十五日以前书面请求移送。中级人民法院应当在接到申请后十日以内作出决定。不同意移送的,应当下达不同意移送决定书,由请求移送的人民法院依法审判;同意移送的,应当下达同意移送决定书,并书面通知同级人民检察院。

《人民检察院刑事诉讼规则》(高检发释字〔2019〕4号,自2019年12月30日起施行)

第二章　管　辖

第十四条　人民检察院办理直接受理侦查的案件,由设区的市级人民检察院立案侦查。基层人民检察院发现犯罪线索的,应当报设区的市级人民检察院决定立案侦查。

(接上页)级人民检察院和当事人,将起诉材料退回同级人民检察院。"经研究认为,所涉问题较为复杂,不宜一概而论,故未作明确规定,司法实践应当区分情况作出处理:(1)对于人民检察院提出抗诉的二审案件,中级人民法院认为可能判处无期徒刑、死刑的,可以与同级人民检察院沟通,并裁定撤销原判,发回原审人民法院,由市级人民检察院向中级人民法院提起公诉。(2)根据上诉不加刑原则的规定,二审程序不得加重刑罚;只有被告人上诉的案件,二审发回重审,除有新的犯罪事实,人民检察院补充起诉的以外,原审人民法院也不得加重被告人的刑罚。因此,对于人民检察院未提出抗诉的二审案件,以发回重审,之后由原审法院请求移送中级法院审判的方式解决原审法院级别管辖不当的问题,容易引发违反上诉不加刑原则的争议。——**本评注注**

① 讨论中,有意见建议增加一款,规定:"一人犯数罪、共同犯罪中,被告人分案审理或先后审理的,可以按照案件的具体情况由不同级别的法院管辖。"经研究认为,本条规定全案由上级人民法院管辖,针对的是并案审理的案件;对于分案审理的案件,可以根据案件的具体情况确定级别管辖,但分案审理应当以有利于提高审判质量和效率为原则,不得影响当事人诉讼权利的行使。对于后到案的漏犯或者后发现的漏罪,明显不需要由上级人民法院管辖的,可以由下级人民法院审判。——**本评注注**

② 本条既适用于中级人民法院决定审理基层人民法院管辖的第一审案件,也适用于高级人民法院决定审理中级人民法院管辖的第一审案件。——**本评注注**

设区的市级人民检察院根据案件情况也可以将案件交由基层人民检察院立案侦查,或者要求基层人民检察院协助侦查。对于刑事执行派出检察院辖区内与刑事执行活动有关的犯罪线索,可以交由刑事执行派出检察院立案侦查。

最高人民检察院、省级人民检察院发现犯罪线索的,可以自行立案侦查,也可以将犯罪线索交由指定的省级人民检察院或者设区的市级人民检察院立案侦查。

《公安机关办理刑事案件程序规定》(公安部令第159号修正,修正后自2020年9月1日起施行)

第二章 管 辖

第二十四条 县级公安机关负责侦查发生在本辖区内的刑事案件。

设区的市一级以上公安机关负责下列犯罪中重大案件的侦查:

(一)危害国家安全犯罪;

(二)恐怖活动犯罪;

(三)涉外犯罪;

(四)经济犯罪;

(五)集团犯罪;

(六)跨区域犯罪。

上级公安机关认为有必要的,可以侦查下级公安机关管辖的刑事案件;下级公安机关认为案情重大需要上级公安机关侦查的刑事案件,可以请求上一级公安机关管辖。

第二十五条 公安机关内部对刑事案件的管辖,按照刑事侦查机构的设置及其职责分工确定。

第十四章 附 则

第三百八十五条 本规定所称"危害国家安全犯罪",包括刑法分则第一章规定的危害国家安全罪以及危害国家安全的其他犯罪;"恐怖活动犯罪",包括以制造社会恐慌、危害公共安全或者胁迫国家机关、国际组织为目的,采取暴力、破坏、恐吓等手段,造成或者意图造成人员伤亡、重大财产损失、公共设施损坏、社会秩序混乱等严重社会危害的犯罪,以及煽动、资助或者以其他方式协助实施上述活动的犯罪。

《海警机构办理刑事案件程序规定》(中国海警局令第1号,自2023年6月15日起施行)

第二章 管 辖

第二十条 海警工作站负责侦查发生在本管辖区域内的海上刑事案件。

市级海警局以上海警机构负责管辖区域内下列犯罪中重大案件的侦查：
（一）危害国家安全犯罪；
（二）恐怖活动犯罪；
（三）涉外犯罪；
（四）经济犯罪；
（五）集团犯罪；
（六）其他重大犯罪案件。

上级海警机构认为有必要的，可以侦查下级海警机构管辖的刑事案件；下级海警机构认为案情重大需要上级海警机构侦查的刑事案件，可以报请上级海警机构管辖。

第十二章　附　则

第三百三十九条　本规定所称"危害国家安全犯罪"，包括《中华人民共和国刑法》分则第一章规定的危害国家安全罪以及危害国家安全的其他犯罪；"恐怖活动犯罪"，包括以制造社会恐慌、危害公共安全或者胁迫国家机关、国际组织为目的，采取暴力、破坏、恐吓等手段，造成或者意图造成人员伤亡、重大财产损失、公共设施损坏、社会秩序混乱等严重社会危害的犯罪，以及煽动、资助或者以其他方式协助实施上述活动的犯罪。

其他规范

《**最高人民法院、最高人民检察院、公安部、司法部、海关总署关于走私犯罪侦查机关办理走私犯罪案件适用刑事诉讼程序若干问题的通知**》（署侦〔1998〕742号）**第五条至第七条**对走私犯罪案件级别管辖的有关问题作了规定。（→参见第十九条所附"其他规范"，第149页）

《**最高人民检察院关于走私犯罪侦查机关提请批准逮捕和移送审查起诉的案件由分、州、市级人民检察院受理的通知**》（高检发研字〔1999〕2号）

各省、自治区、直辖市人民检察院，军事检察院：

根据《最高人民法院、最高人民检察院、公安部、司法部、海关总署关于走私犯罪侦查机关办理走私犯罪案件适用刑事诉讼程序若干问题的通知》（以下简称《通知》），为加强人民检察院和走私犯罪侦查机关在查处走私犯罪案件工作中的配合，及时受理走私犯罪侦查机关提请批准逮捕和移送审查起诉的案件，现就有关问题通知如下：

一、根据《通知》关于走私犯罪侦查分局（设在直属海关）、走私犯罪侦查支局（设在隶属海关）负责向人民检察院提请批准逮捕和移送起诉工作的规定，走私犯罪侦查分局、支局所在地的分、州、市级人民检察院负责受理走私犯罪侦查机关向人民检察院提请批准逮捕和移送起诉的案件。

二、走私犯罪侦查中队(设在隶属海关下一级海关)侦查的案件,应当报请走私犯罪侦查支局或者分局向所在地的分、州、市级人民检察院提请批准逮捕和移送起诉,受理的人民检察院应当将有关法律文书送达移送案件的走私犯罪侦查分局或者支局。

三、走私犯罪侦查局直接办理的案件,交由案件发生地的走私犯罪侦查分局向所在地的分、州、市级人民检察院提请批准逮捕和移送审查起诉,受理的人民检察院应当将有关法律文书送达移送案件的走私犯罪侦查分局。

四、人民检察院对走私犯罪侦查机关移送起诉的案件经审查决定起诉的,应当向本地中级人民法院提起公诉。

五、人民检察院对于走私犯罪侦查机关移送起诉的走私案件,经审查决定不起诉的,应当依照《中华人民共和国刑事诉讼法》的规定移送相应的海关处理,同时将不起诉决定书送达称送案件的走私犯罪侦查机关。

六、走私犯罪侦查机关建立有看守所的,由看守所所在地的分、州、市级人民检察院履行法律监督职责。

七、省级人民检察院根据办案需要,可以按照与审判管辖相适应的原则,指定本地区有关分、州、分市人民检察院受理走私犯罪侦查机关提请批准逮捕和移送起诉的案件。

《最高人民法院、最高人民检察院、公安部、国家安全部、司法部关于外国人犯罪案件管辖问题的通知》(法发〔2013〕2号)
各省、自治区、直辖市高级人民法院、人民检察院、公安厅(局)、国家安全厅(局)、司法厅(局),新疆维吾尔自治区高级人民法院生产建设兵团分院,新疆生产建设兵团人民检察院、公安局、国家安全局、司法局:
为贯彻实施好修改后刑事诉讼法关于犯罪案件管辖的规定,确保外国人犯罪案件办理质量,结合外国人犯罪案件的特点和案件办理工作实际,现就外国人犯罪案件管辖的有关事项通知如下:

一、第一审外国人犯罪案件,除刑事诉讼法第二十条至第二十二条规定的以外,由基层人民法院管辖。外国人犯罪案件较多的地区,中级人民法院可以指定辖区内一个或者几个基层人民法院集中管辖第一审外国人犯罪案件;外国人犯罪案件较少的地区,中级人民法院可以依照刑事诉讼法第二十三条的规定,审理基层人民法院管辖的第一审外国人犯罪案件。

二、外国人犯罪案件的侦查,由犯罪地或者犯罪嫌疑人居住地的公安机关或者国家安全机关负责。需要逮捕犯罪嫌疑人的,由负责侦查的公安机关或者国家安全机关向所在地同级人民检察院提请批准逮捕;侦查终结需要移送审查起诉的案件,应当向侦查机关所在地的同级人民检察院移送。人民检察院受理同级侦查机关移送审查起诉的案件,按照刑事诉讼法的管辖规定和本通知要求,认为应当由上级人民检察院或者同级其他人民检察院起诉的,应当将案件移送有管辖权的人民检察院审查起诉。

三、辖区内集中管辖第一审外国人犯罪案件的基层人民法院,应当由中级人民法院商同级人民检察院、公安局、国家安全局、司法局综合考虑办案质量、效率、工作衔接配合等因素提出,分别报高级人民法院、省级人民检察院、公安厅(局)、国家安全厅(局)、司法厅(局)同意后确定,并报最高人民法院、最高人民检察院、公安部、国家安全部、司法部备案。

各高级人民法院、省级人民检察院、公安厅(局)、国家安全厅(局)要切实加强对基层人民法院、人民检察院、公安机关、国家安全机关办理外国人犯罪案件工作的监督、指导。司法行政机关要加强对外国人犯罪案件中律师辩护、代理工作的指导、监督。对于遇到的法律适用等重大问题要及时层报最高人民法院、最高人民检察院、公安部、国家安全部、司法部。

《最高人民法院关于人民法院办理接收在台湾地区服刑的大陆居民回大陆服刑案件的规定》(法释〔2016〕11号)第二条规定接收被判刑人案件由最高人民法院指定的中级人民法院管辖。(→参见第十八条后"相关规范集成·涉港澳台司法协助"所附"其他规范",第138页)

《最高人民法院、最高人民检察院、公安部、司法部关于办理恐怖活动和极端主义犯罪案件适用法律若干问题的意见》(高检会〔2018〕1号,节录)

为了依法惩治恐怖活动和极端主义犯罪,维护国家安全、社会稳定,保障人民群众生命财产安全,根据《中华人民共和国刑法》《中华人民共和国刑事诉讼法》《中华人民共和国反恐怖主义法》等法律规定,结合司法实践,制定本意见。

一、准确认定犯罪(略)

二、正确适用程序

(一)组织、领导、参加恐怖组织罪,帮助恐怖活动罪,准备实施恐怖活动罪,宣扬恐怖主义、煽动实施恐怖活动罪,强制穿戴宣扬恐怖主义服饰、标志罪,非法持有宣扬恐怖主义物品罪的第一审刑事案件由中级人民法院管辖;宣扬极端主义罪,利用极端主义破坏法律实施罪,强制穿戴宣扬极端主义服饰、标志罪,非法持有宣扬极端主义物品罪的第一审刑事案件由基层人民法院管辖。高级人民法院可以根据级别管辖的规定,结合本地区社会治安状况、案件数量等情况,决定实行相对集中管辖,指定辖区内特定的中级人民法院集中审理恐怖活动和极端主义犯罪第一审刑事案件,或者指定辖区内特定的基层人民法院集中审理极端主义犯罪第一审刑事案件,并将指定法院名单报最高人民法院备案。

(二)国家反恐怖主义工作领导机构对恐怖活动组织和恐怖活动人员作出认定并予以公告的,人民法院可以在办案中根据公告直接认定。国家反恐怖主义工作领导机构没有公告的,人民法院应当严格依照《中华人民共和国反恐怖主义法》有关恐怖活动组织和恐怖活动人员的定义认定,必要时,可以商地市级以上公安机关出具意见作为参考。

(三)宣扬恐怖主义、极端主义的图书、音频视频资料,服饰、标志或者其他物品的认定,应当根据《中华人民共和国反恐怖主义法》有关恐怖主义、极端主义的规定,从其记载的内容、外观特征等分析判断。公安机关应当对涉案物品全面审查并逐一标注或者摘录,提出审读意见,与扣押、移交物品清单及涉案物品原件一并移送人民检察院审查。人民检察院、人民法院可以结合在案证据、案件情况、办案经验等综合审查判断。

(四)恐怖活动和极端主义犯罪案件初查过程中收集提取的电子数据,以及通过网络在线提取的电子数据,可以作为证据使用。对于原始存储介质位于境外或者远程计算机信息系统上的恐怖活动和极端主义犯罪电子数据,可以通过网络在线提取。必要时,可以对远程计算机信息系统进行网络远程勘验。立案后,经设区的市一级以上公安机关负责人批准,可以采取技术侦查措施。对于恐怖活动和极端主义犯罪电子数据量大或者提取时间长等需要冻结的,经县级以上公安机关负责人或者检察长批准,可以进行冻结。对于电子数据涉及的专门性问题难以确定的,由具备资格的司法鉴定机构出具鉴定意见,或者由公安部指定的机构出具报告。

三、完善工作机制

(一)人民法院、人民检察院和公安机关办理恐怖活动和极端主义犯罪案件,应当互相配合,互相制约,确保法律有效执行。对于主要犯罪事实、关键证据和法律适用等可能产生分歧或者重大、疑难、复杂的恐怖活动和极端主义犯罪案件,公安机关商请听取有管辖权的人民检察院意见和建议的,人民检察院可以提出意见和建议。

(二)恐怖活动和极端主义犯罪案件一般由犯罪地公安机关管辖,犯罪嫌疑人居住地公安机关管辖更为适宜的,也可以由犯罪嫌疑人居住地公安机关管辖。移送案件应当一案一卷,将案件卷宗、提取物证和扣押物品等全部随案移交。移送案件的公安机关应当指派专人配合接收案件的公安机关开展后续案件办理工作。

（三）人民法院、人民检察院和公安机关办理恐怖活动和极端主义犯罪案件，应当坚持对涉案人员区别对待，实行教育转化。对被教唆、胁迫、引诱参与恐怖活动、极端主义活动，或者参与恐怖活动、极端主义活动情节轻微，尚不构成犯罪的人员，公安机关应当组织有关部门、村民委员会、居民委员会、所在单位、就读学校、家庭和监护人对其进行帮教。对被判处有期徒刑以上刑罚的恐怖活动罪犯和极端主义罪犯，服刑地的中级人民法院应当根据其社会危险性评估结果和安置教育建议，在其刑满释放前作出是否安置教育的决定。人民检察院依法对安置教育进行监督，对于实施安置教育过程中存在违法行为的，应当及时提出纠正意见或者检察建议。

相关规范集成·最高人民法院巡回法庭的管辖

相关规定

《中华人民共和国人民法院组织法》（修订后自2019年1月1日起施行，节录）

第十九条　最高人民法院可以设巡回法庭，审理最高人民法院依法确定的案件。

巡回法庭是最高人民法院的组成部分。巡回法庭的判决和裁定即最高人民法院的判决和裁定。

其他规范

《最高人民法院关于巡回法庭审理案件若干问题的规定》[法释〔2015〕3号，根据《最高人民法院关于修改〈最高人民法院关于巡回法庭审理案件若干问题的规定〉的决定》（法释〔2016〕30号）修正］

为依法及时公正审理跨行政区域重大行政和民商事等案件，推动审判工作重心下移、就地解决纠纷、方便当事人诉讼，根据《中华人民共和国人民法院组织法》《中华人民共和国行政诉讼法》《中华人民共和国民事诉讼法》《中华人民共和国刑事诉讼法》等法律以及有关司法解释，结合最高人民法院审判工作实际，就最高人民法院巡回法庭（简称巡回法庭）审理案件等问题规定如下。

第一条　最高人民法院设立巡回法庭，受理巡回区内相关案件。第一巡回法庭设在广东省深圳市，巡回区为广东、广西、海南、湖南四省区。第二巡回法庭设在辽宁省沈阳市，巡回区为辽宁、吉林、黑龙江三省。第三巡回法庭设在江苏省南京市,巡回区为江苏、上海、浙江、福建、江西五省市。第四巡回法庭设在河南省郑州市,巡回区为河南、山西、湖北、安徽四省。第五巡回法庭设在重庆市,巡回区为重庆、四川、贵州、云南、西藏五省区。第六巡回法庭设在陕西省西安市,巡回区为陕西、甘肃、青海、宁夏、新疆五省区。最高人民法院本部直接受理北京、天津、河北、山东、内蒙古五省区市有关案件。

最高人民法院根据有关规定和审判工作需要,可以增设巡回法庭,并调整巡回法庭的巡回区和案件受理范围。

第二条 巡回法庭是最高人民法院派出的常设审判机构。巡回法庭作出的判决、裁定和决定,是最高人民法院的判决、裁定和决定。

第三条 巡回法庭审理或者办理巡回区内应当由最高人民法院受理的以下案件:

(一)全国范围内重大、复杂的第一审行政案件;

(二)在全国有重大影响的第一审民商事案件;

(三)不服高级人民法院作出的第一审行政或者民商事判决、裁定提起上诉的案件;

(四)对高级人民法院作出的已经发生法律效力的行政或者民商事判决、裁定、调解书申请再审的案件;

(五)刑事申诉案件;

(六)依法定职权提起再审的案件;

(七)不服高级人民法院作出的罚款、拘留决定申请复议的案件;

(八)高级人民法院因管辖权问题报请最高人民法院裁定或者决定的案件;

(九)高级人民法院报请批准延长审限的案件;

(十)涉港澳台民商事案件和司法协助案件;

(十一)最高人民法院认为应当由巡回法庭审理或者办理的其他案件。

巡回法庭依法办理巡回区内向最高人民法院提出的来信来访事项。

第四条 知识产权、涉外商事、海事海商、死刑复核、国家赔偿、执行案件和最高人民检察院抗诉的案件暂由最高人民法院本部审理或者办理。

第五条 巡回法庭设立诉讼服务中心,接受并登记属于巡回法庭受案范围的案件材料,为当事人提供诉讼服务。对于依照本规定应当由最高人民法院本部受理案件的材料,当事人要求巡回法庭转交的,巡回法庭应当转交。

巡回法庭对于符合立案条件的案件,应当在最高人民法院办案信息平台统一编号立案。

第六条 当事人不服巡回区内高级人民法院作出的第一审行政或者民商事

判决、裁定提起上诉的,上诉状应当通过原审人民法院向巡回法庭提出。当事人直接向巡回法庭上诉的,巡回法庭应当在五日内将上诉状移交原审人民法院。原审人民法院收到上诉状、答辩状,应当在五日内连同全部案卷和证据,报送巡回法庭。

第七条 当事人对巡回区内高级人民法院作出的已经发生法律效力的判决、裁定申请再审或者申诉的,应当向巡回法庭提交再审申请书、申诉书等材料。

第八条 最高人民法院认为巡回法庭受理的案件对统一法律适用有重大指导意义的,可以决定由本部审理。

巡回法庭对于已经受理的案件,认为对统一法律适用有重大指导意义的,可以报请最高人民法院本部审理。

第九条 巡回法庭根据审判工作需要,可以在巡回区内巡回审理案件、接待来访。

第十条 巡回法庭按照让审理者裁判、由裁判者负责原则,实行主审法官、合议庭办案责任制。巡回法庭主审法官由最高人民法院从办案能力突出、审判经验丰富的审判人员中选派。巡回法庭的合议庭由主审法官组成。

第十一条 巡回法庭庭长、副庭长应当参加合议庭审理案件。合议庭审理案件时,由承办案件的主审法官担任审判长。庭长或者副庭长参加合议庭审理案件时,自己担任审判长。巡回法庭作出的判决、裁定,经合议庭成员签署后,由审判长签发。

第十二条 巡回法庭受理的案件,统一纳入最高人民法院审判信息综合管理平台进行管理,立案信息、审判流程、裁判文书面向当事人和社会依法公开。

第十三条 巡回法庭设廉政监察员,负责巡回法庭的日常廉政监督工作。

最高人民法院监察局通过受理举报投诉、查处违纪案件、开展司法巡查和审务督察等方式,对巡回法庭及其工作人员进行廉政监督。

相关规范集成·新疆维吾尔自治区生产建设兵团人民法院和人民检察院的管辖

相关规定

《全国人民代表大会常务委员会关于新疆维吾尔自治区生产建设兵团设置人民法院和人民检察院的决定》(自1998年12月29日起施行)

第九届全国人民代表大会常务委员会第六次会议审议了最高人民法院《关于确定新疆生产建设兵团法院法律地位的议案》和最高人民检察院《关于确定新疆生产建设兵团检察院法律地位的议案》,决定如下:

一、在新疆维吾尔自治区设立新疆维吾尔自治区高级人民法院生产建设兵团分院,作为自治区高级人民法院的派出机构;在新疆生产建设兵团设立若干中级人民法院;在生产建设兵团农牧团场比较集中的垦区设立基层人民法院。

二、新疆维吾尔自治区人民检察院在生产建设兵团设置下列人民检察院,作为自治区人民检察院的派出机构:

(一)新疆维吾尔自治区生产建设兵团人民检察院;

(二)新疆维吾尔自治区生产建设兵团人民检察院分院;

(三)在农牧团场比较集中的垦区设置基层人民检察院。

新疆维吾尔自治区生产建设兵团人民检察院领导生产建设兵团人民检察院分院以及基层人民检察院的工作。

三、在新疆维吾尔自治区生产建设兵团设置的各级人民法院和各级人民检察院的案件管辖权,分别由最高人民法院和最高人民检察院依照有关法律予以规定。

四、新疆维吾尔自治区高级人民法院生产建设兵团分院院长、副院长、审判委员会委员、庭长、副庭长、审判员,新疆维吾尔自治区生产建设兵团中级人民法院院长、副院长、审判委员会委员、庭长、副庭长、审判员,由自治区高级人民法院院长提请自治区人民代表大会常务委员会任免;基层人民法院院长、副院长、审判委员会委员、庭长、副庭长、审判员,由新疆维吾尔自治区高级人民法院生产建设兵团分院任免。

新疆维吾尔自治区生产建设兵团人民检察院检察长、副检察长、检察委员会委员、检察员,新疆维吾尔自治区生产建设兵团人民检察院分院检察长、副检察长、检察委员会委员、检察员,由自治区人民检察院检察长提请自治区人民代表大会常务委员会任免;基层人民检察院检察长、副检察长、检察委员会委员、检察员,由新疆维吾尔自治区生产建设兵团人民检察院任免。

其他规范

《最高人民法院关于新疆生产建设兵团人民法院案件管辖权问题的若干规定》(法释〔2005〕4号,自2005年6月6日起施行,节录)

根据《全国人民代表大会常务委员会关于新疆维吾尔自治区生产建设兵团

设置人民法院和人民检察院的决定》第三条的规定,对新疆生产建设兵团各级人民法院案件管辖权问题规定如下:

第一条 新疆生产建设兵团基层人民法院和中级人民法院分别行使地方基层人民法院和中级人民法院的案件管辖权,管辖兵团范围内的各类案件。

新疆维吾尔自治区高级人民法院生产建设兵团分院管辖原应当由高级人民法院管辖的兵团范围内的第一审案件、上诉案件和其他案件,其判决和裁定是新疆维吾尔自治区高级人民法院的判决和裁定。但兵团各中级人民法院判处死刑(含死缓)的案件的上诉案件以及死刑复核案件由新疆维吾尔自治区高级人民法院管辖。

第二条 兵团人民检察院提起公诉的第一审刑事案件,由兵团人民法院管辖。

兵团人民法院对第一审刑事自诉案件、第二审刑事案件以及再审刑事案件的管辖,适用刑事诉讼法的有关规定。

第五条 兵团人民法院管辖兵团范围内发生的涉外案件。新疆维吾尔自治区高级人民法院生产建设兵团分院根据最高人民法院的有关规定确定管辖涉外案件的兵团法院。

第六条 兵团各级人民法院与新疆维吾尔自治区地方各级人民法院之间因管辖权发生争议的,由争议双方协商解决;协商不成的,报请新疆维吾尔自治区高级人民法院决定管辖。

第七条 新疆维吾尔自治区高级人民法院生产建设兵团分院所管辖第一审案件的上诉法院是最高人民法院。

第八条 对于新疆维吾尔自治区高级人民法院生产建设兵团分院审理再审案件所作出的判决、裁定,新疆维吾尔自治区高级人民法院不再进行再审。

《最高人民检察院关于新疆生产建设兵团各级人民检察院案件管辖权的规定》(高检发研字〔2001〕2号,自2001年6月21日起施行)

根据《全国人民代表大会常务委员会关于新疆维吾尔自治区生产建设兵团设置人民法院和人民检察院的决定》和《中华人民共和国刑事诉讼法》的规定,现对新疆生产建设兵团各级人民检察院案件管辖作如下规定:

一、兵团所属的国家工作人员职务犯罪案件,属检察机关管辖的,由兵团检察机关立案侦查。

二、兵团各级检察机关的案件管辖范围,由兵团人民检察院依照《刑事诉讼法》、《人民检察院刑事诉讼规则》以及最高人民检察院其他有关案件管辖问题的规定另行规定。

第一章 管　辖

第十七条第二款、第三款① 基层人民法院对下列第一审刑事案件，可以请求移送中级人民法院审判：

（一）重大、复杂案件；

（二）新类型的疑难案件；

（三）在法律适用上具有普遍指导意义的案件。

需要将案件移送中级人民法院审判的，应当在报请院长决定后，至迟于案件审理期限届满十五日以前书面请求移送。中级人民法院应当在接到申请后十日以内作出决定。不同意移送的，应当下达不同意移送决定书，由请求移送的人民法院依法审判；同意移送的，应当下达同意移送决定书，并书面通知同级人民检察院。

第十八条② 有管辖权的人民法院因案件涉及本院院长需要回避或者其他原因，不宜行使管辖权的，可以请求移送上一级人民法院管辖。上一级人民法院可以管辖，也可以指定与提出请求的人民法院同级的其他人民法院管辖。

《人民检察院刑事诉讼规则》（高检发释字〔2019〕4号，自2019年12月30日起施行）

第二章 管　辖

第十六条 上级人民检察院在必要的时候，可以直接立案侦查或者组织、指挥、参与侦查下级人民检察院管辖的案件。下级人民检察院认为案情重大、复杂，需要由上级人民检察院立案侦查的案件，可以请求移送上级人民检察院立案侦查。

---

① 需要注意的是，考虑到如果规定中级人民法院也可以将案件移送上级人民法院，则会大量增加高级人民法院、最高人民法院的审判压力，也会削弱其审判监督、指导职能，故本条仅适用于基层人民法院将案件移送中级人民法院审判的情形。——**本评注注**

② 《2012年刑诉法解释》第十六条规定："有管辖权的人民法院因案件涉及本院院长需要回避等原因，不宜行使管辖权的，可以请求移送上一级人民法院管辖。上一级人民法院可以管辖，也可以指定与提出请求的人民法院同级的其他人民法院管辖。"实践反映本院工作人员及其近亲属犯罪的，也不宜由该院管辖，需要予以回避。经研究，为了给司法实践妥善处理案件留有裁量空间，本条将原规定中的"等"改为"或者其他"，以使表述更为明确和更具包容性。具体司法适用中，除案件涉及本院院长需要回避的情形外，有管辖权的人民法院因案件其他原因不宜行使管辖权的，也可以向上级人民法院申请移送管辖。——**本评注注**

三、兵团检察机关直接立案侦查的案件侦查终结后,依照刑事诉讼法有关管辖的规定,由与审判管辖相适应的兵团检察机关或者地方检察机关审查起诉。

四、对于兵团所属的国家工作人员与地方国家工作人员共同实施的职务犯罪案件,依据主要犯罪地或者在共同犯罪中起主要作用的犯罪嫌疑人工作单位所在地确定侦查管辖。侦查终结后,由与审判管辖相适应的兵团检察机关或者地方检察机关审查起诉。

五、发生在垦区内的案件,由兵团检察机关依照刑事诉讼法关于管辖的规定审查起诉。

六、兵团单位发生贪污贿赂、渎职等职务犯罪案件以外的其他刑事案件,所在城区未设兵团检察分院和基层检察院的,由地方人民检察院依照刑事诉讼法的有关规定审查逮捕、审查起诉。

七、根据宪法和法律关于上级检察机关领导下级检察机关的规定,兵团检察机关与新疆地方检察机关对案件管辖有争议的,由自治区人民检察院决定。

第二十四条 【人民法院级别管辖的变更】上级人民法院在必要的时候,可以审判下级人民法院管辖的第一审刑事案件;下级人民法院认为案情重大、复杂需要由上级人民法院审判的第一审刑事案件,可以请求移送上一级人民法院审判。

立法沿革

1979年《刑事诉讼法》第十八条规定:"上级人民法院在必要的时候,可以审判下级人民法院管辖的第一审刑事案件,也可以把自己管辖的第一审刑事案件交由下级人民法院审判;下级人民法院认为案情重大、复杂需要由上级人民法院审判的第一审刑事案件,可以请求移送上一级人民法院审判。"1996年《刑事诉讼法修改决定》将"上级人民法院在必要的时候也可以把自己管辖的第一审刑事案件交由下级人民法院审判"的规定删去。2012年、2018年修改《刑事诉讼法》时对本条规定未作调整。

基本规范

《最高人民法院关于适用〈中华人民共和国刑事诉讼法〉的解释》(法释〔2021〕1号,自2021年3月1日起施行)

其他规范

《最高人民法院关于规范上下级人民法院审判业务关系的若干意见》（法发〔2010〕61号，节录）

第三条 基层人民法院和中级人民法院对于已经受理的下列第一审案件，必要时可以根据相关法律规定，书面报请上一级人民法院审理：

（一）重大、疑难、复杂案件；

（二）新类型案件；

（三）具有普遍法律适用意义的案件；

（四）有管辖权的人民法院不宜行使审判权的案件。

第四条 上级人民法院对下级人民法院提出的移送审理请求，应当及时决定是否由自己审理，并下达同意移送决定书或者不同意移送决定书。

第五条 上级人民法院认为下级人民法院管辖的第一审案件，属于本意见第三条所列类型，有必要由自己审理的，可以决定提级管辖。

第六条 第一审人民法院已经查清事实的案件，第二审人民法院原则上不得以事实不清、证据不足为由发回重审。

第二审人民法院作出发回重审裁定时，应当在裁定书中详细阐明发回重审的理由及法律依据。

第七条 第二审人民法院因原审判决事实不清、证据不足将案件发回重审的，原则上只能发回重审一次。

《最高人民法院关于加强和规范案件提级管辖和再审提审工作的指导意见》（法发〔2023〕13号，自2023年8月1日起施行，节录）

为加强人民法院审级监督体系建设，做深做实新时代能动司法，推动以审判工作现代化服务保障中国式现代化，现根据相关法律和司法解释的规定，结合审判工作实际，就加强和规范人民法院案件提级管辖、再审提审工作，制定本意见。

一、一般规定

第二条 本意见所称"提级管辖"，是指根据《中华人民共和国刑事诉讼法》第二十四条、《中华人民共和国民事诉讼法》第三十九条、《中华人民共和国行政诉讼法》第二十四条的规定，下级人民法院将所管辖的第一审案件转移至上级人民法院审理，包括上级人民法院依下级人民法院报请提级管辖、上级人民法院依职权提级管辖。

二、完善提级管辖机制

第四条 下级人民法院对已经受理的第一审刑事、民事、行政案件，认为属

于下列情形之一,不宜由本院审理的,应当报请上一级人民法院审理:

(一)涉及重大国家利益、社会公共利益的;

(二)在辖区内属于新类型,且案情疑难复杂的;

(三)具有诉源治理效应,有助于形成示范性裁判,推动同类纠纷统一、高效、妥善化解的;

(四)具有法律适用指导意义的;

(五)上一级人民法院或者其辖区内人民法院之间近三年裁判生效的同类案件存在重大法律适用分歧的;

(六)由上一级人民法院一审更有利于公正审理的。

上级人民法院对辖区内人民法院已经受理的第一审刑事、民事、行政案件,认为属于上述情形之一,有必要由本院审理的,可以决定提级管辖。

第五条 "在辖区内属于新类型,且案情疑难复杂的"案件,主要指案件所涉领域、法律关系、规制范围等在辖区内具有首案效应或者相对少见,在法律适用上存在难点和争议。

"具有诉源治理效应,有助于形成示范性裁判,推动同类纠纷统一、高效、妥善化解的"案件,是指案件具有示范引领价值,通过确立典型案件的裁判规则,能够对处理类似纠纷形成规范指引,引导当事人作出理性选择,促进批量纠纷系统化解,实现纠纷源头治理。

"具有法律适用指导意义的"案件,是指法律、法规、司法解释、司法指导性文件等没有明确规定,需要通过典型案件裁判进一步明确法律适用;司法解释、司法指导性文件、指导性案例发布时所依据的客观情况发生重大变化,继续适用有关规则审理明显有违公平正义。[①]

"由上一级人民法院一审更有利于公正审理的"案件,是指案件因所涉领域、主体、利益等因素,可能受地方因素影响或者外部干预,下级人民法院不宜行使管辖权。

第六条 下级人民法院报请上一级人民法院提级管辖的案件,应当经本院院长或者分管院领导批准,以书面形式请示。请示应当包含案件基本情况、报请提级管辖的事实和理由等内容,并附必要的案件材料。

[①] 需要强调的是,上级法院在提级审理符合上述情形的案件时,不得在裁判文书中对司法解释、司法指导性文件、指导性案例作出否定性评价,但可以逐级向最高人民法院提出"立、改、废"的工作建议。参见何帆、李承运、陈琨:《〈最高人民法院关于加强和规范案件提级管辖和再审提审工作的指导意见〉的理解与适用》,载《人民司法》2023年第25期。

第七条 民事、行政第一审案件报请提级管辖的,应当在当事人答辩期届满后,至迟于案件法定审理期限届满三十日前向上一级人民法院报请。

刑事第一审案件报请提级管辖的,应当至迟于案件法定审理期限届满十五日前向上一级人民法院报请。

第八条 上一级人民法院收到案件报请提级管辖的请示和材料后,由立案庭编立"辖"字号,转相关审判庭组成合议庭审查。上一级人民法院应当在编立案号之日起三十日内完成审查,但法律和司法解释对审查时限另有规定的除外。

合议庭经审查并报本院院长或者分管院领导批准后,根据本意见所附诉讼文书样式,作出同意或者不同意提级管辖的法律文书。相关法律文书一经作出即生效。

第九条 上级人民法院根据本意见第二十一条规定的渠道,发现下级人民法院受理的第一审案件可能需要提级管辖的,可以及时与相关人民法院沟通,并书面通知提供必要的案件材料。

上级人民法院认为案件应当提级管辖的,经本院院长或者分管院领导批准后,根据本意见所附诉讼文书样式,作出提级管辖的法律文书。

第十条 上级人民法院作出的提级管辖法律文书,应当载明以下内容:

(一)案件基本信息;

(二)本院决定提级管辖的理由和分析意见。

上级人民法院不同意提级管辖的,应当在相关法律文书中载明理由和分析意见。

第十一条 上级人民法院决定提级管辖的,应当在作出法律文书后五日内,将法律文书送原受诉人民法院。原受诉人民法院收到提级管辖的法律文书后,应当在五日内送达当事人,并在十日内将案卷材料移送上级人民法院。上级人民法院应当在收到案卷材料后五日内立案。对检察机关提起公诉的案件,上级人民法院决定提级管辖的,应当书面通知同级人民检察院,原受诉人民法院应当将案卷材料退回同级人民检察院,并书面通知当事人。

上级人民法院决定不予提级管辖的,应当在作出法律文书后五日内,将法律文书送原受诉人民法院并退回相关案卷材料。案件由原受诉人民法院继续审理。

第十二条 上级人民法院决定提级管辖的案件,应当依法组成合议庭适用第一审普通程序审理。

原受诉人民法院已经依法完成的送达、保全、鉴定等程序性工作,上级人民法院可以不再重复开展。

第十三条　中级人民法院、高级人民法院决定提级管辖的案件,应当报上一级人民法院立案庭备案。

第十四条　按照本意见提级管辖的案件,审理期限自上级人民法院立案之日起重新计算。

下级人民法院向上级人民法院报送提级管辖请示的期间和上级人民法院审查处理期间,均不计入案件审理期限。

对依报请不同意提级管辖的案件,自原受诉人民法院收到相关法律文书之日起恢复案件审限计算。

三、规范民事、行政再审提审机制(略)①

四、完善提级管辖、再审提审的保障机制

第二十一条　上级人民法院应当健全完善特殊类型案件的发现、监测、甄别机制,注重通过以下渠道,主动启动提级管辖或者再审提审程序:

(一)办理下级人民法院关于法律适用问题的请示;

(二)开展审务督察、司法巡查、案件评查;

(三)办理检察监督意见;

(四)办理人大代表、政协委员关注的事项或者问题;

(五)办理涉及具体案件的群众来信来访;

(六)处理当事人提出的提级管辖或者再审提审请求;

(七)开展案件舆情监测;

(八)办理有关国家机关、社会团体等移送的其他事项。

五、附则

第二十五条　本意见由最高人民法院解释。各高级人民法院可以根据相关法律、司法解释和本意见,结合审判工作实际,制定或者修订本地区关于提级管辖、再审提审的实施细则,报最高人民法院备案。

第二十六条　本意见自2023年8月1日起施行。之前有关规定与本意见不一致的,按照本意见执行。

附件:(略)

---

① 再审提审仅适用于民事、行政领域。《刑事诉讼法》及其司法解释关于刑事申诉的规定相对完备,实践运行情况良好。参见何帆、李承运、陈琨:《〈最高人民法院关于加强和规范案件提级管辖和再审提审工作的指导意见〉的理解与适用》,载《人民司法》2023年第25期。

第二十五条 【地域管辖】刑事案件由犯罪地的人民法院管辖。如果由被告人居住地的人民法院审判更为适宜的,可以由被告人居住地的人民法院管辖。

▎立法沿革

本条系沿用 1979 年《刑事诉讼法》第十九条的规定。

▎"六部委"规定

《最高人民法院、最高人民检察院、公安部、国家安全部、司法部、全国人大常委会法制工作委员会关于实施刑事诉讼法若干问题的规定》(自 2013 年 1 月 1 日起施行,节录)

一、管辖

2. 刑事诉讼法第二十四条①中规定:"刑事案件由犯罪地的人民法院管辖。"刑事诉讼法规定的"犯罪地",包括犯罪的行为发生地和结果发生地。

3. 具有下列情形之一的,人民法院、人民检察院、公安机关可以在其职责范围内并案处理:

(一)一人犯数罪的;

(二)共同犯罪的;

(三)共同犯罪的犯罪嫌疑人、被告人还实施其他犯罪的;

(四)多个犯罪嫌疑人、被告人实施的犯罪存在关联,并案处理有利于查明案件事实的。

▎基本规范

《最高人民法院关于适用〈中华人民共和国刑事诉讼法〉的解释》(法释〔2021〕1 号,自 2021 年 3 月 1 日起施行)

第一章 管 辖

第二条 犯罪地包括犯罪行为地和犯罪结果地。

针对或者主要利用计算机网络实施的犯罪,犯罪地包括用于实施犯罪行为的网络服务使用的服务器所在地,网络服务提供者所在地,被侵害的信息网络系统及其管理者所在地,犯罪过程中被告人、被害人使用的信息网络系统所在

---

① 2018 年《刑事诉讼法》第二十五条。
② 其他规范中关于某些特殊犯罪的犯罪地规定,如不与《高法刑诉解释》相冲突,仍然有效。——本评注注

地，以及被害人被侵害时所在地和被害人财产遭受损失地等。

第三条 被告人的户籍地为其居住地。经常居住地与户籍地不一致的，经常居住地为其居住地。经常居住地为被告人被追诉前已连续居住一年以上的地方，但住院就医的除外。

被告单位登记的住所地为其居住地。主要营业地或者主要办事机构所在地与登记的住所地不一致的，主要营业地或者主要办事机构所在地为其居住地。

第四条 在中华人民共和国内水、领海发生的刑事案件，由犯罪地或者被告人登陆地的人民法院管辖。由被告人居住地的人民法院审判更为适宜的，可以由被告人居住地的人民法院管辖。①

第五条② 在列车上的犯罪，被告人在列车运行途中被抓获的，由前方停靠站所在地负责审判铁路运输刑事案件的人民法院管辖。必要时，也可以由始发站或者终点站所在地负责审判铁路运输刑事案件的人民法院管辖。

被告人不是在列车运行途中被抓获的，由负责该列车乘务的铁路公安机关

---

① 本条吸收《最高人民法院、最高人民检察院、中国海警局关于海上刑事案件管辖等有关问题的通知》（海警〔2020〕1号，以下简称《海上刑事案件管辖通知》）第一条第一项的规定，明确了在中华人民共和国内水、领海发生的刑事案件的管辖规则。需要注意的是，《最高人民法院关于审理发生在我国管辖海域相关案件若干问题的规定（一）》（法释〔2016〕16号）第一条规定："本规定所称我国管辖海域，是指中华人民共和国内水、领海、毗连区、专属经济区、大陆架，以及中华人民共和国管辖的其他海域。"据此，本条规定的"内水"应当是指领海基线向陆一侧的海上水域。——**本评注**

② 《最高人民法院关于铁路运输法院案件管辖范围的若干规定》（法释〔2012〕10号）第一条第三款规定"在列车上的犯罪，由犯罪发生后该列车最初停靠的车站所在地或者目的地的铁路运输法院管辖"。根据实践反映的问题，本条作了修改完善，重新确立了在列车上犯罪的管辖规则。具体而言：(1)当前一些铁路运输法院处于改革期，有些地方已经把铁路运输案件交给地方法院管辖。因此，一概要求"铁路运输法院管辖"，与实际不符。(2)规定由"前方停靠站"而非"最初停靠站"所在地的负责审判铁路运输刑事案件的人民法院管辖，主要考虑："最初停靠站"只能是发现犯罪后停靠的第一个站点，而第一个站点有大有小，小站点可能根本没有警力羁押犯罪嫌疑人，不便于管辖，而用"前方停靠站"则涵盖范围更广，更符合实际需求。(3)在一些案件中，列车刚刚驶出始发地即发生犯罪案件并抓获犯罪嫌疑人，在此种情况下，由列车始发地的负责审判铁路运输刑事案件的人民法院管辖，更具合理性。(4)对于被告人不是在列车运行途中被抓获的，规定由负责该列车乘务的铁路公安机关对应的审判铁路运输刑事案件的人民法院管辖。但是实践中存在被告人实施犯罪后下车，在车站即被抓获的情形。为便于执法办案，避免移送案件浪费侦查资源，此种情形也可以由该车站所在地负责审判铁路运输刑事案件的人民法院管辖。——**本评注**

对应的审判铁路运输刑事案件的人民法院管辖;被告人在列车运行途经车站被抓获的,也可以由该车站所在地负责审判铁路运输刑事案件的人民法院管辖。

第六条 在国际列车上的犯罪,根据我国与相关国家签订的协定确定管辖;没有协定的,由该列车始发或者前方停靠的中国车站所在地负责审判铁路运输刑事案件的人民法院管辖。①

第七条 在中华人民共和国领域外的中国船舶内的犯罪,由该船舶最初停泊的中国口岸所在地或者被告人登陆地、入境地的人民法院管辖。②

第八条 在中华人民共和国领域外的中国航空器内的犯罪,由该航空器在中国最初降落地的人民法院管辖。③

第九条 中国公民在中国驻外使领馆内的犯罪,由其主管单位所在地或者原户籍地的人民法院管辖。

第十条 中国公民在中华人民共和国领域外的犯罪,由其登陆地、入境地、离境前居住地或者现居住地的人民法院管辖;被害人是中国公民的,也可以由被害人离境前居住地或者现居住地的人民法院管辖。

第十一条 外国人在中华人民共和国领域外对中华人民共和国国家或者公民犯罪,根据《中华人民共和国刑法》应当受处罚的,由该外国人登陆地、入境地

---

① 《2012年刑诉法解释》第六条规定:"在国际列车上的犯罪,根据我国与相关国家签订的协定确定管辖;没有协定的,由该列车最初停靠的中国车站所在地或者目的地的铁路运输法院管辖。"实践中存在国际列车在离开最后一座中国车站后,行为人在中国境内实施犯罪,但前方无停靠的中国车站的情形,无法依据现有规定进行管辖。鉴此,本条作了修改完善。——**本评注**

② 《2012年刑诉法解释》第四条规定:"在中华人民共和国领域外的中国船舶内的犯罪,由该船舶最初停泊的中国口岸所在地的人民法院管辖。"实践中,有的在中国领域外航行的中国船舶内发生犯罪后,船舶可能并不马上航返回国,而是继续向外航行,只是将犯罪嫌疑人带回我国。对此种情形下,依据《2012年刑诉法解释》第四条的规定确定管辖可能并不适当。为此,《海上刑事案件管辖通知》第一条第二项增加规定被告人登陆地、入境地的人民法院作为管辖选择地。经吸收上述规定,形成本条。——**本评注**

③ 《2012年刑诉法解释》第八条规定:"中国公民在中华人民共和国领域外的犯罪,由其入境地或者离境前居住地的人民法院管辖;被害人是中国公民的,也可由被害人离境前居住地的人民法院管辖。"鉴于海上刑事案件的被告人通常是从海上登陆,同时,考虑到被告人或者被害人入境后的居住地可能与离境前居住地不一致的情况,为便于案件办理,《海上刑事案件管辖通知》第一条第三项增加规定了相关管辖连接点。经吸收上述规定,形成本条。——**本评注**

或者入境后居住地的人民法院管辖,也可以由被害人离境前居住地或者现居住地的人民法院管辖。①

第十二条 对中华人民共和国缔结或者参加的国际条约所规定的罪行,中华人民共和国在所承担条约义务的范围内行使刑事管辖权的,由被告人被抓获地、登陆地或者入境地的人民法院管辖。②

第十三条③ 正在服刑的罪犯在判决宣告前还有其他罪没有判决的,由原审地人民法院管辖;由罪犯服刑地或者犯罪地的人民法院审判更为适宜的,可以由罪犯服刑地或者犯罪地的人民法院管辖。

罪犯在服刑期间又犯罪的,由服刑地的人民法院管辖。

罪犯在脱逃期间又犯罪的,由服刑地的人民法院管辖。但是,在犯罪地抓获罪犯并发现其在脱逃期间犯罪的,由犯罪地的人民法院管辖。

第二十四条 人民法院发现被告人还有其他犯罪被起诉的,可以并案审理;涉及同种犯罪的,一般应当并案审理。

人民法院发现被告人还有其他犯罪被审查起诉、立案侦查、立案调查的,可以参照前款规定协商人民检察院、公安机关、监察机关并案处理,但可能造成审

---

① 《2012年刑诉法解释》第九条规定:"外国人在中华人民共和国领域外对中华人民共和国国家或者公民犯罪,根据《中华人民共和国刑法》应当受处罚的,由该外国人入境地、入境后居住地或者被害中国公民离境前居住地的人民法院管辖。"鉴于海上刑事案件的特殊性,《海上刑事案件管辖通知》第一条第四项增加规定被告人登陆地的人民法院也可以管辖。经吸收上述规定,形成本条。——**本评注注**
② 《2012年刑诉法解释》第十条规定:"对中华人民共和国缔结或者参加的国际条约所规定的罪行,中华人民共和国在所承担条约义务的范围内,行使刑事管辖权的,由被告人被抓获地的人民法院管辖。"由于海上刑事案件的特殊性,实际办案中可能存在犯罪嫌疑人在我国领海以外(如公海)被抓获的情形,无法依据《2012年刑诉法解释》第十条的规定进行管辖。基于此,《海上刑事案件管辖通知》第一条第五项增加规定被告人入境地、登陆地的人民法院也可以管辖。经吸收上述规定,形成本条。——**本评注注**
③ 需要注意的问题有二:(1)根据本条第二款的规定,罪犯在服刑期间又犯罪的,即又犯新罪的,由服刑地的人民法院管辖。服刑地的人民法院包括服刑地的基层人民法院、中级人民法院和高级人民法院,根据新罪的不同情况,确定由服刑地的不同级别的人民法院管辖。需要明确的是,服刑罪犯在服刑期间脱逃,但在脱逃期间没有实施其他犯罪的,根据我国《刑法》第三百一十六条的规定,脱逃行为一般构成脱逃罪。对于服刑罪犯的脱逃罪,由服刑地人民法院管辖。(2)对于服刑罪犯脱逃期间又实施新的犯罪,如果是在犯罪地被抓获并发现了其实施的新的犯罪的,由犯罪地的人民法院管辖;如果是在被抓回服刑地后发现,或者其他情形的,均由服刑地人民法院管辖。——**本评注注**

判过分迟延的除外。

根据前两款规定并案处理的案件,由最初受理地的人民法院审判。必要时,可以由主要犯罪地的人民法院审判。

第二十五条 第二审人民法院在审理过程中,发现被告人还有其他犯罪没有判决的,参照前条规定处理。第二审人民法院决定并案审理的,应当发回第一审人民法院,由第一审人民法院作出处理。

第二十六条 军队和地方互涉刑事案件,按照有关规定确定管辖。

《人民检察院刑事诉讼规则》(高检发释字〔2019〕4号,自2019年12月30日起施行)

第二章 管 辖

第十九条 本规则第十三条规定的案件,由犯罪嫌疑人工作单位所在地的人民检察院管辖。如果由其他人民检察院管辖更为适宜的,可以由其他人民检察院管辖。

《公安机关办理刑事案件程序规定》(公安部令第159号修正,修正后自2020年9月1日起施行)

第二章 管 辖

第十五条 刑事案件由犯罪地的公安机关管辖。如果由犯罪嫌疑人居住地的公安机关管辖更为适宜的,可以由犯罪嫌疑人居住地的公安机关管辖。

法律、司法解释或者其他规范性文件对有关犯罪案件的管辖作出特别规定的,从其规定。

第十六条 犯罪地包括犯罪行为发生地和犯罪结果发生地。犯罪行为发生地,包括犯罪行为的实施地以及预备地、开始地、途经地、结束地等与犯罪行为有关的地点;犯罪行为有连续、持续或者继续状态的,犯罪行为连续、持续或者继续实施的地方都属于犯罪行为发生地。犯罪结果发生地,包括犯罪对象被侵害地、犯罪所得的实际取得地、藏匿地、转移地、使用地、销售地。

居住地包括户籍所在地、经常居住地。经常居住地是指公民离开户籍所在地最后连续居住一年以上的地方,但住院就医的除外。单位登记的住所地为其居住地。主要营业地或者主要办事机构所在地与登记的住所地不一致的,主要营业地或者主要办事机构所在地为其居住地。

第十七条 针对或者主要利用计算机网络实施的犯罪,用于实施犯罪行为的网络服务使用的服务器所在地,网络服务提供者所在地,被侵害的网络信息系统及其管理者所在地,以及犯罪过程中犯罪嫌疑人、被害人使用的网络信息系统所在地,被害人被侵害时所在地和被害人财产遭受损失地公安机关可以管辖。

第十八条 行驶中的交通工具上发生的刑事案件,由交通工具最初停靠地公安机关管辖;必要时,交通工具始发地、途经地、目的地公安机关也可以管辖。

第十九条 在中华人民共和国领域外的中国航空器内发生的刑事案件,由该航空器在中国最初降落地的公安机关管辖。

第二十条 中国公民在中国驻外使、领馆内的犯罪,由其主管单位所在地或者原户籍地的公安机关管辖。

中国公民在中华人民共和国领域外的犯罪,由其入境地、离境前居住地或者现居住地的公安机关管辖;被害人是中国公民的,也可由被害人离境前居住地或者现居住地的公安机关管辖。

另,第二十六条对铁路公安机关管辖刑事案件的地域管辖规则作了明确。(→参见第十九条后"相关规范集成·公安机关内部的管辖分工"所附"基本规范",第157页)

《海警机构办理刑事案件程序规定》(中国海警局令第1号,自2023年6月15日起施行)

第二章 管 辖

第十四条 在中华人民共和国内水、领海发生的刑事案件,由犯罪地或者犯罪嫌疑人登陆地的海警机构管辖;如果由犯罪嫌疑人居住地的海警机构管辖更为适宜的,可以由犯罪嫌疑人居住地的海警机构管辖。

犯罪地包括犯罪行为发生地和犯罪结果发生地。犯罪行为发生地,包括犯罪行为的实施地以及预备地、开始地、途经地、结束地等与犯罪行为有关的地点;犯罪行为有连续或者继续状态的,犯罪行为连续或者继续实施的地方都属于犯罪行为发生地。犯罪结果发生地,包括犯罪对象被侵害地,犯罪所得的实际取得地、藏匿地、转移地、使用地、销售地以及损害结果发生地。

居住地包括户籍所在地、经常居住地。经常居住地是指公民离开户籍所在地最后连续居住一年以上的地方,但住院就医的除外。单位登记的住所地为其居住地。主要营业地或者主要办事机构所在地与登记的住所地不一致的,主要营业地或者主要办事机构所在地为其居住地。

第十五条 在中华人民共和国领域外发生的海上刑事案件,按照以下原则确定管辖:

(一)在中华人民共和国领域外的中国船舶内发生的刑事案件,由该船舶最

初停泊的中国口岸所在地或者犯罪嫌疑人登陆地、入境地的海警机构管辖;

(二)中国公民在中华人民共和国领海以外的海域犯罪,由其登陆地、入境地、离境前居住地或者现居住地的海警机构管辖;被害人是中国公民的,也可以由被害人离境前居住地或者现居住地的海警机构管辖;

(三)外国人在中华人民共和国领海以外的海域对中华人民共和国国家或者公民犯罪,根据《中华人民共和国刑法》规定应当受到处罚的,由该外国人登陆地、入境地、入境后居住地的海警机构管辖,也可以由被害人离境前居住地或者现居住地的海警机构管辖;该外国人未入境,且没有被害人或者是对中华人民共和国国家犯罪的,由中国海警局指定管辖;

(四)对中华人民共和国缔结或者参加的国际条约所规定的罪行,中华人民共和国在所承担的条约义务范围内行使刑事管辖权的,由犯罪嫌疑人被抓获地、登陆地或者入境地的海警机构管辖。

入境地包括进入我国陆地边境、领海以及航空器降落在我国境内的地点。登陆地是指从海上登陆我国陆地的地点,包括犯罪嫌疑人自行上岸以及被押解、扭送上岸的地点。

第十二章 附 则

第三百四十条 本规定所称"内水",是指领海基线向陆一侧的海域。

其他规范①

《最高人民检察院关于对服刑罪犯暂予监外执行期间在异地又犯罪应由何地检察院受理审查起诉问题的批复》(高检发释字[1998]5号)

四川省人民检察院:

你院川检发研[1998]12号《关于服刑犯罪暂予监外执行期间在异地又犯罪应由何地检察院受理审查起诉的问题的请示》收悉。经研究,批复如下:

对罪犯在暂予监外执行期间在异地犯罪,如果罪行是在犯罪地被发现、罪犯是在犯罪地被捕获的,由犯罪地人民检察院审查起诉;如果案件由罪犯暂予监外执行地人民法院审判更为适宜的,也可以由罪犯暂予监外执行地的人民检察院审查起诉;如果罪行是在暂予监外执行的情形消失,罪犯被继续收监执行剩余刑期期间发现的,由犯罪服刑地的人民检察院审查起诉。

---

① 其他规范关于管辖规定与《刑诉法解释》不冲突的,可以继续适用。——**本评注注**

《公安部关于打击拐卖妇女儿童犯罪适用法律和政策有关问题的意见》(公通字[2000]25号,节录)

一、关于立案、管辖问题

(一)对发现的拐卖妇女、儿童案件,拐出地(即妇女、儿童被拐骗地)、拐入地或者中转地公安机关应当立案管辖。两个以上公安机关都有管辖权的,由最先立案的公安机关侦查。必要时,可以由主要犯罪地或者主要犯罪嫌疑人居住地公安机关管辖。有关公安机关不得相互推诿。对管辖有争议的案件,应报请争议双方共同的上一级公安机关指定管辖。

铁路、交通、民航公安机关按照《公安机关办理刑事案件程序规定》第20条的规定立案侦查拐卖妇女、儿童案件。在运输途中查获的拐卖妇女、儿童案件,可以直接移送拐出地公安机关处理。

(二)对于公民报案、控告、举报的与拐卖妇女、儿童有关的犯罪嫌疑人、犯罪线索或者材料,扭送的犯罪嫌疑人,或者犯罪嫌疑人自首的,公安机关都应当接受。对于接受的案件或者发现的犯罪线索,应当迅速进行审查。对于需要采取解救被拐卖的妇女、儿童等紧急措施的,应当先采取紧急措施。

(三)经过审查,认为有犯罪事实,需要追究刑事责任的,应当区别情况,作出如下处理:

1、属于本公安机关管辖的案件,应当及时立案侦查。

2、属于其他公安机关管辖的案件,应当在二十四小时内移送有管辖权的公安机关办理。

3、不属于公安机关管辖的案件,如属于人民检察院管辖的不解救被拐卖、绑架妇女、儿童案和阻碍解救被拐卖、绑架妇女、儿童案等,属于人民法院管辖的重婚案等,应当及时将案件材料和有关证据送交有管辖权的人民检察院、人民法院,并告知报案人、控告人、举报人到人民检察院、人民法院报案、控告、举报或者起诉。

二、关于拐卖妇女、儿童犯罪(略)

三、关于收买被拐卖的妇女、儿童犯罪(略)

四、关于自首和立功(略)

五、关于解救工作

(一)解救妇女、儿童工作由拐入地公安机关负责。对于拐出地公安机关主动派工作组到拐入地进行解救的,也要以拐入地公安机关为主开展工作。对解救的被拐卖妇女,由其户口所在地公安机关负责接回;对解救的被拐卖儿童,由其父母或者其他监护人户口所在地公安机关负责接回。拐出地、拐入地、中转地公安机关应当积极协作配合,坚决杜绝地方保护主义。

(二)要充分依靠当地党委、政府的支持,做好对基层干部和群众的法制宣传和说服教育工作,注意方式、方法,慎用警械、武器,避免激化矛盾,防止出现围攻执法人员、聚众阻碍解救等突发事件。

以暴力、威胁方法阻碍国家机关工作人员解救被收买的妇女、儿童的,以妨害公务罪立案侦查。对聚众阻碍国家机关工作人员解救被收买的妇女、儿童的首要分子,以聚众阻碍解救被收买的妇女、儿童罪立案侦查。其他使用暴力、威胁方法的参与者,以妨害公务罪立案侦查。阻碍解救被收买的妇女、儿童,没有使用暴力、威胁方法的,依照《中华人民共和国治安管理处罚条例》的有关规定处罚。

(三)对于被拐卖的未成年女性、现役军人配偶、受到买主摧残虐待的、被强迫卖淫或从事其他色情服务的妇女,以及本人要求解救的妇女,要立即解救。

对于自愿继续留在现住地生活的成年女性,应当尊重本人意愿,愿在现住地结婚且符合法定结婚条件的,应当依法办理结婚登记手续。被拐卖妇女与买主所生子女的抚养问题,可由双方协商解决或者由人民法院裁决。

(四)对于遭受摧残虐待的、被强迫乞讨或从事违法犯罪活动的,以及本人要求解救的被拐卖儿童,应当立即解救。

对于被解救的儿童,暂时无法查明其父母或者其他监护人的,依法交由民政部门收容抚养。

对于被解救的儿童,如买主对该儿童既没有虐待行为又不阻碍解救,其父母又自愿送养,双方符合收养和送养条件的,可依法办理收养手续。

(五)任何个人或者组织不得向被拐卖的妇女、儿童及其家属索要收买妇女、儿童的费用和生活费用;已经索取的,应当予以返还。

(六)被解救的妇女、儿童户口所在地公安机关应当协助民政等有关部门妥善安置其生产和生活。

六、关于不解救或者阻碍解救被拐卖的妇女、儿童等渎职犯罪(略)

七、关于严格执法、文明办案

(一)各级公安机关必须严格依照《刑法》《刑事诉讼法》和《公安机关办理刑事案件程序规定》以及其他有关规定,严格执法,文明办案,防止滥用强制措施、超期羁押,严禁刑讯逼供和以威胁、引诱、欺骗以及其他非法的方法收集证据。

(二)依法保障律师在侦查阶段参与刑事诉讼活动,保障犯罪嫌疑人聘请律师提供法律帮助的权利。对于律师提出会见犯罪嫌疑人的,公安机关应当依法及时安排会见,不得借故阻碍、拖延。

（三）对犯罪分子违法所得的一切财物及其孳息，应当依法追缴。对依法扣押的犯罪工具及犯罪嫌疑人的财物及其孳息，应当妥为保管，不得挪用、毁损和自行处理。对作为证据使用的实物，应当随案移送；对不宜移送的，应当将其清单、照片或者其他证明文件随案移送，待人民法院作出生效判决后，由扣押的公安机关按照人民法院的通知，上缴国库或者返还受害人。

（四）认真做好办案协作工作。需要异地公安机关协助调查、执行强制措施的，要及时向有关地区公安机关提出协作请求。接受请求的公安机关应当及予以协作配合，并尽快回复。对不履行办案协作职责造成严重后果的，对直接负责的主管人员和其他直接责任人员，应当给予行政处分；构成犯罪的，依法追究刑事责任。对在逃的拐卖妇女、儿童的犯罪分子，有关公安机关应密切配合，及时通缉，追捕归案。

八、关于办理涉外案件

（一）外国人或者无国籍人拐卖外国妇女、儿童到我国境内被查获的，应当适用我国刑法，以拐卖妇女、儿童罪立案侦查。

（二）拐卖妇女犯罪中的"妇女"，既包括具有中国国籍的妇女，也包括具有外国国籍和无国籍的妇女。被拐卖的外国妇女没有身份证明的，不影响对犯罪分子的立案侦查。

（三）对外国人依法作出取保候审、监视居住决定或者执行拘留、逮捕后，由有关省、自治区、直辖市公安厅、局在规定的期限内，将外国人的有关情况、涉嫌犯罪的主要事实、已采取的强制措施及其法律依据，通知该外国人所属国家的驻华使、领馆，同时报告公安部。

（四）对于外国籍犯罪嫌疑人身份无法查明或者其国籍国拒绝提供有关身份证明的，也可以按其自报的姓名依法提请人民检察院批准逮捕、移送审查起诉。

（五）对非法入出我国国境、非法居留的外国人，应当依照《中华人民共和国外国人入境出境管理法》①及其实施细则进行处罚；情节严重，构成犯罪的，依法追究刑事责任。

九、关于法制宣传工作

各地公安机关要与司法行政、宣传、广播电视、民政、妇联、共青团等有关部门和组织密切配合，利用广播、电视、报刊、网络等媒体，结合打击人贩子、处理买主、

---

① 《出境入境管理法》于2013年7月1日起施行后，《外国人入境出境管理法》同时废止。——**本评注注**

解救被拐卖的妇女、儿童的典型案例,大张旗鼓地开展法制宣传教育活动。要大力宣传党和政府打击拐卖妇女、儿童犯罪的态度和决心,宣传拐卖妇女、儿童犯罪的严重危害,宣传国家禁止买卖妇女、儿童和惩处人贩子、买主的法律规定,宣传专项斗争中涌现出的不怕牺牲、不辞劳苦打击人贩子、解救被拐卖的妇女、儿童的英雄模范事迹,形成宣传攻势,提高广大人民群众的法制观念,教育群众自觉守法。特别是在拐卖妇女、儿童以及收买被拐卖的妇女、儿童情况较严重的地区,要深入村村户户进行法制宣传教育,真正做到家喻户晓、人人皆知。要以案说法,使广大干部和群众能够认识到拐卖妇女、儿童,收买被拐卖的妇女、儿童,阻碍解救被拐卖的妇女、儿童都是违法犯罪行为,都要受到法律制裁。在不通广播、电视的贫困、边远地区,要采取印发宣传材料、召开座谈会等多种形式进行宣传。

要广泛发动社会各界以及基层干部、群众,积极投入"打拐"专项斗争,主动配合、协助有关部门做好解救被拐卖妇女、儿童的工作,号召群众检举、揭发拐卖、收买妇女、儿童的犯罪行为,自觉同拐卖妇女、儿童犯罪活动作斗争。各地公安机关要设立"打拐"热线电话,接受群众举报,对提供重要犯罪线索、协助抓获重大犯罪嫌疑人的人员,要给予奖励。

《最高人民法院、最高人民检察院、海关总署关于办理走私刑事案件适用法律若干问题的意见》(法〔2002〕139 号)"一、关于走私犯罪案件的管辖问题"对地域管辖有关问题作了规定。(→参见第二编"立案、侦查和提起公诉"标题下所附"其他规范",第 747 页)

《最高人民法院、最高人民检察院、公安部、司法部关于依法惩治拐卖妇女儿童犯罪的意见》(法发〔2010〕7 号,节录)

为加大对妇女、儿童合法权益的司法保护力度,贯彻落实《中国反对拐卖妇女儿童行动计划(2008—2012)》,根据刑法、刑事诉讼法等相关法律及司法解释的规定,最高人民法院、最高人民检察院、公安部、司法部就依法惩治拐卖妇女、儿童犯罪提出如下意见:

一、**总体要求**(略)

二、**管　辖**

4. 拐卖妇女、儿童犯罪案件依法由犯罪地的司法机关管辖。拐卖妇女、儿童犯罪的犯罪地包括拐出地、中转地、拐入地以及拐卖活动的途经地。如果由犯罪嫌疑人、被告人居住地的司法机关管辖更为适宜的,可以由犯罪嫌疑人、被告人居住地的司法机关管辖。

5. 几个地区的司法机关都有权管辖的,一般由最先受理的司法机关管辖。

犯罪嫌疑人、被告人或者被拐卖的妇女、儿童人数较多，涉及多个犯罪地的，可以移送主要犯罪地或者主要犯罪嫌疑人、被告人居住地的司法机关管辖。

6. 相对固定的多名犯罪嫌疑人、被告人分别在拐出地、中转地、拐入地实施某一环节的犯罪行为，犯罪所跨地域较广，全案集中管辖有困难的，可以由拐出地、中转地、拐入地的司法机关对不同犯罪分子分别实施的拐出、中转和拐入犯罪行为分别管辖。

7. 对管辖权发生争议的，争议各方应当本着有利于迅速查清犯罪事实、及时解救被拐卖的妇女、儿童，以及便于起诉、审判的原则，在法定期间内尽快协商解决；协商不成的，报请共同的上级机关确定管辖。

正在侦查中的案件发生管辖权争议的，在上级机关作出管辖决定前，受案机关不得停止侦查工作。

三、立　案

8. 具有下列情形之一，经审查，符合管辖规定的，公安机关应当立即以刑事案件立案，迅速开展侦查工作：

（1）接到拐卖妇女、儿童的报案、控告、举报的；

（2）接到儿童失踪或者已满十四周岁不满十八周岁的妇女失踪报案的；

（3）接到已满十八周岁的妇女失踪，可能被拐卖的报案的；

（4）发现流浪、乞讨的儿童可能系被拐卖的；

（5）发现有收买被拐卖妇女、儿童行为，依法应当追究刑事责任的；

（6）表明可能有拐卖妇女、儿童犯罪事实发生的其他情形的。

9. 公安机关在工作中发现犯罪嫌疑人或者被拐卖的妇女、儿童，不论案件是否属于自己管辖，都应当首先采取紧急措施。经审查，属于自己管辖的，依法立案侦查；不属于自己管辖的，及时移送有管辖权的公安机关处理。

10. 人民检察院要加强对拐卖妇女、儿童犯罪案件的立案监督，确保有案必立、有案必查。

四、证　据

11. 公安机关应当依照法定程序，全面收集能够证实犯罪嫌疑人有罪或者无罪、犯罪情节轻重的各种证据。

要特别重视收集、固定买卖妇女、儿童犯罪行为交易环节中钱款的存取证明、犯罪嫌疑人的通话清单、乘坐交通工具往来有关地方的票证、被拐卖儿童的DNA鉴定结论、有关监控录像、电子信息等客观性证据。

取证工作应当及时，防止时过境迁，难以弥补。

12. 公安机关应当高度重视并进一步加强DNA数据库的建设和完善。对失踪儿童的父母,或者疑似被拐卖的儿童,应当及时采集血样进行检验,通过全国DNA数据库,为查获犯罪,帮助被拐卖的儿童及时回归家庭提供科学依据。

13. 拐卖妇女、儿童犯罪所涉地区的办案单位应当加强协作配合。需要到异地调查取证的,相关司法机关应当密切配合;需要进一步补充查证的,应当积极支持。

五、定　性(略)

六、共同犯罪(略)

七、一罪与数罪(略)

八、刑罚适用(略)

九、涉外犯罪

34. 要进一步加大对跨国、跨境拐卖妇女、儿童犯罪的打击力度。加强双边或者多边"反拐"国际交流与合作,加强对被跨国、跨境拐卖的妇女、儿童的救助工作。依照我国缔结或者参加的国际条约的规定,积极行使所有的权利,履行所承担的义务,及时请求或者提供各项司法协助,有效遏制跨国、跨境拐卖妇女、儿童犯罪。

《公安部、最高人民法院、最高人民检察院、国家安全部、工业和信息化部、中国人民银行、中国银行业监督管理委员会关于办理流动性团伙性跨区域性犯罪案件有关问题的意见》(公通字〔2011〕14号,自2011年5月1日起施行)

为有效惩治流动性、团伙性、跨区域性犯罪活动,保障公民合法权益,维护社会治安稳定,根据《中华人民共和国刑法》、《中华人民共和国刑事诉讼法》等有关法律规定,结合工作实际,制定本意见。

第一条　流动性、团伙性、跨区域性犯罪案件,由犯罪地的公安机关、人民检察院、人民法院管辖。如果由犯罪嫌疑人、被告人居住地的公安机关、人民检察院、人民法院管辖更为适宜的,可以由犯罪嫌疑人、被告人居住地的公安机关、人民检察院、人民法院管辖。犯罪地包括犯罪行为发生地和犯罪结果发生地。犯罪嫌疑人、被告人居住地包括经常居住地、户籍所在地。

前款中所称"犯罪行为发生地"包括被害人接到诈骗、敲诈勒索电话、短信息、电子邮件、信件、传真等犯罪信息的地方,以及犯罪行为持续发生的开始地、流转地、结束地;"犯罪结果发生地"包括被害人向犯罪嫌疑人、被告人指定的账户转账或存款的地方,以及犯罪所得的实际取得地、藏匿地、转移地、使用地、销售地。

第二条　几个公安机关都有管辖权的案件,由最初受理的公安机关管辖。对管辖有争议的,应当本着有利于查清犯罪事实,有利于诉讼的原则,协商解决。

经协商无法达成一致的,报共同的上级公安机关指定管辖。

第三条 有下列情形之一的,主办地公安机关可以依照法律和有关规定对全部人员和全部案件一并立案侦查,需要提请批准逮捕、移送审查起诉、提起公诉的,由该公安机关所在地的同级人民检察院、人民法院受理:

(一)一人在两个以上县级行政区域作案的;

(二)一人在一地利用电话、网络、信件等通讯工具和媒介以非接触性的方式作案,涉及两个以上县级行政区域的被害人的;

(三)两人以上结伙在两个以上县级行政区域共同作案的;

(四)两人以上结伙在一地利用电话、网络、信件等通讯工具和媒介以非接触性的方式共同作案,涉及两个以上县级行政区域的被害人的;

(五)三人以上时分时合,交叉结伙在两个以上县级行政区域作案的;

(六)跨区域实施的涉及同一犯罪对象的盗窃、抢劫、抢夺、诈骗、敲诈勒索以及掩饰、隐瞒犯罪所得、犯罪所得收益行为的。

第四条 人民检察院对于公安机关移送审查起诉的案件,人民法院对于已进入审判程序的案件,当事人、法定代理人、诉讼代理人、辩护人提出管辖异议的,或者办案单位发现没有管辖权的,受案的人民检察院、人民法院经审查,可以报请与有管辖权的人民检察院、人民法院共同的上级人民检察院、人民法院指定管辖。

第五条 办案地公安机关跨区域查询、调取银行账户、网站等信息,或者跨区域查询、冻结涉案银行存款、汇款,可以通过公安机关信息化应用系统传输加盖电子签章的办案协作函和相关法律文书及凭证,或者将办案协作函和相关法律文书及凭证电传至协作地县级以上公安机关。办理跨区域查询、调取电话信息的,由地市以上公安机关办理。

协作地公安机关接收后,经审查确认,在传来法律文书上加盖本地公安机关印章,到银行、电信等部门查询、调取相关证据或者查询、冻结银行存款、汇款,银行、电信等部门应当予以配合。

第六条 办案地公安机关跨区域调取犯罪嫌疑人、被告人的户籍证明,可以通过公安机关信息化应用系统获取,加盖本地公安机关印章。调取时不得少于二人,并应当记载调取的时间、使用的电脑等相关信息,经审核证明真实的,可以作为诉讼证据。

有下列情形之一的,应当调取原始户籍证明,但犯罪嫌疑人、被告人没有户籍或者真实姓名无法查明的除外:

(一)犯罪嫌疑人、被告人可能是未满十八周岁或者已满七十五周岁人的;

(二)可能判处五年有期徒刑以上刑罚的;

(三)犯罪嫌疑人、被告人、被害人、辩护人和诉讼代理人对采取本条第一款规定方式所调取的户籍证明提出异议的。

第七条 对部分共同犯罪嫌疑人、被告人在逃的案件,现有证据能够认定已到案犯罪嫌疑人、被告人为共同犯罪的,可以先行追究已到案犯罪嫌疑人、被告人的刑事责任。

第八条 本意见所称的"流动性犯罪案件",是指跨县级行政区域连续作案,或者在居住地作案后逃跑到其他县级行政区域继续作案;"团伙性犯罪案件",是指二人以上共同作案或者三人以上交叉结伙作案;"跨区域性犯罪案件",是指犯罪案件涉及两个以上县级行政区域。

第九条 本意见所称以上、以下,包括本数在内。

第十条 国家安全机关侦办流动性、团伙性、跨区域性犯罪案件适用本意见。涉及跨区域调取有关犯罪嫌疑人户籍证明的,公安机关应予以配合。

第十一条 本意见自二〇一一年五月一日起施行。

《最高人民法院、最高人民检察院、公安部关于信用卡诈骗犯罪管辖有关问题的通知》(公通字〔2011〕29号)

各省、自治区、直辖市高级人民法院,人民检察院,公安厅、局,新疆维吾尔自治区高级人民法院生产建设兵团分院、新疆生产建设兵团人民检察院、公安局:

近年来,信用卡诈骗流窜作案逐年增多,受害人在甲地申领的信用卡,被犯罪嫌疑人在乙地盗取了信用卡信息,并在丙地被提现或消费。犯罪嫌疑人企图通过空间的转换逃避刑事打击。为及时有效打击此类犯罪,现就有关案件管辖问题通知如下:

对以窃取、收买等手段非法获取他人信用卡信息资料后在异地使用的信用卡诈骗犯罪案件,持卡人信用卡申领地的公安机关、人民检察院、人民法院可以依法立案侦查、起诉、审判。

《最高人民法院、最高人民检察院、公安部、司法部关于办理黑社会性质组织犯罪案件若干问题的规定》(公通字〔2012〕45号)"一、**管辖**"对黑社会性质组织犯罪案件的管辖有关问题作了规定。(→参见第六十四条所附"其他规范",第474页)

《最高人民法院、最高人民检察院、公安部、国家安全部、司法部关于外国人犯罪案件管辖问题的通知》(法发〔2013〕2号)**第二条**对外国人犯罪案件的地域管辖规则作了规定。(→参见第二十条—第二十三条所附"其他规范",第181页)

第25条

《最高人民法院、最高人民检察院、公安部关于办理电信网络诈骗等刑事案件适用法律若干问题的意见》（法发〔2016〕32号，节录）①

为依法惩治电信网络诈骗等犯罪活动，保护公民、法人和其他组织的合法权益，维护社会秩序，根据《中华人民共和国刑法》《中华人民共和国刑事诉讼法》等法律和有关司法解释的规定，结合工作实际，制定本意见。

一、总体要求（略）

二、依法严惩电信网络诈骗犯罪（略）

三、全面惩处关联犯罪（略）

四、准确认定共同犯罪与主观故意（略）

五、依法确定案件管辖

（一）电信网络诈骗犯罪案件一般由犯罪地公安机关立案侦查，如果由犯罪嫌疑人居住地公安机关立案侦查更为适宜的，可以由犯罪嫌疑人居住地公安机关立案侦查。犯罪地包括犯罪行为发生地和犯罪结果发生地。

"犯罪行为发生地"包括用于电信网络诈骗犯罪的网站服务器所在地，网站建立者、管理者所在地，被侵害的计算机信息系统或其管理者所在地，犯罪嫌疑人、被害人使用的计算机信息系统所在地，诈骗电话、短信息、电子邮件等的拨打地、发送地、到达地、接受地，以及诈骗行为持续发生的实施地、预备地、开始地、途经地、结束地。

"犯罪结果发生地"包括被害人被骗时所在地，以及诈骗所得财物的实际取得地、藏匿地、转移地、使用地、销售地等。

（二）电信网络诈骗最初发现地公安机关侦办的案件，诈骗数额当时未达到"数额较大"标准，但后续累计达到"数额较大"标准，可由最初发现地公安机关立案侦查。

（三）具有下列情形之一的，有关公安机关可以在其职责范围内并案侦查：

1. 一人犯数罪的；
2. 共同犯罪的；
3. 共同犯罪的犯罪嫌疑人还实施其他犯罪的；

---

① 电信网络诈骗是一种典型的非接触式犯罪（犯罪人与被害人不见面，甚至共同犯罪人都不见面），突破了传统犯罪的时空、地域和法律限制，造成侦查取证、定罪量刑、案件管辖诸多法律难题。基于此，**本评注认为**，对于熟人之间发生的诈骗犯罪，即使通过互联网实施，似也不宜认定为电信网络诈骗犯罪，不宜适用专门针对该类犯罪的有关规定。

4.多个犯罪嫌疑人实施的犯罪存在直接关联,并案处理有利于查明案件事实的。

(四)对因网络交易、技术支持、资金支付结算等关系形成多层级链条、跨区域的电信网络诈骗等犯罪案件,可由共同上级公安机关按照有利于查清犯罪事实、有利于诉讼的原则,指定有关公安机关立案侦查。

(五)多个公安机关都有权立案侦查的电信网络诈骗等犯罪案件,由最初受理的公安机关或者主要犯罪地公安机关立案侦查。有争议的,按照有利于查清犯罪事实、有利于诉讼的原则,协商解决。经协商无法达成一致的,由共同上级公安机关指定有关公安机关立案侦查。

(六)在境外实施的电信网络诈骗等犯罪案件,可由公安部按照有利于查清犯罪事实、有利于诉讼的原则,指定有关公安机关立案侦查。

(七)公安机关立案、并案侦查,或因有争议,由共同上级公安机关指定立案侦查的案件,需要提请批准逮捕、移送审查起诉、提起公诉的,由该公安机关所在地的人民检察院、人民法院受理。

对重大疑难复杂案件和境外案件,公安机关应在指定立案侦查前,向同级人民检察院、人民法院通报。

(八)已确定管辖的电信诈骗共同犯罪案件,在逃的犯罪嫌疑人归案后,一般由原管辖的公安机关、人民检察院、人民法院管辖。

六、证据的收集和审查判断

(一)办理电信网络诈骗案件,确因被害人人数众多等客观条件的限制,无法逐一收集被害人陈述的,可以结合已收集的被害人陈述,以及经查证属实的银行账户交易记录、第三方支付结算账户交易记录、通话记录、电子数据等证据,综合认定被害人人数及诈骗资金数额等犯罪事实。

(二)公安机关采取技术侦查措施收集的案件证明材料,作为证据使用的,应当随案移送批准采取技术侦查措施的法律文书和所收集的证据材料,并对其来源等作出书面说明。

(三)依照国际条约、刑事司法协助、互助协议或平等互助原则,请求证据材料所在地司法机关收集,或通过国际警务合作机制、国际刑警组织启动合作取证程序收集的境外证据材料,经查证属实,可以作为定案的依据。公安机关应对其来源、提取人、提取时间或者提供人、提供时间以及保管移交的过程等作出说明。

对其他来自境外的证据材料,应当对其来源、提供人、提供时间以及提取人、提取时间进行审查。能够证明案件事实且符合刑事诉讼法规定的,可以作为证据使用。

七、涉案财物的处理

（一）公安机关侦办电信网络诈骗案件，应当随案移送涉案赃款赃物，并附清单。人民检察院提起公诉时，应一并移交受理案件的人民法院，同时就涉案赃款赃物的处理提出意见。

（二）涉案银行账户或者涉案第三方支付账户内的款项，对权属明确的被害人的合法财产，应当及时返还。确因客观原因无法查实全部被害人，但有证据证明该账户系用于电信网络诈骗犯罪，且被告人无法说明款项合法来源的，根据刑法第六十四条的规定，应认定为违法所得，予以追缴。

（三）被告人已将诈骗财物用于清偿债务或者转让给他人，具有下列情形之一的，应当依法追缴：

1. 对方明知是诈骗财物而收取的；
2. 对方无偿取得诈骗财物的；
3. 对方以明显低于市场的价格取得诈骗财物的；
4. 对方取得诈骗财物系源于非法债务或者违法犯罪活动的。

他人善意取得诈骗财物的，不予追缴。

《最高人民检察院、公安部关于公安机关办理经济犯罪案件的若干规定》（公通字〔2017〕25号）第二章"管辖"（第八条至第十三条）对地域管辖有关问题作了规定。（→参见第二编"立案、侦查和提起公诉"标题下所附"其他规范"，第757—758页）

《最高人民法院、最高人民检察院、公安部、司法部关于办理恐怖活动和极端主义犯罪案件适用法律若干问题的意见》（高检会〔2018〕1号）"三、完善工作机制"第(二)条对恐怖活动和极端主义犯罪案件的地域管辖规则作了规定。（→参见第二十条—第二十三条所附"其他规范"，第183页）

《最高人民法院、最高人民检察院、公安部、司法部关于办理利用信息网络实施黑恶势力犯罪刑事案件若干问题的意见》（自2019年10月21日起施行，节录）

四、利用信息网络实施黑恶势力犯罪案件管辖

14. 利用信息网络实施的黑恶势力犯罪案件管辖依照《关于办理黑社会性质组织犯罪案件若干问题的规定》和《关于办理网络犯罪案件适用刑事诉讼程序若干问题的意见》的有关规定确定，坚持以犯罪地管辖为主、被告人居住地管辖为辅的原则。

15. 公安机关可以依法对利用信息网络实施的黑恶势力犯罪相关案件并案

侦查或者指定下级公安机关管辖,并案侦查或者由上级公安机关指定管辖的公安机关应当全面调查收集能够证明黑恶势力犯罪事实的证据,各涉案地公安机关应当积极配合。并案侦查或者由上级公安机关指定管辖的案件,需要提请批准逮捕、移送审查起诉、提起公诉的,由立案侦查的公安机关所在地的人民检察院、人民法院受理。

16. 人民检察院对于公安机关提请批准逮捕、移送审查起诉的利用信息网络实施的黑恶势力犯罪案件,人民法院对于已进入审判程序的利用信息网络实施的黑恶势力犯罪案件,被告人及其辩护人提出的管辖异议成立,或者办案单位发现没有管辖权的,受案人民检察院、人民法院经审查,可以依法报请与有管辖权的人民检察院、人民法院共同的上级人民检察院、人民法院指定管辖,不再自行移交。对于在审查批准逮捕阶段,上级检察机关已经指定管辖的案件,审查起诉工作由同一人民检察院受理。人民检察院、人民法院认为应当分案起诉、审理的,可以依法分案处理。

17. 公安机关指定下级公安机关办理利用信息网络实施的黑恶势力犯罪案件的,应当同时抄送同级人民检察院、人民法院。人民检察院认为需要依法指定审判管辖的,应当协商同级人民法院办理指定管辖有关事宜。

《最高人民法院、最高人民检察院、中国海警局关于海上刑事案件管辖等有关问题的通知》(海警〔2020〕1号)

各省、自治区、直辖市高级人民法院、人民检察院,解放军军事法院、军事检察院,新疆维吾尔自治区高级人民法院生产建设兵团分院、新疆生产建设兵团人民检察院,中国海警局各分局、直属局,沿海省、自治区、直辖市海警局:

为依法惩治海上犯罪,维护国家主权、安全、海洋权益和海上秩序,根据《中华人民共和国刑事诉讼法》《全国人民代表大会常务委员会关于中国海警局行使海上维权执法职权的决定》以及其他相关法律,现就海上刑事案件管辖等有关问题通知如下:

一、对海上发生的刑事案件,按照下列原则确定管辖:

(一)在中华人民共和国内水、领海发生的犯罪,由犯罪地或者被告人登陆地的人民法院管辖,如果由被告人居住地的人民法院审判更为适宜的,可以由被告人居住地的人民法院管辖;

(二)在中华人民共和国领域外的中国船舶内的犯罪,由该船舶最初停泊的中国口岸所在地或者被告人登陆地、入境地的人民法院管辖;

(三)中国公民在中华人民共和国领域以外的海域犯罪,由其登陆地、入境地、离境前居住地或者现居住地的人民法院管辖;被害人是中国公民的,也可以

由被害人离境前居住地或者现居住地的人民法院管辖;

(四)外国人在中华人民共和国领海以外的海域对中华人民共和国国家或者公民犯罪,根据《中华人民共和国刑法》应当受到处罚的,由该外国人登陆地、入境地、入境后居住地的人民法院管辖,也可以由被害人离境前居住地或者现居住地的人民法院管辖;

(五)对中华人民共和国缔结或者参加的国际条约所规定的罪行,中华人民共和国在所承担的条约义务的范围内行使刑事管辖权的,由被告人被抓获地、登陆地或者入境地的人民法院管辖。

前款第一项规定的犯罪地包括犯罪行为发生地和犯罪结果发生地。前款第二项至第五项规定的入境地,包括进入我国陆地边境、领海以及航空器降落在我国境内的地点。

二、海上发生的刑事案件的立案侦查,由海警机构根据本通知第一条规定的管辖原则进行。

依据第一条规定确定的管辖地未设置海警机构的,由有关海警局商同级人民检察院、人民法院指定管辖。

三、沿海省、自治区、直辖市海警局办理刑事案件,需要提请批准逮捕或者移送起诉的,依法向所在地省级人民检察院提请或者移送。

沿海省、自治区、直辖市海警局下属海警局、中国海警局各分局、直属局办理刑事案件,需要提请批准逮捕或者移送起诉的,依法向所在地设区的市级人民检察院提请或者移送。

海警工作站办理刑事案件,需要提请批准逮捕或者移送起诉的,依法向所在地基层人民检察院提请或者移送。

四、人民检察院对于海警机构移送起诉的海上刑事案件,按照刑事诉讼法、司法解释以及本通知的有关规定进行审查后,认为应当由其他人民检察院起诉的,应当将案件移送有管辖权的人民检察院。

需要按照刑事诉讼法、司法解释以及本通知的有关规定指定审判管辖的,海警机构应当在移送起诉前向人民检察院通报,由人民检察院协商同级人民法院办理指定管辖有关事宜。

五、对人民检察院提起公诉的海上刑事案件,人民法院经审查认为符合刑事诉讼法、司法解释以及本通知有关规定的,应当依法受理。

六、海警机构办理刑事案件应当主动接受检察机关监督,与检察机关建立信息共享平台,定期向检察机关通报行政执法与刑事司法衔接,刑事立案、破案,采取强制措施等情况。

海警机构所在地的人民检察院依法对海警机构的刑事立案、侦查活动实行监督。

海警机构办理重大、疑难、复杂的刑事案件,可以商请人民检察院介入侦查活动,并听取人民检察院的意见和建议。人民检察院认为确有必要时,可以派员介入海警机构的侦查活动,对收集证据、适用法律提出意见,监督侦查活动是否合法,海警机构应当予以配合。

本通知自印发之日起施行。各地接本通知后,请认真贯彻执行。执行中遇到的问题,请及时分别报告最高人民法院、最高人民检察院、中国海警局。

《最高人民法院、最高人民检察院、公安部、司法部关于进一步加强虚假诉讼犯罪惩治工作的意见》(法发〔2021〕10号)**第九条**对虚假诉讼刑事案件的管辖法院作了规定。(→参见一百零九条所附"其他规范",第813页)

《最高人民法院、最高人民检察院、公安部关于办理信息网络犯罪案件适用刑事诉讼程序若干问题的意见》(法发〔2022〕23号)"二、关于信息网络犯罪案件的管辖"(第二条至第十条)对信息网络犯罪案件管辖的有关问题作了规定。(→参见第二编"立案、侦查和提起公诉"标题下所附"其他规范",第784—786页)

《最高人民法院、最高人民检察院、公安部、国家移民管理局关于依法惩治妨害国(边)境管理违法犯罪的意见》(法发〔2022〕18号,节录)

为依法惩治妨害国(边)境管理违法犯罪活动,切实维护国(边)境管理秩序,根据《中华人民共和国刑法》《中华人民共和国刑事诉讼法》《中华人民共和国出境入境管理法》《最高人民法院、最高人民检察院关于办理妨害国(边)境管理刑事案件应用法律若干问题的解释》(法释〔2012〕17号,以下简称《解释》)等有关规定,结合执法、司法实践,制定本意见。

一、总体要求(略)

二、关于妨害国(边)境管理犯罪的认定(略)

三、关于妨害国(边)境管理刑事案件的管辖

13.妨害国(边)境管理刑事案件由犯罪地的公安机关立案侦查。如果由犯罪嫌疑人居住地的公安机关立案侦查更为适宜的,可以由犯罪嫌疑人居住地的公安机关立案侦查。

妨害国(边)境管理犯罪的犯罪地包括妨害国(边)境管理犯罪行为的预备地、过境地、查获地等与犯罪活动有关的地点。

14.对于有多个犯罪地的妨害国(边)境管理刑事案件,由最初受理的公安机关或者主要犯罪地的公安机关立案侦查。有争议的,按照有利于查清犯罪事实、有利于诉讼的原则,由共同上级公安机关指定有关公安机关立案侦查。

15. 具有下列情形之一的,有关公安机关可以在其职责范围内并案侦查:

(1) 一人犯数罪的;

(2) 共同犯罪的;

(3) 共同犯罪的犯罪嫌疑人、被告人还实施其他犯罪的;

(4) 多个犯罪嫌疑人、被告人实施的犯罪存在关联,并案处理有利于查明案件事实的。

四、关于证据的收集与审查

16. 对于妨害国(边)境管理案件所涉主观明知的认定,应当结合行为实施的过程、方式、被查获时的情形和环境,行为人的认知能力、既往经历、与同案人的关系、非法获利等,审查相关辩解是否明显违背常理,综合分析判断。

在组织他人偷越国(边)境、运送他人偷越国(边)境等案件中,具有下列情形之一的,可以认定行为人主观明知,但行为人作出合理解释或者有相反证据证明的除外:

(1) 使用遮蔽、伪装、改装等隐蔽方式接送、容留偷越国(边)境人员的;

(2) 与其他妨害国(边)境管理行为人使用同一通讯群组、暗语等进行联络的;

(3) 采取绕关避卡等方式躲避边境检查,或者出境前、入境后途经边境地区的时间、路线等明显违反常理的;

(4) 接受执法检查时故意提供虚假的身份、事由、地点、联系方式等信息的;

(5) 支付、收取或者约定的报酬明显不合理的;

(6) 遇到执法检查时企图逃跑,阻碍、抗拒执法检查,或者毁灭证据的;

(7) 其他足以认定行为人明知的情形。

17. 对于不通晓我国通用语言文字的嫌疑人、被告人、证人及其他相关人员,人民法院、人民检察院、公安机关、移民管理机构应当依法为其提供翻译。

翻译人员在案件办理规定时限内无法到场的,办案机关可以通过视频连线方式进行翻译,并对翻译过程进行全程不间断录音录像,不得选择性录制,不得剪接、删改。

翻译人员应当在翻译文件上签名。

18. 根据国际条约规定或者通过刑事司法协助和警务合作等渠道收集的境外证据材料,能够证明案件事实且符合刑事诉讼法规定的,可以作为证据使用,但提供人或者我国与有关国家签订的双边条约对材料的使用范围有明确限制的除外。

办案机关应当移送境外执法机构对所收集证据的来源、提取人、提取时间或者提供人、提供时间以及保管移交的过程等相关说明材料;确因客观条件限制,境外执法机构未提供相关说明材料的,办案机关应当说明原因,并对所收集证据的有关事项作出书面说明。

19. 采取技术侦查措施收集的材料,作为证据使用的,应当随案移送,并附采取技术侦查措施的法律文书、证据清单和有关情况说明。

20. 办理案件中发现的可用以证明犯罪嫌疑人、被告人有罪或者无罪的各种财物,应当严格依照法定条件和程序进行查封、扣押、冻结。不得查封、扣押、冻结与案件无关的财物。凡查封、扣押、冻结的财物,都要及时进行审查。经查明确实与案件无关的,应当在三日以内予以解除、退还,并通知有关当事人。

查封、扣押、冻结涉案财物及其孳息,应当制作清单,妥善保管,随案移送。待人民法院作出生效判决后,依法作出处理。

公安机关、人民检察院应当对涉案财物审查甄别。在移送审查起诉、提起公诉时,应当对涉案财物提出处理意见。人民法院对随案移送的涉案财物,应当依法作出判决。

五、关于宽严相济刑事政策的把握(略)

《最高人民法院、最高人民检察院、公安部、国家文物局关于办理妨害文物管理等刑事案件若干问题的意见》(公通字〔2022〕18号,节录)

四、文物犯罪案件管辖

文物犯罪案件一般由犯罪地的公安机关管辖,包括文物犯罪的预谋地、工具准备地、勘探地、盗掘地、盗窃地、途经地、交易地、倒卖信息发布地、出口(境)地、涉案不可移动文物的所在地、涉案文物的实际取得地、藏匿地、转移地、加工地、储存地、销售地等。多个公安机关都有权立案侦查的文物犯罪案件,由主要犯罪地公安机关立案侦查。

具有下列情形之一的,有关公安机关可以在其职责范围内并案处理:

(1)一人犯数罪的;
(2)共同犯罪的;
(3)共同犯罪的犯罪嫌疑人还实施其他犯罪的;
(4)三人以上时分时合,交叉结伙作案的;
(5)多个犯罪嫌疑人实施的盗掘、盗窃、倒卖、掩饰、隐瞒、走私等犯罪存在直接关联,或者形成多层级犯罪链条,并案处理有利于查明案件事实的。

指导性案例

丁某某、林某某等人假冒注册商标立案监督案(检例第93号)对跨地域实

施的关联制假售假犯罪并案管辖的规则作了规定。(→参见第一百一十三条所附"指导性案例",第853页)

法律适用答复、复函

《公安部关于受害人居住地公安机关可否对诈骗犯罪案件立案侦查问题的批复》(公复字〔2000〕10号)

广西壮族自治区公安厅:

你厅《关于被骗受害人居住地的公安机关可否对诈骗犯罪案件立案侦查的请示》(桂公请〔2000〕77号)收悉。现批复如下:

《公安机关办理刑事案件程序规定》第十五条规定:"刑事案件由犯罪地的公安机关管辖。如果由犯罪嫌疑人居住地的公安机关管辖更为适宜的,可以由犯罪嫌疑人居住地的公安机关管辖。"根据《中华人民共和国刑法》第六条第三款的规定,犯罪地包括犯罪行为地和犯罪结果地。根据上述规定,犯罪行为地、犯罪结果地以及犯罪嫌疑人居住地的公安机关可以依法对属于公安机关管辖的刑事案件立案侦查。诈骗犯罪案件的犯罪结果地是指犯罪嫌疑人实际取得财产地。因此,除诈骗行为地、犯罪嫌疑人实际取得财产的结果发生地和犯罪嫌疑人居住地外,其他地方公安机关不能对诈骗犯罪案件立案侦查,但对于公民扭送、报案、控告、举报或者犯罪嫌疑人自首的,都应当立即受理,经审查认为有犯罪事实的,移送有管辖权的公安机关处理。

司法疑难解析

关于并案审理规则。从实践来看,人民法院受理案件后,发现被告人还有犯罪的,主要包括以下情形:发现被告人还有犯罪被立案侦查、立案调查的;发现被告人还有犯罪被审查起诉的;发现被告人还有犯罪被起诉的。对于上述情形,应当区分情况进行处理。其中,对于起诉至人民法院的,可以并案审理;涉及同种罪的,一般应当并案审理。

司法实践反映,并案审理不仅涉及人民法院,还涉及人民检察院。如果前后两案是起诉至同一人民法院的,并案处理相对容易操作;如果是起诉至不同法院,特别是不同省份的法院的,并案处理就涉及两地法院、两地检察院的工作衔接和配合,具体操作程序繁杂、费时费力、十分困难。基于此,《刑诉法解释》第二十四条第一款规定:"人民法院发现被告人还有其他犯罪被起诉的,可以并案审理;涉及同种犯罪的,一般应当并案审理。"

需要注意的是,该款将"一般应当"并案审理的情形限于涉及同种罪的情形。从应然层面而言,对于同种罪,特别是分案处理可能导致对被告人刑罚裁量不利的,应当并案审理。有些案件,确实无法与原提起公诉的人民检察院、拟并案审理的人民法院对应的人民检察院以及上级人民检察院协商一致的,只能分案处理,在刑罚裁量时酌情考虑。故而,该款使用的表述是"一般应当"而非"应当";对于分案处理对被告人的刑罚裁量无实质不利影响(如一罪被判处死刑、无期徒刑,采用吸收原则进行并罚的)和确实无法就并案问题协商一致的,可以分案审理。

《刑诉法解释》第二十四条第二款明确了人民法院发现被告人还有其他犯罪被审查起诉、立案侦查、立案调查的并案处理规则,规定:"人民法院发现被告人还有其他犯罪被审查起诉、立案侦查、立案调查的,可以参照前款规定协商人民检察院、公安机关、监察机关并案处理,但可能造成审判过分迟延的除外。"据此,此种情形下,应当参照第一款规定的原则协商人民检察院、公安机关、监察机关并案处理。实践中,如果确实协商不成的,可以继续审理。有些案件强行要求并案处理,可能导致审理时间过长,判前羁押时间人为加长,反而对被告人不利。

《刑诉法解释》第二十四条第三款进一步明确了依照前两款规定并案处理后的管辖规则,规定:"根据前两款规定并案处理的案件,由最初受理地的人民法院审判。必要时,可以由主要犯罪地的人民法院审判。"需要注意的是:(1)之所以规定"由最初受理地的人民法院审判"而非"由最初受理的人民法院审判",主要考虑:如果最初受理的是基层法院,而还有罪行是由地市级检察院审查起诉,则并案时就不是由最初受理的基层法院,而是由最初受理地的中级人民法院管辖。(2)考虑到有些案件由主要犯罪地人民法院审判更为便利,故规定"必要时,可以由主要犯罪地的人民法院审判"。如果多个犯罪不属于同级人民法院管辖,一般可以认为属于中级人民法院管辖的犯罪属于主要犯罪,从而适用上述规定,由该中级人民法院并案处理。

此外,《最高人民法院关于判决宣告后又发现被判刑的犯罪分子的同种漏罪是否实行数罪并罚问题的批复》(法复〔1993〕3号)规定:"人民法院的判决宣告并已发生法律效力以后,刑罚还没有执行完毕以前,发现被判刑的犯罪分子在判决宣告以前还有其他罪没有判决的,不论新发现的罪与原判决的罪是否属于同种罪,都应当依照刑法第六十五条的规定实行数罪并罚。但如果在第一审人民法院的判决宣告以后,被告人提出上诉或者人民检察院提出抗诉,判决尚未发生法律效力的,第二审人民法院在审理期间,发现原审被告人在第一审判决宣告以前还有同种漏罪没有判决的,第二审人民法院应当依照刑事诉讼法第一百三十六条第三项的规定,裁定撤销原判,发回原审人民法院重新审判,第一审人民法院重新审判时,不适用刑法关于数罪并罚的规定。"司法实践反映,该批复要求二审法院发现被告人有同种漏罪没有判决的,一律发回一审人民法院重新审判,出发点在于避免被告人因为分案处理在刑罚裁量上招致不利后果,但是规定过于绝对,在一些案件中不具有可操作性。问题相对突出的有两种情形:一是,被告人被判处无期徒刑、死刑的,分案审理对其刑罚裁量并无实质不利的;二是,一些案件无法与人民检察院在并案审理上协调一致的。前一种情形分案处理并无不妥,后一种情形只能分案处理。基于此,《刑诉法解释》第二十五条在该批复的基础上,根据司法实践反映的问题作了相应调整,规定:"第二审人民法院在审理过程中,发现被告人还有其他犯罪没有判决的,参照前条规定处理。第二审人民法院决定并案审理的,应当发回第一审人民法院,由第一审人民法院作出处理。"具体而言,根据该条规定,第二审人民法院在审理过程中,发现被告人还有其他犯罪被起诉,决定发回第一审人民法院并案审理的,由第一审人民法院根据下列规则作出处理:(1)对于其他犯罪尚未作出生效判决的,应当并案审理。对于其他犯罪系同种犯罪的,不能适用数罪并罚的规定;对于其他犯罪系异种犯罪的,应当根据《刑法》第六十九条的规定进行数罪并罚。(2)对于其他犯罪已经作出生效判决,但刑罚尚未执行完毕的,应当根据《刑法》第七十条的规定进行数罪并罚。

第二十六条 【地域管辖冲突的解决】几个同级人民法院都有权管辖的案件,由最初受理的人民法院审判。在必要的时候,可以移送主要犯罪地的人民法院审判。

■ 立法沿革

本条系沿用1979年《刑事诉讼法》第二十条的规定。

■ 基本规范

《最高人民法院关于适用〈中华人民共和国刑事诉讼法〉的解释》(法释〔2021〕1号,自2021年3月1日起施行)

第一章 管 辖

第十九条① 两个以上同级人民法院都有管辖权的案件,由最初受理的人

---

① 需要注意的问题有三:(1)本条规定没有"尚未开庭审判的"限制,即在开庭后,也可以将案件移送主要犯罪地人民法院审判。(2)征求意见过程中,有意见提出,如果管辖权发生争议且协商不成,分别逐级报请指定管辖过程中,审限应当如何计算? 共(转下页)

民法院审判。必要时，可以移送主要犯罪地的人民法院审判。

管辖权发生争议的，应当在审理期限内协商解决；协商不成的，由争议的人民法院分别层报共同的上级人民法院指定管辖。

《人民检察院刑事诉讼规则》（高检发释字〔2019〕4号，自2019年12月30日起施行）

第二章 管 辖

第二十条 对管辖不明确的案件，可以由有关人民检察院协商确定管辖。

第二十一条 几个人民检察院都有权管辖的案件，由最初受理的人民检察院管辖。必要时，可以由主要犯罪地的人民检察院管辖。

《公安机关办理刑事案件程序规定》（公安部令第159号修正，修正后自2020年9月1日起施行）

第二章 管 辖

第二十一条 几个公安机关都有权管辖的刑事案件，由最初受理的公安机关管辖。必要时，可以由主要犯罪地的公安机关管辖。

具有下列情形之一的，公安机关可以在职责范围内并案侦查：

（一）一人犯数罪的；

（二）共同犯罪的；

（三）共同犯罪的犯罪嫌疑人还实施其他犯罪的；

（四）多个犯罪嫌疑人实施的犯罪存在关联，并案处理有利于查明犯罪事实的。

第二十二条第一款 对管辖不明确或者有争议的刑事案件，可以由有关公安机关协商。协商不成的，由共同的上级公安机关指定管辖。

《海警机构办理刑事案件程序规定》（中国海警局令第1号，自2023年6月15日起施行）

（接上页）同上一级法院是否需要在审理期限内作出指定管辖决定？经研究认为，如上级人民法院决定改变管辖的，《刑事诉讼法》第二百零八条第二款"人民法院改变管辖的案件，从改变后的人民法院收到案件之日起计算审理期限"的规定已解决了这一问题；如果没有改变管辖的，管辖争议期间的计算问题，可以适用《最高人民法院关于严格执行案件审理期限制度的若干规定》第九条"下列期间不计入审理、执行期限……（七）审理当事人提出的管辖权异议和处理法院之间的管辖争议的期间"的规定。（3）征求意见过程中，有意见建议对移送被告人主要犯罪地的人民法院管辖时如何与检察机关衔接予以明确。经研究认为，实践中可以照此把握：人民法院决定移送案件的，应当将案卷退回提起公诉的人民检察院，并书面通知当事人。——本评注注

第二章 管　辖

第十六条　几个海警机构都有权管辖的刑事案件,由最初受理的海警机构管辖。必要时,可以由主要犯罪地或者主要犯罪嫌疑人登陆地、入境地的海警机构管辖。

依据本规定第十四条、第十五条确定的管辖地未设海警机构的,由有关海警机构与相应人民法院、人民检察院协商指定管辖。

第十七条　海警机构在侦查过程中,发现有下列情形之一的,可以在职权范围内并案侦查:

(一)一人犯数罪的;

(二)共同犯罪的;

(三)共同犯罪的犯罪嫌疑人还实施其他犯罪的;

(四)多个犯罪嫌疑人实施的犯罪存在关联,并案处理有利于查明犯罪事实的。

第十八条　对管辖不明确或者有争议的刑事案件,可以由有关海警机构协商。协商不成的,由共同的上级海警机构指定管辖。

对其他情况特殊的刑事案件,可以由共同的上级海警机构指定管辖。

提请上级海警机构指定管辖时,应当在有关材料中列明犯罪嫌疑人基本情况、涉嫌罪名、案件基本事实、管辖争议情况、协商情况和指定管辖理由,经海警机构负责人批准后,层报有权指定管辖的上级海警机构。

第二十七条　【指定管辖】上级人民法院可以指定下级人民法院审判管辖不明的案件,也可以指定下级人民法院将案件移送其他人民法院审判。

立法沿革

本条系沿用1979年《刑事诉讼法》第二十一条的规定。

基本规范

《最高人民法院关于适用〈中华人民共和国刑事诉讼法〉的解释》(法释〔2021〕1号,自2021年3月1日起施行)

第一章　管　辖

第二十条　管辖不明的案件,上级人民法院可以指定下级人民法院审判。

有关案件,由犯罪地、被告人居住地以外的人民法院审判更为适宜的,上级人民法院可以指定下级人民法院管辖。

第二十一条 上级人民法院指定管辖,应当将指定管辖决定书送达被指定管辖的人民法院和其他有关的人民法院。

第二十二条 原受理案件的人民法院在收到上级人民法院改变管辖决定书、同意移送决定书或者指定其他人民法院管辖的决定书后,对公诉案件,应当书面通知同级人民检察院,并将案卷材料退回,同时书面通知当事人;对自诉案件,应当将案卷材料移送被指定管辖的人民法院,并书面通知当事人。

第二十三条 第二审人民法院发回重新审判的案件,人民检察院撤回起诉后,又向原第一审人民法院的下级人民法院重新提起公诉的,下级人民法院应当将有关情况层报原第二审人民法院。原第二审人民法院根据具体情况,可以决定将案件移送原第一审人民法院或者其他人民法院审判。①

《人民检察院刑事诉讼规则》(高检发释字〔2019〕4号,自2019年12月30日起施行)

第二章 管 辖

第二十二条 对于下列案件,上级人民检察院可以指定管辖:

(一)管辖有争议的案件;

(二)需要改变管辖的案件;

(三)需要集中管辖的特定类型的案件;

(四)其他需要指定管辖的案件。

对前款案件的审查起诉指定管辖的,人民检察院应当与相应的人民法院协商一致。对前款第三项案件的审查逮捕指定管辖的,人民检察院应当与相应的公安机关协商一致。

《公安机关办理刑事案件程序规定》(公安部令第159号修正,修正后自2020年9月1日起施行)

第二章 管 辖

第二十二条第二款、第三款 对情况特殊的刑事案件,可以由共同的上级公安机关指定管辖。

提请上级公安机关指定管辖时,应当在有关材料中列明犯罪嫌疑人基本情况、涉嫌罪名、案件基本事实、管辖争议情况、协商情况和指定管辖理由,经公安

---

① 司法实践中,对于发回重审的案件,有的司法机关为了回避证据不足问题或者减少社会关注,将案件降格处理,将本应由中级法院审理的案件,改由基层法院审理。对此,本条予以限制,以确保相关案件的审理质量。——本评注

机关负责人批准后，层报有权指定管辖的上级公安机关。

第二十三条 上级公安机关指定管辖的，应当将指定管辖决定书分别送达被指定管辖的公安机关和其他有关的公安机关，并根据办案需要抄送同级人民法院、人民检察院。

原受理案件的公安机关，在收到上级公安机关指定其他公安机关管辖的决定书后，不再行使管辖权，同时应当将犯罪嫌疑人、涉案财物以及案卷材料等移送被指定管辖的公安机关。

对指定管辖的案件，需要逮捕犯罪嫌疑人的，由被指定管辖的公安机关提请同级人民检察院审查批准；需要提起公诉的，由该公安机关移送同级人民检察院审查决定。

《海警机构办理刑事案件程序规定》（中国海警局令第1号，自2023年6月15日起施行）

第二章 管　辖

第十九条 上级海警机构指定管辖的，应当将指定管辖决定书分别送达被指定管辖的海警机构和其他有关的海警机构，根据办案需要抄送相应人民法院、人民检察院。

原受理案件的海警机构，在收到上级海警机构指定其他海警机构管辖的决定书后，不再行使管辖权，同时将犯罪嫌疑人、涉案财物以及案卷材料移送被指定管辖的海警机构。

对指定管辖的案件，需要逮捕犯罪嫌疑人的，由被指定管辖的海警机构提请相应人民检察院审查批准；需要提起公诉的，由该海警机构移送相应人民检察院审查决定。

▎司法疑难解析

关于指定管辖规则。《2012年刑诉法解释》第十八条规定："上级人民法院在必要时，可以指定下级人民法院将其管辖的案件移送其他下级人民法院审判。"据此，上级法院的指定管辖似只能针对下级法院已经管辖的案件，这与实践需求和操作不完全相符。调研中，地方法院普遍建议明确指定管辖的具体情形。

经研究认为，被指定管辖的人民法院可以是本来就有管辖权的法院，也可以是本来没有管辖权，但是因为更为适宜审理案件而被赋予管辖权的法院。实践中，具体情形包括：(1) 管辖不明或者存在争议的案件。(2) 国家工作人员犯罪，不宜由其犯罪地或者居住地人民法院管辖的案件。例如，司法机关工作人员犯罪，因所在单位工作人员可能系其同事，依法需要回避。为避免其任职辖区人民法院审判案件引发争议,将案件指定由其他法院管辖,更为妥当。再如,重大职务犯罪案件通常指定被告人任职地点以外的法院管辖。(3)其他需要指定管辖的案件。例如,人民法院工作人员的近亲属犯罪的(犯罪地或居住地属于该院辖区),虽然不属于国家工作人员犯罪,但根据具体情况,也可能不宜由该院管辖,需要指定其他人民法院管辖。再如,专业性较强的刑事案件,可以指定具有相关审判经验的法院管辖。基于此,《刑诉法解释》第二十条第二款规定:"有关案件,由犯罪地、被告人居住地以外的人民法院审判更为适宜的,上级人民法院可以指定下级人民法院管辖。"

需要提及的是,征求意见过程中,有意见提出,司法实务中指定管辖过于随意,甚至泛化,与《刑事诉讼法》的规定似有不符。经研究,采纳上述意见,将指定管辖限定在"由犯罪地、被告人居住地以外的人民法院审判更为适宜的"情形,以防止不当适用。

第二十八条 【专门管辖】专门人民法院案件的管辖另行规定。

立法沿革

本条系沿用 1979 年《刑事诉讼法》第二十二条的规定。

相关规定

《中华人民共和国人民法院组织法》(修订后自 2019 年 1 月 1 日起施行,节录)

第十五条 专门人民法院包括军事法院和海事法院、知识产权法院、金融法院等。

专门人民法院的设置、组织、职权和法官任免,由全国人民代表大会常务委员会规定。

基本规范

《最高人民法院关于适用〈中华人民共和国刑事诉讼法〉的解释》(法释〔2021〕1 号,自 2021 年 3 月 1 日起施行)

第二十七章 附 则

第六百五十三条 本解释的有关规定适用于军事法院等专门人民法院。

《人民检察院刑事诉讼规则》(高检发释字〔2019〕4 号,自 2019 年 12 月 30 日起施行)

第二章 管 辖

第二十三条 军事检察院等专门人民检察院的管辖以及军队与地方互涉刑事案件的管辖,按照有关规定执行。

《公安机关办理刑事案件程序规定》(公安部令第 159 号修正,修正后自 2020 年 9 月 1 日起施行)第三十一条对公安机关和军队及武装警察部门互涉刑事案件的管辖分工规则作了明确。(→参见第十九条所附"基本规范",第 146 页)

第三章
回 避

第二十九条 【回避的法定情形】审判人员、检察人员、侦查人员有下列情形之一的,应当自行回避,当事人及其法定代理人也有权要求他们回避:
(一)是本案的当事人或者是当事人的近亲属的;
(二)本人或者他的近亲属和本案有利害关系的;
(三)担任过本案的证人、鉴定人、辩护人、诉讼代理人的;
(四)与本案当事人有其他关系,可能影响公正处理案件的。

立法沿革

本条系沿用1979年《刑事诉讼法》第二十三条的规定。

相关规定

《中华人民共和国监察法》(自2018年3月20日起施行,节录)
第五十八条 办理监察事项的监察人员有下列情形之一的,应当自行回避,监察对象、检举人及其他有关人员也有权要求其回避:
(一)是监察对象或者检举人的近亲属的;
(二)担任过本案的证人的;
(三)本人或者其近亲属与办理的监察事项有利害关系的;
(四)有可能影响监察事项公正处理的其他情形的。

《中华人民共和国人民陪审员法》(自2018年4月27日起施行,节录)
第十八条 人民陪审员的回避,适用审判人员回避的法律规定。

《中华人民共和国法官法》(修订后自2019年10月1日起施行,节录)
第二十三条 法官之间有夫妻关系、直系血亲关系、三代以内旁系血亲以及近姻亲关系的,不得同时担任下列职务:
(一)同一人民法院的院长、副院长、审判委员会委员、庭长、副庭长;
(二)同一人民法院的院长、副院长和审判员;

(三)同一审判庭的庭长、副庭长、审判员;
(四)上下相邻两级人民法院的院长、副院长。
第二十四条　法官的配偶、父母、子女有下列情形之一的,法官应当实行任职回避:
(一)担任该法官所任职人民法院辖区内律师事务所的合伙人或者设立人的;
(二)在该法官所任职人民法院辖区内以律师身份担任诉讼代理人、辩护人,或者为诉讼案件当事人提供其他有偿法律服务的。

《中华人民共和国检察官法》(修订后自2019年10月1日起施行,节录)

第二十四条　检察官之间有夫妻关系、直系血亲关系、三代以内旁系血亲以及近姻亲关系的,不得同时担任下列职务:
(一)同一人民检察院的检察长、副检察长、检察委员会委员;
(二)同一人民检察院的检察长、副检察长和检察员;
(三)同一业务部门的检察员;
(四)上下相邻两级人民检察院的检察长、副检察长。
第二十五条　检察官的配偶、父母、子女有下列情形之一的,检察官应当实行任职回避:
(一)担任该检察官所任职人民检察院辖区内律师事务所的合伙人或者设立人的;
(二)在该检察官所任职人民检察院辖区内以律师身份担任诉讼代理人、辩护人,或者为诉讼案件当事人提供其他有偿法律服务的。

《中华人民共和国监察法实施条例》(自2021年9月20日起施行,节录)

第二百六十三条　办理监察事项的监察人员有监察法第五十八条所列情形之一的,应当自行提出回避;没有自行提出回避的,监察机关应当依法决定其回避,监察对象、检举人及其他有关人员也有权要求其回避。
选用借调人员、看护人员、调查场所,应当严格执行回避制度。
第二百六十四条　监察人员自行提出回避,或者监察对象、检举人及其他有关人员要求监察人员回避的,应当书面或者口头提出,并说明理由。口头提出的,应当形成记录。
监察机关主要负责人的回避,由上级监察机关主要负责人决定;其他监察人员的回避,由本级监察机关主要负责人决定。

《中华人民共和国监察官法》(自2022年1月1日起施行,节录)

第四十七条　办理监察事项的监察官有下列情形之一的,应当自行回避,监

察对象、检举人、控告人及其他有关人员也有权要求其回避;没有主动申请回避的,监察机关应当依法决定其回避:

(一)是监察对象或者检举人、控告人的近亲属的;
(二)担任过本案的证人的;
(三)本人或者其近亲属与办理的监察事项有利害关系的;
(四)有可能影响监察事项公正处理的其他情形的。

基本规范

《最高人民法院关于适用〈中华人民共和国刑事诉讼法〉的解释》(法释〔2021〕1号,自2021年3月1日起施行)

第二章 回 避

第二十七条① 审判人员具有下列情形之一的,应当自行回避,当事人及其法定代理人有权申请其回避:

(一)是本案的当事人或者是当事人的近亲属的;
(二)本人或者其近亲属与本案有利害关系的;
(三)担任过本案的证人、鉴定人、辩护人、诉讼代理人、翻译人员的;
(四)与本案的辩护人、诉讼代理人有近亲属关系的;
(五)与本案当事人有其他利害关系,可能影响公正审判的。

第二十九条 参与过本案调查、侦查、审查起诉工作的监察、侦查、检察人员,调至人民法院工作的,不得担任本案的审判人员。②

在一个审判程序中参与过本案审判工作的合议庭组成人员或者独任审判员,不得再参与本案其他程序的审判。但是,发回重新审判的案件,在第一审人民法院作出裁判后又进入第二审程序、在法定刑以下判处刑罚的复核程序或者死刑复核程序的,原第二审程序、在法定刑以下判处刑罚的复核程序或者死刑复核程序中的合议庭组成人员不受本款规定的限制。

第三十条 依照法律和有关规定应当实行任职回避的,不得担任案件的审

---

① 关于本条规定的"近亲属"的范围,根据《最高人民法院关于审判人员在诉讼活动中执行回避制度若干问题的规定》(法释〔2011〕12号),包括与审判人员有夫妻、直系血亲、三代以内旁系血亲及近姻亲关系的亲属。——**本评注注**

② 需要注意的是,《监察法》规定监察机关对职务犯罪的调查权和移送审查起诉权。因此,参与过案件调查工作的监察人员,如果调至人民法院工作,也不得担任本案的审判人员。基于此,本条第一款对《2012年刑诉法解释》第二十五条第一款的规定作出修改完善。——**本评注注**

判人员。

《人民检察院刑事诉讼规则》（高检发释字〔2019〕4号，自2019年12月30日起施行）

第三章 回 避

第二十四条 检察人员在受理举报和办理案件过程中，发现有刑事诉讼法第二十九条或者第三十条规定的情形之一的，应当自行提出回避；没有自行提出回避的，人民检察院应当决定其回避，当事人及其法定代理人有权要求其回避。

第二十五条 检察人员自行回避的，应当书面或者口头提出，并说明理由。口头提出的，应当记录在案。

第二十六条 人民检察院应当告知当事人及其法定代理人有依法申请回避的权利，并告知办理相关案件的检察人员、书记员等人员的姓名、职务等有关情况。

第二十七条 当事人及其法定代理人要求检察人员回避的，应当书面或者口头向人民检察院提出，并说明理由。口头提出的，应当记录在案。根据刑事诉讼法第三十条的规定要求检察人员回避的，应当提供有关证明材料。

人民检察院经过审查或者调查，认为检察人员符合回避条件的，应当作出回避决定；不符合回避条件的，应当驳回申请。

《公安机关办理刑事案件程序规定》（公安部令第159号修正，修正后自2020年9月1日起施行）

第三章 回 避

第三十二条 公安机关负责人、侦查人员有下列情形之一的，应当自行提出回避申请，没有自行提出回避申请的，应当责令其回避，当事人及其法定代理人也有权要求他们回避：

（一）是本案的当事人或者是当事人的近亲属的；
（二）本人或者他的近亲属和本案有利害关系的；
（三）担任过本案的证人、鉴定人、辩护人、诉讼代理人的；
（四）与本案当事人有其他关系，可能影响公正处理案件的。

《海警机构办理刑事案件程序规定》（中国海警局令第1号，自2023年6月15日起施行）

第三章 回 避

第二十三条 海警机构负责人、侦查人员有下列情形之一的，应当自行提出

回避申请:

(一)是本案的当事人或者是当事人的近亲属的;
(二)本人或者他的近亲属和本案有利害关系的;
(三)担任过本案的证人、鉴定人、辩护人、诉讼代理人的;
(四)与本案当事人有其他关系,可能影响公正处理案件的。

违反前款规定,没有自行提出回避申请的,应当责令其回避,当事人及其法定代理人、辩护人、诉讼代理人也有权要求他们回避。

其他规范

《检察人员任职回避和公务回避暂行办法》(最高人民检察院,高检发〔2000〕18号)

第一条 为保证检察人员依法履行公务,促进检察机关的廉政建设,维护司法公正,根据《中华人民共和国刑事诉讼法》、《中华人民共和国检察官法》和其他有关法律、法规,制定本办法。

第二条 检察人员之间有下列亲属关系之一的,必须按规定实行任职回避:
(一)夫妻关系;
(二)直系血亲关系;
(三)三代以内旁系血亲关系,包括伯叔姑舅姨、兄弟姐妹、堂兄弟姐妹、表兄弟姐妹、侄子女、甥子女;
(四)近姻亲关系,包括配偶的父母、配偶的兄弟姐妹及其配偶、子女的配偶及子女配偶的父母、三代以内旁系血亲的配偶。

第三条 检察人员之间凡具有本办法第二条所列亲属关系的,不得同时担任下列职务:
(一)同一人民检察院的检察长、副检察长、检察委员会委员;
(二)同一人民检察院的检察长、副检察长和检察员、助理检察员、书记员、司法警察、司法行政人员;
(三)同一工作部门的检察员、助理检察员、书记员、司法警察、司法行政人员;
(四)上下相邻两级人民检察院的检察长、副检察长。

第四条 担任县一级人民检察院检察长的,一般不得在原籍任职。但是,民族自治地方县一级人民检察院的检察人员除外。

第五条 检察人员任职回避按照以下程序进行:
(一)本人提出回避申请或者所在人民检察院的人事管理部门提出回避

要求；

（二）按照管理权限进行审核，需要回避的，予以调整，并按照法律及有关规定办理任免手续。

第六条　检察人员任职回避，职务不同的，由职务较低的一方回避，个别因工作特殊需要的，经所在人民检察院批准，也可以由职务较高的一方回避；职务相同的，由所在人民检察院根据工作需要和检察人员的情况决定其中一方回避。

在本检察院内无法调整的，可以与其他单位协商调整；与其他单位协商调整确有困难的，商请有关管理部门或者上级人民检察院协调解决。

第七条　检察人员在录用、晋升、调配过程中应当如实地向人民检察院申报应回避的亲属情况。各级人民检察院在检察人员录用、晋升、调配过程中应当按照回避规定严格审查。对原已形成的应回避的关系，应当制定计划、逐步调整；对因婚姻、职务变化等新形成的应回避关系，应当及时调整。

第八条　检察人员从事人事管理、财务管理、监察、审计等公务活动，涉及本人或与本人有本办法第二条所列亲属关系人员的利害关系时，必须回避，不得参加有关考核、调查、讨论、审核、决定，也不得以任何形式施加影响。

第九条　检察人员从事检察活动，具有下列情形之一的，应当自行回避，当事人及其法定代理人也有权要求其回避：

（一）是本案的当事人或者是当事人的近亲属的；

（二）本人或者他的近亲属和本案有利害关系的；

（三）担任过本案的证人、鉴定人、辩护人、诉讼代理人的；

（四）与本案当事人有其他关系，可能影响公正处理案件的。

第十条　检察人员在检察活动中，接受当事人及其委托的人的请客送礼或者违反规定会见当事人及其委托的人的，当事人及其法定代理人有权要求其回避。

第十一条　检察人员在检察活动中的回避，按照以下程序进行：

（一）检察人员自行回避的，可以书面或者口头向所在人民检察院提出回避申请，并说明理由；当事人及其法定代理人要求检察人员回避的，应当向该检察人员所在人民检察院提出书面或者口头申请，并说明理由，根据本办法第十条的规定提出回避申请的，应当提供有关证明材料。

（二）检察人员所在人民检察院有关工作部门对回避申请进行审查，调查核实有关情况，提出是否回避的意见。

（三）检察长作出是否同意检察人员回避的决定；对检察长的回避，由检察委员会作出决定并报上一级人民检察院备案。检察委员会讨论检察长回避问题时,由副检察长主持会议,检察长不得参加。

应当回避的检察人员,本人没有自行回避,当事人及其法定代理人也没有要求其回避的,检察长或者检察委员会应当决定其回避。

第十二条　对人民检察院作出的驳回回避申请的决定,当事人及其法定代理人不服的,可以在收到驳回回避申请决定的五日内,向作出决定的人民检察院申请复议。

人民检察院对当事人及其法定代理人的复议申请,应当在三日内作出复议决定,并书面通知申请人。

第十三条　检察人员自行回避或者被申请回避,在检察长或者检察委员会作出决定前,应当暂停参与案件的办理;但是,对人民检察院直接受理案件进行侦查或者补充侦查的检察人员,在回避决定作出前不能停止对案件的侦查。

第十四条　因符合本办法第九条或者第十条规定的情形之一而决定回避的检察人员,在回避决定作出以前所取得的证据和进行诉讼的行为是否有效,由检察长或者检察委员会根据案件的具体情况决定。

第十五条　检察人员离任后两年内,不得担任诉讼代理人和辩护人。

第十六条　检察人员在检察活动中具有以下情形的,视情予以批评教育、组织调整或者给予相应的纪律处分:

(一)明知具有本办法第九条或者第十条规定的情形,故意不依法自行回避或者对符合回避条件的申请故意不作出回避决定的;

(二)明知诉讼代理人、辩护人具有本办法第十五条规定情形,故意隐瞒的;

(三)拒不服从回避决定,继续参与办案或者干预办案的。

第十七条　当事人、诉讼代理人、辩护人或者其他知情人认为检察人员有违反法律、法规有关回避规定行为的,可以向检察人员所在人民检察院监察部门举报。受理举报的部门应当及时处理,并将有关意见反馈举报人。

第十八条　本规定所称检察人员,是指各级人民检察院检察官、书记员、司法行政人员和司法警察。

人民检察院聘请或者指派的翻译人员、司法鉴定人员、勘验人员在诉讼活动中的回避,参照检察人员回避的有关规定执行。

第十九条　各级人民检察院的监察和人事管理部门负责检察人员回避工作的监督检查。

第二十条　本办法由最高人民检察院负责解释。

第二十一条　本办法自公布之日起施行。

《最高人民法院关于审判人员在诉讼活动中执行回避制度若干问题的规定》(法释〔2011〕12号,自2011年6月13日起施行)

为进一步规范审判人员的诉讼回避行为,维护司法公正,根据《中华人民共和国人民法院组织法》、《中华人民共和国法官法》、《中华人民共和国民事诉讼法》、《中华人民共和国刑事诉讼法》、《中华人民共和国行政诉讼法》等法律规定,结合人民法院审判工作实际,制定本规定。

第一条 审判人员具有下列情形之一的,应当自行回避,当事人及其法定代理人有权以口头或者书面形式申请其回避:

(一)是本案的当事人或者与当事人有近亲属关系的;

(二)本人或者其近亲属与本案有利害关系的;

(三)担任过本案的证人、翻译人员、鉴定人、勘验人、诉讼代理人、辩护人的;

(四)与本案的诉讼代理人、辩护人有夫妻、父母、子女或者兄弟姐妹关系的;

(五)与本案当事人之间存在其他利害关系,可能影响案件公正审理的。

本规定所称近亲属,包括与审判人员有夫妻、直系血亲、三代以内旁系血亲及近姻亲关系的亲属。

第二条 当事人及其法定代理人发现审判人员违反规定,具有下列情形之一的,有权申请其回避:

(一)私下会见本案一方当事人及其诉讼代理人、辩护人的;

(二)为本案当事人推荐、介绍诉讼代理人、辩护人,或者为律师、其他人员介绍办理该案件的;

(三)索取、接受本案当事人及其受托人的财物、其他利益,或者要求当事人及其受托人报销费用的;

(四)接受本案当事人及其受托人的宴请,或者参加由其支付费用的各项活动的;

(五)向本案当事人及其受托人借款,借用交通工具、通讯工具或者其他物品,或者索取、接受当事人及其受托人在购买商品、装修住房以及其他方面给予的好处的;

(六)有其他不正当行为,可能影响案件公正审理的。

第三条 凡在一个审判程序中参与过本案审判工作的审判人员,不得再参与该案其他程序的审判。但是,经过第二审程序发回重审的案件,在一审法院作出裁判后又进入第二审程序的,原第二审程序中合议庭组成人员不受本条规定的限制。

第四条 审判人员应当回避,本人没有自行回避,当事人及其法定代理人也没有申请其回避的,院长或者审判委员会应当决定其回避。

第五条 人民法院应当依法告知当事人及其法定代理人有申请回避的权利,以及合议庭组成人员、书记员的姓名、职务等相关信息。

第六条 人民法院依法调解案件,应当告知当事人及其法定代理人有申请回避的权利,以及主持调解工作的审判人员及其他参与调解工作的人员的姓名、职务等相关信息。

第七条 第二审人民法院认为第一审人民法院的审理有违反本规定第一条至第三条规定的,应当裁定撤销原判,发回原审人民法院重新审判。

第八条 审判人员及法院其他工作人员从人民法院离任后二年内,不得以律师身份担任诉讼代理人或者辩护人。

审判人员及法院其他工作人员从人民法院离任后,不得担任原任职法院所审理案件的诉讼代理人或者辩护人,但是作为当事人的监护人或者近亲属代理诉讼或者进行辩护的除外。

本条所规定的离任,包括退休、调离、解聘、辞职、辞退、开除等离开法院工作岗位的情形。

本条所规定的原任职法院,包括审判人员及法院其他工作人员曾任职的所有法院。

第九条 审判人员及法院其他工作人员的配偶、子女或者父母不得担任其所任职法院审理案件的诉讼代理人或者辩护人。

第十条 人民法院发现诉讼代理人或者辩护人违反本规定第八条、第九条的规定的,应当责令其停止相关诉讼代理或者辩护行为。

第十一条 当事人及其法定代理人、诉讼代理人、辩护人认为审判人员有违反本规定行为的,可以向法院纪检、监察部门或者其他有关部门举报。受理举报的人民法院应当及时处理,并将相关意见反馈给举报人。

第十二条 对明知具有本规定第一条至第三条规定情形不依法自行回避的审判人员,依照《人民法院工作人员处分条例》的规定予以处分。

对明知诉讼代理人、辩护人具有本规定第八条、第九条规定情形之一,未责令其停止相关诉讼代理或者辩护行为的审判人员,依照《人民法院工作人员处分条例》的规定予以处分。

第十三条 本规定所称审判人员,包括各级人民法院院长、副院长、审判委员会委员、庭长、副庭长、审判员和助理审判员。

本规定所称法院其他工作人员,是指审判人员以外的在编工作人员。

第十四条 人民陪审员、书记员和执行员适用审判人员回避的有关规定,但不属于本规定第十三条所规定人员的,不适用本规定第八条、第九条的规定。

第十五条 自本规定施行之日起,《最高人民法院关于审判人员严格执行回避制度的若干规定》(法发〔2000〕5号)即行废止;本规定施行前本院发布的司法解释与本规定不一致的,以本规定为准。

《最高人民法院关于适用〈中华人民共和国人民陪审员法〉若干问题的解释》(法释〔2019〕5号)**第七条**对人民陪审员回避的有关问题作了规定。(→参见第一百八十三条所附"其他规范",第1301页)

《最高人民法院关于对配偶父母子女从事律师职业的法院领导干部和审判执行人员实行任职回避的规定》(法发〔2020〕13号,自2020年5月6日起施行)

为了维护司法公正和司法廉洁,防止法院领导干部和审判执行人员私人利益与公共利益发生冲突,依照《中华人民共和国公务员法》《中华人民共和国法官法》等法律法规,结合人民法院实际,制定本规定。

第一条 人民法院工作人员的配偶、父母、子女、兄弟姐妹、配偶的父母、配偶的兄弟姐妹、子女的配偶、子女配偶的父母具有律师身份的,该工作人员应当主动向所在人民法院组织(人事)部门报告。

第二条 人民法院领导干部和审判执行人员的配偶、父母、子女有下列情形之一的,法院领导干部和审判执行人员应当实行任职回避:

(一)担任该领导干部和审判执行人员所任职人民法院辖区内律师事务所的合伙人或者设立人的;

(二)在该领导干部和审判执行人员所任职人民法院辖区内以律师身份担任诉讼代理人、辩护人,或者为诉讼案件当事人提供其他有偿法律服务的。

第三条 人民法院在选拔任用干部时,不得将符合任职回避条件的人员作为法院领导干部和审判执行人员的拟任人选。

第四条 人民法院在招录补充工作人员时,应当向拟招录补充的人员释明本规定的相关内容。

第五条 符合任职回避条件的法院领导干部和审判执行人员,应当自本规定生效之日或者任职回避条件符合之日起三十日内主动向法院组织(人事)部门提出任职回避申请,相关人民法院应当按照有关规定为其另行安排工作岗位,确定职务职级待遇。

第六条 符合任职回避条件的法院领导干部和审判执行人员没有按规定主动提出任职回避申请的,相关人民法院应当按照有关程序免去其所任领导职务或者将其调离审判执行岗位。

第七条 应当实行任职回避的法院领导干部和审判执行人员的任免权限不在人民法院的,相关人民法院应当向具有干部任免权的机关提出为其办理职务调动或者免职等手续的建议。

第八条 符合任职回避条件的法院领导干部和审判执行人员具有下列情形之一的,应当根据情节给予批评教育、诫勉、组织处理或者处分:

(一)隐瞒配偶、父母、子女从事律师职业情况的;
(二)不按规定主动提出任职回避申请的;
(三)采取弄虚作假手段规避任职回避的;
(四)拒不服从组织调整或者拒不办理公务交接的;
(五)具有其他违反任职回避规定行为的。

第九条 法院领导干部和审判执行人员的配偶、父母、子女采取隐名代理等方式在该领导干部和审判执行人员所任职人民法院辖区内从事律师职业的,应当责令该法院领导干部和审判执行人员辞去领导职务或者将其调离审判执行岗位,其本人知情的,应当根据相关规定从重处理。

第十条 因任职回避调离审判执行岗位的法院工作人员,任职回避情形消失后,可以向法院组织(人事)部门申请调回审判执行岗位。

第十一条 本规定所称父母,是指生父母、养父母和有扶养关系的继父母。

本规定所称子女,是指婚生子女、非婚生子女、养子女和有扶养关系的继子女。

本规定所称从事律师职业,是指担任律师事务所的合伙人、设立人,或者以律师身份担任诉讼代理人、辩护人,或者以律师身份为诉讼案件当事人提供其他有偿法律服务。

本规定所称法院领导干部,是指各级人民法院的领导班子成员及审判委员会委员。

本规定所称审判执行人员,是指各级人民法院立案、审判、执行、审判监督、国家赔偿等部门的领导班子成员、法官、法官助理、执行员。

本规定所称任职人民法院辖区,包括法院领导干部和审判执行人员所任职人民法院及其所辖下级人民法院的辖区。专门人民法院及其他管辖区域与行政辖区不一致的人民法院工作人员的任职人民法院辖区,由解放军军事法院和相关高级人民法院根据有关规定或者实际情况确定。

第十二条 本规定由最高人民法院负责解释。

第十三条 本规定自2020年5月6日起施行,《最高人民法院关于对配偶子女从事律师职业的法院领导干部和审判执行岗位法官实行任职回避的规定（试行）》（法发〔2011〕5号）同时废止。

法律适用答复、复函

《最高人民法院、司法部关于〈中华人民共和国人民陪审员法〉实施中若干问题的答复》（法发〔2020〕29号）第十八条明确人民陪审员不适用《法官法》中法官任职回避的规定。（→参见第十三条所附"法律适用答复、复函"，第63页）

司法疑难解析

《刑诉法解释》第二十九条第二款的理解。 该款的用语是"参与过本案审判工作的合议庭组成人员或者独任审判员"，而非"参与过本案审判工作的审判人员"。因此，法官助理、书记员不在其中。讨论中，有意见提出，该款规定"在一个审判程序中参与过本案审判工作的合议庭组成人员或者独任审判员，不得再参与本案其他程序的审判"，此处的"不得再参与本案其他程序的审判"是否包括"参与审委会讨论"？例如，发回重审的案件需要提交审委会讨论，原审是承办法官、发回重审时是审委会委员的，是否还有发表意见及投票的权利？经研究认为，审委会对案件有最终决定权，故"不得再参与本案其他程序的审判"当然包括"参与审委会讨论"，作为原承办法官的审委会委员不宜再发表意见及投票。但是，如原审时即经过审委会讨论，上级法院发回重审后仍需经过审委会讨论的，由于《刑诉法解释》第二十九条第二款将适用范围明确限定为"合议庭组成人员或者独任审判员"，故不适用上述规则，不能据此认为原审参与审委会讨论的委员都需要回避。如果适用上述规则，可能导致案件无法处理，不具有可操作性。征求意见过程中，有意见提出，"本案其他程序"是否仅指《刑事诉讼法》第三编的第一审、第二审、死刑复核、审判监督程序，对此司法实践中容易产生歧义，建议对"本案其他程序"的内涵进一步明确。理由是：《刑事诉讼法》第三编规定了第一审、第二审、死刑复核、审判监督程序，第五编还规定了特别程序，这两编规定的都是审判程序，且部分审判程序存在密切关联。例如，贪污贿赂、恐怖活动犯罪等重大犯罪案件的被告人在审判过程中死亡，法院依法裁定终止审理；同时，对于因需要追缴其违法所得及其他涉案财产而启动特别没收程序的，特别没收程序是否属于本案其他程序，原合议庭人员能否继续审理，实践中会存在争议。被告人在特别没收程序中归案，同样也存在类似问题。经研究认为，上述情形不需要适用回避的规定。主要考虑：(1)"在一个审判程序中参与过本案审判工作的合议庭组成人员或者独任审判员，不得再参与本案其他程序的审判"的规定限于"本案"，即同一个案件。对于普通程序与缺席审判程序、违法所得没收程序、强制医疗程序等特别程序之间的转换，由于案由发生变化，不再属于同一案件，自然不受限制。（2）对于上述情形，由同一审判组织继续审理，不仅不会影响公正审判，而且由于原审判组织熟悉案件相关情况，更加便利于审判。故而，不需要适用回避制度。（3）关于特别程序的相关条文，有的可以当然推导出不需要另行组成合议庭。例如，《刑诉法解释》第六百三十八条第一款规定："第一审人民法院在审理刑事案件过程中，发现被告人可能符合强制医疗条件的，应当依照法定程序对被告人进行法医精神病鉴定。经鉴定，被告人属于依法不负刑事责任的精神病人的，应当适用强制医疗程序，对案件进行审理。"此处明显是指直接转换为强制医疗程序，不需要另行组成合议庭。

对于发回重新审判的案件，在第一审人民法院作出裁判后又进入第二审程序、在法定刑以下判处刑罚的复核程序或者死刑复核程序的，根据《刑诉法解释》第二十九条第二款的规定，原第二审程序、在法定刑以下判处刑罚的复核程序或者死刑复核程序中的合议庭组成人员不受"在一个审判程序中参与过本案审判工作的合议庭组成人员或者独任审判员，不得再参与本案其他程序的审判"的限制。征求意见过程中，有意见提出，发回重新审判的案件，一审作出裁判后又进入第二审程序、在法定刑以下判处刑罚的复核程序或者死刑复核程序的，原合议庭组成人员不得再参与该案件审理。理由是：发回重审的案件再次进入第二审程序、在法定刑以下判处刑罚的复核程序或者死刑复核程序后，由原合议庭审理，固可提高效率，但似难以避免先入为主，影响案件公正审理。经研究认为，对于发回重新审判的案件，原第二审程序、在法定刑以下判处刑罚的复核程序或者死刑复核程序的合议庭组成人员对案件情况比较熟悉，清楚发回重审的原因。案件再次进入第二审程序、在法定刑以下判处刑罚的复核程序或者死刑复核程序后，由原合议庭审理，不会影响司法公正，而是能更好地审查一审法院是否解决了原来存在的问题，重新作出的裁判是否合法、合理，可以兼顾公正与效率，故未采纳上述意见。

第三十条　【办案人员违反禁止行为的回避】审判人员、检察人员、侦查人员不得接受当事人及其委托的人的请客送礼，不得违反规定会见当事人及其委托的人。

审判人员、检察人员、侦查人员违反前款规定的，应当依法追究法律责任。当事人及其法定代理人有权要求他们回避。

立法沿革

本条系 1996 年《刑事诉讼法修改决定》增加的规定。2012 年、2018 年修改《刑事诉讼法》时未作调整。

基本规范

《最高人民法院关于适用〈中华人民共和国刑事诉讼法〉的解释》（法释〔2021〕1 号,自 2021 年 3 月 1 日起施行）

第二章 回 避

第二十八条① 审判人员具有下列情形之一的,当事人及其法定代理人有权申请其回避:

（一）违反规定会见本案当事人、辩护人、诉讼代理人的;

（二）为本案当事人推荐、介绍辩护人、诉讼代理人,或者为律师、其他人员介绍办理本案的;

（三）索取、接受本案当事人及其委托的人的财物或者其他利益的;

（四）接受本案当事人及其委托的人的宴请,或者参加由其支付费用的活动的;

（五）向本案当事人及其委托的人借用款物的;

（六）有其他不正当行为,可能影响公正审判的。

《公安机关办理刑事案件程序规定》（公安部令第 159 号修正,修正后自 2020 年 9 月 1 日起施行）

第三章 回 避

第三十三条 公安机关负责人、侦查人员不得有下列行为:

（一）违反规定会见本案当事人及其委托人;

（二）索取、接受本案当事人及其委托人的财物或者其他利益;

（三）接受本案当事人及其委托人的宴请,或者参加由其支付费用的活动;

（四）其他可能影响案件公正办理的不正当行为。

违反前款规定的,应当责令其回避并依法追究法律责任。当事人及其法定代理人有权要求其回避。

---

① 《刑事诉讼法》第三十条第一款规定:"审判人员、检察人员、侦查人员不得接受当事人及其委托的人的请客送礼,不得违反规定会见当事人及其委托的人。"而《2012 年刑诉法解释》第二十四条第三、四、五项使用的是"委托人",容易使人误解为仅仅指辩护人或者诉讼代理人。因此,修改为"委托的人"。——**本评注注**

《海警机构办理刑事案件程序规定》(中国海警局令第1号,自2023年6月15日起施行)

第三章 回避

第二十四条 海警机构负责人、侦查人员不得有下列行为:

(一)违反规定会见本案当事人及其委托人;

(二)索取、接受本案当事人及其委托人的财物或者其他利益;

(三)接受本案当事人及其委托人的宴请,或者参加由其支付费用的活动;

(四)其他可能影响案件公正办理的不正当行为。

违反前款规定的,应当责令其回避并依法追究法律责任。当事人及其法定代理人、辩护人、诉讼代理人有权要求其回避。

第三十一条 【决定回避的程序】审判人员、检察人员、侦查人员的回避,应当分别由院长、检察长、公安机关负责人决定;院长的回避,由本院审判委员会决定;检察长和公安机关负责人的回避,由同级人民检察院检察委员会决定。

对侦查人员的回避作出决定前,侦查人员不能停止对案件的侦查。

对驳回申请回避的决定,当事人及其法定代理人可以申请复议一次。

立法沿革

本条系沿用1979年《刑事诉讼法》第二十四条的规定。

基本规范

《最高人民法院关于适用〈中华人民共和国刑事诉讼法〉的解释》(法释〔2021〕1号,自2021年3月1日起施行)

第二章 回避

第三十一条 人民法院应当依法告知当事人及其法定代理人有权申请回避,并告知其合议庭组成人员、独任审判员、法官助理、书记员等人员的名单。[①]

---

① 征求意见过程中,有意见建议增加"告知审判委员会委员名单"的规定。理由是:审判实践中,部分案件需经过审判委员会讨论决定,应当告知当事人有权申请回避。经研究认为,对此问题可以在司法实践中裁量把握,不宜作出硬性规定。主要考虑:(1)审理案件时,特别是告知申请回避权阶段,对该案是否需要提请审判委员会讨论,尚难以作出准确判断。(2)各级人民法院的审判委员会委员名单会通过官网或者其他途(转下页)

第三十二条　审判人员自行申请回避，或者当事人及其法定代理人申请审判人员回避的，可以口头或者书面提出，并说明理由，由院长决定。

院长自行申请回避，或者当事人及其法定代理人申请院长回避的，由审判委员会讨论决定。审判委员会讨论时，由副院长主持，院长不得参加。

第三十三条　当事人及其法定代理人依照刑事诉讼法第三十条和本解释第二十八条的规定申请回避的，应当提供证明材料。

第三十四条　应当回避的审判人员没有自行回避，当事人及其法定代理人也没有申请其回避的，院长或者审判委员会应当决定其回避。

第三十五条　对当事人及其法定代理人提出的回避申请，人民法院可以口头或者书面作出决定，并将决定告知申请人。

当事人及其法定代理人申请回避被驳回的，可以在接到决定时申请复议一次。不属于刑事诉讼法第二十九条、第三十条规定情形的回避申请，由法庭当庭驳回，并不得申请复议。①

第三十六条②　当事人及其法定代理人申请出庭的检察人员回避的，人民

(接上页)径对外公开，当事人及其法定代理人可以查询。故不明确要求告知审判委员会委员名单，不会影响当事人及其法定代理人申请回避权的行使。据了解，也有法院向当事人提供《审判委员会委员回避告知书》，且在裁判文书中尾部载明参加本案讨论的审判委员会委员名单。——**本评注注**

① 征求意见过程中，有意见建议删除本款中"不属于刑事诉讼法第二十九条、第三十条规定情形的回避申请，由法庭当庭驳回，并不得申请复议"的规定。理由是：依据《刑事诉讼法》第三十一条的规定，"审判人员、检察人员、侦查人员的回避，应当分别由院长、检察长、公安机关负责人决定"，法庭无权驳回。《刑事诉讼法》赋予当事人及其法定代理人对驳回申请回避决定的申请复议权利，司法解释不宜规定不得申请复议的内容。经研究，未采纳上述意见。主要考虑：(1)根据《刑事诉讼法》规定，回避限于《刑事诉讼法》第二十九条规定的与本案当事人有特殊关系，可能影响公正处理案件的情形，以及《刑事诉讼法》第三十条规定的接受当事人及其委托的人请客送礼、违反规定会见当事人及其委托的人的情形。对于其他情形，不属于应当回避的事由，当事人及其法定代理人依法无权要求回避。(2)实践中，个别诉讼参与人滥用回避规定，严重干扰庭审正常进行。对于上述情形，法庭应当当庭驳回，以保障庭审顺利进行。——**本评注注**

② 《2012年刑诉法解释》第三十一条规定："当事人及其法定代理人申请出庭的检察人员回避的，人民法院应当决定休庭，并通知人民检察院。"实践反映，如果当事人及其法定代理人所提申请根本不属于《刑事诉讼法》第二十九条、第三十条规定的情形，没有必要休庭，应当由法庭当庭驳回，以保证庭审的有序推进。经研究，采纳上述意见，本条作了相应规定。——**本评注注**

法院应当区分情况作出处理:

(一)属于刑事诉讼法第二十九条、第三十条规定情形的回避申请,应当决定休庭,并通知人民检察院尽快作出决定;

(二)不属于刑事诉讼法第二十九条、第三十条规定情形的回避申请,应当当庭驳回,并不得申请复议。

第三十七条 本章所称的审判人员,包括人民法院院长、副院长、审判委员会委员、庭长、副庭长、审判员和人民陪审员。

《人民检察院刑事诉讼规则》(高检发释字〔2019〕4号,自2019年12月30日起施行)

第三章 回 避

第二十八条 在开庭审理过程中,当事人及其法定代理人向法庭申请出庭的检察人员回避的,在收到人民法院通知后,人民检察院应当作出回避或者驳回申请的决定。不属于刑事诉讼法第二十九条、第三十条规定情形的回避申请,出席法庭的检察人员应当建议法庭当庭驳回。

第二十九条 检察长的回避,由检察委员会讨论决定。检察委员会讨论检察长回避问题时,由副检察长主持,检察长不得参加。

其他检察人员的回避,由检察长决定。

第三十条 当事人及其法定代理人要求公安机关负责人回避,向同级人民检察院提出,或者向公安机关提出后,公安机关移送同级人民检察院的,由检察长提交检察委员会讨论决定。

第三十一条 检察长应当回避,本人没有自行回避,当事人及其法定代理人也没有申请其回避的,检察委员会应当决定其回避。

其他检察人员有前款规定情形的,检察长应当决定其回避。

第三十二条 人民检察院作出驳回申请回避的决定后,应当告知当事人及其法定代理人如不服本决定,有权在收到驳回申请回避的决定书后五日以内向原决定机关申请复议一次。

第三十三条 当事人及其法定代理人对驳回申请回避的决定不服申请复议的,决定机关应当在三日以内作出复议决定并书面通知申请人。

第三十四条 对人民检察院直接受理的案件进行侦查的人员或者进行补充侦查的人员在回避决定作出以前和复议期间,不得停止对案件的侦查。

第三十五条 参加过同一案件侦查的人员,不得承办该案的审查逮捕、审查起诉、出庭支持公诉和诉讼监督工作,但在审查起诉阶段参加自行补充侦查的人员除外。

第三十六条　被决定回避的检察长在回避决定作出以前所取得的证据和进行的诉讼行为是否有效,由检察委员会根据案件具体情况决定。

被决定回避的其他检察人员在回避决定作出以前所取得的证据和进行的诉讼行为是否有效,由检察长根据案件具体情况决定。

被决定回避的公安机关负责人在回避决定作出以前所进行的诉讼行为是否有效,由作出决定的人民检察院检察委员会根据案件具体情况决定。

《公安机关办理刑事案件程序规定》(公安部令第159号修正,修正后自2020年9月1日起施行)

第三章　回　避

第三十四条　公安机关负责人、侦查人员自行提出回避申请的,应当说明回避的理由;口头提出申请的,公安机关应当记录在案。

当事人及其法定代理人要求公安机关负责人、侦查人员回避,应当提出申请,并说明理由;口头提出申请的,公安机关应当记录在案。

第三十五条　侦查人员的回避,由县级以上公安机关负责人决定;县级以上公安机关负责人的回避,由同级人民检察院检察委员会决定。

第三十六条　当事人及其法定代理人对侦查人员提出回避申请的,公安机关应当在收到回避申请后二日以内作出决定并通知申请人;情况复杂的,经县级以上公安机关负责人批准,可以在收到回避申请后五日以内作出决定。

当事人及其法定代理人对县级以上公安机关负责人提出回避申请的,公安机关应当及时将申请移送同级人民检察院。

第三十七条　当事人及其法定代理人对驳回申请回避的决定不服的,可以在收到驳回申请回避决定书后五日以内向作出决定的公安机关申请复议。

公安机关应当在收到复议申请后五日以内作出复议决定并书面通知申请人。

第三十八条　在作出回避决定前,申请或者被申请回避的公安机关负责人、侦查人员不得停止对案件的侦查。

作出回避决定后,申请或者被申请回避的公安机关负责人、侦查人员不得再参与本案的侦查工作。

第三十九条　被决定回避的公安机关负责人、侦查人员在回避决定作出以前所进行的诉讼活动是否有效,由作出决定的机关根据案件情况决定。

《海警机构办理刑事案件程序规定》(中国海警局令第1号,自2023年6月15日起施行)

第三章 回避

第二十五条 海警机构负责人、侦查人员自行提出回避申请的,应当说明回避的理由;口头提出申请的,海警机构应当记录在案。

当事人及其法定代理人、辩护人、诉讼代理人要求海警机构负责人、侦查人员回避的,应当提出申请,并说明理由;口头提出申请的,海警机构应当记录在案。

第二十六条 侦查人员的回避,由海警机构负责人决定;海警机构负责人的回避,由相应人民检察院检察委员会决定。

第二十七条 当事人及其法定代理人、辩护人、诉讼代理人对侦查人员提出回避申请的,海警机构应当在收到回避申请后二日以内作出决定并通知申请人;情况复杂的,经海警机构负责人批准,可以在收到回避申请后五日以内作出决定。

当事人及其法定代理人、辩护人、诉讼代理人对海警机构负责人提出回避申请的,海警机构应当及时将申请移送相应人民检察院。

第二十八条 海警机构作出驳回申请回避的决定后,应当告知申请人,如不服决定可以在收到驳回申请回避决定书后五日以内,向作出决定的海警机构申请复议。

海警机构应当在收到复议申请后五日以内作出复议决定,并书面通知申请人。

第二十九条 在作出回避决定前,申请或者被申请回避的海警机构负责人、侦查人员不得停止对案件的侦查。

作出回避决定后,申请或者被申请回避的海警机构负责人、侦查人员不得再参与本案的侦查工作。

第三十条 被决定回避的海警机构负责人、侦查人员在回避决定作出以前所进行的诉讼活动是否有效,由作出决定的机关根据案件情况决定。

第三十二条 【回避制度的准用规定】本章关于回避的规定适用于书记员、翻译人员和鉴定人。

辩护人、诉讼代理人可以依照本章的规定要求回避、申请复议。

立法沿革

1979年《刑事诉讼法》第二十五条规定:"本法第二十三条、第二十四条的规定也适用于书记员、翻译人员和鉴定人。"2012年《刑事诉讼法修改决定》对本条作了文字修改,并增加规定第二款。2018年修改《刑事诉讼法》时对本条规定未作调整。

基本规范

《**最高人民法院关于适用〈中华人民共和国刑事诉讼法〉的解释**》(法释〔2021〕1号,自2021年3月1日起施行)

第二章 回 避

第三十八条 法官助理、书记员、翻译人员和鉴定人适用审判人员回避的有关规定,其回避问题由院长决定。

第三十九条 辩护人、诉讼代理人可以依照本章的有关规定要求回避、申请复议。

《**人民检察院刑事诉讼规则**》(高检发释字〔2019〕4号,自2019年12月30日起施行)

第三章 回 避

第三十七条 本规则关于回避的规定,适用于书记员、司法警察和人民检察院聘请或者指派的翻译人员、鉴定人。

书记员、司法警察和人民检察院聘请或者指派的翻译人员、鉴定人的回避由检察长决定。

辩护人、诉讼代理人可以依照刑事诉讼法及本规则关于回避的规定要求回避、申请复议。

《**公安机关办理刑事案件程序规定**》(公安部令第159号修正,修正后自2020年9月1日起施行)

第三章 回 避

第四十条 本章关于回避的规定适用于记录人、翻译人员和鉴定人。

记录人、翻译人员和鉴定人需要回避的,由县级以上公安机关负责人决定。

第四十一条 辩护人、诉讼代理人可以依照本章的规定要求回避、申请复议。

《海警机构办理刑事案件程序规定》(中国海警局令第1号,自2023年6月15日起施行)

第三章 回避

第三十一条 本章关于回避的规定适用于记录人、翻译人员和鉴定人。

记录人、翻译人员和鉴定人需要回避的,由海警机构负责人决定。

其他规范

《最高人民法院对外委托鉴定、评估、拍卖等工作管理规定》(法办发〔2007〕5号,节录)

第二条 对外委托鉴定、评估、拍卖等工作是指人民法院审判和执行工作中委托专门机构或专家进行鉴定、检验、评估、审计、拍卖、变卖和指定破产清算管理人等工作,并进行监督协调的司法活动。

第四十四条 监督、协调员有下列情形之一的,应当主动申请回避,当事人也有权申请回避:

(一)是本案的当事人或者当事人的近亲属的;

(二)本人或其近亲属和本案有利害关系的;

(三)本人或其近亲属担任过本案的证人、鉴定人、勘验人、辩护人或诉讼代理人的;

(四)本人的近亲属在将要选择的相关类专业机构工作的;

(五)向本案的当事人推荐专业机构的;

(六)与本案当事人有其他关系,可能影响对案件进行公正处理的。

第四十五条 监督、协调员有第四十四条规定的回避情形的,应在1个工作日内主动提出回避申请,报司法辅助工作部门负责人审批。

第四十六条 发现专业机构有需要回避的情形时,监督、协调员应向司法辅助工作部门负责人提出重新选择专业机构的建议,由司法辅助工作部门负责人批准后重新选择专业机构。专业机构的承办人员有回避情形的,监督、协调员应当要求专业机构更换承办人员。

《最高人民检察院关于指派、聘请有专门知识的人参与办案若干问题的规定(试行)》(高检发释字〔2018〕1号)第六条、第二十一条对有专门知识的人回避的有关问题作了规定。(→参见第一百九十七条所附"其他规范",第1412、1414页)

第四章
辩护与代理

■ **其他规范**

《最高人民法院、最高人民检察院、公安部、司法部关于进一步严格依法办案确保办理死刑案件质量的意见》(法发〔2007〕11号)"三、认真履行法定职责,严格依法办理死刑案件""(三)辩护、提供法律帮助"(第二十七条至第三十条)对死刑案件辩护、提供法律帮助的有关问题作了规定。(→参见第三编"审判"第四章"死刑复核程序"末所附"其他规范",第1652页)

《最高人民法院、最高人民检察院、公安部、司法部关于办理黑社会性质组织犯罪案件若干问题的规定》(公通字〔2012〕45号)"七、律师辩护代理"对黑社会性质组织犯罪案件辩护与代理的有关问题作了规定。(→参见第六十四条所附"其他规范",第477页)

《最高人民检察院、公安部关于公安机关办理经济犯罪案件的若干规定》(公通字〔2017〕25号)第八章"保障诉讼参与人合法权益"(第六十五条至第七十一条)对经济犯罪案件辩护与代理的有关问题作了规定。(→参见第二编"立案、侦查和提起公诉"标题下所附"其他规范",第768—769页)

第三十三条 【辩护人的范围】犯罪嫌疑人、被告人除自己行使辩护权以外,还可以委托一至二人作为辩护人。下列的人可以被委托为辩护人:

(一)律师;
(二)人民团体或者犯罪嫌疑人、被告人所在单位推荐的人;
(三)犯罪嫌疑人、被告人的监护人、亲友。

正在被执行刑罚或者依法被剥夺、限制人身自由的人,不得担任辩护人。

被开除公职和被吊销律师、公证员执业证书的人,不得担任辩护人,但系犯罪嫌疑人、被告人的监护人、近亲属的除外。

立法沿革

1979年《刑事诉讼法》第二十六条规定:"被告人除自己行使辩护权以外,还可以委托下列的人辩护:(一)律师;(二)人民团体或者被告人所在单位推荐的,或者经人民法院许可的公民;(三)被告人的近亲属、监护人。"1996年《刑事诉讼法修改决定》对本条作了四处修改:一是将"经人民法院许可的公民"可以担任辩护人的规定删去;二是增加规定"正在被执行刑罚或者依法被剥夺、限制人身自由的人,不得担任辩护人";三是增加规定"犯罪嫌疑人、被告人的监护人、亲友"可以担任辩护人;四是在称谓上增加"犯罪嫌疑人"的表述。2012年修改《刑事诉讼法》时,对本条的规定未作修改。2018年《刑事诉讼法修改决定》增加第三款规定。

相关规定

《中华人民共和国律师法》(第三次修正后自2018年1月1日起施行,节录)

第五条 申请律师执业,应当具备下列条件:
(一)拥护中华人民共和国宪法;
(二)通过国家统一法律职业资格考试取得法律职业资格;
(三)在律师事务所实习满一年;
(四)品行良好。

实行国家统一法律职业资格考试前取得的国家统一司法考试合格证书、律师资格凭证,与国家统一法律职业资格证书具有同等效力。

第六条 申请律师执业,应当向设区的市级或者直辖市的区人民政府司法行政部门提出申请,并提交下列材料:
(一)国家统一法律职业资格证书;
(二)律师协会出具的申请人实习考核合格的材料;
(三)申请人的身份证明;
(四)律师事务所出具的同意接收申请人的证明。

申请兼职律师执业的,还应当提交所在单位同意申请人兼职从事律师职业的证明。

受理申请的部门应当自受理之日起二十日内予以审查,并将审查意见和全部申请材料报送省、自治区、直辖市人民政府司法行政部门。省、自治区、直辖市人民政府司法行政部门应当自收到报送材料之日起十日内予以审核,作出是否准予执业的决定。准予执业的,向申请人颁发律师执业证书;不准予执业的,向申请人书面说明理由。

第七条 申请人有下列情形之一的,不予颁发律师执业证书:
(一)无民事行为能力或者限制民事行为能力的;
(二)受过刑事处罚的,但过失犯罪的除外;
(三)被开除公职或者被吊销律师、公证员执业证书的。

第八条 具有高等院校本科以上学历,在法律服务人员紧缺领域从事专业工作满十五年,具有高级职称或者同等专业水平并具有相应的专业法律知识的人员,申请专职律师执业的,经国务院司法行政部门考核合格,准予执业。具体办法由国务院规定。

第九条 有下列情形之一的,由省、自治区、直辖市人民政府司法行政部门撤销准予执业的决定,并注销被准予执业人员的律师执业证书:
(一)申请人以欺诈、贿赂等不正当手段取得律师执业证书的;
(二)对不符合本法规定条件的申请人准予执业的。

第十条 律师只能在一个律师事务所执业。律师变更执业机构的,应当申请换发律师执业证书。

律师执业不受地域限制。

第十一条 公务员不得兼任执业律师。

律师担任各级人民代表大会常务委员会组成人员的,任职期间不得从事诉讼代理或者辩护业务。

第十二条 高等院校、科研机构中从事法学教育、研究工作的人员,符合本法第五条规定条件的,经所在单位同意,依照本法第六条规定的程序,可以申请兼职律师执业。

第十三条 没有取得律师执业证书的人员,不得以律师名义从事法律服务业务;除法律另有规定外,不得从事诉讼代理或者辩护业务。

第四十一条 曾经担任法官、检察官的律师,从人民法院、人民检察院离任后二年内,不得担任诉讼代理人或者辩护人。

第五十三条 受到六个月以上停止执业处罚的律师,处罚期满未逾三年的,不得担任合伙人。

被吊销律师执业证书的,不得担任辩护人、诉讼代理人,但系刑事诉讼、民事诉讼、行政诉讼当事人的监护人、近亲属的除外。

《中华人民共和国监察法》(自2018年3月20日起施行,节录)

第五十九条第二款 监察人员辞职、退休三年内,不得从事与监察和司法工作相关联且可能发生利益冲突的职业。

《中华人民共和国法官法》(修订后自 2019 年 10 月 1 日起施行,节录)

第三十六条 法官从人民法院离任后两年内,不得以律师身份担任诉讼代理人或者辩护人。

法官从人民法院离任后,不得担任原任职法院办理案件的诉讼代理人或者辩护人,但是作为当事人的监护人或者近亲属代理诉讼或者进行辩护的除外。

法官被开除后,不得担任诉讼代理人或者辩护人,但是作为当事人的监护人或者近亲属代理诉讼或者进行辩护的除外。

《中华人民共和国检察官法》(修订后自 2019 年 10 月 1 日起施行,节录)

第三十七条 检察官从人民检察院离任后两年内,不得以律师身份担任诉讼代理人或者辩护人。

检察官从人民检察院离任后,不得担任原任职检察院办理案件的诉讼代理人或者辩护人,但是作为当事人的监护人或者近亲属代理诉讼或者进行辩护的除外。

检察官被开除后,不得担任诉讼代理人或者辩护人,但是作为当事人的监护人或者近亲属代理诉讼或者进行辩护的除外。

《中华人民共和国监察法实施条例》(自 2021 年 9 月 20 日起施行,节录)

第二百六十九条 监察人员离任三年以内,不得从事与监察和司法工作相关联且可能发生利益冲突的职业。

监察人员离任后,不得担任原任职监察机关办理案件的诉讼代理人或者辩护人,但是作为当事人的监护人或者近亲属代理诉讼或者进行辩护的除外。

《中华人民共和国监察官法》(自 2022 年 1 月 1 日起施行,节录)

第四十九条 监察官离任三年内,不得从事与监察和司法工作相关联且可能发生利益冲突的职业。

监察官离任后,不得担任原任职监察机关办理案件的诉讼代理人或者辩护人,但是作为当事人的监护人或者近亲属代理诉讼、进行辩护的除外。

监察官被开除后,不得担任诉讼代理人或者辩护人,但是作为当事人的监护人或者近亲属代理诉讼、进行辩护的除外。

第五十一条 监察官的配偶、父母、子女及其配偶不得以律师身份担任该监察官所任职监察机关办理案件的诉讼代理人、辩护人,或者提供其他有偿法律服务。

"六部委"规定

《最高人民法院、最高人民检察院、公安部、国家安全部、司法部、全国人大常委会法制工作委员会关于实施刑事诉讼法若干问题的规定》(自2013年1月1日起施行,节录)

二、辩护与代理

4. 人民法院、人民检察院、公安机关、国家安全机关、监狱的现职人员,人民陪审员,外国人或者无国籍人,以及与本案有利害关系的人,不得担任辩护人。但是,上述人员系犯罪嫌疑人、被告人的监护人或者近亲属,犯罪嫌疑人、被告人委托其担任辩护人的,可以准许。无行为能力或者限制行为能力的人,不得担任辩护人。

一名辩护人不得为两名以上的同案犯罪嫌疑人、被告人辩护,不得为两名以上的未同案处理但实施的犯罪存在关联的犯罪嫌疑人、被告人辩护。

基本规范

《最高人民法院关于适用〈中华人民共和国刑事诉讼法〉的解释》(法释〔2021〕1号,自2021年3月1日起施行)

第三章 辩护与代理

第四十条 人民法院审判案件,应当充分保障被告人依法享有的辩护权利。

被告人除自己行使辩护权以外,还可以委托辩护人辩护。下列人员不得担任辩护人:

(一)正在被执行刑罚或者处于缓刑、假释考验期间的人;

(二)依法被剥夺、限制人身自由的人;①

(三)被开除公职或者被吊销律师、公证员执业证书的人;②

(四)人民法院、人民检察院、监察机关、公安机关、国家安全机关、监狱的现职人员;

(五)人民陪审员;

---

① "依法被剥夺、限制人身自由",既可能是被依法采取刑事强制措施,也可能是被治安拘留、强制隔离戒毒等其他依法被限制人身自由的情形。——**本评注注**

② 征求意见过程中,有意见建议明确有犯罪前科人员不能担任辩护人。理由是:被开除公职人员、被吊销律师、公证员执业证书的人不得担任辩护人,所涉情形显然轻于受过刑事处罚。经研究认为,根据《律师法》的规定,因过失犯罪受过刑事处罚的人可以担任律师,自然就可以担任辩护人。上述意见似于法无据,未予采纳。——**本评注注**

（六）与本案审理结果有利害关系的人；

（七）外国人或者无国籍人；

（八）无行为能力或者限制行为能力的人。

前款第三项至第七项规定的人员，如果是被告人的监护人、近亲属，由被告人委托担任辩护人的，可以准许。①

第四十一条② 审判人员和人民法院其他工作人员从人民法院离任后二年内，不得以律师身份担任辩护人。

审判人员和人民法院其他工作人员从人民法院离任后，不得担任原任职法院所审理案件的辩护人，但系被告人的监护人、近亲属的除外。

审判人员和人民法院其他工作人员的配偶、子女或者父母不得担任其任职法院所审理案件的辩护人，但系被告人的监护人、近亲属的除外。

第四十二条 对接受委托担任辩护人的，人民法院应当核实其身份证明和授权委托书。

第四十三条 一名被告人可以委托一至二人作为辩护人。

一名辩护人不得为两名以上的同案被告人，或者未同案处理但犯罪事实存在关联的被告人辩护。③

---

① 之所以规定"可以准许"而非"应当准许"，旨在给司法实践一定的自由裁量权。有些情形下，该条第二款第三项至第七项规定的人员，以被告人的监护人、近亲属的身份担任辩护人，可能会影响司法公正，似不适宜。例如，已经担任过本案证人的，如果担任辩护人，会导致角色混同，不利于司法公正；又如，被告人近亲属系案件受理法院或者上级法院的法官或者领导，允许其作为辩护人参与诉讼，容易对裁判的公信力产生不良影响。——本评注注

② 司法适用中，适用本条时对"原任职法院"应当作实质而非形式把握，包括原任职法院已经更名或者并入新的法院等情形。例如，甲原是A法院法官，辞职当律师后，A法院与B法院合并，新法院名称是B法院，在此情形下，甲同样不能在B法院代理案件。——本评注注

③ 需要注意的问题有二:(1)从司法实践来看，有些案件的被告人虽然并非共同犯罪的被告人，但犯罪事实存在关联，如毒品犯罪的上下家、行受贿对合犯；此外，有些共同犯罪案件被分案处理。如果一名辩护人同时为上述两类案件中的两名以上被告人提供辩护，势必存在"利益冲突"，可能会损害被告人的合法权利，影响案件公正审理。基于此，本款明确规定一名辩护人不得为两名以上"未同案处理但犯罪事实存在关联的被告人"辩护。(2)征求意见过程中，有意见提出，实践中可能出现以下几种争议情况:①一名辩护人曾经担任过共同犯罪案件中某被告人的辩护人，后与该人解除委托关系，能否再担任本案同案犯的辩护人；②一名辩护人所代理案件已经结束（终审判决已下达并（转下页）

第六十八条　律师担任辩护人、诉讼代理人，经人民法院准许，可以带一名助理参加庭审。律师助理参加庭审的，可以从事辅助工作，但不得发表辩护、代理意见。

《人民检察院刑事诉讼规则》(高检发释字〔2019〕4号，自2019年12月30日起施行)

第三十八条　人民检察院在办案过程中，应当依法保障犯罪嫌疑人行使辩护权利。

《公安机关办理刑事案件程序规定》(公安部令第159号修正，修正后自2020年9月1日起施行)

第四章　律师参与刑事诉讼

第四十三条第二款　对于同案的犯罪嫌疑人委托同一名辩护律师的，或者两名以上未同案处理但实施的犯罪存在关联的犯罪嫌疑人委托同一名辩护律师的，公安机关应当要求其更换辩护律师。

《海警机构办理刑事案件程序规定》(中国海警局令第1号，自2023年6月15日起施行)

第四章　律师参与刑事诉讼

第三十九条　对于同案的犯罪嫌疑人委托同一名辩护律师的，或者两名以上未同案处理但实施的犯罪存在关联的犯罪嫌疑人委托同一名辩护律师的，海警机构应当要求其更换辩护律师。

其他规范

《最高人民法院、最高人民检察院、公安部、国家安全部、司法部关于进一步规范司法人员与当事人、律师、特殊关系人、中介组织接触交往行为的若干规定》(2015年9月6日，节录)

第八条　司法人员从司法机关离任后，不得担任原任职单位办理案件的诉

(接上页)执行完毕)，能否再担任另案处理的同案犯的辩护人；③作为值班律师为被告人提供法律帮助的律师是否在本条限制范围之内等。因此，建议对本条内容进一步细化，对实践中可能出现的问题分情况明确相应处理规则，增强司法解释的可操作性。经研究认为，第一种和第二种情形当然属于本条第二款规定的情形，不应准许；第三种情形所涉及的值班律师提供的是"法律帮助"而非"辩护"，不属于本条第二款规定的情形，可以准许。——本评注注

讼代理人或者辩护人,但是作为当事人的监护人或者近亲属代理诉讼或者进行辩护的除外。

《最高人民法院、最高人民检察院、公安部、国家安全部、司法部关于依法保障律师执业权利的规定》(司发〔2015〕14号)

第一条 为切实保障律师执业权利,充分发挥律师维护当事人合法权益、维护法律正确实施、维护社会公平和正义的作用,促进司法公正,根据有关法律法规,制定本规定。

第二条 人民法院、人民检察院、公安机关、国家安全机关、司法行政机关应当尊重律师,健全律师执业权利保障制度,依照刑事诉讼法、民事诉讼法、行政诉讼法及律师法的规定,在各自职责范围内依法保障律师知情权、申请权、申诉权,以及会见、阅卷、收集证据和发问、质证、辩论等方面的执业权利,不得阻碍律师依法履行辩护、代理职责,不得侵害律师合法权利。

第三条 人民法院、人民检察院、公安机关、国家安全机关、司法行政机关和律师协会应当建立健全律师执业权利救济机制。

律师因依法执业受到侮辱、诽谤、威胁、报复、人身伤害的,有关机关应当及时制止并依法处理,必要时对律师采取保护措施。

第四条 人民法院、人民检察院、公安机关、国家安全机关、司法行政机关应当建立和完善诉讼服务中心、立案或受案场所、律师会见室、阅卷室,规范工作流程,方便律师办理立案、会见、阅卷、参与庭审、申请执行等事务。探索建立网络信息系统和律师服务平台,提高案件办理效率。

第五条 办案机关在办理案件中应当依法告知当事人有权委托辩护人、诉讼代理人。对于符合法律援助条件而没有委托辩护人或者诉讼代理人的,办案机关应当及时告知当事人有权申请法律援助,并按照相关规定向法律援助机构转交申请材料。办案机关发现犯罪嫌疑人、被告人属于依法应当提供法律援助的情形的,应当及时通知法律援助机构指派律师为其提供辩护。

第六条 辩护律师接受犯罪嫌疑人、被告人委托或者法律援助机构的指派后,应当告知办案机关,并可以依法向办案机关了解犯罪嫌疑人、被告人涉嫌或者被指控的罪名及当时已查明的该罪的主要事实,犯罪嫌疑人、被告人被采取、变更、解除强制措施的情况,侦查机关延长侦查羁押期限等情况,办案机关应当依法及时告知辩护律师。

办案机关作出移送审查起诉、退回补充侦查、提起公诉、延期审理、二审不开庭审理、宣告判决等重大程序性决定的,以及人民检察院将直接受理立案侦查案件报请上一级人民检察院审查决定逮捕的,应当依法及时告知辩护律师。

第七条　辩护律师到看守所会见在押的犯罪嫌疑人、被告人，看守所在查验律师执业证书、律师事务所证明和委托书或者法律援助公函后，应当及时安排会见。能当时安排的，应当当时安排；不能当时安排的，看守所应当向辩护律师说明情况，并保证辩护律师在四十八小时以内会见到在押的犯罪嫌疑人、被告人。

看守所安排会见不得附加其他条件或者变相要求辩护律师提交法律规定以外的其他文件、材料，不得以未收到办案机关通知为由拒绝安排辩护律师会见。

看守所应当设立会见预约平台，采取网上预约、电话预约等方式为辩护律师会见提供便利，但不得以未预约会见为由拒绝安排辩护律师会见。

辩护律师会见在押的犯罪嫌疑人、被告人时，看守所应当采取必要措施，保障会见顺利和安全进行。律师会见在押的犯罪嫌疑人、被告人的，看守所应当保障律师履行辩护职责需要的时间和次数，并与看守所工作安排和办案机关侦查工作相协调。辩护律师会见犯罪嫌疑人、被告人时不被监听，办案机关不得派员在场。在律师会见室不足的情况下，看守所经辩护律师书面同意，可以安排在讯问室会见，但应当关闭录音、监听设备。犯罪嫌疑人、被告人委托两名律师担任辩护人的，两名辩护律师可以共同会见，也可以单独会见。辩护律师可以带一名律师助理协助会见。助理人员随同辩护律师参加会见的，应当出示律师事务所证明和律师执业证书或申请律师执业人员实习证。办案机关应当核实律师助理的身份。

第八条　在押的犯罪嫌疑人、被告人提出解除委托关系的，办案机关应当要求其出具或签署书面文件，并在三日以内转交受委托的律师或者律师事务所。辩护律师可以要求会见在押的犯罪嫌疑人、被告人，当面向其确认解除委托关系，看守所应当安排会见；但犯罪嫌疑人、被告人书面拒绝会见的，看守所应当将有关书面材料转交辩护律师，不予安排会见。

在押的犯罪嫌疑人、被告人的监护人、近亲属解除代为委托辩护律师关系的，经犯罪嫌疑人、被告人同意的，看守所应当允许新代为委托的辩护律师会见，由犯罪嫌疑人、被告人确认新的委托关系；犯罪嫌疑人、被告人不同意解除原辩护律师的委托关系的，看守所应当终止新代为委托的辩护律师会见。

第九条　辩护律师在侦查期间要求会见危害国家安全犯罪、恐怖活动犯罪、特别重大贿赂犯罪案件在押的犯罪嫌疑人的，应当向侦查机关提出申请。侦查机关应当依法及时审查辩护律师提出的会见申请，在三日以内将是否许可的决定书面答复辩护律师，并明确告知负责与辩护律师联系的部门及工作人员的联系方式。对许可会见的，应当向辩护律师出具许可决定文书；因有碍侦查或者可能泄露国家秘密而不许可会见的，应当向辩护律师说明理由。有碍侦查或者可能泄露国家秘密的情形消失后,应当许可会见,并及时通知看守所和辩护律师。对特别重大贿赂案件在侦查终结前,侦查机关应当许可辩护律师至少会见一次犯罪嫌疑人。

侦查机关不得随意解释和扩大前款所述三类案件的范围,限制律师会见。

第十条 自案件移送审查起诉之日起,辩护律师会见犯罪嫌疑人、被告人,可以向其核实有关证据。

第十一条 辩护律师会见在押的犯罪嫌疑人、被告人,可以根据需要制作会见笔录,并要求犯罪嫌疑人、被告人确认无误后在笔录上签名。

第十二条 辩护律师会见在押的犯罪嫌疑人、被告人需要翻译人员随同参加的,应当提前向办案机关提出申请,并提交翻译人员身份证明及其所在单位出具的证明。办案机关应当及时审查并在三日以内作出是否许可的决定。许可翻译人员参加会见的,应当向辩护律师出具许可决定文书,并通知看守所。不许可的,应当向辩护律师书面说明理由,并通知其更换。

翻译人员应当持办案机关许可决定文书和本人身份证明,随同辩护律师参加会见。

第十三条 看守所应当及时传递辩护律师同犯罪嫌疑人、被告人的往来信件。看守所可以对信件进行必要的检查,但不得截留、复制、删改信件,不得向办案机关提供信件内容,但信件内容涉及危害国家安全、公共安全、严重危害他人人身安全以及涉嫌串供、毁灭证据等情形的除外。

第十四条 辩护律师自人民检察院对案件审查起诉之日起,可以查阅、摘抄、复制本案的案卷材料,人民检察院检察委员会的讨论记录、人民法院合议庭、审判委员会的讨论记录以及其他依法不能公开的材料除外。人民检察院、人民法院应当为辩护律师查阅、摘抄、复制案卷材料提供便利,有条件的地方可以推行电子化阅卷,允许刻录、下载材料。侦查机关应当在案件移送审查起诉后三日以内,人民检察院应当在提起公诉后三日以内,将案件移送情况告知辩护律师。案件提起公诉后,人民检察院对案卷所附证据材料有调整或者补充的,应当及时告知辩护律师。辩护律师对调整或者补充的证据材料,有权查阅、摘抄、复制。辩护律师办理申诉、抗诉案件,在人民检察院、人民法院经审查决定立案后,可以持律师执业证书、律师事务所证明和委托书或者法律援助公函到案卷档案管理部门、持有案卷档案的办案部门查阅、摘抄、复制已经审理终结案件的案卷材料。

辩护律师提出阅卷要求的,人民检察院、人民法院应当当时安排辩护律师阅卷,无法当时安排的,应当向辩护律师说明并安排其在三个工作日以内阅卷,不得限制辩护律师阅卷的次数和时间。有条件的地方可以设立阅卷预约平台。

人民检察院、人民法院应当为辩护律师阅卷提供场所和便利,配备必要的设备。因复制材料发生费用的,只收取工本费用。律师办理法律援助案件复制材料发生的费用,应当予以免收或者减收。辩护律师可以采用复印、拍照、扫描、电子数据拷贝等方式复制案卷材料,可以根据需要带律师助理协助阅卷。办案机关应当核实律师助理的身份。

辩护律师查阅、摘抄、复制的案卷材料属于国家秘密的,应当经过人民检察院、人民法院同意并遵守国家保密规定。律师不得违反规定,披露、散布案件重要信息和案卷材料,或者将其用于本案辩护、代理以外的其他用途。

第十五条 辩护律师提交与案件有关材料的,办案机关应当在工作时间和办公场所予以接待,当面了解辩护律师提交材料的目的、材料的来源和主要内容等有关情况并记录在案,与相关材料一并附卷,并出具回执。辩护律师应当提交原件,提交原件确有困难的,经办案机关准许,也可以提交复印件,经与原件核对无误后由辩护律师签名确认。辩护律师通过服务平台网上提交相关材料的,办案机关应当在网上出具回执。辩护律师应当及时向办案机关提供原件核对,并签名确认。

第十六条 在刑事诉讼审查起诉、审理期间,辩护律师书面申请调取公安机关、人民检察院在侦查、审查起诉期间收集但未提交的证明犯罪嫌疑人、被告人无罪或者罪轻的证据材料的,人民检察院、人民法院应当依法及时审查。经审查,认为辩护律师申请调取的证据材料已收集并且与案件事实有联系的,应当及时调取。相关证据材料提交后,人民检察院、人民法院应当及时通知辩护律师查阅、摘抄、复制。经审查决定不予调取的,应当书面说明理由。

第十七条 辩护律师申请向被害人或者其近亲属、被害人提供的证人收集与本案有关的材料的,人民检察院、人民法院应当在七日以内作出是否许可的决定,并通知辩护律师。辩护律师书面提出有关申请时,办案机关不许可的,应当书面说明理由;辩护律师口头提出申请的,办案机关可以口头答复。

第十八条 辩护律师申请人民检察院、人民法院收集、调取证据的,人民检察院、人民法院应当在三日以内作出是否同意的决定,并通知辩护律师。辩护律师书面提出有关申请时,办案机关不同意的,应当书面说明理由;辩护律师口头提出申请的,办案机关可以口头答复。

第十九条 辩护律师申请向正在服刑的罪犯收集与案件有关的材料的,监狱和其他监管机关在查验律师执业证书、律师事务所证明和犯罪嫌疑人、被告人委托书或法律援助公函后,应当及时安排并提供合适的场所和便利。

正在服刑的罪犯属于辩护律师所承办案件的被害人或者其近亲属、被害人提供的证人的,应当经人民检察院或者人民法院许可。

第二十条　在民事诉讼、行政诉讼过程中,律师因客观原因无法自行收集证据的,可以依法向人民法院申请调取。经审查符合规定的,人民法院应当予以调取。

第二十一条　侦查机关在案件侦查终结前、人民检察院、人民法院在审查批准、决定逮捕期间,最高人民法院在复核死刑案件期间,辩护律师提出要求的,办案机关应当听取辩护律师的意见。人民检察院审查起诉、第二审人民法院决定不开庭审理的,应当充分听取辩护律师的意见。

辩护律师要求当面反映意见或者提交证据材料的,办案机关应当依法办理,并制作笔录附卷。辩护律师提出的书面意见和证据材料,应当附卷。

第二十二条　辩护律师书面申请变更或者解除强制措施的,办案机关应当在三日以内作出处理决定。辩护律师的申请符合法律规定的,办案机关应当及时变更或者解除强制措施;经审查认为不应当变更或者解除强制措施的,应当告知辩护律师,并书面说明理由。

第二十三条　辩护律师在侦查、审查起诉、审判期间发现案件有关证据存在刑事诉讼法第五十四条规定的情形的,可以向办案机关申请排除非法证据。

辩护律师在开庭以前申请排除非法证据,人民法院对证据收集合法性有疑问的,应当依照刑事诉讼法第一百八十二条第二款的规定召开庭前会议,就非法证据排除问题了解情况,听取意见。

辩护律师申请排除非法证据的,办案机关应当听取辩护律师的意见,按照法定程序审查核实相关证据,并依法决定是否予以排除。

第二十四条　辩护律师在开庭以前提出召开庭前会议、回避、补充鉴定或者重新鉴定以及证人、鉴定人出庭等申请的,人民法院应当及时审查作出处理决定,并告知辩护律师。

第二十五条　人民法院确定案件开庭日期时,应当为律师出庭预留必要的准备时间并书面通知律师。律师因开庭日期冲突等正当理由申请变更开庭日期的,人民法院应当在不影响案件审理期限的情况下,予以考虑并调整日期,决定调整日期的,应当及时通知律师。

律师可以根据需要,向人民法院申请带律师助理参加庭审。律师助理参加庭审仅能从事相关辅助工作,不得发表辩护、代理意见。

第二十六条　有条件的人民法院应当建立律师参与诉讼专门通道,律师进入人民法院参与诉讼确需安全检查的,应当与出庭履行职务的检察人员同等对待。有条件的人民法院应当设置专门的律师更衣室、休息室或者休息区域,并配备必要的桌椅、饮水及上网设施等,为律师参与诉讼提供便利。

第二十七条 法庭审理过程中,律师对审判人员、检察人员提出回避申请的,人民法院、人民检察院应当依法作出处理。

第二十八条 法庭审理过程中,经审判长准许,律师可以向当事人、证人、鉴定人和有专门知识的人发问。

第二十九条 法庭审理过程中,律师可以就证据的真实性、合法性、关联性,从证明目的、证明效果、证明标准、证明过程等方面,进行法庭质证和相关辩论。

第三十条 法庭审理过程中,律师可以就案件事实、证据和适用法律等问题,进行法庭辩论。

第三十一条 法庭审理过程中,法官应当注重诉讼权利平等和控辩平衡。对于律师发问、质证、辩论的内容、方式、时间等,法庭应当依法公正保障,以便律师充分发表意见,查清案件事实。

法庭审理过程中,法官可以对律师的发问、辩论进行引导,除发言过于重复、相关问题已在庭前会议达成一致、与案件无关或者侮辱、诽谤、威胁他人、故意扰乱法庭秩序的情况外,法官不得随意打断或者制止律师按程序进行的发言。

第三十二条 法庭审理过程中,律师可以提出证据材料,申请通知新的证人、有专门知识的人出庭,申请调取新的证据,申请重新鉴定或者勘验、检查。在民事诉讼中,申请有专门知识的人出庭,应当在举证期限届满前向人民法院申请,经法庭许可后才可以出庭。

第三十三条 法庭审理过程中,遇有被告人供述发生重大变化、拒绝辩护等重大情形,经审判长许可,辩护律师可以与被告人进行交流。

第三十四条 法庭审理过程中,有下列情形之一的,律师可以向法庭申请休庭:

(一)辩护律师因法定情形拒绝为被告人辩护的;
(二)被告人拒绝辩护律师为其辩护的;
(三)需要对新的证据作辩护准备的;
(四)其他严重影响庭审正常进行的情形。

第三十五条 辩护律师作无罪辩护的,可以当庭就量刑问题发表辩护意见,也可以庭后提交量刑辩护意见。

第三十六条 人民法院适用普通程序审理案件,应当在裁判文书中写明律师依法提出的辩护、代理意见,以及是否采纳的情况,并说明理由。

第三十七条 对于诉讼中的重大程序信息和送达当事人的诉讼文书,办案机关应当通知辩护、代理律师。

第三十八条 法庭审理过程中,律师就回避、案件管辖、非法证据排除,申请通知证人、鉴定人、有专门知识的人出庭,申请通知新的证人到庭,调取新的证据,申请重新鉴定、勘验等问题当庭提出申请,或者对法庭审理程序提出异议的,法庭原则上应当休庭进行审查,依照法定程序作出决定。其他律师有相同异议的,应一并提出,法庭一并休庭审查。法庭决定驳回申请或者异议的,律师可当庭提出复议。经复议后,律师应当尊重法庭的决定,服从法庭的安排。

律师不服法庭决定保留意见的内容应当详细记入法庭笔录,可以作为上诉理由,或者向同级或者上一级人民检察院申诉、控告。

第三十九条 律师申请查阅人民法院录制的庭审过程的录音、录像的,人民法院应当准许。

第四十条 侦查机关依法对在诉讼活动中涉嫌犯罪的律师采取强制措施后,应当在四十八小时以内通知其所在的律师事务所或者所属的律师协会。

第四十一条 律师认为办案机关及其工作人员明显违反法律规定,阻碍律师依法履行辩护、代理职责,侵犯律师执业权利的,可以向该办案机关或者其上一级机关投诉。

办案机关应当畅通律师反映问题和投诉的渠道,明确专门部门负责处理律师投诉,并公开联系方式。

办案机关应当对律师的投诉及时调查,律师要求当面反映情况的,应当当面听取律师的意见。经调查情况属实的,应当依法立即纠正,及时答复律师,做好说明解释工作,并将处理情况通报其所在地司法行政机关或者所属的律师协会。

第四十二条 在刑事诉讼中,律师认为办案机关及其工作人员的下列行为阻碍律师依法行使诉讼权利的,可以向同级或者上一级人民检察院申诉、控告:

(一)未依法向律师履行告知、转达、通知和送达义务的;
(二)办案机关认定律师不得担任辩护人、代理人的情形有误的;
(三)对律师依法提出的申请,不接收、不答复的;
(四)依法应当许可律师提出的申请未许可的;
(五)依法应当听取律师的意见未听取的;
(六)其他阻碍律师依法行使诉讼权利的行为。

律师依照前款规定提出申诉、控告的,人民检察院应当在受理后十日以内进行审查,并将处理情况书面答复律师。情况属实的,通知有关机关予以纠正。情况不属实的,做好说明解释工作。

人民检察院应当依法严格履行保障律师依法执业的法律监督职责,处理律师申诉控告。在办案过程中发现有阻碍律师依法行使诉讼权利行为的,应当依法、及时提出纠正意见。

第四十三条 办案机关或者其上一级机关、人民检察院对律师提出的投诉、申诉、控告,经调查核实后要求有关机关予以纠正,有关机关拒不纠正或者累纠累犯的,应当由相关机关的纪检监察部门依照有关规定调查处理,相关责任人构成违纪的,给予纪律处分。

第四十四条 律师认为办案机关及其工作人员阻碍其依法行使执业权利的,可以向其所执业律师事务所所在地的市级司法行政机关、所属的律师协会申请维护执业权利。情况紧急的,可以向事发地的司法行政机关、律师协会申请维护执业权利。事发地的司法行政机关、律师协会应当给予协助。

司法行政机关、律师协会应当建立维护律师执业权利快速处置机制和联动机制,及时安排专人负责协调处理。律师的维权申请合法有据的,司法行政机关、律师协会应当建议有关办案机关依法处理,有关办案机关应当将处理情况及时反馈司法行政机关、律师协会。

司法行政机关、律师协会持有关证明调查核实律师权益保障或者违纪有关情况的,办案机关应当予以配合、协助,提供相关材料。

第四十五条 人民法院、人民检察院、公安机关、国家安全机关、司法行政机关和律师协会应当建立联席会议制度,定期沟通保障律师执业权利工作情况,及时调查处理侵犯律师执业权利的突发事件。

第四十六条 依法规范法律服务秩序,严肃查处假冒律师执业和非法从事法律服务的行为。对未取得律师执业证书或者已经被注销、吊销执业证书的人员以律师名义提供法律服务或者从事相关活动的,或者利用相关法律关于公民代理的规定从事诉讼代理或者辩护业务非法牟利的,依法追究责任,造成严重后果的,依法追究刑事责任。

第四十七条 本规定所称"办案机关",是指负责侦查、审查逮捕、审查起诉和审判工作的公安机关、国家安全机关、人民检察院和人民法院。

第四十八条 本规定所称"律师助理",是指辩护、代理律师所在律师事务所的其他律师和申请律师执业实习人员。

第四十九条 本规定自发布之日起施行。

《最高人民法院关于依法切实保障律师诉讼权利的规定》(法发〔2015〕16号)

为深入贯彻落实全面推进依法治国战略,充分发挥律师维护当事人合法权益、促进司法公正的积极作用,切实保障律师诉讼权利,根据中华人民共和国刑事诉讼法、民事诉讼法、行政诉讼法、律师法和《最高人民法院、最高人民检察院、公安部、国家安全部、司法部关于依法保障律师执业权利的规定》，作出如下规定：

一、依法保障律师知情权。人民法院要不断完善审判流程公开、裁判文书公开、执行信息公开"三大平台"建设，方便律师及时获取诉讼信息。对诉讼程序、诉权保障、调解和解、裁判文书等重要事项及相关进展情况，应当依法及时告知律师。

二、依法保障律师阅卷权。对律师申请阅卷的，应当在合理时间内安排。案卷材料被其他诉讼主体查阅的，应当协调安排各方阅卷时间。律师依法查阅、摘抄、复制有关卷宗材料或者查看庭审录音录像的，应当提供场所和设施。有条件的法院，可提供网上卷宗查阅服务。

三、依法保障律师出庭权。确定开庭日期时，应当为律师预留必要的出庭准备时间。因特殊情况更改开庭日期的，应当提前三日告知律师。律师因正当理由请求变更开庭日期的，法官可在征询其他当事人意见后准许。律师带助理出庭的，应当准许。

四、依法保障律师辩论、辩护权。法官在庭审过程中应合理分配诉讼各方发问、质证、陈述和辩论、辩护的时间，充分听取律师意见。除律师发言过于重复、与案件无关或者相关问题已在庭前达成一致等情况外，不应打断律师发言。

五、依法保障律师申请排除非法证据的权利。律师申请排除非法证据并提供相关线索或者材料，法官经审查对证据收集合法性有疑问的，应当召开庭前会议或者进行法庭调查。经审查确认存在法律规定的以非法方法收集证据情形的，对有关证据应当予以排除。

六、依法保障律师申请调取证据的权利。律师因客观原因无法自行收集证据的，可以依法向人民法院书面申请调取证据。律师申请调取证据符合法定条件的，法官应当准许。

七、依法保障律师的人身安全。案件审理过程中出现当事人矛盾激化，可能危及律师人身安全情形的，应当及时采取必要措施。对在法庭上发生的殴打、威胁、侮辱、诽谤律师等行为，法官应当及时制止，依法处置。

八、依法保障律师代理申诉的权利。对律师代理当事人对案件提出申诉的，要依照法律规定的程序认真处理。认为原案件处理正确的，要支持律师向申诉人做好释法析理、息诉息访工作。

九、为律师依法履职提供便利。要进一步完善网上立案、缴费、查询、阅卷、申请保全、提交代理词、开庭排期、文书送达等功能。有条件的法院要为参加庭审的律师提供休息场所，配备桌椅、饮水及其他必要设施。

十、完善保障律师诉讼权利的救济机制。要指定专门机构负责处理律师投诉,公开联系方式,畅通投诉渠道。对投诉要及时调查,依法处理,并将结果及时告知律师。对司法行政机关、律师协会就维护律师执业权利提出的建议,要及时予以答复。

《最高人民法院、最高人民检察院、司法部关于进一步规范法院、检察院离任人员从事律师职业的意见》(司发通〔2021〕61号)

第一条 为深入贯彻习近平法治思想,认真贯彻落实防止干预司法"三个规定",进一步规范法院、检察院离任人员从事律师职业,防止利益输送和利益勾连,切实维护司法廉洁和司法公正,依据《中华人民共和国公务员法》《中华人民共和国法官法》《中华人民共和国检察官法》《中华人民共和国律师法》等有关规定,结合实际情况,制定本意见。

第二条 本意见适用于从各级人民法院、人民检察院离任且在离任时具有公务员身份的工作人员。离任包括退休、辞去公职、开除、辞退、调离等。

本意见所称律师,是指在律师事务所执业的专兼职律师(包括从事非诉讼法律事务的律师)。本意见所称律师事务所"法律顾问",是指不以律师名义执业,但就相关业务领域或者个案提供法律咨询、法律论证,或者代表律师事务所开展协调、业务拓展等活动的人员。本意见所称律师事务所行政人员,是指律师事务所聘用的从事秘书、财务、行政、人力资源、信息技术、风险管控等工作的人员。

第三条 各级人民法院、人民检察院离任人员从事律师职业或者担任律师事务所"法律顾问"、行政人员,应当严格执行《中华人民共和国法官法》《中华人民共和国检察官法》《中华人民共和国律师法》和公务员管理相关规定。

各级人民法院、人民检察院离任人员在离任后二年内,不得以律师身份担任诉讼代理人或者辩护人。各级人民法院、人民检察院离任人员终身不得担任原任职人民法院、人民检察院办理案件的诉讼代理人或者辩护人,但是作为当事人的监护人或者近亲属代理诉讼或者进行辩护的除外。

第四条 被人民法院、人民检察院开除人员和从人民法院、人民检察院辞去公职、退休的人员除符合本意见第三条规定外,还应当符合下列规定:

(一)被开除公职的人民法院、人民检察院工作人员不得在律师事务所从事任何工作。

(二)辞去公职或者退休的人民法院、人民检察院领导班子成员,四级高级及以上法官、检察官,四级高级法官助理、检察官助理以上及相当职级层次的审判、检察辅助人员在离职三年内,其他辞去公职或退休的人民法院、人民检察院工作人员在离职二年内,不得到原任职人民法院、人民检察院管辖地区内的律师事务所从事律师职业或者担任"法律顾问"、行政人员等,不得以律师身份从事与原任职人民法院、人民检察院相关的有偿法律服务活动。

(三)人民法院、人民检察院退休人员在不违反前项从业限制规定的情况下,确因工作需要从事律师职业或者担任律师事务所"法律顾问"、行政人员的,应当严格执行中共中央组织部《关于进一步规范党政领导干部在企业兼职(任职)问题的意见》(中组发〔2013〕18号)规定和审批程序,并及时将行政、工资等关系转出人民法院、人民检察院,不再保留机关的各种待遇。

第五条 各级人民法院、人民检察院离任人员不得以任何形式,为法官、检察官与律师不正当接触交往牵线搭桥,充当司法掮客;不得采用隐名代理等方式,规避从业限制规定,违规提供法律服务。

第六条 人民法院、人民检察院工作人员拟在离任后从事律师职业或者担任律师事务所"法律顾问"、行政人员的,应当在离任时向所在人民法院、人民检察院如实报告从业去向,签署承诺书,对遵守从业限制规定、在从业限制期内主动报告从业变动情况等作出承诺。

人民法院、人民检察院离任人员向律师协会申请律师实习登记时,应当主动报告曾在人民法院、人民检察院工作的情况,并作出遵守从业限制的承诺。

第七条 律师协会应当对人民法院、人民检察院离任人员申请实习登记进行严格审核,就申请人是否存在不宜从事律师职业的情形征求原任职人民法院、人民检察院意见,对不符合相关条件的人员不予实习登记。司法行政机关在办理人民法院、人民检察院离任人员申请律师执业核准时,应当严格审核把关,对不符合相关条件的人员不予核准执业。

第八条 各级人民法院、人民检察院应当在离任人员离任前与本人谈话,提醒其严格遵守从业限制规定,告知违规从业应承担的法律责任,对不符合从业限制规定的,劝其调整从业意向。

司法行政机关在作出核准人民法院、人民检察院离任人员从事律师职业决定时,应当与本人谈话,提醒其严格遵守从业限制规定,告知违规从业应承担的法律责任。

第九条 各级人民法院、人民检察院在案件办理过程中,发现担任诉讼代理人、辩护人的律师违反人民法院、人民检察院离任人员从业限制规定情况的,应当通知当事人更换诉讼代理人、辩护人,并及时通报司法行政机关。

司法行政机关应当加强从人民法院、人民检察院离任后在律师事务所从业人员的监督管理,通过投诉举报调查、"双随机一公开"抽查等方式,及时发现离任人员违法违规问题线索并依法作出处理。

第十条 律师事务所应当切实履行对本所律师及工作人员的监督管理责

任,不得接收不符合条件的人民法院、人民检察院离任人员到本所执业或者工作,不得指派本所律师违反从业限制规定担任诉讼代理人、辩护人。律师事务所违反上述规定的,由司法行政机关依法依规处理。

第十一条 各级人民法院、人民检察院应当建立离任人员信息库,并实现与律师管理系统的对接。司法行政机关应当依托离任人员信息库,加强对人民法院、人民检察院离任人员申请律师执业的审核把关。

各级司法行政机关应当会同人民法院、人民检察院,建立人民法院、人民检察院离任人员在律师事务所从业信息库和人民法院、人民检察院工作人员近亲属从事律师职业信息库,并实现与人民法院、人民检察院立案、办案系统的对接。人民法院、人民检察院应当依托相关信息库,加强对离任人员违规担任案件诉讼代理人、辩护人的甄别、监管,做好人民法院、人民检察院工作人员回避工作。

第十二条 各级人民法院、人民检察院和司法行政机关应当定期对人民法院、人民检察院离任人员在律师事务所违规从业情况开展核查,并按照相关规定进行清理。

对人民法院、人民检察院离任人员违规从事律师职业或者担任律师事务所"法律顾问"、行政人员的,司法行政机关应当要求其在规定时间内申请注销律师执业证书、与律所解除劳动劳务关系;对在规定时间内没有主动申请注销执业证书或者解除劳动劳务关系的,司法行政机关应当依法注销其执业证书或者责令律所与其解除劳动劳务关系。

本意见印发前,已经在律师事务所从业的人民法院、人民检察院退休人员,按照中共中央组织部《关于进一步规范党政领导干部在企业兼职(任职)问题的意见》(中组发〔2013〕18号)相关规定处理。

《人民法院工作人员近亲属禁业清单》(最高人民法院,法〔2021〕266号,节录)

第二条 人民法院工作人员近亲属经商办企业执行以下共同禁业范围:

(一)法院领导干部和审判执行人员的配偶、父母、子女不得担任其所任职法院辖区内律师事务所的合伙人或者设立人;

(二)法院领导干部和审判执行人员的配偶、父母、子女不得在其任职法院辖区内以律师身份担任诉讼代理人、辩护人,或为诉讼案件当事人提供其他有偿法律服务;

(三)法院领导干部的配偶、子女及其配偶不得与领导干部所在法院和管辖单位发生直接经济利益关系;

(四)法院领导干部的配偶、子女及其配偶不得在其任职法院辖区内,担任提供司法拍卖、司法评估等有偿中介或法律服务的营利性组织的设立人、合伙人、投资人、高级管理人员等；

（五）法院领导干部和审判执行人员的配偶、子女及其配偶不得从事其他可能影响其依法公正履职的经商办企业活动。

第五条 本清单所称"法院领导干部"是指各级人民法院的领导班子成员及审判委员会专职委员，"审判执行人员"是指各级人民法院立案、审判、执行、审判监督、国家赔偿等部门的领导班子成员、法官及具备公务员身份的法官助理、执行员、书记员。

《检察人员配偶、子女及其配偶禁业清单》（最高人民检察院，2021年9月29日，节录）

三、各级人民检察院领导干部和检察官的配偶、父母、子女不得担任其所任职检察院辖区内律师事务所的合伙人或设立人，不得在其任职检察院辖区内以律师身份担任诉讼代理人、辩护人，或为诉讼案件当事人提供其他有偿法律服务。

七、本清单中所称"各级人民检察院领导干部"，指各级人民检察院领导班子成员和检察委员会委员。

司法疑难解析

关于律师带助理参加庭审的规则。《刑诉法解释》第六十八条吸收《最高人民法院、最高人民检察院、公安部、国家安全部、司法部关于依法保障律师执业权利的规定》第二十五条第二款的规定，明确："律师担任辩护人、诉讼代理人，经人民法院准许，可以带一名助理参加庭审。律师助理参加庭审的，可以从事辅助工作，但不得发表辩护、代理意见。"据此，辩护律师可以向人民法院申请带一名律师助理参与庭审，从事记录等辅助工作。需要注意的是，"发表辩护、代理意见"是概称，包括申请回避、举证、质证、辩论以及发表辩护、代理意见等诉讼行为，这些行为都应当由辩护人、诉讼代理人完成，不能交由律师助理代为实施。

---

① 顺带提及的是，《人民检察院刑事诉讼规则》第三百九十条规定："提起公诉的案件，人民检察院应当派员以国家公诉人的身份出席第一审法庭，支持公诉。公诉人应当由检察官担任。检察官助理可以协助检察官出庭。根据需要可以配备书记员担任记录。"基于同样的道理，检察官助理在法庭上的职责，应当仅限于协助检察官出示证据等辅助性工作，而且应当是在检察官的指挥和安排下进行。带有主导性、表达意见性的履职活动，比如讯问、询问、质问、答辩以及发表出庭意见等，均属于检察官的亲历性事项，应当由检察官本人履职，检察官助理不能代为履行。

第三十四条 【委托辩护的时间、辩护告知】 犯罪嫌疑人自被侦查机关第一次讯问或者采取强制措施之日起，有权委托辩护人；在侦查期间，只能委托律师作为辩护人。被告人有权随时委托辩护人。

侦查机关在第一次讯问犯罪嫌疑人或者对犯罪嫌疑人采取强制措施的时候，应当告知犯罪嫌疑人有权委托辩护人。人民检察院自收到移送审查起诉的案件材料之日起三日以内，应当告知犯罪嫌疑人有权委托辩护人。人民法院自受理案件之日起三日以内，应当告知被告人有权委托辩护人。犯罪嫌疑人、被告人在押期间要求委托辩护人的，人民法院、人民检察院和公安机关应当及时转达其要求。

犯罪嫌疑人、被告人在押的，也可以由其监护人、近亲属代为委托辩护人。

辩护人接受犯罪嫌疑人、被告人委托后，应当及时告知办理案件的机关。

立法沿革

本条系沿用 1996 年《刑事诉讼法修改决定》增加的条文，从而将犯罪嫌疑人有权委托辩护人的时间提前到审查起诉阶段，并规定犯罪嫌疑人在侦查阶段可以聘请律师提供法律帮助。1979 年《刑事诉讼法》只规定审判阶段的被告人可以委托辩护人。2012 年《刑事诉讼法修改决定》对本条作了进一步修改：一是明确律师在侦查阶段的法律地位，将犯罪嫌疑人在侦查阶段只能聘请律师提供法律帮助的规定修改为，犯罪嫌疑人自被侦查机关第一次讯问或者采取强制措施之日起，有权委托辩护人，并相应增加侦查机关在第一次讯问犯罪嫌疑人或者对犯罪嫌疑人采取强制措施的时候，应当告知犯罪嫌疑人有权委托辩护人的规定。二是为便利在押的犯罪嫌疑人、被告人委托辩护人，增加规定犯罪嫌疑人、被告人在押期间要求委托辩护人的，人民法院、人民检察院和公安机关应当及时转达其要求；同时，增加规定犯罪嫌疑人、被告人在押的，也可以由其监护人、近亲属代为委托辩护人。三是为了便利工作衔接，增加规定辩护人接受犯罪嫌疑人、被告人委托后，应当及时告知办理案件的机关。2018 年修改《刑事诉讼法》时对本条规定未作调整。

基本规范

《最高人民法院关于适用〈中华人民共和国刑事诉讼法〉的解释》（法释〔2021〕1 号，自 2021 年 3 月 1 日起施行）

第三章 辩护与代理

第四十四条①② 被告人没有委托辩护人的,人民法院自受理案件之日起三日以内,应当告知其有权委托辩护人;被告人因经济困难或者其他原因没有委托辩护人的,应当告知其可以申请法律援助;被告人属于应当提供法律援助情形的,应当告知其将依法通知法律援助机构指派律师为其提供辩护。

被告人没有委托辩护人,法律援助机构也没有指派律师为其提供辩护的,人民法院应当告知被告人有权约见值班律师,并为被告人约见值班律师提供便利。

---

① 《刑事诉讼法》第三十四条第二款规定:"……犯罪嫌疑人、被告人在押期间要求委托辩护人的,人民法院、人民检察院和公安机关应当及时转达其要求。"从司法实践来看,被告人要求委托辩护人的情况比较复杂。有的可能点明拟委托的辩护人,有的可能要求其家属代为委托,有的可能只能笼统提出要委托辩护人,等等。经研究认为,审判期间,在押的被告人要求委托辩护人的,人民法院应当及时向其监护人、近亲属或者其指定的人员转达要求,由上述人员代为办理相关手续。主要考虑如下:(1)根据《刑事诉讼法》第三十四条第三款的规定,犯罪嫌疑人、被告人在押,也可以由其监护人、近亲属代为委托辩护人。据此,在押的被告人提出委托辩护人要求的,宜由其监护人、近亲属代为委托。(2)在押的被告人由于种种原因,不想让其监护人、近亲属代为委托辩护人,而是希望向监护人或者近亲属以外的人员转达委托辩护人要求的,可以同意。适用中应注意,一般情况下,应当避免向有关律师事务所、律师协会转达委托要求,以免有介绍案件、推荐律师之嫌。——**本评注注**

② 征求意见过程中,有意见建议本条第一款"被告人没有委托辩护人的,人民法院自受理案件之日起三日以内,应当告知其有权委托辩护人"中的"受理案件之日起三日以内"修改为"送达起诉书副本时"。理由是:(1)受理案件后法院有七天立案审查期,如果审查后不具备立案条件的不立案。如果产生不立案后果,受理案件之日起三日以内送通知没有意义。如果立案庭立案审查时间过长,则要求审判庭受理案件后三日以内告知是不可能的。在此情况下,案件尚未开审,就已经程序违法,无论其后的审理是否正确,都埋下被上级法院以程序违法发回重审的隐患。(2)在实践中,在被告人被羁押的情况下,一审法院均是在送达起诉书副本的同时告知被告人该条权利,为节约诉讼资源,对于多数案件法院均不会专门跑一趟看守所。因此,该条实际上成为对一审法院送达起诉书副本时间的限制,即必须在立案后三日以内去送,不然就会产生超期的法律后果。而在被告人未被羁押的情况下,法院就算受理案件后立即寻找被告人送达,如果被告人不配合,超过三日,人民法院就有程序违法的嫌疑。经研究认为,《刑事诉讼法》第三十四条明确规定:"……人民法院自受理案件之日起三日以内,应当告知被告人有权委托辩护人……"司法解释不得作出突破性规定。当然,需要注意的是,"受理案件之日"是指人民法院对提起公诉的案件审查后决定受理之日,而不是指人民法院收到起诉书和相关材料之日。——**本评注注**

告知可以采取口头或者书面方式。

第四十五条 审判期间,在押的被告人要求委托辩护人的,人民法院应当在三日以内向其监护人、近亲属或者其指定的人员转达要求。被告人应当提供有关人员的联系方式。有关人员无法通知的,应当告知被告人。

《**人民检察院刑事诉讼规则**》(高检发释字〔2019〕4号,自2019年12月30日起施行)

第四章 辩护与代理

第三十九条 辩护人、诉讼代理人向人民检察院提出有关申请、要求或者提交有关书面材料的,负责案件管理的部门应当接收并及时移送办案部门或者与办案部门联系,具体业务由办案部门负责办理,本规则另有规定的除外。

第四十条 人民检察院负责侦查的部门在第一次讯问犯罪嫌疑人或者对其采取强制措施时,应当告知犯罪嫌疑人有权委托辩护人,并告知其如果因经济困难或者其他原因没有委托辩护人的,可以申请法律援助。属于刑事诉讼法第三十五条规定情形的,应当告知犯罪嫌疑人有权获得法律援助。

人民检察院自收到移送起诉案卷材料之日起三日以内,应当告知犯罪嫌疑人有权委托辩护人,并告知其如果因经济困难或者其他原因没有委托辩护人的,可以申请法律援助。属于刑事诉讼法第三十五条规定情形的,应当告知犯罪嫌疑人有权获得法律援助。

当面口头告知的,应当记入笔录,由被告知人签名;电话告知的,应当记录在案;书面告知的,应当将送达回执入卷。

第四十一条 在押或者被指定居所监视居住的犯罪嫌疑人向人民检察院提出委托辩护人要求的,人民检察院应当及时向其监护人、近亲属或者其指定的人员转达要求,并记录在案。

第四十五条 辩护人接受委托后告知人民检察院,或者法律援助机构指派律师后通知人民检察院的,人民检察院负责案件管理的部门应当及时登记辩护人的相关信息,并将有关情况和材料及时通知、移交办案部门。

负责案件管理的部门对办理业务的辩护律师,应当查验其律师执业证书、律师事务所证明和授权委托书或者法律援助公函。对其他辩护人、诉讼代理人,应当查验其身份证明和授权委托书。

第四十六条 人民检察院负责案件管理的部门应当依照法律规定对辩护人、诉讼代理人的资格进行审查,办案部门应当予以协助。

《公安机关办理刑事案件程序规定》(公安部令第 159 号修正,修正后自 2020 年 9 月 1 日起施行)

第四章　律师参与刑事诉讼

第四十二条　公安机关应当保障辩护律师在侦查阶段依法从事下列执业活动:

(一)向公安机关了解犯罪嫌疑人涉嫌的罪名和案件有关情况,提出意见;

(二)与犯罪嫌疑人会见和通信,向犯罪嫌疑人了解案件有关情况;

(三)为犯罪嫌疑人提供法律帮助、代理申诉、控告;

(四)为犯罪嫌疑人申请变更强制措施。

第四十三条第一款　公安机关在第一次讯问犯罪嫌疑人或者对犯罪嫌疑人采取强制措施的时候,应当告知犯罪嫌疑人有权委托律师作为辩护人,并告知其如果因经济困难或者其他原因没有委托辩护律师的,可以向法律援助机构申请法律援助。告知的情形应当记录在案。

第四十四条　犯罪嫌疑人可以自己委托辩护律师。犯罪嫌疑人在押的,也可以由其监护人、近亲属代为委托辩护律师。

犯罪嫌疑人委托辩护律师的请求可以书面提出,也可以口头提出。口头提出的,公安机关应当制作笔录,由犯罪嫌疑人签名、捺指印。

第四十五条　在押的犯罪嫌疑人向看守所提出委托辩护律师要求的,看守所应当及时将其请求转达给办案部门,办案部门应当及时向犯罪嫌疑人委托的辩护律师或者律师事务所转达该项请求。

在押的犯罪嫌疑人仅提出委托辩护律师的要求,但提不出具体对象的,办案部门应当及时通知犯罪嫌疑人的监护人、近亲属代为委托辩护律师。犯罪嫌疑人无监护人或者近亲属的,办案部门应当及时通知当地律师协会或者司法行政机关为其推荐辩护律师。

《海警机构办理刑事案件程序规定》(中国海警局令第 1 号,自 2023 年 6 月 15 日起施行)

第四章　律师参与刑事诉讼

第三十二条　海警机构应当保障辩护律师在侦查阶段依法从事下列执业活动:

(一)向海警机构了解犯罪嫌疑人涉嫌的罪名和案件有关情况,提出意见;

(二)与犯罪嫌疑人会见和通信,向犯罪嫌疑人了解案件有关情况;

(三)为犯罪嫌疑人提供法律帮助、代理申诉、控告;

(四)为犯罪嫌疑人申请变更强制措施。

第三十三条 海警机构在第一次讯问犯罪嫌疑人或者对犯罪嫌疑人采取强制措施的时候,应当告知犯罪嫌疑人有权委托律师作为辩护人,并告知其如果因经济困难或者其他原因没有委托辩护律师的,可以向法律援助机构申请法律援助。告知的情形应当记录在案。

第三十四条 犯罪嫌疑人可以自己委托辩护律师。犯罪嫌疑人在押的,也可以由其监护人、近亲属代为委托辩护律师。

犯罪嫌疑人委托辩护律师的请求可以书面提出,也可以口头提出。口头提出的,海警机构应当制作笔录,由犯罪嫌疑人签名、捺指印。

第三十五条 犯罪嫌疑人在押期间,海警机构收到看守所转交的犯罪嫌疑人提出的委托辩护律师请求,应当及时向其委托的辩护律师或者律师事务所转达。

在押的犯罪嫌疑人仅提出委托辩护律师的要求,但提不出具体对象的,海警机构应当及时通知犯罪嫌疑人的监护人、近亲属代为委托辩护律师。犯罪嫌疑人无监护人或者近亲属的,海警机构应当及时通知当地律师协会或者司法行政机关为其推荐辩护律师。

第三十五条 【法律援助机构指派律师辩护】犯罪嫌疑人、被告人因经济困难或者其他原因没有委托辩护人的,本人及其近亲属可以向法律援助机构提出申请。对符合法律援助条件的,法律援助机构应当指派律师为其提供辩护。

犯罪嫌疑人、被告人是盲、聋、哑人,或者是尚未完全丧失辨认或者控制自己行为能力的精神病人,没有委托辩护人的,人民法院、人民检察院和公安机关应当通知法律援助机构指派律师为其提供辩护。

犯罪嫌疑人、被告人可能被判处无期徒刑、死刑,没有委托辩护人的,人民法院、人民检察院和公安机关应当通知法律援助机构指派律师为其提供辩护。

第三十六条 【值班律师】法律援助机构可以在人民法院、看守所等场所派驻值班律师。犯罪嫌疑人、被告人没有委托辩护人,法律援助机构没有指派律师为其提供辩护的,由值班律师为犯罪嫌疑人、被告人提供法律咨询、程序选择建议、申请变更强制措施、对案件处理提出意见等法律帮助。

人民法院、人民检察院、看守所应当告知犯罪嫌疑人、被告人有权约见值班律师,并为犯罪嫌疑人、被告人约见值班律师提供便利。

立法沿革

本两条是关于法律援助和值班律师的规定。

关于第三十五条,1979年《刑事诉讼法》第二十七条规定:"公诉人出庭公诉的案件,被告人没有委托辩护人的,人民法院可以为他指定辩护人。""被告人是聋、哑或者未成年人而没有委托辩护人的,人民法院应当为他指定辩护人。"1996年《刑事诉讼法修改决定》扩大法律援助的适用范围,明确人民法院可以指定辩护的是被告人因经济困难或者其他原因没有委托辩护人的情形,增加规定对可能被判处死刑而没有委托辩护人的被告人,人民法院应当指定辩护,并明确指定辩护的律师是承担法律援助义务的律师。2012年《刑事诉讼法修改决定》对本条作了删除修改:一是进一步扩大法律援助在刑事诉讼之中的适用,将审判阶段提供法律援助修改为在侦查、起诉、审判阶段均提供法律援助,并扩大法律援助的对象范围,增加规定对尚未完全丧失辨认或者控制自己行为能力的精神病人,以及可能被判处无期徒刑的犯罪嫌疑人、被告人,也应当提供法律援助。二是适当调整法律援助的办理程序,将人民法院"指定辩护"修改为犯罪嫌疑人、被告人及其近亲属向法律援助机构提出申请或者由人民法院、人民检察院和公安机关通知法律援助机构指派律师提供辩护。三是将未成年人刑事案件的法律援助移至特别程序中未成年人刑事案件诉讼程序中加以规定。2018年修改《刑事诉讼法》时对本条规定未作调整。

第三十六条系2018年《刑事诉讼法修改决定》增加的规定。

相关规定

《中华人民共和国法律援助法》(自2022年1月1日起施行,节录)

第一章　总　则(略)

第二章　机构和人员

第十三条　法律援助机构根据工作需要,可以安排本机构具有律师资格或者法律职业资格的工作人员提供法律援助;可以设置法律援助工作站或者联络点,就近受理法律援助申请。

第十四条　法律援助机构可以在人民法院、人民检察院和看守所等场所派驻值班律师,依法为没有辩护人的犯罪嫌疑人、被告人提供法律援助。

第三章　形式和范围

第二十二条　法律援助机构可以组织法律援助人员依法提供下列形式的法律援助服务:

（一）法律咨询；
（二）代拟法律文书；
（三）刑事辩护与代理；
（四）民事案件、行政案件、国家赔偿案件的诉讼代理及非诉讼代理；
（五）值班律师法律帮助；
（六）劳动争议调解与仲裁代理；
（七）法律、法规、规章规定的其他形式。

第二十四条 刑事案件的犯罪嫌疑人、被告人因经济困难或者其他原因没有委托辩护人的，本人及其近亲属可以向法律援助机构申请法律援助。

第二十五条 刑事案件的犯罪嫌疑人、被告人属于下列人员之一，没有委托辩护人的，人民法院、人民检察院、公安机关应当通知法律援助机构指派律师担任辩护人：
（一）未成年人；
（二）视力、听力、言语残疾人；
（三）不能完全辨认自己行为的成年人；
（四）可能被判处无期徒刑、死刑的人；
（五）申请法律援助的死刑复核案件被告人；
（六）缺席审判案件的被告人；
（七）法律法规规定的其他人员。

其他适用普通程序审理的刑事案件，被告人没有委托辩护人的，人民法院可以通知法律援助机构指派律师担任辩护人。

第二十六条 对可能被判处无期徒刑、死刑的人，以及死刑复核案件的被告人，法律援助机构收到人民法院、人民检察院、公安机关通知后，应当指派具有三年以上相关执业经历的律师担任辩护人。

第二十七条 人民法院、人民检察院、公安机关通知法律援助机构指派律师担任辩护人时，不得限制或者损害犯罪嫌疑人、被告人委托辩护人的权利。

第二十八条 强制医疗案件的被申请人或者被告人没有委托诉讼代理人的，人民法院应当通知法律援助机构指派律师为其提供法律援助。

第二十九条 刑事公诉案件的被害人及其法定代理人或者近亲属，刑事自诉案件的自诉人及其法定代理人，刑事附带民事诉讼案件的原告人及其法定代理人，因经济困难没有委托诉讼代理人的，可以向法律援助机构申请法律援助。

第三十条 值班律师应当依法为没有辩护人的犯罪嫌疑人、被告人提供法律咨询、程序选择建议、申请变更强制措施、对案件处理提出意见等法律帮助。

第三十三条 当事人不服司法机关生效裁判或者决定提出申诉或者申请再审,人民法院决定、裁定再审或者人民检察院提出抗诉,因经济困难没有委托辩护人或者诉讼代理人的,本人及其近亲属可以向法律援助机构申请法律援助。

第三十四条 经济困难的标准,由省、自治区、直辖市人民政府根据本行政区域经济发展状况和法律援助工作需要确定,并实行动态调整。

第四章 程序和实施

第三十五条 人民法院、人民检察院、公安机关和有关部门在办理案件或者相关事务中,应当及时告知有关当事人有权依法申请法律援助。

第三十六条 人民法院、人民检察院、公安机关办理刑事案件,发现有本法第二十五条第一款、第二十八条规定情形的,应当在三日内通知法律援助机构指派律师。法律援助机构收到通知后,应当在三日内指派律师并通知人民法院、人民检察院、公安机关。

第三十七条 人民法院、人民检察院、公安机关应当保障值班律师依法提供法律帮助,告知没有辩护人的犯罪嫌疑人、被告人有权约见值班律师,并依法为值班律师了解案件有关情况、阅卷、会见等提供便利。

第三十八条 对诉讼事项的法律援助,由申请人向办案机关所在地的法律援助机构提出申请;对非诉讼事项的法律援助,由申请人向争议处理机关所在地或者事由发生地的法律援助机构提出申请。

第三十九条 被羁押的犯罪嫌疑人、被告人、服刑人员,以及强制隔离戒毒人员等提出法律援助申请的,办案机关、监管场所应当在二十四小时内将申请转交法律援助机构。

犯罪嫌疑人、被告人通过值班律师提出代理、刑事辩护等法律援助申请的,值班律师应当在二十四小时内将申请转交法律援助机构。

第四十条 无民事行为能力人或者限制民事行为能力人需要法律援助的,可以由其法定代理人代为提出申请。法定代理人侵犯无民事行为能力人、限制民事行为能力人合法权益的,其他法定代理人或者近亲属可以代为提出法律援助申请。

被羁押的犯罪嫌疑人、被告人、服刑人员,以及强制隔离戒毒人员,可以由其法定代理人或者近亲属代为提出法律援助申请。

第四十一条 因经济困难申请法律援助的,申请人应当如实说明经济困难状况。

法律援助机构核查申请人的经济困难状况,可以通过信息共享查询,或者由申请人进行个人诚信承诺。

法律援助机构开展核查工作,有关部门、单位、村民委员会、居民委员会和个人应当予以配合。

第四十二条 法律援助申请人有材料证明属于下列人员之一的,免予核查经济困难状况:

(一)无固定生活来源的未成年人、老年人、残疾人等特定群体;

(二)社会救助、司法救助或者优抚对象;

(三)申请支付劳动报酬或者请求工伤事故人身损害赔偿的进城务工人员;

(四)法律、法规、规章规定的其他人员。

第四十三条 法律援助机构应当自收到法律援助申请之日起七日内进行审查,作出是否给予法律援助的决定。决定给予法律援助的,应当自作出决定之日起三日内指派法律援助人员为受援人提供法律援助;决定不给予法律援助的,应当书面告知申请人,并说明理由。

申请人提交的申请材料不齐全的,法律援助机构应当一次性告知申请人需要补充的材料或者要求申请人作出说明。申请人未按要求补充材料或者作出说明的,视为撤回申请。

第四十六条 法律援助人员接受指派后,无正当理由不得拒绝、拖延或者终止提供法律援助服务。

法律援助人员应当按照规定向受援人通报法律援助事项办理情况,不得损害受援人合法权益。

第四十七条 受援人应当向法律援助人员如实陈述与法律援助事项有关的情况,及时提供证据材料,协助、配合办理法律援助事项。

第四十八条 有下列情形之一的,法律援助机构应当作出终止法律援助的决定:

(一)受援人以欺骗或者其他不正当手段获得法律援助;

(二)受援人故意隐瞒与案件有关的重要事实或者提供虚假证据;

(三)受援人利用法律援助从事违法活动;

(四)受援人的经济状况发生变化,不再符合法律援助条件;

(五)案件终止审理或者已经被撤销;

(六)受援人自行委托律师或者其他代理人;

(七)受援人有正当理由要求终止法律援助;

(八)法律法规规定的其他情形。

法律援助人员发现有前款规定情形的,应当及时向法律援助机构报告。

第五章　保障和监督(略)

第六章　法律责任(略)

第七章　附　则

第六十九条　对外国人和无国籍人提供法律援助,我国法律有规定的,适用法律规定;我国法律没有规定的,可以根据我国缔结或者参加的国际条约,或者按照互惠原则,参照适用本法的相关规定。

第七十条　对军人军属提供法律援助的具体办法,由国务院和中央军事委员会有关部门制定。

"六部委"规定

《最高人民法院、最高人民检察院、公安部、国家安全部、司法部、全国人大常委会法制工作委员会关于实施刑事诉讼法若干问题的规定》(自2013年1月1日起施行,节录)

二、辩护与代理

5.刑事诉讼法第三十四条、第二百六十七条、第二百八十六条①对法律援助作了规定。对于人民法院、人民检察院、公安机关根据上述规定,通知法律援助机构指派律师提供辩护或者法律帮助的,法律援助机构应当在接到通知后三日以内指派律师,并将律师的姓名、单位、联系方式书面通知人民法院、人民检察院、公安机关。

基本规范

《最高人民法院关于适用〈中华人民共和国刑事诉讼法〉的解释》(法释〔2021〕1号,自2021年3月1日起施行)

第三章　辩护与代理

第四十六条②　人民法院收到在押被告人提出的法律援助或者法律帮助申请,应当依照有关规定及时转交法律援助机构或者通知值班律师。

---

① 现行《刑事诉讼法》第三十五条、第二百七十八条、第三百零四条。——**本评注注**

② 对于本条的"有关规定"的具体含义,《法律援助法》第三十九条第一款规定:"被羁押的犯罪嫌疑人、被告人、服刑人员,以及强制隔离戒毒人员等提出法律援助申请的,办案机关、监管场所应当在二十四小时内将申请转交法律援助机构。"——**本评注注**

第四十七条① 对下列没有委托辩护人的被告人，人民法院应当通知法律援助机构指派律师为其提供辩护：

（一）盲、聋、哑人；

（二）尚未完全丧失辨认或者控制自己行为能力的精神病人；

（三）可能被判处无期徒刑、死刑的人。

高级人民法院复核死刑案件，被告人没有委托辩护人的，应当通知法律援助机构指派律师为其提供辩护。

死刑缓期执行期间故意犯罪的案件，适用前两款规定。

第四十八条 具有下列情形之一，被告人没有委托辩护人的，人民法院可以通知法律援助机构指派律师为其提供辩护：

（一）共同犯罪案件中，其他被告人已经委托辩护人的；

（二）案件有重大社会影响的；

（三）人民检察院抗诉的；

（四）被告人的行为可能不构成犯罪的；②

（五）有必要指派律师提供辩护的其他情形。

第四十九条 人民法院通知法律援助机构指派律师提供辩护的，应当将法律援助通知书、起诉书副本或者判决书送达法律援助机构；决定开庭审理的，除适用简易程序或者速裁程序审理的以外，应当在开庭十五日以前将上述材料送达法律援助机构。

法律援助通知书应当写明案由、被告人姓名、提供法律援助的理由、审判人员的姓名和联系方式；已确定开庭审理的，应当写明开庭的时间、地点。

---

① 需要注意的问题有二：(1)本条第二款中的"死刑案件"，包括死刑、死刑缓期执行案件。(2)征求意见过程中，有意见提出，对审判时已满七十五周岁的人也应当通知法律援助机构指派律师进行辩护，因为其在《刑法》中和盲、聋、哑人及尚未完全丧失辨认或者控制自己行为能力的精神病人同属从宽处罚的人群，故应当对其辩护权予以特殊保护。经研究认为，由于《刑事诉讼法》未将此种情形列为应当提供法律援助的情形，不宜在法律之外再作扩张性解释。当然，根据《刑诉法解释》第四十八条规定的"有必要指派律师提供辩护的其他情形"，对审判时已满七十五周岁的被告人，确有必要的，可以通知法律援助机构指派律师为其提供辩护。——**本评注注**

② 需要注意的是，本项规定的"被告人的行为可能不构成犯罪的"既包括依据法律认定被告人无罪的情形，也包括证据不足、指控的犯罪不能成立的情形。——**本评注注**

第五十条① 被告人拒绝法律援助机构指派的律师为其辩护,坚持自己行使辩护权的,人民法院应当准许。

属于应当提供法律援助的情形,被告人拒绝指派的律师为其辩护的,人民法院应当查明原因。理由正当的,应当准许,但被告人应当在五日以内另行委托辩护人;被告人未另行委托辩护人的,人民法院应当在三日以内通知法律援助机构另行指派律师为其提供辩护。

第五十一条 对法律援助机构指派律师为被告人提供辩护,被告人的监护人、近亲属又代为委托辩护人的,应当听取被告人的意见,由其确定辩护人人选。②

《人民检察院刑事诉讼规则》(高检发释字〔2019〕4号,自2019年12月30日起施行)

第四章 辩护与代理

第四十二条 人民检察院办理直接受理侦查案件和审查起诉案件,发现犯罪嫌疑人是盲、聋、哑人或者是尚未完全丧失辨认或者控制自己行为能力的精神病人,或者可能被判处无期徒刑、死刑,没有委托辩护人的,应当自发现之日起三日以内书面通知法律援助机构指派律师为其提供辩护。

---

① 征求意见过程中,有意见建议明确被告人另行委托辩护人的期限。理由是:被告人拒绝指派的律师为其辩护的,另行委托辩护人有无时限规定不明,限定法院在三日以内通知法律援助机构另行指定没有可操作性。而且,被告人拒绝法律援助律师又不另行委托辩护人的,可能是为了扰乱或拖延审判,似有必要对其另行委托辩护人的时间作出限制。经研究,采纳上述意见,本条第二款明确此种情形下"被告人应当在五日以内另行委托辩护人"。——**本评注注**

② 需要注意的问题有二:(1)从实践来看,对于有的案件法律援助机构指派律师为被告人提供辩护,被告人的监护人、近亲属又代为委托辩护人的,如何处理,存在不同做法。经研究认为,委托辩护是刑事诉讼法赋予被告人的基本诉讼权利,应当予以充分保障。在指定辩护和委托辩护并存的情况下,应当赋予被告人选择权,以其意思表示为准,否则会产生对审判公正性的质疑。基于此,本条作了相应规定。(2)本条规定在前,《法律援助法》通过在后。《法律援助法》第四十八条规定:"有下列情形之一的,法律援助机构应当作出终止法律援助的决定……(六)受援人自行委托律师或者其他代理人……"对被告人的监护人、近亲属代为委托辩护人的,必须经过被告人的确认才能成为辩护人。当然,在被告人予以确认的前提下,自然应当终止法律援助。故应当认为,二者之间并不冲突,实质具有一致性。需要注意的是,实践中对被告人的监护人、近亲属代为委托辩护人的情形,应当为征求被告人的意见提供便利,保障被告人意愿的真实性。——**本评注注**

第四十三条 人民检察院收到在押或者被指定居所监视居住的犯罪嫌疑人提出的法律援助申请,应当在二十四小时以内将申请材料转交法律援助机构,并通知犯罪嫌疑人的监护人、近亲属或者其委托的其他人员协助提供有关证件、证明等材料。

第四十四条 属于应当提供法律援助的情形,犯罪嫌疑人拒绝法律援助机构指派的律师作为辩护人的,人民检察院应当查明拒绝的原因。有正当理由的,予以准许,但犯罪嫌疑人需另行委托辩护人;犯罪嫌疑人未另行委托辩护人的,应当书面通知法律援助机构另行指派律师为其提供辩护。

《公安机关办理刑事案件程序规定》(公安部令第159号修正,修正后自2020年9月1日起施行)

第四章 律师参与刑事诉讼

第四十六条 符合下列情形之一,犯罪嫌疑人没有委托辩护人的,公安机关应当自发现该情形之日起三日以内通知法律援助机构为犯罪嫌疑人指派辩护律师:

(一)犯罪嫌疑人是盲、聋、哑人,或者是尚未完全丧失辨认或者控制自己行为能力的精神病人;

(二)犯罪嫌疑人可能被判处无期徒刑、死刑。

第四十七条 公安机关收到在押的犯罪嫌疑人提出的法律援助申请后,应当在二十四小时以内将其申请转交所在地的法律援助机构,并在三日以内通知申请人的法定代理人、近亲属或者其委托的其他人员协助提供有关证件、证明等相关材料。犯罪嫌疑人的法定代理人、近亲属或者其委托的其他人员地址不详无法通知的,应当在转交申请时一并告知法律援助机构。

犯罪嫌疑人拒绝法律援助机构指派的律师作为辩护人或者自行委托辩护人的,公安机关应当在三日以内通知法律援助机构。

第四十八条 辩护律师接受犯罪嫌疑人委托或者法律援助机构的指派后,应当及时告知公安机关并出示律师执业证书、律师事务所证明和委托书或者法律援助公函。

第四十九条 犯罪嫌疑人、被告人入所羁押时没有委托辩护人,法律援助机构也没有指派律师提供辩护的,看守所应当告知其有权约见值班律师,获得法律咨询、程序选择建议、申请变更强制措施、对案件处理提出意见等法律帮助,并为犯罪嫌疑人、被告人约见值班律师提供便利。

没有委托辩护人、法律援助机构没有指派律师提供辩护的犯罪嫌疑人、被告人,向看守所申请由值班律师提供法律帮助的,看守所应当在二十四小时内通知值班律师。

《海警机构办理刑事案件程序规定》(中国海警局令第 1 号,自 2023 年 6 月 15 日起施行)

第四章　律师参与刑事诉讼

第三十六条　犯罪嫌疑人符合下列情形之一,没有委托辩护人的,海警机构应当自发现该情形之日起三日以内通知法律援助机构为犯罪嫌疑人指派辩护律师:

(一)犯罪嫌疑人是盲、聋、哑人,或者是尚未完全丧失辨认或者控制自己行为能力的精神病人;

(二)犯罪嫌疑人可能被判处无期徒刑、死刑。

第三十七条　海警机构收到在押的犯罪嫌疑人提出的法律援助申请后,应当在二十四小时以内将申请转交所在地的法律援助机构,并在三日以内通知申请人的法定代理人、近亲属或者其委托的其他人员协助提供有关证件、证明等相关材料。犯罪嫌疑人的法定代理人、近亲属或者其委托的其他人员地址不详无法通知的,应当在转交申请时一并告知法律援助机构。

犯罪嫌疑人拒绝法律援助机构指派的律师作为辩护人或者自行委托辩护人的,海警机构应当在三日以内通知法律援助机构。

第三十八条　辩护律师接受犯罪嫌疑人委托或者法律援助机构的指派后,应当及时告知海警机构并出示律师执业证书、律师事务所证明和委托书或者法律援助公函。

其他规范

《最高人民法院、司法部关于充分保障律师依法履行辩护职责确保死刑案件办理质量的若干规定》(法发〔2008〕14 号)

为确保死刑案件的办理质量,根据《中华人民共和国刑事诉讼法》及相关法律、法规和司法解释的有关规定,结合人民法院刑事审判和律师辩护、法律援助工作的实际,现就人民法院审理死刑案件,律师依法履行辩护职责的具体问题规定如下:

一、人民法院对可能被判处死刑的被告人,应当根据刑事诉讼法的规定,充分保障其辩护权及其他合法权益,并充分保障辩护律师依法履行辩护职责。司法行政机关、律师协会应当加强对死刑案件辩护工作的指导,积极争取政府财政部门落实并逐步提高法律援助工作经费。律师办理死刑案件应当恪尽职守,切实维护被告人的合法权益。

二、被告人可能被判处死刑而没有委托辩护人的,人民法院应当通过法律援助机构指定律师为其提供辩护。被告人拒绝指定的律师为其辩护,有正当理由的,人民法院应当准许,被告人可以另行委托辩护人;被告人没有委托辩护人的,人民法院应当通知法律援助机构为其另行指定辩护人;被告人无正当理由再次拒绝指定的律师为其辩护的,人民法院应当不予准许并记录在案。

三、法律援助机构在收到指定辩护通知书三日以内,指派具有刑事案件出庭辩护经验的律师担任死刑案件的辩护人。

四、被指定担任死刑案件辩护人的律师,不得将案件转由律师助理办理;有正当理由不能接受指派的,经法律援助机构同意,由法律援助机构另行指派其他律师办理。

五、人民法院受理死刑案件后,应当及时通知辩护律师查阅案卷,并积极创造条件,为律师查阅、复制指控犯罪事实的材料提供方便。

人民法院对承办法律援助案件的律师复制涉及被告人主要犯罪事实并直接影响定罪量刑的证据材料的复制费用,应当免收或者按照复制材料所必需的工本费减收。

律师接受委托或者被指定担任死刑案件的辩护人后,应当及时到人民法院阅卷;对于查阅的材料中涉及国家秘密、商业秘密、个人隐私、证人身份等情况的,应当保守秘密。

六、律师应当在开庭前会见在押的被告人,征询是否同意为其辩护,并听取被告人的陈述和意见。

七、律师书面申请人民法院收集、调取证据,申请通知证人出庭作证,申请鉴定或者补充鉴定、重新鉴定的,人民法院应当及时予以书面答复并附卷。

八、第二审开庭前,人民检察院提交新证据、进行重新鉴定或者补充鉴定的,人民法院应当至迟在开庭三日以前通知律师查阅。

九、律师出庭辩护应当认真做好准备工作,围绕案件事实、证据、适用法律、量刑、诉讼程序等,从被告人无罪、罪轻或者减轻、免除其刑事责任等方面提出辩护意见,切实保证辩护质量,维护被告人的合法权益。

十、律师接到人民法院开庭通知后,应当保证准时出庭。人民法院应当按时开庭。法庭因故不能按期开庭,或者律师确有正当理由不能按期出庭的,人民法院应当在不影响案件审理期限的情况下,另行安排开庭时间,并于开庭三日前通知当事人、律师和人民检察院。

十一、人民法院应当加强审判场所的安全保卫,保障律师及其他诉讼参与人的人身安全,确保审判活动的顺利进行。

十二、法官应当严格按照法定诉讼程序进行审判活动，尊重律师的诉讼权利，认真听取控辩双方的意见，保障律师发言的完整性。对于律师发言过于冗长、明显重复或者与案件无关，或者在公开开庭审理中发言涉及国家秘密、个人隐私，或者进行人身攻击的，法官应当提醒或者制止。

十三、法庭审理中，人民法院应当如实、详细地记录律师意见。法庭审理结束后，律师应当在闭庭三日以内向人民法院提交书面辩护意见。

十四、人民法院审理被告人可能被判处死刑的刑事附带民事诉讼案件，在对赔偿事项进行调解时，律师应当在其职责权限范围内，根据案件和当事人的具体情况，依法提出有利于案件处理、切实维护当事人合法权益的意见，促进附带民事诉讼案件调解解决。

十五、人民法院在裁判文书中应当写明指派律师担任辩护人的法律援助机构、律师姓名及其所在的执业机构。对于律师的辩护意见，合议庭、审判委员会在讨论案件时应当认真进行研究，并在裁判文书中写明采纳与否的理由。

人民法院应当按照有关规定将裁判文书送达律师。

十六、人民法院审理案件过程中，律师提出会见法官请求的，合议庭根据案件具体情况，可以在工作时间和办公场所安排会见、听取意见。会见活动，由书记员制作笔录，律师签名后附卷。

十七、死刑案件复核期间，被告人的律师提出当面反映意见要求或者提交证据材料的，人民法院有关合议庭应当在工作时间和办公场所接待，并制作笔录附卷。律师提出的书面意见，应当附卷。

十八、司法行政机关和律师协会应当加强对律师的业务指导和培训，以及职业道德和执业纪律教育，不断提高律师办理死刑案件的质量，并建立对律师从事法律援助工作的考核机制。

《办理法律援助案件程序规定》（司法部令第148号修订，自2023年9月1日起施行，节录）

第一章 总　则

第二条　法律援助机构组织办理法律援助案件，律师事务所、基层法律服务所和法律援助人员承办法律援助案件，适用本规定。

本规定所称法律援助人员，是指接受法律援助机构的指派或者安排，依法为经济困难公民和符合法定条件的其他当事人提供法律援助服务的律师、基层法律服务工作者、法律援助志愿者以及法律援助机构中具有律师资格或者法律职业资格的工作人员等。

第二章 申请与受理

第八条 法律援助机构应当向社会公布办公地址、联系方式等信息,在接待场所和司法行政机关政府网站公示并及时更新法律援助条件、程序、申请材料目录和申请示范文本等。

第九条 法律援助机构组织法律援助人员,依照有关规定和服务规范要求提供法律咨询、代拟法律文书、值班律师法律帮助。法律援助人员在提供法律咨询、代拟法律文书、值班律师法律帮助过程中,对可能符合代理或者刑事辩护法律援助条件的,应当告知其可以依法提出申请。

第十条 对诉讼事项的法律援助,由申请人向办案机关所在地的法律援助机构提出申请;对非诉讼事项的法律援助,由申请人向争议处理机关所在地或者事由发生地的法律援助机构提出申请。

申请人就同一事项向两个以上有管辖权的法律援助机构提出申请的,由最先收到申请的法律援助机构受理。

第十一条 因经济困难申请代理、刑事辩护法律援助的,申请人应当如实提交下列材料:

(一)法律援助申请表;

(二)居民身份证或者其他有效身份证明,代为申请的还应当提交有代理权的证明;

(三)经济困难状况说明表,如有能够说明经济状况的证件或者证明材料,可以一并提供;

(四)与所申请法律援助事项有关的其他材料。

填写法律援助申请表、经济困难状况说明表确有困难的,由法律援助机构工作人员或者转交申请的机关、单位工作人员代为填写,申请人确认无误后签名或者按指印。

符合《中华人民共和国法律援助法》第三十二条规定情形的当事人申请代理、刑事辩护法律援助的,应当提交第一款第一项、第二项、第四项规定的材料。

第十二条 被羁押的犯罪嫌疑人、被告人、服刑人员以及强制隔离戒毒人员等提出法律援助申请的,可以通过办案机关或者监管场所转交申请。办案机关、监管场所应当在二十四小时内将申请材料转交法律援助机构。

犯罪嫌疑人、被告人通过值班律师提出代理、刑事辩护等法律援助申请的,值班律师应当在二十四小时内将申请材料转交法律援助机构。

第十三条 法律援助机构对申请人提出的法律援助申请,应当根据下列情况分别作出处理：

（一）申请人提交的申请材料符合规定的，应当予以受理，并向申请人出具收到申请材料的书面凭证，载明收到申请材料的名称、数量、日期等；

（二）申请人提交的申请材料不齐全，应当一次性告知申请人需要补充的全部内容，或者要求申请人作出必要的说明。申请人未按要求补充材料或者作出说明的，视为撤回申请；

（三）申请事项不属于本法律援助机构受理范围的，应当告知申请人向有管辖权的法律援助机构申请或者向有关部门申请处理。

第三章 审 查

第十四条 法律援助机构应当对法律援助申请进行审查，确定是否具备下列条件：

（一）申请人系公民或者符合法定条件的其他当事人；

（二）申请事项属于法律援助范围；

（三）符合经济困难标准或者其他法定条件。

第十五条 法律援助机构核查申请人的经济困难状况，可以通过信息共享查询，或者由申请人进行个人诚信承诺。

法律援助机构开展核查工作，可以依法向有关部门、单位、村民委员会、居民委员会或者个人核实有关情况。

第十六条 受理申请的法律援助机构需要异地核查有关情况的，可以向核查事项所在地的法律援助机构请求协作。

法律援助机构请求协作的，应当向被请求的法律援助机构发出协作函件，说明基本情况、需要核查的事项、办理时限等。被请求的法律援助机构应当予以协作。因客观原因无法协作的，应当及时向请求协作的法律援助机构书面说明理由。

第十七条 法律援助机构应当自收到法律援助申请之日起七日内进行审查，作出是否给予法律援助的决定。

申请人补充材料、作出说明所需的时间，法律援助机构请求异地法律援助机构协作核查的时间，不计入审查期限。

第十八条 法律援助机构经审查，对于有下列情形之一的，应当认定申请人经济困难：

（一）申请人及与其共同生活的家庭成员符合受理的法律援助机构所在省、自治区、直辖市人民政府规定的经济困难标准的；

（二）申请事项的对方当事人是与申请人共同生活的家庭成员，申请人符合

受理的法律援助机构所在省、自治区、直辖市人民政府规定的经济困难标准的;

(三)符合《中华人民共和国法律援助法》第四十二条规定,申请人所提交材料真实有效的。

第十九条 法律援助机构经审查,对符合法律援助条件的,应当决定给予法律援助,并制作给予法律援助决定书;对不符合法律援助条件的,应当决定不予法律援助,并制作不予法律援助决定书。

不予法律援助决定书应当载明不予法律援助的理由及申请人提出异议的途径和方式。

第二十条 给予法律援助决定书或者不予法律援助决定书应当发送申请人;属于《中华人民共和国法律援助法》第三十九条规定情形的,法律援助机构还应当同时函告有关办案机关、监管场所。

第二十一条 法律援助机构依据《中华人民共和国法律援助法》第四十四条规定先行提供法律援助的,受援人应当在法律援助机构要求的时限内,补办有关手续,补充有关材料。

第二十二条 申请人对法律援助机构不予法律援助的决定有异议的,应当自收到决定之日起十五日内向设立该法律援助机构的司法行政机关提出。

第二十三条 司法行政机关应当自收到异议之日起五日内进行审查,认为申请人符合法律援助条件的,应当以书面形式责令法律援助机构对该申请人提供法律援助,同时书面告知申请人;认为申请人不符合法律援助条件的,应当作出维持法律援助机构不予法律援助的决定,书面告知申请人并说明理由。

申请人对司法行政机关维持法律援助机构决定不服的,可以依法申请行政复议或者提起行政诉讼。

第四章 指 派

第二十四条 法律援助机构应当自作出给予法律援助决定之日起三日内依法指派律师事务所、基层法律服务所安排本所律师或者基层法律服务工作者,或者安排本机构具有律师资格或者法律职业资格的工作人员承办法律援助案件。

对于通知辩护或者通知代理的刑事法律援助案件,法律援助机构收到人民法院、人民检察院、公安机关要求指派律师的通知后,应当在三日内指派律师承办法律援助案件,并通知人民法院、人民检察院、公安机关。

第二十五条 法律援助机构应当根据本机构、律师事务所、基层法律服务所的人员数量、专业特长、执业经验等因素,合理指派承办机构或者安排法律援助机构工作人员承办案件。

律师事务所、基层法律服务所收到指派后,应当及时安排本所律师、基层法律服务工作者承办法律援助案件。

第二十六条　对可能被判处无期徒刑、死刑的人,以及死刑复核案件的被告人,法律援助机构收到人民法院、人民检察院、公安机关通知后,应当指派具有三年以上刑事辩护经历的律师担任辩护人。

对于未成年人刑事案件,法律援助机构收到人民法院、人民检察院、公安机关通知后,应当指派熟悉未成年人身心特点的律师担任辩护人。

第二十七条　法律援助人员所属单位应当自安排或者收到指派之日起五日内与受援人或者其法定代理人、近亲属签订委托协议和授权委托书,但因受援人原因或者其他客观原因无法按时签订的除外。

第二十八条　法律援助机构已指派律师为犯罪嫌疑人、被告人提供辩护,犯罪嫌疑人、被告人的监护人或者近亲属又代为委托辩护人,犯罪嫌疑人、被告人决定接受委托辩护的,律师应当及时向法律援助机构报告。法律援助机构按照有关规定进行处理。

第五章　承　办

第二十九条　律师承办刑事辩护法律援助案件,应当依法及时会见犯罪嫌疑人、被告人,了解案件情况并制作笔录。笔录应当经犯罪嫌疑人、被告人确认无误后签名或者按指印。犯罪嫌疑人、被告人无阅读能力的,律师应当向犯罪嫌疑人、被告人宣读笔录,并在笔录上载明。

对于通知辩护的案件,律师应当在首次会见犯罪嫌疑人、被告人时,询问是否同意为其辩护,并记录在案。犯罪嫌疑人、被告人不同意的,律师应当书面告知人民法院、人民检察院、公安机关和法律援助机构。

第三十条　法律援助人员承办刑事代理、民事、行政等法律援助案件,应当约见受援人或者其法定代理人、近亲属,了解案件情况并制作笔录,但因受援人原因无法按时约见的除外。

法律援助人员首次约见受援人或者其法定代理人、近亲属时,应当告知下列事项:

(一)法律援助人员的代理职责;

(二)发现受援人可能符合司法救助条件的,告知其申请方式和途径;

(三)本案主要诉讼风险及法律后果;

(四)受援人在诉讼中的权利和义务。

第三十一条　法律援助人员承办案件,可以根据需要依法向有关单位或者个人调查与承办案件有关的情况,收集与承办案件有关的材料,并可以根据需要请求法律援助机构出具必要的证明文件或者与有关机关、单位进行协调。

法律援助人员认为需要异地调查情况、收集材料的，可以向作出指派或者安排的法律援助机构报告。法律援助机构可以按照本规定第十六条向调查事项所在地的法律援助机构请求协作。

第三十二条 法律援助人员可以帮助受援人通过和解、调解及其他非诉讼方式解决纠纷，依法最大限度维护受援人合法权益。

法律援助人员代理受援人以和解或者调解方式解决纠纷的，应当征得受援人同意。

第三十三条 对处于侦查、审查起诉阶段的刑事辩护法律援助案件，承办律师应当积极履行辩护职责，在办案期限内依法完成会见、阅卷，并根据案情提出辩护意见。

第三十四条 对于开庭审理的案件，法律援助人员应当做好开庭前准备；庭审中充分发表意见、举证、质证；庭审结束后，应当向人民法院或者劳动人事争议仲裁机构提交书面法律意见。

对于不开庭审理的案件，法律援助人员应当在会见或者约见受援人、查阅案卷材料、了解案件主要事实后，及时向人民法院提交书面法律意见。

第三十五条 法律援助人员应当向受援人通报案件办理情况，答复受援人询问，并制作通报情况记录。

第三十六条 法律援助人员应当按照法律援助机构要求报告案件承办情况。

法律援助案件有下列情形之一的，法律援助人员应当向法律援助机构报告：

（一）主要证据认定、适用法律等方面存在重大疑义的；

（二）涉及群体性事件的；

（三）有重大社会影响的；

（四）其他复杂、疑难情形。

第三十七条 受援人有证据证明法律援助人员未依法履行职责的，可以请求法律援助机构更换法律援助人员。

法律援助机构应当自受援人申请更换之日起五日内决定是否更换。决定更换的，应当另行指派或者安排人员承办。对犯罪嫌疑人、被告人具有应当通知辩护情形，人民法院、人民检察院、公安机关决定为其另行通知辩护的，法律援助机构应当另行指派或者安排人员承办。法律援助机构应当及时将变更情况通知办案机关。

更换法律援助人员的，原法律援助人员所属单位应当与受援人解除或者变更委托协议和授权委托书，原法律援助人员应当与更换后的法律援助人员办理案件材料移交手续。

第三十八条 法律援助人员在承办案件过程中,发现与本案存在利害关系或者因客观原因无法继续承办案件的,应当向法律援助机构报告。法律援助机构认为需要更换法律援助人员的,按照本规定第三十七条办理。

第三十九条 存在《中华人民共和国法律援助法》第四十八条规定情形,法律援助机构决定终止法律援助的,应当制作终止法律援助决定书,并于三日内,发送受援人、通知法律援助人员所属单位并函告办案机关。

受援人对法律援助机构终止法律援助的决定有异议的,按照本规定第二十二条、第二十三条办理。

第四十条 法律援助案件办理结束后,法律援助人员应当及时向法律援助机构报告,并自结案之日起三十日内向法律援助机构提交结案归档材料。

刑事诉讼案件侦查阶段应以承办律师收到起诉意见书或撤销案件的相关法律文书之日为结案日;审查起诉阶段应以承办律师收到起诉书或不起诉决定书之日为结案日;审判阶段以承办律师收到判决书、裁定书、调解书之日为结案日。其他诉讼案件以法律援助人员收到判决书、裁定书、调解书之日为结案日。劳动争议仲裁案件或者行政复议案件以法律援助人员收到仲裁裁决书、行政复议决定书之日为结案日。其他非诉讼法律事务以受援人与对方当事人达成和解、调解协议之日为结案日。无相关文书的,以义务人开始履行义务之日为结案日。法律援助机构终止法律援助的,以法律援助人员所属单位收到终止法律援助决定书之日为结案日。

第四十一条 法律援助机构应当自收到法律援助人员提交的结案归档材料之日起三十日内进行审查。对于结案归档材料齐全规范的,应当及时向法律援助人员支付法律援助补贴。

第四十二条 法律援助机构应当对法律援助案件申请、审查、指派等材料以及法律援助人员提交的结案归档材料进行整理,一案一卷,统一归档管理。

第六章 附 则

第四十四条 本规定中期间开始的日,不算在期间以内。期间的最后一日是节假日的,以节假日后的第一日为期满日期。

《最高人民法院、最高人民检察院、公安部、国家安全部、司法部关于适用认罪认罚从宽制度的指导意见》(高检发〔2019〕13号)"四、犯罪嫌疑人、被告人辩护权保障"(第十条至第十五条)对法律帮助、法律援助的有关问题作了规定。(→参见第十五条所附"其他规范",第67—69页)

《法律援助值班律师工作办法》(最高人民法院、最高人民检察院、公安部、国家安全部、司法部,司规〔2020〕6号)

第一章 总 则

第一条 为保障犯罪嫌疑人、被告人依法享有的诉讼权利,加强人权司法保障,进一步规范值班律师工作,根据《中华人民共和国刑事诉讼法》《中华人民共和国律师法》等规定,制定本办法。

第二条 本办法所称值班律师,是指法律援助机构在看守所、人民检察院、人民法院等场所设立法律援助工作站,通过派驻或安排的方式,为没有辩护人的犯罪嫌疑人、被告人提供法律帮助的律师。

第三条 值班律师工作应当坚持依法、公平、公正、效率的原则,值班律师应当提供符合标准的法律服务。

第四条 公安机关(看守所)、人民检察院、人民法院、司法行政机关应当保障没有辩护人的犯罪嫌疑人、被告人获得值班律师法律帮助的权利。

第五条 值班律师工作由司法行政机关牵头组织实施,公安机关(看守所)、人民检察院、人民法院应当依法予以协助。

第二章 值班律师工作职责

第六条 值班律师依法提供以下法律帮助:

(一)提供法律咨询;

(二)提供程序选择建议;

(三)帮助犯罪嫌疑人、被告人申请变更强制措施;

(四)对案件处理提出意见;

(五)帮助犯罪嫌疑人、被告人及其近亲属申请法律援助;

(六)法律法规规定的其他事项。

值班律师在认罪认罚案件中,还应当提供以下法律帮助:

(一)向犯罪嫌疑人、被告人释明认罪认罚的性质和法律规定;

(二)对人民检察院指控罪名、量刑建议、诉讼程序适用等事项提出意见;

(三)犯罪嫌疑人签署认罪认罚具结书时在场。

值班律师办理案件时,可以应犯罪嫌疑人、被告人的约见进行会见,也可以经办案机关允许主动会见;自人民检察院对案件审查起诉之日起可以查阅案卷材料、了解案情。

第七条 值班律师提供法律咨询时,应当告知犯罪嫌疑人、被告人有关法律帮助的相关规定,结合案件所在的诉讼阶段解释相关诉讼权利和程序规定,解答犯罪嫌疑人、被告人咨询的法律问题。

犯罪嫌疑人、被告人认罪认罚的,值班律师应当了解犯罪嫌疑人、被告人对被指控的犯罪事实和罪名是否有异议,告知被指控罪名的法定量刑幅度,释明从宽从重处罚的情节以及认罪认罚的从宽幅度,并结合案件情况提供程序选择建议。

值班律师提供法律咨询的,应当记录犯罪嫌疑人、被告人涉嫌的罪名、咨询的法律问题、提供的法律解答。

第八条　在审查起诉阶段,犯罪嫌疑人认罪认罚的,值班律师可以就以下事项向人民检察院提出意见:

(一)涉嫌的犯罪事实、指控罪名及适用的法律规定;
(二)从轻、减轻或者免除处罚等从宽处罚的建议;
(三)认罪认罚后案件审理适用的程序;
(四)其他需要提出意见的事项。

值班律师对前款事项提出意见的,人民检察院应当记录在案并附卷,未采纳值班律师意见的,应当说明理由。

第九条　犯罪嫌疑人、被告人提出申请羁押必要性审查的,值班律师应当告知其取保候审、监视居住、逮捕等强制措施的适用条件和相关法律规定、人民检察院进行羁押必要性审查的程序;犯罪嫌疑人、被告人已经被逮捕的,值班律师可以帮助其向人民检察院提出羁押必要性审查申请,并协助提供相关材料。

第十条　犯罪嫌疑人签署认罪认罚具结书时,值班律师对犯罪嫌疑人认罪认罚自愿性、人民检察院量刑建议、程序适用等均无异议的,应当在具结书上签名,同时留存一份复印件归档。

值班律师对人民检察院量刑建议、程序适用有异议的,在确认犯罪嫌疑人系自愿认罪认罚后,应当在具结书上签字,同时可以向人民检察院提出法律意见。

犯罪嫌疑人拒绝值班律师帮助的,值班律师无需在具结书上签字,应当将犯罪嫌疑人签字拒绝法律帮助的书面材料留存一份归档。

第十一条　对于被羁押的犯罪嫌疑人、被告人,在不同诉讼阶段,可以由派驻看守所的同一值班律师提供法律帮助。对于未被羁押的犯罪嫌疑人、被告人,前一诉讼阶段的值班律师可以在后续诉讼阶段继续为犯罪嫌疑人、被告人提供法律帮助。

第三章　法律帮助工作程序

第十二条　公安机关、人民检察院、人民法院应当在侦查、审查起诉和审判各阶段分别告知没有辩护人的犯罪嫌疑人、被告人有权约见值班律师获得法律帮助,并为其约见值班律师提供便利。

第十三条 看守所应当告知犯罪嫌疑人、被告人有权约见值班律师,并为其约见值班律师提供便利。

看守所应当将值班律师制度相关内容纳入在押人员权利义务告知书,在犯罪嫌疑人、被告人入所时告知其有权获得值班律师的法律帮助。

犯罪嫌疑人、被告人要求约见值班律师的,可以书面或者口头申请。书面申请的,看守所应当将其填写的法律帮助申请表及时转交值班律师。口头申请的,看守所应当安排代为填写法律帮助申请表。

第十四条 犯罪嫌疑人、被告人没有委托辩护人并且不符合法律援助机构指派律师为其提供辩护的条件,要求约见值班律师的,公安机关、人民检察院、人民法院应当及时通知法律援助机构安排。

第十五条 依法应当通知值班律师提供法律帮助而犯罪嫌疑人、被告人明确拒绝的,公安机关、人民检察院、人民法院应当记录在案。

前一诉讼程序犯罪嫌疑人、被告人明确拒绝值班律师法律帮助的,后一诉讼程序的办案机关仍需告知其有权获得值班律师法律帮助的权利,有关情况应当记录在案。

第十六条 公安机关、人民检察院、人民法院需要法律援助机构通知值班律师为犯罪嫌疑人、被告人提供法律帮助的,应当向法律援助机构出具法律帮助通知书,并附相关法律文书。

单次批量通知的,可以在一份法律帮助通知书后附多名犯罪嫌疑人、被告人相关信息的材料。

除通知值班律师到羁押场所提供法律帮助的情形外,人民检察院、人民法院可以商法律援助机构简化通知方式和通知手续。

第十七条 司法行政机关和法律援助机构应当根据当地律师资源状况、法律帮助需求,会同看守所、人民检察院、人民法院合理安排值班律师的值班方式、值班频次。

值班方式可以采用现场值班、电话值班、网络值班相结合的方式。现场值班的,可以采取固定专人或轮流值班,也可以采取预约值班。

第十八条 法律援助机构应当综合律师政治素质、业务能力、执业年限等确定值班律师人选,建立值班律师名册或值班律师库。并将值班律师库或名册信息、值班律师工作安排,提前告知公安机关(看守所)、人民检察院、人民法院。

第十九条 公安机关、人民检察院、人民法院应当在确定的法律帮助日期前三个工作日,将法律帮助通知书送达法律援助机构,或者直接送达现场值班律师。

该期间没有安排现场值班律师的,法律援助机构应当自收到法律帮助通知书之日起两个工作日内确定值班律师,并通知公安机关、人民检察院、人民法院。

公安机关、人民检察院、人民法院和法律援助机构之间的送达及通知方式,可以协商简化。

适用速裁程序的案件、法律援助机构需要跨地区调配律师等特殊情形的通知和指派时限,不受前款限制。

第二十条 值班律师在人民检察院、人民法院现场值班的,应当按照法律援助机构的安排,或者人民检察院、人民法院送达的通知,及时为犯罪嫌疑人、被告人提供法律帮助。

犯罪嫌疑人、被告人提出法律帮助申请,看守所转交给现场值班律师的,值班律师应当根据看守所的安排及时提供法律帮助。

值班律师通过电话、网络值班的,应当及时提供法律帮助,疑难案件可以另行预约咨询时间。

第二十一条 侦查阶段,值班律师可以向侦查机关了解犯罪嫌疑人涉嫌的罪名及案件有关情况;案件进入审查起诉阶段后,值班律师可以查阅案卷材料,了解案情,人民检察院、人民法院应当及时安排,并提供便利。已经实现卷宗电子化的地方,人民检察院、人民法院可以安排在线阅卷。

第二十二条 值班律师持律师执业证或者律师工作证、法律帮助申请表或者法律帮助通知书到看守所办理法律帮助会见手续,看守所应当及时安排会见。

危害国家安全犯罪、恐怖活动犯罪案件,侦查期间值班律师会见在押犯罪嫌疑人的,应当经侦查机关许可。

第二十三条 值班律师提供法律帮助时,应当出示律师执业证或者律师工作证或者相关法律文书,表明值班律师身份。

第二十四条 值班律师会见犯罪嫌疑人、被告人时不被监听。

第二十五条 值班律师在提供法律帮助过程中,犯罪嫌疑人、被告人向值班律师表示愿意认罪认罚的,值班律师应当及时告知相关的公安机关、人民检察院、人民法院。

第四章 值班律师工作保障

第二十六条 在看守所、人民检察院、人民法院设立的法律援助工作站,由同级司法行政机关所属的法律援助机构负责派驻并管理。

看守所、人民检察院、人民法院等机关办公地点临近的,法律援助机构可以设立联合法律援助工作站派驻值班律师。

看守所、人民检察院、人民法院应当为法律援助工作站提供必要办公场所和设施。有条件的人民检察院、人民法院，可以设置认罪认罚等案件专门办公区域，为值班律师设立专门会见室。

第二十七条 法律援助工作站应当公示法律援助条件及申请程序、值班律师工作职责、当日值班律师基本信息等，放置法律援助格式文书及宣传资料。

第二十八条 值班律师提供法律咨询、查阅案卷材料、会见犯罪嫌疑人或者被告人、提出书面意见等法律帮助活动的相关情况应当记录在案，并随案移送。

值班律师应当将提供法律帮助的情况记入工作台账或者形成工作卷宗，按照规定时限移交法律援助机构。

公安机关（看守所）、人民检察院、人民法院应当与法律援助机构确定工作台账格式，将值班律师履行职责情况记录在案，并定期移送法律援助机构。

第二十九条 值班律师提供法律帮助时，应当遵守相关法律法规、执业纪律和职业道德，依法保守国家秘密、商业秘密和个人隐私，不得向他人泄露工作中掌握的案件情况，不得向受援人收取财物或者谋取不正当利益。

第三十条 司法行政机关应当会同财政部门，根据直接费用、基本劳务费等因素合理制定值班律师法律帮助补贴标准，并纳入预算予以保障。

值班律师提供法律咨询、转交法律援助申请等法律帮助的补贴标准按工作日计算；为认罪认罚案件的犯罪嫌疑人、被告人提供法律帮助的补贴标准，由各地结合本地实际情况按件或按工作日计算。

法律援助机构应当根据值班律师履行工作职责情况，按照规定支付值班律师法律帮助补贴。

第三十一条 法律援助机构应当建立值班律师准入和退出机制，建立值班律师服务质量考核评估制度，保障值班律师服务质量。

法律援助机构应当建立值班律师培训制度，值班律师首次上岗前应当参加培训，公安机关、人民检察院、人民法院应当提供协助。

第三十二条 司法行政机关和法律援助机构应当加强本行政区域值班律师工作的监督和指导。对律师资源短缺的地区，可采取在省、市范围内统筹调配律师资源，建立政府购买值班律师服务机制等方式，保障值班律师工作有序开展。

第三十三条 司法行政机关会同公安机关、人民检察院、人民法院建立值班律师工作会商机制，明确专门联系人，及时沟通情况，协调解决相关问题。

第三十四条 司法行政机关应当加强对值班律师的监督管理，对表现突出的值班律师给予表彰；对违法违纪的值班律师，依职权或移送有权处理机关依法依规处理。

法律援助机构应当向律师协会通报值班律师履行职责情况。

律师协会应当将值班律师履行职责、获得表彰情况纳入律师年度考核及律师诚信服务记录,对违反职业道德和执业纪律的值班律师依法依规处理。

第五章 附　则

第三十五条　国家安全机关、中国海警局、监狱履行刑事诉讼法规定职责,涉及值班律师工作的,适用本办法有关公安机关的规定。

第三十六条　本办法自发布之日起施行。《关于开展法律援助值班律师工作的意见》(司发通〔2017〕84号)同时废止。

附件:

附件1　文书参考格式1—5 法律帮助申请表

附件2　文书参考格式6 值班律师法律帮助工作台账

《最高人民法院、最高人民检察院、公安部、国家安全部、司法部关于规范量刑程序若干问题的意见》(法发〔2020〕38号)第十一条对法律帮助、法律援助的有关问题作了规定。(→参见第一百九十八条所附"其他规范",第1434页)

《人民检察院办理认罪认罚案件开展量刑建议工作的指导意见》(最高人民检察院,高检发办字〔2021〕120号)第二十二条、第二十三条对法律帮助、法律援助的有关问题作了规定。(→参见第一百七十六条所附"其他规范",第1197页)

《最高人民法院、司法部关于为死刑复核案件被告人依法提供法律援助的规定(试行)》(法〔2021〕348号)

为充分发挥辩护律师在死刑复核程序中的作用,切实保障死刑复核案件被告人的诉讼权利,根据《中华人民共和国刑事诉讼法》《中华人民共和国律师法》《中华人民共和国法律援助法》《最高人民法院关于适用〈中华人民共和国刑事诉讼法〉的解释》等法律及司法解释,制定本规定。

第一条　最高人民法院复核死刑案件,被告人申请法律援助的,应当通知司法部法律援助中心指派律师为其提供辩护。①

法律援助通知书应当写明被告人姓名、案由、提供法律援助的理由和依据、案件审判庭和联系方式,并附二审或者高级人民法院复核审裁判文书。

---

① "法律援助律师由司法部法律援助中心根据被告人羁押地在全国范围择优通知,同时考虑到北京的律师资源较为丰富,提供法律援助的北京律师相较其他省份比例较大。"罗国良、鹿素勋:《〈最高人民法院、司法部关于为死刑复核案件被告人依法提供法律援助的规定(试行)〉的理解与适用》,载《刑事审判参考》(总第132辑),人民法院出版社2022年版,第149页。

第二条　高级人民法院在向被告人送达依法作出的死刑裁判文书时,应当书面告知其在最高人民法院复核死刑阶段可以委托辩护律师,也可以申请法律援助;被告人申请法律援助的,应当在十日内提出,法律援助申请书应当随案移送。①

第三条　司法部法律援助中心在接到最高人民法院法律援助通知书后,应当采取适当方式指派律师为被告人提供辩护。

第四条　司法部法律援助中心在接到最高人民法院法律援助通知书后,应当在三日内指派具有三年以上刑事辩护执业经历的律师担任被告人的辩护律师,并函告最高人民法院。

司法部法律援助中心出具的法律援助公函应当写明接受指派的辩护律师的姓名、所属律师事务所及联系方式。

第五条　最高人民法院应当告知或者委托高级人民法院告知被告人为其指派的辩护律师的情况。② 被告人拒绝指派的律师为其辩护的,最高人民法院应当准许。

第六条　被告人在死刑复核期间自行委托辩护律师的,司法部法律援助中心应当作出终止法律援助的决定,并及时函告最高人民法院。

最高人民法院在复核死刑案件过程中发现有前款规定情形的,应当及时函告司法部法律援助中心。司法部法律援助中心应当作出终止法律援助的决定。

---

① "考虑到权利告知等事项是由高级人民法院代为完成,最高人民法院另在操作细则中强调,发现被告人没有申请法律援助、没有委托辩护人的,在讯问被告人时应当予以核实;对被告人未委托辩护律师或者未申请法律援助的,应当告知其在最高人民法院复核死刑阶段有申请法律援助的权利,被告人表示申请法律援助的,应当记录在审讯笔录中,无须再让被告人签署法律援助申请书,可以据此函告司法部法律援助中心指派律师为被告人提供辩护,以切实保障被告人获得法律援助的权利,避免出现错漏。"罗国良、鹿素勋:《〈最高人民法院、司法部关于为死刑复核案件被告人依法提供法律援助的规定(试行)〉的理解与适用》,载《刑事审判参考》(总第132辑),人民法院出版社2022年版,第150页。

② 最高人民法院委托高级人民法院代为告知的,限于特殊情况。"比如,被告人在最高人民法院讯问时才提出法律援助申请的,之后为被告人指派了辩护律师,最高人民法院不必仅为告知被告人指派的辩护律师情况而再次讯问被告人,此种情况即可委托高级人民法院代为告知并听取被告人意见。"罗国良、鹿素勋:《〈最高人民法院、司法部关于为死刑复核案件被告人依法提供法律援助的规定(试行)〉的理解与适用》,载《刑事审判参考》(总第132辑),人民法院出版社2022年版,第150页。

第七条 辩护律师应当在接受指派之日起十日内,通过传真或者寄送等方式,将法律援助手续提交最高人民法院。

第八条 辩护律师依法行使辩护权,最高人民法院应当提供便利。

第九条 辩护律师在依法履行辩护职责中遇到困难和问题的,最高人民法院、司法部有关部门应当及时协调解决,切实保障辩护律师依法履行职责。

第十条 辩护律师应当在接受指派之日起一个半月内提交书面辩护意见或者当面反映辩护意见。辩护律师要求当面反映意见的,最高人民法院应当听取辩护律师的意见。

第十一条 死刑复核案件裁判文书应当写明辩护律师姓名及所属律师事务所,并表述辩护律师的辩护意见。① 受委托宣判的人民法院应当在宣判后五日内②将最高人民法院生效裁判文书送达辩护律师。

第十二条 司法部指导、监督全国死刑复核案件法律援助工作,司法部法律援助中心负责具体组织和实施。

第十三条 本规定自2022年1月1日起施行。

相关规范集成·刑事辩护全覆盖③

---

① "在表述辩护意见后应当对辩护意见作出回应,回应方式可根据案件及辩护意见的具体情况区别对待,对辩护律师在一、二审期间已经提出且原判已予正确评判、复核不予采纳的辩护意见,可适当简化。"罗国良、鹿素勋:《〈最高人民法院、司法部关于为死刑复核案件被告人依法提供法律援助的规定(试行)〉的理解与适用》,载《刑事审判参考》(总第132辑),人民法院出版社2022年版,第154页。

② "如此规定,是因为最高人民法院死刑复核裁判文书是向被告人宣告之日起发生法律效力,此前无法向辩护律师送达。"罗国良、鹿素勋:《〈最高人民法院、司法部关于为死刑复核案件被告人依法提供法律援助的规定(试行)〉的理解与适用》,载《刑事审判参考》(总第132辑),人民法院出版社2022年版,第154页。

③ 2017年10月,最高人民法院、司法部印发《关于开展刑事案件律师辩护全覆盖试点工作的办法》,在北京等8个省(直辖市)开展刑事案件审判阶段律师辩护全覆盖试点工作。2018年12月,最高人民法院、司法部印发通知,将试点工作扩大至全国,对于审判阶段被告人没有委托辩护人的案件,由人民法院通知法律援助机构指派律师为其提供辩护或者由值班律师提供法律帮助,切实保障被告人合法权益。2022年10月,最高人民法院、最高人民检察院、公安部、司法部印发《关于进一步深化刑事案件律师辩护全覆盖试点工作的意见》,研究部署深化刑事案件律师辩护全覆盖试点工作特别是审查起诉阶段试点工作。——**本评注注**

《最高人民法院、司法部关于开展刑事案件律师辩护全覆盖试点工作的办法》(司发通〔2017〕106号)

为推进以审判为中心的刑事诉讼制度改革,加强人权司法保障,促进司法公正,充分发挥律师在刑事案件审判中的辩护作用,开展刑事案件审判阶段律师辩护全覆盖试点工作,根据刑事诉讼法等法律法规,结合司法工作实际,制定本办法。

第一条 被告人有权获得辩护。人民法院、司法行政机关应当保障被告人及其辩护律师依法享有的辩护权和其他诉讼权利。

第二条 被告人除自己行使辩护权外,有权委托律师作为辩护人。

被告人具有刑事诉讼法第三十四条、第二百六十七条规定应当通知辩护情形,没有委托辩护人的,人民法院应当通知法律援助机构指派律师为其提供辩护。

除前款规定外,其他适用普通程序审理的一审案件、二审案件、按照审判监督程序审理的案件,被告人没有委托辩护人的,人民法院应当通知法律援助机构指派律师为其提供辩护。

适用简易程序、速裁程序审理的案件,被告人没有辩护人的,人民法院应当通知法律援助机构派驻的值班律师为其提供法律帮助。

在法律援助机构指派的律师或者被告人委托的律师为被告人提供辩护前,被告人及其近亲属可以提出法律帮助请求,人民法院应当通知法律援助机构派驻的值班律师为其提供法律帮助。

第三条 人民法院自受理案件之日起三日内,应当告知被告人有权委托辩护人以及获得值班律师法律帮助。被告人具有本办法第二条第二款、第三款规定情形的,人民法院应当告知其如果不委托辩护人,将通知法律援助机构指派律师为其提供辩护。

第四条 人民法院通知辩护的,应当将通知辩护公函以及起诉书、判决书、抗诉书、申诉立案通知书副本或者复印件送交法律援助机构。

通知辩护公函应当载明被告人的姓名、指控的罪名、羁押场所或者住所、通知辩护的理由、审判人员姓名和联系方式等;已确定开庭审理的,通知辩护公函应当载明开庭的时间、地点。

第五条 法律援助机构应当自收到通知辩护公函或者作出给予法律援助决定之日起三日内,确定承办律师并函告人民法院。

法律援助机构出具的法律援助公函应当载明辩护律师的姓名、所属单位及联系方式。

人民法院通知辩护公函内容不齐全或者通知辩护材料不齐全的，法律援助机构应当商请人民法院予以补充；人民法院未在开庭十五日前将本办法第四条第一款规定的材料补充齐全，可能影响辩护律师履行职责的，法律援助机构可以商请人民法院变更开庭日期。

第六条 按照本办法第二条第二款规定应当通知辩护的案件，被告人拒绝法律援助机构指派的律师为其辩护的，人民法院应当查明拒绝的原因，有正当理由的，应当准许，同时告知被告人需另行委托辩护人。被告人未另行委托辩护人的，人民法院应当及时通知法律援助机构另行指派律师为其提供辩护。

按照本办法第二条第三款规定应当通知辩护的案件，被告人坚持自己辩护，拒绝法律援助机构指派的律师为其辩护，人民法院准许的，法律援助机构应当作出终止法律援助的决定；对于有正当理由要求更换律师的，法律援助机构应当另行指派律师为其提供辩护。

第七条 司法行政机关和律师协会统筹调配律师资源，为法律援助工作开展提供保障。本地律师资源不能满足工作开展需要的，司法行政机关可以申请上一级司法行政机关给予必要支持。

有条件的地方可以建立刑事辩护律师库，为开展刑事案件律师辩护全覆盖试点工作提供支持。

第八条 建立多层次经费保障机制，加强法律援助经费保障，确保经费保障水平适应开展刑事案件律师辩护全覆盖试点工作需要。

司法行政机关协调财政部门根据律师承办刑事案件成本、基本劳务费用、服务质量、案件难易程度等因素，合理确定、适当提高办案补贴标准并及时足额支付。

有条件的地方可以开展政府购买法律援助服务。

第九条 探索实行由法律援助受援人分担部分法律援助费用。

实行费用分担法律援助的条件、程序、分担标准等，由省级司法行政机关综合当地经济发展水平、居民收入状况、办案补贴标准等因素确定。

第十条 司法行政机关、律师协会应当鼓励和支持律师开展刑事辩护业务，组织资深骨干律师办理刑事法律援助案件，发挥优秀律师在刑事辩护领域的示范作用，组织刑事辩护专项业务培训，开展优秀刑事辩护律师评选表彰活动，推荐优秀刑事辩护律师公开选拔为立法工作者、法官、检察官，建立律师开展刑事辩护业务激励机制，充分调动律师参与刑事辩护工作积极性。

第十一条 第二审人民法院发现第一审人民法院未履行通知辩护职责，导致被告人在审判期间未获得律师辩护的，应当认定符合刑事诉讼法第二百二十七条第三项规定的情形,裁定撤销原判,发回原审人民法院重新审判。

第十二条 人民法院未履行通知辩护职责,或者法律援助机构未履行指派律师等职责,导致被告人审判期间未获得律师辩护的,依法追究有关人员责任。

第十三条 人民法院应当依法保障辩护律师的知情权、申请权、申诉权,以及会见、阅卷、收集证据和发问、质证、辩论等方面的执业权利,为辩护律师履行职责,包括查阅、摘抄、复制案卷材料等提供便利。

第十四条 人民法院作出召开庭前会议、延期审理、二审不开庭审理、宣告判决等重大程序性决定的,应当依法及时告知辩护律师。人民法院应当依托中国审判流程信息公开网,及时向辩护律师公开案件的流程信息。

第十五条 辩护律师提出阅卷要求的,人民法院应当当时安排辩护律师阅卷,无法当时安排的,应当向辩护律师说明原因并在无法阅卷的事由消除后三个工作日以内安排阅卷,不得限制辩护律师合理的阅卷次数和时间。有条件的地方可以设立阅卷预约平台,推行电子化阅卷,允许刻录、下载材料。辩护律师复制案卷材料的,人民法院只收取工本费。法律援助机构指派的律师复制案卷材料的费用予以免收或者减收。

辩护律师可以带一至二名律师助理协助阅卷,人民法院应当核实律师助理的身份。律师发现案卷材料不完整、不清晰等情况时,人民法院应当及时安排核对、补充。

第十六条 辩护律师申请人民法院收集、调取证据的,人民法院应当在三日以内作出是否同意的决定,并通知辩护律师。人民法院同意的,应当及时收集、调取相关证据。人民法院不同意的,应当说明理由;辩护律师要求书面答复的,应当书面说明理由。

第十七条 被告人、辩护律师申请法庭通知证人、鉴定人、有专门知识的人出庭作证的,法庭认为有必要的应当同意;法庭不同意的,应当书面向被告人及辩护律师说明理由。

第十八条 人民法院应当重视律师辩护意见,对于律师依法提出的辩护意见未予采纳的,应当作出有针对性的分析,说明不予采纳的理由。

第十九条 人民法院、司法行政机关和律师协会应当建立健全维护律师执业权利快速处置机制,畅通律师维护执业权利救济渠道。人民法院监察部门负责受理律师投诉。人民法院应当在官方网站、办公场所公开受理机构名称、电话、来信来访地址,及时反馈调查处理结果,切实提高维护律师执业权利的及时性和有效性,保障律师执业权利不受侵害。

第二十条 辩护律师应当坚持以事实为依据、以法律为准绳,依法规范诚信履行辩护代理职责,勤勉尽责,不断提高辩护质量和工作水平,切实维护当事人合法权益、促进司法公正。

在审判阶段,接受法律援助机构指派承办刑事法律援助案件的律师应当会见被告人并制作会见笔录,应当阅卷并复制主要的案卷材料。

对于人民法院开庭审理的案件,辩护律师应当做好开庭前的准备;参加全部庭审活动,充分质证、陈述;发表具体的、有针对性的辩护意见,并向人民法院提交书面辩护意见。对于人民法院不开庭审理的案件,辩护律师应当自收到人民法院不开庭通知之日起十日内向人民法院提交书面辩护意见。

第二十一条 辩护律师应当遵守法律法规、执业行为规范和法庭纪律,不得煽动、教唆和组织被告人监护人、近亲属等以违法方式表达诉求;不得恶意炒作案件,对案件进行歪曲、有误导性的宣传和评论;不得违反规定披露、散布不公开审理案件的信息、材料,或者在办案过程中获悉的案件重要信息、证据材料;不得违规会见被告人,教唆被告人翻供;不得帮助被告人隐匿、毁灭、伪造证据或者串供,威胁、引诱证人作伪证,以及其他干扰司法机关诉讼活动的行为。

第二十二条 司法行政机关和律师协会应当对律师事务所、律师开展刑事辩护业务进行指导监督,并根据律师事务所、律师履行法律援助义务情况实施奖励和惩戒。

法律援助机构、律师事务所应当对辩护律师开展刑事辩护活动进行指导监督,促进辩护律师依法履行辩护职责。

人民法院在案件办理过程中发现辩护律师有违法或者违反职业道德、执业纪律的行为,应当及时向司法行政机关、律师协会提出司法建议,并固定移交相关证据材料,提供必要的协助。司法行政机关、律师协会核查后,应当将结果及时通报建议机关。

第二十三条 人民法院和司法行政机关应当加强协调,做好值班律师、委托辩护要求转达、通知辩护等方面的衔接工作,探索建立工作对接网上平台,建立定期会商通报机制,及时沟通情况,协调解决问题,促进刑事案件律师辩护全覆盖试点工作有效开展。

第二十四条 办理刑事案件,本办法有规定的,按照本办法执行;本办法没有规定的,按照《中华人民共和国刑事诉讼法》《中华人民共和国律师法》《最高人民法院关于适用〈中华人民共和国刑事诉讼法〉的解释》《法律援助条例》《办理法律援助案件程序规定》《关于刑事诉讼法律援助工作的规定》《关于依法保障律师执业权利的规定》等法律法规、司法解释、规章和规范性文件执行。

第二十五条 本办法自发布之日起试行一年。

第二十六条　本办法在北京、上海、浙江、安徽、河南、广东、四川、陕西省(直辖市)试行。试点省(直辖市)可以在全省(直辖市)或者选择部分地区开展试点工作。

《最高人民法院、司法部关于扩大刑事案件律师辩护全覆盖试点范围的通知》(司发通〔2018〕149号)

各省、自治区、直辖市高级人民法院、司法厅(局),新疆维吾尔自治区高级人民法院生产建设兵团分院、新疆生产建设兵团司法局:

2017年10月以来,按照《最高人民法院 司法部关于开展刑事案件律师辩护全覆盖试点工作的办法》,北京、上海、浙江、安徽、河南、广东、四川和陕西8个省(直辖市)积极探索开展刑事案件律师辩护全覆盖试点工作,取得了良好成效。各试点地区创新工作模式、组建律师队伍、加强经费保障、提高工作效率等有益尝试和成熟做法,值得肯定与推广。但试点过程中,也发现部分地方存在律师资源相对不足、经费保障还不到位、工作机制不够健全、案件质量尚需提高等困难问题,需要进一步解决完善。为推动刑事案件律师辩护全覆盖试点工作深入开展,确保试点工作取得实际效果,经研究,决定将试点期限延长,工作范围扩大到全国31个省(自治区、直辖市)和新疆生产建设兵团。现就有关事宜通知如下:

一、充分认识扩大刑事案件律师辩护全覆盖试点工作的重要意义

扩大刑事案件律师辩护全覆盖试点工作的范围,进一步推进和深化刑事案件律师辩护全覆盖工作,是落实全面依法治国的一项重要举措。党中央高度重视全面依法治国工作,组建中央全面依法治国委员会,加强对法治中国建设的统一领导。保障司法人权、促进司法公正是全面依法治国的应有之义,开展刑事案件律师辩护全覆盖试点工作,目的就在于让每一件刑事案件都有律师辩护和提供法律帮助,通过律师发挥辩护职责维护当事人合法权益、促进司法公正,彰显我国社会主义法治文明进步。人民法院和司法行政机关要进一步增强责任感,认真做好扩大刑事案件律师辩护全覆盖试点工作,最大限度地实现和维护人民群众的合法权益,促进社会公平正义。

扩大刑事案件律师辩护全覆盖试点工作的规模和范围,进一步推进和深化刑事案件律师辩护全覆盖工作,是推进以审判为中心的刑事诉讼制度改革的具体举措。提高律师辩护率,是以审判为中心的刑事诉讼制度的内在要求。强化律师辩护权,是实现证据出示在法庭、事实查明在法庭、控辩意见发表在法庭等的重要保障。律师充分行使辩护权,有利于控辩双方有效开展平等对抗,审判发挥居中职能作用,避免庭审流于形式,促进刑事诉讼制度进一步完善。

扩大刑事案件律师辩护全覆盖试点工作的规模和范围,进一步推进和深化刑事案件律师辩护全覆盖工作,是深化律师制度改革的实际举措。全面依法治国对律师制度改革提出了新要求,要求律师队伍具有良好的职业素养和执业水平,要求律师辩护代理工作能更好地满足人民群众的需要。开展刑事案件律师辩护全覆盖试点工作,为所有刑事案件被告人提供律师辩护及法律帮助,丰富了刑辩律师的工作内容,提升了律师在刑事诉讼中的地位作用,是深化律师制度改革的实际步骤。

二、扩大刑事案件律师辩护全覆盖试点工作的主要任务和要求

第一批试点的8个省(直辖市)要增强工作的积极性和主动性,在总结前期试点经验基础上,结合本地实际情况,将试点范围扩大到整个辖区。要探索建设跨部门大数据办案平台,实现公检法机关和法律援助机构、律师管理部门之间信息系统对接,利用信息化手段加快法律文书流转、及时传递工作信息,努力提高工作效率。要坚持高标准、严要求,努力探索提高刑事案件律师辩护全覆盖工作的有效途径,确保试出经验,试出效果,在全国起到典型示范作用。

其他23个省(自治区、直辖市)和新疆生产建设兵团要加快各项准备工作,于2019年1月正式启动试点工作。要认真贯彻执行《最高人民法院 司法部关于开展刑事案件律师辩护全覆盖试点工作的办法》。要借鉴前期试点省(直辖市)的有益做法,研究制定本地试点工作方案。要根据实际情况确定试点范围,可以先在律师资源充足、经费保障到位的地方进行试点,以点带面、分步实施,逐步扩大试点范围,到2019年底,天津、江苏、福建、山东等省(直辖市)基本实现整个辖区全覆盖,其他省(自治区、直辖市)在省会城市和一半以上的县级行政区域基本实现全覆盖。要在现行法律制度框架内积极探索,大胆实践,边试点、边总结、边推广。要建立健全领导机构和工作机制,加强人民法院与人民检察院、公安机关、司法行政机关、法律援助机构等相互之间的协调配合,及时有效解决试点工作中出现的新情况、新问题。

各地在试点过程中,要进一步落实办案机关告知义务,办案机关应当告知犯罪嫌疑人、被告人有权委托辩护人,对没有委托辩护人的被告人,要告知其享有免费法律援助和法律帮助的权利;有条件的可以使用专门告知单,口头告知的要在笔录里记录并让犯罪嫌疑人、被告人签字;应当告知而没有履行告知义务的,要加强监督,严肃追责,真正把告知义务落到实处。要注重衔接配合,人民法院要注意了解被告人及其家属是否委托辩护人以及是否同意指派律师的情况,及时决定是否通知法律援助机构指派律师;法律援助机构接到通知后应在3个工作日内指派律师,被告人明确拒绝的要书面记录;人民法院发现被告人及其家属已经另行委托辩护人的,应即时把有关情况反馈给法律援助机构,避免浪费资源。

三、加强对扩大刑事案件律师辩护全覆盖试点工作的组织领导

扩大刑事案件律师辩护全覆盖试点工作,要积极争取各级党委、政府的重视和支持,坚持在党委、政府的领导下,人民法院、司法行政机关负责组织实施,努力实现各相关单位紧密配合、广大律师积极参与的工作机制,确保试点工作在全国范围内顺利开展。

要统筹调配律师资源,落实经费保障。各地要针对刑事辩护律师需求大量增加的情况,原则上以地市州为单位,统筹调配律师资源,解决律师资源分布不均、部分地区律师资源不足的问题。要积极联系协调财政部门出台有关政策措施,增加法律援助经费,逐步提高律师办案补贴标准,同时要探索建立办案补贴动态调整机制,根据律师办理案件难易程度、服务质量等发放办案补贴,体现差异性,提高律师工作积极性。

要加强对试点工作的调查研究和情况统计,及时总结经验,推广典型。要深入广泛调研,对试点工作中遇到的新情况和新问题,研究制定切实可行的解决措施。各地司法行政机关要高度重视律师代理辩护案件质量,严格案件质量评估标准,建立刑事案件律师辩护跟踪制度,综合运用旁听庭审、回访受援人等方式,全面掌握律师办理案件质量情况,不断提高试点工作的质量和效果。

要加强对扩大刑事案件律师辩护全覆盖试点工作的宣传,灵活采取多种形式,充分运用传统媒体和网络、微信、微博等新媒体,宣传做好这项工作的重要意义。要适时在法制日报、人民法院报等新闻媒体上推广各地先进典型和经验做法,扩大影响,为刑事案件律师辩护全覆盖工作营造良好的社会环境和舆论氛围。

《最高人民法院、最高人民检察院、公安部、司法部关于进一步深化刑事案件律师辩护全覆盖试点工作的意见》(司发通〔2022〕49号)

各省、自治区、直辖市高级人民法院、人民检察院、公安厅(局)、司法厅(局),新疆维吾尔自治区高级人民法院生产建设兵团分院、新疆生产建设兵团人民检察院、公安局、司法局:

2017年10月,最高人民法院、司法部印发《关于开展刑事案件律师辩护全覆盖试点工作的办法》,在北京等8个省(直辖市)开展刑事案件审判阶段律师辩护全覆盖试点工作。2018年12月,最高人民法院、司法部印发通知,将试点工作扩大至全国,对于审判阶段被告人没有委托辩护人的案件,由人民法院通知法律援助机构指派律师为其提供辩护或者由值班律师提供法律帮助,切实保障被告人合法权益。试点工作开展以来,各地加强统筹部署,理顺沟通衔接机

制,加强法律援助质量监管,取得了积极成效。截至目前,全国共有2594个县(市、区)开展了审判阶段刑事案件律师辩护全覆盖试点工作,占县级行政区域总数的90%以上。2021年,各地因开展试点增加法律援助案件32万余件,占审判阶段刑事法律援助案件总数的63.6%,因开展试点值班律师提供法律帮助的案件55万余件,刑事案件律师辩护率大幅提高,刑事案件被告人人权司法保障进一步增强。但是,各地在工作中也暴露出律师资源不均、经费保障不足、工作衔接不畅等问题,需要通过深化试点加以解决。与此同时,认罪认罚从宽制度的广泛适用,也对审查起诉阶段律师辩护和值班律师法律帮助提出了更高要求。

2022年1月1日起,法律援助法正式施行,标志着我国法律援助事业进入了高质量发展的新阶段。法律援助法对扩大通知辩护范围、发挥值班律师法律帮助作用等作出明确规定,为深化刑事案件律师辩护全覆盖试点工作提供了依据。为贯彻落实法律援助法,进一步加强刑事案件犯罪嫌疑人、被告人人权司法保障,现就深化刑事案件律师辩护全覆盖试点工作提出如下意见。

一、充分认识深化刑事案件律师辩护全覆盖试点工作的重大意义

1. 深化刑事案件律师辩护全覆盖试点工作,是全面贯彻习近平法治思想,落实以人民为中心的发展思想的必然要求。以人民为中心是习近平法治思想的根本立场。推进全面依法治国,根本目的是依法保障人民权益。在刑事案件中,对犯罪嫌疑人、被告人权利的保障程度,不仅关系他们的切身利益,也体现了司法文明水平。深化刑事案件律师辩护全覆盖试点工作,在审判阶段全覆盖基础上,逐步把全覆盖延伸到审查起诉阶段,能更好发挥值班律师法律帮助作用,为犯罪嫌疑人、被告人提供更广泛、更深入、更有效的刑事辩护或法律帮助,让每一名犯罪嫌疑人、被告人都能在刑事诉讼中感受到公平正义。

2. 深化刑事案件律师辩护全覆盖试点工作,是贯彻落实法律援助法,不断健全完善法律援助制度的内在要求。2021年8月,全国人大常委会审议通过法律援助法,这是我国法律援助事业法治化制度化发展的里程碑。法律援助法提出了新时代法律援助工作的指导思想和基本原则,扩大了法律援助范围,明确了提高法律援助质量、加强法律援助保障的具体举措,对新时代法律援助工作提出了新的更高要求。深化刑事案件律师辩护全覆盖试点工作,不仅是落实法律援助法有关规定的具体举措,也是进一步扩大刑事法律援助覆盖范围、不断健全完善法律援助制度的现实需要。

3. 深化刑事案件律师辩护全覆盖试点工作,是全面贯彻宽严相济刑事政策,精准适用认罪认罚从宽制度的重要举措。推行认罪认罚从宽制度是司法领域推动国家治理体系和治理能力现代化的重要举措,在及时有效惩治犯罪、加强人权司法保障、优化司法资源配置、提高刑事诉讼效率等方面意义重大。深化刑事案件律师辩护全覆盖试点工作，在办理认罪认罚案件中，提高辩护律师参与率，能充分发挥辩护律师、值班律师在引导犯罪嫌疑人、被告人理解认罪认罚法律后果，就罪名认定、量刑建议、案件处理提出法律意见等方面的作用，为准确适用认罪认罚从宽制度创造积极条件。

二、巩固审判阶段刑事案件律师辩护全覆盖试点工作成效

4. 抓紧实现县域工作全覆盖。尚未实现审判阶段律师辩护全覆盖的省（自治区）司法厅要切实克服律师资源、经费保障等方面的困难，加快工作进度，尽快实现县级行政区域试点工作全覆盖，年底前基本实现审判阶段律师辩护全覆盖。

5. 从有形覆盖转向有效覆盖。各地要对照法律援助法和最高人民法院、司法部《关于扩大刑事案件律师辩护全覆盖试点范围的通知》等文件要求，及时总结审判阶段律师辩护全覆盖试点工作，找准工作中的薄弱环节，加强重要业务数据统计分析，提炼好经验好做法，充分发挥辩护律师、值班律师在审判阶段的职能作用，不断提高审判阶段律师辩护全覆盖试点工作质效。

三、开展审查起诉阶段律师辩护全覆盖试点工作

6. 确定试点区域。各司法厅（局）根据本地工作实际，商检察机关于今年11月底前确定2至3个地市（直辖市的区县）开展审查起诉阶段律师辩护全覆盖试点。已先行开展此项工作的地区，可以根据原工作方案进行。

7. 确定通知辩护范围。犯罪嫌疑人没有委托辩护人，且具有可能判处三年以上有期徒刑、本人或其共同犯罪嫌疑人拒不认罪、案情重大复杂、可能造成重大社会影响情形之一的，人民检察院应当通知法律援助机构指派律师为其提供辩护。已先行开展试点的地区，可以结合本地实际扩大通知辩护案件范围。

8. 确定工作程序。人民检察院自收到移送审查起诉的案件材料之日起三日内，应当告知犯罪嫌疑人有权委托辩护人。犯罪嫌疑人具有本意见第七条规定情形的，人民检察院应当告知其如果不委托辩护人，将通知法律援助机构指派律师为其提供辩护。犯罪嫌疑人决定不自行委托辩护人的，人民检察院应当记录在案并将通知辩护公函送交法律援助机构。通知辩护公函应当载明犯罪嫌疑人的姓名、涉嫌的罪名、羁押场所或者住所、通知辩护的理由、检察人员姓名和联系方式等。法律援助机构应当自收到通知辩护公函之日起三日内，确定承办律师并将辩护律师姓名、所属单位及联系方式函告人民检察院。

9. 辩护律师职责。辩护律师依照刑事诉讼法、律师法等规定，依法履行辩护职责。在审查起诉阶段，辩护律师应当向犯罪嫌疑人释明认罪认罚从宽的法律规定和法律后果,依法向犯罪嫌疑人提供法律咨询、程序选择建议、申请变更强制措施、提出羁押必要性审查申请等法律帮助。犯罪嫌疑人自愿认罪认罚的,辩护律师应当对刑事诉讼法第一百七十三条第二款规定的事项提出意见。法律援助机构指派的辩护律师应当自接到指派通知之日起及时阅卷、会见犯罪嫌疑人。对人民检察院拟建议适用速裁程序办理的犯罪嫌疑人认罪认罚案件,辩护律师应当在人民检察院办案期限内完成阅卷、会见。

10. 切实保障律师辩护权。人民检察院应当依法保障辩护律师会见、阅卷等诉讼权利,为辩护律师履行职责提供便利。人民检察院作出退回补充侦查、延长审查起诉期限、提起公诉、不起诉等重大程序性决定的,应当依法及时告知辩护律师,及时向辩护律师公开案件的流程信息。

11. 及时安排阅卷。辩护律师提出阅卷要求的,人民检察院应当及时安排阅卷,因工作等原因无法及时安排的,应当向辩护律师说明,并自即日起三个工作日内安排阅卷,不得限制辩护律师合理的阅卷次数和时间。有条件的地方可以设立阅卷预约平台,推行电子化阅卷,允许下载、刻录案卷材料。

12. 做好法律帮助衔接。犯罪嫌疑人没有委托辩护人的,也不属于本意见第七条规定由法律援助机构指派律师提供辩护情形的,人民检察院应当及时通知法律援助机构安排值班律师提供法律帮助。

13. 拒绝辩护处理。属于法律援助法第二十五条第一款、本意见第七条规定的应当通知辩护情形,犯罪嫌疑人拒绝法律援助机构指派的律师为其辩护的,人民检察院应当查明原因。理由正当的,应当准许,但犯罪嫌疑人必须另行委托辩护人;犯罪嫌疑人未另行委托辩护人的,应当书面通知法律援助机构另行指派律师为其提供辩护。犯罪嫌疑人拒绝法律援助机构指派的律师为其辩护,坚持自己行使辩护权,人民检察院准许的,法律援助机构应当作出终止法律援助的决定;对于有正当理由要求更换律师的,法律援助机构应当另行指派律师为其提供辩护。

四、实质发挥值班律师法律帮助作用

14. 完善值班律师派驻。人民法院、人民检察院、公安机关应当为法律援助工作站提供必要办公场所和设施,加快推进法律援助工作站建设。司法行政机关和法律援助机构应当根据当地律师资源状况、法律帮助需求灵活采用现场值班、电话值班、网络值班等多种形式,确保值班律师法律帮助全覆盖。

15. 落实权利告知。人民法院、人民检察院、公安机关应当在侦查、审查起诉、审判各阶段分别告知没有辩护人的犯罪嫌疑人、被告人有权约见值班律师获得法律帮助,并为犯罪嫌疑人、被告人约见值班律师提供便利。前一诉讼程序犯罪嫌疑人、被告人拒绝值班律师法律帮助的，后一诉讼程序的办案机关仍需告知其有权获得值班律师法律帮助，有关情况应当记录在案。

16. 及时通知值班律师。 犯罪嫌疑人、被告人没有委托辩护人，法律援助机构也没有指派律师提供辩护的，犯罪嫌疑人、被告人申请约见值班律师的，人民法院、人民检察院、公安机关可以直接送达现场派驻的值班律师或即时通知电话、网络值班律师。不能直接安排或即时通知的，应当在二十四小时内将法律帮助通知书送达法律援助机构。法律援助机构应当在收到法律帮助通知书之日起两个工作日内确定值班律师，并将值班律师姓名、单位、联系方式告知办案机关。除通知值班律师到羁押场所提供法律帮助的情形外，人民检察院、人民法院可以商法律援助机构简化通知方式和通知手续。办案机关应当为值班律师与犯罪嫌疑人、被告人会见提供便利。

17. 切实保障值班律师权利。 犯罪嫌疑人、被告人没有辩护人的，人民法院、人民检察院、公安机关应当在侦查、审查逮捕、审查起诉和审判阶段分别听取值班律师意见，充分发挥值班律师在各个诉讼阶段的法律帮助作用。人民法院、人民检察院、公安机关应当依法保障值班律师会见等诉讼权利。涉嫌危害国家安全犯罪、恐怖活动犯罪案件，在侦查期间，犯罪嫌疑人会见值班律师，应当经侦查机关许可；侦查机关同意值班律师会见的，应当及时通知值班律师。值班律师会见犯罪嫌疑人、被告人时不被监听。案件移送审查起诉后，值班律师可以查阅案卷材料，了解案情，人民检察院、人民法院应当及时安排，并提供便利。已经实现卷宗电子化的地方，人民检察院、人民法院可以安排在线阅卷。对于值班律师数量有限、案件量较大的地区，值班律师可采取集中查阅案卷方式。

18. 值班律师依法履行职责。 值班律师提供法律帮助应当充分了解案情，对于案情较为复杂的案件，应当在查阅案卷材料并向犯罪嫌疑人、被告人充分释明相关诉讼权利和程序规定后对案件处理提出意见。犯罪嫌疑人、被告人自愿认罪认罚的，值班律师应当结合案情向犯罪嫌疑人、被告人释明认罪认罚的性质和法律规定，对人民检察院指控的罪名、量刑建议、诉讼程序适用等提出意见，在犯罪嫌疑人签署具结书时在场。

19. 值班律师的控告申诉。 值班律师在提供法律帮助过程中，认为人民法院、人民检察院、公安机关及其工作人员明显违反法律规定，阻碍其依法提供法律帮助，侵犯律师执业权利的，有权向同级或者上一级人民检察院申诉或者控告。人民检察院对申诉或者控告应当及时审查，情况属实的，通知有关机关予以纠正。

五、健全完善衔接配合机制

20. 健全协调会商机制。 人民法院、人民检察院、公安机关、司法行政机关要加强协同配合,建立健全联席会议、定期会商通报等协调机制,明确刑事案件律师辩护全覆盖试点工作联络员,及时沟通工作进展情况,协调解决工作中的困难问题。

21. 建立信息共享机制。人民法院、人民检察院、公安机关、司法行政机关要及时共享重要业务数据,建立工作台账,统一统计口径,做好统计分析,加强业务指导。

22. 提高衔接效率。加强信息化建设,推动实现律师辩护全覆盖试点工作通知、指派等各项流程电子化,进一步提高工作效率,给律师开展工作留出必要充足时间,为辩护律师、值班律师履职创造积极条件。

23. 强化律师权利保障。人民法院、人民检察院、公安机关、司法行政机关要切实保障辩护律师、值班律师各项权利,不得阻碍或变相阻碍辩护律师、值班律师依法行使诉讼权利。

六、加强组织领导

24. 争取党委政府支持。各地要积极争取各级党委、政府的重视支持,主动向党委、政府汇报工作,切实落实党委、政府保障职责。

25. 解决律师资源不足问题。建立健全法律服务资源依法跨区域流动机制,鼓励和支持律师事务所、律师等到律师资源严重不足的地区服务。建立完善律师资源动态调配机制,律师资源不平衡问题突出的地方以省级司法行政机关为主统筹调配,其他地方原则上以地市司法行政机关为主统筹调配,采取对口支援等方式提高法律援助服务能力。引导和规范法律援助机构具有律师资格或者法律职业资格的工作人员、具有律师执业证书的法律援助志愿者参与刑事法律援助工作,深入挖掘刑事法律援助人员潜力,进一步充实队伍力量。加强法律援助志愿服务工作,深入开展"1+1"中国法律援助志愿者行动、"援藏律师服务团"等法律援助项目,选派法律援助志愿律师到没有律师和律师资源严重不足的地区服务。

26. 解决经费保障不足问题。人民法院、人民检察院、公安机关应当配合司法行政机关加强与财政部门沟通协调,共同推动落实法律援助法有关法律援助业务经费保障相关规定,增加法律援助办案经费,动态调整法律援助补贴标准,切实保障办案工作需要。加大中央补助地方法律援助办案专款总量,发挥好中央补助专款的示范导向作用。司法行政机关应当根据案件难易和参与案件程度,合理确定法律援助补贴标准,推行办案补贴与服务质量挂钩的差别补贴机制,提高法律援助经费使用效率。

27. 强化指导监督。各级司法行政机关律师工作部门牵头做好试点工作,统筹调配律师资源,组织引导律师积极履行法律援助义务,加强律师权利保障和执业监管。法律援助管理部门要做好相关保障工作,协调有关部门落实试点工作经费,建立完善法律援助工作异地协作机制,加强对法律援助质量的指导监督。律师协会要发挥行业协会自身优势,配合法律援助管理部门做好律师参与法律援助工作培训等工作。法律援助机构要严格依法做好受理、审查、指派律师等工作,综合运用案卷检查、征询司法机关意见等措施,督促法律援助人员提升服务质量。

第三十七条 【辩护人的职责】辩护人的责任是根据事实和法律,提出犯罪嫌疑人、被告人无罪、罪轻或者减轻、免除其刑事责任的材料和意见,维护犯罪嫌疑人、被告人的诉讼权利和其他合法权益。

立法沿革

1996年《刑事诉讼法》第三十五条规定:"辩护人的责任是根据事实和法律,提出证明犯罪嫌疑人、被告人无罪、罪轻或者减轻、免除其刑事责任的材料和意见,维护犯罪嫌疑人、被告人的合法权益。"2012年《刑事诉讼法修改决定》对本条作了两处修改:一是删去辩护人提出"证明"犯罪嫌疑人、被告人无罪等的材料和意见的规定中的"证明";二是将犯罪嫌疑人、被告人的"合法权益"修改为"诉讼权利和其他合法权益"。2018年修改《刑事诉讼法》时对本条规定未作调整。

相关规定

《中华人民共和国律师法》(第三次修正后自2018年1月1日起施行,节录)

第三十一条 律师担任辩护人的,应当根据事实和法律,提出犯罪嫌疑人、被告人无罪、罪轻或者减轻、免除其刑事责任的材料和意见,维护犯罪嫌疑人、被告人的诉讼权利和其他合法权益。

基本规范

《最高人民法院关于适用〈中华人民共和国刑事诉讼法〉的解释》(法释〔2021〕1号,自2021年3月1日起施行)

第三章 辩护与代理

第五十二条 审判期间,辩护人接受被告人委托的,应当在接受委托之日起三日以内,将委托手续提交人民法院。①

接受法律援助机构指派为被告人提供辩护的,适用前款规定。②

《人民检察院刑事诉讼规则》(高检发释字〔2019〕4号,自2019年12月30日起施行)

第四章 辩护与代理

第五十四条 在人民检察院侦查、审查逮捕、审查起诉过程中,辩护人要求听取其意见的,办案部门应当及时安排。辩护人提出书面意见的,办案部门应当接收并登记。

听取辩护人意见应当制作笔录或者记录在案,辩护人提出的书面意见应当附卷。

辩护人提交案件相关材料的,办案部门应当将辩护人提交材料的目的、来源及内容等情况记录在案,一并附卷。

第三十八条 【侦查期间的辩护】辩护律师在侦查期间可以为犯罪嫌疑人提供法律帮助;代理申诉、控告;申请变更强制措施;向侦查机关了解犯罪嫌疑人涉嫌的罪名和案件有关情况,提出意见。

---

① 本款原本拟规定"对于依照普通程序审理的案件,辩护人应当按照本解释第二百二十一条的规定,在开庭五日以前提交相关证据材料"。主要考虑:(1)相关规定旨在保证促使相关证据材料及时向法庭提供,防止"证据突袭",确保庭审顺利进行。如不作相关规定,反而会使得证据的提交拖延,不利于公诉人做好质证准备。(2)根据《刑事诉讼法》和《刑诉法解释》的规定,应当至迟在开庭三日以前通知控辩双方开庭时间。但是,人民法院在开庭十日以前就会将起诉书副本送达被告人及其辩护人,同时告知其在开庭五日以前向法庭提交证据。当然,这一规定也只是指引性规定,在刑事诉讼中不存在"证据关门"。即使开庭后甚至庭审结束后提交的新证据,法庭亦应进行审查,不会对被告人的权利保护产生不利影响。征求意见过程中,有意见提出,《刑事诉讼法》未规定辩护人向法庭提交证据材料的期限,有关表述似对辩护人的举证权利进行了限制。经研究,采纳上述意见,删去相关规定。但从实践看,如当庭才提交、申请出示有关证据材料,对方势必会提出需要时间准备质证意见,进而会导致庭审中断。因此,对在庭前已收集有证据材料的,宜在开庭前尽早提交给法庭,供控方准备质证意见,也便于法庭确定庭审重点。——**本评注注**

② 考虑到法律援助指派律师的情况较为特殊,法律援助机构决定为被告人指派律师提供辩护后,还需要由被告人与受指派承担法律援助的律师签订委托代理协议。故此种情形下,"三日以内,将委托手续提交人民法院"是指受指派承担法律援助的律师在与被告人签订委托代理协议之日起三日以内,将委托手续提交人民法院。——**本评注注**

立法沿革

本条系 2012 年《刑事诉讼法修改决定》增加的规定(将 1996 年《刑事诉讼法》第九十六条有关内容修改后移至本条),2018 年修改《刑事诉讼法》时未作调整。

"六部委"规定

《最高人民法院、最高人民检察院、公安部、国家安全部、司法部、全国人大常委会法制工作委员会关于实施刑事诉讼法若干问题的规定》(自 2013 年 1 月 1 日起施行,节录)

二、辩护与代理

6. 刑事诉讼法第三十六条①规定:"辩护律师在侦查期间可以为犯罪嫌疑人提供法律帮助;代理申诉、控告;申请变更强制措施;向侦查机关了解犯罪嫌疑人涉嫌的罪名和案件有关情况,提出意见。"根据上述规定,辩护律师在侦查期间可以向侦查机关了解犯罪嫌疑人涉嫌的罪名及当时已查明的该罪的主要事实,犯罪嫌疑人被采取、变更、解除强制措施的情况,侦查机关延长侦查羁押期限等情况。

基本规范

《人民检察院刑事诉讼规则》(高检发释字〔2019〕4 号,自 2019 年 12 月 30 日起施行)

第四章 辩护与代理

第四十七条第二款 人民检察院直接受理侦查案件移送起诉,审查起诉案件退回补充侦查、改变管辖、提起公诉的,应当及时告知辩护律师。

《公安机关办理刑事案件程序规定》(公安部令第 159 号修正,修正后自 2020 年 9 月 1 日起施行)

第四章 律师参与刑事诉讼

第五十条 辩护律师向公安机关了解案件有关情况的,公安机关应当依法将犯罪嫌疑人涉嫌的罪名以及当时已查明的该罪的主要事实,犯罪嫌疑人被采取、变更、解除强制措施,延长侦查羁押期限等案件有关情况,告知接受委托或者指派的辩护律师,并记录在案。

---

① 现行《刑事诉讼法》第三十八条。——**本评注注**

《海警机构办理刑事案件程序规定》(中国海警局令第1号,自2023年6月15日起施行)

第四章 律师参与刑事诉讼

第四十条 辩护律师向海警机构了解案件有关情况的,海警机构应当依法将犯罪嫌疑人涉嫌的罪名以及当时已查明的该罪的主要事实,犯罪嫌疑人被采取、变更、解除强制措施,延长侦查羁押期限等案件有关情况,告知接受委托或者指派的辩护律师,并记录在案。

其他规范

《最高人民法院、最高人民检察院、公安部、国家安全部、司法部关于依法保障律师执业权利的规定》(司发〔2015〕14号)第六条对辩护律师诉讼权利保障的有关问题作了规定。(→参见第三十三条所附"其他规范",第255页)

《最高人民法院、最高人民检察院、公安部、国家安全部、司法部关于推进以审判为中心的刑事诉讼制度改革的意见》(法发〔2016〕18号)第十七条要求健全辩护人的权利保障制度。(→参见第三编"审判"标题下所附"其他规范",第1255页)

第三十九条 【辩护人会见、通信】 辩护律师可以同在押的犯罪嫌疑人、被告人会见和通信。其他辩护人经人民法院、人民检察院许可,也可以同在押的犯罪嫌疑人、被告人会见和通信。

辩护律师持律师执业证书、律师事务所证明和委托书或者法律援助公函要求会见在押的犯罪嫌疑人、被告人的,看守所应当及时安排会见,至迟不得超过四十八小时。

危害国家安全犯罪、恐怖活动犯罪案件,在侦查期间辩护律师会见在押的犯罪嫌疑人,应当经侦查机关许可。上述案件,侦查机关应当事先通知看守所。

辩护律师会见在押的犯罪嫌疑人、被告人,可以了解案件有关情况,提供法律咨询等;自案件移送审查起诉之日起,可以向犯罪嫌疑人、被告人核实有关证据。辩护律师会见犯罪嫌疑人、被告人时不被监听。

辩护律师同被监视居住的犯罪嫌疑人、被告人会见、通信,适用第一款、第三款、第四款的规定。

立法沿革

1979年《刑事诉讼法》对辩护人在审判阶段会见在押的被告人作了规定。1996年《刑事诉讼法》第三十六条增加规定,辩护人在审查起诉阶段也可以同在押的犯罪嫌疑人会见和通信;第九十六条增加规定,受委托的律师有权向侦查机关了解犯罪嫌疑人涉嫌的罪名,可以会见在押的犯罪嫌疑人,向犯罪嫌疑人了解有关案件情况。2012年《刑事诉讼法修改决定》对辩护人在侦查、审查起诉和审判阶段同在押的犯罪嫌疑人、辩护人会见和通信的问题,在本条作了统一规定,并妥善处理与2007年修订的《律师法》的衔接,进一步完善辩护人同在押的犯罪嫌疑人、被告人会见的程序性规定。2018年《刑事诉讼法修改决定》对本条作了修改,将"危害国家安全犯罪、恐怖活动犯罪、特别重大贪污贿赂犯罪案件",在侦查期间辩护律师会见在押的犯罪嫌疑人,应当经侦查机关许可的案件范围,修改为"危害国家安全犯罪、恐怖活动犯罪案件",删去"特别重大贪污贿赂犯罪案件"。

相关规定

《中华人民共和国律师法》(第三次修正后自2018年1月1日起施行,节录)

第三十三条 律师担任辩护人的,有权持律师执业证书、律师事务所证明和委托书或者法律援助公函,依照刑事诉讼法的规定会见在押或者被监视居住的犯罪嫌疑人、被告人。辩护律师会见犯罪嫌疑人、被告人时不被监听。

"六部委"规定

《最高人民法院、最高人民检察院、公安部、国家安全部、司法部、全国人大常委会法制工作委员会关于实施刑事诉讼法若干问题的规定》(自2013年1月1日起施行,节录)

二、辩护与代理

7. 刑事诉讼法第三十七条第二款规定:"辩护律师持律师执业证书、律师事务所证明和委托书或者法律援助公函要求会见在押的犯罪嫌疑人、被告人的,看守所应当及时安排会见,至迟不得超过四十八小时。"根据上述规定,辩护律师要求会见在押的犯罪嫌疑人、被告人的,看守所应当及时安排会见,保证辩

---

① 现行《刑事诉讼法》第三十九条第二款。——本评注注

护律师在四十八小时以内见到在押的犯罪嫌疑人、被告人。

基本规范

《**最高人民法院关于适用〈中华人民共和国刑事诉讼法〉的解释**》(法释〔2021〕1号,自2021年3月1日起施行)

第三章 辩护与代理

第五十六条① 辩护律师可以同在押的或者被监视居住的被告人会见和通信。其他辩护人经人民法院许可,也可以同在押的或者被监视居住的被告人会见和通信。

《**人民检察院刑事诉讼规则**》(高检发释字〔2019〕4号,自2019年12月30日起施行)

第四章 辩护与代理

第四十八条 自人民检察院对案件审查起诉之日起,律师以外的辩护人向人民检察院申请查阅、摘抄、复制本案的案卷材料或者申请同在押、被监视居住的犯罪嫌疑人会见和通信的,由人民检察院负责捕诉的部门进行审查并作出是否许可的决定,在三日以内书面通知申请人。

---

① 本条原本拟规定"值班律师经人民法院许可,也可以同在押的或者被监视居住的被告人会见和通信"。主要考虑:实践中存在到审判阶段通知值班律师提供法律帮助的情形,应当赋予其经许可同在押的或者被监视居住的被告人会见和通信的权利,以确保法律帮助的有效性。征求意见过程中,有意见提出,《刑事诉讼法》第三十六条第二款规定,人民法院、人民检察院、看守所应当告知犯罪嫌疑人、被告人有权约见值班律师,并为犯罪嫌疑人、被告人约见值班律师提供便利。征求意见稿规定值班律师同在押或者被监视居住的被告人会见和通信须经人民法院许可,这一问题涉及公安机关和人民检察院,且与刑事诉讼法的规定不一致。另有意见建议明确值班律师会见和通信不需要经人民法院许可。理由是:其他辩护人与被告人会见、通信须经许可是因为不具有律师身份,可能有无法承担保密义务等情况,值班律师具有律师身份,与被告人会见、通信应无须经过许可。经研究认为,本条原本拟规定的是值班律师同在押的或者被监视居住的被告人会见和通信的情形。与辩护律师提供辩护不同,值班律师提供的是法律帮助,《刑事诉讼法》并没有明确赋予值班律师会见和通信权,只是规定被告人可以随时约见值班律师。基于强化权利保障的立场,本条原拟赋予值班律师会见和通信权,但为兼顾切实保障值班律师有效履职和维护正常秩序的需要,设置了"经人民法院许可"的限制条件。鉴于相关表述引发了一些误解,且值班律师的会见、通信等问题可以再作探索,本条删去上述规定,留待下一步适时通过其他司法解释或者规范性文件作出明确。——**本评注**

人民检察院许可律师以外的辩护人同在押或者被监视居住的犯罪嫌疑人通信的,可以要求看守所或者公安机关将书信送交人民检察院进行检查。

律师以外的辩护人申请查阅、摘抄、复制案卷材料或者申请同在押、被监视居住的犯罪嫌疑人会见和通信,具有下列情形之一的,人民检察院可以不予许可:

(一)同案犯罪嫌疑人在逃的;

(二)案件事实不清,证据不足,或者遗漏罪行、遗漏同案犯罪嫌疑人需要补充侦查的;

(三)涉及国家秘密或者商业秘密的;

(四)有事实表明存在串供、毁灭、伪造证据或者危害证人人身安全可能的。

《公安机关办理刑事案件程序规定》(公安部令第 159 号修正,修正后自 2020 年 9 月 1 日起施行)

第四章 律师参与刑事诉讼

第五十一条 辩护律师可以同在押或者被监视居住的犯罪嫌疑人会见、通信。

第五十二条 对危害国家安全犯罪案件、恐怖活动犯罪案件,办案部门应当在将犯罪嫌疑人送看守所羁押时书面通知看守所;犯罪嫌疑人被监视居住的,应当在送交执行时书面通知执行机关。

辩护律师在侦查期间要求会见前款规定案件的在押或者被监视居住的犯罪嫌疑人,应当向办案部门提出申请。

对辩护律师提出的会见申请,办案部门应当在收到申请后三日以内,报经县级以上公安机关负责人批准,作出许可或者不许可的决定,书面通知辩护律师,并及时通知看守所或者执行监视居住的部门。除有碍侦查或者可能泄露国家秘密的情形外,应当作出许可的决定。

公安机关不许可会见的,应当说明理由。有碍侦查或者可能泄露国家秘密的情形消失后,公安机关应当许可会见。

有下列情形之一的,属于本条规定的"有碍侦查":

(一)可能毁灭、伪造证据,干扰证人作证或者串供的;

(二)可能引起犯罪嫌疑人自残、自杀或者逃跑的;

(三)可能引起同案犯逃避、妨碍侦查的;

(四)犯罪嫌疑人的家属与犯罪有牵连的。

第五十三条 辩护律师要求会见在押的犯罪嫌疑人,看守所应当在查验其律师执业证书、律师事务所证明和委托书或者法律援助公函后,在四十八小时以内安排律师会见到犯罪嫌疑人,同时通知办案部门。

侦查期间,辩护律师会见危害国家安全犯罪案件、恐怖活动犯罪案件在押或者被监视居住的犯罪嫌疑人时,看守所或者监视居住执行机关还应当查验侦查机关的许可决定文书。

第五十四条 辩护律师会见在押或者被监视居住的犯罪嫌疑人需要聘请翻译人员的,应当向办案部门提出申请。办案部门应当在收到申请后三日以内,报经县级以上公安机关负责人批准,作出许可或者不许可的决定,书面通知辩护律师。对于具有本规定第三十二条所列情形之一的,作出不予许可的决定,并通知其更换;不具有相关情形的,应当许可。

翻译人员参与会见的,看守所或者监视居住执行机关应当查验公安机关的许可决定文书。

第五十五条 辩护律师会见在押或者被监视居住的犯罪嫌疑人时,看守所或者监视居住执行机关应当采取必要的管理措施,保障会见顺利进行,并告知其遵守会见的有关规定。辩护律师会见犯罪嫌疑人时,公安机关不得监听,不得派员在场。

辩护律师会见在押或者被监视居住的犯罪嫌疑人时,违反法律规定或者会见的规定的,看守所或者监视居住执行机关应当制止。对于严重违反规定或者不听劝阻的,可以决定停止本次会见,并及时通报其所在的律师事务所、所属的律师协会以及司法行政机关。

第十四章 附 则

第三百八十五条 本规定所称"危害国家安全犯罪",包括刑法分则第一章规定的危害国家安全罪以及危害国家安全的其他犯罪;"恐怖活动犯罪",包括以制造社会恐慌、危害公共安全或者胁迫国家机关、国际组织为目的,采取暴力、破坏、恐吓等手段,造成或者意图造成人员伤亡、重大财产损失、公共设施损坏、社会秩序混乱等严重社会危害的犯罪,以及煽动、资助或者以其他方式协助实施上述活动的犯罪。

《海警机构办理刑事案件程序规定》(中国海警局令第1号,自2023年6月15日起施行)

第四章 律师参与刑事诉讼

第四十一条 辩护律师可以同在押或者被监视居住的犯罪嫌疑人会见、通信。

第四十二条 对危害国家安全犯罪案件、恐怖活动犯罪案件,海警机构在将犯罪嫌疑人送看守所羁押时应当书面通知看守所;犯罪嫌疑人被监视居住的,在送交执行时应当书面通知执行监视居住的海警机构。

辩护律师在侦查期间要求会见前款规定案件的在押或者被监视居住的犯罪嫌疑人,应当向负责办案的海警机构提出申请。

对辩护律师提出的会见申请,应当在收到申请后三日以内,经海警机构负责人批准,作出许可或者不予许可的决定,书面通知辩护律师,并及时通知看守所或者执行监视居住的海警机构。除有碍侦查或者可能泄露国家秘密的情形外,应当作出许可的决定。

海警机构不予许可会见的,应当说明理由。有碍侦查或者可能泄露国家秘密的情形消失后,海警机构应当许可会见。

有下列情形之一的,属于本条规定的"有碍侦查":
(一)可能毁灭、伪造证据,干扰证人作证或者串供的;
(二)可能引起犯罪嫌疑人自残、自杀或者逃跑的;
(三)可能引起同案犯逃避、妨碍侦查的;
(四)犯罪嫌疑人的家属与犯罪有牵连的。

律师会见被监视居住人时,执行监视居住的海警机构应当查验许可决定文书。

第四十三条 辩护律师会见在押或者被监视居住的犯罪嫌疑人时,需要翻译人员随同参加的,应当提前向海警机构提出申请,并提交翻译人员身份证明。对辩护律师提出的申请,应当在收到申请后三日以内,经海警机构负责人批准作出决定,书面通知辩护律师。对于具有本规定第二十三条所列情形之一的,作出不予许可的决定,并通知其更换;不具有相关情形的,应当许可。

翻译人员参与会见被监视居住人时,执行监视居住的海警机构应当查验许可决定文书。

第四十四条 辩护律师会见被监视居住的犯罪嫌疑人时,执行监视居住的海警机构应当采取必要的管理措施,保障会见顺利进行,并告知其遵守会见的有关规定。辩护律师会见犯罪嫌疑人时,海警机构不得监听,不得派员在场。

辩护律师会见被监视居住的犯罪嫌疑人时,违反法律规定或者会见规定的,执行监视居住的海警机构应当制止。对于严重违反规定或者不听劝阻的,可以决定停止本次会见,并及时通报其所在的律师事务所、所属的律师协会以及司法行政机关。

第十二章 附 则

第三百三十九条 本规定所称"危害国家安全犯罪",包括《中华人民共和国刑法》分则第一章规定的危害国家安全罪以及危害国家安全的其他犯罪;"恐怖活动犯罪",包括以制造社会恐慌、危害公共安全或者胁迫国家机关、国际组织为目的,采取暴力、破坏、恐吓等手段,造成或者意图造成人员伤亡、重大财产损失、公共设施损坏、社会秩序混乱等严重社会危害的犯罪,以及煽动、资助或者以其他方式协助实施上述活动的犯罪。

其他规范

《最高人民法院、最高人民检察院、公安部、国家安全部、司法部关于依法保障律师执业权利的规定》(司发〔2015〕14号)第七条、第九条至第十三条对辩护律师会见、通信的有关问题作了规定。(→参见第三十三条所附"其他规范",第256、257页)

《律师会见监狱在押罪犯规定》(司法部,司发通〔2017〕124号)

第一条 为了依法保障律师执业及在押罪犯的权利,根据《中华人民共和国刑事诉讼法》、《中华人民共和国监狱法》和《中华人民共和国律师法》以及有关规定,制定本规定。

第二条 监狱依法保障律师会见在押罪犯的权利。律师会见在押罪犯应当遵守监狱管理的有关规定。

第三条 监狱应当公开律师会见预约方式,为律师会见提供便利。律师会见在押罪犯,应当在监狱内进行。监狱应当合理安排律师会见场所,方便律师会见、阅卷等事务。

第四条 有下列情形之一的,律师接受在押罪犯委托或者法律援助机构指派,可以会见在押罪犯:

(一)在刑事诉讼程序中,担任辩护人或者代理人;

(二)在民事、行政诉讼程序中,担任代理人;

(三)代理调解、仲裁;

(四)代理各类诉讼案件申诉;

(五)提供非诉讼法律服务;

(六)解答有关法律询问、代写诉讼文书和有关法律事务其他文书。

其他案件的代理律师,需要向监狱在押罪犯调查取证的,可以会见在押罪犯。

罪犯的监护人、近亲属可以代为委托律师。

第五条 律师需要会见在押罪犯,可以传真、邮寄或者直接提交的方式,向罪犯所在监狱提交下列材料的复印件,并于会见之日向监狱出示原件:

(一)律师执业证书;

(二)律师事务所证明;

(三)罪犯本人或者其监护人、近亲属的委托书或者法律援助公函或者另案调查取证的相关证明文件。

监狱应当留存律师事务所出具的律师会见在押罪犯证明原件。

罪犯的监护人、近亲属代为委托律师的,律师第一次会见时,应当向罪犯本人确认是否建立委托关系。

第六条 律师会见在押罪犯需要助理随同参加的,律师应当向监狱提交律师事务所出具的律师助理会见在押罪犯的证明和律师执业证书或者申请律师执业人员实习证。

第七条 律师会见在押罪犯需要翻译人员随同参加的,律师应当提前向监狱提出申请,并提交能够证明其翻译人员身份的证明文件。

监狱应当及时审查并在三日以内作出是否批准的决定。批准参加的,应当及时通知律师。不批准参加的,应当向律师书面说明理由。

随同律师参加会见的翻译人员,应当持监狱批准通知书和本人身份证明参加会见。

第八条 监狱收到律师提交的本规定第五条所列的材料后,对于符合本规定第四条规定情形的,应当及时安排会见。能当时安排的,应当当时安排;不能当时安排的,监狱应当说明情况,在四十八小时内安排会见。

第九条 在押罪犯可以委托一至两名律师。委托两名律师的,两名律师可以共同会见,也可以单独会见。律师可以带一名律师助理协助会见。

第十条 律师会见在押罪犯,应当遵守监狱的作息时间。监狱应当保障律师履行职责需要的会见时间和次数。

第十一条 律师会见在押罪犯时,监狱可以根据案件情况和工作需要决定是否派警察在场。

辩护律师会见被立案侦查、起诉、审判的在押罪犯时,不被监听,监狱不得派警察在场。

第十二条 律师会见在押罪犯,认为监狱及其工作人员阻碍其依法行使执业权利的,可以向监狱或者其上级主管机关投诉,也可以向其所执业律师事务所所在地的市级司法行政机关申请维护执业权利。情况紧急的,可以向事发地的司法行政机关申请维护执业权利。

第十三条 律师会见在押罪犯,应当遵守监狱管理的有关规定,恪守律师执业道德和执业纪律,不得有下列行为:

(一)传递违禁物品;

(二)私自为在押罪犯传递书信、钱物;

（三）将通讯工具提供给在押罪犯使用；
（四）未经监狱和在押罪犯同意对会见进行录音、录像和拍照；
（五）实施与受委托职责无关的行为；
（六）其他违反法律、法规、规章以及妨碍监狱管理秩序的行为。

第十四条 监狱发现律师会见在押罪犯过程中有第十三条规定行为的，应当警告并责令改正。警告无效的，应当中止会见。监狱可以向律师所在律师事务所的主管司法行政机关或者律师协会通报。

第十五条 本规定所称律师助理，是指辩护、代理律师所在律师事务所的其他律师或申请律师执业实习人员。所称近亲属，是指夫妻、父母、子女、同胞兄弟姊妹。

第十六条 本规定自发布之日起施行。司法部2004年3月19日印发的《律师会见监狱在押罪犯暂行规定》（司发通〔2004〕31号）同时废止。

《公安部、司法部关于进一步保障和规范看守所律师会见工作的通知》（公监管〔2019〕372号）

各省、自治区、直辖市公安厅（局）司法厅（局），新疆生产建设兵团公安局、司法局：

近年来，全国公安机关、司法行政机关切实加强协作配合，按照最高人民法院、最高人民检察院、公安部、国家安全部、司法部《关于依法保障律师执业权利的规定》（司发〔2015〕14号）要求，不断创新协作机制、完善保障制度、加强硬件建设，严格依法保障律师在看守所会见在押犯罪嫌疑人、被告人的权利，取得明显成效。但随着刑事案件律师辩护全覆盖、法律援助值班律师等新制度的实施，看守所律师会见量急剧增多，一些看守所律师会见排队时间过长，甚至出现个别变相限制律师会见的现象，影响了律师的正常执业。同时，个别律师违反会见管理相关规定，甚至发生假冒律师会见等问题，影响了监所安全。对此，公安部、司法部经共同协商研究，现就进一步保障和规范看守所律师会见工作的相关要求通知如下：

一、依法安排及时会见，保障律师正常执业。辩护律师到看守所要求会见在押的犯罪嫌疑人、被告人，看守所在核验律师执业证书、律师事务所证明和委托书或者法律援助公函后，应当及时安排会见，能当时安排的应当时安排，不能当时安排的应向辩护律师说明情况，并保证辩护律师在48小时内会见到在押的犯罪嫌疑人、被告人。看守所安排会见不得附加其他条件或者变相要求辩护律师提交法律规定以外的其他文件、材料，不得以未收到办案部门通知为由拒绝安排辩护律师会见。在押犯罪嫌疑人、被告人提出解除委托关系的，辩护律师要求当面向其确认解除委托关系的，看守所应当安排会见；犯罪嫌疑人、被告人书面拒绝会见的,看守所应当将有关书面材料转交辩护律师。

二、加强制度硬件建设,满足律师会见需求。要加强制度建设,看守所应设立律师会见预约平台,在确保在押人员信息安全的前提下,通过网络、微信、电话等方式为律师预约会见,但不得以未预约为由拒绝安排律师会见,有条件的地方可以探索视频会见。要加强会见场所建设,新建看守所律师会见室数量要按照设计押量每百人4间的标准建设,老旧看守所要因地制宜、挖掘潜力,通过改建、扩建等办法,进一步增加律师会见室数量。在律师会见室不足的情况下,经书面征得律师同意,可以使用讯问室安排律师会见,但应当关闭录音、监听设备。律师会见量较大的看守所可设置快速会见室,对于会见时间不超过30分钟的会见申请,看守所应安排快速会见。要加强服务保障,有条件的看守所可设立律师等候休息区,并配备一些必要的服务设施及办公设备,最大限度为律师会见提供便利。律师可以携带个人电脑会见,但应当遵守相关法律法规的规定,确保会见安全。在正常工作时间内无法满足律师会见需求的,经看守所所长批准可适当延长工作时间,或利用公休日安排律师会见。

三、加强信息共享和协作配合,确保羁押秩序和安全。公安部、司法部建立全国律师信息共享机制,共享全国律师的执业资格、执业状态等相关信息,并进一步规范辩护委托书、会见介绍信和刑事法律援助辩护(代理)函等文书的格式。律师应当遵守看守所安全管理规定,严禁携带违禁物品进入会见区,严禁带经办案单位核实或许可的律师助理、翻译以外的其他人员参加会见,严禁将通讯工具提供给犯罪嫌疑人、被告人使用或者传递违禁物品、文件。发现律师在会见中有违规行为的,看守所应立即制止,并及时通报同级司法行政机关、律师协会。律师认为自己的会见权利受到侵害的,可以向看守所及所属公安机关、司法行政机关、律师协会或者检察机关投诉,公安机关应当公开受理律师投诉的机构名称和具体联系人、联系方式等。司法行政机关和律师协会要协同相关部门依法整治看守所周边违法设点执业的律师事务所,严肃查处违规执业、以不正当手段争揽业务和扰乱正常会见秩序等行为。

各地贯彻落实情况及工作中遇到的问题,请及时报公安部监所管理局、司法部律师工作局。

第四十条 【辩护人查阅、摘抄、复制案卷材料】 辩护律师自人民检察院对案件审查起诉之日起,可以查阅、摘抄、复制本案的案卷材料。其他辩护人经人民法院、人民检察院许可,也可以查阅、摘抄、复制上述材料。

立法沿革

1979年《刑事诉讼法》对辩护人在审判阶段查阅本案材料，了解案情作了规定。1996年《刑事诉讼法》在第三十六条规定，辩护律师在审查起诉阶段可以查阅、摘抄、复制本案的诉讼文书、技术性鉴定材料，其他辩护人经人民检察院许可，也可以查阅、摘抄、复制上述材料，并将审判阶段的"查阅本案材料，了解案情"修改为"查阅、摘抄、复制本案所指控的犯罪事实的材料"。2012年《刑事诉讼法修改决定》对辩护人阅卷的规定作了修改完善，形成本条规定。2018年修改《刑事诉讼法》时未作调整。

相关规定

《中华人民共和国律师法》(第三次修正后自2018年1月1日起施行，节录)

第三十四条 律师担任辩护人的，自人民检察院对案件审查起诉之日起，有权查阅、摘抄、复制本案的案卷材料。

基本规范

《最高人民法院关于适用〈中华人民共和国刑事诉讼法〉的解释》(法释〔2021〕1号，自2021年3月1日起施行)

第三章 辩护与代理

第五十三条① 辩护律师可以查阅、摘抄、复制案卷材料。其他辩护人经人民法院许可，也可以查阅、摘抄、复制案卷材料。合议庭、审判委员会的讨论记录以及其他依法不公开的材料不得查阅、摘抄、复制。

辩护人查阅、摘抄、复制案卷材料的，人民法院应当提供便利，并保证必要的时间。

值班律师查阅案卷材料的，适用前两款规定。

复制案卷材料可以采用复印、拍照、扫描、电子数据拷贝等方式。

---

① 关于"依法不公开的材料"的表述，在《2012年刑诉法解释》起草过程中，曾有不同意见：一种意见认为，可规定为"应当归入人民法院副卷的材料"；另一种意见认为，法院一般是在结案后才装订卷宗，区分正卷、副卷，且法律也没有明文规定哪些材料应当归入副卷，故建议规定为"依法不宜公开的材料"。经研究认为，后一种意见更符合实际，予以采纳，具体表述为"合议庭、审判委员会的讨论记录以及其他依法不公开的材料"。——**本评注注**

第五十四条　对作为证据材料向人民法院移送的讯问录音录像,辩护律师申请查阅的,人民法院应当准许。

第五十五条　查阅、摘抄、复制案卷材料,涉及国家秘密、商业秘密、个人隐私的,应当保密;对不公开审理案件的信息、材料,或者在办案过程中获悉的案件重要信息、证据材料,不得违反规定泄露、披露,不得用于办案以外的用途。人民法院可以要求相关人员出具承诺书。

违反前款规定的,人民法院可以通报司法行政机关或者有关部门,建议给予相应处罚;构成犯罪的,依法追究刑事责任。

《人民检察院刑事诉讼规则》(高检发释字〔2019〕4号,自2019年12月30日起施行)

第四章　辩护与代理

第四十七条第一款　自人民检察院对案件审查起诉之日起,应当允许辩护律师查阅、摘抄、复制本案的案卷材料。案卷材料包括案件的诉讼文书和证据材料。

第四十九条　辩护律师或者经过许可的其他辩护人到人民检察院查阅、摘抄、复制本案的案卷材料,由负责案件管理的部门及时安排,由办案部门提供案卷材料。因办案部门工作等原因无法及时安排的,应当向辩护人说明,并自即日起三个工作日以内安排辩护人阅卷,办案部门应当予以配合。

人民检察院应当为辩护人查阅、摘抄、复制案卷材料设置专门的场所或者电子卷宗阅卷终端设备。必要时,人民检察院可以派员在场协助。

辩护人复制案卷材料可以采取复印、拍照、扫描、刻录等方式,人民检察院不收取费用。

另,第四十八条就人民检察院对律师以外的辩护人申请查阅、摘抄、复制案卷材料的审查作了规定。(→参见第三十九条所附"基本规范",第315页)

其他规范

《最高人民法院、最高人民检察院、公安部、国家安全部、司法部关于依法保障律师执业权利的规定》(司发〔2015〕14号)第十四条、第三十九条对辩护律师查阅、复制、摘抄案卷材料和查阅庭审过程录音、录像等有关问题作了规定。(→参见第三十三条所附"其他规范",第257、261页)

《最高人民法院、司法部关于为律师提供一站式诉讼服务的意见》(法发〔2021〕3号,节录)

第十一条　加强网上阅卷工作,逐步为律师提供电子诉讼档案在线查看、打印、下载等服务。对依法可以公开的民事、行政、刑事、申请执行和国家赔偿案件材料，律师可以通过律师服务平台申请网上阅卷。

在律师服务平台建立个人案件空间。推进对正在审理中、依法可以公开的案件电子卷宗同步上传至案件空间，供担任诉讼代理人的律师随时查阅。

《最高人民检察院、司法部、中华全国律师协会关于依法保障律师执业权利的十条意见》（高检发办字〔2023〕28号）"三、充分保障律师查阅案卷的权利"对保障律师查阅案卷权利的有关问题作了规定。（→参见第四十九条所附"其他规范"，第348页）

法律适用答复、复函①

司法疑难解析

关于讯问录音录像的查阅规则。关于侦查讯问录音录像，《最高人民法院刑事审判第二庭关于辩护律师能否复制侦查机关讯问录像问题的批复》（〔2013〕刑他字第239号）规定："自人民检察院对案件审查起诉之日起，辩护律师可以查阅、摘抄、复制案卷材料，但其中涉及国家秘密、个人隐私的，应严格履行保密义务。你院请示的案件，侦查机关对被告人的讯问录音录像已经作为证据材料向人民法院移送并已在庭审中播放，不属于依法不能公开的材料，在辩护律师提出要求复制有关录音录像的情况下，应当准许。"《刑诉法解释》原本拟吸收上述规定。征求意见过程中，存在不同认识：（1）一种意见建议不作规定。理由是：关于讯问录音录像的性质，目前《刑事诉讼法》及"六部委"规定均将其定性为证明取证合法性的证明材料，有别于证据材料。并且，录音录像中可能涉及关联案件线索、国家秘密、侦查秘密等，尤其是危害国家安全犯罪案件、职务犯罪

---

① 鉴于《刑诉法解释》第五十四条对辩护律师查阅讯问录音录像的问题作了进一步规定，《最高人民法院刑事审判第二庭关于辩护律师能否复制侦查机关讯问录像问题的批复》（〔2013〕刑他字第239号）未予收录。其针对《广东省高级人民法院关于辩护律师请求复制侦查机关讯问录像法律适用问题的请示》（〔2013〕粤高法刑二终字第12号）答复如下："根据《中华人民共和国刑事诉讼法》第三十八条和最高人民法院《关于适用〈中华人民共和国刑事诉讼法〉的解释》第四十七条的规定，自人民检察院对案件审查起诉之日起，辩护律师可以查阅、摘抄、复制案卷材料，但其中涉及国家秘密、个人隐私的，应严格履行保密义务。你院请示的案件，侦查机关对被告人的讯问录音录像已经作为证据材料向人民法院移送并已在庭审中播放，不属于依法不能公开的材料，在辩护律师提出要求复制有关录音录像的情况下，应当准许。"——**本评注注**

案件,较为敏感。如允许复制,在信息化时代,一旦传播到互联网中,可能会带来重大国家安全及舆情隐患。将录音录像定性为"取证合法性的证明材料"而非证据材料,并且根据需要调取,较为符合实际。"六部委"规定第十九条和《非法证据排除规定》第二十二条均采取了上述立场。实践中有个别办案机关将讯问录音录像放入案卷随案移送,这属于因对法律、司法解释理解不到位导致的不规范做法,应当予以纠正,不能因此认为讯问录音录像就是证据。(2)另一种意见认为,讯问录音录像证明讯问过程的合法性,对于律师应当公开。如果将允许查阅、复制的范围限定在"在庭审中举证、质证的且不属于不能公开的材料",有可能在执行中成为法院限制律师复制的理由。如果讯问录音录像涉密,可以按照涉密规定处理。

经研究,《刑诉法解释》第五十四条对上述批复予以吸收并作适当调整,规定:"对作为证据材料向人民法院移送的讯问录音录像,辩护律师申请查阅的,人民法院应当准许。"具体而言:(1)根据《刑事诉讼法》第四十条的规定,辩护律师自人民检察院对案件审查起诉之日起,可以查阅本案的案卷材料。对于移送人民法院的录音录像,无论是否已经在庭审中举证质证,无论是直接用于证明案件事实还是用于证明取证合法性,均应当属于案卷材料的范围。基于此,未再限定为"已在庭审中播放"。而且,移送的证据材料,对诉讼参与人应当是公开的。特别是,在公开审理的案件中举证、质证的相关证据材料,包括录音录像在内,由于不少案件要进行庭审直播,人民群众均可观看、下载。此种情形下,再以"防止录音录像广泛传播"为由禁止辩护律师查阅讯问录音录像,于理不合。即使讯问录音录像涉及国家秘密、个人隐私、商业秘密,辩护律师为行使辩护权,也是可以查阅的。而且,《刑诉法解释》第五十五条对此已作充分考虑,专门规定了保密和不得违反规定泄露、披露案件信息、材料的相关问题。(2)较之一般证据材料,讯问录音录像确实具有一定特殊性。特别是作为证明取证合法性的录音录像,可能涉及侦查办案的策略方法,也可能涉及其他关联案件和当事人隐私,一律允许复制,恐难以控制传播面以及一旦泄露可能带来的影响。从实践来看,允许查阅,即可以满足辩护律师的辩护需要,充分保障其权益。基于此,明确为"辩护律师申请查阅的,人民法院应当准许",即对于查阅申请应一律准许,但对复制未再作明确要求。(3)"讯问录音录像",不限于作为证据材料移送人民法院的"侦查录音录像",也包括作为证据材料向人民法院移送的相关监察调查过程的录音录像。《人民检察院刑事诉讼规则》第二百六十三条第二款规定:"对于监察机关移送起诉的案件,认为需要调取有关录音、录像的,可以商监察机关调取。"第七十六条规定:"对于提起公诉的案件,被告人及其辩护人提出审前供述系非法取得，并提供相关线索或者材料的，人民检察院可以将讯问录音、录像连同案卷材料一并移送人民法院。"当然，如果相关监察调查过程的录音录像未移送人民法院的，自然不属于可以查阅的范围。

2. 关于查阅、摘抄、复制案卷材料的保密要求。《刑诉法解释》第五十五条强调了查阅、摘抄、复制案卷材料在保密方面的相关要求，规定："查阅、摘抄、复制案卷材料，涉及国家秘密、商业秘密、个人隐私的，应当保密；对不公开审理案件的信息、材料，或者在办案过程中获悉的案件重要信息、证据材料，不得违反规定泄露、披露，不得用于办案以外的用途。人民法院可以要求相关人员出具承诺书。违反前款规定的，人民法院可以通报司法行政机关或者有关部门，建议给予相应处罚；构成犯罪的，依法追究刑事责任。"

征求意见过程中，有意见建议删去该条，理由是：《律师法》中已有关于律师违反保密义务的相关规定，律师行业规范中也对此进行了约束，不必在此赘述。关于"人民法院可以要求相关人员出具承诺书"的规定，根据《律师法》第三十八条，律师应当保守在执业活动中知悉的国家秘密、商业秘密和当事人隐私。若律师违反保密义务，无论是否出具承诺书，都可以依法依规对其违法或犯罪行为予以追究。经研究，未采纳上述意见。主要考虑：(1)《律师法》《最高人民法院、最高人民检察院、公安部、国家安全部、司法部关于依法保障律师执业权利的规定》、中华全国律师协会《律师办理刑事案件规范》已对相关问题作出明确①，《刑诉法解释》第五十五条只是作了照应性规定。(2)实践中，绝大多数律师能够保守在执业活动中知悉的秘密和相关信息，但也有极个别律师违反保密义务，违法违规散布有关案件信息，《刑诉法解释》作出规定，有利于警示和规制。

---

① 《律师法》第三十八条规定："律师应当保守在执业活动中知悉的国家秘密、商业秘密，不得泄露当事人的隐私。律师对在执业活动中知悉的委托人和其他人不愿泄露的有关情况和信息，应当予以保密。但是，委托人或者其他人准备或者正在实施危害国家安全、公共安全以及严重危害他人人身安全的犯罪事实和信息除外。"《最高人民法院、最高人民检察院、公安部、国家安全部、司法部关于依法保障律师执业权利的规定》第十四条第四款规定："辩护律师查阅、摘抄、复制的案卷材料属于国家秘密的，应当经过人民检察院、人民法院同意并遵守国家保密规定。律师不得违反规定，披露、散布案件重要信息和案卷材料，或者将其用于本案辩护、代理以外的其他用途。"中华全国律师协会《律师办理刑事案件规范》(律发通〔2017〕51号)第二百五十二条规定："律师应当依照法定程序履行职责，不得以下列不正当方式影响依法办理案件：……(四)违反规定披露、散布不公开审理案件的信息、材料，或者本人、其他律师在办案过程中获悉的有关案件重要信息、证据材料。"

第四十一条　【辩护人向办案机关申请调取证据】辩护人认为在侦查、审查起诉期间公安机关、人民检察院收集的证明犯罪嫌疑人、被告人无罪或者罪轻的证据材料未提交的,有权申请人民检察院、人民法院调取。

立法沿革

本条系 2012 年《刑事诉讼法修改决定》增加的规定。《最高人民法院、最高人民检察院、公安部、国家安全部、司法部、全国人大常委会法制工作委员会关于刑事诉讼法实施中若干问题的规定》(1998 年 1 月 19 日,已废止)第十三条第二款规定:"在法庭审理过程中,辩护律师在提供被告人无罪或者罪轻的证据时,认为在侦查、审查起诉过程中侦查机关、人民检察院收集的证明被告人无罪或者罪轻的证据材料需要在法庭上出示的,可以申请人民法院向人民检察院调取该证据材料,并可以到人民法院查阅、摘抄、复制该证据材料。"2018 年修改《刑事诉讼法》时对本条规定未作调整。

相关规定

《中华人民共和国律师法》(第三次修正后自 2018 年 1 月 1 日起施行,节录)

第三十五条　受委托的律师根据案情的需要,可以申请人民检察院、人民法院收集、调取证据或者申请人民法院通知证人出庭作证。

律师自行调查取证的,凭律师执业证书和律师事务所证明,可以向有关单位或者个人调查与承办法律事务有关的情况。

"六部委"规定

《最高人民法院、最高人民检察院、公安部、国家安全部、司法部、全国人大常委会法制工作委员会关于实施刑事诉讼法若干问题的规定》(自 2013 年 1 月 1 日起施行)第二十七条对调取证据的有关问题作了规定。(→参见第一百九十六条所附"'六部委'规定",第 1406 页)

基本规范

《最高人民法院关于适用〈中华人民共和国刑事诉讼法〉的解释》(法释〔2021〕1 号,自 2021 年 3 月 1 日起施行)

第三章　辩护与代理

第五十七条　辩护人认为在调查、侦查、审查起诉期间监察机关、公安机关、人民检察院收集的证明被告人无罪或者罪轻的证据材料未随案移送,申请人民法院调取的,应当以书面形式提出,并提供相关线索或者材料。人民法院接受申请后,应当向人民检察院调取。人民检察院移送相关证据材料后,人民法院应当及时通知辩护人。

《**人民检察院刑事诉讼规则**》(高检发释字〔2019〕4号,自2019年12月30日起施行)

第四章　辩护与代理

第五十条　案件提请批准逮捕或者移送起诉后,辩护人认为公安机关在侦查期间收集的证明犯罪嫌疑人无罪或者罪轻的证据材料未提交,申请人民检察院向公安机关调取的,人民检察院负责捕诉的部门应当及时审查。经审查,认为辩护人申请调取的证据已收集并且与案件事实有联系的,应当予以调取;认为辩护人申请调取的证据未收集或者与案件事实没有联系的,应当决定不予调取并向辩护人说明理由。公安机关移送相关证据材料的,人民检察院应当在三日以内告知辩护人。

人民检察院办理直接受理侦查的案件,适用前款规定。

第五十二条　案件移送起诉后,辩护律师依据刑事诉讼法第四十三条第一款的规定申请人民检察院收集、调取证据的,人民检察院负责捕诉的部门应当及时审查。经审查,认为需要收集、调取证据的,应当决定收集、调取并制作笔录附卷;决定不予收集、调取的,应当书面说明理由。

人民检察院根据辩护律师的申请收集、调取证据时,辩护律师可以在场。

其他规范

《**最高人民法院、最高人民检察院、公安部、国家安全部、司法部关于依法保障律师执业权利的规定**》(司发〔2015〕14号)第十四条规定对辩护人向办案机关申请调取证据的有关问题作了规定。(→参见第三十三条所附"其他规范",第257页)

第四十二条　【辩护人向办案机关告知证据】辩护人收集的有关犯罪嫌疑人不在犯罪现场、未达到刑事责任年龄、属于依法不负刑事责任的精神病人的证据,应当及时告知公安机关、人民检察院。

立法沿革

本条系 2012 年《刑事诉讼法修改决定》增加的规定,2018 年修改《刑事诉讼法》时未作调整。

相关规定

《中华人民共和国刑法》(节录)

第十七条 已满十六周岁的人犯罪,应当负刑事责任。

已满十四周岁不满十六周岁的人,犯故意杀人、故意伤害致人重伤或者死亡、强奸、抢劫、贩卖毒品、放火、爆炸、投放危险物质罪的,应当负刑事责任。

已满十二周岁不满十四周岁的人,犯故意杀人、故意伤害罪,致人死亡或者以特别残忍手段致人重伤造成严重残疾,情节恶劣,经最高人民检察院核准追诉的,应当负刑事责任。

对依照前三款规定追究刑事责任的不满十八周岁的人,应当从轻或者减轻处罚。

因不满十六周岁不予刑事处罚的,责令其父母或者其他监护人加以管教;在必要的时候,依法进行专门矫治教育。

第十八条 精神病人在不能辨认或者不能控制自己行为的时候造成危害结果,经法定程序鉴定确认的,不负刑事责任,但是应当责令他的家属或者监护人严加看管和医疗;在必要的时候,由政府强制医疗。

间歇性的精神病人在精神正常的时候犯罪,应当负刑事责任。

尚未完全丧失辨认或者控制自己行为能力的精神病人犯罪的,应当负刑事责任,但是可以从轻或者减轻处罚。

醉酒的人犯罪,应当负刑事责任。

基本规范

《人民检察院刑事诉讼规则》(高检发释字〔2019〕4 号,自 2019 年 12 月 30 日起施行)

第四章 辩护与代理

第五十一条 在人民检察院侦查、审查逮捕、审查起诉过程中,辩护人收集的有关犯罪嫌疑人不在犯罪现场、未达到刑事责任年龄、属于依法不负刑事责任的精神病人的证据,告知人民检察院的,人民检察院应当及时审查。

《公安机关办理刑事案件程序规定》(公安部令第159号修正,修正后自2020年9月1日起施行)

第四章　律师参与刑事诉讼

第五十八条第二款　对辩护律师收集的犯罪嫌疑人不在犯罪现场、未达到刑事责任年龄、属于依法不负刑事责任的精神病人的证据,公安机关应当进行核实并将有关情况记录在案,有关证据应当附卷。

《海警机构办理刑事案件程序规定》(中国海警局令第1号,自2023年6月15日起施行)

第四章　律师参与刑事诉讼

第四十六条　辩护律师对在执业活动中知悉的委托人的有关情况和信息,有权予以保密。但是,辩护律师在执业活动中知悉委托人或者其他人,准备或者正在实施危害国家安全、公共安全以及严重危害他人人身安全的犯罪的,应当及时告知司法机关。

第四十七条第二款　对辩护律师收集的犯罪嫌疑人不在犯罪现场、未达到刑事责任年龄、属于依法不负刑事责任的精神病人的证据,海警机构应当进行核实并将有关情况记录在案,有关证据应当附卷。

其他规范

《人民法院办理刑事案件第一审普通程序法庭调查规程(试行)》(法发〔2017〕31号)第四十四条对审判期间通知人民检察院移送自首、坦白、立功等法定量刑情节的相关证据的问题作了规定。(→参见第三编"审判"标题下所附"其他规范",第1277页)

第四十三条　【辩护律师收集材料、辩护律师申请取证及证人出庭】辩护律师经证人或者其他有关单位和个人同意,可以向他们收集与本案有关的材料,也可以申请人民检察院、人民法院收集、调取证据,或者申请人民法院通知证人出庭作证。

辩护律师经人民检察院或者人民法院许可,并且经被害人或者其近亲属、被害人提供的证人同意,可以向他们收集与本案有关的材料。

立法沿革

本条系1996年《刑事诉讼法修改决定》增加的规定,2012年、2018年修改

《刑事诉讼法》时未作调整。

相关规定

《中华人民共和国律师法》(第三次修正后自2018年1月1日起施行,节录)

第三十五条 受委托的律师根据案情的需要,可以申请人民检察院、人民法院收集、调取证据或者申请人民法院通知证人出庭作证。

律师自行调查取证的,凭律师执业证书和律师事务所证明,可以向有关单位或者个人调查与承办法律事务有关的情况。

"六部委"规定

《最高人民法院、最高人民检察院、公安部、国家安全部、司法部、全国人大常委会法制工作委员会关于实施刑事诉讼法若干问题的规定》(自2013年1月1日起施行,节录)

二、辩护与代理

8.刑事诉讼法第四十一条第一款①规定:"辩护律师经证人或者其他有关单位和个人同意,可以向他们收集与本案有关的材料,也可以申请人民检察院、人民法院收集、调取证据,或者申请人民法院通知证人出庭作证。"对于辩护律师申请人民检察院、人民法院收集、调取证据,人民检察院、人民法院认为需要调查取证的,应当由人民检察院、人民法院收集、调取证据,不得向律师签发准许调查决定书,让律师收集、调取证据。

基本规范

《最高人民法院关于适用〈中华人民共和国刑事诉讼法〉的解释》(法释〔2021〕1号,自2021年3月1日起施行)

第三章 辩护与代理

第五十八条 辩护律师申请向被害人及其近亲属、被害人提供的证人收集与本案有关的材料,人民法院认为确有必要的,应当签发准许调查书。

第五十九条 辩护律师向证人或者有关单位、个人收集、调取与本案有关的证据材料,因证人或者有关单位、个人不同意,申请人民法院收集、调取,或者申请通知证人出庭作证,人民法院认为确有必要的,应当同意。

---

① 现行《刑事诉讼法》第四十三条第一款。——**本评注注**

第六十条① 辩护律师直接申请人民法院向证人或者有关单位、个人收集、调取证据材料,人民法院认为确有必要,且不宜或者不能由辩护律师收集、调取的,应当同意。

人民法院向有关单位收集、调取的书面证据材料,必须由提供人签名,并加盖单位印章;向个人收集、调取的书面证据材料,必须由提供人签名。

人民法院对有关单位、个人提供的证据材料,应当出具收据,写明证据材料的名称、收到的时间、件数、页数以及是否为原件等,由书记员、法官助理或者审判人员签名。

收集、调取证据材料后,应当及时通知辩护律师查阅、摘抄、复制,并告知人民检察院。

第六十一条② 本解释第五十八条至第六十条规定的申请,应当以书面形

---

① 法院取证时是否通知律师在场,可以由法院根据具体情况决定,故删去《2012年刑诉法解释》第五十二条第一款"人民法院收集、调取证据材料时,辩护律师可以在场"的规定。征求意见过程中,有意见建议保留本条原表述。理由是:人民法院依申请向证人或有关单位、个人收集、调取证据材料时"辩护律师可以在场",是赋予律师的一项权利,即律师可以主动向法院申请在场。最高人民法院等五部门出台《保障律师执业权利规定》等举措,都在围绕实现以审判为中心的司法改革的要求,加强辩方对抗能力,以便让控辩不平等的局面得以缓解。此处修改明显削弱律师调查权,有与政策导向精神相左之嫌。经研究,未采纳上述意见,主要考虑:(1)本条适用的是证据材料"不宜或者不能由辩护律师收集、调取"的情形。例如,向性侵案件被害人收集相关证据,如辩护律师在场,可能不利于证据材料的收集、调取。(2)保障辩护权的核心在于强化辩方的取证能力。法院依申请收集、调取证据材料,本身就是保障辩护权的有力措施。而在调取过程中,即使辩护律师未到场,其仍可以在法庭上充分行使质证和辩护权,对其依法履职和权利保障并无影响。——**本评注注**

② 征求意见过程中,有意见建议将本条第二款修改为:"对辩护律师的申请,人民法院应当在五日以内作出是否准许、同意的决定,并通知申请人;决定不准许、不同意的,应当书面说明理由。"理由是:与《保障律师执业权利规定》第十七条、第十八条相关规定保持一致。经研究,维持现有规定不变。主要考虑:(1)实践中,辩护律师申请收集、调取证据的情况较为复杂,有的申请明显没有必要,人民法院决定不允许的,一律要求以书面形式作出,既无必要,也难以做到。(2)本条规定"决定不准许、不同意的,应当说明理由",属于概括性规定。(3)《保障律师执业权利规定》确实规定,对于书面提出的申请,不同意的,应当书面说明理由。上述规定与本条并不矛盾。在《刑诉法解释》施行后,可以继续适用《保障律师执业权利规定》。下一步,在修改《保障律师执业权利规定》时,可以根据实践情况,会同有关部门作进一步研究,视情作出调整。——**本评注注**

式提出,并说明理由,写明需要收集、调取证据材料的内容或者需要调查问题的提纲。

对辩护律师的申请,人民法院应当在五日以内作出是否准许、同意的决定,并通知申请人;决定不准许、不同意的,应当说明理由。

《**人民检察院刑事诉讼规则**》(高检发释字〔2019〕4号,自2019年12月30日起施行)

第四章 辩护与代理

第五十三条 辩护律师申请人民检察院许可其向被害人或者其近亲属、被害人提供的证人收集与本案有关材料的,人民检察院负责捕诉的部门应当及时进行审查。人民检察院应当在五日以内作出是否许可的决定,通知辩护律师;不予许可的,应当书面说明理由。

其他规范

《**最高人民法院、最高人民检察院、公安部、国家安全部、司法部关于依法保障律师执业权利的规定**》(司发〔2015〕14号)第十七条至第十九条对辩护律师收集材料的有关问题作了规定。(→参见第三十三条所附"其他规范",第258页)

第四十四条 【辩护人行为禁止、追究辩护人刑事责任的特别规定】辩护人或者其他任何人,不得帮助犯罪嫌疑人、被告人隐匿、毁灭、伪造证据或者串供,不得威胁、引诱证人作伪证以及进行其他干扰司法机关诉讼活动的行为。

违反前款规定的,应当依法追究法律责任,辩护人涉嫌犯罪的,应当由办理辩护人所承办案件的侦查机关以外的侦查机关办理。辩护人是律师的,应当及时通知其所在的律师事务所或者所属的律师协会。

立法沿革

1996年《刑事诉讼法》第三十八条规定:"辩护律师和其他辩护人,不得帮助犯罪嫌疑人、被告人隐匿、毁灭、伪造证据或者串供,不得威胁、引诱证人改变证言或者作伪证以及进行其他干扰司法机关诉讼活动的行为。""违反前款规定的,应当依法追究法律责任。"2012年《刑事诉讼法修改决定》将本条规定的义务主体修改为"辩护人或者其他任何人",删去"不得威胁、引诱证人改变证言"的规定;同时,对追究辩护人伪证罪的程序作出特别规定。

相关规定

《中华人民共和国律师法》（第三次修正后自 2018 年 1 月 1 日起施行，节录）

第三十六条 律师担任诉讼代理人或者辩护人的，其辩论或者辩护的权利依法受到保障。

第三十七条 律师在执业活动中的人身权利不受侵犯。

律师在法庭上发表的代理、辩护意见不受法律追究。但是，发表危害国家安全、恶意诽谤他人、严重扰乱法庭秩序的言论除外。

律师在参与诉讼活动中涉嫌犯罪的，侦查机关应当及时通知其所在的律师事务所或者所属的律师协会；被依法拘留、逮捕的，侦查机关应当依照刑事诉讼法的规定通知该律师的家属。

第三十九条 律师不得在同一案件中为双方当事人担任代理人，不得代理与本人或者其近亲属有利益冲突的法律事务。

第四十条 律师在执业活动中不得有下列行为：

（一）私自接受委托、收取费用，接受委托人的财物或者其他利益；

（二）利用提供法律服务的便利牟取当事人争议的权益；

（三）接受对方当事人的财物或者其他利益，与对方当事人或者第三人恶意串通，侵害委托人的权益；

（四）违反规定会见法官、检察官、仲裁员以及其他有关工作人员；

（五）向法官、检察官、仲裁员以及其他有关工作人员行贿，介绍贿赂或者指使、诱导当事人行贿，或者以其他不正当方式影响法官、检察官、仲裁员以及其他有关工作人员依法办理案件；

（六）故意提供虚假证据或者威胁、利诱他人提供虚假证据，妨碍对方当事人合法取得证据；

（七）煽动、教唆当事人采取扰乱公共秩序、危害公共安全等非法手段解决争议；

（八）扰乱法庭、仲裁庭秩序，干扰诉讼、仲裁活动的正常进行。

"六部委"规定

《最高人民法院、最高人民检察院、公安部、国家安全部、司法部、全国人大常委会法制工作委员会关于实施刑事诉讼法若干问题的规定》（自 2013 年 1 月 1 日起施行，节录）

二、辩护与代理

9.刑事诉讼法第四十二条第二款①中规定："违反前款规定的，应当依法追

---

① 现行《刑事诉讼法》第四十四条第二款。——**本评注注**

究法律责任,辩护人涉嫌犯罪的,应当由办理辩护人所承办案件的侦查机关以外的侦查机关办理。"根据上述规定,公安机关、人民检察院发现辩护人涉嫌犯罪,或者接受报案、控告、举报、有关机关的移送,依照侦查管辖分工进行审查后认为符合立案条件的,应当按照规定报请办理辩护人所承办案件的侦查机关的上一级侦查机关指定其他侦查机关立案侦查,或者由上一级侦查机关立案侦查。不得指定办理辩护人所承办案件的侦查机关的下级侦查机关立案侦查。

◆ 基本规范

《人民检察院刑事诉讼规则》(高检发释字〔2019〕4号,自2019年12月30日起施行)

第四章 辩护与代理

第六十条 人民检察院发现辩护人有帮助犯罪嫌疑人、被告人隐匿、毁灭、伪造证据、串供,或者威胁、引诱证人作伪证以及其他干扰司法机关诉讼活动的行为,可能涉嫌犯罪的,应当将涉嫌犯罪的线索或者证据材料移送有管辖权的机关依法处理。

人民检察院发现辩护律师在刑事诉讼中违反法律、法规或者执业纪律的,应当及时向其所在的律师事务所、所属的律师协会以及司法行政机关通报。

《公安机关办理刑事案件程序规定》(公安部令第159号修正,修正后自2020年9月1日起施行)

第四章 律师参与刑事诉讼

第五十六条 辩护人或者其他任何人在刑事诉讼中,违反法律规定,实施干扰诉讼活动行为的,应当依法追究法律责任。

辩护人实施干扰诉讼活动行为,涉嫌犯罪,属于公安机关管辖的,应当由办理辩护人所承办案件的公安机关报请上一级公安机关指定其他公安机关立案侦查,或者由上一级公安机关立案侦查。不得指定原承办案件公安机关的下级公安机关立案侦查。辩护人是律师的,立案侦查的公安机关应当及时通知其所在的律师事务所、所属的律师协会以及司法行政机关。

《海警机构办理刑事案件程序规定》(中国海警局令第1号,自2023年6月15日起施行)

第四章 律师参与刑事诉讼

第四十五条 辩护人或者其他任何人在刑事诉讼中,违反法律规定,干扰诉讼活动的,应当依法追究法律责任。

其他规范

《最高人民法院、最高人民检察院、公安部、国家安全部、司法部关于依法保障律师执业权利的规定》(司发〔2015〕14号)第四十条规定侦查机关依法对在诉讼活动中涉嫌犯罪的律师采取强制措施后,应当在四十八小时以内通知其所在的律师事务所或者所属的律师协会。(→参见第三十三条所附"其他规范",第261页)

法律适用答复、复函

《司法部关于律师以非律师身份参与诉讼并提供伪造证据是否适用〈律师法〉予以处罚的批复》(司复〔2002〕5号)
江苏省司法厅:

你厅《关于律师以非律师身份在参与诉讼过程中伪造证据并向法院提供是否适用〈律师法〉等有关条款予以处罚的请示》(苏司法〔2001〕19号)收悉。经研究,批复如下:

律师以非律师身份参与诉讼并向法院提供伪造的证据,隐瞒事实真相,妨碍了人民法院诉讼程序,应适用《律师法》第四十五条第三款、《律师违法行为处罚办法》第七条第三款的规定,对其进行处罚。

第四十五条 【被告人拒绝辩护】在审判过程中,被告人可以拒绝辩护人继续为他辩护,也可以另行委托辩护人辩护。

立法沿革

本条系沿用1979年《刑事诉讼法》第三十条的规定,2012年、2018年修改《刑事诉讼法》时未作调整。

相关规定

《中华人民共和国律师法》(第三次修正后自2018年1月1日起施行,节录)

第三十二条 委托人可以拒绝已委托的律师为其继续辩护或者代理,同时可以另行委托律师担任辩护人或者代理人。

律师接受委托后,无正当理由的,不得拒绝辩护或者代理。但是,委托事项违法、委托人利用律师提供的服务从事违法活动或者委托人故意隐瞒与案件有关的重要事实的,律师有权拒绝辩护或者代理。

基本规范

《最高人民法院关于适用〈中华人民共和国刑事诉讼法〉的解释》(法释〔2021〕1号,自2021年3月1日起施行)

第九章 公诉案件第一审普通程序

第六节 法庭纪律与其他规定

第三百一十一条 被告人在一个审判程序中更换辩护人一般不得超过两次。①

被告人当庭拒绝辩护人辩护,要求另行委托辩护人或者指派律师的,合议庭应当准许。被告人拒绝辩护人辩护后,没有辩护人的,应当宣布休庭;仍有辩护人的,庭审可以继续进行。

有多名被告人的案件,部分被告人拒绝辩护人辩护后,没有辩护人的,根据案件情况,可以对该部分被告人另案处理,对其他被告人的庭审继续进行。

重新开庭后,被告人再次当庭拒绝辩护人辩护的,可以准许,但被告人不得再次另行委托辩护人或者要求另行指派律师,由其自行辩护。

被告人属于应当提供法律援助的情形,重新开庭后再次当庭拒绝辩护人辩护的,不予准许。

第三百一十二条 法庭审理过程中,辩护人拒绝为被告人辩护,有正当理由的,应当准许;是否继续庭审,参照适用前条规定。②

---

① 被告人在开庭前、开庭后拒绝辩护人辩护或者更换辩护人的现象时有发生。频繁更换辩护人,会造成法院反复多次开庭和过分的诉讼迟延,影响审判顺利进行。基于此,对于在非开庭时间更换辩护人或者拒绝辩护人辩护的,应当在充分保障辩护权的前提下作出适当规范,以兼顾诉讼效率。从实践来看,允许被告人在一个审判程序中更换两次辩护人,可以保证其前后共有三至六名辩护人,足以保障其辩护权。鉴此,本条第一款作了相应规定。——**本评注注**

② 《2012年刑诉法解释》第二百五十五条规定:"法庭审理过程中,辩护人拒绝为被告人辩护的,应当准许……"《律师法》第三十二条第二款规定:"律师接受委托后,无正当理由的,不得拒绝辩护或者代理。但是,委托事项违法、委托人利用律师提供的服务从事违法活动或者委托人故意隐瞒与案件有关的重要事实的,律师有权拒绝辩护或者代理。"鉴此,根据律师法的规定作了相应调整,增加了"有正当理由的"限制条件。——**本评注注**

第三百一十三条① 依照前两条规定另行委托辩护人或者通知法律援助机构指派律师的,自案件宣布休庭之日起至第十五日止,由辩护人准备辩护,但被告人及其辩护人自愿缩短时间的除外。

庭审结束后、判决宣告前另行委托辩护人的,可以不重新开庭;辩护人提交书面辩护意见的,应当接受。

其他规范

《最高人民法院、最高人民检察院、公安部、国家安全部、司法部关于依法保障律师执业权利的规定》(司发〔2015〕14号)第八条、第三十三条、第三十四条对拒绝辩护的有关问题作了规定。(→参见第三十三条所附"其他规范",第256、260页)

《最高人民法院、司法部关于为死刑复核案件被告人依法提供法律援助的规定(试行)》(法〔2021〕348号)第五条规定被告人拒绝指派的律师为其辩护的,最高人民法院应当准许。(→参见第三十五条—第三十六条所附"其他规范",第296页)

第四十六条 【诉讼代理人】公诉案件的被害人及其法定代理人或者近亲属,附带民事诉讼的当事人及其法定代理人,自案件移送审查起诉之日起,有权委托诉讼代理人。自诉案件的自诉人及其法定代理人,附带民事诉讼的当事人及其法定代理人,有权随时委托诉讼代理人。

人民检察院自收到移送审查起诉的案件材料之日起三日以内,应当告知被害人及其法定代理人或者其近亲属、附带民事诉讼的当事人及其法定代理人有权委托诉讼代理人。人民法院自受理自诉案件之日起三日以内,应当告知自诉人及其法定代理人、附带民事诉讼的当事人及其法定代理人有权委托诉讼代理人。

第四十七条 【委托诉讼代理人】委托诉讼代理人,参照本法第三十三条的规定执行。

---

① 在庭审结束后、判决宣告前被告人又另行委托辩护人的,由于在庭审过程中已经依法保障了被告人的辩护权,不重新开庭,并不存在剥夺或者影响诉讼权利行使的问题。反之,如认为庭后更换辩护人的,就要重新开庭审理,就可能出现反复开庭、无休无止的现象,这显然不符合实际。当然,更换后的辩护人及时向人民法院送交手续,并提交书面辩护意见的,法庭可以进行审查,并视情作出处理。——**本评注注**

■ **立法沿革**

本条是关于诉讼代理人的有关规定,系沿用1996年《刑事诉讼法修改决定》增加的规定,2012年、2018年修改《刑事诉讼法》时未作调整。

■ **基本规范**

《最高人民法院关于适用〈中华人民共和国刑事诉讼法〉的解释》(法释〔2021〕1号,自2021年3月1日起施行)

第三章 辩护与代理

第六十二条 人民法院自受理自诉案件之日起三日以内,应当告知自诉人及其法定代理人、附带民事诉讼当事人及其法定代理人,有权委托诉讼代理人,并告知其如果经济困难,可以申请法律援助。

第六十三条 当事人委托诉讼代理人的,参照适用刑事诉讼法第三十三条和本解释的有关规定。

第六十四条 诉讼代理人有权根据事实和法律,维护被害人、自诉人或者附带民事诉讼当事人的诉讼权利和其他合法权益。

第六十五条① 律师担任诉讼代理人的,可以查阅、摘抄、复制案卷材料。其他诉讼代理人经人民法院许可,也可以查阅、摘抄、复制案卷材料。

律师担任诉讼代理人,需要收集、调取与本案有关的证据材料的,参照适用本解释第五十九条至第六十一条的规定。

第六十六条 诉讼代理人接受当事人委托或者法律援助机构指派后,应当在三日以内将委托手续或者法律援助手续提交人民法院。

《人民检察院刑事诉讼规则》(高检发释字〔2019〕4号,自2019年12月30日起施行)

第四章 辩护与代理

第五十五条 人民检察院自收到移送起诉案卷材料之日起三日以内,应当告知被害人及其法定代理人或者其近亲属、附带民事诉讼的当事人及其法定代

---

① 《2012年刑诉法解释》第五十七条规定,诉讼代理人查阅、摘抄、复制案卷材料需经人民法院批准。当前,在强化对犯罪嫌疑人、被告人权利保护的同时,应当更加注意对被害人权利的保护。而且,从刑事诉讼法理上而言,被害人与被告人同属于当事人,诉讼代理人的权利与辩护人的权利基本相同,应当对诉讼代理人和辩护人在查阅、摘抄、复制案卷材料方面赋予同等权利。基于此,本条第一款作出修改完善。——**本评注注**

理人有权委托诉讼代理人。被害人及其法定代理人、近亲属因经济困难没有委托诉讼代理人的,应当告知其可以申请法律援助。

当面口头告知的,应当记入笔录,由被告知人签名;电话告知的,应当记录在案;书面告知的,应当将送达回执入卷。被害人众多或者不确定,无法以上述方式逐一告知的,可以公告告知。无法告知的,应当记录在案。

被害人有法定代理人的,应当告知其法定代理人;没有法定代理人的,应当告知其近亲属。

法定代理人或者近亲属为二人以上的,可以告知其中一人。告知时应当按照刑事诉讼法第一百零八条第三项、第六项列举的顺序择先进行。

当事人及其法定代理人、近亲属委托诉讼代理人的,参照刑事诉讼法第三十三条等法律规定执行。

第五十六条 经人民检察院许可,诉讼代理人查阅、摘抄、复制本案案卷材料的,参照本规则第四十九条的规定办理。

律师担任诉讼代理人,需要申请人民检察院收集、调取证据的,参照本规则第五十二条的规定办理。

第四十八条 【辩护律师执业保密及例外】辩护律师对在执业活动中知悉的委托人的有关情况和信息,有权予以保密。但是,辩护律师在执业活动中知悉委托人或者其他人,准备或者正在实施危害国家安全、公共安全以及严重危害他人人身安全的犯罪的,应当及时告知司法机关。

立法沿革

本条系沿用2012年《刑事诉讼法修改决定》增加的规定,2018年修改《刑事诉讼法》时未作调整。

相关规定

《中华人民共和国律师法》(第三次修正后自2018年1月1日起施行,节录)

第三十八条 律师应当保守在执业活动中知悉的国家秘密、商业秘密,不得泄露当事人的隐私。

律师对在执业活动中知悉的委托人和其他人不愿泄露的有关情况和信息,应当予以保密。但是,委托人或者其他人准备或者正在实施危害国家安全、公共安全以及严重危害他人人身安全的犯罪事实和信息除外。

基本规范

《最高人民法院关于适用〈中华人民共和国刑事诉讼法〉的解释》（法释〔2021〕1号，自2021年3月1日起施行）

第三章　辩护与代理

第六十七条　辩护律师向人民法院告知其委托人或者其他人准备实施、正在实施危害国家安全、公共安全以及严重危害他人人身安全犯罪的，人民法院应当记录在案，立即转告主管机关依法处理，并为反映有关情况的辩护律师保密。

《人民检察院刑事诉讼规则》（高检发释字〔2019〕4号，自2019年12月30日起施行）

第四章　辩护与代理

第五十九条　辩护律师告知人民检察院其委托人或者其他人员准备实施、正在实施危害国家安全、危害公共安全以及严重危及他人人身安全犯罪的，人民检察院应当接受并立即移送有关机关依法处理。

人民检察院应当为反映情况的辩护律师保密。

《公安机关办理刑事案件程序规定》（公安部令第159号修正，修正后自2020年9月1日起施行）

第四章　律师参与刑事诉讼

第五十七条　辩护律师对在执业活动中知悉的委托人的有关情况和信息，有权予以保密。但是，辩护律师在执业活动中知悉委托人或者其他人，准备或者正在实施危害国家安全、公共安全以及严重危害他人人身安全的犯罪的，应当及时告知司法机关。

第四十九条　【妨碍辩护人、诉讼代理人行使诉讼权利的救济】 辩护人、诉讼代理人认为公安机关、人民检察院、人民法院及其工作人员阻碍其依法行使诉讼权利的，有权向同级或者上一级人民检察院申诉或者控告。人民检察院对申诉或者控告应当及时进行审查，情况属实的，通知有关机关予以纠正。

立法沿革

本条系2012年《刑事诉讼法修改决定》增加的规定，2018年修改《刑事诉讼法》时未作调整。

"六部委"规定

《最高人民法院、最高人民检察院、公安部、国家安全部、司法部、全国人大常委会法制工作委员会关于实施刑事诉讼法若干问题的规定》(自2013年1月1日起施行,节录)

二、辩护与代理

10. 刑事诉讼法第四十七条①规定:"辩护人、诉讼代理人认为公安机关、人民检察院、人民法院及其工作人员阻碍其依法行使诉讼权利的,有权向同级或者上一级人民检察院申诉或者控告。人民检察院对申诉或者控告应当及时进行审查,情况属实的,通知有关机关予以纠正。"人民检察院受理辩护人、诉讼代理人的申诉或者控告后,应当在十日以内将处理情况书面答复提出申诉或者控告的辩护人、诉讼代理人。

基本规范

《人民检察院刑事诉讼规则》(高检发释字〔2019〕4号,自2019年12月30日起施行)

第四章　辩护与代理

第五十七条　辩护人、诉讼代理人认为公安机关、人民检察院、人民法院及其工作人员具有下列阻碍其依法行使诉讼权利行为之一,向同级或者上一级人民检察院申诉或者控告的,人民检察院负责控告申诉检察的部门应当接受并依法办理,其他办案部门应当予以配合:

(一)违反规定,对辩护人、诉讼代理人提出的回避要求不予受理或者对不予回避决定不服的复议申请不予受理的;

(二)未依法告知犯罪嫌疑人、被告人有权委托辩护人的;

(三)未转达在押或者被监视居住的犯罪嫌疑人、被告人委托辩护人的要求或者未转交其申请法律援助材料的;

(四)应当通知而不通知法律援助机构为符合条件的犯罪嫌疑人、被告人或者被申请强制医疗的人指派律师提供辩护或者法律援助的;

(五)在规定时间内不受理、不答复辩护人提出的变更强制措施申请或者解除强制措施要求的;

(六)未依法告知辩护律师犯罪嫌疑人涉嫌的罪名和案件有关情况的;

---

① 现行《刑事诉讼法》第四十九条。——本评注注

(七)违法限制辩护律师同在押、被监视居住的犯罪嫌疑人、被告人会见和通信的;

(八)违法不允许辩护律师查阅、摘抄、复制本案的案卷材料的;

(九)违法限制辩护律师收集、核实有关证据材料的;

(十)没有正当理由不同意辩护律师收集、调取证据或者通知证人出庭作证的申请,或者不答复、不说明理由的;

(十一)未依法提交证明犯罪嫌疑人、被告人无罪或者罪轻的证据材料的;

(十二)未依法听取辩护人、诉讼代理人意见的;

(十三)未依法将开庭的时间、地点及时通知辩护人、诉讼代理人的;

(十四)未依法向辩护人、诉讼代理人及时送达本案的法律文书或者及时告知案件移送情况的;

(十五)阻碍辩护人、诉讼代理人在法庭审理过程中依法行使诉讼权利的;

(十六)其他阻碍辩护人、诉讼代理人依法行使诉讼权利的。

对于直接向上一级人民检察院申诉或者控告的,上一级人民检察院可以交下级人民检察院办理,也可以直接办理。

辩护人、诉讼代理人认为看守所及其工作人员有阻碍其依法行使诉讼权利的行为,向人民检察院申诉或者控告的,由负责刑事执行检察的部门接受并依法办理;其他办案部门收到申诉或者控告的,应当及时移送负责刑事执行检察的部门。

第五十八条 辩护人、诉讼代理人认为其依法行使诉讼权利受到阻碍向人民检察院申诉或者控告的,人民检察院应当及时受理并调查核实,在十日以内办结并书面答复。情况属实的,通知有关机关或者本院有关部门、下级人民检察院予以纠正。

其他规范

《最高人民法院、最高人民检察院、公安部、国家安全部、司法部关于依法保障律师执业权利的规定》(司发〔2015〕14号)第四十一条至第四十四条对律师申诉、控告有关问题作了规定。(→参见第三十三条所附"其他规范",第261—262页)

《最高人民法院、最高人民检察院、公安部、国家安全部、司法部、中华全国律师协会关于建立健全维护律师执业权利快速联动处置机制的通知》(司发通〔2017〕40号,节录)

各省、自治区、直辖市高级人民法院、人民检察院、公安厅(局)、国家安全厅(局)、司法厅(局)、律师协会,新疆维吾尔自治区高级人民法院生产建设兵团分院、新疆生产建设兵团人民检察院、公安局、国家安全局、司法局、律师协会：

为贯彻落实中共中央办公厅、国务院办公厅《关于深化律师制度改革的意见》和最高人民法院、最高人民检察院、公安部、国家安全部、司法部《关于依法保障律师执业权利的规定》，及时有效维护律师执业权利，保障律师依法执业，现就建立健全维护律师执业权利快速联动处置机制通知如下：

一、总体要求（略）

二、明确维护律师执业权利范围和途径

律师在执业过程中遇有以下情形，认为其执业权利受到侵犯的，可以向相关律师协会申请维护执业权利：

（1）知情权、申请权、申诉权、控告权，以及会见、通信、阅卷、收集证据和发问、质证、辩论、提出法律意见等合法执业权利受到限制、阻碍、侵害、剥夺的；

（2）受到侮辱、诽谤、威胁、报复、人身伤害的；

（3）在法庭审理过程中，被违反规定打断或者制止按程序发言的；

（4）被违反规定强行带出法庭的；

（5）被非法关押、扣留、拘禁或者以其他方式限制人身自由的；

（6）其他妨碍其依法履行辩护、代理职责，侵犯其执业权利的。

律师认为办案机关及其工作人员明显违反法律规定，阻碍律师依法履行辩护、代理职责，侵犯律师执业权利的，可以向办案机关或者其上一级机关投诉，向同级或者上一级人民检察院申诉、控告，向注册地的市级司法行政机关、所属的律师协会申请维护执业权利。律师向其他司法行政机关、律师协会提出申请的，相关司法行政机关、律师协会应当予以接待，并于24小时以内将其申请移交其注册地的市级司法行政机关、所属的律师协会。情况紧急的，应即时移交。律师事务所执业权利受到侵犯的，可以按上述途径维护执业权利。

全国律协和各地律师协会应当于2017年第一季度建立维护律师执业权利中心，设立维护律师执业权利专门平台，并在官方网站、办公场所公布电话、来信来访地址，开设网上受理窗口，安排专人负责接待律师申请维权。

三、完善维护律师执业权利快速受理机制

所属的律师协会接到律师维护执业权利的申请或者司法行政机关、其他律师协会转来的申请后，应当立即进行审查。对符合相关规定，属于受理范围的，应当及时受理。对不属于受理范围的，应当向律师做好说明解释工作。

除在网上受理窗口申请外，律师向律师协会申请维护执业权利，应当提交书面申请书，并提供相关证据材料。情况紧急的，可以采用电话、电子邮件等方式提出申请。紧急情形消除后，应当补充提交申请书、相关证据材料等书面材料。

律师协会受理律师维权申请,应当予以登记,详细记录律师信息、具体请求及请求所依据的事实、理由等。

各级人民法院监察部门、人民检察院控告检察部门、公安机关法制部门、国家安全机关法制部门负责受理律师投诉。各级人民检察院控告检察部门负责受理律师申诉或者控告。人民法院、人民检察院、公安机关、国家安全机关应当在官方网站、办公场所公开受理机构名称、电话、来信来访地址,安排专人负责维护律师执业权利受理工作。对于律师的投诉、申诉或者控告,有关单位应当及时受理并做好登记。

四、完善维护律师执业权利联动处理机制

所属的律师协会受理律师维护执业权利申请后,应当区别不同情况,及时作出处理:

(1)属于本律师协会处理范围的,应当于两个工作日以内将律师申请材料转交相关办案机关处理。情况紧急的,应当于24小时以内向有关办案机关反映。情况特别紧急,需要立即采取处理措施的,律师协会应当即时反映;

(2)对于律师异地执业时提出的维权申请,所属的律师协会应当根据不同情况,及时向行为发生地律师协会通报,请求予以协助。相关律师协会应当给予协助,并按照工作程序和时限要求通报相关办案机关予以处理;

(3)对于需要省级以上办案机关依法处理的维权申请,所属的律师协会应当提请省级以上律师协会予以协调处理。

办案机关应当在受理律师投诉或者接到有关律师协会反映的情况、移交的申请材料后立即开展调查,一般应于十日以内作出处理。情况属实的,应当依法立即纠正。人民检察院在受理律师申诉、控告后,应当立即进行审查,一般应于十日以内作出处理。情况属实的,应当通知有关机关立即予以纠正。

律师因依法执业受到人身伤害的,有关机关接到投诉或者发现后应当立即制止并依法处理,必要时对律师采取保护措施。

调查处理过程中,办案机关、司法行政机关和律师协会要加强沟通联动,及时协商解决有关问题。发现侵犯律师执业权利行为与律师违法违规执业相互交织的或者情况复杂、存在争议的,办案机关、司法行政机关和律师协会等可以组成联合调查组,及时准确查明事实。

律师协会在处理律师维护执业权利过程中遇到困难和问题,难以协调解决的,可以提请司法行政机关予以协调。遇到重大复杂问题或者侵犯律师执业权利的重大突发事件,司法行政机关应当依托律师工作联席会议制度,协调有关办案机关及时予以解决,必要时召开临时会议研究处理。

律师协会在维护律师执业权利过程中,可以与办案机关、司法行政机关沟通后,根据调查处理的实际情况,适时发声,表达关注,公布阶段性调查结果或者工作进展情况。对律师的投诉、申诉或者控告作出调查处理并与办案机关、司法行政机关沟通后,必要时应当及时向社会披露调查处理结果。

五、及时反馈调查处理结果

律师向律师协会申请维护执业权利的,律师协会应当及时将工作进展情况反馈申请人。办案机关根据有关调查情况作出处理决定后,应当于两个工作日以内将处理决定以书面形式告知律师协会,律师协会应当及时反馈申请人。

律师直接向有关办案机关或者其上一级机关进行投诉、向人民检察院进行申诉或者控告的,办案机关或者人民检察院应当在作出处理决定后两个工作日以内将处理决定书面答复律师本人,并通报其注册地的司法行政机关或者所属的律师协会。

六、加强工作指导监督(略)

《最高人民法院、司法部关于依法保障律师诉讼权利和规范律师参与庭审活动的通知》(司发通〔2018〕36号)第四条、第八条对律师投诉、举报的有关问题作了规定。(→参见第一百九十九条所附"其他规范",第1432、1433页)

《最高人民检察院、司法部、中华全国律师协会关于依法保障律师执业权利的十条意见》(高检发办字〔2023〕28号)

为深入学习贯彻党的二十大精神,全面贯彻习近平法治思想,认真落实《中共中央关于加强新时代检察机关法律监督工作的意见》,依法保障律师执业权利,进一步为律师会见、阅卷、听取意见等提供便利,根据《中华人民共和国刑事诉讼法》《中华人民共和国律师法》《人民检察院刑事诉讼规则》等规定,结合工作实际,制定如下工作意见。

一、加强接待律师平台建设

人民检察院12309检察服务中心统一接收律师提交的案件材料,集中受理律师提出的阅卷、约见案件承办人、调取证据、查询等事项,为律师执业提供便利。律师可以直接拨打12309检察服务热线、登陆12309中国检察网或者到12309检察服务中心现场提出上述事项。人民检察院应当及时办理,并将办理情况或结果告知律师,做到"件件有回复"。

二、充分保障律师对案件办理重要程序性事项的知情权

人民检察院受理公安机关提请批准逮捕,作出退回补充侦查、改变管辖、提起公诉等重要程序性决定的,应当通过电话、短信、手机APP信息推送等方式及

时告知辩护律师。办案人员的姓名及联系方式也应向辩护律师提供。

三、充分保障律师查阅案卷的权利

人民检察院在律师提出阅卷申请后,一般应当提供电子卷宗,便于律师查阅、复制。律师提出调阅案件纸质卷宗的,人民检察院了解具体原因后,认为应予支持的,应当及时安排。各级人民检察院应当进一步规范电子卷宗制作标准,提高制作效率,确保电子卷宗完整、清晰、准确,便于查阅。对于符合互联网阅卷要求的,应当在三日内完成律师互联网阅卷申请的办理和答复。

四、充分保障律师反映意见的权利

人民检察院听取律师意见,应当坚持"能见尽见、应听尽听"原则,充分保障律师向办案部门反映意见的权利。人民检察院拟决定或者批准逮捕犯罪嫌疑人的,应当在作出决定前征询辩护律师意见。拟当面听取律师意见的,应当由检察官或者检察官助理在专门的律师会见室进行,并配备记录人员,完整记录律师意见和工作过程。当面听取律师意见有困难的,可以通过书面、电话、视频等方式进行并记录在案。

五、及时向律师反馈意见采纳情况

人民检察院应当全面审查律师就办案工作提出的意见,有事实和法律依据的意见应当吸收。在案件办结前,应当通过约见、书面、电话、视频等方式向律师反馈意见采纳情况及不予采纳的理由,并记录在案。制作法律文书时,应当写明律师相关信息,并载明律师意见、检察机关采纳情况及不予采纳的理由。

六、认真听取律师对认罪认罚案件的意见

人民检察院办理认罪认罚案件,应当认真听取辩护律师或者值班律师的意见。已委托辩护律师的,应当提前通知辩护律师,确保犯罪嫌疑人签署认罪认罚具结书时在场并有明确的意见,不得绕开辩护律师安排值班律师代为见证具结。辩护律师确因客观原因无法到场的,可以通过远程视频方式见证具结;确有不便的,经辩护律师同意,可以安排值班律师在场履职。

七、加强对律师会见权的监督保障

人民检察院应当在看守所、监狱等律师会见场所公布派驻监管场所检察人员姓名及办公电话。律师提出会见在押的犯罪嫌疑人、被告人、罪犯,认为受到相关部门工作人员阻碍的,可以向检察机关提出控告申诉。对相关部门工作人员阻碍律师会见,派驻监管场所检察人员能够当场处理的,应当及时监督相关部门依法保障律师行使会见权;不能当场处理的,应当在五个工作日内审查办理完毕。经审查,认为不符合会见条件的,要及时向律师说明情况,取得理解。派驻监管场所检察室应当与看守所、监狱建立及时畅通的沟通交流机制,促进律师会见问题解决。

八、畅通权利救济渠道

律师认为人民检察院及其工作人员未严格执行本意见的,可以向该检察院或者上一级人民检察院提出控告申诉,也可以向所属律师协会反映,律师协会要及时将问题线索转交检察机关。人民检察院收到相关控告申诉或问题线索后,应当作为阻碍律师执业权利监督案件在第一时间受理,并于十日内办结并书面答复律师。对于律师提出的情况紧急、需要尽快办理的控告申诉,人民检察院一般应当在三个工作日内办理并答复律师。中华全国律师协会维护律师执业权利中心公布各地维权联系电话、联系人姓名,方便律师查询联系。

九、严肃责任落实

人民检察院应当将依法保障律师执业权利工作情况纳入检察人员业绩考评体系,引导检察人员全面履行依法保障律师执业权利的司法责任。人民检察院调查核实后认为律师控告申诉情况属实的,应当及时通知本院有关部门、下级人民检察院予以纠正。本院有关部门、下级人民检察院未予纠正或者纠正不到位的,应当及时了解情况予以通报或移送相关线索。对于检察人员违反职责阻碍律师依法执业需要追究司法责任的,应当按照《人民检察院司法责任追究条例》的规定,严格依法处理。

十、强化沟通协调

人民检察院、司法行政机关和律师协会应当加强沟通协调,切实发挥维护律师执业权利快速联动处置机制作用,及时发现和解决不能保证律师依法行使执业权利问题,做好相关组织、协调和落实工作。地方各级人民检察院、司法行政机关、律师协会每半年召开一次联席会议,相互通报保障律师依法执业工作情况。建立健全检律同堂培训机制,常态化组织开展检律同堂培训。围绕律师执业权利保障、检律互动亲清有度,联合开展专项调研工作,不断提高保障律师依法执业的法治化水平。

第五章
证 据

■ 其他规范

《最高人民法院、最高人民检察院、公安部、司法部关于依法惩治拐卖妇女儿童犯罪的意见》(法发〔2010〕7号)"四、**证据**"对拐卖妇女、儿童犯罪所涉证据收集与审查的有关问题作了规定。(→参见第二十五条所附"其他规范",第206页)

《全国部分法院审理黑社会性质组织犯罪案件工作座谈会纪要》(最高人民法院,法〔2015〕291号)"四、**关于审判程序和证据审查**"对证据审查的有关问题作了规定。(→参见第一百八十六条所附"其他规范",第1339页)

《环境保护行政执法与刑事司法衔接工作办法》(环境保护部、公安部、最高人民检察院,环环监〔2017〕17号)第三章"**证据的收集与使用**"对证据的收集与使用的有关问题作了规定。(→参见第二编"立案、侦查和提起公诉"第一章"立案"标题下所附"其他规范",第805页)

《最高人民法院、最高人民检察院、公安部、国家移民管理局关于依法惩治妨害国(边)境管理违法犯罪的意见》(法发〔2022〕18号)"四、**关于证据的收集与审查**"对办理妨害国(边)境管理刑事案件所涉证据收集与审查的有关问题作了规定。(→参见第二十五条所附"其他规范",第216页)

第五十条 【证据的含义及法定种类】可以用于证明案件事实的材料,都是证据。

证据包括:

(一)物证;

(二)书证;

(三)证人证言;

(四)被害人陈述;

（五）犯罪嫌疑人、被告人供述和辩解；
（六）鉴定意见；
（七）勘验、检查、辨认、侦查实验等笔录；
（八）视听资料、电子数据。
证据必须经过查证属实，才能作为定案的根据。

■ 立法沿革

1979年《刑事诉讼法》第三十一条规定："证明案件真实情况的一切事实，都是证据。证据有下列六种：（一）物证、书证；（二）证人证言；（三）被害人陈述；（四）被告人供述和辩解；（五）鉴定结论；（六）勘验、检查笔录。""以上证据必须经过查证属实，才能作为定案的根据。"1996年《刑事诉讼法修改决定》对本条作了两处修改：一是沿用证据的定义，但单独成条予以规定；二是将证据种类由六种调整为七种，增加"视听资料"。2012年《刑事诉讼法修改决定》对本条作了两处修改：一是对证据概念作了修改；二是对证据种类作了调整，将"鉴定结论"改为"鉴定意见"，增加"辨认、侦查实验等笔录"和"电子数据"。2018年修改《刑事诉讼法》时对本条规定未作调整。

■ 相关规定

《中华人民共和国监察法实施条例》（自2021年9月20日起施行，节录）
第五十九条　可以用于证明案件事实的材料都是证据，包括：
（一）物证；
（二）书证；
（三）证人证言；
（四）被害人陈述；
（五）被调查人陈述、供述和辩解；
（六）鉴定意见；
（七）勘验检查、辨认、调查实验等笔录；
（八）视听资料、电子数据。
监察机关向有关单位和个人收集、调取证据时，应当告知其必须依法如实提供证据。对于不按要求提供有关材料，泄露相关信息，伪造、隐匿、毁灭证据，提供虚假情况或者阻止他人提供证据的，依法追究法律责任。
监察机关依照监察法和本条例规定收集的证据材料，经审查符合法定要求的，在刑事诉讼中可以作为证据使用。

第六十一条 证据必须经过查证属实,才能作为定案的根据。审查认定证据,应当结合案件的具体情况,从证据与待证事实的关联程度、各证据之间的联系、是否依照法定程序收集等方面进行综合判断。

▎基本规范

《最高人民法院关于适用〈中华人民共和国刑事诉讼法〉的解释》(法释〔2021〕1号,自2021年3月1日起施行)

第四章 证 据
第一节 一般规定

第六十九条 认定案件事实,必须以证据为根据。

第七十条 审判人员应当依照法定程序收集、审查、核实、认定证据。

第七十一条 证据未经当庭出示、辨认、质证等法庭调查程序查证属实,不得作为定案的根据。①

第七十二条 应当运用证据证明的案件事实包括:

(一)被告人、被害人的身份;

(二)被指控的犯罪是否存在;

(三)被指控的犯罪是否为被告人所实施;

(四)被告人有无刑事责任能力,有无罪过,实施犯罪的动机、目的;

(五)实施犯罪的时间、地点、手段、后果以及案件起因等;

(六)是否系共同犯罪或者犯罪事实存在关联,以及被告人在犯罪中的地位、作用;

(七)被告人有无从重、从轻、减轻、免除处罚情节;

(八)有关涉案财物处理的事实;

(九)有关附带民事诉讼的事实;

(十)有关管辖、回避、延期审理等的程序事实;

(十一)与定罪量刑有关的其他事实。

认定被告人有罪和对被告人从重处罚,适用证据确实、充分的证明标准。

---

① 庭审质证原则要求证据必须经过正式的法庭调查程序查证属实,才能作为定案的根据,才能据此认定案件事实和判处刑罚。《2012年刑诉法解释》第六十三条规定:"证据未经当庭出示、辨认、质证等法庭调查程序查证属实,不得作为定案的根据,但法律和本解释另有规定的除外。"征求意见过程中,有意见提出,《刑事诉讼法》第五十条第三款规定:"证据必须经过查证属实,才能作为定案的根据。"在法律作出明确规定的情况下,司法解释不宜作出除外的规定。经采纳上述意见,本条删去但书。——**本评注注**

第七十九条① 人民法院依照刑事诉讼法第一百九十六条的规定调查核实证据,必要时,可以通知检察人员、辩护人、自诉人及其法定代理人到场。上述人员未到场的,应当记录在案。

人民法院调查核实证据时,发现对定罪量刑有重大影响的新的证据材料的,应当告知检察人员、辩护人、自诉人及其法定代理人。必要时,也可以直接提取,并及时通知检察人员、辩护人、自诉人及其法定代理人查阅、摘抄、复制。

《公安机关办理刑事案件程序规定》(公安部令第159号修正,修正后自2020年9月1日起施行)

第五章 证 据

第五十九条 可以用于证明案件事实的材料,都是证据。

证据包括:

(一)物证;

(二)书证;

---

① 需要注意的问题有二:(1)为了保证对证据调查核实的公正性和客观性,本条第一款专门规定调查核实证据,"必要时,可以通知检察人员、辩护人、自诉人及其法定代理人到场"。《2012年刑诉法解释》征求意见过程中,有意见建议对"可以通知检察人员、辩护人、自诉人及其法定代理人到场"设定一个前提,即在什么情况下才可以通知检察人员、辩护人等到场。经研究认为,通知相关人员的情形需根据具体案件情况把握,故只作原则规定。关于到场人员的范围问题,有意见认为应当规定为"检察人员、证人及其他诉讼参与人",也有意见认为应当通知作为证据材料主要收集人的侦查人员到场,以促使侦查人员树立取证以服务庭审为中心的观念。经研究认为,人民法院庭外调取、调查、核实证据活动并非庭审活动,应当考虑司法成本,不宜将参与范围规定过大、程序设计过于复杂。必要时,通知检察人员、辩护人、自诉人及其法定代理人到场,已足以保证调取、调查、核实证据的公正性和客观性。而被告人往往处于羁押状态,可以由其辩护人代为表达意见,可以不通知到场。证人参与庭外调取、调查、核实证据活动,容易受到上述活动的影响,影响其客观地陈述证言。而人民法院直接通知侦查人员到场,不符合刑事诉讼的构造。因此,未采纳上述建议,仍然将庭外调取、调查、核实证据活动的人员范围规定为"检察人员、辩护人、自诉人及其法定代理人"。(2)人民法院依法调查核实证据时,发现对定罪量刑有重大影响的新的证据材料的,应当告知检察人员、辩护人、自诉人及其法定代理人,由上述主体依法收集。这主要是考虑到人民法院在刑事审判过程中处中立地位,原则上不主动收集相关证据。但是,在证据不及时收集可能灭失,辩护人、自诉人及其法定代理人难以收集到相关证据等必要情况下,也可以由人民法院直接提取。基于上述考虑,本条第二款规定以通知控辩双方收集为原则、人民法院直接提取为补充。——**本评注注**

(三)证人证言;
(四)被害人陈述;
(五)犯罪嫌疑人供述和辩解;
(六)鉴定意见;
(七)勘验、检查、侦查实验、搜查、查封、扣押、提取、辨认等笔录;
(八)视听资料、电子数据。
证据必须经过查证属实,才能作为认定案件事实的根据。

《海警机构办理刑事案件程序规定》(中国海警局令第1号,自2023年6月15日起施行)

第五章 证 据

第四十八条 可以用于证明案件事实的材料,都是证据。

证据包括:

(一)物证;
(二)书证;
(三)证人证言;
(四)被害人陈述;
(五)犯罪嫌疑人供述和辩解;
(六)鉴定意见;
(七)勘验、检查、侦查实验、搜查、查封、扣押、提取、辨认等笔录;
(八)视听资料、电子数据。
证据必须经过查证属实,才能作为认定案件事实的根据。

指导性案例

陈满申诉案(检例第26号)

关键词 刑事申诉 刑事抗诉 改判无罪

要 旨 证据是刑事诉讼的基石,认定案件事实,必须以证据为根据。证据未经当庭出示、辨认、质证等法庭调查程序查证属实,不能作为定案的根据。对于在案发现场提取的物证等实物证据,未经鉴定,且在诉讼过程中丢失或者毁灭,无法在庭审中出示、质证,有罪供述的主要情节又得不到其他证据印证,而原审裁判认定被告人有罪的,应当依法进行监督。

指导意义

1.切实强化证据裁判和证据审查意识。证据裁判原则是现代刑事诉讼的一项基本原则,是正确惩治犯罪、防止冤假错案的重要保障。证据裁判原则不仅要求认定案件事实必须以证据为依据,而且所依据的证据必须客观真实、合法有效。我国刑事诉讼法第四十八条第三款规定:"证据必须经过查证属实,才能作为定案的根据。"①这是证据使用的根本原则,违背这一原则就有可能导致冤假错案,放纵罪犯或者侵犯公民的合法权利。检察机关审查逮捕、审查起诉和复查刑事申诉案件,都必须注意对证据的客观性、合法性进行审查,及时防止和纠正冤假错案。对于刑事申诉案件,经审查,如果原审裁判据以定案的有关证据,在原审过程中未经法定程序证明其真实性、合法性,而人民法院据此认定被告人有罪的,人民检察院应当依法进行监督。

2. 坚持综合审查判断证据规则。刑事诉讼法第一百九十五条第一项规定:"案件事实清楚,证据确实、充分,依据法律认定被告人有罪的,应当作出有罪判决。"②证据确实、充分,不仅是对单一证据的要求,而且是对审查判断全案证据的要求。只有使各项证据相互印证,合理解释消除证据之间存在的矛盾,才能确保查明案件事实真相,避免出现冤假错案。特别是在将犯罪嫌疑人、被告人有罪供述作为定罪主要证据的案件中,尤其要重视以客观性证据检验补强口供等言词证据。只有口供而没有其他客观性证据,或者口供与其他客观性证据相互矛盾、不能相互印证,对所认定的事实不能排除合理怀疑的,应当坚持疑罪从无原则,不能认定被告人有罪。

▎法律适用答复、复函

《最高人民检察院关于 CPS 多道心理测试鉴定结论能否作为诉讼证据使用问题的批复》(高检发研字[1999]12号)

四川省人民检察院:

你院川检发研[1999]20号《关于 CPS 多道心理测试鉴定结论能否作为诉讼证据使用的请示》收悉。经研究,批复如下:

CPS 多道心理测试(俗称测谎)鉴定结论与刑事诉讼法规定的鉴定结论不同,不属于刑事诉讼法规定的证据种类。人民检察院办理案件,可以使用 CPS 多道心理测试鉴定结论帮助审查、判断证据,但不能将 CPS 多道心理测试鉴定结论作为证据使用。

---

① 系2012年《刑事诉讼法》的规定,其中涉及的"第四十八条第三款"在现行《刑事诉讼法》中为第五十条第三款。
② 系2012年《刑事诉讼法》的规定,其中涉及的"第一百九十五条第一项"在现行《刑事诉讼法》中为第二百条第一项。

《最高人民检察院关于"骨龄鉴定"能否作为确定刑事责任年龄证据使用的批复》(高检发研字〔2000〕6号)

宁夏回族自治区人民检察院：

你院《关于"骨龄鉴定"能否作为证据使用的请示》收悉,经研究批复如下：

犯罪嫌疑人不讲真实姓名、住址,年龄不明的,可以委托进行骨龄鉴定或其他科学鉴定,经审查,鉴定结论能够准确确定犯罪嫌疑人实施犯罪行为时的年龄的,可以作为判断犯罪嫌疑人年龄的证据使用。如果鉴定结论不能准确确定犯罪嫌疑人实施犯罪行为时的年龄,而且鉴定结论又表明犯罪嫌疑人年龄在刑法规定的应负刑事责任年龄上下的,应当依法慎重处理。

司法疑难解析

1. 庭审质证原则的例外。大致有如下两种例外情况：(1)根据《刑事诉讼法》第一百五十四条的规定,"采取侦查措施收集的材料在刑事诉讼中可以作为证据使用。如果使用该证据可能危及有关人员的人身安全,或者可能产生其他严重后果的,应当采取不暴露有关人员身份、技术方法等保护措施,必要的时候,可以由审判人员在庭外对证据进行核实"。因此,由于技术调查、侦查措施收集证据材料的特殊性,对其质证宜采取特殊的方式,包括采取相关保护措施后进行质证,甚至是由审判人员在庭外对证据进行核实。(2)《刑诉法解释》第二百七十一条第二款规定："对公诉人、当事人及其法定代理人、辩护人、诉讼代理人补充的和审判人员庭外调查核实取得的证据,应当经过当庭质证才能作为定案的根据。但是,对不影响定罪量刑的非关键证据、有利于被告人的量刑证据以及认定被告人有犯罪前科的裁判文书等证据,经庭外征求意见,控辩双方没有异议的除外。"

2. 庭审质证原则与简化庭审质证程序的关系。庭审质证原则要求未经质证不得认证,但并不排斥简化质证程序,提升庭审效率。根据《刑诉法解释》第二百六十八条第二款的规定,"对控辩双方无异议的非关键证据,举证方可以仅就证据的名称及拟证明的事实作出说明"。据此,审判人员可以询问控辩双方对证据材料有无异议,对有异议的证据,应当在庭审时重点调查；无异议的,庭审时举证、质证可以简化。这并不违背庭审质证原则,恰恰是对这一原则的合理运用,兼顾了公正与效率的要求。

第五十一条 【举证责任】公诉案件中被告人有罪的举证责任由人民检察院承担,自诉案件中被告人有罪的举证责任由自诉人承担。

立法沿革

本条系2012年《刑事诉讼法修改决定》增加的规定,2018年修改《刑事诉讼法》时未作调整。

基本规范

《人民检察院刑事诉讼规则》(高检发释字[2019]4号,自2019年12月30日起施行)

第五章　证　据

第六十一条　人民检察院认定案件事实,应当以证据为根据。

公诉案件中被告人有罪的举证责任由人民检察院承担。人民检察院在提起公诉指控犯罪时,应当提出确实、充分的证据,并运用证据加以证明。

人民检察院提起公诉,应当秉持客观公正立场,对被告人有罪、罪重、罪轻的证据都应当向人民法院提出。

其他规范

《最高人民法院、最高人民检察院、公安部、国家安全部、司法部关于推进以审判为中心的刑事诉讼制度改革的意见》(法发[2016]18号)第八条要求进一步完善公诉机制。(→参见第三编"审判"标题下所附"其他规范",第1254页)

第五十二条　【依法收集证据】【不得强迫任何人自证其罪】审判人员、检察人员、侦查人员必须依照法定程序,收集能够证实犯罪嫌疑人、被告人有罪或者无罪、犯罪情节轻重的各种证据。严禁刑讯逼供和以威胁、引诱、欺骗以及其他非法方法收集证据,不得强迫任何人证实自己有罪。必须保证一切与案件有关或者了解案情的公民,有客观地充分地提供证据的条件,除特殊情况外,可以吸收他们协助调查。

立法沿革

1979年《刑事诉讼法》第三十二条规定:"审判人员、检察人员、侦查人员必须依照法定程序,收集能够证实被告人有罪或者无罪、犯罪情节轻重的各种证据。严禁刑讯逼供和以威胁、引诱、欺骗以及其他非法的方法收集证据。必须保证一切与案件有关或者了解案情的公民,有客观地充分地提供证据的条件,除特殊情况外,并且可以吸收他们协助调查。"1996年修改《刑事诉讼法》时对本条规定未作调整。2012年《刑事诉讼法修改决定》在本条增加"不得强迫任何人证实自己有罪"的规定。2018年修改《刑事诉讼法》时对本条规定未作调整。

"六部委"规定

《最高人民法院、最高人民检察院、公安部、国家安全部、司法部、全国人大常委会法制工作委员会关于实施刑事诉讼法若干问题的规定》(自2013年1月1日起施行,节录)

七、提起公诉

24.人民检察院向人民法院提起公诉时,应当将案卷材料和全部证据移送人民法院,包括犯罪嫌疑人、被告人翻供的材料,证人改变证言的材料,以及对犯罪嫌疑人、被告人有利的其他证据材料。

基本规范

《最高人民法院关于适用〈中华人民共和国刑事诉讼法〉的解释》(法释〔2021〕1号,自2021年3月1日起施行)

第四章 证据

第一节 一般规定

第七十三条 对提起公诉的案件,人民法院应当审查证明被告人有罪、无罪、罪重、罪轻的证据材料是否全部随案移送;未随案移送的,应当通知人民检察院在指定时间内移送。人民检察院未移送的,人民法院应当根据在案证据对案件事实作出认定。

《公安机关办理刑事案件程序规定》(公安部令第159号修正,修正后自2020年9月1日起施行)

第五章 证据

第六十条 公安机关必须依照法定程序,收集、调取能够证实犯罪嫌疑人有罪或者无罪、犯罪情节轻重的各种证据。必须保证一切与案件有关或者了解案情的公民,有客观地充分地提供证据的条件,除特殊情况外,可以吸收他们协助调查。

《海警机构办理刑事案件程序规定》(中国海警局令第1号,自2023年6月15日起施行)

第五章 证据

第四十九条 海警机构必须依照法定程序,收集、调取能够证实犯罪嫌疑人有罪或者无罪、犯罪情节轻重的各种证据。必须保证一切与案件有关或者了解案情的公民,有客观地充分地提供证据的条件,除特殊情况外,可以吸收他们协助调查。

其他规范

《公安部、最高人民法院、最高人民检察院、国家安全部、工业和信息化部、中国人民银行、中国银行业监督管理委员会关于办理流动性团伙性跨区域性犯罪案件有关问题的意见》(公通字〔2011〕14号)第六条对调取犯罪嫌疑人、被告人户籍证明的有关问题作了规定。(→参见第二十五条所附"其他规范",第208页)

《公安部关于公安机关办理醉酒驾驶机动车犯罪案件的指导意见》(公交管〔2011〕190号,节录)

各省、自治区、直辖市公安厅、局,新疆生产建设兵团公安局:

2011年5月1日《刑法修正案(八)》实施以来,各地公安机关依法查处了一批醉酒驾驶机动车犯罪案件,取得了良好法律效果和社会效果。为保证《刑法修正案(八)》的正确实施,进一步规范公安机关办理醉酒驾驶机动车犯罪的执法活动,依照刑法及有关修正案、刑事诉讼法及公安机关办理刑事案件程序规定等规定,现就公安机关办理醉酒驾驶机动车犯罪案件提出以下指导意见:

一、进一步规范现场调查

1、严格血样提取条件。交通民警要严格按照《交通警察道路执勤执法工作规范》的要求检查酒后驾驶机动车行为,检查中发现机动车驾驶人有酒后驾驶机动车嫌疑的,立即进行呼气酒精测试,对涉嫌醉酒驾驶机动车、当事人对呼气酒精测试结果有异议,或者拒绝配合呼气酒精测试等方法测试以及涉嫌饮酒后、醉酒驾驶机动车发生交通事故的,应当立即提取血样检验血液酒精含量。

2、及时固定犯罪证据。对查获醉酒驾驶机动车嫌疑人的经过、呼气酒精测试和提取血样过程应当及时制作现场调查记录;有条件的,还应当通过拍照或者录音、录像等方式记录;现场有见证人的,应当及时收集证人证言。发现当事人涉嫌饮酒后或者醉酒驾驶机动车的,依法扣留机动车驾驶证,对当事人驾驶的机动车,需要作为证据的,可以依法扣押。

二、进一步规范办案期限

5、规范血样提取送检。交通民警对当事人血样提取过程应当全程监控,保证收集证据合法、有效。提取的血样要当场登记封装,并立即送县级以上公安机关检验鉴定机构或者经公安机关认可的其他具备资格的检验鉴定机构进行血液酒精含量检验。因特殊原因不能立即送检的,应当按照规范低温保存,经上级公安机关交通管理部门负责人批准,可以在3日内送检。

三、进一步规范立案侦查

8．从严掌握立案标准。经检验驾驶人血液酒精含量达到醉酒驾驶机动车标准的,一律以涉嫌危险驾驶罪立案侦查;未达到醉酒驾驶机动车标准的,按照道路交通安全法有关规定给予行政处罚。当事人被查获后,为逃避法律追究,在呼气酒精测试或者提取血样前又饮酒,经检验其血液酒精含量达到醉酒驾驶机动车标准的,应当立案侦查。当事人经呼气酒精测试达到醉酒驾驶机动车标准,在提取血样前脱逃的,应当以呼气酒精含量为依据立案侦查。

9．全面客观收集证据。对已经立案的醉酒驾驶机动车案件,应当全面、客观地收集、调取犯罪证据材料,并严格审查、核实。要及时检查、核实车辆和人员基本情况及机动车驾驶人违法犯罪信息,详细记录现场查获醉酒驾驶机动车的过程、人员车辆基本特征以及现场采取呼气酒精测试、实施强制措施、提取血样、口头传唤、固定证据等情况。讯问犯罪嫌疑人时,应当对犯罪嫌疑人是否有罪以及情节轻重等情况作重点讯问,并听取无罪辩解。要及时收集能够证明犯罪嫌疑人是否醉酒驾驶机动车的证人证言、视听资料等其他证据材料。

10．规范强制措施适用。要根据案件实际情况,对涉嫌醉酒驾驶机动车的犯罪嫌疑人依法合理适用拘传、取保候审、监视居住、拘留等强制措施,确保办案工作顺利进行。对犯罪嫌疑人企图自杀或者逃跑、在逃的,或者不讲真实姓名、住址,身份不明的,以及确需对犯罪嫌疑人实施羁押的,可以依法采取拘留措施。拘留期限内未能查清犯罪事实的,应当依法办理取保候审或者监视居住手续。发现不应当追究犯罪嫌疑人刑事责任或者强制措施期限届满的,应当及时解除强制措施。

《最高人民法院、最高人民检察院、公安部关于办理醉酒驾驶机动车刑事案件适用法律若干问题的意见》(法发〔2013〕15号,节录)

五、公安机关在查处醉酒驾驶机动车的犯罪嫌疑人时,对查获经过、呼气酒精含量检验和抽取血样过程应当制作记录;有条件的,应当拍照、录音或者录像;有证人的,应当收集证人证言。

六、血液酒精含量检验鉴定意见是认定犯罪嫌疑人是否醉酒的依据。犯罪嫌疑人经呼气酒精含量检验达到本意见第一条规定的醉酒标准,在抽取血样之前脱逃的,可以以呼气酒精含量检验结果作为认定其醉酒的依据。

犯罪嫌疑人在公安机关依法检查时,为逃避法律追究,在呼气酒精含量检验或者抽取血样前又饮酒,经检验其血液酒精含量达到本意见第一条规定的醉酒标准的,应当认定为醉酒。

七、办理醉酒驾驶机动车刑事案件,应当严格执行刑事诉讼法的有关规定,切实保障犯罪嫌疑人、被告人的诉讼权利,在法定诉讼期限内及时侦查、起诉、审判。

对醉酒驾驶机动车的犯罪嫌疑人、被告人,根据案件情况,可以拘留或者取保候审。对符合取保候审条件,但犯罪嫌疑人、被告人不能提出保证人,也不交纳保证金的,可以监视居住。对违反取保候审、监视居住规定的犯罪嫌疑人、被告人,情节严重的,可以予以逮捕。

《最高人民法院、最高人民检察院、公安部、国家安全部、司法部关于推进以审判为中心的刑事诉讼制度改革的意见》(法发〔2016〕18号)**第二条、第四条**对证据裁判和取证原则等问题作了规定。(→参见第三编"审判"标题下所附"其他规范",第1253页)

《最高人民检察院、公安部关于公安机关办理经济犯罪案件的若干规定》(公通字〔2017〕25号)第五章"侦查取证"(**第三十五条至第四十五条**)对收集证据的有关问题作了规定。(→参见第二编"立案、侦查和提起公诉"标题下所附"其他规范",第763—765页)

《打击非设关地成品油走私专题研讨会会议纪要》(最高人民法院、最高人民检察院、海关总署,署缉发〔2019〕210号)"**四、关于证据的收集**"对收集提取证据的有关问题作了规定。(→参见第二编"立案、侦查和提起公诉"标题下所附"其他规范",第771页)

《最高人民法院、最高人民检察院、公安部关于办理电信网络诈骗等刑事案件适用法律若干问题的意见(二)》(法发〔2021〕22号,节录)

十三、办案地公安机关可以通过公安机关信息化系统调取异地公安机关依法制作、收集的刑事案件受案登记表、立案决定书、被害人陈述等证据材料。调取时不得少于两名侦查人员,并应记载调取的时间、使用的信息化系统名称等相关信息,调取人签名并加盖办案地公安机关印章。经审核证明真实的,可以作为证据使用。

司法疑难解析

证据全案移送规则。《刑事诉讼法》第四十一条规定:"辩护人认为在侦查、审查起诉期间公安机关、人民检察院收集的证明犯罪嫌疑人、被告人无罪或者罪轻的证据材料未提交的,有权申请人民检察院、人民法院调取。""六部委"规定第二十四条规定:"人民检察院向人民法院提起公诉时,应当将案卷材料和全部证据移送人民法院,包括犯罪嫌疑人、被告人翻供的材料,证人改变证言的材料,以及对犯罪嫌疑人、被告人有利的其他证据材料。"第二十七条规定,"在法庭审理过程中,人民法院可以根据辩护人的申请,向人民检察院调取未提交的证明被告人无罪或者罪轻的证据材料,也可以向人民检察院调取需要调查核实的证据材料。公安机关、人民检察院应当自收到要求调取证据材料决定书后三日内移交"。为与上述规定相照应,《刑诉法解释》第七十三条重申了证据全案移送规则,规定:"对提起公诉的案件,人民法院应当审查证明被告人有罪、无罪、罪重、罪轻的证据材料是否全部随案移送;未随案移送的,应当通知人民检察院在指定时间内移送。人民检察院未移送的,人民法院应当根据在案证据对案件事实作出认定。"而且,该规定与《人民检察院刑事诉讼规则》第六十一条第三款"人民检察院提起公诉,应当秉持客观公正立场,对被告人有罪、罪重、罪轻的证据都应当向人民法院提出"的规定相互衔接。

实证证明,全案移送证据材料有利于全面查明案件事实,是刑事诉讼的基本规则。从近些年纠正的冤错案件来看,一些案件就是因为没有全案移送证据材料,影响了最终裁判。例如安徽省"于英生案",侦查机关没有随案移送现场发现的第三人的血指纹。后经继续侦查,发现该第三人的指纹即为真凶的指纹。基于此,应当要求移送全案证据材料。从司法实践来看,个别案件存在由于未随案移送相关证据材料导致案件存疑的情况,甚至经人民法院调取仍未提供。为将相关法律规定落到实处,切实保障被告人的合法权益,有必要专门规定。

对提起公诉的案件,人民法院审查认为有关证据材料未随案移送的,应当通知人民检察院在指定时间内移送。对此,《人民检察院刑事诉讼规则》第四百一十四条规定:"在法庭审理过程中,合议庭对证据有疑问或者人民法院根据辩护人、被告人的申请,向人民检察院调取在侦查、审查起诉中收集的有关被告人无罪或者罪轻的证据材料的,人民检察院应当自收到人民法院要求调取证据材料决定书后三日以内移交。没有上述材料的,应当向人民法院说明情况。"

需要强调的是,《刑诉法解释》第七十三条专门规定"人民检察院未移送的,人民法院应当根据在案证据对案件事实作出认定",旨在明确人民检察院经调取未移送的证据的处理规则。这意味着因缺乏证据材料导致有关事实存疑的,应当依法作出有利于被告人的认定。例如,在辩方举证证明被告人未满十八周岁的情况下,由于人民检察院拒绝移送相关证据导致年龄存疑的,应当作有利于被告人的认定,即认定其不满十八周岁。

第五十三条 【办案机关法律文书的证据要求】公安机关提请批准逮捕书、人民检察院起诉书、人民法院判决书,必须忠实于事实真象。故意隐瞒事实真象的,应当追究责任。

立法沿革

本条系沿用1979年《刑事诉讼法》第三十三条的规定。

基本规范

《公安机关办理刑事案件程序规定》(公安部令第159号修正,修正后自2020年9月1日起施行)

第五章 证 据

第六十八条 公安机关提请批准逮捕书、起诉意见书必须忠实于事实真象。故意隐瞒事实真象的,应当依法追究责任。

其他规范

《最高人民法院关于加强和规范裁判文书释法说理的指导意见》(法发〔2018〕10号)**第四条至第六条**对裁判文书的证据要求作了规定。(→参见第二百条所附"其他规范",第1440页)

第五十四条 【向单位和个人收集、调取证据】人民法院、人民检察院和公安机关有权向有关单位和个人收集、调取证据。有关单位和个人应当如实提供证据。

【行政证据的使用】行政机关在行政执法和查办案件过程中收集的物证、书证、视听资料、电子数据等证据材料,在刑事诉讼中可以作为证据使用。

【证据保密】对涉及国家秘密、商业秘密、个人隐私的证据,应当保密。

【伪造、隐匿、毁灭证据的责任】凡是伪造证据、隐匿证据或者毁灭证据的,无论属于何方,必须受法律追究。

立法沿革

1996年《刑事诉讼法》第四十五条规定:"人民法院、人民检察院和公安机关有权向有关单位和个人收集、调取证据。有关单位和个人应当如实提供证据。""对于涉及国家秘密的证据,应当保密。""凡是伪造证据、隐匿证据或者毁灭证据的,无论属于何方,必须受法律追究。"2012年《刑事诉讼法修改决定》对本条作了修改,增加行政机关收集的证据在刑事诉讼中作为证据使用和对涉及商业秘密、个人隐私的证据应当保密的规定。2018年修改《刑事诉讼法》时对本条规定未作调整。

相关规定

《中华人民共和国保守国家秘密法》(自2010年10月1日起施行,节录)

第九条 下列涉及国家安全和利益的事项,泄露后可能损害国家在政治、经济、国防、外交等领域的安全和利益的,应当确定为国家秘密:

(一)国家事务重大决策中的秘密事项;

(二)国防建设和武装力量活动中的秘密事项;

(三)外交和外事活动中的秘密事项以及对外承担保密义务的秘密事项;

(四)国民经济和社会发展中的秘密事项;

(五)科学技术中的秘密事项;

(六)维护国家安全活动和追查刑事犯罪中的秘密事项;

(七)经国家保密行政管理部门确定的其他秘密事项。

政党的秘密事项中符合前款规定的,属于国家秘密。

第十条 国家秘密的密级分为绝密、机密、秘密三级。

绝密级国家秘密是最重要的国家秘密,泄露会使国家安全和利益遭受特别严重的损害;机密级国家秘密是重要的国家秘密,泄露会使国家安全和利益遭受严重的损害;秘密级国家秘密是一般的国家秘密,泄露会使国家安全和利益遭受损害。

《中华人民共和国监察法》(自2018年3月20日起施行,节录)

第十八条 监察机关行使监督、调查职权,有权依法向有关单位和个人了解情况,收集、调取证据。有关单位和个人应当如实提供。

监察机关及其工作人员对监督、调查过程中知悉的国家秘密、商业秘密、个人隐私,应当保密。

任何单位和个人不得伪造、隐匿或者毁灭证据。

第三十三条 监察机关依照本法规定收集的物证、书证、证人证言、被调查人供述和辩解、视听资料、电子数据等证据材料,在刑事诉讼中可以作为证据使用。

监察机关在收集、固定、审查、运用证据时,应当与刑事审判关于证据的要求和标准相一致。

以非法方法收集的证据应当依法予以排除,不得作为案件处置的依据。

第四十一条 调查人员采取讯问、询问、留置、搜查、调取、查封、扣押、勘验检查等调查措施,均应当依照规定出示证件,出具书面通知,由二人以上进行,形成笔录、报告等书面材料,并由相关人员签名、盖章。

调查人员进行讯问以及搜查、查封、扣押等重要取证工作,应当对全过程进行录音录像,留存备查。

《中华人民共和国监察法实施条例》(自2021年9月20日起施行,节录)

第五十九条第二款、第三款 监察机关向有关单位和个人收集、调取证据时,应当告知其必须依法如实提供证据。对于不按要求提供有关材料,泄露相关信息,伪造、隐匿、毁灭证据,提供虚假情况或者阻止他人提供证据的,依法追究法律责任。

监察机关依照监察法和本条例规定收集的证据材料,经审查符合法定要求的,在刑事诉讼中可以作为证据使用。

第六十八条 监察机关对行政机关在行政执法和查办案件中收集的物证、书证、视听资料、电子数据、勘验、检查等笔录,以及鉴定意见等证据材料,经审查符合法定要求的,可以作为证据使用。

根据法律、行政法规规定行使国家行政管理职权的组织在行政执法和查办案件中收集的证据材料,视为行政机关收集的证据材料。

第六十九条 监察机关对人民法院、人民检察院、公安机关、国家安全机关等在刑事诉讼中收集的物证、书证、视听资料、电子数据、勘验、检查、辨认、侦查实验等笔录,以及鉴定意见等证据材料,经审查符合法定要求的,可以作为证据使用。

监察机关办理职务违法案件,对于人民法院生效刑事判决、裁定和人民检察院不起诉决定采信的证据材料,可以直接作为证据使用。

基本规范

《最高人民法院关于适用〈中华人民共和国刑事诉讼法〉的解释》(法释〔2021〕1号,自2021年3月1日起施行)

第四章 证 据
第一节 一般规定

第七十五条 行政机关在行政执法和查办案件过程中收集的物证、书证、视听资料、电子数据等证据材料,经法庭查证属实,且收集程序符合有关法律、行政法规规定的,可以作为定案的根据。

根据法律、行政法规规定行使国家行政管理职权的组织,在行政执法和查办案件过程中收集的证据材料,视为行政机关收集的证据材料。

第七十六条 监察机关依法收集的证据材料,在刑事诉讼中可以作为证据使用。

对前款规定证据的审查判断,适用刑事审判关于证据的要求和标准。

第七十八条　控辩双方提供的证据材料涉及外国语言、文字的,应当附中文译本。

第八十一条① 公开审理案件时,公诉人、诉讼参与人提出涉及国家秘密、商业秘密或者个人隐私的证据的,法庭应当制止;确与本案有关的,可以根据具体情况,决定将案件转为不公开审理,或者对相关证据的法庭调查不公开进行。

《人民检察院刑事诉讼规则》(高检发释字〔2019〕4号,自2019年12月30日起施行)

第五章　证　据

第六十四条　行政机关在行政执法和查办案件过程中收集的物证、书证、视听资料、电子数据等证据材料,经人民检察院审查符合法定要求的,可以作为证据使用。

行政机关在行政执法和查办案件过程中收集的鉴定意见、勘验、检查笔录,经人民检察院审查符合法定要求的,可以作为证据使用。

第六十五条　监察机关依照法律规定收集的物证、书证、证人证言、被调查人供述和辩解、视听资料、电子数据等证据材料,在刑事诉讼中可以作为证据使用。

第一百八十条　办理案件的人民检察院需要派员到本辖区以外进行搜查,调取物证、书证等证据材料,或者查封、扣押财物和文件的,应当持相关法律文书和证明文件等与当地人民检察院联系,当地人民检察院应当予以协助。

需要到本辖区以外调取证据材料的,必要时,可以向证据所在地的人民检察院发函调取证据。调取证据的函件应当注明具体的取证对象、地址和内容。证据所在地的人民检察院应当在收到函件后一个月以内将取证结果送达办理案件的人民检察院。

被请求协助的人民检察院有异议的,可以与办理案件的人民检察院进行协商。必要时,报请共同的上级人民检察院决定。

---

① 需要注意的是,本条未规定一律不公开审理,而是可以根据案件情况采取不公开审理或者局部不公开审理(即对相关证据的法庭调查不公开进行)两种方式。所谓局部不公开,是指对涉及国家秘密、商业秘密或者个人隐私的证据的质证不公开,让旁听人员退庭,转为不公开审理。待相关证据的调查结束后,法庭审理再转为公开进行。——**本评注注**

《公安机关办理刑事案件程序规定》(公安部令第159号修正,修正后自2020年9月1日起施行)

第五章 证 据

第六十一条 公安机关向有关单位和个人收集、调取证据时,应当告知其必须如实提供证据。

对涉及国家秘密、商业秘密、个人隐私的证据,应当保密。

对于伪造证据、隐匿证据或者毁灭证据的,应当追究其法律责任。

第六十二条 公安机关向有关单位和个人调取证据,应当经办案部门负责人批准,开具调取证据通知书,明确调取的证据和提供时限。被调取单位及其经办人、持有证据的个人应当在通知书上盖章或者签名,拒绝盖章或者签名的,公安机关应当注明。必要时,应当采用录音录像方式固定证据内容及取证过程。

第六十三条 公安机关接受或者依法调取的行政机关在行政执法和查办案件过程中收集的物证、书证、视听资料、电子数据、鉴定意见、勘验笔录、检查笔录等证据材料,经公安机关审查符合法定要求的,可以作为证据使用。

第六十四条 收集、调取的物证应当是原物。只有在原物不便搬运、不易保存或者依法应当由有关部门保管、处理或者依法应当返还时,才可以拍摄或者制作足以反映原物外形或者内容的照片、录像或者复制品。

物证的照片、录像或者复制品经与原物核实无误或者经鉴定证明为真实的,或者以其他方式确能证明其真实的,可以作为证据使用。原物的照片、录像或者复制品,不能反映原物的外形和特征的,不能作为证据使用。

第六十五条 收集、调取的书证应当是原件。只有在取得原件确有困难时,才可以使用副本或者复制件。

书证的副本、复制件,经与原件核实无误或者经鉴定证明为真实的,或者以其他方式确能证明其真实的,可以作为证据使用。书证有更改或者更改迹象不能作出合理解释的,或者书证的副本、复制件不能反映书证原件及其内容的,不能作为证据使用。

第六十六条 收集、调取电子数据,能够扣押电子数据原始存储介质的,应当扣押原始存储介质,并制作笔录,予以封存。

确因客观原因无法扣押原始存储介质的,可以现场提取或者网络在线提取电子数据。无法扣押原始存储介质,也无法现场提取或者网络在线提取的,可以采取打印、拍照或者录音录像等方式固定相关证据,并在笔录中注明原因。

收集、调取的电子数据,足以保证完整性,无删除、修改、增加等情形的,可以作为证据使用。经审查无法确定真伪,或者制作、取得的时间、地点、方式等有疑问,不能提供必要证明或者作出合理解释的,不能作为证据使用。

第六十七条 物证的照片、录像或者复制品,书证的副本、复制件,视听资料、电子数据的复制件,应当附有关制作过程及原件、原物存放处的文字说明,并由制作人和物品持有人或者物品持有单位有关人员签名。

《海警机构办理刑事案件程序规定》(中国海警局令第1号,自2023年6月15日起施行)

第五章 证 据

第五十条 海警机构向有关单位和个人收集、调取证据时,应当告知其必须如实提供证据。

对涉及国家秘密、商业秘密、个人隐私的证据,应当保密。

对于伪造证据、隐匿证据或者毁灭证据的,应当追究其法律责任。

第五十一条 海警机构向有关单位和个人调取证据,应当经办案部门以上负责人批准,开具调取证据通知书,明确调取的证据和提供时限。被调取单位及其经办人、持有证据的个人应当在通知书上盖章或者签名,拒绝盖章或者签名的,侦查人员应当注明。必要时,应当采用录音录像等方式固定证据内容及取证过程。

侦查人员调取证据时,应当向有关人员问明证据的来源、内容、保存情况等,必要时制作询问笔录;被调取人拒绝配合制作询问笔录的,侦查人员应当制作调取证据的说明材料。

第五十二条 海警机构接受或者依法调取的行政机关在行政执法和查办案件过程中收集的物证、书证、视听资料、电子数据等证据材料,经海警机构审查符合法定要求的,可以作为证据使用。

第五十三条 收集、调取的物证应当是原物。只有在原物不便搬运、不易保存或者依法应当由有关部门保管、处理或者依法应当返还时,才可以拍摄或者制作足以反映原物外形或者内容的照片、录像或者复制品。

物证的照片、录像、复制品,经与原物核对无误、经鉴定或者以其他方式确认真实的,可以作为证据使用。原物的照片、录像、复制品,不能反映原物的外形和特征的,不得作为证据使用。

第五十四条 收集、调取的书证应当是原件。只有在取得原件确有困难时,才可以使用副本或者复制件。

书证的副本、复制件,经与原件核对无误、经鉴定或者以其他方式确认真实的,可以作为证据使用。书证有更改或者更改迹象不能作出合理解释的,或者书证的副本、复制件不能反映书证原件及其内容的,不得作为证据使用。

第五十五条 电子数据是案件发生过程中形成的,以数字化形式存储、处理、传输的,能够证明案件事实的数据。电子数据包括但不限于下列信息、电子文件:

(一)电子海图、船舶航行轨迹等信息;

(二)网页、博客、微博客、朋友圈、贴吧、网盘等网络平台发布的信息;

(三)手机短信、电子邮件、即时通信、通讯群组等网络应用服务的通信信息;

(四)用户注册信息、身份认证信息、电子交易记录、通信记录、登录日志等信息;

(五)文档、图片、音视频、数字证书、计算机程序等电子文件。

第五十六条 收集、调取电子数据,能够扣押电子数据原始存储介质的,应当扣押原始存储介质,并制作笔录、予以封存。

确因客观原因无法扣押原始存储介质的,可以现场提取或者网络在线提取电子数据。无法扣押原始存储介质,也无法现场提取或者网络在线提取的,可以采取打印、拍照或者录音录像等方式固定相关证据,并在笔录中注明原因。

收集、调取的电子数据,足以保证完整性,无删除、修改、增加等情形的,可以作为证据使用。经审查无法确定真伪,或者制作、取得的时间、地点、方式等有疑问,不能提供必要证明或者作出合理解释的,不得作为证据使用。

第五十七条 物证的照片、录像、复制品,书证的副本、复制件,视听资料、电子数据的复制件,应当附有关制作过程及原件、原物存放处的文字说明,并由制作人和物品持有人或者持有单位有关人员签名。

▍其他规范

《最高人民法院、最高人民检察院、公安部关于办理侵犯知识产权刑事案件适用法律若干问题的意见》(法发〔2011〕3号,节录)

二、关于办理侵犯知识产权刑事案件中行政执法部门收集、调取证据的效力问题

行政执法部门依法收集、调取、制作的物证、书证、视听资料、检验报告、鉴定结论、勘验笔录、现场笔录,经公安机关、人民检察院审查,人民法院庭审质证确认,可以作为刑事证据使用。

行政执法部门制作的证人证言、当事人陈述等调查笔录,公安机关认为有必要作为刑事证据使用的,应当依法重新收集、制作。

《最高人民法院、最高人民检察院、公安部关于办理刑事案件收集提取和审

查判断电子数据若干问题的规定》(法发〔2016〕22号)第六条对初查过程中收集、提取的电子数据和通过网络在线提取的电子数据的证据资格问题作了规定。(→参见第五十五条后"相关规范集成·证据分类收集提取与审查判断"所附"其他规范",第414页)

《最高人民检察院、公安部关于公安机关办理经济犯罪案件的若干规定》(公通字〔2017〕25号)第四十四条对民事诉讼中证据材料的审查和重新收集的有关问题作了规定。(→参见第二编"立案、侦查和提起公诉"标题下所附"其他规范",第765页)

《人民检察院办理网络犯罪案件规定》(最高人民检察院,高检发办字〔2021〕3号)第四十二条对行政机关在行政执法和查办案件过程中收集、提取的电子数据的使用问题作了规定。(→参见第二编"立案、侦查和提起公诉"标题下所附"其他规范",第781页)

《最高人民法院、最高人民检察院、公安部、工业和信息化部、住房和城乡建设部、交通运输部、应急管理部、国家铁路局、中国民用航空局、国家邮政局关于依法惩治涉枪支、弹药、爆炸物、易燃易爆危险物品犯罪的意见》(法发〔2021〕35号)第二十条规定了行政证据在刑事诉讼中的使用问题。(→参见第一百零九条所附"其他规范",第819页)

指导性案例

宋某某等人重大责任事故案(检例第95号)

关键词 事故调查报告 证据审查 责任划分 不起诉 追诉漏犯

要 旨 对相关部门出具的安全生产事故调查报告,要综合全案证据进行审查,准确认定案件事实和相关人员责任。要正确区分相关涉案人员的责任和追责方式,发现漏犯及时追诉,对不符合起诉条件的,依法作出不起诉处理。

司法疑难解析

1. **行政机关的外延。**《刑事诉讼法》第五十四条第二款规定的"行政机关"不限于工商、税务等行政机关,也包括证券监管部门等行政机关以外,根据法律、法规规定行使国家行政管理职权的组织。因此,《刑诉法解释》第七十五条第二款规定:"根据法律、行政法规规定行使国家行政管理职权的组织,在行政执法和查办案件过程中收集的证据材料,视为行政机关收集的证据材料。"例如,《证券法》第一百七十条规定:"国务院证券监督管理机构依法履行职责,有权采取下列措施:(一)对证券发行人、证券公司、证券服务机构、证券交易场所、证券登记结算机构进行现场检查;(二)进入涉嫌违法行为发生场所调查取证……"可见,国务院证券监督管理机构虽然不属于行政机关,但属于根据法律规定行使国家行政管理职权的组织,其在查处案件中收集的相关证据材料,可以视为行政机关收集的证据材料。需要注意的是,实践中行政主体还包括受行政机关委托代表行政机关行使职权的组织,这些组织不属于《刑事诉讼法》第五十四条规定的"行政机关",其在行政执法和查办案件过程中收集的有关证据材料,不能视为行政机关收集的证据材料。

2. "物证、书证、视听资料、电子数据等证据材料"的外延。对于《刑事诉讼法》第五十四条第二款中的"物证、书证、视听资料、电子数据等证据材料"的"等",存在不同认识。大致看来,实践中有狭义、广义和最广义三种观点:(1)狭义说主张,对"等"只能作等内解释,即只包括物证、书证、视听资料、电子数据等实物证据;(2)广义说主张,对"等"可以作适当等外解释,即除明确列举的"物证、书证、视听资料、电子数据"外,可以包括笔录、鉴定意见等非言词证据在内;(3)最广义说主张,对"等"可以作无限制的等外解释,即可以涵括包括言词证据在内的其他证据。《2012年刑诉法解释》第六十五条第一款"行政机关在行政执法和查办案件过程中收集的物证、书证、视听资料、电子数据等证据材料,在刑事诉讼中可以作为证据使用"的规定与《刑事诉讼法》的表述一致,未明确作等外解释,可以认为偏向于狭义说;相反,《人民检察院刑事诉讼规则(试行)》(高检发释字〔2012〕2号,已失效)第六十四条则采用最广义说。①

2019年《刑诉规则》第六十四条规定:"行政机关在行政执法和查办案件过程中收集的物证、书证、视听资料、电子数据等证据材料,经人民检察院审查符合法定要求的,可以作为证据使用。行政机关在行政执法和查办案件过程中收集的鉴定意见、勘验、检查笔录,经人民检察院审查符合法定要求的,可以作为证据

---

① 该条规定:"行政机关在行政执法和查办案件过程中收集的物证、书证、视听资料、电子数据证据材料,应当以该机关的名义移送,经人民检察院审查符合法定要求的,可以作为证据使用。""行政机关在行政执法和查办案件过程中收集的鉴定意见、勘验、检查笔录,经人民检察院审查符合法定要求的,可以作为证据使用。""人民检察院办理直接受理立案侦查的案件,对于有关机关在行政执法和查办案件过程中收集的涉案人员供述或者相关人员的证言、陈述,应当重新收集;确有证据证实涉案人员或者相关人员因路途遥远、死亡、失踪或者丧失作证能力,无法重新收集,但供述、证言或者陈述的来源、收集程序合法,并有其他证据相印证,经人民检察院审查符合法定要求的,可以作为证据使用。""根据法律、法规赋予的职责查处行政违法、违纪案件的组织属于本条规定的行政机关。"

使用。"显而易见,《刑诉规则》由此前的最广义说改采广义说。与之不同,《刑诉法解释》第七十五条第一款仍然沿用《2012年刑诉法解释》第六十五条第一款的立场。对此,刑事审判实践要特别注意把握,作出妥当处理:

一是关于行政机关收集的鉴定意见、勘验、检查笔录等证据材料的使用。实践中,有观点认为,勘验、检查等笔录的客观性强,且往往条件消失后,不能重复制作,而重复鉴定亦无必要,故对于上述行政证据材料,应当承认其刑事证据资格。基于此,《刑诉法解释》第七十五条第一款原本拟增加规定"勘验、检查等笔录"和"鉴定意见"在刑事诉讼中可以作为证据使用。征求意见过程中,有意见认为:"由于行政机关收集勘验、检查等笔录、鉴定意见等证据的程序与刑事诉讼法的规定存在差异,且基于各方面原因,这些证据可能存在无法有效检验、质证等情况,刑事诉讼法未对行政机关收集的勘验、检查等笔录、鉴定意见在刑事诉讼中的证据效力作出规定。这些证据如果在刑事诉讼中使用,并作为定案的依据,应当严格慎重把握。"另有意见认为,勘验、检查笔录、鉴定意见是有一定主观性的证据材料,与书证、物证等客观性证据不同,不宜采用相同的证据采信规则。特别是行政执法过程中的"鉴定意见"效力不同于司法鉴定。司法鉴定需要有鉴定资质,而行政执法过程中的鉴定意见往往由行政机关自己作出,或者由不具有司法鉴定资质的机构作出,不具有相同的公信力,不应直接作为证据使用。经研究,采纳上述意见,沿用《2012年刑诉法解释》第六十五条第一款的规定,并与《刑事诉讼法》第五十四条第二款的规定保持一致。

需要注意的是,2019年《刑诉规则》第六十四条第二款已明确规定行政机关在行政执法和查办案件过程中收集的鉴定意见、勘验、检查笔录具有刑事证据资格。在审判实践中,对《刑诉法解释》第七十五条第一款的"物证、书证、视听资料、电子数据等证据材料"在刑事诉讼中可以作为证据使用,应当与《刑诉规则》第六十四条的规定作不同的把握,即对"等"原则上应作"等内"解释,限于物证、书证、视听资料、电子数据,不包括鉴定意见、勘验、检查笔录和言词证据;但是,根据案件具体情况,确有必要作"等外"解释的,也可以个案处理,但应当以相关证据无法重新收集为前提,且有证据证明取证程序合法、能与其他证据相印证。

二是关于行政机关收集的言词证据材料的使用。《刑诉法解释》第七十五条原本拟增加一款作为第二款:"行政机关在行政执法和查办案件过程中收集的证人证言、当事人陈述、辨认笔录,需要在刑事诉讼中作为证据使用的,应当重新收集。确有证据证实相关人员因死亡、丧失作证能力等,无法重新收集的,该证据可以在刑事诉讼中作为证据使用;经法庭调查,证言、陈述的收集程序合法,并有其他证据相印证的,可以作为定案的根据。"讨论中,对于此种情形下行政机关收集的言词证据是否具有刑事证据资格,存在不同认识。有意见认为,行政执法中言词证据包括证人证言和当事人陈述。言词证据的最大特点是易变性,故对于言词证据、特别是证人证言的审查和采信通常要遵守直接言词原则。但是在证人死亡、失踪或者丧失作证能力的情况下,辩方无法申请证人当庭质证,无法当面核实其身份及证言真伪,庭审对证人证言的审查判断难度将增大,甚至在不少情形下,难以判断证人证言的真实性,故建议删除例外规定。经研究,采纳上述意见,删去相关规定。司法实践中,如在特殊情形下,言词证据确实无法重新收集,但又必须使用的,可以纳入"等证据材料"的"等"中加以解决。同时,也必须有证据证明取证程序合法,能与其他证据相印证,才能最终作为定案的根据。

3. **行政证据材料的审查判断标准**。行政机关在行政执法和查办案件过程中收集的物证、书证、视听资料、电子数据等证据材料,在刑事诉讼中可以作为证据使用的,也应当经当庭出示、辨认、质证等法庭调查程序查证属实,才能作为定案的根据。对于经审查不符合真实性、合法性、关联性标准的证据材料,应当依法予以排除。

在《2012年刑诉法解释》征求意见过程中,有意见认为,行政执法程序不同于刑事诉讼程序,适用不同的标准。那么,对于行政机关收集的可以在刑事诉讼中作为证据使用的证据材料,人民法院应当以什么标准审查判断行政机关取证程序是否合法,是适用刑事诉讼的标准还是适用行政机关行政执法和查办案件的标准?建议对此问题予以明确。经研究认为,上述问题确实存在。从逻辑上而言,行政机关在行政执法和查办案件的过程中,尚不知道所涉及的案件是否达到犯罪的程度,是否会进入刑事诉讼程序,无法也不应当适用刑事诉讼程序的规定收集相关证据材料,只能依照法律、行政法规关于行政执法和查办案件的相关规定。基于此,《2012年刑诉法解释》第六十五条第一款规定:"……经法庭查证属实,且收集程序符合有关法律、行政法规规定的,可以作为定案的根据。"《刑诉法解释》第七十五条第二款沿用上述规定。

4. **公安机关在办理行政案件过程中收集证据材料的使用**。针对《刑诉法解释》第七十五条,征求意见过程中,有意见建议增加一款,明确"公安机关在办理行政案件过程中所收集的言词证据,需要在刑事诉讼中作为证据使用的,无需重新收集"。理由:公安机关具有行政执法和刑事司法的双重职能,在办理行政案件和刑事案件中对于取证程序的要求是完全相同的。并且,根据《公安机关办理行政案件程序规定》的有关规定,对发现或者受理的案件暂时无法确定为刑事案件或者行政案件的,可以按照行政案件的程序办理。在办理过程中,认为涉嫌构成犯罪的,应当按照《公安机关办理刑事案件程序规定》办理。因此,公安机关在办理行政案件过程中收集的证据,应当可以用作刑事诉讼中的证据。

经研究认为,上述观点似有不妥,对于公安机关在行政执法过程中收集的言词证据,依法应当在刑事立案之后重新收集。主要考虑:(1)公安机关具有行政执法和刑事司法的双重职能,这就决定了公安机关的取证活动未必就是刑事侦查,而可能是行政执法。根据《刑事诉讼法》第五十四条第二款的规定,对于行政机关在行政执法过程中收集的证据材料,实物证据可以直接作为刑事证据使用,但言词证据不得直接作为刑事证据使用。(2)监察机关收集的证据材料,无论是言词证据还是实物证据,在刑事诉讼中都可以作为刑事证据使用。其依据在于《监察法》第三十三条第一款"监察机关依照本法规定收集的物证、书证、证人证言、被调查人供述和辩解、视听资料、电子数据等证据材料,在刑事诉讼中可以作为证据使用"的规定。如果公安机关在行政执法过程中收集的言词证据也需要在刑事诉讼中直接使用,则需要在刑事诉讼法或者其他法律中作出专门规定。

相关规范集成·涉外证据的收集提取与审查判断

相关规定

《中华人民共和国国际刑事司法协助法》(自2018年10月26日起施行,节录)

第二十六条 向外国请求调查取证的,请求书及所附材料应当根据需要载明下列事项:

(一)被调查人的姓名、性别、住址、身份信息、联系方式和有助于确认被调查人的其他资料;

(二)需要向被调查人提问的问题;

(三)需要查找、辨认人员的姓名、性别、住址、身份信息、联系方式、外表和行为特征以及有助于查找、辨认的其他资料;

(四)需要查询、核实的涉案财物的权属、地点、特性、外形和数量等具体信息,需要查询、核实的金融账户相关信息;

(五)需要获取的有关文件、记录、电子数据和物品的持有人、地点、特性、外形和数量等具体信息;

(六)需要鉴定的对象的具体信息;

（七）需要勘验或者检查的场所、物品等的具体信息；
（八）需要搜查的对象的具体信息；
（九）有助于执行请求的其他材料。

第二十七条　被请求国要求归还其提供的证据材料或者物品的，办案机关应当尽快通过对外联系机关归还。

《中华人民共和国反有组织犯罪法》（自 2022 年 5 月 1 日起施行，节录）

第五十七条　通过反有组织犯罪国际合作取得的材料可以在行政处罚、刑事诉讼中作为证据使用，但依据条约规定或者我方承诺不作为证据使用的除外。

基本规范

《最高人民法院关于适用〈中华人民共和国刑事诉讼法〉的解释》（法释〔2021〕1 号，自 2021 年 3 月 1 日起施行）

第四章　证　据

第一节　一般规定

第七十七条①　对来自境外的证据材料，人民检察院应当随案移送有关材料来源、提供人、提取人、提取时间等情况的说明。经人民法院审查，相关证据材料能够证明案件事实且符合刑事诉讼法规定的，可以作为证据使用，但提供人或者我国与有关国家签订的双边条约对材料的使用范围有明确限制的除外；材料来源不明或者真实性无法确认的，不得作为定案的根据。

当事人及其辩护人、诉讼代理人提供来自境外的证据材料的，该证据材料应当经所在国公证机关证明，所在国中央外交主管机关或者其授权机关认证，并经中华人民共和国驻该国使领馆认证，或者履行中华人民共和国与该所在国订立的有关条约中规定的证明手续，但我国与该国之间有互免认证协定的除外。

相关规范

《最高人民法院、最高人民检察院、公安部关于办理电信网络诈骗等刑事案件适用法律若干问题的意见》（法发〔2016〕32 号）"六、证据的收集和审查判断"对办理电信网络诈骗案件的证据收集和审查判断的有关问题作了规定。（→参见第二十五条所附"其他规范"，第 211 页）

---

① 本条原规定在涉外案件的审理和司法协助一章，位置调整到证据部分，主要是考虑到在非涉外案件中，也存在来自境外的证据的审查运用问题。——**本评注注**

《人民检察院办理网络犯罪案件规定》(最高人民检察院,高检发办字〔2021〕3号)第五十八条、第五十九条对人民检察院办理网络犯罪案件使用境外证据的有关问题作了规定。(→参见第二编"立案、侦查和提起公诉"标题下所附"其他规范",第783页)

《最高人民法院、最高人民检察院、公安部关于办理电信网络诈骗等刑事案件适用法律若干问题的意见(二)》(法发〔2021〕22号,节录)

十四、通过国(区)际警务合作收集或者境外警方移交的境外证据材料,确因客观条件限制,境外警方未提供相关证据的发现、收集、保管、移交情况等材料的,公安机关应当对上述证据材料的来源、移交过程以及种类、数量、特征等作出书面说明,由两名以上侦查人员签名并加盖公安机关印章。经审核能够证明案件事实的,可以作为证据使用。

指导性案例

张凯闵等52人电信网络诈骗案(检例第67号)

关键词　跨境电信网络诈骗　境外证据审查　电子数据　引导取证

要　旨　跨境电信网络诈骗犯罪往往涉及大量的境外证据和庞杂的电子数据。对境外获取的证据应着重审查合法性,对电子数据应着重审查客观性。主要成员固定,其他人员有一定流动性的电信网络诈骗犯罪组织,可认定为犯罪集团。

指导意义

(一)对境外实施犯罪的证据应着重审查合法性

对在境外获取的实施犯罪的证据,一是要审查是否符合我国刑事诉讼法的相关规定,对能够证明案件事实且符合刑事诉讼法规定的,可以作为证据使用。二是对基于有关条约、司法互助协定、两岸司法互助协议或通过国际组织委托调取的证据,应注意审查相关办理程序、手续是否完备,取证程序和条件是否符合有关法律文件的规定。对不具有规定规范的,一般应当要求提供所在国公证机关证明,由所在国中央外交主管机关或其授权机关认证,并经我国驻该国使、领馆认证。三是对委托取得的境外证据,移交过程中应注意审查过程是否连续、手续是否齐全、交接物品是否完整、双方的交接清单记载的物品信息是否一致、交接清单与交接物品是否一一对应。四是对当事人及其辩护人、诉讼代理人提供的来自境外的证据材料,要审查其是否按照条约等相关规定办理了公证和认证,并经我国驻该国使、领馆认证。

(二)对电子数据应重点审查客观性

一要审查电子数据存储介质的真实性。通过审查存储介质的扣押、移交等法律手续及清单,核实电子数据存储介质在收集、保管、鉴定、检查等环节中是否保持原始性和同一性。二要审查电子数据本身是否客观、真实、完整。通过审查电子数据的来源和收集过程,核实电子数据是否从原始存储介质中提取,收集的程序和方法是否符合法律和相关技术规范。对从境外起获的存储介质中提取、恢复的电子数据应当进行无污损鉴定,将起获设备的时间作为鉴定的起始基准时间,以保证电子数据的客观、真实、完整。三要审查电子数据内容的真实性。通过审查在案言词证据能否与电子数据相互印证,不同的电子数据间能否相互印证等,核实电子数据包含的案件信息能否与在案的其他证据相互印证。

(三)紧紧围绕电话卡和银行卡审查认定案件事实

办理电信网络诈骗犯罪案件,认定被害人数量及诈骗资金数额的相关证据,应当紧紧围绕电话卡和银行卡等证据的关联性来认定犯罪事实。一是通过电话卡建立被害人与诈骗犯罪组织间的关联。通过审查诈骗犯罪组织使用的网络电话拨打记录清单、被害人接到诈骗电话号码的陈述以及被害人提供的通话记录详单等通讯类证据,认定被害人与诈骗犯罪组织间的关联性。二是通过银行卡建立被害人与诈骗犯罪组织间的关联。通过审查被害人提供的银行账户交易明细、银行客户通知书、诈骗犯罪集团指定银行账户信息等书证以及诈骗犯罪组织使用的互联网软件聊天记录,核实聊天记录中是否出现被害人的转账账户,以确定被害人与诈骗犯罪组织间的关联性。三是将电话卡和银行卡结合起来认定被害人及诈骗数额。审查被害人接到诈骗电话的时间、向诈骗犯罪组织指定账户转款的时间,诈骗犯罪组织手机或电脑中储存的聊天记录中出现的被害人的账户信息和转账时间是否印证。相互关联印证的,可以认定为案件被害人,被害人实际转账的金额可以认定为诈骗数额。

(四)有明显首要分子,主要成员固定,其他人员有一定流动性的电信网络诈骗犯罪组织,可以认定为诈骗犯罪集团

实施电信网络诈骗犯罪,大都涉案人员众多、组织严密、层级分明、各环节分工明确。对符合刑法关于犯罪集团规定,有明确首要分子,主要成员固定,其他人员虽有一定流动性的电信网络诈骗犯罪组织,依法可以认定为诈骗犯罪集团。对出资筹建诈骗窝点、掌控诈骗所得资金、制定犯罪计划等起组织、指挥管理作用的,依法可以认定为诈骗犯罪集团首要分子,按照集团所犯的全部罪行处罚。对负责协助首要分子组建窝点、招募培训人员等起积极作用的,或加入时间较

长,通过接听拨打电话对受害人进行诱骗,次数较多、诈骗金额较大的,依法可以认定为主犯,按照其参与或组织、指挥的全部犯罪处罚。对诈骗次数较少、诈骗金额较小,在共同犯罪中起次要或者辅助作用的,依法可以认定为从犯,依法从轻、减轻或免除处罚。

司法疑难解析

境外证据材料的区别对待。根据《刑诉法解释》第七十七条的规定,对于办案机关收集的、获得的境外证据材料,无须经过公证、认证程序,只需对来源等作出说明即可;只有当事人等个人提供的境外证据材料才需要经过公证、认证程序。适用中需要进一步注意的是,对于境外证人书写证词或者录拍视频,而后从境外发送至办案机关,由办案机关提供的,与当事人等个人提供的境外证据应无实质差异,似亦需经过公证、认证程序。

第五十五条 【证明标准】对一切案件的判处都要重证据,重调查研究,不轻信口供。只有被告人供述,没有其他证据的,不能认定被告人有罪和处以刑罚;没有被告人供述,证据确实、充分的,可以认定被告人有罪和处以刑罚。

证据确实、充分,应当符合以下条件:

(一)定罪量刑的事实都有证据证明;

(二)据以定案的证据均经法定程序查证属实;

(三)综合全案证据,对所认定事实已排除合理怀疑。

立法沿革

1979年《刑事诉讼法》第三十五条规定:"对一切案件的判处都要重证据,重调查研究,不轻信口供。只有被告人供述,没有其他证据的,不能认定被告人有罪和处以刑罚;没有被告人供述,证据充分确实的,可以认定被告人有罪和处以刑罚。"1996年修改《刑事诉讼法》时对本条规定未作调整,但在第一百二十九条关于公安机关侦查终结移送起诉的规定、第一百四十一条关于人民检察院提起公诉的规定、第一百六十二条关于人民法院作出有罪判决的规定中,都要求办案机关做到"证据确实、充分"。2012年《刑事诉讼法修改决定》对本条规定作了修改,增加认定"证据确实、充分"的条件,并将原规定的"证据充分确实"调整为"证据确实、充分"。2018年修改《刑事诉讼法》时对本条规定未作调整。

相关规定

《中华人民共和国监察法实施条例》(自2021年9月20日起施行,节录)

第六十条 监察机关认定案件事实应当以证据为根据,全面、客观地收集、固定被调查人有无违法犯罪以及情节轻重的各种证据,形成相互印证、完整稳定的证据链。

只有被调查人陈述或者供述,没有其他证据的,不能认定案件事实;没有被调查人陈述或者供述,证据符合法定标准的,可以认定案件事实。

第六十二条 监察机关调查终结的职务违法案件,应当事实清楚、证据确凿。证据确凿,应当符合下列条件:

(一)定性处置的事实都有证据证实;

(二)定案证据真实、合法;

(三)据以定案的证据之间不存在无法排除的矛盾;

(四)综合全案证据,所认定事实清晰且令人信服。

第六十三条 监察机关调查终结的职务犯罪案件,应当事实清楚,证据确实、充分。证据确实、充分,应当符合下列条件:

(一)定罪量刑的事实都有证据证明;

(二)据以定案的证据均经法定程序查证属实;

(三)综合全案证据,对所认定事实已排除合理怀疑。

证据不足的,不得移送人民检察院审查起诉。

基本规范

《最高人民法院关于适用〈中华人民共和国刑事诉讼法〉的解释》(法释〔2021〕1号,自2021年3月1日起施行)

第四章 证 据

第十节 证据的综合审查与运用

第一百三十九条 对证据的真实性,应当综合全案证据进行审查。

对证据的证明力,应当根据具体情况,从证据与案件事实的关联程度、证据之间的联系等方面进行审查判断。

第一百四十条 没有直接证据,但间接证据同时符合下列条件的,可以认定被告人有罪:

(一)证据已经查证属实;

（二）证据之间相互印证，不存在无法排除的矛盾和无法解释的疑问；

（三）全案证据形成完整的证据链；

（四）根据证据认定案件事实足以排除合理怀疑，结论具有唯一性；

（五）运用证据进行的推理符合逻辑和经验。

第一百四十一条 根据被告人的供述、指认提取到了隐蔽性很强的物证、书证，且被告人的供述与其他证明犯罪事实发生的证据相互印证，并排除串供、逼供、诱供等可能性的，可以认定被告人有罪。

第一百四十二条① 对监察机关、侦查机关出具的被告人到案经过、抓获经过等材料，应当审查是否有出具该说明材料的办案人员、办案机关的签名、盖章。

对到案经过、抓获经过或者确定被告人有重大嫌疑的根据有疑问的，应当通知人民检察院补充说明。

第一百四十三条② 下列证据应当慎重使用，有其他证据印证的，可以

---

① 征求意见过程中，有意见建议本条维持《2012年刑诉法解释》第一百零八条第二款的表述，即"对到案经过、抓获经过或者确定被告人有重大嫌疑的根据有疑问的，应当要求侦查机关补充说明"。理由是：除检察机关直接立案侦查的案件，实践中绝大多数案件，人民检察院并未参与抓获被告人或接受被告人的投案，并不了解上述情况，难以进行说明，这类情况也不属于补充侦查的事由，由检察机关转达法院要求，再转交侦查机关的说明，反而影响庭审效率。经研究，未采纳上述意见。主要考虑：根据刑事诉讼流程，审判程序中人民法院不宜直接要求侦查机关补充说明。人民法院通知人民检察院补充说明，而后由人民检察院协调侦查机关出具相关说明材料，更为适宜。——**本评注注**

② 需要注意的问题有四：(1)本条对特殊言词证据的采信规则作了规定。被告人供述与辩解、被害人陈述、证人证言是刑事诉讼中重要的证据种类，被称为"言词证据"，又称为"人证"。言词证据是刑事诉讼中的常见证据形式，本身往往含有较大的信息量，具有较强的证明力，很多情况下能够证明案件的全部或者主要事实，能够作为直接证据使用。但是，言词证据是以作证主体的言词形式存在，故容易受到作证主体自身因素的影响，容易发生变化，甚至出现虚假的情况。因此，对言词证据的审查需要根据其特点认真进行，特别是对特殊作证主体出具的言词证据，更是应当慎重使用，审慎采信。基于上述考虑，本条专门作了规定。(2)作证主体的能力存在特殊性的言词证据的采信。根据《刑事诉讼法》第六十二条第二款的规定，生理上、精神上有缺陷，但尚未丧失辨别是非、正确表达能力的人，仍然可以作为证人。尽管这类人尚未丧失正确认知、表达能力，但由于生理上、精神上有缺陷，在对案件事实的认知和表达上存在一定困难，其所作证言的真实性容易受到影响，容易出现失真的情形，故需谨慎审查和使用。(3)作证主体与被告人有特殊关系的言词证据的采信，包括与被告人有亲属关系或者其他密切关系的证人所作的有利于被告人的证言(如被告人的父亲所作的案发时被告人在家睡觉、未在案发现场(转下页)

采信：

（一）生理上、精神上有缺陷，对案件事实的认知和表达存在一定困难，但尚未丧失正确认知、表达能力的被害人、证人和被告人所作的陈述、证言和供述；

（二）与被告人有亲属关系或者其他密切关系的证人所作的有利于被告人的证言，或者与被告人有利害冲突的证人所作的不利于被告人的证言。

第一百四十四条 证明被告人自首、坦白、立功的证据材料，没有加盖接受被告人投案、坦白、检举揭发等的单位的印章，或者接受人员没有签名的，不得作为定案的根据。

对被告人及其辩护人提出有自首、坦白、立功的事实和理由，有关机关未予认定，或者有关机关提出被告人有自首、坦白、立功表现，但证据材料不全的，人民法院应当要求有关机关提供证明材料，或者要求有关人员作证，并结合其他证据作出认定。

第一百四十五条 证明被告人具有累犯、毒品再犯情节等的证据材料，应当包括前罪的裁判文书、释放证明等材料；材料不全的，应当通知人民检察院提供。

第一百四十六条 审查被告人实施被指控的犯罪时或者审判时是否达到相应法定责任年龄，应当根据户籍证明、出生证明文件、学籍卡、人口普查登记、无利害关系人的证言等证据综合判断。

证明被告人已满十二周岁、十四周岁、十六周岁、十八周岁或者不满七十五周岁的证据不足的，应当作出有利于被告人的认定。②

《人民检察院刑事诉讼规则》（高检发释字〔2019〕4号，自2019年12月30

（接上页）的证言），或者与被告人有利害冲突的证人所作的不利于被告人的证言。显然，这类证言也需谨慎使用。因此，在实践中，应当重视审查证人与本案当事人有无亲属或者其他利害关系。（4）本条并未排斥此类证据作为定案的根据，只是要求在审查判断这类证据时应当更加谨慎，要着重审查其能否与在案其他证据相互印证，如果能相互印证的，仍然可以采信为认定案件事实的根据。——**本评注注**

② 根据本款的规定，证明被告人处于相应法定责任年龄的证据不足的，应当作出有利于被告人的认定。由于对被告人处于相应法定责任年龄的认定，影响被告人是否负刑事责任或者所负刑事责任的大小，影响具体刑罚裁量，故而，应当采取严格的标准，要求认定的证据确实充分、排除合理怀疑，而不能适用优势证据标准。如果无充分证据证明被告人实施被指控的犯罪时已满十八周岁，则应当认定其不满十八周岁；如果无充分证据证明被告人实施被指控的犯罪时已满十六周岁，则应当认定其不满十六周岁；如果无充分证据证明被告人实施被指控的犯罪时已满十四周岁，则应当认定其不满十四周岁；如果无充分证据证明被告人实施被指控的犯罪时已满十二周岁，则应当认定（转下页）

日起施行)

第五章 证 据

第六十二条 证据的审查认定,应当结合案件的具体情况,从证据与待证事实的关联程度、各证据之间的联系、是否依照法定程序收集等方面进行综合审查判断。

第六十三条 人民检察院侦查终结或者提起公诉的案件,证据应当确实、充分。证据确实、充分,应当符合以下条件:

(一)定罪量刑的事实都有证据证明;

(二)据以定案的证据均经法定程序查证属实;

(三)综合全案证据,对所认定事实已排除合理怀疑。

其他规范

《最高人民法院、最高人民检察院、公安部、国家安全部、司法部关于办理死刑案件审查判断证据若干问题的规定》(法发〔2010〕20号)第五条、第三十二条至第四十条对证明标准及证据综合审查与运用的有关问题作了规定。(→参见第五十五条后"相关规范集成·证据分类收集提取与审查判断"所附"其他规范",第398、406—407页)

《最高人民法院关于建立健全防范刑事冤假错案工作机制的意见》(法发〔2013〕11号)"二、严格执行法定证明标准,强化证据审查机制"(第六条至第九条)对证据审查的有关问题作了规定。(→参见第二条所附"其他规范",第9页)

指导性案例

郭明升、郭明锋、孙淑标假冒注册商标案(指导案例87号)

关键词 刑事 假冒注册商标罪 非法经营数额 网络销售 刷信誉

裁判要点

假冒注册商标犯罪的非法经营数额、违法所得数额,应当综合被告人供述、证人证言、被害人陈述、网络销售电子数据、被告人银行账户往来记录、送货单、快递公司电脑系统记录、被告人等所作记账等证据认定。被告人辩解称网络销售记录存在刷信誉的不真实交易,但无证据证实的,对其辩解不予采纳。

(接上页)其不满十二周岁。相反,如果无充分证据证明行为人实施指控的犯罪时不满七十五周岁,则应当认定其已满七十五周岁。——本评注注

于英生申诉案(检例第 25 号)

关键词　刑事申诉　再审检察建议　改判无罪

要　旨　坚守防止冤假错案底线,是保障社会公平正义的重要方面。检察机关既要依法监督纠正确有错误的生效刑事裁判,又要注意在审查逮捕、审查起诉等环节有效发挥监督制约作用,努力从源头上防止冤假错案发生。在监督纠正冤错案件方面,要严格把握纠错标准,对于被告人供述反复,有罪供述前后矛盾,且有罪供述的关键情节与其他在案证据存在无法排除的重大矛盾,不能排除有其他人作案可能的,应当依法进行监督。

指导意义

1. 对案件事实结论应当坚持"唯一性"证明标准。刑事诉讼法第一百九十五条第一项规定:"案件事实清楚,证据确实、充分,依据法律认定被告人有罪的,应当作出有罪判决。"刑事诉讼法第五十三条第二款对于认定"证据确实、充分"的条件进行了规定:"(一)定罪量刑的事实都有证据证明;(二)据以定案的证据均经法定程序查证属实;(三)综合全案证据,对所认定的案件事实已排除合理怀疑。"①排除合理怀疑,要求对于认定的案件事实,从证据角度已经没有符合常理的、有根据的怀疑,特别在是否存在犯罪事实和被告人是否实施了犯罪等关键问题上,确信证据指向的案件结论具有唯一性。只有坚持对案件事实结论的唯一性标准,才能够保证裁判认定的案件事实与客观事实相符,最大限度避免冤假错案的发生。

2. 坚持全面收集证据,严格把握纠错标准。在复查刑事申诉案件过程中,除全面审查原有证据外,还应当注意补充收集、调取能够证实被告人有罪或者无罪、犯罪情节轻重的新证据,通过正向肯定与反向否定,检验原审裁判是否做到案件事实清楚,证据确实、充分。要坚持疑罪从无原则,严格把握纠错标准,对于被告人有罪供述出现反复且前后矛盾,关键情节与其他在案证据存在无法排除的重大矛盾,不能排除有其他人作案可能的,应当认为认定主要案件事实的结论不具有唯一性。人民法院据此判决被告人有罪的,人民检察院应当按照审判监督程序向人民法院提出抗诉,或者向同级人民法院提出再审检察建议。

刘某某贩卖毒品二审抗诉案(检例第 179 号)对正确适用排除合理怀疑的证据规则作了规定。(→参见第二百二十八条所附"指导性案例",第 1553 页)

---

①　系针对 2012 年《刑事诉讼法》的规定,其中涉及的"第一百九十五条第一项"规定在现行《刑事诉讼法》中为第二百条第一项,"第五十三条第二款"在现行《刑事诉讼法》中为第五十五条第二款。

相关规范集成·证据分类收集提取与审查判断

基本规范

《最高人民法院关于适用〈中华人民共和国刑事诉讼法〉的解释》（法释〔2021〕1号，自2021年3月1日起施行）

第四章 证 据

第一节 一般规定

第八十条 下列人员不得担任见证人：

（一）生理上、精神上有缺陷或者年幼，不具有相应辨别能力或者不能正确表达的人；

（二）与案件有利害关系，可能影响案件公正处理的人；

（三）行使勘验、检查、搜查、扣押、组织辨认等监察调查、刑事诉讼职权的监察、公安、司法机关的工作人员或者其聘用的人员。

对见证人是否属于前款规定的人员，人民法院可以通过相关笔录载明的见证人的姓名、身份证件种类及号码、联系方式以及常住人口信息登记表等材料进行审查。

由于客观原因无法由符合条件的人员担任见证人的，应当在笔录材料中注明情况，并对相关活动进行全程录音录像。

第二节 物证、书证的审查与认定

第八十二条 对物证、书证应当着重审查以下内容：

（一）物证、书证是否为原物、原件，是否经过辨认、鉴定；物证的照片、录像、复制品或者书证的副本、复制件是否与原物、原件相符，是否由二人以上制作，有无制作人关于制作过程以及原物、原件存放于何处的文字说明和签名；

（二）物证、书证的收集程序、方式是否符合法律、有关规定；经勘验、检查、搜查提取、扣押的物证、书证，是否附有相关笔录、清单，笔录、清单是否经调查人员或者侦查人员、物品持有人、见证人签名，没有签名的，是否注明原因；物品的名称、特征、数量、质量等是否注明清楚；

（三）物证、书证在收集、保管、鉴定过程中是否受损或者改变；

（四）物证、书证与案件事实有无关联；对现场遗留与犯罪有关的具备鉴定条件的血迹、体液、毛发、指纹等生物样本、痕迹、物品，是否已作DNA鉴定、指纹鉴定等，并与被告人或者被害人的相应生物特征、物品等比对；

（五）与案件事实有关联的物证、书证是否全面收集。

第八十三条 据以定案的物证应当是原物。原物不便搬运、不易保存、依法应当返还或者依法应当由有关部门保管、处理的，可以拍摄、制作足以反映原物外形和特征的照片、录像、复制品。必要时,审判人员可以前往保管场所查看原物。

物证的照片、录像、复制品,不能反映原物的外形和特征的,不得作为定案的根据。

物证的照片、录像、复制品,经与原物核对无误、经鉴定或者以其他方式确认真实的,可以作为定案的根据。

第八十四条 据以定案的书证应当是原件。取得原件确有困难的,可以使用副本、复制件。

对书证的更改或者更改迹象不能作出合理解释,或者书证的副本、复制件不能反映原件及其内容的,不得作为定案的根据。

书证的副本、复制件,经与原件核对无误、经鉴定或者以其他方式确认真实的,可以作为定案的根据。

第八十五条 对与案件事实可能有关联的血迹、体液、毛发、人体组织、指纹、足迹、字迹等生物样本、痕迹和物品,应当提取而没有提取,应当鉴定而没有鉴定,应当移送鉴定意见而没有移送,导致案件事实存疑的,人民法院应当通知人民检察院依法补充收集、调取、移送证据。

第八十六条 在勘验、检查、搜查过程中提取、扣押的物证、书证,未附笔录或者清单,不能证明物证、书证来源的,不得作为定案的根据。

物证、书证的收集程序、方式有下列瑕疵,经补正或者作出合理解释的,可以采用:

(一)勘验、检查、搜查、提取笔录或者扣押清单上没有调查人员或者侦查人员、物品持有人、见证人签名,或者对物品的名称、特征、数量、质量等注明不详的;

(二)物证的照片、录像、复制品,书证的副本、复制件未注明与原件核对无异,无复制时间,或者无被收集、调取人签名的;

(三)物证的照片、录像、复制品,书证的副本、复制件没有制作人关于制作过程和原物、原件存放地点的说明,或者说明中无签名的;

(四)有其他瑕疵的。

物证、书证的来源、收集程序有疑问,不能作出合理解释的,不得作为定案的根据。

第三节 证人证言、被害人陈述的审查与认定

第八十七条 对证人证言应当着重审查以下内容:

(一)证言的内容是否为证人直接感知;

(二)证人作证时的年龄,认知、记忆和表达能力,生理和精神状态是否影响

作证;①

(三)证人与案件当事人、案件处理结果有无利害关系;

(四)询问证人是否个别进行;

(五)询问笔录的制作、修改是否符合法律、有关规定,是否注明询问的起止时间和地点,首次询问时是否告知证人有关权利义务和法律责任,证人对询问笔录是否核对确认;

(六)询问未成年证人时,是否通知其法定代理人或者刑事诉讼法第二百八十一条第一款规定的合适成年人到场,有关人员是否到场;

(七)有无以暴力、威胁等非法方法收集证人证言的情形;

(八)证言之间以及与其他证据之间能否相互印证,有无矛盾;存在矛盾的,能否得到合理解释。

第八十八条② 处于明显醉酒、中毒或者麻醉等状态,不能正常感知或者正确表达的证人所提供的证言,不得作为证据使用。

---

① 《刑事诉讼法》第六十二条规定:"凡是知道案件情况的人,都有作证的义务。生理上、精神上有缺陷或者年幼,不能辨别是非、不能正确表达的人,不能作证人。"需要注意的是,生理上、精神上有缺陷或者年幼,并非意味着必然不能作证,关键的判断标准是生理、精神缺陷或者年幼是否导致"不能辨别是非、不能正确表达"。例如,如果某未成年人目睹了一起故意杀人案件,虽然其年幼,但是能够辨别是非、能够正确表达,完全可以作为该起案件的证人。征求意见过程中,有意见认为,司法实践中,有的人由于事故、疾病等原因致语言、视力、听力严重下降,甚至有的比盲、聋、哑人还要严重,因此,应当将因疾病等原因造成重度残疾,不能准确表达自己感知内容的人排除在证人之外。经研究认为,此种情形可以由司法实践具体把握,确实存在因疾病等原因不能准确表达自己感知内容的人,可以认定为"生理上有缺陷,不能辨别是非、不能正确表达"的人,排除在证人之外。本项规定应当着重判断"证人作证时的年龄、认知、记忆和表达能力,生理和精神状态是否影响作证",以准确判断证人证言的真实性。对于是否"不能辨别是非、不能正确表达",应当根据具体情况予以判断,从而决定能否成为证人。——**本评注注**

② 需要注意的问题有二:(1)证人证言只限于自然人所作的关于案件事实的陈述。证人证言属于言词证据的范畴,是自然人对案件事实情况的陈述。由于自然人以外的机关、团体、公司、企业、事业单位等非自然人不具备感知案件事实的能力,自然就无法就案件事实作出陈述。因此,任何非自然人的机关、团体、公司、企业、事业单位出具的证明文件等书面材料都不属于证人证言。(2)对于证人向司法机关的陈述中既有客观的案件情况内容,又有主观的分析评价内容的,要注意从中分离出作为客观情况陈述的证人证言部分。——**本评注注**

证人的猜测性、评论性、推断性的证言，不得作为证据使用，但根据一般生活经验判断符合事实的除外。

第八十九条 证人证言具有下列情形之一的，不得作为定案的根据：

（一）询问证人没有个别进行的；

（二）书面证言没有经证人核对确认的；

（三）询问聋、哑人，应当提供通晓聋哑手势的人员而未提供的；

（四）询问不通晓当地通用语言、文字的证人，应当提供翻译人员而未提供的。

第九十条 证人证言的收集程序、方式有下列瑕疵，经补正或者作出合理解释的，可以采用；不能补正或者作出合理解释的，不得作为定案的根据：

（一）询问笔录没有填写询问人、记录人、法定代理人姓名以及询问的起止时间、地点的；

（二）询问地点不符合规定的；

（三）询问笔录没有记录告知证人有关权利义务和法律责任的；

（四）询问笔录反映出在同一时段，同一询问人员询问不同证人的；

（五）询问未成年人，其法定代理人或者合适成年人不在场的。①

第九十一条 证人当庭作出的证言，经控辩双方质证、法庭查证属实的，应当作为定案的根据。

证人当庭作出的证言与其庭前证言矛盾，证人能够作出合理解释，并有其他证据印证的，应当采信其庭审证言；不能作出合理解释，而其庭前证言有其他证

---

① 根据《刑事诉讼法》第二百八十一条的规定，对于在法定代理人无法通知、不能到场或者是共犯的情况下，应当通知合适成年人到场。有意见认为，对于询问未成年证人，法定代理人或相关人员未到场的，该未成年证人提供的证言不得作为定案的根据。经研究认为，瑕疵证据不同于非法证据，并不涉及严重违反法定程序和侵犯人权的问题，只是证据的真实性受到证据瑕疵的影响。瑕疵证据不能直接予以排除，而是要看证据瑕疵能否得到解决。询问未成年证人时法定代理人或合适成年人未到场的，违反了刑事诉讼法相关规定，但考虑未成年人的证言对认定案件事实具有重要作用，且在法定代理人或合适成年人未到场情况下作伪证的可能性并不大，不宜绝对排除，宜认定为证人证言收集程序存在瑕疵，允许补正和合理解释为妥。基于此，本条作了相应规定。——**本评注注**

据印证的,可以采信其庭前证言。①②

经人民法院通知,证人没有正当理由拒绝出庭或者出庭后拒绝作证,法庭对其证言的真实性无法确认的,该证人证言不得作为定案的根据。③

第九十二条 对被害人陈述的审查与认定,参照适用本节的有关规定。

第四节 被告人供述和辩解的审查与认定

第九十三条 对被告人供述和辩解应当着重审查以下内容:

(一)讯问的时间、地点,讯问人的身份、人数以及讯问方式等是否符合法律、有关规定;

(二)讯问笔录的制作、修改是否符合法律、有关规定,是否注明讯问的具体

---

① 主要有如下考虑:(1)从刑事诉讼法鼓励证人出庭的立法精神出发,宜鼓励司法实践中根据庭审证言认定案件事实,因此,该款的基本立场是以庭审证言为基础,允许证人当庭对其当庭作出的证言与庭前证言矛盾的情形作出合理解释。(2)从实践来看,在庭审证言和庭前证言相矛盾的情况下,庭审证言未必一定是真实的,而庭前证言也未必一定是不真实的。这里专门规定只有在"证人当庭能够作出合理解释,并有相关证据印证"的,才采信其庭审证言。因此,在证人当庭改变庭前证言后,应当结合全案证据,对其当庭证言进行审查,进行有针对性的询问,判断其庭审证言的可信度。(3)在证人当庭作出的证言与其庭前证言矛盾的情况下,如果证人不能作出合理解释,而其庭前证言有相关证据印证的,可以采信其庭前证言。——**本评注注**

② 征求意见过程中,有意见提出,从鼓励证人出庭作证的角度出发,对于证人当庭作出的证言与庭前证言矛盾的,应当采纳庭审证言,而不应当附加"作出合理解释,并有相关证据印证"的条件。而且,很多情况下,证人当庭作出与庭前证言不同的证言是无法有证据印证的。经研究认为,上述观点确有一定道理,但从查明案件事实的角度来看,不能直接规定庭审证言与庭前证言不一致的情况下可以直接采信庭审证言,因为庭审证言也存在着不真实的可能。对于庭审证言与庭前不一致,如果庭前证言有相关证据印证的,可以采纳庭前证言;如果庭前证言也没有相关证据印证的,则庭前证言、庭审证言均无法采信。——**本评注注**

③ 根据本款规定,证人拒绝出庭或者出庭后拒绝作证,尚不能绝对排除证言的采用。在当前的司法实践中,证人证言仍然在证明案件事实的过程中发挥着重要作用。而实践中证人为避免麻烦和报复,不愿出庭的情况大量存在,如果关键证人不出庭作证,其证言失去效力,会影响案件判决,故不宜绝对排除。如在行贿、受贿等案件中,证言的作用十分重要,往往是定案的关键证据,如果因为证人拒绝出庭作证而绝对予以排除并不合适。因此,基于当前实际,人民法院应结合具体案情,分别作出处理:经审查,其庭前证言无法与在案其他证据相印证,如书面证言之间或者同其他证据产生矛盾且矛盾无法排除的,则不能采信,不得作为定案的根据;反之,仍可作为定案根据。——**本评注注**

起止时间和地点,首次讯问时是否告知被告人有关权利和法律规定,被告人是否核对确认;

(三)讯问未成年被告人时,是否通知其法定代理人或者合适成年人到场,有关人员是否到场;

(四)讯问女性未成年被告人时,是否有女性工作人员在场;

(五)有无以刑讯逼供等非法方法收集被告人供述的情形;

(六)被告人的供述是否前后一致,有无反复以及出现反复的原因;

(七)被告人的供述和辩解是否全部随案移送;

(八)被告人的辩解内容是否符合案情和常理,有无矛盾;

(九)被告人的供述和辩解与同案被告人的供述和辩解以及其他证据能否相互印证,有无矛盾;存在矛盾的,能否得到合理解释。

必要时,可以结合现场执法视音频记录、讯问录音录像、被告人进出看守所的健康检查记录、笔录等,对被告人的供述和辩解进行审查。①

第九十四条 被告人供述具有下列情形之一的,不得作为定案的根据:

(一)讯问笔录没有经被告人核对确认的;②

---

① 需要注意的问题有三:(1)《刑事诉讼法》对讯问过程的录音录像制度作出明确,第一百二十三条规定:"侦查人员在讯问犯罪嫌疑人的时候,可以对讯问过程进行录音或者录像;对于可能判处无期徒刑、死刑的案件或者其他重大犯罪案件,应当对讯问过程进行录音或者录像。录音或者录像应当全程进行,保持完整性。"录音录像是证明讯问过程合法性、讯问笔录真实性的重要证据。必要时,人民法院可以调取讯问过程的录音录像对被告人供述进行审查。(2)根据公安部《公安机关现场执法视音频记录工作规定》,对于公安机关当场盘问、检查的,应当对犯罪嫌疑人言行举止进行全过程视音频同步记录。因此,对于被告人作出的供述、辩解,可以结合现场执法视音频记录予以审查。(3)《监察法》第四十一条第二款规定:"调查人员进行讯问以及搜查、查封、扣押等重要取证工作,应当对全过程进行录音录像,留存备查。"因此,对于被告人作出的供述、辩解,可以结合侦查讯问和调查讯问过程的录音录像予以审查。——**本评注注**

② 此种情况下,由于被告人未对讯问笔录核对确认,难以保证讯问笔录中记录的内容是被告人所供述,也自然无法保证讯问笔录记载的被告人供述的真实性,自然不得作为定案的根据。但是,从司法实践来看,目前不少刑事案件被告人供述中存在以下几种情况难以获得被告人签名:(1)被告人属于文盲,不能够书写自己的名字,只能捺手印。(2)被告人拒不签名确认的签名确认的,例如,犯罪嫌疑人、被告人对于侦查人员、审判人员的问话及记录,置之不理;还有的犯罪嫌疑人、被告人供述后又后悔了,并拒绝签字;案件最主要的证据是被告人的供述,被告人为了破坏证据效力,坚决拒绝签名;出于其他不正当理由而拒绝签字的。上述情形下,完全排除被告人的供述不合适。根据《刑诉(转下页)

（二）讯问聋、哑人，应当提供通晓聋、哑手势的人员而未提供的；

（三）讯问不通晓当地通用语言、文字的被告人，应当提供翻译人员而未提供的；

（四）讯问未成年人，其法定代理人或者合适成年人不在场的。①

第九十五条 讯问笔录有下列瑕疵，经补正或者作出合理解释的，可以采用；不能补正或者作出合理解释的，不得作为定案的根据：

（一）讯问笔录填写的讯问时间、讯问地点、讯问人、记录人、法定代理人等有误或者存在矛盾的；

（二）讯问人没有签名的；

（三）首次讯问笔录没有记录告知被讯问人有关权利和法律规定的。

第九十六条② 审查被告人供述和辩解，应当结合控辩双方提供的所有证

(接上页)法解释》第六百五十二条的规定，前一种情形下，被告人可以捺指印；后一种情形下，有相关见证人见证，或者有录音录像证明的，不影响讯问笔录的法律效力。——**本评注注**

① 需要注意的是，合适成年人制度基于儿童最大利益原则和国家亲权理论而设立，是国家刑事司法制度对未成年人诉权的一种特殊保护。合适成年人参与未成年人刑事诉讼程序，具有监督讯问活动、抚慰未成年人的紧张情绪、帮助未成年人与讯问人员有效沟通等职能。《刑事诉讼法》第二百八十一条已经明确规定，对于未成年人刑事案件，在讯问和审判的时候，是"应当"而非"可以"通知法定代理人、合适成年人到场。因此，对于无法定代理人或者合适成年人在场的未成年被告人供述，取证程序严重违反法律强制性规定，无法保障被告人供述的真实性，故直接强制性排除。鉴此，本项明确规定，"讯问未成年人，其法定代理人或者合适成年人不在场的"，被告人供述不得作为定案的根据。征求意见过程中，有个别意见认为，此种情况下似不宜绝对排除。例如，在被告人本人及其法定代理人对相关证据无异议的情况下，该供述可以作为证据使用。经研究认为，在《刑事诉讼法》第二百八十一条已经明确规定的前提下，对于讯问未成年人，其法定代理人或合适成年人未到场的，被告人供述应当予以排除；而且，经进一步了解情况，司法实践中均是如此操作的，不存在问题。基于此，决定作出上述修改。——**本评注注**

② 司法工作人员在处理犯罪嫌疑人、被告人翻供的问题时应当特别审慎。《刑诉法解释》第九十六条专门规定审查被告人供述和辩解，应当结合控辩双方提供的所有证据以及被告人的全部供述和辩解进行。(1)被告人庭审中翻供，但不能合理说明翻供原因或者其辩解与全案证据矛盾，而其庭前供述与其他证据相互印证的，可以采信其庭前供述。司法实践中，庭前一直作有罪供述的被告人，也可能在庭审中翻供。对于被告人庭审中翻供的，应当充分听取被告人的说明，以便结合全案案情判断被告人翻供理由或者辩解的合理与否。(2)被告人庭前供述和辩解存在反复，但庭审中供认，且与其他证(转下页)

据以及被告人的全部供述和辩解进行。

被告人庭审中翻供,但不能合理说明翻供原因或者其辩解与全案证据矛盾,而其庭前供述与其他证据相互印证的,可以采信其庭前供述。

被告人庭前供述和辩解存在反复,但庭审中供认,且与其他证据相互印证的,可以采信其庭审供述;被告人庭前供述和辩解存在反复,庭审中不供认,且无其他证据与庭前供述印证的,不得采信其庭前供述。

第五节 鉴定意见的审查与认定

第九十七条 对鉴定意见应当着重审查以下内容:

(一)鉴定机构和鉴定人是否具有法定资质;

(二)鉴定人是否存在应当回避的情形;

(三)检材的来源、取得、保管、送检是否符合法律、有关规定,与相关提取笔录、扣押清单等记载的内容是否相符,检材是否可靠;

(四)鉴定意见的形式要件是否完备,是否注明提起鉴定的事由、鉴定委托人、鉴定机构、鉴定要求、鉴定过程、鉴定方法、鉴定日期等相关内容,是否由鉴定机构盖章并由鉴定人签名;

(五)鉴定程序是否符合法律、有关规定;

(六)鉴定的过程和方法是否符合相关专业的规范要求;

(七)鉴定意见是否明确;

(八)鉴定意见与案件事实有无关联;

(九)鉴定意见与勘验、检查笔录及相关照片等其他证据是否矛盾;存在矛盾的,能否得到合理解释;

(十)鉴定意见是否依法及时告知相关人员,当事人对鉴定意见有无异议。

第九十八条 鉴定意见具有下列情形之一的,不得作为定案的根据:

(一)鉴定机构不具备法定资质,或者鉴定事项超出该鉴定机构业务范围、技术条件的;

(接上页)据相互印证的,可以采信其庭审供述。对于庭前供述和辩解存在反复的被告人,也可能由于法律威慑和真诚悔罪等因素,在庭审中作有罪供述。此种情况下,也需要结合其他证据综合判断,能与其他证据相互印证的,可以采信其庭审中的供述。(3)被告人庭前供述和辩解存在反复,庭审中不供认,且无其他证据与庭前供述印证的,不得采信其庭前供述。对于庭前供述和辩解存在反复的被告人,在庭审中仍未供述有罪的,此种情况下,更加要注意结合其他证据进行判断。无其他证据与庭前供述相印证的,不得将其在庭前所作的有罪供述作为认定其有罪的根据。——**本评注注**

(二)鉴定人不具备法定资质,不具有相关专业技术或者职称,或者违反回避规定的;

(三)送检材料、样本来源不明,或者因污染不具备鉴定条件的;

(四)鉴定对象与送检材料、样本不一致的;

(五)鉴定程序违反规定的;

(六)鉴定过程和方法不符合相关专业的规范要求的;

(七)鉴定文书缺少签名、盖章的;

(八)鉴定意见与案件事实没有关联的;

(九)违反有关规定的其他情形。

第九十九条 经人民法院通知,鉴定人拒不出庭作证的,鉴定意见不得作为定案的根据。

鉴定人由于不能抗拒的原因或者有其他正当理由无法出庭的,人民法院可以根据情况决定延期审理或者重新鉴定。①

鉴定人无正当理由拒不出庭作证的,人民法院应当通报司法行政机关或者有关部门。②

---

① 需要指出的是,对于鉴定人有正当理由无法出庭的,人民法院可以决定延期审理,也可以决定不延期审理,由人民法院根据案件具体情况把握。本条根据审判实践的具体情况,进一步规范了此种情形下的处理,规定人民法院可以根据情况决定延期审理或者重新鉴定。例如,应当出庭作证的鉴定人在庭审期间身患严重疾病或者行动极为不便的,人民法院根据案件具体情况,可以决定案件延期审理,待鉴定人痊愈后再开庭审理,也可以将该鉴定意见排除,重新进行鉴定。需要注意的是,对于经人民法院通知,鉴定人没有正当理由不出庭作证的,不得适用强制到庭措施。鉴定人在刑事诉讼中的地位不同于证人。证人具有不可替代性和不可指定性,而鉴定人是可以指定和替代的。故对鉴定人拒不出庭的,由其他鉴定人进行鉴定、提出新的鉴定意见即可,没有必要强制鉴定人到庭作证。——**本评注注**

② 需要注意以下三个问题:(1)本款适用的是没有正当理由拒不出庭作证的鉴定人,对于鉴定人由于不能抗拒的原因或者其他正当理由无法出庭的,不属于应当通报的情形。(2)根据《最高人民法院、最高人民检察院、公安部、国家安全部、司法部关于做好司法鉴定机构和司法鉴定人备案登记工作的通知》(司发通〔2008〕165号)的规定,司法行政部门仅对经检察机关、公安机关、国家安全机关审查合格的所属鉴定机构和鉴定人进行备案登记,对其无管理职能。因此,对于检察机关、公安机关、国家安全机关所属鉴定机构的鉴定人没有正当理由拒不出庭的,人民法院应当通报相应检察机关、公安机关、国家安全机关;对于其他司法鉴定人没有正当理由拒不出庭的,人民法院应当通报司法行政机关。(3)对于没有正当理由拒不出庭作证的鉴定人,司法行政部门或者有关部(转下页)

第一百条 因无鉴定机构,或者根据法律、司法解释的规定,指派、聘请有专门知识的人就案件的专门性问题出具的报告,可以作为证据使用。

对前款规定的报告的审查与认定,参照适用本节的有关规定。

经人民法院通知,出具报告的人拒不出庭作证的,有关报告不得作为定案的根据。

第一百零一条 有关部门对事故进行调查形成的报告,在刑事诉讼中可以作为证据使用;报告中涉及专门性问题的意见,经法庭查证属实,且调查程序符合法律、有关规定的,可以作为定案的根据。

第六节 勘验、检查、辨认、侦查实验等笔录的审查与认定

第一百零二条 对勘验、检查笔录应当着重审查以下内容:

(一)勘验、检查是否依法进行,笔录制作是否符合法律、有关规定,勘验、检查人员和见证人是否签名或者盖章;

(二)勘验、检查笔录是否记录了提起勘验、检查的事由,勘验、检查的时间、地点,在场人员、现场方位、周围环境等,现场的物品、人身、尸体等的位置、特征等情况,以及勘验、检查的过程;文字记录与实物或者绘图、照片、录像是否相符;现场、物品、痕迹等是否伪造、有无破坏;人身特征、伤害情况、生理状态有无伪装或者变化等;

(三)补充进行勘验、检查的,是否说明了再次勘验、检查的原由,前后勘验、检查的情况是否矛盾。

第一百零三条 勘验、检查笔录存在明显不符合法律、有关规定的情形,不能作出合理解释的,不得作为定案的根据。①

第一百零四条 对辨认笔录应当着重审查辨认的过程、方法,以及辨认笔录的制作是否符合有关规定。

第一百零五条 辨认笔录具有下列情形之一的,不得作为定案的根据:

(一)辨认不是在调查人员、侦查人员主持下进行的;

(接上页)门可以依照《全国人民代表大会常务委员会关于司法鉴定管理问题的决定》或者其他规定给予相应处罚。例如,根据《全国人民代表大会常务委员会关于司法鉴定管理问题的决定》第十三条第二款的规定,经人民法院通知,鉴定人拒不出庭作证的,可以给予停止从事司法鉴定业务三个月以上一年以下的处罚;情节严重的,撤销登记。——**本评注注**

① 需要注意的是,此处的表述是"明显"不符合。勘验、检查笔录属于非言词的客观证据,不能轻易排除,加上"明显"的表述更利于根据具体情况予以把握。——**本评注注**

(二)辨认前使辨认人见到辨认对象的;

(三)辨认活动没有个别进行的;

(四)辨认对象没有混杂在具有类似特征的其他对象中,或者供辨认的对象数量不符合规定的;①

(五)辨认中给辨认人明显暗示或者明显有指认嫌疑的;

(六)违反有关规定,不能确定辨认笔录真实性的其他情形。

第一百零六条 对侦查实验笔录应当着重审查实验的过程、方法,以及笔录的制作是否符合有关规定。

第一百零七条 侦查实验的条件与事件发生时的条件有明显差异,或者存在影响实验结论科学性的其他情形的,侦查实验笔录不得作为定案的根据。

第七节 视听资料、电子数据的审查与认定

第一百零八条 对视听资料应当着重审查以下内容:

(一)是否附有提取过程的说明,来源是否合法;

(二)是否为原件,有无复制及复制份数;是复制件的,是否附有无法调取原件的原因、复制件制作过程和原件存放地点的说明,制作人、原视听资料持有人是否签名;

(三)制作过程中是否存在威胁、引诱当事人等违反法律、有关规定的情形;

(四)是否写明制作人、持有人的身份,制作的时间、地点、条件和方法;

(五)内容和制作过程是否真实,有无剪辑、增加、删改等情形;

(六)内容与案件事实有无关联。

---

① 从司法实践来看,有关证据不具备混杂辨认条件的情形有以下三种:一是难以找到类似特征参照物的情形,比如尸体、场所。二是参照物特征几乎完全相同的情形,比如人民币等种类物,根本无法区分。三是辨认人能够准确描述物品独有特征的情形。如对手机的辨认,辨认人能够说出手机内短信息内容、手机外观磨损细节及部位等特征,可不用混杂辨认。再如对车辆进行辨认,辨认人能够描述车辆外观某些特定位置被碰撞过,车内某些不为外人所知的损坏、车架号等独有特征的,也不需采用混杂辨认。经研究认为:其一,对于种类物的辨认可以依附于其他物品,如盗窃的钱包里面的钱,往往是直接对钱包进行辨认;也可以不走辨认的程序,丢了几百块钱,数额对上了就可以了。申言之,如果系无法依附于其他物品的种类物,辨认也没有意义,无须进行辨认。其二,对于尸体、场所等难以找到类似特征参照物的情形和辨认人能够准确描述物品独有特征的情形,则无须进行辨认,由相关人员直接指认即可。因此,本条第四项没有作但书规定,并非意味着对上述情形仍然需要适用混杂辨认规则,而是说明对上述情形没有必要进行辨认。——**本评注注**

对视听资料有疑问的,应当进行鉴定。①

第一百零九条 视听资料具有下列情形之一的,不得作为定案的根据:

(一)系篡改、伪造或者无法确定真伪的;

(二)制作、取得的时间、地点、方式等有疑问,不能作出合理解释的。

第一百一十条 对电子数据是否真实,应当着重审查以下内容:

(一)是否移送原始存储介质;在原始存储介质无法封存、不便移动时,有无说明原因,并注明收集、提取过程及原始存储介质的存放地点或者电子数据的来源等情况;

(二)是否具有数字签名、数字证书等特殊标识;

(三)收集、提取的过程是否可以重现;

(四)如有增加、删除、修改等情形的,是否附有说明;

(五)完整性是否可以保证。

第一百一十一条 对电子数据是否完整,应当根据保护电子数据完整性的相应方法进行审查、验证:

(一)审查原始存储介质的扣押、封存状态;

(二)审查电子数据的收集、提取过程,查看录像;

(三)比对电子数据完整性校验值;

(四)与备份的电子数据进行比较;

(五)审查冻结后的访问操作日志;

(六)其他方法。

第一百一十二条 对收集、提取电子数据是否合法,应当着重审查以下内容:

(一)收集、提取电子数据是否由二名以上调查人员、侦查人员进行,取证方法是否符合相关技术标准;

---

① 在法庭审查过程中,审判人员应当通过听取控辩双方意见、询问相关人员等多种方式审查视听资料的内容和制作过程的真实性,必要时可以进行庭外调查。但是,由于视听资料的技术性较强,一般的伪造、变造情形难以通过审判人员的观察作出认定,需要专业人员的辅助。因此,本款规定:"对视听资料有疑问的,应当进行鉴定。"具体而言,对视听资料有疑问的,应当进行声像资料鉴定,包括对U盘、光盘等载体上记录的声音、图像信息的真实性、完整性及其所反映的情况进行的鉴定和对记录的声音、图像中的语言、人体、物体作出种类或者同一认定。一般而言,对视听资料进行鉴定主要有两个目的:(1)视听资料上记录的声音、图像信息的真实性、完整性,即对该视听资料是否伪造、变造进行鉴定;(2)视听资料所记录的声音、图像中的语言、人体、物体是否与案件所涉及的犯罪嫌疑人、被告人、被害人等具有关联。——**本评注注**

(二)收集、提取电子数据,是否附有笔录、清单,并经调查人员、侦查人员、电子数据持有人、提供人、见证人签名或者盖章;没有签名或者盖章的,是否注明原因;对电子数据的类别、文件格式等是否注明清楚;

(三)是否依照有关规定由符合条件的人员担任见证人,是否对相关活动进行录像;

(四)采用技术调查、侦查措施收集、提取电子数据的,是否依法经过严格的批准手续;

(五)进行电子数据检查的,检查程序是否符合有关规定。

第一百一十三条 电子数据的收集、提取程序有下列瑕疵,经补正或者作出合理解释的,可以采用;不能补正或者作出合理解释的,不得作为定案的根据:

(一)未以封存状态移送的;

(二)笔录或者清单上没有调查人员或者侦查人员、电子数据持有人、提供人、见证人签名或者盖章的;

(三)对电子数据的名称、类别、格式等注明不清的;

(四)有其他瑕疵的。

第一百一十四条 电子数据具有下列情形之一的,不得作为定案的根据:

(一)系篡改、伪造或者无法确定真伪的;

(二)有增加、删除、修改等情形,影响电子数据真实性的;

(三)其他无法保证电子数据真实性的情形。

第一百一十五条 对视听资料、电子数据,还应当审查是否移送文字抄清材料以及对绰号、暗语、俗语、方言等不易理解内容的说明。未移送的,必要时,可以要求人民检察院移送。

第八节 技术调查、侦查证据的审查与认定

第一百一十六条 依法采取技术调查、侦查措施收集的材料在刑事诉讼中可以作为证据使用。

采取技术调查、侦查措施收集的材料,作为证据使用的,应当随案移送。

第一百一十七条 使用采取技术调查、侦查措施收集的证据材料可能危及有关人员的人身安全,或者可能产生其他严重后果的,可以采取下列保护措施:

(一)使用化名等代替调查、侦查人员及有关人员的个人信息;

(二)不具体写明技术调查、侦查措施使用的技术设备和技术方法;

(三)其他必要的保护措施。

第一百一十八条 移送技术调查、侦查证据材料的,应当附采取技术调查、侦查措施的法律文书、技术调查、侦查证据材料清单和有关说明材料。

移送采用技术调查、侦查措施收集的视听资料、电子数据的,应当制作新的存储介质,并附制作说明,写明原始证据材料、原始存储介质的存放地点等信息,由制作人签名,并加盖单位印章。

第一百一十九条 对采取技术调查、侦查措施收集的证据材料,除根据相关证据材料所属的证据种类,依照本章第二节至第七节的相应规定进行审查外,还应当着重审查以下内容:

(一)技术调查、侦查措施所针对的案件是否符合法律规定;

(二)技术调查措施是否经过严格的批准手续,按照规定交有关机关执行;技术侦查措施是否在刑事立案后,经过严格的批准手续;

(三)采取技术调查、侦查措施的种类、适用对象和期限是否按照批准决定载明的内容执行;

(四)采取技术调查、侦查措施收集的证据材料与其他证据是否矛盾;存在矛盾的,能否得到合理解释。

第一百二十条 采取技术调查、侦查措施收集的证据材料,应当经过当庭出示、辨认、质证等法庭调查程序查证。

当庭调查技术调查、侦查证据材料可能危及有关人员的人身安全,或者可能产生其他严重后果的,法庭应当采取不暴露有关人员身份和技术调查、侦查措施使用的技术设备、技术方法等保护措施。必要时,审判人员可以在庭外对证据进行核实。

第一百二十一条 采用技术调查、侦查证据作为定案根据的,人民法院在裁判文书中可以表述相关证据的名称、证据种类和证明对象,但不得表述有关人员身份和技术调查、侦查措施使用的技术设备、技术方法等。

第一百二十二条 人民法院认为应当移送的技术调查、侦查证据材料未随案移送的,应当通知人民检察院在指定时间内移送。人民检察院未移送的,人民法院应当根据在案证据对案件事实作出认定。

其他规范

《最高人民法院、最高人民检察院、海关总署关于办理走私刑事案件适用法律若干问题的意见》(法〔2002〕139号)"二、关于电子数据证据的收集、保全问题"对电子数据有关问题作了规定。(→参见第二编"立案、侦查和提起公诉"标题下所附"其他规范",第747页)

《最高人民法院、最高人民检察院、公安部、国家安全部、司法部关于办理死刑案件审查判断证据若干问题的规定》(法发〔2010〕20号,自2010年7月1日起施行)

为依法、公正、准确、慎重地办理死刑案件,惩罚犯罪,保障人权,根据《中华人民共和国刑事诉讼法》等有关法律规定,结合司法实际,制定本规定。

一、一般规定

第一条 办理死刑案件,必须严格执行刑法和刑事诉讼法,切实做到事实清楚,证据确实、充分,程序合法,适用法律正确,确保案件质量。

第二条 认定案件事实,必须以证据为根据。

第三条 侦查人员、检察人员、审判人员应当严格遵守法定程序,全面、客观地收集、审查、核实和认定证据。

第四条 经过当庭出示、辨认、质证等法庭调查程序查证属实的证据,才能作为定罪量刑的根据。

第五条 办理死刑案件,对被告人犯罪事实的认定,必须达到证据确实、充分。

证据确实、充分是指:

(一)定罪量刑的事实都有证据证明;

(二)每一个定案的证据均已经法定程序查证属实;

(三)证据与证据之间、证据与案件事实之间不存在矛盾或者矛盾得以合理排除;

(四)共同犯罪案件中,被告人的地位、作用均已查清;

(五)根据证据认定案件事实的过程符合逻辑和经验规则,由证据得出的结论为唯一结论。

办理死刑案件,对于以下事实的证明必须达到证据确实、充分:

(一)被指控的犯罪事实的发生;

(二)被告人实施了犯罪行为与被告人实施犯罪行为的时间、地点、手段、后果以及其他情节;

(三)影响被告人定罪的身份情况;

(四)被告人有刑事责任能力;

(五)被告人的罪过;

(六)是否共同犯罪及被告人在共同犯罪中的地位、作用;

(七)对被告人从重处罚的事实。

二、证据的分类审查与认定

1、物证、书证

第六条 对物证、书证应当着重审查以下内容:

(一)物证、书证是否为原物、原件,物证的照片、录像或者复制品及书证的副本、复制件与原物、原件是否相符;物证、书证是否经过辨认、鉴定;物证的照片、录像或者复制品和书证的副本、复制件是否由二人以上制作,有无制作人关于制作过程及原件、原物存放于何处的文字说明及签名。

(二)物证、书证的收集程序、方式是否符合法律及有关规定;经勘验、检查、搜查提取、扣押的物证、书证,是否附有相关笔录或者清单;笔录或者清单是否有侦查人员、物品持有人、见证人签名,没有物品持有人签名的,是否注明原因;对物品的特征、数量、质量、名称等注明是否清楚。

(三)物证、书证在收集、保管及鉴定过程中是否受到破坏或者改变。

(四)物证、书证与案件事实有无关联。对现场遗留与犯罪有关的具备检验鉴定条件的血迹、指纹、毛发、体液等生物物证、痕迹、物品,是否通过DNA鉴定、指纹鉴定等鉴定方式与被告人或者被害人的相应生物检材、生物特征、物品等作同一认定。

(五)与案件事实有关联的物证、书证是否全面收集。

第七条 对在勘验、检查、搜查中发现与案件事实可能有关联的血迹、指纹、足迹、字迹、毛发、体液、人体组织等痕迹和物品应当提取而没有提取,应当检验而没有检验,导致案件事实存疑的,人民法院应当向人民检察院说明情况,人民检察院依法可以补充收集、调取证据,作出合理的说明或者退回侦查机关补充侦查,调取有关证据。

第八条 据以定案的物证应当是原物。只有在原物不便搬运、不易保存或者依法应当由有关部门保管、处理或者依法应当返还时,才可以拍摄或者制作足以反映原物外形或者内容的照片、录像或者复制品。物证的照片、录像或者复制品,经与原物核实无误或者经鉴定证明为真实的,或者以其他方式确能证明其真实的,可以作为定案的根据。原物的照片、录像或者复制品,不能反映原物的外形和特征的,不能作为定案的根据。

据以定案的书证应当是原件。只有在取得原件确有困难时,才可以使用副本或者复制件。书证的副本、复制件,经与原件核实无误或者经鉴定证明为真实的,或者以其他方式确能证明其真实的,可以作为定案的根据。书证有更改或者更改迹象不能作出合理解释的,书证的副本、复制件不能反映书证原件及其内容的,不能作为定案的根据。

第九条 经勘验、检查、搜查提取、扣押的物证、书证,未附有勘验、检查笔录,搜查笔录,提取笔录,扣押清单,不能证明物证、书证来源的,不能作为定案的根据。

物证、书证的收集程序、方式存在下列瑕疵,通过有关办案人员的补正或者作出合理解释的,可以采用:

(一)收集调取的物证、书证,在勘验、检查笔录、搜查笔录、提取笔录、扣押清单上没有侦查人员、物品持有人、见证人签名或者物品特征、数量、质量、名称等注明不详的;

(二)收集调取物证照片、录像或者复制品,书证的副本、复制件未注明与原件核对无异,无复制时间、无被收集、调取人(单位)签名(盖章)的;

(三)物证照片、录像或者复制品,书证的副本、复制件没有制作人关于制作过程及原物、原件存放于何处的说明或者说明中无签名的;

(四)物证、书证的收集程序、方式存在其他瑕疵的。

对物证、书证的来源及收集过程有疑问,不能作出合理解释的,该物证、书证不能作为定案的根据。

第十条 具备辨认条件的物证、书证应当交由当事人或者证人进行辨认,必要时应当进行鉴定。

2、证人证言

第十一条 对证人证言应当着重审查以下内容:

(一)证言的内容是否为证人直接感知。

(二)证人作证时的年龄、认知水平、记忆能力和表达能力,生理上和精神上的状态是否影响作证。

(三)证人与案件当事人、案件处理结果有无利害关系。

(四)证言的取得程序、方式是否符合法律及有关规定:有无使用暴力、威胁、引诱、欺骗以及其他非法手段取证的情形;有无违反询问证人应当个别进行的规定;笔录是否经证人核对确认并签名(盖章)、捺指印;询问未成年证人,是否通知了其法定代理人到场,其法定代理人是否在场等。

(五)证人证言之间以及与其他证据之间能否相互印证,有无矛盾。

第十二条 以暴力、威胁等非法手段取得的证人证言,不能作为定案的根据。

处于明显醉酒、麻醉品中毒或者精神药物麻醉状态,以致不能正确表达的证人所提供的证言,不能作为定案的根据。

证人的猜测性、评论性、推断性的证言,不能作为证据使用,但根据一般生活经验判断符合事实的除外。

第十三条 具有下列情形之一的证人证言,不能作为定案的根据:

(一)询问证人没有个别进行而取得的证言;

(二)没有经证人核对确认并签名(盖章)、捺指印的书面证言;

(三)询问聋哑人或者不通晓当地通用语言、文字的少数民族人员、外国人,应当提供翻译而未提供的。

第十四条 证人证言的收集程序和方式有下列瑕疵,通过有关办案人员的补正或者作出合理解释的,可以采用:

(一)没有填写询问人、记录人、法定代理人姓名或者询问的起止时间、地点的;

(二)询问证人的地点不符合规定的;

(三)询问笔录没有记录告知证人应当如实提供证言和有意作伪证或者隐匿罪证要负法律责任内容的;

(四)询问笔录反映出在同一时间段内,同一询问人员询问不同证人的。

第十五条 具有下列情形的证人,人民法院应当通知出庭作证;经依法通知不出庭作证证人的书面证言经质证无法确认的,不能作为定案的根据:

(一)人民检察院、被告人及其辩护人对证人证言有异议,该证人证言对定罪量刑有重大影响的;

(二)人民法院认为其他应当出庭作证的。

证人在法庭上的证言与其庭前证言相互矛盾,如果证人当庭能够对其翻证作出合理解释,并有相关证据印证的,应当采信庭审证言。

对未出庭作证证人的书面证言,应当听取出庭检察人员、被告人及其辩护人的意见,并结合其他证据综合判断。未出庭作证证人的书面证言出现矛盾,不能排除矛盾且无证据印证的,不能作为定案的根据。

第十六条 证人作证,涉及国家秘密或者个人隐私的,应当保守秘密。

证人出庭作证,必要时,人民法院可以采取限制公开证人信息、限制询问、遮蔽容貌、改变声音等保护性措施。

3、被害人陈述

第十七条 对被害人陈述的审查与认定适用前述关于证人证言的有关规定。

4、被告人供述和辩解

第十八条 对被告人供述和辩解应当着重审查以下内容:

(一)讯问的时间、地点、讯问人的身份等是否符合法律及有关规定,讯问被告人的侦查人员是否不少于二人,讯问被告人是否个别进行等。

(二)讯问笔录的制作、修改是否符合法律及有关规定,讯问笔录是否注明讯问的起止时间和讯问地点,首次讯问时是否告知被告人申请回避、聘请律师等诉讼权利,被告人是否核对确认并签名(盖章)、捺指印,是否有不少于二人的讯问人签名等。

(三)讯问聋哑人、少数民族人员、外国人时是否提供了通晓聋、哑手势的人员或者翻译人员,讯问未成年同案犯时,是否通知了其法定代理人到场,其法定代理人是否在场。

(四)被告人的供述有无以刑讯逼供等非法手段获取的情形,必要时可以调取被告人进出看守所的健康检查记录、笔录。

(五)被告人的供述是否前后一致,有无反复以及出现反复的原因;被告人的所有供述和辩解是否均已收集入卷;应当入卷的供述和辩解没有入卷的,是否出具了相关说明。

(六)被告人的辩解内容是否符合案情和常理,有无矛盾。

(七)被告人的供述和辩解与同案犯的供述和辩解以及其他证据能否相互印证,有无矛盾。

对于上述内容,侦查机关随案移送有录音录像资料的,应当结合相关录音录像资料进行审查。

第十九条 采用刑讯逼供等非法手段取得的被告人供述,不能作为定案的根据。

第二十条 具有下列情形之一的被告人供述,不能作为定案的根据:

(一)讯问笔录没有经被告人核对确认并签名(盖章)、捺指印的;

(二)讯问聋哑人、不通晓当地通用语言、文字的人员时,应当提供通晓聋、哑手势的人员或者翻译人员而未提供的。

第二十一条 讯问笔录有下列瑕疵,通过有关办案人员的补正或者作出合理解释的,可以采用:

(一)笔录填写的讯问时间、讯问人、记录人、法定代理人等有误或者存在矛盾的;

(二)讯问人没有签名的;

(三)首次讯问笔录没有记录告知被讯问人诉讼权利内容的。

第二十二条 对被告人供述和辩解的审查,应当结合控辩双方提供的所有证据以及被告人本人的全部供述和辩解进行。

被告人庭前供述一致,庭审中翻供,但被告人不能合理说明翻供理由或者其辩解与全案证据相矛盾,而庭前供述与其他证据能够相互印证的,可以采信被告人庭前供述。

被告人庭前供述和辩解出现反复,但庭审中供认的,且庭审中的供述与其他证据能够印证的,可以采信庭审中的供述;被告人庭前供述和辩解出现反复,庭审中不供认,且无其他证据与庭前供述印证的,不能采信庭前供述。

5、鉴定意见

第二十三条 对鉴定意见应当着重审查以下内容：

（一）鉴定人是否存在应当回避而未回避的情形。

（二）鉴定机构和鉴定人是否具有合法的资质。

（三）鉴定程序是否符合法律及有关规定。

（四）检材的来源、取得、保管、送检是否符合法律及有关规定，与相关提取笔录、扣押物品清单等记载的内容是否相符，检材是否充足、可靠。

（五）鉴定的程序、方法、分析过程是否符合本专业的检验鉴定规程和技术方法要求。

（六）鉴定意见的形式要件是否完备，是否注明提起鉴定的事由、鉴定委托人、鉴定机构、鉴定要求、鉴定过程、检验方法、鉴定文书的日期等相关内容，是否由鉴定机构加盖鉴定专用章并由鉴定人签名盖章。

（七）鉴定意见是否明确。

（八）鉴定意见与案件待证事实有无关联。

（九）鉴定意见与其他证据之间是否有矛盾，鉴定意见与检验笔录及相关照片是否有矛盾。

（十）鉴定意见是否依法及时告知相关人员，当事人对鉴定意见是否有异议。

第二十四条 鉴定意见具有下列情形之一的，不能作为定案的根据：

（一）鉴定机构不具备法定的资格和条件，或者鉴定事项超出本鉴定机构项目范围或者鉴定能力的；

（二）鉴定人不具备法定的资格和条件、鉴定人不具有相关专业技术或者职称、鉴定人违反回避规定的；

（三）鉴定程序、方法有错误的；

（四）鉴定意见与证明对象没有关联的；

（五）鉴定对象与送检材料、样本不一致的；

（六）送检材料、样本来源不明或者确实被污染且不具备鉴定条件的；

（七）违反有关鉴定特定标准的；

（八）鉴定文书缺少签名、盖章的；

（九）其他违反有关规定的情形。

对鉴定意见有疑问的，人民法院应当依法通知鉴定人出庭作证或者由其出具相关说明，也可以依法补充鉴定或者重新鉴定。

6、勘验、检查笔录

第二十五条 对勘验、检查笔录应当着重审查以下内容：

（一）勘验、检查是否依法进行，笔录的制作是否符合法律及有关规定的要求，勘验、检查人员和见证人是否签名或者盖章等。

（二）勘验、检查笔录的内容是否全面、详细、准确、规范：是否准确记录了提起勘验、检查的事由，勘验、检查的时间、地点，在场人员、现场方位、周围环境等情况；是否准确记载了现场、物品、人身、尸体等的位置、特征等详细情况以及勘验、检查、搜查的过程；文字记载与实物或者绘图、录像、照片是否相符；固定证据的形式、方法是否科学、规范；现场、物品、痕迹等是否被破坏或者伪造，是否是原始现场；人身特征、伤害情况、生理状况有无伪装或者变化等。

（三）补充进行勘验、检查的，前后勘验、检查的情况是否有矛盾，是否说明了再次勘验、检查的原由。

（四）勘验、检查笔录中记载的情况与被告人供述、被害人陈述、鉴定意见等其他证据能否印证，有无矛盾。

第二十六条 勘验、检查笔录存在明显不符合法律及有关规定的情形，并且不能作出合理解释或者说明的，不能作为证据使用。

勘验、检查笔录存在勘验、检查没有见证人的，勘验、检查人员和见证人没有签名、盖章的，勘验、检查人员违反回避规定的等情形，应当结合案件其他证据，审查其真实性和关联性。

7、视听资料

第二十七条 对视听资料应当着重审查以下内容：

（一）视听资料的来源是否合法，制作过程中当事人有无受到威胁、引诱等违反法律及有关规定的情形；

（二）是否载明制作人或者持有人的身份，制作的时间、地点和条件以及制作方法；

（三）是否为原件，有无复制及复制份数；调取的视听资料是复制件的，是否附有无法调取原件的原因、制作过程和原件存放地点的说明，是否有制作人和原视听资料持有人签名或者盖章；

（四）内容和制作过程是否真实，有无经过剪辑、增加、删改、编辑等伪造、变造情形；

（五）内容与案件事实有无关联性。

对视听资料有疑问的，应当进行鉴定。

对视听资料，应当结合案件其他证据，审查其真实性和关联性。

第二十八条 具有下列情形之一的视听资料，不能作为定案的根据：

（一）视听资料经审查或者鉴定无法确定真伪的；

(二)对视听资料的制作和取得的时间、地点、方式等有异议,不能作出合理解释或者提供必要证明的。

8、其他规定

第二十九条　对于电子邮件、电子数据交换、网上聊天记录、网络博客、手机短信、电子签名、域名等电子证据,应当主要审查以下内容:

(一)该电子证据存储磁盘、存储光盘等可移动存储介质是否与打印件一并提交;

(二)是否载明该电子证据形成的时间、地点、对象、制作人、制作过程及设备情况等;

(三)制作、储存、传递、获得、收集、出示等程序和环节是否合法,取证人、制作人、持有人、见证人等是否签名或者盖章;

(四)内容是否真实,有无剪裁、拼凑、篡改、添加等伪造、变造情形;

(五)该电子证据与案件事实有无关联性。

对电子证据有疑问的,应当进行鉴定。

对电子证据,应当结合案件其他证据,审查其真实性和关联性。

第三十条　侦查机关组织的辨认,存在下列情形之一的,应当严格审查,不能确定其真实性的,辨认结果不能作为定案的根据:

(一)辨认不是在侦查人员主持下进行的;

(二)辨认前使辨认人见到辨认对象的;

(三)辨认人的辨认活动没有个别进行的;

(四)辨认对象没有混杂在具有类似特征的其他对象中,或者供辨认的对象数量不符合规定的;尸体、场所等特定辨认对象除外。

(五)辨认中给辨认人明显暗示或者明显有指认嫌疑的。

有下列情形之一的,通过有关办案人员的补正或者作出合理解释的,辨认结果可以作为证据使用:

(一)主持辨认的侦查人员少于二人的;

(二)没有向辨认人详细询问辨认对象的具体特征的;

(三)对辨认经过和结果没有制作专门的规范的辨认笔录,或者辨认笔录没有侦查人员、辨认人、见证人的签名或者盖章的;

(四)辨认记录过于简单,只有结果没有过程的;

(五)案卷中只有辨认笔录,没有被辨认对象的照片、录像等资料,无法获悉辨认的真实情况的。

第三十一条　对侦查机关出具的破案经过等材料,应当审查是否有出具该说明材料的办案人、办案机关的签字或者盖章。

对破案经过有疑问，或者对确定被告人有重大嫌疑的根据有疑问的，应当要求侦查机关补充说明。

三、证据的综合审查和运用

第三十二条 对证据的证明力，应当结合案件的具体情况，从各证据与待证事实的关联程度、各证据之间的联系等方面进行审查判断。

证据之间具有内在的联系，共同指向同一待证事实，且能合理排除矛盾的，才能作为定案的根据。

第三十三条 没有直接证据证明犯罪行为系被告人实施，但同时符合下列条件的可以认定被告人有罪：

（一）据以定案的间接证据已经查证属实；

（二）据以定案的间接证据之间相互印证，不存在无法排除的矛盾和无法解释的疑问；

（三）据以定案的间接证据已经形成完整的证明体系；

（四）依据间接证据认定的案件事实，结论是唯一的，足以排除一切合理怀疑；

（五）运用间接证据进行的推理符合逻辑和经验判断。

根据间接证据定案的，判处死刑应当特别慎重。

第三十四条 根据被告人的供述、指认提取到了隐蔽性很强的物证、书证，且与其他证明犯罪事实发生的证据互相印证，并排除串供、逼供、诱供等可能性的，可以认定有罪。

第三十五条 侦查机关依照有关规定采用特殊侦查措施所收集的物证、书证及其他证据材料，经法庭查证属实，可以作为定案的根据。

法庭依法不公开特殊侦查措施的过程及方法。

第三十六条 在对被告人作出有罪认定后，人民法院认定被告人的量刑事实，除审查法定情节外，还应审查以下影响量刑的情节：

（一）案件起因；

（二）被害人有无过错及过错程度，是否对矛盾激化负有责任及责任大小；

（三）被告人的近亲属是否协助抓获被告人；

（四）被告人平时表现及有无悔罪态度；

（五）被害人附带民事诉讼赔偿情况，被告人是否取得被害人或者被害人近亲属谅解；

（六）其他影响量刑的情节。

既有从轻、减轻处罚等情节,又有从重处罚等情节的,应当依法综合相关情节予以考虑。

不能排除被告人具有从轻、减轻处罚等量刑情节的,判处死刑应当特别慎重。

第三十七条 对于有下列情形的证据应当慎重使用,有其他证据印证的,可以采信:

(一)生理上、精神上有缺陷的被害人、证人和被告人,在对案件事实的认知和表达上存在一定困难,但尚未丧失正确认知、正确表达能力而作的陈述、证言和供述;

(二)与被告人有亲属关系或者其他密切关系的证人所作的对该被告人有利的证言,或者与被告人有利害冲突的证人所作的对该被告人不利的证言。

第三十八条 法庭对证据有疑问的,可以告知出庭检察人员、被告人及其辩护人补充证据或者作出说明;确有核实必要的,可以宣布休庭,对证据进行调查核实。法庭进行庭外调查时,必要时,可以通知出庭检察人员、辩护人到场。出庭检察人员、辩护人一方或者双方不到场的,法庭记录在案。

人民检察院、辩护人补充的和法庭庭外调查核实取得的证据,法庭可以庭外征求出庭检察人员、辩护人的意见。双方意见不一致,有一方要求人民法院开庭进行调查的,人民法院应当开庭。

第三十九条 被告人及其辩护人提出有自首的事实及理由,有关机关未予认定的,应当要求有关机关提供证明材料或者要求相关人员作证,并结合其他证据判断自首是否成立。

被告人是否协助或者如何协助抓获同案犯的证明材料不全,导致无法认定被告人构成立功的,应当要求有关机关提供证明材料或者要求相关人员作证,并结合其他证据判断立功是否成立。

被告人有检举揭发他人犯罪情形的,应当审查是否已经查证属实;尚未查证的,应当及时查证。

被告人累犯的证明材料不全,应当要求有关机关提供证明材料。

第四十条 审查被告人实施犯罪时是否已满十八周岁,一般应当以户籍证明为依据;对户籍证明有异议,并有经查证属实的出生证明文件、无利害关系人的证言等证据证明被告人不满十八周岁的,应认定被告人不满十八周岁;没有户籍证明以及出生证明文件的,应当根据人口普查登记、无利害关系人的证言等证据综合进行判断,必要时,可以进行骨龄鉴定,并将结果作为判断被告人年龄的参考。

未排除证据之间的矛盾,无充分证据证明被告人实施被指控的犯罪时已满十八周岁且确实无法查明的,不能认定其已满十八周岁。

第四十一条 本规定自二○一○年七月一日起施行。

《最高人民检察院关于适用〈关于办理死刑案件审查判断证据若干问题的规定〉和〈关于办理刑事案件排除非法证据若干问题的规定〉的指导意见》(高检发研字〔2010〕13号,节录)

为了正确适用最高人民法院、最高人民检察院、公安部、国家安全部、司法部《关于办理死刑案件审查判断证据若干问题的规定》、《关于办理刑事案件排除非法证据若干问题的规定》(以下简称两个《规定》),结合检察机关办案实际,提出如下指导意见。

一、认真贯彻执行两个《规定》,提高执法办案水平(略)

二、进一步规范职务犯罪案件办案程序,依法客观收集证据

5. 人民检察院办理职务犯罪案件,应当严格依法收集和固定证据,既要收集证明案件事实的各种证据,又要及时固定证明取证行为合法性的证据,确保案件事实清楚,证据确实、充分,取证程序合法。

6. 人民检察院办理职务犯罪案件,应当全面、客观地收集和固定证据。既要收集证明犯罪嫌疑人有罪、罪重的各种证据,又要收集证明犯罪嫌疑人无罪、罪轻的各种证据。

7. 严格执行讯问职务犯罪嫌疑人全程同步录音录像制度。因未严格执行相关规定,或者在执行中弄虚作假造成不良后果的,依照有关规定追究主要责任人员的责任。

8. 侦查监督、公诉、控告申诉等部门应当依照两个《规定》的要求,加强对检察机关侦查部门收集、固定证据活动的审查与监督,发现违反有关规定的,及时提出纠正意见。

三、严格审查、判断证据,确保办案质量

9. 严格遵守两个《规定》确立的规则,认真审查、鉴别、分析证据,正确认定案件事实。既要审查证据的内容是否真实客观、形式是否合法完备,也要审查证据收集过程是否合法;既要依法排除非法证据,也要做好瑕疵证据的审查补正和完善工作。

10. 对犯罪嫌疑人供述和证人证言、被害人陈述,要结合全案的其他证据,综合审查其内容的客观真实性,同时审查侦查机关(部门)是否将每一次讯问、询问笔录全部移送。对以刑讯逼供等非法手段取得的犯罪嫌疑人供述和采用暴力、威胁等非法手段取得的证人证言、被害人陈述,应当依法排除;对于使用其他

非法手段获取的犯罪嫌疑人供述、证人证言、被害人陈述,根据其违法危害程度与刑讯逼供和暴力、威胁手段是否相当,决定是否依法排除。

11. 审查逮捕、审查起诉过程中第一次讯问犯罪嫌疑人,应当讯问其供述是否真实,并记入笔录。对被羁押的犯罪嫌疑人要结合提讯凭证的记载,核查提讯时间、讯问人与讯问笔录的对应关系;对提押至看守所以外的场所讯问的,应当要求侦查机关(部门)提供必要性的说明,审查其理由是否成立。要审查犯罪嫌疑人是否通晓当地通用语言。

12. 对犯罪嫌疑人的供述和辩解,应当结合其全部供述和辩解及其他证据进行审查;犯罪嫌疑人的有罪供述,无其他证据相互印证,不能作为批准或者决定逮捕、提起公诉的根据;有其他证据相互印证,无罪辩解理由不能成立的,该供述可以作为批准或者决定逮捕、提起公诉的根据。

13. 犯罪嫌疑人或者其聘请的律师提出受到刑讯逼供的,应当告知其如实提供相关的证据或者线索,并认真予以核查。认为有刑讯逼供嫌疑的,应当要求侦查机关(部门)提供全部讯问笔录、原始的讯问过程录音录像、出入看守所的健康检查情况、看守管教人员的谈话记录以及讯问过程合法性的说明;必要时,可以询问讯问人员、其他在场人员、看守管教人员或者证人,调取驻所检察室的相关材料。发现犯罪嫌疑人有伤情的,应当及时对伤势的成因和程度进行必要的调查和鉴定。对同步录音录像有疑问的,可以要求侦查机关(部门)对不连贯部分的原因予以说明,必要时可以协同检察技术部门进行审查。

14. 加强对侦查活动中讯问犯罪嫌疑人的监督。犯罪嫌疑人没有在决定羁押的当日被送入看守所的,应当查明所外看押地点及提讯情况;要监督看守所如实、详细、准确地填写犯罪嫌疑人入所体检记录,必要时建议采用录像或者拍照的方式记录犯罪嫌疑人身体状况;发现侦查机关(部门)所外提讯的,应当及时了解所外提讯的时间、地点、理由、审批手续和犯罪嫌疑人所外接受讯问的情况,做好提押、还押时的体检情况记录的检察监督。发现违反有关监管规定的,及时依照有关法律、规定提出纠正意见或者检察建议,并记录在案。

15. 审查证人证言、被害人陈述,应当注意对询问程序、方式、内容以及询问笔录形式的审查,发现不符合规定的,应当要求侦查机关(部门)补正或者说明。注意审查证人、被害人能否辨别是非、正确表达,必要时进行询问、了解,同时审查证人、被害人作证是否个别进行;对证人、被害人在法律规定以外的地点接受询问的,应当审查其原因,必要时对该证言或者陈述进行复核。对证人证言、被害人陈述的内容是否真实,应当结合其他证据综合判断。对于犯罪嫌疑人及其辩护人或者证人、被害人提出侦查机关(部门)采用暴力、威胁等非法手段取证的,应当告知其要如实提供相关证据或者线索,并认真核查。

16. 对物证、书证以及勘验、检查笔录、搜查笔录、视听资料、电子证据等,既要审查其是否客观、真实反映案件事实,也要加强对证据的收集、制作程序和证据形式的审查。发现物证、书证和视听资料、电子证据等来源及收集、制作过程不明,或者勘验、检查笔录、搜查笔录的形式不符合规定或者记载内容有矛盾的,应当要求侦查机关(部门)补正,无法补正的应当作出说明或者合理解释,无法作出合理说明或者解释的,不能作为证据使用;发现侦查机关(部门)在勘验、检查、搜查过程中对与案件事实可能有关联的相关痕迹、物品应当提取而没有提取,应当要求侦查机关(部门)补充收集、调取;对物证的照片、录像或者复制品不能反映原物的外形和特征,或者书证的副本、复制件不能反映原件特征及其内容的,应当要求侦查机关(部门)重新制作;发现在案的物证、书证以及视听资料、电子证据等应当鉴定而没有鉴定的,应当要求侦查机关(部门)鉴定,必要时自行委托鉴定。

17. 对侦查机关(部门)的补正、说明,以及重新收集、制作的情况,应当认真审查,必要时可以进行复核。对于经侦查机关(部门)依法重新收集、及时补正或者能够作出合理解释,不影响物证、书证真实性的,可以作为批准或者决定逮捕、提起公诉的根据。侦查机关(部门)没有依法重新收集、补正,或者无法补正、重新制作且没有作出合理的解释或者说明,无法认定证据真实性的,该证据不能作为批准或者决定逮捕、提起公诉的根据。

18. 对于根据犯罪嫌疑人的供述、指认,提取到隐蔽性很强的物证、书证的,既要审查与其他证明犯罪事实发生的证据是否相互印证,也要审查侦查机关(部门)在犯罪嫌疑人供述、指认之前是否掌握该证据的情况,综合全案证据,判断是否作为批准或者决定逮捕、提起公诉的根据。

19. 审查鉴定意见,要着重审查检材的来源、提取、保管、送检是否符合法律及有关规定,鉴定机构或者鉴定人员是否具备法定资格和鉴定条件,鉴定意见的形式要件是否完备,鉴定程序是否合法,鉴定结论是否科学合理。检材来源不明或者可能被污染导致鉴定意见存疑的,应当要求侦查机关(部门)进行重新鉴定或者补充鉴定,必要时检察机关可以另行委托进行重新鉴定或者补充鉴定;鉴定机构或者鉴定人员不具备法定资格和鉴定条件,或者鉴定事项超出其鉴定范围以及违反回避规定的,应当要求侦查机关(部门)另行委托重新鉴定,必要时检察机关可以另行委托进行重新鉴定;鉴定意见形式要件不完备的,应当通过侦查机关(部门)要求鉴定机构补正;对鉴定程序、方法、结论等涉及专门技术问题的,必要时听取检察技术部门或者其他具有专门知识的人员的意见。

20. 发现侦查人员以刑讯逼供或者暴力、威胁等非法手段收集犯罪嫌疑人供述、被害人陈述、证人证言的,应当提出纠正意见,同时应当要求侦查机关(部门)另行指派侦查人员重新调查取证,必要时也可以自行调查取证。侦查机关(部门)未另行指派侦查人员重新调查取证的,可以依法退回补充侦查。经审查发现存在刑讯逼供、暴力取证等非法取证行为,该非法言词证据被排除后,其他证据不能证明犯罪嫌疑人实施犯罪行为的,应当不批准或者决定逮捕,已经移送审查起诉的,可以将案件退回侦查机关(部门)或者不起诉。办案人员排除非法证据的,应当在审查报告中说明。

四、做好证据合法性证明工作,提高依法指控犯罪的能力

21. 对证据的合法性进行证明,是检察机关依法指控犯罪、强化诉讼监督、保证办案质量的一项重要工作。要坚持对证据的合法性进行严格审查,依法排除非法证据,进一步提高出庭公诉水平,做好证据合法性证明工作。

22. 收到人民法院送交的反映被告人庭前供述是非法取得的书面意见或者告诉笔录复印件等有关材料后,应当及时根据提供的相关证据或者线索进行审查。审查逮捕、审查起诉期间已经提出并经查证不存在非法取证行为的,按照查证的情况做好庭审应对准备。提起公诉后提出新的证据或者线索的,应当要求侦查机关(部门)提供相关证明,必要时可以自行调查核实。

23. 庭审中,被告人及其辩护人提出被告人庭前供述是非法取得,没有提供相关证据或者线索的,公诉人应当根据全案证据情况综合说明该证据的合法性。被告人及其辩护人提供了相关证据或者线索,法庭经审查对被告人审判前供述取得的合法性有疑问的,公诉人应当向法庭提供讯问笔录、出入看守所的健康检查记录、看守管教人员的谈话记录以及侦查机关(部门)对讯问过程合法性的说明,讯问过程有录音录像的,应当提供。必要时提请法庭通知讯问时其他在场人员或者其他证人出庭作证,仍不能证明的,提请法庭通知讯问人员出庭作证。对被告人及其辩护人庭审中提出的新证据或者线索,当不能举证证明的,应当依法建议法庭延期审理,要求侦查机关(部门)提供相关证明,必要时可以自行调查核实。

24. 对于庭审中经综合举证、质证后认为被告人庭前供述取得的合法性已经能够证实,但法庭仍有疑问的,可以建议法庭休庭对相关证据进行:调查核实。法庭进行庭外调查通知检察人员到场的,必要时检察人员应当到场。对法庭调查核实后的证据持有异议的,应当建议法庭重新开庭进行调查。

25. 对于庭审中被告人及其辩护人提出未到庭证人的书面证言、未到庭被害人的书面陈述是非法取得的,可以从证人或者被害人的作证资格、询问人员、询问程序和方式以及询问笔录的法定形式等方面对合法性作出说明;有原始询问过程录音录像或者其他证据能证明合法性的,可以在法庭上宣读或者出示。被告人及其辩护人提出明确的新证据或者线索,需要进一步调查核实的,应当依法建议法庭延期审理,要求侦查机关(部门)提供相关证明,必要时可以自行调查核实,对被告人及其辩护人所提供的证人证言、被害人陈述等证据取得的合法性有疑问的,应当建议法庭要求其提供证明。

26.被告人及其辩护人在提起公诉后提出证据不合法的新证据或者线索,侦查机关(部门)对证据的合法性不能提供证据予以证明,或者提供的证据不够确实、充分,且其他证据不能充分证明被告人有罪的,可以撤回起诉,将案件退回侦查机关(部门)或者不起诉。

五、进一步健全工作机制,形成监督合力

27.加大对刑讯逼供、暴力取证等违法犯罪行为的查办力度。侦查监督、公诉、渎职侵权检察、监所检察等各职能部门应当通力合作,完善情况通报、案件线索发现、证据移送、案件查办等各环节相互协调的工作机制。进一步提高对刑讯逼供、暴力取证等违法犯罪的发现能力和查办水平,通过对违法犯罪的及时有效追究,切实遏制非法取证等违法行为。

28.完善审查逮捕、审查起诉对侦查活动监督的衔接机制和信息资源共享机制。对于批准或者决定逮捕但需要继续收集、补充、完善、固定证据的案件,以及不批准逮捕需要补充侦查的案件,侦查监督部门应当提出补充证据材料的意见,在送交侦查机关(部门)的同时,将副本送交公诉部门。侦查监督和公诉部门应当密切配合,跟踪监督,督促侦查机关(部门)补充完善证据。受理审查起诉的案件,应当审查侦查机关(部门)是否按照补充侦查意见补充相关证据材料。

29.进一步健全和完善介入侦查。引导取证工作机制。侦查监督、公诉部门要加强与侦查机关(部门)的配合与制约。对于需要介入侦查以及侦查机关(部门)要求介入侦查的案件,应当及时介入,参与勘验、检查、复验、复查,参与对重大案件的讨论,对证据的收集、固定和补充、完善提出建议。发现侦查活动有违法情形的,应当及时依法提出纠正意见。

30.充分发挥刑事科学技术在办案中的重要作用。职务犯罪侦查、侦查监督、公诉、监所检察、检察技术部门要密切合作,运用技术手段提高发现、收集、固定证据的能力,提高涉及专门技术问题证据材料的审查、判断、运用的能力和水平。

31.加强与侦查机关、审判机关的沟通与协调。通过联席会议、案件质量评析通报等形式,研究分析证据的收集、审查、判断、运用中发现的问题,与侦查机关、审判机关共同研究解决办法,并且结合当地实际健全完善贯彻落实两个《规定》的相关机制和措施。

32. 上级人民检察院应当不断总结实践中的经验和问题,强化管理、检查和监督,加强对下级人民检察院的业务指导。对于重大犯罪案件、在全国或者当地有重大影响的案件、上级人民检察院督办的案件以及经有关部门协调、协调意见与检察机关不一致的案件,下级人民检察院应当及时向上级人民检察院报告。

《最高人民法院、最高人民检察院、公安部关于办理刑事案件收集提取和审查判断电子数据若干问题的规定》(法发〔2016〕22号,自2016年10月1日起施行)

为规范电子数据的收集提取和审查判断,提高刑事案件办理质量,根据《中华人民共和国刑事诉讼法》等有关法律规定,结合司法实际,制定本规定。

一、一般规定

第一条 电子数据是案件发生过程中形成的,以数字化形式存储、处理、传输的,能够证明案件事实的数据。①

电子数据包括但不限于下列信息、电子文件:②

(一)网页、博客、微博客、朋友圈、贴吧、网盘等网络平台发布的信息;

(二)手机短信、电子邮件、即时通信、通讯群组等网络应用服务的通信信息;

(三)用户注册信息、身份认证信息、电子交易记录、通信记录、登录日志等信息;

(四)文档、图片、音视频、数字证书、计算机程序等电子文件。

以数字化形式记载的证人证言、被害人陈述以及犯罪嫌疑人、被告人供述和

---

① 之所以限定为"案件发生过程中",是为了将案件发生后形成的证人证言、被害人陈述以及犯罪嫌疑人、被告人供述和辩解等电子化的言词证据排除在外。需要注意的是,对于"案件发生过程中"不应作过于狭义的把握,从而理解为必须是实行行为发生过程中。例如,性侵害犯罪发生前行为人与被害人往来的短信、网络诈骗实施前行为人设立的钓鱼网站等,只要与案件事实相关,均可以视为"案件发生过程中"形成的电子数据。——**本评注注**

② 需要注意的是,本款各项所列信息虽然都属于电子数据,但对不同类型的电子数据的取证程序要求可能存在差别,如对于通信信息的收集、提取可能涉及技术调查、侦查措施,应当经过严格的批准手续。——**本评注注**

辩解等证据,不属于电子数据。确有必要的,对相关证据的收集、提取、移送、审查,可以参照适用本规定。

　　第二条　侦查机关应当遵守法定程序,遵循有关技术标准,全面、客观、及时地收集、提取电子数据;人民检察院、人民法院应当围绕真实性、合法性、关联性审查判断电子数据。

　　第三条　人民法院、人民检察院和公安机关有权依法向有关单位和个人收集、调取电子数据。有关单位和个人应当如实提供。①

　　第四条　电子数据涉及国家秘密、商业秘密、个人隐私的,应当保密。

　　第五条　对作为证据使用的电子数据,应当采取以下一种或者几种方法保护电子数据的完整性:

　　(一)扣押、封存电子数据原始存储介质;

　　(二)计算电子数据完整性校验值;②

　　(三)制作、封存电子数据备份;

　　(四)冻结电子数据;

　　(五)对收集、提取电子数据的相关活动进行录像;

　　(六)其他保护电子数据完整性的方法。

　　第六条　初查过程中收集、提取的电子数据,以及通过网络在线提取的电子数据,可以作为证据使用。③

　　二、电子数据的收集与提取

　　第七条　收集、提取电子数据,应当由二名以上侦查人员进行。取证方法应

---

①　需要注意的是,对于人民法院、人民检察院、公安机关而言,法无授权不可为,具体的适格取证主体和程序须严格遵守相关规定。例如,根据《宪法》第四十条的规定,对通信进行检查限于因国家安全或者追查刑事犯罪的需要,且只能由公安机关或者检察机关依照法律规定的程序进行。——**本评注**

②　完整性校验值,是指为防止电子数据被篡改或者破坏,使用散列算法等特定算法对电子数据进行计算,得出的用于校验数据完整性的数据值。实践中要求第一时间计算完整性校验值,并在笔录中注明。当需要验证电子数据是否完整,是否被增加、删除、修改时,便可以采用同一算法对电子数据再计算一次,将两次计算所得的值进行比较,如果一致则电子数据没有发生变化,如果不一致则证明电子数据发生了变化。——**本评注**

③　需要特别注意的是,强制侦查措施、技术侦查措施只有在刑事立案后才能采取,故而,初查过程中采取上述侦查措施收集、提取的电子数据不具有合法性,应当依法排除。——**本评注**

当符合相关技术标准。①

第八条 收集、提取电子数据,能够扣押电子数据原始存储介质的,应当扣押、封存原始存储介质,并制作笔录,记录原始存储介质的封存状态。

封存电子数据原始存储介质,应当保证在不解除封存状态的情况下,无法增加、删除、修改电子数据。封存前后应当拍摄被封存原始存储介质的照片,清晰反映封口或者张贴封条处的状况。

封存手机等具有无线通信功能的存储介质,应当采取信号屏蔽、信号阻断或者切断电源等措施。

第九条② 具有下列情形之一,无法扣押原始存储介质的,可以提取电子数据,但应当在笔录中注明不能扣押原始存储介质的原因、原始存储介质的存放地点或者电子数据的来源等情况,并计算电子数据的完整性校验值:

---

① 需要注意的问题有二:(1)关于取证主体。随着信息网络技术的发展,收集、提取电子数据已经成为一项基础性、普遍性侦查工作。例如,过去公安机关内部通常由网络安全保卫部门负责收集、提取电子数据,但在越来越多类型的案件涉及电子数据的情况下,经侦、治安、刑侦、禁毒等警种甚至派出所都需要承担相应的电子数据收集、提取任务,电子数据取证呈现普及化趋势。在这种情况下,本条顺应当前司法实践的发展变化,未明确要求侦查人员具备相关专业知识,即"收集、提取电子数据,应当由二名以上侦查人员进行"。但是,就侦查机关自身而言,仍应尽量派具有相关专业知识的侦查人员收集、提取电子数据,以更好地完成相关取证工作。当前,随着公安机关对电信诈骗等网络犯罪的办理越来越广泛,吸收相关网络技术人员参与案件侦查的现象日益多见。需要注意的是,此种情形下仍然是侦查人员作为取证主体,相关网络技术人员只是提供协助。(2)关于取证方法。实践中发现,由于网络技术的发展,取证设备的发展日新月异,不断有新式取证设备投入实战,相关技术标准很难跟得上取证设备的发展;并且,实践中还存在没有现成取证设备,而需要现场研发的情形。上述新式取证设备和侦查人员自己开发的取证设备可能没有相应的技术标准,如果以取证设备没有技术标准为由,将收集、提取的电子数据排除,显然不合适。为此,本条未要求取证设备符合相关技术标准,仅要求"取证方法应当符合相关技术标准"。——**本评注**

② 网络在线提取可以理解为简单的下载动作,既包括对公开的门户网站上的网页信息进行下载,也包括在网络远程勘验过程中在线提取电子数据。而网络远程勘验是指通过网络对远程计算机信息系统实施勘验,发现、提取与犯罪有关的电子数据,记录计算机信息系统状态,判断案件性质,分析犯罪过程,确定侦查方向和范围,为侦查破案、刑事诉讼提供线索和证据的侦查活动。可以说,网络远程勘验的最终目的也是在线提取电子数据,但它有一个勘验的过程,甚至涉及技术侦查措施的使用。需要注意的是,网络远程勘验如涉及技术侦查措施的适用,必须按照有关规定依法经过严格的批准手续。——**本评注**

（一）原始存储介质不便封存的；
（二）提取计算机内存数据、网络传输数据等不是存储在存储介质上的电子数据的；
（三）原始存储介质位于境外的；
（四）其他无法扣押原始存储介质的情形。

对于原始存储介质位于境外或者远程计算机信息系统上的电子数据，可以通过网络在线提取。

为进一步查明有关情况，必要时，可以对远程计算机信息系统进行网络远程勘验。进行网络远程勘验，需要采取技术侦查措施的，应当依法经过严格的批准手续。

第十条 由于客观原因无法或者不宜依据第八条、第九条的规定收集、提取电子数据的，可以采取打印、拍照或者录像等方式固定相关证据，并在笔录中说明原因。

第十一条 具有下列情形之一的，经县级以上公安机关负责人或者检察长批准，可以对电子数据进行冻结：
（一）数据量大，无法或者不便提取的；
（二）提取时间长，可能造成电子数据被篡改或者灭失的；
（三）通过网络应用可以更为直观地展示电子数据的；
（四）其他需要冻结的情形。

第十二条 冻结电子数据，应当制作协助冻结通知书，注明冻结电子数据的网络应用账号等信息，送交电子数据持有人、网络服务提供者或者有关部门协助办理。解除冻结的，应当在三日内制作协助解除冻结通知书，送交电子数据持有人、网络服务提供者或者有关部门协助办理。

冻结电子数据，应当采取以下一种或者几种方法：
（一）计算电子数据的完整性校验值；
（二）锁定网络应用账号；
（三）其他防止增加、删除、修改电子数据的措施。

第十三条 调取电子数据，应当制作调取证据通知书，注明需要调取电子数据的相关信息，通知电子数据持有人、网络服务提供者或者有关部门执行。

第十四条 收集、提取电子数据，应当制作笔录，记录案由、对象、内容、收集、提取电子数据的时间、地点、方法、过程，并附电子数据清单，注明类别、文件格式、完整性校验值等，由侦查人员、电子数据持有人（提供人）签名或者盖章；电子数据持有人（提供人）无法签名或拒绝签名的，应当在笔录中注明，由见证人签名或者盖章。有条件的,应当对相关活动进行录像。

第十五条 收集、提取电子数据,应当根据刑事诉讼法的规定,由符合条件的人员担任见证人。由于客观原因无法由符合条件的人员担任见证人的,应当在笔录中注明情况,并对相关活动进行录像。

针对同一现场多个计算机信息系统收集、提取电子数据的,可以由一名见证人见证。

第十六条 对扣押的原始存储介质或者提取的电子数据,可以通过恢复、破解、统计、关联、比对等方式进行检查。必要时,可以进行侦查实验。

电子数据检查,应当对电子数据存储介质拆封过程进行录像,并将电子数据存储介质通过写保护设备接入到检查设备进行检查;有条件的,应当制作电子数据备份,对备份进行检查;无法使用写保护设备且无法制作备份的,应当注明原因,并对相关活动进行录像。

电子数据检查应当制作笔录,注明检查方法、过程和结果,由有关人员签名或者盖章。进行侦查实验的,应当制作侦查实验笔录,注明侦查实验的条件、经过和结果,由参加实验的人员签名或者盖章。

第十七条 对电子数据涉及的专门性问题难以确定的,由司法鉴定机构出具鉴定意见,或者由公安部指定的机构出具报告。对于人民检察院直接受理的案件,也可以由最高人民检察院指定的机构出具报告。

具体办法由公安部、最高人民检察院分别制定。

三、电子数据的移送与展示

第十八条 收集、提取的原始存储介质或者电子数据,应当以封存状态随案移送,并制作电子数据的备份一并移送。①

对网页、文档、图片等可以直接展示的电子数据,可以不随案移送打印件;人民法院、人民检察院因设备等条件限制无法直接展示电子数据的,侦查机关应当随案移送打印件,或者附展示工具和展示方法说明。②

---

① 对于此处规定的备份,可以根据案件情况具体把握,不要求是全部电子数据,主要是与案件事实相关的电子数据。对于虽存储在已封存的存储介质中,但明显与案件事实无关的电子数据,可以不制作备份。而对于直接提取的电子数据,原则上应当全部制作备份。——本评注注

② 从司法实践来看,电子数据可以分为两类:一类是可以直接展示的电子数据,如电子文档、图片等;另一类是无法直接展示的电子数据,如计算机病毒等破坏性程序等。对于前者,可以直接通过展示电子数据查看,没有必要移送打印件(特别是在电子文(转下页)

对冻结的电子数据,应当移送被冻结电子数据的清单,注明类别、文件格式、冻结主体、证据要点、相关网络应用账号,并附查看工具和方法的说明。

第十九条　对侵入、非法控制计算机信息系统的程序、工具以及计算机病毒等无法直接展示的电子数据,应当附电子数据属性、功能等情况的说明。①

对数据统计量、数据同一性等问题,侦查机关应当出具说明。

第二十条　公安机关报请人民检察院审查批准逮捕犯罪嫌疑人,或者对侦查终结的案件移送人民检察院审查起诉的,应当将电子数据等证据一并移送人民检察院。人民检察院在审查批准逮捕和审查起诉过程中发现应当移送的电子数据没有移送或者移送的电子数据不符合相关要求的,应当通知公安机关补充移送或者进行补正。

对于提起公诉的案件,人民法院发现应当移送的电子数据没有移送或者移送的电子数据不符合相关要求的,应当通知人民检察院。

公安机关、人民检察院应当自收到通知后三日内移送电子数据或者补充有关材料。

第二十一条　控辩双方向法庭提交的电子数据需要展示的,可以根据电子数据的具体类型,借助多媒体设备出示、播放或者演示。必要时,可以聘请具有专门知识的人进行操作,并就相关技术问题作出说明。

四、电子数据的审查与判断

第二十二条　对电子数据是否真实,应当着重审查以下内容:

(一)是否移送原始存储介质;在原始存储介质无法封存、不便移动时,有无说明原因,并注明收集、提取过程及原始存储介质的存放地点或者电子数据的来源等情况;

(二)电子数据是否具有数字签名、数字证书等特殊标识;②

(接上页)档等特别大,导致打印件的数量繁多的情况下);而对于后者,则无法以打印件的形式予以展示,无法移送打印件。对此,不应当要求移送电子数据的打印件。然而,司法实践中,有意见提出,当前少数基层法院的法庭设备尚无法展示诸多格式的电子数据,庭审中对关键电子数据的质证和审查仍通过打印件的形式进行。基于这一实际情况,本条作了相应规定。——**本评注注**

① 对于计算机病毒等无法直接展示的电子数据,本就无所谓打印件的问题。为了便于人民检察院、人民法院审查,本条专门要求附有相关说明。——**本评注注**

② 数字签名,是指利用特定算法对电子数据进行计算,得出的用于验证电子数据来源和完整性的数据值。数字证书,是指包含数字签名并对电子数据来源、完整性进行认证的电子文件。实践中,可以通过对电子数据附带的数字签名或者数字证书进行认(转下页)

(三)电子数据的收集、提取过程是否可以重现;①
(四)电子数据如有增加、删除、修改等情形的,是否附有说明;②
(五)电子数据的完整性是否可以保证。

第二十三条 对电子数据是否完整,应当根据保护电子数据完整性的相应方法进行验证:
(一)审查原始存储介质的扣押、封存状态;

(接上页)证,以验证电子数据的真实性。例如,从某黑客教学网站通过网络在线提取了一个公开下载的恶意软件,当审查该软件的真实性时,一般可以通过重复提取进行验证,但是可能出现该软件已经被网站删除而无法重复提取的情况。如果最初提取该软件时同时提取了该软件附带的数字签名(通常包含数字签名和网站证书,一般网站均带有证书),即使在网站上软件已被删除的情况下,通过验证数字签名仍然可以证明该软件来自该网站。实践中,对数字签名、数字证书的验证既可以由审判人员通过简单的软件工具进行验证,也可以请具有专门知识的人帮助验证,还可以请有关侦查人员进行验证演示。需要强调的是,并非所有的电子数据都有数字签名或者数字证书,不能因为电子数据没有数字签名或者数字证书就否定其真实性。——**本评注注**

① 电子数据即使已经被提取,其提取过程仍然可以被完全、准确、一致地重现,审查电子数据时,也可以充分利用该特性通过复现收集、提取过程进行审查,比如审查电子数据检查过程中从扣押的原始存储介质中恢复的电子数据真实性时,除审查扣押时的有关笔录和原始存储介质的封存状态外,还可以再次进行数据恢复,并比较两次数据恢复的内容是否相同。鉴于此,《电子数据规定》提出了复现性审查来判断电子数据真实性的相应规则。需要强调的是,实践中并非所有的电子数据收集、提取过程都可以复现,比如拒绝服务攻击案件中从网络上截取的攻击数据包,或者从计算机内存中提取的电子数据,这些数据在拒绝服务攻击结束或者计算机关机后就会消失,收集、提取过程无法复现,不能因收集、提取过程不能复现就否定电子数据的真实性。——**本评注注**

② 如有增加、删除、修改等情形的,是否附有说明。一般情况下,电子数据发生增加、删除、修改,其真实性必然受到质疑。但是,电子数据发生增加、删除、修改的,并不必然导致其不真实,如为了使部分损坏的视频文件能够正常播放,在视频文件的文件头增加某些信息;为了查看乱码电子文档,修改文档文件头的某些字节;或者为了打开部分损坏的电子图片,对文件错误的字节进行修改(通常修改的数据很少,目的是正常展示图片,不会影响图片的内容)。为此,在审查电子数据真实性时,当发现电子数据存在增加、删除、修改的情形时,应当作进一步审查:如果增加、删除、修改是为了顺利展示或者分析电子数据,对电子数据所承载的内容或者证明的事实没有实质影响,可以认为其是真实的;如果是故意篡改或者保管不当导致的增加、删除、修改,则无法保证电子数据所承载的内容不受影响,也就无法保证其真实性。——**本评注注**

(二)审查电子数据的收集、提取过程,查看录像;
(三)比对电子数据完整性校验值;
(四)与备份的电子数据进行比较;
(五)审查冻结后的访问操作日志;
(六)其他方法。

第二十四条 对收集、提取电子数据是否合法,应当着重审查以下内容:

(一)收集、提取电子数据是否由二名以上侦查人员进行,取证方法是否符合相关技术标准;

(二)收集、提取电子数据,是否附有笔录、清单,并经侦查人员、电子数据持有人(提供人)、见证人签名或者盖章;没有持有人(提供人)签名或者盖章的,是否注明原因;对电子数据的类别、文件格式等是否注明清楚;

(三)是否依照有关规定由符合条件的人员担任见证人,是否对相关活动进行录像;

(四)电子数据检查是否将电子数据存储介质通过写保护设备接入到检查设备;有条件的,是否制作电子数据备份,并对备份进行检查;无法制作备份且无法使用写保护设备的,是否附有录像。

第二十五条 认定犯罪嫌疑人、被告人的网络身份与现实身份的同一性,可以通过核查相关IP地址、网络活动记录、上网终端归属、相关证人证言以及犯罪嫌疑人、被告人供述和辩解等进行综合判断。

认定犯罪嫌疑人、被告人与存储介质的关联性,可以通过核查相关证人证言以及犯罪嫌疑人、被告人供述和辩解等进行综合判断。①

第二十六条 公诉人、当事人或者辩护人、诉讼代理人对电子数据鉴定意见有异议,可以申请人民法院通知鉴定人出庭作证。人民法院认为鉴定人有必要出庭的,鉴定人应当出庭作证。

经人民法院通知,鉴定人拒不出庭作证的,鉴定意见不得作为定案的根据。对没有正当理由拒不出庭作证的鉴定人,人民法院应当通报司法行政机关或者有关部门。

公诉人、当事人或者辩护人、诉讼代理人可以申请法庭通知有专门知识的人

---

① 需要注意的是,对于存储介质的关联性判断,还可以提取必要的指纹、DNA等痕迹物证进行综合判断。——**本评注注**

出庭,就鉴定意见提出意见。①

对电子数据涉及的专门性问题的报告,参照适用前三款规定。

第二十七条 电子数据的收集、提取程序有下列瑕疵,经补正或者作出合理解释的,可以采用;不能补正或者作出合理解释的,不得作为定案的根据:

(一)未以封存状态移送的;

(二)笔录或者清单上没有侦查人员、电子数据持有人(提供人)、见证人签名或者盖章的;

(三)对电子数据的名称、类别、格式等注明不清的;

(四)有其他瑕疵的。

第二十八条 电子数据具有下列情形之一的,不得作为定案的根据:

(一)电子数据系篡改、伪造或者无法确定真伪的;

(二)电子数据有增加、删除、修改等情形,影响电子数据真实性的;

(三)其他无法保证电子数据真实性的情形。

五、附则

第二十九条 本规定中下列用语的含义:

(一)存储介质,是指具备数据信息存储功能的电子设备、硬盘、光盘、优盘、记忆棒、存储卡、存储芯片等载体。

---

① 对于电子数据的鉴定意见和报告的判断需要较强的专业性知识,人民法院在审理案件的过程中,可以依据《刑事诉讼法》的规定,充分运用有专门知识的人这一"外力",更好地审查电子数据的鉴定意见或者报告。实际上,具有电子数据专门知识的人出庭,就电子数据的鉴定意见或者报告发表意见,为公诉人、当事人、诉讼参与人等提供专业辅助,一方面,可以为审判人员审查判断鉴定意见、报告提供参考,有利于其作出科学的判断,且也能够在一定程度上减少重复鉴定、重复检验的发生,节约诉讼资源,提高审判工作的效率;另一方面,有专门知识的人出庭,就电子数据的鉴定意见或者报告进行对抗,能够增进对鉴定意见或者报告的审查,防止鉴定人的错误鉴定或者检验人员的错误检验对法官裁判造成不良影响,能够更好地维护当事人的合法权益,增强刑事诉讼的人权保障功能。需要注意的是,根据《刑诉法解释》第二百五十条的规定,有专门知识的人并不要求具备鉴定人资质。因此,在网络犯罪案件的审理过程中,可以出庭的有专门知识的人只要具备电子数据专业知识即可,并不限定为有关鉴定机构的鉴定人或者公安部指定的电子数据检验机构的相关人员。此外,《刑诉法解释》第二百五十条第二款规定:"申请有专门知识的人出庭,不得超过二人。有多种类鉴定意见的,可以相应增加人数。"因此,在网络犯罪案件的审理过程中,控辩双方原则上可以各申请两名具有电子数据专门知识的人出庭。——**本评注注**

（二）完整性校验值，是指为防止电子数据被篡改或者破坏，使用散列算法等特定算法对电子数据进行计算，得出的用于校验数据完整性的数据值。

（三）网络远程勘验，是指通过网络对远程计算机信息系统实施勘验，发现、提取与犯罪有关的电子数据，记录计算机信息系统状态，判断案件性质，分析犯罪过程，确定侦查方向和范围，为侦查破案、刑事诉讼提供线索和证据的侦查活动。

（四）数字签名，是指利用特定算法对电子数据进行计算，得出的用于验证电子数据来源和完整性的数据值。

（五）数字证书，是指包含数字签名并对电子数据来源、完整性进行认证的电子文件。

（六）访问操作日志，是指为审查电子数据是否被增加、删除或者修改，由计算机信息系统自动生成的对电子数据访问、操作情况的详细记录。

第三十条 本规定自2016年10月1日起施行。之前发布的规范性文件与本规定不一致的，以本规定为准。

《公安机关办理刑事案件电子数据取证规则》（公通字〔2018〕41号，自2019年2月1日起施行）

第一章 总　则

第一条 为规范公安机关办理刑事案件电子数据取证工作，确保电子数据取证质量，提高电子数据取证效率，根据《中华人民共和国刑事诉讼法》《公安机关办理刑事案件程序规定》等有关规定，制定本规则。

第二条 公安机关办理刑事案件应当遵守法定程序，遵循有关技术标准，全面、客观、及时地收集、提取涉案电子数据，确保电子数据的真实、完整。

第三条 电子数据取证包括但不限于：

（一）收集、提取电子数据；

（二）电子数据检查和侦查实验；

（三）电子数据检验与鉴定。

第四条 公安机关电子数据取证涉及国家秘密、警务工作秘密、商业秘密、个人隐私的，应当保密；对于获取的材料与案件无关的，应当及时退还或者销毁。

第五条 公安机关接受或者依法调取的其他国家机关在行政执法和查办案件过程中依法收集、提取的电子数据可以作为刑事案件的证据使用。

第二章 收集提取电子数据

第一节 一般规定

第六条 收集、提取电子数据，应当由二名以上侦查人员进行。必要时，可以指派或者聘请专业技术人员在侦查人员主持下进行收集、提取电子数据。

第七条 收集、提取电子数据,可以根据案情需要采取以下一种或者几种措施、方法:

(一)扣押、封存原始存储介质;

(二)现场提取电子数据;

(三)网络在线提取电子数据;

(四)冻结电子数据;

(五)调取电子数据。

第八条 具有下列情形之一的,可以采取打印、拍照或者录像等方式固定相关证据:

(一)无法扣押原始存储介质并且无法提取电子数据的;

(二)存在电子数据自毁功能或装置,需要及时固定相关证据的;

(三)需现场展示、查看相关电子数据的。

根据前款第二、三项的规定采取打印、拍照或者录像等方式固定相关证据后,能够扣押原始存储介质的,应当扣押原始存储介质;不能扣押原始存储介质但能够提取电子数据的,应当提取电子数据。

第九条 采取打印、拍照或者录像方式固定相关证据的,应当清晰反映电子数据的内容,并在相关笔录中注明采取打印、拍照或者录像等方式固定相关证据的原因,电子数据的存储位置、原始存储介质特征和所在位置等情况,由侦查人员、电子数据持有人(提供人)签名或者盖章;电子数据持有人(提供人)无法签名或者拒绝签名的,应当在笔录中注明,由见证人签名或者盖章。

第二节 扣押、封存原始存储介质

第十条 在侦查活动中发现的可以证明犯罪嫌疑人有罪或者无罪、罪轻或者罪重的电子数据,能够扣押原始存储介质的,应当扣押、封存原始存储介质,并制作笔录,记录原始存储介质的封存状态。

勘验、检查与电子数据有关的犯罪现场时,应当按照有关规范处置相关设备,扣押、封存原始存储介质。

第十一条 对扣押的原始存储介质,应当按照以下要求封存:

(一)保证在不解除封存状态的情况下,无法使用或者启动被封存的原始存储介质,必要时,具备数据信息存储功能的电子设备和硬盘、存储卡等内部存储介质可以分别封存;

(二)封存前后应当拍摄被封存原始存储介质的照片。照片应当反映原始存储介质封存前后的状况,清晰反映封口或者张贴封条处的状况;必要时,照片还要清晰反映电子设备的内部存储介质细节;

(三)封存手机等具有无线通信功能的原始存储介质,应当采取信号屏蔽、信号阻断或者切断电源等措施。

第十二条 对扣押的原始存储介质,应当会同在场见证人和原始存储介质持有人(提供人)查点清楚,当场开列《扣押清单》一式三份,写明原始存储介质名称、编号、数量、特征及其来源等,由侦查人员、持有人(提供人)和见证人签名或者盖章,一份交给持有人(提供人),一份交给公安机关保管人员,一份附卷备查。

第十三条 对无法确定原始存储介质持有人(提供人)或者原始存储介质持有人(提供人)无法签名、盖章或者拒绝签名、盖章的,应当在有关笔录中注明,由见证人签名或者盖章。由于客观原因无法由符合条件的人员担任见证人的,应当在有关笔录中注明情况,并对扣押原始存储介质的过程全程录像。

第十四条 扣押原始存储介质,应当收集证人证言以及犯罪嫌疑人供述和辩解等与原始存储介质相关联的证据。

第十五条 扣押原始存储介质时,可以向相关人员了解、收集并在有关笔录中注明以下情况:

(一)原始存储介质及应用系统管理情况,网络拓扑与系统架构情况,是否由多人使用及管理,管理及使用人员的身份情况;

(二)原始存储介质及应用系统管理的用户名、密码情况;

(三)原始存储介质的数据备份情况,有无加密磁盘、容器,有无自毁功能,有无其它移动存储介质,是否进行过备份,备份数据的存储位置等情况;

(四)其他相关的内容。

第三节 现场提取电子数据

第十六条 具有下列无法扣押原始存储介质情形之一的,可以现场提取电子数据:

(一)原始存储介质不便封存的;

(二)提取计算机内存数据、网络传输数据等不是存储在存储介质上的电子数据的;

(三)案件情况紧急,不立即提取电子数据可能会造成电子数据灭失或者其他严重后果的;

(四)关闭电子设备会导致重要信息系统停止服务的;

(五)需通过现场提取电子数据排查可疑存储介质的;

(六)正在运行的计算机信息系统功能或者应用程序关闭后,没有密码无法提取的;

（七）其他无法扣押原始存储介质的情形。

无法扣押原始存储介质的情形消失后，应当及时扣押、封存原始存储介质。

第十七条　现场提取电子数据可以采取以下措施保护相关电子设备：

（一）及时将犯罪嫌疑人或者其他相关人员与电子设备分离；

（二）在未确定是否易丢失数据的情况下，不能关闭正在运行状态的电子设备；

（三）对现场计算机信息系统可能被远程控制的，应当及时采取信号屏蔽、信号阻断、断开网络连接等措施；

（四）保护电源；

（五）有必要采取的其他保护措施。

第十八条　现场提取电子数据，应当遵守以下规定：

（一）不得将提取的数据存储在原始存储介质中；

（二）不得在目标系统中安装新的应用程序。如果因为特殊原因，需要在目标系统中安装新的应用程序的，应当在笔录中记录所安装的程序及目的；

（三）应当在有关笔录中详细、准确记录实施的操作。

第十九条　现场提取电子数据，应当制作《电子数据现场提取笔录》，注明电子数据的来源、事由和目的、对象、提取电子数据的时间、地点、方法、过程、不能扣押原始存储介质的原因、原始存储介质的存放地点，并附《电子数据提取固定清单》，注明类别、文件格式、完整性校验值等，由侦查人员、电子数据持有人（提供人）签名或者盖章；电子数据持有人（提供人）无法签名或者拒绝签名的，应当在笔录中注明，由见证人签名或者盖章。

第二十条　对提取的电子数据可以进行数据压缩，并在笔录中注明相应的方法和压缩后文件的完整性校验值。

第二十一条　由于客观原因无法由符合条件的人员担任见证人的，应当在《电子数据现场提取笔录》中注明情况，并全程录像，对录像文件应当计算完整性校验值并记入笔录。

第二十二条　对无法扣押的原始存储介质且无法一次性完成电子数据提取的，经登记、拍照或者录像后，可以封存后交其持有人（提供人）保管，并且开具《登记保存清单》一式两份，由侦查人员、持有人（提供人）和见证人签名或者盖章，一份交给持有人（提供人），另一份连同照片或者录像资料附卷备查。

持有人（提供人）应当妥善保管，不得转移、变卖、毁损，不得解除封存状态，不得未经办案部门批准接入网络，不得对其中可能用作证据的电子数据增加、删除、修改。必要时，应当保持计算机信息系统处于开机状态。

对登记保存的原始存储介质，应当在七日以内作出处理决定，逾期不作出处理决定的，视为自动解除。经查明确实与案件无关的，应当在三日以内解除。

第四节 网络在线提取电子数据

第二十三条 对公开发布的电子数据、境内远程计算机信息系统上的电子数据，可以通过网络在线提取。

第二十四条 网络在线提取应当计算电子数据的完整性校验值；必要时，可以提取有关电子签名认证证书、数字签名、注册信息等关联性信息。

第二十五条 网络在线提取时，对可能无法重复提取或者可能会出现变化的电子数据，应当采用录像、拍照、截获计算机屏幕内容等方式记录以下信息：

（一）远程计算机信息系统的访问方式；

（二）提取的日期和时间；

（三）提取使用的工具和方法；

（四）电子数据的网络地址、存储路径或者数据提取时的进入步骤等；

（五）计算完整性校验值的过程和结果。

第二十六条 网络在线提取电子数据应当在有关笔录中注明电子数据的来源、事由和目的、对象，提取电子数据的时间、地点、方法、过程，不能扣押原始存储介质的原因，并附《电子数据提取固定清单》，注明类别、文件格式、完整性校验值等，由侦查人员签名或者盖章。

第二十七条 网络在线提取时需要进一步查明下列情形之一的，应当对远程计算机信息系统进行网络远程勘验：

（一）需要分析、判断提取的电子数据范围的；

（二）需要展示或者描述电子数据内容或者状态的；

（三）需要在远程计算机信息系统中安装新的应用程序的；

（四）需要通过勘验行为让远程计算机信息系统生成新的除正常运行数据外电子数据的；

（五）需要收集远程计算机信息系统状态信息、系统架构、内部系统关系、文件目录结构、系统工作方式等电子数据相关信息的；

（六）其他网络在线提取时需要进一步查明有关情况的情形。

第二十八条 网络远程勘验由办理案件的县级公安机关负责。上级公安机关对下级公安机关刑事案件网络远程勘验提供技术支援。对于案情重大、现场复杂的案件，上级公安机关认为有必要时，可以直接组织指挥网络远程勘验。

第二十九条 网络远程勘验应当统一指挥，周密组织，明确分工，落实责任。

第三十条 网络远程勘验应当由符合条件的人员作为见证人。由于客观原因无法由符合条件的人员担任见证人的,应当在《远程勘验笔录》中注明情况,并按照本规则第二十五条的规定录像,录像可以采用屏幕录像或者录像机录像等方式,录像文件应当计算完整性校验值并记入笔录。

第三十一条 远程勘验结束后,应当及时制作《远程勘验笔录》,详细记录远程勘验有关情况以及勘验照片、截获的屏幕截图等内容。由侦查人员和见证人签名或者盖章。

远程勘验并且提取电子数据的,应当按照本规则第二十六条的规定,在《远程勘验笔录》注明有关情况,并附《电子数据提取固定清单》。

第三十二条 《远程勘验笔录》应当客观、全面、详细、准确、规范,能够作为还原远程计算机信息系统原始情况的依据,符合法定的证据要求。

对计算机信息系统进行多次远程勘验的,在制作首次《远程勘验笔录》后,逐次制作补充《远程勘验笔录》。

第三十三条 网络在线提取或者网络远程勘验时,应当使用电子数据持有人、网络服务提供者提供的用户名、密码等远程计算机信息系统访问权限。

采用技术侦查措施收集电子数据的,应当严格依照有关规定办理批准手续。收集的电子数据在诉讼中作为证据使用时,应当依照刑事诉讼法第一百五十四条规定执行。

第三十四条 对以下犯罪案件,网络在线提取、远程勘验过程应当全程同步录像:

(一)严重危害国家安全、公共安全的案件;

(二)电子数据是罪与非罪、是否判处无期徒刑、死刑等定罪量刑关键证据的案件;

(三)社会影响较大的案件;

(四)犯罪嫌疑人可能被判处五年有期徒刑以上刑罚的案件;

(五)其他需要全程同步录像的重大案件。

第三十五条 网络在线提取、远程勘验使用代理服务器、点对点传输软件、下载加速软件等网络工具的,应当在《网络在线提取笔录》或者《远程勘验笔录》中注明采用的相关软件名称和版本号。

第五节 冻结电子数据

第三十六条 具有下列情形之一的,可以对电子数据进行冻结:

(一)数据量大,无法或者不便提取的;

(二)提取时间长,可能造成电子数据被篡改或者灭失的;

(三)通过网络应用可以更为直观地展示电子数据的;

（四）其他需要冻结的情形。

第三十七条 冻结电子数据，应当经县级以上公安机关负责人批准，制作《协助冻结电子数据通知书》，注明冻结电子数据的网络应用账号等信息，送交电子数据持有人、网络服务提供者或者有关部门协助办理。

第三十八条 不需要继续冻结电子数据时，应当经县级以上公安机关负责人批准，在三日以内制作《解除冻结电子数据通知书》，通知电子数据持有人、网络服务提供者或者有关部门执行。

第三十九条 冻结电子数据的期限为六个月。有特殊原因需要延长期限的，公安机关应当在冻结期限届满前办理继续冻结手续。每次续冻期限最长不得超过六个月。继续冻结的，应当按照本规则第三十七条的规定重新办理冻结手续。逾期不办理继续冻结手续的，视为自动解除。

第四十条 冻结电子数据，应当采取以下一种或者几种方法：

（一）计算电子数据的完整性校验值；

（二）锁定网络应用账号；

（三）采取写保护措施；

（四）其他防止增加、删除、修改电子数据的措施。

第六节 调取电子数据

第四十一条 公安机关向有关单位和个人调取电子数据，应当经办案部门负责人批准，开具《调取证据通知书》，注明需要调取电子数据的相关信息，通知电子数据持有人、网络服务提供者或者有关部门执行。被调取单位、个人应当在通知书回执上签名或者盖章，并附完整性校验值等保护电子数据完整性方法的说明，被调取单位、个人拒绝盖章、签名或者附说明的，公安机关应当注明。必要时，应当采用录音或者录像等方式固定证据内容及取证过程。

公安机关应当协助因客观条件限制无法保护电子数据完整性的被调取单位、个人进行电子数据完整性的保护。

第四十二条 公安机关跨地域调查取证的，可以将《办案协作函》和相关法律文书及凭证传真或者通过公安机关信息化系统传输至协作地公安机关。协作地办案部门经审查确认后，在传来的法律文书上加盖本地办案部门印章后，代为调查取证。

协作地办案部门代为调查取证后，可以将相关法律文书回执或者笔录邮寄至办案地公安机关，将电子数据或者电子数据的获取、查看工具和方法说明通过公安机关信息化系统传输至办案地公安机关。

办案地公安机关应当审查调取电子数据的完整性，对保证电子数据的完整性有疑问的,协作地办案部门应当重新代为调取。

第三章 电子数据的检查和侦查实验

第一节 电子数据检查

第四十三条 对扣押的原始存储介质或者提取的电子数据,需要通过数据恢复、破解、搜索、仿真、关联、统计、比对等方式,以进一步发现和提取与案件相关的线索和证据时,可以进行电子数据检查。

第四十四条 电子数据检查,应当由二名以上具有专业技术的侦查人员进行。必要时,可以指派或者聘请有专门知识的人参加。

第四十五条 电子数据检查应当符合相关技术标准。

第四十六条 电子数据检查应当保护在公安机关内部移交过程中电子数据的完整性。移交时,应当办理移交手续,并按照以下方式核对电子数据:

(一)核对其完整性校验值是否正确;

(二)核对封存的照片与当前封存的状态是否一致。

对于移交时电子数据完整性校验值不正确、原始存储介质封存状态不一致或者未封存可能影响证据真实性、完整性的,检查人员应当在有关笔录中注明。

第四十七条 检查电子数据应当遵循以下原则:

(一)通过写保护设备接入到检查设备进行检查,或者制作电子数据备份、对备份进行检查;

(二)无法使用写保护设备且无法制作备份的,应当注明原因,并全程录像;

(三)检查前解除封存、检查后重新封存前后应当拍摄被封存原始存储介质的照片,清晰反映封口或者张贴封条处的状况;

(四)检查具有无线通信功能的原始存储介质,应当采取信号屏蔽、信号阻断或者切断电源等措施保护电子数据的完整性。

第四十八条 检查电子数据,应当制作《电子数据检查笔录》,记录以下内容:

(一)基本情况。包括检查的起止时间,指挥人员、检查人员的姓名、职务,检查的对象,检查的目的等;

(二)检查过程。包括检查过程使用的工具,检查的方法与步骤等;

(三)检查结果。包括通过检查发现的案件线索、电子数据等相关信息。

(四)其他需要记录的内容。

第四十九条 电子数据检查时需要提取电子数据的,应当制作《电子数据提取固定清单》,记录该电子数据的来源、提取方法和完整性校验值。

第二节 电子数据侦查实验

第五十条 为了查明案情,必要时,经县级以上公安机关负责人批准可以进行电子数据侦查实验。

第五十一条 电子数据侦查实验的任务包括：

（一）验证一定条件下电子设备发生的某种异常或者电子数据发生的某种变化；

（二）验证在一定时间内能否完成对电子数据的某种操作行为；

（三）验证在某种条件下使用特定软件、硬件能否完成某种特定行为、造成特定后果；

（四）确定一定条件下某种计算机信息系统应用或者网络行为能否修改、删除特定的电子数据；

（五）其他需要验证的情况。

第五十二条 电子数据侦查实验应当符合以下要求：

（一）应当采取技术措施保护原始存储介质数据的完整性；

（二）有条件的，电子数据侦查实验应当进行二次以上；

（三）侦查实验使用的电子设备、网络环境等应当与发案现场一致或者基本一致；必要时，可以采用相关技术方法对相关环境进行模拟或者进行对照实验；

（四）禁止可能泄露公民信息或者影响非实验环境计算机信息系统正常运行的行为。

第五十三条 进行电子数据侦查实验，应当使用拍照、录像、录音、通信数据采集等一种或多种方式客观记录实验过程。

第五十四条 进行电子数据侦查实验，应当制作《电子数据侦查实验笔录》，记录侦查实验的条件、过程和结果，并由参加侦查实验的人员签名或者盖章。

第四章 电子数据委托检验与鉴定

第五十五条 为了查明案情，解决案件中某些专门性问题，应当指派、聘请有专门知识的人进行鉴定，或者委托公安部指定的机构出具报告。

需要聘请有专门知识的人进行鉴定，或者委托公安部指定的机构出具报告的，应当经县级以上公安机关负责人批准。

第五十六条 侦查人员送检时，应当封存原始存储介质、采取相应措施保护电子数据完整性，并提供必要的案件相关信息。

第五十七条 公安部指定的机构及其承担检验工作的人员应当独立开展业务并承担相应责任，不受其他机构和个人影响。

第五十八条 公安部指定的机构应当按照法律规定和司法审判机关要求承担回避、保密、出庭作证等义务，并对报告的真实性、合法性负责。

公安部指定的机构应当运用科学方法进行检验、检测,并出具报告。

第五十九条 公安部指定的机构应当具备必需的仪器、设备并且依法通过资质认定或者实验室认可。

第六十条 委托公安部指定的机构出具报告的其他事宜,参照《公安机关鉴定规则》等有关规定执行。

第五章 附 则

第六十一条 本规则自 2019 年 2 月 1 日起施行。公安部之前发布的文件与本规则不一致的,以本规则为准。

《**人民检察院办理网络犯罪案件规定**》(最高人民检察院,高检发办字〔2021〕3号)第二章"引导取证和案件审查"(第十一条至第二十六条)、第三章"电子数据的审查"(第二十七条至第四十五条)对证据收集和审查判断的有关问题作了规定。(→参见第二编"立案、侦查和提起公诉"标题下所附"其他规范",第 774—777、777—781 页)

《**最高人民法院、最高人民检察院、公安部关于办理信息网络犯罪案件适用刑事诉讼程序若干问题的意见**》(法发〔2022〕23号)"四、关于信息网络犯罪案件的取证"(第十四条至第十七条)、"五、关于信息网络犯罪案件的其他问题"(第十八条至第二十二条)对收集证据、审查证据等问题作了规定。(→参见第二编"立案、侦查和提起公诉"标题下所附"其他规范",第 786—788 页)

《**最高人民检察院、公安部关于依法妥善办理轻伤害案件的指导意见**》(高检发办字〔2022〕167号)第六条要求对鉴定意见进行实质性审查。(→参见第二编"立案、侦查和提起公诉"标题下所附"其他规范",第 789 页)

指导性案例

李某抢劫、强奸、强制猥亵二审抗诉案(检例第180号)对电子数据的审查和运用作了规定。(→参见第二百二十八条所附"指导性案例",第1554页)

宋某某危险驾驶二审、再审抗诉案(检例第182号)对司法鉴定的审查判断作了规定。(→参见第二百二十八条所附"指导性案例",第1555页)

司法疑难解析

1. 见证人的范围。在刑事诉讼中,一些刑事诉讼活动的进行需要见证人的见证,以观察、监督相关刑事诉讼活动是否依法进行,相关笔录和清单的记录是否属实,对于确保刑事诉讼活动的公正具有重要意义。例如,根据《刑事诉讼法》的规定，侦查人员对于与犯罪有关的场所、物品、人身、尸体应当进行勘验或者检查时，对犯罪嫌疑人以及可能隐藏罪犯或者犯罪证据的人的身体、物品、住处和其他有关的地方进行搜查，查封、扣押可用以证明犯罪嫌疑人有罪或者无罪的各种财物、文件，都应当邀请见证人到场，上述活动的笔录或者清单必须由见证人签名或者盖章。而在刑事案件审理过程中，勘验、检查等笔录是否有见证人签名或者盖章是审判人员应当着重审查的内容之一。因此，无论是基于法律和相关规定，还是在实务操作层面，见证人制度都是我国刑事诉讼制度的重要组成部分，具有重要地位。

然而，对于见证人制度的相关内容，《刑事诉讼法》和司法解释及其他规范性文件均未作出明确规定。例如，关于目前最为亟待解决的见证人范围问题，《刑事诉讼法》只在第一百三十九条等条款中有"家属，邻居或者其他见证人"等类似规定，但是对于见证人的具体范围没有明确。在司法实践中，见证人身份不当的现象时有发生。在一些案件中，由实施侦查活动的侦查人员以外的警察、联防队员、社保队员作为见证人。还有的案件中，侦查人员既是侦查活动的实施者，又是侦查活动的见证人。上述案件中，见证人的身份不当，严重影响了见证人对相关侦查活动的公正见证，难以监督侦查人员合法、正确进行勘验、检查、搜查、扣押等侦查活动。

基于上述原因，《2012年刑诉法解释》第六十七条对见证人的范围作出明确规定。《刑诉法解释》第八十条根据司法实践反映的问题作了修改完善，增加不得在监察调查活动中担任见证人的禁止性和例外规定，并增设第二款要求载明见证人的相关信息以便审查。具体而言：

（1）关于见证人的范围。《刑诉法解释》第八十条第一款规定："下列人员不得担任见证人：（一）生理上、精神上有缺陷或者年幼，不具有相应辨别能力或者不能正确表达的人；（二）与案件有利害关系，可能影响案件公正处理的人；（三）行使勘验、检查、搜查、扣押、组织辨认等监察调查、刑事诉讼职权的监察、公安、司法机关的工作人员或者其聘用的人员。"据此，行使勘验、检查、搜查、扣押、组织辨认等监察调查、刑事诉讼职权的监察、公安、司法机关的工作人员或者其聘用的人员，不得充当见证人。这是因为，设立见证人的目的在于监督相关刑事诉讼活动依法进行，确保相关笔录和清单的客观公正。为此，应当由实施相关刑事诉讼活动主体以外的人进行见证，以避免"自己监督自己"的现象。

征求意见过程中，有意见建议明确《刑诉法解释》第八十条第一款第三项所列人员，是指所有工作人员，还是只有行使勘验、检查、搜查、扣押、主持辨认等监察调查、刑事诉讼职权的工作人员，即从事其他工作如后勤、政工的人员是否可以作为见证人。经研究认为,本项所称情形包括在该案件中行使勘验、检查、搜查、扣押等监察调查、刑事诉讼职权的监察、公安、司法机关的工作人员或者其聘用人员,既包括正式工作人员,也包括实习人员或者其聘用的协勤、文职、清洁、保安等人员。作出上述规定,并不会影响刑事诉讼职权的行使和侦查活动的正常开展,必要时可以通过录音录像替代见证活动。

(2)关于见证人信息的审查判断。征求意见过程中,有意见建议明确要求载明见证人的相关信息。理由是:在司法实践中,见证人基本上都是只签一个名字,没有身份、联系方式等信息,一些重大敏感或者对证据有疑问的案件,想要再次核实相关证据材料就会存在难以找到相关见证人的问题;另外,一些案件中,侦查机关为省事,也会出现让侦查机关等部门的工作人员或其聘用的人员签名的情况。要求见证人载明姓名、身份、联系方式等信息,既有利于日后便于核实证据,也有利于防范个别侦查机关进行违规操作。经研究,采纳上述意见,《刑诉法解释》第八十条第二款规定:"对见证人是否属于前款规定的人员,人民法院可以通过相关笔录载明的见证人的姓名、身份证件种类及号码、联系方式以及常住人口信息登记表等材料进行审查。"

(3)关于特殊情形下通过录音录像代替见证。实践反映,如果不允许辅警、保安人员等担任见证人,实践中有两种情形难以解决,一是在一些偏远地区的案件现场,或者深夜发现的现场,可能难以找到群众做见证人;二是在当前司法环境下,出于各种顾虑,有的群众不愿意担任见证人,公安机关不可强迫他人做见证人。经研究认为,上述意见确有一定道理,所反映的是当前的实际情况。基于此,《刑诉法解释》第八十条第三款规定:"由于客观原因无法由符合条件的人员担任见证人的,应当在笔录材料中注明情况,并对相关活动进行全程录音录像。"

2.鉴定意见的审查重点。鉴定意见是证据的种类之一,和其他证据种类一样,必须经过司法人员的审查判断,确定其属实的,才能作为定案的根据。受主客观因素的影响,实践中鉴定意见也时常出现差错。因此,审判人员应当注意审查判断鉴定意见是否属实,从而准确判断是否可以将其作为定案的根据。《刑诉法解释》第九十七条对鉴定意见应当着重审查的内容作出明确规定。需要注意的是:

(1)鉴定机构和鉴定人法定资质的审查。由于鉴定是解决刑事诉讼中的专门性问题,而解决专门性问题的鉴定机构和鉴定人应当具有相应的资质,才能确保鉴定意见的可靠性。

我国的司法鉴定体制是从中华人民共和国成立初期开始起步,不断发展完善起来的。在这一发展过程中,有一个标志性的事件,就是2005年2月28日《全国人民代表大会常务委员会关于司法鉴定管理问题的决定》的公布(自2005年10月1日起施行,以下简称《司法鉴定管理决定》)。在此之前,人民法院、人民检察院和公安机关各自组建了本部门的司法鉴定组织体系。此外,司法行政机关的部分附属机构、部分科研院校也建有司法鉴定机构。为了加强对鉴定人和鉴定机构的管理,适应司法机关和公民、组织进行诉讼的需要,保障诉讼活动的顺利进行,《司法鉴定管理决定》对司法鉴定工作进行统一规范管理:人民法院和司法行政部门不得设立鉴定机构;侦查机关根据侦查工作的需要设立的鉴定机构,不得面向社会接受委托从事司法鉴定业务;国务院司法行政部门主管全国鉴定人和鉴定机构的登记管理工作,省级人民政府司法行政部门依照规定,负责对鉴定人和鉴定机构的登记、名册编制和公告。

根据《司法鉴定管理决定》的规定,国家对从事下列司法鉴定业务的鉴定人和鉴定机构实行登记管理制度:(1)法医类鉴定,包括法医病理鉴定、法医临床鉴定、法医精神病鉴定、法医物证鉴定和法医毒物鉴定;(2)物证类鉴定,包括文书鉴定、痕迹鉴定和微量鉴定;(3)声像资料鉴定,包括对录音带、录像带、磁盘、光盘、图片等载体上记录的声音、图像信息的真实性、完整性及其所反映的情况过程进行的鉴定和对记录的声音、图像中的语言、人体、物体作出种类或者同一认定;(4)根据诉讼需要,由国务院司法行政部门商最高人民法院、最高人民检察院确定的其他应当对鉴定人和鉴定机构实行登记管理的鉴定事项。① 需要注意的是,法律对上述事项的鉴定人和鉴定机构的管理另有规定的,从其规定。

《刑诉法解释》第九十七条第一项规定应当着重审查"鉴定机构和鉴定人是否具有法定资质"。根据这一规定,审判人员要注重对鉴定人和鉴定机构资格的审查,对于不具备法定资质的鉴定人和鉴定机构出具的鉴定意见,不得作为定案的根据。

(2)鉴定人回避的审查。根据《刑事诉讼法》和相关规定,作为诉讼参与人的鉴定人应当遵守法律有关回避的规定,以确保鉴定人的中立客观,确保其所作出的鉴定意见的真实性。因此,《刑诉法解释》第九十七条第二项规定应当着重审查"鉴定人是否存在应当回避的情形"。

---

① 2015年12月,最高人民法院、最高人民检察院、司法部和环境保护部就环境损害司法鉴定实行统一登记管理和规范环境损害司法鉴定工作作出明确规定。这是《司法鉴定管理决定》施行以来,就"其他应当对鉴定人和鉴定机构实行登记管理的鉴定事项"作出的唯一具体规定。

(3)鉴定检材的审查。检材是鉴定的基础,其来源和质量直接影响到鉴定意见的科学性和可靠性,直接影响到鉴定意见能否作为定案的根据。因此,《刑诉法解释》第九十七条第三项规定应当着重审查"检材的来源、取得、保管、送检是否符合法律、有关规定,与相关提取笔录、扣押清单等记载的内容是否相符,检材是否可靠"。

(4)鉴定意见的形式审查。《刑事诉讼法》第一百四十七条第一款规定:"鉴定人进行鉴定后,应当写出鉴定意见,并且签名。"《司法鉴定管理决定》第十条规定:"……鉴定人应当独立进行鉴定,对鉴定意见负责并在鉴定书上签名或者盖章。多人参加的鉴定,对鉴定意见有不同意见的,应当注明。"上述规定明确了鉴定意见的形式要求。《刑诉法解释》第九十七条第四项专门对鉴定意见的形式审查提出要求,规定应当着重审查"鉴定意见的形式要件是否完备,是否注明提起鉴定的事由、鉴定委托人、鉴定机构、鉴定要求、鉴定过程、鉴定方法、鉴定日期等相关内容,是否由鉴定机构盖章并由鉴定人签名"。

(5)鉴定意见告知程序的审查。《刑事诉讼法》第一百四十八条规定:"侦查机关应当将用作证据的鉴定意见告知犯罪嫌疑人、被害人。如果犯罪嫌疑人、被害人提出申请,可以补充鉴定或者重新鉴定。"因此,《刑诉法解释》第九十七条第十项规定应当着重审查"鉴定意见是否依法及时告知相关人员,当事人对鉴定意见有无异议"。司法实践中,审判人员要注意审查鉴定意见是否告知相关人员,当事人对鉴定意见是否有异议,异议是否得到处理等事项。

3. 鉴定意见的排除规则。根据《刑诉法解释》第九十八条的规定,鉴定意见具有下列情形之一的,不得作为定案的根据:(1)鉴定机构不具备法定资质,或者鉴定事项超出该鉴定机构业务范围、技术条件的;(2)鉴定人不具备法定资质,不具有相关专业技术或者职称,或者违反回避规定的;(3)送检材料、样本来源不明,或者因污染不具备鉴定条件的;(4)鉴定对象与送检材料、样本不一致的;(5)鉴定程序违反规定的;(6)鉴定过程和方法不符合相关专业的规范要求的;(7)鉴定文书缺少签名、盖章的;(8)鉴定意见与案件事实没有关联的;(9)违反有关规定的其他情形。

需要注意的是,关于"鉴定文书缺少签名、盖章的",究竟应当直接排除,还是作为瑕疵证据允许补正或者作出合理解释,征求意见过程中存在不同认识。有意见认为,此种情形应作为瑕疵证据,允许补正或者作出合理解释。理由是:实践中,存在个别鉴定人因担心遭受打击报复,拒绝在鉴定意见上签名的情况,相关鉴定意见仅有鉴定单位盖章。这种情况下,并不能否认鉴定意见的证据资格。此外,鉴定意见缺少签名或盖章,部分原因可能是调查或侦查活动疏忽鉴定意见往往直接关乎罪与非罪及案件的定性,如果直接予以排除,将对整个案件办理造成不利影响。有些鉴定文书鉴定的对象存在时效性,若作为应当直接排除的情形,因时过境迁可能无法进行再次鉴定。故而,对于仅因疏忽大意或者其他客观原因导致鉴定文书缺少签名或盖章的,只要能作出补正或者合理解释,经法庭查证属实,与其他证据相互印证,且无其他依法应当排除情形的,可以作为定案的依据。经研究,维持相关规定不变。主要考虑:(1)签名、盖章是鉴定文书的必备要件,缺少签名、盖章,则难以确定鉴定文书的真实性。基于此,对于鉴定文书缺少签名、盖章的,似应绝对排除,而不宜纳入瑕疵证据的范畴。(2)"两个证据规定"[《关于死刑案件审查判断证据若干问题的规定》以及《关于办理刑事案件排除非法证据若干问题的规定》(高检发研字〔2012〕13号)]、《2012年刑诉法解释》均已明确,鉴定文书缺少签名、盖章的,应当绝对排除。长期以来,这一规定的适用未收到不良反映,说明其符合我国司法实际。本次修改,似不宜放松对鉴定意见的要求,否则可能会招致外界批评,引发不良效应。(3)鉴定意见与其他证据相比,不论在法律上还是司法实践中都具有极特殊的地位和作用。而且,出具鉴定意见的鉴定人以在诉讼活动中出具鉴定意见为职业,属"职业证人",应当对其实行高标准、严要求。鉴定人在出具的鉴定文书上"缺少签名、盖章",是其对工作严重不负责任或不敢负责任的表现,与讯问笔录上缺少讯问人员签名完全不同,不能视为"瑕疵证据",而应当绝对排除。

此外,司法实践中还需要注意的是多份不同鉴定意见并存时的处理方法。在当前的司法实践中,多份不同鉴定意见并存的现象比较普遍,且难以在短时间内得到完全改变,这为审判人员取舍鉴定意见增大了难度。本书认为,应当充分运用刑事诉讼法增加的相关制度,立足当前的司法实践,妥善解决这一问题:(1)充分适用鉴定人出庭和有专门知识的人出庭制度,根据控辩双方的申请通知有专门知识的人出庭,以促使控辩双方对专门性问题达成共识,增强审判人员对鉴定意见审查判断的内心确信。(2)对于通过鉴定人、有专门知识的人出庭未能形成结论的情形,人民法院也应当慎用重新鉴定制度。在可能的情况下,可以由控辩双方合意选定鉴定人进行鉴定,从而尽可能地消除双方的分歧,促使双方就鉴定意见达成共识。当然,如果控辩双方无法达成合意,人民法院可以依法指定鉴定人进行重新鉴定。重新鉴定的意见仍然需要经过庭审质证,由法庭查判断。

4. 就专门性问题出具的报告。对于根据诉讼需要由国务院司法行政部门商最高人民法院、最高人民检察院确定的其他应当对鉴定人和鉴定机构实行登记管理的鉴定事项,目前并未有相关规范性文件对此作出明确规定。而且,我国改革后的司法鉴定体制也处于建设之中,原有的鉴定机构需要重新进行资质审查和登记注册。这样一来,在我国刑事诉讼中出现了很多需要鉴定的领域欠缺具有资质的司法鉴定机构的现象,导致刑事诉讼中的许多专门性问题无法获取有资质的鉴定人出具的鉴定意见,影响了对案件事实的查实和诉讼程序的顺利进行。① 毋庸置疑,这是我国司法鉴定体制从过去的多元局面向目前的规范管理迈进必然要历经的阶段,不会影响我国司法鉴定体制改革的良好局面。但是,对于目前存在的一些领域中司法鉴定机构缺失或者较少的现象,应当及时采取相应措施,以确保相关案件的及时、顺利办理。

作为应对,部分司法解释针对司法实践中的现实情况,规定可以委托一些尚不具备司法鉴定资质的机构对一些专门性问题出具报告。② 由这些部门出具报告,是解决有资质的司法鉴定机构欠缺的妥善办法。此外,在办理案件的过程中,在对于所要处理的专门性问题没有鉴定机构的情形下,侦查机关或者有关部门委托一些实际上具备这方面的专业知识,但尚未取得鉴定资质的机构出具意见的,司法机关可以结合案件情况对所出具的意见进行审查,并根据情况认定案件事实。需要注意的是,在前述情形下,司法机关并不是依据鉴定意见对案件事实进行认定。为了进一步规范报告的有关问题,《2012年刑诉法解释》第八十七条作了相应规定。

根据《刑事诉讼法》第五十条第一款的规定,可以用于证明案件事实的材料,都是证据。在司法实践中,大量的关于专门性问题的报告被用于证明案件事实,有些还被用于证明与定罪量刑直接相关的构成要件的事实,发挥着与鉴定意见同等重要的作用。无论从法条的规定来看,还是从司法实务的操作出发,该类

---

① 顺带需要提及的是,对于法医类鉴定、物证类鉴定、声像资料鉴定"三大类鉴定"以外的鉴定事项,部分地方司法行政机关赋予了其司法鉴定资质,实际上也有违《司法鉴定管理决定》的规定。因为对于三大类鉴定以外的司法鉴定事项,系由国务院司法行政部门商最高人民法院、最高人民检察院确定的其他应当对鉴定人和鉴定机构实行登记管理的鉴定事项,并不应当由司法行政机关一家予以确定。而在一些案件审理过程中,也有当事人质疑司法行政机关指定的"三大类鉴定"以外的鉴定机关的资质。
② 《最高人民法院、最高人民检察院关于办理盗窃刑事案件适用法律若干问题的解释》(法释〔2013〕8号)第四条第一款第一项规定:"被盗财物有有效价格证明的,根据有效价格证明认定;无有效价格证明,或者根据价格证明认定盗窃数额明显不合理的,应当按照有关规定委托估价机构估价。"此处的"委托估价机构估价",实际上就是由价格认证机构对价格进行认证,而这也不是司法鉴定,所出具的价格认证报告也就是对相关专门性问题的报告。

报告也已经可以作为证据使用。特别是,在盗窃、诈骗等侵财案件中,被广泛运用的价格认定报告就属于《2012年刑诉法解释》第八十七条所讲的"报告"。目前看来,现实中的专业性问题层出不穷,司法鉴定的范围却非常有限,无法一一涵盖,允许出具报告已不仅仅是应急之策,而是已成为常态。鉴此,《刑诉法解释》第一百条规定:"因无鉴定机构,或者根据法律、司法解释的规定,指派、聘请有专门知识的人就案件的专门性问题出具的报告,可以作为证据使用。对前款规定的报告的审查与认定,参照适用本节的有关规定。经人民法院通知,出具报告的人拒不出庭作证的,有关报告不得作为定案的根据。"

5. 事故调查报告。司法实践中,事故调查报告被广泛运用。此类证据的特点是:(1)以行政机关或者事故调查组名义出具,且很多时候是集体讨论的结果。(2)内容多涉及单位就其职权范围,依照一定的程序对某一事实进行审查、认定。(3)技术性强,具有不可替代性。例如,火灾事故调查报告记录了火灾的起火时间、起火点、可能的起火原因等对案件事实认定至关重要的因素。

由于上述材料无法归入现行的证据种类,实践中对其能否作为刑事证据使用,存在不同认识。基于此,《刑诉法解释》第一百零一条规定:"有关部门对事故进行调查形成的报告,在刑事诉讼中可以作为证据使用;报告中涉及专门性问题的意见,经法庭查证属实,且调查程序符合法律、有关规定的,可以作为定案的根据。"

需要注意的是,根据该条规定,"报告中涉及专门性问题的意见,经法庭查证属实,且调查程序符合法律、有关规定的",才能作为定案的根据。首先,事故调查报告中涉及的对专门性问题的意见,其性质实际与鉴定意见类似,也需要接受控辩双方质证,接受法庭调查,只有经查证属实,且调查程序符合法律、有关规定的,才能作为定案的根据。其次,事故调查报告中常常会涉及其他事项,有关事项与事实认定无关或者不属于专门性问题的,不具有证据性质,不能作为定案的根据。

6. 电子数据规范体系的逻辑关系。科学技术的发展,使证明案件事实的材料日益扩展,不断有新的证据种类被纳入《刑事诉讼法》之中。在互联网时代,以计算机和网络为依托的电子数据在证明案件事实的过程中发挥着越来越重要的作用,缺乏电子数据的支撑将难以认定相关犯罪事实。为此,《2012年刑事诉讼法》将电子数据增列为新的证据种类,进一步丰富了证据的外延。2014年5月,《最高人民法院、最高人民检察院、公安部关于办理网络犯罪案件适用刑事诉讼程序若干问题的意见》(公通字〔2014〕10号)根据《刑事诉讼法》的规定,结合侦查、起诉、审判实践,对网络犯罪案件的管辖、跨地域取证、电子数据的收集与审查及其他问题作了系统规定。① 2016年9月,《最高人民法院、最高人民检察院、公安部关于办理刑事案件收集提取和审查判断电子数据若干问题的规定》(法发〔2016〕22号,以下简称《电子数据规定》)进一步规范电子数据的收集提取与审查判断。②《刑诉法解释》第七节吸收《电子数据规定》的有关条文,对电子数据的审查与认定作出相应规定。这就意味着《电子数据规定》的相关规定得到进一步强化,相关要求得到进一步落实。

7.电子数据与视听资料的界分。视听资料的出现本身是现代科学技术发展的产物,而科学技术特别是信息技术的发展,又导致了音像资料本身的进一步发展:传统的音像资料主要储存在磁带、录像带、VCD、DVD等实物中,但现在越来越多的音像资料是以电子数据的形式存在的。在1996年《刑事诉讼法》施行期间,由于电子数据未被规定为独立的证据种类,电子数据在很多情况下都是被纳入视听资料的范畴,从而用以证明犯罪事实的。③ 这种做法是法学理论和实务针对立法局限的有效举措,无可厚非。但是,在《刑事诉讼法》已经将电子数据作为独立证据种类的背景下,对于以电子数据的形式而存在的音像资料不能再纳入视听资料的范畴,而应当作为电子数据加以运用。电子数据虽然与视听资料同列于《刑事诉讼法》第五十条第二款第八项,但并不能否认二者之间的区别,不能否认电子数据是独立的证据种类。**本评注认为**,电子数据不同于视听资料,二者之间存在明显区别,不存在交叉重合的地方。视听资料是指以录音、录像等形式储存、通过声音、图像来证明案件事实的证据材料。视听资料成为证据

---

① 公通字〔2014〕10号意见已废止。鉴于《电子数据规定》对电子数据的收集提取与审查判断作了集中规定,《最高人民法院、最高人民检察院、公安部关于办理信息网络犯罪案件适用刑事诉讼程序若干问题的意见》(法发〔2022〕23号)删去关于电子数据取证与审查的有关规定。

② 为规范公安机关办理刑事案件电子数据取证工作,确保电子数据取证质量,提高电子数据取证效率,公安部发布了《公安机关办理刑事案件电子数据取证规则》(公通字〔2018〕41号),自2019年2月1日起施行。该取证规则全面落实《电子数据规定》的相关要求,对公安机关收集提取电子数据、电子数据的检查和侦查实验、电子数据委托检验与鉴定等问题作了进一步细化规定。

③ 例如,有论者认为:"视听资料是载有能够证明有关案件事实的内容的录音带、录像带、电影胶片、电子计算机的磁盘等,以其所载的音响、活动影像和图形,以及电子计算机所存储的资料等来证明案件事实的证据。"参见陈光中主编:《刑事诉讼法》(第三版),北京大学出版社、高等教育出版社2009年版,第205页。在这一界定中,至少有一部分电子数据,即电子计算机所存储的资料,是被纳入视听资料范围的。

种类也是现代科学技术发展的产物,是录音磁带、录像带、唱片、CD、光盘等音像资料存储介质出现后被运用于证明案件事实的。如果说在电子数据成为独立的证据种类之前,有主张将以电子数据形式存在的视听资料也纳入视听资料的范畴的话,那么在《2012年刑事诉讼法》施行后,这类视听资料应当被纳入电子数据的范畴。因此,可以认为,电子数据是现代科学技术进一步发展的产物:以录音磁带、录像带、唱片、CD、光盘等实物存储介质存储的音像资料是视听资料;但是以电子数据形式存在的电子视听资料,则是电子数据。例如QQ视频语音聊天记录,虽然是音像资料,但因为是以电子数据形式存在的,且未存放在实物介质中,故不属于视听资料,而是电子数据。

8. 电子数据与言词证据的界分。电子数据是一种新的证据类型。目前,对于如何科学划分电子数据与其他类型证据特别是言词证据的界限,存在不同认识。例如,讯问过程的录音录像究竟应归为"犯罪嫌疑人、被告人供述和辩解",还是应归为"视听资料""电子数据",或者既是"犯罪嫌疑人、被告人供述和辩解",也是"视听资料""电子数据"?经研究认为,不宜单纯依据载体形式区分证据类型。以笔录形式记载的证人证言、被害人陈述以及犯罪嫌疑人、被告人供述和辩解等言词证据,虽然记载形式是笔录,但在证据分类上应纳入言词证据而非笔录的范畴。同理,以数字化形式记载的言词证据,虽然载体是电子数据,但在证据分类上也应纳入言词证据而非电子数据的范畴。更重要的是,根据《刑事诉讼法》的规定,不同类型的证据在取证方法、取证程序上有不同的要求,对有关证据审查判断的要点也不同。例如,对于以录像形式反映的犯罪嫌疑人口供,不仅要审查录像提取、保管、移送等是否符合相应要求,更要审查讯问的主体、方法、程序等是否符合法律规定。鉴于此,为更为充分地保护刑事诉讼相关主体的合法权益,《电子数据规定》第一条第三款规定:"以数字化形式记载的证人证言、被害人陈述以及犯罪嫌疑人、被告人供述和辩解等证据,不属于电子数据。确有必要的,对相关证据的收集、提取、移送、审查,可以参照适用本规定。"当然,对电子数据与其他类型证据的区分问题,还可以进一步研究探讨。

9. 电子数据的取证规则。为确保电子数据的真实性和完整性,《电子数据规定》正式确立了"以扣押原始存储介质为原则,以提取电子数据为例外,以打印、拍照、录像等方式固定为补充"规则。

(1)"原始存储介质"概念的提出。与传统证据种类不同,电子数据没有"原始电子数据"的概念,只有"原始存储介质"的概念。由于电子数据的电子性,电子数据不同于物证、书证等其他证据种类,其可以完全同原始存储介质分离开来。例如,存储在计算机中的电子文档,可以同计算机这一存储介质分离开来,存储于移动硬盘、U盘等存储介质之中。而且,对电子数据的复制可以确保与原数据的完全一致性,复制后的电子数据与原数据没有任何差异。与此不同,物证、书证等证据无法同原始存储介质完全区分开来,更无法采取确保与原物、原件完全一致的方式予以复制。例如,一封作为书证使用的书信,书信的原始内容无法同原始载体完全分离开来,只能存在于原始的纸张这一载体之上,即使采取彩色复印等方式进行复制,也无法确保复制后的书信同原件的完全一致性。不仅物证、书证等传统证据如此,视听资料这一随着技术发展而兴起的新型证据亦是如此。① 基于上述考虑,使用"原始电子数据"这个概念没有任何意义,对于电子数据而言,不存在"原始电子数据"的概念。但是,电子数据原始存储介质这个概念是有意义的,这表明电子数据是存储在原始的介质之中,即取证时是将存储介质予以扣押,并作为证据移送,而非运用移动存储介质将该电子数据从原始介质中提取,如直接从现场扣押行为人使用的电脑中提取。因此,可以将电子数据区分为电子数据是随原始存储介质移送,还是在无法移送原始存储介质的情况下(如大型服务器中的电子数据)通过其他存储介质予以收集。为保证电子数据的完整性,收集电子数据时应尽量获取电子数据原始存储介质,对于无法获取或者封存原始存储介质的,应当通过见证人、录音录像等方式确保其完整性。

(2) 扣押、封存原始存储介质。《电子数据规定》第八条第一款规定:"收集、提取电子数据,能够扣押电子数据原始存储介质的,应当扣押、封存原始存储介质,并制作笔录,记录原始存储介质的封存状态。"实践中,在可行的情况下,应尽量封存原始存储介质,以保证其完整性和真实性。同时,《电子数据规定》第八条第二款、第三款对原始存储介质的封存要求作了专门规定,即:"封存电子数据原始存储介质,应当保证在不解除封存状态的情况下,无法增加、删除、修改电子数据。封存前后应当拍摄被封存原始存储介质的照片,清晰反映封口或者张贴封条处的状况。""封存手机等具有无线通信功能的存储介质,应当采取信号屏蔽、信号阻断或者切断电源等措施。"需要强调的是,实践中对原始存储介质的封存方法灵活多样,既可以装入物证袋封存,又可以通过对电源接口以及机箱螺钉处加贴封条达到封存目的。但是,对于手机等具有无线通信功能的存储介质,除采取普通封存方式(如装入物证袋封存)外,还应当附加其他保护措施,如拔出电池,设置为飞行模式且关闭"寻回"功能,或者直接装入屏蔽

---

① 需要注意的是,这一论断的前提是,随着电子数据成为独立的证据种类,以电子数据形式存在的视听资料是电子数据,不再属于视听资料的范畴。

袋(盒)。

(3)提取电子数据。《电子数据规定》第九条规定可以在无法扣押原始存储介质的情况下提取电子数据(包括直接提取电子数据和通过网络在线提取电子数据)。具体包括如下情形:①原始存储介质不便封存的。从实践来看,有些情况下难以将原始存储介质封存或者全盘复制、提取,比如网络服务器一般采取集中存储的方式,其硬盘动辄成百上千T,但其中很多内容与案件无关,不必收集,在这种情况下,一般只提取与案件相关的部分数据。②提取计算机内存数据、网络传输数据等不是存储在存储介质上的电子数据的。由于这些数据不是存储在存储介质之上,自然无法封存原始存储介质。而且,这些信息必须在开机运行的状态下获取,一旦关机或者重新启动系统,电子数据就会消失,难以再次获取。当然,此处的"存储介质"以稳定存储为前提,如果不作此限定,则传输电子数据的网线也可能瞬间存储电子数据,可以成为存储介质。③原始存储介质位于境外的。对位于境外的服务器无法直接获取原始存储介质,一般只能通过网络在线提取电子数据。对于远程计算机信息系统上的电子数据,也可以通过网络在线提取。④其他无法扣押原始存储介质的情形。

(4)通过打印、拍照、录像等方式固定。《电子数据规定》对实践中存在的既不能扣押原始存储介质又不能提取电子数据情形下电子数据的固定方法作了补充规定。具体而言,实践中,数额较小的网络侵财类案件不仅数量大,而且涉及老百姓切身利益,获得社会广泛关注。这类案件大部分由派出所管辖,往往没有专业取证设备,无法提取电子数据,而受害人即使报案也不愿将手机交公安机关。再如,目前市场上出现了一种"阅后即焚"的通信模式,越来越多的即时通信软件具备了"阅后即焚"功能(如"支付宝"和"钉钉"即时通信软件)。信息接收者收到信息后,点击阅读信息后5秒左右自动删除,无法及时提取数据,并且难以恢复,即使扣押封存了也毫无意义。又如,船舶的导航系统等部分工控系统,只有操作界面,无接口可以导出数据,也无法把整个船舶或者大型系统扣押。基于此,《电子数据规定》第十条明确规定:"由于客观原因无法或者不宜依据第八条、第九条的规定收集、提取电子数据的,可以采取打印、拍照或者录像等方式固定相关证据,并在笔录中说明原因。"自此,电子数据取证确立了"以扣押原始存储介质为原则,以直接提取电子数据为例外,以打印、拍照、录像等方式固定为补充"规则。

10.电子数据的检查。 电子数据同传统证据存在不同,传统物证、书证等在侦查过程中一般只涉及两个阶段,即现场勘验、搜查、提取、扣押阶段以及鉴定检验阶段,一般工作在现场即可完成,对于专门性技术问题通过鉴定检验就可以解决。但是,电子数据仅通过两个阶段并不能实现所有侦查目的,实践中电子数据的形式复杂多样、来源复杂多样,通过简单收集、提取的电子数据很难清晰地证明某一犯罪事实,如提取了一个加密文件,需要解密后才能移送;再如,在现场制作了某存储介质的镜像文件,需要对该文件进一步恢复才能提取被删除的电子数据,而不是直接移送。对于这些问题,也不宜都作为专门性问题进行鉴定、检验。为此,对于电子数据需要在现场取证和鉴定、检验之间增加一个阶段,即扣押后由侦查人员对电子数据作进一步恢复、破解、统计、关联、比对等处理。该阶段处于现场取证和鉴定、检验之间,是现场取证工作的自然延续,不属于专门性技术问题的检验、鉴定。《电子数据规定》第十六条第一款将这个过程规定为电子数据检查,即"对扣押的原始存储介质或者提取的电子数据,可以通过恢复、破解、统计、关联、比对等方式进行检查。必要时,可以进行侦查实验。"

需要注意的是,《电子数据规定》并没有明确要求见证人对电子数据检查进行见证。关于检查过程电子数据的真实性、完整性的保护,《电子数据规定》第十六条第二款、第三款作了进一步规定。

11. 侦查实验笔录的审查与认定。《刑事诉讼法》第一百三十五条第一款规定:"为了查明案情,在必要的时候,经公安机关负责人批准,可以进行侦查实验。"因此,侦查实验,是指侦查人员为了查明与案件有关的某一事件或者事实在某种情况下能否发生或者如何发生,而模拟案件原有条件,将该事件或者事实实验性地加以演示的侦查活动。侦查实验是侦查活动的组成部分,只能由侦查机关的侦查人员实施。在必要的时候,侦查机关可以指派或者聘请具有专门知识的人,在侦查人员的主持下进行侦查实验,也可以通知犯罪嫌疑人、被害人、证人参加。此外,公安机关进行侦查实验,也可以商请人民检察院派员参加。从实践来看,通常有必要通过侦查实验完成以下任务:(1)确定在一定条件下能否听到或者看到;(2)确定在一定时间内能否完成某一行为;(3)确定在什么条件下能够发生某种现象;(4)确定在某种条件下某种行为和某种痕迹是否吻合一致;(5)确定在某种条件下使用某种工具可能或者不可能留下某种痕迹;(6)确定某种痕迹在什么条件下会发生变异;(7)确定某种事件是怎样发生的。① 总之,侦查实验是一项重要的侦查措施,可以在勘验、检查的过程中进行,也可以单独进

---

① 例如,2010年12月至2011年10月,李某与他人在运输煤炭过程中,趁人不备将块煤掺到煤矸石中,多次盗窃煤矿的块煤。案发后,4名被告人对盗窃数量的供述相差很大,被害单位监控录像在案发时因超过保存时间已灭失,也没有其他方法可以(转下页)

行,对于验证某些特定事件或者事实的发生可能性及过程,审查证人证言、被害人陈述、犯罪嫌疑人供述和辩解等证据材料的真实性,从而更好地查明案件事实,具有重要意义。需要注意的是,侦查实验的结论在性质上属于补强性证据,通常不能单独作为定案的根据。

《刑事诉讼法》第一百三十五条第二款规定:"侦查实验的情况应当写成笔录,由参加实验的人签名或者盖章。"据此,侦查实验的情况应当写成笔录,由参加实验的人签名或者盖章。侦查实验笔录应当全面、详细、准确、规范:记录提起侦查实验的事由、时间、地点、在场人员等情况;记录侦查实验的条件、经过和结果;必要时,应当通过绘图、拍照、摄像等方式记录侦查实验的过程。特别是,《刑事诉讼法》第五十条第二款将侦查实验笔录与勘验、检查、辨认等笔录一起列入了法定证据种类的范畴,故应当注意对其审查。《刑诉法解释》第一百零六条规定:"对侦查实验笔录应当着重审查实验的过程、方法,以及笔录的制作是否符合有关规定。"

需要注意的是,侦查实验是一种特殊的侦查措施,是实验性地演示与案件相关事实、事件的发生可能性及过程。因此,必须确保实验时的各项条件与原来的条件相同,如时间段、地点、光线、风向等条件,才能确保侦查实验结论的客观性和科学性。因此,《刑诉法解释》第一百零七条专门规定:"侦查实验的条件与事件发生时的条件有明显差异,或者存在影响实验结论科学性的其他情形的,侦查实验笔录不得作为定案的根据。"因此,审判过程中,对于侦查实验笔录应当着重审查上述内容,以确定能否作为定案的根据。

12. 技术调查、侦查证据的随案移送规则。 由于技术调查、侦查证据材料的特殊性,使用不当可能暴露有关人员的身份、技术方法,以致增强潜在犯罪人的反调查能力或反侦查能力,造成严重后果。基于此,世界各国对技术调查、侦查证据的使用都恪守"最后使用"原则,即如果根据在案其他证据足以认定案件事实的,就不使用技术调查、侦查证据,技术调查、侦查证据的使用只限于不可替代的场合。基于此,《刑诉法解释》第一百一十六条规定明确了技术调查、侦查证据随案移送规则,规定:"依法采取技术调查、侦查措施收集的材料在刑事诉讼

(接上页)证实被盗块煤的具体数量,案件办理一时陷入困境。后来,侦查机关利用侦查实验的方法确定本案的犯罪数量,即利用被告人作案时使用的车辆、依照被告人供述的作案方式做了侦查实验,最后确定被告人盗窃块煤的数量和价值。法院最终采纳侦查实验得出的结论,依法判处李某有期徒刑五年。参见《莱芜莱城:侦查实验确定犯罪数量》,载《检察日报》2012年7月6日,第1版。

中可以作为证据使用。采取技术调查、侦查措施收集的材料,作为证据使用的,应当随案移送。"与之相应,《刑诉法解释》第一百二十二条进一步规定:"人民法院认为应当移送的技术调查、侦查证据材料未随案移送的,应当通知人民检察院在指定时间内移送。人民检察院未移送的,人民法院应当根据在案证据对案件事实作出认定。"

13. 技术调查、侦查证据的移送。《刑诉法解释》第一百一十七条、第一百一十八条进一步明确了移送、使用技术调查、侦查证据材料应当注意的问题。具体而言:

(1)使用采取技术调查、侦查措施收集的证据材料可能危及有关人员的人身安全,或者可能产生其他严重后果的,可以采取下列保护措施:①使用化名等代替调查、侦查人员及有关人员的个人信息;②不具体写明技术调查、侦查措施使用的技术设备和技术方法;③其他必要的保护措施。

(2)移送技术调查、侦查证据材料的,应当附采取技术调查、侦查措施的法律文书、技术调查、侦查证据材料清单和有关说明材料。移送采用技术调查、侦查措施收集的视听资料、电子数据的,应当制作新的存储介质,并附制作说明,写明原始证据材料、原始存储介质的存放地点等信息,由制作人签名,并加盖单位印章。

14. 技术调查、侦查证据材料的审查方式。《刑事诉讼法》第五十条第三款规定:"证据必须经过查证属实,才能作为定案的根据。"第一百五十四条对采取技术调查、侦查措施收集的证据材料的核实方法的规定本身暗含的就是对此类证据必须进行查证属实的内容。但是,由于采取技术调查、侦查措施收集的证据材料本身的特殊性,对其的查证属实有别于一般证据材料。根据《刑事诉讼法》第一百五十四条的规定,如果使用采取技术调查、侦查措施收集的证据可能危及有关人员的人身安全,或者可能产生其他严重后果的,应当采取不暴露有关人员身份、技术方法等保护措施,必要的时候,可以由审判人员在庭外对证据进行核实。据此,《刑诉法解释》第一百二十条规定:"采取技术调查、侦查措施收集的证据材料,应当经过当庭出示、辨认、质证等法庭调查程序查证。当庭调查技术调查、侦查证据材料可能危及有关人员的人身安全,或者可能产生其他严重后果的,法庭应当采取不暴露有关人员身份和技术调查、侦查措施使用的技术设备、技术方法等保护措施。必要时,审判人员可以在庭外对证据进行核实。"根据上述规定,结合司法实践的具体情形,对于采取技术调查、侦查措施收集的证据材料的核实,通常有以下三种方式:

证据分类收集与审查 相关规范集成

（1）对于采取技术调查、侦查措施收集的证据材料，通过当庭出示、辨认、质证等法庭调查程序进行核实。这是对技术调查、侦查材料进行核实的常态方式。

（2）对于采取技术调查、侦查措施收集的证据材料，采取不暴露有关人员的身份、技术方法等保护措施进行核实。要求使用技术调查、侦查措施所收集的证据材料一律在法庭上公开进行出示、质证等法庭调查程序，一方面，可能会暴露侦查人员、特情人员等相关人员，容易招致不法分子的报复，危及有关侦查人员和特情人员的人身安全；另一方面，可能会泄露技术调查、侦查手段，影响今后该类措施在侦查犯罪过程中效果的发挥。因此，《刑事诉讼法》第一百五十四条规定，此种情况下应当采取不暴露有关人员身份、技术方法等保护措施。采取上述核实方法，前提要求使用该证据可能危及有关人员的人身安全，或者可能产生其他严重后果。从实践来看，所谓"有关人员的人身安全"，是指相关调查人员、侦查人员、线人的人身安全。而"其他严重后果"，主要是指使用该证据会造成泄密、提高罪犯的反侦查能力、妨碍对其他案件的侦破等后果。① 如毒品案件中的秘密侦查员一旦暴露身份，就可能面临人身危险。所谓"不暴露有关人员身份"，是指不公开有关人员的真实姓名、住址和工作单位等个人信息，使用化名或者代号，以对上述人员进行隐名保护。而且，相关人员确需出庭作证的，也应当在庭审活动中采取不暴露外貌、真实声音等出庭作证措施，即在有关人员出庭作证时，用脸罩或隔离板等遮蔽上述人员的外貌，通过技术手段改变上述人员的声音，以避免为其他庭审参加人员知悉，对其进行遮蔽保护。所谓"不暴露有关技术方法"，是指对所采取的技术调查、侦查措施的技术方法不向庭审人员和外界透露，以防止该类信息的泄露。

（3）对于采取技术调查、侦查措施收集的证据材料，由审判人员在庭外进行核实。根据《刑事诉讼法》第一百五十二条的规定，采取上述核实方法，限于"必要的时候"。所谓"必要的时候"，主要是指两种情形：一是采取不暴露有关人员身份、技术方法不足以使审判人员确信这些证据材料的真实性、可靠性，无法作出判决；二是采取不暴露有关人员身份、技术方法等保护措施还是无法防止严重后果的发生。②

---

① 参见王尚新、李寿伟主编：《〈关于修改刑事诉讼法的决定〉释解与适用》，人民法院出版社2012年版，第163页。

② 参见王尚新、李寿伟主编：《〈关于修改刑事诉讼法的决定〉释解与适用》，人民法院出版社2012年版，第163页。

司法实践中,对于庭外核实需要注意以下三个问题:①庭外核实与采取不暴露有关人员的身份、技术方法等保护措施核实,该两种核实技术调查、侦查证据材料的方法并非互相排斥,而是存在递进关系,可以结合使用。在使用该证据可能危及有关人员的人身安全,或者可能产生其他严重后果的情况下,采取不暴露有关人员身份、技术方法等保护措施对证据材料进行核实,如果审判人员仍然无法判断该证据材料的真实性、合法性和关联性的,可以进一步采取庭外核实的方法。②庭外核实的具体方法。庭外核实可以要求调查、侦查人员在庭外展示侦查的方法、过程、收集的证据材料及相关录音录像资料。审判人员通过对相关方法、过程等进行核实,查看收集的证据材料,观看相关录音录像,以及向相关人员了解情况,从而对证据材料进行审查判断。③参加庭外核实的人员范围。关于技术调查、侦查证据材料庭外核实的人员范围,特别是辩护人或者辩护律师是否到场问题,起草"六部委"规定时有过讨论,但存在较大分歧。有意见认为,庭外核实的人员范围仅限于审判人员以及具体承办案件起诉的检察人员和具体负责案件调查、侦查和采取技术调查、侦查措施的人员;也有意见认为,庭外核实的人员范围应当包括辩护律师,此种情况下的技术调查、侦查证据材料当庭不出示,庭外核实如果又不让辩护律师参加核实,无法保障辩护方对技术调查、侦查证据材料的质证权。经研究认为,技术调查、侦查证据材料的庭外核实系此次《刑事诉讼法》修改新增设的制度,缺乏司法实践经验。而且,各方面意见分歧较大,目前情况下对此问题作出统一规定的时机尚不成熟,宜由司法实务适用一段时间后再视具体情况作出规定。因此,"六部委"规定和有关司法解释、规范性文件对此问题未作明确规定。司法实践中,庭外核实时,人民法院应当加强与检察机关、侦查机关、调查机关沟通,以确定宜否通知辩护人参加。根据具体情况通知辩护律师到场的,到场的辩护人应当签署保密承诺书。

第五十六条 【非法证据排除】采用刑讯逼供等非法方法收集的犯罪嫌疑人、被告人供述和采用暴力、威胁等非法方法收集的证人证言、被害人陈述,应当予以排除。收集物证、书证不符合法定程序,可能严重影响司法公正的,应当予以补正或者作出合理解释;不能补正或者作出合理解释的,对该证据应当予以排除。

在侦查、审查起诉、审判时发现有应当排除的证据的,应当依法予以排除,不得作为起诉意见、起诉决定和判决的依据。

第五十七条　【检察机关对非法收集证据的法律监督】人民检察院接到报案、控告、举报或者发现侦查人员以非法方法收集证据的,应当进行调查核实。对于确有以非法方法收集证据情形的,应当提出纠正意见;构成犯罪的,依法追究刑事责任。

第五十八条　【对证据收集的合法性的法庭调查】【非法证据排除申请】法庭审理过程中,审判人员认为可能存在本法第五十六条规定的以非法方法收集证据情形的,应当对证据收集的合法性进行法庭调查。

当事人及其辩护人、诉讼代理人有权申请人民法院对以非法方法收集的证据依法予以排除。申请排除以非法方法收集的证据的,应当提供相关线索或者材料。

第五十九条　【对证据收集的合法性的证明】在对证据收集的合法性进行法庭调查的过程中,人民检察院应当对证据收集的合法性加以证明。

现有证据材料不能证明证据收集的合法性的,人民检察院可以提请人民法院通知有关侦查人员或者其他人员出庭说明情况;人民法院可以通知有关侦查人员或者其他人员出庭说明情况。有关侦查人员或者其他人员也可以要求出庭说明情况。经人民法院通知,有关人员应当出庭。

第六十条　【庭审排除非法证据】对于经过法庭审理,确认或者不能排除存在本法第五十六条规定的以非法方法收集证据情形的,对有关证据应当予以排除。

立法沿革

本五条是关于非法证据排除的规定,系2012年《刑事诉讼法修改决定》增加的规定,2018年修改《刑事诉讼法》时未作调整。

相关规定

《中华人民共和国监察法》(自2018年3月20日起施行,节录)

第三十三条　监察机关依照本法规定收集的物证、书证、证人证言、被调查人供述和辩解、视听资料、电子数据等证据材料,在刑事诉讼中可以作为证据使用。

监察机关在收集、固定、审查、运用证据时,应当与刑事审判关于证据的要求和标准相一致。

以非法方法收集的证据应当依法予以排除,不得作为案件处置的依据。

《中华人民共和国监察法实施条例》(自2021年9月20日起施行,节录)

第六十四条 严禁以暴力、威胁、引诱、欺骗以及非法限制人身自由等非法方法收集证据,严禁侮辱、打骂、虐待、体罚或者变相体罚被调查人、涉案人员和证人。

第六十五条 对于调查人员采用暴力、威胁以及非法限制人身自由等非法方法收集的被调查人供述、证人证言、被害人陈述,应当依法予以排除。

前款所称暴力的方法,是指采用殴打、违法使用戒具等方法或者变相肉刑的恶劣手段,使人遭受难以忍受的痛苦而违背意愿作出供述、证言、陈述;威胁的方法,是指采用以暴力或者严重损害本人及其近亲属合法权益等进行威胁的方法,使人遭受难以忍受的痛苦而违背意愿作出供述、证言、陈述。

收集物证、书证不符合法定程序,可能严重影响案件公正处理的,应当予以补正或者作出合理解释;不能补正或者作出合理解释的,对该证据应当予以排除。

第六十六条 监察机关监督检查、调查、案件审理、案件监督管理等部门发现监察人员在办理案件中,可能存在以非法方法收集证据情形的,应当依据职责进行调查核实。对于被调查人控告、举报调查人员采用非法方法收集证据,并提供涉嫌非法取证的人员、时间、地点、方式和内容等材料或者线索的,应当受理并进行审核。根据现有材料无法证明证据收集合法性的,应当进行调查核实。

经调查核实,确认或者不能排除以非法方法收集证据的,对有关证据依法予以排除,不得作为案件定性处置、移送审查起诉的依据。认定调查人员非法取证的,应当依法处理,另行指派调查人员重新调查取证。

监察机关接到对下级监察机关调查人员采用非法方法收集证据的控告、举报,可以直接进行调查核实,也可以交由下级监察机关调查核实。交由下级监察机关调查核实的,下级监察机关应当及时将调查结果报告上级监察机关。

第二百二十九条 在案件审判过程中,人民检察院书面要求监察机关补充提供证据,对证据进行补正、解释,或者协助人民检察院补充侦查的,监察机关应当予以配合。监察机关不能提供有关证据材料的,应当书面说明情况。

人民法院在审判过程中就证据收集合法性问题要求有关调查人员出庭说明情况时,监察机关应当依法予以配合。

"六部委"规定

《最高人民法院、最高人民检察院、公安部、国家安全部、司法部、全国人大常委会法制工作委员会关于实施刑事诉讼法若干问题的规定》(自2013年1月1日起施行,节录)

三、证据

11.①刑事诉讼法第五十六条第一款规定:"法庭审理过程中,审判人员认为可能存在本法第五十四条规定的以非法方法收集证据情形的,应当对证据收集的合法性进行法庭调查。"法庭经对当事人及其辩护人、诉讼代理人提供的相关线索或者材料进行审查后,认为可能存在刑事诉讼法第五十四条规定的以非法方法收集证据情形的,应当对证据收集的合法性进行法庭调查。法庭调查的顺序由法庭根据案件审理情况确定。

基本规范

《最高人民法院关于适用〈中华人民共和国刑事诉讼法〉的解释》(法释〔2021〕1号,自2021年3月1日起施行)

第四章 证 据

第九节 非法证据排除

第一百二十三条 采用下列非法方法收集的被告人供述,应当予以排除:

(一)采用殴打、违法使用戒具等暴力方法或者变相肉刑的恶劣手段,使被告人遭受难以忍受的痛苦而违背意愿作出的供述;

(二)采用以暴力或者严重损害本人及其近亲属合法权益等相威胁的方法,使被告人遭受难以忍受的痛苦而违背意愿作出的供述;

(三)采用非法拘禁等非法限制人身自由的方法收集的被告人供述。

第一百二十四条 采用刑讯逼供方法使被告人作出供述,之后被告人受该刑讯逼供行为影响而作出的与该供述相同的重复性供述,应当一并排除,但下列情形除外:

(一)调查、侦查期间,监察机关、侦查机关根据控告、举报或者自己发现等,确认或者不能排除以非法方法收集证据而更换调查、侦查人员,其他调查、侦

---

① 本规定系针对2012年《刑事诉讼法》,其中涉及的"刑事诉讼法第五十六条第一款"在现行《刑事诉讼法》中为第五十八条第一款,"本法第五十四条""刑事诉讼法第五十四条"在现行《刑事诉讼法》中为第五十六条。——**本评注注**

查人员再次讯问时告知有关权利和认罪的法律后果,被告人自愿供述的;

(二)审查逮捕、审查起诉和审判期间,检察人员、审判人员讯问时告知诉讼权利和认罪的法律后果,被告人自愿供述的。

第一百二十五条 采用暴力、威胁以及非法限制人身自由等非法方法收集的证人证言、被害人陈述,应当予以排除。

第一百二十六条① 收集物证、书证不符合法定程序,可能严重影响司法公正的,应当予以补正或者作出合理解释;不能补正或者作出合理解释的,对该证据应当予以排除。

认定"可能严重影响司法公正",应当综合考虑收集证据违反法定程序以及所造成后果的严重程度等情况。

第一百二十七条 当事人及其辩护人、诉讼代理人申请人民法院排除以非法方法收集的证据的,应当提供涉嫌非法取证的人员、时间、地点、方式、内容等相关线索或者材料。

第一百二十八条② 人民法院向被告人及其辩护人送达起诉书副本时,应当告知其申请排除非法证据的,应当在开庭审理前提出,但庭审期间才发现相关线索或者材料的除外。

第一百二十九条 开庭审理前,当事人及其辩护人、诉讼代理人申请人民法院排除非法证据的,人民法院应当在开庭前及时将申请书或者申请笔录及相关线索、材料的复制件送交人民检察院。

第一百三十条③ 开庭审理前,人民法院可以召开庭前会议,就非法证据排

---

① 关于视听资料、电子数据是否也适用本条规则,征求意见过程中,存在不同认识。反对意见的主要考虑是:(1)《非法证据排除规定》未规定视听资料、电子数据等同于物证排除方法和范围,而且对于其非法取证的判断方法,在《非法证据排除规定》制定过程中,也存在不同认识。(2)视听资料、电子数据虽然特征接近于物证、书证,但是就客观性而言,视听资料、电子数据与物证、书证相比仍有所不同。鉴于对此问题存在不同认识,本条未作明确规定。——**本评注注**
② 讨论中,有意见建议增加规定"被告人及其辩护人申请非法证据排除,但不能提供相关线索或材料的,人民法院可以直接驳回"。经研究认为,相关问题宜交由司法实践裁量把握。据了解,有的法院对于此种情形,仍会通过查阅同步录音录像等方式进行核实。故而,不作明确规定,交由司法实践裁量把握,更为妥当。——**本评注注**
③ 需要注意的问题有三:(1)《非法证据排除规定》第二十五条第一款规定:"被告人及其辩护人在开庭审理前申请排除非法证据,按照法律规定提供相关线索或者材料的,人民法院应当召开庭前会议……"司法实践反映,对于证据收集的合法性存在疑(转下页)

除等问题了解情况,听取意见。

在庭前会议中,人民检察院可以通过出示有关证据材料等方式,对证据收集的合法性加以说明。必要时,可以通知调查人员、侦查人员或者其他人员参加庭前会议,说明情况。

第一百三十一条 在庭前会议中,人民检察院可以撤回有关证据。撤回的证据,没有新的理由,不得在庭审中出示。

当事人及其辩护人、诉讼代理人可以撤回排除非法证据的申请。撤回申请后,没有新的线索或者材料,不得再次对有关证据提出排除申请。

第一百三十二条 当事人及其辩护人、诉讼代理人在开庭审理前未申请排除非法证据,在庭审过程中提出申请的,应当说明理由。人民法院经审查,对证据收集的合法性有疑问的,应当进行调查;没有疑问的,驳回申请。

驳回排除非法证据的申请后,当事人及其辩护人、诉讼代理人没有新的线索或者材料,以相同理由再次提出申请的,人民法院不再审查。

(接上页)问的,可以通过庭前会议加以解决,也可以通过庭审程序中对证据合法性的审查加以解决。特别是,有意见提出,考虑到提押被告人等现实问题,基于庭审实质化的考虑,此种情形下通过庭审程序解决不失为一种更为可取的措施。鉴于《非法证据排除规定》系联合规范性文件,需要协商一致才能作出调整。故而,本条第一款规定"开庭审理前,人民法院可以召开庭前会议,就非法证据排除等问题了解情况,听取意见",以更具灵活性和包容性。(2)考虑到当前侦查人员或者其他人员出庭说明情况在操作上确有一定难度,而实践反映,侦查人员或者其他人员到庭前会议说明情况更具可操作性。本着循序渐进和实事求是的原则,本条专门规定必要时可以通知有关人员参加庭前会议,说明情况。(3)《监察法》第三十三条第一款规定:"监察机关依照本法规定收集的物证、书证、证人证言、被调查人供述和辩解、视听资料、电子数据等证据材料,在刑事诉讼中可以作为证据使用。"第三款规定:"以非法方法收集的证据应当依法予以排除,不得作为案件处置的依据。"《刑诉法解释》重申了监察证据的刑事证据资格问题。而对监察调查人员收集的监察证据的合法性,也可能成为需要审查判断的问题。此种情况下,监察调查人员参加庭前会议并说明情况,对于证明取证活动的合法性,确保庭审顺利进行和相关证据的采信具有重要意义。而且,《人民检察院刑事诉讼规则》第四百一十条第一款规定:"在法庭审理过程中,被告人及其辩护人提出被告人庭前供述系非法取得,审判人员认为需要进行法庭调查的,公诉人可以通过……提请法庭通知调查人员、侦查人员或者其他人员出庭说明情况等方式,对证据收集的合法性加以证明。"基于此,本条进一步明确可以通知调查人员参加庭前会议,说明情况。——**本评注注**

第一百三十三条① 控辩双方在庭前会议中对证据收集是否合法未达成一致意见,人民法院对证据收集的合法性有疑问的,应当在庭审中进行调查;对证据收集的合法性没有疑问,且无新的线索或者材料表明可能存在非法取证的,可以决定不再进行调查并说明理由。

第一百三十四条② 庭审期间,法庭决定对证据收集的合法性进行调查的,应当先行当庭调查。但为防止庭审过分迟延,也可以在法庭调查结束前调查。

第一百三十五条③ 法庭决定对证据收集的合法性进行调查的,由公诉人通过宣读调查、侦查讯问笔录、出示提讯登记、体检记录、对讯问合法性的核查材料等证据材料,有针对性地播放讯问录音录像,提请法庭通知有关调查人员、侦

---

① 《非法证据排除规定》第二十六条规定,控辩双方在庭前会议中对证据收集是否合法未达成一致意见,"人民法院对证据收集的合法性没有疑问,且没有新的线索或者材料表明可能存在非法取证的,可以决定不再进行调查",但没有要求说明理由。征求意见过程中,有意见建议此种情形下应当说明不再进行调查的理由。经研究认为,上述意见确有道理,予以采纳。——**本评注注**

② 《非法证据排除规定》第三十三条第二款规定:"在法庭作出是否排除有关证据的决定前,不得对有关证据宣读、质证。"司法实践反映,上述规定难以执行。在对有关证据出示、质证前,要求先行公布对证据收集合法性的法庭调查结论,再对有关证据出示、质证,可能由于辩方对调查结论的不认可,进而不配合进行证据的出示、质证,导致庭审无法顺利进行。而且,有意见认为,要求在法庭作出是否排除有关证据的决定前不得对有关证据宣读、质证,主要是英美法系国家的做法。英美法系如此操作,是为了避免让陪审团受到非法证据的干扰。我国的刑事诉讼制度,包括人民陪审员制度,与英美法系有很大不同。在我国,对证据是否合法、是否应当排除,是由合议庭,包括由法官和人民陪审员共同组成的合议庭,作出认定和决定,要求在作出是否排除决定前不得对有关证据宣读、质证,似无实际意义。经研究,上述意见确有合理之处,但鉴于《非法证据排除规定》系联合制定的规范性文件,本条未作出调整。——**本评注注**

③ 本条规定的"讯问录音录像"不限于侦查录音录像,也包括监察调查讯问录音录像在内。《人民检察院刑事诉讼规则》第二百六十三条第二款规定:"对于监察机关移送起诉的案件,认为需要调取有关录音、录像的,可以商监察机关调取。"《人民检察院刑事诉讼规则》第七十六条规定:"对于提起公诉的案件,被告人及其辩护人提出审前供述系非法取得,并提供相关线索或者材料的,人民检察院可以将讯问录音、录像连同案卷材料一并移送人民法院。"可见,调查过程的录音录像虽然不随案移送,但可以依法调取。对于已经调取的监察调查讯问录音录像,应当允许播放,以更好地发挥其证明取证合法性的作用。——**本评注注**

查人员或者其他人员出庭说明情况等方式,证明证据收集的合法性。

讯问录音录像涉及国家秘密、商业秘密、个人隐私或者其他不宜公开内容的,法庭可以决定对讯问录音录像不公开播放、质证。

公诉人提交的取证过程合法的说明材料,应当经有关调查人员、侦查人员签名,并加盖单位印章。未经签名或者盖章的,不得作为证据使用。上述说明材料不能单独作为证明取证过程合法的根据。

第一百三十六条 控辩双方申请法庭通知调查人员、侦查人员或者其他人员出庭说明情况,法庭认为有必要的,应当通知有关人员出庭。

根据案件情况,法庭可以依职权通知调查人员、侦查人员或者其他人员出庭说明情况。

调查人员、侦查人员或者其他人员出庭的,应当向法庭说明证据收集过程,并就相关情况接受控辩双方和法庭的询问。

第一百三十七条 法庭对证据收集的合法性进行调查后,确认或者不能排除存在刑事诉讼法第五十六条规定的以非法方法收集证据情形的,对有关证据应当排除。①

第一百三十八条 具有下列情形之一的,第二审人民法院应当对证据收集的合法性进行审查,并根据刑事诉讼法和本解释的有关规定作出处理:

(一)第一审人民法院对当事人及其辩护人、诉讼代理人排除非法证据的申请没有审查,且以该证据作为定案根据的;

(二)人民检察院或者被告人、自诉人及其法定代理人不服第一审人民法院作出的有关证据收集合法性的调查结论,提出抗诉、上诉的;

(三)当事人及其辩护人、诉讼代理人在第一审结束后才发现相关线索或者材料,申请人民法院排除非法证据的。

---

① 关于启动证据收集合法性调查后在再次开庭时应当宣布证据合法性调查结论,《非法证据排除规定》第三十三条第一款规定:"法庭对证据收集的合法性进行调查后,应当当庭作出是否排除有关证据的决定。必要时,可以宣布休庭,由合议庭评议或者提交审判委员会讨论,再次开庭时宣布决定。"本条吸收了上述规定,但是有意见认为本条关于当庭作出是否排除有关证据决定的规定,实践中难以做到,且可能在一些案件中影响法庭审理的有序推进。鉴于《非法证据排除规定》系联合规范性文件,本条未作出调整。——**本评注注**

《**人民检察院刑事诉讼规则**》(高检发释字〔2019〕4号,自2019年12月30日起施行)

第五章 证 据

第六十六条 对采用刑讯逼供等非法方法收集的犯罪嫌疑人供述和采用暴力、威胁等非法方法收集的证人证言、被害人陈述,应当依法排除,不得作为移送审查逮捕、批准或者决定逮捕、移送起诉以及提起公诉的依据。

第六十七条 对采用下列方法收集的犯罪嫌疑人供述,应当予以排除:

(一)采用殴打、违法使用戒具等暴力方法或者变相肉刑的恶劣手段,使犯罪嫌疑人遭受难以忍受的痛苦而违背意愿作出的供述;

(二)采用以暴力或者严重损害本人及其近亲属合法权益等进行威胁的方法,使犯罪嫌疑人遭受难以忍受的痛苦而违背意愿作出的供述;

(三)采用非法拘禁等非法限制人身自由的方法收集的供述。

第六十八条 对采用刑讯逼供方法使犯罪嫌疑人作出供述,之后犯罪嫌疑人受该刑讯逼供行为影响而作出的与该供述相同的重复性供述,应当一并排除,但下列情形除外:

(一)侦查期间,根据控告、举报或者自己发现等,公安机关确认或者不能排除以非法方法收集证据而更换侦查人员,其他侦查人员再次讯问时告知诉讼权利和认罪认罚的法律规定,犯罪嫌疑人自愿供述的;

(二)审查逮捕、审查起诉期间,检察人员讯问时告知诉讼权利和认罪认罚的法律规定,犯罪嫌疑人自愿供述的。

第六十九条 采用暴力、威胁以及非法限制人身自由等非法方法收集的证人证言、被害人陈述,应当予以排除。

第七十条 收集物证、书证不符合法定程序,可能严重影响司法公正的,人民检察院应当及时要求公安机关补正或者作出书面解释;不能补正或者无法作出合理解释的,对该证据应当予以排除。

对公安机关的补正或者解释,人民检察院应当予以审查。经补正或者作出合理解释的,可以作为批准或者决定逮捕、提起公诉的依据。

第七十一条 对重大案件,人民检察院驻看守所检察人员在侦查终结前应当对讯问合法性进行核查并全程同步录音、录像,核查情况应当及时通知本院负责捕诉的部门。

负责捕诉的部门认为确有刑讯逼供等非法取证情形的,应当要求公安机关依法排除非法证据,不得作为提请批准逮捕、移送起诉的依据。

第七十二条 人民检察院发现侦查人员以非法方法收集证据的,应当及时进行调查核实。

当事人及其辩护人或者值班律师、诉讼代理人报案、控告、举报侦查人员采用刑讯逼供等非法方法收集证据,并提供涉嫌非法取证的人员、时间、地点、方式和内容等材料或者线索的,人民检察院应当受理并进行审查。根据现有材料无法证明证据收集合法性的,应当及时进行调查核实。

上一级人民检察院接到对侦查人员采用刑讯逼供等非法方法收集证据的报案、控告、举报,可以直接进行调查核实,也可以交由下级人民检察院调查核实。交由下级人民检察院调查核实的,下级人民检察院应当及时将调查结果报告上一级人民检察院。

人民检察院决定调查核实的,应当及时通知公安机关。

第七十三条 人民检察院经审查认定存在非法取证行为的,对该证据应当予以排除,其他证据不能证明犯罪嫌疑人实施犯罪行为的,应当不批准或者决定逮捕。已经移送起诉的,可以依法将案件退回监察机关补充调查或者退回公安机关补充侦查,或者作出不起诉决定。被排除的非法证据应当随案移送,并写明为依法排除的非法证据。

对于侦查人员的非法取证行为,尚未构成犯罪的,应当依法向其所在机关提出纠正意见。对于需要补正或者作出合理解释的,应当提出明确要求。

对于非法取证行为涉嫌犯罪需要追究刑事责任的,应当依法立案侦查。

第七十四条 人民检察院认为可能存在以刑讯逼供等非法方法收集证据情形的,可以书面要求监察机关或者公安机关对证据收集的合法性作出说明。说明应当加盖单位公章,并由调查人员或者侦查人员签名。

第七十五条 对于公安机关立案侦查的案件,存在下列情形之一的,人民检察院在审查逮捕、审查起诉和审判阶段,可以调取公安机关讯问犯罪嫌疑人的录音、录像,对证据收集的合法性以及犯罪嫌疑人、被告人供述的真实性进行审查:

(一)认为讯问活动可能存在刑讯逼供等非法取证行为的;

(二)犯罪嫌疑人、被告人或者辩护人提出犯罪嫌疑人、被告人供述系非法取得,并提供相关线索或者材料的;

(三)犯罪嫌疑人、被告人提出讯问活动违反法定程序或者翻供,并提供相关线索或者材料的;

(四)犯罪嫌疑人、被告人或者辩护人提出讯问笔录内容不真实,并提供相关线索或者材料的;

(五)案情重大、疑难、复杂的。

人民检察院调取公安机关讯问犯罪嫌疑人的录音、录像,公安机关未提供,人民检察院经审查认为不能排除有刑讯逼供等非法取证行为的,相关供述不得作为批准逮捕、提起公诉的依据。

人民检察院直接受理侦查的案件,负责侦查的部门移送审查逮捕、移送起诉时,应当将讯问录音、录像连同案卷材料一并移送审查。

第七十六条 对于提起公诉的案件,被告人及其辩护人提出审前供述系非法取得,并提供相关线索或者材料的,人民检察院可以将讯问录音、录像连同案卷材料一并移送人民法院。

第七十七条 在法庭审理过程中,被告人或者辩护人对讯问活动合法性提出异议,公诉人可以要求被告人及其辩护人提供相关线索或者材料。必要时,公诉人可以提请法庭当庭播放相关时段的讯问录音、录像,对有关异议或者事实进行质证。

需要播放的讯问录音、录像中涉及国家秘密、商业秘密、个人隐私或者含有其他不宜公开内容的,公诉人应当建议在法庭组成人员、公诉人、侦查人员、被告人及其辩护人范围内播放。因涉及国家秘密、商业秘密、个人隐私或者其他犯罪线索等内容,人民检察院对讯问录音、录像的相关内容进行技术处理的,公诉人应当向法庭作出说明。

第七十八条 人民检察院认为第一审人民法院有关证据收集合法性的审查、调查结论导致第一审判决、裁定错误的,可以依照刑事诉讼法第二百二十八条的规定向人民法院提出抗诉。

《公安机关办理刑事案件程序规定》(公安部令第159号修正,修正后自2020年9月1日起施行)

第五章 证 据

第七十二条第一款 人民法院认为现有证据材料不能证明证据收集的合法性,通知有关侦查人员或者公安机关其他人员出庭说明情况的,有关侦查人员或者其他人员应当出庭。必要时,有关侦查人员或者其他人员也可以要求出庭说明情况。侦查人员或者其他人员出庭,应当向法庭说明证据收集过程,并就相关情况接受发问。

《海警机构办理刑事案件程序规定》(中国海警局令第1号,自2023年6月15日起施行)

第五章 证 据

第六十条 采用刑讯逼供等非法方法收集的犯罪嫌疑人供述和采用暴力、威胁等非法方法收集的证人证言、被害人陈述,应当予以排除。

收集物证、书证、视听资料、电子数据违反法定程序,可能严重影响司法公正的,应当予以补正或者作出合理解释;不能补正或者作出合理解释的,应当予以排除。

第六十一条 在侦查阶段发现有应当排除的证据的,经海警机构负责人批准,应当依法予以排除,不得作为提请批准逮捕、移送审查起诉的依据。

第六十二条 人民检察院要求海警机构对证据收集的合法性进行说明的,海警机构应当作出书面说明。说明应当加盖单位公章,并由侦查人员签名。

第六十三条第一款 人民法院认为现有证据材料不能证明证据收集的合法性,通知有关侦查人员或者海警机构其他人员出庭说明情况的,有关侦查人员或者其他人员应当出庭。必要时,有关侦查人员或者其他人员也可以要求出庭说明情况。侦查人员或者其他人员出庭,应当向法庭说明证据收集过程,并就相关情况接受询问。

其他规范

《最高人民法院、最高人民检察院、公安部、国家安全部、司法部关于办理刑事案件排除非法证据若干问题的规定》(法发〔2010〕20号,自2010年7月1日起施行)

为规范司法行为,促进司法公正,根据刑事诉讼法和相关司法解释,结合人民法院、人民检察院、公安机关、国家安全机关和司法行政机关办理刑事案件工作实际,制定本规定。

第一条 采用刑讯逼供等非法手段取得的犯罪嫌疑人、被告人供述和采用暴力、威胁等非法手段取得的证人证言、被害人陈述,属于非法言词证据。

第二条 经依法确认的非法言词证据,应当予以排除,不能作为定案的根据。

第三条 人民检察院在审查批准逮捕、审查起诉中,对于非法言词证据应当依法予以排除,不能作为批准逮捕、提起公诉的根据。

第四条 起诉书副本送达后开庭审判前,被告人提出其审判前供述是非法取得的,应当向人民法院提交书面意见。被告人书写确有困难的,可以口头告诉,由人民法院工作人员或者其辩护人作出笔录,并由被告人签名或者捺指印。

人民法院应当将被告人的书面意见或者告诉笔录复印件在开庭前交人民检察院。

第五条 被告人及其辩护人在开庭审理前或者庭审中,提出被告人审判前供述是非法取得的,法庭在公诉人宣读起诉书之后,应当先行当庭调查。

法庭辩论结束前,被告人及其辩护人提出被告人审判前供述是非法取得的,法庭也应当进行调查。

第六条 被告人及其辩护人提出被告人审判前供述是非法取得的,法庭应当要求其提供涉嫌非法取证的人员、时间、地点、方式、内容等相关线索或者证据。

第七条 经审查,法庭对被告人审判前供述取得的合法性有疑问的,公诉人应当向法庭提供讯问笔录、原始的讯问过程录音录像或者其他证据,提请法庭通知讯问时其他在场人员或者其他证人出庭作证,仍不能排除刑讯逼供嫌疑的,提请法庭通知讯问人员出庭作证,对该供述取得的合法性予以证明。公诉人当庭不能举证的,可以根据刑事诉讼法第一百六十五条①的规定,建议法庭延期审理。

经依法通知,讯问人员或者其他人员应当出庭作证。

公诉人提交加盖公章的说明材料,未经有关讯问人员签名或者盖章的,不能作为证明取证合法性的证据。

控辩双方可以就被告人审判前供述取得的合法性问题进行质证、辩论。

第八条 法庭对于控辩双方提供的证据有疑问的,可以宣布休庭,对证据进行调查核实。必要时,可以通知检察人员、辩护人到场。

第九条 庭审中,公诉人为提供新的证据需要补充侦查,建议延期审理的,法庭应当同意。

被告人及其辩护人申请通知讯问人员、讯问时其他在场人员或者其他证人到庭,法庭认为有必要的,可以宣布延期审理。

第十条 经法庭审查,具有下列情形之一的,被告人审判前供述可以当庭宣读、质证:

(一)被告人及其辩护人未提供非法取证的相关线索或者证据的;

(二)被告人及其辩护人已提供非法取证的相关线索或者证据,法庭对被告人审判前供述取得的合法性没有疑问的;

(三)公诉人提供的证据确实、充分,能够排除被告人审判前供述属非法取得的。

对于当庭宣读的被告人审判前供述,应当结合被告人当庭供述以及其他证据确定能否作为定案的根据。

---

① 系针对1996年《刑事诉讼法》的规定,其中涉及的"第一百六十五条"在现行《刑事诉讼法》中为第二百零四条。

第十一条　对被告人审判前供述的合法性,公诉人不提供证据加以证明,或者已提供的证据不够确实、充分的,该供述不能作为定案的根据。

第十二条　对于被告人及其辩护人提出的被告人审判前供述是非法取得的意见,第一审人民法院没有审查,并以被告人审判前供述作为定案根据的,第二审人民法院应当对被告人审判前供述取得的合法性进行审查。检察人员不提供证据加以证明,或者已提供的证据不够确实、充分的,被告人该供述不能作为定案的根据。

第十三条　庭审中,检察人员、被告人及其辩护人提出未到庭证人的书面证言、未到庭被害人的书面陈述是非法取得的,举证方应当对其取证的合法性予以证明。

对前款所述证据,法庭应当参照本规定有关规定进行调查。

第十四条　物证、书证的取得明显违反法律规定,可能影响公正审判的,应当予以补正或者作出合理解释,否则,该物证、书证不能作为定案的根据。

第十五条　本规定自二〇一〇年七月一日起施行。

《最高人民检察院关于适用〈关于办理死刑案件审查判断证据若干问题的规定〉和〈关于办理刑事案件排除非法证据若干问题的规定〉的指导意见》(高检发研字〔2010〕13号)"四、做好证据合法性证明工作,提高依法指控犯罪的能力"(第二十一条至第二十六条)对非法证据排除的有关问题作了规定。(→参见第五十五条后"相关规范集成·证据分类收集提取与审查判断"所附"其他规范",第411—412页)

《最高人民法院、最高人民检察院、公安部、国家安全部、司法部关于依法保障律师执业权利的规定》(司发〔2015〕14号)第二十三条对非法证据排除的有关问题作了规定。(→参见第三十三条所附"其他规范",第259页)

《最高人民法院、最高人民检察院、公安部、国家安全部、司法部关于推进以审判为中心的刑事诉讼制度改革的意见》(法发〔2016〕18号)第四条对非法证据排除的有关问题作了规定。(→参见第三编"审判"标题下所附"其他规范",第1253页)

《最高人民法院关于全面推进以审判为中心的刑事诉讼制度改革的实施意见》(法发〔2017〕5号)"四、完善证据认定规则,切实防范冤假错案"(第二十一条至第三十条)对非法证据排除的有关问题作了规定。(→参见第三编"审判"标题下所附"其他规范",第1258—1259页)

《最高人民法院、最高人民检察院、公安部、国家安全部、司法部关于办理刑事案件严格排除非法证据若干问题的规定》（法发〔2017〕15号，自2017年6月27日起施行）

为准确惩罚犯罪，切实保障人权，规范司法行为，促进司法公正，根据《中华人民共和国刑事诉讼法》及有关司法解释等规定，结合司法实际，制定如下规定。

一、一般规定

第一条 严禁刑讯逼供和以威胁、引诱、欺骗以及其他非法方法收集证据，不得强迫任何人证实自己有罪。对一切案件的判处都要重证据，重调查研究，不轻信口供。

第二条 采取殴打、违法使用戒具等暴力方法或者变相肉刑的恶劣手段，使犯罪嫌疑人、被告人遭受难以忍受的痛苦而违背意愿作出的供述，应当予以排除。

第三条 采用以暴力或者严重损害本人及其近亲属合法权益等进行威胁的方法，使犯罪嫌疑人、被告人遭受难以忍受的痛苦而违背意愿作出的供述，应当予以排除。

第四条 采用非法拘禁等非法限制人身自由的方法收集的犯罪嫌疑人、被告人供述，应当予以排除。

第五条 采用刑讯逼供方法使犯罪嫌疑人、被告人作出供述，之后犯罪嫌疑人、被告人受该刑讯逼供行为影响而作出的与该供述相同的重复性供述，应当一并排除，但下列情形除外：

（一）侦查期间，根据控告、举报或者自己发现等，侦查机关确认或者不能排除以非法方法收集证据而更换侦查人员，其他侦查人员再次讯问时告知诉讼权利和认罪的法律后果，犯罪嫌疑人自愿供述的；

（二）审查逮捕、审查起诉和审判期间，检察人员、审判人员讯问时告知诉讼权利和认罪的法律后果，犯罪嫌疑人、被告人自愿供述的。

第六条 采用暴力、威胁以及非法限制人身自由等非法方法收集的证人证言、被害人陈述，应当予以排除。

第七条 收集物证、书证不符合法定程序，可能严重影响司法公正的，应当予以补正或者作出合理解释；不能补正或者作出合理解释的，对有关证据应当予以排除。

二、侦查

第八条 侦查机关应当依照法定程序开展侦查，收集、调取能够证实犯罪嫌疑人有罪或者无罪、罪轻或者罪重的证据材料。

第九条 拘留、逮捕犯罪嫌疑人后,应当按照法律规定送看守所羁押。犯罪嫌疑人被送交看守所羁押后,讯问应当在看守所讯问室进行。因客观原因侦查机关在看守所讯问室以外的场所进行讯问的,应当作出合理解释。

第十条 侦查人员在讯问犯罪嫌疑人的时候,可以对讯问过程进行录音录像;对于可能判处无期徒刑、死刑的案件或者其他重大犯罪案件,应当对讯问过程进行录音录像。

侦查人员应当告知犯罪嫌疑人对讯问过程录音录像,并在讯问笔录中写明。

第十一条 对讯问过程录音录像,应当不间断进行,保持完整性,不得选择性地录制,不得剪接、删改。

第十二条 侦查人员讯问犯罪嫌疑人,应当依法制作讯问笔录。讯问笔录应当交犯罪嫌疑人核对,对于没有阅读能力的,应当向他宣读。对讯问笔录中有遗漏或者差错等情形,犯罪嫌疑人可以提出补充或者改正。

第十三条 看守所应当对提讯进行登记,写明提讯单位、人员、事由、起止时间以及犯罪嫌疑人姓名等情况。

看守所收押犯罪嫌疑人,应当进行身体检查。检查时,人民检察院驻看守所检察人员可以在场。检查发现犯罪嫌疑人有伤或者身体异常的,看守所应当拍照或者录像,分别由送押人员、犯罪嫌疑人说明原因,并在体检记录中写明,由送押人员、收押人员和犯罪嫌疑人签字确认。

第十四条 犯罪嫌疑人及其辩护人在侦查期间可以向人民检察院申请排除非法证据。对犯罪嫌疑人及其辩护人提供相关线索或者材料的,人民检察院应当调查核实。调查结论应当书面告知犯罪嫌疑人及其辩护人。对确有以非法方法收集证据情形的,人民检察院应当向侦查机关提出纠正意见。

侦查机关对审查认定的非法证据,应当予以排除,不得作为提请批准逮捕、移送审查起诉的根据。

对重大案件,人民检察院驻看守所检察人员应当在侦查终结前询问犯罪嫌疑人,核查是否存在刑讯逼供、非法取证情形,并同步录音录像。经核查,确有刑讯逼供、非法取证情形的,侦查机关应当及时排除非法证据,不得作为提请批准逮捕、移送审查起诉的根据。

第十五条 对侦查终结的案件,侦查机关应当全面审查证明证据收集合法性的证据材料,依法排除非法证据。排除非法证据后,证据不足的,不得移送审查起诉。

侦查机关发现办案人员非法取证的,应当依法作出处理,并可另行指派侦查人员重新调查取证。

三、审查逮捕、审查起诉

第十六条 审查逮捕、审查起诉期间讯问犯罪嫌疑人,应当告知其有权申请排除非法证据,并告知诉讼权利和认罪的法律后果。

第十七条 审查逮捕、审查起诉期间,犯罪嫌疑人及其辩护人申请排除非法证据,并提供相关线索或者材料的,人民检察院应当调查核实。调查结论应当书面告知犯罪嫌疑人及其辩护人。

人民检察院在审查起诉期间发现侦查人员以刑讯逼供等非法方法收集证据的,应当依法排除相关证据并提出纠正意见,必要时人民检察院可以自行调查取证。

人民检察院对审查认定的非法证据,应当予以排除,不得作为批准或者决定逮捕、提起公诉的根据。被排除的非法证据应当随案移送,并写明为依法排除的非法证据。

第十八条 人民检察院依法排除非法证据后,证据不足,不符合逮捕、起诉条件的,不得批准或者决定逮捕、提起公诉。

对于人民检察院排除有关证据导致对涉嫌的重要犯罪事实未予认定,从而作出不批准逮捕、不起诉决定,或者对涉嫌的部分重要犯罪事实决定不起诉的,公安机关、国家安全机关可要求复议、提请复核。

四、辩护

第十九条 犯罪嫌疑人、被告人申请提供法律援助的,应当按照有关规定指派法律援助律师。

法律援助值班律师可以为犯罪嫌疑人、被告人提供法律帮助,对刑讯逼供、非法取证情形代理申诉、控告。

第二十条 犯罪嫌疑人、被告人及其辩护人申请排除非法证据,应当提供涉嫌非法取证的人员、时间、地点、方式、内容等相关线索或者材料。

第二十一条 辩护律师自人民检察院对案件审查起诉之日起,可以查阅、摘抄、复制讯问笔录、提讯登记、采取强制措施或者侦查措施的法律文书等证据材料。其他辩护人经人民法院、人民检察院许可,也可以查阅、摘抄、复制上述证据材料。

第二十二条 犯罪嫌疑人、被告人及其辩护人向人民法院、人民检察院申请调取公安机关、国家安全机关、人民检察院收集但未提交的讯问录音录像、体检记录等证据材料,人民法院、人民检察院经审查认为犯罪嫌疑人、被告人及其辩护人申请调取的证据材料与证明证据收集的合法性有联系的,应当予以调取;认为与证明证据收集的合法性没有联系的,应当决定不予调取并向犯罪嫌疑人、被告人及其辩护人说明理由。

五、审判

第二十三条 人民法院向被告人及其辩护人送达起诉书副本时,应当告知其有权申请排除非法证据。

被告人及其辩护人申请排除非法证据,应当在开庭审理前提出,但在庭审期间发现相关线索或者材料等情形除外。人民法院应当在开庭审理前将申请书和相关线索或者材料的复制件送交人民检察院。

第二十四条 被告人及其辩护人在开庭审理前申请排除非法证据,未提供相关线索或者材料,不符合法律规定的申请条件的,人民法院对申请不予受理。

第二十五条 被告人及其辩护人在开庭审理前申请排除非法证据,按照法律规定提供相关线索或者材料的,人民法院应当召开庭前会议。人民检察院应当通过出示有关证据材料等方式,有针对性地对证据收集的合法性作出说明。人民法院可以核实情况,听取意见。

人民检察院可以决定撤回有关证据,撤回的证据,没有新的理由,不得在庭审中出示。

被告人及其辩护人可以撤回排除非法证据的申请。撤回申请后,没有新的线索或者材料,不得再次对有关证据提出排除申请。

第二十六条 公诉人、被告人及其辩护人在庭前会议中对证据收集是否合法未达成一致意见,人民法院对证据收集的合法性有疑问的,应当在庭审中进行调查;人民法院对证据收集的合法性没有疑问,且没有新的线索或者材料表明可能存在非法取证的,可以决定不再进行调查。

第二十七条 被告人及其辩护人申请人民法院通知侦查人员或者其他人员出庭,人民法院认为现有证据材料不能证明证据收集的合法性,确有必要通知上述人员出庭作证或者说明情况的,可以通知上述人员出庭。

第二十八条 公诉人宣读起诉书后,法庭应当宣布开庭审理前对证据收集合法性的审查及处理情况。

第二十九条 被告人及其辩护人在开庭审理前未申请排除非法证据,在法庭审理过程中提出申请的,应当说明理由。

对前述情形,法庭经审查,对证据收集的合法性有疑问的,应当进行调查;没有疑问的,应当驳回申请。

法庭驳回排除非法证据申请后,被告人及其辩护人没有新的线索或者材料,以相同理由再次提出申请的,法庭不再审查。

第三十条 庭审期间,法庭决定对证据收集的合法性进行调查的,应当先行当庭调查。但为防止庭审过分迟延,也可以在法庭调查结束前进行调查。

第三十一条 公诉人对证据收集的合法性加以证明,可以出示讯问笔录、提讯登记、体检记录、采取强制措施或者侦查措施的法律文书、侦查终结前对讯问合法性的核查材料等证据材料,有针对性地播放讯问录音录像,提请法庭通知侦查人员或者其他人员出庭说明情况。

被告人及其辩护人可以出示相关线索或者材料,并申请法庭播放特定时段的讯问录音录像。

侦查人员或者其他人员出庭,应当向法庭说明证据收集过程,并就相关情况接受发问。对发问方式不当或者内容与证据收集的合法性无关的,法庭应当制止。

公诉人、被告人及其辩护人可以对证据收集的合法性进行质证、辩论。

第三十二条 法庭对控辩双方提供的证据有疑问的,可以宣布休庭,对证据进行调查核实。必要时,可以通知公诉人、辩护人到场。

第三十三条 法庭对证据收集的合法性进行调查后,应当当庭作出是否排除有关证据的决定。必要时,可以宣布休庭,由合议庭评议或者提交审判委员会讨论,再次开庭时宣布决定。

在法庭作出是否排除有关证据的决定前,不得对有关证据宣读、质证。

第三十四条 经法庭审理,确认存在本规定所规定的以非法方法收集证据情形的,对有关证据应当予以排除。法庭根据相关线索或者材料对证据收集的合法性有疑问,而人民检察院未提供证据或者提供的证据不能证明证据收集的合法性,不能排除存在本规定所规定的以非法方法收集证据情形的,对有关证据应当予以排除。

对依法予以排除的证据,不得宣读、质证,不得作为判决的根据。

第三十五条 人民法院排除非法证据后,案件事实清楚,证据确实、充分,依据法律认定被告人有罪的,应当作出有罪判决;证据不足,不能认定被告人有罪的,应当作出证据不足、指控的犯罪不能成立的无罪判决;案件部分事实清楚,证据确实、充分的,依法认定该部分事实。

第三十六条 人民法院对证据收集合法性的审查、调查结论,应当在裁判文书中写明,并说明理由。

第三十七条 人民法院对证人证言、被害人陈述等证据收集合法性的审查、调查,参照上述规定。

第三十八条 人民检察院、被告人及其法定代理人提出抗诉、上诉,对第一审人民法院有关证据收集合法性的审查、调查结论提出异议的,第二审人民法院应当审查。

被告人及其辩护人在第一审程序中未申请排除非法证据,在第二审程序中提出申请的,应当说明理由。第二审人民法院应当审查。

人民检察院在第一审程序中未出示证据证明证据收集的合法性,第一审人民法院依法排除有关证据的,人民检察院在第二审程序中不得出示之前未出示的证据,但在第一审程序后发现的除外。

第三十九条 第二审人民法院对证据收集合法性的调查,参照上述第一审程序的规定。

第四十条 第一审人民法院对被告人及其辩护人排除非法证据的申请未予审查,并以有关证据作为定案根据,可能影响公正审判的,第二审人民法院可以裁定撤销原判,发回原审人民法院重新审判。

第一审人民法院对依法应当排除的非法证据未予排除的,第二审人民法院可以依法排除非法证据。排除非法证据后,原判决认定事实和适用法律正确、量刑适当的,应当裁定驳回上诉或者抗诉,维持原判;原判决认定事实没有错误,但适用法律有错误,或者量刑不当的,应当改判;原判决事实不清楚或者证据不足的,可以裁定撤销原判,发回原审人民法院重新审判。

第四十一条 审判监督程序、死刑复核程序中对证据收集合法性的审查、调查,参照上述规定。

第四十二条 本规定自2017年6月27日起施行。

《人民法院办理刑事案件排除非法证据规程(试行)》(法发〔2017〕31号)对非法证据排除的有关问题作了规定。(→参见第三编"审判"标题下所附"相关规范集成·三项规程"后"其他规范",第1264页)

■ 指导性案例

王玉雷不批准逮捕案(检例第27号)

关键词 侦查活动监督 排除非法证据 不批准逮捕

要 旨 检察机关办理审查逮捕案件,要严格坚持证据合法性原则,既要善于发现非法证据,又要坚决排除非法证据。非法证据排除后,其他在案证据不能证明犯罪嫌疑人实施犯罪行为的,应当依法对犯罪嫌疑人作出不批准逮捕的决定。要加强对审查逮捕案件的跟踪监督,引导侦查机关全面及时收集证据,促进侦查活动依法规范进行。

指导意义

1.严格坚持非法证据排除规则。根据我国刑事诉讼法第七十九条规定,逮捕的证据条件是"有证据证明有犯罪事实"①,这里的"证据"必须是依法取得的合法证据,不包括采取刑讯逼供、暴力取证等非法方法取得的证据。检察机关在审查逮捕过程中,要高度重视对证据合法性的审查,如果接到犯罪嫌疑人及其辩护人或者证人、被害人等关于刑讯逼供、暴力取证等非法行为的控告、举报及提供的线索,或者在审查案件材料时发现可能存在非法取证行为,以及刑事执行检察部门反映可能存在违法提讯情况的,应当认真进行审查,通过当面讯问犯罪嫌疑人、查看犯罪嫌疑人身体状况、识别犯罪嫌疑人供述是否自然可信以及调阅提审登记表、犯罪嫌疑人入所体检记录等途径,及时发现非法证据,坚决排除非法证据。

2. 严格把握作出批准逮捕决定的条件。构建以客观证据为核心的案件事实认定体系,高度重视无法排除合理怀疑的矛盾证据,注意利用收集在案的客观证据验证、比对全案证据,守住"犯罪事实不能没有、犯罪嫌疑人不能搞错"的逮捕底线。要坚持惩罚犯罪与保障人权并重的理念,重视犯罪嫌疑人不在犯罪现场、没有作案时间等方面的无罪证据以及侦查机关可能存在的非法取证行为的线索。综合审查全案证据,不能证明犯罪嫌疑人实施了犯罪行为的,应当依法作出不批准逮捕的决定。要结合办理审查逮捕案件,注意发挥检察机关侦查监督作用,引导侦查机关及时收集、补充其他证据,促进侦查活动依法规范进行。

第六十一条 【证人证言的质证与查实】【有意作伪证或者隐匿罪证的责任】证人证言必须在法庭上经过公诉人、被害人和被告人、辩护人双方质证并且查实以后,才能作为定案的根据。法庭查明证人有意作伪证或者隐匿罪证的时候,应当依法处理。

立法沿革

1979年《刑事诉讼法》第三十六条规定:"证人证言必须在法庭上经过公诉人、被害人和被告人、辩护人双方讯问、质证,听取各方证人的证言并经过查实以后,才能作为定案的根据。法庭查明证人有意作伪证或者隐匿罪证时,应当依法处理。"1996年修改《刑事诉讼法》时未作调整。2012年《刑事诉讼法修改决定》对本条规定作了表述修改。2018年修改《刑事诉讼法》时未作调整。

---

① 系针对2012年《刑事诉讼法》的规定,其中涉及的"第七十九条"在现行《刑事诉讼法》中为第八十一条。

第六十二条 【证人的范围和作证义务】凡是知道案件情况的人,都有作证的义务。

生理上、精神上有缺陷或者年幼,不能辨别是非、不能正确表达的人,不能作证人。

▍立法沿革

本条系沿用 1979 年《刑事诉讼法》第三十七条的规定。

▍基本规范

《公安机关办理刑事案件程序规定》(公安部令第 159 号修正,修正后自 2020 年 9 月 1 日起施行)

第五章 证 据

第七十三条 凡是知道案件情况的人,都有作证的义务。

生理上、精神上有缺陷或者年幼,不能辨别是非,不能正确表达的人,不能作证人。

对于证人能否辨别是非,能否正确表达,必要时可以进行审查或者鉴别。

《海警机构办理刑事案件程序规定》(中国海警局令第 1 号,自 2023 年 6 月 15 日起施行)

第五章 证 据

第六十四条 凡是知道案件情况的人,都有作证的义务。

生理上、精神上有缺陷或者年幼,不能辨别是非,不能正确表达的人,不能作证人。

对于证人能否辨别是非,能否正确表达,必要时可以进行审查或者鉴别。

第六十三条 【证人及其近亲属的安全保障】人民法院、人民检察院和公安机关应当保障证人及其近亲属的安全。

对证人及其近亲属进行威胁、侮辱、殴打或者打击报复,构成犯罪的,依法追究刑事责任;尚不够刑事处罚的,依法给予治安管理处罚。

▍立法沿革

本条系 1996 年《刑事诉讼法修改决定》增加的规定,2012 年、2018 年修改《刑事诉讼法》时未作调整。

相关规定

《中华人民共和国监察法实施条例》（自2021年9月20日起施行，节录）

第八十九条 凡是知道案件情况的人，都有如实作证的义务。对故意提供虚假证言的证人，应当依法追究法律责任。

证人或者其他任何人不得帮助被调查人隐匿、毁灭、伪造证据或者串供，不得实施其他干扰调查活动的行为。

基本规范

《公安机关办理刑事案件程序规定》（公安部令第159号修正，修正后自2020年9月1日起施行）

第五章 证 据

第七十四条 公安机关应当保障证人及其近亲属的安全。

对证人及其近亲属进行威胁、侮辱、殴打或者打击报复，构成犯罪的，依法追究刑事责任；尚不够刑事处罚的，依法给予治安管理处罚。

《海警机构办理刑事案件程序规定》（中国海警局令第1号，自2023年6月15日起施行）

第五章 证 据

第六十五条 海警机构应当保障证人及其近亲属的安全。

对证人及其近亲属进行威胁、侮辱、殴打或者打击报复，构成犯罪的，由有管辖权的机关依法追究刑事责任；尚不够刑事处罚的，由海警机构或者公安机关依法给予治安管理处罚。

第六十四条 【作证保护】 对于危害国家安全犯罪、恐怖活动犯罪、黑社会性质的组织犯罪、毒品犯罪等案件，证人、鉴定人、被害人因在诉讼中作证，本人或者其近亲属的人身安全面临危险的，人民法院、人民检察院和公安机关应当采取以下一项或者多项保护措施：

（一）不公开真实姓名、住址和工作单位等个人信息；

（二）采取不暴露外貌、真实声音等出庭作证措施；

（三）禁止特定的人员接触证人、鉴定人、被害人及其近亲属；

（四）对人身和住宅采取专门性保护措施；

（五）其他必要的保护措施。

证人、鉴定人、被害人认为因在诉讼中作证,本人或者其近亲属的人身安全面临危险的,可以向人民法院、人民检察院、公安机关请求予以保护。

人民法院、人民检察院、公安机关依法采取保护措施,有关单位和个人应当配合。

立法沿革

本条系 2012 年《刑事诉讼法修改决定》增加的规定,2018 年修改《刑事诉讼法》时未作调整。

相关规定

《中华人民共和国监察法实施条例》(自 2021 年 9 月 20 日起施行,节录)

第九十条 证人、鉴定人、被害人因作证,本人或者近亲属人身安全面临危险,向监察机关请求保护的,监察机关应当受理并及时进行审查;对于确实存在人身安全危险的,监察机关应当采取必要的保护措施。监察机关发现存在上述情形的,应当主动采取保护措施。

监察机关可以采取下列一项或者多项保护措施:

(一)不公开真实姓名、住址和工作单位等个人信息;

(二)禁止特定的人员接触证人、鉴定人、被害人及其近亲属;

(三)对人身和住宅采取专门性保护措施;

(四)其他必要的保护措施。

依法决定不公开证人、鉴定人、被害人的真实姓名、住址和工作单位等个人信息的,可以在询问笔录等法律文书、证据材料中使用化名。但是应当另行书面说明使用化名的情况并标明密级,单独成卷。

监察机关采取保护措施需要协助的,可以提请公安机关等有关单位和要求有关个人依法予以协助。

《中华人民共和国反有组织犯罪法》(自 2022 年 5 月 1 日起施行,节录)

第六十一条 因举报、控告和制止有组织犯罪活动,在有组织犯罪案件中作证,本人或者其近亲属的人身安全面临危险的,公安机关、人民检察院、人民法院应当按照有关规定,采取下列一项或者多项保护措施:

(一)不公开真实姓名、住址和工作单位等个人信息;

(二)采取不暴露外貌、真实声音等出庭作证措施;

(三)禁止特定的人接触被保护人员;

(四)对人身和住宅采取专门性保护措施;

（五）变更被保护人员的身份，重新安排住所和工作单位；

（六）其他必要的保护措施。

第六十二条　采取本法第六十一条第三项、第四项规定的保护措施，由公安机关执行。根据本法第六十一条第五项规定，变更被保护人员身份的，由国务院公安部门批准和组织实施。

公安机关、人民检察院、人民法院依法采取保护措施，有关单位和个人应当配合。

第六十三条　实施有组织犯罪的人员配合侦查、起诉、审判等工作，对侦破案件或者查明案件事实起到重要作用的，可以参照证人保护的规定执行。

第六十四条　对办理有组织犯罪案件的执法、司法工作人员及其近亲属，可以采取人身保护、禁止特定的人接触等保护措施。

第六十五条　对因履行反有组织犯罪工作职责或者协助、配合有关部门开展反有组织犯罪工作导致伤残或者死亡的人员，按照国家有关规定给予相应的待遇。

"六部委"规定

《最高人民法院、最高人民检察院、公安部、国家安全部、司法部、全国人大常委会法制工作委员会关于实施刑事诉讼法若干问题的规定》（自2013年1月1日起施行，节录）

三、证据

12.刑事诉讼法第六十二条①规定，对证人、鉴定人、被害人可以采取"不公开真实姓名、住址和工作单位等个人信息"的保护措施。人民法院、人民检察院和公安机关依法决定不公开证人、鉴定人、被害人的真实姓名、住址和工作单位等个人信息的，可以在判决书、裁定书、起诉书、询问笔录等法律文书、证据材料中使用化名等代替证人、鉴定人、被害人的个人信息。但是，应当书面说明使用化名的情况并标明密级，单独成卷。辩护律师经法庭许可，查阅对证人、鉴定人、被害人使用化名情况的，应当签署保密承诺书。

基本规范

《最高人民法院关于适用〈中华人民共和国刑事诉讼法〉的解释》（法释〔2021〕1号）第二百五十六条、第二百五十七条对证人、鉴定人、被害人保护的有

---

① 现行《刑事诉讼法》第六十四条。——本评注注

关问题作了规定。(→参见第一百九十二条所附"基本规范",第1386、1387页)

《人民检察院刑事诉讼规则》(高检发释字〔2019〕4号,自2019年12月30日起施行)

第五章 证 据

第七十九条 人民检察院在办理危害国家安全犯罪、恐怖活动犯罪、黑社会性质的组织犯罪、毒品犯罪等案件过程中,证人、鉴定人、被害人因在诉讼中作证,本人或者其近亲属人身安全面临危险,向人民检察院请求保护的,人民检察院应当受理并及时进行审查。对于确实存在人身安全危险的,应当立即采取必要的保护措施。人民检察院发现存在上述情形的,应当主动采取保护措施。

人民检察院可以采取以下一项或者多项保护措施:

(一)不公开真实姓名、住址和工作单位等个人信息;

(二)建议法庭采取不暴露外貌、真实声音等出庭作证措施;

(三)禁止特定的人员接触证人、鉴定人、被害人及其近亲属;

(四)对人身和住宅采取专门性保护措施;

(五)其他必要的保护措施。

人民检察院依法决定不公开证人、鉴定人、被害人的真实姓名、住址和工作单位等个人信息的,可以在起诉书、询问笔录等法律文书、证据材料中使用化名。但是应当另行书面说明使用化名的情况并标明密级,单独成卷。

人民检察院依法采取保护措施,可以要求有关单位和个人予以配合。

对证人及其近亲属进行威胁、侮辱、殴打或者打击报复,构成犯罪或者应当给予治安管理处罚的,人民检察院应当移送公安机关处理;情节轻微的,予以批评教育、训诫。

《公安机关办理刑事案件程序规定》(公安部令第159号修正,修正后自2020年9月1日起施行)

第五章 证 据

第七十五条 对危害国家安全犯罪、恐怖活动犯罪、黑社会性质的组织犯罪、毒品犯罪等案件,证人、鉴定人、被害人因在侦查过程中作证,本人或者其近亲属的人身安全面临危险的,公安机关应当采取以下一项或者多项保护措施:

(一)不公开真实姓名、住址、通讯方式和工作单位等个人信息;

(二)禁止特定的人员接触被保护人;

(三)对被保护人的人身和住宅采取专门性保护措施;

(四)将被保护人带到安全场所保护;

(五)变更被保护人的住所和姓名;

(六)其他必要的保护措施。

证人、鉴定人、被害人认为因在侦查过程中作证,本人或者其近亲属的人身安全面临危险,向公安机关请求予以保护,公安机关经审查认为符合前款规定的条件,确有必要采取保护措施的,应当采取上述一项或者多项保护措施。

公安机关依法采取保护措施,可以要求有关单位和个人配合。

案件移送审查起诉时,应当将采取保护措施的相关情况一并移交人民检察院。

第七十六条　公安机关依法决定不公开证人、鉴定人、被害人的真实姓名、住址、通讯方式和工作单位等个人信息的,可以在起诉意见书、询问笔录等法律文书、证据材料中使用化名等代替证人、鉴定人、被害人的个人信息。但是,应当另行书面说明使用化名的情况并标明密级,单独成卷。

第十四章　附　则

第三百八十五条　本规定所称"危害国家安全犯罪",包括刑法分则第一章规定的危害国家安全罪以及危害国家安全的其他犯罪;"恐怖活动犯罪",包括以制造社会恐慌、危害公共安全或者胁迫国家机关、国际组织为目的,采取暴力、破坏、恐吓等手段,造成或者意图造成人员伤亡、重大财产损失、公共设施损坏、社会秩序混乱等严重社会危害的犯罪,以及煽动、资助或者以其他方式协助实施上述活动的犯罪。

《海警机构办理刑事案件程序规定》(中国海警局令第1号,自2023年6月15日起施行)

第五章　证　据

第六十六条　对危害国家安全犯罪、恐怖活动犯罪、黑社会性质的组织犯罪、毒品犯罪等案件,证人、鉴定人、被害人因在侦查过程中作证,本人或者其近亲属的人身安全面临危险的,海警机构应当采取以下一项或者多项保护措施:

(一)不公开真实姓名、住址、通讯方式和工作单位等个人信息;

(二)禁止特定的人员接触被保护人;

(三)对被保护人的人身和住宅采取专门性保护措施;

(四)将被保护人带到安全场所保护;

(五)其他必要的保护措施。

证人、鉴定人、被害人认为因在侦查过程中作证,本人或者其近亲属的人身安全面临危险,向海警机构请求予以保护,海警机构经审查认为符合前款规定的条件,确有必要采取保护措施的,应当采取前款所列一项或者多项保护措施。

海警机构依法采取保护措施,可以要求有关单位和个人配合。

案件移送审查起诉时,应当将采取保护措施的相关情况一并移交人民检察院。

第六十七条　海警机构依法决定不公开证人、鉴定人、被害人的真实姓名、住址、通讯方式和工作单位等个人信息的,可以在起诉意见书、询问笔录等法律文书、证据材料中使用化名等代替证人、鉴定人、被害人的个人信息。但是,应当另行书面说明使用化名的情况并标明密级,单独成卷。

第六十八条　证人保护工作所必需的人员、经费、装备等,应当予以保障。

证人因履行作证义务而支出的交通、住宿、就餐等费用,应当给予补助。证人作证的补助列入海警机构执法业务经费。

第十二章　附　则

第三百三十九条　本规定所称"危害国家安全犯罪",包括《中华人民共和国刑法》分则第一章规定的危害国家安全罪以及危害国家安全的其他犯罪;"恐怖活动犯罪",包括以制造社会恐慌、危害公共安全或者胁迫国家机关、国际组织为目的,采取暴力、破坏、恐吓等手段,造成或者意图造成人员伤亡、重大财产损失、公共设施损坏、社会秩序混乱等严重社会危害的犯罪,以及煽动、资助或者以其他方式协助实施上述活动的犯罪。

▎其他规范

《最高人民法院、最高人民检察院、公安部、司法部关于办理黑社会性质组织犯罪案件若干问题的规定》(公通字〔2012〕45号,自2012年9月11日起施行,节录)

为依法严厉打击黑社会性质组织犯罪,按照宽严相济的刑事政策和"打早打小、除恶务尽"的工作方针,根据《中华人民共和国刑法》、《中华人民共和国刑事诉讼法》和其他有关规定,现就办理黑社会性质组织犯罪案件有关问题,制定本规定。

一、管　辖

第一条　公安机关侦查黑社会性质组织犯罪案件时,对黑社会性质组织及其成员在多个地方实施的犯罪,以及其他与黑社会性质组织犯罪有关的犯罪,可以依照法律和有关规定一并立案侦查。对案件管辖有争议的,由共同的上级公安机关指定管辖。

并案侦查的黑社会性质组织犯罪案件,由侦查该案的公安机关所在地同级人民检察院一并审查批准逮捕、受理移送审查起诉,由符合审判级别管辖要求的人民法院审判。

第二条 公安机关、人民检察院、人民法院根据案件情况和需要,可以依法对黑社会性质组织犯罪案件提级管辖或者指定管辖。

提级管辖或者指定管辖的黑社会性质组织犯罪案件,由侦查该案的公安机关所在地同级人民检察院审查批准逮捕、受理移送审查起诉,由同级或者符合审判级别管辖要求的人民法院审判。

第三条 人民检察院对于公安机关提请批准逮捕、移送审查起诉的黑社会性质组织犯罪案件,人民法院对于已进入审判程序的黑社会性质组织犯罪案件,被告人及其辩护人提出管辖异议,或者办案单位发现没有管辖权的,受案人民检察院、人民法院经审查,可以依法报请与有管辖权的人民检察院、人民法院共同的上级人民检察院、人民法院指定管辖,不再自行移交。对于在审查批准逮捕阶段,上级检察机关已经指定管辖的案件,审查起诉工作由同一人民检察院受理。

第四条 公安机关侦查黑社会性质组织犯罪案件过程中,发现人民检察院管辖的贪污贿赂、渎职侵权犯罪案件线索的,应当及时移送人民检察院。人民检察院对于公安机关移送的案件线索应当及时依法进行调查或者立案侦查。人民检察院与公安机关应当相互及时通报案件进展情况。

二、立 案

第五条 公安机关对涉嫌黑社会性质组织犯罪的线索,应当及时进行审查。审查过程中,可以采取询问、查询、勘验、检查、鉴定、辨认、调取证据材料等必要的调查活动,但不得采取强制措施,不得查封、扣押、冻结财产。

立案前的审查阶段获取的证据材料经查证属实的,可以作为证据使用。

公安机关因侦查黑社会性质组织犯罪的需要,根据国家有关规定,经过严格的批准手续,对一些重大犯罪线索立案后可以采取技术侦查等秘密侦查措施。

第六条 公安机关经过审查,认为有黑社会性质组织犯罪事实需要追究刑事责任,且属于自己管辖的,经县级以上公安机关负责人批准,予以立案,同时报上级公安机关备案。

三、强制措施和羁押

第七条 对于组织、领导、积极参加黑社会性质组织的犯罪嫌疑人、被告人,不得取保候审;但是患有严重疾病、生活不能自理,怀孕或者是正在哺乳自己婴儿的妇女,采取取保候审不致发生社会危险性的除外。

第八条 对于黑社会性质组织犯罪案件的犯罪嫌疑人、被告人,看守所应当严格管理,防止发生串供、通风报信等行为。

对于黑社会性质组织犯罪案件的犯罪嫌疑人、被告人,可以异地羁押。

对于同一黑社会性质组织犯罪案件的犯罪嫌疑人、被告人,应当分别羁押,在看守所的室外活动应当分开进行。

对于组织、领导黑社会性质组织的犯罪嫌疑人、被告人,有条件的地方应当单独羁押。

四、证人保护

第九条 公安机关、人民检察院和人民法院应当采取必要措施,保障证人及其近亲属的安全。证人的人身和财产受到侵害时,可以视情给予一定的经济补偿。

第十条 在侦查、起诉、审判过程中,对于因作证行为可能导致本人或者近亲属的人身、财产安全受到严重危害的证人,分别经地市级以上公安机关主要负责人、人民检察院检察长、人民法院院长批准,应当对其身份采取保密措施。

第十一条 对于秘密证人,侦查人员、检察人员和审判人员在制作笔录或者文书时,应当以代号代替其真实姓名,不得记录证人住址、单位、身份证号及其他足以识别其身份的信息。证人签名以按指纹代替。

侦查人员、检察人员和审判人员记载秘密证人真实姓名和身份信息的笔录或者文书,以及证人代号与真实姓名对照表,应当单独立卷,交办案单位档案部门封存。

第十二条 法庭审理时不得公开秘密证人的真实姓名和身份信息。用于公开质证的秘密证人的声音、影像,应当进行变声、变像等技术处理。

秘密证人出庭作证,人民法院可以采取限制询问、遮蔽容貌、改变声音或者使用音频、视频传送装置等保护性措施。

经辩护律师申请,法庭可以要求公安机关、人民检察院对使用秘密证人的理由、审批程序出具说明。

第十三条 对报案人、控告人、举报人、鉴定人、被害人的保护,参照本规定第九条至第十二条的规定执行。

五、特殊情况的处理

第十六条 对于有本规定第十四条第二款情形的犯罪嫌疑人、被告人,可以参照第九条至第十二条的规定,采取必要的保密和保护措施。

六、涉案财产的控制和处理

第十七条 根据黑社会性质组织犯罪案件的诉讼需要,公安机关、人民检察院、人民法院可以依法查询、查封、扣押、冻结与案件有关的下列财产:

(一)黑社会性质组织的财产;

(二)犯罪嫌疑人、被告人个人所有的财产;
(三)犯罪嫌疑人、被告人实际控制的财产;
(四)犯罪嫌疑人、被告人出资购买的财产;
(五)犯罪嫌疑人、被告人转移至他人的财产;
(六)其他与黑社会性质组织及其违法犯罪活动有关的财产。

对于本条第一款的财产,有证据证明与黑社会性质组织及其违法犯罪活动无关的,应当依法立即解除查封、扣押、冻结措施。

第十八条 查封、扣押、冻结财产的,应当一并扣押证明财产所有权或者相关权益的法律文件和文书。

在侦查、起诉、审判过程中,查询、查封、扣押、冻结财产需要其他部门配合或者执行的,应当分别经县级以上公安机关负责人、人民检察院检察长、人民法院院长批准,通知有关部门配合或者执行。

查封、扣押、冻结已登记的不动产、特定动产及其他财产,应当通知有关登记机关,在查封、扣押、冻结期间禁止被查封、扣押、冻结的财产流转,不得办理被查封、扣押、冻结财产权属变更、抵押等手续;必要时可以提取有关产权证照。

第十九条 对于不宜查封、扣押、冻结的经营性财产,公安机关、人民检察院、人民法院可以申请当地政府指定有关部门或者委托有关机构代管。

第二十条 对于黑社会性质组织形成、发展过程中,组织及其成员通过违法犯罪活动或者其他不正当手段聚敛的财产及其孳息、收益,以及用于违法犯罪的工具和其他财物,应当依法追缴、没收。

对于其他个人或者单位利用黑社会性质组织及其成员的违法犯罪活动获得的财产及其孳息、收益,应当依法追缴、没收。

对于明知是黑社会性质组织而予以资助、支持的,依法没收资助、支持的财产。

对于被害人的合法财产及其孳息,应当依法及时返还或者责令退赔。

第二十一条 依法应当追缴、没收的财产无法找到、被他人善意取得、价值灭失或者与其他合法财产混合且不可分割的,可以追缴、没收其他等值财产。

对黑社会性质组织及其成员聚敛的财产及其孳息、收益的数额,办案单位可以委托专门机构评估;确实无法准确计算的,可以根据有关法律规定及查明的事实、证据合理估算。

七、律师辩护代理

第二十二条 公安机关、人民检察院、人民法院应当依法保障律师在办理黑社会性质组织犯罪案件辩护代理工作中的执业权利,保证律师依法履行职责。

公安机关、人民检察院、人民法院应当加强与司法行政机关的沟通和协作,及时协调解决律师辩护代理工作中的问题;发现律师有违法违规行为的,应当及时通报司法行政机关,由司法行政机关依法处理。

第二十三条 律师接受委托参加黑社会性质组织犯罪案件辩护代理工作的,应当严格依法履行职责,依法行使执业权利,恪守律师职业道德和执业纪律。

第二十四条 司法行政机关应当建立对律师办理黑社会性质组织犯罪案件辩护代理工作的指导、监督机制,加强对敏感、重大的黑社会性质组织犯罪案件律师辩护代理工作的业务指导;指导律师事务所建立健全律师办理黑社会性质组织犯罪案件辩护代理工作的登记、报告、保密、集体讨论、档案管理等制度;及时查处律师从事黑社会性质组织犯罪案件辩护代理活动中的违法违规行为。

八、刑罚执行

第二十五条 对于组织、领导、参加黑社会性质组织的罪犯,执行机关应当采取严格的监管措施。

第二十六条 对于判处十年以上有期徒刑、无期徒刑,以及判处死刑缓期二年执行减为有期徒刑、无期徒刑的黑社会性质组织的组织者、领导者,应当跨省、自治区、直辖市异地执行刑罚。

对于被判处十年以下有期徒刑的黑社会性质组织的组织者、领导者,以及黑社会性质组织的积极参加者,可以跨省、自治区、直辖市或者在本省、自治区、直辖市内异地执行刑罚。

第二十七条 对组织、领导和积极参加黑社会性质组织的罪犯减刑的,执行机关应当依法提出减刑建议,报经省、自治区、直辖市监狱管理机关审核后,提请人民法院裁定。监狱管理机关审核时应当向同级人民检察院、公安机关通报情况。

对被判处不满十年有期徒刑的组织、领导和积极参加黑社会性质组织的罪犯假释的,依照前款规定处理。

对因犯组织、领导黑社会性质组织罪被判处十年以上有期徒刑、无期徒刑的罪犯,不得假释。

第二十八条 对于组织、领导和积极参加黑社会性质组织的罪犯,有下列情形之一,确实需要暂予监外执行的,应当依照法律规定的条件和程序严格审批:

(一)确有严重疾病而监狱不具备医治条件,必须保外就医,且适用保外就医不致危害社会的;

(二)怀孕或者正在哺乳自己婴儿的妇女;

(三)因年老、残疾完全丧失生活自理能力,适用暂予监外执行不致危害社会的。

暂予监外执行的审批机关在作出审批决定前，应当向同级人民检察院、公安机关通报情况。

第二十九条 办理境外黑社会组织成员入境发展组织成员犯罪案件，参照本规定执行。

《最高人民法院、最高人民检察院、公安部、国家安全部、司法部关于推进以审判为中心的刑事诉讼制度改革的意见》（法发〔2016〕18号）**第十二条第二款**对证人保护有关问题作了规定。（→参见第三编"审判"标题下所附"其他规范"，第1254页）

《公安机关办理刑事案件证人保护工作规定》（公安部，公通字〔2017〕2号，自2017年3月1日起施行）

第一条 为加强和规范公安机关证人保护工作，提高证人作证积极性，保障刑事诉讼顺利进行，根据《中华人民共和国刑事诉讼法》和《公安机关办理刑事案件程序规定》等法律和规章，结合公安工作实际，制定本规定。

第二条 对危害国家安全犯罪、恐怖活动犯罪、黑社会性质的组织犯罪、毒品犯罪案件，证人、鉴定人、被害人（以下统称证人）因在侦查过程中作证，本人或者其近亲属的人身安全面临危险，确有必要采取保护措施的，公安机关应当依法采取相应的保护措施，保障有关人员安全。

第三条 公安机关证人保护工作应当遵循必要、适当、及时、有效的原则。

第四条 公安机关按照"谁办案、谁负责"的原则，由承办证人所涉案件的办案部门负责证人保护工作，被保护人居住地公安派出所或者其他部门根据工作需要予以配合，重大案件由公安机关统一组织部署。公安机关可以根据需要指定有关部门负责证人保护工作。

第五条 对于本规定第二条规定的案件，公安机关在侦办过程中发现证人因在侦查过程中作证，本人或者其近亲属的人身安全面临危险，或者证人向公安机关请求予以保护的，办案部门应当结合案件性质、犯罪嫌疑人的社会危险性、证人证言的重要性和真实性、证人自我保护能力、犯罪嫌疑人被采取强制措施的情况等，对证人人身安全面临危险的现实性、程度进行评估。

第六条 办案部门经评估认为确有必要采取保护措施的，应当制作呈请证人保护报告书，报县级以上公安机关负责人批准，实施证人保护措施。呈请证人保护报告书应当包括以下内容：

（一）被保护人的姓名、性别、年龄、住址、工作单位、身份证件信息以及与案件、犯罪嫌疑人的关系；

（二）案件基本情况以及作证事项有关情况；

（三）保护的必要性；

（四）保护的具体措施；

（五）执行保护的部门；

（六）其他有关内容。

证人或者其近亲属人身安全面临现实危险、情况紧急的，公安机关应当立即采取必要的措施予以保护，并同时办理呈请证人保护手续。

第七条 经批准，负责执行证人保护任务的部门（以下统称证人保护部门）可以对被保护人采取以下一项或者多项保护措施：

（一）不公开真实姓名、住址、通讯方式和工作单位等个人信息；

（二）禁止特定人员接触被保护人；

（三）对被保护人的人身和住宅采取专门性保护措施；

（四）将被保护人带到安全场所护；

（五）变更被保护人的住所和姓名；

（六）其他必要的保护措施。

第八条 经批准决定采取证人保护措施的，证人保护部门应当立即制定保护方案，明确具体保护措施、警力部署、处置预案、通信联络、装备器材等。

证人保护部门应当将采取的保护措施和需要被保护人配合的事项告知被保护人，并及时实施保护方案。

第九条 采取不公开个人信息保护措施的，公安机关在讯问犯罪嫌疑人时不得透露证人的姓名、住址、通讯方式、工作单位等个人信息，在制作讯问、询问笔录等证据材料或者报请批准逮捕书、起诉意见书等法律文书时，应当使用化名等代替证人的个人信息，签名以捺指印代替。

对于证人真实身份信息和使用化名的情况应当另行书面说明，单独成卷，标明密级，妥善保管。证人保护密卷不得提供给人民法院、人民检察院和公安机关的承办人员以外的人员查阅，法律另有规定的除外。

对上述证人询问过程制作同步录音录像的，应当对视音频资料进行处理，避免暴露证人外貌、声音等。在公安机关以外的场所询问证人时，应当对询问场所进行清理、控制，无关人员不得在场，并避免与犯罪嫌疑人接触。

第十条 采取禁止特定人员接触被保护人措施的，公安机关应当制作禁止令，书面告知特定人员，禁止其在一定期限内接触被保护人。

特定人员违反禁止令，接触被保护人，公安机关应当依法进行调查处理，对犯罪嫌疑人视情采取或者变更强制措施,其他人员构成违反治安管理行为的,依法给予治安管理处罚;涉嫌犯罪的,依法追究刑事责任。

第十一条　被保护人面临重大人身安全危险的,经被保护人同意,公安机关可以在被保护人的人身或者住宅安装定位、报警、视频监控等装置。必要时,可以指派专门人员对被保护人的住宅进行巡逻、守护,或者在一定期限内开展贴身保护,防止侵害发生。

证人保护部门对人身和住宅采取专门性保护措施,需要由被保护人居住地辖区公安派出所或者公安机关其他部门协助落实的,应当及时将协助函送交有关派出所或者部门。有关派出所或部门应当及时安排人员协助证人保护部门落实证人保护工作。

有条件的地方,可以聘请社会安保力量承担具体保护工作。

第十二条　被保护人面临急迫的人身安全危险的,经被保护人同意,公安机关可以在一定期限内将被保护人安置于能够保障其人身安全的适当环境,并采取必要的保护措施。

第十三条　被保护人面临特别重大人身安全危险的,经被保护人同意,公安机关可以协调有关部门将被保护人在一定期限内或者长期安排到其他地方居住生活。确需变更姓名,被保护人提出申请的,公安机关应当依法办理。

第十四条　证人保护部门应当根据案情进展情况和被保护人受到安全威胁程度的变化,及时调整保护方案。被保护人也可以向证人保护部门申请变更保护措施。

证人保护部门系办案部门以外的部门的,调整保护方案前应当商办案部门同意。

第十五条　证人反映其本人或者近亲属受到威胁、侮辱、殴打或者受到打击报复的,公安机关应当依法进行调查处理。构成违反治安管理行为的,依法给予治安管理处罚;涉嫌犯罪的,依法追究刑事责任。

第十六条　公安机关依法采取证人保护措施,需要证人及其近亲属所在单位以及财政、民政、社会保障、银行、通信、基层群众组织等单位或者个人提供便利、服务或者支持的,应当协调有关单位或者个人予以配合。

第十七条　需要跨地区开展证人保护工作的,由办理案件的公安机关商被保护人居住地公安机关予以协助,被商请单位应当予以协助。必要时,由共同的上级公安机关统一协调部署。

第十八条　具有下列情形之一,不再需要采取证人保护措施的,经县级以上公安机关负责人批准,证人保护工作终止:

（一）被保护人的人身安全危险消除的；
（二）被保护人主动提出书面终止保护申请的；
（三）证人有作虚假证明、诬告陷害或者其他不履行作证义务行为的；
（四）证人不再具备证人身份的。

证人保护工作终止的，应当及时告知被保护人和协助执行证人保护工作的部门。

第十九条　证人所涉案件管辖发生变更的，证人保护工作同时移交，并办理移交手续。

第二十条　证人保护工作所需的经费、装备等相关支出，公安机关应当予以保障。

第二十一条　参与案件办理以及证人保护工作的民警和其他工作人员对证人信息、证人保护相关事项应当予以保密。

第二十二条　参与案件办理及证人保护工作的民警和其他工作人员泄露证人保护有关工作秘密或者因玩忽职守导致证人人身财产安全受到损害的，依照有关规定给予处分；构成犯罪的，依法追究刑事责任。

第二十三条　下列人员的人身安全面临危险，确有保护必要的，参照本规定予以保护：

（一）在本规定第二条规定的案件中作证的证人的未婚夫（妻）、共同居住人等其他与证人有密切关系的人员；
（二）参加危害国家安全犯罪、恐怖活动犯罪、黑社会性质的组织犯罪、毒品犯罪组织的犯罪嫌疑人，在查明有关犯罪组织结构和组织者、领导者的地位作用，追缴、没收赃款赃物等方面提供重要线索和证据的。

第二十四条　证人、鉴定人、被害人因在本规定第二条规定的案件范围以外的案件中作证，本人或者其近亲属的人身安全面临危险，确有保护必要的，参照本规定执行。

第二十五条　本规定第二条规定的证人，包括共同犯罪中指认同案犯的其他犯罪事实的犯罪嫌疑人。

本规定第七条、第十条中的特定人员是指犯罪嫌疑人以及与犯罪组织、犯罪嫌疑人有一定关系，可能实施危害证人及其近亲属人身安全的人员。

第二十六条　本规定自2017年3月1日起施行。

司法疑难解析

1. 采取保护措施的义务机关。 关于对证人、鉴定人、被害人的保护措施，

《刑事诉讼法》第六十四条规定了四项具体措施和一项概括性措施,并规定公检法机关应当采取一项或者多项保护措施。在四项具体保护措施中,第一项措施"不公开真实姓名、住址和工作单位等个人信息"公检法三机关都有能力采取,无疑应当根据证人、鉴定人、被害人在刑事诉讼中所处阶段确定采取保护措施的机构,且应当注意保护措施的连续性。第二项措施"采取不暴露外貌、真实声音等出庭作证措施"只会出现在审判阶段,主要应当由人民法院在审判阶段实施。第三项措施"禁止特定的人员接触证人、鉴定人、被害人及其近亲属",特别是第四项措施"对人身和住宅采取专门性保护措施",则通常只有公安机关有能力采取。基于此,《刑诉法解释》第二百五十六条第二款规定:"审判期间,证人、鉴定人、被害人提出保护请求的,人民法院应当立即审查;认为确有保护必要的,应当及时决定采取相应保护措施。必要时,可以商请公安机关协助。"

2. 证人、鉴定人、被害人申请保护的时间。 如果证人、鉴定人、被害人在到庭后才提出请求,势必打乱开庭安排,也不利于对上述人员的有效保护。因此,接到人民法院出庭通知的证人、鉴定人、被害人根据《刑事诉讼法》第六十四条的规定请求人民法院采取保护措施的,一般应当在开庭前向人民法院提出。符合条件的,人民法院应当采取保护措施。人民检察院、公安机关在开庭以前已对证人、鉴定人、被害人或者其近亲属采取保护措施的,应当及时通知人民法院。

3. 保护措施的具体内容。《刑事诉讼法》第六十四条第一款对保护措施的具体内容作了详细规定,具体保护内容上,不仅保护证人、鉴定人、被害人及其近亲属的人身安全,也保护上述人员的住宅安全和生活安宁等权益。各项措施可以视情况单独或者结合起来使用。

(1)不公开真实姓名、住址和工作单位等个人信息。该项措施在刑事诉讼的侦查、审查起诉和审判等各阶段均可采用,即隐匿证人、鉴定人、被害人的真实姓名等个人信息,使用化名,以对上述人员进行隐名保护。"六部委"规定第十二条规定:"……人民法院、人民检察院和公安机关依法决定不公开证人、鉴定人、被害人的真实姓名、住址和工作单位等个人信息的,可以在判决书、裁定书、起诉书、询问笔录等法律文书、证据材料中使用化名等代替证人、鉴定人、被害人的个人信息。但是,应当书面说明使用化名的情况并标明密级,单独成卷。辩护律师经法庭许可,查阅对证人、鉴定人、被害人使用化名情况的,应当签署保密承诺书。"《刑诉法解释》第二百五十六条第一款也作了照应性规定,明确:"证人、鉴定人、被害人因出庭作证,本人或者其近亲属的人身安全面临危险的,人民法院应当采取不公开其真实姓名、住址和工作单位等个人信息,或者不暴露其外貌、真实声音等保护措施。辩护律师经法庭许可,查阅对证人、鉴定人、被害人使用化名情况的,应当签署保密承诺书。"

(2)采取不暴露外貌、真实声音等出庭作证措施。该项保护措施限于在庭审活动中采取,即在证人、鉴定人、被害人出庭作证时,用面罩或隔离板等遮蔽上述人员的外貌,通过技术手段改变上述人员的声音,以避免为其他庭审参加人员知悉,对其进行遮蔽保护。①

(3)禁止特定的人员接触证人、鉴定人、被害人及其近亲属。为了防止特定的人员对证人、鉴定人、被害人及其近亲属的打击报复,特别规定了针对特定的人员接触证人、鉴定人、被害人的禁止性措施。这里的"特定的人员",包括犯罪分子及其近亲属(夫、妻、父、母、子、女、同胞兄弟姊妹),还包括其他根据具体情况会对证人、鉴定人、被害人及其近亲属的人身安全和安宁可能产生滋扰的人员,具体范围宜根据案件情况具体把握。需要注意的是,既可以禁止特定的人员在刑事诉讼过程中接触证人、鉴定人、被害人及其近亲属,也可以根据需要禁止其在刑事诉讼过程结束后接触证人、鉴定人、被害人及其近亲属。

(4)对人身和住宅采取专门性保护措施。对于一些危害国家安全犯罪、恐怖活动犯罪、黑社会性质的组织犯罪等重大刑事案件,为了保护一些重要的证人、鉴定人、被害人的人身安全和住宅安宁,可以根据需要对上述人员和住宅进行24小时或者特定时段的保护,以防止对上述人员进行打击和报复。

(5)其他必要的保护措施。

此外,《刑事诉讼法》第六十四条第三款规定:"人民法院、人民检察院、公安机关依法采取保护措施,有关单位和个人应当配合。"司法实践中,人民法院也要积极同有关单位和个人沟通,请其配合做好相关工作,以实现对证人、鉴定人、

---

① 早在2012年《刑事诉讼法》修改前,有法院就在庭审中采取不暴露外貌、真实声音等出庭作证措施对证人进行保护。例如,2009年3月,上海市第一中级人民法院开庭审理了一起贩卖、运输毒品案。此案中,由于毒贩坚称自己没有贩毒,公诉机关特意申请一名公安机关侦查人员出庭作证。由于证人身份特殊,法院首次启动了屏蔽作证系统。证人王某站在候审室的证人席上,通过话筒和摄像头等设备将其声音和画面实时传输到法庭内,在法庭右上角的显示屏上,王某的面貌轮廓被打上了"马赛克"。参见《侦查员出庭作证首次被"马赛克"》,载 http://news.sina.com.cn/o/2009-03-24/015615354362s.shtml,访问日期:2021年1月31日。

被害人的有效保护。①

第六十五条　【证人作证补助与保障】证人因履行作证义务而支出的交通、住宿、就餐等费用,应当给予补助。证人作证的补助列入司法机关业务经费,由同级政府财政予以保障。

有工作单位的证人作证,所在单位不得克扣或者变相克扣其工资、奖金及其他福利待遇。

立法沿革

本条系2012年《刑事诉讼法修改决定》增加的规定,2018年修改《刑事诉讼法》时未作调整。

基本规范

《人民检察院刑事诉讼规则》(高检发释字〔2019〕4号,自2019年12月30日起施行)

第五章　证　据

第八十条　证人在人民检察院侦查、审查逮捕、审查起诉期间因履行作证义务而支出的交通、住宿、就餐等费用,人民检察院应当给予补助。

---

① 例如,2012年刑事诉讼法审议过程中,在全国人大常委会第二次审议过程中,有委员提出,对证人、鉴定人加以保护,根据现在实际情况,是否有必要增加"禁止在影视方面暴露证人和鉴定人"?现在很多电视频道有法制侦破案件的节目,有的时候不注意就演播出来了,一些老百姓反映暴露得太厉害,尽管通过视频用一些方法来遮住面目,但还是可以认出来的。建议在对证人、鉴定人的保护方面增加"禁止在影视、屏幕上出现证人、鉴定人的真实形象"。尽管这一建议最终未被2012年《刑事诉讼法》直接采纳,但在司法实践中确实应当引起重视。对于人民法院、人民检察院和公安机关已经对证人、鉴定人和被害人采取不公开个人信息,不暴露外貌、真实声音等保护措施的,有关新闻媒体则应当根据2012年《刑事诉讼法》第六十二条第三款的规定,不得在新闻报道和影视节目中公开有关证人、鉴定人、被害人的个人信息或者暴露其外貌、真实声音,以实现对证人、鉴定人、被害人的有效保护。参见江必新主编:《〈最高人民法院关于适用《中华人民共和国刑事诉讼法》的解释〉理解与适用》,中国法制出版社2013年版,第212页。

《公安机关办理刑事案件程序规定》(公安部令第 159 号修正,修正后自 2020 年 9 月 1 日起施行)

第五章 证 据

第七十七条 证人保护工作所必需的人员、经费、装备等,应当予以保障。

证人因履行作证义务而支出的交通、住宿、就餐等费用,应当给予补助。证人作证的补助列入公安机关业务经费。

其他规范

《最高人民法院、最高人民检察院、公安部、国家安全部、司法部关于推进以审判为中心的刑事诉讼制度改革的意见》(法发〔2016〕18 号)第十二条第二款对证人作证补助的有关问题作了规定。(→参见第三编"审判"标题下所附"其他规范",第 1254 页)

第六章

强制措施

相关规定

《中华人民共和国全国人民代表大会组织法》(修正后自2021年3月12日起施行,节录)

第四十九条 全国人民代表大会代表非经全国人民代表大会主席团许可,在全国人民代表大会闭会期间非经全国人民代表大会常务委员会许可,不受逮捕或者刑事审判。

全国人民代表大会代表如果因为是现行犯被拘留,执行拘留的公安机关应当立即向全国人民代表大会主席团或者全国人民代表大会常务委员会报告。

《中华人民共和国全国人民代表大会和地方各级人民代表大会代表法》(第三次修正后自2015年8月29日起施行,节录)

第三十二条 县级以上的各级人民代表大会代表,非经本级人民代表大会主席团许可,在本级人民代表大会闭会期间,非经本级人民代表大会常务委员会许可,不受逮捕或者刑事审判。如果因为是现行犯被拘留,执行拘留的机关应当立即向该级人民代表大会主席团或者人民代表大会常务委员会报告。

对县级以上的各级人民代表大会代表,如果采取法律规定的其他限制人身自由的措施,应当经该级人民代表大会主席团或者人民代表大会常务委员会许可。

人民代表大会主席团或者常务委员会受理有关机关依照本条规定提请许可的申请,应当审查是否存在对代表在人民代表大会各种会议上的发言和表决进行法律追究,或者对代表提出建议、批评和意见等其他执行职务行为打击报复的情形,并据此作出决定。

乡、民族乡、镇的人民代表大会代表,如果被逮捕、受刑事审判,或者被采取法律规定的其他限制人身自由的措施,执行机关应当立即报告乡、民族乡、镇的人民代表大会。

《中华人民共和国反有组织犯罪法》(自2022年5月1日起施行,节录)

第三十条 对有组织犯罪案件的犯罪嫌疑人、被告人,根据办理案件和维护监管秩序的需要,可以采取异地羁押、分别羁押或者单独羁押等措施。采取异地羁押措施的,应当依法通知犯罪嫌疑人、被告人的家属和辩护人。

▌基本规范

《最高人民法院关于适用〈中华人民共和国刑事诉讼法〉的解释》(法释〔2021〕1号,自2021年3月1日起施行)

第五章 强制措施

第一百四十七条① 人民法院根据案件情况,可以决定对被告人拘传、取保候审、监视居住或者逮捕。

对被告人采取、撤销或者变更强制措施的,由院长决定;决定继续取保候审、监视居住的,可以由合议庭或者独任审判员决定。

《人民检察院刑事诉讼规则》(高检发释字〔2019〕4号,自2019年12月30日起施行)

第六章 强制措施
第七节 其他规定

第一百四十八条 人民检察院对担任县级以上各级人民代表大会代表的犯罪嫌疑人决定采取拘传、取保候审、监视居住、拘留、逮捕强制措施的,应当报请该代表所属的人民代表大会主席团或者常务委员会许可。

人民检察院对担任本级人民代表大会代表的犯罪嫌疑人决定采取强制措施的,应当报请本级人民代表大会主席团或者常务委员会许可。

对担任上级人民代表大会代表的犯罪嫌疑人决定采取强制措施的,应当层

---

① 《2012年刑诉法解释》第一百一十三条第二款规定:"对被告人采取、撤销或者变更强制措施的,由院长决定。"征求意见过程中,有意见建议将"由院长决定"修改为"由院长、庭长或承办案件的审判员决定",理由是:被告人在取保候审或监视居住的情况下,经常存在案件不能正常审结、一审与二审相互转换、宣判缓刑、判处无罪等情形,上述程序皆有法律规定,可以根据具体情况决定,只规定由院长决定显然已不适应当前司法体制改革的要求。经研究,本条部分采纳上述意见。主要考虑:(1)强制措施的变更涉及对被告人人身自由的限制或者剥夺,应当十分慎重。《刑事诉讼法》第八十九条规定:"人民检察院审查批准逮捕犯罪嫌疑人由检察长决定。重大案件应当提交检察委员会讨论决定。"与之对应,法院阶段变更强制措施,一般也应当由院长决定为宜。但是,在审判阶段延续此前所采取的强制措施的,可以由合议庭或者独任审判员决定。(2)据进一步向人民检察院了解情况,不少地方检察机关对于延续侦查阶段的取保候审、监视居住的,也不需要报请检察长批准。——本评注注

报该代表所属的人民代表大会同级的人民检察院报请许可。

对担任下级人民代表大会代表的犯罪嫌疑人决定采取强制措施的,可以直接报请该代表所属的人民代表大会主席团或者常务委员会许可,也可以委托该代表所属的人民代表大会同级的人民检察院报请许可。

对担任两级以上的人民代表大会代表的犯罪嫌疑人决定采取强制措施的,分别依照本条第二、三、四款的规定报请许可。

对担任办案单位所在省、市、县(区)以外的其他地区人民代表大会代表的犯罪嫌疑人决定采取强制措施的,应当委托该代表所属的人民代表大会同级的人民检察院报请许可;担任两级以上人民代表大会代表的,应当分别委托该代表所属的人民代表大会同级的人民检察院报请许可。

对于公安机关提请人民检察院批准逮捕的案件,犯罪嫌疑人担任人民代表大会代表的,报请许可手续由公安机关负责办理。

担任县级以上人民代表大会代表的犯罪嫌疑人,经报请该代表所属人民代表大会主席团或者常务委员会许可后被刑事拘留的,适用逮捕措施时不需要再次报请许可。

第一百四十九条 担任县级以上人民代表大会代表的犯罪嫌疑人因现行犯被人民检察院拘留的,人民检察院应当立即向该代表所属的人民代表大会主席团或者常务委员会报告。报告的程序参照本规则第一百四十八条报请许可的程序规定。

对担任乡、民族乡、镇的人民代表大会代表的犯罪嫌疑人决定采取强制措施的,由县级人民检察院向乡、民族乡、镇的人民代表大会报告。

第一百五十二条 人民检察院在侦查、审查起诉期间,对犯罪嫌疑人拘留、逮捕后发生依法延长侦查羁押期限、审查起诉期限,重新计算侦查羁押期限、审查起诉期限等期限改变的情形的,应当及时将变更后的期限书面通知看守所。

第一百五十三条 人民检察院决定对涉嫌犯罪的机关事业单位工作人员取保候审、监视居住、拘留、逮捕的,应当在采取或者解除强制措施后五日以内告知其所在单位;决定撤销案件或者不起诉的,应当在作出决定后十日以内告知其所在单位。

第一百五十四条 取保候审变更为监视居住,或者取保候审、监视居住变更为拘留、逮捕的,在变更的同时原强制措施自动解除,不再办理解除法律手续。

第一百五十五条 人民检察院已经对犯罪嫌疑人取保候审、监视居住,案件起诉至人民法院后,人民法院决定取保候审、监视居住或者变更强制措施的,原强制措施自动解除,不再办理解除法律手续。

《公安机关办理刑事案件程序规定》(公安部令第 159 号修正,修正后自 2020 年 9 月 1 日起施行)

第六章 强制措施

第七节 其他规定

第一百五十六条 继续盘问期间发现需要对犯罪嫌疑人拘留、逮捕、取保候审或者监视居住的,应当立即办理法律手续。

第一百六十四条 公安机关依法对县级以上各级人民代表大会代表拘传、取保候审、监视居住、拘留或者提请批准逮捕的,应当书面报请该代表所属的人民代表大会主席团或者常务委员会许可。

第一百六十五条 公安机关对现行犯拘留的时候,发现其是县级以上人民代表大会代表的,应当立即向其所属的人民代表大会主席团或者常务委员会报告。

公安机关在依法执行拘传、取保候审、监视居住、拘留或者逮捕中,发现被执行人是县级以上人民代表大会代表的,应当暂缓执行,并报告决定或者批准机关。如果在执行后发现被执行人是县级以上人民代表大会代表的,应当立即解除,并报告决定或者批准机关。

第一百六十六条 公安机关依法对乡、民族乡、镇的人民代表大会代表拘传、取保候审、监视居住、拘留或者执行逮捕的,应当在执行后立即报告其所属的人民代表大会。

第一百六十七条 公安机关依法对政治协商委员会委员拘传、取保候审、监视居住的,应当将有关情况通报给该委员所属的政协组织。

第一百六十八条 公安机关依法对政治协商委员会委员执行拘留、逮捕前,应当向该委员所属的政协组织通报情况;情况紧急的,可在执行的同时或者执行以后及时通报。

《海警机构办理刑事案件程序规定》(中国海警局令第 1 号,自 2023 年 6 月 15 日起施行)

第六章 强制措施

第七节 其他规定

第一百五十条 继续盘问期间发现需要对犯罪嫌疑人拘留、逮捕、取保候审或者监视居住的,应当立即办理法律手续。

第一百五十八条 海警机构依法对县级以上各级人民代表大会代表拘传、取保候审、监视居住、拘留或者提请批准逮捕的,应当书面报请该代表所属的人民代表大会主席团或者常务委员会许可。

第一百五十九条 海警机构对现行犯拘留时,发现其是县级以上人民代表大会代表的,应当立即向其所属的人民代表大会主席团或者常务委员会报告。

海警机构在依法执行拘传、取保候审、监视居住、拘留或者逮捕中,发现被执行人是县级以上人民代表大会代表的,应当暂缓执行,并报告决定或者批准机关。如果在执行后发现被执行人是县级以上人民代表大会代表的,应当立即解除,并报告决定或者批准机关。

第一百六十条 海警机构依法对乡、民族乡、镇的人民代表大会代表拘传、取保候审、监视居住、拘留或者执行逮捕的,应当在执行后立即报告其所属的人民代表大会。

第一百六十一条 海警机构依法对政治协商委员会委员拘传、取保候审、监视居住的,应当将有关情况通报给该委员所属的政协组织。

第一百六十二条 海警机构依法对政治协商委员会委员执行拘留、逮捕前,应当向该委员所属的政协组织通报情况;情况紧急的,可在执行的同时或者执行以后及时通报。

◼ 其他规范

《最高人民检察院关于严格执行人民代表大会代表执行职务司法保障规定的通知》(高检发研字〔1994〕7号)

各省、自治区、直辖市人民检察院,军事检察院:

《中华人民共和国全国人民代表大会和地方各级人民代表大会代表法》对人民代表大会代表(以下简称人大代表)执行职务的司法保障作了规定。近来,有的地方和部门法制观念淡薄,非法侵犯人大代表人身权利的现象时有发生,严重影响了人大代表依法执行职务。为严格执行法律有关人大代表执行职务司法保障的规定,保障人大代表的权利不受侵犯,正确履行法律监督职责,现通知如下:

一、人大代表代表人民的利益和意志,依照宪法和法律赋予本级人民代表大会的职权,参加行使国家权力。人民检察院要依法为人大代表执行代表职务提供司法保障,对于非法拘禁人大代表或以其他方法非法剥夺人大代表人身自由的,以暴力、威胁方法阻碍代表依法执行代表职务的,国家工作人员对人大代表依法执行代表职务进行打击报复构成犯罪的,应当严肃追究有关人员的法律责任。在办案中,遇有违反法律规定限制人大代表人身自由情形时,应当及时予以纠正,切实保障人大代表依法行使职权。

二、审查公安机关、安全机关提请批准逮捕的刑事案件被告人为县级以上人大代表时,经审查符合逮捕条件的,应当按照《中华人民共和国全国人民代表大会和地方各级人民代表大会代表法》第三十条的规定报告并经许可后再办理批捕手续。

三、各级人民检察院直接立案侦查的刑事案件,依法需要对本级人大代表决定采取逮捕,或者监视居住、取保候审、拘传等限制人身自由措施的,应当报经同级人民代表大会主席团或人民代表大会常务委员会许可。

各级人民检察院办理直接立案侦查的案件,对人大代表依法拘留的,应当由执行拘留的机关立即向该代表所属的人民代表大会主席团或者常务委员会报告。

四、各级人民检察院办理本级人大代表的案件,依法决定立案、决定提起公诉、免予起诉、不予起诉或撤销案件决定的,应当向本级人民代表大会主席团或人民代表大会常务委员会通报。

五、办理上级人大代表的案件,需要履行本通知第二、三、四条程序的,应当层报人大代表所属人民代表大会同级的人民检察院办理。

办理下级人大代表的案件,需要履行本通知第二、三、四条程序的,可以自行直接办理,也可以委托人大代表所属人民代表大会同级的人民检察院办理。

对于乡、民族乡、镇的人民代表大会代表依法决定或者批准逮捕,采取监视居住、取保候审、拘传等限制人身自由的措施,由人民检察院执行的,应当由县级人民检察院或上级人民检察院委托县级人民检察院立即报告乡、民族乡、镇的人民代表大会。

六、各级人民检察院办理有关人大代表的案件应报上一级人民检察院及人民代表所属的人民代表大会同级的人民检察院备案。

七、各级人民检察院在办理有关人大代表的案件中,遇到执行法律方面的问题,要及时层报最高人民检察院。

《最高人民检察院关于认真执行〈中华人民共和国戒严法〉的通知》(高检发研字〔1996〕2号,节录)

各省、自治区、直辖市人民检察院,军事检察院:

《中华人民共和国戒严法》(以下简称《戒严法》)已经第八届全国人民代表大会常务委员会第十八次会议通过,并于1996年3月1日起施行。为保证各级检察机关认真执行《戒严法》,特通知如下:

三、根据《戒严法》第二十七条第二款的规定,戒严期间拘留、逮捕的程序和期限可以不受《中华人民共和国刑事诉讼法》有关规定的限制,但逮捕须经人民检察院批准或者决定。在戒严期间,戒严地区的人民检察院批准或者决定。在戒严期间,戒严地区的人民检察院要认真履行这一职责,依法严格、从速进行批准和决定逮捕工作。对于正在实施危害国家安全、破坏社会秩序的犯罪或者有重大嫌疑的;阻扰或者抗拒戒严执勤人员执行戒严任务的;抗拒交通管制或者宵禁规定的;从事其他抗拒戒严令活动的,而被戒严执勤人员拘留的人员,以及非法进行集会、游行、示威以及其他聚众活动的;非法占据公共场所或者在公共场所煽动破坏活动的;冲击国家机关或者其他重要单位、场所的;扰乱交通秩序或者故意堵塞交通的;哄抢或者破坏机关、团体、企业事业单位和公民个人财产等活动,而被戒严执勤人员拘留的组织者和拒不服从强行制止或者驱散命令的人员,凡符合有关法律规定逮捕条件的,要根据《戒严法》第二十七条第二款和其他法律规定,及时作出批准或者决定逮捕的决定。

《最高人民法院、最高人民检察院、公安部、司法部、海关总署关于走私犯罪侦查机关办理走私犯罪案件适用刑事诉讼程序若干问题的通知》(署侦〔1998〕742号)第二条对强制措施的有关问题作了规定。(→参见第十九条所附"其他规范",第148页)

《最高人民检察院、公安部关于适用刑事强制措施有关问题的规定》(高检会〔2000〕2号)

为了正确适用刑事诉讼法规定的强制措施,保障刑事诉讼活动的顺利进行,根据刑事诉讼法和其他有关法律规定,现对人民检察院、公安机关适用刑事强制措施的有关问题作如下规定:

一、取保候审

第一条 人民检察院决定对犯罪嫌疑人采取取保候审措施的,应当在向犯罪嫌疑人宣布后交由公安机关执行。对犯罪嫌疑人采取保证人担保形式的,人民检察院应当将有关法律文书和有关案由、犯罪嫌疑人基本情况、保证人基本情况的材料,送交犯罪嫌疑人居住地的同级公安机关;对犯罪嫌疑人采取保证金担保形式的,人民检察院应当在核实保证金已经交纳到公安机关指定的银行后,将有关法律文书、有关案由、犯罪嫌疑人基本情况的材料和银行出具的收款凭证,送交犯罪嫌疑人居住地的同级公安机关。

第二条 公安机关收到有关法律文书和材料后,应当立即交由犯罪嫌疑人居住地的县级公安机关执行。负责执行的县级公安机关应当在二十四小时以内核实被取保候审人、保证人的身份以及相关材料,并报告县级公安机关负责人后,通知犯罪嫌疑人居住地派出所执行。

第三条 执行取保候审的派出所应当指定专人负责对被取保候审进行监督

考察,并将取保候审的执行情况报告所属县级公安机关通知决定取保候审的人民检察院。

第四条 人民检察院决定对犯罪嫌疑人取保候审的案件。在执行期间,被取保候审人有正当理由需要离开所居住的市、县的,负责执行的派出所应当及时报告所属县级公安机关,由该县级公安机关征得决定取保候审的人民检察院同意后批准。

第五条 人民检察院决定对犯罪嫌疑人采取保证人担保形式取保候审的,如果保证人在取保候审期间不愿继续担保或者丧失担保条件,人民检察院应当在收到保证人不愿继续担保的申请或者发现其丧失担保条件后的三日以内,责令犯罪嫌疑人重新提出保证人或者交纳保证金,或者变更为其他强制措施,并通知公安机关执行。

公安机关在执行期间收到保证人不愿继续担保的申请或者发现其丧失担保条件的,应当在三日以内通知作出决定的人民检察院。

第六条 人民检察院决定对犯罪嫌疑人取保候审的案件,被取保候审人、保证人违反遵守的规定的,由县级以上公安机关决定没收保证金、对保证人罚款,并在执行后三日以内将执行情况通知人民检察院。人民检察院应当在接到通知后五日以内,区别情形,责令犯罪嫌疑人具结悔过、重新交纳保证金、提出保证人或者监视居住、予以逮捕。

第七条 人民检察院决定对犯罪嫌疑人取保候审的案件,取保候审期限届满十五日前,负责执行的公安机关应当通知作出决定的人民检察院。人民检察院应当在取保候审期限届满前,作出解除取保候审或者变更强制措施的决定,并通知公安机关执行。

第八条 人民检察院决定对犯罪嫌疑人采取保证金担保方式取保候审的,犯罪嫌疑人在取保候审期间没有违反刑事诉讼法第五十六条规定,也没有故意重新犯罪的,人民检察院解除取保候审时,应当通知公安机关退还保证金。

第九条 公安机关决定对犯罪嫌疑人取保审的案件,犯罪嫌疑人违反应当遵守的规定,情节严重的,公安机关应当依法提请批准逮捕。人民检察院应当根据刑事诉讼法第五十六条的规定审查批准逮捕。

二、监视居住

第十条 人民检察院决定对犯罪嫌疑人采取监视居住措施的,应当核实犯罪嫌疑人的住处。犯罪嫌疑人没有固定住处的,人民检察院应当为其指定居所。

第十一条 人民检察院核实犯罪嫌疑人住处或者为其指定居所后,应当制作监视居住执行通知书,将有关法律文书和有关案由、犯罪嫌疑人基本情况的材料,送交犯罪嫌疑人住处或者居所地的同级公安机关执行。人民检察院可以协助公安机关执行。

第十二条　公安机关收到有关法律文书和材料后,应当立即交由犯罪嫌疑人住处或者居所地的县级公安机关执行。负责执行的县级公安机关应当在二十四小时以内,核实被监视居住人的身份和住所或者居所,报告县级公安机关负责人后,通知被监视居住人住处或者居所地的派出所执行。

第十三条　负责执行监视居住的派出所应当指定专人对被监视居住人进行监督考察,并及时将监视居住的执行情况报告所属县级公安机关通知决定监视居住的人民检察院。

第十四条　人民检察院决定对犯罪嫌疑人监视居住的案件,在执行期间,犯罪嫌疑人有正当理由需要离开住处或者指定居所的,负责执行的派出所应当及时报告所属县级公安机关,由该县级公安机关征得决定监视居住的人民检察院同意后予以批准。

第十五条　人民检察院决定对犯罪嫌疑人监视居住的案件,犯罪嫌疑人违反应当遵守的规定的,执行监视居住的派出所应当及时报告县级公安机关通知决定监视居住的人民检察院。情节严重的,人民检察院应当决定予以逮捕,通知公安机关执行。

第十六条　人民检察院决定对犯罪嫌疑人监视居住的案件,监视居住期限届满十五日前,负责执行的县级公安机关应当通知决定监视居住的人民检察院。人民检察院应当在监视居住期限届满前,作出解除监视居住或者变更强制措施的决定,并通知公安机关执行。

第十七条　公安机关决定对犯罪嫌疑人监视居住的案件,犯罪嫌疑人违反应当遵守的规定,情节严重的,公安机关应当依法提请批准逮捕。人民检察院应当根据刑事诉讼法第五十七条的规定审查批准逮捕。

三、拘　留

第十八条　人民检察院直接立案侦查的案件,需要拘留犯罪嫌疑人的,应当依法作出拘留决定,并将有关法律文书和有关案由、犯罪嫌疑人基本情况的材料送交同级公安机关执行。

第十九条　公安机关核实有关法律文书和材料后,应当报请县级以上公安机关负责人签发拘留证,并立即派员执行,人民检察院可以协助公安机关执行。

第二十条　人民检察院对于符合刑事诉讼法第六十一条第(四)项或者第(五)项规定情形的犯罪嫌疑人,因情况紧急,来不及办理拘留手续的,可以先行将犯罪嫌疑人带至公安机关,同时立即办理拘留手续。

第二十一条　公安机关拘留犯罪嫌疑人后,应当立即将执行回执送达作出拘留决定的人民检察院。人民检察院应当在拘留后的二十四小时以内对犯罪嫌疑人进行讯问。除有碍侦查或者无法通知的情形以外,人民检察院还应当把拘留的原因和羁押的处所,在二十四小时以内,通知被拘留人的家属或者他的所在单位。

公安机关未能抓获犯罪嫌疑人的,应当在二十四小时以内,将执行情况和未能抓获犯罪嫌疑人的原因通知作出拘留决定的人民检察院。对于犯罪嫌疑人在逃的,在人民检察院撤销拘留决定之前,公安机关应当组织力量继续执行,人民检察院应当及时向公安机关提供新的情况和线索。

第二十二条　人民检察院对于决定拘留的犯罪嫌疑人的,经检察长或者检察委员会决定不予逮捕的,应当通知公安机关释放犯罪嫌疑人,公安机关接到通知后应当立即释放;需要逮捕而证据还不充足的,人民检察院可以变更为取保候审或者监视居住,并通知公安机关执行。

第二十三条　公安机关对于决定拘留的犯罪嫌疑人,经审查认为需要逮捕的,应当在法定期限内提请同级人民检察院审查批准。犯罪嫌疑人不讲真实姓名、住址,身份不明的,拘留期限自查清其真实身份之日起计算。对于有证据证明有犯罪事实的,也可以按犯罪嫌疑人自报的姓名提请人民检察院批准逮捕。

对于需要确认外国籍犯罪嫌疑人身份的,应当按照我国和该犯罪嫌疑人所称的国籍国签订的有关司法协助条约、国际公约的规定,或者通过外交途径、国际刑警组织渠道查明其身份。如果确实无法查清或者有关国家拒绝协助的,只要有证据证明有犯罪事实,可以按照犯罪嫌疑人自报的姓名提请人民检察院批准逮捕。侦查终结后,对于犯罪事实清楚,证据确实、充分的,也可以按其自报的姓名移送人民检察院审查起诉。

四、逮　捕

第二十四条　对于公安机关提请批准逮捕的案件,人民检察院应当就犯罪嫌疑人涉嫌的犯罪事实和证据进行审查。除刑事诉讼法第五十六条和第五十七条规定的情形外,人民检察院应当按照刑事诉讼法第六十条规定的逮捕条件审查批准逮捕。

第二十五条　对于公安机关提请批准逮捕的犯罪嫌疑人,人民检察院决定不批准逮捕的,应当说明理由;不批准逮捕并且通知公安机关补充侦查的,应当同时列出补充侦查提纲。

公安机关接到人民检察院不批准逮捕决定书后,应当立即释放犯罪嫌疑人;认为需要逮捕而进行补充侦查、要求复议或者提请复核的,可以变更为取保候审或者监视居住。

第二十六条 公安机关认为人民检察院不批准逮捕的决定有错误的,应当在收到不批准逮捕决定书后五日以内,向同级人民检察院要求复议。人民检察院应当在收到公安机关要求复议意见后七日以内作出复议决定。

公安机关对复议决定不服的,应当在收到人民检察院复议决定书后五日以内,向上一级人民检察院提请复核。上一级人民检察院应当在收到公安机关提请复核意见书后十五日以内作出复核决定。

第二十七条 人民检察院直接立案侦查的案件,依法作出逮捕犯罪嫌疑人的决定后,应当将有关法律文书和有关案由、犯罪嫌疑人基本情况的材料送交同级公安机关执行。

公安机关核实人民检察院送交的有关法律文书和材料后,应当报请县级以上公安机关负责人签发逮捕证,并立即派员执行,人民检察院可以协助公安机关执行。

第二十八条 人民检察院直接立案侦查的案件,公安机关逮捕犯罪嫌疑人后,应当立即将执行回执送达决定逮捕的人民检察院。人民检察院应当在逮捕后二十四小时以内,对犯罪嫌疑人进行讯问。除有碍侦查或者无法通知的情形以外,人民检察院还应当将逮捕的原因和羁押的处所,在二十四小时以内,通知被逮捕人的家属或者其所在单位。

公安机关未能抓获犯罪嫌疑人的,应当在二十四小时以内,将执行情况和未能抓获犯罪嫌疑人的原因通知决定逮捕的人民检察院。对于犯罪嫌疑人在逃的,在人民检察院撤销逮捕决定之前,公安机关应当组织力量继续执行,人民检察院应当及时提供新的情况和线索。

第二十九条 人民检察院直接立案侦查的案件,对已经逮捕的犯罪嫌疑人,发现不应当逮捕的,应当经检察长批准或者检察委员会讨论决定,撤销逮捕决定或者变更为取保候审、监视居住,并通知公安机关执行。人民检察院将逮捕变更为取保候审、监视居住的,执行程序适用本规定。

第三十条 人民检察院直接立案侦查的案件,被拘留、逮捕的犯罪嫌疑人或者他的法定代理人、近亲属和律师向负责执行的公安机关提出取保候审申请的,公安机关应当告知其直接向作出决定的人民检察院提出。

被拘留、逮捕的犯罪嫌疑人的法定代理人、近亲属和律师向人民检察院申请对犯罪嫌疑人取保候审的,人民检察院应当在收到申请之日起七日内作出是否同意的答复。同意取保候审的,应当作出变更强制措施的决定,办理取保候审手续,并通知公安机关执行。

第三十一条　对于人民检察院决定逮捕的犯罪嫌疑人,公安机关应当在侦查羁押期限届满十日前通知决定逮捕的人民检察院。

对于需要延长侦查羁押期限的,人民检察院应当在侦查羁押期限届满前,将延长侦查羁押期限决定书送交公安机关;对于犯罪嫌疑人另有重要罪行,需要重新计算侦查羁押期限的,人民检察院应当在侦查羁押期限届满前,将重新计算侦查羁押期限决定书送交公安机关。

对于不符合移送审查起诉条件或者延长侦查羁押期限条件、重新计算侦查羁押期限条件的,人民检察院应当在侦查羁押期限届满前,作出予以释放或者变更强制措施的决定,并通知公安机关执行。公安机关应当将执行情况及时通知人民检察院。

第三十二条　公安机关立案侦查的案件,对于已经逮捕的犯罪嫌疑人变更为取保候审、监视居住后,又发现需要逮捕该犯罪嫌疑人的,公安机关应当重新提请批准逮捕。

人民检察院直接立案侦查的案件具有前款规定情形的,应当重新审查决定逮捕。

五、其他有关规定

第三十三条　人民检察院直接立案侦查的案件,需要通缉犯罪嫌疑人的,应当作出逮捕决定,并将逮捕决定书、通缉通知书和犯罪嫌疑人的照片、身份、特征等情况及简要案情,送达同级公安机关,由公安机关按照规定发布通缉令。人民检察院应当予以协助。

各级人民检察院需要在本辖区内通缉犯罪嫌疑人的,可以直接决定通缉;需要在本辖区外通缉犯罪嫌疑人的,由有决定权的上级人民检察院决定。

第三十四条　公安机关侦查终结后,应当按照刑事诉讼法第一百二十九条的规定,移送同级人民检察院审查起诉。人民检察院认为应当由上级人民检察院、同级其他人民检察院或者下级人民检察院审查起诉的,由人民检察院将案件移送有管辖权的人民检察院审查起诉。

第三十五条　人民检察院审查公安机关移送起诉的案件,认为需要补充侦查的,可以退回公安机关补充侦查,也可以自行侦查。

补充侦查以二次为限。公安机关已经补充侦查二次后移送审查起诉的案件,人民检察院依法改变管辖的,如果需要补充侦查,由人民检察院自行侦查;人民检察院在审查起诉中又发现新的犯罪事实的,应当移送公安机关立案侦查,对已经查清的犯罪事实依法提起公诉。

人民检察院提起公诉后,发现案件需要补充侦查的,由人民检察院自行侦查,公安机关应当予以协助。

第三十六条 公安机关认为人民检察院的不起诉决定有错误的,应当在收到人民检察院不起诉决定书后七日内制作要求复议意见书,要求同级人民检察院复议。人民检察院应当在收到公安机关要求复议意见书后三十日内作出复议决定。

公安机关对人民检察院的复议决定不服的,可以在收到人民检察院复议决定书后七日内制作提请复核意见书,向上一级人民检察院提请复核。上一级人民检察院应当在收到公安机关提请复核意见书后三十日内作出复核决定。

第三十七条 人民检察院应当加强对公安机关、人民检察院办案部门适用刑事强制措施工作的监督,对于超期羁押、超期限办案、不依法执行的,应当及时提出纠正意见,督促公安机关或者人民检察院办案部门依法执行。

公安机关、人民检察院的工作人员违反刑事诉讼法和本规定,玩忽职守、滥用职权、徇私舞弊,导致超期羁押、超期限办案或者实施其他违法行为的,应当依照有关法律和规定追究法律责任;构成犯罪的,依法追究刑事责任。

第三十八条 对于人民检察院直接立案侦查的案件,人民检察院由承办案件的部门负责强制措施的移送执行事宜。公安机关由刑事侦查部门负责拘留、逮捕措施的执行事宜;由治安管理部门负责安排取保候审、监视居住的执行事宜。

第三十九条 各省、自治区、直辖市人民检察院、公安厅(局)和最高人民检察院、公安部直接立案侦查的刑事案件,适用刑事诉讼法和本规定。

第四十条 本规定自公布之日起施行。

《公安部关于公安机关办理醉酒驾驶机动车犯罪案件的指导意见》(公交管〔2011〕190号)**第十条**对办理醉驾案件所涉强制措施的有关问题作了规定。(→参见第五十二条所附"其他规范",第360页)

《最高人民法院、最高人民检察院、公安部、司法部关于办理黑社会性质组织犯罪案件若干问题的规定》(公通字〔2012〕45号)"三、强制措施和羁押"(**第七条**、**第八条**)对办理黑社会性质组织犯罪案件所涉强制措施和羁押的有关问题作了规定。(→参见第六十四条所附"其他规范",第475页)

《最高人民检察院关于切实履行检察职能防止和纠正冤假错案的若干意见》(高检发〔2013〕11号,节录)

为了认真贯彻执行《关于切实防止冤假错案的规定》(中政委〔2013〕27号),提高法律监督水平,确保检察机关办案质量,坚决防止和纠正冤假错案,结合检察机关办案实际,提出以下意见。

一、充分认识检察机关在防止和纠正冤假错案中的重要责任(略)

二、严格规范职务犯罪案件办案程序

3. 人民检察院办理直接受理立案侦查的案件,应当全面、客观地收集、调取犯罪嫌疑人有罪或者无罪、罪轻或者罪重的证据材料,并依法进行审查、核实,严禁刑讯逼供和以威胁、引诱、欺骗以及其他非法方法收集证据,不得强迫任何人证实自己有罪。

4. 严格遵守法律程序。在办案中不得规避管辖、滥用强制措施和侦查措施、违法延长办案期限。讯问犯罪嫌疑人,应当在规定的场所进行,保证犯罪嫌疑人的饮食和必要的休息时间并记录在案。

5. 依法保障犯罪嫌疑人在侦查阶段的辩护权。检察机关侦查部门在第一次开始讯问犯罪嫌疑人或者对其采取强制措施的时候,应当告知犯罪嫌疑人有权委托辩护人。在案件侦查过程中,犯罪嫌疑人委托辩护律师的,检察机关应当依法告知辩护律师犯罪嫌疑人涉嫌的罪名和案件有关情况。对于特别重大贿赂犯罪案件,应当依法保障辩护律师的会见权,及时作出是否许可会见的决定;有碍侦查的情形消失后,应当通知辩护律师,可以不经许可会见犯罪嫌疑人;侦查终结前,应当许可辩护律师会见犯罪嫌疑人。检察人员可以主动听取辩护律师的意见;辩护律师要求当面提出意见的,检察人员应当听取意见并制作笔录。

6. 严格执行全程同步录音、录像制度。在每次讯问犯罪嫌疑人的时候,对讯问过程实行全程录音、录像,并在讯问笔录中注明。因未严格执行相关规定,或者在执行中弄虚作假造成不良后果的,依照有关规定追究主要责任人员的责任。侦查部门移送审查逮捕、审查起诉时,应当将讯问录音、录像连同案卷和证据材料一并移送审查。

7. 规范指定居所监视居住的适用。严格依法定条件适用指定居所监视居住,严格遵守审批程序,不得随意扩大指定居所监视居住的适用范围,加强对指定居所监视居住的决定和执行活动是否合法的监督。

三、严格把好审查逮捕和审查起诉关

8. 正确把握审查逮捕、审查起诉标准。严格把握法律规定的逮捕、起诉标准,既要防止人为提高标准,影响打击力度,又要坚持法定标准,凡是不符合法定逮捕、起诉条件的,依法不捕、不诉。

9. 在审查逮捕和审查起诉工作中,要重点审查下列案件:

(1)故意杀人、故意伤害致人重伤或死亡、强奸、绑架等暴力犯罪案件;

(2)抢劫、盗窃等侵犯财产权利的犯罪和爆炸、放火等危害公共安全的犯

罪,可能判处十年以上有期徒刑、无期徒刑或者死刑的案件;

(3)犯罪嫌疑人、辩护人明确提出办案程序严重违法,作无罪辩护的案件;

(4)犯罪嫌疑人控告刑讯逼供的案件;

(5)超期羁押、久拖不决的案件;

(6)犯罪嫌疑人拒不认罪或者供述反复的案件;

(7)事实不清、证据不足的案件;

(8)案件的主要证据存在疑问的案件;

(9)承办人与所在部门或有关部门意见不一致的案件;

(10)其他重大复杂犯罪案件。

10. 注重证据的综合审查和运用。要注重审查证据的客观性、真实性,尤其是证据的合法性。在审查逮捕、审查起诉过程中,应当认真审查侦查机关是否移交证明犯罪嫌疑人有罪或者无罪、犯罪情节轻重的全部证据。辩护人认为侦查机关收集的证明犯罪嫌疑人无罪或者罪轻的证据材料未提交,申请人民检察院向侦查机关调取,经审查认为辩护人申请调取的证据已收集并且与案件事实有联系的,应当予以调取。只有犯罪嫌疑人供述,没有其他证据的,不得认定犯罪嫌疑人有罪。对于命案等重大案件,应当强化对实物证据和刑事科学技术鉴定的审查,对于其中可能判处死刑的案件,必须坚持最严格的证据标准,确保定罪量刑的事实均有证据证明且查证属实,证据与证据之间、证据与案件事实之间不存在无法排除的矛盾和无法解释的疑问,全案证据已经形成完整的证明体系。在提起公诉时,应当移送全部在案证据材料。

11. 依法讯问犯罪嫌疑人。办理审查逮捕、审查起诉案件,应当依法讯问犯罪嫌疑人,认真听取犯罪嫌疑人供述和辩解,对无罪和罪轻的辩解应当认真调查核实,对前后供述出现反复的原因必须审查,必要时应当调取审查讯问犯罪嫌疑人的录音、录像。审查逮捕、审查起诉过程中第一次讯问犯罪嫌疑人,应当讯问其供述是否真实,并记入笔录。对被羁押的犯罪嫌疑人要结合提讯凭证的记载,核查提讯时间、讯问人与讯问笔录的对应关系。

12. 在审查逮捕、审查起诉中要高度重视、认真听取辩护律师的意见。犯罪嫌疑人已经委托辩护律师的,要按照法律要求,认真听取辩护律师的意见;辩护律师提出书面意见的,应当附卷。辩护律师提出不构成犯罪、无社会危险性、不适宜羁押、侦查活动有违法犯罪情形等书面意见的,办案人员必须进行审查,在相关法律文书中叙明律师提出的意见并说明是否采纳的情况和理由。

13. 依法排除非法证据。采用刑讯逼供等非法方法收集的犯罪嫌疑人供述和采用暴力、威胁等非法方法收集的证人证言、被害人陈述,应当依法排除,不得作为批准、决定逮捕或者提起公诉的依据。收集物证、书证不符合法定程序,可能严重影响司法公正的,应当及时要求侦查机关补正或者作出书面解释;不能补正或者无法作出合理解释的,对该证据应当予以排除。对非法证据依法予以排除后,其他证据不能证明犯罪嫌疑人实施犯罪行为的,应当不批准或者决定逮捕,已经移送审查起诉的,可以将案件退回侦查机关补充侦查或者作出不起诉决定。

14. 及时调查核实非法取证的材料或者线索。当事人及其辩护人、诉讼代理人报案、控告、举报侦查人员采用刑讯逼供等非法方法收集证据并提供涉嫌非法取证的人员、时间、地点、方式和内容等材料或者线索的,人民检察院应当受理并及时进行审查,对于根据现有材料无法证明证据收集合法性的,应当及时进行调查核实。

15. 做好对讯问原始录音、录像的审查。对于侦查机关随案移送或者人民检察院调取的讯问犯罪嫌疑人录音、录像,认为可能存在非法取证行为的,应当审查相关的录音、录像;对于重大、疑难、复杂案件,必要时可以审查全部录音、录像。经审查,发现讯问过程存在违法行为,录音、录像内容与讯问笔录不一致等情形的,应当要求侦查机关予以纠正、补正或者作出书面解释;发现讯问笔录与讯问犯罪嫌疑人录音、录像内容有重大实质性差异的,或者侦查机关不能补正或者作出合理解释的,该讯问笔录不能作为批准、决定逮捕或者提起公诉的依据。

16. 对以下五种情形,不符合逮捕或者起诉条件的,不得批准逮捕或者提起公诉:

(1)案件的关键性证据缺失的;

(2)犯罪嫌疑人拒不认罪或者翻供,而物证、书证、勘验、检查笔录、鉴定意见等其他证据无法证明犯罪的;

(3)只有犯罪嫌疑人供述没有其他证据印证的;

(4)犯罪嫌疑人供述与被害人陈述、证人证言、物证、书证等证据存在关键性矛盾,不能排除的;

(5)不能排除存在刑讯逼供、暴力取证等违法情形可能的。

17. 正确对待社会舆论对办案的影响和当事人的诉求。对于重大敏感案件和当事人有过激行为的案件,加强办案风险评估预警,既要充分尊重舆论监督,充分考虑当事人的诉求,又要坚持用法治思维和法治方式处理问题,抵制和排除各种干扰,依法独立、公正作出决定。

四、坚决依法纠正刑事执法司法活动中的突出问题

18. 进一步健全对立案后侦查工作的跟踪监督机制,加强对公安机关办理刑事案件过程的监督。对命案等重大复杂案件、突发性恶性案件、争议较大的疑难案件、有重大社会影响的案件，应当与侦查机关协商，及时派员介入，通过介入现场勘查、参加案件讨论等方式，提出取证意见和适用法律的意见，引导侦查人员依法全面收集、固定和完善证据，防止隐匿、伪造证据。对命案等重大案件报请延长羁押期限的，应当讯问犯罪嫌疑人和听取律师意见。侦查监督、公诉、渎职侵权检察、监所检察等各职能部门应当通力合作，加大对刑讯逼供、暴力取证、隐匿伪造证据等违法行为的查处力度，区分情况采取提出口头纠正意见、发出纠正违法通知书等方式及时提出意见；涉嫌犯罪的，及时立案侦查；对侦查环节存在的普遍性、倾向性问题，适时向侦查机关通报情况，必要时提出检察建议。

19. 加强对所外讯问的监督。做好对拘留、逮捕之前讯问活动的监督；发现未依法将犯罪嫌疑人送入看守所的，应当查明原因、所外看押地点及讯问情况；重点监督看守所如实、详细、准确地填写犯罪嫌疑人入所体检记录，必要时建议采用录像或者拍照的方式记录犯罪嫌疑人身体状况；对于侦查机关以起赃、辨认等为由提解犯罪嫌疑人出所的，应当及时了解提解的时间、地点、理由、审批手续及是否存在所外讯问等情况，做好提押、还押时的体检情况记录的检察监督。

20. 强化对审判活动的监督。重点做好死刑案件的审查和出庭工作，认真审查死刑上诉和抗诉案件。落实检察长和受检察长委托的副检察长列席人民法院审判委员会会议制度，对审判委员会讨论的案件等议题发表意见。

21. 加强死刑复核案件的法律监督。省级人民检察院对于进入死刑复核程序的案件，认为死刑二审裁判确有错误，依法不应当判处死刑，以及严重违反法定程序可能影响公正审判的，或者发现被告人自首、立功、达成赔偿协议取得被害方谅解等新的证据材料和有关情况，可能影响死刑适用的，应当及时向最高人民检察院报告。最高人民检察院办理死刑复核监督案件，要认真审查相关案卷材料，重视当事人及其近亲属或者受委托的律师递交的申诉材料，充分考虑办案检察院、被告人、辩护人及被害人的意见，对于事实、证据存在疑问的案件，必要时可以通过调阅案卷、复核主要证据等方式进行核查。对于定罪证据不足的案件，应当坚持疑罪从无原则；对于定罪证据确实、充分，但影响量刑的证据存在疑点的案件，应当依法提出监督意见。

22. 强化刑罚执行和监管活动监督。加强对久押不决案件的分析、研究和指导，做好与有关政法部门的配合协调，区别不同情况，及时妥善清理并依法处理。要加强看守所、监狱监管执法检察，依法严厉打击"牢头狱霸"和体罚虐待被监管人等行为。加强死刑执行临场监督,发现不应当执行死刑的,立即建议停止执行。

23.对确有冤错可能的申诉应当及时复查。健全刑事申诉案件的接收、受理、办理、移送、答复及跟踪监督制度,坚持和完善刑事申诉案件"两见面"制度,对于具有冤错可能的申诉案件,依法进行复查,复查结果要及时通知申诉人。要高度重视在押和服刑人员的举报和申诉,发现有疑点、有错案可能的,要及时提请原办案部门审查处理。加强对不服人民法院生效裁判申诉案件的办理力度,重点加强对有罪判无罪、无罪判有罪、量刑畸轻畸重的监督,经审查认为判决、裁定确有错误的,应当及时提出抗诉。上级人民检察院对下级人民检察院办理的重大、复杂、疑难或者有阻力的抗诉案件,要及时进行督办。对本院及下级院确有错误的刑事处理决定,依据法定程序及时纠正。依法履行国家赔偿义务,加大刑事被害人救助工作力度。

五、完善防止和纠正冤假错案的工作机制(略)

《最高人民法院、最高人民检察院、公安部关于办理醉酒驾驶机动车刑事案件适用法律若干问题的意见》(法发〔2013〕15号)**第七条**对办理醉驾案件所涉强制措施的有关问题作了规定。(参见第五十二条所附"其他规范",第361页)

《最高人民法院、最高人民检察院、公安部、国家安全部关于机关事业单位工作人员被采取刑事强制措施和受刑事处罚实行向所在单位告知制度的通知》(高检会〔2015〕10号)

各省、自治区、直辖市高级人民法院、人民检察院、公安厅(局)、国家安全厅(局),解放军军事法院、军事检察院,新疆维吾尔自治区高级人民法院生产建设兵团分院、新疆生产建设兵团人民检察院、公安局、国家安全局:

为确保机关事业单位及时规范处理本单位被采取刑事强制措施和受刑事处罚工作人员的工资待遇,有效预防和纠正机关事业单位工作人员"带薪羁押"问题,维护司法公正,提高司法公信力,根据法律规定和刑事政策精神,结合办案工作实际,人民法院、人民检察院、公安机关、国家安全机关对被采取刑事强制措施和受刑事处罚的机关事业单位工作人员,实行向所在单位告知的制度。现将有关事项通知如下:

一、机关事业单位工作人员范围

1.本通知所称机关事业单位工作人员包括公务员、参照公务员法管理的机关(单位)工作人员、事业单位工作人员和机关工人。

二、告知情形及例外规定

2.办案机关对涉嫌犯罪的机关事业单位工作人员采取取保候审、监视居住、刑事拘留或者逮捕等刑事强制措施的,应当在采取刑事强制措施后五日以内告知其所在单位。

办案机关对被采取刑事强制措施的机关事业单位工作人员,予以释放、解除取保候审、监视居住的,应当在解除刑事强制措施后五日以内告知其所在单位;变更刑事强制措施的,不再另行告知。

3. 办案机关决定撤销案件或者对犯罪嫌疑人终止侦查的,应当在作出撤销案件或者终止侦查决定后十日以内,告知机关事业单位工作人员所在单位。

人民检察院决定不起诉的,应当在作出不起诉决定后十日以内,告知机关事业单位工作人员所在单位。

人民法院作出有罪、无罪或者终止审理判决、裁定的,应当在判决、裁定生效后十五日以内,告知机关事业单位工作人员所在单位。

4. 具有下列情形之一,有碍侦查的,办案机关不予告知:
(1) 可能导致同案犯逃跑、自杀,毁灭、伪造证据的;
(2) 可能导致同案犯干扰证人作证或者串供的;
(3) 所在单位的其他人员与犯罪有牵连的;
(4) 其他有碍侦查的情形。

5. 具有下列情形之一,无法告知的,办案机关不予告知:
(1) 办案机关无法确认其机关事业单位工作人员身份的;
(2) 受自然灾害等不可抗力阻碍的;
(3) 其他无法告知的情形。

6. 可能危害国家安全或者社会公共利益的,办案机关不予告知。

7. 不予告知的情形消失后,办案机关应当及时将机关事业单位工作人员被采取刑事强制措施和受刑事处罚情况告知其所在单位。

三、告知的程序规定

8. 公安机关决定取保候审、监视居住、刑事拘留、提请批准逮捕并经人民检察院批准、撤销案件或者终止侦查的,由公安机关负责告知;国家安全机关决定取保候审、监视居住、刑事拘留、提请批准逮捕并经人民检察院批准或者撤销案件的,由国家安全机关负责告知;人民检察院决定取保候审、监视居住、刑事拘留、逮捕、撤销案件或者不起诉的,由人民检察院负责告知;人民法院决定取保候审、监视居住、逮捕或者作出生效刑事裁判的,由人民法院负责告知。

9. 办案机关一般应当采取送达告知书的形式进行告知。采取或者解除刑事强制措施的,办案机关应当填写《机关事业单位工作人员被采取/解除刑事强制措施情况告知书》并加盖单位公章。公安机关决定撤销案件或者对犯罪嫌疑人终止侦查的,应当填写《机关事业单位工作人员涉嫌犯罪撤销案件/终止侦查情况告知书》并加盖单位公章。

人民检察院决定撤销案件、不起诉的,应当将撤销案件决定书、不起诉决定书送达机关事业单位工作人员所在单位,不再另行送达告知书。人民法院作出有罪、无罪或者终止审理判决、裁定的,应当将生效裁判文书送达机关事业单位工作人员所在单位,不再另行送达告知书。

10. 告知书一般应当由办案机关直接送达机关事业单位工作人员所在单位。告知书应当由所在单位负责人或经其授权的人签收,并在告知书回执上签名或者盖章。

收件人拒绝签收的,办案机关可以邀请见证人到场,说明情况,在告知书回执上注明拒收的事由和日期,由送达人、见证人签名或者盖章,将告知书留在机关事业单位工作人员所在单位。

直接送达告知书有困难的,可以邮寄告知或者传真告知。通过传真告知的,应当随后及时将告知书原件送达。邮寄告知或者传真告知的,机关事业单位工作人员所在单位签收后,应将告知书回执寄送办案机关。

11. 办案机关应当将告知书回执归入工作卷,作为工作资料存档备查。

四、责任追究

12. 办案机关负责人或者上级办案机关应当督促办案人员及时履行告知责任,未按照上述规定进行告知,造成机关事业单位工作人员"带薪羁押",情节严重或者造成恶劣社会影响的,应当根据有关规定追究相关责任人员的纪律责任。

五、附　则

13. 机关事业单位工作人员被收容教育或者行政拘留的,参照本通知执行;被强制隔离戒毒的,依照《中华人民共和国禁毒法》、《戒毒条例》的相关规定执行,并送达告知书。

14. 本通知自发布之日施行。

《最高人民检察院、公安部关于公安机关办理经济犯罪案件的若干规定》(公通字〔2017〕25号)第四章"强制措施"(第三十一条至第三十四条)对经济犯罪案件强制措施的有关问题作了规定。(→参见第二编"立案、侦查和提起公诉"标题下所附"其他规范",第762—763页)

法律适用答复、复函

《最高人民检察院关于对由军队保卫部门军事检察院立案的地方人员可否采取强制措施问题的批复》(高检发研字〔1993〕3号)

中国人民解放军军事检察院：

你院检呈字第 5 号(1993)《关于对由军队保卫部门、军事检察院立案侦查的地方人员可否采取强制措施的请示》收悉。经研究并征求公安部意见，现批复如下：

根据最高人民法院、最高人民检察院、公安部、总政治部《关于军队和地方互涉案件几个问题的规定》(1982 政联字 8 号)第三条和《关于军队和地方互涉案件侦查工作的补充规定》(1987 政联字第 14 号)第一条所规定的精神，对于发生在没有设置接受当地公安机关业务领导的保卫部门或治安保卫组织的由军队注册实行企业化管理的公司、厂矿、宾馆、饭店、影剧院以及军地合资经营企业的案件，如果作案人身份明确，是地方人员，应由地方公安机关、人民检察院管辖；如果是在立案后才查明作案人是地方人员的，应移交地方公安机关、人民检察院处理。军队保卫部门、军事检察院不能对地方人员采取强制措施。

《最高人民法院关于人民法院对原审被告人宣告无罪后人民检察院抗诉的案件由谁决定对原审被告人采取强制措施并通知其出庭等问题的复函》
([2001]刑监他字第 1 号)

西藏自治区高级人民法院：

你院请示收悉，经研究，答复如下：

一、如果人民检察院提供的原审被告人住址准确，应当参照《刑事诉讼法》第一百五十一条的规定，由人民法院按照人民检察院提供的地址，向原审被告人送达抗诉书并通知其出庭；如果人民检察院提供的原审被告人住址不明确，应当参照《最高人民法院关于执行〈中华人民共和国刑事诉讼法〉若干问题的解释》第一百一十七条第(一)、(二)项①的规定，由人民法院通知人民检察院在 3 日内补充提供；如果确实无法提供或者按照人民检察院提供的原审被告人住址确实无法找到原审被告人的，应当认定原审被告人不在案，由人民法院作出不予受理的决定，将该案退回人民检察院。

二、②由于人民法院已依法对原审被告人宣告无罪并予释放，因此不宜由人民法院采取强制措施；人民检察院认为其有罪并提出抗诉的，应当由提出抗诉的检察机关决定是否采取强制措施。

---

① 现为《刑诉法解释》第二百一十九条第一项、第二项。——**本评注注**
② 《刑诉法解释》第一百七十条规定第一审人民法院判决被告人无罪、不负刑事责任或者免予刑事处罚的，"人民法院应当立即释放；必要时，可以依法变更强制措施"。当前司法实践应当按照这一规定执行。——**本评注注**

第六十六条 【拘传、取保候审、监视居住】人民法院、人民检察院和公安机关根据案件情况,对犯罪嫌疑人、被告人可以拘传、取保候审或者监视居住。

■ 立法沿革

1979 年《刑事诉讼法》第三十八条第一款规定:"人民法院、人民检察院和公安机关根据案件情况,对被告人可以拘传、取保候审或者监视居住。"1996 年《刑事诉讼法修改决定》将其单独成条规定。2012 年、2018 年修改《刑事诉讼法》时对本条规定未作调整。

■ 基本规范

《最高人民法院关于适用〈中华人民共和国刑事诉讼法〉的解释》(法释〔2021〕1 号,自 2021 年 3 月 1 日起施行)

第五章 强制措施

第一百四十八条 对经依法传唤拒不到庭的被告人,或者根据案件情况有必要拘传的被告人,可以拘传。

拘传被告人,应当由院长签发拘传票,由司法警察执行,执行人员不得少于二人。

拘传被告人,应当出示拘传票。对抗拒拘传的被告人,可以使用戒具。

第一百四十九条 拘传被告人,持续的时间不得超过十二小时;案情特别重大、复杂,需要采取逮捕措施的,持续的时间不得超过二十四小时。不得以连续拘传的形式变相拘禁被告人。应当保证被拘传人的饮食和必要的休息时间。

《人民检察院刑事诉讼规则》(高检发释字〔2019〕4 号,自 2019 年 12 月 30 日起施行)

第六章 强制措施

第一节 拘 传

第八十一条 人民检察院根据案件情况,对犯罪嫌疑人可以拘传。

第八十二条 拘传时,应当向被拘传的犯罪嫌疑人出示拘传证。对抗拒拘传的,可以使用戒具,强制到案。

执行拘传的人员不得少于二人。

第八十三条 拘传的时间从犯罪嫌疑人到案时开始计算。犯罪嫌疑人到案后,应当责令其在拘传证上填写到案时间,签名或者盖章,并捺指印,然后立即讯问。拘传结束后,应当责令犯罪嫌疑人在拘传证上填写拘传结束时间。犯罪嫌疑人拒绝填写的,应当在拘传证上注明。

一次拘传持续的时间不得超过十二小时;案情特别重大、复杂,需要采取拘留、逮捕措施的,拘传持续的时间不得超过二十四小时。两次拘传间隔的时间一般不得少于十二小时,不得以连续拘传的方式变相拘禁犯罪嫌疑人。

拘传犯罪嫌疑人,应当保证犯罪嫌疑人的饮食和必要的休息时间。

第八十四条 人民检察院拘传犯罪嫌疑人,应当在犯罪嫌疑人所在市、县内的地点进行。

犯罪嫌疑人工作单位与居住地不在同一市、县的,拘传应当在犯罪嫌疑人工作单位所在的市、县内进行;特殊情况下,也可以在犯罪嫌疑人居住地所在的市、县内进行。

第八十五条 需要对被拘传的犯罪嫌疑人变更强制措施的,应当在拘传期限内办理变更手续。

在拘传期间决定不采取其他强制措施的,拘传期限届满,应当结束拘传。

《公安机关办理刑事案件程序规定》(公安部令第159号修正,修正后自2020年9月1日起施行)

第六章 强制措施
第一节 拘 传

第七十八条 公安机关根据案件情况对需要拘传的犯罪嫌疑人,或者经过传唤没有正当理由不到案的犯罪嫌疑人,可以拘传到其所在市、县公安机关执法办案场所进行讯问。

需要拘传的,应当填写呈请拘传报告书,并附有关材料,报县级以上公安机关负责人批准。

第七十九条 公安机关拘传犯罪嫌疑人应当出示拘传证,并责令其在拘传证上签名、捺指印。

犯罪嫌疑人到案后,应当责令其在拘传证上填写到案时间;拘传结束后,应当由其在拘传证上填写拘传结束时间。犯罪嫌疑人拒绝填写的,侦查人员应当在拘传证上注明。

第八十条 拘传持续的时间不得超过十二小时;案情特别重大、复杂,需要采取拘留、逮捕措施的,经县级以上公安机关负责人批准,拘传持续的时间不得超过二十四小时。不得以连续拘传的形式变相拘禁犯罪嫌疑人。

拘传期限届满,未作出采取其他强制措施决定的,应当立即结束拘传。

《**海警机构办理刑事案件程序规定**》(中国海警局令第1号,自2023年6月15日起施行)

第六章 强制措施

第一节 拘 传

第六十九条 海警机构根据案件情况对需要拘传的犯罪嫌疑人,或者经过传唤没有正当理由不到案的犯罪嫌疑人,可以拘传到其所在市、县海警机构执法办案场所进行讯问。拘传对象所在市、县无海警机构的,可以拘传到其所在市、县的公安机关执法办案场所进行讯问。海警机构应当做好人身安全检查、身份辨认、物品扣押、人员看管和押解等相关工作。

第七十条 拘传犯罪嫌疑人,应当填写呈请拘传报告书,经海警机构负责人批准,制作拘传证。

执行拘传时,应当向犯罪嫌疑人出示拘传证,责令其签名、捺指印。犯罪嫌疑人到案后,应当责令其在拘传证上填写到案时间;拘传结束后,应当责令其在拘传证上填写拘传结束时间。犯罪嫌疑人拒绝填写的,侦查人员应当在拘传证上注明。

执行拘传的侦查人员不得少于二人。

第七十一条 拘传持续的时间不得超过十二小时;案情特别重大、复杂,需要采取拘留、逮捕措施的,经海警机构负责人批准,拘传持续的时间不得超过二十四小时。不得以连续拘传的形式变相拘禁犯罪嫌疑人。

拘传期限届满,未作出采取其他强制措施决定的,应当立即结束拘传。

第六十七条 【**取保候审的法定情形和执行机关**】人民法院、人民检察院和公安机关对有下列情形之一的犯罪嫌疑人、被告人,可以取保候审:

(一)可能判处管制、拘役或者独立适用附加刑的;

(二)可能判处有期徒刑以上刑罚,采取取保候审不致发生社会危险性的;

(三)患有严重疾病、生活不能自理,怀孕或者正在哺乳自己婴儿的妇女,采取取保候审不致发生社会危险性的;

(四)羁押期限届满,案件尚未办结,需要采取取保候审的。

取保候审由公安机关执行。

立法沿革

1996年《刑事诉讼法》第五十一条规定:"人民法院、人民检察院和公安机关对于有下列情形之一的犯罪嫌疑人、被告人,可以取保候审或者监视居住:(一)可能判处管制、拘役或者独立适用附加刑的;(二)可能判处有期徒刑以上刑罚,采取取保候审、监视居住不致发生社会危险性的。""取保候审、监视居住由公安机关执行。"2012年《刑事诉讼法修改决定》对取保候审和监视居住的适用条件和定位作了区分,在本条专门对取保候审作了规定,并将"患有严重疾病、生活不能自理,怀孕或者正在哺乳自己婴儿的妇女,采取取保候审不致发生社会危险性的""羁押期限届满,案件尚未办结,需要采取取保候审的"增加规定为取保候审的法定情形。2018年《刑事诉讼法》修改对本条规定未作调整。

相关规定

《中华人民共和国海警法》(自2021年2月1日起施行,节录)

第四十二条　海警机构、人民检察院、人民法院依法对海上刑事案件的犯罪嫌疑人、被告人决定取保候审的,由被取保候审人居住地的海警机构执行。被取保候审人居住地未设海警机构的,当地公安机关应当协助执行。

基本规范

《最高人民法院关于适用〈中华人民共和国刑事诉讼法〉的解释》(法释〔2021〕1号,自2021年3月1日起施行)

第五章　强制措施

第一百五十条第一款　被告人具有刑事诉讼法第六十七条第一款规定情形之一的,人民法院可以决定取保候审。

《人民检察院刑事诉讼规则》(高检发释字〔2019〕4号,自2019年12月30日起施行)

---

① 征求意见过程中,有意见建议研究解决犯罪嫌疑人、被告人、上诉人由于年龄、身体状况、原判决羁押期限届满等客观原因必然办理取保候审但不能提供保证人、保证金或有效联系方式的法律解决方案。理由是:这种情况在老年"水客"走私、流窜人员等轻刑案件上诉中长期、频繁出现,亟须加以解决。经研究认为,在现行法律未作出调整的情况下,司法解释似无法针对上述问题作出明确规定,宜在司法实践个案裁量处理。——本评注注

第六章　强制措施
第二节　取保候审

第八十六条　人民检察院对于具有下列情形之一的犯罪嫌疑人,可以取保候审:

(一)可能判处管制、拘役或者独立适用附加刑的;

(二)可能判处有期徒刑以上刑罚,采取取保候审不致发生社会危险性的;

(三)患有严重疾病、生活不能自理,怀孕或者正在哺乳自己婴儿的妇女,采取取保候审不致发生社会危险性的;

(四)羁押期限届满,案件尚未办结,需要采取取保候审的。

第八十七条　人民检察院对于严重危害社会治安的犯罪嫌疑人,以及其他犯罪性质恶劣、情节严重的犯罪嫌疑人不得取保候审。

第八十八条　被羁押或者监视居住的犯罪嫌疑人及其法定代理人、近亲属或者辩护人向人民检察院申请取保候审,人民检察院应当在三日以内作出是否同意的答复。经审查符合本规则第八十六条规定情形之一的,可以对被羁押或者监视居住的犯罪嫌疑人依法办理取保候审手续。经审查不符合取保候审条件的,应当告知申请人,并说明不同意取保候审的理由。

《公安机关办理刑事案件程序规定》(公安部令第159号修正,修正后自2020年9月1日起施行)

第六章　强制措施
第二节　取保候审

第八十一条　公安机关对具有下列情形之一的犯罪嫌疑人,可以取保候审:

(一)可能判处管制、拘役或者独立适用附加刑的;

(二)可能判处有期徒刑以上刑罚,采取取保候审不致发生社会危险性的;

(三)患有严重疾病、生活不能自理,怀孕或者正在哺乳自己婴儿的妇女,采取取保候审不致发生社会危险性的;

(四)羁押期限届满,案件尚未办结,需要继续侦查的。

对拘留的犯罪嫌疑人,证据不符合逮捕条件,以及提请逮捕后,人民检察院不批准逮捕,需要继续侦查,并且符合取保候审条件的,可以依法取保候审。

第八十二条　对累犯,犯罪集团的主犯,以自伤、自残办法逃避侦查的犯罪嫌疑人,严重暴力犯罪以及其他严重犯罪的犯罪嫌疑人不得取保候审,但犯罪嫌疑人具有本规定第八十一条第一款第三项、第四项规定情形的除外。

第八十三条　需要对犯罪嫌疑人取保候审的,应当制作呈请取保候审报告书,说明取保候审的理由、采取的保证方式以及应当遵守的规定,经县级以上公安机关负责人批准,制作取保候审决定书。取保候审决定书应当向犯罪嫌疑人宣读,由犯罪嫌疑人签名、捺指印。

第九十一条　公安机关决定取保候审的,应当及时通知被取保候审人居住地的派出所执行。必要时,办案部门可以协助执行。

采取保证人担保形式的,应当同时送交有关法律文书、被取保候审人基本情况、保证人基本情况等材料。采取保证金担保形式的,应当同时送交有关法律文书、被取保候审人基本情况和保证金交纳情况等材料。

第九十二条　人民法院、人民检察院决定取保候审的,负责执行的县级公安机关应当在收到法律文书和有关材料后二十四小时以内,指定被取保候审人居住地派出所核实情况后执行。

第九十三条　执行取保候审的派出所应当履行下列职责:

(一)告知被取保候审人必须遵守的规定,及其违反规定或者在取保候审期间重新犯罪应当承担的法律后果;

(二)监督、考察被取保候审人遵守有关规定,及时掌握其活动、住址、工作单位、联系方式及变动情况;

(三)监督保证人履行保证义务;

(四)被取保候审人违反应当遵守的规定以及保证人未履行保证义务的,应当及时制止、采取紧急措施,同时告知决定机关。

《海警机构办理刑事案件程序规定》(中国海警局令第1号,自2023年6月15日起施行)

第六章　强制措施
第二节　取保候审
第七十二条　海警机构对有下列情形之一的犯罪嫌疑人,可以取保候审:
(一)可能判处管制、拘役或者独立适用附加刑的;
(二)可能判处有期徒刑以上刑罚,采取取保候审不致发生社会危险性的;
(三)患有严重疾病、生活不能自理,怀孕或者正在哺乳自己婴儿的妇女,采取取保候审不致发生社会危险性的;
(四)羁押期限届满,案件尚未办结,需要继续侦查的。

对拘留的犯罪嫌疑人,证据不符合逮捕条件,以及提请逮捕后,人民检察院不批准逮捕,需要继续侦查,并且符合取保候审条件的,可以依法取保候审。

第七十三条　海警机构对有下列情形之一的犯罪嫌疑人,不得取保候审,但有本规定第七十二条第一款第三项、第四项规定情形的除外:
(一)累犯和犯罪集团的主犯;
(二)以自伤、自残办法逃避侦查的;

(三)严重暴力犯罪的;

(四)其他严重犯罪的。

第七十四条 需要对犯罪嫌疑人取保候审的,应当制作呈请取保候审报告书,说明取保候审的理由、采取的保证方式以及应当遵守的规定,经海警机构负责人批准,制作取保候审决定书。取保候审决定书应当向犯罪嫌疑人宣读,由犯罪嫌疑人签名、捺指印。

第八十六条 取保候审由被取保候审人居住地的海警工作站执行。被取保候审人居住地未设海警工作站的,由负责办案的海警机构执行,并协调当地公安机关协助执行。

被取保候审人具有下列情形之一的,也可以在其暂住地执行取保候审:

(一)被取保候审人离开户籍所在地一年以上且无经常居住地,但在暂住地有固定住处的;

(二)被取保候审人系外国人、无国籍人,香港特别行政区、澳门特别行政区、台湾地区居民的;

(三)被取保候审人户籍所在地无法查清且无经常居住地的。

取保候审交付执行时,应当同时送交有关法律文书、被取保候审人基本情况、保证人基本情况或者保证金交纳情况等材料。

第八十七条 人民法院、人民检察院决定取保候审的,负责执行的海警机构应当在收到法律文书和有关材料后二十四小时以内,核实有关情况后执行。

人民法院、人民检察院采用电子方式向海警机构送交法律文书和有关材料的,海警机构应当接收。

第八十八条 执行取保候审的海警机构应当履行下列职责:

(一)告知被取保候审人应当遵守的规定,及其违反规定或者在取保候审期间重新犯罪应当承担的法律后果;

(二)监督、考察被取保候审人遵守有关规定,及时掌握其活动、住址、工作单位、联系方式及变动情况;

(三)监督保证人履行保证义务;

(四)被取保候审人违反应当遵守的规定以及保证人未履行保证义务的,应当及时制止、采取紧急措施,同时告知决定机关。

其他规范

《最高人民法院、最高人民检察院、公安部、国家安全部关于取保候审若干问题的规定》(公通字〔2022〕25号,自2022年9月5日起施行)

第一章 一般规定

第一条 为了规范适用取保候审，贯彻落实少捕慎诉慎押的刑事司法政策，保障刑事诉讼活动顺利进行，保护公民合法权益，根据《中华人民共和国刑事诉讼法》及有关规定，制定本规定。

第二条 对犯罪嫌疑人、被告人取保候审的，由公安机关、国家安全机关、人民检察院、人民法院根据案件的具体情况依法作出决定。

公安机关、人民检察院、人民法院决定取保候审的，由公安机关执行。国家安全机关决定取保候审的，以及人民检察院、人民法院办理国家安全机关移送的刑事案件决定取保候审的，由国家安全机关执行。

第三条 对于采取取保候审足以防止发生社会危险性的犯罪嫌疑人，应当依法适用取保候审。

决定取保候审的，不得中断对案件的侦查、起诉和审理。严禁以取保候审变相放纵犯罪。

第四条 对犯罪嫌疑人、被告人决定取保候审的，应当责令其提出保证人或者交纳保证金。

对同一犯罪嫌疑人、被告人决定取保候审的，不得同时使用保证人保证和保证金保证。对未成年人取保候审的，应当优先适用保证人保证。

第五条 采取保证金形式取保候审的，保证金的起点数额为人民币一千元；被取保候审人为未成年人的，保证金的起点数额为人民币五百元。

决定机关应当综合考虑保证诉讼活动正常进行的需要，被取保候审人的社会危险性，案件的性质、情节，可能判处刑罚的轻重，被取保候审人的经济状况等情况，确定保证金的数额。

第六条 对符合取保候审条件，但犯罪嫌疑人、被告人不能提出保证人也不交纳保证金的，可以监视居住。

前款规定的被监视居住人提出保证人或者交纳保证金的，可以对其变更为取保候审。

第二章 决 定

第七条 决定取保候审时，可以根据案件情况责令被取保候审人不得进入下列"特定的场所"：

（一）可能导致其再次实施犯罪的场所；

（二）可能导致其实施妨害社会秩序、干扰他人正常活动行为的场所；

（三）与其所涉嫌犯罪活动有关联的场所；

（四）可能导致其实施毁灭证据、干扰证人作证等妨害诉讼活动的场所；

（五）其他可能妨害取保候审执行的特定场所。

第八条　决定取保候审时，可以根据案件情况责令被取保候审人不得与下列"特定的人员"会见或者通信：

（一）证人、鉴定人、被害人及其法定代理人和近亲属；

（二）同案违法行为人、犯罪嫌疑人、被告人以及与案件有关联的其他人员；

（三）可能遭受被取保候审人侵害、滋扰的人员；

（四）可能实施妨害取保候审执行、影响诉讼活动的人员。

前款中的"通信"包括以信件、短信、电子邮件、通话，通过网络平台或者网络应用服务交流信息等各种方式直接或者间接通信。

第九条　决定取保候审时，可以根据案件情况责令被取保候审人不得从事下列"特定的活动"：

（一）可能导致其再次实施犯罪的活动；

（二）可能对国家安全、公共安全、社会秩序造成不良影响的活动；

（三）与所涉嫌犯罪相关联的活动；

（四）可能妨害诉讼的活动；

（五）其他可能妨害取保候审执行的特定活动。

第十条　公安机关应当在其指定的银行设立取保候审保证金专门账户，委托银行代为收取和保管保证金，并将相关信息通知同级人民检察院、人民法院。

保证金应当以人民币交纳。

第十一条　公安机关决定使用保证金保证的，应当及时将收取保证金通知书送达被取保候审人，责令其在三日内向指定的银行一次性交纳保证金。

第十二条　人民法院、人民检察院决定使用保证金保证的，应当责令被取保候审人在三日内向公安机关指定银行的专门账户一次性交纳保证金。

第十三条　被取保候审人或者为其提供保证金的人应当将所交纳的保证金存入取保候审保证金专门账户，并由银行出具相关凭证。

第三章　执　行

第十四条　公安机关决定取保候审的，在核实被取保候审人已经交纳保证金后，应当将取保候审决定书、取保候审执行通知书和其他有关材料一并送交执行。

第十五条　公安机关决定取保候审的，应当及时通知被取保候审人居住地的派出所执行。被取保候审人居住地在异地的，应当及时通知居住地公安机关，由其指定被取保候审人居住地的派出所执行。必要时，办案部门可以协助执行。

被取保候审人居住地变更的，执行取保候审的派出所应当及时通知决定取保候审的公安机关，由其重新确定被取保候审人变更后的居住地派出所执行。

变更后的居住地在异地的,决定取保候审的公安机关应当通知该地公安机关,由其指定被取保候审人居住地的派出所执行。原执行机关应当与变更后的执行机关进行工作交接。

第十六条 居住地包括户籍所在地、经常居住地。经常居住地是指被取保候审人离开户籍所在地最后连续居住一年以上的地方。

取保候审一般应当在户籍所在地执行,但已形成经常居住地的,可以在经常居住地执行。

被取保候审人具有下列情形之一的,也可以在其暂住地执行取保候审:①

(一)被取保候审人离开户籍所在地一年以上且无经常居住地,但在暂住地有固定住处的;

(二)被取保候审人系外国人、无国籍人,香港特别行政区、澳门特别行政区、台湾地区居民的;

(三)被取保候审人户籍所在地无法查清且无经常居住地的。

第十七条 在本地执行取保候审的,决定取保候审的公安机关应当将法律文书和有关材料送达负责执行的派出所。

在异地执行取保候审的,决定取保候审的公安机关应当将法律文书和载有被取保候审人的报到期限、联系方式等信息的有关材料送达执行机关,送达方式包括直接送达、委托送达、邮寄送达等,执行机关应当及时出具回执。被取保候审人应当在收到取保候审决定书后五日以内向执行机关报到。执行机关应当在被取保候审人报到后三日以内向决定机关反馈。

被取保候审人未在规定期限内向负责执行的派出所报到,且无正当事由的,执行机关应当通知决定机关,决定机关应当依法传讯被取保候审人,被取保候审人不到案的,依照法律和本规定第五章的有关规定处理。

第十八条 执行机关在执行取保候审时,应当告知被取保候审人必须遵守刑事诉讼法第七十一条的规定,以及违反规定或者在取保候审期间重新犯罪的法律后果。

保证人保证的,应当告知保证人必须履行的保证义务,以及不履行义务的法律后果,并由其出具保证书。

执行机关应当依法监督、考察被取保候审人遵守规定的有关情况,及时掌握其住址、工作单位、联系方式变动情况,预防、制止其实施违反规定的行为。

---

① 本款主要是针对犯罪嫌疑人、被告人没有经常居住地,而又常年不在户籍地这一常见问题。——**本评注注**

被取保候审人应当遵守取保候审有关规定,接受执行机关监督管理,配合执行机关定期了解有关情况。

第十九条 被取保候审人未经批准不得离开所居住的市、县。

被取保候审人需要离开所居住的市、县的,应当向负责执行的派出所提出书面申请,并注明事由、目的地、路线、交通方式、往返日期、联系方式等。被取保候审人有紧急事由,来不及提出书面申请的,可以先通过电话、短信等方式提出申请,并及时补办书面申请手续。

经审查,具有工作、学习、就医等正当合理事由的,由派出所负责人批准。

负责执行的派出所批准后,应当通知决定机关,并告知被取保候审人遵守下列要求:

(一)保持联系方式畅通,并在传讯的时候及时到案;
(二)严格按照批准的地点、路线、往返日期出行;
(三)不得从事妨害诉讼的活动;
(四)返回居住地后及时向执行机关报告。

对于因正常工作和生活需要经常性跨市、县活动的,可以根据情况,简化批准程序。

第二十条① 人民法院、人民检察院决定取保候审的,应当将取保候审决定书、取保候审执行通知书和其他有关材料一并送交所在地同级公安机关,由所在地同级公安机关依照本规定第十五条、第十六条、第十七条的规定交付执行。

人民法院、人民检察院可以采用电子方式向公安机关送交法律文书和有关材料。

负责执行的县级公安机关应当在收到法律文书和有关材料后二十四小时以内,指定被取保候审人居住地派出所执行,并将执行取保候审的派出所通知作出取保候审决定的人民法院、人民检察院。

被取保候审人居住地变更的,由负责执行的公安机关通知变更后的居住地公安机关执行,并通知作出取保候审决定的人民法院、人民检察院。

人民法院、人民检察院决定取保候审的,执行机关批准被取保候审人离开所

---

① 为顺畅检法机关决定取保候审送交执行工作,本条明确人民法院、人民检察院决定取保候审的,将有关法律文书和其他材料送交所在地"同级"公安机关,由所在地同级公安机关依照规定交付执行。这就进一步细化了《刑诉法解释》第一百五十四条第一款"人民法院向被告人宣布取保候审决定后,应当将取保候审决定书等相关材料送交当地公安机关"的规定。——本评注注

居住的市、县前,应当征得决定机关同意。

第二十一条 决定取保候审的公安机关、人民检察院传讯被取保候审人的,应当制作法律文书,并向被取保候审人送达。被传讯的被取保候审人不在场的,也可以交与其同住的成年亲属代收,并与被取保候审人联系确认告知。无法送达或者被取保候审人未按照规定接受传讯的,应当在法律文书上予以注明,并通知执行机关。

情况紧急的,决定取保候审的公安机关、人民检察院可以通过电话通知等方式传讯被取保候审人,但应当在法律文书上予以注明,并通知执行机关。

异地传讯的,决定取保候审的公安机关、人民检察院可以委托执行机关代为送达,执行机关送达后应当及时向决定机关反馈。无法送达的,应当在法律文书上注明,并通知决定机关。

人民法院传讯被取保候审的被告人,依照其他有关规定执行。

第二十二条 保证人应当对被取保候审人遵守取保候审管理规定情况进行监督,发现被保证人已经或者可能违反刑事诉讼法第七十一条规定的,应当及时向执行机关报告。

保证人不愿继续保证或者丧失保证条件的,保证人或者被取保候审人应当及时报告执行机关。执行机关应当在发现或者被告知该情形之日起三日以内通知决定机关。决定机关应当责令被取保候审人重新提出保证人或者交纳保证金,或者变更强制措施,并通知执行机关。

第二十三条 执行机关发现被取保候审人违反应当遵守的规定以及保证人未履行保证义务的,应当及时制止、采取相应措施,同时告知决定机关。

第四章 变更、解除

第二十四条 取保候审期限届满,决定机关应当作出解除取保候审或者变更强制措施的决定,并送交执行机关。决定机关未解除取保候审或者未对被取保候审人采取其他刑事强制措施的,被取保候审人及其法定代理人、近亲属或者辩护人有权要求决定机关解除取保候审。

对于发现不应当追究被取保候审人刑事责任并作出撤销案件或者终止侦查决定的,决定机关应当及时作出解除取保候审决定,并送交执行机关。

有下列情形之一的,取保候审自动解除,不再办理解除手续,决定机关应当及时通知执行机关:

(一)取保候审依法变更为监视居住、拘留、逮捕,变更后的强制措施已经开始执行的;

(二)人民检察院作出不起诉决定的;

（三）人民法院作出的无罪、免予刑事处罚或者不负刑事责任的判决、裁定已经发生法律效力的；

（四）被判处管制或者适用缓刑，社区矫正已经开始执行的；

（五）被单处附加刑，判决、裁定已经发生法律效力的；

（六）被判处监禁刑，刑罚已经开始执行的。

执行机关收到决定机关上述决定书或者通知后，应当立即执行，并将执行情况及时通知决定机关。

第二十五条　采取保证金方式保证的被取保候审人在取保候审期间没有违反刑事诉讼法第七十一条的规定，也没有故意实施新的犯罪的，在解除取保候审、变更强制措施或者执行刑罚的同时，公安机关应当通知银行如数退还保证金。

被取保候审人或者其法定代理人可以凭有关法律文书到银行领取退还的保证金。被取保候审人不能自己领取退还的保证金的，经本人出具书面申请并经公安机关同意，由公安机关书面通知银行将退还的保证金转账至被取保候审人或者其委托的人提供的银行账户。

第二十六条　在侦查或者审查起诉阶段已经采取取保候审的，案件移送至审查起诉或者审判阶段时，需要继续取保候审、变更保证方式或者变更强制措施的，受案机关应当在七日内作出决定，并通知移送案件的机关和执行机关。

受案机关作出取保候审决定并执行后，原取保候审措施自动解除，不再办理解除手续。对继续采取保证金保证的，原则上不变更保证金数额，不再重新收取保证金。受案机关变更的强制措施开始执行后，应当及时通知移送案件的机关和执行机关，原取保候审决定自动解除，不再办理解除手续，执行机关应当依法退还保证金。

取保候审期限即将届满，受案机关仍未作出继续取保候审或者变更强制措施决定的，移送案件的机关应当在期限届满十五日前书面通知受案机关。受案机关应当在取保候审期限届满前作出决定，并通知移送案件的机关和执行机关。

第五章　责　任

第二十七条　使用保证金保证的被取保候审人违反刑事诉讼法第七十一条规定，依法应当没收保证金的，由公安机关作出没收部分或者全部保证金的决定，并通知决定机关。人民检察院、人民法院发现使用保证金保证的被取保候审人违反刑事诉讼法第七十一条规定，应当告知公安机关，由公安机关依法处理。

对被取保候审人没收保证金的，决定机关应当区别情形，责令被取保候审人具结悔过，重新交纳保证金、提出保证人，或者变更强制措施，并通知执行机关。

重新交纳保证金的,适用本规定第十一条、第十二条、第十三条的规定。

第二十八条 被取保候审人构成《中华人民共和国治安管理处罚法》第六十条第四项行为的,依法给予治安管理处罚。

第二十九条 被取保候审人没有违反刑事诉讼法第七十一条的规定,但在取保候审期间涉嫌故意实施新的犯罪被立案侦查的,公安机关应当暂扣保证金,待人民法院判决生效后,决定是否没收保证金。对故意实施新的犯罪的,应当没收保证金;对过失实施新的犯罪或者不构成犯罪的,应当退还保证金。

第三十条 公安机关决定没收保证金的,应当制作没收保证金决定书,在三日以内向被取保候审人宣读,告知其如果对没收保证金决定不服,被取保候审人或者其法定代理人可以在五日以内向作出没收决定的公安机关申请复议。

被取保候审人或者其法定代理人对复议决定不服的,可以在收到复议决定书后五日以内向上一级公安机关申请复核一次。

第三十一条 保证人未履行监督义务,或者被取保候审人违反刑事诉讼法第七十一条的规定,保证人未及时报告或者隐瞒不报告的,经查证属实后,由公安机关对保证人处以罚款,并将有关情况及时通知决定机关。

保证人帮助被取保候审人实施妨害诉讼等行为,构成犯罪的,依法追究其刑事责任。

第三十二条 公安机关决定对保证人罚款的,应当制作对保证人罚款决定书,在三日以内向保证人宣布,告知其如果对罚款决定不服,可以在五日以内向作出罚款决定的公安机关申请复议。

保证人对复议决定不服的,可以在收到复议决定书后五日以内向上一级公安机关申请复核一次。

第三十三条 没收保证金的决定、对保证人罚款的决定已过复议期限,或者复议、复核后维持原决定或者变更罚款数额的,作出没收保证金的决定、对保证人罚款的决定的公安机关应当及时通知指定的银行将没收的保证金、保证人罚款按照国家的有关规定上缴国库,并应当在三日以内通知决定机关。

如果保证金系被取保候审人的个人财产,且需要用以退赔被害人、履行附带民事赔偿义务或者执行财产刑的,人民法院可以书面通知公安机关移交全部保证金,由人民法院作出处理,剩余部分退还被告人。

第三十四条 人民检察院、人民法院决定取保候审的,被取保候审人违反取保候审规定,需要予以逮捕的,可以对被取保候审人先行拘留,并提请人民检察院、人民法院依法作出逮捕决定。人民法院、人民检察院决定逮捕的,由所在地同级公安机关执行。

第三十五条　保证金的收取、管理和没收应当严格按照本规定和国家的财经管理制度执行,任何单位和个人不得擅自收取、没收、退还保证金以及截留、坐支、私分、挪用或者以其他任何方式侵吞保证金。对违反规定的,应当依照有关法律和规定给予行政处分;构成犯罪的,依法追究刑事责任。

第六章　附　则

第三十六条　对于刑事诉讼法第六十七条第一款第三项规定的"严重疾病"和"生活不能自理",分别参照最高人民法院、最高人民检察院、公安部、司法部、国家卫生计生委印发的《暂予监外执行规定》所附《保外就医严重疾病范围》和《最高人民法院关于印发〈罪犯生活不能自理鉴别标准〉的通知》所附《罪犯生活不能自理鉴别标准》执行。

第三十七条　国家安全机关决定、执行取保候审的,适用本规定中关于公安机关职责的规定。

第三十八条　对于人民法院、人民检察院决定取保候审,但所在地没有同级公安机关的,由省级公安机关会同同级人民法院、人民检察院,依照本规定确定公安机关负责执行或者交付执行,并明确工作衔接机制。

第三十九条　本规定中的执行机关是指负责执行取保候审的公安机关和国家安全机关。

第四十条　本规定自印发之日起施行。

第六十八条　【取保候审的方式】人民法院、人民检察院和公安机关决定对犯罪嫌疑人、被告人取保候审,应当责令犯罪嫌疑人、被告人提出保证人或者交纳保证金。

立法沿革

本条系 1996 年《刑事诉讼法修改决定》增加的规定,2012 年、2018 年修改《刑事诉讼法》时未作调整。

基本规范

《最高人民法院关于适用〈中华人民共和国刑事诉讼法〉的解释》(法释

---

① 本条主要是针对直辖市以及部分省管县架设的中级人民法院、检察院没有同级公安机关的情况。——本评注注

〔2021〕1号,自2021年3月1日起施行)

第五章　强制措施

第一百五十条第二款　对被告人决定取保候审的,应当责令其提出保证人或者交纳保证金,不得同时使用保证人保证与保证金保证。

第一百五十一条　对下列被告人决定取保候审的,可以责令其提出一至二名保证人:

(一)无力交纳保证金的;

(二)未成年或者已满七十五周岁的;

(三)不宜收取保证金的其他被告人。

第一百五十二条　人民法院应当审查保证人是否符合法定条件。符合条件的,应当告知其必须履行的保证义务,以及不履行义务的法律后果,并由其出具保证书。

第一百五十四条　人民法院向被告人宣布取保候审决定后,应当将取保候审决定书等相关材料送交当地公安机关。①

对被告人使用保证金保证的,应当在核实保证金已经存入公安机关指定银行的专门账户后,将银行出具的收款凭证一并送交公安机关。

《**人民检察院刑事诉讼规则**》(高检发释字〔2019〕4号,自2019年12月30日起施行)

第六章　强制措施

第二节　取保候审

第八十九条　人民检察院决定对犯罪嫌疑人取保候审,应当责令犯罪嫌疑人提出保证人或者交纳保证金。

对同一犯罪嫌疑人决定取保候审,不得同时使用保证人保证和保证金保证方式。

对符合取保候审条件,具有下列情形之一的犯罪嫌疑人,人民检察院决定取

---

① 《刑诉法解释》起草之时,各地法院反映,高院决定取保候审的案件难以将材料送交省级公安机关,故没有写下"同级"二字。此后,根据实践反映问题,《最高人民法院、最高人民检察院、公安部、国家安全部关于取保候审若干问题的规定》(公通字〔2022〕25号)第二十条明确"人民法院、人民检察院决定取保候审的,应当将取保候审决定书、取保候审执行通知书和其他有关材料一并送交所在地同级公安机关,由所在地同级公安机关……交付执行",并对在异地执行取保候审的明确由人民法院、人民检察院所在地的同级公安机关负责转送有关材料。实践中应当遵此执行。——**本评注注**

保候审时,可以责令其提供一至二名保证人:

(一)无力交纳保证金的;

(二)系未成年人或者已满七十五周岁的人;

(三)其他不宜收取保证金的。

第九十六条 采取保证人保证方式的,如果保证人在取保候审期间不愿继续保证或者丧失保证条件的,人民检察院应当在收到保证人不愿继续保证的申请或者发现其丧失保证条件后三日以内,责令犯罪嫌疑人重新提出保证人或者交纳保证金,并将变更情况通知公安机关。

第九十七条 采取保证金保证方式的,被取保候审人拒绝交纳保证金或者交纳保证金不足决定数额时,人民检察院应当作出变更取保候审措施、变更保证方式或者变更保证金数额的决定,并将变更情况通知公安机关。

《公安机关办理刑事案件程序规定》(公安部令第159号修正,修正后自2020年9月1日起施行)

第六章 强制措施

第二节 取保候审

第八十四条 公安机关决定对犯罪嫌疑人取保候审的,应当责令犯罪嫌疑人提出保证人或者交纳保证金。

对同一犯罪嫌疑人,不得同时责令其提出保证人和交纳保证金。对未成年人取保候审,应当优先适用保证人保证。

第一百零六条 对于犯罪嫌疑人采取保证人保证的,如果保证人在取保候审期间情况发生变化,不愿继续担保或者丧失担保条件,公安机关应当责令被取保候审人重新提出保证人或者交纳保证金,或者作出变更强制措施的决定。

人民法院、人民检察院决定取保候审的,负责执行的派出所应当自发现保证人不愿继续担保或者丧失担保条件之日起三日以内通知决定取保候审的机关。

《海警机构办理刑事案件程序规定》(中国海警局令第1号,自2023年6月15日起施行)

第六章 强制措施

第二节 取保候审

第七十五条 海警机构决定对犯罪嫌疑人取保候审的,应当责令犯罪嫌疑人提出保证人或者交纳保证金。

对同一犯罪嫌疑人,不能责令其同时提出保证人和交纳保证金。对未成年人取保候审,应当优先适用保证人保证。

第一百零一条 对于犯罪嫌疑人采取保证人保证的,如果保证人在取保候审期间情况发生变化,不愿继续担保或者丧失担保条件,海警机构应当责令被取保候审人重新提出保证人或者交纳保证金,或者作出变更强制措施决定。

人民法院、人民检察院决定取保候审的,负责执行的海警机构应当自发现保证人不愿继续担保或者丧失担保条件之日起三日以内通知决定取保候审的人民法院、人民检察院。

其他规范

《最高人民法院、最高人民检察院、公安部、国家安全部关于取保候审若干问题的规定》(公通字〔2022〕25号,自2022年9月5日起施行)第四条至第六条对取保候审的方式作了规定。(→参见第六十七条所附"其他规范",第515页)

第六十九条 【保证人的法定条件】保证人必须符合下列条件:
(一)与本案无牵连;
(二)有能力履行保证义务;
(三)享有政治权利,人身自由未受到限制;
(四)有固定的住处和收入。

立法沿革

本条系1996年《刑事诉讼法修改决定》增加的规定,2012年、2018年修改《刑事诉讼法》时未作调整。

基本规范

《人民检察院刑事诉讼规则》(高检发释字〔2019〕4号,自2019年12月30日起施行)

第六章 强制措施
第二节 取保候审
第九十条 采取保证人保证方式的,保证人应当符合刑事诉讼法第六十九条规定的条件,并经人民检察院审查同意。

《公安机关办理刑事案件程序规定》(公安部令第159号修正,修正后自

2020年9月1日起施行)

第六章　强制措施

第二节　取保候审

第八十五条　采取保证人保证的,保证人必须符合以下条件,并经公安机关审查同意:

(一)与本案无牵连;

(二)有能力履行保证义务;

(三)享有政治权利,人身自由未受到限制;

(四)有固定的住处和收入。

《海警机构办理刑事案件程序规定》(中国海警局令第1号,自2023年6月15日起施行)

第六章　强制措施

第二节　取保候审

第七十六条　采取保证人保证的,保证人必须符合以下条件,并经海警机构审查同意:

(一)与本案无牵连;

(二)有能力履行保证义务;

(三)享有政治权利,人身自由未受到限制;

(四)有固定的住处和收入。

第七十条　【保证人的法定义务】保证人应当履行以下义务:

(一)监督被保证人遵守本法第七十一条的规定;

(二)发现被保证人可能发生或者已经发生违反本法第七十一条规定的行为的,应当及时向执行机关报告。

被保证人有违反本法第七十一条规定的行为,保证人未履行保证义务的,对保证人处以罚款,构成犯罪的,依法追究刑事责任。

立法沿革

1996年《刑事诉讼法》第五十五条规定:"保证人应当履行以下义务:(一)监督被保证人遵守本法第五十六条的规定;(二)发现被保证人可能发生或者已经发生违反本法第五十六条规定的行为的,应当及时向执行机关报告。""被保证人有违反本法第五十六条规定的行为,保证人未及时报告的,对保证人处以罚款,构成犯罪的,依法追究刑事责任。"2012年《刑事诉讼法修改决定》将本条规定的"未及时报告"被保证人的违法行为修改为"未履行保证义务"。2018年《刑事诉讼法》修改时对本条规定未作调整。

"六部委"规定

《最高人民法院、最高人民检察院、公安部、国家安全部、司法部、全国人大常委会法制工作委员会关于实施刑事诉讼法若干问题的规定》(自2013年1月1日起施行,节录)

四、强制措施

14. 对取保候审保证人是否履行了保证义务,由公安机关认定,对保证人的罚款决定,也由公安机关作出。

基本规范

《最高人民法院关于适用〈中华人民共和国刑事诉讼法〉的解释》(法释〔2021〕1号,自2021年3月1日起施行)

第五章 强制措施

第一百五十五条 被告人被取保候审期间,保证人不愿继续履行保证义务或者丧失履行保证义务能力的,人民法院应当在收到保证人的申请或者公安机关的书面通知后三日以内,责令被告人重新提出保证人或者交纳保证金,或者变更强制措施,并通知公安机关。

第一百五十六条 人民法院发现保证人未履行保证义务的,应当书面通知公安机关依法处理。

第一百五十七条 根据案件事实和法律规定,认为已经构成犯罪的被告人在取保候审期间逃匿的,如果系保证人协助被告人逃匿,或者保证人明知被告人藏匿地点但拒绝向司法机关提供,对保证人应当依法追究责任。

《人民检察院刑事诉讼规则》(高检发释字〔2019〕4号,自2019年12月30

---

① 《2012年刑诉法解释》第一百二十二条规定:"根据案件事实和法律规定,认为已经构成犯罪的被告人在取保候审期间逃匿的,如果系保证人协助被告人逃匿,或者保证人明知被告人藏匿地点但拒绝向司法机关提供,对保证人应当依法追究刑事责任。"经研究认为,保证人"协助被告人逃匿"或者"明知被告人藏匿地点但拒绝向司法机关提供"的,不一定一律构成犯罪,特别是后一种情形,通常不构成犯罪。故而,本条作出修改完善,将"追究刑事责任"修改为"追究责任",使表述更为严谨。——**本评注注**

日起施行）

第六章　强制措施
第二节　取保候审
第九十一条　人民检察院应当告知保证人履行以下义务：
（一）监督被保证人遵守刑事诉讼法第七十一条的规定；
（二）发现被保证人可能发生或者已经发生违反刑事诉讼法第七十一条规定的行为的，及时向执行机关报告。

保证人保证承担上述义务后，应当在取保候审保证书上签名或者盖章。

第九十九条　人民检察院发现保证人没有履行刑事诉讼法第七十条规定的义务，应当通知公安机关，要求公安机关对保证人作出罚款决定。构成犯罪的，依法追究保证人的刑事责任。

《公安机关办理刑事案件程序规定》（公安部令第159号修正，修正后自2020年9月1日起施行）

第六章　强制措施
第二节　取保候审
第八十六条　保证人应当履行以下义务：
（一）监督被保证人遵守本规定第八十九条、第九十条的规定；
（二）发现被保证人可能发生或者已经发生违反本规定第八十九条、第九十条规定的行为的，应当及时向执行机关报告。

保证人应当填写保证书，并在保证书上签名、捺指印。

第一百零三条　被保证人违反应当遵守的规定，保证人未履行保证义务的，查证属实后，经县级以上公安机关负责人批准，对保证人处一千元以上二万元以下罚款；构成犯罪的，依法追究刑事责任。

第一百零四条　决定对保证人罚款的，应当报经县级以上公安机关负责人批准，制作对保证人罚款决定书，在三日以内送达保证人，告知其如果对罚款决定不服，可以在收到决定书之日起五日以内向作出决定的公安机关申请复议。公安机关应当在收到复议申请后七日以内作出决定。

保证人对复议决定不服的，可以在收到复议决定书后五日以内向上一级公安机关申请复核一次。上一级公安机关应当在收到复核申请后七日以内作出决定。对上级公安机关撤销或者变更罚款决定的，下级公安机关应当执行。

第一百零五条　对于保证人罚款的决定已过复议期限，或者复议、复核后维持原决定或者变更罚款数额的，公安机关应当及时通知指定的银行将保证人罚款按照国家的有关规定上缴国库。人民法院、人民检察院决定取保候审的，还应当在三日以内通知决定取保候审的机关。

《海警机构办理刑事案件程序规定》(中国海警局令第1号,自2023年6月15日起施行)

第六章 强制措施

第二节 取保候审

第七十七条 保证人应当履行以下义务:

(一)监督被保证人遵守本规定第八十条、第八十一条的规定;

(二)发现被保证人可能发生或者已经发生违反本规定第八十条、第八十一条规定的行为的,应当及时向执行机关报告。

保证人应当填写保证书,并在保证书上签名、捺指印。

第九十八条 被保证人违反应当遵守的规定,保证人未履行保证义务的,查证属实后,经海警机构负责人批准,对保证人处一千元以上二万元以下罚款;构成犯罪的,依法追究刑事责任。

第九十九条 决定对保证人罚款的,应当经海警机构负责人批准,制作对保证人罚款决定书,在三日以内送达保证人,告知其如果对罚款决定不服,可以在收到决定书之日起五日以内向作出决定的海警机构申请复议。海警机构应当在收到复议申请后七日以内作出决定。

保证人对复议决定不服的,可以在收到复议决定书后五日以内向上一级海警机构申请复核一次。上一级海警机构应当在收到复核申请后七日以内作出决定。对上级海警机构撤销或者变更罚款的决定,下级海警机构应当执行。

第一百条 对于保证人罚款的决定已过复议期限,或者复议、复核后维持原决定或者变更罚款数额的,海警机构应当及时通知指定的银行将保证人罚款按照国家的有关规定上缴国库。

人民法院、人民检察院决定取保候审的,还应当在三日以内通知决定取保候审的人民法院、人民检察院。

其他规范

《最高人民法院、最高人民检察院、公安部、国家安全部关于取保候审若干问题的规定》(公通字〔2022〕25号)第三十一条至第三十三条对保证人责任追究的有关问题作了规定。(→参见第六十七条所附"其他规范",第521页)

第七十一条 【取保候审的执行规范】被取保候审的犯罪嫌疑人、被告人应当遵守以下规定：

(一)未经执行机关批准不得离开所居住的市、县；

(二)住址、工作单位和联系方式发生变动的，在二十四小时以内向执行机关报告；

(三)在传讯的时候及时到案；

(四)不得以任何形式干扰证人作证；

(五)不得毁灭、伪造证据或者串供。

人民法院、人民检察院和公安机关可以根据案件情况，责令被取保候审的犯罪嫌疑人、被告人遵守以下一项或者多项规定：

(一)不得进入特定的场所；

(二)不得与特定的人员会见或者通信；

(三)不得从事特定的活动；

(四)将护照等出入境证件、驾驶证件交执行机关保存。

被取保候审的犯罪嫌疑人、被告人违反前两款规定，已交纳保证金的，没收部分或者全部保证金，并且区别情形，责令犯罪嫌疑人、被告人具结悔过，重新交纳保证金、提出保证人，或者监视居住、予以逮捕。

对违反取保候审规定，需要予以逮捕的，可以对犯罪嫌疑人、被告人先行拘留。

立法沿革

1996年《刑事诉讼法》第五十六条规定："被取保候审的犯罪嫌疑人、被告人应当遵守以下规定：(一)未经执行机关批准不得离开所居住的市、县；(二)在传讯的时候及时到案；(三)不得以任何形式干扰证人作证；(四)不得毁灭、伪造证据或者串供。""被取保候审的犯罪嫌疑人、被告人违反前款规定，已交纳保证金的，没收保证金，并且区别情形，责令犯罪嫌疑人、被告人具结悔过，重新交纳保证金、提出保证人或者监视居住、予以逮捕。犯罪嫌疑人、被告人在取保候审期间未违反前款规定的，取保候审结束的时候，应当退还保证金。"2012年《刑事诉讼法修改决定》对本条作了四个方面的修改：一是在第一款针对取保候审应当遵守的一般规定增加"住址、工作单位和联系方式发生变动的，在二十四小时以内向执行机关报告"。二是增设第二款，增加明确取保候审应当遵守的特别规定。三是对原第二款中"犯罪嫌疑人、被告人在取保候审期间未违反前款规定的，取保候审结束的时候，应当退还保证金"的规定，修改补充后从本条移至第七十一条单独加以规定。四是增设第四款,增加规定对违反取保候审规定的犯罪嫌疑人、被告人可以先行拘留。2018年修改《刑事诉讼法》时对本条规定未作调整。

"六部委"规定

《最高人民法院、最高人民检察院、公安部、国家安全部、司法部、全国人大常委会法制工作委员会关于实施刑事诉讼法若干问题的规定》(自2013年1月1日起施行,节录)

四、强制措施

13. 被取保候审、监视居住的犯罪嫌疑人、被告人无正当理由不得离开所居住的市、县或者执行监视居住的处所,有正当理由需要离开所居住的市、县或者执行监视居住的处所,应当经执行机关批准。如果取保候审、监视居住是由人民检察院、人民法院决定的,执行机关在批准犯罪嫌疑人、被告人离开所居住的市、县或者执行监视居住的处所前,应当征得决定机关同意。

基本规范

《最高人民法院关于适用〈中华人民共和国刑事诉讼法〉的解释》(法释〔2021〕1号,自2021年3月1日起施行)

第五章 强制措施

第一百五十八条 人民法院发现使用保证金保证的被取保候审人违反刑事诉讼法第七十一条第一款、第二款规定的,应当书面通知公安机关依法处理。

人民法院收到公安机关已经没收保证金的书面通知或者变更强制措施的建议后,应当区别情形,在五日以内责令被告人具结悔过,重新交纳保证金或者提出保证人,或者变更强制措施,并通知公安机关。

人民法院决定对被依法没收保证金的被告人继续取保候审的,取保候审的期限连续计算。

《人民检察院刑事诉讼规则》(高检发释字〔2019〕4号,自2019年12月30日起施行)

第六章 强制措施
第二节 取保候审

第九十三条 人民检察院决定对犯罪嫌疑人取保候审的,应当制作取保候审决定书,载明取保候审开始的时间、保证方式、被取保候审人应当履行的义务和应当遵守的规定。

人民检察院作出取保候审决定时,可以根据犯罪嫌疑人涉嫌犯罪的性质、危害后果、社会影响,犯罪嫌疑人、被害人的具体情况等,有针对性地责令其遵守以下一项或者多项规定:
(一)不得进入特定的场所;
(二)不得与特定的人员会见或者通信;
(三)不得从事特定的活动;
(四)将护照等出入境证件、驾驶证件交执行机关保存。

第九十四条 人民检察院应当向取保候审的犯罪嫌疑人宣读取保候审决定书,由犯罪嫌疑人签名或者盖章,并捺指印,责令犯罪嫌疑人遵守刑事诉讼法第七十一条的规定,告知其违反规定应负的法律责任。以保证金方式保证的,应当同时告知犯罪嫌疑人一次性将保证金存入公安机关指定银行的专门账户。

第九十五条 向犯罪嫌疑人宣布取保候审决定后,人民检察院应当将执行取保候审通知书送达公安机关执行,并告知公安机关在执行期间拟批准犯罪嫌疑人离开所居住的市、县的,应当事先征得人民检察院同意。以保证人方式保证的,应当将取保候审保证书同时送交公安机关。

人民检察院核实保证金已经交纳到公安机关指定银行的凭证后,应当将银行出具的凭证及其他有关材料与执行取保候审通知书一并送交公安机关。

第九十八条 公安机关在执行取保候审期间向人民检察院征询是否同意批准犯罪嫌疑人离开所居住的市、县时,人民检察院应当根据案件的具体情况及时作出决定,并通知公安机关。

第一百条 人民检察院发现犯罪嫌疑人违反刑事诉讼法第七十一条的规定,已交纳保证金的,应当书面通知公安机关没收部分或者全部保证金,并且根据案件的具体情况,责令犯罪嫌疑人具结悔过,重新交纳保证金、提出保证人,或者决定对其监视居住、予以逮捕。

公安机关发现犯罪嫌疑人违反刑事诉讼法第七十一条的规定,提出没收保证金或者变更强制措施意见的,人民检察院应当在收到意见后五日以内作出决定,并通知公安机关。

重新交纳保证金的程序适用本规则第九十二条的规定;提出保证人的程序适用本规则第九十条、第九十一条的规定。对犯罪嫌疑人继续取保候审的,取保候审的时间应当累计计算。

对犯罪嫌疑人决定监视居住的,应当办理监视居住手续。监视居住的期限应当自执行监视居住决定之日起计算并告知犯罪嫌疑人。

第一百零一条 犯罪嫌疑人有下列违反取保候审规定的行为,人民检察院应当对犯罪嫌疑人予以逮捕：

（一）故意实施新的犯罪；

（二）企图自杀、逃跑；

（三）实施毁灭、伪造证据，串供或者干扰证人作证，足以影响侦查、审查起诉工作正常进行；

（四）对被害人、证人、鉴定人、举报人、控告人及其他人员实施打击报复。

犯罪嫌疑人有下列违反取保候审规定的行为，人民检察院可以对犯罪嫌疑人予以逮捕：

（一）未经批准，擅自离开所居住的市、县，造成严重后果，或者两次未经批准，擅自离开所居住的市、县；

（二）经传讯不到案，造成严重后果，或者经两次传讯不到案；

（三）住址、工作单位和联系方式发生变动，未在二十四小时以内向公安机关报告，造成严重后果；

（四）违反规定进入特定场所、与特定人员会见或者通信、从事特定活动，严重妨碍诉讼程序正常进行。

有前两款情形，需要对犯罪嫌疑人予以逮捕的，可以先行拘留；已交纳保证金的，同时书面通知公安机关没收保证金。

《公安机关办理刑事案件程序规定》（公安部令第 159 号修正，修正后自 2020 年 9 月 1 日起施行）

第六章　强制措施
第二节　取保候审

第八十九条　公安机关在宣布取保候审决定时，应当告知被取保候审人遵守以下规定：

（一）未经执行机关批准不得离开所居住的市、县；

（二）住址、工作单位和联系方式发生变动的，在二十四小时以内向执行机关报告；

（三）在传讯的时候及时到案；

（四）不得以任何形式干扰证人作证；

（五）不得毁灭、伪造证据或者串供。

第九十条　公安机关在决定取保候审时，还可以根据案件情况，责令被取保候审人遵守以下一项或者多项规定：

（一）不得进入与其犯罪活动等相关联的特定场所；

（二）不得与证人、被害人及其近亲属、同案犯以及与案件有关联的其他特

(三) 不得从事与其犯罪行为等相关联的特定活动;
(四) 将护照等出入境证件、驾驶证件交执行机关保存。

公安机关应当综合考虑案件的性质、情节、社会影响、犯罪嫌疑人的社会关系等因素,确定特定场所、特定人员和特定活动的范围。

第九十四条 执行取保候审的派出所应当定期了解被取保候审人遵守取保候审规定的有关情况,并制作笔录。

第九十五条 被取保候审人无正当理由不得离开所居住的市、县。有正当理由需要离开所居住的市、县的,应当经负责执行的派出所负责人批准。

人民法院、人民检察院决定取保候审的,负责执行的派出所在批准被取保候审人离开所居住的市、县前,应当征得决定取保候审的机关同意。

第九十六条 被取保候审人在取保候审期间违反本规定第八十九条、第九十条规定,已交纳保证金的,公安机关应当根据其违反规定的情节,决定没收部分或者全部保证金,并且区别情形,责令其具结悔过、重新交纳保证金、提出保证人,变更强制措施或者给予治安管理处罚;需要予以逮捕的,可以对其先行拘留。

人民法院、人民检察院决定取保候审的,被取保候审人违反应当遵守的规定,负责执行的派出所应当及时通知决定取保候审的机关。

第九十七条 需要没收保证金的,应当经过严格审核后,报县级以上公安机关负责人批准,制作没收保证金决定书。

决定没收五万元以上保证金的,应当经设区的市一级以上公安机关负责人批准。

第九十八条 没收保证金的决定,公安机关应当在三日以内向被取保候审人宣读,并责令其在没收保证金决定书上签名、捺指印;被取保候审人在逃或者具有其他情形不能到场的,应当向其成年家属、法定代理人、辩护人或者单位、居住地的居民委员会、村民委员会宣布,由其成年家属、法定代理人、辩护人或者单位、居住地的居民委员会或者村民委员会的负责人在没收保证金决定书上签名。

被取保候审人或者其成年家属、法定代理人、辩护人或者单位、居民委员会、村民委员会负责人拒绝签名的,公安机关应当在没收保证金决定书上注明。

第九十九条 公安机关在宣读没收保证金决定书时,应当告知如果对没收保证金的决定不服,被取保候审人或者其法定代理人可以在五日以内向作出决定的公安机关申请复议。公安机关应当在收到复议申请后七日以内作出决定。

被取保候审人或者其法定代理人对复议决定不服的,可以在收到复议决定书后五日以内向上一级公安机关申请复核一次。上一级公安机关应当在收到复核申请后七日以内作出决定。对上级公安机关撤销或者变更没收保证金决定的,下级公安机关应当执行。

第一百条 没收保证金的决定已过复议期限,或者复议、复核后维持原决定或者变更没收保证金数额的,公安机关应当及时通知指定的银行将没收的保证金按照国家的有关规定上缴国库。人民法院、人民检察院决定取保候审的,还应当在三日以内通知决定取保候审的机关。

《海警机构办理刑事案件程序规定》(中国海警局令第1号,自2023年6月15日起施行)

第六章　强制措施
第二节　取保候审

第八十条 海警机构在宣布取保候审决定时,应当告知被取保候审人遵守以下规定:
(一)未经执行机关批准不得离开所居住的市、县;
(二)住址、工作单位和联系方式发生变动的,在二十四小时以内向执行机关报告;
(三)在传讯的时候及时到案;
(四)不得以任何形式干扰证人作证;
(五)不得毁灭、伪造证据或者串供。

第八十一条 海警机构在决定取保候审时,还可以根据案件情况,责令被取保候审人遵守以下一项或者多项规定:
(一)不得进入特定的场所、特定的海域;
(二)不得与特定的人员会见或者通信;
(三)不得从事特定的活动;
(四)将护照等出入境证件、驾驶证件交执行机关保存。
前款中的"通信"包括以信件、短信、电子邮件、通话,通过网络平台或者网络应用服务交流信息等各种方式直接或者间接通信。

第八十二条 "特定的场所"指下列场所:
(一)可能导致其再次实施犯罪的场所;
(二)可能导致其实施妨害社会秩序、干扰他人正常活动行为的场所;
(三)与其所涉嫌犯罪活动有关联的场所;
(四)可能导致其实施毁灭证据、干扰证人作证等妨害诉讼活动的场所;
(五)其他可能妨害取保候审执行的特定场所。

第八十三条 "特定的人员"指下列人员:
(一)证人、鉴定人、被害人及其法定代理人和近亲属;
(二)同案违法行为人、犯罪嫌疑人、被告人以及与案件有关联的其他人员;
(三)可能遭受被取保候审人侵害、滋扰的人员;
(四)可能实施妨害取保候审执行、影响诉讼活动的人员。

第八十四条 "特定的活动"指下列活动:
(一)可能导致其再次实施犯罪的活动;
(二)可能对国家安全、公共安全、社会秩序造成不良影响的活动;
(三)与所涉嫌犯罪相关联的活动;
(四)可能妨害诉讼的活动;
(五)其他可能妨害取保候审执行的特定活动。

第八十五条 海警机构应当综合考虑案件的性质、情节、社会影响、犯罪嫌疑人的社会关系等因素,确定特定场所、特定海域、特定人员和特定活动的范围。

第八十九条 执行取保候审的海警机构应当定期了解被取保候审人遵守取保候审规定的有关情况,并制作笔录。

第九十条 被取保候审人无正当理由不得离开所居住的市、县。有正当理由需要离开所居住的市、县的,应当经负责执行的海警机构负责人批准。

人民法院、人民检察院决定取保候审的,负责执行的海警机构在批准被取保候审人离开所居住的市、县前,应当征得决定取保候审的人民法院、人民检察院同意。

第九十一条 被取保候审人在取保候审期间违反本规定第八十条、第八十一条规定,已交纳保证金的,海警机构应当根据其违反规定的情节,决定没收部分或者全部保证金,并且区别情形,责令其具结悔过、重新交纳保证金、提出保证人,变更强制措施或者给予治安管理处罚;需要予以逮捕的,可以对其先行拘留。

人民法院、人民检察院决定取保候审的,被取保候审人违反应当遵守的规定,负责执行的海警机构应当及时通知决定取保候审的人民法院、人民检察院。

第九十二条 需要没收保证金的,应当经过严格审核后,报负责执行取保候审的海警机构负责人批准,制作没收保证金决定书。

决定没收五万元以上保证金的,应当经市级海警局以上海警机构负责人批准。

第九十三条 没收保证金的决定,海警机构应当在三日以内向被取保候审人宣读，并责令其在没收保证金决定书上签名、捺指印；被取保候审人在逃或者具有其他情形不能到场的，应当向其成年家属、法定代理人、辩护人或者单位、居住地的居民委员会或者村民委员会宣布，由其成年家属、法定代理人、辩护人或者单位、居住地的居民委员会或者村民委员会的负责人在没收保证金决定书上签名。

被取保候审人或者其成年家属、法定代理人、辩护人或者单位、居民委员会、村民委员会的负责人拒绝签名的，海警机构应当在没收保证金决定书上注明。

第九十四条　海警机构在宣读没收保证金决定书时，应当告知如果对没收保证金的决定不服，被取保候审人或者其法定代理人可以在五日以内向作出决定的海警机构申请复议。海警机构应当在收到复议申请后七日以内作出决定。

被取保候审人或者其法定代理人对复议决定不服的，可以在收到复议决定书后五日以内向上一级海警机构申请复核一次。上一级海警机构应当在收到复核申请后七日以内作出决定。对上级海警机构撤销或者变更没收保证金决定的，下级海警机构应当执行。

第九十五条　没收保证金的决定已过复议期限，或者复议、复核后维持原决定或者变更没收保证金数额的，海警机构应当及时通知指定的银行将没收的保证金按照国家有关规定上缴国库。人民法院、人民检察院决定取保候审的，还应当在三日以内通知决定取保候审的人民法院、人民检察院。

其他规范

《最高人民法院、最高人民检察院、公安部、国家安全部关于取保候审若干问题的规定》（公通字〔2022〕25号，自2022年9月5日起施行）第七条至第九条、第十四条至第二十三条对取保候审执行的有关问题作了规定。（→参见第六十七条所附"其他规范"，第515—516、516—519页）

法律适用答复、复函

《公安部关于如何没收逃跑犯罪嫌疑人保证金问题的批复》（公复字〔2001〕22号）

辽宁省公安厅：

你厅《关于在被取保候审犯罪嫌疑人逃跑而无法告知其复核权的情况下可否没收保证金问题的请示》（辽公明发〔2001〕977号）收悉。现批复如下：

公安机关没收犯罪嫌疑人取保候审保证金，应当严格按照《刑事诉讼法》和公安部《公安机关办理刑事案件程序规定》进行。如果犯罪嫌疑人在逃的,公安机关应当按照《刑事诉讼法》第八十一条和《公安机关办理刑事案件程序规定》第八十条的规定,由犯罪嫌疑人的家属、法定代理人或者单位负责人代收《没收保证金决定书》,并告知其犯罪嫌疑人对没收保证金决定不服的,可以在五日以内向上一级公安机关申请复核一次。复核期限已过,犯罪嫌疑人没有提出复核申请的,应当依法没收其保证金。

第七十二条 【保证金数额的确定与执行】取保候审的决定机关应当综合考虑保证诉讼活动正常进行的需要,被取保候审人的社会危险性,案件的性质、情节,可能判处刑罚的轻重,被取保候审人的经济状况等情况,确定保证金的数额。

提供保证金的人应当将保证金存入执行机关指定银行的专门账户。

立法沿革

本条系2012年《刑事诉讼法修改决定》增设规定,2018年修改《刑事诉讼法》时未作调整。

基本规范

《最高人民法院关于适用〈中华人民共和国刑事诉讼法〉的解释》(法释〔2021〕1号,自2021年3月1日起施行)

第五章 强制措施

第一百五十三条 对决定取保候审的被告人使用保证金保证的,应当依照刑事诉讼法第七十二条第一款的规定确定保证金的具体数额,并责令被告人或者为其提供保证金的单位、个人将保证金一次性存入公安机关指定银行的专门账户。

《人民检察院刑事诉讼规则》(高检发释字〔2019〕4号,自2019年12月30日起施行)

第六章 强制措施

第二节 取保候审

第九十二条 采取保证金保证方式的,人民检察院可以根据犯罪嫌疑人的社会危险性,案件的性质、情节,可能判处刑罚的轻重,犯罪嫌疑人的经济状况等,责令犯罪嫌疑人交纳一千元以上的保证金。对于未成年犯罪嫌疑人,可以责令交纳五百元以上的保证金。

《公安机关办理刑事案件程序规定》(公安部令第159号修正,修正后自2020年9月1日起施行)

第六章　强制措施
第二节　取保候审
第八十七条　犯罪嫌疑人的保证金起点数额为人民币一千元。犯罪嫌疑人为未成年人的,保证金起点数额为人民币五百元。具体数额应当综合考虑保证诉讼活动正常进行的需要、犯罪嫌疑人的社会危险性、案件的性质、情节、可能判处刑罚的轻重以及犯罪嫌疑人的经济状况等情况确定。

第八十八条　县级以上公安机关应当在其指定的银行设立取保候审保证金专门账户,委托银行代为收取和保管保证金。

提供保证金的人,应当一次性将保证金存入取保候审保证金专门账户。保证金应当以人民币交纳。

保证金应当由办案部门以外的部门管理。严禁截留、坐支、挪用或者以其他任何形式侵吞保证金。

《海警机构办理刑事案件程序规定》(中国海警局令第1号,自2023年6月15日起施行)

第六章　强制措施
第二节　取保候审
第七十八条　采取保证金形式取保候审的,保证金的起点数额为人民币一千元。犯罪嫌疑人为未成年人的,保证金起点数额为人民币五百元。

具体数额应当综合考虑保证诉讼活动正常进行的需要,犯罪嫌疑人的社会危险性,案件的性质、情节,可能判处刑罚的轻重,犯罪嫌疑人的经济状况等情况确定。

第七十九条　海警机构应当在其指定的银行设立取保候审保证金专门账户,委托银行代为收取和保管保证金,并将相关信息通知相应人民法院、人民检察院。

海警机构作出取保候审决定后,对于采取保证金形式的,应当及时将收取保证金通知书送达被取保候审人,责令其在三日内向指定的银行交纳保证金。

被取保候审人或者为其提供保证金的人,应当一次性将保证金存入取保候审保证金专门账户,并由银行出具相关凭证。保证金应当以人民币交纳。

保证金应当由办案部门以外的部门管理。严禁截留、坐支、挪用或者以其他任何形式侵吞保证金。

其他规范

《最高人民法院、最高人民检察院、公安部、国家安全部关于取保候审若干问题的规定》(公通字〔2022〕25号,自2022年9月5日起施行)**第十条至第十三条**对保证金缴纳的有关问题作了规定。(→参见第六十七条所附"其他规范",第516页)

第七十三条 【保证金的退还】犯罪嫌疑人、被告人在取保候审期间未违反本法第七十一条规定的,取保候审结束的时候,凭解除取保候审的通知或者有关法律文书到银行领取退还的保证金。

立法沿革

1996年《刑事诉讼法》第五十六条第二款规定:"……犯罪嫌疑人、被告人在取保候审期间未违反前款规定的,取保候审结束的时候,应当退还保证金。"2012年《刑事诉讼法修改决定》将上述规定单独成条规定,并对领取退还的保证金的方式作了明确。2018年修改《刑事诉讼法》时对本条规定未作调整。

基本规范

《最高人民法院关于适用〈中华人民共和国刑事诉讼法〉的解释》(法释〔2021〕1号,自2021年3月1日起施行)

第五章 强制措施

第一百五十九条 对被取保候审的被告人的判决、裁定生效后,如果保证金属于其个人财产,且需要用以退赔被害人、履行附带民事赔偿义务或者执行财产刑的,人民法院可以书面通知公安机关移交全部保证金,由人民法院作出处理,剩余部分退还被告人。

《人民检察院刑事诉讼规则》(高检发释字〔2019〕4号,自2019年12月30日起施行)

第六章 强制措施

第二节 取保候审

第一百零六条 犯罪嫌疑人在取保候审期间没有违反刑事诉讼法第七十一条的规定,或者发现不应当追究犯罪嫌疑人刑事责任的,变更、解除或者撤销取保候审时,应当告知犯罪嫌疑人可以凭变更、解除或者撤销取保候审的通知或者有关法律文书到银行领取退还的保证金。

《公安机关办理刑事案件程序规定》（公安部令第159号修正，修正后自2020年9月1日起施行）

第六章　强制措施

第二节　取保候审

第一百零一条　被取保候审人在取保候审期间，没有违反本规定第八十九条、第九十条有关规定，也没有重新故意犯罪的，或者具有本规定第一百八十六条规定的情形之一的，在解除取保候审、变更强制措施的同时，公安机关应当制作退还保证金决定书，通知银行如数退还保证金。

被取保候审人可以凭退还保证金决定书到银行领取退还的保证金。被取保候审人委托他人领取的，应当出具委托书。

第一百零二条　被取保候审人没有违反本规定第八十九条、第九十条规定，但在取保候审期间涉嫌重新故意犯罪被立案侦查的，负责执行的公安机关应当暂扣其交纳的保证金，待人民法院判决生效后，根据有关判决作出处理。

《海警机构办理刑事案件程序规定》（中国海警局令第1号，自2023年6月15日起施行）

第六章　强制措施

第二节　取保候审

第九十六条　采取保证金方式保证的被取保候审人在取保候审期间没有违反本规定第八十条、第八十一条的规定，也没有重新故意犯罪的，或者具有本规定第一百八十条规定的情形之一的，在解除取保候审、变更强制措施的同时，海警机构应当制作退还保证金决定书，通知银行如数退还保证金。

被取保候审人可以凭有关法律文书到银行领取退还的保证金。被取保候审人委托他人领取的，应当出具委托书。

第九十七条　被取保候审人没有违反本规定第八十条、第八十一条的规定，但在取保候审期间涉嫌重新故意犯罪被立案侦查的，海警机构应当暂扣其交纳的保证金，根据人民法院的生效判决作出处理。

■ 其他规范

《最高人民法院、最高人民检察院、公安部、国家安全部关于取保候审若干问题的规定》（公通字〔2022〕25号，自2022年9月5日起施行）第二十五条对保证金退还的有关问题作了规定。（→参见第六十七条所附"其他规范"，第520页）

第七十四条 【取保候审的适用条件和执行机关】 人民法院、人民检察院和公安机关对符合逮捕条件，有下列情形之一的犯罪嫌疑人、被告人，可以监视居住：

（一）患有严重疾病、生活不能自理的；

（二）怀孕或者正在哺乳自己婴儿的妇女；

（三）系生活不能自理的人的唯一扶养人；

（四）因为案件的特殊情况或者办理案件的需要，采取监视居住措施更为适宜的；

（五）羁押期限届满，案件尚未办结，需要采取监视居住措施的。

对符合取保候审条件，但犯罪嫌疑人、被告人不能提出保证人，也不交纳保证金的，可以监视居住。

监视居住由公安机关执行。

立法沿革

1996年《刑事诉讼法》第五十一条规定："人民法院、人民检察院和公安机关对于有下列情形之一的犯罪嫌疑人、被告人，可以取保候审或者监视居住：（一）可能判处管制、拘役或者独立适用附加刑的；（二）可能判处有期徒刑以上刑罚，采取取保候审、监视居住不致发生社会危险性的。""取保候审、监视居住由公安机关执行。"第六十条第二款规定："对应当逮捕的犯罪嫌疑人，如果患有严重疾病，或者是正在怀孕、哺乳自己婴儿的妇女，可以采用取保候审或者监视居住的办法。"2012年《刑事诉讼法修改决定》将监视居住定位为羁押的替代措施，在本条对监视居住作了单独规定。2018年修改《刑事诉讼法》时对本条规定未作调整。

基本规范

《最高人民法院关于适用〈中华人民共和国刑事诉讼法〉的解释》（法释〔2021〕1号，自2021年3月1日起施行）

第五章 强制措施

第一百六十条 对具有刑事诉讼法第七十四条第一款、第二款规定情形的被告人，人民法院可以决定监视居住。

人民法院决定对被告人监视居住的，应当核实其住处；没有固定住处的，应当为其指定居所。

《人民检察院刑事诉讼规则》（高检发释字〔2019〕4号，自2019年12月30

日起施行）

第六章 强制措施
第三节 监视居住

第一百零七条 人民检察院对于符合逮捕条件,具有下列情形之一的犯罪嫌疑人,可以监视居住：

（一）患有严重疾病、生活不能自理的；

（二）怀孕或者正在哺乳自己婴儿的妇女；

（三）系生活不能自理的人的唯一扶养人；

（四）因为案件的特殊情况或者办理案件的需要,采取监视居住措施更为适宜的；

（五）羁押期限届满,案件尚未办结,需要采取监视居住措施的。

前款第三项中的扶养包括父母、祖父母、外祖父母对子女、孙子女、外孙子女的抚养和子女、孙子女、外孙子女对父母、祖父母、外祖父母的赡养以及配偶、兄弟姐妹之间的相互扶养。

对符合取保候审条件,但犯罪嫌疑人不能提出保证人,也不交纳保证金的,可以监视居住。

《公安机关办理刑事案件程序规定》（公安部令第159号修正,修正后自2020年9月1日起施行）

第六章 强制措施
第三节 监视居住

第一百零九条 公安机关对符合逮捕条件,有下列情形之一的犯罪嫌疑人,可以监视居住：

（一）患有严重疾病、生活不能自理的；

（二）怀孕或者正在哺乳自己婴儿的妇女；

（三）系生活不能自理的人的唯一扶养人；

（四）因案件的特殊情况或者办理案件的需要,采取监视居住措施更为适宜的；

（五）羁押期限届满,案件尚未办结,需要采取监视居住措施的。

对人民检察院决定不批准逮捕的犯罪嫌疑人,需要继续侦查,并且符合监视居住条件的,可以监视居住。

对于符合取保候审条件,但犯罪嫌疑人不能提出保证人,也不交纳保证金的,可以监视居住。

对于被取保候审人违反本规定第八十九条、第九十条规定的,可以监视居住。

第一百一十条 对犯罪嫌疑人监视居住,应当制作呈请监视居住报告书,说明监视居住的理由、采取监视居住的方式以及应当遵守的规定,经县级以上公安机关负责人批准,制作监视居住决定书。监视居住决定书应当向犯罪嫌疑人宣读,由犯罪嫌疑人签名、捺指印。

第一百一十七条 公安机关决定监视居住的,由被监视居住人住处或者指定居所所在地的派出所执行,办案部门可以协助执行。必要时,也可以由办案部门负责执行,派出所或者其他部门协助执行。

第一百一十八条 人民法院、人民检察院决定监视居住的,负责执行的县级公安机关应当在收到法律文书和有关材料后二十四小时以内,通知被监视居住人住处或者指定居所所在地的派出所,核实被监视居住人身份、住处或者居所等情况后执行。必要时,可以由人民法院、人民检察院协助执行。

负责执行的派出所应当及时将执行情况通知决定监视居住的机关。

第一百一十九条 负责执行监视居住的派出所或者办案部门应当严格对被监视居住人进行监督考察,确保安全。

《海警机构办理刑事案件程序规定》(中国海警局令第 1 号,自 2023 年 6 月 15 日起施行)

第六章 强制措施
第三节 监视居住

第一百零四条 海警机构对符合逮捕条件,有下列情形之一的犯罪嫌疑人,可以监视居住:

(一)患有严重疾病、生活不能自理的;
(二)怀孕或者正在哺乳自己婴儿的妇女;
(三)系生活不能自理的人的唯一扶养人;
(四)因案件的特殊情况或者办理案件的需要,采取监视居住措施更为适宜的;
(五)羁押期限届满,案件尚未办结,需要采取监视居住措施的。

对人民检察院决定不批准逮捕的犯罪嫌疑人,需要继续侦查,并且符合监视居住条件的,可以监视居住。

对于符合取保候审条件,但犯罪嫌疑人不能提出保证人,也不交纳保证金的,可以监视居住。

对于被取保候审人违反本规定第八十条、第八十一条规定的,可以监视居住。

第一百零五条 对犯罪嫌疑人监视居住,应当制作呈请监视居住报告书,说明监视居住的理由、采取监视居住的方式以及应当遵守的规定,经海警机构负责人批准,制作监视居住决定书。监视居住决定书应当向犯罪嫌疑人宣读,由犯罪嫌疑人签名、捺指印。

第一百一十二条 监视居住由被监视居住人住处的海警工作站执行,被监视居住人住处未设海警工作站以及指定居所监视居住或者案件情况复杂特殊的,由负责办案的海警机构执行。必要时,可以协调当地公安机关协助执行。

第一百一十三条 人民法院、人民检察院决定监视居住的,负责执行的海警机构应当在收到法律文书和有关材料后二十四小时以内,核实被监视居住人身份、住处或者居所等情况后执行。必要时,可以由人民法院、人民检察院协助执行。

负责执行的海警机构应当及时将执行情况通知决定监视居住的人民法院、人民检察院。

第一百一十四条 负责执行监视居住的海警机构应当严格对被监视居住人进行监督考察,确保安全。

第七十五条 【监视居住的执行场所与被监视居住人的权利保障】 监视居住应当在犯罪嫌疑人、被告人的住处执行;无固定住处的,可以在指定的居所执行。对于涉嫌危害国家安全犯罪、恐怖活动犯罪,在住处执行可能有碍侦查的,经上一级公安机关批准,也可以在指定的居所执行。但是,不得在羁押场所、专门的办案场所执行。

指定居所监视居住的,除无法通知的以外,应当在执行监视居住后二十四小时以内,通知被监视居住人的家属。

被监视居住的犯罪嫌疑人、被告人委托辩护人,适用本法第三十四条的规定。

人民检察院对指定居所监视居住的决定和执行是否合法实行监督。

▌立法沿革

1996年《刑事诉讼法》第五十七条规定:"被监视居住的犯罪嫌疑人、被告人应当遵守以下规定:(一)未经执行机关批准不得离开住处,无固定住处的,未经批准不得离开指定的居所;(二)未经执行机关批准不得会见他人;(三)在传讯的时候及时到案;(四)不得以任何形式干扰证人作证;(五)不得毁灭、伪造证据或者串供。""被监视居住的犯罪嫌疑人、被告人违反前款规定,情节严重的,予以逮捕。"2012年《刑事诉讼法修改决定》对指定居所监视居住的适用案件范围、执行场所、通知家属、委托律师以及人民检察院的监督等作了规定。2018年《刑事诉讼法修改决定》对本条作了修改,删去"对特别重大贿赂犯罪","经上一级人民检察院"批准可以指定居所监视居住的规定。

相关规定

《中华人民共和国海警法》(自2021年2月1日起施行,节录)

第四十三条 海警机构、人民检察院、人民法院依法对海上刑事案件的犯罪嫌疑人、被告人决定监视居住的,由海警机构在被监视居住人住处执行;被监视居住人在负责办案的海警机构所在的市、县没有固定住处的,可以在指定的居所执行。对于涉嫌危害国家安全犯罪、恐怖活动犯罪,在住处执行可能有碍侦查的,经上一级海警机构批准,也可以在指定的居所执行。但是,不得在羁押场所、专门的办案场所执行。

"六部委"规定

《最高人民法院、最高人民检察院、公安部、国家安全部、司法部、全国人大常委会法制工作委员会关于实施刑事诉讼法若干问题的规定》(2012年12月26日,节录)

四、强制措施

15. 指定居所监视居住的,不得要求被监视居住人支付费用。

基本规范

《最高人民法院关于适用〈中华人民共和国刑事诉讼法〉的解释》(法释〔2021〕1号,自2021年3月1日起施行)

第五章 强制措施

第一百六十一条 人民法院向被告人宣布监视居住决定后,应当将监视居住决定书等相关材料送交被告人住处或者指定居所所在地的公安机关执行。

对被告人指定居所监视居住后,人民法院应当在二十四小时以内,将监视居住的原因和处所通知其家属;确实无法通知的,应当记录在案。

《人民检察院刑事诉讼规则》(高检发释字〔2019〕4号,自2019年12月30日起施行)

第六章　强制措施
第三节　监视居住

第一百零八条　人民检察院应当向被监视居住的犯罪嫌疑人宣读监视居住决定书,由犯罪嫌疑人签名或者盖章,并捺指印,责令犯罪嫌疑人遵守刑事诉讼法第七十七条的规定,告知其违反规定应负的法律责任。

指定居所监视居住的,不得要求被监视居住人支付费用。

第一百零九条　人民检察院核实犯罪嫌疑人住处或者为其指定居所后,应当制作监视居住执行通知书,将有关法律文书和案由、犯罪嫌疑人基本情况材料,送交监视居住地的公安机关执行,必要时人民检察院可以协助公安机关执行。

人民检察院应当告知公安机关在执行期间拟批准犯罪嫌疑人离开执行监视居住的处所、会见他人或者通信的,应当事先征得人民检察院同意。

第一百一十六条　监视居住应当在犯罪嫌疑人的住处执行。犯罪嫌疑人无固定住处的,可以在指定的居所执行。

固定住处是指犯罪嫌疑人在办案机关所在地的市、县内工作、生活的合法居所。

指定的居所应当符合下列条件:

(一)具备正常的生活、休息条件;
(二)便于监视、管理;
(三)能够保证安全。

采取指定居所监视居住,不得在看守所、拘留所、监狱等羁押、监管场所以及留置室、讯问室等专门的办案场所、办公区域执行。

第一百一十七条　在指定的居所执行监视居住,除无法通知的以外,人民检察院应当在执行监视居住后二十四小时以内,将指定居所监视居住的原因通知被监视居住人的家属。无法通知的,应当将原因写明附卷。无法通知的情形消除后,应当立即通知。

无法通知包括下列情形:

(一)被监视居住人无家属;
(二)与其家属无法取得联系;
(三)受自然灾害等不可抗力阻碍。

第一百一十八条　对于公安机关、人民法院决定指定居所监视居住的案件,由批准或者决定的公安机关、人民法院的同级人民检察院负责捕诉的部门对决定是否合法实行监督。

人民检察院决定指定居所监视居住的案件,由负责控告申诉检察的部门对决定是否合法实行监督。

第一百一十九条 被指定居所监视居住人及其法定代理人、近亲属或者辩护人认为指定居所监视居住决定存在违法情形,提出控告或者举报的,人民检察院应当受理。

人民检察院可以要求有关机关提供指定居所监视居住决定书和相关案卷材料。经审查,发现存在下列违法情形之一的,应当及时通知其纠正:

(一)不符合指定居所监视居住的适用条件的;
(二)未按法定程序履行批准手续的;
(三)在决定过程中有其他违反刑事诉讼法规定的行为的。

第一百二十条 对于公安机关、人民法院决定指定居所监视居住的案件,由人民检察院负责刑事执行检察的部门对指定居所监视居住的执行活动是否合法实行监督。发现存在下列违法情形之一的,应当及时提出纠正意见:

(一)执行机关收到指定居所监视居住决定书、执行通知书等法律文书后不派员执行或者不及时派员执行的;
(二)在执行指定居所监视居住后二十四小时以内没有通知被监视居住人的家属的;
(三)在羁押场所、专门的办案场所执行监视居住的;
(四)为被监视居住人通风报信、私自传递信件、物品的;
(五)违反规定安排辩护人同被监视居住人会见、通信,或者违法限制被监视居住人与辩护人会见、通信的;
(六)对被监视居住人刑讯逼供、体罚、虐待或者变相体罚、虐待的;
(七)有其他侵犯被监视居住人合法权利行为或者其他违法行为的。

被监视居住人及其法定代理人、近亲属或者辩护人认为执行机关或者执行人员存在上述违法情形,提出控告或者举报的,人民检察院应当受理。

人民检察院决定指定居所监视居住的案件,由负责控告申诉检察的部门对指定居所监视居住的执行活动是否合法实行监督。

《公安机关办理刑事案件程序规定》(公安部令第 159 号修正,修正后自 2020 年 9 月 1 日起施行)

第六章 强制措施
第三节 监视居住

第一百一十一条 监视居住应当在犯罪嫌疑人、被告人住处执行;无固定住处的,可以在指定的居所执行。对于涉嫌危害国家安全犯罪、恐怖活动犯罪,在住处执行可能有碍侦查的,经上一级公安机关批准,也可以在指定的居所执行。

有下列情形之一的,属于本条规定的"有碍侦查":

(一)可能毁灭、伪造证据,干扰证人作证或者串供的;
(二)可能引起犯罪嫌疑人自残、自杀或者逃跑的;
(三)可能引起同案犯逃避、妨碍侦查的;
(四)犯罪嫌疑人、被告人在住处执行监视居住有人身危险的;
(五)犯罪嫌疑人、被告人的家属或者所在单位人员与犯罪有牵连的。

指定居所监视居住的,不得要求被监视居住人支付费用。

第一百一十二条 固定住处,是指被监视居住人在办案机关所在的市、县内生活的合法住处;指定的居所,是指公安机关根据案件情况,在办案机关所在的市、县内为被监视居住人指定的生活居所。

指定的居所应当符合下列条件:

(一)具备正常的生活、休息条件;
(二)便于监视、管理;
(三)保证安全。

公安机关不得在羁押场所、专门的办案场所或者办公场所执行监视居住。

第一百一十三条 指定居所监视居住的,除无法通知的以外,应当制作监视居住通知书,在执行监视居住后二十四小时以内,由决定机关通知被监视居住人的家属。

有下列情形之一的,属于本条规定的"无法通知":

(一)不讲真实姓名、住址、身份不明的;
(二)没有家属的;
(三)提供的家属联系方式无法取得联系的;
(四)因自然灾害等不可抗力导致无法通知的。

无法通知的情形消失以后,应当立即通知被监视居住人的家属。

无法通知家属的,应当在监视居住通知书中注明原因。

第一百一十四条 被监视居住人委托辩护律师,适用本规定第四十三条、第四十四条、第四十五条规定。

第一百一十五条 公安机关在宣布监视居住决定时,应当告知被监视居住人必须遵守以下规定:

(一)未经执行机关批准不得离开执行监视居住的处所;
(二)未经执行机关批准不得会见他人或者以任何方式通信;
(三)在传讯的时候及时到案;

(四)不得以任何形式干扰证人作证;
(五)不得毁灭、伪造证据或者串供;
(六)将护照等出入境证件、身份证件、驾驶证件交执行机关保存。

第十四章 附 则

第三百八十五条 本规定所称"危害国家安全犯罪",包括刑法分则第一章规定的危害国家安全罪以及危害国家安全的其他犯罪;"恐怖活动犯罪",包括以制造社会恐慌、危害公共安全或者胁迫国家机关、国际组织为目的,采取暴力、破坏、恐吓等手段,造成或者意图造成人员伤亡、重大财产损失、公共设施损坏、社会秩序混乱等严重社会危害的犯罪,以及煽动、资助或者以其他方式协助实施上述活动的犯罪。

《海警机构办理刑事案件程序规定》(中国海警局令第1号,自2023年6月15日起施行)

第六章 强制措施
第三节 监视居住

第一百零六条 监视居住应当在犯罪嫌疑人、被告人住处执行;无固定住处的,可以在指定的居所执行。对于涉嫌危害国家安全犯罪、恐怖活动犯罪,在住处执行可能有碍侦查的,经上一级海警机构批准,也可以在指定的居所执行。

有下列情形之一的,属于本条规定的"有碍侦查":
(一)可能毁灭、伪造证据,干扰证人作证或者串供的;
(二)可能引起犯罪嫌疑人自残、自杀或者逃跑的;
(三)可能引起同案犯逃避、妨碍侦查的;
(四)犯罪嫌疑人、被告人在住处执行监视居住有人身危险的;
(五)犯罪嫌疑人、被告人的家属或者所在单位人员与犯罪有牵连的。
指定居所监视居住的,不得要求被监视居住人支付费用。

第一百零七条 固定住处,是指被监视居住人在负责办案的海警机构所在的市、县内生活的合法住处;指定的居所,是指海警机构根据案件情况,在负责办案的海警机构所在的市、县内为被监视居住人指定的生活居所。

指定的居所应当符合下列条件:
(一)具备正常的生活、休息条件;
(二)便于监视、管理;
(三)保证安全。

海警机构不得在羁押场所、专门的执法办案场所或者办公场所执行监视居住。

第一百零八条 指定居所监视居住,除无法通知的以外,应当制作监视居住通知书,在执行监视居住后二十四小时以内,由作出决定的海警机构通知被监视居住人的家属。无法通知的,侦查人员应当在监视居住通知书中注明。

有下列情形之一的,属于前款规定的"无法通知":
(一)不讲真实姓名、住址,身份不明的;
(二)没有家属的;
(三)提供的家属联系方式无法取得联系的;
(四)因自然灾害等不可抗力导致无法通知的。

无法通知的情形消失以后,应当立即通知被监视居住人的家属。

第一百零九条 被监视居住人委托辩护律师,适用本规定第三十三条、第三十四条、第三十五条的规定。

第一百一十条 海警机构在宣布监视居住决定时,应当告知被监视居住人遵守以下规定:
(一)未经执行机关批准不得离开执行监视居住的处所;
(二)未经执行机关批准不得会见他人或者以任何方式通信;
(三)在传讯的时候及时到案;
(四)不得以任何形式干扰证人作证;
(五)不得毁灭、伪造证据或者串供;
(六)将护照等出入境证件、身份证件、驾驶证件交执行机关保存。

第十二章 附 则

第三百三十九条 本规定所称"危害国家安全犯罪",包括《中华人民共和国刑法》分则第一章规定的危害国家安全罪以及危害国家安全的其他犯罪;"恐怖活动犯罪",包括以制造社会恐慌、危害公共安全或者胁迫国家机关、国际组织为目的,采取暴力、破坏、恐吓等手段,造成或者意图造成人员伤亡、重大财产损失、公共设施损坏、社会秩序混乱等严重社会危害的犯罪,以及煽动、资助或者以其他方式协助实施上述活动的犯罪。

第七十六条 【指定居所监视居住折抵刑期】 指定居所监视居住的期限应当折抵刑期。被判处管制的,监视居住一日折抵刑期一日;被判处拘役、有期徒刑的,监视居住二日折抵刑期一日。

▰ 立法沿革

本条系 2012 年《刑事诉讼法修改决定》增加的规定,2018 年修改《刑事诉讼法》时未作调整。

> **第七十七条　【监视居住的执行规范】**被监视居住的犯罪嫌疑人、被告人应当遵守以下规定:
> (一)未经执行机关批准不得离开执行监视居住的处所;
> (二)未经执行机关批准不得会见他人或者通信;
> (三)在传讯的时候及时到案;
> (四)不得以任何形式干扰证人作证;
> (五)不得毁灭、伪造证据或者串供;
> (六)将护照等出入境证件、身份证件、驾驶证件交执行机关保存。
> 被监视居住的犯罪嫌疑人、被告人违反前款规定,情节严重的,可以予以逮捕;需要予以逮捕的,可以对犯罪嫌疑人、被告人先行拘留。

▰ 立法沿革

1996 年《刑事诉讼法》第五十七条规定:"被监视居住的犯罪嫌疑人、被告人应当遵守以下规定:(一)未经执行机关批准不得离开住处,无固定住处的,未经批准不得离开指定的居所;(二)未经执行机关批准不得会见他人;(三)在传讯的时候及时到案;(四)不得以任何形式干扰证人作证;(五)不得毁灭、伪造证据或者串供。""被监视居住的犯罪嫌疑人、被告人违反前款规定,情节严重的,予以逮捕。"2012 年《刑事诉讼法修改决定》对本条作了四处修改:一是将"未经执行机关批准不得离开住处,无固定住处的,未经批准不得离开指定的居所"统一明确为"未经执行机关批准不得离开执行监视居住的处所";二是在"未经执行机关批准不得会见他人"的规定后增加不得"通信"的要求;三是增加"将护照等出入境证件、身份证件、驾驶证件交执行机关保存"的要求;四是增加规定,对违反监视居住规定,情节严重,需要逮捕的犯罪嫌疑人、被告人,可以先行拘留。2018 年修改《刑事诉讼法》时对本条规定未作调整。

▰ "六部委"规定

《最高人民法院、最高人民检察院、公安部、国家安全部、司法部、全国人大常委会法制工作委员会关于实施刑事诉讼法若干问题的规定》(自 2013 年 1 月

1日起施行,节录)

四、强制措施

13. 被取保候审、监视居住的犯罪嫌疑人、被告人无正当理由不得离开所居住的市、县或者执行监视居住的处所,有正当理由需要离开所居住的市、县或者执行监视居住的处所,应当经执行机关批准。如果取保候审、监视居住是由人民检察院、人民法院决定的,执行机关在批准犯罪嫌疑人、被告人离开所居住的市、县或者执行监视居住的处所前,应当征得决定机关同意。

基本规范

《人民检察院刑事诉讼规则》(高检发释字〔2019〕4号,自2019年12月30日起施行)

第六章　强制措施

第三节　监视居住

第一百一十一条　犯罪嫌疑人有下列违反监视居住规定的行为,人民检察院应当对犯罪嫌疑人予以逮捕:

(一)故意实施新的犯罪行为;

(二)企图自杀、逃跑;

(三)实施毁灭、伪造证据或者串供、干扰证人作证行为,足以影响侦查、审查起诉工作正常进行;

(四)对被害人、证人、鉴定人、举报人、控告人及其他人员实施打击报复。

犯罪嫌疑人有下列违反监视居住规定的行为,人民检察院可以对犯罪嫌疑人予以逮捕:

(一)未经批准,擅自离开执行监视居住的处所,造成严重后果,或者两次未经批准,擅自离开执行监视居住的处所;

(二)未经批准,擅自会见他人或者通信,造成严重后果,或者两次未经批准,擅自会见他人或者通信;

(三)经传讯不到案,造成严重后果,或者经两次传讯不到案。

有前两款情形,需要对犯罪嫌疑人予以逮捕的,可以先行拘留。

《公安机关办理刑事案件程序规定》(公安部令第159号修正,修正后自2020年9月1日起施行)

第六章　强制措施

第三节　监视居住

第一百二十条　被监视居住人有正当理由要求离开住处或者指定的居所以

及要求会见他人或者通信的,应当经负责执行的派出所或者办案部门负责人批准。

人民法院、人民检察院决定监视居住的,负责执行的派出所在批准被监视居住人离开住处或者指定的居所以及与他人会见或者通信前,应当征得决定监视居住的机关同意。

第一百二十一条 被监视居住人违反应当遵守的规定,公安机关应当区分情形责令被监视居住人具结悔过或者给予治安管理处罚。情节严重的,可以予以逮捕;需要予以逮捕的,可以对其先行拘留。

人民法院、人民检察院决定监视居住的,被监视居住人违反应当遵守的规定,负责执行的派出所应当及时通知决定监视居住的机关。

《海警机构办理刑事案件程序规定》(中国海警局令第1号,自2023年6月15日起施行)

第六章　强制措施
第三节　监视居住

第一百一十五条 被监视居住人有正当理由要求离开住处或者指定的居所以及要求会见他人或者通信的,应当经负责执行的海警机构负责人批准。

人民法院、人民检察院决定监视居住的,负责执行的海警机构在批准被监视居住人离开住处或者指定的居所以及与他人会见或者通信前,应当征得决定监视居住的人民法院、人民检察院同意。

第一百一十六条 被监视居住人违反应当遵守的规定,海警机构应当区分情形责令被监视居住人具结悔过或者给予治安管理处罚。情节严重的,可以予以逮捕;需要予以逮捕的,可以对其先行拘留。

人民法院、人民检察院决定监视居住的,被监视居住人违反应当遵守的规定,负责执行的海警机构应当及时通知决定监视居住的人民法院、人民检察院。

第七十八条 【对监视居住人的监督】执行机关对被监视居住的犯罪嫌疑人、被告人,可以采取电子监控、不定期检查等监视方法对其遵守监视居住规定的情况进行监督;在侦查期间,可以对被监视居住的犯罪嫌疑人的通信进行监控。

▎立法沿革

本条系2012年《刑事诉讼法修改决定》增加的规定,2018年修改《刑事诉讼法》时未作调整。

> **基本规范**

《人民检察院刑事诉讼规则》(高检发释字〔2019〕4号,自2019年12月30日起施行)

第六章　强制措施

第三节　监视居住

第一百一十条　人民检察院可以根据案件的具体情况,商请公安机关对被监视居住的犯罪嫌疑人采取电子监控、不定期检查等监视方法,对其遵守监视居住规定的情况进行监督。

人民检察院办理直接受理侦查的案件对犯罪嫌疑人采取监视居住的,在侦查期间可以商请公安机关对其通信进行监控。

《公安机关办理刑事案件程序规定》(公安部令第159号修正,修正后自2020年9月1日起施行)

第六章　强制措施

第三节　监视居住

第一百一十六条　公安机关对被监视居住人,可以采取电子监控、不定期检查等监视方法对其遵守监视居住规定的情况进行监督;在侦查期间,可以对被监视居住的犯罪嫌疑人的电话、传真、信函、邮件、网络等通信进行监控。

《海警机构办理刑事案件程序规定》(中国海警局令第1号,自2023年6月15日起施行)

第六章　强制措施

第三节　监视居住

第一百一十一条　海警机构对被监视居住人,可以采取电子监控、不定期检查等监视方法对其遵守监视居住规定的情况进行监督;在侦查期间,可以对被监视居住的犯罪嫌疑人的电话、传真、信函、邮件、网络等通信进行监控。

第七十九条　【取保候审、监视居住的期限和解除】人民法院、人民检察院和公安机关对犯罪嫌疑人、被告人取保候审最长不得超过十二个月,监视居住最长不得超过六个月。

在取保候审、监视居住期间,不得中断对案件的侦查、起诉和审理。对于发现不应当追究刑事责任或者取保候审、监视居住期限届满的,应当及时解除取保候审、监视居住。解除取保候审、监视居住,应当及时通知被取保候审、监视居住人和有关单位。

立法沿革

本条系 1996 年《刑事诉讼法修改决定》增加的规定,2012 年、2018 年修改《刑事诉讼法》时未作调整。

基本规范

《最高人民法院关于适用〈中华人民共和国刑事诉讼法〉的解释》(法释〔2021〕1 号,自 2021 年 3 月 1 日起施行)

第五章　强制措施

第一百六十二条　人民检察院、公安机关已经对犯罪嫌疑人取保候审、监视居住,案件起诉至人民法院后,需要继续取保候审、监视居住或者变更强制措施的,人民法院应当在七日以内作出决定,并通知人民检察院、公安机关。

决定继续取保候审、监视居住的,应当重新办理手续,期限重新计算;继续使用保证金保证的,不再收取保证金。①

《人民检察院刑事诉讼规则》(高检发释字〔2019〕4 号,自 2019 年 12 月 30 日起施行)

第六章　强制措施

第二节　取保候审

第一百零二条　人民检察院决定对犯罪嫌疑人取保候审,最长不得超过十二个月。

---

① 关于本款,征求意见过程中,有意见建议增加"但适用速裁程序、简易程序的除外"。理由是:对于适用速裁程序、简易程序等能在受理案件后一个月以内审结的刑事案件,原办案机关采取的强制措施尚未期满的,人民法院也可以不重新采取强制措施。速裁程序、简易程序重在快捷,如法院再重新办理取保候审手续无实际意义,徒增诉累,浪费审判资源,与速裁程序、简易程序目的不相符。经研究认为,上述意见反映的是司法实践中客观存在的现实问题,所提建议有其实践合理性。《刑事诉讼法》并未规定到审判阶段继续采取取保候审、监视居住的,应当重新办理手续。本条之所以规定第二款,旨在防止将取保候审最长不超过十二个月、监视居住最长不超过六个月理解为整个刑事诉讼过程的期限要求。但是上述意见所涉问题,涉及与公安机关和检察机关的协调问题;而且,相关问题实际操作会比较复杂,如采取保证人方式的,保证人是否愿意在新的刑事诉讼阶段继续承担保证义务,恐难一概而论,至少应当让保证人在签署保证书时作出明确。总之,相关问题无法通过《刑诉法解释》予以明确,下一步可视情通过联合制定规范性文件加以解决。——本评注注

第一百零三条 公安机关决定对犯罪嫌疑人取保候审,案件移送人民检察院审查起诉后,对于需要继续取保候审的,人民检察院应当依法重新作出取保候审决定,并对犯罪嫌疑人办理取保候审手续。取保候审的期限应当重新计算并告知犯罪嫌疑人。对继续采取保证金方式取保候审的,被取保候审人没有违反刑事诉讼法第七十一条规定的,不变更保证金数额,不再重新收取保证金。

第一百零四条 在取保候审期间,不得中断对案件的侦查、审查起诉。

第一百零五条 取保候审期限届满或者发现不应当追究犯罪嫌疑人的刑事责任的,应当及时解除或者撤销取保候审。

解除或者撤销取保候审的决定,应当及时通知执行机关,并将解除或者撤销取保候审的决定书送达犯罪嫌疑人;有保证人的,应当通知保证人解除保证义务。

第三节 监视居住

第一百一十二条 人民检察院决定对犯罪嫌疑人监视居住,最长不得超过六个月。

第一百一十三条 公安机关决定对犯罪嫌疑人监视居住,案件移送人民检察院审查起诉后,对于需要继续监视居住的,人民检察院应当依法重新作出监视居住决定,并对犯罪嫌疑人办理监视居住手续。监视居住的期限应当重新计算并告知犯罪嫌疑人。

第一百一十四条 在监视居住期间,不得中断对案件的侦查、审查起诉。

第一百一十五条 监视居住期限届满或者发现不应当追究犯罪嫌疑人刑事责任的,应当解除或者撤销监视居住。

解除或者撤销监视居住的决定应当通知执行机关,并将解除或者撤销监视居住的决定书送达犯罪嫌疑人。

《公安机关办理刑事案件程序规定》(公安部令第159号修正,修正后自2020年9月1日起施行)

第六章 强制措施

第二节 取保候审

第一百零七条 公安机关在取保候审期间不得中断对案件的侦查,对取保候审的犯罪嫌疑人,根据案情变化,应当及时变更强制措施或者解除取保候审。

取保候审最长不得超过十二个月。

第一百零八条 需要解除取保候审的,应当经县级以上公安机关负责人批准,制作解除取保候审决定书、通知书,并及时通知负责执行的派出所、被取保候审人、保证人和有关单位。

人民法院、人民检察院作出解除取保候审决定的,负责执行的公安机关应当根据决定书及时解除取保候审,并通知被取保候审人、保证人和有关单位。

第三节 监视居住

第一百二十二条 在监视居住期间,公安机关不得中断案件的侦查,对被监视居住的犯罪嫌疑人,应当根据案情变化,及时解除监视居住或者变更强制措施。

监视居住最长不得超过六个月。

第一百二十三条 需要解除监视居住的,应当经县级以上公安机关负责人批准,制作解除监视居住决定书,并及时通知负责执行的派出所、被监视居住人和有关单位。

人民法院、人民检察院作出解除、变更监视居住决定的,负责执行的公安机关应当及时解除并通知被监视居住人和有关单位。

《海警机构办理刑事案件程序规定》(中国海警局令第1号,自2023年6月15日起施行)

第六章 强制措施

第二节 取保候审

第一百零二条 海警机构在取保候审期间不得中断对案件的侦查,对取保候审的犯罪嫌疑人,根据案情变化,应当及时变更强制措施或者解除取保候审。

取保候审的期限最长不得超过十二个月。

第一百零三条 需要解除取保候审的,应当制作呈请解除取保候审报告书,经海警机构负责人批准,制作解除取保候审决定书、通知书,并及时通知负责执行的海警机构、被取保候审人、保证人和有关单位。

人民法院、人民检察院作出解除取保候审决定的,负责执行的海警机构应当根据决定书及时解除取保候审,并通知被取保候审人、保证人和有关单位。

第三节 监视居住

第一百一十七条 在监视居住期间,海警机构不得中断案件的侦查。对被监视居住的犯罪嫌疑人,根据案情变化,应当及时解除监视居住或者变更强制措施。

监视居住的期限最长不得超过六个月。

第一百一十八条 需要解除监视居住的,应当制作呈请解除监视居住报告书,经海警机构负责人批准,制作解除监视居住决定书,并及时通知负责执行的海警机构、被监视居住人和有关单位。

人民法院、人民检察院作出解除、变更监视居住决定的,负责执行的海警机构应当及时解除并通知被监视居住人和有关单位。

其他规范

《最高人民法院、最高人民检察院、公安部、国家安全部关于取保候审若干问题的规定》（公通字〔2022〕25号，自2022年9月5日起施行）第二十四条、第二十六条对取保候审变更、解除等有关问题作了规定。（→参见第六十七条所附"其他规范"，第519、520页）

法律适用答复、复函

《公安部关于监视居住期满后能否对犯罪嫌疑人采取取保候审强制措施问题的批复》（公复字〔2000〕13号）

广东省公安厅：

你厅《关于监视居住期满后能否转取保候审问题的请示》（粤公请字〔2000〕109号）收悉。现批复如下：

公安机关因侦查犯罪需要，对于监视居住期限届满的犯罪嫌疑人，如果确有必要采取取保候审强制措施，并且符合取保候审条件的，可以依法决定取保候审，但是不得未经依法变更就转为取保候审，不能中止对案件的侦查。

司法疑难解析

关于继续取保候审、监视居住的期限。《2012年刑诉法解释》第一百二十七条第三款规定："人民法院不得对被告人重复采取取保候审、监视居住措施。"司法实践反映上述规定存在歧义。例如，一审法院对于取保候审的被告人决定逮捕，逮捕后被告人因患病等原因不能羁押的，仍然只能取保候审，对于此种情况是否属于"重复取保候审"有不同认识。鉴此，删去该款规定。

在不同审判程序中，对是否可以对被告人各采取不超过十二个月的取保候审、不超过六个月的监视居住措施，存在不同认识。例如，一审已经取保候审十二个月，二审可否再次取保候审。考虑到实际情况，《刑诉法解释》第一百六十二条第三款原本拟规定："在同一个审判程序中，人民法院对被告人取保候审最长不得超过十二个月，监视居住最长不得超过六个月。"征求意见过程中，对此存在不同认识。有意见提出，《刑事诉讼法》第七十九条第一款规定，人民法院对犯罪嫌疑人、被告人取保候审最长不得超过十二个月，监视居住最长不得超过六个月。法律没有规定在不同的审判程序中取保候审、监视居住的期限可以分别计算。经研究认为，分阶段把握取保候审、监视居住的期限更符合实际。上述意见可能会导致对符合取保候审、监视居住适用条件的被告人，由于期限的限制，不得已变更为羁押性强制措施的情形，反而不利于被告人，不符合降低羁押性强制措施适用的基本趋势。但鉴于对有关问题的认识尚未统一,《刑诉法解释》未作明确规定。待条件成熟时,再通过适当方式作出明确。

此外,征求意见过程中,有意见建议增加规定:"第二审人民法院审理期间,一审法院对被告人已经采取的取保候审、监视居住尚未到期的,继续有效,二审法院应当及时通知执行机关变更办案单位;已经到期需要继续采取取保候审、监视居住强制措施的,可以委托一审法院代为办理相关手续。"理由是:(1)参照在押被告人不同阶段仅需办理换押手续,而无须另行决定逮捕的做法,有利于提高诉讼效率;(2)一审法院已经办理过相关强制措施,且负责判决的交付执行,委托一审法院办理相关手续,有利于统一协调,减少不必要的诉讼耗费。经研究认为,上述意见认为二审法院应当与一审法院共用取保候审、监视居住的期限,又认为二审法院在借用一审法院的取保候审、监视居住的期限到期后,可以重复决定取保候审、监视居住,明显违背《刑事诉讼法》和《刑诉法解释》的相关规定,故未予采纳。相关问题可以交由司法实践裁量把握。但需要指出的是,如果二审法院未重新办理取保候审、监视居住手续,则二审阶段的取保候审、监视居住期限只能是一审阶段取保候审、监视居住的剩余时间。

第八十条 【逮捕的批准、决定权和执行权】逮捕犯罪嫌疑人、被告人,必须经过人民检察院批准或者人民法院决定,由公安机关执行。

立法沿革

1979年《刑事诉讼法》第三十九条规定:"逮捕人犯,必须经过人民检察院批准或者人民法院决定,由公安机关执行。"1996年《刑事诉讼法修改决定》对本条规定的表述作了调整,将"人犯"调整为"犯罪嫌疑人、被告人"。2012年、2018年修改《刑事诉讼法》时对本条规定未作调整。

相关规定

《中华人民共和国海警法》(自2021年2月1日起施行,节录)

第四十五条 海警机构办理海上刑事案件,需要提请批准逮捕或者移送起诉的,应当向所在地相应人民检察院提请或者移送。

第六十条 海警机构对依法决定行政拘留的违法行为人和拘留审查的外国人,以及决定刑事拘留、执行逮捕的犯罪嫌疑人,分别送海警机构所在地拘留所或者看守所执行。

其他规范

《最高人民检察院关于人民检察院立案侦查司法工作人员相关职务犯罪案件若干问题的规定》(2018年11月24日)"四、办案程序"第(一)条至第(三)条对审查决定逮捕的有关问题作了规定。(→参见第十九条所附"其他规范",第155页)

法律适用答复、复函

《最高人民法院、最高人民检察院、公安部关于办理罪犯在服刑期间又犯罪案件过程中,遇到被告刑期届满如何处理问题的批复》(高检发监〔1982〕17号)

黑龙江省人民检察院:

你院请示的关于办理罪犯在服刑期间又犯罪案件过程中,遇到被告原判刑期届满如何处理的问题,经共同研究,现答复如下:

办理罪犯在服刑期间又犯罪案件过程中,遇到被告原判刑期届满,如果所犯新罪的主要事实已经查清,可能判处徒刑以上刑罚,有逮捕必要的,仍应依照刑事诉讼法的规定,根据案件所处的不同诉讼阶段,分别由公安机关、人民检察院、人民法院依法处理。即:尚在侦查的,由公安机关提请人民检察院批准逮捕;正在审查起诉的,由人民检察院办理逮捕;已经起诉到人民法院审判的,由人民法院决定逮捕。公安机关在执行逮捕时,可向被告宣布:前罪所判刑期已执行完毕,现根据所犯新罪,依法予以逮捕。

第八十一条 【逮捕的条件】对有证据证明有犯罪事实,可能判处徒刑以上刑罚的犯罪嫌疑人、被告人,采取取保候审尚不足以防止发生下列社会危险性的,应当予以逮捕:

(一)可能实施新的犯罪的;

(二)有危害国家安全、公共安全或者社会秩序的现实危险的;

(三)可能毁灭、伪造证据,干扰证人作证或者串供的;

(四)可能对被害人、举报人、控告人实施打击报复的;

(五)企图自杀或者逃跑的。

批准或者决定逮捕,应当将犯罪嫌疑人、被告人涉嫌犯罪的性质、情节,认罪认罚等情况,作为是否可能发生社会危险性的考虑因素。

第81条

对有证据证明有犯罪事实,可能判处十年有期徒刑以上刑罚的,或者有证据证明有犯罪事实,可能判处徒刑以上刑罚,曾经故意犯罪或者身份不明的,应当予以逮捕。

被取保候审、监视居住的犯罪嫌疑人、被告人违反取保候审、监视居住规定,情节严重的,可以予以逮捕。

立法沿革

1979年《刑事诉讼法》第四十条第一款规定:"对主要犯罪事实已经查清,可能判处徒刑以上刑罚的人犯,采取取保候审、监视居住等方法,尚不足以防止发生社会危险性,而有逮捕必要的,应即依法逮捕。"1996年《刑事诉讼法修改决定》调整为"对有证据证明有犯罪事实,可能判处徒刑以上刑罚的犯罪嫌疑人、被告人,采取取保候审、监视居住等方法,尚不足以防止发生社会危险性,而有逮捕必要的,应即依法逮捕。"2012年《刑事诉讼法修改决定》对逮捕条件中社会危险性的情形作了进一步明确规定。2018年《刑事诉讼法修改决定》对本条增加规定第二款。

立法解释

《全国人民代表大会常务委员会关于〈中华人民共和国刑事诉讼法〉第七十九条第三款的解释》(自2014年4月24日起施行,节录)①

全国人民代表大会常务委员会根据司法实践中遇到的情况,讨论了刑事诉讼法第七十九条第三款关于违反取保候审、监视居住规定情节严重可以逮捕的规定,是否适用于可能判处徒刑以下刑罚的犯罪嫌疑人、被告人的问题,解释如下:

根据刑事诉讼法第七十九条第三款的规定,对于被取保候审、监视居住的可能判处徒刑以下刑罚的犯罪嫌疑人、被告人,违反取保候审、监视居住规定,严重影响诉讼活动正常进行的,可以予以逮捕。

现予公告。

基本规范

《最高人民法院关于适用〈中华人民共和国刑事诉讼法〉的解释》(法释〔2021〕1号,自2021年3月1日起施行)

---

① 本立法解释系针对2012年《刑事诉讼法》所作解释,其中涉及的"刑事诉讼法第七十九条第三款"在现行《刑事诉讼法》中为第八十一条第四款。——**本评注注**

第五章 强制措施

第一百六十三条 对具有刑事诉讼法第八十一条第一款、第三款规定情形的被告人,人民法院应当决定逮捕。

第一百六十四条 被取保候审的被告人具有下列情形之一的,人民法院应当决定逮捕:

(一)故意实施新的犯罪的;

(二)企图自杀或者逃跑的;

(三)毁灭、伪造证据,干扰证人作证或者串供的;

(四)打击报复、恐吓滋扰被害人、证人、鉴定人、举报人、控告人等的;

(五)经传唤,无正当理由不到案,影响审判活动正常进行的;

(六)擅自改变联系方式或者居住地,导致无法传唤,影响审判活动正常进行的;

(七)未经批准,擅自离开所居住的市、县,影响审判活动正常进行,或者两次未经批准,擅自离开所居住的市、县的;

(八)违反规定进入特定场所、与特定人员会见或者通信、从事特定活动,影响审判活动正常进行,或者两次违反有关规定的;

(九)依法应当决定逮捕的其他情形。

第一百六十五条 被监视居住的被告人具有下列情形之一的,人民法院应当决定逮捕:

(一)具有前条第一项至第五项规定情形之一的;

(二)未经批准,擅自离开执行监视居住的处所,影响审判活动正常进行,或者两次未经批准,擅自离开执行监视居住的处所的;

(三)未经批准,擅自会见他人或者通信,影响审判活动正常进行,或者两次未经批准,擅自会见他人或者通信的;

(四)对因患有严重疾病、生活不能自理,或者因怀孕、正在哺乳自己婴儿而未予逮捕的被告人,疾病痊愈或者哺乳期已满的;

(五)依法应当决定逮捕的其他情形。

第一百六十六条 对可能判处徒刑以下刑罚的被告人,违反取保候审、监视居住规定,严重影响诉讼活动正常进行的,可以决定逮捕。

《人民检察院刑事诉讼规则》(高检发释字〔2019〕4号,自2019年12月30日起施行)

第六章 强制措施

第五节 逮 捕

第一百二十八条 人民检察院对有证据证明有犯罪事实,可能判处徒刑以

上刑罚的犯罪嫌疑人,采取取保候审尚不足以防止发生下列社会危险性的,应当批准或者决定逮捕:
(一)可能实施新的犯罪的;
(二)有危害国家安全、公共安全或者社会秩序的现实危险的;
(三)可能毁灭、伪造证据,干扰证人作证或者串供的;
(四)可能对被害人、举报人、控告人实施打击报复的;
(五)企图自杀或者逃跑的。
有证据证明有犯罪事实是指同时具备下列情形:
(一)有证据证明发生了犯罪事实;
(二)有证据证明该犯罪事实是犯罪嫌疑人实施的;
(三)证明犯罪嫌疑人实施犯罪行为的证据已经查证属实。
犯罪事实既可以是单一犯罪行为的事实,也可以是数个犯罪行为中任何一个犯罪行为的事实。

第一百二十九条　犯罪嫌疑人具有下列情形之一的,可以认定为"可能实施新的犯罪":
(一)案发前或者案发后正在策划、组织或者预备实施新的犯罪的;
(二)扬言实施新的犯罪的;
(三)多次作案、连续作案、流窜作案的;
(四)一年内曾因故意实施同类违法行为受到行政处罚的;
(五)以犯罪所得为主要生活来源的;
(六)有吸毒、赌博等恶习的;
(七)其他可能实施新的犯罪的情形。

第一百三十条　犯罪嫌疑人具有下列情形之一的,可以认定为"有危害国家安全、公共安全或者社会秩序的现实危险":
(一)案发前或者案发后正在积极策划、组织或者预备实施危害国家安全、公共安全或者社会秩序的重大违法犯罪行为的;
(二)曾因危害国家安全、公共安全或者社会秩序受到刑事处罚或者行政处罚的;
(三)在危害国家安全、黑恶势力、恐怖活动、毒品犯罪中起组织、策划、指挥作用或者积极参加的;
(四)其他有危害国家安全、公共安全或者社会秩序的现实危险的情形。

第一百三十一条　犯罪嫌疑人具有下列情形之一的,可以认定为"可能毁灭、伪造证据,干扰证人作证或者串供":

（一）曾经或者企图毁灭、伪造、隐匿、转移证据的；
（二）曾经或者企图威逼、恐吓、利诱、收买证人，干扰证人作证的；
（三）有同案犯罪嫌疑人或者与其在事实上存在密切关联犯罪的犯罪嫌疑人在逃，重要证据尚未收集到位的；
（四）其他可能毁灭、伪造证据，干扰证人作证或者串供的情形。

第一百三十二条　犯罪嫌疑人具有下列情形之一的，可以认定为"可能对被害人、举报人、控告人实施打击报复"：
（一）扬言或者准备、策划对被害人、举报人、控告人实施打击报复的；
（二）曾经对被害人、举报人、控告人实施打击、要挟、迫害等行为的；
（三）采取其他方式滋扰被害人、举报人、控告人的正常生活、工作的；
（四）其他可能对被害人、举报人、控告人实施打击报复的情形。

第一百三十三条　犯罪嫌疑人具有下列情形之一的，可以认定为"企图自杀或者逃跑"：
（一）着手准备自杀、自残或者逃跑的；
（二）曾经自杀、自残或者逃跑的；
（三）有自杀、自残或者逃跑的意思表示的；
（四）曾经以暴力、威胁手段抗拒抓捕的；
（五）其他企图自杀或者逃跑的情形。

第一百三十四条　人民检察院办理审查逮捕案件，应当全面把握逮捕条件，对有证据证明有犯罪事实、可能判处徒刑以上刑罚的犯罪嫌疑人，除具有刑事诉讼法第八十一条第三款、第四款规定的情形外，应当严格审查是否具备社会危险性条件。

第一百三十五条　人民检察院审查认定犯罪嫌疑人是否具有社会危险性，应当以公安机关移送的社会危险性相关证据为依据，并结合案件具体情况综合认定。必要时，可以通过讯问犯罪嫌疑人、询问证人等诉讼参与人、听取辩护律师意见等方式，核实相关证据。

依据在案证据不能认定犯罪嫌疑人符合逮捕社会危险性条件的，人民检察院可以要求公安机关补充相关证据，公安机关没有补充移送的，应当作出不批准逮捕的决定。

第一百三十六条　对有证据证明有犯罪事实，可能判处十年有期徒刑以上刑罚的犯罪嫌疑人，应当批准或者决定逮捕。

对有证据证明有犯罪事实，可能判处徒刑以上刑罚，犯罪嫌疑人曾经故意犯罪或者不讲真实姓名、住址，身份不明的，应当批准或者决定逮捕。

第一百三十七条 人民检察院经审查认为被取保候审、监视居住的犯罪嫌疑人违反取保候审、监视居住规定,依照本规则第一百零一条、第一百一十一条的规定办理。

对于被取保候审、监视居住的可能判处徒刑以下刑罚的犯罪嫌疑人,违反取保候审、监视居住规定,严重影响诉讼活动正常进行的,可以予以逮捕。

第一百三十八条 对实施多个犯罪行为或者共同犯罪案件的犯罪嫌疑人,符合本规则第一百二十八条的规定,具有下列情形之一的,应当批准或者决定逮捕:

(一)有证据证明犯有数罪中的一罪的;

(二)有证据证明实施多次犯罪中的一次犯罪的;

(三)共同犯罪中,已有证据证明有犯罪事实的犯罪嫌疑人。

第一百三十九条 对具有下列情形之一的犯罪嫌疑人,人民检察院应当作出不批准逮捕或者不予逮捕的决定:

(一)不符合本规则规定的逮捕条件的;

(二)具有刑事诉讼法第十六条规定的情形之一。

第一百四十条 犯罪嫌疑人涉嫌的罪行较轻,且没有其他重大犯罪嫌疑,具有下列情形之一的,可以作出不批准逮捕或者不予逮捕的决定:

(一)属于预备犯、中止犯,或者防卫过当、避险过当的;

(二)主观恶性较小的初犯,共同犯罪中的从犯、胁从犯,犯罪后自首、有立功表现或者积极退赃、赔偿损失、确有悔罪表现的;

(三)过失犯罪的犯罪嫌疑人,犯罪后有悔罪表现,有效控制损失或者积极赔偿损失的;

(四)犯罪嫌疑人与被害人双方根据刑事诉讼法的有关规定达成和解协议,经审查,认为和解系自愿、合法且已经履行或者提供担保的;

(五)犯罪嫌疑人认罪认罚的;

(六)犯罪嫌疑人系已满十四周岁未满十八周岁的未成年人或者在校学生,本人有悔罪表现,其家庭、学校或者所在社区、居民委员会、村民委员会具备监护、帮教条件的;

(七)犯罪嫌疑人系已满七十五周岁的人。

第一百四十一条 对符合刑事诉讼法第七十四条第一款规定的犯罪嫌疑人,人民检察院经审查认为不需要逮捕的,可以在作出不批准逮捕决定的同时,向公安机关提出采取监视居住措施的建议。

第十章　审查逮捕和审查起诉
第二节　认罪认罚从宽案件办理
第二百七十条　批准或者决定逮捕,应当将犯罪嫌疑人涉嫌犯罪的性质、情节,认罪认罚等情况,作为是否可能发生社会危险性的考虑因素。

已经逮捕的犯罪嫌疑人认罪认罚的,人民检察院应当及时对羁押必要性进行审查。经审查,认为没有继续羁押必要的,应当予以释放或者变更强制措施。

《公安机关办理刑事案件程序规定》(公安部令第159号修正,修正后自2020年9月1日起施行)

第六章　强制措施
第五节　逮　捕
第一百三十三条　对有证据证明有犯罪事实,可能判处徒刑以上刑罚的犯罪嫌疑人,采取取保候审尚不足以防止发生下列社会危险性的,应当提请批准逮捕:

(一)可能实施新的犯罪的;
(二)有危害国家安全、公共安全或者社会秩序的现实危险的;
(三)可能毁灭、伪造证据,干扰证人作证或者串供的;
(四)可能对被害人、举报人、控告人实施打击报复的;
(五)企图自杀或者逃跑的。

对于有证据证明有犯罪事实,可能判处十年有期徒刑以上刑罚的,或者有证据证明有犯罪事实,可能判处徒刑以上刑罚,曾经故意犯罪或者身份不明的,应当提请批准逮捕。

公安机关在根据第一款的规定提请人民检察院审查批准逮捕时,应当对犯罪嫌疑人具有社会危险性说明理由。

第一百三十四条　有证据证明有犯罪事实,是指同时具备下列情形:
(一)有证据证明发生了犯罪事实;
(二)有证据证明该犯罪事实是犯罪嫌疑人实施的;
(三)证明犯罪嫌疑人实施犯罪行为的证据已有查证属实的。

前款规定的"犯罪事实"既可以是单一犯罪行为的事实,也可以是数个犯罪行为中任何一个犯罪行为的事实。

第一百三十五条　被取保候审人违反取保候审规定,具有下列情形之一的,可以提请批准逮捕:
(一)涉嫌故意实施新的犯罪行为的;
(二)有危害国家安全、公共安全或者社会秩序的现实危险的;

(三)实施毁灭、伪造证据或者干扰证人作证、串供行为,足以影响侦查工作正常进行的;

(四)对被害人、举报人、控告人实施打击报复的;

(五)企图自杀、逃跑,逃避侦查的;

(六)未经批准,擅自离开所居住的市、县,情节严重的,或者两次以上未经批准,擅自离开所居住的市、县的;

(七)经传讯无正当理由不到案,情节严重的,或者经两次以上传讯不到案的;

(八)违反规定进入特定场所、从事特定活动或者与特定人员会见、通信两次以上的。

第一百三十六条 被监视居住人违反监视居住规定,具有下列情形之一的,可以提请批准逮捕:

(一)涉嫌故意实施新的犯罪行为的;

(二)实施毁灭、伪造证据或者干扰证人作证、串供行为,足以影响侦查工作正常进行的;

(三)对被害人、举报人、控告人实施打击报复的;

(四)企图自杀、逃跑,逃避侦查的;

(五)未经批准,擅自离开执行监视居住的处所,情节严重的,或者两次以上未经批准,擅自离开执行监视居住的处所的;

(六)未经批准,擅自会见他人或者通信,情节严重的,或者两次以上未经批准,擅自会见他人或者通信的;

(七)经传讯无正当理由不到案,情节严重的,或者经两次以上传讯不到案的。

《海警机构办理刑事案件程序规定》(中国海警局令第1号,自2023年6月15日起施行)

第六章 强制措施

第五节 逮 捕

第一百二十七条 对有证据证明有犯罪事实,可能判处徒刑以上刑罚的犯罪嫌疑人,采取取保候审尚不足以防止发生下列社会危险性的,应当提请批准逮捕:

(一)可能实施新的犯罪的;

(二)有危害国家安全、公共安全或者社会秩序的现实危险的;

(三)可能毁灭、伪造证据,干扰证人作证或者串供的;

(四)可能对被害人、举报人、控告人实施打击报复的;

(五)企图自杀或者逃跑的。

对于有证据证明有犯罪事实,可能判处十年有期徒刑以上刑罚的,或者有证据证明有犯罪事实,可能判处徒刑以上刑罚,曾经故意犯罪或者身份不明的,应当提请批准逮捕。

海警机构根据第一款的规定提请人民检察院审查批准逮捕时,应当收集、固定犯罪嫌疑人具有社会危险性的证据,并在提请逮捕时随卷移送。对于证明犯罪事实的证据能够证明犯罪嫌疑人具有社会危险性的,应当在提请批准逮捕书中专门予以说明。

第一百二十八条　有证据证明有犯罪事实,是指同时具备下列情形:

(一)有证据证明发生了犯罪事实;

(二)有证据证明该犯罪事实是犯罪嫌疑人实施的;

(三)证明犯罪嫌疑人实施犯罪行为的证据已有查证属实的。

前款规定的"犯罪事实"既可以是单一犯罪行为的事实,也可以是数个犯罪行为中任何一个犯罪行为的事实。

第一百二十九条　被取保候审人违反取保候审规定,有下列情形之一的,可以提请批准逮捕:

(一)涉嫌故意实施新的犯罪行为的;

(二)有危害国家安全、公共安全或者社会秩序的现实危险的;

(三)实施毁灭、伪造证据或者干扰证人作证、串供行为,足以影响侦查工作正常进行的;

(四)对被害人、举报人、控告人实施打击报复的;

(五)企图自杀、逃跑,逃避侦查的;

(六)未经批准,擅自离开所居住的市、县,情节严重的,或者两次以上未经批准,擅自离开所居住的市、县的;

(七)经传讯无正当理由不到案,情节严重的,或者经两次以上传讯不到案的;

(八)违反规定进入特定场所、特定海域、从事特定活动或者与特定人员会见、通信两次以上的。

第一百三十条　被监视居住人违反监视居住规定,有下列情形之一的,可以提请批准逮捕:

(一)涉嫌故意实施新的犯罪行为的;

(二)实施毁灭、伪造证据或者干扰证人作证、串供行为,足以影响侦查工作正常进行的;

(三)对被害人、举报人、控告人实施打击报复的;

(四)企图自杀、逃跑,逃避侦查的;

(五)未经批准,擅自离开执行监视居住的处所,情节严重的,或者两次以上未经批准,擅自离开执行监视居住的处所的;

(六)未经批准,擅自会见他人或者通信,情节严重的,或者两次以上未经批准,擅自会见他人或者通信的;

(七)经传讯无正当理由不到案,情节严重的,或者经两次以上传讯不到案的。

其他规范

《最高人民法院、最高人民检察院、海关总署关于办理走私刑事案件适用法律若干问题的意见》(法〔2002〕139号)"四、关于走私犯罪嫌疑人的逮捕条件"对逮捕的条件作了规定。(→参见第二编"立案、侦查和提起公诉"标题下所附"其他规范",第748页)

《最高人民检察院关于在检察工作中贯彻宽严相济刑事司法政策的若干意见》(高检发研字〔2007〕2号,节录)

7. 严格把握"有逮捕必要"的逮捕条件,慎重适用逮捕措施。逮捕是最严厉的刑事强制措施,能用其他强制措施的尽量使用其他强制措施。审查批捕要严格依据法律规定,在把握事实证据条件、可能判处刑罚条件的同时,注重对"有逮捕必要"条件的正确理解和把握。具体可以综合考虑以下因素:一是主体是否属于未成年人或者在校学生、老年人、严重疾病患者、盲聋哑人、初犯、从犯或者怀孕、哺乳自己婴儿的妇女等;二是法定刑是否属于较轻的刑罚;三是情节是否具有中止、未遂、自首、立功等法定从轻、减轻或者免除处罚等情形;四是主观方面是否具有过失、受骗、被胁迫等;五是犯罪后是否具有认罪、悔罪表现,是否具有重新危害社会或者串供、毁证、妨碍作证等妨害诉讼进行的可能;六是犯罪嫌疑人是否属于流窜作案、有无固定住址及帮教、管教条件;七是案件基本证据是否已经收集固定、是否有翻供翻证的可能等。对于罪行严重、主观恶性较大、人身危险性大或者有串供、毁证、妨碍作证等妨害诉讼顺利进行可能,符合逮捕条件的,应当批准逮捕。对于不采取强制措施或者采取其他强制措施不致于妨害诉讼顺利进行的,应当不予批捕。对于可捕可不捕的坚决不捕。

8. 正确把握起诉和不起诉条件,依法适用不起诉。在审查起诉工作中,严格依法掌握起诉条件,充分考虑起诉的必要性,可诉可不诉的不诉。对于初犯、从犯、预备犯、中止犯、防卫过当、避险过当、未成年人犯罪、老年人犯罪以及亲友、邻里、同学同事等纠纷引发的案件,符合不起诉条件的,可以依法适用不起诉,并可以根据案件的不同情况，对被不起诉人予以训诫或者责令具结悔过、赔礼道歉、赔偿损失。确需提起公诉的，可以依法向人民法院提出从宽处理、适用缓刑等量刑方面的意见。

10. 在抗诉工作中正确贯彻宽严相济的刑事司法政策。既要重视对有罪判无罪、量刑畸轻的案件及时提出抗诉，又要重视对无罪判有罪、量刑畸重的案件及时提出抗诉。对于被告人认罪并积极赔偿损失、被害人谅解的案件、未成年人犯罪案件以及具有法定从轻、减轻情节的案件，人民法院处罚偏轻的，一般不提出抗诉。对于第一审宣判后人民检察院在法定期限内未提出抗诉，或者判决、裁定发生法律效力后六个月内未提出抗诉的案件，没有发现新的事实或者证据的，一般也不得为加重被告人刑罚而依照审判监督程序提出抗诉。

11. 对未成年人犯罪案件依法从宽处理。办理未成年人犯罪案件，应当坚持"教育、感化、挽救"的方针和"教育为主、惩罚为辅"的原则。要对未成年犯罪嫌疑人的情况进行调查，了解未成年人的性格特点、家庭情况、社会交往、成长经历以及有无帮教条件等情况，除主观恶性大、社会危害严重的以外，根据案件具体情况，可捕可不捕的不捕，可诉可不诉的不诉。对确需提起公诉的未成年被告人，应当根据情况依法向人民法院提出从宽处理、适用缓刑等量刑方面的意见。

12. 对因人民内部矛盾引发的轻微刑事案件依法从宽处理。对因亲友、邻里及同学同事之间纠纷引发的轻微刑事案件，要本着"冤家宜解不宜结"的精神，着重从化解矛盾、解决纠纷的角度正确处理。对于轻微刑事案件中犯罪嫌疑人认罪悔过、赔礼道歉、积极赔偿损失并得到被害人谅解或者双方达成和解并切实履行，社会危害性不大的，可以依法不予逮捕或者不起诉。确需提起公诉的，可以依法向人民法院提出从宽处理的意见。对属于被害人可以提起自诉的轻微刑事案件，由公安机关立案侦查并提请批捕、移送起诉的，人民检察院可以促使双方当事人在民事赔偿和精神抚慰方面和解，及时化解矛盾，依法从宽处理。

13. 对轻微犯罪中的初犯、偶犯依法从宽处理。对于初次实施轻微犯罪、主观恶性小的犯罪嫌疑人，特别是对因生活无着偶然发生的盗窃等轻微犯罪，犯罪嫌疑人人身危险性不大的，一般可以不予逮捕；符合法定条件的，可以依法不起诉。确需提起公诉的，可以依法向人民法院提出从宽处理的意见。

19. 改革完善未成年人犯罪案件的办案方式。对未成年人犯罪案件，应当设立专门工作机构、专门工作小组或者指定专人办理。建立适合未成年人特点的审查逮捕、审查起诉工作机制。对成年人与未成年人共同犯罪案件，原则上实行分案处理。对未成年人犯罪案件适用简易程序的，公诉人一般应当出庭支持公诉并开展庭审教育活动。对于因犯罪情节轻微决定不起诉的未成年人，要落实帮教措施。

《最高人民检察院、公安部关于逮捕社会危险性条件若干问题的规定(试行)》(高检会〔2015〕9号)

第一条 为了规范逮捕社会危险性条件证据收集、审查认定,依法准确适用逮捕措施,依照《中华人民共和国刑事诉讼法》、《人民检察院刑事诉讼规则(试行)》、《公安机关办理刑事案件程序规定》,制定本规定。

第二条 人民检察院办理审查逮捕案件,应当全面把握逮捕条件,对有证据证明有犯罪事实、可能判处徒刑以上刑罚的犯罪嫌疑人,除刑诉法第七十九条第二、三款规定的情形外,应当严格审查是否具备社会危险性条件。公安机关侦查刑事案件,应当收集、固定犯罪嫌疑人是否具有社会危险性的证据。

第三条 公安机关提请逮捕犯罪嫌疑人的,应当同时移送证明犯罪嫌疑人具有社会危险性的证据。对于证明犯罪事实的证据能够证明犯罪嫌疑人具有社会危险性的,应当在提请批准逮捕书中专门予以说明。对于证明犯罪事实的证据不能证明犯罪嫌疑人具有社会危险性的,应当收集、固定犯罪嫌疑人具备社会危险性条件的证据,并在提请逮捕时随卷移送。

第四条 人民检察院审查认定犯罪嫌疑人是否具有社会危险性,应当以公安机关移送的社会危险性相关证据为依据,并结合案件具体情况综合认定。必要时可以通过讯问犯罪嫌疑人、询问证人等诉讼参与人、听取辩护律师意见等方式,核实相关证据。依据在案证据不能认定犯罪嫌疑人符合逮捕社会危险性条件的,人民检察院可以要求公安机关补充相关证据,公安机关没有补充移送的,应当作出不批准逮捕的决定。

第五条 犯罪嫌疑人"可能实施新的犯罪",应当具有下列情形之一:

(一)案发前或者案发后正在策划、组织或者预备实施新的犯罪的;

(二)扬言实施新的犯罪的;

(三)多次作案、连续作案、流窜作案的;

(四)一年内曾因故意实施同类违法行为受到行政处罚的;

(五)以犯罪所得为主要生活来源的;

(六)有吸毒、赌博等恶习的;

(七)其他可能实施新的犯罪的情形。

第六条 犯罪嫌疑人"有危害国家安全、公共安全或者社会秩序的现实危险",应当具有下列情形之一:

(一)案发前或者案发后正在积极策划、组织或者预备实施危害国家安全、公共安全或者社会秩序的重大违法犯罪行为的;

(二)曾因危害国家安全、公共安全或者社会秩序受到刑事处罚或者行政处罚的;
(三)在危害国家安全、黑恶势力、恐怖活动、毒品犯罪中起组织、策划、指挥作用或者积极参加的;
(四)其他有危害国家安全、公共安全或者社会秩序的现实危险的情形。

第七条 犯罪嫌疑人"可能毁灭、伪造证据,干扰证人作证或者串供",应当具有下列情形之一:
(一)曾经或者企图毁灭、伪造、隐匿、转移证据的;
(二)曾经或者企图威逼、恐吓、利诱、收买证人,干扰证人作证的;
(三)有同案犯罪嫌疑人或者与其在事实上存在密切关联犯罪的犯罪嫌疑人在逃,重要证据尚未收集到位的;
(四)其他可能毁灭、伪造证据,干扰证人作证或者串供的情形。

第八条 犯罪嫌疑人"可能对被害人、举报人、控告人实施打击报复",应当具有下列情形之一:
(一)扬言或者准备、策划对被害人、举报人、控告人实施打击报复的;
(二)曾经对被害人、举报人、控告人实施打击、要挟、迫害等行为的;
(三)采取其他方式滋扰被害人、举报人、控告人的正常生活、工作的;
(四)其他可能对被害人、举报人、控告人实施打击报复的情形。

第九条 犯罪嫌疑人"企图自杀或者逃跑",应当具有下列情形之一:
(一)着手准备自杀、自残或者逃跑的;
(二)曾经自杀、自残或者逃跑的;
(三)有自杀、自残或者逃跑的意思表示的;
(四)曾经以暴力、威胁手段抗拒抓捕的;
(五)其他企图自杀或者逃跑的情形。

第十条 人民检察院对于以无社会危险性不批准逮捕的,应当向公安机关说明理由,必要时可以向被害人说明理由。对于社会关注的重大敏感案件或者可能引发群体性事件的,在作出不捕决定前应当进行风险评估并做好处置预案。

第十一条 本规定自下发之日起施行。

《最高人民检察院关于贯彻执行〈最高人民法院、最高人民检察院关于办理贪污贿赂刑事案件适用法律若干问题的解释〉的通知》(高检发办字(2016)17号,节录)

6.依法适用逮捕措施。各级人民检察院对于正在办理或者新受理的审查逮捕案件,应当按照《解释》规定,依法准确适用逮捕强制措施。要全面把握逮捕条件,对于"有证据证明有犯罪事实"这一条件,必须严格执行《解释》规定,对达不到定罪数额标准的,还应考虑是否具有法定从轻、减轻或者酌定从轻处罚情节,只有在经过综合审查判断,认为可能判处徒刑以上刑罚并具有社会危险性的,才能依法作出逮捕决定。对于已经逮捕的犯罪嫌疑人、被告人按照《解释》规定达不到定罪标准的,应当依法解除强制措施。

《检察机关办理电信网络诈骗案件指引》(高检发侦监字〔2018〕12号,节录)

电信网络诈骗犯罪,是指以非法占有为目的,利用电话、短信、互联网等电信网络技术手段,虚构事实,设置骗局,实施远程、非接触式诈骗,骗取公私财物的犯罪行为。根据《中华人民共和国刑法》第二百六十六条、《最高人民法院、最高人民检察院关于办理诈骗刑事案件具体应用法律若干问题的解释》(法释〔2011〕7号)(以下简称《解释》)、《最高人民法院、最高人民检察院、公安部关于办理电信网络诈骗等刑事案件适用法律若干问题的意见》(法发〔2016〕32号)(以下简称《意见》),办理电信网络诈骗案件除了要把握普通诈骗案件的基本要求外,还要特别注意以下问题:一是电信网络诈骗犯罪的界定;二是犯罪形态的审查;三是诈骗数额及发送信息、拨打电话次数的认定;四是共同犯罪及主从犯责任的认定;五是关联犯罪事前通谋的审查;六是电子数据的审查;七是境外证据的审查。

一、审查证据的基本要求

(一)审查逮捕

1.有证据证明发生了电信网络诈骗犯罪事实

(1)证明电信网络诈骗案件发生

证据主要包括:报案登记、受案登记、受案笔录、立案决定书、破案经过、证人证言、被害人陈述、犯罪嫌疑人供述和辩解、被害人银行开户申请、开户明细单、银行转账凭证、银行账户交易记录、银行汇款单、网银转账记录、第三方支付结算交易记录、手机转账信息等证据。跨国电信网络诈骗还可能需要有国外有关部门出具的与案件有关的书面材料。

(2)证明电信网络诈骗行为的危害结果

①证明诈骗数额达到追诉标准的证据:证人证言、被害人陈述、犯罪嫌疑人供述和辩解、银行转账凭证、汇款凭证、转账信息、银行卡、银行账户交易记录、第三方支付结算交易记录以及其他与电信网络诈骗关联的账户交易记录、犯罪嫌疑人提成记录、诈骗账目记录等证据以及其它有关证据。

②证明发送信息条数、拨打电话次数以及页面浏览量达到追诉标准的证据:

QQ、微信、skype等即时通讯工具聊天记录、CDR电话清单、短信记录、电话录音、电子邮件、远程勘验笔录、电子数据鉴定意见、网页浏览次数统计、网页浏览次数鉴定意见、改号软件、语音软件的登录情况及数据、拨打电话记录内部资料以及其他有关证据。

2.有证据证明诈骗行为是犯罪嫌疑人实施的

(1)言词证据:证人证言、被害人陈述、犯罪嫌疑人供述和辩解等,注意审查犯罪嫌疑人供述的行为方式与被害人陈述的被骗方式、交付财物过程或者其他证据是否一致。对于团伙作案的,要重视对同案犯罪嫌疑人供述和辩解的审查,梳理各个同案犯罪嫌疑人的指证是否相互印证。

(2)有关资金链条的证据:银行转账凭证、交易流水、第三方支付交易记录以及其他关联账户交易记录、现场查扣的书证、与犯罪关联的银行卡及申请资料等,从中审查相关银行卡信息与被害人存款、转移赃款等账号有无关联,资金交付支配占有过程;犯罪嫌疑人的短信以及QQ、微信、skype等即时通讯工具聊天记录,审查与犯罪有关的信息,是否出现过与本案资金流转有关的银行卡账号、资金流水等信息。要注意审查被害人转账、汇款账号、资金流向等是否有相应证据印证赃款由犯罪嫌疑人取得。对诈骗集团租用或交叉使用账户的,要结合相关言词证据及书证、物证、勘验笔录等分析认定。

(3)有关信息链条的证据:侦查机关远程勘验笔录,远程提取证据笔录,CDR电话清单、查获的手机IMEI串号、语音网关设备、路由设备、交换设备、手持终端等。要注意审查诈骗窝点物理IP地址是否与所使用电话CDR数据清单中记录的主叫IP地址或IP地址所使用的线路(包括此线路的账号、用户名称、对接服务器、语音网关、手持终端等设备的IP配置)一致,电话CDR数据清单中是否存在被害人的相关信息资料,改号电话显示号码、呼叫时间、电话、IP地址是否与被害人陈述及其它在案证据印证。在电信网络诈骗窝点查获的手机IMEI串号以及其他电子作案工具,是否与被害人所接到的诈骗电话显示的信息来源一致。

(4)其他证据:跨境电信网络诈骗犯罪案件犯罪嫌疑人出入境记录、户籍证明材料、在境外使用的网络设备及虚拟网络身份的网络信息,证明犯罪嫌疑人出入境情况及身份情况。诈骗窝点的纸质和电子账目报表,审查时间、金额等细节是否与被害人陈述相互印证。犯罪过程中记载被害人身份、诈骗数额、时间等信息的流转单,审查相关信息是否与被害人陈述、银行转账记录等相互印证。犯罪嫌疑人之间的聊天记录、诈骗脚本、内部分工、培训资料、监控视频等证据,审查犯罪的具体手法、过程。购买作案工具和资源(手机卡、银行卡、POS机、服务器、木马病毒、改号软件、公民个人信息等)的资金流水、电子数据等证据。

3.有证据证明犯罪嫌疑人具有诈骗的主观故意

(1)证明犯罪嫌疑人主观故意的证据:犯罪嫌疑人的供述和辩解、证人证言、同案犯指证;诈骗脚本、诈骗信息内容、工作日记、分工手册、犯罪嫌疑人的具体职责、地位、参与实施诈骗行为的时间等;赃款的账册、分赃的记录、诈骗账目记录、提成记录、工作环境、工作形式等;短信、QQ、微信、skype等即时通讯工具聊天记录等,审查其中是否出现有关诈骗的内容以及诈骗专门用的黑话、暗语等。

(2)证明提供帮助者的主观故意的证据:提供帮助犯罪嫌疑人供述和辩解、电信网络诈骗犯罪嫌疑人的指证、证人证言;双方短信以及QQ、微信、skype等即时通讯工具聊天记录等信息材料;犯罪嫌疑人的履历、前科记录、行政处罚记录、双方资金往来的凭证、犯罪嫌疑人提供帮助、协助的收益数额、取款时的监控视频、收入记录、处罚判决情况等。

(二)审查起诉

除审查逮捕阶段证据审查基本要求之外,对电信网络诈骗案件的审查起诉工作还应坚持"犯罪事实清楚,证据确实、充分"的标准,保证定罪量刑的事实都有证据证明;据以定案的证据均经法定程序查证属实;综合全案证据,对所认定的事实均已排除合理怀疑。

1.有确实充分的证据证明发生了电信网络诈骗犯罪事实

(1)证明电信网络诈骗事实发生。除审查逮捕要求的证据类型之外,跨国电信网络诈骗还需要有出入境记录、飞机铁路等交通工具出行记录,必要时需国外有关部门出具的与案件有关的书面证据材料,包括原件、翻译件、使领馆认证文件等。

(2)证明电信网络诈骗行为的危害结果

①证明诈骗数额达到追诉标准的证据:能查清诈骗事实的相关证人证言、被害人陈述、犯罪嫌疑人供述和辩解、银行账户交易明细、交易凭证、第三方支付结算交易记录以及其他与电信网络诈骗关联的账户交易记录、犯罪嫌疑人的诈骗账目记录以及其它有关证据。

需要特别注意"犯罪数额接近提档"的情形。当诈骗数额接近"数额巨大""数额特别巨大"的标准(一般掌握在80%以上,即达到2.4万元、40万元),根据《解释》和《意见》的规定,具有《意见》第二条第二款"酌情从重处罚"十种情形之一的,应当分别认定为刑法第二百六十六条规定的"其他严重情节""其他特别严重情节",提高一档量刑。

②证明发送信息条数、拨打电话次数以及页面浏览量达到追诉标准的证据类型与审查逮捕的证据类型相同。

2. 有确实充分的证据链条的证据

(1)有关资金链条的证据。重点审查被害人的银行交易记录和犯罪嫌疑人持有的银行卡及账号的交易记录,用于查明被害人遭受的财产损失及犯罪嫌疑人诈骗的数额;重点审查犯罪嫌疑人的短信、QQ、微信、skype等即时通讯工具聊天记录,用于查明是否出现涉案银行卡账号、资金流转犯罪信息,账号是否由犯罪团伙或犯罪集团租用或交叉使用等,以及犯罪嫌疑人通过银行取款、洗钱的,要结合资金取款录像、监控录像、辨认笔录、证人证言,被害人陈述,犯罪嫌疑人供述和辩解等证据分析认定。

(2)有关人员链条的证据。电信网络诈骗多为共同犯罪,在审查刑事责任年龄、刑事责任能力方面的证据基础上,应重点审查犯罪嫌疑人供述和辩解、手机通信记录、通过自供的相互印证,以及其他证据之间的相互印证,查明各自的分工和作用,以区分主、从犯,对于分工明确,有明显首要分子、较为固定的组织结构的三人以上固定犯罪组织,应当认定为犯罪集团。

3. 有确实充分的证据及有关信息链条的证据与审查逮捕的证据分析认定。

二、需要特别注意的问题

在电信网络诈骗案件审查逮捕、审查起诉中,要根据相关法律、司法解释等规定,结合在案证据,重点注意以下问题:

(六)电子数据的审查

1. 电子数据移送原始存储介质;在原始存储介质无法封存,不便移动时,有无证明原因,并注明收集、提取过程及原始存储介质的存放地点或者电子数据的来源等情况。

(2)电子数据是否具有真实性,提取过程是否可以重现。

(3)电子数据的收集、提取过程是否有数字签名、数字证书等特殊标识。

(4)电子数据如有增加、删除、修改等情形的,是否附有说明;

(5)电子数据的完整性是否可以保证。

2. 电子数据合法性的审查

(1)收集、提取电子数据是否由二名以上侦查人员进行,取证方法是否符合相关技术标准。

(2)收集、提取电子数据,是否附有笔录、清单,并经侦查人员、电子数据持有人(提供人)、见证人签名或者盖章;没有持有人(提供人)签名或者盖章的,是否注明原因;对电子数据的类别、文件格式等是否注明清楚。

(3)是否依照有关规定由符合条件的人员担任见证人,是否对相关活动进行录像。

(4)电子数据检查是否将electronic子数据存储介质通过写保护设备接入到检查设备;有条件的,是否制作电子数据备份,并对备份进行检查;无法制作备份且无法使用写保护设备的,是否附有录像。

(5)通过技术侦查措施,利用远程勘验程序进行网络信息系统远程勘验收集到电子数据,作为证据使用的,是否随案移送批准采取技术侦查措施的法律文书和所收集电子数据材料,是否对其来源等作出书面说明。

(6)对电子数据作出鉴定意见的鉴定机构是否具有司法鉴定资质。

3. 电子数据的采信

(1)经过公安机关补正或者作出合理解释可以采信的电子数据:未以封存状态移送的;笔录或者清单上没有侦查人员、电子数据持有人(提供人)、见证人签名或者盖章的;对电子数据的名称、类别、格式等注明不清的;有其他瑕疵。

(2)不能采信的电子数据:电子数据系篡改、伪造或者无法确定真伪的;电子数据有增加、删除、修改等情形,影响电子数据真实性的;其他无法保证电子数据真实性的情形。

(七)境外证据的审查

1. 证据来源合法性的审查

境外证据的来源包括:外交文件(国际条约、互助协议);司法协助(刑事司法协助、平等互助原则);警务合作(国际警务合作机制、国际刑警组织)。

由于上述来源方式均需要有法定的程序和条件,对境外证据的审查注意:证据来源是否通过上述途径收集,审批报批,审批手续是否完备,程序是否合法;证据材料移交过程是否合法,手续是否齐全,确保境外证据的来源合法性。

2. 证据转换的规范性审查

对于不符合我国证据种类和收集程序要求的境外证据,侦查机关要重新进行转换和固定,才能作为证据使用。注重审查：

(1)境外交接证据过程的连续性,是否有交接文书,交接文书是否包含接收证据。

(2)接收移交、开箱、登记时是否全程录像,确保交接过程的真实性,交接物品的完整性。

(3)境外证据按照我国证据收集程序重新进行固定的,依据相关规定进行,注意证据转换过程的连续性和真实性的审查。

(4)公安机关是否对境外证据来源、提取人、提取时间或者提供人、提供时间以及保管移交的过程等作出说明,有无对电子数据完整性等专门性问题的鉴定意见等。

(5)无法确认证据来源、证据真实性、收集程序违法无法补正等境外证据应予排除。

3. 其他来源的境外证据的审查

通过其他渠道收集的境外证据材料,作为证据使用的,应注重对其来源、提供人、提供时间以及提取人、提取时间进行审查。能够证明案件事实且符合刑事诉讼法规定的,可以作为证据使用。

三、社会危险性及羁押必要性审查

（一）审查逮捕

符合下列情形之一的,可以结合案件具体情况考虑认定犯罪嫌疑人具有社会危险性,有羁押必要：

1.《最高人民检察院、公安部关于逮捕社会危险性条件若干问题的规定(试行)》(高检会〔2015〕9号)规定的具有社会危险性情节的。

2. 犯罪嫌疑人是诈骗团伙的首要分子或者主犯。对于首要分子,要重点审查其在电信网络诈骗集团中是否起到组织、策划、指挥作用。对于其他主犯,要重点审查其是否是犯意的发起者、犯罪的组织者、策划者、指挥者、主要责任者,是否参与了犯罪的全过程或关键环节以及在犯罪中所起的作用：诈骗团伙的具体管理者、组织者、招募者、电脑操盘人员、对诈骗成员进行培训的人员以及制作、提供诈骗方案、术语清单、语音包、信息的人员可以认定为主犯;取款组、供卡组、公民个人信息提供组等负责人,对维持诈骗团伙运转起着重要作用的,可以认定为主犯;对于其他实行犯是否属于主犯,主要通过其参加时段实施共同犯罪活动的程度、具体罪行的大小、对造成危害后果的作用等来认定。

3.有证据证明犯罪嫌疑人实施诈骗行为,犯罪嫌疑人拒不供认或者作虚假供述的。

4.有证据显示犯罪嫌疑人参与诈骗且既遂数额巨大、被害人众多,诈骗数额等需进一步核实的。

5.有证据证明犯罪嫌疑人参与诈骗的时间长,应当明知诈骗团伙其他同案犯犯罪事实的,但犯罪嫌疑人拒绝指证或虚假指证的。

6.其他具有社会危险性或羁押必要的情形。

在犯罪嫌疑人罪行较轻的前提下,根据犯罪嫌疑人在犯罪团伙中的地位、作用、参与时间、工作内容、认罪态度、悔罪表现等情节,结合案件整体情况,依据主客观相一致原则综合判断犯罪嫌疑人的社会危险性或者羁押必要性。在犯罪嫌疑人真诚认罪悔罪,如实供述且供述稳定的情况下,有下列情形的可以考虑社会危险性较小:

1.预备犯、中止犯。

2.直接参与诈骗的数额未达巨大,有自首、立功表现的。

3.直接参与诈骗的数额未达巨大,参与时间短的发送信息、拨打电话人员。

4.涉案数额未达巨大,受雇负责饮食、住宿等辅助工作人员。

5.直接参与诈骗的数额未达巨大,积极退赃的从犯。

6.被胁迫参加电信网络诈骗团伙,没有造成严重影响和后果的。

7.其他社会危险性较小的情形。

需要注意的是,对犯罪嫌疑人社会危险性的把握,要根据案件社会影响、造成危害后果、打击力度的需要等多方面综合判断和考虑。

(二)审查起诉

在审查起诉阶段,要结合侦查阶段取得的事实证据,进一步引导侦查机关加大捕后侦查力度,及时审查新证据。在羁押期限届满前对全案进行综合审查,对于未达到逮捕证明标准的,撤销原逮捕决定。

经羁押必要性审查,发现犯罪嫌疑人具有下列情形之一的,应当向办案机关提出释放或者变更强制措施的建议:

1.案件证据发生重大变化,没有证据证明有犯罪事实或者犯罪行为系犯罪嫌疑人、被告人所为的。

2.案件事实或者情节发生变化,犯罪嫌疑人、被告人可能被判处拘役、管制、独立适用附加刑、免予刑事处罚或者判决无罪的。

3.继续羁押犯罪嫌疑人、被告人,羁押期限将超过依法可能判处的刑期的。

4.案件事实基本查清,证据已经收集固定,符合取保候审或者监视居住条件的。

经羁押必要性审查,发现犯罪嫌疑人、被告人具有下列情形之一,且具有悔罪表现,不予羁押不致发生社会危险性的,可以向办案机关提出释放或者变更强制措施的建议:

1. 预备犯或者中止犯;共同犯罪中的从犯或者胁从犯。
2. 主观恶性较小的初犯。
3. 系未成年人或者年满七十五周岁的人。
4. 与被害方依法自愿达成和解协议,且已经履行或者提供担保的。
5. 患有严重疾病、生活不能自理的。
6. 系怀孕或者正在哺乳自己婴儿的妇女。
7. 系生活不能自理的人的唯一扶养人。
8. 可能被判处一年以下有期徒刑或者宣告缓刑的。
9. 其他不需要继续羁押犯罪嫌疑人、被告人的情形。

《检察机关办理侵犯公民个人信息案件指引》(高检发侦监字〔2018〕13号,节录)

根据《中华人民共和国刑法》第二百五十三条之一的规定,侵犯公民个人信息罪是指违反国家有关规定,向他人出售、提供公民个人信息,或者通过窃取等方法非法获取公民个人信息,情节严重的行为。结合《最高人民法院、最高人民检察院关于办理侵犯公民个人信息刑事案件适用法律若干问题的解释》(法释〔2017〕10号)(以下简称《解释》),办理侵犯公民个人信息案件,应当特别注意以下问题:一是对"公民个人信息"的审查认定;二是对"违反国家有关规定"的审查认定;三是对"非法获取"的审查认定;四是对"情节严重"和"情节特别严重"的审查认定;五是对关联犯罪的审查认定。

一、审查证据的基本要求

(一)审查逮捕

1. 有证据证明发生了侵犯公民个人信息犯罪事实

(1)证明侵犯公民个人信息案件发生

主要证据包括:报案登记、受案登记、立案决定书、破案经过、证人证言、被害人陈述、犯罪嫌疑人供述和辩解以及证人、被害人提供的短信、微信或QQ截图等电子数据。

(2)证明被侵犯对象系公民个人信息

主要证据包括:扣押物品清单、勘验检查笔录、电子数据、司法鉴定意见及公民信息查询结果说明、被害人陈述、被害人提供的原始信息资料和对比资料等。

2. 有证据证明侵犯公民个人信息行为是犯罪嫌疑人实施的

(1) 证明违反国家有关规定的证据：犯罪嫌疑人关于所从事的职业的供述、其所在公司的工商注册资料、公司出具的犯罪嫌疑人职责范围说明、劳动合同、保密协议及公司领导、同事关于犯罪嫌疑人职责范围的证言等。

(2) 证明出售、提供行为的证据：远程勘验笔录及QQ、微信等即时通讯工具聊天记录、论坛、贴吧、电子邮件、手机短信记录等电子数据，证明犯罪嫌疑人通过上述途径向他人出售、提供、交换公民个人信息的情况。公民个人信息贩卖者、提供者、担保交易人及购买者、收受者的证言或供述，相关银行账户明细、第三方支付平台账户明细，证明出售公民个人信息违法所得情况。此外，如果犯罪嫌疑人系通过信息网络发布方式提供公民个人信息，证明该行为的证据还包括远程勘验笔录、扣押笔录、扣押物品清单、对手机、电脑存储介质、云盘、FTP等的司法鉴定意见等。

(3) 证明犯罪嫌疑人或公民个人信息购买者、收受者控制涉案信息的证据：搜查笔录、扣押笔录、扣押物品清单，对手机、电脑存储介质等的司法鉴定意见等，证实储存有公民个人信息的电脑、手机、U盘或者移动硬盘、云盘、FTP等介质与犯罪嫌疑人或公民个人信息购买者、收受者的关系。犯罪嫌疑人供述、辨认笔录及证人证言等，证实犯罪嫌疑人或公民个人信息购买者、收受者所有或实际控制、使用涉案存储介质。

(4) 证明涉案公民个人信息真实性的证据：被害人陈述、被害人提供的原始信息资料、公安机关或相关单位出具的涉案公民个人信息与权威数据库内信息同一性的比对说明。针对批量的涉案公民个人信息的真实性问题，根据《解释》精神，可以根据查获的数量直接认定，但有证据证明信息不真实或重复的除外。

(5) 证明违反国家规定，通过窃取、购买、收受、交换等方式非法获取公民个人信息的证据：主要证据与上述以出售、提供方式侵犯公民个人信息行为的证据基本相同。针对窃取的方式如通过技术手段非法获取公民个人信息的行为，需证明犯罪嫌疑人实施上述行为，除被害人陈述、犯罪嫌疑人供述和辩解外，还包括侦查机关从被害公司数据库中发现入侵电脑IP地址情况，从犯罪嫌疑人电脑中提取的侵入被害公司数据的痕迹等现场勘验检查笔录，以及涉案程序（木马）的司法鉴定意见等。

3. 有证据证明犯罪嫌疑人具有侵犯公民个人信息的主观故意

(1) 证明犯罪嫌疑人明知没有获取、提供公民个人信息的法律依据或资格，主要证据包括：犯罪嫌疑人的身份证明、犯罪嫌疑人关于所从事的职业的供述、其所在公司的工商资料和营业范围、公司关于犯罪嫌疑人的职责范围说明、公司主要负责人的证人证言等。

(2) 证明犯罪嫌疑人积极实施窃取、出售、提供、购买、交换、收受公民个人信息的行为，主要证据除了证人证言、犯罪嫌疑人供述和辩解外，还包括远程勘验笔录、手机短信记录、即时通讯工具聊天记录、电子数据司法鉴定意见、银行账户明细、第三方支付平台账户明细等。

4. 有证据证明"情节严重"或"情节特别严重"

(1) 公民个人信息购买者或收受者的证言或供述。

(2) 公民个人信息购买、收受公司工作人员利用公民个人信息进行电话或短信推销、商务调查等经营性活动后出具的证言或供述。

(3) 公民个人信息购买者或者收受者利用所获信息从事违法犯罪活动后出具的证言或供述。

(4) 远程勘验笔录、电子数据司法鉴定意见书、最高人民检察院或公安部指定的机构对电子数据涉及的专门性问题出具的报告、公民个人信息资料等。证明犯罪嫌疑人通过即时通讯工具、电子邮箱、论坛、贴吧、手机等向他人出售、提供、购买、交换、收受公民个人信息的情况。

(5) 银行账户明细、第三方支付平台账户明细。

(6) 死亡证明、伤情鉴定意见、医院诊断记录、经济损失鉴定意见、相关案件起诉书、判决书等。

(二) 审查起诉

除审查逮捕阶段证据审查基本要求之外，对侵犯公民个人信息案件的审查起诉工作还应坚持"犯罪事实清楚，证据确实、充分"的标准，保证定罪量刑的事实都有证据证明；据以定案的证据均经法定程序查证属实；综合全案证据，对所认定的事实已排除合理怀疑。

1. 有确实充分的证据证明发生了侵犯公民个人信息犯罪事实。该证据与审查逮捕的证据类型相同。

2. 有确实充分的证据证明侵犯公民个人信息行为是犯罪嫌疑人实施的

(1) 对于证明犯罪行为是犯罪嫌疑人实施的证据审查，需要结合《解释》精神，准确把握对"违反国家有关规定""出售、提供行为""窃取或以其他方法"的认定。

(2) 对证明违反国家有关规定的证据审查，需要明确国家有关规定的具体内容，违反法律、行政法规、部门规章有关公民个人信息保护规定的，应当认定为刑法第二百五十三条之一规定的"违反国家有关规定"。

(3) 对证明出售、提供行为的证据审查，应当明确"出售、提供"包括在履职或提供服务的过程中将合法持有的公民个人信息出售或者提供给他人的行为；向特定人提供、通过信息网络或者其他途径发布公民个人信息、未经被收集者同意，将合法收集的公民个人信息（经过处理无法识别特定个人且不能复原的除外）向他人提供的，均属于刑法第二百五十三条之一规定的"提供公民个人信息"。应当全面审查犯罪嫌疑人所出售提供公民个人信息的来源、途经与去向，对相关供述、物证、书证、证人证言、被害人陈述、电子数据等证据种类进行综合审查，针对使用信息网络进行犯罪活动的，需要结合专业知识，根据证明该行为的远程勘验笔录、扣押笔录、扣押物品清单、电子存储介质、网络存储介质等的司法鉴定意见进行审查。

（4）对证明通过窃取或以其他非法方法获取公民个人信息等方式非法获取公民个人信息的证据审查，应当明确"以其他方法获取公民个人信息"包括购买、收受、交换等方式获取公民个人信息，或者在履行职责、提供服务过程中收集公民个人信息的行为。

针对窃取行为，如通过信息网络窃取公民个人信息，则应当结合犯罪嫌疑人供述、证人证言、被害人陈述，着重审查证明犯罪嫌疑人侵入信息网络、数据库时的IP地址、MAC地址、侵入工具、侵入痕迹等内容的现场勘验检查笔录以及涉案程序（木马）的司法鉴定意见等。

针对购买、收受、交换行为，应当全面审查购买、收受、交换公民个人信息的来源、途经、去向，结合犯罪嫌疑人供述和辩解、辨认笔录、证人证言等证据，对搜查笔录、扣押笔录、扣押物品清单、涉案电子存储介质等司法鉴定意见进行审查，明确上述证据同犯罪嫌疑人或公民个人信息购买、收受、交换者之间的关系。

针对履行职责、提供服务过程中收集公民个人信息的行为，应当审查证明犯罪嫌疑人所从事职业及其所负职责的证据，结合法律、行政法规、部门规章等国家有关公民个人信息保护的规定，明确犯罪嫌疑人的行为属于违反国家有关规定，以其他方法非法获取公民个人信息的行为。

（5）对证明涉案公民个人信息真实性证据的审查，应当着重审查被害人陈述、被害人提供的原始信息资料、公安机关或其他相关单位出具的涉案公民个人信息与权威数据库内信息同一性的对比说明。对批量的涉案公民个人信息的真实性问题，根据《解释》精神，可以根据查获的数量直接认定，但有证据证明信息不真实或重复的除外。

3.有确实充分的证据证明犯罪嫌疑人具有侵犯公民个人信息的主观故意

（1）对证明犯罪嫌疑人主观故意的证据审查，应当综合审查犯罪嫌疑人的身份证明、犯罪嫌疑人关于所从事职业的供述、其所在公司的工商资料和营业范围、公司关于犯罪嫌疑人的职责范围说明、公司主要负责人的证人证言等,结合国家公民个人信息保护的相关规定,夯实犯罪嫌疑人在实施犯罪时的主观明知。

(2)对证明犯罪嫌疑人积极实施窃取或者以其他方法非法获取公民个人信息行为的证据审查,应当结合犯罪嫌疑人供述、证人证言,着重审查远程勘验笔录、手机短信记录、即时通讯工具聊天记录、电子数据司法鉴定意见、银行账户明细、第三方支付平台账户明细等,明确犯罪嫌疑人在实施犯罪时的积极作为。

4.有确实充分的证据证明"情节严重"或"情节特别严重"。该证据与审查逮捕的证据类型相同。

二、需要特别注意的问题(略)

三、社会危险性及羁押必要性审查

(一)审查逮捕

1.犯罪动机:一是出售牟利;二是用于经营活动;三是用于违法犯罪活动。犯罪动机表明犯罪嫌疑人主观恶性,也能证明犯罪嫌疑人是否可能实施新的犯罪。

2.犯罪情节。犯罪嫌疑人的行为直接反映其人身危险性。具有下列情节的侵犯公民个人信息犯罪,能够证实犯罪嫌疑人主观恶性和人身危险性较大,实施新的犯罪的可能性也较大,可以认为具有较大的社会危险性:一是犯罪持续时间较长、多次实施侵犯公民个人信息犯罪的;二是被侵犯的公民个人信息数量或违法所得巨大的;三是利用公民个人信息进行违法犯罪活动的;四是犯罪手段行为本身具有违法性或者破坏性,即犯罪手段恶劣的,如骗取、窃取公民个人信息,采取胁迫、植入木马程序侵入他人计算机系统等方式非法获取信息。

犯罪嫌疑人实施侵犯公民个人信息犯罪,不属于"情节特别严重",系初犯,全部退赃,并确有悔罪表现的,可以认定社会危险性较小,没有逮捕必要。

(二)审查起诉

在审查起诉阶段,要结合侦查阶段取得的事实证据,进一步引导侦查机关加大捕后侦查力度,及时审查新证据。在羁押期限届满前对全案进行综合审查,对于未达到逮捕证明标准的,撤销原逮捕决定。

经羁押必要性审查,发现犯罪嫌疑人具有下列情形之一的,应当向办案机关提出释放或者变更强制措施的建议:

1.案件证据发生重大变化,没有证据证明有犯罪事实或者犯罪行为系犯罪嫌疑人、被告人所为的。

2.案件事实或者情节发生变化,犯罪嫌疑人、被告人可能被判处拘役、管制、独立适用附加刑、免予刑事处罚或者判决无罪的。

3. 继续羁押犯罪嫌疑人、被告人,羁押期限将超过依法可能判处的刑期的。

4. 案件事实基本查清,证据已经收集固定,符合取保候审或者监视居住条件的。

经羁押必要性审查,发现犯罪嫌疑人、被告人具有下列情形之一,且具有悔罪表现,不予羁押不致发生社会危险性的,可以向办案机关提出释放或者变更强制措施的建议:

1. 预备犯或者中止犯;共同犯罪中的从犯或者胁从犯。
2. 主观恶性较小的初犯。
3. 系未成年人或者年满七十五周岁的人。
4. 与被害方依法自愿达成和解协议,且已经履行或者提供担保的。
5. 患有严重疾病、生活不能自理的。
6. 系怀孕或者正在哺乳自己婴儿的妇女。
7. 系生活不能自理的人的唯一扶养人。
8. 可能被判处一年以下有期徒刑或者宣告缓刑的。
9. 其他不需要继续羁押犯罪嫌疑人、被告人的情形。

《最高人民法院、最高人民检察院、公安部、国家安全部、司法部关于适用认罪认罚从宽制度的指导意见》(高检发〔2019〕13号)"六、强制措施的适用"(第十九条至第二十一条)对逮捕的有关问题作了规定。(→参见第十五条所附"其他规范",第69—70页)

《人民检察院审查案件听证工作规定》(最高人民检察院,高检发办字〔2020〕53号)第四条规定人民检察院办理审查逮捕案件,需要核实评估犯罪嫌疑人是否具有社会危险性、是否具有社会帮教条件的,可以召开听证会。(→参见第九十五条所附"其他规范",第653页)

《最高人民检察院、公安部关于依法妥善办理轻伤害案件的指导意见》(高检发办字〔2022〕167号)第十六条要求依法准确把握逮捕标准。(→参见第二编"立案、侦查和提起公诉"标题下所附"其他规范",第791页)

《人民检察院办理知识产权案件工作指引》(最高人民检察院,2023年4月26日,节录)

第二章 知识产权刑事案件的办理

第十三条 人民检察院办理侵犯知识产权犯罪和生产、销售伪劣商品、非法经营等犯罪存在竞合或者数罪并罚的案件,由负责管辖处罚较重罪名或者主罪的办案部门或者办案组织办理。

第十四条 人民检察院办理知识产权案件,应当进一步健全完善与公安机关的侦查监督与协作配合工作机制。经公安机关商请或者人民检察院认为确有必要时,可以派员通过审查证据材料等方式对重大、疑难、复杂知识产权刑事案件的案件性质、收集证据、适用法律等提出意见建议。

第十五条 人民检察院办理知识产权刑事案件,应当加强全链条惩治,注重审查和发现上下游关联犯罪线索,查明有无遗漏罪行和其他应当追究刑事责任的单位和个人。

第十六条 人民检察院办理知识产权刑事案件,应当坚持宽严相济刑事政策,该严则严,当宽则宽。

犯罪嫌疑人、被告人自愿认罪,通过退赃退赔、赔偿损失、赔礼道歉等方式表示真诚悔罪,且愿意接受处罚的,可以依法提出从宽处罚的量刑建议。有赔偿能力而不赔偿损失的,不能适用认罪认罚从宽制度。

人民检察院办理知识产权刑事案件,应当听取被害人及其诉讼代理人的意见,依法积极促进犯罪嫌疑人、被告人与被害人达成谅解。犯罪嫌疑人、被告人自愿对权利人作出合理赔偿的,可以作为从宽处罚的考量因素。

第十七条 人民检察院办理侵犯知识产权刑事案件,对于符合适用涉案企业合规改革案件范围和条件的,依法依规适用涉案企业合规机制。根据案件具体情况和法定从轻、减轻情节,结合企业合规整改效果,依法提出处理意见。

人民检察院对于拟作不批准逮捕、不起诉、变更强制措施等决定的涉企知识产权犯罪案件,可以根据《人民检察院审查案件听证工作规定》召开听证会,邀请公安机关、知识产权权利人、第三方组织组成人员等到会发表意见。

第十八条 人民检察院在办理知识产权刑事案件中,发现与人民法院正在审理的民事、行政案件或者人民检察院正在办理的民事、行政诉讼监督案件系同一事实或者存在牵连关系,或者案件办理结果以另一案件审理或者办理结果为依据的,应当及时将刑事案件受理情况告知相关的人民法院、人民检察院。

第十九条 人民检察院对知识产权刑事案件作出不起诉决定,对被不起诉人需要给予行政处罚、政务处分或者其他处分的,经检察长批准,应当依法向同级有关主管机关提出检察意见,自不起诉决定作出之日起三日以内连同不起诉决定书一并送达。有关主管机关应当将处理结果及时通知人民检察院。

第二十条 侵害国家、集体享有的知识产权或者侵害行为致使国家财产、集体财产遭受损失的,人民检察院在提起公诉时,可以提起附带民事诉讼;损害社会公共利益的,人民检察院在提起公诉时,可以提起刑事附带民事公益诉讼。

人民检察院一般应当对在案全部被告人和没有被追究刑事责任的共同侵害

人,一并提起附带民事诉讼或者刑事附带民事公益诉讼,但共同犯罪案件中同案犯在逃的或者已经赔偿损失的除外。在逃的同案犯到案后,人民检察院可以依法对其提起附带民事诉讼或者刑事附带民事公益诉讼。

第二十一条　人民检察院办理知识产权刑事案件,应当依法向被害人及其法定代理人或者其近亲属告知诉讼权利义务。对于被害人以外其他知识产权权利人需要告知诉讼权利义务的,人民检察院应当自受理审查起诉之日起十日内告知。

第二十二条　本指引第二十一条规定的知识产权权利人包括:
(一)刑法第二百一十七条规定的著作权人或者与著作权有关的权利人;
(二)商标注册证上载明的商标注册人;
(三)专利证书上载明的专利权人;
(四)商业秘密的权利人;
(五)其他依法享有知识产权的权利人。

第八十二条　【刑事拘留的对象和条件】公安机关对于现行犯或者重大嫌疑分子,如果有下列情形之一的,可以先行拘留:
(一)正在预备犯罪、实行犯罪或者在犯罪后即时被发觉的;
(二)被害人或者在场亲眼看见的人指认他犯罪的;
(三)在身边或者住处发现有犯罪证据的;
(四)犯罪后企图自杀、逃跑或者在逃的;
(五)有毁灭、伪造证据或者串供可能的;
(六)不讲真实姓名、住址,身份不明的;
(七)有流窜作案、多次作案、结伙作案重大嫌疑的。

立法沿革

1979年《刑事诉讼法》第四十一条规定:"公安机关对于罪该逮捕的现行犯或者重大嫌疑分子,如果有下列情形之一的,可以先行拘留:(一)正在预备犯罪、实行犯罪或者在犯罪后即时被发觉的;(二)被害人或者在场亲眼看见的人指认他犯罪的;(三)在身边或者住处发现有犯罪证据的;(四)犯罪后企图自杀、逃跑或者在逃的;(五)有毁灭、伪造证据或者串供可能的;(六)身份不明有流窜作案重大嫌疑的;(七)正在进行'打砸抢'和严重破坏工作、生产、社会秩序的。"1996年《刑事诉讼法修改决定》对本条规定作了修改,将"不讲真实姓名、住址,身份不明的""有流窜作案、多次作案、结伙作案重大嫌疑的"规定为刑事拘留的适用情形。2012年、2018年修改《刑事诉讼法》时对本条规定未作调整。

基本规范

《公安机关办理刑事案件程序规定》(公安部令第159号修正,修正后自2020年9月1日起施行)

第六章 强制措施

第四节 拘 留

第一百二十四条 公安机关对于现行犯或者重大嫌疑分子,有下列情形之一的,可以先行拘留:

(一)正在预备犯罪、实行犯罪或者在犯罪后即时被发觉的;

(二)被害人或者在场亲眼看见的人指认他犯罪的;

(三)在身边或住处发现有犯罪证据的;

(四)犯罪后企图自杀、逃跑或者在逃的;

(五)有毁灭、伪造证据或者串供可能的;

(六)不讲真实姓名、住址,身份不明的;

(七)有流窜作案、多次作案、结伙作案重大嫌疑的。

《海警机构办理刑事案件程序规定》(中国海警局令第1号,自2023年6月15日起施行)

第六章 强制措施

第四节 拘 留

第一百一十九条 海警机构对于现行犯或者重大嫌疑分子,有下列情形之一的,可以先行拘留:

(一)正在预备犯罪、实行犯罪或者在犯罪后即时被发觉的;

(二)被害人或者在场亲眼看见的人指认他犯罪的;

(三)在身边或住处发现有犯罪证据的;

(四)犯罪后企图自杀、逃跑或者在逃的;

(五)有毁灭、伪造证据或者串供可能的;

(六)不讲真实姓名、住址,身份不明的;

(七)有流窜作案、多次作案、结伙作案重大嫌疑的。

第八十三条　【异地拘留、逮捕】公安机关在异地执行拘留、逮捕的时候,应当通知被拘留、逮捕人所在地的公安机关,被拘留、逮捕人所在地的公安机关应当予以配合。

■ 立法沿革

本条系1996年《刑事诉讼法修改决定》增加的规定,2012年、2018年《刑事诉讼法修改决定》未作调整。

■ 基本规范

《公安机关办理刑事案件程序规定》(公安部令第159号修正,修正后自2020年9月1日起施行)

第十一章　办案协作

第三百四十六条　公安机关在异地执行传唤、拘传、拘留、逮捕,开展勘验、检查、搜查、查封、扣押、冻结、讯问等侦查活动,应当向当地公安机关提出办案协作请求,并在当地公安机关协助下进行,或者委托当地公安机关代为执行。

开展查询、询问、辨认等侦查活动或者送达法律文书的,也可以向当地公安机关提出办案协作请求,并按照有关规定进行通报。

第三百四十七条　需要异地公安机关协助的,办案地公安机关应当制作办案协作函件,连同有关法律文书和人民警察证复印件一并提供给协作地公安机关。必要时,可以将前述法律手续传真或者通过公安机关有关信息系统传输至协作地公安机关。

请求协助执行传唤、拘传、拘留、逮捕的,应当提供传唤证、拘传证、拘留证、逮捕证;请求协助开展搜查、查封、扣押、查询、冻结等侦查活动的,应当提供搜查证、查封决定书、扣押决定书、协助查询财产通知书、协助冻结财产通知书;请求协助开展勘验、检查、讯问、询问等侦查活动的,应当提供立案决定书。

第三百四十八条　公安机关应当指定一个部门归口接收协作请求,并进行审核。对符合本规定第三百四十七条规定的协作请求,应当及时交主管业务部门办理。

异地公安机关提出协作请求的,只要法律手续完备,协作地公安机关就应当及时无条件予以配合,不得收取任何形式的费用或者设置其他条件。

第三百四十九条　对协作过程中获取的犯罪线索,不属于自己管辖的,应当及时移交有管辖权的公安机关或者其他有关部门。

第三百五十条　异地执行传唤、拘传的,协作地公安机关应当协助将犯罪嫌疑人传唤、拘传到本市、县公安机关执法办案场所或者到他的住处进行讯问。

异地执行拘留、逮捕的，协作地公安机关应当派员协助执行。

第三百五十一条 已被决定拘留、逮捕的犯罪嫌疑人在逃的，可以通过网上工作平台发布犯罪嫌疑人相关信息、拘留证或者逮捕证。各地公安机关发现网上逃犯的，应当立即组织抓捕。

协作地公安机关抓获犯罪嫌疑人后，应当立即通知办案地公安机关。办案地公安机关应当立即携带法律文书及时提解，提解的侦查人员不得少于二人。

办案地公安机关不能及时到达协作地的，应当委托协作地公安机关在拘留、逮捕后二十四小时以内进行讯问。

第三百五十二条 办案地公安机关请求代为讯问、询问、辨认的，协作地公安机关应当制作讯问、询问、辨认笔录，交被讯问、询问人和辨认人签名、捺指印后，提供给办案地公安机关。

办案地公安机关可以委托协作地公安机关协助进行远程视频讯问、询问，讯问、询问过程应当全程录音录像。

第三百五十三条 办案地公安机关请求协查犯罪嫌疑人的身份、年龄、违法犯罪经历等情况的，协作地公安机关应当在接到请求后七日以内将协查结果通知办案地公安机关；交通十分不便的边远地区，应当在十五日以内将协查结果通知办案地公安机关。

办案地公安机关请求协助调查取证或者查询犯罪信息、资料的，协作地公安机关应当及时协查并反馈。

第三百五十四条 对不履行办案协作程序或者协作职责造成严重后果的，对直接负责的主管人员和其他直接责任人员，应当给予处分；构成犯罪的，依法追究刑事责任。

第三百五十五条 协作地公安机关依照办案地公安机关的协作请求履行办案协作职责所产生的法律责任，由办案地公安机关承担。但是，协作行为超出协作请求范围，造成执法过错的，由协作地公安机关承担相应法律责任。

第三百五十六条 办案地和协作地公安机关对于案件管辖、定性处理等发生争议的，可以进行协商。协商不成的，提请共同的上级公安机关决定。

《海警机构办理刑事案件程序规定》(中国海警局令第1号，自2023年6月15日起施行)

第十一章 办案协作

第三百三十一条 海警机构在异地执行传唤、拘传、拘留、逮捕，开展勘验、检查、搜查、查封、扣押、冻结、讯问等侦查活动，应当向当地海警机构提出办案协作请求,并在当地海警机构协助下进行,或者委托当地海警机构代为执行。协作地未设海警机构的,可以按照规定向当地公安机关提出协作请求。

开展查询、询问、辨认等侦查活动或者送达法律文书的,也可以向当地海警机构提出办案协作请求。

第三百三十二条 需要异地海警机构协助的,办案地海警机构应当制作办案协作函件,连同有关法律文书和中国海警执法证复印件一并提供给协作地海警机构。必要时,可以将前述法律手续传真或者通过有关信息系统传输至协作地海警机构。

请求协助执行传唤、拘传、拘留、逮捕的,应当提供传唤证、拘传证、拘留证、逮捕证;请求协助开展搜查、查封、扣押、查询、冻结等侦查活动的,应当提供搜查证、查封决定书、扣押决定书、协助查询财产通知书、协助冻结财产通知书;请求协助开展勘验、检查、讯问、询问、辨认等侦查活动的,应当提供立案决定书。

办案地海警机构向协作地海警机构提出协作请求,法律手续完备的,协作地海警机构应当及时无条件予以配合。

第三百三十三条 对协作过程中获取的犯罪线索,不属于自己管辖的,应当及时移交有管辖权的海警机构或者其他有关部门。

第三百三十四条 异地执行传唤、拘传的,协作地海警机构应当协助将犯罪嫌疑人传唤、拘传到本市、县内的执法办案场所或者到他的住处进行讯问。

异地执行拘留、逮捕的,协作地海警机构应当派员协助执行。

第三百三十五条 办案地海警机构请求代为讯问、询问、辨认的,协作地海警机构应当制作讯问、询问、辨认笔录,交被讯问、询问人和辨认人签名、捺指印后,提供给办案地海警机构。

办案地海警机构可以委托协作地海警机构协助进行远程视频讯问、询问,讯问、询问过程应当全程录音录像。

第三百三十六条 办案地海警机构请求协助调查取证或者查询犯罪信息、资料的,协作地海警机构应当及时协查并反馈。

第三百三十七条 不履行办案协作程序或者协作职责造成严重后果的,对直接负责的主管人员和其他直接责任人员,应当给予处分;构成犯罪的,依法追究刑事责任。

第三百三十八条 协作地海警机构依照办案地海警机构的协作请求履行办案协作职责所产生的法律责任,由办案地海警机构承担。但是,协作行为超出协作请求范围,造成执法过错的,由协作地海警机构承担相应法律责任。

其他规范

《公安部关于进一步依法严格规范开展办案协作的通知》(公法制〔2020〕535号)

各省、自治区、直辖市公安厅(局),新疆生产建设兵团公安局:

近期,一些地方公安机关接连发生不规范履行办案协作程序,管辖争议未妥善解决即擅自赴异地开展抓捕、搜查、扣押等侦查活动,甚至出境抓捕,以及趋利执法、争抢案件和过度采取强制措施、侦查措施等违法违规问题,造成不良社会影响,严重损害法律尊严和公安机关执法形象。对此,公安部党委高度重视,于近日专门制定下发了《公安机关异地办案协作"六个严禁"》(公通字〔2020〕6号)。为进一步规范公安机关办案协作活动,切实抓好"六个严禁"的贯彻落实,现就有关要求通知如下:

一、严格落实办案协作事项范围和工作要求

对于应当通过办案协作渠道办理的事项,公安机关应当依法提出协作请求,严禁未经履行办案协作程序擅自赴异地开展相关办案活动。

1. 公安机关异地执行传唤、拘传、拘留、逮捕,开展勘验、检查、搜查、查封、扣押、冻结、讯问等侦查活动,必须向当地公安机关提出协作请求并在当地公安机关协助下进行,或者委托当地公安机关代为开展,不得自行在异地开展办案活动。

办理电信网络新型违法犯罪案件,需要对涉案财产进行紧急止付、快速冻结的,依照有关规定执行。

因案件情况特殊,由共同的上级公安机关部署在异地采取强制措施、侦查措施的,按照上级公安机关有关要求执行。

2. 公安机关异地开展查询、询问、辨认等侦查活动或者送达法律文书的,根据需要也可以向当地公安机关提出协作请求。

赴异地询问企业负责人,或者询问企业员工五人以上,以及同时向同一市、县派出五名以上侦查人员执行任务的,应当提前向当地公安机关通报。

3. 需要异地公安机关协助的,办案地公安机关侦查人员应当持办案协作函件、相关法律文书和人民警察证,向协作地公安机关提出协作请求。必要时,也可以将前述材料传真或者通过公安机关有关信息系统传输至协作地公安机关。

请求协助执行传唤、拘传、拘留、逮捕的,应当提供传唤证、拘传证、拘留证、逮捕证;请求协助开展搜查、查封、扣押、查询、冻结等侦查活动的,应当提供搜查证、查封决定书、扣押决定书、协助查询财产通知书、协助冻结财产通知书;请求协助开展勘验、检查、讯问、询问等侦查活动的,应当提供立案决定书。

委托异地公安机关代为开展侦查活动的,应当提供办案协作函件和前款规定的相应法律文书。

二、依法及时提供办案协作

异地公安机关提出协作请求的,只要法律手续完备,协作地公安机关就应当及时无条件予以配合。

4.公安机关应当指定一个部门归口接收协作请求,并对本通知第3条规定的法律手续是否完备进行审核。对符合要求的协作请求,应当依照案件管辖分工及时转交有关办案部门办理;对不符合要求的,应当立即告知办案地公安机关补充或者重新提交相关法律手续。

5.有关办案部门接到协作请求后,应当在有关规定要求的时限内或者协作请求提出的时限内协助办理,不得要求提供其他材料,不得设置其他条件,不得收取任何形式的费用。

三、妥善处理案件管辖等相关争议

公安机关应当严格执行《刑事诉讼法》《公安机关办理刑事案件程序规定》关于管辖的规定,严禁违法违规争抢管辖,严禁在办案现场发生冲突。

6.公安机关在办案过程中或者提出协作请求后,发现其他公安机关已经对同一涉案人员、企业或者同一案件及其关联案件立案的,应当与有关公安机关就管辖问题进行协商;协商不成的,应当层报共同的上级公安机关指定管辖。

上级公安机关发现多个下级公安机关对同一涉案人员、企业或者同一案件及其关联案件立案的,应当予以协调,确定案件管辖单位。

7.协作地公安机关发现多个公安机关分别对同一涉案人员、企业或者同一案件及其关联案件立案并提出协作请求的,应当优先向首先提出协作请求的公安机关提供协助,并告知有关公安机关管辖冲突情况。有关公安机关应当就管辖问题进行协商;协商不成的,应当层报共同的上级公安机关指定管辖。

8.协作地和办案地公安机关因案件管辖、定性处理或者采取强制措施、侦查措施等发生争议的,应当充分沟通协商;协商不成的,应当将有关情况层报共同的上级公安机关。

在上级公安机关就争议问题作出决定前,除接到协作请求前已经立案侦查的情形外,协作地公安机关应当依法履行办案协作职责。但是,不得以对原本未立案的案件办理立案手续的方式拒绝履行办案协作职责。

9.未经上级公安机关指定管辖,不得对无管辖权的案件立案侦查。管辖争议解决前,不得擅自跨区域采取强制措施和侦查措施,为防止人员逃跑、转移财产而依法进行先期处置的除外。

发现其他公安机关已经对犯罪嫌疑人采取强制措施或者对涉案财产采取查封、扣押、冻结措施的,不得对同一人员重复采取强制措施,不得对同一财产重复采取查封、扣押、冻结措施。

四、严格依法开展办案活动

公安机关应当严把刑事案件立案关,准确认定罪与非罪、一般违法与犯罪的界限,严禁趋利执法;严格依照法定条件和范围适用强制措施和强制性侦查措施,严禁过度执法。

10. 公安机关应当强化立案审查工作,对情节显著轻微不构成犯罪的,或者证据不足、不能认定有犯罪事实的,应当依法及时撤销案件,避免案件久拖不决。对于违反有关行政管理法律法规,但尚不构成犯罪的,依法移交有关主管部门处理。

对异地企业立案侦查的,应当报请设区的市一级公安机关批准。

11. 严格依照法定条件和范围适用强制措施,慎用羁押性强制措施。对采取保候审、监视居住措施足以防止发生社会危险性的,依法适用取保候审、监视居住。

12. 办案地公安机关赴异地对犯罪嫌疑人进行传唤的,应当通过办案协作程序将犯罪嫌疑人传唤到其所在市、县公安机关的执法办案场所或者到他的住处进行讯问,严禁违规将犯罪嫌疑人带离所在市、县。

13. 对涉嫌犯罪但仍在正常生产经营的企业,依法慎用查封、扣押、冻结等强制性侦查措施,减少对企业正常生产经营的不利影响。确需查封、扣押、冻结的,应当严格区分违法所得、其他涉案财产与合法财产,禁止超权限、超范围、超数额、超时限查封、扣押、冻结。

14. 对于涉案人员、企业金融账户内的财产,只能依法采取冻结措施,严禁以划转、转账或者其他任何方式变相扣押。

对于违法扣押的账户内财产,公安机关应当按原渠道退回;上级公安机关发现下级公安机关违法扣押的,应当责令其按原渠道退回。对于经审核确系涉案财产的,可以依法采取冻结措施。

15. 需要赴境外开展警务合作的,应当层报公安部与国外有关主管部门联系办理,并按规定通报我驻外使领馆和警务联络官,严禁违反规定擅自出境开展办案活动。

五、严肃追究违法违规责任

16. 协作地公安机关依照办案地公安机关的协作请求履行办案协作职责,所产生的法律责任由办案地公安机关承担。

协作行为超出协作请求范围,造成执法过错的,由协作地公安机关承担相应法律责任。

17. 对于未依法履行办案协作手续、不按要求协商解决争议、违法开展侦查活动等引发冲突、舆论炒作等问题,或者侵犯公民和企业合法权益的,依照有关规定对直接负责的主管人员和其他直接责任人员追究责任;构成犯罪的,依法追究刑事责任。

18. 对于违反规定以设置条件、制造管辖争议等方式不履行办案协作职责,或者推诿敷衍,造成不良后果的,依照有关规定对直接负责的主管人员和其他直接责任人员追究责任。

19. 对于违反规定擅自出境开展办案活动的,依照有关规定对直接负责的主管人员和其他直接责任人员追究责任。

20. 对于协作过程中或者接到通报后知悉的案件情况,应当严格保密。违反保密规定泄露案件信息的,依照有关规定对相关责任人员追究责任。

各地公安机关接此通知后,请迅速组织传达,认真贯彻执行。要牢固树立全国"一盘棋"思想,切实增强大局意识、法治意识、程序意识,进一步加强办案协作,坚持严格规范公正文明执法,为疫后复工复产、恢复经济创造良好法治环境。要抓紧部署对跨区域办案活动开展自查自纠、专项整治,坚决纠正违法违规行为,狠刹争抢案件、趋利执法、过度执法的歪风。对于违反规定顶风妄为的,对有关公安机关一律予以通报批评,并从严追究相关领导和直接责任人员的责任。

各地执行情况和遇到的问题,请及时报部。

第八十四条 【扭送】 对于有下列情形的人,任何公民都可以立即扭送公安机关、人民检察院或者人民法院处理:
(一)正在实行犯罪或者在犯罪后即时被发觉的;
(二)通缉在案的;
(三)越狱逃跑的;
(四)正在被追捕的。

立法沿革

1979年《刑事诉讼法》第四十二条规定:"对于下列人犯,任何公民都可以立即扭送公安机关、人民检察院或者人民法院处理:(一)正在实行犯罪或者在犯罪后即时被发觉的;(二)通缉在案的;(三)越狱逃跑的;(四)正在被追捕的。"

1996年《刑事诉讼法修改决定》对本条规定的表述作了调整,将"对于下列人犯"调整为"对于有下列情形的人"。2012年、2018年修改《刑事诉讼法》时对本条规定未作调整。

基本规范

《人民检察院刑事诉讼规则》(高检发释字〔2019〕4号)第一百二十七条就人民检察院对公民扭送的处理作了规定。(→参见第一百六十六条所附"基本规范",第1142页)

《公安机关办理刑事案件程序规定》(公安部令第159号修改)第一百六十九条至第一百七十一条、第一百七十三条就公安机关对公民扭送的处理作了规定。(→参见第一百一十条、第一百一十一条所附"基本规范",第829、833、834页)

《海警机构办理刑事案件程序规定》(中国海警局令第1号)第一百六十三条至第一百六十五条、第一百六十七条就公安机关对公民扭送的处理作了规定。(→参见第一百一十条、第一百一十一条所附"基本规范",第829、834页)

> **第八十五条 【拘留程序】**公安机关拘留人的时候,必须出示拘留证。
> 拘留后,应当立即将被拘留人送看守所羁押,至迟不得超过二十四小时。除无法通知或者涉嫌危害国家安全犯罪、恐怖活动犯罪通知可能有碍侦查的情形以外,应当在拘留后二十四小时以内,通知被拘留人的家属。有碍侦查的情形消失以后,应当立即通知被拘留人的家属。

立法沿革

1979年《刑事诉讼法》第四十三条规定:"公安机关拘留人的时候,必须出示拘留证。""拘留后,除有碍侦查或者无法通知的情形以外,应当把拘留的原因和羁押的处所,在二十四小时以内,通知被拘留人的家属或者他的所在单位。"1996年修改《刑事诉讼法》时对本条规定未作调整。2012年《刑事诉讼法修改决定》对本条规定作出两个方面的修改:一是增加关于拘留后立即送看守所羁押的规定;二是增加除涉嫌两类特殊犯罪通知有碍侦查的外,应当在拘留后二十四小时以内通知家属的规定。2018年修改《刑事诉讼法》时对本条规定未作调整。

相关规定

《中华人民共和国看守所条例》(国务院令第52号,自1990年3月17日起

施行,节录)

第二章 收押

第九条 看守所收押人犯,须凭送押机关持有的县级以上公安机关、国家安全机关签发的逮捕证、刑事拘留证或者县级以上公安机关、国家安全机关、监狱、劳动改造机关、人民法院、人民检察院、押解人犯临时羁押的证明文书。没有上述凭证,或者凭证的记载与实际情况不符的,不予收押。

第十条 看守所收押人犯,应当进行健康检查,有下列情形之一的,不予收押:

(一)患有精神病或者急性传染病的;

(二)患有其他严重疾病,在羁押中可能发生生命危险或者生活不能自理的,但是;罪大恶极不羁押对社会有危险性的除外;

(三)怀孕或者哺乳自己不满一周岁的婴儿的妇女。

第十一条 看守所收押人犯,应当对其人身和携带的物品进行严格检查。非日常用品应当登记,代为保管,出所时核对发还或者转监狱、劳动改造机关。违禁物品予以没收。发现犯罪证据和可疑物品,要当场制作记录,由人犯签字捺指印后,送案件主管机关处理。

对女性人犯的人身检查,由女工作人员进行。

第十二条 收押人犯,应当建立人犯档案。

第十三条 收押人犯,应当告知人犯在羁押期间必须遵守的监规和享有的合法权益。

第十四条 对男性人犯和女性人犯,成年人犯和未成年人犯,同案犯以及其他需要分别羁押的人犯,应当分别羁押。

第十五条 公安机关或者国家安全机关侦查终结、人民检察院决定受理的人犯,人民检察院审查或者侦查终结、人民法院决定受理的人犯,递次移送交接,均应办理换押手续,书面通知看守所。

■ 基本规范

《公安机关办理刑事案件程序规定》(公安部令第159号修正,修正后自2020年9月1日起施行)

第六章 强制措施

第四节 拘留

第一百二十五条 拘留犯罪嫌疑人,应当填写呈请拘留报告书,经县级以上公安机关负责人批准,制作拘留证。执行拘留时,必须出示拘留证,并责令被拘留人在拘留证上签名、捺指印,拒绝签名、捺指印的,侦查人员应当注明。

紧急情况下,对于符合本规定第一百二十四条所列情形之一的,经出示人民警察证,可以将犯罪嫌疑人口头传唤至公安机关后立即审查,办理法律手续。

第一百二十六条 拘留后,应当立即将被拘留人送看守所羁押,至迟不得超过二十四小时。

异地执行拘留,无法及时将犯罪嫌疑人押解回管辖地的,应当在宣布拘留后立即将其送抓获地看守所羁押,至迟不得超过二十四小时。到达管辖地后,应当立即将犯罪嫌疑人送看守所羁押。

第一百二十七条 除无法通知或者涉嫌危害国家安全犯罪、恐怖活动犯罪通知可能有碍侦查的情形以外,应当在拘留后二十四小时以内制作拘留通知书,通知被拘留人的家属。拘留通知书应当写明拘留原因和羁押处所。

本条规定的"无法通知"的情形适用本规定第一百一十三条第二款的规定。

有下列情形之一的,属于本条规定的"有碍侦查":

(一)可能毁灭、伪造证据,干扰证人作证或者串供的;

(二)可能引起同案犯逃避、妨碍侦查的;

(三)犯罪嫌疑人的家属与犯罪有牵连的。

无法通知、有碍侦查的情形消失以后,应当立即通知被拘留人的家属。

对于没有在二十四小时以内通知家属的,应当在拘留通知书中注明原因。

第十四章 附 则

第三百八十五条 本规定所称"危害国家安全犯罪",包括刑法分则第一章规定的危害国家安全罪以及危害国家安全的其他犯罪;"恐怖活动犯罪",包括以制造社会恐慌、危害公共安全或者胁迫国家机关、国际组织为目的,采取暴力、破坏、恐吓等手段,造成或者意图造成人员伤亡、重大财产损失、公共设施损坏、社会秩序混乱等严重社会危害的犯罪,以及煽动、资助或者以其他方式协助实施上述活动的犯罪。

另,《公安机关办理刑事案件程序规定》(公安部令第159号修改)第六章"强制措施"第六节"羁押"(第一百五十三条至第一百五十五条)对看守所收押的有关问题作了规定。(→参见第九十三条所附"基本规范",第635—636页)

《海警机构办理刑事案件程序规定》(中国海警局令第1号,自2023年6月15日起施行)

第六章 强制措施

第四节 拘 留

第一百二十条 拘留犯罪嫌疑人,应当填写呈请拘留报告书,经海警机构负责人批准,制作拘留证。执行拘留时,必须出示拘留证,并责令被拘留人在拘留证上签名、捺指印,拒绝签名、捺指印的,侦查人员应当注明。

执行拘留,应当由二名以上侦查人员进行。

紧急情况下,对于符合本规定第一百一十九条所列情形之一的,经出示中国海警执法证,可以将犯罪嫌疑人口头传唤至海警机构后立即审查,办理法律手续。

第一百二十一条 拘留后,应当立即将被拘留人送看守所羁押,至迟不得超过二十四小时。

异地执行拘留,无法及时将犯罪嫌疑人押解回管辖地的,应当在宣布拘留后立即将其送抓获地看守所羁押,至迟不得超过二十四小时。到达管辖地后,应当立即将犯罪嫌疑人送看守所羁押。

海上执行拘留,应当在抵岸后立即将犯罪嫌疑人送看守所羁押,至迟不得超过二十四小时。

第一百二十二条 拘留后,除无法通知或者涉嫌危害国家安全犯罪、恐怖活动犯罪通知可能有碍侦查的情形以外,应当在拘留后二十四小时以内制作拘留通知书,通知被拘留人的家属。拘留通知书应当写明拘留原因和羁押处所。

本条规定的"无法通知"的情形适用本规定第一百零八条第二款的规定。

有下列情形之一的,属于本条规定的"有碍侦查":

(一)可能毁灭、伪造证据,干扰证人作证或者串供的;

(二)可能引起同案犯逃避、妨碍侦查的;

(三)犯罪嫌疑人的家属与犯罪有牵连的。

无法通知、有碍侦查的情形消失以后,应当立即通知被拘留人的家属。

对于没有在二十四小时以内通知家属的,应当在拘留通知书中注明原因。

第十二章 附 则

第三百三十九条 本规定所称"危害国家安全犯罪",包括《中华人民共和国刑法》分则第一章规定的危害国家安全罪以及危害国家安全的其他犯罪;"恐怖活动犯罪",包括以制造社会恐慌、危害公共安全或者胁迫国家机关、国际组织为目的,采取暴力、破坏、恐吓等手段,造成或者意图造成人员伤亡、重大财产损失、公共设施损坏、社会秩序混乱等严重社会危害的犯罪,以及煽动、资助或者以其他方式协助实施上述活动的犯罪。

相关规范集成·盘问

■ 相关规定

《中华人民共和国人民警察法》(修正后自2013年1月1日起施行,节录)

第九条 为维护社会治安秩序,公安机关的人民警察对有违法犯罪嫌疑的人员,经出示相应证件,可以当场盘问、检查;经盘问、检查,有下列情形之一的,可以将其带至公安机关,经该公安机关批准,对其继续盘问:

(一)被指控有犯罪行为的;

(二)有现场作案嫌疑的;

(三)有作案嫌疑身份不明的;

(四)携带的物品有可能是赃物的。

对被盘问人的留置时间自带至公安机关之时起不超过二十四小时,在特殊情况下,经县级以上公安机关批准,可以延长至四十八小时,并应当留有盘问记录。对于批准继续盘问的,应当立即通知其家属或者其所在单位。对于不批准继续盘问的,应当立即释放被盘问人。

经继续盘问,公安机关认为对被盘问人需要依法采取拘留或者其他强制措施的,应当在前款规定的期间作出决定;在前款规定的期间不能作出上述决定的,应当立即释放被盘问人。

■ 其他规范

《公安机关适用继续盘问规定》(公安部令第75号发布,根据2020年8月6日公安部令第160号《公安部关于废止和修改部分规章的决定》修正)

第一章 总 则

第一条 为了规范继续盘问工作,保证公安机关依法履行职责和行使权限,维护社会治安秩序,保护公民的合法权益,根据《中华人民共和国人民警察法》,制定本规定。

第二条 本规定所称继续盘问,是指公安机关的人民警察为了维护社会治安秩序,对有违法犯罪嫌疑的人员当场盘问、检查后,发现具有法定情形而将其带至公安机关继续进行盘问的措施。

第三条 公安机关适用继续盘问,应当遵循依法、公正、及时、文明和确保安全的原则,做到适用对象准确、程序合法、处理适当。

第四条 继续盘问工作由公安机关主管公安派出所工作的部门负责业务指导和归口管理。

第五条　继续盘问工作由人民警察执行。严禁不具有人民警察身份的人员从事有关继续盘问的执法工作。

第六条　公安机关适用继续盘问,依法接受人民检察院、行政监察机关以及社会和公民的监督。

第二章　适用对象和时限

第七条　为维护社会治安秩序,公安机关的人民警察对有违法犯罪嫌疑的人员,经表明执法身份后,可以当场盘问、检查。

未穿着制式服装的人民警察在当场盘问、检查前,必须出示执法证件表明人民警察身份。

第八条　对有违法犯罪嫌疑的人员当场盘问、检查后,不能排除其违法犯罪嫌疑,且具有下列情形之一的,人民警察可以将其带至公安机关继续盘问:

(一)被害人、证人控告或者指认其有犯罪行为的;

(二)有正在实施违反治安管理或者犯罪行为嫌疑的;

(三)有违反治安管理或者犯罪嫌疑且身份不明的;

(四)携带的物品可能是违反治安管理或者犯罪的赃物的。

第九条　对具有下列情形之一的人员,不得适用继续盘问:

(一)有违反治安管理或者犯罪嫌疑,但未经当场盘问、检查的;

(二)经过当场盘问、检查,已经排除违反治安管理和犯罪嫌疑的;

(三)涉嫌违反治安管理行为的法定最高处罚为警告、罚款或者其他非限制人身自由的行政处罚的;

(四)从其住处、工作地点抓获以及其他应当依法直接适用传唤或者拘传的;

(五)已经到公安机关投案自首的;

(六)明知其所涉案件已经作为治安案件受理或者已经立为刑事案件的;

(七)不属于公安机关管辖的案件或者事件当事人的;

(八)患有精神病、急性传染病或者其他严重疾病的;

(九)其他不符合本规定第八条所列条件的。

第十条　对符合本规定第八条所列条件,同时具有下列情形之一的人员,可以适用继续盘问,但必须在带至公安机关之时起的四小时以内盘问完毕,且不得送入候问室:

(一)怀孕或者正在哺乳自己不满一周岁婴儿的妇女;

(二)不满十六周岁的未成年人;

(三)已满七十周岁的老年人。

对前款规定的人员在晚上九点至次日早上七点之间释放的,应当通知其家属或者监护人领回;对身份不明或者没有家属和监护人而无法通知的,应当护送至其住地。

第十一条 继续盘问的时限一般为十二小时;对在十二小时以内确实难以证实或者排除其违法犯罪嫌疑的,可以延长至二十四小时;对不讲真实姓名、住址、身份,且在二十四小时以内仍不能证实或者排除其违法犯罪嫌疑的,可以延长至四十八小时。

前款规定的时限自有违法犯罪嫌疑的人员被带至公安机关之时起,至被盘问人可以自由离开公安机关之时或者被决定刑事拘留、逮捕、行政拘留、强制戒毒而移交有关监管场所执行之时止,包括呈报和审批继续盘问、延长继续盘问时限、处理决定的时间。

第十二条 公安机关应当严格依照本规定的适用范围和时限适用继续盘问,禁止实施下列行为:

(一)超适用范围继续盘问;
(二)超时限继续盘问;
(三)适用继续盘问不履行审批、登记手续;
(四)以继续盘问代替处罚;
(五)将继续盘问作为催要罚款、收费的手段;
(六)批准继续盘问后不立即对有违法犯罪嫌疑的人员继续进行盘问;
(七)以连续继续盘问的方式变相拘禁他人。

第三章 审批和执行

第十三条 公安派出所的人民警察对符合本规定第八条所列条件,确有必要继续盘问的有违法犯罪嫌疑的人员,可以立即带回,并制作《当场盘问、检查笔录》、填写《继续盘问审批表》报公安派出所负责人审批决定继续盘问十二小时。对批准继续盘问的,应当将《继续盘问审批表》复印、传真或者通过计算机网络报所属县、市、旗公安局或者城市公安分局主管公安派出所工作的部门备案。

县、市、旗公安局或者城市公安分局其他办案部门和设区的市级以上公安机关及其内设机构的人民警察对有违法犯罪嫌疑的人员,应当依法直接适用传唤、拘传、刑事拘留、逮捕、取保候审或者监视居住,不得适用继续盘问;对符合本规定第八条所列条件,确有必要继续盘问的有违法犯罪嫌疑的人员,可以带至就近的公安派出所,按照本规定适用继续盘问。

第十四条 对有违法犯罪嫌疑的人员批准继续盘问的,公安派出所应当填写《继续盘问通知书》，送达被盘问人，并立即通知其家属或者单位；未批准继续盘问的，应当立即释放。

对被盘问人身份不明或者没有家属和单位而无法通知的，应当在《继续盘问通知书》上注明，并由被盘问人签名或者捺指印。但是，对因身份不明而无法通知的，在继续盘问期间查明身份后，应当依照前款的规定通知其家属或者单位。

第十五条 被盘问人的家属为老年人、残疾人、精神病人、不满十六周岁的未成年人或者其他没有独立生活能力的人，因公安机关实施继续盘问而使被盘问人的家属无人照顾的，公安机关应当通知其亲友予以照顾或者采取其他适当办法妥善安排，并将安排情况及时告知被盘问人。

第十六条 对有违法犯罪嫌疑的人员批准继续盘问后，应当立即结合当场盘问、检查的情况继续对其进行盘问，以证实或者排除其违法犯罪嫌疑。

对继续盘问的情况，应当制作《继续盘问笔录》，并载明被盘问人被带至公安机关的具体时间，由被盘问人核对无误后签名或者捺指印。对被盘问人拒绝签名和捺指印的，应当在笔录上注明。

第十七条 对符合本规定第十一条所列条件，确有必要将继续盘问时限延长至二十四小时的，公安派出所应当填写《延长继续盘问时限审批表》，报县、市、旗公安局或者城市公安分局的值班负责人审批；确有必要将继续盘问时限从二十四小时延长至四十八小时的，公安派出所应当填写《延长继续盘问时限审批表》，报县、市、旗公安局或者城市公安分局的主管负责人审批。

县、市、旗公安局或者城市公安分局的值班或者主管负责人应当在继续盘问时限届满前作出是否延长继续盘问时限的决定，但不得决定将继续盘问时限直接从十二小时延长至四十八小时。

第十八条 除具有《中华人民共和国人民警察使用警械和武器条例》规定的情形外，对被盘问人不得使用警械或者武器。

第十九条 对具有下列情形之一的，应当立即终止继续盘问，并立即释放被盘问人或者依法作出处理决定：

（一）继续盘问中发现具有本规定第九条所列情形之一的；

（二）已经证实有违法犯罪行为的；

（三）有证据证明有犯罪嫌疑的。

对经过继续盘问已经排除违法犯罪嫌疑，或者经过批准的继续盘问、延长继续盘问时限届满，尚不能证实其违法犯罪嫌疑的，应当立即释放被盘问人。

第二十条 对终止继续盘问或者释放被盘问人的，应当在《继续盘问登记表》上载明终止继续盘问或者释放的具体时间、原因和处理结果,由被盘问人核对无误后签名或者捺指印。被盘问人拒绝签名和捺指印的,应当在《继续盘问登记表》上注明。

第二十一条　在继续盘问期间对被盘问人依法作出刑事拘留、逮捕或者行政拘留、强制戒毒决定的,应当立即移交有关监管场所执行;依法作出取保候审、监视居住或者警告、罚款等行政处罚决定的,应当立即释放。

第二十二条　在继续盘问期间,公安机关及其人民警察应当依法保障被盘问人的合法权益,严禁实施下列行为:

(一)对被盘问人进行刑讯逼供;

(二)殴打、体罚、虐待、侮辱被盘问人;

(三)敲诈勒索或者索取、收受贿赂;

(四)侵吞、挪用、损毁被盘问人的财物;

(五)违反规定收费或者实施处罚;

(六)其他侵犯被盘问人合法权益的行为。

第二十三条　对在继续盘问期间突患疾病或者受伤的被盘问人,公安派出所应当立即采取措施予以救治,通知其家属或者单位,并向县、市、旗公安局或者城市公安分局负责人报告,做好详细记录。对被盘问人身份不明或者没有家属和单位而无法通知的,应当在《继续盘问登记表》上注明。

救治费由被盘问人或者其家属承担。但是,由于公安机关或者他人的过错导致被盘问人患病、受伤的,救治费由有过错的一方承担。

第二十四条　被盘问人在继续盘问期间死亡的,公安派出所应当做好以下工作:

(一)保护好现场,保管好尸体;

(二)立即报告所属县、市、旗公安局或者城市公安分局的主管负责人或者值班负责人、警务督察部门和主管公安派出所工作的部门;

(三)立即通知被盘问人的家属或者单位。

第二十五条　县、市、旗公安局或者城市公安分局接到被盘问人死亡的报告后,应当做好以下工作:

(一)立即通报同级人民检察院;

(二)在二十四小时以内委托具有鉴定资格的人员进行死因鉴定;

(三)在作出鉴定结论后三日以内将鉴定结论送达被盘问人的家属或者单位。对被盘问人身份不明或者没有家属和单位而无法通知的,应当在鉴定结论上注明。

被盘问人的家属或者单位对鉴定结论不服的,可以在收到鉴定结论后的七日以内向上一级公安机关申请重新鉴定。上一级公安机关接到申请后,应当在三日以内另行委托具有鉴定资格的人员进行重新鉴定。

第四章 候问室的设置和管理

第二十六条 县、市、旗公安局或者城市公安分局经报请设区的市级以上公安机关批准,可以在符合下列条件的公安派出所设置候问室:

(一)确有维护社会治安秩序的工作需要;

(二)警力配置上能够保证在使用候问室时由人民警察值班、看管和巡查。

县、市、旗公安局或者城市公安分局以上公安机关及其内设机构,不得设置候问室。

第二十七条 候问室的建设必须达到以下标准:

(一)房屋牢固、安全、通风、透光,单间使用面积不得少于六平方米,层高不低于二点五五米;

(二)室内应当配备固定的坐具,并保持清洁、卫生;

(三)室内不得有可能被直接用以行凶、自杀、自伤的物品;

(四)看管被盘问人的值班室与候问室相通,并采用栏杆分隔,以便于观察室内情况。

对有违法犯罪嫌疑的人员继续盘问十二小时以上的,应当为其提供必要的卧具。

候问室应当标明名称,并在明显位置公布有关继续盘问的规定、被盘问人依法享有的权利和候问室管理规定。

第二十八条 候问室必须经过设区的市级以上公安机关验收合格后,才能投入使用。

第二十九条 候问室应当建立以下日常管理制度,依法严格、文明管理:

(一)设立《继续盘问登记表》,载明被盘问人的姓名、性别、年龄、住址、单位,以及办案部门、承办人、批准人、继续盘问的原因、起止时间、处理结果等情况;

(二)建立值班、看管和巡查制度,明确值班岗位责任,候问室有被盘问人时,应当由人民警察值班、看管和巡查,如实记录有关情况,并做好交接工作;

(三)建立档案管理制度,对《继续盘问登记表》等有关资料按照档案管理的要求归案保存,以备查验。

第三十条 除本规定第十条所列情形外,在继续盘问间隙期间,应当将被盘问人送入候问室;未设置候问室的,应当由人民警察在讯问室、办公室看管,或者送入就近公安派出所的候问室。

禁止将被盘问人送入看守所、拘役所、拘留所、强制戒毒所或者其他监管场所关押,以及将不同性别的被盘问人送入同一个候问室。

第三十一条　被盘问人被送入候问室时,看管的人民警察应当问清其身体状况,并做好记录;发现被盘问人有外伤、有严重疾病发作的明显症状的,或者具有本规定第十条所列情形之一的,应当立即报告县、市、旗公安局或者城市公安分局警务督察部门和主管公安派出所工作的部门,并做好详细记录。

第三十二条　将被盘问人送入候问室时,对其随身携带的物品,公安机关应当制作《暂存物品清单》,经被盘问人签名或者捺指印确认后妥为保管,不得侵吞、挪用或者损毁。

继续盘问结束后,被盘问人的物品中属于违法犯罪证据或者违禁品的,应当依法随案移交或者作出处理,并在《暂存物品清单》上注明;与案件无关的,应当立即返还被盘问人,并在《暂存物品清单》上注明,由被盘问人签名或者捺指印。

第三十三条　候问室没有厕所和卫生用具的,人民警察带领被盘问人离开候问室如厕时,必须严加看管,防止发生事故。

第三十四条　在继续盘问期间,公安机关应当为被盘问人提供基本的饮食。

第五章　执法监督

第三十五条　公安机关应当将适用继续盘问的情况纳入执法质量考核评议范围,建立和完善办案责任制度、执法过错责任追究制度及其他内部执法监督制度。

第三十六条　除本规定第二十四条、第三十一条所列情形外,发生被盘问人重伤、逃跑、自杀、自伤等事故以及继续盘问超过批准时限的,公安派出所必须立即将有关情况报告县、市、旗公安局或者城市公安分局警务督察部门和主管公安派出所工作的部门,并做好详细记录。

县、市、旗公安局或者城市公安分局警务督察部门应当在接到报告后立即进行现场督察。

第三十七条　警务督察部门负责对继续盘问的下列情况进行现场督察:
(一)程序是否合法,法律手续是否齐全;
(二)继续盘问是否符合法定的适用范围和时限;
(三)候问室的设置和管理是否违反本规定;
(四)有无刑讯逼供或者殴打、体罚、虐待、侮辱被盘问人的行为;
(五)有无违法使用警械、武器的行为;
(六)有无违反规定收费或者实施处罚的行为;
(七)有无其他违法违纪行为。

第三十八条　警务督察部门在现场督察时,发现办案部门或者人民警察在继续盘问中有违法违纪行为的,应当按照有关规定,采取当场制止、纠正、发督察法律文书、责令停止执行职务或者禁闭等督察措施进行处理;对需要给予处分或者追究刑事责任的,应当依法移送有关部门处理。

第三十九条 对在适用继续盘问中有下列情形之一的,公安机关应当依照《公安机关督察条例》、《公安机关人民警察执法过错责任追究规定》追究有关责任人员的执法过错责任,并依照《中华人民共和国人民警察法》、《国家公务员暂行条例》和其他有关规定给予处分;构成犯罪的,依法追究直接负责的主管人员和其他直接责任人员的刑事责任:

(一)违法使用警械、武器,或者实施本规定第十二条、第二十二条、第三十条第二款所列行为之一的;

(二)未经批准设置候问室,或者将被盘问人送入未经验收合格的候问室的;

(三)不按照本规定第十四条、第十五条的规定通知被盘问人家属或者单位、安排被盘问人无人照顾的家属的;

(四)不按照本规定第十九条、第二十一条的规定终止继续盘问、释放被盘问人的;

(五)不按照本规定第二十三条、第二十四条、第三十一条和第三十六条的规定报告情况的;

(六)因疏于管理导致发生被盘问人伤亡、逃跑、自杀、自伤等事故的;

(七)指派不具有人民警察身份的人员从事有关继续盘问的执法工作的;

(八)警务督察部门不按照规定进行现场督察、处理或者在现场督察中对违法违纪行为应当发现而没有发现的;

(九)有其他违反本规定或者违法违纪行为的。

因违法使用警械、武器或者疏于管理导致被盘问人在继续盘问期间自杀身亡、被殴打致死或者其他非正常死亡的,除依法追究有关责任人员的法律责任外,应当对负有直接责任的人民警察予以开除,对公安派出所的主要负责人予以撤职,对所属公安机关的分管负责人和主要负责人予以处分,并取消该公安派出所及其所属公安机关参加本年度评选先进的资格。

第四十条 被盘问人认为公安机关及其人民警察违法实施继续盘问侵犯其合法权益造成损害,依法向公安机关申请国家赔偿的,公安机关应当依照国家赔偿法的规定办理。

公安机关依法赔偿损失后,应当责令有故意或者重大过失的人民警察承担部分或者全部赔偿费用,并对有故意或者重大过失的责任人员,按照本规定第三十九条追究其相应的责任。

第六章　附　则

第四十一条　本规定所称"以上"、"以内",均包含本数或者本级。

第四十二条　本规定涉及的有关法律文书格式,由公安部统一制定。

第四十三条　各省、自治区、直辖市公安厅、局和新疆生产建设兵团公安局可以根据本规定,制定具体操作规程、候问室建设标准和管理规定,报公安部备案审查后施行。

第四十四条　本规定自二〇〇四年十月一日起施行。公安部以前制定的关于继续盘问或者留置的规定,凡与本规定不一致的同时废止。

第八十六条　【对被拘留的人应当及时讯问】公安机关对被拘留的人,应当在拘留后的二十四小时以内进行讯问。在发现不应当拘留的时候,必须立即释放,发给释放证明。

立法沿革

1979年《刑事诉讼法》第四十四条规定:"公安机关对于被拘留的人,应当在拘留后的二十四小时以内进行讯问。在发现不应当拘留的时候,必须立即释放,发给释放证明。对需要逮捕而证据还不充足的,可以取保候审或者监视居住。"1996年《刑事诉讼法修改决定》对本条增加规定"对需要逮捕而证据还不充足的,可以取保候审或者监视居住。"2012年《刑事诉讼法修改决定》删去上述增加的规定。2018年修改《刑事诉讼法》时对本条规定未作调整。

基本规范

《公安机关办理刑事案件程序规定》(公安部令第159号修正,修正后自2020年9月1日起施行)

第六章　强制措施

第四节　拘　留

第一百二十八条　对被拘留的人,应当在拘留后二十四小时以内进行讯问。发现不应当拘留的,应当经县级以上公安机关负责人批准,制作释放通知书,看守所凭释放通知书发给被拘留人释放证明书,将其立即释放。

第一百二十九条　对被拘留的犯罪嫌疑人,经过审查认为需要逮捕的,应当在拘留后的三日以内,提请人民检察院审查批准。在特殊情况下,经县级以上公安机关负责人批准,提请审查批准逮捕的时间可以延长一日至四日。

对流窜作案、多次作案、结伙作案的重大嫌疑分子,经县级以上公安机关负责人批准,提请审查批准逮捕的时间可以延长至三十日。

本条规定的"流窜作案",是指跨市、县管辖范围连续作案,或者在居住地作案后逃跑到外市、县继续作案;"多次作案",是指三次以上作案;"结伙作案",是指二人以上共同作案。

第一百三十条 犯罪嫌疑人不讲真实姓名、住址,身份不明的,应当对其身份进行调查。对符合逮捕条件的犯罪嫌疑人,也可以按其自报的姓名提请批准逮捕。

第一百三十一条 对被拘留的犯罪嫌疑人审查后,根据案件情况报经县级以上公安机关负责人批准,分别作出如下处理:

(一)需要逮捕的,在拘留期限内,依法办理提请批准逮捕手续;

(二)应当追究刑事责任,但不需要逮捕的,依法直接向人民检察院移送审查起诉,或者依法办理取保候审或者监视居住手续后,向人民检察院移送审查起诉;

(三)拘留期限届满,案件尚未办结,需要继续侦查的,依法办理取保候审或者监视居住手续;

(四)具有本规定第一百八十六条规定情形之一的,释放被拘留人,发给释放证明书;需要行政处理的,依法予以处理或者移送有关部门。

《海警机构办理刑事案件程序规定》(中国海警局令第1号,自2023年6月15日起施行)

第六章 强制措施

第四节 拘　留

第一百二十三条 对被拘留的人,应当在拘留后二十四小时以内进行讯问。发现不应当拘留的,应当经海警机构负责人批准,制作释放通知书。看守所凭释放通知书发给被拘留人释放证明书,将其立即释放。

第一百二十四条 对被拘留的犯罪嫌疑人,经过审查认为需要逮捕的,应当在拘留后的三日以内,提请人民检察院审查批准。在特殊情况下,经海警机构负责人批准,提请审查批准逮捕的时间可以延长一日至四日。

对流窜作案、多次作案、结伙作案的重大嫌疑分子,经海警机构负责人批准,提请审查批准逮捕的时间可以延长至三十日。

本条规定的"流窜作案",是指跨中国海警局直属局或者海警工作站管辖海域连续作案;"多次作案",是指三次以上作案;"结伙作案",是指二人以上共同作案。

第一百二十五条 犯罪嫌疑人不讲真实姓名、住址,身份不明的,应当对其身份进行调查。对符合逮捕条件的犯罪嫌疑人,也可以按其自报的姓名提请批准逮捕。

第一百二十六条 对被拘留的犯罪嫌疑人审查后,根据案件情况报经海警机构负责人批准,分别作出如下处理:

(一)需要逮捕的,在拘留期限内,依法办理提请批准逮捕手续;

(二)应当追究刑事责任,但不需要逮捕的,依法直接向人民检察院移送审查起诉,或者依法办理取保候审或者监视居住手续后,向人民检察院移送审查起诉;

(三)拘留期限届满,案件尚未办结,需要继续侦查的,依法办理取保候审或者监视居住手续;

(四)具有本规定第一百八十条规定情形之一的,应当制作释放通知书送达看守所;需要行政处理的,依法予以处理或者移送有关部门。

第八十七条 【提请批准逮捕的程序】公安机关要求逮捕犯罪嫌疑人的时候,应当写出提请批准逮捕书,连同案卷材料、证据,一并移送同级人民检察院审查批准。必要的时候,人民检察院可以派人参加公安机关对于重大案件的讨论。

立法沿革

本条系沿用1979年《刑事诉讼法》第四十五条的规定。

立法工作机关意见

《全国人大常委会法制工作委员会关于人大代表由刑事拘留转逮捕是否需要再次许可问题的意见》(2005年4月20日)

陕西省人大常委会:

你省人大法制委员会2005年3月16日来函收悉,经研究,答复如下:

市人民代表涉嫌刑事犯罪,经市人大常委会许可后被刑事拘留,逮捕时不需要报经市人大常委会许可。

基本规范

《人民检察院刑事诉讼规则》(高检发释字〔2019〕4号,自2019年12月30日起施行)

第十章 审查逮捕和审查起诉

第一节 一般规定

第二百五十五条 人民检察院办理审查逮捕、审查起诉案件,应当全面审查证明犯罪嫌疑人有罪或者无罪、罪轻或者罪重的证据。

第二百五十六条 经公安机关商请或者人民检察院认为确有必要时,可以派员适时介入重大、疑难、复杂案件的侦查活动,参加公安机关对于重大案件的讨论,对案件性质、收集证据、适用法律等提出意见,监督侦查活动是否合法。

经监察机关商请,人民检察院可以派员介入监察机关办理的职务犯罪案件。

《公安机关办理刑事案件程序规定》(公安部令第159号修正,修正后自2020年9月1日起施行)

第六章　强制措施

第五节　逮　捕

第一百三十七条 需要提请批准逮捕犯罪嫌疑人的,应当经县级以上公安机关负责人批准,制作提请批准逮捕书,连同案卷材料、证据,一并移送同级人民检察院审查批准。

犯罪嫌疑人自愿认罪认罚的,应当记录在案,并在提请批准逮捕书中写明有关情况。

另,第六十八条要求公安机关提请批准逮捕书必须忠实于事实真相(→参见第五十三条所附"基本规范",第363页),第六十九条明确了需要查明的案件事实范围。(→参见第一百六十二条所附"基本规范",第1115页)

《海警机构办理刑事案件程序规定》(中国海警局令第1号,自2023年6月15日起施行)

第六章　强制措施

第五节　逮　捕

第一百三十一条 需要提请批准逮捕犯罪嫌疑人的,应当经海警机构负责人批准,制作提请批准逮捕书,连同案卷材料、证据,一并移送相应人民检察院审查批准。

犯罪嫌疑人自愿认罪认罚的,应当记录在案,并在提请批准逮捕书中写明有关情况。

另,第五十八条明确了需要查明的案件事实范围。(→参见第一百六十二条所附"基本规范",第1118页)

其他规范

最高人民检察院、公安部关于公安机关向检察机关随案移送电子文档的通知(2005年8月18日　高检会〔2005〕3号)

各省、自治区、直辖市人民检察院,公安厅、局,新疆生产建设兵团人民检察院,公安局:

为了降低办案成本,提高工作效率,实现资源共享。最高人民检察院和公安部经协商决定,公安机关向检察机关提请批准逮捕或移送审查起诉犯罪嫌疑人时,《提请批准逮捕书》、《起诉意见书》有电子文档的。应当将电子文档一并随案卷材料移送给受案的检察机关(《提请批准逮捕书》、《起诉意见书》以书面原件为准)。

第八十八条　【审查批准逮捕的程序】人民检察院审查批准逮捕,可以讯问犯罪嫌疑人;有下列情形之一的,应当讯问犯罪嫌疑人:

(一)对是否符合逮捕条件有疑问的;

(二)犯罪嫌疑人要求向检察人员当面陈述的;

(三)侦查活动可能有重大违法行为的。

人民检察院审查批准逮捕,可以询问证人等诉讼参与人,听取辩护律师的意见;辩护律师提出要求的,应当听取辩护律师的意见。

立法沿革

本条系 2012 年《刑事诉讼法修改决定》增加的规定,2018 年修改《刑事诉讼法》时未作调整。

基本规范

《人民检察院刑事诉讼规则》(高检发释字〔2019〕4 号,自 2019 年 12 月 30 日起施行)

第十章　审查逮捕和审查起诉

第一节　一般规定

第二百五十八条　人民检察院讯问犯罪嫌疑人时,应当首先查明犯罪嫌疑人的基本情况,依法告知犯罪嫌疑人诉讼权利和义务,以及认罪认罚的法律规定,听取其供述和辩解。犯罪嫌疑人翻供的,应当讯问其原因。犯罪嫌疑人申请排除非法证据的,应当告知其提供相关线索或者材料。犯罪嫌疑人检举揭发他人犯罪的,应当予以记录,并依照有关规定移送有关机关、部门处理。

讯问犯罪嫌疑人应当制作讯问笔录,并交犯罪嫌疑人核对或者向其宣读。经核对无误后逐页签名或者盖章,并捺指印后附卷。犯罪嫌疑人请求自行书写供述的,应当准许,但不得以自行书写的供述代替讯问笔录。

犯罪嫌疑人被羁押的,讯问应当在看守所讯问室进行。

第二百五十九条 办理审查逮捕、审查起诉案件,可以询问证人、被害人、鉴定人等诉讼参与人,并制作笔录附卷。询问时,应当告知其诉讼权利和义务。

询问证人、被害人的地点按照刑事诉讼法第一百二十四条的规定执行。

第二百六十条 讯问犯罪嫌疑人,询问被害人、证人、鉴定人,听取辩护人、被害人及其诉讼代理人的意见,应当由检察人员负责进行。检察人员或者检察人员和书记员不得少于二人。

讯问犯罪嫌疑人,询问证人、鉴定人、被害人,应当个别进行。

第二百六十一条 办理审查逮捕案件,犯罪嫌疑人已经委托辩护律师的,可以听取辩护律师的意见。辩护律师提出要求的,应当听取辩护律师的意见。对辩护律师的意见应当制作笔录,辩护律师提出的书面意见应当附卷。

办理审查起诉案件,应当听取辩护人或者值班律师、被害人及其诉讼代理人的意见,并制作笔录。辩护人或者值班律师、被害人及其诉讼代理人提出书面意见的,应当附卷。

对于辩护律师在审查逮捕、审查起诉阶段多次提出意见的,均应如实记录。

辩护律师提出犯罪嫌疑人不构成犯罪、无社会危险性、不适宜羁押或者侦查活动有违法犯罪情形等书面意见的,检察人员应当审查,并在相关工作文书中说明是否采纳的情况和理由。

第二百六十二条 直接听取辩护人、被害人及其诉讼代理人的意见有困难的,可以通过电话、视频等方式听取意见并记录在案,或者通知辩护人、被害人及其诉讼代理人提出书面意见。无法通知或者在指定期限内未提出意见的,应当记录在案。

第二百六十三条 对于公安机关提请批准逮捕、移送起诉的案件,检察人员审查时发现存在本规则第七十五条第一款规定情形的,可以调取公安机关讯问犯罪嫌疑人的录音、录像并审查相关的录音、录像。对于重大、疑难、复杂的案件,必要时可以审查全部录音、录像。

对于监察机关移送起诉的案件,认为需要调取有关录音、录像的,可以商监察机关调取。

对于人民检察院直接受理侦查的案件,审查时发现负责侦查的部门未按照本规则第七十五条第三款的规定移送录音、录像或者移送不全的,应当要求其补充移送。对取证合法性或者讯问笔录真实性等产生疑问的,应当有针对性地审查相关的录音、录像。对于重大、疑难、复杂的案件,可以审查全部录音、录像。

第二百六十四条　经审查讯问犯罪嫌疑人录音、录像,发现公安机关、本院负责侦查的部门讯问不规范,讯问过程存在违法行为,录音、录像内容与讯问笔录不一致等情形的,应当逐一列明并向公安机关、本院负责侦查的部门书面提出,要求其予以纠正、补正或者书面作出合理解释。发现讯问笔录与讯问犯罪嫌疑人录音、录像内容有重大实质性差异的,或者公安机关、本院负责侦查的部门不能补正或者作出合理解释的,该讯问笔录不能作为批准或者决定逮捕、提起公诉的依据。

第二百六十五条　犯罪嫌疑人及其辩护人申请排除非法证据,并提供相关线索或者材料的,人民检察院应当调查核实。发现侦查人员以刑讯逼供等非法方法收集证据的,应当依法排除相关证据并提出纠正意见。

审查逮捕期限届满前,经审查无法确定存在非法取证的行为,但也不能排除非法取证可能的,该证据不作为批准逮捕的依据。检察官应当根据在案的其他证据认定案件事实和决定是否逮捕,并在作出批准或者不批准逮捕的决定后,继续对可能存在的非法取证行为进行调查核实。经调查核实确认存在以刑讯逼供等非法方法收集证据情形的,应当向公安机关提出纠正意见。以非法方法收集的证据,不得作为提起公诉的依据。

第二百六十六条　审查逮捕期间,犯罪嫌疑人申请排除非法证据,但未提交相关线索或者材料,人民检察院经全面审查案件事实、证据,未发现侦查人员存在以非法方法收集证据的情形,认为符合逮捕条件的,可以批准逮捕。

审查起诉期间,犯罪嫌疑人及其辩护人又提出新的线索或者证据,或者人民检察院发现新的证据,经调查核实认为侦查人员存在以刑讯逼供等非法方法收集证据情形的,应当依法排除非法证据,不得作为提起公诉的依据。

排除非法证据后,犯罪嫌疑人不再符合逮捕条件但案件需要继续审查起诉的,应当及时变更强制措施。案件不符合起诉条件的,应当作出不起诉决定。

第三节　审查批准逮捕

第二百八十条　人民检察院办理审查逮捕案件,可以讯问犯罪嫌疑人;具有下列情形之一的,应当讯问犯罪嫌疑人:

(一)对是否符合逮捕条件有疑问的;

(二)犯罪嫌疑人要求向检察人员当面陈述的;

(三)侦查活动可能有重大违法行为的;

(四)案情重大、疑难、复杂的;

(五)犯罪嫌疑人认罪认罚的;

(六)犯罪嫌疑人系未成年人的;

（七）犯罪嫌疑人是盲、聋、哑人或者是尚未完全丧失辨认或者控制自己行为能力的精神病人的。

讯问未被拘留的犯罪嫌疑人，讯问前应当听取公安机关的意见。

办理审查逮捕案件，对被拘留的犯罪嫌疑人不予讯问的，应当送达听取犯罪嫌疑人意见书，由犯罪嫌疑人填写后及时收回审查并附卷。经审查认为应当讯问犯罪嫌疑人的，应当及时讯问。

第二百八十一条　对有重大影响的案件，可以采取当面听取侦查人员、犯罪嫌疑人及其辩护人等意见的方式进行公开审查。

其他规范

《最高人民检察院关于对报请批准逮捕的案件可否侦查问题的批复》（检发释字〔1998〕2号）

海南省人民检察院：

你院琼检发刑捕字〔1998〕1号《关于执行〈关于刑事诉讼法实施中若干问题的规定〉有关问题的请示》收悉。经研究，批复如下：

人民检察院审查公安机关提请逮捕的案件，经审查，应当作出批准或者不批准逮捕的决定，对报请批准逮捕的案件不另行侦查。人民检察院在审查批捕中如果认为报请批准逮捕的证据存有疑问的，可以复核有关证据，讯问犯罪嫌疑人、询问证人，以保证批捕案件的质量，防止错捕或漏捕。

《人民检察院羁押听证办法》（2021年8月17日）

第一条　为了依法贯彻落实少捕慎诉慎押刑事司法政策，进一步加强和规范人民检察院羁押审查工作，准确适用羁押措施，依法保障犯罪嫌疑人、被告人的合法权利，根据《中华人民共和国刑事诉讼法》及有关规定，结合检察工作实际，制定本办法。

第二条　羁押听证是指人民检察院办理审查逮捕、审查延长侦查羁押期限、羁押必要性审查案件，以组织召开听证会的形式，就是否决定逮捕、是否批准延长侦查羁押期限、是否继续羁押听取各方意见的案件审查活动。

第三条　具有下列情形之一，且有必要当面听取各方意见，以依法准确作出审查决定的，可以进行羁押听证：

（一）需要核实评估犯罪嫌疑人、被告人是否具有社会危险性，未成年犯罪嫌疑人、被告人是否具有社会帮教条件的；

（二）有重大社会影响的；

（三）涉及公共利益、民生保障、企业生产经营等领域，听证审查有利于实现

案件办理政治效果、法律效果和社会效果统一的;
(四)在押犯罪嫌疑人、被告人及其法定代理人、近亲属或者辩护人申请变更强制措施的;
(五)羁押必要性审查案件在事实认定、法律适用、案件处理等方面存在较大争议的;
(六)其他有必要听证审查的。

第四条 羁押听证由负责办理案件的人民检察院组织开展。

经审查符合本办法第三条规定的羁押审查案件,经检察长批准,可以组织羁押听证。犯罪嫌疑人、被告人及其法定代理人、近亲属或者辩护人申请羁押听证的,人民检察院应当及时作出决定并告知申请人。

第五条 根据本办法开展的羁押听证一般不公开进行。人民检察院认为有必要公开的,经检察长批准,听证活动可以公开进行。

未成年人案件羁押听证一律不公开进行。

第六条 羁押听证由承办案件的检察官办案组的主办检察官或者独任办理案件的检察官主持。检察长或者部门负责人参加听证的,应当主持听证。

第七条 除主持听证的检察官外,参加羁押听证的人员一般包括参加案件办理的其他检察人员、侦查人员、犯罪嫌疑人、被告人及其法定代理人和辩护人、被害人及其诉讼代理人。

其他诉讼参与人,犯罪嫌疑人、被告人、被害人的近亲属,未成年犯罪嫌疑人、被告人的合适成年人等其他人员,经人民检察院许可,可以参加听证并发表意见。必要时,人民检察院可以根据相关规定邀请符合条件的社会人士作为听证员参加听证。

有重大影响的审查逮捕案件和羁押必要性审查案件的公开听证,应当邀请人民监督员参加。

第八条 决定开展听证审查的,承办案件的检察官办案组或者独任检察官应当做好以下准备工作:
(一)认真审查案卷材料,梳理、明确听证审查的重点问题;
(二)拟定听证审查提纲,制定听证方案;
(三)及时通知听证参加人员,并告知其听证案由、听证时间和地点。参加听证人员有书面意见或者相关证据材料的,要求其在听证会前提交人民检察院。

第九条 听证审查按照以下程序进行:
(一)主持人宣布听证审查开始,核实犯罪嫌疑人、被告人身份,介绍参加人员。

(二)告知参加人员权利义务。

(三)宣布听证程序和纪律要求。

(四)介绍案件基本情况、明确听证审查重点问题。

(五)侦查人员围绕听证审查重点问题,说明犯罪嫌疑人、被告人需要羁押或者延长羁押的事实和依据,出示证明社会危险性条件的证据材料。羁押必要性审查听证可以围绕事实认定出示相关证据材料。

(六)犯罪嫌疑人、被告人及其法定代理人和辩护人发表意见,出示相关证据材料。

(七)需要核实评估社会危险性和社会帮教条件的,参加听证的其他相关人员发表意见,提交相关证据材料。

(八)检察官可以向侦查人员、犯罪嫌疑人、被告人、辩护人、被害人及其他相关人员发问。经主持人许可,侦查人员、辩护人可以向犯罪嫌疑人、被告人等相关人员发问。社会人士作为听证员参加听证的,可以向相关人员发问。

(九)经主持人许可,被害人等其他参加人员可以发表意见。

(十)社会人士作为听证员参加听证的,检察官应当听取其意见。必要时,听取意见可以单独进行。

两名以上犯罪嫌疑人、被告人参加听证审查的,应当分别进行。

第十条 涉及国家秘密、商业秘密、侦查秘密和个人隐私案件的羁押听证,参加人员应当严格限制在检察人员和侦查人员、犯罪嫌疑人、被告人及其法定代理人和辩护人、其他诉讼参与人范围内。听证审查过程中认为有必要的,检察官可以在听证会结束后单独听取意见、核实证据。

第十一条 犯罪嫌疑人、被告人认罪认罚的,听证审查时主持听证的检察官应当核实认罪认罚的自愿性、合法性,并听取侦查人员对犯罪嫌疑人是否真诚认罪认罚的意见。

犯罪嫌疑人、被告人认罪认罚的情况是判断其是否具有社会危险性的重要考虑因素。

第十二条 听证过程应当全程录音录像并由书记员制作笔录。

听证笔录由主持听证的检察官、其他参加人和记录人签名或者盖章,与录音录像、相关书面意见等归入案件卷宗。

第十三条 听证员的意见是人民检察院依法提出审查意见和作出审查决定的重要参考。拟不采纳听证员多数意见的,应当向检察长报告并获同意后作出决定。

第十四条 检察官充分听取各方意见后,综合案件情况,依法提出审查意见或者作出审查决定。

当场作出审查决定的,应当当场宣布并说明理由;在听证会后依法作出决定的,应当依照相关规定及时履行宣告、送达和告知义务。

第十五条 人民监督员对羁押听证活动的监督意见,人民检察院应当依照相关规定及时研究处理并做好告知和解释说明等工作。

第十六条 参加羁押听证的人员应当严格遵守有关保密规定,根据案件情况确有必要的,可以要求参加人员签订保密承诺书。

故意或者过失泄露国家秘密、商业秘密、侦查秘密、个人隐私的,依法依纪追究责任人员的法律责任和纪律责任。

第十七条 犯罪嫌疑人、被告人被羁押的,羁押听证应当在看守所进行。犯罪嫌疑人、被告人未被羁押的,听证一般在人民检察院听证室进行。

羁押听证的安全保障、技术保障,由本院司法警察和技术信息等部门负责。

第十八条 本办法自公布之日起施行。

《最高人民检察院、司法部、中华全国律师协会关于依法保障律师执业权利的十条意见》(高检发办字〔2023〕28号)"四、充分保障律师反映意见的权利"规定人民检察院拟决定或者批准逮捕犯罪嫌疑人的,应当在作出决定前征询辩护律师意见。(→参见第四十九条所附"其他规范",第348页)

指导性案例

王玉雷不批准逮捕案(检例第27号)对排除非法证据后,作出不批准逮捕决定的规则作了规定。(→参见第五十六条至第六十条所附"指导性案例",第466页)

相关规范集成·提前介入

基本规范

《**人民检察院刑事诉讼规则**》(高检发释字〔2019〕4号,自2019年12月30日起施行)

第十章　审查逮捕和审查起诉

第一节　一般规定

第二百五十五条 人民检察院办理审查逮捕、审查起诉案件,应当全面审查证明犯罪嫌疑人有罪或者无罪、罪轻或者罪重的证据。

第二百五十六条 经公安机关商请或者人民检察院认为确有必要时,可以派员适时介入重大、疑难、复杂案件的侦查活动,参加公安机关对于重大案件的讨论,对案件性质、收集证据、适用法律等提出意见,监督侦查活动是否合法。

经监察机关商请,人民检察院可以派员介入监察机关办理的职务犯罪案件。

其他规范

《最高人民检察院、公安部关于依法适用逮捕措施有关问题的规定》(高检会〔2001〕10号)第二条第二款、第三条第三款对提前介入的有关问题作了规定。(→参见第九十条所附"其他规范",第630页)

《最高人民检察院关于进一步加强公诉工作的决定》(高检发诉字〔2002〕17号)第六条对引导侦查取证的有关规定作了规定。(→参见第一百七十六条所附"其他规范",第1185页)

《最高人民检察院关于加强出庭公诉工作的意见》(高检发诉字〔2015〕5号)第三条对引导侦查取证的有关问题作了规定。(→参见第一百八十九条所附"其他规范",第1362页)

《最高人民检察院、公安部关于公安机关办理经济犯罪案件的若干规定》(公通字〔2017〕25号)第四十一条对检察机关介入经济犯罪案件侦查活动的有关问题作了规定。(→参见第二编"立案、侦查和提起公诉"标题下所附"其他规范",第764页)

《人民检察院办理网络犯罪案件规定》(高检发办字〔2021〕3号)第十一条至第十五条对引导侦查取证的有关问题作了规定。(→参见第二编"立案、侦查和提起公诉"标题下所附"其他规范",第774—775页)

指导性案例

周辉集资诈骗案(检例第40号)

关键词 集资诈骗 非法占有目的 网络借贷信息中介机构

要 旨 网络借贷信息中介机构或其控制人,利用网络借贷平台发布虚假信息,非法建立资金池募集资金,所得资金大部分未用于生产经营活动,主要用于借新还旧和个人挥霍,无法归还所募资金数额巨大,应认定为具有非法占有目的,以集资诈骗罪追究刑事责任。

指导意义 是否具有非法占有目的,是正确区分非法吸收公众存款罪和集资诈骗罪的关键。对非法占有目的的认定,应当围绕融资项目真实性、资金去向、归还能力等事实、证据进行综合判断。行为人将所吸收资金大部分未用于生产经营活动,或名义上投入生产经营,但又通过各种方式抽逃转移资金,或供其个人肆意挥霍,归还本息主要通过借新还旧来实现,造成数额巨大的募集资金无法归还的,可以认定具有非法占有的目的。

集资诈骗罪是近年来检察机关重点打击的金融犯罪之一。对该类犯罪,检察机关应着重从以下几个方面开展工作:一是强化证据审查。非法集资类案件由于参与人数多、涉及面广,受主客观因素影响,取证工作易出现瑕疵和问题。检察机关对重大复杂案件要及时介入侦查、引导取证。在审查案件中要强化对证据的审查,需要退回补充侦查或者自行补充侦查的,要及时退查或补查,建立起完整、牢固的证据锁链,夯实认定案件事实的证据基础。二是在法庭审理中要突出指控和证明犯罪的重点。要紧紧围绕集资诈骗罪构成要件,特别是行为人主观上具有非法占有目的、客观上以欺骗手段非法集资的事实梳理组合证据,运用完整的证据体系对认定犯罪的关键事实予以清晰证明。三是要将办理案件与追赃挽损相结合。检察机关办理相关案件,要积极配合公安机关、人民法院依法开展追赃挽损、资产处置等工作,最大限度减少人民群众的实际损失。四是要结合办案开展以案释法,增强社会公众的法治观念和风险防范意识,有效预防相关犯罪的发生。

姚晓杰等11人破坏计算机信息系统案(检例第69号)

关键词 破坏计算机信息系统 网络攻击 引导取证 损失认定

要　　旨 为了有效打击网络攻击犯罪,检察机关应加强与公安机关的配合,及时介入侦查引导取证,结合案件特点提出明确具体的补充侦查意见。对被害互联网企业提供的证据和技术支持意见,应当结合其他证据进行审查认定,客观全面准确认定破坏计算机信息系统罪的危害后果。

指导意义

(一)立足网络攻击犯罪案件特点引导公安机关收集调取证据。对重大、疑难、复杂的网络攻击类犯罪案件,检察机关可以适时介入侦查引导取证,会同公安机关研究侦查方向,在收集、固定证据等方面提出法律意见。一是引导公安机关及时调取证明网络攻击犯罪发生、证明危害后果达到追诉标准的证据。委托专业技术人员对收集提取到的电子数据等进行检验、鉴定,结合在案其他证据,明确网络攻击类型、攻击特点和攻击后果。二是引导公安机关调取证明网络攻击是犯罪嫌疑人实施的证据。借助专门技术对攻击源进行分析,溯源网络犯罪路径。审查认定犯罪嫌疑人网络身份与现实身份的同一性时,可通过核查IP地址、网络活动记录、上网终端归属,以及证实犯罪嫌疑人与网络终端、存储介质间的关联性综合判断。犯罪嫌疑人在实施网络攻击后,威胁被害人的证据可作为认定攻击事实和因果关系的证据。有证据证明犯罪嫌疑人实施了攻击行为,网络攻击类型和特点与犯罪嫌疑人实施的攻击一致,攻击时间和被攻击时间吻合的,可以认定网络攻击系犯罪嫌疑人实施。三是网络攻击类犯罪多为共同犯罪,应重点审查各犯罪嫌疑人的供述和辩解、手机通信记录等,通过审查自供和互证的情况以及与其他证据间的印证情况,查明各犯罪嫌疑人间的犯意联络、分工和作用,准确认定主、从犯。四是对需要通过退回补充侦查进一步完善上述证据的,在提出补充侦查意见时,应明确列出每一项证据的补侦目的,以及为了达到目的需要开展的工作。在补充侦查过程中,要适时与公安机关面对面会商,了解和掌握补充侦查工作的进展,共同研究分析补充到的证据是否符合起诉和审判的标准和要求,为补充侦查工作提供必要的引导和指导。

(二)对被害单位提供的证据和技术支持意见需结合其他在案证据作出准确认定。网络攻击类犯罪案件的被害人多为大型互联网企业。在打击该类犯罪的过程中,司法机关往往会借助被攻击的互联网企业在网络技术、网络资源和大数据等方面的优势,进行溯源分析或对攻击造成的危害进行评估。由于互联网企业既是受害方,有时也是技术支持协助方,为确保被害单位提供的证据客观真实,必须特别注意审查取证过程的规范性;有条件的,应当聘请专门机构对证据的完整性进行鉴定。如条件不具备,应当要求提供证据的被害单位对证据作出说明。同时要充分运用印证分析审查思路,将被害单位提供的证据与在案其他证据,如从犯罪嫌疑人处提取的电子数据、社交软件聊天记录、银行流水、第三方机构出具的鉴定意见、证人证言、犯罪嫌疑人供述等证据作对照分析,确保不存在人为改变案件事实或改变案件危害后果的情形。

(三)对破坏计算机信息系统的危害后果应作客观全面准确认定。实践中,往往倾向于依据犯罪违法所得数额或造成的经济损失认定破坏计算机信息系统罪的危害后果。但是在一些案件中,违法所得或经济损失并不能全面、准确反映出犯罪行为所造成的危害。有的案件违法所得或者经济损失的数额并不大,但网络攻击行为导致受影响的用户数量特别大,有的导致用户满意度降低或用户流失,有的造成了恶劣社会影响。对这类案件,如果仅根据违法所得或经济损失数额来评估危害后果,可能会导致罪刑不相适应。因此,在办理破坏计算机信息系统犯罪案件时,检察机关应发挥好介入侦查引导取证的作用,及时引导公安机关按照法律规定,从扰乱公共秩序的角度,收集、固定能够证实受影响的计算机信息系统数量或用户数量、受影响或被攻击的计算机信息系统不能正常运行的累计时间、对被害企业造成的影响等证据,对危害后果作出客观、全面、准确认定,做到罪责相当、罚当其罪,使被告人受到应有惩处。

张某受贿,郭某行贿、职务侵占、诈骗案(检例第76号)

关 键 词 受贿罪 改变提前介入意见 案件管辖 追诉漏罪

要 旨 检察机关提前介入应认真审查案件事实和证据,准确把握案件定性,依法提出提前介入意见。检察机关在审查起诉阶段仍应严格审查,提出审查起诉意见。审查起诉意见改变提前介入意见的,应及时与监察机关沟通。对于在审查起诉阶段发现漏罪,如该罪属于公安机关管辖,但犯罪事实清楚,证据确实充分,符合起诉条件的,检察机关在征得相关机关同意后,可以直接追加起诉。

指导意义

(一)检察机关依法全面审查监察机关移送起诉案件,审查起诉意见与提前介入意见不一致的,应当及时与监察机关沟通。检察机关提前介入监察机关办理的职务犯罪案件时,已对证据收集、事实认定、案件定性、法律适用等提出意见。案件进入审查起诉阶段后,检察机关仍应依法全面审查,可以改变提前介入意见。审查起诉意见改变提前介入意见的,检察机关应当及时与监察机关沟通。

(二)对于监察机关在调查其管辖犯罪时已经查明,但属于公安机关管辖的犯罪,检察机关可以依法追加起诉。对于监察机关移送起诉的案件,检察机关在审查起诉阶段发现漏罪,如该罪属于公安机关管辖,但犯罪事实清楚,证据确实充分,符合起诉条件的,经征求监察机关、公安机关意见后,没有不同意见的,可以直接追加起诉;提出不同意见,或者事实不清、证据不足的,应当将案件退回监察机关并说明理由,建议其移送有管辖权的机关办理,必要时可以自行补充侦查。

(三)根据主客观相统一原则,准确区分受贿罪和贪污罪。对于国家工作人员收受贿赂后故意不履行监管职责,使非国家工作人员非法占有财物的,如该财物又涉及公款,应根据主客观相统一原则,准确认定案件性质。一要看主观上是否对侵吞公款进行过共谋,二要看客观上是否共同实施侵吞公款行为。如果具有共同侵占公款故意,且共同实施了侵占公款行为,应认定为贪污罪共犯;如果国家工作人员主观上没有侵占公款故意,只是收受贿赂后放弃职守,客观上使非国家工作人员任意处理其经手的钱款成为可能,应认定为为他人谋取利益,国家工作人员构成受贿罪,非国家工作人员构成行贿罪。如果国家工作人员行为同时构成玩忽职守罪的,以受贿罪和玩忽职守罪数罪并罚。

第八十九条 【审查批准逮捕的决定权限】人民检察院审查批准逮捕犯罪嫌疑人由检察长决定。重大案件应当提交检察委员会讨论决定。

立法沿革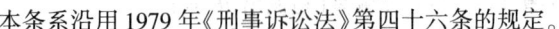

本条系沿用1979年《刑事诉讼法》第四十六条的规定。

基本规范

《**人民检察院刑事诉讼规则**》(高检发释字〔2019〕4号,自2019年12月30日起施行)

第十章 审查逮捕和审查起诉
第三节 审查批准逮捕

第二百九十四条 外国人、无国籍人涉嫌危害国家安全犯罪的案件或者涉及国与国之间政治、外交关系的案件以及在适用法律上确有疑难的案件,需要逮捕犯罪嫌疑人的,按照刑事诉讼法关于管辖的规定,分别由基层人民检察院或者设区的市级人民检察院审查并提出意见,层报最高人民检察院审查。最高人民检察院认为需要逮捕的,经征求外交部的意见后,作出批准逮捕的批复;认为不需要逮捕的,作出不批准逮捕的批复。基层人民检察院或者设区的市级人民检察院根据最高人民检察院的批复,依法作出批准或者不批准逮捕的决定。层报过程中,上级人民检察院认为不需要逮捕的,应当作出不批准逮捕的批复。报送的人民检察院根据批复依法作出不批准逮捕的决定。

基层人民检察院或者设区的市级人民检察院认为不需要逮捕的,可以直接依法作出不批准逮捕的决定。

外国人、无国籍人涉嫌本条第一款规定以外的其他犯罪案件,决定批准逮捕的人民检察院应当在作出批准逮捕决定后四十八小时以内报上一级人民检察院备案,同时向同级人民政府外事部门通报。上一级人民检察院经审查发现批准逮捕决定错误的,应当依法及时纠正。

第二百九十五条 人民检察院办理审查逮捕的危害国家安全犯罪案件,应当报上一级人民检察院备案。

上一级人民检察院经审查发现错误的,应当依法及时纠正。

其他规范

《**最高人民检察院关于对危害国家安全案件批捕起诉和实行备案制度等有关事项的通知**》(〔1998〕高检办发第4号,节录)

各省、自治区、直辖市人民检察院,军事检察院:

修订后的《中华人民共和国刑法》实施以来,各地检察机关办理了一批危害国家安全的犯罪案件,对于维护国家安全、保障社会稳定发挥了积极作用。各级检察机关要充分认识同危害国家安全的犯罪活动作斗争的长期性、复杂性和艰巨性。在当地党委的统一领导下,继续把依法打击此类犯罪作为检察机关维护社会政治稳定的重要工作抓紧抓好,为保障国家长治久安作出新的贡献。

为了进一步加强对办理危害国家安全案件的指导,及时研究解决工作中的问题,现就危害国家安全案件的批捕、起诉和备案制度等有关事项通知如下:

一、根据刑事诉讼法第二十条①的规定,中级人民法院管辖第一审的危害国家安全案件。与之相应,危害国家安全案件的审查批捕、审查起诉一律由检察分(市)院或者省级检察院的批捕、起诉部门办理。基层人民检察院不办理危害国家安全案件的审查批捕和审查起诉。

四、检察机关批准逮捕(包括不批捕)、提起公诉(包括不起诉)、抗诉的各种危害国家安全的案件,一律报上一级检察院备案,并由省级院及时报最高人民检察院备案。备案材料包括:提请批准逮捕书、批准逮捕决定书或不批准逮捕决定书(副本);起诉意见书、起诉书或不起诉决定书(副本);抗诉案件的起诉书、抗诉书和判决书(副本)。

第九十条 【审查批准逮捕的决定和执行】人民检察院对于公安机关提请批准逮捕的案件进行审查后,应当根据情况分别作出批准逮捕或者不批准逮捕的决定。对于批准逮捕的决定,公安机关应当立即执行,并且将执行情况及时通知人民检察院。对于不批准逮捕的,人民检察院应当说明理由,需要补充侦查的,应当同时通知公安机关。

立法沿革

1979年《刑事诉讼法》第四十七条规定:"人民检察院对于公安机关提请批准逮捕的案件进行审查后,应当根据情况分别作出批准逮捕,不批准逮捕或者补充侦查的决定。"1996年《刑事诉讼法修改决定》对人民检察院作出准逮捕决定或者不批准逮捕决定后如何执行作了进一步规定。2012年、2018年修改《刑事诉讼法》时对本条规定未作调整。

---

① 现行《刑事诉讼法》第二十一条。——**本评注注**

"六部委"规定

《最高人民法院、最高人民检察院、公安部、国家安全部、司法部、全国人大常委会法制工作委员会关于实施刑事诉讼法若干问题的规定》（自2013年1月1日起施行，节录）

四、强制措施

17. 对于人民检察院批准逮捕的决定，公安机关应当立即执行，并将执行回执及时送达批准逮捕的人民检察院。如果未能执行，也应当将回执送达人民检察院，并写明未能执行的原因。对于人民检察院决定不批准逮捕的，公安机关在收到不批准逮捕决定书后，应当立即释放在押的犯罪嫌疑人或者变更强制措施，并将执行回执在收到不批准逮捕决定书后的三日内送达作出不批准逮捕决定的人民检察院。

另，第二十三条明确对指定立案侦查的案件，由侦查该案件的公安机关向同级人民检察院提请审查批准逮捕和移送审查起诉。（→参见第二编"立案、侦查和提起公诉"第三章"提起公诉"标题所附"'六部委'规定"，第1149页）

基本规范

《人民检察院刑事诉讼规则》（高检发释字〔2019〕4号，自2019年12月30日起施行）

第十章 审查逮捕和审查起诉
第一节 一般规定
第二百五十七条 对于批准逮捕后要求公安机关继续侦查、不批准逮捕后要求公安机关补充侦查或者审查起诉阶段退回公安机关补充侦查的案件，人民检察院应当分别制作继续侦查提纲或者补充侦查提纲，写明需要继续侦查或者补充侦查的事项、理由、侦查方向、需补充收集的证据及其证明作用等，送交公安机关。

第三节 审查批准逮捕
第二百八十二条 对公安机关提请批准逮捕的犯罪嫌疑人，已经被拘留的，人民检察院应当在收到提请批准逮捕书后七日以内作出是否批准逮捕的决定；未被拘留的，应当在收到提请批准逮捕书后十五日以内作出是否批准逮捕的决定，重大、复杂案件，不得超过二十日。

第二百八十三条 上级公安机关指定犯罪地或者犯罪嫌疑人居住地以外的下级公安机关立案侦查的案件，需要逮捕犯罪嫌疑人的，由侦查该案件的公安机关提请同级人民检察院审查批准逮捕。人民检察院应当依法作出批准或者不批准逮捕的决定。

第二百八十四条 对公安机关提请批准逮捕的犯罪嫌疑人,人民检察院经审查认为符合本规则第一百二十八条、第一百三十六条、第一百三十八条规定情形,应当作出批准逮捕的决定,连同案卷材料送达公安机关执行,并可以制作继续侦查提纲,送交公安机关。

第二百八十五条 对公安机关提请批准逮捕的犯罪嫌疑人,具有本规则第一百三十九条至第一百四十一条规定情形,人民检察院作出不批准逮捕决定的,应当说明理由,连同案卷材料送达公安机关执行。需要补充侦查的,应当制作补充侦查提纲,送交公安机关。

人民检察院办理审查逮捕案件,不另行侦查,不得直接提出采取取保候审措施的意见。

对于因犯罪嫌疑人没有犯罪事实、具有刑事诉讼法第十六条规定的情形之一或者证据不足,人民检察院拟作出不批准逮捕决定的,应当经检察长批准。

第二百八十六条 人民检察院应当将批准逮捕的决定交公安机关立即执行,并要求公安机关将执行回执及时送达作出批准决定的人民检察院。如果未能执行,也应当要求其将回执及时送达人民检察院,并写明未能执行的原因。对于人民检察院不批准逮捕的,应当要求公安机关在收到不批准逮捕决定书后,立即释放在押的犯罪嫌疑人或者变更强制措施,并将执行回执在收到不批准逮捕决定书后三日以内送达作出不批准逮捕决定的人民检察院。

公安机关在收到不批准逮捕决定书后对在押的犯罪嫌疑人不立即释放或者变更强制措施的,人民检察院应当提出纠正意见。

第二百八十七条 对于没有犯罪事实或者犯罪嫌疑人具有刑事诉讼法第十六条规定情形之一,人民检察院作出不批准逮捕决定的,应当同时告知公安机关撤销案件。

对于有犯罪事实需要追究刑事责任,但不是被立案侦查的犯罪嫌疑人实施,或者共同犯罪案件中部分犯罪嫌疑人不负刑事责任,人民检察院作出不批准逮捕决定的,应当同时告知公安机关对有关犯罪嫌疑人终止侦查。

公安机关在收到不批准逮捕决定书后超过十五日未要求复议、提请复核,也不撤销案件或者终止侦查的,人民检察院应当发出纠正违法通知书。公安机关仍不纠正的,报上一级人民检察院协商同级公安机关处理。

第二百八十八条 人民检察院办理公安机关提请批准逮捕的案件,发现遗漏应当逮捕的犯罪嫌疑人的,应当经检察长批准,要求公安机关提请批准逮捕。公安机关不提请批准逮捕或者说明的不提请批准逮捕的理由不成立的,人民检察院可以直接作出逮捕决定,送达公安机关执行。

《公安机关办理刑事案件程序规定》（公安部令第 159 号修正,修正后自 2020 年 9 月 1 日起施行）

第六章　强制措施

第五节　逮　捕

第一百三十八条　对于人民检察院不批准逮捕并通知补充侦查的,公安机关应当按照人民检察院的补充侦查提纲补充侦查。

公安机关补充侦查完毕,认为符合逮捕条件的,应当重新提请批准逮捕。

第一百三十九条　对于人民检察院不批准逮捕而未说明理由的,公安机关可以要求人民检察院说明理由。

第一百四十条　对于人民检察院决定不批准逮捕的,公安机关在收到不批准逮捕决定书后,如果犯罪嫌疑人已被拘留的,应当立即释放,发给释放证明书,并在执行完毕后三日以内将执行回执送达作出不批准逮捕决定的人民检察院。

《海警机构办理刑事案件程序规定》（中国海警局令第 1 号,自 2023 年 6 月 15 日起施行）

第六章　强制措施

第五节　逮　捕

第一百三十二条　对于人民检察院不批准逮捕并通知补充侦查的,海警机构应当按照人民检察院的补充侦查提纲补充侦查。

海警机构补充侦查完毕,认为符合逮捕条件的,应当重新提请批准逮捕。

第一百三十三条　对于人民检察院不批准逮捕而未说明理由的,海警机构可以要求人民检察院说明理由。

第一百三十四条　对于人民检察院决定不批准逮捕的,海警机构在收到不批准逮捕决定书后,如果犯罪嫌疑人已被拘留的,应当制作释放通知书送达看守所。海警机构在执行完毕后三日以内将执行回执送达作出不批准逮捕决定的人民检察院。

■ 其他规范

《最高人民检察院、公安部关于依法适用逮捕措施有关问题的规定》（高检会〔2001〕10 号）

为了进一步加强人民检察院和公安机关的配合,依法适用逮捕措施,加大打击犯罪力度,保障刑事诉讼的顺利进行,维护社会稳定和市场经济秩序,根据《中华人民共和国刑事诉讼法》和其他有关法律的规定,现对人民检察院和公安

机关依法适用逮捕措施的有关问题作如下规定:

一、公安机关提请批准逮捕、人民检察院审查批准逮捕都应当严格依照法律规定的条件和程序进行。

(一)刑事诉讼法第六十条规定的"有证据证明有犯罪事实"是指同时具备以下三种情形:1、有证据证明发生了犯罪事实;2、有证据证明该犯罪事实是犯罪嫌疑人实施的;3、证明犯罪嫌疑人实施犯罪行为的证据已有查证属实的。

"有证据证明有犯罪事实",并不要求查清全部犯罪事实。其中"犯罪事实"既可以是单一犯罪行为的事实,也可以是数个犯罪行为中任何一个犯罪行为的事实。

(二)具有下列情形之一的,即为刑事诉讼法第六十条规定的"有逮捕必要":1、可能继续实施犯罪行为,危害社会的;2、可能毁灭、伪造证据、干扰证人作证或者串供的;3、可能自杀或逃跑的;4、可能实施打击报复行为的;5、可能有碍其他案件侦查的;6、其他可能发生社会危险性的情形。

对有组织犯罪、黑社会性质组织犯罪、暴力犯罪和多发性犯罪等严重危害社会治安和社会秩序以及可能有碍侦查的犯罪嫌疑人,一般应予逮捕。

(三)对实施多个犯罪行为或者共同犯罪案件的犯罪嫌疑人,符合本条第(一)项、第(二)项的规定,具有下列情形之一的,应当予以逮捕:1、有证据证明有数罪中的一罪的;2、有证据证明有多次犯罪中的一次犯罪的;3、共同犯罪中,已有证据证明有犯罪行为的。

(四)根据刑事诉讼法第五十六条第二款的规定,对下列违反取保候审规定的犯罪嫌疑人,应当予以逮捕:1、企图自杀、逃跑、逃避侦查、审查起诉的;2、实施毁灭、伪造证据或者串供、干扰证人作证行为,足以影响侦查、审查起诉工作正常进行的;3、未经批准,擅自离开所居住的市、县,造成严重后果,或者两次未经批准,擅自离开所居住的市、县的;4、经传讯不到案,造成严重后果,或者经两次传讯不到案的。

对在取保候审期间故意实施新的犯罪行为的犯罪嫌疑人,应当予以逮捕。

(五)根据刑事诉讼法第五十七条第二款的规定,被监视居住的犯罪嫌疑人具有下列情形之一的,属于"情节严重",应当予以逮捕:1、故意实施新的犯罪行为的;2、企图自杀、逃跑、逃避侦查、审查起诉的;3、实施毁灭、伪造证据或者串供、干扰证人作证行为,足以影响侦查、审查起诉工作正常进行的;4、未经批准,擅自离开住处或者指定的居所,造成严重后果,或者两次未经批准,擅自离开住处或者指定的居所的;5、未经批准,擅自会见他人,造成严重后果,或者两次未经批准,擅自会见他人的;6、经传讯不到案,造成严重后果,或者经两次传讯不到案的。

二、公安机关在作出是否提请人民检察院批准逮捕的决定之前,应当对收集、调取的证据材料予以核实。对于符合逮捕条件的犯罪嫌疑人,应当提请人民检察院批准逮捕;对于不符合逮捕条件但需要继续侦查的,公安机关可以依法取保候审或者监视居住。

公安机关认为需要人民检察院派员参加重大案件讨论的,应当及时通知人民检察院,人民检察院接到通知后,应当及时派员参加。参加的检察人员在充分了解案情的基础上,应当对侦查活动提出意见和建议。

三、人民检察院收到公安机关提请批准逮捕的案件后,应当立即指定专人进行审查,发现不符合刑事诉讼法第六十六条规定,提请批准逮捕书、案卷材料和证据不齐全的,应当要求公安机关补充有关材料。

对公安机关提请批准逮捕的案件,人民检察院经审查,认为符合逮捕条件的,应当批准逮捕。对于不符合逮捕条件的,或者具有刑事诉讼法第十五条规定的情形之一的,应当作出不批准逮捕的决定,并说明理由。

对公安机关报请批准逮捕的案件人民检察院在审查逮捕期间不另行侦查。必要的时候,人民检察院可以派人参加公安机关对重大案件的讨论。

四、对公安机关提请批准逮捕的犯罪嫌疑人,已被拘留的,人民检察院应当在接到提请批准逮捕书后的七日以内作出是否批准逮捕的决定;未被拘留的,应当在接到提请批准逮捕书后的十五日以内作出是否批准逮捕的决定,重大、复杂的案件,不得超过二十日。

五、对不批准逮捕,需要补充侦查的案件,人民检察院应当通知提请批准逮捕的公安机关补充侦查,并附补充侦查提纲,列明需要查清的事实和需要收集、核实的证据。

六、对人民检察院补充侦查提纲中所列的事项,公安机关应当及时进行侦查、核实,并逐一作出说明。不得未经侦查和说明,以相同材料再次提请批准逮捕。公安机关未经侦查、不作说明的,人民检察院可以作出不批准逮捕的决定。

七、人民检察院批准逮捕的决定,公安机关应当立即执行,并将执行回执在执行后三日内送达作出批准决定的人民检察院;未能执行的,也应当将执行回执送达人民检察院,并写明未能执行的原因。对于人民检察院决定不批准逮捕的,公安机关在收到不批准逮捕决定书后,应当立即释放在押的犯罪嫌疑人或者变更强制措施,并将执行回执在收到不批准逮捕决定书后三日内送达作出不批准逮捕决定的人民检察院。如果公安机关发现逮捕不当的,应当及时予以变更,并将变更的情况及原因在作出变更决定后三日内通知原批准逮捕的人民检察院。人民检察院认为变更不当的,应当通知作出变更决定的公安机关纠正。

八、公安机关认为人民检察院不批准逮捕的决定有错误的,应当在收到不批准逮捕决定书后五日以内,向同级人民检察院要求复议。人民检察院应当在收到公安机关要求复议意见书后七日内作出复议决定。

公安机关对复议决定不服的,应当在收到人民检察院复议决定书后五日以内向上一级人民检察院提请复核。上一级人民检察院应当在收到公安机关提请复核意见书后十五日以内作出复核决定。原不批准逮捕决定错误的,应当及时纠正。

九、人民检察院办理审查逮捕案件,发现应当逮捕而公安机关未提请批准逮捕的犯罪嫌疑人的,应当建议公安机关提请批准逮捕。公安机关认为建议正确的,应当立即提请批准逮捕;认为建议不正确的,应当将不提请批准逮捕的理由通知人民检察院。

十、公安机关需要延长侦查羁押期限的,应当在侦查羁押期限届满七日前,向同级人民检察院移送提请延长侦查羁押期限意见书,写明案件的主要案情、延长侦查羁押期限的具体理由和起止日期,并附逮捕证复印件。有决定权的人民检察院应当在侦查羁押期限届满前作出是否批准延长侦查羁押期限的决定,并交由受理案件的人民检察院送达公安机关。

十一、公安机关发现犯罪嫌疑人另有重要罪行,需要重新计算侦查羁押期限的,可以按照刑事诉讼法有关规定决定重新计算侦查羁押期限,同时报送原作出批准逮捕决定的人民检察院备案。

十二、公安机关发现不应当对犯罪嫌疑人追究刑事责任的,应当撤销案件;犯罪嫌疑人已被逮捕的,应当立即释放,并将释放的原因在释放后三日内通知原作出批准逮捕决定的人民检察院。

十三、人民检察院在审查批准逮捕工作中,如果发现公安机关的侦查活动有违法情况,应当通知公安机关予以纠正,公安机关应当将纠正情况通知人民检察院。

十四、公安机关、人民检察院在提请批准逮捕和审查批准逮捕工作中,要加强联系,互相配合,在工作中可以建立联席会议制度,定期互通有关情况。

十五、关于适用逮捕措施的其他问题,依照《中华人民共和国刑事诉讼法》、《最高人民检察院、公安部关于适用刑事强制措施有关问题的规定》和其他有关规定办理。

第九十一条 【批准逮捕的期限和对不批捕决定的执行】公安机关对被拘留的人,认为需要逮捕的,应当在拘留后的三日以内,提请人民检察院审查批准。在特殊情况下,提请审查批准的时间可以延长一日至四日。

对于流窜作案、多次作案、结伙作案的重大嫌疑分子,提请审查批准的时间可以延长至三十日。

人民检察院应当自接到公安机关提请批准逮捕书后的七日以内,作出批准逮捕或者不批准逮捕的决定。人民检察院不批准逮捕的,公安机关应当在接到通知后立即释放,并且将执行情况及时通知人民检察院。对于需要继续侦查,并且符合取保候审、监视居住条件的,依法取保候审或者监视居住。

立法沿革

1979年《刑事诉讼法》第四十八条规定:"公安机关对被拘留的人,认为需要逮捕的,应当在拘留后的三日以内,提请人民检察院审查批准。在特殊情况下,提请审查批准的时间可以延长一日至四日。人民检察院应当在接到公安机关提请批准逮捕书后的三日以内,作出批准逮捕或者不批准逮捕的决定。人民检察院不批准逮捕的,公安机关应当在接到通知后立即释放,发给释放证明。""公安机关或者人民检察院如果没有按照前款规定办理,被拘留的人或者他的家属有权要求释放,公安机关或者人民检察院应当立即释放。"1996年《刑事诉讼法修改决定》对本条规定作了修改,区分不同情况,对拘留后提请批准逮捕的时限作了调整。2012年、2018年修改《刑事诉讼法》时对本条规定未作调整。

第九十二条 【对不批捕决定的复议、复核】公安机关对人民检察院不批准逮捕的决定,认为有错误的时候,可以要求复议,但是必须将被拘留的人立即释放。如果意见不被接受,可以向上一级人民检察院提请复核。上级人民检察院应当立即复核,作出是否变更的决定,通知下级人民检察院和公安机关执行。

立法沿革

本条系沿用1979年《刑事诉讼法》第四十九条的规定。

基本规范

《人民检察院刑事诉讼规则》(高检发释字〔2019〕4号,自2019年12月30日起施行)

第十章　审查逮捕和审查起诉
第三节　审查批准逮捕

第二百九十条　对不批准逮捕的案件,公安机关要求复议的,人民检察院负责捕诉的部门应当另行指派检察官或者检察官办案组进行审查,并在收到要求复议意见书和案卷材料后七日以内,经检察长批准,作出是否变更的决定,通知公安机关。

第二百九十一条　对不批准逮捕的案件,公安机关提请上一级人民检察院复核的,上一级人民检察院应当在收到提请复核意见书和案卷材料后十五日以内,经检察长批准,作出是否变更的决定,通知下级人民检察院和公安机关执行。需要改变原决定的,应当通知作出不批准逮捕决定的人民检察院撤销原不批准逮捕决定,另行制作批准逮捕决定书。必要时,上级人民检察院也可以直接作出批准逮捕决定,通知下级人民检察院送达公安机关执行。

对于经复议复核维持原不批准逮捕决定的,人民检察院向公安机关送达复议复核决定时应当说明理由。

第二百九十二条　人民检察院作出不批准逮捕决定,并且通知公安机关补充侦查的案件,公安机关在补充侦查后又要求复议的,人民检察院应当告知公安机关重新提请批准逮捕。公安机关坚持要求复议的,人民检察院不予受理。

对于公安机关补充侦查后应当提请批准逮捕而不提请批准逮捕的,按照本规则第二百八十八条的规定办理。

《公安机关办理刑事案件程序规定》(公安部令第159号修正,修正后自2020年9月1日起施行)

第六章　强制措施
第五节　逮　捕

第一百四十一条　对人民检察院不批准逮捕的决定,认为有错误需要复议的,应当在收到不批准逮捕决定书后五日以内制作要求复议意见书,报经县级以上公安机关负责人批准后,送交同级人民检察院复议。

如果意见不被接受,认为需要复核的,应当在收到人民检察院的复议决定书后五日以内制作提请复核意见书,报经县级以上公安机关负责人批准后,连同人民检察院的复议决定书,一并提请上一级人民检察院复核。

《海警机构办理刑事案件程序规定》(中国海警局令第1号,自2023年6月15日起施行)

第六章　强制措施
第五节　逮　捕

第一百三十五条　对人民检察院不批准逮捕的决定,认为有错误需要复议的,应当在收到不批准逮捕决定书后五日以内制作要求复议意见书,经海警机构负责人批准后,送交相应人民检察院复议。

复议意见不被接受,认为需要复核的,应当在收到人民检察院的复议决定书后五日以内制作提请复核意见书,经海警机构负责人批准后,连同人民检察院的复议决定书,一并提请上一级人民检察院复核。

第九十三条　【逮捕执行程序】公安机关逮捕人的时候,必须出示逮捕证。

逮捕后,应当立即将被逮捕人送看守所羁押。除无法通知的以外,应当在逮捕后二十四小时以内,通知被逮捕人的家属。

▎立法沿革

1979年《刑事诉讼法》第五十条规定:"公安机关逮捕人的时候,必须出示逮捕证。""逮捕后,除有碍侦查或者无法通知的情形以外,应当把逮捕的原因和羁押的处所,在二十四小时以内通知被逮捕人的家属或者他的所在单位。"1996年修改《刑事诉讼法》时对本条规定未作调整。2012年《刑事诉讼法修改决定》对本条规定作了两个方面的修改:一是增加规定逮捕后应当立即将被逮捕人送看守所羁押;二是取消了原来关于如果通知有碍侦查,可以不通知被逮捕人家属的规定。2018年《刑事诉讼法修改决定》对本条规定未作调整。

▎基本规范

《最高人民法院关于适用〈中华人民共和国刑事诉讼法〉的解释》(法释〔2021〕1号,自2021年3月1日起施行)

第五章　强制措施

第一百六十七条　人民法院作出逮捕决定后,应当将逮捕决定书等相关材料送交公安机关执行,并将逮捕决定书抄送人民检察院。逮捕被告人后,人民法院应当将逮捕的原因和羁押的处所,在二十四小时以内通知其家属;确实无法通知的,应当记录在案。

《公安机关办理刑事案件程序规定》(公安部令第159号修正,修正后自2020年9月1日起施行)

第六章 强制措施
第五节 逮 捕

第一百四十二条 接到人民检察院批准逮捕决定书后,应当由县级以上公安机关负责人签发逮捕证,立即执行,并在执行完毕后三日以内将执行回执送达作出批准逮捕决定的人民检察院。如果未能执行,也应当将回执送达人民检察院,并写明未能执行的原因。

第一百四十三条 执行逮捕时,必须出示逮捕证,并责令被逮捕人在逮捕证上签名、捺指印,拒绝签名、捺指印的,侦查人员应当注明。逮捕后,应当立即将被逮捕人送看守所羁押。

执行逮捕的侦查人员不得少于二人。

第一百四十五条 对犯罪嫌疑人执行逮捕后,除无法通知的情形以外,应当在逮捕后二十四小时以内,制作逮捕通知书,通知被逮捕人的家属。逮捕通知书应当写明逮捕原因和羁押处所。

本条规定的"无法通知"的情形适用本规定第一百一十三条第二款的规定。

无法通知的情形消除后,应当立即通知被逮捕人的家属。

对于没有在二十四小时以内通知家属的,应当在逮捕通知书中注明原因。

第一百四十六条 人民法院、人民检察院决定逮捕犯罪嫌疑人、被告人的,由县级以上公安机关凭人民法院、人民检察院决定逮捕的法律文书制作逮捕证并立即执行。必要时,可以请人民法院、人民检察院协助执行。执行逮捕后,应当及时通知决定机关。

公安机关未能抓获犯罪嫌疑人、被告人的,应当将执行情况和未能抓获的原因通知决定逮捕的人民检察院、人民法院。对于犯罪嫌疑人、被告人在逃的,在人民检察院、人民法院撤销逮捕决定之前,公安机关应当组织力量继续执行。

第六节 羁 押

第一百五十三条 看守所应当凭公安机关签发的拘留证、逮捕证收押被拘留、逮捕的犯罪嫌疑人、被告人。犯罪嫌疑人、被告人被送至看守所羁押时,看守所应当在拘留证、逮捕证上注明犯罪嫌疑人、被告人到达看守所的时间。

查获被通缉、脱逃的犯罪嫌疑人以及执行追捕、押解任务需要临时寄押的,应当持通缉令或者其他有关法律文书并经寄押地县级以上公安机关负责人批准,送看守所寄押。

临时寄押的犯罪嫌疑人出所时,看守所应当出具羁押该犯罪嫌疑人的证明,载明该犯罪嫌疑人基本情况、羁押原因、入所和出所时间。

第一百五十四条 看守所收押犯罪嫌疑人、被告人和罪犯,应当进行健康和体表检查,并予以记录。

第一百五十五条　看守所收押犯罪嫌疑人、被告人和罪犯,应当对其人身和携带的物品进行安全检查。发现违禁物品、犯罪证据和可疑物品,应当制作笔录,由被羁押人签名、捺指印后,送办案机关处理。

对女性的人身检查,应当由女工作人员进行。

《海警机构办理刑事案件程序规定》(中国海警局令第1号,自2023年6月15日起施行)

第六章　强制措施
第五节　逮　捕
第一百三十六条　接到人民检察院批准逮捕决定书后,应当由海警机构负责人签发逮捕证,立即执行,并在执行完毕后三日以内将执行回执送达作出批准逮捕决定的人民检察院。逮捕未能执行的,也应当将回执送达人民检察院,并写明未能执行的原因。

第一百三十七条　执行逮捕时,必须出示逮捕证,并责令被逮捕人在逮捕证上签名、捺指印,拒绝签名、捺指印的,侦查人员应当注明。逮捕后,应当立即将被逮捕人送看守所羁押。

执行逮捕的侦查人员不得少于二人。

第一百三十九条　对犯罪嫌疑人执行逮捕后,除无法通知的情形以外,应当在逮捕后二十四小时以内,制作逮捕通知书,通知被逮捕人的家属。逮捕通知书应当写明逮捕原因和羁押处所。

本条规定的"无法通知"的情形适用本规定第一百零八条第二款的规定。

无法通知的情形消除后,应当立即通知被逮捕人的家属。

对于没有在二十四小时以内通知家属的,应当在逮捕通知书中注明原因。

第一百四十条　人民法院、人民检察院决定逮捕犯罪嫌疑人、被告人的,海警机构凭人民法院、人民检察院决定逮捕的法律文书制作逮捕证并立即执行。必要时,可以请人民法院、人民检察院协助执行。执行逮捕后,应当及时通知人民法院、人民检察院。

海警机构未能抓获犯罪嫌疑人、被告人的,应当将执行情况和未能抓获的原因通知决定逮捕的人民检察院、人民法院。对于犯罪嫌疑人、被告人在逃的,在人民检察院、人民法院撤销逮捕决定之前,海警机构应当组织力量继续执行。

第六节　羁　押
第一百四十八条　查获被通缉、脱逃的犯罪嫌疑人以及执行追捕、押解任务需要临时寄押的,应当持通缉令或者其他有关法律文书并经寄押地海警机构负责人批准,送看守所寄押。寄押地未设海警机构的,应当持通缉令或者其他有关法律文书商请当地公安机关予以协助。

> **第九十四条 【对被逮捕的人应当及时讯问】**人民法院、人民检察院对于各自决定逮捕的人,公安机关对于经人民检察院批准逮捕的人,都必须在逮捕后的二十四小时以内进行讯问。在发现不应当逮捕的时候,必须立即释放,发给释放证明。

■ 立法沿革

本条系沿用1979年《刑事诉讼法》第五十一条的规定。

■ 基本规范

《最高人民法院关于适用〈中华人民共和国刑事诉讼法〉的解释》(法释〔2021〕1号,自2021年3月1日起施行)

第五章　强制措施

第一百六十八条　人民法院对决定逮捕的被告人,应当在逮捕后二十四小时以内讯问。发现不应当逮捕的,应当立即释放。必要时,可以依法变更强制措施。

《公安机关办理刑事案件程序规定》(公安部令第159号修正,修正后自2020年9月1日起施行)

第六章　强制措施

第五节　逮　捕

第一百四十四条　对被逮捕的人,必须在逮捕后的二十四小时以内进行讯问。发现不应当逮捕的,经县级以上公安机关负责人批准,制作释放通知书,送看守所和原批准逮捕的人民检察院。看守所凭释放通知书立即释放被逮捕人,并发给释放证明书。

《海警机构办理刑事案件程序规定》(中国海警局令第1号,自2023年6月15日起施行)

第六章　强制措施

第五节　逮　捕

第一百三十八条　对被逮捕的人,必须在逮捕后的二十四小时以内进行讯问。发现不应当逮捕的,经海警机构负责人批准,制作释放通知书,送看守所和原批准逮捕的人民检察院。

第九十五条　【羁押必要性审查】犯罪嫌疑人、被告人被逮捕后,人民检察院仍应当对羁押的必要性进行审查。对不需要继续羁押的,应当建议予以释放或者变更强制措施。有关机关应当在十日以内将处理情况通知人民检察院。

■ 立法沿革

本条系2012年《刑事诉讼法修改决定》增加的规定,2018年修改《刑事诉讼法》时未作调整。

■ 基本规范

《最高人民法院关于适用〈中华人民共和国刑事诉讼法〉的解释》(法释〔2021〕1号,自2021年3月1日起施行)

第五章　强制措施

第一百七十三条　对人民法院决定逮捕的被告人,人民检察院建议释放或者变更强制措施的,人民法院应当在收到建议后十日以内将处理情况通知人民检察院。

《人民检察院刑事诉讼规则》(高检发释字〔2019〕4号,自2019年12月30日起施行)

第十章　审查逮捕和审查起诉

第五节　羁押必要性审查

第五百七十三条　犯罪嫌疑人、被告人被逮捕后,人民检察院仍应当对羁押的必要性进行审查。

第五百七十四条　人民检察院在办案过程中可以依职权主动进行羁押必要性审查。

犯罪嫌疑人、被告人及其法定代理人、近亲属或者辩护人可以申请人民检察院进行羁押必要性审查。申请时应当说明不需要继续羁押的理由,有相关证据或者其他材料的应当提供。

看守所根据在押人员身体状况,可以建议人民检察院进行羁押必要性审查。

第五百七十五条　负责捕诉的部门依法对侦查和审判阶段的羁押必要性进行审查。经审查认为不需要继续羁押的,应当建议公安机关或者人民法院释放犯罪嫌疑人、被告人或者变更强制措施。

审查起诉阶段,负责捕诉的部门经审查认为不需要继续羁押的,应当直接释放犯罪嫌疑人或者变更强制措施。

负责刑事执行检察的部门收到有关材料或者发现不需要继续羁押的,应当及时将有关材料和意见移送负责捕诉的部门。

第五百七十六条 办案机关对应的同级人民检察院负责控告申诉检察的部门或者负责案件管理的部门收到羁押必要性审查申请后,应当在当日移送本院负责捕诉的部门。

其他人民检察院收到羁押必要性审查申请的,应当告知申请人向办案机关对应的同级人民检察院提出申请,或者在二日以内将申请材料移送办案机关对应的同级人民检察院,并告知申请人。

第五百七十七条 人民检察院可以采取以下方式进行羁押必要性审查:

(一)审查犯罪嫌疑人、被告人不需要继续羁押的理由和证明材料;

(二)听取犯罪嫌疑人、被告人及其法定代理人、辩护人的意见;

(三)听取被害人及其法定代理人、诉讼代理人的意见,了解是否达成和解协议;

(四)听取办案机关的意见;

(五)调查核实犯罪嫌疑人、被告人的身体健康状况;

(六)需要采取的其他方式。

必要时,可以依照有关规定进行公开审查。

第五百七十八条 人民检察院应当根据犯罪嫌疑人、被告人涉嫌的犯罪事实、主观恶性、悔罪表现、身体状况、案件进展情况、可能判处的刑罚和有无再危害社会的危险等因素,综合评估有无必要继续羁押犯罪嫌疑人、被告人。

第五百七十九条 人民检察院发现犯罪嫌疑人、被告人具有下列情形之一的,应当向办案机关提出释放或者变更强制措施的建议:

(一)案件证据发生重大变化,没有证据证明有犯罪事实或者犯罪行为系犯罪嫌疑人、被告人所为的;

(二)案件事实或者情节发生变化,犯罪嫌疑人、被告人可能被判处拘役、管制、独立适用附加刑、免予刑事处罚或者判决无罪的;

(三)继续羁押犯罪嫌疑人、被告人,羁押期限将超过依法可能判处的刑期的;

(四)案件事实基本查清,证据已经收集固定,符合取保候审或者监视居住条件的。

第五百八十条 人民检察院发现犯罪嫌疑人、被告人具有下列情形之一,且具有悔罪表现,不予羁押不致发生社会危险性的,可以向办案机关提出释放或者变更强制措施的建议：

（一）预备犯或者中止犯；

（二）共同犯罪中的从犯或者胁从犯；

（三）过失犯罪的；

（四）防卫过当或者避险过当的；

（五）主观恶性较小的初犯；

（六）系未成年人或者已满七十五周岁的人；

（七）与被害方依法自愿达成和解协议，且已经履行或者提供担保的；

（八）认罪认罚的；

（九）患有严重疾病、生活不能自理的；

（十）怀孕或者正在哺乳自己婴儿的妇女；

（十一）系生活不能自理的人的唯一扶养人；

（十二）可能被判处一年以下有期徒刑或者宣告缓刑的；

（十三）其他不需要继续羁押的情形。

第五百八十一条 人民检察院向办案机关发出释放或者变更强制措施建议书的，应当说明不需要继续羁押犯罪嫌疑人、被告人的理由和法律依据，并要求办案机关在十日以内回复处理情况。

人民检察院应当跟踪办案机关对释放或者变更强制措施建议的处理情况。办案机关未在十日以内回复处理情况的，应当提出纠正意见。

第五百八十二条 对于依申请审查的案件，人民检察院办结后，应当将提出建议的情况和公安机关、人民法院的处理情况，或者有继续羁押必要的审查意见和理由及时书面告知申请人。

《公安机关办理刑事案件程序规定》（公安部令第159号修正，修正后自2020年9月1日起施行）

第六章　强制措施

第七节　其他规定

第一百五十九条 犯罪嫌疑人被逮捕后，人民检察院经审查认为不需要继续羁押，建议予以释放或者变更强制措施的，公安机关应当予以调查核实。认为不需要继续羁押的，应当予以释放或者变更强制措施；认为需要继续羁押的，应当说明理由。

公安机关应当在十日以内将处理情况通知人民检察院。

《海警机构办理刑事案件程序规定》（中国海警局令第1号，自2023年6月

15日起施行)

第六章 强制措施

第七节 其他规定

第一百五十三条 犯罪嫌疑人被逮捕后,人民检察院依法对羁押的必要性进行审查,需要向海警机构了解侦查取证的进展情况,听取海警机构及侦查人员意见,查阅有关案卷材料的,海警机构应当予以配合。

人民检察院提出释放或者变更强制措施建议的,海警机构应当予以调查核实。认为不需要继续羁押的,应当予以释放或者变更强制措施;认为需要继续羁押的,应当说明理由。

海警机构应当在十日以内将处理情况通知人民检察院。

其他规范

《人民检察院办理羁押必要性审查案件规定(试行)》(2016年1月22日)

第一章 总 则

第一条 为了加强和规范羁押必要性审查工作,维护被逮捕的犯罪嫌疑人、被告人合法权益,保障刑事诉讼活动顺利进行,根据《中华人民共和国刑事诉讼法》《人民检察院刑事诉讼规则(试行)》等有关规定,结合检察工作实际,制定本规定。

第二条 羁押必要性审查,是指人民检察院依据《中华人民共和国刑事诉讼法》第九十三条规定,对被逮捕的犯罪嫌疑人、被告人有无继续羁押的必要性进行审查,对不需要继续羁押的,建议办案机关予以释放或者变更强制措施的监督活动。

第三条 羁押必要性审查案件由办案机关对应的同级人民检察院刑事执行检察部门统一办理,侦查监督、公诉、侦查、案件管理、检察技术等部门予以配合。

第四条 羁押必要性审查案件的受理、立案、结案、释放或者变更强制措施建议书等应当依照有关规定在检察机关统一业务应用系统登记、流转和办理,案件管理部门在案件立案后对办案期限、办案程序、办案质量等进行管理、监督、预警。

第五条 办理羁押必要性审查案件过程中,涉及国家秘密、商业秘密、个人隐私的,应当保密。

第六条 人民检察院进行羁押必要性审查,不得滥用建议权影响刑事诉讼依法进行。

第二章 立 案

第七条 犯罪嫌疑人、被告人及其法定代理人、近亲属、辩护人申请进行羁押必要性审查的,应当说明不需要继续羁押的理由。有相关证明材料的,应当一并提供。

第八条 羁押必要性审查的申请由办案机关对应的同级人民检察院刑事执行检察部门统一受理。

办案机关对应的同级人民检察院控告检察、案件管理等部门收到羁押必要性审查申请后,应当在一个工作日以内移送本院刑事执行检察部门。

其他人民检察院收到羁押必要性审查申请的,应当告知申请人向办案机关对应的同级人民检察院提出申请,或者在两个工作日以内将申请材料移送办案机关对应的同级人民检察院,并告知申请人。

第九条 刑事执行检察部门收到申请材料后,应当进行初审,并在三个工作日以内提出是否立案审查的意见。

第十条 刑事执行检察部门应当通过检察机关统一业务应用系统等途径及时查询本院批准或者决定、变更、撤销逮捕措施的情况。

第十一条 刑事执行检察部门对本院批准逮捕和同级人民法院决定逮捕的犯罪嫌疑人、被告人,应当依职权对羁押必要性进行初审。

第十二条 经初审,对于犯罪嫌疑人、被告人可能具有本规定第十七条、第十八条情形之一的,检察官应当制作立案报告书,经检察长或者分管副检察长批准后予以立案。

对于无理由或者理由明显不成立的申请,或者经人民检察院审查后未提供新的证明材料或者没有新的理由而再次申请的,由检察官决定不予立案,并书面告知申请人。

第三章 审 查

第十三条 人民检察院进行羁押必要性审查,可以采取以下方式:

(一)审查犯罪嫌疑人、被告人不需要继续羁押的理由和证明材料;

(二)听取犯罪嫌疑人、被告人及其法定代理人、辩护人的意见;

(三)听取被害人及其法定代理人、诉讼代理人的意见,了解是否达成和解协议;

(四)听取现阶段办案机关的意见;

(五)听取侦查监督部门或者公诉部门的意见;

(六)调查核实犯罪嫌疑人、被告人的身体状况;

(七)其他方式。

第十四条 人民检察院可以对羁押必要性审查案件进行公开审查。但是,涉及国家秘密、商业秘密、个人隐私的案件除外。

公开审查可以邀请与案件没有利害关系的人大代表、政协委员、人民监察员、特约检察员参加。

第十五条 人民检察院应当根据犯罪嫌疑人、被告人涉嫌犯罪事实、主观恶性、悔罪表现、身体状况、案件进展情况、可能判处的刑罚和有无再危害社会的危险等因素,综合评估有无必要继续羁押犯罪嫌疑人、被告人。

第十六条 评估犯罪嫌疑人、被告人有无继续羁押必要性可以采取量化方式,设置加分项目、减分项目、否决项目等具体标准。犯罪嫌疑人、被告人的得分情况可以作为综合评估的参考。

第十七条 经羁押必要性审查,发现犯罪嫌疑人、被告人具有下列情形之一的,应当向办案机关提出释放或者变更强制措施的建议:

(一)案件证据发生重大变化,没有证据证明有犯罪事实或者犯罪行为系犯罪嫌疑人、被告人所为的;

(二)案件事实或者情节发生变化,犯罪嫌疑人、被告人可能被判处拘役、管制、独立适用附加刑、免予刑事处罚或者判决无罪的;

(三)继续羁押犯罪嫌疑人、被告人,羁押期限将超过依法可能判处的刑期的;

(四)案件事实基本查清,证据已经收集固定,符合取保候审或者监视居住条件的。

第十八条 经羁押必要性审查,发现犯罪嫌疑人、被告人具有下列情形之一,且具有悔罪表现,不予羁押不致发生社会危险性的,可以向办案机关提出释放或者变更强制措施的建议:

(一)预备犯或者中止犯;

(二)共同犯罪中的从犯或者胁从犯;

(三)过失犯罪的;

(四)防卫过当或者避险过当的;

(五)主观恶性较小的初犯;

(六)系未成年人或者年满七十五周岁的人;

(七)与被害方依法自愿达成和解协议,且已经履行或者提供担保的;

(八)患有严重疾病、生活不能自理的;

(九)系怀孕或者正在哺乳自己婴儿的妇女;

(十)系生活不能自理的人的唯一扶养人;

(十一)可能被判处一年以下有期徒刑或者宣告缓刑的;

(十二)其他不需要继续羁押犯罪嫌疑人、被告人的情形。

第十九条 办理羁押必要性审查案件应当制作羁押必要性审查报告,报告中应当写明:犯罪嫌疑人或者被告人基本情况、原案简要情况和诉讼阶段、立案审查理由和证据、办理情况、审查意见等。

第四章 结 案

第二十条 办理羁押必要性审查案件,应当在立案后十个工作日以内决定是否提出释放或者变更强制措施的建议。案件复杂的,可以延长五个工作日。

第二十一条 经审查认为无继续羁押必要的,检察官应当报经检察长或者分管副检察长批准,以本院名义向办案机关发出释放或者变更强制措施建议书,并要求办案机关在十日以内回复处理情况。

释放或者变更强制措施建议书应当说明不需要继续羁押犯罪嫌疑人、被告人的理由和法律依据。

第二十二条 人民检察院应当跟踪办案机关对释放或者变更强制措施建议的处理情况。

办案机关未在十日以内回复处理情况的,可以报经检察长或者分管副检察长批准,以本院名义向其发出纠正违法通知书,要求其及时回复。

第二十三条 经审查认为有继续羁押必要的,由检察官决定结案,并通知办案机关。

第二十四条 对于依申请立案审查的案件,人民检察院办结后,应当将提出建议和办案机关处理情况,或者有继续羁押必要的审查意见和理由及时书面告知申请人。

第二十五条 刑事执行检察部门应当通过检察机关统一业务应用系统等途径将审查情况、提出建议和办案机关处理情况及时通知本院侦查监督、公诉、侦查等部门。

第五章 附 则

第二十六条 对于检察机关正在侦查或者审查起诉的案件,刑事执行检察部门进行羁押必要性审查的,参照本规定办理。

第二十七条 人民检察院依看守所建议进行羁押必要性审查的,参照依申请进行羁押必要性审查的程序办理。

第二十八条 检察人员办理羁押必要性审查案件应当纳入检察机关司法办案监督体系,有受贿、玩忽职守、滥用职权、徇私枉法、泄露国家秘密等违纪违法行为的,依纪依法严肃处理;构成犯罪的,依法追究刑事责任。

第二十九条 本规定自发布之日起试行。

《最高人民检察院刑事执行检察厅关于贯彻执行〈人民检察院办理羁押必

要性审查案件规定(试行)〉的指导意见》(2016年7月8日)

第一章 总 则

第一条 为了加强、规范和促进羁押必要性审查工作,根据《人民检察院办理羁押必要性审查案件规定(试行)》,制定本指导意见。

第二条 羁押必要性审查,是指人民检察院依据《中华人民共和国刑事诉讼法》第九十三条规定,对被逮捕的犯罪嫌疑人、被告人有无继续羁押的必要性进行审查,对不需要继续羁押的,建议办案机关予以释放或者变更强制措施的监督活动。

人民法院、人民检察院和公安机关依据《中华人民共和国刑事诉讼法》第九十四条规定,对犯罪嫌疑人、被告人撤销或者变更逮捕强制措施的,以及犯罪嫌疑人、被告人及其法定代理人、近亲属或者辩护人依据《中华人民共和国刑事诉讼法》第九十五条规定,申请变更逮捕强制措施的,不属于羁押必要性审查。

第三条 羁押必要性审查案件由办案机关对应的同级人民检察院刑事执行检察部门统一办理。没有设立刑事执行检察部门的,由负责刑事执行检察工作的专职人员办理。侦查监督、公诉、侦查、案件管理、检察技术等部门予以配合。

异地羁押的,羁押地派驻看守所检察室应当提供必要的配合。

必要时,上级人民检察院刑事执行检察部门可以将本部门办理的羁押必要性审查案件指定下级人民检察院刑事执行检察部门办理,经审查,需要向办案机关提出释放或者变更强制措施建议的,应当按照对等监督原则,由上级人民检察院刑事执行检察部门向办案机关发出建议书。

第四条 犯罪嫌疑人、被告人及其法定代理人、近亲属、辩护人依据《中华人民共和国刑事诉讼法》第九十五条规定,向人民检察院刑事执行检察部门申请变更强制措施,或者援引该规定但申请事项表述为羁押必要性审查的,人民检察院刑事执行检察部门应当向其说明情况,并在其修改申请材料后依法受理。

第五条 羁押必要性审查案件的受理、立案、审查、结案、提出释放或者变更强制措施建议等应当依照有关规定在检察机关统一业务应用系统登记、流转、办理和审批,案件管理部门在案件立案后对办案期限、办案程序、办案质量等进行管理、监督、预警。

第六条 办理羁押必要性审查案件过程中,涉及国家秘密、商业秘密、个人隐私的,应当保密。

办案过程中所获悉的原案侦查进展、取证情况、证据内容,应当保密。

第七条 人民检察院刑事执行检察部门进行羁押必要性审查,不得滥用建议权影响刑事诉讼依法进行。

第二章 立 案

第八条 犯罪嫌疑人、被告人被逮捕后,羁押地的派驻看守所检察室应当在五个工作日以内进行羁押必要性审查权利告知。

没有设立派驻看守所检察室的,由巡回检察人员或派驻专职检察人员进行权利告知。

第九条 犯罪嫌疑人、被告人及其法定代理人、近亲属、辩护人申请进行羁押必要性审查的,应当说明不需要继续羁押的理由。有相关证明材料的,应当一并提供。

第十条 羁押必要性审查的申请由办案机关对应的同级人民检察院刑事执行检察部门统一受理。

办案机关对应的同级人民检察院控告检察、案件管理等部门收到羁押必要性审查申请后,应当在一个工作日以内移送本院刑事执行检察部门。

其他人民检察院收到羁押必要性审查申请的,应当告知申请人向办案机关对应的同级人民检察院提出申请,或者在两个工作日以内将申请材料移送办案机关对应的同级人民检察院,并告知申请人。

异地羁押的,羁押地派驻看守所检察室收到羁押必要性审查申请后,应当告知申请人向办案机关对应的同级人民检察院刑事执行检察部门提出申请,或者在两个工作日以内将申请材料移送办案机关对应的同级人民检察院刑事执行检察部门,并告知申请人。

第十一条 刑事执行检察部门收到申请材料后,应当进行初审,并在三个工作日以内提出是否立案审查的意见。

第十二条 刑事执行检察部门应当通过检察机关统一业务应用系统等途径及时查询本院批准或者决定、变更、撤销逮捕措施的情况。

第十三条 刑事执行检察部门对本院批准逮捕和同级人民法院决定逮捕的犯罪嫌疑人、被告人,应当依职权对羁押必要性进行初审。

第十四条 报请上一级人民检察院审查决定逮捕的案件,由该上一级人民检察院刑事执行检察部门依职权对羁押必要性进行初审,经初审认为可能需要立案的,应当交由办案机关对应的同级人民检察院刑事执行检察部门立案审查。

第十五条 犯罪嫌疑人、被告人具有下列情形之一的,经初审后一般不予立案,但是犯罪嫌疑人、被告人患有严重疾病或者具有其他特殊法定情形不适宜继续羁押的除外:

(一)涉嫌危害国家安全犯罪、恐怖活动犯罪、黑社会性质的组织犯罪、重大毒品犯罪或者其他严重危害社会的犯罪的;

(二)涉嫌故意杀人、故意伤害致人重伤或死亡、强奸、抢劫、绑架、贩卖毒品、放火、爆炸、投放危险物质等严重破坏社会秩序犯罪或者有组织的暴力性犯罪的;

(三)涉嫌重大贪污、贿赂犯罪,或者利用职权实施的严重侵犯公民人身权利的犯罪的;

(四)系累犯或曾因危害国家安全犯罪、恐怖活动犯罪、黑社会性质的组织犯罪、重大毒品犯罪或者其他严重危害社会的犯罪被判处刑罚的;

(五)可能判处十年有期徒刑以上刑罚的;

(六)案件事实尚未查清,证据尚未固定或者犯罪嫌疑人、被告人有其他犯罪事实尚未查清,需要进一步查证属实的;

(七)同案犯罪嫌疑人、被告人不在案,有串供可能的;

(八)比较复杂的共同犯罪案件,有串供可能的;

(九)系被通缉到案或者因违反取保候审、监视居住规定而被逮捕的;

(十)侦查监督部门作出批准逮捕或者批准延长侦查羁押期限决定不满一个月的;

(十一)其他不宜立案进行羁押必要性审查的情形。

第十六条 经初审,对于犯罪嫌疑人、被告人可能具有本指导意见第二十六条、第二十七条情形之一的,检察官应当制作立案报告书,经检察长或者分管副检察长批准后予以立案。

对于无理由或者理由明显不成立的申请,或者经人民检察院审查决定不予立案后,未提供新的证明材料或者没有新的理由而再次申请的,由检察官决定不予立案,并书面告知申请人。

第十七条 刑事执行检察部门依申请对羁押必要性审查案件进行初审,受理案件后应当录入检察机关统一业务应用系统,进行登记、流转、办理和审批;依职权进行初审,决定不予立案的,可以不录入检察机关统一业务应用系统。

第十八条 办理羁押必要性审查案件过程中,办案机关发生变化的,应当将羁押必要性审查案件移送给变化后的办案机关对应的同级人民检察院刑事执行检察部门办理。所对应的同级人民检察院刑事执行检察部门仍为本部门的,不需要重新立案。办案期限从变化后的办案机关受理案件之日起重新计算。

第三章 审 查

第十九条 人民检察院刑事执行检察部门进行羁押必要性审查,可以采取以下方式:

(一)审查犯罪嫌疑人、被告人不需要继续羁押的理由和证明材料;

（二）听取犯罪嫌疑人、被告人及其法定代理人、近亲属、辩护人的意见；

（三）听取被害人及其法定代理人、诉讼代理人、近亲属或者其他有关人员的意见，了解是否达成和解协议；

（四）听取现阶段办案机关的意见；

（五）听取侦查监督部门或者公诉部门的意见；

（六）调查核实犯罪嫌疑人、被告人的身体健康状况；

（七）向看守所调取有关犯罪嫌疑人、被告人羁押期间表现的材料；

（八）查阅、复制原案卷宗中有关证据材料；

（九）其他方式。

第二十条 人民检察院刑事执行检察部门办理羁押必要性审查案件，应当审查以下内容：

（一）犯罪嫌疑人、被告人的基本情况，原案涉嫌的罪名、犯罪的性质、情节，可能判处的刑罚；

（二）原案所处的诉讼阶段，侦查取证的进展情况，犯罪事实是否基本查清，证据是否收集固定，犯罪嫌疑人、被告人是否认罪，供述是否稳定；

（三）犯罪嫌疑人、被告人的羁押期限是否符合法律规定，是否有相应的审批手续，羁押期限是否即将届满，是否属于羁押超过五年的久押不决案件或者羁押期限已满四年的久押不决预警案件；

（四）犯罪嫌疑人、被告人是否存在可能作不起诉处理、被判处管制、拘役、独立适用附加刑、免予刑事处罚、判决无罪或者宣告缓刑的情形；

（五）犯罪嫌疑人、被告人是否有认罪、悔罪、坦白、自首、立功、积极退赃、与被害人达成和解协议并履行赔偿义务等从宽处理情节；

（六）犯罪嫌疑人、被告人是否有前科、累犯等从严处理情节；

（七）共同犯罪的，是否有不在案的共犯，是否存在串供可能；

（八）犯罪嫌疑人、被告人的身体健康状况；

（九）犯罪嫌疑人、被告人在本地有无固定住所、工作单位，是否具备取保候审、监视居住的条件；

（十）犯罪嫌疑人、被告人的到案方式，是否被通缉到案，或者是否因违反取保候审、监视居住规定而被逮捕；

（十一）其他内容。

第二十一条 人民检察院刑事执行检察部门应当根据犯罪嫌疑人、被告人涉嫌犯罪事实、主观恶性、悔罪表现、身体状况、案件进展情况、可能判处的刑罚和有无再危害社会的危险等因素，综合评估有无必要继续羁押犯罪嫌疑人、被告人。

第二十二条　评估犯罪嫌疑人、被告人有无继续羁押必要性可以采取量化方式,设置加分项目、减分项目、否决项目等具体标准。犯罪嫌疑人、被告人的得分情况可以作为综合评估的参考。

第二十三条　加分项目可以包括:

(一)具有《人民检察院刑事诉讼规则(试行)》第六百一十九条规定的情形的;

(二)具有本指导意见第二十六条、第二十七条规定的情形的;

(三)积极退赃、退赔的;

(四)被害人有过错的;

(五)系在校学生犯罪的;

(六)在本市有固定住所、工作单位的;

(七)能够提供适格保证人或者缴纳足额保证金的;

(八)具备监视居住条件的;

(九)其他应当加分的情形。

第二十四条　减分项目可以包括:

(一)犯罪嫌疑人、被告人不认罪或者供述不稳定,反复翻供的;

(二)矛盾尚未化解的;

(三)犯罪嫌疑人、被告人在本市没有固定住所、固定工作,无力维持正常生活的;

(四)办案机关明确反对变更强制措施,认为有继续羁押的必要且具有合法、合理的理由的;

(五)犯罪嫌疑人、被告人所在单位、所居住社区明确反对变更强制措施,认为有继续羁押的必要且具有合法、合理的理由的;

(六)其他应当减分的情形。

第二十五条　否决项目可以包括:

(一)具有《中华人民共和国刑事诉讼法》第七十九条规定的情形的;

(二)具有本指导意见第十五条规定的情形的;

(三)具有重大社会影响,不宜进行羁押必要性审查的;

(四)提供的申请材料故意造假的;

(五)其他应当否决的情形。

第二十六条　经羁押必要性审查,发现犯罪嫌疑人、被告人具有下列情形之一的,应当向办案机关提出释放或者变更强制措施的建议:

（一）案件证据发生重大变化，没有证据证明有犯罪事实或者犯罪行为系犯罪嫌疑人、被告人所为的；

（二）案件事实或者情节发生变化，犯罪嫌疑人、被告人可能被判处拘役、管制、独立适用附加刑、免予刑事处罚或者判决无罪的；

（三）继续羁押犯罪嫌疑人、被告人，羁押期限将超过依法可能判处的刑期的；

（四）案件事实基本查清，证据已经收集固定，符合取保候审或者监视居住条件的。

第二十七条　经羁押必要性审查，发现犯罪嫌疑人、被告人具有下列情形之一，且具有悔罪表现，不予羁押不致发生社会危险性的，可以向办案机关提出释放或者变更强制措施的建议：

（一）预备犯或者中止犯；

（二）共同犯罪中的从犯或者胁从犯；

（三）过失犯罪的；

（四）防卫过当或者避险过当的；

（五）主观恶性较小的初犯；

（六）系未成年人或者年满七十五周岁的人；

（七）与被害方依法自愿达成和解协议，且已经履行或者提供担保的；

（八）患有严重疾病、生活不能自理的；

（九）系怀孕或者正在哺乳自己婴儿的妇女；

（十）系生活不能自理的人的唯一扶养人；

（十一）可能被判处一年以下有期徒刑或者宣告缓刑的；

（十二）其他不需要继续羁押犯罪嫌疑人、被告人的情形。

第二十八条　犯罪嫌疑人、被告人被羁押超过五年，案件仍然处于侦查、审查起诉、一审、二审阶段的久押不决案件，或者犯罪嫌疑人、被告人被羁押已满四年，可能形成久押不决的案件，可以向办案机关提出释放或者变更强制措施的建议。

第二十九条　人民检察院刑事执行检察部门可以对羁押必要性审查案件进行公开审查。但是，涉及国家秘密、商业秘密、个人隐私的案件除外。

公开审查可以邀请与案件没有利害关系的人大代表、政协委员、人民监督员、特约检察员等人员参加。

第三十条　人民检察院刑事执行检察部门办理羁押必要性审查案件，经审查认为有必要进行公开审查的，应当报经检察长或分管副检察长决定。

第三十一条　公开审查应当在犯罪嫌疑人、被告人所羁押的看守所、人民检察院办案场所或者人民检察院确定的场所进行。

有条件的地方,也可以通过远程视频方式进行。

第三十二条 公开审查应当由检察官主持,一般可以包括以下程序:

(一)检察官宣布公开审查的目的和程序;

(二)犯罪嫌疑人、被告人及其法定代理人、近亲属、辩护人说明申请释放或者变更强制措施的理由;

(三)被害人及其法定代理人、诉讼代理人、近亲属或者其他有关人员发表意见;

(四)原案办案人员发表意见;

(五)看守所监管人员对犯罪嫌疑人、被告人在羁押期间的表现发表意见;

(六)犯罪嫌疑人、被告人所在单位、所居住社区和相关公安派出所发表意见;

(七)检察官宣布公开审查程序结束。

有相关证据材料的,应当在发表意见时一并出示。

公开审查过程中,检察官可以就有关证据或有关问题,向参加人员提问,或者请参加人员说明。参加人员经检察官许可,也可以互相提问或者作答。

第三十三条 公开审查过程中,发现新的证据,可能影响犯罪嫌疑人、被告人羁押必要性综合评估的,可以中止公开审查,对新的证据进行调查核实。经调查核实,报检察长或者分管副检察长同意后,可以恢复或者终止公开审查。

第三十四条 公开审查应当制作公开审查笔录,参加公开审查的人员应当对笔录进行核对,并在确认无误后签名或者盖章。拒绝签名或者盖章的,应当在笔录上注明情况。

第三十五条 办理羁押必要性审查案件应当制作羁押必要性审查报告,报告中应当写明:犯罪嫌疑人或者被告人基本情况、原案简要情况和诉讼阶段、立案审查理由和证据、办理情况、审查意见等。

进行公开审查的,应当在审查报告中写明公开审查的情况,重点写明各方的一致性意见或者存在的主要分歧。

第三十六条 办理羁押必要性审查案件过程中,出现下列情形之一的,应当报经检察长或者分管副检察长批准后终止审查:

(一)犯罪嫌疑人、被告人死亡的;

(二)犯罪嫌疑人、被告人已被释放或者变更强制措施的;

(三)人民法院作出生效判决、裁定的;

(四)其他应当终止审查的情形。

第四章 结 案

第三十七条 办理羁押必要性审查案件,应当在立案后十个工作日以内决定是否提出释放或者变更强制措施的建议。案件复杂或者情况特殊的,经检察长或者分管副检察长批准,可以延长五个工作日。

办案过程中涉及病情鉴定等专业知识,委托检察技术部门进行技术性证据审查的期间不计入办案期限。

第三十八条 经审查认为无继续羁押必要的,检察官应当报经检察长或者分管副检察长批准,以本院名义向办案机关发出释放或者变更强制措施建议书,并要求办案机关在十日以内回复处理情况。

释放或者变更强制措施建议书应当说明不需要继续羁押犯罪嫌疑人、被告人的理由和法律依据。

第三十九条 人民检察院刑事执行检察部门应当跟踪办案机关对释放或者变更强制措施建议的处理情况。

办案机关未在十日以内回复处理情况的,可以报经检察长或者分管副检察长批准,以本院名义向其发出纠正违法通知书,要求其及时回复。

第四十条 经审查认为有继续羁押必要的,由检察官决定结案,并通知办案机关。

第四十一条 对于依申请立案审查的案件,人民检察院刑事执行检察部门办结后,应当将提出建议和办案机关处理情况,或者有继续羁押必要的审查意见和理由及时书面告知申请人。

第四十二条 刑事执行检察部门应当通过检察机关统一业务应用系统等途径将审查情况、提出建议和办案机关处理情况及时通知本院侦查监督、公诉、侦查等部门。

第四十三条 羁押必要性审查案件结案后,人民检察院刑事执行检察部门应当及时将办理羁押必要性审查案件的有关材料归档。

第五章 附 则

第四十四条 对于检察机关正在侦查或者审查起诉的案件,刑事执行检察部门进行羁押必要性审查的,参照本指导意见办理。

第四十五条 对于公安机关、人民法院、其他人民检察院、人民检察院其他部门、人大代表、政协委员、人民监督员、特约检察员等移送的羁押必要性审查申请,以及依看守所建议进行羁押必要性审查的,参照依申请程序办理。

第四十六条 条检察人员办理羁押必要性审查案件应当纳入检察机关司法办案监督体系,有受贿、玩忽职守、滥用职权、徇私枉法、泄露国家秘密等违纪违法行为的,依纪依法严肃处理;构成犯罪的,依法追究刑事责任。

第四十七条 本指导意见自发布之日起施行。原《关于人民检察院监所检察部门开展羁押必要性审查工作的参考意见》同时废止。

《人民检察院审查案件听证工作规定》(最高人民检察院,高检发办字〔2020〕53号)

第一章 总 则

第一条 为深化履行法律监督职责,进一步加强和规范人民检察院以听证方式审查案件工作,切实促进司法公开,保障司法公正,提升司法公信,落实普法责任,促进矛盾化解,根据《中华人民共和国人民检察院组织法》等法律规定,结合检察工作实际,制定本规定。

第二条 本规定中的听证,是指人民检察院对于符合条件的案件,组织召开听证会,就事实认定、法律适用和案件处理等问题听取听证员和其他参加人意见的案件审查活动。

第三条 人民检察院以听证方式审查案件,应当秉持客观公正立场,以事实为根据,以法律为准绳,做到依法独立行使检察权与保障人民群众的知情权、参与权和监督权相结合。

第四条 人民检察院办理羁押必要性审查案件、拟不起诉案件、刑事申诉案件、民事诉讼监督案件、行政诉讼监督案件、公益诉讼案件等,在事实认定、法律适用、案件处理等方面存在较大争议,或者有重大社会影响,需要当面听取当事人和其他相关人员意见的,经检察长批准,可以召开听证会。

人民检察院办理审查逮捕案件,需要核实评估犯罪嫌疑人是否具有社会危险性、是否具有社会帮教条件的,可以召开听证会。

第五条 拟不起诉案件、刑事申诉案件、民事诉讼监督案件、行政诉讼监督案件、公益诉讼案件的听证会一般公开举行。

审查逮捕案件、羁押必要性审查案件以及当事人是未成年人案件的听证会一般不公开举行。

第二章 听证会参加人

第六条 人民检察院应当根据案件具体情况,确定听证会参加人。听证会参加人除听证员外,可以包括案件当事人及其法定代理人、诉讼代理人、辩护人、第三人、相关办案人员、证人和鉴定人以及其他相关人员。

第七条 人民检察院可以邀请与案件没有利害关系并同时具备下列条件的社会人士作为听证员:

(一)年满二十三周岁的中国公民;

(二)拥护中华人民共和国宪法和法律;

(三)遵纪守法、品行良好、公道正派;

(四)具有正常履行职责的身体条件。
有下列情形之一的,不得担任听证员:
(一)受过刑事处罚的;
(二)被开除公职的;
(三)被吊销律师、公证员执业证书的;
(四)其他有严重违法违纪行为,可能影响司法公正的。
参加听证会的听证员一般为三至七人。

第八条 人民检察院可以邀请人民监督员参加听证会,依照有关规定接受人民监督员监督。

第三章 听证会程序

第九条 人民检察院可以根据案件办理需要,决定召开听证会。当事人及其辩护人、代理人向审查案件的人民检察院申请召开听证会的,人民检察院应当及时作出决定,告知申请人。不同意召开听证会的,应当向申请人说明理由。

第十条 人民检察院决定召开听证会的,应当做好以下准备工作:
(一)制定听证方案,确定听证会参加人;
(二)在听证三日前告知听证会参加人案由、听证时间和地点;
(三)告知当事人主持听证会的检察官及听证员的姓名、身份;
(四)公开听证的,发布听证会公告。

第十一条 听证员确定后,人民检察院应当向听证员介绍案件情况、需要听证的问题和相关法律规定。

第十二条 听证会一般在人民检察院检察听证室举行。有特殊情形的,经检察长批准也可以在其他场所举行。
听证会席位设置按照有关规定执行。

第十三条 听证会一般由承办案件的检察官或者办案组的主办检察官主持。
检察长或者业务机构负责人承办案件的,应当担任主持人。

第十四条 听证会开始前,人民检察院应当确认听证员、当事人和其他参加人是否到场,宣布听证会的程序和纪律。

第十五条 听证会一般按照下列步骤进行:
(一)承办案件的检察官介绍案件情况和需要听证的问题;
(二)当事人及其他参加人就需要听证的问题分别说明情况;
(三)听证员向当事人或者其他参加人提问;
(四)主持人宣布休会,听证员就听证事项进行讨论;

(五)主持人宣布复会,根据案件情况,可以由听证员或者听证员代表发表意见;
(六)当事人发表最后陈述意见;
(七)主持人对听证会进行总结。

第十六条 听证员的意见是人民检察院依法处理案件的重要参考。拟不采纳听证员多数意见的,应当向检察长报告并获同意后作出决定。

第十七条 人民检察院充分听取各方意见后,根据已经查明的事实、证据和有关法律规定,能够当场作出决定的,应当由听证会主持人当场宣布决定并说明理由;不能当场作出决定的,应当在听证会后依法作出决定,向当事人宣告、送达,并将作出的决定和理由告知听证员。

第十八条 听证过程应当由书记员制作笔录,并全程录音录像。

听证笔录由听证会主持人、承办检察官、听证会参加人和记录人签名或者盖章。笔录应当归入案件卷宗。

第十九条 公开听证的案件,公民可以申请旁听,人民检察院可以邀请媒体旁听。经检察长批准,人民检察院可以通过中国检察听证网和其他公共媒体,对听证会进行图文、音频、视频直播或者录播。

公开听证直播、录播涉及的相关技术和工作规范,依照有关规定执行。

第二十条 听证的期间计入办案期限。

第四章 附 则

第二十一条 人民检察院听证活动经费按照人民检察院财务管理办法有关规定执行,不得向当事人收取费用。

第二十二条 参加不公开听证的人员应当严格遵守有关保密规定。

故意或者过失泄露国家秘密、商业秘密或者办案秘密的,依纪依法追究责任人员的纪律责任和法律责任。

第二十三条 本规定自公布之日起施行。

最高人民检察院以前发布的相关规范性文件与本规定不一致的,以本规定为准。

《人民检察院羁押听证办法》(2021年8月17日)对以组织召开听证会的形式开展羁押必要性审查作了规定。(→参见第八十八条所附"其他规范",第616页)

《最高人民检察院、公安部关于依法妥善办理轻伤害案件的指导意见》(高检发办字〔2022〕167号)**第十九条**要求依法开展羁押必要性审查。(→参见第二编"立案、侦查和提起公诉"标题下所附"其他规范",第792页)

第九十六条 【撤销或者变更强制措施】人民法院、人民检察院和公安机关如果发现对犯罪嫌疑人、被告人采取强制措施不当的,应当及时撤销或者变更。公安机关释放被逮捕的人或者变更逮捕措施的,应当通知原批准的人民检察院。

立法沿革

本条系1996年《刑事诉讼法修改决定》增加的规定,2012年、2018年修改《刑事诉讼法》时未作调整。

基本规范

《最高人民法院关于适用〈中华人民共和国刑事诉讼法〉的解释》(法释〔2021〕1号,自2021年3月1日起施行)

第五章 强制措施

第一百六十九条 被逮捕的被告人具有下列情形之一的,人民法院可以变更强制措施:

(一)患有严重疾病、生活不能自理的;

(二)怀孕或者正在哺乳自己婴儿的;

(三)系生活不能自理的人的唯一扶养人。

第一百七十条① 被逮捕的被告人具有下列情形之一的,人民法院应当立即释放;必要时,可以依法变更强制措施:

(一)第一审人民法院判决被告人无罪、不负刑事责任或者免予刑事处罚的;

(二)第一审人民法院判处管制、宣告缓刑、单独适用附加刑,判决尚未发生

---

① 需要注意的问题有三:(1)征求意见过程中,有意见提出,本条第三项规定"被告人被羁押的时间已到第一审人民法院对其判处的刑期期限的"情形,必要时可以依法变更强制措施,并不妥当。对于"只有被告人上诉的"情形,应当解除而非变更强制措施。理由是:根据上诉不加刑原则,即便被告人构成犯罪,二审也不能判处超过一审判处的刑罚,而被告人羁押的期限已经达到一审所判刑罚期限,即其一审刑罚实际已经执行完毕,此时即便二审变更为取保候审,这也是对被告人权利的一种限制。经研究认为,上述意见与实践不符。如不采取任何强制措施,可能导致后续审判无法顺利进行。基于此,未采纳上述意见。(2)根据《最高人民法院研究室关于对一审宣告无罪的被告人采取强制措施有关问题的答复》(法研〔2015〕54号)的规定,第一审人民法院宣判后,可能存在抗诉或者上诉,为保障后续诉讼顺利进行,应当变更或者解除强制措施,具体手续由第一审人民法院办理。(3)司法实践中,对于撤回起诉的案件,往往会换押回检察院,由检察院予以释放。——**本评注注**

法律效力的;

(三)被告人被羁押的时间已到第一审人民法院对其判处的刑期期限的;

(四)案件不能在法律规定的期限内审结的。

第一百七十一条　人民法院决定释放被告人的,应当立即将释放通知书送交公安机关执行。①

第一百七十二条　被采取强制措施的被告人,被判处管制、缓刑的,在社区矫正开始后,强制措施自动解除;被单处附加刑的,在判决、裁定发生法律效力后,强制措施自动解除;被判处监禁刑的,在刑罚开始执行后,强制措施自动解除。②

《人民检察院刑事诉讼规则》(高检发释字〔2019〕4号,自2019年12月30日起施行)

第十章　审查逮捕和审查起诉
第三节　审查批准逮捕
第二百八十九条　对已经作出的批准逮捕决定发现确有错误的,人民检察院应当撤销原批准逮捕决定,送达公安机关执行。

对已经作出的不批准逮捕决定发现确有错误,需要批准逮捕的,人民检察院

---

① 《2012年刑诉法解释》第一百三十五条规定:"人民法院决定变更强制措施或者释放被告人的,应当立即将变更强制措施决定书或者释放通知书送交公安机关执行。"从实践操作来看,对于人民法院决定释放被告人的,应当立即将释放通知书送交公安机关执行。对于需要继续采取取保候审、监视居住等非羁押性强制措施的,会另行制作相关决定书,送交公安机关执行。对于不再采取任何强制措施的,除给公安机关的释放通知书外,通常不会有其他法律文书。鉴此,本条作了适当调整。——**本评注注**

② 鉴于对于交付执行刑罚的罪犯,此前采取强制措施的,法院不会出具解除强制措施文书,本条设立强制措施的自动解除制度。需要注意的是,"社区矫正开始""刑罚开始执行",是指已经实际开始执行刑罚或者缓刑,而非送交执行手续。主要考虑:被采取强制措施的被告人在实际执行刑罚前,强制措施不当然解除。实践中,有观点认为,强制措施均为判决生效前的措施,其逻辑是判决一旦生效就进入了执行程序,对罪犯监禁、监外执行或者社区矫正,不存在判决生效后还要采取强制措施的问题。这一观点不符合实际情况,有部分被判处监禁刑的被告人,由于看守所拒收或者由于等待监外执行鉴定等原因,即使判决已经生效,实际上却未能被收监执行,一方面监禁刑尚未实际执行,另一方面没有其他监管措施,势必造成监管漏洞,可能存在判刑未入狱又犯新罪的情况,对于审判人员也存在渎职风险,故对于监禁刑判决尚未实际执行前,对被告人仍然存在监管的必要。而且,强制措施是为了保证刑事诉讼而非仅是刑事审判的顺利进行而设置的措施,刑罚执行也是刑事诉讼的一个重要环节。因此,应当明确强制措施的自动解除从交付执行刑罚而非判决、裁定生效之日起。——**本评注注**

应当撤销原不批准逮捕决定,并重新作出批准逮捕决定,送达公安机关执行。

对因撤销原批准逮捕决定而被释放的犯罪嫌疑人或者逮捕后公安机关变更为取保候审、监视居住的犯罪嫌疑人,又发现需要逮捕的,人民检察院应当重新办理逮捕手续。

《公安机关办理刑事案件程序规定》(公安部令第159号修正,修正后自2020年9月1日起施行)

第六章　强制措施
第七节　其他规定
第一百五十八条　公安机关发现对犯罪嫌疑人采取强制措施不当的,应当及时撤销或者变更。犯罪嫌疑人在押的,应当及时释放。公安机关释放被逮捕的人或者变更逮捕措施的,应当通知批准逮捕的人民检察院。

《海警机构办理刑事案件程序规定》(中国海警局令第1号,自2023年6月15日起施行)

第六章　强制措施
第七节　其他规定
第一百五十二条　海警机构发现对犯罪嫌疑人采取强制措施不当的,应当及时撤销或者变更。犯罪嫌疑人在押的,应当及时通知看守所释放。释放被逮捕的人或者变更逮捕措施的,海警机构应当通知批准逮捕的人民检察院。

第九十七条　【申请变更强制措施】犯罪嫌疑人、被告人及其法定代理人、近亲属或者辩护人有权申请变更强制措施。人民法院、人民检察院和公安机关收到申请后,应当在三日以内作出决定;不同意变更强制措施的,应当告知申请人,并说明不同意的理由。

立法沿革

1996年《刑事诉讼法》第五十二条规定:"被羁押的犯罪嫌疑人、被告人及其法定代理人、近亲属有权申请取保候审。"2012年《刑事诉讼法修改决定》在上述规定的基础上,进一步补充完善后作出本条规定。2018年修改《刑事诉讼法》时对本条规定未作调整。

基本规范

《最高人民法院关于适用〈中华人民共和国刑事诉讼法〉的解释》(法释

〔2021〕1号,自2021年3月1日起施行)

第五章 强制措施

第一百七十四条 被告人及其法定代理人、近亲属或者辩护人申请变更、解除强制措施的,应当说明理由。人民法院收到申请后,应当在三日以内作出决定。同意变更、解除强制措施的,应当依照本解释规定处理;不同意的,应当告知申请人,并说明理由。①

《公安机关办理刑事案件程序规定》(公安部令第159号修正,修正后自2020年9月1日起施行)

第六章 强制措施
第七节 其他规定

第一百六十条 犯罪嫌疑人及其法定代理人、近亲属或者辩护人有权申请变更强制措施。公安机关应当在收到申请后三日以内作出决定;不同意变更强制措施的,应当告知申请人,并说明理由。

《海警机构办理刑事案件程序规定》(中国海警局令第1号,自2023年6月15日起施行)

第六章 强制措施
第七节 其他规定

第一百五十四条 犯罪嫌疑人及其法定代理人、近亲属或者辩护人有权申请变更强制措施。海警机构应当在收到申请后三日以内作出决定;不同意变更强制措施的,应当告知申请人,并说明理由。

其他规范

《最高人民法院、最高人民检察院、公安部、国家安全部、司法部关于依法保障律师执业权利的规定》(司发〔2015〕14号)**第二十二条**对辩护律师申请变更、解除强制措施的有关问题作了规定。(→参见第三十三条所附"其他规范",

---

① 需要注意的是,《保障律师执业权利规定》第二十二条规定:"辩护律师书面申请变更或者解除强制措施的,办案机关应当在三日以内作出处理决定。辩护律师的申请符合法律规定的,办案机关应当及时变更或者解除强制措施;经审查认为不应当变更或者解除强制措施的,应当告知辩护律师,并书面说明理由。"《刑诉法解释》施行后,可以继续适用《保障律师执业权利规定》,即对不应当变更或者解除强制措施的,应当告知辩护律师,并"书面"说明理由。当然,下一步在完善《保障律师执业权利规定》时,也可以考虑根据实践情况,会同有关部门作进一步研究,视情决定是否作出调整。——**本评注注**

第 259 页）

第九十八条　【羁押期满未能结案的处理】犯罪嫌疑人、被告人被羁押的案件，不能在本法规定的侦查羁押、审查起诉、一审、二审期限内办结的，对犯罪嫌疑人、被告人应当予以释放；需要继续查证、审理的，对犯罪嫌疑人、被告人可以取保候审或者监视居住。

立法沿革

1996年《刑事诉讼法》第七十四条规定："犯罪嫌疑人、被告人被羁押的案件，不能在本法规定的侦查羁押、审查起诉、一审、二审期限内办结，需要继续查证、审理的，对犯罪嫌疑人、被告人可以取保候审或者监视居住。"2012年《刑事诉讼法修改决定》对本条增加"对犯罪嫌疑人、被告人应当予以释放"的规定。2018年修改《刑事诉讼法》时对本条规定未作调整。

其他规范

《最高人民检察院、最高人民法院、公安部关于严格执行刑事诉讼法关于对犯罪嫌疑人、被告人羁押期限的规定坚决纠正超期羁押问题的通知》（高检会〔1998〕1号）

各省、自治区、直辖市人民检察院、高级人民法院、公安厅（局），军事检察院，军事法院，总政治部保卫部：

修改后的《刑事诉讼法》对办理刑事案件羁押犯罪嫌疑人、被告人的期限作了更加明确、具体的规定，但有些地方的司法机关在办案中对犯罪嫌疑人、被告人超期羁押的问题仍然比较突出。为维护国家法律的严肃性，保障刑事诉讼活动的顺利进行，保护犯罪嫌疑人、被告人的合法权益，各级司法机关必须采取有效措施，对犯罪嫌疑人、被告人超期羁押的问题坚决予以纠正。现就有关问题通知如下：

一、对犯罪嫌疑人、被告人已经采取刑事拘留、逮捕强制措施的案件，要集中力量查办，在法定期限内办结。对于在法定期限内确实难以办结的案件，应当根据案件的具体情况依法变更强制措施或者释放犯罪嫌疑人、被告人。

二、严格执行《刑事诉讼法》关于延长、重新计算羁押期限的规定。对于不符合有关规定的，不得随意延长、重新计算羁押期限；检察机关立案侦查的案件，侦查与审查起诉羁押期限不得互相借用；经最高人民法院核准或授权高级人民法院核准的死刑罪犯，下级人民法院在接到执行死刑命令后，应当按期执行。

办理犯罪嫌疑人、被告人在押的案件,需要向上级机关请示的,请示、答复时间应当计入办案期限。

三、对复杂、疑难和重大案件,羁押期限届满的,应当分别不同情况,采取果断措施依法作出处理:(1)对于流窜作案、多次作案的犯罪嫌疑人、被告人的主要罪行或某一罪行事实清楚,证据确实充分,而其他罪行一时难以查清的,应当对已查清的主要罪行或某一罪行移送起诉、提起公诉或者进行审判;(2)对于共同犯罪案件中主犯或者从犯在逃,在押犯罪嫌疑人、被告人的犯罪事实清楚,证据确实充分的,应当对在押犯罪嫌疑人、被告人移送起诉、提起公诉或者进行审判;犯罪事实一时难以查清的,应当对在押犯罪嫌疑人、被告人依法变更强制措施;(3)对于司法机关之间有争议的案件通过协调后意见仍不能一致的,办案单位应按照各自的职权在法定期限内依法作出处理。

四、各级司法机关必须严格执行对犯罪嫌疑人、被告人羁押换押制度。公安机关移送起诉、检察机关向法院提起公诉以及人民法院审理一审、二审案件递次移送时,均应按照有关规定及时对犯罪嫌疑人、被告人办理换押手续。

五、上级司法机关发现下级司法机关超期羁押犯罪嫌疑人、被告人的,要依法予以纠正,下级司法机关应当将纠正结果报告上级司法机关。本机关负责人发现业务部门承办的案件超期羁押犯罪嫌疑人、被告人的,应当立即研究解决办法,及时予以纠正。

六、看守所发现对犯罪嫌疑人、被告人羁押超过法定期限的,应当将超期羁押的情况报告人民检察院。各级人民检察院应当认真履行法律监督职责,发现办案机关超期羁押犯罪嫌疑人、被告人的,应当及时向办案机关提出纠正意见。办案机关接到人民检察院纠正超期羁押通知后,应当及时进行研究,根据案件的具体情况采取相应的纠正措施,并将纠正情况回复提出纠正意见的人民检察院。

七、办案机关超期羁押犯罪嫌疑人、被告人,经上级机关或人民检察院提出纠正意见后,在一个月内不予纠正的,或者在超期羁押期间造成被羁押人伤残、死亡或其他严重后果的,应当追究办案机关负责人和直接责任人员的责任。

地方各级人民检察院、人民法院、公安厅(局)要组织力量,对本机关超期羁押的案件进行一次全面清理,逐案进行研究,根据本通知的精神,及时依法作出处理。

各省、自治区、直辖市人民检察院、高级人民法院、公安厅(局)要在今年年底前,将本系统清理和纠正超期羁押犯罪嫌疑人、被告人的情况分别书面报告最高人民检察院、最高人民法院、公安部。

《最高人民检察院关于在检察工作中防止和纠正超期羁押的若干规定》(高

检发〔2003〕12号)

第98条

为保证检察机关严格执法、文明执法,有效防止和纠正检察工作中存在的超期羁押现象,维护犯罪嫌疑人的人权及其他合法权益,保障刑事诉讼活动的顺利进行,根据《中华人民共和国刑事诉讼法》等有关法律的规定,结合检察工作实际,制定本规定。

一、严格依法正确适用逮捕措施

各级人民检察院应当严格按照《中华人民共和国刑事诉讼法》的有关规定适用逮捕等剥夺人身自由的强制措施,依法全面、正确掌握逮捕条件,慎用逮捕措施,对确有逮捕必要的,才能适用逮捕措施。办案人员应当树立保障人权意识,提高办案效率,依法快办快结。对犯罪嫌疑人已经采取逮捕措施的案件,要在法定羁押期限内依法办结。严禁违背法律规定的条件,通过滥用退回补充侦查、发现新罪、改变管辖等方式变相超期羁押犯罪嫌疑人。对于在法定羁押期限内确实难以办结的案件,应当根据案件的具体情况依法变更强制措施或者释放犯罪嫌疑人。对于已经逮捕但经侦查或者审查,认定不构成犯罪、不需要追究刑事责任或者证据不足、不符合起诉条件的案件,应当及时、依法作出撤销案件或者不起诉的决定,释放在押的犯罪嫌疑人。

二、实行和完善听取、告知制度

实行听取制度。人民检察院在审查决定、批准逮捕中,应当讯问犯罪嫌疑人。检察人员在讯问犯罪嫌疑人的时候,应当认真听取犯罪嫌疑人的陈述或者无罪、罪轻的辩解。犯罪嫌疑人委托律师提供法律帮助或者委托辩护人的,检察人员应当注意听取律师以及其他辩护人关于适用逮捕措施的意见。

完善告知制度。人民检察院在办理直接受理立案侦查的案件中,对于被逮捕的人,应当由承办部门办案人员在逮捕后的二十四小时以内进行讯问,讯问时即应把逮捕的原因、决定机关、羁押起止日期、羁押处所以及在羁押期间的权利、义务用犯罪嫌疑人能听(看)懂的语言和文书告知犯罪嫌疑人。人民检察院在逮捕犯罪嫌疑人以后,除有碍侦查或者无法通知的情形以外,应当把逮捕的原因和羁押的处所,在二十四小时以内通知被逮捕人的家属或者他的所在单位,并告知其家属有权为犯罪嫌疑人申请变更强制措施,对超期羁押有权向人民检察院投诉。

无论在侦查阶段还是审查起诉阶段,人民检察院依法延长或者重新计算羁押期限,都应当将法律根据、羁押期限书面告知犯罪嫌疑人、被告人及其委托的人。

人民检察院应当将听取和告知记明笔录,并将上述告知文书副本存工作卷中。

三、实行羁押情况通报制度

人民检察院在犯罪嫌疑人被逮捕或者在决定、批准延长侦查羁押期限、重新计算侦查羁押期限以后,侦查部门应当在三日以内将有关情况书面通知本院监所检察部门。

人民检察院在决定对在押的犯罪嫌疑人延长审查起诉期限、改变管辖、退回补充侦查重新计算审查起诉期限以后,公诉部门应当在三日以内将有关情况书面通知本院监所检察部门。

对犯罪嫌疑人异地羁押的,办案部门应当将羁押情况书面通知羁押地人民检察院的监所检察部门。羁押地人民检察院监所检察部门发现羁押超期的,应当及时报告、通知作出羁押决定的人民检察院监所检察部门,由作出羁押决定的人民检察院的监所检察部门对超期羁押提出纠正意见。

已经建成计算机局域网的人民检察院,有关部门可以运用局域网通报、查询羁押情况。

四、实行羁押期限届满提示制度

监所检察部门对本院办理案件的犯罪嫌疑人的羁押情况实行一人一卡登记制度。案卡应当记明犯罪嫌疑人的基本情况、诉讼阶段的变更、羁押起止时间以及变更情况等。有条件的地方应当推广和完善对羁押期限实施网络化管理。监所检察部门应当在每月底向检察长报告本院办理案件的羁押人员情况。

监所检察部门应当在本院办理案件的犯罪嫌疑人羁押期限届满前七日制发《犯罪嫌疑人羁押期满提示函》,通知办案部门犯罪嫌疑人羁押期限即将届满,督促其依法及时办结案件。《犯罪嫌疑人羁押期满提示函》应当载明犯罪嫌疑人的基本情况、案由、逮捕时间、期限届满时间、是否已经延长办案期限等内容。

案件承办人接到提示后,应当检查案件的办理情况并向本部门负责人报告,严格依法在法定期限内办结案件。如果需要延长羁押期限、变更强制措施,应当及时提出意见,按照有关规定办理审批手续。

五、严格依法执行换押制度

人民检察院凡对在押的犯罪嫌疑人依法变更刑事诉讼阶段的,应当严格按照有关规定办理换押手续。

人民检察院对于公安机关等侦查机关侦查终结移送审查起诉的、决定退回补充侦查以及决定提起公诉的案件,公诉部门应当在三日以内将有关换押情况书面通知本院监所检察部门。

六、实行定期检查通报制度

各级人民检察院应当将检察环节遵守法定羁押期限情况作为执法检查工作的重点之一。检察长对本院办理案件的羁押情况、上级检察机关对下级检察机关办理案件的羁押情况应当定期进行检查;对办案期限即将届满的,应当加强督办。各业务部门负责人应当定期了解、检查本部门办理案件的犯罪嫌疑人羁押情况,督促办案人员在法定期限内办结。

基层人民检察院监所检察部门应当向本院检察长及时报告本院业务部门办理案件执行法定羁押期限情况;分、州、市人民检察院应当每月向所辖检察机关通报辖区内检察机关办案中执行法定羁押期限情况;各省、自治区、直辖市人民检察院应当每季度向所辖检察机关通报本省、自治区、直辖市检察机关办案中执行法定羁押期限情况;最高人民检察院应当在每年年中和年底向全国检察机关通报检察机关办案中执行法定羁押期限情况。

七、建立超期羁押投诉和纠正机制

犯罪嫌疑人及其法定代理人、近亲属或者犯罪嫌疑人委托的律师及其他辩护人认为超期羁押的,有权向作出逮捕决定的人民检察院或者其上级人民检察院投诉,要求解除有关强制措施。在押的犯罪嫌疑人可以约见驻所检察人员对超期羁押进行投诉。

人民检察院监所检察部门负责受理关于超期羁押的投诉,接受投诉材料或者将投诉内容记明笔录,并及时对投诉进行审查,提出处理意见报请检察长决定。检察长对于确属超期羁押的,应当立即作出释放犯罪嫌疑人或者变更强制措施的决定。

人民检察院监所检察部门在投诉处理以后,应当及时向投诉人反馈处理意见。

八、实行超期羁押责任追究制

进一步健全和落实超期羁押责任追究制,严肃查处和追究超期羁押有关责任人员。对于违反刑事诉讼法和本规定,滥用职权或者严重不负责任,造成犯罪嫌疑人超期羁押的,应当追究直接负责的主管人员和其他直接责任人员的纪律责任;构成犯罪的,依照《中华人民共和国刑法》第三百九十七条关于滥用职权罪、玩忽职守罪的规定追究刑事责任。

第九十九条 【强制措施期满的处理】 人民法院、人民检察院或者公安机关对被采取强制措施法定期限届满的犯罪嫌疑人、被告人,应当予以释放、解除取保候审、监视居住或者依法变更强制措施。犯罪嫌疑人、被告人及其法定代理人、近亲属或者辩护人对于人民法院、人民检察院或者公安机关采取强制措施法定期限届满的,有权要求解除强制措施。

立法沿革

1996年《刑事诉讼法》第七十五条规定:"犯罪嫌疑人、被告人及其法定代理人、近亲属或者犯罪嫌疑人、被告人委托的律师及其他辩护人对于人民法院、人民检察院或者公安机关采取强制措施超过法定期限的,有权要求解除强制措施。人民法院、人民检察院或者公安机关对于被采取强制措施超过法定期限的犯罪嫌疑人、被告人应当予以释放、解除取保候审、监视居住或者依法变更强制措施。"2012年《刑事诉讼法修改决定》对本条作了两处修改:一是将"超过法定期限"修改为"届满";二是将人民法院、人民检察院、公安机关应当予以释放的规定与犯罪嫌疑人、被告人及其法定代理人、近亲属或者辩护人有权请求释放的规定作了顺序调整。2018年修改《刑事诉讼法》时对本条规定未作调整。

基本规范

《**人民检察院刑事诉讼规则**》(高检发释字〔2019〕4号,自2019年12月30日起施行)

第六章 强制措施
第七节 其他规定

第一百五十条 犯罪嫌疑人及其法定代理人、近亲属或者辩护人认为人民检察院采取强制措施法定期限届满,要求解除、变更强制措施或者释放犯罪嫌疑人的,人民检察院应当在收到申请后三日以内作出决定。

经审查,认为法定期限届满的,应当决定解除、变更强制措施或者释放犯罪嫌疑人,并通知公安机关执行;认为法定期限未满的,书面答复申请人。

第一百五十一条 犯罪嫌疑人及其法定代理人、近亲属或者辩护人向人民检察院提出变更强制措施申请的,人民检察院应当在收到申请后三日以内作出决定。

经审查,同意变更强制措施的,应当在作出决定的同时通知公安机关执行;不同意变更强制措施的,应当书面告知申请人,并说明不同意的理由。

犯罪嫌疑人及其法定代理人、近亲属或者辩护人提出变更强制措施申请的,应当说明理由,有证据和其他材料的,应当附上相关材料。

《**公安机关办理刑事案件程序规定**》(公安部令第159号修正,修正后自2020年9月1日起施行)

第六章 强制措施
第七节 其他规定

第一百六十一条　公安机关对被采取强制措施法定期限届满的犯罪嫌疑人,应当予以释放,解除取保候审、监视居住或者依法变更强制措施。

犯罪嫌疑人及其法定代理人、近亲属或者辩护人对于公安机关采取强制措施法定期限届满的,有权要求公安机关解除强制措施。公安机关应当进行审查,对于情况属实的,应当立即解除或者变更强制措施。

对于犯罪嫌疑人、被告人羁押期限即将届满的,看守所应当立即通知办案机关。

第一百六十二条　取保候审变更为监视居住的,取保候审、监视居住变更为拘留、逮捕的,对原强制措施不再办理解除法律手续。

第一百六十三条　案件在取保候审、监视居住期间移送审查起诉后,人民检察院决定重新取保候审、监视居住或者变更强制措施的,对原强制措施不再办理解除法律手续。

《海警机构办理刑事案件程序规定》(中国海警局令第 1 号,自 2023 年 6 月 15 日起施行)

第六章　强制措施
第七节　其他规定

第一百五十五条　海警机构对被采取强制措施法定期限届满的犯罪嫌疑人,应当予以释放,解除取保候审、监视居住或者依法变更强制措施。

犯罪嫌疑人及其法定代理人、近亲属或者辩护人对于海警机构采取强制措施法定期限届满的,有权要求海警机构解除强制措施。海警机构应当进行审查,对于情况属实的,应当立即解除或者变更强制措施。

第一百五十六条　取保候审变更为监视居住的,取保候审、监视居住变更为拘留、逮捕的,对原强制措施不再办理解除法律手续。

第一百五十七条　案件在取保候审、监视居住期间移送审查起诉后,人民检察院决定重新取保候审、监视居住或者变更强制措施的,对原强制措施不再办理解除法律手续。

第一百条　【检察机关对侦查活动的监督】 人民检察院在审查批准逮捕工作中,如果发现公安机关的侦查活动有违法情况,应当通知公安机关予以纠正,公安机关应当将纠正情况通知人民检察院。

立法沿革

本条系沿用 1979 年《刑事诉讼法》第五十二条的规定。

基本规范

《人民检察院刑事诉讼规则》（高检发释字〔2019〕4号，自2019年12月30日起施行）

第十章　审查逮捕和审查起诉

第三节　审查批准逮捕

第二百九十三条　对公安机关提请批准逮捕的案件，负责捕诉的部门应当将批准、变更、撤销逮捕措施的情况书面通知本院负责刑事执行检察的部门。

《公安机关办理刑事案件程序规定》（公安部令第159号修正，修正后自2020年9月1日起施行）

第六章　强制措施

第五节　逮　捕

第一百四十七条　人民检察院在审查批准逮捕工作中发现公安机关的侦查活动存在违法情况，通知公安机关予以纠正的，公安机关应当调查核实，对于发现的违法情况应当及时纠正，并将纠正情况书面通知人民检察院。

《海警机构办理刑事案件程序规定》（中国海警局令第1号，自2023年6月15日起施行）

第六章　强制措施

第五节　逮　捕

第一百四十一条　人民检察院在审查批准逮捕工作中发现海警机构的侦查活动存在违法情况，通知海警机构予以纠正的，海警机构应当调查核实，对于发现的违法情况应当及时纠正，并将纠正情况书面通知人民检察院。

其他规范

《最高人民检察院关于对涉嫌盗窃的不满十六周岁未成年人采取刑事拘留强制措施是否违法问题的批复》（高检发释字〔2011〕1号，自2011年1月25日起施行）

北京市人民检察院：

你院京检字〔2010〕107号《关于对涉嫌盗窃的不满十六周岁未成年人采取刑事拘留强制措施是否违法的请示》收悉。经研究，批复如下：

根据刑法、刑事诉讼法、未成年人保护法等有关法律规定，对于实施犯罪时未满十六周岁的未成年人，且未犯刑法第十七条第二款规定之罪的，公安机关查明犯罪嫌疑人实施犯罪时年龄确系未满十六周岁依法不负刑事责任后仍予以刑事拘留的,检察机关应当及时提出纠正意见。

《人民检察院办理未成年人刑事案件的规定》(高检发研字〔2013〕7号)第六十九条对人民检察院依法对未成年人刑事案件侦查活动是否合法进行监督的有关问题作了规定。(→参见第五编"特别程序"第一节"未成年人刑事案件诉讼程序"末所附"其他规范",第1985页)

相关规范集成·换押

基本规范

《海警机构办理刑事案件程序规定》(中国海警局令第1号,自2023年6月15日起施行)

第六章 强制措施
第六节 羁押
第一百四十九条 有下列情形之一,应当办理换押手续:
(一)海警机构侦查终结,移送人民检察院审查起诉的;
(二)人民检察院退回补充侦查的,以及海警机构补充侦查完毕后重新移送人民检察院审查起诉的;
(三)案件在侦查阶段改变办案机关的。

其他规范

《最高人民法院、最高人民检察院、公安部关于羁押犯罪嫌疑人、被告人实行换押制度的通知》(公通字〔1999〕83号)

各省、自治区、直辖市高级人民法院,人民检察院,公安厅、局,军事法院、军事检察院:

为正确实施《中华人民共和国刑事诉讼法》,依法及时、准确地打击犯罪,保护公民的合法权益,维护法律的尊严,加强执法监督和制约,根据《中华人民共和国看守所条例》第十五条的规定,现就看守所羁押犯罪嫌疑人、被告人的换押问题通知如下:

一、凡对在押的犯罪嫌疑人、被告人依法变更刑事诉讼程序的,均应办理换押手续。即:公安机关、国家安全机关侦查终结后人民检察院决定受理的,人民检察院审查或者侦查终结后人民法院决定受理的,以及人民检察院退回补充侦查的,在递次移送交接时,移送机关应当填写《换押证》,并加盖公章随案移送;接收机关应当在《换押证》上注明承接时间,填写本诉讼阶段的法定办案起止期限,加盖公章后及时送达看守所。看守所凭《换押证》办理换押手续。

二、看守所办理换押手续或者收押犯罪嫌疑人、被告人时,应当在接收机关或者送押机关的《提讯证》或者《提解证》上加盖公章,并注明法定办案起止期限。

《提讯证》或者《提解证》每次办理一份,用完续办。

三、依法延长、重新计算羁押期限的,不需要办理换押手续,但是办案机关应当及时将新的法定办案起止期限书面通知看守所,依照上述规定重新办理《提讯证》或者《提解证》。

凡在同一诉讼阶段内办案部门改变的,如刑事拘留转逮捕的;案件改变管辖的;人民检察院侦查部门移送审查起诉部门的;在法庭审判过程中,人民检察院建议补充侦查的,以及补充侦查完毕移送人民法院的,不需要办理换押手续,但是改变后的办案机关应当及时书面通知看守所,注明改变情况及新的法定办案起止期限,依照上述规定重新办理《提讯证》或者《提解证》。

四、办案人员凭加盖看守所公章并注明法定办案起止期限的《提讯证》或者《提解证》和有效身份证明提讯、提解犯罪嫌疑人、被告人。证明手续不全或者不符合规定以及超过法定办案期限的,看守所应当拒绝提讯、提解。

五、《换押证》式样由公安部统一制定。

本通知自下发之日起执行。各地在执行中有何问题,请及时分别向最高人民法院、最高人民检察院和公安部报告。

附件:《换押证》式样(略)

《最高人民法院、最高人民检察院、公安部关于羁押犯罪嫌疑人、被告人实行换押和羁押期限变更通知制度的通知》(公监管〔2014〕96号)

各省、自治区、直辖市高级人民法院,人民检察院,公安厅、局,解放军军事法院、军事检察院,新疆维吾尔自治区高级人民法院生产建设兵团分院,新疆生产建设兵团人民检察院、公安局:

为正确执行《中华人民共和国刑事诉讼法》,准确掌握在押犯罪嫌疑人、被告人羁押期限,有效预防和纠正超期羁押,维护在押犯罪嫌疑人、被告人合法权益,公安机关、人民检察院、人民法院羁押犯罪嫌疑人、被告人实行换押和羁押期限变更通知制度。现就有关事项通知如下:

一、换押和通知范围

(一)换押范围

具有下列情形之一的,办案机关应当办理换押手续:

1、侦查机关侦查终结,移送人民检察院审查起诉的;

2、人民检察院退回侦查机关补充侦查的,以及侦查机关补充侦查完毕后重

新移送人民检察院审查起诉的;

3、人民检察院提起公诉,移送人民法院审理的;

4、审理过程中,人民检察院建议补充侦查,人民法院决定延期审理的,以及人民检察院补充侦查完毕后提请人民法院恢复审理的;

5、人民检察院对人民法院第一审判决或者裁定提出抗诉以及被告人、自诉人及其法定代理人不服人民法院第一审判决或者裁定提出上诉,第二审人民法院受理的;

6、第二审人民法院裁定撤销原判,发回原审人民法院重新审判的;

7、中级人民法院判处死刑的第一审案件进入死刑复核程序,或者死刑复核法院与第二审人民法院不属同一法院,案件进入死刑复核程序,以及死刑复核后人民法院裁定不核准死刑发回重新审判的;

8、案件在侦查、审查起诉以及审判阶段改变办案机关的。

(二)羁押期限变更通知范围

具有下列情形之一的,办案机关应当将变更后的羁押期限书面通知看守所:

1、依法延长拘留时间的;

2、依法延长逮捕后的侦查羁押期限、审查起诉期限、审理期限的;

3、发现犯罪嫌疑人另有重要罪行,重新计算侦查羁押期限的;

4、因犯罪嫌疑人不讲真实姓名、住址,身份不明,不计算羁押期限以及从查清其身份之日起开始计算侦查羁押期限的;

5、适用简易程序审理的案件转为第一审普通程序的;

6、因精神病鉴定停止计算羁押期限以及恢复计算羁押期限的;

7、审理过程中,人民法院决定中止审理以及恢复审理的;

8、死刑复核法院与第二审人民法院为同一法院,案件进入死刑复核程序的;

9、羁押期限改变的其他情形。

二、换押和通知程序

(一)换押程序

换押时,由移送机关填写《换押证》并加盖公章,一联送达看守所,其余各联随案移送。接收机关接收案件后,填写《换押证》,加盖公章后送达看守所。

对进入最高人民法院死刑复核程序的,由移送案件的高级人民法院填写《换押证》并加盖公章,送达看守所。最高人民法院发回重审的死刑案件,由接收案件的人民法院填写《换押证》并加盖公章,送达看守所。

(二)羁押期限变更通知程序

对于办案机关未改变,但是羁押期限发生变化的,办案机关应当在原法定羁押期限届满前,填写《变更羁押期限通知书》送达看守所。其中因犯罪嫌疑人、被告人不讲真实姓名、住址,身份不明等不计算羁押期限,或者因精神病鉴定停止计算羁押期限,以及恢复计算羁押期限的,办案机关应当在该情形出现或者消失后3日内,将《变更羁押期限通知书》送达看守所。

(三)送达方式

《换押证》和《变更羁押期限通知书》一般应当直接送达。不能直接送达的,可以邮寄送达或者传真送达。邮寄途中时间不计入移送机关或者接收机关办案期限,接收机关签收邮件时间为收案时间;传真送达的,应当随后将原件及时送达。

三、《提讯提解证》的办理和使用

办案机关将犯罪嫌疑人、被告人送看守所羁押时,应当在《拘留证》或者《逮捕证》上注明法定羁押起止时间。看守所在办案机关的《提讯提解证》上加盖提讯专用章,注明法定羁押起止时间。

换押后,看守所凭接收机关的《换押证》在其《提讯提解证》上加盖提讯专用章,注明法定羁押起止时间。

对羁押期限变更的,不需要重新办理《提讯提解证》,但需在《提讯提解证》上注明新的法定羁押起止时间和变更原因,所标注内容应当与《变更羁押期限通知书》中内容一致。

对死刑复核案件,最高人民法院凭第二审或者第一审人民法院的《提讯提解证》对被告人进行现场提讯或者远程视频提讯。其中进行现场提讯的,最高人民法院工作人员应当同时出具有效工作证明。

对超过《提讯提解证》上注明的法定羁押起止时间,没有《提讯提解证》,或者《提讯提解证》中注明的提解出所情形不符合有关规定,办案机关要求提讯或者提解的,看守所应当拒绝提讯或者提解。

四、超期羁押责任

凡不按照上述规定办理换押手续和羁押期限变更通知手续,造成超期羁押的,应当依照法律和有关规定追究办案机关有关负责人员的纪律责任或者法律责任。

五、法律文书制作

执行上述规定所需要的法律文书由公安机关、人民检察院、人民法院自行制作(具体式样附后)。《公安机关刑事法律文书式样(2012版)》(公通字〔2012〕62号)中的《换押证》、《延长侦查羁押期限通知书》、《计算/重新计算侦查羁押期限通知书》、《提讯提解证》不再使用。

附件:1、《换押证》式样(略)

2、《变更羁押期限通知书》式样(略)

3、《提讯提解证》式样(略)

相关规范集成·武器、械具的使用

相关规定

《中华人民共和国人民警察法》(修正后自2013年1月1日起施行,节录)

第十条 遇有拒捕、暴乱、越狱、抢夺枪支或者其他暴力行为的紧急情况,公安机关的人民警察依照国家有关规定可以使用武器。

第十一条 为制止严重违法犯罪活动的需要,公安机关的人民警察依照国家有关规定可以使用警械。

第十四条 公安机关的人民警察对严重危害公共安全或者他人人身安全的精神病人,可以采取保护性约束措施。需要送往指定的单位、场所加以监护的,应当报请县级以上人民政府公安机关批准,并及时通知其监护人。

《中华人民共和国人民警察使用警械和武器条例》(国务院令第191号)

第一章 总 则

第一条 为了保障人民警察依法履行职责,正常使用警械和武器,及时有效地制止违法犯罪行为,维护公共安全和社会秩序,保护公民的人身安全和合法财产,保护公共财产,根据《中华人民共和国人民警察法》和其他有关法律的规定,制定本条例。

第二条 人民警察制止违法犯罪行为,可以采取强制手段;根据需要,可以依照本条例的规定使用警械;使用警械不能制止,或者不使用武器制止,可能发生严重危害后果的,可以依照本条例的规定使用武器。

第三条 本条例所称警械,是指人民警察按照规定装备的警棍、催泪弹、高压水枪、特种防暴枪、手铐、脚镣、警绳等警用器械;所称武器,是指人民警察按照规定装备的枪支、弹药等致命性警用武器。

第四条 人民警察使用警械和武器,应当以制止违法犯罪行为,尽量减少人员伤亡、财产损失为原则。

第五条 人民警察依法使用警械和武器的行为,受法律保护。

人民警察不得违反本条例的规定使用警械和武器。

第六条 人民警察使用警械和武器前,应当命令在场无关人员躲避;在场无关人员应当服从人民警察的命令,避免受到伤害或者其他损失。

第二章 警械的使用

第七条 人民警察遇有下列情形之一，经警告无效的，可以使用警棍、催泪弹、高压水枪、特种防暴枪等驱逐性、制服性警械：

（一）结伙斗殴、殴打他人、寻衅滋事、侮辱妇女或者进行其他流氓活动的；

（二）聚众扰乱车站、码头、民用航空站、运动场等公共场所秩序的；

（三）非法举行集会、游行、示威的；

（四）强行冲越人民警察为履行职责设置的警戒线的；

（五）以暴力方法抗拒或者阻碍人民警察依法履行职责的；

（六）袭击人民警察的；

（七）危害公共安全、社会秩序和公民人身安全的其他行为，需要当场制止的；

（八）法律、行政法规规定可以使用警械的其他情形。

人民警察依照前款规定使用警械，应当以制止违法犯罪行为为限度；当违法犯罪行为得到制止时，应当立即停止使用。

第八条 人民警察依法执行下列任务，遇有违法犯罪分子可能脱逃、行凶、自杀、自伤或有其他危险行为的，可以使用手铐、脚镣、警绳等约束性警械：

（一）抓获违法犯罪分子或者犯罪重大嫌疑人的；

（二）执行逮捕、拘留、看押、押解、审讯、拘传、强制传唤的；

（三）法律、行政法规规定可以使用警械的其他情形。

人民警察依照前款规定使用警械，不得故意造成人身伤害。

第三章 武器的使用

第九条 人民警察判明有下列暴力犯罪行为的紧急情形之一，经警告无效的，可以使用武器：

（一）放火、决水、爆炸等严重危害公共安全的；

（二）劫持航空器、船舰、火车、机动车或者驾驶车、船等机动交通工具，故意危害公共安全的；

（三）抢夺、抢劫枪支弹药、爆炸、剧毒等危险物品，严重危害公共安全的；

（四）使用枪支、爆炸、剧毒等危险物品实施犯罪或者以使用枪支、爆炸、剧毒等危险物品相威胁实施犯罪的；

（五）破坏军事、通讯、交通、能源、防险等重要设施，足以对公共安全造成严重、紧迫危险的；

（六）实施凶杀、劫持人质等暴力行为，危及公民生命安全的；

（七）国家规定的警卫、守卫、警戒的对象和目标受到暴力袭击、破坏或者有

受到暴力袭击、破坏的紧迫危险的;

(八)结伙抢劫或者持械抢劫公私财物的;

(九)聚众械斗、暴乱等严重破坏社会治安秩序,用其他方法不能制止的;

(十)以暴力方法抗拒或者阻碍人民警察依法履行职责或者暴力袭击人民警察,危及人民警察生命安全的;

(十一)在押人犯、罪犯聚众骚乱、暴乱、行凶或者脱逃的;

(十二)劫夺在押人犯、罪犯的;

(十三)实施放火、决水、爆炸、凶杀、抢劫或者其他严重暴力犯罪行为后拒捕、逃跑的;

(十四)犯罪分子携带枪支、爆炸、剧毒等危险物品拒捕、逃跑的;

(十五)法律、行政法规规定可以使用武器的其他情形。

人民警察依照前款规定使用武器,来不及警告或者警告后可能导致更为严重危害后果的,可以直接使用武器。

第十条 人民警察遇有下列情形之一的,不得使用武器:

(一)发现实施犯罪的人为怀孕妇女、儿童的,但是使用枪支、爆炸、剧毒等危险物品实施暴力犯罪的除外;

(二)犯罪分子处于群众聚集的场所或者存放大量易燃、易爆、剧毒、放射性等危险物品的场所的,但是不使用武器予以制止,将发生更为严重危害后果的除外。

第十一条 人民警察遇有下列情形之一的,应当立即停止使用武器:

(一)犯罪分子停止实施犯罪,服从人民警察命令的;

(二)犯罪分子失去继续实施犯罪能力的。

第十二条 人民警察使用武器造成犯罪分子或者无辜人员伤亡的,应当及时抢救受伤人员,保护现场,并立即向当地公安机关或者该人民警察所属机关报告。

当地公安机关或者该人民警察所属机关接到报告后,应当及时进行勘验、调查,并及时通知当地人民检察院。

当地公安机关或者人民警察所属机关应当将犯罪分子或者无辜人员的伤亡情况,及时通知其家属或者其所在单位。

第十三条 人民警察使用武器的,应当将使用武器的情况如实向所属机关书面报告。

第四章 法律责任

第十四条 人民警察违法使用警械、武器,造成不应有的人员伤亡、财产损失,构成犯罪的,依法追究刑事责任;尚不构成犯罪的,依法给予行政处分;对受到伤亡或者财产损失的人员,由该人员警察所属机关依照《中华人民共和国国家赔偿法》的有关规定给予赔偿。

第十五条 人民警察依法使用警械、武器,造成无辜人员伤亡或者财产损失的,由该人民警察所属机关参照《中华人民共和国国家赔偿法》的有关规定给予补偿。

第五章 附则

第十六条 中国人民武装警察部队执行国家赋予的安全保卫任务时使用警械和武器,适用本条例的有关规定。

第十七条 本条例自发布之日起施行。1980年7月5日公布施行的《人民警察使用武器和警械的规定》同时废止。

基本规范

《公安机关办理刑事案件程序规定》(公安部令第159号修正,修正后自2020年9月1日起施行)

第六章 强制措施

第七节 其他规定

第一百五十七条 对犯罪嫌疑人执行拘传、拘留、逮捕、押解过程中,应当依法使用约束性警械。遇有暴力性对抗或者暴力犯罪行为,可以依法使用制服性警械或者武器。

《海警机构办理刑事案件程序规定》(中国海警局令第1号,自2023年6月15日起施行)

第六章 强制措施

第七节 其他规定

第一百五十一条 对犯罪嫌疑人执行拘传、拘留、逮捕、押解过程中,应当依法使用约束性警械。遇有暴力性对抗或者暴力犯罪行为,可以依法使用制服性警械或者武器。

法律适用答复、复函

《公安部关于〈人民警察法〉第十四条规定的"保护性约束措施"是否包括使用警械的批复》(公法〔2002〕32号)

铁道部公安局:

你局《关于〈人民警察法〉第十四条规定的"保护性约束措施"是否包括使用

警械的请示》收悉。现批复如下:

《人民警察法》第十四条规定的"公安机关的人民警察对严重危害公共安全或者他人人身安全的精神病人,可以采取保护性约束措施"包括使用警绳、手铐等约束性警械。

相关规范集成·留置

相关规定

《中华人民共和国监察法》(自2018年3月20日起施行,节录)

第二十二条 被调查人涉嫌贪污贿赂、失职渎职等严重职务违法或者职务犯罪,监察机关已经掌握其部分违法犯罪事实及证据,仍有重要问题需要进一步调查,并有下列情形之一的,经监察机关依法审批,可以将其留置在特定场所:

(一)涉及案情重大、复杂的;

(二)可能逃跑、自杀的;

(三)可能串供或者伪造、隐匿、毁灭证据的;

(四)可能有其他妨碍调查行为的。

对涉嫌行贿犯罪或者共同职务犯罪的涉案人员,监察机关可以依照前款规定采取留置措施。

留置场所的设置、管理和监督依照国家有关规定执行。

第二十九条 依法应当留置的被调查人如果在逃,监察机关可以决定在本行政区域内通缉,由公安机关发布通缉令,追捕归案。通缉范围超出本行政区域的,应当报请有权决定的上级监察机关决定。

第四十三条 监察机关采取留置措施,应当由监察机关领导人员集体研究决定。设区的市级以下监察机关采取留置措施,应当报上一级监察机关批准。省级监察机关采取留置措施,应当报国家监察委员会备案。

留置时间不得超过三个月。在特殊情况下,可以延长一次,延长时间不得超过三个月。省级以下监察机关采取留置措施的,延长留置时间应当报上一级监察机关批准。监察机关发现采取留置措施不当的,应当及时解除。

监察机关采取留置措施,可以根据工作需要提请公安机关配合。公安机关应当依法予以协助。

第四十四条 对被调查人采取留置措施后,应当在二十四小时以内,通知被留置人员所在单位和家属,但有可能毁灭、伪造证据,干扰证人作证或者串供等有碍调查情形的除外。有碍调查的情形消失后,应当立即通知被留置人员所在单位和家属。

监察机关应当保障被留置人员的饮食、休息和安全,提供医疗服务。讯问被留置人员应当合理安排讯问时间和时长,讯问笔录由被讯问人阅看后签名。

被留置人员涉嫌犯罪移送司法机关后,被依法判处管制、拘役和有期徒刑的,留置一日折抵管制二日,折抵拘役、有期徒刑一日。

《中华人民共和国监察法实施条例》(自 2021 年 9 月 20 日起施行,节录)

第六节 留 置

第九十二条 监察机关调查严重职务违法或者职务犯罪,对于符合监察法第二十二条第一款规定的,经依法审批,可以对被调查人采取留置措施。

监察法第二十二条第一款规定的严重职务违法,是指根据监察机关已经掌握的事实及证据,被调查人涉嫌的职务违法行为情节严重,可能被给予撤职以上政务处分;重要问题,是指对被调查人涉嫌的职务违法或者职务犯罪,在定性处置、定罪量刑等方面有重要影响的事实、情节及证据。

监察法第二十二条第一款规定的已经掌握其部分违法犯罪事实及证据,是指同时具备下列情形:

(一)有证据证明发生了违法犯罪事实;

(二)有证据证明该违法犯罪事实是被调查人实施;

(三)证明被调查人实施违法犯罪行为的证据已经查证属实。

部分违法犯罪事实,既可以是单一违法犯罪行为的事实,也可以是数个违法犯罪行为中任何一个违法犯罪行为的事实。

第九十三条 被调查人具有下列情形之一的,可以认定为监察法第二十二条第一款第二项所规定的可能逃跑、自杀:

(一)着手准备自杀、自残或者逃跑的;

(二)曾经有自杀、自残或者逃跑行为的;

(三)有自杀、自残或者逃跑意图的;

(四)其他可能逃跑、自杀的情形。

第九十四条 被调查人具有下列情形之一的,可以认定为监察法第二十二条第一款第三项所规定的可能串供或者伪造、隐匿、毁灭证据:

(一)曾经或者企图串供,伪造、隐匿、毁灭、转移证据的;

(二)曾经或者企图威逼、恐吓、利诱、收买证人,干扰证人作证的;

(三)有同案人或者与被调查人存在密切关联违法犯罪的涉案人员在逃,重要证据尚未收集完成的;

(四)其他可能串供或者伪造、隐匿、毁灭证据的情形。

第九十五条 被调查人具有下列情形之一的,可以认定为监察法第二十二条第一款第四项所规定的可能有其他妨碍调查行为:
(一)可能继续实施违法犯罪行为的;
(二)有危害国家安全、公共安全等现实危险的;
(三)可能对举报人、控告人、被害人、证人、鉴定人等相关人员实施打击报复的;
(四)无正当理由拒不到案,严重影响调查的;
(五)其他可能妨碍调查的行为。

第九十六条 对下列人员不得采取留置措施:
(一)患有严重疾病、生活不能自理的;
(二)怀孕或者正在哺乳自己婴儿的妇女;
(三)系生活不能自理的人的唯一扶养人。
上述情形消除后,根据调查需要可以对相关人员采取留置措施。

第九十七条 采取留置措施时,调查人员不得少于二人,应当向被留置人员宣布《留置决定书》,告知被留置人员权利义务,要求其在《留置决定书》上签名、捺指印。被留置人员拒绝签名、捺指印的,调查人员应当在文书上记明。

第九十八条 采取留置措施后,应当在二十四小时以内通知被留置人员所在单位和家属。当面通知的,由有关人员在《留置通知书》上签名。无法当面通知的,可以先以电话等方式通知,并通过邮寄、转交等方式送达《留置通知书》,要求有关人员在《留置通知书》上签名。
因可能毁灭、伪造证据,干扰证人作证或者串供等有碍调查情形而不宜通知的,应当按规定报批,记录在案。有碍调查的情形消失后,应当立即通知被留置人员所在单位和家属。

第九十九条 县级以上监察机关需要提请公安机关协助采取留置措施的,应当按规定报批,请同级公安机关依法予以协助。提请协助时,应当出具《提请协助采取留置措施函》,列明提请协助的具体事项和建议,协助采取措施的时间、地点等内容,附《留置决定书》复印件。
因保密需要,不适合在采取留置措施前向公安机关告知留置对象姓名的,可以作出说明,进行保密处理。
需要提请异地公安机关协助采取留置措施的,应当按规定报批,向协作地同级监察机关出具协作函件和相关文书,由协作地监察机关提请当地公安机关依法予以协助。

第一百条 留置过程中,应当保障被留置人员的合法权益,尊重其人格和民族习俗,保障饮食、休息和安全,提供医疗服务。

第一百零一条 留置时间不得超过三个月,自向被留置人员宣布之日起算。具有下列情形之一的,经审批可以延长一次,延长时间不得超过三个月:

(一)案情重大,严重危害国家利益或者公共利益的;

(二)案情复杂,涉案人员多、金额巨大、涉及范围广的;

(三)重要证据尚未收集完成,或者重要涉案人员尚未到案,导致违法犯罪的主要事实仍须继续调查的;

(四)其他需要延长留置时间的情形。

省级以下监察机关采取留置措施的,延长留置时间应当报上一级监察机关批准。

延长留置时间的,应当在留置期满前向被留置人员宣布延长留置时间的决定,要求其在《延长留置时间决定书》上签名、捺指印。被留置人员拒绝签名、捺指印的,调查人员应当在文书上记明。

延长留置时间的,应当通知被留置人员家属。

第一百零二条 对被留置人员不需要继续采取留置措施的,应当按规定报批,及时解除留置。

调查人员应当向被留置人员宣布解除留置措施的决定,由其在《解除留置决定书》上签名、捺指印。被留置人员拒绝签名、捺指印的,调查人员应当在文书上记明。

解除留置措施的,应当及时通知被留置人员所在单位或者家属。调查人员应当与交接人办理交接手续,并由其在《解除留置通知书》上签名。无法通知或者有关人员拒绝签名的,调查人员应当在文书上记明。

案件依法移送人民检察院审查起诉的,留置措施自犯罪嫌疑人被执行拘留时自动解除,不再办理解除法律手续。

第一百零三条 留置场所应当建立健全保密、消防、医疗、餐饮及安保等安全工作责任制,制定紧急突发事件处置预案,采取安全防范措施。

留置期间发生被留置人员死亡、伤残、脱逃等办案安全事故、事件的,应当及时做好处置工作。相关情况应当立即报告监察机关主要负责人,并在二十四小时以内逐级上报至国家监察委员会。

第七章

附带民事诉讼

第一百零一条 【附带民事诉讼的提起】被害人由于被告人的犯罪行为而遭受物质损失的,在刑事诉讼过程中,有权提起附带民事诉讼。被害人死亡或者丧失行为能力的,被害人的法定代理人、近亲属有权提起附带民事诉讼。

如果是国家财产、集体财产遭受损失的,人民检察院在提起公诉的时候,可以提起附带民事诉讼。

■ 立法沿革

1979年《刑事诉讼法》第五十三条规定:"被害人由于被告人的犯罪行为而遭受物质损失的,在刑事诉讼过程中,有权提起附带民事诉讼。""如果是国家财产、集体财产遭受损失的,人民检察院在提起公诉的时候,可以提起附带民事诉讼。""人民法院在必要的时候,可以查封或者扣押被告人的财产。"1996年《刑事诉讼法修改决定》对本条规定未作调整。2012年《刑事诉讼法修改决定》对本条作了两处修改:一是在第一款中增加规定,被害人死亡或者丧失行为能力的,被害人的法定代理人、近亲属有权提起附带民事诉讼。二是将原第三款关于人民法院在必要的时候,可以查封或者扣押被告人的财产的规定,修改补充后从本条移至第一百零二条单独加以规定。2018年《刑事诉讼法修改决定》对本条规定未作调整。

■ 基本规范

《最高人民法院关于适用〈中华人民共和国刑事诉讼法〉的解释》(法释〔2021〕1号,自2021年3月1日起施行)

第六章 附带民事诉讼

第一百七十五条① 被害人因人身权利受到犯罪侵犯或者财物被犯罪分子

---

① 征求意见过程中,关于被害人家属参加诉讼的问题,讨论中形成两种观点:一种观点认为,没有提起附带民事诉讼的被害人家属不得参加诉讼,理由是《刑事诉讼法》并没有将被害人家属规定为诉讼参与人,其参与诉讼没有法律依据,如其坚持参加诉(转下页)

毁坏而遭受物质损失的,有权在刑事诉讼过程中提起附带民事诉讼;被害人死亡或者丧失行为能力的,其法定代理人、近亲属有权提起附带民事诉讼。

因受到犯罪侵犯,提起附带民事诉讼或者单独提起民事诉讼要求赔偿精神损失的,人民法院一般不予受理。

第一百七十六条 被告人非法占有、处置被害人财产的,应当依法予以追缴或者责令退赔。被害人提起附带民事诉讼的,人民法院不予受理。追缴、退赔的情况,可以作为量刑情节考虑。①

第一百七十七条② 国家机关工作人员在行使职权时,侵犯他人人身、财产权利构成犯罪,被害人或者其法定代理人、近亲属提起附带民事诉讼的,人民法院不予受理,但应当告知其可以依法申请国家赔偿。

(接上页)讼,应建议其提起附带民事诉讼,并以附带民事诉讼原告人身份参与庭审;另一种观点认为,被害人家属可以参加诉讼,理由是:(1)被害人对犯罪嫌疑人、被告人有控诉的权利,在被害人死亡的情况下,被害人该项权利转移给被害人家属。(2)在审判实践中,提起附带民事诉讼的被害人家属在庭审中可就刑事部分发表意见。同理,未提起附带民事诉讼的被害人家属也应享有同样的权利。(3)不允许被害人家属参加诉讼,不利于矛盾化解。经研究认为,上述问题是司法实践反映较多的问题,但与本条不直接相关。实践中各地做法不一,有的不让被害人家属出庭,有的则基于平息矛盾的角度考虑,让被害人家属出庭。整体看来,这一问题宜交由司法实践裁量把握,待进一步总结司法经验,适时再作统一规定。——**本评注注**

① 根据《刑法》《刑事诉讼法》的规定,对被害人因犯罪行为遭受物质损失,能够通过追缴、责令退赔程序获得救济的,则不能提起附带民事诉讼。《刑法》第六十四条规定:"犯罪分子违法所得的一切财物,应当予以追缴或者责令退赔;对被害人的合法财产,应当及时返还……"据此,在被告人非法占有、处置被害人财产的情况下,司法机关依法负有追缴被告人的违法所得或者责令其退赔的职责、义务,无须由被害人通过附带民事诉讼要求被告人返还或者赔偿;由司法机关予以追缴或者责令退赔,也更有利于维护被害人合法权益;被害人提起附带民事诉讼的,人民法院依法不予受理。——**本评注注**

② 根据《国家赔偿法》的规定,被害人因犯罪行为遭受物质损失,能够通过国家赔偿获得救济的,则不能提起附带民事诉讼。根据《国家赔偿法》第三条、第四条、第十七条、第十八条的规定,对行政机关及其工作人员,行使侦查、检察、审判职权的机关以及看守所、监狱管理机关及其工作人员,在行使职权时侵犯他人人身、财产权利构成犯罪的,受害人有权获得国家赔偿,且赔偿范围要大于附带民事诉讼的赔偿范围,因此,如受害人提起附带民事诉讼的,人民法院不予受理,应当告知其可以依法申请国家赔偿。——**本评注注**

第一百七十八条① 人民法院受理刑事案件后，对符合刑事诉讼法第一百零一条和本解释第一百七十五条第一款规定的，可以告知被害人或者其法定代理人、近亲属有权提起附带民事诉讼。

有权提起附带民事诉讼的人放弃诉讼权利的，应当准许，并记录在案。

第一百七十九条② 国家财产、集体财产遭受损失，受损失的单位未提起附带民事诉讼，人民检察院在提起公诉时提起附带民事诉讼的，人民法院应当受理。

人民检察院提起附带民事诉讼的，应当列为附带民事诉讼原告人。

被告人非法占有、处置国家财产、集体财产的，依照本解释第一百七十六条的规定处理。

第一百八十条③ 附带民事诉讼中依法负有赔偿责任的人包括：

---

① 征求意见过程中，有意见提出，刑事案件的被害人范围较广，大到死亡重伤，小到轻微伤、轻微财产损失的都有，而实践中由于被害人没有联系方式、变更联系方式、家庭住址不详等，无法通知的情形很常见。对于上述情形如何处理，存在不同认识。经研究认为，对于无法直接告知或者电话通知的，往往可以通过送达传票等方式告知其有权提起附带民事诉讼。对于穷尽相关方式确实无法告知的，应当记录在案。对此，司法实践可以裁量处理。——**本评注注**

② 征求意见过程中，有意见提出，人民检察院提起附带民事诉讼并不以"受损失的单位未提起附带民事诉讼"作为前提条件。《刑事诉讼法》第一百零一条第二款规定："如果是国家财产、集体财产遭受损失的，人民检察院在提起公诉的时候，可以提起附带民事诉讼。"没有附加任何限制条件。据此，人民检察院提起附带民事诉讼不需要像提起附带民事公益诉讼一样履行公告的前置程序，也不需要有关单位明示放弃提起附带民事公益诉讼的权利，只要国家财产、集体财产遭受损失，人民检察院就是适格的附带民事诉讼原告。经研究认为，根据《刑事诉讼法》第一百零一条的规定，在国家财产、集体财产遭受损失的情况下，如果相关案件存在被害单位的情况下，被害单位和人民检察院均可以提起附带民事诉讼。如果两个主体同时提起附带民事诉讼，应当优先保护被害单位提起附带民事诉讼的权利，故不宜删去上述内容。——**本评注注**

③ 在《2012年刑诉法解释》起草过程中，有意见提出，应当明确规定，未尽到安全保障义务的公共场所管理人，以及承担机动车交强险、商业险的保险公司也可以作为附带民事诉讼被告人。经研究，未采纳上述建议，主要考虑：依法应当对被害人因犯罪行为遭受的物质损失承担赔偿责任的人员范围较为广泛，难以——列举，正因如此，《刑诉法解释》设置了兜底条款。审判实践中，需要根据有关法律的规定，结合具体案件情况，确定附带民事诉讼被告人的具体范围。例如，被害人在娱乐场所遭到第三人的犯罪行为侵害，而娱乐场所管理人未尽到安全保障义务的，根据有关规定，娱乐场所管理人对被害（转下页）

（一）刑事被告人以及未被追究刑事责任的其他共同侵害人；
（二）刑事被告人的监护人；
（三）死刑罪犯的遗产继承人；
（四）共同犯罪案件中，案件审结前死亡的被告人的遗产继承人；
（五）对被害人的物质损失依法应当承担赔偿责任的其他单位和个人。
附带民事诉讼被告人的亲友自愿代为赔偿的，可以准许。

第一百八十一条① 被害人或者其法定代理人、近亲属仅对部分共同侵害人提起附带民事诉讼的，人民法院应当告知其可以对其他共同侵害人，包括没有被追究刑事责任的共同侵害人，一并提起附带民事诉讼，但共同犯罪案件中同案犯在逃的除外。

被害人或者其法定代理人、近亲属放弃对其他共同侵害人的诉讼权利的，人民法院应当告知其相应法律后果，并在裁判文书中说明其放弃诉讼请求的情况。

第一百八十二条 附带民事诉讼的起诉条件是：
（一）起诉人符合法定条件；
（二）有明确的被告人；
（三）有请求赔偿的具体要求和事实、理由；
（四）属于人民法院受理附带民事诉讼的范围。

第一百八十三条 共同犯罪案件，同案犯在逃的，不应列为附带民事诉讼被告人。逃跑的同案犯到案后，被害人或者其法定代理人、近亲属可以对其提起附带民事诉讼，但已经从其他共同犯罪人处获得足额赔偿的除外。

第一百八十四条 附带民事诉讼应当在刑事案件立案后及时提起。

（接上页）人的物质损失承担相应的补充赔偿责任，此时，其就可以成为附带民事诉讼的共同被告人。又如，因交通肇事造成人身伤亡、财产损失的，根据《道路交通安全法》第七十六条的规定，由保险公司在机动车第三者责任强制保险责任限额范围内予以赔偿；不足的部分，由肇事人根据过错情况予以赔偿。如案发后，保险公司未在保险责任限额范围内作出赔偿的，也可以将其作为附带民事诉讼的共同被告人。——**本评注注**

① 需要注意的是：(1)本条第二款规定的"放弃对其他共同侵害人的诉讼权利"，既包括被害人或者其法定代理人、近亲属经人民法院告知后，仍不对有关共同侵害人提起附带民事诉讼，也包括经人民法院告知后，虽对有关共同侵害人提起附带民事诉讼，但在诉讼中放弃对部分共同侵害人的诉讼请求的。(2)本条第二款规定的"相应法律后果"，是指被害人或者其法定代理人、近亲属放弃对部分共同侵害人的诉讼权利的，其他共同侵害人对被放弃诉讼请求的侵害人应当承担的赔偿份额不承担连带责任。责任范围难以确定的，推定各共同侵害人承担同等责任。——**本评注注**

提起附带民事诉讼应当提交附带民事起诉状。

第一百八十五条 侦查、审查起诉期间，有权提起附带民事诉讼的人提出赔偿要求，经公安机关、人民检察院调解，当事人双方已经达成协议并全部履行，被害人或者其法定代理人、近亲属又提起附带民事诉讼的，人民法院不予受理，但有证据证明调解违反自愿、合法原则的除外。

第一百八十六条 被害人或者其法定代理人、近亲属提起附带民事诉讼的，人民法院应当在七日以内决定是否受理。符合刑事诉讼法第一百零一条以及本解释有关规定的，应当受理；不符合的，裁定不予受理。

第一百八十七条 人民法院受理附带民事诉讼后，应当在五日以内将附带民事起诉状副本送达附带民事诉讼被告人及其法定代理人，或者将口头起诉的内容及时通知附带民事诉讼被告人及其法定代理人，并制作笔录。

人民法院送达附带民事起诉状副本时，应当根据刑事案件的审理期限，确定被告人及其法定代理人的答辩准备时间。

第一百八十八条 附带民事诉讼当事人对自己提出的主张，有责任提供证据。

其他规范

《最高人民法院关于行政机关工作人员执行职务致人伤亡构成犯罪的赔偿诉讼程序问题的批复》（法释〔2002〕28号，自2002年8月30日起施行）

山东省高级人民法院：

你院鲁高法函〔1998〕132号《关于对行政机关工作人员执行职务时致人伤、亡，法院以刑事附带民事判决赔偿损失后，受害人或其亲属能否再提起行政赔偿诉讼的请示》收悉。经研究，答复如下：

一、行政机关工作人员在执行职务中致人伤、亡已构成犯罪，受害人或其亲属提起刑事附带民事赔偿诉讼的，人民法院对民事赔偿诉讼请求不予受理。但应当告知其可以依据《中华人民共和国国家赔偿法》的有关规定向人民法院提起行政赔偿诉讼。

二、本批复公布以前发生的此类案件，人民法院已作刑事附带民事赔偿处理，受害人或其亲属再提起行政赔偿诉讼的，人民法院不予受理。

《最高人民法院、最高人民检察院、公安部关于办理非法集资刑事案件适用法律若干问题的意见》（公通字〔2014〕16号，节录）

五、关于涉案财物的追缴和处置问题

向社会公众非法吸收的资金属于违法所得。以吸收的资金向集资参与人支付的利息、分红等回报，以及向帮助吸收资金人员支付的代理费、好处费、返点费、佣金、提成等费用，应当依法追缴。集资参与人本金尚未归还的，所支付的回报可予折抵本金。

将非法吸收的资金及其转换财物用于清偿债务或者转让给他人，有下列情形之一的，应当依法追缴：

（一）他人明知是上述资金及财物而取得的；
（二）他人无偿取得上述资金及财物的；
（三）他人以明显低于市场的价格取得上述资金及财物的；
（四）他人取得上述资金及财物系源于非法债务或者违法犯罪活动的；
（五）其他依法应当追缴的情形。

查封、扣押、冻结的易贬值及保管、养护成本较高的涉案财物，可以在诉讼终结前依照有关规定变卖、拍卖。所得价款由查封、扣押、冻结机关予以保管，待诉讼终结后一并处置。

查封、扣押、冻结的涉案财物，一般应在诉讼终结后，返还集资参与人。涉案财物不足全部返还的，按照集资参与人的集资额比例返还。

七、关于涉及民事案件的处理问题

对于公安机关、人民检察院、人民法院正在侦查、起诉、审理的非法集资刑事案件，有关单位或者个人就同一事实向人民法院提起民事诉讼或者申请执行涉案财物的，人民法院应当不予受理，并将有关材料移送公安机关或者检察机关。

人民法院在审理民事案件或者执行过程中，发现有非法集资犯罪嫌疑的，应当裁定驳回起诉或者中止执行，并及时将有关材料移送公安机关或者检察机关。

公安机关、人民检察院、人民法院在侦查、起诉、审理非法集资刑事案件中，发现与人民法院正在审理的民事案件属同一事实，或者被申请执行的财物属于涉案财物的，应当及时通报相关人民法院。人民法院经审查认为确属涉嫌犯罪的，依照前款规定处理。

《人民检察院办理知识产权案件工作指引》（最高人民检察院，2023年4月26日）**第二十条**规定侵害国家、集体享有的知识产权或者侵害行为致使国家财产、集体财产遭受损失的，人民检察院在提起公诉时，可以提起附带民事诉讼。（→参见第八十一条所附"其他规范"，第587页）

法律适用答复、复函

《最高人民法院关于对第一审刑事自诉案件当事人提起附带民事诉讼,部分共同侵害人未参加诉讼的,人民法院是否应当通知其参加诉讼问题的答复》
(法函〔2001〕71号)

广东省高级人民法院:

你院粤高法〔2000〕189号《关于对第一审刑事自诉案件当事人提起附带民事诉讼,部分共同被告人未参加诉讼的,人民法院是否应当通知其参加诉讼问题的请示》收悉。经研究,答复如下:

根据民事诉讼法第一百一十九条的规定,对第一审刑事自诉案件当事人提起附带民事诉讼,必须共同进行诉讼的其他侵害人未参加诉讼的,人民法院应当通知其参加诉讼。

司法疑难解析

附带民事诉讼的提起条件。《刑事诉讼法》第一百零一条规定:"被害人由于被告人的犯罪行为而遭受物质损失的,在刑事诉讼过程中,有权提起附带民事诉讼。"《民法典》第一百八十七条规定,民事主体因同一行为应当承担民事责任、行政责任和刑事责任的,承担行政责任或者刑事责任不影响承担民事责任。《民法典》第一千一百八十三条第一款规定,侵害自然人人身权益造成严重精神损害的,被侵权人有权请求精神损害赔偿。对于因犯罪行为遭受精神损失的,能否提起附带民事诉讼或者单独提起民事诉讼要求赔偿精神损失,存在不同认识。对此,《刑诉法解释》第一百七十五条第二款明确规定:"因受到犯罪侵犯,提起附带民事诉讼或者单独提起民事诉讼要求赔偿精神损失的,人民法院一般不予受理。"主要考虑如下:

第一,《刑事诉讼法》第一百零一条明确规定:"被害人由于被告人的犯罪行为而遭受物质损失的,在刑事诉讼过程中,有权提起附带民事诉讼……"第一百零三条规定:"人民法院审理附带民事诉讼案件,可以进行调解,或者根据物质损失情况作出判决、裁定。"若认为对精神损失可以另行提起民事诉讼,则意味着《刑事诉讼法》第一百零一条有关只有遭受物质损失的才能提起附带民事诉讼、附带民事诉讼只能根据物质损失判赔的规定将失去实际意义。绝大部分被害人会选择在刑事案件审结后,另行提起民事诉讼,要求同时赔偿物质损失和精神损失,这样势必导致附带民事诉讼制度被架空、虚置,附带民事诉讼制度有利于切实维护被害方合法权益、有利于化解社会矛盾、有利于贯彻宽严相济刑事政策、有利于节约司法资源等重要功能无法发挥。

第二,若认为对精神损失可以另行提起民事诉讼,则意味着,就同一犯罪行为,被害方可以同一理由,两次提出损失赔偿要求,势必存在"一事两诉"的问题。

第三,从司法实践看,刑事案件审结后,特别是被告人被送监服刑或者执行死刑后,往往连有关赔偿被害方物质损失的附带民事判决都难以得到实际执行。若赋予被害方对精神损失可以另行提起民事诉讼的权利,只会制造"空判",引发新的社会矛盾。

第一百零二条 【附带民事诉讼中的保全措施】人民法院在必要的时候,可以采取保全措施,查封、扣押或者冻结被告人的财产。附带民事诉讼原告人或者人民检察院可以申请人民法院采取保全措施。人民法院采取保全措施,适用民事诉讼法的有关规定。

立法沿革

1979年《刑事诉讼法》第五十三条第三款规定:"人民法院在必要的时候,可以查封或者扣押被告人的财产。"2012年《刑事诉讼法修改决定》作了三处修改后并将其单独成条规定:一是明确附带民事诉讼案件中,人民法院查封、扣押被告人财产,属于诉讼保全措施的性质,并在原来规定的可以查封、扣押之外,增加冻结,完善保全措施;二是增加规定,附带民事诉讼原告人或者人民检察院可以申请人民法院采取保全措施;三是规定,人民法院采取保全措施,适用民事诉讼法的有关规定。2018年《刑事诉讼法修改决定》对本条规定未作调整。

相关规定

《中华人民共和国民事诉讼法》(第四次修正后自2022年1月1日起施行,节录)

第一百零三条 人民法院对于可能因当事人一方的行为或者其他原因,使判决难以执行或者造成当事人其他损害的案件,根据对方当事人的申请,可以裁定对其财产进行保全、责令其作出一定行为或者禁止其作出一定行为;当事人没有提出申请的,人民法院在必要时也可以裁定采取保全措施。

人民法院采取保全措施,可以责令申请人提供担保,申请人不提供担保的,裁定驳回申请。

人民法院接受申请后,对情况紧急的,必须在四十八小时内作出裁定;裁定采取保全措施的,应当立即开始执行。

第一百零四条 利害关系人因情况紧急,不立即申请保全将会使其合法权益受到难以弥补的损害的,可以在提起诉讼或者申请仲裁前向被保全财产所在地、被申请人住所地或者对案件有管辖权的人民法院申请采取保全措施。申请人应当提供担保,不提供担保的,裁定驳回申请。

人民法院接受申请后,必须在四十八小时内作出裁定;裁定采取保全措施的,应当立即开始执行。

申请人在人民法院采取保全措施后三十日内不依法提起诉讼或者申请仲裁的,人民法院应当解除保全。

第一百零五条 保全限于请求的范围,或者与本案有关的财物。

第一百零六条 财产保全采取查封、扣押、冻结或者法律规定的其他方法。人民法院保全财产后,应当立即通知被保全财产的人。

财产已被查封、冻结的,不得重复查封、冻结。

第一百零七条 财产纠纷案件,被申请人提供担保的,人民法院应当裁定解除保全。

第一百零八条 申请有错误的,申请人应当赔偿被申请人因保全所遭受的损失。

基本规范

《最高人民法院关于适用〈中华人民共和国刑事诉讼法〉的解释》(法释〔2021〕1号,自2021年3月1日起施行)

第六章 附带民事诉讼

第一百八十九条① 人民法院对可能因被告人的行为或者其他原因,使附带民事判决难以执行的案件,根据附带民事诉讼原告人的申请,可以裁定采取保

---

① 需要注意的问题有三:(1)附带民事诉讼保全,既包括诉中保全,也包括诉前保全。对于在人民法院受理附带民事诉讼后,可能因被告人的行为或者其他原因,致使有关财物毁损、灭失或者被转移、隐匿等,使附带民事判决难以执行的案件,根据附带民事诉讼原告人(包括提起附带民事诉讼的人民检察院)的申请,人民法院可以裁定采取保全措施,查封、扣押或者冻结被告人的财产;有权提起附带民事诉讼的人因情况紧急,不立即申请保全将会使其合法权益受到难以弥补的损害的,还可以在提起附带民事诉讼前,向被保全财产所在地、被申请人居住地或者对案件有管辖权的人民法院申请采取保全措施。(2)附带民事诉讼保全,既包括依申请保全,也包括依职权保全。人民法院受理附带民事诉讼后,既可以根据附带民事诉讼原告人的申请,裁定财产保全措施;附带民事诉讼原告人未提出申请的,必要时,人民法院也可以采取保全措施。(3)人民法院采取附带民事诉讼保全措施,适用民事诉讼法有关规定,主要是:对诉中保全,人民法院可以责令申请人提供担保,申请人不提供担保的,裁定驳回申请;对诉前保全,申请人应当(转下页)

全措施,查封、扣押或者冻结被告人的财产;附带民事诉讼原告人未提出申请的,必要时,人民法院也可以采取保全措施。

有权提起附带民事诉讼的人因情况紧急,不立即申请保全将会使其合法权益受到难以弥补的损害的,可以在提起附带民事诉讼前,向被保全财产所在地、被申请人居住地或者对案件有管辖权的人民法院申请采取保全措施。申请人在人民法院受理刑事案件后十五日以内未提起附带民事诉讼的,人民法院应当解除保全措施。

人民法院采取保全措施,适用民事诉讼法第一百条至第一百零五条的有关规定,但民事诉讼法第一百零一条第三款的规定除外。

第一百零三条 【附带民事诉讼的调解和裁判】人民法院审理附带民事诉讼案件,可以进行调解,或者根据物质损失情况作出判决、裁定。

立法沿革

本条系2012年《刑事诉讼法修改决定》增加的规定,2018年修改《刑事诉讼法》时未作调整。

相关规定

《**中华人民共和国民法典**》(自2021年1月1日起施行,节录)

第十一条 其他法律对民事关系有特别规定的,依照其规定。

第一千一百七十九条 侵害他人造成人身损害的,应当赔偿医疗费、护理费、交通费、营养费、住院伙食补助费等为治疗和康复支出的合理费用,以及因误工减少的收入。造成残疾的,还应当赔偿辅助器具费和残疾赔偿金;造成死亡

(接上页)提供担保,不提供担保的,裁定驳回申请。此外,《民事诉讼法》有关人民法院应当在接受申请后四十八小时内作出裁定,保全限于请求的范围或者与本案有关的财物等的规定,也适用于附带民事诉讼保全。但附带民事诉讼保全不适用《民事诉讼法》第一百零四条第三款有关"申请人在人民法院采取保全措施后三十日内不依法提起诉讼或者申请仲裁的,人民法院应当解除保全"的规定,这主要是考虑到对于公诉案件,附带民事诉讼的启动需待侦查、审查起诉工作的完结,被害人无法自主掌控,故对有权提起附带民事诉讼的人申请人民法院采取诉前保全措施的,不适用民事诉讼法的该款规定。同时,要注意兼顾保护被申请人利益,如申请人在人民法院受理刑事案件后十五日以内未提起附带民事诉讼的,人民法院则应当解除保全措施。——**本评注注**

的,还应当赔偿丧葬费和死亡赔偿金。

第一千一百八十条 因同一侵权行为造成多人死亡的,可以以相同数额确定死亡赔偿金。

第一千一百八十一条 被侵权人死亡的,其近亲属有权请求侵权人承担侵权责任。被侵权人为组织,该组织分立、合并的,承继权利的组织有权请求侵权人承担侵权责任。

被侵权人死亡的,支付被侵权人医疗费、丧葬费等合理费用的人有权请求侵权人赔偿费用,但是侵权人已经支付该费用的除外。

第一千一百八十二条 侵害他人人身权益造成财产损失的,按照被侵权人因此受到的损失或者侵权人因此获得的利益赔偿;被侵权人因此受到的损失以及侵权人因此获得的利益难以确定,被侵权人和侵权人就赔偿数额协商不一致,向人民法院提起诉讼的,由人民法院根据实际情况确定赔偿数额。

第一千一百八十三条 侵害自然人人身权益造成严重精神损害的,被侵权人有权请求精神损害赔偿。

因故意或者重大过失侵害自然人具有人身意义的特定物造成严重精神损害的,被侵权人有权请求精神损害赔偿。

第一千一百八十四条 侵害他人财产的,财产损失按照损失发生时的市场价格或者其他合理方式计算。

基本规范

《最高人民法院关于适用〈中华人民共和国刑事诉讼法〉的解释》(法释〔2021〕1号,自2021年3月1日起施行)

第六章 附带民事诉讼

第一百九十条 人民法院审理附带民事诉讼案件,可以根据自愿、合法的原则进行调解。经调解达成协议的,应当制作调解书。调解书经双方当事人签收后即具有法律效力。

调解达成协议并即时履行完毕的,可以不制作调解书,但应当制作笔录,经双方当事人、审判人员、书记员签名后即发生法律效力。

第一百九十一条 调解未达成协议或者调解书签收前当事人反悔的,附带民事诉讼应当同刑事诉讼一并判决。

第一百九十二条 对附带民事诉讼作出判决,应当根据犯罪行为造成的物质损失,结合案件具体情况,确定被告人应当赔偿的数额。

犯罪行为造成被害人人身损害的,应当赔偿医疗费、护理费、交通费等为治疗和康复支付的合理费用,以及因误工减少的收入。造成被害人残疾的,还应当赔偿残疾生活辅助器具费等费用;造成被害人死亡的,还应当赔偿丧葬费等费用。

驾驶机动车致人伤亡或者造成公私财产重大损失,构成犯罪的,依照《中华人民共和国道路交通安全法》第七十六条的规定确定赔偿责任。

附带民事诉讼当事人就民事赔偿问题达成调解、和解协议的,赔偿范围、数额不受第二款、第三款规定的限制。

第一百九十三条① 人民检察院提起附带民事诉讼的,人民法院经审理,认为附带民事诉讼被告人依法应当承担赔偿责任的,应当判令附带民事诉讼被告人直接向遭受损失的单位作出赔偿;遭受损失的单位已经终止,有权利义务继受人的,应当判令其向继受人作出赔偿;没有权利义务继受人的,应当判令其向人民检察院交付赔偿款,由人民检察院上缴国库。

第一百九十四条 审理刑事附带民事诉讼案件,人民法院应当结合被告人赔偿被害人物质损失的情况认定其悔罪表现,并在量刑时予以考虑。

第一百九十五条② 附带民事诉讼原告人经传唤,无正当理由拒不到庭,或者未经法庭许可中途退庭的,应当按撤诉处理。

刑事被告人以外的附带民事诉讼被告人经传唤,无正当理由拒不到庭,或者

---

① 对人民检察院提起的附带民事诉讼,人民法院经审查,如认为附带民事诉讼被告人依法应当承担赔偿责任的,由于人民检察院本身并非遭受损失的单位,因此,一般不能判令附带民事诉讼被告人向人民检察院作出赔偿,而应判令其直接向遭受损失的单位作出赔偿;如遭受损失的单位已经终止,且有权利义务继受人的(如与其他单位合并,或者已分立的),应判令附带民事诉讼被告人向继受人作出赔偿;遭受损失的单位已经终止,且无权利义务继受人的,则应判令附带民事诉讼被告人向人民检察院交付赔偿款,由人民检察院上缴国库。——**本评注注**

② 需要注意的问题有二:(1)征求意见过程中,有意见建议删去本条第三款,理由是:本条第二款已经规定了刑事被告人以外的附带民事诉讼被告人不到庭或者未经法庭许可中途退庭的,可以缺席判决。依照上述规定,刑事被告人以外的附带民事诉讼被告人下落不明的,依法缺席判决即可。否则,即便另行提起民事诉讼,被告人不到庭的,法院也要缺席审判。经研究,未采纳上述意见。主要考虑:①依据民事诉讼的规定,缺席判决需要公告送达,耗时较长(六十天),不宜作为附带民事诉讼的送达方式。②新增部分内容在实践中具有必要性。(2)征求意见过程中,有意见建议进一步明确告知另行提起民事诉讼的方式,即是仅仅建议原告人撤回对该被告人的起诉,还是直接裁定驳回该部分(对下落不明附带民事诉讼被告人的)起诉?抑或书面告知即可?经研究认为,对此可以交由司法实践裁量把握。一般而言,口头告知附带民事诉讼原告人另行提起民事诉讼即可;确有必要的,也可以在裁判文书中说明相关情况。——**本评注注**

未经法庭许可中途退庭的,附带民事部分可以缺席判决。

刑事被告人以外的附带民事诉讼被告人下落不明,或者用公告送达以外的其他方式无法送达,可能导致刑事案件审判过分迟延的,可以不将其列为附带民事诉讼被告人,告知附带民事诉讼原告人另行提起民事诉讼。

第一百九十七条 人民法院认定公诉案件被告人的行为不构成犯罪,对已经提起的附带民事诉讼,经调解不能达成协议的,可以一并作出刑事附带民事判决,也可以告知附带民事原告人另行提起民事诉讼。①

人民法院准许人民检察院撤回起诉的公诉案件,对已经提起的附带民事诉讼,可以进行调解;不宜调解或者经调解不能达成协议的,应当裁定驳回起诉,并告知附带民事诉讼原告人可以另行提起民事诉讼。

第一百九十八条 第一审期间未提起附带民事诉讼,在第二审期间提起的,第二审人民法院可以依法进行调解;调解不成的,告知当事人可以在刑事判决、裁定生效后另行提起民事诉讼。

第一百九十九条 人民法院审理附带民事诉讼案件,不收取诉讼费。

第二百条 被害人或者其法定代理人、近亲属在刑事诉讼过程中未提起附带民事诉讼,另行提起民事诉讼的,人民法院可以进行调解,或者根据本解释第一百九十二条第二款、第三款的规定作出判决。

第二百零一条 人民法院审理附带民事诉讼案件,除刑法、刑事诉讼法以及刑事司法解释已有规定的以外,适用民事法律的有关规定。

其他规范

《最高人民法院关于审理未成年人刑事案件具体应用法律若干问题的解释》(法释〔2006〕1号,自2006年1月23日起施行,节录)

第十九条② 刑事附带民事案件的未成年被告人有个人财产的,应当由本

---

① 《2012年刑诉法解释》第一百六十条第一款规定:"人民法院认定公诉案件被告人的行为不构成犯罪,对已经提起的附带民事诉讼,经调解不能达成协议的,应当一并作出刑事附带民事判决。"人民法院认定公诉案件被告人的行为不构成犯罪,对已经提起的附带民事诉讼,经调解不能达成协议的,如果作出刑事附带民事判决,根据上述规定,适用附民赔偿标准,可能判赔标准较低,不利于对被害人权益的保障。基于此,本条第一款作出调整,对此种情形赋予被害人选择权,即允许其另行提起民事诉讼。——本评注注

② 《民法典》第一千一百八十八条第二款规定:"有财产的无民事行为能力人、限制民事行为能力人造成他人损害的,从本人财产中支付赔偿费用;不足部分,由监护人赔偿。"本条第一款"但单位担任监护人的除外"的规定能否继续适用,似需再作斟酌。——本评注注

人承担民事赔偿责任,不足部分由监护人予以赔偿,但单位担任监护人的除外。

被告人对被害人物质损失的赔偿情况,可以作为量刑情节予以考虑。

《最高人民法院、最高人民检察院关于办理强奸、猥亵未成年人刑事案件适用法律若干问题的解释》(法释〔2023〕3号,自2023年6月1日起施行,节录)

第十四条 对未成年人实施强奸、猥亵等犯罪造成人身损害的,应当赔偿医疗费、护理费、交通费、营养费、住院伙食补助费等为治疗和康复支付的合理费用,以及因误工减少的收入。

根据鉴定意见、医疗诊断书等证明需要对未成年人进行精神心理治疗和康复,所需的相关费用,应当认定为前款规定的合理费用。①

法律适用答复、复函

《最高人民法院研究室关于对参加聚众斗殴受重伤或者死亡的人及其家属提出的民事赔偿请求能否予以支持问题的答复》(法研〔2004〕179号)

江苏省高级人民法院:

你院苏高法〔2004〕296号《关于对聚众斗殴案件中受伤或死亡的当事人及

---

① 本款规定的表述是精神心理治疗和康复"所需"的相关费用,与前款表述的治疗和康复"支付"的合理费用,措辞略有差异。主要考虑:主张赔偿医疗费,一般应以实际已发生和支付的费用为限,根据《最高人民法院关于审理人身损害赔偿案件适用法律若干问题的解释》(法释〔2022〕14号)的规定,原则上只支持一审法庭辩论终结前已经实际发生的医疗费,此后发生的费用可另行起诉,但根据医疗证明或者鉴定意见确定必然发生的费用,也可以与已经发生的医疗费一并赔偿。相关规定对确定性侵害案件精神心理治疗和康复"所需"的费用有参照价值。鉴于性侵害犯罪造成的伤害具有特殊性,不少未成年被害人及其监护人对精神疾病知之甚少,不知道被性侵出现精神疾病后需要及如何治疗和康复;而且精神疾病的诊治复杂,有些严重的精神疾病诊治周期长,会出现在开庭审理刑事案件、一审法庭辩论终结前被害人尚未完全治疗康复的情况。对后续会产生的医疗费,被害人一般可在实际费用发生后另行起诉;对确有医疗诊断、鉴定意见等证明被害人存在严重精神疾病需要更长时间的治疗和康复,且能够明确大致所需费用的,为确保被害人能及时获得赔偿进行诊治,司法人员可结合在案证据和案件实际情况,依法裁判。鉴于精神心理治疗和康复具有专业性、复杂性,在适用司法解释时应准确理解规定的精神,坚持依法、稳妥的原则,通过司法裁判引导有医疗诊治需要的被害人及时诊治、依法维权,让未成年被害人切实感受到司法关爱,让全社会更加关注被害人精神心理健康。参见何莉、赵俊甫:《〈最高人民法院、最高人民检察院关于办理强奸、猥亵未成年人刑事案件适用法律若干问题的解释〉的理解与适用》,载《中国应用法学》2023年第3期。

其家属提出的民事赔偿请求能否予以支持问题的请示》收悉。经研究，答复如下：

根据《刑法》第二百九十二条第一款的规定，聚众斗殴的参加者，无论是否首要分子，均明知自己的行为有可能产生伤害他人以及自己被他人的行为伤害的后果，其仍然参加聚众斗殴的，应当自行承担相应的刑事和民事责任。根据《刑法》第二百九十二条第二款的规定，对于参加聚众斗殴，造成他人重伤或者死亡的，行为性质发生变化，应认定为故意伤害罪或者故意杀人罪。聚众斗殴中受重伤或者死亡的人，既是故意伤害罪或者故意杀人罪的受害人，又是聚众斗殴犯罪的行为人。对于参加聚众斗殴受重伤或者死亡的人或其家属提出的民事赔偿请求，依法应予支持，并适用混合过错责任原则。

《最高人民法院研究室关于交通肇事刑事案件附带民事赔偿范围问题的答复》(法研〔2014〕30号)

湖北省高级人民法院：

你院鄂高法〔2013〕280号《关于交通肇事刑事案件附带民事赔偿范围的请示》收悉，经研究，答复如下：

根据刑事诉讼法第九十九条、第一百零一条和《最高人民法院关于适用〈中华人民共和国刑事诉讼法〉的解释》第一百五十五条①的规定，交通肇事刑事案件的附带民事诉讼当事人未能就民事赔偿问题达成调解、和解协议的，无论附带民事诉讼被告人是否投保机动车第三者强制责任保险，均可将死亡赔偿金、残疾赔偿金纳入判决赔偿的范围。

司法疑难解析

1. 附带民事诉讼判赔规则的形成。 "死亡赔偿金、残疾赔偿金"(本章简称"两金"，含被扶养人生活费)通常高达七八十万元，甚至上百万元，是否属于附带民事诉讼的判赔范围，一直是争议焦点、难点。2003年之前，"两金"被理解为精神损失，均不在附带民事诉讼判赔范围，但2003年的《人身损害赔偿解释》首次明确"两金"属于物质损失。但是，此规定是否适用于刑事附带民事诉讼案件，实践中存在不同认识，一些地方在附带民事诉讼中判赔"两金"，导致"空判"问题突出、调解难度增大、影响宽严相济刑事政策贯彻以及造成缠讼闹访。在2006年的第五次全国刑事审判工作会议上，最高人民法院院领导在总结讲话中首次提出："死亡补偿费不能作为人民法院判决确定赔偿数额的根据。"《2012年

---

① 《刑诉法解释》为第一百九十二条。——**本评注注**

刑诉法解释》制定时,最高人民法院审判委员会对"两金"问题作了重点审议、研究,明确"两金"不在附带民事诉讼的判赔范围,但调解、和解的,赔偿范围、数额不受限制。此后,各级人民法院严格执行《2012年刑诉法解释》的相关规定,整体实施良好。但是,关于"两金"问题的争论一直存在。在2013年第六次全国刑事审判工作会议上,最高人民法院领导在总结讲话时再次强调,要求严格执行《2012年刑诉法解释》的相关规定。

整体看来,不判赔"两金"是基于被告人普遍无力赔偿以及"空判"所引发的系列问题等而"不得已"作出的务实选择。《刑诉法解释》起草征求意见过程中,有意见认为,《民法典》第一千一百七十九条中规定,侵害他人造成残疾的,应当赔偿残疾赔偿金;造成死亡的,应当赔偿死亡赔偿金。在《民法典》背景下,应当作出适当调整。经进一步认真研究,综合考虑司法实践情况,维持《2012年刑诉法解释》的规定不变,即"两金"不在附带民事诉讼的判赔范围,但调解、和解的,赔偿范围、数额不受限制。主要考虑如下:

其一,根据法律、法理以及我国的法文化传统,对附带民事诉讼不应适用与单纯民事诉讼相同的标准。《刑事诉讼法》第一百零一条规定:"被害人由于被告人的犯罪行为而遭受物质损失的,在刑事诉讼过程中,有权提起附带民事诉讼。"第一百零三条规定:"人民法院审理附带民事诉讼案件,可以进行调解,或者根据物质损失情况作出判决、裁定。"而根据有关民事法律的规定,对民事侵权行为,还可判令被告人承担精神损害赔偿责任。由此可见,附带民事诉讼与单纯民事诉讼存在明显不同,依据法律规定,对二者不能适用相同赔偿标准。立法对附带民事诉讼与单纯民事诉讼的赔偿责任作出不同规定,是与两类不同诉讼的性质和我国的法文化传统相适应的。单纯民事案件,责令被告人作出相应赔偿,是对被害方进行抚慰、救济的唯一手段,故有理由要求被告人承担相应更重的赔偿责任;由于无须承担刑事责任,被告人往往也有意愿、有能力作出相应赔偿。而附带民事诉讼则不同,被告人不仅要在民事方面承担赔偿责任,还要承担相应的刑事责任。判决被告人承担刑事责任,既是对犯罪的惩处、重新犯罪的预防,也是对被害方抚慰、救济的主要方式。以故意杀人案件为例,如判处被告人死刑,实已让其"以命抵命",显然不应再要求其作出与单纯民事案件相同的精神损害赔偿,否则势必存在双重处罚的问题。传统上"打了不罚、罚了不打"的观念、做法,正是根源于此。

其二,应当深刻认识我国国情与其他国家存在的重大差异。有观点提出,在一些发达国家,因犯罪行为引发的赔偿和单纯民事赔偿适用的是同一标准。在这些国家,被告人也大多无力赔偿,也存在"空判"问题。因此,我国没有理由

"特殊"。这种观点没有充分认识其他国家在经济社会发展等方面与我国存在的巨大差异:在发达国家,由于有相对完善的社会保障制度,被害人国家救助工作开展早、力度大,被害方往往无须寄望被告人作出赔偿,国家会给予其生活救济;由于能得到国家的救济,即使形成"空判",也不会引发缠讼闹访问题。而我国的情况则完全不同,判决得不到执行就会引发申诉、上访,影响社会和谐稳定。

其三,按单纯民事案件的经济赔偿标准判赔导致"空判"现象突出,严重影响案件的裁判效果。如依照民事案件的赔偿标准判赔,则意味着,对于命案而言,被害人是城镇居民的,仅死亡赔偿金一项,多则高达上百万;被害人是农村居民的,一般也要赔七八十万元。而此类刑事案件被告人绝大多数经济状况差、赔偿能力弱,有的被执行死刑或者其他刑罚后,更无法承担高额的赔偿责任,相关判决往往成为"法律白条"。据调研,凡套用民事标准判赔的,赔偿到位率都极低。

其四,赔偿标准过高,实际极不利于维护被害人的合法权益,不利于矛盾化解。从表面上看,设定高额赔偿标准似乎对被害人有利,但实际情况是:由于多数刑事被告人的实际赔偿能力很低,甚至没有,而被害方的期待又过高,远远超过被告人的承受能力,导致不少案件中原本愿意代赔的被告人亲属索性不再代赔,结果导致被害方反而得不到任何赔偿。严重犯罪中这种情况尤为普遍。赔偿数额虚高,还导致附带民事调解和矛盾化解的工作难度大大增加。套用单纯民事案件的赔偿标准确定附带民事案件的赔偿数额,常常使被害方对巨额赔偿抱有不切实际的期待,一旦被告人不能足额赔偿,就认为其没有悔罪诚意和表现,以致民事调解工作、矛盾化解工作根本无法开展。此外,根据《最高人民法院关于加强和规范人民法院国家司法救助工作的意见》(法发〔2016〕16号),对刑事被害人的救助金额需要综合考虑多种因素,从实践调研的情况看,国家给予司法救助金额一般在几万元左右。如将死亡赔偿金、残疾赔偿金也纳入附带民事赔偿范围,两者相差悬殊,显然救助工作也无法发挥实际作用。

其五,对《民法典》的有关规定应当正确理解。《民法典》第一百八十七条规定:"民事主体因同一行为应当承担民事责任、行政责任和刑事责任的,承担行政责任或者刑事责任不影响承担民事责任;民事主体的财产不足以支付的,优先用于承担民事责任。"有观点据此认为,对附带民事诉讼应适用与单纯民事诉讼相同的赔偿标准。经研究认为,对该条规定应当准确理解,应当将该条规定和《民法典》第十一条规定结合起来分析。《民法典》第十一条规定:"其他法律对民事关系有特别规定的,依照其规定。"(该条吸收了《侵权责任法》第五条"其他法律对侵权责任另有特别规定的,依照其规定"的内容并作了扩充)犯罪是严重的、特殊的侵权行为,《刑法》和《刑事诉讼法》是专门规定这种侵权行为的基本法。显然,处理犯罪行为的赔偿问题,应当优先适用《刑法》和《刑事诉讼法》的相关规定,而不应当适用主要规定民事侵权的《民法典》规定,否则,势必还要将精神损害赔偿纳入附带民事诉讼的赔偿范围。

其六,鉴于《2012年刑诉法解释》不判赔"两金"的规定经过多年施行,总体效果是好的,有关规定在促进附带民事达成调解、保障被害方能实际得到赔偿等方面取得了良好效果,还没有发现重大、突出问题。而且,此次征求意见过程中,绝大多数意见建议维持和强化不判赔"两金"的现行规定。在此背景下,政策转向可能产生负面影响,导致附带民事调解的难度进一步加大,导致判赔数额虚高,进一步加剧刑事附带民事诉讼的"空判"和"执行难"问题。基于此,维持现有规定,不作修改,是务实选择。

2. 刑事附带民事诉讼案件的赔偿范围。根据本条规定,同时结合附带民事诉讼审判工作实际,适用中应当注意以下几点:(1)对于附带民事诉讼,应当切实加大调解工作力度。在不违反自愿、合法原则的前提下,赔偿范围和数额不受限制。(2)如调解不成,通过判决结案,则应当充分考虑刑事案件被告人多没有正常收入,赔偿能力很低的实际,实事求是地仅就被害人遭受的物质损失作出判决。对犯罪行为造成被害人人身损害的,应当赔偿医疗费、护理费、交通费等为治疗和康复支付的合理费用,以及因误工减少的收入。造成被害人残疾的,还应当赔偿残疾生活辅助器具费等费用;造成被害人死亡的,还应当赔偿丧葬费等费用。除被告人确有赔偿能力的以外,原则上不应将死亡赔偿金、残疾赔偿金纳入判决赔偿的范围。(3)对因驾驶机动车致人伤亡或者公私财产遭受重大损失,构成犯罪的,要根据《道路交通安全法》第七十六条的规定确定赔偿责任,即"机动车发生交通事故造成人身伤亡、财产损失的,由保险公司在机动车第三者责任强制保险责任限额范围内予以赔偿;不足的部分,按照下列规定承担赔偿责任……"(4)对符合条件的被害方,可以开展刑事被害人救助工作,给予相应司法救助。

3. 另行提起民事诉讼的赔偿范围。根据《2012年刑诉法解释》第一百六十四条的规定,在刑事附带民事诉讼过程中未提起附带民事诉讼,另行提起民事诉讼的,人民法院应当优先进行调解。达成调解协议的,赔偿范围、数额不受限制;如果作出判决,则应当"根据物质损失情况作出判决",即不得判赔"两金"。

但是,如前所述,《人身损害赔偿解释》将"两金"规定为物质损失,故《2012年刑诉法解释》第一百六十四条的规定在适用中存在一定的混乱。特别是,《最高人民法院公报》2019年第3期"尹瑞军诉颜礼奎健康权、身体权纠纷案"的裁判摘要提出:"刑事案件的受害人因犯罪行为受到身体伤害,未提起刑事附带民事诉讼,而是另行提起民事侵权诉讼的,关于残疾赔偿金是否属于物质损失范畴的问题,《刑事诉讼法》及司法解释没有明确规定。刑事案件受害人因犯罪行为造成残疾的,今后的生活和工作必然受到影响,导致劳动能力下降,造成生活成本增加,进而相应减少物质收入,故残疾赔偿金应属于物质损失的范畴,应予赔偿。"鉴此,为统一法律适用,本条作出适当调整,进一步明确对于另行提起民事诉讼,作出判决的,应当严格执行《刑诉法解释》第一百九十二条第二款、第三款的规定,即在刑事附带民事诉讼过程中未提起附带民事诉讼,另行提起民事诉讼的,人民法院应当优先进行调解。达成调解协议的,赔偿范围、数额不受限制;如果作出判决,则应当"根据物质损失情况作出判决",即不得判赔"两金"。

征求意见过程中,有意见提出,《民法典》第一百八十七条规定,民事主体因同一行为应当承担民事责任、行政责任和刑事责任的,承担行政责任或者刑事责任不影响承担民事责任。《民法典》第一千一百八十三条第一款规定,侵害自然人人身权益造成严重精神损害的,被侵权人有权请求精神损害赔偿。对于因犯罪行为遭受精神损失的,在刑事案件审结后,被害人另行提起民事诉讼,人民法院判决赔偿的标准是否适用刑事附带民事诉讼的有关规定的问题,与民事诉讼法律制度相关联,情况复杂,涉及面广,各方面认识仍不一致,建议再作研究。经进一步认真研究,综合考虑司法实践情况,《刑诉法解释》第二百条维持了上述规定。主要考虑如下:

其一,对被害人等在刑事诉讼过程中未提起附带民事诉讼,另行提起民事诉讼的,理应适用与附带民事诉讼相同的判赔范围与标准。否则,势必会导致同样行为不同处理的问题,既有违案类判的基本法理,也会导致附带民事诉讼制度被架空,影响该制度重要功能的发挥。

其二,对另行提起民事诉讼的,适用不同的判赔范围和标准,表面上看似乎对被害人等有利,实际恰恰相反,一旦刑事部分审结,被告人被送交执行刑罚,甚至执行死刑,就根本不可能再对被害人等作出赔偿,其亲友也不可能代赔。基于贯彻宽严相济刑事政策,便利案件处理的基本考虑,不应当将"两金"纳入单独提起民事诉讼的判赔范围。

4. 共同犯罪中的实行过限行为的附民赔偿规则。本评注认为,对于因共同犯罪中的实行过限行为导致被害人遭受的物质损失,实施过限行为的被告人应当对造成的物质损失承担民事赔偿责任;其他共同犯罪人的行为加大了危害后果发生的,应当按照民事侵权损害赔偿的归责原则,承担相应的赔偿责任。主要考虑如下:

第一,附带民事诉讼的基础是被告人的犯罪行为,因共同犯罪中的实行过限行为导致被害人遭受物质损失的,实施过限行为的行为人应当承担赔偿责任。《刑事诉讼法》第一百零一条第一款规定:"被害人由于被告人的犯罪行为而遭受物质损失的,在刑事诉讼过程中,有权提起附带民事诉讼。被害人死亡或者丧失行为能力的,被害人的法定代理人、近亲属有权提起附带民事诉讼。"据此可知,附带民事诉讼是以被告人的犯罪行为为基础。共同犯罪之中,被害人遭受的物质损失系由于实行过限行为所致,二者之间具有直接因果关系。故此,实施过限行为的被告人应当为其犯罪行为所造成的物质损失承担赔偿责任。

第二,其他共同犯罪人的行为加大了危害后果发生的可能,也应当承担相应的赔偿责任。例如,甲和乙共同盗窃后,乙先行离开上厕所,甲对追赶而来的被害人击打其头部,致使被害人头部流血不能动弹。乙听到声响赶来途中碰到逃离的甲,驾车将其带离现场。本案之中,乙的行为本质上属于帮助犯罪的人逃匿行为,虽然未对该行为进行单独刑事法律评价,但该行为在一定程度上延误了对被害人的救治,加大了被害人死亡风险。故此,乙的行为对被害人的死亡结果发生具有一定的原因力(较小),也应当承担相应(较低比例)的赔偿责任。

第三,附带民事诉讼的赔偿责任认定,可以适用民事法律相关规定。《最高人民法院关于适用〈中华人民共和国刑事诉讼法〉的解释》第二百零一条规定,审理附带民事诉讼案件,除刑法、刑事诉讼法及刑事司法解释已有规定外,适用民事法律的有关规定。根据民事法律的规定,共同侵权或者教唆、帮助他人实施侵权行为的,应承担连带责任,而无意思联络分别实施侵权行为的,应承担按份责任。就前所举例子而言,乙对于甲击打被害人的行为虽无共同意思联络,但是对于甲的逃匿行为,二被告人有意思联络,该帮助逃匿行为延误了救治,加大了危害后果发生的可能,二人应就损害扩大部分承担连带责任。

第四,基于公平正义和常情常理的考虑,就前所举例子而言,甲既要承担赔偿责任,但又不宜就全部损害后果承担连带责任。甲和乙具有盗窃的共同故意,在整体非法性目的之下,乙又实施了帮助犯罪人逃匿的非法行为,终致被害人死亡,尽管原因力较小,但是如果乙不承担任何民事赔偿责任,于情理、法理不符,也与人民群众朴素的公平正义观不符。同时,鉴于被害人的死亡系甲的实行过限行为直接所致,甲的行为系直接、主要原因;乙仅实施帮助逃匿行为,如果让其就全部物质损失承担连带责任,似法律依据不足,亦有失公允。

5. 故意驾车杀人犯罪等案件的附民赔偿范围问题。 本评注认为,对于故意驾车杀人等犯罪案件,不宜适用《刑诉法解释》第一百九十二条第三款的特别规定,即不宜依照《道路交通安全法》第七十六条的规定确定赔偿责任,将"两金"

(含被抚养人生活费)纳入判赔范围,而宜按照《刑诉法解释》第一百九十二条第一款、第二款、第四款的规定把握此类案件附带民事诉讼的赔偿范围,即达成调解、和解协议的,赔偿范围、数额不受限制;判决赔偿的,不宜将"两金"纳入刑事被告人的赔偿范围,但出于对被害人利益的保护,如涉案机动车有交强险,可以让保险公司承担限额范围内的赔偿责任。①

6. 对积极赔偿的被告人酌情从宽量刑的把握。《刑诉法解释》第一百九十四条规定:"审理刑事附带民事诉讼案件,人民法院应当结合被告人赔偿被害人物质损失的情况认定其悔罪表现,并在量刑时予以考虑。"这一规定主要基于如下几个方面的考虑:(1)这完全符合我国《刑法》规定的量刑一般原则。《刑法》第六十一条规定,决定刑罚,应当根据犯罪的事实、犯罪的性质、情节和对于社会的危害程度。其中,"对于社会的危害程度",必须综合案中行为、案后表现等事实、情节进行判断。如果被告人案发后对被害人进行了赔偿,则是在客观上减轻了其罪行对社会的危害程度,依照上述法律规定,当然应作为量刑情节加以考虑。如果赔多赔少甚至赔与不赔都适用一样的刑罚,显然不利于鼓励被告人履行赔偿义务,不利于维护被害方合法权益,不利于化解社会矛盾。(2)"花钱买

---

① 主要考虑:(1)《刑诉法解释》第一百九十二条第三款之所以对驾驶机动车致人伤亡或者造成公私财产重大损失案件的附带民事赔偿作出特别规定。此类案件中机动车一般会有交强险、商业险,相关保险赔偿责任中含有"两金",如按一般刑事案件把握附带民事诉讼的判赔范围,把"两金"排除在赔偿范围之外,则不利于最大限度维护被害人利益。(2)《刑诉法解释》第一百九十二条第三款的本意是针对驾驶机动车过失造成交通事故类案件。如果是故意制造交通事故,就商业险而言,肯定属于保险公司的免责情形;就交强险而言,保险公司也只是承担先行赔付责任,且赔付数额有限。故对故意制造交通事故类案件,如将"两金"纳入判赔范围,通常也不利于调解和解,也会形成"空判",不符合司法解释原则上不判"两金",以促进调解和解、尽量避免"空判"的意旨。(3)《最高人民法院关于审理道路交通事故损害赔偿案件适用法律若干问题的解释》[法释〔2020〕17号,根据《最高人民法院关于修改〈最高人民法院关于在民事审判工作中适用《中华人民共和国工会法》若干问题的解释〉等二十七件民事类司法解释的决定》(法释〔2020〕17号)修正,修正后自2021年1月1日起施行]第十五条规定:"有下列情形之一导致第三人人身损害,当事人请求保险公司在交强险责任限额范围内予以赔偿,人民法院应予支持:……(三)驾驶人故意制造交通事故的。""保险公司在赔偿范围内向侵权人主张追偿权的,人民法院应予支持。追偿权的诉讼时效期间自保险公司实际赔偿之日起计算。"据此,对于以驾驶机动车方式实施故意杀人或者以危险方法危害公共安全等犯罪案件,如当事人提出请求,可以让保险公司在交强险范围内承担赔付义务,同时让刑事被告人承担附带民事赔偿责任(不含"两金")。

刑""以钱赎刑"是任何现代国家的法律所不允许的,但是通过赔偿减轻犯罪造成的社会危害,争取被害方谅解、宽恕,从而获得从宽处罚,在任何国家审判实践中都是客观存在的。许多国家甚至在刑法典中明确将赔偿情况作为量刑情节之一加以规定。例如,《联邦德国刑法典》第46条"量刑的基本原则"规定:"法院在量刑时……特别应注意以下事项……犯罪后的态度,尤其是为了补救损害所作的努力。"第46条a"犯罪人—被害人和解,损害赔偿"规定:"行为人具备下列情形之一的,法院可依第49条第1款('特别之法定减刑理由')减轻其刑罚,或者,如果可能科处的刑罚不超过1年自由刑或360单位日罚金之附加刑的,免除其处罚:1.努力与被害人达成和解(犯罪人—被害人和解),其行为全部或大部得到补偿,或努力致力于对其行为进行补偿的,或2.被害人的补偿要求全部或大部得到实现的。"①《俄罗斯联邦刑法典》第61条规定,"在犯罪之后……自愿赔偿犯罪所造成的财产损失或精神损害,以及其他旨在弥补对被害人所造成的损失的行为",是"减轻刑罚的情节"之一。② 美国的《伊利诺伊州刑法典》也明确将"被告人对被害人赔偿了或者愿意赔偿因其犯罪行为所造成的损失或伤害"作为减轻刑罚的事由之一。③ c类似规定,还可见于意大利、西班牙、瑞士、瑞典等国的刑法典。④ 在国际上,目前颇具影响力的恢复性司法、刑事和解实质也均充分肯定了赔偿对量刑的积极影响。

需要注意的是,赔偿对量刑的影响也不是绝对的。应当结合被告人赔偿被害人物质损失的情况认定其悔罪表现,并在量刑时予以考虑。被告人即使作出赔偿,或者其亲友自愿代赔,如被告人毫无悔罪表现,则应严格掌握从宽处罚的幅度,甚至可以不予从宽。此外,还应当根据案件类型的不同区别把握赔偿与量刑的关系。对于因婚姻家庭、邻里纠纷等民间矛盾激化引发、事出有因、侵害对象特定的案件,如果被告人积极履行赔偿义务,取得被害方的谅解,应当依法从轻判处。相反,对于那些侵害不特定公众、严重危害社会治安的犯罪,就不能仅仅因为作了赔偿,或者得到了具体被害人的谅解,该重判的不重判,从而给社会造成"花钱买刑"的误解。

---

① 《德国刑法典》,徐久生、庄敬华译,中国法制出版社2000年版,第56-57页。
② 《俄罗斯联邦刑法典》,黄道秀译,中国法制出版社2004年版,第25页。
③ 参见储槐植:《美国刑法(第二版)》,北京大学出版社2005年版,第256-257页。
④ 参见《意大利刑法典》第62条,《西班牙刑法典》第21条,《瑞士刑法典》第64条,《瑞典刑法典》第29章第5条。

第一百零四条 【附带民事诉讼一并审判及例外】附带民事诉讼应当同刑事案件一并审判,只有为了防止刑事案件审判的过分迟延,才可以在刑事案件审判后,由同一审判组织继续审理附带民事诉讼。

立法沿革

本条系沿用 1979 年《刑事诉讼法》第五十四条的规定。

基本规范

《最高人民法院关于适用〈中华人民共和国刑事诉讼法〉的解释》(法释〔2021〕1号,自 2021 年 3 月 1 日起施行)

第六章 附带民事诉讼

第一百九十六条 附带民事诉讼应当同刑事案件一并审判,只有为了防止刑事案件审判的过分迟延,才可以在刑事案件审判后,由同一审判组织继续审理附带民事诉讼;同一审判组织的成员确实不能继续参与审判的,可以更换。

相关规范集成·司法救助

相关规范

《中共中央政法委员会、财政部、最高人民法院、最高人民检察院、公安部、司法部关于建立完善国家司法救助制度的意见(试行)》(中政委〔2014〕3号,节录)

为贯彻落实党的十八大、十八届三中全会精神,切实做好司法过程中对困难群众的救助工作,有效维护当事人合法权益,保障社会公平正义,促进社会和谐稳定,现就建立完善国家司法救助制度,提出以下意见。

一、建立完善国家司法救助制度的意义和基本原则(略)

二、国家司法救助的对象

对下列人员提出国家司法救助申请的,应当予以救助:

(一)刑事案件被害人受到犯罪侵害,致使重伤或严重残疾,因案件无法侦破造成生活困难的;或者因加害人死亡或没有赔偿能力,无法经过诉讼获得赔偿,造成生活困难的。

(二)刑事案件被害人受到犯罪侵害危及生命,急需救治,无力承担医疗救治费用的。

（三）刑事案件被害人受到犯罪侵害而死亡，因案件无法侦破造成依靠其收入为主要生活来源的近亲属生活困难的；或者因加害人死亡或没有赔偿能力，依靠被害人收入为主要生活来源的近亲属无法经过诉讼获得赔偿，造成生活困难的。

（四）刑事案件被害人受到犯罪侵害，致使财产遭受重大损失，因案件无法侦破造成生活困难的；或者因加害人死亡或没有赔偿能力，无法经过诉讼获得赔偿，造成生活困难的。

（五）举报人、证人、鉴定人因举报、作证、鉴定受到打击报复，致使人身受到伤害或财产受到重大损失，无法经过诉讼获得赔偿，造成生活困难的。

（六）追索赡养费、扶养费、抚育费等，因被执行人没有履行能力，造成申请执行人生活困难的。

（七）对于道路交通事故等民事侵权行为造成人身伤害，无法经过诉讼获得赔偿，造成生活困难的。

（八）党委政法委和政法各单位根据实际情况，认为需要救助的其他人员。

涉法涉诉信访人，其诉求具有一定合理性，但通过法律途径难以解决，且生活困难，愿意接受国家司法救助后息诉息访的，可参照执行。

申请国家司法救助人员，具有以下情形之一的，一般不予救助：对案件发生有重大过错的；无正当理由，拒绝配合查明犯罪事实的；故意作虚伪陈述或者伪造证据，妨害刑事诉讼的；在诉讼中主动放弃民事赔偿请求或拒绝加害责任人及其近亲属赔偿的；生活困难非案件原因所导致的；通过社会救助措施，已经得到合理补偿、救助的。对社会组织、法人，不予救助。

三、国家司法救助的方式和标准

（一）救助方式。国家司法救助以支付救助金为主要方式。同时，与思想疏导、宣传教育相结合，与法律援助、诉讼救济相配套，与其他社会救助相衔接。有条件的地方，积极探索建立刑事案件伤员急救"绿色通道"、对遭受严重心理创伤的被害人实施心理治疗、对行动不便的受害人提供社工帮助等多种救助方式，进一步增强救助效果。

（二）救助标准。各地应根据当地经济社会发展水平制定具体救助标准，以案件管辖地上一年度职工月平均工资为基准，一般在36个月的工资总额之内。损失特别重大、生活特别困难，需适当突破救助限额的，应严格审核控制，救助金额不得超过人民法院依法应当判决的赔偿数额。

（三）救助金额。确定救助金具体数额，要综合考虑救助对象实际遭受的损害后果、有无过错以及过错大小、个人及其家庭经济状况、维持当地基本生活水平所必需的最低支出、以及赔偿义务人实际赔偿情况等。

四、国家司法救助程序

使用国家司法救助资金应当严格遵循以下程序：

（一）告知。人民法院、人民检察院、公安机关、司法行政机关在办理案件、处理涉法涉诉信访问题过程中，对符合救助条件的当事人，应当告知其有权提出救助申请。

（二）申请。救助申请由当事人向办案机关提出；刑事被害人死亡的，由符合条件的近亲属提出。申请一般采取书面形式。确有困难，不能提供书面申请的，可以采用口头方式。申请人应当如实提供本人真实身份、实际损害后果、生活困难、是否获得其他赔偿等相关证明材料。

（三）审批。办案机关应当认真核实申请人提供的申请材料，综合相关情况，在10个工作日内作出是否给予救助和具体救助余额的审批意见。决定不予救助的，及时将审批意见告知当事人，并做好解释说明工作。

（四）发放。对批准同意的，财政部门应及时将救助资金拨付办案机关，办案机关在收到拨付款后2个工作日内，通知申请人领取救助资金。对急需医疗救治等特殊情况，办案机关可以依据救助标准，先行垫付救助资金，救助后及时补办审批手续。

五、国家司法救助资金的筹集和管理（略）

六、国家司法救助工作的组织领导（略）

《最高人民法院关于加强和规范人民法院国家司法救助工作的意见》（法发〔2016〕16号）

为加强和规范审判、执行中困难群众的国家司法救助工作，维护当事人合法权益，促进社会和谐稳定，根据中共中央政法委员会、财政部、最高人民法院、最高人民检察院、公安部、司法部《关于建立完善国家司法救助制度的意见（试行）》，结合人民法院工作实际，提出如下意见。

第一条 人民法院在审判、执行工作中，对权利受到侵害无法获得有效赔偿的当事人，符合本意见规定情形的，可以采取一次性辅助救济措施，以解决其生活面临的急迫困难。

第二条 国家司法救助工作应当遵循公正、公开、及时原则，严格把握救助标准和条件。

对同一案件的同一救助申请人只进行一次性国家司法救助。对于能够通过诉讼获得赔偿、补偿的，一般应当通过诉讼途径解决。

人民法院对符合救助条件的救助申请人,无论其户籍所在地是否属于受案人民法院辖区范围,均由案件管辖法院负责救助。在管辖地有重大影响且救助金额较大的国家司法救助案件,上下级人民法院可以进行联动救助。

第三条 当事人因生活面临急迫困难提出国家司法救助申请,符合下列情形之一的,应当予以救助:

(一)刑事案件被害人受到犯罪侵害,造成重伤或者严重残疾,因加害人死亡或者没有赔偿能力,无法通过诉讼获得赔偿,陷入生活困难的;

(二)刑事案件被害人受到犯罪侵害危及生命,急需救治,无力承担医疗救治费用的;

(三)刑事案件被害人受到犯罪侵害而死亡,因加害人死亡或者没有赔偿能力,依靠被害人收入为主要生活来源的近亲属无法通过诉讼获得赔偿,陷入生活困难的;

(四)刑事案件被害人受到犯罪侵害,致使其财产遭受重大损失,因加害人死亡或者没有赔偿能力,无法通过诉讼获得赔偿,陷入生活困难的;

(五)举报人、证人、鉴定人因举报、作证、鉴定受到打击报复,致使其人身受到伤害或财产受到重大损失,无法通过诉讼获得赔偿,陷入生活困难的;

(六)追索赡养费、扶养费、抚育费等,因被执行人没有履行能力,申请执行人陷入生活困难的;

(七)因道路交通事故等民事侵权行为造成人身伤害,无法通过诉讼获得赔偿,受害人陷入生活困难的;

(八)人民法院根据实际情况,认为需要救助的其他人员。

涉诉信访人,其诉求具有一定合理性,但通过法律途径难以解决,且生活困难,愿意接受国家司法救助后息诉息访的,可以参照本意见予以救助。

第四条 救助申请人具有以下情形之一的,一般不予救助:

(一)对案件发生有重大过错的;

(二)无正当理由,拒绝配合查明案件事实的;

(三)故意作虚伪陈述或者伪造证据,妨害诉讼的;

(四)在审判、执行中主动放弃民事赔偿请求或者拒绝侵权责任人及其近亲属赔偿的;

(五)生活困难非案件原因所导致的;

(六)已经通过社会救助措施,得到合理补偿、救助的;

(七)法人、其他组织提出的救助申请;

(八)不应给予救助的其他情形。

第五条 国家司法救助以支付救助金为主要方式,并与思想疏导相结合,与法律援助、诉讼救济相配套,与其他社会救助相衔接。

第六条 救助金以案件管辖法院所在省、自治区、直辖市上一年度职工月平均工资为基准确定,一般不超过三十六个月的月平均工资总额。

损失特别重大、生活特别困难,需适当突破救助限额的,应当严格审核控制,救助金额不得超过人民法院依法应当判决给付或者虽已判决但未执行到位的标的数额。

第七条 救助金具体数额,应当综合以下因素确定:
(一)救助申请人实际遭受的损失;
(二)救助申请人本人有无过错以及过错程度;
(三)救助申请人及其家庭的经济状况;
(四)救助申请人维持其住所地基本生活水平所必需的最低支出;
(五)赔偿义务人实际赔偿情况。

第八条 人民法院审判、执行部门认为案件当事人符合救助条件的,应当告知其有权提出国家司法救助申请。当事人提出申请的,审判、执行部门应当将相关材料及时移送立案部门。

当事人直接向人民法院立案部门提出国家司法救助申请,经审查确认符合救助申请条件的,应当予以立案。

第九条 国家司法救助申请应当以书面形式提出;救助申请人书面申请确有困难的,可以口头提出,人民法院应当制作笔录。

救助申请人提出国家司法救助申请,一般应当提交以下材料:
(一)救助申请书,救助申请书应当载明申请救助的数额及理由;
(二)救助申请人的身份证明;
(三)实际损失的证明;
(四)救助申请人及其家庭成员生活困难的证明;
(五)是否获得其他赔偿、救助等相关证明;
(六)其他能够证明救助申请人需要救助的材料。

救助申请人确实不能提供完整材料的,应当说明理由。

第十条 救助申请人生活困难证明,主要是指救助申请人户籍所在地或者经常居住地村(居)民委员会或者所在单位出具的有关救助申请人的家庭人口、劳动能力、就业状况、家庭收入等情况的证明。

第十一条 人民法院成立由立案、刑事审判、民事审判、行政审判、审判监督、执行、国家赔偿及财务等部门组成的司法救助委员会,负责人民法院国家司法救助工作。司法救助委员会下设办公室,由人民法院赔偿委员会办公室行使其职能。

人民法院赔偿委员会办公室作为司法救助委员会的日常工作部门,负责牵头、协调和处理国家司法救助日常事务,执行司法救助委员会决议及办理国家司法救助案件。

基层人民法院由负责国家赔偿工作的职能机构承担司法救助委员会办公室工作职责。

第十二条 救助决定应当自立案之日起十个工作日内作出。案情复杂的救助案件,经院领导批准,可以适当延长。

办理救助案件应当制作国家司法救助决定书,加盖人民法院印章。国家司法救助决定书应当及时送达。

不符合救助条件或者具有不予救助情形的,应当将不予救助的决定及时告知救助申请人,并做好解释说明工作。

第十三条 决定救助的,应当在七个工作日内按照相关财务规定办理手续。在收到财政部门拨付的救助金后,应当在二个工作日内通知救助申请人领取救助金。

对具有急需医疗救治等特殊情况的救助申请人,可以依据救助标准,先行垫付救助金,救助后及时补办审批手续。

第十四条 救助金一般应当一次性发放。情况特殊的,可以分批发放。

发放救助金时,应当向救助申请人释明救助金的性质、准予救助的理由、骗取救助金的法律后果,同时制作笔录并由救助申请人签字。必要时,可以邀请救助申请人户籍所在地或者经常居住地村(居)民委员会或者所在单位的工作人员到场见证救助金发放过程。

人民法院可以根据救助申请人的具体情况,委托民政部门、乡镇人民政府或者街道办事处、村(居)民委员会、救助申请人所在单位等组织发放救助金。

第十五条 各级人民法院应当积极协调财政部门将国家司法救助资金列入预算,并会同财政部门建立国家司法救助资金动态调整机制。

对公民、法人和其他组织捐助的国家司法救助资金,人民法院应当严格、规范使用,及时公布救助的具体对象,并告知捐助人救助情况,确保救助资金使用的透明度和公正性。

第十六条 人民法院司法救助委员会应当在年度终了一个月内就本院上一年度司法救助情况提交书面报告,接受纪检、监察、审计部门和上级人民法院的监督,确保专款专用。

第十七条 人民法院应当加强国家司法救助工作信息化建设,将国家司法救助案件纳入审判管理信息系统,及时录入案件信息,实现四级法院信息共享,并积极探索建立与社会保障机构、其他相关救助机构的救助信息共享机制。

上级法院应当对下级法院的国家司法救助工作予以指导和监督,防止救助失衡和重复救助。

第十八条 人民法院工作人员有下列行为之一的,应当予以批评教育;构成违纪的,应当根据相关规定予以纪律处分;构成犯罪的,应当依法追究刑事责任:

(一)滥用职权,对明显不符合条件的救助申请人决定给予救助的;

(二)虚报、克扣救助申请人救助金的;

(三)贪污、挪用救助资金的;

(四)对符合救助条件的救助申请人不及时办理救助手续,造成严重后果的;

(五)违反本意见的其他行为。

第十九条 救助申请人所在单位或者基层组织等相关单位出具虚假证明,使不符合救助条件的救助申请人获得救助的,人民法院应当建议相关单位或者其上级主管机关依法依纪对相关责任人予以处理。

第二十条 救助申请人获得救助后,人民法院从被执行人处执行到赔偿款或者其他应当给付的执行款的,应当将已发放的救助金从执行款中扣除。

救助申请人通过提供虚假材料等手段骗取救助金的,人民法院应当予以追回;构成犯罪的,应当依法追究刑事责任。

涉诉信访救助申请人领取救助金后,违背息诉息访承诺的,人民法院应当将救助金予以追回。

第二十一条 对未纳入国家司法救助范围或者获得国家司法救助后仍面临生活困难的救助申请人,符合社会救助条件的,人民法院通过国家司法救助与社会救助衔接机制,协调有关部门将其纳入社会救助范围。

《人民检察院国家司法救助工作细则(试行)》(2016年8月16日)

第一章 总 则

第一条 为了进一步加强和规范人民检察院国家司法救助工作,根据《关于建立完善国家司法救助制度的意见(试行)》,结合检察工作实际,制定本细则。

第二条 人民检察院国家司法救助工作,是人民检察院在办理案件过程中,对遭受犯罪侵害或者民事侵权,无法通过诉讼获得有效赔偿,生活面临急迫困难的当事人采取的辅助性救济措施。

第三条 人民检察院开展国家司法救助工作,应当遵循以下原则:

(一)辅助性救助。对同一案件的同一当事人只救助一次,其他办案机关已经予以救助的,人民检察院不再救助。对于通过诉讼能够获得赔偿、补偿的,应当通过诉讼途径解决。

(二)公正救助。严格把握救助标准和条件,兼顾当事人实际情况和同类案件救助数额,做到公平、公正、合理救助。

(三)及时救助。对符合救助条件的当事人,应当根据当事人申请或者依据职权及时提供救助。

(四)属地救助。对符合救助条件的当事人,应当由办理案件的人民检察院负责救助。

第四条 人民检察院办案部门承担下列国家司法救助工作职责:

(一)主动了解当事人受不法侵害造成损失的情况及生活困难情况,对符合救助条件的当事人告知其可以提出救助申请;

(二)根据刑事申诉检察部门审查国家司法救助申请的需要,提供案件有关情况及案件材料;

(三)将本院作出的国家司法救助决定书随案卷移送其他办案机关。

第五条 人民检察院刑事申诉检察部门承担下列国家司法救助工作职责:

(一)受理、审查国家司法救助申请;

(二)提出国家司法救助审查意见并报请审批;

(三)发放救助金;

(四)国家司法救助的其他相关工作。

第六条 人民检察院计划财务装备部门承担下列国家司法救助工作职责:

(一)编制和上报本院国家司法救助资金年度预算;

(二)向财政部门申请核拨国家司法救助金;

(三)监督国家司法救助资金的使用;

(四)协同刑事申诉检察部门发放救助金。

第二章 对象和范围

第七条 救助申请人符合下列情形之一的,人民检察院应当予以救助:

(一)刑事案件被害人受到犯罪侵害致重伤或者严重残疾,因加害人死亡或者没有赔偿能力,无法通过诉讼获得赔偿,造成生活困难的;

(二)刑事案件被害人受到犯罪侵害危及生命,急需救治,无力承担医疗救治费用的;

(三)刑事案件被害人受到犯罪侵害致死,依靠其收入为主要生活来源的近亲属或者其赡养、扶养、抚养的其他人,因加害人死亡或者没有赔偿能力,无法通

过诉讼获得赔偿,造成生活困难的;

(四)刑事案件被害人受到犯罪侵害,致使财产遭受重大损失,因加害人死亡或者没有赔偿能力,无法通过诉讼获得赔偿,造成生活困难的;

(五)举报人、证人、鉴定人因向检察机关举报、作证或者接受检察机关委托进行司法鉴定而受到打击报复,致使人身受到伤害或者财产受到重大损失,无法通过诉讼获得赔偿,造成生活困难的;

(六)因道路交通事故等民事侵权行为造成人身伤害,无法通过诉讼获得赔偿,造成生活困难的;

(七)人民检察院根据实际情况,认为需要救助的其他情形。

第八条 救助申请人具有下列情形之一的,一般不予救助:

(一)对案件发生有重大过错的;

(二)无正当理由,拒绝配合查明案件事实的;

(三)故意作虚伪陈述或者伪造证据,妨害诉讼的;

(四)在诉讼中主动放弃民事赔偿请求或者拒绝加害责任人及其近亲属赔偿的;

(五)生活困难非案件原因所导致的;

(六)通过社会救助等措施已经得到合理补偿、救助的。

第三章 方式和标准

第九条 国家司法救助以支付救助金为主要方式,并与思想疏导、宣传教育相结合,与法律援助、诉讼救济相配套,与其他社会救助相衔接。

第十条 救助金以办理案件的人民检察院所在省、自治区、直辖市上一年度职工月平均工资为基准确定,一般不超过三十六个月的工资总额。损失特别重大、生活特别困难,需要适当突破救助限额的,应当严格审核控制,依照相关规定报批,总额不得超过人民法院依法应当判决的赔偿数额。

各省、自治区、直辖市上一年度职工月平均工资,根据已经公布的各省、自治区、直辖市上一年度职工年平均工资计算。上一年度职工年平均工资尚未公布的,以公布的最近年度职工年平均工资为准。

第十一条 确定救助金具体数额,应当综合考虑以下因素:

(一)救助申请人实际遭受的损失;

(二)救助申请人本人有无过错以及过错程度;

(三)救助申请人及其家庭的经济状况;

(四)救助申请人维持基本生活所必需的最低支出;

(五)赔偿义务人实际赔偿情况;

(六)其他应当考虑的因素。

第十二条 救助申请人接受国家司法救助后仍然生活困难的,人民检察院应当建议有关部门依法予以社会救助。

办理案件的人民检察院所在地与救助申请人户籍所在地不一致的,办理案件的人民检察院应当将有关案件情况、给予国家司法救助的情况、予以社会救助的建议等书面材料,移送救助申请人户籍所在地的人民检察院。申请人户籍所在地的人民检察院应当及时建议当地有关部门予以社会救助。

第四章 工作程序

第一节 救助申请的受理

第十三条 救助申请应当由救助申请人向办理案件的人民检察院提出。无行为能力或者限制行为能力的救助申请人,可以由其法定代理人代为申请。

第十四条 人民检察院办案部门在办理案件过程中,对于符合本细则第七条规定的人员,应当告知其可以向本院申请国家司法救助。

刑事案件被害人受到犯罪侵害危及生命,急需救治,无力承担医疗救治费用的,办案部门应当立即告知刑事申诉检察部门。刑事申诉检察部门应当立即审查并报经分管检察长批准,依据救助标准先行救助,救助后应当及时补办相关手续。

第十五条 救助申请一般应当以书面方式提出。救助申请人确有困难不能提供书面申请的,可以口头方式提出。口头申请的,检察人员应当制作笔录。

救助申请人系受犯罪侵害死亡的刑事被害人的近亲属或者其赡养、扶养、抚养的其他人,以及法定代理人代为提出申请的,需要提供与被害人的社会关系证明;委托代理人代为提出申请的,需要提供救助申请人的授权委托书。

第十六条 向人民检察院申请国家司法救助,应当提交下列材料:

(一)国家司法救助申请书;

(二)救助申请人的有效身份证明;

(三)实际损害结果证明,包括被害人伤情鉴定意见、医疗诊断结论及医疗费用单据或者死亡证明,受不法侵害所致财产损失情况;

(四)救助申请人及其家庭成员生活困难情况的证明;

(五)是否获得赔偿、救助等的情况说明或者证明材料;

(六)其他有关证明材料。

第十七条 救助申请人确因特殊困难不能取得相关证明的,可以申请人民检察院调取。

第十八条 救助申请人生活困难证明,应当由救助申请人户籍所在地或者经常居住地村(居)民委员会、所在单位,或者民政部门出具。生活困难证明应当写明有关救助申请人的家庭成员、劳动能力、就业状况、家庭收入等情况。

第十九条 救助申请人或者其代理人当面递交申请书和其他申请材料的,受理的检察人员应当当场出具收取申请材料清单,加盖本院专用印章并注明收讫日期。

检察人员认为救助申请人提交的申请材料不齐全或者不符合要求,需要补充或者补正的,应当当场或在五个工作日内,告知救助申请人在三十日内提交补充、补正材料。期满未补充、补正的,视为放弃申请。

第二十条 救助申请人提交的国家司法救助申请书和相关材料齐备后,刑事申诉检察部门应当填写《受理国家司法救助申请登记表》。

第二节 救助申请的审查与决定

第二十一条 人民检察院受理救助申请后,刑事申诉检察部门应当立即指定检察人员办理。承办人员应当及时审查有关材料,必要时进行调查核实,并制作《国家司法救助申请审查报告》,全面反映审查情况,提出是否予以救助的意见及理由。

第二十二条 审查国家司法救助申请的人民检察院需要向外地调查、核实有关情况的,可以委托有关人民检察院代为进行,并将救助申请人情况、简要案情、需要调查核实的内容等材料,一并提供受委托的人民检察院。受委托的人民检察院应当及时办理并反馈情况。

第二十三条 刑事申诉检察部门经审查,认为救助申请符合救助条件的,应当提出给予救助和具体救助金额的审核意见,报分管检察长审批决定。认为不符合救助条件或者具有不予救助的情形的,应当将不予救助的决定告知救助申请人,并做好解释说明工作。

第二十四条 刑事申诉检察部门提出予以救助的审核意见,应当填写《国家司法救助审批表》,并附相关申请材料及调查、核实材料。

经审批同意救助的,应当制作《国家司法救助决定书》,及时送达救助申请人。

第二十五条 人民检察院应当自受理救助申请之日起十个工作日内作出是否予以救助和具体救助金额的决定。

人民检察院要求救助申请人补充、补正申请材料,或者根据救助申请人请求调取相关证明的,审查办理期限自申请材料齐备之日起开始计算。

委托其他人民检察院调查、核实的时间,不计入审批期限。

第三节 救助金的发放

第二十六条 人民检察院决定救助的,刑事申诉检察部门应当将《国家司法救助决定书》送本院计划财务装备部门。计划财务装备部门应当依照预算管理权限,及时向财政部门提出核拨救助金申请。

第二十七条 计划财务装备部门收到财政部门拨付的救助金后,应当及时通知刑事申诉检察部门。刑事申诉检察部门应当在二个工作日内通知救助申请人领取救助金。

第二十八条 救助申请人领取救助金时,刑事申诉检察部门应当填写《国家司法救助金发放登记表》,协助计划财务装备部门,按照有关规定办理领款手续。

第二十九条 救助金一般以银行转账方式发放,刑事申诉检察部门也可以与救助申请人商定发放方式。

第三十条 救助金应当一次性发放,情况特殊的,经分管检察长批准,可以分期发放。分期发放救助金,应当事先一次性确定批次、各批次时间、各批次金额以及承办人员等。

第三十一条 人民检察院办理的案件依照诉讼程序需要移送其他办案机关的,刑事申诉检察部门应当将国家司法救助的有关材料复印件移送本院办案部门,由办案部门随案卷一并移送。尚未完成的国家司法救助工作应当继续完成。

第五章 救助资金保障和管理

第三十二条 各级人民检察院应当积极协调政府财政部门将国家司法救助资金列入预算,并建立动态调整机制。

第三十三条 各级人民检察院计划财务装备部门应当建立国家司法救助资金财务管理制度,强化监督措施。

第三十四条 国家司法救助资金实行专款专用,不得挪作他用。

第三十五条 刑事申诉检察部门应当在年度届满后一个月内,将本院上一年度国家司法救助工作情况形成书面报告,并附救助资金发放情况明细表,按照规定报送有关部门和上一级人民检察院,接受监督。

第六章 责任追究

第三十六条 检察人员在国家司法救助工作中具有下列情形之一的,应当依法依纪追究责任,并追回已经发放或者非法占有的救助资金:

(一)截留、侵占、私分或者挪用国家司法救助资金的;
(二)利用职务或者工作便利收受他人财物的;
(三)违反规定发放救助资金造成重大损失的;

(四)弄虚作假为不符合救助条件的人员提供救助的。

第三十七条 救助申请人通过提供虚假材料、隐瞒真相等欺骗手段获得国家司法救助金的,应当追回救助金;涉嫌犯罪的,依法追究刑事责任。

第三十八条 救助申请人所在单位或者基层组织出具虚假证明,使不符合救助条件的救助申请人获得救助的,人民检察院应当建议相关单位或者主管机关依法依纪对相关责任人予以处理,并追回救助金。

第七章 附 则

第三十九条 本细则由最高人民检察院负责解释。

第四十条 本细则自发布之日起试行。

《最高人民检察院关于全面加强未成年人国家司法救助工作的意见》(2018年2月27日)

为进一步加强未成年人司法保护,深入推进检察机关国家司法救助工作,根据《中华人民共和国未成年人保护法》和中央政法委、财政部、最高人民法院、最高人民检察院、公安部、司法部《关于建立完善国家司法救助制度的意见(试行)》《最高人民检察院关于贯彻实施〈关于建立完善国家司法救助制度的意见(试行)〉的若干意见》《人民检察院国家司法救助工作细则(试行)》,结合检察工作实际,现就全面加强未成年人国家司法救助工作,提出如下意见。

一、充分认识未成年人国家司法救助工作的重要意义(略)

二、牢固树立特殊保护、及时救助的理念(略)

三、明确救助对象,实现救助范围全覆盖

对下列未成年人,案件管辖地检察机关应当给予救助:

(一)受到犯罪侵害致使身体出现伤残或者心理遭受严重创伤,因不能及时获得有效赔偿,造成生活困难的。

(二)受到犯罪侵害急需救治,其家庭无力承担医疗救治费用的。

(三)抚养人受到犯罪侵害致死,因不能及时获得有效赔偿,造成生活困难的。

(四)家庭财产受到犯罪侵害遭受重大损失,因不能及时获得有效赔偿,且未获得合理补偿、救助,造成生活困难的。

(五)因举报、作证受到打击报复,致使身体受到伤害或者家庭财产遭受重大损失,因不能及时获得有效赔偿,造成生活困难的。

(六)追索抚育费,因被执行人没有履行能力,造成生活困难的。

(七)因道路交通事故等民事侵权行为造成人身伤害,无法通过诉讼获得有效赔偿,造成生活困难的。

(八)其他因案件造成生活困难,认为需要救助的。

四、合理确定救助标准,确保救助金专款专用

检察机关决定对未成年人支付救助金的,应当根据未成年人家庭的经济状况,综合考虑其学习成长所需的合理费用,以案件管辖地所在省、自治区、直辖市上一年度职工月平均工资为基准确定救助金,一般不超过三十六个月的工资总额。对身体重伤或者严重残疾、家庭生活特别困难的未成年人,以及需要长期进行心理治疗或者身体康复的未成年人,可以突破救助限额,并依照有关规定报批。相关法律文书需要向社会公开的,应当隐去未成年人及其法定代理人、监护人的身份信息。

要加强对救助金使用情况的监督,必要时可以采用分期发放、第三方代管等救助金使用监管模式,确保救助金用作未成年人必需的合理支出。对截留、侵占、私分或者挪用救助金的单位和个人,严格依纪依法追究责任,并追回救助金。

五、积极开展多元方式救助,提升救助工作实效

未成年人健康快乐成长,既需要物质帮助,也需要精神抚慰和心理疏导;既需要解决生活面临的急迫困难,也需要安排好未来学习成长。检察机关在开展未成年人国家司法救助工作中,要增强对未成年人的特殊、优先保护意识,避免"给钱了事"的简单化做法,针对未成年人的具体情况,依托有关单位,借助专业力量,因人施策,精准帮扶,切实突出长远救助效果。

对下列因案件陷入困境的未成年人,检察机关可以给予相应方式帮助:

(一)对遭受性侵害、监护侵害以及其他身体伤害的,进行心理安抚和疏导;对出现心理创伤或者精神损害的,实施心理治疗。

(二)对没有监护人、监护人没有监护能力或者原监护人被撤销资格的,协助开展生活安置、提供临时照料、指定监护人等相关工作。

(三)对未完成义务教育而失学辍学的,帮助重返学校;对因经济困难可能导致失学辍学的,推动落实相关学生资助政策;对需要转学的,协调办理相关手续。

(四)对因身体伤残出现就医、康复困难的,帮助落实医疗、康复机构,促进身体康复。

(五)对因身体伤害或者财产损失提起附带民事诉讼的,帮助获得法律援助;对单独提起民事诉讼的,协调减免相关诉讼费用。

(六)对适龄未成年人有劳动、创业等意愿但缺乏必要技能的,协调有关部门提供技能培训等帮助。

(七)对符合社会救助条件的,给予政策咨询、帮扶转介,帮助协调其户籍所在地有关部门按规定纳入相关社会救助范围。

（八）认为合理、有效的其他方式。

六、主动开展救助工作,落实内部职责分工

国家司法救助工作是检察机关的重要职能,对未成年人进行司法保护是检察机关的应尽职责,开展好未成年人国家司法救助工作,需要各级检察机关、检察机关各相关职能部门和广大检察人员积极参与,群策群力,有效合作,共同推进。

刑事申诉检察部门负责受理、审查救助申请、提出救助审查意见和发放救助金等有关工作,未成年人检察工作部门负责给予其他方式救助等有关工作。侦查监督、公诉、刑事执行检察、民事行政检察、控告检察等办案部门要增强依职权主动救助意识,全面掌握未成年人受害情况和生活困难情况,对需要支付救助金的,及时交由刑事申诉检察部门按规定办理；对需要给予其他方式帮助的,及时交由未成年人检察工作部门按规定办理,或者通知未成年人检察工作部门介入。

刑事申诉检察部门和未成年人检察工作部门要注意加强沟通联系和协作配合,保障相关救助措施尽快落实到位。

七、积极调动各方力量,构建外部合作机制（略）

八、加强组织领导,健康有序推进救助工作（略）

《最高人民检察院、公安部关于依法妥善办理轻伤害案件的指导意见》（高检发办字〔2022〕167号）**第十三条**要求积极开展国家司法救助。（→参见第二编"立案、侦查和提起公诉"标题下所附"其他规范",第793页）

相关规范集成·刑事附带民事公益诉讼[①]

[①] 需要注意的问题有二：(1)法律明确规定的检察公益诉讼案件范围,在制度设立之初只有生态环境和资源保护、食品药品安全、国有财产保护、国有土地使用权出让等领域。《英雄烈士保护法》的出台,赋予了检察机关对侮辱、诋毁英烈行为提起公益诉讼的职能。自此,检察公益诉讼法定领域形成"4+1"格局。此后,安全生产、个人信息保护、军人地位和权益保障、未成年人保护等法律均设置公益诉讼条款,法定领域由传统的"4+1"扩大到了"4+5"。2022年6月24日,全国人大常委会修订的《反垄断法》又写入公益诉讼条款。紧接着,《反电信网络诈骗法》《农产品质量安全法》《妇女权益保障法》等均对检察机关提起公益诉讼作出规定,法定领域"版图"逐渐扩大,并继续向其他新领域拓展。一言以蔽之,检察公益诉讼法定领域迈向"4+N"格局。(2)《刑诉法解释》征求意见过程中,有意见提出,根据《民事诉讼法》《英雄烈士保护法》及公益诉讼司法实践,建议增加刑事附带民事公益诉讼的内容。经研究认为,关于刑事附带民事公益诉讼的问题,《刑诉（转下页）

相关规定

《中华人民共和国民事诉讼法》（第四次修正后自 2022 年 1 月 1 日起施行，节录）

第五十八条 对污染环境、侵害众多消费者合法权益等损害社会公共利益的行为，法律规定的机关和有关组织可以向人民法院提起诉讼。

人民检察院在履行职责中发现破坏生态环境和资源保护、食品药品安全领域侵害众多消费者合法权益等损害社会公共利益的行为，在没有前款规定的机关和组织或者前款规定的机关和组织不提起诉讼的情况下，可以向人民法院提起诉讼。前款规定的机关或者组织提起诉讼的，人民检察院可以支持起诉。

《中华人民共和国英雄烈士保护法》（自 2018 年 5 月 1 日起施行，节录）

第二十五条 对侵害英雄烈士的姓名、肖像、名誉、荣誉的行为，英雄烈士的近亲属可以依法向人民法院提起诉讼。

英雄烈士没有近亲属或者近亲属不提起诉讼的，检察机关依法对侵害英雄烈士的姓名、肖像、名誉、荣誉，损害社会公共利益的行为向人民法院提起诉讼。

负责英雄烈士保护工作的部门和其他有关部门在履行职责过程中发现第一款规定的行为，需要检察机关提起诉讼的，应当向检察机关报告。

英雄烈士近亲属依照第一款规定提起诉讼的，法律援助机构应当依法提供法律援助服务。

《中华人民共和国未成年人保护法》（第二次修订后自 2021 年 6 月 1 日起施行，节录）

第一百零六条 未成年人合法权益受到侵犯，相关组织和个人未代为提起

（接上页）法解释》暂不作出明确规定。主要考虑如下：其一，《刑事诉讼法》第一百零一条规定："被害人由于被告人的犯罪行为而遭受物质损失的，在刑事诉讼过程中，有权提起附带民事诉讼……"可见，《刑事诉讼法》只明确规定了刑事附带民事诉讼，未明确提及公益诉讼可以在刑事诉讼过程中附带提起。其二，《民事诉讼法》《英雄烈士保护法》等确实规定了公益诉讼的内容，但也未明确提及刑事附带民事公益诉讼。其三，关于刑事附带民事公益诉讼的相关问题，《最高人民法院、最高人民检察院关于检察公益诉讼案件适用法律若干问题的解释》作了相对具体的规定，司法实践中可以继续适用该解释的规定。目前，该解释施行时间不长，可以待其继续适用一段时间后，根据司法实践的情况再作总结，通过修改《刑事诉讼法》的方式对附带民事公益诉讼的问题作出进一步明确。——本评注注

诉讼的,人民检察院可以督促、支持其提起诉讼;涉及公共利益的,人民检察院有权提起公益诉讼。

《中华人民共和国军人地位和权益保障法》(自2021年8月1日起施行,节录)

第六十条　军人、军人家属和烈士、因公牺牲军人、病故军人遗属的合法权益受到侵害的,有权向有关国家机关和军队单位提出申诉、控告。负责受理的国家机关和军队单位,应当依法及时处理,不得推诿、拖延。依法向人民法院提起诉讼的,人民法院应当优先立案、审理和执行,人民检察院可以支持起诉。

第六十二条　侵害军人荣誉、名誉和其他相关合法权益,严重影响军人有效履行职责使命,致使社会公共利益受到损害的,人民检察院可以根据民事诉讼法、行政诉讼法的相关规定提起公益诉讼。

《中华人民共和国安全生产法》(第三次修正后自2021年9月1日起施行,节录)

第七十四条　任何单位或者个人对事故隐患或者安全生产违法行为,均有权向负有安全生产监督管理职责的部门报告或者举报。

因安全生产违法行为造成重大事故隐患或者导致重大事故,致使国家利益或者社会公共利益受到侵害的,人民检察院可以根据民事诉讼法、行政诉讼法的相关规定提起公益诉讼。

《中华人民共和国个人信息保护法》(自2021年11月1日起施行,节录)

第七十条　个人信息处理者违反本法规定处理个人信息,侵害众多个人的权益的,人民检察院、法律规定的消费者组织和由国家网信部门确定的组织可以依法向人民法院提起诉讼。

《中华人民共和国反垄断法》(修正后自2022年8月1日起施行,节录)

第六十条　经营者实施垄断行为,给他人造成损失的,依法承担民事责任。

经营者实施垄断行为,损害社会公共利益的,设区的市级以上人民检察院可以依法向人民法院提起民事公益诉讼。

《中华人民共和国反电信网络诈骗法》(自2022年12月1日起施行,节录)

第四十七条　人民检察院在履行反电信网络诈骗职责中,对于侵害国家利益和社会公共利益的行为,可以依法向人民法院提起公益诉讼。

《中华人民共和国妇女权益保障法》(修订后自2023年1月1日起施行,节录)

第七十七条　侵害妇女合法权益,导致社会公共利益受损的,检察机关可以

发出检察建议;有下列情形之一的,检察机关可以依法提起公益诉讼:

(一)确认农村妇女集体经济组织成员身份时侵害妇女权益或者侵害妇女享有的农村土地承包和集体收益、土地征收征用补偿分配权益和宅基地使用权益;

(二)侵害妇女平等就业权益;

(三)相关单位未采取合理措施预防和制止性骚扰;

(四)通过大众传播媒介或者其他方式贬低损害妇女人格;

(五)其他严重侵害妇女权益的情形。

《中华人民共和国农产品质量安全法》(修订后自2023年1月1日起施行,节录)

第七十九条 违反本法规定,给消费者造成人身、财产或者其他损害的,依法承担民事赔偿责任。生产经营者财产不足以同时承担民事赔偿责任和缴纳罚款、罚金时,先承担民事赔偿责任。

食用农产品生产经营者违反本法规定,污染环境、侵害众多消费者合法权益,损害社会公共利益的,人民检察院可以依照《中华人民共和国民事诉讼法》、《中华人民共和国行政诉讼法》等法律的规定向人民法院提起诉讼。

基本规范

《人民检察院刑事诉讼规则》(高检发释字〔2019〕4号)第三百三十条、第三百三十九条对附带民事公益诉讼的有关问题作了规定。(→参见第一百七十一条、第一百七十六条所附"基本规范",第1154、1179页)

其他规范

《最高人民法院、最高人民检察院关于检察公益诉讼案件适用法律若干问题的解释》(法释〔2020〕20号,根据《最高人民法院关于修改〈最高人民法院关于人民法院民事调解工作若干问题的规定〉等十九件民事诉讼类司法解释的规定》修正)

一、一般规定(略)

二、民事公益诉讼

第十三条 人民检察院在履行职责中发现破坏生态环境和资源保护,食品药品安全领域侵害众多消费者合法权益,侵害英雄烈士等的姓名、肖像、名誉、荣誉等损害社会公共利益的行为,拟提起公益诉讼的,应当依法公告,公告期间为三十日。

公告期满,法律规定的机关和有关组织、英雄烈士等的近亲属不提起诉讼的,人民检察院可以向人民法院提起诉讼。

人民检察院办理侵害英雄烈士等的姓名、肖像、名誉、荣誉的民事公益诉讼案件,也可以直接征询英雄烈士等的近亲属的意见。

第十四条 人民检察院提起民事公益诉讼应当提交下列材料:

(一)民事公益诉讼起诉书,并按照被告人数提出副本;

(二)被告的行为已经损害社会公共利益的初步证明材料;

(三)已经履行公告程序、征询英雄烈士等的近亲属意见的证明材料。

第十五条 人民检察院依据民事诉讼法第五十五条第二款的规定提起民事公益诉讼,符合民事诉讼法第一百一十九条第二项、第三项、第四项及本解释规定的起诉条件的,人民法院应当登记立案。

第十六条 人民检察院提起的民事公益诉讼案件中,被告以反诉方式提出诉讼请求的,人民法院不予受理。

第十七条 人民法院受理人民检察院提起的民事公益诉讼案件后,应当在立案之日起五日内将起诉书副本送达被告。

人民检察院已履行诉前公告程序的,人民法院立案后不再进行公告。

第十八条 人民法院认为人民检察院提出的诉讼请求不足以保护社会公共利益的,可以向其释明变更或者增加停止侵害、恢复原状等诉讼请求。

第十九条 民事公益诉讼案件审理过程中,人民检察院诉讼请求全部实现而撤回起诉的,人民法院应予准许。

第二十条 人民检察院对破坏生态环境和资源保护,食品药品安全领域侵害众多消费者合法权益,侵害英雄烈士等的姓名、肖像、名誉、荣誉等损害社会公共利益的犯罪行为提起刑事公诉时,可以向人民法院一并提起附带民事公益诉讼,由人民法院同一审判组织审理。

人民检察院提起的刑事附带民事公益诉讼案件由审理刑事案件的人民法院管辖。

三、行政公益诉讼(略)

四、附　则

第二十六条 本解释未规定的其他事项,适用民事诉讼法、行政诉讼法以及相关司法解释的规定。

第二十七条 本解释自2018年3月2日起施行。

最高人民法院、最高人民检察院之前发布的司法解释和规范性文件与本解释不一致的,以本解释为准。

《最高人民法院、最高人民检察院关于人民检察院提起刑事附带民事公益诉讼应否履行诉前公告程序问题的批复》（法释〔2019〕18号，自2019年12月6日起施行）

各省、自治区、直辖市高级人民法院、人民检察院，解放军军事法院、军事检察院，新疆维吾尔自治区高级人民法院生产建设兵团分院、新疆生产建设兵团人民检察院：

近来，部分高级人民法院、省级人民检察院就人民检察院提起刑事附带民事公益诉讼应否履行诉前公告程序的问题提出请示。经研究，批复如下：

人民检察院提起刑事附带民事公益诉讼，应履行诉前公告程序。对于未履行诉前公告程序的，人民法院应当进行释明，告知人民检察院公告后再行提起诉讼。

因人民检察院履行诉前公告程序，可能影响相关刑事案件审理期限的，人民检察院可以另行提起民事公益诉讼。

《人民检察院公益诉讼办案规则》（高检发释字〔2021〕2号，自2021年7月1日起施行，节录）

第一章 总 则

第一条 为了规范人民检察院履行公益诉讼检察职责，加强对国家利益和社会公共利益的保护，根据《中华人民共和国人民检察院组织法》《中华人民共和国民事诉讼法》《中华人民共和国行政诉讼法》等法律规定，结合人民检察院工作实际，制定本规则。

第二条 人民检察院办理公益诉讼案件的任务，是通过依法独立行使检察权，督促行政机关依法履行监督管理职责，支持适格主体依法行使公益诉权，维护国家利益和社会公共利益，维护社会公平正义，维护宪法和法律权威，促进国家治理体系和治理能力现代化。

第三条 人民检察院办理公益诉讼案件，应当遵守宪法、法律和相关法规，秉持客观公正立场，遵循相关诉讼制度的基本原则和程序规定，坚持司法公开。

第四条 人民检察院通过提出检察建议、提起诉讼和支持起诉等方式履行公益诉讼检察职责。

第五条 人民检察院办理公益诉讼案件，由检察官、检察长、检察委员会在各自职权范围内对办案事项作出决定，并依照规定承担相应司法责任。

检察官在检察长领导下开展工作。重大办案事项，由检察长决定。检察长可以根据案件情况，提交检察委员会讨论决定。其他办案事项，检察长可以自行决定,也可以授权检察官决定。

以人民检察院名义制发的法律文书,由检察长签发;属于检察官职权范围内决定事项的,检察长可以授权检察官签发。

第六条 人民检察院办理公益诉讼案件,根据案件情况,可以由一名检察官独任办理,也可以由两名以上检察官组成办案组办理。由检察官办案组办理的,检察长应当指定一名检察官担任主办检察官,组织、指挥办案组办理案件。

检察官办理案件,可以根据需要配备检察官助理、书记员、司法警察、检察技术人员等检察辅助人员。检察辅助人员依照法律规定承担相应的检察辅助事务。

第七条 负责公益诉讼检察的部门负责人对本部门的办案活动进行监督管理。需要报请检察长决定的事项,应当先由部门负责人审核。部门负责人可以主持召开检察官联席会议进行讨论,也可以直接报请检察长决定。

第八条 检察长不同意检察官处理意见的,可以要求检察官复核,也可以直接作出决定,或者提请检察委员会讨论决定。

检察官执行检察长决定时,认为决定错误的,应当书面提出意见。检察长不改变原决定的,检察官应当执行。

第九条 人民检察院提起诉讼或者支持起诉的民事、行政公益诉讼案件,由负责民事、行政检察的部门或者办案组织分别履行诉讼监督的职责。

第十条 最高人民检察院领导地方各级人民检察院和专门人民检察院的公益诉讼检察工作,上级人民检察院领导下级人民检察院的公益诉讼检察工作。

上级人民检察院对下级人民检察院作出的决定,有权予以撤销或者变更;发现下级人民检察院办理的案件有错误的,有权指令下级人民检察院予以纠正。

下级人民检察院对上级人民检察院的决定应当执行。如果认为有错误的,应当在执行的同时向上级人民检察院报告。

第十一条 人民检察院办理公益诉讼案件,实行一体化工作机制,上级人民检察院根据办案需要,可以交办、提办、督办、领办案件。

上级人民检察院可以依法统一调用辖区的检察人员办理案件,调用的决定应当以书面形式作出。被调用的检察官可以代表办理案件的人民检察院履行调查、出庭等职责。

第十二条 人民检察院办理公益诉讼案件,依照规定接受人民监督员监督。

第二章 一般规定

第一节 管 辖

第十三条 人民检察院办理行政公益诉讼案件,由行政机关对应的同级人民检察院立案管辖。

行政机关为人民政府,由上一级人民检察院管辖更为适宜的,也可以由上一级人民检察院立案管辖。

第十四条 人民检察院办理民事公益诉讼案件,由违法行为发生地、损害结果地或者违法行为人住所地基层人民检察院立案管辖。

刑事附带民事公益诉讼案件,由办理刑事案件的人民检察院立案管辖。

第十五条 设区的市级以上人民检察院管辖本辖区内重大、复杂的案件。公益损害范围涉及两个以上行政区划的公益诉讼案件,可以由共同的上一级人民检察院管辖。

第十六条 人民检察院立案管辖与人民法院诉讼管辖级别、地域不对应的,具有管辖权的人民检察院可以立案,需要提起诉讼的,应当将案件移送有管辖权人民法院对应的同级人民检察院。

第十七条 上级人民检察院可以根据办案需要,将下级人民检察院管辖的公益诉讼案件指定本辖区内其他人民检察院办理。

最高人民检察院、省级人民检察院和设区的市级人民检察院可以根据跨区域协作工作机制规定,将案件指定或移送相关人民检察院跨行政区划管辖。基层人民检察院可以根据跨区域协作工作机制规定,将案件移送相关人民检察院跨行政区划管辖。

人民检察院对管辖权发生争议的,由争议双方协商解决。协商不成的,报共同的上级人民检察院指定管辖。

第十八条 上级人民检察院认为确有必要的,可以办理下级人民检察院管辖的案件,也可以将本院管辖的案件交下级人民检察院办理。

下级人民检察院认为需要由上级人民检察院办理的,可以报请上级人民检察院决定。

第二节 回 避

第十九条 检察人员具有下列情形之一的,应当自行回避,当事人、诉讼代理人有权申请其回避:

(一)是行政公益诉讼行政机关法定代表人或者主要负责人、诉讼代理人近亲属,或者有其他关系,可能影响案件公正办理的;

(二)是民事公益诉讼当事人、诉讼代理人近亲属,或者有其他关系,可能影响案件公正办理的。

应当回避的检察人员,本人没有自行回避,当事人及其诉讼代理人也没有申请其回避的,检察长或者检察委员会应当决定其回避。

前两款规定,适用于翻译人员、鉴定人、勘验人等。

第二十条 检察人员自行回避的,应当书面或者口头提出,并说明理由。口头提出的,应当记录在卷。

第二十一条 当事人及其诉讼代理人申请回避的,应当书面或者口头提出,并说明理由。口头提出的,应当记录在卷。

被申请回避的人员在人民检察院作出是否回避的决定前,不停止参与本案工作。

第二十二条 检察长的回避,由检察委员会讨论决定;检察人员和其他人员的回避,由检察长决定。检察委员会讨论检察长回避问题时,由副检察长主持。

第二十三条 人民检察院对当事人提出的回避申请,应当在收到申请后三日内作出决定,并通知申请人。申请人对决定不服的,可以在接到决定时向原决定机关申请复议一次。人民检察院应当在三日内作出复议决定,并通知复议申请人。复议期间,被申请回避的人员不停止参与本案工作。

第三节 立 案

第二十四条 公益诉讼案件线索的来源包括:

(一)自然人、法人和非法人组织向人民检察院控告、举报的;

(二)人民检察院在办案中发现的;

(三)行政执法信息共享平台上发现的;

(四)国家机关、社会团体和人大代表、政协委员等转交的;

(五)新闻媒体、社会舆论等反映的;

(六)其他在履行职责中发现的。

第二十五条 人民检察院对公益诉讼案件线索实行统一登记备案管理制度。重大案件线索应当向上一级人民检察院备案。

人民检察院其他部门发现公益诉讼案件线索的,应当将有关材料及时移送负责公益诉讼检察的部门。

第二十六条 人民检察院发现公益诉讼案件线索不属于本院管辖的,应当制作《移送案件线索通知书》,移送有管辖权的同级人民检察院,受移送的人民检察院应当受理。受移送的人民检察院认为不属于本院管辖的,应当报告上级人民检察院,不得自行退回原移送线索的人民检察院或者移送其他人民检察院。

人民检察院发现公益诉讼案件线索属于上级人民检察院管辖的,应当制作《报请移送案件线索意见书》,报请移送上级人民检察院。

第二十七条 人民检察院应当对公益诉讼案件线索的真实性、可查性等进行评估,必要时可以进行初步调查,并形成《初步调查报告》。

第二十八条 人民检察院经过评估,认为国家利益或者社会公共利益受到侵害,可能存在违法行为的,应当立案调查。

第二十九条 对于国家利益或者社会公共利益受到严重侵害,人民检察院经初步调查仍难以确定不依法履行监督管理职责的行政机关或者违法行为人的,也可以立案调查。

第三十条 检察官对案件线索进行评估后提出立案或者不立案意见的,应当制作《立案审批表》,经过初步调查的附《初步调查报告》,报请检察长决定后制作《立案决定书》或者《不立案决定书》。

第三十一条 负责公益诉讼检察的部门在办理公益诉讼案件过程中,发现涉嫌犯罪或者职务违法、违纪线索的,应当依照规定移送本院相关检察业务部门或者其他有管辖权的主管机关。

第四节 调 查

第三十二条 人民检察院办理公益诉讼案件,应当依法、客观、全面调查收集证据。

第三十三条 人民检察院在调查前应当制定调查方案,确定调查思路、方法、步骤以及拟收集的证据清单等。

第三十四条 人民检察院办理公益诉讼案件的证据包括书证、物证、视听资料、电子数据、证人证言、当事人陈述、鉴定意见、专家意见、勘验笔录等。

第三十五条 人民检察院办理公益诉讼案件,可以采取以下方式开展调查和收集证据:

(一)查阅、调取、复制有关执法、诉讼卷宗材料等;

(二)询问行政机关工作人员、违法行为人以及行政相对人、利害关系人、证人等;

(三)向有关单位和个人收集书证、物证、视听资料、电子数据等证据;

(四)咨询专业人员、相关部门或者行业协会等对专门问题的意见;

(五)委托鉴定、评估、审计、检验、检测、翻译;

(六)勘验物证、现场;

(七)其他必要的调查方式。

人民检察院开展调查和收集证据不得采取限制人身自由或者查封、扣押、冻结财产等强制性措施。

第三十六条 人民检察院开展调查和收集证据,应当由两名以上检察人员共同进行。检察官可以组织司法警察、检察技术人员参加,必要时可以指派或者聘请其他具有专门知识的人参与。根据案件实际情况,也可以商请相关单位协助进行。

在调查收集证据过程中,检察人员可以依照有关规定使用执法记录仪、自动检测仪等办案设备和无人机航拍、卫星遥感等技术手段。

第三十七条 询问应当个别进行。检察人员在询问前应当出示工作证,询问过程中应当制作《询问笔录》。被询问人确认无误后,签名或者盖章。被询问人拒绝签名盖章的,应当在笔录上注明。

第三十八条 需要向有关单位或者个人调取物证、书证的,应当制作《调取证据通知书》和《调取证据清单》,持上述文书调取有关证据材料。

调取书证应当调取原件,调取原件确有困难或者因保密需要无法调取原件的,可以调取复制件。书证为复制件的,应当注明调取人、提供人、调取时间、证据出处和"本复制件与原件核对一致"等字样,并签字、盖章。书证页码较多的,加盖骑缝章。

调取物证应当调取原物,调取原物确有困难的,可以调取足以反映原物外形或者内容的照片、录像或者复制品等其他证据材料。

第三十九条 人民检察院应当收集提取视听资料、电子数据的原始存储介质,调取原始存储介质确有困难或者因保密需要无法调取的,可以调取复制件。调取复制件的,应当说明其来源和制作经过。

人民检察院自行收集提取视听资料、电子数据的,应当注明收集时间、地点、收集人员及其他需要说明的情况。

第四十条 人民检察院可以就专门性问题书面或者口头咨询有关专业人员、相关部门或者行业协会的意见。

口头咨询的,应当制作笔录,由接受咨询的专业人员签名或者盖章。书面咨询的,应当由出具咨询意见的专业人员或者单位签名、盖章。

第四十一条 人民检察院对专门性问题认为确有必要鉴定、评估、审计、检验、检测、翻译的,可以委托具备资格的机构进行鉴定、评估、审计、检验、检测、翻译,委托时应当制作《委托鉴定(评估、审计、检验、检测、翻译)函》。

第四十二条 人民检察院认为确有必要的,可以勘验物证或者现场。

勘验应当在检察官的主持下,由两名以上检察人员进行,可以邀请见证人参加。必要时,可以指派或者聘请有专门知识的人进行。勘验情况和结果应当制作笔录,由参加勘验的人员、见证人签名或者盖章。

检察技术人员可以依照相关规定在勘验过程中进行取样并进行快速检测。

第四十三条 人民检察院办理公益诉讼案件,需要异地调查收集证据的,可以自行调查或者委托当地同级人民检察院进行。委托时应当出具委托书,载明需要调查的对象、事项及要求。受委托人民检察院应当在收到委托书之日起三十日内完成调查,并将情况回复委托的人民检察院。

第四十四条 人民检察院可以依照规定组织听证,听取听证员、行政机关、违法行为人、行政相对人、受害人代表等相关各方意见,了解有关情况。

听证形成的书面材料是人民检察院依法办理公益诉讼案件的重要参考。

第四十五条 行政机关及其工作人员拒绝或者妨碍人民检察院调查收集证据的,人民检察院可以向同级人大常委会报告,向同级纪检监察机关通报,或者通过上级人民检察院向其上级主管机关通报。

第五节 提起诉讼

第四十六条 人民检察院对于符合起诉条件的公益诉讼案件,应当依法向人民法院提起诉讼。

人民检察院提起公益诉讼,应当向人民法院提交公益诉讼起诉书和相关证据材料。起诉书的主要内容包括:

(一)公益诉讼起诉人;

(二)被告的基本信息;

(三)诉讼请求及所依据的事实和理由。

公益诉讼起诉书应当自送达人民法院之日起五日内报上一级人民检察院备案。

第四十七条 人民检察院办理行政公益诉讼案件,审查起诉期限为一个月,自检察建议整改期满之日起计算。

人民检察院办理民事公益诉讼案件,审查起诉期限为三个月,自公告期满之日起计算。

移送其他人民检察院起诉的,受移送的人民检察院审查起诉期限自收到案件之日起计算。

重大、疑难、复杂案件需要延长审查起诉期限的,行政公益诉讼案件经检察长批准后可以延长一个月,还需要延长的,报上一级人民检察院批准,上一级人民检察院认为已经符合起诉条件的,可以依照本规则第十七条规定指定本辖区内其他人民检察院提起诉讼。民事公益诉讼案件经检察长批准后可以延长一个月,还需要延长的,报上一级人民检察院批准。

第四十八条 人民检察院办理公益诉讼案件,委托鉴定、评估、审计、检验、检测、翻译期间不计入审查起诉期限。

第六节 出席第一审法庭

第四十九条 人民检察院提起公益诉讼的案件,应当派员出庭履行职责,参加相关诉讼活动。

人民检察院应当自收到人民法院出庭通知书之日起三日内向人民法院提交《派员出庭通知书》。《派员出庭通知书》应当写明出庭人员的姓名、法律职务以及出庭履行的职责。

人民检察院应当指派检察官出席第一审法庭,检察官助理可以协助检察官出庭,并根据需要配备书记员担任记录及其他辅助工作。涉及专门性、技术性问题,可以指派或者聘请有专门知识的人协助检察官出庭。

第五十条 人民法院通知人民检察院派员参加证据交换、庭前会议的,由出席法庭的检察人员参加。人民检察院认为有必要的,可以商人民法院组织证据交换或者召开庭前会议。

第五十一条 出庭检察人员履行以下职责:

(一)宣读公益诉讼起诉书;

(二)对人民检察院调查收集的证据予以出示和说明,对相关证据进行质证;

(三)参加法庭调查、进行辩论,并发表出庭意见;

(四)依法从事其他诉讼活动。

第五十二条 出庭检察人员应当客观、全面地向法庭出示证据。根据庭审情况合理安排举证顺序,分组列举证据,可以使用多媒体等示证方式。质证应当围绕证据的真实性、合法性、关联性展开。

第五十三条 出庭检察人员向被告、证人、鉴定人、勘验人等发问应当遵循下列要求:

(一)围绕案件基本事实和争议焦点进行发问;

(二)与调查收集的证据相互支撑;

(三)不得使用带有人身攻击或者威胁性的语言和方式。

第五十四条 出庭检察人员可以申请人民法院通知证人、鉴定人、有专门知识的人出庭作证或者提出意见。

第五十五条 出庭检察人员在法庭审理期间,发现需要补充调查的,可以在法庭休庭后进行补充调查。

第五十六条 出庭检察人员参加法庭辩论,应结合法庭调查情况,围绕双方在事实、证据、法律适用等方面的争议焦点发表辩论意见。

第五十七条 出庭检察人员应当结合庭审情况,客观公正发表出庭意见。

第七节 上 诉

第五十八条 人民检察院应当在收到人民法院第一审公益诉讼判决书、裁定书后三日内报送上一级人民检察院备案。

人民检察院认为第一审公益诉讼判决、裁定确有错误的,应当提出上诉。

提出上诉的,由提起诉讼的人民检察院决定。上一级人民检察院应当同步审查进行指导。

第五十九条 人民检察院提出上诉的,应当制作公益诉讼上诉书。公益诉讼上诉书的主要内容包括:

(一)公益诉讼上诉人;

(二)被上诉人的基本情况;

(三)原审人民法院名称、案件编号和案由;

(四)上诉请求和事实理由。

第六十条 人民检察院应当在上诉期限内通过原审人民法院向上一级人民法院提交公益诉讼上诉书,并将副本连同相关证据材料报送上一级人民检察院。

第六十一条 上一级人民检察院认为上诉不当的,应当指令下级人民检察院撤回上诉。

上一级人民检察院在上诉期限内,发现下级人民检察院应当上诉而没有提出上诉的,应当指令下级人民检察院依法提出上诉。

第六十二条 被告不服第一审公益诉讼判决、裁定上诉的,人民检察院应当在收到上诉状副本后三日内报送上一级人民检察院,提起诉讼的人民检察院和上一级人民检察院应当全面审查案卷材料。

第六十三条 人民法院决定开庭审理的上诉案件,提起诉讼的人民检察院和上一级人民检察院应当共同派员出席第二审法庭。

人民检察院应当在出席第二审法庭之前向人民法院提交《派员出庭通知书》,载明人民检察院出庭检察人员的姓名、法律职务以及出庭履行的职责等。

第八节 诉讼监督

第六十四条 最高人民检察院发现各级人民法院、上级人民检察院发现下级人民法院已经发生法律效力的公益诉讼判决、裁定确有错误,损害国家利益或者社会公共利益的,应当依法提出抗诉。

第六十五条 人民法院决定开庭审理的公益诉讼再审案件,与人民法院对应的同级人民检察院应当派员出席法庭。

第六十六条 人民检察院发现人民法院公益诉讼审判程序违反法律规定,或者审判人员有《中华人民共和国法官法》第四十六条规定的违法行为,可能影响案件公正审判、执行的,或者人民法院在公益诉讼案件判决生效后不依法移送执行或者执行活动违反法律规定的,应当依法向同级人民法院提出检察建议。

第三章　行政公益诉讼（略）
第四章　民事公益诉讼
第一节　立案与调查

第八十五条　人民检察院经过对民事公益诉讼线索进行评估,认为同时存在以下情形的,应当立案：

（一）社会公共利益受到损害；

（二）可能存在破坏生态环境和资源保护,食品药品安全领域侵害众多消费者合法权益,侵犯未成年人合法权益,侵害英雄烈士等的姓名、肖像、名誉、荣誉等损害社会公共利益的违法行为。

第八十六条　人民检察院立案后,应当调查以下事项：

（一）违法行为人的基本情况；

（二）违法行为人实施的损害社会公共利益的行为；

（三）社会公共利益受到损害的类型、具体数额或者修复费用等；

（四）违法行为与损害后果之间的因果关系；

（五）违法行为人的主观过错情况；

（六）违法行为人是否存在免除或者减轻责任的相关事实；

（七）其他需要查明的事项。

对于污染环境、破坏生态等应当由违法行为人依法就其不承担责任或者减轻责任,及其行为与损害后果之间不存在因果关系承担举证责任的案件,可以重点调查（一）（二）（三）项以及违法行为与损害后果之间的关联性。

第八十七条　人民检察院办理涉及刑事犯罪的民事公益诉讼案件,在刑事案件的委托鉴定评估中,可以同步提出公益诉讼案件办理的鉴定评估需求。

第八十八条　刑事侦查中依法收集的证据材料,可以在基于同一违法事实提起的民事公益诉讼案件中作为证据使用。

第八十九条　调查结束,检察官应当制作《调查终结报告》,区分情况提出以下处理意见：

（一）终结案件；

（二）发布公告。

第九十条　经调查,人民检察院发现存在以下情形之一的,应当终结案件：

（一）不存在违法行为的；

（二）生态环境损害赔偿权利人与赔偿义务人经磋商达成赔偿协议,或者已经提起生态环境损害赔偿诉讼的；

(三)英雄烈士等的近亲属不同意人民检察院提起公益诉讼的;
(四)其他适格主体依法向人民法院提起诉讼的;
(五)社会公共利益已经得到有效保护的;
(六)其他应当终结案件的情形。
有前款(二)(三)(四)项情形之一,人民检察院支持起诉的除外。
终结案件的,应当报请检察长决定,并制作《终结案件决定书》。

第二节 公 告

第九十一条 经调查,人民检察院认为社会公共利益受到损害,存在违法行为的,应当依法发布公告。公告应当包括以下内容:
(一)社会公共利益受到损害的事实;
(二)告知适格主体可以向人民法院提起诉讼,符合启动生态环境损害赔偿程序条件的案件,告知赔偿权利人启动生态环境损害赔偿程序;
(三)公告期限;
(四)联系人、联系电话;
(五)公告单位、日期。
公告应当在具有全国影响的媒体发布,公告期间为三十日。

第九十二条 人民检察院办理侵害英雄烈士等的姓名、肖像、名誉、荣誉的民事公益诉讼案件,可以直接征询英雄烈士等的近亲属的意见。被侵害的英雄烈士等人数众多、难以确定近亲属,或者直接征询近亲属意见确有困难的,也可以通过公告的方式征询英雄烈士等的近亲属的意见。

第九十三条 发布公告后,人民检察院应当对赔偿权利人启动生态环境损害赔偿程序情况、适格主体起诉情况、英雄烈士等的近亲属提起民事诉讼情况,以及社会公共利益受到损害的情况跟进调查,收集相关证据材料。

第九十四条 经过跟进调查,检察官应当制作《审查终结报告》,区分情况提出以下处理意见:
(一)终结案件;
(二)提起民事公益诉讼;
(三)移送其他人民检察院处理。

第九十五条 经审查,人民检察院发现有本规则第九十条规定情形之一的,应当终结案件。

第三节 提起诉讼

第九十六条 有下列情形之一,社会公共利益仍然处于受损害状态的,人民检察院应当提起民事公益诉讼:

（一）生态环境损害赔偿权利人未启动生态环境损害赔偿程序，或者经过磋商未达成一致，赔偿权利人又不提起诉讼的；

（二）没有适格主体，或者公告期满后适格主体不提起诉讼的；

（三）英雄烈士等没有近亲属，或者近亲属不提起诉讼的。

第九十七条 人民检察院在刑事案件提起公诉时，对破坏生态环境和资源保护、食品药品安全领域侵害众多消费者合法权益，侵犯未成年人合法权益，侵害英雄烈士等的姓名、肖像、名誉、荣誉等损害社会公共利益的违法行为，可以向人民法院提起刑事附带民事公益诉讼。

第九十八条 人民检察院可以向人民法院提出要求被告停止侵害、排除妨碍、消除危险、恢复原状、赔偿损失等诉讼请求。

针对不同领域案件，还可以提出以下诉讼请求：

（一）破坏生态环境和资源保护领域案件，可以提出要求被告以补植复绿、增殖放流、土地复垦等方式修复生态环境的诉讼请求，或者支付生态环境修复费用，赔偿生态环境受到损害至修复完成期间服务功能丧失造成的损失、生态环境功能永久性损害造成的损失等诉讼请求，被告违反法律规定故意污染环境、破坏生态造成严重后果的，可以提出惩罚性赔偿等诉讼请求；

（二）食品药品安全领域案件，可以提出要求被告召回并依法处置相关食品药品以及承担相关费用和惩罚性赔偿等诉讼请求；

（三）英雄烈士等的姓名、肖像、名誉、荣誉保护案件，可以提出要求被告消除影响、恢复名誉、赔礼道歉等诉讼请求。

人民检察院为诉讼支出的鉴定评估、专家咨询等费用，可以在起诉时一并提出由被告承担的诉讼请求。

第九十九条 民事公益诉讼案件可以依法在人民法院主持下进行调解。调解协议不得减免诉讼请求载明的民事责任，不得损害社会公共利益。

诉讼请求全部实现的，人民检察院可以撤回起诉。人民检察院决定撤回起诉的，应当经检察长决定后制作《撤回起诉决定书》，并在三日内提交人民法院。

第四节 支持起诉

第一百条 下列案件，人民检察院可以支持起诉：

（一）生态环境损害赔偿权利人提起的生态环境损害赔偿诉讼案件；

（二）适格主体提起的民事公益诉讼案件；

（三）英雄烈士等的近亲属提起的维护英雄烈士等的姓名、肖像、名誉、荣誉的民事诉讼案件；

（四）军人和因公牺牲军人、病故军人遗属提起的侵害军人荣誉、名誉和其他相关合法权益的民事诉讼案件；

（五）其他依法可以支持起诉的公益诉讼案件。

第一百零一条 人民检察院可以采取提供法律咨询、向人民法院提交支持起诉意见书、协助调查取证、出席法庭等方式支持起诉。

第一百零二条 人民检察院在向人民法院提交支持起诉意见书后，发现有以下不适合支持起诉情形的，可以撤回支持起诉：

（一）原告无正当理由变更、撤回部分诉讼请求，致使社会公共利益不能得到有效保护的；

（二）原告撤回起诉或者与被告达成和解协议，致使社会公共利益不能得到有效保护的；

（三）原告请求被告承担的律师费以及为诉讼支出的其他费用过高，对社会公共利益保护产生明显不利影响的；

（四）其他不适合支持起诉的情形。

人民检察院撤回支持起诉的，应当制作《撤回支持起诉决定书》，在三日内提交人民法院，并发送原告。

第一百零三条 人民检察院撤回支持起诉后，认为适格主体提出的诉讼请求不足以保护社会公共利益，符合立案条件的，可以另行立案。

第五章　其他规定

第一百零四条 办理公益诉讼案件的人民检察院对涉及法律适用、办案程序、司法政策等问题，可以依照有关规定向上级人民检察院请示。

第一百零五条 本规则所涉及的法律文书格式，由最高人民检察院统一制定。

第一百零六条 各级人民检察院办理公益诉讼案件，应当依照有关规定及时归档。

第一百零七条 人民检察院提起公益诉讼，不需要交纳诉讼费用。

第六章　附　则

第一百零八条 军事检察院等专门人民检察院办理公益诉讼案件，适用本规则和其他有关规定。

第一百零九条 本规则所称检察官，包括检察长、副检察长、检察委员会委员、检察员。

本规则所称检察人员，包括检察官和检察辅助人员。

第一百一十条 《中华人民共和国军人地位和权益保障法》《中华人民共和国安全生产法（2021修正）》等法律施行后，人民检察院办理公益诉讼案件的范围相应调整。

第一百一十一条　本规则未规定的其他事项,适用民事诉讼法、行政诉讼法及相关司法解释的规定。

第一百一十二条　本规则自 2021 年 7 月 1 日起施行。

最高人民检察院以前发布的司法解释和规范性文件与本规则不一致的,以本规则为准。

《人民检察院办理知识产权案件工作指引》(最高人民检察院,2023 年 4 月 26 日)第二十条规定侵害知识产权行为损害社会公共利益的,人民检察院在提起公诉时,可以提起刑事附带民事公益诉讼。(→参见第八十一条所附"其他规范",第 587 页)

指导性案例

武汉卓航江海贸易有限公司、向阳等 12 人污染环境刑事附带民事公益诉讼案(指导性案例 202 号)

关键词　刑事　刑事附带民事公益诉讼　船舶偷排含油污水　损害认定　污染物性质鉴定

裁判要点

1. 船舶偷排含油污水案件中,人民法院可以根据船舶航行轨迹、污染防治设施运行状况、污染物处置去向,结合被告人供述、证人证言、专家意见等证据对违法排放污染物的行为及其造成的损害作出认定。

2. 认定船舶偷排的含油污水是否属于有毒物质时,由于客观原因无法取样的,可以依据来源相同、性质稳定的舱底残留污水进行污染物性质鉴定。

左勇、徐鹤污染环境刑事附带民事公益诉讼案(指导性案例 203 号)

关键词　刑事　刑事附带民事公益诉讼　应急处置措施　必要合理范围　公私财产损失　生态环境损害

裁判要点　对于必要、合理、适度的环境污染处置费用,人民法院应当认定为属于污染环境刑事附带民事公益诉讼案件中的公私财产损失及生态环境损害赔偿范围。对于明显超出必要合理范围的处置费用,不应当作为追究被告人刑事责任,以及附带民事公益诉讼被告承担生态环境损害赔偿责任的依据。

盛开水务公司污染环境刑事附带民事公益诉讼案(检例第 86 号)

关键词　刑事附带民事公益诉讼　参与调解　连带责任　替代性修复

要　旨　检察机关办理环境污染民事公益诉讼案件,可以在查清事实明确责任的基础上,遵循自愿、合法和最大限度保护公共利益的原则,积极参与调解。造成环境污染公司的控股股东自愿加入诉讼,愿意承担连带责任并提供担保的,检察机关可以依申请将其列为第三人,让其作为共同赔偿主体,督促其运用现金赔偿、替代性修复等方式,承担生态损害赔偿的连带责任。对办案中发现的带有普遍性的问题,检察机关可以通过提出检察建议、立法建议等方式,促进社会治理创新。

指导意义

(一)环境公益诉讼中,检察机关可以在最大限度保护公共利益的前提下参与调解。检察机关办理环境污染类案件,要充分发挥民事公益诉讼职能,注重服务经济社会发展。既要落实"用最严格制度最严密法治保护生态环境"的原则要求,又要注意办案方式方法的创新。在办案中遇到企业因重罚而资不抵债,可能破产关闭等情况时,不能机械办案或者一罚了之。依据相关法律规定,检察机关可以与被告就赔偿问题进行调解。与一般的民事调解不同,检察机关代表国家提起公益诉讼,在调解中应当保障公共利益最大化实现。在被告愿意积极赔偿的情况下,检察机关考虑生态修复需要,综合评估被告财务状况、预期收入情况、赔偿意愿等情节,可以推进运用现金赔偿、替代性修复等方式,既落实责任承担,又确保受损环境得以修复。在实施替代性修复时,对替代性修复项目应当进行评估论证。项目应当既有利于生态环境恢复,又具有公益性,同时,还应当经人民检察院、人民法院和社会公众的认可。

(二)股东自愿申请加入公益诉讼,检察机关经审查认为有利于生态环境公益保护的,可以同意其请求。在环境民事公益诉讼中,被告单位的控股股东自愿共同承担公益损害赔偿责任,检察机关经审查认为其加入确实有利于生态环境修复等公益保护的,可以准许,并经人民法院认可,将其列为第三人。是否准许加入诉讼,检察机关需要重点审查控股股东是否与损害发生确无法律上的义务和责任。如果控股股东对损害的发生具有法律上的义务和责任,则应当由人民法院追加其参加诉讼,不能由其自主选择是否参加诉讼。

(三)在公益诉讼中,检察机关应当注重运用检察建议、立法建议等多种方式,推动社会治理创新。检察机关办理涉环境类公益诉讼案件,针对生态环境执法、监管、社会治理等方面存在的问题,可以运用检察建议等方式,督促相关行政部门履职,促进区域生态环境质量改善。对于涉及地方治理的重点问题,可以采取提出立法建议的方式,促进社会治理创新,推进法制完善。对于法治教育和宣传普及中存在的问题,应当按照"谁执法谁普法"的原则,结合办案以案释法,对相关特殊行业从业人员开展法治宣传教育,提升环境保护法治意识。

第八章

期间、送达

> **第一百零五条 【期间的计算】**期间以时、日、月计算。
> 期间开始的时和日不算在期间以内。
> 法定期间不包括路途上的时间。上诉状或者其他文件在期满前已经交邮的,不算过期。
> 期间的最后一日为节假日的,以节假日后的第一日为期满日期,但犯罪嫌疑人、被告人或者罪犯在押期间,应当至期满之日为止,不得因节假日而延长。

立法沿革

1979年《刑事诉讼法》第五十五条规定:"期间以时、日、月计算。""期间开始的时和日不算在期间以内。""法定期间不包括路途上的时间。上诉状或者其他文件在期满前已经交邮的,不算过期。"1996年《刑事诉讼法修改决定》对本条规定未作调整。2012年《刑事诉讼法修改决定》对本条增加规定第四款。2018年《刑事诉讼法修改决定》对本条规定未作调整。

相关规定

《中华人民共和国监察法实施条例》(自2021年9月20日起施行,节录)

第二百八十五条 期间以时、日、月、年计算,期间开始的时和日不算在期间以内。本条例另有规定的除外。

按照年、月计算期间的,到期月的对应日为期间的最后一日;没有对应日的,月末日为期间的最后一日。

期间的最后一日是法定休假日的,以法定休假日结束的次日为期间的最后一日。但被调查人留置期间应当至到期之日为止,不得因法定休假日而延长。

基本规范

《最高人民法院关于适用〈中华人民共和国刑事诉讼法〉的解释》(法释〔2021〕1号,自2021年3月1日起施行)

第七章　期间、送达、审理期限

第二百零二条　以月计算的期间,自本月某日至下月同日为一个月;期限起算日为本月最后一日的,至下月最后一日为一个月;下月同日不存在的,自本月某日至下月最后一日为一个月;半个月一律按十五日计算。

以年计算的刑期,自本年本月某日至次年同月同日的前一日为一年;次年同月同日不存在的,自本年本月某日至次年同月最后一日的前一日为一年。以月计算的刑期,自本月某日至下月同日的前一日为一个月;刑期起算日为本月最后一日的,至下月最后一日的前一日为一个月;下月同日不存在的,自本月某日至下月最后一日的前一日为一个月;半个月一律按十五日计算。

司法疑难解析

关于刑期的计算规则。《刑诉法解释》第二百零二条第二款明确了刑期的计算规则。具体而言:

(1)以年计算的刑期,"自本年本月某日至次年同月同日的前一日为一年",如2016年3月31日至2017年3月30日为一年;"次年同月同日不存在的,自本年本月某日至次年同月最后一日的前一日为一年",如2016年2月29日至2017年2月27日为一年。

(2)以月计算的刑期,"自本月某日至下月同日的前一日为一个月",如4月15日至5月14日为一个月(30天),5月15日至6月14日为一个月(31天),4月30日至5月29日为一个月(30天);"刑期起算日为本月最后一日的,至下月最后一日的前一日为一个月",如5月31日至6月29日为一个月(30天),平年的1月31日至2月27日为一个月(28天),闰年的1月31日至2月28日为一个月(29天);"下月同日不存在的,自本月某日至下月最后一日的前一日为一个月",如平年的1月30日至2月27日为一个月(29天)。

第一百零六条　【期间的耽误及补救】当事人由于不能抗拒的原因或者有其他正当理由而耽误期限的,在障碍消除后五日以内,可以申请继续进行应当在期满以前完成的诉讼活动。

前款申请是否准许,由人民法院裁定。

立法沿革

本条系沿用1979年《刑事诉讼法》第五十六条的规定。

基本规范

《最高人民法院关于适用〈中华人民共和国刑事诉讼法〉的解释》（法释〔2021〕1号，自2021年3月1日起施行）

第七章 期间、送达、审理期限

第二百零三条 当事人由于不能抗拒的原因或者其他正当理由而耽误期限，依法申请继续进行应当在期满前完成的诉讼活动的，人民法院查证属实后，应当裁定准许。

第一百零七条 【送达】送达传票、通知书和其他诉讼文件应当交给收件人本人；如果本人不在，可以交给他的成年家属或者所在单位的负责人员代收。

收件人本人或者代收人拒绝接收或者拒绝签名、盖章的时候，送达人可以邀请他的邻居或者其他见证人到场，说明情况，把文件留在他的住处，在送达证上记明拒绝的事由、送达的日期，由送达人签名，即认为已经送达。

立法沿革

本条系沿用1979年《刑事诉讼法》第五十七条的规定。

基本规范

《最高人民法院关于适用〈中华人民共和国刑事诉讼法〉的解释》（法释〔2021〕1号，自2021年3月1日起施行）

第七章 期间、送达、审理期限

第二百零四条 送达诉讼文书，应当由收件人签收。收件人不在的，可以由其成年家属或者所在单位负责收件的人员代收。收件人或者代收人在送达回证上签收的日期为送达日期。

收件人或者代收人拒绝签收的，送达人可以邀请见证人到场，说明情况，在送达回证上注明拒收的事由和日期，由送达人、见证人签名或者盖章，将诉讼文书留在收件人、代收人的住处或者单位；也可以把诉讼文书留在受送达人的住处，并采用拍照、录像等方式记录送达过程，即视为送达。

第二百零五条 直接送达诉讼文书有困难的,可以委托收件人所在地的人民法院代为送达或者邮寄送达。

第二百零六条 委托送达的,应当将委托函、委托送达的诉讼文书及送达回证寄送受托法院。受托法院收到后,应当登记,在十日以内送达收件人,并将送达回证寄送委托法院;无法送达的,应当告知委托法院,并将诉讼文书及送达回证退回。

第二百零七条 邮寄送达的,应当将诉讼文书、送达回证邮寄给收件人。签收日期为送达日期。

第二百零八条 诉讼文书的收件人是军人的,可以通过其所在部队团级以上单位的政治部门转交。

收件人正在服刑的,可以通过执行机关转交。

收件人正在接受专门矫治教育等的,可以通过相关机构转交。

由有关部门、单位代为转交诉讼文书的,应当请有关部门、单位收到后立即交收件人签收,并将送达回证及时寄送人民法院。

其他规范

《最高人民法院关于人民法院办理海峡两岸送达文书和调查取证司法互助案件的规定》(法释〔2011〕15号)"三、送达文书司法互助"(第七条至第十四条)对人民法院办理海峡两岸送达文书司法互助案件的有关问题作了规定。(→参见第十八条后"相关规范集成·涉港澳台司法协助"所附"其他规范",第132—133页)

《最高人民检察院关于以检察专递方式邮寄送达有关检察法律文书的若干规定》(高检发释字〔2015〕1号,自2015年2月13日起施行)

为了方便当事人依法行使申请监督和申诉权利,根据《中华人民共和国民事诉讼法》、《中华人民共和国行政诉讼法》、《中华人民共和国邮政法》等规定,结合检察工作实际,制定本规定。

第一条 法律规定可以邮寄送达的检察法律文书,人民检察院可以交由邮

---

① 《2012年刑诉法解释》第一百七十条规定:"邮寄送达的,应当将诉讼文书、送达回证挂号邮寄给收件人。挂号回执上注明的日期为送达日期。"本条主要作了以下修改:(1)邮寄送达的,现在多采用邮政快递方式送达,很少采用挂号信方式,故而删除"挂号"二字。(2)借鉴《民事诉讼法》的规定,将"挂号回执上注明的日期为送达日期"调整为"签收日期为送达日期"。——**本评注注**

政企业以检察专递方式邮寄送达,但下列情形除外:

(一)受送达人或者其诉讼代理人、受送达人指定的代收人同意在指定的期间内到人民检察院接受送达的;

(二)受送达人下落不明的;

(三)法律规定、我国缔结或者参加的国际条约中约定有特别送达方式的。

第二条 以检察专递方式邮寄送达有关检察法律文书的,该送达与人民检察院直接送达具有同等法律效力。

第三条 当事人向人民检察院申请监督、提出申诉或者提交答辩意见时,应当向人民检察院提供或者确认自己准确的送达地址及联系方式,并填写当事人联系方式确认书。

第四条 当事人联系方式确认书的内容应当包括送达地址的邮政编码、详细地址以及受送达人的联系电话等内容。

对当事人联系方式确认书记载的内容,人民检察院和邮政企业应当为其保密。

当事人变更送达地址的,应当及时以书面方式告知人民检察院。

第五条 经人民检察院告知,当事人仍拒绝提供自己送达地址的,自然人以其户籍登记中的住所地或者经常居住地为其送达地址;法人或者其他组织以其工商登记或者其他依法登记、备案中的住所地为其送达地址。

第六条 邮政企业按照当事人提供或者确认的送达地址送达的,应当在规定的日期内将回执退回人民检察院。

邮政企业按照当事人提供或者确认的送达地址在五个工作日内投送三次未能送达,通过电话或者其他联系方式无法通知到受送达人的,应当将邮件退回人民检察院,并说明退回的理由。

第七条 邮寄送达检察法律文书,应当直接送交受送达人。受送达人是公民的,由其本人签收,本人不在其提供或者确认的送达地址的,邮政企业可以将邮件交给与他同住的成年家属代收,但同住的成年家属是同一案件中另一方当事人的除外;受送达人是法人或者其他组织的,应当由法人的法定代表人、其他组织的主要负责人或者该法人、组织负责收件的工作人员签收;受送达人有诉讼代理人的,可以送交其代理人签收;受送达人已向人民检察院指定代收人的,送交代收人签收。

第八条 受送达人或者其代收人应当在邮件回执上签名、盖章或者捺印。

受送达人或者其代收人在签收时,应当出示其有效身份证件并在回执上填写该证件的号码,代收人还应填写其与受送达人的关系;受送达人或者其代收人拒绝签收的,由邮政企业的投递员记明情况,并将邮件退回人民检察院。

第九条 有下列情形之一的,即为送达:

(一)受送达人在邮件回执上签名、盖章或者捺印的;

(二)受送达人是无民事行为能力或者限制民事行为能力的自然人,其法定代理人签收的;

(三)受送达人是法人或者其他组织,其法人的法定代表人、该组织的主要负责人或者办公室、收发室、值班室的工作人员签收的;

(四)受送达人的诉讼代理人签收的;

(五)受送达人指定的代收人签收的;

(六)受送达人的同住成年家属签收的。

第十条 签收人是受送达人本人或者是受送达人的法定代表人、主要负责人、法定代理人、诉讼代理人的,签收人应当当场核对邮件内容。签收人发现邮件内容与回执上的文书名称不一致的,应当当场向邮政企业的投递员提出,由投递员在回执上记明情况,并将邮件退回人民检察院。

签收人是受送达人办公室、收发室、值班室的工作人员或者是与受送达人同住的成年家属,受送达人发现邮件内容与回执上的文书名称不一致的,应当在三日内将该邮件退回人民检察院,并以书面方式说明退回的理由。

第十一条 邮寄送达检察法律文书的费用,从各级人民检察院办案经费中支出。

第十二条 本规定所称检察专递是指邮政企业针对送达检察法律文书所采取的特快专递邮寄形式。

第十三条 本规定由最高人民检察院负责解释,自发布之日起施行。

最高人民检察院以前的有关规定与本规定不一致的,以本规定为准。

《最高人民法院、最高人民检察院、公安部关于刑事诉讼中应用电子签名和电子指纹捺印有关问题的意见》(公通字〔2019〕18号)[①]

各省、自治区、直辖市高级人民法院、人民检察院、公安厅(局),解放军军事法院、军事检察院,新疆维吾尔自治区高级人民法院生产建设兵团分院,新疆生产建设兵团人民检察院、公安局:

为适应大数据发展要求,推动实现刑事办案信息网上跨部门流转,进一步规

---

① 刘志伟编:《刑事诉讼法规范总整理》(第五版),北京大学出版社2023年版,第220—221页。

范刑事司法行为,提高刑事诉讼效率,根据《中华人民共和国刑事诉讼法》等法律规定,现就刑事诉讼中应用电子签名、电子指纹捺印有关问题制定本意见。

一、本意见所称电子签名、电子指纹捺印,是指人民法院、人民检察院、公安机关在刑事诉讼过程中,使用相关信息系统制作电子法律文书,诉讼参与人核对无误后,通过电子数据采集设备,实现在该电子法律文书上签名、捺印指纹。

二、诉讼参与人在电子法律文书上电子签名、电子指纹捺印,与其在纸质法律文书上手写签名、捺印指纹具有同等法律效力。

三、人民法院、人民检察院、公安机关应用电子签名、电子指纹捺印技术,应当通过安全认证等方式确保安全和规范,确保在技术上不可复制、不可篡改。

四、人民法院、人民检察院、公安机关要求诉讼参与人电子签名、电子指纹捺印,应当使用专用的电子签名、电子指纹捺印设备。

五、对诉讼参与人电子签名、电子指纹捺印的过程,人民法院、人民检察院、公安机关应当同步录音录像。同步录音录像资料应当不间断、易于辨认,不得剪接、删改,且按规定期限保存,必要时随案移送。各司法机关可以根据办案需要调取查阅。

六、电子签名、电子指纹捺印的真实性、合法性由电子法律文书的制作单位负责。

七、需要对电子法律文书上的电子签名、电子指纹捺印的真实性鉴定时,该电子法律文书的制作单位或者存储单位应当配合,并提供信息系统原始数据文件和系统日志。

八、电子签名、电子指纹捺印的原始数据文件及其元数据,应当封装后生成不可更改的文件格式,并能够脱离原系统保存、归档。

《人民法院在线诉讼规则》(法释〔2021〕12号)**第二十九条至第三十三条**对送达的有关问题作了规定。(→参见"附则"后"相关规范集成·在线诉讼"所附"其他规范",第2130—2131页)

第九章

其他规定

第一百零八条　【本法用语解释】本法下列用语的含意是：

（一）"侦查"是指公安机关、人民检察院对于刑事案件，依照法律进行的收集证据、查明案情的工作和有关的强制性措施；

（二）"当事人"是指被害人、自诉人、犯罪嫌疑人、被告人、附带民事诉讼的原告人和被告人；

（三）"法定代理人"是指被代理人的父母、养父母、监护人和负有保护责任的机关、团体的代表；

（四）"诉讼参与人"是指当事人、法定代理人、诉讼代理人、辩护人、证人、鉴定人和翻译人员；

（五）"诉讼代理人"是指公诉案件的被害人及其法定代理人或者近亲属、自诉案件的自诉人及其法定代理人委托代为参加诉讼的人和附带民事诉讼的当事人及其法定代理人委托代为参加诉讼的人；

（六）"近亲属"是指夫、妻、父、母、子、女、同胞兄弟姊妹。

立法沿革

1979年《刑事诉讼法》第五十八条规定："本法下列用语的含意是：（一）侦查是指公安机关、人民检察院在办理案件过程中，依照法律进行的专门调查工作和有关的强制性措施；（二）'当事人'是指自诉人、被告人、附带民事诉讼的原告人和被告人；（三）'法定代理人'是指被代理人的父母、养父母、监护人和负有保护责任的机关、团体的代表；（四）'诉讼参与人'是指当事人、被害人、法定代理人、辩护人、证人、鉴定人和翻译人员；（五）'近亲属'是指夫、妻、父、母、子、女、同胞兄弟姊妹。"1996年《刑事诉讼法修改决定》增加规定"诉讼代理人"的含义。2012年《刑事诉讼法修改决定》对本条规定未作调整。2018年《刑事诉讼法修改决定》对本条中"侦查"的含义作了修改。

第二编 立案、侦查和提起公诉

其他规范

《最高人民法院、最高人民检察院、海关总署关于办理走私刑事案件适用法律若干问题的意见》(法〔2002〕139号,节录)

为研究解决近年来公安、司法机关在办理走私刑事案件中遇到的新情况、新问题,最高人民法院、最高人民检察院、海关总署共同开展了调查研究,根据修订后的刑法及有关司法解释的规定,在总结侦查、批捕、起诉、审判工作经验的基础上,就办理走私刑事案件的程序、证据以及法律适用等问题提出如下意见:

一、关于走私犯罪案件的管辖问题

根据刑事诉讼法的规定,走私犯罪案件由犯罪地的走私犯罪侦查机关立案侦查。走私犯罪案件复杂,环节多,其犯罪地可能涉及多个犯罪行为发生地,包括货物、物品的进口(境)地、出口(境)地、报关地、核销地等。如果发生刑法第一百五十四条、第一百五十五条规定的走私犯罪行为的,走私货物、物品的销售地、运输地、收购地和贩卖地均属于犯罪行为的发生地。对有多个走私犯罪行为发生地的,由最初受理的走私犯罪侦查机关或者由主要犯罪地的走私犯罪侦查机关管辖。对管辖有争议的,由共同的上级走私犯罪侦查机关指定管辖。

对发生在海(水)上的走私犯罪案件由该辖区的走私犯罪侦查机关管辖,但对走私船舶有跨辖区连续追缉情形的,由缉获走私船舶的走私犯罪侦查机关管辖。

人民检察院受理走私犯罪侦查机关提请批准逮捕、移送审查起诉的走私犯罪案件,人民法院审理人民检察院提起公诉的走私犯罪案件,按照《最高人民法院、最高人民检察院、公安部、司法部、海关总署关于走私犯罪侦查机关办理走私犯罪案件适用刑事诉讼程序若干问题的通知》(署侦〔1998〕742号)的有关规定执行。

二、关于电子数据证据的收集、保全问题

走私犯罪侦查机关对于能够证明走私犯罪案件真实情况的电子邮件、电子合同、电子帐册、单位内部的电子信息资料等电子数据应当作为刑事证据予以收集、保全。

侦查人员应当对提取、复制电子数据的过程制作有关文字说明,记明案由、对象、内容,提取、复制的时间、地点,电子数据的规格、类别、文件格式等,并由提取、复制电子数据的制作人、电子数据的持有人和能够证明提取、复制过程的见证人签名或者盖章,附所提取、复制的电子数据一并随案移送。

电子数据的持有人不在案或者拒绝签字的,侦查人员应当记明情况;有条件的可将提取、复制有关电子数据的过程拍照或者录像。

四、关于走私犯罪嫌疑人的逮捕条件

对走私犯罪嫌疑人提请逮捕和审查批准逮捕,应当依照刑事诉讼法第六十条规定的逮捕条件来办理。一般按照下列标准掌握:

(一)有证据证明有走私犯罪事实

1、有证据证明发生了走私犯罪事实

有证据证明发生了走私犯罪事实,须同时满足下列两项条件:

(1)有证据证明发生了违反国家法律、法规,逃避海关监管的行为;

(2)查扣的或者有证据证明的走私货物、物品的数量、价值或者偷逃税额达到刑法及相关司法解释规定的起刑点。

2、有证据证明走私犯罪事实系犯罪嫌疑人实施的

有下列情形之一,可认为走私犯罪事实系犯罪嫌疑人实施的:

(1)现场查获犯罪嫌疑人实施走私犯罪的;

(2)视听资料显示犯罪嫌疑人实施走私犯罪的;

(3)犯罪嫌疑人供认的;

(4)有证人证言指证的;

(5)有同案的犯罪嫌疑人供述的;

(6)其他证据能够证明犯罪嫌疑人实施走私犯罪的。

3、证明犯罪嫌疑人实施走私犯罪行为的证据已经查证属实的

符合下列证据规格要求之一,属于证明犯罪嫌疑人实施走私犯罪行为的证据已经查证属实的:

(1)现场查获犯罪嫌疑人实施犯罪,有现场勘查笔录、留置盘问记录、海关扣留查问笔录或者海关查验(检查)记录等证据证实的;

(2)犯罪嫌疑人的供述有其他证据能够印证的;

(3)证人证言能够相互印证的;

(4)证人证言或者同案犯供述能够与其他证据相互印证的;

(5)证明犯罪嫌疑人实施走私犯罪的其他证据已经查证属实的。

(二)可能判处有期徒刑以上的刑罚

是指根据刑法第一百五十一条、第一百五十二条、第一百五十三条、第三百四十七条、第三百五十条等规定和《最高人民法院关于审理走私刑事案件具体应用法律若干问题的解释》等有关司法解释的规定,结合已查明的走私犯罪事实,对走私犯罪嫌疑人可能判处有期徒刑以上的刑罚。

(三)采取取保候审、监视居住等方法,尚不足以防止发生社会危险性而有

逮捕必要的

主要是指:走私犯罪嫌疑人可能逃跑、自杀、串供、干扰证人作证以及伪造、毁灭证据等妨碍刑事诉讼活动的正常进行的,或者存在行凶报复、继续作案可能的。

十七、关于单位走私犯罪案件诉讼代表人的确定及其相关问题

单位走私犯罪案件的诉讼代表人,应当是单位的法定代表人或者主要负责人。单位的法定代表人或者主要负责人被依法追究刑事责任或者因其他原因无法参与刑事诉讼的,人民检察院应当另行确定被告单位的其他负责人作为诉讼代表人参加诉讼。

接到出庭通知的被告单位的诉讼代表人应当出庭应诉。拒不出庭的,人民法院在必要的时候,可以拘传到庭。

对直接负责的主管人员和其他直接责任人员均无法归案的单位走私犯罪案件,只要单位走私犯罪的事实清楚、证据确实充分,且能够确定诉讼代表人代表单位参与刑事诉讼活动的,可以先行追究该单位的刑事责任。

被告单位没有合适人选作为诉讼代表人出庭的,因不具备追究该单位刑事责任的诉讼条件,可按照单位犯罪的条款先行追究单位犯罪中直接负责的主管人员或者其他直接责任人员的刑事责任。人民法院在对单位犯罪中直接负责的主管人员或者直接责任人员进行判决时,对于扣押、冻结的走私货物、物品、违法所得以及属于犯罪单位所有的走私犯罪工具,应当一并判决予以追缴、没收。

十九、关于单位走私犯罪后发生分立、合并或者其他资产重组情形以及单位被依法注销、宣告破产等情况下,如何追究刑事责任的问题

单位走私犯罪后,单位发生分立、合并或者其他资产重组等情况的,只要承受该单位权利义务的单位存在,应当追究单位走私犯罪的刑事责任。走私单位发生分立、合并或者其他资产重组后,原单位名称发生更改的,仍以原单位(名称)作为被告单位。承受原单位权利义务的单位法定代表人或者负责人为诉讼代表人。

单位走私犯罪后,发生分立、合并或者其他资产重组情形,以及被依法注销、宣告破产等情况的,无论承受该单位权利义务的单位是否存在,均应追究原单位直接负责的主管人员和其他直接责任人员的刑事责任。

人民法院对原走私单位判处罚金的,应当将承受原单位权利义务的单位作为被执行人。罚金超出新单位所承受的财产的,可在执行中予以减除。

二十三、关于走私货物、物品、走私违法所得以及走私犯罪工具的处理问题

在办理走私犯罪案件过程中,对发现的走私货物、物品、走私违法所得以及属于走私犯罪分子所有的犯罪工具,走私犯罪侦查机关应当及时追缴,依法予以查扣、冻结。在移送审查起诉时应当将扣押物品文件清单、冻结存款证明文件等材料随案移送,对于扣押的危险品或者鲜活、易腐、易失效、易贬值等不宜长期保存的货物、物品,已经依法先行变卖、拍卖的,应当随案移送变卖、拍卖物品清单以及原物的照片或者录像资料;人民检察院在提起公诉时应当将上述扣押物品文件清单、冻结存款证明和变卖、拍卖物品清单一并移送;人民法院在判决走私罪案件时,应当对随案清单、证明文件中载明的款、物审查确认并依法判决予以追缴、没收;海关根据人民法院的判决和海关法的有关规定予以处理,上缴中央国库。

二十四、关于走私货物、物品无法扣押或者不便扣押情况下走私违法所得的追缴问题

在办理走私普通货物、物品犯罪案件中,对于走私货物、物品因流入国内市场或者投入使用,致使走私货物、物品无法扣押或者不便扣押的,应当按照走私货物、物品的进出口完税价格认定违法所得予以追缴;走私货物、物品实际销售价格高于进出口完税价格的,应当按照实际销售价格认定违法所得予以追缴。

《公安机关办理伤害案件规定》(公安部,公通字〔2005〕98号,自2006年2月1日起施行)

第一章 总 则

第一条 为规范公安机关办理伤害案件,正确适用法律,确保案件合法、公正、及时处理,根据《中华人民共和国刑法》、《中华人民共和国刑事诉讼法》等法律法规,制定本规定。

第二条 本规定所称伤害案件是指伤害他人身体,依法应当由公安机关办理的案件。

第三条 公安机关办理伤害案件,应当遵循迅速调查取证,及时采取措施,规范准确鉴定,严格依法处理的原则。

第二章 管 辖

第四条 轻伤以下的伤害案件由公安派出所管辖。

第五条 重伤及因伤害致人死亡的案件由公安机关刑事侦查部门管辖。

第六条 伤情不明、难以确定管辖的,由最先受理的部门先行办理,待伤情鉴定后,按第四条、第五条规定移交主管部门办理。

第七条 因管辖问题发生争议的,由共同的上级公安机关指定管辖。

第八条 被害人有证据证明的故意伤害(轻伤)案件,办案人员应当告知被害人可以直接向人民法院起诉。如果被害人要求公安机关处理的,公安机关应当受理。

第九条 人民法院直接受理的故意伤害(轻伤)案件,因证据不足,移送公安机关侦查的,公安机关应当受理。

第三章 前期处置

第十条 接到伤害案件报警后,接警部门应当根据案情,组织警力,立即赶赴现场。

第十一条 对正在发生的伤害案件,先期到达现场的民警应当做好以下处置工作:

(一)制止伤害行为;

(二)组织救治伤员;

(三)采取措施控制嫌疑人;

(四)及时登记在场人员姓名、单位、住址和联系方式,询问当事人和访问现场目击证人;

(五)保护现场;

(六)收集、固定证据。

第十二条 对已经发生的伤害案件,先期到达现场的民警应当做好以下处置工作:

(一)组织救治伤员;

(二)了解案件发生经过和伤情;

(三)及时登记在场人员姓名、单位、住址和联系方式,询问当事人和访问现场目击证人;

(四)追查嫌疑人;

(五)保护现场;

(六)收集、固定证据。

第四章 勘验、检查

第十三条 公安机关办理伤害案件,现场具备勘验、检查条件的,应当及时进行勘验、检查。

第十四条 伤害案件现场勘验、检查的任务是发现、固定、提取与伤害行为有关的痕迹、物证及其他信息,确定伤害状态,分析伤害过程,为查处伤害案件提供线索和证据。

办案单位对提取的痕迹、物证和致伤工具等应当妥善保管。

第十五条 公安机关对伤害案件现场进行勘验、检查不得少于二人。

勘验、检查现场时,应当邀请一至二名与案件无关的公民作见证人。

第十六条　勘验、检查伤害案件现场,应当制作现场勘验、检查笔录,绘制现场图,对现场情况和被伤害人的伤情进行照相,并将上述材料装订成卷宗。

第五章　鉴　定

第十七条　公安机关办理伤害案件,应当对人身损伤程度和用作证据的痕迹、物证、致伤工具等进行检验、鉴定。

第十八条　公安机关受理伤害案件后,应当在24小时内开具伤情鉴定委托书,告知被害人到指定的鉴定机构进行伤情鉴定。

第十九条　根据国家有关部门颁布的人身伤情鉴定标准和被害人当时的伤情及医院诊断证明,具备即时进行伤情鉴定条件的,公安机关的鉴定机构应当在受委托之时起24小时内提出鉴定意见,并在3日内出具鉴定文书。

对伤情比较复杂,不具备即时进行鉴定条件的,应当在受委托之日起7日内提出鉴定意见并出具鉴定文书。

对影响组织、器官功能或者伤情复杂,一时难以进行鉴定的,待伤情稳定后及时提出鉴定意见,并出具鉴定文书。

第二十条　对人身伤情进行鉴定,应当由县级以上公安机关鉴定机构二名以上鉴定人负责实施。

伤情鉴定比较疑难,对鉴定意见可能发生争议或者鉴定委托主体有明确要求的,伤情鉴定应当由三名以上主检法医师或者四级以上法医官负责实施。

需要聘请其他具有专门知识的人员进行鉴定的,应当经县级以上公安机关负责人批准,制作《鉴定聘请书》,送达被聘请人。

第二十一条　对人身伤情鉴定意见有争议需要重新鉴定的,应当依照《中华人民共和国刑事诉讼法》的有关规定进行。

第二十二条　人身伤情鉴定文书格式和内容应当符合规范要求。鉴定文书中应当有被害人正面免冠照片及其人体需要鉴定的所有损伤部位的细目照片。对用作证据的鉴定意见,公安机关办案单位应当制作《鉴定意见通知书》,送达被害人和违法犯罪嫌疑人。

第六章　调查取证

第二十三条　询问被害人,应当重点问明伤害行为发生的时间,地点,原因,经过,伤害工具、方式、部位,伤情,嫌疑人情况等。

第二十四条　询问伤害行为人,应当重点问明实施伤害行为的时间,地点,原因,经过,致伤工具、方式、部位等具体情节。

多人参与的,还应当问明参与人员的情况,所持凶器,所处位置,实施伤害行为的先后顺序,致伤工具、方式、部位及预谋情况等。

第二十五条　询问目击证人,应当重点问明伤害行为发生的时间、地点、经过,双方当事人人数及各自所处位置、持有的凶器,实施伤害行为的先后顺序,致伤工具、方式、部位,衣着、体貌特征,目击证人所处位置及目击证人与双方当事人之间的关系等。

第二十六条　询问其他证人应当问清其听到、看到的与伤害行为有关的情况。

第二十七条　办理伤害案件,应当重点收集以下物证、书证:
(一)凶器、血衣以及能够证明伤害情况的其他物品;
(二)相关的医院诊断及病历资料;
(三)与案件有关的其他证据。

办案单位应当将证据保管责任落实到人,完善证据保管制度,建立证据保管室,妥善保管证据,避免因保管不善导致证据损毁、污染、丢失或者消磁,影响刑事诉讼和案件处理。

第七章　案件处理

第二十八条　被害人伤情构成轻伤、重伤或者死亡,需要追究犯罪嫌疑人刑事责任的,依照《中华人民共和国刑事诉讼法》的有关规定办理。

第二十九条　根据《中华人民共和国刑法》第十三条及《中华人民共和国刑事诉讼法》第十五条第一项规定,对故意伤害他人致轻伤,情节显著轻微、危害不大,不认为是犯罪的,以及被害人伤情达不到轻伤的,应当依法予以治安管理处罚。

第三十条　对于因民间纠纷引起的殴打他人或者故意伤害他人身体的行为,情节较轻尚不够刑事处罚,具有下列情形之一的,经双方当事人同意,公安机关可以依法调解处理:
(一)亲友、邻里或者同事之间因琐事发生纠纷,双方均有过错的;
(二)未成年人、在校学生殴打他人或者故意伤害他人身体的;
(三)行为人的侵害行为系由被害人事前的过错行为引起的;
(四)其他适用调解处理更易化解矛盾的。

第三十一条　有下列情形之一的,不得调解处理:
(一)雇凶伤害他人的;
(二)涉及黑社会性质组织的;
(三)寻衅滋事的;
(四)聚众斗殴的;
(五)累犯;

(六)多次伤害他人身体的；
(七)其他不宜调解处理的。

第三十二条 公安机关调解处理的伤害案件,除下列情形外,应当公开进行：
(一)涉及个人隐私的；
(二)行为人为未成年人的；
(三)行为人和被害人都要求不公开调解的。

第三十三条 公安机关进行调解处理时,应当遵循合法、公正、自愿、及时的原则,注重教育和疏导,化解矛盾。

第三十四条 当事人中有未成年人的,调解时未成年当事人的父母或者其他监护人应当在场。

第三十五条 对因邻里纠纷引起的伤害案件进行调解时,可以邀请当地居民委员会、村民委员会的人员或者双方当事人熟悉的人员参加。

第三十六条 调解原则上为一次,必要时可以增加一次。对明显不构成轻伤、不需要伤情鉴定的治安案件,应当在受理案件后的3个工作日内完成调解；对需要伤情鉴定的治安案件,应当在伤情鉴定文书出具后的3个工作日内完成调解。

对一次调解不成,有必要再次调解的,应当在第一次调解后的7个工作日内完成第二次调解。

第三十七条 调解必须履行以下手续：
(一)征得双方当事人同意；
(二)在公安机关的主持下制作调解书。

第三十八条 调解处理时,应当制作调解笔录。达成调解协议的,应当制作调解书。调解书应当由调解机关、调解主持人、双方当事人及其他参加人签名、盖章。调解书一式三份,双方当事人各一份,调解机关留存一份备查。

第三十九条 经调解当事人达成协议并履行的,不予处罚。经调解未达成协议或者达成协议后不履行的,公安机关应当对违反治安管理行为人依法予以处罚,并告知当事人可以就民事争议依法向人民法院提起民事诉讼。

第八章 卷 宗

第四十条 公安机关办理伤害案件,应当严格按照办理刑事案件或者治安案件的要求,形成完整卷宗。

卷宗内的材料应当包括受案、立案文书,询问、讯问笔录,现场、伤情照片,检验、鉴定结论等证据材料,审批手续、处理意见等。

第四十一条 卷宗应当整齐规范,字迹工整。

第四十二条 犯罪嫌疑人被追究刑事责任的,侦查卷(正卷)移送检察机关,侦查工作卷(副卷)由公安机关保存。

侦查卷(正卷)内容应包括立案决定书,现场照片、现场图,现场勘查笔录,强制措施和侦查措施决定书、通知书、告知书,各种证据材料,起诉意见书等法律文书。

侦查工作卷(副卷)内容应包括各种呈请报告书、审批表,侦查、调查计划,对案件分析意见,起诉意见书草稿等文书材料。

第四十三条 伤害案件未办结的,卷宗由办案单位保存。

第四十四条 治安管理处罚或者调解处理的伤害案件,结案后卷宗交档案部门保存。

第九章　责任追究

第四十五条 违反本规定,造成案件难以审结、侵害当事人合法权益的,依照《公安机关人民警察执法过错责任追究规定》追究办案人员和主管领导的执法过错责任。

第十章　附　则

第四十六条 本规定所称以上、以下,包括本数。

第四十七条 本规定自2006年2月1日起施行。

《最高人民法院、最高人民检察院、公安部关于公安部证券犯罪侦查局直属分局办理经济犯罪案件适用刑事诉讼程序若干问题的通知》(公通字〔2009〕51号,自2010年1月1日起施行)

各省、自治区、直辖市高级人民法院,人民检察院,公安厅、局,新疆维吾尔自治区高级人民法院生产建设兵团分院、新疆生产建设兵团人民检察院、公安局:

根据《国务院办公厅关于印发公安部主要职责内设机构和人员编制规定的通知》(国办发〔2008〕59号)要求,公安部证券犯罪侦查局设立第一、第二、第三分局,分别派驻北京、上海、深圳,按管辖区域承办需要公安部侦查的有关经济犯罪案件。为了规范公安部证券犯罪侦查局第一、第二、第三分局(以下简称"直属分局")的办案工作,进一步加大打击经济犯罪的力度,现就直属分局办理经济犯罪案件适用刑事诉讼程序的若干问题通知如下:

一、直属分局行使《刑事诉讼法》赋予公安机关的刑事侦查权,按管辖区域立案侦查公安部交办的证券领域以及其他领域重大经济犯罪案件。

二、直属分局管辖区域分别是:

第一分局:北京、天津、河北、山西、内蒙古、辽宁、吉林、黑龙江、陕西、甘肃、

青海、宁夏、新疆(含生产建设兵团);

第二分局:上海、江苏、浙江、安徽、福建、江西、山东、河南、湖北、湖南;

第三分局:广东、广西、海南、重庆、四川、贵州、云南、西藏。

经公安部指定,直属分局可以跨区域管辖案件。

三、直属分局依法对本通知第一条规定的案件立案、侦查、预审。对犯罪嫌疑人分别依法决定传唤、拘传、取保候审、监视居住、拘留;认为需要逮捕的,提请人民检察院审查批准;对依法不追究刑事责任的不予立案,已经立案的予以撤销案件;对侦查终结应当起诉的案件,移送人民检察院审查决定。

四、直属分局依照《刑事诉讼法》和《公安机关办理刑事案件程序规定》等有关规定出具和使用刑事法律文书,冠以"公安部证券犯罪侦查局第×分局"字样,加盖"公安部证券犯罪侦查局第×分局"印章,需要加盖直属分局局长印章的,加盖直属分局局长印章。

五、直属分局在侦查办案过程中,需要逮捕犯罪嫌疑人的,应当按照《刑事诉讼法》及《公安机关办理刑事案件程序规定》的有关规定,制作相应的法律文书,连同有关案卷材料、证据,一并移送犯罪地的人民检察院审查批准。如果由犯罪嫌疑人居住地的人民检察院办理更为适宜的,可以移送犯罪嫌疑人居住地的人民检察院审查批准。

六、直属分局对于侦查终结的案件,犯罪事实清楚,证据确实、充分的,应当按照《刑事诉讼法》的有关规定,制作《起诉意见书》,连同案卷材料、证据,一并移送犯罪地的人民检察院审查决定。如果由犯罪嫌疑人居住地的人民检察院办理更为适宜的,可以移送犯罪嫌疑人居住地的人民检察院审查决定。

七、人民检察院认为直属分局移送的案件,犯罪事实已经查清,证据确实、充分,依法应当追究刑事责任的,应当依照《刑事诉讼法》有关管辖的规定向人民法院提起公诉。人民法院应当依法作出判决。

八、案情重大、复杂或者确有特殊情况需要改变管辖的,人民法院可以依照《刑事诉讼法》第二十三条、第二十六条的规定决定。

九、对经侦查不构成犯罪和人民检察院依法决定不起诉或者人民法院依法宣告无罪、免予刑事处罚的刑事案件,需要追究行政责任的,依照有关行政法规的规定,移送有关部门处理。

十、本通知自2010年1月1日起施行。2005年2月28日下发的《关于公安部证券犯罪侦查局直属分局办理证券期货领域刑事案件适用刑事诉讼程序若干问题的通知》(公通字〔2005〕11号)同时废止。

《最高人民检察院、公安部关于公安机关办理经济犯罪案件的若干规定》
(公通字〔2017〕25号,自2018年1月1日起施行)

第一章 总 则

第一条 为了规范公安机关办理经济犯罪案件程序,加强人民检察院的法律监督,保证严格、规范、公正、文明执法,依法惩治经济犯罪,维护社会主义市场经济秩序,保护公民、法人和其他组织的合法权益,依据《中华人民共和国刑事诉讼法》等有关法律、法规和规章,结合工作实际,制定本规定。

第二条 公安机关办理经济犯罪案件,应当坚持惩罚犯罪与保障人权并重、实体公正与程序公正并重、查证犯罪与挽回损失并重,严格区分经济犯罪与经济纠纷的界限,不得滥用职权、玩忽职守。

第三条 公安机关办理经济犯罪案件,应当坚持平等保护公有制经济与非公有制经济,坚持各类市场主体的诉讼地位平等、法律适用平等、法律责任平等,加强对各种所有制经济产权与合法利益的保护。

第四条 公安机关办理经济犯罪案件,应当严格依照法定程序进行,规范使用调查性侦查措施,准确适用限制人身、财产权利的强制性措施。

第五条 公安机关办理经济犯罪案件,应当既坚持严格依法办案,又注意办案方法,慎重选择办案时机和方式,注重保障正常的生产经营活动顺利进行。

第六条 公安机关办理经济犯罪案件,应当坚持以事实为根据、以法律为准绳,同人民检察院、人民法院分工负责、互相配合、互相制约,以保证准确有效地执行法律。

第七条 公安机关、人民检察院应当按照法律规定的证据裁判要求和标准收集、固定、审查、运用证据,没有确实、充分的证据不得认定犯罪事实,严禁刑讯逼供和以威胁、引诱、欺骗以及其他非法方法收集证据,不得强迫任何人证实自己有罪。

第二章 管 辖

第八条 经济犯罪案件由犯罪地的公安机关管辖。如果由犯罪嫌疑人居住地的公安机关管辖更为适宜的,可以由犯罪嫌疑人居住地的公安机关管辖。

犯罪地包括犯罪行为发生地和犯罪结果发生地。犯罪行为发生地,包括犯罪行为的实施地以及预备地、开始地、途经地、结束地等与犯罪行为有关的地点;犯罪行为有连续、持续或者继续状态的,犯罪行为连续、持续或者继续实施的地方都属于犯罪行为发生地。犯罪结果发生地,包括犯罪对象被侵害地、犯罪所得的实际取得地、藏匿地、转移地、使用地、销售地。

居住地包括户籍所在地、经常居住地。户籍所在地与经常居住地不一致的,由经常居住地的公安机关管辖。经常居住地是指公民离开户籍所在地最后连续居住一年以上的地方,但是住院就医的除外。

单位涉嫌经济犯罪的,由犯罪地或者所在地公安机关管辖。所在地是指单位登记的住所地。主要营业地或者主要办事机构所在地与登记的住所地不一致的,主要营业地或者主要办事机构所在地为其所在地。

法律、司法解释或者其他规范性文件对有关经济犯罪案件的管辖作出特别规定的,从其规定。

第九条 非国家工作人员利用职务上的便利实施经济犯罪的,由犯罪嫌疑人工作单位所在地公安机关管辖。如果由犯罪行为实施地或者犯罪嫌疑人居住地的公安机关管辖更为适宜的,也可以由犯罪行为实施地或者犯罪嫌疑人居住地的公安机关管辖。

第十条 上级公安机关必要时可以立案侦查或者组织、指挥、参与侦查下级公安机关管辖的经济犯罪案件。

对重大、疑难、复杂或者跨区域性经济犯罪案件,需要由上级公安机关立案侦查的,下级公安机关可以请求移送上一级公安机关立案侦查。

第十一条 几个公安机关都有权管辖的经济犯罪案件,由最初受理的公安机关管辖。必要时,可以由主要犯罪地的公安机关管辖。对管辖不明确或者有争议的,应当协商管辖;协商不成的,由共同的上级公安机关指定管辖。

主要利用通讯工具、互联网等技术手段实施的经济犯罪案件,由最初发现、受理的公安机关或者主要犯罪地的公安机关管辖。

第十二条 公安机关办理跨区域性涉众型经济犯罪案件,应当坚持统一指挥协调、统一办案要求的原则。

对跨区域性涉众型经济犯罪案件,犯罪地公安机关应当立案侦查,并由一个地方公安机关为主侦查,其他公安机关应当积极协助。必要时,可以并案侦查。

第十三条 上级公安机关指定下级公安机关立案侦查的经济犯罪案件,需要逮捕犯罪嫌疑人的,由侦查该案件的公安机关提请同级人民检察院审查批准;需要移送审查起诉的,由侦查该案件的公安机关移送同级人民检察院审查起诉。

人民检察院受理公安机关移送审查起诉的经济犯罪案件,认为需要依照刑事诉讼法的规定指定审判管辖的,应当协商同级人民法院办理指定管辖有关事宜。

对跨区域性涉众型经济犯罪案件,公安机关指定管辖的,应当事先向同级人民检察院、人民法院通报和协商。

第三章 立案、撤案

第十四条 公安机关对涉嫌经济犯罪线索的报案、控告、举报、自动投案,不论是否有管辖权,都应当接受并登记,由最初受理的公安机关依照法定程序办理,不得以管辖权为由推诿或者拒绝。

经审查,认为有犯罪事实,但不属于其管辖的案件,应当及时移送有管辖权的机关处理。对于不属于其管辖又必须采取紧急措施的,应当先采取紧急措施,再移送主管机关。

第十五条 公安机关接受涉嫌经济犯罪线索的报案、控告、举报、自动投案后,应当立即进行审查,并在七日以内决定是否立案;重大、疑难、复杂线索,经县级以上公安机关负责人批准,立案审查期限可以延长至三十日;特别重大、疑难、复杂或者跨区域性的线索,经上一级公安机关负责人批准,立案审查期限可以再延长三十日。

上级公安机关指定管辖或者书面通知立案的,应当在指定期限以内立案侦查。人民检察院通知立案的,应当在十五日以内立案侦查。

第十六条 公安机关接受行政执法机关移送的涉嫌经济犯罪案件后,移送材料符合相关规定的,应当在三日以内进行审查并决定是否立案,至迟应当在十日以内作出决定。案情重大、疑难、复杂或者跨区域性的,经县级以上公安机关负责人批准,应当在三十日以内决定是否立案。情况特殊的,经上一级公安机关负责人批准,可以再延长三十日作出决定。

第十七条 公安机关经立案审查,同时符合下列条件的,应当立案:

(一)认为有犯罪事实;

(二)涉嫌犯罪数额、结果或者其他情节符合经济犯罪案件的立案追诉标准,需要追究刑事责任的;

(三)属于该公安机关管辖。

第十八条 在立案审查中,发现案件事实或者线索不明的,经公安机关办案部门负责人批准,可以依照有关规定采取询问、查询、勘验、鉴定和调取证据材料等不限制被调查对象人身、财产权利的措施。经审查,认为有犯罪事实,需要追究刑事责任的,经县级以上公安机关负责人批准,予以立案。

公安机关立案后,应当采取调查性侦查措施,但是一般不得采取限制人身、财产权利的强制性措施。确有必要采取的,必须严格依照法律规定的条件和程序。严禁在没有证据的情况下,查封、扣押、冻结涉案财物或者拘留、逮捕犯罪嫌疑人。

公安机关立案后,在三十日以内经积极侦查,仍然无法收集到证明有犯罪事实需要对犯罪嫌疑人追究刑事责任的充分证据的,应当立即撤销案件或者终止侦查。重大、疑难、复杂案件,经上一级公安机关负责人批准,可以再延长三十日。

上级公安机关认为不应当立案,责令限期纠正的,或者人民检察院认为不应当立案,通知撤销案件的,公安机关应当及时撤销案件。

第十九条 对有控告人的案件,经审查决定不予立案的,应当在立案审查的期限内制作不予立案通知书,并在三日以内送达控告人。

第二十条 涉嫌经济犯罪的案件与人民法院正在审理或者作出生效裁判文书的民事案件,属于同一法律事实或者有牵连关系,符合下列条件之一的,应当立案:

(一)人民法院在审理民事案件或者执行过程中,发现有经济犯罪嫌疑,裁定不予受理、驳回起诉、中止诉讼、判决驳回诉讼请求或者中止执行生效裁判文书,并将有关材料移送公安机关的;

(二)人民检察院依法通知公安机关立案的;

(三)公安机关认为有证据证明有犯罪事实,需要追究刑事责任,经省级以上公安机关负责人批准的。

有前款第二项、第三项情形的,公安机关立案后,应当严格依照法律规定的条件和程序采取强制措施和侦查措施,并将立案决定书等法律文书及相关案件材料复印件抄送正在审理或者作出生效裁判文书的人民法院并说明立案理由,同时通报与办理民事案件的人民法院同级的人民检察院,必要时可以报告上级公安机关。

在侦查过程中,不得妨碍人民法院民事诉讼活动的正常进行。

第二十一条 公安机关在侦查过程中、人民检察院在审查起诉过程中,发现具有下列情形之一的,应当将立案决定书、起诉意见书等法律文书及相关案件材料复印件抄送正在审理或者作出生效裁判文书的人民法院,由人民法院依法处理:

(一)侦查、审查起诉的经济犯罪案件与人民法院正在审理或者作出生效裁判文书的民事案件属于同一法律事实或者有牵连关系的;

(二)涉案财物已被有关当事人申请执行的。

有前款规定情形的,公安机关、人民检察院应当同时将有关情况通报与办理民事案件的人民法院同级的人民检察院。

公安机关将相关法律文书及案件材料复印件抄送人民法院后一个月以内未收到回复的,必要时,可以报告上级公安机关。

立案侦查、审查起诉的经济犯罪案件与仲裁机构作出仲裁裁决的民事案件属于同一法律事实或者有牵连关系，且人民法院已经受理与该仲裁裁决相关申请的，依照本条第一款至第三款的规定办理。

第二十二条 涉嫌经济犯罪的案件与人民法院正在审理或者作出生效裁判文书以及仲裁机构作出裁决的民事案件有关联但不属同一法律事实的，公安机关可以立案侦查，但是不得以刑事立案为由要求人民法院移送案件、裁定驳回起诉、中止诉讼、判决驳回诉讼请求、中止执行或者撤销判决、裁定，或者要求人民法院撤销仲裁裁决。

第二十三条 人民法院在办理民事案件过程中，认为该案件不属于民事纠纷而有经济犯罪嫌疑需要追究刑事责任，并将涉嫌经济犯罪的线索、材料移送公安机关的，接受案件的公安机关应当立即审查，并在十日以内决定是否立案。公安机关不立案的，应当及时告知人民法院。

第二十四条 人民法院在办理民事案件过程中，发现与民事纠纷虽然不是同一事实但是有关联的经济犯罪线索、材料，并将涉嫌经济犯罪的线索、材料移送公安机关的，接受案件的公安机关应当立即审查，并在十日以内决定是否立案。公安机关不立案的，应当及时告知人民法院。

第二十五条 在侦查过程中，公安机关发现具有下列情形之一的，应当及时撤销案件：

（一）对犯罪嫌疑人解除强制措施之日起十二个月以内，仍然不能移送审查起诉或者依法作其他处理的；

（二）对犯罪嫌疑人未采取强制措施，自立案之日起二年以内，仍然不能移送审查起诉或者依法作其他处理的；

（三）人民检察院通知撤销案件的；

（四）其他符合法律规定的撤销案件情形的。

有前款第一项、第二项情形，但是有证据证明有犯罪事实需要进一步侦查的，经省级以上公安机关负责人批准，可以不撤销案件，继续侦查。

撤销案件后，公安机关应当立即停止侦查活动，并解除相关的侦查措施和强制措施。

撤销案件后，又发现新的事实或者证据，依法需要追究刑事责任的，公安机关应当重新立案侦查。

第二十六条 公安机关接报案件后，报案人、控告人、举报人、被害人及其法定代理人、近亲属查询立案情况的，应当在三日以内告知立案情况并记录在案。对已经立案的，应当告知立案时间、涉嫌罪名、办案单位等情况。

第二十七条 对报案、控告、举报、移送的经济犯罪案件,公安机关作出不予立案决定、撤销案件决定或者逾期未作出是否立案决定有异议的,报案人、控告人、举报人可以申请人民检察院进行立案监督,移送案件的行政执法机关可以建议人民检察院进行立案监督。

人民检察院认为需要公安机关说明不予立案、撤销案件或者逾期未作出是否立案决定的理由的,应当要求公安机关在七日以内说明理由。公安机关应当书面说明理由,连同有关证据材料回复人民检察院。人民检察院认为不予立案或者撤销案件的理由不能成立的,应当通知公安机关立案。人民检察院要求公安机关说明逾期未作出是否立案的理由后,公安机关在七日以内既不说明理由又不作出是否立案的决定的,人民检察院应当发出纠正违法通知书予以纠正,经审查案件有关证据材料,认为符合立案条件的,应当通知公安机关立案。

第二十八条 犯罪嫌疑人及其法定代理人、近亲属或者辩护律师对公安机关立案提出异议的,公安机关应当及时受理、认真核查。

有证据证明公安机关可能存在违法介入经济纠纷,或者利用立案实施报复陷害、敲诈勒索以及谋取其他非法利益等违法立案情形的,人民检察院应当要求公安机关书面说明立案的理由。公安机关应当在七日以内书面说明立案的依据和理由,连同有关证据材料回复人民检察院。人民检察院认为立案理由不能成立的,应当通知公安机关撤销案件。

第二十九条 人民检察院发现公安机关在办理经济犯罪案件过程中适用另案处理存在违法或者不当的,可以向公安机关提出书面纠正意见或者检察建议。公安机关应当认真审查,并将结果及时反馈人民检察院。没有采纳的,应当说明理由。

第三十条 依照本规定,报经省级以上公安机关负责人批准立案侦查或者继续侦查的案件,撤销案件时应当经原审批的省级以上公安机关负责人批准。

人民检察院通知撤销案件的,应当立即撤销案件,并报告原审批的省级以上公安机关。

第四章 强制措施

第三十一条 公安机关决定采取强制措施时,应当考虑犯罪嫌疑人涉嫌犯罪情节的轻重程度、有无继续犯罪和逃避或者妨碍侦查的可能性,使所适用的强制措施同犯罪的严重程度、犯罪嫌疑人的社会危险性相适应,依法慎用羁押性强制措施。

采取取保候审、监视居住措施足以防止发生社会危险性的,不得适用羁押性强制措施。

第三十二条 公安机关应当依照法律规定的条件和程序适用取保候审措施。

采取保证金担保方式的,应当综合考虑保证诉讼活动正常进行的需要,犯罪嫌疑人的社会危险性的大小,案件的性质、情节、涉案金额,可能判处刑罚的轻重以及犯罪嫌疑人的经济状况等情况,确定适当的保证金数额。

在取保候审期间,不得中断对经济犯罪案件的侦查。执行取保候审超过三个月的,应当至少每月讯问一次被取保候审人。

第三十三条 对于被决定采取强制措施并上网追逃的犯罪嫌疑人,经审查发现不构成犯罪或者依法不予追究刑事责任的,应当立即撤销强制措施决定,并按照有关规定,报请省级以上公安机关删除相关信息。

第三十四条 公安机关办理经济犯罪案件应当加强统一审核,依照法律规定的条件和程序逐案逐人审查采取强制措施的合法性和适当性,发现采取强制措施不当的,应当及时撤销或者变更。犯罪嫌疑人在押的,应当立即释放。公安机关释放被逮捕的犯罪嫌疑人或者变更逮捕措施的,应当及时通知作出批准逮捕决定的人民检察院。

犯罪嫌疑人被逮捕后,人民检察院经审查认为不需要继续羁押提出检察建议的,公安机关应当予以调查核实,认为不需要继续羁押的,应当予以释放或者变更强制措施;认为需要继续羁押的,应当说明理由,并在十日以内将处理情况通知人民检察院。

犯罪嫌疑人及其法定代理人、近亲属或者辩护人有权申请人民检察院进行羁押必要性审查。

第五章 侦查取证

第三十五条 公安机关办理经济犯罪案件,应当及时进行侦查,依法全面、客观、及时地收集、调取、固定、审查能够证实犯罪嫌疑人有罪或者无罪、罪重或者罪轻以及与涉案财物有关的各种证据,并防止犯罪嫌疑人逃匿、销毁证据或者转移、隐匿涉案财物。

严禁调取与经济犯罪案件无关的证据材料,不得以侦查犯罪为由滥用侦查措施为他人收集民事诉讼证据。

第三十六条 公安机关办理经济犯罪案件,应当遵守法定程序,遵循有关技术标准,全面、客观、及时地收集、提取电子数据;人民检察院应当围绕真实性、合法性、关联性审查判断电子数据。

依照规定程序通过网络在线提取的电子数据,可以作为证据使用。

第三十七条 公安机关办理经济犯罪案件,需要采取技术侦查措施的,应当严格依照有关法律、规章和规范性文件规定的范围和程序办理。

第三十八条 公安机关办理非法集资、传销以及利用通讯工具、互联网等技术手段实施的经济犯罪案件，确因客观条件的限制无法逐一收集被害人陈述、证人证言等相关证据的，可以结合已收集的言词证据和依法收集并查证属实的物证、书证、视听资料、电子数据等实物证据，综合认定涉案人员人数和涉案资金数额等犯罪事实，做到证据确实、充分。

第三十九条 公安机关办理生产、销售伪劣商品犯罪案件、走私犯罪案件、侵犯知识产权犯罪案件，对同一批次或者同一类型的涉案物品，确因实物数量较大，无法逐一勘验、鉴定、检测、评估的，可以委托或者商请有资格的鉴定机构、专业机构或者行政执法机关依照程序按照一定比例随机抽样勘验、鉴定、检测、评估，并由其制作取样记录和出具相关书面意见。有关抽样勘验、鉴定、检测、评估的结果可以作为该批次或者该类型全部涉案物品的勘验、鉴定、检测、评估结果，但是不符合法定程序，且不能补正或者作出合理解释，可能严重影响案件公正处理的除外。

法律、法规和规范性文件对鉴定机构或者抽样方法另有规定的，从其规定。

第四十条 公安机关办理经济犯罪案件应当与行政执法机关加强联系、密切配合，保证准确有效地执行法律。

公安机关应当根据案件事实、证据和法律规定依法认定案件性质，对案情复杂、疑难，涉及专业性、技术性问题的，可以参考有关行政执法机关的认定意见。

行政执法机关对经济犯罪案件中有关行为性质的认定，不是案件进入刑事诉讼程序的必经程序或者前置条件。法律、法规和规章另有规定的，从其规定。

第四十一条 公安机关办理重大、疑难、复杂的经济犯罪案件，可以听取人民检察院的意见，人民检察院认为确有必要时，可以派员适时介入侦查活动，对收集证据、适用法律提出意见，监督侦查活动是否合法。对人民检察院提出的意见，公安机关应当认真审查，并将结果及时反馈人民检察院。没有采纳的，应当说明理由。

第四十二条 公安机关办理跨区域性的重大经济犯罪案件，应当向人民检察院通报立案侦查情况，人民检察院可以根据通报情况调度办案力量，开展指导协调等工作。需要逮捕犯罪嫌疑人的，公安机关应当提前与人民检察院沟通。

第四十三条 人民检察院在审查逮捕、审查起诉中发现公安机关办案人员以非法方法收集犯罪嫌疑人供述、被害人陈述、证人证言等证据材料的，应当依法排除非法证据并提出纠正意见。需要重新调查取证的，经县级以上公安机关负责人批准，应当另行指派办案人员重新调查取证。必要时，人民检察院也可以自行收集犯罪嫌疑人供述、被害人陈述、证人证言等证据材料。

公安机关发现收集物证、书证不符合法定程序,可能严重影响司法公正的,应当要求办案人员予以补正或者作出合理解释;不能补正或者作出合理解释的,应当依法予以排除,不得作为提请批准逮捕、移送审查起诉的依据。

人民检察院发现收集物证、书证不符合法定程序,可能严重影响司法公正的,应当要求公安机关予以补正或者作出合理解释,不能补正或者作出合理解释的,应当依法予以排除,不得作为批准逮捕、提起公诉的依据。

第四十四条 对民事诉讼中的证据材料,公安机关在立案后应当依照刑事诉讼法以及相关司法解释的规定进行审查或者重新收集。未经查证核实的证据材料,不得作为刑事证据使用。

第四十五条 人民检察院已经作出不起诉决定的案件,公安机关不得针对同一法律事实的同一犯罪嫌疑人继续侦查或者补充侦查,但是有新的事实或者证据的,可以重新立案侦查。

第六章 涉案财物的控制和处置

第四十六条 查封、扣押、冻结以及处置涉案财物,应当依照法律规定的条件和程序进行。除法律法规和规范性文件另有规定以外,公安机关不得在诉讼程序终结之前处置涉案财物。严格区分违法所得、其他涉案财产与合法财产,严格区分企业法人财产与股东个人财产,严格区分犯罪嫌疑人个人财产与家庭成员财产,不得超权限、超范围、超数额、超时限查封、扣押、冻结,并注意保护利害关系人的合法权益。

对涉众型经济犯罪案件,需要追缴、返还涉案财物的,应当坚持统一资产处置原则。公安机关移送审查起诉时,应当将有关涉案财物及其清单随案移送人民检察院。人民检察院提起公诉时,应当将有关涉案财物及其清单一并移送受理案件的人民法院,并提出处理意见。

第四十七条 对依照有关规定可以分割的土地、房屋等涉案不动产,应当只对与案件有关的部分进行查封。

对不可分割的土地、房屋等涉案不动产或者车辆、船舶、航空器以及大型机器、设备等特定动产,可以查封、扣押、冻结犯罪嫌疑人提供的与涉案金额相当的其他财物。犯罪嫌疑人不能提供的,可以予以整体查封。

冻结涉案账户的款项数额,应当与涉案金额相当。

第四十八条 对自动投案时主动提交的涉案财物和权属证书等,公安机关可以先行接收,如实登记并出具接收财物凭证,根据立案和侦查情况决定是否查封、扣押、冻结。

第四十九条 已被依法查封、冻结的涉案财物,公安机关不得重复查封、冻结,但是可以轮候查封、冻结。

已被人民法院采取民事财产保全措施的涉案财物,依照前款规定办理。

第五十条 对不宜查封、扣押、冻结的经营性涉案财物,在保证侦查活动正常进行的同时,可以允许有关当事人继续合理使用,并采取必要的保值保管措施,以减少侦查办案对正常办公和合法生产经营的影响。必要时,可以申请当地政府指定有关部门或者委托有关机构代管。

第五十一条 对查封、扣押、冻结的涉案财物及其孳息,以及作为证据使用的实物,公安机关应当如实登记,妥善保管,随案移送,并与人民检察院及时交接,变更法律手续。

在查封、扣押、冻结涉案财物时,应当收集、固定与涉案财物来源、权属、性质等有关的证据材料并随案移送。对不宜移送或者依法不移送的实物,应当将其清单、照片或者其他证明文件随案移送。

第五十二条 涉嫌犯罪事实查证属实后,对有证据证明权属关系明确的被害人合法财产及其孳息,及时返还不损害其他被害人或者利害关系人的利益、不影响诉讼正常进行的,可以在登记、拍照或者录像、估价后,经县级以上公安机关负责人批准,开具发还清单,在诉讼程序终结之前返还被害人。办案人员应当在案卷中注明返还的理由,将原物照片、清单和被害人的领取手续存卷备查。

具有下列情形之一的,不得在诉讼程序终结之前返还:

(一)涉嫌犯罪事实尚未查清的;

(二)涉案财物及其孳息的权属关系不明确或者存在争议的;

(三)案件需要变更管辖的;

(四)可能损害其他被害人或者利害关系人利益的;

(五)可能影响诉讼程序正常进行的;

(六)其他不宜返还的。

第五十三条 有下列情形之一的,除依照有关法律法规和规范性文件另行处理的以外,应当立即解除对涉案财物的查封、扣押、冻结措施,并及时返还有关当事人:

(一)公安机关决定撤销案件或者对犯罪嫌疑人终止侦查的;

(二)人民检察院通知撤销案件或者作出不起诉决定的;

(三)人民法院作出生效判决、裁定应当返还的。

第五十四条 犯罪分子违法所得的一切财物及其孳息,应当予以追缴或者责令退赔。

发现犯罪嫌疑人将经济犯罪违法所得和其他涉案财物用于清偿债务、转让或者设定其他权利负担,具有下列情形之一的,应当依法查封、扣押、冻结:

(一)他人明知是经济犯罪违法所得和其他涉案财物而接受的;

(二)他人无偿或者以明显低于市场价格取得上述财物的;

(三)他人通过非法债务清偿或者违法犯罪活动取得上述财物的;

(四)他人通过其他恶意方式取得上述财物的。

他人明知是经济犯罪违法所得及其产生的收益,通过虚构债权债务关系、虚假交易等方式予以窝藏、转移、收购、代为销售或者以其他方法掩饰、隐瞒,构成犯罪的,应当依法追究刑事责任。

第五十五条 具有下列情形之一,依照刑法规定应当追缴其违法所得及其他涉案财物的,经县级以上公安机关负责人批准,公安机关应当出具没收违法所得意见书,连同相关证据材料一并移送同级人民检察院:

(一)重大的走私、金融诈骗、洗钱犯罪案件,犯罪嫌疑人逃匿,在通缉一年后不能到案的;

(二)犯罪嫌疑人死亡的;

(三)涉嫌重大走私、金融诈骗、洗钱犯罪的单位被撤销、注销,直接负责的主管人员和其他直接责任人员逃匿、死亡,导致案件无法适用普通刑事诉讼程序审理的。

犯罪嫌疑人死亡,现有证据证明其存在违法所得及其他涉案财物应当予以没收的,公安机关可以继续调查,并依法进行查封、扣押、冻结。

第七章 办案协作

第五十六条 公安机关办理经济犯罪案件,应当加强协作和配合,依法履行协查、协办等职责。

上级公安机关应当加强监督、协调和指导,及时解决跨区域性协作的争议事项。

第五十七条 办理经济犯罪案件需要异地公安机关协作的,委托地公安机关应当对案件的管辖、定性、证据认定以及所采取的侦查措施负责,办理有关的法律文书和手续,并对协作事项承担法律责任。但是协作地公安机关超权限、超范围采取相关措施的,应当承担相应的法律责任。

第五十八条 办理经济犯罪案件需要异地公安机关协作的,由委托地的县级以上公安机关制作办案协作函件和有关法律文书,通过协作地的县级以上公安机关联系有关协作事宜。协作地公安机关接到委托地公安机关请求协作的函件后,应当指定主管业务部门办理。

各省、自治区、直辖市公安机关根据本地实际情况，就需要外省、自治区、直辖市公安机关协助对犯罪嫌疑人采取强制措施或者查封、扣押、冻结涉案财物事项制定相关审批程序。

第五十九条　协作地公安机关应当对委托地公安机关出具的法律文书和手续予以审核，对法律文书和手续完备的，协作地公安机关应当及时无条件予以配合，不得收取任何形式的费用。

第六十条　委托地公安机关派员赴异地公安机关请求协助查询资料、调查取证等事项时，应当出具办案协作函件和有关法律文书。

委托地公安机关认为不需要派员赴异地的，可以将办案协作函件和有关法律文书寄送协作地公安机关，协作地公安机关协查不得超过十五日；案情重大、情况紧急的，协作地公安机关应当在七日以内回复；因特殊情况不能按时回复的，协作地公安机关应当及时向委托地公安机关说明情况。

必要时，委托地公安机关可以将办案协作函件和有关法律文书通过电传、网络等保密手段或者相关工作机制传至协作地公安机关，协作地公安机关应当及时协查。

第六十一条　委托地公安机关派员赴异地公安机关请求协助采取强制措施或者搜查，查封、扣押、冻结涉案财物等事项时，应当持办案协作函件、有关侦查措施或者强制措施的法律文书、工作证件及相关案件材料，与协作地县级以上公安机关联系，协作地公安机关应当派员协助执行。

第六十二条　对不及时采取措施，有可能导致犯罪嫌疑人逃匿，或者有可能转移涉案财物以及重要证据的，委托地公安机关可以商请紧急协作，将办案协作函件和有关法律文书通过电传、网络等保密手段传至协作地县级以上公安机关，协作地公安机关收到协作函件后，应当及时采取措施，落实协作事项。委托地公安机关应当立即派员携带法律文书前往协作地办有关事宜。

第六十三条　协作地公安机关在协作过程中，发现委托地公安机关明显存在违反法律规定的行为时，应当及时向委托地公安机关提出并报上一级公安机关。跨省协作的，应当通过协作地的省级公安机关通报委托地的省级公安机关，协商处理。未能达成一致意见的，协作地的省级公安机关应当及时报告公安部。

第六十四条　立案地公安机关赴其他省、自治区、直辖市办案，应当按照有关规定呈报上级公安机关审查批准。

第八章　保障诉讼参与人合法权益

第六十五条　公安机关办理经济犯罪案件，应当尊重和保障人权，保障犯罪嫌疑人、被害人和其他诉讼参与人依法享有的辩护权和其他诉讼权利,在职责范围内依法保障律师的执业权利。

第六十六条 辩护律师向公安机关了解犯罪嫌疑人涉嫌的罪名以及现已查明的该罪的主要事实,犯罪嫌疑人被采取、变更、解除强制措施,延长侦查羁押期限、移送审查起诉等案件有关情况的,公安机关应当依法将上述情况告知辩护律师,并记录在案。

第六十七条 辩护律师向公安机关提交与经济犯罪案件有关的申诉、控告等材料的,公安机关应当在执法办案场所予以接收,当面了解有关情况并记录在案。对辩护律师提供的材料,公安机关应当及时依法审查,并在三十日以内予以答复。

第六十八条 被害人、犯罪嫌疑人及其法定代理人、近亲属或者律师对案件管辖有异议,向立案侦查的公安机关提出申诉的,接受申诉的公安机关应当在接到申诉后的七日以内予以答复。

第六十九条 犯罪嫌疑人及其法定代理人、近亲属或者辩护人认为公安机关所采取的强制措施超过法定期限,有权向原批准或者决定的公安机关提出申诉,接受该项申诉的公安机关应当在接到申诉之日起三十日以内审查完毕并作出决定,将结果书面通知申诉人。对超过法定期限的强制措施,应当立即解除或者变更。

第七十条 辩护人、诉讼代理人认为公安机关阻碍其依法行使诉讼权利并向人民检察院申诉或者控告,人民检察院经审查情况属实后通知公安机关予以纠正的,公安机关应当立即纠正,并将监督执行情况书面答复人民检察院。

第七十一条 辩护人、诉讼代理人对公安机关侦查活动有异议的,可以向有关公安机关提出申诉、控告,或者提请人民检察院依法监督。

第九章 执法监督与责任追究

第七十二条 公安机关应当依据《中华人民共和国人民警察法》等有关法律法规和规范性文件的规定,加强对办理经济犯罪案件活动的执法监督和督察工作。

上级公安机关发现下级公安机关存在违反法律和有关规定行为的,应当责令其限期纠正。必要时,上级公安机关可以就其违法行为直接作出相关处理决定。

人民检察院发现公安机关办理经济犯罪案件中存在违法行为的,或者对有关当事人及其辩护律师、诉讼代理人、利害关系人的申诉、控告事项查证属实的,应当通知公安机关予以纠正。

第七十三条 具有下列情形之一的,公安机关应当责令依法纠正,或者直接作出撤销、变更或者纠正决定。对发生执法过错的,应当根据办案人员在办案中各自承担的职责,区分不同情况,分别追究案件审批人、审核人、办案人及其他直接责任人的责任。构成犯罪的,依法追究刑事责任。

(一)越权管辖或者推诿管辖的;
(二)违反规定立案、不予立案或者撤销案件的;
(三)违反规定对犯罪嫌疑人采取强制措施的;
(四)违反规定对财物采取查封、扣押、冻结措施的;
(五)违反规定处置涉案财物的;
(六)拒不履行办案协作职责,或者阻碍异地公安机关依法办案的;
(七)阻碍当事人、辩护人、诉讼代理人依法行使诉讼权利的;
(八)其他应当予以追究责任的。

对于导致国家赔偿的责任人员,应当依据《中华人民共和国国家赔偿法》的有关规定,追偿其部分或者全部赔偿费用。

第七十四条 公安机关在受理、立案、移送以及涉案财物处置等过程中,与人民检察院、人民法院以及仲裁机构发生争议的,应当协商解决。必要时,可以报告上级公安机关协调解决。上级公安机关应当加强监督,依法处理。

人民检察院发现公安机关存在执法不当行为的,可以向公安机关提出书面纠正意见或者检察建议。公安机关应当认真审查,并将结果及时反馈人民检察院。没有采纳的,应当说明理由。

第七十五条 公安机关办理经济犯罪案件应当加强执法安全防范工作,规范执法办案活动,执行执法办案规定,加强执法监督,对执法不当造成严重后果的,依据相关规定追究责任。

第十章 附 则

第七十六条 本规定所称的"经济犯罪案件",主要是指公安机关经济犯罪侦查部门按照有关规定依法管辖的各种刑事案件,但以资助方式实施的帮助恐怖活动案件,不适用本规定。

公安机关其他办案部门依法管辖刑法分则第三章规定的破坏社会主义市场经济秩序犯罪有关案件的,适用本规定。

第七十七条 本规定所称的"调查性侦查措施",是指公安机关在办理经济犯罪案件过程中,依照法律规定进行的专门调查工作和有关侦查措施,但是不包括限制犯罪嫌疑人人身、财产权利的强制性措施。

第七十八条 本规定所称的"涉众型经济犯罪案件",是指基于同一法律事实、利益受损人数众多、可能影响社会秩序稳定的经济犯罪案件,包括但不限于非法吸收公众存款,集资诈骗,组织、领导传销活动,擅自设立金融机构,擅自发行股票、公司企业债券等犯罪。

第七十九条 本规定所称的"跨区域性",是指涉及两个以上县级行政区域。

第八十条 本规定自2018年1月1日起施行。2005年12月31日发布的《公安机关办理经济犯罪案件的若干规定》(公通字〔2005〕101号)同时废止。本规定发布以前最高人民检察院、公安部制定的关于办理经济犯罪案件的规范性文件与本规定不一致的,适用本规定。

《打击非设关地成品油走私专题研讨会会议纪要》(最高人民法院、最高人民检察院、海关总署,署缉发〔2019〕210号)

近一时期,我国东南沿海、西南陆路边境等非设关地成品油走私活动猖獗,严重破坏国家进出境监管秩序,给社会公共安全和环境保护带来重大隐患。2019年3月27日,最高人民法院、最高人民检察院、海关总署在江苏省南京市召开打击非设关地成品油走私专题研讨会,最高人民法院刑五庭、最高人民检察院第四检察厅、海关总署缉私局及部分地方人民法院、人民检察院和海关缉私部门有关同志参加会议。会议分析了当前非设关地成品油走私的严峻形势,总结交流了办理非设关地成品油走私刑事案件的经验,研究探讨了办案中的疑难问题,对人民法院、人民检察院、海关缉私部门依法严厉打击非设关地成品油走私犯罪、正确适用法律办理案件达成共识。现纪要如下:

一、关于定罪处罚(略)

二、关于主观故意的认定(略)

三、关于犯罪数额的认定(略)

四、关于证据的收集

办理非设关地成品油走私犯罪案件,应当注意收集、提取以下证据:

(一)反映涉案地点的位置、环境,涉案船舶、车辆、油品的特征、数量、属性等的证据;

(二)涉案船舶的航次航图、航海日志、GPS、AIS轨迹、卫星电话及其通话记录;

(三)涉案人员的手机号码及其通话记录、手机短信、微信聊天记录,涉案人员通过微信、支付宝、银行卡等方式收付款的资金交易记录;

(四)成品油取样、计量过程的照片、视听资料;

(五)跟踪守候、监控拍摄的照片、视听资料;

（六）其他应当收集、提取的证据。

依照法律规定采取技术侦查措施收集的物证、书证、视听资料、电子数据等证据材料对定罪量刑有重大影响的，应当随案移送，并移送批准采取技术侦查措施的法律文书和侦查办案部门对证据内容的说明材料。对视听资料中涉及的绰号、暗语、俗语、方言等，侦查机关应当结合犯罪嫌疑人的供述、证人证言等证据说明其内容。

确因客观条件的限制无法逐一收集船员、司机、收购人等人员证言的，可结合已收集的言词证据和物证、书证、视听资料、电子数据等证据，综合认定犯罪事实。

五、关于涉案货物、财产及运输工具的处置

对查封、扣押的涉案成品油及易贬值、不易保管的涉案船舶、车辆，权利人明确的，经其本人书面同意或者申请，依法履行审批程序，并固定证据和留存样本后，可以依法先行变卖、拍卖，变卖、拍卖所得价款暂予保存，待诉讼终结后一并依法处理。

有证据证明依法应当追缴、没收的涉案财产被他人善意取得或者与其他合法财产混合且不可分割的，应当追缴、没收其他等值财产。

侦查机关查封、扣押的财物经审查后应当返还的，应当通知原主认领。无人认领的，应当公告通知，公告满三个月无人认领的，依法拍卖、变卖后所得价款上缴国库；上缴国库后有人认领，经查证属实的，应当申请退库予以返还。

对用于运输走私成品油的船舶、车辆，按照以下原则处置：

（一）对"三无"船舶、无法提供有效证书的船舶、车辆，依法予以没收、收缴或者移交主管机关依法处置；

（二）对走私犯罪分子自有的船舶、车辆或者假挂靠、长期不作登记、虚假登记等实为走私分子所有的船舶、车辆，作为犯罪工具依法没收；

（三）对所有人明知他人实施走私犯罪而出租、出借的船舶、车辆，依法予以没收。

具有下列情形之一的，可以认定船舶、车辆出租人、出借人明知他人实施违法犯罪，但有证据证明确属被蒙骗或者有其他相反证据的除外：

（一）出租人、出借人未经有关部门批准，擅自将船舶、车辆改装为可装载油料用的船舶、车辆，或者进行伪装的；

（二）出租人、出借人默许实际承租人将船舶、车辆改装为可装载油料用船舶、车辆，或者进行伪装的；

（三）因出租、出借船舶、车辆用于走私受过行政处罚，又出租、出借给同

一走私人或者同一走私团伙使用的;

(四)出租人、出借人拒不提供真实的实际承运人信息,或者提供虚假的实际承运人信息的;

(五)其他可以认定明知的情形。

六、关于办案协作

为有效遏制非设关地成品油走私犯罪活动,各级海关缉私部门、人民检察院和人民法院要进一步加强办案协作,依法及时开展侦查、批捕、起诉和审判工作。要强化人民检察院提前介入机制,并加大对非设关地重特大成品油走私案件联合挂牌督办力度。要强化案件信息沟通,积极发挥典型案例指引作用,保证执法司法标准的统一性和均衡性。

七、其他问题

本纪要中的成品油是指汽油、煤油、柴油以及其他具有相同用途的乙醇汽油和生物柴油等替代燃料(包括添加染色剂的"红油""白油""蓝油"等)。

办理非设关地走私白糖、冻品等刑事案件的相关问题,可以参照本纪要的精神依法处理。

《人民检察院办理网络犯罪案件规定》(高检发办字〔2021〕3号)

第一章 一般规定

第一条 为规范人民检察院办理网络犯罪案件,维护国家安全、网络安全、社会公共利益,保护公民、法人和其他组织的合法权益,根据《中华人民共和国刑事诉讼法》《人民检察院刑事诉讼规则》等规定,结合司法实践,制定本规定。

第二条 本规定所称网络犯罪是指针对信息网络实施的犯罪,利用信息网络实施的犯罪,以及其他上下游关联犯罪。

第三条 人民检察院办理网络犯罪案件应当加强全链条惩治,注重审查和发现上下游关联犯罪线索。对涉嫌犯罪,公安机关未立案侦查、应当提请批准逮捕而未提请批准逮捕或者应当移送起诉而未移送起诉的,依法进行监督。

第四条 人民检察院办理网络犯罪案件应当坚持惩治犯罪与预防犯罪并举,建立捕、诉、监、防一体的办案机制,加强以案释法,发挥检察建议的作用,促进有关部门、行业组织、企业等加强网络犯罪预防和治理,净化网络空间。

第五条 网络犯罪案件的管辖适用刑事诉讼法及其他相关规定。

有多个犯罪地的,按照有利于查清犯罪事实、有利于保护被害人合法权益、保证案件公正处理的原则确定管辖。

因跨区域犯罪、共同犯罪、关联犯罪等原因存在管辖争议的,由争议的人民检察院协商解决,协商不成的,报请共同的上级人民检察院指定管辖。

第六条 人民检察院办理网络犯罪案件应当发挥检察一体化优势,加强跨区域协作办案,强化信息互通、证据移交、技术协作,增强惩治网络犯罪的合力。

第七条 人民检察院办理网络犯罪案件应当加强对电子数据收集、提取、保全、固定等的审查,充分运用同一电子数据往往具有的多元关联证明作用,综合运用电子数据与其他证据,准确认定案件事实。

第八条 建立检察技术人员、其他有专门知识的人参与网络犯罪案件办理制度。根据案件办理需要,吸收检察技术人员加入办案组辅助案件办理。积极探索运用大数据、云计算、人工智能等信息技术辅助办案,提高网络犯罪案件办理的专业化水平。

第九条 人民检察院办理网络犯罪案件,对集团犯罪或者涉案人数众多的,根据行为人的客观行为、主观恶性、犯罪情节及地位、作用等综合判断责任轻重和刑事追究的必要性,按照区别对待原则分类处理,依法追诉。

第十条 人民检察院办理网络犯罪案件应当把追赃挽损贯穿始终,主动加强与有关机关协作,保证及时查封、扣押、冻结涉案财物,阻断涉案财物移转链条,督促涉案人员退赃退赔。

第二章 引导取证和案件审查

第十一条 人民检察院办理网络犯罪案件应当重点围绕主体身份同一性、技术手段违法性、上下游行为关联性等方面全面审查案件事实和证据,注重电子数据与其他证据之间的相互印证,构建完整的证据体系。

第十二条 经公安机关商请,根据追诉犯罪的需要,人民检察院可以派员适时介入重大、疑难、复杂网络犯罪案件的侦查活动,并对以下事项提出引导取证意见:

(一)案件的侦查方向及可能适用的罪名;

(二)证据的收集、提取、保全、固定、检验、分析等;

(三)关联犯罪线索;

(四)追赃挽损工作;

(五)其他需要提出意见的事项。

人民检察院开展引导取证活动时,涉及专业性问题的,可以指派检察技术人员共同参与。

第十三条 人民检察院可以通过以下方式了解案件办理情况:

(一)查阅案件材料;

(二)参加公安机关对案件的讨论;

(三)了解讯(询)问犯罪嫌疑人、被害人、证人的情况;

（四）了解、参与电子数据的收集、提取；
（五）其他方式。

第十四条 人民检察院介入网络犯罪案件侦查活动，发现关联犯罪或其他新的犯罪线索，应当建议公安机关依法立案或移送相关部门；对于犯罪嫌疑人不构成犯罪的，依法监督公安机关撤销案件。

第十五条 人民检察院可以根据案件侦查情况，向公安机关提出以下取证意见：

（一）能够扣押、封存原始存储介质的，及时扣押、封存；

（二）扣押可联网设备时，及时采取信号屏蔽、信号阻断或者切断电源等方式，防止电子数据被远程破坏；

（三）及时提取账户密码及相应数据，如电子设备、网络账户、应用软件等的账户密码，以及存储于其中的聊天记录、电子邮件、交易记录等；

（四）及时提取动态数据，如内存数据、缓存数据、网络连接数据等；

（五）及时提取依赖于特定网络环境的数据，如点对点网络传输数据、虚拟专线网络中的数据等；

（六）及时提取书证、物证等客观证据，注意与电子数据相互印证。

第十六条 对于批准逮捕后要求公安机关继续侦查、不批准逮捕后要求公安机关补充侦查或者审查起诉退回公安机关补充侦查的网络犯罪案件，人民检察院应当重点围绕本规定第十二条第一款规定的事项，有针对性地制作继续侦查提纲或者补充侦查提纲。对于专业性问题，应当听取检察技术人员或者其他有专门知识的人的意见。

人民检察院应当及时了解案件继续侦查或者补充侦查的情况。

第十七条 认定网络犯罪的犯罪嫌疑人，应当结合全案证据，围绕犯罪嫌疑人与原始存储介质、电子数据的关联性、犯罪嫌疑人网络身份与现实身份的同一性，注重审查以下内容：

（一）扣押、封存的原始存储介质是否为犯罪嫌疑人所有、持有或者使用；

（二）社交、支付结算、网络游戏、电子商务、物流等平台的账户信息、身份认证信息、数字签名、生物识别信息等是否与犯罪嫌疑人身份关联；

（三）通话记录、短信、聊天信息、文档、图片、语音、视频等文件内容是否能够反映犯罪嫌疑人的身份；

（四）域名、IP 地址、终端 MAC 地址、通信基站信息等是否能够反映电子设备为犯罪嫌疑人所使用；

（五）其他能够反映犯罪嫌疑人主体身份的内容。

第十八条　认定犯罪嫌疑人的客观行为，应当结合全案证据，围绕其利用的程序工具、技术手段的功能及其实现方式、犯罪行为和结果之间的关联性，注重审查以下内容：

（一）设备信息、软件程序代码等作案工具；

（二）系统日志、域名、IP地址、WiFi信息、地理位置信息等是否能够反映犯罪嫌疑人的行为轨迹；

（三）操作记录、网络浏览记录、物流信息、交易结算记录、即时通信信息等是否能够反映犯罪嫌疑人的行为内容；

（四）其他能够反映犯罪嫌疑人客观行为的内容。

第十九条　认定犯罪嫌疑人的主观方面，应当结合犯罪嫌疑人的认知能力、专业水平、既往经历、人员关系、行为次数、获利情况等综合认定，注重审查以下内容：

（一）反映犯罪嫌疑人主观故意的聊天记录、发布内容、浏览记录等；

（二）犯罪嫌疑人行为是否明显违背系统提示要求、正常操作流程；

（三）犯罪嫌疑人制作、使用或者向他人提供的软件程序是否主要用于违法犯罪活动；

（四）犯罪嫌疑人支付结算的对象、频次、数额等是否明显违反正常交易习惯；

（五）犯罪嫌疑人是否频繁采用隐蔽上网、加密通信、销毁数据等措施或者使用虚假身份；

（六）其他能够反映犯罪嫌疑人主观方面的内容。

第二十条　认定犯罪行为的情节和后果，应当结合网络空间、网络行为的特性，从违法所得、经济损失、信息系统的破坏、网络秩序的危害程度以及对被害人的侵害程度等综合判断，注重审查以下内容：

（一）聊天记录、交易记录、音视频文件、数据库信息等能够反映犯罪嫌疑人违法所得、获取和传播数据及文件的性质、数量的内容；

（二）账号数量、信息被点击次数、浏览次数、被转发次数等能够反映犯罪行为对网络空间秩序产生影响的内容；

（三）受影响的计算机信息系统数量、服务器日志信息等能够反映犯罪行为对信息网络运行造成影响程度的内容；

（四）被害人数量、财产损失数额、名誉侵害的影响范围等能够反映犯罪行为对被害人的人身、财产等造成侵害的内容；

（五）其他能够反映犯罪行为情节、后果的内容。

第二十一条 人民检察院办理网络犯罪案件,确因客观条件限制无法逐一收集相关言词证据的,可以根据记录被害人人数、被侵害的计算机信息系统数量、涉案资金数额等犯罪事实的电子数据、书证等证据材料,在审查被告人及其辩护人所提辩解、辩护意见的基础上,综合全案证据材料,对相关犯罪事实作出认定。

第二十二条 对于数量众多的同类证据材料,在证明是否具有同样的性质、特征或者功能时,因客观条件限制不能全部验证的,可以进行抽样验证。

第二十三条 对鉴定意见、电子数据等技术性证据材料,需要进行专门审查的,应当指派检察技术人员或者聘请其他有专门知识的人进行审查并提出意见。

第二十四条 人民检察院在审查起诉过程中,具有下列情形之一的,可以依法自行侦查:

(一)公安机关未能收集的证据,特别是存在灭失、增加、删除、修改风险的电子数据,需要及时收集和固定的;

(二)经退回补充侦查未达到补充侦查要求的;

(三)其他需要自行侦查的情形。

第二十五条 自行侦查由检察官组织实施,开展自行侦查的检察人员不得少于二人。需要技术支持和安全保障的,由人民检察院技术部门和警务部门派员协助。必要时,可以要求公安机关予以配合。

第二十六条 人民检察院办理网络犯罪案件的部门,发现或者收到侵害国家利益、社会公共利益的公益诉讼案件线索的,应当及时移送负责公益诉讼的部门处理。

第三章 电子数据的审查

第二十七条 电子数据是以数字化形式存储、处理、传输的,能够证明案件事实的数据,主要包括以下形式:

(一)网页、社交平台、论坛等网络平台发布的信息;

(二)手机短信、电子邮件、即时通信、通讯群组等网络通讯信息;

(三)用户注册信息、身份认证信息、数字签名、生物识别信息等用户身份信息;

(四)电子交易记录、通信记录、浏览记录、操作记录、程序安装、运行、删除记录等用户行为信息;

(五)恶意程序、工具软件、网站源代码、运行脚本等行为工具信息;

(六)系统日志、应用程序日志、安全日志、数据库日志等系统运行信息;

(七)文档、图片、音频、视频、数字证书、数据库文件等电子文件及其创建时间、访问时间、修改时间、大小等文件附属信息。

第二十八条 电子数据取证主要包括以下方式：收集、提取电子数据；电子数据检查和侦查实验；电子数据检验和鉴定。

收集、提取电子数据可以采取以下方式：

（一）扣押、封存原始存储介质；

（二）现场提取电子数据；

（三）在线提取电子数据；

（四）冻结电子数据；

（五）调取电子数据。

第二十九条 人民检察院办理网络犯罪案件，应当围绕客观性、合法性、关联性的要求对电子数据进行全面审查。注重审查电子数据与案件事实之间的多元关联，加强综合分析，充分发挥电子数据的证明作用。

第三十条 对电子数据是否客观、真实，注重审查以下内容：

（一）是否移送原始存储介质，在原始存储介质无法封存、不便移动时，是否说明原因，并注明相关情况；

（二）电子数据是否有数字签名、数字证书等特殊标识；

（三）电子数据的收集、提取过程及结果是否可以重现；

（四）电子数据有增加、删除、修改等情形的，是否附有说明；

（五）电子数据的完整性是否可以保证。

第三十一条 对电子数据是否完整，注重审查以下内容：

（一）原始存储介质的扣押、封存状态是否完好；

（二）比对电子数据完整性校验值是否发生变化；

（三）电子数据的原件与备份是否相同；

（四）冻结后的电子数据是否生成新的操作日志。

第三十二条 对电子数据的合法性，注重审查以下内容：

（一）电子数据的收集、提取、保管的方法和过程是否规范；

（二）查询、勘验、扣押、调取、冻结等的法律手续是否齐全；

（三）勘验笔录、搜查笔录、提取笔录等取证记录是否完备；

（四）是否由符合法律规定的取证人员、见证人、持有人（提供人）等参与，因客观原因没有见证人、持有人（提供人）签名或者盖章的，是否说明原因；

（五）是否按照有关规定进行同步录音录像；

（六）对于收集、提取的境外电子数据是否符合国（区）际司法协作及相关法律规定的要求。

第三十三条 对电子数据的关联性,注重审查以下内容:

(一)电子数据与案件事实之间的关联性;

(二)电子数据及其存储介质与案件当事人之间的关联性。

第三十四条 原始存储介质被扣押封存的,注重从以下方面审查扣押封存过程是否规范:

(一)是否记录原始存储介质的品牌、型号、容量、序列号、识别码、用户标识等外观信息,是否与实物一一对应;

(二)是否封存或者计算完整性校验值,封存前后是否拍摄被封存原始存储介质的照片,照片是否清晰反映封口或者张贴封条处的状况;

(三)是否由取证人员、见证人、持有人(提供人)签名或者盖章。

第三十五条 对原始存储介质制作数据镜像予以提取固定的,注重审查以下内容:

(一)是否记录原始存储介质的品牌、型号、容量、序列号、识别码、用户标识等外观信息,是否记录原始存储介质的存放位置、使用人、保管人;

(二)是否附有制作数据镜像的工具、方法、过程等必要信息;

(三)是否计算完整性校验值;

(四)是否由取证人员、见证人、持有人(提供人)签名或者盖章。

第三十六条 提取原始存储介质中的数据内容并予以固定的,注重审查以下内容:

(一)是否记录原始存储介质的品牌、型号、容量、序列号、识别码、用户标识等外观信息,是否记录原始存储介质的存放位置、使用人、保管人;

(二)所提取数据内容的原始存储路径,提取的工具、方法、过程等信息,是否一并提取相关的附属信息、关联痕迹、系统环境等信息;

(三)是否计算完整性校验值;

(四)是否由取证人员、见证人、持有人(提供人)签名或者盖章。

第三十七条 对于在线提取的电子数据,注重审查以下内容:

(一)是否记录反映电子数据来源的网络地址、存储路径或者数据提取时的进入步骤等;

(二)是否记录远程计算机信息系统的访问方式、电子数据的提取日期和时间、提取的工具、方法等信息,是否一并提取相关的附属信息、关联痕迹、系统环境等信息;

(三)是否计算完整性校验值;

(四)是否由取证人员、见证人、持有人(提供人)签名或者盖章。

对可能无法重复提取或者可能出现变化的电子数据,是否随案移送反映提取过程的拍照、录像、截屏等材料。

第三十八条 对冻结的电子数据,注重审查以下内容:
(一)冻结手续是否符合规定;
(二)冻结的电子数据是否与案件事实相关;
(三)冻结期限是否即将到期、有无必要继续冻结或者解除;
(四)冻结期间电子数据是否被增加、删除、修改等。

第三十九条 对调取的电子数据,注重审查以下内容:
(一)调取证据通知书是否注明所调取的电子数据的相关信息;
(二)被调取单位、个人是否在通知书回执上签名或者盖章;
(三)被调取单位、个人拒绝签名、盖章的,是否予以说明;
(四)是否计算完整性校验值或者以其他方法保证电子数据的完整性。

第四十条 对电子数据进行检查、侦查实验,注重审查以下内容:
(一)是否记录检查过程、检查结果和其他需要记录的内容,并由检查人员签名或者盖章;
(二)是否记录侦查实验的条件、过程和结果,并由参加侦查实验的人员签名或者盖章;
(三)检查、侦查实验使用的电子设备、网络环境等是否与发案现场一致或者基本一致;
(四)是否使用拍照、录像、录音、通信数据采集等一种或者多种方式客观记录检查、侦查实验过程。

第四十一条 对电子数据进行检验、鉴定,注重审查以下内容:
(一)鉴定主体的合法性。包括审查司法鉴定机构、司法鉴定人员的资质,委托鉴定事项是否符合司法鉴定机构的业务范围,鉴定人员是否存在回避等情形;
(二)鉴定材料的客观性。包括鉴定材料是否真实、完整、充分,取得方式是否合法,是否与原始电子数据一致;
(三)鉴定方法的科学性。包括鉴定方法是否符合国家标准、行业标准,方法标准的选用是否符合相关规定;
(四)鉴定意见的完整性。是否包含委托人、委托时间、检材信息、鉴定或者分析论证过程、鉴定结果以及鉴定人签名、日期等内容;
(五)鉴定意见与其他在案证据能否相互印证。

对于鉴定机构以外的机构出具的检验、检测报告,可以参照本条规定进行审查。

第四十二条 行政机关在行政执法和查办案件过程中依法收集、提取的电子数据,人民检察院经审查符合法定要求的,可以作为刑事案件的证据使用。

第四十三条 电子数据的收集、提取程序有下列瑕疵,经补正或者作出合理解释的,可以采用;不能补正或者作出合理解释的,不得作为定案的根据:

(一)未以封存状态移送的;

(二)笔录或者清单上没有取证人员、见证人、持有人(提供人)签名或者盖章的;

(三)对电子数据的名称、类别、格式等注明不清的;

(四)有其他瑕疵的。

第四十四条 电子数据系篡改、伪造、无法确定真伪的,或者有其他无法保证电子数据客观、真实情形的,不得作为定案的根据。

电子数据有增加、删除、修改等情形,但经司法鉴定、当事人确认等方式确定与案件相关的重要数据未发生变化,或者能够还原电子数据原始状态、查清变化过程的,可以作为定案的根据。

第四十五条 对于无法直接展示的电子数据,人民检察院可以要求公安机关提供电子数据的内容、存储位置、附属信息、功能作用等情况的说明,随案移送人民法院。

第四章 出庭支持公诉

第四十六条 人民检察院依法提起公诉的网络犯罪案件,具有下列情形之一的,可以建议人民法院召开庭前会议:

(一)案情疑难复杂的;

(二)跨国(边)境、跨区域案件社会影响重大的;

(三)犯罪嫌疑人、被害人等人数众多、证据材料较多的;

(四)控辩双方对电子数据合法性存在较大争议的;

(五)案件涉及技术手段专业性强,需要控辩双方提前交换意见的;

(六)其他有必要召开庭前会议的情形。

必要时,人民检察院可以向法庭申请指派检察技术人员或者聘请其他有专门知识的人参加庭前会议。

第四十七条 人民法院开庭审理网络犯罪案件,公诉人出示证据可以借助多媒体示证、动态演示等方式进行。必要时,可以向法庭申请指派检察技术人员或者聘请其他有专门知识的人进行相关技术操作,并就专门性问题发表意见。

公诉人在出示电子数据时,应当从以下方面进行说明:

（一）电子数据的来源、形成过程；

（二）电子数据所反映的犯罪手段、人员关系、资金流向、行为轨迹等案件事实；

（三）电子数据与被告人供述、被害人陈述、证人证言、物证、书证等的相互印证情况；

（四）其他应当说明的内容。

第四十八条 在法庭审理过程中，被告人及其辩护人针对电子数据的客观性、合法性、关联性提出辩解或者辩护意见的，公诉人可以围绕争议点从证据来源是否合法，提取、复制、制作过程是否规范，内容是否真实完整，与案件事实有无关联等方面，有针对性地予以答辩。

第四十九条 支持、推动人民法院开庭审判网络犯罪案件全程录音录像。对庭审全程录音录像资料，必要时人民检察院可以商请人民法院复制，并将存储介质附检察卷宗保存。

第五章 跨区域协作办案

第五十条 对跨区域网络犯罪案件，上级人民检察院应当加强统一指挥和统筹协调，相关人民检察院应当加强办案协作。

第五十一条 上级人民检察院根据办案需要，可以统一调用辖区内的检察人员参与办理网络犯罪案件。

第五十二条 办理关联网络犯罪案件的人民检察院可以相互申请查阅卷宗材料、法律文书，了解案件情况，被申请的人民检察院应当予以协助。

第五十三条 承办案件的人民检察院需要向办理关联网络犯罪案件的人民检察院调取证据材料的，可以持相关法律文书和证明文件申请调取在案证据材料，被申请的人民检察院应当配合。

第五十四条 承办案件的人民检察院需要异地调查取证的，可以将相关法律文书及证明文件传输至证据所在地的人民检察院，请其代为调查取证。相关法律文书应当注明具体的取证对象、方式、内容和期限等。

被请求协助的人民检察院应当予以协助，及时将取证结果送达承办案件的人民检察院；无法及时调取的，应当作出说明。被请求协助的人民检察院有异议的，可以与承办案件的人民检察院进行协商；无法解决的，由承办案件的人民检察院报请共同的上级人民检察院决定。

第五十五条 承办案件的人民检察院需要询问异地证人、被害人的，可以通过远程视频系统进行询问，证人、被害人所在地的人民检察院应当予以协助。远程询问的，应当对询问过程进行同步录音录像。

第六章 跨国(边)境司法协作

第五十六条 办理跨国网络犯罪案件应当依照《中华人民共和国国际刑事司法协助法》及我国批准加入的有关刑事司法协助条约,加强国际司法协作,维护我国主权、安全和社会公共利益,尊重协作国司法主权、坚持平等互惠原则,提升跨国司法协作质效。

第五十七条 地方人民检察院在案件办理中需要向外国请求刑事司法协助的,应当制作刑事司法协助请求书并附相关材料,经报最高人民检察院批准后,由我国与被请求国间司法协助条约规定的对外联系机关向外国提出申请。没有刑事司法协助条约的,通过外交途径联系。

第五十八条 人民检察院参加现场移交境外证据的检察人员不少于二人,外方有特殊要求的除外。

移交、开箱、封存、登记的情况应当制作笔录,由最高人民检察院或者承办案件的人民检察院代表、外方移交人员签名或者盖章,一般应当全程录音录像。有其他见证人的,在笔录中注明。

第五十九条 人民检察院对境外收集的证据,应当审查证据来源是否合法、手续是否齐备以及证据的移交、保管、转换等程序是否连续、规范。

第六十条 人民检察院办理涉香港特别行政区、澳门特别行政区、台湾地区的网络犯罪案件,需要当地有关部门协助的,可以参照本规定及其他相关规定执行。

第七章 附则

第六十一条 人民检察院办理网络犯罪案件适用本规定,本规定没有规定的,适用其他相关规定。

第六十二条 本规定中下列用语的含义:

(一)信息网络,包括以计算机、电视机、固定电话机、移动电话机等电子设备为终端的计算机互联网、广播电视网、固定通信网、移动通信网等信息网络,以及局域网络;

(二)存储介质,是指具备数据存储功能的电子设备、硬盘、光盘、优盘、记忆棒、存储芯片等载体;

(三)完整性校验值,是指为防止电子数据被篡改或者破坏,使用散列算法等特定算法对电子数据进行计算,得出的用于校验数据完整性的数据值;

(四)数字签名,是指利用特定算法对电子数据进行计算,得出的用于验证电子数据来源和完整性的数据值;

(五)数字证书,是指包含数字签名并对电子数据来源、完整性进行认证的电子文件；

（六）生物识别信息，是指计算机利用人体所固有的生理特征（包括人脸、指纹、声纹、虹膜、DNA 等）或者行为特征（步态、击键习惯等）来进行个人身份识别的信息；

（七）运行脚本，是指使用一种特定的计算机编程语言，依据符合语法要求编写的执行指定操作的可执行文件；

（八）数据镜像，是指二进制（0101 排序的数据码流）相同的数据复制件，与原件的内容无差别；

（九）MAC 地址，是指计算机设备中网卡的唯一标识，每个网卡有且只有一个 MAC 地址。

第六十三条 人民检察院办理国家安全机关、海警机关、监狱等移送的网络犯罪案件，适用本规定和其他相关规定。

第六十四条 本规定由最高人民检察院负责解释。

第六十五条 本规定自发布之日起施行。

《最高人民法院、最高人民检察院、公安部关于办理信息网络犯罪案件适用刑事诉讼程序若干问题的意见》（法发〔2022〕23 号，自 2022 年 9 月 1 日起施行）

为依法惩治信息网络犯罪活动，根据《中华人民共和国刑法》《中华人民共和国刑事诉讼法》以及有关法律、司法解释的规定，结合侦查、起诉、审判实践，现就办理此类案件适用刑事诉讼程序问题提出以下意见。

一、关于信息网络犯罪案件的范围

1. 本意见所称信息网络犯罪案件包括：

（1）危害计算机信息系统安全犯罪案件；

（2）拒不履行信息网络安全管理义务、非法利用信息网络、帮助信息网络犯罪活动的犯罪案件；

（3）主要行为通过信息网络实施的诈骗、赌博、侵犯公民个人信息等其他犯罪案件。

二、关于信息网络犯罪案件的管辖

2. 信息网络犯罪案件由犯罪地公安机关立案侦查。必要时，可以由犯罪嫌疑人居住地公安机关立案侦查。

信息网络犯罪案件的犯罪地包括用于实施犯罪行为的网络服务使用的服务器所在地，网络服务提供者所在地，被侵害的信息网络系统及其管理者所在地，犯罪过程中犯罪嫌疑人、被害人或者其他涉案人员使用的信息网络系统所在地，被害人被侵害时所在地以及被害人财产遭受损失地等。

涉及多个环节的信息网络犯罪案件,犯罪嫌疑人为信息网络犯罪提供帮助的,其犯罪地、居住地或者被帮助对象的犯罪地公安机关可以立案侦查。

3. 有多个犯罪地的信息网络犯罪案件,由最初受理的公安机关或者主要犯罪地公安机关立案侦查。有争议的,按照有利于查清犯罪事实、有利于诉讼的原则,协商解决;经协商无法达成一致的,由共同上级公安机关指定有关公安机关立案侦查。需要提请批准逮捕、移送审查起诉、提起公诉的,由立案侦查的公安机关所在地的人民检察院、人民法院受理。

4. 具有下列情形之一的,公安机关、人民检察院、人民法院可以在其职责范围内并案处理:

(1) 一人犯数罪的;

(2) 共同犯罪的;

(3) 共同犯罪的犯罪嫌疑人、被告人还实施其他犯罪的;

(4) 多个犯罪嫌疑人、被告人实施的犯罪行为存在关联,并案处理有利于查明全部案件事实的。

对为信息网络犯罪提供程序开发、互联网接入、服务器托管、网络存储、通讯传输等技术支持,或者广告推广、支付结算等帮助,涉嫌犯罪的,可以依照第一款的规定并案侦查。

有关公安机关依照前两款规定并案侦查的案件,需要提请批准逮捕、移送审查起诉、提起公诉的,由该公安机关所在地的人民检察院、人民法院受理。

5. 并案侦查的共同犯罪或者关联犯罪案件,犯罪嫌疑人人数众多、案情复杂的,公安机关可以分案移送审查起诉。分案移送审查起诉的,应当对并案侦查的依据、分案移送审查起诉的理由作出说明。

对于前款规定的案件,人民检察院可以分案提起公诉,人民法院可以分案审理。

分案处理应当以有利于保障诉讼质量和效率为前提,并不得影响当事人质证权等诉讼权利的行使。

6. 依照前条规定分案处理,公安机关、人民检察院、人民法院在分案前有管辖权的,分案后对相关案件的管辖权不受影响。根据具体情况,分案处理的相关案件可以由不同审级的人民法院分别审理。

7. 对于共同犯罪或者已并案侦查的关联犯罪案件,部分犯罪嫌疑人未到案,但不影响对已到案共同犯罪或者关联犯罪的犯罪嫌疑人、被告人的犯罪事实认定的,可以先行追究已到案犯罪嫌疑人、被告人的刑事责任。之前未到案的犯罪嫌疑人、被告人归案后,可以由原办案机关所在地公安机关、人民检察院、人民法院管辖其所涉及的案件。

8.对于具有特殊情况,跨省(自治区、直辖市)指定异地公安机关侦查更有利于查清犯罪事实、保证案件公正处理的重大信息网络犯罪案件,以及在境外实施的信息网络犯罪案件,公安部可以商最高人民检察院和最高人民法院指定侦查管辖。

9.人民检察院对于审查起诉的案件,按照刑事诉讼法的管辖规定,认为应当由上级人民检察院或者同级其他人民检察院起诉的,应当将案件移送有管辖权的人民检察院,并通知移送起诉的公安机关。人民检察院认为需要依照刑事诉讼法的规定指定审判管辖的,应当协商同级人民法院办理指定管辖有关事宜。

10.犯罪嫌疑人被多个公安机关立案侦查的,有关公安机关一般应当协商并案处理,并依法移送案件。协商不成的,可以报请共同上级公安机关指定管辖。

人民检察院对于审查起诉的案件,发现犯罪嫌疑人还有犯罪被异地公安机关立案侦查的,应当通知移送审查起诉的公安机关。

人民法院对于提起公诉的案件,发现被告人还有其他犯罪被审查起诉、立案侦查的,可以协商人民检察院、公安机关并案处理,但可能造成审判过分迟延的除外。决定对有关犯罪并案处理,符合《中华人民共和国刑事诉讼法》第二百零四条规定的,人民检察院可以建议人民法院延期审理。

三、关于信息网络犯罪案件的调查核实

11.公安机关对接受的案件或者发现的犯罪线索,在审查中发现案件事实或者线索不明,需要经过调查才能够确认是否达到刑事立案标准的,经公安机关办案部门负责人批准,可以进行调查核实;经过调查核实达到刑事立案标准的,应当及时立案。

12.调查核实过程中,可以采取询问、查询、勘验、检查、鉴定、调取证据材料等不限制被调查对象人身、财产权利的措施,不得对被调查对象采取强制措施,不得查封、扣押、冻结被调查对象的财产,不得采取技术侦查措施。

13.公安机关在调查核实过程中依法收集的电子数据等材料,可以根据有关规定作为证据使用。

调查核实过程中收集的材料作为证据使用的,应当随案移送,并附批准调查核实的相关材料。

调查核实过程中收集的证据材料经查证属实,且收集程序符合有关要求的,可以作为定案依据。

四、关于信息网络犯罪案件的取证

14.公安机关向网络服务提供者调取电子数据的,应当制作调取证据通知书,注明需要调取的电子数据的相关信息。调取证据通知书及相关法律文书可

以采用数据电文形式。跨地域调取电子数据的,可以通过公安机关信息化系统传输相关数据电文。

网络服务提供者向公安机关提供电子数据的,可以采用数据电文形式。采用数据电文形式提供电子数据的,应当保证电子数据的完整性,并制作电子证明文件,载明调证法律文书编号、单位电子公章、完整性校验值等保护电子数据完整性方法的说明等信息。

数据电文形式的法律文书和电子证明文件,应当使用电子签名、数字水印等方式保证完整性。

15.询(讯)问异地证人、被害人以及与案件有关联的犯罪嫌疑人的,可以由办案地公安机关通过远程网络视频等方式进行并制作笔录。

远程询(讯)问的,应当由协作地公安机关事先核实被询(讯)问人的身份。办案地公安机关应当将询(讯)问笔录传输至协作地公安机关。询(讯)问笔录经被询(讯)问人确认并逐页签名、捺指印后,由协作地公安机关协作人员签名或者盖章,并将原件提供给办案地公安机关。询(讯)问人员收到笔录后,应当在首页右上方写明"于某年某月某日收到",并签名或者盖章。

远程询(讯)问的,应当对询(讯)问过程同步录音录像,并随案移送。

异地证人、被害人以及与案件有关联的犯罪嫌疑人亲笔书写证词、供词的,参照执行本条第二款规定。

16.人民检察院依法自行侦查、补充侦查,或者人民法院调查核实相关证据的,适用本意见第14条、第15条的有关规定。

17.对于依照本意见第14条的规定调取的电子数据,人民检察院、人民法院可以通过核验电子签名、数字水印、电子数据完整性校验值及调证法律文书编号是否与证明文件相一致等方式,对电子数据进行审查判断。

对调取的电子数据有疑问的,由公安机关、提供电子数据的网络服务提供者作出说明,或者由原调取机关补充收集相关证据。

五、关于信息网络犯罪案件的其他问题

18.采取技术侦查措施收集的材料作为证据使用的,应当随案移送,并附采取技术侦查措施的法律文书、证据材料清单和有关说明材料。

移送采取技术侦查措施收集的视听资料、电子数据的,应当由两名以上侦查人员制作复制件,并附制作说明,写明原始证据材料、原始存储介质的存放地点等信息,由制作人签名,并加盖单位印章。

19.采取技术侦查措施收集的证据材料,应当经过当庭出示、辨认、质证等法庭调查程序查证。

当庭调查技术侦查证据材料可能危及有关人员的人身安全,或者可能产生其他严重后果的,法庭应当采取不暴露有关人员身份和技术侦查措施使用的技术设备、技术方法等保护措施。必要时,审判人员可以在庭外对证据进行核实。

20. 办理信息网络犯罪案件,对于数量特别众多且具有同类性质、特征或者功能的物证、书证、证人证言、被害人陈述、视听资料、电子数据等证据材料,确因客观条件限制无法逐一收集的,应当按照一定比例或者数量选取证据,并对选取情况作出说明和论证。

人民检察院、人民法院应当重点审查取证方法、过程是否科学。经审查认为取证不科学的,应当由原取证机关作出补充说明或者重新取证。

人民检察院、人民法院应当结合其他证据材料,以及犯罪嫌疑人、被告人及其辩护人所提辩解、辩护意见,审查认定取得的证据。经审查,对相关事实不能排除合理怀疑的,应当作出有利于犯罪嫌疑人、被告人的认定。

21. 对于涉案人数特别众多的信息网络犯罪案件,确因客观条件限制无法收集证据逐一证明、逐人核实涉案账户的资金来源,但根据银行账户、非银行支付账户等交易记录和其他证据材料,足以认定有关账户主要用于接收、流转涉案资金的,可以按照该账户接收的资金数额认定犯罪数额,但犯罪嫌疑人、被告人能够作出合理说明的除外。案外人提出异议的,应当依法审查。

22. 办理信息网络犯罪案件,应当依法及时查封、扣押、冻结涉案财物,督促涉案人员退赃退赔,及时追赃挽损。

公安机关应当全面收集证明涉案财物性质、权属情况、依法应予追缴、没收或者责令退赔的证据材料,在移送审查起诉时随案移送并作出说明。其中,涉案财物需要返还被害人的,应当尽可能查明被害人损失情况。人民检察院应当对涉案财物的证据材料进行审查,在提起公诉时提出处理意见。人民法院应当依法作出判决,对涉案财物作出处理。

对应当返还被害人的合法财产,权属明确的,应当依法及时返还;权属不明的,应当在人民法院判决、裁定生效后,按比例返还被害人,但已获退赔的部分应予扣除。

23. 本意见自2022年9月1日起施行。《最高人民法院、最高人民检察院、公安部关于办理网络犯罪案件适用刑事诉讼程序若干问题的意见》(公通字〔2014〕10号)同时废止。

《最高人民检察院、公安部关于依法妥善办理轻伤害案件的指导意见》(高检发办字〔2022〕167号)

为全面贯彻习近平法治思想,践行以人民为中心的发展理念,落实宽严相济刑事政策，提升轻伤害案件办案质效，有效化解社会矛盾，促进社会和谐稳定，实现办案政治效果、法律效果和社会效果的统一，根据《中华人民共和国刑法》《中华人民共和国刑事诉讼法》等有关规定，制定本意见。

一、基本要求

（一）坚持严格依法办案。人民检察院、公安机关要严格遵循证据裁判原则，全面、细致收集、固定、审查、判断证据，在查清事实、厘清原委的基础上依法办理案件，要坚持"犯罪事实清楚，证据确实、充分"的证明标准，正确理解与适用法律，准确把握罪与非罪、此罪与彼罪的界限，慎重把握逮捕、起诉条件。

（二）注重矛盾化解、诉源治理。轻伤害案件常见多发，如果处理不当，容易埋下问题隐患或者激化矛盾。人民检察院、公安机关办理轻伤害案件，要依法用足用好认罪认罚从宽制度、刑事和解制度和司法救助制度，把化解矛盾、修复社会关系作为履职办案的重要任务。要充分借助当事人所在单位、社会组织、基层组织、调解组织等第三方力量，不断创新工作机制和方法，促进矛盾纠纷解决以及当事人和解协议的有效履行。

（三）落实宽严相济刑事政策。人民检察院、公安机关要以宽严相济刑事政策为指导，对因婚恋、家庭、亲友、邻里、同学、同事等民间矛盾纠纷或者偶发事件引发的轻伤害案件，结合个案具体情况把握好法理情的统一，依法少捕慎诉慎押；对主观恶性大、情节恶劣的轻伤害案件，应当依法从严惩处，当捕即捕、当诉则诉。

二、依法全面调查取证、审查案件

（四）坚持全面调查取证。公安机关应当注重加强现场调查走访，及时、全面、规范收集、固定证据。建立以物证、勘验笔录、检查笔录、视听资料等客观性较强的证据为核心的证据体系，避免过于依赖言词证据定案，对适用刑事和解和认罪认罚从宽的案件，也应当全面调查取证，查明事实。

（五）坚持全面审查案件。人民检察院应当注重对案发背景、案发起因、当事人的关系、案发时当事人的行为、伤害手段、部位、后果、当事人事后态度等方面进行全面审查，综合运用鉴定意见、有专门知识的人的意见等，准确认定事实，辨明是非曲直。

（六）对鉴定意见进行实质性审查。人民检察院、公安机关要注重审查检材与其他证据是否相互印证，文书形式、鉴定人资质、检验程序是否规范合法，鉴定依据、方法是否准确，损伤是否既往伤病所致，是否及时就医，以及论证分析是否科学严谨，鉴定意见是否明确等。需要对鉴定意见等技术性证据材料进行专门审查的，可以按照有关规定送交检察、侦查技术人员或者其他有专门知识的人进行审查并出具审查意见。

对同一鉴定事项存在两份以上结论不同的鉴定意见或者当事人对鉴定结论有不同意见时，人民检察院、公安机关要注意对分歧点进行重点审查分析，听取当事人、鉴定人、有专门知识的人的意见，开展相关调查取证，综合全案证据决定是否采信。必要时，可以依法进行补充鉴定或者重新鉴定。

（七）准确区分罪与非罪。对被害人出现伤害后果的，人民检察院、公安机关判断犯罪嫌疑人是否构成故意伤害罪时，应当在全面审查案件事实、证据的基础上，根据双方的主观方面和客观行为准确认定，避免"唯结果论""谁受伤谁有理"。如果犯罪嫌疑人只是与被害人发生轻微推搡、拉扯的，或者为摆脱被害人拉扯或者控制而实施甩手、后退等应急、防御行为的，不宜认定为刑法意义上的故意伤害行为。

（八）准确区分寻衅滋事罪与故意伤害罪。对出现被害人轻伤后果的案件，人民检察院、公安机关要全面分析案件性质，查明案件发生起因、犯罪嫌疑人的动机、是否有涉黑涉恶或者其他严重情节等，依法准确定性，不能简单化办案，一概机械认定为故意伤害罪。犯罪嫌疑人无事生非、借故生非，随意殴打他人的，属于"寻衅滋事"，构成犯罪的，应当以寻衅滋事罪依法从严惩处。

（九）准确区分正当防卫与互殴型故意伤害。人民检察院、公安机关要坚持主客观相统一的原则，综合考察案发起因、对冲突升级是否有过错、是否使用或者准备使用凶器、是否采用明显不相当的暴力、是否纠集他人参与打斗等客观情节，准确判断犯罪嫌疑人的主观意图和行为性质。因琐事发生争执，双方均不能保持克制而引发打斗，对于过错的一方先动手且手段明显过激，或者一方先动手，在对方努力避免冲突的情况下仍继续侵害，还击一方造成对方伤害的，一般应当认定为正当防卫。故意挑拨对方实施不法侵害，借机伤害对方的，一般不认定为正当防卫。

（十）准确认定共同犯罪。二人以上对同一被害人共同故意实施伤害行为，无论是否能够证明伤害结果具体由哪一犯罪嫌疑人的行为造成的，均应当按照共同犯罪认定处理，并根据各犯罪嫌疑人在共同犯罪中的地位、作用、情节等追究刑事责任。

犯罪嫌疑人对被害人实施伤害时，对虽然在场但并无伤害故意和伤害行为的人员，不能认定为共同犯罪。

对虽然有一定参与但犯罪情节轻微，依照刑法规定不需要判处刑罚或者免除刑罚的，可以依法作出不起诉处理。对情节显著轻微、危害不大，不认为是犯罪的，应当撤销案件，或者作出不起诉处理。

三、积极促进矛盾化解

(十一)充分适用刑事和解制度。对于轻伤害案件,符合刑事和解条件的,人民检察院、公安机关可以建议当事人进行和解,并告知相应的权利义务,必要时可以提供法律咨询,积极促进当事人自愿和解。

当事人双方达成和解并已实际履行的,应当依法从宽处理,符合不起诉条件的,应当作出不起诉决定。被害人事后反悔要求追究犯罪嫌疑人刑事责任或者不同意对犯罪嫌疑人从宽处理的,人民检察院、公安机关应当调查了解原因,认为被害人理由正当的,应当依法保障被害人的合法权益;对和解系自愿、合法的,应当维持已作出的从宽处理决定。

人民检察院、公安机关开展刑事和解工作的相关证据和材料,应当随案移送。

(十二)充分适用认罪认罚从宽制度。人民检察院、公安机关应当向犯罪嫌疑人、被害人告知认罪认罚从宽制度,通过释明认罪认罚从宽制度的法律规定,鼓励犯罪嫌疑人认罪认罚、赔偿损失、赔礼道歉,促成当事人矛盾化解,并依法予以从宽处理。

(十三)积极开展国家司法救助。人民检察院、公安机关对于符合国家司法救助条件的被害人,应当及时开展国家司法救助。在解决被害人因该案遭受损伤而面临的生活急迫困难的同时,促进矛盾化解。

(十四)充分发挥矛盾纠纷多元化解工作机制作用。对符合刑事和解条件的,人民检察院、公安机关要充分利用检调、公调对接机制,依托调解组织、社会组织、基层组织、当事人所在单位及同事、亲友、律师等单位、个人,促进矛盾化解、纠纷解决。

(十五)注重通过不起诉释法说理修复社会关系。人民检察院宣布不起诉决定,一般应当在人民检察院的宣告室等场所进行。根据案件的具体情况,也可以到当事人所在村、社区、单位等场所宣布,并邀请社区、单位有关人员参加。宣布不起诉决定时,应当就案件事实、法律责任、不起诉依据、理由等释法说理。

对于犯罪嫌疑人系未成年人的刑事案件,应当以不公开方式宣布不起诉决定,并结合案件具体情况对未成年犯罪嫌疑人予以训诫和教育。

四、规范落实少捕慎诉慎押刑事司法政策

(十六)依法准确把握逮捕标准。轻伤害案件中,犯罪嫌疑人具有认罪认罚,且没有其他犯罪嫌疑;与被害人已达成和解协议并履行赔偿义务;系未成年人或者在校学生,本人确有悔罪表现等情形,人民检察院、公安机关经审查认为犯罪嫌疑人不具有社会危险性的,公安机关可以不再提请批准逮捕,人民检察院

可以作出不批捕的决定。

犯罪嫌疑人因其伤害行为致使当事人双方矛盾进一步激化,可能实施新的犯罪或者具有其他严重社会危险性情形的,人民检察院可以依法批准逮捕。

(十七)依法准确适用不起诉。对于犯罪事实清楚,证据确实、充分,犯罪嫌疑人具有本意见第十六条第一款规定情形之一,依照刑法规定不需要判处刑罚或者免除刑罚的,可以依法作出不起诉决定。

对犯罪嫌疑人自愿认罪认罚,愿意积极赔偿,并提供了担保,但因被害人赔偿请求明显不合理,未能达成和解谅解的,一般不影响对符合条件的犯罪嫌疑人依法作出不起诉决定。

(十八)落实不起诉后非刑罚责任。人民检察院决定不起诉的轻伤害案件,可以根据案件的不同情况,对被不起诉人予以训诫或者责令具结悔过、赔礼道歉、赔偿损失,被不起诉人在不起诉前已被刑事拘留、逮捕的,或者当事人双方已经和解并承担了民事赔偿责任的,人民检察院作出不起诉决定后,一般不再提出行政拘留的检察意见。

(十九)依法开展羁押必要性审查。对于已经批准逮捕的犯罪嫌疑人,如果犯罪嫌疑人认罪认罚,当事人达成刑事和解,没有继续羁押必要的,人民检察院应当依法释放、变更强制措施或者建议公安机关、人民法院释放、变更强制措施。

(二十)对情节恶劣的轻伤害案件依法从严处理。对于虽然属于轻伤害案件,但犯罪嫌疑人涉黑涉恶的,雇凶伤害他人的,在被采取强制措施或者刑罚执行期间伤害他人的,犯罪动机、手段恶劣的,伤害多人的,多次伤害他人的,伤害未成年人、老年人、孕妇、残疾人及医护人员等特定职业人员的,以及具有累犯等其他恶劣情节的,应当依法从严惩处。

五、健全完善工作机制

(二十一)注重发挥侦查监督与协作配合机制的作用。办理轻伤害案件,人民检察院、公安机关要发挥侦查监督与协作配合办公室的作用,加强案件会商与协作配合,确保案件定性、法律适用准确;把矛盾化解贯穿侦查、起诉全过程,促进当事人达成刑事和解,协同落实少捕慎诉慎押刑事司法政策;共同开展类案总结分析,剖析案发原因,促进犯罪预防,同时要注意查找案件办理中存在的问题,强化监督制约,提高办案质量和效果。

对于不批捕、不起诉的犯罪嫌疑人,人民检察院、公安机关要加强协作配合,并与其所在单位、现居住地村(居)委会等进行沟通,共同做好风险防范工作。

(二十二)以公开听证促进案件公正处理。对于事实认定、法律适用、案件处理等方面存在较大争议,或者有重大社会影响,需要当面听取当事人和邻里、律师等其他相关人员意见的案件,人民检察院拟作出不起诉决定的,可以组织听证,把事理、情理、法理讲清说透,实现案结事了人和。对其他拟作不起诉的,也要坚持"应听尽听"。

办理审查逮捕,审查延长侦查羁押期限,羁押必要性审查案件的听证,按照《人民检察院羁押听证办法》相关规定执行。

六、附则

(二十三)本意见所称轻伤害案件,是指根据《中华人民共和国刑法》第二百三十四条第一款的规定,故意伤害他人身体,致人损伤程度达到《人体损伤程度鉴定标准》轻伤标准的案件。

(二十四)本意见自发布之日起施行。

第一章
立 案

▰ 其他规范

《最高人民法院、最高人民检察院、公安部、司法部关于依法惩治拐卖妇女儿童犯罪的意见》(法发〔2010〕7号)"三、立案"(第八条至第十条)对拐卖妇女儿童犯罪立案的有关问题作了规定。(→参见第二十五条所附"其他规范",第206页)

《公安部关于打击拐卖妇女儿童犯罪适用法律和政策有关问题的意见》(公通字〔2000〕25号)"一、关于立案、管辖问题"(第二条、第三条)对拐卖妇女儿童犯罪立案的有关问题作了规定。(→参见第二十五条所附"其他规范",第202页)

《最高人民法院、最高人民检察院、公安部、司法部关于办理黑社会性质组织犯罪案件若干问题的规定》(公通字〔2012〕45号)"二、立案"(第五条、第六条)黑社会性质组织犯罪立案的有关问题作了规定。(→参见第六十四条所附"其他规范",第475页)

《最高人民检察院、公安部关于公安机关办理经济犯罪案件的若干规定》(公通字〔2017〕25号)第三章"立案、撤案"(第十四条至第三十条)对经济犯罪案件立案的有关问题作了规定。(→参见第二编"立案、侦查和提起公诉"标题下所附"其他规范",第759—762页)

> **第一百零九条 【立案侦查机关】** 公安机关或者人民检察院发现犯罪事实或者犯罪嫌疑人,应当按照管辖范围,立案侦查。

▰ 立法沿革

本条系1996年《刑事诉讼法修改决定》增加的规定,2012年、2018年修改《刑事诉讼法》时未作调整。

相关规定

《行政执法机关移送涉嫌犯罪案件的规定》（国务院令第730号修订，修订后自2020年8月7日起施行）

第一条 为了保证行政执法机关向公安机关及时移送涉嫌犯罪案件，依法惩罚破坏社会主义市场经济秩序罪、妨害社会管理秩序罪以及其他罪，保障社会主义建设事业顺利进行，制定本规定。

第二条 本规定所称行政执法机关，是指依照法律、法规或者规章的规定，对破坏社会主义市场经济秩序、妨害社会管理秩序以及其他违法行为具有行政处罚权的行政机关，以及法律、法规授权的具有管理公共事务职能、在法定授权范围内实施行政处罚的组织。

第三条 行政执法机关在依法查处违法行为过程中，发现违法事实涉及的金额、违法事实的情节、违法事实造成的后果等，根据刑法关于破坏社会主义市场经济秩序罪、妨害社会管理秩序罪等罪的规定和最高人民法院、最高人民检察院关于破坏社会主义市场经济秩序罪、妨害社会管理秩序罪等罪的司法解释以及最高人民检察院、公安部关于经济犯罪案件的追诉标准等规定，涉嫌构成犯罪，依法需要追究刑事责任的，必须依照本规定向公安机关移送。

知识产权领域的违法案件，行政执法机关根据调查收集的证据和查明的案件事实，认为存在犯罪的合理嫌疑，需要公安机关采取措施进一步获取证据以判断是否达到刑事案件立案追诉标准的，应当向公安机关移送。

第四条 行政执法机关在查处违法行为过程中，必须妥善保存所收集的与违法行为有关的证据。

行政执法机关对查获的涉案物品，应当如实填写涉案物品清单，并按照国家有关规定予以处理。对易腐烂、变质等不宜或者不易保管的涉案物品，应当采取必要措施，留取证据；对需要进行检验、鉴定的涉案物品，应当由法定检验、鉴定机构进行检验、鉴定，并出具检验报告或者鉴定结论。

第五条 行政执法机关对应当向公安机关移送的涉嫌犯罪案件，应当立即指定2名或者2名以上行政执法人员组成专案组专门负责，核实情况后提出移送涉嫌犯罪案件的书面报告，报经本机关正职负责人或者主持工作的负责人审批。

行政执法机关正职负责人或者主持工作的负责人应当自接到报告之日起3日内作出批准移送或者不批准移送的决定。决定批准的，应当在24小时内向同级公安机关移送；决定不批准的，应当将不予批准的理由记录在案。

第六条 行政执法机关向公安机关移送涉嫌犯罪案件,应当附有下列材料:
(一)涉嫌犯罪案件移送书;
(二)涉嫌犯罪案件情况的调查报告;
(三)涉案物品清单;
(四)有关检验报告或者鉴定结论;
(五)其他有关涉嫌犯罪的材料。

第七条 公安机关对行政执法机关移送的涉嫌犯罪案件,应当在涉嫌犯罪案件移送书的回执上签字;其中,不属于本机关管辖的,应当在24小时内转送有管辖权的机关,并书面告知移送案件的行政执法机关。

第八条 公安机关应当自接受行政执法机关移送的涉嫌犯罪案件之日起3日内,依照刑法、刑事诉讼法以及最高人民法院、最高人民检察院关于立案标准和公安部关于公安机关办理刑事案件程序的规定,对所移送的案件进行审查。认为有犯罪事实,需要追究刑事责任,依法决定立案的,应当书面通知移送案件的行政执法机关;认为没有犯罪事实,或者犯罪事实显著轻微,不需要追究刑事责任,依法不予立案的,应当说明理由,并书面通知移送案件的行政执法机关,相应退回案卷材料。

第九条 行政执法机关接到公安机关不予立案的通知书后,认为依法应当由公安机关决定立案的,可以自接到不予立案通知书之日起3日内,提请作出不予立案决定的公安机关复议,也可以建议人民检察院依法进行立案监督。

作出不予立案决定的公安机关应当自收到行政执法机关提请复议的文件之日起3日内作出立案或者不予立案的决定,并书面通知移送案件的行政执法机关。移送案件的行政执法机关对公安机关不予立案的复议决定仍有异议的,应当自收到复议决定通知书之日起3日内建议人民检察院依法进行立案监督。

公安机关应当接受人民检察院依法进行的立案监督。

第十条 行政执法机关对公安机关决定不予立案的案件,应当依法作出处理;其中,依照有关法律、法规或者规章的规定应当给予行政处罚的,应当依法实施行政处罚。

第十一条 行政执法机关对应当向公安机关移送的涉嫌犯罪案件,不得以行政处罚代替移送。

行政执法机关向公安机关移送涉嫌犯罪案件前已经作出的警告,责令停产停业,暂扣或者吊销许可证、暂扣或者吊销执照的行政处罚决定,不停止执行。

依照行政处罚法的规定,行政执法机关向公安机关移送涉嫌犯罪案件前,已经依法给予当事人罚款的,人民法院判处罚金时,依法折抵相应罚金。

第十二条 行政执法机关对公安机关决定立案的案件,应当自接到立案通知书之日起 3 日内将涉案物品以及与案件有关的其他材料移交公安机关,并办结交接手续;法律、行政法规另有规定的,依照其规定。

第十三条 公安机关对发现的违法行为,经审查,没有犯罪事实,或者立案侦查后认为犯罪事实显著轻微,不需要追究刑事责任,但依法应当追究行政责任的,应当及时将案件移送同级行政执法机关,有关行政执法机关应当依法作出处理。

第十四条 行政执法机关移送涉嫌犯罪案件,应当接受人民检察院和监察机关依法实施的监督。

任何单位和个人对行政执法机关违反本规定,应当向公安机关移送涉嫌犯罪案件而不移送的,有权向人民检察院、监察机关或者上级行政执法机关举报。

第十五条 行政执法机关违反本规定,隐匿、私分、销毁涉案物品的,由本级或者上级人民政府,或者实行垂直管理的上级行政执法机关,对其正职负责人根据情节轻重,给予降级以上的处分;构成犯罪的,依法追究刑事责任。

对前款所列行为直接负责的主管人员和其他直接责任人员,比照前款的规定给予处分;构成犯罪的,依法追究刑事责任。

第十六条 行政执法机关违反本规定,逾期不将案件移送公安机关的,由本级或者上级人民政府,或者实行垂直管理的上级行政执法机关,责令限期移送,并对其正职负责人或者主持工作的负责人根据情节轻重,给予记过以上的处分;构成犯罪的,依法追究刑事责任。

行政执法机关违反本规定,对应当向公安机关移送的案件不移送,或者以行政处罚代替移送的,由本级或者上级人民政府,或者实行垂直管理的上级行政执法机关,责令改正,给予通报;拒不改正的,对其正职负责人或者主持工作的负责人给予记过以上的处分;构成犯罪的,依法追究刑事责任。

对本条第一款、第二款所列行为直接负责的主管人员和其他直接责任人员,分别比照前两款的规定给予处分;构成犯罪的,依法追究刑事责任。

第十七条 公安机关违反本规定,不接受行政执法机关移送的涉嫌犯罪案件,或者逾期不作出立案或者不予立案的决定的,除由人民检察院依法实施立案监督外,由本级或者上级人民政府责令改正,对其正职负责人根据情节轻重,给予记过以上的处分;构成犯罪的,依法追究刑事责任。

对前款所列行为直接负责的主管人员和其他直接责任人员,比照前款的规定给予处分;构成犯罪的,依法追究刑事责任。

第十八条 有关机关存在本规定第十五条、第十六条、第十七条所列违法行为,需要由监察机关依法给予违法的公职人员政务处分的,该机关及其上级主管机关或者有关人民政府应当依照有关规定将相关案件线索移送监察机关处理。

第十九条 行政执法机关在依法查处违法行为过程中,发现公职人员有贪污贿赂、失职渎职或者利用职权侵犯公民人身权利和民主权利等违法行为,涉嫌构成职务犯罪的,应当依照刑法、刑事诉讼法、监察法等法律规定及时将案件线索移送监察机关或者人民检察院处理。

第二十条 本规定自公布之日起施行。

其他规范

《最高人民法院关于在审理经济纠纷案件中涉及经济犯罪嫌疑若干问题的规定》[法释〔1998〕7号,根据《最高人民法院关于修改〈最高人民法院关于在民事审判工作中适用《中华人民共和国工会法》若干问题的解释〉等二十七件民事类司法解释的决定》(法释〔2020〕17号)修正]第十条至第十二条就人民法院在审理经济纠纷案件中对涉及经济犯罪嫌疑的处理及有关材料移送作了规定。(→参见第一百八十六条所附"其他规范",第1337页)

《最高人民法院、最高人民检察院、人力资源和社会保障部、公安部关于加强涉嫌拒不支付劳动报酬犯罪案件查处衔接工作的通知》(人社部发〔2014〕100号,节录)

各省、自治区、直辖市高级人民法院、人民检察院、人力资源社会保障厅(局)、公安厅(局),新疆维吾尔自治区高级人民法院生产建设兵团分院,新疆生产建设兵团人民检察院、人力资源社会保障局、公安局:

为贯彻执行《中华人民共和国刑法》和《最高人民法院关于审理拒不支付劳动报酬刑事案件适用法律若干问题的解释》(法释〔2013〕3号)关于拒不支付劳动报酬罪的相关规定,进一步完善人力资源社会保障行政执法和刑事司法衔接制度,加大对拒不支付劳动报酬犯罪行为的打击力度,切实维护劳动者合法权益,根据《行政执法机关移送涉嫌犯罪案件的规定》(国务院2001年第310号令)及有关规定,现就进一步做好涉嫌拒不支付劳动报酬犯罪案件查处衔接工作通知如下:

一、切实加强涉嫌拒不支付劳动报酬违法犯罪案件查处工作(略)

二、切实规范涉嫌拒不支付劳动报酬犯罪案件移送工作

(一)人力资源社会保障部门向公安机关移送涉嫌拒不支付劳动报酬犯罪案件应按照《行政执法机关移送涉嫌犯罪案件的规定》的要求,履行相关手续,并制作《涉嫌犯罪案件移送书》,在规定的期限内将案件移送公安机关。移

送的案件卷宗中应当附有以下材料：

1. 涉嫌犯罪案件移送书；
2. 涉嫌拒不支付劳动报酬犯罪案件调查报告；
3. 涉嫌犯罪案件移送审批表；
4. 限期整改指令书或行政处理决定书等执法文书及送达证明材料；
5. 劳动者本人或劳动者委托代理人调查询问笔录；
6. 拖欠劳动者劳动报酬的单位或个人的基本信息；
7. 涉案的书证、物证等有关涉嫌拒不支付劳动报酬的证据材料。

人力资源社会保障部门向公安机关移送涉嫌犯罪案件应当移送与案件相关的全部材料，同时应将案件移送书及有关材料目录抄送同级人民检察院。在移送涉嫌犯罪案件时已经作出行政处罚决定的，应当将行政处罚决定书一并抄送公安机关、人民检察院。

（二）公安机关收到人力资源社会保障部门移送的涉嫌犯罪案件，应当在涉嫌犯罪案件移送书回执上签字，对移送材料不全的，可通报人力资源社会保障部门按上述规定补充移送。受理后认为不属于本机关管辖的，应当及时转送有管辖权的机关，并书面告知移送案件的人力资源社会保障部门。对受理的案件，公安机关应当及时审查，依法作出立案或者不予立案的决定，并书面通知人力资源社会保障部门，同时抄送人民检察院。公安机关立案后决定撤销案件的，应当书面通知人力资源社会保障部门，同时抄送人民检察院。公安机关作出不立案决定或者撤销案件的，应当同时将案卷材料退回人力资源社会保障部门，并书面说明理由。

（三）人力资源社会保障部门对于公安机关不接受移送的涉嫌犯罪案件或者已受理的案件未依法及时作出立案或不立案决定的，可以建议人民检察院依法进行立案监督。对公安机关受理后作出不予立案决定的，可在接到不予立案通知书后3日内向作出决定的公安机关提请复议，也可以建议人民检察院依法进行立案监督。

（四）人民检察院发现人力资源社会保障部门对应当移送公安机关的涉嫌拒不支付劳动报酬犯罪案件不移送或者逾期不移送的，应当督促移送。人力资源社会保障部门接到人民检察院提出移送涉嫌犯罪案件的书面意见后，应当及时移送案件。人民检察院发现相关部门拒不移送案件和拒不立案行为中存在职务犯罪线索的，应当认真审查，依法处理。

三、切实完善劳动保障监察行政执法与刑事司法衔接机制

（一）人力资源社会保障部门在依法查处涉嫌拒不支付劳动报酬犯罪案件

过程中,对案情复杂、性质难以认定的案件可就犯罪标准、证据固定等问题向公安机关或人民检察院咨询;对跨区域犯罪、涉及人员众多、社会影响较大的案件,人力资源社会保障部门通报公安机关的,公安机关应依法及时处置。

(二)对于涉嫌拒不支付劳动报酬犯罪案件,公安机关、人民检察院、人民法院在侦查、审查起诉和审判期间提请人力资源社会保障部门协助的,人力资源社会保障部门应当予以配合。

(三)在办理拒不支付劳动报酬犯罪案件过程中,各级人民法院、人民检察院、人力资源社会保障部门、公安机关要加强联动配合,建立拒不支付劳动报酬犯罪案件移送的联席会议制度,定期互相通报案件办理情况,及时了解案件信息,研究解决查处拒不支付劳动报酬犯罪案件衔接工作中存在的问题,进一步完善监察行政执法与刑事司法衔接工作机制,切实发挥刑法打击拒不支付劳动报酬犯罪行为的有效作用。

《公安机关受理行政执法机关移送涉嫌犯罪案件规定》(公通字〔2016〕16号)

第一条 为规范公安机关受理行政执法机关移送涉嫌犯罪案件工作,完善行政执法与刑事司法衔接工作机制,根据有关法律、法规,制定本规定。

第二条 对行政执法机关移送的涉嫌犯罪案件,公安机关应当接受,及时录入执法办案信息系统,并检查是否附有下列材料:

(一)案件移送书,载明移送机关名称、行政违法行为涉嫌犯罪罪名、案件主办人及联系电话等。案件移送书应当附移送材料清单,并加盖移送机关公章;

(二)案件调查报告,载明案件来源、查获情况、嫌疑人基本情况、涉嫌犯罪的事实、证据和法律依据、处理建议等;

(三)涉案物品清单,载明涉案物品的名称、数量、特征、存放地等事项,并附采取行政强制措施、现场笔录等表明涉案物品来源的相关材料;

(四)附有鉴定机构和鉴定人资质证明或者其他证明文件的检验报告或者鉴定意见;

(五)现场照片、询问笔录、电子数据、视听资料、认定意见、责令整改通知书等其他与案件有关的证据材料。

移送材料表明移送案件的行政执法机关已经或者曾经作出有关行政处罚决定的,应当检查是否附有有关行政处罚决定书。

对材料不全的,应当在接受案件的二十四小时内书面告知移送的行政执法机关在三日内补正。但不得以材料不全为由,不接受移送案件。

第三条 对接受的案件,公安机关应当按照下列情形分别处理:

(一)对属于本公安机关管辖的,迅速进行立案审查;

(二)对属于公安机关管辖但不属于本公安机关管辖的,移送有管辖权的公安机关,并书面告知移送案件的行政执法机关;

(三)对不属于公安机关管辖的,退回移送案件的行政执法机关,并书面说明理由。

第四条 对接受的案件,公安机关应当立即审查,并在规定的时间内作出立案或者不立案的决定。

决定立案的,应当书面通知移送案件的行政执法机关。对决定不立案的,应当说明理由,制作不予立案通知书,连同案卷材料在三日内送达移送案件的行政执法机关。

第五条 公安机关审查发现涉嫌犯罪案件移送材料不全、证据不充分的,可以就证明有犯罪事实的相关证据要求等提出补充调查意见,商请移送案件的行政执法机关补充调查。必要时,公安机关可以自行调查。

第六条 对决定立案的,公安机关应当自立案之日起三日内与行政执法机关交接涉案物品以及与案件有关的其他证据材料。

对保管条件、保管场所有特殊要求的涉案物品,公安机关可以在采取必要措施固定留取证据后,商请行政执法机关代为保管。

移送案件的行政执法机关在移送案件后,需要作出责令停产停业、吊销许可证等行政处罚,或者在相关行政复议、行政诉讼中,需要使用已移送公安机关证据材料的,公安机关应当协助。

第七条 单位或者个人认为行政执法机关办理的行政案件涉嫌犯罪,向公安机关报案、控告、举报或者自首的,公安机关应当接受,不得要求相关单位或者人员先行向行政执法机关报案、控告、举报或者自首。

第八条 对行政执法机关移送的涉嫌犯罪案件,公安机关立案后决定撤销案件的,应当将撤销案件决定书连同案卷材料送达移送案件的行政执法机关。对依法应当追究行政法律责任的,可以同时向行政执法机关提出书面建议。

第九条 公安机关应当定期总结受理审查行政执法机关移送涉嫌犯罪案件情况,分析衔接工作中存在的问题,并提出意见建议,通报行政执法机关、同级人民检察院。必要时,同时通报本级或者上一级人民政府,或者实行垂直管理的行政执法机关的上一级机关。

第十条 公安机关受理行政执法机关移送涉嫌犯罪案件,依法接受人民检察院的法律监督。

第十一条 公安机关可以根据法律法规,联合同级人民检察院、人民法院、行政执法机关制定行政执法机关移送涉嫌犯罪案件类型、移送标准、证据要求、法律文书等文件。

第十二条 本规定自印发之日起实施。

《环境保护行政执法与刑事司法衔接工作办法》(环境保护部、公安部、最高人民检察院,环环监〔2017〕17号)

第一章 总 则

第一条 为进一步健全环境保护行政执法与刑事司法衔接工作机制,依法惩治环境犯罪行为,切实保障公众健康,推进生态文明建设,依据《刑法》《刑事诉讼法》《环境保护法》《行政执法机关移送涉嫌犯罪案件的规定》(国务院令第310号)等法律、法规及有关规定,制定本办法。

第二条 本办法适用于各级环境保护主管部门(以下简称环保部门)、公安机关和人民检察院办理的涉嫌环境犯罪案件。

第三条 各级环保部门、公安机关和人民检察院应当加强协作,统一法律适用,不断完善线索通报、案件移送、资源共享和信息发布等工作机制。

第四条 人民检察院对环保部门移送涉嫌环境犯罪案件活动和公安机关对移送案件的立案活动,依法实施法律监督。

第二章 案件移送与法律监督

第五条 环保部门在查办环境违法案件过程中,发现涉嫌环境犯罪案件,应当核实情况并作出移送涉嫌环境犯罪案件的书面报告。本机关负责人应自接到报告之日起3日内作出批准移送或者不批准移送的决定。向公安机关移送的涉嫌环境犯罪案件,应当符合下列条件:

(一)实施行政执法的主体与程序合法。

(二)有合法证据证明有涉嫌环境犯罪的事实发生。

第六条 环保部门移送涉嫌环境犯罪案件,应当自作出移送决定后24小时内向同级公安机关移交案件材料,并将案件移送书抄送同级人民检察院。

环保部门向公安机关移送涉嫌环境犯罪案件时,应当附下列材料:

(一)案件移送书,载明移送机关名称、涉嫌犯罪罪名及主要依据、案件主办人及联系方式等。案件移送书应当附移送材料清单,并加盖移送机关公章。

(二)案件调查报告,载明案件来源、查获情况、犯罪嫌疑人基本情况、涉嫌犯罪的事实、证据和法律依据、处理建议和法律依据等。

(三)现场检查(勘察)笔录、调查询问笔录、现场勘验图、采样记录单等。

(四)涉案物品清单,载明已查封、扣押等采取行政强制措施的涉案物品名称、数量、特征、存放地等事项,并附采取行政强制措施、现场笔录等表明涉案物品来源的相关材料。

（五）现场照片或者录音录像资料及清单，载明需证明的事实对象、拍摄人、拍摄时间、拍摄地点等。

（六）监测、检验报告、突发环境事件调查报告、认定意见。

（七）其他有关涉嫌犯罪的材料。

对环境违法行为已经作出行政处罚决定的，还应当附行政处罚决定书。

第七条　对环保部门移送的涉嫌环境犯罪案件，公安机关应当依法接受，并立即出具接受案件回执或者在涉嫌环境犯罪案件移送书的回执上签字。

第八条　公安机关审查发现移送的涉嫌环境犯罪案件材料不全的，应当在接受案件的24小时内书面告知移送的环保部门在3日内补正。但不得以材料不全为由，不接受移送案件。

公安机关审查发现移送的涉嫌环境犯罪案件证据不充分的，可以就证明有犯罪事实的相关证据等提出补充调查意见，由移送案件的环保部门补充调查。环保部门应当按照要求补充调查，并及时将调查结果反馈公安机关。因客观条件所限，无法补正的，环保部门应当向公安机关作出书面说明。

第九条　公安机关对环保部门移送的涉嫌环境犯罪案件，应当自接受案件之日起3日内作出立案或者不予立案的决定；涉嫌环境犯罪线索需要查证的，应当自接受案件之日起7日内作出决定；重大疑难复杂案件，经县级以上公安机关负责人批准，可以自受案之日起30日内作出决定。接受案件后对属于公安机关管辖但不属于本公安机关管辖的案件，应当在24小时内移送有管辖权的公安机关，并书面通知移送案件的环保部门，抄送同级人民检察院。对不属于公安机关管辖的，应当在24小时内退回移送案件的环保部门。

公安机关作出立案、不予立案、撤销案件决定的，应当自作出决定之日起3日内书面通知环保部门，并抄送同级人民检察院。公安机关作出不予立案或者撤销案件决定的，应当书面说明理由，并将案卷材料退回环保部门。

第十条　环保部门应当自接到公安机关立案通知书之日起3日内将涉案物品以及与案件有关的其他材料移交公安机关，并办理交接手续。

涉及查封、扣押物品的，环保部门和公安机关应当密切配合，加强协作，防止涉案物品转移、隐匿、损毁、灭失等情况发生。对具有危险性或者环境危害性的涉案物品，环保部门应当组织临时处理处置，公安机关应当积极协助；对无明确责任人、责任人不具备履行责任能力或者超出部门处置能力的，应当呈报涉案物品所在地政府组织处置。上述处置费用清单随附处置合同、缴费凭证等作为犯罪获利的证据，及时补充移送公安机关。

第十一条　环保部门认为公安机关不予立案决定不当的,可以自接到不予立案通知书之日起3个工作日内向作出决定的公安机关申请复议,公安机关应当自收到复议申请之日起3个工作日内作出立案或者不予立案的复议决定,并书面通知环保部门。

第十二条　环保部门对公安机关逾期未作出是否立案决定、以及对不予立案决定、复议决定、立案后撤销案件决定有异议的,应当建议人民检察院进行立案监督。人民检察院应当受理并进行审查。

第十三条　环保部门建议人民检察院进行立案监督的案件,应当提供立案监督建议书、相关案件材料,并附公安机关不予立案、立案后撤销案件决定及说明理由材料,复议维持不予立案决定材料或者公安机关逾期未作出是否立案决定的材料。

第十四条　人民检察院发现环保部门不移送涉嫌环境犯罪案件的,可以派员查询、调阅有关案件材料,认为涉嫌环境犯罪应当移送的,应当提出建议移送的检察意见。环保部门应当自收到检察意见后3日内将案件移送公安机关,并将执行情况通知人民检察院。

第十五条　人民检察院发现公安机关可能存在应当立案而不立案或者逾期未作出是否立案决定的,应当启动立案监督程序。

第十六条　环保部门向公安机关移送涉嫌环境犯罪案件,已作出的警告、责令停产停业、暂扣或者吊销许可证的行政处罚决定,不停止执行。未作出行政处罚决定的,原则上应当在公安机关决定不予立案或者撤销案件、人民检察院作出不起诉决定、人民法院作出无罪判决或者免予刑事处罚后,再决定是否给予行政处罚。涉嫌犯罪案件的移送办理期间,不计入行政处罚期限。

对尚未作出生效裁判的案件,环保部门依法应当给予或者提请人民政府给予暂扣或者吊销许可证、责令停产停业等行政处罚,需要配合的,公安机关、人民检察院应当给予配合。

第十七条　公安机关对涉嫌环境犯罪案件,经审查没有犯罪事实,或者立案侦查后认为犯罪事实显著轻微、不需要追究刑事责任,但经审查依法应当予以行政处罚的,应当及时将案件移交环保部门,并抄送同级人民检察院。

第十八条　人民检察院对符合逮捕、起诉条件的环境犯罪嫌疑人,应当及时批准逮捕、提起公诉。人民检察院对决定不起诉的案件,应当自作出决定之日起3日内,书面告知移送案件的环保部门,认为应当给予行政处罚的,可以提出予以行政处罚的检察意见。

第十九条　人民检察院对公安机关提请批准逮捕的犯罪嫌疑人作出不批准

逮捕决定,并通知公安机关补充侦查的,或者人民检察院对公安机关移送审查起诉的案件审查后,认为犯罪事实不清、证据不足,将案件退回补充侦查的,应当制作补充侦查提纲,写明补充侦查的方向和要求。

对退回补充侦查的案件,公安机关应当按照补充侦查提纲的要求,在一个月内补充侦查完毕。公安机关补充侦查和人民检察院自行侦查需要环保部门协助的,环保部门应当予以协助。

第三章 证据的收集与使用

第二十条 环保部门在行政执法和查办案件过程中依法收集制作的物证、书证、视听资料、电子数据、监测报告、检验报告、认定意见、鉴定意见、勘验笔录、检查笔录等证据材料,在刑事诉讼中可以作为证据使用。

第二十一条 环保部门、公安机关、人民检察院收集的证据材料,经法庭查证属实,且收集程序符合有关法律、行政法规规定的,可以作为定案的根据。

第二十二条 环保部门或者公安机关依据《国家危险废物名录》或者组织专家研判等得出认定意见的,应当载明涉案单位名称、案由、涉案物品识别认定的理由,按照"经认定,……属于\不属于……危险废物,废物代码……"的格式出具结论,加盖公章。

第四章 协作机制

第二十三条 环保部门、公安机关和人民检察院应当建立健全环境行政执法与刑事司法衔接的长效工作机制。确定牵头部门及联络人,定期召开联席会议,通报衔接工作情况,研究存在的问题,提出加强部门衔接的对策,协调解决环境执法问题,开展部门联合培训。联席会议应明确议定事项。

第二十四条 环保部门、公安机关、人民检察院应当建立双向案件咨询制度。环保部门对重大疑难复杂案件,可以就刑事案件立案追诉标准、证据的固定和保全等问题咨询公安机关、人民检察院;公安机关、人民检察院可以就案件办理中的专业性问题咨询环保部门。受咨询的机关应当认真研究,及时答复;书面咨询的,应当在7日内书面答复。

第二十五条 公安机关、人民检察院办理涉嫌环境污染犯罪案件,需要环保部门提供环境监测或者技术支持的,环保部门应当按照上述部门刑事案件办理的法定时限要求积极协助,及时提供现场勘验、环境监测及认定意见。所需经费,应当列入本机关的行政经费预算,由同级财政予以保障。

第二十六条 环保部门在执法检查时,发现违法行为明显涉嫌犯罪的,应当及时向公安机关通报。公安机关认为有必要的可以依法开展初查,对符合立案条件的,应当及时依法立案侦查。在公安机关立案侦查前,环保部门应当继续对违法行为进行调查。

第二十七条 环保部门、公安机关应当相互依托"12369"环保举报热线和"110"报警服务平台，建立完善接处警的快速响应和联合调查机制，强化对打击涉嫌环境犯罪的联勤联动。在办案过程中，环保部门、公安机关应当依法及时启动相应的调查程序，分工协作，防止证据灭失。

第二十八条 在联合调查中，环保部门应当重点查明排污者严重污染环境的事实，污染物的排放方式，及时收集、提取、监测、固定污染物种类、浓度、数量、排放去向等。公安机关应当注意控制现场，重点查明相关责任人身份、岗位信息，视情节轻重对直接负责的主管人员和其他责任人员依法采取相应强制措施。两部门均应规范制作笔录，并留存现场摄像或照片。

第二十九条 对案情重大或者复杂疑难案件，公安机关可以听取人民检察院的意见。人民检察院应当及时提出意见和建议。

第三十条 涉及移送的案件在庭审中，需要出庭说明情况的，相关执法或者技术人员有义务出庭说明情况，接受庭审质证。

第三十一条 环保部门、公安机关和人民检察院应当加强对重大案件的联合督办工作，适时对重大案件进行联合挂牌督办，督促案件办理。同时，要逐步建立专家库，吸纳污染防治、重点行业以及环境案件侦办等方面的专家和技术骨干，为查处打击环境污染犯罪案件提供专业支持。

第三十二条 环保部门和公安机关在查办环境污染违法犯罪案件过程中发现包庇纵容、徇私舞弊、贪污受贿、失职渎职等涉嫌职务犯罪行为的，应当及时将线索移送人民检察院。

第五章 信息共享

第三十三条 各级环保部门、公安机关、人民检察院应当积极建设、规范使用行政执法与刑事司法衔接信息共享平台，逐步实现涉嫌环境犯罪案件的网上移送、网上受理和网上监督。

第三十四条 已经接入信息共享平台的环保部门、公安机关、人民检察院，应当自作出相关决定之日起7日内分别录入下列信息：

（一）适用一般程序的环境违法事实、案件行政处罚、案件移送、提请复议和建议人民检察院进行立案监督的信息；

（二）移送涉嫌犯罪案件的立案、不予立案、立案后撤销案件、复议、人民检察院监督立案后的处理情况，以及提请批准逮捕、移送审查起诉的信息；

（三）监督移送、监督立案以及批准逮捕、提起公诉、裁判结果的信息。

尚未建成信息共享平台的环保部门、公安机关、人民检察院，应当自作出相关决定后及时向其他部门通报前款规定的信息。

第三十五条 各级环保部门、公安机关、人民检察院应当对信息共享平台录入的案件信息及时汇总、分析、综合研判,定期总结通报平台运行情况。

第六章 附 则

第三十六条 各省、自治区、直辖市的环保部门、公安机关、人民检察院可以根据本办法制定本行政区域的实施细则。

第三十七条 环境行政执法中部分专有名词的含义。

(一)"现场勘验图",是指描绘主要生产及排污设备布置等案发现场情况、现场周边环境、各采样点位、污染物排放途径的平面示意图。

(二)"外环境",是指污染物排入的自然环境。满足下列条件之一的,视同为外环境。

1. 排污单位停产或没有排污,但有依法取得的证据证明其有持续或间歇排污,而且无可处理相应污染因子的措施的,经核实生产工艺后,其产污环节之后的废水收集池(槽、罐、沟)内。

2. 发现暗管,虽无当场排污,但在外环境有确认由该单位排放污染物的痕迹,此暗管连通的废水收集池(槽、罐、沟)内。

3. 排污单位连通外环境的雨水沟(井、渠)中任何一处。

4. 对排放含第一类污染物的废水,其产生车间或车间处理设施的排放口。无法在车间或者车间处理设施排放口对含第一类污染物的废水采样的,废水总排放口或查实由该企业排入其他外环境处。

第三十八条 本办法所涉期间除明确为工作日以外,其余均以自然日计算。期间开始之日不算在期间以内。期间的最后一日为节假日的,以节假日后的第一日为期满日期。

第三十九条 本办法自发布之日起施行。原国家环保总局、公安部和最高人民检察院《关于环境保护主管部门移送涉嫌环境犯罪案件的若干规定》(环发〔2007〕78号)同时废止。

《安全生产行政执法与刑事司法衔接工作办法》(应急管理部、公安部、最高人民法院、最高人民检察院,应急〔2019〕54号)

第一章 总 则

第一条 为了建立健全安全生产行政执法与刑事司法衔接工作机制,依法惩治安全生产违法犯罪行为,保障人民群众生命财产安全和社会稳定,依据《中华人民共和国刑法》《中华人民共和国刑事诉讼法》《中华人民共和国安全生产法》《中华人民共和国消防法》和《行政执法机关移送涉嫌犯罪案件的规定》《生产安全事故报告和调查处理条例》《最高人民法院 最高人民检察院关于办理危害生产安全刑事案件适用法律若干问题的解释》等法律、行政法规、司法解释及有关规定,制定本办法。

第二条 本办法适用于应急管理部门、公安机关、人民法院、人民检察院办理的涉嫌安全生产犯罪案件。

应急管理部门查处违法行为时发现的涉嫌其他犯罪案件,参照本办法办理。本办法所称应急管理部门,包括煤矿安全监察机构、消防机构。

属于《中华人民共和国监察法》规定的公职人员在行使公权力过程中发生的依法由监察机关负责调查的涉嫌安全生产犯罪案件,不适用本办法,应当依法及时移送监察机关处理。

第三条 涉嫌安全生产犯罪案件主要包括下列案件:

(一)重大责任事故案件;

(二)强令违章冒险作业案件;

(三)重大劳动安全事故案件;

(四)危险物品肇事案件;

(五)消防责任事故、失火案件;

(六)不报、谎报安事故案件;

(七)非法采矿,非法制造、买卖、储存爆炸物,非法经营,伪造、变造、买卖国家机关公文、证件、印章等涉嫌安全生产的其他犯罪案件。

第四条 人民检察院对应急管理部门移送涉嫌安全生产犯罪案件和公安机关有关立案活动,依法实施法律监督。

第五条 各级应急管理部门、公安机关、人民检察院、人民法院应当加强协作,统一法律适用,不断完善案件移送、案情通报、信息共享等工作机制。

第六条 应急管理部门在行政执法过程中发现行使公权力的公职人员涉嫌安全生产犯罪的问题线索,或者应急管理部门、公安机关、人民检察院在查处有关违法犯罪行为过程中发现行使公权力的公职人员涉嫌贪污贿赂、失职渎职等职务违法或者职务犯罪的问题线索,应当依法及时移送监察机关处理。

第二章 日常执法中的案件移送与法律监督

第七条 应急管理部门在查处违法行为过程中发现涉嫌安全生产犯罪案件的,应当立即指定2名以上行政执法人员组成专案组专门负责,核实情况后提出移送涉嫌犯罪案件的书面报告。应急管理部门正职负责人或者主持工作的负责人应当自接到报告之日起3日内作出批准移送或者不批准移送的决定。批准移送的,应当在24小时内向同级公安机关移送;不批准移送的,应当将不予批准的理由记录在案。

第八条 应急管理部门向公安机关移送涉嫌安全生产犯罪案件,应当附下列材料,并将案件移送书抄送同级人民检察院。

(一)案件移送书,载明移送案件的应急管理部门名称、违法行为涉嫌犯罪罪名、案件主办人及联系电话等。案件移送书应当附移送材料清单,并加盖应急管理部门公章;

(二)案件调查报告,载明案件来源、查获情况、嫌疑人基本情况、涉嫌犯罪的事实、证据和法律依据、处理建议等;

(三)涉案物品清单,载明涉案物品的名称、数量、特征、存放地等事项,并附采取行政强制措施、现场笔录等表明涉案物品来源的相关材料;

(四)附有鉴定机构和鉴定人资质证明或者其他证明文件的检验报告或者鉴定意见;

(五)现场照片、询问笔录、电子数据、视听资料、认定意见、责令整改通知书等其他与案件有关的证据材料。

对有关违法行为已经作出行政处罚决定的,还应当附行政处罚决定书。

第九条 公安机关对应急管理部门移送的涉嫌安全生产犯罪案件,应当出具接受案件的回执或者在案件移送书的回执上签字。

第十条 公安机关审查发现移送的涉嫌安全生产犯罪案件材料不全的,应当在接受案件的24小时内书面告知应急管理部门在3日内补正。

公安机关审查发现涉嫌安全生产犯罪案件移送材料不全、证据不充分的,可以就证明有犯罪事实的相关证据要求等提出补充调查意见,由移送案件的应急管理部门补充调查。根据实际情况,公安机关可以依法自行调查。

第十一条 公安机关对移送的涉嫌安全生产犯罪案件,应当自接受案件之日起3日内作出立案或者不予立案的决定;涉嫌犯罪线索需要查证的,应当自接受案件之日起7日内作出决定;重大疑难复杂案件,经县级以上公安机关负责人批准,可以自受案之日起30日内作出决定。依法不予立案的,应当说明理由,相应退回案件材料。

对属于公安机关管辖但不属于本公安机关管辖的案件,应当在接受案件后24小时内移送有管辖权的公安机关,并书面通知移送案件的应急管理部门,抄送同级人民检察院。对不属于公安机关管辖的案件,应当在24小时内退回移送案件的应急管理部门。

第十二条 公安机关作出立案、不予立案决定的,应当自作出决定之日起3日内书面通知应急管理部门,并抄送同级人民检察院。

对移送的涉嫌安全生产犯罪案件,公安机关立案后决定撤销案件的,应当将撤销案件决定书送达移送案件的应急管理部门,并退回案卷材料。对依法应当追究行政法律责任的,可以同时提出书面建议。有关撤销案件决定书应当抄送同级人民检察院。

第十三条 应急管理部门应当自接到公安机关立案通知书之日起3日内将涉案物品以及与案件有关的其他材料移交公安机关,并办理交接手续。

对保管条件、保管场所有特殊要求的涉案物品,可以在公安机关采取必要措施固定留取证据后,由应急管理部门代为保管。应急管理部门应当妥善保管涉案物品,并配合公安机关、人民检察院、人民法院在办案过程中对涉案物品的调取、使用及鉴定等工作。

第十四条 应急管理部门接到公安机关不予立案的通知书后,认为依法应当由公安机关决定立案的,可以自接到不予立案通知书之日起3日内提请作出不予立案决定的公安机关复议,也可以建议人民检察院进行立案监督。

公安机关应当自收到提请复议的文件之日起3日内作出复议决定,并书面通知应急管理部门。应急管理部门对公安机关的复议决定仍有异议的,应当自收到复议决定之日起3日内建议人民检察院进行立案监督。

应急管理部门对公安机关逾期未作出是否立案决定以及立案后撤销案件决定有异议的,可以建议人民检察院进行立案监督。

第十五条 应急管理部门建议人民检察院进行立案监督的,应当提供立案监督建议书、相关案件材料,并附公安机关不予立案通知、复议维持不予立案通知或者立案后撤销案件决定及有关说明理由材料。

第十六条 人民检察院应当对应急管理部门立案监督建议进行审查,认为需要公安机关说明不予立案、立案后撤销案件的理由的,应当要求公安机关在7日内说明理由。公安机关应当书面说明理由,回复人民检察院。

人民检察院经审查认为公安机关不予立案或者立案后撤销案件理由充分,符合法律规定情形的,应当作出支持不予立案、撤销案件的检察意见。认为有关理由不能成立的,应当通知公安机关立案。

公安机关收到立案通知书后,应当在15日内立案,并将立案决定书送达人民检察院。

第十七条 人民检察院发现应急管理部门不移送涉嫌安全生产犯罪案件的,可以派员查询、调阅有关案件材料,认为应当移送的,应当提出检察意见。应急管理部门应当自收到检察意见后3日内将案件移送公安机关,并将案件移送书抄送人民检察院。

第十八条 人民检察院对符合逮捕、起诉条件的犯罪嫌疑人,应当依法批准逮捕、提起公诉。

人民检察院对决定不起诉的案件,应当自作出决定之日起3日内,将不起诉决定书送达公安机关和应急管理部门。对依法应当追究行政法律责任的,可以同时提出检察意见,并要求应急管理部门及时通报处理情况。

第三章 事故调查中的案件移送与法律监督

第十九条 事故发生地有管辖权的公安机关根据事故的情况,对涉嫌安全生产犯罪的,应当依法立案侦查。

第二十条 事故调查中发现涉嫌安全生产犯罪的,事故调查组或者负责火灾调查的消防机构应当及时将有关材料或者其复印件移交有管辖权的公安机关依法处理。

事故调查过程中,事故调查组或者负责火灾调查的消防机构可以召开专题会议,向有管辖权的公安机关通报事故调查进展情况。

有管辖权的公安机关对涉嫌安全生产犯罪案件立案侦查的,应当在3日内将立案决定书抄送同级应急管理部门、人民检察院和组织事故调查的应急管理部门。

第二十一条 对有重大社会影响的涉嫌安全生产犯罪案件,上级公安机关采取挂牌督办、派员参与等方法加强指导和督促,必要时,可以按照有关规定直接组织办理。

第二十二条 组织事故调查的应急管理部门及同级公安机关、人民检察院对涉嫌安全生产犯罪案件的事实、性质认定、证据采信、法律适用以及责任追究有意见分歧的,应当加强协调沟通。必要时,可以就法律适用等方面问题听取人民法院意见。

第二十三条 对发生一人以上死亡的情形,经依法组织调查,作出不属于生产安全事故或者生产安全责任事故的书面调查结论的,应急管理部门应当将该调查结论及时抄送同级监察机关、公安机关、人民检察院。

第四章 证据的收集与使用

第二十四条 在查处违法行为的过程中,有关应急管理部门应当全面收集、妥善保存证据材料。对容易灭失的痕迹、物证,应当采取措施提取、固定;对查获的涉案物品,如实填写涉案物品清单,并按照国家有关规定予以处理;对需要进行检验、鉴定的涉案物品,由法定检验、鉴定机构进行检验、鉴定,并出具检验报告或者鉴定意见。

在事故调查的过程中,有关部门根据有关法律法规的规定或者事故调查组的安排,按照前款规定收集、保存相关的证据材料。

第二十五条 在查处违法行为或者事故调查的过程中依法收集制作的物证、书证、视听资料、电子数据、检验报告、鉴定意见、勘验笔录、检查笔录等证据材料以及经依法批复的事故调查报告,在刑事诉讼中可以作为证据使用。

事故调查组依照有关规定提交的事故调查报告应当由其成员签名。没有签名的,应当予以补正或者作出合理解释。

第二十六条 当事人及其辩护人、诉讼代理人对检验报告、鉴定意见、勘验笔录、检查笔录等提出异议,申请重新检验、鉴定、勘验或者检查的,应当说明理由。人民法院经审理认为有必要的,应当同意。人民法院同意重新鉴定申请的,应当及时委托鉴定,并将鉴定意见告知人民检察院、当事人及其辩护人、诉讼代理人;也可以由公安机关自行或者委托相关机构重新进行检验、鉴定、勘验、检查等。

第五章 协作机制

第二十七条 各级应急管理部门、公安机关、人民检察院、人民法院应当建立安全生产行政执法与刑事司法衔接长效工作机制。明确本单位的牵头机构和联系人,加强日常工作沟通与协作。定期召开联席会议,协调解决重要问题,并以会议纪要等方式明确议定事项。

各省、自治区、直辖市应急管理部门、公安机关、人民检察院、人民法院应当每年定期联合通报辖区内有关涉嫌安全生产犯罪案件移送、立案、批捕、起诉、裁判结果等方面信息。

第二十八条 应急管理部门对重大疑难复杂案件,可以就刑事案件立案追诉标准、证据的固定和保全等问题咨询公安机关、人民检察院;公安机关、人民检察院可以就案件办理中的专业性问题咨询应急管理部门。受咨询的机关应当及时答复;书面咨询的,应当在7日内书面答复。

第二十九条 人民法院应当在有关案件的判决、裁定生效后,按照规定及时将判决书、裁定书在互联网公布。适用职业禁止措施的,应当在判决、裁定生效后10日内将判决书、裁定书送达罪犯居住地的县级应急管理部门和公安机关,同时抄送罪犯居住地的县级人民检察院。具有国家工作人员身份的,应当将判决书、裁定书送达罪犯原所在单位。

第三十条 人民检察院、人民法院发现有关生产经营单位在安全生产保障方面存在问题或者有关部门在履行安全生产监督管理职责方面存在违法、不当情形的,可以发出检察建议、司法建议。有关生产经营单位或者有关部门应当按规定及时处理,并将处理情况书面反馈提出建议的人民检察院、人民法院。

第三十一条 各级应急管理部门、公安机关、人民检察院应当运用信息化手段,逐步实现涉嫌安全生产犯罪案件的网上移送、网上受理和网上监督。

第六章 附 则

第三十二条 各省、自治区、直辖市的应急管理部门、公安机关、人民检察院、人民法院可以根据本地区实际情况制定实施办法。

第三十三条 本办法自印发之日起施行。

《最高人民法院、最高人民检察院、公安部、司法部关于进一步加强虚假诉讼犯罪惩治工作的意见》(法发〔2021〕10号,自2021年3月10日起施行,节录)

第三章 线索移送和案件查处

第八条 人民法院、人民检察院、公安机关发现虚假诉讼犯罪的线索来源包括:

(一)民事诉讼当事人、诉讼代理人和其他诉讼参与人、利害关系人、其他自然人、法人和非法人组织的报案、控告、举报和法律监督申请;

(二)被害人有证据证明对被告人通过实施虚假诉讼行为侵犯自己合法权益的行为应当依法追究刑事责任,且有证据证明曾经提出控告,而公安机关或者人民检察院不予追究被告人刑事责任,向人民法院提出的刑事自诉;

(三)人民法院、人民检察院、公安机关、司法行政机关履行职责过程中主动发现;

(四)有关国家机关移送的案件线索;

(五)其他线索来源。

第九条 虚假诉讼刑事案件由相关虚假民事诉讼案件的受理法院所在地或者执行法院所在地人民法院管辖。有刑法第三百零七条之一第四款情形的,上级人民法院可以指定下级人民法院将案件移送其他人民法院审判。

前款所称相关虚假民事诉讼案件的受理法院,包括该民事案件的一审、二审和再审法院。

虚假诉讼刑事案件的级别管辖,根据刑事诉讼法的规定确定。

第十条 人民法院、人民检察院向公安机关移送涉嫌虚假诉讼犯罪案件,应当附下列材料:

(一)案件移送函,载明移送案件的人民法院或者人民检察院名称、民事案件当事人名称和案由、所处民事诉讼阶段、民事案件办理人及联系电话等。案件移送函应当附移送材料清单和回执,经人民法院或者人民检察院负责人批准后,加盖人民法院或者人民检察院公章;

(二)移送线索的情况说明,载明案件来源、当事人信息、涉嫌虚假诉讼犯罪

的事实、法律依据等,并附相关证据材料;

(三)与民事案件有关的诉讼材料,包括起诉书、答辩状、庭审笔录、调查笔录、谈话笔录等。

人民法院、人民检察院应当指定专门职能部门负责涉嫌虚假诉讼犯罪案件的移送。

人民法院将涉嫌虚假诉讼犯罪案件移送公安机关的,同时将有关情况通报同级人民检察院。

第十一条 人民法院、人民检察院认定民事诉讼当事人和其他诉讼参与人的行为涉嫌虚假诉讼犯罪,除民事诉讼当事人、其他诉讼参与人或者案外人的陈述、证言外,一般还应有物证、书证或者其他证人证言等证据相印证。

第十二条 人民法院、人民检察院将涉嫌虚假诉讼犯罪案件有关材料移送公安机关的,接受案件的公安机关应当出具接受案件的回执或者在案件移送函所附回执上签收。

公安机关收到有关材料后,分别作出以下处理:

(一)认为移送的案件材料不全的,应当在收到有关材料之日起三日内通知移送的人民法院或者人民检察院在三日内补正。不得以材料不全为由不接受移送案件;

(二)认为有犯罪事实,需要追究刑事责任的,应当在收到有关材料之日起三十日内决定是否立案,并通知移送的人民法院或者人民检察院;

(三)认为有犯罪事实,但是不属于自己管辖的,应当立即报经县级以上公安机关负责人批准,在二十四小时内移送有管辖权的机关处理,并告知移送的人民法院或者人民检察院。对于必须采取紧急措施的,应当先采取紧急措施,然后办理手续,移送主管机关;

(四)认为没有犯罪事实,或者犯罪情节显著轻微不需要追究刑事责任的,或者具有其他依法不追究刑事责任情形的,经县级以上公安机关负责人批准,不予立案,并应当说明理由,制作不予立案通知书在三日内送达移送的人民法院或者人民检察院,退回有关材料。

第十三条 人民检察院依法对公安机关的刑事立案实行监督。

人民法院对公安机关的不予立案决定有异议的,可以建议人民检察院进行立案监督。

第四章 程序衔接

第十四条 人民法院向公安机关移送涉嫌虚假诉讼犯罪案件,民事案件必须以相关刑事案件的审理结果为依据的,应当依照民事诉讼法第一百五十条第一款第五项的规定裁定中止诉讼。刑事案件的审理结果不影响民事诉讼程序正常进行的,民事案件应当继续审理。

第十五条 刑事案件裁判认定民事诉讼当事人的行为构成虚假诉讼犯罪,相关民事案件尚在审理或者执行过程中的,作出刑事裁判的人民法院应当及时函告审理或者执行该民事案件的人民法院。

人民法院对于与虚假诉讼刑事案件的裁判存在冲突的已经发生法律效力的民事判决、裁定、调解书,应当及时依法启动审判监督程序予以纠正。

第十六条 公安机关依法自行立案侦办虚假诉讼刑事案件的,应当在立案后三日内将立案决定书等法律文书和相关材料复印件抄送对相关民事案件正在审理、执行或者作出生效裁判文书的人民法院并说明立案理由,同时通报办理民事案件人民法院的同级人民检察院。对相关民事案件正在审理、执行或者作出生效裁判文书的人民法院应当依法审查,依照相关规定做出处理,并在收到材料之日起三十日内将处理意见书面通报公安机关。

公安机关在办理刑事案件过程中,发现犯罪嫌疑人还涉嫌实施虚假诉讼犯罪的,可以一并处理。需要逮捕犯罪嫌疑人的,由侦查该案件的公安机关提请同级人民检察院审查批准;需要提起公诉的,由侦查该案件的公安机关移送同级人民检察院审查决定。

第十七条 有管辖权的公安机关接受民事诉讼当事人、诉讼代理人和其他诉讼参与人、利害关系人、其他自然人、法人和非法人组织的报案、控告、举报或者在履行职责过程中发现存在虚假诉讼犯罪嫌疑的,可以开展调查核实工作。经县级以上公安机关负责人批准,公安机关可以依照有关规定拷贝电子卷或者查阅、复制、摘录人民法院的民事诉讼卷宗,人民法院予以配合。

公安机关在办理刑事案件过程中,发现犯罪嫌疑人还涉嫌实施虚假诉讼犯罪的,适用前款规定。

第十八条 人民检察院发现已经发生法律效力的判决、裁定、调解书系民事诉讼当事人通过虚假诉讼获得的,应当依照民事诉讼法第二百零八条第一款、第二款等法律和相关司法解释的规定,向人民法院提出再审检察建议或者抗诉。

第十九条 人民法院对人民检察院依照本意见第十八条的规定提出再审检察建议或者抗诉的民事案件,应当依照民事诉讼法等法律和相关司法解释的规定处理。按照审判监督程序决定再审、需要中止执行的,裁定中止原判决、裁定、调解书的执行。

第二十条 人民检察院办理民事诉讼监督案件过程中,发现存在虚假诉讼犯罪嫌疑的,可以向民事诉讼当事人或者案外人调查核实有关情况。有关单位和个人无正当理由拒不配合调查核实、妨害民事诉讼的,人民检察院可以建议有关人民法院依照民事诉讼法第一百一十一条第一款第五项等规定处理。

人民检察院针对存在虚假诉讼犯罪嫌疑的民事诉讼监督案件依照有关规定调阅人民法院的民事诉讼卷宗的,人民法院予以配合。通过拷贝电子卷、查阅、复制、摘录等方式能够满足办案需要的,可以不调阅诉讼卷宗。

人民检察院发现民事诉讼监督案件存在虚假诉讼犯罪嫌疑的,可以听取人民法院原承办人的意见。

第二十一条 对于存在虚假诉讼犯罪嫌疑的民事案件,人民法院可以依职权调查收集证据。

当事人自认的事实与人民法院、人民检察院依职权调查并经审理查明的事实不符的,人民法院不予确认。

《最高人民检察院关于推进行政执法与刑事司法衔接工作的规定》(高检发释字〔2021〕4号)

第一条 为了健全行政执法与刑事司法衔接工作机制,根据《中华人民共和国人民检察院组织法》《中华人民共和国行政处罚法》《中华人民共和国刑事诉讼法》等有关规定,结合《行政执法机关移送涉嫌犯罪案件的规定》,制定本规定。

第二条 人民检察院开展行政执法与刑事司法衔接工作,应当严格依法、准确及时,加强与监察机关、公安机关、司法行政机关和行政执法机关的协调配合,确保行政执法与刑事司法有效衔接。

第三条 人民检察院开展行政执法与刑事司法衔接工作由负责捕诉的部门按照管辖案件类别办理。负责捕诉的部门可以在办理时听取其他办案部门的意见。

本院其他办案部门在履行检察职能过程中,发现涉及行政执法与刑事司法衔接线索的,应当及时移送本院负责捕诉的部门。

第四条 人民检察院依法履行职责时,应当注意审查是否存在行政执法机关对涉嫌犯罪案件应当移送公安机关立案侦查而不移送,或者公安机关对行政执法机关移送的涉嫌犯罪案件应当立案侦查而不立案侦查的情形。

第五条 公安机关收到行政执法机关移送涉嫌犯罪案件后应当立案侦查而不立案侦查,行政执法机关建议人民检察院依法监督的,人民检察院应当依法受理并进行审查。

第六条 对于行政执法机关应当依法移送涉嫌犯罪案件而不移送,或者公安机关应当立案侦查而不立案侦查的举报,属于本院管辖且符合受理条件的,人民检察院应当受理并进行审查。

第七条 人民检察院对本规定第四条至第六条的线索审查后,认为行政执法机关应当依法移送涉嫌犯罪案件而不移送的,经检察长批准,应当向同级行政执法机关提出检察意见,要求行政执法机关及时向公安机关移送案件并将有关材料抄送人民检察院。人民检察院应当将检察意见抄送同级司法行政机关,行政执法机关实行垂直管理的,应当将检察意见抄送其上级机关。

行政执法机关收到检察意见后无正当理由仍不移送的,人民检察院应当将有关情况书面通知公安机关。

对于公安机关可能存在应当立案而不立案情形的,人民检察院应当依法开展立案监督。

第八条 人民检察院决定不起诉的案件,应当同时审查是否需要对被不起诉人给予行政处罚。对被不起诉人需要给予行政处罚的,经检察长批准,人民检察院应当向同级有关主管机关提出检察意见,自不起诉决定作出之日起三日以内连同不起诉决定书一并送达。人民检察院应当将检察意见抄送同级司法行政机关,主管机关实行垂直管理的,应当将检察意见抄送其上级机关。

检察意见书应当写明采取和解除刑事强制措施,查封、扣押、冻结涉案财物以及对被不起诉人予以训诫或者责令具结悔过、赔礼道歉、赔偿损失等情况。对于需要没收违法所得的,人民检察院应当将查封、扣押、冻结的涉案财物一并移送。对于在办案过程中收集的相关证据材料,人民检察院可以一并移送。

第九条 人民检察院提出对被不起诉人给予行政处罚的检察意见,应当要求有关主管机关自收到检察意见书之日起两个月以内将处理结果或者办理情况书面回复人民检察院。因情况紧急需要立即处理的,人民检察院可以根据实际情况确定回复期限。

第十条 需要向上级有关单位提出检察意见的,应当层报其同级人民检察院决定并提出,或者由办理案件的人民检察院制作检察意见书后,报上级有关单位的同级人民检察院审核并转送。

需要向下级有关单位提出检察意见的,应当指令对应的下级人民检察院提出。

需要异地提出检察意见的,应当征求有关单位所在地同级人民检察院意见。意见不一致的,层报共同的上级人民检察院决定。

第十一条 有关单位在要求的期限内不回复或者无正当理由不作处理的,经检察长决定,人民检察院可以将有关情况书面通报同级司法行政机关,或者提请上级人民检察院通报其上级机关。必要时可以报告同级党委和人民代表大会常务委员会。

第十二条 人民检察院发现行政执法人员涉嫌职务违法、犯罪的,应当将案件线索移送监察机关处理。

第十三条 行政执法机关就刑事案件立案追诉标准、证据收集固定保全等问题咨询人民检察院,或者公安机关就行政执法机关移送的涉嫌犯罪案件主动听取人民检察院意见建议的,人民检察院应当及时答复。书面咨询的,人民检察院应当在七日以内书面回复。

人民检察院在办理案件过程中,可以就行政执法专业问题向相关行政执法机关咨询。

第十四条 人民检察院应当定期向有关单位通报开展行政执法与刑事司法衔接工作的情况。发现存在需要完善工作机制等问题的,可以征求被建议单位的意见,依法提出检察建议。

第十五条 人民检察院根据工作需要,可以会同有关单位研究分析行政执法与刑事司法衔接工作中的问题,提出解决方案。

第十六条 人民检察院应当配合司法行政机关建设行政执法与刑事司法衔接信息共享平台。已经接入信息共享平台的人民检察院,应当自作出相关决定之日起七日以内,录入相关案件信息。尚未建成信息共享平台的人民检察院,应当及时向有关单位通报相关案件信息。

第十七条 本规定自公布之日起施行,《人民检察院办理行政执法机关移送涉嫌犯罪案件的规定》(高检发释字〔2001〕4号)同时废止。

《最高人民法院、最高人民检察院、公安部、工业和信息化部、住房和城乡建设部、交通运输部、应急管理部、国家铁路局、中国民用航空局、国家邮政局关于依法惩治涉枪支、弹药、爆炸物、易燃易爆危险物品犯罪的意见》(法发〔2021〕35号,自2021年12月31日起施行,节录)

四、加强行政执法与刑事司法衔接

15. 有关行政执法机关在查处违法行为过程中发现涉嫌枪支、弹药、爆炸物、易燃易爆危险物品犯罪的,应当立即指定2名或者2名以上行政执法人员组成专案组专门负责,核实情况后提出移送涉嫌犯罪案件的书面报告,报本机关正职负责人或者主持工作的负责人审批。

有关行政执法机关正职负责人或者主持工作的负责人应当自接到报告之日起3日内作出批准移送或者不批准移送的决定。决定批准移送的,应当在24小时内向同级公安机关移送,并将案件移送书抄送同级人民检察院;决定不批准移送的,应当将不予批准的理由记录在案。

16. 有关行政执法机关向公安机关移送涉嫌枪支、弹药、爆炸物、易燃易爆危险物品犯罪案件，应当附下列材料：

（1）涉嫌犯罪案件移送书，载明移送案件的行政执法机关名称、涉嫌犯罪的罪名、案件主办人和联系电话，并应当附移送材料清单和回执，加盖公章；

（2）涉嫌犯罪案件情况的调查报告，载明案件来源、查获枪支、弹药、爆炸物、易燃易爆危险物品情况、犯罪嫌疑人基本情况、涉嫌犯罪的主要事实、证据和法律依据、处理建议等；

（3）涉案物品清单，载明涉案枪支、弹药、爆炸物、易燃易爆危险物品的具体类别和名称、数量、特征、存放地点等，并附采取行政强制措施、现场笔录等表明涉案枪支、弹药、爆炸物、易燃易爆危险物品来源的材料；

（4）有关检验报告或者鉴定意见，并附鉴定机构和鉴定人资质证明；没有资质证明的，应当附其他证明文件；

（5）现场照片、询问笔录、视听资料、电子数据、责令整改通知书等其他与案件有关的证据材料。

有关行政执法机关对违法行为已经作出行政处罚决定的，还应当附行政处罚决定书及执行情况说明。

17. 公安机关对有关行政执法机关移送的涉嫌枪支、弹药、爆炸物、易燃易爆危险物品犯罪案件，应当在案件移送书的回执上签字或者出具接受案件回执，并依照有关规定及时进行审查处理。不得以材料不全为由不接受移送案件。

18. 人民检察院应当依照《行政执法机关移送涉嫌犯罪案件的规定》《最高人民检察院关于推进行政执法与刑事司法衔接工作的规定》《安全生产行政执法与刑事司法衔接工作办法》等规定，对有关行政执法机关移送涉嫌枪支、弹药、爆炸物、易燃易爆危险物品犯罪案件，以及公安机关的立案活动，依法进行法律监督。

有关行政执法机关对公安机关的不予立案决定有异议的，可以建议人民检察院进行立案监督。

19. 公安机关、有关行政执法机关在办理涉枪支、弹药、爆炸物、易燃易爆危险物品违法犯罪案件过程中，发现公职人员有贪污贿赂、失职渎职或者利用职权侵犯公民人身权利和民主权利等违法行为，涉嫌构成职务犯罪的，应当依法及时移送监察机关或者人民检察院处理。

20. 有关行政执法机关在行政执法和查办涉枪支、弹药、爆炸物、易燃易爆危险物品案件过程中收集的物证、书证、视听资料、电子数据以及对事故进行调查形成的报告，在刑事诉讼中可以作为证据使用。

21. 有关行政执法机关对应当向公安机关移送的涉嫌枪支、弹药、爆炸物、易燃易爆危险物品犯罪案件,不得以行政处罚代替案件移送。

有关行政执法机关向公安机关移送涉嫌枪支、弹药、爆炸物、易燃易爆危险物品犯罪案件的,已经作出的警告、责令停产停业、暂扣或者吊销许可证、暂扣或者吊销执照的行政处罚决定,不停止执行。

22. 人民法院对涉枪支、弹药、爆炸物、易燃易爆危险物品犯罪案件被告人判处罚金、有期徒刑或者拘役的,有关行政执法机关已经依法给予的罚款、行政拘留,应当依法折抵相应罚金或者刑期。有关行政执法机关尚未给予罚款的,不再给予罚款。

对于人民检察院依法决定不起诉或者人民法院依法免予刑事处罚的案件,需要给予行政处罚的,由有关行政执法机关依法给予行政处罚。

《国家药品监督管理局、国家市场监督管理总局、公安部、最高人民法院、最高人民检察院关于印发药品行政执法与刑事司法衔接工作办法的通知》(国药监法〔2022〕41号,自2023年2月1日起施行,节录)

第一章 总 则

第一条 为进一步健全药品行政执法与刑事司法衔接工作机制,加大对药品领域违法犯罪行为打击力度,切实维护人民群众身体健康和生命安全,根据《中华人民共和国刑法》《中华人民共和国刑事诉讼法》《中华人民共和国行政处罚法》《中华人民共和国药品管理法》《中华人民共和国疫苗管理法》《医疗器械监督管理条例》《化妆品监督管理条例》《行政执法机关移送涉嫌犯罪案件的规定》等法律、行政法规和相关司法解释,结合工作实际,制定本办法。

第二条 本办法适用于各级药品监管部门、公安机关、人民检察院、人民法院办理的药品领域(含药品、医疗器械、化妆品,下同)涉嫌违法犯罪案件。

第三条 各级药品监管部门、公安机关、人民检察院、人民法院之间应当加强协作,统一法律适用,健全情况通报、案件移送、信息共享、信息发布等工作机制。

第四条 药品监管部门应当依法向公安机关移送药品领域涉嫌犯罪案件,对发现违法行为明显涉嫌犯罪的,及时向公安机关、人民检察院通报,根据办案需要依法出具认定意见或者协调检验检测机构出具检验结论,依法处理不追究刑事责任、免予刑事处罚或者已给予刑事处罚,但仍应当给予行政处罚的案件。

第五条 公安机关负责药品领域涉嫌犯罪移送案件的受理、审查工作。对符合立案条件的,应当依法立案侦查。对药品监管部门商请协助的重大、疑难案件,与药品监管部门加强执法联动,对明显涉嫌犯罪的,协助采取紧急措施,加快移送进度。

第六条 人民检察院对药品监管部门移送涉嫌犯罪案件活动和公安机关有关立案侦查活动,依法实施法律监督。

第七条 人民法院应当充分发挥刑事审判职能,依法审理危害药品安全刑事案件,准确适用财产刑、职业禁止或者禁止令,提高法律震慑力。

第二章 案件移送与法律监督

第八条 药品监管部门在依法查办案件过程中,发现违法事实涉及的金额、情节、造成的后果,根据法律、司法解释、立案追诉标准等规定,涉嫌构成犯罪,依法需要追究刑事责任的,应当依照本办法向公安机关移送。对应当移送的涉嫌犯罪案件,立即指定2名以上行政执法人员组成专案组专门负责,核实情况后,提出移送涉嫌犯罪案件的书面报告。药品监管部门主要负责人应当自接到报告之日起3日内作出批准移送或者不批准移送的决定。批准移送的,应当在24小时内向同级公安机关移送;不批准移送的,应当将不予批准的理由记录在案。

第九条 药品监管部门向公安机关移送涉嫌犯罪案件,应当附有下列材料,并将案件移送书抄送同级人民检察院:

(一)涉嫌犯罪案件的移送书,载明移送机关名称、违法行为涉嫌犯罪罪名、案件主办人及联系电话等。案件移送书应当附移送材料清单,并加盖移送机关公章;

(二)涉嫌犯罪案件情况的调查报告,载明案件来源,查获情况,犯罪嫌疑人基本情况,涉嫌犯罪的事实、证据和法律依据,处理建议等;

(三)涉案物品清单,载明涉案物品的名称、数量、特征、存放地等事项,并附采取行政强制措施、表明涉案物品来源的相关材料;

(四)对需要检验检测的,附检验检测机构出具的检验结论及检验检测机构资质证明;

(五)现场笔录、询问笔录、认定意见等其他有关涉嫌犯罪的材料。有鉴定意见的,应附鉴定意见。

对有关违法行为已经作出行政处罚决定的,还应当附行政处罚决定书和相关执行情况。

第十条 公安机关对药品监管部门移送的涉嫌犯罪案件,应当出具接受案件的回执或者在案件移送书的回执上签字。

公安机关审查发现移送的涉嫌犯罪案件材料不全的,应当在接受案件的24

小时内书面告知移送机关在3日内补正,公安机关不得以材料不全为由不接受移送案件。

公安机关审查发现移送的涉嫌犯罪案件证据不充分的,可以就证明有犯罪事实的相关证据等提出补充调查意见,由移送机关补充调查并及时反馈公安机关。因客观条件所限,无法补正的,移送机关应当向公安机关作出书面说明。根据实际情况,公安机关可以依法自行调查。

第十一条 药品监管部门移送涉嫌犯罪案件,应当接受人民检察院依法实施的监督。人民检察院发现药品监管部门不依法移送涉嫌犯罪案件的,应当向药品监管部门提出检察意见并抄送同级司法行政机关。药品监管部门应当自收到检察意见之日起3日内将案件移送公安机关,并将案件移送书抄送人民检察院。

第十二条 公安机关对药品监管部门移送的涉嫌犯罪案件,应当自接受案件之日起3日内作出立案或者不立案的决定;案件较为复杂的,应当在10日内作出决定;案情重大、疑难、复杂或者跨区域性的,经县级以上公安机关负责人批准,应当在30日内决定是否立案;特殊情况下,受案单位报经上一级公安机关批准,可以再延长30日作出决定。接受案件后对属于公安机关管辖但不属于本公安机关管辖的案件,应当在24小时内移送有管辖权的公安机关,并书面通知移送机关,抄送同级人民检察院。对不属于公安机关管辖的,应当在24小时内退回移送机关,并书面说明理由。

公安机关作出立案、不予立案、撤销案件决定的,应当自作出决定之日起3日内书面通知移送机关,同时抄送同级人民检察院。公安机关作出不予立案或者撤销案件决定的,应当说明理由,并将案卷材料退回移送机关。

第十三条 药品监管部门接到公安机关不予立案的通知书后,认为依法应当由公安机关决定立案的,可以自接到不予立案通知书之日起3日内,提请作出不予立案决定的公安机关复议,也可以建议人民检察院依法进行立案监督。

作出不予立案决定的公安机关应当自收到药品监管部门提请复议的文件之日起3日内作出立案或者不予立案的决定,并书面通知移送机关。移送机关对公安机关不予立案的复议决定仍有异议的,应当自收到复议决定通知书之日起3日内建议人民检察院依法进行立案监督。

公安机关应当接受人民检察院依法进行的立案监督。

第十四条 药品监管部门建议人民检察院进行立案监督的案件,应当提供立案监督建议书、相关案件材料,并附公安机关不予立案、立案后撤销案件决定及说明理由的材料,复议维持不予立案决定的材料或者公安机关逾期未作出是否立案决定的材料。

人民检察院认为需要补充材料的,药品监管部门应当及时提供。

第十五条 药品监管部门对于不追究刑事责任的案件,应当依法作出行政处罚或者其他处理。

药品监管部门向公安机关移送涉嫌犯罪案件前,已经作出的警告、责令停产停业、暂扣或者吊销许可证件、责令关闭、限制从业等行政处罚决定,不停止执行。未作出行政处罚决定的,原则上应当在公安机关决定不予立案或者撤销案件、人民检察院作出不起诉决定、人民法院作出无罪或者免予刑事处罚判决后,再决定是否给予行政处罚,但依法需要给予警告、通报批评、限制开展生产经营活动、责令停产停业、责令关闭、限制从业、暂扣或者吊销许可证件行政处罚的除外。

已经作出罚款行政处罚并已全部或者部分执行的,人民法院在判处罚金时,在罚金数额范围内对已经执行的罚款进行折抵。

违法行为构成犯罪,人民法院判处拘役或者有期徒刑时,公安机关已经给予当事人行政拘留并执行完毕的,应当依法折抵相应刑期。

药品监管部门作出移送决定之日起,涉嫌犯罪案件的移送办理时间,不计入行政处罚期限。

第十六条 公安机关对发现的药品违法行为,经审查没有犯罪事实,或者立案侦查后认为犯罪事实显著轻微、不需要追究刑事责任,但依法应当予以行政处罚的,应当将案件及相关证据材料移交药品监管部门。

药品监管部门应当自收到材料之日起15日内予以核查,按照行政处罚程序作出立案、不立案、移送案件决定的,应当自作出决定之日起3日内书面通知公安机关,并抄送同级人民检察院。

第十七条 人民检察院对作出不起诉决定的案件,认为依法应当给予行政处罚的,应当将案件及相关证据材料移交药品监管部门处理,并提出检察意见。药品监管部门应当自收到检察意见书之日起2个月内向人民检察院通报处理情况或者结果。

人民法院对作出无罪或者免予刑事处罚判决的案件,认为依法应当给予行政处罚的,应当将案件及相关证据材料移交药品监管部门处理,并可以提出司法建议。

第十八条 对于尚未作出生效裁判的案件,药品监管部门依法应当作出责令停产停业、吊销许可证件、责令关闭、限制从业等行政处罚,需要配合的,公安机关、人民检察院、人民法院应当给予配合。

对于人民法院已经作出生效裁判的案件,依法还应当由药品监管部门作出吊销许可证件等行政处罚的,需要人民法院提供生效裁判文书,人民法院应当及时提供。药品监管部门可以依据人民法院生效裁判认定的事实和证据依法予以行政处罚。

第十九条　对流动性、团伙性、跨区域性危害药品安全犯罪案件的管辖,依照最高人民法院、最高人民检察院、公安部等部门联合印发的《关于办理流动性、团伙性、跨区域性犯罪案件有关问题的意见》(公通字〔2011〕14号)相关规定执行。

上级公安机关指定下级公安机关立案侦查的案件,需要人民检察院审查批准逮捕、审查起诉的,按照最高人民法院、最高人民检察院、公安部、国家安全部、司法部、全国人大常委会法制工作委员会联合印发的《关于实施刑事诉讼法若干问题的规定》相关规定执行。

第二十条　多次实施危害药品安全违法犯罪行为,未经处理,且依法应当追诉的,涉案产品的销售金额或者货值金额累计计算。

第二十一条　药品监管部门在行政执法和查办案件过程中依法收集的物证、书证、视听资料、电子数据等证据材料,在刑事诉讼中可以作为证据使用;经人民法院查证属实,可以作为定案的根据。

第二十二条　药品监管部门查处危害药品安全违法行为,依据《中华人民共和国药品管理法》《中华人民共和国疫苗管理法》等相关规定,认为需要对有关责任人员予以行政拘留的,应当在依法作出其他种类的行政处罚后,参照本办法,及时将案件移送有管辖权的公安机关决定是否行政拘留。

第三章　涉案物品检验、认定与移送

第二十三条　公安机关、人民检察院、人民法院办理危害药品安全犯罪案件,商请药品监管部门提供检验结论、认定意见协助的,药品监管部门应当按照公安机关、人民检察院、人民法院刑事案件办理的法定时限要求积极协助,及时提供检验结论、认定意见,并承担相关费用。

药品监管部门应当在其设置或者确定的检验检测机构协调设立检验检测绿色通道,对涉嫌犯罪案件涉案物品的检验检测实行优先受理、优先检验、优先出具检验结论。

第二十四条　地方各级药品监管部门应当及时向公安机关、人民检察院、人民法院通报药品检验检测机构名单、检验检测资质及项目等信息。

第二十五条　对同一批次或者同一类型的涉案药品,如因数量较大等原因,无法进行全部检验检测,根据办案需要,可以依法进行抽样检验检测。公安机关、人民检察院、人民法院对符合行政执法规范要求的抽样检验检测结果予以认可,可以作为该批次或者该类型全部涉案产品的检验检测结果。

第二十六条 对于《中华人民共和国药品管理法》第九十八条第二款第二项、第四项及第三款第三项至第六项规定的假药、劣药,能够根据在案证据材料作出判断的,可以由地市级以上药品监管部门出具认定意见。

对于依据《中华人民共和国药品管理法》第九十八条第二款、第三款的其他规定认定假药、劣药,或者是否属于第九十八条第二款第二项、第三款第六项规定的假药、劣药存在争议的,应当由省级以上药品监管部门设置或者确定的药品检验机构进行检验,出具质量检验结论。

对于《中华人民共和国刑法》第一百四十二条之一规定的"足以严重危害人体健康"难以确定的,根据地市级以上药品监管部门出具的认定意见,结合其他证据作出认定。

对于是否属于民间传统配方难以确定的,根据地市级以上药品监管部门或者有关部门出具的认定意见,结合其他证据作出认定。

第二十七条 药品、医疗器械、化妆品的检验检测,按照《中华人民共和国药品管理法》及其实施条例、《医疗器械监督管理条例》《化妆品监督管理条例》等有关规定执行。必要时,检验机构可以使用经国务院药品监督管理部门批准的补充检验项目和检验方法进行检验,出具检验结论。

第二十八条 药品监管部门依据检验检测报告、结合专家意见等相关材料得出认定意见的,应当包括认定依据、理由、结论。按照以下格式出具结论:

(一)假药案件,结论中应当写明"经认定,……为假药";

(二)劣药案件,结论中应当写明"经认定,……为劣药";

(三)妨害药品管理案件,对属于难以确定"足以严重危害人体健康"的,结论中应当写明"经认定,当事人实施……的行为,足以严重危害人体健康";

(四)生产、销售不符合保障人体健康的国家标准、行业标准的医疗器械案件,结论中应当写明"经认定,涉案医疗器械……不符合……标准,结合本案其他情形,足以严重危害人体健康";

(五)生产、销售不符合卫生标准的化妆品案件,结论中应当写明"经认定,涉案化妆品……不符合……标准或者化妆品安全技术规范"。

其他案件也应当写明认定涉嫌犯罪应具备的结论性意见。

第二十九条 办案部门应当告知犯罪嫌疑人、被害人或者其辩护律师、法定代理人,在涉案物品依法处置前可以提出重新或者补充检验检测、认定的申请。提出申请的,应有充分理由并提供相应证据。

第三十条　药品监管部门在查处药品违法行为过程中,应当妥善保存所收集的与违法行为有关的证据。

药品监管部门对查获的涉案物品,应当如实填写涉案物品清单,并按照国家有关规定予以处理。对需要进行检验检测的涉案物品,应当由法定检验检测机构进行检验检测,并出具检验结论。

第三十一条　药品监管部门应当自接到公安机关立案通知书之日起3日内,将涉案物品以及与案件有关的其他材料移交公安机关,并办理交接手续。

对于已采取查封、扣押等行政强制措施的涉案物品,药品监管部门于交接之日起解除查封、扣押,由公安机关重新对涉案物品履行查封、扣押手续。

第三十二条　公安机关办理药品监管部门移送的涉嫌犯罪案件和自行立案侦查的案件时,因客观条件限制,或者涉案物品对保管条件、保管场所有特殊要求,或者涉案物品需要无害化处理的,在采取必要措施固定留取证据后,可以委托药品监管部门代为保管和处置。

公安机关应当与药品监管部门签订委托保管协议,并附有公安机关查封、扣押涉案物品的清单。

药品监管部门应当配合公安机关、人民检察院、人民法院在办案过程中对涉案物品的调取、使用及检验检测等工作。

药品监管部门不具备保管条件的,应当出具书面说明,推荐具备保管条件的第三方机构代为保管。

涉案物品相关保管、处置等费用有困难的,由药品监管部门会同公安机关等部门报请本级人民政府解决。

第四章　协作配合与督办(略)

第五章　信息共享与通报(略)

第六章　附　则

第四十三条　属于《中华人民共和国监察法》规定的公职人员在行使公权力过程中发生的依法由监察机关负责调查的案件,不适用本办法,应当依法及时将有关问题线索移送监察机关处理。

第四十四条　各省、自治区、直辖市的药品监管部门、公安机关、人民检察院、人民法院可以根据本办法制定本行政区域的实施细则。

第四十五条　本办法中"3日""7日""15日"的规定是指工作日,不含法定节假日、休息日。法律、行政法规和部门规章有规定的从其规定。

第四十六条　本办法自2023年2月1日起施行。《食品药品行政执法与刑事司法衔接工作办法》(食药监稽〔2015〕271号)中有关规定与本办法不一致的,以本办法为准。

第一百一十条 【报案、举报、控告及自首的处理】任何单位和个人发现有犯罪事实或者犯罪嫌疑人,有权利也有义务向公安机关、人民检察院或者人民法院报案或者举报。

被害人对侵犯其人身、财产权利的犯罪事实或者犯罪嫌疑人,有权向公安机关、人民检察院或者人民法院报案或者控告。

公安机关、人民检察院或者人民法院对于报案、控告、举报,都应当接受。对于不属于自己管辖的,应当移送主管机关处理,并且通知报案人、控告人、举报人;对于不属于自己管辖而又必须采取紧急措施的,应当先采取紧急措施,然后移送主管机关。

犯罪人向公安机关、人民检察院或者人民法院自首的,适用第三款规定。

立法沿革

1979年《刑事诉讼法》第五十九条规定:"机关、团体、企业、事业单位和公民发现有犯罪事实或者犯罪嫌疑人,有权利也有义务按照本法第十三条规定的管辖范围,向公安机关、人民检察院或者人民法院提出控告和检举。""公安机关、人民检察院或者人民法院对于控告、检举和犯罪人的自首,都应当接受。对于不属于自己管辖的,应当移送主管机关处理,并且通知控告人、检举人;对于不属于自己管辖而又必须采取紧急措施的,应当先采取紧急措施,然后移送主管机关。"1996年《刑事诉讼法修改决定》对本条规定作了修改:一是对报案、举报、控告的主体表述进行修改,由"机关、团体、企业、事业单位和公民"改为"任何单位和个人",扩大主体的范围。二是删去要"按照本法第十三条规定的管辖范围"报案、举报、控告的规定,同时规定了公安机关、人民检察院、人民法院接受和移送的义务。三是对被害人的控告、报案权作出规定。2012年、2018年修改《刑事诉讼法》时对本条规定未作调整。

基本规范

《**人民检察院刑事诉讼规则**》(高检发释字〔2019〕4号,自2019年12月30日起施行)

第七章 案件受理

第一百五十六条 下列案件,由人民检察院负责案件管理的部门统一受理:
(一)公安机关提请批准逮捕、移送起诉、提请批准延长侦查羁押期限、要求

复议、提请复核、申请复查、移送申请强制医疗、移送申请没收违法所得的案件;

(二)监察机关移送起诉、提请没收违法所得、对不起诉决定提请复议的案件;

(三)下级人民检察院提出或者提请抗诉、报请指定管辖、报请核准追诉、报请核准缺席审判或者提请死刑复核监督的案件;

(四)人民法院通知出席第二审法庭或者再审法庭的案件;

(五)其他依照规定由负责案件管理的部门受理的案件。

第一百五十七条 人民检察院负责案件管理的部门受理案件时,应当接收案卷材料,并立即审查下列内容:

(一)依据移送的法律文书载明的内容确定案件是否属于本院管辖;

(二)案卷材料是否齐备、规范,符合有关规定的要求;

(三)移送的款项或者物品与移送清单是否相符;

(四)犯罪嫌疑人是否在案以及采取强制措施的情况;

(五)是否在规定的期限内移送案件。

第一百五十八条 人民检察院负责案件管理的部门对接收的案卷材料审查后,认为具备受理条件的,应当及时进行登记,并立即将案卷材料和案件受理登记表移送办案部门办理。

经审查,认为案卷材料不齐备的,应当及时要求移送案件的单位补送相关材料。对于案卷装订不符合要求的,应当要求移送案件的单位重新装订后移送。

对于移送起诉的案件,犯罪嫌疑人在逃的,应当要求公安机关采取措施保证犯罪嫌疑人到案后再移送起诉。共同犯罪案件中部分犯罪嫌疑人在逃的,对在案犯罪嫌疑人的移送起诉应当受理。

第一百五十九条 对公安机关送达的执行情况回执和人民法院送达的判决书、裁定书等法律文书,人民检察院负责案件管理的部门应当接收,即时登记。

第一百六十条 人民检察院直接受理侦查的案件,移送审查逮捕、移送起诉的,按照本规则第一百五十六条至第一百五十八条的规定办理。

第一百六十一条 人民检察院负责控告申诉检察的部门统一接受报案、控告、举报、申诉和犯罪嫌疑人投案自首,并依法审查,在七日以内作出以下处理:

(一)属于本院管辖且符合受理条件的,应当予以受理;

(二)不属于本院管辖的报案、控告、举报、自首,应当移送主管机关处理。必须采取紧急措施的,应当先采取紧急措施,然后移送主管机关。不属于本院管辖的申诉,应当告知其向有管辖权的机关提出;

(三)案件情况不明的,应当进行必要的调查核实,查明情况后依法作出处理。

负责控告申诉检察的部门可以向下级人民检察院交办控告、申诉、举报案件,并依照有关规定进行督办。

第一百六十二条 控告、申诉符合下列条件的,人民检察院应当受理:

(一)属于人民检察院受理案件范围;

(二)本院具有管辖权;

(三)申诉人是原案的当事人或者其法定代理人、近亲属;

(四)控告、申诉材料符合受理要求。

控告人、申诉人委托律师代理控告、申诉,符合上述条件的,应当受理。

控告、申诉材料不齐备的,应当告知控告人、申诉人补齐。受理时间从控告人、申诉人补齐相关材料之日起计算。

《公安机关办理刑事案件程序规定》(公安部令第159号修正,修正后自2020年9月1日起施行)

第七章 立案、撤案

第一节 受 案

第一百六十九条 公安机关对于公民扭送、报案、控告、举报或者犯罪嫌疑人自动投案的,都应当立即接受,问明情况,并制作笔录,经核对无误后,由扭送人、报案人、控告人、举报人、投案人签名、捺指印。必要时,应当对接受过程录音录像。

第一百七十条 公安机关对扭送人、报案人、控告人、举报人、投案人提供的有关证据材料等应当登记,制作接受证据材料清单,由扭送人、报案人、控告人、举报人、投案人签名,并妥善保管。必要时,应当拍照或者录音录像。

另,第一百七十五条就公安机关对不能接受的案件的处理规则作了规定。(→参见第一百一十二条所附"基本规范",第837页)

《海警机构办理刑事案件程序规定》(中国海警局令第1号,自2023年6月15日起施行)

第七章 受案、立案、撤案

第一节 受 案

第一百六十三条 海警机构对于公民扭送、报案、控告、举报或者犯罪嫌疑人自动投案的,都应当立即接受,问明情况,并制作笔录,经核对无误后,由扭送人、报案人、控告人、举报人、投案人确认并签名、捺指印。必要时,应当对接受过程录音录像。

第一百六十四条 海警机构对扭送人、报案人、控告人、举报人、投案人提供的有关证据材料等应当登记,制作接受证据材料清单,由扭送人、报案人、控告人、举报人、投案人签名,并妥善保管。必要时,应当拍照或者录音录像。

另,第一百六十九条就海警机构对不能接受的案件的处理规则作了规定。(→参见第一百一十二条所附"基本规范",第839页)

其他规范

《最高人民法院、最高人民检察院、公安部、司法部、海关总署关于走私犯罪侦查机关办理走私犯罪案件适用刑事诉讼程序若干问题的通知》(署侦〔1998〕742号)**第十一条**要求对查获的需移送走私犯罪侦查机关的案件应当就近移送。(→参见第十九条所附"其他规范",第149页)

《人民检察院举报工作规定》(2014年7月21日修订,节录)
第二章 举报线索的受理
第十二条 人民检察院举报中心统一受理举报和犯罪嫌疑人投案自首。
第十三条 各级人民检察院应当设立专门的举报接待场所,向社会公布通信地址、邮政编码、举报电话号码、举报网址、接待时间和地点、举报线索的处理程序以及查询举报线索处理情况和结果的方式等相关事项。
第十四条 对以走访形式初次举报的以及职务犯罪嫌疑人投案自首的,举报中心应当指派两名以上工作人员专门接待,问明情况,并制作笔录,经核对无误后,由举报人、自首人签名、捺指印,必要时,经举报人、自首人同意,可以录音、录像;对举报人、自首人提供的有关证据材料、物品等应当登记,制作接受证据(物品)清单,并由举报人、自首人签名,必要时予以拍照,并妥善保管。

举报人提出预约接待要求的,经举报中心负责人批准,人民检察院可以指派两名以上工作人员在约定的时间到举报人认为合适的地方接谈。

对采用集体走访形式举报同一职务犯罪行为的,应当要求举报人推选代表,代表人数一般不超过五人。
第十五条 对采用信函形式举报的,工作人员应当在专门场所进行拆阅。启封时,应当保持邮票、邮戳、邮编、地址和信封内材料的完整。

对采用传真形式举报的,参照前款规定办理。
第十六条 对通过12309举报网站或者人民检察院门户网站进行举报的,工作人员应当及时下载举报内容并导入举报线索处理系统。举报内容应当保持原始状态,不得作任何文字处理。
第十七条 对采用电话形式举报的,工作人员应当准确、完整地记录举报人的姓名、地址、电话和举报内容。举报人不愿提供姓名等个人信息的,应当尊重举报人的意愿。

第十八条　有联系方式的举报人提供的举报材料内容不清的,有管辖权的人民检察院举报中心应当在接到举报材料后七日以内与举报人联系,建议举报人补充有关材料。

第十九条　反映被举报人有下列情形之一,必须采取紧急措施的,举报中心工作人员应当在接收举报后立即提出处理意见并层报检察长审批:

(一)正在预备犯罪、实行犯罪或者在犯罪后即时被发觉的;
(二)企图自杀或者逃跑的;
(三)有毁灭、伪造证据或者串供可能的;
(四)其他需要采取紧急措施的。

第二十条　职务犯罪举报线索实行分级管辖。上级人民检察院可以直接受理由下级人民检察院管辖的举报线索,经检察长批准,也可以将本院管辖的举报线索交由下级人民检察院办理。

下级人民检察院接收到上级人民检察院管辖的举报线索,应当层报上级人民检察院处理。收到同级人民检察院管辖的举报线索,应当及时移送有管辖权的人民检察院处理。

第二十一条　举报线索一般由被举报人工作单位所在地人民检察院管辖。认为由被举报犯罪地人民检察院管辖更为适宜的,可以由被举报犯罪地人民检察院管辖。

几个同级人民检察院都有权管辖的,由最初受理的人民检察院管辖。在必要的时候,可以移送主要犯罪地的人民检察院管辖。对管辖权有争议的,由其共同的上一级人民检察院指定管辖。

第二十二条　除举报中心专职工作人员日常接待之外,各级人民检察院实行检察长和有关侦查部门负责人定期接待举报制度。接待时间和地点应当向社会公布。

第二十三条　对以举报为名阻碍检察机关工作人员依法执行公务,扰乱检察机关正常工作秩序的,应当进行批评教育,情节严重的,应当依照有关法律规定处理。

《公安部关于改革完善受案立案制度的意见》(公通字〔2015〕32号,节录)

为有效解决受案立案工作中存在的突出问题,依法惩治违法犯罪活动,切实维护人民群众合法权益,结合公安工作实际,现就改革完善公安机关受案立案制度提出如下意见。

一、任务目标和基本原则(略)

二、主要内容
(一)规范工作流程

1. 健全接报案登记。各省级公安机关依托警务信息综合应用平台,建立完善全省区市统一的接报案、受案立案功能模块。对于群众报案、控告、举报、扭送,违法犯罪嫌疑人投案,以及上级机关交办案件或者其他机关移送的案件,属于公安机关管辖的,各办案警种、部门都必须接受并依照有关规定办理,不得推诿。对于上述接受的案件以及工作中发现的案件,除性质和事实涉及国家秘密的以外,都必须进行网上登记。涉嫌犯罪的,按照刑事案件进行立案审查;涉嫌行政违法的,按照行政案件进行受案审查。群众上门报案的,应当当场进行接报案登记,当场接受证据材料,当场出具接报案回执并告知查询案件进展情况的方式和途径。对明显不属于公安机关职责范围的报案事项,应当立即告知报案人向其他有关主管机关报案。对重复报案、案件正在办理或者已经办结的,应当向报案人作出解释,不再重复接报案登记。

2. 及时审查办理。接报案件后,应当立即进行受案立案审查。对于违法犯罪事实清楚的案件,公安机关各办案警种、部门应当即受即立即办,不得推诿拖延。行政案件受案审查期限原则上不超过24小时,疑难复杂案件受案审查期限不超过3日。刑事案件立案审查期限原则上不超过3日;涉嫌犯罪线索需要查证的,立案审查期限不超过7日;重大疑难复杂案件,经县级以上公安机关负责人批准,立案审查期限可以延长至30日。法律、法规、规章等对受案立案审查期限另有规定的,从其规定。决定不予受案立案后又发现新的事实证据,或者发现原认定事实错误,需要追究行政、刑事责任的,应当及时受案立案处理。

3. 紧急情况处置。对于违法犯罪活动正在进行以及其他情况紧急的案件,接到报案后应当先进行紧急处置,第一时间制止违法犯罪,控制嫌疑人,救治伤员,保护现场,及时开展现场调查取证等工作。紧急处置完毕后,应当在24小时内完成接报案登记;符合受案立案条件的,依法及时受案立案。

三、工作要求(略)

第一百一十一条 【报案、控告、举报的形式、程序及保障】报案、控告、举报可以用书面或者口头提出。接受口头报案、控告、举报的工作人员,应当写成笔录,经宣读无误后,由报案人、控告人、举报人签名或者盖章。

接受控告、举报的工作人员,应当向控告人、举报人说明诬告应负的法律责任。但是,只要不是捏造事实、伪造证据,即使控告、举报的事实有出入,甚至是错告的,也要和诬告严格加以区别。

公安机关、人民检察院或者人民法院应当保障报案人、控告人、举报人及其近亲属的安全。报案人、控告人、举报人如果不愿公开自己的姓名和报案、控告、举报的行为,应当为他保守秘密。

立法沿革

1979年《刑事诉讼法》第六十条规定:"控告、检举可以用书面或者口头提出。接受口头控告、检举的工作人员,应当写成笔录,经宣读无误后,由控告人、检举人签名或者盖章。""接受控告、检举的工作人员,应当向控告人、检举人说明诬告应负的法律责任。但是,只要不是捏造事实,伪造证据,即使控告、检举的事实有出入,甚至是错告的,也要和诬告严格加以区别。""控告人、检举人如果不愿公开自己的姓名,在侦查期间,应当为他保守秘密。"1996年《刑事诉讼法修改决定》对本条规定作了修改:一是增加"报案"的规定,将原规定的"检举"修改为"举报";二是增加保护报案人、控告人、举报人及其近亲属安全的规定;三是增加对报案、控告、举报行为保密的规定。2012年、2018年修改《刑事诉讼法》时对本条规定未作调整。

基本规范

《**人民检察院刑事诉讼规则**》(高检发释字〔2019〕4号,自2019年12月30日起施行)

第七章 案件受理

第一百六十三条 对于收到的群众来信,负责控告申诉检察的部门应当在七日以内进行程序性答复,办案部门应当在三个月以内将办理进展或者办理结果答复来信人。

第一百六十四条 负责控告申诉检察的部门对受理的刑事申诉案件应当根据事实、法律进行审查,必要时可以进行调查核实。认为原案处理可能错误的,应当移送相关办案部门办理;认为原案处理没有错误的,应当书面答复申诉人。

第一百六十五条 办案部门应当在规定期限内办结控告、申诉案件,制作相关法律文书,送达报案人、控告人、申诉人、举报人、自首人,并做好释法说理工作。

《**公安机关办理刑事案件程序规定**》(公安部令第159号修正,修正后自2020年9月1日起施行)

第七章 立案、撤案

第一节 受案

第一百七十一条 公安机关接受案件时,应当制作受案登记表和受案回执,并将受案回执交扭送人、报案人、控告人、举报人。扭送人、报案人、控告人、举报人无法取得联系或者拒绝接受回执的,应当在回执中注明。

第一百七十二条 公安机关接受控告、举报的工作人员,应当向控告人、举报人说明诬告应负的法律责任。但是,只要不是捏造事实、伪造证据,即使控告、举报的事实有出入,甚至是错告的,也要和诬告严格加以区别。

第一百七十三条 公安机关应当保障扭送人、报案人、控告人、举报人及其近亲属的安全。

扭送人、报案人、控告人、举报人如果不愿意公开自己的身份,应当为其保守秘密,并在材料中注明。

《海警机构办理刑事案件程序规定》(中国海警局令第1号,自2023年6月15日起施行)

第七章 受案、立案、撤案
第一节 受 案

第一百六十五条 海警机构接受案件时,应当制作受案登记表和受案回执,并将受案回执交扭送人、报案人、控告人、举报人。扭送人、报案人、控告人、举报人无法取得联系或者拒绝接受回执的,应当在回执中注明。

第一百六十六条 海警机构接受控告、举报的工作人员,应当向控告人、举报人说明诬告应负的法律责任。但是,只要不是捏造事实、伪造证据,即使控告、举报的事实有出入,甚至是错告的,也要和诬告严格区别。

第一百六十七条 海警机构应当保障扭送人、报案人、控告人、举报人及其近亲属的安全。

扭送人、报案人、控告人、举报人不愿意公开自己的身份的,应当为其保守秘密,并在材料中注明。

> **第一百一十二条 【对报案、控告、举报和自首的审查】**人民法院、人民检察院或者公安机关对于报案、控告、举报和自首的材料,应当按照管辖范围,迅速进行审查,认为有犯罪事实需要追究刑事责任的时候,应当立案;认为没有犯罪事实,或者犯罪事实显著轻微,不需要追究刑事责任的时候,不予立案,并且将不立案的原因通知控告人。控告人如果不服,可以申请复议。

立法沿革

1979年《刑事诉讼法》第六十一条规定:"人民法院、人民检察院或者公安机关对于控告、检举和自首的材料,应当按照管辖范围,迅速进行审查,认为有犯罪事实需要追究刑事责任的时候,应当立案;认为没有犯罪事实,或者犯罪事实显著轻微,不需要追究刑事责任的时候,不予立案,并且将不立案的原因通知控告人。控告人如果不服,可以申请复议。"1996年《刑事诉讼法修改决定》对本条规定作出修改,增加"报案",将"检举"修改为"举报"。2012年、2018年修改《刑事诉讼法》时对本条规定未作调整。

基本规范

《人民检察院刑事诉讼规则》(高检发释字〔2019〕4号,自2019年12月30日起施行)

第八章 立案

第一节 立案审查

第一百六十六条 人民检察院直接受理侦查案件的线索,由负责侦查的部门统一受理、登记和管理。负责控告申诉检察的部门接受的控告、举报,或者本院其他办案部门发现的案件线索,属于人民检察院直接受理侦查案件线索的,应当在七日以内移送负责侦查的部门。

负责侦查的部门对案件线索进行审查后,认为属于本院管辖,需要进一步调查核实的,应当报检察长决定。

第一百六十七条 对于人民检察院直接受理侦查案件的线索,上级人民检察院在必要时,可以直接调查核实或者组织、指挥、参与下级人民检察院的调查核实,可以将下级人民检察院管辖的案件线索指定辖区内其他人民检察院调查核实,也可以将本院管辖的案件线索交由下级人民检察院调查核实;下级人民检察院认为案件线索重大、复杂,需要由上级人民检察院调查核实的,可以提请移送上级人民检察院调查核实。

第一百六十八条 调查核实一般不得接触被调查对象。必须接触被调查对象的,应当经检察长批准。

第一百六十九条 进行调查核实,可以采取询问、查询、勘验、检查、鉴定、调取证据材料等不限制被调查对象人身、财产权利的措施。不得对被调查对象采取强制措施,不得查封、扣押、冻结被调查对象的财产,不得采取技术侦查措施。

第一百七十条 负责侦查的部门调查核实后,应当制作审查报告。

调查核实终结后,相关材料应当立卷归档。立案进入侦查程序的,对于作为诉讼证据以外的其他材料应当归入侦查内卷。

第二节 立案决定

第一百七十一条 人民检察院对于直接受理的案件,经审查认为有犯罪事实需要追究刑事责任的,应当制作立案报告书,经检察长批准后予以立案。

符合立案条件,但犯罪嫌疑人尚未确定的,可以依据已查明的犯罪事实作出立案决定。

对具有下列情形之一的,报请检察长决定不予立案:

(一)具有刑事诉讼法第十六条规定情形之一的;

(二)认为没有犯罪事实的;

(三)事实或者证据尚不符合立案条件的。

第一百七十二条 对于其他机关或者本院其他办案部门移送的案件线索,决定不予立案的,负责侦查的部门应当制作不立案通知书,写明案由和案件来源、决定不立案的原因和法律依据,自作出不立案决定之日起十日以内送达移送案件线索的机关或者部门。

第一百七十三条 对于控告和实名举报,决定不予立案的,应当制作不立案通知书,写明案由和案件来源、决定不立案的原因和法律依据,由负责侦查的部门在十五日以内送达控告人、举报人,同时告知本院负责控告申诉检察的部门。

控告人如果不服,可以在收到不立案通知书后十日以内向上一级人民检察院申请复议。不立案的复议,由上一级人民检察院负责侦查的部门审查办理。

人民检察院认为被控告人、被举报人的行为未构成犯罪,决定不予立案,但需要追究其党纪、政纪、违法责任的,应当移送有管辖权的主管机关处理。

第一百七十四条 错告对被控告人、被举报人造成不良影响的,人民检察院应当自作出不立案决定之日起一个月以内向其所在单位或者有关部门通报调查核实的结论,澄清事实。

属于诬告陷害的,应当移送有关机关处理。

第一百七十五条 人民检察院决定对人民代表大会代表立案,应当按照本规则第一百四十八条、第一百四十九条规定的程序向该代表所属的人民代表大会主席团或者常务委员会进行通报。

《公安机关办理刑事案件程序规定》(公安部令第 159 号修正,修正后自 2020 年 9 月 1 日起施行)

第七章 立案、撤案

第一节 受案

第一百七十四条 对接受的案件,或者发现的犯罪线索,公安机关应当迅速进行审查。发现案件事实或者线索不明的,必要时,经办案部门负责人批准,可以进行调查核实。

调查核实过程中,公安机关可以依照有关法律和规定采取询问、查询、勘验、鉴定和调取证据材料等不限制被调查对象人身、财产权利的措施。但是,不得对被调查对象采取强制措施,不得查封、扣押、冻结被调查对象的财产,不得采取技术侦查措施。

第一百七十五条 经过审查,认为有犯罪事实,但不属于自己管辖的案件,应当立即报经县级以上公安机关负责人批准,制作移送案件通知书,在二十四小时以内移送有管辖权的机关处理,并告知扭送人、报案人、控告人、举报人。对于不属于自己管辖而又必须采取紧急措施的,应当先采取紧急措施,然后办理手续,移送主管机关。

对不属于公安机关职责范围的事项,在接报案时能够当场判断的,应当立即口头告知扭送人、报案人、控告人、举报人向其他主管机关报案。

对于重复报案、案件正在办理或者已经办结的,应当向扭送人、报案人、控告人、举报人作出解释,不再登记,但有新的事实或者证据的除外。

第一百七十七条 经过审查,对于不够刑事处罚需要给予行政处理的,依法予以处理或者移送有关部门。

第二节 立 案

第一百七十八条 公安机关接受案件后,经审查,认为有犯罪事实需要追究刑事责任,且属于自己管辖的,经县级以上公安机关负责人批准,予以立案;认为没有犯罪事实,或者犯罪事实显著轻微不需要追究刑事责任,或者具有其他依法不追究刑事责任情形的,经县级以上公安机关负责人批准,不予立案。

对有控告人的案件,决定不予立案的,公安机关应当制作不予立案通知书,并在三日以内送达控告人。

决定不予立案后又发现新的事实或者证据,或者发现原认定事实错误,需要追究刑事责任的,应当及时立案处理。

第一百七十九条 控告人对不予立案决定不服的,可以在收到不予立案通知书后七日以内向作出决定的公安机关申请复议;公安机关应当在收到复议申请后三十日以内作出决定,并将决定书送达控告人。

控告人对不予立案的复议决定不服的,可以在收到复议决定书后七日以内向上一级公安机关申请复核;上一级公安机关应当在收到复核申请后三十日以内作出决定。对上级公安机关撤销不予立案决定的,下级公安机关应当执行。

案情重大、复杂的,公安机关可以延长复议、复核时限,但是延长时限不得超过三十日,并书面告知申请人。

第一百八十条 对行政执法机关移送的案件,公安机关应当自接受案件之日起三日以内进行审查,认为有犯罪事实,需要追究刑事责任,依法决定立案的,应当书面通知移送案件的行政执法机关;认为没有犯罪事实,或者犯罪事实显著轻微,不需要追究刑事责任,依法不予立案的,应当说明理由,并将不予立案通知书送达移送案件的行政执法机关,相应退回案件材料。

公安机关认为行政执法机关移送的案件材料不全的,应当在接受案件后二十四小时以内通知移送案件的行政执法机关在三日以内补正,但不得以材料不全为由不接受移送案件。

公安机关认为行政执法机关移送的案件不属于公安机关职责范围的,应当书面通知移送案件的行政执法机关向其他主管机关移送案件,并说明理由。

第一百八十一条 移送案件的行政执法机关对不予立案决定不服的,可以在收到不予立案通知书后三日以内向作出决定的公安机关申请复议;公安机关应当在收到行政执法机关的复议申请后三日以内作出决定,并书面通知移送案件的行政执法机关。

第一百八十二条 对人民检察院要求说明不立案理由的案件,公安机关应当在收到通知书后七日以内,对不立案的情况、依据和理由作出书面说明,回复人民检察院。公安机关作出立案决定的,应当将立案决定书复印件送达人民检察院。

人民检察院通知公安机关立案的,公安机关应当在收到通知书后十五日以内立案,并将立案决定书复印件送达人民检察院。

第一百八十三条 人民检察院认为公安机关不应当立案而立案,提出纠正意见的,公安机关应当进行调查核实,并将有关情况回复人民检察院。

第一百八十四条 经立案侦查,认为有犯罪事实需要追究刑事责任,但不属于自己管辖或者需要由其他公安机关并案侦查的案件,经县级以上公安机关负责人批准,制作移送案件通知书,移送有管辖权的机关或者并案侦查的公安机关,并在移送案件后三日以内书面通知扭送人、报案人、控告人、举报人或者移送案件的行政执法机关;犯罪嫌疑人已经到案的,应当依照本规定的有关规定通知其家属。

第一百八十五条 案件变更管辖或者移送其他公安机关并案侦查时,与案件有关的法律文书、证据、财物及其孳息等应当随案移交。

移交时,由接收人、移交人当面查点清楚,并在交接单据上共同签名。

《海警机构办理刑事案件程序规定》(中国海警局令第1号,自2023年6月15日起施行)

第七章 受案、立案、撤案
第一节 受案

第一百六十八条 对接受的案件,或者发现的犯罪线索,海警机构应当迅速进行审查。发现案件事实或者线索不明的,必要时,经办案部门以上负责人批准,可以进行调查核实。

调查核实过程中,海警机构可以依照有关法律和规定采取询问、查询、勘验、鉴定和调取证据材料等不限制被调查对象人身、财产权利的措施。不得对被调查对象采取强制措施,不得查封、扣押、冻结被调查对象的财产,不得采取技术侦查措施。

第一百六十九条 经过审查,认为有犯罪事实,但不属于自己管辖的案件,应当经海警机构负责人批准,制作移送案件通知书,在二十四小时以内移送主管机关处理,并通知扭送人、报案人、控告人、举报人。对于不属于自己管辖而又必须采取紧急措施的,应当先采取紧急措施,然后办理手续,移送主管机关。

对不属于海警机构职责范围的事项,在接报案时能够当场判断的,应当立即口头告知扭送人、报案人、控告人、举报人向其他主管机关报案。

对于重复报案、案件正在办理或者已经办结的,应当向扭送人、报案人、控告人、举报人作出解释,不再登记,但有新的事实或者证据的除外。

第一百七十一条 经过审查,对于不够刑事处罚需要给予行政处理的,海警机构依法予以处理或者移送有关部门。

第二节 立 案

第一百七十二条 对于接受的案件,或者发现的案件线索,海警机构经过审查,认为有犯罪事实,需要追究刑事责任,且属于自己管辖的,应当经海警机构负责人批准,制作立案决定书,予以立案;认为没有犯罪事实,或者犯罪事实显著轻微,不需要追究刑事责任,或者具有其他依法不追究刑事责任情形的,经海警机构负责人批准,不予立案。

对有控告人的案件,决定不予立案的,海警机构应当制作不予立案通知书,并在三日以内送达控告人。

决定不予立案后又发现新的事实或者证据,或者发现原认定事实错误,需要追究刑事责任的,应当及时立案处理。

第一百七十三条 控告人对不予立案决定不服的,可以在收到不予立案通知书后七日以内向作出决定的海警机构申请复议;海警机构应当在收到复议申请后三十日以内作出决定,并将决定书送达控告人。

控告人对不予立案的复议决定不服的,可以在收到复议决定书后七日以内向上一级海警机构申请复核;上一级海警机构应当在收到复核申请后三十日以内作出决定。对上级海警机构撤销不予立案决定的,下级海警机构应当执行。

案情重大、复杂的,海警机构可以延长复议、复核时限,但是延长时限不得超过三十日,并书面告知申请人。

第一百七十四条 对于行政执法机关移送的案件,海警机构应当自接受案件之日起三日以内进行审查,认为有犯罪事实,需要追究刑事责任,依法决定立案的,应当书面通知移送案件的行政执法机关;认为属于海警机构职责范围但不属于本机构管辖的,应当移送有关海警机构,并书面通知移送案件的行政执法机关;认为没有犯罪事实,或者犯罪事实显著轻微,不需要追究刑事责任,依法不予立案的,应当说明理由,并将不予立案通知书送达移送案件的行政执法机关,相应退回案件材料。

海警机构认为行政执法机关移送的案件材料不全的,应当在接受案件后二十四小时以内通知移送案件的行政执法机关在三日以内补正,但不得以材料不全为由不接受移送案件。

海警机构认为行政执法机关移送的案件不属于海警机构职责范围的,应当书面通知移送案件的行政执法机关向其他主管机关移送案件,并说明理由。

第一百七十五条 移送案件的行政执法机关对不予立案决定不服的,可以在收到不予立案通知书后三日以内向作出决定的海警机构申请复议;海警机构应当在收到行政执法机关的复议申请后三日以内作出决定,并书面通知移送案件的行政执法机关。

第一百七十六条 人民检察院要求海警机构说明不立案理由的案件,海警机构应当在收到通知书后七日以内,对不立案的情况、依据和理由作出书面说明,回复人民检察院。海警机构作出立案决定的,应当将立案决定书复印件送达人民检察院。

人民检察院通知海警机构立案的,海警机构应当在收到立案通知书后十五日以内立案,并将立案决定书复印件送达人民检察院。

第一百七十七条 人民检察院认为海警机构不应当立案而立案,提出纠正意见的,海警机构应当进行调查核实,并将有关情况回复人民检察院。

第一百七十八条 经立案侦查,认为有犯罪事实需要追究刑事责任,但不属于自己管辖或者需要由其他海警机构并案侦查的案件,经海警机构负责人批准,制作移送案件通知书,移送有管辖权的机关或者并案侦查的海警机构,并在移送案件后三日以内书面通知扭送人、报案人、控告人、举报人或者移送案件的行政执法机关;犯罪嫌疑人已经到案的,应当依照本规定的有关规定通知其家属。

第一百七十九条 案件变更管辖或者移送其他海警机构并案侦查时,与案件有关的法律文书、证据、财物及其孳息等应当随案移交。

移交时,由接收人、移交人当面查点清楚,并在交接单据上共同签名。

其他规范

《公安部关于刑事案件如实立案的通知》(公通字〔2000〕40号)

各省、自治区、直辖市公安厅、局,新疆生产建设兵团公安局:

为了进一步加强对刑事案件受理、立案、统计工作的社会监督和内部监督,切实做好公安机关对刑事案件如实立案工作,保障立案数据的真实性和准确性,根据《刑事诉讼法》、《统计法》和中央办公厅、国务院办公厅《关于坚决反对和制止在统计上弄虚作假的通知》的有关精神,现就公安机关关于刑事案件如实立案问题作出如下通知:

一、各地公安机关的刑警队、派出所、110报警服务台等部门对于公民扭送、报案、控告、举报或者犯罪嫌疑人自首的,都应当立即给予认真的接待,无条件接受,如实登记。

二、接受案件的民警应当向扭送人、报案人、控告人、举报人(以下统称报案人)问明案件的有关情况,制作询问笔录,同时填写《接受案件回执单》(式样附后)一式四份,一份由受案单位存档,一份报主管部门(由县、市级公安机关根据本地实际情况明确主管部门),一份交给案件主办部门,一份交报案人收执。回执中必须填明受案单位名称、受案民警姓名以及相关电话号码,以便报案人了解立案情况,监督受案单位的工作进展情况。

《接受案件回执单》由地、市公安机关按公安部制定的样式统一印制、统一编号;由县、市公安机关回执主管部门集中管理,统一发放各受案单位。报案人及其家属凭《接受案件回执单》,可以通过电话或直接到接受案件的公安机关查询该案是否立案或者是否已移送审查起诉的情况。受案单位与办案单位不一致时,受案单位应把办案单位的地址、电话告知报案人,以便报案人查询。接受查询的民警在不泄露国家秘密和侦查秘密以及不妨碍侦查工作正常进行的前提下,要如实、耐心地予以答复。

三、对不够立案标准而不予立案的,有控告人的案件,主办案件的单位,应当依法通知控告人,并告知其如不服,可以申请复议;有其他报案人的案件,应告知报案人,并做好解释说明工作。各级办案部门还可将立案情况采用公告栏形式向社会公布,有条件的地方可将信息输入微机,实行电脑管理,并向社会公布查询电话号码,及时接受报案人的查询。

四、对不够立案标准的,也要及时开展调查,并将调查处理结果告知当事人。盗窃、个人诈骗和抢夺公私财物的案件的立案标准仍按《公安部关于修改盗窃案件统计办法的通知》(公发(1992)12号)中规定的标准执行。各地不得擅自提高立案标准。

五、各受案单位应按时上报客观真实的受案、立案数据,统计部门要及时准确客观真实地向上级部门填报受案、立案数据。任何单位、个人均不得干涉、干扰如实立案和统计上报工作。

六、案件侦破后,破案的部门要对犯罪嫌疑人供认的案件逐一倒查,看是否有《接受案件登记表》、《接受案件回执单》(存根)、《立案报告表》等原始记录。并将倒查情况及时报告主管领导。

七、公安机关的纪检、监察、督察、法制以及主管领导要对基层立案情况进行明查暗访,特别是对那些破案率不正常和群众投诉较多的单位,要作为检查重点,及时发现和纠正立案及统计上报等环节存在的问题。

八、110报警服务台对群众反映公安机关刑警队、派出所等单位不立案的投诉,应认真登记并及时转交相关单位处理。

九、对破案倒查、立案抽查、群众投诉以及其他途径发现的立案、统计、上报不实、弄虚作假的单位和民警,各级公安机关要严肃处理有关领导和责任人员,并选择典型案例给予曝光。对不如实立案的单位和个人,不得参加各种评先创优活动;对不认真接受报案的民警要离岗培训。

《公安部关于公安机关办理醉酒驾驶机动车犯罪案件的指导意见》(公交管〔2011〕190号)**第八条**对办理醉驾案件从严掌握立案标准的有关问题作了规定。(→参见第五十二条所附"其他规范",第360页)

《公安机关办理刑事复议复核案件程序规定》(公安部令第133号,自2014年11月1日起施行,节录)

第六条 在办理刑事案件过程中,下列相关人员可以依法向作出决定的公安机关提出刑事复议申请:

(一)对驳回申请回避决定不服的,当事人及其法定代理人、诉讼代理人、辩护律师可以提出;

(二)对没收保证金决定不服的,被取保候审人或者其法定代理人可以提出;

(三)保证人对罚款决定不服的,其本人可以提出;

(四)对不予立案决定不服的,控告人可以提出;

(五)移送案件的行政机关对不予立案决定不服的,该行政机关可以提出。

第七条 刑事复议申请人对公安机关就本规定第六条第二至四项决定作出

的刑事复议决定不服的,可以向其上一级公安机关提出刑事复核申请。

第八条　申请刑事复议、复核应当在《公安机关办理刑事案件程序规定》规定的期限内提出,因不可抗力或者其他正当理由不能在法定期限内提出的,应当在障碍消除后五个工作日以内提交相应证明材料。经刑事复议、复核机构认定的,耽误的时间不计算在法定申请期限内。

前款规定中的"其他正当理由"包括:

(一)因严重疾病不能在法定申请期限内申请刑事复议、复核的;

(二)无行为能力人或者限制行为能力人的法定代理人在法定申请期限内不能确定的;

(三)法人或者其他组织合并、分立或者终止,承受其权利的法人或者其他组织在法定申请期限内不能确定的;

(四)刑事复议、复核机构认定的其他正当理由。

第九条　申请刑事复议,应当书面申请,但情况紧急或者申请人不便提出书面申请的,可以口头申请。

申请刑事复核,应当书面申请。

第十条　书面申请刑事复议、复核的,应当向刑事复议、复核机构提交刑事复议、复核申请书,载明下列内容:

(一)申请人及其代理人的姓名、性别、出生年月日、工作单位、住所、联系方式;法人或者其他组织的名称、地址、法定代表人或者主要负责人的姓名、职务、住所、联系方式;

(二)作出决定或者复议决定的公安机关名称;

(三)刑事复议、复核请求;

(四)申请刑事复议、复核的事实和理由;

(五)申请刑事复议、复核的日期。

刑事复议、复核申请书应当由申请人签名或者捺指印。

第十一条　申请人口头申请刑事复议的,刑事复议机构工作人员应当按照本规定第十条规定的事项,当场制作刑事复议申请记录,经申请人核对或者向申请人宣读并确认无误后,由申请人签名或者捺指印。

第十二条　申请刑事复议、复核时,申请人应当提交下列材料:

(一)原决定书、通知书的复印件;

(二)申请刑事复核的还应当提交复议决定书复印件;

(三)申请人的身份证明复印件;

(四)诉讼代理人提出申请的,还应当提供当事人的委托书;

（五）辩护律师提出申请的，还应当提供律师执业证书复印件、律师事务所证明和委托书或者法律援助公函等材料；

（六）申请人自行收集的相关事实、证据材料。

第十三条 刑事复议、复核机构开展下列工作时，办案人员不得少于二人：

（一）接受口头刑事复议申请的；

（二）向有关组织和人员调查情况的；

（三）听取申请人和相关人员意见的。

刑事复议机构参与审核原决定的人员，不得担任刑事复议案件的办案人员。

《最高人民法院、最高人民检察院、公安部关于办理信息网络犯罪案件适用刑事诉讼程序若干问题的意见》（法发〔2022〕23号）"三、关于信息网络犯罪案件的调查核实"（第十一条至第十三条）对信息网络犯罪案件调查核实的有关问题作了规定。（→参见第二编"立案、侦查和提起公诉"标题下所附"基本规范"，第786页）

第一百一十三条 【立案监督】人民检察院认为公安机关对应当立案侦查的案件而不立案侦查的，或者被害人认为公安机关对应当立案侦查的案件而不立案侦查，向人民检察院提出的，人民检察院应当要求公安机关说明不立案的理由。人民检察院认为公安机关不立案理由不能成立的，应当通知公安机关立案，公安机关接到通知后应当立案。

立法沿革

本条系1996年《刑事诉讼法修改决定》增加的规定，2012年、2018年修改《刑事诉讼法》时未作调整。

"六部委"规定

《最高人民法院、最高人民检察院、公安部、国家安全部、司法部、全国人大常委会法制工作委员会关于实施刑事诉讼法若干问题的规定》（自2013年1月1日起施行，节录）

五、立案

18.刑事诉讼法第一百一十一条①规定："人民检察院认为公安机关对应当

---

① 现行《刑事诉讼法》第一百一十三条。——本评注注

立案侦查的案件而不立案侦查的，或者被害人认为公安机关对应当立案侦查的案件而不立案侦查，向人民检察院提出的，人民检察院应当要求公安机关说明不立案的理由。人民检察院认为公安机关不立案理由不能成立的，应当通知公安机关立案，公安机关接到通知后应当立案。"根据上述规定，公安机关收到人民检察院要求说明不立案理由通知书后，应当在七日内将说明情况书面答复人民检察院。人民检察院认为公安机关不立案理由不能成立，发出通知立案书时，应当将有关证明应当立案的材料同时移送公安机关。公安机关收到通知立案书后，应当在十五日内决定立案，并将立案决定书送达人民检察院。

基本规范

《人民检察院刑事诉讼规则》（高检发释字〔2019〕4号，自2019年12月30日起施行）

第十三章　刑事诉讼法律监督

第二节　刑事立案监督

第五百五十七条　被害人及其法定代理人、近亲属或者行政执法机关，认为公安机关对其控告或者移送的案件应当立案侦查而不立案侦查，或者当事人认为公安机关不应当立案而立案，向人民检察院提出的，人民检察院应当受理并进行审查。

人民检察院发现公安机关可能存在应当立案侦查而不立案侦查情形的，应当依法进行审查。

人民检察院接到控告、举报或者发现行政执法机关不移送涉嫌犯罪案件的，经检察长批准，应当向行政执法机关提出检察意见，要求其按照管辖规定向公安机关移送涉嫌犯罪案件。

第五百五十八条　人民检察院负责控告申诉检察的部门受理对公安机关应当立案而不立案或者不应当立案而立案的控告、申诉，应当根据事实、法律进行审查。认为需要公安机关说明不立案或者立案理由的，应当及时将案件移送负责捕诉的部门办理；认为公安机关立案或者不立案决定正确的，应当制作相关法律文书，答复控告人、申诉人。

第五百五十九条　人民检察院经审查，认为需要公安机关说明不立案理由的，应当要求公安机关书面说明不立案的理由。

对于有证据证明公安机关可能存在违法动用刑事手段插手民事、经济纠纷，或者利用立案实施报复陷害、敲诈勒索以及谋取其他非法利益等违法立案情形，尚未提请批准逮捕或者移送起诉的，人民检察院应当要求公安机关书面说明立案理由。

第五百六十条 人民检察院要求公安机关说明不立案或者立案理由,应当书面通知公安机关,并且告知公安机关在收到通知后七日以内,书面说明不立案或者立案的情况、依据和理由,连同有关证据材料回复人民检察院。

第五百六十一条 公安机关说明不立案或者立案的理由后,人民检察院应当进行审查。认为公安机关不立案或者立案理由不能成立的,经检察长决定,应当通知公安机关立案或者撤销案件。

人民检察院认为公安机关不立案或者立案理由成立的,应当在十日以内将不立案或者立案的依据和理由告知被害人及其法定代理人、近亲属或者行政执法机关。

第五百六十二条 公安机关对当事人的报案、控告、举报或者行政执法机关移送的涉嫌犯罪案件受理后未在规定期限内作出是否立案决定,当事人或者行政执法机关向人民检察院提出的,人民检察院应当受理并进行审查。经审查,认为尚未超过规定期限的,应当移送公安机关处理,并答复报案人、控告人、举报人或者行政执法机关;认为超过规定期限的,应当要求公安机关在七日以内书面说明逾期不作出是否立案决定的理由,连同有关证据材料回复人民检察院。公安机关在七日以内不说明理由也不作出立案或者不立案决定的,人民检察院应当提出纠正意见。人民检察院经审查有关证据材料认为符合立案条件的,应当通知公安机关立案。

第五百六十三条 人民检察院通知公安机关立案或者撤销案件,应当制作通知立案书或者通知撤销案件书,说明依据和理由,连同证据材料送达公安机关,并且告知公安机关应当在收到通知立案书后十五日以内立案,对通知撤销案件书没有异议的应当立即撤销案件,并将立案决定书或者撤销案件决定书及时送达人民检察院。

第五百六十四条 人民检察院通知公安机关立案或者撤销案件的,应当依法对执行情况进行监督。

公安机关在收到通知立案书或者通知撤销案件书后超过十五日不予立案或者未要求复议、提请复核也不撤销案件的,人民检察院应当发出纠正违法通知书。公安机关仍不纠正的,报上一级人民检察院协商同级公安机关处理。

公安机关立案后三个月以内未侦查终结的,人民检察院可以向公安机关发出立案监督案件催办函,要求公安机关及时向人民检察院反馈侦查工作进展情况。

第五百六十五条 公安机关认为人民检察院撤销案件通知有错误,要求同级人民检察院复议的,人民检察院应当重新审查。在收到要求复议意见书和案卷材料后七日以内作出是否变更的决定,并通知公安机关。

公安机关不接受人民检察院复议决定,提请上一级人民检察院复核的,上级人民检察院应当在收到提请复核意见书和案卷材料后十五日以内作出是否变更的决定,通知下级人民检察院和公安机关执行。

上级人民检察院复核认为撤销案件通知有错误的,下级人民检察院应当立即纠正;上级人民检察院复核认为撤销案件通知正确的,应当作出复核决定并送达下级公安机关。

第五百六十六条 人民检察院负责捕诉的部门发现本院负责侦查的部门对应当立案侦查的案件不立案侦查或者对不应当立案侦查的案件立案侦查的,应当建议负责侦查的部门立案侦查或者撤销案件。建议不被采纳的,应当报请检察长决定。

其他规范

《最高人民检察院关于"人民检察院发出〈通知立案书〉时,应当将有关证明应该立案的材料移送公安机关"问题的批复》(高检发释字〔1998〕3号)

海南省人民检察院:

你院琼检发刑捕字〔1998〕1号《关于执行〈关于刑事诉讼法实施若干问题的规定〉有关问题的请示》收悉。经研究,批复如下:

人民检察院向公安机关发出《通知立案书》时,应当将有关证明应该立案的材料同时移送公安机关。以上"有关证明应该立案的材料"主要是指被害人的控告材料,或者是检察机关在审查举报、审查批捕、审查起诉过程中发现的材料。人民检察院在立案监督中,不得进行侦查。但可以对通知公安机关立案所依据的有关材料,进行必要的调查核实。

《最高人民检察院、公安部关于刑事立案监督有关问题的规定(试行)》(高检会〔2010〕5号,自2010年10月1日起试行)

为加强和规范刑事立案监督工作,保障刑事侦查权的正确行使,根据《中华人民共和国刑事诉讼法》等有关规定,结合工作实际,制定本规定。

第一条 刑事立案监督的任务是确保依法立案,防止和纠正有案不立和违法立案,依法、及时打击犯罪,保护公民的合法权利,保障国家法律的统一正确实施,维护社会和谐稳定。

第二条 刑事立案监督应当坚持监督与配合相统一,人民检察院法律监督与公安机关内部监督相结合,办案数量、质量、效率、效果相统一和有错必纠的原则。

第三条 公安机关对于接受的案件或者发现的犯罪线索,应当及时进行审查,依照法律和有关规定作出立案或者不予立案的决定。

公安机关与人民检察院应当建立刑事案件信息通报制度,定期相互通报刑事发案、报案、立案、破案和刑事立案监督、侦查活动监督、批捕、起诉等情况,重大案件随时通报。有条件的地方,应当建立刑事案件信息共享平台。

第四条 被害人及其法定代理人、近亲属或者行政执法机关,认为公安机关对其控告或者移送的案件应当立案侦查而不立案侦查,向人民检察院提出的,人民检察院应当受理并进行审查。

人民检察院发现公安机关可能存在应当立案侦查而不立案侦查情形的,应当依法进行审查。

第五条 人民检察院对于公安机关应当立案侦查而不立案侦查的线索进行审查后,应当根据不同情况分别作出处理:

(一)没有犯罪事实发生,或者犯罪情节显著轻微不需要追究刑事责任,或者具有其他依法不追究刑事责任情形的,及时答复投诉人或者行政执法机关;

(二)不属于被投诉的公安机关管辖的,应当将有管辖权的机关告知投诉人或者行政执法机关,并建议向该机关控告或者移送;

(三)公安机关尚未作出不予立案决定的,移送公安机关处理;

(四)有犯罪事实需要追究刑事责任,属于被投诉的公安机关管辖,且公安机关已作出不立案决定的,经检察长批准,应当要求公安机关书面说明不立案理由。

第六条 人民检察院对于不服公安机关立案决定的投诉,可以移送立案的公安机关处理。

人民检察院经审查,有证据证明公安机关可能存在违法动用刑事手段插手民事、经济纠纷,或者办案人员利用立案实施报复陷害、敲诈勒索以及谋取其他非法利益等违法立案情形,且已采取刑事拘留等强制措施或者搜查、扣押、冻结等强制性侦查措施,尚未提请批准逮捕或者移送审查起诉的,经检察长批准,应当要求公安机关书面说明立案理由。

第七条 人民检察院要求公安机关说明不立案或者立案理由,应当制作《要求说明不立案理由通知书》或者《要求说明立案理由通知书》,及时送达公安机关。

公安机关应当在收到《要求说明不立案理由通知书》或者《要求说明立案理由通知书》后七日以内作出书面说明,客观反映不立案或者立案的情况、依据和理由,连同有关证据材料复印件回复人民检察院。公安机关主动立案或者撤销案件的,应当将《立案决定书》或者《撤销案件决定书》复印件及时送达人民检察院。

第八条 人民检察院经调查核实,认为公安机关不立案或者立案理由不成立的,经检察长或者检察委员会决定,应当通知公安机关立案或者撤销案件。

人民检察院开展调查核实,可以询问办案人员和有关当事人,查阅、复印公安机关刑事受案、立案、破案等登记表册和立案、不立案、撤销案件、治安处罚、劳动教养等相关法律文书及案卷材料,公安机关应当配合。

第九条 人民检察院通知公安机关立案或者撤销案件的,应当制作《通知立案书》或者《通知撤销案件书》,说明依据和理由,连同证据材料移送公安机关。

公安机关应当在收到《通知立案书》后十五日以内决定立案,对《通知撤销案件书》没有异议的应当立即撤销案件,并将《立案决定书》或者《撤销案件决定书》复印件及时送达人民检察院。

第十条 公安机关认为人民检察院撤销案件通知有错误的,应当在五日以内经县级以上公安机关负责人批准,要求同级人民检察院复议。人民检察院应当重新审查,在收到《要求复议意见书》和案卷材料后七日以内作出是否变更的决定,并通知公安机关。

公安机关不接受人民检察院复议决定的,应当在五日以内经县级以上公安机关负责人批准,提请上一级人民检察院复核。上级人民检察院应当在收到《提请复核意见书》和案卷材料后十五日以内作出是否变更的决定,通知下级人民检察院和公安机关执行。

上级人民检察院复核认为撤销案件通知有错误的,下级人民检察院应当立即纠正;上级人民检察院复核认为撤销案件通知正确的,下级公安机关应当立即撤销案件,并将《撤销案件决定书》复印件及时送达同级人民检察院。

第十一条 公安机关对人民检察院监督立案的案件应当及时侦查。犯罪嫌疑人在逃的,应当加大追捕力度;符合逮捕条件的,应当及时提请人民检察院批准逮捕;侦查终结需要追究刑事责任的,应当及时移送人民检察院审查起诉。

监督立案后三个月未侦查终结的,人民检察院可以发出《立案监督案件催办函》,公安机关应当及时向人民检察院反馈侦查进展情况。

第十二条 人民检察院在立案监督过程中,发现侦查人员涉嫌徇私舞弊等违法违纪行为的,应当移交有关部门处理;涉嫌职务犯罪的,依法立案侦查。

第十三条 公安机关在提请批准逮捕、移送审查起诉时,应当将人民检察院刑事立案监督法律文书和相关材料随案移送。人民检察院在审查逮捕、审查起诉时,应当及时录入刑事立案监督信息。

第十四条 本规定自2010年10月1日起试行。

《**人民检察院受理控告申诉依法导入法律程序实施办法**》(高检发办字〔2014〕78号)第十七条、第二十条对立案监督的有关问题作了规定。(→参见第一百一十七条所附"其他规范",第870、871页)

《**安全生产行政执法与刑事司法衔接工作办法**》(应急管理部、公安部、最高人民法院、最高人民检察院,应急〔2019〕54号)第十四条至第十六条对立案监督的有关问题作了规定。(→参见第一百零九条所附"其他规范",第810页)

《**最高人民检察院关于推进行政执法与刑事司法衔接工作的规定**》(高检发释字〔2021〕4号)第四条至第七条对立案监督的有关问题作了规定。(→参见第一百零九条所附"其他规范",第816—817页)

《**最高人民法院、最高人民检察院、公安部、司法部关于进一步加强虚假诉讼犯罪惩治工作的意见**》(法发〔2021〕10号)第十三条对立案监督的有关问题作了规定。(→参见第一百零九条所附"其他规范",第814页)

《**最高人民法院、最高人民检察院、公安部、工业和信息化部、住房和城乡建设部、交通运输部、应急管理部、国家铁路局、中国民用航空局、国家邮政局关于依法惩治涉枪支、弹药、爆炸物、易燃易爆危险物品犯罪的意见**》(法发〔2021〕35号)第十八条对立案监督的有关问题作了规定。(→参见第一百零九条所附"其他规范",第819页)

指导性案例

许某某、包某某串通投标立案监督案(检例第90号)

关键词 串通拍卖 串通投标 竞拍国有资产 罪刑法定 监督撤案

要 旨 刑法规定了串通投标罪,但未规定串通拍卖行为构成犯罪。对于串通拍卖行为,不能以串通投标罪予以追诉。公安机关对串通竞拍国有资产行为以涉嫌串通投标罪刑事立案的,检察机关应当通过立案监督,依法通知公安机关撤销案件。

指导意义

(一)检察机关发现公安机关对串通拍卖行为以涉嫌串通投标罪刑事立案的,应当依法监督撤销案件。严格遵循罪刑法定原则,法律没有明文规定为犯罪行为的,不得予以追诉。拍卖与投标虽然都是竞争性的交易方式,形式上具有一定的相似性,但二者行为性质不同,分别受不同法律规范调整。刑法第二百二十三条规定,投标人相互串通投标报价,损害招标人或者其他投标人利益,情节严重的,或者投标人与招标人串通投标,损害国家、集体、公民的合法利益的,以串通投标罪追究刑事责任。刑法未规定串通拍卖行为构成犯罪,拍卖法亦未规定串通拍卖行为可以追究刑事责任。公安机关将串通拍卖行为类推为串通投标行为予以刑事立案的,检察机关应当通过立案监督,通知公安机关撤销案件。

（二）准确把握法律政策界限,依法保护企业合法权益和正常经济活动。坚持法治思维,贯彻"谦抑、审慎"理念,严格区分案件性质及应承担的责任类型。对企业的经济行为,法律政策界限不明,罪与非罪不清的,应充分考虑其行为动机和对于社会有无危害及其危害程度,加强研究分析,慎重妥善处理,不能轻易进行刑事追诉。对于民营企业参与国有资产处置过程中的串通拍卖行为,不应以串通投标罪论处。如果在串通拍卖过程中有其他犯罪行为或者一般违法违规行为的,依照刑法、拍卖法等法律法规追究相应责任。

温某某合同诈骗立案监督案（检例第91号）

关键词 合同诈骗 合同欺诈 不应当立案而立案 侦查环节"挂案"监督撤案

要 旨 检察机关办理涉企业合同诈骗犯罪案件,应当严格区分合同诈骗与民事违约行为的界限。要注意审查涉案企业在签订、履行合同过程中是否具有非法占有目的和虚构事实、隐瞒真相的行为,准确认定是否具有诈骗故意。发现公安机关对企业之间的合同纠纷以合同诈骗进行刑事立案的,应当依法监督撤销案件。对于立案后久侦不结的"挂案",检察机关应当向公安机关提出纠正意见。

指导意义

（一）检察机关对公安机关不应当立案而立案的,应当依法监督撤销案件。检察机关负有立案监督职责,有权监督纠正公安机关不应当立案而立案的行为。涉案企业认为公安机关对企业之间的合同纠纷以合同诈骗进行刑事立案,向检察机关提出监督申请的,检察机关应当受理并进行审查。认为需要公安机关说明立案理由的,应当书面通知公安机关。认为公安机关立案理由不能成立的,应当制作《通知撤销案件书》,通知公安机关撤销案件。

（二）严格区分合同诈骗与民事违约行为的界限。注意审查涉案企业在签订、履行合同过程中是否具有虚构事实、隐瞒真相的行为,是否有刑法第二百二十四条规定的五种情形之一。注重从合同项目真实性、标的物用途、有无实际履约行为、是否有逃匿和转移资产的行为、资金去向、违约原因等方面,综合认定是否具有诈骗的故意,避免片面关注行为结果而忽略主观上是否具有非法占有的目的。对于签订合同时具有部分履约能力,其后完善履约能力并积极履约的,不能以合同诈骗罪追究刑事责任。

(三)对于公安机关立案后久侦未结形成的"挂案",检察机关应当提出监督意见。由于立案标准、工作程序和认识分歧等原因,有些涉民营企业刑事案件逾期滞留在侦查环节,既未被撤销,又未被移送审查起诉,形成"挂案",导致民营企业及企业相关人员长期处于被追诉状态,严重影响企业的正常生产经营,破坏当地营商环境,也损害了司法机关的公信力。检察机关发现侦查环节"挂案"的,应当对公安机关的立案行为进行监督,同时也要对公安机关侦查过程中的违法行为依法提出纠正意见。

上海甲建筑装饰有限公司、吕某拒不执行判决立案监督案(检例第92号)

关键词 拒不执行判决 调查核实 应当立案而不立案 监督立案

要 旨 负有执行义务的单位和个人以更换企业名称、隐瞒到期收入等方式妨害执行,致使已经发生法律效力的判决、裁定无法执行,情节严重的,应当以拒不执行判决、裁定罪予以追诉。申请执行人认为公安机关对拒不执行判决、裁定的行为应当立案侦查而不立案侦查,向检察机关提出监督申请的,检察机关应当要求公安机关说明不立案的理由。经调查核实,认为公安机关不立案理由不能成立的,应当通知公安机关立案。对于通知立案的涉企业犯罪案件,应当依法适用认罪认罚从宽制度。

指导意义

(一)检察机关发现公安机关对拒不执行判决、裁定的行为应当立案侦查而不立案侦查的,应当依法监督公安机关立案。执行人民法院依法作出且已发生法律效力的判决、裁定,是被执行人的法定义务。负有执行义务的单位和个人有能力执行而故意以更改企业名称、隐瞒到期收入等方式,隐藏、转移财产,致使判决、裁定无法执行的,应当认定为刑法第三百一十三条规定的"有能力执行而拒不执行,情节严重"的情形,以拒不执行判决、裁定罪予以追诉。申请执行人认为公安机关对拒不执行判决、裁定的行为应当立案侦查而不立案侦查,向检察机关提出监督申请的,检察机关应当要求公安机关说明不立案的理由,认为公安机关不立案理由不能成立的,应当制作《通知立案书》,通知公安机关立案。

(二)检察机关进行立案监督,应当开展调查核实。检察机关受理立案监督申请后,应当根据事实、法律进行审查,并依法开展调查核实。对于拒不执行判决、裁定案件,检察机关可以调阅公安机关相关材料、人民法院执行卷宗和相关法律文书,询问公安机关办案人员、法院执行人员和有关当事人,并可以调取涉案企业、人员往来账目、合同、银行票据等书证,综合研判是否属于"有能力执行而拒不执行,情节严重"的情形。决定监督立案的,应当同时将调查收集的证据材料送达公安机关。

(三)办理涉企业犯罪案件,应当依法适用认罪认罚从宽制度。检察机关应当坚持惩治犯罪与保护市场主体合法权益、引导企业守法经营并重。对于拒不执行判决、裁定案件,应当积极促使涉案企业执行判决、裁定,向被害方履行赔偿义务、赔礼道歉。涉案企业及其直接负责的主管人员和其他直接责任人员自愿如实供述自己的罪行,承认指控的犯罪事实,愿意接受处罚的,对涉案企业和个人可以提出依法从宽处理的确定刑量刑建议。

丁某某、林某某等人假冒注册商标立案监督案(检例第93号)

关键词 制假售假 假冒注册商标 监督立案 关联案件管辖

要　旨 检察机关在办理售假犯罪案件时,应当注意审查发现制假犯罪事实,强化对人民群众切身利益和企业知识产权的保护力度。对于公安机关未立案侦查的制假犯罪与已立案侦查的售假犯罪不属于共同犯罪的,应当按照立案监督程序,监督公安机关立案侦查。对于跨地域实施的关联制售假犯罪,检察机关可以建议公安机关并案管辖。

指导意义

(一)检察机关审查批准逮捕售假犯罪嫌疑人时,发现公安机关对制假犯罪未立案侦查的,应当履行监督职责。制假售假犯罪严重损害国家和人民利益,危及广大人民群众的生命和财产安全,侵害企业的合法权益,破坏社会主义市场经济秩序,应当依法惩治。检察机关办理售假犯罪案件时,应当注意全面审查、追根溯源,防止遗漏对制假犯罪的打击。对于公安机关未立案侦查的制假犯罪与已立案侦查的售假犯罪不属于共同犯罪的,按照立案监督程序办理;属于共同犯罪的,按照纠正漏捕漏诉程序办理。

(二)加强对企业知识产权的保护,依法惩治侵犯商标专用权犯罪。保护知识产权就是保护创新,检察机关应当依法追诉破坏企业创新发展的侵犯商标专用权、专利权、著作权、商业秘密等知识产权犯罪,营造公平竞争、诚信有序的市场环境。对于实施刑法第二百一十三条规定的假冒注册商标行为,又销售该假冒注册商标的商品,构成犯罪的,以假冒注册商标罪予以追诉。如果同时构成刑法分则第三章第一节生产、销售伪劣商品罪各条规定之罪的,应当依照处罚较重的罪名予以追诉。

(三)对于跨地域实施的关联制售假案件,检察机关可以建议公安机关并案管辖。根据《最高人民法院、最高人民检察院、公安部、国家安全部、司法部、全国人大常委会法制工作委员会关于实施刑事诉讼法若干问题的规定》第三条第四项和《最高人民法院、最高人民检察院、公安部关于办理侵犯知识产权刑事案件适用法律若干问题的意见》第一条的规定,对于跨地域实施的关联制假售假犯罪,并案处理有利于查明案件事实、及时打击制假售假犯罪的,检察机关可以建议公安机关并案管辖。

黄某某等人重大责任事故、谎报安全事故案(检例第96号)

关键词 谎报安全事故罪 引导侦查取证 污染处置 化解社会矛盾

要 旨 检察机关要充分运用行政执法和刑事司法衔接工作机制,通过积极履职,加强对线索移送和立案的法律监督。认定谎报安全事故罪,要重点审查谎报行为与贻误事故抢救结果之间的因果关系。对同时构成重大责任事故罪和谎报安全事故罪的,应当数罪并罚。应注重督促涉事单位或有关部门及时赔偿被害人损失,有效化解社会矛盾。安全生产事故涉及生态环境污染等公益损害的,刑事检察部门要和公益诉讼检察部门加强协作配合,督促协同行政监管部门,统筹运用法律、行政、经济等手段严格落实企业主体责任,修复受损公益,防控安全风险。

指导意义

(一)准确认定谎报安全事故罪。一是本罪主体为特殊主体,是指对安全事故负有报告职责的人员,一般为发生安全事故的单位中负有组织、指挥或者管理职责的负责人、管理人员、实际控制人、投资人以及其他负有报告职责的人员,不包括没有法定或者职务要求报告义务的普通工人。二是认定本罪,应重点审查谎报事故的行为与贻误事故抢救结果之间是否存在刑法上的因果关系。只有谎报事故的行为造成贻误事故抢救的后果,即造成事故后果扩大或致使不能及时有效开展事故抢救,才可能构成本罪。如果事故已经完成抢救,或者没有抢救时机(危害结果不可能加重或扩大),则不构成本罪。构成重大责任事故罪,同时又构成谎报安全事故罪的,应当数罪并罚。

(二)健全完善行政执法与刑事司法衔接工作机制,提升法律监督实效。检察机关要认真贯彻落实国务院《行政执法机关移送涉嫌犯罪案件的规定》和中共中央办公厅、国务院办公厅转发的原国务院法制办等八部门《关于加强行政执法与刑事司法衔接工作的意见》以及应急管理部、公安部、最高人民法院、最高人民检察院联合制定的《安全生产行政执法与刑事司法衔接工作办法》,依照本地有关细化规定,加强相关执法司法信息交流、规范案件移送、加强法律监督。重大安全生产事故发生后,检察机关可通过查阅案件资料、参与案件会商等方式及时了解案情,从案件定性、证据收集、法律适用等方面提出意见建议,发现涉嫌犯罪的要及时建议相关行政执法部门向公安机关或者监察机关移送线索,着力解决安全生产事故有案不移、以罚代刑、有案不立等问题,形成查处和治理重大安全生产事故的合力。

(三)重视被害人权益保障,化解社会矛盾。一些重大安全生产事故影响范围广泛,被害人人数众多,人身损害和财产损失交织。检察机关办案中应高度重视维护被害人合法权益,注重听取被害人意见,全面掌握被害人诉求。要加强与相关职能部门的沟通配合,督促事故单位尽早赔偿被害人损失,及时回应社会关切,有效化解社会矛盾,确保实现办案政治效果、法律效果和社会效果相统一。

(四)安全生产事故涉及生态环境污染的,刑事检察部门要和公益诉讼检察部门加强协作配合,减少公共利益损害。化工等领域的安全生产事故,造成生态环境污染破坏的,刑事检察部门和公益诉讼检察部门要加强沟通,探索"一案双查",提高效率,及时通报情况、移送线索,需要进行公益损害鉴定的,及时引导公安机关在侦查过程中进行鉴定。要积极与行政机关磋商,协同追究事故企业刑事、民事、生态损害赔偿责任。推动建立健全刑事制裁、民事赔偿和生态补偿有机衔接的生态环境修复责任制度。依托办理安全生产领域刑事案件,同步办好所涉及的生态环境和资源保护等领域公益诉讼案件,积极稳妥推进安全生产等新领域公益诉讼检察工作。

广州卡门实业有限公司涉嫌销售假冒注册商标的商品立案监督案(检例第99号)

关键词 在先使用 听证 监督撤案 民营企业保护

要 旨 在办理注册商标类犯罪的立案监督案件时,对符合商标法规定的正当合理使用情形而未侵犯注册商标专用权的,应依法监督公安机关撤销案件,以保护涉案企业合法权益。必要时可组织听证,增强办案透明度和监督公信力。

指导意义

(一)检察机关办理侵犯知识产权犯罪案件,应注意审查是否存在法定的正当合理使用情形

办理侵犯知识产权犯罪案件,检察机关在依法惩治侵犯知识产权犯罪的同时,还应注意保护权利人的正当权益免遭损害。其中一个重要方面是应注意审查是否存在不构成知识产权侵权的法定情形。如《商标法》第五十九条规定的商标描述性使用、在先使用,《著作权法》第二十四条规定的合理使用,第二十

五条、第三十五条第二款、第四十二条第二款、第四十六条第二款规定的法定许可,《专利法》第六十七条规定的现有技术、第七十五条规定的专利先用权等正当合理使用的情形,防止不当启动刑事追诉。对于当事人提出的立案监督申请,检察机关经过审查和调查核实,认定有在先使用等正当合理使用情形,侵权事由不成立的,应依法通知公安机关撤销案件。

(二)正确把握商标在先使用的抗辩事由

商标注册人申请商标注册前,他人已经在同一种商品或者类似商品上先于商标注册人使用与注册商标相同或者近似并有一定影响的商标的,注册商标专用权人无权禁止该使用人在原使用范围内继续使用该商标,注册商标所有人仅可以要求其附加适当区别标识。判断是否存在在先使用抗辩事由,需重点审查以下方面:一是在先使用人是否在商标注册人申请注册前先于商标注册人使用该商标。二是在先使用商标是否已产生一定影响。三是在先商标使用人主观上是否善意。只有在全面审查案件证据事实的基础上综合判断商标使用的情况,才能确保立案监督依据充分、意见正确,才能说服参与诉讼的各方接受监督结果,做到案结事了。

(三)开展立案监督工作必要时可组织听证,增强办案透明度和监督公信力

听证是检察机关贯彻以人民为中心,充分尊重和保障当事人的知情权、参与权、监督权,健全完善涉检矛盾纠纷排查化解机制的有效举措。检察机关组织听证应当提前通知各方做好听证准备,整理好争议点,选取合适的听证员。听证中应围绕涉案当事人对刑事立案所持异议的理由和依据、公安机关立案的证据和理由、行政执法部门及听证员的意见展开,重点就侵权抗辩事由是否成立、是否具有犯罪的主观故意等焦点问题进行询问,全面审查在案证据,以准确认定公安机关立案的理由是否成立。通过听证开展立案监督工作,有助于解决在事实认定、法律适用问题上的分歧,化解矛盾纠纷,既推动规范执法,又增强检察监督公信力。

第一百一十四条 【自诉案件的起诉与受理】对于自诉案件,被害人有权向人民法院直接起诉。被害人死亡或者丧失行为能力的,被害人的法定代理人、近亲属有权向人民法院起诉。人民法院应当依法受理。

◆ 立法沿革

本条系 1996 年《刑事诉讼法修改决定》增加的规定,2012 年、2018 年修改

《刑事诉讼法》时未作调整。

■ 基本规范

《公安机关办理刑事案件程序规定》(公安部令第 159 号修正,修正后自 2020 年 9 月 1 日起施行)

第七章 立案、撤案

第一节 受 案

第一百七十六条 经过审查,对告诉才处理的案件,公安机关应当告知当事人向人民法院起诉。

对被害人有证据证明的轻微刑事案件,公安机关应当告知被害人可以向人民法院起诉;被害人要求公安机关处理的,公安机关应当依法受理。

人民法院审理自诉案件,依法调取公安机关已经收集的案件材料和有关证据的,公安机关应当及时移交。

《海警机构办理刑事案件程序规定》(中国海警局令第 1 号,自 2023 年 6 月 15 日起施行)

第七章 受案、立案、撤案

第一节 受 案

第一百七十条 经过审查,对告诉才处理的案件,海警机构应当告知当事人向人民法院起诉。

对被害人有证据证明的轻微刑事案件,海警机构应当告知被害人可以向人民法院起诉;被害人要求海警机构处理的,海警机构应当依法受理。

人民法院审理自诉案件,依法调取海警机构已经收集的案件材料和有关证据的,海警机构应当及时移交。

相关规范集成·监察调查立案

■ 相关规定

《中华人民共和国监察法》(自 2018 年 3 月 20 日起施行)

第三十四条第一款 人民法院、人民检察院、公安机关、审计机关等国家机关在工作中发现公职人员涉嫌贪污贿赂、失职渎职等职务违法或者职务犯罪的问题线索,应当移送监察机关,由监察机关依法调查处置。

第三十五条 监察机关对于报案或者举报,应当接受并按照有关规定处理。

对于不属于本机关管辖的,应当移送主管机关处理。

第三十七条　监察机关对监察对象的问题线索,应当按照有关规定提出处置意见,履行审批手续,进行分类办理。线索处置情况应当定期汇总、通报,定期检查、抽查。

第三十八条　需要采取初步核实方式处置问题线索的,监察机关应当依法履行审批程序,成立核查组。初步核实工作结束后,核查组应当撰写初步核实情况报告,提出处理建议。承办部门应当提出分类处理意见。初步核实情况报告和分类处理意见报监察机关主要负责人审批。

第三十九条　经过初步核实,对监察对象涉嫌职务违法犯罪,需要追究法律责任的,监察机关应当按照规定的权限和程序办理立案手续。

监察机关主要负责人依法批准立案后,应当主持召开专题会议,研究确定调查方案,决定需要采取的调查措施。

立案调查决定应当向被调查人宣布,并通报相关组织。涉嫌严重职务违法或者职务犯罪的,应当通知被调查人家属,并向社会公开发布。

《中华人民共和国监察法实施条例》(自 2021 年 9 月 20 日起施行)

第二章　监察机关及其职责

第三节　监察调查

第三十二条　监察机关发现依法由其他机关管辖的违法犯罪线索,应当及时移送有管辖权的机关。

监察机关调查结束后,对于应当给予被调查人或者涉案人员行政处罚等其他处理的,依法移送有关机关。

第五章　监察程序

第一节　线索处置

第一百六十八条　监察机关应当对问题线索归口受理、集中管理、分类处置、定期清理。

第一百六十九条　监察机关对于报案或者举报应当依法接受。属于本级监察机关管辖的,依法予以受理;属于其他监察机关管辖的,应当在五个工作日以内予以转送。

监察机关可以向下级监察机关发函交办检举控告,并进行督办,下级监察机关应当按期回复办理结果。

第一百七十条　对于涉嫌职务违法或者职务犯罪的公职人员主动投案的,应当依法接待和办理。

第一百七十一条　监察机关对于执法机关、司法机关等其他机关移送的问

题线索,应当及时审核,并按照下列方式办理:

(一)本单位有管辖权的,及时研究提出处置意见;

(二)本单位没有管辖权但其他监察机关有管辖权的,在五个工作日以内转送有管辖权的监察机关;

(三)本单位对部分问题线索有管辖权的,对有管辖权的部分提出处置意见,并及时将其他问题线索转送有管辖权的机关;

(四)监察机关没有管辖权的,及时退回移送机关。

第一百七十二条 信访举报部门归口受理本机关管辖监察对象涉嫌职务违法和职务犯罪问题的检举控告,统一接收有关监察机关以及其他单位移送的相关检举控告,移交本机关监督检查部门或者相关部门,并将移交情况通报案件监督管理部门。

案件监督管理部门统一接收巡视巡察机构和审计机关、执法机关、司法机关等其他机关移送的职务违法和职务犯罪问题线索,按程序移交本机关监督检查部门或者相关部门办理。

监督检查部门、调查部门在工作中发现的相关问题线索,属于本部门受理范围的,应当报送案件监督管理部门备案;属于本机关其他部门受理范围的,经审批后移交案件监督管理部门分办。

第一百七十三条 案件监督管理部门应当对问题线索实行集中管理、动态更新,定期汇总、核对问题线索及处置情况,向监察机关主要负责人报告,并向相关部门通报。

问题线索承办部门应当指定专人负责管理线索,逐件编号登记、建立管理台账。线索管理处置各环节应当由经手人员签名,全程登记备查,及时与案件监督管理部门核对。

第一百七十四条 监督检查部门应当结合问题线索所涉及地区、部门、单位总体情况进行综合分析,提出处置意见并制定处置方案,经审批按照谈话、函询、初步核实、暂存待查、予以了结等方式进行处置,或者按照职责移送调查部门处置。

函询应当以监察机关办公厅(室)名义发函给被反映人,并抄送其所在单位和派驻监察机构主要负责人。被函询人应当在收到函件后十五个工作日以内写出说明材料,由其所在单位主要负责人签署意见后发函回复。被函询人为所在单位主要负责人的,或者被函询人所作说明涉及所在单位主要负责人的,应当直接发函回复监察机关。

被函询人已经退休的,按照第二款规定程序办理。

监察机关根据工作需要,经审批可以对谈话、函询情况进行核实。

第一百七十五条 检举控告人使用本人真实姓名或者本单位名称,有电话等具体联系方式的,属于实名检举控告。监察机关对实名检举控告应当优先办理、优先处置,依法给予答复。虽有署名但不是检举控告人真实姓名(单位名称)或者无法验证的检举控告,按照匿名检举控告处理。

信访举报部门对属于本机关受理的实名检举控告,应当在收到检举控告之日起十五个工作日以内按规定告知实名检举控告人受理情况,并做好记录。

调查人员应当将实名检举控告的处理结果在办结之日起十五个工作日以内向检举控告人反馈,并记录反馈情况。对检举控告人提出异议的应当如实记录,并向其进行说明;对提供新证据材料的,应当依法核查处理。

第二节 初步核实

第一百七十六条 监察机关对具有可查性的职务违法和职务犯罪问题线索,应当按规定报批后,依法开展初步核实工作。

第一百七十七条 采取初步核实方式处置问题线索,应当确定初步核实对象,制定工作方案,明确需要核实的问题和采取的措施,成立核查组。

在初步核实中应当注重收集客观性证据,确保真实性和准确性。

第一百七十八条 在初步核实中发现或者受理被核查人新的具有可查性的问题线索的,应当经审批纳入原初核方案开展核查。

第一百七十九条 核查组在初步核实工作结束后应当撰写初步核实情况报告,列明被核查人基本情况、反映的主要问题、办理依据、初步核实结果、存在疑点、处理建议,由全体人员签名。

承办部门应当综合分析初步核实情况,按照拟立案调查、予以了结、谈话提醒、暂存待查,或者移送有关部门、机关处理等方式提出处置建议,按照批准初步核实的程序报批。

第三节 立案

第一百八十条 监察机关经过初步核实,对于已经掌握监察对象涉嫌职务违法或者职务犯罪的部分事实和证据,认为需要追究其法律责任的,应当按规定报批后,依法立案调查。

第一百八十一条 监察机关立案调查职务违法或者职务犯罪案件,需要对涉嫌行贿犯罪、介绍贿赂犯罪或者共同职务犯罪的涉案人员立案调查的,应当一并办理立案手续。需要交由下级监察机关立案的,经审批交由下级监察机关办理立案手续。

对单位涉嫌受贿、行贿等职务犯罪,需要追究法律责任的,依法对该单位办理立案调查手续。对事故(事件)中存在职务违法或者职务犯罪问题,需要追究法律责任,但相关责任人员尚不明确的,可以以事立案。对单位立案或者以事立案后,经调查确定相关责任人员的,按照管理权限报批确定被调查人。

监察机关根据人民法院生效刑事判决、裁定和人民检察院不起诉决定认定的事实,需要对监察对象给予政务处分的,可以由相关监督检查部门依据司法机关的生效判决、裁定、决定及其认定的事实、性质和情节,提出给予政务处分的意见,按程序移送审理。对依法被追究行政法律责任的监察对象,需要给予政务处分的,应当依法办理立案手续。

第一百八十二条 对案情简单、经过初步核实已查清主要职务违法事实,应当追究监察对象法律责任,不再需要开展调查的,立案和移送审理可以一并报批,履行立案程序后再移送审理。

第一百八十三条 上级监察机关需要指定下级监察机关立案调查的,应当按规定报批,向被指定管辖的监察机关出具《指定管辖决定书》,由其办理立案手续。

第一百八十四条 批准立案后,应当由二名以上调查人员出示证件,向被调查人宣布立案决定。宣布立案决定后,应当及时向被调查人所在单位等相关组织送达《立案通知书》,并向被调查人所在单位主要负责人通报。

对涉嫌严重职务违法或者职务犯罪的公职人员立案调查并采取留置措施的,应当按规定通知被调查人家属,并向社会公开发布。

第七节 移送审查起诉

第二百二十八条 人民检察院在审查起诉过程中发现新的职务违法或者职务犯罪问题线索并移送监察机关的,监察机关应当依法处置。

第二章
侦 查

▎其他规范

《最高人民检察院关于切实履行检察职能防止和纠正冤假错案的若干意见》(高检发〔2013〕11号)"二、严格规范职务犯罪案件办案程序"(第三条至第七条)对检察机关办理职务犯罪案件侦查环节的有关问题作了规定。(→参见第一编"总则"第六章"侦查"标题下所附"其他规范",第500页)

《国家药品监督管理局、国家市场监督管理总局、公安部、最高人民法院、最高人民检察院关于印发药品行政执法与刑事司法衔接工作办法的通知》(国药监法〔2022〕41号)第三章"**涉案物品检验、认定与移送**"对涉案物品检验、认定、移送等问题作了规定。(→参见第二编"立案、侦查和提起公诉"第一章"立案"标题下所附"其他规范",第824页)

《公安机关反有组织犯罪工作规定》(公安部令第165号,自2022年10月1日起施行,具体条文未收录)

第一节 一般规定

第一百一十五条 【侦查】公安机关对已经立案的刑事案件,应当进行侦查,收集、调取犯罪嫌疑人有罪或者无罪、罪轻或者罪重的证据材料。对现行犯或者重大嫌疑分子可以依法先行拘留,对符合逮捕条件的犯罪嫌疑人,应当依法逮捕。

▎立法沿革

本条系1996年《刑事诉讼法修改决定》增加的规定,2012年、2018年修改《刑事诉讼法》时未作调整。

基本规范

《公安机关办理刑事案件程序规定》（公安部令第 159 号修正，修正后自 2020 年 9 月 1 日起施行）

第八章　侦查
第一节　一般规定
第一百九十一条　公安机关对已经立案的刑事案件，应当及时进行侦查，全面、客观地收集、调取犯罪嫌疑人有罪或者无罪、罪轻或者罪重的证据材料。

第一百九十三条　公安机关侦查犯罪，应当严格依照法律规定的条件和程序采取强制措施和侦查措施，严禁在没有证据的情况下，仅凭怀疑就对犯罪嫌疑人采取强制措施和侦查措施。

第一百九十四条　公安机关开展勘验、检查、搜查、辨认、查封、扣押等侦查活动，应当邀请有关公民作为见证人。

下列人员不得担任侦查活动的见证人：

（一）生理上、精神上有缺陷或者年幼，不具有相应辨别能力或者不能正确表达的人；

（二）与案件有利害关系，可能影响案件公正处理的人；

（三）公安机关的工作人员或者其聘用的人员。

确因客观原因无法由符合条件的人员担任见证人的，应当对有关侦查活动进行全程录音录像，并在笔录中注明有关情况。

第一百九十五条　公安机关侦查犯罪，涉及国家秘密、商业秘密、个人隐私的，应当保密。

《海警机构办理刑事案件程序规定》（中国海警局令第 1 号，自 2023 年 6 月 15 日起施行）

第八章　侦　查
第一节　一般规定
第一百八十五条　海警机构对已经立案的刑事案件，应当及时进行侦查，全面、客观地收集、调取犯罪嫌疑人有罪或者无罪、罪轻或者罪重的证据材料。

第一百八十七条　海警机构侦查犯罪，应当严格依照法律规定的条件和程序采取强制措施和侦查措施，严禁在没有证据的情况下，仅凭怀疑就对犯罪嫌疑人采取强制措施和侦查措施。

第一百八十八条　海警机构开展勘验、检查、搜查、辨认、查封、扣押等侦查活动，应当邀请有关公民作为见证人。

下列人员不得担任见证人：

（一）生理上、精神上有缺陷或者年幼，不具有相应辨别能力或者不能正确表达的人；

（二）与案件有利害关系，可能影响案件公正处理的人；

（三）海警机构的工作人员或者其聘用的人员。

确因客观原因无法由符合条件的人员担任见证人的，应当对有关侦查活动进行全程录音录像，并在笔录中注明有关情况。

第一百八十九条　海警机构侦查犯罪，涉及国家秘密、商业秘密、个人隐私的，应当保密。

第一百一十六条　【预审】公安机关经过侦查，对有证据证明有犯罪事实的案件，应当进行预审，对收集、调取的证据材料予以核实。

立法沿革

本条系1996年《刑事诉讼法修改决定》增加的规定，2012年、2018年修改《刑事诉讼法》时未作调整。

基本规范

《公安机关办理刑事案件程序规定》（公安部令第159号修正，修正后自2020年9月1日起施行）

第八章　侦　查

第一节　一般规定

第一百九十二条　公安机关经过侦查，对有证据证明有犯罪事实的案件，应当进行预审，对收集、调取的证据材料的真实性、合法性、关联性及证明力予以审查、核实。

《海警机构办理刑事案件程序规定》（中国海警局令第1号，自2023年6月15日起施行）

第八章　侦　查

第一节　一般规定

第一百八十六条　海警机构经过侦查，对有证据证明有犯罪事实的案件，应当进行预审，对收集、调取的证据材料的真实性、合法性、关联性及证明力予以审查、核实。

第一百一十七条 【对违法侦查的申诉、控告与处理】当事人和辩护人、诉讼代理人、利害关系人对于司法机关及其工作人员有下列行为之一的,有权向该机关申诉或者控告:

(一)采取强制措施法定期限届满,不予以释放、解除或者变更的;

(二)应当退还取保候审保证金不退还的;

(三)对与案件无关的财物采取查封、扣押、冻结措施的;

(四)应当解除查封、扣押、冻结不解除的;

(五)贪污、挪用、私分、调换、违反规定使用查封、扣押、冻结的财物的。

受理申诉或者控告的机关应当及时处理。对处理不服的,可以向同级人民检察院申诉;人民检察院直接受理的案件,可以向上一级人民检察院申诉。人民检察院对申诉应当及时进行审查,情况属实的,通知有关机关予以纠正。

立法沿革

本条系 2012 年《刑事诉讼法修改决定》增加的规定,2018 年修改《刑事诉讼法》时未作调整。

相关规定

《中华人民共和国反有组织犯罪法》(自 2022 年 5 月 1 日起施行,节录)

第四十九条 利害关系人对查封、扣押、冻结、处置涉案财物提出异议的,公安机关、人民检察院、人民法院应当及时予以核实,听取其意见,依法作出处理。

公安机关、人民检察院、人民法院对涉案财物作出处理后,利害关系人对处理不服的,可以提出申诉或者控告。

基本规范

《人民检察院刑事诉讼规则》(高检发释字〔2019〕4 号,自 2019 年 12 月 30 日起施行)

第十三章 刑事诉讼法律监督

第一节 一般规定

第五百五十五条 当事人和辩护人、诉讼代理人、利害关系人对于办案机关及其工作人员有刑事诉讼法第一百一十七条规定的行为,向该机关申诉或者控告,对该机关作出的处理不服或者该机关未在规定时间内作出答复,而向人民检察院申诉的,办案机关的同级人民检察院应当受理。

人民检察院直接受理侦查的案件,当事人和辩护人、诉讼代理人、利害关系人对办理案件的人民检察院的处理不服的,可以向上一级人民检察院申诉,上一级人民检察院应当受理。

未向办案机关申诉或者控告,或者办案机关在规定时间内尚未作出处理决定,直接向人民检察院申诉的,人民检察院应当告知其向办案机关申诉或者控告。人民检察院在审查逮捕、审查起诉中发现有刑事诉讼法第一百一十七规定的违法情形的,可以直接监督纠正。

当事人和辩护人、诉讼代理人、利害关系人对刑事诉讼法第一百一十七条规定情形之外的违法行为提出申诉或者控告的,人民检察院应当受理,并及时审查,依法处理。

第五百五十六条 对人民检察院及其工作人员办理案件中违法行为的申诉、控告,由负责控告申诉检察的部门受理和审查办理。对其他司法机关处理决定不服向人民检察院提出的申诉,由负责控告申诉检察的部门受理后,移送相关办案部门审查办理。

审查办理的部门应当在受理之日起十五日以内提出审查意见。人民检察院对刑事诉讼法第一百一十七条的申诉,经审查认为需要其他司法机关说明理由的,应当要求有关机关说明理由,并在收到理由说明后十五日以内提出审查意见。

人民检察院及其工作人员办理案件中存在的违法情形属实的,应当予以纠正;不存在违法行为的,书面答复申诉人、控告人。

其他司法机关对申诉、控告的处理不正确的,人民检察院应当通知有关机关予以纠正;处理正确的,书面答复申诉人、控告人。

《公安机关办理刑事案件程序规定》(公安部令第159号修正,修正后自2020年9月1日起施行)

第八章 侦 查

第一节 一般规定

第一百九十六条 当事人和辩护人、诉讼代理人、利害关系人对于公安机关及其侦查人员有下列行为之一的,有权向该机关申诉或者控告:

(一)采取强制措施法定期限届满,不予以释放、解除或者变更的;

(二)应当退还取保候审保证金不退还的;

(三)对与案件无关的财物采取查封、扣押、冻结措施的;

(四)应当解除查封、扣押、冻结不解除的;

(五)贪污、挪用、私分、调换、违反规定使用查封、扣押、冻结的财物的。

受理申诉或者控告的公安机关应当及时进行调查核实,并在收到申诉、控告之日起三十日以内作出处理决定,书面回复申诉人、控告人。发现公安机关及其侦查人员有上述行为之一的,应当立即纠正。

第一百九十七条　上级公安机关发现下级公安机关存在本规定第一百九十六条第一款规定的违法行为或者对申诉、控告事项不按照规定处理的,应当责令下级公安机关限期纠正,下级公安机关应当立即执行。必要时,上级公安机关可以就申诉、控告事项直接作出处理决定。

《海警机构办理刑事案件程序规定》(中国海警局令第1号,自2023年6月15日起施行)

第八章　侦　　查
第一节　一般规定

第一百九十条　当事人和辩护人、诉讼代理人、利害关系人对于海警机构及其侦查人员有下列行为之一的,有权向该机构申诉或者控告:

(一)采取强制措施法定期限届满,不予释放、解除或者变更的;
(二)应当退还取保候审保证金不退还的;
(三)对与案件无关的财物采取查封、扣押、冻结措施的;
(四)应当解除查封、扣押、冻结不解除的;
(五)贪污、挪用、私分、调换、违反规定使用查封、扣押、冻结的财物的。

受理申诉或者控告的海警机构应当及时进行调查核实,并在收到申诉、控告之日起三十日以内作出处理决定,书面回复申诉人、控告人。发现海警机构及其侦查人员有上述行为之一的,应当立即纠正。

第一百九十一条　上级海警机构发现下级海警机构存在本规定第一百九十条第一款规定的违法行为或者对申诉、控告事项不按照规定处理的,应当责令下级海警机构限期纠正,下级海警机构应当立即执行。必要时,上级海警机构可以就申诉、控告事项直接作出处理决定。

第一百九十二条　人民检察院发现海警机构的侦查活动存在违法情况,通知海警机构予以纠正的,海警机构应当调查核实,对于发现的违法情况应当及时纠正,并将纠正情况书面回复人民检察院。

海警机构办理重大、疑难、复杂案件,可以商请人民检察院介入侦查活动,并听取人民检察院的意见和建议。人民检察院派员介入海警机构的侦查活动,对收集证据、适用法律提出意见,监督侦查活动是否合法的,海警机构应当予以配合。

其他规范

《人民检察院受理控告申诉依法导入法律程序实施办法》（最高人民检察院,高检发办字〔2014〕78号）

第一条 为了保障公民、法人和其他组织依法行使控告、申诉权利,畅通群众诉求表达渠道,进一步完善人民检察院控告申诉审查受理工作,根据刑事诉讼法、民事诉讼法、行政诉讼法、国家赔偿法等法律和相关规定,结合检察工作实际,制定本办法。

第二条 人民检察院受理控告申诉依法导入法律程序,应当坚持诉访分离、统一受理、分类导入、保障诉权、及时高效的原则。

第三条 人民检察院应当进一步畅通和拓宽群众诉求表达渠道,积极推进网上信访、视频接访,整合来信、来访、电话、网络、视频等诉求表达渠道,推进集控告、举报、申诉、投诉、咨询、查询于一体的综合性受理平台建设。

第四条 人民检察院控告检察部门统一接收控告、申诉。本院检察长、其他部门或者人员接收的控告、申诉,应当在七日以内移送控告检察部门,但另有规定的除外。

第五条 人民检察院控告检察部门对接收的控告、申诉应当认真审查,准确甄别控告、申诉的性质和类别,严格按照管辖规定,在规定期限内审查分流。

第六条 对不涉及民商事、行政、刑事等诉讼权利救济的普通信访事项,根据"属地管理、分级负责,谁主管、谁负责"原则,人民检察院控告检察部门应当告知控告人、申诉人向主管机关反映,或者将控告、申诉材料转送主管机关并告知控告人、申诉人,同时做好解释说明和教育疏导工作。

第七条 对涉及民商事、行政、刑事等诉讼权利救济,依法可以通过法律程序解决的控告、申诉,属于本级检察院管辖的,人民检察院控告检察部门应当按照相关规定移送本院有关部门办理;属于其他人民检察院管辖的,告知控告人、申诉人向有管辖权的人民检察院提出,或者将控告、申诉材料转送有管辖权的人民检察院并告知控告人、申诉人。

对属于本级检察院正在法律程序中办理的案件,当事人等诉讼参与人提出控告或者申诉,但法律未规定相应救济途径的,控告检察部门接收材料后应当及时移送本院案件承办部门,承办部门应当继续依法按程序办理,并做好当事人等诉讼参与人的解释说明工作。

第八条 对涉及民商事、行政、刑事等诉讼权利救济,依法可以通过法律程序解决的控告、申诉,属于公安机关、人民法院以及其他机关管辖的,人民检察院控告检察部门应当告知控告人、申诉人向有管辖权的机关反映,或者将控告、申诉材料转送有管辖权的机关并告知控告人、申诉人,同时做好解释说明和教育疏导工作。

第九条 控告、申诉已经最高人民检察院或者省级人民检察院决定终结的,各级人民检察院不予受理。按照中央和最高人民检察院相关规定,移交当地党委、政府有关部门及其基层组织,落实教育帮扶、矛盾化解责任。

第十条 人民检察院依法管辖下列控告、申诉:

(一)涉检事项

1. 不服人民检察院刑事处理决定的;
2. 反映人民检察院在处理群众举报线索中久拖不决,未查处、未答复的;
3. 反映人民检察院违法违规办案或者检察人员违法违纪的;
4. 人民检察院为赔偿义务机关,请求人民检察院进行国家赔偿的。

(二)诉讼监督事项

1. 不服公安机关刑事处理决定,反映公安机关侦查活动有违法情况,要求人民检察院实行法律监督,依法属于人民检察院管辖的;
2. 不服人民法院生效判决、裁定、调解书,以及人民法院赔偿委员会作出的国家赔偿决定,反映审判人员在审判程序中存在违法行为,以及反映人民法院刑罚执行、民事执行和行政执行活动存在违法情形,要求人民检察院实行法律监督,依法属于人民检察院管辖的。

(三)依法属于人民检察院管辖的其他控告、申诉。

第十一条 控告、申诉符合下列条件的,人民检察院应当受理:

(一)属于人民检察院受理案件范围;
(二)本院具有管辖权;
(三)控告人、申诉人具备法律规定的主体资格;
(四)控告、申诉材料符合受理要求;
(五)控告人、申诉人提出了明确请求和所依据的事实、证据与理由;
(六)不具有法律和相关规定不予受理的情形。

第十二条 控告、申诉材料不齐备的,控告检察部门可以采取当面、书面或者网络告知等形式,要求控告人、申诉人限期补齐,并一次性明确告知应当补齐的全部材料。

人民检察院的接收时间从控告人、申诉人补齐相关材料之日起计算。

第十三条 人民检察院控告检察部门对属于本院管辖的控告、申诉,能够当场答复是否受理的,应当当场书面答复。不能当场答复的,应当在规定期限内书面答复,但是控告人、申诉人的姓名(名称)、住址不清的除外。对不予受理的,应当阐明法律依据和理由。

第十四条 对控告人民检察院或者检察人员违法违纪的,控告检察部门应当在收到控告之日起七日以内移送本院监察部门办理。监察部门应当按照相关规定调查处理,并将处理情况反馈控告检察部门。控告检察部门和监察部门应当按照法律规定,及时将办理情况答复实名控告人。

第十五条 对辩护人、诉讼代理人反映公安机关、人民检察院、人民法院及其工作人员阻碍其依法行使刑事诉讼权利的申诉或者控告,控告检察部门应当在受理后十日以内进行审查,并将处理情况书面答复提出申诉或者控告的辩护人、诉讼代理人。

辩护人、诉讼代理人反映看守所及其工作人员阻碍其依法行使刑事诉讼权利的申诉或者控告,由监所检察部门办理。

第十六条 对当事人和辩护人、诉讼代理人、利害关系人反映本级检察院办理刑事案件中的违法行为的控告,控告检察部门应当在规定期限内及时审查办理;对当事人和辩护人、诉讼代理人、利害关系人反映司法机关及其工作人员有刑事诉讼法第一百一十五条规定的行为,不服下级人民检察院和其他司法机关处理的申诉,控告检察部门应当根据案件的具体情况,及时移送侦查监督部门、公诉部门或者监所检察部门审查办理。审查办理部门应当在收到案件材料之日起十五日以内提出审查意见。对刑事诉讼法第一百一十五条第一款第三至五项的申诉,经审查认为需要侦查机关说明理由的,应当要求侦查机关说明理由,并在收到理由说明后十五日以内提出审查意见。控告检察部门应当在收到审查意见后五日以内书面答复控告人、申诉人。

第十七条 对不服人民检察院刑事不立案决定的复议和不服下级人民检察院复议决定的申诉,控告检察部门应当根据事实和法律进行审查,并可以要求控告人、申诉人提供有关材料;认为需要侦查部门说明不立案理由的,应当及时将案件移送侦查监督部门办理。

对要求人民检察院实行刑事立案监督的控告或者申诉,控告检察部门应当根据事实和法律进行审查,并可以要求控告人、申诉人提供有关材料;认为需要公安机关说明不立案或者立案理由的,应当及时将案件移送侦查监督部门办理。

第十八条 对要求人民检察院实行刑事审判活动监督,刑事判决、裁定监督,死刑复核法律监督,羁押和办案期限监督,看守所执法活动监督,刑事判决、裁定执行监督,强制医疗执行监督的控告或者申诉,不服人民检察院诉讼终结的刑事处理决定的申诉,以及请求国家赔偿或者赔偿监督等,控告检察部门应当在七日以内按照首办责任制的要求移送有关业务部门办理,法律和相关规定有特别规定的,从其规定。首办责任部门应当在收到控告、申诉材料之日起一个月以内将办理进度情况书面告知控告检察部门,三个月以内或者立案后三个月以内书面回复办理结果。

第十九条　对申请民事、行政诉讼监督的事项,实行受理、办理与管理相分离。控告检察部门负责审查受理工作,对符合受理条件的,应当在决定受理之日起三日以内向申请人送达《受理通知书》,同时移送本院民事行政检察部门办理。民事行政检察部门应当在三个月以内审查终结作出决定,并书面告知控告检察部门。

第二十条　具有下列情形之一的,人民检察院应当告知控告人、申诉人向公安机关提出:

(一)当事人和辩护人、诉讼代理人、利害关系人认为公安机关及其工作人员有刑事诉讼法第一百一十五条规定的行为,未向办理案件的公安机关申诉或者控告,或者办理案件的公安机关在规定的时间内尚未作出处理决定,直接向人民检察院申诉的;

(二)被害人及其法定代理人、近亲属认为公安机关对其控告应当立案侦查而不立案侦查,向人民检察院提出,而公安机关尚未对刑事控告或报案作出不予立案决定的;

(三)控告人、申诉人对公安机关正在办理的刑事案件,对有关办案程序提出复议、复核,应当由公安机关处理的;

(四)对公安机关作出的行政处罚、行政许可、行政强制措施等决定不服,要求公安机关复议的;

(五)对公安机关作出的火灾、交通事故认定及委托鉴定等不服,要求公安机关复核或者重新鉴定的;

(六)因公安机关及其工作人员违法行使职权,造成损害,依法要求国家赔偿的;

(七)控告公安民警违纪的;

(八)其他属于公安机关职权范围的事项。

第二十一条　具有下列情形之一的,人民检察院应当告知控告人、申诉人向人民法院提出:

(一)当事人和辩护人、诉讼代理人、利害关系人认为人民法院及其工作人员有刑事诉讼法第一百一十五条规定的行为,未向办理案件的人民法院申诉或者控告,或者办理案件的人民法院在规定的时间内尚未作出处理决定,直接向人

民检察院申诉的;

(二)当事人不服人民法院已经发生法律效力的民事判决、裁定和调解书,未向人民法院申请再审,或者人民法院在法定期限内正在对民事再审申请进行审查,以民事诉讼法第二百零九条第一款规定为由直接向人民检察院申请监督的;

(三)当事人认为民事审判程序中审判人员存在违法行为或者民事执行活动存在违法情形,未依照法律规定提出异议、申请复议或者提起诉讼,且无正当理由,或者人民法院已经受理异议、复议申请,在法定期限内正在审查处理,直接向人民检察院申请监督的;

(四)控告法官违纪的;

(五)其他属于人民法院职权范围的事项。

第二十二条 对人民检察院和其他司法机关均有管辖权的控告、申诉,人民检察院应当依法定职权审查受理,并将审查受理情况通知其他有管辖权的司法机关。

人民检察院在审查受理时,发现其他有管辖权的司法机关已经受理、立案的,可以告知控告人、申诉人在已受理、立案的司法机关作出法律结论后,再依法提出控告、申诉。

对控告、申诉既包含人民检察院管辖事项,又包含其他司法机关管辖事项的,人民检察院应当就管辖事项审查受理,同时告知控告人、申诉人将其他控告、申诉事项向相关主管机关提出。

第二十三条 人民检察院控告检察部门与有关案件承办部门应当进一步规范受理、办理流程,加强各环节之间的衔接配合,加快案件流传,防止形成积压。严格执行最高人民检察院关于全国检察机关统一业务应用系统使用管理的规定,对控告、申诉依法导入法律程序的各环节工作实行全面、实时、动态监督管理。案件管理部门应当加强流程监控、期限预警,及时纠正执法不规范等行为。

上级人民检察院应当加强受理、立案工作的督查指导,发现下级人民检察院对控告、申诉的受理、立案存在错误的,应当指导或者责令下级人民检察院依法纠正。对群众反映的受理难、立案难、申诉难等突出问题,采取案件评查、专项督查等方式督促整改。

第二十四条 人民检察院应当加强与党委、人大、政府信访部门的联系,做好检察机关管辖事项与普通信访事项的分流、对接、移交工作。对与其他党政部门存在受理争议的事项、检察机关管辖事项与普通信访交织的疑难复杂事项、检察机关管辖事项涉众和涉及相关政策落实的,人民检察院可以报请同级处理信访突出问题及群体性事件联席会议协调相关部门,共同做好化解工作。

人民检察院应当加强与公安机关、人民法院的衔接配合,确保控告、申诉在司法机关之间有序流转和依法处理。应当积极推动建立人民检察院与公安机关、人民法院涉法涉诉信访案件信息共享平台,实现横向互联互通。应当建立会商机制,明确共同管辖案件的处理原则、移送标准和条件,细化分工负责、协作配合措施。

第二十五条 人民检察院应当严格执行责任追究制度。对敷衍搪塞控告人、申诉人,不依法及时受理、不按期办结,造成案件积压,形成重复访、越级访、非正常访,甚至引发极端事件或者重大群体性事件的,以及对存在执法错误和瑕疵拒不依法纠正、补正的,应当依纪依法追究相关办案人员和领导的责任。

第二十六条 本办法由最高人民检察院负责解释。

第二十七条 本办法自公布之日起施行。

《人民检察院刑事诉讼涉案财物管理规定》(高检发〔2015〕6号)第三十二条第二款对涉案财物处理的申诉、控告的有关问题作了规定。(→参见第二百四十五条所附"其他规范",第1610页)

相关规范集成·监察调查

相关规定

《中华人民共和国监察法》(自2018年3月20日起施行,节录)

第十八条 监察机关行使监督、调查职权,有权依法向有关单位和个人了解情况,收集、调取证据。有关单位和个人应当如实提供。

监察机关及其工作人员对监督、调查过程中知悉的国家秘密、商业秘密、个人隐私,应当保密。

任何单位和个人不得伪造、隐匿或者毁灭证据。

第四十条 监察机关对职务违法和职务犯罪案件,应当进行调查,收集被调查人有无违法犯罪以及情节轻重的证据,查明违法犯罪事实,形成相互印证、完整稳定的证据链。

严禁以威胁、引诱、欺骗及其他非法方式收集证据,严禁侮辱、打骂、虐待、体罚或者变相体罚被调查人和涉案人员。

第四十一条 调查人员采取讯问、询问、留置、搜查、调取、查封、扣押、勘验检查等调查措施,均应当依照规定出示证件,出具书面通知,由二人以上进行,形成笔录、报告等书面材料,并由相关人员签名、盖章。

调查人员进行讯问以及搜查、查封、扣押等重要取证工作,应当对全过程进行录音录像,留存备查。

第四十二条 调查人员应当严格执行调查方案,不得随意扩大调查范围、变更调查对象和事项。

对调查过程中的重要事项,应当集体研究后按程序请示报告。

第六十条 监察机关及其工作人员有下列行为之一的,被调查人及其近亲属有权向该机关申诉:

(一)留置法定期限届满,不予以解除的;

(二)查封、扣押、冻结与案件无关的财物的;

(三)应当解除查封、扣押、冻结措施而不解除的;

(四)贪污、挪用、私分、调换以及违反规定使用查封、扣押、冻结的财物的;

(五)其他违反法律法规、侵害被调查人合法权益的行为。

受理申诉的监察机关应当在受理申诉之日起一个月内作出处理决定。申诉人对处理决定不服的,可以在收到处理决定之日起一个月内向上一级监察机关申请复查,上一级监察机关应当在收到复查申请之日起二个月内作出处理决定,情况属实的,及时予以纠正。

《中华人民共和国监察法实施条例》(自 2021 年 9 月 20 日起施行,节录)

第四章 监察权限

第一节 一般要求

第五十五条第一款 监察机关在初步核实中,可以依法采取谈话、询问、查询、调取、勘验检查、鉴定措施;立案后可以采取讯问、留置、冻结、搜查、查封、扣押、通缉措施。需要采取技术调查、限制出境措施的,应当按照规定交有关机关依法执行。设区的市级以下监察机关在初步核实中不得采取技术调查措施。

第五十七条 需要商请其他监察机关协助收集证据材料的,应当依法出具《委托调查函》;商请其他监察机关对采取措施提供一般性协助的,应当依法出具《商请协助采取措施函》。商请协助事项涉及协助地监察机关管辖的监察对象的,应当由协助地监察机关按照所涉人员的管理权限报批。协助地监察机关对于协助请求,应当依法予以协助配合。

第五十八条 采取监察措施需要告知、通知相关人员的,应当依法办理。告知包括口头、书面两种方式,通知应当采取书面方式。采取口头方式告知的,应当将相关情况制作工作记录;采取书面方式告知、通知的,可以通过直接送交、邮寄、转交等途径送达,将有关回执或者凭证附卷。

第五章 监察程序
第四节 调　　查

第一百八十五条　监察机关对已经立案的职务违法或者职务犯罪案件应当依法进行调查,收集证据查明违法犯罪事实。

调查职务违法或者职务犯罪案件,对被调查人没有采取留置措施的,应当在立案后一年以内作出处理决定;对被调查人解除留置措施的,应当在解除留置措施后一年以内作出处理决定。案情重大复杂的案件,经上一级监察机关批准,可以适当延长,但延长期限不得超过六个月。

被调查人在监察机关立案调查以后逃匿的,调查期限自被调查人到案之日起重新计算。

第一百八十六条　案件立案后,监察机关主要负责人应当依照法定程序批准确定调查方案。

监察机关应当组成调查组依法开展调查。调查工作应当严格按照批准的方案执行,不得随意扩大调查范围、变更调查对象和事项,对重要事项应当及时请示报告。调查人员在调查工作期间,未经批准不得单独接触任何涉案人员及其特定关系人,不得擅自采取调查措施。

第一百八十七条　调查组应当将调查认定的涉嫌违法犯罪事实形成书面材料,交给被调查人核对,听取其意见。被调查人应当在书面材料上签署意见。对被调查人签署不同意见或者拒不签署意见的,调查组应当作出说明或者注明情况。对被调查人提出申辩的事实、理由和证据应当进行核实,成立的予以采纳。

调查组对于立案调查的涉嫌行贿犯罪、介绍贿赂犯罪或者共同职务犯罪的涉案人员,在查明其涉嫌犯罪问题后,依照前款规定办理。

对于按照本条例规定,对立案和移送审理一并报批的案件,应当在报批前履行本条第一款规定的程序。

第一百八十八条　调查组在调查工作结束后应当集体讨论,形成调查报告。调查报告应当列明被调查人基本情况、问题线索来源及调查依据、调查过程,涉嫌的主要职务违法或者职务犯罪事实,被调查人的态度和认识,处置建议及法律依据,并由调查组组长以及有关人员签名。

对调查过程中发现的重要问题和形成的意见建议,应当形成专题报告。

第一百八十九条　调查组对被调查人涉嫌职务犯罪拟依法移送人民检察院审查起诉的,应当起草《起诉建议书》。《起诉建议书》应当载明被调查人基本情况,调查简况,认罪认罚情况,采取留置措施的时间,涉嫌职务犯罪事实以及证据,对被调查人从重、从轻、减轻或者免除处罚等情节,提出对被调查人移送起诉的理由和法律依据,采取强制措施的建议,并注明移送案卷数及涉案财物等内容。

调查组应当形成被调查人到案经过及量刑情节方面的材料,包括案件来源、到案经过,自动投案、如实供述、立功等量刑情节,认罪悔罪态度、退赃、避免和减少损害结果发生等方面的情况说明及相关材料。被检举揭发的问题已被立案、查破,被检举揭发人已被采取调查措施或者刑事强制措施、起诉或者审判的,还应当附有关法律文书。

第一百九十条 经调查认为被调查人构成职务违法或者职务犯罪的,应当区分不同情况提出相应处理意见,经审批将调查报告、职务违法或者职务犯罪事实材料、涉案财物报告、涉案人员处理意见等材料,连同全部证据和文书手续移送审理。

对涉嫌职务犯罪的案件材料应当按照刑事诉讼要求单独立卷,与《起诉建议书》、涉案财物报告、同步录音录像资料及其自查报告等材料一并移送审理。

调查全过程形成的材料应当案结卷成、事毕归档。

第五节 审 理

第一百九十一条 案件审理部门收到移送审理的案件后,应当审核材料是否齐全、手续是否完备。对被调查人涉嫌职务犯罪的,还应当审核相关案卷材料是否符合职务犯罪案件立卷要求,是否在调查报告中单独表述已查明的涉嫌犯罪问题,是否形成《起诉建议书》。

经审核符合移送条件的,应当予以受理;不符合移送条件的,经审批可以暂缓受理或者不予受理,并要求调查部门补充完善材料。

第一百九十二条 案件审理部门受理案件后,应当成立由二人以上组成的审理组,全面审理案卷材料。

案件审理部门对于受理的案件,应当以监察法、政务处分法、刑法、《中华人民共和国刑事诉讼法》等法律法规为准绳,对案件事实证据、性质认定、程序手续、涉案财物等进行全面审理。

案件审理部门应当强化监督制约职能,对案件严格审核把关,坚持实事求是、独立审理,依法提出审理意见。坚持调查与审理相分离的原则,案件调查人员不得参与审理。

第一百九十三条 审理工作应当坚持民主集中制原则,经集体审议形成审理意见。

第一节 一般规定

第一百九十四条 审理工作应当在受理之日起一个月以内完成,重大复杂案件经批准可以适当延长。

第一百九十五条 案件审理部门根据案件审理情况,经审批可以与被调查人谈话,告知其在审理阶段的权利义务,核对涉嫌违法犯罪事实,听取其辩解意见,了解有关情况。与被调查人谈话时,案件审理人员不得少于二人。

具有下列情形之一的,一般应当与被调查人谈话:

(一)对被调查人采取留置措施,拟移送起诉的;

(二)可能存在以非法方法收集证据情形的;

(三)被调查人对涉嫌违法犯罪事实材料签署不同意见或者拒不签署意见的;

(四)被调查人要求向案件审理人员当面陈述的;

(五)其他有必要与被调查人进行谈话的情形。

第一百九十六条 经审理认为主要违法犯罪事实不清、证据不足的,应当经审批将案件退回承办部门重新调查。

有下列情形之一,需要补充完善证据的,经审批可以退回补充调查:

(一)部分事实不清、证据不足的;

(二)遗漏违法犯罪事实的;

(三)其他需要进一步查清案件事实的情形。

案件审理部门将案件退回重新调查或者补充调查的,应当出具审核意见,写明调查事项、理由、调查方向、需要补充收集的证据及其证明作用等,连同案卷材料一并送交承办部门。

承办部门补充调查结束后,应当经审批将补证情况报告及相关证据材料,连同案卷材料一并移送案件审理部门;对确实无法查明的事项或者无法补充的证据,应当作出书面说明。重新调查终结后,应当重新形成调查报告,依法移送审理。

重新调查完毕移送审理的,审理期限重新计算。补充调查期间不计入审理期限。

第一百九十七条 审理工作结束后应当形成审理报告,载明被调查人基本情况、调查简况、涉嫌违法或者犯罪事实、被调查人态度和认识、涉案财物处置、承办部门意见、审理意见等内容,提请监察机关集体审议。

对被调查人涉嫌职务犯罪需要追究刑事责任的,应当形成《起诉意见书》,作为审理报告附件。《起诉意见书》应当忠实于事实真象,载明被调查人基本情况,调查简况,采取留置措施的时间,依法查明的犯罪事实和证据,从重、从轻、减轻或者免除处罚等情节,涉案财物情况,涉嫌罪名和法律依据,采取强制措施的建议,以及其他需要说明的情况。

案件审理部门经审理认为现有证据不足以证明被调查人存在违法犯罪行为,且通过退回补充调查仍无法达到证明标准的,应当提出撤销案件的建议。

第一百九十八条 上级监察机关办理下级监察机关管辖案件的,可以经审理后按程序直接进行处置,也可以经审理形成处置意见后,交由下级监察机关办理。

第一百九十九条 被指定管辖的监察机关在调查结束后应当将案件移送审理,提请监察机关集体审议。

上级监察机关将其所管辖的案件指定管辖的,被指定管辖的下级监察机关应当按照前款规定办理后,将案件报上级监察机关依法作出政务处分决定。上级监察机关在作出决定前,应当进行审理。

上级监察机关将下级监察机关管辖的案件指定其他下级监察机关管辖的,被指定管辖的监察机关应当按照第一款规定办理后,将案件送交有管理权限的监察机关依法作出政务处分决定。有管理权限的监察机关应当进行审理,审理意见与被指定管辖的监察机关意见不一致的,双方应当进行沟通;经沟通不能取得一致意见的,报请有权决定的上级监察机关决定。经协商,有管理权限的监察机关在被指定管辖的监察机关审理阶段可以提前阅卷,沟通了解情况。

对于前款规定的重大、复杂案件,被指定管辖的监察机关经集体审议后将处理意见报有权决定的上级监察机关审核同意的,有管理权限的监察机关可以经集体审议后依法处置。

第七章 对监察机关和监察人员的监督

第二百七十二条 被调查人及其近亲属认为监察机关及监察人员存在监察法第六十条第一款规定的有关情形,向监察机关提出申诉的,由监察机关案件监督管理部门依法受理,并按照法定的程序和时限办理。

第二节　讯问犯罪嫌疑人

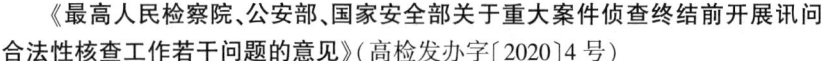

■ 其他规范

《最高人民检察院、公安部、国家安全部关于重大案件侦查终结前开展讯问合法性核查工作若干问题的意见》(高检发办字〔2020〕4号)

第一条 为了促进侦查讯问规范进行,防止刑讯逼供等非法讯问行为,依法及时排除非法证据,根据《中华人民共和国刑事诉讼法》和有关规定,结合工作实际,制定本意见。

第二条　重大案件侦查终结前讯问合法性核查,是指对于可能判处无期徒刑、死刑的案件或者其他重大案件,人民检察院在侦查终结前对讯问合法性进行核查。

第三条　人民检察院、公安机关和国家安全机关应当分工负责,互相配合,互相制约,共同做好重大案件侦查终结前讯问合法性核查工作。

第四条　侦查机关在侦查终结前,及时制作重大案件即将侦查终结通知书,通知人民检察院驻看守所检察人员开展讯问合法性核查。

人民检察院驻看守所检察人员收到侦查机关通知后,应当立即开展核查。

人民检察院驻看守所检察人员或者人民检察院负责捕诉部门的检察人员,凭侦查机关重大案件即将侦查终结通知书和有效工作证件到看守所开展调查核查工作。

第五条　检察人员开展重大案件讯问合法性核查工作,应当首先听取犯罪嫌疑人的辩护律师或者值班律师的意见,制作听取律师意见笔录。辩护律师或者值班律师提出书面意见的,应当附卷。

第六条　检察人员开展重大案件讯问合法性核查,应当询问相关犯罪嫌疑人,并全程同步录音录像。所录制的图像应当反映犯罪嫌疑人、检察人员及询问场景等情况,犯罪嫌疑人应当在图像中全程反映,并显示与询问同步的日期和时间信息。询问笔录记载的起止时间应当与询问录音录像反映的起止时间一致。

询问犯罪嫌疑人,应当个别进行,检察人员不得少于两人。

第七条　检察人员对重大案件犯罪嫌疑人进行核查询问时,应当向其告知:如果经调查核实存在刑讯逼供等非法取证情形的,办案机关将依法排除相关证据;如果犯罪嫌疑人在核查询问时明确表示侦查阶段没有刑讯逼供等非法取证情形,在审判阶段又提出排除非法证据申请的,应当说明理由,人民法院经审查对证据收集的合法性没有疑问的,可以驳回申请。

第八条　检察人员应当围绕侦查阶段是否存在刑讯逼供等非法取证情形对相关犯罪嫌疑人进行核查询问,一般不询问具体案情。犯罪嫌疑人提出存在刑讯逼供等非法取证情形的,可以要求犯罪嫌疑人具体说明刑讯逼供、非法取证的人员、时间、地点、方式等相关信息。犯罪嫌疑人当场向检察人员展示身体损害伤情的,检察人员应当进行拍照或者录像。必要的时候,可以组织对犯罪嫌疑人进行身体检查。

检察人员应当制作询问笔录,询问结束时,将询问笔录交犯罪嫌疑人核对,犯罪嫌疑人没有阅读能力的,应当向他宣读,发现漏记、错记的,应当及时补正。犯罪嫌疑人确认询问笔录没有错误的,由犯罪嫌疑人在笔录上逐页签名、捺指印确认,并标明日期。询问笔录应当与录音录像内容一致或者意思相符。

第九条 犯罪嫌疑人、辩护律师或者值班律师在人民检察院开展核查询问和听取意见时均明确表示没有刑讯逼供等非法取证情形,并且检察人员未发现刑讯逼供等非法取证线索的,人民检察院驻看守所检察人员可以据此制作重大案件讯问合法性核查意见书,送达侦查机关,讯问合法性核查程序终结,并将相关材料移送人民检察院负责捕诉的部门。

第十条 犯罪嫌疑人、辩护律师或者值班律师反映存在刑讯逼供等非法取证情形的,人民检察院驻看守所检察人员可以采取以下方式进行初步调查核实:

(一)询问相关人员;

(二)根据需要,可以听取犯罪嫌疑人的辩护律师或者值班律师意见;

(三)调取看守所或者办案区视频监控录像;

(四)调取、查询犯罪嫌疑人出入看守所的身体检查记录及相关材料,调取提讯登记、押解记录等有关材料;

(五)其他调查核实方式。

驻所检察人员初步调查核实后,应当制作初步核查意见函,连同证据材料一并移送人民检察院负责捕诉的部门。

第十一条 人民检察院驻看守所检察人员应当自收到侦查机关重大案件即将侦查终结通知书后七个工作日以内,完成第五至第十条规定的核查工作。

第十二条 人民检察院负责捕诉的部门可以采取以下方式对刑讯逼供等非法取证行为进行进一步调查核实:

(一)询问犯罪嫌疑人;

(二)向办案人员了解情况;

(三)询问在场人员及证人;

(四)听取犯罪嫌疑人的辩护律师或者值班律师意见;

(五)调取讯问笔录、讯问录音、录像;

(六)调取、查询犯罪嫌疑人出入看守所的身体检查记录及相关材料;

(七)进行伤情、病情检查或者鉴定;

(八)其他调查核实方式。

驻所检察人员应当做好配合工作。

第十三条 经调查核实,人民检察院负责捕诉的部门发现存在刑讯逼供等非法取证线索的,应当听取侦查机关意见,并记录在案。

第十四条　人民检察院开展重大案件讯问合法性核查尚未终结的,不影响侦查机关依法移送审查起诉。

第十五条　调查核实结束后七个工作日以内,人民检察院负责捕诉的部门应当根据核查情况作出核查结论,制作重大案件讯问合法性核查意见书,并送达侦查机关。

经核查,确有刑讯逼供等非法取证情形,或者现有证据不能排除刑讯逼供等非法取证情形的,应当报经本院检察长批准后,通知侦查机关依法排除非法证据。

侦查机关提出异议的,人民检察院应当在七个工作日以内予以复查,并将复查结果通知侦查机关。

第十六条　侦查机关对存在刑讯逼供等非法取证情形无异议或者经复查认定确有刑讯逼供等非法取证情形的,侦查机关应当及时依法排除非法证据,不得作为提请批准逮捕、移送审查起诉的根据,并制作排除非法证据结果告知书,将排除非法证据情况书面告知人民检察院负责捕诉的部门。

人民检察院对审查认定的非法证据,应当依法予以排除,不得作为批准或者决定逮捕、提起公诉的根据。

第十七条　开展重大案件侦查终结前讯问合法性核查工作过程中,涉及国家秘密、商业秘密、个人隐私的,应当保密。调查核实过程中所获悉的案件侦查进展、取证情况、证据内容,应当保密。

第十八条　本意见自发布之日起施行。

附件:1.《重大案件即将侦查终结通知书》样式及制作说明
2.《重大案件讯问合法性核查听取律师意见笔录》样式及制作说明
3.《重大案件讯问合法性核查询问笔录》样式及制作说明
4.《重大案件讯问合法性初步核查意见函》样式及制作说明
5.《重大案件讯问合法性核查报告》样式及制作说明
6.《重大案件讯问合法性核查意见书》样式及制作说明
7.《重大案件讯问合法性核查排除非法证据结果告知书》样式及制作说明

第一百一十八条　【讯问的主体与地点】讯问犯罪嫌疑人必须由人民检察院或者公安机关的侦查人员负责进行。讯问的时候,侦查人员不得少于二人。

犯罪嫌疑人被送交看守所羁押以后,侦查人员对其进行讯问,应当在看守所内进行。

立法沿革

1979年《刑事诉讼法》第六十二条规定:"讯问被告人必须由人民检察院或者公安机关的侦查人员负责进行。讯问的时候,侦查人员不得少于二人。"1996年《刑事诉讼法修改决定》将本条中的"被告人"修改为"犯罪嫌疑人"。2012年《刑事诉讼法修改决定》对本条作出修改,增加规定第二款。2018年修改《刑事诉讼法》时对本条规定未作调整。

相关规定

《中华人民共和国看守所条例》(国务院令第52号,自1990年3月17日起施行,节录)

第十九条 公安机关、国家安全机关、人民检察院、人民法院提讯人犯时,必须持有提讯证或者提票。提讯人员不得少于二人。

不符合前款规定的,看守所应当拒绝提讯。

第二十条 提讯人员讯问人犯完毕,应当立即将人犯交给值班看守人员收押,并收回提讯证或者提票。

第二十一条 押解人员在押解人犯途中,必须严密看管,防止发生意外。对被押解的人犯,可以使用械具。

押解女性人犯,应当有女工作人员负责途中的生活管理。

基本规范

《公安机关办理刑事案件程序规定》(公安部令第159号修正,修正后自2020年9月1日起施行)

第八章 侦查

第二节 讯问犯罪嫌疑人

第二百零二条 讯问犯罪嫌疑人,必须由侦查人员进行。讯问的时候,侦查人员不得少于二人。

讯问同案的犯罪嫌疑人,应当个别进行。

《海警机构办理刑事案件程序规定》(中国海警局令第1号,自2023年6月15日起施行)

第八章 侦查

第二节 讯问犯罪嫌疑人

第一百九十七条 讯问犯罪嫌疑人,应当由侦查人员进行。讯问时,侦查人员不得少于二人。

讯问同案的犯罪嫌疑人,应当个别进行。

基本规范

《最高人民法院、最高人民检察院、公安部、司法部关于进一步严格依法办案确保办理死刑案件质量的意见》(法发〔2007〕11号)第十一条明确提讯在押的犯罪嫌疑人,应当在羁押的看守所内进行。(→参见第三编"审判"第四章"死刑复核程序"末所附"其他规范",第1650页)

《最高人民法院、最高人民检察院、公安部、国家安全部、司法部关于推进以审判为中心的刑事诉讼制度改革的意见》(法发〔2016〕18号)第五条要求完善讯问制度,探索建立重大案件侦查终结前对讯问合法性进行核查制度。(→参见第三编"审判"标题下所附"其他规范",第1253页)

《最高人民法院、最高人民检察院、公安部、国家安全部、司法部关于办理刑事案件严格排除非法证据若干问题的规定》(法发〔2017〕15号)第九条规定犯罪嫌疑人被送交看守所羁押后,讯问应当在看守所讯问室进行。(→参见第五十六条至第六十条所附"其他规范",第462页)

第一百一十九条　【传唤、拘传讯问的地点、持续时间及权利保障】对不需要逮捕、拘留的犯罪嫌疑人,可以传唤到犯罪嫌疑人所在市、县内的指定地点或者到他的住处进行讯问,但是应当出示人民检察院或者公安机关的证明文件。对在现场发现的犯罪嫌疑人,经出示工作证件,可以口头传唤,但应当在讯问笔录中注明。

传唤、拘传持续的时间不得超过十二小时;案情特别重大、复杂,需要采取拘留、逮捕措施的,传唤、拘传持续的时间不得超过二十四小时。

不得以连续传唤、拘传的形式变相拘禁犯罪嫌疑人。传唤、拘传犯罪嫌疑人,应当保证犯罪嫌疑人的饮食和必要的休息时间。

立法沿革

1979年《刑事诉讼法》第六十三条规定:"对于不需要逮捕、拘留的被告人,可以传唤到指定的地点或者到他的住处、所在单位进行讯问,但是应当出示人民检察院或者公安机关的证明文件。"1996年《刑事诉讼法修改决定》对"传唤到指定的地点"作了具体限定,并规定传唤、拘传的时间最长不得超过十二小时,明确不得以连续传唤、拘传的形式变相拘禁犯罪嫌疑人。2012年《刑事诉讼法修改决定》对本条规定作了修改:一是增加规定口头传唤的程序;二是适当延长了传唤、拘传的时间;三是增加保证犯罪嫌疑人的饮食和必要的休息时间的规定。2018年修改《刑事诉讼法》时对本条规定未作调整。

基本规范

《公安机关办理刑事案件程序规定》(公安部令第159号修正,修正后自2020年9月1日起施行)

第八章 侦 查

第二节 讯问犯罪嫌疑人

第一百九十八条 讯问犯罪嫌疑人,除下列情形以外,应当在公安机关执法办案场所的讯问室进行:

(一)紧急情况下在现场进行讯问的;

(二)对有严重伤病或者残疾、行动不便的,以及正在怀孕的犯罪嫌疑人,在其住处或者就诊的医疗机构进行讯问的。

对于已送交看守所羁押的犯罪嫌疑人,应当在看守所讯问室进行讯问。

对于正在被执行行政拘留、强制隔离戒毒的人员以及正在监狱服刑的罪犯,可以在其执行场所进行讯问。

对于不需要拘留、逮捕的犯罪嫌疑人,经办案部门负责人批准,可以传唤到犯罪嫌疑人所在市、县公安机关执法办案场所或者到他的住处进行讯问。

第一百九十九条 传唤犯罪嫌疑人时,应当出示传唤证和侦查人员的人民警察证,并责令其在传唤证上签名、捺指印。

犯罪嫌疑人到案后,应当由其在传唤证上填写到案时间。传唤结束时,应当由其在传唤证上填写传唤结束时间。犯罪嫌疑人拒绝填写的,侦查人员应当在传唤证上注明。

对在现场发现的犯罪嫌疑人,侦查人员经出示人民警察证,可以口头传唤,并将传唤的原因和依据告知被传唤人。在讯问笔录中应当注明犯罪嫌疑人到案方式,并由犯罪嫌疑人注明到案时间和传唤结束时间。

对自动投案或者群众扭送到公安机关的犯罪嫌疑人,可以依法传唤。

第二百条 传唤持续的时间不得超过十二小时。案情特别重大、复杂,需要采取拘留、逮捕措施的,经办案部门负责人批准,传唤持续的时间不得超过二十四小时。不得以连续传唤的形式变相拘禁犯罪嫌疑人。

传唤期限届满,未作出采取其他强制措施决定的,应当立即结束传唤。

第二百零一条 传唤、拘传、讯问犯罪嫌疑人,应当保证犯罪嫌疑人的饮食和必要的休息时间,并记录在案。

《海警机构办理刑事案件程序规定》(中国海警局令第1号,自2023年6月15日起施行)

第八章 侦 查

第二节 讯问犯罪嫌疑人

第一百九十三条 讯问犯罪嫌疑人,除下列情形以外,应当在执法办案场所的讯问室进行:

(一)紧急情况下在现场进行讯问的;

(二)对有严重伤病或者残疾、行动不便的,以及正在怀孕的犯罪嫌疑人,在其住处或者就诊的医疗机构进行讯问的。

对于已送交看守所羁押的犯罪嫌疑人,应当在看守所讯问室进行讯问。

对于正在被执行行政拘留、强制隔离戒毒的人员以及正在监狱服刑的罪犯,可以在其执行场所进行讯问。

对于不需要拘留、逮捕的犯罪嫌疑人,经海警机构办案部门以上负责人批准,可以传唤到犯罪嫌疑人所在市、县内的执法办案场所或者到他的住处进行讯问。

第一百九十四条 传唤犯罪嫌疑人时,应当出示传唤证和侦查人员的中国海警执法证,责令其在传唤证上签名、捺指印。

犯罪嫌疑人到案后,应当由其在传唤证上填写到案时间。传唤结束时,应当责令其在传唤证上填写传唤结束时间。犯罪嫌疑人拒绝填写的,侦查人员应当在传唤证上注明。

对在现场发现的犯罪嫌疑人,侦查人员经出示中国海警执法证,可以口头传唤,并将传唤的原因和依据告知被传唤人。在讯问笔录中应当注明犯罪嫌疑人到案方式,并由犯罪嫌疑人注明到案时间和传唤结束时间。

对自动投案或者群众扭送到海警机构的犯罪嫌疑人,可以依法传唤。

第一百九十五条 传唤持续的时间从犯罪嫌疑人到案时开始计算,不得超过十二小时。案情特别重大、复杂,需要采取拘留、逮捕措施的,经海警机构办案部门以上负责人批准,传唤持续的时间不得超过二十四小时。不得以连续传唤的形式变相拘禁犯罪嫌疑人。

犯罪嫌疑人在海上被抓获后,应当立即送往执法办案场所,传唤持续的时间从犯罪嫌疑人到达执法办案场所时开始计算。

传唤期限届满,未作出采取其他强制措施决定的,应当立即结束传唤。

第一百九十六条 传唤、拘传、讯问犯罪嫌疑人,应当保证犯罪嫌疑人的饮食和必要的休息时间,并记录在案。

> **第一百二十条 【讯问程序】**侦查人员在讯问犯罪嫌疑人的时候,应当首先讯问犯罪嫌疑人是否有犯罪行为,让他陈述有罪的情节或者无罪的辩解,然后向他提出问题。犯罪嫌疑人对侦查人员的提问,应当如实回答。但是对与本案无关的问题,有拒绝回答的权利。
>
> 侦查人员在讯问犯罪嫌疑人的时候,应当告知犯罪嫌疑人享有的诉讼权利、如实供述自己罪行可以从宽处理和认罪认罚的法律规定。

立法沿革

1979年《刑事诉讼法》第六十四条规定:"侦查人员在讯问被告人的时候,应当首先讯问被告人是否有犯罪行为,让他陈述有罪的情节或者无罪的辩解,然后向他提出问题。被告人对侦查人员的提问,应当如实回答。但是对与本案无关的问题,有拒绝回答的权利。"1996年《刑事诉讼法修改决定》将本条中的"被告人"修改为"犯罪嫌疑人"。2012年《刑事诉讼法修改决定》在本条中增加第二款,规定侦查人员在讯问时应当告知犯罪嫌疑人如实供述可以从宽处理的法律规定。2018年《刑事诉讼法修改决定》在本条第二款中增加规定应当告知"犯罪嫌疑人享有的诉讼权利"和"认罪认罚的法律规定"两项要求。

基本规范

《公安机关办理刑事案件程序规定》(公安部令第159号修正,修正后自2020年9月1日起施行)

第八章 侦 查
第二节 讯问犯罪嫌疑人
第二百零三条 侦查人员讯问犯罪嫌疑人时,应当首先讯问犯罪嫌疑人是否有犯罪行为,并告知犯罪嫌疑人享有的诉讼权利,如实供述自己罪行可以从宽处理以及认罪认罚的法律规定,让他陈述有罪的情节或者无罪的辩解,然后向他提出问题。

犯罪嫌疑人对侦查人员的提问,应当如实回答。但是对与本案无关的问题,有拒绝回答的权利。

第一次讯问,应当问明犯罪嫌疑人的姓名、别名、曾用名、出生年月日、户籍所在地、现住地、籍贯、出生地、民族、职业、文化程度、政治面貌、工作单位、家庭情况、社会经历,是否属于人大代表、政协委员,是否受过刑事处罚或者行政处等情况。

第二百零九条 对犯罪嫌疑人供述的犯罪事实、无罪或者罪轻的事实、申辩和反证,以及犯罪嫌疑人提供的证明自己无罪、罪轻的证据,公安机关应当认真核查;对有关证据,无论是否采信,都应当如实记录、妥善保管,并连同核查情况附卷。

第九节 辨 认

第二百五十八条 为了查明案情,在必要的时候,侦查人员可以让被害人、证人或者犯罪嫌疑人对与犯罪有关的物品、文件、尸体、场所或者犯罪嫌疑人进行辨认。

第二百五十九条 辨认应当在侦查人员的主持下进行。主持辨认的侦查人员不得少于二人。

几名辨认人对同一辨认对象进行辨认时,应当由辨认人个别进行。

第二百六十条 辨认时,应当将辨认对象混杂在特征相类似的其他对象中,不得在辨认前向辨认人展示辨认对象及其影像资料,不得给辨认人任何暗示。

辨认犯罪嫌疑人时,被辨认的人数不得少于七人;对犯罪嫌疑人照片进行辨认的,不得少于十人的照片。

辨认物品时,混杂的同类物品不得少于五件;对物品的照片进行辨认的,不得少于十个物品的照片。

对场所、尸体等特定辨认对象进行辨认,或者辨认人能够准确描述物品独有特征的,陪衬物不受数量的限制。

第二百六十一条 对犯罪嫌疑人的辨认,辨认人不愿意公开进行时,可以在不暴露辨认人的情况下进行,并应当为其保守秘密。

第二百六十二条 对辨认经过和结果,应当制作辨认笔录,由侦查人员、辨认人、见证人签名。必要时,应当对辨认过程进行录音录像。

《海警机构办理刑事案件程序规定》(中国海警局令第1号,自2023年6月15日起施行)

第八章 侦 查
第二节 讯问犯罪嫌疑人

第一百九十八条 侦查人员讯问犯罪嫌疑人时,应当首先讯问犯罪嫌疑人是否有犯罪行为,并告知犯罪嫌疑人享有的诉讼权利,如实供述自己罪行可以从宽处理以及认罪认罚的法律规定,让其陈述有罪的情节或者无罪的辩解,然后向其提出问题。

犯罪嫌疑人对侦查人员的提问,应当如实回答。但是对与本案无关的问题,有拒绝回答的权利。

第一次讯问,应当问明犯罪嫌疑人的姓名、别名、曾用名、出生年月日、户籍所在地、现住地、籍贯、出生地、民族、职业、文化程度、政治面貌、工作单位、家庭情况、社会经历,是否属于人民代表大会代表、政治协商委员会委员,是否受过刑事处罚或者行政处理等情况。

第二百零五条　对犯罪嫌疑人供述的犯罪事实、无罪或者罪轻的事实、申辩和反证,以及犯罪嫌疑人提供的证明自己无罪、罪轻的证据,海警机构应当认真核查;对有关证据,无论是否采信,都应当如实记录、妥善保管,并连同核查情况附卷。

第十节　辨　认

第二百五十四条　为了查明案情,必要时,侦查人员可以让犯罪嫌疑人或者被害人、证人对与犯罪有关的物品、文件、尸体、场所或者犯罪嫌疑人进行辨认。

第二百五十五条　辨认应当在侦查人员的主持下进行。主持辨认的侦查人员不得少于二人。

几名辨认人对同一辨认对象进行辨认时,应当由辨认人个别进行。

第二百五十六条　辨认时,应当将辨认对象混杂在特征相类似的其他对象中,不得在辨认前向辨认人展示辨认对象及其影像资料,不得给辨认人任何暗示。

辨认犯罪嫌疑人时,被辨认的人数不得少于七人;对犯罪嫌疑人照片进行辨认的,不得少于十人的照片。

辨认物品时,混杂的同类物品不得少于五件;对物品的照片进行辨认的,不得少于十个物品的照片。

对场所、尸体等特定辨认对象进行辨认,或者辨认人能够准确描述物品独有特征的,陪衬物不受数量的限制。

第二百五十七条　对犯罪嫌疑人的辨认,辨认人不愿意公开进行的,可以在不暴露辨认人的情况下进行,并应当为其保守秘密。

第二百五十八条　辨认应当制作辨认笔录,写明辨认经过和结果,由辨认人签名、捺指印,侦查人员、见证人也应当签名。必要时,应当对辨认过程进行录音录像。

▰ 其他规范

《最高人民法院、最高人民检察院、公安部、国家安全部、司法部关于办理刑事案件严格排除非法证据若干问题的规定》(法发〔2017〕15号)第十条至第十四条对讯问录音录像的有关问题作了规定。(→参见第五十六条至第六十条所附"其他规范",第462页)

第一百二十一条　【对聋、哑犯罪嫌疑人讯问的要求】讯问聋、哑的犯罪嫌疑人,应当有通晓聋、哑手势的人参加,并且将这种情况记明笔录。

立法沿革

1979年《刑事诉讼法》第六十五条规定:"讯问聋、哑的被告人,应当有通晓聋、哑手势的人参加,并且将这种情况记明笔录。"1996年《刑事诉讼法修改决定》将本条中的"被告人"修改为"犯罪嫌疑人"。2012年、2018年修改《刑事诉讼法》时对本条规定未作调整。

基本规范

《公安机关办理刑事案件程序规定》(公安部令第159号修正,修正后自2020年9月1日起施行)

第八章　侦查

第二节　讯问犯罪嫌疑人

第二百零四条　讯问聋、哑的犯罪嫌疑人,应当有通晓聋、哑手势的人参加,并在讯问笔录上注明犯罪嫌疑人的聋、哑情况,以及翻译人员的姓名、工作单位和职业。

讯问不通晓当地语言文字的犯罪嫌疑人,应当配备翻译人员。

《海警机构办理刑事案件程序规定》(中国海警局令第1号,自2023年6月15日起施行)

第八章　侦　查

第二节　讯问犯罪嫌疑人

第一百九十九条　讯问聋、哑的犯罪嫌疑人,应当有通晓聋、哑手势的人参加,并在讯问笔录上注明犯罪嫌疑人的聋、哑情况,以及翻译人员的姓名、工作单位和职业。

讯问不通晓当地通用的语言文字的犯罪嫌疑人,应当配备翻译人员。

第一百二十二条　【讯问笔录】讯问笔录应当交犯罪嫌疑人核对,对于没有阅读能力的,应当向他宣读。如果记载有遗漏或者差错,犯罪嫌疑人可以提出补充或者改正。犯罪嫌疑人承认笔录没有错误后,应当签名或者盖章。侦查人员也应当在笔录上签名。犯罪嫌疑人请求自行书写供述的,应当准许。必要的时候,侦查人员也可以要犯罪嫌疑人亲笔书写供词。

立法沿革

1979年《刑事诉讼法》第六十六条规定:"讯问笔录应当交被告人核对,对于没有阅读能力的,应当向他宣读。如果记载有遗漏或者差错,被告人可以提出补充或者改正。被告人承认笔录没有错误后,应当签名或者盖章。侦查人员也应当在笔录上签名。被告人请求自行书写供述的,应当准许。必要的时候,侦查人员也可以要被告人亲笔书写供词。"1996年《刑事诉讼法修改决定》将本条中的"被告人"修改为"犯罪嫌疑人"。2012年、2018年修改《刑事诉讼法》时对本条规定未作调整。

基本规范

《公安机关办理刑事案件程序规定》(公安部令第159号修正,修正后自2020年9月1日起施行)

第八章 侦 查

第二节 讯问犯罪嫌疑人

第二百零五条 侦查人员应当将问话和犯罪嫌疑人的供述或者辩解如实地记录清楚。制作讯问笔录应当使用能够长期保持字迹的材料。

第二百零六条 讯问笔录应当交犯罪嫌疑人核对;对于没有阅读能力的,应当向他宣读。如果记录有遗漏或者差错,应当允许犯罪嫌疑人补充或者更正,并捺指印。笔录经犯罪嫌疑人核对无误后,应当由其在笔录上逐页签名、捺指印,并在末页写明"以上笔录我看过(或向我宣读过),和我说的相符"。拒绝签名、捺指印的,侦查人员应当在笔录上注明。

讯问笔录上所列项目,应当按照规定填写齐全。侦查人员、翻译人员应当在讯问笔录上签名。

第二百零七条 犯罪嫌疑人请求自行书写供述的,应当准许;必要时,侦查人员也可以要求犯罪嫌疑人亲笔书写供词。犯罪嫌疑人应当在亲笔供词上逐页签名、捺指印。侦查人员收到后,应当在首页右上方写明"于某年某月某日收到",并签名。

《海警机构办理刑事案件程序规定》(中国海警局令第1号,自2023年6月15日起施行)

第八章 侦 查

第二节 讯问犯罪嫌疑人

第二百条 侦查人员应当将问话和犯罪嫌疑人的供述或者辩解如实地记录

清楚。制作讯问笔录应当使用能够长期保持字迹的材料。

第二百零一条 讯问笔录应当交犯罪嫌疑人核对;对于没有阅读能力的,应当向其宣读。如果记录有遗漏或者差错,应当允许犯罪嫌疑人补充或者更正,并捺指印。笔录经犯罪嫌疑人核对无误后,应当由其在笔录上逐页签名、捺指印,并在末页写明"以上笔录我看过(或向我宣读过),和我说的相符"。拒绝签名、捺指印的,侦查人员应当在笔录上注明。

讯问笔录上所列项目,应当按照规定填写齐全。侦查人员、翻译人员应当在讯问笔录上签名。

第二百零二条 犯罪嫌疑人请求自行书写供述的,应当准许;必要时,侦查人员也可以要求犯罪嫌疑人亲笔书写供词。犯罪嫌疑人应当在亲笔供词上逐页签名、捺指印。侦查人员收到后,应当在首页右上方写明"于某年某月某日收到",并签名。

第一百二十三条 【讯问过程录音录像】侦查人员在讯问犯罪嫌疑人的时候,可以对讯问过程进行录音或者录像;对于可能判处无期徒刑、死刑的案件或者其他重大犯罪案件,应当对讯问过程进行录音或者录像。

录音或者录像应当全程进行,保持完整性。

■ 立法沿革

本条系2012年《刑事诉讼法修改决定》增加的规定,2018年修改《刑事诉讼法》时未作调整。

■ "六部委"规定

《最高人民法院、最高人民检察院、公安部、国家安全部、司法部、全国人大常委会法制工作委员会关于实施刑事诉讼法若干问题的规定》(自2013年1月1日起施行,节录)

六、侦查

19.刑事诉讼法第一百二十一条第一款①规定:"侦查人员在讯问犯罪嫌疑人的时候,可以对讯问过程进行录音或者录像;对于可能判处无期徒刑、死刑的案件或者其他重大犯罪案件,应当对讯问过程进行录音或者录像。"侦查人员对

---

① 现行《刑事诉讼法》第一百二十三条第一款。——**本评注注**

讯问过程进行录音或者录像的,应当在讯问笔录中注明。人民检察院、人民法院可以根据需要调取讯问犯罪嫌疑人的录音或者录像,有关机关应当及时提供。

基本规范

《最高人民法院关于适用〈中华人民共和国刑事诉讼法〉的解释》(法释〔2021〕1号,自2021年3月1日起施行)

第四章 证 据
第一节 一般规定
第七十四条 依法应当对讯问过程录音录像的案件,相关录音录像未随案移送的,必要时,人民法院可以通知人民检察院在指定时间内移送。人民检察院未移送,导致不能排除属于刑事诉讼法第五十六条规定的以非法方法收集证据情形的,对有关证据应当依法排除;导致有关证据的真实性无法确认的,不得作为定案的根据。

《公安机关办理刑事案件程序规定》(公安部令第159号修正,修正后自2020年9月1日起施行)

第八章 侦查
第二节 讯问犯罪嫌疑人
第二百零八条 讯问犯罪嫌疑人,在文字记录的同时,可以对讯问过程进行录音录像。对于可能判处无期徒刑、死刑的案件或者其他重大犯罪案件,应当对讯问过程进行录音录像。

前款规定的"可能判处无期徒刑、死刑的案件",是指应当适用的法定刑或者量刑档次包含无期徒刑、死刑的案件。"其他重大犯罪案件",是指致人重伤、死亡的严重危害公共安全犯罪、严重侵犯公民人身权利犯罪,以及黑社会性质组织犯罪、严重毒品犯罪等重大故意犯罪案件。

对讯问过程录音录像的,应当对每一次讯问全程不间断进行,保持完整性。不得选择性地录制,不得剪接、删改。

《海警机构办理刑事案件程序规定》(中国海警局令第1号,自2023年6月15日起施行)

第八章 侦查
第二节 讯问犯罪嫌疑人
第二百零三条 讯问犯罪嫌疑人,在文字记录的同时,可以对讯问过程进行录音录像。对于可能判处无期徒刑、死刑的案件或者其他重大犯罪案件,应当对讯问过程进行录音录像。

前款规定的"可能判处无期徒刑、死刑的案件",是指应当适用的法定刑或者量刑档次包含无期徒刑、死刑的案件。"其他重大犯罪案件",是指致人重伤、死亡的严重危害公共安全犯罪、严重侵犯公民人身权利犯罪,以及黑社会性质组织犯罪、严重毒品犯罪、走私集团犯罪等重大故意犯罪案件。

对讯问过程录音录像应当全程同步不间断进行,保持完整性。不得选择性地录制,不得剪接、删改。

第二百零四条 对讯问过程录音录像的,侦查人员应当告知犯罪嫌疑人,告知情况应当在录音录像中予以反映,并在讯问笔录中注明。

对于人民法院、人民检察院根据需要调取讯问犯罪嫌疑人的录音录像的,海警机构应当及时提供。涉及国家秘密的,应当标明密级,并提出保密要求。

其他规范

《公安机关讯问犯罪嫌疑人录音录像工作规定》(公安部,公通字(2014)33号,自2014年10月1日起施行)

第一章　总　则

第一条 为保证公安机关依法讯问取证,规范讯问犯罪嫌疑人录音录像工作,保障犯罪嫌疑人的合法权益,根据《中华人民共和国刑事诉讼法》、《公安机关办理刑事案件程序规定》的有关规定,制定本规定。

第二条 讯问犯罪嫌疑人录音录像,是指公安机关讯问犯罪嫌疑人,在文字记录的同时,利用录音录像设备对讯问过程进行全程音视频同步记录。

第三条 对讯问过程进行录音录像,应当对每一次讯问全程不间断进行,保持完整性,不得选择性地录制,不得剪接、删改。

第四条 对下列重大犯罪案件,应当对讯问过程进行录音录像:

(一)可能判处无期徒刑、死刑的案件;

(二)致人重伤、死亡的严重危害公共安全犯罪、严重侵犯公民人身权利犯罪案件;

(三)黑社会性质组织犯罪案件,包括组织、领导黑社会性质组织,入境发展黑社会组织,包庇、纵容黑社会性质组织等犯罪案件;

(四)严重毒品犯罪案件,包括走私、贩卖、运输、制造毒品,非法持有毒品数量大的,包庇走私、贩卖、运输、制造毒品的犯罪分子情节严重的,走私、非法买卖制毒物品数量大的犯罪案件;

(五)其他故意犯罪案件,可能判处十年以上有期徒刑的。

前款规定的"讯问",既包括在执法办案场所进行的讯问,也包括对不需要拘留、逮捕的犯罪嫌疑人在指定地点或者其住处进行的讯问，以及紧急情况下在现场进行的讯问。

本条第一款规定的"可能判处无期徒刑、死刑的案件"和"可能判处十年以上有期徒刑的案件"，是指应当适用的法定刑或者量刑档次包含无期徒刑、死刑、十年以上有期徒刑的案件。

第五条 在办理刑事案件过程中，在看守所讯问或者通过网络视频等方式远程讯问犯罪嫌疑人的，应当对讯问过程进行录音录像。

第六条 对具有下列情形之一的案件，应当对讯问过程进行录音录像：

（一）犯罪嫌疑人是盲、聋、哑人，未成年人或者尚未完全丧失辨认或者控制自己行为能力的精神病人，以及不通晓当地通用的语言文字的；

（二）犯罪嫌疑人反侦查能力较强或者供述不稳定，翻供可能性较大的；

（三）犯罪嫌疑人作无罪辩解和辩护人可能作无罪辩护的；

（四）犯罪嫌疑人、被害人、证人对案件事实、证据存在较大分歧的；

（五）共同犯罪中难以区分犯罪嫌疑人相关责任的；

（六）引发信访、舆论炒作风险较大的；

（七）社会影响重大、舆论关注度高的；

（八）其他重大、疑难、复杂情形。

第七条 各级公安机关应当积极创造条件，尽快实现对所有刑事案件讯问过程全程录音录像。装备财务、警务保障、科技、信通等部门应当为讯问录音录像工作提供保障和支持。

第二章 录 制

第八条 对讯问过程进行录音录像，可以使用专门的录制设备，也可以通过声像监控系统进行。

第九条 讯问开始前，应当做好录音录像的准备工作，对讯问场所及录音录像设备进行检查和调试，确保设备运行正常、时间显示准确。

第十条 录音录像应当自讯问开始时开始，至犯罪嫌疑人核对讯问笔录、签字捺指印后结束。讯问笔录记载的起止时间应当与讯问录音录像资料反映的起止时间一致。

第十一条 对讯问过程进行录音录像，应当对侦查人员、犯罪嫌疑人、其他在场人员、讯问场景和计时装置、温度计显示的信息进行全面摄录，图像应当显示犯罪嫌疑人正面中景。有条件的地方，可以通过画中画技术同步显示侦查人员正面画面。

讯问过程中出示证据和犯罪嫌疑人辨认证据、核对笔录、签字捺指印的过程应当在画面中予以反映。

第十二条 讯问录音录像的图像应当清晰稳定,话音应当清楚可辨,能够真实反映讯问现场的原貌,全面记录讯问过程,并同步显示日期和24小时制时间信息。

第十三条 在制作讯问笔录时,侦查人员可以对犯罪嫌疑人的供述进行概括,但涉及犯罪的时间、地点、作案手段、作案工具、被害人情况、主观心态等案件关键事实的,讯问笔录记载的内容应当与讯问录音录像资料记录的犯罪嫌疑人供述一致。

第十四条 讯问过程中,因存储介质空间不足、技术故障等客观原因导致不能录音录像的,应当中止讯问,并视情及时采取更换存储介质、排除故障、调换讯问室、更换移动录音录像设备等措施。

对于本规定第四条规定以外的案件,因案情紧急、排除中止情形所需时间过长等原因不宜中止讯问的,可以继续讯问。有关情况应当在讯问笔录中载明,并由犯罪嫌疑人签字确认。

第十五条 中止讯问的情形消失后继续讯问的,应当同时进行录音录像。侦查人员应当在录音录像开始后,口头说明中断的原因、起止时间等情况,在讯问笔录中载明并由犯罪嫌疑人签字确认。

第三章 资料管理和使用

第十六条 办案部门应当指定办案人员以外的人员保管讯问录音录像资料,不得由办案人员自行保管。讯问录音录像资料的保管条件应当符合公安声像档案管理有关规定,保密要求应当与本案讯问笔录一致。

有条件的地方,可以对讯问录音录像资料实行信息化管理,并与执法办案信息系统关联。

案件侦查终结后,应当将讯问录音录像资料和案件卷宗一并移交档案管理部门保管。

第十七条 讯问录音录像资料应当刻录光盘保存或者利用磁盘等存储设备存储。

刻录光盘保存的,应当制作一式两份,在光盘标签或者封套上标明制作单位、制作人、制作时间、被讯问人、案件名称及案件编号,一份装袋密封作为正本,一份作为副本。对一起案件中的犯罪嫌疑人多次讯问的,可以将多次讯问的录音录像资料刻录在同一张光盘内。刻录完成后,办案人员应当在24小时内将光盘移交保管人员,保管人员应当登记入册并与办案人员共同签名。

利用磁盘等存储设备存储的,应当在讯问结束后立即上传到专门的存储设备中,并制作数据备份;必要时,可以转录为光盘。

第十八条 刑事诉讼过程中,除因副本光盘损坏、灭失需要重新复制,或者对副本光盘的真实性存在疑问需要查阅外,不得启封正本光盘。确需调取正本光盘的,应当经办案部门负责人批准,使用完毕后应当及时重新封存。

第十九条 公安机关办案和案件审核、执法监督、核查信访投诉等工作需要使用讯问录音录像资料的,可以调取副本光盘或者通过信息系统调阅。

人民法院、人民检察院依法调取讯问录音录像资料的,办案部门应当在三日内将副本光盘移交人民法院、人民检察院。利用磁盘等存储设备存储的,应当转录为光盘后移交。

第二十条 调取光盘时,保管人员应当在专门的登记册上登记调取人员、时间、事由、预计使用时间、审批人等事项,并由调取人员和保管人员共同签字。

对调取、使用的光盘,有关单位应当妥善保管,并在使用完毕后及时交还保管人员。

调取人归还光盘时,保管人员应当进行检查、核对,有损毁、调换、灭失等情况的,应当如实记录,并报告办案部门负责人。

第二十一条 通过信息系统调阅讯问录音录像资料的,应当综合考虑部门职责、岗位性质、工作职权等因素,严格限定使用权限,严格落实管理制度。

第四章 监督与责任

第二十二条 讯问录音录像工作和讯问录音录像资料的管理使用情况,应当纳入所在单位案件审核和执法质量考评范围。

对本规定第四条规定的案件,办案部门在报送审核时应当同时提交讯问录音录像资料。审核部门应当重点审查是否存在以下情形:

(一)以刑讯逼供等非法方法收集证据;

(二)未在讯问室讯问犯罪嫌疑人;

(三)未保证犯罪嫌疑人的饮食和必要的休息时间;

(四)讯问笔录记载的起止时间与讯问录音录像资料反映的起止时间不一致;

(五)讯问笔录与讯问录音录像资料内容严重不符。

对本规定第四条规定以外的案件,存在刑讯逼供等非法取证嫌疑的,审核部门应当对讯问录音录像资料进行审查。

第二十三条 审核部门发现具有下列情形之一的,不得将犯罪嫌疑人供述作为提请批准逮捕、移送审查起诉的依据:

(一)存在本规定第二十二条第二款第一项情形的;

(二)存在本规定第二十二条第二款第二项至第五项情形而未进行补正、解释,或者经补正、解释后仍不能有效证明讯问过程合法性的。

第二十四条　对违反本规定,具有下列情形之一的,应当根据有关规定追究有关单位和人员的责任:

(一)未对本规定第四条规定的案件讯问过程进行录音录像,导致有关证据被人民法院、人民检察院依法排除的;

(二)讯问笔录与讯问录音录像资料内容严重不符,影响证据效力的;

(三)对讯问录音录像资料进行剪接、删改的;

(四)未按规定保管,致使讯问录音录像资料毁损、灭失、泄露的;

(五)私自或者违规调取、使用、披露讯问录音录像资料,影响案件办理或者侵犯当事人合法权益的;

(六)其他违反本规定,应当追究责任的。

第五章　附　则

第二十五条　公安机关办理刑事案件,需要对询问被害人、证人过程进行录音录像的,适用本规定。

第二十六条　公安机关办理行政案件,需要对询问违法嫌疑人、被侵害人、证人过程进行录音录像的,参照本规定执行。

第二十七条　本规定自2014年10月1日起施行。各地公安机关可以根据本规定,结合本地实际制定实施细则,并报上一级公安机关备案。

司法疑难解析

讯问过程录音录像调取规则。刑事诉讼法对讯问过程录音录像问题作了明确规定,《监察法》第四十一条第二款也规定"调查人员进行讯问以及搜查、查封、扣押等重要取证工作,应当对全过程进行录音录像,留存备查"。而且,相关主管部门也对重要取证环节的录音录像作了进一步细化规定。但是,从司法实践来看,个别案件仍然存在由于未随案移送相关录音录像导致证据存疑的情况,甚至经人民法院调取仍未提供。

为将相关法律规定落到实处,切实保障被告人的合法权益,《刑诉法解释》第七十四条规定:"依法应当对讯问过程录音录像的案件,相关录音录像未随案移送的,必要时,人民法院可以通知人民检察院在指定时间内移送。人民检察院未移送,导致不能排除属于刑事诉讼法第五十六条规定的以非法方法收集证据情形的,对有关证据应当依法排除;导致有关证据的真实性无法确认的,不得作为定案的根据。"据此,对于因不移送相关录音录像导致证据的合法性和真实性存疑的,根据刑事诉讼法的规定,应当采用不同的处理规则:对于相关证据不能排除《刑事诉讼法》第五十六条规定的以非法方法收集证据情形的,对有关证据应当予以排除;对于相关证据的真实性无法确认的,相关证据不作为定案的根据。

征求意见过程中,有意见建议删去《刑诉法解释》第七十四条。理由:根据《刑事诉讼法》和"六部委"规定,讯问过程录音录像无须随案移送,而是根据需要调取。无论是《刑事诉讼法》还是《最高人民法院、最高人民检察院、公安部、国家安全部、司法部关于办理刑事案件严格排除非法证据若干问题的规定》(法发〔2017〕15号,以下简称《非法证据排除规定》),都没有将"未依法对取证过程进行录音录像"或者"录音录像未随案移送"作为排除非法证据的情形。关于检察机关未提供讯问过程录音录像以证明取证合法性的问题,可以依据《刑事诉讼法》第六十条"对于经过法庭审理,确认或者不能排除存在本法第五十六条规定的以非法方法收集证据情形的,对有关证据应当予以排除"处理,也可以根据《非法证据排除规定》第三十四条处理,没有必要增设《刑诉法解释》第七十四条的规定。经研究,未采纳上述意见。主要考虑:《刑诉法解释》第七十四条的规定与上述规定并不矛盾。前者规定的是经人民法院调取仍未移送,进而导致相关证据的真实性、合法性或者关联性无法确认的情形。对此,无论依据哪个规范性文件的规定,还是刑事诉讼基本法理,都不能作为定案的根据。故而,《刑诉法解释》第七十四条的规定并无不妥。

需要注意的是,《刑诉法解释》第七十四条规定的"讯问过程录音录像"不限于侦查讯问过程录音录像,也包括监察调查讯问过程录音录像。《国家监察委员会与最高人民检察院办理职务犯罪案件工作衔接办法》第二十七条第二款规定,"国家监察委员会对调查过程的录音、录像不随案移送最高人民检察院。最高人民检察院认为需要调取与指控犯罪有关并且需要对证据合法性进行审查的讯问录音录像,可以同国家监察委员会沟通协调后予以调取"。可见,调查过程的录音录像虽然不随案移送,但可以依法调取。

相关规范集成·监察谈话与讯问

相关规定

《中华人民共和国监察法》(自2018年3月20日起施行,节录)
第十九条 对可能发生职务违法的监察对象,监察机关按照管理权限,可以直接或者委托有关机关、人员进行谈话或者要求说明情况。

第二十条 在调查过程中,对涉嫌职务违法的被调查人,监察机关可以要求其就涉嫌违法行为作出陈述,必要时向被调查人出具书面通知。

对涉嫌贪污贿赂、失职渎职等职务犯罪的被调查人,监察机关可以进行讯问,要求其如实供述涉嫌犯罪的情况。

第四十一条 调查人员采取讯问、询问、留置、搜查、调取、查封、扣押、勘验检查等调查措施,均应当依照规定出示证件,出具书面通知,由二人以上进行,形成笔录、报告等书面材料,并由相关人员签名、盖章。

调查人员进行讯问以及搜查、查封、扣押等重要取证工作,应当对全过程进行录音录像,留存备查。

《中华人民共和国监察法实施条例》(自2021年9月20日起施行,节录)

第四章 监察权限

第一节 一般要求

第五十六条 开展讯问、搜查、查封、扣押以及重要的谈话、询问等调查取证工作,应当全程同步录音录像,并保持录音录像资料的完整性。录音录像资料应当妥善保管、及时归档,留存备查。

人民检察院、人民法院需要调取同步录音录像的,监察机关应当予以配合,经审批依法予以提供。

第三节 谈 话

第七十条 监察机关在问题线索处置、初步核实和立案调查中,可以依法对涉嫌职务违法的监察对象进行谈话,要求其如实说明情况或者作出陈述。

谈话应当个别进行。负责谈话的人员不得少于二人。

第七十一条 对一般性问题线索的处置,可以采取谈话方式进行,对监察对象给予警示、批评、教育。谈话应当在工作地点等场所进行,明确告知谈话事项,注重谈清问题、取得教育效果。

第七十二条 采取谈话方式处置问题线索的,经审批可以由监察人员或者委托被谈话人所在单位主要负责人等进行谈话。

监察机关谈话应当形成谈话笔录或者记录。谈话结束后,可以根据需要要求被谈话人在十五个工作日以内作出书面说明。被谈话人应当在书面说明每页签名,修改的地方也应当签名。

委托谈话的,受委托人应当在收到委托函后的十五个工作日以内进行谈话。谈话结束后及时形成谈话情况材料报送监察机关,必要时附被谈话人的书面说明。

第七十三条 监察机关开展初步核实工作,一般不与被核查人接触;确有需要与被核查人谈话的,应当按规定报批。

第七十四条 监察机关对涉嫌职务违法的被调查人立案后,可以依法进行谈话。

与被调查人首次谈话时,应当出示《被调查人权利义务告知书》,由其签名、捺指印。被调查人拒绝签名、捺指印的,调查人员应当在文书上记明。对于被调查人未被限制人身自由的,应当在首次谈话时出具《谈话通知书》。

与涉嫌严重职务违法的被调查人进行谈话的,应当全程同步录音录像,并告知被调查人。告知情况应当在录音录像中予以反映,并在笔录中记明。

第七十五条 立案后,与未被限制人身自由的被调查人谈话的,应当在具备安全保障条件的场所进行。

调查人员按规定通知被调查人所在单位派员或者被调查人家属陪同被调查人到指定场所的,应当与陪同人员办理交接手续,填写《陪送交接单》。

第七十六条 调查人员与被留置的被调查人谈话的,按照法定程序在留置场所进行。

与在押的犯罪嫌疑人、被告人谈话的,应当持以监察机关名义出具的介绍信、工作证件,商请有关案件主管机关依法协助办理。

与在看守所、监狱服刑的人员谈话的,应当持以监察机关名义出具的介绍信、工作证件办理。

第七十七条 与被调查人进行谈话,应当合理安排时间、控制时长,保证其饮食和必要的休息时间。

第七十八条 谈话笔录应当在谈话现场制作。笔录应当详细具体,如实反映谈话情况。笔录制作完成后,应当交给被调查人核对。被调查人没有阅读能力的,应当向其宣读。

笔录记载有遗漏或者差错的,应当补充或者更正,由被调查人在补充或者更正处捺指印。被调查人核对无误后,应当在笔录中逐页签名、捺指印。被调查人拒绝签名、捺指印的,调查人员应当在笔录中记明。调查人员也应当在笔录中签名。

第七十九条 被调查人请求自行书写说明材料的,应当准许。必要时,调查人员可以要求被调查人自行书写说明材料。

被调查人应当在说明材料上逐页签名、捺指印,在末页写明日期。对说明材料有修改的,在修改之处应当捺指印。说明材料应当由二名调查人员接收,在首页记明接收的日期并签名。

第八十条 本条例第七十四条至第七十九条的规定,也适用于在初步核实中开展的谈话。

第四节 讯 问

第八十一条 监察机关对涉嫌职务犯罪的被调查人,可以依法进行讯问,要求其如实供述涉嫌犯罪的情况。

第八十二条 讯问被留置的被调查人,应当在留置场所进行。

第八十三条 讯问应当个别进行,调查人员不得少于二人。

首次讯问时,应当向被讯问人出示《被调查人权利义务告知书》,由其签名、捺指印。被讯问人拒绝签名、捺指印的,调查人员应当在文书上记明。被讯问人未被限制人身自由的,应当在首次讯问时向其出具《讯问通知书》。

讯问一般按照下列顺序进行:

(一)核实被讯问人的基本情况,包括姓名、曾用名、出生年月日、户籍地、身份证件号码、民族、职业、政治面貌、文化程度、工作单位及职务、住所、家庭情况、社会经历,是否属于党代表大会代表、人大代表、政协委员,是否受到过党纪政务处分,是否受到过刑事处罚等;

(二)告知被讯问人如实供述自己罪行可以依法从宽处理和认罪认罚的法律规定;

(三)讯问被讯问人是否有犯罪行为,让其陈述有罪的事实或者无罪的辩解,应当允许其连贯陈述。

调查人员的提问应当与调查的案件相关。被讯问人对调查人员的提问应当如实回答。调查人员对被讯问人的辩解,应当如实记录,认真查核。

讯问时,应当告知被讯问人将进行全程同步录音录像。告知情况应当在录音录像中予以反映,并在笔录中记明。

第八十四条 本条例第七十五条至第七十九条的要求,也适用于讯问。

第三节 询问证人

第一百二十四条 【询问证人的地点、方式】侦查人员询问证人,可以在现场进行,也可以到证人所在单位、住处或者证人提出的地点进行,在必要的时候,可以通知证人到人民检察院或者公安机关提供证言。在现场询问证人,应当出示工作证件,到证人所在单位、住处或者证人提出的地点询问证人,应当出示人民检察院或者公安机关的证明文件。

询问证人应当个别进行。

第一百二十五条 【询问证人的告知事项】询问证人,应当告知他应当如实地提供证据、证言和有意作伪证或者隐匿罪证要负的法律责任。

第一百二十六条 【询问证人笔录】本法第一百二十二条的规定,也适用于询问证人。

第一百二十七条 【询问被害人的法律适用】询问被害人,适用本节各条规定。

立法沿革

本四条系关于询问证人、被害人的规定。

关于第一百二十四条,1979年《刑事诉讼法》第六十七条规定:"侦查人员询问证人,可以到证人的所在单位或者住处进行,但是必须出示人民检察院或者公安机关的证明文件。在必要的时候,也可以通知证人到人民检察院或者公安机关提供证言。""询问证人应当个别进行。"1996年修改《刑事诉讼法》时对本条规定未作调整。2012年《刑事诉讼法修改决定》对本条规定作了修改,增加侦查人员可以在现场以及证人提出的地点进行询问的规定。2018年修改《刑事诉讼法》时对本条规定未作调整。

关于第一百二十五条,1979年《刑事诉讼法》第六十八条规定:"询问证人,应当告知他应当如实地提供证据、证言和有意作伪证或者隐匿罪证要负的法律责任。"1996年《刑事诉讼法修改决定》在本条中增加规定第二款:"询问不满十八岁的证人,可以通知其法定代理人到场。"2012年《刑事诉讼法修改决定》删去本条第二款规定,移至特别程序专门规定。2018年修改《刑事诉讼法》时对本条规定未作调整。

第一百二十六条、第一百二十七条系沿用1979年《刑事诉讼法》第六十九条、第七十条的规定,仅对所引用的条文序号作了调整。

相关规定

《中华人民共和国刑法》(节录)

第三百零五条 【伪证罪】在刑事诉讼中,证人、鉴定人、记录人、翻译人对与案件有重要关系的情节,故意作虚假证明、鉴定、记录、翻译,意图陷害他人或者隐匿罪证的,处三年以下有期徒刑或者拘役;情节严重的,处三年以上七年以下有期徒刑。

基本规范

《公安机关办理刑事案件程序规定》(公安部令第 159 号修正,修正后自 2020 年 9 月 1 日起施行)

第八章　侦　查

第三节　询问证人、被害人

第二百一十条　询问证人、被害人,可以在现场进行,也可以到证人、被害人所在单位、住处或者证人、被害人提出的地点进行。在必要的时候,可以书面、电话或者当场通知证人、被害人到公安机关提供证言。

询问证人、被害人应当个别进行。

在现场询问证人、被害人,侦查人员应当出示人民警察证。到证人、被害人所在单位、住处或者证人、被害人提出的地点询问证人、被害人,应当经办案部门负责人批准,制作询问通知书。询问前,侦查人员应当出示询问通知书和人民警察证。

第二百一十一条　询问前,应当了解证人、被害人的身份,证人、被害人、犯罪嫌疑人之间的关系。询问时,应当告知证人、被害人必须如实地提供证据、证言和有意作伪证或者隐匿罪证应负的法律责任。

侦查人员不得向证人、被害人泄露案情或者表示对案件的看法,严禁采用暴力、威胁等非法方法询问证人、被害人。

第二百一十二条　本规定第二百零六条、第二百零七条的规定,也适用于询问证人、被害人。

《海警机构办理刑事案件程序规定》(中国海警局令第 1 号,自 2023 年 6 月 15 日起施行)

第八章　侦　查

第三节　询问证人、被害人

第二百零六条　询问证人、被害人,可以在现场进行,也可以到证人、被害人所在单位、住处或者证人、被害人提出的地点进行。必要时,可以书面、电话或者当场通知证人、被害人到海警机构提供证言。

在现场询问证人、被害人,侦查人员应当出示中国海警执法证。到证人、被害人所在单位、住处或者证人、被害人提出的地点询问证人、被害人,应当经海警机构办案部门以上负责人批准,制作询问通知书。询问前,侦查人员应当出示询问通知书和中国海警执法证。

询问证人、被害人应当个别进行。

第二百零七条 询问前,应当了解证人、被害人的身份,证人、被害人、犯罪嫌疑人之间的关系。询问时,应当告知证人、被害人必须如实地提供证据、证言和有意作伪证或者隐匿罪证应负的法律责任。

侦查人员不得向证人、被害人泄露案情或者表示对案件的看法,严禁采用暴力、威胁等非法方法询问证人、被害人。

第二百零八条 本规定第一百九十九条、第二百条、第二百零一条、第二百零二条,也适用于询问证人、被害人。

其他规范

《最高人民法院、最高人民检察院、公安部关于办理信息网络犯罪案件适用刑事诉讼程序若干问题的意见》(法发〔2022〕23号)**第十五条**对跨地域询问的有关问题作了规定。(→参见第二编"立案、侦查和提起公诉"标题下所附"基本规范",第787页)

相关规范集成·监察询问

相关规定

《中华人民共和国监察法》(自2018年3月20日起施行,节录)

第二十一条 在调查过程中,监察机关可以询问证人等人员。

第四十一条 调查人员采取讯问、询问、留置、搜查、调取、查封、扣押、勘验检查等调查措施,均应当依照规定出示证件,出具书面通知,由二人以上进行,形成笔录、报告等书面材料,并由相关人员签名、盖章。

调查人员进行讯问以及搜查、查封、扣押等重要取证工作,应当对全过程进行录音录像,留存备查。

《中华人民共和国监察法实施条例》(自2021年9月20日起施行,节录)

第四章 监察权限

第一节 一般要求

第五十六条 开展讯问、搜查、查封、扣押以及重要的谈话、询问等调查取证工作,应当全程同步录音录像,并保持录音录像资料的完整性。录音录像资料应当妥善保管、及时归档,留存备查。

人民检察院、人民法院需要调取同步录音录像的,监察机关应当予以配合,经审批依法予以提供。

第五节 询　问

第八十五条　监察机关按规定报批后,可以依法对证人、被害人等人员进行询问,了解核实有关问题或者案件情况。

第八十六条　证人未被限制人身自由的,可以在其工作地点、住所或者其提出的地点进行询问,也可以通知其到指定地点接受询问。到证人提出的地点或者调查人员指定的地点进行询问的,应当在笔录中记明。

调查人员认为有必要或者证人提出需要由所在单位派员或者其家属陪同到询问地点的,应当办理交接手续并填写《陪送交接单》。

第八十七条　询问应当个别进行。负责询问的调查人员不得少于二人。

首次询问时,应当向证人出示《证人权利义务告知书》,由其签名、捺指印。证人拒绝签名、捺指印的,调查人员应当在文书上记明。证人未被限制人身自由的,应当在首次询问时向其出具《询问通知书》。

询问时,应当核实证人身份,问明证人的基本情况,告知证人应当如实提供证据、证言,以及作伪证或者隐匿证据应当承担的法律责任。不得向证人泄露案情,不得采用非法方法获取证言。

询问重大或者有社会影响案件的重要证人,应当对询问过程全程同步录音录像,并告知证人。告知情况应当在录音录像中予以反映,并在笔录中记明。

第八十八条　询问未成年人,应当通知其法定代理人到场。无法通知或者法定代理人不能到场的,应当通知未成年人的其他成年亲属或者所在学校、居住地基层组织的代表等有关人员到场。询问结束后,由法定代理人或者有关人员在笔录中签名。调查人员应当将到场情况记录在案。

询问聋、哑人,应当有通晓聋、哑手势的人员参加。调查人员应当在笔录中记明证人的聋、哑情况,以及翻译人员的姓名、工作单位和职业。询问不通晓当地通用语言、文字的证人,应当有翻译人员。询问结束后,由翻译人员在笔录中签名。

第八十九条　凡是知道案件情况的人,都有如实作证的义务。对故意提供虚假证言的证人,应当依法追究法律责任。

证人或者其他任何人不得帮助被调查人隐匿、毁灭、伪造证据或者串供,不得实施其他干扰调查活动的行为。

第九十条　证人、鉴定人、被害人因作证,本人或者近亲属人身安全面临危险,向监察机关请求保护的,监察机关应当受理并及时进行审查;对于确实存在人身安全危险的,监察机关应当采取必要的保护措施。监察机关发现存在上述情形的,应当主动采取保护措施。

监察机关可以采取下列一项或者多项保护措施：

（一）不公开真实姓名、住址和工作单位等个人信息；

（二）禁止特定的人员接触证人、鉴定人、被害人及其近亲属；

（三）对人身和住宅采取专门性保护措施；

（四）其他必要的保护措施。

依法决定不公开证人、鉴定人、被害人的真实姓名、住址和工作单位等个人信息的，可以在询问笔录等法律文书、证据材料中使用化名。但是应当另行书面说明使用化名的情况并标明密级，单独成卷。

监察机关采取保护措施需要协助的，可以提请公安机关等有关单位和要求有关个人依法予以协助。

第九十一条　本条例第七十六条至第七十九条的要求，也适用于询问。询问重要涉案人员，根据情况适用本条例第七十五条的规定。

询问被害人，适用询问证人的规定。

第四节　勘验、检查

第一百二十八条　【勘验、检查的主体和范围】侦查人员对于与犯罪有关的场所、物品、人身、尸体应当进行勘验或者检查。在必要的时候，可以指派或者聘请具有专门知识的人，在侦查人员的主持下进行勘验、检查。

立法沿革

本条系沿用1979年《刑事诉讼法》第七十一条的规定。

基本规范

《公安机关办理刑事案件程序规定》（公安部令第159号修正，修正后自2020年9月1日起施行）

第八章　侦　查

第四节　勘验、检查

第二百一十三条　侦查人员对于与犯罪有关的场所、物品、人身、尸体应当进行勘验或者检查，及时提取、采集与案件有关的痕迹、物证、生物样本等。在必要的时候，可以指派或者聘请具有专门知识的人，在侦查人员的主持下进行勘验、检查。

《海警机构办理刑事案件程序规定》(中国海警局令第1号,自2023年6月15日起施行)

第八章 侦 查

第四节 勘验、检查

第二百零九条第一款 侦查人员对于与犯罪有关的场所、物品、人身、尸体应当进行勘验或者检查,及时提取、采集与案件有关的痕迹、物证、生物样本等。必要时,可以聘请有专门知识的人,在侦查人员的主持下进行勘验、检查。

其他规范

《人民检察院法医工作细则(试行)》(高检办发字〔1988〕第5号,节录)

第九条 尸体检验鉴定的目的是:确定死亡原因,推断死亡时间,判断致死方式和手段,推断致死工具,认定死亡性质(他杀、自杀、意外、或疾病死亡)。

第十条 尸体检验的对象包括:

一、涉及刑事案件,必须经过尸体检验方能查明死因的尸体。

二、被监管人员中非正常死亡的尸体。

三、重大责任事故案件中死亡,需要查明死因的尸体。

四、医疗责任事故造成死亡,需要查明死因的尸体。

五、体罚虐待被监管人员,刑讯逼供,违法乱纪致人死亡,需要查明死因的尸体。

六、控告申诉案件中涉及人身死亡,需要查明死因的尸体。

七、其他需要检验的尸体。

第十一条 尸体检验包括尸表检验和解剖检验。检验要求全面、系统、应提取有关脏器和组织做病理组织学检验。必要时抽取胃内容物、内脏、血液、尿液等作毒物分析或其他检验;提取心血作细菌培养。对已埋葬的尸体,需要查明死因者,要进行开棺检验。

第十二条 尸体解剖可遵照一九七九年卫生部重新颁发的解剖尸体规则的有关规定执行。

第三节 活体检查

第十三条 活体检查主要是对被害人、被告人的某些特征、损伤情况、生理状态、病理状态和各器官、系统功能状态等进行检验、鉴定。

一、个人特征:查明性别、年龄、检查血型及生理、病理特征。

二、检查人身是否有伤和损伤程度,推断损伤性质、受伤时间、致伤工具等。

三、检查有无被奸、妊娠、分娩以及性功能状态,协助解决有无性犯罪方面的问题。

四、查明人体有无中毒症状和体征,检查体内是否有某种毒物,并测定其含量及人体途径等。

五、检查有关人的精神状态,确定有无精神病及其类型,并断定其辨认能力或责任能力。

第十四条 活体检查一般由办案人员带领被检人在法医活体检验室内进行。被检人因健康关系不能行动,可在医院或家里进行。对妇女身体检验时,应由女法医进行,无女法医时,要有女工作人员在场。

第十五条 对伤害、疾病有关的活体检验,必须将被检人的病历及有关材料送交法医鉴定人。涉及临床医学各科时,可聘请专家共同鉴定。

第四节 法医物证检验

第十六条 法医物证是指对案件的真实情况具有证明作用的人体组织器官的一部分或其分泌物、排泄物等。

第十七条 法医物证检验鉴定的要求是:

一、血痕鉴定主要是检验检材上是否有血,是人血还是动物血、属何血型,出血部位以及性别等。

二、毛发认定主要是认定是否人毛,确定其生长部位、脱落、损伤的原因,有无附着物以及毛发性别、血型,比对现场遗留毛发与嫌疑人毛发是否相似等。

三、精斑鉴定主要是认定检材上是否附有精斑,属何血型等。

四、骨质鉴定主要认定是否人骨,是一人骨还是多人骨,从人骨上推断性别、年龄、身高和其他个体特征,骨质损伤是生前还是生后形成以及致伤工具等。

第十八条 法医物证检验的一般程序包括:肉眼检查、预备试验,确证试验、种属试验、个人识别等。

第十九条 法医物证的提取,包装,送检及保管应按不同种类的检材,严格遵照有关规定进行。

《公安机关刑事案件现场勘验检查规则》(公通字〔2015〕31号)

第一章 总 则

第一条 为规范公安机关刑事案件现场勘验、检查工作,保证现场勘验、检查质量,根据《中华人民共和国刑事诉讼法》和《公安机关办理刑事案件程序规定》的有关规定,制定本规则。

第二条 刑事案件现场勘验、检查,是侦查人员运用科学技术手段,对与犯罪有关的场所、物品、人身、尸体等进行勘验、检查的侦查活动。

第三条 刑事案件现场勘验、检查的任务,是发现、固定、提取与犯罪有关的痕迹、物证及其他信息,存储现场信息资料,判断案件性质,分析犯罪过程,确定侦查方向和范围,为侦查破案、刑事诉讼提供线索和证据。

第四条　公安机关对具备勘验、检查条件的刑事案件现场,应当及时进行勘验、检查。

第五条　刑事案件现场勘验、检查的内容,包括现场保护、现场实地勘验检查、现场访问、现场搜索与追踪、侦查实验、现场分析、现场处理、现场复验与复查等。

第六条　刑事案件现场勘验、检查由公安机关组织现场勘验、检查人员实施。必要时,可以指派或者聘请具有专门知识的人,在侦查人员的组织下进行勘验、检查。

公安机关现场勘验、检查人员是指公安机关及其派出机构经过现场勘验、检查专业培训考试,取得现场勘验、检查资格的侦查人员。

第七条　公安机关进行现场勘验、检查应当注意保护公民生命健康安全,尽量避免或者减少财产损失。

第八条　刑事案件现场勘验、检查工作应当遵循依法、安全、及时、客观、全面、细致的原则。

现场勘验、检查人员应当严格遵守保密规定,不得擅自发布刑事案件现场有关情况,泄露国家秘密、商业秘密、个人隐私。

第二章　现场勘验检查职责的划分

第九条　县级公安机关及其派出机构负责辖区内刑事案件的现场勘验、检查。对于案情重大、现场复杂的案件,可以向上一级公安机关请求支援。上级公安机关认为有必要时,可以直接组织现场勘验、检查。

第十条　涉及两个县级以上地方公安机关的刑事案件现场勘验、检查,由受案地公安机关进行,案件尚未受理的,由现场所在地公安机关进行。

第十一条　新疆生产建设兵团和铁路、交通、民航、森林公安机关及海关缉私部门负责其管辖的刑事案件的现场勘验、检查。

第十二条　公安机关和军队、武装警察部队互涉刑事案件的现场勘验、检查,依照公安机关和军队互涉刑事案件管辖分工的有关规定确定现场勘验、检查职责。

第十三条　人民法院、人民检察院和国家安全机关、军队保卫部门、监狱等部门管辖的案件,需要公安机关协助进行现场勘验、检查,并出具委托书的,有关公安机关应当予以协助。

第三章　现场保护

第十四条　发案地公安机关接到刑事案件报警后,对于有犯罪现场的,应当迅速派员赶赴现场,做好现场保护工作。

第十五条　负责保护现场的人民警察应当根据案件具体情况,划定保护范围,设置警戒线和告示牌,禁止无关人员进入现场。

第十六条　负责保护现场的人民警察除抢救伤员、紧急排险等情况外,不得进入现场,不得触动现场上的痕迹、物品和尸体;处理紧急情况时,应当尽可能避免破坏现场上的痕迹、物品和尸体,对现场保护情况应当予以记录,对现场原始情况应当拍照或者录像。

第十七条　负责保护现场的人民警察对现场可能受到自然、人为因素破坏的,应当对现场上的痕迹、物品和尸体等采取相应的保护措施。

第十八条　保护现场的时间,从发现刑事案件现场开始,至现场勘验、检查结束。需要继续勘验、检查或者需要保留现场的,应当对整个现场或者部分现场继续予以保护。

第十九条　负责现场保护的人民警察应当将现场保护情况及时报告现场勘验、检查指挥员。

第四章　现场勘验检查的组织指挥

第二十条　公安机关对刑事案件现场勘验、检查应当统一指挥,周密组织,明确分工,落实责任,及时完成各项任务。

第二十一条　现场勘验、检查的指挥员由具有现场勘验、检查专业知识和组织指挥能力的人民警察担任。

第二十二条　现场勘验、检查的指挥员依法履行下列职责:

(一)决定和组织实施现场勘验、检查的紧急措施;

(二)制定和实施现场勘验、检查的工作方案;

(三)对参加现场勘验、检查人员进行分工;

(四)指挥、协调现场勘验、检查工作;

(五)确定现场勘验、检查见证人;

(六)审核现场勘验检查工作记录;

(七)组织现场分析;

(八)决定对现场的处理。

第二十三条　现场勘验、检查人员依法履行下列职责:

(一)实施现场紧急处置;

(二)开展现场调查访问;

(三)发现、固定和提取现场痕迹、物证等;
(四)记录现场保护情况、现场原始情况和现场勘验、检查情况,制作《现场勘验检查工作记录》;
(五)参与现场分析;
(六)提出处理现场的意见;
(七)将现场勘验信息录入"全国公安机关现场勘验信息系统";
(八)利用现场信息串并案件。

第五章 现场实地勘验检查

第二十四条 公安机关对刑事案件现场进行勘验、检查不得少于二人。

勘验、检查现场时,应当邀请一至二名与案件无关的公民作见证人。由于客观原因无法由符合条件的人员担任见证人的,应当在笔录材料中注明情况,并对相关活动进行录像。

勘验、检查现场,应当拍摄现场照片,绘制现场图,制作笔录,由参加勘查的人和见证人签名。对重大案件的现场,应当录像。

第二十五条 现场勘验、检查人员到达现场后,应当了解案件发生、发现和现场保护情况。需要采取搜索、追踪、堵截、鉴别、安全检查和控制销赃等紧急措施的,应当立即报告现场指挥员,并依照有关法律法规果断处置。

具备使用警犬追踪或者鉴别条件的,在不破坏现场痕迹、物证的前提下,应当立即使用警犬搜索和追踪,提取有关物品、嗅源。

第二十六条 勘验、检查暴力犯罪案件现场,可以视案情部署武装警戒,防止造成新的危害后果。

第二十七条 公安机关应当为现场勘验、检查人员配备必要的安全防护设施和器具。现场勘验、检查人员应当增强安全意识,注意自身防护。对涉爆、涉枪、放火、制毒、涉危险物质、危险场所等可能危害勘验、检查人身安全的现场,应当先由专业人员排除险情,再进行现场勘验、检查。

第二十八条 执行现场勘验、检查任务的人员,应当持有《刑事案件现场勘查证》。《刑事案件现场勘查证》由公安部统一样式,省级公安机关统一制发。

第二十九条 执行现场勘验、检查任务的人员,应当使用相应的个人防护装置,防止个人指纹、足迹、DNA等信息遗留现场造成污染。

第三十条 勘验、检查现场时,非勘验、检查人员不得进入现场。确需进入现场的,应当经指挥员同意,并按指定路线进出现场。

第三十一条 现场勘验、检查按照以下工作步骤进行:
(一)巡视现场,划定勘验、检查范围;

（二）按照"先静后动,先下后上,先重点后一般,先固定后提取"的原则,根据现场实际情况确定勘验、检查流程;

（三）初步勘验、检查现场,固定和记录现场原始状况;

（四）详细勘验、检查现场,发现、固定、记录和提取痕迹、物证;

（五）记录现场勘验、检查情况。

第三十二条 勘验、检查人员应当及时采集并记录现场周边的视频信息、基站信息、地理信息及电子信息等相关信息。勘验、检查与电子数据有关的犯罪现场时,应当按照有关规范处置相关设备,保护电子数据和其他痕迹、物证。

第三十三条 勘验、检查繁华场所、敏感地区发生的煽动性或者影响较恶劣的案件时,应当采用适当方法对现场加以遮挡,在取证结束后及时清理现场,防止造成不良影响。

第三十四条 为了确定被害人、犯罪嫌疑人的某些特征、伤害情况或者生理状态,可以对人身进行检查,可以提取指纹信息,采集血液、口腔拭子、尿液等生物样本。犯罪嫌疑人拒绝检查、提取、采集的,侦查人员认为必要的时候,经办案部门负责人批准,可以强制检查、提取、采集。

检查妇女的身体,应当由女工作人员或者医师进行。

检查的情况应当制作笔录,由参加检查的侦查人员、检查人员、被检查人员和见证人签名。被检查人员拒绝签名的,侦查人员应当在笔录中注明。

第三十五条 勘验、检查有尸体的现场,应当有法医参加。

第三十六条 为了确定死因,经县级以上公安机关负责人批准,可以解剖尸体。

第三十七条 解剖尸体应当通知死者家属到场,并让死者家属在《解剖尸体通知书》上签名。死者家属无正当理由拒不到场或者拒绝签名的,可以解剖尸体,但是应当在《解剖尸体通知书》上注明。对于身份不明的尸体,无法通知死者家属的,应当在笔录中注明。

解剖外国人尸体应当通知死者家属或者其所属国家驻华使、领馆有关官员到场,并请死者家属或者其所属国家驻华使、领馆有关官员在《解剖尸体通知书》上签名。死者家属或者其所属国家驻华使、领馆有关官员无正当理由拒不到场或者拒绝签名的,可以解剖尸体,但应当在《解剖尸体通知书》上注明。对于身份不明外国人的尸体,无法通知死者家属或者有关使、领馆的,应当在笔录中注明。

第三十八条 移动现场尸体前,应当对尸体的原始状况及周围的痕迹、物品进行照相、录像,并提取有关痕迹、物证。

第三十九条 解剖尸体应当在尸体解剖室进行。确因情况紧急,或者受条件限制,需要在现场附近解剖的,应当采取隔离、遮挡措施。

第四十条 检验、解剖尸体时,应当捺印尸体指纹和掌纹。必要时,提取血液、尿液、胃内容和有关组织、器官等。尸体指纹和掌纹因客观条件无法捺印时需在相关记录中注明。

第四十一条 检验、解剖尸体时,应当照相、录像。对尸体损伤痕迹和有关附着物等应当进行细目照相、录像。

对无名尸体的面貌,生理、病理特征,以及衣着、携带物品和包裹尸体物品等,应当进行详细检查和记录,拍摄辨认照片。

第六章 现场勘验检查工作记录

第四十二条 现场勘验、检查结束后,应当及时将现场信息录入"全国公安机关现场勘验信息系统"并制作《现场勘验检查工作记录》。其中,对命案现场信息应当在勘查结束后七个工作日内录入,对其他现场信息应当在勘查结束后五个工作日内录入。

《现场勘验检查工作记录》包括现场勘验笔录、现场图、现场照片、现场录像和现场录音。

第四十三条 现场勘验检查工作记录应当客观、全面、详细、准确、规范,能够作为核查现场或者恢复现场原状的依据。

第四十四条 现场勘验笔录正文需要载明现场勘验过程及结果,包括与犯罪有关的痕迹和物品的名称、位置、数量、性状、分布等情况,尸体的位置、衣着、姿势、血迹分布、性状和数量以及提取痕迹、物证情况等。

第四十五条 对现场进行多次勘验、检查的,在制作首次现场勘验检查工作记录后,逐次制作补充勘验检查工作记录。

第四十六条 现场勘验、检查人员应当制作现场方位图、现场平面示意图,并根据现场情况选择制作现场平面比例图、现场平面展开图、现场立体图和现场剖面图等。

第四十七条 绘制现场图应当符合以下基本要求:

(一)标明案件名称,案件发现时间、案发地点;

(二)完整反映现场的位置、范围;

(三)准确反映与犯罪活动有关的主要物体,标明尸体、主要痕迹、主要物证、作案工具等具体位置;

(四)文字说明简明、准确;

(五)布局合理,重点突出,画面整洁,标识规范;

（六）现场图注明方向、图例、绘图单位、绘图日期和绘图人。

第四十八条 现场照相和录像包括方位、概貌、重点部位和细目四种。

第四十九条 现场照相和录像应当符合以下基本要求：

（一）影像清晰、主题突出、层次分明、色彩真实；

（二）清晰、准确记录现场方位、周围环境及原始状态，记录痕迹、物证所在部位、形状、大小及其相互之间的关系；

（三）细目照相、录像应当放置比例尺；

（四）现场照片需有文字说明。

第五十条 现场绘图、现场照相、录像、现场勘验笔录应当相互吻合。

第五十一条 现场绘图、现场照相、录像、现场勘验笔录等现场勘验、检查的原始资料应当妥善保存。现场勘验、检查原始记录可以用纸质形式或者电子形式记录，现场勘验、检查人员、见证人应当在现场签字确认，以电子形式记录的可以使用电子签名。

第七章 现场痕迹物品文件的提取与扣押

第五十二条 现场勘验、检查中发现与犯罪有关的痕迹、物品，应当固定、提取。

提取现场痕迹、物品，应当分别提取，分开包装，统一编号，注明提取的地点、部位、日期，提取的数量、名称、方法和提取人；对特殊检材，应当采取相应的方法提取和包装，防止损坏或者污染。

第五十三条 提取秘密级以上的文件，应当由县级以上公安机关负责人批准，按照有关规定办理，防止泄密。

第五十四条 在现场勘验、检查中，应当对能够证明犯罪嫌疑人有罪或者无罪的各种物品和文件予以扣押；对有可能成为痕迹物证载体的物品、文件，应当予以提取、扣押，进一步检验，但不得扣押或者提取与案件无关的物品、文件，对与犯罪有关的物品、文件和有可能成为痕迹物证载体的物品、文件的持有人无正当理由拒绝交出物品、文件的，现场勘验、检查人员可以强行扣押或者提取。

第五十五条 现场勘验、检查中需要扣押或者提取物品、文件的，由现场勘验、检查指挥员决定。执行扣押或者提取物品、文件时，侦查人员不得少于二人，并持有关法律文书和相关证件，同时应当有见证人在场。

第五十六条 现场勘验、检查中，发现爆炸物品、毒品、枪支、弹药和淫秽物品以及其他危险品或者违禁物品，应当立即扣押，固定相关证据后，交有关部门处理。

第五十七条 扣押物品、文件时，当场开具《扣押清单》，写明扣押的日期和物品、文件的名称、编号、数量、特征及其来源等，由侦查人员、见证人和物品、文件持有人分别签名或者盖章。对于持有人拒绝签名或者无法查清持有人的，应当在《扣押清单》上注明。

《扣押清单》一式三份，一份交物品、文件持有人，一份交公安机关保管人员，一份附卷备查。

提取现场痕迹、物品应当填写《提取痕迹、物证登记表》，写明物品、文件的编号、名称、数量、特征和来源等，由侦查人员、见证人和物品、文件持有人分别签名或者盖章。对于物品持有人拒绝签名或者无法查清持有人的，应当在《提取痕迹、物证登记表》上注明。

第五十八条　对应当扣押但不便提取的物品、文件，经登记、拍照或者录像、估价后，可以交被扣押物品、文件持有人保管或者封存，并明确告知物品持有人应当妥善保管，不得转移、变卖、毁损。

交被扣押物品、文件持有人保管或者封存的，应当开具《登记保存清单》，在清单上写明封存地点和保管责任人，注明已经拍照或者录像，由侦查人员、见证人和持有人签名或者盖章。

《登记保存清单》一式两份，一份交给物品、文件持有人，一份连同照片或者录像资料附卷备查。

对应当扣押但容易腐烂变质以及其他不易保管的物品，权利人明确的，经其本人书面同意或者申请，经县级以上公安机关负责人批准，在拍照或者录像固定后委托有关部门变卖、拍卖，所得款项存入本单位唯一合规账户，待诉讼终结后一并处理。

第五十九条　对不需要继续保留或者经调查证实与案件无关的检材和被扣押物品、文件，应当及时退还原主，填写《发还清单》一式三份，由承办人、领取人签名或者盖章，一份交物品、文件的原主，一份交物品保管人，一份附卷备查。

第六十条　对公安机关扣押物品、文件有疑问的，物品、文件持有人可以向扣押单位咨询；认为扣押不当的，可以向扣押物品、文件的公安机关申诉或者控告。

第六十一条　上级公安机关发现下级公安机关扣押物品、文件不当的，应当责令下级公安机关纠正，下级公安机关应当立即执行。必要时，上级公安机关可以就申诉、控告事项直接作出处理决定。

第六十二条　对于现场提取的痕迹、物品和扣押的物品、文件，应当按照有关规定建档管理，存放于专门场所，由专人负责，严格执行存取登记制度，严禁侦查人员自行保管。

第八章　现场访问

第六十三条　现场勘验、检查人员应当向报案人、案件发现人、被害人及其亲属,其他知情人或者目击者了解、收集有关刑事案件现场的情况和线索。

第六十四条 现场访问包括以下主要内容:

(一)刑事案件发现和发生的时间、地点、详细经过,发现后采取的保护措施,现场情况,有无可疑人或者其他人在现场,现场有无反常情况,以及物品损失等情况;

(二)现场可疑人或者作案人数、作案人性别、年龄、口音、身高、体态、相貌、衣着打扮、携带物品及特征,来去方向、路线等;

(三)与刑事案件现场、被害人有关的其他情况。

第六十五条 现场访问应当制作询问笔录。

第九章 现场外围的搜索和追踪

第六十六条 现场勘验、检查中,应当根据痕迹、视频、嗅源、物证、目击者描述及其他相关信息对现场周围和作案人的来去路线进行搜索和追踪。

第六十七条 现场搜索、追踪的任务包括:

(一)搜寻隐藏在现场周围或者尚未逃离的作案人;

(二)寻找与犯罪有关的痕迹、物品等;

(三)搜寻被害人尸体、人体生物检材、衣物等;

(四)寻找隐藏、遗弃的赃款赃物等;

(五)发现并排除可能危害安全的隐患;

(六)确定作案人逃跑的方向和路线,追踪作案人;

(七)发现现场周边相关视频信息。

第六十八条 在现场搜索、追踪中,发现与犯罪有关的痕迹、物证,应当予以固定、提取。

第十章 侦查实验

第六十九条 为了证实现场某一具体情节的形成过程、条件和原因等,可以进行侦查实验。

进行侦查实验应当经县级以上公安机关负责人批准。

第七十条 侦查实验的任务包括:

(一)验证在现场条件下能否听到某种声音或者看到某种情形;

(二)验证在一定时间内能否完成某一行为;

(三)验证在现场条件下某种行为或者作用与遗留痕迹、物品的状态是否吻合;

(四)确定某种条件下某种工具能否形成某种痕迹;

(五)研究痕迹、物品在现场条件下的变化规律;

(六)分析判断某一情节的发生过程和原因；
(七)其他需要通过侦查实验作出进一步研究、分析、判断的情况。

第七十一条　侦查实验应当符合以下要求：
(一)侦查实验一般在发案地点进行,燃烧、爆炸等危险性实验,应当在其他能够确保安全的地点进行；
(二)侦查实验的时间、环境条件应当与发案时间、环境条件基本相同；
(三)侦查实验使用的工具、材料应当与发案现场一致或者基本一致；必要时,可以使用不同类型的工具或者材料进行对照实验；
(四)如条件许可,类同的侦查实验应当进行二次以上；
(五)评估实验结果应当考虑到客观环境、条件变化对实验的影响和可能出现的误差；
(六)侦查实验,禁止一切足以造成危险、侮辱人格或者有伤风化的行为。

第七十二条　对侦查实验的过程和结果,应当制作《侦查实验笔录》,参加侦查实验的人员应当在《侦查实验笔录》上签名。进行侦查实验,应当录音、录像。

第十一章　现场分析

第七十三条　现场勘验、检查结束后,勘验、检查人员应当进行现场分析。

第七十四条　现场分析的内容包括：
(一)侵害目标和损失；
(二)作案地点、场所；
(三)开始作案的时间和作案所需要的时间；
(四)作案人出入现场的位置、侵入方式和行走路线；
(五)作案人数；
(六)作案方式、手段和特点；
(七)作案工具；
(八)作案人在现场的活动过程；
(九)作案人的个人特征和作案条件；
(十)有无伪装或者其他反常现象；
(十一)作案动机和目的；
(十二)案件性质；
(十三)是否系列犯罪；
(十四)侦查方向和范围；
(十五)其他需要分析解决的问题。

第七十五条 勘验、检查人员在现场勘验、检查后,应当运用"全国公安机关现场勘验信息系统"和各种信息数据库开展刑事案件串并工作,并将串并案情况录入"全国公安机关现场勘验信息系统"。

第十二章 现场的处理

第七十六条 现场勘验、检查结束后,现场勘验、检查指挥员决定是否保留现场。

对不需要保留的现场,应当及时通知有关单位和人员进行处理。

对需要保留的现场,应当及时通知有关单位和个人,指定专人妥善保护。

第七十七条 对需要保留的现场,可以整体保留或者局部保留。

第七十八条 现场勘验、检查结束后,现场勘验、检查指挥员决定是否保留尸体。

(一)遇有死因未定、身份不明或者其他情况需要复验的,应当保存尸体;

(二)对没有必要继续保存的尸体,经县级以上公安机关负责人批准,应当立即通知死者家属处理。对无法通知或者通知后家属拒绝领回的,经县级以上公安机关负责人批准,可以按照有关规定及时处理;

(三)对没有必要继续保存的外国人尸体,经县级以上公安机关负责人批准,应当立即通知死者家属或者所属国驻华使、领馆的官员处理。对无法通知或者通知后外国人家属或者其所属国驻华使、领馆的官员拒绝领回的,经县级以上公安机关负责人批准,并书面通知外事部门后,可以按照有关规定及时处理。

第十三章 现场的复验、复查

第七十九条 遇有下列情形之一,应当对现场进行复验、复查:

(一)案情重大、现场情况复杂的;

(二)侦查工作需要从现场进一步收集信息、获取证据的;

(三)人民检察院审查案件时认为需要复验、复查的;

(四)当事人提出不同意见,公安机关认为有必要复验、复查的;

(五)其他需要复验、复查的。

第八十条 对人民检察院要求复验、复查的,公安机关复验、复查时,可以通知人民检察院派员参加。

第十四章 附则

第八十一条 公安机关对其他案件、事件、事故现场的勘验、检查,可以参照本规则执行。

第八十二条 本规则自发布之日起施行。《公安机关刑事案件现场勘验检查规则》(2005年10月1日颁布并实施)同时废止。

现场勘验笔录式样(略)

法律适用答复、复函

《公安部关于刑事案件现场勘验检查中正确适用提取和扣押措施的批复》
(公复字〔2009〕3号)

广东省公安厅:

你厅《关于刑事案件现场勘验检查过程中如何适用扣押或提取的请示》(粤公请字〔2008〕319号)收悉。现批复如下:

一、对于刑事案件现场勘验、检查中发现的与犯罪有关的痕迹、物品和文件,以及《公安机关刑事案件现场勘验检查规则》第六十条规定的物品,都应当提取,并填写《现场勘验检查笔录》中的《现场勘验检查提取痕迹物证登记表》。

二、对于刑事案件现场勘验、检查中提取的物品或者文件,属于下列情形之一的,应当扣押,并当场开具《扣押物品、文件清单》一式三份,其中一份装订在现场勘验、检查卷宗中。

(一)经过现场调查、检验甄别,认为该物品或者文件可用以证明犯罪嫌疑人有罪或者无罪的;

(二)现场难以确定有关物品或者文件可否用以证明犯罪嫌疑人有罪或者无罪,需要进一步甄别和采取控制保全措施的;

(三)法律、法规禁止持有的物品、文件。

第一百二十九条 【犯罪现场保护】任何单位和个人,都有义务保护犯罪现场,并且立即通知公安机关派员勘验。

立法沿革

本条系沿用1979年《刑事诉讼法》第七十二条的规定。

基本规范

《公安机关办理刑事案件程序规定》(公安部令第159号修正,修正后自2020年9月1日起施行)

第八章 侦查
第四节 勘验、检查
第二百一十四条 发案地派出所、巡警等部门应当妥善保护犯罪现场和证据,控制犯罪嫌疑人,并立即报告公安机关主管部门。

执行勘查的侦查人员接到通知后,应当立即赶赴现场;勘查现场,应当持有刑事犯罪现场勘查证。

其他规范

《公安机关刑事案件现场勘验检查规则》(公通字〔2015〕31号)第三章"现场保护"(第十四条至第十九条)对现保护的有关问题作了规定。(→参见第一百二十八条所附"其他规范",第910页)

《最高人民法院、最高人民检察院、公安部、监察部、国家安全生产监督管理总局关于严格依法及时办理危害生产安全刑事案件的通知》(高检会〔2008〕5号,节录)

二、安全生产监督管理部门、煤矿安全监察机构和负有安全生产监督管理职责的有关部门接到事故报告后,应当按规定及时通知公安机关、监察机关、工会和人民检察院。

有关单位和人员要严格履行保护现场和重要痕迹、物证的义务。因抢救人员、防止事故扩大以及疏通交通等原因,需要移动事故现场物件的,应当做出标志,绘制现场简图并做出书面记录,妥善保存现场重要痕迹、物证。任何单位和个人不得破坏事故现场、毁灭相关证据。

相关单位、部门要在事故调查组的统一组织协调下开展调查取证、现场勘验、技术鉴定等工作,查明事故发生的经过、原因、人员伤亡情况及直接经济损失,认定事故的性质和事故责任,在法定期限内完成事故调查处理工作,并将处理意见抄送有关单位、部门。

事故调查过程中,发现涉嫌犯罪的,事故调查组应当及时将有关材料或者复印件移交公安机关、检察机关。

三、公安机关、人民检察院根据事故的性质和造成的危害后果,对涉嫌构成犯罪的,应当按照案件管辖规定,及时立案侦查,采取强制措施和侦查措施。犯罪嫌疑人逃匿的,公安机关应当迅速开展追捕工作。要全面收集证明犯罪嫌疑人有罪无罪以及犯罪情节轻重的证据材料。对容易灭失的痕迹、物证应当首先采取措施提取、固定。

需要有关部门进行鉴定的,公安机关、检察机关应当及时建议事故调查组组织鉴定,也可以自行组织鉴定。事故调查组组织鉴定、或者委托有关部门鉴定、或者公安机关、检察机关自行组织鉴定的,鉴定报告原则上应当自委托或者决定之日起20日内作出。不涉及机械、电气、瓦斯、化学、有毒有害物(气)体、锅炉压力容器、起重机械、地质勘察、工程设计与施工质量、火灾以及非法开采、破坏矿产资源量认定等专业技术问题的,不需要进行鉴定,相关事实和证据符合法定条件的,可以逮捕、公诉和审判。

第一百三十条　【勘验、检查的手续】侦查人员执行勘验、检查,必须持有人民检察院或者公安机关的证明文件。

■ 立法沿革

1979年《刑事诉讼法》第七十三条规定:"侦查人员执行勘验、检查,必须持有公安机关的证明文件。"1996年《刑事诉讼法修改决定》将"公安机关的证明文件"修改为"人民检察院或者公安机关的证明文件"。2012年、2018年修改《刑事诉讼法》时对本条规定未作调整。

■ 基本规范

《公安机关办理刑事案件程序规定》(公安部令第159号修正,修正后自2020年9月1日起施行)

　　第八章　侦　查
　　第四节　勘验、检查
　　第二百一十五条　公安机关对案件现场进行勘查,侦查人员不得少于二人。
　　第二百一十六条　勘查现场,应当拍摄现场照片、绘制现场图,制作笔录,由参加勘查的人和见证人签名。对重大案件的现场勘查,应当录音录像。

《海警机构办理刑事案件程序规定》(中国海警局令第1号,自2023年6月15日起施行)

　　第八章　侦　查
　　第四节　勘验、检查
　　第二百零九条第二款　侦查人员执行勘验、检查,不得少于二人,并应持有有关证明文件。
　　第二百一十条　勘查现场,应当拍摄现场照片、绘制现场图,制作笔录,由参加勘查的人和见证人签名。对重大案件的现场勘查,应当录音录像。

■ 其他规范

《公安机关刑事案件现场勘验检查规则》(公通字〔2015〕31号)第四章"现场勘验检查的组织指挥"(第二十条至第四十一条)、第七章"现场痕迹物品文件的提取与扣押"(第五十二条至第六十二条)对现场勘验检查的有关问题作了规

定。(→参见第一百二十八条所附"其他规范",第910—913、914—915页)

第一百三十一条 【尸体解剖】对于死因不明的尸体,公安机关有权决定解剖,并且通知死者家属到场。

立法沿革

本条系沿用1979年《刑事诉讼法》第七十四条的规定。

基本规范

《公安机关办理刑事案件程序规定》(公安部令第159号修正,修正后自2020年9月1日起施行)

第八章 侦 查

第四节 勘验、检查

第二百一十八条 为了确定死因,经县级以上公安机关负责人批准,可以解剖尸体,并且通知死者家属到场,让其在解剖尸体通知书上签名。

死者家属无正当理由拒不到场或者拒绝签名的,侦查人员应当在解剖尸体通知书上注明。对身份不明的尸体,无法通知死者家属的,应当在笔录中注明。

第二百一十九条 对已查明死因,没有继续保存必要的尸体,应当通知家属领回处理,对于无法通知或者通知后家属拒绝领回的,经县级以上公安机关负责人批准,可以及时处理。

《海警机构办理刑事案件程序规定》(中国海警局令第1号,自2023年6月15日起施行)

第八章 侦 查

第四节 勘验、检查

第二百一十二条 为了确定死因,经海警机构负责人批准,可以聘请法医解剖尸体,并且通知死者家属到场,让其在解剖尸体通知书上签名。

死者家属无正当理由拒不到场或者拒绝签名的,侦查人员应当在解剖尸体通知书上注明。对身份不明的尸体,无法通知死者家属的,应当在笔录中注明。

第二百一十三条 对已查明死因,没有继续保存必要的尸体,应当通知家属领回处理,对于无法通知或者通知后家属拒绝领回的,经海警机构负责人批准,可以及时处理。

其他规范

《公安机关刑事案件现场勘验检查规则》(公通字〔2015〕31号)第三十五条至第四十一条对尸体解剖的有关问题作了规定。(→参见第一百二十八条所附"其他规范",第912—913页)

法律适用答复、复函

《公安部关于正确执行〈公安机关办理刑事案件程序规定〉第一百九十九条的批复》(公复字〔2008〕5号)①

黑龙江省公安厅:

你厅《关于〈公安机关办理刑事案件程序规定〉第一百九十九条应如何理解的请示》(黑公传发〔2008〕521号)收悉。现批复如下:

一、根据《公安机关办理刑事案件程序规定》第一百九十九条的规定,死者家属无正当理由拒不到场或者拒绝签名、盖章的,不影响解剖或者开棺检验,公安机关可以在履行规定的审批程序后,解剖尸体;但应当认真核实死者家属提出的不到场或者拒绝签名、盖章的理由,对于有正当理由的,应当予以妥善处理,争取家属的配合,而不能简单地作为无正当理由对待。

二、对于重大、疑难、复杂的案件,可能引起争议的案件,或者死者家属无正当理由拒不到场或者拒绝签名、盖章的案件,为确保取得良好的社会效果,公安机关在进行尸体解剖、开棺检验、死因鉴定时,应当进行全程录音录像,商请检察机关派员到场,并邀请与案件无关的第三方或者死者家属聘请的律师到场见证。

第一百三十二条【人身检查】为了确定被害人、犯罪嫌疑人的某些特征、伤害情况或者生理状态,可以对人身进行检查,可以提取指纹信息,采集血液、尿液等生物样本。

犯罪嫌疑人如果拒绝检查,侦查人员认为必要的时候,可以强制检查。

检查妇女的身体,应当由女工作人员或者医师进行。

立法沿革

1979年《刑事诉讼法》第七十五条规定:"为了确定被害人、被告人的某些特征、伤害情况或者生理状态,可以对人身进行检查。""被告人如果拒绝检查,侦

---

① 现行《公安机关办理刑事案件程序规定》第二百一十八条。——**本评注注**

查人员认为必要的时候,可以强制检查。""检查妇女的身体,应当由女工作人员或者医师进行。"1996年《刑事诉讼法修改决定》将"被告人"修改为"犯罪嫌疑人"。2012年《刑事诉讼法修改决定》对本条第一款作出修改,规定在人身检查的过程中"可以提取指纹信息,采集血液、尿液等生物样本"。2018年修改《刑事诉讼法》时对本条规定未作调整。

基本规范

《公安机关办理刑事案件程序规定》(公安部令第159号修正,修正后自2020年9月1日起施行)

第八章 侦 查

第四节 勘验、检查

第二百一十七条 为了确定被害人、犯罪嫌疑人的某些特征、伤害情况或者生理状态,可以对人身进行检查,依法提取、采集肖像、指纹等人体生物识别信息,采集血液、尿液等生物样本。被害人死亡的,应当通过被害人近亲属辨认、提取生物样本鉴定等方式确定被害人身份。

犯罪嫌疑人拒绝检查、提取、采集的,侦查人员认为必要的时候,经办案部门负责人批准,可以强制检查、提取、采集。

检查妇女的身体,应当由女工作人员或者医师进行。

检查的情况应当制作笔录,由参加检查的侦查人员、检查人员、被检查人员和见证人签名。被检查人员拒绝签名的,侦查人员应当在笔录中注明。

《海警机构办理刑事案件程序规定》(中国海警局令第1号,自2023年6月15日起施行)

第八章 侦 查

第四节 勘验、检查

第二百一十一条 为了确定被害人、犯罪嫌疑人的某些特征、伤害情况或者生理状态,可以对人身进行检查,依法提取、采集肖像、指纹等人体生物识别信息,采集血液、尿液等生物样本。被害人死亡的,应当通过被害人近亲属辨认、提取生物样本鉴定等方式确定被害人身份。必要时,可以聘请法医或者医师进行人身检查。犯罪嫌疑人拒绝检查、提取、采集的,侦查人员认为必要的时候,经海警机构办案部门以上负责人批准,可以强制检查、提取、采集。

检查妇女的身体,应当由女工作人员或者医师进行。

人身检查不得采用损害被检查人生命、健康或者贬低其名誉、人格的方法。

检查的情况应当制作笔录,由参加检查的侦查人员、检查人员、被检查人员和见证人签名。被检查人员拒绝签名的,侦查人员应当在笔录中注明。

■ 其他规范

《公安机关刑事案件现场勘验检查规则》(公通字〔2015〕31号)第三十四条对人身检查的有关问题作了规定。(→参见第一百二十八条所附"其他规范",第912页)

第一百三十三条 【勘验、检查笔录的制作】勘验、检查的情况应当写成笔录,由参加勘验、检查的人和见证人签名或者盖章。

■ 立法沿革

本条系沿用1979年《刑事诉讼法》第七十六条的规定。

■ 其他规范

《公安机关刑事案件现场勘验检查规则》(公通字〔2015〕31号)第五章"现场勘验检查工作记录"(第四十二条至第五十一条)对勘验、检查笔录的有关问题作了规定。(→参见第一百二十八条所附"其他规范",第913—914页)

第一百三十四条 【复验、复查】人民检察院审查案件的时候,对公安机关的勘验、检查,认为需要复验、复查时,可以要求公安机关复验、复查,并且可以派检察人员参加。

■ 立法沿革

1979年《刑事诉讼法》第七十七条规定:"人民检察院审查案件时,对公安机关的勘验、检查,认为需要复验、复查时,可以要求公安机关复验、复查,并且可以派检察人员参加。"1996年《刑事诉讼法修改决定》将"人民检察院审查案件时"修改为"人民检察院审查案件的时候"。2012年、2018年修改《刑事诉讼法》时对本条规定未作调整。

■ 基本规范

《公安机关办理刑事案件程序规定》(公安部令第159号修正,修正后自2020年9月1日起施行)

第八章 侦 查
第四节 勘验、检查

第二百二十条 公安机关进行勘验、检查后,人民检察院要求复验、复查的,公安机关应当进行复验、复查,并可以通知人民检察院派员参加。

《海警机构办理刑事案件程序规定》(中国海警局令第1号,自2023年6月15日起施行)

第八章 侦 查
第四节 勘验、检查

第二百一十四条 海警机构进行勘验、检查后,遇有下列情形之一,应当对现场进行复验、复查:

（一）案情重大、现场情况复杂的;
（二）需要从现场进一步收集信息、获取证据的;
（三）人民检察院审查案件时认为需要复验、复查的;
（四）当事人提出不同意见,海警机构认为有必要复验、复查的;
（五）其他需要复验、复查的。

人民检察院要求复验、复查的,海警机构可以通知人民检察院派员参加。

■ 其他规范

《公安机关刑事案件现场勘验检查规则》(公通字〔2015〕31号)第七十九条、第八十条对复验、复查的有关问题作了规定。(→参见第一百二十八条所附"其他规范",第918页)

> **第一百三十五条** 【侦查实验】为了查明案情,在必要的时候,经公安机关负责人批准,可以进行侦查实验。
> 侦查实验的情况应当写成笔录,由参加实验的人签名或者盖章。
> 侦查实验,禁止一切足以造成危险、侮辱人格或者有伤风化的行为。

■ 立法沿革

1979年《刑事诉讼法》第七十八条规定:"为了查明案情,在必要的时候,经公安局长批准,可以进行侦查实验。""侦查实验,禁止一切足以造成危险、侮辱人格或者有伤风化的行为。"1996年修改《刑事诉讼法》时对本条规定未作调整。2012年《刑事诉讼法修改决定》将第一款中的"公安局长"修改为"公安机关负责人",并增加规定第二款。2018年修改《刑事诉讼法》时对本条规定未作调整。

基本规范

《公安机关办理刑事案件程序规定》(公安部令第159号修正,修正后自2020年9月1日起施行)

第八章 侦 查

第四节 勘验、检查

第二百二十一条 为了查明案情,在必要的时候,经县级以上公安机关负责人批准,可以进行侦查实验。

进行侦查实验,应当全程录音录像,并制作侦查实验笔录,由参加实验的人签名。

进行侦查实验,禁止一切足以造成危险、侮辱人格或者有伤风化的行为。

《海警机构办理刑事案件程序规定》(中国海警局令第1号,自2023年6月15日起施行)

第八章 侦 查

第四节 勘验、检查

第二百一十五条 为了查明案情,必要时,经海警机构负责人批准,可以进行侦查实验。

对于侦查实验的条件、经过和结果,应当制作侦查实验笔录,由参加实验的人签名。侦查实验过程应当全程录音录像。

进行侦查实验,禁止一切足以造成危险、侮辱人格或者有伤风化的行为。

其他规范

《公安机关刑事案件现场勘验检查规则》(公通字〔2015〕31号)第十章"侦查实验"(第六十九条至第七十二条)对侦查实验的有关问题作了规定。(→参见第一百二十八条所附"其他规范",第916—917页)

《最高人民法院、最高人民检察院、公安部关于办理刑事案件收集提取和审查判断电子数据若干问题的规定》(法发〔2016〕22号)第十六条对电子数据侦查实验的有关问题作了规定。(→参见第五十五条后"相关规范集成·证据分类收集提取与审查判断"所附"其他规范",第417页)

《公安机关办理刑事案件电子数据取证规则》(公通字〔2018〕41号)第五条、第五十一条至第五十四条对电子数据侦查实验的有关问题作了规定。(→参见第五十五条后"相关规范集成·证据分类收集提取与审查判断"所附

"其他规范",第 422、430 页)

相关规范集成·监察勘验检查

相关规定

《中华人民共和国监察法》(自 2018 年 3 月 20 日起施行,节录)

第二十六条 监察机关在调查过程中,可以直接或者指派、聘请具有专门知识、资格的人员在调查人员主持下进行勘验检查。勘验检查情况应当制作笔录,由参加勘验检查的人员和见证人签名或者盖章。

第四十一条 调查人员采取讯问、询问、留置、搜查、调取、查封、扣押、勘验检查等调查措施,均应当依照规定出示证件,出具书面通知,由二人以上进行,形成笔录、报告等书面材料,并由相关人员签名、盖章。

调查人员进行讯问以及搜查、查封、扣押等重要取证工作,应当对全过程进行录音录像,留存备查。

《中华人民共和国监察法实施条例》(自 2021 年 9 月 20 日起施行,节录)

第四章 监察权限

第十一节 勘验检查

第一百三十六条 监察机关按规定报批后,可以依法对与违法犯罪有关的场所、物品、人身、尸体、电子数据等进行勘验检查。

第一百三十七条 依法需要勘验检查的,应当制作《勘验检查证》;需要委托勘验检查的,应当出具《委托勘验检查书》,送具有专门知识、勘验检查资格的单位(人员)办理。

第一百三十八条 勘验检查应当由二名以上调查人员主持,邀请与案件无关的见证人在场。勘验检查情况应当制作笔录,并由参加勘验检查人员和见证人签名。

勘验检查现场、拆封电子数据存储介质应当全程同步录音录像。对现场情况应当拍摄现场照片、制作现场图,并由勘验检查人员签名。

第一百三十九条 为了确定被调查人或者相关人员的某些特征、伤害情况或者生理状态,可以依法对其人身进行检查。必要时可以聘请法医或者医师进行人身检查。检查女性身体,应当由女性工作人员或者医师进行。被调查人拒绝检查的,可以依法强制检查。

人身检查不得采用损害被检查人生命、健康或者贬低其名誉、人格的方法。对人身检查过程中知悉的个人隐私,应当严格保密。

对人身检查的情况应当制作笔录,由参加检查的调查人员、检查人员、被检查人员和见证人签名。被检查人员拒绝签名的,调查人员应当在笔录中记明。

第一百四十条　为查明案情,在必要的时候,经审批可以依法进行调查实验。调查实验,可以聘请有关专业人员参加,也可以要求被调查人、被害人、证人参加。

进行调查实验,应当全程同步录音录像,制作调查实验笔录,由参加实验的人签名。进行调查实验,禁止一切足以造成危险、侮辱人格的行为。

第一百四十一条　调查人员在必要时,可以依法让被害人、证人和被调查人对与违法犯罪有关的物品、文件、尸体或者场所进行辨认;也可以让被害人、证人对被调查人进行辨认,或者让被调查人对涉案人员进行辨认。

辨认工作应当由二名以上调查人员主持进行。在辨认前,应当向辨认人详细询问辨认对象的具体特征,避免辨认人见到辨认对象,并告知辨认人作虚假辨认应当承担的法律责任。几名辨认人对同一辨认对象进行辨认时,应当由辨认人个别进行。辨认应当形成笔录,并由调查人员、辨认人签名。

第一百四十二条　辨认人员时,被辨认的人数不得少于七人,照片不得少于十张。

辨认人不愿公开进行辨认时,应当在不暴露辨认人的情况下进行辨认,并为其保守秘密。

第一百四十三条　组织辨认物品时一般应当辨认实物。被辨认的物品系名贵字画等贵重物品或者存在不便搬运等情况的,可以对实物照片进行辨认。辨认人进行辨认时,应当在辨认出的实物照片与附纸骑缝上捺指印予以确认,在附纸上写明该实物涉案情况并签名、捺指印。

辨认物品时,同类物品不得少于五件,照片不得少于五张。

对于难以找到相似物品的特定物,可以将该物品照片交由辨认人进行确认后,在照片与附纸骑缝上捺指印,在附纸上写明该物品涉案情况并签名、捺指印。在辨认人确认前,应当向其详细询问物品的具体特征,并对确认过程和结果形成笔录。

第一百四十四条　辨认笔录具有下列情形之一的,不得作为认定案件的依据:

(一)辨认开始前使辨认人见到辨认对象的;

(二)辨认活动没有个别进行的;

(三)辨认对象没有混杂在具有类似特征的其他对象中,或者供辨认的对象数量不符合规定的,但特定辨认对象除外;

(四)辨认中给辨认人明显暗示或者明显有指认嫌疑的;

(五)辨认不是在调查人员主持下进行的;

(六)违反有关规定,不能确定辨认笔录真实性的其他情形。

辨认笔录存在其他瑕疵的,应当结合全案证据审查其真实性和关联性,作出综合判断。

第五节 搜 查

第一百三十六条 【搜查的主体、目的和范围】为了收集犯罪证据、查获犯罪人,侦查人员可以对犯罪嫌疑人以及可能隐藏罪犯或者犯罪证据的人的身体、物品、住处和其他有关的地方进行搜查。

立法沿革

本条系沿用 1979 年《刑事诉讼法》第七十九条的规定。

基本规范

《公安机关办理刑事案件程序规定》(公安部令第 159 号修正,修正后自 2020 年 9 月 1 日起施行)

第八章 侦 查

第五节 搜 查

第二百二十二条 为了收集犯罪证据、查获犯罪人,经县级以上公安机关负责人批准,侦查人员可以对犯罪嫌疑人以及可能隐藏罪犯或者犯罪证据的人的身体、物品、住处和其他有关的地方进行搜查。

第二百二十三条 进行搜查,必须向被搜查人出示搜查证,执行搜查的侦查人员不得少于二人。

《海警机构办理刑事案件程序规定》(中国海警局令第 1 号,自 2023 年 6 月 15 日起施行)

第八章 侦 查

第五节 搜 查

第二百一十六条 为了收集犯罪证据、查获犯罪人,经海警机构负责人批准,侦查人员可以对犯罪嫌疑人以及可能隐藏罪犯或者犯罪证据的人的身体、物品、住处和其他有关的地方进行搜查。

第二百一十七条 进行搜查,必须向被搜查人出示搜查证。执行搜查的侦查人员不得少于二人。

其他规范

《办理毒品犯罪案件毒品提取、扣押、称量、取样和送检程序若干问题的规定》（最高人民法院、最高人民检察院、公安部，公禁毒〔2016〕511号）第四条就对毒品犯罪案件有关的场所、物品、人身进行搜查的有关问题作了规定。（→参见第一百四十一条至第一百四十五条所附"其他规范"，第978页）

法律适用答复、复函

《公安部关于对公安机关因侦查破案需要可否检查军车问题的批复》（公复字〔1998〕9号）

广东省公安厅：

你厅《关于公安机关因侦查破案需要可否检查军车的请示》（粤公请字〔1998〕86号）收悉。经研究并征求总政保卫部意见，现批复如下：

军队是国家的武装力量，担负着保卫国家安全的重要任务，公安机关一般不直接对军车进行检查。对已立案侦查或有充分证据证明犯罪嫌疑人、被告人或者罪犯利用军车犯罪、隐藏证据或者逃逸的，公安机关应当及时通报军车所属部队保卫部门或当地军队的警备部门，并与其共同组织进行检查；如果案情特别重大且情况紧急，不立即进行检查可能导致犯罪嫌疑人、被告人、罪犯逃逸或者造成其他严重危害后果的，经县级以上公安机关负责人批准可直接对军车进行检查，但应同时通报军车所属部队保卫部门或者当地军队的警备部门。检查时，应注意工作态度和方法，避免发生冲突。检查后，应及时将有关情况通报军车所属部队保卫部门或当地军队的警备部门，并按照军地互涉案件的有关规定处理，同时报省公安厅备案。

第一百三十七条 【单位和个人提交证据的义务】任何单位和个人，有义务按照人民检察院和公安机关的要求，交出可以证明犯罪嫌疑人有罪或者无罪的物证、书证、视听资料等证据。

立法沿革

1979年《刑事诉讼法》第八十条规定："任何单位和个人，有义务按照人民检察院和公安机关的要求，交出可以证明被告人有罪或者无罪的物证、书证。"1996年《刑事诉讼法修改决定》将"物证、书证"修改为"物证、书证、视听资料"。2012年《刑事诉讼法修改决定》将"物证、书证、视听资料"修改为"物证、书证、视听资料等证据"。2018年修改《刑事诉讼法》时对本条规定未作调整。

第一百三十八条 【出示搜查证】进行搜查,必须向被搜查人出示搜查证。

在执行逮捕、拘留的时候,遇有紧急情况,不另用搜查证也可以进行搜查。

立法沿革

本条系沿用1979年《刑事诉讼法》第八十一条的规定。

基本规范

《公安机关办理刑事案件程序规定》(公安部令第159号修正,修正后自2020年9月1日起施行)

第八章 侦 查
第五节 搜 查
第二百二十四条 执行拘留、逮捕的时候,遇有下列紧急情况之一的,不用搜查证也可以进行搜查:
(一)可能随身携带凶器的;
(二)可能隐藏爆炸、剧毒等危险物品的;
(三)可能隐匿、毁弃、转移犯罪证据的;
(四)可能隐匿其他犯罪嫌疑人的;
(五)其他突然发生的紧急情况。

《海警机构办理刑事案件程序规定》(中国海警局令第1号,自2023年6月15日起施行)

第八章 侦 查
第五节 搜 查
第二百一十八条 执行拘留、逮捕时,遇有下列紧急情况之一的,不用搜查证也可以进行搜查:
(一)可能随身携带凶器的;
(二)可能隐藏爆炸、剧毒等危险物品的;
(三)可能隐匿、毁弃、转移犯罪证据的;
(四)可能隐匿其他犯罪嫌疑人的;
(五)其他突然发生的紧急情况。

第一百三十九条 【搜查的一般要求】在搜查的时候,应当有被搜查人或者他的家属,邻居或者其他见证人在场。

搜查妇女的身体,应当由女工作人员进行。

■ 立法沿革

本条系沿用1979年《刑事诉讼法》第八十二条的规定。

■ 基本规范

《公安机关办理刑事案件程序规定》(公安部令第159号修正,修正后自2020年9月1日起施行)

第八章 侦查

第五节 搜查

第二百二十五条 进行搜查时,应当有被搜查人或者他的家属、邻居或者其他见证人在场。

公安机关可以要求有关单位和个人交出可以证明犯罪嫌疑人有罪或者无罪的物证、书证、视听资料等证据。遇到阻碍搜查的,侦查人员可以强制搜查。

搜查妇女的身体,应当由女工作人员进行。

《海警机构办理刑事案件程序规定》(中国海警局令第1号,自2023年6月15日起施行)

第八章 侦查

第五节 搜查

第二百一十九条 搜查应当全面、细致、及时,并且指派专人严密注视搜查现场动向,控制搜查现场。

搜查时,应当有被搜查人或者他的家属、邻居或者其他见证人在场。

海警机构可以要求有关单位和个人交出可以证明犯罪嫌疑人有罪或者无罪的物证、书证、视听资料、电子数据等证据。遇到阻碍搜查的,侦查人员可以强制搜查,并记录在案。

搜查妇女的身体,应当由女工作人员进行。

第一百四十条 【搜查笔录的制作】搜查的情况应当写成笔录,由侦查人员和被搜查人或者他的家属,邻居或者其他见证人签名或者盖章。如果被搜查人或者他的家属在逃或者拒绝签名、盖章,应当在笔录上注明。

立法沿革

本条系沿用1979年《刑事诉讼法》第八十三条的规定。

基本规范

《公安机关办理刑事案件程序规定》(公安部令第159号修正,修正后自2020年9月1日起施行)

第八章 侦 查

第五节 搜 查

第二百二十六条 搜查的情况应当制作笔录,由侦查人员和被搜查人或者他的家属、邻居或者其他见证人签名。

如果被搜查人拒绝签名,或者被搜查人在逃,他的家属拒绝签名或者不在场的,侦查人员应当在笔录中注明。

《海警机构办理刑事案件程序规定》(中国海警局令第1号,自2023年6月15日起施行)

第八章 侦 查

第五节 搜 查

第二百二十条 搜查的情况应当制作笔录,由侦查人员和被搜查人或者他的家属、邻居或者其他见证人签名。被搜查人拒绝签名,或者被搜查人在逃,他的家属拒绝签名或者不在场的,侦查人员应当在笔录中注明。

对于搜查中查获的重要书证、物证、视听资料、电子数据及其放置、存储地点,应当录像或者拍照,并在笔录中注明。

相关规范集成·监察搜查

相关规定

《中华人民共和国监察法》(自2018年3月20日起施行,节录)

第二十四条 监察机关可以对涉嫌职务犯罪的被调查人以及可能隐藏被调查人或者犯罪证据的人的身体、物品、住处和其他有关地方进行搜查。在搜查时,应当出示搜查证,并有被搜查人或者其家属等见证人在场。

搜查女性身体,应当由女性工作人员进行。

监察机关进行搜查时,可以根据工作需要提请公安机关配合。公安机关应当依法予以协助。

第四十一条　调查人员采取讯问、询问、留置、搜查、调取、查封、扣押、勘验检查等调查措施,均应当依照规定出示证件,出具书面通知,由二人以上进行,形成笔录、报告等书面材料,并由相关人员签名、盖章。

调查人员进行讯问以及搜查、查封、扣押等重要取证工作,应当对全过程进行录音录像,留存备查。

《中华人民共和国监察法实施条例》(自 2021 年 9 月 20 日起施行,节录)

第四章　监察权限

第一节　一般要求

第五十六条　开展讯问、搜查、查封、扣押以及重要的谈话、询问等调查取证工作,应当全程同步录音录像,并保持录音录像资料的完整性。录音录像资料应当妥善保管、及时归档,留存备查。

人民检察院、人民法院需要调取同步录音录像的,监察机关应当予以配合,经审批依法予以提供。

第八节　搜　查

第一百一十二条　监察机关调查职务犯罪案件,为了收集犯罪证据、查获被调查人,按规定报批后,可以依法对被调查人以及可能隐藏被调查人或者犯罪证据的人的身体、物品、住处、工作地点和其他有关地方进行搜查。

第一百一十三条　搜查应当在调查人员主持下进行,调查人员不得少于二人。搜查女性的身体,由女性工作人员进行。

搜查时,应当有被搜查人或者其家属、其所在单位工作人员或者其他见证人在场。监察人员不得作为见证人。调查人员应当向被搜查人或者其家属、见证人出示《搜查证》,要求其签名。被搜查人或者其家属不在场,或者拒绝签名的,调查人员应当在文书上记明。

第一百一十四条　搜查时,应当要求在场人员予以配合,不得进行阻碍。对以暴力、威胁等方法阻碍搜查的,应当依法制止。对阻碍搜查构成违法犯罪的,依法追究法律责任。

第一百一十五条　县级以上监察机关需要提请公安机关依法协助采取搜查措施的,应当按规定报批,请同级公安机关予以协助。提请协助时,应当出具《提请协助采取搜查措施函》,列明提请协助的具体事项和建议,搜查时间、地点、目的等内容,附《搜查证》复印件。

需要提请异地公安机关协助采取搜查措施的,应当按规定报批,向协作地同级监察机关出具协作函件和相关文书,由协作地监察机关提请当地公安机关予以协助。

第一百一十六条　对搜查取证工作,应当全程同步录音录像。

对搜查情况应当制作《搜查笔录》,由调查人员和被搜查人或者其家属、见证人签名。被搜查人或者其家属不在场,或者拒绝签名的,调查人员应当在笔录中记明。

对于查获的重要物证、书证、视听资料、电子数据及其放置、存储位置应当拍照,并在《搜查笔录》中作出文字说明。

第一百一十七条　搜查时,应当避免未成年人或者其他不适宜在搜查现场的人在场。

搜查人员应当服从指挥、文明执法,不得擅自变更搜查对象和扩大搜查范围。搜查的具体时间、方法,在实施前应当严格保密。

第一百一十八条　在搜查过程中查封、扣押财物和文件的,按照查封、扣押的有关规定办理。

第六节　查封、扣押物证、书证

第一百四十一条　【查封、扣押物证、书证的范围和保管】在侦查活动中发现的可用以证明犯罪嫌疑人有罪或者无罪的各种财物、文件,应当查封、扣押;与案件无关的财物、文件,不得查封、扣押。

对查封、扣押的财物、文件,要妥善保管或者封存,不得使用、调换或者损毁。

第一百四十二条　【查封、扣押物证、书证的具体程序】对查封、扣押的财物、文件,应当会同在场见证人和被查封、扣押财物、文件持有人查点清楚,当场开列清单一式二份,由侦查人员、见证人和持有人签名或者盖章,一份交给持有人,另一份附卷备查。

第一百四十三条　【通知邮电机关扣押邮件、电报】侦查人员认为需要扣押犯罪嫌疑人的邮件、电报的时候,经公安机关或者人民检察院批准,即可通知邮电机关将有关的邮件、电报检交扣押。

不需要继续扣押的时候,应即通知邮电机关。

第一百四十四条　【查询、冻结财产】人民检察院、公安机关根据侦查犯罪的需要,可以依照规定查询、冻结犯罪嫌疑人的存款、汇款、债券、股票、基金份额等财产。有关单位和个人应当配合。

犯罪嫌疑人的存款、汇款、债券、股票、基金份额等财产已被冻结的,不得重复冻结。

第一百四十五条 【查询、扣押、冻结的解除】对查封、扣押的财物、文件、邮件、电报或者冻结的存款、汇款、债券、股票、基金份额等财产,经查明确实与案件无关的,应当在三日以内解除查封、扣押、冻结,予以退还。

立法沿革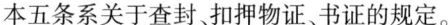

本五条系关于查封、扣押物证、书证的规定。

关于第一百四十一条,1979年《刑事诉讼法》第八十四条规定:"在勘验、搜查中发现的可用以证明被告人有罪或者无罪的各种物品和文件,应当扣押;与案件无关的物品、文件,不得扣押。""对于扣押的物品、文件,要妥善保管或者封存,不得使用或者损毁。"1996年《刑事诉讼法修改决定》将"被告人"修改为"犯罪嫌疑人"。2012年《刑事诉讼法修改决定》将"在勘验、搜查中"修改为"在侦查活动中",增加"查封"措施,并将"物品"修改为"财物"。2018年修改《刑事诉讼法》时对本条规定未作调整。

关于第一百四十二条,1979年《刑事诉讼法》第八十四条规定:"对于扣押的物品和文件,应当会同在场见证人和被扣押物品持有人查点清楚,当场开列清单一式二份,由侦查人员、见证人和持有人签名或者盖章,一份交给持有人,另一份附卷备查。"1996年修改《刑事诉讼法》时对本条规定未作调整。2012年《刑事诉讼法修改决定》将"扣押"修改为"查封、扣押",将"物品"修改为"财物"。

第一百四十三条系沿用1979年《刑事诉讼法》第八十六条的规定。

关于第一百四十四条,1996年《刑事诉讼法》第一百一十七条规定:"人民检察院、公安机关根据侦查犯罪的需要,可以依照规定查询、冻结犯罪嫌疑人的存款、汇款。""犯罪嫌疑人的存款、汇款已被冻结的,不得重复冻结。"2012年《刑事诉讼法修改决定》将可以查询、冻结犯罪嫌疑人的财产范围由"存款、汇款"修改为"存款、汇款、债券、股票、基金份额等财产"。2018年修改《刑事诉讼法》时对本条规定未作调整。

关于第一百四十五条,1979年《刑事诉讼法》第八十七条规定:"对于扣押的物品、文件、邮件、电报,经查明确实与案件无关的,应当迅速退还原主或者原邮电机关。"1996年《刑事诉讼法修改决定》针对解除对象增加规定"冻结的存款、汇款",并将时间明确为"在三日以内解除扣押、冻结"。2012年《刑事诉讼法修改决定》将"扣押"修改为"查封、扣押",将"冻结的存款、汇款"修改为"冻结的存款、汇款、债券、股票、基金份额等财产",并将"退还原主或者原邮电机关"修改为"予以退还"。2018年修改《刑事诉讼法》时对本条规定未作调整。

■ **相关规定**

《中华人民共和国反间谍法》(修订后自2023年7月1日起施行,节录)

第六十二条 国家安全机关对依照本法查封、扣押、冻结的财物,应当妥善保管,并按照下列情形分别处理:

(一)涉嫌犯罪的,依照《中华人民共和国刑事诉讼法》等有关法律的规定处理;

(二)尚不构成犯罪,有违法事实的,对依法应当没收的予以没收,依法应当销毁的予以销毁;

(三)没有违法事实的,或者与案件无关的,应当解除查封、扣押、冻结,并及时返还相关财物;造成损失的,应当依法予以赔偿。

第六十三条 涉案财物符合下列情形之一的,应当依法予以追缴、没收,或者采取措施消除隐患:

(一)违法所得的财物及其孳息、收益,供实施间谍行为所用的本人财物;

(二)非法获取、持有的属于国家秘密的文件、数据、资料、物品;

(三)非法生产、销售、持有、使用的专用间谍器材。

第六十四条 行为人及其近亲属或者其他相关人员,因行为人实施间谍行为从间谍组织及其代理人获取的所有利益,由国家安全机关依法采取追缴、没收等措施。

第六十五条 国家安全机关依法收缴的罚款以及没收的财物,一律上缴国库。

《中共中央办公厅、国务院办公厅关于进一步规范刑事诉讼涉案财物处置工作的意见》(中办发〔2015〕7号)

为贯彻落实《中共中央关于全面深化改革若干重大问题的决定》有关要求,进一步规范刑事诉讼涉案财物处置工作,根据刑法、刑事诉讼法有关规定,提出如下意见。

一、进一步规范刑事诉讼涉案财物处置工作,应当坚持公正与效率相统一、改革创新与于法有据相统一、保障当事人合法权益与适应司法办案需要相统一的原则,健全处置涉案财物的程序、制度和机制。

二、规范涉案财物查封、扣押、冻结程序。查封、扣冻结涉案财物,应当严格依照法定条件和程序进行。严禁在立案之前查封、扣押、冻结财物。不得查封、扣押、冻与案件无关的财物。凡查封、扣押、冻结的财物,都应当及时进行审查;

经查明确实与案件无关的，应当在三日内予解除、退还，并通知有关当事人。

查封、扣押、冻结涉案财物，应当为犯罪嫌疑人、被告及其所扶养的亲属保留必需的生活费用和物品，减少对涉案单位正常办公、生产、经营等活动的影响。

公安机关、国家安全机关决定撤销案件或者终止侦查、人民检察院决定撤销案件或者不起诉、人民法院作出无罪判决的，涉案财物除依法另行处理外，应当解除查封、扣押、冻结措施，需要返还当事人的应当及时返还。

在查封、扣押、冻结涉案财物时，应当收集固定依法应当追缴的证据材料并随案移送。

三、建立办案部门与保管部门、办案人员与保管人员相互制约制度。涉案财物应当由公安机关、国家安全机关、人民检察院、人民法院指定本机关的一个部门或者专职人员统一保管，严禁由办案部门、办案人员自行保管。办案部门、保管部门截留、坐支、私分或者擅自处理涉案财物的，对其直接负责的主管人员和其他直接责任人员，按滥用职权等依法依纪追究责任；办案人员、保管人员调换、侵吞、窃取、挪用涉案财物的，按贪污等依法依纪追究责任。

四、规范涉案财物保管制度。对查封、扣押、冻结的财物，均应当制作详细清单。对扣押款项应当逐案设立明细账，在扣押后立即存入扣押机关唯一合规账户。对赃物特别是贵重物品实行分类保管，做到一案一账、一物一卡、账实相符。对作为证据使用的实物一般应当随案移送，如实登记，妥善保管，健全交接手续，防止损毁、丢失等。

五、探索建立跨部门的地方涉案财物集中管理信息平台。公安机关、人民检察院和人民法院查封、扣押、冻结、处理涉案财物，应当依照相关规定将财物清单及时录入信息台，实现信息共享，确保涉案财物管理规范、移送顺畅、处置及时。

六、完善涉案财物审前返还程序。对权属明确的被害人法财产，凡返还不损害其他被害人或者利害关系人的利益、不影响诉讼正常进行的，公安机关、国家安全机关、人检察院、人民法院都应当及时返还。权属有争议的，应当人民法院判决时一并处理。

七、完善涉案财物先行处置程序。对易损毁、灭失、变质等不宜长期保存的物品，易贬值的汽车、船艇等物品，或市场价格波动大的债券、股票、基金份额等财产，有效期将届满的汇票、本票、支票等，经权利人同意或者申请，经县级以上公安机关、国家安全机关、人民检察院或者人民法院主要负责人批准，可以依法出售、变现或者先行变、拍卖。所得款项统一存入各单位唯一合规账户。

涉案财物先行处置应当做到公开、公平。

八、提高查询、冻结、划扣工作效率。办案单位依法需查询、冻结或者划扣涉案款项的,金融机构等相关单位应予以协助,并探索建立统一的专门查询机制,建立涉案账紧急止付制度,完善集中查询、冻结和定期续冻制度。

九、完善违法所得追缴、执行工作机制。对审判时尚未缴到案或者尚未足额退赔的违法所得,人民法院应当判决续追缴或者责令退赔,并由人民法院负责执行,人民检察院、公安机关、国家安全机关、司法行政机关等应当予以配合。

十、建立中央政法机关交办案件涉案财物上缴中央国库制度。凡由最高人民检察院、公安部立案或者由其指定地方异地查办的重特大案件,涉案财物应当纳入中央政法机关的涉案财物账户;判决生效后,涉案财物除依法返还被害人外,一律通过中央财政汇缴专户缴入中央国库。

建立中央政法机关交办案件办案经费安排制度。凡中央政法机关指定地方异地查办的重特大案件,办案经费由中央财政保障,必要时提前预拨办案经费。涉案财物上缴中央国库后,由中央政法委员会会同中央政法机关对承办案件单位办案经费提出安排意见,财政部通过转移支付及时核拨地方财政,并由地方财政部门将经费按实际支出拨付承办案件单位。

十一、健全境外追逃追赃工作体制机制。公安部确定专门机构统一负责到境外开展追逃追赃工作。

我国缔结或者参加的国际条约指定履行司法协助职责的最高人民法院、最高人民检察院、公安部、司法部等,应当及时向有关国家(地区)提出司法协助请求,并将有关情况通报公安部专门负责境外追逃追赃的机构。

在案件侦查、审查起诉环节,办案机关应当积极核查境外涉案财物去向;对犯罪嫌疑人、被告人逃匿的,应当继续展侦查取证工作。需要到境外追逃追赃的,办案机关应当案件基本情况及调查取证清单,按程序送公安部专门负责外追逃追赃的机构,并配合公安部专门机构开展境外调查证工作。

十二、明确利害关系人诉讼权利。善意第三人等案外人对涉案财物处理存在利害关系的,公安机关、国家安全机关、人民检察院应当告知其相关诉讼权利,人民法院应当通宁其参加诉讼并听取其意见。被告人、自诉人、附带民事诉讼的原告和被告人对涉案财物处理决定不服的,可以就财物处理部分提出上诉,被害人或者其他利害关系人可以请求人检察院抗诉。

十三、完善权利救济机制。人民法院、人民检察院、公安机关、国家安全机关应当建立有效的权利救济机制,对当事人、利害关系人提出异议、复议、申诉、投诉或者举报的,应当依法及时受理并反馈处理结果。

十四、进一步加强协调配合。人民法院、人民检察院、公安机关、国家安全机关在办理案件过程中,应当共同研究解决涉案财物处置工作中遇到的突出问题,确保执法司法工作顺利进行,切实保障当事人合法权益。

十五、进一步加强监督制约。人民法院、人民检察院、公安机关、国家安全机关应当对涉案财物处置工作进行相互监督。人民检察院应当加强法律监督。上级政法机关发现下级政法机关涉案财物处置工作确有错误的,应当依照法定程序要求限期纠正。

十六、健全责任追究机制。违法违规查封、扣押、冻结和处置涉案财物的,应当依法依纪给予处分;构成犯罪的,应当依法追究刑事责任;导致国家赔偿的,应当依法向有关责任人员追偿。

十七、最高人民法院、最高人民检察院、公安部、国家安全部、财政部、中国人民银行等应当结合工作实际,制定实施办法,细化政策标准,规范工作流程,明确相关责任,完善协作配合机制,确保有关规定落到实处。

《中华人民共和国国际刑事司法协助法》(自 2018 年 10 月 26 日起施行,节录)

第三十九条 办案机关需要外国协助查封、扣押、冻结涉案财物的,应当制作刑事司法协助请求书并附相关材料,经所属主管机关审核同意后,由对外联系机关及时向外国提出请求。

外国对于协助执行中华人民共和国查封、扣押、冻结涉案财物的请求有特殊要求的,在不违反中华人民共和国法律的基本原则的情况下,可以同意。需要由司法机关作出决定的,由人民法院作出。

第四十二条 外国可以请求中华人民共和国协助查封、扣押、冻结在中华人民共和国境内的涉案财物。

外国向中华人民共和国请求查封、扣押、冻结涉案财物的,请求书及所附材料应当根据需要载明本法第四十条规定的事项。

第四十三条 主管机关经审查认为符合下列条件的,可以同意查封、扣押、冻结涉案财物,并安排有关办案机关执行:

(一)查封、扣押、冻结符合中华人民共和国法律规定的条件;

(二)查封、扣押、冻结涉案财物与请求国正在进行的刑事案件的调查、侦查、起诉和审判活动相关;

(三)涉案财物可以被查封、扣押、冻结;

(四)执行请求不影响利害关系人的合法权益;

(五)执行请求不影响中华人民共和国有关机关正在进行的调查、侦查、起诉、审判和执行活动。

办案机关应当及时通过主管机关通知对外联系机关,由对外联系机关将查封、扣押、冻结的结果告知请求国。必要时,办案机关可以对被查封、扣押、冻结的涉案财物依法采取措施进行处理。

第四十四条 查封、扣押、冻结的期限届满,外国需要继续查封、扣押、冻结相关涉案财物的,应当再次向对外联系机关提出请求。

外国决定解除查封、扣押、冻结的,对外联系机关应当通过主管机关通知办案机关及时解除。

第四十五条 利害关系人对查封、扣押、冻结有异议,办案机关经审查认为查封、扣押、冻结不符合本法第四十三条第一款规定的条件的,应当报请主管机关决定解除查封、扣押、冻结并通知对外联系机关,由对外联系机关告知请求国;对案件处理提出异议的,办案机关可以通过所属主管机关转送对外联系机关,由对外联系机关向请求国提出。

第四十六条 由于请求国的原因导致查封、扣押、冻结不当,对利害关系人的合法权益造成损害的,办案机关可以通过对外联系机关要求请求国承担赔偿责任。

《中华人民共和国反有组织犯罪法》(自2022年5月1日起施行,节录)

第二十七条 公安机关核查有组织犯罪线索,经县级以上公安机关负责人批准,可以查询嫌疑人员的存款、汇款、债券、股票、基金份额等财产信息。

公安机关核查黑社会性质组织犯罪线索,发现涉案财产有灭失、转移的紧急风险的,经设区的市级以上公安机关负责人批准,可以对有关涉案财产采取紧急止付或者临时冻结、临时扣押的紧急措施,期限不得超过四十八小时。期限届满或者适用紧急措施的情形消失的,应当立即解除紧急措施。

第三十九条 办理有组织犯罪案件中发现的可用以证明犯罪嫌疑人、被告人有罪或者无罪的各种财物、文件,应当依法查封、扣押。

公安机关、人民检察院、人民法院可以依照《中华人民共和国刑事诉讼法》的规定查询、冻结犯罪嫌疑人、被告人的存款、汇款、债券、股票、基金份额等财产。有关单位和个人应当配合。

第四十条 公安机关、人民检察院、人民法院根据办理有组织犯罪案件的需要,可以全面调查涉嫌有组织犯罪的组织及其成员的财产状况。

第四十一条 查封、扣押、冻结、处置涉案财物,应当严格依照法定条件和程序进行,依法保护公民和组织的合法财产权益,严格区分违法所得与合法财产、本人财产与其家属的财产,减少对企业正常经营活动的不利影响。不得查封、扣押、冻结与案件无关的财物。经查明确实与案件无关的财物,应当在三日以内解除查封、扣押、冻结,予以退还。对被害人的合法财产,应当及时返还。

查封、扣押、冻结涉案财物,应当为犯罪嫌疑人、被告人及其扶养的家属保留必需的生活费用和物品。

第四十二条 公安机关可以向反洗钱行政主管部门查询与有组织犯罪相关的信息数据,提请协查与有组织犯罪相关的可疑交易活动,反洗钱行政主管部门应当予以配合并及时回复。

第四十三条 对下列财产,经县级以上公安机关、人民检察院或者人民法院主要负责人批准,可以依法先行出售、变现或者变卖、拍卖,所得价款由扣押、冻结机关保管,并及时告知犯罪嫌疑人、被告人或者其近亲属:

(一)易损毁、灭失、变质等不宜长期保存的物品;

(二)有效期即将届满的汇票、本票、支票等;

(三)债券、股票、基金份额等财产,经权利人申请,出售不损害国家利益、被害人利益,不影响诉讼正常进行的。

第四十九条 利害关系人对查封、扣押、冻结、处置涉案财物提出异议的,公安机关、人民检察院、人民法院应当及时予以核实,听取其意见,依法作出处理。

公安机关、人民检察院、人民法院对涉案财物作出处理后,利害关系人对处理不服的,可以提出申诉或者控告。

■ 基本规范

《公安机关办理刑事案件程序规定》(公安部令第159号修正,修正后自2020年9月1日起施行)

第八章 侦 查

第六节 查封、扣押

第二百二十七条 在侦查活动中发现的可用以证明犯罪嫌疑人有罪或者无罪的各种财物、文件,应当查封、扣押;但与案件无关的财物、文件,不得查封、扣押。

持有人拒绝交出应当查封、扣押的财物、文件的,公安机关可以强制查封、扣押。

第二百二十八条 在侦查过程中需要扣押财物、文件的,应当经办案部门负责人批准,制作扣押决定书;在现场勘查或者搜查中需要扣押财物、文件的,由现场指挥人员决定;但扣押财物、文件价值较高或者可能严重影响正常生产经营的,应当经县级以上公安机关负责人批准,制作扣押决定书。

在侦查过程中需要查封土地、房屋等不动产,或者船舶、航空器以及其他不宜移动的大型机器、设备等特定动产的,应当经县级以上公安机关负责人批准并制作查封决定书。

第二百二十九条 执行查封、扣押的侦查人员不得少于二人,并出示本规定第二百二十八条规定的有关法律文书。

查封、扣押的情况应当制作笔录,由侦查人员、持有人和见证人签名。对于无法确定持有人或者持有人拒绝签名的,侦查人员应当在笔录中注明。

第二百三十条 对查封、扣押的财物和文件,应当会同在场见证人和被查封、扣押财物、文件的持有人查点清楚,当场开列查封、扣押清单一式三份,写明财物或者文件的名称、编号、数量、特征及其来源等,由侦查人员、持有人和见证人签名,一份交给持有人,一份交给公安机关保管人员,一份附卷备查。

对于财物、文件的持有人无法确定,以及持有人不在现场或者拒绝签名的,侦查人员应当在清单中注明。

依法扣押文物、贵金属、珠宝、字画等贵重财物的,应当拍照或者录音录像,并及时鉴定、估价。

执行查封、扣押时,应当为犯罪嫌疑人及其所扶养的亲属保留必需的生活费用和物品。能够保证侦查活动正常进行的,可以允许有关当事人继续合理使用有关涉案财物,但应采取必要的保值、保管措施。

第二百三十一条 对作为犯罪证据但不便提取或者没有必要提取的财物、文件,经登记、拍照或者录音录像、估价后,可以交财物、文件持有人保管或者封存,并且开具登记保存清单一式两份,由侦查人员、持有人和见证人签名,一份交给财物、文件持有人,另一份连同照片或者录音录像资料附卷备查。财物、文件持有人应当妥善保管,不得转移、变卖、毁损。

第二百三十二条 扣押犯罪嫌疑人的邮件、电子邮件、电报,应当经县级以上公安机关负责人批准,制作扣押邮件、电报通知书,通知邮电部门或者网络服务单位检交扣押。

不需要继续扣押的时候,应当经县级以上公安机关负责人批准,制作解除扣押邮件、电报通知书,立即通知邮电部门或者网络服务单位。

第二百三十三条 对查封、扣押的财物、文件、邮件、电子邮件、电报,经查明确实与案件无关的,应当在三日以内解除查封、扣押,退还原主或者原邮电部门、网络服务单位;原主不明确的,应当采取公告方式告知原主认领。在通知原主或者公告后六个月以内,无人认领的,按照无主财物处理,登记后上缴国库。

第二百三十四条 有关犯罪事实查证属实后,对于有证据证明权属明确且无争议的被害人合法财产及其孳息,且返还不损害其他被害人或者利害关系人的利益,不影响案件正常办理的,应当在登记、拍照或者录音录像和估价后,报经县级以上公安机关负责人批准,开具发还清单返还,并在案卷材料中注明返还的理由,将原物照片、发还清单和被害人的领取手续存卷备查。

领取人应当是涉案财物的合法权利人或者其委托的人;委托他人领取的,应当出具委托书。侦查人员或者公安机关其他工作人员不得代为领取。

查找不到被害人,或者通知被害人后,无人领取的,应当将有关财产及其孳息随案移送。

第二百三十五条 对查封、扣押的财物及其孳息、文件,公安机关应当妥善保管,以供核查。任何单位和个人不得违规使用、调换、损毁或者自行处理。

县级以上公安机关应当指定一个内设部门作为涉案财物管理部门,负责对涉案财物实行统一管理,并设立或者指定专门保管场所,对涉案财物进行集中保管。

对价值较低、易于保管,或者需要作为证据继续使用,以及需要先行返还被害人的涉案财物,可以由办案部门设置专门的场所进行保管。办案部门应当指定不承担办案工作的民警负责本部门涉案财物的接收、保管、移交等管理工作;严禁由侦查人员自行保管涉案财物。

第二百三十六条 在侦查期间,对于易损毁、灭失、腐烂、变质而不宜长期保存,或者难以保管的物品,经县级以上公安机关主要负责人批准,可以在拍照或者录音录像后委托有关部门变卖、拍卖,变卖、拍卖的价款暂予保存,待诉讼终结后一并处理。

对于违禁品,应当依照国家有关规定处理;需要作为证据使用的,应当在诉讼终结后处理。

第七节 查询、冻结

第二百三十七条 公安机关根据侦查犯罪的需要,可以依照规定查询、冻结犯罪嫌疑人的存款、汇款、证券交易结算资金、期货保证金等资金,债券、股票、基金份额和其他证券,以及股权、保单权益和其他投资权益等财产,并可以要求有关单位和个人配合。

对于前款规定的财产,不得划转、转账或者以其他方式变相扣押。

第二百三十八条 向金融机构等单位查询犯罪嫌疑人的存款、汇款、证券交易结算资金、期货保证金等资金,债券、股票、基金份额和其他证券,以及股权、保单权益和其他投资权益等财产,应当经县级以上公安机关负责人批准,制作协助查询财产通知书,通知金融机构等单位协助办理。

第二百三十九条 需要冻结犯罪嫌疑人财产的,应当经县级以上公安机关负责人批准,制作协助冻结财产通知书,明确冻结财产的账户名称、账户号码、冻结数额、冻结期限、冻结范围以及是否及于孳息等事项,通知金融机构等单位协助办理。

冻结股权、保单权益的,应当经设区的市一级以上公安机关负责人批准。

冻结上市公司股权的,应当经省级以上公安机关负责人批准。

第二百四十条　需要延长冻结期限的,应当按照原批准权限和程序,在冻结期限届满前办理继续冻结手续。逾期不办理继续冻结手续的,视为自动解除冻结。

第二百四十一条　不需要继续冻结犯罪嫌疑人财产时,应当经原批准冻结的公安机关负责人批准,制作协助解除冻结财产通知书,通知金融机构等单位协助办理。

第二百四十二条　犯罪嫌疑人的财产已被冻结的,不得重复冻结,但可以轮候冻结。

第二百四十三条　冻结存款、汇款、证券交易结算资金、期货保证金等财产的期限为六个月。每次续冻期限最长不得超过六个月。

对于重大、复杂案件,经设区的市一级以上公安机关负责人批准,冻结存款、汇款、证券交易结算资金、期货保证金等财产的期限可以为一年。每次续冻期限最长不得超过一年。

第二百四十四条　冻结债券、股票、基金份额等证券的期限为二年。每次续冻期限最长不得超过二年。

第二百四十五条　冻结股权、保单权益或者投资权益的期限为六个月。每次续冻期限最长不得超过六个月。

第二百四十六条　对冻结的债券、股票、基金份额等财产,应当告知当事人或者其法定代理人、委托代理人有权申请出售。

权利人书面申请出售被冻结的债券、股票、基金份额等财产,不损害国家利益、被害人、其他权利人利益,不影响诉讼正常进行的,以及冻结的汇票、本票、支票的有效期即将届满的,经县级以上公安机关负责人批准,可以依法出售或者变现,所得价款应当继续冻结在其对应的银行账户中;没有对应的银行账户的,所得价款由公安机关在银行指定专门账户保管,并及时告知当事人或者其近亲属。

第二百四十七条　对冻结的财产,经查明确实与案件无关的,应当在三日以内通知金融机构等单位解除冻结,并通知被冻结财产的所有人。

《海警机构办理刑事案件程序规定》(中国海警局令第1号,自2023年6月15日起施行)

第八章　侦　查

第六节　查封、扣押

第二百二十一条　在侦查活动中发现的可用以证明犯罪嫌疑人有罪或者无

罪的各种财物、文件,应当查封、扣押;但与案件无关的财物、文件,不得查封、扣押。

持有人拒绝交出应当查封、扣押的财物、文件的,海警机构可以强制查封、扣押。

第二百二十二条 在侦查过程中需要查封、扣押财物、文件的,应当经海警机构负责人批准,制作查封、扣押决定书。

在现场勘查、搜查,执行拘留、逮捕时,遇紧急情况需要扣押财物、文件的,由现场指挥人员决定;但扣押财物、文件价值较高或者可能严重影响正常生产经营的,应当经海警机构负责人批准,制作扣押决定书。

第二百二十三条 执行查封、扣押的侦查人员不得少于二人,并应当持有有关法律文书。

查封、扣押的情况应当制作笔录,由侦查人员、持有人和见证人签名。对于无法确定持有人或者持有人拒绝签名的,侦查人员应当注明。

第二百二十四条 对查封、扣押的财物、文件,应当会同在场见证人和持有人查点清楚,当场开列查封、扣押清单一式三份,写明财物、文件的名称、编号、规格、数量、质量、特征及其来源等,由侦查人员、持有人和见证人签名,一份交给持有人,一份交给海警机构保管人员,一份附卷备查。对于财物、文件的持有人无法确定,以及拒绝签名或者不在场的,侦查人员应当注明。

依法扣押外币、金银、珠宝、文物、名贵字画以及其他不易辨别真伪的贵重财物,应当在拍照或者录音录像后当场密封,由侦查人员、持有人和见证人在密封材料上签名,并及时鉴定、估价。

第二百二十五条 对作为犯罪证据但不便提取或者没有必要提取的财物、文件,经登记、拍照或者录音录像、估价后,可以交财物、文件持有人保管或者封存,并且开具登记保存清单一式两份,由侦查人员、持有人和见证人签名,一份交给财物、文件持有人,另一份连同照片或者录音录像资料附卷备查。财物、文件持有人应当妥善保管,不得转移、变卖、毁损。

第二百二十六条 海警机构依法查封涉案的土地、房屋等不动产,以及涉案的车辆、船舶、航空器等特定动产,必要时,可以一并扣押其权利证书。置于不动产上的设施、家具和其他相关物品,需要作为证据使用的,应当扣押;不宜移动的,可以一并查封。

查封前款规定的不动产和特定动产,海警机构应当制作协助查封通知书,载明涉案财物的名称、权属、地址等事项,送交有关登记管理部门协助办理。

第二百二十七条 扣押犯罪嫌疑人的邮件、电子邮件、电报,应当经海警机构负责人批准,制作扣押邮件、电报通知书,通知邮政部门或者网络服务单位检交扣押。

不需要继续扣押的,应当经海警机构负责人批准,制作解除扣押邮件、电报通知书,立即通知邮政部门或者网络服务单位。

第七节 查询、冻结

第二百二十八条 海警机构根据侦查犯罪的需要,可以依照规定查询、冻结犯罪嫌疑人的存款、汇款、证券交易结算资金、期货保证金等资金,债券、股票、基金份额和其他证券,以及股权、保单权益和其他投资权益等财产,并可以要求有关单位和个人配合。

对于前款规定的财产,不得划转、转账或者以其他方式变相扣押。

第二百二十九条 向金融机构等单位查询犯罪嫌疑人的存款、汇款、证券交易结算资金、期货保证金等资金,债券、股票、基金份额和其他证券,以及股权、保单权益和其他投资权益等财产,应当经海警机构负责人批准,制作协助查询财产通知书,通知金融机构等单位协助办理。

第二百三十条 需要冻结犯罪嫌疑人财产的,应当经海警机构负责人批准,制作协助冻结财产通知书,明确冻结财产的账户名称、账户号码、冻结数额、冻结期限、冻结范围以及是否及于孳息等事项,通知金融机构等单位协助办理。

冻结股权、保单权益的,应当经市级海警局以上海警机构负责人批准。

冻结上市公司股权的,应当经省级海警局以上海警机构负责人批准。

第二百三十一条 需要延长冻结期限的,应当按照原批准权限和程序,在冻结期限届满前办理继续冻结手续。逾期不办理继续冻结手续的,冻结自动解除。

第二百三十二条 不需要继续冻结犯罪嫌疑人财产时,应当经原批准冻结的海警机构负责人批准,制作协助解除冻结财产通知书,通知金融机构等单位协助办理。

第二百三十三条 犯罪嫌疑人的财产已被冻结的,不得重复冻结,但可以轮候冻结。

第二百三十四条 冻结存款、汇款、证券交易结算资金、期货保证金等财产的期限为六个月。每次续冻期限最长不得超过六个月。

对于重大、复杂案件,经市级海警局以上海警机构负责人批准,冻结存款、汇款、证券交易结算资金、期货保证金等财产的期限可以为一年。每次续冻期限最长不得超过一年。

第二百三十五条 冻结债券、股票、基金份额等证券的期限为二年。每次续冻期限最长不得超过二年。

第二百三十六条 冻结股权、保单权益或者投资权益的期限为六个月。每次续冻期限最长不得超过六个月。

其他规范

《最高人民法院、最高人民检察院、公安部关于对冻结、扣划企业事业单位、机关团体在银行、非银行金融机构存款的执法活动加强监督的通知》(法〔1996〕83号)

各省、自治区、直辖市高级人民法院、人民检察院、公安厅(局)、军事法院、军事检察院：

为了加强执法监督,必要时及时纠正地方人民法院、人民检察院、公安机关关于冻结、扣划有关单位在银行、非银行金融机构存款的错误决定,特通知如下：

一、最高人民法院、最高人民检察院、公安部发现地方各级人民法院、人民检察院、公安机关冻结、解冻、扣划有关单位在银行、非银行金融机构存款有错误时,上级人民法院、人民检察院、公安机关发现下级人民法院、人民检察院、公安机关冻结、解冻、扣划有关单位在银行、非银行金融机构存款有错误时,可依照法定程序作出决定或者裁定,送达本系统地方各级或下级有关法院、检察院、公安机关限期纠正。有关法院、检察院、公安机关应当立即执行。

二、有关法院、检察院、公安机关认为上级机关的决定或者裁定有错误的,可在收到该决定或者裁定之日起5日以内向作出决定或裁定的人民法院、人民检察院、公安机关请求复议。最高人民法院、最高人民检察院、公安部或上级人民法院、人民检察院、公安机关经审查,认为请求复议的理由不能成立,依法有权直接向有关银行发出法律文书,纠正各自的下级机关所作的错误决定,并通知原作出决定的机关;有关银行、非银行金融机构接到此项法律文书后,应当立即办理,不得延误,不必征得原作出决定机关的同意。

《中共中央政法委关于司法机关冻结、扣划银行存款问题的意见》(政法办〔1996〕120号)

一、对商业银行在中国人民银行所存的准备金和备付金,司法机关不宜冻结、扣划。根据《商业银行法》第32条的规定,商业银行必须向中国人民银行交存准备金,留足备付金(下称"两金")。这"两金"是有法定用途的,是人民银行对商业银行监督管理的重要手段,事关中国人民银行对宏观经济的调控,不宜视为一般意义上的存款。去年,全国人大常委会王汉斌副委员长提出的司法机关不宜冻结、扣划"两金"的意见已报经乔石、容基同志和您同意。因此,司法机关对商业银行存在人民银行的"两金"不宜冻结、扣划,但对非"两金"资金可以依法冻结、扣划。对这个问题还应由全国人大常委会通过立法解释加以确认。

二、银行和非银行金融机构作为当事人应当自动履行法定义务,拒不履行的,司法机关可以依照法律规定采取必要的强制措施。这是保护有关债权人合法权益,保证严肃执法,促使银行和非银行金融机构履行法定义务所必须的手段。

三、对司法机关的执法工作,金融机构应当积极协助。继续执行中国人民银行、公安部、最高法院、最高检察院联合下发的《关于查询、冻结、扣划企业事业单位、机关、团体银行存款的通知(银发〔1993〕356号)》以及最高法院、最高检察院和公安部联合下发的《关于对冻结、扣划企事业单位、机关团体在银行、非银行金融机构存款的执法活动加强监督的通知(法〔1996〕83号)》。银行、非银行金融机构对司法机关依法查询、冻结、扣划企事业单位、机关、团体在银行、非银行金融机构存款的执法活动,应积极协助。

四、各地、各部门不得制定违反法律法规的规定,凡有违反的一律撤销。

《中国人民银行关于贯彻落实中共中央政法委关于司法机关冻结、扣划银行存款问题的意见的通知》(银发〔1997〕94号)

一、1993年12月11日下发的银发〔1993〕356号文规定,人民检察院和公安机关可以扣划单位的银行存款。但1996年3月17日第八届全国人民代表大会第四次会议修改的《中华人民共和国刑事诉讼法》(以下简称《刑事诉讼法》)只规定人民检察院和公安机关可以查询、冻结犯罪嫌疑人的存款,而未规定人民检察院和公安机关可扣划犯罪嫌疑存款。对此,应按《刑事诉讼法》的规定执行。

二、对司法机关只提供单位帐户名称而未提供帐号,要求金融机构协助查询的,金融机构应根据帐户管理档案积极协助查询。如查明帐户管理档案中没有所查询的帐户,金融机构应如实告知司法机关。

三、根据《中华人民共和国中国人民银行法》的规定,中国人民银行及其分支机构不办理金融机构对企事业单位所开展的业务。因此,对司法机关向人民银行查询有关企事业单位存款情况的,人民银行应做好耐心细致的解释工作,并协调有关金融机构积极配合司法机关的执行活动。

《金融机构协助查询、冻结、扣划工作管理规定》(中国人民银行,银发〔2002〕1号,自2002年2月1日起施行)

第一条 为规范金融机构协助有权机关查询、冻结和扣划单位、个人在金融机构存款的行为,根据《中华人民共和国商业银行法》及其它有关法律、行政法规的规定,制定本规定。

第二条 本规定所称"协助查询、冻结、扣划"是指金融机构依法协助有权机关查询、冻结、扣划单位或个人在金融机构存款的行为。

协助查询是指金融机构依照有关法律或行政法规的规定以及有权机关查询的要求,将单位或个人存款的金额、币种以及其它存款信息告知有权机关的行为。

协助冻结是指导金融机构依照法律的规定以及有权机关冻结的要求,在一定时期内禁止单位或个人提取其存款账户内的全部或部分存款的行为。

协助扣划是指金融机构依照法律的规定以及有权机关扣划的要求,将单位或个人存款账户内的全部或部分存款资金划拨到指定账户上的行为。

第三条 本规定所称金融机构是指依法经营存款业务的金融机构(含外资金融机构),包括政策性银行、商业银行、城市和农村信用合作社、财务公司、邮政储蓄机构等。

金融机构协助查询、冻结和扣划存款,应当在存款人开户的营业分支机构具体办理。

第四条 本规定所称有权机关是指依照法律、行政法规的明确规定,有权查询、冻结、扣划单位或个人在金融机构存款的司法机关、行政机关、军事机关及行使行政职能的事业单位(详见附表)。

第五条 协助查询、冻结和扣划工作应当遵循依法合规、不损害客户合法权益的原则。

第六条 金融机构应当依法做好协助工作,建立健全有关规章制度,切实加强协助查询、冻结、扣划的管理工作。

第七条 金融机构应当在其营业机构确定专职部门或专职人员,负责接待要求协助查询、冻结、扣划的有权机关,及时处理协助事宜,并注意保守国家秘密。

第八条 办理协助查询业务时,经办人员应当核实执法人员的工作证件,以及有权机关县团级以上(含,下同)机构签发的协助查询存款通知书。

第九条 办理协助冻结业务时,金融机构经办人员应当核实以下证件和法律文书:

(一)有权机关执法人员的工作证件;

(二)有权机关县团级以上机构签发的协助冻结存款通知书,法律、行政法规规定应当由有权机关主要负责人签字的,应当由主要负责人签字;

(三)人民法院出具的冻结存款裁定书、其它有权机关出具的冻结存款决定书。

第十条 办理协助扣划业务时,金融机构经办人员应当核实以下证件和法律文书:

(一)有权机关执法人员的工作证件;

(二)有权机关县团级以上机构签发的协助扣划存款通知书,法律、行政法规规定应当由有权机关主要负责人签字的,应当由主要负责人签字;

(三)有关生效法律文书或行政机关的有关决定书。

第十一条 金融机构在协助冻结、扣划单位或个人存款时,应当审查以下内容:

(一)"协助冻结、扣划存款通知书"填写的需被冻结或扣划存款的单位或个人开户金融机构名称、户名和账号、大小写金额;

(二)协助冻结或扣划存款通知书上的义务人应与所依据的法律文书上的义务人相同;

(三)协助冻结或扣划存款通知书上的冻结或扣划金额应当是确定的。如发现缺少应附的法律文书,以及法律文书有关内容与"协助冻结、扣划存款通知书"的内容不符,应说明原因,退回"协助冻结、扣划存款通知书"或所附的法律文书。

有权机关对个人存款户不能提供账户的,金融机构应当要求有权机关提供该个人的居民身份证号码或其它足以确定该个人存款账户的情况。

第十二条 金融机构应当按照内控制度的规定建立和完善协助查询、冻结和扣划工作的登记制度。

金融机构在协助有权机关办理查询、冻结和扣划手续时,应对下列情况进行登记:有权机关名称,执法人员姓名和证件号码,金融机构经办人员姓名,被查询、冻结、扣划单位或个人的名称或姓名,协助查询、冻结、扣划的时间和金额,相关法律文书名称及文号,协助结果等。

登记表应当在协助办理查询、冻结、扣划手续时填写,并由有权机关执法人员和金融机构经办人签字。

金融机构应当妥善保存登记表,并严格保守有关国家秘密。

金融机构协助查询、冻结、扣划存款,涉及内控制度中的核实、授权和审批工作时,应当严格按内控制度及时办理相关手续,不得拖延推诿。

第十三条 金融机构对有权机关办理查询、冻结和扣划手续完备的,应当认真协助办理。在接到协助冻结、扣划存款通知书后,不得再扣划应当协助执行的款项用于收贷收息,不得向被查询、冻结、扣划单位或个人通风报信,帮助隐匿或转移存款。

金融机构在协助有权机关办理完毕查询存款手续后,有权机关要求予以保密的,金融机构应当保守秘密。金融机构在协助有权机关办理完毕冻结、扣划存款手续后,根据业务需要可以通知存款单位或个人。

第十四条 金融机构协助有权机关查询的资料应限于存款资料,包括被查询单位或个人开户、存款情况以及与存款有关的会计凭证、账簿、对账单等资料。对上述资料,金融机构应当如实提供,有权机关根据需要可以抄录、复制、照相,但不得带走原件。

金融机构协助复制存款资料等支付了成本费用的,可以按相关规定收取工本费。

第十五条 有权机关在查询单位存款情况时,只提供被查询单位名称而未提供账号的,金融机构应当根据账户管理档案积极协助查询,没有所查询的账户的,应如实告有权机关。

第十六条 冻结单位或个人存款的期限最长为六个月,期满后可以续冻。有权机关应在冻结期满前办理续冻手续,逾期未办理续冻手续的,视为自动解除冻结措施。

第十七条 有权机关要求对已被冻结的存款再行冻结的,金融机构不予办理并应当说明情况。

第十八条 在冻结期限内,只有在原作出冻结决定的有权机关作出解冻决定并出具解除冻结存款通知书的情况下,金融机构才能对已经冻结的存款予以解冻。被冻结存款的单位或个人对冻结提出异议的,金融机构应告知其与作出冻结决定的有权机关联系,在存款冻结期限内金融机构不得自行解冻。

第十九条 有权机关在冻结、解冻工作中发生错误,其上级机关直接作出变更决定或裁定的,金融机构接到变更决定书或裁定书后,应当予以办理。

第二十条 金融机构协助扣划时,应当将扣划的存款直接划入有权机关指定的账户。有权机关要求提取现金的,金融机构不予协助。

第二十一条 查询、冻结、扣划存款通知书与解除冻结、扣划存款通知书均应由有权机关执法人员依法送达,金融机构不接受有权机关执法人员以外的人员代为送达的上述通知书。

第二十二条 两个以上有权机关对同一单位或个人的同一笔存款采取冻结或扣划措施时,金融机构应当协助最先送达协助冻结、扣划存款通知书的有权机关办理冻结、扣划手续。

两个以上有权机关对金融机构协助冻结、扣划的具体措施有争议的,金融机构应当按照有关争议机关协商后的意见办理。

第二十三条 本规定由中国人民银行负责解释。

第二十四条 本规定自2002年2月1日起施行。

附表：有权查询、冻结、扣划单位、个人存款的执法机关一览表

单位名称	查询		冻结		扣划	
	单位	个人	单位	个人	单位	个人
人民法院	有权	有权	有权	有权	有权	有权
税务机关	有权	有权	有权	有权	有权	有权
海关	有权	有权	有权	有权	有权	有权
人民检察院	有权	有权	有权	有权	无权	无权
公安机关	有权	有权	有权	有权	无权	无权
国家安全机关	有权	有权	有权	有权	无权	无权
军队保卫部门	有权	有权	有权	有权	无权	无权
监狱	有权	有权	有权	有权	无权	无权
走私犯罪侦查机关	有权	有权	有权	有权	无权	无权
监察机关（包括军队监察机关）	有权	有权	有权	无权	无权	无权
审计机关	有权	无权	无权	无权	无权	无权
工商行政管理机关	有权	无权	暂停结算	暂停结算	无权	无权
证券监管机关	有权	无权	无权	无权	无权	无权

《最高人民法院、最高人民检察院、公安部、中国证券监督管理委员会关于查询、冻结、扣划证券和证券交易结算资金有关问题的通知》（法发〔2008〕4号，自2008年3月1日起实施）

各省、自治区、直辖市高级人民法院、人民检察院、公安厅（局），解放军军事法院、军事检察院，新疆维吾尔自治区高级人民法院生产建设兵团分院，新疆生产建设兵团人民检察院、公安局：

为维护正常的证券交易结算秩序，保护公民、法人和其他组织的合法权益，保障执法机关依法执行公务，根据《中华人民共和国刑事诉讼法》《中华人

民共和国民事诉讼法》、《中华人民共和国证券法》等法律以及司法解释的规定,现就人民法院、人民检察院、公安机关查询、冻结、扣划证券和证券交易结算资金的有关问题通知如下:

一、人民法院、人民检察院、公安机关在办理案件过程中,按照法定权限需要通过证券登记结算机构或者证券公司查询、冻结、扣划证券和证券交易结算资金的,证券登记结算机构或者证券公司应当依法予以协助。

二、人民法院要求证券登记结算机构或者证券公司协助查询、冻结、扣划证券和证券交易结算资金,人民检察院、公安机关要求证券登记结算机构或者证券公司协助查询、冻结证券和证券交易结算资金时,有关执法人员应当依法出具相关证件和有效法律文书。

执法人员证件齐全、手续完备的,证券登记结算机构或者证券公司应当签收有关法律文书并协助办理有关事项。

拒绝签收人民法院生效法律文书的,可以留置送达。

三、人民法院、人民检察院、公安机关可以依法向证券登记结算机构查询客户和证券公司的证券账户、证券交收账户和资金交收账户内已完成清算交收程序的余额、余额变动、开户资料等内容。

人民法院、人民检察院、公安机关可依法向证券公司查询客户的证券账户和资金账户、证券交收账户和资金交收账户内的余额、余额变动、证券及资金流向、开户资料等内容。

查询自然人账户的,应当提供自然人姓名和身份证件号码;查询法人账户的,应当提供法人名称和营业执照或者法人注册登记证书号码。

证券登记结算机构或者证券公司应当出具书面查询结果并加盖业务专用章。查询机关对查询结果有疑问时,证券登记结算机构、证券公司在必要时应当进行书面解释并加盖业务专用章。

四、人民法院、人民检察院、公安机关按照法定权限冻结、扣划相关证券、资金时,应当明确冻结、扣划证券、资金所在的账户名称、账户号码、冻结期限,所冻结、扣划证券的名称、数量或者资金的数额。扣划时,还应当明确拟划入的账户名称、账号。

冻结证券和交易结算资金时,应当明确冻结的范围是否及于孳息。

本通知规定的以证券登记结算机构名义建立的各类专门清算交收账户不得整体冻结。

五、证券登记结算机构依法按照业务规则收取并存放于专门清算交收账户内的下列证券,不得冻结、扣划:

（一）证券登记结算机构设立的证券集中交收账户、专用清偿账户、专用处置帐户内的证券。

（二）证券公司按照业务规则在证券登记结算机构开设的客户证券交收账户、自营证券交收账户和证券处置账户内的证券。

六、证券登记结算机构依法按照业务规则收取并存放于专门清算交收账户内的下列资金，不得冻结、扣划：

（一）证券登记结算机构设立的资金集中交收账户、专用清偿账户内的资金。

（二）证券登记结算机构依法收取的证券结算风险基金和结算互保金。

（三）证券登记结算机构在银行开设的结算备付金专用存款账户和新股发行验资专户内的资金，以及证券登记结算机构为新股发行网下申购配售对象开立的网下申购资金账户内的资金。

（四）证券公司在证券登记结算机构开设的客户资金交收账户内的资金。

（五）证券公司在证券登记结算机构开设的自营资金交收账户内最低限额自营结算备付金及根据成交结果确定的应付资金。

七、证券登记结算机构依法按照业务规则要求证券公司等结算参与人、投资者或者发行人提供的回购质押券、价差担保物、行权担保物、履约担保物，在交收完成之前，不得冻结、扣划。

八、证券公司在银行开立的自营资金账户内的资金可以冻结、扣划。

九、在证券公司托管的证券的冻结、扣划，既可以在托管的证券公司办理，也可以在证券登记结算机构办理。不同的执法机关同一交易日分别在证券公司、证券登记结算机构对同一笔证券办理冻结、扣划手续的，证券公司协助办理的为在先冻结、扣划。

冻结、扣划未在证券公司或者其他托管机构托管的证券或者证券公司自营证券的，由证券登记结算机构协助办理。

十、证券登记结算机构受理冻结、扣划要求后，应当在受理日对应的交收日交收程序完成后根据交收结果协助冻结、扣划。

证券公司受理冻结、扣划要求后，应当立即停止证券交易，冻结时已经下单但尚未撮合成功的应当采取撤单措施。冻结后，根据成交结果确定的用于交收的应付证券和应付资金可以进行正常交收。在交收程序完成后，对于剩余部分可以扣划。同时，证券公司应当根据成交结果计算出等额的应收资金或者应收证券交由执法机关冻结或者扣划。

十一、已被人民法院、人民检察院、公安机关冻结的证券或证券交易结算资金,其他人民法院、人民检察院、公安机关或者同一机关因不同案件可以进行轮候冻结。冻结解除的,登记在先的轮候冻结自动生效。

轮候冻结生效后,协助冻结的证券登记结算机构或者证券公司应当书面通知做出该轮候冻结的机关。

十二、冻结证券的期限不得超过二年,冻结交易结算资金的期限不得超过六个月。

需要延长冻结期限的,应当在冻结期限届满前办理续行冻结手续,每次续行冻结的期限不得超过前款规定的期限。

十三、不同的人民法院、人民检察院、公安机关对同一笔证券或者交易结算资金要求冻结、扣划或者轮候冻结时,证券登记结算机构或者证券公司应当按照送达协助冻结、扣划通知书的先后顺序办理协助事项。

十四、要求冻结、扣划的人民法院、人民检察院、公安机关之间,因冻结、扣划事项发生争议,要求冻结、扣划的机关应当自行协商解决。协商不成的,由其共同上级机关决定;没有共同上级机关的,由其各自的上级机关协商解决。

在争议解决之前,协助冻结的证券登记结算机构或者证券公司应当按照争议机关所送达法律文书载明的最大标的范围对争议标的进行控制。

十五、依法应当予以协助而拒绝协助,或者向当事人通风报信,或者与当事人通谋转移、隐匿财产的,对有关的证券登记结算机构或者证券公司和直接责任人应当依法进行制裁。

十六、以前规定与本通知规定内容不一致的,以本通知为准。

十七、本通知中所规定的证券登记结算机构,是指中国证券登记结算有限责任公司及其分公司。

十八、本通知自 2008 年 3 月 1 日起实施。

《最高人民法院、最高人民检察院、公安部、司法部关于办理黑社会性质组织犯罪案件若干问题的规定》(公通字〔2012〕45 号)**第十七条至第十九条**对办理黑社会性质组织犯罪案件所涉查封、扣押、冻结财产的有关问题作了规定。(→参见第六十四条所附"其他规范",第 476—477 页)

《公安机关代为保管涉案人员随身财物若干规定》(公通字〔2012〕40 号,自 2012 年 9 月 1 日起施行)①

---

① 本规定中有关收容教育内容,已被《公安部关于保留废止修改有关收容教育规范性文件的通知》(2020 年 7 月 21 日)废止。——**本评注注**

第一条 为规范公安机关代为保管涉案人员随身财物工作,保障涉案人员的合法财产权益,根据有关法律、法规、规章,制定本规定。

第二条 本规定所称涉案人员随身财物,是指违法犯罪嫌疑人到案时随身携带或者使用的与案件无关的财物。

第三条 公安机关对代为保管的涉案人员随身财物,应当严格依法规范管理。任何单位或者个人不得贪污、挪用、调换、损毁或者违反规定处理涉案人员随身财物。

对于涉及国家秘密、商业秘密、个人隐私的涉案人员随身财物,应当按照规定采取保密措施。

第四条 涉案人员到案后,民警应当立即对其进行安全检查,对其随身携带的财物进行审查和甄别。经审查,与案件无关的,依照本规定处理;属于涉案财物的,依法予以扣押;确实无法查清的,由办案部门暂时代为保管,待查清后依法处理。

第五条 对涉案人员随身财物,除生活必需品且不影响执法安全的以外,应当告知涉案人员委托家属或者其他人员领回。具有下列情形之一的,可以由公安机关代为保管:

(一)被拘留的犯罪嫌疑人涉嫌危害国家安全犯罪、恐怖活动犯罪,通知家属领回可能有碍侦查的;

(二)无法通知涉案人员家属或者其他受委托人的;

(三)涉案人员拒绝委托家属或者其他人员代领的;

(四)受委托人拒绝代领或者未到公安机关领取的;

(五)需要由公安机关代为保管的其他情形。

前款第(一)项规定中,有碍侦查的情形消失以后,应当及时通知涉案人员委托家属或者其他人员领回随身财物。

第六条 公安机关应当指定办案民警以外的人员担任随身财物管理人员,负责涉案人员随身财物的保管、移交、返还等工作;严禁由办案民警自行保管涉案人员随身财物。

第七条 公安机关应当建立涉案人员随身财物专门台账,对保管的涉案人员随身财物逐一编号登记,写明随身财物的名称、编号、数量、特征等,并载明事由、来源、涉案人员信息以及接收、领取时间等内容。具备条件的,可建立电子台账,进行实时、动态、信息化管理。

第八条 涉案人员委托家属或者其他人员领取本人随身财物的,应当出具书面委托意见。公安机关应当通知受委托人凭有效身份证件领取有关财物。受委托人领取财物时,应当在随身财物专门台账上签名。

第九条　公安机关应当在执法办案场所办案区设置专门用于存放涉案人员随身财物的存放柜,存放柜应当加有锁具。具备条件的,可以配置密码式存放柜或者指纹认证式存放柜。

对存放柜应当进行24小时视频监控,除因工作需要外,任何人不得擅自开启。

第十条　对于代为保管的涉案人员随身财物,办案人员、随身财物管理人员应当会同涉案人员查点清楚,并在随身财物专门台账中登记,由办案人员、随身财物管理人员和涉案人员共同签名确认,将有关财物放入存放柜保管。

对于已通知涉案人员家属或者其他人员领回的随身财物,在受委托人前来领取前,应当先将有关财物登记保管。

采用带锁具存放柜的,钥匙由随身财物管理人员统一保管;采用密码式存放柜的,密码由涉案人员自行保管。

第十一条　对于代为保管的贵重物品或者其他价值较高的随身财物,应当放入保存袋(箱)密封后,由办案人员、随身财物管理人员和涉案人员共同在密封袋(箱)上签名后,放入存放柜中保存。

对于代为保管的车辆或者无法入柜存放的大件物品,应当粘贴封条予以封存。

第十二条　对容易腐烂、变质及其他不宜长期保存的随身财物,涉案人员确实无法委托家属或者其他人员及时领回的,公安机关应当建议涉案人员委托变卖、拍卖。

涉案人员书面委托公安机关变卖、拍卖的,可以在拍照或者录像后委托有关部门变卖、拍卖,变卖、拍卖委托书、相关票据凭证以及所得价款放入存放柜中保存或者交涉案人员委托的人员领回。涉案人员不同意委托的,应当责令其在随身财物专门台账上注明情况并签名。

第十三条　涉案人员离开公安机关时,由随身财物管理人员在涉案人员在场的情况下,开启存放柜,或者由涉案人员凭密码或者本人指纹开启存放柜,共同对财物查点清楚,并分别在随身财物专门台账上签名后,交涉案人员领回。

使用密码式存放柜或者指纹认证式存放柜的,遇有密码丢失或者指纹认证失败等特殊情况,无法开启存放柜时,由随身财物管理人员在涉案人员在场情况下开启存放柜,并在随身财物专门台账上注明情况,由随身财物管理人员和涉案人员共同签名。

第十四条　涉案人员被移送其他机关、公安机关其他办案部门或者看守所、拘留所、强制隔离戒毒所、收容教育所等公安机关管理的羁押场所以及司法行政机关管理的执行场所时,应当将财物一并移交有关部门或者场所。

公安机关其他办案部门或者监管场所应当接收移交的涉案人员随身财物,并且办理移交和保管手续。

第十五条 公安机关应当将涉案人员随身财物保管工作纳入执法监督和执法质量考评范围,定期或者不定期组织有关部门对各办案部门代为保管的涉案人员随身财物进行核查,发现违法采取措施或者保管不当的,应当责令有关部门及时纠正。

第十六条 公安机关负责人以及案件审核部门、审核人员在审批、审核案件时,发现对涉案人员随身财物处置、保管违法或者不当的,应当责令有关部门立即予以纠正。

第十七条 对于不严格履行保管职责,贪污、挪用、调换、损毁或者违反规定处理涉案人员随身财物的有关人员,应当依照有关规定予以处理。

第十八条 对违反本规定,造成涉案人员财产损失的,公安机关应当依法予以赔偿,并责令有故意或者重大过失的有关责任人员承担部分或者全部赔偿费用。

第十九条 本规定自2012年9月1日起施行。

《公安机关办理刑事案件适用查封、冻结措施有关规定》(最高人民法院、最高人民检察院、公安部等,公通字〔2013〕30号)

第一章 总 则

第一条 为进一步规范公安机关办理刑事案件适用查封、冻结措施,加强人民检察院的法律监督,保护公民、法人和其他组织的合法权益,保障刑事诉讼活动的顺利进行,根据《中华人民共和国刑事诉讼法》及其他有关法律、法规、规章,制定本规定。

第二条 根据侦查犯罪的需要,公安机关依法对涉案财物予以查封、冻结,有关部门、单位和个人应当协助和配合。

本规定所称涉案财物,是指公安机关在办理刑事案件过程中,依法以查封、冻结等方式固定的可用以证明犯罪嫌疑人有罪或者无罪的各种财产和物品,包括:

(一)犯罪所得及其孳息;

(二)用于实施犯罪行为的工具;

(三)其他可以证明犯罪行为是否发生以及犯罪情节轻重的财物。

第三条 查封、冻结以及保管、处置涉案财物,必须严格依照法定的适用条件和程序进行。与案件无关的财物不得查封、冻结。查封、冻结涉案财物,应当为犯罪嫌疑人及其所扶养的家属保留必要的生活费用和物品。

严禁在立案之前查封、冻结财物。对于境外司法、警察机关依据国际条约、协议或者互惠原则提出的查封、冻结请求,可以根据公安部的执行通知办理有关法律手续。

查封、冻结的涉案财物,除依法应当返还被害人或者经查明确实与案件无关的以外,不得在诉讼程序终结之前作出处理。法律和有关规定另有规定的除外。

第四条 查封、冻结的涉案财物涉及国家秘密、商业秘密、个人隐私的,应当保密。

第二章 查 封

第五条 根据侦查犯罪的需要,公安机关可以依法查封涉案的土地、房屋等不动产,以及涉案的车辆、船舶、航空器和大型机器、设备等特定动产。必要时,可以一并扣押证明其财产所有权或者相关权益的法律文件和文书。

置于不动产上的设施、家具和其他相关物品,需要作为证据使用的,应当扣押;不宜移动的,可以一并查封。

第六条 查封涉案财物需要国土资源、房地产管理、交通运输、农业、林业、民航等有关部门协助的,应当经县级以上公安机关负责人批准,制作查封决定书和协助查封通知书,明确查封财产情况、查封方式、查封期限等事项,送交有关部门协助办理,并及时告知有关当事人。

涉案土地和房屋面积、金额较大的,应当经设区的市一级以上公安机关负责人批准,制作查封决定书和协助查封通知书。

第七条 查封期限不得超过二年。期限届满可以续封一次,续封应当经作出原查封决定的县级以上公安机关负责人批准,在期限届满前五日以内重新制作查封决定书和协助查封通知书,送交有关部门协助办理,续封期限最长不得超过一年。

案件重大复杂,确需再续封的,应当经设区的市一级以上公安机关负责人批准,在期限届满前五日以内重新制作查封决定书和协助查封通知书,且每次再续封的期限最长不得超过一年。

查封期限届满,未办理续封手续的,查封自动解除。

公安机关应当及时将续封决定告知有关当事人。

第八条 查封土地、房屋等涉案不动产,需要查询不动产权属情况的,应当经县级以上公安机关负责人批准,制作协助查询财产通知书。

侦查人员到国土资源、房地产管理等有关部门办理查询时,应当出示本人工作证件,提交协助查询财产通知书,依照相关规定办理查询事项。

需要查询其他涉案财物的权属登记情况的,参照上述规定办理。

第九条 国土资源、房地产管理等有关部门应当及时协助公安机关办理查询事项。公安机关查询并复制的有关书面材料,由权属登记机构或者权属档案管理机构加盖印章。

因情况特殊,不能当场提供查询的,应当在五日以内提供查询结果。

无法查询的,有关部门应当书面告知公安机关。

第十条 土地、房屋等涉案不动产的权属确认以国土资源、房地产管理等有关部门的不动产登记簿或者不动产权属证书为准。不动产权属证书与不动产登记簿不一致的,除有证据证明不动产登记簿确有错误外,以不动产登记簿为准。

第十一条 国土资源、房地产管理等有关部门在协助公安机关办理查封事项时,认为查封涉案不动产信息有误无法办理的,可以暂缓办理协助事项,并向公安机关提出书面审查建议,公安机关应当及时审查处理。

第十二条 查封土地、房屋等涉案不动产的,应当经县级以上公安机关负责人批准,制作协助查封通知书,明确涉案土地、房屋等不动产的详细地址、权属证书号、权利人姓名或者单位名称等事项,送交国土资源、房地产管理等有关部门协助办理,有关部门应当在相关通知书回执中注明办理情况。

侦查人员到国土资源、房地产管理等有关部门办理土地使用权或者房屋查封登记手续时,应当出示本人工作证件,提交查封决定书和协助查封通知书,依照有关规定办理查封事项。

第十三条 查封土地、房屋等涉案不动产的侦查人员不得少于二人,持侦查人员工作证件和相关法律文书,通知有关当事人、见证人到场,制作查封笔录,并会同在场人员对被查封的财物查点清楚,当场开列查封清单一式三份,由侦查人员、见证人和不动产所有权人或者使用权人签名后,一份交给不动产所有权人或者使用权人,一份交给公安机关保管人员,一份连同照片、录像资料或者扣押的产权证照附卷备查,并且应当在不动产的显著位置张贴公告。必要时,可以张贴制式封条。

查封清单中应当写明涉案不动产的详细地址、相关特征和置于该不动产上不宜移动的设施、家具和其他相关物品清单,注明已经拍照或者录像以及是否扣押其产权证照等情况。

对于无法确定不动产相关权利人或者权利人拒绝签名的,应当在查封笔录中注明情况。

第十四条 国土资源、房地产管理等有关部门对被公安机关依法查封的土地、房屋等涉案不动产,在查封期间不予办理变更、转让或者抵押权、地役权登记。

第十五条 对依照有关规定可以分割的土地、房屋等涉案不动产,应当只对与案件有关的部分进行查封,并在协助查封通知书中予以明确;对依照有关规定不可分割的土地、房屋等涉案不动产,可以进行整体查封。

第十六条 国土资源、房地产管理等有关部门接到协助查封通知书时,已经受理该土地、房屋等涉案不动产的转让登记申请,但尚未记载于不动产登记簿的,应当协助公安机关办理查封登记。

第十七条 对下列尚未进行权属登记的房屋,公安机关可以按照本规定进行查封:

(一)涉案的房地产开发企业已经办理商品房预售许可证但尚未出售的房屋;

(二)犯罪嫌疑人购买的已经由房地产开发企业办理房屋权属初始登记的房屋;

(三)犯罪嫌疑人购买的已经办理商品房预售合同登记备案手续或者预购商品房预告登记的房屋。

第十八条 查封地上建筑物的效力及于该地上建筑物占用范围内的建设用地使用权,查封建设用地使用权的效力及于地上建筑物,但建设用地使用权与地上建筑物的所有权分属不同权利人的除外。

地上建筑物和土地使用权的登记机构不是同一机构的,应当分别办理查封登记。

第十九条 查封车辆、船舶、航空器以及大型机器、设备等特定动产的,应当制作协助查封通知书,明确涉案财物的名称、型号、权属、地址等事项,送交有关登记管理部门协助办理。必要时,可以扣押有关权利证书。

执行查封时,应当将涉案财物拍照或者录像后封存,或者交持有人、近亲属保管,或者委托第三方保管。有关保管人应当妥善保管,不得转移、变卖、损毁。

第二十条 查封土地、房屋等涉案不动产或者车辆、船舶、航空器以及大型机器、设备等特定动产的,可以在保证侦查活动正常进行的同时,允许有关当事人继续合理使用,并采取必要保值保管措施。

第二十一条 对以公益为目的的教育、医疗、卫生以及社会福利机构等场所、设施,保障性住房,原则上不得查封。确有必要查封的,应当经设区的市一级以上公安机关负责人批准。

第二十二条 查封土地、房屋以外的其他涉案不动产的,参照本规定办理。

查封共有财产、担保财产以及其他特殊财物的,依照相关规定办理。

第三章 冻 结

第二十三条 根据侦查犯罪的需要,公安机关可以依法冻结涉案的存款、汇款、证券交易结算资金、期货保证金等资金,债券、股票、基金份额和国务院依法认定的其他证券,以及股权、保单权益和其他投资权益等财产。

第二十四条 在侦查工作中需要冻结财产的,应当经县级以上公安机关负责人批准,制作协助冻结财产通知书,明确冻结财产的账户名称、账户号码、冻结数额、冻结期限、冻结范围以及是否及于孳息等事项,送交银行业金融机构、特定非金融机构、邮政部门、证券公司、证券登记结算机构、证券投资基金管理公司、保险公司、信托公司、公司登记机关和银行间市场交易组织机构、银行间市场集中清算机构、银行间市场登记托管结算机构、经国务院批准或者同意设立的黄金交易组织机构和结算机构等单位协助办理,有关单位应当在相关通知书回执中注明办理情况。

第二十五条 有关单位接到公安机关协助冻结财产通知书后,应当立即对涉案财物予以冻结,办理相关手续,不得推诿拖延,不得泄露有关信息。有关单位办理完毕冻结手续后,在当事人查询时可以予以告知。

第二十六条 冻结存款、汇款、证券交易结算资金、期货保证金等资金,或者投资权益等其他财产的期限为六个月。需要延长期限的,应当经作出原冻结决定的县级以上公安机关负责人批准,在冻结期限届满前五日以内办理续冻手续。每次续冻期限最长不得超过六个月。

对重大、复杂案件,经设区的市一级以上公安机关负责人批准,冻结存款、汇款、证券交易结算资金、期货保证金等资金的期限可以为一年。需要延长期限的,应当按照原批准权限和程序,在冻结期限届满前五日以内办理续冻手续。每次续冻期限最长不得超过一年。

冻结债券、股票、基金份额等证券的期限为二年。需要延长冻结期限的,应当经作出原冻结决定的县级以上公安机关负责人批准,在冻结期限届满前五日以内办理续冻手续。每次续冻期限最长不得超过二年。

冻结期限届满,未办理续冻手续的,冻结自动解除。

第二十七条 冻结涉案账户的款项数额,应当与涉案金额相当。不得超出涉案金额范围冻结款项。

第二十八条 冻结股权的,应当经设区的市一级以上公安机关负责人批准,冻结上市公司股权应当经省级以上公安机关负责人批准,并在协助冻结财产通知书中载明公司名称、股东姓名或者名称、冻结数额或者股份等与登记事项有关的内容。

冻结股权期限为六个月。需要延长期限的,应当按照原批准权限和程序,在冻结期限届满前五日以内办理续冻手续。每次续冻期限最长不得超过六个月。

第二十九条　冻结保单权益的,应当经设区的市一级以上公安机关负责人批准,冻结保单权益期限为六个月。需要延长期限的,应当按照原批准权限和程序,在冻结期限届满前五日以内办理续冻手续。每次续冻期限最长不得超过六个月。

冻结保单权益没有直接对应本人账户的,可以冻结相关受益人的账户,并要求有关单位协助,但不得变更受益人账户,不得损害第三方利益。

人寿险、养老险、交强险、机动车第三者责任险等提供基本保障的保单原则上不得冻结,确需冻结的,应当经省级以上公安机关负责人批准。

第三十条　对下列账户和款项,不得冻结:

(一)金融机构存款准备金和备付金;

(二)特定非金融机构备付金;

(三)封闭贷款专用账户(在封闭贷款未结清期间);

(四)商业汇票保证金;

(五)证券投资者保障基金、保险保障基金、存款保险基金;

(六)党、团费账户和工会经费集中户;

(七)社会保险基金;

(八)国有企业下岗职工基本生活保障资金;

(九)住房公积金和职工集资建房账户资金;

(十)人民法院开立的执行账户;

(十一)军队、武警部队一类保密单位开设的"特种预算存款"、"特种其他存款"和连队账户的存款;

(十二)金融机构质押给中国人民银行的债券、股票、贷款;

(十三)证券登记结算机构、银行间市场交易组织机构、银行间市场集中清算机构、银行间市场登记托管结算机构、经国务院批准或者同意设立的黄金交易组织机构和结算机构等依法按照业务规则收取并存放于专门清算交收账户内的特定股票、债券、票据、贵金属等有价凭证、资产和资金,以及按照业务规则要求金融机构等登记托管结算参与人、清算参与人、投资者或者发行人提供的、在交收或者清算结算完成之前的保证金、清算基金、回购质押券、价差担保物、履约担保物等担保物,支付机构客户备付金;

(十四)其他法律、行政法规、司法解释,部门规章规定不得冻结的账户和款项。

第三十一条　对金融机构账户、特定非金融机构账户和以证券登记结算机构、银行间市场交易组织机构、银行间市场集中清算机构、银行间市场登记托管结算机构、经国务院批准或者同意设立的黄金交易组织机构和结算机构、支付机构等名义开立的各类专门清算交收账户、保证金账户、清算基金账户、客户备付金账户，不得整体冻结，法律另有规定的除外。

第三十二条　办案地公安机关需要异地办理冻结的，应当由二名以上侦查人员持办案协作函、法律文书和工作证件前往协作地联系办理，协作地公安机关应当协助执行。

在紧急情况下，可以将办案协作函、相关法律文书和工作证件复印件通过传真、电传等方式发至协作地县级以上公安机关委托执行，或者通过信息化应用系统传输加盖电子签章的办案协作函、相关法律文书和工作证件扫描件。协作地公安机关收到材料后，经审查确认，应当在传来法律文书上加盖本地公安机关印章，及时到有关银行业金融机构执行冻结，有关银行业金融机构应当予以协助。

第三十三条　根据侦查犯罪的需要，对于涉案账户较多，办案地公安机关需要对其集中冻结的，可以分别按照以下程序办理：

涉案账户开户地属同一省、自治区、直辖市的，应当由办案地公安机关出具协助冻结财产通知书，填写冻结申请表，经该公安机关负责人审核，逐级上报省级公安机关批准后，由办案地公安机关指派二名以上侦查人员持工作证件，将冻结申请表、协助冻结财产通知书等法律文书送交有关银行业金融机构的省、区、市分行。该分行应当在二十四小时以内采取冻结措施，并将有关法律文书传至相关账户开户的分支机构。

涉案账户开户地分属不同省、自治区、直辖市的，应当由办案地公安机关出具协助冻结财产通知书，填写冻结申请表，经该公安机关负责人审核，逐级上报公安部按照规定程序批准后，由办案地公安机关指派二名以上侦查人员持工作证件，将冻结申请表、协助冻结财产通知书等法律文书送交有关银行业金融机构总部。该总部应当在二十四小时以内采取冻结措施，并将有关法律文书传至相关账户开户的分支机构。

有关银行业金融机构因技术条件等客观原因，无法按照前款要求及时采取冻结措施的，应当向公安机关书面说明原因，并立即向中国银行业监督管理委员会或者其派出机构报告。

第三十四条　冻结市场价格波动较大或者有效期限即将届满的债券、股票、基金份额等财产的，在送达协助冻结财产通知书的同时，应当书面告知当事人或者其法定代理人、委托代理人有权申请出售、如期受偿或者变现。如果当事人或者其法定代理人、委托代理人书面申请出售或者变现被冻结的债券、股票、基金份额等财产,不损害国家利益、被害人利益、其他权利人利益,不影响诉讼正常进行的,以及冻结的汇票、本票、支票的有效期即将届满的,经作出冻结决定的县级以上公安机关负责人批准,可以依法在三日以内予以出售或者变现,所得价款应当继续冻结在其对应的银行账户中;没有对应的银行账户的,所得价款由公安机关在银行专门账户保管,并及时告知当事人或者其近亲属。

第四章 解除查封冻结

第三十五条 公安机关在采取查封、冻结措施后,应当及时查清案件事实,在法定期限内对涉案财物依法作出处理。

经查明查封、冻结的财物确实与案件无关的,应当在三日以内解除查封、冻结。

第三十六条 对查封、冻结的涉案财物及其孳息,应当制作清单,随案移送。对作为证据使用的实物应当随案移送,对不宜移送的,应当将其清单、照片或者其他证明文件随案移送。对于随案移送的财物,人民检察院需要继续查封、冻结的,应当及时书面通知公安机关解除原查封、冻结措施,并同时依法重新作出查封、冻结决定。

第三十七条 人民检察院决定不起诉并对涉案财物解除查封、冻结的案件,公安机关应当在接到人民检察院的不起诉决定和解除查封、冻结财物的通知之日起三日以内对不宜移送而未随案移送的财物解除查封、冻结。对于人民检察院提出的对被不起诉人给予行政处罚、行政处分等检察意见中涉及查封、冻结涉案财物的,公安机关应当及时予以处理或者移送有关行政主管机关处理,并将处理结果通知人民检察院。

第三十八条 公安机关决定撤销案件或者对犯罪嫌疑人终止侦查的,除依照法律和有关规定另行处理的以外,应当在作出决定之日起三日以内对侦查中查封、冻结的涉案财物解除查封、冻结。需要给予行政处理的,应当及时予以处理或者移交有关行政主管机关处理。

第三十九条 解除查封的,应当在三日以内制作协助解除查封通知书,送交协助查封的有关部门办理,并通知所有权人或者使用权人。张贴制式封条的,启封时应当通知当事人到场;当事人经通知不到场,也未委托他人到场的,办案人员应当在见证人的见证下予以启封。提取的有关产权证照应当发还。必要时,可以予以公告。

第四十条 解除冻结的,应当在三日以内制作协助解除冻结财产通知书,送交协助办理冻结的有关单位,同时通知被冻结财产的所有人。有关单位接到协助解除冻结财产通知书后,应当及时解除冻结。

第四十一条 需要解除集中冻结措施的,应当由作出冻结决定的公安机关出具协助解除冻结财产通知书,银行业金融机构应当协助解除冻结。

上级公安机关认为应当解除集中冻结措施的,可以责令下级公安机关解除。

第五章 协作配合

第四十二条 有关行政主管机关与公安机关在案件移送过程中,涉及查封、冻结涉案财物的,应当密切配合,加强协作,防止涉案财物发生转移、隐匿、损毁、灭失。

第四十三条 已被有关国家机关依法查封、冻结的涉案财物,不得重复查封、冻结。需要轮候查封、冻结的,应当依照有关部门共同发布的规定执行。查封、冻结依法解除或者到期解除后,按照时间顺序登记在先的轮候查封、冻结自动生效。

第四十四条 不同国家机关之间,对同一涉案财物要求查封、冻结的,协助办理的有关部门和单位应当按照送达相关通知书的先后顺序予以登记,协助首先送达通知书的国家机关办理查封、冻结手续,对后送达通知书的国家机关作轮候查封、冻结登记,并书面告知该涉案财物已被查封、冻结的有关情况。

第四十五条 查封、冻结生效后,协助办理的有关部门和单位应当在其他轮候查封、冻结的公安机关出具的查封、冻结通知书回执中注明该涉案财物已被查封、冻结以及轮候查封、冻结的有关情况。相关公安机关可以查询轮候查封、冻结的生效情况。

第四十六条 公安机关根据侦查犯罪的需要,对其已经查封、冻结的涉案财物,继续办理续封、续冻手续的,或者公安机关移送审查起诉,人民检察院需要重新办理查封、冻结手续的,应当在原查封、冻结期限届满前办理续封、续冻手续。申请轮候查封、冻结的其他国家机关不得以送达通知书在先为由,对抗相关办理续封、续冻手续的效力。

第四十七条 要求查封、冻结涉案财物的有关国家机关之间,因查封、冻结事项发生争议的,应当自行协商解决。协商不成的,由其共同上级机关决定;分属不同部门的,由其各自的上级机关协商解决。

协助执行的部门和单位按照有关争议机关协商一致后达成的书面意见办理。

第四十八条 需要查封、冻结的或者已被查封、冻结的涉案财物,涉及扣押或者民事诉讼中的抵押、质押或者民事执行等特殊情况的,公安机关应当根据查封、冻结财物的权属状态和争议问题,与相关国家机关协商解决。协商不成的,各自报请上级机关协商解决。

协助执行的部门和单位按照有关争议机关协商一致后达成的书面意见办理。

第六章 执法监督与法律责任

第四十九条 公安机关应当加强对办理刑事案件适用查封、冻结措施的执法监督。违法采取查封、冻结措施的,根据人民警察在办案中各自承担的职责,区分不同情况,分别追究案件审批人、审核人、办案人及其他直接责任人的责任。构成犯罪的,依法追究刑事责任。

需要异地办理查封、冻结措施的,应当严格执行办案协作的有关规定。违反办案协作的有关规定,造成严重后果的,按照前款规定处理。

第五十条 公安机关应当严格执行有关规定,建立健全涉案财物管理制度,指定专门部门,建立专门台账,对涉案财物加强管理、妥善保管。任何单位和个人不得贪污、侵占、挪用、私分、调换、抵押或者违反规定使用、处置查封、冻结的涉案财物,造成查封、冻结的涉案财物损毁或者灭失的,应当承担相应的法律责任。

第五十一条 当事人和辩护人、诉讼代理人、利害关系人对于公安机关及其侦查人员有下列行为之一的,有权向该机关申诉或者控告:

(一)对与案件无关的财物采取查封、冻结措施的;

(二)明显超出涉案范围查封、冻结财物的;

(三)应当解除查封、冻结不解除的;

(四)贪污、侵占、挪用、私分、调换、抵押、质押以及违反规定使用、处置查封、冻结财物的。

受理申诉或者控告的公安机关应当及时进行调查核实,并在收到申诉、控告之日起三十日以内作出处理决定,书面回复申诉人、控告人。发现公安机关及其侦查人员有上述行为之一的,应当立即纠正。

当事人及其辩护律师、诉讼代理人、利害关系人对处理决定不服的,可以向上级公安机关或者同级人民检察院申诉。上级公安机关发现下级公安机关存在前款规定的违法行为或者对申诉、控告事项不按照规定处理的,应当责令下级公安机关限期纠正,下级公安机关应当立即执行。必要时,上级公安机关可以就申诉、控告事项直接作出处理决定。人民检察院对申诉查证属实的,应当通知公安机关予以纠正。

第五十二条 公安机关办理刑事案件适用查封、冻结措施,因违反有关规定导致国家赔偿的,应当承担相应的赔偿责任,并依照《国家赔偿法》的规定向有关责任人员追偿部分或者全部赔偿费用,协助执行的部门和单位不承担赔偿责任。

第五十三条 国土资源、房地产管理等有关部门根据有关国家机关的协助查封通知书作出的协助查封行为,公民、法人或者其他组织不服提起行政诉讼的,人民法院不予受理,但公民、法人或者其他组织认为协助查封行为与协助查封文书内容不一致的除外。

第五十四条 根据本规定依法应当协助办理查封、冻结措施的有关部门、单位和个人有下列行为之一的,公安机关应当向有关部门和单位通报情况,依法追究相应责任:

(一)对应当查封、冻结的涉案财物不予查封、冻结,致使涉案财物转移的;

(二)在查封冻结前向当事人泄露信息的;

(三)帮助当事人转移、隐匿财产的;

(四)其他无正当理由拒绝协助配合的。

第五十五条 公安机关对以暴力、威胁等方法阻碍有关部门和单位协助办理查封、冻结措施的行为,应当及时制止,依法查处。

第七章 附 则

第五十六条 对查封、冻结、保管和处理涉案财物,本规定未规范的,依照《公安机关办理刑事案件程序规定》等有关规定办理。此前有关公安机关查封、冻结的规范性文件与本规定不一致的,以本规定为准。

第五十七条 本规定施行后适用查封、冻结措施的,按照本规定办理。本规定施行前已生效的查封、冻结措施,依照措施适用时的有关规定执行。

第五十八条 国家安全机关依照法律规定,办理危害国家安全的刑事案件适用查封、冻结措施的,适用本规定。

第五十九条 本规定的"有关国家机关",是指人民法院、人民检察院、公安机关、国家安全机关,以及其他法律法规规定有权实施查封、冻结措施的行政机关或者具有管理公共事务职能的组织。

第六十条 本规定自印发之日起施行。

《银行业金融机构协助人民检察院公安机关国家安全机关查询冻结工作规定的通知》(中国银监会、最高人民检察院、公安部、国家安全部,银监发〔2014〕53号,自2015年1月1日起施行)

第一条 为规范银行业金融机构协助人民检察院、公安机关、国家安全机关查询、冻结单位或个人涉案存款、汇款等财产的行为,保障刑事侦查活动的顺利进行,保护存款人和其他客户的合法权益,根据《中华人民共和国刑事诉讼法》、

《中华人民共和国商业银行法》《中华人民共和国银行业监督管理法》等法律法规,制定本规定。

第二条　本规定所称银行业金融机构是指依法设立的商业银行、农村信用合作社、农村合作银行等吸收公众存款的金融机构以及政策性银行。

第三条　本规定所称"协助查询、冻结"是指银行业金融机构依法协助人民检察院、公安机关、国家安全机关查询、冻结单位或个人在本机构的涉案存款、汇款等财产的行为。

第四条　协助查询、冻结工作应当遵循依法合规、保护存款人和其他客户合法权益的原则。

第五条　银行业金融机构应当建立健全内部制度,完善信息系统,依法做好协助查询、冻结工作。

第六条　银行业金融机构应当在总部,省、自治区、直辖市、计划单列市分行和有条件的地市级分行指定专门受理部门和专人负责,在其他分支机构指定专门受理部门或者专人负责,统一接收和反馈人民检察院、公安机关、国家安全机关查询、冻结要求。

银行业金融机构应当将专门受理部门和专人信息及时报告银行业监督管理机构,并抄送同级人民检察院、公安机关、国家安全机关。上述信息发生变动的,应当及时报告。

第七条　银行业金融机构在接到协助查询、冻结财产法律文书后,应当严格保密,严禁向被查询、冻结的单位、个人或者第三方通风报信,帮助隐匿或者转移财产。

第八条　人民检察院、公安机关、国家安全机关要求银行业金融机构协助查询、冻结或者解除冻结时,应当由两名以上办案人员持有效的本人工作证或人民警察证和加盖县级以上人民检察院、公安机关、国家安全机关公章的协助查询财产或协助冻结/解除冻结财产法律文书,到银行业金融机构现场办理,但符合本规定第二十六条情形除外。

无法现场办理完毕的,可以由提出协助要求的人民检察院、公安机关、国家安全机关指派至少一名办案人员持有效的本人工作证或人民警察证和单位介绍信到银行业金融机构取回反馈结果。

第九条　银行业金融机构协助人民检察院、公安机关、国家安全机关办理查询、冻结或者解除冻结时,应当对办案人员的工作证或人民警察证以及协助查询财产或协助冻结/解除冻结财产法律文书进行形式审查。银行业金融机构应当留存上述法律文书原件及工作证或人民警察证复印件,并注明用途。银行业金融机构应当妥善保管留存的工作证或人民警察证复印件,不得挪作他用。

第十条 人民检察院、公安机关、国家安全机关需要跨地区办理查询、冻结的,可以按照本规定要求持协助查询财产或协助冻结/解除冻结财产法律文书、有效的本人工作证或人民警察证、办案协作函,与协作地县级以上人民检察院、公安机关、国家安全机关联系,协作地人民检察院、公安机关、国家安全机关应当协助执行。

办案地人民检察院、公安机关、国家安全机关可以通过人民检察院、公安机关、国家安全机关信息化应用系统传输加盖电子签章的办案协作函和相关法律文书,或者将办案协作函和相关法律文书及凭证传真至协作地人民检察院、公安机关、国家安全机关。协作地人民检察院、公安机关、国家安全机关接收后,经审查确认,在传来的协助查询财产或协助冻结/解除冻结财产法律文书上加盖本地人民检察院、公安机关、国家安全机关印章,由两名以上办案人员持有效的本人工作证或人民警察证到银行业金融机构现场办理,银行业金融机构应当予以配合。

第十一条 对于涉案账户较多,办案地人民检察院、公安机关、国家安全机关需要对其集中查询、冻结的,可以分别按照以下程序办理:

人民检察院、公安机关、国家安全机关需要查询、冻结的账户属于同一省、自治区、直辖市的,由办案地人民检察院、公安机关、国家安全机关出具协助查询财产或协助冻结/解除冻结财产法律文书,逐级上报并经省级人民检察院、公安机关、国家安全机关的相关业务部门批准后,由办案地人民检察院、公安机关、国家安全机关指派两名以上办案人员持有效的本人工作证或人民警察证和上述法律文书原件,到有关银行业金融机构的省、自治区、直辖市、计划单列市分行或其授权的分支机构要求办理。

人民检察院、公安机关、国家安全机关需要查询、冻结的账户分属不同省、自治区、直辖市的,由办案地人民检察院、公安机关、国家安全机关出具协助查询财产或协助冻结/解除冻结财产法律文书,逐级上报并经省级人民检察院、公安机关、国家安全机关负责人批准后,由办案地人民检察院、公安机关、国家安全机关指派两名以上办案人员持有效的本人工作证或人民警察证和上述法律文书原件,到有关银行业金融机构总部或其授权的分支机构要求办理。

第十二条 对人民检察院、公安机关、国家安全机关提出的超出查询权限或者属于跨地区查询需求的,有条件的银行业金融机构可以通过内部协作程序,向有权限查询的上级机构或系统内其他分支机构提出协查请求,并通过内部程序反馈查询的人民检察院、公安机关、国家安全机关。

第十三条 协助查询财产法律文书应当提供查询账号、查询内容等信息。

人民检察院、公安机关、国家安全机关无法提供具体账号时,银行业金融机构应当根据人民检察院、公安机关、国家安全机关提供的足以确定该账户的个人身份证件号码或者企业全称、组织机构代码等信息积极协助查询。没有所查询的账户的,银行业金融机构应当如实告知人民检察院、公安机关、国家安全机关,并在查询回执中注明。

第十四条 银行业金融机构协助人民检察院、公安机关、国家安全机关查询的信息仅限于涉案财产信息,包括:被查询单位或者个人开户销户信息,存款余额、交易日期、交易金额、交易方式、交易对手账户及身份等信息,电子银行信息、网银登录日志等信息,POS机商户、自动机具相关信息等。

人民检察院、公安机关、国家安全机关根据需要可以抄录、复制、照相,并要求银行业金融机构在有关复制材料上加盖证明印章,但一般不得提取原件。人民检察院、公安机关、国家安全机关要求提供电子版查询结果的,银行业金融机构应当在采取必要加密措施的基础上提供,必要时可予以标注和说明。

涉案账户较多,需要批量查询的,人民检察院、公安机关、国家安全机关应当同时提供电子版查询清单。

第十五条 银行业金融机构接到人民检察院、公安机关、国家安全机关协助查询需求后,应当及时办理。能够现场办理完毕的,应当现场办理并反馈。如无法现场办理完毕,对于查询单位或者个人开户销户信息、存款余额信息的,原则上应当在三个工作日以内反馈;对于查询单位或者个人交易日期、交易方式、交易对手账户及身份等信息、电子银行信息、网银登录日志等信息、POS机商户、自动机具相关信息的,原则上应当在十个工作日以内反馈。

对涉案账户较多,人民检察院、公安机关、国家安全机关办理集中查询的,银行业金融机构总部或有关省、自治区、直辖市、计划单列市分行应当在前款规定的时限内反馈。

因技术条件、不可抗力等客观原因,银行业金融机构无法在规定时限内反馈的,应当向人民检察院、公安机关、国家安全机关说明原因,并采取有效措施尽快反馈。

第十六条 协助冻结财产法律文书应当明确冻结账户名称、冻结账号、冻结数额、冻结期限等要素。

冻结涉案账户的款项数额,应当与涉案金额相当。不得超出涉案金额范围冻结款项。冻结数额应当具体、明确。暂时无法确定具体数额的,人民检察院、公安机关、国家安全机关应当在协助冻结财产法律文书上明确注明"只收不付"。

人民检察院、公安机关、国家安全机关应当明确填写冻结期限起止时间,并应当给银行业金融机构预留必要的工作时间。

第十七条 人民检察院、公安机关、国家安全机关提供手续齐全的,银行业金融机构应当立即办理冻结手续,并在协助冻结财产法律文书回执中注明办理情况。

对涉案账户较多,人民检察院、公安机关、国家安全机关办理集中冻结的,银行业金融机构总部或有关省、自治区、直辖市、计划单列市分行一般应当在二十四小时以内采取冻结措施。

如被冻结账户财产余额低于人民检察院、公安机关、国家安全机关要求数额时,银行业金融机构应当在冻结期内对该账户做"只收不付"处理,直至达到要求的冻结数额。

第十八条 冻结涉案存款、汇款等财产的期限不得超过六个月。

有特殊原因需要延长的,作出原冻结决定的人民检察院、公安机关、国家安全机关应当在冻结期限届满前按照本规定第八条办理续冻手续。每次续冻期限不得超过六个月,续冻没有次数限制。

对于重大、复杂案件,经设区的市一级以上人民检察院、公安机关、国家安全机关负责人批准,冻结涉案存款、汇款等财产的期限可以为一年。需要延长期限的,应当按照原批准权限和程序,在冻结期限届满前办理续冻手续,每次续冻期限最长不得超过一年。

冻结期限届满,未办理续冻手续的,冻结自动解除。

第十九条 被冻结的存款、汇款等财产在冻结期限内如需解冻,应当由作出原冻结决定的人民检察院、公安机关、国家安全机关出具协助解除冻结财产法律文书,由两名以上办案人员持有效的本人工作证或人民警察证和协助解除冻结财产法律文书到银行业金融机构现场办理,但符合本规定第二十六条情形除外。

在冻结期限内银行业金融机构不得自行解除冻结。

第二十条 对已被冻结的涉案存款、汇款等财产,人民检察院、公安机关、国家安全机关不得重复冻结,但可以轮候冻结。冻结解除的,登记在先的轮候冻结自动生效。冻结期限届满前办理续冻的,优先于轮候冻结。

两个以上人民检察院、公安机关、国家安全机关要求对同一单位或个人的同一账户采取冻结措施时,银行业金融机构应当协助最先送达协助冻结财产法律文书且手续完备的人民检察院、公安机关、国家安全机关办理冻结手续。

第二十一条 下列财产和账户不得冻结:

(一)金融机构存款准备金和备付金;

(二)特定非金融机构备付金;

(三)封闭贷款专用账户(在封闭贷款未结清期间);

(四)商业汇票保证金;

(五)证券投资者保障基金、保险保障基金、存款保险基金、信托业保障基金;

(六)党、团费账户和工会经费集中户;

(七)社会保险基金;

(八)国有企业下岗职工基本生活保障资金;

(九)住房公积金和职工集资建房账户资金;

(十)人民法院开立的执行账户;

(十一)军队、武警部队一类保密单位开设的"特种预算存款"、"特种其他存款"和连队账户的存款;

(十二)金融机构质押给中国人民银行的债券、股票、贷款;

(十三)证券登记结算机构、银行间市场交易组织机构、银行间市场集中清算机构、银行间市场登记托管结算机构、经国务院批准或者同意设立的黄金交易组织机构和结算机构等依法按照业务规则收取并存放于专门清算交收账户内的特定股票、债券、票据、贵金属等有价凭证、资产和资金,以及按照业务规则要求金融机构等登记托管结算参与人、清算参与人、投资者或者发行人提供的、在交收或者清算结算完成之前的保证金、清算基金、回购质押券、价差担保物、履约担保物等担保物,支付机构客户备付金。

(十四)其他法律、行政法规、司法解释、部门规章规定不得冻结的账户和款项。

第二十二条 对金融机构账户、特定非金融机构账户和以证券登记结算机构、银行间市场交易组织机构、银行间市场集中清算机构、银行间市场登记托管结算机构、经国务院批准或者同意设立的黄金交易组织机构和结算机构、支付机构等名义开立的各类专门清算交收账户、保证金账户、清算基金账户、客户备付金账户,不得整体冻结,法律另有规定的除外。

第二十三条 经查明冻结财产确实与案件无关的,人民检察院、公安机关、国家安全机关应当在三日以内按照本规定第十九条的规定及时解除冻结,并书面通知被冻结财产的所有人;因此对被冻结财产的单位或者个人造成损失的,银行业金融机构不承担法律责任,但因银行业金融机构自身操作失误或设备故障造成被冻结财产的单位或者个人损失的除外。

上级人民检察院、公安机关、国家安全机关认为应当解除冻结措施的,应当责令作出冻结决定的下级人民检察院、公安机关、国家安全机关解除冻结。

第二十四条 银行业金融机构应当按照内部授权审批流程办理协助查询、冻结工作。

银行业金融机构应当对协助查询、冻结工作做好登记记录,妥善保存登记信息。

第二十五条 银行业金融机构在协助人民检察院、公安机关、国家安全机关办理完毕冻结手续后,在存款单位或者个人查询时,应当告知其账户被冻结情况。被冻结款项的单位或者个人对冻结有异议的,银行业金融机构应当告知其与作出冻结决定的人民检察院、公安机关、国家安全机关联系。

第二十六条 人民检察院、公安机关、国家安全机关可以与银行业金融机构建立快速查询、冻结工作机制,办理重大、紧急案件查询、冻结工作。具体办法由银监会会同最高人民检察院、公安部、国家安全部另行制定。

人民检察院、公安机关、国家安全机关可以与银行业金融机构建立电子化专线信息传输机制,查询、冻结(含续冻、解除冻结)需求发送和结果反馈原则上依托银监会及其派出机构与银行业金融机构的金融专网完成。

银监会会同最高人民检察院、公安部、国家安全部制定规范化的电子化信息交互流程,确保各方依法合规使用专线传输数据,保障专线运行和信息传输的安全性。

第二十七条 银行业金融机构接到人民检察院、公安机关、国家安全机关查询、冻结账户要求后,应当立即进行办理;发现存在文书不全、要素欠缺等问题,无法办理协助查询、冻结的,应当及时要求人民检察院、公安机关、国家安全机关采取必要的补正措施;确实无法补正的,银行业金融机构应当在回执上注明原因,退回人民检察院、公安机关、国家安全机关。

银行业金融机构对人民检察院、公安机关、国家安全机关提出的不符合本规定第二十一条、第二十二条的协助冻结要求有权拒绝,同时将相关理由告知办案人员。

银行业金融机构与人民检察院、公安机关、国家安全机关在协助查询、冻结工作中意见不一致的,应当先行办理查询、冻结,并提请银行业监督管理机构的法律部门协调解决。

第二十八条 银行业金融机构在协助人民检察院、公安机关、国家安全机关查询、冻结工作中有下列行为之一的,由银行业监督管理机构责令改正,并责令银行业金融机构对直接负责的主管人员和其他直接责任人员依法给予处分;必要时,予以通报批评;构成犯罪的,依法追究刑事责任:

（一）向被查询、冻结单位、个人或者第三方通风报信,伪造、隐匿、毁灭相关证据材料,帮助隐匿或者转移财产;

（二）擅自转移或解冻已冻结的存款;

（三）故意推诿、拖延,造成应被冻结的财产被转移的;

（四）其他无正当理由拒绝协助配合,造成严重后果的。

第二十九条 人民检察院、公安机关、国家安全机关要求银行业金融机构协助开展相关工作时,应当符合法律、行政法规以及本规定。人民检察院、公安机关、国家安全机关违反法律、行政法规及本规定,强令银行业金融机构开展协助工作,其上级机关应当立即予以纠正;违反相关法律法规规定的,依法追究法律责任。

第三十条 银行业金融机构应当将协助查询、冻结工作纳入考核,建立奖惩机制。

银行业监督管理机构和人民检察院、公安机关、国家安全机关对在协助查询、冻结工作中有突出贡献的银行业金融机构及其工作人员给予表彰。

第三十一条 此前有关银行业金融机构协助人民检察院、公安机关、国家安全机关查询、冻结工作的相关规定与本规定不一致的,以本规定为准。

第三十二条 非银行金融机构协助人民检察院、公安机关、国家安全机关查询、冻结单位或个人涉案存款、汇款等财产的,适用本规定。

第三十三条 本规定由国务院银行业监督管理机构和最高人民检察院、公安部、国家安全部共同解释。

第三十四条 本规定所称的"以上"、"以内"包括本数。

第三十五条 本规定自 2015 年 1 月 1 日起施行。

《人民检察院刑事诉讼涉案财物管理规定》(高检发〔2015〕6 号)对涉案财物管理的有关问题作了规定。(→参见第二百四十五条所附"其他规范",第 1602 页)

《公安机关涉案财物管理若干规定》(公通字〔2015〕21 号)对涉案财物管理的有关问题作了规定。(→参见第二百四十五条所附"基本规范",第 1611 页)

《办理毒品犯罪案件毒品提取、扣押、称量、取样和送检程序若干问题的规定》(最高人民法院、最高人民检察院、公安部,公禁毒〔2016〕511 号,自 2016 年 7 月 1 日起施行)

第一章 总 则

第一条 为规范毒品的提取、扣押、称量、取样和送检程序,提高办理毒品犯罪案件的质量和效率,根据《中华人民共和国刑事诉讼法》《最高人民法院关于适用〈中华人民共和国刑事诉讼法〉的解释》《人民检察院刑事诉讼规则(试行)》《公安机关办理刑事案件程序规定》等有关规定,结合办案工作实际,制定本规定。

第二条 公安机关对于毒品的提取、扣押、称量、取样和送检工作,应当遵循依法、客观、准确、公正、科学和安全的原则,确保毒品实物证据的收集、固定和保管工作严格依法进行。

第三条 人民检察院、人民法院办理毒品犯罪案件,应当审查公安机关对毒品的提取、扣押、称量、取样、送检程序以及相关证据的合法性。

毒品的提取、扣押、称量、取样、送检程序存在瑕疵,可能严重影响司法公正的,人民检察院、人民法院应当要求公安机关予以补正或者作出合理解释。经公安机关补正或者作出合理解释的,可以采用相关证据;不能补正或者作出合理解释的,对相关证据应当依法予以排除,不得作为批准逮捕、提起公诉或者判决的依据。

第二章 提取、扣押

第四条 侦查人员应当对毒品犯罪案件有关的场所、物品、人身进行勘验、检查或者搜查,及时准确地发现、固定、提取、采集毒品及内外包装物上的痕迹、生物样本等物证,依法予以扣押。必要时,可以指派或者聘请具有专门知识的人,在侦查人员的主持下进行勘验、检查。

侦查人员对制造毒品、非法生产制毒物品犯罪案件的现场进行勘验、检查或者搜查时,应当提取并当场扣押制造毒品、非法生产制毒物品的原料、配剂、成品、半成品和工具、容器、包装物以及上述物品附着的痕迹、生物样本等物证。

提取、扣押时,不得将不同包装物内的毒品混合。

现场勘验、检查或者搜查时,应当对查获毒品的原始状态拍照或者录像,采取措施防止犯罪嫌疑人及其他无关人员接触毒品及包装物。

第五条 毒品的扣押应当在有犯罪嫌疑人在场并有见证人的情况下,由两名以上侦查人员执行。

毒品的提取、扣押情况应当制作笔录,并当场开具扣押清单。

笔录和扣押清单应当由侦查人员、犯罪嫌疑人和见证人签名。犯罪嫌疑人拒绝签名的,应当在笔录和扣押清单中注明。

第六条 对同一案件在不同位置查获的两个以上包装的毒品,应当根据不同的查获位置进行分组。

对同一位置查获的两个以上包装的毒品,应当按照以下方法进行分组:

（一）毒品或者包装物的外观特征不一致的，根据毒品及包装物的外观特征进行分组；

（二）毒品及包装物的外观特征一致，但犯罪嫌疑人供述非同一批次毒品的，根据犯罪嫌疑人供述的不同批次进行分组；

（三）毒品及包装物的外观特征一致，但犯罪嫌疑人辩称其中部分不是毒品或者不知是否为毒品的，对犯罪嫌疑人辩解的部分疑似毒品单独分组。

第七条 对查获的毒品应当按其独立最小包装逐一编号或者命名，并将毒品的编号、名称、数量、查获位置以及包装、颜色、形态等外观特征记录在笔录或者扣押清单中。

在毒品的称量、取样、送检等环节，毒品的编号、名称以及对毒品外观特征的描述应当与笔录和扣押清单保持一致；不一致的，应当作出书面说明。

第八条 对体内藏毒的案件，公安机关应当监控犯罪嫌疑人排出体内的毒品，及时提取、扣押并制作笔录。笔录应当由侦查人员和犯罪嫌疑人签名；犯罪嫌疑人拒绝签名的，应当在笔录中注明。在保障犯罪嫌疑人隐私权和人格尊严的情况下，可以对排毒的主要过程进行拍照或者录像。

必要时，可以在排毒前对犯罪嫌疑人体内藏毒情况进行透视检验并以透视影像的形式固定证据。

体内藏毒的犯罪嫌疑人为女性的，应当由女性工作人员或者医师检查其身体，并由女性工作人员监控其排毒。

第九条 现场提取、扣押等工作完成后，一般应当由两名以上侦查人员对提取、扣押的毒品及包装物进行现场封装，并记录在笔录中。

封装应当在有犯罪嫌疑人在场并有见证人的情况下进行；应当使用封装袋封装毒品并加密封口，或者使用封条贴封包装，作好标记和编号，由侦查人员、犯罪嫌疑人和见证人在封口处、贴封处或者指定位置签名并签署封装日期。犯罪嫌疑人拒绝签名的，侦查人员应当注明。

确因情况紧急、现场环境复杂等客观原因无法在现场实施封装的，经公安机关办案部门负责人批准，可以及时将毒品带至公安机关办案场所或者其他适当的场所进行封装，并对毒品移动前后的状态进行拍照固定，作出书面说明。

封装时，不得将不同包装内的毒品混合。对不同组的毒品，应当分别独立封装，封装后可以统一签名。

第十条 必要时，侦查人员应当对提取、扣押和封装的主要过程进行拍照或者录像。

照片和录像资料应当反映提取、扣押和封装活动的主要过程以及毒品的原始位置、存放状态和变动情况。照片应当附有相应的文字说明,文字说明应当与照片反映的情况相对应。

第十一条 公安机关应当设置专门的毒品保管场所或者涉案财物管理场所,指定专人保管封装后的毒品及包装物,并采取措施防止毒品发生变质、泄漏、遗失、损毁或者受到污染等。

对易燃、易爆、具有毒害性以及对保管条件、保管场所有特殊要求的毒品,在处理前应当存放在符合条件的专门场所。公安机关没有具备保管条件的场所的,可以借用其他单位符合条件的场所进行保管。

第三章 称 量

第十二条 毒品的称量一般应当由两名以上侦查人员在查获毒品的现场完成。

不具备现场称量条件的,应当按照本规定第九条的规定对毒品及包装物封装后,带至公安机关办案场所或者其他适当的场所进行称量。

第十三条 称量应当在有犯罪嫌疑人在场并有见证人的情况下进行,并制作称量笔录。

对已经封装的毒品进行称量前,应当在有犯罪嫌疑人在场并有见证人的情况下拆封,并记录在称量笔录中。

称量笔录应当由称量人、犯罪嫌疑人和见证人签名。犯罪嫌疑人拒绝签名的,应当在称量笔录中注明。

第十四条 称量应当使用适当精度和称量范围的衡器。称量的毒品质量不足一百克的,衡器的分度值应当达到零点零一克;一百克以上且不足一千克的,分度值应当达到零点一克;一千克以上且不足十千克的,分度值应当达到一克;十千克以上且不足一百千克的,分度值应当达到十克;一百千克以上且不足一吨的,分度值应当达到一百克;一吨以上的,分度值应当达到一千克。

称量前,称量人应当将衡器示数归零,并确保其处于正常的工作状态。

称量所使用的衡器应当经过法定计量检定机构检定并在有效期内,一般不得随意搬动。

法定计量检定机构出具的计量检定证书复印件应当归入证据材料卷,并随案移送。

第十五条 对两个以上包装的毒品,应当分别称量,并统一制作称量笔录,不得混合后称量。

对同一组内的多个包装的毒品,可以采取全部毒品及包装物总质量减去包装物质量的方式确定毒品的净质量;称量时,不同包装物内的毒品不得混合。

第十六条　多个包装的毒品系包装完好、标识清晰完整的麻醉药品、精神药品制剂的,可以按照其包装、标识或者说明书上标注的麻醉药品、精神药品成分的含量计算全部毒品的质量,或者从相同批号的药品制剂中随机抽取三个包装进行称量后,根据麻醉药品、精神药品成分的含量计算全部毒品的质量。

第十七条　对体内藏毒的案件,应当将犯罪嫌疑人排出体外的毒品逐一称量,统一制作称量笔录。

犯罪嫌疑人供述所排出的毒品系同一批次或者毒品及包装物的外观特征相似的,可以按照本规定第十五条第二款规定的方法进行称量。

第十八条　对同一容器内的液态毒品或者固液混合状态毒品,应当采用拍照或者录像等方式对其原始状态进行固定,再统一称量。必要时,可以对其原始状态固定后,再进行固液分离并分别称量。

第十九条　现场称量后将毒品带回公安机关办案场所或者送至鉴定机构取样的,应当按照本规定第九条的规定对毒品及包装物进行封装。

第二十条　侦查人员应当对称量的主要过程进行拍照或者录像。

照片和录像资料应当清晰显示毒品的外观特征、衡器示数和犯罪嫌疑人对称量结果的指认情况。

第四章　取　样

第二十一条　毒品的取样一般应当在称量工作完成后,由两名以上侦查人员在查获毒品的现场或者公安机关办案场所完成。必要时,可以指派或者聘请具有专门知识的人进行取样。

在现场或者公安机关办案场所不具备取样条件的,应当按照本规定第九条的规定对毒品及包装物进行封装后,将其送至鉴定机构并委托鉴定机构进行取样。

第二十二条　在查获毒品的现场或者公安机关办案场所取样的,应当在有犯罪嫌疑人在场并有见证人的情况下进行,并制作取样笔录。

对已经封装的毒品进行取样前,应当在有犯罪嫌疑人在场并有见证人的情况下拆封,并记录在取样笔录中。

取样笔录应当由取样人、犯罪嫌疑人和见证人签名。犯罪嫌疑人拒绝签名的,应当在取样笔录中注明。

必要时,侦查人员应当对拆封和取样的主要过程进行拍照或者录像。

第二十三条　委托鉴定机构进行取样的,对毒品的取样方法、过程、结果等情况应当制作取样笔录,但鉴定意见包含取样方法的除外。

取样笔录应当由侦查人员和取样人签名,并随案移送。

第二十四条 对单个包装的毒品,应当按照下列方法选取或者随机抽取检材:

(一)粉状。将毒品混合均匀,并随机抽取约一克作为检材;不足一克的全部取作检材。

(二)颗粒状、块状。随机选择三个以上不同的部位,各抽取一部分混合作为检材,混合后的检材质量不少于一克;不足一克的全部取作检材。

(三)膏状、胶状。随机选择三个以上不同的部位,各抽取一部分混合作为检材,混合后的检材质量不少于三克;不足三克的全部取作检材。

(四)胶囊状、片剂状。先根据形状、颜色、大小、标识等外观特征进行分组;对于外观特征相似的一组,从中随机抽取三粒作为检材,不足三粒的全部取作检材。

(五)液态。将毒品混合均匀,并随机抽取约二十毫升作为检材;不足二十毫升的全部取作检材。

(六)固液混合状态。按照本款以上各项规定的方法,分别对固态毒品和液态毒品取样;能够混合均匀成溶液的,可以将其混合均匀后按照本款第五项规定的方法取样。

对其他形态毒品的取样,参照前款规定的取样方法进行。

第二十五条 对同一组内两个以上包装的毒品,应当按照下列标准确定选取或者随机抽取独立最小包装的数量,再根据本规定第二十四条规定的取样方法从单个包装中选取或者随机抽取检材:

(一)少于十个包装的,应当选取所有的包装;

(二)十个以上包装且少于一百个包装的,应当随机抽取其中的十个包装;

(三)一百个以上包装的,应当随机抽取与包装总数的平方根数值最接近的整数个包装。

对选取或者随机抽取的多份检材,应当逐一编号或者命名,且检材的编号、名称应当与其他笔录和扣押清单保持一致。

第二十六条 多个包装的毒品系包装完好、标识清晰完整的麻醉药品、精神药品制剂的,可以从相同批号的药品制剂中随机抽取三个包装,再根据本规定第二十四条规定的取样方法从单个包装中选取或者随机抽取检材。

第二十七条 在查获毒品的现场或者公安机关办案场所取样的,应当使用封装袋封装检材并加密封口,作好标记和编号,由取样人、犯罪嫌疑人和见证人在封口处或者指定位置签名并签署封装日期。犯罪嫌疑人拒绝签名的,侦查人员应当注明。

从不同包装中选取或者随机抽取的检材应当分别独立封装,不得混合。

对取样后剩余的毒品及包装物,应当按照本规定第九条的规定进行封装。选取或者随机抽取的检材应当由专人负责保管。在检材保管和送检过程中,应当采取妥善措施防止其发生变质、泄漏、遗失、损毁或者受到污染等。

第二十八条 委托鉴定机构进行取样的,应当使用封装袋封装取样后剩余的毒品及包装物并加密封口,作好标记和编号,由侦查人员和取样人在封口处签名并签署封装日期。

第二十九条 对取样后剩余的毒品及包装物,应当及时送至公安机关毒品保管场所或者涉案财物管理场所进行妥善保管。

对需要作为证据使用的毒品,不起诉决定或者判决、裁定(含死刑复核判决、裁定)发生法律效力后方可处理。

第五章 送 检

第三十条 对查获的全部毒品或者从查获的毒品中选取或者随机抽取的检材,应当由两名以上侦查人员自毒品被查获之日起三日以内,送至鉴定机构进行鉴定。

具有案情复杂、查获毒品数量较多、异地办案、在交通不便地区办案等情形的,送检时限可以延长至七日。

公安机关应当向鉴定机构提供真实、完整、充分的鉴定材料,并对鉴定材料的真实性、合法性负责。

第三十一条 侦查人员送检时,应当持本人工作证件、鉴定聘请书等材料,并提供鉴定事项相关的鉴定资料;需要复核、补充或者重新鉴定的,还应当持原鉴定意见复印件。

第三十二条 送检的侦查人员应当配合鉴定机构核对鉴定材料的完整性、有效性,并检查鉴定材料是否满足鉴定需要。

公安机关鉴定机构应当在收到鉴定材料的当日作出是否受理的决定,决定受理的,应当与公安机关办案部门签订鉴定委托书;不予受理的,应当退还鉴定材料并说明理由。

第三十三条 具有下列情形之一的,公安机关应当委托鉴定机构对查获的毒品进行含量鉴定:

(一)犯罪嫌疑人、被告人可能被判处死刑的;

(二)查获的毒品系液态、固液混合物或者系毒品半成品的;

(三)查获的毒品可能大量掺假的;

(四)查获的毒品系成分复杂的新类型毒品,且犯罪嫌疑人、被告人可能被判处七年以上有期徒刑的；

（五）人民检察院、人民法院认为含量鉴定对定罪量刑有重大影响而书面要求进行含量鉴定的。

进行含量鉴定的检材应当与进行成分鉴定的检材来源一致，且一一对应。

第三十四条　对毒品原植物及其种子、幼苗，应当委托具备相应资质的鉴定机构进行鉴定。当地没有具备相应资质的鉴定机构的，可以委托侦办案件的公安机关所在地的县级以上农牧、林业行政主管部门，或者设立农林相关专业的普通高等学校、科研院所出具检验报告。

第六章　附　则

第三十五条　本规定所称的毒品，包括毒品的成品、半成品、疑似物以及含有毒品成分的物质。

毒品犯罪案件中查获的其他物品，如制毒物品及其半成品、含有制毒物品成分的物质、毒品原植物及其种子和幼苗的提取、扣押、称量、取样和送检程序，参照本规定执行。

第三十六条　本规定所称的"以上""以内"包括本数，"日"是指工作日。

第三十七条　扣押、封装、称量或者在公安机关办案场所取样时，无法确定犯罪嫌疑人、犯罪嫌疑人在逃或者犯罪嫌疑人在异地被抓获且无法及时到场的，应当在有见证人的情况下进行，并在相关笔录、扣押清单中注明。

犯罪嫌疑人到案后，公安机关应当以告知书的形式告知其扣押、称量、取样的过程、结果。犯罪嫌疑人拒绝在告知书上签名的，应当将告知情况形成笔录，一并附卷；犯罪嫌疑人对称量结果有异议，有条件重新称量的，可以重新称量，并制作称量笔录。

第三十八条　毒品的提取、扣押、封装、称量、取样活动有见证人的，笔录材料中应当写明见证人的姓名、身份证件种类及号码和联系方式，并附其常住人口信息登记表等材料。

下列人员不得担任见证人：

（一）生理上、精神上有缺陷或者年幼，不具有相应辨别能力或者不能正确表达的人；

（二）犯罪嫌疑人的近亲属，被引诱、教唆、欺骗、强迫吸毒的被害人及其近亲属，以及其他与案件有利害关系并可能影响案件公正处理的人；

（三）办理该毒品犯罪案件的公安机关、人民检察院、人民法院的工作人员、实习人员或者其聘用的协勤、文职、清洁、保安等人员。

由于客观原因无法由符合条件的人员担任见证人或者见证人不愿签名

的,应当在笔录材料中注明情况,并对相关活动进行拍照并录像。

第三十九条 本规定自2016年7月1日起施行。

《最高人民法院、最高人民检察院、公安部关于办理刑事案件收集提取和审查判断电子数据若干问题的规定》(法发〔2016〕22号)第八条至第十六条对电子数据收集提取的有关问题作了规定。(→参见第五十五条后"相关规范集成·证据分类收集提取与审查判断"所附"其他规范",第415—417页)

《电信网络新型违法犯罪案件冻结资金返还若干规定的通知》(中国银监会、公安部,银监发〔2016〕41号)

第一条 为维护公民、法人和其他组织的财产权益,减少电信网络新型违法犯罪案件被害人的财产损失,确保依法、及时、便捷返还冻结资金,根据《中华人民共和国刑法》、《中华人民共和国刑事诉讼法》、《中华人民共和国银行业监督管理法》、《中华人民共和国商业银行法》等法律、行政法规,制定本规定。

第二条 本规定所称电信网络新型违法犯罪案件,是指不法分子利用电信、互联网等技术,通过发送短信、拨打电话、植入木马等手段,诱骗(盗取)被害人资金汇(存)入其控制的银行账户,实施的违法犯罪案件。

本规定所称冻结资金,是指公安机关依照法律规定对特定银行账户实施冻结措施,并由银行业金融机构协助执行的资金。

本规定所称被害人,包括自然人、法人和其他组织。

第三条 公安机关应当依照法律、行政法规和本规定的职责、范围、条件和程序,坚持客观、公正、便民的原则,实施涉案冻结资金返还工作。

银行业金融机构应当依照有关法律、行政法规和本规定,协助公安机关实施涉案冻结资金返还工作。

第四条 公安机关负责查清被害人资金流向,及时通知被害人,并作出资金返还决定,实施返还。

银行业监督管理机构负责督促、检查辖区内银行业金融机构协助查询、冻结、返还工作,并就执行中的问题与公安机关进行协调。

银行业金融机构依法协助公安机关查清被害人资金流向,将所涉资金返还至公安机关指定的被害人账户。

第五条 被害人在办理被骗(盗)资金返还过程中,应当提供真实有效的信息,配合公安机关和银行业金融机构开展相应的工作。

被害人应当由本人办理冻结资金返还手续。本人不能办理的,可以委托代理人办理;公安机关应当核实委托关系的真实性。

被害人委托代理人办理冻结资金返还手续的,应当出具合法的委托手续。

第六条 对电信网络新型违法犯罪案件,公安机关冻结涉案资金后,应当主动告知被害人。

被害人向冻结公安机关或者受理案件地公安机关提出冻结涉案资金返还请求的,应当填写《电信网络新型违法犯罪涉案资金返还申请表》(附件1)。

冻结公安机关应当对被害人的申请进行审核,经查明冻结资金确属被害人的合法财产,权属明确无争议的,制作《电信网络新型违法犯罪涉案资金流向表》和《呈请返还资金报告书》(附件2),由设区的市一级以上公安机关批准并出具《电信网络新型违法犯罪冻结资金返还决定书》(附件3)。

受理案件地公安机关与冻结公安机关不是同一机关的,受理案件地公安机关应当及时向冻结公安机关移交受、立案法律手续、询问笔录、被骗盗银行卡账户证明、身份信息证明、《电信网络新型违法犯罪涉案资金返还申请表》等相关材料,冻结公安机关按照前款规定进行审核决定。

冻结资金应当返还至被害人原汇出银行账户,如原银行账户无法接受返还,也可以向被害人提供的其他银行账户返还。

第七条 冻结公安机关对依法冻结的涉案资金,应当以转账时间戳(银行电子系统记载的时间点)为标志,核查各级转账资金走向,一一对应还原资金流向,制作《电信网络新型违法犯罪案件涉案资金流向表》。

第八条 冻结资金以溯源返还为原则,由公安机关区分不同情况按以下方式返还:

(一)冻结账户内仅有单笔汇(存)款记录,可直接溯源被害人的,直接返还被害人;

(二)冻结账户内有多笔汇(存)款记录,按照时间戳记载可以直接溯源被害人的,直接返还被害人;

(三)冻结账户内有多笔汇(存)款记录,按照时间戳记载无法直接溯源被害人的,按照被害人被骗(盗)金额占冻结在案资金总额的比例返还(返还计算公式见附件4)。

按比例返还的,公安机关应当发出公告,公告期为30日,公告期间内被害人、其他利害关系人可就返还冻结提出异议,公安机关依法进行审核。

冻结账户返还后剩余资金在原冻结期内继续冻结;公安机关根据办案需要可以在冻结期满前依法办理续冻手续。如查清新的被害人,公安机关可以按照本规定启动新的返还程序。

第九条 被害人以现金通过自动柜员机或者柜台存入涉案账户内的,涉案账户交易明细账中的存款记录与被害人笔录核对相符的,可以依照本规定第八条的规定,予以返还。

第十条 公安机关办理资金返还工作时,应当制作《电信网络新型违法犯罪冻结资金协助返还通知书》(附件5),由两名以上公安机关办案人员持本人有效人民警察证和《电信网络新型违法犯罪冻结资金协助返还通知书》前往冻结银行办理返还工作。

第十一条 立案地涉及多地,对资金返还存在争议的,应当由共同上级公安机关确定一个公安机关负责返还工作。

第十二条 银行业金融机构办理返还时,应当对办案人员的人民警察证和《电信网络新型违法犯罪冻结资金协助返还通知书》进行审查。对于提供的材料不完备的,有权要求办案公安机关补正。

银行业金融机构应当及时协助公安机关办理返还。能够现场办理完毕的,应当现场办理;现场无法办理完毕的,应当在三个工作日内办理完毕。银行业金融机构应当将回执反馈公安机关。

银行业金融机构应当留存《电信网络新型违法犯罪冻结资金协助返还通知书》原件、人民警察证复印件,并妥善保管留存,不得挪作他用。

第十三条 银行业金融机构应当指定专门机构和人员,承办电信网络新型违法犯罪涉案资金返还工作。

第十四条 公安机关违法办理资金返还,造成当事人合法权益损失的,依法承担法律责任。

第十五条 中国银监会和公安部应当加强对新型电信网络违法犯罪冻结资金返还工作的指导和监督。

银行业金融机构违反协助公安机关资金返还义务的,按照《银行业金融机构协助人民检察院公安机关国家安全机关查询冻结工作规定》第二十八条的规定,追究相应机构和人员的责任。

第十六条 本规定由中国银监会和公安部共同解释。执行中遇有具体应用问题,可以向银监会法律部门和公安部刑事侦查局报告。

第十七条 本规定自发布之日起施行。

附件:
1. 电信网络新型违法犯罪案件冻结资金返还申请表(略)
2. 呈请返还资金报告书(略)
3. 电信网络新型违法犯罪冻结资金返还决定书(略)
4. 电信网络新型违法犯罪冻结资金协助返还通知书(略)

5.资金返还比例计算方法

资金返还比例计算方法

冻结公安机关逐笔核对时间戳,按所拦截的资金来源区分被害人资金份额。若冻结账户为A账户;冻结账户的上级账户为B账户,B账户内有多笔资金来源;B账户的上级账户为C账户,C账户内的资金可明确追溯单一被害人资金。

$$C账户应分配的资金 = \frac{特定时间戳C账户汇入B账户的资金额}{特定时间戳B账户内资金余额} \times 特定时间戳B账户资金汇入A账户的冻结资金额$$

C账户可分配资金若不能明确对应至单一被害人资金的,应参照前述所列公式,将C账户可分配资金视作公式中的"冻结账户金额"向上一级账户溯源分配,依此类推。

举例说明:

2016年3月事主王某被电信网络诈骗100万元,事主账号为62226001400×···×2209,被犯罪嫌疑人通过逐层转账的方式转至下级账号。

出账:于3月16日13时20分10秒被网银转到账号62226009100×××4840金额100万。

出账:于13时21分05秒分别网银转账到62128802000×××5406金额50万元,账号62170017000×××9449金额50万元。

出账:62128802000×××5406金额50万元又分别于13时21分56秒转到62220213060×××5495账号金额20万元和62170017000×××5431账号金额30万元。

进账:与此同时62170017000×××5431账号于13时22分18秒又收到账号62148302×××1469网银转来金额15万元。

出账:62170017000×××5431账号又于13时23分50秒分别通过网银转账转至62178663000×××7604账号金额10万,转至62258801×××0272账号金额35万元。

出账:62258801×××0272账号于13时25分01秒转至另一账号18万元后。

冻结:62258801×××0272账号于13时25分30秒该账号被我公安机关冻结,共冻结金额17万元。

通过以上案例,对照公式,其中13时25分30秒62258801×××0272账号为特定时间戳A,13时23分50秒62170017000×××5431账号为特定时间戳B,13时21分56秒62128802000×××5406账号为特定时间戳C,事主王某应返还钱款计算公式为$\frac{30}{40} \times = 11.33$万元。

《公安机关缴获毒品管理规定》(公安部,公禁毒〔2016〕486号,自2016年7月1日起施行)

第一章 总 则

第一条 为进一步规范公安机关缴获毒品管理工作,保障毒品案件的顺利办理,根据有关法律、行政法规和规章,制定本规定。

第二条 公安机关(含铁路、交通、民航、森林公安机关和海关缉私机构、边防管理部门)对办理毒品刑事案件、行政案件过程中依法扣押、收缴的毒品进行保管、移交、入库、调用、出库、处理等工作,适用本规定。

第三条 各级公安机关应当高度重视毒品管理工作,建立健全毒品管理制度,强化监督,确保安全,严防流失,适时销毁。

第二章 毒品的保管

第四条 省级公安机关禁毒部门负责对缴获毒品实行集中统一保管。

办理毒品案件的公安派出所、出入境边防检查机关以及除省级公安机关禁毒部门外的县级以上公安机关办案部门(以下统称办案部门)负责临时保管缴获毒品。

经省级公安机关禁毒部门批准并报公安部禁毒局备案,设区的市一级公安机关禁毒部门可以对缴获毒品实行集中统一保管。

第五条 有条件的公安机关可以指定涉案财物管理部门负责临时保管缴获毒品。

经省级公安机关批准并报公安部禁毒局备案,设区的市一级公安机关涉案财物管理部门可以对缴获毒品实行集中统一保管。

第六条 公安机关鉴定机构负责临时保管鉴定剩余的毒品检材和留存备查的毒品检材。

对不再需要保留的毒品检材,公安机关鉴定机构应当及时交还委托鉴定的办案部门或者移交同级公安机关禁毒部门。

第七条 公安机关集中统一保管毒品的,应当划设独立的房间或者场地,设置长期固定的专用保管仓库;临时保管毒品的,应当设置保管仓库或者使用专用保管柜。

毒品保管仓库应当符合避光、防潮、通风和保密的要求,安装防盗安全门、防护栏、防火设施、通风设施、控温设施、视频监控系统和入侵报警系统。

毒品专用保管仓库不得存放其他物品。

第八条 办案部门应当指定不承担办案或者鉴定工作的民警负责本部门毒品的接收、保管、移交等管理工作。

毒品保管仓库和专用保险柜应当由专人负责看守。毒品保管实行双人双锁制度；毒品入库双人验收，出库双人复核，做到账物相符。

第九条 办案部门和负责毒品保管的涉案财物管理部门应当设立毒品保管账册并保存二十年备查。

有条件的省级公安机关，可以建立缴获毒品管理信息系统，对毒品进行实时、全程录入和管理，并与执法办案信息系统关联。

第十条 对易燃、易爆、具有毒害性以及对保管条件、保管场所有特殊要求的毒品，在处理前应当存放在符合条件的专门场所。公安机关没有具备保管条件的场所的，可以借用其他单位符合条件的场所进行保管。

对借用其他单位的场所保管的毒品，公安机关应当派专人看守或者进行定期检查。

第十一条 公安机关应当采取安全保障措施，防止保管的毒品发生泄漏、遗失、损毁或者受到污染等。

毒品保管人员应当定期检查毒品保管仓库和毒品保管柜并清点保管的毒品，及时发现和排除安全隐患。

第三章 毒品的移交、入库

第十二条 对办理毒品案件过程中发现的毒品，办案人员应当及时固定、提取，依法予以扣押、收缴。

办案人员应当在缴获毒品的现场对毒品及其包装物进行封装，并及时完成称量、取样、送检等工作；确因客观原因无法在现场实施封装的，应当经办案部门负责人批准。

第十三条 办案人员依法扣押、收缴毒品后，应当在二十四小时以内将毒品移交本部门的毒品保管人员，并办理移交手续。

异地办案或者在偏远、交通不便地区办案的，办案人员应当在返回办案单位后的二十四小时以内办理移交手续。

需要将毒品送至鉴定机构进行取样、鉴定的，经办案部门负责人批准，办案人员可以在送检完成后的二十四小时以内办理移交手续。

第十四条 除禁毒部门外的其他办案部门应当在扣押、收缴毒品之日起七日以内将毒品移交所在地的县级或者设区的市一级公安机关禁毒部门。

具有案情复杂、缴获毒品数量较大、异地办案等情形的，移交毒品的时间可以延长至二十日。

第十五条 刑事案件侦查终结、依法撤销或者对行政案件作出行政处罚决定、终止案件调查后，县级公安机关禁毒部门应当及时将临时保管的毒品移交上一级公安机关禁毒部门。

对因犯罪嫌疑人或者违法行为人无法确定、负案在逃等客观原因无法侦查终结或者无法作出行政处罚决定的案件，应当在立案或者受案后的一年以内移交。

第十六条 不起诉决定或者判决、裁定(含死刑复核判决、裁定)发生法律效力，或者行政处罚决定已过复议诉讼期限后，负责临时保管毒品的设区的市一级公安机关禁毒部门应当及时将临时保管的毒品移交省级公安机关禁毒部门集中统一保管。

第十七条 公安机关指定涉案财物管理部门负责保管毒品的，禁毒部门应当及时将本部门缴获的毒品和其他办案部门、鉴定机构移交的毒品移交同级涉案财物管理部门。

负责临时保管毒品的涉案财物管理部门应当依照本规定第十五条、第十六条的规定及时移交临时保管的毒品。

第十八条 毒品保管人员对本部门办案人员或者其他办案部门、鉴定机构移交的毒品，应当当场检查毒品及其包装物的封装是否完好以及封装袋上的标记、编号、签名等是否清晰、完整，并对照有关法律文书对移交的毒品逐一查验、核对。

对符合条件可以办理入库的毒品，毒品保管人员应当将入库毒品登记造册，详细登记移交毒品的种类、数量、封装情况、移交单位、移交人员、移交时间等情况，在《扣押清单》《证据保全清单》或者《收缴/追缴物品清单》上签字并留存一份备查。

对缺少法律文书、法律文书对必要事项记载不全、移交的毒品与法律文书记载不符或者移交的毒品未按规定封装的，毒品保管人员可以拒绝接收，并应当要求办案人员及时补齐相关法律文书、信息或者按规定封装后移交。

第四章 毒品的调用、出库

第十九条 因讯问、询问、鉴定、辨认、检验等办案工作需要，经本条第二款规定的负责人审批，办案人员可以调用毒品。

调用办案部门保管的毒品的，应当经办案部门负责人批准；调用涉案财物管理部门保管的毒品的，应当经涉案财物管理部门所属公安机关的禁毒部门负责人批准；除禁毒部门外的其他办案部门调用禁毒部门保管的毒品的，应当经负责毒品保管的禁毒部门负责人批准。

人民法院、人民检察院在案件诉讼过程中需要调用毒品的，应当由办案部门依照前两款的规定办理调用手续。

第二十条 因开展禁毒宣传教育、缉毒犬训练、教学科研等工作需要调用集中统一保管的毒品的,应当经省级或者经授权的设区的市一级公安机关分管禁毒工作的负责人批准。

第二十一条 毒品保管人员应当对照批准文件核对调用出库的毒品,详细登记调用人、审批人、调用事由、调用期限、出库时间以及出库毒品的状态和数量等事项。

第二十二条 调用人应当按照批准的调用目的使用毒品,并采取措施妥善保管调用的毒品,防止流失或者出现缺损、调换、灭失等情况。

调用人应当在调用结束后的二十四小时以内将毒品归还毒品保管人员。

调用人归还毒品时,毒品保管人员应当对照批准文件进行核对,检查包装,复称重量;必要时,可以进行检验或者鉴定。经核对、检查无误,毒品保管人员应当重新办理毒品入库手续。

对出现缺损、调换、灭失等情况的,毒品保管人员应当如实记录,并报告调用人所属部门;毒品在调用过程中出现分解、潮解等情况的,调用人应当作出书面说明;因鉴定取样、实验研究等情况导致调用毒品发生合理损耗的,调用人应当提供相应的证明材料。

第二十三条 公安机关需要运输毒品的,应当由两名以上民警负责押运或者通过安全可靠的运输渠道进行运输。

负责押运的民警应当自启运起全程携带相关证明文件。

运输毒品过程中,公安机关应当采取安全保障措施,防止毒品发生泄漏、遗失、损毁或者受到污染等。

第五章 毒品的处理

第二十四条 缴获毒品不随案移送人民检察院、人民法院,但办案部门应当将其清单、照片或者其他证明文件随案移送。

对需要作为证据使用的毒品,不起诉决定或者判决、裁定(含死刑复核判决、裁定)发生法律效力,或者行政处罚决定已过复议诉讼期限后方可销毁。

第二十五条 对集中统一保管的毒品,除因办案、留样备查等工作需要少量留存外,省级公安机关或者经授权的市一级公安机关应当适时组织销毁。

其他任何部门或者个人不得以任何理由擅自处理毒品。

第二十六条 需要销毁毒品的,应当由负责毒品集中统一保管的禁毒部门提出销毁毒品的种类、数量和销毁的地点、时间、方式等,经省级公安机关负责人批准,方可销毁。

第二十七条 毒品保管人员应当对照批准文件核对出库销毁的毒品,并将毒品出库情况登记造册。

公安机关需要销毁毒品的,应当制定安全保卫方案和突发事件应急处理预案;必要时,可以邀请检察机关和环境保护主管部门派员监督;有条件的,可以委托具有危险废物无害化处理资质的单位进行销毁。

第二十八条　设区的市一级公安机关禁毒部门应当于每年12月31日前将本年度保管毒品的入库量、出库量、库存量、销毁量和缴获毒品管理工作情况报省级公安机关禁毒部门备案。

省级公安机关禁毒部门应当于每年1月31日前将上年度保管毒品的入库量、出库量、库存量、销毁量和本省(自治区、直辖市)缴获毒品管理工作情况报公安部禁毒局备案。

第六章　监　督

第二十九条　各级公安机关分管禁毒工作的负责人对毒品管理工作承担重要领导责任,各级公安机关禁毒部门和负责毒品保管的涉案财物管理部门的主要负责人对毒品管理工作承担主要领导责任。

第三十条　各级公安机关应当将毒品管理工作纳入执法监督和执法质量考评范围,定期或者不定期地组织有关部门对本机关和办案部门负责保管的毒品进行核查,防止流失、毁灭或者不按规定移交、调用、处理等;发现毒品管理不当的,应当责令立即改正。

第三十一条　未按本规定严格管理毒品,致使毒品流失、毁灭或者导致严重后果的,应当依照有关规定追究相关责任人和毒品管理人员的责任;涉嫌犯罪的,移送司法机关依法追究刑事责任。

第七章　附　则

第三十二条　本规定所称的公安机关禁毒部门,包括县级以上地方公安机关毒品犯罪侦查部门以及县级以上地方公安机关根据公安部有关规定确定的承担禁毒工作职责的业务部门。

本规定所称的毒品,包括毒品的成品、半成品、疑似物以及其他含有毒品成分的物质,但不包括含有毒品成分的人体生物样本。

第三十三条　本规定所称的"以上""以内"包括本数,"日"是指工作日。

第三十四条　各地公安机关可以根据本规定,结合本地和各警种实际情况,制定缴获毒品管理的具体办法,并报上一级公安机关备案。

第三十五条　公安机关从其他部门和个人接收毒品的管理,依照本规定执行。

第三十六条　本规定自2016年7月1日起施行。2001年8月23日印发的

《公安机关缴获毒品管理规定》(公禁毒〔2001〕218号)同时废止。

《最高人民检察院、公安部关于公安机关办理经济犯罪案件的若干规定》(公通字〔2017〕25号)第六章"涉案财物的控制和处置"(第四十六条至第五十五条)对涉案财物控制处置的有关问题作了规定。(→参见第二编"立案、侦查和提起公诉"标题下所附"其他规范",第765—767页)

《公安机关办理刑事案件电子数据取证规则》(公通字〔2018〕41号)第十条至第十五条对电子数据收集提取的有关问题作了规定。(→参见第五十五条后"相关规范集成·证据分类收集提取与审查判断"所附"其他规范",第423—424页)

《最高人民法院、最高人民检察院、公安部关于办理非法集资刑事案件若干问题的意见》(高检会〔2019〕2号,节录)

九、关于涉案财物追缴处置问题

办理跨区域非法集资刑事案件,案件主办地办案机关应当及时归集涉案财物,为统一资产处置做好基础性工作。其他涉案地办案机关应当及时查明涉案财物,明确其来源、去向、用途、流转情况,依法办理查封、扣押、冻结手续,并制作详细清单,对扣押款项应当设立明细账,在扣押后立即存入办案机关唯一合规账户,并将有关情况提供案件主办地办案机关。

人民法院、人民检察院、公安机关应当严格依照刑事诉讼法和相关司法解释的规定,依法移送、审查、处理查封、扣押、冻结的涉案财物。对审判时尚未追缴到案或者尚未足额退赔的违法所得,人民法院应当判决继续追缴或者责令退赔,并由人民法院负责执行,处置非法集资职能部门、人民检察院、公安机关等应当予以配合。

人民法院对涉案财物依法作出判决后,有关地方和部门应当在处置非法集资职能部门统筹协调下,切实履行协作义务,综合运用多种手段,做好涉案财物清运、财产变现、资金归集、资金退还等工作,确保最大限度减少实际损失。

根据有关规定,查封、扣押、冻结的涉案财物,一般应在诉讼终结后返还集资参与人。涉案财物不足全部返还的,按照集资参与人的集资额比例返还。退赔集资参与人的损失一般优先于其他民事债务以及罚金、没收财产的执行。

《最高人民法院、最高人民检察院、公安部、司法部关于办理黑恶势力刑事案件中财产处置若干问题的意见》(高检发〔2019〕6号)"二、依法采取措施全面收集证据"(第六条至第十条)对查封、扣押、冻结财产等问题作了规定。(→参见第二百四十五条所附"其他规范",第1618—1619页)

法律适用答复、复函

《**公安部关于公安机关在办理刑事案件中可否查封冻结不动产或投资权益问题的批复**》(公复字〔2011〕17号)

广东省公安厅:

你厅《关于我省深圳市公安局在办理一特大诈骗案件中对涉案资产依法进行查封、冻结问题的请示》[粤公(请)〔2011〕40号]收悉。经征求最高人民法院、最高人民检察院的意见,现批复如下:根据《中华人民共和国刑事诉讼法》第一百一十四条和最高人民法院、最高人民检察院、公安部、司法部、国家安全部、全国人大常委会法制工作委员会《关于刑事诉讼法实施中若干问题的规定》第四十八条的规定,公安机关在办理刑事案件中有权依法查封、冻结犯罪嫌疑人以违法所得购买的不动产、获取的投资权益或股权。但由于投资权益或股权具有一定的风险性,对其采取冻结等侦查措施应严格依照法定的适用条件和程序,慎重使用。

《**中国人民银行关于对银行协助执行有关问题的复函**》(银条法〔1997〕36号)

中国人民银行广东省分行办公室:

你分行《关于银行协助执行过程中有关问题的请示》(粤银办发〔1997〕29号)收悉。经研究,答复如下:

一、修正后的《中华人民共和国刑事诉讼法》第一百一十七条规定:"人民检察院、公安机关根据侦查犯罪的需要,可以依照规定查询、冻结犯罪嫌疑人的存款、汇款",但未赋予其扣划上述款项的权力。据此,自1997年1月1日以后,金融机构不再协助人民检察院和公安机关扣划客户在金融机构存款。

二、《关于查询、冻结、扣划企业事业单位、机关、团体银行存款的通知》(银发〔1993〕356号)是由最高法院、最高检察院、公安部和中国人民银行四家联合发布的,各有关部门必须共同遵守。但是,《刑事诉讼法》颁布实施后,银发〔1993〕356号文中有关银行协助人民检察院、公安机关扣划客户存款的内容与刑事诉讼法发生抵触,应自动失效。

三、根据人民银行会计科目的规定和性质,商业银行在人民银行的存款只有准备金存款和备付金存款两类。商业银行通过人民银行的资金清算,均在备付金存款科目中核算。"0266汇出汇款"科目系核算人民银行办理银行汇票的签发和解付业务或代理兑付他行汇票,该科目内资金是人民银行的结算资金,不属于商业银行在人民银行存款范畴。

相关规范集成·监察查询、冻结、查封、扣押

相关规定

《中华人民共和国监察法》（自2018年3月20日起施行，节录）

第二十五条 监察机关在调查过程中，可以调取、查封、扣押用以证明被调查人涉嫌违法犯罪的财物、文件和电子数据等信息。采取调取、查封、扣押措施，应当收集原物原件，会同持有人或者保管人、见证人，当面逐一拍照、登记、编号，开列清单，由在场人员当场核对、签名，并将清单副本交财物、文件的持有人或者保管人。

对调取、查封、扣押的财物、文件，监察机关应当设立专用账户、专门场所，确定专门人员妥善保管，严格履行交接、调取手续，定期对账核实，不得毁损或者用于其他目的。对价值不明物品应当及时鉴定，专门封存保管。

查封、扣押的财物、文件经查明与案件无关的，应当在查明后三日内解除查封、扣押，予以退还。

第四十一条 调查人员采取讯问、询问、留置、搜查、调取、查封、扣押、勘验检查等调查措施，均应当依照规定出示证件，出具书面通知，由二人以上进行，形成笔录、报告等书面材料，并由相关人员签名、盖章。

调查人员进行讯问以及搜查、查封、扣押等重要取证工作，应当对全过程进行录音录像，留存备查。

《中华人民共和国监察法实施条例》（自2021年9月20日起施行）

第二章 监察机关及其职责

第七节 查询、冻结

第一百零四条 监察机关调查严重职务违法或者职务犯罪，根据工作需要，按规定报批后，可以依法查询、冻结涉案单位和个人的存款、汇款、债券、股票、基金份额等财产。

第一百零五条 查询、冻结财产时，调查人员不得少于二人。调查人员应当出具《协助查询财产通知书》或者《协助冻结财产通知书》，送交银行或者其他金融机构、邮政部门等单位执行。有关单位和个人应当予以配合，并严格保密。

查询财产应当在《协助查询财产通知书》中填写查询账号、查询内容等信息。没有具体账号的，应当填写足以确定账户或者权利人的自然人姓名、身份证件号码或者企业法人名称、统一社会信用代码等信息。

冻结财产应当在《协助冻结财产通知书》中填写冻结账户名称、冻结账号、

冻结数额、冻结期限起止时间等信息。冻结数额应当具体、明确，暂时无法确定具体数额的，应当在《协助冻结财产通知书》上明确写明"只收不付"。冻结证券和交易结算资金时，应当明确冻结的范围是否及于孳息。

冻结财产，应当为被调查人及其所扶养的亲属保留必需的生活费用。

第一百零六条 调查人员可以根据需要对查询结果进行打印、抄录、复制、拍照，要求相关单位在有关材料上加盖证明印章。对查询结果有疑问的，可以要求相关单位进行书面解释并加盖印章。

第一百零七条 监察机关对查询信息应当加强管理，规范信息交接、调阅、使用程序和手续，防止滥用和泄露。

调查人员不得查询与案件调查工作无关的信息。

第一百零八条 冻结财产的期限不得超过六个月。冻结期限到期未办理续冻手续的，冻结自动解除。

有特殊原因需要延长冻结期限的，应当在到期前按原程序报批，办理续冻手续。每次续冻期限不得超过六个月。

第一百零九条 已被冻结的财产可以轮候冻结，不得重复冻结。轮候冻结的，监察机关应当要求有关银行或者其他金融机构等单位在解除冻结或者作出处理前予以通知。

监察机关接受司法机关、其他监察机关等国家机关移送的涉案财物后，该国家机关采取的冻结期限届满，监察机关续行冻结的顺位与该国家机关冻结的顺位相同。

第一百一十条 冻结财产应当通知权利人或者其法定代理人、委托代理人，要求其在《冻结财产告知书》上签名。冻结股票、债券、基金份额等财产，应当告知权利人或者其法定代理人、委托代理人有权申请出售。

对于被冻结的股票、债券、基金份额等财产，权利人或者其法定代理人、委托代理人申请出售，不损害国家利益、被害人利益，不影响调查正常进行的，经审批可以在案件办结前由相关机构依法出售或者变现。对于被冻结的汇票、本票、支票即将到期的，经审批可以在案件办结前由相关机构依法出售或者变现。出售上述财产的，应当出具《许可出售冻结财产通知书》。

出售或者变现所得价款应当继续冻结在其对应的银行账户中；没有对应的银行账户的，应当存入监察机关指定的专用账户保管，并将存款凭证送监察机关登记。监察机关应当及时向权利人或者其法定代理人、委托代理人出具《出售冻结财产通知书》，并要求其签名。拒绝签名的，调查人员应当在文书上记明。

第一百一十一条　对于冻结的财产,应当及时核查。经查明与案件无关的,经审批,应当在查明后三日以内将《解除冻结财产通知书》送交有关单位执行。解除情况应当告知被冻结财产的权利人或者其法定代理人、委托代理人。

第十节　查封、扣押

第一百二十五条　监察机关按规定报批后,可以依法查封、扣押用以证明被调查人涉嫌违法犯罪以及情节轻重的财物、文件、电子数据等证据材料。

对于被调查人到案时随身携带的物品,以及被调查人或者其他相关人员主动上交的财物和文件,依法需要扣押的,依照前款规定办理。对于被调查人随身携带的与案件无关的个人用品,应当逐件登记,随案移交或者退还。

第一百二十六条　查封、扣押时,应当出具《查封/扣押通知书》,调查人员不得少于二人。持有人拒绝交出应当查封、扣押的财物和文件的,可以依法强制查封、扣押。

调查人员对于查封、扣押的财物和文件,应当会同在场见证人和被查封、扣押财物持有人进行清点核对,开列《查封/扣押财物、文件清单》,由调查人员、见证人和持有人签名或者盖章。持有人不在场或者拒绝签名、盖章的,调查人员应当在清单上记明。

查封、扣押财物,应当为被调查人及其所扶养的亲属保留必需的生活费用和物品。

第一百二十七条　查封、扣押不动产和置于该不动产上不宜移动的设施、家具和其他相关财物,以及车辆、船舶、航空器和大型机械、设备等财物,必要时可以依法扣押其权利证书,经拍照或者录像后原地封存。调查人员应当在查封清单上记明相关财物的所在地址和特征,已经拍照或者录像及其权利证书被扣押的情况,由调查人员、见证人和持有人签名或者盖章。持有人不在场或者拒绝签名、盖章的,调查人员应当在清单上记明。

查封、扣押前款规定财物的,必要时可以将被查封财物交给持有人或者其近亲属保管。调查人员应当告知保管人妥善保管,不得对被查封财物进行转移、变卖、毁损、抵押、赠予等处理。

调查人员应当将《查封/扣押通知书》送达不动产、生产设备或者车辆、船舶、航空器等财物的登记、管理部门,告知其在查封期间禁止办理抵押、转让、出售等权属关系变更、转移登记手续。相关情况应当在查封清单上记明。被查封、扣押的财物已经办理抵押登记的,监察机关在执行没收、追缴、责令退赔等决定时应当及时通知抵押权人。

第一百二十八条　查封、扣押下列物品,应当依法进行相应的处理:

（一）查封、扣押外币、金银珠宝、文物、名贵字画以及其他不易辨别真伪的贵重物品，具备当场密封条件的，应当当场密封，由二名以上调查人员在密封材料上签名并记明密封时间。不具备当场密封条件的，应当在笔录中记明，以拍照、录像等方法加以保全后进行封存。查封、扣押的贵重物品需要鉴定的，应当及时鉴定。

（二）查封、扣押存折、银行卡、有价证券等支付凭证和具有一定特征能够证明案情的现金，应当记明特征、编号、种类、面值、张数、金额等，当场密封，由二名以上调查人员在密封材料上签名并记明密封时间。

（三）查封、扣押易损毁、灭失、变质等不宜长期保存的物品以及有消费期限的卡、券，应当在笔录中记明，以拍照、录像等方法加以保全后进行封存，或者经审批委托有关机构变卖、拍卖。变卖、拍卖的价款存入专用账户保管，待调查终结后一并处理。

（四）对于可以作为证据使用的录音录像、电子数据存储介质，应当记明案由、对象、内容，录制、复制的时间、地点、规格、类别、应用长度、文件格式及长度等，制作清单。具备查封、扣押条件的电子设备、存储介质应当密封保存。必要时，可以请有关机关协助。

（五）对被调查人使用违法犯罪所得与合法收入共同购置的不可分割的财产，可以先行查封、扣押。对无法分割退还的财产，涉及违法的，可以在结案后委托有关单位拍卖、变卖，退还不属于违法所得的部分及孳息；涉及职务犯罪的，依法移送司法机关处置。

（六）查封、扣押危险品、违禁品，应当及时送交有关部门，或者根据工作需要严格封存保管。

第一百二十九条 对于需要启封的财物和文件，应当由二名以上调查人员共同办理。重新密封时，由二名以上调查人员在密封材料上签名、记明时间。

第一百三十条 查封、扣押涉案财物，应当按规定将涉案财物详细信息、《查封/扣押财物、文件清单》录入并上传监察机关涉案财物信息管理系统。

对于涉案款项，应当在采取措施后十五日以内存入监察机关指定的专用账户。对于涉案物品，应当在采取措施后三十日以内移交涉案财物保管部门保管。因特殊原因不能按时存入专用账户或者移交保管的，应当按规定报批，将保管情况录入涉案财物信息管理系统，在原因消除后及时存入或者移交。

第一百三十一条 对于已移交涉案财物保管部门保管的涉案财物，根据调查工作需要，经审批可以临时调用，并应当确保完好。调用结束后，应当及时归还。调用和归还时，调查人员、保管人员应当当面清点查验。保管部门应当对调用和归还情况进行登记,全程录像并上传涉案财物信息管理系统。

第一百三十二条 对于被扣押的股票、债券、基金份额等财产,以及即将到期的汇票、本票、支票,依法需要出售或者变现的,按照本条例关于出售冻结财产的规定办理。

第一百三十三条 监察机关接受司法机关、其他监察机关等国家机关移送的涉案财物后,该国家机关采取的查封、扣押期限届满,监察机关续行查封、扣押的顺位与该国家机关查封、扣押的顺位相同。

第一百三十四条 对查封、扣押的财物和文件,应当及时进行核查。经查明与案件无关的,经审批,应当在查明后三日以内解除查封、扣押,予以退还。解除查封、扣押的,应当向有关单位、原持有人或者近亲属送达《解除查封/扣押通知书》,附《解除查封/扣押财物、文件清单》,要求其签名或者盖章。

第一百三十五条 在立案调查之前,对监察对象及相关人员主动上交的涉案财物,经审批可以接收。

接收时,应当由二名以上调查人员,会同持有人和见证人进行清点核对,当场填写《主动上交财物登记表》。调查人员、持有人和见证人应当在登记表上签名或者盖章。

对于主动上交的财物,应当根据立案及调查情况及时决定是否依法查封、扣押。

第五章 监察程序
第六节 处 置

第二百零七条第三款 对于涉案单位和人员通过行贿等非法手段取得的财物及孳息,应当依法予以没收、追缴或者责令退赔。对于违法取得的其他不正当利益,依照法律法规及有关规定予以纠正处理。

第二百零八条 对查封、扣押、冻结的涉嫌职务犯罪所得财物及孳息应当妥善保管,并制作《移送司法机关涉案财物清单》随案移送人民检察院。对作为证据使用的实物应当随案移送;对不宜移送的,应当将清单、照片和其他证明文件随案移送。

对于移送人民检察院的涉案财物,价值不明的,应当在移送起诉前委托进行价格认定。在价格认定过程中,需要对涉案财物先行作出真伪鉴定或者出具技术、质量检测报告的,应当委托有关鉴定机构或者检测机构进行真伪鉴定或者技术、质量检测。

对不属于犯罪所得但属于违法取得的财物及孳息,应当依法予以没收、追缴或者责令退赔,并出具有关法律文书。

对经认定不属于违法所得的财物及孳息,应当及时予以返还,并办理签收手续。

第二百零九条　监察机关经调查，对违法取得的财物及孳息决定追缴或者责令退赔的，可以依法要求公安、自然资源、住房城乡建设、市场监管、金融监管等部门以及银行等机构、单位予以协助。

追缴涉案财物以追缴原物为原则，原物已经转化为其他财物的，应当追缴转化后的财物；有证据证明依法应当追缴、没收的涉案财物无法找到、被他人善意取得、价值灭失减损或者与其他合法财产混合且不可分割的，可以依法追缴、没收其他等值财产。

追缴或者责令退赔应当自处置决定作出之日起一个月以内执行完毕。因被调查人的原因逾期执行的除外。

人民检察院、人民法院依法将不认定为犯罪所得的相关涉案财物退回监察机关的，监察机关应当依法处理。

《国家监察委员会办公厅、自然资源部办公厅关于不动产登记机构协助监察机关在涉案财物处理中办理不动产登记工作的通知》（国监办发〔2019〕3号，自2020年1月1日起实施）

各省、自治区、直辖市监委、自然资源主管部门，中央纪委国家监委各派出机构，各中管企业纪检监察机构：

为贯彻落实党中央关于深化国家监察体制改革决策部署，依法规范做好不动产登记机构协助监察机关在涉案财物处理中办理不动产登记工作，根据《中华人民共和国监察法》《中华人民共和国物权法》《中华人民共和国城市房地产管理法》《不动产登记暂行条例》等法律法规，现就有关事项通知如下：

一、县级以上监察机关经过调查，对违法取得且已经办理不动产登记或者具备首次登记条件的不动产作出没收、追缴、责令退赔等处理决定后，在执行没收、追缴、责令退赔等决定过程中需要办理不动产转移等登记的，不动产登记机构应当按照监察机关出具的监察文书和协助执行通知书办理。

监察机关对不动产作出的处理决定，应当依法告知被调查人以及不动产权利人。

不动产登记涉及的税费按照国家有关规定收取。

二、监察机关到不动产登记机构办理不动产登记时，应当出具监察文书和协助执行通知书，由两名工作人员持上述文书和本人工作证件办理。根据工作需要，也可以出具委托函，委托财政部门、国有资产管理部门或者其他被授权协助处理涉案财物的单位，由其两名工作人员持本人工作证件、委托函、监察机关出具的监察文书和协助执行通知书办理。

三、中央纪委国家监委各派驻(派出)机构以及中管企业纪检监察机构需要不动产登记机构协助办理不动产登记的,应当依法出具监察文书和协助执行通知书,按照本通知第二条规定的程序办理。

省级以下监察委员会派驻或者派出的监察机构、监察专员根据授权开展调查、处置工作过程中,需要商请不动产登记机构协助办理不动产登记的,应当依法出具监察文书,由该监察委员会审核并出具协助执行通知书,按照本通知第二条规定的程序办理。

四、监察机关需要异地不动产登记机构协助办理不动产登记的,可以直接到异地不动产登记机构办理,也可以出具委托函,委托不动产所在地监察机关办理。具体办理程序按照第二条的规定执行。

五、监察机关对不动产进行处理前,应当先行查询不动产权属情况。处理不动产涉及集体土地和划拨土地的,监察机关应当与自然资源管理部门协商后再行处理。

六、相关不动产已被人民法院、人民检察院、公安机关等其他有权机关查封,并由不动产登记机构办理了查封登记的,监察机关在作出处理决定前应当与上述实施查封的有权机关协商。需要注销查封登记的,应当由实施查封的有权机关按照规定程序办理。

七、相关不动产已办理抵押登记的,监察机关应当依法妥善处理,保障抵押权人合法权益。

八、不动产登记机构在协助监察机关办理不动产登记时,不对监察文书和协助执行通知书进行实体审查。不动产登记机构认为监察机关处理的相关不动产信息错误的,应当依法向监察机关提出书面核查建议,监察机关应当进行认真核查,核查期间中止协助事项。经监察机关核查并出具书面函件确认无误后,不动产登记机构应当予以协助办理。

九、公民、法人或者其他组织对不动产登记机构根据监察机关的监察文书等材料办理的不动产登记行为不服的,可以按规定向相关监察机关申诉、控告或者检举。

公民、法人或者其他组织对登记行为不服申请行政复议的,有关复议机构不予受理,但公民、法人或者其他组织认为登记与有关文书内容不一致的除外。

不动产登记机构根据监察机关的监察文书等材料办理不动产登记,是行政机关根据有权机关的协助执行通知书实施的行为,公民、法人或者其他组织对该行为不服提起行政诉讼的,按照《最高人民法院关于审理房屋登记案件若干问题的规定》(法释〔2010〕15号)第二条规定办理。

十、各级监察机关应当与同级自然资源部门建立沟通协调机制，及时研究解决协作配合过程中的问题。

十一、本通知自2020年1月1日起实施。

《国家监察委员会办公厅、公安部办公厅关于规范公安机关协助监察机关在涉案财物处理中办理机动车登记工作的通知》（2020年6月24日）

各省、自治区、直辖市监委、公安厅（局），中央纪委国家监委各派驻机构、派出机构，各中管企业纪检监察机构：

为贯彻落实党中央关于深化国家监察体制改革决策部署，依法规范做好公安机关协助监察机关在涉案财物处理中办理机动车登记工作，根据《中华人民共和国监察法》《中华人民共和国道路交通安全法》《中华人民共和国道路交通安全法实施条例》等法律法规，结合工作实际，现就有关事项通知如下：

一、县级以上监察机关经过调查，对违法取得且已经办理登记或者具备法定登记条件的机动车作出没收、追缴、责令退赔等处理决定后，在执行没收、追缴、责令退赔等决定过程中需要办理机动车注册、转移等登记的，公安机关交通管理部门应当按照监察机关出具的监察文书和协助执行通知书办理。

监察机关对机动车作出的处理决定，应当依法告知被调查人以及机动车所有人。

机动车登记涉及的税费按照国家有关规定收取。

二、监察机关到公安机关交通管理部门办理机动车登记时，应当出具监察文书和协助执行通知书，以及现机动车所有人的身份证明原件或者复印件，由两名工作人员持本人工作证件办理。根据工作需要，也可以委托财政部门、国有资产管理部门或者其他被授权协助处理涉案财物的单位，由其两名工作人员持本人工作证件、委托函、监察机关出具的监察文书、协助执行通知书以及现机动车所有人的身份证明原件或者复印件办理。

三、中央纪委国家监委各派驻机构、派出机构以及中管企业纪检监察机构需要公安机关交通管理部门协助办理机动车登记的，应当依法出具监察文书和协助执行通知书，按照本通知第二条规定的程序办理。

省级以下监察委员会派驻或者派出的监察机构、监察专员根据授权开展调查、处置工作过程中，需要商请公安机关交通管理部门协助办理机动车登记的，应当依法出具监察文书，由该监察委员会审核并出具协助执行通知书，按照本通知第二条规定的程序办理。

四、监察机关需要异地公安机关交通管理部门协助办理机动车注册、转移等登记的，可以直接到异地公安机关交通管理部门办理，也可以出具委托函,委托机动车登记地监察机关办理。具体办理程序按照本通知第二条的规定执行。

五、对机动车被监察机关依法拍卖,或者被监察机关依法处理决定所有权转移的,可以由现机动车所有人或者其代理人持监察机关出具的监察文书、协助执行通知书以及法律法规规定的证明凭证办理机动车登记。

原机动车所有人未提供机动车登记证书、号牌或者行驶证的,监察机关应当在协助执行通知书中注明,公安机关交通管理部门按照监察机关出具的协助执行通知书办理登记手续。

六、监察机关对机动车进行处理前,应当先行查询机动车权属等情况。对存在被盗抢、走私、非法拼(组)装、达到国家强制报废标准等情形的机动车,监察机关应当与公安机关协商后依法处理。

七、相关机动车已被人民法院、人民检察院、公安机关等其他有权机关查封、扣押的,监察机关在作出处理决定前应当与上述实施查封、扣押的有权机关协商。需要解除查封、扣押的,应当由实施查封、扣押的有权机关按照规定程序办理。

八、相关机动车已办理抵押登记的,监察机关应当依法妥善处理,保障抵押权人合法权益。

九、公安机关交通管理部门在协助监察机关办理机动车登记时,不对监察文书和协助执行通知书进行实体审查。公安机关交通管理部门认为监察机关处理的相关机动车、机动车所有人等信息错误的,应当依法向监察机关提出书面核查建议,监察机关应当进行认真核查,核查期间中止协助事项。经监察机关核查并出具书面函件确认无误后,公安机关交通管理部门应当予以协助办理。

十、公民、法人或者其他组织对公安机关交通管理部门根据监察机关的监察文书等材料办理机动车登记行为不服的,可以按规定向相关监察机关申诉、控告或者检举。

公民、法人或者其他组织对登记行为不服申请行政复议的,有关复议机构不予受理,但公民、法人或者其他组织认为登记与有关文书内容不一致的除外。

公安机关交通管理部门根据监察机关的监察文书等材料办理机动车登记,是行政机关根据有权机关的协助执行通知书实施的行为,公民、法人或者其他组织对该行为不服提起行政诉讼的,按照相关法律规定办理。

十一、各级监察机关应当与同级公安机关建立沟通协调机制,及时研究解决协作配合过程中的问题。监察机关应当会同公安机关积极推进建立信息核查机制,加强涉案车辆处置和登记信息核查。

十二、本通知自印发之日起实施。

第七节 鉴 定①

第一百四十六条 【鉴定的目的和主体】为了查明案情,需要解决案件中某些专门性问题的时候,应当指派、聘请有专门知识的人进行鉴定。

第一百四十七条 【鉴定意见的制作及故意作虚假鉴定的责任】鉴定人进行鉴定后,应当写出鉴定意见,并且签名。

鉴定人故意作虚假鉴定的,应当承担法律责任。

第一百四十八条 【鉴定意见的告知及补充鉴定、重新鉴定】侦查机关应当将用作证据的鉴定意见告知犯罪嫌疑人、被害人。如果犯罪嫌疑人、被害人提出申请,可以补充鉴定或者重新鉴定。

第一百四十九条 【精神病鉴定的期间】对犯罪嫌疑人作精神病鉴定的期间不计入办案期限。

---

① 我国的司法鉴定体制是从中华人民共和国成立初期开始起步,不断发展完善起来的。在这一发展过程中,有一个标志性的事件,就是《全国人民代表大会常务委员会关于司法鉴定管理问题的决定》的发布。在此之前,人民法院、人民检察院和公安机关各自组建了本部门的司法鉴定组织体系。此外,司法行政机关的部分附属机构、部分科研院校也建有司法鉴定机构。为了加强对鉴定人和鉴定机构的管理,适应司法机关和公民、组织进行诉讼的需要,保障诉讼活动的顺利进行,《关于司法鉴定管理问题的决定》对司法鉴定工作进行统一规范管理;人民法院和司法行政部门不得设立鉴定机构;侦查机关根据侦查工作的需要设立的鉴定机构,不得面向社会接受委托从事司法鉴定业务;国务院司法行政部门主管全国鉴定人和鉴定机构的登记管理工作,省级人民政府司法行政部门依照规定,负责对鉴定人和鉴定机构的登记、名册编制和公告。根据《关于司法鉴定管理问题的决定》的规定,国家对从事下列司法鉴定业务的鉴定人和鉴定机构实行登记管理制度:(1)法医类鉴定,包括法医病理鉴定、法医临床鉴定、法医精神病鉴定、法医物证鉴定和法医毒物鉴定;(2)物证类鉴定,包括文书鉴定、痕迹鉴定和微量鉴定;(3)声像资料鉴定,包括对录音带、录像带、磁盘、光盘、图片等载体上记录的声音、图像信息的真实性、完整性及其所反映的情况过程进行的鉴定和对记录的声音、图像中的语言、人体、物体(转下页)

立法沿革

本四条系关于鉴定的规定。

第一百四十六条系沿用1979年《刑事诉讼法》第八十八条的规定。

关于第一百四十七条,1979年《刑事诉讼法》第八十九条规定:"鉴定人进行鉴定后,应当写出鉴定结论,并签名。"1996年《刑事诉讼法修改决定》对本条增加两款,在第二款、第三款规定:"对人身伤害的医学鉴定有争议需要重新鉴定或者对精神病的医学鉴定,由省级人民政府指定的医院进行。鉴定人进行鉴定后,应当写出鉴定结论,并且由鉴定人签名,医院加盖公章。""鉴定人故意作虚假鉴定的,应当承担法律责任。"2012年《刑事诉讼法修改决定》将"鉴定结论"修改为"鉴定意见",并删去第二款规定。2018年修改《刑事诉讼法》时对本条规定未作调整。

关于第一百四十八条,1996年《刑事诉讼法》第一百二十一条规定:"侦查机关应当将用作证据的鉴定结论告知犯罪嫌疑人、被害人。如果犯罪嫌疑人、被害人提出申请,可以补充鉴定或者重新鉴定。"2012年《刑事诉讼法修改决定》将"鉴定结论"修改为"鉴定意见"。2018年修改《刑事诉讼法》时对本条规定未作调整。

第一百四十九条系1996年《刑事诉讼法修改决定》增加的规定,2012年、2018年修改《刑事诉讼法》时未作调整。

相关规定

《全国人民代表大会常务委员会关于司法鉴定管理问题的决定》(自2005年10月1日起施行,2015年4月24日修正)

为了加强对鉴定人和鉴定机构的管理,适应司法机关和公民、组织进行诉讼的需要,保障诉讼活动的顺利进行,特作如下决定:

一、司法鉴定是指在诉讼活动中鉴定人运用科学技术或者专门知识对诉讼

(接上页)作出种类或者同一认定;(4)根据诉讼需要,由国务院司法行政部门商最高人民法院、最高人民检察院确定的其他应当对鉴定人和鉴定机构实行登记管理的鉴定事项。需要注意的是,法律对上述事项的鉴定人和鉴定机构的管理另有规定的,从其规定。2016年1月,最高人民法院、最高人民检察院、司法部和环境保护部就环境损害司法鉴定实行统一登记管理和规范环境损害司法鉴定工作作出明确规定。这是《关于司法鉴定管理问题的决定》施行以来,就"**其他应当对鉴定人和鉴定机构实行登记管理的鉴定事项**"作出的唯一具体规定。——**本评注注**

涉及的专门性问题进行鉴别和判断并提供鉴定意见的活动。

二、国家对从事下列司法鉴定业务的鉴定人和鉴定机构实行登记管理制度：

(一)法医类鉴定；

(二)物证类鉴定；

(三)声像资料鉴定；

(四)根据诉讼需要由国务院司法行政部门商最高人民法院、最高人民检察院确定的其他应当对鉴定人和鉴定机构实行登记管理的鉴定事项。

法律对前款规定事项的鉴定人和鉴定机构的管理另有规定的，从其规定。

三、国务院司法行政部门主管全国鉴定人和鉴定机构的登记管理工作。省级人民政府司法行政部门依照本决定的规定，负责对鉴定人和鉴定机构的登记、名册编制和公告。

四、具备下列条件之一的人员，可以申请登记从事司法鉴定业务：

(一)具有与所申请从事的司法鉴定业务相关的高级专业技术职称；

(二)具有与所申请从事的司法鉴定业务相关的专业执业资格或者高等院校相关专业本科以上学历，从事相关工作五年以上；

(三)具有与所申请从事的司法鉴定业务相关工作十年以上经历，具有较强的专业技能。

因故意犯罪或者职务过失犯罪受过刑事处罚的，受过开除公职处分的，以及被撤销鉴定人登记的人员，不得从事司法鉴定业务。

五、法人或者其他组织申请从事司法鉴定业务的，应当具备下列条件：

(一)有明确的业务范围；

(二)有在业务范围内进行司法鉴定所必需的仪器、设备；

(三)有在业务范围内进行司法鉴定所必需的依法通过计量认证或者实验室认可的检测实验室；

(四)每项司法鉴定业务有三名以上鉴定人。

六、申请从事司法鉴定业务的个人、法人或者其他组织，由省级人民政府司法行政部门审核，对符合条件的予以登记，编入鉴定人和鉴定机构名册并公告。

省级人民政府司法行政部门应当根据鉴定人或者鉴定机构的增加和撤销登记情况，定期更新所编制的鉴定人和鉴定机构名册并公告。

七、侦查机关根据侦查工作的需要设立的鉴定机构，不得面向社会接受委托从事司法鉴定业务。

人民法院和司法行政部门不得设立鉴定机构。

八、各鉴定机构之间没有隶属关系；鉴定机构接受委托从事司法鉴定业务,不受地域范围的限制。

鉴定人应当在一个鉴定机构中从事司法鉴定业务。

九、在诉讼中,对本决定第二条所规定的鉴定事项发生争议,需要鉴定的,应当委托列入鉴定人名册的鉴定人进行鉴定。鉴定人从事司法鉴定业务,由所在的鉴定机构统一接受委托。

鉴定人和鉴定机构应当在鉴定人和鉴定机构名册注明的业务范围内从事司法鉴定业务。

鉴定人应当依照诉讼法律规定实行回避。

十、司法鉴定实行鉴定人负责制度。鉴定人应当独立进行鉴定,对鉴定意见负责并在鉴定书上签名或者盖章。多人参加的鉴定,对鉴定意见有不同意见的,应当注明。

十一、在诉讼中,当事人对鉴定意见有异议的,经人民法院依法通知,鉴定人应当出庭作证。

十二、鉴定人和鉴定机构从事司法鉴定业务,应当遵守法律、法规,遵守职业道德和职业纪律,尊重科学,遵守技术操作规范。

十三、鉴定人或者鉴定机构有违反本决定规定行为的,由省级人民政府司法行政部门予以警告,责令改正。

鉴定人或者鉴定机构有下列情形之一的,由省级人民政府司法行政部门给予停止从事司法鉴定业务三个月以上一年以下的处罚;情节严重的,撤销登记:

(一)因严重不负责任给当事人合法权益造成重大损失的;

(二)提供虚假证明文件或者采取其他欺诈手段,骗取登记的;

(三)经人民法院依法通知,拒绝出庭作证的;

(四)法律、行政法规规定的其他情形。

鉴定人故意作虚假鉴定,构成犯罪的,依法追究刑事责任;尚不构成犯罪的,依照前款规定处罚。

十四、司法行政部门在鉴定人和鉴定机构的登记管理工作中,应当严格依法办事,积极推进司法鉴定的规范化、法制化。对于滥用职权、玩忽职守,造成严重后果的直接责任人员,应当追究相应的法律责任。

十五、司法鉴定的收费标准由省、自治区、直辖市人民政府价格主管部门会同同级司法行政部门制定。

十六、对鉴定人和鉴定机构进行登记、名册编制和公告的具体办法,由国务院司法行政部门制定,报国务院批准。

十七、本决定下列用语的含义是:

（一）法医类鉴定，包括法医病理鉴定、法医临床鉴定、法医精神病鉴定、法医物证鉴定和法医毒物鉴定。

（二）物证类鉴定，包括文书鉴定、痕迹鉴定和微量鉴定。

（三）声像资料鉴定，包括对录音带、录像带、磁盘、光盘、图片等载体上记录的声音、图像信息的真实性、完整性及其所反映的情况过程进行的鉴定和对记录的声音、图像中的语言、人体、物体作出种类或者同一认定。

十八、本决定自2005年10月1日起施行。

"六部委"规定

《最高人民法院、最高人民检察院、公安部、国家安全部、司法部、全国人大常委会法制工作委员会关于实施刑事诉讼法若干问题的规定》（自2013年1月1起施行，节录）

40. 刑事诉讼法第一百四十七条①规定："对犯罪嫌疑人作精神病鉴定的期间不计入办案期限。"根据上述规定，犯罪嫌疑人、被告人在押的案件，除对犯罪嫌疑人、被告人的精神病鉴定期间不计入办案期限外，其他鉴定期间都应当计入办案期限。对于因鉴定时间较长，办案期限届满仍不能终结的案件，自期限届满之日起，应当对被羁押的犯罪嫌疑人、被告人变更强制措施，改为取保候审或者监视居住。

基本规范

《公安机关办理刑事案件程序规定》（公安部令第159号修正，修正后自2020年9月1日起施行，节录）

第八章 侦 查

第八节 鉴 定

第二百四十八条 为了查明案情，解决案件中某些专门性问题，应当指派、聘请有专门知识的人进行鉴定。

需要聘请有专门知识的人进行鉴定，应当经县级以上公安机关负责人批准后，制作鉴定聘请书。

第二百四十九条 公安机关应当为鉴定人进行鉴定提供必要的条件，及时向鉴定人送交有关检材和对比样本等原始材料，介绍与鉴定有关的情况，并且明确提出要求鉴定解决的问题。

---

① 现行《刑事诉讼法》第一百四十九条。——**本评注注**

禁止暗示或者强迫鉴定人作出某种鉴定意见。

第二百五十条 侦查人员应当做好检材的保管和送检工作,并注明检材送检环节的责任人,确保检材在流转环节中的同一性和不被污染。

第二百五十一条 鉴定人应当按照鉴定规则,运用科学方法独立进行鉴定。鉴定后,应当出具鉴定意见,并在鉴定意见书上签名,同时附上鉴定机构和鉴定人的资质证明或者其他证明文件。

多人参加鉴定,鉴定人有不同意见的,应当注明。

第二百五十二条 对鉴定意见,侦查人员应当进行审查。

对经审查作为证据使用的鉴定意见,公安机关应当及时告知犯罪嫌疑人、被害人或者其法定代理人。

第二百五十三条 犯罪嫌疑人、被害人对鉴定意见有异议提出申请,以及办案部门或者侦查人员对鉴定意见有疑义的,可以将鉴定意见送交其他有专门知识的人员提出意见。必要时,询问鉴定人并制作笔录附卷。

第二百五十四条 经审查,发现有下列情形之一的,经县级以上公安机关负责人批准,应当补充鉴定:

(一)鉴定内容有明显遗漏的;
(二)发现新的有鉴定意义的证物的;
(三)对鉴定证物有新的鉴定要求的;
(四)鉴定意见不完整,委托事项无法确定的;
(五)其他需要补充鉴定的情形。

经审查,不符合上述情形的,经县级以上公安机关负责人批准,作出不准予补充鉴定的决定,并在作出决定后三日以内书面通知申请人。

第二百五十五条 经审查,发现有下列情形之一的,经县级以上公安机关负责人批准,应当重新鉴定:

(一)鉴定程序违法或者违反相关专业技术要求的;
(二)鉴定机构、鉴定人不具备鉴定资质和条件的;
(三)鉴定人故意作出虚假鉴定或者违反回避规定的;
(四)鉴定意见依据明显不足的;
(五)检材虚假或者被损坏的;
(六)其他应当重新鉴定的情形。

重新鉴定,应当另行指派或者聘请鉴定人。

经审查,不符合上述情形的,经县级以上公安机关负责人批准,作出不准予重新鉴定的决定,并在作出决定后三日以内书面通知申请人。

第二百五十六条 公诉人、当事人或者辩护人、诉讼代理人对鉴定意见有异议,经人民法院依法通知的,公安机关鉴定人应当出庭作证。

鉴定人故意作虚假鉴定的,应当依法追究其法律责任。

第二百五十七条 对犯罪嫌疑人作精神病鉴定的时间不计入办案期限,其他鉴定时间都应当计入办案期限。

《海警机构办理刑事案件程序规定》(中国海警局令第1号,自2023年6月15日起施行)

第八章 侦 查

第九节 鉴 定

第二百四十五条 为了查明案情,解决案件中某些专门性问题,海警机构应当聘请有专门知识的人进行鉴定。

聘请有专门知识的人进行鉴定,应当经海警机构负责人批准后,制作鉴定聘请书。

第二百四十六条 海警机构应当为鉴定人进行鉴定提供必要的条件,及时向鉴定人送交有关检材和对比样本等原始材料,介绍与鉴定有关的情况,并且明确提出要求鉴定解决的问题。

送检的检材,应当是原物、原件。无法提供原物、原件的,应当提供符合本专业鉴定要求的复制件、复印件。送检的检材,应当包装规范、标记清晰、来源真实、提取合法。对具有爆炸性、毒害性、放射性、传染性等危险检材、样本,应当作出文字说明和明显标识,并在排除危险后送检。

禁止暗示或者强迫鉴定人作出某种鉴定意见。

第二百四十七条 侦查人员应当做好检材的保管和送检工作,并注明检材送检环节的责任人,确保检材在流转环节中的同一性和不被污染。

第二百四十八条 鉴定人应当按照鉴定规则,运用科学方法独立进行鉴定。鉴定后,应当出具鉴定意见,并在鉴定意见书上签名,由鉴定机构加盖鉴定机构鉴定专用章,同时附上鉴定机构和鉴定人的资质证明或者其他证明文件。

多人参加鉴定,鉴定人有不同意见的,应当注明。

鉴定人故意作虚假鉴定的,应当承担法律责任。

第二百四十九条 对鉴定意见,侦查人员应当进行审查。

对经审查作为证据使用的鉴定意见,海警机构应当及时告知犯罪嫌疑人、被害人或其法定代理人。

第二百五十条 犯罪嫌疑人、被害人对鉴定意见有异议提出申请,以及办案部门或者侦查人员对鉴定意见有疑义的,可以将鉴定意见送交其他有专门知识的人员提出意见。必要时，询问鉴定人并制作笔录附卷。

第二百五十一条 经审查，发现有下列情形之一的，经海警机构负责人批准，应当补充鉴定：

（一）鉴定内容有明显遗漏的；

（二）发现新的有鉴定意义的证物的；

（三）对鉴定证物有新的鉴定要求的；

（四）鉴定意见不完整，委托事项无法确定的；

（五）其他需要补充鉴定的情形。

经审查，不符合上述情形的，经海警机构负责人批准，作出不准予补充鉴定的决定，并在作出决定后三日以内书面通知申请人。

第二百五十二条 经审查，发现有下列情形之一的，经海警机构负责人批准，应当重新鉴定：

（一）鉴定程序违法或者违反相关专业技术要求的；

（二）鉴定机构、鉴定人不具备鉴定资质和条件的；

（三）鉴定人故意作虚假鉴定或者违反回避规定的；

（四）鉴定意见依据明显不足的；

（五）检材虚假或者被损坏的；

（六）其他应当重新鉴定的情形。

重新鉴定，应当另行聘请鉴定人。

经审查，不符合上述情形的，经海警机构负责人批准，作出不准予重新鉴定的决定，并在作出决定后三日以内书面通知申请人。

第二百五十三条 对犯罪嫌疑人作精神病鉴定的时间不计入办案期限，其他鉴定时间都应当计入办案期限。

其他规范

《精神疾病司法鉴定暂行规定》（最高人民法院、最高人民检察院、公安部、司法部、卫生部，卫医字〔89〕第17号，节录）

第九条 刑事案件中，精神疾病司法鉴定包括：

（一）确定被鉴定人是否患有精神疾病，患何种精神疾病，实施危害行为时的精神状态，精神疾病和所实施危害行为之间的关系，以及有无刑事责任能力。

（二）确定被鉴定人在诉讼过程中的精神状态以及有无诉讼能力。

（三）确定被鉴定人在服刑期间的精神状态以及对应当采取的法律措施的建议。

第十一条 确定各类案件的被害人等,在其人身、财产等合法权益遭受侵害时的精神状态,以及对侵犯行为有无辩认能力或者自我防卫、保护能力。

第十二条 确定案件中有关证人的精神状态,以及有无作证能力。

第十八条 鉴定结束后,应当制作《鉴定书》。

《鉴定书》包括以下内容:

(一)委托鉴定机关的名称;

(二)案由、案号、鉴定书号;

(三)鉴定的目的和要求;

(四)鉴定的日期、场所、在场人;

(五)案情摘要;

(六)被鉴定人的一般情况;

(七)被鉴定人发案时和发案前后各阶段的精神状态;

(八)被鉴定精神状态检查和其他检查所见;

(九)分析说明;

(十)鉴定结论;

(十一)鉴定人员签名,并加盖鉴定专用章;

(十二)有关医疗或监护的建议。

第十九条 刑事案件被鉴定人责任能力的评定:

被鉴定人实施危害行为时,经鉴定患有精神疾病,由于严重的精神活动障碍,致使不能辨认或者不能控制自己行为的,为无刑事责任能力。

被鉴定人实施危害行为时,经鉴定属于下列情况之一的,为具有责任能力:

1. 具有精神疾病的既往史,但实施危害行为时并无精神异常;

2. 精神疾病的间歇期,精神症状已经完全消失。

第二十一条 诉讼过程中有关法定能力的评定:

(一)被鉴定人为刑事案件的被告人,在诉讼过程中,经鉴定患有精神疾病,致使不能行使诉讼权利的,为无诉讼能力。

(二)被鉴定人为民事案件的当事人或者是刑事案件的自诉人,在诉讼过程中经鉴定患有精神疾病,致使不能行使诉讼权利的,为无诉讼能力。

(三)控告人、检举人、证人等提供不符合事实的证言,经鉴定患有精神疾病,致使缺乏对客观事实的理解力或判断力的,为无作证能力。

第二十二条 其他有关法定能力的评定:

(一)被鉴定人是女性,经鉴定患有精神病,在她的性不可侵犯遭到侵害时,对自身所受的侵害或严重后果缺乏实质性理解能力的,为无自我防卫能力。

（二）被鉴定人在服刑、劳动教养或者被裁决受治安处罚中，经鉴定患有精神疾病，由于严重的精神活动障碍，致使其无辨认能力或控制能力，为无服刑、受劳动教养能力或者无受处罚能力。

《最高人民法院、最高人民检察院、公安部、司法部、新闻出版署关于公安部光盘生产源鉴定中心行使行政、司法鉴定权有关问题的通知》（公通字〔2000〕21号）

各省、自治区、直辖市高级人民法院，人民检察院，公安厅、局，司法厅、局，新闻出版局及有关音像行政管理部门；解放军军事法院、军事检察院，新疆生产建设兵团公安局：

为适应"扫黄""打非"、保护知识产权工作的需要，解决目前各地办案过程中遇到的光盘生产源无法识别的问题，经中央机构编制委员会办公室批准，公安部组建了光盘生产源鉴定中心（设在广东省深圳市，以下简称鉴定中心）。目前，鉴定中心的各项筹备工作已完毕，所开发研制的光盘生产源识别方法已通过了由最高人民法院、最高人民检察院、公安部、司法部和国家新闻出版署派员组成的专家委员会的评审鉴定，具备了行政、司法鉴定能力。现将有关问题通知如下：

一、鉴定范围和内容

鉴定中心负责对各地人民法院、人民检察院、公安机关、司法行政机关、新闻出版行政机关、音像行政管理部门和其他行政执法机关在办理制黄贩黄、侵权盗版案件中所查获的光盘及母盘进行鉴定，确定送检光盘及母盘的生产企业。

企事业单位因业务工作需要，提出鉴定申请的，鉴定中心也可以进行上述鉴定。

二、鉴定程序

办案单位认为需要进行行政、司法鉴定的，应持有本单位所在地县级以上人民法院、人民检察院、公安机关、司法行政机关或其他行政执法机关出具的公函；新闻出版行政机关、音像行政管理部门办案需要鉴定的，由当地省级以上新闻出版机关、音像行政管理部门出具委托鉴定公函。

企事业单位需要鉴定的，由本单位向鉴定中心出具委托鉴定公函。鉴定中心在接受鉴定委托后，应立即组织2名以上专业技术人员进行鉴定，在30天以内出具《中华人民共和国公安部光盘生产源鉴定书》（见附件），并报公安部治安管理局备案。

委托鉴定可通过寄递方式提出。

三、鉴定费用

鉴定中心接受人民法院、人民检察院、公安机关、司法行政机关、新闻出版行政机关、音像行政管理部门或其他行政执法机关委托鉴定的,不收取鉴定费用。

鉴定中心接受企事业单位委托鉴定的,按照国家有关规定收费鉴定费用。

四、鉴定的法律效力

鉴定中心出具的鉴定书可以作为定案依据。

本通知自发布之日起执行。

附件:《中华人民共和国公安部光盘生产源鉴定书》(样本略)

《最高人民法院关于审理生产、销售伪劣商品刑事案件有关鉴定问题的通知》(法〔2001〕70号)

各省、自治区、直辖市高级人民法院,解放军军事法院,新疆维吾尔自治区高级人民法院生产建设兵团分院:

自全国开展整顿和规范市场经济秩序工作以来,各地人民法院陆续受理了一批生产、销售伪劣产品、假冒商标和非法经营等严重破坏社会主义市场经济秩序的犯罪案件。此类案件中涉及的生产、销售的产品,有的纯属伪劣产品,有的则只是侵犯知识产权的产品。由于涉案产品是否"以假充真"、"以次充好"、"以不合格产品冒充合格产品",直接影响到对被告人的定罪及处刑,为准确适用刑法和《最高人民法院、最高人民检察院关于办理生产、销售伪劣商品刑事案件具体应用法律若干问题的解释》(以下简称《解释》),严惩假冒伪劣商品犯罪,不放纵和轻纵犯罪分子,现就审理生产、销售伪劣商品、假冒商标和非法经营等严重破坏社会主义市场经济秩序的犯罪案件中可能涉及的假冒伪劣商品的有关鉴定问题通知如下:

一、对于提起公诉的生产、销售伪劣产品、假冒商标、非法经营等严重破坏社会主义市场经济秩序的犯罪案件,所涉生产、销售的产品是否属于"以假充真"、"以次充好"、"以不合格产品冒充合格产品"难以确定的,应当根据《解释》第一条第五款的规定,由公诉机关委托法律、行政法规规定的产品质量检验机构进行鉴定。

二①、根据《解释》第三条和第四条的规定,人民法院受理的生产、销售假药犯罪案件和生产、销售不符合卫生标准的食品犯罪案件,均需有"省级以上药品监督管理部门设置或者确定的药品检验机构"和"省级以上卫生行政部门确定的机构"出具的鉴定结论。

---

① 本条已为《最高人民法院、最高人民检察院关于办理危害药品安全刑事案件适用法律若干问题的解释》(法释〔2014〕14号)第十四条(现行同名司法解释为高检发释字〔2022〕1号解释第十九条)所调整。——**本评注注**

三、经鉴定确系伪劣商品,被告人的行为既构成生产、销售伪劣产品罪,又构成生产、销售假药罪或者生产、销售不符合卫生标准的食品罪[①],或者同时构成侵犯知识产权、非法经营等其他犯罪的,根据刑法第一百四十九条第二款和《解释》第十条的规定,应当依照处罚较重的规定定罪处罚。

《最高人民法院、国家保密局关于执行〈关于审理为境外窃取、刺探、收买、非法提供国家秘密、情报案件具体应用法律若干问题的解释〉有关问题的通知》(法发〔2001〕117号)

省、自治区、直辖市高级人民法院,解放军军事法院,新疆维吾尔自治区高级人民法院生产建设兵团分院;各省、自治区、直辖市保密局:

为正确执行最高人民法院法释〔2001〕4号《关于审理为境外窃取、刺探、收买、非法提供国家秘密、情报案件具体应用法律若干问题的解释》,审理好涉及情报的刑事案件,现就有关情报的鉴定问题通知如下:

人民法院审理为境外窃取、刺探、收买、非法提供情报案件,需要对有关事项是否属于情报进行鉴定的,由国家保密工作部门或者省、自治区、直辖市保密工作部门鉴定。

《司法鉴定机构登记管理办法》(经国务院批准,司法部令第95号,自2005年9月30日起施行)

第一章 总 则

第一条 为了加强对司法鉴定机构的管理,规范司法鉴定活动,建立统一的司法鉴定管理体制,适应司法机关和公民、组织的诉讼需要,保障当事人的诉讼权利,促进司法公正与效率,根据《全国人民代表大会常务委员会关于司法鉴定管理问题的决定》和其他相关法律、法规,制定本办法。

第二条 司法鉴定机构从事《全国人民代表大会常务委员会关于司法鉴定管理问题的决定》第二条规定的司法鉴定业务,适用本办法。

第三条 本办法所称的司法鉴定机构是指从事《全国人民代表大会常务委员会关于司法鉴定管理问题的决定》第二条规定的司法鉴定业务的法人或其他组织。

司法鉴定机构是司法鉴定人的执业机构,应当具备本办法规定的条件,经省级司法行政机关审核登记,取得《司法鉴定许可证》,在登记的司法鉴定业务范围内,开展司法鉴定活动。

---

① 罪名调整为"生产、销售不符合安全标准的食品罪"。——**本评注注**

第四条 司法鉴定管理实行行政管理与行业管理相结合的管理制度。

司法行政机关对司法鉴定机构及其司法鉴定活动依法进行指导、管理和监督、检查。司法鉴定行业协会依法进行自律管理。

第五条 全国实行统一的司法鉴定机构及司法鉴定人审核登记、名册编制和名册公告制度。

第六条 司法鉴定机构的发展应当符合统筹规划、合理布局、优化结构、有序发展的要求。

第七条 司法鉴定机构开展司法鉴定活动应当遵循合法、中立、规范、及时的原则。

第八条 司法鉴定机构统一接受委托,组织所属的司法鉴定人开展司法鉴定活动,遵守法律、法规和有关制度,执行统一的司法鉴定实施程序、技术标准和技术操作规范。

第二章 主管机关

第九条 司法部负责全国司法鉴定机构的登记管理工作,依法履行下列职责:

(一)制定全国司法鉴定发展规划并指导实施;

(二)指导和监督省级司法行政机关对司法鉴定机构的审核登记、名册编制和名册公告工作;

(三)制定全国统一的司法鉴定机构资质管理评估制度和司法鉴定质量管理评估制度并指导实施;

(四)组织制定全国统一的司法鉴定实施程序、技术标准和技术操作规范等司法鉴定技术管理制度并指导实施;

(五)指导司法鉴定科学技术研究、开发、引进与推广,组织司法鉴定业务的中外交流与合作;

(六)法律、法规规定的其他职责。

第十条 省级司法行政机关负责本行政区域内司法鉴定机构登记管理工作,依法履行下列职责:

(一)制定本行政区域司法鉴定发展规划并组织实施;

(二)负责司法鉴定机构的审核登记、名册编制和名册公告工作;

(三)负责司法鉴定机构的资质管理评估和司法鉴定质量管理评估工作;

(四)负责对司法鉴定机构进行监督、检查;

(五)负责对司法鉴定机构违法违纪的执业行为进行调查处理;

(六)组织司法鉴定科学技术开发、推广和应用;

（七）法律、法规和规章规定的其他职责。

第十一条 省级司法行政机关可以委托下一级司法行政机关协助办理本办法第十条规定的有关工作。

第十二条 司法行政机关负责监督指导司法鉴定行业协会及其专业委员会依法开展活动。

第三章 申请登记

第十三条 司法鉴定机构的登记事项包括：名称、住所、法定代表人或者鉴定机构负责人、资金数额、仪器设备和实验室、司法鉴定人、司法鉴定业务范围等。

第十四条 法人或者其他组织申请从事司法鉴定业务，应当具备下列条件：

（一）有自己的名称、住所；

（二）有不少于二十万至一百万元人民币的资金；

（三）有明确的司法鉴定业务范围；

（四）有在业务范围内进行司法鉴定必需的仪器、设备；

（五）有在业务范围内进行司法鉴定必需的依法通过计量认证或者实验室认可的检测实验室；

（六）每项司法鉴定业务有三名以上司法鉴定人。

第十五条 法人或者其他组织申请从事司法鉴定业务，应当提交下列申请材料：

（一）申请表；

（二）证明申请者身份的相关文件；

（三）住所证明和资金证明；

（四）相关的行业资格、资质证明；

（五）仪器、设备说明及所有权凭证；

（六）检测实验室相关资料；

（七）司法鉴定人申请执业的相关材料；

（八）相关的内部管理制度材料；

（九）应当提交的其他材料。

申请人应当对申请材料的真实性、完整性和可靠性负责。

第十六条 申请设立具有独立法人资格的司法鉴定机构，除应当提交本办法第十五条规定的申请材料外，还应当提交司法鉴定机构章程，按照司法鉴定机构名称管理的有关规定向司法行政机关报核其机构名称。

第十七条 司法鉴定机构在本省（自治区、直辖市）行政区域内设立分支机构的,分支机构应当符合本办法第十四条规定的条件,并经省级司法行政机关审核登记后,方可依法开展司法鉴定活动。

跨省(自治区、直辖市)设立分支机构的,除应当经拟设分支机构所在行政区域的省级司法行政机关审核登记外,还应当报经司法鉴定机构所在行政区域的省级司法行政机关同意。

第十八条 司法鉴定机构应当参加司法鉴定执业责任保险或者建立执业风险金制度。

第四章 审核登记

第十九条 法人或者其他组织申请从事司法鉴定业务,有下列情形之一的,司法行政机关不予受理,并出具不予受理决定书:

(一)法定代表人或者鉴定机构负责人受过刑事处罚或者开除公职处分的;

(二)法律、法规规定的其他情形。

第二十条 司法行政机关决定受理申请的,应当出具受理决定书,并按照法定的时限和程序完成审核工作。

司法行政机关应当组织专家,对申请人从事司法鉴定业务必需的仪器、设备和检测实验室进行评审,评审的时间不计入审核时限。

第二十一条 经审核符合条件的,省级司法行政机关应当作出准予登记的决定,颁发《司法鉴定许可证》;不符合条件的,作出不予登记的决定,书面通知申请人并说明理由。

第二十二条 《司法鉴定许可证》是司法鉴定机构的执业凭证,司法鉴定机构必须持有省级司法行政机关准予登记的决定及《司法鉴定许可证》,方可依法开展司法鉴定活动。

《司法鉴定许可证》由司法部统一监制,分为正本和副本。《司法鉴定许可证》正本和副本具有同等的法律效力。

《司法鉴定许可证》使用期限为五年,自颁发之日起计算。

《司法鉴定许可证》应当载明下列内容:

(一)机构名称;

(二)机构住所;

(三)法定代表人或者鉴定机构负责人姓名;

(四)资金数额;

(五)业务范围;

(六)使用期限;

(七)颁证机关和颁证时间;

（八）证书号码。

第二十三条 司法鉴定资源不足的地区,司法行政机关可以采取招标的方式审核登记司法鉴定机构。招标的具体程序、时限按照有关法律、法规的规定执行。

第五章 变更、延续和注销

第二十四条 司法鉴定机构要求变更有关登记事项的,应当及时向原负责登记的司法行政机关提交变更登记申请书和相关材料,经审核符合本办法规定的,司法行政机关应当依法办理变更登记手续。

第二十五条 司法鉴定机构变更后的登记事项,应当在《司法鉴定许可证》副本上注明。在《司法鉴定许可证》使用期限内获准变更的事项,使用期限应当与《司法鉴定许可证》的使用期限相一致。

第二十六条 《司法鉴定许可证》使用期限届满后,需要延续的,司法鉴定机构应当在使用期限届满三十日前,向原负责登记的司法行政机关提出延续申请,司法行政机关依法审核办理。延续的条件和需要提交的申请材料按照本办法第三章申请登记的有关规定执行。

不申请延续的司法鉴定机构,《司法鉴定许可证》使用期限届满后,由原负责登记的司法行政机关办理注销登记手续。

第二十七条 司法鉴定机构有下列情形之一的,原负责登记的司法行政机关应当依法办理注销登记手续:

（一）依法申请终止司法鉴定活动的;

（二）自愿解散或者停业的;

（三）登记事项发生变化,不符合设立条件的;

（四）《司法鉴定许可证》使用期限届满未申请延续的;

（五）法律、法规规定的其他情形。

第六章 名册编制和公告

第二十八条 凡经司法行政机关审核登记的司法鉴定机构及司法鉴定人,必须统一编入司法鉴定人和司法鉴定机构名册并公告。

第二十九条 省级司法行政机关负责编制本行政区域的司法鉴定人和司法鉴定机构名册,报司法部备案后,在本行政区域内每年公告一次。司法部负责汇总省级司法行政机关编制的司法鉴定人和司法鉴定机构名册,在全国范围内每五年公告一次。

未经司法部批准,其他部门和组织不得以任何名义编制司法鉴定人和司法鉴定机构名册或者类似名册。

第三十条 司法鉴定人和司法鉴定机构名册分为电子版和纸质版。电子版由司法行政机关负责公告,纸质版由司法行政机关组织司法鉴定机构在有关媒体上公告并正式出版。

第三十一条 司法机关和公民、组织可以委托列入司法鉴定人和司法鉴定机构名册的司法鉴定机构及司法鉴定人进行鉴定。

在诉讼活动中,对《全国人民代表大会常务委员会关于司法鉴定管理问题的决定》第二条所规定的鉴定事项发生争议,需要鉴定的,司法机关和公民、组织应当委托列入司法鉴定人和司法鉴定机构名册的司法鉴定机构及司法鉴定人进行鉴定。

第三十二条 编制、公告司法鉴定人和司法鉴定机构名册的具体程序、内容和格式由司法部另行制定。

第七章 监督管理

第三十三条 司法行政机关应当按照统一部署,依法对司法鉴定机构进行监督、检查。

公民、法人和其他组织对司法鉴定机构违反本办法规定的行为进行举报、投诉的,司法行政机关应当及时进行监督、检查,并根据调查结果进行处理。

第三十四条 司法行政机关可以就下列事项,对司法鉴定机构进行监督、检查:

(一)遵守法律、法规和规章的情况;

(二)遵守司法鉴定程序、技术标准和技术操作规范的情况;

(三)所属司法鉴定人执业的情况;

(四)法律、法规和规章规定的其他事项。

第三十五条 司法行政机关对司法鉴定机构进行监督、检查时,可以依法查阅或者要求司法鉴定机构报送有关材料。司法鉴定机构应当如实提供有关情况和材料。

第三十六条 司法行政机关对司法鉴定机构进行监督、检查时,不得妨碍司法鉴定机构的正常业务活动,不得索取或者收受司法鉴定机构的财物,不得谋取其他不正当利益。

第三十七条 司法行政机关对司法鉴定机构进行资质评估,对司法鉴定质量进行评估。评估结果向社会公开。

第八章 法律责任

第三十八条 法人或者其他组织未经登记,从事已纳入本办法调整范围司法鉴定业务的,省级司法行政机关应当责令其停止司法鉴定活动,并处以违法所得一至三倍的罚款,罚款总额最高不得超过三万元。

第三十九条　司法鉴定机构有下列情形之一的,由省级司法行政机关依法给予警告,并责令其改正:

(一)超出登记的司法鉴定业务范围开展司法鉴定活动的;
(二)未经依法登记擅自设立分支机构的;
(三)未依法办理变更登记的;
(四)出借《司法鉴定许可证》的;
(五)组织未取得《司法鉴定人执业证》的人员从事司法鉴定业务的;
(六)无正当理由拒绝接受司法鉴定委托的;
(七)违反司法鉴定收费管理办法的;
(八)支付回扣、介绍费,进行虚假宣传等不正当行为的;
(九)拒绝接受司法行政机关监督、检查或者向其提供虚假材料的;
(十)法律、法规和规章规定的其他情形。

第四十条　司法鉴定机构有下列情形之一的,由省级司法行政机关依法给予停止从事司法鉴定业务三个月以上一年以下的处罚;情节严重的,撤销登记:

(一)因严重不负责任给当事人合法权益造成重大损失的;
(二)具有本办法第三十九条规定的情形之一,并造成严重后果的;
(三)提供虚假证明文件或采取其他欺诈手段,骗取登记的;
(四)法律、法规规定的其他情形。

第四十一条　司法鉴定机构在开展司法鉴定活动中因违法和过错行为应当承担民事责任的,按照民事法律的有关规定执行。

第四十二条　司法行政机关工作人员在管理工作中滥用职权、玩忽职守造成严重后果的,依法追究相应的法律责任。

第四十三条　司法鉴定机构对司法行政机关的行政许可和行政处罚有异议的,可以依法申请行政复议。

第九章　附　则

第四十四条　本办法所称司法鉴定机构不含《全国人民代表大会常务委员会关于司法鉴定管理问题的决定》第七条规定的鉴定机构。

第四十五条　本办法自公布之日起施行。2000年8月14日公布的《司法鉴定机构登记管理办法》(司法部令第62号)同时废止。

《司法鉴定人登记管理办法》(经国务院批准,司法部令第96号,自2005年9月30日起施行)

第一章　总　则

第一条　为了加强对司法鉴定人的管理,规范司法鉴定活动,建立统一的司法鉴定管理体制,适应司法机关和公民、组织的诉讼需要,保障当事人的诉讼权利,促进司法公正和效率,根据《全国人民代表大会常务委员会关于司法鉴定管理问题的决定》和其他相关法律、法规,制定本办法。

第二条　司法鉴定人从事《全国人民代表大会常务委员会关于司法鉴定管理问题的决定》第二条规定的司法鉴定业务,适用本办法。

第三条　本办法所称的司法鉴定人是指运用科学技术或者专门知识对诉讼涉及的专门性问题进行鉴别和判断并提出鉴定意见的人员。

司法鉴定人应当具备本办法规定的条件,经省级司法行政机关审核登记,取得《司法鉴定人执业证》,按照登记的司法鉴定执业类别,从事司法鉴定业务。

司法鉴定人应当在一个司法鉴定机构中执业。

第四条　司法鉴定管理实行行政管理与行业管理相结合的管理制度。

司法行政机关对司法鉴定人及其执业活动进行指导、管理和监督、检查,司法鉴定行业协会依法进行自律管理。

第五条　全国实行统一的司法鉴定机构及司法鉴定人审核登记、名册编制和名册公告制度。

第六条　司法鉴定人应当科学、客观、独立、公正地从事司法鉴定活动,遵守法律、法规的规定,遵守职业道德和职业纪律,遵守司法鉴定管理规范。

第七条　司法鉴定人执业实行回避、保密、时限和错鉴责任追究制度。

第二章　主管机关

第八条　司法部负责全国司法鉴定人的登记管理工作,依法履行下列职责:

(一)指导和监督省级司法行政机关对司法鉴定人的审核登记、名册编制和名册公告工作;

(二)制定司法鉴定人执业规则和职业道德、职业纪律规范;

(三)制定司法鉴定人诚信等级评估制度并指导实施;

(四)会同国务院有关部门制定司法鉴定人专业技术职称评聘标准和办法;

(五)制定和发布司法鉴定人继续教育规划并指导实施;

(六)法律、法规规定的其他职责。

第九条　省级司法行政机关负责本行政区域内司法鉴定人的登记管理工作,依法履行下列职责:

(一)负责司法鉴定人的审核登记、名册编制和名册公告;

(二)负责司法鉴定人诚信等级评估工作;

(三)负责对司法鉴定人进行监督、检查;

(四)负责对司法鉴定人违法违纪执业行为进行调查处理;

（五）组织开展司法鉴定人专业技术职称评聘工作；
（六）组织司法鉴定人参加司法鉴定岗前培训和继续教育；
（七）法律、法规和规章规定的其他职责。

第十条 省级司法行政机关可以委托下一级司法行政机关协助办理本办法第九条规定的有关工作。

第三章 执业登记

第十一条 司法鉴定人的登记事项包括：姓名、性别、出生年月、学历、专业技术职称或者行业资格、执业类别、执业机构等。

第十二条 个人申请从事司法鉴定业务，应当具备下列条件：
（一）拥护中华人民共和国宪法，遵守法律、法规和社会公德，品行良好的公民；
（二）具有相关的高级专业技术职称；或者具有相关的行业执业资格或者高等院校相关专业本科以上学历，从事相关工作五年以上；
（三）申请从事经验鉴定型或者技能鉴定型司法鉴定业务的，应当具备相关专业工作十年以上经历和较强的专业技能；
（四）所申请从事的司法鉴定业务，行业有特殊规定的，应当符合行业规定；
（五）拟执业机构已经取得或者正在申请《司法鉴定许可证》；
（六）身体健康，能够适应司法鉴定工作需要。

第十三条 有下列情形之一的，不得申请从事司法鉴定业务：
（一）因故意犯罪或者职务过失犯罪受过刑事处罚的；
（二）受过开除公职处分的；
（三）被司法行政机关撤销司法鉴定人登记的；
（四）所在的司法鉴定机构受到停业处罚，处罚期未满的；
（五）无民事行为能力或者限制行为能力的；
（六）法律、法规和规章规定的其他情形。

第十四条 个人申请从事司法鉴定业务，应当由拟执业的司法鉴定机构向司法行政机关提交下列材料：
（一）申请表；
（二）身份证、专业技术职称、行业执业资格、学历、符合特殊行业要求的相关资格、从事相关专业工作经历、专业技术水平评价及业务成果等证明材料；
（三）应当提交的其他材料。

个人兼职从事司法鉴定业务的，应当符合法律、法规的规定，并提供所在单位同意其兼职从事司法鉴定业务的书面意见。

第十五条 司法鉴定人审核登记程序、期限参照《司法鉴定机构登记管理办法》中司法鉴定机构审核登记的相关规定办理。

第十六条 经审核符合条件的,省级司法行政机关应当作出准予执业的决定,颁发《司法鉴定人执业证》;不符合条件的,作出不予登记的决定,书面通知其所在司法鉴定机构并说明理由。

第十七条 《司法鉴定人执业证》由司法部统一监制。《司法鉴定人执业证》是司法鉴定人的执业凭证。

《司法鉴定人执业证》使用期限为五年,自颁发之日起计算。

《司法鉴定人执业证》应当载明下列内容:

(一)姓名;

(二)性别;

(三)身份证号码;

(四)专业技术职称;

(五)行业执业资格;

(六)执业类别;

(七)执业机构;

(八)使用期限;

(九)颁证机关和颁证时间;

(十)证书号码。

第十八条 司法鉴定人要求变更有关登记事项的,应当及时通过所在司法鉴定机构向原负责登记的司法行政机关提交变更登记申请书和相关材料,经审核符合本办法规定的,司法行政机关应当依法办理变更登记手续。

第十九条 《司法鉴定人执业证》使用期限届满后,需要继续执业的,司法鉴定人应当在使用期限届满三十日前通过所在司法鉴定机构,向原负责登记的司法行政机关提出延续申请,司法行政机关依法审核办理。延续申请的条件和需要提交的材料按照本办法第十二条、第十三条、第十四条、第十五条的规定执行。

不申请延续的司法鉴定人,《司法鉴定人执业证》使用期限届满后,由原负责登记的司法行政机关办理注销登记手续。

第二十条 司法鉴定人有下列情形之一的,原负责登记的司法行政机关应当依法办理注销登记手续:

(一)依法申请终止司法鉴定活动的;

(二)所在司法鉴定机构注销或者被撤销的;

(三)《司法鉴定人执业证》使用期限届满未申请延续的;

(四)法律、法规规定的其他情形。

第四章 权利和义务

第二十一条 司法鉴定人享有下列权利:

(一)了解、查阅与鉴定事项有关的情况和资料,询问与鉴定事项有关的当事人、证人等;

(二)要求鉴定委托人无偿提供鉴定所需要的鉴材、样本;

(三)进行鉴定所必需的检验、检查和模拟实验;

(四)拒绝接受不合法、不具备鉴定条件或者超出登记的执业类别的鉴定委托;

(五)拒绝解决、回答与鉴定无关的问题;

(六)鉴定意见不一致时,保留不同意见;

(七)接受岗前培训和继续教育;

(八)获得合法报酬;

(九)法律、法规规定的其他权利。

第二十二条 司法鉴定人应当履行下列义务:

(一)受所在司法鉴定机构指派按照规定时限独立完成鉴定工作,并出具鉴定意见;

(二)对鉴定意见负责;

(三)依法回避;

(四)妥善保管送鉴的鉴材、样本和资料;

(五)保守在执业活动中知悉的国家秘密、商业秘密和个人隐私;

(六)依法出庭作证,回答与鉴定有关的询问;

(七)自觉接受司法行政机关的管理和监督、检查;

(八)参加司法鉴定岗前培训和继续教育;

(九)法律、法规规定的其他义务。

第五章 监督管理

第二十三条 司法鉴定人应当在所在司法鉴定机构接受司法行政机关统一部署的监督、检查。

第二十四条 司法行政机关应当就下列事项,对司法鉴定人进行监督、检查:

(一)遵守法律、法规和规章的情况;

(二)遵守司法鉴定程序、技术标准和技术操作规范的情况;

(三)遵守执业规则、职业道德和职业纪律的情况;
(四)遵守所在司法鉴定机构内部管理制度的情况;
(五)法律、法规和规章规定的其他事项。

第二十五条 公民、法人和其他组织对司法鉴定人违反本办法规定的行为进行举报、投诉的,司法行政机关应当及时进行调查处理。

第二十六条 司法行政机关对司法鉴定人进行监督、检查或者根据举报、投诉进行调查时,可以依法查阅或者要求司法鉴定人报送有关材料。司法鉴定人应当如实提供有关情况和材料。

第二十七条 司法行政机关依法建立司法鉴定人诚信档案,对司法鉴定人进行诚信等级评估。评估结果向社会公开。

第六章 法律责任

第二十八条 未经登记的人员,从事已纳入本办法调整范围司法鉴定业务的,省级司法行政机关应当责令其停止司法鉴定活动,并处以违法所得一至三倍的罚款,罚款总额最高不得超过三万元。

第二十九条 司法鉴定人有下列情形之一的,由省级司法行政机关依法给予警告,并责令其改正:
(一)同时在两个以上司法鉴定机构执业的;
(二)超出登记的执业类别执业的;
(三)私自接受司法鉴定委托的;
(四)违反保密和回避规定的;
(五)拒绝接受司法行政机关监督、检查或者向其提供虚假材料的;
(六)法律、法规和规章规定的其他情形。

第三十条 司法鉴定人有下列情形之一的,由省级司法行政机关给予停止执业三个月以上一年以下的处罚;情节严重的,撤销登记;构成犯罪的,依法追究刑事责任:
(一)因严重不负责任给当事人合法权益造成重大损失的;
(二)具有本办法第二十九规定的情形之一并造成严重后果的;
(三)提供虚假证明文件或者采取其他欺诈手段,骗取登记的;
(四)经人民法院依法通知,非法定事由拒绝出庭作证的;
(五)故意做虚假鉴定的;
(六)法律、法规规定的其他情形。

第三十一条 司法鉴定人在执业活动中,因故意或者重大过失行为给当事人造成损失的,其所在的司法鉴定机构依法承担赔偿责任后,可以向有过错行为的司法鉴定人追偿。

第三十二条 司法行政机关工作人员在管理工作中滥用职权、玩忽职守造成严重后果的,依法追究相应的法律责任。

第三十三条 司法鉴定人对司法行政机关的行政许可和行政处罚有异议的,可以依法申请行政复议。

第七章 附 则

第三十四条 本办法所称司法鉴定人不含《全国人民代表大会常务委员会关于司法鉴定管理问题的决定》第七条规定的鉴定机构中从事鉴定工作的鉴定人。

第三十五条 本办法自公布之日起施行。2000年8月14日公布的《司法鉴定人管理办法》(司法部令第63号)同时废止。

《公安部关于贯彻落实〈全国人民代表大会常务委员会关于司法鉴定管理问题的决定〉进一步加强公安机关刑事科学技术工作的通知》(2005年4月20日)

各省、自治区、直辖市公安厅、局,新疆生产建设兵团公安局:

2005年2月28日,第十届全国人民代表大会常务委员会第十四次会议通过了《全国人民代表大会常务委员会关于司法鉴定管理问题的决定》(以下简称《决定》)。为贯彻落实《决定》精神,进一步加强公安机关刑事科学技术工作,现就有关事项通知如下:

一、充分认识《决定》对规范和加强我国司法鉴定工作的重要意义,正确理解《决定》的有关内容

司法鉴定制度改革是我国司法体制改革的重要组成部分。《决定》对进一步规范我国司法鉴定管理工作,解决当前司法鉴定中存在的突出问题具有重要意义。各地公安机关特别是刑事科学技术主管部门在贯彻落实《决定》精神时,要认真理解和正确把握以下几个具体问题:

(一)《决定》提出了对我国司法鉴定工作进行调整和改革的主要措施。公安机关所属鉴定资源占全国的80%,承担的鉴定工作量占全国的95%,是我国鉴定工作的重要组成部分,是推进司法鉴定事业进步和发展,维护司法公正,为公安机关履行职责提供鉴定技术支撑的重要力量。在国家司法鉴定工作改革过程中,公安机关刑事科学技术工作不能削弱,必须得到进一步规范和加强。

(二)《决定》所指的司法鉴定机构和司法鉴定人,是指在诉讼中面向社会提供司法鉴定服务的鉴定人和鉴定机构。公安机关所属的鉴定机构和鉴定人不属于《决定》规定的"司法鉴定机构"和"司法鉴定人"的范畴,不在司法行政机关登

记之列。根据《决定》精神,公安机关不再面向社会提供涉及诉讼的鉴定服务。

(三)下列五种对象委托的鉴定不在《决定》限制之列,公安机关鉴定机构应予受理:

1、公安机关内部委托的鉴定;

2、人民法院、人民检察院、司法行政机关、国家安全机关、军队保卫部门、其他行政执法机关、仲裁机构委托的鉴定;

3、纪律监察机关委托的鉴定;

4、公证机关和公民个人委托的非诉讼鉴定;

5、通过指纹、DNA等数据库进行人体生物特征检索,提供有无犯罪记录查询等非诉讼鉴定。

二、贯彻落实《决定》的初步意见

为贯彻落实《决定》精神,按照中央司法体制改革领导小组关于司法体制和工作机制改革的初步意见,公安将继续鼓励公安机关鉴定机构参加国家实验室认证认可,深入推进公安部重点实验室建设和科技强警示范城市建设。公安部将进一步加强和规范公安机关鉴定机构和鉴定人登记管理工作,并出台相关管理办法。目前,《公安机关鉴定工作规则》、《公安机关鉴定机构登记管理办法》和《公安机关鉴定人登记管理办法》已列入公安部2005年度立法计划,争取尽早出台。今年下半年,公安部将在全国开展第二次模拟杀人案件现场勘查考核和第二次全国公安刑事科学技术室等级评定活动,促进公安刑事科学技术的现代化、规范化和专业化建设。

三、当前贯彻落实《决定》的有关工作要求

根据中央司法体制改革领导小组关于司法体制和工作机制改革的初步意见,各项司法体制改革,必须在中央的统一领导下,稳步、有序地推进。各级公安机关要在公安部的统一领导下,稳步推进鉴定体制改革,维护鉴定工作的正常秩序。

(一)根据《决定》,2005年9月30日之前,公安机关鉴定机构仍按照现行的鉴定范围工作。自2005年10月1日起,公安机关鉴定机构将不再受理公民个人委托的与诉讼有关的鉴定。

(二)各级公安机关刑事科学技术主管部门要进一步加强对鉴定工作的管理、监督和指导,公安机关鉴定机构和鉴定人一律不准到司法行政机关登记注册。自2005年10月1日起,已在司法行政机关进行的登记注册将自动失效。

(三)各级公安机关要根据即将出台的《公安机关鉴定机构登记管理办法》和《公安机关鉴定人登记管理办法》对所属鉴定机构和鉴定人的资格进行登记

管理。公安机关将实行统一的鉴定机构和鉴定人名册制度,准予登记的鉴定机构和鉴定人,将统一编入公安机关鉴定机构和鉴定人名册。公安机关鉴定机构和鉴定人名册抄送审判机关和检察机关。

(四)各级公安机关刑事科学技术主管部门要根据《决定》精神,加强对所属鉴定机构和鉴定人的管理,维护正常的鉴定工作秩序,保证鉴定工作质量。对工作中出现的重大情况要及时上报。

《最高人民检察院关于贯彻〈全国人民代表大会常务委员会关于司法鉴定管理问题的决定〉有关工作的通知》(高检发办字〔2005〕11号)

各省、自治区、直辖市人民检察院,军事检察院,新疆生产建设兵团人民检察院:

2005年2月28日,十届全国人大常委会第十四次会议通过了《全国人民代表大会常务委员会关于司法鉴定管理问题的决定》(以下简称《决定》),将从今年10月1日起施行。

司法鉴定体制改革是司法体制改革的重要内容。全国人大常委会专门就司法鉴定管理问题作出决定,是推进司法鉴定体制改革的重要举措,对于完善我国司法鉴定法律制度,规范司法鉴定管理活动,解决当前司法鉴定管理工作中存在的问题,促进公正执法,具有十分重要的意义。检察机关作为国家法律监督机关,在维护法律的统一正确实施、保障在全社会实现公平和正义方面承担着重要职责。检察机关设立鉴定机构,开展必要的鉴定工作,是履行法律监督职能的客观需要,不仅可以为职务犯罪侦查工作提供有力的技术支持,也可以为批捕、公诉工作中正确审查判断证据提供科学的依据。《决定》明确了检察机关鉴定机构的设置、职能和工作范围,是检察机关开展鉴定工作的重要法律依据。各级人民检察院要认真贯彻《决定》,严格规范检察机关的鉴定工作,依法开展司法鉴定活动。

根据中央关于司法鉴定管理体制改革的精神,结合"两院三部"关于做好《全国人民代表大会常务委员会关于司法鉴定管理问题的决定》实施前有关工作的通知中关于侦查机关要在各系统的统一部署下,积极稳妥地推进现有鉴定机构及其职能的调整,健全管理体制的要求,检察机关将依据《决定》,对鉴定工作实行统一管理。各级人民检察院要在最高人民检察院的统一领导下,按照《决定》和中央关于司法鉴定体制改革的部署,稳步推进司法鉴定体制改革。

一、根据《决定》的规定,自10月1日起,各级检察机关的鉴定机构不得面向社会接受委托从事鉴定业务,鉴定人员不得参与面向社会服务的司法鉴定机构组织的司法鉴定活动。

二、根据《决定》的有关规定,检察机关的鉴定机构和鉴定人员不得在司法行政机关登记注册从事面向社会的鉴定业务。已经登记注册的事业性质鉴定机构,如继续面向社会从事司法鉴定业务,要在10月1日前与人民检察院在人、财、物上脱钩,否则应办理注销登记。

三、检察机关鉴定机构可以受理下列鉴定案件:

1、检察机关业务工作所需的鉴定;

2、有关部门交办的鉴定;

3、其他司法机关委托的鉴定。

四、各级检察技术部门要围绕"强化法律监督,维护公平正义"的检察工作主题,着眼于提高检察机关法律监督能力,加大对批捕、公诉工作中技术性证据的审查力度,积极开展文证审查工作,为检察机关履行法律监督职能提供技术保障。

五、检察机关内部委托的鉴定,仍实行逐级委托制度。其他司法机关委托的鉴定,实行同级委托制度,即进行鉴定前,需有同级司法机关的委托或介绍。

六、为贯彻落实《决定》,最高人民检察院将制定《人民检察院鉴定工作规则》、《人民检察院鉴定机构管理办法》、《人民检察院鉴定人管理办法》、《人民检察院文证审查工作规定》和各专业门类的工作细则等,进一步加强和规范人民检察院的鉴定工作。各级人民检察院要根据《决定》要求和精神,结合中央政法委关于开展"规范执法行为,促进执法公正"专项整改活动的要求,加强检察机关鉴定工作管理,规范工作程序,保证鉴定质量。

《人民检察院鉴定机构登记管理办法》(高检发办字〔2006〕33号,自2007年1月1日起实施)

第一章 总 则

第一条 为规范人民检察院鉴定机构登记管理工作,根据《全国人民代表大会常务委员会关于司法鉴定管理问题的决定》和其他有关规定,结合检察工作实际,制定本办法。

第二条 本办法所称鉴定机构,是指在人民检察院设立的,取得鉴定机构资格并开展鉴定工作的部门。

第三条 鉴定机构登记管理工作,应当遵循依法、严格、公正、及时的原则,保证登记管理工作规范、有序、高效开展。

第二章 登记管理部门

第四条 人民检察院鉴定机构登记管理实行两级管理制度。

最高人民检察院负责本院和省级人民检察院鉴定机构的登记管理工作。

省级人民检察院负责所辖地市级、县区级人民检察院鉴定机构的登记管理工作。

第五条　最高人民检察院检察技术部门和各省级人民检察院检察技术部门是人民检察院鉴定机构的登记管理部门,具体负责鉴定机构资格的登记、审核、延续、变更、注销、复议、名册编制与公告、监督及处罚等。

第六条　登记管理部门不得收取任何登记管理费用。

登记管理的有关业务经费分别列入最高人民检察院和省级人民检察院的年度经费预算。

第三章　资格登记

第七条　鉴定机构经登记管理部门核准登记,取得《人民检察院鉴定机构资格证书》,方可进行鉴定工作。

第八条　鉴定机构登记的事项包括:名称、地址、负责人、所属单位、鉴定业务范围、鉴定人名册、鉴定仪器设备等。

第九条　申请鉴定机构资格,应当具备下列条件:

(一)具有检察技术部门单位建制;

(二)具有适合鉴定工作的办公和业务用房;

(三)具有明确的鉴定业务范围;

(四)具有在业务范围内进行鉴定必需的仪器、设备;

(五)具有在业务范围内进行鉴定必需的依法通过计量认证或者实验室认可的检测实验室;

(六)具有三名以上开展该鉴定业务的鉴定人;

(七)具有完备的鉴定工作管理制度。

第十条　申请鉴定机构资格,应当向登记管理部门提交下列材料:

(一)《人民检察院鉴定机构资格登记申请表》;

(二)所属鉴定人所持《人民检察院鉴定人资格证书》的复印件;

(三)办公和业务用房平面比例图;

(四)鉴定采用的技术标准目录;

(五)鉴定机构内部管理工作制度;

(六)登记管理部门要求提交的其他材料。

第十一条　鉴定机构可以申请登记下列鉴定业务:

(一)法医类鉴定;

(二)物证类鉴定;

(三)声像资料鉴定;

(四)司法会计鉴定;

(五)心理测试。

根据检察业务工作需要,最高人民检察院可以增加其他需要登记管理的鉴定业务。

第十二条 登记管理部门收到登记申请材料后,应当及时进行审查,并在二十日以内作出决定。对准予登记的,经检察长批准,颁发《人民检察院鉴定机构资格证书》。对不予登记的,书面通知申请单位。

提交材料不全的,登记审核期限从材料补齐之日起计算。

第十三条 《人民检察院鉴定机构资格证书》由最高人民检察院统一制发。

《人民检察院鉴定机构资格证书》分为正本和副本,正本和副本具有同等的效力。正本悬挂于鉴定机构住所内醒目位置,副本主要供外出办理鉴定有关业务时使用。

《人民检察院鉴定机构资格证书》有效期限为六年,自颁发之日起计算。

第四章 资格审核与延续

第十四条 登记管理部门每两年进行一次鉴定机构资格的审核工作。鉴定机构报请审核时,应当提交下列材料:

(一)《人民检察院鉴定机构资格审核申请表》;

(二)《人民检察院鉴定机构资格证书》;

(三)资格审核申请报告。主要内容包括:仪器设备的配置、维护和使用情况,鉴定文书档案和证物保管情况,所属鉴定人及其履行职务情况,鉴定人技能培训情况等;

(四)需要提交的其他材料。

第十五条 鉴定机构具有下列情形之一的,审核为不合格:

(一)鉴定质量检查不合格的;

(二)违反程序受理鉴定业务的;

(三)仪器设备、业务用房不符合鉴定要求的;

(四)鉴定文书档案和证物保管不符合规定的;

(五)管理不善,无法保证鉴定质量的;

(六)未按规定办理变更登记手续的;

(七)擅自增加鉴定业务或者扩大受理鉴定业务范围的。

第十六条 登记管理部门对审核合格的鉴定机构,应当在其《人民检察院鉴定机构资格证书》上加盖"鉴定资格审核合格意见",并及时返还鉴定机构。对审核不合格的,暂扣《人民检察院鉴定机构资格证书》,并书面通知被审核鉴定机构所在人民检察院,限期改正。

第十七条 《人民检察院鉴定机构资格证书》有效期限届满需要延续的,鉴定机构应当在申请审核的同时提交《人民检察院鉴定机构资格延续申请表》。

登记管理部门对审核合格并准予延续登记的,自准予延续登记之日起,重新计算《人民检察院鉴定机构资格证书》的有效期。

第五章 资格变更与注销

第十八条 鉴定机构改变住所、负责人的,可以申请变更登记。鉴定机构改变名称、鉴定业务范围的,应当申请变更登记。申请变更登记的,应当向登记管理部门提交下列材料:

(一)《人民检察院鉴定机构变更登记申请表》;

(二)《人民检察院鉴定机构资格证书》;

(三)变更业务范围所涉及人员的《人民检察院鉴定人资格证书》复印件;

(四)登记管理部门要求提交的其他材料。

第十九条 登记管理部门收到变更登记申请材料后,应当在二十日内作出决定。对准予变更登记的,重新颁发《人民检察院鉴定机构资格证书》。对不予变更登记的,书面通知申请单位。

提交材料不全的,审核期限从材料补齐之日起计算。

第二十条 鉴定机构具有下列情形之一的,登记管理部门应当注销其鉴定资格:

(一)鉴定机构提出注销申请的;

(二)鉴定人数不符合设立条件的;

(三)无正当理由,逾期三个月不提交审核申请的;

(四)其他应当注销的情形。

第二十一条 鉴定机构资格被注销的,登记管理部门应当书面通知鉴定机构所在的人民检察院,收回《人民检察院鉴定机构资格证书》。

第六章 复议程序

第二十二条 对登记管理部门作出不予登记、审核不合格、不予变更登记、注销鉴定资格的决定以及其他处理决定有异议的,鉴定机构可以在相关通知书送达之日起三十日以内,向登记管理部门提交复议申请书和相关证明材料。

第二十三条 登记管理部门在收到复议申请后,应当以集体研究的方式进行复议,并在二十日以内做出复议决定,书面通知提出复议申请的单位。

第七章 名册编制与公告

第二十四条 省级人民检察院登记管理部门应当及时将所辖鉴定机构资格的登记、变更、注销情况报最高人民检察院登记管理部门备案。

第二十五条 最高人民检察院统一编制《人民检察院鉴定机构名册》。

第二十六条 《人民检察院鉴定机构名册》以及鉴定机构资格的变更、注销情况应当及时在人民检察院专线网及机关内部刊物上予以公告,并同时抄送最高人民法院、公安部和国家安全部。

第八章 监督与处罚

第二十七条 登记管理部门应当对所辖范围内的鉴定机构进行不定期检查。

第二十八条 登记管理部门对举报、投诉鉴定机构的,应当及时进行调查处理。涉及违法违纪的,移送有关部门处理。

第二十九条 鉴定机构出具错误鉴定意见或者发生重大责任事故的,应当在发现鉴定意见错误或者发生重大责任事故三日以内,向登记管理部门书面报告。

省级人民检察院登记管理部门应当及时将鉴定意见错误或者发生重大责任事故的情况上报最高人民检察院登记管理部门。

第三十条 鉴定机构资格审核不合格的,登记管理部门应当暂停其部分鉴定业务或者全部鉴定业务。

鉴定机构对被暂停的鉴定业务不得出具鉴定意见。

第三十一条 鉴定机构具有下列情形之一的,登记管理部门应当予以警告、通报批评。必要时,注销其鉴定资格;情节严重的,应当取消其鉴定资格:

(一)违反程序受理鉴定业务的;
(二)擅自增加鉴定业务或者扩大受理鉴定业务范围的;
(三)登记管理部门责令改正,逾期不改的;
(四)提供虚假申报材料骗取登记的;
(五)发现鉴定意见错误或者发生重大责任事故不及时报告的。

鉴定资格被取消之日起一年以内,不得重新申请鉴定资格。

第三十二条 鉴定机构具有下列情形之一的,登记管理部门应当移送并建议有关部门给予相关责任人相应的行政处分;构成犯罪的,依法追究其刑事责任:

(一)弄虚作假,徇私舞弊造成严重后果的;
(二)强行要求鉴定人进行鉴定,造成人身伤害、财产损失、环境污染等重大责任事故的;
(三)法律、法规规定的其他情形。

第九章 附 则

第三十三条 鉴定机构登记管理工作文书由最高人民检察院制定。

第三十四条 本办法自2007年1月1日起实施,最高人民检察院此前有关规定与本办法不一致的,以本办法为准。

第三十五条 本办法由最高人民检察院负责解释。

《人民检察院鉴定人登记管理办法》(高检发办字〔2006〕33号,自2007年1月1日起实施)

第一章 总 则

第一条 为规范人民检察院鉴定人登记管理工作,根据《全国人民代表大会常务委员会关于司法鉴定管理问题的决定》和其他有关规定,结合检察工作实际,制定本办法。

第二条 本办法所称鉴定人,是指依法取得鉴定人资格,在人民检察院鉴定机构中从事法医类、物证类、声像资料、司法会计鉴定以及心理测试等工作的专业技术人员。

第三条 鉴定人的登记管理工作,应当遵循依法、严格、公正、及时的原则,保证登记管理工作规范、有序、高效开展。

第二章 登记管理部门

第四条 人民检察院鉴定人登记管理实行两级管理制度。

最高人民检察院负责本院和省级人民检察院鉴定人的登记管理工作。

省级人民检察院负责所辖地市级、县区级人民检察院鉴定人的登记管理工作。

第五条 最高人民检察院检察技术部门和各省级人民检察院检察技术部门是人民检察院鉴定人的登记管理部门,具体负责鉴定人资格的登记、审核、延续、变更、注销、复议、名册编制与公告、监督及处罚等。

第六条 登记管理部门不得收取任何登记管理费用。

登记管理的有关业务经费分别列入最高人民检察院和省级人民检察院的年度经费预算。

第三章 资格登记

第七条 鉴定人经登记管理部门核准登记,取得《人民检察院鉴定人资格证书》,方可进行鉴定工作。

第八条 遵守国家法律、法规和检察人员职业道德,身体状况良好,适应鉴定工作需要的检察技术人员具备下列条件之一的,可以申请鉴定人资格:

(一)具有与所申请从事的鉴定业务相关的高级专业技术职称;

(二)具有与所申请从事的鉴定业务相关的专业执业资格或者高等院校相关专业本科以上学历,从事相关工作五年以上;

(三) 具有与所申请从事的鉴定业务相关工作十年以上经历和较强的专业技能。

第九条 申请鉴定人资格,由所在鉴定机构向登记管理部门提交下列材料:

(一)《人民检察院鉴定人资格登记申请表》;

(二) 学历证书、专业技术培训证明材料的复印件;

(三) 申请人的《专业技术职务任职资格证书》、相关专业执业资格证明材料的复印件;

(四) 登记管理部门要求提交的其他材料。

第十条 登记管理部门收到登记申请材料后,应当及时进行审查,并在二十日以内作出决定。对准予登记的,经检察长批准,颁发《人民检察院鉴定人资格证书》。对不予登记的,书面通知申请单位。

提交材料不全的,核准登记期限从材料补齐之日起计算。

第十一条 《人民检察院鉴定人资格证书》由最高人民检察院统一制发。

《人民检察院鉴定人资格证书》有效期为六年,自颁发之日起计算。

第四章 资格审核与延续

第十二条 登记管理部门每两年进行一次鉴定人资格的审核工作。接受审核的鉴定人应当提交下列材料,由所在鉴定机构向登记管理部门集中报送:

(一)《人民检察院鉴定人资格审核申请表》;

(二)《人民检察院鉴定人资格证书》;

(三) 审核期内本人鉴定工作总结;

(四) 需要提交的其他材料。

第十三条 鉴定人具有下列情形之一的,审核为不合格:

(一) 未从事相关专业工作的;

(二) 无正当理由不接受专业技能培训或者培训不合格的;

(三) 在社会鉴定机构兼职的;

(四) 未经所在鉴定机构同意擅自受理委托鉴定的;

(五) 违反鉴定程序或者技术操作规程出具错误鉴定意见的;

(六) 被投诉两次以上,查证属实的。

第十四条 登记管理部门对审核合格的鉴定人,应当在其《人民检察院鉴定人资格证书》上加盖"鉴定资格审核合格章",并及时返还送审的鉴定机构。对审核不合格的,暂扣其《人民检察院鉴定人资格证书》,并书面通知被审核人所在鉴定机构,同时抄送鉴定人所在单位,限期改正。

第十五条 《人民检察院鉴定人资格证书》有效期限届满需要延续的,鉴定人应当在申请审核的同时提交《人民检察院鉴定人资格延续申请表》。

登记管理部门对审核合格并准予延续登记的,自准予延续登记之日起,重新计算《人民检察院鉴定人资格证书》的有效期。

第五章 资格变更与注销

第十六条 鉴定人变更鉴定业务、鉴定机构的应当申请变更登记,由所在鉴定机构向登记管理部门提交下列材料:

(一)《人民检察院鉴定人变更登记申请表》;

(二)《人民检察院鉴定人资格证书》;

(三)变更鉴定业务所需的学历证书、专业技术培训证明材料的复印件;

(四)变更鉴定业务所需的《专业技术职务任职资格证书》、相关专业执业资格证明材料的复印件;

(五)登记管理部门要求提交的其他材料。

第十七条 鉴定人在本省、自治区、直辖市检察系统内跨鉴定机构调动工作的,由调出鉴定机构将鉴定人申请变更的相关材料交登记管理部门。

鉴定人跨省、自治区、直辖市检察系统调动工作的,由调出鉴定机构将鉴定人申请变更的相关材料交原登记管理部门,原登记管理部门负责将相关材料转交调入地登记管理部门。

第十八条 登记管理部门收到变更登记申请材料后,应当在二十日以内作出决定。对准予变更登记的,重新颁发《人民检察院鉴定人资格证书》。对不予变更登记的,书面通知申请单位。

提交材料不全的,审核期限从材料补齐之日起计算。

第十九条 鉴定人具有下列情形之一的,所在鉴定机构应当向登记管理部门申请注销其鉴定资格,登记管理部门也可以直接注销其鉴定资格:

(一)调离专业技术工作岗位的;

(二)无正当理由,逾期三个月不提交审核申请的;

(三)因身体健康等原因,无法正常履职的;

(四)其他应当注销的情形。

第二十条 鉴定人资格被注销的,登记管理部门应当书面通知鉴定人所在鉴定机构,同时抄送鉴定人所在单位,收回《人民检察院鉴定人资格证书》。

第六章 复议程序

第二十一条 对登记管理部门作出的不予登记、审核不合格、不予变更登记、注销鉴定资格的决定及其他处理决定有异议的,鉴定人可以在相关通知书送达之日起三十日以内,通过其所在鉴定机构向登记管理部门提交复议申请书以及相关证明材料。

第二十二条　登记管理部门在接到复议申请后,应当以集体研究的方式进行复议,并在二十日以内做出复议决定,书面通知复议申请人所在鉴定机构,同时抄送鉴定人所在单位。

第七章　名册编制与公告

第二十三条　省级人民检察院登记管理部门应当将所辖鉴定人资格的登记、变更、注销情况报最高人民检察院登记管理部门备案。

第二十四条　最高人民检察院统一编制《人民检察院鉴定人名册》。

第二十五条　《人民检察院鉴定人名册》以及鉴定人资格的变更、注销情况应当及时在人民检察院专线网以及机关内部刊物上予以公告,并同时抄送最高人民法院、公安部和国家安全部。

第八章　监督与处罚

第二十六条　人民检察院鉴定人应当在登记管理部门核准登记的鉴定业务范围内从事鉴定工作。

未取得《人民检察院鉴定人资格证书》、未通过鉴定人资格审核,以及鉴定资格被注销的人员,不得从事鉴定工作。

第二十七条　登记管理部门对举报、投诉鉴定人的,应当及时进行调查处理,涉及违法违纪的移送有关部门处理。

第二十八条　鉴定人具有下列情形之一的,登记管理部门应当给予警告、通报批评。必要时,注销其鉴定资格;情节严重的,取消其鉴定资格:

(一)提供虚假证明材料或者以其他手段骗取资格登记的;

(二)在社会鉴定机构兼职的;

(三)未经所在鉴定机构同意擅自受理委托鉴定的;

(四)违反鉴定程序或者技术操作规程出具错误鉴定意见的;

(五)无正当理由,拒绝鉴定的;

(六)经人民法院通知,无正当理由拒绝出庭的;

(七)登记管理部门责令改正,逾期不改的。

鉴定资格被取消之日起一年以内,不得重新申请鉴定资格。

第二十九条　鉴定人具有下列情形之一的,登记管理部门应当移送并建议有关部门给予相应的行政处分,构成犯罪的,依法追究刑事责任,并终身不授予鉴定资格:

(一)故意出具虚假鉴定意见的;

(二)严重违反规定,出具错误鉴定意见,造成严重后果的;

(三)违反法律、法规的其他情形。
第九章　附　则
第三十条　鉴定人登记管理工作文书由最高人民检察院制定。
第三十一条　本办法自2007年1月1日起实施,最高人民检察院此前有关规定与本办法不一致的,以本办法为准。
第三十二条　本办法由最高人民检察院负责解释。

《人民检察院鉴定规则(试行)》(高检发办字〔2006〕33号,自2007年1月1日起实施)
第一章　总　则
第一条　为规范人民检察院鉴定工作,根据《中华人民共和国刑事诉讼法》和《全国人民代表大会常务委员会关于司法鉴定管理问题的决定》等有关规定,结合检察工作实际,制定本规则。
第二条　本规则所称鉴定,是指人民检察院鉴定机构及其鉴定人运用科学技术或者专门知识,就案件中某些专门性问题进行鉴别和判断并出具鉴定意见的活动。
第三条　鉴定工作应当遵循依法、科学、客观、公正、独立的原则。
第二章　鉴定机构、鉴定人
第四条　本规则所称鉴定机构,是指在人民检察院设立的,取得鉴定机构资格并开展鉴定工作的部门。
第五条　本规则所称鉴定人,是指取得鉴定人资格,在人民检察院鉴定机构中从事法医类、物证类、声像资料、司法会计鉴定以及心理测试等工作的专业技术人员。
第六条　鉴定人享有下列权利:
(一)了解与鉴定有关的案件情况,要求委托单位提供鉴定所需的材料;
(二)进行必要的勘验、检查;
(三)查阅与鉴定有关的案件材料,询问与鉴定事项有关的人员;
(四)对违反法律规定委托的案件、不具备鉴定条件或者提供虚假鉴定材料的案件,有权拒绝鉴定;
(五)对与鉴定无关问题的询问,有权拒绝回答;
(六)与其他鉴定人意见不一致时,有权保留意见;
(七)法律、法规规定的其他权利。
第七条　鉴定人应当履行下列义务:
(一)严格遵守法律、法规和鉴定工作规章制度;

(二)保守案件秘密;
(三)妥善保管送检的检材、样本和资料;
(四)接受委托单位与鉴定有关问题的咨询;
(五)出庭接受质证;
(六)法律、法规规定的其他义务。

第八条 鉴定人有下列情形之一的,应当自行回避,委托单位也有权要求鉴定人回避:
(一)是本案的当事人或者是当事人的近亲属的;
(二)本人或者其近亲属和本案有利害关系的;
(三)担任过本案的证人或者诉讼代理人的;
(四)重新鉴定时,是本案原鉴定人的;
(五)其他可能影响鉴定客观、公正的情形。

鉴定人自行提出回避的,应当说明理由,由所在鉴定机构负责人决定是否回避。

委托单位要求鉴定人回避的,应当提出书面申请,由检察长决定是否回避。

第三章 委托与受理

第九条 鉴定机构可以受理人民检察院、人民法院和公安机关以及其他侦查机关委托的鉴定。

第十条 人民检察院内部委托的鉴定实行逐级受理制度,对其他机关委托的鉴定实行同级受理制度。

第十一条 人民检察院各业务部门向上级人民检察院或者对外委托鉴定时,应当通过本院或者上级人民检察院检察技术部门统一协助办理。

第十二条 委托鉴定应当以书面委托为依据,客观反映案件基本情况、送检材料和鉴定要求等内容。鉴定机构受理鉴定时,应当制作委托受理登记表。

第十三条 鉴定机构对不符合法律规定、办案程序和不具备鉴定条件的委托,应当拒绝受理。

第四章 鉴 定

第十四条 鉴定机构接受鉴定委托后,应当指派两名以上鉴定人共同进行鉴定。根据鉴定需要可以聘请其他鉴定机构的鉴定人参与鉴定。

第十五条 具备鉴定条件的,一般应当在受理后十五个工作日以内完成鉴定;特殊情况不能完成的,经检察长批准,可以适当延长,并告知委托单位。

第十六条 鉴定应当严格执行技术标准和操作规程。需要进行实验的,应当记录实验时间、条件、方法、过程、结果等,并由实验人签名,存档备查。

第十七条　具有下列情形之一的,鉴定机构可以接受案件承办单位的委托,进行重新鉴定:
（一）鉴定意见与案件中其他证据相矛盾的;
（二）有证据证明鉴定意见确有错误的;
（三）送检材料不真实的;
（四）鉴定程序不符合法律规定的;
（五）鉴定人应当回避而未回避的;
（六）鉴定人或者鉴定机构不具备鉴定资格的;
（七）其他可能影响鉴定客观、公正情形的。
重新鉴定时,应当另行指派或者聘请鉴定人。

第十八条　鉴定事项有遗漏或者发现新的相关重要鉴定材料的,鉴定机构可以接受委托,进行补充鉴定。

第十九条　通有重大、疑难、复杂的专门性问题时,经检察长批准,鉴定机构可以组织会检鉴定。

会检鉴定人可以由本鉴定机构的鉴定人与聘请的其他鉴定机构的鉴定人共同组成;也可以全部由聘请的其他鉴定机构的鉴定人组成。

会检鉴定人应当不少于三名,采取鉴定人分别独立检验,集体讨论的方式进行。

会检鉴定应当出具鉴定意见。鉴定人意见有分歧的,应当在鉴定意见中写明分歧的内容和理由,并分别签名或者盖章。

第五章　鉴定文书

第二十条　鉴定完成后,应当制作鉴定文书。鉴定文书包括鉴定书、检验报告等。

第二十一条　鉴定文书应当语言规范,内容完整,描述准确,论证严谨,结论科学。

鉴定文书应当由鉴定人签名,有专业技术职称的,应当注明,并加盖鉴定专用章。

第二十二条　鉴定文书包括正本和副本,正本交委托单位,副本由鉴定机构存档备查。

第二十三条　鉴定文书的归档管理,依照人民检察院立卷归档管理的相关规定执行。

第六章　出　庭

第二十四条　鉴定人接到人民法院的出庭通知后,应当出庭。因特殊情况不能出庭的,应当向法庭说明原因。

第二十五条　鉴定人在出庭前,应当准备出庭需要的相关材料。

鉴定人出庭时,应当遵守法庭规则,依法接受法庭质证,回答与鉴定有关的询问。

第七章　附　则

第二十六条　本规则自2007年1月1日起实施,最高人民检察院此前有关规定与本规则不一致的,以本规则为准。

第二十七条　本规则由最高人民检察院负责解释。

《最高人民法院、最高人民检察院、公安部、监察部、国家安全生产监督管理总局关于严格依法及时办理危害生产安全刑事案件的通知》(高检会〔2008〕5号)第三条对办理危害生产安全刑事案件所涉鉴定的有关问题作了规定。(→参见第一百二十九条所附"其他规范",第920页)

《司法部关于进一步发挥司法鉴定制度作用防止冤假错案的意见》(司发通〔2014〕10号,节录)

10. 完善质量监督检查机制。要继续深入开展司法鉴定能力验证活动,确保司法鉴定机构的所有鉴定项目每三年至少参加一次能力验证。对于司法鉴定机构同一鉴定事项连续两次能力验证结果为不合格的,应当暂停该事项的执业资格。要建立健全司法鉴定文书质量评查制度,组织专家开展鉴定文书质量评查,对发现的问题和能力不足的要督导整改。要建立完善司法鉴定质量评价办法、鉴定质量责任追究机制和鉴定争议解决机制。

11. 严格规范委托受理。要严格规范司法鉴定的委托受理,认真审查委托事项、鉴定要求和鉴定材料。对于不属于司法鉴定事项的、超出机构业务范围、技术条件和鉴定能力的或者发现同一事项多头委托的,不予受理并说明理由;对于委托人拒绝签订委托协议的,可以中止受理或者终止鉴定;对于不符合重新鉴定条件的,不予受理并说明理由;对于重新鉴定意见与原鉴定意见不一致的,应当在鉴定意见书中充分说明理由和依据。

18. 切实提高出庭作证能力。要规范鉴定人出庭作证活动,不断提高出庭作证的执业能力。司法鉴定人要切实履行出庭作证的义务。通过回答法庭询问和接受对方质证,提高司法鉴定的执业公信力。对于无正当理由拒不出庭作证的要依法严格查处。同时,要加强与有关部门沟通协调,切实保障鉴定人人身安全,解决出庭费用收取困难等问题,为司法鉴定人提供必要执业条件,共同维护鉴定人执业权利,为鉴定人出庭作证创造良好的执业环境。

《司法鉴定程序通则》(司法部令第132号,自2016年5月1日起施行)

第一章 总 则

第一条 为了规范司法鉴定机构和司法鉴定人的司法鉴定活动,保障司法鉴定质量,保障诉讼活动的顺利进行,根据《全国人民代表大会常务委员会关于司法鉴定管理问题的决定》和有关法律、法规的规定,制定本通则。

第二条 司法鉴定是指在诉讼活动中鉴定人运用科学技术或者专门知识对诉讼涉及的专门性问题进行鉴别和判断并提供鉴定意见的活动。司法鉴定程序是指司法鉴定机构和司法鉴定人进行司法鉴定活动的方式、步骤以及相关规则的总称。

第三条 本通则适用于司法鉴定机构和司法鉴定人从事各类司法鉴定业务的活动。

第四条 司法鉴定机构和司法鉴定人进行司法鉴定活动,应当遵守法律、法规、规章,遵守职业道德和执业纪律,尊重科学,遵守技术操作规范。

第五条 司法鉴定实行鉴定人负责制度。司法鉴定人应当依法独立、客观、公正地进行鉴定,并对自己作出的鉴定意见负责。司法鉴定人不得违反规定会见诉讼当事人及其委托的人。

第六条 司法鉴定机构和司法鉴定人应当保守在执业活动中知悉的国家秘密、商业秘密,不得泄露个人隐私。

第七条 司法鉴定人在执业活动中应当依照有关诉讼法律和本通则规定实行回避。

第八条 司法鉴定收费执行国家有关规定。

第九条 司法鉴定机构和司法鉴定人进行司法鉴定活动应当依法接受监督。对于有违反有关法律、法规、规章规定行为的,由司法行政机关依法给予相应的行政处罚;对于有违反司法鉴定行业规范行为的,由司法鉴定协会给予相应的行业处分。

第十条 司法鉴定机构应当加强对司法鉴定人执业活动的管理和监督。司法鉴定人违反本通则规定的,司法鉴定机构应当予以纠正。

第二章 司法鉴定的委托与受理

第十一条 司法鉴定机构应当统一受理办案机关的司法鉴定委托。

第十二条 委托人委托鉴定的,应当向司法鉴定机构提供真实、完整、充分的鉴定材料,并对鉴定材料的真实性、合法性负责。司法鉴定机构应当核对并记录鉴定材料的名称、种类、数量、性状、保存状况、收到时间等。

诉讼当事人对鉴定材料有异议的,应当向委托人提出。

本通则所称鉴定材料包括生物检材和非生物检材、比对样本材料以及其他与鉴定事项有关的鉴定资料。

第十三条 司法鉴定机构应当自收到委托之日起七个工作日内作出是否受理的决定。对于复杂、疑难或者特殊鉴定事项的委托，司法鉴定机构可以与委托人协商决定受理的时间。

第十四条 司法鉴定机构应当对委托鉴定事项、鉴定材料等进行审查。对属于本机构司法鉴定业务范围，鉴定用途合法，提供的鉴定材料能够满足鉴定需要的，应当受理。

对于鉴定材料不完整、不充分，不能满足鉴定需要的，司法鉴定机构可以要求委托人补充；经补充后能够满足鉴定需要的，应当受理。

第十五条 具有下列情形之一的鉴定委托，司法鉴定机构不得受理：

(一)委托鉴定事项超出本机构司法鉴定业务范围的；
(二)发现鉴定材料不真实、不完整、不充分或者取得方式不合法的；
(三)鉴定用途不合法或者违背社会公德的；
(四)鉴定要求不符合司法鉴定执业规则或者相关鉴定技术规范的；
(五)鉴定要求超出本机构技术条件或者鉴定能力的；
(六)委托人就同一鉴定事项同时委托其他司法鉴定机构进行鉴定的；
(七)其他不符合法律、法规、规章规定的情形。

第十六条 司法鉴定机构决定受理鉴定委托的，应当与委托人签订司法鉴定委托书。司法鉴定委托书应当载明委托人名称、司法鉴定机构名称、委托鉴定事项、是否属于重新鉴定、鉴定用途、与鉴定有关的基本案情、鉴定材料的提供和退还、鉴定风险，以及双方商定的鉴定时限、鉴定费用及收取方式、双方权利义务等其他需要载明的事项。

第十七条 司法鉴定机构决定不予受理鉴定委托的，应当向委托人说明理由，退还鉴定材料。

第三章 司法鉴定的实施

第十八条 司法鉴定机构受理鉴定委托后，应当指定本机构具有该鉴定事项执业资格的司法鉴定人进行鉴定。

委托人有特殊要求的，经双方协商一致，也可以从本机构中选择符合条件的司法鉴定人进行鉴定。

委托人不得要求或者暗示司法鉴定机构、司法鉴定人按其意图或者特定目的提供鉴定意见。

第十九条 司法鉴定机构对同一鉴定事项，应当指定或者选择二名司法鉴定人进行鉴定;对复杂、疑难或者特殊鉴定事项,可以指定或者选择多名司法鉴定人进行鉴定。

第二十条 司法鉴定人本人或者其近亲属与诉讼当事人、鉴定事项涉及的案件有利害关系,可能影响其独立、客观、公正进行鉴定的,应当回避。

司法鉴定人曾经参加过同一鉴定事项鉴定的,或者曾经作为专家提供过咨询意见的,或者曾被聘请为有专门知识的人参与过同一鉴定事项法庭质证的,应当回避。

第二十一条 司法鉴定人自行提出回避的,由其所属的司法鉴定机构决定;委托人要求司法鉴定人回避的,应当向该司法鉴定人所属的司法鉴定机构提出,由司法鉴定机构决定。

委托人对司法鉴定机构作出的司法鉴定人是否回避的决定有异议的,可以撤销鉴定委托。

第二十二条 司法鉴定机构应当建立鉴定材料管理制度,严格监控鉴定材料的接收、保管、使用和退还。

司法鉴定机构和司法鉴定人在鉴定过程中应当严格依照技术规范保管和使用鉴定材料,因严重不负责任造成鉴定材料损毁、遗失的,应当依法承担责任。

第二十三条 司法鉴定人进行鉴定,应当依下列顺序遵守和采用该专业领域的技术标准、技术规范和技术方法:

(一)国家标准;

(二)行业标准和技术规范;

(三)该专业领域多数专家认可的技术方法。

第二十四条 司法鉴定人有权了解进行鉴定所需要的案件材料,可以查阅、复制相关资料,必要时可以询问诉讼当事人、证人。

经委托人同意,司法鉴定机构可以派员到现场提取鉴定材料。现场提取鉴定材料应当由不少于二名司法鉴定机构的工作人员进行,其中至少一名应为该鉴定事项的司法鉴定人。现场提取鉴定材料时,应当有委托人指派或者委托的人员在场见证并在提取记录上签名。

第二十五条 鉴定过程中,需要对无民事行为能力人或者限制民事行为能力人进行身体检查的,应当通知其监护人或者近亲属到场见证;必要时,可以通知委托人到场见证。

对被鉴定人进行法医精神病鉴定的,应当通知委托人或者被鉴定人的近亲属或者监护人到场见证。

对需要进行尸体解剖的,应当通知委托人或者死者的近亲属或者监护人到场见证。

到场见证人员应当在鉴定记录上签名。见证人员未到场的,司法鉴定人不得开展相关鉴定活动,延误时间不计入鉴定时限。

第二十六条 鉴定过程中,需要对被鉴定人身体进行法医临床检查的,应当采取必要措施保护其隐私。

第二十七条 司法鉴定人应当对鉴定过程进行实时记录并签名。记录可以采取笔记、录音、录像、拍照等方式。记录应当载明主要的鉴定方法和过程,检查、检验、检测结果,以及仪器设备使用情况等。记录的内容应当真实、客观、准确、完整、清晰,记录的文本资料、音像资料等应当存入鉴定档案。

第二十八条 司法鉴定机构应当自司法鉴定委托书生效之日起三十个工作日内完成鉴定。

鉴定事项涉及复杂、疑难、特殊技术问题或者鉴定过程需要较长时间的,经本机构负责人批准,完成鉴定的时限可以延长,延长时限一般不得超过三十个工作日。鉴定时限延长的,应当及时告知委托人。

司法鉴定机构与委托人对鉴定时限另有约定的,从其约定。

在鉴定过程中补充或者重新提取鉴定材料所需的时间,不计入鉴定时限。

第二十九条 司法鉴定机构在鉴定过程中,有下列情形之一的,可以终止鉴定:

(一)发现有本通则第十五条第二项至第七项规定情形的;

(二)鉴定材料发生耗损,委托人不能补充提供的;

(三)委托人拒不履行司法鉴定委托书规定的义务、被鉴定人拒不配合或者鉴定活动受到严重干扰,致使鉴定无法继续进行的;

(四)委托人主动撤销鉴定委托,或者委托人、诉讼当事人拒绝支付鉴定费用的;

(五)因不可抗力致使鉴定无法继续进行的;

(六)其他需要终止鉴定的情形。

终止鉴定的,司法鉴定机构应当书面通知委托人,说明理由并退还鉴定材料。

第三十条 有下列情形之一的,司法鉴定机构可以根据委托人的要求进行补充鉴定:

(一)原委托鉴定事项有遗漏的;

(二)委托人就原委托鉴定事项提供新的鉴定材料的;

(三)其他需要补充鉴定的情形。

补充鉴定是原委托鉴定的组成部分,应当由原司法鉴定人进行。

第三十一条 有下列情形之一的,司法鉴定机构可以接受办案机关委托进行重新鉴定:

(一)原司法鉴定人不具有从事委托鉴定事项执业资格的;

(二)原司法鉴定机构超出登记的业务范围组织鉴定的;

(三)原司法鉴定人应当回避没有回避的;

(四)办案机关认为需要重新鉴定的;

(五)法律规定的其他情形。

第三十二条 重新鉴定应当委托原司法鉴定机构以外的其他司法鉴定机构进行;因特殊原因,委托人也可以委托原司法鉴定机构进行,但原司法鉴定机构应当指定原司法鉴定人以外的其他符合条件的司法鉴定人进行。

接受重新鉴定委托的司法鉴定机构的资质条件应当不低于原司法鉴定机构,进行重新鉴定的司法鉴定人中应当至少有一名具有相关专业高级专业技术职称。

第三十三条 鉴定过程中,涉及复杂、疑难、特殊技术问题的,可以向本机构以外的相关专业领域的专家进行咨询,但最终的鉴定意见应当由本机构的司法鉴定人出具。

专家提供咨询意见应当签名,并存入鉴定档案。

第三十四条 对于涉及重大案件或者特别复杂、疑难、特殊技术问题或者多个鉴定类别的鉴定事项,办案机关可以委托司法鉴定行业协会组织协调多个司法鉴定机构进行鉴定。

第三十五条 司法鉴定人完成鉴定后,司法鉴定机构应当指定具有相应资质的人员对鉴定程序和鉴定意见进行复核;对于涉及复杂、疑难、特殊技术问题或者重新鉴定的鉴定事项,可以组织三名以上的专家进行复核。

复核人员完成复核后,应当提出复核意见并签名,存入鉴定档案。

第四章 司法鉴定意见书的出具

第三十六条 司法鉴定机构和司法鉴定人应当按照统一规定的文本格式制作司法鉴定意见书。

第三十七条 司法鉴定意见书应当由司法鉴定人签名。多人参加的鉴定,对鉴定意见有不同意见的,应当注明。

第三十八条 司法鉴定意见书应当加盖司法鉴定机构的司法鉴定专用章。

第三十九条 司法鉴定意见书应当一式四份,三份交委托人收执,一份由司法鉴定机构存档。司法鉴定机构应当按照有关规定或者与委托人约定的方式,向委托人发送司法鉴定意见书。

第四十条 委托人对鉴定过程、鉴定意见提出询问的,司法鉴定机构和司法鉴定人应当给予解释或者说明。

第四十一条 司法鉴定意见书出具后,发现有下列情形之一的,司法鉴定机构可以进行补正:

(一)图像、谱图、表格不清晰的;

(二)签名、盖章或者编号不符合制作要求的;

(三)文字表达有瑕疵或者错别字,但不影响司法鉴定意见的。

补正应当在原司法鉴定意见书上进行,由至少一名司法鉴定人在补正处签名。必要时,可以出具补正书。

对司法鉴定意见书进行补正,不得改变司法鉴定意见的原意。

第四十二条 司法鉴定机构应当按照规定将司法鉴定意见书以及有关资料整理立卷、归档保管。

第五章 司法鉴定人出庭作证

第四十三条 经人民法院依法通知,司法鉴定人应当出庭作证,回答与鉴定事项有关的问题。

第四十四条 司法鉴定机构接到出庭通知后,应当及时与人民法院确认司法鉴定人出庭的时间、地点、人数、费用、要求等。

第四十五条 司法鉴定机构应当支持司法鉴定人出庭作证,为司法鉴定人依法出庭提供必要条件。

第四十六条 司法鉴定人出庭作证,应当举止文明,遵守法庭纪律。

第六章 附 则

第四十七条 本通则是司法鉴定机构和司法鉴定人进行司法鉴定活动应当遵守和采用的一般程序规则,不同专业领域对鉴定程序有特殊要求的,可以依据本通则制定鉴定程序细则。

第四十八条 本通则所称办案机关,是指办理诉讼案件的侦查机关、审查起诉机关和审判机关。

第四十九条 在诉讼活动之外,司法鉴定机构和司法鉴定人依法开展相关鉴定业务的,参照本通则规定执行。

第五十条 本通则自2016年5月1日起施行。司法部2007年8月7日发布的《司法鉴定程序通则》(司法部第107号令)同时废止。

《最高人民法院、最高人民检察院、司法部关于将环境损害司法鉴定纳入统一登记管理范围的通知》（司发通〔2015〕117号）

各省、自治区、直辖市高级人民法院、人民检察院、司法厅（局），新疆维吾尔自治区高级人民法院生产建设兵团分院、新疆生产建设兵团人民检察院、司法局：

  为满足环境损害诉讼需要，加强环境发展、环境保护和环境修复工作，推进生态文明建设，根据《全国人民代表大会常务委员会关于司法鉴定管理问题的决定》和《最高人民法院最高人民检察院关于办理环境污染刑事案件适用法律若干问题的解释》等有关规定，经研究，决定将环境损害司法鉴定纳入统一登记管理范围。

  环境损害司法鉴定管理的具体办法由司法部会同环境保护部制定。

  特此通知。

《司法部、环境保护部关于规范环境损害司法鉴定管理工作的通知》（司发通〔2015〕118号）

各省、自治区、直辖市司法厅（局）、环境保护厅（局）：

  为贯彻党的十八大和十八届三中、四中、五中全会精神，落实健全生态环境保护责任追究制度和环境损害赔偿制度的要求，促进生态文明建设，适应环境损害诉讼需要，加强对环境损害司法鉴定机构和鉴定人的管理，根据《全国人民代表大会常务委员会关于司法鉴定管理问题的决定》和《最高人民法院 最高人民检察院 司法部关于将环境损害司法鉴定纳入统一登记管理范围的通知》（司发通〔2015〕117号），以及有关法律、法规、规章的规定，现就规范环境损害司法鉴定管理工作有关事项通知如下：

  一、鉴定机构设置发展规划

  环境损害司法鉴定机构的发展应当遵循统筹规划、合理布局、总量控制、有序发展的原则，根据诉讼活动的实际需求和发展趋势研究制定发展规划。环境损害司法鉴定机构的设立应当严格标准、严格程序、确保质量，特别是在审核登记工作初始阶段要严格限制鉴定机构数量，确保高资质高水平。

  二、鉴定事项

  环境损害司法鉴定是指在诉讼活动中鉴定人运用环境科学的技术或者专门知识，采用监测、检测、现场勘察、实验模拟或者综合分析等技术方法，对环境污染或者生态破坏诉讼涉及的专门性问题进行鉴别和判断并提供鉴定意见的活动。环境诉讼中需要解决的专门性问题包括：确定污染物的性质；确定生态环境遭受损害的性质、范围和程度；评定因果关系；评定污染治理与运行成本以及防止损害扩大、修复生态环境的措施或方案等。

环境损害司法鉴定的主要领域包括:(1)污染物性质鉴定,主要包括危险废物鉴定、有毒物质鉴定,以及污染物其他物理、化学等性质的鉴定;(2)地表水和沉积物环境损害鉴定,主要包括因环境污染或生态破坏造成河流、湖泊、水库等地表水资源和沉积物生态环境损害的鉴定。(3)空气污染环境损害鉴定,主要包括因污染物质排放或泄露造成环境空气或室内空气环境损害的鉴定。(4)土壤与地下水环境损害鉴定,主要包括因环境污染或生态破坏造成农田、矿区、居住和工矿企业用地等土壤与地下水资源及生态环境损害的鉴定。(5)近海海洋与海岸带环境损害鉴定,主要包括因近海海域环境污染或生态破坏造成的海岸、潮间带、水下岸坡等近海海洋环境资源及生态环境损害的鉴定。(6)生态系统环境损害鉴定,主要对动物、植物等生物资源和森林、草原、湿地等生态系统,以及因生态破坏而造成的生物资源与生态系统功能损害的鉴定。(7)其他环境损害鉴定,主要包括由于噪声、振动、光、热、电磁辐射、核辐射等污染造成的环境损害鉴定。

三、审核登记

司法部会同环境保护部制定评审办法,对环境损害鉴定机构和鉴定人资质条件、评审专家、评审程序等作出规定。环境保护部会同司法部建立环境损害司法鉴定评审专家库,各省级环境保护部门应当会同司法行政机关商有关部门,研究提出本地的推荐专家人选名单。

省级司法行政机关应当按照《司法鉴定机构登记管理办法》、《司法鉴定人登记管理办法》规定的条件和程序对申请从事环境损害司法鉴定业务的机构和个人进行审核,并会同同级环境保护部门组织专家进行专业技术评审。

对本通知下发前已审核登记从事环境损害司法鉴定业务的鉴定机构,应当进行重新审核登记。已登记从事环境损害鉴定业务的司法鉴定机构最迟应于2017年6月前提出重新登记申请。逾期未提出重新登记申请或经审核不符合条件的,撤销登记。重新审核登记期间,已审核登记的环境损害司法鉴定机构可以继续从事环境损害司法鉴定业务。

司法行政机关要把好入口关,防止审核登记的机构过多,导致恶性竞争和鉴定质量下降。要鼓励和支持依托优质资源设立高资质高水平鉴定机构,注重保障司法鉴定机构的中立第三方地位。

四、监督管理

要指导鉴定机构加强规范化建设,健全司法鉴定工作制度,加强内部管理。加强对鉴定人的培训,确保出具的鉴定意见满足诉讼要求。对环境损害司法鉴定机构和鉴定人实行动态管理,完善退出机制。妥善处理信访投诉,加强执业监督,依法查处违法违规执业行为,依法淘汰不合格的鉴定机构和鉴定人。建立与司法机关的衔接配合机制,定期开展交流沟通,及时通报有关情况。司法行政机关和环境保护部门要加强协调配合,定期会商,共同研究解决工作中遇到的各种问题。

各地要切实提高认识,高度重视,结合本地实际,认真做好环境损害司法鉴定登记管理等有关工作。工作中遇有重大问题,请及时报司法部司法鉴定管理局和环境保护部政策法规司。

《司法部、国家市场监管总局关于规范和推进司法鉴定认证认可工作的通知》(司发通〔2018〕89号,节录)

二、工作要求

(三)已经司法行政机关审核登记的司法鉴定机构,业务范围包括法医物证、法医毒物、微量物证、环境损害鉴定的,其设立单位相应的检测实验室应当于2019年12月31日前通过资质认定或者实验室认可。司法行政机关应当严格落实《司法部关于严格准入 严格监管 提高司法鉴定质量和公信力的意见》(司发〔2017〕11号)要求,对到期未达到要求的司法鉴定机构限期整改,限期整改后仍不符合要求的,依法注销其相应的业务范围。

(四)法人或者其他组织申请从事司法鉴定业务,或者已经审核登记的司法鉴定机构申请增加鉴定业务范围,所申请的鉴定业务范围包括法医物证、法医毒物、微量物证、环境损害鉴定的,其相应的检测实验室应当首先通过资质认定或者实验室认可。

《公安机关办理刑事案件电子数据取证规则》(公通字〔2018〕41号)第五十五条至第六十条对电子数据鉴定的有关问题作了规定。(→参见第五十五条后"相关规范集成·证据分类收集提取与审查判断"所附"其他规范",第430—431页)

《公安机关鉴定机构登记管理办法》(公安部令第155号,修订后自2020年5月1日起施行)

第一章 总 则

第一条 为规范公安机关鉴定机构资格登记管理工作,适应打击犯罪、保护人民、维护社会治安稳定和司法公正的需要,根据《全国人民代表大会常务委员会关于司法鉴定管理问题的决定》和有关法律、法规,结合公安机关工作实际,制定本办法。

第二条 本办法所称公安机关鉴定机构(以下简称鉴定机构),是指公安机关及其所属的科研机构、院校、医院和专业技术协会等依法设立并开展鉴定工作的组织。

第三条 本办法所称的鉴定,是指为解决案(事)件调查和诉讼活动中某些专门性问题,公安机关鉴定机构的鉴定人运用自然科学和社会科学的理论成果与技术方法,对人身、尸体、生物检材、痕迹、文件、证件、视听资料、电子数据及其它相关物品、物质等进行检验、鉴别、分析、判断,并出具鉴定意见或者检验结果的科学实证活动。

第四条 鉴定机构的登记管理工作应当根据国家有关法律法规和本办法的规定,遵循依法、公正、及时的原则,保证登记管理工作规范、有序、高效。

第二章 登记管理部门

第五条 公安部和各省、自治区、直辖市公安厅、局设立或者指定统一的登记管理部门,负责鉴定机构资格的审核登记、年度审验、变更、注销、复议、名册编制与备案、监督管理与处罚等。

第六条 公安部登记管理部门负责各省、自治区、直辖市公安厅、局,部属科研机构、院校和专业技术协会,国家移民管理局及其所属单位鉴定机构的登记管理工作。

省、自治区、直辖市公安厅、局登记管理部门负责所属地市级、县级公安机关,以及省级公安机关所属院校、医院和专业技术协会的鉴定机构的登记管理工作。

第七条 登记管理部门不得收取鉴定资格登记申请单位和鉴定机构的任何登记管理费用。

登记管理部门的有关业务经费分别列入公安部和各省、自治区、直辖市公安厅、局的年度经费预算。

第三章 资格登记

第八条 鉴定机构经登记管理部门核准登记,取得《鉴定机构资格证书》,方可进行鉴定工作。

《鉴定机构资格证书》由公安部统一监制,分为正本和副本,正本和副本具有同等的法律效力。《鉴定机构资格证书》正本悬挂于鉴定机构住所内醒目位置,副本主要供外出办理鉴定有关业务时使用。

第九条 鉴定机构登记的事项包括:名称、住所、法定代表人或者主要负责人、鉴定人、鉴定项目、注册固定资产、使用的技术标准目录等。

第十条 单位申请鉴定机构资格,应当具备下列条件:

(一)有单位名称和固定住所;

(二)有适合鉴定工作的办公和业务用房;

(三)有明确的鉴定项目范围;

（四）有在项目范围内进行鉴定必需的仪器、设备；

（五）有在项目范围内进行鉴定必需的依法通过资质认定或者实验室认可的实验室；

（六）有在项目范围内进行鉴定必需的资金保障；

（七）有开展该鉴定项目的三名以上的鉴定人；

（八）有完备的鉴定工作管理制度。

第十一条 单位申请设立鉴定机构，应当向登记管理部门提交下列材料：

（一）《鉴定机构资格登记申请表》；

（二）所有鉴定人的名册；

（三）所有鉴定人的警务技术职务任职资格或者专业技术职称证明材料、学历证书的复印件；

（四）办公和业务用房的平面比例图；

（五）仪器设备登记表；

（六）鉴定采用的技术标准目录；

（七）鉴定机构内部管理工作制度；

（八）鉴定机构的法人代表证明，或者同级公安机关负责人关于保证鉴定人独立开展鉴定工作的书面承诺；

（九）应当提交的其他材料。

第十二条 公安机关的鉴定机构可以申报登记开展下列鉴定项目：

（一）法医类鉴定，包括法医临床、法医病理、法医人类学和法医精神病鉴定；

（二）DNA鉴定；

（三）痕迹鉴定；

（四）理化鉴定，包括毒物、毒品和微量物质的鉴定；

（五）文件证件鉴定；

（六）声像资料鉴定；

（七）电子数据鉴定；

（八）环境损害鉴定；

（九）交通事故鉴定；

（十）心理测试；

（十一）警犬鉴别。

根据科学技术发展和公安工作需要，鉴定机构可以申请开展其他鉴定项目。

第十三条 省、自治区、直辖市公安厅、局，部属科研机构、院校和专业技协会、国家移民管理局及其所属单位等申请设立鉴定机构,应当向公安部登记管理部门提交申请材料。

省、自治区、直辖市公安厅、局所属院校、医院和专业技术协会,以及地市级公安机关申请设立鉴定机构,应当向所在省、自治区、直辖市公安厅、局登记管理部门提交申请材料。

县级公安机关申请设立鉴定机构,应当由地市级公安机关向所在省、自治区、直辖市公安厅、局登记管理部门提交申请材料。

第十四条 登记管理部门收到申请登记材料后,应当在二十个工作日内作出是否准予登记的决定,情况特殊的,可以延长至三十个工作日。提交申请材料不全的,期限从补齐材料之日起计算。

公安机关一个独立法人单位(含市辖区公安分局)只核准登记一个鉴定机构。因工作需要,可以设立分支机构。

登记管理部门对符合登记条件的,应当作出准予登记的决定,在期限内颁发《鉴定机构资格证书》;对不符合登记条件的,作出不予登记的决定。

第四章 年度审验

第十五条 登记管理部门应当每年对鉴定机构资格审验一次,并及时将审验结果通报至鉴定机构。

第十六条 鉴定机构有下列情形之一的,年度审验不合格:

(一)所属鉴定人人数达不到登记条件的;

(二)因技术用房、仪器设备、资金保障、鉴定人能力的缺陷已无法保证鉴定质量的;

(三)资质认定或者实验室认可资格被暂停或者取消的;

(四)出具错误鉴定意见并导致发生重大责任事故的。

第十七条 对于年度审验不合格的鉴定机构,登记管理部门应当责令其限期改正。鉴定机构应当在改正期内暂停相关鉴定项目。

第五章 资格的变更与注销

第十八条 有下列情形之一的,鉴定机构应当向原登记管理部门申请变更登记:

(一)变更鉴定机构住所的;

(二)变更鉴定机构主要负责人的;

(三)变更鉴定机构鉴定项目的;

(四)变更鉴定机构名称的。

鉴定机构申请变更登记,应当提交《公安机关鉴定机构资格变更登记申请表》。

第十九条 登记管理部门收到鉴定机构变更登记申请后,应当在十五个工作日内作出是否准予变更登记的决定。准予变更登记的,重新颁发《鉴定机构资格证书》。

第二十条 鉴定机构有下列情形之一的,应当主动向登记管理部门申请注销鉴定资格,登记管理部门也可以直接注销其鉴定资格:

(一)年度审验不合格,在责令改正期限内没有改正的;

(二)提供虚假申报材料骗取登记的;

(三)因主管部门变化需要注销登记的;

(四)法律、法规规定的其他情形。

第二十一条 鉴定机构的鉴定资格注销后,登记管理部门应当向鉴定机构的主管部门发出《注销鉴定机构资格通知书》,收回《鉴定机构资格证书》。

第二十二条 被注销鉴定资格的鉴定机构,经改正后符合登记条件的,可以重新申请登记。

第六章 复 议

第二十三条 鉴定机构对登记管理部门作出不予登记、年度审验不合格、不予变更登记或者注销登记等决定不服的,可以在收到相应通知后三十个工作日内向登记管理部门申请复议。

第二十四条 登记管理部门收到有关复议申请后,应当以集体研究的方式进行复议,在十五个工作日内作出复议决定,并在十个工作日内将《复议决定通知书》送达申请复议的单位。

第七章 名册编制与备案

第二十五条 登记管理部门应当按照登记管理权限,将核准登记的鉴定机构编入本部门管理的公安机关鉴定机构名册。

第二十六条 登记管理部门应当按照有关规定,对核准登记的鉴定机构进行备案登记。

第二十七条 登记管理部门应当建立鉴定机构档案。

鉴定机构档案包括本办法第十一条第(一)至(九)项,以及资格的年度审验、变更、注销等资料。

第八章 监督管理与处罚

第二十八条 登记管理部门应当对鉴定机构进行监督管理。内容包括:

(一)鉴定的基础设施和工作环境情况;

(二)鉴定用仪器设备的配置、维护和使用情况;

(三)鉴定工作业绩情况;
(四)鉴定人技能培训情况;
(五)鉴定文书档案和证物保管情况;
(六)鉴定工作规章制度和执行情况;
(七)遵守鉴定程序、技术标准和鉴定质量管理情况等。

第二十九条 登记管理部门对公民、法人和其他组织举报、投诉鉴定机构的,应当及时进行调查,并根据调查结果依法进行处理。

第三十条 登记管理部门对鉴定机构违反本办法的,可以下达《责令改正通知书》,责令其在三个月内改正。

第三十一条 鉴定机构出具错误鉴定意见并导致发生重大责任事故的,应当在发现发生重大责任事故三个工作日内,向登记管理部门书面报告。

省级登记管理部门接到书面报告后,应当及时将情况上报公安部登记管理部门。

第三十二条 鉴定机构有下列情形之一的,登记管理部门应当立即暂停其部分或者全部鉴定项目:
(一)不能保证鉴定质量的;
(二)无法完成所登记的鉴定项目的;
(三)仪器设备不符合鉴定要求的;
(四)未按规定办理变更登记手续的;
(五)擅自增加鉴定项目或者扩大受理鉴定范围的。

被暂停的鉴定项目,鉴定机构不得出具鉴定意见。

第三十三条 鉴定机构有下列情形之一的,登记管理部门应当予以通报批评:
(一)出具错误鉴定意见的;
(二)所属鉴定人因过错被注销鉴定资格的;
(三)发现鉴定意见错误或者发生重大责任事故不及时报告的;
(四)登记管理部门限期改正逾期不改的;
(五)擅自增加收费项目或者提高收费标准的。

第三十四条 鉴定机构有下列情形之一的,登记管理部门将视情建议有关部门对有关责任人给予相应的处罚;构成犯罪的,依法追究其刑事责任:
(一)弄虚作假,出具错误鉴定意见,造成严重后果,导致冤假错案的;
(二)在应当知道具有危险、危害的情况下,强行要求鉴定人进行鉴定,造成人身伤害、财产损坏、环境污染等重大责任事故的。

第九章 附 则

第三十五条 铁路、交通港航、民航、森林公安机关和海关缉私部门的鉴定机构登记管理工作,依照本办法规定向所在地公安机关登记管理部门申请登记。

第三十六条 本办法自2020年5月1日起施行。公安部2005年12月29日发布的《公安机关鉴定机构登记管理办法》(公安部令第83号)同时废止。

《公安机关鉴定人登记管理办法》(公安部令第156号,修订后自2020年5月1日起施行)

第一章 总 则

第一条 为规范公安机关鉴定人资格登记管理工作,适应打击犯罪、保护人民、维护社会治安稳定和司法公正的需要,根据《全国人民代表大会常务委员会关于司法鉴定管理问题的决定》和有关法律、法规,结合公安机关工作实际,制定本办法。

第二条 本办法所称的公安机关鉴定人(以下简称鉴定人),是指经公安机关登记管理部门核准登记,取得鉴定人资格证书并从事鉴定工作的专业技术人员。

第三条 本办法所称的鉴定,是指为解决案(事)件调查和诉讼活动中某些专门性问题,公安机关鉴定机构的鉴定人运用自然科学和社会科学的理论成果与技术方法,对人身、尸体、生物检材、痕迹、文件、证件、视听资料、电子数据及其它相关物品、物质等进行检验、鉴别、分析、判断,并出具鉴定意见或者检验结果的科学实证活动。

第四条 鉴定人的登记管理工作应当根据国家有关法律法规和本办法的规定,遵循依法、公正、及时的原则,保证登记管理工作规范、有序、高效。

第二章 登记管理部门

第五条 公安部和各省、自治区、直辖市公安厅、局设立或者指定统一的登记管理部门,负责鉴定人资格的审核登记、年度审验、变更、注销、复议、名册编制与备案、监督管理与处罚等。

第六条 公安部登记管理部门负责各省、自治区、直辖市公安厅、局,部属科研机构、院校和专业技术协会,国家移民管理局及其所属单位鉴定人的登记管理工作。

省、自治区、直辖市公安厅、局登记管理部门负责所属地市级、县级公安机关,以及省级公安机关所属院校、医院和专业技术协会的鉴定人的登记管理工作。

第七条 登记管理部门不得收取鉴定资格登记申请人和鉴定人的任何登记管理费用。

登记管理部门的有关业务经费分别列入公安部和各省、自治区、直辖市公安厅、局的年度经费预算。

第三章 资格登记

第八条 鉴定人经登记管理部门核准登记，取得《鉴定人资格证书》，方可从事鉴定工作。《鉴定人资格证书》由所在鉴定机构统一管理。

《鉴定人资格证书》由公安部统一监制。

第九条 个人申请鉴定人资格，应当具备下列条件：

（一）在职或者退休的具有专门技术知识和技能的人民警察；公安机关聘用的具有行政编制或者事业编制的专业技术人员；

（二）遵守国家法律、法规，具有人民警察职业道德；

（三）具有与所申请从事鉴定项目相关的高级警务技术职务任职资格或者高级专业技术职称，或者高等院校相关专业本科以上学历，从事相关工作或研究五年以上，或者具有与所申请从事鉴定项目相关工作十年以上经历和较强的专业技能；

（四）所在机构已经取得或者正在申请《鉴定机构资格证书》；

（五）身体状况良好，适应鉴定工作需要。

第十条 个人申请鉴定人资格，应当向登记管理部门提交下列材料：

（一）《鉴定人资格登记申请表》；

（二）学历证明和专业技能培训《结业证书》复印件；

（三）警务技术职务任职资格或者专业技术职称证明材料；

（四）个人从事与申请鉴定项目有关的工作总结；

（五）登记管理部门要求提交的其他材料。

个人申请鉴定人资格，由所在鉴定机构向登记管理部门提交申请登记材料。

第十一条 登记管理部门收到申请登记材料后，应当在二十个工作日内作出是否授予鉴定资格的决定，情况特殊的，可以延长至三十个工作日。提交申请材料不全的，期限从补齐材料之日起计算。

登记管理部门对符合登记条件的，应当作出授予鉴定资格的决定，在十个工作日内颁发《鉴定人资格证书》；对不符合登记条件的，应当作出不授予鉴定资格的决定。

第四章 年度审验

第十二条 登记管理部门应当每年对鉴定人资格审验一次，并及时将审验结果通报至鉴定人所在鉴定机构。

第十三条 鉴定人有下列情形之一的，年度审验不合格：

（一）所审验年度内未从事鉴定工作的；

（二）无正当理由不接受专业技能培训或者培训不合格的；

(三)未经所在鉴定机构同意擅自受理鉴定的;
(四)因违反技术规程出具错误鉴定意见的;
(五)同一审验年度内被鉴定委托人正当投诉两次以上的。

第十四条 对于年度审验不合格的鉴定人,登记管理部门应当责令其限期改正。鉴定人在改正期内不得出具鉴定文书。

第五章 资格的变更与注销

第十五条 鉴定人调换鉴定机构,以及增减登记鉴定项目,应当向登记管理部门申请变更登记。

第十六条 鉴定人在本省、自治区、直辖市内跨鉴定机构调动工作的,应当填写《鉴定人变更登记申请表》,由调出鉴定机构将该申请表提交登记管理部门审核。

鉴定人跨省、自治区、直辖市调动工作的,应当在原登记管理部门申请注销,并在调入地登记管理部门重新申请鉴定人资格。

第十七条 登记管理部门收到鉴定人变更登记申请后,应当在十五个工作日内作出是否准予变更登记的决定。

准予变更登记的,重新颁发《鉴定人资格证书》,原《鉴定人资格证书》由其所在鉴定机构加盖"注销"标识后保存;不准予变更登记的,应当向申请变更登记的鉴定人说明理由。

第十八条 鉴定人有下列情形之一的,应当主动向登记管理部门申请注销资格,登记管理部门也可以直接注销其鉴定资格:
(一)连续两年未从事鉴定工作的;
(二)无正当理由,三年以上没有参加专业技能培训的;
(三)年度审验不合格,在责令改正期限内没有改正的;
(四)经人民法院依法通知,无正当理由拒绝出庭作证的;
(五)提供虚假证明或者采取其他欺诈手段骗取登记的;
(六)同一审验年度内出具错误鉴定意见两次以上的;
(七)违反保密规定造成严重后果的;
(八)登记管理部门书面警告后仍在其他鉴定机构兼职的;
(九)限制行为能力或者丧失行为能力的。

第十九条 鉴定人的鉴定资格注销后,登记管理部门应当向鉴定人所在单位发出《注销鉴定人资格通知书》。

第二十条 因本办法第十八条第(一)、(二)、(三)、(四)款被注销鉴定资格的,具备登记条件或者改正后,可以重新申请鉴定人资格。

因本办法第十八条第(五)、(六)、(七)、(八)、(九)款被注销鉴定资格的,被注销鉴定资格之日起一年内不得申请鉴定人资格。

第六章 复 议

第二十一条 个人对登记管理部门作出不授予鉴定资格、年度审验不合格、不予变更登记或者注销鉴定资格决定不服的,可以在收到相应通知后三十个工作日内向登记管理部门申请复议。

第二十二条 登记管理部门收到有关复议申请后,应当以集体研究的方式进行复议,在十五个工作日内作出复议决定,并在十个工作日内将《复议决定通知书》送达申请复议人及其所在单位。

第七章 名册编制与备案

第二十三条 登记管理部门应当按照登记管理权限,将核准登记的鉴定人编入本部门管理的公安机关鉴定人名册。

第二十四条 登记管理部门应当按照有关规定,对核准登记的鉴定人进行备案登记。

第二十五条 登记管理部门应当建立鉴定人档案。

鉴定人档案包括本办法第十条第(一)至(五)项,以及鉴定人资格的年度审验、变更、注销等资料。

第八章 监督管理与处罚

第二十六条 鉴定人应当在登记管理部门核准登记的鉴定范围内从事鉴定工作。

未取得《鉴定人资格证书》、未通过年度审验,以及鉴定资格被注销的人员,不得从事鉴定工作。

第二十七条 登记管理部门对公民、法人和其他组织举报、投诉鉴定人的,应当及时进行调查,并根据调查结果依法进行处理。

第二十八条 鉴定人违反本办法有关规定,情节轻微的,除适用第十三条外,登记管理部门还可以依法给予书面警告、责令改正的处罚。责令改正期限一般不得超过三个月。

第二十九条 有下列情形之一的,终身不授予鉴定资格:

(一)故意出具虚假鉴定意见的;

(二)严重违反规定,出具两次以上错误鉴定意见并导致冤假错案的;

(三)受过开除公职处分的。

第九章 附 则

第三十条 铁路、交通港航、民航、森林公安机关和海关缉私部门的鉴定人登记管理工作,依照本办法规定向所在地公安机关登记管理部门申请登记。

第三十一条 本办法自2020年5月1日起施行。公安部2005年12月29日发布的《公安机关鉴定人登记管理办法》(公安部令第84号)同时废止。

指导性案例

张永明、毛伟明、张鹭故意损毁名胜古迹案(指导案例147号)

关键词 刑事 故意损毁名胜古迹罪 国家保护的名胜古迹 情节严重 专家意见

裁判要点

1. 风景名胜区的核心景区属于刑法第三百二十四条第二款规定的"国家保护的名胜古迹"。对核心景区内的世界自然遗产实施打岩钉等破坏活动,严重破坏自然遗产的自然性、原始性、完整性和稳定性,综合考虑有关地质遗迹的特点、损坏程度等,可以认定为故意损毁国家保护的名胜古迹"情节严重"。

2. 对刑事案件中的专门性问题需要鉴定,但没有鉴定机构的,可以指派、聘请有专门知识的人就案件的专门性问题出具报告,相关报告在刑事诉讼中可以作为证据使用。

武汉卓航江海贸易有限公司、向阳等12人污染环境刑事附带民事公益诉讼案(指导性案例202号)对损害认定、污染物性质鉴定等有关问题作了规定。(→参见第一编"总则"第七章"附带民事公益诉讼"后"相关规范集成·刑事附带民事公益诉讼"所附"指导性案例",第734页)

左勇、徐鹤污染环境刑事附带民事公益诉讼案(指导性案例203号)对公私财产损失认定与生态环境损害鉴定等问题作了规定。(→参见第一编"总则"第七章"附带民事公益诉讼"后"相关规范集成·刑事附带民事公益诉讼"所附"指导性案例",第734页)

江西省上饶市人民检察院诉张永明、张鹭、毛伟明生态破坏民事公益诉讼案(指导性案例208号)①

关键词 民事 生态破坏民事公益诉讼 自然遗迹 风景名胜 生态环境损害赔偿金额

裁判要点

1. 破坏自然遗迹和风景名胜造成生态环境损害,国家规定的机关或者法律

---

① 本指导性案例与张永明、毛伟明、张鹭故意损毁名胜古迹案(指导案例147号),系针对同一犯罪行为分别提起的刑事案和民事公益诉讼案。——**本评注**注

规定的组织请求侵权人依法承担修复和赔偿责任的,人民法院应予支持。

2.对于破坏自然遗迹和风景名胜造成的损失,在没有法定鉴定机构鉴定的情况下,人民法院可以参考专家采用条件价值法作出的评估意见,综合考虑评估方法的科学性及评估结果的不确定性,以及自然遗迹的珍稀性、损害的严重性等因素,合理确定生态环境损害赔偿金额。

法律适用答复、复函

《公安部对〈关于鉴定淫秽物品有关问题的请示〉的批复》(公复字〔1998〕8号)

江苏省公安厅:

你厅《关于鉴定淫秽物品有关问题的请示》(苏公厅〔1998〕459号)收悉。现批复如下:

鉴于近年来各地公安机关查获淫秽物品数量不断增加、查禁任务日趋繁重的情况,为及时打击处理走私、制作、贩卖、传播淫秽物品的违法犯罪分子,今后各地公安机关查获的物品,需审查认定是否为淫秽物品的,可以由县级以上公安机关治安部门负责鉴定工作,但要指定两名政治、业务素质过硬的同志共同进行,其他人员一律不得参加。当事人提出不同意见需重新鉴定的,由上一级公安机关治安部门会同同级新闻出版、音像归口管理等部门重新鉴定。对送审鉴定和收缴的淫秽物品,由县级以上公安机关治安部门统一集中,登记造册,适时组织全部销毁。

对于淫秽物品鉴定工作中与新闻出版、音像归口管理等部门的配合问题,仍按现行规定执行。

相关规范集成·价格认证

其他规范

《最高人民法院、最高人民检察院、公安部、国家计委关于统一赃物估价工作的通知》(法发〔1994〕9号)

各省、自治区、直辖市高级人民法院,人民检察院,公安厅(局),物价局(委员会):

为了进一步做好赃物估价工作,统一估价原则和估价标准,正确办理刑事案

---

① 价格认证不属于司法鉴定,可以归入《刑诉法解释》第一百条规定的"专门性问题报告"的范畴。——**本评注注**

件,现就赃物估价工作的有关事项通知如下:

一、人民法院、人民检察院、公安机关在办理刑事案件过程中,对于价格不明或者价格难以确定的赃物应当估价。案件移送时,应附《赃物估价鉴定结论书》。

二、国家计委及地方各级政府物价管理部门是赃物估价的主管部门,其设立的价格事务所是指定的赃物估价机构。

三、人民法院、人民检察院、公安机关在办案中需要对赃物估价时,应当出具估价委托书,委托案件管辖地的同级物价管理部门设立的价格事务所进行估价。估价委托书一般应当载明赃物的品名、牌号、规格、数量、来源、购置时间、以及违法犯罪获得赃物的时间、地点等有关情况。

四、价格事务所应当参照最高人民法院、最高人民检察院 1992 年 12 月 11 日《关于办理盗窃案件具体应用法律的若干问题的解释》第三条的规定估价。价格事务所应当在接受估价委托后七日内作出估价鉴定结论,但另有约定的除外。

五、价格事务所对赃物估价后,应当出具统一制作的《赃物估价鉴定结论书》,由估价工作人员签名并加盖价格事务所印章。

六、委托估价的机关应当对《赃物估价鉴定结论书》进行审查。如果对同级价格事务所出具的《赃物估价鉴定结论书》提出异议,可退回价格事务所重新鉴定或者委托上一级价格事务所复核。经审查,确认无误的赃物估价鉴定结论,才能作为定案的根据。国家计委指定的直属价格事务所是赃物估价的最终复核裁定机构。

七、赃物估价是一项严肃的工作。各级政府价格主管部门及其价格事务所应积极配合人民法院、人民检察院、公安机关认真做好这项工作。一些尚未组建价格事务所的地区,赃物估价工作暂由物价管理部门承担。

八、关于赃物估价的具体规定和办法,另行制定。

《扣押、追缴、没收物品估价管理办法》(国家计划委员会、最高人民法院、最高人民检察院、公安部,计办〔1997〕808 号)

第一章 总 则

第一条 为了加强对扣押、追缴、没收物品估价管理,规范扣押、追缴、没收物品估价工作,保障刑事诉讼活动的顺利进行,依据国家有关法律和最高人民法院、最高人民检察院、公安部、国家计委的有关规定,特制定本办法。

第二条 人民法院、人民检察院、公安机关各自管辖的刑事案件,对于价格不明或者价格难以确定的扣押、追缴、没收物品需要估价的,应当委托指定的估价机构估价。案件移送时,应当附有《扣押、追缴、没收物品估价鉴定结论书》。

第三条 公安机关移送人民检察院审查起诉和人民检察院向人民法院提起

公诉的案件,对估价结论有异议的,应当由提出异议的机关自行委托估价机构重新估价。

第四条 对于扣押、追缴、没收的珍贵文物,珍贵、濒危动物及其制品,珍稀植物及其制品,毒品,淫秽物品,枪支、弹药等不以价格数额作为定罪量刑标准的,不需要估价。

第五条 国务院及地方人民政府价格部门是扣押、追缴、没收物品估价工作的主管部门,其设立的价格事务所是各级人民法院、人民检察院、公安机关指定的扣押、追缴、没收物品估价机构,其他任何机构或者个人不得对扣押、追缴、没收物品估价。

第六条 价格事务所出具的扣押、追缴、没收物品估价鉴定结论,经人民法院、人民检察院、公安机关确认,可以作为办理案件的依据。

第二章 委托程序

第七条 各级人民法院、人民检察院、公安机关遇有本办法第二条所列情形时,应当委托同级价格部门设立的价格事务所进行估价。

第八条 委托机关在委托估价时,应当送交《扣押、追缴、没收物品估价委托书》。《扣押、追缴、没收物品估价委托书》应当包括以下内容:

(一)估价的理由和要求;

(二)扣押、追缴、没收物品的品名、牌号、规格、种类、数量、来源,以及购置、生产、使用时间;

(三)起获扣押、追缴、没收物品时其被使用、损坏程度的记录,重要的扣押、追缴、没收物品,应当附照片;

(四)起获扣押、追缴、没收物品的时间、地点;

(五)其他需要说明的情况。

委托机关送交的《扣押、追缴、没收物品估价委托书》必须加盖单位公章。

第九条 价格事务所接到人民法院、人民检察院、公安机关的《扣押、追缴、没收物品估价委托书》时,应当认真审核委托书的各项内容及要求,如委托书所提要求无法做到时,应当立即与委托机关协商。

第三章 估价程序

第十条 价格事务所在接受委托后,应当按照《扣押、追缴、没收物品估价委托书》载明的情况对实物进行查验,如发现差异,应立即与委托机关共同确认。

价格事务所一般不留存扣押、追缴、没收物品,如确需留存时,应当征得委托机关同意并严格办理交接手续。

第十一条 价格事务所估价确实需要时,可以提请委托机关协助查阅有关的帐目、文件等资料。可以向与委托事项有关的单位和个人进行调查或索取证明材料。

第十二条 价格事务所应当在接受估价委托之日起七日内作出扣押、追缴、没收物品估价鉴定结论；另有约定的，在约定期限内作出。

第十三条 价格事务所办理的扣押、追缴、没收物品估价鉴定，应当由两名以上估价工作人员共同承办，出具的估价鉴定结论，必须经过内部审议。

价格事务所估价人员，遇有下列情形之一的，应当回避：

（一）与估价事项当事人有亲属关系或与该估价事项有利害关系的；

（二）与估价事项当事人有其他关系，可能影响对扣押、追缴、没收物品公正估价的。

第十四条 价格事务所在完成估价后，应当向委托机关出具《扣押、追缴、没收物品估价鉴定结论书》。《扣押、追缴、没收物品估价鉴定结论书》应当包括以下内容：

（一）估价范围和内容；

（二）估价依据；

（三）估价方法和过程要述；

（四）估价结论；

（五）其他需要说明的问题及有关材料；

（六）估价工作人员签名。

价格事务所出具的《扣押、追缴、没收物品估价鉴定结论书》必须加盖单位公章。

第十五条 委托机关对价格事务所出具的《扣押、追缴、没收物品估价鉴定结论书》有异议的，可以向原估价机构要求补充鉴定或者重新鉴定，也可以直接委托上级价格部门设立的价格事务所复核或者重新估价。

第十六条 接受委托的价格事务所认为必要时，在征得委托机关同意后，可以将委托事项转送上级价格部门设立的价格事务所进行估价，并将有关情况书面通知原委托估价机关。

第十七条 国家计划委员会直属价格事务所是扣押、追缴、没收物品估价的最终复核裁定机构。

第四章　估价的基本原则

第十八条 价格事务所必须按照国家的有关法律规定，以及最高人民法院、最高人民检察院制定的有关司法解释和各项价格法规，客观公正、准确及时地估定扣押、追缴、没收物品价格。

第十九条 扣押、追缴、没收物品估价的基准日除法律、法规和司法解释另有规定外,应当由委托机关根据案件实际情况确定。

第二十条 价格事务所对委托估价的文物、邮票、字画、贵重金银、珠宝及其制品等特殊物品,应当送有关专业部门作出技术、质量鉴定后,根据其提供的有关依据,作出估价结论。

第五章 组织管理

第二十一条 按照国家有关价格工作的管理规定,扣押、追缴、没收物品估价工作实行统一领导、分级管理。

第二十二条 国家计划委员会的主要职责:

(一)会同最高人民法院、最高人民检察院、公安部制定、解释扣押、追缴、没收物品估价工作的基本原则。

(二)确定划分国家和地方价格部门在扣押、追缴、没收物品估价工作中的主要职责。

(三)负责管理、指导、监督、检查全国扣押、追缴、没收物品估价工作。

(四)其设立的价格事务所办理最高人民法院、最高人民检察院、公安部委托的扣押、追缴、没收物品估价;协调或者办理跨地区(省、自治区、直辖市)、跨部门的扣押、追缴、没收物品估价业务;办理疑难、重大案件涉及的扣押、追缴、没收物品估价。

第二十三条 各省、自治区、直辖市价格部门的主要职责:

(一)贯彻执行最高人民法院、最高人民检察院、公安部和国家计委对估价工作制定的各项方针、政策和基本原则,会同同级司法机关制定本地区有关扣押、追缴、没收物品估价的具体规定。

(二)其设立的价格事务所办理同级人民法院、人民检察院、公安机关委托的扣押、追缴、没收物品估价;办理本地区内跨地(市)县,有相当难度的扣押、追缴、没收物品估价及复核工作;协助上级价格部门设立的价格事务所进行扣押、追缴、没收物品估价工作。

第二十四条 地(市)县(市、区)价格部门的职责:

(一)贯彻执行估价工作的有关规定,协助上级价格部门做好扣押、追缴、没收物品估价工作。接受上级价格部门对扣押、追缴、没收物品估价工作的管理、指导、监督、检查。

(二)其设立的价格事务所办理同级人民法院、人民检察院、公安机关委托的扣押、追缴、没收物品估价,协助上级价格部门设立的价格事务所进行扣押、追缴、没收物品估价工作。

第六章 法律责任

第二十五条 严禁估价人员虚假鉴定、徇私舞弊、玩忽职守、泄露涉案秘密。凡违反规定，造成估价失实，或者对办理案件造成不良影响的，对责任人员将视情节，给予处分；构成犯罪的，依法追究刑事责任。

第二十六条 价格事务所和鉴定人对出具的《扣押、追缴、没收物品估价鉴定结论书》的内容分别承担相应法律责任。

第二十七条 价格事务所及其工作人员对估价工作中涉及的有关资料和情况负责保密。

第七章 附则

第二十八条 其他涉案物品的估价，以及行政执法机关提请价格部门设立的价格事务所对收缴、罚没、扣押物品的估价，可以参照本办法执行。

第二十九条 价格事务所在进行扣押、追缴、没收物品估价时，可以向委托估价机关收取合理的估价鉴定费。估价鉴定收费办法由国家计委会同最高人民法院、最高人民检察院、公安部并商有关部门另行制定。

第三十条 本办法自颁布之日起施行。

附件：
一、扣押、追缴、没收物品估价委托书（样本）（略）
二、扣押、追缴、没收物品估价鉴定结论书（样本）（略）

《国家发展和改革委员会、最高人民法院、最高人民检察院、公安部、财政部关于扣押追缴没收及收缴财物价格鉴定管理的补充通知》（发改厅〔2008〕1392号）

各省、自治区、直辖市发展改革委、物价局、高级人民法院、人民检察院、公安厅（局）、财政厅（局），解放军军事法院、军事检察院，新疆自治区高级人民法院生产建设兵团分院、新疆生产建设兵团发展改革委、人民检察院：

为了进一步规范扣押、追缴、没收及收缴财物价格鉴定管理工作，现就相关事项补充通知如下：

一、各级政府价格部门设立的价格鉴证机构为国家机关指定的涉案财物价格鉴定的机构，名称统一为"价格认证中心"。原国家计委、最高人民法院、最高人民检察院、公安部制定的《扣押、追缴、没收物品估价管理办法》（计办〔1997〕808号）中涉及的"价格事务所"相应更改为"价格认证中心"。

二、各司法、行政执法机关在办理各自管辖刑事案件中，涉及价格不明或者价格有争议、需要对涉案财物或标的进行价格鉴定的，办案机关应委托同级政府价格部门设立的价格鉴定机构进行价格鉴定。

政府价格部门设立的价格鉴定机构可以接受办案机关的委托,对非刑事案件中涉案财物或标的进行价格鉴定。

三、各级政府价格主管部门设立的价格鉴证机构从事国家机关委托的刑事案件涉案财物价格鉴定不收费,该项鉴定费用由同级财政部门根据价格认证中心业务量大小,核定专项经费拨款或补贴。

《价格认定规定》(国家发展改革委,发改价格〔2015〕2251号)

第一条 为了规范价格认定工作,有效提供公共服务,维护公共利益,保障纪检监察、司法和行政工作的顺利进行,根据《中华人民共和国价格法》,制定本规定。

第二条 本规定所称价格认定,是指经有关国家机关提出,价格认定机构对纪检监察、司法、行政工作中所涉及的,价格不明或者价格有争议的,实行市场调节价的有形产品、无形资产和各类有偿服务进行价格确认的行为。

第三条 对下列情形中涉及的作为定案依据或者关键证据的有形产品、无形资产和各类有偿服务价格不明或者价格有争议的,经有关国家机关提出后,价格认定机构应当进行价格认定:

(一)涉嫌违纪案件;

(二)涉嫌刑事案件;

(三)行政诉讼、复议及处罚案件;

(四)行政征收、征用及执法活动;

(五)国家赔偿、补偿事项;

(六)法律、法规规定的其他情形。

第四条 价格认定应遵循依法、公正、科学、效率的原则。

第五条 县级以上各级人民政府价格主管部门负责本行政区域内价格认定工作的指导、协调和监督管理。

第六条 县级以上各级政府价格主管部门的价格认定机构承担价格认定工作。

第七条 国务院价格主管部门的价格认定机构办理中央纪律检查委员会、最高人民法院、最高人民检察院、国务院各部门以及直属机构提出的价格认定事项和价格认定最终复核事项。

第八条 省、自治区、直辖市人民政府价格主管部门的价格认定机构办理本省、自治区、直辖市纪律检查委员会、高级人民法院、人民检察院、人民政府各部门以及国务院垂直管理部门所属机构,直辖市中级人民法院、人民检察院分院提出的价格认定事项和本行政区域内的价格认定复核事项。

第九条 地市级人民政府价格主管部门的价格认定机构办理本级纪律检查委员会、中级人民法院或者直辖市辖区人民法院,本级或者直辖市辖区人民检察院,本级人民政府各部门以及国务院垂直管理部门所属机构提出的价格认定事项和本行政区域内的价格认定复核事项。

第十条 县级人民政府价格主管部门的价格认定机构办理本级纪律检查委员会、基层人民法院、人民检察院、人民政府各部门以及国务院垂直管理部门所属机构提出的价格认定事项。

第十一条 价格认定人员实行岗位管理。

第十二条 价格认定机构办理价格认定事项,应当具有价格认定提出机关出具的价格认定协助书。

第十三条 价格认定机构办理价格认定事项时,价格认定人员不得少于2人。

第十四条 价格认定人员应当根据价格认定对象和目的,按照价格认定工作制度、规则、程序、方法进行价格认定。

第十五条 价格认定人员应当全面、客观、公正地收集资料作为价格认定依据,并对其真实性、合法性和关联性进行审查。

第十六条 价格认定机构应当对价格认定结论进行内部审核,对重大、疑难的价格认定事项应当进行集体审议。

第十七条 价格认定机构应当在接受价格认定提出机关提出价格认定事项之日起7个工作日内作出价格认定结论;另有约定的,在约定期限内作出。

第十八条 价格认定机构作出的价格认定结论,经提出机关确认后,作为纪检监察、司法和行政工作的依据。

第十九条 价格认定提出机关对价格认定结论有异议的,可在收到价格认定结论之日起60日内,向上一级价格认定机构提出复核。提出复核不得超过两次。必要时,国务院价格主管部门的价格认定机构可对省、自治区、直辖市人民政府价格主管部门的价格认定机构作出的二次复核进行最终复核。

第二十条 对重大、疑难的复核事项,价格认定机构认为必要或者价格认定提出机关提出申请,价格认定机构可通过听证、座谈等方式,听取价格认定提出机关、相关当事人、专家的意见。

第二十一条 价格认定机构应当在接受价格认定提出机关提出复核事项之日起60日内作出复核决定;另有约定的,在约定期限内作出。

第二十二条 价格认定机构应当建立价格认定档案管理制度。

第二十三条 价格认定机构或者价格认定人员,有下列情形之一的,由任免

机关或者监察机关对负有责任的领导人员和直接责任人员给予处分;构成犯罪的,依法追究刑事责任:

(一)将依法取得的价格认定资料或者了解的情况用于其他目的的;

(二)因主观故意或者过失,出具虚假价格认定结论或者价格认定结论有重大差错的;

(三)违反法律、法规规定的其他行为。

第二十四条　价格认定机构办理价格认定事项不得收取任何费用。

第二十五条　价格认定工作所需经费纳入同级财政预算管理。

第二十六条　本规定自2016年1月1日起施行。

相关规范集成·文物鉴定评估[①]

其他规范

《国家文物局关于指定北京市文物进出境鉴定所等13家机构开展涉案文物鉴定评估工作的通知》(文物博函〔2015〕3936号)

各省(自治区、直辖市)文物局(文化厅):

《最高人民法院 最高人民检察院 关于办理妨害文物管理等刑事案件适用法律若干问题的解释》于2016年1月1日起施行。依据该司法解释,我局现指

[①] 《最高人民法院、最高人民检察院关于办理妨害文物管理等刑事案件适用法律若干问题的解释》(法释〔2015〕23号)第十五条第二款规定:"对案件涉及的有关文物鉴定、价值认定等专门性问题难以确定的,由司法鉴定机构出具鉴定意见,或者由国务院文物行政部门指定的机构出具报告。其中,对于文物价值,也可以由有关价格认证机构作出价格认证并出具报告。"据此,《国家文物局关于指定北京市文物进出境鉴定所等13家机构开展涉案文物鉴定评估工作的通知》(文物博函〔2015〕3936号)指定13家机构为第一批涉案文物鉴定评估机构;《国家文物局关于指定第二批涉案文物鉴定评估机构的通知》(文物博函〔2016〕1661号)指定29家机构为第二批涉案文物鉴定评估机构,并对第一批涉案文物鉴定评估机构名单中的1家机构取消涉案文物鉴定评估资质;《国家文物局关于指定第三批涉案文物鉴定评估机构的通知》(文物博函〔2022〕653号)指定23家机构为第三批涉案文物鉴定评估机构。目前,共有三批64家机构开展妨害文物管理等刑事案件涉及的文物鉴定评估和价值认定工作。此外,最高人民法院、最高人民检察院、国家文物局、公安部、海关总署《涉案文物鉴定评估管理办法》(文物博发〔2018〕4号)对涉案可移动文物和不可移动文物鉴定评估的问题作了明确,具体包括鉴定评估范围和内容、鉴定评估机构和人员、鉴定评估程序以及监督管理等相关规定。——**本评注注**

定北京市文物进出境鉴定所等13家机构(机构名单详见附件)为第一批涉案文物鉴定评估机构,开展妨害文物管理等刑事案件涉及的文物鉴定和价值认定工作。

请相关省(自治区、直辖市)文物局(文化厅)进一步加强上述单位的机构和专业人员队伍建设,积极配合司法机关,认真做好涉案文物鉴定评估工作。

附件:涉案文物鉴定评估机构名单(第一批)(略)

《国家文物局关于指定第二批涉案文物鉴定评估机构的通知》(文物博函〔2016〕1661号》)

各省、自治区、直辖市文物局(文化厅):

根据《最高人民法院、最高人民检察院关于办理妨害文物管理等刑事案件适用法律若干问题的解释》(法释〔2015〕23号)的规定,为满足司法机关对涉案文物鉴定评估工作的需要,充分发挥文物鉴定评估对依法打击文物违法犯罪活动的支撑作用,我局于近期组织开展了第二批涉案文物鉴定机构申报遴选工作,现将遴选结果和有关事项通知如下:

一、指定北京市古代建筑研究所等29家机构(机构名单详见附件)为第二批涉案文物鉴定评估机构,开展妨害文物管理等刑事案件涉及的文物鉴定和价值认定工作。

二、第一批涉案文物鉴定评估机构名单中的山东省文物保护与收藏协会因不符合涉案文物鉴定评估机构的相关条件,不再开展涉案文物鉴定评估工作。

三、各省级文物行政部门和各涉案文物鉴定评估机构要从打击文物犯罪,保护文物安全的高度,加强机构和专业人员队伍建设,积极配合司法机关及行政执法机构,认真做好涉案文物鉴定评估工作。

四、我局将对涉案文物鉴定评估机构和文物鉴定人员实施动态管理,各省级文物行政部门和各涉案文物鉴定评估机构应及时将机构和人员基本信息的变化情况报我局备案。

特此通知。

附件:涉案文物鉴定评估机构名单(第二批)(略)

《涉案文物鉴定评估管理办法》(高法院、高检院、文物局、公安部、海关总署,文物博发〔2018〕4号)

第一章 总 则

第一条 为适应人民法院、人民检察院和公安机关等办案机关办理文物犯罪刑事案件的需要,规范涉案文物鉴定评估活动,保证涉案文物鉴定评估质量,根据《中华人民共和国文物保护法》、《最高人民法院、最高人民检察院关于办理妨害文物管理等刑事案件适用法律若干问题的解释》和有关法律法规,制定本办法。

第二条 本办法所称涉案文物,专指文物犯罪刑事案件涉及的文物或者疑似文物。

本办法所称涉案文物鉴定评估,是指涉案文物鉴定评估机构组织文物鉴定评估人员,运用专门知识或者科学技术对涉案文物的专门性问题进行鉴别、判断、评估并提供鉴定评估报告的活动。

第三条 国家文物局指定的涉案文物鉴定评估机构和予以备案的文物鉴定评估人员开展涉案文物鉴定评估活动,适用本办法。

第四条 涉案文物鉴定评估机构开展涉案文物鉴定评估活动,应当遵循合法、独立、客观、公正的原则。

第五条 文物鉴定评估人员在涉案文物鉴定评估活动中,应当遵守法律法规,遵守职业道德和职业纪律,尊重科学,遵守标准规范。

第六条 国家文物局负责遴选指定涉案文物鉴定评估机构,制定涉案文物鉴定评估管理制度和标准规范,对全国涉案文物鉴定评估工作进行宏观指导。

第七条 省级文物行政部门负责推荐本行政区域内涉案文物鉴定评估机构,对涉案文物鉴定评估工作进行监督管理。

省级文物行政部门应当保障本行政区域内涉案文物鉴定评估机构开展涉案文物鉴定评估工作所需的业务经费。

第八条 涉案文物鉴定评估机构的发展应当符合统筹规划、合理布局、严格标准、确保质量的要求。

第二章 鉴定评估范围和内容

第九条 涉案文物鉴定评估范围涵盖可移动文物和不可移动文物。

(一)可移动文物鉴定评估类别包括陶瓷器、玉石器、金属器、书画、杂项等五个类别。

(二)不可移动文物鉴定评估类别包括古文化遗址、古墓葬、古建筑、石窟寺及石刻、近现代重要史迹及代表性建筑、其他等六个类别。

第十条 已被拆解的不可移动文物的构件,涉案文物鉴定评估机构可以应办案机关的要求,将其作为可移动文物进行鉴定评估。

第十一条 可移动文物鉴定评估内容包括:

(一)确定疑似文物是否属于文物;

（二）确定文物产生或者制作的时代；

（三）评估文物的历史、艺术、科学价值，确定文物级别；

（四）评估有关行为对文物造成的损毁程度；

（五）评估有关行为对文物价值造成的影响；

（六）其他需要鉴定评估的文物专门性问题。

可移动文物及其等级已经文物行政部门认定的，涉案文物鉴定评估机构不再对上述第一至三项内容进行鉴定评估。

第十二条 不可移动文物鉴定评估内容包括：

（一）确定疑似文物是否属于古文化遗址、古墓葬；

（二）评估有关行为对文物造成的损毁程度；

（三）评估有关行为对文物价值造成的影响；

（四）其他需要鉴定评估的文物专门性问题。

不可移动文物及其等级已经文物行政部门认定的，涉案文物鉴定评估机构不再对上述第一项内容进行鉴定评估。

第十三条 涉案文物鉴定评估机构可以根据自身专业条件，并应办案机关的要求，对文物的经济价值进行评估。

第三章 鉴定评估机构和人员

第十四条 国有文物博物馆机构申请从事涉案文物鉴定评估业务，应当具备下列条件：

（一）有独立法人资格；

（二）有固定的办公场所和必要的文物鉴定技术设备；

（三）能够从事本办法第九条规定的可移动文物所有类别或者不可移动文物所有类别的鉴定评估业务，每类别有三名以上专职或者兼职的文物鉴定评估人员；

（四）有一定数量的专职文物鉴定评估人员；

（五）具备一定的文物鉴定评估组织工作经验。

第十五条 国有文物博物馆机构申请从事涉案文物鉴定评估业务，应当提交下列材料：

（一）申请从事涉案文物鉴定评估业务的文件；

（二）涉案文物鉴定评估机构申请表；

（三）文物鉴定评估人员登记表；

（四）法人证书复印件或者证明法人资格的相关文件；

（五）此前组织开展文物鉴定评估工作的相关情况说明。

第十六条　省级文物行政部门按照本办法第十四条规定的条件,对本行政区域内申请从事涉案文物鉴定评估业务的国有文物博物馆机构进行初审,初审合格的报国家文物局。

国家文物局对各省上报的机构进行遴选,指定其中符合要求的为涉案文物鉴定评估机构,并通过适当方式向社会公告。

第十七条　涉案文物鉴定评估机构的文物鉴定评估人员,应当至少符合下列条件之一:

(一)取得文物博物及相关系列中级以上专业技术职务,并有至少持续五年文物鉴定实践经历;

(二)是文物进出境责任鉴定人员;

(三)是国家或者省级文物鉴定委员会委员。

第十八条　省级文物行政部门按照本办法第十七条规定的条件,对拟从事涉案文物鉴定评估工作的文物鉴定评估人员进行审核,审核合格的报国家文物局备案。

第十九条　涉案文物鉴定评估机构的文物鉴定评估人员只能在一个鉴定评估机构中任职(包括兼职),但可以接受其他涉案文物鉴定评估机构的聘请,从事特定事项的涉案文物鉴定评估活动。

文物鉴定评估人员不得私自接受涉案文物鉴定评估委托。

第四章　鉴定评估程序

第一节　委托与受理

第二十条　涉案文物鉴定评估机构受理所在省(自治区、直辖市)行政区域内人民法院、人民检察院和公安机关等办案机关的涉案文物鉴定评估委托。

第二十一条　办案机关委托文物鉴定评估的,应当向涉案文物鉴定评估机构提供立案决定书、办案机关介绍信或者委托函、鉴定评估物品清单、照片、资料等必要的鉴定评估材料,并对鉴定评估材料的真实性、合法性负责。

经双方同意,办案机关可以将鉴定评估文物暂时委托涉案文物鉴定评估机构保管。

第二十二条　涉案文物鉴定评估机构收到鉴定评估材料和鉴定评估文物后,应当详细查验并进行登记,并严格开展鉴定评估文物和其他鉴定评估材料的交接、保管、使用和退还工作。

第二十三条　涉案文物鉴定评估机构对属于本机构涉案文物鉴定评估业务范围,鉴定评估用途合法,提供的鉴定评估材料能够满足鉴定评估需要的鉴定评估委托,应当受理。

鉴定评估材料不完整、不充分，不能满足鉴定评估需要的，涉案文物鉴定评估机构可以要求委托办案机关进行补充。

委托办案机关故意提供虚假鉴定评估材料的，涉案文物鉴定评估机构应当主动向委托办案机关的上级部门报告。

第二十四条　有下列情形之一的鉴定评估委托，涉案文物鉴定评估机构不予受理：

（一）委托主体不符合本办法对办案机关的规定的；

（二）委托鉴定评估物品不符合本办法对涉案文物的规定的；

（三）鉴定评估范围和内容不属于涉案文物鉴定评估机构业务范围或者不符合本办法规定的；

（四）鉴定评估材料不具备鉴定评估条件或者与鉴定评估要求不相符的。

第二十五条　涉案文物鉴定评估机构应当自收到鉴定评估材料之日起五个工作日内，作出是否受理鉴定评估委托的决定。

第二十六条　涉案文物鉴定评估机构决定受理鉴定评估委托的，应当与委托办案机关签订涉案文物鉴定评估委托书。鉴定评估委托书应当载明委托办案机关名称、涉案文物鉴定评估机构名称、委托鉴定评估内容、鉴定评估时限以及双方权利义务等事项。

第二十七条　涉案文物鉴定评估机构决定不予受理鉴定评估委托的，应当向委托主体说明理由，并退还鉴定评估材料。

第二十八条　对于本办法三十五条第二款和三十六条第一款规定的鉴定评估终止情形，或者因其他重大特殊原因，办案机关可以申请跨行政区域委托涉案文物鉴定评估。

跨行政区域委托涉案文物鉴定评估的，由办案机关所在地省级文物行政部门商拟委托涉案文物鉴定评估机构所在地省级文物行政部门，共同确定具有相应鉴定评估能力的涉案文物鉴定评估机构开展。协商不成的，可以由办案机关所在地省级文物行政部门报国家文物局指定。

第二节　鉴定评估

第二十九条　涉案文物鉴定评估机构接受鉴定评估委托后，应当组织本机构与委托鉴定评估文物类别一致的文物鉴定评估人员进行鉴定评估。每类别文物鉴定评估应当有两名以上文物鉴定评估人员参加鉴定评估。

对复杂、疑难和重大案件所涉的鉴定评估事项，可以聘请其他涉案文物鉴定评估机构相关文物类别的文物鉴定评估人员参加鉴定评估。

第三十条　文物鉴定评估人员有下列情形之一的，应当自行回避，涉案文鉴定评估机构负责人也应当要求其回避：

（一）是案件的当事人或者是当事人的近亲属的；

（二）本人或者其近亲属与案件有利害关系的；

（三）与案件当事人和案件有其他关系，可能影响其独立、客观、公正鉴定评估的。

第三十一条 可移动文物的鉴定评估，应当依托涉案文物实物开展，并依照相关标准和技术规范进行。

第三十二条 不可移动文物的鉴定评估，应当到涉案文物所在地现场开展调查研究，并依照相关标准和技术规范进行。

第三十三条 涉案文物鉴定评估过程中，需要进行有损科技检测的，涉案文物鉴定评估机构应当征得委托办案机关书面同意。文物鉴定评估人员应当对科技检测的手段、过程和结果进行记录，并签名存档备查。

第三十四条 涉案文物鉴定评估采取文物鉴定评估人员独立鉴定评估和合议相结合的方式进行。文物鉴定评估人员应当对鉴定评估的方法、过程和结论进行记录，并签名存档备查。

第三十五条 鉴定评估活动完成后，涉案文物鉴定评估机构应当对文物鉴定评估人员作出的鉴定评估意见进行审查，对鉴定评估意见一致的出具鉴定评估报告。

鉴定评估意见不一致的，涉案文物鉴定评估机构应当组织原鉴定人员以外的文物鉴定评估人员再次进行鉴定评估，再次鉴定评估意见一致的出具鉴定评估报告；再次鉴定评估意见仍不一致的，可以终止鉴定评估，涉案文物鉴定评估机构应当书面通知委托办案机关终止鉴定评估决定并说明理由。

第三十六条 有下列情形之一的，涉案文物鉴定评估机构可以终止鉴定评估：

（一）在鉴定评估过程中发现本机构难以解决的技术性问题的；

（二）确需补充鉴定评估材料而委托办案机关无法补充的；

（三）委托办案机关要求终止鉴定评估的；

（四）其他需要终止鉴定评估的情形。

除上述第三项情形外，涉案文物鉴定评估机构应当书面通知委托办案机关终止鉴定评估决定并说明理由。

第三十七条 有下列情形之一的，涉案文物鉴定评估机构应当接受办案机关委托进行重新鉴定评估：

（一）有明确证据证明鉴定评估报告内容有错误的；

（二）鉴定评估程序不符合本办法规定的；

（三）文物鉴定评估人员故意作出虚假鉴定评估或者应当回避而未予回避的；

（四）其他可能影响鉴定评估客观、公正的情形。

涉案文物鉴定评估机构应当组织原鉴定评估人员以外的文物鉴定评估人员进行重新鉴定评估。

鉴定评估报告中出现的明显属于错别字或者语言表述瑕疵的，可以由鉴定评估机构出具更正说明，更正说明属于原鉴定评估报告的组成部分。

第三十八条 有下列情形之一的，涉案文物鉴定评估机构应当根据办案机关要求进行补充鉴定评估：

（一）鉴定评估报告内容有遗漏的；

（二）鉴定评估报告意见不明确的；

（三）办案机关发现新的相关重要鉴定评估材料的；

（四）办案机关对涉案文物有新的鉴定评估要求的；

（五）鉴定评估报告不完整，委托事项无法确定的；

（六）其他需要补充鉴定评估的情形。

补充鉴定评估是原委托鉴定评估活动的组成部分，应当由涉案文物鉴定评估机构组织原文物鉴定评估人员进行。

第三十九条 办案机关对有明确证据证明涉案文物鉴定评估机构重新出具的鉴定评估报告有错误的，可以由最高人民法院、最高人民检察院、公安部、海关总署商国家文物局，由国家文物局指定涉案文物鉴定评估机构进行再次鉴定评估。

第四十条 涉案文物鉴定评估机构一般应当自鉴定评估委托书签订之日起十五个工作日内完成鉴定评估。

因办案时限规定或者其他特殊事由，需要缩减或者延长鉴定评估时限的，由双方协商确定。延长鉴定评估时限的，一般不超过四十五个工作日。

第四十一条 涉案文物鉴定评估机构应当按照统一规定的文本格式制作鉴定评估报告。

鉴定评估报告一式五份，三份交委托办案机关，一份由涉案文物鉴定评估机构存档，一份在鉴定评估活动完成次月15日前报所在地省级文物行政部门备案。

第四十二条 鉴定评估事项结束后，涉案文物鉴定评估机构应当将鉴定评估报告以及在鉴定评估过程中产生的有关资料整理立卷、归档保管。

第四十三条 未经委托办案机关同意,涉案文物鉴定评估机构和文物鉴定评估人员不得向文物行政部门以外的其他组织或者个人提供与鉴定评估事项有关的信息。

第五章 监督管理

第四十四条 涉案文物鉴定评估机构应当于每年11月15日前,将本年度涉案文物鉴定评估业务情况和鉴定的涉案文物信息书面报告所在地省级文物行政部门。省级文物行政部门汇总后于当年12月1日前报送国家文物局。

第四十五条 最高人民法院、最高人民检察院、公安部、海关总署直接办理或者督办的刑事案件所涉的文物鉴定评估,涉案文物鉴定评估机构应当在接受鉴定评估委托后,及时通过省级文物行政部门向国家文物局报告。

第四十六条 涉案文物鉴定评估机构发生法定代表人、办公地点或者机构性质等重大事项变更,或者文物鉴定评估人员发生变动的,应当及时将相关情况通过省级文物行政部门报国家文物局备案。

第四十七条 省级文物行政部门应当对本行政区域内涉案文物鉴定评估机构进行不定期检查,发现问题或者有举报、投诉等情况的,应当及时进行调查处理。

第四十八条 涉案文物鉴定评估机构有下列情形之一的,由所在地省级文物行政部门给予警告,并责令其改正:

(一)超出本办法规定的涉案文物鉴定评估业务范围开展涉案文物鉴定评估活动的;

(二)组织未经国家文物局备案的文物鉴定评估人员开展涉案文物鉴定评估活动的;

(三)鉴定评估活动未按照本办法规定的程序要求和标准规范开展的;

(四)无正当理由拒绝接受涉案文物鉴定评估委托的;

(五)无正当理由超出鉴定评估时限的;

(六)法律、法规规定的其他情形。

第四十九条 涉案文物鉴定评估机构有下列情形之一的,由所在地省级文物行政部门进行调查,国家文物局根据情节严重程度暂停或者终止其从事涉案文物鉴定评估业务:

(一)因严重不负责任造成鉴定评估报告内容明显错误的;

(二)因严重不负责任造成委托鉴定评估文物实物损毁、遗失的;

(三)法律、法规规定的其他情形。

第五十条 文物鉴定评估人员有下列情形之一的,由所在涉案文物鉴定评

估机构给予警告,并责令其改正:

(一)无正当理由拒绝接受涉案文物鉴定评估工作的;

(二)向委托办案机关私自收取鉴定评估费用的;

(三)法律、法规规定的其他情形。

第五十一条 文物鉴定评估人员有下列情形之一的,由所在涉案文物鉴定评估机构给予警告,并责令其改正;情节严重的,报省级文物行政部门同意后暂停或者终止其开展涉案文物鉴定评估活动:

(一)应当回避而未予回避,造成恶劣影响的;

(二)违反职业道德和职业纪律,造成恶劣影响的;

(三)因严重不负责任造成委托鉴定评估文物实物损毁、遗失的;

(四)法律、法规规定的其他情形。

第五十二条 涉案文物鉴定评估机构负责人在管理工作中滥用职权、玩忽职守造成严重后果的,依法追究相应的法律责任。

涉案文物鉴定评估机构负责人和文物鉴定评估人员故意出具虚假鉴定评估报告,或者故意隐匿、侵占、毁损委托鉴定评估文物,构成犯罪的,依法追究刑事责任。

第六章 附 则

第五十三条 对古猿化石、古人类化石及其与人类活动有关的第四纪古脊椎动物化石的鉴定评估活动,依照本办法执行。

第五十四条 涉案文物鉴定评估机构和文物鉴定评估人员开展行政案件、民事案件涉及文物的鉴定评估活动,可以参照本办法执行。

第五十五条 对尚未登记公布的古文化遗址、古墓葬,县级以上文物行政部门可以依据已生效判决采纳的鉴定评估意见,依法开展登记公布工作。

第五十六条 本办法自公布之日起实施。此前有关规定与本办法不一致的,以本办法为准。

附件1:涉案文物鉴定评估报告(格式文本)(略)

《国家文物局关于指定第三批涉案文物鉴定评估机构的通知》(文物博函〔2022〕653号)

各省、自治区、直辖市文物局(文化厅):

为贯彻《国务院关于进一步加强文物工作的指导意见》(国发〔2016〕17号)有关精神,落实《最高人民法院 最高人民检察院关于办理妨害文物管理等刑事案件适用法律若干问题的解释》(法释〔2015〕23号)、《涉案文物鉴定评估管理办法》(文物博发〔2018〕4号)中关于涉案文物鉴定评估机构指定的要求,满足各地涉案文物鉴定评估工作的实际需求,我局近期组织开展了第三批涉案文物鉴定机构申报遴选工作,现将遴选结果和有关事项通知如下:

一、指定太原市博物馆等23家机构(名单详见附件)为第三批涉案文物鉴定评估机构,开展涉案文物鉴定评估工作。

二、各涉案文物鉴定评估机构应严格执行《涉案文物鉴定评估管理办法》,开展涉案文物鉴定评估工作;要从打击文物犯罪、保护文物安全的高度,积极配合执法机关认真做好涉案文物鉴定评估工作。

三、各涉案文物鉴定评估机构要加强涉案文物鉴定评估人员队伍建设,支持鼓励涉案文物鉴定评估人员参加业务培训,提升鉴定评估能力;积极探索研究文物鉴定科技检测技术及方法,提高涉案文物鉴定评估工作的科技水平。

四、各省级文物行政部门要落实属地管理职责,做好涉案文物鉴定评估机构的监督管理和涉案文物鉴定评估人员的组织协调,切实保障鉴定评估工作所需的业务经费。

五、我局将对涉案文物鉴定评估机构和文物鉴定人员实施动态管理,各省级文物行政部门和各涉案文物鉴定评估机构应及时将机构和人员基本信息的变化情况报我局备案。

特此通知。

附件:涉案文物鉴定评估机构名单(第三批)(略)

第八节　技术侦查措施

相关规定

《中华人民共和国人民警察法》(修正后自2013年1月1日起施行,节录)

第十六条　公安机关因侦查犯罪的需要,根据国家有关规定,经过严格的批准手续,可以采取技术侦察措施。

《中华人民共和国海警法》(自2021年2月1日起施行,节录)

第三十九条　海警机构在立案后,对于危害国家安全犯罪、恐怖活动犯罪、黑社会性质的组织犯罪、重大毒品犯罪或者其他严重危害社会的犯罪案件,依照《中华人民共和国刑事诉讼法》和有关规定,经过严格的批准手续,可以采取技术侦查措施,按照规定交由有关机关执行。

追捕被通缉或者批准、决定逮捕的在逃的犯罪嫌疑人、被告人,经过批准,可以采取追捕所必需的技术侦查措施。

《中华人民共和国反有组织犯罪法》(自2022年5月1日起施行,节录)

第三十一条 公安机关在立案后,根据侦查犯罪的需要,依照《中华人民共和国刑事诉讼法》的规定,可以采取技术侦查措施、实施控制下交付或者由有关人员隐匿身份进行侦查。

《中华人民共和国反间谍法》(修订后自2023年7月1日起施行,节录)

第三十七条 国家安全机关因反间谍工作需要,根据国家有关规定,经过严格的批准手续,可以采取技术侦察措施和身份保护措施。

> 第一百五十条 【技术侦查措施的适用范围】公安机关在立案后,对于危害国家安全犯罪、恐怖活动犯罪、黑社会性质的组织犯罪、重大毒品犯罪或者其他严重危害社会的犯罪案件,根据侦查犯罪的需要,经过严格的批准手续,可以采取技术侦查措施。
>
> 人民检察院在立案后,对于利用职权实施的严重侵犯公民人身权利的重大犯罪案件,根据侦查犯罪的需要,经过严格的批准手续,可以采取技术侦查措施,按照规定交有关机关执行。
>
> 追捕被通缉或者批准、决定逮捕的在逃的犯罪嫌疑人、被告人,经过批准,可以采取追捕所必需的技术侦查措施。

立法沿革

本条系2012年《刑事诉讼法修改决定》增加的规定。2018年《刑事诉讼法修改决定》对本条规定作出修改,删去人民检察院对"重大的贪污、贿赂犯罪案件"可以采取技术侦查措施的规定。

基本规范

《公安机关办理刑事案件程序规定》(公安部令第159号修正,修正后自2020年9月1日起施行)

第八章 侦查

第十节 技术侦查

第二百六十三条 公安机关在立案后,根据侦查犯罪的需要,可以对下列严重危害社会的犯罪案件采取技术侦查措施:

（一）危害国家安全犯罪、恐怖活动犯罪、黑社会性质的组织犯罪、重大毒品犯罪案件；

（二）故意杀人、故意伤害致人重伤或者死亡、强奸、抢劫、绑架、放火、爆炸、投放危险物质等严重暴力犯罪案件；

（三）集团性、系列性、跨区域性重大犯罪案件；

（四）利用电信、计算机网络、寄递渠道等实施的重大犯罪案件，以及针对计算机网络实施的重大犯罪案件；

（五）其他严重危害社会的犯罪案件，依法可能判处七年以上有期徒刑的。

公安机关追捕被通缉或者批准、决定逮捕的在逃的犯罪嫌疑人、被告人，可以采取追捕所必需的技术侦查措施。

第二百六十四条 技术侦查措施是指由设区的市一级以上公安机关负责技术侦查的部门实施的记录监控、行踪监控、通信监控、场所监控等措施。

技术侦查措施的适用对象是犯罪嫌疑人、被告人以及与犯罪活动直接关联的人员。

第十四章 附 则

第三百八十五条 本规定所称"危害国家安全犯罪"，包括刑法分则第一章规定的危害国家安全罪以及危害国家安全的其他犯罪；"恐怖活动犯罪"，包括以制造社会恐慌、危害公共安全或者胁迫国家机关、国际组织为目的，采取暴力、破坏、恐吓等手段，造成或者意图造成人员伤亡、重大财产损失、公共设施损坏、社会秩序混乱等严重社会危害的犯罪，以及煽动、资助或者以其他方式协助实施上述活动的犯罪。

《海警机构办理刑事案件程序规定》（中国海警局令第1号，自2023年6月15日起施行）

第八章 侦 查

第十一节 技术侦查

第二百五十九条 海警机构在立案后，根据侦查犯罪的需要，可以对下列严重危害社会的犯罪案件采取技术侦查措施：

（一）危害国家安全犯罪、恐怖活动犯罪、黑社会性质的组织犯罪、重大毒品犯罪案件；

（二）故意杀人、故意伤害致人重伤或者死亡、强奸、抢劫、绑架、放火、爆炸、投放危险物质等严重暴力犯罪案件；

（三）集团性、系列性、跨区域性重大犯罪案件；

（四）其他严重危害社会的犯罪案件，依法可能判处七年以上有期徒刑的。

海警机构追捕被通缉或者批准、决定逮捕的在逃的犯罪嫌疑人、被告人，可以采取追捕所必需的技术侦查措施。

第十二章 附 则

第三百三十九条 本规定所称"危害国家安全犯罪",包括《中华人民共和国刑法》分则第一章规定的危害国家安全罪以及危害国家安全的其他犯罪;"恐怖活动犯罪",包括以制造社会恐慌、危害公共安全或者胁迫国家机关、国际组织为目的,采取暴力、破坏、恐吓等手段,造成或者意图造成人员伤亡、重大财产损失、公共设施损坏、社会秩序混乱等严重社会危害的犯罪,以及煽动、资助或者以其他方式协助实施上述活动的犯罪。

其他规范

《最高人民法院、最高人民检察院、公安部、司法部、海关总署关于走私犯罪侦查机关办理走私犯罪案件适用刑事诉讼程序若干问题的通知》(署侦〔1998〕742号)第二条第三款对技侦措施使用的有关问题作了规定。(→参见第十九条所附"其他规范",第149页)

《最高人民检察院、公安部关于公安机关办理经济犯罪案件的若干规定》(公通字〔2017〕25号)第三十七条对公安机关办理经济犯罪案件采取技侦措施的有关问题作了规定。(→参见第二编"立案、侦查和提起公诉"标题下所附"其他规范",第763页)

第一百五十一条 【技术侦查措施的批准决定】批准决定应当根据侦查犯罪的需要,确定采取技术侦查措施的种类和适用对象。批准决定自签发之日起三个月以内有效。对于不需要继续采取技术侦查措施的,应当及时解除;对于复杂、疑难案件,期限届满仍有必要继续采取技术侦查措施的,经过批准,有效期可以延长,每次不得超过三个月。

立法沿革

本条系2012年《刑事诉讼法修改决定》增加的规定,2018年修改《刑事诉讼法》时未作调整。

"六部委"规定

《最高人民法院、最高人民检察院、公安部、国家安全部、司法部、全国人大常委会法制工作委员会关于实施刑事诉讼法若干问题的规定》(自2013年1月1日起施行,节录)

六、侦查

20. 刑事诉讼法第一百四十九条①中规定:"批准决定应当根据侦查犯罪的需要,确定采取技术侦查措施的种类和适用对象。"采取技术侦查措施收集的材料作为证据使用的,批准采取技术侦查措施的法律文书应当附卷,辩护律师可以依法查阅、摘抄、复制,在审判过程中可以向法庭出示。

基本规范

《公安机关办理刑事案件程序规定》(公安部令第159号修正,修正后自2020年9月1日起施行)

第八章　侦　查

第十节　技术侦查

第二百六十五条　需要采取技术侦查措施的,应当制作呈请采取技术侦查措施报告书,报设区的市一级以上公安机关负责人批准,制作采取技术侦查措施决定书。

人民检察院等部门决定采取技术侦查措施,交公安机关执行的,由设区的市一级以上公安机关按照规定办理相关手续后,交负责技术侦查的部门执行,并将执行情况通知人民检察院等部门。

第二百六十六条　批准采取技术侦查措施的决定自签发之日起三个月以内有效。

在有效期限内,对不需要继续采取技术侦查措施的,办案部门应当立即书面通知负责技术侦查的部门解除技术侦查措施;负责技术侦查的部门认为需要解除技术侦查措施的,报批准机关负责人批准,制作解除技术侦查措施决定书,并及时通知办案部门。

对复杂、疑难案件,采取技术侦查措施的有效期限届满仍需要继续采取技术侦查措施的,经负责技术侦查的部门审核后,报批准机关负责人批准,制作延长技术侦查措施期限决定书。批准延长期限,每次不得超过三个月。

有效期限届满,负责技术侦查的部门应当立即解除技术侦查措施。

《海警机构办理刑事案件程序规定》(中国海警局令第1号,自2023年6月15日起施行)

第八章　侦　查

第十一节　技术侦查

第二百六十条　需要采取技术侦查措施的,应当制作呈请采取技术侦查措

---

① 现行《刑事诉讼法》第一百五十一条。——本评注注

施报告书,并提交呈请立案报告书、立案决定书的复印件,经市级海警局以上海警机构负责人批准后,交公安机关、国家安全机关等部门按程序办理。

需要采取技术侦查措施追捕通缉或者批准、决定逮捕的在逃的犯罪嫌疑人、被告人的,应当制作呈请采取技术侦查措施报告书,并提交通缉令或者逮捕证的复印件,经市级海警局以上海警机构负责人批准后,交公安机关、国家安全机关等部门按程序办理。

第一百五十二条 【技术侦查措施的执行】采取技术侦查措施,必须严格按照批准的措施种类、适用对象和期限执行。

侦查人员对采取技术侦查措施过程中知悉的国家秘密、商业秘密和个人隐私,应当保密;对采取技术侦查措施获取的与案件无关的材料,必须及时销毁。

采取技术侦查措施获取的材料,只能用于对犯罪的侦查、起诉和审判,不得用于其他用途。

公安机关依法采取技术侦查措施,有关单位和个人应当配合,并对有关情况予以保密。

立法沿革

本条系 2012 年《刑事诉讼法修改决定》增加的规定,2018 年修改《刑事诉讼法》时未作调整。

基本规范

《公安机关办理刑事案件程序规定》(公安部令第 159 号修正,修正后自 2020 年 9 月 1 日起施行)

第八章 侦 查

第十节 技术侦查

第二百六十七条 采取技术侦查措施,必须严格按照批准的措施种类、适用对象和期限执行。

在有效期限内,需要变更技术侦查措施种类或者适用对象的,应当按照本规定第二百六十五条规定重新办理批准手续。

第二百七十条 侦查人员对采取技术侦查措施过程中知悉的国家秘密、商业秘密和个人隐私,应当保密。

公安机关依法采取技术侦查措施,有关单位和个人应当配合,并对有关情况予以保密。

> **第一百五十三条** 【隐匿身份侦查、控制下交付】为了查明案情,在必要的时候,经公安机关负责人决定,可以由有关人员隐匿其身份实施侦查。但是,不得诱使他人犯罪,不得采用可能危害公共安全或者发生重大人身危险的方法。
>
> 对涉及给付毒品等违禁品或者财物的犯罪活动,公安机关根据侦查犯罪的需要,可以依照规定实施控制下交付。

立法沿革

本条系 2012 年《刑事诉讼法修改决定》增加的规定,2018 年修改《刑事诉讼法》时未作调整。

基本规范

《公安机关办理刑事案件程序规定》(公安部令第 159 号修正,修正后自 2020 年 9 月 1 日起施行)

第八章 侦 查

第十节 技术侦查

第二百七十一条 为了查明案情,在必要的时候,经县级以上公安机关负责人决定,可以由侦查人员或者公安机关指定的其他人员隐匿身份实施侦查。

隐匿身份实施侦查时,不得使用促使他人产生犯罪意图的方法诱使他人犯罪,不得采用可能危害公共安全或者发生重大人身危险的方法。

第二百七十二条 对涉及给付毒品等违禁品或者财物的犯罪活动,为查明参与该项犯罪的人员和犯罪事实,根据侦查需要,经县级以上公安机关负责人决定,可以实施控制下交付。

《海警机构办理刑事案件程序规定》(中国海警局令第 1 号,自 2023 年 6 月 15 日起施行)

第八章 侦 查

第十一节 技术侦查

第二百六十三条 为了查明案情,必要时,经市级海警局以上海警机构负责人决定,可以由有关人员隐匿其身份实施侦查,但是不得使用促使他人产生犯罪意图的方法诱使他人犯罪,不得采用可能危害公共安全或者发生重大人身危险的方法。

第二百六十四条 对涉及给付毒品等违禁品或者财物的犯罪活动,根据侦查需要,经省级海警局以上海警机构负责人决定,可以实施控制下交付。

第一百五十四条 【技侦材料的证据资格】依照本节规定采取侦查措施收集的材料在刑事诉讼中可以作为证据使用。如果使用该证据可能危及有关人员的人身安全,或者可能产生其他严重后果的,应当采取不暴露有关人员身份、技术方法等保护措施,必要的时候,可以由审判人员在庭外对证据进行核实。

立法沿革

本条系2012年《刑事诉讼法修改决定》增加的规定,2018年修改《刑事诉讼法》时未作调整。

基本规范

《最高人民法院关于适用〈中华人民共和国刑事诉讼法〉的解释》(法释〔2021〕1号)第四章"证据"第八节"技术调查、侦查证据的审查与认定"(第一百一十六条至第一百二十二条)对技术调查、侦查证据审查与认定的有关问题作了规定。(→参见第五十五条后"相关规范集成·证据分类收集提取与审查判断"所附"基本规范",第396—397页)

《公安机关办理刑事案件程序规定》(公安部令第159号修正,修正后自2020年9月1日起施行)

第八章　侦　查
第十节　技术侦查
第二百六十八条　采取技术侦查措施收集的材料在刑事诉讼中可以作为证据使用。使用技术侦查措施收集的材料作为证据时,可能危及有关人员的人身安全,或者可能产生其他严重后果的,应当采取不暴露有关人员身份和使用的技术设备、侦查方法等保护措施。

采取技术侦查措施收集的材料作为证据使用的,采取技术侦查措施决定书应当附卷。

第二百六十九条　采取技术侦查措施收集的材料,应当严格依照有关规定存放,只能用于对犯罪的侦查、起诉和审判,不得用于其他用途。

采取技术侦查措施收集的与案件无关的材料,必须及时销毁,并制作销毁记录。

第二百七十三条　公安机关依照本节规定实施隐匿身份侦查和控制下交付收集的材料在刑事诉讼中可以作为证据使用。

使用隐匿身份侦查和控制下交付收集的材料作为证据时,可能危及隐匿身份人员的人身安全,或者可能产生其他严重后果的,应当采取不暴露有关人员身份等保护措施。

《海警机构办理刑事案件程序规定》(中国海警局令第1号,自2023年6月15日起施行)

第八章 侦 查

第十一节 技术侦查

第二百六十一条 采取技术侦查措施获取的材料,应当严格依照有关规定存放,只能用于对犯罪的侦查、起诉和审判,不得用于其他用途。

采取技术侦查措施收集的与案件无关的材料,必须及时销毁,并制作销毁记录。

第二百六十二条 采取技术侦查措施收集的材料在刑事诉讼中可以作为证据使用。

采取技术侦查措施收集的材料作为证据使用的,批准采取技术侦查措施的相关文书应当附卷。

第二百六十五条 依照本节规定实施隐匿身份侦查和控制下交付收集的材料在刑事诉讼中可以作为证据使用。

使用隐匿身份侦查和控制下交付收集的材料作为证据时,可能危及隐匿身份人员的人身安全,或者可能产生其他严重后果的,应当采取不暴露有关人员身份等保护措施。

其他规范

《最高人民法院、最高人民检察院、公安部关于办理信息网络犯罪案件适用刑事诉讼程序若干问题的意见》(法发〔2022〕23号)第十九条对信息网络犯罪案件所涉技侦证据使用的有关问题作了规定。(→参见第二编"立案、侦查和提起公诉"标题下所附"基本规范",第787页)

相关规范集成·技术调查措施

相关规定

《中华人民共和国监察法》(自2018年3月20日起施行,节录)

第二十八条 监察机关调查涉嫌重大贪污贿赂等职务犯罪,根据需要,经过严格的批准手续,可以采取技术调查措施,按照规定交有关机关执行。

批准决定应当明确采取技术调查措施的种类和适用对象,自签发之日起三个月以内有效;对于复杂、疑难案件,期限届满仍有必要继续采取技术调查措施的,经过批准,有效期可以延长,每次不得超过三个月。对于不需要继续采取技术调查措施的,应当及时解除。

《中华人民共和国监察法实施条例》(自2021年9月20日起施行,节录)

第二章 监察机关及其职责

第一节 一般要求

第五十五条 监察机关在初步核实中,可以依法采取谈话、询问、查询、调取、勘验检查、鉴定措施;立案后可以采取讯问、留置、冻结、搜查、查封、扣押、通缉措施。需要采取技术调查、限制出境措施的,应当按照规定交有关机关依法执行。设区的市级以下监察机关在初步核实中不得采取技术调查措施。

开展问责调查,根据具体情况可以依法采取相关监察措施。

第十三节 技术调查

第一百五十三条 监察机关根据调查涉嫌重大贪污贿赂等职务犯罪需要,依照规定的权限和程序报经批准,可以依法采取技术调查措施,按照规定交公安机关或者国家有关执法机关依法执行。

前款所称重大贪污贿赂等职务犯罪,是指具有下列情形之一:

(一)案情重大复杂,涉及国家利益或者重大公共利益的;

(二)被调查人可能被判处十年以上有期徒刑、无期徒刑或者死刑的;

(三)案件在全国或者本省、自治区、直辖市范围内有较大影响的。

第一百五十四条 依法采取技术调查措施的,监察机关应当出具《采取技术调查措施委托函》《采取技术调查措施决定书》和《采取技术调查措施适用对象情况表》,送交有关机关执行。其中,设区的市级以下监察机关委托有关执行机关采取技术调查措施,还应当提供《立案决定书》。

第一百五十五条 技术调查措施的期限按照监察法的规定执行,期限届满前未办理延期手续的,到期自动解除。

对于不需要继续采取技术调查措施的,监察机关应当按规定及时报批,将《解除技术调查措施决定书》送交有关机关执行。

需要依法变更技术调查措施种类或者增加适用对象的,监察机关应当重新办理报批和委托手续,依法送交有关机关执行。

第一百五十六条 对于采取技术调查措施收集的信息和材料,依法需要作为刑事诉讼证据使用的,监察机关应当按规定报批,出具《调取技术调查证据材料通知书》向有关执行机关调取。

对于采取技术调查措施收集的物证、书证及其他证据材料,监察机关应当制作书面说明,写明获取证据的时间、地点、数量、特征以及采取技术调查措施的批准机关、种类等。调查人员应当在书面说明上签名。

对于采取技术调查措施获取的证据材料,如果使用该证据材料可能危及有关人员的人身安全,或者可能产生其他严重后果的,应当采取不暴露有关人员身份、技术方法等保护措施。必要时,可以建议由审判人员在庭外进行核实。

第一百五十七条　调查人员对采取技术调查措施过程中知悉的国家秘密、商业秘密、个人隐私,应当严格保密。

采取技术调查措施获取的证据、线索及其他有关材料,只能用于对违法犯罪的调查、起诉和审判,不得用于其他用途。

对采取技术调查措施获取的与案件无关的材料,应当经审批及时销毁。对销毁情况应当制作记录,由调查人员签名。

第九节　通　缉

第一百五十五条　【通缉令的发布】应当逮捕的犯罪嫌疑人如果在逃,公安机关可以发布通缉令,采取有效措施,追捕归案。

各级公安机关在自己管辖的地区以内,可以直接发布通缉令;超出自己管辖的地区,应当报请有权决定的上级机关发布。

立法沿革

本条系沿用1979年《刑事诉讼法》第九十一条的规定。

相关规定

《中华人民共和国监察法》(自2018年3月20日起施行,节录)

第二十九条　依法应当留置的被调查人如果在逃,监察机关可以决定在本行政区域内通缉,由公安机关发布通缉令,追捕归案。通缉范围超出本行政区域的,应当报请有权决定的上级监察机关决定。

《中华人民共和国海警法》(自2021年2月1日起施行,节录)

第四十条　应当逮捕的犯罪嫌疑人在逃,海警机构可以按照规定发布通缉令,采取有效措施,追捕归案。

海警机构对犯罪嫌疑人发布通缉令的,可以商请公安机关协助追捕。

《中华人民共和国监察法实施条例》(自2021年9月20日起施行,节录)

第四章 监察权限

第十四节 通缉

第一百五十八条 县级以上监察机关对在逃的应当被留置人员,依法决定在本行政区域内通缉的,应当按规定报批,送交同级公安机关执行。送交执行时,应当出具《通缉决定书》,附《留置决定书》等法律文书和被通缉人员信息,以及承办单位、承办人员等有关情况。

通缉范围超出本行政区域的,应当报有决定权的上级监察机关出具《通缉决定书》,并附《留置决定书》及相关材料,送交同级公安机关执行。

第一百五十九条 国家监察委员会依法需要提请公安部对在逃人员发布公安部通缉令的,应当先提请公安部采取网上追逃措施。如情况紧急,可以向公安部同时出具《通缉决定书》和《提请采取网上追逃措施函》。

省级以下监察机关报请国家监察委员会提请公安部发布公安部通缉令的,应当先提请本地公安机关采取网上追逃措施。

第一百六十条 监察机关接到公安机关抓获被通缉人员的通知后,应当立即核实被抓获人员身份,并在接到通知后二十四小时以内派员办理交接手续。边远或者交通不便地区,至迟不得超过三日。

公安机关在移交前,将被抓获人员送往当地监察机关留置场所临时看管的,当地监察机关应当接收,并保障临时看管期间的安全,对工作信息严格保密。

监察机关需要提请公安机关协助将被抓获人员带回的,应当按规定报批,请本地同级公安机关依法予以协助。提请协助时,应当出具《提请协助采取留置措施函》,附《留置决定书》复印件及相关材料。

第一百六十一条 监察机关对于被通缉人员已经归案、死亡,或者依法撤销留置决定以及发现有其他不需要继续采取通缉措施情形的,应当经审批出具《撤销通缉通知书》,送交协助采取原措施的公安机关执行。

基本规范

《公安机关办理刑事案件程序规定》(公安部令第159号修正,修正后自2020年9月1日起施行)

第八章 侦查

第十一节 通缉

第二百七十四条 应当逮捕的犯罪嫌疑人在逃的,经县级以上公安机关负责人批准,可以发布通缉令,采取有效措施,追捕归案。

县级以上公安机关在自己管辖的地区内,可以直接发布通缉令;超出自己管辖的地区,应当报请有权决定的上级公安机关发布。

通缉令的发送范围,由签发通缉令的公安机关负责人决定。

第二百七十五条 通缉令中应当尽可能写明被通缉人的姓名、别名、曾用名、绰号、性别、年龄、民族、籍贯、出生地、户籍所在地、居住地、职业、身份证号码、衣着和体貌特征、口音、行为习惯,并附被通缉人近期照片,可以附指纹及其他物证的照片。除了必须保密的事项以外,应当写明发案的时间、地点和简要案情。

第二百七十六条 通缉令发出后,如果发现新的重要情况可以补发通报。通报必须注明原通缉令的编号和日期。

第二百七十七条 公安机关接到通缉令后,应当及时布置查缉。抓获犯罪嫌疑人后,报经县级以上公安机关负责人批准,凭通缉令或者相关法律文书羁押,并通知通缉令发布机关进行核实,办理交接手续。

第二百七十八条 需要对犯罪嫌疑人在口岸采取边控措施的,应当按照有关规定制作边控对象通知书,并附有关法律文书,经县级以上公安机关负责人审核后,层报省级公安机关批准,办理全国范围内的边控措施。需要限制犯罪嫌疑人人身自由的,应当附有关限制人身自由的法律文书。

紧急情况下,需要采取边控措施的,县级以上公安机关可以出具公函,先向有关口岸所在地出入境边防检查机关交控,但应当在七日以内按照规定程序办理全国范围内的边控措施。

第二百七十九条 为发现重大犯罪线索,追缴涉案财物、证据,查获犯罪嫌疑人,必要时,经县级以上公安机关负责人批准,可以发布悬赏通告。

悬赏通告应当写明悬赏对象的基本情况和赏金的具体数额。

第二百八十条 通缉令、悬赏通告应当广泛张贴,并可以通过广播、电视、报刊、计算机网络等方式发布。

第二百八十一条 经核实,犯罪嫌疑人已经自动投案、被击毙或者被抓获,以及发现有其他不需要采取通缉、边控、悬赏通告的情形的,发布机关应当在原通缉、通知、通告范围内,撤销通缉令、边控通知、悬赏通告。

第二百八十二条 通缉越狱逃跑的犯罪嫌疑人、被告人或者罪犯,适用本节的有关规定。

《海警机构办理刑事案件程序规定》(中国海警局令第1号,自2023年6月15日起施行)

第八章 侦查
第十二节 通缉

第二百六十六条 应当逮捕的犯罪嫌疑人在逃的,经省级海警局以上海警机构负责人批准,可以在对应的行政区划范围内发布通缉令,采取有效措施,追捕归案。中国海警局直属局可以在所在省、自治区、直辖市范围内直接发布通缉令。

海警机构发布的通缉令应当通报公安机关,商请公安机关协助追捕。

第二百六十七条 通缉令中应当尽可能写明被通缉人的姓名、别名、曾用名、绰号、性别、年龄、民族、籍贯、出生地、户籍所在地、居住地、职业、身份证号码、身高、衣着和体貌特征、口音、行为习惯等,并附被通缉人近期照片,可以附指纹及其他物证的照片。除了必须保密的事项以外,应当写明发案的时间、地点和简要案情。

第二百六十八条 通缉令发出后,如果发现新的重要情况可以补发通报。通报应当注明原通缉令的编号和日期。

第二百六十九条 接到通缉令的海警机构,应当及时布置查缉。抓获犯罪嫌疑人后,报海警机构负责人批准,凭通缉令或者相关法律文书羁押,并通知发布通缉令的海警机构进行核实,办理交接手续。

第二百七十条 需要对犯罪嫌疑人在口岸采取边控措施的,应当按照有关规定制作边控对象通知书,并附有关法律文书,由省级海警局向所在地出入境边防检查总站交控,办理全国范围内的边控措施。需要限制犯罪嫌疑人人身自由的,应当附有关法律文书。

紧急情况下,需要采取边控措施的,海警机构可以出具公函,先向有关口岸所在地出入境边防检查机关交控,但应当在七日以内按照规定程序办理全国范围内的边控措施。

第二百七十一条 为发现重大犯罪线索,追缴涉案财物、证据,查获犯罪嫌疑人,必要时,经海警机构负责人批准,可以发布悬赏通告。

悬赏通告应当写明悬赏对象的基本情况和赏金的具体数额。

第二百七十二条 通缉令、悬赏通告应当广泛张贴,并可以通过广播、电视、报刊、互联网等方式发布。

第二百七十三条 犯罪嫌疑人已经自动投案、被抓获或者死亡,以及有其他不需要采取通缉、边控、悬赏通告的情形的,发布机关应当在原通缉、通知、通告范围内,撤销通缉令、边控通知、悬赏通告。

其他规范

《最高人民法院、最高人民检察院、公安部、司法部、海关总署关于走私犯罪侦查机关办理走私犯罪案件适用刑事诉讼程序若干问题的通知》(署侦〔1998〕742号)第二条对通缉的有关问题作了规定。(→参见第十九条所附"其他规范",第148页)

《最高人民检察院、公安部关于适用刑事强制措施有关问题的规定》(高检会〔2000〕2号)第三十三条对通缉的有关问题作了规定。(→参见第一编"总则"第六章"强制措施"标题下所附"其他规范",第498页)

《最高人民检察院、公安部关于公安机关办理经济犯罪案件的若干规定》(公通字〔2017〕25号)第三十三条对追逃的有关问题作了规定。(→参见第二编"立案、侦查和提起公诉"标题下所附"其他规范",第763页)

《中华人民共和国社区矫正法实施办法》(最高人民法院、最高人民检察院、公安部、司法部,司发通〔2020〕59号,节录)

第五十一条 撤销缓刑、撤销假释的裁定和收监执行的决定生效后,社区矫正对象下落不明的,应当认定为在逃。

被裁定撤销缓刑、撤销假释和被决定收监执行的社区矫正对象在逃的,由执行地县级公安机关负责追捕。撤销缓刑、撤销假释裁定书和对暂予监外执行罪犯收监执行决定书,可以作为公安机关追逃依据。

相关规范集成·限制出境

相关规定

《中华人民共和国出境入境管理法》(自2013年7月1日起施行,节录)

第十二条 中国公民有下列情形之一的,不准出境:

(一)未持有效出境入境证件或者拒绝、逃避接受边防检查的;

(二)被判处刑罚尚未执行完毕或者属于刑事案件被告人、犯罪嫌疑人的;

(三)有未了结的民事案件,人民法院决定不准出境的;

(四)因妨害国(边)境管理受到刑事处罚或者因非法出境、非法居留、非法就业被其他国家或者地区遣返,未满不准出境规定年限的;

(五)可能危害国家安全和利益,国务院有关主管部门决定不准出境的;

(六)法律、行政法规规定不准出境的其他情形。

第二十八条　外国人有下列情形之一的,不准出境:
(一)被判处刑罚尚未执行完毕或者属于刑事案件被告人、犯罪嫌疑人的,但是按照中国与外国签订的有关协议,移管被判刑人的除外;
(二)有未了结的民事案件,人民法院决定不准出境的;
(三)拖欠劳动者的劳动报酬,经国务院有关部门或者省、自治区、直辖市人民政府决定不准出境的;
(四)法律、行政法规规定不准出境的其他情形。

《中华人民共和国监察法》(自2018年3月20日起施行,节录)
第三十条　监察机关为防止被调查人及相关人员逃匿境外,经省级以上监察机关批准,可以对被调查人及相关人员采取限制出境措施,由公安机关依法执行。对于不需要继续采取限制出境措施的,应当及时解除。

《中华人民共和国监察法实施条例》(自2021年9月20日起施行,节录)
第二章　监察机关及其职责
第十五节　限制出境
第一百六十二条　监察机关为防止被调查人及相关人员逃匿境外,按规定报批后,可以依法决定采取限制出境措施,交由移民管理机构依法执行。
第一百六十三条　监察机关采取限制出境措施应当出具有关函件,与《采取限制出境措施决定书》一并送交移民管理机构执行。其中,采取边控措施的,应当附《边控对象通知书》;采取法定不批准出境措施的,应当附《法定不准出境人员报备表》。
第一百六十四条　限制出境措施有效期不超过三个月,到期自动解除。
到期后仍有必要继续采取措施的,应当按原程序报批。承办部门应当出具有关函件,在到期前与《延长限制出境措施期限决定书》一并送交移民管理机构执行。延长期限每次不得超过三个月。
第一百六十五条　监察机关接到口岸移民管理机构查获被决定采取留置措施的边控对象的通知后,应当于二十四小时以内到达口岸办理移交手续。无法及时到达的,应当委托当地监察机关及时前往口岸办理移交手续。当地监察机关应当予以协助。
第一百六十六条　对于不需要继续采取限制出境措施的,应当按规定报批,及时予以解除。承办部门应当出具有关函件,与《解除限制出境措施决定书》一并送交移民管理机构执行。
第一百六十七条　县级以上监察机关在重要紧急情况下,经审批可以依法直接向口岸所在地口岸移民管理机构提请办理临时限制出境措施。

《中华人民共和国反有组织犯罪法》(自2022年5月1日起施行,节录)

第二十九条 公安机关办理有组织犯罪案件,可以依照《中华人民共和国出境入境管理法》的规定,决定对犯罪嫌疑人采取限制出境措施,通知移民管理机构执行。

第十节 侦查终结

第一百五十六条 【一般侦查羁押期限】对犯罪嫌疑人逮捕后的侦查羁押期限不得超过二个月。案情复杂、期限届满不能终结的案件,可以经上一级人民检察院批准延长一个月。

第一百五十七条 【特殊侦查羁押期限】因为特殊原因,在较长时间内不宜交付审判的特别重大复杂的案件,由最高人民检察院报请全国人民代表大会常务委员会批准延期审理。

第一百五十八条 【重大复杂案件的侦查羁押期限】下列案件在本法第一百五十六条规定的期限届满不能侦查终结的,经省、自治区、直辖市人民检察院批准或者决定,可以延长二个月:

(一)交通十分不便的边远地区的重大复杂案件;
(二)重大的犯罪集团案件;
(三)流窜作案的重大复杂案件;
(四)犯罪涉及面广,取证困难的重大复杂案件。

第一百五十九条 【重罪案件的侦查羁押期限】对犯罪嫌疑人可能判处十年有期徒刑以上刑罚,依照本法第一百五十八条规定延长期限届满,仍不能侦查终结的,经省、自治区、直辖市人民检察院批准或者决定,可以再延长二个月。

第一百六十条 【侦查羁押期限的重新计算】在侦查期间,发现犯罪嫌疑人另有重要罪行的,自发现之日起依照本法第一百五十六条的规定重新计算侦查羁押期限。

犯罪嫌疑人不讲真实姓名、住址,身份不明的,应当对其身份进行调查,侦查羁押期限自查清其身份之日起计算,但是不得停止对其犯罪行为的侦查取证。对于犯罪事实清楚,证据确实、充分,确实无法查明其身份的,也可以按其自报的姓名起诉、审判。

立法沿革

本五条系关于侦查羁押期限的规定。

关于第一百五十六条,1996年《刑事诉讼法》第九十二条第一款规定:"对被告人在侦查中的羁押期限不得超过二个月。案情复杂、期限届满不能终结的案件,可以经上一级人民检察院批准延长一个月。"1996年《刑事诉讼法修改决定》将"在侦查中的羁押期限"修改为"逮捕后的侦查羁押期限",并单独成条规定。2012年、2018年修改《刑事诉讼法》时对本条规定未作调整。

关于第一百五十七条,1996年《刑事诉讼法》第九十二条第二款规定:"特别重大、复杂的案件,依照前款规定延长后仍不能终结的,由最高人民检察院报请全国人民代表大会常务委员会批准延期审理。"1996年《刑事诉讼法修改决定》将上述规定作了表述调整,并单独成条规定。2012年、2018年修改《刑事诉讼法》时对本条规定未作调整。

第一百五十八条、第一百五十九条系1996年《刑事诉讼法修改决定》增加的规定,2012年、2018年修改《刑事诉讼法》时未作修改,仅对所引用的条文序号作了调整。

关于第一百六十条,1996年《刑事诉讼法》第一百二十八条规定:"在侦查期间,发现犯罪嫌疑人另有重要罪行的,自发现之日起依照本法第一百二十四条的规定重新计算侦查羁押期限。""犯罪嫌疑人不讲真实姓名、住址,身份不明的,侦查羁押期限自查清其身份之日起计算,但是不得停止对其犯罪行为的侦查取证。对于犯罪事实清楚,证据确实、充分的,也可以按其自报的姓名移送人民检察院审查起诉。"2012年《刑事诉讼法修改决定》对本条规定作了修改:一是对犯罪嫌疑人不讲真实姓名、住址,身份不明的,明确规定"应当对其身份进行调查";二是将"也可以按其自报的姓名移送人民检察院审查起诉"修改为"也可以按其自报的姓名起诉、审判";三是在可以按其自报的姓名起诉、审判的条件中增加"确实无法查明其身份的"。2018年修改《刑事诉讼法》时对本条规定未作修改,仅对所引用的条文序号作了调整。

"六部委"规定

《最高人民法院、最高人民检察院、公安部、国家安全部、司法部、全国人大常委会法制工作委员会关于实施刑事诉讼法若干问题的规定》(自2013年1月1日起施行,节录)

六、侦查

21. 公安机关对案件提请延长羁押期限的,应当在羁押期限届满七日前提出,并书面呈报延长羁押期限案件的主要案情和延长羁押期限的具体理由,人民检察院应当在羁押期限届满前作出决定。

22.① 刑事诉讼法第一百五十八条第一款规定:"在侦查期间,发现犯罪嫌疑人另有重要罪行的,自发现之日起依照本法第一百五十四条的规定重新计算侦查羁押期限。"公安机关依照上述规定重新计算侦查羁押期限的,不需要经人民检察院批准,但应当报人民检察院备案,人民检察院可以进行监督。

■ 基本规范

《人民检察院刑事诉讼规则》(高检发释字〔2019〕4号,自2019年12月30日起施行)

第十章　审查逮捕和审查起诉

第五节　延长侦查羁押期限和重新计算侦查羁押期限

第三百零五条　人民检察院办理直接受理侦查的案件,对犯罪嫌疑人逮捕后的侦查羁押期限不得超过二个月。案情复杂、期限届满不能终结的案件,可以经上一级人民检察院批准延长一个月。

第三百零六条　设区的市级人民检察院和基层人民检察院办理直接受理侦查的案件,符合刑事诉讼法第一百五十八条规定,在本规则第三百零五条规定的期限届满前不能侦查终结的,经省级人民检察院批准,可以延长二个月。

省级人民检察院直接受理侦查的案件,有前款情形的,可以直接决定延长二个月。

第三百零七条　设区的市级人民检察院和基层人民检察院办理直接受理侦查的案件,对犯罪嫌疑人可能判处十年有期徒刑以上刑罚,依照本规则第三百零六条的规定依法延长羁押期限届满,仍不能侦查终结的,经省级人民检察院批准,可以再延长二个月。

省级人民检察院办理直接受理侦查的案件,有前款情形的,可以直接决定再延长二个月。

第三百零八条　最高人民检察院办理直接受理侦查的案件,依照刑事诉讼

---

① 本规定系针对2012年《刑事诉讼法》,其中涉及的"刑事诉讼法第一百五十八条第一款"在现行《刑事诉讼法》中为第一百六十条第一款,"本法第一百五十四条"在现行《刑事诉讼法》中为第一百五十六条。——**本评注注**

法的规定需要延长侦查羁押期限的,直接决定延长侦查羁押期限。

第三百零九条 公安机关需要延长侦查羁押期限的,人民检察院应当要求其在侦查羁押期限届满七日前提请批准延长侦查羁押期限。

人民检察院办理直接受理侦查的案件,负责侦查的部门认为需要延长侦查羁押期限的,应当按照前款规定向本院负责捕诉的部门移送延长侦查羁押期限意见书及有关材料。

对于超过法定羁押期限提请延长侦查羁押期限的,不予受理。

第三百一十条 人民检察院审查批准或者决定延长侦查羁押期限,由负责捕诉的部门办理。

受理案件的人民检察院对延长侦查羁押期限的意见审查后,应当提出是否同意延长侦查羁押期限的意见,将公安机关延长侦查羁押期限的意见和本院的审查意见层报有决定权的人民检察院审查决定。

第三百一十一条 对于同时具备下列条件的案件,人民检察院应当作出批准延长侦查羁押期限一个月的决定:

(一)符合刑事诉讼法第一百五十六条的规定;

(二)符合逮捕条件;

(三)犯罪嫌疑人有继续羁押的必要。

第三百一十二条 犯罪嫌疑人虽然符合逮捕条件,但经审查,公安机关在对犯罪嫌疑人执行逮捕后二个月以内未有效开展侦查工作或者侦查取证工作没有实质进展的,人民检察院可以作出不批准延长侦查羁押期限的决定。

犯罪嫌疑人不符合逮捕条件,需要撤销下级人民检察院逮捕决定的,上级人民检察院在作出不批准延长侦查羁押期限决定的同时,应当作出撤销逮捕的决定,或者通知下级人民检察院撤销逮捕决定。

第三百一十三条 有决定权的人民检察院作出批准延长侦查羁押期限或者不批准延长侦查羁押期限的决定后,应当将决定书交由最初受理案件的人民检察院送达公安机关。

最初受理案件的人民检察院负责捕诉的部门收到批准延长侦查羁押期限决定书或者不批准延长侦查羁押期限决定书,应当书面告知本院负责刑事执行检察的部门。

第三百一十四条 因为特殊原因,在较长时间内不宜交付审判的特别重大复杂的案件,由最高人民检察院报请全国人民代表大会常务委员会批准延期审理。

第三百一十五条 人民检察院在侦查期间发现犯罪嫌疑人另有重要罪行

的,自发现之日起依照本规则第三百零五条的规定重新计算侦查羁押期限。

另有重要罪行是指与逮捕时的罪行不同种的重大犯罪或者同种的影响罪名认定、量刑档次的重大犯罪。

第三百一十六条 人民检察院重新计算侦查羁押期限,应当由负责侦查的部门提出重新计算侦查羁押期限的意见,移送本院负责捕诉的部门审查。负责捕诉的部门审查后应当提出是否同意重新计算侦查羁押期限的意见,报检察长决定。

第三百一十七条 对公安机关重新计算侦查羁押期限的备案,由负责捕诉的部门审查。负责捕诉的部门认为公安机关重新计算侦查羁押期限不当的,应当提出纠正意见。

第三百一十八条 人民检察院直接受理侦查的案件,不能在法定侦查羁押期限内侦查终结的,应当依法释放犯罪嫌疑人或者变更强制措施。

第三百一十九条 负责捕诉的部门审查延长侦查羁押期限、审查重新计算侦查羁押期限,可以讯问犯罪嫌疑人,听取辩护律师和侦查人员的意见,调取案卷及相关材料等。

《公安机关办理刑事案件程序规定》(公安部令第159号修正,修正后自2020年9月1日起施行)

第六章 强制措施
第六节 羁押

第一百四十八条 对犯罪嫌疑人逮捕后的侦查羁押期限不得超过二个月。案情复杂、期限届满不能侦查终结的案件,应当制作提请批准延长侦查羁押期限意见书,经县级以上公安机关负责人批准后,在期限届满七日前送请同级人民检察院转报上一级人民检察院批准延长一个月。

第一百四十九条 下列案件在本规定第一百四十八条规定的期限届满不能侦查终结的,应当制作提请批准延长侦查羁押期限意见书,经县级以上公安机关负责人批准,在期限届满七日前送请同级人民检察院层报省、自治区、直辖市人民检察院批准,延长二个月:

(一)交通十分不便的边远地区的重大复杂案件;
(二)重大的犯罪集团案件;
(三)流窜作案的重大复杂案件;
(四)犯罪涉及面广,取证困难的重大复杂案件。

第一百五十条 对犯罪嫌疑人可能判处十年有期徒刑以上刑罚,依照本规定第一百四十九条规定的延长期限届满,仍不能侦查终结的,应当制作提请批准延长侦查羁押期限意见书,经县级以上公安机关负责人批准,在期限届满七日前送请同级人民检察院层报省、自治区、直辖市人民检察院批准,再延长二个月。

第一百五十一条 在侦查期间,发现犯罪嫌疑人另有重要罪行的,应当自发现之日起五日以内报县级以上公安机关负责人批准后,重新计算侦查羁押期限,制作变更羁押期限通知书,送达看守所,并报批准逮捕的人民检察院备案。

前款规定的"另有重要罪行",是指与逮捕时的罪行不同种的重大犯罪以及同种犯罪并将影响罪名认定、量刑档次的重大犯罪。

第一百五十二条 犯罪嫌疑人不讲真实姓名、住址,身份不明的,应当对其身份进行调查。经县级以上公安机关负责人批准,侦查羁押期限自查清其身份之日起计算,但不得停止对其犯罪行为的侦查取证。

对于犯罪事实清楚,证据确实、充分,确实无法查明其身份的,按其自报的姓名移送人民检察院审查起诉。

《海警机构办理刑事案件程序规定》(中国海警局令第1号,自2023年6月15日起施行)

第六章 强制措施

第六节 羁押

第一百四十二条 海警机构对犯罪嫌疑人逮捕后的侦查羁押期限,不得超过二个月。

案情复杂、期限届满不能侦查终结的,应当制作提请批准延长侦查羁押期限意见书,经海警机构负责人批准后,在期限届满七日前送请相应人民检察院报上一级人民检察院批准延长一个月。

第一百四十三条 下列案件在本规定第一百四十二条规定的期限届满不能侦查终结的,应当制作提请批准延长侦查羁押期限意见书,经海警机构负责人批准,在期限届满七日前送请相应人民检察院层报省、自治区、直辖市人民检察院批准,延长二个月:

(一)交通十分不便的边远海岛、海域的重大复杂案件;

(二)重大的犯罪集团案件;

(三)流窜作案的重大复杂案件;

(四)犯罪涉及面广,取证困难的重大复杂案件。

第一百四十四条 对犯罪嫌疑人可能判处十年有期徒刑以上刑罚,依照本规定第一百四十三条规定的延长期限届满,仍不能侦查终结的,应当制作提请批准延长侦查羁押期限意见书,经海警机构负责人批准,在期限届满七日前送请相应人民检察院层报省、自治区、直辖市人民检察院批准,再延长二个月。

第一百四十五条 对于延长侦查羁押期限的,海警机构应当制作变更羁押期限通知书,在羁押期限届满前送达看守所。

第一百四十六条 在侦查期间,发现犯罪嫌疑人另有重要罪行的,应当自发现之日起五日以内报海警机构负责人批准后,重新计算侦查羁押期限,制作变更羁押期限通知书,送达看守所,并报批准逮捕的人民检察院备案。

前款规定的"另有重要罪行",是指与逮捕时的罪行不同种的重大犯罪以及同种犯罪并将影响罪名认定、量刑档次的重大犯罪。

第一百四十七条 犯罪嫌疑人不讲真实姓名、住址,身份不明的,应当对其身份进行调查。经海警机构负责人批准,侦查羁押期限自查清其身份之日起计算,但不得停止对其犯罪行为的侦查取证。

对于犯罪事实清楚,证据确实、充分,确实无法查明其身份的,按其自报的姓名移送人民检察院审查起诉。

其他规范

《最高人民检察院、最高人民法院、公安部关于严格执行刑事诉讼法关于对犯罪嫌疑人、被告羁押期限的规定坚决纠正超期羁押问题的通知》(高检会〔1998〕1号)对羁押期限的有关问题作了规定。(→参见第九十八条所附"其他规范",第660页)

《公安机关适用刑事羁押期限规定》(公安部,公通字〔2006〕17号,自2006年5月1日起实施)

第一章 总 则

第一条 为了规范公安机关适用刑事羁押期限工作,维护犯罪嫌疑人的合法权益,保障刑事诉讼活动顺利进行,根据《中华人民共和国刑事诉讼法》等有关法律规定,制定本规定。

第二条 公安机关办理刑事案件,必须严格执行刑事诉讼法关于拘留、逮捕后的羁押期限的规定,对于符合延长羁押期限、重新计算羁押期限条件的,或者应当释放犯罪嫌疑人的,必须在羁押期限届满前及时办理完审批手续。

第三条 公安机关应当切实树立尊重和保障人权意识,防止因超期羁押侵犯犯罪嫌疑人的合法权益。

第四条 对犯罪嫌疑人的羁押期限,按照以下方式计算:

(一)拘留后的提请审查批准逮捕的期限以日计算,执行拘留后满二十四小时为一日;

(二)逮捕后的侦查羁押期限以月计算,自对犯罪嫌疑人执行逮捕之日起至下一个月的对应日止为一个月;没有对应日的,以该月的最后一日为截止日。

对犯罪嫌疑人作精神病鉴定的期间不计入羁押期限。精神病鉴定期限自决定对犯罪嫌疑人进行鉴定之日起至收到鉴定结论后决定恢复计算侦查羁押期限之日止。

第二章 羁押

第五条 对犯罪嫌疑人第一次讯问开始时或者采取强制措施时,侦查人员应当向犯罪嫌疑人送达《犯罪嫌疑人诉讼权利义务告知书》,并在讯问笔录中注明或者由犯罪嫌疑人在有关强制措施附卷联中签收。犯罪嫌疑人拒绝签收的,侦查人员应当注明。

第六条 县级以上公安机关负责人在作出批准拘留的决定时,应当在呈请报告上同时注明一日至三日的拘留时间。需要延长一日至四日或者延长至三十日的,应当办理延长拘留手续。

第七条 侦查人员应当在宣布拘留或者逮捕决定时,将拘留或者逮捕的决定机关、法定羁押起止时间以及羁押处所告知犯罪嫌疑人。

第八条 侦查人员应当在拘留或者逮捕犯罪嫌疑人后的二十四小时以内对其进行讯问,发现不应当拘留或者逮捕的,应当报经县级以上公安机关负责人批准,制作《释放通知书》送达看守所。看守所凭《释放通知书》发给被拘留或者逮捕人《释放证明书》,将其立即释放。

在羁押期间发现对犯罪嫌疑人拘留或者逮捕不当的,应当在发现后的十二小时以内,经县级以上公安机关负责人批准将被拘留或者逮捕人释放,或者变更强制措施。

释放被逮捕的人或者变更强制措施的,应当在作出决定后的三日以内,将释放或者变更的原因及情况通知原批准逮捕的人民检察院。

第九条 对被拘留的犯罪嫌疑人在拘留后的三日以内无法提请人民检察院审查批准逮捕的,如果有证据证明犯罪嫌疑人有流窜作案、多次作案、结伙作案的重大嫌疑,报经县级以上公安机关负责人批准,可以直接将提请审查批准的时间延长至三十日。

第十条 对人民检察院批准逮捕的,应当在收到人民检察院批准逮捕的决定书后二十四小时以内制作《逮捕证》,向犯罪嫌疑人宣布执行,并将执行回执及时送达作出批准逮捕决定的人民检察院。对未能执行的,应当将回执送达人民检察院,并写明未能执行的原因。

第十一条 拘留或者逮捕犯罪嫌疑人后,除有碍侦查或者无法通知的情形以外,应当在二十四小时以内将拘留或者逮捕的原因和羁押的处所通知被拘留或者逮捕人的家属或者所在单位。对于有碍侦查和无法通知的范围,应当严格按照《公安机关办理刑事案件程序规定》第一百零八条第一款、第一百二十五条第一款的规定执行。

第十二条 对已经被拘留或者逮捕的犯罪嫌疑人,经审查符合取保候审或者监视居住条件的,应当在拘留或者逮捕的法定羁押期限内及时将强制措施变更为取保候审或者监视居住。

第十三条 被羁押的犯罪嫌疑人及其法定代理人、近亲属、被逮捕的犯罪嫌疑人聘请的律师提出取保候审申请的,公安机关应当在接到申请之日起七日以内作出同意或者不同意的答复。同意取保候审的,依法办理取保候审手续;不同意取保候审的,应当书面通知申请人并说明理由。

第十四条 对犯罪嫌疑人已被逮捕的案件,在逮捕后二个月的侦查羁押期限以及依法变更的羁押期限内不能侦查终结移送审查起诉的,应当在侦查羁押期限届满前释放犯罪嫌疑人。需要变更强制措施的,应当在释放犯罪嫌疑人前办理完审批手续。

第十五条 对人民检察院不批准逮捕被拘留的犯罪嫌疑人的,应当在收到不批准逮捕决定书后十二小时以内,报经县级以上公安机关负责人批准,制作《释放通知书》送交看守所。看守所凭《释放通知书》发给被拘留人《释放证明书》,将其立即释放。需要变更强制措施的,应当在释放犯罪嫌疑人前办理完审批手续。

第十六条 对犯罪嫌疑人因不讲真实姓名、住址,身份不明,经县级以上公安机关负责人批准,侦查羁押期限自查清其身份之日起计算的,办案部门应当在作出决定后的二日以内通知看守所;查清犯罪嫌疑人身份的,应当在查清后的二日以内将侦查羁押期限起止时间通知看守所。

第十七条 对依法延长侦查羁押期限的,办案部门应当在作出决定后的二日以内将延长侦查羁押期限的法律文书送达看守所,并向犯罪嫌疑人宣布。

第十八条 在侦查期间,发现犯罪嫌疑人另有重要罪行的,应当自发现之日起五日以内,报经县级以上公安机关负责人批准,将重新计算侦查羁押期限的法律文书送达看守所,向犯罪嫌疑人宣布,并报原批准逮捕的人民检察院备案。

前款规定的另有重要罪行,是指与逮捕时的罪行不同种的重大犯罪以及同种犯罪并将影响罪名认定、量刑档次的重大犯罪。

第十九条 对于因进行司法精神病鉴定不计入办案期限的,办案部门应当在决定对犯罪嫌疑人进行司法精神病鉴定后的二日以内通知看守所。

办案部门应当自决定进行司法精神病鉴定之日起二日以内将委托鉴定书送

达省级人民政府指定的医院。

第二十条　公安机关接到省级人民政府指定的医院的司法精神病鉴定结论后决定恢复计算侦查羁押期限的，办案部门应当在作出恢复计算羁押期限决定后的二十四小时以内将恢复计算羁押期限的决定以及剩余的侦查羁押期限通知看守所。

第二十一条　需要提请有关机关协调或者请示上级主管机关的，应当在办案期限内提请、请示、处理完毕；在法定侦查羁押期限内未处理完毕的，应当依法释放犯罪嫌疑人或者变更强制措施。

第二十二条　公安机关经过侦查，对案件事实清楚，证据确实、充分的，应当在法定羁押期限内移送同级人民检察院审查起诉。

犯罪嫌疑人实施的数个犯罪行为中某一犯罪事实一时难以查清的，应当在法定羁押期限内对已查清的罪行移送审查起诉。

共同犯罪中同案犯罪嫌疑人在逃的，对已归案的犯罪嫌疑人应当按照基本事实清楚、基本证据确凿的原则，在法定侦查羁押期限内移送审查起诉。

犯罪嫌疑人被羁押的案件，不能在法定侦查羁押期限内办结，需要继续侦查的，对犯罪嫌疑人可以取保候审或者监视居住。

第二十三条　人民检察院对公安机关移送审查起诉的案件，经审查后决定退回公安机关补充侦查的，公安机关在接到人民检察院退回补充侦查的法律文书后，应当按照补充侦查提纲的要求在一个月以内补充侦查完毕。

补充侦查以两次为限。对公安机关移送审查起诉的案件，人民检察院退回补充侦查两次后或者已经提起公诉后再退回补充侦查的，公安机关应当依法拒绝。

对人民检察院因补充侦查需要提出协助请求的，公安机关应当依法予以协助。

第二十四条　对侦查终结移送审查起诉或者补充侦查终结的案件犯罪嫌疑人在押的，应当在案件移送审查起诉的同时，填写《换押证》，随同案件材料移送同级人民检察院，并通知看守所。

第二十五条　人民检察院将案件退回公安机关补充侦查的，办案部门应当在收到人民检察院移送的《换押证》的二十四小时以内，到看守所办理换押手续。

第二十六条　案件改变管辖，犯罪嫌疑人羁押地点不变的，原办案的公安机关和改变管辖后的公安机关均应办理换押手续。

第二十七条　看守所应当在犯罪嫌疑人被延长拘留至三十日的拘留期限届

满三日前或者逮捕后的侦查羁押期限届满七日前通知办案部门。

第二十八条 侦查羁押期限届满,原《提讯证》停止使用,看守所应当拒绝办案部门持原《提讯证》提讯犯罪嫌疑人。办案部门将依法变更侦查羁押期限的法律文书送达看守所,看守所在《提讯证》上注明变更后的羁押期限的,可以继续使用《提讯证》提讯犯罪嫌疑人。

第二十九条 看守所对犯罪嫌疑人的羁押情况实行一人一卡登记制度,记明犯罪嫌疑人的基本情况、诉讼阶段的变更、法定羁押期限以及变更情况等。有条件的看守所应当对犯罪嫌疑人的羁押期限实行计算机管理。

第三章 监 督

第三十条 公安机关应当加强对适用羁押措施的执法监督,发现对犯罪嫌疑人超期羁押的,应当立即纠正。

第三十一条 对犯罪嫌疑人及其法定代理人、近亲属或者犯罪嫌疑人委托的律师认为拘留或者逮捕犯罪嫌疑人超过法定期限,要求解除的,公安机关应当在接到申请后三日内进行审查,对确属超期羁押的,应当依法予以纠正。

第三十二条 人民检察院认为公安机关超期羁押犯罪嫌疑人,向公安机关发出纠正违法通知书的,公安机关应当在接到纠正违法通知书后的三日内进行审查。对犯罪嫌疑人超期羁押的,应当依法予以纠正,并将纠正情况及时通知人民检察院。对不属于超期羁押的,应当向人民检察院说明情况。

第三十三条 看守所应当自接到被羁押的犯罪嫌疑人有关超期羁押的申诉、控告后二十四小时以内,将有关申诉、控告材料转送驻所检察室、公安机关执法监督部门或者其他有关机关、部门处理。

驻所检察员接到有关超期羁押的申诉、控告材料后,提出会见被羁押的犯罪嫌疑人的,看守所应当及时安排。

第三十四条 地方各级公安机关应当每月向上一级公安机关报告上月本级公安机关辖区内对犯罪嫌疑人超期羁押的情况。

上级公安机关接到有关超期羁押的报告后,应当责令下级公安机关限期纠正,并每季度通报下级公安机关超期羁押的情况。

第四章 责任追究

第三十五条 对超期羁押的责任认定及处理,按照《公安机关人民警察执法过错责任追究规定》执行。

第三十六条 对犯罪嫌疑人超期羁押,具有下列情形之一的,应当从重处理;构成犯罪的,依法追究刑事责任:

(一)因贪赃枉法、打击报复或者其他非法目的故意致使犯罪嫌疑人被超期羁押的；

（二）弄虚作假隐瞒超期羁押事实的；

（三）超期羁押期间犯罪嫌疑人自残、自杀或者因受到殴打导致重伤、死亡或者发生其他严重后果的；

（四）其他超期羁押犯罪嫌疑人情节严重的。

第三十七条 公安机关所属执法部门或者派出机构超期羁押犯罪嫌疑人，造成犯罪嫌疑人在被超期羁押期间自杀或者因受到殴打导致死亡的，或者有其他严重情节的，本级公安机关年度执法质量考核评议结果应当确定为不达标。

第五章 附 则

第三十八条 本规定所称超期羁押，是指公安机关在侦查过程中，对犯罪嫌疑人拘留、逮捕后，法定羁押期限届满，未依法办理变更羁押期限的手续，未向人民检察院提请批准逮捕和移送审查起诉，对犯罪嫌疑人继续羁押的情形。

第三十九条 超期羁押的时间，是指犯罪嫌疑人实际被羁押的时间扣除法定羁押期限以及依法不计入的羁押期限后的时间。

第四十条 本规定中的办案部门，是指公安机关内设的负责办理刑事案件的部门。

第四十一条 公安机关执行本规定通知有关单位、人员时，如情况紧急或者距离被通知的有关单位、人员路途较远，可以通过电话、传真等方式先行通知，再送达有关法律文书。

第四十二条 本规定自2006年5月1日起实施。

《人民检察院刑事执行检察部门预防和纠正超期羁押和久押不决案件工作规定（试行）》（最高人民检察院，2015年6月1日）

第一条 为预防和纠正刑事诉讼中的超期羁押和久押不决，切实维护在押犯罪嫌疑人、被告人的合法权益，根据《中华人民共和国刑事诉讼法》、《人民检察院刑事诉讼规则（试行）》等有关规定，结合刑事执行检察工作实际，制定本规定。

第二条 犯罪嫌疑人、被告人在侦查、审查起诉、审判阶段的羁押时间超过法律规定的羁押期限的，为超期羁押案件。

犯罪嫌疑人、被告人被羁押超过五年，案件仍然处于侦查、审查起诉、一审、二审阶段的，为久押不决案件。

第三条 预防和纠正超期羁押和久押不决案件，遵循对等监督、分级督办、方便工作、注重预防的原则。

第四条 对超期羁押和久押不决案件，由办案机关对应的同级人民检察院刑事执行检察部门负责监督纠正。

派驻看守所检察室在预防和纠正超期羁押和久押不决案件中承担发现、预防、报告、通知、提出纠正意见等职责。

第五条 发现看守所未及时督促办案机关办理换押手续和羁押期限变更通知手续的，派驻检察室应当及时向看守所提出口头或者书面建议。情节严重的，派驻检察室应当报经检察长批准，以本院名义向看守所提出书面检察建议。

第六条 发现办案机关没有依照规定办理换押手续和羁押期限变更通知手续的，派驻检察室应当及时报告或者通知办案机关对应的同级人民检察院刑事执行检察部门。刑事执行检察部门核实后，应当报经检察长批准，立即以本院名义向办案机关发出《纠正违法通知书》。

第七条 发现看守所在犯罪嫌疑人、被告人羁押期限到期前七日，未向办案机关发出《案件即将到期通知书》的，派驻检察室应当向看守所提出口头或者书面纠正意见。情节严重的，派驻检察室应当报经检察长批准，以本院名义向看守所发出《纠正违法通知书》。

第八条 发现犯罪嫌疑人、被告人被超期羁押后，看守所没有及时书面报告人民检察院并通知办案机关的，派驻检察室应当报经检察长批准，以本院名义向看守所发出《纠正违法通知书》。

第九条 发现犯罪嫌疑人、被告人被超期羁押后，派驻检察室应当立即报告或者通知办案机关对应的同级人民检察院刑事执行检察部门。刑事执行检察部门核实后，应当报经检察长批准，立即以本院名义向办案机关发出《纠正违法通知书》。

第十条 向办案机关发出《纠正违法通知书》后，办案机关在七日内未依法释放犯罪嫌疑人、被告人或者变更强制措施，也没有办理延长羁押期限手续的，刑事执行检察部门应当及时向上一级人民检察院刑事执行检察部门报告。

上一级人民检察院刑事执行检察部门核实后，应当报经检察长批准，立即以本院名义向办案机关的上一级机关通报，并监督其督促办案机关立即纠正超期羁押。

第十一条 发现犯罪嫌疑人、被告人久押不决的，派驻检察室应当及时报告或者通知办案机关对应的同级人民检察院刑事执行检察部门。刑事执行检察部门应当报经检察长批准，及时以本院名义督促办案机关加快办案进度。

第十二条 久押不决案件同时存在超期羁押的，办案机关对应的同级人民检察院刑事执行检察部门应当报经检察长批准，立即以本院名义向办案机关发出《纠正违法通知书》。

第十三条 超期羁押超过三个月和羁押期限超过五年的久押不决案件,由省级人民检察院刑事执行检察部门负责督办;超期羁押超过六个月和羁押期限超过八年的久押不决案件,由最高人民检察院刑事执行检察部门负责督办。

第十四条 督办超期羁押和久押不决案件,应当指定专人负责;可以采取电话督办、发函督办、实地督办等方式;可以协调办案机关的上一级机关联合督办;必要时,可以报经检察长批准,以本院名义提请同级党委政法委或者人大内司委研究解决。

第十五条 上级人民检察院刑事执行检察部门对看守所进行巡视检察时,要将派驻检察室开展预防和纠正超期羁押和久押不决案件工作的情况作为一项重要巡视内容。

第十六条 各省级人民检察院刑事执行检察部门应当定期对本地区预防和纠正超期羁押和久押不决案件工作情况进行通报。通报可以报经检察长批准,以本院名义印发,同时抄送省级党委政法委、人大内司委、高级人民法院、公安厅(局)。

最高人民检察院刑事执行检察部门每半年对全国检察机关预防和纠正超期羁押和久押不决案件工作情况进行一次通报。

第十七条 对超期羁押和久押不决负有监督职责的刑事执行检察人员,不认真履行监督职责,应当发现、报告、通知、提出纠正意见而未发现、报告、通知、提出纠正意见的,依纪依法追究责任。

第十八条 对于造成超期羁押的直接责任人员,可以报经检察长批准,以本院名义书面建议其所在单位或者有关主管机关予以纪律处分;情节严重,涉嫌犯罪的,依法追究刑事责任。

第十九条 本规定中的办案机关,是指公安机关、人民法院。

对于人民检察院办理案件存在超期羁押或者久押不决的,派驻检察室或者刑事执行检察部门发现后,应当及时通知该人民检察院的案件管理部门。

第二十条 本规定自印发之日起试行。

《人民检察院办理延长侦查羁押期限案件的规定》(高检发侦监字〔2016〕9号)

第一条 为了规范人民检察院办理延长侦查羁押期限案件,保障刑事诉讼活动依法进行,维护犯罪嫌疑人的合法权益,根据《中华人民共和国刑事诉讼法》《人民检察院刑事诉讼规则(试行)》等规定,结合工作实际,制定本规定。

第二条 人民检察院办理延长侦查羁押期限案件,应当坚持惩罚犯罪与保障人权并重、监督制约与支持配合并重、程序审查与实体审查并重的原则。

第三条 侦查机关依照《中华人民共和国刑事诉讼法》第一百五十四条规定提请延长犯罪嫌疑人侦查羁押期限的案件,由同级人民检察院受理审查并提出意见后,报上一级人民检察院审查决定。

人民检察院直接受理立案侦查的案件,依照《中华人民共和国刑事诉讼法》第一百五十四条规定提请延长犯罪嫌疑人侦查羁押期限的,由本院审查提出意见后,报上一级人民检察院审查决定。

第四条 侦查机关需要延长侦查羁押期限的,应当在侦查羁押期限届满七日前,向同级人民检察院移送以下材料:

(一)提请批准延长侦查羁押期限意见书和延长侦查羁押期限案情报告;

(二)立案决定书、逮捕证以及重新计算侦查羁押期限决定书等相关法律文书复印件;

(三)罢免、辞去县级以上人大代表或者报请许可对其采取强制措施手续等文书;

(四)案件的其他情况说明。

人民检察院直接受理立案侦查的案件,需要延长侦查羁押期限的,侦查部门应当依照本条第一款的规定向本院侦查监督部门移送延长侦查羁押期限意见书和前款规定的有关材料。

第五条 侦查机关应当在延长侦查羁押期限案情报告中详细写明犯罪嫌疑人基本情况、采取强制措施的具体情况、主要案情和捕后侦查工作进展情况、下一步侦查工作计划、延长侦查羁押期限的具体理由和法律依据、继续羁押的必要以及提请批准延长侦查羁押期限的起止日期。

人民检察院直接受理立案侦查的案件,侦查部门应当在延长侦查羁押期限意见书中详细写明前款规定的内容。

第六条 受理案件的人民检察院侦查监督部门应当制作提请批准延长侦查羁押期限报告书和提请延长侦查羁押期限案件审查报告,连同审查逮捕意见书以及侦查机关(部门)移送的材料,经本院案件管理部门报上一级人民检察院审查。

第七条 上一级人民检察院案件管理部门收到案件材料后,应当及时审核,符合报送材料要求的,移交本院侦查监督部门办理。发现材料不全的,应当要求在规定的时间内予以补充。

对于未及时补充或者未按规定时间移送材料的,应当及时告知侦查监督部门,由侦查监督部门决定是否予以受理。

对于侦查机关(部门)超过法定羁押期限仍提请延长侦查羁押期限的,上一级人民检察院不予受理。

第八条 人民检察院侦查监督部门应当在提请延长侦查羁押期限案件审查报告中详细写明受案和审查过程、犯罪嫌疑人基本情况、采取强制措施的情况和羁押地点、主要案情、延长侦查羁押期限的理由和法律依据、继续羁押的必要、提请批准延长侦查羁押期限的起止日期以及审查意见。

第九条 人民检察院侦查监督部门办理延长侦查羁押期限案件,应当审查以下内容:

(一)本院或者下级人民检察院的逮捕决定是否符合法律规定;
(二)犯罪嫌疑人逮捕后侦查工作进展情况;
(三)下一步侦查计划是否具体明确;
(四)延长侦查羁押期限的理由、日期是否符合法律规定;
(五)犯罪嫌疑人有无继续羁押的必要;
(六)有无超期羁押等违法情况;
(七)其他需要审查的内容。

第十条 人民检察院侦查监督部门办理延长侦查羁押期限案件,应当由承办检察官提出审查意见,报检察长决定。

第十一条 人民检察院侦查监督部门审查延长侦查羁押期限案件,对于案件是否符合延长侦查羁押期限条件有疑问或者侦查活动可能存在重大违法等情形的,可以讯问犯罪嫌疑人、听取律师意见、侦查机关(部门)意见,调取案卷及相关材料。

第十二条 经审查,同时具备下列条件的案件,人民检察院应当作出批准延长侦查羁押期限一个月的决定:

(一)符合《中华人民共和国刑事诉讼法》第一百五十四条的规定;
(二)符合逮捕条件;
(三)犯罪嫌疑人有继续羁押的必要。

第十三条 经审查,对于不符合《中华人民共和国刑事诉讼法》第一百五十四条规定、犯罪嫌疑人不符合逮捕条件或者犯罪嫌疑人没有继续羁押必要的,人民检察院应当作出不批准延长侦查羁押期限决定。

对于犯罪嫌疑人虽然符合逮捕条件,但经审查,侦查机关(部门)在犯罪嫌疑人逮捕后二个月以内未有效开展侦查工作或者侦查取证工作没有实质进展的,人民检察院可以作出不批准延长侦查羁押期限的决定。

对于犯罪嫌疑人不符合逮捕条件,需要撤销下级人民检察院逮捕决定的,上一级人民检察院作出不批准延长侦查羁押期限决定后,应当作出撤销逮捕决定,或者通知下级人民检察院撤销逮捕决定。

第十四条 《中华人民共和国刑事诉讼法》第一百五十四条规定的"案情复杂、期限届满不能终结的案件",包括以下情形之一:

(一)影响定罪量刑的重要证据无法在侦查羁押期限内调取到的;

(二)共同犯罪案件,犯罪事实需要进一步查清的;

(三)犯罪嫌疑人涉嫌多起犯罪或者多个罪名,犯罪事实需要进一步查清的;

(四)涉外案件,需要境外取证的;

(五)与其他重大案件有关联,重大案件尚未侦查终结,影响本案或者其他重大案件处理的。

第十五条 有决定权的人民检察院在侦查羁押期限届满前作出是否批准延长侦查羁押期限的决定后,交由受理案件的人民检察院侦查监督部门送达侦查机关(部门)。

受理案件的人民检察院侦查监督部门在收到批准延长侦查羁押期限决定书或者不批准延长侦查羁押期限决定书的同时,应当书面告知本院刑事执行检察部门。

第十六条 逮捕后侦查羁押期限日期的计算,应当自对犯罪嫌疑人执行逮捕的第二日起,至二个月后对应日期的前一日止,无对应日期的,以该月的最后一日为截止日。

延长侦查羁押期限的起始日应当与延长前侦查羁押期限的截止日连续计算。

第十七条 人民检察院侦查监督部门在审查延长侦查羁押期限案件中发现侦查机关(部门)的侦查活动存在违法情形的,应当向侦查机关(部门)提出纠正违法意见。

第十八条 依照《中华人民共和国刑事诉讼法》第一百五十六条、第一百五十七条规定提请批准延长侦查羁押期限的案件,参照本规定办理。

第十九条 本规定由最高人民检察院负责解释。

第二十条 本规定自印发之日起施行。最高人民检察院以前发布的有关规定与本规定不一致的,以本规定为准。

《人民检察院羁押听证办法》(2021年8月17日)对人民检察院以组织召开听证会的形式,就是否批准延长侦查羁押期限的有关问题作了规定。(→参见第八十八条所附"其他规范",第616页)

《最高人民法院、最高人民检察院、海关总署、公安部、中国海警局关于打击粤港澳海上跨境走私犯罪适用法律若干问题的指导意见》(署缉发〔2021〕141号)第三条对犯罪嫌疑人真实姓名、住址无法查清的处理作了规定。(→参见第二百四十五条所附"基本规范",第1629页)

法律适用答复、复函

《公安部关于如何处理无法查清身份的外国籍犯罪嫌疑人问题的批复》(公复字〔1999〕1号)对无法查清身份的外国籍犯罪嫌疑人的处理问题作了规定。(→参见第十七条所附"法律适用答复、复函",第110页)

第一百六十一条　【听取辩护律师意见】在案件侦查终结前,辩护律师提出要求的,侦查机关应当听取辩护律师的意见,并记录在案。辩护律师提出书面意见的,应当附卷。

立法沿革

本条系2012年《刑事诉讼法修改决定》增加的规定,2018年修改《刑事诉讼法》时未作调整。

基本规范

《公安机关办理刑事案件程序规定》(公安部令第159号修正,修正后自2020年9月1日起施行)

第四章　律师参与刑事诉讼

第五十八条第一款　案件侦查终结前,辩护律师提出要求的,公安机关应当听取辩护律师的意见,根据情况进行核实,并记录在案。辩护律师提出书面意见的,应当附卷。

《海警机构办理刑事案件程序规定》(中国海警局令第1号,自2023年6月15日起施行)

第四章　律师参与刑事诉讼

第四十七条第一款　案件侦查终结前,辩护律师提出要求的,海警机构应当听取辩护律师的意见,根据情况进行核实,并记录在案。辩护律师提出书面意见的,应当附卷。

其他规范

《最高人民法院、最高人民检察院、公安部、国家安全部、司法部关于推进以审判为中心的刑事诉讼制度改革的意见》(法发〔2016〕18号)第六条要求侦查机关在案件侦查终结前,对犯罪嫌疑人的辩解和辩护律师的意见应当依法核实。(→参见第三编"审判"标题下所附"其他规范",第1253页)

> **第一百六十二条 【侦查终结】**公安机关侦查终结的案件,应当做到犯罪事实清楚,证据确实、充分,并且写出起诉意见书,连同案卷材料、证据一并移送同级人民检察院审查决定;同时将案件移送情况告知犯罪嫌疑人及其辩护律师。
>
> 犯罪嫌疑人自愿认罪的,应当记录在案,随案移送,并在起诉意见书中写明有关情况。

立法沿革

1979年《刑事诉讼法》第九十三条第二款规定:"公安机关侦查的案件,侦查终结后,应当写出起诉意见书或者免予起诉意见书,连同案卷材料、证据一并移送同级人民检察院审查决定。"1996年《刑事诉讼法修改决定》对上述规定作出修改,并单独成条规定:一是增加对公安机关侦查终结的案件的标准的规定,即对侦查终结的案件"应当做到犯罪事实清楚,证据确实、充分";二是删去"免予起诉意见书"的规定。2012年《刑事诉讼法修改决定》对公安机关侦查终结的案件,增加在将案件移送审查起诉时,应当"同时将案件移送情况告知犯罪嫌疑人及其辩护律师"的规定。2018年《刑事诉讼法修改决定》增加规定本条第二款。

基本规范

《公安机关办理刑事案件程序规定》(公安部令第159号修正,修正后自2020年9月1日起施行)

第五章 证 据

第六十九条 需要查明的案件事实包括:

(一)犯罪行为是否存在;

(二)实施犯罪行为的时间、地点、手段、后果以及其他情节;

(三)犯罪行为是否为犯罪嫌疑人实施;

(四)犯罪嫌疑人的身份;

（五）犯罪嫌疑人实施犯罪行为的动机、目的；
（六）犯罪嫌疑人的责任以及与其他同案人的关系；
（七）犯罪嫌疑人有无法定从重、从轻、减轻处罚以及免除处罚的情节；
（八）其他与案件有关的事实。

第七十条 公安机关移送审查起诉的案件，应当做到犯罪事实清楚，证据确实、充分。

证据确实、充分，应当符合以下条件：
（一）认定的案件事实都有证据证明；
（二）认定案件事实的证据均经法定程序查证属实；
（三）综合全案证据，对所认定事实已排除合理怀疑。

对证据的审查，应当结合案件的具体情况，从各证据与待证事实的关联程度、各证据之间的联系等方面进行审查判断。

只有犯罪嫌疑人供述，没有其他证据的，不能认定案件事实；没有犯罪嫌疑人供述，证据确实、充分的，可以认定案件事实。

第八章 侦 查
第十二节 侦查终结

第二百八十三条 侦查终结的案件，应当同时符合以下条件：
（一）案件事实清楚；
（二）证据确实、充分；
（三）犯罪性质和罪名认定正确；
（四）法律手续完备；
（五）依法应当追究刑事责任。

第二百八十四条 对侦查终结的案件，公安机关应当全面审查证明证据收集合法性的证据材料，依法排除非法证据。排除非法证据后证据不足的，不得移送审查起诉。

公安机关发现侦查人员非法取证的，应当依法作出处理，并可另行指派侦查人员重新调查取证。

第二百八十五条 侦查终结的案件，侦查人员应当制作结案报告。

结案报告应当包括以下内容：
（一）犯罪嫌疑人的基本情况；
（二）是否采取了强制措施及其理由；
（三）案件的事实和证据；
（四）法律依据和处理意见。

第二百八十六条 侦查终结案件的处理,由县级以上公安机关负责人批准;重大、复杂、疑难的案件应当经过集体讨论。

第二百八十七条 侦查终结后,应当将全部案卷材料按照要求装订立卷。

向人民检察院移送案件时,只移送诉讼卷,侦查卷由公安机关存档备查。

第二百八十八条 对查封、扣押的犯罪嫌疑人的财物及其孳息、文件或者冻结的财产,作为证据使用的,应当随案移送,并制作随案移送清单一式两份,一份留存,一份交人民检察院。制作清单时,应当根据已经查明的案情,写明对涉案财物的处理建议。

对于实物不宜移送的,应当将其清单、照片或者其他证明文件随案移送。待人民法院作出生效判决后,按照人民法院送达的生效判决书、裁定书依法作出处理,并向人民法院送交回执。人民法院在判决、裁定中未对涉案财物作出处理的,公安机关应当征求人民法院意见,并根据人民法院的决定依法作出处理。

第二百八十九条 对侦查终结的案件,应当制作起诉意见书,经县级以上公安机关负责人批准后,连同全部案卷材料、证据,以及辩护律师提出的意见,一并移送同级人民检察院审查决定;同时将案件移送情况告知犯罪嫌疑人及其辩护律师。

犯罪嫌疑人自愿认罪的,应当记录在案,随案移送,并在起诉意见书中写明有关情况;认为案件符合速裁程序适用条件的,可以向人民检察院提出适用速裁程序的建议。

第二百九十条 对于犯罪嫌疑人在境外,需要及时进行审判的严重危害国家安全犯罪、恐怖活动犯罪案件,应当在侦查终结后层报公安部批准,移送同级人民检察院审查起诉。

在审查起诉或者缺席审理过程中,犯罪嫌疑人、被告人向公安机关自动投案或者被公安机关抓获的,公安机关应当立即通知人民检察院、人民法院。

第二百九十一条 共同犯罪案件的起诉意见书,应当写明每个犯罪嫌疑人在共同犯罪中的地位、作用、具体罪责和认罪态度,并分别提出处理意见。

第二百九十二条 被害人提出附带民事诉讼的,应当记录在案;移送审查起诉时,应当在起诉意见书末页注明。

第二百九十三条 人民检察院作出不起诉决定的,如果被不起诉人在押,公安机关应当立即办理释放手续。除依法转为行政案件办理外,应当根据人民检察院解除查封、扣押、冻结财物的书面通知,及时解除查封、扣押、冻结。

人民检察院提出对被不起诉人给予行政处罚、处分或者没收其违法所得的检察意见,移送公安机关处理的,公安机关应当将处理结果及时通知人民检察院。

第十四章 附　则

第三百八十五条　本规定所称"危害国家安全犯罪",包括刑法分则第一章规定的危害国家安全罪以及危害国家安全的其他犯罪;"恐怖活动犯罪",包括以制造社会恐慌、危害公共安全或者胁迫国家机关、国际组织为目的,采取暴力、破坏、恐吓等手段,造成或者意图造成人员伤亡、重大财产损失、公共设施损坏、社会秩序混乱等严重社会危害的犯罪,以及煽动、资助或者以其他方式协助实施上述活动的犯罪。

《海警机构办理刑事案件程序规定》(中国海警局令第1号,自2023年6月15日起施行)

第五章 证　据

第五十八条　需要查明的案件事实主要包括:

(一)犯罪行为是否存在;
(二)实施犯罪行为的时间、地点、手段、后果以及其他情节;
(三)犯罪行为是否为犯罪嫌疑人实施;
(四)犯罪嫌疑人的身份;
(五)犯罪嫌疑人实施犯罪行为的动机、目的;
(六)犯罪嫌疑人的责任以及与其他同案人的关系;
(七)犯罪嫌疑人有无法定从重、从轻、减轻处罚以及免除处罚的情节;
(八)其他与案件有关的事实。

第五十九条　海警机构移送审查起诉的案件,应当做到犯罪事实清楚,证据确实、充分。

证据确实、充分,应当符合以下条件:

(一)认定的案件事实都有证据证明;
(二)认定案件事实的证据均经法定程序查证属实;
(三)综合全案证据,对所认定事实已排除合理怀疑。

对证据的审查,应当结合案件的具体情况,从各证据与待证事实的关联程度、各证据之间的联系等方面进行审查判断。

只有犯罪嫌疑人供述,没有其他证据的,不能认定案件事实;没有犯罪嫌疑人供述,证据确实、充分的,可以认定案件事实。

第十三节 侦查终结

第二百七十四条　侦查终结的案件,应当同时符合以下条件:

(一)案件事实清楚;
(二)证据确实、充分;

(三)犯罪性质和罪名认定正确;
(四)法律手续完备;
(五)依法应当追究刑事责任。

第二百七十五条 侦查终结的案件,海警机构应当全面审查证明证据收集合法性的证据材料,依法排除非法证据。排除非法证据后证据不足的,不得移送审查起诉。

海警机构发现侦查人员非法取证的,应当依法作出处理,并可以另行指派侦查人员重新调查取证。

第二百七十六条 侦查终结的案件,侦查人员应当制作结案报告。

结案报告应当包括以下内容:
(一)犯罪嫌疑人的基本情况;
(二)是否采取了强制措施及其理由;
(三)案件的事实和证据;
(四)法律依据和处理意见。

第二百七十七条 侦查终结案件的处理,由海警机构负责人批准;重大、复杂、疑难的案件应当经过集体讨论。

第二百七十八条 侦查终结后,应当将全部案卷材料按照要求装订立卷。

向人民检察院移送案件时,只移送诉讼卷,侦查卷由海警机构存档备查。

第二百七十九条 对查封、扣押的犯罪嫌疑人的财物及其孳息、文件或者冻结的财产,作为证据使用的,应当随案移送,并制作随案移送清单一式两份,一份留存,一份交人民检察院。制作清单时,应当根据已经查明的案情,写明对涉案财物的处理建议。

对于不宜移送的实物,应当将其清单、照片或者其他证明文件随案移送。待人民法院作出生效判决后,按照人民法院送达的生效判决书、裁定书依法作出处理,并向人民法院送交回执。人民法院在判决、裁定中未对涉案财物作出处理的,海警机构应当征求人民法院意见,并根据人民法院的决定依法作出处理。

第二百八十条 对侦查终结的案件,应当制作起诉意见书,经海警机构负责人批准后,连同全部案卷材料、证据,以及辩护律师提出的意见,一并移送所在地相应人民检察院审查决定;同时将案件移送情况告知犯罪嫌疑人及其辩护律师。

犯罪嫌疑人自愿认罪的,应当记录在案,随案移送,并在起诉意见书中写明有关情况;认为案件符合速裁程序适用条件的,可以向人民检察院提出适用速裁程序的建议。

第二百八十一条 对于犯罪嫌疑人在境外,需要及时进行审判的严重危害国家安全犯罪、恐怖活动犯罪案件，应当在侦查终结后层报中国海警局批准，移送所在地相应人民检察院审查起诉。

在审查起诉或者缺席审理过程中，犯罪嫌疑人、被告人向海警机构自动投案或者被抓获的，海警机构应当立即通知人民法院、人民检察院。

第二百八十二条 共同犯罪案件的起诉意见书，应当写明每个犯罪嫌疑人在共同犯罪中的地位、作用、具体罪责和认罪态度，并分别提出处理意见。

第二百八十三条 被害人提出附带民事诉讼的，应当记录在案；移送审查起诉时，应当在起诉意见书末页注明。

第二百八十四条 人民检察院决定不起诉的，如果被不起诉人在押，海警机构应当立即办理释放手续。除依法转为行政案件办理外，应当根据人民检察院解除查封、扣押、冻结财物的书面通知，及时解除查封、扣押、冻结。

人民检察院提出对被不起诉人给予行政处理或者没收其违法所得的检察意见，移送海警机构处理的，海警机构应当将处理结果及时通知人民检察院。

第十二章 附 则

第三百三十九条 本规定所称"危害国家安全犯罪"，包括《中华人民共和国刑法》分则第一章规定的危害国家安全罪以及危害国家安全的其他犯罪；"恐怖活动犯罪"，包括以制造社会恐慌、危害公共安全或者胁迫国家机关、国际组织为目的，采取暴力、破坏、恐吓等手段，造成或者意图造成人员伤亡、重大财产损失、公共设施损坏、社会秩序混乱等严重社会危害的犯罪，以及煽动、资助或者以其他方式协助实施上述活动的犯罪。

其他规范

《最高人民法院、最高人民检察院、公安部关于如何处理有同案犯在逃的共同犯罪案件的通知》〔82〕公发（审）53号

各省、市、自治区高级人民法院、人民检察院、公安厅（局）：

据江西、安徽、浙江、福建、广东、黑龙江、湖北、陕西、河南、内蒙等地反映，有一些县、市公检法三机关在处理共同犯罪案件过程中，有的案件因同案犯在逃，影响了对在押犯的依法处理。其中有的超过法定羁押时限，长期拖延不决；有的不了了之，放纵了犯罪分子，引起群众不满。为了及时有力地打击刑事犯罪活动，保护国家和人民的利益，特对如何处理这类案件通知如下：

一、公安机关应对在逃的同案犯，组织力量，切实采取有力措施，积极追捕归案。

二、同案犯在逃，对在押犯的犯罪事实已查清并有确实、充分证据的，应按照

刑事诉讼法规定的诉讼程序,该起诉的起诉,该定罪判刑的定罪判刑。

如在逃跑的同案犯逮捕归案后,对已按上项办法处理的罪犯查明还有其他罪没有判决时,可以按照刑事诉讼法规定的诉讼程序对新查明的罪行进行起诉和判决。人民法院应依照刑法第六十五条和全国人民代表大会常务委员会《关于处理逃跑或者重新犯罪的劳改犯和劳教人员的决定》的有关规定判处这类案件。

三、由于同案犯在逃,在押犯主要犯罪事实情节不清并缺乏证据的,可根据不同情况,分别采取依法报请延长羁押期限、监视居住、取保候审等办法,继续侦查,抓紧结案。

四、由于同案犯在逃,没有确实证据证明在押犯的犯罪事实的,或已查明的情节显著轻微的,应予先行释放,在同案犯追捕归案、查明犯罪事实后再作处理。

《最高人民法院、最高人民检察院、公安部、司法部、海关总署关于走私犯罪侦查机关办理走私犯罪案件适用刑事诉讼程序若干问题的通知》(署侦〔1998〕742号)第六条对侦查终结的有关问题作了规定。(→参见第十九条所附"其他规范",第149页)

《最高人民法院、最高人民检察院、公安部、司法部关于进一步严格依法办案确保办理死刑案件质量的意见》(法发〔2007〕11号)第十四条对侦查终结的有关问题作了规定。(→参见第三编"审判"第四章"死刑复核程序"末所附"其他规范",第1650页)

《最高人民法院、最高人民检察院、公安部关于公安部证券犯罪侦查局直属分局办理经济犯罪案件适用刑事诉讼程序若干问题的通知》(公通字〔2009〕51号)第四条至第六条对公安部证券犯罪侦查局直属分局办理经济犯罪案件侦查终结的有关问题作了规定。(→参见第二编"立案、侦查和提起公诉"标题下所附"其他规范",第756页)

《公安部关于进一步加强和改进刑事执法办案工作切实防止发生冤假错案的通知》(公通字〔2013〕19号,节录)

三、进一步强化案件审核把关,及时发现纠正刑事执法办案中存在的问题。各级公安机关领导、办案部门负责人、法制部门以及专兼职法制员要认真履行案件审核审批职责,切实加强对刑事案件的日常审核把关,重点把好事实关、证据关、程序关和法律关,确保侦查终结的案件达到案件事实清楚、证据确实充分、排除合理怀疑、犯罪性质和罪名认定准确、法律手续完备,符合依法应当追究刑事责任的标准,确保每起案件都经得起诉讼和时间的检验。对重大、敏感案件,各级公安法制部门要从受（立）案开始，加强对案件"入口"、"出口"等重点环节的法律审核，及时发现和纠正执法问题。要建立健全重大疑难案件集体讨论制度，对案情复杂、定案存在重大争议、社会广泛关注或可能判处死刑等重大疑难案件，要由公安机关领导班子多名成员、办案部门负责人、法制部门负责人集体研究办理意见，集体研究意见以及不同意见如实记录备查。要进一步加强案件法律审核专门力量建设，全面提高审核把关能力，使案件法律审核队伍的素质与所承担的审核工作任务相适应。

《最高人民检察院、公安部关于规范刑事案件"另案处理"适用的指导意见》（高检会〔2014〕1号）

第一条 为进一步规范刑事案件"另案处理"的适用，促进严格公正司法，根据《中华人民共和国刑事诉讼法》、《人民检察院刑事诉讼规则（试行）》、《公安机关办理刑事案件程序规定》等有关规定，结合实际工作，制定本意见。

第二条 本意见所称"另案处理"，是指在办理刑事案件过程中，对于涉嫌共同犯罪案件或者与该案件有牵连关系的部分犯罪嫌疑人，由于法律有特殊规定或者案件存在特殊情况等原因，不能或者不宜与其他同案犯罪嫌疑人同案处理，而从案件中分离出来单独或者与其他案件并案处理的情形。

第三条 涉案的部分犯罪嫌疑人有下列情形之一的，可以适用"另案处理"：

（一）依法需要移送管辖处理的；

（二）系未成年人需要分案办理的；

（三）在同案犯罪嫌疑人被提请批准逮捕或者移送审查起诉时在逃，无法到案的；

（四）涉嫌其他犯罪，需要进一步侦查，不宜与同案犯罪嫌疑人一并提请批准逮捕或者移送审查起诉，或者其他犯罪更为严重，另案处理更为适宜的；

（五）涉嫌犯罪的现有证据暂不符合提请批准逮捕或者移送审查起诉标准，需要继续侦查，而同案犯罪嫌疑人符合提请批准逮捕或者移送审查起诉标准的；

（六）其他适用"另案处理"更为适宜的情形。

第四条 对于下列情形，不适用"另案处理"，但公安机关应当在提请批准逮捕书、起诉意见书中注明处理结果，并将有关法律文书复印件及相关说明材料随案移送人民检察院：

（一）现有证据表明行为人在本案中的行为不构成犯罪或者情节显著轻微、危害不大，依法不应当或者不需要追究刑事责任，拟作或者已经作出行政处罚、终止侦查或者其他处理的；

（二）行为人在本案中所涉犯罪行为，之前已被司法机关依法作不起诉决定、刑事判决等处理并生效的。

第五条 公安机关办案部门在办理刑事案件时，发现其中部分犯罪嫌疑人符合本意见第三条规定的情形之一，拟作"另案处理"的，应当提出书面意见并附下列证明材料，经审核后报县级以上公安机关负责人审批：

（一）依法需要移送管辖的，提供移送管辖通知书、指定管辖决定书等材料；

（二）系未成年人需要分案处理的，提供未成年人户籍证明、立案决定书、提请批准逮捕书、起诉意见书等材料；

（三）犯罪嫌疑人在逃的，提供拘留证、上网追逃信息等材料；

（四）犯罪嫌疑人涉嫌其他犯罪，需要进一步侦查的，提供立案决定书等材料；

（五）涉嫌犯罪的现有证据暂不符合提请批准逮捕或者移送审查起诉标准，需要继续侦查的，提供相应说明材料；

（六）因其他原因暂不能提请批准逮捕或者移送审查起诉的，提供相应说明材料。

第六条 公安机关对适用"另案处理"案件进行审核时，应当重点审核以下内容：

（一）是否符合适用"另案处理"条件；

（二）适用"另案处理"的相关证明材料是否齐全；

（三）对本意见第三条第三项、第五项规定的情形适用"另案处理"的，是否及时开展相关工作。

对于审核中发现的问题，办案部门应当及时纠正。

第七条 公安机关对下列案件应当进行重点审核：

（一）一案中存在多名适用"另案处理"人员的；

（二）适用"另案处理"的人员涉嫌黑社会性质的组织犯罪以及故意杀人、强奸、抢劫、绑架等严重危及人身安全的暴力犯罪的；

（三）适用"另案处理"可能引起当事人及其法定代理人、辩护人、诉讼代理人、近亲属或者其他相关人员投诉的；

（四）适用"另案处理"的案件受到社会广泛关注，敏感复杂的。

第八条 公安机关在提请批准逮捕、移送审查起诉案件时，对适用"另案处理"的犯罪嫌疑人，应当在提请批准逮捕书、起诉意见书中注明"另案处理"，并将其涉嫌犯罪的主要证据材料的复印件，连同本意见第五条规定的相关证明材料一并随案移送。

对未批准适用"另案处理"的刑事案件,应当对符合逮捕条件的全部犯罪嫌疑人一并提请批准逮捕,或者在侦查终结后对全部犯罪嫌疑人一并移送审查起诉。

第九条 在提请人民检察院批准逮捕时对犯罪嫌疑人作"另案处理",但在移送审查起诉时"另案处理"的原因已经消失的,公安机关应当对其一并移送审查起诉;"另案处理"原因仍然存在的,公安机关应当继续适用"另案处理",并予以书面说明。

第十条 人民检察院在审查逮捕、审查起诉时,对于适用"另案处理"的案件,应当一并对适用"另案处理"是否合法、适当进行审查。人民检察院审查的重点适用本意见第六条、第七条的规定。

第十一条 人民检察院对于缺少本意见第五条规定的相关材料的案件,应当要求公安机关补送,公安机关应当及时补送。

第十二条 人民检察院发现公安机关在办案过程中适用"另案处理"存在违法或者不当的,应当向公安机关提出书面纠正意见或者检察建议。公安机关应当认真审查,并将结果及时反馈人民检察院。

第十三条 对于本意见第四条规定的情形,人民检察院应当对相关人员的处理情况及相关法律文书进行审查,发现依法需要追究刑事责任的,应当依法予以法律监督。

第十四条 人民检察院对于犯罪嫌疑人长期在逃或者久侦不结的"另案处理"案件,可以适时向公安机关发函催办。公安机关应当及时将开展工作情况函告人民检察院。

第十五条 人民检察院和公安机关应当建立信息通报制度,相互通报"另案处理"案件数量、工作开展情况、案件处理结果等信息,共同研究办理"另案处理"案件过程中存在的突出问题。对于案情重大、复杂、敏感案件,人民检察院和公安机关可以根据实际情况会商研究。

第十六条 人民检察院和公安机关应当建立对"另案处理"案件的动态管理和核销制度。公安机关应当及时向人民检察院通报案件另案处理结果并提供法律文书等相关材料。市、县级人民检察院与公安机关每六个月对办理的"另案处理"案件进行一次清理核对。对"另案处理"原因已经消失或者已作出相关处理的案件,应当及时予以核销。

第十七条 在办理"另案处理"案件中办案人员涉嫌徇私舞弊、失职、渎职等违法违纪行为的,由有关部门依法依纪处理;构成犯罪的,依法追究刑事责任。

第十八条 各地人民检察院、公安机关可以根据本意见并结合本地工作实际,制定"另案处理"的具体实施办法。

第十九条 本意见自下发之日起施行。

《最高人民法院、最高人民检察院、公安部、国家安全部、司法部关于推进以审判为中心的刑事诉讼制度改革的意见》(法发〔2016〕18号)第六条要求侦查机关在案件侦查终结前,对犯罪嫌疑人及其辩护律师的有关意见进行核实。(→参见第三编"审判"标题下所附"其他规范",第1253页)

《最高人民法院、最高人民检察院、公安部、国家安全部、司法部关于适用认罪认罚从宽制度的指导意见》(高检发〔2019〕13号)第二十二条至第二十四条)对侦查终结等问题作了规定。(→参见第十五条所附"其他规范",第70页)

《最高人民法院、最高人民检察院、公安部、国家安全部、司法部关于规范量刑程序若干问题的意见》(法发〔2020〕38号)第二条第二款、第四条第一款对侦查终结移送证据材料的有关问题作了规定。(→参见第一百九十八条所附"其他规范",第1423、1424页)

《最高人民检察院、公安部关于健全完善侦查监督与协作配合机制的意见》(高检发〔2021〕13号,节录)

三、机制完善

(二)健全完善协作配合机制

4.建立健全刑事案件统一对口衔接机制。公安机关要深化完善刑事案件法制部门统一审核、统一出口工作机制。向人民检察院提请批准逮捕、移送审查起诉、要求说明理由、要求复议、提请复核、申请复查等重要事项,由公安机关法制部门统一向人民检察院相关部门提出;人民检察院在审查批准逮捕、审查起诉、法律监督工作中需要与公安机关对接的事项,由公安机关法制部门统一接收与回复。人民检察院、公安机关应当加强沟通协调、理顺衔接流程、健全工作机制、形成工作合力,确保刑事诉讼活动依法、规范进行。

第一百六十三条 【撤销案件】在侦查过程中,发现不应对犯罪嫌疑人追究刑事责任的,应当撤销案件;犯罪嫌疑人已被逮捕的,应当立即释放,发给释放证明,并且通知原批准逮捕的人民检察院。

立法沿革

1979年《刑事诉讼法》第九十四条规定:"在侦查过程中,发现不应对被告人追究刑事责任的,应当撤销案件;被告人已被逮捕的,应当立即释放,发给释放证明,并且通知原批准逮捕的人民检察院。"1996年《刑事诉讼法修改决定》将"被告人"修改为"犯罪嫌疑人"。2012年、2018年修改《刑事诉讼法》时对本条规定未作调整。

基本规范

《公安机关办理刑事案件程序规定》(公安部令第159号修正,修正后自2020年9月1日起施行)

第七章　立案、撤案

第三节　撤　案

第一百八十六条　经过侦查,发现具有下列情形之一的,应当撤销案件:

(一)没有犯罪事实的;

(二)情节显著轻微、危害不大,不认为是犯罪的;

(三)犯罪已过追诉时效期限的;

(四)经特赦令免除刑罚的;

(五)犯罪嫌疑人死亡的;

(六)其他依法不追究刑事责任的。

对于经过侦查,发现有犯罪事实需要追究刑事责任,但不是被立案侦查的犯罪嫌疑人实施的,或者共同犯罪案件中部分犯罪嫌疑人不够刑事处罚的,应当对有关犯罪嫌疑人终止侦查,并对该案件继续侦查。

第一百八十七条　需要撤销案件或者对犯罪嫌疑人终止侦查的,办案部门应当制作撤销案件或者终止侦查报告书,报县级以上公安机关负责人批准。

公安机关决定撤销案件或者对犯罪嫌疑人终止侦查时,原犯罪嫌疑人在押的,应当立即释放,发给释放证明书。原犯罪嫌疑人被逮捕的,应当通知原批准逮捕的人民检察院。对原犯罪嫌疑人采取其他强制措施的,应当立即解除强制措施;需要行政处理的,依法予以处理或者移交有关部门。

对查封、扣押的财物及其孳息、文件,或者冻结的财产,除按照法律和有关规定另行处理的以外,应当解除查封、扣押、冻结,并及时返还或者通知当事人。

第一百八十九条　公安机关作出撤销案件决定后,应当在三日以内告知原犯罪嫌疑人、被害人或者其近亲属、法定代理人以及案件移送机关。

公安机关作出终止侦查决定后,应当在三日以内告知原犯罪嫌疑人。

第一百九十条　公安机关撤销案件以后又发现新的事实或者证据,或者发现原认定事实错误,认为有犯罪事实需要追究刑事责任的,应当重新立案侦查。

对犯罪嫌疑人终止侦查后又发现新的事实或者证据，或者发现原认定事实错误，需要对其追究刑事责任的，应当继续侦查。

《海警机构办理刑事案件程序规定》(中国海警局令第1号，自2023年6月15日起施行)

第七章 受案、立案、撤案
第三节 撤 案

第一百八十条 经过侦查，发现有下列情形之一的，应当撤销案件：
(一)没有犯罪事实的；
(二)情节显著轻微、危害不大，不认为是犯罪的；
(三)犯罪已过追诉时效期限的；
(四)犯罪嫌疑人死亡的；
(五)其他依法不追究刑事责任的。

对于经过侦查，发现有犯罪事实需要追究刑事责任，但不是被立案侦查的犯罪嫌疑人实施的，或者共同犯罪案件中部分犯罪嫌疑人不够刑事处罚的，应当对有关犯罪嫌疑人终止侦查，并对该案件继续侦查。

第一百八十一条 需要撤销案件或者对犯罪嫌疑人终止侦查的，办案部门应当制作撤销案件或者终止侦查报告书，报海警机构负责人批准。

海警机构决定撤销案件或者对犯罪嫌疑人终止侦查时，原犯罪嫌疑人在押的，应当制作释放通知书送达看守所。原犯罪嫌疑人被逮捕的，应当通知原批准逮捕的人民检察院。对原犯罪嫌疑人采取其他强制措施的，应当立即解除强制措施；需要行政处理的，依法予以处理或者移送有关部门。

对查封、扣押的财物及其孳息、文件，或者冻结的财产，除按照法律和有关规定另行处理的以外，应当解除查封、扣押、冻结，并及时返还或者通知当事人。

第一百八十二条 犯罪嫌疑人自愿如实供述涉嫌犯罪的事实，有重大立功或者案件涉及国家重大利益，需要撤销案件的，应当层报中国海警局，由中国海警局商请最高人民检察院核准。报请撤销案件的海警机构应当同时将相关情况通报相应人民检察院。

海警机构根据前款规定撤销案件的，应当对查封、扣押、冻结的财物及其孳息作出处理。

第一百八十三条 海警机构作出撤销案件决定后，应当在三日以内告知原犯罪嫌疑人、被害人或者其近亲属、法定代理人以及案件移送机关。

海警机构作出终止侦查决定后，应当在三日以内告知原犯罪嫌疑人。

第一百八十四条 海警机构撤销案件以后又发现新的事实或者证据，或者发现原认定事实错误,认为有犯罪事实需要追究刑事责任的,应当重新立案侦查。

对犯罪嫌疑人终止侦查后又发现新的事实或者证据,或者发现原认定事实错误,需要对其追究刑事责任的,应当继续侦查。

■ 其他规范

《最高人民检察院、公安部关于公安机关办理经济犯罪案件的若干规定》(公通字〔2017〕25号)**第二十五条**对经济犯罪案件撤案的有关问题作了规定。(→参见第二编"立案、侦查和提起公诉"标题下所附"其他规范",第761页)

《安全生产行政执法与刑事司法衔接工作办法》(应急管理部、公安部、最高人民法院、最高人民检察院,应急〔2019〕54号)**第十二条第二款**对撤销案件的有关问题作了规定。(→参见第一百零九条所附"其他规范",第810页)

相关规范集成·监察调查处置

■ 相关规定

《中华人民共和国监察法》(自2018年3月20日起施行,节录)

第四十五条 监察机关根据监督、调查结果,依法作出如下处置:

(一)对有职务违法行为但情节较轻的公职人员,按照管理权限,直接或者委托有关机关、人员,进行谈话提醒、批评教育、责令检查,或者予以诫勉;

(二)对违法的公职人员依照法定程序作出警告、记过、记大过、降级、撤职、开除等政务处分决定;

(三)对不履行或者不正确履行职责负有责任的领导人员,按照管理权限对其直接作出问责决定,或者向有权作出问责决定的机关提出问责建议;

(四)对涉嫌职务犯罪的,监察机关经调查认为犯罪事实清楚,证据确实、充分的,制作起诉意见书,连同案卷材料、证据一并移送人民检察院依法审查、提起公诉;

(五)对监察对象所在单位廉政建设和履行职责存在的问题等提出监察建议。

监察机关经调查,对没有证据证明被调查人存在违法犯罪行为的,应当撤销案件,并通知被调查人所在单位。

《中华人民共和国监察法实施条例》(自2021年9月20日起施行,节录)

第二章 监察机关及其职责

第四节 监察处置

第三十五条 监察机关对涉嫌职务犯罪的人员,经调查认为犯罪事实清楚,证据确实、充分,需要追究刑事责任的,依法移送人民检察院审查起诉。

第五章 监察程序

第六节 处 置

第二百零六条 监察机关经调查,对没有证据证明或者现有证据不足以证明被调查人存在违法犯罪行为的,应当依法撤销案件。省级以下监察机关撤销案件后,应当在七个工作日以内向上一级监察机关报送备案报告。上一级监察机关监督检查部门负责备案工作。

省级以下监察机关拟撤销上级监察机关指定管辖或者交办案件的,应当将《撤销案件意见书》连同案卷材料,在法定调查期限到期七个工作日前报指定管辖或者交办案件的监察机关审查。对于重大、复杂案件,在法定调查期限到期十个工作日前报指定管辖或者交办案件的监察机关审查。

指定管辖或者交办案件的监察机关由监督检查部门负责审查工作。指定管辖或者交办案件的监察机关同意撤销案件的,下级监察机关应当作出撤销案件决定,制作《撤销案件决定书》;指定管辖或者交办案件的监察机关不同意撤销案件的,下级监察机关应当执行该决定。

监察机关对于撤销案件的决定应当向被调查人宣布,由其在《撤销案件决定书》上签名、捺指印,立即解除留置措施,并通知其所在机关、单位。

撤销案件后又发现重要事实或者有充分证据,认为被调查人有违法犯罪事实需要追究法律责任的,应当重新立案调查。

第二百零七条 对于涉嫌行贿等犯罪的非监察对象,案件调查终结后依法移送起诉。综合考虑行为性质、手段、后果、时间节点、认罪悔罪态度等具体情况,对于情节较轻,经审批不予移送起诉的,应当采取批评教育、责令具结悔过等方式处置;应当给予行政处罚的,依法移送有关行政执法部门。

对于有行贿行为的涉案单位和人员,按规定记入相关信息记录,可以作为信用评价的依据。

对于涉案单位和人员通过行贿等非法手段取得的财物及孳息,应当依法予以没收、追缴或者责令退赔。对于违法取得的其他不正当利益,依照法律法规及有关规定予以纠正处理。

第七节 移送审查起诉

第二百一十二条 监察机关决定对涉嫌职务犯罪的被调查人移送起诉的,应当出具《起诉意见书》,连同案卷材料、证据等,一并移送同级人民检察院。

监察机关案件审理部门负责与人民检察院审查起诉的衔接工作,调查、案件监督管理等部门应当予以协助。

国家监察委员会派驻或者派出的监察机构、监察专员调查的职务犯罪案件,应当依法移送省级人民检察院审查起诉。

第二百二十条 监察机关一般应当在正式移送起诉十日前,向拟移送的人民检察院采取书面通知等方式预告移送事宜。对于已采取留置措施的案件,发现被调查人因身体等原因存在不适宜羁押等可能影响刑事强制措施执行情形的,应当通报人民检察院。对于未采取留置措施的案件,可以根据案件具体情况,向人民检察院提出对被调查人采取刑事强制措施的建议。

第二百二十三条 监察机关对已经移送起诉的职务犯罪案件,发现遗漏被调查人罪行需要补充移送起诉的,应当经审批出具《补充起诉意见书》,连同相关案卷材料、证据等一并移送同级人民检察院。

对于经人民检察院指定管辖的案件需要补充移送起诉的,可以直接移送原受理移送起诉的人民检察院;需要追加犯罪嫌疑人、被告人的,应当再次商请人民检察院办理指定管辖手续。

第十一节 人民检察院对直接受理的案件的侦查

第一百六十四条 【检察机关自侦案件的法律适用】人民检察院对直接受理的案件的侦查适用本章规定。

立法沿革

本条系1996年《刑事诉讼法修改决定》增加的规定,2012年、2018年修改《刑事诉讼法》时未作调整。

基本规范

《人民检察院刑事诉讼规则》(高检发释字〔2019〕4号,自2019年12月30日起施行)

第九章 侦 查
第一节 一般规定
第一百七十六条 人民检察院办理直接受理侦查的案件,应当全面、客观地收集、调取犯罪嫌疑人有罪或者无罪、罪轻或者罪重的证据材料,并依法进行审查、核实。办案过程中必须重证据,重调查研究,不轻信口供。严禁刑讯逼供和以威胁、引诱、欺骗以及其他非法方法收集证据,不得强迫任何人证实自己有罪。

第一百七十七条　人民检察院办理直接受理侦查的案件,应当保障犯罪嫌疑人和其他诉讼参与人依法享有的辩护权和其他各项诉讼权利。

第一百七十八条　人民检察院办理直接受理侦查的案件,应当严格依照刑事诉讼法规定的程序,严格遵守刑事案件办案期限的规定,依法提请批准逮捕、移送起诉、不起诉或者撤销案件。

对犯罪嫌疑人采取强制措施,应当经检察长批准。

第一百七十九条　人民检察院办理直接受理侦查的案件,应当对侦查过程中知悉的国家秘密、商业秘密及个人隐私予以保密。

第一百八十条　办理案件的人民检察院需要派员到本辖区以外进行搜查,调取物证、书证等证据材料,或者查封、扣押财物和文件的,应当持相关法律文书和证明文件等与当地人民检察院联系,当地人民检察院应当予以协助。

需要到本辖区以外调取证据材料的,必要时,可以向证据所在地的人民检察院发函调取证据。调取证据的函件应当注明具体的取证对象、地址和内容。证据所在地的人民检察院应当在收到函件后一个月以内将取证结果送达办理案件的人民检察院。

被请求协助的人民检察院有异议的,可以与办理案件的人民检察院进行协商。必要时,报请共同的上级人民检察院决定。

第一百八十一条　人民检察院对于直接受理案件的侦查,可以适用刑事诉讼法第二编第二章规定的各项侦查措施。

刑事诉讼法规定进行侦查活动需要制作笔录的,应当制作笔录。必要时,可以对相关活动进行录音、录像。

第二节　讯问犯罪嫌疑人

第一百八十二条　讯问犯罪嫌疑人,由检察人员负责进行。讯问时,检察人员或者检察人员和书记员不得少于二人。

讯问同案的犯罪嫌疑人,应当个别进行。

第一百八十三条　对于不需要逮捕、拘留的犯罪嫌疑人,可以传唤到犯罪嫌疑人所在市、县内的指定地点或者到他的住处进行讯问。

传唤犯罪嫌疑人,应当出示传唤证和工作证件,并责令犯罪嫌疑人在传唤证上签名或者盖章,并捺指印。

犯罪嫌疑人到案后,应当由其在传唤证上填写到案时间。传唤结束时,应当由其在传唤证上填写传唤结束时间。拒绝填写的,应当在传唤证上注明。

对在现场发现的犯罪嫌疑人,经出示工作证件,可以口头传唤,并将传唤的原因和依据告知被传唤人。在讯问笔录中应当注明犯罪嫌疑人到案时间、到案经过和传唤结束时间。

本规则第八十四条第二款的规定适用于传唤犯罪嫌疑人。

第一百八十四条 传唤犯罪嫌疑人时,其家属在场的,应当当场将传唤的原因和处所口头告知其家属,并在讯问笔录中注明。其家属不在场的,应当及时将传唤的原因和处所通知被传唤人家属。无法通知的,应当在讯问笔录中注明。

第一百八十五条 传唤持续的时间不得超过十二小时。案情特别重大、复杂,需要采取拘留、逮捕措施的,传唤持续的时间不得超过二十四小时。两次传唤间隔的时间一般不得少于十二小时,不得以连续传唤的方式变相拘禁犯罪嫌疑人。

传唤犯罪嫌疑人,应当保证犯罪嫌疑人的饮食和必要的休息时间。

第一百八十六条 犯罪嫌疑人被送交看守所羁押后,检察人员对其进行讯问,应当填写提讯、提解证,在看守所讯问室进行。

因辨认、鉴定、侦查实验或者追缴犯罪有关财物的需要,经检察长批准,可以提押犯罪嫌疑人出所,并应当由两名以上司法警察押解。不得以讯问为目的将犯罪嫌疑人提押出所进行讯问。

第一百八十七条 讯问犯罪嫌疑人一般按照下列顺序进行:

(一)核实犯罪嫌疑人的基本情况,包括姓名、出生年月日、户籍地、公民身份号码、民族、职业、文化程度、工作单位及职务、住所、家庭情况、社会经历、是否属于人大代表、政协委员等;

(二)告知犯罪嫌疑人在侦查阶段的诉讼权利,有权自行辩护或者委托律师辩护,告知其如实供述自己罪行可以依法从宽处理和认罪认罚的法律规定;

(三)讯问犯罪嫌疑人是否有犯罪行为,让他陈述有罪的事实或者无罪的辩解,应当允许其连贯陈述。

犯罪嫌疑人对检察人员的提问,应当如实回答。但是对与本案无关的问题,有拒绝回答的权利。

讯问犯罪嫌疑人时,应当告知犯罪嫌疑人将对讯问进行全程同步录音、录像。告知情况应当在录音、录像中予以反映,并记明笔录。

讯问时,对犯罪嫌疑人提出的辩解要认真查核。严禁刑讯逼供和以威胁、引诱、欺骗以及其他非法的方法获取供述。

第一百八十八条 讯问犯罪嫌疑人,应当制作讯问笔录。讯问笔录应当忠实于原话,字迹清楚,详细具体,并交犯罪嫌疑人核对。犯罪嫌疑人没有阅读能力的,应当向他宣读。如果记载有遗漏或者差错,应当补充或者改正。犯罪嫌疑人认为讯问笔录没有错误的,由其在笔录上逐页签名或者盖章,并捺指印,在末页写明"以上笔录我看过(向我宣读过),和我说的相符",同时签名或者盖章,并捺指印,注明日期。如果犯罪嫌疑人拒绝签名、盖章、捺指印的,应当在笔录上注明。讯问的检察人员、书记员也应当在笔录上签名。

第一百八十九条 犯罪嫌疑人请求自行书写供述的,检察人员应当准许。必要时,检察人员也可以要求犯罪嫌疑人亲笔书写供述。犯罪嫌疑人应当在亲笔供述的末页签名或者盖章,并捺指印,注明书写日期。检察人员收到后,应当在首页右上方写明"于某年某月某日收到",并签名。

第一百九十条 人民检察院办理直接受理侦查的案件,应当在每次讯问犯罪嫌疑人时,对讯问过程实行全程录音、录像,并在讯问笔录中注明。

第三节 询问证人、被害人

第一百九十一条 人民检察院在侦查过程中,应当及时询问证人,并且告知证人履行作证的权利和义务。

人民检察院应当保证一切与案件有关或者了解案情的公民有客观充分地提供证据的条件,并为他们保守秘密。除特殊情况外,人民检察院可以吸收他们协助调查。

第一百九十二条 询问证人,应当由检察人员负责进行。询问时,检察人员或者检察人员和书记员不得少于二人。

第一百九十三条 询问证人,可以在现场进行,也可以到证人所在单位、住处或者证人提出的地点进行。必要时,也可以通知证人到人民检察院提供证言。到证人提出的地点进行询问的,应当在笔录中记明。

询问证人应当个别进行。

在现场询问证人,应当出示工作证件。到证人所在单位、住处或者证人提出的地点询问证人,应当出示人民检察院的证明文件。

第一百九十四条 询问证人,应当问明证人的基本情况以及与当事人的关系,并且告知证人应当如实提供证据、证言和故意作伪证或者隐匿罪证应当承担的法律责任,但是不得向证人泄露案情,不得采用拘禁、暴力、威胁、引诱、欺骗以及其他非法方法获取证言。

询问重大或者有社会影响的案件的重要证人,应当对询问过程实行全程录音、录像,并在询问笔录中注明。

第一百九十五条 询问被害人,适用询问证人的规定。

第四节 勘验、检查

第一百九十六条 检察人员对于与犯罪有关的场所、物品、人身、尸体应当进行勘验或者检查。必要时，可以指派检察技术人员或者聘请其他具有专门知识的人，在检察人员的主持下进行勘验、检查。

第一百九十七条 勘验时，人民检察院应当邀请两名与案件无关的见证人在场。

勘查现场，应当拍摄现场照片。勘查的情况应当写明笔录并制作现场图，由参加勘查的人和见证人签名。勘查重大案件的现场，应当录像。

第一百九十八条 人民检察院解剖死因不明的尸体，应当通知死者家属到场，并让其在解剖通知书上签名或者盖章。

死者家属无正当理由拒不到场或者拒绝签名、盖章的，不影响解剖的进行，但是应当在解剖通知书上记明。对于身份不明的尸体，无法通知死者家属的，应当记明笔录。

第一百九十九条 为了确定被害人、犯罪嫌疑人的某些特征、伤害情况或者生理状态，人民检察院可以对其人身进行检查，可以提取指纹信息，采集血液、尿液等生物样本。

必要时，可以指派、聘请法医或者医师进行人身检查。采集血液等生物样本应当由医师进行。

犯罪嫌疑人如果拒绝检查，检察人员认为必要时可以强制检查。

检查妇女的身体，应当由女工作人员或者医师进行。

人身检查不得采用损害被检查人生命、健康或者贬低其名誉、人格的方法。在人身检查过程中知悉的被检查人的个人隐私，检察人员应当予以保密。

第二百条 为了查明案情，必要时经检察长批准，可以进行侦查实验。

侦查实验，禁止一切足以造成危险、侮辱人格或者有伤风化的行为。

第二百零一条 侦查实验，必要时可以聘请有关专业人员参加，也可以要求犯罪嫌疑人、被害人、证人参加。

第五节 搜 查

第二百零二条 人民检察院有权要求有关单位和个人，交出能够证明犯罪嫌疑人有罪或者无罪以及犯罪情节轻重的证据。

第二百零三条 为了收集犯罪证据，查获犯罪人，经检察长批准，检察人员可以对犯罪嫌疑人以及可能隐藏罪犯或者犯罪证据的人的身体、物品、住处、工作地点和其他有关的地方进行搜查。

第二百零四条 搜查应当在检察人员的主持下进行，可以有司法警察参加。必要时，可以指派检察技术人员参加或者邀请当地公安机关、有关单位协助进行。

执行搜查的人员不得少于二人。

第二百零五条 搜查时,应当向被搜查人或者他的家属出示搜查证。

在执行逮捕、拘留的时候,遇有下列紧急情况之一,不另用搜查证也可以进行搜查:

(一)可能随身携带凶器的;

(二)可能隐藏爆炸、剧毒等危险物品的;

(三)可能隐匿、毁弃、转移犯罪证据的;

(四)可能隐匿其他犯罪嫌疑人的;

(五)其他紧急情况。

搜查结束后,搜查人员应当在二十四小时以内补办有关手续。

第二百零六条 搜查时,应当有被搜查人或者其家属、邻居或者其他见证人在场,并且对被搜查人或者其家属说明阻碍搜查、妨碍公务应负的法律责任。

搜查妇女的身体,应当由女工作人员进行。

第二百零七条 搜查时,如果遇到阻碍,可以强制进行搜查。对以暴力、威胁方法阻碍搜查的,应当予以制止,或者由司法警察将其带离现场。阻碍搜查构成犯罪的,应当依法追究刑事责任。

第六节 调取、查封、扣押、查询、冻结

第二百零八条 检察人员可以凭人民检察院的证明文件,向有关单位和个人调取能够证明犯罪嫌疑人有罪或者无罪以及犯罪情节轻重的证据材料,并且可以根据需要拍照、录像、复印和复制。

第二百零九条 调取物证应当调取原物。原物不便搬运、保存,或者依法应当返还被害人,或者因保密工作需要不能调取原物的,可以将原物封存,并拍照、录像。对原物拍照或者录像应当足以反映原物的外形、内容。

调取书证、视听资料应当调取原件。取得原件确有困难或者因保密需要不能调取原件的,可以调取副本或者复制件。

调取书证、视听资料的副本、复制件和物证的照片、录像的,应当书面记明不能调取原件、原物的原因,制作过程和原件、原物存放地点,并由制作人员和原书证、视听资料、物证持有人签名或者盖章。

第二百一十条 在侦查活动中发现的可以证明犯罪嫌疑人有罪、无罪或者犯罪情节轻重的各种财物和文件,应当查封或者扣押;与案件无关的,不得查封或者扣押。查封或者扣押应当经检察长批准。

不能立即查明是否与案件有关的可疑的财物和文件,也可以查封或者扣押,但应当及时审查。经查明确实与案件无关的,应当在三日以内解除查封或者

予以退还。

持有人拒绝交出应当查封、扣押的财物和文件的,可以强制查封、扣押。

对于犯罪嫌疑人、被告人到案时随身携带的物品需要扣押的,可以依照前款规定办理。对于与案件无关的个人用品,应当逐件登记,并随案移交或者退还其家属。

第二百一十一条 对犯罪嫌疑人使用违法所得与合法收入共同购置的不可分割的财产,可以先行查封、扣押、冻结。对无法分割退还的财产,应当在结案后予以拍卖、变卖,对不属于违法所得的部分予以退还。

第二百一十二条 人民检察院根据侦查犯罪的需要,可以依照规定查询、冻结犯罪嫌疑人的存款、汇款、债券、股票、基金份额等财产,并可以要求有关单位和个人配合。

查询、冻结前款规定的财产,应当制作查询、冻结财产通知书,通知银行或者其他金融机构、邮政部门执行。冻结财产的,应当经检察长批准。

第二百一十三条 犯罪嫌疑人的存款、汇款、债券、股票、基金份额等财产已冻结的,人民检察院不得重复冻结,可以轮候冻结。人民检察院应当要求有关银行或者其他金融机构、邮政部门在解除冻结或者作出处理前通知人民检察院。

第二百一十四条 扣押、冻结债券、股票、基金份额等财产,应当书面告知当事人或者其法定代理人、委托代理人有权申请出售。

对于被扣押、冻结的债券、股票、基金份额等财产,在扣押、冻结期间权利人申请出售,经审查认为不损害国家利益、被害人利益,不影响诉讼正常进行的,以及扣押、冻结的汇票、本票、支票的有效期即将届满的,经检察长批准,可以在案件办结前依法出售或者变现,所得价款由人民检察院指定的银行账户保管,并及时告知当事人或者其近亲属。

第二百一十五条 对于冻结的存款、汇款、债券、股票、基金份额等财产,经查明确实与案件无关的,应当在三日以内解除冻结,并通知财产所有人。

第二百一十六条 查询、冻结与案件有关的单位的存款、汇款、债券、股票、基金份额等财产的办法适用本规则第二百一十二条至第二百一十五条的规定。

第二百一十七条 对于扣押的款项和物品,应当在三日以内将款项存入唯一合规账户,将物品送负责案件管理的部门保管。法律或者有关规定另有规定的除外。

对于查封、扣押在人民检察院的物品、文件、邮件、电报,人民检察院应当妥善保管。经查明确实与案件无关的,应当在三日以内作出解除或者退还决定,并通知有关单位、当事人办理相关手续。

第七节 鉴 定

第二百一十八条 人民检察院为了查明案情,解决案件中某些专门性的问题,可以进行鉴定。

鉴定由人民检察院有鉴定资格的人员进行。必要时,也可以聘请其他有鉴定资格的人员进行,但是应当征得鉴定人所在单位同意。

第二百一十九条 人民检察院应当为鉴定人提供必要条件,及时向鉴定人送交有关检材和对比样本等原始材料,介绍与鉴定有关的情况,并明确提出要求鉴定解决的问题,但是不得暗示或者强迫鉴定人作出某种鉴定意见。

第二百二十条 对于鉴定意见,检察人员应当进行审查,必要时可以进行补充鉴定或者重新鉴定。重新鉴定的,应当另行指派或者聘请鉴定人。

第二百二十一条 用作证据的鉴定意见,人民检察院办案部门应当告知犯罪嫌疑人、被害人;被害人死亡或者没有诉讼行为能力的,应当告知其法定代理人、近亲属或诉讼代理人。

犯罪嫌疑人、被害人或被害人的法定代理人、近亲属、诉讼代理人提出申请,可以补充鉴定或者重新鉴定,鉴定费用由请求方承担。但原鉴定违反法定程序的,由人民检察院承担。

犯罪嫌疑人的辩护人或者近亲属以犯罪嫌疑人有患精神病可能而申请对犯罪嫌疑人进行鉴定的,鉴定费用由申请方承担。

第二百二十二条 对犯罪嫌疑人作精神病鉴定的期间不计入羁押期限和办案期限。

第八节 辨 认

第二百二十三条 为了查明案情,必要时,检察人员可以让被害人、证人和犯罪嫌疑人对与犯罪有关的物品、文件、尸体或场所进行辨认;也可以让被害人、证人对犯罪嫌疑人进行辨认,或者让犯罪嫌疑人对其他犯罪嫌疑人进行辨认。

第二百二十四条 辨认应当在检察人员的主持下进行,执行辨认的人员不得少于二人。在辨认前,应当向辨认人详细询问被辨认对象的具体特征,避免辨认人见到被辨认对象,并应当告知辨认人有意作虚假辨认应负的法律责任。

第二百二十五条 几名辨认人对同一被辨认对象进行辨认时,应当由每名辨认人单独进行。必要时,可以有见证人在场。

第二百二十六条 辨认时,应当将辨认对象混杂在其他对象中。不得在辨认前向辨认人展示辨认对象及其影像资料,不得给辨认人任何暗示。

辨认犯罪嫌疑人时,被辨认的人数不得少于七人,照片不得少于十张。

辨认物品时,同类物品不得少于五件,照片不得少于五张。

对犯罪嫌疑人的辨认,辨认人不愿公开进行时,可以在不暴露辨认人的情况下进行,并应当为其保守秘密。

第九节 技术侦查措施

第二百二十七条 人民检察院在立案后,对于利用职权实施的严重侵犯公民人身权利的重大犯罪案件,经过严格的批准手续,可以采取技术侦查措施,交有关机关执行。

第二百二十八条 人民检察院办理直接受理侦查的案件,需要追捕被通缉或者决定逮捕的在逃犯罪嫌疑人、被告人的,经过批准,可以采取追捕所必需的技术侦查措施,不受本规则第二百二十七条规定的案件范围的限制。

第二百二十九条 人民检察院采取技术侦查措施应当根据侦查犯罪的需要,确定采取技术侦查措施的种类和适用对象,按照有关规定报请批准。批准决定自签发之日起三个月以内有效。对于不需要继续采取技术侦查措施的,应当及时解除;对于复杂、疑难案件,期限届满仍有必要继续采取技术侦查措施的,应当在期限届满前十日以内制作呈请延长技术侦查措施期限报告书,写明延长的期限及理由,经过原批准机关批准,有效期可以延长,每次不得超过三个月。

采取技术侦查措施收集的材料作为证据使用的,批准采取技术侦查措施的法律文书应当附卷,辩护律师可以依法查阅、摘抄、复制。

第二百三十条 采取技术侦查措施收集的物证、书证及其他证据材料,检察人员应当制作相应的说明材料,写明获取证据的时间、地点、数量、特征以及采取技术侦查措施的批准机关、种类等,并签名和盖章。

对于使用技术侦查措施获取的证据材料,如果可能危及特定人员的人身安全、涉及国家秘密或者公开后可能暴露侦查秘密或者严重损害商业秘密、个人隐私的,应当采取不暴露有关人员身份、技术方法等保护措施。必要时,可以建议不在法庭上质证,由审判人员在庭外对证据进行核实。

第二百三十一条 检察人员对采取技术侦查措施过程中知悉的国家秘密、商业秘密和个人隐私,应当保密;对采取技术侦查措施获取的与案件无关的材料,应当及时销毁,并对销毁情况制作记录。

采取技术侦查措施获取的证据、线索及其他有关材料,只能用于对犯罪的侦查、起诉和审判,不得用于其他用途。

第十节 通 缉

第二百三十二条 人民检察院办理直接受理侦查的案件,应当逮捕的犯罪嫌疑人在逃,或者已被逮捕的犯罪嫌疑人脱逃的,经检察长批准,可以通缉。

第二百三十三条 各级人民检察院需要在本辖区内通缉犯罪嫌疑人的,可以直接决定通缉;需要在本辖区外通缉犯罪嫌疑人的,由有决定权的上级人民检察院决定。

第二百三十四条 人民检察院应当将通缉通知书和通缉对象的照片、身份、特征、案情简况送达公安机关,由公安机关发布通缉令,追捕归案。

第二百三十五条 为防止犯罪嫌疑人等涉案人员逃往境外,需要在边防口岸采取边控措施的,人民检察院应当按照有关规定制作边控对象通知书,商请公安机关办理边控手续。

第二百三十六条 应当逮捕的犯罪嫌疑人潜逃出境的,可以按照有关规定层报最高人民检察院商请国际刑警组织中国国家中心局,请求有关方面协助,或者通过其他法律规定的途径进行追捕。

第一百六十五条 【检察机关自侦案件的逮捕、拘留】人民检察院直接受理的案件中符合本法第八十一条、第八十二条第四项、第五项规定情形,需要逮捕、拘留犯罪嫌疑人的,由人民检察院作出决定,由公安机关执行。

立法沿革

本条系1996年《刑事诉讼法修改决定》增加的规定,2012年、2018年修改《刑事诉讼法》时未作修改,仅对所引用的条文序号作了调整。

"六部委"规定

《最高人民法院、最高人民检察院、公安部、国家安全部、司法部、全国人大常委会法制工作委员会关于实施刑事诉讼法若干问题的规定》(自2013年1月1日起施行,节录)

四、强制措施

16. 刑事诉讼法规定,拘留由公安机关执行。对于人民检察院直接受理的案件,人民检察院作出的拘留决定,应当送达公安机关执行,公安机关应当立即执行,人民检察院可以协助公安机关执行。

基本规范

《人民检察院刑事诉讼规则》(高检发释字〔2019〕4号,自2019年12月30日起施行)

第六章 强制措施
第四节 拘 留

第一百二十一条 人民检察院对于具有下列情形之一的犯罪嫌疑人,可以决定拘留:

(一)犯罪后企图自杀、逃跑或者在逃的;

(二)有毁灭、伪造证据或者串供可能的。

第一百二十二条 人民检察院作出拘留决定后,应当将有关法律文书和案由、犯罪嫌疑人基本情况的材料送交同级公安机关执行。必要时,人民检察院可以协助公安机关执行。

拘留后,应当立即将被拘留人送看守所羁押,至迟不得超过二十四小时。

第十章 审查逮捕和审查起诉
第四节 审查决定逮捕

第二百九十六条 人民检察院办理直接受理侦查的案件,需要逮捕犯罪嫌疑人的,由负责侦查的部门制作逮捕犯罪嫌疑人意见书,连同案卷材料、讯问犯罪嫌疑人录音、录像一并移送本院负责捕诉的部门审查。犯罪嫌疑人已被拘留的,负责侦查的部门应当在拘留后七日以内将案件移送本院负责捕诉的部门审查。

第二百九十七条 对本院负责侦查的部门移送审查逮捕的案件,犯罪嫌疑人已被拘留的,负责捕诉的部门应当在收到逮捕犯罪嫌疑人意见书后七日以内,报请检察长决定是否逮捕,特殊情况下,决定逮捕的时间可以延长一日至三日;犯罪嫌疑人未被拘留的,负责捕诉的部门应当在收到逮捕犯罪嫌疑人意见书后十五日以内,报请检察长决定是否逮捕,重大、复杂案件,不得超过二十日。

第二百九十八条 对犯罪嫌疑人决定逮捕的,负责捕诉的部门应当将逮捕决定书连同案卷材料、讯问犯罪嫌疑人录音、录像移交负责侦查的部门,并可以对收集证据、适用法律提出意见。由负责侦查的部门通知公安机关执行,必要时可以协助执行。

第二百九十九条 对犯罪嫌疑人决定不予逮捕的,负责捕诉的部门应当将不予逮捕的决定连同案卷材料、讯问犯罪嫌疑人录音、录像移交负责侦查的部门,并说明理由。需要补充侦查的,应当制作补充侦查提纲。犯罪嫌疑人已被拘留的,负责侦查的部门应当通知公安机关立即释放。

第三百条 对应当逮捕而本院负责侦查的部门未移送审查逮捕的犯罪嫌疑人,负责捕诉的部门应当向负责侦查的部门提出移送审查逮捕犯罪嫌疑人的建议。建议不被采纳的,应当报请检察长决定。

第三百零一条 逮捕犯罪嫌疑人后,应当立即送看守所羁押。除无法通知的以外,负责侦查的部门应当把逮捕的原因和羁押的处所,在二十四小时以内通知其家属。对于无法通知的,在无法通知的情形消除后,应当立即通知其家属。

第三百零二条 对被逮捕的犯罪嫌疑人,应当在逮捕后二十四小时以内进行讯问。

发现不应当逮捕的,应当经检察长批准,撤销逮捕决定或者变更为其他强制措施,并通知公安机关执行,同时通知负责捕诉的部门。

对按照前款规定被释放或者变更强制措施的犯罪嫌疑人,又发现需要逮捕的,应当重新移送审查逮捕。

第三百零三条 已经作出不予逮捕的决定,又发现需要逮捕犯罪嫌疑人的,应当重新办理逮捕手续。

第三百零四条 犯罪嫌疑人在异地羁押的,负责侦查的部门应当将决定、变更、撤销逮捕措施的情况书面通知羁押地人民检察院负责刑事执行检察的部门。

《公安机关办理刑事案件程序规定》(公安部令第159号修正,修正后自2020年9月1日起施行)

第六章 强制措施
第四节 拘 留

第一百三十二条 人民检察院决定拘留犯罪嫌疑人的,由县级以上公安机关凭人民检察院送达的决定拘留的法律文书制作拘留证并立即执行。必要时,可以请人民检察院协助。拘留后,应当及时通知人民检察院。

公安机关未能抓获犯罪嫌疑人的,应当将执行情况和未能抓获犯罪嫌疑人的原因通知作出拘留决定的人民检察院。对于犯罪嫌疑人在逃的,在人民检察院撤销拘留决定之前,公安机关应当组织力量继续执行。

第一百六十六条 【检察机关自侦案件中对被拘留人的讯问】人民检察院对直接受理的案件中被拘留的人,应当在拘留后的二十四小时以内进行讯问。在发现不应当拘留的时候,必须立即释放,发给释放证明。

■ 立法沿革

1996年《刑事诉讼法》第一百三十三条规定:"人民检察院对直接受理的案件中被拘留的人,应当在拘留后的二十四小时以内进行讯问。在发现不应当拘留的时候,必须立即释放,发给释放证明。对需要逮捕而证据还不充足的,可以取保候审或者监视居住。"2012年《刑事诉讼法修改决定》删去"对需要逮捕而证据还不充足的,可以取保候审或者监视居住"的规定。2018年修改《刑事诉讼法》时对本条规定未作调整。

基本规范

《人民检察院刑事诉讼规则》(高检发释字〔2019〕4号,自2019年12月30日起施行)

第六章 强制措施
第一节 拘 传
第一百二十三条 对犯罪嫌疑人拘留后,除无法通知的以外,人民检察院应当在二十四小时以内,通知被拘留人的家属。

无法通知的,应当将原因写明附卷。无法通知的情形消除后,应当立即通知其家属。

第一百二十四条 对被拘留的犯罪嫌疑人,应当在拘留后二十四小时以内进行讯问。

第一百二十五条 对被拘留的犯罪嫌疑人,发现不应当拘留的,应当立即释放;依法可以取保候审或者监视居住的,按照本规则的有关规定办理取保候审或者监视居住手续。

对被拘留的犯罪嫌疑人,需要逮捕的,按照本规则的有关规定办理逮捕手续;决定不予逮捕的,应当及时变更强制措施。

第一百二十六条 人民检察院直接受理侦查的案件,拘留犯罪嫌疑人的羁押期限为十四日,特殊情况下可以延长一日至三日。

第一百二十七条 公民将正在实行犯罪或者在犯罪后即被发觉的、通缉在案的、越狱逃跑的、正在被追捕的犯罪嫌疑人或者犯罪人扭送到人民检察院的,人民检察院应当予以接受,并且根据具体情况决定是否采取相应的紧急措施。不属于自己管辖的,应当移送主管机关处理。

第一百六十七条 【检察机关自侦案件决定逮捕的期限】人民检察院对直接受理的案件中被拘留的人,认为需要逮捕的,应当在十四日以内作出决定。在特殊情况下,决定逮捕的时间可以延长一日至三日。对不需要逮捕的,应当立即释放;对需要继续侦查,并且符合取保候审、监视居住条件的,依法取保候审或者监视居住。

立法沿革

1996年《刑事诉讼法》第一百三十四条规定:"人民检察院对直接受理的案件中被拘留的人,认为需要逮捕的,应当在十日以内作出决定。在特殊情况下,决定逮捕的时间可以延长一日至四日。对不需要逮捕的,应当立即释放;对于需要继续侦查,并且符合取保候审、监视居住条件的,依法取保候审或者监视居住。"2012年《刑事诉讼法修改决定》对本条规定作出修改:一是对直接受理的案件中被拘留的人,认为需要逮捕的,将原规定的时限由"十日"修改为"十四日";二是对特殊情况下决定逮捕的时间,由"可以延长一日至四日"修改为"可以延长一日至三日"。2018年修改《刑事诉讼法》时对本条规定未作调整。

第一百六十八条 【检察机关自侦案件侦查终结的处理】

人民检察院侦查终结的案件,应当作出提起公诉、不起诉或者撤销案件的决定。

立法沿革

1979年《刑事诉讼法》第九十三条第一款规定:"人民检察院侦查的案件,侦查终结后,应当作出提起公诉、免予起诉或者撤销案件的决定。"1996年《刑事诉讼法修改决定》对上述规定单独成条规定。2012年、2018年修改《刑事诉讼法》时对本条规定未作调整。

基本规范

《**人民检察院刑事诉讼规则**》(高检发释字〔2019〕4号,自2019年12月30日起施行)

第九章 侦 查

第十一节 侦查终结

第二百三十七条 人民检察院经过侦查,认为犯罪事实清楚,证据确实、充分,依法应当追究刑事责任的,应当写出侦查终结报告,并且制作起诉意见书。

犯罪嫌疑人自愿认罪的,应当记录在案,随案移送,并在起诉意见书中写明有关情况。

对于犯罪情节轻微,依照刑法规定不需要判处刑罚或者免除刑罚的案件,应当写出侦查终结报告,并且制作不起诉意见书。

侦查终结报告和起诉意见书或者不起诉意见书应当报请检察长批准。

第二百三十八条 负责侦查的部门应当将起诉意见书或者不起诉意见

书,查封、扣押、冻结的犯罪嫌疑人的财物及其孳息、文件清单以及对查封、扣押、冻结的涉案财物的处理意见和其他案卷材料,一并移送本院负责捕诉的部门审查。国家或者集体财产遭受损失的,在提出提起公诉意见的同时,可以提出提起附带民事诉讼的意见。

第二百三十九条 在案件侦查过程中,犯罪嫌疑人委托辩护律师的,检察人员可以听取辩护律师的意见。

辩护律师要求当面提出意见的,检察人员应当听取意见,并制作笔录附卷。辩护律师提出书面意见的,应当附卷。

侦查终结前,犯罪嫌疑人提出无罪或者罪轻的辩解,辩护律师提出犯罪嫌疑人无罪或者依法不应当追究刑事责任意见的,人民检察院应当依法予以核实。

案件侦查终结移送起诉时,人民检察院应当同时将案件移送情况告知犯罪嫌疑人及其辩护律师。

第二百四十条 人民检察院侦查终结的案件,需要在异地起诉、审判的,应当在移送起诉前与人民法院协商指定管辖的相关事宜。

第二百四十一条 上级人民检察院侦查终结的案件,依照刑事诉讼法的规定应当由下级人民检察院提起公诉或者不起诉的,应当将有关决定、侦查终结报告连同案卷材料交由下级人民检察院审查。

下级人民检察院认为上级人民检察院的决定有错误的,可以向上级人民检察院报告。上级人民检察院维持原决定的,下级人民检察院应当执行。

第二百四十二条 人民检察院在侦查过程中或者侦查终结后,发现具有下列情形之一的,负责侦查的部门应当制作拟撤销案件意见书,报请检察长决定:

(一)具有刑事诉讼法第十六条规定情形之一的;

(二)没有犯罪事实的,或者依照刑法规定不负刑事责任或者不是犯罪的;

(三)虽有犯罪事实,但不是犯罪嫌疑人所为的。

对于共同犯罪的案件,如有符合本条规定情形的犯罪嫌疑人,应当撤销对该犯罪嫌疑人的立案。

第二百四十三条 地方各级人民检察院决定撤销案件的,负责侦查的部门应当将撤销案件意见书连同本案全部案卷材料,在法定期限届满七日前报上一级人民检察院审查;重大、复杂案件在法定期限届满十日前报上一级人民检察院审查。

对于共同犯罪案件,应当将处理同案犯罪嫌疑人的有关法律文书以及案件事实、证据材料复印件等,一并报送上一级人民检察院。

上一级人民检察院负责侦查的部门应当对案件事实、证据和适用法律进行全面审查。必要时,可以讯问犯罪嫌疑人。

上一级人民检察院负责侦查的部门审查后,应当提出是否同意撤销案件的意见,报请检察长决定。

人民检察院决定撤销案件的,应当告知控告人、举报人,听取其意见并记明笔录。

第二百四十四条　上一级人民检察院审查下级人民检察院报送的拟撤销案件,应当在收到案件后七日以内批复;重大、复杂案件,应当在收到案件后十日以内批复。情况紧急或者因其他特殊原因不能按时送达的,可以先行通知下级人民检察院执行。

第二百四十五条　上一级人民检察院同意撤销案件的,下级人民检察院应当作出撤销案件决定,并制作撤销案件决定书。上一级人民检察院不同意撤销案件的,下级人民检察院应当执行上一级人民检察院的决定。

报请上一级人民检察院审查期间,犯罪嫌疑人羁押期限届满的,应当依法释放犯罪嫌疑人或者变更强制措施。

第二百四十六条　撤销案件的决定,应当分别送达犯罪嫌疑人所在单位和犯罪嫌疑人。犯罪嫌疑人死亡的,应当送达犯罪嫌疑人原所在单位。如果犯罪嫌疑人在押,应当制作决定释放通知书,通知公安机关依法释放。

第二百四十七条　人民检察院作出撤销案件决定的,应当在三十日以内报经检察长批准,对犯罪嫌疑人的违法所得作出处理。情况特殊的,可以延长三十日。

第二百四十八条　人民检察院撤销案件时,对犯罪嫌疑人的违法所得及其他涉案财产应当区分不同情形,作出相应处理:

(一)因犯罪嫌疑人死亡而撤销案件,依照刑法规定应当追缴其违法所得及其他涉案财产的,按照本规则第十二章第四节的规定办理。

(二)因其他原因撤销案件,对于查封、扣押、冻结的犯罪嫌疑人违法所得及其他涉案财产需要没收的,应当提出检察意见,移送有关主管机关处理。

(三)对于冻结的犯罪嫌疑人存款、汇款、债券、股票、基金份额等财产需要返还被害人的,可以通知金融机构、邮政部门返还被害人;对于查封、扣押的犯罪嫌疑人的违法所得及其他涉案财产需要返还被害人的,直接决定返还被害人。

人民检察院申请人民法院裁定处理犯罪嫌疑人涉案财产的,应当向人民法院移送有关案卷材料。

第二百四十九条　人民检察院撤销案件时,对查封、扣押、冻结的犯罪嫌疑人的涉案财物需要返还犯罪嫌疑人的,应当解除查封、扣押或者书面通知有关金融机构、邮政部门解除冻结，返还犯罪嫌疑人或者其合法继承人。

第二百五十条　查封、扣押、冻结的财物，除依法应当返还被害人或者经查明确实与案件无关的以外，不得在诉讼程序终结之前处理。法律或者有关规定另有规定的除外。

第二百五十一条　处理查封、扣押、冻结的涉案财物，应当由检察长决定。

第二百五十二条　人民检察院直接受理侦查的共同犯罪案件，如果同案犯罪嫌疑人在逃，但在案犯罪嫌疑人犯罪事实清楚，证据确实、充分的，对在案犯罪嫌疑人应当根据本规则第二百三十七条的规定分别移送起诉或者移送不起诉。

由于同案犯罪嫌疑人在逃，在案犯罪嫌疑人的犯罪事实无法查清的，对在案犯罪嫌疑人应当根据案件的不同情况分别报请延长侦查羁押期限、变更强制措施或者解除强制措施。

第二百五十三条　人民检察院直接受理侦查的案件，对犯罪嫌疑人没有采取取保候审、监视居住、拘留或者逮捕措施的，负责侦查的部门应当在立案后二年以内提出移送起诉、移送不起诉或者撤销案件的意见；对犯罪嫌疑人采取取保候审、监视居住、拘留或者逮捕措施的，负责侦查的部门应当在解除或者撤销强制措施后一年以内提出移送起诉、移送不起诉或者撤销案件的意见。

第二百五十四条　人民检察院直接受理侦查的案件，撤销案件以后，又发现新的事实或者证据，认为有犯罪事实需要追究刑事责任的，可以重新立案侦查。

法律适用答复、复函

《最高人民检察院关于人民检察院立案侦查的案件改变定性后可否直接提起公诉问题的批复》（高检发研字〔2006〕8号）

内蒙古自治区人民检察院：

你院关于人民检察院立案侦查的案件改变定性后可否直接提起公诉问题的请示（内检发研字〔2006〕159号）收悉。经研究并征求全国人民代表大会常务委员会法制工作委员会刑法室的意见，现批复如下：

人民检察院立案侦查刑事案件，应当严格按照刑事诉讼法有关立案侦查管辖的规定进行。人民检察院立案侦查的案件在侦查阶段发现不属于自己管辖或者在审查起诉阶段发现事实不清、证据不足并且不属于自己管辖的，应当及时移送有管辖权的机关办理。人民检察院立案侦查时认为属于自己管辖的案件，到审查起诉阶段发现不属于人民检察院管辖的，如果证据确实、充分，符合起诉条件的，可以直接起诉。

相关规范集成·侦查活动监督

基本规范

《**人民检察院刑事诉讼规则**》(高检发释字〔2019〕4号,自2019年12月30日起施行)

第十三章　刑事诉讼法律监督

第三节　侦查活动监督

第五百六十七条　人民检察院应当对侦查活动中是否存在以下违法行为进行监督:

(一)采用刑讯逼供以及其他非法方法收集犯罪嫌疑人供述的;

(二)讯问犯罪嫌疑人依法应当录音或者录像而没有录音或者录像,或者未在法定羁押场所讯问犯罪嫌疑人的;

(三)采用暴力、威胁以及非法限制人身自由等非法方法收集证人证言、被害人陈述,或者以暴力、威胁等方法阻止证人作证或者指使他人作伪证的;

(四)伪造、隐匿、销毁、调换、私自涂改证据,或者帮助当事人毁灭、伪造证据的;

(五)违反刑事诉讼法关于决定、执行、变更、撤销强制措施的规定,或者强制措施法定期限届满,不予释放、解除或者变更的;

(六)应当退还取保候审保证金不退还的;

(七)违反刑事诉讼法关于讯问、询问、勘验、检查、搜查、鉴定、采取技术侦查措施等规定的;

(八)对与案件无关的财物采取查封、扣押、冻结措施,或者应当解除查封、扣押、冻结而不解除的;

(九)贪污、挪用、私分、调换、违反规定使用查封、扣押、冻结的财物及其孳息的;

(十)不应当撤案而撤案的;

(十一)侦查人员应当回避而不回避的;

(十二)依法应当告知犯罪嫌疑人诉讼权利而不告知,影响犯罪嫌疑人行使诉讼权利的;

(十三)对犯罪嫌疑人拘留、逮捕、指定居所监视居住后依法应当通知家属而未通知的;

(十四)阻碍当事人、辩护人、诉讼代理人、值班律师依法行使诉讼权利的;

(十五)应当对证据收集的合法性出具说明或者提供证明材料而不出具、不提供的；

(十六)侦查活动中的其他违反法律规定的行为。

第五百六十八条 人民检察院发现侦查活动中的违法情形已涉嫌犯罪,属于人民检察院管辖的,依法立案侦查;不属于人民检察院管辖的,依照有关规定移送有管辖权的机关。

第五百六十九条 人民检察院负责捕诉的部门发现本院负责侦查的部门在侦查活动中有违法情形,应当提出纠正意见。需要追究相关人员违法违纪责任的,应当报告检察长。

上级人民检察院发现下级人民检察院在侦查活动中有违法情形,应当通知其纠正。下级人民检察院应当及时纠正,并将纠正情况报告上级人民检察院。

其他规范

《最高人民检察院关于进一步加强公诉工作的决定》(高检发诉字〔2002〕17号)**第七条**对侦查监督的有关问题作了规定。(→参见第一百七十六条所附"其他规范",第1185页)

《最高人民法院、最高人民检察院、公安部、司法部关于进一步严格依法办案确保办理死刑案件质量的意见》(法发〔2007〕11号)"三、认真履行法定职责,严格依法办理死刑案件""(一)侦查"(**第八条至第十五条**)对死刑案件侦查的有关问题作了规定。(→参见第三编"审判"第四章"死刑复核程序"所附"其他规范",第1649—1650页)

《最高人民检察院、公安部关于公安机关办理经济犯罪案件的若干规定》(公通字〔2017〕25号)**第七十二条至第七十四条**对侦查监督的有关问题作了规定。(→参见第二编"立案、侦查和提起公诉"标题下所附"其他规范",第769、770页)

《人民检察院办理网络犯罪案件规定》(高检发办字〔2021〕3号)**第三条**对侦查监督的有关问题作了规定。(→参见第二编"立案、侦查和提起公诉"标题下所附"其他规范",第773页)

第三章
提起公诉

"六部委"规定

《最高人民法院、最高人民检察院、公安部、国家安全部、司法部、全国人大常委会法制工作委员会关于实施刑事诉讼法若干问题的规定》(自2013年1月1日起施行,节录)

七、提起公诉

23.上级公安机关指定下级公安机关立案侦查的案件,需要逮捕犯罪嫌疑人的,由侦查该案件的公安机关提请同级人民检察院审查批准;需要提起公诉的,由侦查该案件的公安机关移送同级人民检察院审查起诉。

人民检察院对于审查起诉的案件,按照刑事诉讼法的管辖规定,认为应当由上级人民检察院或者同级其他人民检察院起诉的,应当将案件移送有管辖权的人民检察院。人民检察院认为需要依照刑事诉讼法的规定指定审判管辖的,应当协商同级人民法院办理指定管辖有关事宜。

其他规范

《最高人民法院、最高人民检察院、公安部、司法部关于进一步严格依法办案确保办理死刑案件质量的意见》(法发〔2007〕11号)"三、认真履行法定职责,严格依法办理死刑案件""(二)提起公诉"(第十六条至第二十六条)对死刑案件提起公诉的有关问题作了规定。(→参见第三编"审判"第四章"死刑复核程序"末所附"其他规范",第1650—1652页)

《人民检察院办理未成年人刑事案件的规定》(高检发研字〔2013〕7号)第三章"未成年人刑事案件的审查起诉与出庭支持公诉"第一节"审查"(第二十二条至第二十五条)、第二节"不起诉"(第二十六条至第二十八条)、第四节"提起公诉"(第五十一条至第六十六条)对未成年人刑事案件审查起诉的有关问题作了规定。(→参见第五编"特别程序"第一章"未成年人刑事案件诉讼程序"末所附"其他规范",第1977—1978、1982—1984页)

《最高人民检察院关于切实履行检察职能防止和纠正冤假错案的若干意见》(高检发〔2013〕11号)第九条至第十六条对审查起诉的有关问题作了规定。(→参见第一编"总则"第六章"强制措施"标题下所附"其他规范",第500—502页)

《未成年人刑事检察工作指引(试行)》(高检发未检字〔2017〕1号)第六章"未成年人刑事案件审查起诉"第一节"一般规定"(第一百六十七条至第一百七十三条)、第二节"不起诉"(第一百七十四条至第一百八十条)、第四节"提起公诉"(第二百零六条至第二百一十五条)对审查起诉的有关问题作了规定。(→参见第五编"特别程序"第一章"未成年人刑事案件诉讼程序"末所附"其他规范",第2018—2021、2027—2029页)

第一百六十九条　【检察机关审查起诉】凡需要提起公诉的案件,一律由人民检察院审查决定。

■ 立法沿革

1979年《刑事诉讼法》第九十五条规定:"凡需要提起公诉或者免予起诉的案件,一律由人民检察院审查决定。"1996年《刑事诉讼法修改决定》删去"或者免予起诉"。2012年、2018年修改《刑事诉讼法》时对本条规定未作调整。

■ 基本规范

《人民检察院刑事诉讼规则》(高检发释字〔2019〕4号,自2019年12月30日起施行)

第十章　审查逮捕和审查起诉
第七节　审查起诉
第三百二十八条　各级人民检察院提起公诉,应当与人民法院审判管辖相适应。负责捕诉的部门收到移送起诉的案件后,经审查认为不属于本院管辖的,应当在发现之日起五日以内经由负责案件管理的部门移送有管辖权的人民检察院。

属于上级人民法院管辖的第一审案件,应当报送上级人民检察院,同时通知移送起诉的公安机关;属于同级其他人民法院管辖的第一审案件,应当移送有管辖权的人民检察院或者报送共同的上级人民检察院指定管辖,同时通知移送起诉的公安机关。

上级人民检察院受理同级公安机关移送起诉的案件,认为属于下级人民法院管辖的,可以交下级人民检察院审查,由下级人民检察院向同级人民法院提起公诉,同时通知移送起诉的公安机关。

一人犯数罪、共同犯罪和其他需要并案审理的案件,只要其中一人或者一罪属于上级人民检察院管辖的,全案由上级人民检察院审查起诉。

公安机关移送起诉的案件,需要依照刑事诉讼法的规定指定审判管辖的,人民检察院应当在公安机关移送起诉前协商同级人民法院办理指定管辖有关事宜。

第三百二十九条　监察机关移送起诉的案件,需要依照刑事诉讼法的规定指定审判管辖的,人民检察院应当在监察机关移送起诉二十日前协商同级人民法院办理指定管辖有关事宜。

其他规范

《最高人民检察院关于对危害国家安全案件批捕起诉和实行备案制度等有关事项的通知》(〔1998〕高检办发第4号)明确对危害国家安全案件起诉实行备案制度。(→参见第八十九条所附"其他规范",第624页)

《最高人民检察院关于走私犯罪侦查机关提请批准逮捕和移送审查起诉的案件由分、州、市级人民检察院受理的通知》(高检发研字〔1999〕2号)规定走私犯罪侦查机关提请批准逮捕和移送审查起诉的案件由分、州、市级人民检察院受理。(→参见第二十条—第二十三条所附"其他规范",第180页)

第一百七十条　【审查监察机关移送起诉案件】人民检察院对于监察机关移送起诉的案件,依照本法和监察法的有关规定进行审查。人民检察院经审查,认为需要补充核实的,应当退回监察机关补充调查,必要时可以自行补充侦查。

对于监察机关移送起诉的已采取留置措施的案件,人民检察院应当对犯罪嫌疑人先行拘留,留置措施自动解除。人民检察院应当在拘留后的十日以内作出是否逮捕、取保候审或者监视居住的决定。在特殊情况下,决定的时间可以延长一日至四日。人民检察院决定采取强制措施的期间不计入审查起诉期限。

立法沿革

本条系2018年《刑事诉讼法修改决定》增加的规定。

相关规定

《中华人民共和国监察法》(自2018年3月20日起施行,节录)

第四十七条第一款　对监察机关移送的案件,人民检察院依照《中华人民共和国刑事诉讼法》对被调查人采取强制措施。

《中华人民共和国监察法实施条例》(自 2021 年 9 月 20 日起施行,节录)
第四章　　监察权限
第六节　　留　置
第一百零二条第四款　案件依法移送人民检察院审查起诉的,留置措施自犯罪嫌疑人被执行拘留时自动解除,不再办理解除法律手续。
第五章　　监察程序
第七节　　移送审查起诉
第二百二十条　监察机关一般应当在正式移送起诉十日前,向拟移送的人民检察院采取书面通知等方式预告移送事宜。对于已采取留置措施的案件,发现被调查人因身体等原因存在不适宜羁押等可能影响刑事强制措施执行情形的,应当通报人民检察院。对于未采取留置措施的案件,可以根据案件具体情况,向人民检察院提出对被调查人采取刑事强制措施的建议。

基本规范

《人民检察院刑事诉讼规则》(高检发释字〔2019〕4 号,自 2019 年 12 月 30 日起施行)
第六章　　强制措施
第六节　　监察机关移送案件的强制措施
第一百四十二条　对于监察机关移送起诉的已采取留置措施的案件,人民检察院应当在受理案件后,及时对犯罪嫌疑人作出拘留决定,交公安机关执行。执行拘留后,留置措施自动解除。

第一百四十三条　人民检察院应当在执行拘留后十日以内,作出是否逮捕、取保候审或者监视居住的决定。特殊情况下,决定的时间可以延长一日至四日。

人民检察院决定采取强制措施的期间不计入审查起诉期限。

第一百四十四条　除无法通知的以外,人民检察院应当在公安机关执行拘留、逮捕后二十四小时以内,通知犯罪嫌疑人的家属。

第一百四十五条　人民检察院应当自收到移送起诉的案卷材料之日起三日以内告知犯罪嫌疑人有权委托辩护人。对已经采取留置措施的,应当在执行拘留时告知。

第一百四十六条　对于监察机关移送起诉的未采取留置措施的案件,人民检察院受理后,在审查起诉过程中根据案件情况,可以依照本规则相关规定决定是否采取逮捕、取保候审或者监视居住措施。

第一百四十七条 对于监察机关移送起诉案件的犯罪嫌疑人采取强制措施,本节未规定的,适用本规则相关规定。

第十章 审查逮捕和审查起诉
第七节 审查起诉

第三百四十三条 人民检察院对于监察机关移送起诉的案件,认为需要补充调查的,应当退回监察机关补充调查。必要时,可以自行补充侦查。

需要退回补充调查的案件,人民检察院应当出具补充调查决定书、补充调查提纲,写明补充调查的事项、理由、调查方向、需补充收集的证据及其证明作用等,连同案卷材料一并送交监察机关。

人民检察院决定退回补充调查的案件,犯罪嫌疑人已被采取强制措施的,应当将退回补充调查情况书面通知强制措施执行机关。监察机关需要讯问的,人民检察院应当予以配合。

第三百四十四条 对于监察机关移送起诉的案件,具有下列情形之一的,人民检察院可以自行补充侦查:

(一)证人证言、犯罪嫌疑人供述和辩解、被害人陈述的内容主要情节一致,个别情节不一致的;

(二)物证、书证等证据材料需要补充鉴定的;

(三)其他由人民检察院查证更为便利、更有效率、更有利于查清案件事实的情形。

自行补充侦查完毕后,应当将相关证据材料入卷,同时抄送监察机关。人民检察院自行补充侦查的,可以商请监察机关提供协助。

第一百七十一条 【审查起诉的内容】人民检察院审查案件的时候,必须查明:

(一)犯罪事实、情节是否清楚,证据是否确实、充分,犯罪性质和罪名的认定是否正确;

(二)有无遗漏罪行和其他应当追究刑事责任的人;

(三)是否属于不应追究刑事责任的;

(四)有无附带民事诉讼;

(五)侦查活动是否合法。

立法沿革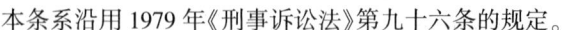

本条系沿用1979年《刑事诉讼法》第九十六条的规定。

基本规范

《人民检察院刑事诉讼规则》(高检发释字〔2019〕4号,自2019年12月30日起施行)

第十章 审查逮捕和审查起诉

第二节 认罪认罚从宽案件办理

第二百七十一条 审查起诉阶段,对于在侦查阶段认罪认罚的案件,人民检察院应当重点审查以下内容:

(一)犯罪嫌疑人是否自愿认罪认罚,有无因受到暴力、威胁、引诱而违背意愿认罪认罚;

(二)犯罪嫌疑人认罪认罚时的认知能力和精神状态是否正常;

(三)犯罪嫌疑人是否理解认罪认罚的性质和可能导致的法律后果;

(四)公安机关是否告知犯罪嫌疑人享有的诉讼权利,如实供述自己罪行可以从宽处理和认罪认罚的法律规定,并听取意见;

(五)起诉意见书中是否写明犯罪嫌疑人认罪认罚情况;

(六)犯罪嫌疑人是否真诚悔罪,是否向被害人赔礼道歉。

经审查,犯罪嫌疑人违背意愿认罪认罚的,人民检察院可以重新开展认罪认罚工作。存在刑讯逼供等非法取证行为的,依照法律规定处理。

第七节 审查起诉

第三百三十条 人民检察院审查移送起诉的案件,应当查明:

(一)犯罪嫌疑人身份状况是否清楚,包括姓名、性别、国籍、出生年月日、职业和单位等;单位犯罪的,单位的相关情况是否清楚;

(二)犯罪事实、情节是否清楚;实施犯罪的时间、地点、手段、危害后果是否明确;

(三)认定犯罪性质和罪名的意见是否正确;有无法定的从重、从轻、减轻或者免除处罚情节及酌定从重、从轻情节;共同犯罪案件的犯罪嫌疑人在犯罪活动中的责任认定是否恰当;

(四)犯罪嫌疑人是否认罪认罚;

(五)证明犯罪事实的证据材料是否随案移送;证明相关财产系违法所得的证据材料是否随案移送;不宜移送的证据的清单、复制件、照片或者其他证明文件是否随案移送;

(六)证据是否确实、充分,是否依法收集,有无应当排除非法证据的情形;

(七)采取侦查措施包括技术侦查措施的法律手续和诉讼文书是否完备;

(八)有无遗漏罪行和其他应当追究刑事责任的人;

(九)是否属于不应当追究刑事责任的;

(十)有无附带民事诉讼;对于国家财产、集体财产遭受损失的,是否需要由人民检察院提起附带民事诉讼;对于破坏生态环境和资源保护,食品药品安全领域侵害众多消费者合法权益,侵害英雄烈士的姓名、肖像、名誉、荣誉等损害社会公共利益的行为,是否需要由人民检察院提起附带民事公益诉讼;

(十一)采取的强制措施是否适当,对于已经逮捕的犯罪嫌疑人,有无继续羁押的必要;

(十二)侦查活动是否合法;

(十三)涉案财物是否查封、扣押、冻结并妥善保管,清单是否齐备;对被害人合法财产的返还和对违禁品或者不宜长期保存的物品的处理是否妥当,移送的证明文件是否完备。

第三百三十二条　人民检察院认为需要对案件中某些专门性问题进行鉴定而监察机关或者公安机关没有鉴定的,应当要求监察机关或者公安机关进行鉴定。必要时,也可以由人民检察院进行鉴定,或者由人民检察院聘请有鉴定资格的人进行鉴定。

人民检察院自行进行鉴定的,可以商请监察机关或者公安机关派员参加,必要时可以聘请有鉴定资格或者有专门知识的人参加。

第三百三十三条　在审查起诉中,发现犯罪嫌疑人可能患有精神病的,人民检察院应当依照本规则的有关规定对犯罪嫌疑人进行鉴定。

犯罪嫌疑人的辩护人或者近亲属以犯罪嫌疑人可能患有精神病而申请对犯罪嫌疑人进行鉴定的,人民检察院也可以依照本规则的有关规定对犯罪嫌疑人进行鉴定。鉴定费用由申请方承担。

第三百三十四条　人民检察院对鉴定意见有疑问的,可以询问鉴定人或者有专门知识的人并制作笔录附卷,也可以指派有鉴定资格的检察技术人员或者聘请其他有鉴定资格的人进行补充鉴定或者重新鉴定。

人民检察院对鉴定意见等技术性证据材料需要进行专门审查的,按照有关规定交检察技术人员或者其他有专门知识的人进行审查并出具审查意见。

第三百三十五条　人民检察院审查案件时,对监察机关或者公安机关的勘验、检查,认为需要复验、复查的,应当要求其复验、复查,人民检察院可以派员参加;也可以自行复验、复查,商请监察机关或者公安机关派员参加,必要时也可以指派检察技术人员或者聘请其他有专门知识的人参加。

第三百三十六条　人民检察院对物证、书证、视听资料、电子数据及勘验、检查、辨认、侦查实验等笔录存在疑问的，可以要求调查人员或者侦查人员提供获取、制作的有关情况，必要时也可以询问提供相关证据材料的人员和见证人并制作笔录附卷，对物证、书证、视听资料、电子数据进行鉴定。

第三百三十七条　人民检察院在审查起诉阶段认为需要逮捕犯罪嫌疑人的，应当经检察长决定。

第三百五十二条　追缴的财物中，属于被害人的合法财产，不需要在法庭出示的，应当及时返还被害人，并由被害人在发还款物清单上签名或者盖章，注明返还的理由，并将清单、照片附卷。

第三百五十三条　追缴的财物中，属于违禁品或者不宜长期保存的物品，应当依照国家有关规定处理，并将清单、照片、处理结果附卷。

第三百五十四条　人民检察院在审查起诉阶段，可以适用本规则规定的侦查措施和程序。

其他规范

《最高人民检察院、公安部关于适用刑事强制措施有关问题的规定》（高检会〔2000〕2号）第三十四条对人民检察院将案件移送有管辖权的人民检察院审查起诉的有关问题作了规定。（→参见第一编"总则"第六章"强制措施"标题下所附"其他规范"，第498页）

《最高人民检察院关于审查起诉期间犯罪嫌疑人脱逃或者患有严重疾病的应当如何处理的批复》（高检发释字〔2013〕4号）

北京市人民检察院：

你院京检字〔2013〕75号《关于审查起诉期间犯罪嫌疑人潜逃或身患严重疾病应如何处理的请示》收悉。经研究，批复如下：

一、人民检察院办理犯罪嫌疑人被羁押的审查起诉案件，应当严格依照法律规定的期限办结。未能依法办结的，应当根据刑事诉讼法第九十六条的规定予以释放或者变更强制措施。

二、人民检察院对于侦查机关移送审查起诉的案件，如果犯罪嫌疑人脱逃的，应当根据《人民检察院刑事诉讼规则（试行）》第一百五十四条第三款的规定，要求侦查机关采取措施保证犯罪嫌疑人到案后再移送审查起诉。

三、人民检察院在审查起诉过程中发现犯罪嫌疑人脱逃的，应当及时通知侦查机关，要求侦查机关开展追捕活动。

人民检察院应当及时全面审阅案卷材料。经审查，对于案件事实不清、证据不足的,可以根据刑事诉讼法第一百七十一条第二款、《人民检察院刑事诉讼规则(试行)》第三百八十条的规定退回侦查机关补充侦查。

侦查机关补充侦查完毕移送审查起诉的,人民检察院应当按照本批复第二条的规定进行审查。

共同犯罪中的部分犯罪嫌疑人脱逃的,对其他犯罪嫌疑人的审查起诉应当照常进行。

四、犯罪嫌疑人患有精神病或者其他严重疾病丧失诉讼行为能力不能接受讯问的,人民检察院可以依法变更强制措施。对实施暴力行为的精神病人,人民检察院可以商请公安机关采取临时的保护性约束措施。

经审查,应当按照下列情形分别处理:

(一)经鉴定系依法不负刑事责任的精神病人的,人民检察院应当作出不起诉决定。符合刑事诉讼法第二百八十四条规定的条件的,可以向人民法院提出强制医疗的申请;

(二)有证据证明患有精神病的犯罪嫌疑人尚未完全丧失辨认或者控制自己行为的能力,或者患有间歇性精神病的犯罪嫌疑人实施犯罪行为时精神正常,符合起诉条件的,可以依法提起公诉;

(三)案件事实不清、证据不足的,可以根据刑事诉讼法第一百七十一条第二款、《人民检察院刑事诉讼规则(试行)》第三百八十条的规定退回侦查机关补充侦查。

五、人民检察院在审查起诉期间,犯罪嫌疑人脱逃或者死亡,符合刑事诉讼法第二百八十条第一款规定的条件的,人民检察院可以向人民法院提出没收违法所得的申请。

《检察机关办理电信网络诈骗案件指引》(高检发侦监字〔2018〕12号)"一、审查证据的基本要求"**第二条**对电信网络诈骗案件审查起诉的有关问题作了规定。(→参见第八十一条所附"其他规范",第576页)

《检察机关办理侵犯公民个人信息案件指引》(高检发侦监字〔2018〕13号)"一、审查证据的基本要求"**第二条**对侵犯公民个人信息案件审查起诉的有关问题作了规定。(→参见第八十一条所附"其他规范",第583页)

《最高人民法院、最高人民检察院、公安部、司法部关于办理恶势力刑事案件若干问题的意见》(法发〔2019〕10号,自2019年4月9日起施行,节录)

四、办理恶势力刑事案件的其他问题

17. 人民法院、人民检察院、公安机关经审查认为案件符合恶势力认定标准的,应当在起诉意见书、起诉书、判决书、裁定书等法律文书中的案件事实部分明确表述,列明恶势力的纠集者、其他成员、违法犯罪事实以及据以认定的证据;符合恶势力犯罪集团认定标准的,应当在上述法律文书中明确定性,列明首要分子、其他成员、违法犯罪事实以及据以认定的证据,并引用刑法总则关于犯罪集团的相关规定。被告人及其辩护人对恶势力定性提出辩解和辩护意见,人民法院可以在裁判文书中予以评析回应。

恶势力刑事案件的起诉意见书、起诉书、判决书、裁定书等法律文书,可以在案件事实部分先概述恶势力、恶势力犯罪集团的概括事实,再分述具体的恶势力违法犯罪事实。

18.对于公安机关未在起诉意见书中明确认定,人民检察院在审查起诉期间发现构成恶势力或者恶势力犯罪集团,且相关违法犯罪事实已经查清,证据确实、充分,依法应追究刑事责任的,应当作出起诉决定,根据查明的事实向人民法院提起公诉,并在起诉书中明确认定为恶势力或者恶势力犯罪集团。人民检察院认为恶势力相关违法犯罪事实不清、证据不足,或者存在遗漏恶势力违法犯罪事实、遗漏同案犯罪嫌疑人等情形需要补充侦查的,应当提出具体的书面意见,连同案卷材料一并退回公安机关补充侦查;人民检察院也可以自行侦查,必要时可以要求公安机关提供协助。

对于人民检察院未在起诉书中明确认定,人民法院在审判期间发现构成恶势力或恶势力犯罪集团的,可以建议人民检察院补充或者变更起诉;人民检察院不同意或者在七日内未回复意见的,人民法院不应主动认定,可仅就起诉指控的犯罪事实依照相关规定作出判决、裁定。

审理被告人或者被告人的法定代理人、辩护人、近亲属上诉的案件时,一审判决认定黑社会性质组织有误的,二审法院应当纠正,符合恶势力、恶势力犯罪集团认定标准,应当作出相应认定;一审判决认定恶势力或恶势力犯罪集团有误的,应当纠正,但不得升格认定;一审判决未认定恶势力或恶势力犯罪集团的,不得增加认定。

《人民检察院办理网络犯罪案件规定》(高检发办字〔2021〕3号)**第十七条至第二十三条**对审查起诉的有关问题作了规定。(→参见第二编"立案、侦查和提起公诉"标题下所附"其他规范",第775—777页)

《人民检察院办理认罪认罚案件开展量刑建议工作的指导意见》(最高人民检察院,高检发办字〔2021〕120号)**第六条至第八条**对审查起诉有关问题作了规定。(→参见第一百七十六条所附"其他规范",第1194页)

第一百七十二条 【审查起诉的期限】人民检察院对于监察机关、公安机关移送起诉的案件,应当在一个月以内作出决定,重大、复杂的案件,可以延长十五日;犯罪嫌疑人认罪认罚,符合速裁程序适用条件的,应当在十日以内作出决定,对可能判处的有期徒刑超过一年的,可以延长至十五日。

人民检察院审查起诉的案件,改变管辖的,从改变后的人民检察院收到案件之日起计算审查起诉期限。

立法沿革

1979年《刑事诉讼法》第九十七条规定:"人民检察院对于公安机关移送起诉或者免予起诉的案件,应当在一个月以内作出决定,重大、复杂的案件,可以延长半个月。"1996年《刑事诉讼法修改决定》对本条规定作了修改:一是删去关于免予起诉案件审查起诉期限的规定;二是增加本条第二款。2012年修改《刑事诉讼法》时对本条规定未作修改。2018年《刑事诉讼法修改决定》对本条规定作了修改:一是增加关于监察机关移送案件审查起诉期限的规定;二是对速裁案件审查起诉的期限作出专门规定;三是将"半个月"调整为"十五日"。

基本规范

《人民检察院刑事诉讼规则》(高检发释字〔2019〕4号,自2019年12月30日起施行)

第十章 审查逮捕和审查起诉
第二节 认罪认罚从宽案件办理
第二百七十三条 犯罪嫌疑人认罪认罚,人民检察院经审查,认为符合速裁程序适用条件的,应当在十日以内作出是否提起公诉的决定,对可能判处的有期徒刑超过一年的,可以延长至十五日;认为不符合速裁程序适用条件的,应当在本规则第三百五十一条规定的期限以内作出是否提起公诉的决定。

对于公安机关建议适用速裁程序办理的案件,人民检察院负责案件管理的部门应当在受理案件的当日将案件移送负责捕诉的部门。

第七节 审查起诉
第三百五十一条 人民检察院对于移送起诉的案件,应当在一个月以内作出决定;重大、复杂的案件,一个月以内不能作出决定的,可以延长十五日。

人民检察院审查起诉的案件,改变管辖的,从改变后的人民检察院收到案件之日起计算审查起诉期限。

其他规范

《最高人民法院、最高人民检察院、公安部、国家安全部、司法部关于适用认罪认罚从宽制度的指导意见》（高检发〔2019〕13号）第三十四条对速裁程序的审查起诉期限作了规定。（→参见第十五条所附"其他规范"，第72页）

《最高人民检察院关于先后受理同一犯罪嫌疑人涉嫌职务犯罪和其他犯罪的案件审查起诉期限如何起算问题的批复》（高检发释字〔2022〕2号，自2022年11月18日起施行）①

江苏省人民检察院：

你院《关于互涉案件如何起算审查起诉期限的请示》（苏检发三部字〔2022〕2号）收悉。经研究，批复如下：

对于同一犯罪嫌疑人涉嫌职务犯罪和其他犯罪的案件，监察机关、侦查机关移送人民检察院审查起诉时间不一致，需要并案处理的，审查起诉期限自受理后

---

① 需要注意的问题有二：(1)《批复》仅适用于同一犯罪嫌疑人同时涉嫌职务犯罪与其他犯罪的互涉案件。除监察机关与其他侦查机关分别调查、侦查的互涉案件外，同一犯罪嫌疑人涉嫌不同犯罪的案件，有的由公安机关、检察机关、国家安全机关、中国海警局、监狱等不同侦查机关分别侦查，还有的由同一系统但不同地方的侦查机关分别侦查，情况多样。虽然不同侦查机关侦查的案件也存在前案、后案分别移送检察机关审查起诉的情况，但此类案件与监察机关、侦查机关分别调查、侦查的互涉案件有所不同，不能适用《批复》的规定。(2)《批复》仅适用于检察机关对互涉案件进行并案处理的情形。对于一人犯数罪，并案处理有利于查明案件事实和诉讼进行的，检察机关可以在职责范围内对相关犯罪案件并案处理。除极个别情况外，互涉案件在监察机关为主调查并组织协调下调查、侦查，在移送检察机关审查起诉前即属统筹有度的整体，因此在前案、后案分别移送起诉后，检察机关一般应根据前述规定进行并案处理。但实践中也存在少数不并案处理的情况，如有的检察机关办理的涉黑保护伞案件，审查起诉期间发现犯罪嫌疑人另有其他受贿事实正在监察机关调查过程中，为避免保护伞案件与涉黑案件脱节提起公诉，故将包庇、纵容黑社会性质组织犯罪先行起诉，后对其受贿犯罪追加起诉，此类案件因不具备并案处理的前提条件而不适用本批复的规定。(3)准确理解"从受理后案之日起"的含义。一是审查起诉期限起算的时间点不是检察机关收到后案之日。《批复》明确以受理后案之日为审查起诉期限重新计算的起算时间点。二是审查起诉期限起算的时间点不是检察机关决定并案之日。《批复》明确规定受理后案之日为审查起诉期限重新计算的起算时间点而非决定并案之日。(4)准确理解"重新计算"的含义。对于互涉案件，如侦查机关移送起诉其他犯罪案件在前，监察机关移送起诉职务犯罪案件在后，并案处理后审查起诉期限的计算应当分情况处理：其一，检察机关在对侦查机关移送（转下页）

案之日起重新计算。

第一百七十三条 【审查起诉时讯问和听取意见】人民检察院审查案件,应当讯问犯罪嫌疑人,听取辩护人或者值班律师、被害人及其诉讼代理人的意见,并记录在案。辩护人或者值班律师、被害人及其诉讼代理人提出书面意见的,应当附卷。

犯罪嫌疑人认罪认罚的,人民检察院应当告知其享有的诉讼权利和认罪认罚的法律规定,听取犯罪嫌疑人、辩护人或者值班律师、被害人及其诉讼代理人对下列事项的意见,并记录在案:

(一)涉嫌的犯罪事实、罪名及适用的法律规定;
(二)从轻、减轻或者免除处罚等从宽处罚的建议;
(三)认罪认罚后案件审理适用的程序;
(四)其他需要听取意见的事项。

人民检察院依照前两款规定听取值班律师意见的,应当提前为值班律师了解案件有关情况提供必要的便利。

第一百七十四条 【签署认罪认罚具结书】犯罪嫌疑人自愿认罪,同意量刑建议和程序适用的,应当在辩护人或者值班律师在场的情况下签署认罪认罚具结书。

(接上页)的前案审查起诉期间已经决定采取强制措施,在受理监察机关移送的未采取留置措施的后案,并案处理后的审查起诉期限自受理后案之日起重新计算。其二,检察机关在对侦查机关移送的前案审查起诉期间未采取强制措施,在受理监察机关移送的采取留置措施的后案,并案处理后的审查起诉期限自受理后案之日起按照《刑事诉讼法》第一百七十条第二款的规定计算,即检察机关应当对犯罪嫌疑人先行拘留,在拘留后的十日内作出是否逮捕、取保候审或者监视居住的决定,在特殊情况下,决定的时间可以延长一日至四日,检察机关决定采取强制措施的期间不计入审查起诉期限。(5)互涉案件补充调查、补充侦查以二次为限。虽然互涉案件并案处理后审查起诉期限自受理后案之日起重新计算,但这一规则需要遵循《人民检察院刑事诉讼规则》第三百四十六条第二款"补充调查、补充侦查以二次为限"的规定。换言之,不管是退回补充调查还是退回补充侦查,累计次数不能超过二次。若是前案已经退查二次,受理后案且并案处理后,后案不得再行退查。若是前案已经退查一次,并案处理后的后案至多可退查一次。参见张希靖、陈旭文、竹莹莹:《〈关于先后受理同一犯罪嫌疑人涉嫌职务犯罪和其他犯罪的案件审查起诉期限如何起算问题的批复〉的理解与适用》,载《人民检察》2023年第3期。

犯罪嫌疑人认罪认罚,有下列情形之一的,不需要签署认罪认罚具结书:
(一)犯罪嫌疑人是盲、聋、哑人,或者是尚未完全丧失辨认或者控制自己行为能力的精神病人的;
(二)未成年犯罪嫌疑人的法定代理人、辩护人对未成年人认罪认罚有异议的;
(三)其他不需要签署认罪认罚具结书的情形。

立法沿革

本两条系审查起诉时讯问和听取意见,以及签署认罪认罚具结书的规定。

关于第一百七十三条,1979年《刑事诉讼法》第九十八条规定:"人民检察院审查案件,应当讯问被告人。"1996年《刑事诉讼法修改决定》将"被告人"修改为"犯罪嫌疑人",增加规定听取被害人和犯罪嫌疑人、被害人委托的人的意见。2012年《刑事诉讼法修改决定》增加听取意见记录在案及书面意见附卷的规定。2018年《刑事诉讼法修改决定》对本条规定作了修改:一是增加规定人民检察院审查案件,如果犯罪嫌疑人没有辩护人的,应当听取值班律师的意见,值班律师提出书面意见的,应当附卷;二是增加规定犯罪嫌疑人认罪认罚的,人民检察院应当告知其享有的诉讼权利和认罪认罚的法律规定;三是对认罪认罚案件人民检察院听取犯罪嫌疑人、辩护人或者值班律师、被害人及其诉讼代理人意见的情形作了具体明确的规定,同时还规定应当记录在案;四是增加规定人民检察院听取值班律师意见的,应当提前为值班律师了解案件有关情况提供必要的便利。

第一百七十四条系2018年《刑事诉讼法修改决定》增加的规定。

基本规范

《**人民检察院刑事诉讼规则**》(高检发释字〔2019〕4号,自2019年12月30日起施行)

第十章 审查逮捕和审查起诉
第二节 认罪认罚从宽案件办理
第二百六十七条 人民检察院办理犯罪嫌疑人认罪认罚案件,应当保障犯罪嫌疑人获得有效法律帮助,确保其了解认罪认罚的性质和法律后果,自愿认罪认罚。

人民检察院受理案件后,应当向犯罪嫌疑人了解其委托辩护人的情况。犯罪嫌疑人自愿认罪认罚、没有辩护人的,在审查逮捕阶段,人民检察院应当要求公安机关通知值班律师为其提供法律帮助;在审查起诉阶段,人民检察院应当通知值班律师为其提供法律帮助。符合通知辩护条件的,应当依法通知法律援助机构指派律师为其提供辩护。

第二百六十八条　人民检察院应当商法律援助机构设立法律援助工作站派驻值班律师或者及时安排值班律师,为犯罪嫌疑人提供法律咨询、程序选择建议、申请变更强制措施、对案件处理提出意见等法律帮助。

人民检察院应当告知犯罪嫌疑人有权约见值班律师,并为其约见值班律师提供便利。

第二百六十九条　犯罪嫌疑人认罪认罚的,人民检察院应当告知其享有的诉讼权利和认罪认罚的法律规定,听取犯罪嫌疑人、辩护人或者值班律师、被害人及其诉讼代理人对下列事项的意见,并记录在案:

(一)涉嫌的犯罪事实、罪名及适用的法律规定;
(二)从轻、减轻或者免除处罚等从宽处罚的建议;
(三)认罪认罚后案件审理适用的程序;
(四)其他需要听取意见的事项。

依照前款规定听取值班律师意见的,应当提前为值班律师了解案件有关情况提供必要的便利。自人民检察院对案件审查起诉之日起,值班律师可以查阅案卷材料,了解案情。人民检察院应当为值班律师查阅案卷材料提供便利。

人民检察院不采纳辩护人或者值班律师所提意见的,应当向其说明理由。

第二百七十二条　犯罪嫌疑人自愿认罪认罚,同意量刑建议和程序适用的,应当在辩护人或者值班律师在场的情况下签署认罪认罚具结书。具结书应当包括犯罪嫌疑人如实供述罪行、同意量刑建议和程序适用等内容,由犯罪嫌疑人及其辩护人、值班律师签名。

犯罪嫌疑人具有下列情形之一的,不需要签署认罪认罚具结书:

(一)犯罪嫌疑人是盲、聋、哑人,或者是尚未完全丧失辨认或者控制自己行为能力的精神病人的;
(二)未成年犯罪嫌疑人的法定代理人、辩护人对未成年人认罪认罚有异议的;
(三)其他不需要签署认罪认罚具结书的情形。

有前款情形,犯罪嫌疑人未签署认罪认罚具结书的,不影响认罪认罚从宽制度的适用。

第七节　审查起诉

第三百三十一条　人民检察院办理审查起诉案件应当讯问犯罪嫌疑人。

第三百三十八条　对于人民检察院正在审查起诉的案件,被逮捕的犯罪嫌疑人及其法定代理人、近亲属或者辩护人认为羁押期限届满,向人民检察院提出释放犯罪嫌疑人或者变更强制措施要求的,人民检察院应当在三日以内审查决定。经审查,认为法定期限届满的,应当决定释放或者依法变更强制措施,并通知公安机关执行;认为法定期限未满的,书面答复申请人。

■其他规范

《**最高人民法院、最高人民检察院、公安部、国家安全部、司法部关于适用认罪认罚从宽制度的指导意见**》(高检发〔2019〕13号)**第十四条、第十五条、第二十六条至第三十一条、第五十二条、第五十五条、第五十六条**对审查起诉阶段认罪认罚案件的相关问题作了规定。(→参见第十五条所附"其他规范",第69—71、76—77页)

《**法律援助值班律师工作办法**》(最高人民法院、最高人民检察院、公安部、国家安全部、司法部,司规〔2020〕6号)**第八条至第十条**对审查起诉阶段值班律师所涉事项作了规定。(→参见第三十五条—第三十六条所附"其他规范",第291页)

《**人民检察院办理认罪认罚案件听取意见同步录音录像规定**》(高检发办字〔2021〕117号,自2022年3月1日起实施)

第一条 为规范人民检察院办理认罪认罚案件听取意见活动,依法保障犯罪嫌疑人、被告人诉讼权利,确保认罪认罚自愿性、真实性、合法性,根据法律和相关规定,结合办案实际,制定本规定。

第二条 人民检察院办理认罪认罚案件,对于检察官围绕量刑建议、程序适用等事项听取犯罪嫌疑人、被告人、辩护人或者值班律师意见、签署具结书活动,应当同步录音录像。

听取意见同步录音录像不包括讯问过程,但是讯问与听取意见、签署具结书同时进行的,可以一并录制。

多次听取意见的,至少要对量刑建议形成、确认以及最后的具结书签署过程进行同步录音录像。对依法不需要签署具结书的案件,应当对能够反映量刑建议形成的环节同步录音录像。

第三条 认罪认罚案件听取意见同步录音录像适用于所有认罪认罚案件。

第四条 同步录音录像一般应当包含如下内容:

(一)告知犯罪嫌疑人、被告人、辩护人或者值班律师对听取意见过程进行同步录音录像的情况;

(二)告知犯罪嫌疑人、被告人诉讼权利义务和认罪认罚法律规定,释明认罪认罚的法律性质和法律后果的情况;

(三)告知犯罪嫌疑人、被告人无正当理由反悔的法律后果的情况;

(四)告知认定的犯罪事实、罪名、处理意见,提出的量刑建议、程序适用建议并进行说明的情况;

(五)检察官听取犯罪嫌疑人、被告人、辩护人或者值班律师意见,犯罪嫌疑人、被告人听取辩护人或者值班律师意见的情况;

(六)根据需要,开示证据的情况;

(七)犯罪嫌疑人、被告人签署具结书及辩护人或者值班律师见证的情况;

(八)其他需要录制的情况。

第五条 认罪认罚案件听取意见应当由检察官主持,检察官助理、检察技术人员、司法警察、书记员协助。犯罪嫌疑人、被告人、辩护人或者值班律师等人员参与。

同步录音录像由检察技术人员或其他检察辅助人员负责录制。

第六条 同步录音录像一般应当在羁押场所或者检察机关办案区进行,有条件的可以探索在上述地点单独设置听取意见室。

采取远程视频等方式听取意见的,应当保存视频音频作为同步录音录像资料。

第七条 听取意见前,人民检察院应当告知辩护人或者值班律师听取意见的时间、地点,并听取辩护人或者值班律师意见。

在听取意见过程中,人民检察院应当为辩护人或者值班律师会见犯罪嫌疑人、查阅案卷材料提供必要的便利。

第八条 同步录音录像,应当客观、全面地反映听取意见的参与人员、听取意见过程,画面完整、端正,声音和影像清晰可辨。同步录音录像应当保持完整、连续,不得选择性录制,不得篡改、删改。

第九条 同步录音录像的起始和结束由检察官宣布。开始录像前,应当告知犯罪嫌疑人、被告人、辩护人或者值班律师。

第十条 听取意见过程中发现可能影响定罪量刑的新情况,需要补充核实的,应当中止听取意见和同步录音录像。核实完毕后,视情决定重新或者继续听取意见并进行同步录音录像。

因技术故障无法录制的,一般应当中止听取意见,待故障排除后再行听取意见和录制。技术故障一时难以排除的,征得犯罪嫌疑人、被告人、辩护人或者值班律师同意,可以继续听取意见,但应当记录在案。

第十一条 同步录音录像结束后,录制人员应当及时制作同步录音录像文件,交由案件承办人员办案使用,案件办结后由案件承办人员随案归档。同步录音录像文件的命名应当与全国检察业务应用系统内案件对应。各级人民检察院应当逐步建立同步录音录像文件管理系统,统一存储和保管同步录音录像文件。同步录音录像文件保存期限为十年。

第十二条 同步录音录像文件是人民检察院办理认罪认罚案件的工作资料,实行有条件调取使用。因人民法院、犯罪嫌疑人、被告人、辩护人或者值班律师对认罪认罚自愿性、真实性、合法性提出异议或者疑问等原因,需要查阅同步录音录像文件的,人民检察院可以出示,也可以将同步录音录像文件移送人民法院,必要时提请法庭播放。

因案件质量评查、复查、检务督察等工作,需要查阅、调取、复制、出示同步录音录像文件的,应当履行审批手续并记录在案。

第十三条 检察人员听取意见应当着检察制服,做到仪表整洁,举止严肃、端庄,用语文明、规范。

第十四条 人民检察院刑事检察、检察技术、计划财务装备、案件管理、司法警察、档案管理等部门应当各司其职、各负其责、协调配合,保障同步录音录像工作规范、高效、有序开展。

第十五条 人民检察院办理未成年人认罪认罚案件开展听取意见同步录音录像工作的,根据相关法律规定,结合未成年人检察工作实际,参照本规定执行。

第十六条 本规定自2022年3月1日起实施。

《最高人民检察院、司法部、中华全国律师协会关于依法保障律师执业权利的十条意见》(高检发办字〔2023〕28号)"六、认真听取律师对认罪认罚案件的意见"对人民检察院办理认罪认罚案件听取辩护律师或者值班律师意见的有关问题作了规定。(→参见第四十九条所附"其他规范",第348页)

第一百七十五条 【证据合法性说明和补充侦查】人民检察院审查案件,可以要求公安机关提供法庭审判所必需的证据材料;认为可能存在本法第五十六条规定的以非法方法收集证据情形的,可以要求其对证据收集的合法性作出说明。

人民检察院审查案件,对于需要补充侦查的,可以退回公安机关补充侦查,也可以自行侦查。

对于补充侦查的案件,应当在一个月以内补充侦查完毕。补充侦查以二次为限。补充侦查完毕移送人民检察院后,人民检察院重新计算审查起诉期限。

对于二次补充侦查的案件，人民检察院仍然认为证据不足，不符合起诉条件的，应当作出不起诉的决定。

立法沿革

1979年《刑事诉讼法》第九十九条规定："人民检察院审查案件，对于需要补充侦查的，可以自行侦查，也可以退回公安机关补充侦查。""对于补充侦查的案件，应当在一个月以内补充侦查完毕。"1996年《刑事诉讼法修改决定》对本条规定作了修改：一是增加规定人民检察院审查案件，可以要求公安机关提供法庭审判所必需的证据材料。二是对于需要补充侦查的案件，将"可以自行侦查，也可以退回公安机关补充侦查"修改为"可以退回公安机关补充侦查，也可以自行侦查"。三是增加规定"补充侦查以二次为限"。四是增加规定"对于补充侦查的案件，人民检察院仍然认为证据不足，不符合起诉条件的，可以作出不起诉的决定"。2012年《刑事诉讼法修改决定》对本条规定作了修改：一是在人民检察院审查案件可以要求公安机关提供法庭审判所必需的证据材料的规定之外，增加规定"认为可能存在本法第五十六条规定的以非法方法收集证据情形的，可以要求其对证据收集的合法性作出说明"。二是将原第四款"对于补充侦查的案件，人民检察院仍然认为证据不足，不符合起诉条件的，可以作出不起诉的决定"修改为"对于二次补充侦查的案件，人民检察院仍然认为证据不足，不符合起诉条件的，应当作出不起诉的决定"。2018年修改《刑事诉讼法》时对本条规定未作调整。

基本规范

《最高人民法院关于适用〈中华人民共和国刑事诉讼法〉的解释》（法释〔2021〕1号）**第二百七十七条**对审判期间通知人民检察院补充移送材料或者建议人民检察院补充侦查的有关问题作了规定（→参见第一百九十八条所附"基本规范"，第1419页）；**第二百九十七条**对审判期间，人民法院发现新的事实，可能影响定罪量刑的，或者需要补查补证的，应当如何处理作了规定。（→参见第二百条所附"基本规范"，第1436页）

《**人民检察院刑事诉讼规则**》（高检发释字〔2019〕4号，自2019年12月30日起施行）

第十章　审查逮捕和审查起诉
第七节　审查起诉
第三百四十条　人民检察院对监察机关或者公安机关移送的案件进行审查后，在人民法院作出生效判决之前，认为需要补充提供证据材料的，可以书面要求监察机关或者公安机关提供。

第三百四十一条 人民检察院在审查起诉中发现有应当排除的非法证据,应当依法排除,同时可以要求监察机关或者公安机关另行指派调查人员或者侦查人员重新取证。必要时,人民检察院也可以自行调查取证。

第三百四十二条 人民检察院认为犯罪事实不清、证据不足或者存在遗漏罪行、遗漏同案犯罪嫌疑人等情形需要补充侦查的,应当制作补充侦查提纲,连同案卷材料一并退回公安机关补充侦查。人民检察院也可以自行侦查,必要时可以要求公安机关提供协助。

第三百四十五条 人民检察院负责捕诉的部门对本院负责侦查的部门移送起诉的案件进行审查后,认为犯罪事实不清、证据不足或者存在遗漏罪行、遗漏同案犯罪嫌疑人等情形需要补充侦查的,应当制作补充侦查提纲,连同案卷材料一并退回负责侦查的部门补充侦查。必要时,也可以自行侦查,可以要求负责侦查的部门予以协助。

第三百四十六条 退回监察机关补充调查、退回公安机关补充侦查的案件,均应当在一个月以内补充调查、补充侦查完毕。

补充调查、补充侦查以二次为限。

补充调查、补充侦查完毕移送起诉后,人民检察院重新计算审查起诉期限。

人民检察院负责捕诉的部门退回本院负责侦查的部门补充侦查的期限、次数按照本条第一款至第三款的规定执行。

第三百四十七条 补充侦查期限届满,公安机关未将案件重新移送起诉的,人民检察院应当要求公安机关说明理由。

人民检察院发现公安机关违反法律规定撤销案件的,应当提出纠正意见。

第三百四十八条 人民检察院在审查起诉中决定自行侦查的,应当在审查起诉期限内侦查完毕。

第三百四十九条 人民检察院对已经退回监察机关二次补充调查或者退回公安机关二次补充侦查的案件,在审查起诉中又发现新的犯罪事实,应当将线索移送监察机关或者公安机关。对已经查清的犯罪事实,应当依法提起公诉。

第三百五十条 对于在审查起诉期间改变管辖的案件,改变后的人民检察院对于符合刑事诉讼法第一百七十五条第二款规定的案件,可以经原受理案件的人民检察院协助,直接退回原侦查案件的公安机关补充侦查,也可以自行侦查。改变管辖前后退回补充侦查的次数总共不得超过二次。

另,第二百五十七条规定对于审查起诉阶段退回公安机关补充侦查的案件,人民检察院应当分别制作继续侦查提纲或者补充侦查提纲。(→参见第

九十条所附"基本规范",第 626 页)

《公安机关办理刑事案件程序规定》(公安部令第 159 号修正,修正后自 2020 年 9 月 1 日起施行)

第八章　侦查

第十三节　补充侦查

第二百九十五条　侦查终结,移送人民检察院审查起诉的案件,人民检察院退回公安机关补充侦查的,公安机关接到人民检察院退回补充侦查的法律文书后,应当按照补充侦查提纲在一个月以内补充侦查完毕。

补充侦查以二次为限。

第二百九十六条　对人民检察院退回补充侦查的案件,根据不同情况,报县级以上公安机关负责人批准,分别作如下处理:

(一)原认定犯罪事实不清或者证据不够充分的,应当在查清事实、补充证据后,制作补充侦查报告书,移送人民检察院审查;对确实无法查明的事项或者无法补充的证据,应当书面向人民检察院说明情况;

(二)在补充侦查过程中,发现新的同案犯或者新的罪行,需要追究刑事责任的,应当重新制作起诉意见书,移送人民检察院审查;

(三)发现原认定的犯罪事实有重大变化,不应当追究刑事责任的,应当撤销案件或者对犯罪嫌疑人终止侦查,并将有关情况通知退查的人民检察院;

(四)原认定犯罪事实清楚,证据确实、充分,人民检察院退回补充侦查不当的,应当说明理由,移送人民检察院审查。

第二百九十七条　对于人民检察院在审查起诉过程中以及在人民法院作出生效判决前,要求公安机关提供法庭审判所必需的证据材料的,应当及时收集和提供。

《海警机构办理刑事案件程序规定》(中国海警局令第 1 号,自 2023 年 6 月 15 日起施行)

第八章　侦　查

第十四节　补充侦查

第二百八十六条　案件移送起诉后,人民检察院退回补充侦查的,海警机构应当按照补充侦查提纲在一个月以内补充侦查完毕。

补充侦查以二次为限。

第二百八十七条　对人民检察院退回补充侦查的案件,根据不同情况,经海警机构负责人批准,分别作如下处理:

（一）原认定犯罪事实不清或者证据不够充分的，应当在查清事实、补充证据后，制作补充侦查报告书，移送人民检察院审查；对确实无法查明的事项或者无法补充的证据，应当书面向人民检察院说明情况；

（二）在补充侦查过程中，发现新的同案犯或者新的罪行，需要追究刑事责任的，应当重新制作起诉意见书，移送人民检察院审查；

（三）发现原认定的犯罪事实有重大变化，不应当追究刑事责任的，应当撤销案件或者对犯罪嫌疑人终止侦查，并将有关情况书面通知退查的人民检察院；

（四）原认定犯罪事实清楚，证据确实、充分，人民检察院退回补充侦查不当的，应当说明理由，移送人民检察院审查。

第二百八十八条　对于人民检察院在审查起诉过程中以及在人民法院作出生效判决前，要求海警机构提供法庭审判所必需的证据材料的，应当及时收集和提供。

其他规范

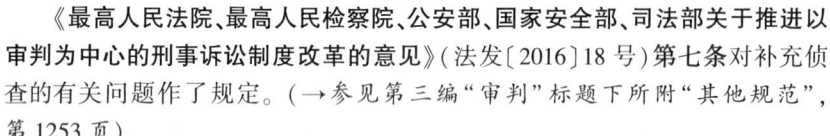

《最高人民法院、最高人民检察院、公安部、国家安全部、司法部关于推进以审判为中心的刑事诉讼制度改革的意见》（法发〔2016〕18号）第七条对补充侦查的有关问题作了规定。（→参见第三编"审判"标题下所附"其他规范"，第1253页）

《最高人民检察院、公安部关于加强和规范补充侦查工作的指导意见》（高检发〔2020〕6号，自2020年3月27日起施行）

第一条　为进一步完善以证据为核心的刑事指控体系，加强和规范补充侦查工作，提高办案质效，根据《中华人民共和国刑事诉讼法》《人民检察院刑事诉讼规则》《公安机关办理刑事案件程序规定》等有关规定，结合办案实践，制定本指导意见。

第二条　补充侦查是依照法定程序，在原有侦查工作的基础上，进一步查清事实，补充完善证据的诉讼活动。

人民检察院审查逮捕提出补充侦查意见，审查起诉退回补充侦查、自行补充侦查，要求公安机关提供证据材料，要求公安机关对证据的合法性作出说明等情形，适用本指导意见的相关规定。

第三条　开展补充侦查工作应当遵循以下原则：

1. 必要性原则。补充侦查工作应当具备必要性，不得因与案件事实、证据无关的原因退回补充侦查。

2. 可行性原则。要求补充侦查的证据材料应当具备收集固定的可行性，补充侦查工作应当具备可操作性,对于无法通过补充侦查收集证据材料的情形,不能适用补充侦查。

3.说理性原则。补充侦查提纲应当写明补充侦查的理由、案件定性的考虑、补充侦查的方向、每一项补证的目的和意义,对复杂问题、争议问题作适当阐明,具备条件的,可以写明补充侦查的渠道、线索和方法。

4.配合性原则。人民检察院、公安机关在补充侦查之前和补充侦查过程中,应当就案件事实、证据、定性等方面存在的问题和补充侦查的相关情况,加强当面沟通、协作配合,共同确保案件质量。

5.有效性原则。人民检察院、公安机关应当以增强补充侦查效果为目标,把提高证据质量、解决证据问题贯穿于侦查、审查逮捕、审查起诉全过程。

第四条　人民检察院开展补充侦查工作,应当书面列出补充侦查提纲。补充侦查提纲应当分别归入检察内卷、侦查内卷。

第五条　公安机关提请人民检察院审查批准逮捕的,人民检察院应当接收。经审查,不符合批捕条件的,应当依法作出不批准逮捕决定。人民检察院对于因证据不足作出不批准逮捕决定,需要补充侦查的,应当制作补充侦查提纲,列明证据体系存在的问题、补充侦查方向、取证要求等事项并说明理由。公安机关应当按照人民检察院的要求开展补充侦查。补充侦查完毕,认为符合逮捕条件的,应当重新提请批准逮捕。对于人民检察院不批准逮捕而未说明理由的,公安机关可以要求人民检察院说明理由。对人民检察院不批准逮捕的决定认为有错误的,公安机关可以依法要求复议、提请复核。

对于作出批准逮捕决定的案件,确有必要的,人民检察院可以根据案件证据情况,就完善证据体系、补正证据合法性、全面查清案件事实等事项,向公安机关提出捕后侦查意见。逮捕之后,公安机关应当及时开展侦查工作。

第六条　人民检察院在审查起诉期间发现案件存在事实不清、证据不足或者存在遗漏罪行、遗漏同案犯罪嫌疑人等情形需要补充侦查的,应当制作补充侦查提纲,连同案卷材料一并退回公安机关并引导公安机关进一步查明案件事实、补充收集证据。

人民检察院第一次退回补充侦查时,应当向公安机关列明全部补充侦查事项。在案件事实或证据发生变化、公安机关未补充侦查到位、或者重新报送的材料中发现矛盾和问题,可以第二次退回补充侦查。

第七条　退回补充侦查提纲一般包括以下内容:

(一)阐明补充侦查的理由,包括案件事实不清、证据不足的具体表现和问题;

(二)阐明补充侦查的方向和取证目的;
(三)明确需要补充侦查的具体事项和需要补充收集的证据目录;
(四)根据起诉和审判的证据标准,明确补充、完善证据需要达到的标准和必备要素;
(五)有遗漏罪行的,应当指出在起诉意见书中没有认定的犯罪嫌疑人的罪行;
(六)有遗漏同案犯罪嫌疑人需要追究刑事责任的,应当建议补充移送;
(七)其他需要列明的事项。

补充侦查提纲、捕后侦查意见可参照本条执行。

第八条 案件退回补充侦查后,人民检察院和公安机关的办案人员应当加强沟通,及时就取证方向、落实补证要求等达成一致意见。公安机关办案人员对于补充侦查提纲有异议的,双方及时沟通。

对于事实证据发生重大变化的案件,可能改变定性的案件,证据标准难以把握的重大、复杂、疑难、新型案件,以及公安机关提出请求的案件,人民检察院在退回补充侦查期间,可以了解补充侦查开展情况,查阅证据材料,对补充侦查方向、重点、取证方式等提出建议,必要时可列席公安机关的案件讨论并发表意见。

第九条 具有下列情形之一的,一般不退回补充侦查:
(一)查清的事实足以定罪量刑或者与定罪量刑有关的事实已经查清,不影响定罪量刑的事实无法查清的;
(二)作案工具、赃物去向等部分事实无法查清,但有其他证据足以认定,不影响定罪量刑的;
(三)犯罪嫌疑人供述和辩解、证人证言、被害人陈述的主要情节能够相互印证,只有个别情节不一致但不影响定罪量刑的;
(四)遗漏同案犯罪嫌疑人或者同案犯罪嫌疑人在逃,在案犯罪嫌疑人定罪量刑的事实已经查清且符合起诉条件,公安机关不能及时补充移送同案犯罪嫌疑人的;
(五)补充侦查事项客观上已经没有查证可能性的;
(六)其他没有必要退回补充侦查的。

第十条 对于具有以下情形可以及时调取的有关证据材料,人民检察院可以发出《调取证据材料通知书》,通知公安机关直接补充相关证据并移送,以提高办案效率:
(一)案件基本事实清楚,虽欠缺某些证据,但收集、补充证据难度不大且在审查起诉期间内能够完成的;

(二)证据存在书写不规范、漏填、错填等瑕疵,公安机关可以在审查起诉期间补正、说明的;

(三)证据材料制作违反程序规定但程度较轻微,通过补正可以弥补的;

(四)案卷诉讼文书存在瑕疵,需进行必要的修改或补充的;

(五)缺少前科材料、释放证明、抓获经过等材料,侦查人员能够及时提供的;

(六)其他可以通知公安机关直接补充相关证据的。

第十一条 人民检察院在审查起诉过程中,具有下列情形之一,自行补充侦查更为适宜的,可以依法自行开展侦查工作:

(一)影响定罪量刑的关键证据存在灭失风险,需要及时收集和固定证据,人民检察院有条件自行侦查的;

(二)经退回补充侦查未达到要求,自行侦查具有可行性的;

(三)有证据证明或者有迹象表明侦查人员可能存在利用侦查活动插手民事、经济纠纷、实施报复陷害等违法行为和刑讯逼供、非法取证等违法行为,不宜退回补充侦查的;

(四)其他需要自行侦查的。

人民检察院开展自行侦查工作应依法规范开展。

第十二条 自行侦查由检察官组织实施,必要时可以调配办案人员。开展自行侦查的检察人员不得少于二人。自行侦查过程中,需要技术支持和安全保障的,由检察机关的技术部门和警务部门派员协助。

人民检察院通过自行侦查方式补强证据的,公安机关应当依法予以配合。

人民检察院自行侦查,适用《中华人民共和国刑事诉讼法》规定的讯问、询问、勘验、检查、查封、扣押、鉴定等侦查措施,应当遵循法定程序,在法定期限内侦查完毕。

第十三条 人民检察院对公安机关移送的案件进行审查后,在法院作出生效判决前,认为需要补充审判所需的证据材料的,可以发出《调取证据材料通知书》,要求公安机关提供。人民检察院办理刑事审判监督案件,可以向公安机关发出《调取证据材料通知书》。

第十四条 人民检察院在办理刑事案件过程中,发现可能存在《中华人民共和国刑事诉讼法》第五十六条规定的以非法方法收集证据情形的,可以要求公安机关对证据收集的合法性作出书面说明或者提供相关证明材料,必要时,可以自行调查核实。

第十五条 公安机关经补充侦查重新移送后,人民检察院应当接收,及时审查公安机关制作的书面补充侦查报告和移送的补充证据,根据补充侦查提纲的内容核对公安机关应补充侦查事项是否补查到位,补充侦查活动是否合法,补充侦查后全案证据是否已确实、充分。经审查,公安机关未能按要求开展补充侦查工作,无法达到批捕标准的,应当依法作出不批捕决定;经二次补充侦查仍然证据不足,不符合起诉条件的,人民检察院应当依法作出不起诉决定。对人民检察院不起诉决定认为错误的,公安机关可以依法复议、复核。

对公安机关要求复议的不批准逮捕案件、不起诉案件,人民检察院应当另行指派检察官办理。人民检察院办理公安机关对不批准逮捕决定和不起诉决定要求复议、提请复核的案件,应当充分听取公安机关的意见,相关意见应当附卷备查。

第十六条 公安机关开展补充侦查工作,应当按照人民检察院补充侦查提纲的要求,及时、认真补充完善相关证据材料;对于补充侦查提纲不明确或者有异议的,应当及时与人民检察院沟通;对于无法通过补充侦查取得证据的,应当书面说明原因、补充侦查过程中所做的工作以及采取的补救措施。公安机关补充侦查后,应当单独立卷移送人民检察院,人民检察院应当依法接收案卷。

第十七条 对公安机关未及时有效开展补充侦查工作的,人民检察院应当进行口头督促,对公安机关不及时补充侦查导致证据无法收集影响案件处理的,必要时可以发出检察建议;公安机关存在非法取证等情形的,应当依法启动调查核实程序,根据情节,依法向公安机关发出纠正违法通知书,涉嫌犯罪的,依法进行侦查。

公安机关以非法方法收集的犯罪嫌疑人供述、被害人陈述、证人证言等证据材料,人民检察院应当依法排除并提出纠正意见,同时可以建议公安机关另行指派侦查人员重新调查取证,必要时人民检察院也可以自行调查取证。公安机关发现办案人员非法取证的,应当依法作出处理,并可另行指派侦查人员重新调查取证。

第十八条 案件补充侦查期限届满,公安机关认为原认定的犯罪事实有重大变化,不应当追究刑事责任而未将案件重新移送审查起诉的,应当以书面形式告知人民检察院,并说明理由。公安机关应当将案件重新移送审查起诉而未重新移送审查起诉的,人民检察院应当要求公安机关说明理由。人民检察院认为公安机关理由不成立的,应当要求公安机关重新移送审查起诉。人民检察院发现公安机关不应当撤案而撤案的,应当进行立案监督。公安机关未重新移送审查起诉,且未及时以书面形式告知并说明理由的,人民检察院应当提出纠正意见。

第十九条　人民检察院、公安机关在自行侦查、补充侦查工作中，根据工作需要，可以提出协作要求或者意见、建议，加强沟通协调。

第二十条　人民检察院、公安机关应当建立联席会议、情况通报会等工作机制，定期通报补充侦查工作总体情况，评析证据收集和固定上存在的问题及争议。针对补充侦查工作中发现的突出问题，适时组织联合调研检查，共同下发问题通报并督促整改，加强沟通，统一认识，共同提升补充侦查工作质量。

推行办案人员旁听法庭审理机制，了解指控犯罪、定罪量刑的证据要求和审判标准。

第二十一条　人民检察院各部门之间应当加强沟通，形成合力，提升补充侦查工作质效。人民检察院需要对技术性证据和专门性证据补充侦查的，可以先由人民检察院技术部门或有专门知识的人进行审查，根据审查意见，开展补充侦查工作。

第二十二条　本指导意见自下发之日起实施。

《最高人民法院、最高人民检察院、公安部、国家安全部、司法部关于规范量刑程序若干问题的意见》（法发〔2020〕38号）**第二条第三款**对退回补充侦查的有关问题作了规定。（→参见第一百九十八条所附"其他规范"，第1423页）

《人民检察院办理网络犯罪案件规定》（高检发办字〔2021〕3号）**第十六条、第二十四条、第二十五条**对退回补充侦查的有关问题作了规定。（→参见第二编"立案、侦查和提起公诉"标题下所附"其他规范"，第775、777页）

指导性案例

孙旭东非法经营案（检例第177号）

关键词　非法经营罪　　POS机套现　　违反国家规定　　自行侦查

要　旨　对于为恶意透支的信用卡持卡人非法套现的行为，应当根据其与信用卡持卡人有无犯意联络、是否具有非法占有目的等，区分非法经营罪与信用卡诈骗罪。经二次退回补充侦查仍未达到起诉条件，但根据已查清的事实认为犯罪嫌疑人仍然有遗漏犯罪重大嫌疑的，检察机关依法可以自行侦查。应当结合相关类型犯罪的特点，对在案证据、需要补充的证据和可能的侦查方向进行分析研判，明确自行侦查的可行性和路径。检察机关办理信用卡诈骗案件时发现涉及上下游非法经营金融业务等犯罪线索的，应当通过履行立案监督等职责，依法追诉遗漏犯罪嫌疑人和遗漏犯罪事实。

指导意义

（一）对于为恶意透支的信用卡持卡人非法套现的行为人，应当根据其与信用卡持卡人有无犯意联络、有无非法占有目的等证据,区分非法经营罪与信用卡诈骗罪。使用销售点终端机具(POS机)等方法,以虚构交易等方式向信用卡持卡人支付货币资金,违反了《中华人民共和国商业银行法》第三条、第十一条和2021年实施的《防范和处置非法集资条例》第三十九条等规定,系非法从事资金支付结算业务,构成非法经营罪。与恶意透支的信用卡持卡人通谋,或者明知信用卡持卡人意图恶意透支信用卡,仍然使用销售点终端机具(POS机)等方法帮助其非法套现,构成信用卡诈骗罪的共同犯罪。虽然信用卡持卡人通过非法套现恶意透支,但证明从事非法套现的行为人构成信用卡诈骗罪共同犯罪证据不足的,对其非法经营POS机套现的行为依法以非法经营罪定罪处罚。

(二)对二次退回公安机关补充侦查,仍未达到起诉条件的,检察机关应当结合在案证据和案件情况充分研判自行侦查的必要性和可行性。经二次退回补充侦查的案件,虽然证明犯罪事实的证据仍有缺失,但根据已查清的事实认为犯罪嫌疑人仍然有遗漏犯罪重大嫌疑的,具有自行侦查的必要性。检察机关应当结合相关类型金融业务的特点、在案证据、需要补充的证据和可能的侦查方向进行分析研判,明确自行侦查是否具有可行性,决定自行侦查的具体措施,依照法定程序进行自行侦查。

(三)检察机关办理信用卡诈骗案件时发现涉及非法从事金融活动等犯罪线索的,应当依法追诉遗漏犯罪嫌疑人和遗漏犯罪事实。信用卡诈骗案件中,恶意透支与非法套现相互勾结的问题较为突出。检察机关办理此类案件时发现涉及POS机套现等非法经营金融业务犯罪线索的,应当对相关线索进行核查,积极运用立案监督、引导取证、退回补充侦查、自行侦查等措施,对犯罪进行全链条惩治。

法律适用答复、复函

《最高人民检察院法律政策研究室关于对同案犯罪嫌疑人在逃对解除强制措施的在案犯罪嫌疑人如何适用〈人民检察院刑事诉讼规则〉有关问题的答复》
(2002年5月29日)
山东省人民检察院研究室:

你院鲁检发研字〔2001〕第8号《关于同案犯罪嫌疑人在逃,对解除强制措施的在案犯罪嫌疑人如何适用〈人民检察院刑事诉讼规则〉有关规定的请示》收悉。经研究,答复如下:

在共同犯罪案件中,由于同案犯罪嫌疑人在逃,在案犯罪嫌疑人的犯罪事实无法查清,对在案犯罪嫌疑人除取保候审后,对在案的犯罪嫌疑人可以撤销案件,也可以依据刑事诉讼法第一百四十条第四款的规定作出不起诉决定。撤销案件或者作出不起诉决定以后,又发现有犯罪事实需要追究刑事责任的,可以重新立案侦查。

相关规范集成·补充调查

相关规定

《中华人民共和国监察法》(自 2018 年 3 月 20 日起施行,节录)

第四十七条第三款 人民检察院经审查,认为需要补充核实的,应当退回监察机关补充调查,必要时可以自行补充侦查。对于补充调查的案件,应当在一个月内补充调查完毕。补充调查以二次为限。

《中华人民共和国监察法实施条例》(自 2021 年 9 月 20 日起施行,节录)

第五章 监察程序
第五节 审 理
第一百九十六条 经审理认为主要违法犯罪事实不清、证据不足的,应当经审批将案件退回承办部门重新调查。

有下列情形之一,需要补充完善证据的,经审批可以退回补充调查:

(一)部分事实不清、证据不足的;
(二)遗漏违法犯罪事实的;
(三)其他需要进一步查清案件事实的情形。

案件审理部门将案件退回重新调查或者补充调查的,应当出具审核意见,写明调查事项、理由、调查方向、需要补充收集的证据及其证明作用等,连同案卷材料一并送交承办部门。

承办部门补充调查结束后,应当经审批将补证情况报告及相关证据材料,连同案卷材料一并移送案件审理部门;对确实无法查明的事项或者无法补充的证据,应当作出书面说明。重新调查终结后,应当重新形成调查报告,依法移送审理。

重新调查完毕移送审理的,审理期限重新计算。补充调查期间不计入审理期限。

第七节 移送审查起诉
第二百二十六条 监察机关对于人民检察院依法退回补充调查的案件,应当向主要负责人报告,并积极开展补充调查工作。

第二百二十七条 对人民检察院退回补充调查的案件,经审批分别作出下列处理:

(一)认定犯罪事实的证据不够充分的,应当在补充证据后,制作补充调查报告书,连同相关材料一并移送人民检察院审查,对无法补充完善的证据,应当作出书面情况说明,并加盖监察机关或者承办部门公章;

(二)在补充调查中发现新的同案犯或者增加、变更犯罪事实,需要追究刑事责任的,应当重新提出处理意见,移送人民检察院审查;

(三)犯罪事实的认定出现重大变化,认为不应当追究被调查人刑事责任的,应当重新提出处理意见,将处理结果书面通知人民检察院并说明理由;

(四)认为移送起诉的犯罪事实清楚,证据确实、充分的,应当说明理由,移送人民检察院依法审查。

第一百七十六条 【提起公诉及提出量刑建议】人民检察院认为犯罪嫌疑人的犯罪事实已经查清,证据确实、充分,依法应当追究刑事责任的,应当作出起诉决定,按照审判管辖的规定,向人民法院提起公诉,并将案卷材料、证据移送人民法院。

犯罪嫌疑人认罪认罚的,人民检察院应当就主刑、附加刑、是否适用缓刑等提出量刑建议,并随案移送认罪认罚具结书等材料。

立法沿革

1979年《刑事诉讼法》第一百条规定:"人民检察院认为被告人的犯罪事实已经查清,证据确实、充分,依法应当追究刑事责任的,应当作出起诉决定,按照审判管辖的规定,向人民法院提起公诉。"1996年《刑事诉讼法修改决定》将"被告人"修改为"犯罪嫌疑人"。2012年《刑事诉讼法修改决定》增加提起公诉时应当"将案卷材料、证据移送人民法院"的规定。2018年《刑事诉讼法修改决定》增加规定本条第二款。

基本规范

《人民检察院刑事诉讼规则》(高检发释字〔2019〕4号,自2019年12月30日起施行)

第十章 审查逮捕和审查起诉
第二节 认罪认罚从宽案件办理
第二百七十四条 认罪认罚案件,人民检察院向人民法院提起公诉的,应当提出量刑建议,在起诉书中写明被告人认罪认罚情况,并移送认罪认罚具结书等材料。量刑建议可以另行制作文书,也可以在起诉书中写明。

第二百七十五条 犯罪嫌疑人认罪认罚的,人民检察院应当就主刑、附加刑、是否适用缓刑等提出量刑建议。量刑建议一般应当为确定刑。对新类型、不常见犯罪案件,量刑情节复杂的重罪案件等,也可以提出幅度刑量刑建议。

第二百七十六条 办理认罪认罚案件,人民检察院应当将犯罪嫌疑人是否与被害方达成和解或者调解协议,或者赔偿被害方损失,取得被害方谅解,或者自愿承担公益损害修复、赔偿责任,作为提出量刑建议的重要考虑因素。

犯罪嫌疑人自愿认罪并且愿意积极赔偿损失,但由于被害方赔偿请求明显不合理,未能达成和解或者调解协议的,一般不影响对犯罪嫌疑人从宽处理。

对于符合当事人和解程序适用条件的公诉案件,犯罪嫌疑人认罪认罚的,人民检察院应当积极促使当事人自愿达成和解。和解协议书和被害方出具的谅解意见应当随案移送。被害方符合司法救助条件的,人民检察院应当积极协调办理。

第二百七十七条 犯罪嫌疑人认罪认罚,人民检察院拟提出适用缓刑或者判处管制的量刑建议,可以委托犯罪嫌疑人居住地的社区矫正机构进行调查评估,也可以自行调查评估。

第七节 审查起诉

第三百三十九条 人民检察院对案件进行审查后,应当依法作出起诉或者不起诉以及是否提起附带民事诉讼、附带民事公益诉讼的决定。

第八节 起诉

第三百五十五条 人民检察院认为犯罪嫌疑人的犯罪事实已经查清,证据确实、充分,依法应当追究刑事责任的,应当作出起诉决定。

具有下列情形之一的,可以认为犯罪事实已经查清:

(一)属于单一罪行的案件,查清的事实足以定罪量刑或者与定罪量刑有关的事实已经查清,不影响定罪量刑的事实无法查清的;

(二)属于数个罪行的案件,部分罪行已经查清并符合起诉条件,其他罪行无法查清的;

(三)无法查清作案工具、赃物去向,但有其他证据足以对被告人定罪量刑的;

(四)证人证言、犯罪嫌疑人供述和辩解、被害人陈述的内容主要情节一致,个别情节不一致,但不影响定罪的。

对于符合前款第二项情形的,应当以已经查清的罪行起诉。

第三百五十六条 人民检察院在办理公安机关移送起诉的案件中,发现遗漏罪行或者有依法应当移送起诉的同案犯罪嫌疑人未移送起诉的,应当要求公安机关补充侦查或者补充移送起诉。对于犯罪事实清楚、证据确实、充分的,也可以直接提起公诉。

第三百五十七条 人民检察院立案侦查时认为属于直接受理侦查的案件,在审查起诉阶段发现属于监察机关管辖的,应当及时商监察机关办理。属于公安机关管辖,案件事实清楚、证据确实、充分,符合起诉条件的,可以直接起诉;事实不清、证据不足的,应当及时移送有管辖权的机关办理。

在审查起诉阶段,发现公安机关移送起诉的案件属于监察机关管辖,或者监察机关移送起诉的案件属于公安机关管辖,但案件事实清楚、证据确实、充分,符合起诉条件的,经征求监察机关、公安机关意见后,没有不同意见的,可以直接起诉;提出不同意见,或者事实不清、证据不足的,应当将案件退回移送案件的机关并说明理由,建议其移送有管辖权的机关办理。

第三百五十八条 人民检察院决定起诉的,应当制作起诉书。

起诉书的主要内容包括:

(一)被告人的基本情况,包括姓名、性别、出生年月日、出生地和户籍地、公民身份号码、民族、文化程度、职业、工作单位及职务、住址,是否受过刑事处分及处分的种类和时间,采取强制措施的情况等;如果是单位犯罪,应当写明犯罪单位的名称和组织机构代码、所在地址、联系方式,法定代表人和诉讼代表人的姓名、职务、联系方式;如果还有应当负刑事责任的直接负责的主管人员或其他直接责任人员,应当按上述被告人基本情况的内容叙写;

(二)案由和案件来源;

(三)案件事实,包括犯罪的时间、地点、经过、手段、动机、目的、危害后果等与定罪量刑有关的事实要素。起诉书叙述的指控犯罪事实的必备要素应当明晰、准确。被告人被控有多项犯罪事实的,应当逐一列举,对于犯罪手段相同的同一犯罪可以概括叙写;

(四)起诉的根据和理由,包括被告人触犯的刑法条款、犯罪的性质及认定的罪名、处罚条款、法定从轻、减轻或者从重处罚的情节,共同犯罪各被告人应负的罪责等;

(五)被告人认罪认罚情况,包括认罪认罚的内容、具结书签署情况等。

被告人真实姓名、住址无法查清的,可以按其绰号或者自报的姓名、住址制作起诉书,并在起诉书中注明。被告人自报的姓名可能造成损害他人名誉、败坏道德风俗等不良影响的,可以对被告人编号并按编号制作起诉书,附具被告人的照片,记明足以确定被告人面貌、体格、指纹以及其他反映被告人特征的事项。

起诉书应当附有被告人现在处所,证人、鉴定人、需要出庭的有专门知识的人的名单,需要保护的被害人、证人、鉴定人的化名名单,查封、扣押、冻结的财物及孳息的清单,附带民事诉讼、附带民事公益诉讼情况以及其他需要附注的情况。

证人、鉴定人、有专门知识的人的名单应当列明姓名、性别、年龄、职业、住址、联系方式,并注明证人、鉴定人是否出庭。

第三百五十九条 人民检察院提起公诉的案件,应当向人民法院移送起诉书、案卷材料、证据和认罪认罚具结书等材料。

起诉书应当一式八份,每增加一名被告人增加起诉书五份。

关于被害人姓名、住址、联系方式、被告人被采取强制措施的种类、是否在案及羁押处所等问题,人民检察院应当在起诉书中列明,不再单独移送材料;对于涉及被害人隐私或者为保护证人、鉴定人、被害人人身安全,而不宜公开证人、鉴定人、被害人姓名、住址、工作单位和联系方式等个人信息的,可以在起诉书中使用化名。但是应当另行书面说明使用化名的情况并标明密级,单独成卷。

第三百六十条 人民检察院对于犯罪嫌疑人、被告人或者证人等翻供、翻证的材料以及对犯罪嫌疑人、被告人有利的其他证据材料,应当移送人民法院。

第三百六十一条 人民法院向人民检察院提出书面意见要求补充移送材料,人民检察院认为有必要移送的,应当自收到通知之日起三日以内补送。

第三百六十二条 对提起公诉后,在人民法院宣告判决前补充收集的证据材料,人民检察院应当及时移送人民法院。

第三百六十三条 在审查起诉期间,人民检察院可以根据辩护人的申请,向监察机关、公安机关调取在调查、侦查期间收集的证明犯罪嫌疑人、被告人无罪或者罪轻的证据材料。

第三百六十四条 人民检察院提起公诉的案件,可以向人民法院提出量刑建议。除有减轻处罚或者免除处罚情节外,量刑建议应当在法定量刑幅度内提出。建议判处有期徒刑、管制、拘役的,可以具有一定的幅度,也可以提出具体确定的建议。

提出量刑建议的,可以制作量刑建议书,与起诉书一并移送人民法院。量刑建议书的主要内容应当包括被告人所犯罪行的法定刑、量刑情节、建议人民法院对被告人判处刑罚的种类、刑罚幅度、可以适用的刑罚执行方式以及提出量刑建议的依据和理由等。

认罪认罚案件的量刑建议,按照本章第二节的规定办理。

> **其他规范**

《办理骗汇、逃汇犯罪案件联席会议纪要》(最高人民法院、最高人民检察院、公安部,公通字〔1999〕39号)**第四条**规定对正在办理的骗汇、逃汇犯罪案件,只要基本犯罪事实清楚,基本证据确实充分,应当及时依法起诉。(→参见第一百八十六条所附"其他规范",第1337页)

《人民检察院办理起诉案件质量标准(试行)》(最高人民检察院,高检诉发〔2007〕63号)

为了依法行使起诉权,保证起诉案件的办案质量,根据《中华人民共和国刑法》、《中华人民共和国刑事诉讼法》和《人民检察院刑事诉讼规则》等有关规定,结合检察机关起诉工作实际,制定本标准。

一、符合下列条件的,属于达到起诉案件质量标准

(一)指控的犯罪事实清楚

1. 指控的被告人的身份,实施犯罪的时间、地点、经过、手段、动机、目的、危害后果以及其他影响定罪量刑的事实、情节清楚;

2. 无遗漏犯罪事实;

3. 无遗漏被告人。

(二)证据确实、充分

1. 证明案件事实和情节的证据合法有效,依据法律和有关司法解释排除非法证据;

2. 证明犯罪构成要件的事实和证据确实、充分;

3. 据以定罪的证据之间不存在矛盾或者矛盾能够合理排除;

4. 根据证据得出的结论具有排他性。

(三)适用法律正确

1. 认定的犯罪性质和罪名准确;

2. 认定的一罪或者数罪正确;

3. 认定从重、从轻、减轻或者免除处罚的法定情节准确;

4. 认定共同犯罪的各被告人在犯罪活动中的作用和责任恰当;

5. 引用法律条文准确、完整。

(四)诉讼程序合法

1. 本院有案件管辖权;

2. 符合回避条件的人员依法回避;

3. 适用强制措施正确;

4. 依法讯问犯罪嫌疑人,听取被害人和犯罪嫌疑人、被害人委托的人的意见;

5. 依法告知当事人诉讼权利;

6. 在法定期限内审结,未超期羁押;

7. 遵守法律、法规及最高人民检察院规定的其他办案程序。

(五)依法履行法律监督职责

1. 依法对侦查、审判活动中的违法行为提出纠正意见;

2. 依法向有关单位提出检察意见或书面纠正意见;

3. 对发现的犯罪线索,及时进行初查或移送有关部门处理;

4. 依法追诉漏罪、漏犯;

5. 依法对人民法院确有错误的判决、裁定提出抗诉。

(六)符合宽严相济刑事司法政策的要求

1. 充分考虑起诉的必要性,可诉可不诉的不诉;

2. 正确适用量刑建议,根据具体案情,依法向人民法院提出从宽或者从严处罚的量刑建议;

3. 对符合条件的轻微刑事案件,适用快速办理机制进行处理;

4. 对符合条件的轻微刑事案件,建议或同意人民法院适用简易程序;

5. 对符合条件的被告人认罪的刑事案件,建议或同意人民法院适用普通程序简化审;

6. 对未成年人刑事案件,办案方式应符合有关特殊规定。

(七)其他情形

1. 犯罪行为造成国家财产、集体财产损失,需要由人民检察院提起附带民事诉讼的,依法提起;

2. 依法应当移送或者作出处理的有关证据材料、扣押款物、非法所得及其孳息等,移送有关机关或者依法作出处理,证明文件完备;

3. 法律文书、工作文书符合有关规范。

二、具有下列情形之一的,属于起诉错误

1. 本院没有案件管辖权而提起公诉的;

2. 对不构成犯罪的人或者具有刑事诉讼法第十五条规定的情形不应当被追究刑事责任的人提起公诉的;

3. 法院作出无罪判决,经审查确认起诉确有错误的;

4. 案件撤回起诉,经审查确认起诉确有错误的;

5. 具有其他严重违反法律规定的情形,造成起诉错误的。

三、具有下列情形之一的,属于起诉质量不高

1. 认定事实、情节有误或者遗漏部分犯罪事实的;
2. 没有依法排除非法证据尚未造成错案的;
3. 遗漏认定从重、从轻、减轻或者免除处罚的法定情节的;
4. 对共同犯罪的各被告人在犯罪活动中的作用和责任认定严重不当的;
5. 没有依法变更起诉、追加起诉,或者适用变更起诉、追加起诉明显不当的;
6. 引用法律条文不准确或者不完整的;
7. 在出庭讯问被告人和举证、质证、辩论中有明显失误的;
8. 依法应当回避的人员没有依法回避的;
9. 没有依法讯问犯罪嫌疑人,或没有依法听取被害人和犯罪嫌疑人、被害人委托的人的意见的;
10. 没有依法告知当事人诉讼权利的;
11. 超过了法定办案期限,或者具有超期羁押情形的;
12. 适用强制措施错误或者明显不当的;
13. 没有依法履行法律监督职责的;
14. 办理案件明显不符合宽严相济刑事司法政策要求的;
15. 依法应当提起附带民事诉讼而没有提起的;
16. 依法应当移送或者作出处理的有关证据材料、扣押款物、非法所得及其孳息等,没有移送有关机关,或者没有依法作出处理,证明文件不完备的;
17. 法律文书、工作文书不符合有关规范的;
18. 具有其他违反法律及最高人民检察院有关规定的情形,影响了起诉质量,但不属于起诉错误的。

《最高人民检察院关于进一步加强公诉工作的决定》(高检发诉字〔2002〕17号)

长期以来,全国各级人民检察院牢固树立为党和国家工作大局服务的思想,认真履行公诉职能,依法严厉打击各种刑事犯罪,为维护社会稳定,保障改革开放和社会主义现代化建设顺利进行,作出了重要贡献。当前,我国进入全面建设小康社会,加快推进社会主义现代化的新的发展阶段,随着依法治国方略的实施,特别是我国加入世界贸易组织后,公诉工作面临着新的机遇和挑战。法律赋予检察机关起诉权、不起诉权、抗诉权、刑事诉讼监督权等重要司法权,要求公诉人员依法行使职权,规范执法行为,不断提高办案质量。刑事案件数量的居高不下和庭审方式的改革,要求公诉部门提高干警素质,创新公诉机制,完成繁重的工作任务。为适应形势发展的要求,认真贯彻"强化监督、公正执法"的检察工

作主题,积极推动公诉工作与时俱进,现就进一步加强公诉工作作如下决定:

一、树立正确的公诉观念,全面履行公诉职能(略)

二、努力提高执法水平,强化公诉业务工作

6、依法适时介入侦查,引导侦查机关(部门)取证。加强同侦查机关(部门)的联系与配合,建立健全联席会议制度,坚持对重大案件适时介入侦查,依法引导取证活动。按照出庭公诉的要求,对侦查机关(部门)收集证据、固定证据和完善证据工作提出指导性意见和建议。

7、依法对侦查活动进行监督。对于以刑讯逼供或者威胁、引诱、欺骗等非法手段收集的犯罪嫌疑人供述、被害人陈述、证人证言,不能作为指控犯罪的证据。对侦查活动中刑讯逼供、徇私舞弊、非法取证、任意改变强制措施和其他违反刑事诉讼法的行为,依法提出纠正意见;构成犯罪的,移送有关部门追究刑事责任。加大追诉漏罪、漏犯力度,防止犯罪分子逃脱法律制裁。

8、注意维护犯罪嫌疑人、被告人的合法权益。严格执行告知制度,保障犯罪嫌疑人、被告人及时知悉其刑事诉讼权利。认真对待犯罪嫌疑人、被告人的辩解、申诉、控告,客观、准确地认定案件事实。帮助因经济困难等原因没有聘请律师的被告人获得法律援助。在适用简易程序和普通程序的被告人认罪案件简化审理时,尊重被告人的意见,将被告人同意作为适用的前提条件。

9、支持律师依法履行辩护职责。在审查起诉阶段,支持律师及时介入刑事诉讼,会见在押的犯罪嫌疑人。依法为律师调查取证提供条件,认真听取其辩护意见,准确查明犯罪事实,正确适用法律。研究、探索证据交换的模式,探索实行控辩双方在审判前相互交换证据材料和信息,促进司法公正。

10、依法行使不起诉权,推动不起诉案件公开审查制度。对存在较大争议且在当地有较大社会影响的案件,公诉部门审查后准备作不起诉处理的,可以进行公开审查。在审查中充分听取侦查机关(部门)和犯罪嫌疑人、被害人以及犯罪嫌疑人、被害人委托的人等方面的意见,保证不起诉决定的公正性。

11、推行案件繁简分流,提高诉讼效率。在保证案件质量的基础上,对符合简易程序适用条件的案件,积极建议或者同意人民法院适用简易程序。积极尝试普通程序的被告人认罪案件简化审理的改革,合理使用司法资源,集中时间和精力办理重大、疑难、复杂案件。

12、以出庭公诉为中心,提高出庭公诉水平。要改革审查起诉审结报告的传统模式,以制定出庭公诉预案为基础,充分做好庭审的各项准备工作。在出庭公诉中推广运用计算机多媒体示证系统,积极鼓励证人出庭作证。适应庭审对抗性、辩论性增强的要求,不断提高公诉人法庭质证水平和辩论技巧。公诉人出庭公诉要讲事实、讲证据、讲法律,不仅对定罪提出明确意见,而且对量刑提出具体建议,以理服人,树立检察机关公正执法的良好形象。

13、提倡检察长、主管检察长亲自办案、亲自出庭。检察长每年至少办理一件、主管检察长每年至少办理两件由本院提起公诉的案件并出席一审法庭支持公诉。各级院领导应当通过抽查案件、跟庭旁听、观摩评议等形式,检查、指导和促进公诉工作。

14、强化审判监督意识,加强刑事审判监督。按照"慎重、准确、及时"的原则,对判决、裁定确有错误的严重刑事犯罪案件、重大职务犯罪案件,以及人民群众对司法不公反映强烈的案件,坚决依法提出抗诉。严格掌握抗诉标准,提高刑事抗诉案件的办案质量,保证刑事抗诉的准确性;既要重视对有罪未判的案件提出抗诉,也要重视对重罪轻判案件提出抗诉,还要重视对轻罪重判案件提出抗诉,保证刑事抗诉的全面性。对刑事审判活动中违反法律规定的行为,依法提出纠正意见。

15、加强规范化、制度化建设,提高公诉工作整体水平。按照公诉工作的规律和特点,制定相关工作规程,建立健全公诉工作运行机制。不断完善起诉案件、不起诉案件质量标准,定期组织案件考评活动,逐步提高办案质量。全面推广普通话出庭,规范法庭用语。严格按照《人民检察院法律文书格式(样本)》的要求,制作规范的法律文书。坚持和完善复议复核制度、备案审查制度和案件检查制度。

三、加强对公诉工作的领导,建设高素质的公诉队伍(略)

《人民检察院开展量刑建议工作的指导意见(试行)》(〔2010〕高检诉发21号)

为积极推进人民检察院提起公诉案件的量刑建议工作,促进量刑的公开、公正,根据刑事诉讼法和有关司法解释的规定,结合检察工作实际,制定本意见。

第一条 量刑建议是指人民检察院对提起公诉的被告人,依法就其适用的刑罚种类、幅度及执行方式等向人民法院提出的建议。量刑建议是检察机关公诉权的一项重要内容。

第二条 人民检察院提出量刑建议,应当遵循以下原则:

(一)依法建议。应当根据犯罪的事实、犯罪的性质,情节和对于社会的危害程度,依照刑法、刑事诉讼法以及相关司法解释的规定提出量刑建议。

(二)客观公正。应当从案件的实际情况出发,客观、全面地审查证据,严格以事实为根据,提出公正的量刑建议。

(三)宽严相济。应当贯彻宽严相济刑事政策,在综合考虑案件从重、从轻、减轻或者免除处罚等各种情节的基础上,提出量刑建议。

(四)注重效果。提出量刑建议时,既要依法行使检察机关的法律监督职权,也要尊重人民法院独立行使审判权,争取量刑建议的最佳效果。

第三条 人民检察院对向人民法院提起公诉的案件,可以提出量刑建议。

第四条 提出量刑建议的案件应当具备以下条件:

(一)犯罪事实清楚,证据确实充分;

(二)提出量刑建议所依据的各种法定从重、从轻、减轻等量刑情节已查清;

(三)提出量刑建议所依据的重要酌定从重,从轻等量刑情节已查清。

第五条 除有减轻处罚情节外,量刑建议应当在法定量刑幅度内提出,不得兼跨两种以上主刑。

(一)建议判处死刑、无期徒刑的,应当慎重。

(二)建议判处有期徒刑的,一般应当提出一个相对明确的量刑幅度,法定刑的幅度小于3年(含3年)的,建议幅度一般不超过1年;法定刑的幅度大于3年小于5年(含5年)的,建议幅度一般不超过2年;法定刑的幅度大于5年的,建议幅度一般不超过3年。根据案件具体情况,如确有必要,也可以提出确定刑期的建议。

(三)建议判处管制的,幅度一般不超过3个月。

(四)建议判处拘役的,幅度一般不超过1个月。

(五)建议适用缓刑的,应当明确提出。

(六)建议判处附加刑的,可以只提出适用刑种的建议。

对不宜提出具体量刑建议的特殊案件,可以提出依法从重、从轻、减轻处罚等概括性建议。

第六条 人民检察院指控被告人犯有数罪的,应当对指控的各罪分别提出量刑建议,可以不再提出总的建议。

第七条 对于共同犯罪案件,人民检察院应当根据各被告人在共同犯罪中的地位、作用以及应当承担的刑事责任分别提出量刑建议。

第八条 公诉部门承办人在审查案件时,应当对犯罪嫌疑人所犯罪行、承担的刑事责任和各种量刑情节进行综合评估,并提出量刑的意见。

第九条 量刑评估应当全面考虑案件所有可能影响量刑的因素,包括从重、从轻、减轻或者免除处罚等法定情节和犯罪嫌疑人的认罪态度等酌定情节。

一案中多个法定、酌定情节并存时,每个量刑情节均应得到实际评价。

第十条 提出量刑建议,应当区分不同情形,按照以下审批程序进行:

(一)对于主诉检察官决定提起公诉的一般案件,由主诉检察官决定提出量刑建议;公诉部门负责人对于主诉检察官提出的量刑建议有异议的,报分管副检察长决定。

(二)对于特别重大、复杂的案件、社会高度关注的敏感案件或者建议减轻处罚、免除处罚的案件以及非主诉检察官承办的案件,由承办检察官提出量刑的意见,部门负责人审核,检察长或者检察委员会决定。

第十一条 人民检察院提出量刑建议,一般应制作量刑建议书,根据案件具体情况,也可以在公诉意见书中提出。

对于人民检察院不派员出席法庭的简易程序案件,应当制作量刑建议书。

量刑建议书一般应载明检察机关建议人民法院对被告人处以刑罚的种类、刑罚幅度、可以适用的刑罚执行方式以及提出量刑建议的依据和理由等。

第十二条 在法庭调查中,公诉人可以根据案件的不同种类、特点和庭审的实际情况,合理安排和调整举证顺序。定罪证据和量刑证据可以分开出示的,应当先出示定罪证据,后出示量刑证据。

对于有数起犯罪事实的案件,其中涉及每起犯罪中量刑情节的证据,应当在对该起犯罪事实举证时出示;涉及全案综合量刑情节的证据,应当在举证阶段的最后出示。

第十三条 对于辩护方提出的量刑证据,公诉人应当进行质证。辩护方对公诉人出示的量刑证据质证的,公诉人应当答辩。公诉人质证应紧紧围绕案件事实、证据进行,质证应做到目的明确、重点突出、逻辑清楚,如有必要,可以简要概述已经法庭质证的其他证据,用以反驳辩护方的质疑。

第十四条 公诉人应当在法庭辩论阶段提出量刑建议。根据法庭的安排,可以先对定性问题发表意见,后对量刑问题发表意见,也可以对定性与量刑问题一并发表意见。

对于检察机关未提出明确的量刑建议而辩护方提出量刑意见的,公诉人应当提出答辩意见。

第十五条 对于公诉人出庭的简易程序案件和普通程序审理的被告人认罪案件,参照相关司法解释和规范性文件的规定开展法庭调查,可以主要围绕量刑的事实、情节、法律适用进行辩论。

第十六条 在进行量刑辩论过程中,为查明与量刑有关的重要事实和情节,公诉人可以依法申请恢复法庭调查。

第十七条 在庭审过程中,公诉人发现拟定的量刑建议不当需要调整的,可以根据授权作出调整;需要报检察长决定调整的,应当依法建议法庭休庭后报检察长决定。出现新的事实、证据导致拟定的量刑建议不当需要调整的,可以依法建议法庭延期审理。

第十八条 对于人民检察院派员出席法庭的案件,一般应将量刑建议书与起诉书一并送达人民法院;对庭审中调整量刑建议的,可以在庭审后将修正后的量刑建议书向人民法院提交。

对于人民检察院不派员出席法庭的简易程序案件,应当将量刑建议书与起诉书一并送达人民法院。

第十九条 人民检察院收到人民法院的判决、裁定后,应当对判决、裁定是否采纳检察机关的量刑建议以及量刑理由、依据进行审查,认为判决、裁定量刑确有错误、符合抗诉条件的,经检察委员会讨论决定,依法向人民法院提出抗诉。

人民检察院不能单纯以量刑建议未被采纳作为提出抗诉的理由。人民法院未采纳人民检察院的量刑建议并无不当的,人民检察院在必要时可以向有关当事人解释说明。

第二十条 人民检察院办理刑事二审再审案件,可以参照本意见提出量刑建议。

第二十一条 对于二审或者再审案件,检察机关认为应当维持原审裁判量刑的,可以在出席法庭时直接提出维持意见;认为应当改变原审裁判量刑的,可以另行制作量刑建议书提交法庭审理。

第二十二条 各级人民检察院应当结合办案加强对量刑问题的研究和分析,不断提高量刑建议的质量。

第二十三条 各地可以结合实际情况,根据本意见制定本地的工作规程或者实施细则,并报上一级人民检察院公诉部门备案。

《最高人民法院、最高人民检察院、公安部、司法部关于对判处管制、宣告缓刑的犯罪分子适用禁止令有关问题的规定(试行)》(法发〔2011〕9号)第九条就人民检察院对宣告禁止令提出建议的有关问题作了规定。(→参见第二百六十九条所附"其他规范",第1814页)

《最高人民检察院关于加强检察法律文书说理工作的意见》(高检发研字〔2017〕7号)

为进一步加强和规范检察法律文书说理工作,根据法律、司法解释和《最高人民检察院关于实行检察官以案释法制度的规定》,结合检察工作实际,提出如下意见:

一、充分认识检察法律文书说理的重要意义

检察法律文书说理,是人民检察院在制作检察法律文书时,或者应有关人员请求,对文书所载的处理决定依据的事实、证据、法律、政策等进行分析阐述、解释说明的活动。开展检察法律文书说理,有利于贯彻落实司法责任制,强化对检察权行使的监督;有利于增强检察工作透明度,提升司法公信力,让人民群众在每一个案件中都感受到公平正义;有利于促进诉讼参与人和社会各界准确理解人民检察院的司法办案行为依据,从源头上化解矛盾、促进社会和谐稳定。

二、检察法律文书说理应当遵循的原则

(一)依法进行。说理应当依据法律或者司法解释的规定,围绕检察法律文书涉及的案件事实、证据、程序和法律适用等进行。

(二)有针对性。说理应当根据案件的性质特点、复杂程度、社会关注度等,针对说理对象的实际需求进行。

(三)讲求方法。说理应当综合考虑说理对象的年龄阶段、文化程度、心理特征等具体情况,采用其易于理解和接受的方式方法进行。

(四)注重实效。说理应当做到法理情相结合,注重化解矛盾、促进和谐,实现办案法律效果与社会效果的有机统一。

三、检察法律文书说理的重点

第176条 人民检察院在履行法律监督职能过程中制作的决定书、意见书、建议书、告知书、通知书等各类检察法律文书,涉及公民、组织重要权利处置或者诉讼重要进程,可能引发质疑、异议或者舆论炒作的,应当在叙述式法律文书中或者送达、宣告决定时有重点地进行说理。以下办案环节涉及的检察法律文书应当着重进行说理:

(一)办理直接受理侦查案件中,对有关实名举报、控告作出不立案决定或者撤销案件决定的;作出不许可律师会见犯罪嫌疑人决定或者驳回取保候审申请、变更或者解除强制措施申请决定的。

(二)侦查监督工作中,作出不批准逮捕决定或者对在罪与非罪上有较大争议且社会关注的敏感案件作出批准逮捕决定的;复议复核维持原不批准逮捕决定的;通知侦查机关立案、撤销案件或者纠正违法的;认为侦查机关决定立案、不立案正确或者实施侦查活动不存在违法而不支持监督申请的。

(三)公诉工作中,作出不起诉决定或者对在罪与非罪上有较大争议且社会关注的敏感案件作出起诉决定的;复议复核维持原不起诉决定的;提出纠正违法意见的;对被害人及其法定代理人的抗诉请求作出不抗诉决定的。

(四)刑事执行检察工作中,提出纠正违法意见或者纠正不当减刑、假释、暂予监外执行意见的;进行羁押必要性审查后提出释放或者变更强制措施建议的;对有关羁押期限、被监管人死亡或者伤残问题向控告人作出答复的。

（五）刑事特别程序中，对未成年犯罪嫌疑人作出附条件不起诉决定的；要求启动违法所得没收程序或者决定不提出没收违法所得申请的；要求启动强制医疗程序或者决定不提出强制医疗申请的；提出纠正强制医疗不当决定意见的。

（六）刑事申诉检察工作中，对不服检察机关刑事处理决定或者人民法院已经发生法律效力的刑事判决、裁定的申诉，经复查不支持申诉请求的；对国家赔偿案件作出审查决定的。

（七）民事行政检察工作中，对当事人及其法定代理人申请监督的案件，决定不予受理、不支持监督申请或者作出终结审查决定的；向人民法院提出检察建议的；提请上级人民检察院抗诉的；涉及国家利益、社会公共利益的民事、行政案件提出检察建议或者提起公益诉讼的。

四、检察法律文书说理的主体

办理案件的检察官是检察法律文书说理的主体，其他检察人员可以协助检察官进行说理。对于依照规定需要由案件管理部门或者控告申诉检察部门统一答复申诉人的决定事项，办理案件的检察官应当配合案件管理部门或者控告申诉检察部门进行说理。

五、检察法律文书说理的时机

检察法律文书说理作为检察机关履行法律监督职能的内在要求，应当自觉地贯穿其司法办案全过程。对于涉及案件终局处理或者办案重要节点的检察法律文书，应当在文书中说理或者在送达文书时主动说理。当事人等对已送达的检察法律文书记载的事实、证据、法律适用等提出质疑或者异议的，应当随时有针对性地进行说理。有关人员对检察机关的司法办案行为及其检察法律文书内容表示强烈不满，可能引起上访、缠访的，应当及时进行说理。

六、检察法律文书说理的方式

人民检察院作出有关决定，需要向有关机关或者人员书面说理的，可以在叙述式法律文书中进行说理；对填充式法律文书，可以增加附页或者制作说明书进行说理。

对于不宜书面说理的，或者在办案中遇到紧急情况的，或者说理对象认可同意的，可以进行口头说理。口头说理，一般应当有两名或者两名以上检察人员在场，并制作笔录附卷。现场不具备笔录制作条件的，检察人员可以事后予以记录并签字后附卷。

探索建立检察宣告制度，有条件的检察院可以设置专门的宣告场所，由检察官召集当事人、申诉人、赔偿请求人等到场，当面宣告决定内容，送达法律文书并进行释法说理。

七、检察法律文书说理的基本要求

(一)阐明事实。要准确说明人民检察院认定的案件事实及相关证据,对证据的客观性、合法性和关联性进行必要分析,说明采信和不采信的理由。

(二)释明法理。要结合法律文书的具体内容和结论,对人民检察院所作决定依据的法律、司法解释条文的具体内容予以列明,解释法律适用的理由和依据。

(三)讲明情理。说理要注重法理情的有机结合,释之以法,晓之以理,动之以情,增强司法办案的人文关怀和社会效果。

(四)繁简适当。对于重大、疑难、复杂案件或者社会关注的案件,以及当事人或者相关机关可能产生异议的案件,应当做好充分的说理准备,必要时,可以召开检察官联席会议进行讨论。说理时要针对焦点问题,充分阐释决定的理由和依据。对于可以适用简易程序、速裁程序处理的案件和当事人达成和解的轻微刑事案件等事实清楚、争议不大的案件,可以简化说理的方式、内容。

(五)语言规范,表达准确,逻辑清晰,通俗易懂。

八、完善检察法律文书说理工作制度

建立检察法律文书说理质量评析通报制度。各级人民检察院要采取多种形式主动听取说理对象及社会各界对检察法律文书说理工作的评价意见。上级人民检察院要将检察法律文书说理纳入检察官办案质量评查体系,定期对本辖区内各级人民检察院法律文书说理工作进行分析、总结、通报,通过典型案例示范、优秀说理文书展评等形式开展经验交流,提高检察法律文书说理工作的质量和水平。

完善检察法律文书说理工作责任制。对于违反规定不履行检察法律文书说理责任,或者在说理工作中发生重大过错造成不良影响的,要依纪依规追究检察人员的工作责任。

各级人民检察院可以根据本意见,对各诉讼环节检察法律文书说理工作制定实施细则。

本意见自下发之日起施行,2011年8月9日印发的《最高人民检察院关于加强法律文书说理工作的意见(试行)》同时废止。

《最高人民法院、最高人民检察院、公安部、国家安全部、司法部关于适用认罪认罚从宽制度的指导意见》(高检发〔2019〕13号)第三十二条、第三十三条对认罪认罚案件提起公诉、量刑建议的相关问题作了规定。(→参见第十五条所附"其他规范",第72页)

《最高人民法院、最高人民检察院、公安部、国家安全部、司法部关于规范量刑程序若干问题的意见》(法发〔2020〕38号)第五条至第十条对量刑建议的有关问题作了规定。(→参见第一百九十八条所附"其他规范",第1424—1425页)

《人民检察院办理认罪认罚案件开展量刑建议工作的指导意见》(高检发办字〔2021〕120号,自2021年12月3日起施行)

为深入贯彻落实宽严相济刑事政策,规范人民检察院办理认罪认罚案件量刑建议工作,促进量刑公开公正,加强对检察机关量刑建议活动的监督制约,根据刑事诉讼法、人民检察院刑事诉讼规则等规定,结合检察工作实际,制定本意见。

第一章 一般规定

第一条 犯罪嫌疑人认罪认罚的,人民检察院应当就主刑、附加刑、是否适用缓刑等提出量刑建议。

对认罪认罚案件,人民检察院应当在全面审查证据、查明事实、准确认定犯罪的基础上提出量刑建议。

第二条 人民检察院对认罪认罚案件提出量刑建议,应当坚持以下原则:

(一)宽严相济。应当根据犯罪的具体情况,综合考虑从重、从轻、减轻或者免除处罚等各种量刑情节提出量刑建议,做到该宽则宽,当严则严,宽严相济,轻重有度。

(二)依法建议。应当根据犯罪的事实、性质、情节和对于社会的危害程度等,依照刑法、刑事诉讼法以及相关司法解释的规定提出量刑建议。

(三)客观公正。应当全面收集、审查有罪、无罪、罪轻、罪重、从宽、从严等证据,依法听取犯罪嫌疑人、被告人、辩护人或者值班律师、被害人及其诉讼代理人的意见,客观公正提出量刑建议。

(四)罪责刑相适应。提出量刑建议既要体现认罪认罚从宽,又要考虑犯罪嫌疑人、被告人所犯罪行的轻重、应负的刑事责任和社会危险性的大小,确保罚当其罪,避免罪责刑失衡。

(五)量刑均衡。涉嫌犯罪的事实、情节基本相同的案件,提出的量刑建议应当保持基本均衡。

第三条 人民检察院对认罪认罚案件提出量刑建议,应当符合以下条件:

(一)犯罪事实清楚,证据确实、充分;

(二)提出量刑建议所依据的法定从重、从轻、减轻或者免除处罚等量刑情节已查清;

(三)提出量刑建议所依据的酌定从重、从轻处罚等量刑情节已查清。

第四条 办理认罪认罚案件,人民检察院一般应当提出确定刑量刑建议。对新类型、不常见犯罪案件,量刑情节复杂的重罪案件等,也可以提出幅度刑量刑建议,但应当严格控制所提量刑建议的幅度。

第五条 人民检察院办理认罪认罚案件提出量刑建议,应当按照有关规定对听取意见情况进行同步录音录像。

第二章 量刑证据的审查

第六条 影响量刑的基本事实和各量刑情节均应有相应的证据加以证明。

对侦查机关移送审查起诉的案件,人民检察院应当审查犯罪嫌疑人有罪和无罪、罪重和罪轻、从宽和从严的证据是否全部随案移送,未随案移送的,应当通知侦查机关在指定时间内移送。侦查机关应当收集而未收集量刑证据的,人民检察院可以通知侦查机关补充相关证据或者退回侦查机关补充侦查,也可以自行补充侦查。

对于依法需要判处财产刑的案件,人民检察院应当要求侦查机关收集并随案移送涉及犯罪嫌疑人财产状况的证据材料。

第七条 对于自首情节,应当重点审查投案的主动性、供述的真实性和稳定性等情况。

对于立功情节,应当重点审查揭发罪行的轻重、提供的线索对侦破案件或者协助抓捕其他犯罪嫌疑人所起的作用、被检举揭发的人可能或者已经被判处的刑罚等情况。犯罪嫌疑人提出检举、揭发犯罪立功线索的,应当审查犯罪嫌疑人掌握线索的来源、有无移送侦查机关、侦查机关是否开展调查核实等。

对于累犯、惯犯以及前科、劣迹等情节,应当调取相关的判决、裁定、释放证明等材料,并重点审查前后行为的性质、间隔长短、次数、罪行轻重等情况。

第八条 人民检察院应当根据案件情况对犯罪嫌疑人犯罪手段、犯罪动机、主观恶性、是否和解谅解、是否退赃退赔、有无前科劣迹等酌定量刑情节进行审查,并结合犯罪嫌疑人的家庭状况、成长环境、心理健康情况等进行审查,综合判断。

有关个人品格方面的证据材料不得作为定罪证据,但与犯罪相关的个人品格情况可以作为酌定量刑情节予以综合考虑。

第九条 人民检察院办理认罪认罚案件提出量刑建议,应当听取被害人及其诉讼代理人的意见,并将犯罪嫌疑人是否与被害方达成调解协议、和解协议或者赔偿被害方损失,取得被害方谅解,是否自愿承担公益损害修复及赔偿责任等,作为从宽处罚的重要考虑因素。

犯罪嫌疑人自愿认罪并且有赔偿意愿,但被害方拒绝接受赔偿或者赔偿请求明显不合理,未能达成调解或者和解协议的,可以综合考量赔偿情况及全案情节对犯罪嫌疑人予以适当从宽,但罪行极其严重、情节极其恶劣的除外。

必要时,人民检察院可以听取侦查机关、相关行政执法机关、案发地或者居住地基层组织和群众的意见。

第十条 人民检察院应当认真审查侦查机关移送的关于犯罪嫌疑人社会危险性和案件对所居住社区影响的调查评估意见。侦查机关未委托调查评估,人民检察院拟提出判处管制、缓刑量刑建议的,一般应当委托犯罪嫌疑人居住地的社区矫正机构或者有关组织进行调查评估,必要时,也可以自行调查评估。

调查评估意见是人民检察院提出判处管制、缓刑量刑建议的重要参考。人民检察院提起公诉时,已收到调查评估材料的,应当一并移送人民法院,已经委托调查评估但尚未收到调查评估材料的,人民检察院经审查全案情况认为犯罪嫌疑人符合管制、缓刑适用条件的,可以提出判处管制、缓刑的量刑建议,同时将委托文书随案移送人民法院。

第三章 量刑建议的提出

第十一条 人民检察院应当按照有关量刑指导意见规定的量刑基本方法,依次确定量刑起点、基准刑和拟宣告刑,提出量刑建议。对新类型、不常见犯罪案件,可以参照相关量刑规范和相似案件的判决提出量刑建议。

第十二条 提出确定刑量刑建议应当明确主刑适用刑种、刑期和是否适用缓刑。

建议判处拘役的,一般应当提出确定刑量刑建议。

建议判处附加刑的,应当提出附加刑的类型。

建议判处罚金刑的,应当以犯罪情节为根据,综合考虑犯罪嫌疑人缴纳罚金的能力提出确定的数额。

建议适用缓刑的,应当明确提出。

第十三条 除有减轻处罚情节外,幅度刑量刑建议应当在法定量刑幅度内提出,不得兼跨两种以上主刑。

建议判处有期徒刑的,一般应当提出相对明确的量刑幅度。建议判处六个月以上不满一年有期徒刑的,幅度一般不超过二个月;建议判处一年以上不满三年有期徒刑的,幅度一般不超过六个月;建议判处三年以上不满十年有期徒刑的,幅度一般不超过一年;建议判处十年以上有期徒刑的,幅度一般不超过二年。

建议判处管制的,幅度一般不超过三个月。

第十四条 人民检察院提出量刑建议应当区别认罪认罚的不同诉讼阶段、对查明案件事实的价值和意义、是否确有悔罪表现,以及罪行严重程度等,综合考量确定从宽的限度和幅度。在从宽幅度上,主动认罪认罚优于被动认罪认罚,早认罪认罚优于晚认罪认罚,彻底认罪认罚优于不彻底认罪认罚,稳定认罪认罚优于不稳定认罪认罚。

认罪认罚的从宽幅度一般应当大于仅有坦白,或者虽认罪但不认罚的从宽幅度。对犯罪嫌疑人具有自首、坦白情节,同时认罪认罚的,应当在法定刑幅度内给予相对更大的从宽幅度。

第十五条 犯罪嫌疑人虽然认罪认罚,但所犯罪行具有下列情形之一的,提出量刑建议应当从严把握从宽幅度或者依法不予从宽:

(一)危害国家安全犯罪、恐怖活动犯罪、黑社会性质组织犯罪的首要分子、主犯;

(二)犯罪性质和危害后果特别严重、犯罪手段特别残忍、社会影响特别恶劣的;

(三)虽然罪行较轻但具有累犯、惯犯等恶劣情节的;

(四)性侵等严重侵害未成年人的;

(五)其他应当从严把握从宽幅度或者不宜从宽的情形。

第十六条 犯罪嫌疑人既有从重又有从轻、减轻处罚情节,应当全面考虑各情节的调节幅度,综合分析提出量刑建议,不能仅根据某一情节一律从轻或者从重。

犯罪嫌疑人具有减轻处罚情节的,应当在法定刑以下提出量刑建议,有数个量刑幅度的,应当在法定量刑幅度的下一个量刑幅度内提出量刑建议。

第十七条 犯罪嫌疑人犯数罪,同时具有立功、累犯等量刑情节的,先适用该量刑情节调节个罪基准刑,分别提出量刑建议,再依法提出数罪并罚后决定执行的刑罚的量刑建议。人民检察院提出量刑建议时应当分别列明个罪量刑建议和数罪并罚后决定执行的刑罚的量刑建议。

第十八条 对于共同犯罪案件,人民检察院应当根据各犯罪嫌疑人在共同犯罪中的地位、作用以及应当承担的刑事责任分别提出量刑建议。提出量刑建议时应当注意各犯罪嫌疑人之间的量刑平衡。

第十九条 人民检察院可以根据案件实际情况,充分考虑提起公诉后可能出现的退赃退赔、刑事和解、修复损害等量刑情节变化,提出满足相应条件情况下的量刑建议。

第二十条 人民检察院可以借助量刑智能辅助系统分析案件、计算量刑,在参考相关结论的基础上,结合案件具体情况,依法提出量刑建议。

第二十一条 检察官应当全面审查事实证据,准确认定案件性质,根据量刑情节拟定初步的量刑建议,并组织听取意见。

案件具有下列情形之一的,检察官应当向部门负责人报告或者建议召开检察官联席会议讨论,确定量刑建议范围后再组织听取意见:

(一)新类型、不常见犯罪;
(二)案情重大、疑难、复杂的;
(三)涉案犯罪嫌疑人人数众多的;
(四)性侵未成年人的;
(五)与同类案件或者关联案件处理结果明显不一致的;
(六)其他认为有必要报告或讨论的。

检察官应当按照有关规定在权限范围内提出量刑建议。案情重大、疑难、复杂的,量刑建议应当由检察长或者检察委员会讨论决定。

第四章 听取意见

第二十二条 办理认罪认罚案件,人民检察院应当依法保障犯罪嫌疑人获得有效法律帮助。犯罪嫌疑人要求委托辩护人的,应当充分保障其辩护权,严禁要求犯罪嫌疑人解除委托。

对没有委托辩护人的,应当及时通知值班律师为犯罪嫌疑人提供法律咨询、程序选择建议、申请变更强制措施等法律帮助。对符合通知辩护条件的,应当通知法律援助机构指派律师为其提供辩护。

人民检察院应当为辩护人、值班律师会见、阅卷等提供便利。

第二十三条 对法律援助机构指派律师为犯罪嫌疑人提供辩护,犯罪嫌疑人的监护人、近亲属又代为委托辩护人的,应当听取犯罪嫌疑人的意见,由其确定辩护人人选。犯罪嫌疑人是未成年人的,应当听取其监护人意见。

第二十四条 人民检察院在听取意见时,应当将犯罪嫌疑人享有的诉讼权利和认罪认罚从宽的法律规定,拟认定的犯罪事实、涉嫌罪名、量刑情节,拟提出的量刑建议及法律依据告知犯罪嫌疑人及其辩护人或者值班律师。

人民检察院听取意见可以采取当面、远程视频等方式进行。

第二十五条 人民检察院应当充分说明量刑建议的理由和依据,听取犯罪嫌疑人及其辩护人或者值班律师对量刑建议的意见。

犯罪嫌疑人及其辩护人或者值班律师对量刑建议提出不同意见,或者提交影响量刑的证据材料,人民检察院经审查认为犯罪嫌疑人及其辩护人或者值班律师意见合理的,应当采纳,相应调整量刑建议,审查认为意见不合理的,应当结合法律规定、全案情节、相似案件判决等作出解释、说明。

第二十六条 人民检察院在听取意见的过程中,必要时可以通过出示、宣读、播放等方式向犯罪嫌疑人开示或部分开示影响定罪量刑的主要证据材料,说明证据证明的内容,促使犯罪嫌疑人认罪认罚。

言词证据确需开示的,应注意合理选择开示内容及方式,避免妨碍诉讼、影响庭审。

第二十七条 听取意见后,达成一致意见的,犯罪嫌疑人应当签署认罪认罚具结书。有刑事诉讼法第一百七十四条第二款不需要签署具结书情形的,不影响对其提出从宽的量刑建议。

犯罪嫌疑人有辩护人的,应当由辩护人在场见证具结书并签字,不得绕开辩护人安排值班律师代为见证具结。辩护人确因客观原因无法到场的,可以通过远程视频方式见证具结。

犯罪嫌疑人自愿认罪认罚,没有委托辩护人,拒绝值班律师帮助的,签署具结书时,应当通知值班律师到场见证,并在具结书上注明。值班律师对人民检察院量刑建议、程序适用有异议的,检察官应当听取其意见,告知其确认犯罪嫌疑人认罪认罚的自愿性后应当在具结书上签字。

未成年犯罪嫌疑人签署具结书时,其法定代理人应当到场并签字确认。法定代理人无法到场的,合适成年人应当到场签字确认。法定代理人、辩护人对未成年人认罪认罚有异议的,未成年犯罪嫌疑人不需要签署具结书。

第二十八条 听取意见过程中,犯罪嫌疑人及其辩护人或者值班律师提供可能影响量刑的新的证据材料或者提出不同意见,需要审查、核实的,可以中止听取意见。人民检察院经审查、核实并充分准备后可以继续听取意见。

第二十九条 人民检察院提起公诉后开庭前,被告人自愿认罪认罚的,人民检察院可以组织听取意见。达成一致的,被告人应当在辩护人或者值班律师在场的情况下签署认罪认罚具结书。

第三十条 对于认罪认罚案件,犯罪嫌疑人签署具结书后,没有新的事实和证据,且犯罪嫌疑人未反悔的,人民检察院不得撤销具结书、变更量刑建议。除发现犯罪嫌疑人认罪悔罪不真实、认罪认罚后又反悔或者不履行具结书中需要履行的赔偿损失、退赃退赔等情形外,不得提出加重犯罪嫌疑人刑罚的量刑建议。

第三十一条 人民检察院提出量刑建议,一般应当制作量刑建议书,与起诉书一并移送人民法院。对于案情简单、量刑情节简单,适用速裁程序的案件,也可以在起诉书中载明量刑建议。

量刑建议书中应当写明建议对犯罪嫌疑人科处的主刑、附加刑、是否适用缓刑等及其理由和依据,必要时可以单独出具量刑建议理由说明书。适用速裁程序审理的案件,通过起诉书载明量刑建议的,可以在起诉书中简化说理。

第五章　量刑建议的调整

第三十二条　人民法院经审理,认为量刑建议明显不当或者认为被告人、辩护人对量刑建议的异议合理,建议人民检察院调整量刑建议的,人民检察院应当认真审查,认为人民法院建议合理的,应当调整量刑建议,认为人民法院建议不当的,应当说明理由和依据。

人民检察院调整量刑建议,可以制作量刑建议调整书移送人民法院。

第三十三条　开庭审理前或者休庭期间调整量刑建议的,应当重新听取被告人及其辩护人或者值班律师的意见。

庭审中调整量刑建议,被告人及其辩护人没有异议的,人民检察院可以当庭调整量刑建议并记录在案。当庭无法达成一致或者调整量刑建议需要履行相应报告、决定程序的,可以建议法庭休庭,按照本意见第二十四条、第二十五条的规定组织听取意见,履行相应程序后决定是否调整。

适用速裁程序审理认罪认罚案件,需要调整量刑建议的,应当在庭前或者当庭作出调整。

第三十四条　被告人签署认罪认罚具结书后,庭审中反悔不再认罪认罚的,人民检察院应当了解反悔的原因,被告人明确不再认罪认罚的,人民检察院应当建议人民法院不再适用认罪认罚从宽制度,撤回从宽量刑建议,并建议法院在量刑时考虑相应情况。依法需要转为普通程序或者简易程序审理的,人民检察院应当向人民法院提出建议。

第三十五条　被告人认罪认罚而庭审中辩护人作无罪辩护的,人民检察院应当核实被告人认罪认罚的真实性、自愿性。被告人仍然认罪认罚的,可以继续适用认罪认罚从宽制度,被告人反悔不再认罪认罚的,按照本意见第三十四条的规定处理。

第三十六条　检察官应当在职责权限范围内调整量刑建议。根据本意见第二十一条规定,属于检察官职责权限范围内的,可以由检察官调整量刑建议并向部门负责人报告备案;属于检察长或者检察委员会职责权限范围内的,应当由检察长或者检察委员会决定调整。

第六章　量刑监督

第三十七条　人民法院违反刑事诉讼法第二百零一条第二款规定,未告知人民检察院调整量刑建议而直接作出判决的,人民检察院一般应当以违反法定程序为由依法提出抗诉。

第三十八条　认罪认罚案件审理中,人民法院认为量刑建议明显不当建议人民检察院调整,人民检察院不予调整或者调整后人民法院不予采纳,人民检察院认为判决、裁定量刑确有错误的,应当依法提出抗诉,或者根据案件情况,通过提出检察建议或者发出纠正违法通知书等进行监督。

第三十九条 认罪认罚案件中,人民法院采纳人民检察院提出的量刑建议作出判决、裁定,被告人仅以量刑过重为由提出上诉,因被告人反悔不再认罪认罚致从宽量刑明显不当的,人民检察院应当依法提出抗诉。

第七章 附 则

第四十条 人民检察院办理认罪认罚二审、再审案件,参照本意见提出量刑建议。

第四十一条 本意见自发布之日起施行。

《人民检察院办理知识产权案件工作指引》(最高人民检察院,2023年4月26日)**第十六条**对人民检察院办理知识产权刑事案件提出量刑建议的有关问题作了规定。(→参见第八十一条所附"其他规范",第587页)

《最高人民检察院关于依法惩治和预防民营企业内部人员侵害民营企业合法权益犯罪、为民营经济发展营造良好法治环境的意见》(高检发办字〔2023〕100号,节录)

为深入贯彻党的二十大精神,全面贯彻习近平经济思想、习近平法治思想,认真落实《中共中央 国务院关于促进民营经济发展壮大的意见》,积极回应企业家关切,以高质效检察履职助力优化民营经济发展环境,依法保护民营企业产权和企业家权益,促进民营经济发展壮大,现就检察机关依法保护民营企业合法权益,惩治和预防侵害民营企业利益的民营企业内部人员犯罪,营造良好法治环境,提出如下意见。

一、基本要求(略)

二、高质效履行检察职责,确保政治效果、法律效果、社会效果有机统一

4.加强立案监督。结合民营企业内部人员犯罪案件特点,会同公安机关进一步明确职务侵占、挪用资金、侵犯商业秘密等常见犯罪立案标准,健全涉民营企业案件立案审查机制,防止应当立案而不立案。充分发挥侦查监督与协作配合机制作用,加强侵害民营企业利益的民营企业内部人员犯罪案件信息共享,对公安机关应当立案而不立案问题依法进行监督。检察机关接到报案、控告、举报或者在工作中发现监督线索,要依法及时开展调查核实工作;需要监督纠正的,依法向公安机关提出监督意见。对监督立案案件,注重跟踪问效,防止立而不查。探索利用大数据法律监督模型,破解"立案难"问题。

5.准确把握审查逮捕标准。准确把握逮捕的证据条件、刑罚条件和社会危

险性条件,对符合逮捕条件的依法批准逮捕,防止以起诉条件替代逮捕条件;对没有逮捕必要的,依法作出不批准逮捕决定。对关键技术岗位人员,要根据案情,结合企业生产经营需求依法判断是否有逮捕必要性。用好引导取证、退回补充侦查、自行侦查等措施,加强对民营企业内部人员犯罪案件证据收集的引导工作。对不符合逮捕条件但有补充侦查必要的,应当列明补充侦查提纲。对于犯罪嫌疑人在取保候审期间有实施毁灭、伪造证据,串供或者干扰证人作证,足以影响侦查、审查起诉工作正常进行的行为的,依法予以逮捕。

6. 准确把握起诉标准。坚持罪刑法定、罪责刑相适应和法律面前人人平等等原则,依照法律规定和法定程序准确适用起诉和不起诉。犯罪行为本身性质、社会危害与犯罪嫌疑人的主观恶性是决定诉与不诉的基本依据;认罪认罚、赔偿谅解、被害企业态度等是在确定行为性质与主观恶性后,案件处于可诉可不诉情形时,需要予以充分考量的因素。在查明案件事实、情节的基础上,结合案件具体情况和公共利益考量等因素,对起诉必要性进行审查。对于符合法定条件、没有起诉必要的,依法作出不起诉决定。

7. 加强追赃挽损工作。充分运用认罪认罚从宽制度,督促引导犯罪嫌疑人、被告人退赃退赔,积极帮助被害企业挽回损失。注重依法提出财产刑方面的量刑建议,加大对刑事裁判涉财产部分执行监督,不让犯罪嫌疑人、被告人从侵害民营企业利益案件中得到任何好处。

8. 加强行政执法与刑事司法的有效衔接。加强与市场监管部门、知识产权主管部门等行政执法机关的工作衔接,依法监督有关行政执法机关及时向公安机关移送在执法过程中发现的涉嫌非国家工作人员受贿、对非国家工作人员行贿、侵犯知识产权等犯罪线索。对于行政机关移送立案侦查的案件,加强立案监督。检察机关作出不起诉的案件,需要给予行政处罚的,依法向有关行政机关提出检察意见。

三、推动完善立法及司法解释,为民营经济健康发展提供更加有力的法治保障(略)

四、加强法治宣传,促进企业加强自身合规建设

11. 引导促进民营企业自主加强合规建设。针对民营企业内部人员犯罪案件中反映出的内部管理问题,通过制发检察建议等方式促进源头治理,帮助企业查缺补漏、建章立制、加强管理,推动建立现代企业制度。会同工商联鼓励、引导民营企业自主加强合规建设,把廉洁经营作为合规建设重要内容,出台企业廉洁合规指引与建设标准,落实内部监督检查制度,对人财物和基建、采购、销售等重点部门、重点环节、重点人员实施财务审核、检查、审计,及时发现和预防违法犯罪问题,推动建设法治民营企业、清廉民营企业。

12. 创新开展犯罪预防工作。加强与各级工商联以及行业协会、商会等单位合作,根据不同类型民营企业内部人员犯罪的发案特点,有针对性加强犯罪预防工作。通过发布典型案例,举办"检察开放日"、常态化开展检察官巡讲、巡展等法治宣传教育,加大以案释法力度。通过公开送达法律文书、邀请参加典型案件庭审观摩等方式,引导民营企业内部人员增强法治意识、廉洁意识、底线意识。充分利用检察机关新媒体平台,持续宣传依法平等保护民营经济的理念、做法、成效,促进凝聚社会共识。

指导性案例

陈邓昌抢劫、盗窃,付志强盗窃案(检例第17号)对补充起诉的有关问题作了规定。(→参见第二百二十八条所附"指导性案例",第1551页)

张某、沈某某等七人抢劫案(检例第19号)对未成年人与成年人分案起诉的有关问题作了规定。(→参见第二百二十八条所附"指导性案例",第1551页)

金某某受贿案(检例第75号)

关键词 职务犯罪 认罪认罚 确定刑量刑建议

要　　旨 对于犯罪嫌疑人自愿认罪认罚的职务犯罪案件,应当依法适用认罪认罚从宽制度办理。在适用认罪认罚从宽制度办理职务犯罪案件过程中,检察机关应切实履行主导责任,与监察机关、审判机关互相配合,互相制约,充分保障犯罪嫌疑人、被告人的程序选择权。要坚持罪刑法定和罪责刑相适应原则,对符合有关规定条件的,一般应当就主刑、附加刑、是否适用缓刑等提出确定刑量刑建议。

指导意义

(一)对于犯罪嫌疑人自愿认罪认罚的职务犯罪案件,检察机关应当依法适用认罪认罚从宽制度办理。依据刑事诉讼法第十五条规定,认罪认罚从宽制度贯穿刑事诉讼全过程,没有适用罪名和可能判处刑罚的限定,所有刑事案件都可以适用。职务犯罪案件适用认罪认罚从宽制度,符合宽严相济刑事政策,有利于最大限度实现办理职务犯罪案件效果,有利于推进反腐败工作。职务犯罪案件的犯罪嫌疑人自愿如实供述自己的罪行,真诚悔罪,愿意接受处罚,检察机关应当依法适用认罪认罚从宽制度办理。

(二)适用认罪认罚从宽制度办理职务犯罪案件,检察机关应切实履行主导责任。检察机关通过提前介入监察机关办理职务犯罪案件工作,即可根据案件事实、证据、性质、情节、被调查人态度等基本情况,初步判定能否适用认罪认从宽制度。案件移送起诉后,人民检察院应当及时告知犯罪嫌疑人享有的诉讼权利和认罪认罚从宽制度相关法律规定,保障犯罪嫌疑人的程序选择权。犯罪嫌疑人自愿认罪认罚的,人民检察院应当就涉嫌的犯罪事实、罪名及适用的法律规定,从轻、减轻或者免除处罚等从宽处罚的建议,认罪认罚后案件审理适用的程序及其他需要听取意见的情形,听取犯罪嫌疑人、辩护人或者值班律师的意见并记录在案,同时加强与监察机关、审判机关的沟通,听取意见。

(三)依法提出量刑建议,提升职务犯罪案件适用认罪认罚从宽制度效果。检察机关办理认罪认罚职务犯罪案件,应当根据犯罪的事实、性质、情节和对社会的危害程度,结合法定、酌定的量刑情节,综合考虑认罪认罚的具体情况,依法决定是否从宽、如何从宽。对符合有关规定条件的,一般应当就主刑、附加刑、是否适用缓刑等提出确定刑量刑建议。对于减轻、免除处罚,应当于法有据;不具备减轻处罚情节的,应当在法定幅度以内提出从轻处罚的量刑建议。

相关规范集成·对被调查人提出从宽处罚建议

相关规定

《中华人民共和国监察法》(自2018年3月20日起施行,节录)

第三十一条 涉嫌职务犯罪的被调查人主动认罪认罚,有下列情形之一的,监察机关经领导人员集体研究,并报上一级监察机关批准,可以在移送人民检察院时提出从宽处罚的建议:

(一)自动投案,真诚悔罪悔过的;

(二)积极配合调查工作,如实供述监察机关还未掌握的违法犯罪行为的;

(三)积极退赃,减少损失的;

(四)具有重大立功表现或者案件涉及国家重大利益等情形的。

第三十二条 职务违法犯罪的涉案人员揭发有关被调查人职务违法犯罪行为,查证属实的,或者提供重要线索,有助于调查其他案件的,监察机关经领导人员集体研究,并报上一级监察机关批准,可以在移送人民检察院时提出从宽处罚的建议。

《中华人民共和国监察法实施条例》(自2021年9月20日起施行,节录)

第五章 监察程序

第七节 移送审查起诉

第二百一十三条 涉嫌职务犯罪的被调查人和涉案人员符合监察法第三

十一条、第三十二条规定情形的,结合其案发前的一贯表现、违法犯罪行为的情节、后果和影响等因素,监察机关经综合研判和集体审议,报上一级监察机关批准,可以在移送人民检察院时依法提出从轻、减轻或者免除处罚等从宽处罚建议。报请批准时,应当一并提供主要证据材料、忏悔反思材料。

上级监察机关相关监督检查部门负责审查工作,重点审核拟认定的从宽处罚情形、提出的从宽处罚建议,经审批在十五个工作日以内作出批复。

第二百一十四条 涉嫌职务犯罪的被调查人有下列情形之一,如实交代自己主要犯罪事实的,可以认定为监察法第三十一条第一项规定的自动投案,真诚悔罪悔过:

(一)职务犯罪问题未被监察机关掌握,向监察机关投案的;

(二)在监察机关谈话、函询过程中,如实交代监察机关未掌握的涉嫌职务犯罪问题的;

(三)在初步核实阶段,尚未受到监察机关谈话时投案的;

(四)职务犯罪问题虽被监察机关立案,但尚未受到讯问或者采取留置措施,向监察机关投案的;

(五)因伤病等客观原因无法前往投案,先委托他人代为表达投案意愿,或者以书信、网络、电话、传真等方式表达投案意愿,后到监察机关接受处理的;

(六)涉嫌职务犯罪潜逃后又投案,包括在被通缉、抓捕过程中投案的;

(七)经查实确已准备去投案,或者正在投案途中被有关机关抓获的;

(八)经他人规劝或者在他人陪同下投案的;

(九)虽未向监察机关投案,但向其所在党组织、单位或者有关负责人员投案,向有关巡视巡察机构投案,以及向公安机关、人民检察院、人民法院投案的;

(十)具有其他应当视为自动投案的情形的。

被调查人自动投案后不能如实交代自己的主要犯罪事实,或者自动投案并如实供述自己的罪行后又翻供的,不能适用前款规定。

第二百一十五条 涉嫌职务犯罪的被调查人有下列情形之一的,可以认定为监察法第三十一条第二项规定的积极配合调查工作,如实供述监察机关还未掌握的违法犯罪行为:

(一)监察机关所掌握线索针对的犯罪事实不成立,在此范围外被调查人主动交代其他罪行的;

(二)主动交代监察机关尚未掌握的犯罪事实,与监察机关已掌握的犯罪事实属不同种罪行的;

(三)主动交代监察机关尚未掌握的犯罪事实,与监察机关已掌握的犯罪事实属同种罪行的；

（四）监察机关掌握的证据不充分，被调查人如实交代有助于收集定案证据的。

前款所称同种罪行和不同种罪行，一般以罪名区分。被调查人如实供述其他罪行的罪名与监察机关已掌握犯罪的罪名不同，但属选择性罪名或者在法律、事实上密切关联的，应当认定为同种罪行。

第二百一十六条　涉嫌职务犯罪的被调查人有下列情形之一的，可以认定为监察法第三十一条第三项规定的积极退赃，减少损失：

（一）全额退赃的；

（二）退赃能力不足，但被调查人及其亲友在监察机关追缴赃款赃物过程中积极配合，且大部分已追缴到位的；

（三）犯罪后主动采取措施避免损失发生，或者积极采取有效措施减少、挽回大部分损失的。

第二百一十七条　涉嫌职务犯罪的被调查人有下列情形之一的，可以认定为监察法第三十一条第四项规定的具有重大立功表现：

（一）检举揭发他人重大犯罪行为且经查证属实的；

（二）提供其他重大案件的重要线索且经查证属实的；

（三）阻止他人重大犯罪活动的；

（四）协助抓捕其他重大职务犯罪案件被调查人、重大犯罪嫌疑人（包括同案犯）的；

（五）为国家挽回重大损失等对国家和社会有其他重大贡献的。

前款所称重大犯罪一般是指依法可能被判处无期徒刑以上刑罚的犯罪行为；重大案件一般是指在本省、自治区、直辖市或者全国范围内有较大影响的案件；查证属实一般是指有关案件已被监察机关或者司法机关立案调查、侦查，被调查人、犯罪嫌疑人被监察机关采取留置措施或者被司法机关采取强制措施，或者被告人被人民法院作出有罪判决，并结合案件事实、证据进行判断。

监察法第三十一条第四项规定的案件涉及国家重大利益，是指案件涉及国家主权和领土完整、国家安全、外交、社会稳定、经济发展等情形。

第二百一十八条　涉嫌行贿等犯罪的涉案人员有下列情形之一的，可以认定为监察法第三十二条规定的揭发有关被调查人职务违法犯罪行为，查证属实或者提供重要线索，有助于调查其他案件：

（一）揭发所涉案件以外的被调查人职务犯罪行为，经查证属实的；

（二）提供的重要线索指向具体的职务犯罪事实，对调查其他案件起到实质

性推动作用的;

(三)提供的重要线索有助于加快其他案件办理进度,或者对其他案件固定关键证据、挽回损失、追逃追赃等起到积极作用的。

第二百一十九条 从宽处罚建议一般应当在移送起诉时作为《起诉意见书》内容一并提出,特殊情况下也可以在案件移送后、人民检察院提起公诉前,单独形成从宽处罚建议书移送人民检察院。对于从宽处罚建议所依据的证据材料,应当一并移送人民检察院。

监察机关对于被调查人在调查阶段认罪认罚,但不符合监察法规定的提出从宽处罚建议条件,在移送起诉时没有提出从宽处罚建议的,应当在《起诉意见书》中写明其自愿认罪认罚的情况。

第一百七十七条 【不起诉】犯罪嫌疑人没有犯罪事实,或者有本法第十六条规定的情形之一的,人民检察院应当作出不起诉决定。

对于犯罪情节轻微,依照刑法规定不需要判处刑罚或者免除刑罚的,人民检察院可以作出不起诉决定。

人民检察院决定不起诉的案件,应当同时对侦查中查封、扣押、冻结的财物解除查封、扣押、冻结。对被不起诉人需要给予行政处罚、处分或者需要没收其违法所得的,人民检察院应当提出检察意见,移送有关主管机关处理。有关主管机关应当将处理结果及时通知人民检察院。

▰ 立法沿革

1979年《刑事诉讼法》第一百零一条规定:"依照刑法规定不需要判处刑罚或者免除刑罚的,人民检察院可以免予起诉。"1996年《刑事诉讼法修改决定》取消免予起诉制度,在第一百四十二条规定:"犯罪嫌疑人有本法第十五条规定的情形之一的,人民检察院应当作出不起诉决定。""对于犯罪情节轻微,依照刑法规定不需要判处刑罚或者免除刑罚的,人民检察院可以作出不起诉决定。""人民检察院决定不起诉的案件,应当同时对侦查中扣押、冻结的财物解除扣押、冻结。对被不起诉人需要给予行政处罚、行政处分或者需要没收其违法所得的,人民检察院应当提出检察意见,移送有关主管机关处理。有关主管机关应当将处理结果及时通知人民检察院。"2012年《刑事诉讼法修改决定》对本条规定作出修改:一是规定犯罪嫌疑人没有犯罪事实的,人民检察院应当作出不起诉决定。二是将"扣押、冻结"修改为"查封、扣押、冻结"。2018年《刑事诉讼法修改决定》将本条第三款中的"行政处分"修改为"处分"。

相关规定

《**中华人民共和国监察法**》(自 2018 年 3 月 20 日起施行,节录)

第四十七条第四款　人民检察院对于有《中华人民共和国刑事诉讼法》规定的不起诉的情形的,经上一级人民检察院批准,依法作出不起诉的决定。监察机关认为不起诉的决定有错误的,可以向上一级人民检察院提请复议。

《**中华人民共和国反有组织犯罪法**》(自 2022 年 5 月 1 日起施行,节录)

第三十三条第二款　对参加有组织犯罪组织的犯罪嫌疑人、被告人不起诉或者免予刑事处罚的,可以根据案件的不同情况,依法予以训诫、责令具结悔过、赔礼道歉、赔偿损失,或者由主管部门予以行政处罚或者处分。

基本规范

《**人民检察院刑事诉讼规则**》(高检发释字〔2019〕4 号,自 2019 年 12 月 30 日起施行)

第十章　审查逮捕和审查起诉

第九节　不起诉

第三百六十五条　人民检察院对于监察机关或者公安机关移送起诉的案件,发现犯罪嫌疑人没有犯罪事实,或者符合刑事诉讼法第十六条规定的情形之一的,经检察长批准,应当作出不起诉决定。

对于犯罪事实并非犯罪嫌疑人所为,需要重新调查或者侦查的,应当在作出不起诉决定后书面说明理由,将案卷材料退回监察机关或者公安机关并建议重新调查或者侦查。

第三百六十六条　负责捕诉的部门对于本院负责侦查的部门移送起诉的案件,发现具有本规则第三百六十五条第一款规定情形的,应当退回本院负责侦查的部门,建议撤销案件。

第三百六十七条　人民检察院对于二次退回补充调查或者补充侦查的案件,仍然认为证据不足,不符合起诉条件的,经检察长批准,依法作出不起诉决定。

人民检察院对于经过一次退回补充调查或者补充侦查的案件,认为证据不足,不符合起诉条件,且没有再次退回补充调查或者补充侦查必要的,经检察长批准,可以作出不起诉决定。

第三百六十八条　具有下列情形之一,不能确定犯罪嫌疑人构成犯罪和需要追究刑事责任的,属于证据不足,不符合起诉条件:

(一)犯罪构成要件事实缺乏必要的证据予以证明的;

(二)据以定罪的证据存在疑问,无法查证属实的;

(三)据以定罪的证据之间、证据与案件事实之间的矛盾不能合理排除的;

(四)根据证据得出的结论具有其他可能性,不能排除合理怀疑的;

(五)根据证据认定案件事实不符合逻辑和经验法则,得出的结论明显不符合常理的。

第三百六十九条 人民检察院根据刑事诉讼法第一百七十五条第四款规定决定不起诉的,在发现新的证据,符合起诉条件时,可以提起公诉。

第三百七十条 人民检察院对于犯罪情节轻微,依照刑法规定不需要判处刑罚或者免除刑罚的,经检察长批准,可以作出不起诉决定。

第三百七十一条 人民检察院直接受理侦查的案件,以及监察机关移送起诉的案件,拟作不起诉决定的,应当报请上一级人民检察院批准。

第三百七十二条 人民检察院决定不起诉的,应当制作不起诉决定书。

不起诉决定书的主要内容包括:

(一)被不起诉人的基本情况,包括姓名、性别、出生年月日、出生地和户籍地、公民身份号码、民族、文化程度、职业、工作单位及职务、住址,是否受过刑事处分,采取强制措施的情况以及羁押处所等;如果是单位犯罪,应当写明犯罪单位的名称和组织机构代码、所在地址、联系方式,法定代表人和诉讼代表人的姓名、职务、联系方式;

(二)案由和案件来源;

(三)案件事实,包括否定或者指控被不起诉人构成犯罪的事实以及作为不起诉决定根据的事实;

(四)不起诉的法律根据和理由,写明作出不起诉决定适用的法律条款;

(五)查封、扣押、冻结的涉案财物的处理情况;

(六)有关告知事项。

第三百七十三条 人民检察院决定不起诉的案件,可以根据案件的不同情况,对被不起诉人予以训诫或者责令具结悔过、赔礼道歉、赔偿损失。

对被不起诉人需要给予行政处罚、政务处分或者其他处分的,经检察长批准,人民检察院应当提出检察意见,连同不起诉决定书一并移送有关主管机关处理,并要求有关主管机关及时通报处理情况。

第三百七十四条 人民检察院决定不起诉的案件,应当同时书面通知作出查封、扣押、冻结决定的机关或者执行查封、扣押、冻结决定的机关解除查封、扣押、冻结。

第三百七十五条 人民检察院决定不起诉的案件,需要没收违法所得的,经检察长批准,应当提出检察意见,移送有关主管机关处理,并要求有关主管机关及时通报处理情况。具体程序可以参照本规则第二百四十八条的规定办理。

第三百八十八条 人民检察院发现不起诉决定确有错误,符合起诉条件的,应当撤销不起诉决定,提起公诉。

第三百八十九条 最高人民检察院对地方各级人民检察院的起诉、不起诉决定,上级人民检察院对下级人民检察院的起诉、不起诉决定,发现确有错误的,应当予以撤销或者指令下级人民检察院纠正。

其他规范

《最高人民法院、最高人民检察院、公安部、司法部、海关总署关于走私犯罪侦查机关办理走私犯罪案件适用刑事诉讼程序若干问题的通知》(署侦〔1998〕742号)第十条对走私案件不起诉的后续处理作了规定。(→参见第十九条所附"其他规范",第149页)

《人民检察院起诉案件公开审查规则(试行)》(最高人民检察院,〔2001〕高检诉发第11号)

一、制定目的和法律依据

第一条 为保证不起诉决定的公正性,保障当事人的合法权利,规范不起诉案件公开审查程序,根据《中华人民共和国刑事诉讼法》、《人民检察院刑事诉讼规则》等有关规定,结合人民检察院办理不起诉案件工作实际,制定本规则。

第二条 本规则所称不起诉案件,是指审查起诉过程中拟作不起诉决定的案件。

第三条 不起诉案件公开审查,是为了充分听取侦查机关(部门)和犯罪嫌疑人、被害人以及犯罪嫌疑人、被害人委托的人等对案件处理的意见,为人民检察院对案件是否作不起诉处理提供参考。

二、适用范围

第四条 公开审查的不起诉案件应当是存在较大争议并且在当地有较大社会影响的,经人民检察院审查后准备作不起诉的案件。

第五条 对下列案件不进行公开审查:

(一)案情简单,没有争议的案件;

(二)涉及国家秘密或者个人隐私的案件;

(三)十四岁以上不满十六岁未成年人犯罪的案件;

十六岁以上不满十八岁未成年人犯罪的案件,一般也不进行公开审查;

(四)其他没有必要进行公开审查的案件。

三、公开审查程序及内容

第六条 人民检察院对于拟作不起诉处理的案件,可以根据侦查机关(部门)的要求或者犯罪嫌疑人及其法定代理人、辩护人、被害人及其法定代理人、辩护人、被害人及其法定代理人、诉讼代理人的申请,经检察长决定,进行公开审查。

第七条 人民检察院对不起诉案件进行公开审查,应当听取侦查机关(部门)、犯罪嫌疑人及其法定代理人、辩护人、被害人及法定代理人、诉讼代理人的意见。听取意见可以分别进行,也可以同时进行。

第八条 公开审查活动应当在人民检察院进行,也可以在人民检察院指定的场所进行。

第九条 公开审查活动应当由案件承办人主持进行,并配备书记员记录。

第十条 不起诉案件公开审查时,允许公民旁听;可以邀请人大代表、政协委员、特约检察员参加;可以根据案件需要或者当事人的请求,邀请有关专家及与案件有关的人参加;经人民检察院许可,新闻记者可以旁听和采访。

对涉及国家财产、集体财产遭受损失的案件,可以通知有关单位派代表参加。

第十一条 人民检察院在公开审查三日前,应当向社会公告案由、公开审查的时间和地点,并通知参加公开审查活动的人员。

第十二条 人民检察院在公开审查时,应当公布案件承办人和书记员的姓名,宣布案由以及公开审查的内容、目的,告知当事人有关权利和义务,并询问是否申请回避。

第十三条 人民检察院主要就案件拟作不起诉处理听取侦查机关(部门)、犯罪嫌疑人及其法定代理人、诉讼代理人的意见。

第十四条 案件承办人应当根据案件证据,依照法律的有关规定,阐述不起诉的理由,但不需要出示证据。

参加公开审查的侦查人员,犯罪嫌疑人及其法定代理人、辩护人、被害人及其法定代理人、诉讼代理人可以就案件事实、证据、适用的法律以及是否应予不起诉,各自发表意见,但不能直接进行辩护。

第十五条 公开审查的活动内容由书记员制作笔录。笔录应当交参加公开审查的侦查人员,犯罪嫌疑人及其法定代理人、辩护人,被害人及其法定代理人、诉讼代理人阅读或者向其宣读,如果认为记录有误或有遗漏的,可以请求补充或更正,确认无误后,应当签名或盖章。

第十六条 公开审查活动结束后,应当制作不起诉案件公开审查的情况报告。报告中应当重点写明公开审查过程中各方一致性意见或者存在的主要分歧，并提出起诉或者不起诉的建议，连同公开审查笔录，呈报检察长或者检察委员会，作为案件是否作出不起诉决定的参考。

四、其他规定

第十七条 人民检察院公开审查不起诉案件应当在审查起诉期限内完成。

第十八条 审查不起诉案件的其他有关事项，依照《中华人民共和国刑事诉讼法》和《人民检察院刑事诉讼规则》的有关规定办理。

《人民检察院办理不起诉案件质量标准（试行）》（最高人民检察院，高检诉发〔2007〕63号）

为了依法行使不起诉权，保证不起诉案件的办案质量，根据《中华人民共和国刑法》、《中华人民共和国刑事诉讼法》和《人民检察院刑事诉讼规则》的有关规定，结合检察机关不起诉工作实际，制定本标准。

一、符合下列条件的，属于达到不起诉案件质量标准

（一）根据刑事诉讼法第一百四十条第四款决定不起诉的案件

人民检察院对于经过补充侦查并且具有下列情形之一的案件，经检察委员会讨论决定，可以作出不起诉决定：

1. 据以定罪的证据存在疑问，无法查证属实的；
2. 犯罪构成要件事实缺乏必要的证据予以证明的；
3. 据以定罪的证据之间的矛盾不能合理排除的；
4. 根据证据得出的结论具有其他可能性的。

（二）根据刑事诉讼法第一百四十二条第一款决定不起诉的案件

人民检察院对于犯罪嫌疑人有刑事诉讼法第十五条规定的六种情形之一的，经检察长决定，应当作出不起诉决定。

对于犯罪嫌疑人没有违法犯罪行为的，或者犯罪事实并非犯罪嫌疑人所为的案件，人民检察院应当书面说明理由将案件退回侦查机关作撤案处理或者重新侦查；侦查机关坚持移送的，经检察长决定，人民检察院可以根据刑事诉讼法第一百四十二条第一款的规定作不起诉处理。

（三）根据刑事诉讼法第一百四十二条第二款决定不起诉的案件 人民检察院对于犯罪情节轻微，依照刑法规定不需要判处刑罚或者免除刑罚的，经检察委员会讨论决定，可以作出不起诉决定。

对符合上述条件，同时具有下列情形之一的，依法决定不起诉：

1. 未成年犯罪嫌疑人、老年犯罪嫌疑人，主观恶性较小，社会危害不大的；
2. 因亲友、邻里及同学同事之间纠纷引发的轻微犯罪中的犯罪嫌疑人，认罪悔过、赔礼道歉、积极赔偿损失并得到被害人谅解或者双方达成和解并切实履

行,社会危害不大的;

3. 初次实施轻微犯罪的犯罪嫌疑人,主观恶性较小的;

4. 因生活无着偶然实施盗窃等轻微犯罪的犯罪嫌疑人,人身危险性不大的;

5. 群体性事件引起的刑事犯罪中的犯罪嫌疑人,属于一般参与者的。

具有下列情形之一的,不应适用刑事诉讼法第一百四十二条第二款作不起诉决定:

1. 实施危害国家安全犯罪的;

2. 一人犯数罪的;

3. 犯罪嫌疑人有脱逃行为或者构成累犯的;

4. 犯罪嫌疑人系共同犯罪中的主犯,而从犯已被提起公诉或者已被判处刑罚的;

5. 共同犯罪中的同案犯,一并起诉、审理更为适宜的;

6. 犯罪后订立攻守同盟,毁灭证据,逃匿或者对抗侦查的;

7. 因犯罪行为给国家或者集体造成重大经济损失或者有严重政治影响的;

8. 需要人民检察院提起附带民事诉讼的;

9. 其他不应当适用刑事诉讼法第一百四十二条第二款作不起诉处理的。

(四)其他情形

1. 关于案件事实和证据的认定、法律适用、诉讼程序、法律监督等方面的质量标准,参照《人民检察院办理起诉案件质量标准(试行)》中"办理起诉案件质量标准"部分的相关规定执行;

2. 对未成年人犯罪案件,办案方式应符合有关规定;

3. 对需要进行公开审查的不起诉案件,按照有关规定进行公开审查;

4. 根据刑事诉讼法第一百四十条第四款和第一百四十二条第二款的规定作不起诉的案件应当报送上一级人民检察院备案;

5. 对检察机关直接受理侦查的案件,拟作不起诉处理的,应由人民监督员提出监督意见;

6. 省级以下人民检察院对直接受理侦查的案件拟作不起诉决定的,应报上一级人民检察院批准;

7. 不起诉的决定应当公开宣布,并将不起诉决定书送达被不起诉人、被不起诉人所在单位、被害人或者其近亲属及其诉讼代理人、侦查机关。如果被不起诉人在押,应当立即释放;

8. 人民检察院决定不起诉的案件,需要对侦查中扣押、冻结的财物解除扣押、冻结的,应当书面通知作出扣押、冻结决定的机关或者执行扣押、冻结决定的

机关解除扣押、冻结;

9.需要对被不起诉人给予行政处罚、处分或者没收其违法所得的,应当提出书面检察意见,连同不起诉决定书一并移送有关主管机关处理;

10.侦查机关对不起诉决定要求复议或者提请复核的,被不起诉人或者被害人不服不起诉决定提出申诉的,人民检察院应当及时审查并在法定期限内作出决定;

11.人民检察院收到人民法院受理被害人对被不起诉人起诉的通知后,应当将作出不起诉决定所依据的有关案件材料移送人民法院。

二、有下列情形之一的,属于不起诉错误

1.本院没有案件管辖权;

2.对应当提起公诉的案件或者不符合不起诉法定条件的案件作出不起诉决定的;

3.对定罪的证据确实、充分,仅是影响量刑的证据不足或者对界定此罪与彼罪有不同认识的案件,依照刑事诉讼法第一百四十条第四款作出不起诉决定的;

4.适用不起诉法律条文(款)错误的;

5.经审查确认不起诉决定确有错误,被上级检察机关依法撤销的;

6.具有其他违反法律规定的情形,造成不起诉错误的。

三、具有下列情形之一的,属于不起诉质量不高

1.关于案件事实和证据的认定、法律适用、诉讼程序、法律监督以及符合刑事政策要求等方面的不起诉质量不高的情形,参照《人民检察院办理起诉案件质量标准(试行)》中"起诉案件质量不高"部分的相关规定执行;

2.对检察机关直接受理侦查的案件,拟作不起诉处理,未由人民监督员提出监督意见的;

3.省级以下人民检察院对直接受理侦查的案件作出不起诉决定,未报上一级人民检察院批准的;

4.应当报送上一级人民检察院备案而没有报送的;

5.未按有关规定对不起诉案件进行公开审查的;

6.没有公开宣布不起诉决定,或者没有向被不起诉人及其所在单位、被害人或者其近亲属及其诉讼代理人、侦查机关送达不起诉决定书,或者没有将在押的被不起诉人立即释放的;

7.人民检察院决定不起诉的案件,需要对侦查中扣押、冻结的财物解除扣押、冻结的,没有书面通知有关机关解除扣押、冻结,或者直接解除了扣押、冻

结的;

8.需要对被不起诉人给予行政处罚、处分或没收其违法所得的,没有提出书面检察意见连同不起诉决定书一并移送有关主管机关处理的;

9.侦查机关对不起诉决定要求复议或提请复核,被不起诉人或者被害人不服不起诉决定提出申诉,人民检察院没有及时审查并在法定期限内作出决定的;

10.人民检察院收到人民法院受理被害人对被不起诉人起诉的通知后,没有将作出不起诉决定所依据的有关案件材料移送人民法院的;

11.具有其他违反法律及最高人民检察院有关规定的情形,影响了不起诉质量,但不属于不起诉错误的。

《最高人民检察院、公安部关于公安机关办理经济犯罪案件的若干规定》(公通字〔2017〕25号)**第四十五条**对不起诉案件重新立案侦查的有关问题作了规定。(→参见第二编"立案、侦查和提起公诉"标题下所附"其他规范",第765页)

《最高人民检察院关于下级人民检察院对上级人民检察院不批准不起诉等决定能否提请复议的批复》(高检发释字〔2015〕5号,自2015年12月25日起施行)

宁夏回族自治区人民检察院:

你院《关于下级人民检察院对上级人民检察院不批准不起诉等决定能否提请复议的请示》(宁检〔2015〕126号)收悉。经研究,批复如下:

一、上级人民检察院的决定,下级人民检察院应当执行。下级人民检察院认为上级人民检察院的决定有错误或者对上级人民检察院的决定有不同意见的,可以在执行的同时向上级人民检察院报告。

二、下级人民检察院对上级人民检察院的决定有不同意见,法律、司法解释设置复议程序或者重新审查程序的,可以向上级人民检察院提请复议或者报请重新审查;法律、司法解释未设置复议程序或者重新审查程序的,不能向上级人民检察院提请复议或者报请重新审查。

三、根据《人民检察院检察委员会组织条例》第十五条的规定,对上级人民检察院检察委员会作出的不批准不起诉等决定,下级人民检察院可以提请复议;上级人民检察院非经检察委员会讨论作出的决定,且不属于法律、司法解释规定的可以提请复议情形的,下级人民检察院不得对上级人民检察院的决定提请复议。

《最高人民法院、最高人民检察院、公安部、国家安全部、司法部关于适用认罪认罚从宽制度的指导意见》(高检发〔2019〕13号)第五十一条对不起诉后反悔处理的相关问题作了规定。(→参见第十五条所附"其他规范",第76页)

《安全生产行政执法与刑事司法衔接工作办法》(应急管理部、公安部、最高人民法院、最高人民检察院,应急〔2019〕54号)第十八条第二款对不起诉的有关问题作了规定。(→参见第一百零九条所附"其他规范",第811页)

《人民检察院审查案件听证工作规定》(最高人民检察院,高检发办字〔2020〕53号)第四条规定人民检察院办理拟不起诉案件可以召开听证会。(→参见第九十五条所附"其他规范",第653页)

《最高人民检察院关于推进行政执法与刑事司法衔接工作的规定》(高检发释字〔2021〕4号)第八条对决定不起诉案件的后续处理作了规定。(→参见第一百零九条所附"其他规范",第817页)

《最高人民检察院、公安部关于依法妥善办理轻伤害案件的指导意见》(高检发办字〔2022〕167号)第十七条、第十八条要求依法准确适用不起诉,落实不起诉后非刑罚责任。(→参见第二编"立案、侦查和提起公诉"标题下所附"其他规范",第792页)

指导性案例

博元投资股份有限公司、余蒂妮等人违规披露、不披露重要信息案(检例第66号)

关键词 违规披露、不披露重要信息 犯罪与刑罚

要　旨 刑法规定违规披露、不披露重要信息罪只处罚单位直接负责的主管人员和其他直接责任人员,不处罚单位。公安机关以本罪将单位移送起诉的,检察机关应当对单位直接负责的主管人员及其他直接责任人员提起公诉,对单位依法作出不起诉决定。对单位需要给予行政处罚的,检察机关应当提出检察意见,移送证券监督管理部门依法处理。

指导意义

1.违规披露、不披露重要信息犯罪不追究单位的刑事责任。上市公司依法负有信息披露义务,违反相关义务的,刑法规定了相应的处罚。由于上市公司所涉利益群体的多元性,为避免中小股东利益遭受双重损害,刑法规定对违规披露、不披露重要信息罪只追究直接负责的主管人员和其他直接责任人员的刑事责任,不追究单位的刑事责任。刑法第一百六十二条妨害清算罪、第一百六十

二条之二虚假破产罪、第一百八十五条之一违法运用资金罪等也属于此种情形。对于此类犯罪案件,检察机关应当注意审查公安机关移送起诉的内容,区分刑事责任边界,准确把握追诉的对象和范围。

2. 刑法没有规定追究单位刑事责任的,应当对单位作出不起诉决定。对公安机关将单位一并移送起诉的案件,如果刑法没有规定对单位判处刑罚,检察机关应当对构成犯罪的直接负责的主管人员和其他直接责任人员依法提起公诉,对单位应当不起诉。鉴于刑事诉讼法没有规定与之对应的不起诉情形,检察机关可以根据刑事诉讼法规定的最相近的不起诉情形,对单位作出不起诉决定。

3. 对不追究刑事责任的单位,人民检察院应当依法提出检察意见督促有关机关追究行政责任。不追究单位的刑事责任并不表示单位不需要承担任何法律责任。检察机关不追究单位刑事责任,容易引起当事人、社会公众产生单位对违规披露、不披露重要信息没有任何法律责任的误解。由于违规披露、不披露重要信息行为,还可能产生上市公司强制退市等后果,这种误解还会进一步引起当事人、社会公众对证券监督管理部门、证券交易所采取措施的质疑,影响证券市场秩序。检察机关在审查起诉时,应当充分考虑办案效果,根据证券法等法律规定认真审查是否需要对单位给予行政处罚;需要给予行政处罚的,应当及时向证券监督管理部门提出检察意见,并进行充分的释法说理,消除当事人、社会公众因检察机关不追究可能产生的单位无任何责任的误解,避免对证券市场秩序造成负面影响。

无锡F警用器材公司虚开增值税专用发票案(检例第81号)对不起诉的有关问题作了规定。(→参见第十五条所附"指导性案例",第83页)

刘远鹏涉嫌生产、销售"伪劣产品"(不起诉)案(检例第85号)

关键词　民营企业　创新产品　强制标准　听证　不起诉

要　旨　检察机关办理涉企案件,应当注意保护企业创新发展。对涉及创新的争议案件,可以通过听证方式开展审查。对专业性问题,应当加强与行业主管部门沟通,充分听取行业意见和专家意见,促进完善相关行业领域标准。

指导意义

(一)对创新产品要进行实质性审查判断,不宜简单套用现有产品标准认定为"伪劣产品"。刑法规定,以不合格产品冒充合格产品的,构成生产、销售伪劣产品罪。认定"不合格产品",以违反《产品质量法》规定的相关质量要求为前提。《产品质量法》要求产品"不存在危及人身、财产安全的不合理的危险","有保障人体健康和人身、财产安全的国家标准、行业标准的,应当符合该标准"的要求；同时，产品还应当具备使用性能。根据这些要求，对于已有国家标准、行业标准的传统产品，只有符合标准的才能认定为合格产品；对于尚无国家标准、行业标准的创新产品，应当本着既鼓励创新，又保证人身、财产安全的原则，多方听取意见，进行实质性研判。创新产品在使用性能方面与传统产品存在实质性差别的，不宜简单化套用传统产品的标准认定是否"合格"。创新产品不存在危及人身、财产安全隐患，且具备应有使用性能的，不应当认定为伪劣产品。相关质量检验机构作出鉴定意见的，检察机关应当进行实质审查。

（二）改进办案方式，加强对民营企业的平等保护。办理涉民营企业案件，要有针对性地转变理念，改进方法，严格把握罪与非罪、捕与不捕、诉与不诉的界限标准，把办案与保护企业经营结合起来，通过办案保护企业创新，在办案过程中，注重保障企业正常经营活动。要注重运用听证方式办理涉企疑难案件，善于听取行业意见和专家意见，准确理解法律规定，将法律判断、专业判断与民众的朴素认知结合起来，力争办案"三个效果"的统一。

（三）立足办案积极参与社会治理，促进相关规章制度和行业标准的制定完善。办理涉及企业经营管理和产品技术革新的案件，发现个案反映出的问题带有普遍性、行业性的，应当及时通过与行业主管部门进行沟通并采取提出检察建议等方式，促使行业主管部门制定完善相关制度规范和行业标准等，推进相关领域规章制度健全完善，促进提升治理效果。

宋某某等人重大责任事故案（检例第95号）对不起诉的有关问题作了规定。（→参见第五十四条所附"指导性案例"，第370页）

宋某某危险驾驶二审、再审抗诉案（检例第182号）就对不起诉决定的内部监督制约作了规定。（→参见第二百二十八条所附"指导性案例"，第1555页）

第一百七十八条 【不起诉决定的宣布】不起诉的决定，应当公开宣布，并且将不起诉决定书送达被不起诉人和他的所在单位。如果被不起诉人在押，应当立即释放。

立法沿革

1979年《刑事诉讼法》第一百零二条第一款规定："免予起诉的决定，应当公开宣布，并且将免予起诉决定书交给被告人和他的所在单位。如果被告人在押，应当立即释放。"1996年《刑事诉讼法修改决定》取消免予起诉制度，将原规定的"免予起诉的决定"修改为"不起诉的决定"，并单独成条规定。2012年、

2018年修改《刑事诉讼法》时对本条规定未作调整。

■ 基本规范

《**人民检察院刑事诉讼规则**》(高检发释字〔2019〕4号，自2019年12月30日起施行)

第十章　审查逮捕和审查起诉
第九节　不起诉
第三百七十六条　不起诉的决定，由人民检察院公开宣布。公开宣布不起诉决定的活动应当记录在案。

不起诉决定书自公开宣布之日起生效。

被不起诉人在押的，应当立即释放；被采取其他强制措施的，应当通知执行机关解除。

第三百七十七条　不起诉决定书应当送达被害人或者其近亲属及其诉讼代理人、被不起诉人及其辩护人以及被不起诉人所在单位。送达时，应当告知被害人或者其近亲属及其诉讼代理人，如果对不起诉决定不服，可以自收到不起诉决定书后七日以内向上一级人民检察院申诉；也可以不经申诉，直接向人民法院起诉。依照刑事诉讼法第一百七十七条第二款作出不起诉决定的，应当告知被不起诉人，如果对不起诉决定不服，可以自收到不起诉决定书后七日以内向人民检察院申诉。

第三百七十八条　对于监察机关或者公安机关移送起诉的案件，人民检察院决定不起诉的，应当将不起诉决定书送达监察机关或者公安机关。

第一百七十九条　【公安机关对不起诉决定的异议】 对于公安机关移送起诉的案件，人民检察院决定不起诉的，应当将不起诉决定书送达公安机关。公安机关认为不起诉的决定有错误的时候，可以要求复议，如果意见不被接受，可以向上一级人民检察院提请复核。

■ 立法沿革

1979年《刑事诉讼法》第一百零二条第二款规定："对于公安机关移送起诉的案件，人民检察院决定免予起诉的，应当将免予起诉决定书送公安机关。公安机关认为免予起诉的决定有错误的时候，可以要求复议，如果意见不被接受，可以向上一级人民检察院提请复核。"1996年《刑事诉讼法修改决定》取消免予起诉制度，将原规定的"免予起诉"修改为"不起诉"，并单独成条规定。2012年、

2018年修改《刑事诉讼法》时对本条规定未作调整。

> **基本规范**

《**人民检察院刑事诉讼规则**》(高检发释字〔2019〕4号,自2019年12月30日起施行)

第十章　审查逮捕和审查起诉

第九节　不起诉

第三百八十条　公安机关对不起诉决定提请复核的,上一级人民检察院应当在收到提请复核意见书后三十日以内,经检察长批准,作出复核决定,通知提请复核的公安机关和下级人民检察院。经复核认为下级人民检察院不起诉决定错误的,应当指令下级人民检察院纠正,或者撤销、变更下级人民检察院作出的不起诉决定。

《**公安机关办理刑事案件程序规定**》(公安部令第159号修正,修正后自2020年9月1日起施行)

第八章　侦查

第十二节　侦查终结

第二百九十四条　认为人民检察院作出的不起诉决定有错误的,应当在收到不起诉决定书后七日以内制作要求复议意见书,经县级以上公安机关负责人批准后,移送人民检察院复议。

要求复议的意见不被接受的,可以在收到人民检察院的复议决定书后七日以内制作提请复核意见书,经县级以上公安机关负责人批准后,连同人民检察院的复议决定书,一并提请上一级人民检察院复核。

《**海警机构办理刑事案件程序规定**》(中国海警局令第1号,自2023年6月15日起施行)

第八章　侦　查

第十三节　侦查终结

第二百八十五条　认为人民检察院作出的不起诉决定有错误的,应当在收到不起诉决定书后七日以内制作要求复议意见书,经海警机构负责人批准后,移送人民检察院复议。

要求复议的意见不被接受的,可以在收到人民检察院的复议决定书后七日以内制作提请复核意见书,经海警机构负责人批准后,连同人民检察院的复议决定书,一并提请上一级人民检察院复核。

其他规范

《最高人民检察院、公安部关于适用刑事强制措施有关问题的规定》(高检会〔2000〕2号)第三十六条对公安机关对不起诉异议的有关问题作了规定。(→参见第一编"总则"第六章"强制措施"标题下所附"其他规范",第499页)

《最高人民检察院、公安部关于加强和规范补充侦查工作的指导意见》(2020年3月27日)第十五条第二款就检察机关对公安机关要求复议的不起诉案件的处理作了规定。(→参见第一百七十五条所附"其他规范",第1173页)

相关规范集成·监察机关对不起诉的异议

相关规定

《中华人民共和国监察法》(自2018年3月20日起施行,节录)

第四十七条第四款 人民检察院对于有《中华人民共和国刑事诉讼法》规定的不起诉的情形的,经上一级人民检察院批准,依法作出不起诉的决定。监察机关认为不起诉的决定有错误的,可以向上一级人民检察院提请复议。

《中华人民共和国监察法实施条例》(自2021年9月20日起施行,节录)

第五章 监察程序
第七节 移送审查起诉

第二百三十条 监察机关认为人民检察院不起诉决定有错误的,应当在收到不起诉决定书后三十日以内,依法向其上一级人民检察院提请复议。监察机关应当将上述情况及时向上一级监察机关书面报告。

第二百三十一条 对于监察机关移送起诉的案件,人民检察院作出不起诉决定,人民法院作出无罪判决,或者监察机关经人民检察院退回补充调查后不再移送起诉,涉及对被调查人已生效政务处分事实认定的,监察机关应当依法对政务处分决定进行审核。认为原政务处分决定认定事实清楚、适用法律正确的,不再改变;认为原政务处分决定确有错误或者不当的,依法予以撤销或者变更。

基本规范

《人民检察院刑事诉讼规则》(高检发释字〔2019〕4号,自2019年12月30日起施行)

第十章　审查逮捕和审查起诉
第九节　不起诉

第三百七十九条　监察机关认为不起诉的决定有错误，向上一级人民检察院提请复议的，上一级人民检察院应当在收到提请复议意见书后三十日以内，经检察长批准，作出复议决定，通知监察机关。

公安机关认为不起诉决定有错误要求复议的，人民检察院负责捕诉的部门应当另行指派检察官或者检察官办案组进行审查，并在收到要求复议意见书后三十日以内，经检察长批准，作出复议决定，通知公安机关。

> **第一百八十条　【被害人对不起诉决定的异议】**对于有被害人的案件，决定不起诉的，人民检察院应当将不起诉决定书送达被害人。被害人如果不服，可以自收到决定书后七日以内向上一级人民检察院申诉，请求提起公诉。人民检察院应当将复查决定告知被害人。对人民检察院维持不起诉决定的，被害人可以向人民法院起诉。被害人也可以不经申诉，直接向人民法院起诉。人民法院受理案件后，人民检察院应当将有关案件材料移送人民法院。

立法沿革

1979年《刑事诉讼法》第一百零二条第三款规定："对于有被害人的案件，决定免予起诉的，人民检察院应当将免予起诉决定书送被害人。被害人如果不服，可以在收到后七日内向人民检察院申诉。人民检察院应当将复查结果告知被害人。"1996年《刑事诉讼法修改决定》上述规定作了修改，并单独成条规定：一是将"免予起诉"修改为"不起诉"；二是将被害人对不起诉决定不服向人民检察院申诉明确规定为向上一级人民检察院申诉，请求提请公诉；三是增加"对人民检察院维持不起诉决定的，被害人可以向人民法院起诉。被害人也可以不经申诉，直接向人民法院起诉。人民法院受理案件后，人民检察院应当将有关案件材料移送人民法院"的规定。2012年、2018年修改《刑事诉讼法》时对本条规定未作调整。

基本规范

《**人民检察院刑事诉讼规则**》(高检发释字〔2019〕4号，自2019年12月30日起施行)

第十章　审查逮捕和审查起诉
第九节　不起诉

第三百八十一条　被害人不服不起诉决定，在收到不起诉决定书后七日以内提出申诉的,由作出不起诉决定的人民检察院的上一级人民检察院负责捕诉的部门进行复查。

被害人向作出不起诉决定的人民检察院提出申诉的,作出决定的人民检察院应当将申诉材料连同案卷一并报送上一级人民检察院。

第三百八十二条　被害人不服不起诉决定,在收到不起诉决定书七日以后提出申诉的,由作出不起诉决定的人民检察院负责控告申诉检察的部门进行审查。经审查,认为不起诉决定正确的,出具审查结论直接答复申诉人,并做好释法说理工作;认为不起诉决定可能存在错误的,移送负责捕诉的部门进行复查。

第三百八十三条　人民检察院应当将复查决定书送达被害人、被不起诉人和作出不起诉决定的人民检察院。

上级人民检察院经复查作出起诉决定的,应当撤销下级人民检察院的不起诉决定,交由下级人民检察院提起公诉,并将复查决定抄送移送起诉的监察机关或者公安机关。

第三百八十四条　人民检察院收到人民法院受理被害人对被不起诉人起诉的通知后,应当终止复查,将作出不起诉决定所依据的有关案卷材料移送人民法院。

第三百八十七条　被害人、被不起诉人对不起诉决定不服提出申诉的,应当递交申诉书,写明申诉理由。没有书写能力的,也可以口头提出申诉。人民检察院应当根据其口头提出的申诉制作笔录。

第一百八十一条　【被不起诉人对不起诉决定的异议】对于人民检察院依照本法第一百七十七条第二款规定作出的不起诉决定,被不起诉人如果不服,可以自收到决定书后七日以内向人民检察院申诉。人民检察院应当作出复查决定,通知被不起诉的人,同时抄送公安机关。

立法沿革

1979年《刑事诉讼法》第一百零三条规定:"对于免予起诉的决定,被告人如果不服,可以在七日内向人民检察院申诉。人民检察院应当作出复查决定,通知被告人,同时抄送公安机关。"1996年《刑事诉讼法修改决定》对本条规定作了修改:一是将"免予起诉"修改为"不起诉";二是将"被告人"修改为"被不起诉人"。2012年、2018年修改《刑事诉讼法》时对本条规定未作修改,仅对所引用的条文序号作了调整。

基本规范

《**人民检察院刑事诉讼规则**》(高检发释字〔2019〕4号,自2019年12月30日起施行)

第十章 审查逮捕和审查起诉
第二节 认罪认罚从宽案件办理
第二百七十八条 犯罪嫌疑人认罪认罚,人民检察院依照刑事诉讼法第一百七十七条第二款作出不起诉决定后,犯罪嫌疑人反悔的,人民检察院应当进行审查,并区分下列情形依法作出处理:
(一)发现犯罪嫌疑人没有犯罪事实,或者符合刑事诉讼法第十六条规定的情形之一的,应当撤销原不起诉决定,依照刑事诉讼法第一百七十七条第一款的规定重新作出不起诉决定;
(二)犯罪嫌疑人犯罪情节轻微,依照刑法不需要判处刑罚或者免除刑罚的,可以维持原不起诉决定;
(三)排除认罪认罚因素后,符合起诉条件的,应当根据案件具体情况撤销原不起诉决定,依法提起公诉。

第九节 不起诉
第三百八十五条 对于人民检察院依照刑事诉讼法第一百七十七条第二款规定作出的不起诉决定,被不起诉人不服,在收到不起诉决定书后七日以内提出申诉的,应当由作出决定的人民检察院负责捕诉的部门进行复查;被不起诉人在收到不起诉决定书七日以后提出申诉的,由负责控告申诉检察的部门进行审查。经审查,认为不起诉决定正确的,出具审查结论直接答复申诉人,并做好释法说理工作;认为不起诉决定可能存在错误的,移送负责捕诉的部门复查。

人民检察院应当将复查决定书送达被不起诉人、被害人。复查后,撤销不起诉决定,变更不起诉的事实或者法律依据的,应当同时将复查决定书抄送移送起诉的监察机关或者公安机关。

第三百八十六条 人民检察院复查不服不起诉决定的申诉,应当在立案后三个月以内报经检察长批准作出复查决定。案情复杂的,不得超过六个月。

另,**第三百八十七条**对被不起诉人提出申诉的方式作了规定。(→参见第一百八十条所附"基本规范",第1222页)

第一百八十二条 【撤销案件、不起诉或者部分不起诉的特殊规定】犯罪嫌疑人自愿如实供述涉嫌犯罪的事实,有重大立功或者案件涉及国家重大利益的,经最高人民检察院核准,公安机关可以撤销案件,人民检察院可以作出不起诉决定,也可以对涉嫌数罪中的一项或者多项不起诉。

根据前款规定不起诉或者撤销案件的,人民检察院、公安机关应当及时对查封、扣押、冻结的财物及其孳息作出处理。

立法沿革

本条系2018年《刑事诉讼法修改决定》增加的规定。

相关规定

《中华人民共和国刑法》(节录)

第六十八条 犯罪分子有揭发他人犯罪行为,查证属实的,或者提供重要线索,从而得以侦破其他案件等立功表现的,可以从轻或者减轻处罚;有重大立功表现的,可以减轻或者免除处罚。

基本规范

《人民检察院刑事诉讼规则》(高检发释字〔2019〕4号,自2019年12月30日起施行)

第十章 审查逮捕和审查起诉
第二节 认罪认罚从宽案件办理
第二百七十九条 犯罪嫌疑人自愿如实供述涉嫌犯罪的事实,有重大立功或者案件涉及国家重大利益的,经最高人民检察院核准,公安机关可以撤销案件,人民检察院可以作出不起诉决定,也可以对涉嫌数罪中的一项或者多项不起诉。

前款规定的不起诉,应当由检察长决定。决定不起诉的,人民检察院应当及时对查封、扣押、冻结的财物及其孳息作出处理。

《公安机关办理刑事案件程序规定》(公安部令第159号修正,修正后自2020年9月1日起施行)

第七章 立案、撤案
第三节 撤 案
第一百八十八条 犯罪嫌疑人自愿如实供述涉嫌犯罪的事实,有重大立功或者案件涉及国家重大利益,需要撤销案件的,应当层报公安部,由公安部商请最高人民检察院核准后撤销案件。报请撤销案件的公安机关应当同时将相关情况通报同级人民检察院。

公安机关根据前款规定撤销案件的,应当对查封、扣押、冻结的财物及其孳息作出处理。

相关规范集成·企业刑事合规

其他规范

《关于建立涉案企业合规第三方监督评估机制的指导意见(试行)》(最高人民检察院、司法部等九部委,高检发〔2021〕6号)

为贯彻落实习近平总书记重要讲话精神和党中央重大决策部署,在依法推进企业合规改革试点工作中建立健全涉案企业合规第三方监督评估机制,有效惩治预防企业违法犯罪,服务保障经济社会高质量发展,助力推进国家治理体系和治理能力现代化,根据刑法、刑事诉讼法等法律法规及相关政策精神,制定本指导意见。

第一章　总　则

第一条　涉案企业合规第三方监督评估机制(以下简称第三方机制),是指人民检察院在办理涉企犯罪案件时,对符合企业合规改革试点适用条件的,交由第三方监督评估机制管理委员会(以下简称第三方机制管委会)选任组成的第三方监督评估组织(以下简称第三方组织),对涉案企业的合规承诺进行调查、评估、监督和考察。考察结果作为人民检察院依法处理案件的重要参考。

第二条　第三方机制的建立和运行,应当遵循依法有序、公开公正、平等保护、标本兼治的原则。

第三条　第三方机制适用于公司、企业等市场主体在生产经营活动中涉及的经济犯罪、职务犯罪等案件,既包括公司、企业等实施的单位犯罪案件,也包括公司、企业实际控制人、经营管理人员、关键技术人员等实施的与生产经营活动密切相关的犯罪案件。

第四条　对于同时符合下列条件的涉企犯罪案件,试点地区人民检察院可以根据案件情况适用本指导意见:

(一)涉案企业、个人认罪认罚;

(二)涉案企业能够正常生产经营,承诺建立或者完善企业合规制度,具备启动第三方机制的基本条件;

(三)涉案企业自愿适用第三方机制。

第五条　对于具有下列情形之一的涉企犯罪案件,不适用企业合规试点以及第三方机制：

（一）个人为进行违法犯罪活动而设立公司、企业的；

（二）公司、企业设立后以实施犯罪为主要活动的；

（三）公司、企业人员盗用单位名义实施犯罪的；

（四）涉嫌危害国家安全犯罪、恐怖活动犯罪的；

（五）其他不宜适用的情形。

第二章　第三方机制管委会的组成和职责

第六条　最高人民检察院、国务院国有资产监督管理委员会、财政部、全国工商联会同司法部、生态环境部、国家税务总局、国家市场监督管理总局、中国国际贸易促进委员会等部门组建第三方机制管委会，全国工商联负责承担管委会的日常工作，国务院国有资产监督管理委员会、财政部负责承担管委会中涉及国有企业的日常工作。

第三方机制管委会履行下列职责：

（一）研究制定涉及第三方机制的规范性文件；

（二）研究论证第三方机制涉及的重大法律政策问题；

（三）研究制定第三方机制专业人员名录库的入库条件和管理办法；

（四）研究制定第三方组织及其人员的工作保障和激励制度；

（五）对试点地方第三方机制管委会和第三方组织开展日常监督和巡回检查；

（六）协调相关成员单位对所属或者主管的中华全国律师协会、中国注册会计师协会、中国企业联合会、中国注册税务师协会、中国贸促会全国企业合规委员会（中国贸促会商事法律服务中心）以及其他行业协会、商会、机构等在企业合规领域的业务指导，研究制定涉企犯罪的合规考察标准；

（七）统筹协调全国范围内第三方机制的其他工作。

第七条　第三方机制管委会各成员单位建立联席会议机制，由最高人民检察院、国务院国有资产监督管理委员会、财政部、全国工商联负责同志担任召集人，根据工作需要定期或者不定期召开会议，研究有关重大事项和规范性文件，确定阶段性工作重点和措施。

各成员单位应当按照职责分工，认真落实联席会议确定的工作任务和议定事项，建立健全日常联系、联合调研、信息共享、宣传培训等机制，推动企业合规改革试点和第三方机制相关工作的顺利进行。

第八条　试点地方的人民检察院和国资委、财政部门、工商联应当结合本地实际，参照本指导意见第六条、第七条规定组建本地区的第三方机制管委会并建立联席会议机制。

试点地方第三方机制管委会履行下列职责：

（一）建立本地区第三方机制专业人员名录库，并根据各方意见建议和工作实际进行动态管理；

（二）负责本地区第三方组织及其成员的日常选任、培训、考核工作，确保其依法依规履行职责；

（三）对选任组成的第三方组织及其成员开展日常监督和巡回检查；

（四）对第三方组织的成员违反本指导意见的规定，或者实施其他违反社会公德、职业伦理的行为，严重损害第三方组织形象或公信力的，及时向有关主管机关、协会等提出惩戒建议，涉嫌违法犯罪的，及时向公安司法机关报案或者举报，并将其列入第三方机制专业人员名录库黑名单；

（五）统筹协调本地区第三方机制的其他工作。

第九条 第三方机制管委会应当组建巡回检查小组，按照本指导意见第六条第五项、第八条第三项的规定，对相关组织和人员在第三方机制相关工作中的履职情况开展不预先告知的现场抽查和跟踪监督。

巡回检查小组成员可以由人大代表、政协委员、人民监督员、退休法官、检察官以及会计审计等相关领域的专家学者担任。

第三章 第三方机制的启动和运行

第十条 人民检察院在办理涉企犯罪案件时，应当注意审查是否符合企业合规试点以及第三方机制的适用条件，并及时征询涉案企业、个人的意见。涉案企业、个人及其辩护人、诉讼代理人或者其他相关单位、人员提出适用企业合规试点以及第三方机制申请的，人民检察院应当依法受理并进行审查。

人民检察院经审查认为涉企犯罪案件符合第三方机制适用条件的，可以商请本地区第三方机制管委会启动第三方机制。第三方机制管委会应当根据案件具体情况以及涉案企业类型，从专业人员名录库中分类随机抽取人员组成第三方组织，并向社会公示。

第三方组织组成人员名单应当报送负责办理案件的人民检察院备案。人民检察院或者涉案企业、个人、其他相关单位、人员对选任的第三方组织组成人员提出异议的，第三方机制管委会应当调查核实并视情况做出调整。

第十一条 第三方组织应当要求涉案企业提交专项或者多项合规计划，并明确合规计划的承诺完成时限。

涉案企业提交的合规计划，主要围绕与企业涉嫌犯罪有密切联系的企业内部治理结构、规章制度、人员管理等方面存在的问题，制定可行的合规管理规范,构建有效的合规组织体系,健全合规风险防范报告机制,弥补企业制度建设和监督管理漏洞,防止再次发生相同或者类似的违法犯罪。

第十二条 第三方组织应当对涉案企业合规计划的可行性、有效性与全面性进行审查,提出修改完善的意见建议,并根据案件具体情况和涉案企业承诺履行的期限,确定合规考察期限。

在合规考察期内,第三方组织可以定期或者不定期对涉案企业合规计划履行情况进行检查和评估,可以要求涉案企业定期书面报告合规计划的执行情况,同时抄送负责办理案件的人民检察院。第三方组织发现涉案企业或其人员尚未被办案机关掌握的犯罪事实或者新实施的犯罪行为,应当中止第三方监督评估程序,并向负责办理案件的人民检察院报告。

第十三条 第三方组织在合规考察期届满后,应当对涉案企业的合规计划完成情况进行全面检查、评估和考核,并制作合规考察书面报告,报送负责选任第三方组织的第三方机制管委会和负责办理案件的人民检察院。

第十四条 人民检察院在办理涉企犯罪案件过程中,应当将第三方组织合规考察书面报告、涉案企业合规计划、定期书面报告等合规材料,作为依法作出批准或者不批准逮捕、起诉或者不起诉以及是否变更强制措施等决定,提出量刑建议或者检察建议、检察意见的重要参考。

人民检察院发现涉案企业在预防违法犯罪方面制度不健全、不落实,管理不完善,存在违法犯罪隐患,需要及时消除的,可以结合合规材料,向涉案企业提出检察建议。

人民检察院对涉案企业作出不起诉决定,认为需要给予行政处罚、处分或者没收其违法所得的,应当结合合规材料,依法向有关主管机关提出检察意见。

人民检察院通过第三方机制,发现涉案企业或其人员存在其他违法违规情形的,应当依法将案件线索移送有关主管机关、公安机关或者纪检监察机关处理。

第十五条 人民检察院对于拟作不批准逮捕、不起诉、变更强制措施等决定的涉企犯罪案件,可以根据《人民检察院审查案件听证工作规定》召开听证会,并邀请第三方组织组成人员到会发表意见。

第十六条 负责办理案件的人民检察院应当履行下列职责:

(一)对第三方组织组成人员名单进行备案审查,发现组成人员存在明显不适当情形的,及时向第三方机制管委会提出意见建议;

(二)对涉案企业合规计划、定期书面报告进行审查,向第三方组织提出意见建议;

(三)对第三方组织合规考察书面报告进行审查,向第三方机制管委会提出意见建议,必要时开展调查核实工作;

(四)依法办理涉案企业、个人及其辩护人、诉讼代理人或者其他相关单位、人员在第三方机制运行期间提出的申诉、控告或者有关申请、要求;

(五)刑事诉讼法、人民检察院刑事诉讼规则等法律、司法解释规定的其他法定职责。

第十七条 第三方组织及其组成人员在合规考察期内,可以针对涉案企业合规计划、定期书面报告开展必要的检查、评估,涉案企业应当予以配合。

第三方组织及其组成人员应当履行下列义务:

(一)遵纪守法,勤勉尽责,客观中立;

(二)不得泄露履职过程中知悉的国家秘密、商业秘密和个人隐私;

(三)不得利用履职便利,索取、收受贿赂或者非法侵占涉案企业、个人的财物;

(四)不得利用履职便利,干扰涉案企业正常生产经营活动。

第三方组织组成人员系律师、注册会计师、税务师(注册税务师)等中介组织人员的,在履行第三方监督评估职责期间不得违反规定接受可能有利益关系的业务;在履行第三方监督评估职责结束后一年以内,上述人员及其所在中介组织不得接受涉案企业、个人或者其他有利益关系的单位、人员的业务。

第十八条 涉案企业或其人员在第三方机制运行期间,认为第三方组织或其组成人员存在行为不当或者涉嫌违法犯罪的,可以向负责选任第三方组织的第三方机制管委会反映或者提出异议,或者向负责办理案件的人民检察院提出申诉、控告。

涉案企业及其人员应当按照时限要求认真履行合规计划,不得拒绝履行或者变相不履行合规计划、拒不配合第三方组织合规考察或者实施其他严重违反合规计划的行为。

第四章 附 则

第十九条 纪检监察机关认为涉嫌行贿的企业符合企业合规试点以及第三方机制适用条件,向人民检察院提出建议的,人民检察院可以参照适用本指导意见。

第二十条 试点地方人民检察院、国资委、财政部门、工商联可以结合本地实际,参照本指导意见会同有关部门制定具体实施办法,并按照试点工作要求报送备案。

本指导意见由最高人民检察院、国务院国有资产监督管理委员会、财政部、全国工商联会同司法部、生态环境部、国家税务总局、国家市场监督管理总局、中国国际贸易促进委员会负责解释,自印发之日起施行。

《涉案企业合规建设、评估和审查办法(试行)》(中华全国工商业联合会办公厅、最高人民检察院办公厅、司法部办公厅等九部委办公厅,全联厅发〔2022〕13号)

为深入学习贯彻习近平新时代中国特色社会主义思想,全面贯彻习近平法治思想,完整、准确、全面贯彻新发展理念,认真落实最高人民检察院、司法部、财政部、生态环境部、国务院国资委、税务总局、市场监管总局、全国工商联、中国贸促会《关于建立涉案企业合规第三方监督评估机制的指导意见(试行)》(以下简称《指导意见》)及其实施细则,依法推进企业合规改革试点工作,规范第三方监督评估机制(以下简称第三方机制)相关工作有序开展,结合工作实际,制定本办法。

第一章 总 则

第一条 涉案企业合规建设,是指涉案企业针对与涉嫌犯罪有密切联系的合规风险,制定专项合规整改计划,完善企业治理结构,健全内部规章制度,形成有效合规管理体系的活动。

涉案企业合规评估,是指第三方监督评估组织(以下简称第三方组织)对涉案企业专项合规整改计划和相关合规管理体系有效性进行了解、评价、监督和考察的活动。

涉案企业合规审查,是指负责办理案件的人民检察院对第三方组织的评估过程和结论进行审核。

针对未启动第三方机制的小微企业合规,可以由人民检察院对其提交的合规计划和整改报告进行审查。

第二条 对于涉案企业合规建设经评估符合有效性标准的,人民检察院可以参考评估结论依法作出不批准逮捕、变更强制措施、不起诉的决定,提出从宽处罚的量刑建议,或者向有关主管机关提出从宽处罚、处分的检察意见。

对于涉案企业合规建设经评估未达到有效性标准或者采用弄虚作假手段骗取评估结论的,人民检察院可以依法作出批准逮捕、起诉的决定,提出从严处罚的量刑建议,或者向有关主管机关提出从严处罚、处分的检察意见。

第二章 涉案企业合规建设

第三条 涉案企业应当全面停止涉罪违规违法行为。退缴违规违法所得,补缴税款和滞纳金并缴纳相关罚款,全力配合有关主管机关、公安机关、检察机关及第三方组织的相关工作。

第四条 涉案企业一般应当成立合规建设领导小组,由其实际控制人、主要负责人和直接负责的主管人员等组成,必要时可以聘请外部专业机构或者专业人员参与或者协助。合规建设领导小组应当在全面分析研判企业合规风险的基础上,结合本行业合规建设指引,研究制定专项合规计划和内部规章制度。

第五条 涉案企业制定的专项合规计划,应当能够有效防止再次发生相同或者类似的违法犯罪行为。

第六条 涉案企业实际控制人、主要负责人应当在专项合规计划中作出合规承诺并明确宣示,合规是企业的优先价值,对违规违法行为采取零容忍的态度,确保合规融入企业的发展目标、发展战略和管理体系。

第七条 涉案企业应当设置与企业类型、规模、业务范围、行业特点等相适应的合规管理机构或者管理人员。

合规管理机构或者管理人员可以专设或者兼理,合规管理的职责必须明确、具体、可考核。

第八条 涉案企业应当针对合规风险防控和合规管理机构履职的需要,通过制定合规管理规范、弥补监督管理漏洞等方式,建立健全合规管理的制度机制。

涉案企业的合规管理机构和各层级管理经营组织均应当根据其职能特点设立合规目标,细化合规措施。

合规管理制度机制应当确保合规管理机构或者管理人员独立履行职责,对于涉及重大合规风险的决策具有充分发表意见并参与决策的权利。

第九条 涉案企业应当为合规管理制度机制的有效运行提供必要的人员、培训、宣传、场所、设备和经费等人力物力保障。

第十条 涉案企业应当建立监测、举报、调查、处理机制,保证及时发现和监控合规风险,纠正和处理违规行为。

第十一条 涉案企业应当建立合规绩效评价机制,引入合规指标对企业主要负责人、经营管理人员、关键技术人员等进行考核。

第十二条 涉案企业应当建立持续整改、定期报告等机制,保证合规管理制度机制根据企业经营发展实际不断调整和完善。

第三章 涉案企业合规评估

第十三条 第三方组织可以根据涉案企业情况和工作需要,制定具体细化、可操作的合规评估工作方案。

第十四条 第三方组织对涉案企业专项合规整改计划和相关合规管理体系有效性的评估,重点包括以下内容:

（一）对涉案合规风险的有效识别、控制；
（二）对违规违法行为的及时处置；
（三）合规管理机构或者管理人员的合理配置；
（四）合规管理制度机制建立以及人力物力的充分保障；
（五）监测、举报、调查、处理机制及合规绩效评价机制的正常运行；
（六）持续整改机制和合规文化已经基本形成。

第十五条 第三方组织应当以涉案合规风险整改防控为重点，结合特定行业合规评估指标，制定符合涉案企业实际的评估指标体系。

评估指标的权重可以根据涉案企业类型、规模、业务范围、行业特点以及涉罪行为等因素设置，并适当提高合规管理的重点领域、薄弱环节和重要岗位等方面指标的权重。

第四章 涉案企业合规审查

第十六条 第三方机制管委会和人民检察院收到第三方组织报送的合规考察书面报告后，应当及时进行审查，重点审查，以下内容：

（一）第三方组织制定和执行的评估方案是否适当；
（二）评估材料是否全面、客观、专业，足以支持考察报告的结论；
（三）第三方组织或其组成人员是否存在可能影响公正履职的不当行为或者涉嫌违法犯罪行为。

经第三方机制管委会和人民检察院审查，认为第三方组织已经完成监督评估工作的，由第三方机制管委会宣告第三方组织解散。对于审查中发现的疑点和重点问题，人民检察院可以要求第三方组织或其组成人员说明情况，也可以直接进行调查核实。

第十七条 人民检察院对小微企业提交合规计划和整改报告的审查，重点包括合规承诺的履行、合规计划的执行、合规整改的实效等内容。

第十八条 第三方机制管委会收到关于第三方组织或其组成人员存在行为不当或者涉嫌违法犯罪的反映、异议，或者人民检察院收到上述内容的申诉控告的，双方应当及时互相通报情况并会商提出处理建议。

第十九条 第三方机制管委会或者人民检察院经审查合规考察书面报告等材料发现，或者经对收到的反映、异议或者申诉、控告调查核实确认，第三方组织或其组成人员存在违反《指导意见》及其实施细则规定的禁止性行为，足以影响评估结论真实性、有效性的，第三方机制管委会应当重新组建第三方组织进行评估。

第五章 附则

第二十条 本办法所称涉案企业，是指涉嫌单位犯罪的企业，或者实际控制人、经营管理人员、关键技术人员等涉嫌实施与生产经营活动密切相关犯罪的企业。

对与涉案企业存在关联合规风险或者由类案暴露出合规风险的企业,负责办理案件的人民检察院可以对其提出合规整改的检察建议。

第二十一条 涉案企业应当以全面合规为目标、专项合规为重点,并根据规模、业务范围、行业特点等因素变化,逐步增设必要的专项合规计划,推动实现全面合规。

第二十二条 大中小微企业的划分,根据国家相关标准执行。

第二十三条 本办法由国家层面第三方机制管委会负责解释。自印发之日起施行。

《〈关于建立涉案企业合规第三方监督评估机制的指导意见(试行)〉实施细则》(中华全国工商业联合会办公厅、最高人民检察院办公厅、司法部办公厅等九部委办公厅,全联厅发〔2022〕66号)

为深入学习贯彻习近平新时代中国特色社会主义思想,全面贯彻习近平法治思想,完整、准确、全面贯彻新发展理念,认真落实最高人民检察院、司法部、财政部、生态环境部、国务院国资委、税务总局、市场监管总局、全国工商联、中国贸促会《关于建立涉案企业合规第三方监督评估机制的指导意见(试行)》(以下简称《指导意见》),依法推进企业合规改革试点工作,规范涉案企业合规第三方监督评估机制管理委员会(以下简称第三方机制管委会)以及第三方监督评估机制(以下简称第三方机制)相关工作有序开展,结合工作实际,制定本实施细则。

第一章 第三方机制管委会的组成和职责

第一条 第三方机制管委会是承担对第三方机制的宏观指导、具体管理、日常监督、统筹协调等职责,确保第三方机制依法、有序、规范运行,以及第三方监督评估组织(以下简称第三方组织)及其组成人员依法依规履行职责的议事协调机构。

第二条 第三方机制管委会成员单位包括最高人民检察院、司法部、财政部、生态环境部、国务院国资委、税务总局、市场监管总局、全国工商联、中国贸促会等部门,并可以根据工作需要增加成员单位。

第三条 第三方机制管委会履行下列职责:

(一)研究制定涉及第三方机制的规范性文件;

(二)研究论证第三方机制涉及的重大法律政策问题;

(三)研究制定第三方机制专业人员名录库的入库条件和管理办法;

(四)研究制定第三方组织及其组成人员的工作保障和激励制度;

(五)对试点地方第三方机制管委会和第三方组织开展日常监督和巡回

检查；

（六）协调相关成员单位对所属或者主管的中华全国律师协会、中国注册会计师协会、中国企业联合会、中国注册税务师协会、中国贸促会全国企业合规委员会（中国贸促会商事法律服务中心）以及其他行业协会、商会、机构等在企业合规领域的业务指导，研究制定涉企犯罪的合规考察标准；

（七）统筹协调第三方机制的其他工作。

第二章　第三方机制管委会联席会议的职责

第四条　第三方机制管委会建立联席会议机制，以联席会议形式研究制定重大规范性文件，研究论证重大法律政策问题，研究确定阶段性工作重点和措施，协调议定重大事项，推动管委会有效履职尽责。

第五条　联席会议由最高人民检察院、国务院国资委、财政部、全国工商联有关负责同志担任召集人，管委会其他成员单位有关负责同志担任联席会议成员。联席会议成员因工作变动需要调整的，由所在单位提出，联席会议确定。

第六条　联席会议原则上每半年召开一次，也可以根据工作需要临时召开。涉及企业合规改革试点工作及重大法律政策议题的由最高人民检察院召集，涉及第三方机制管委会日常工作及民营企业议题的由全国工商联召集，涉及国有企业议题的由国务院国资委、财政部召集。召集人可以根据议题邀请其他相关部门、单位以及专家学者参加会议。

第七条　联席会议以纪要形式明确会议议定事项，印发第三方机制管委会各成员单位及有关方面贯彻落实，重大事项按程序报批，落实情况定期报告联席会议。

第八条　联席会议设联络员，由第三方机制管委会各成员单位有关司局负责同志担任。在联席会议召开之前，应当召开联络员会议，研究讨论联席会议议题和需提交联席会议议定的事项及其他有关工作。

联络员应当根据所在单位职能，履行下列职责：

（一）协调本单位与其他成员单位的工作联系；

（二）组织研究起草有关规范性文件，研究论证有关法律政策问题，对有关事项或者议题提出意见建议；

（三）组织研究提出本单位需提交联席会议讨论的议题；

（四）在联席会议成员因故不能参加会议时，受委托参加会议并发表意见；

（五）组织落实联席会议确定的工作任务和议定事项。

第九条　联席会议设联系人，由第三方机制管委会各成员单位有关处级负责同志担任，负责日常联系沟通工作，承办联席会议成员及联络员的交办事项。

第三章　第三方机制管委会办公室的职责

第十条　第三方机制管委会下设办公室作为常设机构,负责承担第三方机制管委会的日常工作。办公室设在全国工商联,由全国工商联有关部门负责同志担任办公室主任,最高人民检察院、国务院国资委、财政部有关部门负责同志担任办公室副主任。

第十一条　第三方机制管委会办公室履行下列职责:

(一)协调督促各成员单位落实联席会议确定的工作任务和议定事项;

(二)收集整理各成员单位提交联席会议研究讨论的议题,负责联席会议和联络员会议的组织筹备工作;

(三)协调指导联席会议联系人开展日常联系沟通工作;

(四)负责国家层面第三方机制专业人员名录库的建立选任、日常管理、动态调整,并建立禁入名单等惩戒机制;

(五)组织开展对试点地方第三方机制管委会和第三方组织日常监督和巡回检查;

(六)承担第三方机制管委会及其联席会议交办的其他工作。

第十二条　第三方机制管委会办公室应当采取有效措施,建立健全第三方机制管委会联合调研、信息共享、案例指导、宣传培训等机制,并加强与中华全国律师协会、中国注册会计师协会、中国企业联合会、中国注册税务师协会、中国贸促会全国企业合规委员会(中国贸促会商事法律服务中心)以及其他行业协会、商会、机构的工作联系。

第十三条　第三方机制管委会办公室牵头组建巡回检查小组,邀请人大代表、政协委员、人民监督员、退休法官、退休检察官以及会计、审计、法律、合规等相关领域的专家学者担任巡回检查小组成员,对试点地方第三方机制管委会和相关第三方组织及其组成人员的履职情况开展不预先告知的现场抽查和跟踪监督。

第三方机制管委会办公室应当将巡回检查情况及时报告第三方机制管委会及其联席会议,并提出改进工作的意见建议。

第十四条　第三方机制管委会办公室可以推动各成员单位、各工作联系单位根据工作需要互派干部挂职交流,探索相关单位工作人员兼任检察官助理制度,并协调各成员单位视情派员参与第三方机制管委会办公室工作,提升企业合规工作专业化规范化水平。

第十五条　试点地方的人民检察院和国资委、财政、工商联等有关单位应当结合本地实际,组建本地区的第三方机制管委会并建立联席会议机制,设立第三方机制管委会办公室负责日常工作。

第四章 第三方组织的性质

第十六条 第三方组织是试点地方第三方机制管委会选任组成的负责对涉案企业的合规承诺及其完成情况进行调查、评估、监督和考察的临时性组织。

第十七条 第三方组织的运行应当遵循依法依规、公开公正、客观中立、专业高效的原则。

第十八条 试点地方第三方机制管委会负责对其选任组成的第三方组织及其组成人员履职期间的监督、检查、考核等工作,确保其依法依规履行职责。

第五章 第三方机制的启动

第十九条 人民检察院在办理涉企犯罪案件时,应当注意审查是否符合企业合规试点以及第三方机制的适用条件,并及时听取涉案企业、人员的意见。经审查认为符合适用条件的,应当商请本地区第三方机制管委会启动第三方机制。

公安机关、纪检监察机关等办案机关提出适用建议的,人民检察院参照前款规定处理。

第二十条 涉案企业、人员及其辩护人、诉讼代理人以及其他相关单位、人员提出适用企业合规试点以及第三方机制申请的,人民检察院应当依法受理并进行审查。经审查认为符合适用条件的,应当商请本地区第三方机制管委会启动第三方机制。

第二十一条 第三方机制管委会收到人民检察院商请后,应当综合考虑案件涉嫌罪名、复杂程度以及涉案企业类型、规模、经营范围、主营业务等因素,从专业人员名录库中分类随机抽取人员组成第三方组织。

专业人员名录库中没有相关领域专业人员的,第三方机制管委会可以采取协商邀请的方式,商请有关专业人员参加第三方组织。

同一个第三方组织一般负责监督评估一个涉案企业。同一案件涉及多个涉案企业,或者涉案企业之间存在明显关联关系的,可以由同一个第三方组织负责监督评估。

第二十二条 涉案企业、人员的居住地与案件办理地不一致的,案件办理地第三方机制管委会可以委托涉案企业、人员居住地第三方机制管委会选任组成第三方组织并开展监督评估,或者可以通过第三方机制管委会成员单位及其所属或者主管的行业协会、商会、机构的异地协作机制,协助开展监督评估。

第二十三条 第三方组织一般由3至7名专业人员组成,针对小微企业的第三方组织也可以由2名专业人员组成。

同一名专业人员在不存在利益关系、保障工作质量的条件下,可以同时担任一个以上第三方组织的组成人员。

第三方机制管委会应当根据工作需要，指定第三方组织牵头负责人，也可由第三方组织组成人员民主推举负责人，并报第三方机制管委会审定。

第二十四条 第三方机制管委会应当将第三方组织组成人员名单及提出意见的方式向社会公示，接受社会监督。

公示期限由第三方机制管委会根据情况决定，但不得少于五个工作日。公示可以通过在涉案单位所在地或者有关新闻媒体、网站发布公示通知等形式进行。

第二十五条 涉案企业、人员或者其他相关单位、人员对选任的第三方组织组成人员提出异议，或者第三方组织组成人员申请回避的，第三方机制管委会应当及时调查核实并视情况作出调整。

公示期满后无异议或者经审查异议不成立的，第三方机制管委会应当将第三方组织组成人员名单报送负责办理案件的人民检察院备案。人民检察院发现组成人员存在明显不适当情形的，应当及时向第三方机制管委会提出意见建议，第三方机制管委会依照本条第一款的规定处理。

第二十六条 人民检察院对第三方机制管委会报送的第三方组织组成人员名单，经审查未提出不同意见的，应当通报第三方机制管委会，并由第三方机制管委会宣告第三方组织成立。

第三方组织存续期间，其组成人员一般不得变更。确需变更的，第三方机制管委会应当依照本实施细则相关规定处理。

第六章 第三方机制的运行

第二十七条 第三方组织成立后，应当在负责办理案件的人民检察院的支持协助下，深入了解企业涉案情况，认真研判涉案企业在合规领域存在的薄弱环节和突出问题，合理确定涉案企业适用的合规计划类型，做好相关前期准备工作。

第三方机制管委会可以根据工作需要，指派专门人员负责与选任组成的第三方组织及负责办理案件的人民检察院、涉案企业联络沟通，协调处理第三方机制启动和运行有关事宜。

第二十八条 第三方组织根据涉案企业情况和工作需要，应当要求涉案企业提交单项或者多项合规计划，对于小微企业可以视情简化。

涉案企业提交的合规计划，应当以全面合规为目标、专项合规为重点，主要针对与企业涉嫌犯罪有密切联系的企业内部治理结构、规章制度、人员管理等方面存在的问题，制定可行的合规管理规范，构建有效的合规组织体系，完善相关业务管理流程,健全合规风险防范报告机制,弥补企业制度建设和监督管理漏洞,防止再次发生相同或者类似的违法犯罪。

第二十九条 第三方组织应当对涉案企业合规计划的可行性、有效性与全面性进行审查,重点审查以下内容:

(一)涉案企业完成合规计划的可能性以及合规计划本身的可操作性;

(二)合规计划对涉案企业预防治理涉嫌的犯罪行为或者类似违法犯罪行为的实效性;

(三)合规计划是否覆盖涉案企业在合规领域的薄弱环节和明显漏洞;

(四)其他根据涉案企业实际情况需要重点审查的内容。

第三方组织应当就合规计划向负责办理案件的人民检察院征求意见,综合审查情况一并向涉案企业提出修改完善的意见。

第三十条 第三方组织根据案件具体情况和涉案企业承诺履行的期限,并向负责办理案件的人民检察院征求意见后,合理确定合规考察期限。

第三十一条 在合规考察期内,第三方组织可以定期或者不定期对涉案企业合规计划履行情况进行监督和评估,可以要求涉案企业定期书面报告合规计划的执行情况,同时抄送负责办理案件的人民检察院。

第三方组织发现涉案企业执行合规计划存在明显偏差或错误的,应当及时进行指导、提出纠正意见,并报告负责办理案件的人民检察院。

第三十二条 第三方组织发现涉案企业或其人员尚未被办案机关掌握的犯罪事实或者新实施的犯罪行为,应当中止第三方监督评估程序,并及时向负责办理案件的人民检察院报告。

负责办理案件的人民检察院接到报告后,依照刑事诉讼法及相关司法解释的规定依法处理。

第三十三条 第三方组织在合规考察期届满后,应当对涉案企业的合规计划完成情况进行全面了解、监督、评估和考核,并制作合规考察书面报告。

合规考察书面报告一般应当包括以下内容:

(一)涉案企业履行合规承诺、落实合规计划情况;

(二)第三方组织开展了解、监督、评估和考核情况;

(三)第三方组织监督评估的程序、方法和依据;

(四)监督评估结论及意见建议;

(五)其他需要说明的问题。

第三十四条 合规考察书面报告应当由第三方组织全体组成人员签名或者盖章后,报送负责选任第三方组织的第三方机制管委会、负责办理案件的人民检察院等单位。

第三方组织组成人员对合规考察书面报告有不同意见的,应当在报告中说明其不同意见及理由。

第三十五条 本实施细则第三十一条、第三十三条规定的监督、评估方法应当紧密联系企业涉嫌犯罪有关情况,包括但不限于以下方法:

(一)观察、访谈、文本审阅、问卷调查、知识测试;

(二)对涉案企业的相关业务与管理事项,结合业务发生频率、重要性及合规风险高低进行抽样检查;

(三)对涉案企业的相关业务处理流程,结合相关原始文件、业务处理踪迹、操作管理流程等进行穿透式检查;

(四)对涉案企业的相关系统及数据,结合交易数据、业务凭证、工作记录以及权限、参数设置等进行比对检查。

第三十六条 涉案企业及其人员对第三方组织开展的检查、评估应予以配合并提供便利,如实填写、提交相关文件、材料,不得弄虚作假。

涉案企业或其人员认为第三方组织或其组成人员的检查、评估行为不当或者涉嫌违法犯罪的,可以向负责选任第三方组织的第三方机制管委会反映或者提出异议,或者向负责办理案件的人民检察院提出申诉、控告。

第三十七条 负责选任第三方组织的第三方机制管委会和负责办理案件的人民检察院收到第三方组织报送的合规考察书面报告后,应当及时进行审查,双方认为第三方组织已经完成监督评估工作的,由第三方机制管委会宣告第三方组织解散。

第三十八条 第三方组织组成人员系律师、注册会计师、税务师(注册税务师)等中介组织人员的,在履行第三方监督评估职责期间不得违反规定接受可能有利益关系的业务;在履行第三方监督评估职责结束后二年以内,上述人员及其所在中介组织不得接受涉案企业、人员或者其他有利益关系的单位、人员的业务。

第三十九条 第三方机制管委会或者负责办理案件的人民检察院发现第三方组织或其组成人员故意提供虚假报告或者提供的报告严重失实的,应当依照《指导意见》的规定及时向有关主管机关、协会等提出惩戒建议,涉嫌违法犯罪的,及时向有关机关报案或者举报,并将其列入第三方机制专业人员名录库禁入名单。

第四十条 负责办理案件的人民检察院应当要求知悉案情的第三方组织组成人员,参照执行防止干预司法"三个规定",严格做好有关事项填报工作。

第七章 附 则

第四十一条 试点地方第三方机制管委会可以结合本地实际,参照《指导意见》及本实施细则制定具体实施办法,并按照试点工作要求报送备案。

第四十二条 本实施细则由最高人民检察院、国务院国资委、财政部、全国工商联会同司法部、生态环境部、税务总局、市场监管总局、中国贸促会等部门组建的第三方机制管委会负责解释,自印发之日起施行。

《涉案企业合规第三方监督评估机制专业人员选任管理办法(试行)》(中华全国工商业联合会办公厅、最高人民检察院办公厅、司法部办公厅等九部委办公厅,全联厅发〔2022〕66号)

为深入学习贯彻习近平新时代中国特色社会主义思想,全面贯彻习近平法治思想,完整、准确、全面贯彻新发展理念,认真落实最高人民检察院、司法部、财政部、生态环境部、国务院国资委、税务总局、市场监管总局、全国工商联、中国贸促会《关于建立涉案企业合规第三方监督评估机制的指导意见(试行)》(以下简称《指导意见》),规范涉案企业合规第三方监督评估机制专业人员(以下简称第三方机制专业人员)选任管理工作,保障涉案企业合规第三方监督评估机制(以下简称第三方机制)有效运行,结合工作实际,制定本办法。

第一章 总 则

第一条 第三方机制专业人员,是指由涉案企业合规第三方监督评估机制管理委员会(以下简称第三方机制管委会)选任确定,作为第三方监督评估组织(以下简称第三方组织)组成人员参与涉案企业合规第三方监督评估工作的相关领域专业人员,主要包括律师、注册会计师、税务师(注册税务师)、企业合规师、相关领域专家学者以及有关行业协会、商会、机构、社会团体(以下简称有关组织)的专业人员。

生态环境、税务、市场监督管理等政府工作部门中具有专业知识的人员可以被选任确定为第三方机制专业人员,或者可以受第三方机制管委会邀请或者受所在单位委派参加第三方组织及其相关工作,其选任管理具体事宜由第三方机制管委会与其所在单位协商确定。有关政府工作部门所属企事业单位中的专业人员可以被选任确定为第三方机制专业人员,参加第三方组织及其相关工作。

有关单位中具有专门知识的退休人员参加第三方组织及其相关工作的,应当同时符合有关退休人员的管理规定。

第二条 第三方机制专业人员选任管理应当遵循依法依规、公开公正、分级负责、接受监督的原则。

第三条 各级第三方机制管委会统筹协调本级第三方机制专业人员的选

任、培训、考核、奖惩、监督等工作。

国家层面第三方机制管委会负责研究制定涉及第三方机制专业人员的规范性文件及保障激励制度,统筹协调全国范围内涉及第三方机制专业人员的相关工作。

上级第三方机制管委会应当加强对下级第三方机制管委会涉及第三方机制专业人员相关工作的具体指导。

第二章 第三方机制专业人员的选任

第四条 国家层面、省级和地市级第三方机制管委会应当组建本级第三方机制专业人员名录库(以下简称名录库)。经省级第三方机制管委会审核同意,有条件的县级第三方机制管委会可以组建名录库。

第五条 名录库以个人作为入库主体,不得以单位、团体作为入库主体。

名录库应当分类组建,总人数不少于五十人。人员数量、组成结构和各专业领域名额分配可以由负责组建名录库的第三方机制管委会根据工作需要自行确定,并可以结合实际进行调整。

省级以下名录库的入库人员限定为本省(自治区、直辖市)区域内的专业人员。因专业人员数量不足未达到组建条件的,可以由省级第三方机制管委会统筹协调相邻地市联合组建名录库。

第六条 第三方机制专业人员应当拥有较好的政治素质和道德品质,具备履行第三方监督评估工作的专业知识、业务能力和时间精力,其所在单位或者所属有关组织同意其参与第三方监督评估工作。

第三方机制专业人员一般应当具备下列条件:

(一)拥护中国共产党领导,拥护我国社会主义法治;

(二)具有良好道德品行和职业操守;

(三)持有本行业执业资格证书,从事本行业工作满三年;

(四)工作业绩突出,近三年考核等次为称职以上;

(五)熟悉企业运行管理或者具备相应专业知识;

(六)近三年未受过与执业行为有关的行政处罚或者行业惩戒;

(七)无受过刑事处罚、被开除公职或者开除党籍等情形;

(八)无其他不适宜履职的情形。

第七条 第三方机制管委会一般应当按照制定计划、发布公告、本人申请、单位推荐、材料审核、考察了解、初定人选、公示监督、确定人选、颁发证书等程序组织实施第三方机制专业人员选任工作。

第八条 第三方机制管委会组织实施第三方机制专业人员选任,应当在成员单位或其所属或者主管的律师协会、注册会计师协会、注册税务师协会等有关组织的官方网站上发布公告。

公告应当载明选任名额、标准条件、报名方式、报名材料和选任工作程序等相关事项,公告期一般不少于二十个工作日。

第九条 第三方机制管委会可以通过审查材料、走访了解、面谈测试等方式对报名人员进行审核考察,并在此基础上提出拟入库人选。

第三方机制管委会可以通过成员单位所属或者主管的有关组织了解核实拟入库人选的相关情况。

第十条 第三方机制管委会应当将拟入库人选名单及监督联系方式向社会公示,接受社会监督。公示可以通过在拟入库人选所在单位或者有关新闻媒体、网站发布公示通知等形式进行,公示期一般不少于七个工作日。

第三方机制管委会对于收到的举报材料、情况反映应当及时进行调查核实,视情提出处理意见。调查核实过程中可以根据情况与举报人、反映人沟通联系。

第十一条 第三方机制管委会在确定拟入库人选时应当综合考虑报名人员的政治素质、执业(工作)时间、工作业绩、研究成果、表彰奖励,以及所在单位的资质条件、人员规模、所获奖励、行业影响力等情况。同等条件下,可以优先考虑担任党代表、人大代表、政协委员、人民团体职务的人选。

第十二条 公示期满后无异议或者经审查异议不成立的,第三方机制管委会应当向入库人员颁发证书,并通知其所在单位或者所属有关组织。名录库人员名单应当在第三方机制管委会成员单位的官方网站上公布,供社会查询。

第三方机制管委会应当明确入库人员的任职期限,一般为二至三年。经第三方机制管委会审核,期满后可以续任。

第三章 第三方机制专业人员的日常管理

第十三条 第三方机制专业人员根据履职需要,可以查阅相关文件资料,参加有关会议和考察活动,接受业务培训。

第十四条 第三方机制专业人员应当认真履职、勤勉尽责,严格履行相关法律法规及《指导意见》等有关保密、回避、廉洁等义务。

第十五条 第三方机制管委会应当结合涉案企业合规第三方监督评估工作情况,定期组织第三方机制专业人员进行业务培训、开展调研考察和座谈交流,总结推广经验做法。

第三方机制管委会有关成员单位应当指导所属或者主管的有关组织,加强本行业、本部门涉及第三方机制相关工作的理论实务研究,积极开展业务培训和工作指导。

第十六条　第三方机制管委会可以通过定期考核、一案一评、随机抽查、巡回检查等方式,对第三方机制专业人员进行考核评价。考核结果作为对第三方机制专业人员奖励激励、续任或者调整出库的重要依据。

第十七条　第三方机制管委会应当建立健全第三方机制专业人员奖励激励制度,对表现突出的第三方机制专业人员给予奖励激励,或向其所在单位或者所属有关组织提出奖励激励的建议。

第十八条　第三方机制管委会应当及时将考核结果、奖励激励情况书面通知本人及所在单位或者所属有关组织,可以通过有关媒体向社会公布。

第十九条　第三方机制管委会应当建立健全第三方机制专业人员履职台账,全面客观记录第三方机制专业人员业务培训、参加活动和履行职责情况,作为确定考核结果的重要参考。

第二十条　第三方机制管委会在对第三方机制专业人员的履职情况开展考核评价时,应当主动征求办理案件的检察机关、巡回检查小组以及涉案企业等意见建议。

第二十一条　第三方机制专业人员有下列情形之一的,考核评价结果应当确定为不合格,并视情作出相应后续处理:

(一)不参加第三方组织工作或者不接受第三方机制管委会分配工作任务,且无正当理由的;

(二)在履行第三方监督评估职责中出现重大失误,造成不良影响的;

(三)在履行第三方监督评估职责中存在行为不当,涉案企业向第三方机制管委会反映或者提出异议,造成不良影响的;

(四)其他造成不良影响或者损害第三方组织形象、公信力的情形。

第二十二条　第三方机制管委会对违反有关义务的第三方机制专业人员,可以谈话提醒、批评教育,或视情通报其所在单位或者所属有关组织,情节严重或者造成严重后果的可以将其调整出库。

第三方机制专业人员有下列情形之一的,第三方机制管委会应当及时将其调整出库:

(一)在选任或者履职中弄虚作假,提供虚假材料或者情况的;

(二)受到刑事处罚、被开除公职或者开除党籍的;

(三)受到行政处罚或者行业惩戒,情节严重的;

(四)违反《指导意见》第十七条第二款第二项至第四项规定的;

(五)利用第三方机制专业人员身份发表与履职无关的言论或者从事与履职无关的活动,造成严重不良影响的;

（六）考核评价结果两次确定为不合格的；

（七）实施严重违反社会公德、职业道德或者其他严重有损第三方机制专业人员形象、公信力行为的；

（八）其他不适宜继续履行第三方监督评估职责的情形。

第三方机制管委会发现第三方机制专业人员的行为涉嫌违规的，应当及时向有关主管机关，或其所在单位或者所属有关组织反映情况、提出惩戒或者处理建议；涉嫌违法犯罪的，应当及时向有关机关报案或者举报。

第二十三条 第三方机制管委会应当建立健全第三方机制专业人员名录库禁入名单制度。对于依照本办法第二十二条规定被调整出库的第三方机制专业人员，应当列入名录库禁入名单。

第三方机制管委会对列入名录库禁入名单的人员应当逐级汇总上报，实现信息共享。

第二十四条 第三方机制专业人员因客观原因不能履职、本人不愿继续履职或者发生影响履职重大事项的，应当及时向第三方机制管委会报告并说明情况，主动辞任第三方机制专业人员。第三方机制管委会应当及时进行审查并将其调整出库。

第二十五条 第三方机制管委会应当根据工作需要，结合履职台账、考核情况以及本人意愿、所在单位或者所属有关组织意见等，定期或不定期对名录库人员进行动态调整。名录库人员名单调整更新后，应当依照本办法第十二条规定，及时向社会公布。

第四章 工作保障

第二十六条 第三方机制管委会各成员单位、第三方机制专业人员所在单位或者所属有关组织以及涉案企业，应当为第三方机制专业人员履行职责提供必要支持和便利条件。

第二十七条 第三方机制专业人员选任管理工作所需业务经费和第三方机制专业人员履职所需费用，试点地方可以结合本地实际，探索多种经费保障模式。

第五章 附 则

第二十八条 地方各级第三方机制管委会可以结合本地实际，参照本办法制定具体实施细则，并按照试点工作要求报送备案。

有关部门、组织可以结合本行业、本部门实际，制定名录库人员的具体入选标准。

本办法出台前，已组建的各地各级名录库不符合本办法规定的，可以继续试点。

第二十九条 本办法由最高人民检察院、国务院国资委、财政部、全国工商联会同司法部、生态环境部、税务总局、市场监管总局、中国贸促会等部门组建的第三方机制管委会负责解释,自印发之日起施行。

《人民检察院办理知识产权案件工作指引》(最高人民检察院,2023年4月26日)**第十七条第一款**对人民检察院办理侵犯知识产权刑事案件适用涉案企业合规机制的有关问题作了规定。(→参见第八十一条所附"其他规范",第587页)

第三编 审判

其他规范

《最高人民法院、最高人民检察院、公安部、司法部关于进一步严格依法办案确保办理死刑案件质量的意见》(法发〔2007〕11号)"三、认真履行法定职责,严格依法办理死刑案件""(四)审判"(第三十一条至第四十四条)对死刑案件审判的有关问题作了规定。(→参见第三编"审判"第四章"死刑复核程序"末所附"其他规范",第1652—1654页)

《最高人民法院关于建立健全防范刑事冤假错案工作机制的意见》(法发〔2013〕11号)"三、切实遵守法定诉讼程序,强化案件审理机制"(第十条至第十五条)、"四、认真履行案件把关职责,完善审核监督机制"(第十六条至第二十二条)对审判环节的有关问题作了规定。(→参见第二条所附"其他规范",第9—10页)

《中华人民共和国人民法院法庭规则》(2015年12月21日修正,修正后自2016年5月1日起施行)

第一条 为了维护法庭安全和秩序,保障庭审活动正常进行,保障诉讼参与人依法行使诉讼权利,方便公众旁听,促进司法公正,彰显司法权威,根据《中华人民共和国人民法院组织法》《中华人民共和国刑事诉讼法》《中华人民共和国民事诉讼法》《中华人民共和国行政诉讼法》等有关法律规定,制定本规则。

第二条 法庭是人民法院代表国家依法审判各类案件的专门场所。

法庭正面上方应当悬挂国徽。

第三条 法庭分设审判活动区和旁听区,两区以栏杆等进行隔离。

审理未成年人案件的法庭应当根据未成年人身心发展特点设置区域和席位。

有新闻媒体旁听或报道庭审活动时,旁听区可以设置专门的媒体记者席。

第四条 刑事法庭可以配置同步视频作证室,供依法应当保护或其他确有保护必要的证人、鉴定人、被害人在庭审作证时使用。

第五条 法庭应当设置残疾人无障碍设施;根据需要配备合议庭合议室,检察人员、律师及其他诉讼参与人休息室,被告人羁押室等附属场所。

第六条 进入法庭的人员应当出示有效身份证件,并接受人身及携带物品的安全检查。

持有效工作证件和出庭通知履行职务的检察人员、律师可以通过专门通道进入法庭。需要安全检查的,人民法院对检察人员和律师平等对待。

第七条 除经人民法院许可,需要在法庭上出示的证据外,下列物品不得携带进入法庭:
(一)枪支、弹药、管制刀具以及其他具有杀伤力的器具;
(二)易燃易爆物、疑似爆炸物;
(三)放射性、毒害性、腐蚀性、强气味性物质以及传染病病原体;
(四)液体及胶状、粉末状物品;
(五)标语、条幅、传单;
(六)其他可能危害法庭安全或妨害法庭秩序的物品。

第八条 人民法院应当通过官方网站、电子显示屏、公告栏等向公众公开各法庭的编号、具体位置以及旁听席位数量等信息。

第九条 公开的庭审活动,公民可以旁听。

旁听席位不能满足需要时,人民法院可以根据申请的先后顺序或者通过抽签、摇号等方式发放旁听证,但应当优先安排当事人的近亲属或其他与案件有利害关系的人旁听。

下列人员不得旁听:
(一)证人、鉴定人以及准备出庭提出意见的有专门知识的人;
(二)未获得人民法院批准的未成年人;
(三)拒绝接受安全检查的人;
(四)醉酒的人、精神病人或其他精神状态异常的人;
(五)其他有可能危害法庭安全或妨害法庭秩序的人。

依法有可能封存犯罪记录的公开庭审活动,任何单位或个人不得组织人员旁听。

依法不公开的庭审活动,除法律另有规定外,任何人不得旁听。

第十条 人民法院应当对庭审活动进行全程录像或录音。

第十一条 依法公开进行的庭审活动,具有下列情形之一的,人民法院可以通过电视、互联网或其他公共媒体进行图文、音频、视频直播或录播:
(一)公众关注度较高;
(二)社会影响较大;
(三)法治宣传教育意义较强。

第十二条 出庭履行职务的人员,按照职业着装规定着装。但是,具有下列情形之一的,着正装:
(一)没有职业着装规定;
(二)侦查人员出庭作证;

(三)所在单位系案件当事人。

非履行职务的出庭人员及旁听人员,应当文明着装。

第十三条 刑事在押被告人或上诉人出庭受审时,着正装或便装,不着监管机构的识别服。

人民法院在庭审活动中不得对被告人或上诉人使用戒具,但认为其人身危险性大,可能危害法庭安全的除外。

第十四条 庭审活动开始前,书记员应当宣布本规则第十七条规定的法庭纪律。

第十五条 审判人员进入法庭以及审判长或独任审判员宣告判决、裁定、决定时,全体人员应当起立。

第十六条 人民法院开庭审判案件应当严格按照法律规定的诉讼程序进行。

审判人员在庭审活动中应当平等对待诉讼各方。

第十七条 全体人员在庭审活动中应当服从审判长或独任审判员的指挥,尊重司法礼仪,遵守法庭纪律,不得实施下列行为:

(一)鼓掌、喧哗;

(二)吸烟、进食;

(三)拨打或接听电话;

(四)对庭审活动进行录音、录像、拍照或使用移动通信工具等传播庭审活动;

(五)其他危害法庭安全或妨害法庭秩序的行为。

检察人员、诉讼参与人发言或提问,应当经审判长或独任审判员许可。

旁听人员不得进入审判活动区,不得随意站立、走动,不得发言和提问。

媒体记者经许可实施第一款第四项规定的行为,应当在指定的时间及区域进行,不得影响或干扰庭审活动。

第十八条 审判长或独任审判员主持庭审活动时,依照规定使用法槌。

第十九条 审判长或独任审判员对违反法庭纪律的人员应当予以警告;对不听警告的,予以训诫;对训诫无效的,责令其退出法庭;对拒不退出法庭的,指令司法警察将其强行带出法庭。

行为人违反本规则第十七条第一款第四项规定的,人民法院可以暂扣其使用的设备及存储介质,删除相关内容。

第二十条 行为人实施下列行为之一,危及法庭安全或扰乱法庭秩序的,根据相关法律规定,予以罚款、拘留;构成犯罪的,依法追究其刑事责任:

(一) 非法携带枪支、弹药、管制刀具或者爆炸性、易燃性、放射性、毒害性、腐蚀性物品以及传染病病原体进入法庭；
(二) 哄闹、冲击法庭；
(三) 侮辱、诽谤、威胁、殴打司法工作人员或诉讼参与人；
(四) 毁坏法庭设施，抢夺、损毁诉讼文书、证据；
(五) 其他危害法庭安全或扰乱法庭秩序的行为。

第二十一条 司法警察依照审判长或独任审判员的指令维持法庭秩序。

出现危及法庭内人员人身安全或者严重扰乱法庭秩序等紧急情况时，司法警察可以直接采取必要的处置措施。

人民法院依法对违反法庭纪律的人采取的扣押物品、强行带出法庭以及罚款、拘留等强制措施，由司法警察执行。

第二十二条 人民检察院认为审判人员违反本规则的，可以在庭审活动结束后向人民法院提出处理建议。

诉讼参与人、旁听人员认为审判人员、书记员、司法警察违反本规则的，可以在庭审活动结束后向人民法院反映。

第二十三条 检察人员违反本规则的，人民法院可以向人民检察院通报情况并提出处理建议。

第二十四条 律师违反本规则的，人民法院可以向司法行政机关及律师协会通报情况并提出处理建议。

第二十五条 人民法院进行案件听证、国家赔偿案件质证、网络视频远程审理以及在法院以外的场所巡回审判等，参照适用本规则。

第二十六条 外国人、无国籍人旁听庭审活动，外国媒体记者报道庭审活动，应当遵守本规则。

第二十七条 本规则自2016年5月1日起施行；最高人民法院此前发布的司法解释及规范性文件与本规则不一致的，以本规则为准。

《最高人民法院、最高人民检察院、公安部、国家安全部、司法部关于推进以审判为中心的刑事诉讼制度改革的意见》(法发〔2016〕18号)

为贯彻落实《中共中央关于全面推进依法治国若干重大问题的决定》的有关要求，推进以审判为中心的刑事诉讼制度改革，依据宪法法律规定，结合司法工作实际，制定本意见。

一、未经人民法院依法判决，对任何人都不得确定有罪。人民法院、人民检察院和公安机关办理刑事案件，应当分工负责，互相配合，互相制约，保证准确、及时地查明犯罪事实，正确应用法律，惩罚犯罪分子，保障无罪的人不受刑事追究。

二、严格按照法律规定的证据裁判要求,没有证据不得认定犯罪事实。侦查机关侦查终结,人民检察院提起公诉,人民法院作出有罪判决,都应当做到犯罪事实清楚,证据确实、充分。

侦查机关、人民检察院应当按照裁判的要求和标准收集、固定、审查、运用证据,人民法院应当按照法定程序认定证据,依法作出裁判。

人民法院作出有罪判决,对于证明犯罪构成要件的事实,应当综合全案证据排除合理怀疑,对于量刑证据存疑的,应当作出有利于被告人的认定。

三、建立健全符合裁判要求、适应各类案件特点的证据收集指引。探索建立命案等重大案件检查、搜查、辨认、指认等过程录音录像制度。完善技术侦查证据的移送、审查、法庭调查和使用规则以及庭外核实程序。统一司法鉴定标准和程序。完善见证人制度。

四、侦查机关应当全面、客观、及时收集与案件有关的证据。

侦查机关应当依法收集证据。对采取刑讯逼供、暴力、威胁等非法方法收集的言词证据,应当依法予以排除。侦查机关收集物证、书证不符合法定程序,可能严重影响司法公正,不能补正或者作出合理解释的,应当依法予以排除。

对物证、书证等实物证据,一般应当提取原物、原件,确保证据的真实性。需要鉴定的,应当及时送检。证据之间有矛盾的,应当及时查证。所有证据应当妥善保管,随案移送。

五、完善讯问制度,防止刑讯逼供,不得强迫任何人证实自己有罪。严格按照有关规定要求,在规范的讯问场所讯问犯罪嫌疑人。严格依照法律规定对讯问过程全程同步录音录像,逐步实行对所有案件的讯问过程全程同步录音录像。

探索建立重大案件侦查终结前对讯问合法性进行核查制度。对公安机关、国家安全机关和人民检察院侦查的重大案件,由人民检察院驻看守所检察人员询问犯罪嫌疑人,核查是否存在刑讯逼供、非法取证情形,并同步录音录像。经核查,确有刑讯逼供、非法取证情形的,侦查机关应当及时排除非法证据,不得作为提请批准逮捕、移送审查起诉的根据。

六、在案件侦查终结前,犯罪嫌疑人提出无罪或者罪轻的辩解,辩护律师提出犯罪嫌疑人无罪或者依法不应追究刑事责任的意见,侦查机关应当依法予以核实。

七、完善补充侦查制度。进一步明确退回补充侦查的条件,建立人民检察院退回补充侦查引导和说理机制,明确补充侦查方向、标准和要求。规范补充侦查行为,对于确实无法查明的事项,公安机关、国家安全机关应当书面向人民检察院说明理由。对于二次退回补充侦查后,仍然证据不足、不符合起诉条件的,依法作出不起诉决定。

八、进一步完善公诉机制,被告人有罪的举证责任,由人民检察院承担。对被告人不认罪的,人民检察院应当强化庭前准备和当庭讯问、举证、质证。

九、完善不起诉制度,对未达到法定证明标准的案件,人民检察院应当依法作出不起诉决定,防止事实不清、证据不足的案件进入审判程序。完善撤回起诉制度,规范撤回起诉的条件和程序。

十、完善庭前会议程序,对适用普通程序审理的案件,健全庭前证据展示制度,听取出庭证人名单、非法证据排除等方面的意见。

十一、规范法庭调查程序,确保诉讼证据出示在法庭、案件事实查明在法庭。证明被告人有罪或者无罪、罪轻或者罪重的证据,都应当在法庭上出示,依法保障控辩双方的质证权利。对定罪量刑的证据,控辩双方存在争议的,应当单独质证;对庭前会议中控辩双方没有异议的证据,可以简化举证、质证。

十二、完善对证人、鉴定人的法庭质证规则。落实证人、鉴定人、侦查人员出庭作证制度,提高出庭作证率。公诉人、当事人或者辩护人、诉讼代理人对证人证言有异议,人民法院认为该证人证言对案件定罪量刑有重大影响的,证人应当出庭作证。

健全证人保护工作机制,对因作证面临人身安全等危险的人员依法采取保护措施。建立证人、鉴定人等作证补助专项经费划拨机制。完善强制证人到庭制度。

十三、完善法庭辩论规则,确保控辩意见发表在法庭。法庭辩论应当围绕定罪、量刑分别进行,对被告人认罪的案件,主要围绕量刑进行。法庭应当充分听取控辩双方意见,依法保障被告人及其辩护人的辩论辩护权。

十四、完善当庭宣判制度,确保裁判结果形成在法庭。适用速裁程序审理的案件,除附带民事诉讼的案件以外,一律当庭宣判;适用简易程序审理的案件一般应当当庭宣判;适用普通程序审理的案件逐步提高当庭宣判率。规范定期宣判制度。

十五、严格依法裁判。人民法院经审理,对案件事实清楚,证据确实、充分,依据法律认定被告人有罪的,应当作出有罪判决。依据法律规定认定被告人无罪的,应当作出无罪判决。证据不足,不能认定被告人有罪的,应当按照疑罪从无原则,依法作出无罪判决。

十六、完善人民检察院对侦查活动和刑事审判活动的监督机制。建立健全对强制措施的监督机制。加强人民检察院对逮捕后羁押必要性的审查,规范非羁押性强制措施的适用。进一步规范和加强人民检察院对人民法院确有错误的刑事判决和裁定的抗诉工作,保证刑事抗诉的及时性、准确性和全面性。

十七、健全当事人、辩护人和其他诉讼参与人的权利保障制度。

依法保障当事人和其他诉讼参与人的知情权、陈述权、辩论辩护权、申请权、申诉权。犯罪嫌疑人、被告人有权获得辩护,人民法院、人民检察院、公安机关、国家安全机关有义务保证犯罪嫌疑人、被告人获得辩护。

依法保障辩护人会见、阅卷、收集证据和发问、质证、辩论辩护等权利,完善便利辩护人参与诉讼的工作机制。

十八、辩护人或者其他任何人,不得帮助犯罪嫌疑人、被告人隐匿、毁灭、伪造证据或者串供,不得威胁、引诱证人作伪证以及进行其他干扰司法机关诉讼活动的行为。对于实施上述行为的,应当依法追究法律责任。

十九、当事人、诉讼参与人和旁听人员在庭审活动中应当服从审判长或独任审判员的指挥,遵守法庭纪律。对扰乱法庭秩序、危及法庭安全等违法行为,应当依法处理;构成犯罪的,依法追究刑事责任。

二十、建立法律援助值班律师制度,法律援助机构在看守所、人民法院派驻值班律师,为犯罪嫌疑人、被告人提供法律帮助。

完善法律援助制度,健全依申请法律援助工作机制和办案机关通知辩护工作机制。对未履行通知或者指派辩护职责的办案人员,严格实行责任追究。

二十一、推进案件繁简分流,优化司法资源配置。完善刑事案件速裁程序和认罪认罚从宽制度,对案件事实清楚、证据充分的轻微刑事案件,或者犯罪嫌疑人、被告人自愿认罪认罚的,可以适用速裁程序、简易程序或者普通程序简化审理。

《最高人民法院关于全面推进以审判为中心的刑事诉讼制度改革的实施意见》(法发〔2017〕5号)

为贯彻落实《最高人民法院、最高人民检察院、公安部、国家安全部、司法部关于推进以审判为中心的刑事诉讼制度改革的意见》,确保有罪的人受到公正惩罚、无罪的人不受刑事追究,实现公正司法,依照法律规定,结合审判实际,对人民法院全面推进以审判为中心的刑事诉讼制度改革提出如下意见:

一、坚持严格司法原则,树立依法裁判理念

1. 坚持证据裁判原则,认定案件事实,必须以证据为根据。重证据,重调查研究,不轻信口供,没有证据不得认定案件事实。

2. 坚持非法证据排除原则,不得强迫任何人证实自己有罪。经审查认定的非法证据,应当依法予以排除,不得作为定案的根据。

3. 坚持疑罪从无原则,认定被告人有罪,必须达到犯罪事实清楚,证据确实、充分的证明标准。不得因舆论炒作、上访闹访等压力作出违反法律的裁判。

4. 坚持程序公正原则,通过法庭审判的程序公正实现案件裁判的实体公正。发挥庭审在查明事实、认定证据、保护诉权、公正裁判中的决定性作用,确保诉讼证据出示在法庭、案件事实查明在法庭、诉辩意见发表在法庭、裁判结果形成在法庭。

二、规范庭前准备程序,确保法庭集中审理

5. 对被告人及其辩护人申请排除非法证据,证据材料较多、案情重大复杂,或者社会影响重大等案件,人民法院可以召开庭前会议。

庭前会议在法庭或者其他办案场所进行,由审判人员主持,控辩双方参加,必要时可以通知被告人到场。

6. 人民法院可以在庭前会议中组织控辩双方展示证据,听取控辩双方对在案证据的意见,并梳理存在争议的证据。对控辩双方在庭前会议中没有争议的证据,可以在庭审中简化举证、质证。

人民法院可以在庭前会议中听取控辩双方对与审判相关问题的意见,询问控辩双方是否提出申请或者异议,并归纳控辩双方的争议焦点。对控辩双方没有争议或者达成一致意见的事项,可以在庭审中简化审理。

被害方提起附带民事诉讼的,可以在庭前会议中进行调解。

7. 控辩双方对管辖、回避、出庭证人名单等事项提出申请或者异议,可能导致庭审中断的,人民法院可以在庭前会议中对有关事项依法作出处理,确保法庭集中、持续审理。

对案件中被告人及其辩护人申请排除非法证据的情形,人民法院可以在庭前会议中核实情况、听取意见。人民检察院可以决定撤回有关证据;撤回的证据,没有新的理由,不得在庭审中出示。被告人及其辩护人可以撤回排除非法证据的申请;撤回申请后,没有新的线索或者材料,不得再次对有关证据提出排除申请。

8. 人民法院在庭前会议中听取控辩双方对案件事实证据的意见后,对明显事实不清、证据不足的案件,可以建议人民检察院补充侦查或者撤回起诉。

对人民法院在庭前会议中建议撤回起诉的案件,人民检察院不同意的,人民法院开庭审理后,没有新的事实和理由,一般不准许撤回起诉。

9. 控辩双方在庭前会议中就相关事项达成一致意见,又在庭审中提出异议的,应当说明理由。

召开庭前会议应当制作笔录,由参加人员核对后签名。

审判人员应当制作庭前会议报告,说明庭前会议的基本情况、程序性事项的处理结果、控辩双方的争议焦点以及就相关事项达成的一致意见。

10. 对召开庭前会议的案件,在法庭调查开始前,法庭应当宣布庭前会议报告的主要内容,实现庭前会议与庭审的衔接。

三、规范普通审理程序,确保依法公正审判

11. 证明被告人有罪或者无罪、罪轻或者罪重的证据,都应当在法庭上出示,依法保障控辩双方的质证权。

对影响定罪量刑的关键证据和控辩双方存在争议的证据,一般应当单独质证。

12. 法庭应当依照法定程序审查、核实、认定证据。证据未经当庭出示、辨认、质证等法庭调查程序查证属实,不得作为定案的根据。

13. 采取技术侦查措施收集的证据,当庭质证可能危及有关人员的人身安全,或者可能产生其他严重后果的,应当采取不暴露有关人员身份、不公开技术侦查措施和方法等保护措施。

法庭决定在庭外对技术侦查证据进行核实的,可以召集公诉人、侦查人员和辩护律师到场。在场人员应当履行保密义务。

14. 控辩双方对证人证言有异议,人民法院认为证人证言对案件定罪量刑有重大影响的,应当通知证人出庭作证。控辩双方申请证人出庭的,人民法院通知证人出庭后,申请方应当负责协助相关证人到庭。

证人没有正当理由不出庭作证的,人民法院在必要时可以强制证人到庭。

根据案件情况,可以实行远程视频作证。

15. 控辩双方对鉴定意见有异议,人民法院认为鉴定人有必要出庭的,应当通知鉴定人出庭作证。

16. 证人、鉴定人、被害人因出庭作证,本人或者其近亲属的人身安全面临危险的,人民法院应当采取不公开其真实姓名、住址、工作单位和联系方式等个人信息,或者不暴露其外貌、真实声音等保护措施。必要时,可以建议有关机关采取专门性保护措施。

人民法院应当建立证人出庭作证补助专项经费机制,对证人出庭作证所支出的交通、住宿、就餐等合理费用给予补助。

17. 人民法院应当依法履行指定辩护和通知辩护职责,确保被告人依法获得法律援助。

配合有关部门逐步扩大法律援助范围,健全法律援助值班律师制度,为派驻人民法院的值班律师提供办公场所及必要的工作条件。

18. 法庭应当依法保障控辩双方在庭审中的发问、质证、辩论等诉讼权利。对控辩双方当庭提出的申请或者异议,法庭应当作出处理。

法庭可以在审理过程中归纳控辩双方的争议焦点,引导控辩双方针对影响定罪量刑的实质性问题进行辩论。对控辩双方的发言与案件无关、重复或者扰乱法庭秩序等情形,法庭应当予以提醒、制止。

19. 法庭应当充分听取控辩双方的量刑建议和意见,根据查明的事实、情节,参照量刑指导意见规范量刑,保证量刑公正。

20. 法庭应当加强裁判说理,通过裁判文书展现法庭审理过程。对控辩双方的意见和争议,应当说明采纳与否的理由。对证据采信、事实认定、定罪量刑等实质性问题,应当阐释裁判的理由和依据。

四、完善证据认定规则,切实防范冤假错案

21. 采取刑讯逼供、暴力、威胁等非法方法收集的言词证据,应当予以排除。

收集物证、书证不符合法定程序,可能严重影响司法公正,不能补正或者作出合理解释的,对有关证据应当予以排除。

22. 被告人在侦查终结前接受检察人员对讯问合法性的核查询问时,明确表示侦查阶段不存在刑讯逼供、非法取证情形,在审判阶段又提出排除非法证据申请,法庭经查对证据收集的合法性没有疑问的,可以驳回申请。

检察人员在侦查终结前未对讯问合法性进行核查,或者未对核查过程全程同步录音录像,被告人在审判阶段提出排除非法证据申请,人民法院经审查对证据收集的合法性存在疑问的,应当依法进行调查。

23. 法庭决定对证据收集的合法性进行调查的,应当先行当庭调查。但为防止庭审过分迟延,也可以在法庭调查结束前进行调查。

24. 法庭对证据收集的合法性进行调查的,应当重视对讯问过程录音录像的审查。讯问笔录记载的内容与讯问录音录像存在实质性差异的,以讯问录音录像为准。

对于法律规定应当对讯问过程录音录像的案件,公诉人没有提供讯问录音录像,或者讯问录音录像存在选择性录制、剪接、删改等情形,现有证据不能排除以非法方法收集证据情形的,对有关供述应当予以排除。

25. 现有证据材料不能证明证据收集合法性的,人民法院可以通知有关侦查人员出庭说明情况。不得以侦查人员签名并加盖公章的说明材料替代侦查人员出庭。

经人民法院通知,侦查人员不出庭说明情况,不能排除以非法方法收集证据情形的,对有关证据应当予以排除。

26. 法庭对证据收集的合法性进行调查后,应当当庭作出是否排除有关证据的决定。必要时,可以宣布休庭,由合议庭评议或者提交审判委员会讨论,再次开庭时宣布决定。

在法庭作出是否排除有关证据的决定前,不得对有关证据宣读、质证。

27. 通过勘验、检查、搜查等方式收集的物证、书证等证据,未通过辨认、鉴定等方式确定其与案件事实的关联的,不得作为定案的根据。

28. 收集证据的程序、方式存在瑕疵,严重影响证据真实性,不能补正或者作出合理解释的,有关证据不得作为定案的根据。

29. 证人没有出庭作证,其庭前证言真实性无法确认的,不得作为定案的根据。证人当庭作出的证言与其庭前证言矛盾,证人能够作出合理解释,并与相关证据印证的,可以采信其庭审证言;不能作出合理解释,而其庭前证言与相关证据印证的,可以采信其庭前证言。

经人民法院通知,鉴定人拒不出庭作证的,鉴定意见不得作为定案的根据。

30. 人民法院作出有罪判决,对于定罪事实应当综合全案证据排除合理怀疑。

定罪证据不足的案件,不能认定被告人有罪,应当作出证据不足、指控的犯罪不能成立的无罪判决。定罪证据确实、充分,量刑证据存疑的,应当作出有利于被告人的认定。

五、完善繁简分流机制,优化司法资源配置

31. 推进速裁程序改革,逐步扩大速裁程序适用范围,完善速裁程序运行机制。

对被告人认罪的轻微案件,探索实行快速审理和简便裁判机制。

32. 推进认罪认罚从宽制度改革,对适用速裁程序、简易程序或者普通程序简化审理的被告人认罪案件,法庭应当告知被告人享有的诉讼权利,依法审查被告人认罪认罚的自愿性和真实性,确认被告人了解罪认罚的性质和法律后果。

法庭确认被告人自愿认罪认罚,同意适用简化审理程序的,应当落实从宽处罚的法律制度。被告人当庭不认罪或者不同意适用简化审理程序的,应当适用普通程序审理。

33. 适用速裁程序审理的案件,应当当庭宣判。适用简易程序审理的案件,一般应当当庭宣判。适用普通程序审理的案件,逐步提高当庭宣判率。

相关规范集成·三项规程[1]

其他规范

《人民法院办理刑事案件庭前会议规程(试行)》(法发〔2017〕31号,自2018年1月1日起试行)

为贯彻落实最高人民法院、最高人民检察院、公安部、国家安全部、司法部《关于推进以审判为中心的刑事诉讼制度改革的意见》,完善庭前会议程序,确保法庭集中持续审理,提高庭审质量和效率,根据法律规定,结合司法实际,制定本规程。

第一条 人民法院适用普通程序审理刑事案件,对于证据材料较多、案情疑难复杂、社会影响重大或者控辩双方对事实证据存在较大争议等情形的,可以决定在开庭审理前召开庭前会议。

控辩双方可以申请人民法院召开庭前会议。申请召开庭前会议的,应当说明需要处理的事项。人民法院经审查认为有必要的,应当决定召开庭前会议;决定不召开庭前会议的,应当告知申请人。

被告人及其辩护人在开庭审理前申请排除非法证据,并依照法律规定提供相关线索或者材料的,人民法院应当召开庭前会议。

第二条 庭前会议中,人民法院可以就与审判相关的问题了解情况,听取意见,依法处理回避、出庭证人名单、非法证据排除等可能导致庭审中断的事项,组织控辩双方展示证据,归纳争议焦点,开展附带民事调解。

第三条 庭前会议由承办法官主持,其他合议庭成员也可以主持或者参加庭前会议。根据案件情况,承办法官可以指导法官助理主持庭前会议。

公诉人、辩护人应当参加庭前会议。根据案件情况,被告人可以参加庭前会

---

[1] 为认真贯彻落实《关于推进以审判为中心的刑事诉讼制度改革的意见》《关于办理刑事案件严格排除非法证据若干问题的规定》等文件,最高人民法院出台"三项规程"(即《人民法院办理刑事案件庭前会议规程(试行)》《人民法院办理刑事案件排除非法证据规程(试行)》和《人民法院办理刑事案件第一审普通程序法庭调查规程(试行)》)并部署试点工作,全面深入推进以审判为中心的刑事诉讼制度改革。需要提及的是,《刑诉法解释》总结推进以审判为中心刑事诉讼制度改革的经验和成果,对"三项规程"的有关规定予以吸收,进一步丰富细化审判程序的内容。但是,考虑到"三项规程"系试行规定,故仅对部分试行反映良好的内容予以吸收。对于未予吸收部分的适用,需要实践根据具体情况妥当把握。——**本评注注**

议;被告人申请参加庭前会议或者申请排除非法证据等情形的,人民法院应当通知被告人到场;有多名被告人的案件,主持人可以根据案件情况确定参加庭前会议的被告人。

被告人申请排除非法证据,但没有辩护人的,人民法院应当通知法律援助机构指派律师为被告人提供帮助。

庭前会议中进行附带民事调解的,人民法院应当通知附带民事诉讼当事人到场。

第四条 被告人不参加庭前会议的,辩护人应当在召开庭前会议前就庭前会议处理事项听取被告人意见。

第五条 庭前会议一般不公开进行。

根据案件情况,庭前会议可以采用视频会议等方式进行。

第六条 根据案件情况,庭前会议可以在开庭审理前多次召开;休庭后,可以在再次开庭前召开庭前会议。

第七条 庭前会议应当在法庭或者其他办案场所召开。被羁押的被告人参加的,可以在看守所办案场所召开。

被告人参加庭前会议,应当有法警在场。

第八条 人民法院应当根据案件情况,综合控辩双方意见,确定庭前会议需要处理的事项,并在召开庭前会议三日前,将会议的时间、地点、人员和事项等通知参会人员。通知情况应当记录在案。

被告人及其辩护人在开庭审理前申请排除非法证据的,人民法院应当在召开庭前会议三日前,将申请书及相关线索或者材料的复制件送交人民检察院。

第九条 庭前会议开始后,主持人应当核实参会人员情况,宣布庭前会议需要处理的事项。有多名被告人参加庭前会议,涉及事实证据问题的,应当组织各被告人分别参加,防止串供。

第十条 庭前会议中,主持人可以就下列事项向控辩双方了解情况,听取意见:

(一)是否对案件管辖有异议;

(二)是否申请有关人员回避;

(三)是否申请不公开审理;

(四)是否申请排除非法证据;

(五)是否申请提供新的证据材料;

(六)是否申请重新鉴定或者勘验;

(七)是否申请调取在侦查、审查起诉期间公安机关、人民检察院收集但未

随案移送的证明被告人无罪或者罪轻的证据材料;

(八)是否申请向证人或有关单位、个人收集、调取证据材料;

(九)是否申请证人、鉴定人、侦查人员、有专门知识的人出庭,是否对出庭人员名单有异议;

(十)与审判相关的其他问题。

对于前款规定中可能导致庭审中断的事项,人民法院应当依法作出处理,在开庭审理前告知处理决定,并说明理由。控辩双方没有新的理由,在庭审中再次提出有关申请或者异议的,法庭应当依法予以驳回。

第十一条 被告人及其辩护人对案件管辖提出异议,应当说明理由。人民法院经审查认为异议成立的,应当依法将案件退回人民检察院或者移送有管辖权的人民法院;认为本院不宜行使管辖权的,可以请求上一级人民法院处理。人民法院经审查认为异议不成立的,应当依法驳回异议。

第十二条 被告人及其辩护人申请审判人员、书记员、翻译人员、鉴定人回避,应当说明理由。人民法院经审查认为申请成立的,应当依法决定有关人员回避;认为申请不成立的,应当依法驳回申请。

被告人及其辩护人申请回避被驳回的,可以在接到决定时申请复议一次。对于不属于刑事诉讼法第二十八条、第二十九条规定情形的,回避申请被驳回后,不得申请复议。

被告人及其辩护人申请检察人员回避的,人民法院应当通知人民检察院。

第十三条 被告人及其辩护人申请不公开审理,人民法院经审查认为案件涉及国家秘密或者个人隐私的,应当准许;认为案件涉及商业秘密的,可以准许。

第十四条 被告人及其辩护人在开庭审理前申请排除非法证据,并依照法律规定提供相关线索或者材料的,人民检察院应当在庭前会议中通过出示有关证据材料等方式,有针对性地对证据收集的合法性作出说明。人民法院可以对有关证据材料进行核实;经控辩双方申请,可以有针对性地播放讯问录音录像。

人民检察院可以撤回有关证据,撤回的证据,没有新的理由,不得在庭审中出示。被告人及其辩护人可以撤回排除非法证据的申请,撤回申请后,没有新的线索或者材料,不得再次对有关证据提出排除申请。

控辩双方在庭前会议中对证据收集的合法性未达成一致意见,人民法院应当开展庭审调查,但公诉人提供的相关证据材料确实、充分,能够排除非法取证情形,且没有新的线索或者材料表明可能存在非法取证的,庭审调查举证、质证可以简化。

第十五条 控辩双方申请重新鉴定或者勘验,应当说明理由。人民法院经审查认为理由成立,有关证据材料可能影响定罪量刑且不能补正的,应当准许。

第十六条 被告人及其辩护人书面申请调取公安机关、人民检察院在侦查、审查起诉期间收集但未随案移送的证明被告人无罪或者罪轻的证据材料,并提供相关线索或者材料的,人民法院应当调取,并通知人民检察院在收到调取决定书后三日内移交。

被告人及其辩护人申请向证人或有关单位、个人收集、调取证据材料,应当说明理由。人民法院经审查认为有关证据材料可能影响定罪量刑的,应当准许;认为有关证据材料与案件无关或者明显重复、没有必要的,可以不予准许。

第十七条 控辩双方申请证人、鉴定人、侦查人员、有专门知识的人出庭,应当说明理由。人民法院经审查认为理由成立的,应当通知有关人员出庭。

控辩双方对出庭证人、鉴定人、侦查人员、有专门知识的人的名单有异议,人民法院经审查认为异议成立的,应当依法作出处理;认为异议不成立的,应当依法驳回。

人民法院通知证人、鉴定人、侦查人员、有专门知识的人等出庭后,应当告知控辩双方协助有关人员到庭。

第十八条 召开庭前会议前,人民检察院应当将全部证据材料移送人民法院。被告人及其辩护人应当将收集的有关被告人不在犯罪现场、未达到刑事责任年龄、属于依法不负刑事责任的精神病人等证明被告人无罪或者依法不负刑事责任的全部证据材料提交人民法院。

人民法院收到控辩双方移送或者提交的证据材料后,应当通知对方查阅、摘抄、复制。

第十九条 庭前会议中,对于控辩双方决定在庭审中出示的证据,人民法院可以组织展示有关证据,听取控辩双方对在案证据的意见,梳理存在争议的证据。

对于控辩双方在庭前会议中没有争议的证据材料,庭审时举证、质证可以简化。

人民法院组织展示证据的,一般应当通知被告人到场,听取被告人意见;被告人不到场的,辩护人应当在召开庭前会议前听取被告人意见。

第二十条 人民法院可以在庭前会议中归纳控辩双方的争议焦点。对控辩双方没有争议或者达成一致意见的事项,可以在庭审中简化审理。

人民法院可以组织控辩双方协商确定庭审的举证顺序、方式等事项,明确法庭调查的方式和重点。协商不成的事项,由人民法院确定。

第二十一条 对于被告人在庭前会议前不认罪,在庭前会议中又认罪的案件,人民法院核实被告人认罪的自愿性和真实性后,可以依法适用速裁程序或者简易程序审理。

第二十二条 人民法院在庭前会议中听取控辩双方对案件事实证据的意见后,对于明显事实不清、证据不足的案件,可以建议人民检察院补充材料或者撤回起诉。建议撤回起诉的案件,人民检察院不同意的,人民法院开庭审理后,没有新的事实和理由,一般不准许撤回起诉。

第二十三条 庭前会议情况应当制作笔录,由参会人员核对后签名。

庭前会议结束后应当制作庭前会议报告,说明庭前会议的基本情况、与审判相关的问题的处理结果、控辩双方的争议焦点以及就相关事项达成的一致意见等。

第二十四条 对于召开庭前会议的案件,在宣读起诉书后,法庭应当宣布庭前会议报告的主要内容;有多起犯罪事实的案件,可以在有关犯罪事实的法庭调查开始前,分别宣布庭前会议报告的相关内容;对庭前会议处理管辖异议、申请回避、申请不公开审理等事项的,法庭可以在告知当事人诉讼权利后宣布庭前会议报告的相关内容。

第二十五条 宣布庭前会议报告后,对于庭前会议中达成一致意见的事项,法庭向控辩双方核实后当庭予以确认;对于未达成一致意见的事项,法庭可以归纳控辩双方争议焦点,听取控辩双方意见,依法作出处理。

控辩双方在庭前会议中就有关事项达成一致意见,在庭审中反悔的,除有正当理由外,法庭一般不再进行处理。

第二十六条 第二审人民法院召开庭前会议的,参照上述规定。

第二十七条 本规程自2018年1月1日起试行。

《人民法院办理刑事案件排除非法证据规程(试行)》(法发〔2017〕31号,自2018年1月1日起试行)

为贯彻落实最高人民法院、最高人民检察院、公安部、国家安全部、司法部《关于推进以审判为中心的刑事诉讼制度改革的意见》和《关于办理刑事案件严格排除非法证据若干问题的规定》,规范非法证据排除程序,准确惩罚犯罪,切实保障人权,有效防范冤假错案,根据法律规定,结合司法实际,制定本规程。

第一条 采用下列非法方法收集的被告人供述,应当予以排除:

(一)采用殴打、违法使用戒具等暴力方法或者变相肉刑的恶劣手段,使被告人遭受难以忍受的痛苦而违背意愿作出的供述;

(二)采用以暴力或者严重损害本人及其近亲属合法权益等进行威胁的方法,使被告人遭受难以忍受的痛苦而违背意愿作出的供述;

（三）采用非法拘禁等非法限制人身自由的方法收集的被告人供述。

采用刑讯逼供方法使被告人作出供述，之后被告人受该刑讯逼供行为影响而作出的与该供述相同的重复性供述，应当一并排除，但下列情形除外：

（一）侦查期间，根据控告、举报或者自己发现等，侦查机关确认或者不能排除以非法方法收集证据而更换侦查人员，其他侦查人员再次讯问时告知诉讼权利和认罪的法律后果，被告人自愿供述的；

（二）审查逮捕、审查起诉和审判期间，检察人员、审判人员讯问时告知诉讼权利和认罪的法律后果，被告人自愿供述的。

第二条 采用暴力、威胁以及非法限制人身自由等非法方法收集的证人证言、被害人陈述，应当予以排除。

第三条 采用非法搜查、扣押等违反法定程序的方法收集物证、书证，可能严重影响司法公正的，应当予以补正或者作出合理解释；不能补正或者作出合理解释的，对有关证据应当予以排除。

第四条 依法予以排除的非法证据，不得宣读、质证，不得作为定案的根据。

第五条 被告人及其辩护人申请排除非法证据，应当提供相关线索或者材料。"线索"是指内容具体、指向明确的涉嫌非法取证的人员、时间、地点、方式等；"材料"是指能够反映非法取证的伤情照片、体检记录、医院病历、讯问笔录、讯问录音录像或者同监室人员的证言等。

被告人及其辩护人申请排除非法证据，应当向人民法院提交书面申请。被告人书写确有困难的，可以口头提出申请，但应当记录在案，并由被告人签名或者捺印。

第六条 证据收集合法性的举证责任由人民检察院承担。

人民检察院未提供证据，或者提供的证据不能证明证据收集的合法性，经过法庭审理，确认或者不能排除以非法方法收集证据情形的，对有关证据应当予以排除。

第七条 开庭审理前，承办法官应当阅卷，并对证据收集的合法性进行审查：

（一）被告人在侦查、审查起诉阶段是否提出排除非法证据申请；提出申请的，是否提供相关线索或者材料；

（二）侦查机关、人民检察院是否对证据收集的合法性进行调查核实；调查核实的，是否作出调查结论；

（三）对于重大案件，人民检察院驻看守所检察人员在侦查终结前是否核查讯问的合法性，是否对核查过程同步录音录像；进行核查的，是否作出核查结论；

(四)对于人民检察院在审查逮捕、审查起诉阶段排除的非法证据,是否随案移送并写明为依法排除的非法证据。

人民法院对证据收集的合法性进行审查后,认为需要补充证据材料的,应当通知人民检察院在三日内补送。

第八条 人民法院向被告人及其辩护人送达起诉书副本时,应当告知其有权在开庭审理前申请排除非法证据并同时提供相关线索或者材料。上述情况应当记录在案。

被告人申请排除非法证据,但没有辩护人的,人民法院应当通知法律援助机构指派律师为其提供辩护。

第九条 被告人及其辩护人申请排除非法证据,应当在开庭审理前提出,但在庭审期间发现相关线索或者材料等情形除外。

第十条 被告人及其辩护人申请排除非法证据,并提供相关线索或者材料的,人民法院应当召开庭前会议,并在召开庭前会议三日前将申请书和相关线索或者材料的复制件送交人民检察院。

被告人及其辩护人申请排除非法证据,未提供相关线索或者材料的,人民法院应当告知其补充提交。被告人及其辩护人未能补充的,人民法院对申请不予受理,并在开庭审理前告知被告人及其辩护人。上述情况应当记录在案。

第十一条 对于可能判处无期徒刑、死刑或者黑社会性质组织犯罪、严重毒品犯罪等重大案件,被告人在驻看守所检察人员对讯问的合法性进行核查询问时,明确表示侦查阶段没有刑讯逼供等非法取证情形,在审判阶段又提出排除非法证据申请的,应当说明理由。人民法院经审查对证据收集的合法性没有疑问的,可以驳回申请。

驻看守所检察人员在重大案件侦查终结前未对讯问的合法性进行核查询问,或者未对核查询问过程全程同步录音录像,被告人及其辩护人在审判阶段提出排除非法证据申请,提供相关线索或者材料,人民法院对证据收集的合法性有疑问的,应当依法进行调查。

第十二条 在庭前会议中,人民法院对证据收集的合法性进行审查的,一般按照以下步骤进行:

(一)被告人及其辩护人说明排除非法证据的申请及相关线索或者材料;

(二)公诉人提供证明证据收集合法性的证据材料;

(三)控辩双方对证据收集的合法性发表意见;

(四)控辩双方对证据收集的合法性未达成一致意见的,审判人员归纳争议焦点。

第十三条 在庭前会议中,人民检察院应当通过出示有关证据材料等方式,有针对性地对证据收集的合法性作出说明。人民法院可以对有关材料进行核实,经控辩双方申请,可以有针对性地播放讯问录音录像。

第十四条 在庭前会议中,人民检察院可以撤回有关证据。撤回的证据,没有新的理由,不得在庭审中出示。

被告人及其辩护人可以撤回排除非法证据的申请。撤回申请后,没有新的线索或者材料,不得再次对有关证据提出排除申请。

第十五条 控辩双方在庭前会议中对证据收集的合法性达成一致意见的,法庭应当在庭审中向控辩双方核实并当庭予以确认。对于一方在庭审中反悔的,除有正当理由外,法庭一般不再进行审查。

控辩双方在庭前会议中对证据收集的合法性未达成一致意见,人民法院应当在庭审中进行调查,但公诉人提供的相关证据材料确实、充分,能够排除非法取证情形,且没有新的线索或者材料表明可能存在非法取证的,庭审调查举证、质证可以简化。

第十六条 审判人员应当在庭前会议报告中说明证据收集合法性的审查情况,主要包括控辩双方的争议焦点以及就相关事项达成的一致意见等内容。

第十七条 被告人及其辩护人在开庭审理前未申请排除非法证据,在庭审过程中提出申请的,应当说明理由。人民法院经审查,对证据收集的合法性有疑问的,应当进行调查;没有疑问的,应当驳回申请。

人民法院驳回排除非法证据的申请后,被告人及其辩护人没有新的线索或者材料,以相同理由再次提出申请的,人民法院不再审查。

第十八条 人民法院决定对证据收集的合法性进行法庭调查的,应当先行当庭调查。对于被申请排除的证据和其他犯罪事实没有关联等情形,为防止庭审过分迟延,可以先调查其他犯罪事实,再对证据收集的合法性进行调查。

在对证据收集合法性的法庭调查程序结束前,不得对有关证据宣读、质证。

第十九条 法庭决定对证据收集的合法性进行调查的,一般按照以下步骤进行:

(一)召开庭前会议的案件,法庭应当在宣读起诉书后,宣布庭前会议中对证据收集合法性的审查情况,以及控辩双方的争议焦点;

(二)被告人及其辩护人说明排除非法证据的申请及相关线索或者材料;

(三)公诉人出示证明证据收集合法性的证据材料,被告人及其辩护人可以对相关证据进行质证,经审判长准许,公诉人、辩护人可以向出庭的侦查人员或者其他人员发问;

(四)控辩双方对证据收集的合法性进行辩论。

第二十条 公诉人对证据收集的合法性加以证明,可以出示讯问笔录、提讯登记、体检记录、采取强制措施或者侦查措施的法律文书、侦查终结前对讯问合法性的核查材料等证据材料,也可以针对被告人及其辩护人提出异议的讯问时段播放讯问录音录像,提请法庭通知侦查人员或者其他人员出庭说明情况。不得以侦查人员签名并加盖公章的说明材料替代侦查人员出庭。

庭审中,公诉人当庭不能举证或者为提供新的证据需要补充侦查,建议延期审理的,法庭可以同意。

第二十一条 被告人及其辩护人可以出示相关线索或者材料,并申请法庭播放特定讯问时段的讯问录音录像。

被告人及其辩护人向人民法院申请调取侦查机关、人民检察院收集但未提交的讯问录音录像、体检记录等证据材料,人民法院经审查认为该证据材料与证据收集的合法性有关的,应当予以调取;认为与证据收集的合法性无关的,应当决定不予调取,并向被告人及其辩护人说明理由。

被告人及其辩护人申请人民法院通知侦查人员或者其他人员出庭说明情况,人民法院认为确有必要的,可以通知上述人员出庭。

第二十二条 法庭对证据收集的合法性进行调查的,应当重视对讯问录音录像的审查,重点审查以下内容:

(一)讯问录音录像是否依法制作。对于可能判处无期徒刑、死刑的案件或者其他重大犯罪案件,是否对讯问过程进行录音录像;

(二)讯问录音录像是否完整。是否对每一次讯问过程录音录像,录音录像是否全程不间断进行,是否有选择性录制、剪接、删改等情形;

(三)讯问录音录像是否同步制作。录音录像是否自讯问开始时制作,至犯罪嫌疑人核对讯问笔录、签字确认后结束;讯问笔录记载的起止时间是否与讯问录音录像反映的起止时间一致;

(四)讯问录音录像与讯问笔录的内容是否存在差异。对与定罪量刑有关的内容,讯问笔录记载的内容与讯问录音录像是否存在实质性差异,存在实质性差异的,以讯问录音录像为准。

第二十三条 侦查人员或者其他人员出庭的,应当向法庭说明证据收集过程,并就相关情况接受发问。对发问方式不当或者内容与证据收集的合法性无关的,法庭应当制止。

经人民法院通知,侦查人员不出庭说明情况,不能排除以非法方法收集证据情形的,对有关证据应当予以排除。

第二十四条 人民法院对控辩双方提供的证据来源、内容等有疑问的,可以告知控辩双方补充证据或者作出说明;必要时,可以宣布休庭,对证据进行调查核实。法庭调查核实证据,可以通知控辩双方到场,并将核实过程记录在案。

对于控辩双方补充的和法庭庭外调查核实取得的证据,未经当庭出示、质证等法庭调查程序查证属实,不得作为证明证据收集合法性的根据。

第二十五条 人民法院对证据收集的合法性进行调查后,应当当庭作出是否排除有关证据的决定。必要时,可以宣布休庭,由合议庭评议或者提交审判委员会讨论,再次开庭时宣布决定。

第二十六条 经法庭审理,具有下列情形之一的,对有关证据应当予以排除:

(一)确认以非法方法收集证据的;

(二)应当对讯问过程录音录像的案件没有提供讯问录音录像,或者讯问录音录像存在选择性录制、剪接、删改等情形,现有证据不能排除以非法方法收集证据的;

(三)侦查机关除紧急情况外没有在规定的办案场所讯问,现有证据不能排除以非法方法收集证据的;

(四)驻看守所检察人员在重大案件侦查终结前未对讯问合法性进行核查,或者未对核查过程同步录音录像,或者录音录像存在选择性录制、剪接、删改等情形,现有证据不能排除以非法方法收集证据的;

(五)其他不能排除存在以非法方法收集证据的。

第二十七条 人民法院对证人证言、被害人陈述、物证、书证等证据收集合法性的审查、调查程序,参照上述规定。

第二十八条 人民法院对证据收集合法性的审查、调查结论,应当在裁判文书中写明,并说明理由。

第二十九条 人民检察院、被告人及其法定代理人提出抗诉、上诉,对第一审人民法院有关证据收集合法性的审查、调查结论提出异议的,第二审人民法院应当审查。

第三十条 被告人及其辩护人在第一审程序中未提出排除非法证据的申请,在第二审程序中提出申请,有下列情形之一的,第二审人民法院应当审查:

(一)第一审人民法院没有依法告知被告人申请排除非法证据的权利的;

(二)被告人及其辩护人在第一审庭审后发现涉嫌非法取证的相关线索或者材料的。

第三十一条 人民检察院应当在第一审程序中全面出示证明证据收集合法

性的证据材料。

人民检察院在第一审程序中未出示证明证据收集合法性的证据,第一审人民法院依法排除有关证据的,人民检察院在第二审程序中不得出示之前未出示的证据,但在第一审程序后发现的除外。

第三十二条 第二审人民法院对证据收集合法性的调查,参照上述第一审程序的规定。

第三十三条 第一审人民法院对被告人及其辩护人排除非法证据的申请未予审查,并以有关证据作为定案的根据,可能影响公正审判的,第二审人民法院应当裁定撤销原判,发回原审人民法院重新审判。

第三十四条 第一审人民法院对依法应当排除的非法证据未予排除的,第二审人民法院可以依法排除相关证据。排除非法证据后,应当按照下列情形分别作出处理:

(一)原判决认定事实和适用法律正确、量刑适当的,应当裁定驳回上诉或者抗诉,维持原判;

(二)原判决认定事实没有错误,但适用法律有错误,或者量刑不当的,应当改判;

(三)原判决事实不清或者证据不足的,可以在查清事实后改判;也可以裁定撤销原判,发回原审人民法院重新审判。

第三十五条 审判监督程序、死刑复核程序中对证据收集合法性的审查、调查,参照上述规定。

第三十六条 本规程自2018年1月1日起试行。

《人民法院办理刑事案件第一审普通程序法庭调查规程(试行)》(法发〔2017〕31号,自2018年1月1日起试行)

为贯彻落实最高人民法院、最高人民检察院、公安部、国家安全部、司法部《关于推进以审判为中心的刑事诉讼制度改革的意见》,规范法庭调查程序,提高庭审质量和效率,确保诉讼证据出示在法庭、案件事实查明在法庭、诉辩意见发表在法庭、裁判结果形成在法庭,根据法律规定,结合司法实际,制定本规程。

一、一般规定

第一条 法庭应当坚持证据裁判原则。认定案件事实,必须以证据为根据。法庭调查应当以证据调查为中心,法庭认定并依法排除的非法证据,不得宣读、质证。证据未经当庭出示、宣读、辨认、质证等法庭调查程序查证属实,不得作为定案的根据。

第二条 法庭应当坚持程序公正原则。人民检察院依法承担被告人有罪的举证责任,被告人不承担证明自己无罪的责任。法庭应当居中裁判,严格执行法定的审判程序,确保控辩双方在法庭调查环节平等对抗,通过法庭审判的程序公正实现案件裁判的实体公正。

第三条 法庭应当坚持集中审理原则。规范庭前准备程序,避免庭审出现不必要的迟延和中断。承办法官应当在开庭前阅卷,确定法庭审理方案,并向合议庭通报开庭准备情况。召开庭前会议的案件,法庭可以依法处理可能导致庭审中断的事项,组织控辩双方展示证据,归纳控辩双方争议焦点。

第四条 法庭应当坚持诉权保障原则。依法保障当事人和其他诉讼参与人的知情权、陈述权、辩护辩论权、申请权、申诉权,依法保障辩护人发问、质证、辩论辩护等权利,完善便利辩护人参与诉讼的工作机制。

二、宣布开庭和讯问、发问程序

第五条 法庭宣布开庭后,应当告知当事人在法庭审理过程中依法享有的诉讼权利。

对于召开庭前会议的案件,在庭前会议中处理诉讼权利事项的,可以在开庭后告知诉讼权利的环节,一并宣布庭前会议对有关事项的处理结果。

第六条 公诉人宣读起诉书后,对于召开庭前会议的案件,法庭应当宣布庭前会议报告的主要内容。有多起犯罪事实的案件,法庭可以在有关犯罪事实的法庭调查开始前,分别宣布庭前会议报告的相关内容。

对于庭前会议中达成一致意见的事项,法庭可以向控辩双方核实后当庭予以确认;对于未达成一致意见的事项,法庭可以在庭审涉及该事项的环节归纳争议焦点,听取控辩双方意见,依法作出处理。

第七条 公诉人宣读起诉书后,审判长应当询问被告人对起诉书指控的犯罪事实是否有异议,听取被告人的供述和辩解。对于被告人当庭认罪的案件,应当核实被告人认罪的自愿性和真实性,听取其供述和辩解。

在审判长主持下,公诉人可以就起诉书指控的犯罪事实讯问被告人,为防止庭审过分迟延,就证据问题向被告人的讯问可在举证、质证环节进行。经审判长准许,被害人及其法定代理人、诉讼代理人可以就公诉人讯问的犯罪事实补充发问;附带民事诉讼原告人及其法定代理人、诉讼代理人可以就附带民事部分的事实向被告人发问;被告人的法定代理人、辩护人,附带民事诉讼被告人及其法定代理人、诉讼代理人可以在控诉一方就某一问题讯问完毕后向被告人发问。有多名被告人的案件,辩护人对被告人的发问,应当在审判长主持下,先由被告人本人的辩护人进行,再由其他被告人的辩护人进行。

第八条 有多名被告人的案件,对被告人的讯问应当分别进行。

被告人供述之间存在实质性差异的,法庭可以传唤有关被告人到庭对质。审判长可以分别讯问被告人,就供述的实质性差异进行调查核实。经审判长准许,控辩双方可以向被告人讯问、发问。审判长认为有必要的,可以准许被告人之间相互发问。

根据案件审理需要,审判长可以安排被告人与证人、被害人依照前款规定的方式进行对质。

第九条 申请参加庭审的被害人众多,且案件不属于附带民事诉讼范围的,被害人可以推选若干代表人参加或者旁听庭审,人民法院也可以指定若干代表人。

对被告人讯问、发问完毕后,其他证据出示前,在审判长主持下,参加庭审的被害人可以就起诉书指控的犯罪事实作出陈述。经审判长准许,控辩双方可以在被害人陈述后向被害人发问。

第十条 为解决被告人供述和辩解中的疑问,审判人员可以讯问被告人,也可以向被害人、附带民事诉讼当事人发问。

第十一条 有多起犯罪事实的案件,对被告人不认罪的事实,法庭调查一般应当分别进行。

被告人不认罪或者认罪后又反悔的案件,法庭应当对与定罪和量刑有关的事实、证据进行全面调查。

被告人当庭认罪的案件,法庭核实被告人认罪的自愿性和真实性,确认被告人知悉认罪的法律后果后,可以重点围绕量刑事实和其他有争议的问题进行调查。

三、出庭作证程序

第十二条 控辩双方可以申请法庭通知证人、鉴定人、侦查人员和有专门知识的人等出庭。

被害人及其法定代理人、诉讼代理人,附带民事诉讼原告人及其诉讼代理人也可以提出上述申请。

第十三条 控辩双方对证人证言、被害人陈述有异议,申请证人、被害人出庭,人民法院经审查认为证人证言、被害人陈述对案件定罪量刑有重大影响的,应当通知证人、被害人出庭。

控辩双方对鉴定意见有异议,申请鉴定人或者有专门知识的人出庭,人民法院经审查认为有必要的,应当通知鉴定人或者有专门知识的人出庭。

控辩双方对侦破经过、证据来源、证据真实性或者证据收集合法性等有异议,申请侦查人员或者有关人员出庭,人民法院经审查认为有必要的,应当通知侦查人员或者有关人员出庭。

为查明案件事实、调查核实证据,人民法院可以依职权通知上述人员到庭。

人民法院通知证人、被害人、鉴定人、侦查人员、有专门知识的人等出庭的,控辩双方协助有关人员到庭。

第十四条 应当出庭作证的证人,在庭审期间因身患严重疾病等客观原因确实无法出庭的,可以通过视频等方式作证。

证人视频作证的,发问、质证参照证人出庭作证的程序进行。

前款规定适用于被害人、鉴定人、侦查人员。

第十五条 人民法院通知出庭的证人,无正当理由拒不出庭的,可以强制其出庭,但是被告人的配偶、父母、子女除外。

强制证人出庭的,应当由院长签发强制证人出庭令,并由法警执行。必要时,可以商请公安机关协助执行。

第十六条 证人、鉴定人、被害人因出庭作证,本人或者其近亲属的人身安全面临危险的,人民法院应当采取不公开其真实姓名、住址和工作单位等个人信息,或者不暴露其外貌、真实声音等保护措施。

决定对出庭作证的证人、鉴定人、被害人采取不公开个人信息的保护措施的,审判人员应当在开庭前核实其身份,对证人、鉴定人如实作证的保证书不得公开,在判决书、裁定书等法律文书中可以使用化名等代替其个人信息。

审判期间,证人、鉴定人、被害人提出保护请求的,人民法院应当立即审查,确有必要的,应当及时决定采取相应的保护措施。必要时,可以商请公安机关采取专门性保护措施。

第十七条 证人、鉴定人和有专门知识的人出庭作证所支出的交通、住宿、就餐等合理费用,除由控辩双方支付的以外,列入出庭作证补助专项经费,在出庭作证后由人民法院依照规定程序发放。

第十八条 证人、鉴定人出庭,法庭应当当庭核实其身份、与当事人以及本案的关系,审查证人、鉴定人的作证能力、专业资质,并告知其有关作证的权利义务和法律责任。

证人、鉴定人作证前,应当保证向法庭如实提供证言、说明鉴定意见,并在保证书上签名。

第十九条 证人出庭后,先向法庭陈述证言,然后先由举证方发问;发问完毕后,对方也可以发问。根据案件审理需要,也可以先由申请方发问。

控辩双方向证人发问完毕后,可以发表本方对证人证言的质证意见。控辩双方如有新的问题,经审判长准许,可以再行向证人发问。

审判人员认为必要时，可以询问证人。法庭依职权通知证人出庭的情形，审判人员应当主导对证人的询问。经审判长准许，被告人可以向证人发问。

第二十条 向证人发问应当遵循以下规则：
（一）发问内容应当与案件事实有关；
（二）不得采用诱导方式发问；
（三）不得威胁或者误导证人；
（四）不得损害证人人格尊严；
（五）不得泄露证人个人隐私。

第二十一条 控辩一方发问方式不当或者内容与案件事实无关，违反有关发问规则的，对方可以提出异议。对方当庭提出异议的，发问方应当说明发问理由，审判长判明情况予以支持或者驳回；对方未当庭提出异议的，审判长也可以根据情况予以制止。

第二十二条 审判长认为证人当庭陈述的内容与案件事实无关或者明显重复的，可以进行必要的提示。

第二十三条 有多名证人出庭作证的案件，向证人发问应当分别进行。

多名证人出庭作证的，应当在法庭指定的地点等候，不得谈论案情，必要时可以采取隔离等候措施。证人出庭作证后，审判长应当通知法警引导其退庭。证人不得旁听对案件的审理。

被害人没有列为当事人参加法庭审理，仅出庭陈述案件事实的，参照适用前款规定。

第二十四条 证人证言之间存在实质性差异的，法庭可以传唤有关证人到庭对质。

审判长可以分别询问证人，就证言的实质性差异进行调查核实。经审判长准许，控辩双方可以向证人发问。审判长认为有必要的，可以准许证人之间相互发问。

第二十五条 证人出庭作证的，其庭前证言一般不再出示、宣读，但下列情形除外：
（一）证人出庭作证时遗忘或者遗漏庭前证言的关键内容，需要向证人作出必要提示的；
（二）证人的当庭证言与庭前证言存在矛盾，需要证人作出合理解释的。

为核实证据来源、证据真实性等问题，或者帮助证人回忆，经审判长准许，控辩双方可以在询问证人时向其出示物证、书证等证据。

第二十六条 控辩双方可以申请法庭通知有专门知识的人出庭，协助本方就鉴定意见进行质证。有专门知识的人可以与鉴定人同时出庭，在鉴定人作证后向鉴定人发问,并对案件中的专门性问题提出意见。

申请有专门知识的人出庭,应当提供人员名单,并不得超过二人。有多种类鉴定意见的,可以相应增加人数。

第二十七条 对被害人、鉴定人、侦查人员、有专门知识的人的发问,参照适用证人的有关规定。

同一鉴定意见由多名鉴定人作出,有关鉴定人以及对该鉴定意见进行质证的有专门知识的人,可以同时出庭,不受分别发问规则的限制。

四、举证、质证程序

第二十八条 开庭讯问、发问结束后,公诉人先行举证。公诉人举证完毕后,被告人及其辩护人举证。

公诉人出示证据后,经审判长准许,被告人及其辩护人可以有针对性地出示证据予以反驳。

控辩一方举证后,对方可以发表质证意见。必要时,控辩双方可以对争议证据进行多轮质证。

被告人及其辩护人认为公诉人出示的有关证据对本方诉讼主张有利的,可以在发表质证意见时予以认可,或者在发表辩护意见时直接援引有关证据。

第二十九条 控辩双方随案移送或者庭前提交,但没有当庭出示的证据,审判长可以进行必要的提示;对于其中可能影响定罪量刑的关键证据,审判长应当提示控辩双方出示。

对于案件中可能影响定罪量刑的事实、证据存在疑问,控辩双方没有提及的,审判长应当引导控辩双方发表质证意见,并依法调查核实。

第三十条 法庭应当重视对证据收集合法性的审查,对证据收集的合法性有疑问的,应当调查核实证明取证合法性的证据材料。

对于被告人及其辩护人申请排除非法证据,依法提供相关线索或者材料,法庭对证据收集的合法性有疑问,决定进行调查的,一般应当先行当庭调查。

第三十一条 对于可能影响定罪量刑的关键证据和控辩双方存在争议的证据,一般应当单独举证、质证,充分听取质证意见。

对于控辩双方无异议的非关键性证据,举证方可以仅就证据的名称及其证明的事项作出说明,对方可以发表质证意见。

召开庭前会议的案件,举证、质证可以按照庭前会议确定的方式进行。根据案件审理需要,法庭可以对控辩双方的举证、质证方式进行必要的提示。

第三十二条 物证、书证、视听资料、电子数据等证据,应当出示原物、原件。取得原物、原件确有困难的,可以出示照片、录像、副本、复制件等足以反映原物、原件外形和特征以及真实内容的材料,并说明理由。

对于鉴定意见和勘验、检查、辨认、侦查实验等笔录,应当出示原件。

第三十三条 控辩双方出示证据,应当重点围绕与案件事实相关的内容或者控辩双方存在争议的内容进行。

出示证据时,可以借助多媒体设备等方式出示、播放或者演示证据内容。

第三十四条 控辩双方对证人证言、被害人陈述、鉴定意见无异议,有关人员不需要出庭的,或者有关人员因客观原因无法出庭且无法通过视频等方式作证的,可以出示、宣读庭前收集的书面证据材料或者作证过程录音录像。

被告人当庭供述与庭前供述的实质性内容一致的,可以不再出示庭前供述;当庭供述与庭前供述存在实质性差异的,可以出示、宣读庭前供述中存在实质性差异的内容。

第三十五条 采用技术侦查措施收集的证据,应当当庭出示。当庭出示、辨认、质证可能危及有关人员的人身安全,或者可能产生其他严重后果的,应当采取不暴露有关人员身份、不公开技术侦查措施和方法等保护措施。

法庭决定在庭外对技术侦查证据进行核实的,可以召集公诉人和辩护律师到场。在场人员应当履行保密义务。

第三十六条 法庭对证据有疑问的,可以告知控辩双方补充证据或者作出说明;必要时,可以在其他证据调查完毕后宣布休庭,对证据进行调查核实。法庭调查核实证据,可以通知控辩双方到场,并将核实过程记录在案。

对于控辩双方补充的和法庭庭外调查核实取得的证据,应当经过庭审质证才能作为定案的根据。但是,对于不影响定罪量刑的非关键性证据和有利于被告人的量刑证据,经庭外征求意见,控辩双方没有异议的除外。

第三十七条 控辩双方申请出示庭前未移送或提交人民法院的证据,对方提出异议的,申请方应当说明理由,法庭经审查认为理由成立并确有出示必要的,应当准许。

对方提出需要对新的证据作辩护准备的,法庭可以宣布休庭,并确定准备的时间。

第三十八条 法庭审理过程中,控辩双方申请通知新的证人到庭,调取新的证据,申请重新鉴定或者勘验的,应当提供证人的基本信息、证据的存放地点,说明拟证明的案件事实、要求重新鉴定或者勘验的理由。法庭认为有必要的,应当同意,并宣布延期审理;不同意的,应当说明理由并继续审理。

第三十九条 公开审理案件时,控辩双方提出涉及国家秘密、商业秘密或者个人隐私的证据的,法庭应当制止。有关证据确与本案有关的,可以根据具体情况,决定将案件转为不公开审理,或者对相关证据的法庭调查不公开进行。

第四十条 审判期间,公诉人发现案件需要补充侦查,建议延期审理的,法庭可以同意,但建议延期审理不得超过两次。

人民检察院将补充收集的证据移送人民法院的,人民法院应当通知辩护人、诉讼代理人查阅、摘抄、复制。辩护方提出需要对补充收集的证据作辩护准备的,法庭可以宣布休庭,并确定准备的时间。

补充侦查期限届满后,经人民法院通知,人民检察院未建议案件恢复审理,且未说明原因的,人民法院可以决定按人民检察院撤诉处理。

第四十一条 人民法院向人民检察院调取需要调查核实的证据材料,或者根据被告人及其辩护人的申请,向人民检察院调取在侦查、审查起诉期间收集的有关被告人无罪或者罪轻的证据材料,应当通知人民检察院在收到调取证据材料决定书后三日内移交。

第四十二条 法庭除应当审查被告人是否具有法定量刑情节外,还应当根据案件情况审查以下影响量刑的情节:

(一)案件起因;
(二)被害人有无过错及过错程度,是否对矛盾激化负有责任及责任大小;
(三)被告人的近亲属是否协助抓获被告人;
(四)被告人平时表现,有无悔罪态度;
(五)退赃、退赔及赔偿情况;
(六)被告人是否取得被害人或者其近亲属谅解;
(七)影响量刑的其他情节。

第四十三条 审判期间,被告人及其辩护人提出有自首、坦白、立功等法定量刑情节,或者人民法院发现被告人可能有上述法定量刑情节,而人民检察院移送的案卷中没有相关证据材料的,应当通知人民检察院移送。

审判期间,被告人及其辩护人提出新的立功情节,并提供相关线索或者材料的,人民法院可以建议人民检察院补充侦查。

第四十四条 被告人当庭不认罪或者辩护人作无罪辩护的,法庭对定罪事实进行调查后,可以对与量刑有关的事实、证据进行调查。被告人及其辩护人可以当庭发表质证意见,出示证明被告人罪轻或者无罪的证据。被告人及其辩护人参加量刑事实、证据的调查,不影响无罪辩解或者辩护。

五、认证规则

第四十五条 经过控辩双方质证的证据,法庭应当结合控辩双方质证意见,从证据与待证事实的关联程度、证据之间的印证联系、证据自身的真实性程度等方面，综合判断证据能否作为定案的根据。

证据与待证事实没有关联，或者证据自身存在无法解释的疑问，或者证据与待证事实以及其他证据存在无法排除的矛盾的，不得作为定案的根据。

第四十六条 通过勘验、检查、搜查等方式收集的物证、书证等证据，未通过辨认、鉴定等方式确定其与案件事实的关联的，不得作为定案的根据。

法庭对鉴定意见有疑问的，可以重新鉴定。

第四十七条 收集证据的程序、方式不符合法律规定，严重影响证据真实性的，人民法院应当建议人民检察院予以补正或者作出合理解释；不能补正或者作出合理解释的，有关证据不得作为定案的根据。

第四十八条 证人没有出庭作证，其庭前证言真实性无法确认的，不得作为定案的根据。

证人当庭作出的证言与其庭前证言矛盾，证人能够作出合理解释，并与相关证据印证的，应当采信其庭审证言；不能作出合理解释，而其庭前证言与相关证据印证的，可以采信其庭前证言。

第四十九条 经人民法院通知，鉴定人拒不出庭作证的，鉴定意见不得作为定案的根据。

有专门知识的人当庭对鉴定意见提出质疑，鉴定人能够作出合理解释，并与相关证据印证的，应当采信鉴定意见；不能作出合理解释，无法确认鉴定意见可靠性的，有关鉴定意见不能作为定案的根据。

第五十条 被告人的当庭供述与庭前供述、自书材料存在矛盾，被告人能够作出合理解释，并与相关证据印证的，应当采信其当庭供述；不能作出合理解释，而其庭前供述、自书材料与相关证据印证的，可以采信其庭前供述、自书材料。

法庭应当结合讯问录音录像对讯问笔录进行全面审查。讯问笔录记载的内容与讯问录音录像存在实质性差异的，以讯问录音录像为准。

第五十一条 对于控辩双方提出的事实证据争议，法庭应当当庭进行审查，经审查后作出处理的，应当当庭说明理由，并在裁判文书中写明；需要庭后评议作出处理的，应当在裁判文书中说明理由。

第五十二条 法庭认定被告人有罪，必须达到犯罪事实清楚，证据确实、充分，对于定罪事实应当综合全案证据排除合理怀疑。定罪证据不足的案件，不能认定被告人有罪，应当作出证据不足、指控的犯罪不能成立的无罪判决。定罪证据确实、充分，量刑证据存疑的，应当作出有利于被告人的认定。

第五十三条 本规程自2018年1月1日起试行。

第一章
审判组织

第一百八十三条　【审判组织及合议庭人员的组成】基层人民法院、中级人民法院审判第一审案件,应当由审判员三人或者由审判员和人民陪审员共三人或者七人组成合议庭进行,但是基层人民法院适用简易程序、速裁程序的案件可以由审判员一人独任审判。

高级人民法院审判第一审案件,应当由审判员三人至七人或者由审判员和人民陪审员共三人或者七人组成合议庭进行。

最高人民法院审判第一审案件,应当由审判员三人至七人组成合议庭进行。

人民法院审判上诉和抗诉案件,由审判员三人或者五人组成合议庭进行。

合议庭的成员人数应当是单数。

立法沿革

1979年《刑事诉讼法》第一百零五条规定:"基层人民法院、中级人民法院审判第一审案件,除自诉案件和其他轻微的刑事案件可以由审判员一人独任审判以外,应当由审判员一人、人民陪审员二人组成合议庭进行。""高级人民法院、最高人民法院审判第一审案件,应当由审判员一人至三人、人民陪审员二人至四人组成合议庭进行。""人民陪审员在人民法院执行职务,同审判员有同等的权利。""人民法院审判上诉和抗诉案件,由审判员三人至五人组成合议庭进行。""合议庭由院长或者庭长指定审判员一人担任审判长。院长或者庭长参加审判案件的时候,自己担任审判长。"1996年《刑事诉讼法》对本条规定作了修改:一是将"自诉案件和其他轻微的刑事案件可以由审判员一人独任审判"修改为"基层人民法院适用简易程序的案件可以由审判员一人独任审判";二是增加规定"合议庭的成员人数应当是单数";三是将"审判员一人、人民陪审员二人组成合议庭"修改为"审判员三人或者由审判员和人民陪审员共三人组成合议庭",将"由审判员一人至三人、人民陪审员二人至四人组成合议庭"修改为"由审判员三人至七人或者由审判员和人民陪审员共三人至七人组成合议庭"。

2012年修改《刑事诉讼法》时对本条规定未作调整。2018年《刑事诉讼法修改决定》与《人民陪审员法》相衔接，对合议庭组成人员的构成作出修改，并对速裁程序适用独任审判作了规定。

相关规定

《中华人民共和国人民陪审员法》(自2018年4月27日起施行,节录)

第十四条 人民陪审员和法官组成合议庭审判案件,由法官担任审判长,可以组成三人合议庭,也可以由法官三人与人民陪审员四人组成七人合议庭。

第十五条 人民法院审判第一审刑事、民事、行政案件,有下列情形之一的,由人民陪审员和法官组成合议庭进行:

(一)涉及群体利益、公共利益的;

(二)人民群众广泛关注或者其他社会影响较大的;

(三)案情复杂或者有其他情形,需要由人民陪审员参加审判的。

人民法院审判前款规定的案件,法律规定由法官独任审理或者由法官组成合议庭审理的,从其规定。

第十六条 人民法院审判下列第一审案件,由人民陪审员和法官组成七人合议庭进行:

(一)可能判处十年以上有期徒刑、无期徒刑、死刑,社会影响重大的刑事案件;

(二)根据民事诉讼法、行政诉讼法提起的公益诉讼案件;

(三)涉及征地拆迁、生态环境保护、食品药品安全,社会影响重大的案件;

(四)其他社会影响重大的案件。

第十九条 基层人民法院审判案件需要由人民陪审员参加合议庭审判的,应当在人民陪审员名单中随机抽取确定。

中级人民法院、高级人民法院审判案件需要由人民陪审员参加合议庭审判的,在其辖区内的基层人民法院的人民陪审员名单中随机抽取确定。

《中华人民共和国人民法院组织法》(修订后自2019年1月1日起施行,节录)

第三十条 合议庭由法官组成,或者由法官和人民陪审员组成,成员为三人以上单数。

合议庭由一名法官担任审判长。院长或者庭长参加审理案件时,由自己担任审判长。

审判长主持庭审、组织评议案件,评议案件时与合议庭其他成员权利平等。

基本规范

《最高人民法院关于适用〈中华人民共和国刑事诉讼法〉的解释》(法释〔2021〕1号,自2021年3月1日起施行)

第八章 审判组织

第二百一十二条 合议庭由审判员担任审判长。院长或者庭长参加审理案件时,由其本人担任审判长。

审判员依法独任审判时,行使与审判长相同的职权。

第二百一十三条 基层人民法院、中级人民法院、高级人民法院审判下列第一审刑事案件,由审判员和人民陪审员组成合议庭进行:

(一)涉及群体利益、公共利益的;

(二)人民群众广泛关注或者其他社会影响较大的;

(三)案情复杂或者有其他情形,需要由人民陪审员参加审判的。

基层人民法院、中级人民法院、高级人民法院审判下列第一审刑事案件,由审判员和人民陪审员组成七人合议庭进行:

(一)可能判处十年以上有期徒刑、无期徒刑、死刑,且社会影响重大的;

(二)涉及征地拆迁、生态环境保护、食品药品安全,且社会影响重大的;

(三)其他社会影响重大的。

其他规范

《最高人民法院关于人民法院合议庭工作的若干规定》(法释〔2002〕25号,自2002年8月17日起施行)

为了进一步规范合议庭的工作程序,充分发挥合议庭的职能作用,根据《中华人民共和国人民法院组织法》、《中华人民共和国刑事诉讼法》、《中华人民共和国民事诉讼法》、《中华人民共和国行政诉讼法》等法律的有关规定,结合人民法院审判工作实际,制定本规定。

第一条 人民法院实行合议制审判第一审案件,由法官或者由法官和人民陪审员组成合议庭进行;人民法院实行合议制审判第二审案件和其他应当组成合议庭审判的案件,由法官组成合议庭进行。

人民陪审员在人民法院执行职务期间,除不能担任审判长外,同法官有同等的权利义务。

第二条 合议庭的审判长由符合审判长任职条件的法官担任。

院长或者庭长参加合议庭审判案件的时候,自己担任审判长。

第三条 合议庭组成人员确定后,除因回避或者其他特殊情况,不能继续参加案件审理的之外,不得在案件审理过程中更换。更换合议庭成员,应当报请院长或者庭长决定。合议庭成员的更换情况应当及时通知诉讼当事人。

第四条 合议庭的审判活动由审判长主持,全体成员平等参与案件的审理、评议、裁判,共同对案件认定事实和适用法律负责。

第五条 合议庭承担下列职责:

(一)根据当事人的申请或者案件的具体情况,可以作出财产保全、证据保全、先予执行等裁定;

(二)确定案件委托评估、委托鉴定等事项;

(三)依法开庭审理第一审、第二审和再审案件;

(四)评议案件;

(五)提请院长决定将案件提交审判委员会讨论决定;

(六)按照权限对案件及其有关程序性事项作出裁判或者提出裁判意见;

(七)制作裁判文书;

(八)执行审判委员会决定;

(九)办理有关审判的其他事项。

第六条 审判长履行下列职责:

(一)指导和安排审判辅助人员做好庭前调解、庭前准备及其他审判业务辅助性工作;

(二)确定案件审理方案、庭审提纲、协调合议庭成员的庭审分工以及做好其他必要的庭审准备工作;

(三)主持庭审活动;

(四)主持合议庭对案件进行评议;

(五)依照有关规定,提请院长决定将案件提交审判委员会讨论决定;

(六)制作裁判文书,审核合议庭其他成员制作的裁判文书;

(七)依照规定权限签发法律文书;

(八)根据院长或者庭长的建议主持合议庭对案件复议;

(九)对合议庭遵守案件审理期限制度的情况负责;

(十)办理有关审判的其他事项。

第七条 合议庭接受案件后,应当根据有关规定确定案件承办法官,或者由审判长指定案件承办法官。

第八条 在案件开庭审理过程中,合议庭成员必须认真履行法定职责,遵守《中华人民共和国法官职业道德基本准则》中有关司法礼仪的要求。

第九条 合议庭评议案件应当在庭审结束后五个工作日内进行。

第十条 合议庭评议案件时,先由承办法官对认定案件事实、证据是否确实、充分以及适用法律等发表意见,审判长最后发表意见;审判长作为承办法官的,由审判长最后发表意见。对案件的裁判结果进行评议时,由审判长最后发表意见。审判长应当根据评议情况总结合议庭评议的结论性意见。

合议庭成员进行评议的时候,应当认真负责,充分陈述意见,独立行使表决权,不得拒绝陈述意见或者仅作同意与否的简单表态。同意他人意见的,也应当提出事实根据和法律依据,进行分析论证。

合议庭成员对评议结果的表决,以口头表决的形式进行。

第十一条 合议庭进行评议的时候,如果意见分歧,应当按多数人的意见作出决定,但是少数人的意见应当写入笔录。

评议笔录由书记员制作,由合议庭的组成人员签名。

第十二条 合议庭应当依照规定的权限,及时对评议意见一致或者形成多数意见的案件直接作出判决或者裁定。但是对于下列案件,合议庭应当提请院长决定提交审判委员会讨论决定:

(一)拟判处死刑的;

(二)疑难、复杂、重大或者新类型的案件,合议庭认为有必要提交审判委员会讨论决定的;

(三)合议庭在适用法律方面有重大意见分歧的;

(四)合议庭认为需要提请审判委员会讨论决定的其他案件,或者本院审判委员会确定的应当由审判委员会讨论决定的案件。

第十三条 合议庭对审判委员会的决定有异议,可以提请院长决定提交审判委员会复议一次。

第十四条 合议庭一般应当在作出评议结论或者审判委员会作出决定后的五个工作日内制作出裁判文书。

第十五条 裁判文书一般由审判长或者承办法官制作。但是审判长或者承办法官的评议意见与合议庭评议结论或者审判委员会的决定有明显分歧的,也可以由其他合议庭成员制作裁判文书。

对制作的裁判文书,合议庭成员应当共同审核,确认无误后签名。

第十六条 院长、庭长可以对合议庭的评议意见和制作的裁判文书进行审核,但是不得改变合议庭的评议结论。

第十七条 院长、庭长在审核合议庭的评议意见和裁判文书过程中,对评议结论有异议的,可以建议合议庭复议,同时应当对要求复议的问题及理由提出书面意见。

合议庭复议后,庭长仍有异议的,可以将案件提请院长审核,院长可以提交审判委员会讨论决定。

第十八条 合议庭应当严格执行案件审理期限的有关规定。遇有特殊情况需要延长审理期限的,应当在审限届满前按规定的时限报请审批。

《最高人民法院关于进一步加强合议庭职责的若干规定》(法释〔2010〕1号,自2010年2月1日起施行)

为了进一步加强合议庭的审判职责,充分发挥合议庭的职能作用,根据《中华人民共和国人民法院组织法》和有关法律规定,结合人民法院工作实际,制定本规定。

第一条 合议庭是人民法院的基本审判组织。合议庭全体成员平等参与案件的审理、评议和裁判,依法履行审判职责。

第二条 合议庭由审判员、助理审判员或者人民陪审员随机组成。合议庭成员相对固定的,应当定期交流。人民陪审员参加合议庭的,应当从人民陪审员名单中随机抽取确定。

第三条 承办法官履行下列职责:

(一)主持或者指导审判辅助人员进行庭前调解、证据交换等庭前准备工作;

(二)拟定庭审提纲,制作阅卷笔录;

(三)协助审判长组织法庭审理活动;

(四)在规定期限内及时制作审理报告;

(五)案件需要提交审判委员会讨论的,受审判长指派向审判委员会汇报案件;

(六)制作裁判文书提交合议庭审核;

(七)办理有关审判的其他事项。

第四条 依法不开庭审理的案件,合议庭全体成员均应当阅卷,必要时提交书面阅卷意见。

第五条 开庭审理时,合议庭全体成员应当共同参加,不得缺席、中途退庭或者从事与该庭审无关的活动。合议庭成员未参加庭审、中途退庭或者从事与该庭审无关的活动,当事人提出异议的,应当纠正。合议庭仍不纠正的,当事人可以要求休庭,并将有关情况记入庭审笔录。

第六条 合议庭全体成员均应当参加案件评议。评议案件时,合议庭成员应当针对案件的证据采信、事实认定、法律适用、裁判结果以及诉讼程序等问题充分发表意见。必要时,合议庭成员还可提交书面评议意见。

合议庭成员评议时发表意见不受追究。

第七条 除提交审判委员会讨论的案件外,合议庭对评议意见一致或者形成多数意见的案件,依法作出判决或者裁定。下列案件可以由审判长提请院长或者庭长决定组织相关审判人员共同讨论,合议庭成员应当参加:

(一)重大、疑难、复杂或者新类型的案件;

(二)合议庭在事实认定或法律适用上有重大分歧的案件;

(三)合议庭意见与本院或上级法院以往同类型案件的裁判有可能不一致的案件;

(四)当事人反映强烈的群体性纠纷案件;

(五)经审判长提请且院长或者庭长认为确有必要讨论的其他案件。

上述案件的讨论意见供合议庭参考,不影响合议庭依法作出裁判。

第八条 各级人民法院的院长、副院长、庭长、副庭长应当参加合议庭审理案件,并逐步增加审理案件的数量。

第九条 各级人民法院应当建立合议制落实情况的考评机制,并将考评结果纳入岗位绩效考评体系。考评可采取抽查卷宗、案件评查、检查庭审情况、回访当事人等方式。考评包括以下内容:

(一)合议庭全体成员参加庭审的情况;

(二)院长、庭长参加合议庭庭审的情况;

(三)审判委员会委员参加合议庭庭审的情况;

(四)承办法官制作阅卷笔录、审理报告以及裁判文书的情况;

(五)合议庭其他成员提交阅卷意见、发表评议意见的情况;

(六)其他应当考核的事项。

第十条 合议庭组成人员存在违法审判行为的,应当按照《人民法院审判人员违法审判责任追究办法(试行)》等规定追究相应责任。合议庭审理案件有下列情形之一的,合议庭成员不承担责任:

(一)因对法律理解和认识上的偏差而导致案件被改判或者发回重审的;

(二)因对案件事实和证据认识上的偏差而导致案件被改判或者发回重审的;

(三)因新的证据而导致案件被改判或者发回重审的;

(四)因法律修订或者政策调整而导致案件被改判或者发回重审的;

(五)因裁判所依据的其他法律文书被撤销或变更而导致案件被改判或发回重审的;

(六)其他依法履行审判职责不应当承担责任的情形。

第十一条　执行工作中依法需要组成合议庭的,参照本规定执行。

第十二条　本院以前发布的司法解释与本规定不一致的,以本规定为准。

《最高人民法院关于完善人民法院司法责任制的若干意见》(法发〔2015〕13号)

为贯彻中央关于深化司法体制改革的总体部署,优化审判资源配置,明确审判组织权限,完善人民法院的司法责任制,建立健全符合司法规律的审判权力运行机制,增强法官审理案件的亲历性,确保法官依法独立公正履行审判职责,根据有关法律和人民法院工作实际,制定本意见。

一、目标原则

1. 完善人民法院的司法责任制,必须以严格的审判责任制为核心,以科学的审判权力运行机制为前提,以明晰的审判组织权限和审判人员职责为基础,以有效的审判管理和监督制度为保障,让审理者裁判、由裁判者负责,确保人民法院依法独立公正行使审判权。

2. 推进审判责任制改革,人民法院应当坚持以下基本原则:

(1) 坚持党的领导,坚持走中国特色社会主义法治道路;

(2) 依照宪法和法律独立行使审判权;

(3) 遵循司法权运行规律,体现审判权的判断权和裁决权属性,突出法官办案主体地位;

(4) 以审判权为核心,以审判监督权和审判管理权为保障;

(5) 权责明晰、权责统一、监督有序、制约有效;

(6) 主观过错与客观行为相结合,责任与保障相结合。

3. 法官依法履行审判职责受法律保护。法官有权对案件事实认定和法律适用独立发表意见。非因法定事由,非经法定程序,法官依法履职行为不受追究。

二、改革审判权力运行机制

(一) 独任制与合议庭运行机制

4. 基层、中级人民法院可以组建由一名法官与法官助理、书记员以及其他必要的辅助人员组成的审判团队,依法独任审理适用简易程序的案件和法律规定的其他案件。

人民法院可以按照受理案件的类别,通过随机产生的方式,组建由法官或者法官与人民陪审员组成的合议庭,审理适用普通程序和依法由合议庭审理的简易程序的案件。案件数量较多的基层人民法院,可以组建相对固定的审判团队,实行扁平化的管理模式。

人民法院应当结合职能定位和审级情况,为法官合理配置一定数量的法官助理、书记员和其他审判辅助人员。

5. 在加强审判专业化建设基础上,实行随机分案为主、指定分案为辅的案件分配制度。按照审判领域类别,随机确定案件的承办法官。因特殊情况需要对随机分案结果进行调整的,应当将调整理由及结果在法院工作平台上公示。

6. 独任法官审理案件形成的裁判文书,由独任法官直接签署。合议庭审理案件形成的裁判文书,由承办法官、合议庭其他成员、审判长依次签署;审判长作为承办法官的,由审判长最后签署。审判组织的法官依次签署完毕后,裁判文书即可印发。除审判委员会讨论决定的案件以外,院长、副院长、庭长对其未直接参加审理案件的裁判文书不再进行审核签发。

合议庭评议和表决规则,适用人民法院组织法、诉讼法以及《最高人民法院关于人民法院合议庭工作的若干规定》《最高人民法院关于进一步加强合议庭职责的若干规定》。

7. 进入法官员额的院长、副院长、审判委员会专职委员、庭长、副庭长应当办理案件。院长、副院长、审判委员会专职委员每年办案数量应当参照全院法官人均办案数量,根据其承担的审判管理监督事务和行政事务工作量合理确定。庭长每年办案数量参照本庭法官人均办案数量确定。对于重大、疑难、复杂的案件,可以直接由院长、副院长、审判委员会委员组成合议庭进行审理。

按照审判权与行政管理权相分离的原则,试点法院可以探索实行人事、经费、政务等行政事务集中管理制度,必要时可以指定一名副院长专门协助院长管理行政事务。

8. 人民法院可以分别建立由民事、刑事、行政等审判领域法官组成的专业法官会议,为合议庭正确理解和适用法律提供咨询意见。合议庭认为所审理的案件因重大、疑难、复杂而存在法律适用标准不统一的,可以将法律适用问题提交专业法官会议研究讨论。专业法官会议的讨论意见供合议庭复议时参考,采纳与否由合议庭决定,讨论记录应当入卷备查。

建立审判业务法律研讨机制,通过类案参考、案例评析等方式统一裁判尺度。

(二)审判委员会运行机制

9. 明确审判委员会统一本院裁判标准的职能,依法合理确定审判委员会讨论案件的范围。审判委员会只讨论涉及国家外交、安全和社会稳定的重大复杂案件,以及重大、疑难、复杂案件的法律适用问题。强化审判委员会总结审判经验、讨论决定审判工作重大事项的宏观指导职能。

10. 合议庭认为案件需要提交审判委员会讨论决定的,应当提出并列明需要审判委员会讨论决定的法律适用问题,并归纳不同的意见和理由。

合议庭提交审判委员会讨论案件的条件和程序,适用人民法院组织法、诉讼法以及《最高人民法院关于人民法院合议庭工作的若干规定》《最高人民法院关于改革和完善人民法院审判委员会制度的实施意见》。

11.案件需要提交审判委员会讨论决定的,审判委员会委员应当事先审阅合议庭提请讨论的材料,了解合议庭对法律适用问题的不同意见和理由,根据需要调阅庭审音频视频或者查阅案卷。

审判委员会委员讨论案件时应当充分发表意见,按照法官等级由低到高确定表决顺序,主持人最后表决。审判委员会评议实行全程留痕,录音、录像,作出会议记录。审判委员会的决定,合议庭应当执行。所有参加讨论和表决的委员应当在审判委员会会议记录上签名。

建立审判委员会委员履职考评和内部公示机制。建立审判委员会决议事项的督办、回复和公示制度。

(三)审判管理和监督

12.建立符合司法规律的案件质量评估体系和评价机制。审判管理和审判监督机构应当定期分析审判质量运行态势,通过常规抽查、重点评查、专项评查等方式对案件质量进行专业评价。

13.各级人民法院应当成立法官考评委员会,建立法官业绩评价体系和业绩档案。业绩档案应当以法官个人日常履职情况、办案数量、审判质量、司法技能、廉洁自律、外部评价等为主要内容。法官业绩评价应当作为法官任职、评先评优和晋职晋级的重要依据。

14.各级人民法院应当依托信息技术,构建开放动态透明便民的阳光司法机制,建立健全审判流程公开、裁判文书公开和执行信息公开三大平台,广泛接受社会监督。探索建立法院以外的第三方评价机制,强化对审判权力运行机制的法律监督、社会监督和舆论监督。

三、明确司法人员职责和权限

(一)独任庭和合议庭司法人员职责

15.法官独任审理案件时,应当履行以下审判职责:

(1)主持或者指导法官助理做好庭前会议、庭前调解、证据交换等庭前准备工作及其他审判辅助工作;

(2)主持案件开庭、调解,依法作出裁判,制作裁判文书或者指导法官助理起草裁判文书,并直接签发裁判文书;

(3)依法决定案件审理中的程序性事项;

(4)依法行使其他审判权力。

16. 合议庭审理案件时,承办法官应当履行以下审判职责:
(1)主持或者指导法官助理做好庭前会议、庭前调解、证据交换等庭前准备工作及其他审判辅助工作;
(2)就当事人提出的管辖权异议及保全、司法鉴定、非法证据排除申请等提请合议庭评议;
(3)对当事人提交的证据进行全面审核,提出审查意见;
(4)拟定庭审提纲,制作阅卷笔录;
(5)自己担任审判长时,主持、指挥庭审活动;不担任审判长时,协助审判长开展庭审活动;
(6)参与案件评议,并先行提出处理意见;
(7)根据合议庭评议意见制作裁判文书或者指导法官助理起草裁判文书;
(8)依法行使其他审判权力。

17. 合议庭审理案件时,合议庭其他法官应当认真履行审判职责,共同参与阅卷、庭审、评议等审判活动,独立发表意见,复核并在裁判文书上签名。

18. 合议庭审理案件时,审判长除承担由合议庭成员共同承担的审判职责外,还应当履行以下审判职责:
(1)确定案件审理方案、庭审提纲、协调合议庭成员庭审分工以及指导做好其他必要的庭审准备工作;
(2)主持、指挥庭审活动;
(3)主持合议庭评议;
(4)依照有关规定和程序将合议庭处理意见分歧较大的案件提交专业法官会议讨论,或者按程序建议将案件提交审判委员会讨论决定;
(5)依法行使其他审判权力。
审判长自己承办案件时,应当同时履行承办法官的职责。

19. 法官助理在法官的指导下履行以下职责:
(1)审查诉讼材料,协助法官组织庭前证据交换;
(2)协助法官组织庭前调解,草拟调解文书;
(3)受法官委托或者协助法官依法办理财产保全和证据保全措施等;
(4)受法官指派,办理委托鉴定、评估等工作;
(5)根据法官的要求,准备与案件审理相关的参考资料,研究案件涉及的相关法律问题;
(6)在法官的指导下草拟裁判文书;
(7)完成法官交办的其他审判辅助性工作。

20. 书记员在法官的指导下,按照有关规定履行以下职责:
(1) 负责庭前准备的事务性工作;
(2) 检查开庭时诉讼参与人的出庭情况,宣布法庭纪律;
(3) 负责案件审理中的记录工作;
(4) 整理、装订、归档案卷材料;
(5) 完成法官交办的其他事务性工作。

(二)院长庭长管理监督职责

21. 院长除依照法律规定履行相关审判职责外,还应当从宏观上指导法院各项审判工作,组织研究相关重大问题和制定相关管理制度,综合负责审判管理工作,主持审判委员会讨论审判工作中的重大事项,依法主持法官考评委员会对法官进行评鉴,以及履行其他必要的审判管理和监督职责。

副院长、审判委员会专职委员受院长委托,可以依照前款规定履行部分审判管理和监督职责。

22. 庭长除依照法律规定履行相关审判职责外,还应当从宏观上指导本庭审判工作,研究制定各合议庭和审判团队之间、内部成员之间的职责分工,负责随机分案后因特殊情况需要调整分案的事宜,定期对本庭审判质量情况进行监督,以及履行其他必要的审判管理和监督职责。

23. 院长、副院长、庭长的审判管理和监督活动应当严格控制在职责和权限的范围内,并在工作平台上公开进行。院长、副院长、庭长除参加审判委员会、专业法官会议外不得对其没有参加审理的案件发表倾向性意见。

24. 对于有下列情形之一的案件,院长、副院长、庭长有权要求独任法官或者合议庭报告案件进展和评议结果:
(1) 涉及群体性纠纷,可能影响社会稳定的;
(2) 疑难、复杂且在社会上有重大影响的;
(3) 与本院或者上级法院的类案判决可能发生冲突的;
(4) 有关单位或者个人反映法官有违法审判行为的。

院长、副院长、庭长对上述案件的审理过程或者评议结果有异议的,不得直接改变合议庭的意见,但可以决定将案件提交专业法官会议、审判委员会进行讨论。院长、副院长、庭长针对上述案件监督建议的时间、内容、处理结果等应当在案卷和办公平台上全程留痕。

四、审判责任的认定和追究

(一)审判责任范围

25. 法官应当对其履行审判职责的行为承担责任,在职责范围内对办案质量终身负责。

法官在审判工作中,故意违反法律法规的,或者因重大过失导致裁判错误并造成严重后果的,依法应当承担违法审判责任。

法官有违反职业道德准则和纪律规定,接受案件当事人及相关人员的请客送礼、与律师进行不正当交往等违纪违法行为,依照法律及有关纪律规定另行处理。

26. 有下列情形之一的,应当依纪依法追究相关人员的违法审判责任:
(1)审理案件时有贪污受贿、徇私舞弊、枉法裁判行为的;
(2)违反规定私自办案或者制造虚假案件的;
(3)涂改、隐匿、伪造、偷换和故意损毁证据材料的,或者因重大过失丢失、损毁证据材料并造成严重后果的;
(4)向合议庭、审判委员会汇报案情时隐瞒主要证据、重要情节和故意提供虚假材料的,或者因重大过失遗漏主要证据、重要情节导致裁判错误并造成严重后果的;
(5)制作诉讼文书时,故意违背合议庭评议结果、审判委员会决定的,或者因重大过失导致裁判文书主文错误并造成严重后果的;
(6)违反法律规定,对不符合减刑、假释条件的罪犯裁定减刑、假释的,或者因重大过失对不符合减刑、假释条件的罪犯裁定减刑、假释并造成严重后果的;
(7)其他故意违背法定程序、证据规则和法律明确规定违法审判的,或者因重大过失导致裁判结果错误并造成严重后果的。

27. 负有监督管理职责的人员等因故意或者重大过失,怠于行使或者不当行使审判监督权和审判管理权导致裁判错误并造成严重后果的,依照有关规定应当承担监督管理责任。追究其监督管理责任的,依照干部管理有关规定和程序办理。

28. 因下列情形之一,导致案件按照审判监督程序提起再审后被改判的,不得作为错案进行责任追究:
(1)对法律、法规、规章、司法解释具体条文的理解和认识不一致,在专业认知范围内能够予以合理说明的;
(2)对案件基本事实的判断存在争议或者疑问,根据证据规则能够予以合理说明的;
(3)当事人放弃或者部分放弃权利主张的;
(4)因当事人过错或者客观原因致使案件事实认定发生变化的;
(5)因出现新证据而改变裁判的;

(6)法律修订或者政策调整的;
(7)裁判所依据的其他法律文书被撤销或者变更的;
(8)其他依法履行审判职责不应当承担责任的情形。

(二)审判责任承担

29. 独任制审理的案件,由独任法官对案件的事实认定和法律适用承担全部责任。

30. 合议庭审理的案件,合议庭成员对案件的事实认定和法律适用共同承担责任。

进行违法审判责任追究时,根据合议庭成员是否存在违法审判行为、情节、合议庭成员发表意见的情况和过错程度合理确定各自责任。

31. 审判委员会讨论案件时,合议庭对其汇报的事实负责,审判委员会委员对其本人发表的意见及最终表决负责。

案件经审判委员会讨论的,构成违法审判责任追究情形时,根据审判委员会委员是否故意曲解法律发表意见的情况,合理确定委员责任。审判委员会改变合议庭意见导致裁判错误的,由持多数意见的委员共同承担责任,合议庭不承担责任。审判委员会维持合议庭意见导致裁判错误的,由合议庭和持多数意见的委员共同承担责任。

合议庭汇报案件时,故意隐瞒主要证据或者重要情节,或者故意提供虚假情况,导致审判委员会作出错误决定的,由合议庭成员承担责任,审判委员会委员根据具体情况承担部分责任或者不承担责任。

审判委员会讨论案件违反民主集中制原则,导致审判委员会决定错误的,主持人应当承担主要责任。

32. 审判辅助人员根据职责权限和分工承担与其职责相对应的责任。法官负有审核把关职责的,法官也应当承担相应责任。

33. 法官受领导干部干预导致裁判错误的,且法官不记录或者不如实记录,应当排除干预而没有排除的,承担违法审判责任。

(三)违法审判责任追究程序

34. 需要追究违法审判责任的,一般由院长、审判监督部门或者审判管理部门提出初步意见,由院长委托审判监督部门审查或者提请审判委员会进行讨论,经审查初步认定有关人员具有本意见所列违法审判责任追究情形的,人民法院监察部门应当启动违法审判责任追究程序。

各级人民法院应当依法自觉接受人大、政协、媒体和社会监督,依法受理对法官违法审判行为的举报、投诉,并认真进行调查核实。

35. 人民法院监察部门应当对法官是否存在违法审判行为进行调查,并采取必要、合理的保护措施。在调查过程中,当事法官享有知情、辩解和举证的权利,监察部门应当对当事法官的意见、辩解和举证如实记录,并在调查报告中对是否采纳作出说明。

36. 人民法院监察部门经调查后,认为应当追究法官违法审判责任的,应当报请院长决定,并报送省(区、市)法官惩戒委员会审议。

高级人民法院监察部门应当派员向法官惩戒委员会通报当事法官的违法审判事实及拟处理建议、依据,并就其违法审判行为和主观过错进行举证。当事法官有权进行陈述、举证、辩解、申请复议和申诉。

法官惩戒委员会根据查明的事实和法律规定作出无责、免责或者给予惩戒处分的建议。

法官惩戒委员会工作章程和惩戒程序另行制定。

37. 对应当追究违法审判责任的相关责任人,根据其应负责任依照《中华人民共和国法官法》等有关规定处理:

(1)应当给予停职、延期晋升、退出法官员额或者免职、责令辞职、辞退等处理的,由组织人事部门按照干部管理权限和程序依法办理;

(2)应当给予纪律处分的,由纪检监察部门依照有关规定和程序依法办理;

(3)涉嫌犯罪的,由纪检监察部门将违法线索移送有关司法机关依法处理。

免除法官职务,必须按法定程序由人民代表大会罢免或者提请人大常委会作出决定。

五、加强法官的履职保障

38. 在案件审理的各个阶段,除非确有证据证明法官存在贪污受贿、徇私舞弊、枉法裁判等严重违法审判行为外,法官依法履职的行为不得暂停或者终止。

39. 法官依法审判不受行政机关、社会团体和个人的干涉。任何组织和个人违法干预司法活动、过问和插手具体案件处理的,应当依照规定予以记录、通报和追究责任。

领导干部干预司法活动、插手具体案件和司法机关内部人员过问案件的,分别按照《领导干部干预司法活动、插手具体案件处理的记录、通报和责任追究规定》和《司法机关内部人员过问案件的记录和责任追究规定》及其实施办法处理。

40. 法官因依法履职遭受不实举报、诬告陷害,致使名誉受到损害的,或者经法官惩戒委员会等组织认定不应追究法律和纪律责任的,人民法院监察部门、新闻宣传部门应当在适当范围以适当形式及时澄清事实,消除不良影响,维护法官良好声誉。

41. 人民法院或者相关部门对法官作出错误处理的，应当赔礼道歉、恢复职务和名誉、消除影响，对造成经济损失的依法给予赔偿。

42. 法官因接受调查暂缓等级晋升的，后经有关部门认定不构成违法审判责任，或者法官惩戒委员会作出无责或者免责建议的，其等级晋升时间从暂缓之日起连续计算。

43. 依法及时惩治当庭损毁证据材料、庭审记录、法律文书和法庭设施等妨碍诉讼活动或者严重藐视法庭权威的行为。依法保护法官及其近亲属的人身和财产安全，依法及时惩治在法庭内外恐吓、威胁、侮辱、跟踪、骚扰、伤害法官及其近亲属等违法犯罪行为。

侵犯法官人格尊严，或者泄露依法不能公开的法官及其亲属隐私，干扰法官依法履职的，依法追究有关人员责任。

44. 加大对妨碍法官依法行使审判权、诬告陷害法官、藐视法庭权威、严重扰乱审判秩序等违法犯罪行为的惩罚力度，研究完善配套制度，推动相关法律的修改完善。

六、附则

45. 本意见所称法官是指经法官遴选委员会遴选后进入法官员额的法官。

46. 本意见关于审判责任的认定和追究适用于人民法院的法官、副庭长、庭长、审判委员会专职委员、副院长和院长。执行员、法官助理、书记员、司法警察等审判辅助人员的责任认定和追究参照执行。

技术调查官等其他审判辅助人员的职责另行规定。

人民陪审员制度改革试点地区法院人民陪审案件中的审判责任根据《人民陪审员制度改革试点方案》另行规定。

47. 本意见由最高人民法院负责解释。

48. 本意见适用于中央确定的司法体制改革试点法院和最高人民法院确定的审判权力运行机制改革试点法院。

《最高人民法院关于进一步全面落实司法责任制的实施意见》（法发〔2018〕23号）

为深入学习贯彻习近平新时代中国特色社会主义思想，全面贯彻党的十九大和十九届二中、三中全会精神，严格执行新修订的《中华人民共和国人民法院组织法》，确保司法责任制改革落地见效，切实解决当前部分地方改革落实不到位、配套不完善、推进不系统等突出问题，促进司法效能和司法公信力整体提升，结合人民法院工作实际，对进一步全面落实司法责任制提出如下实施意见。

一、坚定不移推进司法责任制改革

1. 深刻认识全面落实司法责任制的重大意义。全面落实司法责任制是党的十九大部署的重大改革任务,是人民法院贯彻落实习近平新时代中国特色社会主义思想,深化司法体制综合配套改革,推进审判体系和审判能力现代化的重要措施,对于确保人民法院依法独立公正行使审判权,充分发挥审判职能作用,为统筹推进"五位一体"总体布局和协调推进"四个全面"战略布局提供有力司法服务和保障,具有重要意义。各级人民法院要始终坚持以习近平新时代中国特色社会主义思想武装头脑、指导实践、推动工作,牢固树立"四个意识",坚定"四个自信",始终做到"两个维护",坚决做到维护核心、绝对忠诚、听党指挥、勇于担当,始终在思想上政治上行动上同以习近平同志为核心的党中央保持高度一致,坚定不移深化司法体制改革,全面落实司法责任制,确保以习近平同志为核心的党中央关于司法体制改革的各项决策部署在人民法院不折不扣落实到位。

2. 牢牢把握全面落实司法责任制的目标导向和问题导向。全面落实司法责任制应当坚持目标导向和问题导向相统一,严格遵照法律规定、遵循司法规律,坚持司法为民、公正司法,坚持"让审理者裁判,由裁判者负责"。要着力破解司法责任制改革中存在的职能分工不明、审判责任不实、监督管理不力、裁判尺度不一、保障激励不足、配套机制不完善等突出问题,健全完善权责明晰、权责统一、监管有力、运转有序的审判权力运行体系,不断提升司法责任制改革的系统性、整体性、协同性,确保改革落到实处、见到实效。

二、完善新型审判权力运行机制,切实落实"让审理者裁判"的要求

3. 坚持一岗双责、权责一致。加强法院基层党组织建设,以提升组织力、强化政治功能为重点,深入推进人民法院基层党组织组织力提升工程,调整优化基层党组织设置,加强党支部标准化规范化建设,切实把基层党组织建设成为推进人民法院改革发展的坚强战斗堡垒。坚持抓党建带队建促审判,切实加强审判执行机构、审判执行团队的政治建设和业务建设,健全完善审判执行团队的党团组织,提升团队组织力和战斗力。各级人民法院领导干部要在严格落实主体责任上率先垂范,充分尊重独任法官、合议庭法定审判组织地位,除审判委员会讨论决定的案件外,院长、副院长、庭长不再审核签发未直接参加审理案件的裁判文书,不得以口头指示等方式变相审批案件,不得违反规定要求法官汇报案件。严格落实《人民法院落实〈领导干部干预司法活动、插手具体案件处理的记录、通报和责任追究规定〉的实施办法》《人民法院落实〈司法机关内部人员过问案件的记录和责任追究规定〉的实施办法》,法官应当将过问、干预案件情况在网

上办案系统如实记录,并层报上级人民法院。

4. 加强基层人民法院审判团队建设。基层人民法院应当根据案件数量、案件类型、难易程度和人员结构等因素,适应独任制、合议制的不同需要,统筹考虑繁简分流和审判专业化分工,因地制宜地灵活组建审判团队。审判团队中法官与审判辅助人员实行双向选择与组织调配相结合,完善团队内部分工,强化审判团队作为办案单元和自我管理单元的功能,切实增强团队合力。统筹内设机构改革与审判团队建设,人员编制较少的基层人民法院可以设置综合审判庭或者不设审判庭,实行"院—综合审判庭"或者"院—审判团队"管理模式;人员编制较多的基层人民法院一般实行"院—审判庭—审判团队"的管理模式。

5. 明确司法人员岗位职责。各级人民法院应当根据法律规定和司法责任制要求,结合法院审级、案件类型、案件数量等实际情况,细化法官、法官助理、书记员等各岗位职责清单和履职指引,并嵌入办案平台。

6. 完善案件分配机制。各级人民法院应当健全随机分案为主、指定分案为辅的案件分配机制。根据审判领域类别和繁简分流安排,随机确定案件承办法官。系列性、群体性或者关联性案件原则上由同一审判组织办理。已组建专业化合议庭、专业审判团队或者速裁审判团队的,可以在合议庭或者审判团队内部随机分案。承办法官一经确定,不得擅自变更。因存在回避情形或者工作调动、身体健康、廉政风险等事由确需调整承办法官的,应当由院长、庭长按权限审批决定,调整结果应当及时通知当事人并在办案平台记载。

7. 全面推进院长、庭长办案常态化。各高级人民法院应当结合实际,科学合理、统一确定辖区内三级法院院长、庭长办案工作量。院领导办案工作量可以本院法官平均办案工作量或办理案件所属审判业务类别法官平均办案工作量为计算基数。科学统筹院领导办案类型,完善配套分案办法,健全院领导主要审理重大疑难复杂案件机制。加强对院长、庭长办案的网上公示和考核监督,充分发挥院长、庭长办案示范引领作用。担任领导职务的法官无正当理由不办案或者办案达不到要求的,应当退出员额。

8. 健全专业法官会议制度和审判委员会制度。各级人民法院应当健全专业法官会议制度,切实发挥专业法官会议统一法律适用、为审判组织提供法律咨询的功能。专业法官会议成员不以职务、等级为必要条件,参会人员地位平等。完善专业法官会议会前准备程序和议事规则,完善配套考核机制,提升专业法官会议质量。

健全专业法官会议与合议庭评议、审判委员会讨论的工作衔接机制。判决可能形成新的裁判标准或者改变上级人民法院、本院同类生效案件裁判标准的,应当提交专业法官会议或者审判委员会讨论。合议庭不采纳专业法官会议一致意见或者多数意见的,应当在办案系统中标注并说明理由,并提请庭长、院长予以监督,庭长、院长认为有必要提交审判委员会讨论的,应当按程序将案件提交审判委员会讨论。除法律规定不应当公开的情形外,审判委员会讨论案件的决定及其理由应当在裁判文书中公开。

9. 健全完善法律统一适用机制。各级人民法院应当在完善类案参考、裁判指引等工作机制基础上,建立类案及关联案件强制检索机制,确保类案裁判标准统一、法律适用统一。存在法律适用争议或者"类案不同判"可能的案件,承办法官应当制作关联案件和类案检索报告,并在合议庭评议或者专业法官会议讨论时说明。

10. 切实减轻审判事务性工作负担。审判辅助事务可以实行集约化管理,建立专门实施文书送达、财产保全、执行查控、文书上网、网络公告等事务的工作团队,提升工作效能。充分运用市场化、社会化资源,探索将通知送达、材料扫描、卷宗归档等辅助事务外包给第三方机构,将协助保全、执行送达等辅助事务委托给相关机构,提高办案效率。

三、完善新型监督管理机制和惩戒制度,切实落实"由裁判者负责"的要求

11. 健全信息化全流程审判监督管理机制。全面支持网上办案、全程留痕、智能管理,智能预警监测审判过程和结果偏离态势,推动审判监督管理由盯人盯案、层层审批向全院、全员、全过程的实时动态监管转变,确保放权与监督相统一。

12. 加强审判、执行工作标准化、规范化建设。完善刑事、民事、行政、国家赔偿、执行等领域审判、执行流程标准,推进标准化、规范化建设与信息化建设深度融合,将立案、分案、送达、庭审、合议、宣判、执行到结案、归档的每个节点均纳入审判监督管理范围,严格落实时限管理,将监督事项嵌入办案平台,实现司法活动全程留痕、违规操作自动拦截、办案风险实时提示。

13. 细化落实院长、庭长审判监督管理权责清单。院长、庭长审判监督管理权力职责一般包括:(1)配置审判资源,包括专业化合议庭、审判团队组建模式及其职责分工;(2)部署综合工作,包括审判工作的安排部署、审判或者调研任务的分配、调整;(3)审批程序性事项,包括法律授权的程序性事项审批、依照规定调整分案、变更审判组织成员的审批等;(4)监管审判质效,包括根据职责权限,对审判流程进行检查监督,对案件整体质效的检查、分析、评估,分析审判运行态势,提示纠正不当行为,督促案件审理进度,统筹安排整改措施,对存在的案件质量问题集中研判等;(5)监督"四类案件",对《最高人民法院关于完善人民法院司法责任制的若干意见》第24条规定的"四类案件"进行个案监督;(6)进行业务指导,通过审理案件、参加专业法官会议或者审判委员会等方式加强业务指导;(7)作出综合评价,在法官考评委员会依托信息化平台对法官审判绩效进行客观评价基础上,对法官及其他工作人员绩效作出综合评价;(8)检查监督纪律作风,通过接待群众来访、处理举报投诉、日常监督管理,发现案件审理中可能存在的问题,提出改进措施等。各级人民法院要根据法律规定和司法责任制要求,分别制定院长、副院长、审判委员会专职委员、庭长、副庭长的审判监督管理权力职责清单。院长、庭长在权力职责清单范围内按程序履行监督管理职责的,不属于不当过问或者干预案件。院长、庭长应当履行监督管理职责而不履行或怠于履行的,应当追究监督管理责任。

14. 进一步完善"四类案件"识别监管制度。各高级人民法院应当细化"四类案件"监管范围、发现机制、启动程序和监管方式。立案部门负责对涉及群体性纠纷、可能影响社会稳定等案件进行初步识别;承办法官在案件审理过程中发现属于"四类案件"范围的,应当主动向庭长、分管副院长报告;审判长认为案件属于"四类案件"范围的,应当提醒承办法官将案件主动纳入监督管理;审判管理机构、监察部门等经审查发现案件属于"四类案件"范围的,应当及时报告院长。探索"四类案件"自动化识别、智能化监管,对于法官应当报告而未报告的,院长、庭长要求提交专业法官会议、审判委员会讨论而未提交的,审判管理系统自动预警并提醒院长、庭长予以监督。院长、庭长对"四类案件"可以查阅卷宗、旁听庭审、查看案件流程情况,要求独任法官、合议庭在指定期限内报告案件进展情况和评议结果、提供类案裁判文书或者检索报告。院长、庭长行使上述审判监督管理权时,应当在办案平台标注、全程留痕,对独任法官、合议庭拟作出的裁判结果有异议的,可以决定将案件提交专业法官会议、审判委员会进行讨论,不得强令独任法官、合议庭接受自己意见或者直接改变独任法官、合议庭意见。

15. 强化案件质量评查。坚持案件常规随机评查、重点评查、专项评查相结合,重点评查发回重审案件、改判案件、信访案件以及曾纳入长期未结、久押不决督办范围的案件。依托信息化平台对已上网裁判文书、庭审公开情况进行质量评查,质量评查范围应当覆盖所有法官,全面提升法官责任意识。重点从案件评查中发现违法审判线索,并依照有关程序进行调查。严格区分审判质量瑕疵责任与违法审判责任,确保法官依法裁判不受追究、违法裁判必问责任。

16. 严格落实违法审判责任追究制度。各级人民法院对法官涉嫌违反审判职责行为要认真调查,法官惩戒委员会根据调查情况审查认定法官是否违反审判职责、是否存在故意或者重大过失,并提出审查意见,相关法院根据法官惩戒委员会的意见作出惩戒决定。法官违反审判职责行为涉嫌犯罪的,应当移交纪检监察机关、检察机关依法处理。法官违反审判职责以外的其他违纪违法行为,由有关部门调查,依照法律及有关规定处理。

17.完善司法廉政风险防控体系。各级人民法院应当认真落实党风廉政建设主体责任和监督责任,自觉接受纪律监督、法律监督、舆论监督和社会监督,不断提高公正裁判水平。各级人民法院内部应当充分发挥司法巡查、审务督察、廉政监察员等功能作用,组织人事、纪检监察、审判管理部门与审判业务部门应当加强协调配合,形成内部监督合力。全面梳理办案流程、审限管理等关键节点,分析研判每个节点可能存在的办案风险,加强审判执行活动风险监控智能预警,促进司法廉政风险早发现、早预警、早处置。

四、统筹推进司法责任制配套改革,提升司法责任制改革整体效能

18.统筹推进法官员额和政法编制合理配置。各高级人民法院应当严格控制法官员额比例,综合考虑区域经济社会发展、人口数量、办案数量等因素,完善法官员额动态管理机制,员额分配向基层和人案矛盾突出的法院倾斜。

各高级人民法院应当配合省级编制部门,健全完善省以下地方法院编制统一管理制度,强化审判运行态势分析,加强对法官工作量的科学测算,统筹考虑各市(区、县)法院的案件数量、类型、难易程度、增幅大小和辖区面积、人口数量、自然条件、发展状况、人民法庭数量等因素,精准分析测算各市(区、县)法院所需政法编制,将编制向编制紧缺、急需补充的法院倾斜,实现编制、案件量、人员的合理匹配。

19.完善法官员额退出机制。各高级人民法院应当针对审判绩效不达标、辞职、辞退、被开除、违纪违法、任职回避、调出、转任、退休、个人申请退出等不同情形,规范员额退出程序,明确退出员额但仍在法院工作人员的职级、待遇等问题。各级人民法院应当保障法官对退出决定进行陈述、举证、申辩、申请复议的权利。员额法官因工作需要调整到法院非员额岗位,五年内重新回到基层或者中级人民法院审判业务岗位的,经所在法院党组审议后,层报高级人民法院批准入额;五年内重新回到高级或者最高人民法院审判业务岗位的,分别经本院党组决定入额。

20.进一步完善法官初任和逐级遴选制度。健全完善从优秀法官助理中选任法官机制,配套建立科学完备的初任法官职前培训制度。有条件的地方可以开展跨院遴选,引导审判力量向人案矛盾突出的法院流动。

21.加强法官助理、书记员的配备和培养。建立健全符合司法职业特点的法官助理招录机制,完善法官助理统一招录、保障机制。推行法学院校学生担任实习法官助理常态化制度,探索下级人民法院法官到上级人民法院交流担任短期助理制度,多渠道拓宽法官助理来源。积极研究建立法官后备人才培养体系,认真落实法官助理、书记员职务序列改革,创新完善法官助理培养模式,符合条件的法官助理可以申请参加法官遴选。各高级人民法院应当积极争取人社、财政等部门支持,加强聘用制书记员招录工作,落实聘用制书记员管理制度改革,切实稳定聘用制书记员队伍。

22. 完善司法人员业绩考核制度。坚持客观量化和主观评价相结合,以量化考核为主,充分考虑地域、审级、专业、部门之间的差异,注重采用权重测算等科学计算方法,合理设置权重比例。暂时不具备案件权重系数测算条件的地方,可以探索简便易行的案件工作量折算办法。将法官作为合议庭其他成员时的工作量、办理涉诉信访工作量、参加专业法官会议、审判委员会的工作量、案件评查工作量等纳入业绩考核。根据各级人民法院承担职能的不同,科学设置司法人员业绩考核内容。对法官和法官助理的业绩考核,应当考虑综合调研、审判指导等工作任务量,避免简单以办案数量作为考核业绩。对审判辅助人员的绩效考核,应当以岗位职责和承担工作为基本依据,注重与所在团队绩效相结合,听取法官和所在团队的意见。绩效考核奖金的发放,不与法官职务等级以及审判辅助人员职务挂钩,主要依据责任轻重、办案质量、办案数量和办案难度等因素,向一线办案人员倾斜。

23. 进一步深化司法公开。严格执行《最高人民法院关于人民法院在互联网公布裁判文书的规定》,不断提升裁判文书公开的信息化、常态化水平,确保应当公开的裁判文书全面、及时、准确公开。积极推广使用裁判文书自动纠错及技术处理软件,着力杜绝各类低级错误和质量瑕疵,切实减轻裁判文书公开工作量,不断提升裁判文书公开水平。各级人民法院应当抓好《最高人民法院关于人民法院通过互联网公开审判流程信息的规定》的贯彻实施,及时升级完善相关信息化平台,主动对接全国审判流程信息公开统一平台,切实将审判流程信息公开各项要求落到实处。主动适应互联网时代庭审公开新要求,切实发挥中国庭审公开网统一平台优势,将人民法院庭审公开工作不断推向深入。

各级人民法院要充分认识全面落实司法责任制的重大意义,切实加强组织领导,紧密结合工作实际,认真抓好本实施意见的贯彻落实。要进一步完善改革督察机制,对全面落实司法责任制紧盯不放、动态跟踪。贯彻落实本实施意见中的重大问题,要及时按程序向最高人民法院报告。

《最高人民法院关于适用〈中华人民共和国人民陪审员法〉若干问题的解释》(法释〔2019〕5号,自2019年5月1日起施行)

为依法保障和规范人民陪审员参加审判活动,根据《中华人民共和国人民陪审员法》等法律的规定,结合审判实际,制定本解释。

第一条 根据人民陪审员法第十五条、第十六条的规定,人民法院决定由人民陪审员和法官组成合议庭审判的,合议庭成员确定后,应当及时告知当事人。

第二条 对于人民陪审员法第十五条、第十六条规定之外的第一审普通程序案件,人民法院应当告知刑事案件被告人、民事案件原告和被告、行政案件原告,在收到通知五日内有权申请由人民陪审员参加合议庭审判案件。

人民法院接到当事人在规定期限内提交的申请后,经审查决定由人民陪审员和法官组成合议庭审判的,合议庭成员确定后,应当及时告知当事人。

第三条 人民法院应当在开庭七日前从人民陪审员名单中随机抽取确定人民陪审员。

人民法院可以根据案件审判需要,从人民陪审员名单中随机抽取一定数量的候补人民陪审员,并确定递补顺序,一并告知当事人。

因案件类型需要具有相应专业知识的人民陪审员参加合议庭审判的,可以根据具体案情,在符合专业需求的人民陪审员名单中随机抽取确定。

第四条 人民陪审员确定后,人民法院应当将参审案件案由、当事人姓名或名称、开庭地点、开庭时间等事项告知参审人民陪审员及候补人民陪审员。

必要时,人民法院可以将参加审判活动的时间、地点等事项书面通知人民陪审员所在单位。

第五条 人民陪审员不参加下列案件的审理:

(一)依照民事诉讼法适用特别程序、督促程序、公示催告程序审理的案件;

(二)申请承认外国法院离婚判决的案件;

(三)裁定不予受理或者不需要开庭审理的案件。

第六条 人民陪审员不得参与审理由其以人民调解员身份先行调解的案件。

第七条 当事人依法有权申请人民陪审员回避。人民陪审员的回避,适用审判人员回避的法律规定。

人民陪审员回避事由经审查成立的,人民法院应当及时确定递补人选。

第八条 人民法院应当在开庭前,将相关权利和义务告知人民陪审员,并为其阅卷提供便利条件。

第九条 七人合议庭开庭前,应当制作事实认定问题清单,根据案件具体情况,区分事实认定问题与法律适用问题,对争议事实问题逐项列举,供人民陪审员在庭审时参考。事实认定问题和法律适用问题难以区分的,视为事实认定问题。

第十条 案件审判过程中,人民陪审员依法有权参加案件调查和调解工作。

第十一条 庭审过程中,人民陪审员依法有权向诉讼参加人发问,审判长应当提示人民陪审员围绕案件争议焦点进行发问。

第十二条 合议庭评议案件时,先由承办法官介绍案件涉及的相关法律、证据规则,然后由人民陪审员和法官依次发表意见,审判长最后发表意见并总结合议庭意见。

第十三条 七人合议庭评议时,审判长应当归纳和介绍需要通过评议讨论决定的案件事实认定问题,并列出案件事实问题清单。

人民陪审员全程参加合议庭评议,对于事实认定问题,由人民陪审员和法官在共同评议的基础上进行表决。对于法律适用问题,人民陪审员不参加表决,但可以发表意见,并记录在卷。

第十四条 人民陪审员应当认真阅读评议笔录,确认无误后签名。

第十五条 人民陪审员列席审判委员会讨论其参加审理的案件时,可以发表意见。

第十六条 案件审结后,人民法院应将裁判文书副本及时送交参加该案审判的人民陪审员。

第十七条 中级、基层人民法院应当保障人民陪审员均衡参审,结合本院实际情况,一般在不超过30件的范围内合理确定每名人民陪审员年度参加审判案件的数量上限,报高级人民法院备案,并向社会公告。

第十八条 人民法院应当依法规范和保障人民陪审员参加审判活动,不得安排人民陪审员从事与履行法定审判职责无关的工作。

第十九条 本解释自2019年5月1日起施行。

本解释公布施行后,最高人民法院于2010年1月12日发布的《最高人民法院关于人民陪审员参加审判活动若干问题的规定》同时废止。最高人民法院以前发布的司法解释与本解释不一致的,不再适用。

《最高人民法院关于进一步完善"四类案件"监督管理工作机制的指导意见》(法发〔2021〕30号,自2021年11月5日起施行)

为加强人民法院司法责任体系建设,健全与新型审判权力运行机制相适应的监督管理体系,进一步完善权责明晰、权责统一、监督有力、制约有效、运转有序的"四类案件"监督管理工作机制,结合人民法院工作实际,提出以下意见。

一、各级人民法院监督管理"四类案件",应当严格依照法律规定,遵循司法规律,落实"让审理者裁判,由裁判者负责",在落实审判组织办案主体地位基础上,细化完善审判权力和责任清单,推动实现全过程监督、组织化行权,有效防控各类风险,不断提升审判质量、效率和司法公信力。

二、本意见所称"四类案件",是指符合下列情形之一的案件:

(一)重大、疑难、复杂、敏感的;

(二)涉及群体性纠纷或者引发社会广泛关注,可能影响社会稳定的;

(三)与本院或者上级人民法院的类案裁判可能发生冲突的;

(四)有关单位或者个人反映法官有违法审判行为的。

三、"重大、疑难、复杂、敏感"的案件主要包括下列案件:涉及国家利益、社会公共利益的;对事实认定或者法律适用存在较大争议的;具有首案效应的新类型案件;具有普遍法律适用指导意义;涉及国家安全、外交、民族、宗教等敏感案件。

四、"涉及群体性纠纷或者引发社会广泛关注,可能影响社会稳定"的案件主要包括下列案件:当事人或者被害人人数众多,可能引发群体性事件的;可能或者已经引发社会广泛关注,存在激化社会矛盾风险的;具有示范效应、可能引发后续批量诉讼的;可能对特定行业产业发展、特定群体利益、社会和谐稳定产生较大影响的。

五、"与本院或者上级人民法院的类案裁判可能发生冲突"的案件主要包括下列案件:与本院或者上级人民法院近三年类案生效裁判可能发生冲突的;与本院正在审理的类案裁判结果可能发生冲突,有必要统一法律适用的;本院近三年类案生效裁判存在重大法律适用分歧,截至案件审理时仍未解决的。

六、"有关单位或者个人反映法官有违法审判行为"的案件主要包括下列案件:当事人、诉讼代理人、辩护人、利害关系人实名反映参与本案审理的法官有违法审判行为,并提供具体线索的;当事人、诉讼代理人、辩护人实名反映案件久拖不决,经初步核实确属违反审判执行期限管理规定的;有关部门通过审务督察、司法巡查、案件评查、信访接待或者受理举报、投诉等方式,发现法官可能存在违法审判行为的;承办审判组织在"三个规定"记录报告平台反映存在违反规定干预过问案件情况,可能或者已经影响司法公正的。

有关单位或者个人反映审判辅助人员有违纪违法行为,可能或者已经影响司法公正的,参照上述情形监督管理。

七、各级人民法院可以结合本院工作实际,对下列案件适用"四类案件"的监督管理措施:本院已经发生法律效力的判决、裁定、调解书等确有错误需要再审的;人民检察院提出抗诉的;拟判处死刑(包括死刑缓期两年执行)的;拟宣告被告人无罪或者拟在法定刑以下判处刑罚、免予刑事处罚的;指令再审或者发回重审的;诉讼标的额特别巨大的;其他有必要适用"四类案件"监督管理措施的。

八、各级人民法院应当结合本院实际,建立覆盖审判工作全过程的"四类案件"识别标注、及时报告、推送提醒、预警提示机制,明确各类审判组织、审判人员、职能部门的主体责任、报告义务、问责机制。对"四类案件",应当通过依法公开审理、加强裁判文书说理,接受社会监督。

立案部门在立案阶段识别出"四类案件"的,应当同步在办案平台标注,提示相关院庭长,根据本意见要求确定承办审判组织形式和人员。承办审判组织在案件审理阶段识别出"四类案件"的,应当主动标注,并及时向院庭长报告。院庭长发现分管领域内"四类案件"的,应当提醒承办审判组织及时标注,并要求其报告案件进展情况。审判管理、审务督察、新闻宣传等职能部门在日常工作中发现"四类案件"的,应当及时提示相关院庭长。下级人民法院向上级人民法院移送"四类案件"卷宗材料的,应当在原审纸质卷宗或者电子卷宗中作出相应标注。

对案件是否属于"四类案件"存在争议的,可以按照工作程序层报院庭长决定。案件不再作为"四类案件"监督管理的,撤销相应标注,并在办案平台注明原因。

九、立案阶段识别标注的"四类案件",可以指定分案。审理"四类案件",应当依法组成合议庭,一般由院庭长担任审判长,并根据案件所涉情形、复杂程度等因素,综合确定合议庭组成人员和人数。

案件进入审理阶段后被识别标注为"四类案件"的,院庭长可以根据案件所涉情形、进展情况,按权限决定作出下述调整,调整结果应当及时通知当事人,并在办案平台注明原因:

(一)由独任审理转为合议庭审理;

(二)调整承办法官;

(三)调整合议庭组成人员或者人数;

(四)决定由自己担任审判长。

十、院庭长应当根据《中华人民共和国法官法》第九条的规定,针对"四类案件"审理中需要关注和解决的问题,按照职务权限采取以下监督管理措施:

(一)按权限调整分案;

(二)要求合议庭报告案件进展、评议结果;

(三)要求合议庭提供类案裁判文书或者制作类案检索报告；
(四)审阅案件庭审提纲、审理报告；
(五)调阅卷宗、旁听庭审；
(六)要求合议庭复议并报告复议结果,但同一案件一般不得超过两次；
(七)决定将案件提交专业法官会议讨论；
(八)决定按照工作程序将案件提交审判委员会讨论；
(九)决定按程序报请上一级人民法院审理；
(十)其他与其职务相适应的必要监督管理措施。

院庭长在分管领域、职务权限范围内,按工作程序采取上述监督管理措施,或者对下级人民法院审理的"四类案件"依法履行监督指导职责,不属于违反规定干预过问案件。

十一、院庭长对"四类案件"履行监督管理职责时,应当在办案平台全程留痕,或者形成书面记录入卷备查。院庭长对"四类案件"的处理意见,应当在专业法官会议或者审判委员会会议上发表,并记入会议记录,签字确认后在办案平台或者案卷中留痕。院庭长对合议庭拟作出的裁判结果有异议的,有权要求复议,也可以按照工作程序将案件提交专业法官会议、审判委员会讨论。院庭长非经法定程序,不得直接改变合议庭意见。

十二、承办审判组织发现案件属于"四类案件",故意隐瞒不报或者不服从监督管理的,院庭长可以按权限调整分案。承办审判组织因前述行为导致裁判错误并造成严重后果的,依法承担违法审判责任。

院庭长因故意或者重大过失,对本人依职权发现、承办审判组织主动报告、有关职能部门告知或者系统自动推送提示的"四类案件",怠于或者不当行使监督管理职责,导致裁判错误并造成严重后果的,依照干部管理有关规定和程序承担监督管理责任。

十三、各高级人民法院应当充分运用智慧法院建设成果,在辖区内完善统一的"四类案件"识别监测系统,探索构建由案由、罪名、涉案主体、涉案领域、程序类型、社会关注程度等要素组成的识别指引体系,逐步实现"四类案件"的自动识别、精准标注、实时提醒、智能监督管理。在立案、调解、庭审、评议、宣判、执行等环节出现"四类案件"对应情形的,系统可以同步标注、推送,提醒审判组织及时报告,提示院庭长依职权监督管理。对承办审判组织应当报告而未报告,应当提交专业法官会议或者审判委员会讨论而未提交的案件,系统可以自动预警并提示院庭长。

十四、本意见所称院庭长,包括进入法官员额的院长、副院长、审判委员会专职委员、庭长、副庭长和其他依法承担监督管理职责的审判(执行)部门负责人。

各级人民法院应当结合审判权力和责任清单，明确院庭长在"四类案件"监督管理工作中的具体职责、对应职权和工作程序。院庭长履行监督管理"四类案件"职责的情况，应当计入工作量，纳入绩效考核评价。

十五、本意见由最高人民法院解释。各级人民法院可以根据本意见，结合本院实际，制定或者修订"四类案件"监督管理实施细则，并报上一级人民法院备案。

十六、本意见自2021年11月5日起施行。之前有关规定与本意见不一致的，按照本意见执行。

《最高人民法院关于具有专门知识的人民陪审员参加环境资源案件审理的若干规定》(法释〔2023〕4号，自2023年8月1日起施行)

为依法妥善审理环境资源案件，规范和保障具有专门知识的人民陪审员参加环境资源案件审判活动，根据《中华人民共和国刑事诉讼法》《中华人民共和国民事诉讼法》《中华人民共和国行政诉讼法》《中华人民共和国人民陪审员法》等法律的规定，结合环境资源案件特点和审判实际，制定本规定。

第一条　人民法院审理的第一审环境资源刑事、民事、行政案件，符合人民陪审员法第十五条规定，且案件事实涉及复杂专门性问题的，由不少于一名具有专门知识的人民陪审员参加合议庭审理。

前款规定外的第一审环境资源案件，人民法院认为有必要的，可以由具有专门知识的人民陪审员参加合议庭审理。

第二条　符合下列条件的人民陪审员，为本规定所称具有专门知识的人民陪审员：

(一)具有环境资源领域专门知识；

(二)在环境资源行政主管部门、科研院所、高等院校、企业、社会组织等单位从业三年以上。

第三条　人民法院参与人民陪审员选任，可以根据环境资源审判活动需要，结合案件类型、数量等特点，协商司法行政机关确定一定数量具有专门知识的人民陪审员候选人。

第四条　具有专门知识的人民陪审员任期届满后，人民法院认为有必要的，可以商请本人同意后协商司法行政机关经法定程序再次选任。

第五条　需要具有专门知识的人民陪审员参加案件审理的，人民法院可以根据环境资源案件的特点和具有专门知识的人民陪审员选任情况，在符合专业需求的人民陪审员名单中随机抽取确定。

第六条 基层人民法院可以根据环境资源案件审理的需要,协商司法行政机关选任具有专门知识的人民陪审员。

设立环境资源审判专门机构的基层人民法院,应当协商司法行政机关选任具有专门知识的人民陪审员。

设立环境资源审判专门机构的中级人民法院,辖区内基层人民法院均未设立环境资源审判专门机构的,应当指定辖区内不少于一家基层人民法院协商司法行政机关选任具有专门知识的人民陪审员。

第七条 基层人民法院审理的环境资源案件,需要具有专门知识的人民陪审员参加合议庭审理的,组成不少于一名具有专门知识的人民陪审员参加的三人合议庭。

基层人民法院审理的可能判处十年以上有期徒刑且社会影响重大的环境资源刑事案件,以及环境行政公益诉讼案件,需要具有专门知识的人民陪审员参加合议庭审理的,组成不少于一名具有专门知识的人民陪审员参加的七人合议庭。

第八条 中级人民法院审理的环境民事公益诉讼案件、环境行政公益诉讼案件、生态环境损害赔偿诉讼案件以及其他具有重大社会影响的环境污染防治、生态保护、气候变化应对、资源开发利用、生态环境治理与服务等案件,需要具有专门知识的人民陪审员参加合议庭审理的,组成不少于一名具有专门知识的人民陪审员参加的七人合议庭。

第九条 实行环境资源案件跨区域集中管辖的中级人民法院审理第一审环境资源案件,需要具有专门知识的人民陪审员参加合议庭审理的,可以从环境资源案件集中管辖区域内基层人民法院具有专门知识的人民陪审员名单中随机抽取确定。

第十条 铁路运输法院等没有对应同级人民代表大会的法院审理第一审环境资源案件,需要具有专门知识的人民陪审员参加合议庭审理的,在其所在地级市辖区或案件管辖区域内基层人民法院具有专门知识的人民陪审员名单中随机抽取确定。

第十一条 符合法律规定的审判人员应当回避的情形,或所在单位与案件有利害关系的,具有专门知识的人民陪审员应当自行回避。当事人也可以申请具有专门知识的人民陪审员回避。

第十二条 审判长应当依照人民陪审员法第二十条的规定,对具有专门知识的人民陪审员参加的下列工作,重点进行指引和提示:

(一)专门性事实的调查;

(二)就是否进行证据保全、行为保全提出意见;

（三）庭前会议、证据交换和勘验；

（四）就是否委托司法鉴定，以及鉴定事项、范围、目的和期限提出意见；

（五）生态环境修复方案的审查；

（六）环境民事公益诉讼案件、生态环境损害赔偿诉讼案件的调解、和解协议的审查。

第十三条　具有专门知识的人民陪审员参加环境资源案件评议时，应当就案件事实涉及的专门性问题发表明确意见。

具有专门知识的人民陪审员就该专门性问题发表的意见与合议庭其他成员不一致的，合议庭可以将案件提请院长决定是否提交审判委员会讨论决定。有关情况应当记入评议笔录。

第十四条　具有专门知识的人民陪审员可以参与监督生态环境修复、验收和修复效果评估。

第十五条　具有专门知识的人民陪审员参加环境资源案件的审理，本规定没有规定的，适用《最高人民法院关于适用〈中华人民共和国人民陪审员法〉若干问题的解释》的规定。

第十六条　本规定自2023年8月1日起施行。

司法疑难解析

七人合议庭的把握。"之所以没有选择五人或九人及以上的合议庭组成模式，主要是考虑到在区分事实审和法律审的前提下，采用五人合议庭，法官人数至少要保证三人，人民陪审员则仅有两人，在合议庭内人数较少，难以发挥有效、实质参审的应有作用；采用七人合议庭，一方面是七人合议庭已能满足审理重大案件的需要，法庭设施也不需要大规模改造；另一方面，七人合议庭中人民陪审员四人和法官三人，数量配比相对平衡，如果合议庭人数为九人及以上，既会加剧人民法院"案多人少"的工作负担，加大陪审成本，又会影响审判活动的效率。同时，2012年《刑事诉讼法》第一百七十八条规定，高级人民法院、最高人民法院审判第一审案件可以由审判员和人民陪审员三人至七人组成合议庭进行，也是设置七人合议庭的参考依据。"[1]

---

[1]　参见《对〈中华人民共和国人民陪审员法（草案）〉的说明——2017年12月22日在第十二届全国人民代表大会常务委员会第三十一次会议上》，载中国人大网（http://www.npc.gov.cn/npc/c30834/201804/e97907a7aa4d47e696d286f72082e0b2.shtml），访问日期：2021年1月28日。

根据《刑事诉讼法》第一百八十三条、《人民陪审员法》第十六条和《刑诉法解释》第二百一十三条第二款的规定,"可能判处十年以上有期徒刑、无期徒刑、死刑,且社会影响重大的"案件,适用七人合议庭。具体而言,此种情形应当满足如下三个条件:

一是必须是基层人民法院、中级人民法院和高级人民法院审判的第一审刑事案件。(1)审判案件的法院必须是基层人民法院、中级人民法院和高级人民法院。如果是最高人民法院审理的第一审刑事案件,即使可能判处十年以上有期徒刑、无期徒刑、死刑,社会影响重大的,也应当由审判员组成合议庭进行,而非由审判员和人民陪审员组成合议庭进行。(2)必须是第一审刑事案件。第二审刑事案件和再审案件以及发回第一审重新审理的刑事案件,均不适用陪审制。①

二是必须是可能判处十年以上有期徒刑、无期徒刑、死刑的刑事案件。所谓"可能判处十年以上有期徒刑、无期徒刑、死刑",是指实际可能判处的刑罚而非法定刑幅度。

三是必须是社会影响重大的刑事案件。可能判处十年以上有期徒刑、无期徒刑、死刑的案件不在少数,基于当前人民法院刑事审判力量、法庭硬件设施等条件限制,均组成七人合议庭不合实际。根据法律规定,对可能判处十年以上有期徒刑、无期徒刑、死刑的一审案件,并非应当一律组成七人合议庭,只有同时满足"社会影响重大"的条件,才应当组成七人合议庭。基于此,《刑诉法解释》第二百一十三条第二款第一项的表述是"可能判处十年以上有期徒刑、无期徒刑、死刑,且社会影响重大的",即突出了"且"的表述,强调需同时满足"社会影响重大"的条件。"'社会影响重大'的认定与涉及的人数多少,人民群众是不是广泛关注,是不是影响到国计民生、社会稳定、公共安全或社会特定群体的利益等因素密切相关。是否具有重大的社会影响,要依据具体的案情进行判断,如食物中

---

① 正如有论者所指出的:"因为人民陪审员参加一审案件的审判,主要是发挥其熟悉社情民意、富有社会阅历,长于事实认定的优势,二审案件、再审案件以及发回一审重审案件,都不是第一次审理的案件,很多事实和法律问题已经固定,且交织在一起,已经变得较为复杂,对于人民陪审员这些非法律专业人士来说,很难充分发挥实质参审作用。因此,为了稳妥起见,也为了合理利用有限的陪审资源,原则上只有新受理的一审案件适用陪审制,二审案件、再审案件、发回一审法院重新审理的案件不适用陪审制。"参见姚宝华:《人民陪审员法第十六条第一项理解之我见》,载《人民法院报》2018年12月12日,第8版。

毒事件,如果发生在学校,涉及的人数众多,就应当认定为具有重大的社会影响,倘若发生在自己家里,只涉及几个人,且没有造成什么身体损害,就不能认定为具有重大社会影响。"①

第一百八十四条 【合议庭评议规则】合议庭进行评议的时候,如果意见分歧,应当按多数人的意见作出决定,但是少数人的意见应当写入笔录。评议笔录由合议庭的组成人员签名。

立法沿革

1979年《刑事诉讼法》第一百零六条规定:"合议庭进行评议的时候,如果意见分歧,应当少数服从多数,但是少数人的意见应当写入笔录。评议笔录由合议庭的组成人员签名。"1996年《刑事诉讼法修改决定》将"少数服从多数"修改为"按多数人的意见作出决定"。2012年、2018年修改《刑事诉讼法》时对本条规定未作调整。

相关规定

《中华人民共和国人民陪审员法》(自2018年4月27日起施行,节录)

第二十条 审判长应当履行与案件审判相关的指引、提示义务,但不得妨碍人民陪审员对案件的独立判断。

合议庭评议案件,审判长应当对本案中涉及的事实认定、证据规则、法律规定等事项及应当注意的问题,向人民陪审员进行必要的解释和说明。

第二十一条 人民陪审员参加三人合议庭审判案件,对事实认定、法律适用,独立发表意见,行使表决权。

第二十二条 人民陪审员参加七人合议庭审判案件,对事实认定,独立发表意见,并与法官共同表决;对法律适用,可以发表意见,但不参加表决。

第二十三条 合议庭评议案件,实行少数服从多数的原则。人民陪审员同合议庭其他组成人员意见分歧的,应当将其意见写入笔录。

合议庭组成人员意见有重大分歧的,人民陪审员或者法官可以要求合议庭将案件提请院长决定是否提交审判委员会讨论决定。

---

① 王爱立主编:《〈中华人民共和国人民陪审员法〉释义》,中国民主法制出版社2018年版,第131—132页。

《中华人民共和国人民法院组织法》(修订后自2019年1月1日起施行,节录)

第三十一条　合议庭评议案件应当按照多数人的意见作出决定,少数人的意见应当记入笔录。评议案件笔录由合议庭全体组成人员签名。

第三十二条　合议庭或者法官独任审理案件形成的裁判文书,经合议庭组成人员或者独任法官签署,由人民法院发布。

基本规范

《最高人民法院关于适用〈中华人民共和国刑事诉讼法〉的解释》(法释〔2021〕1号,自2021年3月1日起施行)

第八章　审判组织

第二百一十四条①　开庭审理和评议案件,应当由同一合议庭进行。合议庭成员在评议案件时,应当独立发表意见并说明理由。意见分歧的,应当按多数意见作出决定,但少数意见应当记入笔录。评议笔录由合议庭的组成人员在审阅确认无误后签名。评议情况应当保密。

第二百一十五条　人民陪审员参加三人合议庭审判案件,应当对事实认定、法律适用独立发表意见,行使表决权。

人民陪审员参加七人合议庭审判案件,应当对事实认定独立发表意见,并与审判员共同表决;对法律适用可以发表意见,但不参加表决。

其他规范

《最高人民法院关于进一步加强合议庭职责的若干规定》(法释〔2010〕1号)第六条、第七条对合议庭评议案件的有关问题作了规定。(→参见第一百八十三条所附"其他规范",第1284—1285页)

《最高人民法院关于适用〈中华人民共和国人民陪审员法〉若干问题的解释》(法释〔2019〕5号)第十二条至第十四条对人民陪审员参加合议庭评议的有

---

① 《最高人民法院关于规范合议庭运行机制的意见》(法发〔2022〕31号)第六条第二款规定:"合议庭评议案件时,先由承办法官对案件事实认定、证据采信以及适用法律等发表意见,其他合议庭成员依次发表意见。审判长应当根据评议情况总结合议庭评议的结论性意见。"就实践具体操作而言,合议庭成员在评议案件时,应当按照法官和人民陪审员各自资历由浅到深,先人民陪审员发言,后法官发言,审判长最后发言的顺序,独立表达意见并说明理由。这一发言顺序旨在避免部分年轻或资历较浅的成员发表意见时受到他人影响,也与域外陪审团评议时发言顺序保持一致。——本评注注

关问题作了规定。(→参见第一百八十三条所附"其他规范",第1302页)

《最高人民法院关于规范合议庭运行机制的意见》(法发〔2022〕31号,自2022年11月1日起施行)

为了全面准确落实司法责任制,规范合议庭运行机制,明确合议庭职责,根据《中华人民共和国人民法院组织法》《中华人民共和国法官法》《中华人民共和国刑事诉讼法》《中华人民共和国民事诉讼法》《中华人民共和国行政诉讼法》等有关法律和司法解释规定,结合人民法院工作实际,制定本意见。

一、合议庭是人民法院的基本审判组织。合议庭全体成员平等参与案件的阅卷、庭审、评议、裁判等审判活动,对案件的证据采信、事实认定、法律适用、诉讼程序、裁判结果等问题独立发表意见并对此承担相应责任。

二、①合议庭可以通过指定或者随机方式产生。因专业化审判或者案件繁简分流工作需要,合议庭成员相对固定的,应当定期轮换交流。属于"四类案件"或者参照"四类案件"监督管理的,院庭长可以按照其职权指定合议庭成员。以指定方式产生合议庭的,应当在办案平台全程留痕,或者形成书面记录入卷备查。

合议庭的审判长由院庭长指定。院庭长参加合议庭的,由院庭长担任审判长。

合议庭成员确定后,因回避、工作调动、身体健康、廉政风险等事由,确需调整成员的,由院庭长按照职权决定,调整结果应当及时通知当事人,并在办案平台标注原因,或者形成书面记录入卷备查。

法律、司法解释规定"另行组成合议庭"的案件,原合议庭成员及审判辅助人员均不得参与办理。

---

① 需要注意的问题有二:(1)关于合议庭定期轮换交流,各级人民法院应当综合考虑自身案件特点和人员构成情况,确定合理的期限和方式,既不能过于频繁,也不宜拉得过长。从实践情况来看,合议庭可以每年替换一部分,也可以三至五年整体轮换交流。(2)关于审判长的确定,司法实践中需要注意:第一,审判长由院庭长指定。这是诉讼法的明确要求,如《民事诉讼法》第四十四条规定:"合议庭的审判长由院长或者庭长指定审判员一人担任。"实践中,一些法院根据随机分案制度,随机确定承办法官和审判长,但在程序上仍须按照诉讼法要求由院庭长指定。第二,院庭长担任审判长。按照《人民法院组织法》第三十条第二款,"院长或者庭长参加审理案件时,由自己担任审判长。"合议庭成员同时包含院、庭负责人时,由行政职务最高者担任审判长。例如,合议庭成员中既有副院长,也有审判庭庭长时,应由副院长担任审判长。参见刘峥、何帆、马骁:《〈最高人民法院关于规范合议庭运行机制的意见〉的理解与适用》,载《人民司法》2022年第34期。——本评注注

三、合议庭审理案件时，审判长除承担由合议庭成员共同承担的职责外，还应当履行以下职责：

（一）确定案件审理方案、庭审提纲，协调合议庭成员庭审分工，指导合议庭成员或者审判辅助人员做好其他必要的庭审准备工作；

（二）主持、指挥庭审活动；

（三）主持合议庭评议；

（四）建议将合议庭处理意见分歧较大的案件，依照有关规定和程序提交专业法官会议讨论或者审判委员会讨论决定；

（五）依法行使其他审判权力。

审判长承办案件时，应当同时履行承办法官的职责。

四、合议庭审理案件时，承办法官履行以下职责：

（一）主持或者指导审判辅助人员做好庭前会议、庭前调解、证据交换等庭前准备工作及其他审判辅助工作；

（二）就当事人提出的管辖权异议及保全、司法鉴定、证人出庭、非法证据排除申请等提请合议庭评议；

（三）全面审核涉案证据，提出审查意见；

（四）拟定案件审理方案、庭审提纲，根据案件审理需要制作阅卷笔录；

（五）协助审判长开展庭审活动；

（六）参与案件评议，并先行提出处理意见；

（七）根据案件审理需要，制作或者指导审判辅助人员起草审理报告、类案检索报告等；

（八）根据合议庭评议意见或者审判委员会决定，制作裁判文书等；

（九）依法行使其他审判权力。

五、合议庭审理案件时，合议庭其他成员应当共同参与阅卷、庭审、评议等审判活动，根据审判长安排完成相应审判工作。

六、①合议庭应当在庭审结束后及时评议。合议庭成员确有客观原因难以

---

① 需要注意的问题有三：(1)关于评议时机，按照此前有关规定，为了确保评议质量，合议庭应当在庭审结束后五个工作日内评议案件。对此，许多地方法院反映，一些案件需要多次开庭，有的开庭后需要进一步调解或者等待被告人退赃，"五个工作日"内往往难以组织评议。经研究认为，不同层级法院对于何时组织评议分歧较大，不同类型的案件对评议时机要求也不相同，应当由合议庭根据案件审理进度和案件具体情况自主决定。因此，本条第一款就评议时机问题只是原则性要求"及时评议"，并未作出硬性（转下页）

实现线下同场评议的,可以通过人民法院办案平台采取在线方式评议,但不得以提交书面意见的方式参加评议或者委托他人参加评议。合议庭评议过程不向未直接参加案件审理工作的人员公开。

合议庭评议案件时,先由承办法官对案件事实认定、证据采信以及适用法律等发表意见,其他合议庭成员依次发表意见。审判长应当根据评议情况总结合议庭评议的结论性意见。

审判长主持评议时,与合议庭其他成员权利平等。合议庭成员评议时,应当充分陈述意见,独立行使表决权,不得拒绝陈述意见;同意他人意见的,应当提供事实和法律根据并论证理由。

合议庭成员对评议结果的表决以口头形式进行。评议过程应当以书面形式完整记入笔录,评议笔录由审判辅助人员制作,由参加合议的人员和制作人签名。评议笔录属于审判秘密,非经法定程序和条件,不得对外公开。

七、合议庭评议时,如果意见存在分歧,应当按照多数意见作出决定,但是少数意见应当记入笔录。

合议庭可以根据案情或者院庭长提出的监督意见复议。合议庭无法形成多数意见时,审判长应当按照有关规定和程序建议院庭长将案件提交专业法官会

(接上页)规定,既是提高办案效率的导向性要求,又便于合议庭合理把握组织评议的时机。(2)关于在线评议,实践中需要注意以下三点:第一,明确在线评议的适用条件。线下同场评议仍然是合议庭评议的最主要方式,在线评议仅仅是补充措施。只有在合议庭成员确有客观原因、难以实现线下同场评议,同时根据案件审理进展情况,确需立即组织评议时,合议庭方能适用在线方式评议。并且,基于评议保密原则,在线评议应当依托人民法院办案平台进行,确保系统平台安全可靠。第二,确保交互评议和连续评议。不论在线评议还是线下同场评议,合议庭成员既不能以提交书面意见的方式参加评议,也不能委托他人参加评议。实践中,一些法院探索以"异步评议"方式提高工作效率,但实际上还是以提交书面意见或录音录像的方式评议,无法实现面对面评议的交互性和连续性,不利于确保办案质量。第三,严格落实评议保密原则。确保合议庭评议过程和内容不受外界不当干扰,是维护审判权的判断权和裁量权属性、确保司法公正的题中之义,故本条第一款特别强调"合议庭评议过程不向未直接参加案件审理工作的人员公开"。实践中,未直接参与案件审理的院庭长,按照相关规范性文件,可以采取多种途径和方式行使监督管理权,但不得以"列席"合议庭评议的方式履行监督管理职责。(3)关于评议时的发言顺序,根据本条第二款的规定,承办法官同时担任审判长的,仍由其先发言,并作最后总结。参见刘峥、何帆、马骁:《〈最高人民法院关于规范合议庭运行机制的意见〉的理解与适用》,载《人民司法》2022年第34期。——**本评注注**

议讨论,或者由院长将案件提交审判委员会讨论决定。专业法官会议讨论形成的意见,供合议庭复议时参考;①审判委员会的决定,合议庭应当执行。

八、②合议庭发现审理的案件属于"四类案件"或者有必要参照"四类案件"监督管理的,应当按照有关规定及时向院庭长报告。

对于"四类案件"或者参照"四类案件"监督管理的案件,院庭长可以按照职权要求合议庭报告案件审理进展和评议结果,就案件审理涉及的相关问题提出意见,视情建议合议庭复议。院庭长对审理过程或者评议、复议结果有异议的,可以决定将案件提交专业法官会议讨论,或者按照程序提交审判委员会讨论决定,但不得直接改变合议庭意见。院庭长监督管理的情况应当在办案平台全程留痕,或者形成书面记录入卷备查。

九、合议庭审理案件形成的裁判文书,由合议庭成员签署并共同负责。合议庭其他成员签署前,可以对裁判文书提出修改意见,并反馈承办法官。③

十、由法官组成合议庭审理案件的,适用本意见。依法由法官和人民陪审员组成合议庭的运行机制另行规定。执行案件办理过程中需要组成合议庭评议或

---

① 需要特别说明的是,专业法官会议是为审判组织办案提供专业咨询意见的工作平台,讨论形成的意见仅具有参考效力,办案决策和审判责任的承担主体仍然是合议庭。参见刘峥、何帆、马骁:《〈最高人民法院关于规范合议庭运行机制的意见〉的理解与适用》,载《人民司法》2022年第34期。——**本评注注**

② 实践中需要注意以下三点:(1)合议庭的发现和报告义务。本条第一款进一步落实《关于进一步完善"四类案件"监督管理工作机制的指导意见》(法发〔2021〕30号)确立的"全过程识别机制",要求承办案件的合议庭发现审理的案件属于"四类案件"或者有必要参照"四类案件"监督管理时,应当及时向院庭长报告。(2)院庭长应当依法履行监督管理职责。本条第二款明确了院庭长对合议庭履行监督管理职责的方式,包括要求合议庭报告案件审理进展和评议结果,就案件审理涉及的相关问题提出意见,以及视情建议合议庭复议等。其中,"案件审理涉及的相关问题"既包括认定案件事实和如何适用法律的问题,也包括对案件处理效果会产生重大影响的其他相关事项。(3)院庭长与合议庭意见分歧时的处理。按照本条第二款规定,院庭长对审理过程或者评议、复议结果有异议的,不得直接改变合议庭意见,而应当按照有关规定决定将案件提交专业法官会议讨论,或者按照程序提交审判委员会讨论决定。相关监督管理情况应当在办案平台全程留痕,或者形成书面记录入卷备查。参见刘峥、何帆、马骁:《〈最高人民法院关于规范合议庭运行机制的意见〉的理解与适用》,载《人民司法》2022年第34期。——**本评注注**

③ 需要特别指出的是,按照《最高人民法院关于完善人民法院司法责任制的若干意见》(法发〔2015〕13号)第六条,只有经审判委员会讨论决定以及院庭长参加审理案件的裁判文书,才由院庭长审核签发;其他案件的裁判文书,合议庭成员签署后即可印(转下页)

者审核的事项,参照适用本意见。

十一、本意见自 2022 年 11 月 1 日起施行。之前有关规定与本意见不一致的,按照本意见执行。

司法适用疑难解析

"事实问题"与"法律问题"的界分规则。《中共中央关于全面推进依法治国若干重大问题的决定》提出:"完善人民陪审员制度,保障公民陪审权利,扩大参审范围,完善随机抽选方式,提高人民陪审制度公信度。逐步实行人民陪审员不再审理法律适用问题,只参与审理事实认定问题。"为落实这一要求,让司法判决更加贴近人民群众的朴素公平正义观念,《人民陪审员法》第二十二条规定:"人民陪审员参加七人合议庭审判案件,对事实认定,独立发表意见,并与法官共同表决;对法律适用,可以发表意见,但不参加表决。"对此,《刑诉法解释》第二百一十五条第二款规定:"人民陪审员参加七人合议庭审判案件,应当对事实认定独立发表意见,并与审判员共同表决;对法律适用可以发表意见,但不参加表决。"关于七人合议制中事实问题与法律问题的区分,有关司法解释未作明确规定,司法实践普遍反映难以把握。鉴此,有必要针对刑事案件中适用七人合议制涉及的事实问题与法律问题的界分予以阐释。

从境外情况来看,通常而言,适用陪审团审理的相关案件,涉及证据合法性、量刑等问题由法官决定;指控的犯罪是否成立(包括事实存在,但无须追究刑事责任的情形)由陪审团决定。换言之,在陪审团审判制度下,陪审团的职责和职权是决定被告人有罪还是无罪的问题,陪审团只需就被告人有罪无罪作出表决,并不会就指控事实是否存在、有关行为是否是被告人实施、被告人是否构成犯罪甚至构成何罪进行分项表决。因此,在英美陪审团审判制度下,庭审前和庭审结束时,法官要专门对陪审团就所审理的案件涉及的相关法律问题进行辅导和指导,以使陪审团能够正确适用法律决定被告人有罪还是无罪的重大问题。

我国《人民陪审员法》规定的"事实问题"与"法律问题",从表述看,似不能简单对应于英美陪审制度中的定罪问题和量刑问题。从我国司法实际情况出

(接上页)发。实践中,一些法院采取裁判文书送阅后签发等方式,由院庭长实质性行使裁判文书的审核签发权,不符合改革要求和司法规律。参见刘峥、何帆、马骁:《〈最高人民法院关于规范合议庭运行机制的意见〉的理解与适用》,载《人民司法》2022 年第 34 期。——本评注注

发,被指控的犯罪是否存在、是否为被告人所实施,明显属于事实问题,对此毋庸置疑;但是,对下列情形是否属于事实问题则需作进一步探讨:(1)在被指控的犯罪事实确实存在且系被告人所实施的前提下,相关行为是否符合法定构成要件,是否构成犯罪。例如,"蕙兰案"中,行为人采挖兰草的行为是否构成非法采伐国家重点保护植物罪;即使具体是否构成非法采伐国家重点保护植物罪不宜认定为事实问题,那么相关行为是否构成犯罪也应当属于事实问题。对此,可以纳入"被指控的犯罪是否存在"之中予以把握。(2)有关行为能否适用《刑法》第十三条但书的规定。这是指在行为人所实施的行为符合犯罪构成的前提下,能否以"情节显著轻微危害不大"为由,不认定为犯罪。又如,防卫过当案件,行为人的行为属于防卫行为、行为人造成了不法侵害人伤亡等事实都可认定,在此情形下,有关防卫有无明显超过必要限度问题直接决定行为人是正当防卫还是防卫过当。对此,均可以纳入"被指控的犯罪是否存在"之中予以把握。(3)量刑事实,包括法定刑升档的事实,都属于事实问题,但是对于如何具体裁量刑法,宜认定为法律问题。特别是,对于死刑的适用这一刑罚裁量问题,当下如果让陪审员参与表决,恐会对死刑的控制带来重大影响。

基于上述考虑,大体而言,下列问题属于"事实认定"问题:(1)被指控的犯罪是否存在;(2)被指控的犯罪是否系被告人实施;(3)有关从重、从轻、减轻、免除处罚或者加重法定刑的量刑事实是否存在;(4)其他事实认定问题。下列问题属于"法律适用"问题:(1)被告人构成何种犯罪;(2)如何裁量刑罚;(3)其他法律适用问题。当然,具体操作中,事实认定问题和法律适用问题难以区分的,应当视为事实认定问题。

第一百八十五条 【合议庭判决与审委会讨论决定案件】合议庭开庭审理并且评议后,应当作出判决。对于疑难、复杂、重大的案件,合议庭认为难以作出决定的,由合议庭提请院长决定提交审判委员会讨论决定。审判委员会的决定,合议庭应当执行。

立法沿革

1979年《刑事诉讼法》第一百零七条规定:"凡是重大的或者疑难的案件,院长认为需要提交审判委员会讨论的,由院长提交审判委员会讨论决定。审判委员会的决定,合议庭应当执行。"1996年《刑事诉讼法修改决定》将"凡是重大的或者疑难的案件,院长认为需要提交审判委员会讨论的,由院长提交审判委员会讨论决定"修改为"合议庭开庭审理并且评议后,应当作出判决。对于疑难、复杂、重大的案件,合议庭认为难以作出决定的,由合议庭提请院长决定提交审判委员会讨论决定"。2012年、2018年修改《刑事诉讼法》时对本条规定未作调整。

相关规定

《中华人民共和国人民陪审员法》(自2018年4月27日起施行,节录)

第二十三条第二款 合议庭组成人员意见有重大分歧的,人民陪审员或者法官可以要求合议庭将案件提请院长决定是否提交审判委员会讨论决定。

《中华人民共和国人民法院组织法》(修订后自2019年1月1日起施行,节录)

第三十六条 各级人民法院设审判委员会。审判委员会由院长、副院长和若干资深法官组成,成员应当为单数。

审判委员会会议分为全体会议和专业委员会会议。

中级以上人民法院根据审判工作需要,可以按照审判委员会委员专业和工作分工,召开刑事审判、民事行政审判等专业委员会会议。

第三十七条 审判委员会履行下列职能:

(一)总结审判工作经验;

(二)讨论决定重大、疑难、复杂案件的法律适用;

(三)讨论决定本院已经发生法律效力的判决、裁定、调解书是否应当再审;

(四)讨论决定其他有关审判工作的重大问题。

最高人民法院对属于审判工作中具体应用法律的问题进行解释,应当由审判委员会全体会议讨论通过;发布指导性案例,可以由审判委员会专业委员会会议讨论通过。

第三十八条 审判委员会召开全体会议和专业委员会会议,应当有其组成人员的过半数出席。

审判委员会会议由院长或者院长委托的副院长主持。审判委员会实行民主集中制。

审判委员会举行会议时,同级人民检察院检察长或者检察长委托的副检察长可以列席。

第三十九条 合议庭认为案件需要提交审判委员会讨论决定的,由审判长提出申请,院长批准。

审判委员会讨论案件,合议庭对其汇报的事实负责,审判委员会委员对本人发表的意见和表决负责。审判委员会的决定,合议庭应当执行。

审判委员会讨论案件的决定及其理由应当在裁判文书中公开,法律规定不公开的除外。

基本规范

《最高人民法院关于适用〈中华人民共和国刑事诉讼法〉的解释》(法释〔2021〕1号,自2021年3月1日起施行)

第八章 审判组织

第二百一十六条 合议庭审理、评议后,应当及时作出判决、裁定。

对下列案件,合议庭应当提请院长决定提交审判委员会讨论决定:

(一)高级人民法院、中级人民法院拟判处死刑立即执行的案件,以及中级人民法院拟判处死刑缓期执行的案件;

(二)本院已经发生法律效力的判决、裁定确有错误需要再审的案件;

(三)人民检察院依照审判监督程序提出抗诉的案件。

对合议庭成员意见有重大分歧的案件、新类型案件、社会影响重大的案件以及其他疑难、复杂、重大的案件,合议庭认为难以作出决定的,可以提请院长决定提交审判委员会讨论决定。

人民陪审员可以要求合议庭将案件提请院长决定是否提交审判委员会讨论决定。

对提请院长决定提交审判委员会讨论决定的案件,院长认为不必要的,可以建议合议庭复议一次。

独任审判的案件,审判员认为有必要的,也可以提请院长决定提交审判委员会讨论决定。

第二百一十七条 审判委员会的决定,合议庭、独任审判员应当执行;有不同意见的,可以建议院长提交审判委员会复议。①

其他规范

《最高人民法院关于改革和完善人民法院审判委员会制度的实施意见》(法

---

① 讨论中,有意见建议删去本条"有不同意见的,可以建议院长提交审判委员会复议",理由是:实践中,在合议庭向审判委员会汇报案件情况的工作机制下,合议庭已有机会向审委会全面汇报情况、详尽表达意见,不同意见在审委会讨论时就有机会表达,也最好在这个节点表达,而不是再次建议院长提交审委会。经研究认为,《2012年刑诉法解释》第一百七十九条规定,审判委员会的决定,合议庭、独任审判员"有不同意(转下页)

发〔2010〕3号)

为改革和完善人民法院审判委员会制度,提高审判工作质量和效率,根据人民法院组织法、刑事诉讼法、民事诉讼法、行政诉讼法等法律的规定,结合人民法院审判工作实际,制定本意见。

一、人民法院审判委员会制度是中国特色社会主义司法制度的重要组成部分。几十年来,各级人民法院审判委员会在总结审判经验,指导审判工作,审理疑难、复杂、重大案件等方面发挥了重要作用。随着我国社会主义市场经济和民主法制建设的发展,人民群众通过法院解决纠纷的意识不断增强,全国法院受理案件的总量和新类型案件逐年增多,对审判质量的要求越来越高。为了适应新形势、新任务的要求,建立公正、高效、权威的社会主义司法制度,实现审判委员会工作机制和工作程序的科学化、规范化,应当不断改革和完善人民法院审判委员会制度。

二、改革和完善审判委员会制度,应当坚持"三个至上"的人民法院工作指导思想,坚持党对人民法院工作的领导,自觉接受人民代表大会监督,自觉维护宪法、法律的尊严和权威,自觉维护人民合法权益,坚持从审判工作实际出发,依法积极稳妥推进。

三、审判委员会是人民法院的最高审判组织,在总结审判经验,审理疑难、复杂、重大案件中具有重要的作用。

四、最高人民法院审判委员会履行审理案件和监督、管理、指导审判工作的职责:

(一)讨论疑难、复杂、重大案件;

(二)总结审判工作经验;

(三)制定司法解释和规范性文件;

(四)听取审判业务部门的工作汇报;

(五)讨论决定对审判工作具有指导性意义的典型案例;

(接上页)见的,可以建议院长提交审判委员会复议"。这一规定来源于1993年《最高人民法院审判委员会工作规则》第十条,即"审判委员会的决定,合议庭或法院其他有关单位应当执行,不得擅自改变,如有异议,须报经院长或副院长决定是否提交审判委员会重新讨论决定"。2019年《最高人民法院关于废止部分司法解释(第十三批)的决定》已经废止了该规则。但是,2019年《审委会意见》第二十一条第三款规定:"经审判委员会全体会议和专业委员会会议讨论的案件或者事项,院长认为有必要的,可以提请复议。"基于此,未采纳上述意见。——**本评注注**

(六)讨论其他有关审判工作的重大问题。

五、地方各级人民法院审判委员会履行审理案件和监督、管理、指导审判工作的职责：

(一)讨论疑难、复杂、重大案件；

(二)结合本地区和本院实际,总结审判工作经验；

(三)听取审判业务部门的工作汇报；

(四)讨论决定对本院或者本辖区的审判工作具有参考意义的案例；

(五)讨论其他有关审判工作的重大问题。

六、各级人民法院应当加强审判委员会的专业化建设,提高审判委员会委员的政治素质、道德素质和法律专业素质,增强司法能力,确保审判委员会组成人员成为人民法院素质最好、水平最高的法官。各级人民法院审判委员会除由院长、副院长、庭长担任审判委员会委员外,还应当配备若干名不担任领导职务,政治素质好、审判经验丰富、法学理论水平较高、具有法律专业高等学历的资深法官委员。

中共中央《关于进一步加强人民法院、人民检察院工作的决定》已经明确了审判委员会专职委员的配备规格和条件,各级人民法院应当配备若干名审判委员会专职委员。

七、人民法院审判工作中的重大问题和疑难、复杂、重大案件以及合议庭难以作出裁决的案件,应当由审判委员会讨论或者审理后作出决定。案件或者议题是否提交审判委员会讨论,由院长或者主管副院长决定。

八、最高人民法院审理的下列案件应当提交审判委员会讨论决定：

(一)本院已经发生法律效力的判决、裁定确有错误需要再审的案件；

(二)最高人民检察院依照审判监督程序提出抗诉的刑事案件。

九、高级人民法院和中级人民法院审理的下列案件应当提交审判委员会讨论决定：

(一)本院已经发生法律效力的判决、裁定确有错误需要再审的案件；

(二)同级人民检察院依照审判监督程序提出抗诉的刑事案件；

(三)拟判处死刑立即执行的案件；

(四)拟在法定刑以下判处刑罚或者免于刑事处罚的案件；

(五)拟宣告被告人无罪的案件；

(六)拟就法律适用问题向上级人民法院请示的案件；

(七)认为案情重大、复杂,需要报请移送上级人民法院审理的案件。

十、基层人民法院审理的下列案件应当提交审判委员会讨论决定：

(一)本院已经发生法律效力的判决、裁定确有错误需要再审的案件;
(二)拟在法定刑以下判处刑罚或者免于刑事处罚的案件;
(三)拟宣告被告人无罪的案件;
(四)拟就法律适用问题向上级人民法院请示的案件;
(五)认为应当判处无期徒刑、死刑,需要报请移送中级人民法院审理的刑事案件;
(六)认为案情重大、复杂,需要报请移送上级人民法院审理的案件。

十一、人民法院审理下列案件时,合议庭可以提请院长决定提交审判委员会讨论:
(一)合议庭意见有重大分歧、难以作出决定的案件;
(二)法律规定不明确,存在法律适用疑难问题的案件;
(三)案件处理结果可能产生重大社会影响的案件;
(四)对审判工作具有指导意义的新类型案件;
(五)其他需要提交审判委员会讨论的疑难、复杂、重大案件。

合议庭没有建议提请审判委员会讨论的案件,院长、主管副院长或者庭长认为有必要的,得提请审判委员会讨论。

十二、需要提交审判委员会讨论的案件,由合议庭层报庭长、主管副院长提请院长决定。院长、主管副院长或者庭长认为不需要提交审判委员会的,可以要求合议庭复议。

审判委员会讨论案件,合议庭应当提交案件审理报告。案件审理报告应当符合规范要求,客观、全面反映案件事实、证据以及双方当事人或控辩双方的意见,说明合议庭争议的焦点、分歧意见和拟作出裁判的内容。案件审理报告应当提前发送审判委员会委员。

十三、审判委员会讨论案件时,合议庭全体成员及审判业务部门负责人应当列席会议。对本院审结的已发生法律效力的案件提起再审的,原审合议庭成员及审判业务部门负责人也应当列席会议。院长或者受院长委托主持会议的副院长可以决定其他有必要列席的人员。

审判委员会讨论案件,同级人民检察院检察长或者受检察长委托的副检察长可以列席。

十四、审判委员会会议由院长主持。院长因故不能主持会议时,可以委托副院长主持。

十五、审判委员会讨论案件按照听取汇报、询问、发表意见、表决的顺序进行。案件由承办人汇报,合议庭其他成员补充。审判委员会委员在听取汇报、进行询问和发表意见后,其他列席人员经主持人同意可以发表意见。

十六、审判委员会讨论案件实行民主集中制。审判委员会委员发表意见的顺序,一般应当按照职级高的委员后发言的原则进行,主持人最后发表意见。

审判委员会应当充分、全面地对案件进行讨论。审判委员会委员应当客观、公正、独立、平等地发表意见,审判委员会委员发表意见不受追究,并应当记录在卷。

审判委员会委员发表意见后,主持人应当归纳委员的意见,按多数意见拟出决议,付诸表决。审判委员会的决议应当按照全体委员二分之一以上多数意见作出。

十七、审判委员会以会议决议的方式履行对审判工作的监督、管理、指导职责。

十八、中级以上人民法院可以设立审判委员会日常办事机构,基层人民法院可以设审判委员会专职工作人员。

审判委员会日常办事机构负责处理审判委员会的日常事务,负责督促、检查和落实审判委员会的决定,承担审判委员会交办的其他事项。

《最高人民法院、最高人民检察院关于人民检察院检察长列席人民法院审判委员会会议的实施意见》(法发〔2010〕4号)

为进一步落实和规范人民检察院检察长列席人民法院审判委员会会议制度,根据《中华人民共和国人民法院组织法》等法律的有关规定,提出如下意见:

一、人民检察院检察长可以列席同级人民法院审判委员会会议。

检察长不能列席时,可以委托副检察长列席同级人民法院审判委员会会议。

二、人民检察院检察长列席人民法院审判委员会会议的任务是,对于审判委员会讨论的案件和其他有关议题发表意见,依法履行法律监督职责。

三、人民法院审判委员会讨论下列案件或者议题,同级人民检察院检察长可以列席:

(一)可能判处被告人无罪的公诉案件;
(二)可能判处被告人死刑的案件;
(三)人民检察院提出抗诉的案件;
(四)与检察工作有关的其他议题。

四、人民法院院长决定将本意见第三条所列案件或者议题提交审判委员会讨论的,人民法院应当通过适当方式告知同级人民检察院。人民检察院检察长决定列席审判委员会会议的,人民法院应当将会议议程、会议时间通知人民检察院。

对于人民法院审判委员会讨论的议题,人民检察院认为有必要的,可以向人民法院提出列席审判委员会会议;人民法院认为有必要的,可以邀请人民检察院检察长列席审判委员会会议。

五、人民检察院检察长列席审判委员会会议的,人民法院应当将会议材料在送审判委员会委员的同时送人民检察院检察长。

六、人民检察院检察长列席审判委员会会议,应当在会前进行充分准备,必要时可就有关问题召开检察委员会会议进行讨论。

七、检察长或者受检察长委托的副检察长列席审判委员会讨论案件的会议,可以在人民法院承办人汇报完毕后、审判委员会委员表决前发表意见。

审判委员会会议讨论与检察工作有关的其他议题,检察长或者受检察长委托的副检察长的发言程序适用前款规定。

检察长或者受检察长委托的副检察长在审判委员会会议上发表的意见,应当记录在卷。

八、人民检察院检察长列席审判委员会会议讨论的案件,人民法院应当将裁判文书及时送达或者抄送人民检察院。

人民检察院检察长列席的审判委员会会议讨论的其他议题,人民法院应当将讨论通过的决定文本及时送给人民检察院。

九、出席、列席审判委员会会议的所有人员,对审判委员会讨论内容应当保密。

十、人民检察院检察长列席审判委员会会议的具体事宜由审判委员会办事机构和检察委员会办事机构负责办理。

《最高人民法院关于适用〈中华人民共和国人民陪审员法〉若干问题的解释》(法释〔2019〕5号)第十五条规定人民陪审员列席审判委员会讨论其参加审理的案件时,可以发表意见。(→参见第一百八十三条所附"其他规范",第1302页)

《最高人民法院关于健全完善人民法院审判委员会工作机制的意见》(法发〔2019〕20号,自2019年8月2日起施行)

为贯彻落实中央关于深化司法体制综合配套改革的总体部署,健全完善人民法院审判委员会工作机制,进一步全面落实司法责任制,根据人民法院组织法、刑事诉讼法、民事诉讼法、行政诉讼法等法律及司法解释规定,结合人民法院工作实际,制定本意见。

一、基本原则

1. 坚持党的领导。坚持以习近平新时代中国特色社会主义思想为指导,增强"四个意识"、坚定"四个自信"、做到"两个维护",坚持党对人民法院工作的绝对领导,坚定不移走中国特色社会主义法治道路,健全公正高效权威的社会主义司法制度。

2. 实行民主集中制。坚持充分发扬民主和正确实行集中有机结合,健全完善审判委员会议事程序和议事规则,确保审判委员会委员客观、公正、独立、平等发表意见,防止和克服议而不决、决而不行,切实发挥民主集中制优势。

3. 遵循司法规律。优化审判委员会人员组成,科学定位审判委员会职能,健全审判委员会运行机制,全面落实司法责任制,推动建立权责清晰、权责统一、运行高效、监督有力的工作机制。

4. 恪守司法公正。认真总结审判委员会制度改革经验,不断完善工作机制,坚持以事实为根据、以法律为准绳,坚持严格公正司法,坚持程序公正和实体公正相统一,充分发挥审判委员会职能作用,努力让人民群众在每一个司法案件中感受到公平正义。

二、组织构成

5. 各级人民法院设审判委员会。审判委员会由院长、副院长和若干资深法官组成,成员应当为单数。

审判委员会可以设专职委员。

6. 审判委员会会议分为全体会议和专业委员会会议。

专业委员会会议是审判委员会的一种会议形式和工作方式。中级以上人民法院根据审判工作需要,可以召开刑事审判、民事行政审判等专业委员会会议。

专业委员会会议组成人员应当根据审判委员会委员的专业和工作分工确定。审判委员会委员可以参加不同的专业委员会会议。专业委员会会议全体组成人员应当超过审判委员会全体委员的二分之一。

三、职能定位

7. 审判委员会的主要职能是:

(1) 总结审判工作经验;

(2) 讨论决定重大、疑难、复杂案件的法律适用;

(3) 讨论决定本院已经发生法律效力的判决、裁定、调解书是否应当再审;

(4) 讨论决定其他有关审判工作的重大问题。

最高人民法院审判委员会通过制定司法解释、规范性文件及发布指导性案例等方式,统一法律适用。

8.各级人民法院审理的下列案件,应当提交审判委员会讨论决定:
(1)涉及国家安全、外交、社会稳定等敏感案件和重大、疑难、复杂案件;
(2)本院已经发生法律效力的判决、裁定、调解书等确有错误需要再审的案件;
(3)同级人民检察院依照审判监督程序提出抗诉的刑事案件;
(4)法律适用规则不明的新类型案件;
(5)拟宣告被告人无罪的案件;
(6)拟在法定刑以下判处刑罚或者免予刑事处罚的案件。
高级人民法院、中级人民法院拟判处死刑的案件,应当提交本院审判委员会讨论决定。

9.各级人民法院审理的下列案件,可以提交审判委员会讨论决定:
(1)合议庭对法律适用问题意见分歧较大,经专业(主审)法官会议讨论难以作出决定的案件;
(2)拟作出的裁判与本院或者上级法院的类案裁判可能发生冲突的案件;
(3)同级人民检察院依照审判监督程序提出抗诉的重大、疑难、复杂民事案件及行政案件;
(4)指令再审或者发回重审的案件;
(5)其他需要提交审判委员会讨论决定的案件。

四、运行机制

10.合议庭或者独任法官认为案件需要提交审判委员会讨论决定的,由其提出申请,层报院长批准;未提出申请,院长认为有必要的,可以提请审判委员会讨论决定。

其他事项提交审判委员会讨论决定的,参照案件提交程序执行。

11.拟提请审判委员会讨论决定的案件,应当有专业(主审)法官会议研究讨论的意见。

专业(主审)法官会议意见与合议庭或者独任法官意见不一致的,院长、副院长、庭长可以按照审判监督管理权限要求合议庭或者独任法官复议;经复议仍未采纳专业(主审)法官会议意见的,应当按程序报请审判委员会讨论决定。

12.提交审判委员会讨论的案件,合议庭应当形成书面报告。书面报告应当客观全面反映案件事实、证据、当事人或者控辩双方的意见,列明需要审判委员会讨论决定的法律适用问题、专业(主审)法官会议意见、类案与关联案件检索情况,有合议庭拟处理意见和理由。有分歧意见的,应归纳不同的意见和理由。

其他事项提交审判委员会讨论之前,承办部门应在认真调研并征求相关部门意见的基础上提出办理意见。

13. 对提交审判委员会讨论决定的案件或者事项,审判委员会工作部门可以先行审查是否属于审判委员会讨论范围并提出意见,报请院长决定。

14. 提交审判委员会讨论决定的案件,审判委员会委员有应当回避情形的,应当自行回避并报院长决定;院长的回避,由审判委员会决定。

审判委员会委员的回避情形,适用有关法律关于审判人员回避情形的规定。

15. 审判委员会委员应当提前审阅会议材料,必要时可以调阅相关案卷、文件及庭审音频视频资料。

16. 审判委员会召开全体会议和专业委员会会议,应当有其组成人员的过半数出席。

17. 审判委员会全体会议及专业委员会会议应当由院长或者院长委托的副院长主持。

18. 下列人员应当列席审判委员会会议:

(1)承办案件的合议庭成员、独任法官或者事项承办人;

(2)承办案件、事项的审判庭或者部门负责人;

(3)其他有必要列席的人员。

审判委员会召开会议,必要时可以邀请人大代表、政协委员、专家学者等列席。

经主持人同意,列席人员可以提供说明或者表达意见,但不参与表决。

19. 审判委员会举行会议时,同级人民检察院检察长或者其委托的副检察长可以列席。

20. 审判委员会讨论决定案件和事项,一般按照以下程序进行:

(1)合议庭、承办人汇报;

(2)委员就有关问题进行询问;

(3)委员按照法官等级和资历由低到高顺序发表意见,主持人最后发表意见;

(4)主持人作会议总结,会议作出决议。

21. 审判委员会全体会议和专业委员会会议讨论案件或者事项,一般按照各自全体组成人员过半数的多数意见作出决定,少数委员的意见应当记录在卷。

经专业委员会会议讨论的案件或者事项,无法形成决议或者院长认为有必要的,可以提交全体会议讨论决定。

经审判委员会全体会议和专业委员会会议讨论的案件或者事项,院长认为有必要的,可以提请复议。

22. 审判委员会讨论案件或者事项的决定,合议庭、独任法官或者相关部门应当执行。审判委员会工作部门发现案件处理结果与审判委员会决定不符的,应当及时向院长报告。

23. 审判委员会会议纪要或者决定由院长审定后,发送审判委员会委员、相关审判庭或者部门。

同级人民检察院检察长或者副检察长列席审判委员会的,会议纪要或者决定抄送同级人民检察院检察委员会办事机构。

24. 审判委员会讨论案件的决定及其理由应当在裁判文书中公开,法律规定不公开的除外。

25. 经审判委员会讨论决定的案件,合议庭、独任法官应及时审结,并将判决书、裁定书、调解书等送审判委员会工作部门备案。

26. 各级人民法院应当建立审判委员会会议全程录音录像制度,按照保密要求进行管理。审判委员会议题的提交、审核、讨论、决定等纳入审判流程管理系统,实行全程留痕。

27. 各级人民法院审判委员会工作部门负责处理审判委员会日常事务性工作,根据审判委员会授权,督促检查审判委员会决定执行情况,落实审判委员会交办的其他事项。

五、保障监督

28. 审判委员会委员依法履职行为受法律保护。

29. 领导干部和司法机关内部人员违法干预、过问、插手审判委员会委员讨论决定案件的,应当予以记录、通报,并依纪依法追究相应责任。

30. 审判委员会委员因依法履职遭受诬告陷害或者侮辱诽谤的,人民法院应当会同有关部门及时采取有效措施,澄清事实真相,消除不良影响,并依法追究相关单位或者个人的责任。

31. 审判委员会讨论案件,合议庭、独任法官对其汇报的事实负责,审判委员会委员对本人发表的意见和表决负责。

32. 审判委员会委员有贪污受贿、徇私舞弊、枉法裁判等严重违纪违法行为的,依纪依法严肃追究责任。

33. 各级人民法院应当将审判委员会委员出席会议情况纳入考核体系,并以适当形式在法院内部公示。

34. 审判委员会委员、列席人员及其他与会人员应严格遵守保密工作纪律,不得泄露履职过程中知悉的审判工作秘密。因泄密造成严重后果的,严肃追究纪律责任和法律责任。

六、附则

35. 本意见关于审判委员会委员的审判责任范围、认定及追究程序,依据《最高人民法院关于完善人民法院司法责任制的若干意见》及法官惩戒相关规定等执行。

36. 各级人民法院可以根据本意见,结合本院审判工作实际,制定工作细则。

37. 本意见自2019年8月2日起施行。最高人民法院以前发布的规范性文件与本意见不一致的,以本意见为准。

《最高人民法院关于完善人民法院专业法官会议工作机制的指导意见》(法发〔2021〕2号,自2021年1月12日起施行)

为全面落实司法责任制,充分发挥专业法官会议工作机制在辅助办案决策、统一法律适用、强化制约监督等方面的作用,现提出如下指导意见。

一、专业法官会议是人民法院向审判组织和院庭长(含审判委员会专职委员,下同)履行法定职责提供咨询意见的内部工作机制。

二、各级人民法院根据本院法官规模、内设机构设置、所涉议题类型、监督管理需要等,在审判专业领域、审判庭、审判团队内部组织召开专业法官会议,必要时可以跨审判专业领域、审判庭、审判团队召开。

三、专业法官会议由法官组成。各级人民法院可以结合所涉议题和会议组织方式,兼顾人员代表性和专业性,明确不同类型会议的最低参加人数,确保讨论质量和效率。

专业法官会议主持人可以根据议题性质和实际需要,邀请法官助理、综合业务部门工作人员等其他人员列席会议并参与讨论。

四、专业法官会议讨论案件的法律适用问题或者与事实认定高度关联的证据规则适用问题,必要时也可以讨论其他事项。独任庭、合议庭办理案件时,存在下列情形之一的,应当建议院庭长提交专业法官会议讨论:

(一)独任庭认为需要提交讨论的;

(二)合议庭内部无法形成多数意见,或者持少数意见的法官认为需要提交讨论的;

(三)有必要在审判团队、审判庭、审判专业领域之间或者辖区法院内统一法律适用的;

(四)属于《最高人民法院关于完善人民法院司法责任制的若干意见》第24条规定的"四类案件"范围的;

(五)其他需要提交专业法官会议讨论的。

院庭长履行审判监督管理职责时,发现案件存在前款情形之一的,可以提交专业法官会议讨论;综合业务部门认为存在前款(三)(四)项情形的,应当建议院庭长提交专业法官会议讨论。

各级人民法院应当结合审级职能定位、受理案件规模、内部职责分工、法官队伍状况等,进一步细化专业法官会议讨论范围。

五、专业法官会议由下列人员主持:

(一)审判专业领域或者跨审判庭、审判专业领域的专业法官会议,由院长或其委托的副院长、审判委员会专职委员、庭长主持;

(二)本审判庭或者跨审判团队的专业法官会议,由庭长或其委托的副庭长主持;

(三)本审判庭内按审判团队组织的专业法官会议,由庭长、副庭长或其委托的资深法官主持。

六、主持人应当在会前审查会议材料并决定是否召开专业法官会议。对于法律适用已经明确,专业法官会议已经讨论且没有出现新情况,或者其他不属于专业法官会议讨论范围的,主持人可以决定不召开会议,并根据审判监督管理权限督促或者建议独任庭、合议庭依法及时处理相关案件。主持人决定不召开专业法官会议的情况应当在办案平台或者案卷中留痕。

主持人召开会议时,应当严格执行讨论规则,客观、全面、准确归纳总结会议讨论形成的意见。

七、拟提交专业法官会议讨论的案件,承办案件的独任庭、合议庭应当在会议召开前就基本案情、争议焦点、评议意见及其他参考材料等简明扼要准备报告,并在报告中明确拟提交讨论的焦点问题。案件涉及统一法律适用问题的,应当说明类案检索情况,确有必要的应当制作类案检索报告。

全体参加人员应当在会前认真阅读会议材料,掌握议题相关情况,针对提交讨论的问题做好发言准备。

八、专业法官会议可以定期召集,也可以根据实际需要临时召集。各级人民法院应当综合考虑所涉事项、议题数量、会务成本、法官工作量等因素,合理确定专业法官会议的召开频率。

九、主持人应当指定专人负责会务工作。召开会议前,应当预留出合理、充足的准备时间,提前将讨论所需的报告等会议材料送交全体参加人员。召开会议时,应当制作会议记录,准确记载发言内容和会议结论,由全体参加人员会后及时签字确认,并在办案平台或者案卷中留痕;参加人员会后还有新的意见,可以补充提交书面材料并再次签字确认。

十、专业法官会议按照下列规则组织讨论:

（一）独任庭或者合议庭作简要介绍；
（二）参加人员就有关问题进行询问；
（三）列席人员发言；
（四）参加人员按照法官等级等由低到高的顺序发表明确意见，法官等级相同，由晋升现等级时间较短者先发表意见；
（五）主持人视情况组织后续轮次讨论；
（六）主持人最后发表意见；
（七）主持人总结归纳讨论情况，形成讨论意见。

十一、专业法官会议讨论形成的意见供审判组织和院庭长参考。

经专业法官会议讨论的"四类案件"，独任庭、合议庭应当及时复议；专业法官会议没形成多数意见，独任庭、合议庭复议后的意见与专业法官会议多数意见不一致，或者独任庭、合议庭对法律适用问题难以作出决定的，应当层报院长提交审判委员会讨论决定。

对于"四类案件"以外的其他案件，专业法官会议没有形成多数意见，或者独任庭、合议庭复议后的意见仍然与专业法官会议多数意见不一致的，可以层报院长提交审判委员会讨论决定。

独任庭、合议庭复议情况，以及院庭长提交审判委员会讨论决定的情况，应当在办案平台或者案卷中留痕。

十二、拟提交审判委员会讨论决定的案件，应当由专业法官会议先行讨论。但存在下列情形之一的，可以直接提交审判委员会讨论决定：

（一）依法应当由审判委员会讨论决定，但独任庭、合议庭与院庭长之间不存在分歧的；
（二）专业法官会议组成人员与审判委员会委员重合度较高，先行讨论必要性不大的；
（三）确因其他特殊事由无法或者不宜召开专业法官会议讨论，由院长决定提交审判委员会讨论决定的。

十三、参加、列席专业法官会议的人员和会务人员应当严格遵守保密工作纪律，不得向无关人员泄露会议议题、案件信息和讨论情况等审判工作秘密；因泄密造成严重后果的，依纪依法追究纪律责任直至刑事责任。

十四、相关审判庭室应当定期总结专业法官会议工作情况，组织整理形成会议纪要、典型案例、裁判规则等统一法律适用成果，并报综合业务部门备案。

各级人民法院可以指定综合业务部门负责专业法官会议信息备案等综合管理工作。

十五、法官参加专业法官会议的情况应当计入工作量,法官在会上发表的观点对推动解决法律适用分歧、促成公正高效裁判发挥重要作用的,可以综合作为绩效考核和等级晋升时的重要参考因素;经研究、整理会议讨论意见,形成会议纪要、典型案例、裁判规则等统一法律适用成果的,可以作为绩效考核时的加分项。

各级人民法院可以参照前述规定,对审判辅助人员参加专业法官会议的情况纳入绩效考核。

十六、各级人民法院应当提升专业法官会议会务工作、召开形式、会议记录和审判监督管理的信息化水平,推动专业法官会议记录、会议纪要、典型案例等与智能辅助办案系统和绩效考核系统相关联,完善信息查询、裁判指引、自动提示等功能。

十七、各级人民法院应当根据本意见,并结合本院实际,制定专业法官会议工作机制实施细则。

十八、本意见自2021年1月12日起施行,《关于健全完善人民法院主审法官会议工作机制的指导意见(试行)》(法发〔2018〕21号)同时废止。最高人民法院此前发布的文件与本意见不一致的,适用本意见。

司法疑难解析

提交审委会讨论决定的刑事案件范围。《最高人民法院关于健全完善人民法院审判委员会工作机制的意见》(法发〔2019〕20号,以下简称《审委会意见》)第八条列明了"应当提交审委会讨论决定"的案件范围,规定:"高级人民法院、中级人民法院拟判处死刑的案件,应当提交本院审判委员会讨论决定。"最高人民法院审管办负责人在关于该意见的"答记者问"中指出:"高级人民法院、中级人民法院拟判处死刑的案件,既包括拟判处死刑立即执行的案件,也包括拟判处死刑缓期二年执行的案件。"征求意见过程中,多数意见提出,死刑缓期二年执行的案件数量较多,一律请审判委员会讨论决定,工作量倍增,实难做到。而且,以往死缓案件不提交审判委员会讨论,未发现存在问题。经综合考虑有关因素,《刑诉法解释》第二百一十六条第二款对《审委会意见》第八条的规定作出调整,规定:"对下列案件,合议庭应当提请院长决定提交审判委员会讨论决定:(一)高级人民法院、中级人民法院拟判处死刑立即执行的案件,以及中级人民法院拟判处死刑缓期执行的案件;(二)本院已经发生法律效力的判决、裁定确有错误需要再审的案件;(三)人民检察院依照审判监督程序提出抗诉的案件。"

此外,关于《审委会意见》第八条明确规定应当提交审委会讨论决定的"涉及国家安全、外交、社会稳定等敏感案件和重大、疑难、复杂案件""法律适用规则不明的新类型案件""拟宣告被告人无罪的案件""拟在法定刑以下判处刑罚或者免予刑事处罚的案件",《刑诉法解释》第二百一十六条第二款亦未明确规定为应当提交审委会讨论决定的情形,确有必要的,可以纳入第三款"对合议庭成员意见有重大分歧的案件、新类型案件、社会影响重大的案件以及其他疑难、复杂、重大的案件,合议庭认为难以作出决定的,可以提请院长决定提交审判委员会讨论决定"的情形。这一修改主要有如下考虑:(1)在司法解释中过多列举应当提交审委会讨论的情形,恐会导致对合议庭独立审理案件的质疑,难以保证效果。(2)据了解,各地法院对提交审委会讨论决定的案件范围往往有细化规定,《刑诉法解释》不作明确规定,亦不会导致滥用。

第二章
第一审程序

第一节 公诉案件

▰ 其他规范

《最高人民法院、最高人民检察院、公安部、国家安全部、司法部关于适用认罪认罚从宽制度的指导意见》(高检发〔2019〕13号)第三十九条、第四十七条、第五十三条对办理认罪认罚案件适用普通程序的相关问题作了规定。(→参见第十五条所附"其他规范",第73、75、76页)

第一百八十六条 【对公诉案件决定开庭审判的条件】人民法院对提起公诉的案件进行审查后,对于起诉书中有明确的指控犯罪事实的,应当决定开庭审判。

▰ 立法沿革

1979年《刑事诉讼法》第一百零八条规定:"人民法院对提起公诉的案件进行审查后,对于犯罪事实清楚、证据充分的,应当决定开庭审判;对于主要事实不清、证据不足的,可以退回人民检察院补充侦查;对于不需要判刑的,可以要求人民检察院撤回起诉。"1996年《刑事诉讼法修改决定》将开庭前的审查明确规定为着重于对案件进行形式审查,即"对于起诉书中有明确的指控犯罪事实并且附有证据目录、证人名单和主要证据复印件或者照片的,应当决定开庭审判"。2012年《刑事诉讼法修改决定》删去起诉书"附有证据目录、证人名单和主要证据复印件或者照片"的要求。2018年修改《刑事诉讼法》时对本条规定未作调整。

"六部委"规定

《最高人民法院、最高人民检察院、公安部、国家安全部、司法部、全国人大常委会法制工作委员会关于实施刑事诉讼法若干问题的规定》(自2013年1月1日起施行,节录)

八、审判

25.刑事诉讼法第一百八十一条①规定:"人民法院对提起公诉的案件进行审查后,对于起诉书中有明确的指控犯罪事实的,应当决定开庭审判。"对于人民检察院提起公诉的案件,人民法院都应当受理。人民法院对提起公诉的案件进行审查后,对于起诉书中有明确的指控犯罪事实并且附有案卷材料、证据的,应当决定开庭审判,不得以上述材料不充足为由而不开庭审判。如果人民检察院移送的材料中缺少上述材料的,人民法院可以通知人民检察院补充材料,人民检察院应当自收到通知之日起三日内补送。

人民法院对提起公诉的案件进行审查的期限计入人民法院的审理期限。

基本规范

《最高人民法院关于适用〈中华人民共和国刑事诉讼法〉的解释》(法释〔2021〕1号,自2021年3月1日起施行)

第九章 公诉案件第一审普通程序

第一节 审查受理与庭前准备

第二百一十八条 对提起公诉的案件,人民法院应当在收到起诉书(一式八份,每增加一名被告人,增加起诉书五份)和案卷、证据后,审查以下内容:

(一)是否属于本院管辖;

(二)起诉书是否写明被告人的身份,是否受过或者正在接受刑事处罚、行政处罚、处分②,被采取留置措施的情况,被采取强制措施的时间、种类、羁押地点,犯罪的时间、地点、手段、后果以及其他可能影响定罪量刑的情节;有多起犯罪事实的,是否在起诉书中将事实分别列明;

(三)是否移送证明指控犯罪事实及影响量刑的证据材料,包括采取技术调查、侦查措施的法律文书和所收集的证据材料;

---

① 现行《刑事诉讼法》第一百八十六条。——**本评注注**
② 此处规定的"处分",可以将党纪处分和政务处分等处分形式均纳入其中。——**本评注注**

（四）是否查封、扣押、冻结被告人的违法所得或者其他涉案财物，查封、扣押、冻结是否逾期；是否随案移送涉案财物、附涉案财物清单；是否列明涉案财物权属情况；是否就涉案财物处理提供相关证据材料；

（五）是否列明被害人的姓名、住址、联系方式；是否附有证人、鉴定人名单；是否申请法庭通知证人、鉴定人、有专门知识的人出庭，并列明有关人员的姓名、性别、年龄、职业、住址、联系方式；是否附有需要保护的证人、鉴定人、被害人名单；

（六）当事人已委托辩护人、诉讼代理人或者已接受法律援助的，是否列明辩护人、诉讼代理人的姓名、住址、联系方式；

（七）是否提起附带民事诉讼；提起附带民事诉讼的，是否列明附带民事诉讼当事人的姓名、住址、联系方式等，是否附有相关证据材料；

（八）监察调查、侦查、审查起诉程序的各种法律手续和诉讼文书是否齐全；

（九）被告人认罪认罚的，是否提出量刑建议、移送认罪认罚具结书等材料；

（十）有无刑事诉讼法第十六条第二项至第六项规定的不追究刑事责任的情形。

第二百一十九条 人民法院对提起公诉的案件审查后，应当按照下列情形分别处理：

（一）不属于本院管辖的，应当退回人民检察院；

（二）属于刑事诉讼法第十六条第二项至第六项规定情形的，应当退回人民检察院；属于告诉才处理的案件，应当同时告知被害人有权提起自诉；

（三）被告人不在案的，应当退回人民检察院；但是，对人民检察院按照缺席审判程序提起公诉的，应当依照本解释第二十四章的规定作出处理；

（四）不符合前条第二项至第九项规定之一，需要补充材料的，应当通知人民检察院在三日以内补送；

（五）依照刑事诉讼法第二百条第三项规定宣告被告人无罪后，人民检察院根据新的事实、证据重新起诉的，应当依法受理；

（六）依照本解释第二百九十六条规定裁定准许撤诉的案件，没有新的影响定罪量刑的事实、证据，重新起诉的，应当退回人民检察院；

（七）被告人真实身份不明，但符合刑事诉讼法第一百六十条第二款规定的，应当依法受理。

对公诉案件是否受理，应当在七日以内审查完毕。

第二百二十条① 对一案起诉的共同犯罪或者关联犯罪案件,被告人人数众多、案情复杂,人民法院经审查认为,分案审理更有利于保障庭审质量和效率的,可以分案审理。分案审理不得影响当事人质证权等诉讼权利的行使。

对分案起诉的共同犯罪或者关联犯罪案件,人民法院经审查认为,合并审理更有利于查明案件事实、保障诉讼权利、准确定罪量刑的,可以并案审理。

其他规范

《最高人民法院关于在审理经济纠纷案件中涉及经济犯罪嫌疑若干问题的规定》[法释〔1998〕7号,根据《最高人民法院关于修改〈最高人民法院关于在民事审判工作中适用《中华人民共和国工会法》若干问题的解释〉等二十七件民事类司法解释的决定》(法释〔2020〕17号)修正,修正后自2021年1月1日起施行,节录]

第一条 同一自然人、法人或非法人组织因不同的法律事实,分别涉及经济纠纷和经济犯罪嫌疑的,经济纠纷案件和经济犯罪嫌疑案件应当分开审理。

第十条 人民法院在审理经济纠纷案件中,发现与本案有牵连,但与本案不是同一法律关系的经济犯罪嫌疑线索、材料,应将犯罪嫌疑线索、材料移送有关公安机关或检察机关查处,经济纠纷案件继续审理。

第十一条 人民法院作为经济纠纷受理的案件,经审理认为不属经济纠纷案件而有经济犯罪嫌疑的,应当裁定驳回起诉,将有关材料移送公安机关或检察机关。

第十二条 人民法院已立案审理的经济纠纷案件,公安机关或检察机关认为有经济犯罪嫌疑,并说明理由附有关材料函告受理该案的人民法院的,有关人民法院应当认真审查。经过审查,认为确有经济犯罪嫌疑的,应当将案件移送公安机关或检察机关,并书面通知当事人,退还案件受理费;如认为确属经济纠纷案件的,应当依法继续审理,并将结果函告有关公安机关或检察机关。

《办理骗汇、逃汇犯罪案件联席会议纪要》(最高人民法院、最高人民检察院、公安部,公通字〔1999〕39号,节录)

四、公安机关侦查骗汇、逃汇犯罪案件,要及时全面收集和固定犯罪证据,抓紧缉捕犯罪分子。人民检察院和人民法院对正在办理的骗汇、逃汇犯罪案件,只

---

① 征求意见过程中,有意见建议明确分案审理或者并案审理的具体操作事宜。经研究认为,相关问题可以在司法实践中裁量把握。对此,可以协商人民检察院合并或者分别起诉;人民法院在职责范围内并案或者分案的,通常可以采取决定的方式。——**本评注注**

要基本犯罪事实清楚,基本证据确实充分,应当及时依法起诉、审判。主犯在逃或者骗购外汇所需人民币资金的来源无法彻底查清,但证明在案的其他犯罪嫌疑人实施犯罪的基本证据确实充分的,为在法定时限内结案,可以对在案的其他犯罪嫌疑人先行处理。对于已收集到外汇指定银行汇出凭证和境外收汇银行收款凭证等证据,能够证明所骗购外汇确已汇至港澳台地区或国外的,应视为骗购外汇既遂。

《最高人民法院关于审理拐卖妇女案件适用法律有关问题的解释》(法释〔2000〕1号,自2000年1月25日起施行,节录)

第三条 对于外国籍被告人身份无法查明或者其国籍国拒绝提供有关身份证明,人民检察院根据刑事诉讼法第一百二十八条第二款的规定起诉的案件,人民法院应当依法受理。

《最高人民法院关于严格执行案件审理期限制度的若干规定》(法释〔2000〕29号,根据2008年12月16日发布的《最高人民法院关于调整司法解释等文件中引用〈中华人民共和国民事诉讼法〉条文序号的决定》调整,节录)

第六条 第一审人民法院收到起诉书(状)或者执行申请书后,经审查认为符合受理条件的应当在七日内立案;收到自诉人自诉状或者口头告诉的,经审查认为符合自诉案件受理条件的应当在十五日内立案。

改变管辖的刑事、民事、行政案件,应当在收到案卷材料后的三日内立案。

第二审人民法院应当在收到第一审人民法院移送的上(抗)诉材料及案卷材料后的五日内立案。

发回重审或指令再审的案件,应当在收到发回重审或指令再审裁定及案卷材料后的次日内立案。

按照审判监督程序重新审判的案件,应当在作出提审、再审裁定(决定)的次日立案。

《办理黑社会性质组织犯罪案件座谈会纪要》(最高人民法院、最高人民检察院、公安部,法〔2009〕382号,节录)

二、会议认为,自1997年刑法增设黑社会性质组织犯罪的规定以来,全国人大常委会、最高人民法院分别作出了《关于〈中华人民共和国刑法〉第二百九十四条第一款的解释》(以下简称《立法解释》)、《关于审理黑社会性质组织犯罪的案件具体应用法律若干问题的解释》(以下简称《司法解释》),对于指导司法实践发挥了重要作用。但由于黑社会性质组织犯罪的构成要件和所涉及的法律关系较为复杂,在办案过程中对法律规定的理解还不尽相同。为了进一步统

一司法标准,会议就实践中争议较大的问题进行了深入研讨,并取得了一致意见:

(二)关于办理黑社会性质组织犯罪案件的其他问题

7、关于视听资料的收集、使用。公安机关在侦查时要特别重视对涉黑犯罪视听资料的收集。对于那些能够证明涉案犯罪组织具备黑社会性质组织的"四个特征"及其实施的具体违法犯罪活动的录音、录像资料,要及时提取、固定、移送。通过特殊侦查措施获取的视听资料,在移送审查起诉时,公安机关对证据的来源、提取经过应予说明。

8、庭审时应注意的有关问题。为确保庭审效果,人民法院在开庭审理涉黑案件之前,应认真做好庭审预案。法庭调查时,除必须传唤共同被告人同时到庭质证外,对各被告人应当分别讯问,以防止被告人当庭串供或者不敢如实供述、作证。对于诉讼参与人、旁听人员破坏法庭秩序、干扰法庭审理的,法庭应按照刑事诉讼法及有关司法解释的规定及时作出处理。构成犯罪的,应当依法追究刑事责任。

《全国部分法院审理黑社会性质组织犯罪案件工作座谈会纪要》(最高人民法院,法〔2015〕291号,节录)

四、关于审判程序和证据审查

(一)分案审理问题

为便宜诉讼,提高审判效率,防止因法庭审理过于拖延而损害当事人的合法权益,对于被告人人数众多,合并审理难以保证庭审质量和庭审效率的黑社会性质组织犯罪案件,可分案进行审理。分案应当遵循有利于案件顺利审判、有利于查明案件事实、有利于公正定罪量刑的基本原则,确保有效质证、事实统一、准确定罪、均衡量刑。对于被作为组织者、领导者、积极参加者起诉的被告人,以及黑社会性质组织重大犯罪的共同作案人,分案审理影响庭审调查的,一般不宜分案审理。

(二)证明标准和证据运用问题

办理黑社会性质组织犯罪案件应当坚持"事实清楚,证据确实、充分"的法定证明标准。黑社会性质组织犯罪案件侦查取证难度大,"四个特征"往往难以通过实物证据来加以证明。审判时,应当严格依照刑事诉讼法及有关司法解释的规定对相关证据进行审查与认定。在确保被告人供述、证人证言、被害人陈述等言词证据取证合法、内容真实,且综合全案证据,已排除合理怀疑的情况下,同样可以认定案件事实。

(三)法庭举证、质证问题

审理黑社会性质组织犯罪案件时,合议庭应当按照刑事诉讼法及有关司法解释的规定有效引导控辩双方举证、质证。不得因为案件事实复杂、证据繁多,而不当限制控辩双方就证据问题进行交叉询问、相互辩论的权利。庭审时,应当根据案件事实繁简、被告人认罪态度等采取适当的举证、质证方式,突出重点;对黑社会性质组织的"四个特征"应单独举证、质证。为减少重复举证、质证,提高审判效率,庭审中可以先就认定具体违法犯罪事实的证据进行举证、质证。对认定黑社会性质组织行为特征的证据进行举证、质证时,之前已经宣读、出示过的证据,可以在归纳、概括之后简要征询控辩双方意见。对于认定组织特征、经济特征、非法控制特征(危害性特征)的证据,举证、质证时一般不宜采取前述方式。

(四)对出庭证人、鉴定人、被害人的保护问题

人民法院受理黑社会性质组织犯罪案件后,应当及时了解在侦查、审查起诉阶段有无对证人、鉴定人、被害人采取保护措施的情况,确保相关保护措施在审判阶段能够紧密衔接。开庭审理时,证人、鉴定人、被害人因出庭作证,本人或其近亲属的人身安全面临危险的,应当采取不暴露外貌、真实声音等出庭作证措施。必要时,可以进行物理隔离,以音频、视频传送的方式作证,并对声音、图像进行技术处理。有必要禁止特定人员接触证人、鉴定人、被害人及其近亲属的,以及需要对证人、鉴定人、被害人及其近亲属的人身和住宅采取专门性保护措施的,应当及时与检察机关、公安机关协调,确保保护措施及时执行到位。依法决定不公开证人、鉴定人、被害人真实姓名、住址和工作单位等个人信息的,应当在开庭前核实其身份。证人、鉴定人签署的如实作证保证书应当列入审判副卷,不得对外公开。

五、关于黑社会性质组织犯罪案件审判工作相关问题

(一)涉案财产的处置问题

审理黑社会性质组织犯罪案件时,对于依法查封、冻结、扣押的涉案财产,应当全面审查证明财产来源、性质、用途、权属及价值大小的有关证据,调查财产的权属情况以及是否属于违法所得或者依法应当追缴的其他财物。属于下列情形的,依法应当予以追缴、没收:1.黑社会性质组织形成、发展过程中,该组织及其组织成员通过违法犯罪活动或其他不正当手段聚敛的财产及其孳息、收益,以及合法获取的财产中实际用于支持该组织存在、发展和实施违法犯罪活动的部分;2.其他单位、个人为支持黑社会性质组织存在、发展以及实施违法犯罪活动而资助或提供的财产;3.组织成员通过个人实施的违法犯罪活动所聚敛的财产及其孳息、收益,以及供个人犯罪所用的本人财物;4.黑社会性质组织及其组织成员个人非法持有的违禁品;5.依法应当追缴的其他涉案财物。

(二)发挥庭审功能问题

黑社会性质组织犯罪案件开庭前,应当按照重大案件的审判要求做好从物质保障到人员配备等各方面的庭审准备,并制定详细的庭审预案和庭审提纲。同时,还要充分发挥庭前会议了解情况、听取意见的应有作用,提前了解控辩双方的主要意见,及时解决可能影响庭审顺利进行的程序性问题。对于庭前会议中出示的证据材料,控辩双方无异议的,庭审举证、质证时可以简化。庭审过程中,合议庭应当针对争议焦点和关键的事实、证据问题,有效引导控辩双方进行法庭调查与法庭辩论。庭审时,还应当全程录音录像,相关音视频资料应当存卷备查。

司法疑难解析

1.庭前审查权责。 法律规定,人民法院对提起公诉的案件进行审查后,对于起诉书中有明确的指控犯罪事实的,应当决定开庭审判。"六部委"规定第二十五条第一款重申:"……对于人民检察院提起公诉的案件,人民法院都应当受理。人民法院对提起公诉的案件进行审查后,对于起诉书中有明确的指控犯罪事实并且附有案卷材料、证据的,应当决定开庭审判,不得以上述材料不充足为由而不开庭审判。如果人民检察院移送的材料中缺少上述材料的,人民法院可以通知人民检察院补充材料,人民检察院应当自收到通知之日起三日内补送。"这表明,在立案审查阶段,人民法院对公诉案件的审理,不是实体审查,仍然是程序审查。按照现行立法规定,人民法院对于人民检察院提起公诉的案件,没有驳回起诉的权力,即没有不立案审理的权力,所以,只要起诉书中有明确的指控犯罪事实内容的,就应当决定开庭审判,而不能以材料不全、证据不足等理由不受理案件。当然,对于人民检察院应当移送的材料、证据而未移送的,可以要求人民检察院补送。

2.立案审查结束后发现没有管辖权的处理。 根据《刑诉法解释》第二百一十九条第一款第一项的规定,人民法院对提起公诉的案件审查后,认为不属于本院管辖的,应当退回人民检察院。但对于人民法院在立案审查结束后发现没有管辖权的情况如何处理,司法解释没有规定。而从实践看,在立案后,经刑事审判庭法官初步审查方发现本院没有管辖权的更为普遍。此时,要求退回检察院,检察院可能拒收,理由是没有法律、司法解释依据,导致陷入"案件退不回去,继续审理又违法"的尴尬境地,不得已,很多案件只好通过报请上级法院指定管辖解决,有的甚至无视管辖方面存在的问题"硬着头皮"继续审理。**本评注认为**,管辖是刑事诉讼的重要制度,应当严格执行。对上述情形应当协商人民检察院撤回起诉,或者将案件退回人民检察院,由人民检察院按照刑事诉讼法的管辖规定,将案件移送有管辖权的人民检察院。

需要注意的是,对此问题,实践中也有意见认为,人民法院对提起公诉的案件立案后,发现本院没有管辖权的,应当层报上级人民法院指定管辖,同时通知提起公诉的人民检察院。**本评注认为**,对于管辖错误的案件不能要求人民法院直接审理,也不宜通过报上级法院指定管辖的方式予以解决。主要考虑:(1)管辖是刑事诉讼法明确规定的制度。《刑事诉讼法》及"六部委"规定确实规定"应当开庭审判",但前提是"提起公诉的案件符合刑事诉讼法的规定"。对于管辖错误,辩方提出异议、可能影响公正审判的案件,要求人民法院"将错就错",继续审理,不符合刑事诉讼法的规定,更不符合《刑事诉讼法》第二条"尊重和保障人权"的要求。(2)实践中,确实存在通过报上级法院指定管辖的方式解决管辖问题的做法,但这是逼不得已——"退不回去,又移不出去";更重要的是,这样的做法不符合指定管辖的立法精神,会导致刑事诉讼法有关管辖制度形同虚设。"六部委"规定第二十三条第二款明确规定:"人民检察院对于审查起诉的案件,按照刑事诉讼法的管辖规定,认为应当由上级人民检察院或者同级其他人民检察院起诉的,应当将案件移送有管辖权的人民检察院。人民检察院认为需要依照刑事诉讼法的规定指定审判管辖的,应当协商同级人民法院办理指定管辖有关事宜。"据此,对于案件需要指定管辖的,人民检察院应当在提起公诉前协商同级人民法院办理指定管辖有关事宜,而不能先提起公诉,再要求人民法院报请指定管辖。特别是,其中有些案件管辖错误,辩方提出异议,继续审理影响公正审判,此种情形下报请指定管辖更为不妥。(3)此种情形下,也不宜由受理案件的人民法院直接将案件移送有管辖权的法院。因为移送管辖不仅涉及两个法院间的工作衔接,也涉及与两个检察机关的衔接。在未与两个检察院沟通一致达成共识的情况下,根本无法操作,而且移送之后,人民法院还是要将案件退至对应的人民检察院,由其对案件重新进行审查起诉,不如由受案法院退回提起公诉的人民检察院,再由后者移送依法具有管辖权的人民检察院更为顺当。对此,《最高人民检察院关于公诉案件撤回起诉若干问题的指导意见》(〔2007〕高检诉发18号)第五条第三项亦规定,案件提起公诉后,"人民法院认为不属于其管辖或者改变管辖的,由人民法院决定将案件退回人民检察院,由原提起公诉的人民检察院移送有管辖权的人民检察院审查起诉"。

第一百八十七条 【庭前准备】人民法院决定开庭审判后,应当确定合议庭的组成人员,将人民检察院的起诉书副本至迟在开庭十日以前送达被告人及其辩护人。

在开庭以前,审判人员可以召集公诉人、当事人和辩护人、诉讼代理人,对回避、出庭证人名单、非法证据排除等与审判相关的问题,了解情况,听取意见。

人民法院确定开庭日期后,应当将开庭的时间、地点通知人民检察院,传唤当事人,通知辩护人、诉讼代理人、证人、鉴定人和翻译人员,传票和通知书至迟在开庭三日以前送达。公开审判的案件,应当在开庭三日以前先期公布案由、被告人姓名、开庭时间和地点。

上述活动情形应当写入笔录,由审判人员和书记员签名。

立法沿革

1979年《刑事诉讼法》第一百一十条规定:"人民法院决定开庭审判后,应当进行下列工作:(一)确定合议庭的组成人员;(二)将人民检察院的起诉书副本至迟在开庭七日以前送达被告人,并且告知被告人可以委托辩护人,或者在必要时为被告人指定辩护人;(三)将开庭的时间、地点在开庭三日以前通知人民检察院;(四)传唤当事人,通知辩护人、证人、鉴定人和翻译人员,传票和通知书至迟在开庭三日以前送达;(五)公开审判的案件,先期公布案由、被告人姓名、开庭时间和地点。""上述活动情形应当写入笔录,由审判人员和书记员签名。"1996年《刑事诉讼法修改决定》将起诉书副本送达被告人的时间由"至迟在开庭七日以前"调整为"至迟在开庭十日以前",并将"公布案由、被告人姓名、开庭时间和地点"的时间明确为"在开庭三日以前"。2012年《刑事诉讼法修改决定》对本条规定作了修改:一是在第一款的规定中增加决定开庭审判后,应当将人民检察院的起诉书副本送达辩护人的内容;二是在第二款中完善开庭前的准备程序,增加规定庭前会议的内容。2018年修改《刑事诉讼法》时对本条规定未作调整。

基本规范

《最高人民法院关于适用〈中华人民共和国刑事诉讼法〉的解释》(法释〔2021〕1号,自2021年3月1日起施行)

第九章 公诉案件第一审普通程序

第一节 审查受理与庭前准备

第二百二十一条 开庭审理前,人民法院应当进行下列工作:

(一)确定审判长及合议庭组成人员；

(二)开庭十日以前将起诉书副本送达被告人、辩护人；①

(三)通知当事人、法定代理人、辩护人、诉讼代理人在开庭五日以前提供证人、鉴定人名单，以及拟当庭出示的证据；申请证人、鉴定人、有专门知识的人出庭，应当列明有关人员的姓名、性别、年龄、职业、住址、联系方式；

(四)开庭三日以前将开庭的时间、地点通知人民检察院；

(五)开庭三日以前将传唤当事人的传票和通知辩护人、诉讼代理人、法定代理人、证人、鉴定人等出庭的通知书送达；通知有关人员出庭，也可以采取电话、短信、传真、电子邮件、即时通讯等能够确认对方收悉的方式；对被害人人数众多的涉众型犯罪案件，可以通过互联网公布相关文书，通知有关人员出庭；②

(六)公开审理的案件，在开庭三日以前公布案由、被告人姓名、开庭时间和

---

① 关于本项，讨论中，有意见提出，存在外地辩护人开庭前一天或者当天办理手续的情况，辩护人自愿放弃十天的准备时间的，是否可以不受该项规定的限制？特别是，不受该规定的限制，可以方便外地辩护人办理案件，减少诉累，也便于及时推进审判程序。经研究认为，十天的辩护准备期系《刑事诉讼法》第一百八十七条第一款的明确规定，通过司法解释明确作出变通处理，恐会引发争议。据了解，实践中上述情形极为少见，且不少律师会同意按期开庭，此时可以让其出具书面声明存入案卷。因此，相关问题可以在实践中裁量处理，无须作出明确规定。——**本评注注**

② 需要注意的问题有二：(1)本项原本拟对开庭三日以前送达传票作例外规定，即在该项开始部分增加规定"除羁押的被告人外"。主要考虑：对被告人羁押在案的，可以确保其按时参加庭审活动，故无须在开庭三日以前送达传票，实践中通常也难以做到。征求意见过程中，有意见提出，《刑事诉讼法》第一百八十七条第三款规定，人民法院确定开庭日期后，应当传唤当事人，通知辩护人、诉讼代理人、证人、鉴定人和翻译人员，传票和通知书至迟在开庭三日以前送达。法律没有规定被羁押的被告人可以不适用上述规定，司法解释不应对被羁押的被告人作出例外规定。此外，也有意见提出，被告人被羁押，对具体开庭日期也应有所期待及具体准备，比如自行辩护和最后陈述等，如不提前通知，不利于保障被告人诉权。经研究，采纳上述意见，未再作出修改。(2)征求意见过程中，有意见提出，《刑诉法解释》第二百二十一条规定中的当事人包括被害人、自诉人、犯罪嫌疑人、被告人、附带民事诉讼的原告人和被告人，实践中特别是网络诈骗案件等，被害人往往分布在全国各地，涉案人数众多，通知被害人难度大。另外，如盗窃等侵犯财产类案件，除被告人有能力退赔外，通知被害人并无现实意义，如果所有案件均按照该条规定通知被害人，将会增加诉讼成本，浪费司法资源，且无实际意义。基于此，建议分别针对不同案件类别作出区分规定。经研究，根据上述意见，第五项原则规定"对被害人人数众多的涉众型犯罪案件，可以通过互联网公布相关文书，通知有关人员出庭"。——**本评注注**

地点。

上述工作情况应当记录在案。

第二节 庭前会议与庭审衔接

第二百二十六条 案件具有下列情形之一的,人民法院可以决定召开庭前会议:

(一)证据材料较多、案情重大复杂的;

(二)控辩双方对事实、证据存在较大争议的;

(三)社会影响重大的;

(四)需要召开庭前会议的其他情形。

第二百二十七条 控辩双方可以申请人民法院召开庭前会议,提出申请应当说明理由。人民法院经审查认为有必要的,应当召开庭前会议;决定不召开的,应当告知申请人。①

第二百二十八条 庭前会议可以就下列事项向控辩双方了解情况,听取意见:

(一)是否对案件管辖有异议;

(二)是否申请有关人员回避;

(三)是否申请不公开审理;

(四)是否申请排除非法证据;

(五)是否提供新的证据材料;

(六)是否申请重新鉴定或者勘验;

(七)是否申请收集、调取证明被告人无罪或者罪轻的证据材料;

(八)是否申请证人、鉴定人、有专门知识的人、调查人员、侦查人员或者其他人员出庭,是否对出庭人员名单有异议;

(九)是否对涉案财物的权属情况和人民检察院的处理建议有异议;

(十)与审判相关的其他问题。

庭前会议中,人民法院可以开展附带民事调解。

对第一款规定中可能导致庭审中断的程序性事项,人民法院可以在庭前会议后依法作出处理,并在庭审中说明处理决定和理由。控辩双方没有新的理由,在庭审中再次提出有关申请或者异议的,法庭可以在说明庭前会议情况和处

---

① 当然,庭前会议也可以由人民法院依职权决定召开。——**本评注注**

理决定理由后,依法予以驳回。①

庭前会议情况应当制作笔录,由参会人员核对后签名。

第二百二十九条 庭前会议中,审判人员可以询问控辩双方对证据材料有无异议,对有异议的证据,应当在庭审时重点调查;无异议的,庭审时举证、质证可以简化。②

第二百三十条 庭前会议由审判长主持,合议庭其他审判员也可以主持庭前会议。

召开庭前会议应当通知公诉人、辩护人到场。

庭前会议准备就非法证据排除了解情况、听取意见,或者准备询问控辩双方对证据材料的意见的,应当通知被告人到场。有多名被告人的案件,可以根据情

---

① 《人民法院办理刑事案件庭前会议规程(试行)》第十条第二款规定:"对于前款规定中可能导致庭审中断的事项,人民法院应当依法作出处理,在开庭审理前告知处理决定,并说明理由……"《刑诉法解释》第二百二十八条原本拟吸收上述规定,明确庭前会议阶段可以对程序性事项视情作出处理。征求意见过程中,有意见提出,《刑事诉讼法》第一百八十七条第二款规定:"在开庭以前,审判人员可以召集公诉人、当事人和辩护人、诉讼代理人,对回避、出庭证人名单、非法证据排除等与审判相关的问题,了解情况,听取意见。"法律没有规定人民法院可以在庭前会议中对有关事项作出实质性处理,上述规定与《刑事诉讼法》的规定不一致,且法庭审判是刑事诉讼的重要环节,在未开庭的情况下对案件的重要事项作出决定是否与当前正在进行的以审判为中心的诉讼制度改革要求冲突,也需要慎重研究。经研究,采纳上述意见,《刑诉法解释》第二百二十八条第三款规定:"对第一款规定中可能导致庭审中断的程序性事项,人民法院可以在庭前会议后依法作出处理,并在庭审中说明处理决定和理由。控辩双方没有新的理由,在庭审中再次提出有关申请或者异议的,法庭可以在说明庭前会议情况和处理决定理由后,依法予以驳回。"据此,对庭前会议中的相关事项"在庭前会议后"而非在"开庭审理前"作出处理,且要求"在庭审中说明处理决定和理由"。——本评注注

② 适用这一规定需要注意的是:(1)在庭前会议的证据开示过程中,只是就证据有无异议发表意见,而不进行质证。要特别注意的是,要防止将庭前对证据的听取意见变为对案件证据的实体审查,防止出现"庭前实体审、庭审走过场"的现象。(2)简化质证程序的具体形式。《刑诉法解释》第二百六十八条第二款规定:"对控辩双方无异议的非关键证据,举证可以仅就证据的名称及拟证明的事实作出说明。"对相关证据无异议的,在法庭调查时,通常出示证据的一方可以仅就证据的名称及所证明的事项作出说明。当然,这也不能一概而论,有些案件可以只列举证据名称即可,没有必要再说明证明对象,否则无法简化。正是基于上述考虑,《刑诉法解释》第二百六十八条第三款规定"召开庭前会议的案件,举证、质证可以按照庭前会议确定的方式进行"。——本评注注

况确定参加庭前会议的被告人。①

第二百三十一条 庭前会议一般不公开进行。

根据案件情况,庭前会议可以采用视频等方式进行。

第二百三十二条 人民法院在庭前会议中听取控辩双方对案件事实、证据材料的意见后,对明显事实不清、证据不足的案件,可以建议人民检察院补充材料或者撤回起诉。建议撤回起诉的案件,人民检察院不同意的,开庭审理后,没有新的事实和理由,一般不准许撤回起诉。

第二百三十三条② 对召开庭前会议的案件,可以在开庭时告知庭前会议情况。对庭前会议中达成一致意见的事项,法庭在向控辩双方核实后,可以当庭予以确认;未达成一致意见的事项,法庭可以归纳控辩双方争议焦点,听取控辩双方意见,依法作出处理。

控辩双方在庭前会议中就有关事项达成一致意见,在庭审中反悔的,除有正当理由外,法庭一般不再进行处理。

另,第一百三十条、第一百三十一条对召开庭前会议就非法证据排除等问题了解情况、听取意见的有关问题作了规定。(→参见第五十六条—第六十条所附"基本规范",第451—452页)

---

① 需要注意的问题有二:(1)关于本条第三款,征求意见过程中,有意见建议明确被告人应当参加庭前会议。理由是:庭前会议处理涉及被告人权利等一系列重大问题,被告人应当参加庭前会议,不应对此设定条件。经研究,部分采纳上述意见,明确庭前会议准备就非法证据排除了解情况、听取意见,或者准备询问控辩双方对证据材料的意见的,应当通知被告人到场。(2)本条原本拟吸收《庭前会议规程》第三条第三款规定的"被告人申请排除非法证据,但没有辩护人的,人民法院应当通知法律援助机构指派律师为被告人提供帮助"。征求意见过程中,对此规定存在不同认识。鉴此,本条未予吸收,留待司法实践继续探索。——**本评注注**

② 需要注意的问题有二:(1)《人民法院办理刑事案件庭前会议规程(试行)》第二十四条第一款规定:"宣布庭前会议报告后,对于庭前会议中达成一致意见的事项,法庭向控辩双方核实后当庭予以确认;对于未达成一致意见的事项,法庭可以归纳控辩双方争议焦点,听取控辩双方意见,依法作出处理。"经研究认为,对于召开庭前会议的案件,不一定必须制作并宣读庭前会议报告,可以在庭审中采取灵活方式向控辩双方通报庭前会议情况。按照这一思路,本条第一款作了相应调整。(2)征求意见过程中,有意见建议将本条第一款规定的"听取控辩双方意见,依法作出处理"修改为"作为庭审调查的重点",理由是:庭前控辩双方争议的焦点,应当是庭审调查的重点。经研究认为,控辩双方在庭前会议中未达成一致意见的事项可能是程序性事项,未必需要作为庭审调查的重点,故未采纳该意见。——**本评注注**

《**人民检察院刑事诉讼规则**》(高检发释字〔2019〕4号,自2019年12月30日起施行)

第十一章 出席法庭
第一节 出席第一审法庭
第三百九十四条 人民法院通知人民检察院派员参加庭前会议的,由出席法庭的公诉人参加。检察官助理可以协助。根据需要可以配备书记员担任记录。

人民检察院认为有必要召开庭前会议的,可以建议人民法院召开庭前会议。

第三百九十五条 在庭前会议中,公诉人可以对案件管辖、回避、出庭证人、鉴定人、有专门知识的人的名单、辩护人提供的无罪证据、非法证据排除、不公开审理、延期审理、适用简易程序或者速裁程序、庭审方案等与审判相关的问题提出和交换意见,了解辩护人收集的证据等情况。

对辩护人收集的证据有异议的,应当提出,并简要说明理由。

公诉人通过参加庭前会议,了解案件事实、证据和法律适用的争议和不同意见,解决有关程序问题,为参加法庭审理做好准备。

第三百九十六条 当事人、辩护人、诉讼代理人在庭前会议中提出证据系非法取得,人民法院认为可能存在以非法方法收集证据情形的,人民检察院应当对证据收集的合法性进行说明。需要调查核实的,在开庭审理前进行。

其他规范

《**人民检察院办理未成年人刑事案件的规定**》(高检发研字〔2013〕7号)第五十六条就对提起公诉的未成年人刑事案件出庭准备的有关问题作了规定。(→参见第五编"特别程序"第一章"未成年人刑事案件诉讼程序"末所附"其他规范",第1983页)

《**最高人民法院、最高人民检察院、公安部、国家安全部、司法部关于依法保障律师执业权利的规定**》(司发〔2015〕14号)第二十三条至第二十六条对辩护律师在庭前申请排除非法证据、召开庭前会议及其他保障律师权利的有关问题作了规定。(→参见第三十三条所附"其他规范",第259—260页)

《**最高人民法院关于依法切实保障律师诉讼权利的规定**》(法发〔2015〕16号)第三条对依法保障律师出庭权的有关问题作了规定。(→参见第三十三条所附"其他规范",第263页)

《**最高人民法院、最高人民检察院、公安部、国家安全部、司法部关于推进以审判为中心的刑事诉讼制度改革的意见**》(法发〔2016〕18号)第八条、第九条要

求进一步完善公诉机制和撤回起诉制度。(→参见第三编"审判"标题下所附"其他规范",第1254页)

《最高人民法院、最高人民检察院、公安部、国家安全部、司法部关于办理刑事案件严格排除非法证据若干问题的规定》(法发〔2017〕15号)第二十三条至第二十五条就庭前申请排除非法证据的有关问题作了规定。(→参见第五十六条—第六十条所附"其他规范",第464页)

《人民法院办理刑事案件庭前会议规程(试行)》(法发〔2017〕31号)对庭前会议的有关程序问题作了规定。(→参见第三编"审判"标题下所附"其他规范",第1260页)

《人民检察院办理网络犯罪案件规定》(高检发办字〔2021〕3号)第四十六条对人民检察院建议人民法院召开庭前会议的有关问题作了规定。(→参见第二编"立案、侦查和提起公诉"标题下所附"其他规范",第781页)

司法疑难解析

1. **庭前会议的案件范围和适用条件**。从案件范围来看,适用庭前会议的案件范围应当是除决定适用简易程序、速裁程序审理以外的其他案件。庭前会议主要是就案件的程序性争议问题集中听取意见,以确定庭审重点,保证庭审集中,提高庭审效率。对于一些复杂疑难案件,必要时召开庭前会议,在庭前解决程序性事项,能够保证庭审的顺利进行,提高审判效率。目前,诸如一些黑社会性质组织犯罪案件,涉及人数众多,案件事实复杂,不少案件由于未在庭前解决证据开示和程序性事项,往往导致庭审冗长,由于补充证据和程序性原因经常导致二次开庭,耗费了大量司法资源。因此,如果能够在开庭前解决证据开示、附带民事诉讼和程序性事项,则无疑会使得案件审判进入快车道,确保庭审效率和质量,节约司法资源。但是,并非所有的案件都要召开庭前会议,而应当由审判人员根据案件情况,确有必要时才组织召开。只有在重大复杂的刑事案件中适用庭前会议程序,才能真正做到节约有限的诉讼资源,提高诉讼效率,实现庭前会议制度的宗旨。

2. **庭前会议的参与主体**。根据《刑事诉讼法》第一百八十七条第二款的规定,庭前会议的主持人应当是人民法院的审判人员,而参加人员包括公诉人、当事人和辩护人、诉讼代理人。《刑诉法解释》第二百三十条规定:"庭前会议由审判长主持,合议庭其他审判员也可以主持庭前会议。""召开庭前会议应当通知公诉人、辩护人到场。""庭前会议准备就非法证据排除了解情况、听取意见,或者准备询问控辩双方对证据材料的意见的,应当通知被告人到场。有多名被告人的案件,可以根据情况确定参加庭前会议的被告人。"司法适用中需要注意的问题是:

(1)庭前会议的主持人。由于人民陪审员主持庭前会议并不适宜,故庭前会议的主持人限定为"审判长"或者"合议庭其他审判员"。但是,人民陪审员可以参加庭前会议。

(2)法官助理参加庭前会议的问题。讨论中,对于法官助理是否可以主持庭前会议,存在不同认识:①有意见建议明确根据合议庭审判长授权,法官助理可以主持或参加庭前会议。理由是:应当发挥法官助理作用,且法官助理主持或参与庭前会议,可以分担法官工作,保障法官专注审判核心事务。因庭前会议可能涉及解决可能中断庭审的程序性问题、审查证据资格等问题,由法官助理主持庭前会议可以处理简单的程序性问题,同时可以一定程度上阻断非法证据对合议庭可能造成的影响,因此在承办法官的指导下完全可以由法官助理主持庭前会议。故应将法官助理在具体案件中是否可以主持庭前会议交由法官决定。而且,这也有利于法官助理的培养。②有意见建议不规定法官助理主持庭前会议。理由是:法官助理不属于合议庭组成人员,庭前会议是解决争议的重要程序,是审判的重要组成部分,庭前会议可以根据查明情况作出相关处理决定,所涉及的问题法官助理均无权决定并答复。经研究认为,《刑事诉讼法》明确规定,庭前会议由审判人员召集,法官助理属于审判辅助人员,不属于"审判人员",不宜由其主持庭前会议。但是,法官助理可以参加庭前会议,并协助审判人员做好相关工作。

(3)被告人参加庭前会议的问题。关于被告人是否参加庭前会议的问题,起草和征求意见过程中,各方意见分歧较大:①有意见认为,庭前会议实际上是开庭审理前听取各方意见的预备程序,并非审判程序,设置的主要目的在于提高诉讼效率。如果让被告人参加庭前会议,特别是在被告人被羁押的情况下,则无异于在正式庭审程序之前增加了开庭程序,无法提升审判效率。②有意见认为,如果被告人不参加庭前会议,辩护律师在庭前会议上就证据和其他程序性问题发表的意见无法视为被告人的意见,被告人还会要求在法庭上重复出示相关证据或者发表相关意见,庭前会议的功能无法有效发挥。经研究认为,上述意见均有一定的道理,但是过于绝对。庭前会议实际上是开庭审理前听取各方意见的预备程序,并非正式的审判程序,被告人不参加,并非一定影响其诉讼权利的行使;被告人是否参加庭前会议,应当根据案件具体情况和庭前会议所要解决的具体问题而定,不宜一概而论。因此,《刑诉法解释》第二百三十条第三款专门规定"庭前会议准备就非法证据排除了解情况、听取意见,或者准备询问控辩双方对证据材料的意见的,应当通知被告人到场";而且,"有多名被告人的案件,可以根据情况确定参加庭前会议的被告人"。

(4)庭前会议和庭审法官是否需要分离的问题。有意见认为,在庭前会议中要防止审判人员先入为主形成预判,保障庭审的公正,可以借鉴国外实行的审查法官与庭审法官分离的制度,参与庭前审查的法官不得参与庭审工作。经研究认为,上述观点有一定的合理之处,对于排除法官在庭前会议中形成预断,在保障庭审效率的同时维护庭审的公正,不无积极意义。但是,这一设想不符合我国当下的司法实际和立法增设庭前会议的意图,主要有二:其一,当前,各地法院普遍存在案多人少的矛盾,一线审判人员已经处在超负荷的工作运行状态。在此情况下,将庭前会议法官和庭审法官分离,无疑增加了法官的工作量,不利于节约诉讼资源,不符合当前的司法实际状况。其二,《刑事诉讼法》增设庭前会议制度,"这一程序设计允许法官于开庭前,在控辩双方同时参与下,对案件的程序性争议问题集中听取意见。这样规定有利于确定庭审重点,便于法官把握庭审重点,有助于提高庭审效率,保证庭审质量"①。无疑,只有庭审法官参与庭前会议,才能集中听取控辩双方对案件的程序性争议问题的意见,确定庭审重点,从而更好地驾驭庭审,保证庭审效率和质量。因此,主张庭前会议和庭审法官分离的观点也不利于实现庭前会议制度的设立宗旨。

第一百八十八条 【一审公开审理的原则与例外】人民法院审判第一审案件应当公开进行。但是有关国家秘密或者个人隐私的案件,不公开审理;涉及商业秘密的案件,当事人申请不公开审理的,可以不公开审理。

不公开审理的案件,应当当庭宣布不公开审理的理由。

立法沿革

1979年《刑事诉讼法》第一百一十一条规定:"人民法院审判第一审案件应当公开进行。但是有关国家机密或者个人阴私的案件,不公开审理。""十四岁以上不满十六岁未成年人犯罪的案件,一律不公开审理。十六岁以上不满十八岁未成年人犯罪的案件,一般也不公开审理。""对于不公开审理的案件,应当当庭宣布不公开审理的理由。"1996年《刑事诉讼法修改决定》将"机密"修改为"秘密",将"阴私"修改为"隐私"。2012年《刑事诉讼法修改决定》对本条规定

---

① 王尚新、李寿伟主编:《〈关于修改刑事诉讼法的决定〉释解与适用》,人民法院出版社2012年版,第182页。

作了修改:一是删去原第二款关于未成年人犯罪案件不公开审理的有关规定,移至特别程序统一规定;二是增加规定涉及商业秘密的案件,依当事人申请可以不公开审理。2018年修改《刑事诉讼法》时对本条规定未作调整。

相关规定

《中华人民共和国宪法》(节录)

第一百三十条 人民法院审理案件,除法律规定的特别情况外,一律公开进行。被告人有权获得辩护。

《中华人民共和国人民法院组织法》(修订后自2019年1月1日起施行,节录)

第三十九条第三款 审判委员会讨论案件的决定及其理由应当在裁判文书中公开,法律规定不公开的除外。

基本规范

《最高人民法院关于适用〈中华人民共和国刑事诉讼法〉的解释》(法释〔2021〕1号,自2021年3月1日起施行)

第九章 公诉案件第一审普通程序
第一节 审查受理与庭前准备
第二百二十二条 审判案件应当公开进行。

案件涉及国家秘密或者个人隐私的,不公开审理;涉及商业秘密,当事人提出申请的,法庭可以决定不公开审理。

不公开审理的案件,任何人不得旁听,但具有刑事诉讼法第二百八十五条规定情形的除外。①

第二百二十三条 精神病人、醉酒的人、未经人民法院批准的未成年人以及

---

① 需要注意的问题有二:(1)征求意见过程中,有意见提出,关于"不公开审理的案件,任何人不得旁听",实践中经常出现被害人死亡的,被害人近亲属申请旁听的问题。对此,有些法院在近亲属提起附带民事诉讼的情况下,同意其作为附带民事诉讼原告人参加诉讼;而在未起诉的情况下则不允许。被害人近亲属旁听庭审的权利不应因其是否提起民事诉讼而有区别。根据人之常情,被害人的个人隐私可能对于父母、夫妻未必是隐私,"任何人不得旁听"过于绝对。故建议规定"有关个人隐私的案件,当事人均同意公开审理的,可以公开审理。案件涉及已死亡的被害人的隐私,其近亲属申请旁听的,是否准许由合议庭根据保护被害人隐私的原则决定"。经研究认为,上述意见确有道理。一般认为,涉及被害人隐私的案件,是否不公开审理,是被害人的权利,应当充(转下页)

其他不宜旁听的人不得旁听案件审理。

第二百二十四条 被害人人数众多,且案件不属于附带民事诉讼范围的,被害人可以推选若干代表人参加庭审。①

第二百二十五条② 被害人、诉讼代理人经传唤或者通知未到庭,不影响开庭审理的,人民法院可以开庭审理。

辩护人经通知未到庭,被告人同意的,人民法院可以开庭审理,但被告人属于应当提供法律援助情形的除外。

另,第八十一条对公开审理案件时,公诉人、诉讼参与人提出涉及国家秘密、

(接上页)分考虑被害人一方的意愿。对于涉及已死亡被害人个人隐私的案件,在被害人近亲属没有通过提起附带民事诉讼的方式参与庭审的情况下,应当考虑被害人近亲属对案件审理进程的特殊关切,将其一律排除在庭审之外有违情理。但是,从实际考虑,此类案件中被害人近亲属往往情绪比较激动,特别是在庭审过程当中,还可能因为示证、质证、辩论等遭受二次伤害,可能不利于审判顺利进行。鉴于所涉问题较为复杂,且认识尚不统一,最终未作明确规定。(2)《2012年刑诉法解释》第一百八十五条规定:"开庭审理前,合议庭可以拟出法庭审理提纲,提纲一般包括下列内容:(一)合议庭成员在庭审中的分工;(二)起诉书指控的犯罪事实的重点和认定案件性质的要点;(三)讯问被告人时需了解的案情要点;(四)出庭的证人、鉴定人、有专门知识的人、侦查人员的名单;(五)控辩双方申请当庭出示的证据的目录;(六)庭审中可能出现的问题及应对措施。"上述规定予以删去,交由司法实践裁量把握。——**本评注注**

① 本条原本拟规定所涉情形,"被害人可以推选若干代表人参加或者旁听庭审,人民法院也可以指定若干代表人"。征求意见过程中,有意见提出,根据刑事诉讼法的有关规定,被害人是刑事诉讼的当事人,参加庭审是被害人的诉讼权利。《刑事诉讼法》没有规定代表人诉讼制度。规定被害人由若干代表人参加诉讼或者旁听庭审,涉及对被害人参加庭审的权利的限制,没有法律依据。经研究,根据上述意见对表述作了相应调整,删去了"人民法院也可以指定若干代表人"的表述,规定此种情形下被害人可以推选若干代表人参加庭审。当然,关于具体推选方式,实践中可以裁量把握;确实难以确定的,也可以采用摇号等推选方式。——**本评注注**

② 征求意见过程中,有意见建议增加规定:"公诉人经人民法院通知,无正当理由,未出庭支持公诉,按人民检察院申请延期审理处理。"理由是:本条规定辩护人经通知未到庭,被告人同意的,人民法院可以开庭审理,但被告人属于应当提供法律援助情形的除外。但司法解释未规定公诉人经通知未到庭,人民法院如何处理。为了体现刑事诉讼的程序正义要求,亦应对公诉人经通知未到庭的情形进行规定。经研究认为,上述现象在实践中极为罕见。如果出现,可以书面建议人民检察院作出处理;必要时,可以发出司法建议。——**本评注注**

商业秘密或者个人隐私的证据的处理作了规定。(→参见第五十四条所附"基本规范",第366页)

其他规范

《最高人民法院关于严格执行公开审判制度的若干规定》(法发〔1999〕3号)对公开审判的有关问题作了规定。(→参见第十一条所附"其他规范",第54页)

《最高人民法院关于加强人民法院审判公开工作的若干意见》(法发〔2007〕20号)

为进一步落实宪法规定的公开审判原则,深入贯彻党的十六届六中全会提出的健全公开审判制度的要求,充分发挥人民法院在构建社会主义和谐社会中的职能作用,现就加强人民法院审判公开工作提出以下意见。

一、充分认识加强人民法院审判公开工作的重大意义

1. 加强审判公开工作是构建社会主义和谐社会的内在要求。审判公开是以公开审理案件为核心内容的、人民法院审判工作各重要环节的依法公开,是对宪法规定的公开审判原则的具体落实,是我国人民民主专政本质的重要体现,是在全社会实现公平和正义的重要保障。各级人民法院要充分认识到广大人民群众和全社会对不断增强审判工作公开性的高度关注和迫切需要,从发展社会主义民主政治、落实依法治国方略、构建社会主义和谐社会的高度,在各项审判和执行工作中依法充分落实审判公开。

2. 加强审判公开工作是建设公正、高效、权威的社会主义司法制度的迫切需要。深入贯彻落实《中共中央关于构建社会主义和谐社会若干重大问题的决定》,建设公正、高效、权威的社会主义司法制度,是当前和今后一个时期人民法院工作的重要目标。实现这一目标,必须加强审判公开。司法公正应当是"看得见的公正",司法高效应当是"能感受的高效",司法权威应当是"被认同的权威"。各级人民法院要通过深化审判公开,充分保障当事人诉讼权利,积极接受当事人监督,主动接受人大及其常委会的工作监督,正确面对新闻媒体的舆论监督,建设公正、高效、权威的社会主义司法制度。

二、准确把握人民法院审判公开工作的基本原则

3. 依法公开。要严格履行法律规定的公开审判职责,切实保障当事人依法参与审判活动、知悉审判工作信息的权利。要严格执行法律规定的公开范围,在审判工作中严守国家秘密和审判工作秘密,依法保护当事人隐私和商业秘密。

4. 及时公开。法律规定了公开时限的,要严格遵守法律规定的时限,在法定

时限内快速、完整地依法公开审判工作信息。法律没有规定公开时限的,要在合理时间内快速、完整地依法公开审判工作信息。

5. 全面公开。要按照法律规定,在案件审理过程中做到公开开庭,公开举证、质证,公开宣判;根据审判工作需要,公开与保护当事人权利有关的人民法院审判工作各重要环节的有效信息。

三、切实加强人民法院审判公开工作的基本要求

6. 人民法院应当以设置宣传栏或者公告牌、建立网站等方便查阅的形式,公布本院管辖的各类案件的立案条件、由当事人提交的法律文书的样式、诉讼费用的收费标准及缓、减、免交诉讼费的基本条件和程序、案件审理与执行工作流程等事项。

7. 对当事人起诉材料、手续不全的,要尽量做到一次性全面告知当事人应当提交的材料和手续,有条件的人民法院应当采用书面形式告知。能够当场补齐的,立案工作人员应当指导当事人当场补齐。

8. 对决定受理适用普通程序的案件,应当在案件受理通知书和应诉通知书中,告知当事人所适用的审判程序及有关的诉讼权利和义务。决定由适用简易程序转为适用普通程序的,应当在作出决定后及时将决定的内容及事实和法律根据告知当事人。

9. 当事人及其诉讼代理人请求人民法院调查取证的,应当提出书面申请。人民法院决定调查收集证据的,应当及时告知申请人及其他当事人。决定不调查收集证据的,应当制作书面通知,说明不调查收集证据的理由,并及时送达申请人。

10. 人民法院裁定采取财产保全措施或者先予执行的,应当在裁定书中写明采取财产保全措施或者先予执行所依据的事实和法律根据,及申请人提供担保的种类、金额或者免予担保的事实和法律根据。人民法院决定不采取财产保全措施或者先予执行的,应当作出书面裁定,并在裁定书中写明有关事实和法律根据。

11. 人民法院必须严格执行《中华人民共和国刑事诉讼法》、《中华人民共和国民事诉讼法》、《中华人民共和国行政诉讼法》及相关司法解释关于公开审理的案件范围的规定,应当公开审理的,必须公开审理。当事人提出案件涉及个人隐私或者商业秘密的,人民法院应当综合当事人意见、社会一般理性认识等因素,必要时征询专家意见,在合理判断基础上作出决定。

12. 审理刑事二审案件,应当积极创造条件,逐步实现开庭审理;被告人一审被判处死刑的上诉案件和检察机关提出抗诉的案件,应当开庭审理。要逐步加

第188条

大民事、行政二审案件开庭审理的力度。

13. 刑事二审案件不开庭审理的,人民法院应当在全面审查案卷材料和证据基础上讯问被告人,听取辩护人、代理人的意见,核实证据,查清事实;民事、行政二审案件不开庭审理的,人民法院应当全面审查案卷,充分听取当事人意见,核实证据,查清事实。

14. 要逐步提高当庭宣判比率,规范定期宣判、委托宣判。人民法院审理案件,能够当庭宣判的,应当当庭宣判。定期宣判、委托宣判的,应当在裁判文书签发或者收到委托函后及时进行,宣判前应当通知当事人和其他诉讼参与人。宣判时允许旁听,宣判后应当立即送达法律文书。

15. 依法公开审理的案件,我国公民可以持有效证件旁听,人民法院应当妥善安排好旁听工作。因审判场所、安全保卫等客观因素所限发放旁听证的,应当作出必要的说明和解释。

16. 对群众广泛关注、有较大社会影响或者有利于社会主义法治宣传教育的案件,可以有计划地通过相关组织安排群众旁听,邀请人大代表、政协委员旁听,增进广大群众、人大代表、政协委员了解法院审判工作,方便对审判工作的监督。

17. 申请执行人向人民法院提供被执行人财产线索的,人民法院应当在收到有关线索后尽快决定是否调查,决定不予调查的,应当告知申请执行人具体理由。人民法院根据申请执行人提供的线索或依职权调查被执行人财产状况的,应当在调查结束后及时将调查结果告知申请执行人。被执行人向人民法院申报财产的,人民法院应当在收到申报后及时将被执行人申报的财产状况告知申请执行人。

18. 人民法院应当公告选择评估、拍卖等中介机构的条件和程序,公开进行选定,并及时公告选定的中介机构名单。人民法院应当向当事人、利害关系人公开评估、拍卖、变卖的过程和结果;不能及时拍卖、变卖的,应当向当事人、利害关系人说明原因。

19. 对办案过程中涉及当事人或案外人重大权益的事项,法律没有规定办理程序的,各级人民法院应当根据实际情况,建立灵活、方便的听证机制,举行听证。对当事人、利害关系人提出的执行异议、变更或追加被执行人的请求、经调卷复查认为符合再审条件的申诉申请再审案件,人民法院应当举行听证。

20. 人民法院应当建立和公布案件办理情况查询机制,方便当事人及其委托代理人及时了解与当事人诉讼权利、义务相关的审判和执行信息。

21. 有条件的人民法院对于庭审活动和相关重要审判活动可以录音、录像,建立审判工作的声像档案,当事人可以按规定查阅和复制。

22. 各高级人民法院应当根据本辖区内的情况制定通过出版物、局域网、互联网等方式公布生效裁判文书的具体办法,逐步加大生效裁判文书公开的力度。

23. 通过电视、互联网等媒体对人民法院公开审理案件进行直播、转播的,由高级人民法院批准后进行。

四、规范审判公开工作,维护法律权威和司法形象

24. 人民法院公开审理案件,庭审活动应当在审判法庭进行。巡回审理案件,有固定审判场所的,庭审活动应当在该固定审判场所进行;尚无固定审判场所的,可根据实际条件选择适当的场所。

25. 人民法院裁判文书是人民法院公开审判活动、裁判理由、裁判依据和裁判结果的重要载体。裁判文书的制作应当符合最高人民法院颁布的裁判文书样式要求,包含裁判文书的必备要素,并按照繁简得当、易于理解的要求,清楚地反映裁判过程、事实、理由和裁判依据。

26. 人民法院工作人员实施公务活动,应当依据有关规定着装,并主动出示工作证。

27. 人民法院应当向社会公开审判、执行工作纪律规范,公开违法审判、违法执行的投诉办法,便于当事人及社会监督。

《中华人民共和国人民法院法庭规则》第八条至第十五条对公开庭审活动的有关问题作了规定。(→参见第三编"审判"标题下所附"其他规范",第1250—1251页)

《人民法院办理刑事案件第一审普通程序法庭调查规程(试行)》(法发〔2017〕31号)**第三十九条**对公开审理案件时,控辩双方提出涉及国家秘密、商业秘密或者个人隐私的证据的处理作了规定。(→参见第三编"审判"标题下所附"其他规范",第1276页)

《最高人民法院关于人民法院庭审录音录像的若干规定》(法释〔2017〕5号,自2017年3月1日起施行)

为保障诉讼参与人诉讼权利,规范庭审活动,提高庭审效率,深化司法公开,促进司法公正,根据《中华人民共和国刑事诉讼法》《中华人民共和国民事诉讼法》《中华人民共和国行政诉讼法》等法律规定,结合审判工作实际,制定本规定。

第一条 人民法院开庭审判案件,应当对庭审活动进行全程录音录像。

第二条 人民法院应当在法庭内配备固定或者移动的录音录像设备。

有条件的人民法院可以在法庭安装使用智能语音识别同步转换文字系统。

第三条 庭审录音录像应当自宣布开庭时开始,至闭庭时结束。除下列情形外,庭审录音录像不得人为中断:
(一)休庭;
(二)公开庭审中的不公开举证、质证活动;
(三)不宜录制的调解活动。
负责录音录像的人员应当对录音录像的起止时间、有无中断等情况进行记录并附卷。

第四条 人民法院应当采取叠加同步录制时间或者其他措施保证庭审录音录像的真实和完整。
因设备故障或技术原因导致录音录像不真实、不完整的,负责录音录像的人员应当作出书面说明,经审判长或独任审判员审核签字后附卷。

第五条 人民法院应当使用专门设备在线或离线存储、备份庭审录音录像。因设备故障等原因导致不符合技术标准的录音录像,应当一并存储。
庭审录音录像的归档,按照人民法院电子诉讼档案管理规定执行。

第六条 人民法院通过使用智能语音识别系统同步转换生成的庭审文字记录,经审判人员、书记员、诉讼参与人核对签字后,作为法庭笔录管理和使用。

第七条 诉讼参与人对法庭笔录有异议并申请补正的,书记员可以播放庭审录音录像进行核对、补正;不予补正的,应当将申请记录在案。

第八条 适用简易程序审理民事案件的庭审录音录像,经当事人同意的,可以替代法庭笔录。

第九条 人民法院应当将替代法庭笔录的庭审录音录像同步保存在服务器或者刻录成光盘,并由当事人和其他诉讼参与人对其完整性校验值签字或者采取其他方法进行确认。

第十条 人民法院应当通过审判流程信息公开平台、诉讼服务平台以及其他便民诉讼服务平台,为当事人、辩护律师、诉讼代理人等依法查阅庭审录音录像提供便利。
对提供查阅的录音录像,人民法院应当设置必要的安全防范措施。

第十一条 当事人、辩护律师、诉讼代理人等可以依照规定复制录音或者誊录庭审录音录像,必要时人民法院应当配备相应设施。

第十二条 人民法院可以播放依法公开审理案件的庭审录音录像。

第十三条 诉讼参与人、旁听人员违反法庭纪律或者有关法律规定,危害法庭安全、扰乱法庭秩序的,人民法院可以通过庭审录音录像进行调查核实,并将其作为追究法律责任的证据。

第十四条　人民检察院、诉讼参与人认为庭审活动不规范或者违反法律规定的,人民法院应当结合庭审录音录像进行调查核实。

第十五条　未经人民法院许可,任何人不得对庭审活动进行录音录像,不得对庭审录音录像进行拍录、复制、删除和迁移。

行为人实施前款行为的,依照规定追究其相应责任。

第十六条　涉及国家秘密、商业秘密、个人隐私等庭审活动的录制,以及对庭审录音录像的存储、查阅、复制、誊录等,应当符合保密管理等相关规定。

第十七条　庭审录音录像涉及的相关技术保障、技术标准和技术规范,由最高人民法院另行制定。

第十八条　人民法院从事其他审判活动或者进行执行、听证、接访等活动需要进行录音录像的,参照本规定执行。

第十九条　本规定自 2017 年 3 月 1 日起施行。最高人民法院此前发布的司法解释及规范性文件与本规定不一致的,以本规定为准。

《人民法院在线诉讼规则》(法释〔2021〕12 号)第八条、第二十七条、第三十八条对公开审判的有关问题作了规定。(→参见"附则"后"相关规范集成·在线诉讼"所附"其他规范",第 2126、2130、2132 页)

第一百八十九条　【人民检察院派员出庭公诉】人民法院审判公诉案件,人民检察院应当派员出席法庭支持公诉。

◼ 立法沿革

1979 年《刑事诉讼法》第一百一十二条规定:"人民法院审判公诉案件,除罪行较轻经人民法院同意的以外,人民检察院应当派员出席法庭支持公诉。""出庭的检察人员发现审判活动有违法情况,有权向法庭提出纠正意见。"1996 年《刑事诉讼法修改决定》对本条规定作了修改:一是将人民检察院不派员出庭公诉的情形,由"罪行较轻经人民法院同意"修改为"适用简易程序";二是删去原第二款规定。2012 年《刑事诉讼法修改决定》删去"但是依照本法第一百七十五条的规定适用简易程序的,人民检察院可以不派员出席法庭"的规定。2018 年修改《刑事诉讼法》时对本条规定未作调整。

◼ 基本规范

《人民检察院刑事诉讼规则》(高检发释字〔2019〕4 号,自 2019 年 12 月 30

日起施行)

第十一章 出席法庭

第一节 出席第一审法庭

第三百九十条 提起公诉的案件,人民检察院应当派员以国家公诉人的身份出席第一审法庭,支持公诉。

公诉人应当由检察官担任。检察官助理可以协助检察官出庭。根据需要可以配备书记员担任记录。

第三百九十一条 对于提起公诉后人民法院改变管辖的案件,提起公诉的人民检察院参照本规则第三百二十八条的规定将案件移送与审判管辖相对应的人民检察院。

接受移送的人民检察院重新对案件进行审查的,根据刑事诉讼法第一百七十二条第二款的规定自收到案件之日起计算审查起诉期限。

第三百九十二条 人民法院决定开庭审判的,公诉人应当做好以下准备工作:

(一)进一步熟悉案情,掌握证据情况;

(二)深入研究与本案有关的法律政策问题;

(三)充实审判中可能涉及的专业知识;

(四)拟定讯问被告人、询问证人、鉴定人、有专门知识的人和宣读、出示、播放证据的计划并制定质证方案;

(五)对可能出现证据合法性争议的,拟定证明证据合法性的提纲并准备相关材料;

(六)拟定公诉意见,准备辩论提纲;

(七)需要对出庭证人等的保护向人民法院提出建议或者配合工作的,做好相关准备。

第三百九十三条 人民检察院在开庭审理前收到人民法院或者被告人及其辩护人、被害人、证人等送交的反映证据系非法取得的书面材料的,应当进行审查。对于审查逮捕、审查起诉期间已经提出并经查证不存在非法取证行为的,应当通知人民法院、有关当事人和辩护人,并按照查证的情况做好庭审准备。对于新的材料或者线索,可以要求监察机关、公安机关对证据收集的合法性进行说明或者提供相关证明材料。

第三百九十八条 公诉人在法庭上应当依法进行下列活动:

(一)宣读起诉书,代表国家指控犯罪,提请人民法院对被告人依法审判;

(二)讯问被告人;

（三）询问证人、被害人、鉴定人；

（四）申请法庭出示物证，宣读书证、未到庭证人的证言笔录、鉴定人的鉴定意见、勘验、检查、辨认、侦查实验等笔录和其他作为证据的文书，播放作为证据的视听资料、电子数据等；

（五）对证据采信、法律适用和案件情况发表意见，提出量刑建议及理由，针对被告人、辩护人的辩护意见进行答辩，全面阐述公诉意见；

（六）维护诉讼参与人的合法权利；

（七）对法庭审理案件有无违反法律规定诉讼程序的情况记明笔录；

（八）依法从事其他诉讼活动。

第三百九十九条 在法庭审理中，公诉人应当客观、全面、公正地向法庭出示与定罪、量刑有关的证明被告人有罪、罪重或者罪轻的证据。

按照审判长要求，或者经审判长同意，公诉人可以按照以下方式举证、质证：

（一）对于可能影响定罪量刑的关键证据和控辩双方存在争议的证据，一般应当单独举证、质证；

（二）对于不影响定罪量刑且控辩双方无异议的证据，可以仅就证据的名称及其证明的事项、内容作出说明；

（三）对于证明方向一致、证明内容相近或者证据种类相同，存在内在逻辑关系的证据，可以归纳、分组示证、质证。

公诉人出示证据时，可以借助多媒体设备等方式出示、播放或者演示证据内容。

定罪证据与量刑证据需要分开的，应当分别出示。

第四百条 公诉人讯问被告人，询问证人、被害人、鉴定人，出示物证，宣读书证、未出庭证人的证言笔录等应当围绕下列事实进行：

（一）被告人的身份；

（二）指控的犯罪事实是否存在，是否为被告人所实施；

（三）实施犯罪行为的时间、地点、方法、手段、结果，被告人犯罪后的表现等；

（四）犯罪集团或者其他共同犯罪案件中参与犯罪人员的各自地位和应负的责任；

（五）被告人有无刑事责任能力，有无故意或者过失，行为的动机、目的；

（六）有无依法不应当追究刑事责任的情况，有无法定的从重或者从轻、减轻以及免除处罚的情节；

（七）犯罪对象、作案工具的主要特征，与犯罪有关的财物的来源、数量以及去向；

（八）被告人全部或者部分否认起诉书指控的犯罪事实的，否认的根据和理由能否成立；

（九）与定罪、量刑有关的其他事实。

第四百零一条 在法庭审理中，下列事实不必提出证据进行证明：

（一）为一般人共同知晓的常识性事实；

（二）人民法院生效裁判所确认并且未依审判监督程序重新审理的事实；

（三）法律、法规的内容以及适用等属于审判人员履行职务所应当知晓的事实；

（四）在法庭审理中不存在异议的程序事实；

（五）法律规定的推定事实；

（六）自然规律或者定律。

■ **其他规范**

《**人民检察院办理未成年人刑事案件的规定**》（高检发研字〔2013〕7号）第五十七条至第六十一条对未成年人刑事案件出庭公诉的有关问题作了规定。（→参见第五编"特别程序"第一章"未成年人刑事案件诉讼程序"末所附"其他规范"，第1983—1984页）

《**最高人民检察院关于加强出庭公诉工作的意见**》（高检发诉字〔2015〕5号，节录）

为深入贯彻落实党的十八大和十八届三中、四中全会精神，全面提升公诉人出庭水平，有力指控犯罪，维护司法公正，根据中央关于深化司法体制改革的要求和最高人民检察院《关于加强公诉人建设的决定》，现就加强出庭公诉工作提出如下意见。

一、加强出庭公诉工作的重要意义和总体思路（略）

二、进一步加强庭前准备工作

3. 积极介入侦查引导取证。对重大、疑难、复杂案件，坚持介入范围适当、介入时机适时、介入程度适度原则，通过出席现场勘查和案件讨论等方式，按照提起公诉的标准，对收集证据、适用法律提出意见，监督侦查活动是否合法，引导侦查机关（部门）完善证据链条和证明体系。

4. 加强庭前审查。全面审查证据材料的客观性、关联性、合法性，全面审查涉及定罪量刑的各种证据，对据以定罪的关键证据必须严格审查，对犯罪嫌疑人、被告人的无罪辩解必须高度重视，对定罪疑难且单一的言词证据必须认真复核,对矛盾证据必须严格甄别。对没有直接证据证实犯罪的,要综合审查判断间接证据是否形成完整证据链条。高度重视对物证、书证等客观性证据的审查和运用,掌握司法会计、法医、精神病、痕迹检验等鉴定意见以及电子证据相关的专业性知识和审查判断方法。突出对证据合法性的审查,坚决排除非法证据,及时补正瑕疵证据。正确适用法律和司法解释,全面贯彻宽严相济刑事政策,准确认定行为性质,确保不枉不纵。

5. 有效运用庭前会议解决争议。对需要召开庭前会议提请解决的案件管辖、回避、庭审方案和出庭证人、鉴定人、有专门知识的人、侦查人员的名单等与审判相关的问题,公诉人要提前准备好意见。注意了解辩护人收集证据的情况,明确诉辩焦点,有针对性地交换意见和向法庭阐明观点。重视辩护人提出的非法证据排除意见,正确区分非法证据与瑕疵证据,能够在庭前会议环节解决的非法证据问题力争解决。庭前会议结束后注意查漏补缺,充分利用会议中获取的事实、证据信息和辩护意见,做好证据补强、程序安排和庭审预案的调整完善等工作。对辩护律师提出的执业权利受侵犯的情况,要积极查证并监督纠正。

6. 加强庭前预测和应对准备。充分听取辩护人意见,全面了解和分析辩护意见和辩护策略,及时掌握庭前案件动态。加强庭前预测,针对争议焦点做好庭审预案和重大复杂敏感案件临庭处置预案,对案件可能存在的信访风险做好应对准备,确保庭前准备与庭上应对紧密衔接。对申请关键证人、被害人、鉴定人、侦查人员出庭作证的,庭前充分沟通,介绍庭审程序、法庭纪律和有关法律知识,并进行必要的心理疏导,确保出庭作证顺利和良好庭审效果。

三、强化当庭指控证实犯罪和庭外监督工作

7. 强化当庭讯问。法庭讯问要讲究章法,合理选择运用解释性讯问、追问等方式,做到层次分明、重点突出、有的放矢。讯问被告人应把握主动,从容应对,确保当庭指控犯罪全面、准确、有力。对被告人的合理辩解认真予以对待,对被告人当庭不实供述予以揭露,对庭前的有罪供述予以固定。

8. 强化当庭询问。公诉人询问出庭作证的证人,可以要求证人连贯陈述,也可以直接发问。发问应简洁清楚,重点围绕与定罪量刑紧密相关的事实以及证言中有遗漏、矛盾、模糊不清和有争议的内容进行。当事人和辩护人、诉讼代理人对证人发问后,公诉人可以根据证人回答的情况,向法庭申请再次对证人发问。发现辩护人对证人有提示性、诱导性发问的,公诉人要及时提请合议庭予以制止。

9. 强化当庭示证。公诉人出示证据应以证明公诉主张为目的,善于根据案件的不同种类、特点和庭审实际情况,围绕犯罪构成要件和争议焦点,合理安排和调整示证顺序,做到详略得当,要点突出。根据案件的具体情况和证据状况,结合被告人的认罪态度,示证可以采用分组示证或逐一示证的方式。

10. 强化当庭质证。公诉人质证要目的明确、逻辑清晰,紧紧围绕案件事实和证据的客观性、关联性、合法性进行。熟练掌握各类证据的质证方法和质证策略,熟悉言词证据和实物证据的特点差异,善于从不同角度区别质证,保证质证效果。善于根据庭审变化动向,掌握质证主动性,提高质证的针对性和有效性。

11. 强化证据合法性的证明。对被告人或辩护人当庭提出被告人庭前供述系非法取得,法庭决定进行调查时,公诉人可以根据讯问笔录、羁押记录、出入看守所的健康检查记录、看守管教人员的谈话记录以及侦查机关对讯问过程合法性的说明等,对庭前讯问被告人的合法性进行证明。必要时,可以要求法庭播放讯问录音、录像,申请法庭通知侦查人员或者其他人员出庭说明情况。审判人员认为可能存在以非法方法收集其他证据的情形需要进行法庭调查的,公诉人可以参照上述方法对证据收集的合法性进行证明。

12. 强化发表公诉意见和庭审辩论工作。公诉人要善于围绕控辩双方在事实、证据、法律适用和量刑方面的分歧焦点,运用事实证据、法律规定和刑事政策,客观公正地发表公诉意见。善于把控辩论方向,围绕辩护意见有针对性地答辩,对于起诉书、公诉意见中已详细阐明过的观点,与案件无关的细枝末节,控辩双方没有原则分歧的一般问题,无需正面答辩。针对不同案情和被告人的认罪态度,合理选择主动出击或后发制胜的辩论策略。善于根据庭审实际情况灵活应变,及时针对被告人辩解、辩护人辩护观点提出答辩意见。

13. 强化庭审突发情况应对处置。对当事人或辩护人在庭审中的妨害诉讼等不当行为,及时建议法庭予以处理。对于庭审中被告人翻供、证人翻证、证据突袭、当庭查明的事实与起诉书认定事实不一致或量刑建议需要调整等突发情况,应当根据庭审预案及时应对。遇有庭前未能预料且无法当时处理的,应当建议法庭延期审理,并区别不同情况依照有关规定及时处理。

14. 加强庭上法治宣传教育。公诉人要结合案件事实和庭审情况开展法治宣传教育,善于运用语言技巧,注意运用群众语言,加强释法说理,普及法律常识,剖析犯罪原因,阐述警示意义,促使被告人认罪悔罪,激发法庭和旁听人员共鸣,提升庭审综合效果。

15. 强化刑事审判监督。公诉人出席法庭,应当增强法律监督意识,发现法庭审判违反法律规定的诉讼程序,应当记录在案并在休庭后及时向检察长报告;对违反程序的庭审活动提出纠正意见,由人民检察院在庭审后提出。

16. 强化现代科技手段运用。善于运用信息化和科技手段提高出庭质量和效果。公诉人在庭审中要灵活运用多媒体技术、现代通讯技术以及相关科技手段进行示证,增强出庭举证效果。探索运用信息化手段开展简易程序案件远程视频出庭,对未成年人被害人、证人出庭作证的,采取不暴露外貌、真实声音等保护措施。加强重大敏感复杂案件远程出庭指挥,及时解决庭审中遇到的突发情况,确保庭审效果。

17. 强化团队出庭公诉协作。对重大疑难复杂案件等需要多个公诉人出庭的案件,要加强出庭工作的组织协调和指挥,出庭公诉人要增强团队协作意识,合理分工,密切配合,形成指控合力。

18. 强化理性平和文明规范出庭理念。公诉人出席法庭,应着装整洁,仪表端庄得体,用语规范准确。坚持有理、有力、有节,与辩护人理性平和抗辩,做到"对抗而不对立、交锋而不交恶"。注重出庭语言法理性、逻辑性和艺术性的结合,善于通过语言的感染力和说服力,增强社会公众的认同感,树立和展现公诉人客观公正和可亲可信可敬的良好司法形象。

四、加强出庭公诉工作的保障措施(略)

《未成年人刑事检察工作指引(试行)》(高检发未检字〔2017〕1号)第二百一十六条对人民检察院对未成年人刑事案件,在提起公诉时,可以建议人民法院采取圆桌审判方式审理的情形作了规定。(→参见第五编"特别程序"第一章"未成年人刑事案件诉讼程序"末所附"其他规范",第2030页)

《人民检察院公诉人出庭举证质证工作指引》(最高人民检察院,2018年7月3日)

第一章 总 则

第一条 为适应以审判为中心的刑事诉讼制度改革新要求,全面贯彻证据裁判规则,进一步加强和改进公诉人出庭举证质证工作,构建认罪和不认罪案件相区别的出庭公诉模式,增强指控犯罪效果,根据《中华人民共和国刑事诉讼法》和相关规定,结合检察工作实际,制定本工作指引。

第二条 举证是指在出庭支持公诉过程中,公诉人向法庭出示、宣读、播放有关证据材料并予以说明,对出庭作证人员进行询问,以证明公诉主张成立的诉讼活动。

质证是指在审判人员的主持下,由控辩双方对所出示证据材料及出庭作证人员的言词证据的证据能力和证明力相互进行质疑和辩驳,以确认是否作为定案依据的诉讼活动。

第三条 公诉人出庭举证质证,应当以辩证唯物主义认识论为指导,以事实为根据,以法律为准绳,注意运用逻辑法则和经验法则,有力揭示和有效证实犯罪,提高举证质证的质量、效率和效果,尊重和保障犯罪嫌疑人、被告人和其他诉讼参与人诉讼权利,努力让人民群众在每一个司法案件中感受到公平正义。

第四条 公诉人举证质证,应当遵循下列原则:
(一)实事求是,客观公正;
(二)突出重点,有的放矢;
(三)尊重辩方,理性文明;
(四)遵循法定程序,服从法庭指挥。

第五条 公诉人可以根据被告人是否认罪,采取不同的举证质证模式。

被告人认罪的案件,经控辩双方协商一致并经法庭同意,举证质证可以简化。

被告人不认罪或者辩护人作无罪辩护的案件,一般应当全面详细举证质证。但对辩护方无异议的证据,经控辩双方协商一致并经法庭同意,举证质证也可以简化。

第六条 公诉人举证质证,应当注重与现代科技手段相融合,积极运用多媒体示证、电子卷宗、出庭一体化平台等,增强庭审指控犯罪效果。

第二章 举证质证的准备

第七条 公诉人审查案件时,应当充分考虑出庭准备和庭审举证质证工作的需要,有针对性地制作审查报告。

第八条 公诉人基于出庭准备和庭审举证质证工作的需要,可以在开庭前从人民法院取回有关案卷材料和证据,或者查阅电子卷宗。

第九条 公诉案件开庭前,公诉人应当进一步熟悉案情,掌握证据情况,深入研究与本案有关的法律政策问题,熟悉审判可能涉及的专业知识,围绕起诉书指控的犯罪事实和情节,制作举证质证提纲,做好举证质证准备。

制作举证质证提纲应当注意以下方面:
(一)证据的取得是否符合法律规定;
(二)证据是否符合法定形式;
(三)证据是否为原件、原物,照片、录像、复制件、副本等与原件、原物是否相符;
(四)发现证据时的客观环境;
(五)证据形成的原因;
(六)证人或者提供证据的人与本案有无利害关系;
(七)证据与待证事实之间的关联关系;

(八)证据之间的相互关系;

(九)证据是否共同指向同一待证事实,有无无法排除的矛盾和无法解释的疑问,全案证据是否形成完整的证明体系,根据全案证据认定的事实是否足以排除合理怀疑,结论是否具有唯一性;

(十)证据是否具有证据能力及其证明力的其他问题。

第十条 公诉人应当通过参加庭前会议,及时掌握辩护方提供的证据,全面了解被告人及其辩护人对证据的主要异议,并在审判人员主持下,就案件的争议焦点、证据的出示方式等进行沟通,确定举证顺序、方式。根据举证需要,公诉人可以申请证人、鉴定人、侦查人员、有专门知识的人出庭,对辩护方出庭人员名单提出异议。

审判人员在庭前会议中组织展示证据的,公诉人应当出示拟在庭审中出示的证据,梳理存在争议的证据,听取被告人及其辩护人的意见。

被告人及其辩护人在开庭审理前申请排除非法证据,并依照法律规定提供相关线索或者材料的,公诉人经查证认为不存在非法取证行为的,应当在庭前会议中通过出示有关证据材料等方式,有针对性地对证据收集的合法性作出说明。

公诉人可以在庭前会议中撤回有关证据。撤回的证据,没有新的理由,不得在庭审中出示。

公诉人应当根据庭前会议上就举证方式达成的一致意见,修改完善举证提纲。

第十一条 公诉人在开庭前收到人民法院转交或者被告人及其辩护人、被害人、证人等递交的反映证据系非法取得的书面材料的,应当进行审查。对于审查逮捕、审查起诉期间已经提出并经查证不存在非法取证行为的,应当通知人民法院,或者告知有关当事人和辩护人,并按照查证的情况做好庭审准备。对于新的材料或者线索,可以要求侦查机关对证据收集的合法性进行说明或者提供相关证明材料,必要时可以自行调查核实。

第十二条 公诉人在庭前会议后依法收集的证据,在开庭前应当及时移送人民法院,并了解被告人或者其辩护人是否提交新的证据。如果有新的证据,公诉人应当对该证据进行审查。

第十三条 公诉人在开庭前,应当通过讯问被告人、听取辩护人意见、参加庭前会议、与法庭沟通等方式,了解掌握辩护方所收集的证明被告人无罪、罪轻或者反映存在非法取证行为的相关材料情况,进一步熟悉拟在庭审中出示的相关证据,围绕证据的真实性、关联性、合法性,全面预测被告人、辩护人可能提出的质证观点,有针对性地制作和完善质证提纲。

第三章 举 证
第一节 举证的基本要求

第十四条 公诉人举证,一般应当遵循下列要求:

(一)公诉人举证,一般应当全面出示证据;出示、宣读、播放每一份(组)证据时,一般应当出示证据的全部内容。根据普通程序、简易程序以及庭前会议确定的举证方式和案件的具体情况,也可以简化出示,但不得随意删减、断章取义。没有召开庭前会议的,公诉人可以当庭与辩护方协商,并经法庭许可确定举证方式。

(二)公诉人举证前,应当先就举证方式作出说明;庭前会议对简化出示证据达成一致意见的,一并作出说明。

(三)出示、宣读、播放每一份(组)证据前,公诉人一般应当先就证据证明方向、证据的种类、名称、收集主体和时间以及所要证明的内容向法庭概括说明。

(四)对于控辩双方无异议的非关键性证据,举证时可以仅就证据的名称及所证明的事项作出说明;对于可能影响定罪量刑的关键证据和控辩双方存在争议的证据,以及法庭认为有必要调查核实的证据,应当详细出示。

(五)举证完毕后,应当对出示的证据进行归纳总结,明确证明目的。

(六)使用多媒体示证的,应当与公诉人举证同步进行。

第十五条 公诉人举证,应当主要围绕下列事实,重点围绕控辩双方争议的内容进行:

(一)被告人的身份;

(二)指控的犯罪事实是否存在,是否为被告人所实施;

(三)实施犯罪行为的时间、地点、方法、手段、结果,被告人犯罪后的表现等;

(四)犯罪集团或者其他共同犯罪案件中参与犯罪人员的各自地位和应负的责任;

(五)被告人有无刑事责任能力,有无故意或者过失,行为的动机、目的;

(六)有无依法不应当追究刑事责任的情形,有无法定从重或者从轻、减轻以及免除处罚的情节;

(七)犯罪对象、作案工具的主要特征,与犯罪有关的财物的来源、数量以及去向;

(八)被告人全部或者部分否认起诉书指控的犯罪事实的,否认的根据和理由能否成立;

(九)与定罪、量刑有关的其他事实。

第十六条 对于公诉人简化出示的证据,辩护人要求公诉人详细出示的,可以区分不同情况作出处理。具有下列情形之一的,公诉人应当详细出示:
(一)审判人员要求详细出示的;
(二)辩护方要求详细出示并经法庭同意的;
(三)简化出示证据可能影响举证效果的。
具有下列情形之一的,公诉人可以向法庭说明理由,经法庭同意后,可以不再详细出示:
(一)公诉人已经详细出示过相关证据,辩护方重复要求的;
(二)公诉人简化出示的证据能够证明案件事实并反驳辩护方异议的;
(三)辩护方所要求详细出示的内容与起诉书认定事实无关的;
(四)被告人承认指控的犯罪事实和情节的。

第十七条 辩护方当庭申请公诉人宣读出示案卷中对被告人有利但未被公诉人采信的证据的,可以建议法庭决定由辩护方宣读出示,并说明不采信的理由。法庭采纳辩护方申请要求公诉人宣读出示的,公诉人应当出示。

第十八条 公诉人、被告人及其辩护人对收集被告人供述是否合法未达成一致意见,人民法院在庭审中对证据合法性进行调查的,公诉人可以根据讯问笔录、羁押记录、提讯登记、出入看守所的健康检查记录、医院病历、看守管教人员的谈话记录、采取强制措施或者侦查措施的法律文书、侦查机关对讯问过程合法性的证明材料、侦查机关或者检察机关对证据收集合法性调查核实的结论、驻看守所检察人员在侦查终结前对讯问合法性的核查结论等,对庭前讯问被告人的合法性进行证明,可以要求法庭播放讯问同步录音、录像,必要时可以申请法庭通知侦查人员或者其他人员出庭说明情况。

控辩双方对收集证人证言、被害人陈述、收集物证、书证等的合法性以及其他程序事实发生争议的,公诉人可以参照前款规定出示、宣读有关法律文书、侦查或者审查起诉活动笔录等予以证明。必要时,可以建议法庭通知负责侦查的人员以及搜查、查封、扣押、冻结、勘验、检查、辨认、侦查实验等活动的见证人出庭陈述有关情况。

第二节 举证的一般方法

第十九条 举证一般应当一罪名一举证、一事实一举证,做到条理清楚、层次分明。

第二十条 举证顺序应当以有利于证明公诉主张为目的,公诉人可以根据案件的不同种类、特点和庭审实际情况,合理安排和调整举证顺序。一般先出示定罪证据,后出示量刑证据;先出示主要证据,后出示次要证据。

公诉人可以按照与辩护方协商并经法庭许可确定的举证顺序进行举证。

第二十一条 根据案件的具体情况和证据状况,结合被告人的认罪态度,举证可以采用分组举证或者逐一举证的方式。

案情复杂、同案被告人多、证据数量较多的案件,一般采用分组举证为主、逐一举证为辅的方式。

对证据进行分组时,应当遵循证据之间的内在逻辑关系,可以将证明方向一致或者证明内容相近的证据归为一组;也可以按照证据种类进行分组,并注意各组证据在证明内容上的层次和递进关系。

第二十二条 对于可能影响定罪量刑的关键证据和控辩双方存在争议的证据,应当单独举证。

被告人认罪的案件,对控辩双方无异议的定罪证据,可以简化出示,主要围绕量刑和其他有争议的问题出示证据。

第二十三条 对于被告人不认罪案件,应当立足于证明公诉主张,通过合理举证构建证据体系,反驳被告人的辩解,从正反两个方面予以证明。重点一般放在能够有力证明指控犯罪事实系被告人所为的证据和能够证明被告人无罪辩解不成立的证据上,可以将指控证据和反驳证据同时出示。

对于被告人翻供的,应当综合运用证据,阐明被告人翻供的时机、原因、规律,指出翻供的不合理、不客观、有矛盾之处。

第二十四条 "零口供"案件的举证,可以采用关键证据优先法。公诉人根据案件证据情况,优先出示定案的关键证据,重点出示物证、书证、现场勘查笔录等客观性证据,直接将被告人与案件建立客观联系,在此基础上构建全案证据体系。

辩点较多案件的举证,可以采用先易后难法。公诉人根据案件证据情况和庭前会议了解的被告人及辩护人的质证观点,先出示被告人及辩护人没有异议的证据或者分歧较小的证据,后出示控辩双方分歧较大的证据,使举证顺利推进,为集中精力对分歧证据进行质证作准备。

依靠间接证据定案的不认罪案件的举证,可以采用层层递进法。公诉人应当充分运用逻辑推理,合理安排举证顺序,出示的后一份(组)证据与前一份(组)证据要紧密关联,环环相扣,层层递进,通过逻辑分析揭示各个证据之间的内在联系,综合证明案件已经排除合理怀疑。

第二十五条 对于一名被告人有一起犯罪事实或者案情比较简单的案件,可以根据案件证据情况按照法律规定的证据种类举证。

第二十六条 对于一名被告人有数起犯罪事实的案件,可以以每一起犯罪事实为单元,将证明犯罪事实成立的证据分组举证或者逐一举证。其中,涉及每起犯罪事实中量刑情节的证据,应当在对该起犯罪事实举证中出示;涉及全案综合量刑情节的证据,应当在全案的最后出示。

第二十七条　对于数名被告人有一起犯罪事实的案件,根据各被告人在共同犯罪中的地位、作用及情节,一般先出示证明主犯犯罪事实的证据,再出示证明从犯犯罪事实的证据。

第二十八条　对于数名被告人有数起犯罪事实的案件,可以采用不同的分组方法和举证顺序,或者按照作案时间的先后顺序,或者以主犯参与的犯罪事实为主线,或者以参与人数的多少为标准,并注意区分犯罪集团的犯罪行为、一般共同犯罪行为和个别成员的犯罪行为,分别进行举证。

第二十九条　对于单位犯罪案件,应当先出示证明单位构成犯罪的证据,再出示对其负责的单位主管人员或者其他直接责任人员构成犯罪的证据。对于指控被告单位犯罪与指控单位主管人员或者其他直接责任人员犯罪的同一份证据可以重复出示,但重复出示时仅予以说明即可。

第三节　各类证据的举证要求

第三十条　出示的物证一般应当是原物。原物不易搬运、不易保存或者已返还被害人的,可以出示反映原物外形和特征的照片、录像、复制品,并向法庭说明情况及与原物的同一性。

出示的书证一般应当是原件,获取书证原件确有困难的,可以出示书证副本或者复制件,并向法庭说明情况及与原件的同一性。

出示物证、书证时,应当对物证、书证所要证明的内容、收集情况作概括说明,可以提请法庭让当事人、证人等诉讼参与人辨认。物证、书证经过技术鉴定的,可以宣读鉴定意见。

第三十一条　询问出庭作证的证人,应当遵循以下规则:

(一)发问应当单独进行;

(二)发问应当简洁、清楚;

(三)发问应当采取一问一答形式,不宜同时发问多个内容不同的问题;

(四)发问的内容应当着重围绕与定罪、量刑紧密相关的事实进行;

(五)不得以诱导方式发问;

(六)不得威胁或者误导证人;

(七)不得损害证人的人格尊严;

(八)不得泄露证人个人隐私;

(九)询问未成年人,应当结合未成年人的身心特点进行。

第三十二条 证人出庭的,公诉人可以要求证人就其了解的与案件有关的事实进行陈述,也可以直接发问。对于证人采取猜测性、评论性、推断性语言作证的,公诉人应当提醒其客观表述所知悉的案件事实。

公诉人认为证人作出的回答对案件事实和情节的认定有决定性或者重大影响,可以提请法庭注意。

证人出庭作证的证言与庭前提供的证言相互矛盾的,公诉人应当问明理由,并对该证人进行询问,澄清事实。认为理由不成立的,可以宣读证人在改变证言前的笔录内容,并结合相关证据予以反驳。

对未到庭证人的证言笔录,应当当庭宣读。宣读前,应当说明证人和本案的关系。对证人证言笔录存在疑问、确实需要证人出庭陈述或者有新的证人的,公诉人可以要求延期审理,由人民法院通知证人到庭提供证言和接受质证。

根据案件情况,公诉人可以申请实行证人远程视频作证。

控辩双方对证人证言无异议,证人不需要出庭的,或者证人因客观原因无法出庭且无法通过视频等方式作证的,公诉人可以出示、宣读庭前收集的书面证据材料或者作证过程录音、录像。

第三十三条 公诉人申请出庭的证人当庭改变证言、被害人改变其庭前的陈述,公诉人可以询问其言词发生变化的理由,认为理由不成立的,可以择机有针对性地宣读其在侦查、审查起诉阶段的证言、陈述,或者出示、宣读其他证据,对证人、被害人进行询问,予以反驳。

第三十四条 对被害人、鉴定人、侦查人员、有专门知识的人的询问,参照适用询问证人的规定。

第三十五条 宣读被告人供述,应当根据庭审中被告人供述的情况进行。被告人有多份供述且内容基本一致的,一般选择证明力最充分的一份或者几份出示。被告人当庭供述与庭前供述的实质性内容一致的,可以不再宣读庭前供述,但应当向法庭说明;被告人当庭供述与庭前供述存在实质性差异的,公诉人应当问明理由,认为理由不成立的,应当就存在实质性差异的内容宣读庭前供述,并结合相关证据予以反驳。

第三十六条 被告人作无罪辩解或者当庭供述与庭前供述内容不一致,足以影响定罪量刑的,公诉人可以有针对性地宣读被告人庭前供述笔录,并针对笔录中被告人的供述内容对被告人进行讯问,或者出示其他证据进行证明,予以反驳,并提请法庭对其当庭供述不予采信。对翻供内容需要调查核实的,可以建议法庭休庭或者延期审理。

第三十七条 鉴定意见以及勘验、检查、辨认和侦查实验等笔录应当当庭宣读,并对鉴定人、勘验人、检查人、辨认人、侦查实验人员的身份、资质、与当事人及本案的关系作出说明,必要时提供证据予以证明。鉴定人、有专门知识的人出庭,公诉人可以根据需要对其发问。发问时适用对证人询问的相关要求。

第三十八条 播放视听资料,应当首先对视听资料的来源、制作过程、制作环境、制作人员以及所要证明的内容进行概括说明。播放一般应当连续进行,也可以根据案情分段进行,但应当保持资料原貌,不得对视听资料进行剪辑。

播放视听资料,应当向法庭提供视听资料的原始载体。提供原始载体确有困难的,可以提供复制件,但应当向法庭说明原因。

出示音频资料,也可以宣读庭前制作的附有声音资料语言内容的文字记录。

第三十九条 出示以数字化形式存储、处理、传输的电子数据证据,应当对该证据的原始存储介质、收集提取过程等予以简要说明,围绕电子数据的真实性、完整性、合法性,以及被告人的网络身份与现实身份的同一性出示证据。

第四章 质 证
第一节 质证的基本要求

第四十条 公诉人质证应当根据辩护方所出示证据的内容以及对公诉方证据提出的质疑,围绕案件事实、证据和适用法律进行。

质证应当一证一质一辩。质证阶段的辩论,一般应当围绕证据本身的真实性、关联性、合法性,针对证据能力有无以及证明力大小进行。对于证据与证据之间的关联性、证据的综合证明作用问题,一般在法庭辩论阶段予以答辩。

第四十一条 对影响定罪量刑的关键证据和控辩双方存在争议的证据,一般应当单独质证。

对控辩双方没有争议的证据,可以在庭审中简化质证。

对于被告人认罪案件,主要围绕量刑和其他有争议的问题质证,对控辩双方无异议的定罪证据,可以不再质证。

第四十二条 公诉人可以根据需要将举证质证、讯问询问结合起来,在质证阶段对辩护方观点予以适当辩驳,但应当区分质证与辩论之间的界限,重点针对证据本身的真实性、关联性、合法性进行辩驳。

第四十三条 在每一份(组)证据或者全部证据质证完毕后,公诉人可以根据具体案件情况,提请法庭对证据进行确认。

第二节 对辩护方质证的答辩

第四十四条 辩护方对公诉方当庭出示、宣读、播放的证据的真实性、关联性、合法性提出的质证意见,公诉人应当进行全面、及时和有针对性地答辩。

辩护方提出的与证据的证据能力或者证明力无关、与公诉主张无关的质证意见,公诉人可以说明理由不予答辩,并提请法庭不予采纳。

公诉人答辩一般应当在辩护方提出质证意见后立即进行。在不影响庭审效果的情况下,也可以根据需要在法庭辩论阶段结合其他证据综合发表意见,但应当向法庭说明。

第四十五条 对辩护方符合事实和法律的质证,公诉人应当实事求是、客观公正地发表意见。

辩护方因对证据内容理解有误而质证的,公诉人可以对证据情况进行简要说明。

第四十六条 公诉人对辩护方质证的答辩,应当重点针对可能动摇或者削弱证据能力、证明力的质证观点进行答辩,对于不影响证据能力、证明力的质证观点可以不予答辩或者简要答辩。

第四十七条 辩护方质疑言词证据之间存在矛盾的,公诉人可以综合全案证据,立足证据证明体系,从认知能力、与当事人的关系、客观环境等角度,进行重点答辩,合理解释证据之间的矛盾。

第四十八条 辩护人询问证人或者被害人有下列情形之一的,公诉人应当及时提请审判长制止,必要时应当提请法庭对该项陈述或者证言不予采信:

(一)以诱导方式发问的;

(二)威胁或者误导证人的;

(三)使被害人、证人以推测性、评论性、推断性意见作为陈述或者证言的;

(四)发问内容与本案事实无关的;

(五)对被害人、证人带有侮辱性发问的;

(六)其他违反法律规定的情形。

对辩护人询问侦查人员、鉴定人和有专门知识的人的质证,参照前款规定。

第四十九条 辩护方质疑证人当庭证言与庭前证言存在矛盾的,公诉人可以有针对性地对证人进行发问,也可以提请法庭决定就有异议的内容由被告人与证人进行对质诘问,在发问或对质诘问过程中,对前后矛盾或者疏漏之处作出合理解释。

第五十条 辩护方质疑被告人庭前供述系非法取得的,公诉人可以综合采取以下方式证明取证的合法性:

(一)宣读被告人在审查(决定)逮捕、审查起诉阶段的讯问笔录,证实其未曾供述过在侦查阶段受到刑讯逼供,或者证实其在侦查机关更换侦查人员且再次讯问时告知诉讼权利和认罪的法律后果后仍自愿供述,或者证实其在检察人员讯问并告知诉讼权利和认罪的法律后果后仍自愿供述;

（二）出示被告人的羁押记录，证实其接受讯问的时间、地点、次数等符合法律规定；

（三）出示被告人出入看守所的健康检查记录、医院病历，证实其体表和健康情况；

（四）出示看守管教人员的谈话记录；

（五）出示与被告人同监舍人员的证言材料；

（六）当庭播放或者庭外核实讯问被告人的录音、录像；

（七）宣读重大案件侦查终结前讯问合法性核查笔录，当庭播放或者庭外核实对讯问合法性进行核查时的录音、录像；

（八）申请侦查人员出庭说明办案情况。

公诉人当庭不能证明证据收集的合法性，需要调查核实的，可以建议法庭休庭或者延期审理。

第五十一条 辩护人质疑收集被告人供述存在程序瑕疵申请排除证据的，公诉人可以宣读侦查机关的补正说明。没有补正说明的，也可以从讯问的时间地点符合法律规定、已进行权利告知、不存在威胁、引诱、欺骗等情形，被告人多份供述内容一致、全案证据能够互相印证，被告人供述自愿性未受影响，程序瑕疵没有严重影响司法公正等方面作出合理解释。必要时，可以提请法庭播放同步录音录像，从被告人供述时情绪正常、表达流畅、能够趋利避害等方面证明庭前供述自愿性，对瑕疵证据作出合理解释。

第五十二条 辩护方质疑物证、书证的，公诉人可以宣读侦查机关收集物证、书证的补正说明，从此类证据客观、稳定、不易失真以及取证主体、程序、手段合法等方面有针对性地予以答辩。

第五十三条 辩护方质疑鉴定意见的，公诉人可以从鉴定机构和鉴定人的法定资质、检材来源、鉴定程序、鉴定意见形式要件符合法律规定等方面，有针对性地予以答辩。

第五十四条 辩护方质疑不同鉴定意见存在矛盾的，公诉人可以阐释不同鉴定意见对同一问题得出不同结论的原因，阐明检察机关综合全案情况，结合案件其他证据，采信其中一份鉴定意见的理由。必要时，可以申请鉴定人、有专门知识的人出庭。控辩双方仍存在重大分歧，且辩护方质疑有合理依据，对案件有实质性影响的，可以建议法庭休庭或者延期审理。

第五十五条 辩护方质疑勘验、检查、搜查笔录的，公诉人可以从勘验、检查、搜查系依法进行，笔录的制作符合法律规定，勘验、检查、搜查人员和见证人有签名或者盖章等方面，有针对性地予以答辩。

第五十六条　辩护方质疑辨认笔录的,公诉人可以从辨认的过程、方法,以及辨认笔录的制作符合有关规定等方面,有针对性地予以答辩。

第五十七条　辩护方质疑侦查实验笔录的,公诉人可以从侦查实验的审批、过程、方法、法律依据、技术规范或者标准、侦查实验的环境条件与原案接近程度、结论的科学性等方面,有针对性地予以答辩。

第五十八条　辩护方质疑视听资料的,公诉人可以从此类证据具有不可增添性、真实性强,内容连续完整,所反映的行为人的言语动作连贯自然,提取、复制、制作过程合法,内容与案件事实关联程度等方面,有针对性地予以答辩。

第五十九条　辩护方质疑电子数据的,公诉人可以从此类证据提取、复制、制作过程、内容与案件事实关联程度等方面,有针对性地予以答辩。

第六十条　辩护方质疑采取技术侦查措施获取的证据材料合法性的,公诉人可以通过说明采取技术侦查措施的法律规定、出示批准采取技术侦查措施的法律文书等方式,有针对性地予以答辩。

第六十一条　辩护方在庭前提出排除非法证据申请,经审查被驳回后,在庭审中再次提出排除申请的,或者辩护方撤回申请后再次对有关证据提出排除申请的,公诉人应当审查辩护方是否提出新的线索或者材料。没有新的线索或者材料表明可能存在非法取证的,公诉人可以建议法庭予以驳回。

第六十二条　辩护人仅采用部分证据或者证据的部分内容,对证据证明的事项发表不同意见的,公诉人可以立足证据认定的全面性、同一性原则,综合全案证据予以答辩。必要时,可以扼要概述已经法庭质证过的其他证据,用以反驳辩护方的质疑。

第六十三条　对单个证据质证的同时,公诉人可以简单点明该证据与其他证据的印证情况,以及在整个证据链条中的作用,通过边质证边论证的方式,使案件事实逐渐清晰,减轻辩论环节综合分析论证的任务。

第三节　对辩护方证据的质证

第六十四条　公诉人应当认真审查辩护方向法庭提交的证据。对于开庭五日前未提交给法庭的,可以当庭指出,并根据情况,决定是否要求查阅该证据或者建议休庭;属于下列情况的,可以提请法庭不予采信:

(一)不符合证据的真实性、关联性、合法性要求的证据;

(二)辩护人提供的证据明显有悖常理的;

(三)其他需要提请法庭不予采信的情况。

对辩护方提出的无罪证据,公诉人应当本着实事求是、客观公正的原则进行质证。对于与案件事实不符的证据,公诉人应当针对辩护方证据的真实性、关联性、合法性提出质疑,否定证据的证明力。

对被告人的定罪、量刑有重大影响的证据,当庭难以判断的,公诉人可以建议法庭休庭或者延期审理。

第六十五条 对辩护方提请出庭的证人,公诉人可以从以下方面进行质证:

(一)证人与案件当事人、案件处理结果有无利害关系;

(二)证人的年龄、认知、记忆和表达能力、生理和精神状态是否影响作证;

(三)证言的内容及其来源;

(四)证言的内容是否为证人直接感知,证人感知案件事实时的环境、条件和精神状态;

(五)证人作证是否受到外界的干扰或者影响;

(六)证人与案件事实的关系;

(七)证言前后是否矛盾;

(八)证言之间以及与其他证据之间能否相互印证,有无矛盾。

第六十六条 辩护方证人未出庭的,公诉人认为其证言对案件的定罪量刑有重大影响的,可以提请法庭通知其出庭。

对辩护方证人不出庭的,公诉人可以从取证主体合法性、取证是否征得证人同意、是否告知证人权利义务、询问未成年人时其法定代理人或者有关人员是否到场、是否单独询问证人等方面质证。质证中可以将证言与已经出示的证据材料进行对比分析,发现并反驳前后矛盾且不能作出合理解释的证人证言。证人证言前后矛盾或者与案件事实无关的,应当提请法庭注意。

第六十七条 对辩护方出示的鉴定意见和提请出庭的鉴定人,公诉人可以从以下方面进行质证:

(一)鉴定机构和鉴定人是否具有法定资质;

(二)鉴定人是否存在应当回避的情形;

(三)检材的来源、取得、保管、送检是否符合法律和有关规定,与相关提取笔录、扣押物品清单等记载的内容是否相符,检材是否充足、可靠;

(四)鉴定意见的形式要件是否完备,是否注明提起鉴定的事由、鉴定委托人、鉴定机构、鉴定要求、鉴定过程、鉴定方法、鉴定日期等相关内容,是否由鉴定机构加盖司法鉴定专用章并由鉴定人签名、盖章;

(五)鉴定程序是否符合法律和有关规定;

(六)鉴定的过程和方法是否符合相关专业的规范要求;

(七)鉴定意见是否明确;

(八)鉴定意见与案件待证事实有无关联;

（九）鉴定意见与勘验、检查笔录及相关照片等其他证据是否矛盾；
（十）鉴定意见是否依法及时告知相关人员，当事人对鉴定意见有无异议。
必要时，公诉人可以申请法庭通知有专门知识的人出庭，对辩护方出示的鉴定意见进行必要的解释说明。

第六十八条 对辩护方出示的物证、书证，公诉人可以从以下方面进行质证：
（一）物证、书证是否为原物、原件；
（二）物证的照片、录像、复制品，是否与原物核对无误；
（三）书证的副本、复制件，是否与原件核对无误；
（四）物证、书证的收集程序、方式是否符合法律和有关规定；
（五）物证、书证在收集、保管、鉴定过程中是否受损或者改变；
（六）物证、书证与案件事实有无关联。

第六十九条 对辩护方出示的视听资料，公诉人可以从以下方面进行质证：
（一）收集过程是否合法，来源及制作目的是否清楚；
（二）是否为原件，是复制件的，是否有复制说明；
（三）制作过程中是否存在威胁、引诱当事人等违反法律、相关规定的情形；
（四）内容和制作过程是否真实，有无剪辑、增加、删改等情形；
（五）内容与案件事实有无关联。

第七十条 对辩护方出示的电子数据，公诉人可以从以下方面进行质证：
（一）是否随原始存储介质移送，在原始存储介质无法封存、不便移动等情形时，是否有提取、复制过程的说明；
（二）收集程序、方式是否符合法律及有关技术规范；
（三）电子数据内容是否真实，有无删除、修改、增加等情形；
（四）电子数据制作过程中是否受到暴力胁迫或者引诱因素的影响；
（五）电子数据与案件事实有无关联。

第七十一条 对于因专门性问题不能对有关证据发表质证意见的，可以建议休庭，向有专门知识的人咨询意见。必要时，可以建议延期审理，进行鉴定或者重新鉴定。

第四节 法庭对质

第七十二条 控辩双方针对同一事实出示的证据出现矛盾的，公诉人可以提请法庭通知相关人员到庭对质。

第七十三条 被告人、证人对同一事实的陈述存在矛盾需要对质的，公诉人可以建议法庭传唤有关被告人、证人同时到庭对质。

各被告人之间对同一事实的供述存在矛盾需要对质的,公诉人可以在被告人全部陈述完毕后,建议法庭当庭进行对质。

第七十四条 辩护方质疑物证、书证、鉴定意见、勘验、检查、搜查、辨认、侦查实验等笔录、视听资料、电子数据的,必要时,公诉人可以提请法庭通知鉴定人、有专门知识的人、侦查人员、见证人等出庭。

辩护方质疑采取技术侦查措施获取的证据材料合法性的,必要时,公诉人可以建议法庭采取不暴露有关人员身份、不公开技术侦查措施和方法等保护措施,在庭外对证据进行核实,并要求在场人员履行保密义务。

对辩护方出示的鉴定意见等技术性证据和提请出庭的鉴定人,必要时,公诉人可以提请法庭通知有专门知识的人出庭,与辩护方提请出庭的鉴定人对质。

第七十五条 在对质过程中,公诉人应当重点就证据之间的矛盾点进行发问,并适时运用其他证据指出不真实、不客观、有矛盾的证据材料。

第五章 附 则

第七十六条 本指引主要适用于人民检察院派员出庭支持公诉的第一审非速裁程序案件。对于派员出席第二审、再审案件法庭的举证、质证工作,可以参考本指引。

第七十七条 本指引自印发之日起施行。

《人民检察院办理网络犯罪案件规定》(高检发办字〔2021〕3号)第四章"出庭支持公诉"(**第四十六条至第四十九条**)对人民检察院办理网络犯罪案件出庭支持公诉的有关问题作了规定。(→参见第二编"立案、侦查和提起公诉"标题下所附"其他规范",第781—782页)

第一百九十条 【开庭时审判长宣布、告知、审查的事项】开庭的时候,审判长查明当事人是否到庭,宣布案由;宣布合议庭的组成人员、书记员、公诉人、辩护人、诉讼代理人、鉴定人和翻译人员的名单;告知当事人有权对合议庭组成人员、书记员、公诉人、鉴定人和翻译人员申请回避;告知被告人享有辩护权利。

被告人认罪认罚的,审判长应当告知被告人享有的诉讼权利和认罪认罚的法律规定,审查认罪认罚的自愿性和认罪认罚具结书内容的真实性、合法性。

立法沿革

1979年《刑事诉讼法》第一百一十三条规定:"开庭时,审判长查明当事人是否到庭,宣布案由;宣布合议庭的组成人员、书记员、公诉人、辩护人、鉴定人和翻译人员的名单;告知当事人有权对合议庭组成人员、书记员、公诉人、鉴定人和翻译人员申请回避;告知被告人享有辩护权利。"1996年《刑事诉讼法修改决定》增加审判长在开庭时宣读"诉讼代理人"名单的规定。2012年修改《刑事诉讼法》时对本条规定未作调整。2018年《刑事诉讼法修改决定》增加第二款规定。

基本规范

《最高人民法院关于适用〈中华人民共和国刑事诉讼法〉的解释》(法释〔2021〕1号,自2021年3月1日起施行)

第九章 公诉案件第一审普通程序

第三节 宣布开庭与法庭调查

第二百三十四条 开庭审理前,书记员应当依次进行下列工作:

(一)受审判长委托,查明公诉人、当事人、辩护人、诉讼代理人、证人及其他诉讼参与人是否到庭;

(二)核实旁听人员中是否有证人、鉴定人、有专门知识的人;

(三)请公诉人、辩护人、诉讼代理人及其他诉讼参与人入庭;

(四)宣读法庭规则;

(五)请审判长、审判员、人民陪审员入庭;

(六)审判人员就座后,向审判长报告开庭前的准备工作已经就绪。

第二百三十五条 审判长宣布开庭,传被告人到庭后,应当查明被告人的下列情况:

(一)姓名、出生日期、民族、出生地、文化程度、职业、住址,或者被告单位的名称、住所地、法定代表人、实际控制人以及诉讼代表人的姓名、职务;

(二)是否受过刑事处罚、行政处罚、处分①及其种类、时间;

(三)是否被采取留置措施及留置的时间,是否被采取强制措施及强制措施的种类、时间;

(四)收到起诉书副本的日期;有附带民事诉讼的,附带民事诉讼被告人收

---

① 此处规定的"处分",可以将党纪处分和政务处分等处分形式均纳入其中。——本评注

到附带民事起诉状的日期。

被告人较多的,可以在开庭前查明上述情况,但开庭时审判长应当作出说明。①

第二百三十六条 审判长宣布案件的来源、起诉的案由、附带民事诉讼当事人的姓名及是否公开审理;不公开审理的,应当宣布理由。

第二百三十七条 审判长宣布合议庭组成人员、法官助理、书记员、公诉人的名单,以及辩护人、诉讼代理人、鉴定人、翻译人员等诉讼参与人的名单。①

第二百三十八条 审判长应当告知当事人及其法定代理人、辩护人、诉讼代理人在法庭审理过程中依法享有下列诉讼权利:

(一)可以申请合议庭组成人员、法官助理、书记员、公诉人、鉴定人和翻译人员回避;

(二)可以提出证据,申请通知新的证人到庭、调取新的证据,申请重新鉴定或者勘验;

(三)被告人可以自行辩护;

(四)被告人可以在法庭辩论终结后作最后陈述。

第二百三十九条 审判长应当询问当事人及其法定代理人、辩护人、诉讼代理人是否申请回避、申请何人回避和申请回避的理由。

当事人及其法定代理人、辩护人、诉讼代理人申请回避的,依照刑事诉讼法及本解释的有关规定处理。

---

① 从审判实践来看,部分案件被告人众多,审判长在开庭后一一查明被告人的情况,占用庭审的时间较长,影响了法庭审理效率,可以在开庭前核实。而且,开庭前的核实当事人身份等基本情况的工作,不必都由审判长承担。该规定的目的主要在于加快庭审进程,但限定为必须由审判长核实,实质上与正式开庭程序差别不大,难以实现上述目的。因此,也应当允许由合议庭的其他审判人员或者书记员进行查明。基于此,本条第二款规定:"被告人较多的,可以在开庭前查明上述情况,但开庭时审判长应当作出说明。"据此,对于被告人众多的案件,审判长或者受审判长委托的其他审判人员、书记员可以在开庭前先核实被告人的情况,开庭传被告人到庭后,审判长当庭说明已在庭前核实被告人情况,不再当庭查明。但是,被告人有异议的,仍然应当由审判长当庭对被告人的情况予以查明。——本评注注

① 本条原本拟规定审判长一并宣布有专门知识的人的名单。征求意见过程中,有意见提出,"有专门知识的人"不属于法定诉讼参与人的范围,不宜在此作出规定。经研究,根据上述意见,鉴于有专门知识的人是否需要回避存在一定争议,故采纳上述意见,删除相关规定。——本评注注

同意或者驳回回避申请的决定及复议决定,由审判长宣布,并说明理由。必要时,也可以由院长到庭宣布。

其他规范

《人民法院办理刑事案件第一审普通程序法庭调查规程(试行)》(法发〔2017〕31号)**第五条**对法庭宣布开庭后告知当事人诉讼权利的有关问题作了规定。(→参见第三编"审判"标题下所附"其他规范",第1271页)

第一百九十一条　【被告人、被害人参与庭审的程序】公诉人在法庭上宣读起诉书后,被告人、被害人可以就起诉书指控的犯罪进行陈述,公诉人可以讯问被告人。

被害人、附带民事诉讼的原告人和辩护人、诉讼代理人,经审判长许可,可以向被告人发问。

审判人员可以讯问被告人。

立法沿革

1979年《刑事诉讼法》第一百一十四条规定:"公诉人在审判庭上宣读起诉书后,审判人员开始审问被告人。""公诉人经审判长许可,可以讯问被告人。""被害人、附带民事诉讼的原告人和辩护人,在审判人员审问被告人后,经审判长许可,可以向被告人发问。"1996年《刑事诉讼法修改决定》对本条规定作了修改,调整为主要是控辩双方讯问、发问,审判人员讯问限于必要时。2012年、2018年修改《刑事诉讼法》时对本条规定未作调整。

基本规范

《最高人民法院关于适用〈中华人民共和国刑事诉讼法〉的解释》(法释〔2021〕1号,自2021年3月1日起施行)

第九章　公诉案件第一审普通程序
第三节　宣布开庭与法庭调查
第二百四十条　审判长宣布法庭调查开始后,应当先由公诉人宣读起诉书;公诉人宣读起诉书后,审判长应当询问被告人对起诉书指控的犯罪事实和罪名有无异议。

有附带民事诉讼的,公诉人宣读起诉书后,由附带民事诉讼原告人或者其法定代理人、诉讼代理人宣读附带民事起诉状。

第二百四十一条 在审判长主持下,被告人、被害人可以就起诉书指控的犯罪事实分别陈述。

第二百四十二条① 在审判长主持下,公诉人可以就起诉书指控的犯罪事实讯问被告人。

经审判长准许,被害人及其法定代理人、诉讼代理人可以就公诉人讯问的犯罪事实补充发问;附带民事诉讼原告人及其法定代理人、诉讼代理人可以就附带民事部分的事实向被告人发问;被告人的法定代理人、辩护人,附带民事诉讼被告人及其法定代理人、诉讼代理人可以在控诉方、附带民事诉讼原告方就某一问题讯问、发问完毕后向被告人发问。

根据案件情况,就证据问题对被告人的讯问、发问可以在举证、质证环节进行。

第二百四十三条 讯问同案审理的被告人,应当分别进行。

第二百四十四条 经审判长准许,控辩双方可以向被害人、附带民事诉讼原告人发问。

第二百四十五条 必要时,审判人员可以讯问被告人,也可以向被害人、附带民事诉讼当事人发问。

《人民检察院刑事诉讼规则》(高检发释字〔2019〕4号,自2019年12月30日起施行)

第十一章 出席法庭
第一节 出席第一审法庭

---

① 需要注意的问题有二:(1)本条第三款规定"根据案件情况,就证据问题对被告人的讯问、发问可以在举证、质证环节进行",主要考虑:《人民法院办理刑事案件第一审普通程序法庭调查规程(试行)》第七条第二款规定:"在审判长主持下,公诉人可以就起诉书指控的犯罪事实讯问被告人,为防止庭审过分迟延,就证据问题向被告人的讯问可在举证、质证环节进行……"经研究认为,这一规定具有合理性。在证据较多、案情较为复杂的案件中,公诉人在讯问环节涉及大量与证据有关的细节问题,会影响庭审节奏,且公诉人讯问与相关证据之间的关联性也难以体现,其讯问的针对性不强,故吸收《人民法院办理刑事案件第一审普通程序法庭调查规程(试行)》的相关规定。同时,考虑到不仅公诉人的讯问涉及这一问题,其他诉讼参与人的发问也如此。故单列为第三款,作出统一规定。(2)征求意见过程中,有意见提出,对于限制行为能力的成年人参加庭审时,应当参照未成年人的规定,要求法定代理人或者合适成年人到场。经研究认为,对于上述问题《刑事诉讼法》未作明确规定,但基于权利保障的考虑,人民法院在具体案件中可以裁量处理。——本评注注

第四百零二条 讯问被告人、询问证人不得采取可能影响陈述或者证言客观真实的诱导性发问以及其他不当发问方式。

辩护人向被告人或者证人进行诱导性发问以及其他不当发问可能影响陈述或者证言的客观真实的，公诉人可以要求审判长制止或者要求对该项陈述或者证言不予采纳。

讯问共同犯罪案件的被告人、询问证人应当个别进行。

被告人、证人、被害人对同一事实的陈述存在矛盾的，公诉人可以建议法庭传唤有关被告人、通知有关证人同时到庭对质，必要时可以建议法庭询问被害人。

第四百零三条 被告人在庭审中的陈述与在侦查、审查起诉中的供述一致或者不一致的内容不影响定罪量刑的，可以不宣读被告人供述笔录。

被告人在庭审中的陈述与在侦查、审查起诉中的供述不一致，足以影响定罪量刑的，可以宣读被告人供述笔录，并针对笔录中被告人的供述内容对被告人进行讯问，或者提出其他证据进行证明。

◆ 其他规范

《人民法院办理刑事案件第一审普通程序法庭调查规程(试行)》(法发〔2017〕31号)第六条至第十一条对讯问被告人等有关问题作了规定。(→参见第三编"审判"标题下所附"其他规范"，第1271—1272页)

第一百九十二条 【证人、鉴定人出庭】公诉人、当事人或者辩护人、诉讼代理人对证人证言有异议，且该证人证言对案件定罪量刑有重大影响，人民法院认为证人有必要出庭作证的，证人应当出庭作证。

人民警察就其执行职务时目击的犯罪情况作为证人出庭作证，适用前款规定。

公诉人、当事人或者辩护人、诉讼代理人对鉴定意见有异议，人民法院认为鉴定人有必要出庭的，鉴定人应当出庭作证。经人民法院通知，鉴定人拒不出庭作证的，鉴定意见不得作为定案的根据。

◆ 立法沿革

本条系2012年《刑事诉讼法修改决定》增加的规定，2018年修改《刑事诉讼法》时未作调整。

"六部委"规定

《最高人民法院、最高人民检察院、公安部、国家安全部、司法部、全国人大常委会法制工作委员会关于实施刑事诉讼法若干问题的规定》(自2013年1月1日起施行,节录)

八、审判

28.人民法院依法通知证人、鉴定人出庭作证的,应当同时将证人、鉴定人出庭通知书送交控辩双方,控辩双方应当予以配合。

29.刑事诉讼法第一百八十七条第三款①规定:"公诉人、当事人或者辩护人、诉讼代理人对鉴定意见有异议,人民法院认为鉴定人有必要出庭的,鉴定人应当出庭作证。经人民法院通知,鉴定人拒不出庭作证的,鉴定意见不得作为定案的根据。"根据上述规定,依法应当出庭的鉴定人经人民法院通知未出庭作证的,鉴定意见不得作为定案的根据。鉴定人由于不能抗拒的原因或者有其他正当理由无法出庭的,人民法院可以根据案件审理情况决定延期审理。

基本规范

《最高人民法院关于适用〈中华人民共和国刑事诉讼法〉的解释》(法释〔2021〕1号,自2021年3月1日起施行)

第九章 公诉案件第一审普通程序

第三节 宣布开庭与法庭调查

第二百四十六条 公诉人可以提请法庭通知证人、鉴定人、有专门知识的人、调查人员、侦查人员或者其他人员出庭,或者出示证据。被害人及其法定代理人、诉讼代理人,附带民事诉讼原告人及其诉讼代理人也可以提出申请。

在控诉方举证后,被告人及其法定代理人、辩护人可以提请法庭通知证人、鉴定人、有专门知识的人、调查人员、侦查人员或者其他人员出庭,或者出示证据。

第二百四十九条 公诉人、当事人或者辩护人、诉讼代理人对证人证言有异议,且该证人证言对定罪量刑有重大影响,或者对鉴定意见有异议,人民法院认为证人、鉴定人有必要出庭作证的,应当通知证人、鉴定人出庭。

控辩双方对侦破经过、证据来源、证据真实性或者合法性等有异议,申请调查人员、侦查人员或者有关人员出庭,人民法院认为有必要的,应当通知调查人

---

① 现行《刑事诉讼法》第一百九十二条第三款。——本评注注

员、侦查人员或者有关人员出庭。

第二百五十条 公诉人、当事人及其辩护人、诉讼代理人申请法庭通知有专门知识的人出庭,就鉴定意见提出意见的,应当说明理由。法庭认为有必要的,应当通知有专门知识的人出庭。

申请有专门知识的人出庭,不得超过二人。有多种类鉴定意见的,可以相应增加人数。

第二百五十一条 为查明案件事实、调查核实证据,人民法院可以依职权通知证人、鉴定人、有专门知识的人、调查人员、侦查人员或者其他人员出庭。

第二百五十二条 人民法院通知有关人员出庭的,可以要求控辩双方予以协助。①

第二百五十三条 证人具有下列情形之一,无法出庭作证的,人民法院可以准许其不出庭:

(一)庭审期间身患严重疾病或者行动极为不便的;
(二)居所远离开庭地点且交通极为不便的;
(三)身处国外短期无法回国的;
(四)有其他客观原因,确实无法出庭的。

具有前款规定情形的,可以通过视频等方式作证。

第二百五十四条 证人出庭作证所支出的交通、住宿、就餐等费用,人民法院应当给予补助。

第二百五十六条 证人、鉴定人、被害人因出庭作证,本人或者其近亲属的人身安全面临危险的,人民法院应当采取不公开其真实姓名、住址和工作单位等个人信息,或者不暴露其外貌、真实声音等保护措施。辩护律师经法庭许可,查阅对证人、鉴定人、被害人使用化名情况的,应当签署保密承诺书。

审判期间,证人、鉴定人、被害人提出保护请求的,人民法院应当立即审查;认为确有保护必要的,应当及时决定采取相应保护措施。必要时,可以商请公安机关协助。

---

① 审判实践中,人民法院应当协调控辩双方共同做好通知证人、鉴定人出庭的有关工作,确保落实法律规定。对控辩双方申请证人、鉴定人出庭作证的,应当要求其提供证人、鉴定人的住址、电话、通讯方式等准确信息,确保能够联系到证人、鉴定人;同时,应当加强与控辩双方的沟通,积极争取控辩双方的支持、配合。此外,司法实践中,应尽可能在庭前协调控辩双方就应当出庭证人、鉴定人问题达成一致,尽量避免庭审过程中控辩双方申请通知新的证人到庭作证,导致庭审被迫中断。——**本评注注**

第二百五十七条 决定对出庭作证的证人、鉴定人、被害人采取不公开个人信息的保护措施的,审判人员应当在开庭前核实其身份,对证人、鉴定人如实作证的保证书不得公开,在判决书、裁定书等法律文书中可以使用化名等代替其个人信息。

另,第九十一条、第九十九条对证人、鉴定人拒绝出庭作证的处理作了规定。(→参见第五十五条后"相关规范集成·证据分类收集提取与审查判断"所附"基本规范",第387、392页)

《人民检察院刑事诉讼规则》(高检发释字〔2019〕4号,自2019年12月30日起施行)

第十一章 出席法庭

第一节 出席第一审法庭

第四百零四条 公诉人对证人证言有异议,且该证人证言对案件定罪量刑有重大影响的,可以申请人民法院通知证人出庭作证。

人民警察就其执行职务时目击的犯罪情况作为证人出庭作证,适用前款规定。

公诉人对鉴定意见有异议的,可以申请人民法院通知鉴定人出庭作证。经人民法院通知,鉴定人拒不出庭作证的,公诉人可以建议法庭不予采纳该鉴定意见作为定案的根据,也可以申请法庭重新通知鉴定人出庭作证或者申请重新鉴定。

必要时,公诉人可以申请法庭通知有专门知识的人出庭,就鉴定人作出的鉴定意见提出意见。

当事人或者辩护人、诉讼代理人对证人证言、鉴定意见有异议的,公诉人认为必要时,可以申请人民法院通知证人、鉴定人出庭作证。

第四百零五条第一款、第二款 证人应当由人民法院通知并负责安排出庭作证。

对于经人民法院通知而未到庭的证人或者出庭后拒绝作证的证人的证言笔录,公诉人应当当庭宣读。

《公安机关办理刑事案件程序规定》(公安部令第159号修正,修正后自2020年9月1日起施行)

第五章 证据

第七十二条第二款 经人民法院通知,人民警察应当就其执行职务时目击的犯罪情况出庭作证。

《海警机构办理刑事案件程序规定》(中国海警局令第1号,自2023年6月15日起施行)

第五章 证 据

第六十三条第一款 经人民法院通知,侦查人员或者其他人员应当就其执行职务时目击的犯罪情况出庭作证。

其他规范

《最高人民法院关于建立健全防范刑事冤假错案工作机制的意见》(法发〔2013〕11号)第十三条对证人拒绝出庭作证排除证言的有关问题作了规定。(→参见第二条所附"其他规范",第10页)

《最高人民法院、最高人民检察院、公安部、国家安全部、司法部关于推进以审判为中心的刑事诉讼制度改革的意见》(法发〔2016〕18号)第十二条要求完善对证人、鉴定人的法庭质证规则和健全证人保护工作机制。(→参见第三编"审判"标题下所附"其他规范",第1254页)

《人民法院办理刑事案件第一审普通程序法庭调查规程(试行)》(法发〔2017〕31号)第十二条至第十四条、第十六条、第十七条对证人、鉴定人、有专门知识的人出庭的有关问题作了规定。(→参见第三编"审判"标题下所附"其他规范",第1272—1273页)

《司法部关于进一步规范和完善司法鉴定人出庭作证活动的指导意见》(司规〔2020〕2号)

各省、自治区、直辖市司法厅(局),新疆生产建设兵团司法局:

为了规范和指导司法行政机关登记管理的司法鉴定人出庭作证活动,保障诉讼活动的顺利进行,根据《全国人民代表大会常务委员会关于司法鉴定管理问题的决定》和有关法律、法规的规定,制定本指导意见。

一、本指导意见所称的司法鉴定人出庭作证是指经司法行政机关审核登记,取得《司法鉴定人执业证》的司法鉴定人经人民法院依法通知,在法庭上对自己作出的鉴定意见,从鉴定依据、鉴定步骤、鉴定方法、可靠程度等方面进行解释和说明,并在法庭上当面回答质询和提问的行为。

二、人民法院出庭通知已指定出庭作证鉴定人的,要由被指定的鉴定人出庭作证;未指定出庭作证的鉴定人时,由鉴定机构指定一名或多名在司法鉴定意见书上签名的鉴定人出庭作证。

司法鉴定机构要为鉴定人出庭提供必要条件。

三、人民法院通知鉴定人到庭作证后,有下列情形之一的,鉴定人可以向人民法院提出不到庭书面申请:
(一)未按照法定时限通知到庭的;
(二)因健康原因不能到庭的;
(三)路途特别遥远,交通不便难以到庭的;
(四)因自然灾害等不可抗力不能到庭的;
(五)有其他正当理由不能到庭的。
经人民法院同意,未到庭的鉴定人可以提交书面答复或者说明,或者使用视频传输等技术作证。
四、鉴定人出庭前,要做好如下准备工作:
(一)了解、查阅与鉴定事项有关的情况和资料;
(二)了解出庭的相关信息和质证的争议焦点;
(三)准备需要携带的有助于说明鉴定的辅助器材和设备;
(四)其他需要准备的工作。
五、鉴定人出庭要做到:
(一)遵守法律、法规,恪守职业道德,实事求是,尊重科学,尊重事实;
(二)按时出庭,举止文明,遵守法庭纪律;
(三)配合法庭质证,如实回答与鉴定有关的问题;
(四)妥善保管出庭所需的鉴定材料、样本和鉴定档案资料;
(五)所回答问题涉及执业活动中知悉的国家秘密、商业秘密和个人隐私的,应当向人民法院阐明;经人民法院许可的,应当如实回答;
(六)依法应当做到的其他事项。
六、鉴定人到庭作证时,要按照人民法院的要求,携带本人身份证件、司法鉴定人执业证和人民法院出庭通知等材料,并在法庭指定的鉴定人席就座。
七、在出庭过程中,鉴定人遇有下列情形的,可以及时向人民法院提出请求:
(一)认为本人或者其近亲属的人身安全面临危险,需要请求保护的;
(二)受到诉讼参与人或者其他人以言语或者行为进行侮辱、诽谤,需要予以制止的。
八、鉴定人出庭作证时,要如实回答涉及下列内容的问题:
(一)与本人及其所执业鉴定机构执业资格和执业范围有关的问题;
(二)与鉴定活动及其鉴定意见有关的问题;
(三)其他依法应当回答的问题。
九、法庭质证中,鉴定人无法当庭回答质询或者提问的,经法庭同意,可以在庭后提交书面意见。

十、鉴定人退庭后,要对法庭笔录中鉴定意见的质证内容进行确认。

经确认无误的,应当签名;发现记录有差错的,可以要求补充或者改正。

十一、出庭结束后,鉴定机构要将鉴定人出庭作证相关材料归档。

十二、司法行政机关要监督、指导鉴定人依法履行出庭作证义务,定期或者不定期了解掌握鉴定人履行出庭作证义务情况。

十三、司法行政机关要健全完善与人民法院的衔接机制,加强鉴定人出庭作证信息共享,及时研究解决鉴定人出庭作证中的相关问题,保障鉴定人依法履行出庭作证义务。

十四、司法行政机关接到人民法院有关鉴定人无正当理由拒不出庭的通报、司法建议,或公民、法人和其他组织有关投诉、举报的,要依法进行调查处理。

在调查中发现鉴定人存在经人民法院依法通知,拒绝出庭作证情形的,要依法给予其停止从事司法鉴定业务三个月以上一年以下的处罚;情节严重的,撤销登记。

十五、司法鉴定行业协会要根据本指导意见,制定鉴定人出庭作证的行业规范,加强鉴定人出庭作证行业自律管理。

十六、本指导意见自公布之日起实施。

《人民法院在线诉讼规则》(法释〔2021〕12号)**第二十六条、第三十七条**对证人、鉴定人等出庭的有关问题作了规定。(→参见"附则"后"相关规范集成·在线诉讼"所附"其他规范",第2129、2131页)

司法疑难解析

1. 证人出庭作证的范围。对重要证人规定出庭作证义务契合我国刑事司法实际,符合国际刑事诉讼立法潮流。一方面,证人出庭作证,是保证刑事审判顺利进行,查明案件事实情况的必然要求,因此,赋予证人出庭作证义务是必然选择。另一方面,没有必要,也不能要求所有的证人都出庭作证,这既不利于证人正常的工作、生活,对于我国当下的司法资源也是巨大的挑战。因此,解决证人出庭问题的根本出路,在于采取有效措施,对案件分流,切实减少需要证人出庭的案件数量进而减少证人出庭的数量。① 结论是,应当也只能要求部分证人承担出庭作证的义务。《刑事诉讼法》第六十二条第一款规定:"凡是知道案件情况的人,都有作证的义务。"第一百九十二条第一款规定:"公诉人、当事人或者辩护人、诉讼代理人对证人证言有异议,且该证人证言对案件定罪量刑有重大影

---

① 参见胡云腾:《证人出庭作证难及其解决思路》,载《环球法律评论》2006年第5期。

响,人民法院认为证人有必要出庭作证的,证人应当出庭作证。"第二款规定:"人民警察就其执行职务时目击的犯罪情况作为证人出庭作证,适用前款规定。"可见,《刑事诉讼法》在规定了证人作证义务的同时,进一步强调了重要证人的出庭作证义务。① 符合以下三个条件,证人必须出庭作证②:(1)公诉人、当事人或者辩护人、诉讼代理人对证人证言有异议。如果公诉人、当事人或者辩护人、诉讼代理人对在庭外所收集的书面证人证言未明确表示异议,则没有必要耗费司法资源,要求证人出庭作证。这里的异议,既可以是对证言的实体性异议,如证人系不能辨别是非、不能正确表达的人,证人的陈述与事实不符,也可以是程序性异议,如证人证言系采用暴力、威胁等非法方法收集的。关于异议的时间,为了保障审判集中和诉讼效率,宜在开庭前的庭前会议时或者之前提出,以在确定出庭人名单时一并考虑。当然,公诉人、当事人或者辩护人、诉讼代理人在此后发现证人证言的瑕疵的,也可以随时向法庭提出。关于对证人证言的异议,既可以以书面方式提出,也可以以口头方式提出,但必须是明示的方式。(2)该证人证言对案件定罪量刑有重大影响。从宽泛的意义上讲,所有的证人证言都会影响对案件事实的认定,最终都会对被告人的定罪量刑产生影响。然而,立法在这里显然是为了适当限制应当出庭作证的证人的范围,而使用了"对定罪量刑有重大影响"这一用语,故而,司法适用中要根据立法精神合理把握其范围。从司法实践来看,刑事案件涉及的证人证言较多,有时候多达数十份,有的对定罪量刑有重大影响,有的则与定罪量刑关系不大。只有对案件定罪量刑有重大影响的证人证言,才应当让证人出庭作证,以确保司法公正。结合司法实践的具体情形,**本评注认为**,涉及以下事实的证人证言应当被认为对定罪量刑有重大影响:被指控的犯罪事实的发生;被告人实施了犯罪行为与被告人实施犯罪行为的时间、地点、手段、后果以及其他情节;影响被告人定罪的身份情况;

---

① 对《刑事诉讼法》坚持体系解释的观点,应当认为第六十二条所规定的证人作证的义务包括出庭作证的义务,而第一百九十二条的规定则进一步强调和明示了证人的出庭作证义务。——**本评注注**
② 有意见认为,控辩双方对证人证言有异议、证人证言对案件定罪量刑有重大影响和人民法院认为证人有必要出庭作证系三个并列的条件,只有同时符合这三个条件,证人才应当出庭作证。有意见则认为,应当将控辩双方对证人证言有异议、证人证言对案件定罪量刑有重大影响和人民法院认为证人有必要出庭作证三个条件之间的关系理解为递进关系,即只要控辩双方对证人证言有异议、证人证言对案件定罪量刑有重大影响,人民法院则应当确认证人有必要出庭作证,即人民法院认为证人有必要出庭作证并非独立的要件。**本评注认为**,前一种观点更契合立法精神,但后一种观点应当是未来发展方向。

被告人有刑事责任能力；被告人的罪过；是否共同犯罪及被告人在共同犯罪中的地位、作用；对被告人从重处罚的事实；其他影响定罪量刑的重要事实，包括涉及非法证据排除的事实。(3)人民法院认为证人有必要出庭作证。在2012年《刑事诉讼法》修改过程中，对于是否有必要增加这一条件，存在不同看法：有意见认为，符合前两个条件，证人就应当出庭，人民法院没有任何理由不让证人出庭，没有必要加上"人民法院认为证人有必要出庭"的条件；也有意见认为，法庭审理过程中，控辩双方对于哪些证人证言对案件定罪量刑有重要影响，往往存在不同认识，这种情况下应当由法官加以判断，故有必要加上"人民法院认为证人有必要出庭"的条件。《刑事诉讼法》最终采纳了后一种意见，赋予了人民法院对于应当出庭证人的最终审查权，审查标准是"有必要出庭作证"。如果某些证人证言虽然对案件定罪量刑有重大影响，并且公诉人、当事人或者辩护人、诉讼代理人也提出了异议，但是人民法院认为通过其他证据足以对该证人证言进行查证的，则该证人可以不出庭作证。

根据《刑事诉讼法》的规定，《刑诉法解释》第二百四十九条第一款规定，"公诉人、当事人或者辩护人、诉讼代理人对证人证言有异议，且该证人证言对定罪量刑有重大影响"，人民法院认为证人有必要出庭作证的，应当通知证人出庭。

2. 鉴定人出庭作证的范围。《刑事诉讼法》第一百九十二条第三款规定："公诉人、当事人或者辩护人、诉讼代理人对鉴定意见有异议，人民法院认为鉴定人有必要出庭的，鉴定人应当出庭作证……"与证人出庭作证条件不同，应当出庭作证的鉴定人的范围要广于应当出庭作证的证人的范围。根据《刑事诉讼法》第一百九十二条第一款的规定，在证人证言对案件定罪量刑有重要影响，且公诉人、当事人或者辩护人、诉讼代理人提出异议，人民法院认为证人有必要出庭的，证人应当出庭作证。而对于鉴定人的出庭作证，不要求判断鉴定意见是否对案件定罪量刑有重大影响，只要公诉人、当事人或者辩护人、诉讼代理人对鉴定意见有异议，人民法院认为鉴定人有必要出庭的，即应当通知鉴定人出庭作证。法律之所以对鉴定人出庭的条件作出有别于证人出庭的规定，一方面，是因为鉴定意见对案件的定罪量刑基本都有重大影响，有的甚至是定案的关键；另一方面，则是为了尽量通过庭审质证解决鉴定意见可能存在的疑问，避免当前普遍存在的重复鉴定进而严重影响案情认定和裁判效果的现象。

3. 鉴定人拒不出庭作证的处理。鉴定人往往向法庭提供书面意见，而不出庭就鉴定意见接受控辩双方的询问，是我国刑事诉讼法庭审理中的突出问题之一。鉴此，《刑事诉讼法》第一百九十二条第三款规定："……经人民法院通知，鉴定人拒不出庭作证的，鉴定意见不得作为定案的根据。"据此，经人民法院通知,鉴定人拒不出庭作证的,鉴定意见不得作为定案的根据。这意味着,经人民法院通知,无论鉴定人不出庭的理由是否正当,也不论是否基于不能抗拒的原因,该鉴定意见在鉴定人未出庭的情况下都不得作为定案的根据。基于此,《刑诉法解释》第九十九条规定:"经人民法院通知,鉴定人拒不出庭作证的,鉴定意见不得作为定案的根据。""鉴定人由于不能抗拒的原因或者有其他正当理由无法出庭的,人民法院可以根据情况决定延期审理或者重新鉴定。""鉴定人无正当理由拒不出庭作证的,人民法院应当通报司法行政机关或者有关部门。"

"六部委"规定第二十九条规定:"依法应当出庭的鉴定人经人民法院通知未出庭作证的,鉴定意见不得作为定案的根据。鉴定人由于不能抗拒的原因或者有其他正当理由无法出庭的,人民法院可以根据案件审理情况决定延期审理。"需要指出的是,对于鉴定人有正当理由无法出庭的,人民法院可以决定延期审理,也可以决定不延期审理,由人民法院根据案件具体情况把握。《刑诉法解释》第九十九条根据审判实践的具体情况,进一步规范了此种情形下的处理,规定人民法院可以根据情况决定延期审理或者重新鉴定。例如,鉴定人在庭审期间身患严重疾病或者行动极为不便,而鉴定人应当出庭作证的,人民法院根据案件具体情况,可以决定案件延期审理,待鉴定人痊愈后再开庭审理,也可以将该鉴定意见排除,进行重新鉴定。需要注意的是,对于经人民法院通知,鉴定人没有正当理由不出庭作证的,不得适用强制到庭措施。鉴定人在刑事诉讼中的地位不同于证人。证人具有不可替代性和不可指定性,而鉴定人是可以指定和替代的。故对鉴定人拒不出庭的,由其他鉴定人进行鉴定、提出新的鉴定意见即可,没有必要强制鉴定人到庭作证。

根据《刑诉法解释》第九十九条第三款的规定,对没有正当理由拒不出庭作证的鉴定人,人民法院应当通报司法行政机关或者有关部门。对此需要注意以下三个问题:(1)该款适用的是没有正当理由拒不出庭作证的鉴定人,对于鉴定人由于不能抗拒的原因或者其他正当理由无法出庭的,不属于应当通报的情形。(2)根据《最高人民法院、最高人民检察院、公安部、国家安全部、司法部关于做好司法鉴定机构和司法鉴定人备案登记工作的通知》(司发通〔2008〕165号)的规定,司法行政部门仅对经检察机关、公安机关、国家安全机关审查合格的所属鉴定机构和鉴定人进行备案登记,对其无管理职能。因此,对于检察机关、公安机关、国家安全机关所属鉴定机构的鉴定人没有正当理由拒不出庭的,人民法院应当通报相应检察机关、公安机关、国家安全机关;对于其他司法鉴定人没有正当理由拒不出庭的,人民法院应当通知司法行政机关。(3)对于没有正当理由拒不出庭作证的鉴定人,司法行政部门或者有关部门可以依照《司法鉴定管理决定》或者其他规定给予相应处罚。例如,根据《司法鉴定管理决定》第十三条的规定,经人民法院通知,鉴定人拒不出庭作证的,可以给予停止从事司法鉴定业务三个月以上一年以下的处罚;情节严重的,撤销登记。

4. 法庭依职权通知出庭。即使控辩双方对证人证言未提出异议,人民法院认为该证人证言存在疑问的,也可以依职权通知证人出庭作证。主要考虑:(1)对《刑事诉讼法》坚持体系解释的观点,应当认为第六十二条所规定的证人作证的义务包括出庭作证的义务,而第一百九十二条的规定则是进一步强调和明示了证人的出庭作证义务。因此,《刑事诉讼法》第一百九十二条所确立的只是证人应当出庭作证的最低标准,即在此种情况下赋予了公诉人、当事人或者辩护人、诉讼代理人申请人民法院通知特定证人出庭作证的权利,但并不排斥人民法院在其他情形下依职权通知证人出庭作证。(2)作为案件事实认定的主体,作为引导审判程序进行的主持者,应当赋予其依职权认定证人应当出庭作证,并通知该证人出庭的权力。这对于保证庭审质量和案件审理质量,具有重要意义。因此,对于公诉人、当事人或者辩护人、诉讼代理人未提出异议的证人证言,人民法院认为该证人证言对定罪量刑有重大影响,证人有必要出庭的,可以通知证人出庭,证人应当出庭作证。基于同样的考虑,对于某些鉴定意见,即使公诉人、当事人或者辩护人、诉讼代理人未提出异议的,人民法院也可以依职权通知鉴定人出庭作证。基于上述考虑,《刑诉法解释》第二百五十一条规定:"为查明案件事实、调查核实证据,人民法院可以依职权通知证人、鉴定人、有专门知识的人、调查人员、侦查人员或者其他人员出庭。"

第一百九十三条 【要求证人到庭】经人民法院通知,证人没有正当理由不出庭作证的,人民法院可以强制其到庭,但是被告人的配偶、父母、子女除外。

证人没有正当理由拒绝出庭或者出庭后拒绝作证的,予以训诫,情节严重的,经院长批准,处以十日以下的拘留。被处罚人对拘留决定不服的,可以向上一级人民法院申请复议。复议期间不停止执行。

立法沿革

本条系2012年《刑事诉讼法修改决定》增加的规定,2018年修改《刑事诉讼法》时未作调整。

基本规范

《最高人民法院关于适用〈中华人民共和国刑事诉讼法〉的解释》(法释〔2021〕1号,自2021年3月1日起施行)

第九章　公诉案件第一审普通程序
第三节　宣布开庭与法庭调查
第二百五十五条　强制证人出庭的,应当由院长签发强制证人出庭令,由法警执行。必要时,可以商请公安机关协助。

《人民检察院刑事诉讼规则》(高检发释字〔2019〕4号,自2019年12月30日起施行)

第十一章　出席法庭
第一节　出席第一审法庭
第四百零五条第三款　对于经人民法院通知而未到庭的证人的证言笔录存在疑问,确实需要证人出庭作证,且可以强制其到庭的,公诉人应当建议人民法院强制证人到庭作证和接受质证。

其他规范

《人民法院办理刑事案件第一审普通程序法庭调查规程(试行)》(法发〔2017〕31号)第十五条对强制证人出庭的有关问题作了规定。(→参见第三编"审判"标题下所附"其他规范",第1273页)

司法疑难解析

1. **准确把握强制证人出庭的条件**。具体而言:其一,证人经人民法院通知出庭作证。人民法院不得对未经通知出庭作证的证人直接适用强制到庭措施。其二,证人没有正当理由不出庭作证。证人具有《刑诉法解释》第二百五十三条规定的情形,确实无法出庭的,经人民法院准许,可以不出庭作证。其三,证人并非被告人的配偶、父母、子女。考虑到强制配偶、父母、子女在法庭上对被告人进行指证,不利于家庭关系的维系,故《刑事诉讼法》赋予了被告人的配偶、父母、子女出庭作证的豁免权,对于这些证人不得使用强制到庭措施。

2. **慎用强制证人出庭措施**。对证人因种种原因逃避出庭的,应尽量通过说服教育解决问题,动用强制到庭措施必须非常审慎。《2012年刑诉法解释》起草过程中,曾经规定"证人经两次通知,无正当理由拒不出庭的",才可以强制到庭。考虑到刑事案件的开庭比较复杂,一律规定这一要件,不便于法院实务操作,故删除这一限制条件,但并不意味着对强制证人出庭的随意适用,而是仍然应当慎重,毕竟强制的目的是威慑。

3. 强制的具体方法。对于应当强制到庭的证人,具体应当适用何种措施强制其到庭,《刑事诉讼法》第一百九十三条第一款未作明确规定。有意见主张将证人拘传到庭,由合议庭签发拘传票,强制其到庭作证。但拘传本是针对犯罪嫌疑人、被告人适用的强制措施,适用于证人并不适宜。还有意见认为,《刑事诉讼法》规定人民法院强制证人到庭,并非要求人民法院自己执行,而应当签发强制证人出庭令,由控辩双方将证人通知到庭。经研究认为,强制证人到庭不是控辩双方的事情,而是法庭的职责,应当由人民法院签发强制证人出庭令。因此,《刑诉法解释》第二百五十五条规定:"强制证人出庭的,应当由院长签发强制证人出庭令,由法警执行。必要时,可以商请公安机关协助。"

4. 地方人民法院对军人身份的证人、军事法院对地方证人强制出庭的处理。在《2012年刑诉法解释》征求意见过程中,有意见提出,在军地属人管辖背景下,有必要明确地方法院对军人身份的证人、军事法院对地方证人依法如何强制出庭。对此有两种意见:一种意见认为,可以建立军地法院强制证人出庭委托执行机制,在该条中增加一款规定:"地方人民法院对军人身份的证人强制出庭的,应当委托其所在单位的案件管辖军事法院执行;军事法院对地方证人强制出庭的,应当委托地方证人的人民法院执行。"另一种意见认为,强制证人出庭涉及人身强制,不能委托执行,可以建立军地法院强制出庭协助制度,在该条中增加一款规定:"地方人民法院对军人身份的证人强制出庭的,应当请求其所在单位的案件管辖军事法院协助执行;军事法院对地方证人强制出庭的,应请求其居住地的人民法院协助执行。受请求法院应予协助。"经研究认为,所反映的问题在司法实践中确实存在,但可以由司法实践根据具体情况处理,不必作出统一规定。从当前的司法实际出发,地方人民法院对军人身份的证人强制出庭的,宜委托其所在单位的案件管辖军事法院执行。军事法院对地方证人强制出庭的,宜委托地方证人居住地的人民法院执行。

5. 被告人的配偶、父母、子女仍有庭外作证义务。被告人的配偶、父母、子女虽然不能被强制出庭作证,但其仍然有庭外作证的义务。因此,不能将此解读为我国确立了被告人配偶、父母、子女的免证权。

6. 强制出庭的适用范围。强制出庭只适用于证人,不能强制被害人、鉴定人等出庭作证。

7. 对拒绝出庭或者出庭后拒绝作证的证人的惩戒措施。《刑事诉讼法》第一百九十三条第二款规定:"证人没有正当理由拒绝出庭或者出庭后拒绝作证的,予以训诫,情节严重的,经院长批准,处以十日以下的拘留。被处罚人对拘留决定不服的,可以向上一级人民法院申请复议。复议期间不停止执行。"何谓"情节严重",立法未作详细规定。从实践情况来看,一般是指:经训诫后仍然拒绝出庭作证的;因拒绝出庭或者出庭后拒绝作证严重影响审判的顺利进行,或者导致被告人当庭翻供影响案件事实的认定,等等,实践中可以结合个案具体情况予以认定。需要注意的是,证人被训诫、拘留后,并不意味着其出庭义务已被免除。对于依法应当出庭的关键证人,法院仍可通知其出庭作证。

第一百九十四条　【证人、鉴定人参与庭审的程序】证人作证,审判人员应当告知他要如实地提供证言和有意作伪证或者隐匿罪证要负的法律责任。公诉人、当事人和辩护人、诉讼代理人经审判长许可,可以对证人、鉴定人发问。审判长认为发问的内容与案件无关的时候,应当制止。

审判人员可以询问证人、鉴定人。

立法沿革

1979年《刑事诉讼法》第一百一十五条规定:"审判人员、公诉人询问证人,应当告知他要如实地提供证言和有意作伪证或者隐匿罪证要负的法律责任。当事人和辩护人可以申请审判长对证人、鉴定人发问,或者请求审判长许可直接发问。审判长认为发问的内容与案件无关的时候,应当制止。"1996年《刑事诉讼法修改决定》调整为公诉人、当事人和辩护人、诉讼代理人经审判长许可,可以直接对证人、鉴定人发问;同时规定审判人员也可以询问证人、鉴定人。2012年、2018年修改《刑事诉讼法》时对本条规定未作调整。

基本规范

《最高人民法院关于适用〈中华人民共和国刑事诉讼法〉的解释》(法释〔2021〕1号,自2021年3月1日起施行)

第九章　公诉案件第一审普通程序

第三节　宣布开庭与法庭调查

第二百五十八条　证人出庭的,法庭应当核实其身份、与当事人以及本案的关系,并告知其有关权利义务和法律责任。证人应当保证向法庭如实提供证言,并在保证书上签名。

第二百五十九条① 证人出庭后,一般先向法庭陈述证言;其后,经审判长许可,由申请通知证人出庭的一方发问,发问完毕后,对方也可以发问。

法庭依职权通知证人出庭的,发问顺序由审判长根据案件情况确定。

第二百六十条 鉴定人、有专门知识的人、调查人员、侦查人员或者其他人员出庭的,参照适用前两条规定。②

第二百六十一条③ 向证人发问应当遵循以下规则:

(一)发问的内容应当与本案事实有关;

(二)不得以诱导方式发问;

(三)不得威胁证人;

(四)不得损害证人的人格尊严。

对被告人、被害人、附带民事诉讼当事人、鉴定人、有专门知识的人、调查人

---

① 需要注意的问题有二:(1)《法庭调查规程》第十九条第一款规定:"证人出庭后,先向法庭陈述证言,然后先由举证方发问;发问完毕后,对方也可以发问。根据案件审理需要,也可以先由申请方发问。"经研究认为,《2012年刑诉法解释》第二百一十二条关于向证人发问"应当先由提请通知的一方进行"的规定更符合实际,故本条第一款予以沿用。(2)《法庭调查规程》第十九条第三款规定:"法庭依职权通知证人出庭的情形,审判人员应当主导对证人的询问。"经研究认为,所谓"主导对证人的询问",实际上就是确定发问的顺序。基于此,故本条第二款规定:"法庭依职权通知证人出庭的,发问顺序由审判长根据案件情况确定。"——**本评注注**

② 《刑事诉讼法》规定有专门知识的人可以出庭就鉴定人作出的鉴定意见提出意见,实质上就是作为专家辅助人,帮助法庭对鉴定意见进行审查与认定,因此,有专门知识的人应当提供其专业背景等材料,便于法庭审查其是否有能力、有资格履行专家辅助人的职责。此外,有专门知识的人也应当负有客观陈述意见的义务。因此,法庭可以参照对证人作证的相关要求,要求有专门知识的人签署保证书,以增强其如实陈述意见的责任感。——**本评注注**

③ 本条第一款第二项规定,向证人发问,"不得以诱导方式发问"。征求意见过程中,有意见提出,对于本方证人是直接询问,目的是让证人用自己的嘴讲出真实的案情,而不能由没有亲历的询问者越俎代庖,因而不得以诱导方式发问。根据英美法交叉询问的惯例,"不得以诱导方式发问"的禁令应仅限于对本方证人的直接询问,而对对方证人的交叉询问,诱导性询问是质证的必要方法,不应有此限制。因此,应当区分主询问与交叉询问的差别作出规定,对主询问禁止诱导的方式,对交叉询问则不应当禁止。经研究认为,上述意见确有道理。但是,实践操作中,本方证人与他方证人如何区分,相关规定是否符合当前证人询问的实际情况,需要作进一步斟酌。稳妥起见,暂时维持现行规定,交由司法实践继续探索。——**本评注注**

员、侦查人员或者其他人员的讯问、发问,适用前款规定。

第二百六十二条 控辩双方的讯问、发问方式不当或者内容与本案无关的,对方可以提出异议,申请审判长制止,审判长应当查明情况予以支持或者驳回;对方未提出异议的,审判长也可以根据情况予以制止。

第二百六十三条 审判人员认为必要时,可以询问证人、鉴定人、有专门知识的人、调查人员、侦查人员或者其他人员。

第二百六十四条 向证人、调查人员、侦查人员发问应当分别进行。①

第二百六十五条 证人、鉴定人、有专门知识的人、调查人员、侦查人员或者其他人员不得旁听对本案的审理。有关人员作证或者发表意见后,审判长应当告知其退庭。②

第二百六十六条 审理涉及未成年人的刑事案件,询问未成年被害人、

---

① 《2012年刑诉法解释》第二百一十六条第一款规定:"向证人、鉴定人、有专门知识的人发问应当分别进行……"经向实践进一步了解,实践中,对证人的发问分别进行;但是,对鉴定人、有专门知识的人发问可能不会分别进行。基于此,本条规定:"向证人、调查人员、侦查人员发问应当分别进行。"——**本评注注**

② 需要注意的问题有二:(1)征求意见过程中,有意见建议将不得旁听对本案审理的"证人、鉴定人、有专门知识的人"限定为"准备出庭的证人、鉴定人、有专门知识的人"。理由是:由于庭审直播等司法公开措施的存在,无法避免证人、鉴定人、有专门知识的人通过庭审直播等形式旁听庭审,禁止所有的证人、鉴定人、有专门知识的人旁听庭审不具有可操作性。将不能旁听的范围限定为准备出庭的证人、鉴定人、有专门知识的人,既可以保障出庭作证证人的证言不受庭审的干扰,在司法实践中也具有可操作性。特别是,对于证人能否旁听庭审的问题,司法实践中情况比较复杂:①被害人亲属作证的,有的证言并不涉及犯罪事实,而仅以作过证不让旁听,可能会制造当事人亲属与法院的对立情绪;②非法集资类案件中,集资群众较多,一律不允许旁听不太妥当;③案件进入审判阶段后,证据基本已经公开化,庭审已经直播,禁止在现场旁听意义不大;④法庭审查旁听人员有无证人,属于额外增加义务,如果有证人旁听,法庭还可能承担相应责任。经研究认为,证人不得旁听庭审是三大诉讼的通行规则,而且《中华人民共和国人民法院法庭规则》第九条第三款明确规定"下列人员不得旁听:(一)证人、鉴定人以及准备出庭提出意见的有专门知识的人……"目前看来,在本解释作出例外规定,牵涉到与相关规则和通行诉讼法理的协调问题,似不适宜。(2)有意见提出,有的案件中已死亡的未成年被害人的父母曾经作过证人,但提出要求以法定代理人身份参加庭审,对这种身份冲突的情况如何处理,存在较大争议。建议明确对被害人的法定代理人作证人的,仍可以以法定代理人身份参加庭审。经研究认为,上述意见涉及诉讼参与人角色冲突问题,司法解释不宜作出明确规定,交由司法实践裁量处理更为适宜。——**本评注注**

证人,通知未成年被害人、证人出庭作证,适用本解释第二十二章的有关规定。

《人民检察院刑事诉讼规则》(高检发释字〔2019〕4号,自2019年12月30日起施行)

第十一章　出席法庭

第一节　出席第一审法庭

第四百零六条　证人在法庭上提供证言,公诉人应当按照审判长确定的顺序向证人发问。可以要求证人就其所了解的与案件有关的事实进行陈述,也可以直接发问。

证人不能连贯陈述的,公诉人可以直接发问。

向证人发问,应当针对证言中有遗漏、矛盾、模糊不清和有争议的内容,并着重围绕与定罪量刑紧密相关的事实进行。

发问采取一问一答形式,提问应当简洁、清楚。

证人进行虚假陈述的,应当通过发问澄清事实,必要时可以宣读在侦查、审查起诉阶段制作的该证人的证言笔录或者出示、宣读其他证据。

当事人和辩护人、诉讼代理人向证人发问后,公诉人可以根据证人回答的情况,经审判长许可,再次向证人发问。

询问鉴定人、有专门知识的人参照上述规定进行。

第四百零七条　必要时,公诉人可以建议法庭采取不暴露证人、鉴定人、被害人外貌、真实声音等出庭作证保护措施,或者建议法庭根据刑事诉讼法第一百五十四条的规定在庭外对证据进行核实。

■ 其他规范

《人民法院办理刑事案件第一审普通程序法庭调查规程(试行)》(法发〔2017〕31号)第十九条至第二十七条对向证人、被害人、鉴定人、侦查人员、有专门知识的人发问的有关问题作了规定。(→参见第三编"审判"标题下所附"其他规范",第1273—1275页)

《人民检察院公诉人出庭举证质证工作指引》(最高人民检察院,2018年7月3日)第三十一条至第三十四条对询问的有关问题作了规定。(→参见第一百八十九条所附"其他规范",第1371—1372页)

第一百九十五条 【法庭质证程序】公诉人、辩护人应当向法庭出示物证,让当事人辨认,对未到庭的证人的证言笔录、鉴定人的鉴定意见、勘验笔录和其他作为证据的文书,应当当庭宣读。审判人员应当听取公诉人、当事人和辩护人、诉讼代理人的意见。

立法沿革

1979年《刑事诉讼法》第一百一十六条规定:"审判人员应当向被告人出示物证,让他辨认;对未到庭的证人的证言笔录、鉴定人的鉴定结论、勘验笔录和其他作为证据的文书,应当当庭宣读,并且听取当事人和辩护人的意见。"1996年《刑事诉讼法修改决定》调整为公诉人、辩护人应当向法庭出示物证、宣读未到庭的证人的证言笔录等作为证据的文书,审判人员应当听取公诉人、辩护人等的意见。2012年《刑事诉讼法修改决定》将"鉴定结论"修改为"鉴定意见"。2018年修改《刑事诉讼法》时对本条规定未作调整。

"六部委"规定

《最高人民法院、最高人民检察院、公安部、国家安全部、司法部、全国人大常委会法制工作委员会关于实施刑事诉讼法若干问题的规定》(自2013年1月1日起施行,节录)

八、审判

26.人民法院开庭审理公诉案件时,出庭的检察人员和辩护人需要出示、宣读、播放已移交人民法院的证据的,可以申请法庭出示、宣读、播放。

基本规范

《最高人民法院关于适用〈中华人民共和国刑事诉讼法〉的解释》(法释〔2021〕1号,自2021年3月1日起施行)

第九章 公诉案件第一审普通程序
第三节 宣布开庭与法庭调查
第二百四十七条 控辩双方申请证人出庭作证,出示证据,应当说明证据的名称、来源和拟证明的事实。法庭认为有必要的,应当准许;对方提出异议,认为有关证据与案件无关或者明显重复、不必要,法庭经审查异议成立的,可以不予准许。

第二百四十八条① 已经移送人民法院的案卷和证据材料,控辩双方需要出示的,可以向法庭提出申请,法庭可以准许。案卷和证据材料应当在质证后当庭归还。

需要播放录音录像或者需要将证据材料交由法庭、公诉人或者诉讼参与人查看的,法庭可以指令值庭法警或者相关人员予以协助。

第二百六十七条 举证方当庭出示证据后,由对方发表质证意见。①

第二百六十八条 对可能影响定罪量刑的关键证据和控辩双方存在争议的证据,一般应当单独举证、质证,充分听取质证意见。②

---

① 需要注意的问题有二:(1)2012年《刑事诉讼法》修改,要求人民检察院在提起公诉时将所有案卷和证据材料移送人民法院,后有意见建议对人民检察院要求借阅案卷材料以备出庭支持公诉的问题作出规定。"六部委"规定对此问题作了慎重研究,认为人民检察院在将案件和证据材料移送人民法院之时,可以通过复印等方式为出庭支持公诉做好准备,而不能再向人民法院借阅案卷材料。当然,已经移送人民法院的证据,控辩双方需要出示的,可以向法庭提出申请。基于此,"六部委"规定第二十六条规定:"人民法院开庭审理公诉案件时,出庭的检察人员和辩护人需要出示、宣读、播放已移交人民法院的证据的,可以申请法庭出示、宣读、播放。"为保证已移送人民法院的案卷和证据材料的安全,同时兼顾当庭出示证据的现实需要,《刑诉法解释》第二百四十八条第一款规定:"已经移送人民法院的案卷和证据材料,控辩双方需要出示的,可以向法庭提出申请,法庭可以准许。案卷和证据材料应当在质证后当庭归还。"鉴此,实践中,控辩双方只能申请当庭借用。对于控辩双方提出取回已移送人民法院的案卷和证据材料的,法庭应当不予准许。(2)《刑诉法解释》第二百零四条规定"法庭同意的,应当指令值庭法警出示、播放;需要宣读的,由值庭法警交由申请人宣读"。从实践来看,该规定存在一定问题。一是,示证主体通常是控辩双方,而非法庭。值庭法警只是在播放录音录像等特定情形下提供协助。二是,协助出示证据的主体不限于值庭法警,还包括法官助理、书记员、法院技术人员等。基于此,《2021年刑诉法解释》第二百四十八条第二款规定:"需要播放录音录像或者需要将证据材料交由法庭、公诉人或者诉讼参与人查看的,法庭可以指令值庭法警或者相关人员予以协助。"——**本评注注**

① 《2012年刑诉法解释》第二百一十八条规定:"举证方当庭出示证据后,由对方进行辩认并发表意见。控辩双方可以互相质问、辩论。"实践中存在将"互相质问"理解为可以对公诉人进行质问的现象,且本节属于法庭调查阶段,尚未进入法庭辩论阶段,故本条删去了"控辩双方可以互相质问、辩论的规定"。——**本评注注**

② 该款在起草过程中原本拟规定"一般应当对每组证据单独举证、质证"。主要考虑:实践中,一般根据犯罪构成要件分组举证,同组证据之间相互印证、支撑,一般不会将一份所谓的关键证据单独出示,一份孤证如不与其他证据结合,很难进行充分(转下页)

对控辩双方无异议的非关键证据，举证方可以仅就证据的名称及拟证明的事实作出说明。

召开庭前会议的案件，举证、质证可以按照庭前会议确定的方式进行。

根据案件和庭审情况，法庭可以对控辩双方的举证、质证方式进行必要的指引。

第二百六十九条 审理过程中，法庭认为有必要的，可以传唤同案被告人、分案审理的共同犯罪或者关联犯罪案件的被告人等到庭对质。

第二百七十条 当庭出示的证据，尚未移送人民法院的，应当在质证后当庭移交。

《人民检察院刑事诉讼规则》（高检发释字〔2019〕4号，自2019年12月30日起施行）

第十一章 出席法庭
第一节 出席第一审法庭

第三百九十七条 人民检察院向人民法院移送全部案卷材料后，在法庭审理过程中，公诉人需要出示、宣读、播放有关证据的，可以申请法庭出示、宣读、播放。

人民检察院基于出庭准备和庭审举证工作的需要，可以取回有关案卷材料和证据。

取回案卷材料和证据后，辩护律师要求查阅案卷材料的，应当允许辩护律师在人民检察院查阅、摘抄、复制案卷材料。

第四百零八条 对于鉴定意见、勘验、检查、辨认、侦查实验等笔录和其他作为证据的文书以及经人民法院通知而未到庭的被害人的陈述笔录，公诉人应当当庭宣读。

第四百零九条 公诉人向法庭出示物证，一般应当出示原物，原物不易搬运、不易保存或者已返还被害人的，可以出示反映原物外形和特征的照片、录像、复制品，并向法庭说明情况及与原物的同一性。

公诉人向法庭出示书证，一般应当出示原件。获取书证原件确有困难的，可以出示书证副本或者复制件，并向法庭说明情况及与原件的同一性。

（接上页）质证。征求意见过程中，有意见提出，分组方法在实践中无统一标准，有的一组证据可能体量庞大，包括几十份、上百页内容。既然属于关键证据，就应该每份证据单独质证，才能充分查明事实。经研究，采纳上述意见，要求"一般应当单独举证、质证"。——**本评注注**

公诉人向法庭出示物证、书证,应当对该物证、书证所要证明的内容、获取情况作出说明,并向当事人、证人等问明物证的主要特征,让其辨认。对该物证、书证进行鉴定的,应当宣读鉴定意见。

■ 其他规范

《最高人民法院关于处理自首和立功若干具体问题的意见》(法发〔2010〕60号,节录)

六、关于立功线索的查证程序和具体认定

被告人在一、二审审理期间检举揭发他人犯罪行为或者提供侦破其他案件的重要线索,人民法院经审查认为该线索内容具体、指向明确的,应及时移交有关人民检察院或者公安机关依法处理。

侦查机关出具材料,表明在三个月内还不能查证并抓获被检举揭发的人,或者不能查实的,人民法院审理案件可不再等待查证结果。

被告人检举揭发他人犯罪行为或者提供侦破其他案件的重要线索经查证不属实,又重复提供同一线索,且没有提出新的证据材料的,可以不再查证。根据被告人检举揭发破获的他人犯罪案件,如果已有审判结果,应当依据判决确认的事实认定是否查证属实;如果被检举揭发的他人犯罪案件尚未进入审判程序,可以依据侦查机关提供的书面查证情况认定是否查证属实。检举揭发的线索经查确有犯罪发生,或者确定了犯罪嫌疑人,可能构成重大立功,只是未能将犯罪嫌疑人抓获归案的,对可能判处死刑的被告人一般要留有余地,对其他被告人原则上应酌情从轻处罚。

被告人检举揭发或者协助抓获的人的行为构成犯罪,但因法定事由不追究刑事责任、不起诉、终止审理的,不影响对被告人立功表现的认定;被告人检举揭发或者协助抓获的人的行为应判处无期徒刑以上刑罚,但因具有法定、酌定从宽情节,宣告刑为有期徒刑或者更轻刑罚的,不影响对被告人重大立功表现的认定。

七、关于自首、立功证据材料的审查

人民法院审查的自首证据材料,应当包括被告人投案经过、有罪供述以及能够证明其投案情况的其他材料。投案经过的内容一般应包括被告人投案时间、地点、方式等。证据材料应加盖接受被告人投案的单位的印章,并有接受人员签名。

人民法院审查的立功证据材料,一般应包括被告人检举揭发材料及证明其来源的材料、司法机关的调查核实材料、被检举揭发人的供述等。被检举揭发案件已立案、侦破,被检举揭发人被采取强制措施、公诉或者审判的,还应审查相关的法律文书。证据材料应加盖接收被告人检举揭发材料的单位的印章,并有接收人员签名。

人民法院经审查认为证明被告人自首、立功的材料不规范、不全面的,应当由检察机关、侦查机关予以完善或者提供补充材料。

上述证据材料在被告人被指控的犯罪一、二审审理时已形成的,应当经庭审质证。

《**最高人民法院、最高人民检察院、公安部关于办理刑事案件收集提取和审查判断电子数据若干问题的规定**》(法发〔2016〕22号)第二十一条对电子数据展示的有关问题作了规定。(→参见第五十五条后"相关规范集成·证据分类收集提取与审查判断"所附"其他规范",第418页)

《**人民法院办理刑事案件第一审普通程序法庭调查规程(试行)**》(法发〔2017〕31号)第二十八条至第三十五条对示证的有关问题作了规定。(→参见第三编"审判"标题下所附"其他规范",第1275—1276页)

《**人民检察院公诉人出庭举证质证工作指引**》(最高人民检察院,2018年7月3日)第三章"举证"(**第十四条至第三十九条**)、第四章"质证"(**第四十条至第七十五条**)对举证质证的有关问题作了规定。(→参见第一百八十九条所附"其他规范",第1368—1379页)

《**最高人民法院、最高人民检察院、公安部、国家安全部、司法部关于规范量刑程序若干问题的意见**》(法发〔2020〕38号)第十五条至第十八条对法庭调查的有关问题作了规定。(→参见第一百九十八条所附"其他规范",第1425—1426页)

《**人民检察院办理网络犯罪案件规定**》(高检发办字〔2021〕3号)第四十七条、第四十八条对法庭调查的有关问题作了规定。(→参见第二编"立案、侦查和提起公诉"标题下所附"其他规范",第781—782页)

第一百九十六条 【庭外调查核实证据】法庭审理过程中,合议庭对证据有疑问的,可以宣布休庭,对证据进行调查核实。

人民法院调查核实证据,可以进行勘验、检查、查封、扣押、鉴定和查询、冻结。

立法沿革

1979年《刑事诉讼法》第一百零九条规定:"人民法院在必要的时候,可以进行勘验、检查、搜查、扣押和鉴定。"1996年《刑事诉讼法修改决定》将上述规定移至本条第二款，规定："法庭审理过程中，合议庭对证据有疑问的，可以宣布休庭，对证据进行调查核实。""人民法院调查核实证据，可以进行勘验、检查、扣押、鉴定和查询、冻结。"2012年《刑事诉讼法修改决定》增加人民法院调查核实证据时可以使用"查封"措施。2018年修改《刑事诉讼法》时对本条规定未作调整。

"六部委"规定

《最高人民法院、最高人民检察院、公安部、国家安全部、司法部、全国人大常委会法制工作委员会关于实施刑事诉讼法若干问题的规定》（自2013年1月1日起施行，节录）

八、审判

27.①刑事诉讼法第三十九条规定："辩护人认为在侦查、审查起诉期间公安机关、人民检察院收集的证明犯罪嫌疑人、被告人无罪或者罪轻的证据材料未提交的，有权申请人民检察院、人民法院调取。"第一百九十一条第一款规定："法庭审理过程中，合议庭对证据有疑问的，可以宣布休庭，对证据进行调查核实。"第一百九十二条第一款规定："法庭审理过程中，当事人和辩护人、诉讼代理人有权申请通知新的证人到庭，调取新的物证，申请重新鉴定或者勘验。"根据上述规定，自案件移送审查起诉之日起，人民检察院可以根据辩护人的申请，向公安机关调取未提交的证明犯罪嫌疑人、被告人无罪或者罪轻的证据材料。在法庭审理过程中，人民法院可以根据辩护人的申请，向人民检察院调取未提交的证明被告人无罪或者罪轻的证据材料，也可以向人民检察院调取需要调查核实的证据材料。公安机关、人民检察院应当自收到要求调取证据材料决定书后三日内移交。

基本规范

《最高人民法院关于适用〈中华人民共和国刑事诉讼法〉的解释》（法释〔2021〕1号，自2021年3月1日起施行）

---

① 本规定系针对2012年《刑事诉讼法》，其中涉及的"刑事诉讼法第三十九条"在现行《刑事诉讼法》中为第四十一条，"第一百九十一条第一款"在现行《刑事诉讼法》中为第一百九十六条第一款，"第一百九十二条第一款"在现行《刑事诉讼法》中为第一百九十七条第一款。——本评注注

第九章　公诉案件第一审普通程序
第三节　宣布开庭与法庭调查

第二百七十一条　法庭对证据有疑问的,可以告知公诉人、当事人及其法定代理人、辩护人、诉讼代理人补充证据或者作出说明;必要时,可以宣布休庭,对证据进行调查核实。

对公诉人、当事人及其法定代理人、辩护人、诉讼代理人补充的和审判人员庭外调查核实取得的证据,应当经过当庭质证才能作为定案的根据。但是,对不影响定罪量刑的非关键证据、有利于被告人的量刑证据以及认定被告人有犯罪前科的裁判文书等证据,经庭外征求意见,控辩双方没有异议的除外。①

有关情况,应当记录在案。

《人民检察院刑事诉讼规则》(高检发释字〔2019〕4号,自2019年12月30日起施行)

第十一章　出席法庭
第一节　出席第一审法庭

第四百一十条　在法庭审理过程中,被告人及其辩护人提出被告人庭前供述系非法取得,审判人员认为需要进行法庭调查的,公诉人可以通过出示讯问笔录、提讯登记、体检记录、采取强制措施或者侦查措施的法律文书、侦查终结前对讯问合法性进行核查的材料等证据材料,有针对性地播放讯问录音、录像,提请

---

① 《2012年刑诉法解释》第二百二十条第二款规定:"对公诉人、当事人及其法定代理人、辩护人、诉讼代理人补充的和法庭庭外调查核实取得的证据,应当经过当庭质证才能作为定案的根据。但是,经庭外征求意见,控辩双方没有异议的除外。"此次征求意见过程中,有意见提出,《刑事诉讼法》第一百九十八条第一款规定,"法庭审理过程中,对与定罪、量刑有关的事实、证据都应当进行调查、辩论"。故而,上述规定存在不妥。经研究认为,从司法实践来看,很多情况下控辩双方开庭后又陆续收集了一些证据,对于这些证据控辩双方实际上并无异议,如果仍要通过开庭程序予以查证属实,则会导致司法资源浪费,诉讼也可能会无限拖延。而且,这些证据材料大多系自首、坦白、立功等对被告人有利的证据材料或者不独立存在但能增强法官内心确信的补强性证据材料。基于此,经部分采纳上述意见,《刑诉法解释》第二百七十一条第二款作了调整,进一步限定为"不影响定罪量刑的非关键证据、有利于被告人的量刑证据以及认定被告人有犯罪前科的裁判文书等证据",规定:"对公诉人、当事人及其法定代理人、辩护人、诉讼代理人补充的和审判人员庭外调查核实取得的证据,应当经过当庭质证才能作为定案的根据。但是,对不影响定罪量刑的非关键证据、有利于被告人的量刑证据以及认定被告人有犯罪前科的裁判文书等证据,经庭外征求意见,控辩双方没有异议的除外。"——**本评注注**

法庭通知调查人员、侦查人员或者其他人员出庭说明情况等方式,对证据收集的合法性加以证明。

审判人员认为可能存在刑事诉讼法第五十六条规定的以非法方法收集其他证据的情形,需要进行法庭调查的,公诉人可以参照前款规定对证据收集的合法性进行证明。

公诉人不能当庭证明证据收集的合法性,需要调查核实的,可以建议法庭休庭或者延期审理。

在法庭审理期间,人民检察院可以要求监察机关或者公安机关对证据收集的合法性进行说明或者提供相关证明材料。必要时,可以自行调查核实。

第四百一十一条 公诉人对证据收集的合法性进行证明后,法庭仍有疑问的,可以建议法庭休庭,由人民法院对相关证据进行调查核实。人民法院调查核实证据,通知人民检察院派员到场的,人民检察院可以派员到场。

第四百一十二条 在法庭审理过程中,对证据合法性以外的其他程序事实存在争议的,公诉人应当出示、宣读有关诉讼文书、侦查或者审查起诉活动笔录。

第四百一十三条 对于搜查、查封、扣押、冻结、勘验、检查、辨认、侦查实验等活动中形成的笔录存在争议,需要调查人员、侦查人员以及上述活动的见证人出庭陈述有关情况的,公诉人可以建议合议庭通知其出庭。

第四百一十四条 在法庭审理过程中,合议庭对证据有疑问或者人民法院根据辩护人、被告人的申请,向人民检察院调取在侦查、审查起诉中收集的有关被告人无罪或者罪轻的证据材料的,人民检察院应当自收到人民法院要求调取证据材料决定书后三日以内移交。没有上述材料的,应当向人民法院说明情况。

第四百一十五条 在法庭审理过程中,合议庭对证据有疑问并在休庭后进行勘验、检查、查封、扣押、鉴定和查询、冻结的,人民检察院应当依法进行监督,发现上述活动有违法情况的,应当提出纠正意见。

第四百一十六条 人民法院根据申请收集、调取的证据或者在合议庭休庭后自行调查取得的证据,应当经过庭审出示、质证才能决定是否作为判决的依据。未经庭审出示、质证直接采纳为判决依据的,人民检察院应当提出纠正意见。

■ 其他规范

《人民法院办理刑事案件第一审普通程序法庭调查规程(试行)》(法发〔2017〕31号)第三十六条、第三十七条对庭外调查核实的有关问题作了规定。(→参见第三编"审判"标题下所附"其他规范",第1276页)

《最高人民法院、最高人民检察院、公安部、国家安全部、司法部关于规范量刑程序若干问题的意见》（法发〔2020〕38号）第十九条对庭外核实的有关问题作了规定。（→参见第一百九十八条所附"其他规范"，第1426页）

司法疑难解析

关于人民法院庭外调查核实证据的问题。《刑诉法解释》第二百七十一条第一款及相关规定从庭外调查权的启动、调查方式、证据采信等方面对《刑事诉讼法》的规定作了可操作的具体规定。具体而言：

（1）在案件审理过程中，法庭对证据有疑问的，首先可以告知公诉人、当事人及其法定代理人、辩护人、诉讼代理人补充证据或者作出说明，而非径直启动庭外调查核实程序。如前所述，庭外调查核实证据是较为特殊的程序，基于法官居中裁判的要求，只有在特殊情况下才能启动。因此，如果法庭对于证据有疑问，可以通过要求公诉人、当事人和辩护人、诉讼代理人补充证据或者作出说明的方式消除疑问，查证核实证据的，则没有必要启动庭外调查核实程序。

（2）必要时，可以宣布休庭，对证据进行调查核实。如果公诉人、当事人和辩护人、诉讼代理人无法补充证据或者不能作出说明，抑或法庭认为有必要调查核实证据的，可以宣布休庭，对证据进行调查核实。设立庭外调查核实程序的宗旨在于弥补控辩双方在收集证据能力上的不平衡，因此，在庭外调查核实中应当坚持有利于被告人的原则。原则上，为了保证法官的中立地位，也为了确保法庭审理的效率，庭外核实的证据范围限于法庭审理过程中已出示的证据，法官原则上不主动依职权启动庭外调查核实程序。特别是，法庭一般不应依职权做有利于控方的庭外调查。当法庭对控方提出的证据有疑问的，可以告知公诉人补充证据或者作出说明，公诉人也有义务向法庭提出进一步的证据以证明自己的主张，如果公诉人不能提出确实、充分的证据证明被告人有罪并排除合理怀疑的，则人民法院应当以证据不足、指控的犯罪不能成立为由，判决宣告被告人无罪。此种情况下，如果由法庭依职权启动庭外调查程序，则容易使得法庭偏离了居中裁判的角色，充当了追诉犯罪的公诉角色，容易招致公众的合理怀疑。相反，如果对证明被告人构成自首、坦白、立功等对被告人有利的证据有疑问，可以要求控辩双方补充材料或者说明；确有核实必要的，法官也可以依职权决定进行庭外调查。①

---

① 《刑诉法解释》第二百七十七条第一款规定："审判期间，合议庭发现被告人可能有自首、坦白、立功等法定量刑情节，而人民检察院移送的案卷中没有相关证据材料（转下页）

（3）根据《刑诉法解释》第七十九条的规定，"人民法院依照刑事诉讼法第一百九十六条的规定调查核实证据，必要时，可以通知检察人员、辩护人、自诉人及其法定代理人到场。上述人员未到场的，应当记录在案"。人民法院调查核实证据时，发现对定罪量刑有重大影响的新的证据材料的，应当告知检察人员、辩护人、自诉人及其法定代理人。必要时，也可以直接提取，并及时通知检察人员、辩护人、自诉人及其法定代理人查阅、摘抄、复制。

顺带提及的是，对于控辩双方申请法院调取的证据，以及法院依职权调取的证据，需要当庭举证、质证的，实践中举证方式五花八门，有法庭出示证据，控辩双方质证的，也有控辩一方出示，对方质证的。**本评注认为**，通常可以采取如下方式：对于人民法院依照上述规定调取的证据，不应当移送控辩一方，但应当及时通知检察人员、辩护人、自诉人及其法定代理人查阅、摘抄、复制。而且，对于人民法院依据上述规定调取的证据，开庭审理时，出庭的检察人员和辩护人认为需要出示的，可以向法庭提出申请。

第一百九十七条　【调取新证据与申请有专门知识的人出庭】法庭审理过程中，当事人和辩护人、诉讼代理人有权申请通知新的证人到庭，调取新的物证，申请重新鉴定或者勘验。

公诉人、当事人和辩护人、诉讼代理人可以申请法庭通知有专门知识的人出庭，就鉴定人作出的鉴定意见提出意见。

法庭对于上述申请，应当作出是否同意的决定。

第二款规定的有专门知识的人出庭，适用鉴定人的有关规定。

立法沿革

1979年《刑事诉讼法》第一百一十七条规定："法庭审理过程中，当事人和辩护人有权申请通知新的证人到庭，调取新的物证，申请重新鉴定或者勘验。""法庭对于上述申请，应当作出是否同意的决定。"1996年《刑事诉讼法修改决定》将"当事人和辩护人"修改为"当事人和辩护人、诉讼代理人"。2012年《刑事诉讼法修改决定》增加有专门知识的人出庭的规定。2018年修改《刑事诉讼法》时对

（接上页）的，应当通知人民检察院在指定时间内移送。"这里所体现的也是对于被告人有利的原则，但主要指的是没有发现与被告人自首、坦白、立功等法定情节相关的证据，与此处所讲的有这方面的证据但存有疑问有所不同。——**本评注**

本条规定未作调整。

"六部委"规定

《最高人民法院、最高人民检察院、公安部、国家安全部、司法部、全国人大常委会法制工作委员会关于实施刑事诉讼法若干问题的规定》(自2013年1月1日起施行)第二十七条对调取证据的有关问题作了规定。(→参见第一百九十六条所附"'六部委'规定",第1406页)

基本规范

《最高人民法院关于适用〈中华人民共和国刑事诉讼法〉的解释》(法释〔2021〕1号,自2021年3月1日起施行)

第九章 公诉案件第一审普通程序
第三节 宣布开庭与法庭调查
第二百七十二条 公诉人申请出示开庭前未移送或者提交人民法院的证据,辩护方提出异议的,审判长应当要求公诉人说明理由;理由成立并确有出示必要的,应当准许。

辩护方提出需要对新的证据作辩护准备的,法庭可以宣布休庭,并确定准备辩护的时间。

辩护方申请出示开庭前未提交的证据,参照适用前两款规定。

第二百七十三条 法庭审理过程中,控辩双方申请通知新的证人到庭、调取新的证据,申请重新鉴定或者勘验的,应当提供证人的基本信息、证据的存放地点,说明拟证明的事项,申请重新鉴定或者勘验的理由。法庭认为有必要的,应当同意,并宣布休庭;根据案件情况,可以决定延期审理。

人民法院决定重新鉴定的,应当及时委托鉴定,并将鉴定意见告知人民检察院、当事人及其辩护人、诉讼代理人。

其他规范

《最高人民法院、最高人民检察院、公安部、国家安全部、司法部关于依法保障律师执业权利的规定》(司发〔2015〕14号)第二十七条至第三十五条对庭审中律师诉讼权利保障的有关问题作了规定。(→参见第三十三条所附"其他规范",第260页)

《最高人民法院关于依法切实保障律师诉讼权利的规定》(法发〔2015〕16号)第四条至第七条对庭审中律师诉讼权利保障的有关问题作了规定。(→参

见第三十三条所附"其他规范",第263页)

《最高人民法院、最高人民检察院、公安部、国家安全部、司法部关于推进以审判为中心的刑事诉讼制度改革的意见》(法发〔2016〕18号)第十三条要求完善法庭辩论规则。(→参见第三编"审判"标题下所附"其他规范",第1254页)

《人民法院办理刑事案件第一审普通程序法庭调查规程(试行)》(法发〔2017〕31号)第三十八条对调取新证据的有关问题作了规定。(→参见第三编"审判"标题下所附"其他规范",第1276页)

《最高人民检察院关于指派、聘请有专门知识的人参与办案若干问题的规定(试行)》(高检发释字〔2018〕1号)

第一条 为了规范和促进人民检察院指派、聘请有专门知识的人参与办案,根据《中华人民共和国刑事诉讼法》《中华人民共和国民事诉讼法》《中华人民共和国行政诉讼法》等法律规定,结合检察工作实际,制定本规定。

第二条 本规定所称"有专门知识的人",是指运用专门知识参与人民检察院的办案活动,协助解决专门性问题或者提出意见的人,但不包括以鉴定人身份参与办案的人。

本规定所称"专门知识",是指特定领域内的人员理解和掌握的、具有专业技术性的认识和经验等。

第三条 人民检察院可以指派、聘请有鉴定资格的人员,或者经本院审查具备专业能力的其他人员,作为有专门知识的人参与办案。

有下列情形之一的人员,不得作为有专门知识的人参与办案:

(一)因违反职业道德,被主管部门注销鉴定资格、撤销鉴定人登记,或者吊销其他执业资格、近三年以内被处以停止执业处罚的;

(二)无民事行为能力或者限制民事行为能力的;

(三)近三年以内违反本规定第十八条至第二十一条规定的;

(四)以办案人员等身份参与过本案办理工作的;

(五)不宜作为有专门知识的人参与办案的其他情形。

第四条 人民检察院聘请检察机关以外的人员作为有专门知识的人参与办案,应当核实其有效身份证件和能够证明符合本规定第三条第一款要求的材料。

第五条 具备条件的人民检察院可以明确专门部门,负责建立有专门知识的人推荐名单库。

第六条 有专门知识的人的回避,适用《中华人民共和国刑事诉讼法》《中华人民共和国民事诉讼法》《中华人民共和国行政诉讼法》等法律规定中有关鉴定人回避的规定。

第七条 人民检察院办理刑事案件需要收集证据的,可以指派、聘请有专门知识的人开展下列工作:

(一)在检察官的主持下进行勘验或者检查;
(二)就需要鉴定、但没有法定鉴定机构的专门性问题进行检验;
(三)其他必要的工作。

第八条 人民检察院在审查起诉时,发现涉及专门性问题的证据材料有下列情形之一的,可以指派、聘请有专门知识的人进行审查,出具审查意见:

(一)对定罪量刑有重大影响的;
(二)与其他证据之间存在无法排除的矛盾的;
(三)就同一专门性问题有两份或者两份以上的鉴定意见,且结论不一致的;
(四)当事人、辩护人、诉讼代理人有异议的;
(五)其他必要的情形。

第九条 人民检察院在人民法院决定开庭后,可以指派、聘请有专门知识的人,协助公诉人做好下列准备工作:

(一)掌握涉及专门性问题证据材料的情况;
(二)补充审判中可能涉及的专门知识;
(三)拟定讯问被告人和询问证人、鉴定人、其他有专门知识的人的计划;
(四)拟定出示、播放、演示涉及专门性问题证据材料的计划;
(五)制定质证方案;
(六)其他必要的工作。

第十条 刑事案件法庭审理中,人民检察院可以申请人民法院通知有专门知识的人出庭,就鉴定人作出的鉴定意见提出意见。

第十一条 刑事案件法庭审理中,公诉人出示、播放、演示涉及专门性问题的证据材料需要协助的,人民检察院可以指派、聘请有专门知识的人进行操作。

第十二条 人民检察院在对公益诉讼案件决定立案和调查收集证据时,就涉及专门性问题的证据材料或者专业问题,可以指派、聘请有专门知识的人协助开展下列工作:

(一)对专业问题进行回答、解释、说明;
(二)对涉案专门性问题进行评估、审计;
(三)对涉及复杂、疑难、特殊技术问题的鉴定事项提出意见;
(四)在检察官的主持下勘验物证或者现场;

（五）对行政执法卷宗材料中涉及专门性问题的证据材料进行审查；

（六）其他必要的工作。

第十三条 公益诉讼案件法庭审理中，人民检察院可以申请人民法院通知有专门知识的人出庭，就鉴定人作出的鉴定意见或者专业问题提出意见。

第十四条 人民检察院在下列办案活动中，需要指派、聘请有专门知识的人的，可以适用本规定：

（一）办理控告、申诉、国家赔偿或者国家司法救助案件；

（二）办理监管场所发生的被监管人重伤、死亡案件；

（三）办理民事、行政诉讼监督案件；

（四）检察委员会审议决定重大案件和其他重大问题；

（五）需要指派、聘请有专门知识的人的其他办案活动。

第十五条 人民检察院应当为有专门知识的人参与办案提供下列必要条件：

（一）介绍与涉案专门性问题有关的情况；

（二）提供涉及专门性问题的证据等案卷材料；

（三）明确要求协助或者提出意见的问题；

（四）有专门知识的人参与办案所必需的其他条件。

第十六条 人民检察院依法保障接受指派、聘请参与办案的有专门知识的人及其近亲属的安全。

对有专门知识的人及其近亲属进行威胁、侮辱、殴打、打击报复等，构成违法犯罪的，人民检察院应当移送公安机关处理；情节轻微的，予以批评教育、训诫。

第十七条 有专门知识的人因参与办案而支出的交通、住宿、就餐等费用，由人民检察院承担。对于聘请的有专门知识的人，应当给予适当报酬。

上述费用从人民检察院办案业务经费中列支。

第十八条 有专门知识的人参与办案，应当遵守法律规定，遵循技术标准和规范，恪守职业道德，坚持客观公正原则。

第十九条 有专门知识的人应当保守参与办案中所知悉的国家秘密、商业秘密、个人隐私以及其他不宜公开的内容。

第二十条 有专门知识的人应当妥善保管、使用并及时退还参与办案中所接触的证据等案卷材料。

第二十一条 有专门知识的人不得在同一案件中同时接受刑事诉讼当事人、辩护人、诉讼代理人，民事、行政诉讼对方当事人、诉讼代理人，或者人民法院的委托。

第二十二条　有专门知识的人违反本规定第十八条至第二十一条的规定，出现重大过错，影响正常办案的，人民检察院应当停止其作为有专门知识的人参与办案，并从推荐名单库中除名。必要时，可以建议其所在单位或者有关部门给予行政处分或者其他处分。构成违法犯罪的，依法追究行政责任或者刑事责任。

第二十三条　各省、自治区、直辖市人民检察院可以依照本规定，结合本地实际，制定具体实施办法，并报最高人民检察院备案。

第二十四条　本规定由最高人民检察院负责解释。

第二十五条　本规定自公布之日起试行。

司法疑难解析

1. 有专门知识的人是否需要具备鉴定人资格的问题。早在《刑事诉讼法》修改之前对专家辅助人制度的讨论中，就有意见主张与我国司法鉴定管理体制相结合，将专家辅助人制度纳入我国整体的司法鉴定管理体系之中。而在《2012年刑诉法解释》的起草和征求意见过程中，也有意见认为，准许控辩各方申请有专门知识的人出庭，如果对有专门知识的人又不要求具备鉴定人资质，这样宽泛的界定更容易导致庭审程序冗长混乱，对鉴定证据的分辨与采纳其实没有实质改善。为确保出庭的有专门知识的人能够对鉴定人的鉴定意见提出意见，更为有效地参与庭审活动，以利于专门性问题的解决，应当适当限制有专门知识的人的条件，即应当具有鉴定人资格。经研究认为，相当多的有专门知识的人，如科研单位的研究人员、大学教授、医生等，由于其不专门从事鉴定业务，往往并未申请鉴定人资格，但其学识、能力、水平可以胜任出庭就相关专门问题提出意见这项工作。而要求出庭的有专门知识的人必须具有鉴定人资格，不当地限制了有专门知识的人的范围，不利于讼争专业问题的解决，不符合立法目的。因此，《2012年刑诉法解释》并未将有专门知识的人的范围限于具有司法鉴定资格的人员，实践中教授、医生、工程师、会计师等都可以作为有专门知识的人出庭。《刑诉法解释》沿用上述立场。

2. 申请有专门知识的人出庭的主体和程序。根据《刑事诉讼法》第一百九十七条第二款的规定，申请有专门知识的人出庭的主体包括公诉人、当事人和辩护人、诉讼代理人。《刑诉法解释》第二百五十条第一款进一步明确了申请程序，规定："公诉人、当事人及其辩护人、诉讼代理人申请法庭通知有专门知识的人出庭，就鉴定意见提出意见的，应当说明理由。法庭认为有必要的，应当通知有专门知识的人出庭。"需要注意的是，如前所述，有专门知识的人不限于具有司法鉴定资格的人员,但这并不意味着人民法院不需要判断被申请出庭的人员是否具有专门知识。人民法院在审查时,可以根据具体情况对被申请人员是否具有专门知识进行判断,具体应根据行业从业的严格性而划分不同标准,对于有明确准入限制的行业,应以该行业最低准入标准为底线,对于其他行业和领域,则可以以具备正规教育或长期实践获得的知识、经验超过一般人为底线。这属于人民法院判断是否"有必要"的当然涵义,因为如果被申请出庭的人员不具有专门知识,则无法就鉴定意见提出意见,无助于问题的解决,没有必要出庭。

而且,《刑诉法解释》第二百六十条规定:"鉴定人、有专门知识的人、调查人员、侦查人员或者其他人员出庭的,参照适用前两条规定。"①据此,有专门知识的人应当提供其专业背景等材料,便于法庭审查其是否有能力、有资格履行专家辅助人的职责。此外,有专门知识的人也应当负有客观陈述意见的义务。因此,法庭可以参照对证人作证的相关要求,要求有专门知识的人签署保证书,以增强其如实陈述意见的责任感。

3. 有专门知识的人出庭的人数限制。为保证庭审活动顺利、集中进行,对于有专门知识的人出庭人数应当进行适当限制。《刑诉法解释》第二百五十条第二款规定:"申请有专门知识的人出庭,不得超过二人。有多种类鉴定意见的,可以相应增加人数。"需要注意的是,这只是对出庭的有专门知识的人的限制,控辩各方聘请的其他有专门知识的人可以在庭外提供辅助,这不受前述的人数限制。控辩双方共同申请法庭通知同一名有专门知识的人出庭的,有利于控辩双方对讼争专业问题和相关鉴定意见达成一致认识,故应当予以鼓励。

4. 有专门知识的人在法庭审理中的诉讼地位。在《刑事诉讼法》修改前对专家辅助人角色定位的讨论中,学术界主要存在证人说、独立的诉讼参与人说和诉讼代理人说三种主张。② **本评注认为**,从《刑事诉讼法》的相关规定来看,有专门知识的人实际上是通过自己的专门知识协助控辩一方参与法庭审理,从属于控辩一方:(1)有专门知识的人不同于证人。证人是以其所知道的案件事实情况参与

---

① 《刑诉法解释》第二百五十八条规定:"证人出庭的,法庭应当核实其身份、与当事人以及本案的关系,并告知其有关权利义务和法律责任。证人应当保证向法庭如实提供证言,并在保证书上签名。"第二百五十九条规定:"证人出庭后,一般先向法庭陈述证言;其后,经审判长许可,由申请通知证人出庭的一方发问,发问完毕后,对方也可以发问。法庭依职权通知证人出庭的,发问顺序由审判长根据案件情况确定。"

② 参见汪建成:《司法鉴定模式与专家证人模式的融合——中国刑事司法鉴定制度改革的方向》,载《国家检察官学院学报》2011年第4期。

诉讼的主体,而有专门知识的人显然是以其具有专门知识而参与刑事诉讼的,具有明显不同于证人的特征。(2)有专门知识的人与鉴定人等有较大差异。如果认为其诉讼地位与鉴定人相同,由于鉴定意见经过庭审查证属实的可以作为定案的根据,那么,有专门知识的人就鉴定意见所发表的意见必然要经过庭审质证、认证程序,甚至可以作为定案的根据。但是,这显然与立法引入有专门知识的人制度,将其所发表的意见作为审查判断鉴定意见的参考的立法宗旨不符。(3)有专门知识的人也不同于辩护人、诉讼代理人等诉讼参与人。显而易见,有专门知识的人在法庭审理中享有的诉讼权利不同于辩护人、诉讼代理人,且可以由公诉人申请法庭通知出庭,自然不宜将其归入辩护人、诉讼代理人的行列。

总之,有专门知识的人在法庭审理中不享有独立的诉讼地位,而是从属于控辩一方。但是,这并不妨碍有专门知识的人在法庭审理中享有相应的诉讼权利:一方面,有专门知识的人由控辩一方申请法庭通知出庭,就鉴定人作出的鉴定意见提出意见,辅助控辩一方就鉴定意见行使质证程序。另一方面,早在有专门知识的人制度被引入《刑事诉讼法》之前,有专门知识的人就在庭外针对案件涉及的鉴定事项为当事人提供咨询服务,协助当事人及其辩护人、诉讼代理人做好庭审准备工作。在《刑事诉讼法》施行后,有专门知识的人除出庭就鉴定人作出的鉴定意见提出意见外,还可以在庭外为当事人及其辩护人、诉讼代理人提供辅助。

5. 有专门知识的人在法庭中的位置的问题。关于有专门知识的人在法庭中的位置设置问题,司法解释未作规定。如前所述,有专门知识的人出庭是就鉴定人作出的鉴定意见提出意见,辅助控辩一方就鉴定意见进行质证。因此,司法实践中的通常做法是,在鉴定人席旁边设有专门知识的人席位,无论控辩双方中的任何一方申请通知出庭的有专门知识的人都在此就座,以实现其辅助一方的功能。

6. 有专门知识的人就鉴定意见提出的意见的性质。有专门知识的人就鉴定意见提出的意见,是否可以作为证据使用?如果可以作为证据使用,在裁判文书中如何表述和体现?对于上述问题,有意见认为有专门知识的人就鉴定意见提出的意见,在刑事诉讼中具有证据的法律地位。如有论者认为,专家证人出庭,虽然常常需要对鉴定意见提出意见,但不应当只是针对鉴定意见进行质证或者强化,也常常需要对某个专业问题发表独立的专家意见,以帮助法庭理解这些问题,弥补法官在专业上的不足。可见,"被法庭通知出庭的有专门知识的人是作为证人出庭,而不是协助质证的'专家辅助人',因此,应当允许其发表独立的专业意见,并将该种意见作为定案的根据之一"①。此外,实践中还有观点主张将有专门知识的人发表的意见纳入证人证言或者鉴定意见的范畴,从而作为刑事诉讼的证据加以使用。

本评注认为,有专门知识的人就鉴定意见提出的意见不是鉴定意见,不具备证据的法律地位。主要考虑如下:(1)《刑事诉讼法》第五十条第二款未将有专门知识的人就鉴定意见提出的意见列为法定证据种类,而有专门知识的人就鉴定意见发表的意见也不同于鉴定意见、证人证言等,无法纳入法定证据的范畴。(2)有专门知识的人就鉴定意见提出的意见并非可以用于证明案件事实的材料,而只是用于增强法官内心确信、对鉴定意见作出判断的辅助性材料。如前所述,《刑事诉讼法》修改时增设有专门知识的人制度,是为了强化对鉴定意见的庭审质证,鉴定意见不能再像以前一样在法庭上宣读后就理所当然地作为证据使用。为了确保当庭解决案件中涉及的专门性问题,减少不必要的重新鉴定或反复鉴定,有专门知识的人出庭是必要的,通过协助控辩双方把相关问题质证清楚,有助于法官形成内心确信。(3)有专门知识的人就鉴定意见提出的意见从属于控辩双方的意见,不具有独立的地位。如前所述,有专门知识的人在法庭审理中不享有独立的诉讼地位,而是从属于控辩一方。因此,其针对鉴定意见所提出的意见不具有独立的地位,而是如同接受委托的辩护人一样,只是代表当事人发表意见。如果当事人不同意有专门知识的人的意见,可以撤销委托,或者当庭表示不同意有专门知识的人的意见,此时就应当以当事人的意见为准。因此,有专门知识的人的意见自然不具有在查证属实后可以作为定案的根据的证据的属性。综上,有专门知识的人就鉴定意见提出的意见不是证据,不宜在裁判文书中作为证据予以表述。有专门知识的人实际上是代表控辩双方发表意见,法院可以将其意见视为控辩双方的意见。

第一百九十八条 【法庭辩论】法庭审理过程中,对与定罪、量刑有关的事实、证据都应当进行调查、辩论。

经审判长许可,公诉人、当事人和辩护人、诉讼代理人可以对证据和案件情况发表意见并且可以互相辩论。

审判长在宣布辩论终结后,被告人有最后陈述的权利。

 龙宗智、苏云:《刑事诉讼法修改如何调整证据制度》,载《现代法学》2011年第6期。

立法沿革

1979年《刑事诉讼法》第一百一十八条规定:"法庭调查后,应当由公诉人发言,被害人发言,然后由被告人陈述和辩护,辩护人进行辩护,并且可以互相辩论。审判长在宣布辩论终结后,被告人有最后陈述的权利。"1996年《刑事诉讼法修改决定》将本条修改为"经审判长许可,公诉人、当事人和辩护人、诉讼代理人可以对证据和案件情况发表意见并且可以互相辩论。审判长在宣布辩论终结后,被告人有最后陈述的权利"。2012年《刑事诉讼法修改决定》将上述规定拆分为本条第二款、第三款,并增加第一款规定。2018年修改《刑事诉讼法》时对本条规定未作调整。

基本规范

《最高人民法院关于适用〈中华人民共和国刑事诉讼法〉的解释》(法释〔2021〕1号,自2021年3月1日起施行)

第九章 公诉案件第一审普通程序

第三节 宣布开庭与法庭调查

第二百七十六条 法庭审理过程中,对与量刑有关的事实、证据,应当进行调查。

人民法院除应当审查被告人是否具有法定量刑情节外,还应当根据案件情况审查以下影响量刑的情节:

(一)案件起因;

(二)被害人有无过错及过错程度,是否对矛盾激化负有责任及责任大小;

(三)被告人的近亲属是否协助抓获被告人;

(四)被告人平时表现,有无悔罪态度;

(五)退赃、退赔及赔偿情况;

(六)被告人是否取得被害人或者其近亲属谅解;

(七)影响量刑的其他情节。

第二百七十七条 审判期间,合议庭发现被告人可能有自首、坦白、立功等法定量刑情节,而人民检察院移送的案卷中没有相关证据材料的,应当通知人民检察院在指定时间内移送。

审判期间,被告人提出新的立功线索的,人民法院可以建议人民检察院补充侦查。

第二百七十八条 对被告人认罪的案件,在确认被告人了解起诉书指控的犯罪事实和罪名,自愿认罪且知悉认罪的法律后果后,法庭调查可以主要围绕量刑和其他有争议的问题进行。

对被告人不认罪或者辩护人作无罪辩护的案件,法庭调查应当在查明定罪事实的基础上,查明有关量刑事实。

第二百七十九条 法庭审理过程中,应当对查封、扣押、冻结财物及其孳息的权属、来源等情况,是否属于违法所得或者依法应当追缴的其他涉案财物进行调查,由公诉人说明情况、出示证据、提出处理建议,并听取被告人、辩护人等诉讼参与人的意见。

案外人对查封、扣押、冻结的财物及其孳息提出权属异议的,人民法院应当听取案外人的意见;必要时,可以通知案外人出庭。①

经审查,不能确认查封、扣押、冻结的财物及其孳息属于违法所得或者依法应当追缴的其他涉案财物的,不得没收。

第四节 法庭辩论与最后陈述

第二百八十条 合议庭认为案件事实已经调查清楚的,应当由审判长宣布法庭调查结束,开始就定罪、量刑、涉案财物处理的事实、证据、适用法律等问题进行法庭辩论。

第二百八十一条 法庭辩论应当在审判长的主持下,按照下列顺序进行:

(一)公诉人发言;
(二)被害人及其诉讼代理人发言;
(三)被告人自行辩护;
(四)辩护人辩护;
(五)控辩双方进行辩论。

---

① 关于案外人对涉案财物提出权属异议的处理,《中共中央办公厅、国务院办公厅关于进一步规范刑事诉讼涉案财物处置工作的意见》(中办发〔2015〕7号,以下简称《涉案财物处置意见》)第十二条规定:"明确利害关系人诉讼权利。善意第三人等案外人与涉案财物处理存在利害关系的,公安机关、国家安全机关、人民检察院应当告知其相关诉讼权利,人民法院应当通知其参加诉讼并听取其意见……"根据上述规定,《刑诉法解释》第二百七十九条第二款作了专门规定。作出上述规定,一方面明确要求听取对涉案财物提出权属异议的案外人的意见,以落实《涉案财物处置意见》的要求;另一方面,考虑到涉众型案件可能存在案外人众多的情形,一律通知到庭不具有可操作性,且《涉案财物处置意见》只是要求人民法院应当"通知其参加诉讼"但并未要求"通知其参加庭审",故规定为"必要时,可以通知案外人出庭"。——**本评注注**

第二百八十二条① 人民检察院可以提出量刑建议并说明理由;建议判处管制、宣告缓刑的,一般应当附有调查评估报告,或者附有委托调查函。

当事人及其辩护人、诉讼代理人可以对量刑提出意见并说明理由。

第二百八十三条 对被告人认罪的案件,法庭辩论时,应当指引控辩双方主要围绕量刑和其他有争议的问题进行。

对被告人不认罪或者辩护人作无罪辩护的案件,法庭辩论时,可以指引控辩双方先辩论定罪问题,后辩论量刑和其他问题。

第二百八十四条 附带民事部分的辩论应当在刑事部分的辩论结束后进行,先由附带民事诉讼原告人及其诉讼代理人发言,后由附带民事诉讼被告人及其诉讼代理人答辩。

第二百八十五条 法庭辩论过程中,审判长应当充分听取控辩双方的意见,对控辩双方与案件无关、重复或者指责对方的发言应当提醒、制止。

第二百八十六条 法庭辩论过程中,合议庭发现与定罪、量刑有关的新的事实,有必要调查的,审判长可以宣布恢复法庭调查,在对新的事实调查后,继续法庭辩论。

第二百八十七条 审判长宣布法庭辩论终结后,合议庭应当保证被告人充分行使最后陈述的权利。

被告人在最后陈述中多次重复自己的意见的,法庭可以制止;陈述内容蔑视法庭、公诉人、损害他人及社会公共利益,或者与本案无关的,应当制止。

在公开审理的案件中,被告人最后陈述的内容涉及国家秘密、个人隐私或者商业秘密的,应当制止。

第二百八十八条 被告人在最后陈述中提出新的事实、证据,合议庭认为可能影响正确裁判的,应当恢复法庭调查;被告人提出新的辩解理由,合议庭认为可能影响正确裁判的,应当恢复法庭辩论。

---

① 需要注意的是:(1)调查评估报告是指对被告人社会危险性和对所居住社区影响的调查评估材料,实践中可能表现为不同形式。(2)本条原本拟规定人民检察院"建议适用非监禁刑的,应当附有调查评估报告或者委托调查函"。征求意见过程中,有意见提出,适用非监禁刑,一律要求附有调查评估报告或者委托调查函不妥,个别欠发达地区难以及时联系社区矫正机构作出社会调查评估报告,应充分考虑全国各地实际情况,避免影响诉讼顺利进行。经研究,根据上述意见,调整为"建议判处管制、宣告缓刑的,一般应当附有调查评估报告,或者附有委托调查函"。——**本评注注**

第二百八十九条① 公诉人当庭发表与起诉书不同的意见,属于变更、追加、补充或者撤回起诉的,人民法院应当要求人民检察院在指定时间内以书面方式提出;必要时,可以宣布休庭。人民检察院在指定时间内未提出的,人民法院应当根据法庭审理情况,就起诉书指控的犯罪事实依法作出判决、裁定。

　　人民检察院变更、追加、补充起诉的,人民法院应当给予被告人及其辩护人必要的准备时间。

　　第二百九十条 辩护人应当及时将书面辩护意见提交人民法院。

　　《人民检察院刑事诉讼规则》(高检发释字〔2019〕4号,自2019年12月30日起施行)

　　第十一章　出席法庭

　　第一节　出席第一审法庭

　　第四百一十七条 在法庭审理过程中,经审判长许可,公诉人可以逐一对正

---

① 司法适用中需要注意的是:(1)"公诉人当庭发表与起诉书不同的意见",是指在起诉后未出现新的事实证据情况下,公诉人发表与起诉书不同意见的情形。对于出现新的事实,特别是体现被告人认罪悔罪态度的新事实,直接由法庭根据新的事实证据作出认定即可。例如,自首的被告人在开庭后翻供的,法庭可以直接不认定自首;认罪认罚的被告人在开庭后不认罪、不接受量刑建议的,法庭可以直接不认定认罪认罚;有的被告人在起诉后才退赃退赔的,法庭可以直接认定退赃退赔这一情节。对于上述情形,无须由公诉人对起诉书作出变更,法庭在听取双方意见后直接认定即可。(2)公诉人当庭发表与起诉书不同的意见,情况较为复杂:有的变更不影响定罪量刑,如对作案时间发表不同意见,直接变更即可。更多情形下则对定罪量刑会产生影响,但具体情况又会存在差异:有的是直接变更罪名,如由职务侵占罪调整为贪污罪;有的涉及法定刑幅度的调整,如盗窃金额由十万元调整为一万元;有的只是涉及具体犯罪情节的认定,如盗窃金额由三千五百元调整为三千元。如果属于变更、追加、补充或者撤回起诉等重大事项的,应当以书面方式提出。而且,上述情形下,是否应当休庭,也不能简单作出统一规定,而应当交由实践裁量处理。例如,起诉书认定的盗窃金额是三千五百元,公诉人当庭发现计算有误,应当为三千元,量刑档次未发生变化,且所作变更有利于被告人,法庭可以继续开庭审理,但应当在庭后要求人民检察院以书面方式作出变更;相反,如果公诉人当庭改变起诉罪名,特别是由轻罪名改为重罪名的,则休庭为宜,以更好地保障被告人的辩护权。又如,公诉人当庭追加起诉的,则可以起诉书指控的罪行先行开庭,休庭后待人民检察院以书面方式追加起诉后,再行开庭就追加的起诉进行审理。(3)人民检察院变更、追加、补充起诉的,人民法院应当给予被告人及其辩护人必要的准备时间,以充分保障被告人合法权益。——**本评注注**

在调查的证据和案件情况发表意见,并同被告人、辩护人进行辩论。证据调查结束时,公诉人应当发表总结性意见。

在法庭辩论中,公诉人与被害人、诉讼代理人意见不一致的,公诉人应当认真听取被害人、诉讼代理人的意见,阐明自己的意见和理由。

第四百一十八条第一款 人民检察院向人民法院提出量刑建议的,公诉人应当在发表公诉意见时提出。

第四百一十九条 适用普通程序审理的认罪认罚案件,公诉人可以建议适当简化法庭调查、辩论程序。

其他规范

《**人民法院办理刑事案件第一审普通程序法庭调查规程(试行)**》(法发〔2017〕31号)第四十二条、第四十四条对量刑情节调查的有关问题作了规定。(→参见第三编"审判"标题下所附"其他规范",第1277页)

《**最高人民法院、最高人民检察院、公安部、国家安全部、司法部关于规范量刑程序若干问题的意见**》(法发〔2020〕38号,自2020年11月6日起施行)

为深入推进以审判为中心的刑事诉讼制度改革,落实认罪认罚从宽制度,进一步规范量刑程序,确保量刑公开公正,根据刑事诉讼法和有关司法解释等规定,结合工作实际,制定本意见。

第一条 人民法院审理刑事案件,在法庭审理中应当保障量刑程序的相对独立性。

人民检察院在审查起诉中应当规范量刑建议。

第二条 侦查机关、人民检察院应当依照法定程序,全面收集、审查、移送证明犯罪嫌疑人、被告人犯罪事实、量刑情节的证据。

对于法律规定并处或者单处财产刑的案件,侦查机关应当根据案件情况对被告人的财产状况进行调查,并向人民检察院移送相关证据材料。人民检察院应当审查并向人民法院移送相关证据材料。

人民检察院在审查起诉时发现侦查机关应当收集而未收集量刑证据的,可以退回侦查机关补充侦查,也可以自行侦查。人民检察院退回补充侦查的,侦查机关应当按照人民检察院退回补充侦查提纲的要求及时收集相关证据。

第三条 对于可能判处管制、缓刑的案件,侦查机关、人民检察院、人民法院可以委托社区矫正机构或者有关社会组织进行调查评估,提出意见,供判处管制、缓刑时参考。

社区矫正机构或者有关社会组织收到侦查机关、人民检察院或者人民法院调查评估的委托后,应当根据委托机关的要求依法进行调查,形成评估意见,并及时提交委托机关。

对于没有委托进行调查评估或者判决前没有收到调查评估报告的,人民法院经审理认为被告人符合管制、缓刑适用条件的,可以依法判处管制、宣告缓刑。

第四条 侦查机关在移送审查起诉时,可以根据犯罪嫌疑人涉嫌犯罪的情况,就宣告禁止令和从业禁止向人民检察院提出意见。

人民检察院在提起公诉时,可以提出宣告禁止令和从业禁止的建议。被告人及其辩护人、被害人及其诉讼代理人可以就是否对被告人宣告禁止令和从业禁止提出意见,并说明理由。

人民法院宣告禁止令和从业禁止,应当根据被告人的犯罪原因、犯罪性质、犯罪手段、悔罪表现、个人一贯表现等,充分考虑与被告人所犯罪行的关联程度,有针对性地决定禁止从事特定的职业、活动,进入特定区域、场所,接触特定的人等。

第五条 符合下列条件的案件,人民检察院提起公诉时可以提出量刑建议;被告人认罪认罚的,人民检察院应当提出量刑建议:

(一)犯罪事实清楚,证据确实、充分;

(二)提出量刑建议所依据的法定从重、从轻、减轻或者免除处罚等量刑情节已查清;

(三)提出量刑建议所依据的酌定从重、从轻处罚等量刑情节已查清。

第六条 量刑建议包括主刑、附加刑、是否适用缓刑等。主刑可以具有一定的幅度,也可以根据案件具体情况,提出确定刑期的量刑建议。建议判处财产刑的,可以提出确定的数额。

第七条 对常见犯罪案件,人民检察院应当按照量刑指导意见提出量刑建议。对新类型、不常见犯罪案件,可以参照相关量刑规范提出量刑建议。提出量刑建议,应当说明理由和依据。

第八条 人民检察院指控被告人犯有数罪的,应当对指控的个罪分别提出量刑建议,并依法提出数罪并罚后决定执行的刑罚的量刑建议。

对于共同犯罪案件,人民检察院应当根据各被告人在共同犯罪中的地位、作用以及应当承担的刑事责任分别提出量刑建议。

第九条　人民检察院提出量刑建议,可以制作量刑建议书,与起诉书一并移送人民法院;对于案情简单、量刑情节简单的适用速裁程序的案件,也可以在起诉书中写明量刑建议。

量刑建议书中应当写明人民检察院建议对被告人处以的主刑、附加刑、是否适用缓刑等及其理由和依据。

人民检察院以量刑建议书方式提出量刑建议的,人民法院在送达起诉书副本时,应当将量刑建议书一并送达被告人。

第十条　在刑事诉讼中,自诉人、被告人及其辩护人、被害人及其诉讼代理人可以提出量刑意见,并说明理由,人民检察院、人民法院应当记录在案并附卷。

第十一条　人民法院、人民检察院、侦查机关应当告知犯罪嫌疑人、被告人申请法律援助的权利,对符合法律援助条件的,依法通知法律援助机构指派律师为其提供辩护或者法律帮助。

第十二条　适用速裁程序审理的案件,在确认被告人认罪认罚的自愿性和认罪认罚具结书内容的真实性、合法性后,一般不再进行法庭调查、法庭辩论,但在判决宣告前应当听取辩护人的意见和被告人的最后陈述意见。

适用速裁程序审理的案件,应当当庭宣判。

第十三条　适用简易程序审理的案件,在确认被告人对起诉书指控的犯罪事实和罪名没有异议,自愿认罪且知悉认罪的法律后果后,法庭审理可以直接围绕量刑进行,不再区分法庭调查、法庭辩论,但在判决宣告前应当听取被告人的最后陈述意见。

适用简易程序审理的案件,一般应当当庭宣判。

第十四条　适用普通程序审理的被告人认罪案件,在确认被告人了解起诉书指控的犯罪事实和罪名,自愿认罪且知悉认罪的法律后果后,法庭审理主要围绕量刑和其他有争议的问题进行,可以适当简化法庭调查、法庭辩论程序。

第十五条　对于被告人不认罪或者辩护人做无罪辩护的案件,法庭调查和法庭辩论分别进行。

在法庭调查阶段,应当在查明定罪事实的基础上,查明有关量刑事实,被告人及其辩护人可以出示证明被告人无罪或者罪轻的证据,当庭发表质证意见。

在法庭辩论阶段,审判人员引导控辩双方先辩论定罪问题。在定罪辩论结束后，审判人员告知控辩双方可以围绕量刑问题进行辩论，发表量刑建议或者意见，并说明依据和理由。被告人及其辩护人参加量刑问题的调查的，不影响作无罪辩解或者辩护。

第十六条　在法庭调查中，公诉人可以根据案件的不同种类、特点和庭审的实际情况，合理安排和调整举证顺序。定罪证据和量刑证据分开出示的，应当先出示定罪证据，后出示量刑证据。

对于有数起犯罪事实的案件的量刑证据，可以在对每起犯罪事实举证时分别出示，也可以对同类犯罪事实一并出示；涉及全案综合量刑情节的证据，一般应当在举证阶段最后出示。

第十七条　在法庭调查中，人民法院应当查明对被告人适用具体法定刑幅度的犯罪事实以及法定或者酌定量刑情节。

第十八条　人民法院、人民检察院、侦查机关或者辩护人委托有关方面制作涉及未成年人的社会调查报告的，调查报告应当在法庭上宣读，并进行质证。

第十九条　在法庭审理中，审判人员对量刑证据有疑问的，可以宣布休庭，对证据进行调查核实，必要时也可以要求人民检察院补充调查核实。人民检察院补充调查核实有关证据，必要时可以要求侦查机关提供协助。

对于控辩双方补充的证据，应当经过庭审质证才能作为定案的根据。但是，对于有利于被告人的量刑证据，经庭外征求意见，控辩双方没有异议的除外。

第二十条　被告人及其辩护人、被害人及其诉讼代理人申请人民法院调取在侦查、审查起诉阶段收集的量刑证据材料，人民法院认为确有必要的，应当依法调取；人民法院认为不需要调取的，应当说明理由。

第二十一条　在法庭辩论中，量刑辩论按照以下顺序进行：

（一）公诉人发表量刑建议，或者自诉人及其诉讼代理人发表量刑意见；

（二）被害人及其诉讼代理人发表量刑意见；

（三）被告人及其辩护人发表量刑意见。

第二十二条　在法庭辩论中，出现新的量刑事实，需要进一步调查的，应当恢复法庭调查，待事实查清后继续法庭辩论。

第二十三条　对于人民检察院提出的量刑建议，人民法院应当依法审查。对于事实清楚，证据确实、充分，指控的罪名准确，量刑建议适当的，人民法院应当采纳。

人民法院经审理认为,人民检察院的量刑建议不当的,可以告知人民检察院。人民检察院调整量刑建议的,应当在法庭审理结束前提出。人民法院认为人民检察院调整后的量刑建议适当的,应当予以采纳;人民检察院不调整量刑建议或者调整量刑建议后仍不当的,人民法院应当依法作出判决。

第二十四条 有下列情形之一,被告人当庭认罪,愿意接受处罚的,人民法院应当根据审理查明的事实,就定罪和量刑听取控辩双方意见,依法作出裁判:

(一)被告人在侦查、审查起诉阶段认罪认罚,但人民检察院没有提出量刑建议的;

(二)被告人在侦查、审查起诉阶段没有认罪认罚的;

(三)被告人在第一审程序中没有认罪认罚,在第二审程序中认罪认罚的;

(四)被告人在庭审过程中不同意量刑建议的。

第二十五条 人民法院应当在刑事裁判文书中说明量刑理由。量刑说理主要包括:

(一)已经查明的量刑事实及其对量刑的影响;

(二)是否采纳公诉人、自诉人、被告人及其辩护人、被害人及其诉讼代理人发表的量刑建议、意见及理由;

(三)人民法院判处刑罚的理由和法律依据。

对于适用速裁程序审理的案件,可以简化量刑说理。

第二十六条 开庭审理的二审、再审案件的量刑程序,依照有关法律规定进行。法律没有规定的,参照本意见进行。

对于不开庭审理的二审、再审案件,审判人员在阅卷、讯问被告人、听取自诉人、辩护人、被害人及其诉讼代理人的意见时,应当注意审查量刑事实和证据。

第二十七条 对于认罪认罚案件量刑建议的提出、采纳与调整等,适用最高人民法院、最高人民检察院、公安部、国家安全部、司法部《关于适用认罪认罚从宽制度的指导意见》的有关规定。

第二十八条 本意见自 2020 年 11 月 6 日起施行。2010 年 9 月 13 日最高人民法院、最高人民检察院、公安部、国家安全部、司法部《印发〈关于规范量刑程序若干问题的意见(试行)〉的通知》(法发〔2010〕35 号)同时废止。

司法适用疑难解析

关于辩护人提交书面辩护意见的问题。根据司法实践反映的问题,《刑诉法解释》第二百九十条对辩护人及时提交辩护意见作出指引性规定,明确:"辩护人应当及时将书面辩护意见提交人民法院。"需要注意的是:

（1）讨论中，有意见建议明确庭审结束后提交书面辩护意见的具体时限。经研究认为，相关情况复杂，难以对时限作出明确具体规定，实践中可以裁量把握。需要注意的是，辩论原则是审判阶段应当遵循的基本原则，辩护人庭审发表的意见都是辩护意见，庭审笔录中应予载明，而且辩护人要在庭审笔录上签名。因此，书面辩护意见仅是庭审辩护的一个补充，如果庭审中辩护人已经充分发表了辩护意见，并记录在案，庭后不提交书面辩护意见对审判人员裁判没有影响。基于此，《刑诉法解释》第二百九十条明确规定"辩护人应当及时将书面辩护意见提交人民法院"。对于经人民法院告知后仍不提交辩护意见的，以当庭发表的意见为准。

（2）关于书面辩护意见与当庭发表的意见不一致的处理问题，存在不同意见：①有意见认为，辩护意见与当庭发表的意见存在实质性差异的，以当庭发表的意见为准。理由是：考虑到庭审中心主义、庭审实质化和公开审理的要求，当庭发表的意见经控辩双方质证、辩论，更能体现以审判为中心的刑事诉讼制度改革要求。明确以当庭发表的意见为准，可以促使辩护人庭前认真准备、庭上充分辩护。而且，认可在庭后提交与当庭发表意见差异较大的书面辩护意见，还可能带来需要二次开庭等一系列问题，浪费司法资源。②另有意见认为，应当以庭后提交的书面辩护意见为准，理由是：刑事审判应当坚持实体正义优先的原则，对于庭后提交的书面辩护意见与当庭发表意见不一致，但言之有理的，则应当采信书面辩护意见。必要时，可以通过庭外听取控辩双方意见或者二次开庭加以解决，不宜以节约司法资源为由对合理的书面辩护意见"视而不见"。

经研究认为，此种情形下，既有书面辩护意见，也有当庭发表意见，不宜简单"一刀切"，宜根据具体情况作出妥善处理。原则上应当以当庭发表的意见为准，但是，如果当庭发表的意见明显不妥当，书面辩护意见确有道理的，也可以采纳书面辩护意见。在裁判文书中，可以客观反映辩护意见的前后变化。鉴于相关问题比较复杂，未作统一规定，交由司法实践裁量处理。

（3）征求意见过程中，有意见提出，二审案件存在大量不开庭审理的情况，建议增加规定在指定日期提交辩护意见，以提升诉讼效率，有效维护辩护权。经研究认为，《刑诉法解释》第二百九十条规定"辩护人应当及时将书面辩护意见提交人民法院"，可以参照适用于二审不开庭的情形。据此，人民法院可以要求辩护人在指定的合理期限内提交书面辩护意见。

第一百九十九条　【违反法庭秩序的处理】在法庭审判过程中，如果诉讼参与人或者旁听人员违反法庭秩序，审判长应当警告制止。对不听制止的，可以强行带出法庭；情节严重的，处以一千元以下的罚款或者十五日以下的拘留。罚款、拘留必须经院长批准。被处罚人对罚款、拘留的决定不服的，可以向上一级人民法院申请复议。复议期间不停止执行。

对聚众哄闹、冲击法庭或者侮辱、诽谤、威胁、殴打司法工作人员或者诉讼参与人，严重扰乱法庭秩序，构成犯罪的，依法追究刑事责任。

立法沿革

1979年《刑事诉讼法》第一百一十九条规定："在法庭审判过程中，如果诉讼参与人违反法庭秩序，审判长应当警告制止；情节严重的，可以责令退出法庭或者依法追究刑事责任。"1996年《刑事诉讼法修改决定》对本条规定作了修改：一是增加对不听制止的，可以强行带出法庭的规定；二是增加情节严重的，处以一千元以下罚款或者十五日以下拘留的规定；三是增加规定被处罚人对罚款、拘留的决定不服的救济程序；四是将"情节严重的，依法追究刑事责任"修改为"对聚众哄闹、冲击法庭或者侮辱、诽谤、威胁、殴打司法工作人员或者诉讼参与人，严重扰乱法庭秩序，构成犯罪的，依法追究刑事责任"。2012年、2018年修改《刑事诉讼法》时对本条规定未作调整。

基本规范

《最高人民法院关于适用〈中华人民共和国刑事诉讼法〉的解释》（法释〔2021〕1号，自2021年3月1日起施行）

第九章　公诉案件第一审普通程序

第六节　法庭纪律与其他规定

第三百零五条　在押被告人出庭受审时，不着监管机构的识别服。

庭审期间不得对被告人使用戒具，但法庭认为其人身危险性大，可能危害法庭安全的除外。

第三百零六条①　庭审期间，全体人员应当服从法庭指挥，遵守法庭纪律，尊重司法礼仪，不得实施下列行为：

---

① 实践中，有些案件的审理不允许全体人员（包括合议庭成员、公诉人）将手机和其他电子设备带入法庭，如一些涉及国家秘密、个人隐私、商业秘密案件的审理。基于此，本条原本拟增设第四款，规定"为保障庭审顺利进行，根据具体情况，人民法院可（转下页）

（一）鼓掌、喧哗、随意走动；
（二）吸烟、进食；
（三）拨打、接听电话，或者使用即时通讯工具；
（四）对庭审活动进行录音、录像、拍照或者使用即时通讯工具等传播庭审活动；
（五）其他危害法庭安全或者扰乱法庭秩序的行为。

旁听人员不得进入审判活动区，不得随意站立、走动，不得发言和提问。

记者经许可实施第一款第四项规定的行为，应当在指定的时间及区域进行，不得干扰庭审活动。

第三百零七条 有关人员危害法庭安全或者扰乱法庭秩序的，审判长应当按照下列情形分别处理：

（一）情节较轻的，应当警告制止；根据具体情况，也可以进行训诫；
（二）训诫无效的，责令退出法庭；拒不退出的，指令法警强行带出法庭；
（三）情节严重的，报经院长批准后，可以对行为人处一千元以下的罚款或者十五日以下的拘留。

未经许可对庭审活动进行录音、录像、拍照或者使用即时通讯工具等传播庭审活动的，可以暂扣相关设备及存储介质，删除相关内容。②

有关人员对罚款、拘留的决定不服的，可以直接向上一级人民法院申请复议，也可以通过决定罚款、拘留的人民法院向上一级人民法院申请复议。通过决定罚款、拘留的人民法院申请复议的，该人民法院应当自收到复议申请之日起三日以内，将复议申请、罚款或者拘留决定书和有关事实、证据材料一并报上一级人民法院复议。复议期间，不停止决定的执行。

第三百零八条 担任辩护人、诉讼代理人的律师严重扰乱法庭秩序，被强行带出法庭或者被处以罚款、拘留，人民法院应当通报司法行政机关，并可以建

（接上页）以要求全体人员不得将手机和其他电子设备带入法庭。但是，人民法院应当妥善保管，并为公诉人、诉讼参与人参加庭审提供必要便利"，以便为司法实践裁量处理留有空间。后经讨论认为，鉴于对相关规定存在不同认识，故未予以增设。——**本评注注**

② 需要注意的问题有二：(1) "暂扣相关设备及存储介质，删除相关内容"与第一款规定的三项处理措施可以同时适用，例如，可以首先警告制止，而后删除相关内容；又如，对于拒不交出相关设备及存储介质的，可以视情责令退出法庭、强行带出法庭、罚款或者拘留。(2) 未经许可对庭审活动进行录音、录像、拍照或者使用移动通讯工具等传播庭审活动的，通常应当要求其自行删除相关内容，不配合的，可以暂扣相关设备及存储介质，强行删除相关内容。——**本评注注**

议依法给予相应处罚。

第三百零九条 实施下列行为之一,危害法庭安全或者扰乱法庭秩序,构成犯罪的,依法追究刑事责任:

(一)非法携带枪支、弹药、管制刀具或者爆炸性、易燃性、毒害性、放射性以及传染病病原体等危险物质进入法庭;

(二)哄闹、冲击法庭;

(三)侮辱、诽谤、威胁、殴打司法工作人员或者诉讼参与人;

(四)毁坏法庭设施,抢夺、损毁诉讼文书、证据;

(五)其他危害法庭安全或者扰乱法庭秩序的行为。

第三百一十条 辩护人严重扰乱法庭秩序,被责令退出法庭、强行带出法庭或者被处以罚款、拘留,被告人自行辩护的,庭审继续进行;被告人要求另行委托辩护人,或者被告人属于应当提供法律援助情形的,应当宣布休庭。

辩护人、诉讼代理人被责令退出法庭、强行带出法庭或者被处以罚款后,具结保证书,保证服从法庭指挥、不再扰乱法庭秩序的,经法庭许可,可以继续担任辩护人、诉讼代理人。

辩护人、诉讼代理人具有下列情形之一的,不得继续担任同一案件的辩护人、诉讼代理人:

(一)擅自退庭的;

(二)无正当理由不出庭或者不按时出庭,严重影响审判顺利进行的;

(三)被拘留或者具结保证书后再次被责令退出法庭、强行带出法庭的。

另,第三百一十一条至第三百一十三条对审判过程中更换辩护人的有关问题作了规定。(→参见第四十五条所附"基本规范",第338—339页)

其他规范

《最高人民法院、最高人民检察院、公安部、国家安全部、司法部关于推进以审判为中心的刑事诉讼制度改革的意见》(法发〔2016〕18号)第十九条要求当事人、诉讼参与人和旁听人员遵守法庭纪律。(→参见第三编"审判"标题下所附"其他规范",第1255页)

《最高人民法院、司法部关于依法保障律师诉讼权利和规范律师参与庭审活动的通知》(司发通〔2018〕36号)

各省、自治区、直辖市高级人民法院、司法厅(局),新疆维吾尔自治区高级人民法院生产建设兵团分院、新疆生产建设兵团司法局:

为进一步保障律师诉讼权利,规范律师参与庭审活动,充分发挥律师维护当事

人合法权益、维护法律正确实施和司法公正的职能作用,现就有关事项通知如下:

一、各级人民法院及其工作人员要尊重和保障律师诉讼权利,严格执行法定程序,平等对待诉讼各方,合理分配各方发问、质证、陈述和辩论、辩护的时间,充分听取律师意见。对于律师在法庭上就案件事实认定和法律适用的正常发问、质证和发表的辩护代理意见,法官不随意打断或者制止;但是,攻击党和国家政治制度、法律制度的,发表的意见已在庭前会议达成一致、与案件无关或者侮辱、诽谤、威胁他人,故意扰乱法庭秩序的,审判长或者独任审判员可以根据情况予以制止。律师明显以诱导方式发问,公诉人提出异议的,审判长或者独任审判员审查确认后,可以制止。

二、律师参加庭审不得对庭审活动进行录音、录像、拍照或使用移动通信工具等传播庭审活动,不得进行其他违反法庭规则和不服从法庭指令的行为。律师对庭审活动进行录音、录像、拍照或使用移动通信工具等传播庭审活动的,人民法院可以暂扣其使用的设备及存储介质,删除相关内容。

三、法庭审理过程中,法官应当尊重律师,不得侮辱、嘲讽律师。审判长或者独任审判员认为律师在法庭审理过程中违反法庭规则、法庭纪律的,应当依法给予警告、训诫等,确有必要时可以休庭处置,除当庭攻击党和国家政治制度、法律制度等严重扰乱法庭秩序的,不采取责令律师退出法庭或者强行带出法庭措施。确需司法警察当庭对律师采取措施维持法庭秩序的,有关执法行为要规范、文明,保持必要、合理限度。律师被依法责令退出法庭、强行带出法庭或者被处以罚款后,具结保证书,保证服从法庭指令、不再扰乱法庭秩序的,经法庭许可,可以继续担任同一案件的辩护人、诉讼代理人;具有擅自退庭、无正当理由不按时出庭参加诉讼、被拘留或者具结保证书后再次被依法责令退出法庭、强行带出法庭的,不得继续担任同一案件的辩护人、诉讼代理人。人民法院应当对庭审活动进行全程录像或录音,对律师在庭审活动中违反法定程序的情形应当记录在案。

四、律师认为法官在审判过程中有违法违规行为的,可以向相关人民法院或其上一级人民法院监察部门投诉、举报,人民法院应当依法作出处理并及时将处理情况答复律师本人,同时通报当地司法行政机关、律师协会。对社会高度关注的,应当公布结果。律师认为法官侵犯其诉讼权利的,应当在庭审结束后,向司法行政机关、律师协会申请维护执业权利,不得以维权为由干扰庭审的正常进行,不得通过网络以自己名义或通过其他人、媒体发表声明、公开信、敦促书等炒作案件。

五、人民法院认为律师有违法违规行为的,应当向司法行政机关、律师协会提出司法建议,并移交庭审录音录像、庭审记录等相关证据材料。对需要进一步调查核实的,应配合、协助司法行政机关、律师协会有关调查取证工作。司法行政机关、律师协会接到当事人投诉举报、人民法院司法建议书的,应当及时立案调查,对违法违规的要依法依规作出行政处罚或行业惩戒。处理结果应当及时书面告知当事人、人民法院。对公开谴责以上行业惩戒和行政处罚的决定一律向社会公开披露,各地司法行政机关、律师协会主动发现律师违法违规行为的,要及时立案查处。

六、司法行政机关应当会同人民法院、律师协会建立分级分类处理机制。对于发生在当地的律师维权和违法违规事件,由所在地人民法院、司法行政机关按有关要求依法及时作出处理,能即时纠正的应当依法立即纠正。对于跨区域的律师维权和违法违规事件,行为发生地司法行政机关发现律师涉嫌违法违规执业的,应当向注册地司法行政机关提出处罚意见和建议,注册地司法行政机关收到意见建议后应当立案调查,并将查处结果反馈行为发生地司法行政机关。行为发生地司法行政机关不同意处罚意见的,应当报共同上级司法行政机关审查。上级司法行政机关应当对两地司法行政机关意见和相关证据材料进行审查,提出处理意见。跨省(区、市)的律师维权与违规交织等重大复杂事件,可以由司法部会同最高人民法院、全国律协,必要时商请事件发生地的省(区、市)党委政法委牵头组成联合调查组,负责事件调查处理工作。省(区、市)内跨区域重大复杂事件参照上述做法办理。

七、重大敏感复杂案件开庭审理时,根据人民法院通知,对律师具有管理监督职责的司法行政机关或律师协会应当派员旁听,进行现场指导监督。

八、各级人民法院,司法行政机关要注重发现宣传人民法院依法尊重、保障律师诉讼权利和律师尊重法庭权威,遵守庭审纪律的典型,大力表彰先进,发挥正面引领作用。同时,要通报人民法院、司法行政机关侵犯律师正当权利、处置律师违法违规行为不当以及律师违法违规执业受到处罚处分的典型,教育引导法官和律师自觉树立正确观念,彼此尊重、相互支持、相互监督,为法院依法审判、律师依法履职营造良好环境。

《最高人民法院关于人民法院司法警察依法履行职权的规定》已于2020年6月22日由最高人民法院审判委员会第1805次会议通过,现予公布,自2021年1月1日起施行。

《人民法院在线诉讼规则》(法释〔2021〕12号)**第二十四条、第二十五条、第二十八条**对在线诉讼法庭纪律等有关问题作了规定。(→参见"附则"后规范集成"在线诉讼"所附"其他规范",第2129—2130页)

第二百条 【作出判决】 在被告人最后陈述后,审判长宣布休庭,合议庭进行评议,根据已经查明的事实、证据和有关的法律规定,分别作出以下判决:

(一)案件事实清楚,证据确实、充分,依据法律认定被告人有罪的,应当作出有罪判决;

(二)依据法律认定被告人无罪的,应当作出无罪判决;

(三)证据不足,不能认定被告人有罪的,应当作出证据不足、指控的犯罪不能成立的无罪判决。

立法沿革

1979年《刑事诉讼法》第一百二十条规定:"在被告人最后陈述后,审判长宣布休庭,合议庭进行评议,根据已经查明的事实、证据和有关的法律规定,作出被告人有罪或者无罪、犯的什么罪、适用什么刑罚或者免除刑罚的判决。"1996年《刑事诉讼法修改决定》对本条规定作了修改,进一步明确有罪判决和无罪判决的具体情形。2012年、2018年修改《刑事诉讼法》时对本条规定未作调整。

基本规范

《最高人民法院关于适用〈中华人民共和国刑事诉讼法〉的解释》(法释〔2021〕1号,自2021年3月1日起施行)

第九章 公诉案件第一审普通程序

第五节 评议案件与宣告判决

第二百九十一条 被告人最后陈述后,审判长应当宣布休庭,由合议庭进行评议。

第二百九十四条 合议庭评议案件,应当根据已经查明的事实、证据和有关法律规定,在充分考虑控辩双方意见的基础上,确定被告人是否有罪、构成何罪,有无从重、从轻、减轻或者免除处罚情节,应否处以刑罚、判处何种刑罚,附带民事诉讼如何解决,查封、扣押、冻结的财物及其孳息如何处理等,并依法作出判决、裁定。

第二百九十五条① 对第一审公诉案件,人民法院审理后,应当按照下列情

---

① 需要注意的问题有二:(1)判决认定罪名与指控罪名不一致的问题。判决是人民法院依据审理查明的案件事实,依法对案件作出的实体认定,认定的主体是人民法院,因此,判决认定的罪名不受起诉指控罪名的限制,如指控的罪名是故意杀人,人民法院经审理查明被告人并不具有故意杀人的故意,而是持有故意伤害的故意,依法认定(转下页)

形分别作出判决、裁定：

（一）起诉指控的事实清楚，证据确实、充分，依据法律认定指控被告人的罪名成立的，应当作出有罪判决；

（二）起诉指控的事实清楚，证据确实、充分，但指控的罪名不当的，应当依据法律和审理认定的事实作出有罪判决；

（三）案件事实清楚，证据确实、充分，依据法律认定被告人无罪的，应当判决宣告被告人无罪；

（四）证据不足，不能认定被告人有罪的，应当以证据不足、指控的犯罪不能成立，判决宣告被告人无罪；

（五）案件部分事实清楚，证据确实、充分的，应当作出有罪或者无罪的判决；对事实不清、证据不足部分，不予认定；

（六）被告人因未达到刑事责任年龄，不予刑事处罚的，应当判决宣告被告人不负刑事责任；

（七）被告人是精神病人，在不能辨认或者不能控制自己行为时造成危害结果，不予刑事处罚的，应当判决宣告被告人不负刑事责任；被告人符合强制医疗

(接上页)被告人构成故意伤害罪。所谓不告不理、审判中立，是指不得超过起诉指控的事实认定犯罪。而此种情形下，人民法院仍然是在起诉指控事实的基础上、范围内作出判决，故并不违反不告不理、审理中立原则。如果不能变更罪名，人民法院既无法宣告无罪，又不能裁定驳回起诉或者将案件退回人民检察院，将导致案件处理陷入僵局。因此，人民法院通过审理认定的罪名与指控的罪名不一致的，应当按照审理认定的罪名作出有罪判决。需要注意的是，由于法庭审理是围绕指控的罪名进行，特别是控辩双方主要围绕指控的罪名能否成立开展辩论，因此，人民法院作出与指控的罪名不一致的有罪判决的，应当设法保障被告方的辩护权。基于这一考虑，本条第二款作了专门规定。审判实践中，人民法院拟根据审判认定的罪名作出有罪判决前，应当采取多种方式就变更罪名问题听取控辩双方的意见，既可以召集控辩双方在庭外共同听取意见，也可以在庭外分别听取控辩双方的意见。根据案件的具体情况，在案件社会影响较大、拟认定的罪名重于指控罪名等"必要时"，可以重新开庭，组织控辩双方围绕罪名确定问题进行辩论。(2)对于指控的量刑幅度与审理认定的量刑幅度不一致的，应当依照审理认定的事实、情节进行量刑。相关问题较为复杂，既涉及诉判同一原则，又涉及部分特殊规定。在起诉事实和审判事实在自然观察上是一个事实时，法院在量刑时不受指控量刑幅度的限制，否则应当受到指控事实的限制。例如，贩卖毒品，检察机关指控40克，但经审理发现同一次贩卖是50克，可以直接量刑，但如果检察机关指控40克，经审理发现除了此次贩卖以外，还有其他非法持有毒品应计入贩卖毒品数量的，检察机关未指控的，则不宜按照贩卖毒品数量大量刑。——**本评注注**

第200条

条件的,应当依照本解释第二十六章的规定进行审理并作出判决;

（八）犯罪已过追诉时效期限且不是必须追诉,或者经特赦令免除刑罚的,应当裁定终止审理;

（九）属于告诉才处理的案件,应当裁定终止审理,并告知被害人有权提起自诉;

（十）被告人死亡的,应当裁定终止审理;但有证据证明被告人无罪,经缺席审理确认无罪的,应当判决宣告被告人无罪。

对涉案财物,人民法院应当根据审理查明的情况,依照本解释第十八章的规定作出处理。

具有第一款第二项规定情形的,人民法院应当在判决前听取控辩双方的意见,保障被告人、辩护人充分行使辩护权。必要时,可以再次开庭,组织控辩双方围绕被告人的行为构成何罪及如何量刑进行辩论。

第二百九十六条 在开庭后、宣告判决前,人民检察院要求撤回起诉的,人民法院应当审查撤回起诉的理由,作出是否准许的裁定。

第二百九十七条① 审判期间,人民法院发现新的事实,可能影响定罪量刑的,或者需要补查补证的,应当通知人民检察院,由其决定是否补充、变更、追加

---

① 司法适用中需要注意的是:(1)征求意见过程中,有意见提出,实践中,人民法院往往会要求人民检察院补充、补强证据材料,但现行司法解释对于合议庭发现案件需要补充侦查的,没有相关依据启动补充侦查程序,有必要对合议庭的补充侦查建议权予以明确。对此予以明确后,也可解决控辩双方对于在审判阶段由侦查机关补充调取的证据材料的来源合法性争议。经研究认为,上述问题在司法实践中客观存在,人民法院在审理案件过程中不少情形下需要人民检察院补查补证,甚至补充侦查。基于此,《刑诉法解释》第二百九十七条第一款就人民法院发现需要补查补证情形的处理作了相应规定。需要注意的是,根据以审判为中心的刑事诉讼制度改革的要求,法院应当坚持裁判中立原则,不能成为控诉方,故《刑诉法解释》第二百九十七条第一款只是规定"通知人民检察院,由其决定是否补充、变更、追加起诉或者补充侦查",即强调人民法院要依据在案证据依法裁判,确保司法公正和中立。(2)从司法实践来看,极个别案件中,人民检察院对人民法院补充或者变更起诉的建议长时间不予回复,久拖不决。"六部委"规定第三十条专门规定:"人民法院审理公诉案件,发现有新的事实,可能影响定罪的,人民检察院可以要求补充起诉或者变更起诉,人民法院可以建议人民检察院补充起诉或者变更起诉。人民法院建议人民检察院补充起诉或者变更起诉的,人民检察院应当在七日以内回复意见。"从司法实践来看,人民检察院通常无法在七日以内作出是否补充或者变更起诉的决定,往往需要通过补充侦查后才能作出相应决定。而且,补充起诉或变更起诉,相当于（转下页）

起诉或者补充侦查。

人民检察院不同意或者在指定时间内未回复书面意见的,人民法院应当就起诉指控的事实,依照本解释第二百九十五条的规定作出判决、裁定。

第二百九十八条 对依照本解释第二百一十九条第一款第五项规定受理的案件,人民法院应当在判决中写明被告人曾被人民检察院提起公诉,因证据不足,指控的犯罪不能成立,被人民法院依法判决宣告无罪的情况;前案依照刑事诉讼法第二百条第三项规定作出的判决不予撤销。①

第三百零一条 庭审结束后、评议前,部分合议庭成员不能继续履行审判职责的,人民法院应当依法更换合议庭组成人员,重新开庭审理。

评议后、宣判前,部分合议庭成员因调动、退休等正常原因不能参加宣判,在不改变原评议结论的情况下,可以由审判本案的其他审判员宣判,裁判文书上仍署审判本案的合议庭成员的姓名。②

《**人民检察院刑事诉讼规则**》(高检发释字〔2019〕4号,自2019年12月30日起施行)

(接上页)一次全新起诉,需要重新组织开庭。因此,此种情形下,人民法院宜协调人民检察院作出建议补充侦查的回复,从而在案件重新移送人民法院后重新计算审理期限,有效避免此种情况下案件审理期限不够的问题。当然,根据《刑诉法解释》第二百九十七条第二款的规定,人民检察院不同意或者在指定时间内未回复书面意见的,人民法院应当就起诉指控的事实,依照《刑诉法解释》第二百九十五条的规定作出判决、裁定。——本评注注

① 需要注意的问题有二:(1)具体而言,对于此种情形,在裁判文书中可以表述为:"被告人×××曾于×年×月×日被××人民检察院以××罪向××人民法院提起公诉。因证据不足,指控的犯罪不能成立,被××人民法院依法判决宣告无罪。"(2)征求意见过程中,有意见认为本条规定不妥,对于同一案件不可以存在两个同时生效的相互矛盾的判决,对于已经作出判决的案件也不允许重复起诉,故对于已经生效的证据不足、指控不能成立的无罪判决,依法只能以审判监督程序加以改判。经研究认为:其一,之前是宣告无罪判决,与有罪判决不一样,不撤销对被告人没有影响。其二,之前的判决并没有错,当时确实是证据不足,作出无罪判决没有问题。其三,可以类比的是,检察机关的不起诉决定,有新证据后,可以重新起诉,也不会撤销之前的不起诉决定。——本评注注

② 需要注意的是,合议庭成员不能参加宣判的情形比较复杂,如因为辞职离开人民法院、接受监察调查或者被立案侦查等。此种情形下,宜重新组成合议庭进行审理。——本评注注

第十一章　出席法庭
第一节　出席第一审法庭

第四百二十三条　人民法院宣告判决前,人民检察院发现被告人的真实身份或者犯罪事实与起诉书中叙述的身份或者指控犯罪事实不符的,或者事实、证据没有变化,但罪名、适用法律与起诉书不一致的,可以变更起诉。发现遗漏同案犯罪嫌疑人或者罪行的,应当要求公安机关补充移送起诉或者补充侦查;对于犯罪事实清楚,证据确实、充分的,可以直接追加、补充起诉。

第四百二十四条　人民法院宣告判决前,人民检察院发现具有下列情形之一的,经检察长批准,可以撤回起诉:

(一)不存在犯罪事实的;
(二)犯罪事实并非被告人所为的;
(三)情节显著轻微、危害不大,不认为是犯罪的;
(四)证据不足或证据发生变化,不符合起诉条件的;
(五)被告人因未达到刑事责任年龄,不负刑事责任的;
(六)法律、司法解释发生变化导致不应当追究被告人刑事责任的;
(七)其他不应当追究被告人刑事责任的。

对于撤回起诉的案件,人民检察院应当在撤回起诉后三十日以内作出不起诉决定。需要重新调查或者侦查的,应当在作出不起诉决定后将案卷材料退回监察机关或者公安机关,建议监察机关或者公安机关重新调查或者侦查,并书面说明理由。

对于撤回起诉的案件,没有新的事实或者新的证据,人民检察院不得再行起诉。

新的事实是指原起诉书中未指控的犯罪事实。该犯罪事实触犯的罪名既可以是原指控罪名的同一罪名,也可以是其他罪名。

新的证据是指撤回起诉后收集、调取的足以证明原指控犯罪事实的证据。

第四百二十五条　在法庭审理过程中,人民法院建议人民检察院补充侦查、补充起诉、追加起诉或者变更起诉的,人民检察院应当审查有关理由,并作出是否补充侦查、补充起诉、追加起诉或者变更起诉的决定。人民检察院不同意的,可以要求人民法院就起诉指控的犯罪事实依法作出裁判。

第四百二十六条　变更、追加、补充或者撤回起诉应当以书面方式在判决宣告前向人民法院提出。

第四百二十八条　人民检察院应当当庭向人民法院移交取回的案卷材料和证据。在审判长宣布休庭后,公诉人应当与审判人员办理交接手续。无法当庭移交的，应当在休庭后三日以内移交。

其他规范

《最高人民法院、最高人民检察院、公安部、国家安全部、司法部关于推进以审判为中心的刑事诉讼制度改革的意见》（法发〔2016〕18号）第十五条要求严格依法裁判。（→参见第三编"审判"标题下所附"其他规范"，第1254页）

《最高人民法院、最高人民检察院、公安部、国家安全部、司法部关于办理刑事案件严格排除非法证据若干问题的规定》（法发〔2017〕15号）第三十五条就人民法院排除非法证据后依法作出裁定的有关问题作了规定。（→参见第五十六条—第六十条所附"其他规范"，第465页）

《人民法院办理刑事案件第一审普通程序法庭调查规程（试行）》（法发〔2017〕31号）第四十五条至第五十二条对认证规则的有关问题作了规定。（→参见第三编"审判"标题下所附"其他规范"，第1277—1278页）

《最高人民法院关于加强和规范裁判文书释法说理的指导意见》（法发〔2018〕10号，自2018年6月13日起施行）

为进一步加强和规范人民法院裁判文书释法说理工作，提高释法说理水平和裁判文书质量，结合审判工作实际，提出如下指导意见。

一、裁判文书释法说理的目的是通过阐明裁判结论的形成过程和正当性理由，提高裁判的可接受性，实现法律效果和社会效果的有机统一；其主要价值体现在增强裁判行为公正度、透明度，规范审判权行使，提升司法公信力和司法权威，发挥裁判的定分止争和价值引领作用，弘扬社会主义核心价值观，努力让人民群众在每一个司法案件中感受到公平正义，切实维护诉讼当事人合法权益，促进社会和谐稳定。

二、裁判文书释法说理，要阐明事理，说明裁判所认定的案件事实及其根据和理由，展示案件事实认定的客观性、公正性和准确性；要释明法理，说明裁判所依据的法律规范以及适用法律规范的理由；要讲明情理，体现法理情相协调，符合社会主流价值观；要讲究文理，语言规范，表达准确，逻辑清晰，合理运用说理技巧，增强说理效果。

三、裁判文书释法说理，要立场正确、内容合法、程序正当，符合社会主义核心价值观的精神和要求；要围绕证据审查判断、事实认定、法律适用进行说理，反映推理过程，做到层次分明；要针对诉讼主张和诉讼争点，结合庭审情况进行说理，做到有的放矢；要根据案件社会影响、审判程序、诉讼阶段等不同情况进行繁简适度的说理,简案略说,繁案精说,力求恰到好处。

四、裁判文书中对证据的认定,应当结合诉讼各方举证质证以及法庭调查核实证据等情况,根据证据规则,运用逻辑推理和经验法则,必要时使用推定和司法认知等方法,围绕证据的关联性、合法性和真实性进行全面、客观、公正的审查判断,阐明证据采纳和采信的理由。

五、刑事被告人及其辩护人提出排除非法证据申请的,裁判文书应当说明是否对证据收集的合法性进行调查、证据是否排除及其理由。民事、行政案件涉及举证责任分配或者证明标准争议的,裁判文书应当说明理由。

六、裁判文书应当结合庭审举证、质证、法庭辩论以及法庭调查核实证据等情况,重点针对裁判认定的事实或者事实争点进行释法说理。依据间接证据认定事实时,应围绕间接证据之间是否存在印证关系、是否能够形成完整的证明体系等进行说明。采用推定方法认定事实时,应当说明推定启动的原因、反驳的事实和理由,阐释裁断的形成过程。

七、诉讼各方对案件法律适用无争议且法律含义不需要阐明的,裁判文书应当集中围绕裁判内容和尺度进行释法说理。诉讼各方对案件法律适用存有争议或者法律含义需要阐明的,法官应当逐项回应法律争议焦点并说明理由。法律适用存在法律规范竞合或者冲突的,裁判文书应当说明选择的理由。民事案件没有明确的法律规定作为裁判直接依据的,法官应当首先寻找最相类似的法律规定作出裁判;如果没有最相类似的法律规定,法官可以依据习惯、法律原则、立法目的等作出裁判,并合理运用法律方法对裁判依据进行充分论证和说理。法官行使自由裁量权处理案件时,应当坚持合法、合理、公正和审慎的原则,充分论证运用自由裁量权的依据,并阐明自由裁量所考虑的相关因素。

八、下列案件裁判文书,应当强化释法说理:疑难、复杂案件;诉讼各方争议较大的案件;社会关注度较高、影响较大的案件;宣告无罪、判处法定刑以下刑罚、判处死刑的案件;行政诉讼中对被诉行政行为所依据的规范性文件一并进行审查的案件;判决变更行政行为的案件;新类型或者可能成为指导性案例的案件;抗诉案件;二审改判或者发回重审的案件;重审案件;再审案件;其他需要强化说理的案件。

九、下列案件裁判文书,可以简化释法说理:适用民事简易程序、小额诉讼程序审理的案件;适用民事特别程序、督促程序及公示催告程序审理的案件;适用刑事速裁程序、简易程序审理的案件;当事人达成和解协议的轻微刑事案件;适用行政简易程序审理的案件;适用普通程序审理但是诉讼各方争议不大的案件;其他适宜简化说理的案件。

十、二审或者再审裁判文书应当针对上诉、抗诉、申请再审的主张和理由强化释法说理。二审或者再审裁判文书认定的事实与一审或者原审不同的，或者认为一审、原审认定事实不清、适用法律错误的，应当在查清事实、纠正法律适用错误的基础上进行有针对性的说理；针对一审或者原审已经详尽阐述理由且诉讼各方无争议或者无新证据、新理由的事项，可以简化释法说理。

十一、制作裁判文书应当遵循《人民法院民事裁判文书制作规范》《民事申请再审诉讼文书样式》《涉外商事海事裁判文书写作规范》《人民法院破产程序法律文书样式(试行)》《民事简易程序诉讼文书样式(试行)》《人民法院刑事诉讼文书样式》《行政诉讼文书样式(试行)》《人民法院国家赔偿案件文书样式》等规定的技术规范标准，但是可以根据案件情况合理调整事实认定和说理部分的体例结构。

十二、裁判文书引用规范性法律文件进行释法说理，应当适用《最高人民法院关于裁判文书引用法律、法规等规范性法律文件的规定》等相关规定，准确、完整地写明规范性法律文件的名称、条款项序号；需要加注引号引用条文内容的，应当表述准确和完整。

十三、除依据法律法规、司法解释的规定外，法官可以运用下列论据论证裁判理由，以提高裁判结论的正当性和可接受性：最高人民法院发布的指导性案例；最高人民法院发布的非司法解释类审判业务规范性文件；公理、情理、经验法则、交易惯例、民间规约、职业伦理；立法说明等立法材料；采取历史、体系、比较等法律解释方法时使用的材料；法理及通行学术观点；与法律、司法解释等规范性法律文件不相冲突的其他论据。

十四、为便于释法说理，裁判文书可以选择采用下列适当的表达方式：案情复杂的，采用列明裁判要点的方式；案件事实或数额计算复杂的，采用附表的方式；裁判内容用附图的方式更容易表达清楚的，采用附图的方式；证据过多的，采用附录的方式呈现构成证据链的全案证据或证据目录；采用其他附件方式。

十五、裁判文书行文应当规范、准确、清楚、朴实、庄重、凝练，一般不得使用方言、俚语、土语、生僻词语、古旧词语、外语；特殊情形必须使用的，应当注明实际含义。裁判文书释法说理应当避免使用主观臆断的表达方式、不恰当的修辞方法和学术化的写作风格，不得使用贬损人格尊严、具有强烈感情色彩、明显有违常识常理常情的用语，不能未经分析论证而直接使用"没有事实及法律依据，本院不予支持"之类的表述作为结论性论断。

十六、各级人民法院应当定期收集、整理和汇编辖区内法院具有指导意义的优秀裁判文书,充分发挥典型案例释法说理的引导、规范和教育功能。

十七、人民法院应当将裁判文书的制作和释法说理作为考核法官业务能力和审判质效的必备内容,确立为法官业绩考核的重要指标,纳入法官业绩档案。

十八、最高人民法院建立符合裁判文书释法说理规律的统一裁判文书质量评估体系和评价机制,定期组织裁判文书释法说理评查活动,评选发布全国性的优秀裁判文书,通报批评瑕疵裁判文书,并作为监督指导地方各级人民法院审判工作的重要内容。

十九、地方各级人民法院应当将裁判文书释法说理作为裁判文书质量评查的重要内容,纳入年度常规性工作之中,推动建立第三方开展裁判文书质量评价活动。

二十、各级人民法院可以根据本指导意见,结合实际制定刑事、民事、行政、国家赔偿、执行等裁判文书释法说理的实施细则。

二十一、本指导意见自2018年6月13日起施行。

《最高人民法院关于建立法律适用分歧解决机制的实施办法》(法发〔2019〕23号,自2019年10月28日起施行)

为统一法律适用和裁判尺度,树立与维护人民法院裁判的公信力,根据《中华人民共和国法院组织法》和《最高人民法院关于完善人民法院司法责任制的若干意见》,结合人民法院工作实际,制定本办法。

第一条 最高人民法院审判委员会(以下简称审委会)是最高人民法院法律适用分歧解决工作的领导和决策机构。

最高人民法院审判管理办公室(以下简称审管办)、最高人民法院各业务部门和中国应用法学研究所(以下简称法研所)根据法律适用分歧解决工作的需要,为审委会决策提供服务与决策参考,并负责贯彻审委会的决定。

第二条 最高人民法院各业务部门、各高级人民法院、各专门人民法院在案件审理与执行过程中,发现存在以下情形的,应当向审管办提出法律适用分歧解决申请:

(一)最高人民法院生效裁判之间存在法律适用分歧的;

(二)在审案件作出的裁判结果可能与最高人民法院生效裁判确定的法律适用原则或者标准存在分歧的。

第三条 法研所在组织人民法院类案同判专项研究中,发现最高人民法院生效裁判之间存在法律适用分歧的,应当向审管办提出法律适用分歧解决申请。

第四条 提出法律适用分歧解决申请,应当包括以下材料:

(一)法律适用分歧解决申请书。申请书中应当提炼、总结存在法律适用分歧的法律问题;

(二)存在法律适用分歧的最高人民法院裁判文书或者案号;

(三)其他需要提交的材料。

材料中含有在审案件的,应当隐去当事人及其他可能影响案件公正审理的信息。

第五条 审管办收到法律适用分歧解决申请后,应当及时进行审查。符合立项条件的,应当立项并将有关材料送交法研所。

第六条 法研所收到审管办送交的材料后,应当在五个工作日内对申请书中涉及的法律适用分歧问题进行研究,形成初审意见后送交审管办。

第七条 审管办收到法研所送交的初审意见后,应当按照最高人民法院审判执行工作职能分工,将初审意见送交相应业务部门进行复审。

第八条 最高人民法院相应业务部门收到上述材料后,应当及时组织研究,形成复审意见后送交审管办。必要时可以组织专家进行论证。

第九条 审管办收到业务部门的复审意见后,应当及时报请院领导提请审委会就法律适用分歧问题进行讨论。

第十条 审委会对法律适用分歧问题进行讨论,作出决定后,审管办应当及时将决定反馈给法律适用分歧解决申请报送单位,并按照该法律适用分歧问题及决定的性质提出发布形式与发布范围的意见,报经批准后予以落实。

第十一条 审委会关于法律适用分歧作出的决定,最高人民法院各业务部门、地方各级人民法院、各专门人民法院在审判执行工作中应当参照执行。

第十二条 本办法自2019年10月28日起施行。

《最高人民法院关于统一法律适用加强类案检索的指导意见(试行)》(法发〔2020〕24号,自2020年7月31日起试行)

为统一法律适用,提升司法公信力,结合审判工作实际,就人民法院类案检索工作提出如下意见。

一、本意见所称类案,是指与待决案件在基本事实、争议焦点、法律适用问题等方面具有相似性,且已经人民法院裁判生效的案件。

二、人民法院办理案件具有下列情形之一,应当进行类案检索:

(一)拟提交专业(主审)法官会议或者审判委员会讨论的;

(二)缺乏明确裁判规则或者尚未形成统一裁判规则的;

(三)院长、庭长根据审判监督管理权限要求进行类案检索的;

(四)其他需要进行类案检索的。

三、承办法官依托中国裁判文书网、审判案例数据库等进行类案检索,并对检索的真实性、准确性负责。

四、类案检索范围一般包括：

（一）最高人民法院发布的指导性案例；

（二）最高人民法院发布的典型案例及裁判生效的案件；

（三）本省（自治区、直辖市）高级人民法院发布的参考性案例及裁判生效的案件；

（四）上一级人民法院及本院裁判生效的案件。

除指导性案例以外，优先检索近三年的案例或者案件；已经在前一顺位中检索到类案的，可以不再进行检索。

五、类案检索可以采用关键词检索、法条关联案件检索、案例关联检索等方法。

六、承办法官应当将待决案件与检索结果进行相似性识别和比对，确定是否属于类案。

七、对本意见规定的应当进行类案检索的案件，承办法官应当在合议庭评议、专业（主审）法官会议讨论及审理报告中对类案检索情况予以说明，或者制作专门的类案检索报告，并随案归档备查。

八、类案检索说明或者报告应当客观、全面、准确，包括检索主体、时间、平台、方法、结果，类案裁判要点以及待决案件争议焦点等内容，并对是否参照或者参考类案等结果运用情况予以分析说明。

九、检索到的类案为指导性案例的，人民法院应当参照作出裁判，但与新的法律、行政法规、司法解释相冲突或者为新的指导性案例所取代的除外。

检索到其他类案的，人民法院可以作为作出裁判的参考。

十、公诉机关、案件当事人及其辩护人、诉讼代理人等提交指导性案例作为控（诉）辩理由的，人民法院应当在裁判文书说理中回应是否参照并说明理由；提交其他类案作为控（诉）辩理由的，人民法院可以通过释明等方式予以回应。

十一、检索到的类案存在法律适用不一致的，人民法院可以综合法院层级、裁判时间、是否经审判委员会讨论等因素，依照《最高人民法院关于建立法律适用分歧解决机制的实施办法》等规定，通过法律适用分歧解决机制予以解决。

十二、各级人民法院应当积极推进类案检索工作，加强技术研发和应用培训，提升类案推送的智能化、精准化水平。

各高级人民法院应当充分运用现代信息技术，建立审判案例数据库，为全国统一、权威的审判案例数据库建设奠定坚实基础。

十三、各级人民法院应当定期归纳整理类案检索情况，通过一定形式在本院或者辖区法院公开,供法官办案参考,并报上一级人民法院审判管理部门备案。

十四、本意见自 2020 年 7 月 31 日起试行。

《最高人民法院关于完善统一法律适用标准工作机制的意见》(法发〔2020〕35 号,节录)

为统一法律适用标准,保证公正司法,提高司法公信力,加快推进审判体系和审判能力现代化,结合人民法院工作实际,制定本意见。

一、统一法律适用标准的意义和应当坚持的原则(略)

二、加强司法解释和案例指导工作

3. 发挥司法解释统一法律适用标准的重要作用。司法解释是中国特色社会主义司法制度的重要组成部分,是最高人民法院的一项重要职责。对审判工作中具体应用法律问题,特别是对法律规定不够具体明确而使理解执行出现困难、情况变化导致案件处理依据存在不同理解、某一类具体案件裁判尺度不统一等问题,最高人民法院应当加强调查研究,严格依照法律规定及时制定司法解释。涉及人民群众切身利益或重大疑难问题的司法解释,应当向社会公开征求意见。进一步规范司法解释制定程序,健全调研、立项、起草、论证、审核、发布、清理和废止机制,完善归口管理和报备审查机制。

4. 加强指导性案例工作。最高人民法院发布的指导性案例,对全国法院审判、执行工作具有指导作用,是总结审判经验、统一法律适用标准、提高审判质量、维护司法公正的重要措施。各级人民法院应当从已经发生法律效力的裁判中,推荐具有统一法律适用标准和确立规则意义的典型案例,经最高人民法院审判委员会讨论确定,统一发布。指导性案例不直接作为裁判依据援引,但对正在审理的类似案件具有参照效力。进一步健全指导性案例报送、筛选、发布、编纂、评估、应用和清理机制,完善将最高人民法院裁判转化为指导性案例工作机制,增强案例指导工作的规范性、针对性、时效性。

5. 发挥司法指导性文件和典型案例的指导作用。司法指导性文件、典型案例对于正确适用法律、统一裁判标准、实现裁判法律效果和社会效果统一具有指导和调节作用。围绕贯彻落实党和国家政策与经济社会发展需要,最高人民法院及时出台司法指导性文件,为新形势下人民法院工作提供业务指导和政策指引。针对经济社会活动中具有典型意义及较大影响的法律问题,或者人民群众广泛关注的热点问题,及时发布典型案例,树立正确价值导向,传播正确司法理念,规范司法裁判活动。

三、建立健全最高人民法院法律适用问题解决机制

6. 建立全国法院法律适用问题专门平台。最高人民法院建立重大法律适用

问题发现与解决机制,加快形成上下贯通、内外结合、系统完备、规范高效的法律适用问题解决体系,及时组织研究和解决各地存在的法律适用标准不统一问题。充分发挥专家学者在统一法律适用标准中的咨询作用,积极开展专家咨询论证工作,通过组织召开统一法律适用标准问题研讨会等方式,搭建人大代表、政协委员、专家学者、行业代表等社会各界广泛参与的平台,总结归纳分歧问题,研究提出参考意见,为审判委员会统一法律适用标准提供高质量的辅助和参考。

7. 健全法律适用分歧解决机制。审判委员会是最高人民法院法律适用分歧解决工作的集体领导和决策机构,最高人民法院各业务部门、审判管理办公室和中国应用法学研究所根据法律适用分歧解决工作需要,为审判委员会决策提供服务和决策参考。进一步优化法律适用分歧的申请、立项、审查和研究工作机制,对于最高人民法院生效裁判之间存在法律适用分歧或者在审案件作出的裁判结果可能与生效裁判确定的法律适用标准存在分歧的,应当依照《最高人民法院关于建立法律适用分歧解决机制的实施办法》提请解决。

四、完善高级人民法院统一法律适用标准工作机制

8. 规范高级人民法院审判指导工作。各高级人民法院可以通过发布办案指导文件和参考性案例等方式总结审判经验、统一裁判标准。各高级人民法院发布的办案指导文件、参考性案例应当符合宪法、法律规定,不得与司法解释、指导性案例相冲突。各高级人民法院应当建立办案指导文件、参考性案例长效工作机制,定期组织清理,及时报送最高人民法院备案,切实解决不同地区法律适用、办案标准的不合理差异问题。

9. 建立高级人民法院法律适用分歧解决机制。各高级人民法院应当参照最高人民法院做法,建立本辖区法律适用分歧解决机制,研究解决本院及辖区内法院案件审理中的法律适用分歧。各中级、基层人民法院发现法律适用标准不统一问题,经研究无法达成一致意见的,应当层报高级人民法院,超出高级人民法院辖区范围的,应当及时报送最高人民法院研究解决。

五、强化审判组织统一法律适用标准的法定职责

10. 强化独任法官、合议庭正确适用法律职责。各级人民法院应当全面落实司法责任制,充分发挥独任法官、合议庭等审判组织在统一法律适用标准中的基础作用。独任法官、合议庭应当严格遵守司法程序,遵循证据规则,正确运用法律解释方法,最大限度降低裁量风险,避免法律适用分歧。发现将要作出的裁判与其他同类案件裁判不一致的,应当及时提请专业法官会议研究。合议庭应当将统一法律适用标准情况纳入案件评议内容,健全完善评议规则,确保合议庭成员平等行权、集思广益、民主决策、共同负责。

11. 发挥审判委员会统一法律适用标准职责。完善审判委员会议事规则和议事程序,充分发挥民主集中制优势,强化审判委员会统一法律适用标准的重要作用。审判委员会应当着重对下列案件,加强法律适用标准问题的研究总结:(1)涉及法律适用标准问题的重大、疑难、复杂案件;(2)存在法律适用分歧的案件;(3)独任法官、合议庭在法律适用标准问题上与专业法官会议咨询意见不一致的案件;(4)拟作出裁判与本院或者上级法院同类案件裁判可能发生冲突的案件。审判委员会应当及时总结提炼相关案件的法律适用标准,确保本院及辖区内法院审理同类案件时裁判标准统一。

六、落实院庭长统一法律适用标准的监督管理职责

12. 明确和压实院庭长监督管理职责。院庭长应当按照审判监督管理权限,加强审判管理和业务指导,确保法律适用标准统一。通过主持或参加专业法官会议,推动专业法官会议在统一法律适用标准上充分发挥专业咨询作用,定期组织研究独任法官、合议庭审理意见与专业法官会议咨询意见、审判委员会决定不一致的案件,为统一法律适用标准总结经验。及时指导法官对审理意见长期与专业法官会议咨询意见、审判委员会决定意见不一致的案件进行分析,促进法官提高统一法律适用标准能力,防止裁判不公和司法不廉。推动院庭长审判监督管理职责与审判组织审判职能、专业法官会议咨询职能、审判委员会决策职能有机衔接、有效运行,形成统一法律适用标准的制度机制体系。

13. 加强对"四类案件"的监督管理。院庭长应当对《最高人民法院关于完善人民法院司法责任制的若干意见》规定的"四类案件"加强监督管理,及时发现已决或待决案件中存在的法律适用标准不统一问题,依照程序采取改变审判组织形式、增加合议庭成员、召集专业法官会议、建议或决定将案件提交审判委员会讨论等举措,及时解决法律适用分歧。院庭长可以担任审判长或承办人审理"四类案件",依照职权主持或者参加审判委员会讨论决定"四类案件",在审判组织中促进实现法律适用标准统一。

七、充分发挥审判管理在统一法律适用标准上的作用

14. 加强和规范审判管理工作。各级人民法院应当完善审判管理机制,构建全面覆盖、科学规范、监管有效的审判管理制度体系。审判管理部门在履行流程管理、质量评查等审判管理职责时,对于发现的重大法律适用问题应当及时汇总报告,积极辅助审判委员会、院庭长研究解决统一法律适用标准问题。

15. 将统一法律适用标准作为审判管理的重点。各级人民法院应当加强审判质量管理,完善评查方法和评查标准,将统一法律适用标准情况纳入案件质量评查指标体系。对于可能存在背离法律、司法解释、指导性案例所确定裁判规则等情形的,承办法官应当向案件评查委员会说明理由。对信访申诉、长期未结、二审改判、发回重审、指令再审、抗诉再审案件的审判管理中发现法律适用标准不统一问题的,应当及时提请院庭长和审判委员会研究解决。

八、充分发挥审级制度和审判监督程序统一法律适用标准的作用

16. 发挥审级监督体系作用。强化最高人民法院统一裁判尺度、监督公正司法的职能。加强上级法院对下级法院的审级监督指导,建立健全改判、发回重审、指令再审案件的跟踪督办、异议反馈制度,完善分析研判和定期通报机制。充分发挥二审程序解决法律争议的作用,在二审程序中依法对法律适用问题进行审查,对属于当事人意思自治范围内的法律适用问题,应当充分尊重当事人的选择;对影响司法公正的法律适用标准不统一问题,应当根据当事人诉求或者依职权予以纠正。

17. 充分发挥审判监督程序依法纠错作用。生效案件存在法律适用标准不统一问题的,应当正确处理审判监督程序与司法裁判稳定性的关系,区分案件情况,根据当事人请求或者依法启动院长发现程序,对法律适用确有错误的案件提起再审。人民检察院提出检察建议、抗诉等法律监督行为,涉及法律适用标准不统一问题的,应当依法处理,必要时提请审判委员会讨论决定。

九、完善类案和新类型案件强制检索报告工作机制

18. 规范和完善类案检索工作。按照《最高人民法院关于统一法律适用加强类案检索的指导意见(试行)》要求,承办法官应当做好类案检索和分析。对于拟提交专业法官会议或者审判委员会讨论决定的案件、缺乏明确裁判规则或者尚未形成统一裁判规则的案件、院庭长根据审判监督管理权限要求进行类案检索的案件,应当进行类案检索。对于应当类案检索的案件,承办法官应当在合议庭评议、专业法官会议讨论及审理报告中对类案检索情况予以说明,或者制作类案检索报告,并随案流转归档备查。

19. 规范类案检索结果运用。法官在类案检索时,检索到的类案为指导性案例的,应当参照作出裁判,但与新的法律、行政法规、司法解释相冲突或者为新的指导性案例所取代的除外;检索到其他类案的,可以作为裁判的参考;检索到的类案存在法律适用标准不统一的,可以综合法院层级、裁判时间、是否经审判委员会讨论决定等因素,依照法律适用分歧解决机制予以解决。各级人民法院应当定期归纳整理类案检索情况,通过一定形式在本院或者辖区内法院公开,供法官办案参考。

十、强化对统一法律适用标准的科技支撑和人才保障

20. 加强统一法律适用标准的技术支撑。各级人民法院应当深化智慧法院建设,为统一法律适用标准提供信息化保障。最高人民法院加快建设以司法大数据管理和服务平台为基础的智慧数据中台,完善类案智能化推送和审判支持系统,加强类案同判规则数据库和优秀案例分析数据库建设,为审判人员办案提供裁判规则和参考案例,为院庭长监督管理提供同类案件大数据报告,为审判委员会讨论决定案件提供决策参考。各级人民法院应当充分利用中国裁判文书网、"法信"、中国应用法学数字化服务系统等平台,加强案例分析与应用,提高法官熟练运用信息化手段开展类案检索和案例研究的能力。

21.加强对审判人员法律适用能力的培养。各级人民法院应当加大对审判人员政治素质和业务能力的培训力度,强化与统一法律适用标准相关的法律解释、案例分析、类案检索、科技应用等方面能力的培养,全面提高审判人员统一法律适用标准的意识和能力。

《最高人民法院关于深入推进社会主义核心价值观融入裁判文书释法说理的指导意见》(法〔2021〕21号,节录)

三、各级人民法院应当坚持以事实为根据,以法律为准绳。在释法说理时,应当针对争议焦点,根据庭审举证、质证、法庭辩论以及法律调查等情况,结合社会主义核心价值观,重点说明裁判事实认定和法律适用的过程和理由。

四、下列案件的裁判文书,应当强化运用社会主义核心价值观释法说理:

(一)涉及国家利益、重大公共利益,社会广泛关注的案件;

(二)涉及疫情防控、抢险救灾、英烈保护、见义勇为、正当防卫、紧急避险、助人为乐等,可能引发社会道德评价的案件;

(三)涉及老年人、妇女、儿童、残疾人等弱势群体以及特殊群体保护,诉讼各方存在较大争议且可能引发社会广泛关注的案件;

(四)涉及公序良俗、风俗习惯、权利平等、民族宗教等,诉讼各方存在较大争议且可能引发社会广泛关注的案件;

(五)涉及新情况、新问题,需要对法律规定、司法政策等进行深入阐释,引领社会风尚、树立价值导向的案件;

(六)其他应当强化运用社会主义核心价值观释法说理的案件。

五、有规范性法律文件作为裁判依据的,法官应当结合案情,先行释明规范性法律文件的相关规定,再结合法律原意,运用社会主义核心价值观进一步明晰法律内涵、阐明立法目的、论述裁判理由。

七、案件涉及多种价值取向的,法官应当依据立法精神、法律原则、法律规定以及社会主义核心价值观进行判断、权衡和选择,确定适用于个案的价值取向,并在裁判文书中详细阐明依据及其理由。

八、刑事诉讼中的公诉人、当事人、辩护人、诉讼代理人和民事、行政诉讼中的当事人、诉讼代理人等在诉讼文书中或在庭审中援引社会主义核心价值观作为诉辩理由的,人民法院一般应当采用口头反馈、庭审释明等方式予以回应;属于本意见第四条规定的案件的,人民法院应当在裁判文书中明确予以回应。

九、深入推进社会主义核心价值观融入裁判文书释法说理应当正确运用解释方法:

(一)运用文义解释的方法,准确解读法律规定所蕴含的社会主义核心价值观的精神内涵,充分说明社会主义核心价值观在个案中的内在要求和具体语境。

(二)运用体系解释的方法,将法律规定与中国特色社会主义法律体系、社会主义核心价值体系联系起来,全面系统分析法律规定的内涵,正确理解和适用法律。

(三)运用目的解释的方法,以社会发展方向及立法目的为出发点,发挥目的解释的价值作用,使释法说理与立法目的、法律精神保持一致。

(四)运用历史解释的方法,结合现阶段社会发展水平,合理判断、有效平衡司法裁判的政治效果、法律效果和社会效果,推动社会稳定、可持续发展。

十、裁判文书释法说理应当使用简洁明快、通俗易懂的语言,讲求繁简得当,丰富修辞论证,提升语言表达和释法说理的接受度和认可度。

十三、对于本意见第四条规定的案件,根据审判管理相关规定,需要提交专业法官会议或审判委员会讨论的,法官应当重点说明运用社会主义核心价值观释法说理的意见。

第二百零一条 【认罪认罚案件对指控罪名和量刑建议的采纳原则和例外】对于认罪认罚案件,人民法院依法作出判决时,一般应当采纳人民检察院指控的罪名和量刑建议,但有下列情形的除外:

(一)被告人的行为不构成犯罪或者不应当追究其刑事责任的;

(二)被告人违背意愿认罪认罚的;

(三)被告人否认指控的犯罪事实的;

(四)起诉指控的罪名与审理认定的罪名不一致的;

(五)其他可能影响公正审判的情形。

人民法院经审理认为量刑建议明显不当,或者被告人、辩护人对量刑建议提出异议的,人民检察院可以调整量刑建议。人民检察院不调整量刑建议或者调整量刑建议后仍然明显不当的,人民法院应当依法作出判决。

立法沿革

本条系2018年《刑事诉讼法修改决定》增加的规定。

基本规范

《最高人民法院关于适用〈中华人民共和国刑事诉讼法〉的解释》（法释〔2021〕1号，自2021年3月1日起施行）

第十二章　认罪认罚案件的审理

第三百四十七条　刑事诉讼法第十五条规定的"认罪"，是指犯罪嫌疑人、被告人自愿如实供述自己的罪行，对指控的犯罪事实没有异议。

刑事诉讼法第十五条规定的"认罚"，是指犯罪嫌疑人、被告人真诚悔罪，愿意接受处罚。

被告人认罪认罚的，可以依照刑事诉讼法第十五条的规定，在程序上从简、实体上从宽处理。

第三百四十八条　对认罪认罚案件，应当根据案件情况，依法适用速裁程序、简易程序或者普通程序审理。

第三百四十九条　对人民检察院提起公诉的认罪认罚案件，人民法院应当重点审查以下内容：

（一）人民检察院讯问犯罪嫌疑人时，是否告知其诉讼权利和认罪认罚的法律规定；

（二）是否随案移送听取犯罪嫌疑人、辩护人或者值班律师、被害人及其诉讼代理人意见的笔录；

（三）被告人与被害人达成调解、和解协议或者取得被害人谅解的，是否随案移送调解、和解协议、被害人谅解书等相关材料；

（四）需要签署认罪认罚具结书的，是否随案移送具结书。

未随案移送前款规定的材料的，应当要求人民检察院补充。

第三百五十条　人民法院应当将被告人认罪认罚作为其是否具有社会危险性的重要考虑因素。被告人罪行较轻，采用非羁押性强制措施足以防止发生社会危险性的，应当依法适用非羁押性强制措施。

第三百五十一条　对认罪认罚案件，法庭审理时应当告知被告人享有的诉讼权利和认罪认罚的法律规定，审查认罪认罚的自愿性和认罪认罚具结书内容的真实性、合法性。

第三百五十二条　对认罪认罚案件，人民检察院起诉指控的事实清楚，但指控的罪名与审理认定的罪名不一致的，人民法院应当听取人民检察院、被告人及其辩护人对审理认定罪名的意见,依法作出判决。

第三百五十三条① 对认罪认罚案件,人民法院经审理认为量刑建议明显不当,或者被告人、辩护人对量刑建议提出异议的,人民检察院可以调整量刑建议。人民检察院不调整或者调整后仍然明显不当的,人民法院应当依法作出判决。

适用速裁程序审理认罪认罚案件,需要调整量刑建议的,应当在庭前或者当庭作出调整;调整量刑建议后,仍然符合速裁程序适用条件的,继续适用速裁程序审理。

第三百五十四条 对量刑建议是否明显不当,应当根据审理认定的犯罪事实、认罪认罚的具体情况,结合相关犯罪的法定刑、类似案件的刑罚适用等作出审查判断。

第三百五十五条② 对认罪认罚案件,人民法院一般应当对被告人从轻处罚;符合非监禁刑适用条件的,应当适用非监禁刑;具有法定减轻处罚情节的,可

---

① 需要注意的问题有二:(1)考虑到被告人、辩护人对量刑建议提出异议的情形较为复杂,故本条没有要求人民法院在此种情形下一律径直建议人民检察院调整量刑建议,而是规定可以根据情况采纳处理:既可以直接建议人民检察院调整量刑建议,也可以组织控辩双方对量刑问题进行法庭辩论,经过辩论审查认为异议成立的,再行建议人民检察院调整量刑建议。(2)司法实践中,对于有的认罪认罚案件,人民法院认为人民检察院的量刑建议明显不当,在未通知人民检察院调整量刑建议的情况下就作出判决。对此,有的人民检察院提出抗诉,但被二审法院驳回。法院系统主流意见认为,在量刑建议明显不当的情况下,通知人民检察院调整量刑建议,只是工作层面上的要求,不是法定义务。根据刑事诉讼法二百三十六条、第二百三十八条的规定,对于上诉案件发回重审的条件是"原判事实不清、证据不足"或者"违反法定诉讼程序,可能影响公正审判"。对未通知人民检察院调整量刑建议而径直作出判决的情形,明显不符合上述发回重审的条件,二审法院维持原判、不支持抗诉没有问题。但对此检察机关还存在不同看法,需要在司法实践中作进一步研究,尽量达成共识。(3)简易程序未必都当庭宣判,故存在庭后发现需要调整量刑建议的情况。如果简易案件遇到此种情形,可以庭后电话或书面听取公诉机关意见,在宣判前,听取被告人意见即可,不一定都要当庭听取,即可不进行二次开庭。——本评注注

② 对于认罪认罚从宽的幅度是否包括减轻处罚,存在不同认识。有意见赞同减轻处罚的规定。理由是:(1)《刑事诉讼法》第十五条规定为"从宽"而非"从轻",将其限制为从轻,可以适用的法定刑幅度较小,往往难以解决共同犯罪中犯罪人刑事责任的区分问题,有些情况下对认罪认罚的被告人不能兑现从宽政策,限制了认罪认罚的适用(转下页)

以减轻处罚。

对认罪认罚案件,应当根据被告人认罪认罚的阶段早晚以及认罪认罚的主动性、稳定性、彻底性等,在从宽幅度上体现差异。

共同犯罪案件,部分被告人认罪认罚的,可以依法对该部分被告人从宽处罚,但应当注意全案的量刑平衡。

第三百五十六条 被告人在人民检察院提起公诉前未认罪认罚,在审判阶段认罪认罚的,人民法院可以不再通知人民检察院提出或者调整量刑建议。

对前款规定的案件,人民法院应当就定罪量刑听取控辩双方意见,根据刑事诉讼法第十五条和本解释第三百五十五条的规定作出判决。

第三百五十七条 对被告人在第一审程序中未认罪认罚,在第二审程序中认罪认罚的案件,应当根据其认罪认罚的具体情况决定是否从宽,并依法作出裁判。确定从宽幅度时应当与第一审程序认罪认罚有所区别。

第三百五十八条 案件审理过程中,被告人不再认罪认罚的,人民法院应当根据审理查明的事实,依法作出裁判。需要转换程序的,依照本解释的相关规定处理。

《**人民检察院刑事诉讼规则**》(高检发释字〔2019〕4号,自2019年12月30日起施行)

第十一章 出席法庭

第一节 出席第一审法庭

第四百一十八条第二款 对认罪认罚案件,人民法院经审理认为人民检察院的量刑建议明显不当向人民检察院提出的,或者被告人、辩护人对量刑建议提出异议的,人民检察院可以调整量刑建议。

其他规范

《**最高人民法院、最高人民检察院、公安部、国家安全部、司法部关于适用认罪认罚从宽制度的指导意见**》(高检发〔2019〕13号)**第三十二条、第三十三条、第四十条、第四十一条、第四十九条、第五十条**对认罪认罚案件量刑建议的相关

(接上页)效果。(2)随着形势发展,一些定罪量刑标准明显滞后于经济社会发展,对于认罪认罚的被告人,如果能够减轻处罚,更加符合罪责刑相适应原则,并且可以避免法定刑以下判处刑罚的核准程序的烦琐。(3)通过严格程序(例如,要求报请审委会研究或者报请上级法院批准),可以防止减轻处罚的滥用。经研究,本条未采纳上述意见,仍然根据通常主张,明确对认罪认罚案件的减轻处罚限于具有法定减轻处罚情节的情形。——**本评注注**

问题作了规定。(→参见第十五条所附"其他规范",第72—74、76页)

《人民检察院办理认罪认罚案件开展量刑建议工作的指导意见》(最高人民检察院,高检发办字〔2021〕120号)**第三十二条至第三十七条**对调整量刑建议等问题作了规定。(→参见第一百七十六条所附"其他规范",第1199页)

司法疑难解析

1. 关于认罪认罚案件的程序禁止回流。(1)对于被告人在审判阶段认罪认罚的,《关于适用认罪认罚从宽制度的指导意见》第四十九条规定:"被告人当庭认罪认罚案件的处理。被告人在侦查、审查起诉阶段没有认罪认罚,但当庭认罪,愿意接受处罚的,人民法院应当根据审理查明的事实,就定罪和量刑听取控辩双方意见,依法作出裁判。"《刑诉法解释》第三百五十六条进一步明确对上述情形可以不再通知人民检察院提出或者调整量刑建议,但应当就定罪量刑听取控辩双方的意见,依法直接依据认罪认罚从宽处理的规定作出判决,规定:"被告人在人民检察院提起公诉前未认罪认罚,在审判阶段认罪认罚的,人民法院可以不再通知人民检察院提出或者调整量刑建议。对前款规定的案件,人民法院应当就定罪量刑听取控辩双方意见,根据刑事诉讼法第十五条和本解释第三百五十五条的规定作出判决。"(2)对于被告人在二审程序中认罪认罚的,《关于适用认罪认罚从宽制度的指导意见》第五十条规定:"被告人在第一审程序中未认罪认罚,在第二审程序中认罪认罚的,审理程序依照刑事诉讼法规定的第二审程序进行。第二审人民法院应当根据其认罪认罚的价值、作用决定是否从宽,并依法作出裁判。确定从宽幅度时应当与第一审程序认罪认罚有所区别。"《刑诉法解释》第三百五十七条重申了上述规定,明确:"对被告人在第一审程序中未认罪认罚,在第二审程序中认罪认罚的案件,应当根据其认罪认罚的具体情况决定是否从宽,并依法作出裁判。确定从宽幅度时应当与第一审程序认罪认罚有所区别。"

2. 关于"量刑建议明显不当"的判断。《刑事诉讼法》第二百零一条第二款规定:"人民法院经审理认为量刑建议明显不当,或者被告人、辩护人对量刑建议提出异议的,人民检察院可以调整量刑建议。人民检察院不调整量刑建议或者调整量刑建议后仍然明显不当的,人民法院应当依法作出判决。"司法实践中,对于"量刑建议明显不当"的认识,往往存在不同看法,特别是在有些轻罪案件中量刑建议与应当判处的刑罚只相差一至三个月,能否认定为"量刑建议明显不当",就更容易产生争议。经研究认为,相关问题不宜一概而论,应当区分情况,根据审理认定的犯罪事实、认罪认罚的具体情况,结合相关犯罪的法定刑、类似案件的刑罚适用等作出审查判断。特别是,相关犯罪的法定刑不同,对认定量刑建议是否明显不当具有直接影响。例如，对于危险驾驶案件，刑罚相差一个月甚至半个月通常即可以认定为"明显不当"；对于应当判处十年以上有期徒刑的案件，刑罚相差半年甚至一年以上通常才会认定为"明显不当"。基于此，《刑诉法解释》第三百五十四条规定："对量刑建议是否明显不当，应当根据审理认定的犯罪事实、认罪认罚的具体情况，结合相关犯罪的法定刑、类似案件的刑罚适用等作出审查判断。"

第二百零二条　【判决的宣告和送达】宣告判决，一律公开进行。
　　当庭宣告判决的，应当在五日以内将判决书送达当事人和提起公诉的人民检察院；定期宣告判决的，应当在宣告后立即将判决书送达当事人和提起公诉的人民检察院。判决书应当同时送达辩护人、诉讼代理人。

立法沿革

　　1979年《刑事诉讼法》第一百二十一条规定："宣告判决，一律公开进行。""当庭宣告判决的，应当在五日以内将判决书送达当事人和提起公诉的人民检察院；定期宣告判决的，应当在宣告后立即将判决书送达当事人和提起公诉的人民检察院。"1996年修改《刑事诉讼法》时未作调整。2012年《刑事诉讼法修改决定》对本条增加规定"判决书应当同时送达辩护人、诉讼代理人"。2018年修改《刑事诉讼法》时未作调整。

基本规范

　　《最高人民法院关于适用〈中华人民共和国刑事诉讼法〉的解释》（法释〔2021〕1号，自2021年3月1日起施行）
　　第九章　公诉案件第一审普通程序
　　第五节　评议案件与宣告判决
　　第三百零二条　当庭宣告判决的，应当在五日以内送达判决书。定期宣告判决的，应当在宣判前，先期公告宣判的时间和地点，传唤当事人并通知公诉人、法定代理人、辩护人和诉讼代理人；判决宣告后，应当立即送达判决书。①

---

① 《2012年刑诉法解释》第二百四十七条第一款规定"定期宣告判决的，应当在宣判前，先期公告宣判的时间和地点……"对于应当在宣判几日以前"先期公告"，实践中存在不同认识。经研究认为，《刑事诉讼法》第一百八十七条第三款规定"公开审判的案件，应当在开庭三日以前先期公布案由、被告人姓名、开庭时间和地点"。定期宣判（转下页）

第三百零三条① 判决书应当送达人民检察院、当事人、法定代理人、辩护人、诉讼代理人,并可以送达被告人的近亲属。被害人死亡,其近亲属申请领取判决书的,人民法院应当及时提供。

判决生效后,还应当送达被告人的所在单位或者户籍地的公安派出所,或者被告单位的注册登记机关。被告人系外国人,且在境内有居住地的,应当送达居住地的公安派出所。

第三百零四条② 宣告判决,一律公开进行。宣告判决结果时,法庭内全体人员应当起立。

公诉人、辩护人、诉讼代理人、被害人、自诉人或者附带民事诉讼原告人未到庭的,不影响宣判的进行。

另,第六百五十条规定人民法院宣告判决,可以根据情况采取视频方式。(→参见第三百零八条后"相关规范集成·在线诉讼"所附"基本规范",第2124页)

■ 其他规范

《最高人民法院关于加强人民法院审判公开工作的若干意见》(法发〔2007〕20号)第十四条要求逐步提高当庭宣判比率,规范定期宣判、委托宣判。(→参

(接上页) 实际上相当于继续开庭进行宣判,应当适用上述规定。故而,本条原本拟明确应当在宣判三日以前先期公告。征求意见过程中,有意见建议不作明确规定。经综合考虑,本条恢复原有规定,不作修改,交由司法实践裁量把握。——**本评注注**

① 需要注意的问题有二:(1)征求意见过程中,有意见提出,在被害人已死亡的案件中,被害人亲属要求领取判决书的情况在司法实践中也比较常见,建议一并规定。经研究,采纳上述意见,在本条第一款增加规定"被害人死亡,其近亲属申请领取判决书的,人民法院应当及时提供"。(2)《刑诉法解释》原本拟针对被害人众多,无法全部送达的情形,增加规定"可以通过互联网公布电子判决书链接方式送达",并要求"被害人要求领取判决书的,人民法院应当及时提供"。征求意见过程中,有意见提出,根据《刑事诉讼法》第二百零二条的规定,判决书应当送达当事人。对于已经明确认定为案件的被害人的,应当送达判决书,不能以网上公布判决书代替。经研究,鉴于对此问题存在不同认识,未再作出明确规定。——**本评注注**

② 需要注意的问题有二:(1)审判实践中,各地法院宣告判决时,何时全体起立不一致,有必要统一全体起立的时间。因此,本条第一款将起立时间明确为"宣告判决结果时"。(2)本条原本拟增加规定:"根据案件具体情况,可以到被告人羁押场所等地进行宣判。"征求意见过程中,对此问题存在不同意见。鉴此,删去相关规定,交由司法实践裁量把握。——**本评注注**

见第一百八十八条所附"其他规范",第1356页)

《最高人民法院关于人民法院案件案号的若干规定》(法〔2015〕137号,根据《最高人民法院关于修改〈关于人民法院案件案号的若干规定〉的决定》修改)

为统一规范人民法院案件案号的编制、使用与管理,根据有关法律、行政法规、司法解释及最高人民法院规范性文件规定,结合工作实际,制定本规定。

一、一般规定

第一条 本规定所称的案号是指用于区分各级法院办理案件的类型和次序的简要标识,由中文汉字、阿拉伯数字及括号组成。

第二条 案号的基本要素为收案年度、法院代字、类型代字、案件编号。

收案年度是收案的公历自然年,用阿拉伯数字表示。

法院代字是案件承办法院的简化标识,用中文汉字、阿拉伯数字表示。

类型代字是案件类型的简称,用中文汉字表示。

案件编号是收案的次序号,用阿拉伯数字表示。

第三条 案号各基本要素的编排规格为:"("+收案年度+")"+法院代字+类型代字+案件编号+"号"。

每个案件编定的案号均应具有唯一性。

二、法院代字

第四条 最高人民法院的法院代字为"最高法"。

各省、自治区、直辖市高级人民法院的法院代字与其所在省、自治区、直辖市行政区划简称一致,但第三款规定情形除外。

内蒙古自治区高级人民法院、中国人民解放军军事法院、新疆维吾尔自治区高级人民法院生产建设兵团分院的法院代字分别为"内""军""兵"。

第五条 中级、基层法院的法院代字,分别由所属高院的法院代字与其数字代码组合而成。

中级、基层法院的数字代码,分别由两位、四位阿拉伯数字表示,并按下列规则确定:

(一)各省、自治区按地级市、地区、自治州、盟等地级行政区划设置的中级法院和按县、自治县、县级市、旗、自治旗、市辖区、林区、特区等县级行政区划设置的基层法院,数字代码分别与其相应行政区划代码(即三层六位层次码)的中间两位、后四位数字一致;

(二)直辖市、中国人民解放军军事法院、新疆维吾尔自治区高级人民法院生产建设兵团分院所辖的中级法院,数字代码均按01-20确定;

(三)省、自治区、直辖市高级人民法院所辖的铁路、海事、知识产权、油田、林业、农垦专门中级法院,各省、自治区高级人民法院所辖的跨行政区划中级法院以及为省(自治区)直辖县级行政区划人民法院对应设立的中级法院,数字代码分别按71、72、73、74、75-80、81-85、87-95以及96-99确定;

(四)中国人民解放军军事法院和新疆维吾尔自治区高级人民法院生产建设兵团分院所辖的基层法院,以及在同一高院辖区内铁路、油田、林业、农垦专门中级法院所辖的铁路、油田、林业、农垦基层法院,数字代码的前两位与其中院数字代码一致,后两位均按01-40确定;

(五)地级市未设县级行政区划单位时,该市中级法院所辖基层法院的数字代码,前两位与该中院数字代码一致,后两位按71-80确定;

(六)在同一高院辖区内无铁路专门中院的铁路基层法院,其数字代码前两位为86,后两位按01-20确定;

(七)非林业、农垦专门中院所辖的林业、农垦基层法院及为非行政区划建制的开发区、新区、园区、库区、矿区等特别设立的基层法院,数字代码的前两位与其所属中院数字代码一致,后两位在91-99范围内确定。

前款第(二)项至第(七)项所列中级、基层法院,分别同属一个高院、中院的,综合设立先后、建制等因素编制数字代码顺序。

第六条 确定中级、基层法院的所属各省、自治区、直辖市高院,以人、财、物统一管理为标准。

本规定第五条第二款第(七)项所列基层法院的所属中院是指在同一高院辖区内主要承担该基层法院案件二审职权的中级法院。

三、类型代字

第七条 确定案件的类型代字,应结合案件所涉事项的法律关系性质与适用程序的特点。

类型代字应简练、贴切反映该类型案件的核心特征,用3个以内中文汉字表示。

每一类型案件的类型代字均应具有唯一性。

第八条 案件合并审理或并用多个程序办理时,以必须先决的事项及所适用程序作为确定类型代字的依据。

四、案件编号

第九条 不同法院承办或同一法院承办不同类型代字的案件,其编号均应单独编制。

第十条 同一类型代字的案件编号,按照案件在同一收案年度内的收案顺序,以顺位自然数编排,但第二款规定情形除外。

刑事复核案件的编号以 8 位自然数为固定长度,由承办法院随机确定,且不得依序编制。

五、案号管理

第十一条 案号的基本要素、规格及编制规则,由最高人民法院统一制定。

第十二条 各省、自治区、直辖市高级人民法院、中国人民解放军军事法院、新疆维吾尔自治区高级人民法院生产建设兵团分院及其所辖中级、基层法院的法院代字,由最高人民法院定期统一发布。

第十三条 行政区划发生变更但对应的中级、基层法院未作相应调整前,法院代字按原行政区划代码编制。

中级、基层法院因其原适用的第五条第二款所列规则情形发生变化的,法院代字按变化后情形应适用的编码规则编制。

第十四条 案件类型的具体划分及其代字,由最高人民法院另行制定标准。

第十五条 法律、行政法规的制定、修改、废止致使案件类型发生变化的,最高人民法院应及时调整案件类型及其代字标准。

最高人民法院制定、修改、废止司法解释或规范性文件将导致案件类型发生变化的,应同步调整案件类型及其代字标准。

第十六条 具体案件的案号编制,由各级法院的立案或承担相应职责的部门负责。

六、附则

第十七条 本规定自 2016 年 1 月 1 日起施行。

最高人民法院以前涉及案号的其他规定与本规定不一致的,以本规定为准。

本规定施行前已经编制案号但尚未办结的案件,其案号不因本规定的施行而变更。

附件 1:人民法院案件类型及其代字标准(略)

附件 2:《各级法院代字表》(略)

附件 3:《人民法院案件收、立案信息登记表》(略)

《最高人民法院关于在同一案件多个裁判文书上规范使用案号有关事项的通知》(法〔2016〕27 号)

各省、自治区、直辖市高级人民法院,解放军军事法院,新疆维吾尔自治区高级人民法院生产建设兵团分院:

为规范案号在同一案件多个裁判文书上的使用,便于区分、识别,以满足审判执行工作实际需要,现就有关事项通知如下:

一、同一案件的案号具有唯一性,各级法院应规范案号在案件裁判文书上的使用。对同一案件出现的多个同类裁判文书,首份裁判文书直接使用案号,第二份开始可在案号后缀"之一""之二"…,以示区别。

二、在同一案件的多个不同类型裁判文书之间,无需通过上述案号后缀方法进行区分。

三、同一案件不同类型的裁判文书均出现两个以上时,每一类型裁判文书从其第二份开始均可采用上述案号后缀方法加以区分。

四、上述所称裁判文书的类型包括判决书、裁定书、调解书、决定书以及通知书等。

附件:《同一案件多个裁判文书案号后缀示例》

一、对同一案件出现的多个同类裁判文书,首份裁判文书直接使用案号,第二份开始可在案号后缀"之一""之二"……,以示区别。

1. 某法院执行案件第一份裁定:

××××××中级人民法院

执行裁定书

(201×)×01 执 8 号

2. 某法院执行案件第二份裁定:

××××××中级人民法院

执行裁定书

(201×)×01 执 8 号之一

3. 某法院执行案件第三份裁定:

××××××中级人民法院

执行裁定书

(201×)×01 执 8 号之二

二、在同一案件的多个不同类型裁判文书之间,无需通过上述案号后缀方法进行区分。

1. 某法院一审案件管辖权异议裁定:

××××××中级人民法院

民事裁定书

(201×)×01 民初 9 号

2. 某法院一审案件判决:

××××××中级人民法院

民事判决书

(201×)×01 民初 9 号

三、同一案件不同类型的裁判文书均出现两个以上时,每一类型裁判文书从其第二份开始均可采用上述案号后缀方法加以区分。

1. 某法院一审案件管辖权异议裁定:
××××××中级人民法院
民事裁定书
(201×)×01民初10号
2. 某法院一审案件先予执行裁定:
××××××中级人民法院
民事裁定书
(201×)×01民初10号之一
3. 某法院一审案件中间判决:
××××××中级人民法院
民事判决书
(201×)×01民初10号
4. 某法院一审案件最终判决:
××××××中级人民法院
民事判决书
(201×)×01民初10号之一

《最高人民法院、最高人民检察院、公安部、国家安全部、司法部关于推进以审判为中心的刑事诉讼制度改革的意见》(法发〔2016〕18号)第十四条要求完善当庭宣判制度。(→参见第三编"审判"标题下所附"其他规范",第1254页)

《最高人民法院关于人民法院在互联网公布裁判文书的规定》(法释〔2016〕19号,自2016年10月1日起施行)

为贯彻落实审判公开原则,规范人民法院在互联网公布裁判文书工作,促进司法公正,提升司法公信力,根据《中华人民共和国刑事诉讼法》《中华人民共和国民事诉讼法》《中华人民共和国行政诉讼法》等相关规定,结合人民法院工作实际,制定本规定。

第一条 人民法院在互联网公布裁判文书,应当依法、全面、及时、规范。

第二条 中国裁判文书网是全国法院公布裁判文书的统一平台。各级人民法院在本院政务网站及司法公开平台设置中国裁判文书网的链接。

第三条 人民法院作出的下列裁判文书应当在互联网公布:
(一)刑事、民事、行政判决书;

（二）刑事、民事、行政、执行裁定书；

（三）支付令；

（四）刑事、民事、行政、执行驳回申诉通知书；

（五）国家赔偿决定书；

（六）强制医疗决定书或者驳回强制医疗申请的决定书；

（七）刑罚执行与变更决定书；

（八）对妨害诉讼行为、执行行为作出的拘留、罚款决定书，提前解除拘留决定书，因对不服拘留、罚款等制裁决定申请复议而作出的复议决定书；

（九）行政调解书、民事公益诉讼调解书；

（十）其他有中止、终结诉讼程序作用或者对当事人实体权益有影响、对当事人程序权益有重大影响的裁判文书。

第四条 人民法院作出的裁判文书有下列情形之一的，不在互联网公布：

（一）涉及国家秘密的；

（二）未成年人犯罪的；

（三）以调解方式结案或者确认人民调解协议效力的，但为保护国家利益、社会公共利益、他人合法权益确有必要公开的除外；

（四）离婚诉讼或者涉及未成年子女抚养、监护的；

（五）人民法院认为不宜在互联网公布的其他情形。

第五条 人民法院应当在受理案件通知书、应诉通知书中告知当事人在互联网公布裁判文书的范围，并通过政务网站、电子触摸屏、诉讼指南等多种方式，向公众告知人民法院在互联网公布裁判文书的相关规定。

第六条 不在互联网公布的裁判文书，应当公布案号、审理法院、裁判日期及不公开理由，但公布上述信息可能泄露国家秘密的除外。

第七条 发生法律效力的裁判文书，应当在裁判文书生效之日起七个工作日内在互联网公布。依法提起抗诉或者上诉的一审判决书、裁定书，应当在二审裁判生效后七个工作日内在互联网公布。

第八条 人民法院在互联网公布裁判文书时，应当对下列人员的姓名进行隐名处理：

（一）婚姻家庭、继承纠纷案件中的当事人及其法定代理人；

（二）刑事案件被害人及其法定代理人、附带民事诉讼原告人及其法定代理人、证人、鉴定人；

（三）未成年人及其法定代理人。

第九条 根据本规定第八条进行隐名处理时，应当按以下情形处理：

(一)保留姓氏,名字以"某"替代;
(二)对于少数民族姓名,保留第一个字,其余内容以"某"替代;
(三)对于外国人、无国籍人姓名的中文译文,保留第一个字,其余内容以"某"替代;对于外国人、无国籍人的英文姓名,保留第一个英文字母,删除其他内容。

对不同姓名隐名处理后发生重复的,通过在姓名后增加阿拉伯数字进行区分。

第十条 人民法院在互联网公布裁判文书时,应当删除下列信息:

(一)自然人的家庭住址、通讯方式、身份证号码、银行账号、健康状况、车牌号码、动产或不动产权属证书编号等个人信息;

(二)法人以及其他组织的银行账号、车牌号码、动产或不动产权属证书编号等信息;

(三)涉及商业秘密的信息;

(四)家事、人格权益等纠纷中涉及个人隐私的信息;

(五)涉及技术侦查措施的信息;

(六)人民法院认为不宜公开的其他信息。

按照本条第一款删除信息影响对裁判文书正确理解的,用符号"×"作部分替代。

第十一条 人民法院在互联网公布裁判文书,应当保留当事人、法定代理人、委托代理人、辩护人的下列信息:

(一)除根据本规定第八条进行隐名处理的以外,当事人及其法定代理人是自然人的,保留姓名、出生日期、性别、住所地所属县、区;当事人及其法定代理人是法人或其他组织的,保留名称、住所地、组织机构代码,以及法定代表人或主要负责人的姓名、职务;

(二)委托代理人、辩护人是律师或者基层法律服务工作者的,保留姓名、执业证号和律师事务所、基层法律服务机构名称;委托代理人、辩护人是其他人员的,保留姓名、出生日期、性别、住所地所属县、区,以及与当事人的关系。

第十二条 办案法官认为裁判文书具有本规定第四条第五项不宜在互联网公布情形的,应当提出书面意见及理由,由部门负责人审查后报主管副院长审定。

第十三条 最高人民法院监督指导全国法院在互联网公布裁判文书的工作。高级、中级人民法院监督指导辖区法院在互联网公布裁判文书的工作。

各级人民法院审判管理办公室或者承担审判管理职能的其他机构负责本院在互联网公布裁判文书的管理工作,履行以下职责:

(一)组织、指导在互联网公布裁判文书;

(二)监督、考核在互联网公布裁判文书的工作;
(三)协调处理社会公众对裁判文书公开的投诉和意见;
(四)协调技术部门做好技术支持和保障;
(五)其他相关管理工作。

第十四条 各级人民法院应当依托信息技术将裁判文书公开纳入审判流程管理,减轻裁判文书公开的工作量,实现裁判文书及时、全面、便捷公布。

第十五条 在互联网公布的裁判文书,除依照本规定要求进行技术处理的以外,应当与裁判文书的原本一致。

人民法院对裁判文书中的笔误进行补正的,应当及时在互联网公布补正笔误的裁定书。

办案法官对在互联网公布的裁判文书与裁判文书原本的一致性,以及技术处理的规范性负责。

第十六条 在互联网公布的裁判文书与裁判文书原本不一致或者技术处理不当的,应当及时撤回并在纠正后重新公布。

在互联网公布的裁判文书,经审查存在本规定第四条列明情形的,应当及时撤回,并按照本规定第六条处理。

第十七条 人民法院信息技术服务中心负责中国裁判文书网的运行维护和升级完善,为社会各界合法利用在该网站公开的裁判文书提供便利。

中国裁判文书网根据案件适用不同审判程序的案号,实现裁判文书的相互关联。

第十八条 本规定自2016年10月1日起施行。最高人民法院以前发布的司法解释和规范性文件与本规定不一致的,以本规定为准。

法律适用答复、复函

《最高人民法院关于定期宣判的案件人民陪审员因故不能参加宣判时可否由审判员开庭宣判问题的批复》([81]法研字第23号)

山东省高级人民法院:

你院[81]鲁法研字第10号请示报告收悉。关于定期宣判的案件人民陪审员因故不能参加宣判可否由审判员开庭宣判的问题,本院1957年2月15日法研字第3417号批复曾规定:"定期宣判的案件,人民陪审员因故不能参加宣判,在不改变原来评议时所作的决定的情况下,可以由原来审判本案的审判员独自开庭宣判;判决书上仍应署审判本案的审判员和人民陪审员的姓名。"我们认为,现在仍可按照这一规定办理,即:当合议庭组成人员中某一人民陪审员因故不能参加宣判时,可由审判员和其他人民陪审员开庭宣判;人民陪审员都因故不能参加宣判时,可由审判员独自开庭宣判。判决书仍应由合议庭全体组成人员署名。

第二百零三条 【判决书的署名及写明上诉的内容】判决书应当由审判人员和书记员署名,并且写明上诉的期限和上诉的法院。

立法沿革

1979年《刑事诉讼法》第一百二十二条规定:"判决书应当由合议庭的组成人员和书记员署名,并且写明上诉的期限和上诉的法院。"1996年修改《刑事诉讼法》时未作调整。2012年《刑事诉讼法修改决定》将"合议庭的组成人员"修改为"审判人员"。2018年修改《刑事诉讼法》时未作调整。

基本规范

《最高人民法院关于适用〈中华人民共和国刑事诉讼法〉的解释》(法释〔2021〕1号,自2021年3月1日起施行)
第九章 公诉案件第一审普通程序
第五节 评议案件与宣告判决
第二百九十九条 合议庭成员、法官助理、书记员应当在评议笔录上签名,在判决书、裁定书等法律文书上署名。
第三百条 裁判文书应当写明裁判依据,阐释裁判理由,反映控辩双方的意见并说明采纳或者不予采纳的理由。
适用普通程序审理的被告人认罪的案件,裁判文书可以适当简化。

其他规范

《最高人民法院关于审理死刑缓期执行期间故意犯罪的一审案件如何制作裁判文书有关问题的通知》(1999年11月18日)
各省、自治区、直辖市高级人民法院,解放军军事法院,新疆维吾尔自治区高级人民法院生产建设兵团分院:
为进一步规范审理死刑缓期执行期间故意犯罪的一审案件制作裁判文书的问题,根据刑事诉讼法第二百一十条第二款的规定,特作如下规定:

---

① 一般而言,对于判处无期徒刑、死刑的裁判文书,无论被告人是否认罪,都不宜简化,应当加强裁判说理。——本评注注

被判处死刑缓期二年执行的罪犯,在缓期执行期间,故意犯罪的,中级人民法院在对新罪作出一审判决时,应当在判决书的尾部交待上诉事项后写明:"依据刑法第五十条、刑事诉讼法第二百一十条第二款和最高人民法院《关于执行〈中华人民共和国刑事诉讼法〉若干问题的解释》第三百三十九条第二款的规定,本判决生效以后,经最高人民法院(或者依授权有死刑核准权的高级人民法院和解放军军事法院)核准,对被告人×××应当执行死刑。

附:×××人民法院刑事判决决书(略)

《最高人民法院关于刑事裁判文书中刑期起止日期如何表述问题的批复》
(法释〔2000〕7号,自2000年3月4日起施行)
江西省高级人民法院:

你院赣高法〔1999〕第151号《关于裁判文书中刑期起止时间如何表述的请示》收悉。经研究,答复如下:

根据刑法第四十一条、第四十四条、第四十七条和《法院刑事诉讼文书样式》(样本)的规定,判处管制、拘役、有期徒刑的,应当在刑事裁判文书中写明刑种、刑期和主刑刑期的起止日期及折抵办法。刑期从判决执行之日起计算。判决执行以前先行羁押的,羁押一日折抵刑期一日(判处管制刑的,羁押一日折抵刑期二日),即自××××年××月××日(羁押之日)起至××××年××月××日止。羁押期间取保候审的,刑期的终止日顺延。

《最高人民法院关于裁判文书引用法律、法规等规范性法律文件的规定》
(法释〔2009〕14号,自2009年11月4日起施行)

为进一步规范裁判文书引用法律、法规等规范性法律文件的工作,提高裁判质量,确保司法统一,维护法律权威,根据《中华人民共和国立法法》等法律规定,制定本规定。

第一条 人民法院的裁判文书应当依法引用相关法律、法规等规范性法律文件作为裁判依据。引用时应当准确完整写明规范性法律文件的名称、条款序号,需要引用具体条文的,应当整条(款、项)引用。

第二条 并列引用多个规范性法律文件的,引用顺序如下:法律及法律解释、行政法规、地方性法规、自治条例或者单行条例、司法解释。同时引用两部以上法律的,应当先引用基本法律,后引用其他法律。引用包括实体法和程序法的,先引用实体法,后引用程序法。

第三条 刑事裁判文书应当引用法律、法律解释或者司法解释。刑事附带民事诉讼裁判文书引用规范性法律文件,同时适用本规定第四条规定。

第四条　民事裁判文书应当引用法律、法律解释或者司法解释。对于应当适用的行政法规、地方性法规或者自治条例和单行条例,可以直接引用。

第五条　行政裁判文书应当引用法律、法律解释、行政法规或者司法解释。对于应当适用的地方性法规、自治条例和单行条例、国务院或者国务院授权的部门公布的行政法规解释或者行政规章,可以直接引用。

第六条　对于本规定第三条、第四条、第五条规定之外的规范性文件,根据审理案件的需要,经审查认定为合法有效的,可以作为裁判说理的依据。

第七条　人民法院制作裁判文书确需引用的规范性法律文件之间存在冲突,根据立法等有关法律规定无法选择适用的,应当依法提请有决定权的机关做出裁决,不得自行在裁判文书中认定相关规范性法律文件的效力。

第八条　本院以前发布的司法解释与本规定不一致的,以本规定为准。

《最高人民法院、最高人民检察院、公安部、司法部关于对判处管制、宣告缓刑的犯罪分子适用禁止令有关问题的规定(试行)》(法发〔2011〕9号)第八条对宣告禁止令在裁判文书主文部分的表述作了规定。(→参见第二百六十九条所附"其他规范",第1814页)

《最高人民法院关于在裁判文书中如何表述修正前后刑法条文的批复》(法释〔2012〕7号,自2012年6月1日起施行)
各省、自治区、直辖市高级人民法院,解放军军事法院,新疆维吾尔自治区高级人民法院生产建设兵团分院:
　　近来,一些法院就在裁判文书中引用修正前后刑法条文如何具体表述问题请示我院。经研究,批复如下:
　　一、①根据案件情况,裁判文书引用1997年3月14日第八届全国人民代表大会第五次会议修订的刑法条文,应当根据具体情况分别表述:
　　(一)②有关刑法条文在修订的刑法施行后未经修正,或者经过修正,但引用

---

① **本评注认为**,对于刑法同一条文规定有数款,在1997年10月1日后只对部分条款作了修正,根据案件情况需要引用未经修正条款的,亦宜把握为整个条文作了修正的情形,按照本司法解释的规定作相应表述。
② 例如,《刑法》第二百六十三条(抢劫罪)在1997年10月1日后未经修正,故引用该条文的,应当表述为"《中华人民共和国刑法》第二百六十三条";又如,《刑法》第二百六十四条(盗窃罪)经《刑法修正案(八)》修正,如根据案件情况和从旧兼从轻原则,对被告人应适用修正后即现行有效刑法条文的,也应表述为"《中华人民共和国刑法》第二百六十四条"。——**本评注注**

的是现行有效条文,表述为"《中华人民共和国刑法》第××条"。

(二)①有关刑法条文经过修正,引用修正前的条文,表述为"1997年修订的《中华人民共和国刑法》第××条"。

(三)②有关刑法条文经两次以上修正,引用经修正、且为最后一次修正前的条文,表述为"经××××年《中华人民共和国刑法修正案(×)》修正的《中华人民共和国刑法》第××条"。

二、根据案件情况,裁判文书引用1997年3月14日第八届全国人民代表大会第五次会议修订前的刑法条文,应当表述为"1979年《中华人民共和国刑法》第××条"。

三、根据案件情况,裁判文书引用有关单行刑法条文,应当直接引用相应该条例、补充规定或者决定的具体条款。

四、最高人民法院《关于在裁判文书中如何引用修订前、后刑法名称的通知》(法〔1997〕192号)、最高人民法院《关于在裁判文书中如何引用刑法修正案的批复》(法释〔2007〕7号)不再适用。

《最高人民法院、最高人民检察院、公安部、国家安全部、司法部关于依法保障律师执业权利的规定》(司发〔2015〕14号)第三十六条对裁判文书写明辩护、代理意见采纳情况的有关问题作了规定。(→参见第三十三条所附"其他规范",第260页)

《最高人民法院、最高人民检察院、公安部、国家安全部、司法部关于办理刑事案件严格排除非法证据若干问题的规定》(法发〔2017〕15号)第三十六条对裁判文书写明证据收集合法性审查、调查结论及其理由的有关问题作了规定。(→参见第五十六条—第六十条所附"其他规范",第465页)

---

① 例如,《刑法》第六十五条(一般累犯)曾经《刑法修正案(八)》修正,如根据案件情况和从旧兼从轻原则,对被告人应适用修正前刑法条文的,则应表述为"1997年修订的《中华人民共和国刑法》第六十五条"。——**本评注注**

② 例如,《刑法》第二百二十五条(非法经营罪)曾经《刑法修正案》《刑法修正案(七)》两次修正,如根据案件情况和从旧兼从轻原则,对被告人应适用经《刑法修正案》修正后的《刑法》第二百二十五条的,则应表述为"经1999年《中华人民共和国刑法修正案》修正的《中华人民共和国刑法》第二百二十五条"。——**本评注注**

第二百零四条 【延期审理】在法庭审判过程中,遇有下列情形之一,影响审判进行的,可以延期审理:
(一)需要通知新的证人到庭,调取新的物证,重新鉴定或者勘验的;
(二)检察人员发现提起公诉的案件需要补充侦查,提出建议的;
(三)由于申请回避而不能进行审判的。

立法沿革

1979年《刑事诉讼法》第一百二十三条规定:"在法庭审判过程中,遇有下列情形之一影响审判进行的,可以延期审理:(一)需要通知新的证人到庭,调取新的物证,重新鉴定或者勘验的;(二)检察人员发现提起公诉的案件需要补充侦查,提出建议的;(三)合议庭认为案件证据不充分,或者发现新的事实,需要退回人民检察院补充侦查或者自行调查的;(四)由于当事人申请回避而不能进行审判的。"1996年《刑事诉讼法修改决定》删去第三项"合议庭认为案件证据不充分,或者发现新的事实,需要退回人民检察院补充侦查或者自行调查的"规定。2012年《刑事诉讼法修改决定》删去"由于当事人申请回避而不能进行审判的"中的"当事人"。2018年修改《刑事诉讼法》时对本条规定未作调整。

"六部委"规定

《最高人民法院、最高人民检察院、公安部、国家安全部、司法部、全国人大常委会法制工作委员会关于实施刑事诉讼法若干问题的规定》(自2013年1月1日起施行,节录)

八、审判

30.人民法院审理公诉案件,发现有新的事实,可能影响定罪的,人民检察院可以要求补充起诉或者变更起诉,人民法院可以建议人民检察院补充起诉或者变更起诉。人民法院建议人民检察院补充起诉或者变更起诉的,人民检察院应当在七日以内回复意见。

31.法庭审理过程中,被告人揭发他人犯罪行为或者提供重要线索,人民检察院认为需要进行查证的,可以建议补充侦查。

基本规范

《最高人民法院关于适用〈中华人民共和国刑事诉讼法〉的解释》(法释〔2021〕1号,自2021年3月1日起施行)

第九章 公诉案件第一审普通程序
第三节 宣布开庭与法庭调查

第二百七十四条 审判期间,公诉人发现案件需要补充侦查,建议延期审理的,合议庭可以同意,但建议延期审理不得超过两次。①

人民检察院将补充收集的证据移送人民法院的,人民法院应当通知辩护人、诉讼代理人查阅、摘抄、复制。

补充侦查期限届满后,人民检察院未将补充的证据材料移送人民法院的,人民法院可以根据在案证据作出判决、裁定。②

第二百七十五条 人民法院向人民检察院调取需要调查核实的证据材料,或者根据被告人、辩护人的申请,向人民检察院调取在调查、侦查、审查起诉期间收集的有关被告人无罪或者罪轻的证据材料,应当通知人民检察院在收到调取证据材料决定书后三日以内移交。

《**人民检察院刑事诉讼规则**》(高检发释字〔2019〕4号,自2019年12月30日起施行)

---

① 征求意见过程中,有意见建议将本条第一款规定的"审判期间"修改为"法庭辩论终结前"。理由是:实践中,审判期间往往被理解为判决书作出之前的期间。因此,在法庭辩论终结后,人民检察院仍具有两次补充侦查的权力。在此期间,人民检察院不但可以针对被告人、辩护人提出的问题进行再次补充取证,还可以对被告人提供的证据进行查证,这样做有损被告人合法权利。将公诉人申请延期审理的时间明确为法庭辩论终结前,有利于加快审判进程,提高诉讼效率,保障当事人合法权益。经研究认为,鉴于《刑事诉讼法》未将补充侦查限制在法庭辩论终结前,故未采纳上述意见。——**本评注注**

② 该款对补充侦查期限届满后,经法庭通知,人民检察院未将案件移送人民法院,且未说明原因的,由"人民法院可以决定按人民检察院撤诉处理"调整为"人民法院可以根据在案证据作出判决、裁定"。主要考虑:(1)《2012年刑诉法解释》第二百二十三条规定"人民检察院未将案件移送人民法院",意味着对于检察院延期审理的案件,法院会将案件退回,否则不存在补充侦查完毕后的移送法院的问题。司法实践中,检察机关以补充侦查为由建议延期审理的,案件通常仍在法院并未退回。因为,如果将案件退回,法院就要进行销案处理,补充侦查结束后,检察院再次起诉的,还要作为新收案件处理,程序极其繁琐且无必要。(2)补充侦查期限届满后,经通知,人民检察院未将补充的证据材料移送人民法院的,人民法院原则上应当根据在案证据材料作出判决、裁定。但是,如果人民检察院未将补充侦查时退回的案卷移送人民法院,或者拒不派员出席法庭的,可以按人民检察院撤诉处理。——**本评注注**

第十一章　出席法庭
第一节　出席第一审法庭

第四百二十条　在法庭审判过程中，遇有下列情形之一的，公诉人可以建议法庭延期审理：

（一）发现事实不清、证据不足，或者遗漏罪行、遗漏同案犯罪嫌疑人，需要补充侦查或者补充提供证据的；

（二）被告人揭发他人犯罪行为或者提供重要线索，需要补充侦查进行查证的；

（三）发现遗漏罪行或者遗漏同案犯罪嫌疑人，虽不需要补充侦查和补充提供证据，但需要补充、追加起诉的；

（四）申请人民法院通知证人、鉴定人出庭作证或者有专门知识的人出庭提出意见的；

（五）需要调取新的证据，重新鉴定或者勘验的；

（六）公诉人出示、宣读开庭前移送人民法院的证据以外的证据，或者补充、追加、变更起诉，需要给予被告人、辩护人必要时间进行辩护准备的；

（七）被告人、辩护人向法庭出示公诉人不掌握的与定罪量刑有关的证据，需要调查核实的；

（八）公诉人对证据收集的合法性进行证明，需要调查核实的。

在人民法院开庭审理前发现具有前款情形之一的，人民检察院可以建议人民法院延期审理。

第四百二十一条　法庭宣布延期审理后，人民检察院应当在补充侦查期限内提请人民法院恢复法庭审理或者撤回起诉。

公诉人在法庭审理过程中建议延期审理的次数不得超过两次，每次不得超过一个月。

其他规范

《最高人民法院、最高人民检察院、公安部、司法部关于进一步严格依法办案确保办理死刑案件质量的意见》（法发〔2007〕11号）**第五十一条**对延期审理的有关问题作了规定。（→参见第四章末所附"其他规范"，第1654页）

《人民法院办理刑事案件第一审普通程序法庭调查规程（试行）》（法发〔2017〕31号）**第四十条**对延期审理的有关问题作了规定。（→参见第三编"审判"标题下所附"其他规范"，第1277页）

第二百零五条 【延期审理后补充侦查的期限】依照本法第二百零四条第二项的规定延期审理的案件,人民检察院应当在一个月以内补充侦查完毕。

▰ 立法沿革

本条系1996年《刑事诉讼法修改决定》增加的规定,2012年、2018年修改《刑事诉讼法》时未作修改,仅对所引用的条文序号作了调整。

▰ 基本规范

《人民检察院刑事诉讼规则》(高检发释字〔2019〕4号,自2019年12月30日起施行)

第十一章 出席法庭

第一节 出席第一审法庭

第四百二十二条 在审判过程中,对于需要补充提供法庭审判所必需的证据或者补充侦查的,人民检察院应当自行收集证据和进行侦查,必要时可以要求监察机关或者公安机关提供协助;也可以书面要求监察机关或者公安机关补充提供证据。

人民检察院补充侦查,适用本规则第六章、第九章、第十章的规定。

补充侦查不得超过一个月。

第二百零六条 【中止审理】在审判过程中,有下列情形之一,致使案件在较长时间内无法继续审理的,可以中止审理:

(一)被告人患有严重疾病,无法出庭的;

(二)被告人脱逃的;

(三)自诉人患有严重疾病,无法出庭,未委托诉讼代理人出庭的;

(四)由于不能抗拒的原因。

中止审理的原因消失后,应当恢复审理。中止审理的期间不计入审理期限。

▰ 立法沿革

本条系2012年《刑事诉讼法修改决定》增加的规定,2018年修改《刑事诉讼法》时未作调整。

基本规范

《最高人民法院关于适用〈中华人民共和国刑事诉讼法〉的解释》(法释〔2021〕1号,自2021年3月1日起施行)

第九章 公诉案件第一审普通程序

第六节 法庭纪律与其他规定

第三百一十四条① 有多名被告人的案件,部分被告人具有刑事诉讼法第二百零六条第一款规定情形的,人民法院可以对全案中止审理;根据案件情况,也可以对该部分被告人中止审理,对其他被告人继续审理。

对中止审理的部分被告人,可以根据案件情况另案处理。

第二百零七条 【制作法庭笔录的程序要求】法庭审判的全部活动,应当由书记员写成笔录,经审判长审阅后,由审判长和书记员签名。

---

① 司法实践中,共同犯罪案件中部分被告人存在《刑事诉讼法》第二百零六条第一款规定的情形,如部分被告人患有严重疾病,无法出庭的,是全案中止审理还是仅对该被告人中止审理,存在不同认识。本条对此予以明确。据此,对于共同犯罪案件部分被告人出现法定中止审理情形,是否需要全案中止审理,应区分情况处理:(1)原则上,对于全案应当中止审理。因为如果部分被告人患有严重疾病,无法出庭的,只对该被告人中止审理,而对其他被告人的审理继续进行,可能会影响到该被告人的合法权益,导致其由于未出席法庭审理而遭致不利。(2)根据案件情况,也可以对该被告人中止审理,对其他被告人继续审理。所谓"根据案件情况"应具体把握,如果共同犯罪案件因为中止审理的被告人身体情况等原因可能导致审判拖延较长时间,超过了法定的审理期限,也可以针对该被告人中止审理,其他被告人的审理工作继续进行。这种情况,可以视同其没有到案的情形处理。此外,如果部分被告人脱逃的,也可以对该被告人中止审理,而对于其他被告人的审理继续进行。(3)对部分被告人中止审理的,可以根据案件具体情况另案处理。具体操作举例如下:人民检察院对五名共同犯罪人一同起诉,人民法院审理过程中,有一名被告人重病或者脱逃,人民法院可以对其他四名被告人继续审理,作出判决。而对该名被告人的审理另案进行,单独作出判决。在这一过程中,人民检察院不需要重新起诉或者变更起诉,但人民法院作出两个判决。根据《最高人民法院关于在同一案件多个裁判文书上规范使用案号有关事项的通知》(法〔2016〕27号)的规定,对同一案件出现的多个同类裁判文书,首份裁判文书直接使用案号,第二份开始可在案号后缀"之一""之二"等以示区别。——本评注注

法庭笔录中的证人证言部分,应当当庭宣读或者交给证人阅读。证人在承认没有错误后,应当签名或者盖章。

法庭笔录应当交给当事人阅读或者向他宣读。当事人认为记载有遗漏或者差错的,可以请求补充或者改正。当事人承认没有错误后,应当签名或者盖章。

立法沿革

本条系沿用1979年《刑事诉讼法》第一百二十四条的规定。

基本规范

《最高人民法院关于适用〈中华人民共和国刑事诉讼法〉的解释》(法释〔2021〕1号,自2021年3月1日起施行)

第九章　公诉案件第一审普通程序

第五节　评议案件与宣告判决

第二百九十二条　开庭审理的全部活动,应当由书记员制作笔录;笔录经审判长审阅后,分别由审判长和书记员签名。①

第二百九十三条②　法庭笔录应当在庭审后交由当事人、法定代理人、辩护人、诉讼代理人阅读或者向其宣读。

法庭笔录中的出庭证人、鉴定人、有专门知识的人、调查人员、侦查人员或者其他人员的证言、意见部分,应当在庭审后分别交由有关人员阅读或者向其宣读。

前两款所列人员认为记录有遗漏或者差错的,可以请求补充或者改正;确认无误后,应当签名;拒绝签名的,应当记录在案;要求改变庭审中陈述的,不予

---

① 征求意见过程中,有意见反映,有些案件中存在书记员对庭审活动摘要记录而非全程记录的情况,建议将"制作笔录"调整为"记录",以要求全程记录庭审活动。经研究,从司法实践来看,要求全程记录而不加整理,既不现实也不妥当。特别是,有些诉讼参与人使用方言发言,且言语明显重复,宜加以适当整理。基于此,本条未作修改。当然,书记员制作笔录,总体要求应当是全面、客观,不能任意"精简"、概括。——**本评注注**

② 关于公诉人是否应当在法庭笔录中签名的问题,讨论中存在不同认识:一种观点认为,应当要求公诉人签名,以进一步增强笔录的真实性,实现控辩平等。特别是,前面规定公诉人发表与起诉书不同的意见的,可以以当庭发表的意见为准,更加说明其在法庭笔录上签名具有必要性。另一种观点认为,公诉人是否签名不影响法庭笔录的真实性,可以对此不作明确规定。经研究认为,该问题属于部门互涉问题,无法通过本解释作出规定,下一步可以通过联合制定规范性文件的方式加以解决。——**本评注注**

准许。

《**人民检察院刑事诉讼规则**》(高检发释字〔2019〕4号,自2019年12月30日起施行)

第十一章　出席法庭

第一节　出席第一审法庭

第四百二十七条　出庭的书记员应当制作出庭笔录,详细记载庭审的时间、地点、参加人员、公诉人出庭执行任务情况和法庭调查、法庭辩论的主要内容以及法庭判决结果,由公诉人和书记员签名。

其他规范

《**人民法院在线诉讼规则**》(法释〔2021〕12号)**第三十四条**对在线诉讼电子笔录的有关问题作了规定。(→参见"附则"后"相关规范集成·在线诉讼"所附"其他规范",第2131页)

第二百零八条　【公诉案件第一审审理期限】人民法院审理公诉案件,应当在受理后二个月以内宣判,至迟不得超过三个月。对于可能判处死刑的案件或者附带民事诉讼的案件,以及有本法第一百五十八条规定情形之一的,经上一级人民法院批准,可以延长三个月;因特殊情况还需要延长的,报请最高人民法院批准。

人民法院改变管辖的案件,从改变后的人民法院收到案件之日起计算审理期限。

人民检察院补充侦查的案件,补充侦查完毕移送人民法院后,人民法院重新计算审理期限。

立法沿革

1979年《刑事诉讼法》第一百二十五条规定:"人民法院审理公诉案件,应当在受理后一个月内宣判,至迟不得超过一个半月。"1996年《刑事诉讼法修改决定》对本条规定作了修改:一是增加"有本法第一百二十六条规定情形之一的,经省、自治区、直辖市高级人民法院批准或者决定,可以再延长一个月"的规定;二是增加第二款、第三款规定。2012年《刑事诉讼法修改决定》对本条第一款作了进一步调整,再次延长案件审理的期限,形成现行规定。2018年修改《刑事诉讼法》时对本条规定未作调整。

"六部委"规定

《最高人民法院、最高人民检察院、公安部、国家安全部、司法部、全国人大常委会法制工作委员会关于实施刑事诉讼法若干问题的规定》(自2013年1月1日起施行)第二十五条第二款规定人民法院对提起公诉的案件进行审查的期限计入人民法院的审理期限。(→参见第一百八十六条所附"'六部委'规定",第1335页)

基本规范

《最高人民法院关于适用〈中华人民共和国刑事诉讼法〉的解释》(法释〔2021〕1号,自2021年3月1日起施行)

第七章 期间、送达、审理期限

第二百零九条① 指定管辖案件的审理期限,自被指定管辖的人民法院收到指定管辖决定书和案卷、证据材料之日起计算。

第二百一十条 对可能判处死刑的案件或者附带民事诉讼的案件,以及有刑事诉讼法第一百五十八条规定情形之一的案件,上一级人民法院可以批准延长审理期限一次,期限为三个月。因特殊情况还需要延长的,应当报请最高人民法院批准。①

申请批准延长审理期限的,应当在期限届满十五日以前层报。有权决定的

---

① 需要注意的问题有二:(1)从司法实践来看,指定管辖案件,一般是上级法院作出指定管辖决定后,公诉机关才开始将案卷移送给人民法院立案庭进行审查,二者之间相隔的时间有时候长达两三个月。因此,对于指定管辖的案件,不能自被指定管辖的人民法院收到上级人民法院指定管辖决定书之日起计算审理期限,而是应当在指定管辖决定书和有关案卷、证据材料均收到开始计算。(2)司法实践反映,人民检察院补充、变更或者追加起诉,辩方需要准备时间,很难在法定期限内审结。经研究认为,补充起诉、变更起诉、追加起诉的法律效力、效果与另行起诉相当,因此审理期限应当重新计算。基于此,本条原本拟规定:"人民检察院补充、变更或者追加起诉的,审理期限重新计算。"征求意见过程中,有意见提出:"《刑事诉讼法》第二百零八条第三款规定,人民检察院补充侦查的案件,补充侦查完毕移送人民法院后,人民法院重新计算审理期限。对于补充、变更或者追加起诉的,法律并未规定重新计算审理期限。"经研究,采纳上述意见,未再作出明确规定。——本评注注

① 需要注意的问题有二:(1)征求意见过程中,有意见提出,关于延长期限问题还需明确。2012年《刑事诉讼法》解决了长期困扰刑事审判的审限不够这一"老大难"问题。但在执行过程中,由于刑事诉讼法没有明确规定上级法院尤其是高级人民法院审批(转下页)

人民法院不同意的,应当在审理期限届满五日以前作出决定。①

因特殊情况报请最高人民法院批准延长审理期限,最高人民法院经审查,予以批准的,可以延长审理期限一至三个月。期限届满案件仍然不能审结的,可以再次提出申请。

第二百一十一条② 审判期间,对被告人作精神病鉴定的时间不计入审

(接上页)延长审限的次数,一些地方自行决定高级人民法院可以审批两次,或者在延期审理后又延长审限两次,影响了法律适用的严肃性。基于此,建议对高级人民法院批准延长审限的次数作出明确规定。经研究认为,《刑事诉讼法》第二百零八条第一款明确规定:"人民法院审理公诉案件,应当在受理后二个月以内宣判,至迟不得超过三个月。对于可能判处死刑的案件或者附带民事诉讼的案件,以及有本法第一百五十八条规定情形之一的,经上一级人民法院批准,可以延长三个月;因特殊情况还需要延长的,报请最高人民法院批准。"据此明显可见,高级人民法院只能批准延长一次审限。因此,根据上述意见,本条第一款作了相应规定。(2)《刑事诉讼法》第二百零八条第三款规定:"人民检察院补充侦查的案件,补充侦查完毕移送人民法院后,人民法院重新计算审理期限。"基于这一规定,对于上一级人民法院批准延长审限后又补充侦查的案件,在补充侦查完毕后移送人民法院的,似可以允许上一级人民法院再一次批准延长审限。——**本评注注**

① 需要注意的是,本款规定:"申请批准延长审理期限,应当在期限届满十五日前层报。"之所以规定"层报",而不允许直接报有权决定的人民法院,是为了强化上级法院对延长审限的审查把关责任,严格延长审限的审批程序。——**本评注注**

② 《刑事诉讼法》仅就侦查阶段的精神病鉴定期间作出明确,在第一百四十九条规定:"对犯罪嫌疑人作精神病鉴定的期间不计入办案期限。"而对审理阶段的司法鉴定期间是否计入办案期限没有明确规定。从实践看,刑事案件审理期限普遍较短,需要在审理期间作司法鉴定的,只能报请上级法院延长审理期限,对审判绩效产生严重影响,制度设计不够科学。特别是在附带民事诉讼中,司法鉴定造成审限紧张的问题十分突出。《最高人民法院关于适用〈中华人民共和国民事诉讼法〉的解释》(法释〔2015〕5号)第二百四十三条规定鉴定期间不计入审限。而且,《刑诉法解释》第二百零一条规定:"人民法院审理附带民事诉讼案件,除刑法、刑事诉讼法以及刑事司法解释已有规定的以外,适用民事法律的有关规定。"鉴此,本条原拟修改为"附带民事诉讼中的司法鉴定时间不计入审理期限"。征求意见过程中,有意见提出《刑事诉讼法》未规定附带民事诉讼中的司法鉴定时间不计入审理期限。"六部委"规定第四十条规定:"犯罪嫌疑人、被告人在押的案件,除对犯罪嫌疑人、被告人的精神病鉴定期间不计入办案期限外,其他鉴定期间都应当计入办案期限。"按照上述规定,附带民事诉讼中的司法鉴定时间应当计入审理期限,案件需要延长审理期限的,应当依照《刑事诉讼法》第二百零八条的规定报批。经研究,根据上述意见,沿用原解释条文不变。对于在审判期间需要做精神病鉴定以外的其他司法鉴定的,必要时,可以报请上级人民法院批准延长审理期限。——**本评注注**

期限。

另,第四百八十八条对涉外刑事案件报请延长审限的问题作了规定。(→参见第十七条所附"基本规范",第 106 页)

其他规范

《最高人民法院关于严格执行案件审理期限制度的若干规定》(法释〔2000〕29 号,节录)

第一条 适用普通程序审理的第一审刑事公诉案件、被告人被羁押的第一审刑事自诉案件和第二审刑事公诉、刑事自诉案件的期限为一个月,至迟不得超过一个半月;附带民事诉讼案件的审理期限,经本院院长批准,可以延长两个月。有刑事诉讼法第一百二十六条规定情形之一的,经省、自治区、直辖市高级人民法院批准或者决定,审理期限可以再延长一个月;最高人民法院受理的刑事上诉、刑事抗诉案件,经最高人民法院决定,审理期限可以再延长一个月。

适用普通程序审理的被告人未被羁押的第一审刑事自诉案件,期限为六个月;有特殊情况需要延长的,经本院院长批准,可以延长三个月。

适用简易程序审理的刑事案件,审理期限为二十日。

第八条 案件的审理期限从立案次日起计算。

由简易程序转为普通程序审理的第一审刑事案件的期限,从决定转为普通程序次日起计算;由简易程序转为普通程序审理的第一审民事案件的期限,从立案次日起连续计算。

第九条 下列期间不计入审理、执行期限:

(一)刑事案件对被告人作精神病鉴定的期间;

(二)刑事案件因另行委托、指定辩护人,法院决定延期审理的,自案件宣布延期审理之日起至第十日止准备辩护的时间;

(三)公诉人发现案件需要补充侦查,提出延期审理建议后,合议庭同意延期审理的期间;

(四)刑事案件二审期间,检察院查阅案卷超过七日后的时间;

(五)因当事人、诉讼代理人、辩护人申请通知新的证人到庭、调取新的证据、申请重新鉴定或者勘验,法院决定延期审理一个月之内的期间;

(六)民事、行政案件公告、鉴定的期间;

(七)审理当事人提出的管辖权异议和处理法院之间的管辖争议的期间;

(八)民事、行政、执行案件由有关专业机构进行审计、评估、资产清理的期间;

（九）中止诉讼（审理）或执行至恢复诉讼（审理）或执行的期间；

（十）当事人达成执行和解或者提供执行担保后，执行法院决定暂缓执行的期间；

（十一）上级人民法院通知暂缓执行的期间；

（十二）执行中拍卖、变卖被查封、扣押财产的期间。

第十一条　刑事公诉案件、被告人被羁押的自诉案件，需要延长审理期限的，应当在审理期限届满七日以前，向高级人民法院提出申请；被告人未被羁押的刑事自诉案件，需要延长审理期限的，应当在审理期限届满十日前向本院院长提出申请。

第十四条　对于下级人民法院申请延长办案期限的报告，上级人民法院应当在审理期限届满三日前作出决定，并通知提出申请延长审理期限的人民法院。

需要本院院长批准延长办案期限的，院长应当在审限届满前批准或者决定。

《最高人民法院案件审限管理规定》（法〔2001〕164号，节录）

第十五条　案件的审理期限从立案次日起计算。

申诉或申请再审的审查期限从收到申诉或申请再审材料并经立案后的次日起计算。

涉外、涉港、澳、台民事案件的结案期限从最后一次庭审结束后的次日起计算。

第十六条　不计入审理期限的期间依照本院《关于严格执行案件审理期限制度的若干规定》(下称《若干规定》)第九条执行。案情重大、疑难，需由审判委员会作出决定的案件，自提交审判委员会之日起至审判委员会作出决定之日止的期间，不计入审理期限。

需要向有关部门征求意见的案件，征求意见的期间不计入审理期限，参照《若干规定》第九条第八项的规定办理。

要求下级人民法院查报的案件，下级人民法院复查的期间不计入审理期限。

第十七条　结案时间除按《若干规定》第十条执行外，请示案件的结案时间以批复、复函签发日期为准，审查申诉的结案时间以作出决定或裁定的日期为准，执行协调案件以批准协调方案日期为准。

第十八条　刑事案件需要延长审理期限的，应当在审理期限届满七日以前，向院长提出申请。

第二十条　需要院长批准延长审理期限的，院长应当在审限届满以前作出决定。

第二十一条　凡变动案件审理期限的，有关合议庭应当及时到立案庭备案。

第二十二条　本院各类案件审理期限的监督、管理工作由立案庭负责。

距案件审限届满前十日,立案庭应当向有关审判庭发出提示。

对超过审限的案件实行按月通报制度。

《最高人民法院关于推行十项制度切实防止产生新的超期羁押的通知》(法发〔2003〕22号)

各省、自治区、直辖市高级人民法院,解放军军事法院,新疆维吾尔自治区高级人民法院生产建设兵团分院:

为了严格执行刑事诉讼法的有关规定,实现人民法院"公正与效率"的工作主题,牢固树立司法为民的观念,切实提高办理刑事案件的质量和效率,严厉打击犯罪,尊重和保障人权,全国各级人民法院在今年集中清理超审限和超期羁押案件之后,必须建立并完善严格防止超期羁押的司法工作机制,推行十项制度,努力实现防止超期羁押工作的规范化、制度化、法制化。现特作如下通知:

一、全面实行以审限管理为中心的案件流程管理制度,建立超期羁押预警机制,切实防止超期羁押。各级人民法院在审理案件过程中,应当严格遵守刑事诉讼法关于审理期限的规定,进一步实行以审限管理为中心的案件流程管理制度,建立超期羁押预警机制。对被羁押的被告人,及时办理换押手续。对审理时间达到法定审限三分之二的案件,以"催办通知"的方式,向承办案件审判庭和承办案件法官催办;对审理时间接近法定审限的案件,以"审限警示"的方式,向承办案件审判庭和承办案件法官发送"审限警示"。

二、实行严格依法适用取保候审、监视居住等法律措施的制度。各级人民法院必须实行严格适用刑事诉讼法关于取保候审、监视居住规定的制度。对被告人符合取保候审、监视居住条件的,应当依法采取取保候审、监视居住。对过失犯罪等社会危险性较小且符合法定条件的被告人,应当依法适用取保候审、监视居住等法律措施。对已被羁押超过法定羁押期限的被告人,应当依法予以释放;如果被告人被羁押的案件不能在法定期限内审结,需要继续审理的,应当依法变更强制措施。

三、建立及时通报制度,告知法院羁押期限。根据法定事由,例如依法延期审理、中止审理、进行司法精神病鉴定等,人民法院依法办理法律手续延长审限的案件,不计入审限。人民法院应当及时将上述不计入审限的情况书面通知看守所、被告人及其家属,并说明审限延长的理由。对于人民检察院因抗诉等原因阅卷的案件,根据《最高人民法院关于严格执行案件审理期限制度的若干规定》(法释〔2000〕29号),其占用的时间不计入审限,人民法院应当及时将情况书面通知看守所、被告人及其家属,并说明理由。

四、完善依法独立审判制度,规范以至逐步取消内部请示的做法。人民法院审理刑事案件,应当依照刑事诉讼法的规定独立审判,坚持两审终审制。除了适用法律疑难案件以外,不得向上级人民法院请示。要规范以至逐步取消内部请示的做法。

五、建立严格的案件发回重审制度。按照刑事诉讼法以及《最高人民法院、最高人民检察院、公安部关于严格执行刑事诉讼法,切实纠防超期羁押通知》的规定,第二审人民法院经过审理,对于原判决事实不清楚或者证据不足的案件,只能裁定撤销原判,发回原审人民法院重新审判一次,严格禁止多次发回重审。

六、坚持依法办案,有罪依法追究,无罪坚决放人。人民法院审理刑事案件,依法惩罚犯罪、保障人权,有罪依法追究,无罪坚决放人。经过审理,对于案件事实清楚,证据确实、充分,依据法律认定被告人有罪的,应当作出有罪判决;对于经过审理,只有部分犯罪事实清楚、证据确实、充分的案件,只就该部分事实和证据进行认定和判决;对于审理后,仍然证据不足,在法律规定的审限内无法收集充分的证据,不能认定被告人有罪的案件,应当坚决依法作出证据不足、指控的犯罪不能成立的无罪判决,绝不能搞悬案、疑案,拖延不决,迟迟不判。

七、完善及时宣判制度。人民法院依法作出判决后,应当按照法律规定及时公开宣判并送达执行通知书,不得为了营造声势而延期宣判和执行。

八、建立高效率的送达、移送卷宗制度。依照刑事诉讼法规定,法定期间不包括路途上的时间。人民法院在审判过程中,因送达裁判文书以及第一审案件审结后进入第二审程序,或者第二审案件审结后进入死刑复核程序等移送卷宗的案件,路途上的时间不计入审限。人民法院应当积极采取各种措施,努力改进送达、移送案卷等工作,尽量缩短占用的时间,使其更加制度化、规范化,不得无故拖延。

九、坚持超期羁押案件月报制度,做到月清月结。人民法院应当坚持超期羁押案件月报制度,每月定期向上级人民法院书面报告;最高人民法院每月定期向全国法院发布《全国法院超期羁押案件情况月报》。积极采取措施,努力做到超期羁押案件月清月结。

十、严格执行超期羁押责任追究制度。凡故意违反刑事诉讼法和《最高人民法院、最高人民检察院、公安部关于严格执行刑事诉讼法,切实纠防超期羁押通知》的规定,造成被告人超期羁押的,对于直接负责的主管人员和其他责任人员,由其所在单位或者上级主管机关依照有关规定予以行政处分或者纪律处分,构成犯罪的,依法追究刑事责任。

第二百零九条 【人民检察院的监督】人民检察院发现人民法院审理案件违反法律规定的诉讼程序,有权向人民法院提出纠正意见。

立法沿革

1979年《刑事诉讼法》第一百一十二条第二款规定:"出庭的检察人员发现审判活动有违法情况,有权向法庭提出纠正意见。"1996年《刑事诉讼法修改决定》对上述规定作了修改,形成本条规定。2012年、2018年修改《刑事诉讼法》时对本条规定未作调整。

"六部委"规定

《最高人民法院、最高人民检察院、公安部、国家安全部、司法部、全国人大常委会法制工作委员会关于实施刑事诉讼法若干问题的规定》(自2013年1月1日起施行,节录)

八、审判

32. 刑事诉讼法第二百零三条①规定:"人民检察院发现人民法院审理案件违反法律规定的诉讼程序,有权向人民法院提出纠正意见。"人民检察院对违反法定程序的庭审活动提出纠正意见,应当由人民检察院在庭审后提出。

基本规范

《最高人民法院关于适用〈中华人民共和国刑事诉讼法〉的解释》(法释〔2021〕1号,自2021年3月1日起施行)

第九章 公诉案件第一审普通程序
第六节 法庭纪律与其他规定
第三百一十五条 人民检察院认为人民法院审理案件违反法定程序,在庭审后提出书面纠正意见,人民法院认为正确的,应当采纳。

《人民检察院刑事诉讼规则》(高检发释字〔2019〕4号,自2019年12月30日起施行)

---

① 现行《刑事诉讼法》第二百零九条。——**本评注注**

第十三章 刑事诉讼法律监督
第四节 审判活动监督

第五百七十条 人民检察院应当对审判活动中是否存在以下违法行为进行监督：

（一）人民法院对刑事案件的受理违反管辖规定的；

（二）人民法院审理案件违反法定审理和送达期限的；

（三）法庭组成人员不符合法律规定，或者依照规定应当回避而不回避的；

（四）法庭审理案件违反法定程序的；

（五）侵犯当事人、其他诉讼参与人的诉讼权利和其他合法权利的；

（六）法庭审理时对有关程序问题所作的决定违反法律规定的；

（七）违反法律规定裁定发回重审的；

（八）故意毁弃、篡改、隐匿、伪造、偷换证据或者其他诉讼材料，或者依据未经法定程序调查、质证的证据定案的；

（九）依法应当调查收集相关证据而不收集的；

（十）徇私枉法，故意违背事实和法律作枉法裁判的；

（十一）收受、索取当事人及其近亲属或者其委托的律师等人财物或者其他利益的；

（十二）违反法律规定采取强制措施或者采取强制措施法定期限届满，不予释放、解除或者变更的；

（十三）应当退还取保候审保证金不退还的；

（十四）对与案件无关的财物采取查封、扣押、冻结措施，或者应当解除查封、扣押、冻结而不解除的；

（十五）贪污、挪用、私分、调换、违反规定使用查封、扣押、冻结的财物及其孳息的；

（十六）其他违反法律规定的行为。

第五百七十一条 人民检察院检察长或者检察长委托的副检察长，可以列席同级人民法院审判委员会会议，依法履行法律监督职责。

第五百七十二条 人民检察院在审判活动监督中，发现人民法院或者审判人员审理案件违反法律规定的诉讼程序，应当向人民法院提出纠正意见。

人民检察院对违反程序的庭审活动提出纠正意见，应当由人民检察院在庭审后提出。出席法庭的检察人员发现法庭审判违反法律规定的诉讼程序，应当在休庭后及时向检察长报告。

其他规范

《人民检察院办理未成年人刑事案件的规定》(高检发研字〔2013〕7号)第六十八条对人民检察院依法对未成年人刑事案件审理进行监督的有关问题作了规定。(→参见第五编"特别程序"第一章"未成年人刑事案件诉讼程序"末所附"其他规范",第1985页)

相关规范集成·单位犯罪案件的审理程序

相关规定

《中华人民共和国刑法》(节录)

第三十条 公司、企业、事业单位、机关、团体实施的危害社会的行为,法律规定为单位犯罪的,应当负刑事责任。

第三十一条 单位犯罪的,对单位判处罚金,并对其直接负责的主管人员和其他直接责任人员判处刑罚。本法分则和其他法律另有规定的,依照规定。

基本规范

《最高人民法院关于适用〈中华人民共和国刑事诉讼法〉的解释》(法释〔2021〕1号,自2021年3月1日起施行)

第十一章 单位犯罪案件的审理①

第三百三十五条 人民法院受理单位犯罪案件,除依照本解释第二百

---

① 1997年《刑法》在总则中设立"单位犯罪"专节,对单位负刑事责任的范围、单位犯罪的处罚原则等问题作出了规定。而且,刑法分则中有不少条文都规定单位可以成为犯罪主体。1996年《刑事诉讼法》修改在前,1997年《刑法》增设单位犯罪在后,故1996年《刑事诉讼法》没有专门规定单位犯罪案件的审理程序。(当然,此处是指1997年《刑法》关于单位犯罪的系统规定在1996年《刑事诉讼法》修改之后,但如果就单位犯罪的零散规定而言,附属刑法最早见于1987年的《海关法》,单行刑法最早见于1988年《全国人民代表大会常务委员会关于惩治走私罪的补充规定》和《全国人民代表大会常务委员会关于惩治贪污罪贿赂罪的补充规定》。实际上,在1996年修改《刑事诉讼法》之时,单行刑法和附属刑法关于单位犯罪的罪名已经达数十个之多。)而且,2012年《刑事诉讼法》和2018年《刑事诉讼法》均未予涉及。可以说,司法实践一定程度上存在单位犯罪案件的审理程序"无法可依"的局面。为了规范单位犯罪案件的审理,《1998年刑诉法解释》和《2012年刑诉法解释》均设立专章,以司法解释的形式对单位(转下页)

的主管人员或者其他直接责任人员追究刑事责任,并援引刑法分则关于追究单位犯罪中直接负责的主管人员和其他直接责任人员刑事责任的条款。①

第三百四十一条 被告单位的违法所得及其他涉案财物,尚未被依法追缴或者查封、扣押、冻结的,人民法院应当决定追缴或者查封、扣押、冻结。

第三百四十二条 为保证判决的执行,人民法院可以先行查封、扣押、冻结被告单位的财产,或者由被告单位提出担保。

第三百四十三条 采取查封、扣押、冻结等措施,应当严格依照法定程序进行,最大限度降低对被告单位正常生产经营活动的影响。

第三百四十四条 审判期间,被告单位被吊销营业执照、宣告破产但尚未完成清算、注销登记的,应当继续审理;被告单位被撤销、注销的,对单位犯罪直接负责的主管人员和其他直接责任人员应当继续审理。②

第三百四十五条 审判期间,被告单位合并、分立的,应当将原单位列为被告单位,并注明合并、分立情况。对被告单位所判处的罚金以其在新单位的财产

---

① 需要注意的是,根据"不告不理"的刑事诉讼原则,如果经建议检察机关仍未对犯罪单位追加起诉的,人民法院只能按单位犯罪中的直接负责的主管人员和其他直接责任人员追究被起诉的自然人的刑事责任,不能在判决结果中认定单位构成犯罪并判处罚金。——**本评注注**

② 需要注意的问题有二:(1)《2012年刑诉法解释》第二百八十六条规定:"审判期间,被告单位被撤销、注销、吊销营业执照或者宣告破产的,对单位犯罪直接负责的主管人员和其他直接责任人员应当继续审理。"经研究认为,上述规定不尽合理,只有在犯罪主体消亡的情况下,才不再继续追究刑事责任。被告单位被撤销、注销的情况下,可以认为是被告单位主体消亡,此时对单位不再追究,而直接追究单位犯罪直接负责的主管人员和其他直接责任人员的责任,是合适的。但是,在被告单位只是被吊销营业执照或者宣告破产但未完成清算、注销登记的情况下,被告单位这一责任主体还是存在的,并未消亡,其可以承担民事责任,同理也可以承担刑事责任,故此时应当对案件继续审理,并对被告单位作出刑事判决。基于此,本条对被告单位在特殊状态下的刑事责任承担问题,区分单位被"撤销、注销"和"吊销营业执照、宣告破产"的情形分别确立不同的处理规则。(2)对于进入破产程序的被告单位是否应当继续审理存在不同认识,一种意见认为其主体资格未消亡,应当继续审理。特别是,刑事案件退赔义务的顺位优先于一般民事债务。在清算过程中,如果单位仍然有财产,一般应当先用于履行退赔义务,再履行一般民事债务,故不宜终止审理。另一种意见认为,"资不抵债"是单位进入破产程序的前提条件,在此情况下,如果继续审理并对被告单位判处罚金,从可预期的角度完全属于不能执行的空判,因此建议对于进入破产程序但尚未清算完毕的被告单位终止审理。本条采纳前一种意见。在被告单位宣告破产但未完成清算、注销登记的情况下,被告单位这一责任主体还是存在的,并未消亡,其可以承担民事责任,同理也可以承担刑事责任,故此时应当对案件继续审理,并对被告单位作出刑事判决。——**本评注注**

一十八条的有关规定进行审查外，还应当审查起诉书是否列明被告单位的名称、住所地、联系方式、法定代表人、实际控制人、主要负责人以及代表被告单位出庭的诉讼代表人的姓名、职务、联系方式。需要人民检察院补充材料的，应当通知人民检察院在三日以内补送。

第三百三十六条　被告单位的诉讼代表人，应当是法定代表人、实际控制人或者主要负责人；法定代表人、实际控制人或者主要负责人被指控为单位犯罪直接责任人员或者因客观原因无法出庭的，应当由被告单位委托其他负责人或者职工作为诉讼代表人。但是，有关人员被指控为单位犯罪直接责任人员或者知道案件情况、负有作证义务的除外。

依据前款规定难以确定诉讼代表人的，可以由被告单位委托律师等单位以外的人员作为诉讼代表人。

诉讼代表人不得同时担任被告单位或者被指控为单位犯罪直接责任人员的有关人员的辩护人。

第三百三十七条　开庭审理单位犯罪案件，应当通知被告单位的诉讼代表人出庭；诉讼代表人不符合前条规定的，应当要求人民检察院另行确定。

被告单位的诉讼代表人不出庭的，应当按照下列情形分别处理：

（一）诉讼代表人系被告单位的法定代表人、实际控制人或者主要负责人，无正当理由拒不出庭的，可以拘传其到庭；因客观原因无法出庭，或者下落不明的，应当要求人民检察院另行确定诉讼代表人；

（二）诉讼代表人系其他人员的，应当要求人民检察院另行确定诉讼代表人。

第三百三十八条　被告单位的诉讼代表人享有刑事诉讼法规定的有关被告人的诉讼权利。开庭时，诉讼代表人席位置于审判台前左侧，与辩护人席并列。

第三百三十九条　被告单位委托辩护人的，参照适用本解释的有关规定。

第三百四十条　对应当认定为单位犯罪的案件，人民检察院只作为自然人犯罪起诉的，人民法院应当建议人民检察院对犯罪单位追加起诉。人民检察院仍以自然人犯罪起诉的，人民法院应当依法审理，按照单位犯罪直接负责

（接上页）犯罪案件的审理程序作出了较为全面的规定，规范了司法实践中单位犯罪案件的审理。《刑诉法解释》第十一章吸收《2012年刑诉法解释》第十一章"单位犯罪案件的审理"的条文，并根据多年来审理单位犯罪案件积累的司法实务经验和遇到的新情况、新问题，作了较大幅度的修改完善。——本评注注

及收益为限。①

第三百四十六条 审理单位犯罪案件,本章没有规定的,参照适用本解释的有关规定。

其他规范

《最高人民法院、最高人民检察院、海关总署关于办理走私刑事案件适用法律若干问题的意见》(法〔2002〕139号)"十七、关于单位走私犯罪案件诉讼代表人的确定及其相关问题""十九、关于单位走私犯罪后发生分立、合并或者其他资产重组情形以及单位被依法注销、宣告破产等情况下,如何追究刑事责任的问题"对单位犯罪审理程序的有关问题作了规定。(→参见第二编"立案、侦查和提起公诉"标题下所附"其他规范",第749页)

法律适用答复、复函

《最高人民法院研究室关于企业犯罪后被合并应当如何追究刑事责任问题的答复》(1998年11月18日)

人民检察院起诉时该犯罪企业已被合并到一个新企业的,仍应依法追究原犯罪企业及其直接负责的主管人员和其他直接人员的刑事责任。人民法院审判时,对被告单位应列原犯罪企业名称,但注明已被并入新的企业,对被告单位所判处的罚金数额以其并入新的企业的财产及收益为限。

---

① 需要注意的问题有二:(1)实践反映,存在被告单位为逃避罚金等而恶意注销的情形,《刑诉法解释》第三百四十四条原本拟明确规定对于恶意注销的,案件应当继续审理。征求意见过程中,有意见提出,这一规定的出发点值得肯定,有利于打击恶意逃避单位责任的行为,但是如何认定恶意注销,以及单位注销的情况下,如何追究单位责任,被告单位如何列席,以及判处的罚金如何执行,均存在操作困难。经研究,未再作明确规定。主要考虑:其一,进入审判程序后被告单位被恶意注销的情况应当较为罕见,受案法院可以监督制约。其二,追究被告单位刑事责任的唯一方式是判处罚金。对于被告单位基于逃避罚金等动机恶意注销的,法定代表人、实际控制人、主要负责人往往都会实际获益。而上述人员会作为被告单位的主管人员或者直接负责的责任人员被追究刑事责任,在被告单位被恶意注销的情况下,可以通过对上述人员多判处罚金的方式予以弥补,且对于被告单位的违法所得也可以继续追缴,不会造成处罚的漏洞。(2)征求意见过程中,有意见建议在"被告单位合并、分立的"后增加"名称发生变化等情况的"。经研究认为,这条主要解决的是被告单位合并、分立的情况。对被告单位更名情形的处理,实践处理中没有争议。例如,被告单位甲在审判期间更名为乙,可以考虑列被告单位"甲(乙)"。——本评注注

司法疑难解析

1. 被告单位诉讼代表人的范围。《刑诉法解释》第三百三十六条第一款、第二款规定:"被告单位的诉讼代表人,应当是法定代表人、实际控制人或者主要负责人;法定代表人、实际控制人或者主要负责人被指控为单位犯罪直接责任人员或者因客观原因无法出庭的,应当由被告单位委托其他负责人或者职工作为诉讼代表人。但是,有关人员被指控为单位犯罪直接责任人员或者知道案件情况、负有作证义务的除外。""依据前款规定难以确定诉讼代表人的,可以由被告单位委托律师等单位以外的人员作为诉讼代表人。"据此,对被告单位诉讼代表人的确定可以分为两个层次:第一个层次是基本选择,限于被告单位的内部人员,包括被告单位的法定代表人、实际控制人或者主要负责人,以及被告单位的其他负责人或者职工;第二个层次是最后选择,涉及被告单位以外的人员,包括律师在内。

需要提及的是,之所以将诉讼代表人的选定范围扩大至律师,是考虑到单位犯罪案件审理程序中诉讼代表人主要起到的是代表犯罪单位意志、维护其合法权益、保障诉讼正常进行的作用。律师是法律专业人士,其作为被告单位的诉讼代表人受其职业身份及代理关系的双重约束,更能全面深入地保证委托人的合法权益;律师的职业特点,也便于其通过阅卷、调查等方式了解案情,保证案件的公正审理和顺利进行。而且,从境外的情况来看,也有单位聘请律师代表单位诉讼的做法,如美国2018年《联邦刑事诉讼规则》第43条(c)(1)规定"法人可以由全权代理的律师代表出庭"。

2. 被告单位诉讼代表人的确定。根据《2012年刑诉法解释》第二百七十九条、第二百八十条的规定,诉讼代表人原则上应当由被告单位自行委托,但对于没有诉讼代表人参与诉讼(包括没有委托诉讼代表人代表被告单位出庭和所委托的诉讼代表人不符合相关规定)的,由人民检察院确定被告单位的诉讼代表人。《刑诉法解释》基本沿用上述原则,但在具体操作上做了一些调整。《2012年刑诉法解释》第二百八十条第一款规定:"开庭审理单位犯罪案件,应当通知被告单位的诉讼代表人出庭;没有诉讼代表人参与诉讼的,应当要求人民检察院确定。"经研究认为,如果被告单位没有委托诉讼代表人的,应当根据关于单位犯罪立案审查的规定(《刑诉法解释》第三百三十五条)作出处理,即要求人民检察院补充确定,不应在此处作出规定。考虑到立案审查是形式审查,而此处的审查应当是实质审查,故可能出现确定的诉讼代表人不符合规定的情况(至于诉讼代表人不出庭的情况,通过《刑诉法解释》第三百三十七条第二款予以解决),应对此作相应调整。基于此,《刑诉法解释》第三百三十七条第一款规定:"开庭审理单位犯罪案件,应当通知被告单位的诉讼代表人出庭;诉讼代表人不符合前条规定的,应当要求人民检察院另行确定。"

在明确被告单位可以委托律师等作为诉讼代表人的情况下,无法确定代表人的现象将极少出现。但是,仍然不能排除极端情形下无法确定被告单位诉讼代表人的情况出现。此种情况下,再将涉嫌犯罪的单位列为被告单位,从诉讼程序方面来看,显然不合适。故而,人民检察院无法确定诉讼代表人的,人民法院应当建议其变更起诉,以单位犯罪起诉直接负责的主管人员和其他直接责任人员;人民检察院不变更起诉的,可以裁定终止对被告单位的审理。

3. 诉讼代表人的人数。关于被告单位诉讼代表人的人数,国外立法中有不同规定,如日本刑事诉讼法规定可以为数人,而南斯拉夫法律规定为一人。① **本评注认为,为保证单位犯罪案件审理的顺利进行,被告单位的诉讼代表人以一人为宜。**

4. 被告单位诉讼代表人的出庭。对于拘传被告单位诉讼代表人的问题,应当区分诉讼代表人的不同身份而决定是否适用。法定代表人和主要负责人负有代表被告单位出庭的法定义务,而其他诉讼代表人的义务程度不如前者。特别是,在单位以外的人员担任诉讼代表人的情况下,强制这些人员出庭就更加不合适。基于上述考虑,《刑诉法解释》第三百三十七条第二款规定应当区分情况处理:(1)诉讼代表人系被告单位的法定代表人、实际控制人或者主要负责人,无正当理由拒不出庭的,可以拘传其到庭;因客观原因无法出庭,或者下落不明的,应当要求人民检察院另行确定诉讼代表人。从实践来看,客观原因可能包括下列情形:诉讼代表人在庭审期间身患严重疾病或者行动极为不便;诉讼代表人因自然灾害等不可抗力无法代表被告单位出庭的;在庭审中发现诉讼代表人涉嫌所代表单位的犯罪,依法不应继续担任诉讼代表人的;有其他客观原因,确实无法代表被告单位出庭的。(2)诉讼代表人系其他人员,不出庭的,不论是否基于客观原因,也不论是否有正当理由,人民法院均不得拘传其到庭,而应当要求人民检察院另行确定诉讼代表人出庭。

5. 单位犯罪的缺席判决。早在《2012年刑诉法解释》起草和征求意见过程中,即有观点主张建立单位犯罪缺席判决制度,认为人民法院在审判单位犯罪案件时,不以单位委派诉讼代表人参与诉讼为必要程序,对于被告单位放弃诉讼权利,不委托诉讼代表人到庭或者诉讼代表人经依法通知拒不到庭的,人民法院可

---

① 参见孙光焰:《试论单位犯罪刑事诉讼程序的几个问题》,载《政法论坛(中国政法大学学报)》1998年第2期。

以在查明案件事实后,对被告单位作出判决。此次刑事诉讼法虽然增设了缺席审判制度,但显然难以适用于单位犯罪。故而,目前,应当根据前述确定被告单位诉讼代表人的原则,妥善确定被告单位诉讼代表人,及时通知被告单位的诉讼代表人出庭,对于拒不出庭的,依照相关规定处理,以保证诉讼代表人在庭审中代表被告单位行使各项诉讼权利,保证庭审活动的顺利进行。

6. 被告单位委托辩护人的问题。 关于担任被告单位诉讼代表人的人员特别是律师,能否兼任被告单位的辩护人,在《刑诉法解释》起草过程中存在不同认识:一种意见认为,兼任可以有效解决司法实践中突出的无法确定单位诉讼代表人的问题,节约诉讼资源;另一种意见认为,兼任可能会造成角色冲突,比如被告单位认罪欲获取从轻处罚,而辩护人根据案件事实证据或辩护策略作无罪辩护,此种情况下明显存在角色冲突,兼任无法同时保障被告单位的意见发表权和辩护人的辩护权。征求意见过程中,多数赞成后一种意见,认为作为被告单位的诉讼代表人同时兼任辩护人的情形存在角色和职责冲突。诉讼代表人与辩护人属不同诉讼角色,承担着不同的诉讼职责。诉讼代表人全权代表本单位的意志,而辩护人主要承担辩护代理职责,履行辩护人义务。将诉讼代表职责与辩护代理职责合二为一,由辩护人担任诉讼代表人,容易引发社会公众质疑,影响司法公信力。基于此,《刑诉法解释》第三百三十六条第三款专设规定,明确"诉讼代表人不得同时担任被告单位或者被指控为单位犯罪直接责任人员的有关人员的辩护人"。

此外,关于被告单位和被指控的单位直接负责的主管人员、其他直接责任人员能否委托同一名辩护人,存在不同的认识①:有观点主张,在刑事诉讼中,只需作为犯罪主体的犯罪单位以单位名义为直接负责的主管人员或者其他直接责任人员委托律师,辩护人即可达到维护两个诉讼主体合法权益的目的,而无须两个主体分别委托;也有观点主张,被告人的辩护人应当由被告人或家属委托或法院指定,被告单位的辩护人一般由被告单位委托,单位犯罪直接负责的主管人员或者其他直接责任人员的辩护人和被告单位的辩护人不能是同一人。

本评注赞同后一种观点,主要考虑:(1)单位犯罪直接负责的主管人员和其他直接责任人员,与被告单位在刑事诉讼中充当着不同的角色,委托同一名辩护人行使辩护权,会造成角色的混乱,不利于刑事诉讼的有序进行。(2)单位犯罪直接负责的主管人员和其他直接责任人员,与被告单位在刑事责任的承担上具

---

① 参见白山云:《单位犯罪案件审理程序中存在的问题及探讨》,载《法律适用(国家法官学院学报)》2001年第1期。

有一定的"此消彼长",由同一名辩护人同时行使辩护权,势必存在"利益冲突",不利于维护两个主体的合法权益,也会影响到案件的公正审理。(3)《刑诉法解释》第四十三条第二款规定:"一名辩护人不得为两名以上的同案被告人,或者未同案处理但犯罪事实存在关联的被告人辩护。"根据这一规定,对于被告单位和被指控的单位直接负责的主管人员、其他直接责任人员委托同一名辩护人的情形,自然应当不允许。

7. 被告单位法律援助的问题。关于被告单位是否享有法律援助待遇,在《刑诉法解释》起草过程中存在不同看法:一种观点认为,被告单位作为拟制的法人,在获得辩护权方面应当和作为自然人的被告人同等对待,既然被告人享有获取法律援助的待遇,被告单位也应当享有。而从现实情况来看,被告单位也并不一定都有能力聘请律师为其辩护,对于获取法律援助也有现实的需求。另一种观点认为,法律援助制度设立的初衷,是维护经济困难公民和特殊案件当事人合法权益,受援对象仅限于自然人,这也是国际通行做法。同时,考虑到法律援助工作面临的经费保障不足、工作力量短缺等现状,将受援对象扩展至法人、单位,缺乏理论依据及实践基础。经研究,鉴于对被告单位是否享有法律援助待遇,尚存在不同认识,且司法实践中也做法不一①,故《刑诉法解释》未对这一问题作明确规定。

8. 单位犯罪案件适用简易程序的问题。对于单位犯罪案件能否适用简易程序,存在不同认识。有论者认为,单位犯罪的案件体现的是单位意志的犯罪,认定起来比自然人犯罪难度要大,同时要实行双罚制,不宜适用简易程序审理,应适用普通程序审理,以保证案件的质量。②**本评注认为**,对于单位犯罪案件能否适用简易程序审理,不能绝对予以否定。一方面,对于基层人民法院管辖的事实清楚、证据确实充分的单位犯罪案件,被告单位(由诉讼代表人代表)和直接负责的主管人员及其他直接责任人员均承认所犯罪行,对指控的犯罪事实没有异议,且同意适用简易程序的,完全可以适用简易程序。另一方面,对于符合简易程序适用条件的案件选择是否适用简易程序,是被告单位和直接负责的主管人员及其他直接责任人员的权利,且选择简易程序其能够获得迅速完成审判程序的益处,甚至能够获得酌情从轻处罚的好处,故排除简易程序的适用对其也不

---

① 个别地方曾通过规范性文件将被告单位纳入了法律援助的范围,但后来又因故专门通知不再为被告单位指派法律援助律师提供辩护。——**本评注注**
② 参见白山云:《单位犯罪案件审理程序中存在的问题及探讨》,载《法律适用(国家法官学院学报)》2001年第1期。

利。因此,对于单位犯罪案件能否适用简易程序审理,不能一概而论,应当根据案件具体情况予以判断。

相关规范集成·在法定刑以下判处刑罚和特殊假释的核准

相关规定

《中华人民共和国刑法》(节录)

第六十三条第二款 犯罪分子虽然不具有本法规定的减轻处罚情节,但是根据案件的特殊情况,经最高人民法院核准,也可以在法定刑以下判处刑罚。

第八十一条第一款 被判处有期徒刑的犯罪分子,执行原判刑期二分之一以上,被判处无期徒刑的犯罪分子,实际执行十三年以上,如果认真遵守监规,接受教育改造,确有悔改表现,没有再犯罪的危险的,可以假释。如果有特殊情况,经最高人民法院核准,可以不受上述执行刑期的限制。

基本规范

《最高人民法院关于适用〈中华人民共和国刑事诉讼法〉的解释》(法释〔2021〕1号,自2021年3月1日起施行)

第十六章 在法定刑以下判处刑罚和特殊假释的核准

第四百一十四条 报请最高人民法院核准在法定刑以下判处刑罚的案件,应当按照下列情形分别处理:

(一)被告人未上诉、人民检察院未抗诉的,在上诉、抗诉期满后三日以内报请上一级人民法院复核。上级人民法院同意原判的,应当书面层报最高人民法院核准;不同意的,应当裁定发回重新审判,或者按照第二审程序提审;

(二)被告人上诉或者人民检察院抗诉的,上一级人民法院维持原判,或者改判后仍在法定刑以下判处刑罚的,应当依照前项规定层报最高人民法院核准。

第四百一十五条 对符合刑法第六十三条第二款规定的案件,第一审人民法院未在法定刑以下判处刑罚的,第二审人民法院可以在法定刑以下判处刑罚,并层报最高人民法院核准。①

第四百一十六条 报请最高人民法院核准在法定刑以下判处刑罚的案件,应当报送判决书、报请核准的报告各五份,以及全部案卷、证据。

---

① 据此,第一审人民法院未在法定刑以下判处刑罚的案件,被告人上诉或者检察院抗诉的,第二审可以直接在法定刑以下判处刑罚,并层报最高人民法院核准。——本评注注

第四百一十七条 对在法定刑以下判处刑罚的案件,最高人民法院予以核准的,应当作出核准裁定书;不予核准的,应当作出不核准裁定书,并撤销原判决、裁定,发回原审人民法院重新审判或者指定其他下级人民法院重新审判。

第四百一十八条 依照本解释第四百一十四条、第四百一十七条规定发回第二审人民法院重新审判的案件,第二审人民法院可以直接改判;必须通过开庭查清事实、核实证据或者纠正原审程序违法的,应当开庭审理。

第四百一十九条 最高人民法院和上级人民法院复核在法定刑以下判处刑罚案件的审理期限,参照适用刑事诉讼法第二百四十三条的规定。

第四百二十条 报请最高人民法院核准因罪犯具有特殊情况,不受执行刑期限制的假释案件,应当按照下列情形分别处理:

(一)中级人民法院依法作出假释裁定后,应当报请高级人民法院复核。高级人民法院同意的,应当书面报请最高人民法院核准;不同意的,应当裁定撤销中级人民法院的假释裁定;

(二)高级人民法院依法作出假释裁定的,应当报请最高人民法院核准。

第四百二十一条 报请最高人民法院核准因罪犯具有特殊情况,不受执行刑期限制的假释案件,应当报送报请核准的报告、罪犯具有特殊情况的报告、假释裁定书各五份,以及全部案卷。

第四百二十二条 对因罪犯具有特殊情况,不受执行刑期限制的假释案件,最高人民法院予以核准的,应当作出核准裁定书;不予核准的,应当作出不核准裁定书,并撤销原裁定。

司法疑难解析

关于法定刑以下判处刑罚案件层报复核的程序。《刑诉法解释》第四百一十四条根据司法实践反映的问题对《2012年刑诉法解释》第三百三十六条的规定作出修改完善,规定:"报请最高人民法院核准在法定刑以下判处刑罚的案件,应当按照下列情形分别处理:(一)被告人未上诉、人民检察院未抗诉的,在上诉、抗诉期满后三日以内报请上一级人民法院复核。上级人民法院同意原判的,应当书面层报最高人民法院核准;不同意的,应当裁定发回重新审判,或者按照第二审程序提审;(二)被告人上诉或者人民检察院抗诉的,上一级人民法院维持原判,或者改判后仍在法定刑以下判处刑罚的,应当依前项规定层报最高人民法院核准。"司法适用中需要注意的是:

(1)关于被告人未上诉、人民检察院未抗诉的情形。《2012年刑诉法解释》

第三百三十六条第一项规定,对此情形,上一级人民法院不同意的,"应当裁定发回重新审判,或者改变管辖按照第一审程序重新审理。原判是基层人民法院作出的,高级人民法院可以指定中级人民法院按照第一审程序重新审理"。讨论中,有意见认为,如果上一级人民法院是高级人民法院,由其按照第一审程序重新审理,则可能导致最高人民法院成为二审法院,似有不妥。另有意见认为,对于原判是基层人民法院作出的,高级人民法院复核认为原判刑罚畸重的,依照原规定,只能发回重审或者指定中级人民法院按照第一审程序重新审理,程序繁琐,不便操作。基于此,宜借鉴死刑复核程序中高级人民法院不同意一审死刑判决的可以依照第二审程序提审的规定,直接作出改判。经研究,采纳上述意见,作了相应调整。

(2)关于被告人上诉、人民检察院未抗诉的情形。有意见认为,此种情形下,第二审人民法院可以直接加重刑罚,或者以量刑过轻为由发回原审人民法院重新审判,原审人民法院不受《刑事诉讼法》第二百三十七条第一款关于上诉不加刑原则的限制。主要考虑:法定刑以下判处刑罚案件较为特殊,依法需要层报最高人民法院核准。对于一审在法定刑以下判处刑罚的案件,如果上级法院经复核或者审理认为不符合在法定刑以下判处刑罚的条件,应当允许上级法院改判加刑或者通过发回重审加重刑罚,否则,将会使得一审法院"绑架"上级法院,导致法定刑以下判处刑罚案件的核准程序流于形式,无法发挥监督制约作用。基于上述考虑,《刑诉法解释》第四百一十四条原本拟明确规定,对于法定刑以下判处刑罚的案件,"上级人民法院按照第二审程序改判,或者发回原审人民法院重新审判的,不受刑事诉讼法第二百三十七条第一款规定的限制"。

讨论中,有意见认为,上述规则存在不妥,可能导致适用法定刑以下核准程序案件的被告人反而遭受不利的后果。例如,被告人应当适用的法定最低刑为十年有期徒刑,如果一审对其在法定刑以下判处刑罚,无论人民检察院是否提出抗诉,二审可能对其加重至十二年;但如果一审对其判处法定最低刑十年有期徒刑,则在人民检察院未提出抗诉的情况下,二审无法加重其刑罚。基于此,为避免上述不合理现象,建议明确在人民检察院未抗诉的情况下,第二审人民法院可以加重刑罚,但只能在法定最低刑以下的幅度内加重刑罚,即无论如何,不得加重至法定刑以上的幅度。在法定刑以下判处刑罚的案件固然特殊,但如果被告人上诉,案件就会进入二审程序。二审法院无论改判还是发回重审,都应当遵守上诉不加刑原则,至少需要明确在人民检察院未抗诉的情况下,只能在法定最低刑以下的幅度内加重刑罚。

鉴于对上述问题存在不同认识,《刑诉法解释》未作规定,待进一步研究、统一认识后再通过其他方式作出明确规定。

第二节 自诉案件

第二百一十条 【自诉案件的范围】自诉案件包括下列案件:
(一)告诉才处理的案件;
(二)被害人有证据证明的轻微刑事案件;
(三)被害人有证据证明对被告人侵犯自己人身、财产权利的行为应当依法追究刑事责任,而公安机关或者人民检察院不予追究被告人刑事责任的案件。

立法沿革

本条系1996年《刑事诉讼法修改决定》增加的规定,2012年、2018年修改《刑事诉讼法》时未作调整。

基本规范

《最高人民法院关于适用〈中华人民共和国刑事诉讼法〉的解释》(法释〔2021〕1号,自2021年3月1日起施行)
第十章 自诉案件第一审程序
第三百一十六条 人民法院受理自诉案件必须符合下列条件:
(一)符合刑事诉讼法第二百一十条、本解释第一条的规定;
(二)属于本院管辖;
(三)被害人告诉;
(四)有明确的被告人、具体的诉讼请求和证明被告人犯罪事实的证据。
第三百一十七条 本解释第一条规定的案件,如果被害人死亡、丧失行为能力或者因受强制、威吓等无法告诉,或者是限制行为能力人以及因年老、患病、盲、聋、哑等不能亲自告诉,其法定代理人、近亲属告诉或者代为告诉的,人民法院应当依法受理。
被害人的法定代理人、近亲属告诉或者代为告诉的,应当提供与被害人关系的证明和被害人不能亲自告诉的原因的证明。
第三百一十八条 提起自诉应当提交刑事自诉状;同时提起附带民事诉讼

的,应当提交刑事附带民事自诉状。

第三百一十九条 自诉状一般应当包括以下内容:

(一)自诉人(代为告诉人)、被告人的姓名、性别、年龄、民族、出生地、文化程度、职业、工作单位、住址、联系方式;

(二)被告人实施犯罪的时间、地点、手段、情节和危害后果等;

(三)具体的诉讼请求;

(四)致送的人民法院和具状时间;

(五)证据的名称、来源等;

(六)证人的姓名、住址、联系方式等。

对两名以上被告人提出告诉的,应当按照被告人的人数提供自诉状副本。

其他规范

《最高人民法院、最高人民检察院关于办理侵犯知识产权刑事案件具体应用法律若干问题的解释(二)》(法释〔2007〕6号)**第五条**对侵犯知识产权犯罪自诉案件的有关问题作了规定。(→参见第十九条所附"其他规范",第150页)

《最高人民法院关于审理拒不执行判决、裁定刑事案件适用法律若干问题的解释》〔法释〔2015〕16号,根据《最高人民法院关于修改〈最高人民法院关于人民法院扣押铁路运输货物若干问题的规定〉等十八件执行类司法解释的决定》(法释〔2020〕21号)修正〕**第三条、第五条**对拒不执行判决、裁定罪自诉案件的有关问题作了规定。(→参见第十九条所附"其他规范",第152页)

《最高人民法院关于拒不执行判决、裁定罪自诉案件受理工作有关问题的通知》(法〔2018〕147号)对拒不执行判决、裁定罪自诉案件的有关问题作了规定。(→参见第十九条所附"其他规范",第153页)

司法疑难解析

自诉案件审理过程中自诉人死亡情形的处理。根据司法实践反映的情况,可能存在审理过程中(包括一审和二审)自诉人死亡的情况,对于此种情况应当如何处理,存在不同认识。基于《刑诉法解释》第三百一十七条允许被害人的法定代理人、近亲属代为告诉的精神(《刑法》第九十八条也有类似规定)的考虑,**本评注主张**,此种情况下应当允许自诉人的法定代理人或者近亲属代位行使自诉权。具体而言,自诉人在一审审理过程中死亡,应当通知其法定代理人、近亲属参加诉讼。相关人员不参加诉讼的,人民法院应当裁定按撤诉处理。对于自诉人在二审审理过程中死亡,则应当根据具体情况作出处理。特别是,对于一审作出有罪判决,二审过程中自诉人死亡,但有证据证明被告人无罪,符合缺席审判条件的,可以缺席审判。经缺席审理确认无罪,包括案件事实清楚,证据确实、充分,依据法律认定被告人无罪的,以及证据不足,不能认定被告人有罪的,应当判决宣告无罪。

第二百一十一条 【自诉案件的审查处理与证据调查核实】人民法院对于自诉案件进行审查后,按照下列情形分别处理:

(一)犯罪事实清楚,有足够证据的案件,应当开庭审判;

(二)缺乏罪证的自诉案件,如果自诉人提不出补充证据,应当说服自诉人撤回自诉,或者裁定驳回。

自诉人经两次依法传唤,无正当理由拒不到庭的,或者未经法庭许可中途退庭的,按撤诉处理。

法庭审理过程中,审判人员对证据有疑问,需要调查核实的,适用本法第一百九十六条的规定。

立法沿革

1979年《刑事诉讼法》第一百二十六条规定:"人民法院对于自诉案件进行审查后,可以按照下列情形分别处理:(一)犯罪事实清楚,有足够证据的案件,应当开庭审判;(二)必须由人民检察院提起公诉的案件,应当移送人民检察院;(三)缺乏罪证的自诉案件,如果自诉人提不出补充证据,经人民法院调查又未能收集到必要的证据,应当说服自诉人撤回自诉,或者裁定驳回;(四)被告人的行为不构成犯罪的案件,应当说服自诉人撤回自诉,或者裁定驳回。"1996年《刑事诉讼法修改决定》对本条规定作了修改:一是删去原第二项"必须由人民检察院提起公诉的案件,应当移送人民检察院"的规定;二是删去原第三项中"经人民法院调查又未能收集到必要的证据"的规定;三是删去原第四项"被告人的行为不构成犯罪的案件,应当说服自诉人撤回自诉,或者裁定驳回"的规定;四是增加第二款、第三款规定。2012年、2018年修改《刑事诉讼法》时对本条规定未作调整。

基本规范

《最高人民法院关于适用〈中华人民共和国刑事诉讼法〉的解释》(法释〔2021〕1号,自2021年3月1日起施行)

第十章 自诉案件第一审程序

第三百二十条① 对自诉案件,人民法院应当在十五日以内审查完毕。经审查,符合受理条件的,应当决定立案,并书面通知自诉人或者代为告诉人。

具有下列情形之一的,应当说服自诉人撤回起诉;自诉人不撤回起诉的,裁定不予受理:

(一)不属于本解释第一条规定的案件的;
(二)缺乏罪证的;
(三)犯罪已过追诉时效期限的;
(四)被告人死亡的;
(五)被告人下落不明的;
(六)除因证据不足而撤诉的以外,自诉人撤诉后,就同一事实又告诉的;
(七)经人民法院调解结案后,自诉人反悔,就同一事实再行告诉的;
(八)属于本解释第一条第二项规定的案件,公安机关正在立案侦查或者人民检察院正在审查起诉的;
(九)不服人民检察院对未成年犯罪嫌疑人作出的附条件不起诉决定或者附条件不起诉考验期满后作出的不起诉决定,向人民法院起诉的。

第三百二十一条 对已经立案,经审查缺乏罪证的自诉案件,自诉人提不出补充证据的,人民法院应当说服其撤回起诉或者裁定驳回起诉;自诉人撤回起诉或者被驳回起诉后,又提出了新的足以证明被告人有罪的证据,再次提起自诉的,人民法院应当受理。

第三百二十二条 自诉人对不予受理或者驳回起诉的裁定不服的,可以提起上诉。

第二审人民法院查明第一审人民法院作出的不予受理裁定有错误的,应当在撤销原裁定的同时,指令第一审人民法院立案受理;查明第一审人民法院驳回起诉裁定有错误的,应当在撤销原裁定的同时,指令第一审人民法院进行审理。

第三百二十三条 自诉人明知有其他共同侵害人,但只对部分侵害人提起

---

① 征求意见过程中,有意见建议在本条第二款增加一项,规定"检察机关撤回起诉,法院准予撤诉后,被害人又提起自诉的案件"。经研究认为,相关问题较为复杂,不宜一概而论。如果没有新的证据,此种情形通常属于本款第二项规定的"缺乏罪证的"情形,可以依据该项规定处理;如果有新的证据,即属于应当受理的范畴。基于此,未采纳上述意见。——**本评注注**

自诉的,人民法院应当受理,并告知其放弃告诉的法律后果;自诉人放弃告诉,判决宣告后又对其他共同侵害人就同一事实提起自诉的,人民法院不予受理。

共同被害人中只有部分人告诉的,人民法院应当通知其他被害人参加诉讼,并告知其不参加诉讼的法律后果。被通知人接到通知后表示不参加诉讼或者不出庭的,视为放弃告诉。第一审宣判后,被通知人就同一事实又提起自诉的,人民法院不予受理。但是,当事人另行提起民事诉讼的,不受本解释限制。

第三百二十四条 被告人实施两个以上犯罪行为,分别属于公诉案件和自诉案件,人民法院可以一并审理。对自诉部分的审理,适用本章的规定。①

第三百二十五条② 自诉案件当事人因客观原因不能取得的证据,申请人民法院调取的,应当说明理由,并提供相关线索或者材料。人民法院认为有必要的,应当及时调取。

对通过信息网络实施的侮辱、诽谤行为,被害人向人民法院告诉,但提供证据确有困难的,人民法院可以要求公安机关提供协助。

第三百二十六条 对犯罪事实清楚,有足够证据的自诉案件,应当开庭审理。

---

① 需要注意的是,此种情况下自诉案件虽然被并入公诉案件一并审理,但对自诉案件的处理仍然适用自诉案件的相关规定,当事人享有自诉案件规定的相应诉讼权利,如自诉案件的被告人可以针对自诉人提出反诉,自诉人享有独立的上诉权等。实践中不能因为自诉案件被并入公诉案件一并审理,就对自诉案件也适用公诉案件的相关规定,无视自诉案件的特殊规定。——**本评注注**
② 《刑法》第二百四十六条第三款规定,通过信息网络实施侮辱、诽谤行为,"被害人向人民法院告诉,但提供证据确有困难的,人民法院可以要求公安机关提供协助。"鉴此,本条新增第二款,作了照应性规定。司法实践中需要注意的是,对于通过信息网络实施的侮辱、诽谤行为并非一律属于公诉案件的范畴,除"严重危害社会秩序和国家利益的"外,应当告诉才处理。对于通过信息网络实施的侮辱、诽谤行为,一般应当由自诉人提起自诉。此种情形下,人民检察院提起公诉,经审查认为未达到"严重危害社会秩序和国家利益的",应当依据《刑诉法解释》第二百一十九条的规定,退回人民检察院,同时告知被害人有权提起自诉;已经立案的,应当依据《刑诉法解释》第二百九十五条的规定,裁定终止审理,并告知被害人有权提起自诉。——**本评注注**

第三百二十七条① 自诉案件符合简易程序适用条件的,可以适用简易程序审理。

不适用简易程序审理的自诉案件,参照适用公诉案件第一审普通程序的有关规定。

第三百三十一条 自诉人经两次传唤,无正当理由拒不到庭,或者未经法庭准许中途退庭的,人民法院应当裁定按撤诉处理。

部分自诉人撤诉或者被裁定按撤诉处理的,不影响案件的继续审理。

司法疑难解析

1.自诉案件的审查受理。 根据《刑事诉讼法》第二百一十一条的规定,人民法院对自诉案件进行审查后,对犯罪事实清楚,有足够证据的案件,应当依法受理,并开庭审判。需要注意的是,人民法院对提起的自诉应当进行全面审查,既包括对自诉材料是否符合形式要求的审查,也包括审查犯罪事实是否清楚,证据是否足够。但是,对于自诉案件的审查并非实体审查,更不是判断被告人是否构成犯罪,故不得以"被告人的行为不构成犯罪"为由,说服自诉人撤回起诉或者裁定不予受理②,对于此类自诉案件,仍然应当开庭审判并作出判决。

《1998年刑诉法解释》第一百八十八条规定:"对于自诉案件,人民法院经审查有下列情形之一的,应当说服自诉人撤回起诉,或者裁定驳回起诉……"征求

---

① 需要注意的是,有意见建议增加自诉案件可以适用速裁程序的规定。经研究认为,目前对于自诉案件能否适用速裁程序,存在不同认识。全国人大常委会法工委刑法室在针对修改后刑事诉讼法的解释与适用中指出:"自诉案件由自诉人自行提起,案件没有经过侦查、审查起诉,人民法院在开庭前很难判断证据是否确实、充分。同时,自诉案件自诉人与被告人往往对案件事实等存在较大争议。此外,由于没有检察机关等国家机关主持,也无法在审前提出量刑建议、签署认罪认罚具结书。从这些情况来看,自诉案件是不适合适用速裁程序审理的。"(王爱立、雷建斌主编:《〈中华人民共和国刑事诉讼法〉释解与适用》,人民法院出版社2018年版,第418页。)基于此,本条未明确规定自诉案件可以适用速裁程序。——**本评注注**

② 1979年《刑事诉讼法》第一百二十六条规定:"人民法院对于自诉案件进行审查后,可以按照下列情形分别处理:……(三)缺乏罪证的自诉案件,如果自诉人提不出补充证据,经人民法院调查又未能收集到必要的证据,应当说服自诉人撤回自诉,或者裁定驳回……"但1996年《刑事诉讼法》删去这一规定,此后刑事诉讼法维持了1996年《刑事诉讼法》的规定。

意见过程中,有意见认为,该条似乎是指立案审查时,驳回起诉是在立案后作出,立案审查时无权作出驳回起诉裁定。该条所列的情形应当属于不予受理的情形。《民事诉讼法》规定了不予受理和驳回起诉两种形式,应当参照《民事诉讼法》的规定,在刑事诉讼中也赋予立案审查时对于自诉案件不予受理的权力,否则在实践中对于自诉案件立案审查没有不予受理的权力,将会导致只要是自诉案件必须受理的被动局面。由于《刑事诉讼法》及相关司法解释没有明确规定法院在对自诉案件进行审查时是否可作出不予受理的裁定,司法操作中常存在分歧。因此,建议增加关于法院可不予受理的规定。《2012年刑诉法解释》采纳上述意见,第二百六十三条第二款就人民法院对自诉案件的审查处理规定作出调整,规定对所涉情形"应当说服自诉人撤回起诉;自诉人不撤回起诉的,裁定不予受理"。《刑诉法解释》第三百二十条基本沿用《2012年刑诉法解释》第二百六十三条的规定,仅根据司法实践反映的问题增设应当说服自诉人撤回起诉或者裁定不予受理的两项情形,规定:"对自诉案件,人民法院应当在十五日以内审查完毕。经审查,符合受理条件的,应当决定立案,并书面通知自诉人或者代为告诉人。具有下列情形之一的,应当说服自诉人撤回起诉;自诉人不撤回起诉的,裁定不予受理:(一)不属于本解释第一条规定的案件的;(二)缺乏罪证的;(三)犯罪已过追诉时效期限的;(四)被告人死亡的;(五)被告人下落不明的;(六)除因证据不足而撤诉的以外,自诉人撤诉后,就同一事实又告诉的;(七)经人民法院调解结案后,自诉人反悔,就同一事实再行告诉的;(八)属于本解释第一条第二项规定的案件,公安机关正在立案侦查或者人民检察院正在审查起诉的;(九)不服人民检察院对未成年犯罪嫌疑人作出的附条件不起诉决定或者附条件不起诉考验期满后作出的不起诉决定,向人民法院起诉的。"

关于应当说服自诉人撤回起诉或者裁定不予受理的情形,如下几点值得注意:(1)关于"缺乏罪证"。《1998年刑诉法解释》第一百八十八条的表述为"证据不充分"。《2012年刑诉法解释》第二百六十三条与《刑事诉讼法》保持一致,采用"缺乏罪证"的表述。《刑诉法解释》第三百二十条予以沿用。司法实践中需要注意的是,这里的"缺乏罪证"既包括没有证据,也包括证据不充分。(2)关于"被告人下落不明"。在《2012年刑诉法解释》征求意见过程中,有意见提出,对于被告人下落不明的,但犯罪事实清楚、证据充分,需要追究刑事责任的,不应说服自诉人撤诉或者"不予受理",应当决定立案,作出逮捕决定,被告人归案前裁定中止审理,或者建议由公安机关侦查。经研究认为,上述意见于法无据,对于被告人下落不明的案件,人民法院无法受理,无法作出逮捕决定,也无法将此种情况下的自诉案件转为公诉案件处理,故未采纳上述意见。(3)关于"属于本解释第一条第二项规定的案件,公安机关正在立案侦查或者人民检察院正在审查起诉的",该项为《刑诉法解释》新增规定。主要考虑:实践反映,对于公安机关已受案查处,被害人又要求自诉解决的案件,应当如何处理,存在不同认识。经研究认为,除告诉才处理的案件外,对于公安机关已立案侦查的,应当按照处理公诉案件的方式解决,故增设上述规定。需要注意的是,对于公安机关立案侦查后或者人民检察院审查起诉后,不予追究犯罪嫌疑人刑事责任的,被害人当然可以依据"公诉转自诉"案件的规定提起自诉,故表述为"属于本解释第一条第二项规定的案件,公安机关正在立案侦查或者人民检察院正在审查起诉的",即强调此类案件尚在处理过程中。(4)关于"不服人民检察院对未成年犯罪嫌疑人作出的附条件不起诉决定或者附条件不起诉考验期满后作出的不起诉决定,向人民法院起诉的",该项为《刑诉法解释》新增规定。主要考虑:《全国人民代表大会常务委员会关于〈中华人民共和国刑事诉讼法〉第二百七十一条第二款的解释》规定:"人民检察院办理未成年人刑事案件,在作出附条件不起诉的决定以及考验期满作出不起诉的决定以前,应当听取被害人的意见。被害人对人民检察院对未成年犯罪嫌疑人作出的附条件不起诉的决定和不起诉的决定,可以向上一级人民检察院申诉,不适用刑事诉讼法第一百七十六条关于被害人可以向人民法院起诉的规定。"①

2.对自诉案件当事人申请人民法院调取证据的问题。《1998年刑诉法解释》第一百九十五条规定:"人民法院受理自诉案件后,对于当事人因客观原因不能取得并提供有关证据而申请人民法院调取证据,人民法院认为必要的,可以依法调取。"根据这一规定,只有人民法院受理自诉案件后,才能在必要时依法调取当事人因客观原因不能取得的证据。但是,对于自诉人不能提供充分证据的,人民法院不能受理,而是应当说服自诉人撤回自诉或者裁定不予受理。这样一来,容易形成"自诉人收集证据能力差,难以达到刑事自诉案件的立案条件,而人民法院却只有在刑事自诉案件立案后才能依法调取证据"的怪象。为

---

① 此外,在《刑诉法解释》征求意见过程中,有意见建议在本条第二款增加一项,规定"检察机关撤回起诉,法院准予撤诉后,被害人又提起自诉的案件",经研究认为,相关问题较为复杂,不宜一概而论。如果没有新的证据,此种情形通常属于本款第二项规定的"缺乏罪证"的情形,可以依据该项规定处理;如果有新的证据,即属于应当受理的范畴。基于此,未采纳上述意见。

了解决这一问题,《最高人民法院、最高人民检察院、公安部印发〈关于办理侵犯知识产权刑事案件适用法律若干问题的意见〉》(法发〔2011〕3号)第四条规定:"人民法院依法受理侵犯知识产权刑事自诉案件,对于当事人因客观原因不能取得的证据,在提起自诉时能够提供有关线索,申请人民法院调取的,人民法院应当依法调取。"这一规定较好地解决了知识产权刑事自诉案件当事人申请人民法院调取证据的问题,但并未适用于全部刑事自诉案件。《2012年刑诉法解释》第二百六十八条吸收该意见的规定,对《1998年刑诉法解释》第一百九十五条规定作出修改完善,规定:"自诉案件当事人因客观原因不能取得的证据,申请人民法院调取的,应当说明理由,并提供相关线索或者材料。人民法院认为有必要的,应当及时调取。"①《刑诉法解释》第三百二十五条第一款沿用《2012年刑诉法解释》第二百六十八条的规定,并根据《刑法修正案(九)》的规定,增设第二款,规定:"对通过信息网络实施的侮辱、诽谤行为,被害人向人民法院告诉,但提供证据确有困难的,人民法院可以要求公安机关提供协助。"

适用《刑诉法解释》第三百二十五条的规定,需要注意以下几个问题:(1)人民法院依当事人申请调取证据不再限于受理自诉案件后,当事人在提起自诉时即可申请人民法院调取因客观原因不能取得的证据。这在很大程度上解决了实践中存在的自诉人收集证据能力差的困境,有利于维护当事人的合法权益。(2)自诉案件的当事人申请人民法院调取的证据限于"因客观原因不能取得的证据",且应当说明理由,并提供相关线索或者材料。这有利于避免当事人滥用这一条款,限制申请人民法院调取证据的情形和范围,也避免因为这一规定给人

---

① 当然,本条规定在《2012年刑诉法解释》征求意见过程中也有不同意见,有意见认为,本条规定会增加人民法院的工作负担,也有违人民法院的中立地位;还有意见建议将本条由人民法院调取证据的情形限制在"自诉案件的当事人因客观原因不能在公安等行政机关取得的证据"的情形,如公安机关的"询问笔录""勘验笔录",工商、税务等部门的"档案材料"等。人民法院属居中裁判单位,不应直接向目击者、旁观者调查取证。而目击者、旁观者可能与一方当事人有利害关系,作出倾向于一方当事人的证词。如果是法院自身调取的证词,不采信,如何解释;采信了,是否有"先入为主"之嫌?如需向目击者、旁观者等调查、取证的,自诉人应向人民法院提出申请要求目击者或旁观者作为证人出庭作证;或委托律师办理调查取证,人民法院不应参与。经研究认为,自诉案件中人民法院依申请调取证据有利于查明案件的事实,同法院的中立地位并不冲突,而关于何种情况下应当依申请调取证据,可以由人民法院根据具体情况把握,存有一定的裁量空间,故未采纳上述意见。参见江必新主编:《〈最高人民法院关于适用《中华人民共和国刑事诉讼法》的解释〉理解与适用》,中国法制出版社2013年版,第251页。

民法院增加过多的工作量。(3)实践中可能存在公安机关等部门掌握了部分自诉案件证据材料,而当事人无法收集的情形。此种情形属于"当事人因客观原因不能取得证据",可以申请人民法院调取,如果符合相关条件的,人民法院应当依法及时调取。(4)《刑法》第二百四十六条第三款规定,通过信息网络实施侮辱、诽谤行为,"被害人向人民法院告诉,但提供证据确有困难的,人民法院可以要求公安机关提供协助。"《刑诉法解释》第三百二十五条第二款属于照应性规定。通过信息网络实施的侮辱、诽谤行为并非一律属于公诉案件的范畴,除"严重危害社会秩序和国家利益的"外,应当告诉才处理。对于通过信息网络实施的侮辱、诽谤行为,一般应当由自诉人提起自诉。此种情形下,人民检察院提起公诉,人民法院经审查认为没有"严重危害社会秩序和国家利益的",应当依据《刑诉法解释》第二百一十九条的规定,退回人民检察院,同时告知被害人有权提起自诉;已经立案的,应当依据《刑诉法解释》第二百九十五条的规定,裁定终止审理,并告知被害人有权提起自诉。

3. 自诉案件的审理方式。《刑诉法解释》第三百二十七条规定:"自诉案件符合简易程序适用条件的,可以适用简易程序审理。""不适用简易程序审理的自诉案件,参照适用公诉案件第一审普通程序的有关规定。"据此,对于受理的告诉才处理的案件和被告人有证据证明的轻微刑事案件,案件事实清楚、证据确实充分,被告人承认自己所犯罪行,对自诉状指控的犯罪事实没有异议,且对适用简易程序没有异议的,人民法院可以适用简易程序审判。但是,对于被害人有证据证明对被告人侵犯自己人身、财产权利的行为应当依法追究刑事责任,而公安机关或者人民检察院不予追究被告人刑事责任的案件,通常难以符合简易程序的适用条件,不宜适用简易程序审理。

对于自诉案件能否适用速裁程序,存在不同认识。全国人大常委会法工委刑法室在针对修改后刑事诉讼法的理解与适用中指出:"自诉案件由自诉人自行提起,案件没有经过侦查、审查起诉,人民法院在开庭前很难判断证据是否确实、充分。同时,自诉案件自诉人与被告人往往对案件事实等存在较大争议。此外,由于没有检察机关等国家机关主持,也无法在审前提出量刑建议、签署认罪认罚具结书。从这些情况来看,自诉案件是不适合适用速裁程序审理的。"[①]基于此,《刑诉法解释》第三百二十七条未规定自诉案件可以适用速裁程序。

---

① 王爱立、雷建斌主编:《〈中华人民共和国刑事诉讼法〉释解与适用》,人民法院出版社2018年11月版,第418页。

第二百一十二条 【自诉案件的调解、和解、撤诉和审限】人民法院对自诉案件,可以进行调解;自诉人在宣告判决前,可以同被告人自行和解或者撤回自诉。本法第二百一十条第三项规定的案件不适用调解。

人民法院审理自诉案件的期限,被告人被羁押的,适用本法第二百零八条第一款、第二款的规定;未被羁押的,应当在受理后六个月以内宣判。

立法沿革

1979年《刑事诉讼法》第一百二十七条规定:"人民法院对自诉案件,可以进行调解;自诉人在宣告判决前,可以同被告人自行和解或者撤回自诉。"1996年《刑事诉讼法修改决定》增加规定对被害人有证据证明对被告人侵犯自己人身、财产权利的行为应当依法追究刑事责任,而公安机关或者人民检察院不予追究被告人刑事责任的案件"不适用调解"。2012年《刑事诉讼法修改决定》增加第二款,对自诉案件的审理期限作出规定。2018年修改《刑事诉讼法》时对本条规定未作修改,仅对所引用的条文序号作了调整。

基本规范

《最高人民法院关于适用〈中华人民共和国刑事诉讼法〉的解释》(法释〔2021〕1号,自2021年3月1日起施行)

第十章 自诉案件第一审程序

第三百二十八条 人民法院审理自诉案件,可以在查明事实、分清是非的基础上,根据自愿、合法的原则进行调解。调解达成协议的,应当制作刑事调解书,由审判人员、法官助理、书记员署名,并加盖人民法院印章。调解书经双方当事人签收后,即具有法律效力。调解没有达成协议,或者调解书签收前当事人反悔,应当及时作出判决。

刑事诉讼法第二百一十条第三项规定的案件不适用调解。

第三百二十九条 判决宣告前,自诉案件的当事人可以自行和解,自诉人可以撤回自诉。

人民法院经审查,认为和解、撤回自诉确属自愿的,应当裁定准许;认为系被强迫、威吓等,并非自愿的,不予准许。

第三百三十条 裁定准许撤诉的自诉案件,被告人被采取强制措施的,人民法院应当立即解除。

第三百三十二条 被告人在自诉案件审判期间下落不明的,人民法院可以裁定中止审理;符合条件的,可以对被告人依法决定逮捕。

第三百三十三条 对自诉案件,应当参照刑事诉讼法第二百条和本解释第二百九十五条的有关规定作出判决。对依法宣告无罪的案件,有附带民事诉讼的,其附带民事部分可以依法进行调解或者一并作出判决,也可以告知附带民事诉讼原告人另行提起民事诉讼。①

其他规范

《最高人民法院关于严格执行案件审理期限制度的若干规定》(法释〔2000〕29号,节录)

第一条 适用普通程序审理的第一审刑事公诉案件、被告人被羁押的第一审刑事自诉案件和第二审刑事公诉、刑事自诉案件的期限为一个月,至迟不得超过一个半月;附带民事诉讼案件的审理期限,经本院院长批准,可以延长两个月。有刑事诉讼法第一百二十六条规定情形之一的,经省、自治区、直辖市高级人民法院批准或者决定,审理期限可以再延长一个月;最高人民法院受理的刑事

---

① 需要注意的问题有二:(1)征求意见过程中,有意见提出,从自诉案件第一审程序整章体系来看,对于缺乏罪证或者无罪的自诉案件,除说服自诉人撤回起诉和调解外,另有三种处理方式:第一,立案阶段不予受理;第二,经审查缺乏罪证的,裁定驳回起诉,这指的是开庭审理之前的书面审查;第三,经过开庭后认定被告人无罪或不能认定被告人有罪的,应当作出判决(无罪判决)。实践中对自诉案件经开庭审理后,认为被告人无罪或不能认定被告人有罪的,既有只作出驳回起诉的程序处理的,又有作无罪判决实体处理的,做法不统一。故建议将本条中的自诉案件限定为已开庭审理的自诉案件。经研究认为,所涉问题较为复杂,不宜一概而论。但是,通常而言,对于已经开庭审理的自诉案件,原则上不能再说服自诉人撤回起诉或者驳回起诉,应当作出无罪判决。(2)司法实践多次反映自诉案件审限过短和增加规定报请批准延长审限的问题。经研究认为,《刑事诉讼法》第二百一十二条第二款对自诉案件的审理期限作了专门规定。根据该条规定,被告人未被羁押的自诉案件,应当在受理后六个月以内宣判,不能适用第二百零八条关于延长审理期限的规定。而且,自诉案件的性质与公诉案件有本质的区别,因此,公诉案件的延长审限,自诉案件不能简单套用。自诉案件的结案方式灵活多样,可以和解结案、调解结案、判决结案,目的是尽快恢复社会秩序,充分尊重当事人的处分权。因此,自诉案件设置与公诉案件无区别的审限延长程序似不合理。鉴此,未对自诉案件报请延长审限的问题作出规定。被告人未被羁押的自诉案件的审限不足的问题客观存在,实践中,一方面要严格审限管理,尽量在规定时间内审结相关自诉案件;另一方面,也可以根据实践情况裁量处理。据了解,有的地方法院通过让自诉人撤诉后再行提起自诉的方式解决审限不足问题,实属"无奈之举"。——**本评注注**

上诉、刑事抗诉案件,经最高人民法院决定,审理期限可以再延长一个月。

适用普通程序审理的被告人未被羁押的第一审刑事自诉案件,期限为六个月;有特殊情况需要延长的,经本院院长批准,可以延长三个月。

适用简易程序审理的刑事案件,审理期限为二十日。

第六条第一款 第一审人民法院收到起诉书(状)或者执行申请书后,经审查认为符合受理条件的应当在七日内立案;收到自诉人自诉状或者口头告诉的,经审查认为符合自诉案件受理条件的应当在十五日内立案。

第七条 立案机构应当在决定立案的三日内将案卷材料移送审判庭。

第八条第一款 案件的审理期限从立案次日起计算。

第十一条 刑事公诉案件、被告人被羁押的自诉案件,需要延长审理期限的,应当在审理期限届满七日以前,向高级人民法院提出申请;被告人未被羁押的刑事自诉案件,需要延长审理期限的,应当在审理期限届满十日前向本院院长提出申请。

司法疑难解析

1. 自诉案件的调解。《刑事诉讼法》第二百一十二条第一款规定"人民法院对自诉案件,可以进行调解"。显而易见,此处规定的"调解"不是一般的刑事附带民事赔偿的调解,而是与刑事定罪量刑的裁判一样,属于自诉案件的结案方式。

根据《刑诉法解释》第三百二十八条的规定,人民法院审理自诉案件,可以在查明事实、分清是非的基础上,根据自愿、合法的原则进行调解。但是,对于被害人有证据证明对被告人侵犯自己人身、财产权利的行为应当依法追究刑事责任,而公安机关或者人民检察院不予追究被告人刑事责任的案件,不适用调解。这类案件原本为公诉案件,且被害人向公安、检察机关报案、控告或者举报,要求依法追究被告人的刑事责任,而有关公安机关或者人民检察院已经作出不予追究被告人刑事责任的书面决定。如果进行调解,不利于查明案件事实,作出正确、公正的处理。因此,对于这类案件不适用调解,而应当依法审判,以维护法律的公正性和严肃性。需要注意的是,自诉案件刑事调解书应当明确"自诉人×××自愿放弃对被告人×××的指控",即自诉案件调解结案的,对被告人不追究刑事责任。

2. 自诉案件的和解。 2012年《刑事诉讼法》增设了当事人和解的公诉案件诉讼程序。而对于自诉案件,根据《刑事诉讼法》和《刑诉法解释》的规定,当事人也可以进行和解。自诉案件中,当事人的和解有利于修复被犯罪破坏的社会关系,有利于社会和谐,人民法院应当积极予以鼓励和支持。

《1998年刑诉法解释》虽然未明确规定对于被害人有证据证明对被告人侵犯自己人身、财产权利的行为应当依法追究刑事责任,而公安机关或者人民检察院不予追究被告人刑事责任的案件,不适用和解。但《1998年刑诉法解释》第一百九十七条只是明确规定对告诉才处理和被害人有证据证明的轻微刑事案件,自诉人在宣告判决前可以同被告人自行和解。《2012年刑诉法解释》起草过程中,经研究认为,在2012年《刑事诉讼法》修改,允许对部分公诉案件进行和解的背景下,仍然将和解限制在告诉才处理和被害人有证据证明的轻微刑事案件,不利于充分发挥和解最大程度化解社会矛盾的功能。因此,《2012年刑诉法解释》第二百七十二条第一款规定"判决宣告前,自诉案件的当事人可以自行和解,自诉人可以撤回自诉",即未再限定案件类型。《刑诉法解释》第三百二十九条第二款予以沿用。这有利于最大限度化解社会矛盾,修复被犯罪破坏的社会关系,维护社会和谐,争取良好的社会效果与法律效果。而且,自诉案件的当事人和解不同于《刑事诉讼法》第五编第二章"当事人和解的公诉案件诉讼程序",不受其关于案件范围等规定的限制。在自诉案件中,包括公诉转自诉案件,双方当事人都可以自行和解,并撤回起诉,只要确属自愿的,法庭应当准许。

顺带提及的是,《2012年刑诉法解释》第二百七十三条规定:"裁定准许撤诉或者当事人自行和解的自诉案件,被告人被采取强制措施的,人民法院应当立即解除。"征求意见过程中,有意见提出,司法实践存在自诉人和解要求撤回自诉,人民法院不予准许的情形。基于此,宜明确法院立即解除强制措施的前置条件,即将"当事人自行和解"限制为当事人和解后撤诉经裁定准许或制作刑事调解书生效。经研究,《刑诉法解释》部分采纳上述意见,第三百三十条规定:"裁定准许撤诉的自诉案件,被告人被采取强制措施的,人民法院应当立即解除。"主要考虑:司法实践中,对于当事人和解的自诉案件,可以由人民法院视情裁定准许撤回自诉或者出具刑事调解书,此种情形下"立即解除强制措施",自然应当满足裁定准许撤诉或者刑事调解书生效的条件。但是,这并不意味着当事人自行和解的,人民法院就一律裁定准许撤诉或者出具刑事调解书。例如重婚案件,即使自诉人谅解,与被告人达成和解,人民法院仍然可能作出刑事判决。

3. 撤回自诉。提起自诉是自诉人的诉讼权利,自诉人在宣告判决前可以撤回起诉。但是,人民法院对于自诉人撤回自诉,不应当仅仅是消极允许,而应当积极审查,以防止自诉人由于被告人及相关人员强迫、威吓而撤回自诉,确保自诉人撤回自诉的自愿性。因此,《刑诉法解释》第三百二十九条作了相应规定。需要注意的是,与和解相同,根据《刑诉法解释》第三百二十九条的规定,对于所有自诉案件,自诉人在宣告判决前可以撤回起诉。

此外,根据《刑诉法解释》第三百三十一条第一款的规定,自诉人经两次传唤①,无正当理由拒不到庭,或者未经法庭准许中途退庭的,人民法院应当裁定按撤诉处理。② 由于各种原因,自诉人在向人民法院提起自诉后,又改变主意,不再要求人民法院追究被告人刑事责任,或者由于证据方面出现变化,要求追究被告人刑事责任的证据已经不足,便放弃要求人民法院追究被告人的刑事责任。此种情形下,自诉人未主动撤回自诉,但拒不到庭。此外,实践中还有自诉人未经法庭许可中途退庭的情况发生。对于上述情形,应当按照按自诉人撤诉处理。需要注意的是,部分自诉人撤诉或者被裁定按撤诉处理的,不影响案件的继续审理。

第二百一十三条 【自诉案件被告人的反诉】 自诉案件的被告人在诉讼过程中,可以对自诉人提起反诉。反诉适用自诉的规定。

立法沿革

本条系沿用1979年《刑事诉讼法》第一百二十八条的规定。

---

① 在《2012年刑诉法解释》征求意见过程中,有意见建议将"自诉人经两次依法传唤"的限制条件删除,即自诉人经依法传唤无正当理由不到庭的,即可以按自诉人撤诉处理。经研究认为,关于"自诉人经两次依法传唤"的限制条件的规定是为了更好地维护自诉人的权益,且自诉案件的开庭较之于公诉案件开庭相对容易,现有规定不会耗费过多司法资源,故维持不变,未采纳上述意见。——本评注注
② 《刑事诉讼法》第二百一十一条第二款规定:"自诉人经两次依法传唤,无正当理由拒不到庭的,或者未经法庭许可中途退庭的,按撤诉处理。"但是,第二百零六条规定"自诉人患有严重疾病,无法出庭,未委托诉讼代理人出庭的",可以中止审理。对于上述两处规定应当综合理解适用,二者之间是相互协调的。审判实践中,对于自诉人患有严重疾病,无法出庭的,也可以由其诉讼代理人代为参加诉讼。如果未委托诉讼代理人的,可以依法决定中止审理,而不宜将其理解为"无正当理由拒不到庭"情形,按照撤诉处理。——本评注注

基本规范

《最高人民法院关于适用〈中华人民共和国刑事诉讼法〉的解释》(法释〔2021〕1号,自2021年3月1日起施行)

第十章 自诉案件第一审程序

第三百三十四条 告诉才处理和被害人有证据证明的轻微刑事案件的被告人或者其法定代理人在诉讼过程中,可以对自诉人提起反诉。反诉必须符合下列条件:

(一)反诉的对象必须是本案自诉人;

(二)反诉的内容必须是与本案有关的行为;

(三)反诉的案件必须符合本解释第一条第一项、第二项的规定。

反诉案件适用自诉案件的规定,应当与自诉案件一并审理。自诉人撤诉的,不影响反诉案件的继续审理。

司法疑难解析

1. **可以提起反诉的自诉案件范围**。自诉案件包括三种类型,并非所有的自诉案件被告人都可以提起反诉,告诉才处理和被害人有证据证明的轻微刑事案件的被告人或者其法定代理人在诉讼过程中,可以对自诉人提起反诉。对于被害人有证据证明对被告人侵犯自己人身、财产权利的行为应当依法追究刑事责任,而公安机关或者人民检察院不予追究被告人刑事责任的案件,由于此类案件系公诉转自诉案件,原本属于公诉案件的范畴,因此,被告人在诉讼过程中不可以对自诉人提起反诉。此类案件的被告人如果认为自诉人侵犯其合法权益的行为构成犯罪的,应当请求公安机关立案处理,符合自诉条件的,也可以向人民法院单独提出自诉。

2. **对于告诉才处理和被害人有证据证明的轻微刑事案件,反诉必须符合下列条件**:(1)反诉的对象必须是本案自诉人。反诉是与自诉相关联的诉讼,针对本案自诉人以外的人无法提起反诉,只能单独提起自诉。(2)反诉的内容必须是与本案有关的行为。如果是就与本案无关的行为提起诉讼,无论是针对本案自诉人,抑或其他主体,均不能提起反诉。(3)反诉的案件必须符合《刑诉法解释》第一条第一项、第二项的规定。

3. 由于反诉案件的事实与自诉案件的事实具有相关性,将二者一并审理,有利于查明案件事实,也有利于提高诉讼效率。因此,《刑诉法解释》第三百三十四条第二款规定:"反诉案件适用自诉案件的规定,应当与自诉案件一并审理。"在司法实践中,对于提起反诉的条件、对提起反诉的审查、反诉案件的审理等都适用自诉案件的相关规定。需要注意的是,在自诉案件与反诉案件一并审理的过程中,双方当事人都既是自诉人又是被告人,具有双重身份,在诉讼中具有相同的诉讼地位和诉讼权利。

4.反诉是一个独立的诉讼,是在自诉案件审理的过程中,被告人就自诉人实施的与本案有关联的犯罪行为,要求人民法院追究其刑事责任的诉讼。因此,反诉以自诉的存在为前提,但是,这并未否定自诉是一个独立的诉讼。因此,《刑诉法解释》第三百三十四条第二款规定:"自诉人撤诉的,不影响反诉案件的继续审理。"据此,自诉案件审理过程中,自诉人撤回起诉的,人民法院应当继续审理反诉案件。

第三节 简易程序

其他规范

《最高人民法院、最高人民检察院、公安部、国家安全部、司法部关于适用认罪认罚从宽制度的指导意见》(高检发〔2019〕13号)第四十六条、第四十八条对适用建议程序的相关问题作了规定。(→参见第十五条所附"其他规范",第75页)

《最高人民法院、最高人民检察院、公安部、国家安全部、司法部关于规范量刑程序若干问题的意见》(法发〔2020〕38号)第十三条对适用简易程序的有关问题作了规定。(→参见第一百九十八条所附"其他规范",第1425页)

> **第二百一十四条 【简易程序的适用条件】**基层人民法院管辖的案件,符合下列条件的,可以适用简易程序审判:
> (一)案件事实清楚、证据充分的;
> (二)被告人承认自己所犯罪行,对指控的犯罪事实没有异议的;
> (三)被告人对适用简易程序没有异议的。
> 人民检察院在提起公诉的时候,可以建议人民法院适用简易程序。

立法沿革

1996年《刑事诉讼法》第一百七十四条规定:"人民法院对于下列案件,可以适用简易程序,由审判员一人独任审判:(一)对依法可能判处三年以下有期徒刑、拘役、管制、单处罚金的公诉案件,事实清楚、证据充分,人民检察院建议或者同意适用简易程序的;(二)告诉才处理的案件;(三)被害人起诉的有证据证明的轻微刑事案件。"2012年《刑事诉讼法修改决定》对适用简易程序的条件作了修改,形成本条规定。2018年修改《刑事诉讼法》时对本条规定未作调整。

基本规范

《最高人民法院关于适用〈中华人民共和国刑事诉讼法〉的解释》(法释〔2021〕1号,自2021年3月1日起施行)

第十三章 简易程序

第三百五十九条 基层人民法院受理公诉案件后,经审查认为案件事实清楚、证据充分的,在将起诉书副本送达被告人时,应当询问被告人对指控的犯罪事实的意见,告知其适用简易程序的法律规定。被告人对指控的犯罪事实没有异议并同意适用简易程序的,可以决定适用简易程序,并在开庭前通知人民检察院和辩护人。

对人民检察院建议或者被告人及其辩护人申请适用简易程序审理的案件,依照前款规定处理;不符合简易程序适用条件的,应当通知人民检察院或者被告人及其辩护人。

《人民检察院刑事诉讼规则》(高检发释字〔2019〕4号,自2019年12月30日起施行)

第十一章 出席法庭

第二节 简易程序

第四百三十条 人民检察院对于基层人民法院管辖的案件,符合下列条件的,可以建议人民法院适用简易程序审理:

(一)案件事实清楚、证据充分的;

(二)被告人承认自己所犯罪行,对指控的犯罪事实没有异议的;

(三)被告人对适用简易程序没有异议的。

第四百三十二条 基层人民检察院审查案件,认为案件事实清楚、证据充分的,应当在讯问犯罪嫌疑人时,了解其是否承认自己所犯罪行,对指控的犯罪事实有无异议,告知其适用简易程序的法律规定,确认其是否同意适用简易程序。

第二百一十五条 【不适用简易程序的情形】有下列情形之一的,不适用简易程序:

(一)被告人是盲、聋、哑人,或者是尚未完全丧失辨认或者控制自己行为能力的精神病人的;

(二)有重大社会影响的;

(三)共同犯罪案件中部分被告人不认罪或者对适用简易程序有异议的;

(四)其他不宜适用简易程序审理的。

立法沿革

本条系 2012 年《刑事诉讼法修改决定》增加的规定,2018 年修改《刑事诉讼法》时未作调整。

基本规范

《最高人民法院关于适用〈中华人民共和国刑事诉讼法〉的解释》(法释〔2021〕1 号,自 2021 年 3 月 1 日起施行)

第十三章 简易程序

第三百六十条① 具有下列情形之一的,不适用简易程序:

(一)被告人是盲、聋、哑人的;

(二)被告人是尚未完全丧失辨认或者控制自己行为能力的精神病人的;

(三)案件有重大社会影响的;

---

① 在《2012 年刑诉法解释》起草过程中,有意见提出,应将"比较复杂的共同犯罪案件""辩护人对主要犯罪事实有异议的""被害人不同意适用的""经审理可能改变罪名的"增加为不应适用的情形。经研究认为,《刑事诉讼法》规定的不应适用简易程序的情形主要有三种:一是可能影响被告人的诉讼权利的情形;二是难以取得较好的社会效果的情形;三是对案件事实和程序适用存在争议,不符合《刑事诉讼法》明确规定的适用条件的情形。关于"比较复杂的共同犯罪案件",实践中不好区分,在被告人认罪且同意适用的情况下,完全可以适用简易程序,故不应将"比较复杂的共同犯罪案件"排除在可以适用简易程序审理的案件范围之外。对于"辩护人对主要犯罪事实有异议的",由于《刑事诉讼法》仅规定适用简易程序应取得被告人同意,因此,辩护人提出异议的,应不影响简易程序的适用,特别是对哪些属于"主要犯罪事实",实践中亦不好把握,但考虑到辩护人意见的重要性,故将"辩护人做无罪辩护的"增加为不适用简易程序的情形。对于"被害人不同意适用的"情形,由于于法无据,没有采纳。对于"经审理可能改变罪名的"这一情形,依法也可以适用简易程序。——**本评注注**

（四）共同犯罪案件中部分被告人不认罪或者对适用简易程序有异议的；

（五）辩护人作无罪辩护的；

（六）被告人认罪但经审查认为可能不构成犯罪的；

（七）不宜适用简易程序审理的其他情形。

《人民检察院刑事诉讼规则》(高检发释字〔2019〕4号，自2019年12月30日起施行)

第十一章　出席法庭

第二节　简易程序

第四百三十一条　具有下列情形之一的，人民检察院不得建议人民法院适用简易程序：

（一）被告人是盲、聋、哑人，或者是尚未完全丧失辨认或者控制自己行为能力的精神病人的；

（二）有重大社会影响的；

（三）共同犯罪案件中部分被告人不认罪或者对适用简易程序有异议的；

（四）比较复杂的共同犯罪案件；

（五）辩护人作无罪辩护或者对主要犯罪事实有异议的；

（六）其他不宜适用简易程序的。

人民法院决定适用简易程序审理的案件，人民检察院认为具有刑事诉讼法第二百一十五条规定情形之一的，应当向人民法院提出纠正意见；具有其他不宜适用简易程序情形的，人民检察院可以建议人民法院不适用简易程序。

第二百一十六条　【简易程序的审判组织与人民检察院派员出庭】适用简易程序审理案件，对可能判处三年有期徒刑以下刑罚的，可以组成合议庭进行审判，也可以由审判员一人独任审判；对可能判处的有期徒刑超过三年的，应当组成合议庭进行审判。

适用简易程序审理公诉案件，人民检察院应当派员出席法庭。

立法沿革

1996年《刑事诉讼法》第一百七十四条、第一百七十五条规定："人民法院对于下列案件，可以适用简易程序，由审判员一人独任审判：（一）对依法可能判处三年以下有期徒刑、拘役、管制、单处罚金的公诉案件，事实清楚、证据充分，人民检察院建议或者同意适用简易程序的；（二）告诉才处理的案件；

(三)被害人起诉的有证据证明的轻微刑事案件。""适用简易程序审理公诉案件,人民检察院可以不派员出席法庭……"2012年《刑事诉讼法修改决定》对上述规定作了修改,形成本条规定:一是明确适用简易程序是否组成合议庭的问题,将"适用简易程序,由审判员一人独任审判"修改为"对可能判处三年有期徒刑以下刑罚的,可以组成合议庭进行审判,也可以由审判员一人独任审判",并增加规定"对可能判处的有期徒刑超过三年的,应当组成合议庭进行审判"。二是将"人民检察院可以不派员出席法庭"修改为"适用简易程序审理公诉案件,人民检察院应当派员出席法庭"。2018年修改《刑事诉讼法》时对本条规定未作调整。

基本规范

《人民检察院刑事诉讼规则》(高检发释字〔2019〕4号,自2019年12月30日起施行)

第十一章 出席法庭
第二节 简易程序
第四百三十三条 适用简易程序审理的公诉案件,人民检察院应当派员出席法庭。

第二百一十七条 【简易程序的法庭调查】适用简易程序审理案件,审判人员应当询问被告人对指控的犯罪事实的意见,告知被告人适用简易程序审理的法律规定,确认被告人是否同意适用简易程序审理。

立法沿革

本条系2012年《刑事诉讼法修改决定》增加的规定,2018年修改《刑事诉讼法》时未作调整。

基本规范

《最高人民法院关于适用〈中华人民共和国刑事诉讼法〉的解释》(法释〔2021〕1号,自2021年3月1日起施行)

第十三章 简易程序
第三百六十一条 适用简易程序审理的案件,符合刑事诉讼法第三十五条第一款规定的,人民法院应当告知被告人及其近亲属可以申请法律援助。

第三百六十二条① 适用简易程序审理案件,人民法院应当在开庭前将开庭的时间、地点通知人民检察院、自诉人、被告人、辩护人,也可以通知其他诉讼参与人。

通知可以采用简便方式,但应当记录在案。

第三百六十三条 适用简易程序审理案件,被告人有辩护人的,应当通知其出庭。

第三百六十四条 适用简易程序审理案件,审判长或者独任审判员应当当庭询问被告人对指控的犯罪事实的意见,告知被告人适用简易程序审理的法律规定,确认被告人是否同意适用简易程序。①

第二百一十八条 【简易程序的法庭辩论】适用简易程序审理案件,经审判人员许可,被告人及其辩护人可以同公诉人、自诉人及其诉讼代理人互相辩论。

立法沿革

1996年《刑事诉讼法》第一百七十五条、第一百七十六条规定:"适用简易程序审理公诉案件,人民检察院可以不派员出席法庭。被告人可以就起诉书指控的犯罪进行陈述和辩护。人民检察院派员出席法庭的,经审判人员许可,被告人及其辩护人可以同公诉人互相辩论。""适用简易程序审理自诉案件,宣读起诉书后,经审判人员许可,被告人及其辩护人可以同自诉人及其诉讼代理人互相辩论。"2012年《刑事诉讼法修改决定》在本条统一规定"被告人及其辩护人可以同

---

① 《2012年刑诉法解释》第二百九十二条第一款规定:"适用简易程序审理案件,人民法院应当在开庭三日前,将开庭的时间、地点通知人民检察院、自诉人、被告人、辩护人,也可以通知其他诉讼参与人。"《刑事诉讼法》第二百一十九条规定:"适用简易程序审理案件,不受本章第一节关于送达期限、讯问被告人、询问证人、鉴定人、出示证据、法庭辩论程序规定的限制。"据此,对于适用简易程序审理的案件,开庭前通知的时间不受"三日前"的限制。鉴此,本条第一款将"开庭三日前"调整为"开庭前"。当然,司法实践中可以根据情况裁量把握,尽可能提前通知,以给诉讼参与各方更为充裕的准备时间。——本评注注

① 适用本条需要注意的是,被告人在开庭前表示不同意适用简易程序,但在开庭后,对起诉指控的事实没有异议,并表示同意适用简易程序的,人民法院仍然可以决定适用简易程序审理。——本评注注

公诉人、自诉人及其诉讼代理人互相辩论"。2018年修改《刑事诉讼法》时对本条规定未作调整。

基本规范

《人民检察院刑事诉讼规则》(高检发释字〔2019〕4号,自2019年12月30日起施行)

第十一章 出席法庭
第二节 简易程序
第四百三十四条 公诉人出席简易程序法庭时,应当主要围绕量刑以及其他有争议的问题进行法庭调查和法庭辩论。在确认被告人庭前收到起诉书并对起诉书指控的犯罪事实没有异议后,可以简化宣读起诉书,根据案件情况决定是否讯问被告人,询问证人、鉴定人和出示证据。

根据案件情况,公诉人可以建议法庭简化法庭调查和法庭辩论程序。

第二百一十九条 【简易程序的程序简化及保留】适用简易程序审理案件,不受本章第一节关于送达期限、讯问被告人、询问证人、鉴定人、出示证据、法庭辩论程序规定的限制。但在判决宣告前应当听取被告人的最后陈述意见。

立法沿革

1996年《刑事诉讼法》第一百七十七条规定:"适用简易程序审理案件,不受本章第一节关于讯问被告人、询问证人、鉴定人、出示证据、法庭辩论程序规定的限制。但在判决宣告前应当听取被告人的最后陈述意见。"2012年《刑事诉讼法修改决定》增加规定不受关于"送达期限"规定的限制。2018年修改《刑事诉讼法》时对本条规定未作调整。

基本规范

《最高人民法院关于适用〈中华人民共和国刑事诉讼法〉的解释》(法释〔2021〕1号,自2021年3月1日起施行)

第十三章 简易程序
第三百六十五条 适用简易程序审理案件,可以对庭审作如下简化:
(一)公诉人可以摘要宣读起诉书;
(二)公诉人、辩护人、审判人员对被告人的讯问、发问可以简化或者省略;

(三)对控辩双方无异议的证据,可以仅就证据的名称及所证明的事项作出说明;对控辩双方有异议或者法庭认为有必要调查核实的证据,应当出示,并进行质证;

(四)控辩双方对与定罪量刑有关的事实、证据没有异议的,法庭审理可以直接围绕罪名确定和量刑问题进行。

适用简易程序审理案件,判决宣告前应当听取被告人的最后陈述。

第三百六十六条 适用简易程序独任审判过程中,发现对被告人可能判处的有期徒刑超过三年的,应当转由合议庭审理。

第三百六十七条① 适用简易程序审理案件,裁判文书可以简化。

适用简易程序审理案件,一般应当当庭宣判。

《人民检察院刑事诉讼规则》(高检发释字〔2019〕4号,自2019年12月30日起施行)

---

① 需要注意的问题有二:(1)在《2012年刑诉法解释》起草过程中,有意见提出,经审理,对于一些犯罪情节显著轻微不构成犯罪或者被告人明显不负刑事责任的案件,没有必要一律适用普通程序审理,特别是一些自诉案件。经研究认为,设立简易程序的目的在于提高诉讼效率,但前提是案件应当事实清楚、证据充分,被告人的行为构成犯罪。如经审理,认为犯罪情节显著轻微不构成犯罪或者被告人不负刑事责任,则与检察机关的控诉意见相左,此时通过转为普通程序审理,有利于查清事实,统一意见,公正审理案件,因此,没有采纳该意见。(2)关于适用简易程序审理刑事附带民事诉讼案件能否延长审限,有不同认识。一种意见认为,适用简易程序审理案件,应当严格遵循《刑事诉讼法》第二百二十条的规定,不得延长审限。主要考虑:在简易程序中没有延长审限的规定,且若可以延长审限,就难以体现简易性。为防止超审限,且确保有充裕时间做好调解、和解等矛盾化解工作,对于有附带民事诉讼的案件,可以在开庭前先就附带民事赔偿问题进行了解、调查,如有达成调解协议可能的,可适用简易程序;否则应适用普通程序;若已经适用简易程序,但不能在审限内结案的,或者转为普通程序审理,或者刑事部分先行在审限内作出判决,附带民事部分报请延长审限。另一种意见认为,可以根据《刑事诉讼法》第二百零八条的规定,报请上一级人民法院延长审限三个月。主要考虑:简易程序主要针对刑事部分设计,只要符合法定条件的案件就可以适用简易程序,不能因有附带民事诉讼就一律排除适用。《刑事诉讼法》第二百零八条规定,对于有附带民事诉讼的,可以延长审限,并未明确将简易程序排除在外,因此,不管是普通程序还是简易程序,只要有附带民事诉讼的,就可以依法延长审限。经研究认为,第二种意见具有实践合理性,但从法律规定的精神看,《刑事诉讼法》有关延长审限的规定似只能适用于普通程序。——**本评注注**

第十一章 出席法庭
第二节 简易程序
第四百三十五条 适用简易程序审理的公诉案件,公诉人发现不宜适用简易程序审理的,应当建议法庭按照第一审普通程序重新审理。
第四百三十六条 转为普通程序审理的案件,公诉人需要为出席法庭进行准备的,可以建议人民法院延期审理。

第二百二十条 【简易程序的审理期限】适用简易程序审理案件,人民法院应当在受理后二十日以内审结;对可能判处的有期徒刑超过三年的,可以延长至一个半月。

立法沿革

1996年《刑事诉讼法》第一百七十八条规定:"适用简易程序审理案件,人民法院应当在受理后二十日以内审结。"2012年《刑事诉讼法修改决定》增加规定"对可能判处的有期徒刑超过三年的,可以延长至一个半月"。2018年修改《刑事诉讼法》时对本条规定未作调整。

基本规范

《最高人民法院关于适用〈中华人民共和国刑事诉讼法〉的解释》(法释〔2021〕1号,自2021年3月1日起施行)
第十三章 简易程序
第三百六十八条 适用简易程序审理案件,在法庭审理过程中,具有下列情形之一的,应当转为普通程序审理:
(一)被告人的行为可能不构成犯罪的;
(二)被告人可能不负刑事责任的;
(三)被告人当庭对起诉指控的犯罪事实予以否认的;
(四)案件事实不清、证据不足的;
(五)不应当或者不宜适用简易程序的其他情形。
决定转为普通程序审理的案件,审理期限应当从作出决定之日起计算。

第二百二十一条 【简易程序转普通程序】人民法院在审理过程中,发现不宜适用简易程序的,应当按照本章第一节或者第二节的规定重新审理。

立法沿革

本条系1996年《刑事诉讼法修改决定》增加的规定,2012年、2018年修改《刑事诉讼法》时未作调整。

第四节 速裁程序

其他规范

《最高人民法院、最高人民检察院、公安部、国家安全部、司法部关于适用认罪认罚从宽制度的指导意见》(高检发〔2019〕13号)第七条、第二十四条、第二十五条、第三十四条、第四十一条至第四十五条、第四十八条、第五十七条对适用速裁程序的有关问题作了规定。(→参见第十五条所附"其他规范",第66、70、72、74—75、77页)

《最高人民法院、最高人民检察院、公安部、国家安全部、司法部关于规范量刑程序若干问题的意见》(法发〔2020〕38号)第十二条、第二十五条第二款对适用速裁程序的有关问题作了规定。(→参见第一百九十八条所附"其他规范",第1425、1427页)

第二百二十二条 【速裁程序的适用范围和条件】 基层人民法院管辖的可能判处三年有期徒刑以下刑罚的案件,案件事实清楚,证据确实、充分,被告人认罪认罚并同意适用速裁程序的,可以适用速裁程序,由审判员一人独任审判。

人民检察院在提起公诉的时候,可以建议人民法院适用速裁程序。

立法沿革

本条系2018年《刑事诉讼法修改决定》增加的规定。

基本规范

《最高人民法院关于适用〈中华人民共和国刑事诉讼法〉的解释》(法释〔2021〕1号,自2021年3月1日起施行)

第十四章 速裁程序

第三百六十九条① 对人民检察院在提起公诉时建议适用速裁程序的案件,基层人民法院经审查认为案件事实清楚、证据确实、充分,可能判处三年有期徒刑以下刑罚的,在将起诉书副本送达被告人时,应当告知被告人适用速裁程序的法律规定,询问其是否同意适用速裁程序。被告人同意适用速裁程序的,可以决定适用速裁程序,并在开庭前通知人民检察院和辩护人。

对人民检察院未建议适用速裁程序的案件,人民法院经审查认为符合速裁程序适用条件的,可以决定适用速裁程序,并在开庭前通知人民检察院和辩护人。

被告人及其辩护人可以向人民法院提出适用速裁程序的申请。

《人民检察院刑事诉讼规则》(高检发释字〔2019〕4号,自2019年12月30日起施行)

---

① 根据《刑事诉讼法》第二百二十二条第二款的规定,人民检察院有权建议适用速裁程序,人民法院应当决定是否适用。但是,对于人民检察院没有提出建议的案件(具体包括两种情形:一是审前阶段认罪认罚而人民检察院未建议适用速裁程序的案件,二是审前阶段未认罪认罚的案件),人民法院能否适用速裁程序,存在肯定和否定两种不同立场。肯定说的主要理由如下:实践中,控方、辩方地位平等,既然允许公诉机关建议适用速裁程序,理应允许被告人及其辩护人建议适用速裁程序。否定说的主要理由如下:适用速裁程序的前提是被告人同意适用速裁程序,并且,需要人民检察院与被告人就量刑问题重新进行协商,履行签署认罪认罚具结书的程序,并由人民检察院依法提出量刑建议。而且,这有利于防止助长被告人拖延心理,也有利于督促检察机关履行认罪认罚程序的审查把关职责。经慎重研究,本条采纳了肯定说,第二款专门规定:"对人民检察院未建议适用速裁程序的案件,人民法院经审查认为符合速裁程序适用条件的,可以决定适用速裁程序,并在开庭前通知人民检察院和辩护人。"主要考虑如下:(1)《刑事诉讼法》第二百二十二条第二款规定:"人民检察院在提起公诉的时候,可以建议人民法院适用速裁程序。"可见,人民检察院对速裁程序的适用享有建议权,但这不意味着速裁程序的适用必须以人民检察院的建议为前提条件,基于控辩对等的刑事诉讼原则,人民检察院可以建议适用速裁程序;对于人民检察院未建议的案件,被告人及其辩护人也可以申请适用速裁程序,符合条件的,人民法院可以依职权决定适用。(2)基于通行法理,刑事诉讼程序原则上不得回流。基于此,对于人民检察院未建议的案件,在审判阶段决定适用速裁程序的,在开庭前通知人民检察院和辩护人即可,无须再重回认罪认罚具结书签署和量刑协商程序。换言之,人民法院依辩方申请或者依职权决定使用速裁程序,符合通行的刑事诉讼法理。(3)从实践操作角度来看,对于在审判阶段认罪认罚的案件,符合速裁程序适用条件的,人民法院决定适用速裁程序,在操作上也不存在问题。——**本评注注**

第十一章 出席法庭
第三节 速裁程序
第四百三十七条 人民检察院对基层人民法院管辖的案件,符合下列条件的,在提起公诉时,可以建议人民法院适用速裁程序审理:
(一)可能判处三年有期徒刑以下刑罚;
(二)案件事实清楚,证据确实、充分;
(三)被告人认罪认罚、同意适用速裁程序。
第四百三十九条 公安机关、犯罪嫌疑人及其辩护人建议适用速裁程序,人民检察院经审查认为符合条件的,可以建议人民法院适用速裁程序审理。
公安机关、辩护人未建议适用速裁程序,人民检察院经审查认为符合速裁程序适用条件,且犯罪嫌疑人同意适用的,可以建议人民法院适用速裁程序审理。
第四百四十条 人民检察院建议人民法院适用速裁程序的案件,起诉书内容可以适当简化,重点写明指控的事实和适用的法律。
第四百四十一条 人民法院适用速裁程序审理的案件,人民检察院应当派员出席法庭。

第二百二十三条　【不适用速裁程序的情形】有下列情形之一的,不适用速裁程序:
(一)被告人是盲、聋、哑人,或者是尚未完全丧失辨认或者控制自己行为能力的精神病人的;
(二)被告人是未成年人的;
(三)案件有重大社会影响的;
(四)共同犯罪案件中部分被告人对指控的犯罪事实、罪名、量刑建议或者适用速裁程序有异议的;
(五)被告人与被害人或者其法定代理人没有就附带民事诉讼赔偿等事项达成调解或者和解协议的;
(六)其他不宜适用速裁程序审理的。

立法沿革

本条系2018年《刑事诉讼法修改决定》增加的规定。

基本规范

《最高人民法院关于适用〈中华人民共和国刑事诉讼法〉的解释》(法释

〔2021〕1号,自2021年3月1日起施行)

第十四章 速裁程序

第三百七十条 具有下列情形之一的,不适用速裁程序:①

(一)被告人是盲、聋、哑人的;

(二)被告人是尚未完全丧失辨认或者控制自己行为能力的精神病人的;

(三)被告人是未成年人的;

(四)案件有重大社会影响的;

(五)共同犯罪案件中部分被告人对指控的犯罪事实、罪名、量刑建议或者适用速裁程序有异议的;

(六)被告人与被害人或者其法定代理人没有就附带民事诉讼赔偿等事项达成调解、和解协议的;

(七)辩护人作无罪辩护的;

(八)其他不宜适用速裁程序的情形。

《人民检察院刑事诉讼规则》(高检发释字〔2019〕4号,自2019年12月30日起施行)

第十一章 出席法庭

第三节 速裁程序

第四百三十八条 具有下列情形之一的,人民检察院不得建议人民法院适用速裁程序:

(一)被告人是盲、聋、哑人,或者是尚未完全丧失辨认或者控制自己行为能力的精神病人的;

(二)被告人是未成年人的;

(三)案件有重大社会影响的;

(四)共同犯罪案件中部分被告人对指控的犯罪事实、罪名、量刑建议或者适用速裁程序有异议的;

---

① 考虑到辩护人作无罪辩护的案件往往也比较复杂,该条在《刑事诉讼法》第二百二十三条规定的基础上,将"辩护人作无罪辩护的"也纳入不适用速裁程序的情形。征求意见过程中,有意见提出,辩护人虽没有作无罪辩护,但对起诉书指控的事实、罪名、量刑建议有异议,或者不同意适用速裁程序的,也不应适用速裁程序。经研究认为,速裁程序的程序从简有利于被告人权益保障,不宜因辩护人对指控的事实、罪名、量刑建议有异议就否定速裁程序的适用。而且,速裁程序的适用只需要征得被告人同意,不宜以辩护人的意见为准。故而,对此种情形未规定为不适用速裁程序的情形。——**本评注注**

(五)被告人与被害人或者其法定代理人没有就附带民事诉讼赔偿等事项达成调解或者和解协议的;

(六)其他不宜适用速裁程序审理的。

第二百二十四条 【适用速裁程序审理案件的具体程序】适用速裁程序审理案件,不受本章第一节规定的送达期限的限制,一般不进行法庭调查、法庭辩论,但在判决宣告前应当听取辩护人的意见和被告人的最后陈述意见。

适用速裁程序审理案件,应当当庭宣判。

立法沿革

本条系2018年《刑事诉讼法修改决定》增加的规定。

基本规范

《最高人民法院关于适用〈中华人民共和国刑事诉讼法〉的解释》(法释〔2021〕1号,自2021年3月1日起施行)

第十四章 速裁程序

第三百七十一条 适用速裁程序审理案件,人民法院应当在开庭前将开庭的时间、地点通知人民检察院、被告人、辩护人,也可以通知其他诉讼参与人。

通知可以采用简便方式,但应当记录在案。

第三百七十二条 适用速裁程序审理案件,可以集中开庭,逐案审理。公诉人简要宣读起诉书后,审判人员应当当庭询问被告人对指控事实、证据、量刑建议以及适用速裁程序的意见,核实具结书签署的自愿性、真实性、合法性,并核实附带民事诉讼赔偿等情况。

第三百七十三条 适用速裁程序审理案件,一般不进行法庭调查、法庭辩论,但在判决宣告前应当听取辩护人的意见和被告人的最后陈述。

第三百七十四条 适用速裁程序审理案件,裁判文书可以简化。

适用速裁程序审理案件,应当当庭宣判。

《人民检察院刑事诉讼规则》(高检发释字〔2019〕4号,自2019年12月30日起施行)

第十一章 出席法庭

第三节 速裁程序

第四百四十二条 公诉人出席速裁程序法庭时,可以简要宣读起诉书指控的犯罪事实、证据、适用法律及量刑建议,一般不再讯问被告人。

司法疑难解析

1.关于适用速裁程序审理案件不受送达期限限制的理解。《刑事诉讼法》第二百二十四条规定"适用速裁程序审理案件,不受本章第一节规定的送达期限的限制"。① 可见,对于适用速裁程序、简易程序审理的案件,不受送达期限的限制。但是,《刑事诉讼法》第一百八十七条第三款规定:"人民法院确定开庭日期后,应当将开庭的时间、地点通知人民检察院,传唤当事人,通知辩护人、诉讼代理人、证人、鉴定人和翻译人员,传票和通知书至迟在开庭三日以前送达。公开审判的案件,应当在开庭三日以前先期公布案由、被告人姓名、开庭时间和地点。"司法适用中存在争议的问题是,对于适用速裁程序公开审理的案件,是否需要开庭三日以前将开庭的时间、地点通知人民检察院、被告人及其辩护人等诉讼参与人,并在开庭三日以前先期公布案由、被告人姓名、开庭时间和地点?实践中,适用速裁程序审理案件,通常未在开庭三日以前进行送达和公告。甚至,个别地方对于适用速裁程序审理案件,"当天立案、当天审理、当庭宣判"。对此,有意见认为,适用速裁程序审理案件,同样应当确保人民检察院有效参加审判、保障被告人有效行使辩护权、保证被害人权利、维护社会公众的知情权。基于此,应当在开庭三日以前通知诉讼参与人和公告,以给控辩双方适当的准备时间,同时保证公开审判和接受社会监督。

经研究认为,一方面,由于《刑事诉讼法》第二百一十九条所使用的表述是不受"送达期限"的限制,同时考虑司法实践业已形成的通行做法,要求先期三日似有不妥;另一方面,基于公开审判和人民法院、诉讼参与人权利保障的需要,对于适用速裁程序审理的案件,应当在开庭前公告和通知控辩双方以及其他诉讼参与人。基于此,《刑诉法解释》第三百七十一条规定:"适用速裁程序审理案件,人民法院应当在开庭前将开庭的时间、地点通知人民检察院、被告人、辩护人,也可以通知其他诉讼参与人。""通知可以采用简便方式,但应当记录在案。"②

---

① 《刑事诉讼法》第二百一十九条规定"适用简易程序审理案件,不受本章第一节关于送达期限、讯问被告人、询问证人、鉴定人、出示证据、法庭辩论程序规定的限制"。因此,本部分关于适用速裁程序审理案件有关问题的讨论也适用于适用简易程序审理的相关案件。——**本评注注**
② 顺带提及的是,《刑诉法解释》第三百六十二条规定:"适用简易程序审理案件,人民法院应当在开庭前将开庭的时间、地点通知人民检察院、自诉人、被告人、辩护人,也可以通知其他诉讼参与人。""通知可以采用简便方式,但应当记录在案。"——**本评注注**

适用速裁程序审理案件,关于通知出庭还需要注意两个问题:(1)人民法院应当通知人民检察院派员出庭。有意见建议规定公诉人可以不出庭。主要考虑:司法实践中,有的速裁案件,出庭公诉人不是案件承办人,不了解案件情况。一旦庭上有突发或意外情况发生,出庭的公诉人无法及时回应,达不到出庭的真正目的。经研究认为,公诉人代表人民检察院履行国家公诉职能,在《刑事诉讼法》未明确规定公诉人可以不出庭的情况下,不宜认为公诉人可以不出庭。特别是,速裁程序可能出现调整量刑建议的情形,如公诉人不出庭,则无法当庭调整量刑建议,会影响速裁程序的适用。因此,《刑诉法解释》第三百七十一条明确规定"人民法院应当在开庭前将开庭的时间、地点通知人民检察院"。实践中,人民法院应当协调人民检察院派合适公诉人出庭,当庭妥当处理量刑建议调整等问题。(2)被告人有辩护人的,应当通知其出庭。《刑事诉讼法》第二百二十四条规定:"适用速裁程序审理案件……在判决宣告前应当听取辩护人的意见……"有意见据此得出了适用速裁程序审理的案件,必须有辩护人参加庭审的结论,这显然不符合实际。此处规定的"听取辩护人的意见",应当限于适用速裁程序审理的案件有辩护人的情形,对于没有辩护人参与庭审的案件,自然无法听取辩护人的意见。

2. 关于集中开庭,逐案审理。从当前司法实践来看,速裁程序在实践中一定程度遇冷,检察机关、法院适用积极性不高。究其原因,一是与简易程序相比,速裁的"速"体现不明显;二是审限较短,案件周转不灵。为此,速裁程序要真正发挥其效率,必须在"速"字上着力。具体而言,集中审理有利于发挥速裁程序的"速"。基于此,《刑诉法解释》第三百七十二条规定:"适用速裁程序审理案件,可以集中开庭,逐案审理。公诉人简要宣读起诉书后,审判人员应当当庭询问被告人对指控事实、证据、量刑建议以及适用速裁程序的意见,核实具结书签署的自愿性、真实性、合法性,并核实附带民事诉讼赔偿等情况。"司法适用中,可以按照上述规定对速裁程序案件进行集中审理。

征求意见过程中,有意见建议删除"由公诉人简要宣读起诉书"。理由:为简化庭审流程,鉴于此前已送达起诉书,被告人认罪认罚,且人民法院会核对被告人认罪认罚意愿的真实性等,故建议对公诉机关是否摘要宣读起诉书不作强制性规定。经研究,未采纳上述意见。而且,《认罪认罚意见》第四十四条亦明确要求"公诉人简要宣读起诉书"。

需要注意的是,适用速裁程序审理案件,虽无法庭调查和法庭辩论环节,但审判人员仍应当庭询问被告人对指控的证据有无异议,被告人无异议的,即应当视为经过了庭审质证程序。所以,速裁程序中作为定案根据的证据,实际上也经过了庭审举证、质证程序,不存在例外。

3. 二审发回,依照普通程序重审。《刑诉法解释》第三百七十七条规定:"适用速裁程序审理的案件,第二审人民法院依照刑事诉讼法第二百三十六条第一款第三项的规定发回原审人民法院重新审判的,原审人民法院应当适用第一审普通程序重新审判。"据此,对因事实不清、证据不足而发回重审的案件,原审人民法院应当适用第一审普通程序重新审判,不得继续适用速裁程序审理。

《关于适用认罪认罚从宽制度的指导意见》第四十五条"速裁案件的二审程序"规定:"被告人不服适用速裁程序作出的第一审判决提出上诉的案件,可以不开庭审理。第二审人民法院审查后,按照下列情形分别处理:(一)发现被告人以事实不清、证据不足为由提出上诉的,应当裁定撤销原判,发回原审人民法院适用普通程序重新审理,不再按认罪认罚案件从宽处罚;(二)发现被告人以量刑不当为由提出上诉的,原判量刑适当的,应当裁定驳回上诉,维持原判;原判量刑不当的,经审理后依法改判。"据此,对于适用速裁程序审理的二审案件,第二审法院通常可以不开庭审理,经审查后,将案件发回重审,或者对以量刑不当为由上诉的案件驳回上诉或改判。但是,对于涉及事实证据的案件,第二审法院也可以开庭审理,在查清案件事实后依法作出处理,包括作出改判。

第二百二十五条 【速裁程序的审限】适用速裁程序审理案件,人民法院应当在受理后十日以内审结;对可能判处的有期徒刑超过一年的,可以延长至十五日。

立法沿革

本条系 2018 年《刑事诉讼法修改决定》增加的规定。

第二百二十六条 【速裁程序转普通程序或者简易程序】人民法院在审理过程中,发现有被告人的行为不构成犯罪或者不应当追究其刑事责任、被告人违背意愿认罪认罚、被告人否认指控的犯罪事实或者其他不宜适用速裁程序审理的情形的,应当按照本章第一节或者第三节的规定重新审理。

立法沿革

本条系 2018 年《刑事诉讼法修改决定》增加的规定。

基本规范

《最高人民法院关于适用〈中华人民共和国刑事诉讼法〉的解释》(法释〔2021〕1号,自2021年3月1日起施行)

第十四章 速裁程序

第三百七十五条 适用速裁程序审理案件,在法庭审理过程中,具有下列情形之一的,应当转为普通程序或者简易程序审理:

(一)被告人的行为可能不构成犯罪或者不应当追究刑事责任的;

(二)被告人违背意愿认罪认罚的;

(三)被告人否认指控的犯罪事实的;

(四)案件疑难、复杂或者对适用法律有重大争议的;

(五)其他不宜适用速裁程序的情形。

第三百七十六条 决定转为普通程序或者简易程序审理的案件,审理期限应当从作出决定之日起计算。

第三百七十七条 适用速裁程序审理的案件,第二审人民法院依照刑事诉讼法第二百三十六条第一款第三项的规定发回原审人民法院重新审判的,原审人民法院应当适用第一审普通程序重新审判。

《人民检察院刑事诉讼规则》(高检发释字〔2019〕4号,自2019年12月30日起施行)

第十一章 出席法庭

第三节 速裁程序

第四百四十三条 适用速裁程序审理的案件,人民检察院发现有不宜适用速裁程序审理情形的,应当建议人民法院转为普通程序或者简易程序重新审理。

第四百四十四条 转为普通程序审理的案件,公诉人需要为出席法庭进行准备的,可以建议人民法院延期审理。

第三章

第二审程序

第二百二十七条 【上诉主体及上诉权保障】被告人、自诉人和他们的法定代理人,不服地方各级人民法院第一审的判决、裁定,有权用书状或者口头向上一级人民法院上诉。被告人的辩护人和近亲属,经被告人同意,可以提出上诉。

附带民事诉讼的当事人和他们的法定代理人,可以对地方各级人民法院第一审的判决、裁定中的附带民事诉讼部分,提出上诉。

对被告人的上诉权,不得以任何借口加以剥夺。

■ 立法沿革

1979年《刑事诉讼法》第一百二十九条规定:"当事人或者他们的法定代理人,不服地方各级人民法院第一审的判决、裁定,有权用书状或者口头向上一级人民法院上诉。被告人的辩护人和近亲属,经被告人同意,可以提出上诉。""附带民事诉讼的当事人和他们的法定代理人,可以对地方各级人民法院第一审的判决、裁定中的附带民事诉讼部分,提出上诉。""对被告人的上诉权,不得以任何借口加以剥夺。"1996年《刑事诉讼法修改决定》将"当事人或者他们的法定代理人"修改为"被告人、自诉人和他们的法定代理人"。2012年、2018年修改《刑事诉讼法》时对本条规定未作调整。

■ 基本规范

《最高人民法院关于适用〈中华人民共和国刑事诉讼法〉的解释》(法释〔2021〕1号,自2021年3月1日起施行)

第十五章 第二审程序

第三百七十八条 地方各级人民法院在宣告第一审判决、裁定时,应当告知被告人、自诉人及其法定代理人不服判决和准许撤回起诉、终止审理等裁定的,有权在法定期限内以书面或者口头形式,通过本院或者直接向上一级人民法院提出上诉;被告人的辩护人、近亲属经被告人同意,也可以提出上诉;附带民事诉讼当事人及其法定代理人,可以对判决、裁定中的附带民事部分提出上诉。①

被告人、自诉人、附带民事诉讼当事人及其法定代理人是否提出上诉,以其在上诉期满前最后一次的意思表示为准。

第三百七十九条② 人民法院受理的上诉案件,一般应当有上诉状正本及副本。

上诉状内容一般包括:第一审判决书、裁定书的文号和上诉人收到的时间,第一审人民法院的名称,上诉的请求和理由,提出上诉的时间。被告人的辩护人、近亲属经被告人同意提出上诉的,还应当写明其与被告人的关系,并应当以被告人作为上诉人。

第二百二十八条 【抗诉主体】地方各级人民检察院认为本级人民法院第一审的判决、裁定确有错误的时候,应当向上一级人民法院提出抗诉。

立法沿革

本条系沿用 1979 年《刑事诉讼法》第一百三十条的规定。

基本规范

《人民检察院刑事诉讼规则》(高检发释字〔2019〕4 号,自 2019 年 12 月 30 日起施行)

第十三章 刑事诉讼法律监督

第六节 刑事判决、裁定监督

第五百八十三条 人民检察院依法对人民法院的判决、裁定是否正确实行法律监督,对人民法院确有错误的判决、裁定,应当依法提出抗诉。

第五百八十四条 人民检察院认为同级人民法院第一审判决、裁定具有下列情形之一的,应当提出抗诉:

(一)认定的事实确有错误或者据以定罪量刑的证据不确实、不充分的;

---

① 司法实践中,对哪些裁定可以提出上诉,存在不同认识。经研究认为,准许撤回起诉、终止审理等裁定可能对被告人的实体权益造成影响,应当允许上诉。——**本评注注**

② 本条所规定上诉状包括的内容,应属提示性规定,而不是给被告人设定的义务。如果被告人不懂法律,不了解关于上诉状内容的相关规定,而只是提出不服一审判决,要求上诉的意见,即使上诉状内容不符合规定要求,人民法院也应当保障其上诉权,启动二审程序。基于此,本条第二款将上诉状内容"应当包括"调整为"一般包括"。——**本评注注**

(二)有确实、充分证据证明有罪判无罪,或者无罪判有罪的;

(三)重罪轻判,轻罪重判,适用刑罚明显不当的;

(四)认定罪名不正确,一罪判数罪、数罪判一罪,影响量刑或者造成严重社会影响的;

(五)免除刑事处罚或者适用缓刑、禁止令、限制减刑等错误的;

(六)人民法院在审理过程中严重违反法律规定的诉讼程序的。

其他规范

《最高人民检察院关于对危害国家安全案件批捕起诉和实行备案制度等有关事项的通知》([1998]高检办发第4号)**第四条**对检察机关抗诉的各种危害国家安全的案件实行备案的有关问题作了规定。(→参见第八十九条所附"其他规范",第625页)

《最高人民检察院关于新疆生产建设兵团人民检察院对新疆维吾尔自治区高级人民法院生产建设兵团分院审理的案件实施法律监督有关问题的批复》(高检发释字[2006]1号,自2006年6月14日起施行)

新疆生产建设兵团人民检察院:

你院新兵检发[2005]23号《新疆生产建设兵团人民检察院关于对新疆维吾尔自治区高级人民法院生产建设兵团分院审理的案件实施法律监督有关问题的请示》收悉。经研究,现批复如下:

新疆生产建设兵团人民检察院认为新疆维吾尔自治区高级人民法院生产建设兵团分院刑事第一审的判决、裁定确有错误的时候,应当向最高人民法院提出抗诉。

新疆生产建设兵团人民检察院如果发现新疆维吾尔自治区高级人民法院生产建设兵团分院已经发生法律效力的判决和裁定确有错误,可以向最高人民检察院提请抗诉。

《最高人民检察院关于在检察工作中贯彻宽严相济刑事司法政策的若干意见》(高检发研字[2007]2号)**第十条**对在抗诉工作中正确贯彻宽严相济刑事司法政策的有关问题作了规定。(→参见第八十一条所附"其他规范",第571页)

《最高人民检察院关于加强和改进刑事抗诉工作的意见》(高检发诉字[2014]29号)

为促进司法公正,保证法律统一正确实施,强化检察机关法律监督,提升刑事抗诉工作水平,根据法律规定,结合检察工作实际,现就加强和改进人民检察院刑事抗诉工作提出以下意见。

一、刑事抗诉工作的基本要求

1. 刑事抗诉是法律赋予检察机关的重要职权。通过刑事抗诉纠正确有错误的裁判,切实维护司法公正,是人民检察院履行法律监督职能的重要体现。全面加强和改进刑事抗诉工作,对于维护司法公正,保护诉讼当事人合法权益,实现社会公平正义,促进社会和谐稳定,树立和维护法治权威具有重要意义。

2. 对刑事抗诉工作的基本要求是:

——依法。严格依照法律规定独立公正开展刑事抗诉工作,不受任何干预,防止滥用抗诉权或者怠于行使抗诉权。

——准确。案件质量是刑事抗诉工作的生命线。要精细化审查案件事实、证据和法律适用,全面理解、准确把握刑事抗诉的条件和标准,确保刑事抗诉案件质量。

——及时。增强时限意识,严格遵守办理刑事抗诉案件期限的规定,对符合抗诉条件和标准的案件,及时提出抗诉,提高工作效率。

——有效。围绕经济社会发展大局,关注社会热点,回应公众关切,突出监督重点,加强矛盾化解,注重刑事政策在抗诉工作中的具体运用,实现抗诉工作法律效果和社会效果的统一。

二、刑事抗诉的情形

3. 人民法院刑事判决、裁定在认定事实方面确有下列错误,导致定罪或者量刑明显不当的,人民检察院应当提出抗诉和支持抗诉:

(1)刑事判决、裁定认定的事实与证据证明的事实不一致的;

(2)认定的事实与裁判结论有矛盾的;

(3)有新的证据证明原判决、裁定认定的事实确有错误的。

4. 人民法院刑事判决、裁定在采信证据方面确有下列错误,导致定罪或者量刑明显不当的,人民检察院应当提出抗诉和支持抗诉:

(1)刑事判决、裁定据以认定案件事实的证据不确实的;

(2)据以定案的证据不足以认定案件事实,或者所证明的案件事实与裁判结论之间缺乏必然联系的;

(3)据以定案的证据依法应当予以排除而未被排除的;

(4)不应当排除的证据作为非法证据被排除或者不予采信的;

(5)据以定案的主要证据之间存在矛盾,无法排除合理怀疑的;

(6)因被告人翻供、证人改变证言而不采纳依法收集并经庭审质证为合法、有效的其他证据,判决无罪或者改变事实认定的;

(7) 经审查犯罪事实清楚,证据确实、充分,人民法院以证据不足为由判决无罪或者改变事实认定的。

5. 人民法院刑事判决、裁定在适用法律方面确有下列错误的,人民检察院应当提出抗诉和支持抗诉:

(1) 定罪错误,即对案件事实进行评判时发生错误。主要包括:有罪判无罪,无罪判有罪;混淆此罪与彼罪、一罪与数罪的界限,造成罪刑不相适应,或者在司法实践中产生重大不良影响的;

(2) 量刑错误,即适用刑罚与犯罪的事实、性质、情节和社会危害程度不相适应,重罪轻判或者轻罪重判,导致量刑明显不当。主要包括:不具有法定量刑情节而超出法定刑幅度量刑;认定或者适用法定量刑情节错误,导致未在法定刑幅度内量刑或者量刑明显不当;共同犯罪案件中各被告人刑与其在共同犯罪中的地位、作用明显不相适应或者不均衡;适用主刑刑种错误;适用附加刑错误;适用免予刑事处罚、缓刑错误;适用刑事禁止令、限制减刑错误的。

6. 人民法院在审判过程中有下列严重违反法定诉讼程序情形之一,可能影响公正裁判的,人民检察院应当提出抗诉和支持抗诉:

(1) 违反有关公开审判规定的;

(2) 违反有关回避规定的;

(3) 剥夺或者限制当事人法定诉讼权利的;

(4) 审判组织的组成不合法的;

(5) 除另有规定的以外,证据材料未经庭审质证直接采纳作为定案根据,或者人民法院依申请收集、调取的证据材料和合议庭休庭后自行调查取得的证据材料没有经过庭审质证而直接采纳作为定案根据的;

(6) 由合议庭进行审判的案件未经过合议庭评议直接宣判的;

(7) 其他严重违反法定诉讼程序情形的。

7. 对人民检察院提出的刑事附带民事诉讼部分所作判决、裁定明显不当的,或者当事人提出申诉的已生效刑事附带民事诉讼部分判决、裁定明显不当的,人民检察院应当提出抗诉和支持抗诉。

8. 人民法院适用犯罪嫌疑人、被告人逃匿、死亡案件违法所得的没收程序所作的裁定确有错误的,人民检察院应当提出抗诉和支持抗诉。

9. 审判人员在审理案件的时候,有贪污受贿、徇私舞弊或者枉法裁判行为,影响公正审判的,人民检察院应当提出抗诉和支持抗诉。

10. 人民法院刑事判决、裁定认定事实、采信证据有下列情形之一的,一般不应当提出抗诉:

(1) 被告人提出罪轻、无罪辩解或者翻供后,认定犯罪性质、情节或者有罪的证据之间的矛盾无法排除,导致判决书未认定起诉指控罪名或者相关犯罪事实的;

(2) 刑事判决改变起诉指控罪名,导致量刑差异较大,但没有足够证据或者法律依据证明人民法院改变罪名错误的;

(3) 案件定罪事实清楚,因有关量刑情节难以查清,人民法院在法定刑幅度内从轻处罚的;

(4) 依法排除非法证据后,证明部分或者全部案件事实的证据达不到确实、充分的标准,人民法院不予认定该部分案件事实或者判决无罪的。

11. 人民法院刑事判决、裁定在适用法律方面有下列情形之一的,一般不应当提出抗诉:

(1) 法律规定不明确、存有争议,抗诉的法律依据不充分的;

(2) 具有法定从轻或者减轻处罚情节,量刑偏轻的;

(3) 被告人系患有严重疾病、生活不能自理的人,怀孕或者正在哺乳自己婴儿的妇女,生活不能自理的人的唯一扶养人,量刑偏轻的;

(4) 被告人认罪并积极赔偿损失,取得被害方谅解,量刑偏轻的。

12. 人民法院审判活动违反法定诉讼程序,其严重程度不足以影响公正裁判,或者判决书、裁定书存在技术性差错,不影响案件实质性结论的,一般不应当提出抗诉。必要时以纠正审理违法意见书监督人民法院纠正审判活动中的违法情形或者以检察建议书等形式要求人民法院更正法律文书中的差错。

13. 人民法院判处被告人死刑缓期二年执行的案件,具有下列情形之一,除原判决认定事实、适用法律有严重错误或者社会反响强烈的以外,一般不应当提出判处死刑立即执行的抗诉:

(1) 被告人有自首、立功等法定从轻、减轻处罚情节的;

(2) 定罪的证据确实、充分,但影响量刑的主要证据存有疑问的;

(3) 因婚姻家庭、邻里纠纷等民间矛盾激化引发的案件,因被害方的过错行为引起的案件,案发后被告人真诚悔罪、积极赔偿被害方经济损失并取得被害方谅解的;

(4) 罪犯被送交监狱执行刑罚后,认罪服法,狱中表现较好,且死缓考验期限将满的。

三、刑事抗诉案件的审查

14. 办理刑事抗诉案件,应当严格按照刑法、刑事诉讼法、相关司法解释和规范性文件的要求,全面、细致地审查案件事实、证据、法律适用以及程序执行,综合考虑犯罪性质、情节和社会危害程度等因素,准确分析认定原审裁判是否确有错误,根据错误的性质和程度,决定是否提出(请)抗诉。

15. 对刑事抗诉案件的事实,应当重点从以下几个方面进行审查:犯罪动机、目的是否明确;犯罪手段是否清楚;与定罪量刑有关的事实、情节是否查明;犯罪的危害后果是否查明;行为和结果之间是否存在刑法上的因果关系。

16. 对刑事抗诉案件的证据,应当重点从以下几个方面进行审查:认定犯罪主体的证据是否确实、充分;认定犯罪事实的证据是否确实、充分;涉及犯罪性质、决定罪名的证据是否确实、充分;涉及量刑情节的证据是否确实、充分;提出抗诉的刑事案件,支持抗诉意见的证据是否具备合法性、客观性和关联性;抗诉证据之间、抗诉意见与抗诉证据之间是否存在矛盾;支持抗诉意见的证据是否确实、充分。

17. 办理刑事抗诉案件,应当讯问原审被告人,并可根据案情需要复核或者补充相关证据。

18. 对刑事抗诉案件的法律适用,应当重点从以下几个方面进行审查:适用的法律和法律条文是否正确;罪与非罪、此罪与彼罪、一罪与数罪的认定是否正确;具有法定从重、从轻、减轻或者免除处罚情节的,适用法律是否正确;适用刑种和量刑幅度是否正确;刑事附带民事诉讼,以及犯罪嫌疑人、被告人逃匿、死亡案件违法所得的没收程序的判决、裁定是否符合法律规定。

19. 人民检察院依照刑事审判监督程序提出抗诉的案件,需要对原审被告人采取强制措施的,由人民检察院依法决定。

20. 按照第二审程序提出抗诉的人民检察院,应当及时将刑事抗诉书和检察卷报送上一级人民检察院。提请上一级人民检察院按照审判监督程序抗诉的人民检察院,应当及时将提请抗诉报告书(一式十份)和侦查卷、检察卷、人民法院审判卷报送上一级人民检察院。经本院检察委员会讨论决定的,应当一并报送本院检察委员会会议纪要。刑事抗诉书和提请抗诉报告书应当充分阐述抗诉理由。

21. 上一级人民检察院对下级人民检察院按照第二审程序提出抗诉的案件,支持或者部分支持抗诉意见的,可以变更、补充抗诉理由,及时制作支持刑事抗诉意见书,阐明支持或者部分支持抗诉的意见和理由,送达同级人民法院,同时通知提出抗诉的人民检察院;不支持抗诉的,应当制作撤回抗诉决定书,送达同级人民法院,同时通知提出抗诉的人民检察院,并向提出抗诉的人民检察院书面说明撤回抗诉理由。

上一级人民检察院在抗诉期限内,发现下级人民检察院应当提出抗诉而没有提出抗诉的,可以指令下级人民检察院依法提出抗诉。

22.承办刑事抗诉案件的检察人员,应当认真履行出席二审或者再审法庭的职责。

出席刑事抗诉案件法庭,承办案件的检察人员应当制作出庭预案,做好庭审前各项准备。庭审中举证、质证、辩论,应当围绕抗诉重点进行,针对原审法院判决、裁定中的错误进行重点阐述和论证。

23.强化办案时限意识,及时办理刑事抗诉案件。对一审或者生效裁判的抗诉,刑事诉讼法、《人民检察院刑事诉讼规则(试行)》和最高人民检察院相关规范性文件规定了明确的期限,经审查认为法院裁判确有错误的,应当在规定期限内提出(请)抗诉,及时启动二审或者再审程序。

四、健全和落实刑事抗诉工作机制

24.严格落实对法院裁判逐案审查机制。人民检察院公诉部门对提起公诉的案件,在收到法院裁判后要指定专人在规定期限内认真审查。

25.落实刑事抗诉案件审核机制。对于需要提出抗诉的案件,承办人员应当及时提出意见,报部门负责人或者检察官办案组织负责人审核,由检察长决定;案情重大、疑难、复杂的案件,由检察委员会决定。

26.健全上级检察院对刑事抗诉工作的业务指导机制。上级检察院要加强刑事抗诉个案和类案专项指导,主动帮助下级检察院解决办案中遇到的问题,排除阻力和干扰。要结合本地区实际,组织开展工作情况通报、工作经验推广、案件剖析评查、优秀案件评选、典型案例评析、业务研讨培训、庭审观摩交流等活动,推动刑事抗诉工作发展。

27.落实检察长列席人民法院审判委员会工作机制。按照最高人民法院、最高人民检察院《关于人民检察院检察长列席人民法院审判委员会会议的实施意见》的相关规定,人民法院审判委员会讨论人民检察院提出的刑事抗诉案件,同级人民检察院检察长或者受检察长委托的副检察长应当依法列席。列席人员应当在会前熟悉案情、准备意见和预案,在会上充分阐述人民检察院的抗诉意见和理由。

28.健全同级人民检察院与人民法院之间的沟通联系工作机制。地方各级人民检察院要与同级人民法院进行经常性的工作联系,就个案或者类案的认识分歧以及法律政策适用等问题充分交换意见。

29.建立健全新形势下刑事抗诉案件舆情应对工作机制。对于引起媒体关注的热点敏感刑事抗诉案件,要建立快速反应工作机制,及时采取措施,依法公开相关信息,树立人民检察院维护司法公正的形象。

30.当事人及其法定代理人、近亲属认为人民法院已经发生法律效力的刑事判决、裁定确有错误,向人民检察院申诉的,适用《最高人民检察院关于办理不服人民法院生效刑事裁判申诉案件若干问题的规定》和《人民检察院复查刑事申诉案件的规定》的规定。

对人民法院作出的职务犯罪案件第一审判决,由上下两级人民检察院同步审查,审查办理案件适用《最高人民检察院关于加强对职务犯罪案件第一审判决法律监督的若干规定(试行)》的规定。

本意见由最高人民检察院负责解释。自发布之日起施行。本意见发布前最高人民检察院有关刑事抗诉的规定,与本意见相抵触的,以本意见为准。

《人民检察院刑事抗诉工作指引》(高检发诉字〔2018〕2号)

第一章 总 则

第一条 刑事抗诉是法律赋予检察机关的重要职权。通过刑事抗诉纠正确有错误的裁判,是人民检察院履行法律监督职能的重要体现。加强刑事抗诉工作,对于维护司法公正,保护诉讼当事人合法权益,实现社会公平正义,促进社会和谐稳定,树立和维护法治权威具有重要意义。为规范刑事抗诉工作,强化法律监督,根据法律规定,结合检察工作实际,制定本指引。

第二条 人民检察院办理刑事抗诉案件适用本指引。

第三条 办理刑事抗诉案件,应当坚持依法、准确、及时、有效的基本要求。提出或者支持抗诉的案件,应当充分考虑抗诉的必要性。

涉及未成年人的,应当将成年人侵害未成年人人身权利的案件作为抗诉重点。

第四条 办理刑事抗诉案件,按照司法责任制改革确定的办案、审批机制运行。

第二章 刑事抗诉案件的启动

第五条 人民检察院通过审查人民法院的判决或裁定、受理申诉等活动,监督人民法院的判决、裁定是否正确。地方各级人民检察院认为本级人民法院第一审的判决、裁定确有错误的时候,应当向上一级人民法院提出抗诉。最高人民检察院对各级人民法院已经发生法律效力的判决和裁定,上级人民检察院对下级人民法院已经发生法律效力的判决和裁定,如果发现确有错误,有权按照审判监督程序向同级人民法院提出抗诉。

当事人及其法定代理人、近亲属认为人民法院已经发生法律效力的判决、裁定确有错误,向人民检察院申诉的,适用《最高人民检察院关于办理不服人民法院生效刑事裁判申诉案件若干问题的规定》和《人民检察院复查刑事申诉案件的规定》等规定。

第六条 人民检察院可以通过以下途径发现尚未生效判决、裁定的错误：

（一）收到人民法院第一审判决书、裁定书后，人民检察院通过指定专人审查发现错误；

（二）被害人及其法定代理人不服人民法院第一审判决，在收到判决书后五日以内请求人民检察院提出抗诉的，人民检察院应当立即进行审查，在法定抗诉期限内提出是否抗诉的意见；

（三）职务犯罪案件第一审判决，由上下两级人民检察院同步审查。作出一审判决人民法院的同级人民检察院是同步审查的主要责任主体，上一级人民检察院负督促和制约的责任；

（四）其他途径。

第七条 上一级人民检察院在抗诉期限内，发现下级人民检察院应当提出抗诉而没有提出抗诉的案件，可以指令下级人民检察院依法提出抗诉。下级人民检察院在抗诉期限内未能及时提出抗诉的，应当在判决、裁定生效后提请上一级人民检察院按照审判监督程序提出抗诉。

第八条 人民检察院可以通过以下途径发现生效判决、裁定的错误：

（一）收到人民法院生效判决书、裁定书后，人民检察院通过指定专人审查发现错误；

（二）当事人及其法定代理人、近亲属不服人民法院生效刑事判决、裁定提出申诉，刑事申诉检察部门经复查发现错误；

（三）根据社会各界和有关部门转送的材料和反映的意见，对人民法院已生效判决、裁定审查后发现错误；

（四）在办案质量检查和案件复查等工作中，发现人民法院已生效判决、裁定确有错误；

（五）出现新的证据，发现人民法院已生效判决、裁定错误；

（六）办理案件过程中发现其他案件已生效判决、裁定确有错误；

（七）其他途径。

人民检察院对同级人民法院已经发生法律效力的刑事判决、裁定，发现确有错误的，应当提请上一级人民检察院抗诉。上级人民检察院发现下级人民法院已经发生法律效力的判决或裁定确有错误的，可以直接向同级人民法院提出抗诉，或者指令作出生效判决、裁定人民法院的上一级人民检察院向同级人民法院提出抗诉。

第三章 抗诉情形与不抗诉情形

第九条 人民法院的判决、裁定有下列情形之一的,应当提出抗诉:

(一)原审判决或裁定认定事实确有错误,导致定罪或者量刑明显不当的:

1. 刑事判决、裁定认定的事实与证据证明的事实不一致的;
2. 认定的事实与裁判结论有矛盾的;
3. 有新的证据证明原判决、裁定认定的事实确有错误的。

(二)原审判决或裁定采信证据确有错误,导致定罪或者量刑明显不当的:

1. 刑事判决、裁定据以认定案件事实的证据不确实的;
2. 据以定案的证据不足以认定案件事实,或者所证明的案件事实与裁判结论之间缺乏必然联系的;
3. 据以定案的证据依法应当作为非法证据予以排除而未被排除的;
4. 不应当排除的证据作为非法证据被排除或者不予采信的;
5. 据以定案的主要证据之间存在矛盾,无法排除合理怀疑的;
6. 因被告人翻供、证人改变证言而不采纳依法收集并经庭审质证为合法、有效的其他证据,判决无罪或者改变事实认定的;
7. 犯罪事实清楚,证据确实、充分,但人民法院以证据不足为由判决无罪或者改变事实认定的。

(三)原审判决或裁定适用法律确有错误的:

1. 定罪错误,即对案件事实进行评判时发生错误:
 (1)有罪判无罪,无罪判有罪的;
 (2)混淆此罪与彼罪、一罪与数罪的界限,造成罪刑不相适应,或者在司法实践中产生重大不良影响的。

2. 量刑错误,即适用刑罚与犯罪的事实、性质、情节和社会危害程度不相适应,重罪轻判或者轻罪重判,导致量刑明显不当:
 (1)不具有法定量刑情节而超出法定刑幅度量刑的;
 (2)认定或者适用法定量刑情节错误,导致未在法定刑幅度内量刑或者量刑明显不当的;
 (3)共同犯罪案件中各被告人量刑与其在共同犯罪中的地位、作用明显不相适应或者不均衡的;
 (4)适用主刑刑种错误的;
 (5)适用附加刑错误的;
 (6)适用免予刑事处罚、缓刑错误的;
 (7)适用刑事禁止令、限制减刑错误的。

（四）人民法院在审判过程中有下列严重违反法定诉讼程序情形之一，可能影响公正裁判的：

1. 违反有关公开审判规定的；
2. 违反有关回避规定的；
3. 剥夺或者限制当事人法定诉讼权利的；
4. 审判组织的组成不合法的；
5. 除另有规定的以外，证据材料未经庭审质证直接采纳作为定案根据，或人民法院依申请收集、调取的证据材料和合议庭休庭后自行调查取得的证据材料没有经过庭审质证而直接采纳作为定案根据的；
6. 由合议庭进行审判的案件未经过合议庭评议直接宣判的；
7. 违反审判管辖规定的；
8. 其他严重违反法定诉讼程序情形的。

（五）刑事附带民事诉讼部分所作判决、裁定明显不当的。

（六）人民法院适用犯罪嫌疑人、被告人逃匿、死亡案件违法所得的没收程序所作的裁定确有错误的。

（七）审判人员在审理案件的时候，有贪污受贿、徇私舞弊或者枉法裁判行为，影响公正审判的。

第十条 下列案件一般不提出抗诉：

（一）原审判决或裁定认定事实、采信证据有下列情形之一的：

1. 被告人提出罪轻、无罪辩解或者翻供后，认定犯罪性质、情节或者有罪的证据之间的矛盾无法排除，导致人民法院未认定起诉指控罪名或者相关犯罪事实的；
2. 刑事判决改变起诉指控罪名，导致量刑差异较大，但没有足够证据或者法律依据证明人民法院改变罪名错误的；
3. 案件定罪事实清楚，因有关量刑情节难以查清，人民法院在法定刑幅度内从轻处罚的；
4. 依法排除非法证据后，证明部分或者全部案件事实的证据达不到确实、充分的标准，人民法院不予认定该部分案件事实或者判决无罪的。

（二）原审判决或裁定适用法律有下列情形之一的：

1. 法律规定不明确、存有争议，抗诉的法律依据不充分的；
2. 具有法定从轻或者减轻处罚情节，量刑偏轻的；
3. 被告人系患有严重疾病、生活不能自理的人，怀孕或者正在哺乳自己婴儿的妇女，生活不能自理的人的唯一扶养人，量刑偏轻的；

4.被告人认罪并积极赔偿损失,取得被害方谅解,量刑偏轻的。

(三)人民法院审判活动违反法定诉讼程序,其严重程度不足以影响公正裁判,或者判决书、裁定书存在技术性差错,不影响案件实质性结论的,一般不提出抗诉。必要时以纠正审理违法意见书形式监督人民法院纠正审判活动中的违法情形,或者以检察建议书等形式要求人民法院更正法律文书中的差错。

(四)人民法院判处被告人死刑缓期二年执行的案件,具有下列情形之一,除原判决认定事实、适用法律有严重错误或者社会反响强烈的以外,一般不提出判处死刑立即执行的抗诉:

1.被告人有自首、立功等法定从轻、减轻处罚情节的;

2.定罪的证据确实、充分,但影响量刑的主要证据存有疑问的;

3.因婚姻家庭、邻里纠纷等民间矛盾激化引发的案件,因被害方的过错行为引起的案件,案发后被告人真诚悔罪、积极赔偿被害方经济损失并取得被害方谅解的;

4.罪犯被送交监狱执行刑罚后,认罪服法,狱中表现较好,且死缓考验期限将满的。

(五)原审判决或裁定适用的刑罚虽与法律规定有偏差,但符合罪刑相适应原则和社会认同的。

(六)未成年人轻微刑事犯罪案件量刑偏轻的。

第四章 刑事抗诉案件的审查

第十一条 审查刑事抗诉案件,应当坚持全案审查和重点审查相结合原则,并充分听取辩护人的意见。重点审查抗诉主张在事实、法律上的依据以及支持抗诉主张的证据是否具有合法性、客观性和关联性。

第十二条 办理刑事抗诉案件,应当严格按照刑法、刑事诉讼法、相关司法解释和规范性文件的要求,全面、细致地审查案件事实、证据、法律适用以及诉讼程序,综合考虑犯罪性质、情节和社会危害程度等因素,准确分析认定人民法院原审裁判是否确有错误,根据错误的性质和程度,决定是否提出(请)抗诉。

(一)对刑事抗诉案件的事实,应当重点审查以下内容:

1.犯罪动机、目的是否明确;

2.犯罪手段是否清楚;

3.与定罪量刑有关的事实、情节是否查明;

4.犯罪的危害后果是否查明;

5.行为和结果之间是否存在刑法上的因果关系。

(二)对刑事抗诉案件的证据,应当重点审查以下内容:

1. 认定犯罪主体的证据是否确实、充分;
2. 认定犯罪事实的证据是否确实、充分;
3. 涉及犯罪性质、认定罪名的证据是否确实、充分;
4. 涉及量刑情节的证据是否确实、充分;
5. 提出抗诉的刑事案件,支持抗诉意见的证据是否具备合法性、客观性和关联性;
6. 抗诉证据之间、抗诉意见与抗诉证据之间是否存在矛盾;
7. 抗诉证据是否确实、充分。

(三)对刑事抗诉案件的法律适用,应当重点审查以下内容:
1. 适用法律和引用法律条文是否正确;
2. 罪与非罪、此罪与彼罪、一罪与数罪的认定是否正确;
3. 具有法定从重、从轻、减轻或者免除处罚情节的,适用法律是否正确;
4. 适用刑种和量刑幅度是否正确;
5. 刑事附带民事诉讼判决、裁定,犯罪嫌疑人、被告人逃匿、死亡案件违法所得没收程序的裁定是否符合法律规定。

第十三条 审查抗诉案件一般按照下列步骤进行:

(一)认真研究抗诉书或提请抗诉报告书,熟悉案件的基本情况,重点了解不同诉讼阶段认定案件事实的差异,公诉意见、历次判决或裁定结论有何差异,将判决或裁定理由与抗诉理由或提请抗诉的理由进行对比,初步分析案件分歧的焦点所在;

(二)审阅起诉书、判决书或裁定书,核对抗诉书或提请抗诉报告书所列举的公诉意见、判决或裁定结论、判决或裁定理由等内容是否存在错误;

(三)审阅卷中证据材料。在全面审阅的基础上,重点审查判决、裁定认定案件事实所采信的证据,下一级人民检察院提出抗诉或提请抗诉所认定的证据,特别是对认定事实有分歧的,应当仔细审查各分歧意见所认定、采信的证据;

(四)根据卷中证据情况,提出对案件事实的初步认定意见,注意与判决、裁定的认定意见有无不同;

(五)初步列出案件分歧的焦点问题,包括事实认定、证据采信以及法律适用方面的分歧意见等;

(六)分析判决、裁定是否存在错误,提出抗诉或提请抗诉的理由是否成立以及是否存在疏漏,研判是否支持抗诉或决定抗诉;

(七)根据案件具体情况,必要时可以到案发地复核主要证据,对尚不清楚的事实和情节提取新的证据。

(八)根据复核证据的情况,进一步提出认定事实、采信证据和适用法律的意见,分析判决、裁定是否确有错误,抗诉理由是否充分,最后提出是否支持抗诉或者决定抗诉的审查意见。

第十四条 办理刑事抗诉案件,应当讯问原审被告人,并根据案件需要复核或者补充相关证据。

需要原侦查机关补充收集证据的,可以要求原侦查机关补充收集。被告人、辩护人提出自首、立功等可能影响定罪量刑的材料和线索的,人民检察院可以依照管辖规定交侦查机关调查核实,也可以自行调查核实。发现遗漏罪行或者同案犯罪嫌疑人的,应当建议侦查机关侦查。

根据案件具体情况,可以向侦查人员调查了解原案的发破案、侦查取证活动等情况。

在对涉及专门技术问题的证据材料进行审查时,可以委托检察技术人员或者其他具有专门知识的人员进行文证审查,或者请其提供咨询意见。检察技术人员、具有专门知识的人员出具的审查意见或者咨询意见应当附卷,并在案件审查报告中说明。

第十五条 人民检察院办理死刑抗诉案件,除依照本指引第十三条、第十四条规定审查外,还应当重点开展下列工作:

(一)讯问原审被告人,听取原审被告人的辩解;

(二)必要时听取辩护人的意见;

(三)复核主要证据,必要时询问证人;

(四)必要时补充收集证据;

(五)对鉴定意见有疑问的,可以重新鉴定或者补充鉴定;

(六)根据案件情况,可以听取被害人的意见。

第十六条 人民检察院在办理刑事抗诉案件过程中发现职务犯罪线索的,应当对案件线索逐件登记、审查,经检察长批准,及时移送有管辖权的单位办理。

第十七条 承办人审查后,应当制作刑事抗诉案件审查报告,阐明是否提出抗诉或者是否支持抗诉的意见。

刑事抗诉案件审查报告应当符合最高人民检察院规定的格式,并重点把握以下要求:

(一)充分认识审查报告制作质量直接影响对案件的审核和检察长或者检察委员会作出处理决定;

(二)承办人制作审查报告,可以根据案件汇报的需要及案件本身的特点作

适当的调整;

(三)事实叙写应当清晰、完整、客观,不遗漏关键的事实、情节;

(四)证据摘录一般按照先客观性证据后主观性证据的顺序进行列举,以客观性证据为基础构建证据体系,对客观性证据优先审查、充分挖掘、科学解释、全面验证;同时,要防止唯客观性证据论的倾向,防止忽视口供,对口供在做到依法审查、客观验证基础上充分合理使用;

(五)引用判决或裁定的理由和结论应当全面客观,分析判决或裁定是否错误应当有理有据;

(六)审查意见应当注重层次性、针对性、逻辑性和说理性;

(七)对存在舆情等风险的案件,应当提出风险评估和预案处置意见。

第五章 按照第二审程序抗诉

第十八条 人民检察院应当严格落实对人民法院判决、裁定逐案审查工作机制。对提起公诉的案件,在收到人民法院第一审判决书或者裁定书后,应当及时审查,承办检察官应当填写刑事判决、裁定审查表,提出处理意见。

对于下级人民检察院在办理抗诉案件中遇到干扰的,上级人民检察院应当根据实际情况开展协调和排除干扰工作,以保证抗诉工作顺利开展。

第十九条 人民检察院对同级人民法院第一审判决的抗诉,应当在接到判决书的第二日起十日以内提出;对裁定的抗诉,应当在接到裁定书后的第二日起五日以内提出。提出抗诉应当以抗诉书送达同级人民法院为准,不得采取口头通知抗诉的方式。

第二十条 被害人及其法定代理人不服人民法院第一审判决,在收到判决书后五日以内请求人民检察院提出抗诉的,人民检察院应当立即进行审查,作出是否抗诉的决定,并制作抗诉请求答复书,在收到请求后五日以内答复请求人。

被害人及其法定代理人在收到人民法院判决书五日以后请求人民检察院提出抗诉的,由人民检察院决定是否受理。

第二十一条 办理职务犯罪抗诉案件,应当认真落实最高人民检察院公诉厅《关于加强对职务犯罪案件第一审判决法律监督的若干规定(试行)》和《关于对职务犯罪案件第一审判决进一步加强同步审查监督工作的通知》等要求,重点解决职务犯罪案件重罪轻判问题。

下级人民检察院审查职务犯罪案件第一审判决,认为应当抗诉的,应当在法定时限内依法提出抗诉,并且报告上一级人民检察院。

下级人民检察院收到人民法院第一审判决书后,应当在二日以内报送上一级人民检察院。上一级人民检察院认为应当抗诉的,应当及时通知下级人民检察院。下级人民检察院审查后认为不应当抗诉的,应当将不抗诉的意见报上一级人民检察院公诉部门。上一级人民检察院公诉部门不同意下级人民检察院不抗诉意见的,应当根据案件情况决定是否调卷审查。上一级人民检察院公诉部门经调卷审查认为确有抗诉必要的,应当报检察长决定或者检察委员会讨论决定。上一级人民检察院作出的抗诉决定,下级人民检察院应当执行。

上下两级人民检察院对人民法院作出的职务犯罪案件第一审判决已经同步审查的,上一级人民法院针对同一案件作出的第二审裁判,收到第二审裁判书的同级人民检察院依法按照审判监督程序及时审查,一般不再报其上一级人民检察院同步审查。

第二十二条 决定抗诉的案件应当制作刑事抗诉书。刑事抗诉书应当包括下列内容:

(一)原判决、裁定情况;

(二)审查意见;

(三)抗诉理由。

刑事抗诉书应当充分阐述抗诉理由。

第二十三条 按照第二审程序提出抗诉的人民检察院,应当及时将刑事抗诉书和检察卷报送上一级人民检察院。经本院检察委员会讨论决定的,应当一并报送本院检察委员会会议纪要。

第二十四条 上一级人民检察院支持或者部分支持抗诉意见的,可以变更、补充抗诉理由,及时制作支持刑事抗诉意见书,阐明支持或者部分支持抗诉的意见和理由,在同级人民法院开庭之前送达人民法院,同时通知提出抗诉的人民检察院。

第二十五条 上一级人民检察院不支持抗诉的,承办部门应当制作撤回抗诉决定书,在同级人民法院开庭之前送达人民法院,同时通知提出抗诉的人民检察院,并向提出抗诉的人民检察院书面说明撤回抗诉理由。

第二十六条 下级人民检察院如果认为上一级人民检察院撤回抗诉不当的,可以提请复议。上一级人民检察院应当复议,并另行指派专人进行审查,提出意见报告检察长或者检察委员会同意后,将复议结果书面通知下级人民检察院。

第二十七条 第二审人民法院发回原审人民法院重新按照第一审程序审判的案件,如果人民检察院认为重新审判的判决、裁定确有错误的,可以按照第二审程序提出抗诉。

第六章 按照审判监督程序抗诉

第二十八条 按照审判监督程序重新审判的案件,适用行为时的法律。

第二十九条 人民法院已经发生法律效力的刑事判决和裁定包括：
（一）已过法定期限没有上诉、抗诉的判决和裁定；
（二）终审的判决和裁定；
（三）最高人民法院核准的死刑的判决和高级人民法院核准的死刑缓期二年执行的判决。

第三十条 提请上级人民检察院按照审判监督程序抗诉的案件，原则上应当自人民法院作出裁判之日起二个月以内作出决定；需要复核主要证据的，可以延长一个月。属于冤错可能等事实证据有重大变化的案件，可以不受上述期限限制。

对于高级人民法院判处死刑缓期二年执行的案件，省级人民检察院认为确有错误提请抗诉的，一般应当在收到生效判决、裁定后三个月以内提出，至迟不得超过六个月。

对于人民法院第一审宣判后人民检察院在法定期限内未提出抗诉，或者判决、裁定发生法律效力后六个月内未提出抗诉的案件，没有发现新的事实或者证据的，一般不得为加重被告人刑罚而依照审判监督程序提出抗诉，但被害人提出申诉或上级人民检察院指令抗诉的除外。

第三十一条 提请上一级人民检察院按照审判监督程序抗诉的案件，应当制作提请抗诉报告书。提请抗诉报告书应当依次写明原审被告人基本情况，诉讼经过，审查认定后的犯罪事实，一审人民法院、二审人民法院的审判情况，判决、裁定错误之处，提请抗诉的理由和法律依据，本院检察委员会讨论情况等。

第三十二条 提请抗诉的人民检察院应当及时将提请抗诉报告书一式十份和侦查卷、检察卷、人民法院审判卷报送上一级人民检察院。经本院检察委员会讨论决定的，应当一并报送本院检察委员会会议纪要。

调阅人民法院的案卷，依据《最高人民法院办公厅、最高人民检察院办公厅关于调阅诉讼卷宗有关问题的通知》有关规定执行。

第三十三条 上级人民检察院审查审判监督程序抗诉案件，原则上应当自收案之日起一个半月以内作出决定；需要复核主要证据或者侦查卷宗在十五册以上的，可以延长一个月；需要征求其他单位意见或者召开专家论证会的，可以再延长半个月。

上级人民检察院审查下一级人民检察院提请抗诉的刑事申诉案件，应当自收案之日起三个月以内作出决定。

属于冤错可能等事实证据有重大变化的案件，可以不受上述期限限制。

有条件的地方，应当再自行缩短办案期限；对原判死缓而抗诉要求改判死刑立即执行的案件,原则上不得延长期限。

第三十四条 上一级人民检察院决定抗诉后,应当制作刑事抗诉书,向同级人民法院提出抗诉。以有新的证据证明原判决、裁定认定事实确有错误为由提出的抗诉,提出抗诉时应向人民法院移送新证据。

人民检察院按照审判监督程序向人民法院提出抗诉的,应当将抗诉书副本报送上一级人民检察院。

第三十五条 人民检察院依照刑事审判监督程序提出抗诉的案件,需要对原审被告人采取强制措施的,由人民检察院依法决定。

第三十六条 上级人民检察院决定不抗诉的,应当向提请抗诉的人民检察院做好不抗诉理由的解释说明工作,一般采用书面方式。

上级人民检察院对下一级人民检察院提请抗诉的刑事申诉案件作出决定后,应当制作审查提请抗诉通知书,通知提请抗诉的人民检察院。

第七章 出席刑事抗诉案件法庭

第三十七条 对提出抗诉的案件,同级人民检察院应当派员出席法庭。人民法院决定召开庭前会议的,同级人民检察院应当派员参加,依法履行职责。

第三十八条 检察员出席刑事抗诉法庭的任务是:

(一)支持抗诉,对原审人民法院作出的错误判决或者裁定提出纠正意见;

(二)维护诉讼参与人的合法权利;

(三)对法庭审理案件有无违反法律规定的诉讼程序的情况进行监督;

(四)依法从事其他诉讼活动。

第三十九条 收到刑事抗诉案件开庭通知书后,出席法庭的检察员应当做好以下准备工作:

(一)熟悉案情和证据情况,了解证人证言、被告人供述等证据材料是否发生变化;

(二)深入研究与本案有关的法律、政策问题,掌握相关的专业知识;

(三)制作出庭预案;

(四)上级人民检察院对下级人民检察院按照第二审程序提出抗诉的案件决定支持抗诉的,应当制作支持抗诉意见书,并在开庭前送达同级人民法院。

第四十条 出庭预案一般应当包括:

(一)讯问原审被告人提纲;

(二)询问证人、被害人、鉴定人、有专门知识的人、侦查人员提纲;

(三)出示物证,宣读书证、证人证言、被害人陈述、被告人供述、勘验检查笔录、辨认笔录、侦查实验笔录,播放视听资料、电子数据的举证和质证方案;

(四)支持抗诉的事实、证据和法律意见;

(五)对原审被告人、辩护人辩护内容的预测和答辩要点;

(六)对庭审中可能出现的其他情况的预测和相应的对策。

第四十一条 庭审开始前,出席法庭的检察员应当做好以下预备工作:

(一)了解被告人及其辩护人,附带民事诉讼的原告人及其诉讼代理人,以及其他应当到庭的诉讼参与人是否已经到庭;

(二)审查合议庭的组成是否合法;刑事抗诉书副本等诉讼文书的送达期限是否符合法律规定;被告人是盲、聋、哑、未成年人或者可能被判处死刑而没有委托辩护人的,人民法院是否指定律师为其提供辩护;

(三)审查到庭被告人的身份材料与刑事抗诉书中原审被告人的情况是否相符;审判长告知诉讼参与人的诉讼权利是否清楚、完整;审判长对回避申请的处理是否正确、合法。法庭准备工作结束,审判长征求检察员对法庭准备工作有无意见时,出庭的检察员应当就存在的问题提出意见,请审判长予以纠正,或者表明没有意见。

第四十二条 审判长或者审判员宣读原审判决书或者裁定书后,由检察员宣读刑事抗诉书。宣读刑事抗诉书时应当起立,文号及正文括号内的内容不宣读,结尾读至"此致某某人民法院"止。

按照第二审程序提出抗诉的案件,出庭检察员应当在宣读刑事抗诉书后宣读支持抗诉意见书,引导法庭调查围绕抗诉重点进行。

第四十三条 检察员在审判长的主持下讯问被告人。讯问应当围绕抗诉理由以及对原审判决、裁定认定事实有争议的部分进行,对没有异议的事实不再全面讯问。

讯问时应当先就原审被告人过去所作的供述和辩解是否属实进行讯问。如果被告人回答不属实,应当讯问哪些不属实。针对翻供,可以讯问翻供理由,利用被告人供述的前后矛盾进行讯问,或者适时举出相关证据予以反驳。

讯问时应当注意方式、方法,讲究技巧和策略。对被告人供述和辩解不清、不全、前后矛盾,或者供述和辩解明显不合情理,或者供述和辩解与已查证属实的证据相矛盾的问题,应当讯问。与案件无关、被告人已经供述清楚或者无争议的问题,不再讯问。

讯问被告人应当有针对性,语言准确、简练、严密。

对辩护人已经发问而被告人作出客观回答的问题,一般不进行重复讯问。辩护人发问后,被告人翻供或者回答含糊不清的,如果涉及案件事实、性质的认定或者影响量刑的,检察员必须有针对性再讯问。辩护人发问的内容与案件无关,或者采取不适当的发问语言和态度的,检察员应当及时请求合议庭予以制止。

在法庭调查结束前,检察员可以根据辩护人、诉讼代理人、审判长(审判员)发问的情况,进行补充讯问。

第四十四条 证人、鉴定人、有专门知识的人需要出庭的,人民检察院应当申请人民法院通知并安排出庭作证。

对于经人民法院通知而未到庭的证人或者出庭后拒绝作证的证人的证言笔录,检察员应当当庭宣读。对于经人民法院通知而未到庭的证人的证言笔录存在疑问、确实需要证人出庭作证,且可以强制其到庭的,检察员应当建议人民法院强制证人到庭作证和接受质证。

向证人发问,应当先由提请通知的一方进行;发问时可以要求证人就其所了解的与案件有关的事实进行陈述,也可以直接发问。发问完毕后,经审判长准许,对方也可以发问。

检察员对证人发问,应当针对证言中有遗漏、矛盾、模糊不清和有争议的内容,并着重围绕与定罪量刑紧密相关的事实进行。发问应当采取一问一答的形式,做到简洁清楚。

证人进行虚假陈述的,应当通过发问澄清事实,必要时还应当出示、宣读证据配合发问。

询问鉴定人、有专门知识的人参照询问证人的规定进行。

第四十五条 需要出示、宣读、播放原审期间已移交人民法院的证据的,出庭的检察员可以申请法庭出示、宣读、播放。

需要移送证据材料的,在审判长宣布休庭后,检察员应当与审判人员办理交接手续。无法当庭移交的,应当在休庭后三日以内移交。

第四十六条 审判人员通过调查核实取得并当庭出示的新证据,检察员应当进行质证。

第四十七条 检察员对辩护人在法庭上出示的证据材料,应当积极参与质证。质证时既要对辩护人所出示证据材料的真实性发表意见,也要注意辩护人的举证意图。如果辩护人运用该证据材料所说明的观点不能成立,应当及时予以反驳。对辩护人、当事人、原审被告人出示的新的证据材料,检察员认为必要时,可以进行讯问、质证,并就该证据材料的合法性、证明力提出意见。

第四十八条 审判长宣布法庭调查结束,开始进行法庭辩论时,检察员应当发表抗诉案件出庭检察员意见书,主要包括以下内容:

(一)论证本案犯罪事实清楚,证据确实充分,或者原审人民法院认定事实、证据错误之处;

(二)指明被告人犯罪行为性质、严重程度,评析抗诉理由;

(三)论证原审判决书适用法律、定罪量刑是否正确,有误的,应提出改判的建议。

第四十九条 检察员对原审被告人、辩护人提出的观点,认为需要答辩的,应当在法庭上进行答辩。答辩应当抓住重点,主次分明。与案件无关或者已经辩论过的观点和内容,不再答辩。

第五十条 对按照审判监督程序提出抗诉的案件,人民检察院认为人民法院作出的判决、裁定仍然确有错误的,如果案件是依照第一审程序审判的,同级人民检察院应当向上一级人民法院提出抗诉,如果案件是依照第二审程序审判的,上一级人民检察院应当按照审判监督程序向同级人民法院提出抗诉。

对按照审判监督程序提出抗诉的申诉案件,人民检察院认为人民法院作出的判决、裁定仍然确有错误的,由派员出席法庭的人民检察院刑事申诉检察部门适用本条第一款的规定办理。

第八章 刑事抗诉工作机制

第五十一条 下级人民检察院对于拟抗诉的重大案件,应当在决定抗诉前向上级人民检察院汇报。上级人民检察院要结合本地区工作实际,组织开展工作情况通报、工作经验推广、案件剖析评查、优秀案件评选、典型案例评析、业务研讨培训、庭审观摩交流等活动,推动刑事抗诉工作发展。

第五十二条 上级人民检察院要加强刑事抗诉个案和类案专项指导,主动帮助下级人民检察院解决办案中遇到的问题,排除阻力和干扰。对于重大普通刑事案件、重大职务犯罪案件、疑难复杂案件、人民群众对司法不公反映强烈的案件以及其他有重大影响的重要抗诉案件,上级人民检察院要加强抗诉前工作指导,必要时可以同步审查,确保抗诉质量。

第五十三条 认真执行最高人民法院、最高人民检察院《关于人民检察院检察长列席人民法院审判委员会会议的实施意见》的相关规定,人民法院审判委员会讨论人民检察院提出的刑事抗诉案件时,同级人民检察院检察长或者受检察长委托的副检察长应当依法列席。列席人员应当在会前熟悉案情、准备意见和预案,在会上充分阐述人民检察院的抗诉意见和理由。承办检察官应当按照列席要求,为检察长或者受委托的副检察长做好准备工作。

第五十四条 各级人民检察院要与同级人民法院有关审判庭加强经常性的工作联系,就办理抗诉案件中认识分歧、法律政策适用等问题充分沟通交流。

第五十五条 各级人民检察院对于引起媒体关注的敏感刑事抗诉案件,应当建立快速反应工作机制,依法查明事实真相,适时公开相关信息,及时回应社会关切,主动接受舆论监督,树立人民检察院维护司法公正的良好形象。

第九章 附 则

第五十六条 本指引由最高人民检察院负责解释,自下发之日起执行。

《人民检察院办理死刑第二审案件和复核监督工作指引(试行)》(高检发诉

二字〔2018〕1号)第九十六条对死刑案件抗诉的有关问题作了规定。(→参见第三编"审判"第四章"死刑复核程序"末所附"其他规范",第1673页)

《人民检察院办理认罪认罚案件开展量刑建议工作的指导意见》(最高人民检察院,高检发办字〔2021〕120号)第三十七条至第三十九条对抗诉的有关问题作了规定。(→参见第一百七十六条所附"其他规范",第1199—1200页)

指导性案例

忻元龙绑架案(检例第2号)

要旨 对于死刑案件的抗诉,要正确把握适用死刑的条件,严格证明标准,依法履行刑事审判法律监督职责。

陈邓昌抢劫、盗窃,付志强盗窃案(检例第17号)

关键词 第二审程序刑事抗诉 入户抢劫 盗窃罪 补充起诉

要旨

1. 对于入户盗窃,因被发现而当场使用暴力或者以暴力相威胁的行为,应当认定为"入户抢劫"。

2. 在人民法院宣告判决前,人民检察院发现被告人有遗漏的罪行可以一并起诉和审理的,可以补充起诉。

3. 人民检察院认为同级人民法院第一审判决重罪轻判,适用刑罚明显不当的,应当提出抗诉。

郭明先参加黑社会性质组织、故意杀人、故意伤害案(检例第18号)

关键词 第二审程序刑事抗诉 故意杀人 罪行极其严重 死刑立即执行

要旨 死刑依法只适用于罪行极其严重的犯罪分子。对故意杀人、故意伤害、绑架、爆炸等涉黑、涉恐、涉暴刑事案件中罪行极其严重,严重危害国家安全和公共安全、严重危害公民生命权,或者严重危害社会秩序的被告人,依法应当判处死刑,人民法院未判处死刑,人民检察院应当依法提出抗诉。

张某、沈某某等七人抢劫案(检例第19号)

关键词 第二审程序刑事抗诉 未成年人与成年人共同犯罪 分案起诉 累犯

要旨

1. 办理未成年人与成年人共同犯罪案件,一般应当将未成年人与成年人分案起诉,但对于未成年人系犯罪集团的组织者或者其他共同犯罪中的主犯,或者具有其他不宜分案起诉情形的,可以不分案起诉。

2.办理未成年人与成年人共同犯罪案件,应当根据未成年人在共同犯罪中的地位、作用,综合考量未成年人实施犯罪行为的动机和目的、犯罪时的年龄、是否属于初犯、偶犯、犯罪后的悔罪表现、个人成长经历和一贯表现等因素,依法从轻或者减轻处罚。

3.未成年人犯罪不构成累犯。

王某等人故意伤害等犯罪二审抗诉案(检例第178号)

关键词 二审抗诉 恶势力犯罪 胁迫未成年人犯罪 故意伤害致死 赔偿谅解协议的审查

要 旨 检察机关在办案中要加强对未成年人的特殊、优先保护,对于侵害未成年人犯罪手段残忍、情节恶劣、后果严重的,应当依法从严惩处。胁迫未成年人实施毒品犯罪、参加恶势力犯罪集团,采用暴力手段殴打致该未成年人死亡的,属于"罪行极其严重",应当依法适用死刑。对于人民法院以被告方与被害方达成赔偿谅解协议为由,从轻判处的,人民检察院应当对赔偿谅解协议进行实质性审查,全面、准确分析从宽处罚是否合适。虽达成赔偿谅解但并不足以从宽处罚的,人民检察院应当依法提出抗诉,监督纠正确有错误的判决,贯彻罪责刑相适应原则,维护公平正义。

指导意义

(一)检察机关要对"赔偿谅解协议"作实质性审查,准确提出量刑建议。赔偿谅解是刑事案件常见的酌定从轻处罚情节,是评价被告人认罪悔罪态度和人身危险性的因素之一。审查时应主要考虑:一是赔偿谅解是"可以"从轻处罚,不是"必须"从轻处罚,且适用的前提是被告人认罪、悔罪;二是赔偿谅解要考察被犯罪行为破坏的社会关系是否得到一定程度的修复,在被害人死亡或者无法独立表达意志的情况下,对被害人亲属出具的赔偿谅解协议更要严格审查和全面准确把握;三是对于严重危害社会治安和影响人民群众安全感的犯罪,必须结合犯罪事实、性质及其他情节进行综合衡量,予以适当、准确的评价。在此基础上,检察机关要对赔偿谅解协议进行实质性审查,如审查谅解主体是否合格、谅解意愿是否自愿真实、谅解内容是否合法、是否附有不合理条件等,综合案件全部量刑情节,准确提出量刑建议。

(二)对于"罪行极其严重"的侵害未成年人犯罪,应当坚决依法适用死刑。死刑只适用于极少数罪行极其严重的犯罪分子。根据《最高人民法院、最高人民检察院、公安部、司法部关于依法严惩利用未成年人实施黑恶势力犯罪的意见》,应当依法严厉打击、从重处罚胁迫未达到刑事责任年龄的未成年人参加恶势力犯罪集团的行为。此类恶势力犯罪集团的首要分子,利用未成年人实施毒品犯罪,强迫未成年人吸毒,并致该未成年人死亡,犯罪手段残忍、情节恶劣、社会危害性极大的,属于"罪行极其严重",应当坚决依法适用死刑。

(三)加强对未成年人的特殊、优先保护,依法从严惩处侵害未成年人犯罪。关心关爱未成年人的健康成长,是全社会的共同责任。检察机关在办案中,一方面,对于侵害未成年人犯罪手段残忍、情节恶劣、后果严重的,应当依法从严惩处;另一方面,要注重做好未成年人保护工作,通过开展司法救助、心理辅导、公益诉讼、提出社会治理类检察建议等方式,推进对涉案未成年人的综合帮扶,努力为未成年人健康成长营造良好环境。

刘某某贩卖毒品二审抗诉案(检例第179号)

关键词　二审抗诉　贩卖毒品罪　被告人不认罪　排除合理怀疑　直接改判

要　旨　对于人民法院以存在"合理怀疑"为由宣告被告人无罪的案件,人民检察院认为在案证据能够形成完整的证据链,且被告人的无罪辩解没有证据证实的,应当提出抗诉。同时,对于确有必要的,要补充完善证据,对人民法院认为存在的"合理怀疑"作出解释,以准确排除"合理怀疑",充分支持抗诉意见和理由。对于查清事实后足以定罪量刑的抗诉案件,如未超出起诉指控范围,人民检察院可以建议人民法院依法直接改判。

指导意义

(一)正确适用排除合理怀疑的证据规则。合理怀疑是指以证据、逻辑和经验法则为根据的怀疑,即案件存在被告人无罪的现实可能性。办理刑事案件要综合审查全案证据,考虑各方面因素,对所认定事实排除合理怀疑并得出唯一性结论。对于不当适用"合理怀疑"作出无罪判决的,人民检察院要根据案件证据情况,认真审查法院判决无罪的理由。对于确有必要的,要补充完善证据,以准确排除"合理怀疑",充分支持抗诉意见和理由。针对被告人的无罪辩解,要注意审查辩解是否具有合理性,与案件事实和证据是否存在矛盾。对于证人改变证言的情形,要结合证人改变的理由、证人之前的证言以及与在案其他证据印证情况进行综合判断。经综合审查,如果案件确实存在"合理怀疑",应当坚持疑罪从无原则,依法作出无罪的结论;如果被告人的辩解与全案证据矛盾,或者无客观性证据印证,且与经验法则、逻辑法则不相符,应当认定不属于"合理怀疑"。

(二)对于行为人不认罪的毒品犯罪案件,要根据在案证据,结合案件实际情况综合判断行为人对毒品犯罪的主观"明知"。人民检察院在办理案件中,判断行为人是否"知道或者应当知道行为对象是毒品",应综合考虑案件中的各种客观实际情况,依据实施毒品犯罪行为的过程、行为方式、毒品被查获时的情形和环境等证据,结合行为人的年龄、阅历、智力及掌握相关知识情况,进行综合分析判断。并且用做推定行为人"知道或者应当知道行为对象是毒品"的前提的事实基础必须有确凿的证据证明。

（三）对于查清事实后足以定罪量刑的抗诉案件，如未超出起诉指控范围的，人民检察院可以建议人民法院依法直接改判。根据《中华人民共和国刑事诉讼法》第二百三十六条规定，对于原判决事实不清或者证据不足的，第二审人民法院在查清事实后可以依法改判或者发回重审。司法实践中，对于人民检察院提出抗诉后补充的证据，如果该证据属于补强证据，认定的案件事实没有超出起诉指控的范围，且案件已经多次开庭审理，应当综合考虑诉讼经济原则和人权保障的关系，建议人民法院在查明案件事实后依法改判。

李某抢劫、强奸、强制猥亵二审抗诉案（检例第180号）

关键词 二审抗诉 间接证据的审查运用 电子数据 发现新的犯罪事实补充起诉

要　旨 对于认定事实、适用法律存在争议的抗诉案件，人民检察院要全面收集、审查判断和综合运用证据，充分利用技术手段收集电子数据，注重运用间接证据完善证据链条，确保准确认定犯罪事实和适用法律。如果在二审抗诉案件办理过程中，发现漏罪线索，应当及时移送公安机关侦查，经查证属实的，建议人民法院发回重审，由人民检察院对新的犯罪事实补充起诉，依法保障被告人的上诉权。人民检察院要加强反向审视，通过办理抗诉案件，发现和改进审查逮捕、审查起诉工作中存在的问题和不足。

指导意义

（一）注重收集电子数据在内的客观性证据，充分运用间接证据，综合其他在案证据形成完整证据链证明案件事实。对于以间接证据认定犯罪的，要综合在案证据之间相互印证，运用证据推理符合逻辑和经验，根据证据认定事实排除合理怀疑，全案证据形成完整的证据链等准确认定。对每一份间接证据，均要确认其真实性、合法性，充分挖掘证据与事实之间、证据与证据之间的关联性，增强间接证据的证明力。在收集、固定证据过程中，要注意收集和运用电子数据证实犯罪，实现科技强检在完善证据链条，追诉漏罪漏犯，指控证明犯罪等方面的效能。

（二）在二审抗诉案件办理过程中，如发现新的犯罪事实的，人民检察院应当移送公安机关侦查，查证属实的，建议人民法院发回重审，由人民检察院补充起诉。人民检察院在二审抗诉过程中，如果发现原判决事实不清楚，存在新的犯罪事实的，应当要求公安机关侦查并移送起诉。为充分保障被告人对补充起诉的犯罪事实的上诉权，人民检察院应当建议二审法院裁定撤销原判、发回重审，待公安机关侦查终结移送审查起诉后，由人民检察院补充起诉，做到既全面、准确、有力打击犯罪，又保障被告人依法享有的上诉权。

（三）在办理抗诉案件中要加强反向审视，发现和改进捕诉工作中存在的问题和不足。高质效办好每一个案件,事实证据是基础和前提。有的抗诉案件会暴露出审查逮捕、审查起诉环节存在的审查不细、把关不严、举证不力等问题。人民检察院应当通过办理抗诉案件,加强反向审视,及时分析和研究这些问题产生的原因,加以改进、规范和提高,提升办案能力,确保办案质量。

宋某某危险驾驶二审、再审抗诉案(检例第182号)

关键词 接续抗诉 危险驾驶罪 不起诉的内部监督制约 司法鉴定的审查判断

要 旨 人民检察院应当依法规范行使不起诉权,通过备案审查等方式加强对不起诉决定的内部监督制约,着力提高审查起诉工作水平和办案质量。对于就同一专门性问题有两份或者两份以上的司法鉴定意见,且结论不一致时,检察人员要注重从鉴定主体的合规性、鉴定程序的合法性、鉴定方法的科学性、鉴定材料的充分性及分析论证的合理性等方面进行实质化审查。对于提出抗诉的案件,为确保抗诉效果,人民检察院可以通过自行侦查进一步补强证据,充分支持抗诉意见和理由,通过接续抗诉,持续监督,全面履行刑事审判监督职责,维护司法公正。

指导意义

(一)人民检察院应当依法规范行使不起诉权,加强对不起诉决定的内部监督制约。依据《人民检察院刑事诉讼规则》,上级人民检察院对于下级人民检察院确有错误的不起诉决定,应当予以撤销或者指令下级人民检察院纠正。对于存在较大争议、具有较大影响的案件,下级人民检察院经审查决定不起诉的,要及时向上级人民检察院备案,上级人民检察院发现存在错误的,应当及时予以纠正。为保证不起诉决定的公正性,各级检察院要充分认识建立健全备案审查工作制度的重要性,及时发现并纠正错误决定,有必要组织听证的,要及时召开不起诉听证会;加强对下业务指导,通过开展定期分析、情况通报、类案总结等,着力提高审查起诉工作水平和办案质量。

(二)人民检察院在办理抗诉案件过程中,要充分履行法律监督职能,坚持接续抗诉、持续监督,确保案件裁判结果公正,以"小案"的客观公正办理体现检察担当。检察机关应当充分履行法律监督职能,上级检察院要加强对下级检察院抗诉工作的指导,紧扣抗诉重点,严把抗诉标准,形成监督合力。对下级检察院正确的抗诉意见,法院不予采纳的,上级检察院应当提供有力支持,与下级检察院接续监督,一抗到底,通过上下级检察院持续监督,确保错误裁判被监督纠正。要用心用情办好每一件"小案",这是检察机关客观公正义务的基本要求,展现了检察担当和为民情怀。

(三)强化对司法鉴定意见的实质性审查,确保审查结论的客观性、科学性。人民检察院如果发现案件就同一专门性问题有两份或者两份以上的鉴定意见,且结论不一致的,确有必要时,可以依法决定补充鉴定或者重新鉴定。对于司法鉴定意见要加强分析比对和判断鉴别,从鉴定主体的合规性、鉴定程序的合法性、鉴定方法的科学性、鉴定材料的充分性及分析论证的合理性等方面进行实质化审查,结合案件其他事实证据,分析得出科学的审查结论。

法律适用答复、复函

《最高人民法院研究室关于人民法院不受理人民检察院就移送管辖裁定提出抗诉问题的答复》(2001年6月21日)

北京市高级人民法院:

你院京高法〔1993〕134号《关于人民检察院对人民法院作出的移送管辖的裁定提出抗诉人民法院应否受理的请示》收悉。经研究,我们同意你院的意见,即:人民检察院对人民法院作出的移送管辖裁定提出抗诉,没有法律依据,人民法院不予受理。

第二百二十九条 【请求抗诉】被害人及其法定代理人不服地方各级人民法院第一审的判决的,自收到判决书后五日以内,有权请求人民检察院提出抗诉。人民检察院自收到被害人及其法定代理人的请求后五日以内,应当作出是否抗诉的决定并且答复请求人。

立法沿革

本条系沿用1996年《刑事诉讼法修改决定》增加的规定,2012年、2018年修改《刑事诉讼法》时未作调整。

基本规范

《人民检察院刑事诉讼规则》(高检发释字〔2019〕4号,自2019年12月30日起施行)

第十三章 刑事诉讼法律监督
第六节 刑事判决、裁定监督
第五百八十八条 被害人及其法定代理人不服地方各级人民法院第一审的判决,在收到判决书后五日以内请求人民检察院提出抗诉的,人民检察院应当立即进行审查,在收到被害人及其法定代理人的请求后五日以内作出是否抗诉的决定,并且答复请求人。经审查认为应当抗诉的,适用本规则第五百八十四条至第五百八十七条的规定办理。

被害人及其法定代理人在收到判决书五日以后请求人民检察院提出抗诉的,由人民检察院决定是否受理。

第二百三十条 【上诉、抗诉期限】 不服判决的上诉和抗诉的期限为十日,不服裁定的上诉和抗诉的期限为五日,从接到判决书、裁定书的第二日起算。

立法沿革

本条系沿用 1979 年《刑事诉讼法》第一百三十一条的规定。

基本规范

《最高人民法院关于适用〈中华人民共和国刑事诉讼法〉的解释》(法释〔2021〕1号,自 2021 年 3 月 1 日起施行)

第十五章 第二审程序

第三百八十条 上诉、抗诉必须在法定期限内提出。不服判决的上诉、抗诉的期限为十日;不服裁定的上诉、抗诉的期限为五日。上诉、抗诉的期限,从接到判决书、裁定书的第二日起计算。

对附带民事判决、裁定的上诉、抗诉期限,应当按照刑事部分的上诉、抗诉期限确定。附带民事部分另行审判的,上诉期限也应当按照刑事诉讼法规定的期限确定。

第二百三十一条 【上诉程序】 被告人、自诉人、附带民事诉讼的原告人和被告人通过原审人民法院提出上诉的,原审人民法院应当在三日以内将上诉状连同案卷、证据移送上一级人民法院,同时将上诉状副本送交同级人民检察院和对方当事人。

被告人、自诉人、附带民事诉讼的原告人和被告人直接向第二审人民法院提出上诉的,第二审人民法院应当在三日以内将上诉状交原审人民法院送交同级人民检察院和对方当事人。

立法沿革

1979 年《刑事诉讼法》第一百三十二条规定:"当事人通过原审人民法院提出上诉的,原审人民法院应当在三日以内将上诉状连同案卷、证据移送上一级人民法院,同时将上诉状副本送交同级人民检察院和对方当事人。""当事人直接向第二审人民法院提出上诉的,第二审人民法院应当在三日以内将上诉状交原审人民法院送交同级人民检察院和对方当事人。"1996 年《刑事诉讼法修改决定》将"当事人"修改为"被告人、自诉人、附带民事诉讼的原告人和被告人"。2012 年、2018 年修改《刑事诉讼法》时对本条规定未作调整。

基本规范

《最高人民法院关于适用〈中华人民共和国刑事诉讼法〉的解释》(法释〔2021〕1号,自2021年3月1日起施行)

第十五章 第二审程序

第三百八十一条 上诉人通过第一审人民法院提出上诉的,第一审人民法院应当审查。上诉符合法律规定的,应当在上诉期满后三日以内将上诉状连同案卷、证据移送上一级人民法院,并将上诉状副本送交同级人民检察院和对方当事人。

第三百八十二条 上诉人直接向第二审人民法院提出上诉的,第二审人民法院应当在收到上诉状后三日以内将上诉状交第一审人民法院。第一审人民法院应当审查上诉是否符合法律规定。符合法律规定的,应当在接到上诉状后三日以内将上诉状连同案卷、证据移送上一级人民法院,并将上诉状副本送交同级人民检察院和对方当事人。

第三百八十三条 上诉人在上诉期限内要求撤回上诉的,人民法院应当准许。

上诉人在上诉期满后要求撤回上诉的,第二审人民法院经审查,认为原判认定事实和适用法律正确,量刑适当的,应当裁定准许;认为原判确有错误的,应当不予准许,继续按照上诉案件审理。①

被判处死刑立即执行的被告人提出上诉,在第二审开庭后宣告裁判前申请撤回上诉的,应当不予准许,继续按照上诉案件审理。

第三百八十六条 在上诉、抗诉期满前撤回上诉、抗诉的,第一审判决、裁定在上诉、抗诉期满之日起生效。在上诉、抗诉期满后要求撤回上诉、抗诉,第二审人民法院裁定准许的,第一审判决、裁定应当自第二审裁定书送达上诉人或者抗诉机关之日起生效。

司法疑难解析

上诉人经人民法院传唤拒不到庭甚至脱逃的处理。实践反映,上诉人经人民法院传唤拒不到庭甚至脱逃,是逃避法律制裁,主动放弃二审机会。此种情形实际等同于要求撤回上诉,故应当按照上诉人要求撤回上诉处理,即区分在上诉

---

① 需要注意的是,本款规定,上诉人在上诉期满后要求撤回上诉,第二审人民法院经审查"认为原判确有错误的,应当不予准许"。讨论中,有意见建议明确"应当不予准许"是裁定还是决定,是否采用书面形式。经研究认为,实践中可以裁量处理:一般可以出具书面裁定,也可以继续开庭,而后在裁判书中一并作出说明。——**本评注注**

期限内和上诉期满后两种情形,作相应处理。征求意见过程中,有反对意见提出,对于第二审程序中上诉人不到庭甚至脱逃的情形,根据《刑事诉讼法》第二百四十二条、第二百零六条的规定,人民法院可以依法中止审理。虽然民事诉讼中有类似不到庭视为撤诉的规定,但刑事诉讼不同于民事诉讼。视为撤回上诉,既不利于保护当事人的诉讼权利,也不一定能解决诉讼效率的问题。例如,法院审理后初步认为原判事实不清、证据不足或者将无罪判为有罪、轻罪重判等的,即使上诉人无故不到庭,仍然需要进行审理。① 经研究认为,所涉问题在司法实践中客观存在,应当予以解决。随着非羁押性强制措施的广泛适用,诉讼过程中被告人不到庭的情形有增多的趋势,经传唤拒不到庭是其主动放弃二审,应当采取措施防止案件久拖不决。但反对意见也确有道理,应当充分保障上诉人的实体权利和程序权利,特别是防止判决事实不清、证据不足或者将无罪判为有罪、轻罪重判的情况发生。基于此,未再作出明确规定,交由司法实践裁量把握。根据具体情况,对于被告人无法到案的,可以中止审理,必要时商公安机关对被告人上网追逃,这样处理有利于案件最终审结。

第二百三十二条　【抗诉程序】地方各级人民检察院对同级人民法院第一审判决、裁定的抗诉,应当通过原审人民法院提出抗诉书,并且将抗诉书抄送上一级人民检察院。原审人民法院应当将抗诉书连同案卷、证据移送上一级人民法院,并且将抗诉书副本送交当事人。

上级人民检察院如果认为抗诉不当,可以向同级人民法院撤回抗诉,并且通知下级人民检察院。

立法沿革

本条系沿用1979年《刑事诉讼法》第一百三十三条的规定。

基本规范

《最高人民法院关于适用〈中华人民共和国刑事诉讼法〉的解释》(法释〔2021〕1号,自2021年3月1日起施行)

---

① 此外,有意见建议进一步明确如下问题:一是视为撤诉的,准许方式是什么,如何裁定以及审查处理? 此种情况,不属于缺席判决的情形,不能参照缺席判决审理。二是无正当理由的要件规定,如何理解? 三是对于被告人脱逃的,即使视为撤诉,文书送达以及被告人送交执行都会存在问题。

第十五章 第二审程序

第三百八十四条 地方各级人民检察院对同级人民法院第一审判决、裁定的抗诉,应当通过第一审人民法院提交抗诉书。第一审人民法院应当在抗诉期满后三日以内将抗诉书连同案卷、证据移送上一级人民法院,并将抗诉书副本送交当事人。

第三百八十五条① 人民检察院在抗诉期限内要求撤回抗诉的,人民法院应当准许。

人民检察院在抗诉期满后要求撤回抗诉的,第二审人民法院可以裁定准许,但是认为原判存在将无罪判为有罪、轻罪重判等情形的,应当不予准许,继续审理。

上级人民检察院认为下级人民检察院抗诉不当,向第二审人民法院要求撤回抗诉的,适用前两款规定。

另,第三百八十六条对抗诉期满前后撤回抗诉后,一审判决、裁定的生效日期作了规定。(→参见第二百三十一条所附"基本规范",第1558页)

《**人民检察院刑事诉讼规则**》(高检发释字〔2019〕4号,自2019年12月30日起施行)

第十三章 刑事诉讼法律监督
第六节 刑事判决、裁定监督

第五百八十五条 人民检察院在收到人民法院第一审判决书或者裁定书后,应当及时审查。对于需要提出抗诉的案件,应当报请检察长决定。

第五百八十六条 人民检察院对同级人民法院第一审判决的抗诉,应当在接到判决书后第二日起十日以内提出;对第一审裁定的抗诉,应当在接到裁定书后第二日起五日以内提出。

第五百八十七条 人民检察院对同级人民法院第一审判决、裁定的抗诉,应

---

① 需要注意的问题有二:(1)"继续审理"是指继续按照抗诉案件开庭审理。此种案件本由抗诉启动,虽已提出撤回抗诉但人民法院因故不予准许,这属于诉讼程序上的重大事项,并且在实体上也可能发生重大变化(原判有罪改判无罪,或原审重判改为轻判),因此应当一律开庭审理。(2)征求意见过程中,有意见提出,司法实践中,已遇到原公诉机关对第一审判决抗诉,上级人民检察院不支持抗诉,要求撤回抗诉,但第二审人民法院认为抗诉成立,不准许撤回抗诉的案件。建议明确此种情形应如何处理。经研究认为,人民检察院要求撤回抗诉的,人民法院应当进行审查,自然就包括裁定不准许撤诉的情形。此种情形下,二审应当继续进行。当然,司法实践中可能还会遇到检察机关不派员出庭等问题,对此宜协调解决。基于上述考虑,本条第三款专门明确了上级人民检察院认为下级人民检察院抗诉不当,向第二审人民法院要求撤回抗诉的处理规则。——**本评注注**

当制作抗诉书,通过原审人民法院向上一级人民法院提出,并将抗诉书副本连同案卷材料报送上一级人民检察院。

第五百八十九条 上一级人民检察院对下级人民检察院按照第二审程序提出抗诉的案件,认为抗诉正确的,应当支持抗诉。

上一级人民检察院认为抗诉不当的,应当听取下级人民检察院的意见。听取意见后,仍然认为抗诉不当的,应当向同级人民法院撤回抗诉,并且通知下级人民检察院。

上一级人民检察院在上诉、抗诉期限内,发现下级人民检察院应当提出抗诉而没有提出抗诉的案件,可以指令下级人民检察院依法提出抗诉。

上一级人民检察院支持或者部分支持抗诉意见的,可以变更、补充抗诉理由,及时制作支持抗诉意见书,并通知提出抗诉的人民检察院。

第五百九十条 第二审人民法院发回原审人民法院按照第一审程序重新审判的案件,如果人民检察院认为重新审判的判决、裁定确有错误的,可以按照第二审程序提出抗诉。

另,第六百条对人民检察院办理按照第二审程序抗诉的案件采取强制措施的有关问题作了规定。(→参见第二百五十四条所附"基本规范",第1709页)

其他规范

《最高人民检察院关于抗诉案件向同级人大常委会报告的通知》(高检发〔1995〕15号)

各省、自治区、直辖市人民检察院,军事检察院:

为进一步贯彻"严格执法,狠抓办案"的工作方针,自觉地接受人大常委会的监督,切实加强检查机关的法律监督工作,最高人民检察院第八届检察委员会第三十八次会议决定,今后各级人民检察院向人民法院提起抗诉的案件,一律将抗诉书副本报同级人大常委会。在执行此项制度中有什么经验和问题,请及时报告最高人民检察院。

《最高人民检察院办公厅关于执行高检院〈关于抗诉案件向同级人大常委会报告的通知〉中若干问题的通知》(高检办发〔1995〕40号)

各省、自治区、直辖市人民检察院:

最高人民检察院《关于抗诉案件向同级人大常委会报告的通知》(高检发〔1995〕15号)下发以后,各地在执行通知过程中遇到了一些具体问题。现就有关问题通知如下,请遵照执行。

一、地方各级人民检察院按照上诉程序提出的抗诉,由支持抗诉的上一级人民检察院向同级人大常委会报告。

二、最高人民检察院、上级人民检察院按照审判监督程序提出的抗诉,由作出抗诉决定的人民检察院向同级人大常委会报告。

三、省、区、市人民检察院分院支持抗诉或者作出抗诉决定时,由省级人民检察院向同级人大常委会报告。

四、专门人民检察院提出抗诉时,向上级人民检察院报告。

《最高人民法院、最高人民检察院关于对死刑判决提出上诉的被告人在上诉期满后宣判前提出撤回上诉人民法院是否准许的批复》(法释〔2010〕10号,自2010年9月1日起施行)

各省、自治区、直辖市高级人民法院、人民检察院,解放军军事法院、军事检察院,新疆维吾尔自治区高级人民法院生产建设兵团分院、新疆生产建设兵团人民检察院:

近来,有的高级人民法院、省级人民检察院请示,对第一审被判处死刑立即执行的被告人提出上诉后,在第二审开庭审理中又要求撤回上诉的,是否允许撤回上诉。经研究,批复如下:

第一审被判处死刑立即执行的被告人提出上诉,在上诉期满后第二审开庭以前申请撤回上诉的,依照《最高人民法院、最高人民检察院关于死刑第二审案件开庭审理程序若干问题的规定(试行)》第四条的规定处理。在第二审开庭以后宣告裁判前申请撤回上诉的,第二审人民法院应当不准许撤回上诉,继续按照上诉程序审理。

最高人民法院、最高人民检察院以前发布的司法解释、规范性文件与本批复不一致的,以本批复为准。

《人民检察院刑事抗诉工作指引》(高检发诉字〔2018〕2号)第二十一条对办理职务犯罪抗诉案件的有关程序问题作了规定。(→参见第二百二十八条所附"其他规范",第1544页)

▋ 法律适用答复、复函

《最高人民法院研究室关于上级人民检察院向同级人民法院撤回抗诉后又决定支持抗诉的效力问题的答复》(法研〔2009〕226号)

湖北省高级人民法院:

你院鄂高法〔2009〕282号《关于上级人民检察院向同级人民法院撤回抗诉后又决定支持抗诉的效力问题的请示》收悉。经研究,答复如下:

抗诉期满后第二审人民法院宣告裁判前,上级人民检察院认为下级人民检察院的抗诉不当,向同级人民法院撤回抗诉,而后又重新支持抗诉的,应区分不同情况处理:如果人民法院未裁定准许人民检察院撤回抗诉的,原抗诉仍然有效;如果人民法院已裁定准许撤回抗诉的,对同级人民检察院重新支持抗诉不予准许。

▎司法疑难解析

抗诉改判死刑案件复核发回二审重审后检察机关撤回抗诉的问题。本评注认为:(1)对于第二审人民法院根据检察机关抗诉改判被告人死刑立即执行,最高人民法院不予核准、发回二审重新审理的案件,不宜认为原抗诉程序已经终结,不可以撤回抗诉。如同二审发回一审重审后检察机关可以撤回抗诉一样,不宜主张效力恒定,而认为前述情形不能准许撤回抗诉。具体而言,可以参照适用二审程序之中抗诉期满撤回抗诉的规定,即在不损害被告人利益的前提下,检察机关撤回抗诉的,人民法院原则上可以同意。(2)此种情形下,检察机关不宜再发表原抗诉观点。

第二百三十三条 【全面审查原则】第二审人民法院应当就第一审判决认定的事实和适用法律进行全面审查,不受上诉或者抗诉范围的限制。

共同犯罪的案件只有部分被告人上诉的,应当对全案进行审查,一并处理。

▎立法沿革

本条系沿用 1979 年《刑事诉讼法》第一百三十四条的规定。

▎基本规范

《最高人民法院关于适用〈中华人民共和国刑事诉讼法〉的解释》(法释〔2021〕1 号,自 2021 年 3 月 1 日起施行)

第十五章 第二审程序

第三百八十七条① 第二审人民法院对第一审人民法院移送的上诉、抗诉

---

① 鉴于对被告人的定罪量刑和对涉案财物的处理同等重要,本条原本拟规定要求一审法院向二审法院移送涉案财物作出情况说明。后经研究认为,涉案财物情况说明表现为多种形式,可以是裁判文书主义,可以是裁判文书后附的涉案财物处理清单,也可以是根据情况在案件审理报告中对涉案财物情况的进一步说明。鉴此,本条未再作明确规定,实践中有必要的,可以纳入本条第一款第四项规定的"其他应当移送的材料"。——**本评注注**

案卷、证据,应当审查是否包括下列内容:
(一)移送上诉、抗诉案件函;
(二)上诉状或者抗诉书;
(三)第一审判决书、裁定书八份(每增加一名被告人增加一份)及其电子文本;
(四)全部案卷、证据,包括案件审理报告和其他应当移送的材料。

前款所列材料齐全的,第二审人民法院应当收案;材料不全的,应当通知第一审人民法院及时补送。

第三百八十八条 第二审人民法院审理上诉、抗诉案件,应当就第一审判决、裁定认定的事实和适用法律进行全面审查,不受上诉、抗诉范围的限制。

第三百八十九条 共同犯罪案件,只有部分被告人提出上诉,或者自诉人只对部分被告人的判决提出上诉,或者人民检察院只对部分被告人的判决提出抗诉的,第二审人民法院应当对全案进行审查,一并处理。

第三百九十条 共同犯罪案件,上诉的被告人死亡,其他被告人未上诉的,第二审人民法院应当对死亡的被告人终止审理;但有证据证明被告人无罪,经缺席审理确认无罪的,应当判决宣告被告人无罪。

具有前款规定的情形,第二审人民法院仍应对全案进行审查,对其他同案被告人作出判决、裁定。

第三百九十一条 对上诉、抗诉案件,应当着重审查下列内容:
(一)第一审判决认定的事实是否清楚,证据是否确实、充分;
(二)第一审判决适用法律是否正确,量刑是否适当;
(三)在调查、侦查、审查起诉、第一审程序中,有无违反法定程序的情形;
(四)上诉、抗诉是否提出新的事实、证据;
(五)被告人的供述和辩解情况;
(六)辩护人的辩护意见及采纳情况;
(七)附带民事部分的判决、裁定是否合法、适当;
(八)对涉案财物的处理是否正确;
(九)第一审人民法院合议庭、审判委员会讨论的意见。

第三百九十二条 第二审期间,被告人除自行辩护外,还可以继续委托第一审辩护人或者另行委托辩护人辩护。

共同犯罪案件,只有部分被告人提出上诉,或者自诉人只对部分被告人的判决提出上诉,或者人民检察院只对部分被告人的判决提出抗诉的,其他同案被告人也可以委托辩护人辩护。

其他规范

《最高人民法院、最高人民检察院、公安部、国家安全部、司法部关于办理刑事案件严格排除非法证据若干问题的规定》(法发〔2017〕15号)第三十八条至第四十条就第二审程序对证据合法性调查及处理的有关问题作了规定。(→参见第五十六条—第六十条所附"其他规范",第465—466页)

第二百三十四条　【二审开庭审理与不开庭审理】第二人民法院对于下列案件,应当组成合议庭,开庭审理:
(一)被告人、自诉人及其法定代理人对第一审认定的事实、证据提出异议,可能影响定罪量刑的上诉案件;
(二)被告人被判处死刑的上诉案件;
(三)人民检察院抗诉的案件;
(四)其他应当开庭审理的案件。
第二人民法院决定不开庭审理的,应当讯问被告人,听取其他当事人、辩护人、诉讼代理人的意见。
第二人民法院开庭审理上诉、抗诉案件,可以到案件发生地或者原审人民法院所在地进行。

立法沿革

1996年《刑事诉讼法》第一百八十七条规定:"第二人民法院对上诉案件,应当组成合议庭,开庭审理。合议庭经过阅卷,讯问被告人、听取其他当事人、辩护人、诉讼代理人的意见,对事实清楚的,可以不开庭审理。对人民检察院抗诉的案件,第二人民法院应当开庭审理。""第二人民法院开庭审理上诉、抗诉案件,可以到案件发生地或者原审人民法院所在地进行。"2012年《刑事诉讼法修改决定》进一步明确了二审应当开庭审理的情形。2018年修改《刑事诉讼法》时对本条规定未作调整。

基本规范

《最高人民法院关于适用〈中华人民共和国刑事诉讼法〉的解释》(法释〔2021〕1号,自2021年3月1日起施行)
第十五章　第二审程序
第三百九十三条　下列案件,根据刑事诉讼法第二百三十四条的规定,应当开庭审理:
(一)被告人、自诉人及其法定代理人对第一审认定的事实、证据提出异

议,可能影响定罪量刑的上诉案件;

(二)被告人被判处死刑的上诉案件;①

(三)人民检察院抗诉的案件;

(四)应当开庭审理的其他案件。

被判处死刑的被告人没有上诉,同案的其他被告人上诉的案件,第二审人民法院应当开庭审理。

第三百九十四条 对上诉、抗诉案件,第二审人民法院经审查,认为原判事实不清、证据不足,或者具有刑事诉讼法第二百三十八条规定的违反法定诉讼程序情形,需要发回重新审判的,可以不开庭审理。

第三百九十五条 第二审期间,人民检察院或者被告人及其辩护人提交新证据的,人民法院应当及时通知对方查阅、摘抄或者复制。

第三百九十八条 开庭审理上诉、抗诉案件,除参照适用第一审程序的有关规定外,应当按照下列规定进行:

(一)法庭调查阶段,审判人员宣读第一审判决书、裁定书后,上诉案件由上诉人或者辩护人先宣读上诉状或者陈述上诉理由,抗诉案件由检察员先宣读抗诉书;既有上诉又有抗诉的案件,先由检察员宣读抗诉书,再由上诉人或者辩护人宣读上诉状或者陈述上诉理由;

(二)法庭辩论阶段,上诉案件,先由上诉人、辩护人发言,后由检察员、诉讼代理人发言;抗诉案件,先由检察员、诉讼代理人发言,后由被告人、辩护人发言;既有上诉又有抗诉的案件,先由检察员、诉讼代理人发言,后由上诉人、辩护人发言。

第三百九十九条 开庭审理上诉、抗诉案件,可以重点围绕对第一审判决、裁定有争议的问题或者有疑问的部分进行。根据案件情况,可以按照下列方式审理:

(一)宣读第一审判决书,可以只宣读案由、主要事实、证据名称和判决主文等;

(二)法庭调查应当重点围绕对第一审判决提出异议的事实、证据以及新的证据等进行;对没有异议的事实、证据和情节,可以直接确认;

(三)对同案审理案件中未上诉的被告人,未被申请出庭或者人民法院认为没有必要到庭的,可以不再传唤到庭;

(四)被告人犯有数罪的案件,对其中事实清楚且无异议的犯罪,可以不在庭审时审理。

---

① 需要特别注意的是死刑缓期二年执行第二审案件开庭问题。死刑案件,人命关天,必须适用最为严格、审慎的审理程序。《刑事诉讼法》明确规定,被告人被判处死刑的上诉案件,人民法院应当组成合议庭开庭审理。死刑缓期二年执行案件也属于死刑案件。为严格落实刑事诉讼法的规定,要求死刑缓期二年执行第二审案件一律开庭审理。——**本评注注**

同案审理的案件,未提出上诉、人民检察院也未对其判决提出抗诉的被告人要求出庭的,应当准许。出庭的被告人可以参加法庭调查和辩论。

第四百条 第二审案件依法不开庭审理的,应当讯问被告人,听取其他当事人、辩护人、诉讼代理人的意见。合议庭全体成员应当阅卷,必要时应当提交书面阅卷意见。

其他规范

《最高人民法院、最高人民检察院、公安部、国家安全部、司法部关于依法保障律师执业权利的规定》(司发〔2015〕14号)第二十一条对第二审人民法院听取辩护律师意见的有关问题作了规定。(→参见第三十三条所附"其他规范",第259页)

《最高人民法院、最高人民检察院、公安部、国家安全部、司法部关于规范量刑程序若干问题的意见》(法发〔2020〕38号)第二十六条对二审案件的量刑程序问题作了规定。(→参见第一百九十八条所附"其他规范",第1427页)

第二百三十五条 【二审检察院派员出庭】人民检察院提出抗诉的案件或者第二审人民法院开庭审理的公诉案件,同级人民检察院都应当派员出席法庭。第二审人民法院应当在决定开庭审理后及时通知人民检察院查阅案卷。人民检察院应当在一个月以内查阅完毕。人民检察院查阅案卷的时间不计入审理期限。

立法沿革

1979年《刑事诉讼法》第一百三十五条规定:"人民检察院提出抗诉的案件或者第二审人民法院要求人民检察院派员出庭的案件,同级人民检察院都应当派员出庭。第二审人民法院必须在开庭十日以前通知人民检察院查阅案卷。"1996年《刑事诉讼法修改决定》将"第二审人民法院要求人民检察院派员出庭的案件"修改为"第二审人民法院开庭审理的公诉案件"。2012年《刑事诉讼法修改决定》对本条规定作了修改:一是增加规定第二审人民法院应当在决定开庭审理后及时通知人民检察院查阅案卷;二是延长了人民检察院阅卷时间和准备时间;三是增加规定人民检察院查阅案卷的时间不计入审理期限。2018年修改《刑事诉讼法》时对本条规定未作调整。

基本规范

《最高人民法院关于适用〈中华人民共和国刑事诉讼法〉的解释》(法释〔2021〕1号,自2021年3月1日起施行)

第十五章 第二审程序

第三百九十六条 开庭审理第二审公诉案件,应当在决定开庭审理后及时通知人民检察院查阅案卷。自通知后的第二日起,人民检察院查阅案卷的时间不计入审理期限。

第三百九十七条① 开庭审理上诉、抗诉的公诉案件,应当通知同级人民检察院派员出庭。

抗诉案件,人民检察院接到开庭通知后不派员出庭,且未说明原因的,人民法院可以裁定按人民检察院撤回抗诉处理。

《人民检察院刑事诉讼规则》(高检发释字〔2019〕4号,自2019年12月30日起施行)

第十一章 出席法庭

第四节 出席第二审法庭

第四百四十五条 对提出抗诉的案件或者公诉案件中人民法院决定开庭审理的上诉案件,同级人民检察院应当指派检察官出席第二审法庭。检察官助理可以协助检察官出庭。根据需要可以配备书记员担任记录。

第四百四十六条 检察官出席第二审法庭的任务是:

(一)支持抗诉或者听取上诉意见,对原审人民法院作出的错误判决或者裁定提出纠正意见;

(二)维护原审人民法院正确的判决或者裁定,建议法庭维持原判;

(三)维护诉讼参与人的合法权利;

(四)对法庭审理案件有无违反法律规定诉讼程序的情况记明笔录;

(五)依法从事其他诉讼活动。

第四百四十七条 对抗诉和上诉案件,第二审人民法院的同级人民检察院可以调取下级人民检察院与案件有关的材料。

---

① 征求意见过程中,有意见提出:"人民检察院提起抗诉后不派员出庭,是严重违反职责的行为,但人民检察院是国家法律监督机关,规定按撤回抗诉处理不妥。"经研究认为,检察机关抗诉,一方面是行使法律监督职能,另一方面是行使控诉职能,抗诉后出庭是履行其控诉职能的应有之义,提出控诉后不出庭是不履行控诉职责的表现。不出庭支持其抗诉意见,表明检察机关原来的抗诉意见发生了转变,裁定按其撤回处理,实际上是支持其以不出庭形式表达的不抗诉意见,是对其控诉自主权的尊重,法理上似无不当。实践中,检察机关不出庭支持其抗诉意见的,多为抗诉没有法律依据或者抗诉错误,在错案责任追究制的制约下,抗诉后不便主动撤回。如不裁定按撤回抗诉处理,有些案件长期无法处理,由此带来的超审限,甚至超期羁押等问题会对当事人的权益造成很大影响。基于此,维持本条规定。——本评注注

人民检察院在接到第二审人民法院决定开庭、查阅案卷通知后,可以查阅或者调阅案卷材料。查阅或者调阅案卷材料应当在接到人民法院的通知之日起一个月以内完成。在一个月以内无法完成的,可以商请人民法院延期审理。

第四百四十八条 检察人员应当客观全面地审查原审案卷材料,不受上诉或者抗诉范围的限制。应当审查原审判决认定案件事实、适用法律是否正确,证据是否确实、充分,量刑是否适当,审判活动是否合法,并应当审查下级人民检察院的抗诉书或者上诉人的上诉状,了解抗诉或者上诉的理由是否正确、充分,重点审查有争议的案件事实、证据和法律适用问题,有针对性地做好庭审准备工作。

第四百四十九条 检察人员在审查第一审案卷材料时,应当复核主要证据,可以讯问原审被告人。必要时,可以补充收集证据、重新鉴定或者补充鉴定。需要原侦查案件的公安机关补充收集证据的,可以要求其补充收集。

被告人、辩护人提出被告人自首、立功等可能影响定罪量刑的材料和线索的,可以移交公安机关调查核实,也可以自行调查核实。发现遗漏罪行或者同案犯罪嫌疑人的,应当建议公安机关侦查。

对于下列原审被告人,应当进行讯问:
(一)提出上诉的;
(二)人民检察院提出抗诉的;
(三)被判处无期徒刑以上刑罚的。

第四百五十条 人民检察院办理死刑上诉、抗诉案件,应当进行下列工作:
(一)讯问原审被告人,听取原审被告人的上诉理由或者辩解;
(二)听取辩护人的意见;
(三)复核主要证据,必要时询问证人;
(四)必要时补充收集证据;
(五)对鉴定意见有疑问的,可以重新鉴定或者补充鉴定;
(六)根据案件情况,可以听取被害人的意见。

第四百五十一条 出席第二审法庭前,检察人员应当制作讯问原审被告人、询问被害人、证人、鉴定人和出示、宣读、播放证据计划,拟写答辩提纲,并制作出庭意见。

第四百五十二条 在法庭审理中,检察官应当针对原审判决或者裁定认定事实或适用法律、量刑等方面的问题,围绕抗诉或者上诉理由以及辩护人的辩护意见,讯问原审被告人,询问被害人、证人、鉴定人,出示和宣读证据,并提出意见和进行辩论。

第四百五十三条 需要出示、宣读、播放第一审期间已移交人民法院的证的,出庭的检察官可以申请法庭出示、宣读、播放。

在第二审法庭宣布休庭后需要移交证据材料的,参照本规则第四百二十八条的规定办理。

其他规范

《刑事抗诉案件出庭规则(试行)》(最高人民检察院,〔2001〕高检诉发第11号)

一、通　则

第一条　为了规范刑事抗诉案件的出庭工作程序,根据《中华人民共和国刑事诉讼法》和《人民检察院刑事诉讼规则》等有关规定,制定本规则。

第二条　本规则适用于人民检察院检察人员出席人民法院开庭审理的刑事抗诉案件。

第三条　检察人员出席刑事抗诉案件法庭的任务是:

(一)支持抗诉;

(二)维护诉讼参与人的合法权利;

(三)代表人民检察院对法庭审判活动是否合法进行监督。

二、庭前准备

第四条　收到刑事抗诉案件开庭通知书后,出席法庭的检察人员应当做好如下准备工作:

(一)熟悉案情和证据情况,了解证人证言、被告人供述等证据材料是否发生变化;

(二)深入研究与本案有关的法律、政策问题,充实相关的专业知识;

(三)拟定出席抗诉法庭提纲;

(四)上级人民检察院对下级人民检察院按照第二审程序提出抗诉的案件决定支持抗诉的,应当制作支持抗诉意见书,并在开庭前送达同级人民法院。

第五条　出席抗诉法庭提纲一般应当包括:

(一)讯问原审被告人提纲;

(二)询问证人、被害人、鉴定人提纲;

(三)出示物证,宣读书证、证人证言、被害人陈述、被告人供述、勘验检查笔录,播放视听资料的举证和质证方案;

(四)支持抗诉的事实、证据和法律意见;

(五)对原审被告人、辩护人辩护内容的预测和答辩要点;

(六)对庭审中可能出现的其他情况的预测和相应的对策。

第六条 上级人民检察院支持下级人民检察院提出的抗诉意见和理由的,支持抗诉意见书应当叙述支持的意见和理由;部分支持的,叙述部分支持的意见和理由,不予支持部分的意见应当说明。

上级人民检察院不支持下级人民检察院提出的抗诉意见和理由,但认为原审判决、裁定确有其他错误的,应当在支持抗诉意见书中表明不同意见和理由,并且提出新的抗诉意见和理由。

第七条 庭审开始前,出席法庭的检察人员应当做好如下预备工作:

(一)核对被告人及其辩护人,附带民事诉讼的原告人及其诉讼代理人,以及其他应当到庭的诉讼参与人是否已经到庭;

(二)审查合议庭的组成是否合法;刑事抗诉书副本等诉讼文书的送达期限是否符合法律规定;被告人是盲、聋、哑、未成年人或者可能被判处死刑而没有委托辩护人的,人民法院是否指定律师为其提供辩护;

(三)审查到庭被告人的身份材料与刑事抗诉书中原审被告人的情况是否相符;审判长告知诉讼参与人的诉讼权利是否清楚、完整;审判长对回避申请的处理是否正确、合法。法庭准备工作结束,审判长征求检察人员对法庭准备工作有无意见时,出庭的检察人员应当就存在的问题提出意见,请审判长予以纠正,或者表明没有意见。

三、法庭调查

第八条 审判长或者审判员宣读原审判决书或者裁定书后,由检察人员宣读刑事抗诉书。宣读刑事抗诉书时应当起立,文号及正文括号内的内容不宣读,结尾读至"此致某某人民法院"止。

按照第二审程序提出抗诉的案件,出庭的检察人员应当在宣读刑事抗诉书后接着宣读支持抗诉意见书,引导法庭调查围绕抗诉重点进行。

第九条 检察人员应当根据抗诉案件的不同情况分别采取以下举证方式:

(一)对于事实清楚,证据确实、充分,只是由于原审判决、裁定定性不准、裁定定性不准、适用法律错误导致量刑明显不当,或者因人民法院审判活动违反法定诉讼程序而提起抗诉的案件,如果原审事实、证据没有变化,在宣读支持抗诉意见书后由检察人员提请,并经审判长许可和辩护方同意,除了对新的辩论观点所依据的证据进行举证、质证以外,可以直接进入法庭辩论。

(二)对于因原审判决、裁定认定部分事实不清、运用部分证据错误,导致定性不准,量刑明显不当而抗诉的案件,出庭的检察人员对经过原审举证、质证并成为判决、裁定依据,且诉讼双方没有异议的证据,不必逐一举证、质证,应当将法庭调查、辩论的焦点放在检察机关认为原审判决、裁定认定错误的事实和运用错误的证据上,并就有关事实和证据进行详细调查、举证和论证。对原审未质证清楚,二审、再审对犯罪事实又有争议的证据,或者在二审、再审期间收集的新的证据,应当进行举证、质证。

(三)对于因原审判决、裁定认定事实不清、证据不足,导致定性不准、量刑明显不当而抗诉的案件,出庭的检察人员应当对案件的事实、证据、定罪、量刑等方面的问题进行全面举证。庭审中应当注意围绕抗诉重点举证、质证、答辩,充分阐明抗诉观点,详实、透彻地论证抗诉理由及其法律依据。

第十条 检察人员在审判长的主持下讯问被告人、讯问应当围绕抗诉理由以及对原审判决、裁定认定事实有争议的部分进行,对没有异议的事实不再全面讯问。

讯问前应当先就原审被告人过去所作的供述是否属实进行讯问。如果被告人回答不属实,应当讯问哪些不属实。针对翻供,可以进行政策攻心和法制教育,或者利用被告人供述的前后矛盾进行讯问,或者适时举出相关证据予以反驳。

讯问时应当注意方式、方法,讲究技巧和策略。对被告人供述不清、不全、前后矛盾,或者供述明显不合情理,或者供述与已查证属实的证据相矛盾的问题,应当讯问。与案件无关、被告人已经供述清楚或者无争议的问题,不应当讯问。

讯问被告人应当有针对性,语言准确、简练、严密。

对辩护人已经提问而被告人作出客观回答的问题,一般不进行重复讯问。辩护人提问后,被告人翻供或者回答含糊不清的,如果涉及案件事实、性质的认定或者影响量刑的,检察人员必须有针对性重复讯问。辩护人提问的内容与案件无关,或者采取不适当的发问语言和态度的,检察人员应当及时请求合议庭予以制止。

在法庭调查结束前,检察人员可以根据辩护人、诉讼代理人、审判长(审判员)发问的情况,进行补充讯问。

第十一条 证人、鉴定人应当由人民法院通知并负责安排出庭作证。对证人的询问,应当按照刑事诉讼法第一百五十六条规定的顺序进行,但对辩方提供的证人,公诉人认为由辩护人先行发问更为适当的,可以由辩护人先行发问。

检察人员对证人发问,应当针对证言中有遗漏、矛盾、模糊不清的有争议的内容,并着重围绕与定罪量刑紧密相关的事实进行。发问应当采取一问一答的形式,做到简洁清楚。

证人进行虚假陈述的,应当通过发问澄清事实,必要时还应当出示、宣读证据配合发问。

第十二条 询问鉴定人参照第十一条的规定进行。

第十三条 检察人员应当在提请合议庭同意宣读有关证言、书证或者出示物证时,说明该证据的证明对象。合议庭同意后,在举证前,检察人员应当说明取证主体、取证对象以及取证时间和地点,说明取证程序合法。

对检察人员收集的新证据,向法庭出示时也应当说明证据的来源和证明作用以及证人的有关情况,提请法庭质证。

第十四条 二审期间审判人员通过调查核实取得的新证据,应当由审判人员在法庭上出示,检察人员应当进行质证。

第十五条 检察人员对辩护人在法庭上出示的证据材料,无论是新的证据材料还是原审庭审时已经举证、质证的证据材料,均应积极参与质证。既要对辩护人所出示证据材料的真实性发表意见,也要注意辩护人的举证意图。如果辩护人运用该证据材料所说明观点不能成立,应当及时予以反驳。对辩护人、当事人、原审被告人出示的新的证据材料,检察人员认为必要时,可以进行讯问、质证,并就该证据材料的合法性证明力提出意见。

第十六条 法庭审理过程中,对证据有疑问或者需要补充新的证据、重新鉴定或勘验现场等,检察人员可以向审判长提出休庭或延期审理的建议。

四、法庭辩论

第十七条 审判长宣布法庭调查结束,开始进行法庭辩论时,检察人员应当发表支持抗诉的意见。

出庭支持抗诉的意见包括以下内容:

(一)原审判决、裁定认定的事实、证据及当庭质证的情况进行概括,论证原审判决认定的事实是否清楚,证据是否确实充分;

(二)论证原审判决、裁定定罪量刑、适用法律的错误之处,阐述正确观点,明确表明支持抗诉的意见;

(三)揭露被告人犯罪行为的性质和危害程度。

第十八条 检察人员对原审被告人、辩护人提出的观点,认为需要答辩的,应当在法庭上进行答辩。答辩应当抓住重点,主次分明。对与案件无关或者已经辩论过的观点和内容,不再答辩。

第十九条 法庭辩论结束后,检察人员应当认真听取原审被告人的最后陈述。

五、其他规定

第二十条 书记员应当认真记录庭审情况。庭审笔录应当入卷。

第二十一条 检察人员发现人民法院审理案件违反法定诉讼程序的,应当在开庭审理结束后报经检察长同意,以人民检察院的名义,向人民法院提出书面纠正的意见。

《最高人民法院、最高人民检察院、公安部、司法部关于进一步严格依法办案确保办理死刑案件质量的意见》（法发〔2007〕11号）第三十七条对死刑案件二审人民检察院阅卷、出庭的有关问题作了规定。（→参见第三编"审判"第四章"死刑复核程序"末所附"其他规范"，第1653页）

《人民检察院办理死刑第二审案件和复核监督工作指引（试行）》（高检发诉二字〔2018〕1号）第三章"死刑第二审案件出席法庭"（第三十四条至第六十八条）、第四章"死刑案件诉讼监督"（第六十九条至第七十四条）对死刑第二审案件出席法庭和诉讼监督的有关问题作了规定。（→参见第三编"审判"第四章"死刑复核程序"末所附"其他规范"，第1663—1670页）

《人民检察院刑事抗诉工作指引》（高检发诉字〔2018〕2号）第七章"出席刑事抗诉案件法庭"（第二十八条至第五十条）对人民检察院派员出庭的有关问题作了规定。（→参见第二百二十八条所附"其他规范"，第1545—1550页）

第二百三十六条　【二审对一审判决的处理】第二审人民法院对不服第一审判决的上诉、抗诉案件，经过审理后，应当按照下列情形分别处理：

（一）原判决认定事实和适用法律正确、量刑适当的，应当裁定驳回上诉或者抗诉，维持原判；

（二）原判决认定事实没有错误，但适用法律有错误，或者量刑不当的，应当改判；

（三）原判决事实不清楚或者证据不足的，可以在查清事实后改判；也可以裁定撤销原判，发回原审人民法院重新审判。

原审人民法院对于依照前款第三项规定发回重新审判的案件作出判决后，被告人提出上诉或者人民检察院提出抗诉的，第二审人民法院应当依法作出判决或者裁定，不得再发回原审人民法院重新审判。

立法沿革

1979年《刑事诉讼法》第一百三十六条规定："第二审人民法院对不服第一审判决的上诉、抗诉案件，经过审理后，应当按照下列情形分别处理：（一）原判决认定事实和适用法律正确、量刑适当的，应当裁定驳回上诉或者抗诉，维持原判；（二）原判决认定事实没有错误，但适用法律有错误，或者量刑不当的，应当改判;(三)原判决事实不清楚或者证据不足的,可以在查清事实后改判;也可以裁定撤销原判,发回原审人民法院重新审判。"1996年修改《刑事诉讼法》时对本条规定未作调整。2012年《刑事诉讼法修改决定》增加本条第二款规定。2018年修改《刑事诉讼法》时对本条规定未作调整。

基本规范

《最高人民法院关于适用〈中华人民共和国刑事诉讼法〉的解释》(法释〔2021〕1号,自2021年3月1日起施行)

第十五章 第二审程序

第四百零四条 第二审人民法院认为第一审判决事实不清、证据不足的,可以在查清事实后改判,也可以裁定撤销原判,发回原审人民法院重新审判。

有多名被告人的案件,部分被告人的犯罪事实不清、证据不足或者有新的犯罪事实需要追诉,且有关犯罪与其他同案被告人没有关联的,第二审人民法院根据案件情况,可以对该部分被告人分案处理,将该部分被告人发回原审人民法院重新审判。原审人民法院重新作出判决后,被告人上诉或者人民检察院抗诉,其他被告人的案件尚未作出第二审判决、裁定的,第二审人民法院可以并案审理。①

第四百零五条 原判事实不清、证据不足,第二审人民法院发回重新审判的案件,原审人民法院重新作出判决后,被告人上诉或者人民检察院抗诉的,第二审人民法院应当依法作出判决、裁定,不得再发回重新审判。

---

① 需要注意的问题有二:(1)根据《刑事诉讼法》第二百三十六条的规定,第二审人民法院认为第一审判决事实不清、证据不足的,可以在查清事实后改判,也可以裁定撤销原判,发回原审人民法院重新审判。但是,对于涉及多名被告人的案件,如涉黑案件中的从犯,在二审时发现还有一个其单独实施的轻微犯罪,第二审人民法院将全案发回重审,费时费力。基于节约司法资源,保障审判顺利推进的考虑,本款规定了二审案件部分发回规则。具体而言,此种情况下,对部分被告人的案件发回重新审理,其余被告人的案件可以视情继续审理(有必要的,也可以中止审理)。当然,如果发回被告人的案件重新进入二审的,可以与其他被告人的二审案件合并。(2)征求意见过程中,有意见提出,实践中对于部分被告人事实不清、证据不足的,该部分事实可能同时影响对其他被告人的定罪量刑,二审程序中再对多名被告人分案审理不具有较强的可操作性。建议对本条第二款的规定再作斟酌。经研究认为,本条第二款的规定是可以分案处理并部分发回,即赋予司法实践一定的自由裁量权。对于上述情况,当然可以根据情况决定将全案发回处理,以便更好地查明案件事实。因此,本条规定与上述意见并不矛盾,故维持不变。——**本评注注**

第四百零六条 第二审人民法院发现原审人民法院在重新审判过程中,有刑事诉讼法第二百三十八条规定的情形之一,或者违反第二百三十九条规定的,应当裁定撤销原判,发回重新审判。①

第四百零七条 第二审人民法院审理对刑事部分提出上诉、抗诉,附带民事部分已经发生法律效力的案件,发现第一审判决、裁定中的附带民事部分确有错误的,应当依照审判监督程序对附带民事部分予以纠正。②

第四百零九条 第二审人民法院审理对附带民事部分提出上诉,刑事部分已经发生法律效力的案件,应当对全案进行审查,并按照下列情形分别处理:

(一)第一审判决的刑事部分并无不当的,只需就附带民事部分作出处理;

(二)第一审判决的刑事部分确有错误的,依照审判监督程序对刑事部分进行再审,并将附带民事部分与刑事部分一并审理。

第四百一十条 第二审期间,第一审附带民事诉讼原告人增加独立的诉讼请求或者第一审附带民事诉讼被告人提出反诉的,第二审人民法院可以根据自愿、合法的原则进行调解;调解不成的,告知当事人另行起诉。

第四百一十一条 对第二审自诉案件,必要时可以调解,当事人也可以自行和解。调解结案的,应当制作调解书,第一审判决、裁定视为自动撤销。当事人自行和解的,依照本解释第三百二十九条的规定处理;裁定准许撤回自诉的,应当撤销第一审判决、裁定。

第四百一十二条 第二审期间,自诉案件的当事人提出反诉的,应当告知其另行起诉。

---

① 征求意见过程中,有意见建议对于以下两种情形规定为例外,可以不受发回重审一次的限制:(1)第二审人民法院发现上诉人、原审被告人有新的犯罪事实,人民法院应当将新发现的犯罪与原审判决认定的犯罪一并处理的。(2)第二审期间,在逃的共同犯罪分子归案,对全案进行合并审理更有利于查明案件事实、准确追究刑事责任的。经研究认为,上述情形下再次发回重审确有实践必要性,但在《刑事诉讼法》关于发回重审以一次为限的规定中难以找到"口子"。目前看来,对于此种情形,也只能是分案审理,分别查明案件事实,必要时可以在二审合并审理。——本评注注

② 需要注意的是,第二审人民法院在审理刑事部分时发现民事部分有错误的,在审理刑事部分时,对民事部分的错误按照审判监督程序纠正。需要特别强调的是,根据不告不理的原则,如果民事部分的裁判没有违背法律法规,没有危害公共利益和他人合法权益,除当事人明确要求以外,一般不启动再审程序。——本评注注

第四百一十三条第一款、第二款① 第二审人民法院可以委托第一审人民法院代为宣判,并向当事人送达第二审判决书、裁定书。第一审人民法院应当在代为宣判后五日以内将宣判笔录送交第二审人民法院,并在送达完毕后及时将送达回证送交第二审人民法院。

委托宣判的,第二审人民法院应当直接向同级人民检察院送达第二审判决书、裁定书。

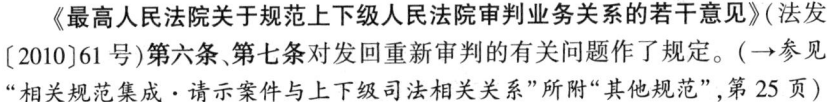 其他规范

《最高人民法院关于规范上下级人民法院审判业务关系的若干意见》(法发〔2010〕61号)第六条、第七条对发回重新审判的有关问题作了规定。(→参见"相关规范集成·请示案件与上下级司法相关关系"所附"其他规范",第25页)

《最高人民法院关于建立健全防范刑事冤假错案工作机制的意见》(法发〔2013〕11号)第十八条对发回重新审判的有关问题作了规定。(→参见第二条所附"其他规范",第10页)

《最高人民法院关于加强和规范裁判文书释法说理的指导意见》(法发〔2018〕10号)第八条、第十条对二审裁判文书说理的有关问题作了规定。(→参见第二百条所附"其他规范",第1440—1441页)

《最高人民法院关于适用刑事诉讼法第二百二十五条第二款有关问题的批复》(法释〔2016〕13号,自2016年6月24日起施行,具体条文未收录)②

法律适用答复、复函

《最高人民法院研究室关于二审开庭审理过程中检察员当庭提出发回重审建议后人民法院能否对案件继续审理问题的答复》(法研〔2010〕207号)

---

① 征求意见过程中,有意见提出,被告人在第一审期间冒用他人身份,第一审法院按照冒用的身份作出判决的,第二审人民法院应当如何处理,建议明确。经研究认为,由于身份信息属于重要事实,二审纠正存在障碍,文书首部对被告人的姓名都难以列明。此种情形通常应当发回重审。当然,如果在判决生效后发现的,原判决、裁定认定被告人姓名等身份信息有误,但认定事实和适用法律正确、量刑适当的,作出生效判决、裁定的人民法院可以通过裁定对有关信息予以更正。——本评注注

② 鉴于本批复已被《刑诉法解释》第四百三十条吸收并作适应调整(→参见本条司法适用疑难解析"关于最高人民法院发回第二审人民法院案件的后续处理规则",第1641页),对其具体内容未予收录。——本评注注

青海省高级人民法院：

你院青刑他字〔2010〕1号《关于二审开庭审理过程中检察员当庭提出发回重审建议的人民法院能否对案件继续审理问题的请示》收悉。经研究，答复如下：

人民法院在第二审刑事案件开庭审理过程中，检察员当庭提出原判事实不清，建议发回原审人民法院重新审判的，应当继续审理并对检察员提出的有关事实不清、证据不足的问题进行重点审查，之后根据刑事诉讼法第一百八十九条的规定，依法作出裁判。

司法疑难解析

关于对附带民事部分提出上诉的处理规则。《刑诉法解释》第四百零九条根据司法实践反映的问题对《2012年刑诉法解释》第三百一十三条、第三百三十一条的规定作出整合和修改完善。需要注意的是，对于仅对附带民事部分提出上诉，刑事部分已经发生法律效力的，第二审人民法院应当进行全案审查。发现刑事部分有错误的，应当依照审判监督程序提审或者指令再审。由于刑事部分的审理系民事部分的基础，应当将附带民事部分和刑事部分一并审理。如果二审法院对刑事部分提审的，则应由其对刑事再审与附带民事二审合并审理；如二审法院指令一审法院对刑事部分再审的，则应当将附带民事部分发回后与刑事再审并案审理。

征求意见过程中，有意见提出，按照以往的做法，对刑事部分提出上诉的处理，往往制作刑事裁定书，而不是刑事附带民事裁定书。建议明确对民事部分提出上诉的处理，是否需要制作刑事附带民事裁定书。经研究认为，由于民事部分附属于刑事部分，应当制作刑事附带民事诉讼文书，包括判决书和裁定书。《刑诉法解释》第四百零九条第一项规定就附带民事部分作出处理，包括维持、改判和发回重审。附带民事部分事实清楚，适用法律正确的，应当以刑事附带民事裁定维持原判，驳回上诉。附带民事部分确有错误的，以刑事附带民事判决对附带民事部分作出改判或者以刑事附带民事裁定发回重审。

针对原审判决的附带民事部分提出上诉的，《刑诉法解释》第四百零九条原本拟规定"第一审判决的附带民事部分事实清楚，适用法律正确的，应当以刑事附带民事裁定维持附带民事部分的原判，驳回上诉"。征求意见过程中，有意见建议明确，二审法院对于仅民事部分上诉且事实清楚，适用法律正确的案件，主文是沿用以前的"驳回上诉，维持原判"，还是按照该规定主文写"维持附带民事部分的原判，驳回上诉"，建议予以明确。经研究，鉴于司法实践中多数法院直接表述为"驳回上诉，维持原判"的实际情况，可以交由司法实践裁量处理，故未作明确规定。

第二百三十七条 【上诉不加刑原则】第二审人民法院审理被告人或者他的法定代理人、辩护人、近亲属上诉的案件,不得加重被告人的刑罚。第二审人民法院发回原审人民法院重新审判的案件,除有新的犯罪事实,人民检察院补充起诉的以外,原审人民法院也不得加重被告人的刑罚。

人民检察院提出抗诉或者自诉人提出上诉的,不受前款规定的限制。

立法沿革

1979年《刑事诉讼法》第一百三十七条规定:"第二审人民法院审判被告人或者他的法定代理人、辩护人、近亲属上诉的案件,不得加重被告人的刑罚。""人民检察院提出抗诉或者自诉人提出上诉的,不受前款规定的限制。"1996年修改《刑事诉讼法》时对本条规定未作调整。2012年《刑事诉讼法修改决定》增加规定"第二审人民法院发回原审人民法院重新审判的案件,除有新的犯罪事实,人民检察院补充起诉的以外,原审人民法院也不得加重被告人的刑罚"。2018年修改《刑事诉讼法》时对本条规定未作调整。

基本规范

《最高人民法院关于适用〈中华人民共和国刑事诉讼法〉的解释》(法释〔2021〕1号,自2021年3月1日起施行)

第十五章 第二审程序

第四百零一条 审理被告人或者其法定代理人、辩护人、近亲属提出上诉的案件,不得对被告人的刑罚作出实质不利的改判,并应当执行下列规定:

(一)同案审理的案件,只有部分被告人上诉的,既不得加重上诉人的刑罚,也不得加重其他同案被告人的刑罚;

(二)原判认定的罪名不当的,可以改变罪名,但不得加重刑罚或者对刑罚执行产生不利影响;

(三)原判认定的罪数不当的,可以改变罪数,并调整刑罚,但不得加重决定执行的刑罚或者对刑罚执行产生不利影响;

(四)原判对被告人宣告缓刑的,不得撤销缓刑或者延长缓刑考验期;

(五)原判没有宣告职业禁止、禁止令的,不得增加宣告;原判宣告职业禁止、禁止令的,不得增加内容、延长期限;

(六)原判对被告人判处死刑缓期执行没有限制减刑、决定终身监禁的,不

得限制减刑、决定终身监禁;

（七）原判判处的刑罚不当、应当适用附加刑而没有适用的,不得直接加重刑罚、适用附加刑。原判判处的刑罚畸轻,必须依法改判的,应当在第二审判决、裁定生效后,依照审判监督程序重新审判。

人民检察院抗诉或者自诉人上诉的案件,不受前款规定的限制。

第四百零二条 人民检察院只对部分被告人的判决提出抗诉,或者自诉人只对部分被告人的判决提出上诉的,第二审人民法院不得对其他同案被告人加重刑罚。

第四百零三条 被告人或者其法定代理人、辩护人、近亲属提出上诉,人民检察院未提出抗诉的案件,第二审人民法院发回重新审判后,除有新的犯罪事实且人民检察院补充起诉的以外,原审人民法院不得加重被告人的刑罚。

对前款规定的案件,原审人民法院对上诉发回重新审判的案件依法作出判决后,人民检察院抗诉的,第二审人民法院不得改判为重于原审人民法院第一次判处的刑罚。

其他规范

《最高人民法院关于死刑缓期执行限制减刑案件审理程序若干问题的规定》(法释〔2011〕8号)第四条、第五条对上诉不加刑的有关问题作了规定。(→参见第三编"审判"第四章"死刑复核程序"末所附"其他规范",第1655页)

《最高人民法院、最高人民检察院、公安部、司法部关于办理恶势力刑事案件若干问题的意见》(法发〔2019〕10号)第十八条第三款明确对上诉案件不得增加认定恶势力或者恶势力犯罪集团。(→参见第一百七十一条所附"其他规范",第1158页)

法律适用答复、复函

《最高人民法院研究室关于上诉发回重审案件重审判决后确需改判的应当通过何种程序进行的答复》(2014年2月24日)

上海市高级人民法院:

你院沪高法〔2013〕279号《关于上诉发回重审案件重审判决后确需改判的应当通过何种程序进行的请示》收悉。经研究,答复如下:

根据刑事诉讼法第二百二十六条第一款规定,对被告人上诉、人民检察院未提出抗诉的案件,第二审人民法院发回原审人民法院重新审判的,只要人民检察院没有补充起诉新的犯罪事实,原审人民法院不得加重被告人的刑罚。原审人民法院对上诉发回重新审判的案件依法作出维持原判的判决后,人民检察院抗诉的,第二审人民法院也不得改判加重被告人的刑罚。

司法适用疑难解析

1. 关于上诉不加刑原则的把握。《刑诉法解释》第四百零一条第一款所列情形只是提示规则,并未囊括司法实践的所有情形,仅针对当前反映比较突出的问题作了相应规定。

(1)关于第二项。《刑法》第八十一条第二款规定:"对累犯以及因故意杀人、强奸、抢劫、绑架、放火、爆炸、投放危险物质或者有组织的暴力性犯罪被判处十年以上有期徒刑、无期徒刑的犯罪分子,不得假释。"据此,实践中可能存在二审改变一审认定的罪名,并未加重刑罚,但对刑罚执行产生不利影响的情形。例如,二审将一审认定的盗窃罪改判为抢劫罪,仍维持十二年有期徒刑的刑罚,但对二审改判的罪名不得假释,因此对被告人产生不利影响。基于此,第二项专门增加了不得"对刑罚执行产生不利影响"的限制。

(2)关于第三项。①《2012年刑诉法解释》第三百二十五条第一款第三项规定,"原判对被告人实行数罪并罚的,不得加重决定执行的刑罚,也不得加重数罪中某罪的刑罚"。经研究认为,这一规则过于绝对和繁琐,不利于司法实践操作,宜作出调整。例如,一审认定两个罪名,分别判处五年和三年有期徒刑,数罪并罚决定执行七年有期徒刑,按照原有规则,既不能加重总和刑期,也不能加重数罪中某罪的刑期。经研究认为,上诉不加刑是指不能使上诉人招致不利的刑罚,偏重于决定执行的刑罚。因此,此种情况下,在决定执行的刑罚不变和对刑法执行不产生不利影响的情况下①,应当允许加重数罪中某罪的刑罚。基于此,作出相应调整。②实践中,还存在两种实质上对上诉人有利的调整罪数的情形:A. 原判对被告人判处一罪的,不得改判为数罪;但是,在认定的犯罪事实不变的情况下,改判数罪后决定执行的刑罚低于原判刑罚的,可以改判为数罪;B. 原判对被告人实行数罪并罚的,在认定的犯罪事实不变的情况下,改判为一罪

---

① 《最高人民法院关于办理减刑、假释案件具体应用法律的规定》(法释〔2016〕23号)第七条第二款规定:"对被判处十年以上有期徒刑的前罪犯,以及因故意杀人、强奸、抢劫、绑架、放火、爆炸、投放危险物质或者有组织的暴力性犯罪被判处十年以上有期徒刑的罪犯,数罪并罚且其中两罪以上被判处十年以上有期徒刑的罪犯,执行二年以上方可减刑,减刑幅度应当比照本规定第六条从严掌握,一次减刑不超过一年有期徒刑,两次减刑之间应当间隔一年六个月以上。"可见,数罪并罚可能会对刑罚执行产生不利影响。

的,在对刑罚执行无不利影响的情况下,可以在不超过原判决定执行刑罚的情况下加重其中某一罪的刑罚。对此,《最高人民法院研究室关于上诉不加刑原则具体运用有关问题的答复》(法研〔2014〕6号)规定:"对于原判数罪并罚的上诉案件,在不超过原判决定执行的刑罚,且对刑罚执行也无不利影响的情况下,可以将其中两个或者两个以上的罪名改判为一罪并加重该罪的刑罚。"例如,一审认定被告人犯盗窃罪,判处有期徒刑五年,犯抢劫罪,判处有期徒刑五年,数罪并罚,决定执行有期徒刑八年。二审认定的犯罪事实与一审相同,但是对行为性质的评价发生变化,认为抢劫相关事实应当评价为盗窃。此种情形下,改判盗窃一罪,可以在五年以上八年以下的幅度内裁量刑罚。同为八年有期徒刑,如果是因为数罪被判处的,较之一罪被判处的,在减刑、假释时对被告人更为不利。故而,上述改判不违反上诉不加刑原则。基于上述考虑,形成第三项"原判认定的罪数不当的,可以改变罪数,并调整刑罚,但不得加重决定执行的刑罚或者对刑罚执行产生不利影响"的规定。

(3)关于第四项。讨论中,有意见提出,第四项规定"原判对被告人宣告缓刑的,不得撤销缓刑",但实践中可能存在二审期间被告人不认罪等不符合缓刑适用条件的情形。此种情形下如继续适用缓刑,可能危害社会。经研究认为,目前仍只能严格执行这一规定,确有必要的,通过审判监督程序予以纠正。

(4)关于第七项。①讨论中,有意见提出,原判事实清楚,证据确实、充分,但适用法律错误的,如认定自首有误、应当剥夺政治权利而未剥夺政治权利等,如何处理,建议作出明确规定。经研究认为,上述情形或者属于因法律适用错误导致刑罚畸轻或者没有适用附加刑,根据上诉不加刑原则,只能予以维持。需要注意的是,就司法操作而言,二审应当在裁判文书中写明一审判决存在的适用法律错误,从而导致判处的刑罚畸轻、应当适用附加刑而没有适用的结果,但是,根据上诉不加刑原则的规定,维持一审判处的刑罚不变。②讨论中,对于第七项的处理规则本身也存在异议,有意见认为,此种情形下,二审维持原判是根据上诉不加刑原则作出的裁定,依据《刑事诉讼法》的规定,并无错误。而根据《刑事诉讼法》关于审判监督程序的规定,针对生效判决、裁定的再审限于"确有错误"的情形。上述情形明显不符合这一规定,依法也不得启动审判监督程序。基于实事求是的考虑,第七项作了微调,将依法通过审判监督程序进行改判限定为"原判判处的刑罚畸轻,必须依法改判的"情形,对于原判刑罚不当,但尚未达到畸轻程度的,如漏判附加剥夺政治权利,对本应在"三年以上七年以下有期徒刑"的幅度内判处三年六个月有期徒刑的案件判处二年六个月有期徒刑的,基于裁判稳定的考虑,一般不再启动审判监督程序。

(5)征求意见过程中,有意见提出,实践中有几种情况建议明确:对于改变罪数后,附加刑必须改变的情形如何处理?例如,一审认定被告人构成数罪,判处附加刑罚金五万元,二审改判为一罪,但附加刑规定为"并处没收财产"。此种情况下,罚金五万元改为没收财产五万元是否可以?经研究认为,所涉问题较为复杂,不宜一概而论,宜坚持实质判断的原则。如果在主刑方面给予较大幅度的减轻,则适当增加附加刑应当是允许的;但是,在主刑维持不变的情况下,原则上不宜加重附加刑,通常也不宜将罚金调整为没收财产,更不应作出主刑稍微减轻、附加刑大幅加重,对被告人实质明显不利的调整。

2. 关于对上诉发回重审案件的处理。《刑事诉讼法》第二百三十七条第一款规定:"第二审人民法院发回原审人民法院重新审判的案件,除有新的犯罪事实,人民检察院补充起诉的以外,原审人民法院也不得加重被告人的刑罚。"从字面意义上理解,"新的犯罪事实"有两个含义:一是新的犯罪的事实,即已经起诉的犯罪以外的犯罪的事实;二是原起诉事实范围内的新事实。经研究认为,只有前一种新的犯罪事实,经补充起诉后才可以加重刑罚。基于此,《刑诉法解释》第四百零三条第一款规定:"被告人或者其法定代理人、辩护人、近亲属提出上诉,人民检察院未提出抗诉的案件,第二审人民法院发回重新审判后,除有新的犯罪事实且人民检察院补充起诉的以外,原审人民法院不得加重被告人的刑罚。"该款将"除有新的犯罪事实,人民检察院补充起诉的以外"调整为"除有新的犯罪事实,且人民检察院补充起诉的以外",旨在提醒司法实践中侧重根据人民检察院是否补充起诉来对是否系"新的犯罪事实"作出判断。

《刑诉法解释》第四百零三条第二款结合《最高人民法院研究室关于上诉发回重审案件重审判决后确需改判的应当通过何种程序进行的答复》(法研〔2014〕26号)对《2012年刑诉法解释》第三百二十七条的规定作出修改完善,规定:"对前款规定的案件,原审人民法院对上诉发回重新审判的案件依法作出判决后,人民检察院抗诉的,第二审人民法院不得改判为重于原审人民法院第一次判处的刑罚。"征求意见过程中,有意见建议删去该款。理由是:该款与《刑事诉讼法》第二百三十七条关于"人民检察院提出抗诉或者自诉人提出上诉"不受上诉不加刑原则限制的规定明显冲突。经研究,未采纳上述意见。主要考虑:《刑事诉讼法》第二百三十七条规定的"提出抗诉"明显是指在原审程序中提出抗诉,而非在重审程序中提出抗诉。否则,《刑事诉讼法》第二百三十七条第一款的规定就将失去实际意义,很不合理:对发回重审的案件,如未发现被告人有新的犯罪事实,人民检察院未补充起诉,原审法院不得加重刑罚,但宣判后人民检察院抗诉的,二审法院即可加重,那么原审法院不得加重刑罚的规定还有何意义？何不由原审法院直接改判加重？

需要注意的是，对于被告人上诉、人民检察院未提出抗诉的案件，发回重审后人民检察院没有补充起诉新的犯罪事实的，原审人民法院作出的判决，相比原判减轻刑罚和减少罪名的，人民检察院可以提出抗诉。二审法院经审理认为人民检察院抗诉成立的，可以在原判刑罚和罪名范围内改判加重刑罚和增加罪名。例如，对于原判以盗窃罪、故意伤害罪判处七年有期徒刑的案件，被告人上诉、人民检察院未提出抗诉，发回重审后人民检察院没有补充起诉新的犯罪事实的，原审人民法院以故意伤害罪判处被告人有期徒刑三年，对盗窃罪未予认定。此种情形下，检察机关抗诉，二审法院经审查认定抗诉成立的，可以对被告人加重刑罚、增加罪名，但不得超过原判"以盗窃罪、故意伤害罪判处七年有期徒刑"，另行增加其他罪名和判处更高的刑罚。

第二百三十八条　【违反法定诉讼程序的处理】第二审人民法院发现第一审人民法院的审理有下列违反法律规定的诉讼程序的情形之一的，应当裁定撤销原判，发回原审人民法院重新审判：

（一）违反本法有关公开审判的规定的；
（二）违反回避制度的；
（三）剥夺或者限制了当事人的法定诉讼权利，可能影响公正审判的；
（四）审判组织的组成不合法的；
（五）其他违反法律规定的诉讼程序，可能影响公正审判的。

立法沿革

1979年《刑事诉讼法》第一百三十八条规定："第二审人民法院发现第一审人民法院违反法律规定的诉讼程序，可能影响正确判决的时候，应当撤销原判，发回原审人民法院重新审判。"1996年《刑事诉讼法修改决定》对"违反法律规定的诉讼程序，可能影响正确判决的"情形作了具体规定。2012年、2018年修改《刑事诉讼法》时对本条规定未作调整。

基本规范

《最高人民法院关于适用〈中华人民共和国刑事诉讼法〉的解释》（法释〔2021〕1号）**第四百零六条**对第二审人民法院发现原审人民法院在重新审判过程中，有《刑事诉讼法》第二百三十八条规定的情形之一的处理规则作了明确。（→参见第二百三十六条所附"基本规范"，第1576页）

第二百三十九条 【重新审判】原审人民法院对于发回重新审判的案件,应当另行组成合议庭,依照第一审程序进行审判。对于重新审判后的判决,依照本法第二百二十七条、第二百二十八条、第二百二十九条的规定可以上诉、抗诉。

立法沿革

1979年《刑事诉讼法》第一百三十九条规定:"原审人民法院对于发回重新审判的案件,应当依照第一审程序进行审判。对于重新审判后的判决,当事人可以上诉,同级人民检察院可以抗诉。"1996年《刑事诉讼法修改决定》增加"原审人民法院对于发回重新审判的案件,应当另行组成合议庭"的规定。2012年、2018年修改《刑事诉讼法》时仅对所引用的条文序号作了调整。

基本规范

《最高人民法院关于适用〈中华人民共和国刑事诉讼法〉的解释》(法释〔2021〕1号)**第四百零六条**对第二审人民法院发现原审人民法院在重新审判过程中,违反《刑事诉讼法》第二百三十九条规定的处理规则作了明确。(→参见第二百三十六条所附"基本规范",第1576页)

第二百四十条 【二审对一审裁定的处理】第二审人民法院对不服第一审裁定的上诉或者抗诉,经过审查后,应当参照本法第二百三十六条、第二百三十八条和第二百三十九条的规定,分别情形用裁定驳回上诉、抗诉,或者撤销、变更原裁定。

立法沿革

本条系沿用1979年《刑事诉讼法》第一百四十条的规定,仅对所引用的条文序号作了调整。

第二百四十一条 【发回重审案件审限的计算】第二审人民法院发回原审人民法院重新审判的案件,原审人民法院从收到发回的案件之日起,重新计算审理期限。

立法沿革

本条系 1996 年《刑事诉讼法修改决定》增加的规定，2012 年、2018 年修改《刑事诉讼法》时未作调整。

第二百四十二条　【二审法律程序适用】第二审人民法院审判上诉或者抗诉案件的程序，除本章已有规定的以外，参照第一审程序的规定进行。

立法沿革

本条系沿用 1979 年《刑事诉讼法》第一百四十一条的规定。

第二百四十三条　【二审的审限】第二审人民法院受理上诉、抗诉案件，应当在二个月以内审结。对于可能判处死刑的案件或者附带民事诉讼的案件，以及有本法第一百五十八条规定情形之一的，经省、自治区、直辖市高级人民法院批准或者决定，可以延长二个月；因特殊情况还需要延长的，报请最高人民法院批准。

最高人民法院受理上诉、抗诉案件的审理期限，由最高人民法院决定。

立法沿革

1979 年《刑事诉讼法》第一百四十二条规定："第二审人民法院受理上诉、抗诉案件后，应当在一个月以内审结，至迟不得超过一个半月。"1996 年《刑事诉讼法修改决定》增加规定"有本法第一百二十六条规定情形之一的，经省、自治区、直辖市高级人民法院批准或者是决定，可以再延长一个月，但是最高人民法院受理的上诉、抗诉案件，由最高人民法院决定。"2012 年《刑事诉讼法修改决定》对一般案件的二审审限延长至二个月，并对特殊情形的二审审限延长的期限和程序等作了调整。2018 年修改《刑事诉讼法》时对本条规定未作修改，仅对所引用的条文序号作了调整。

其他规范

《最高人民法院关于严格执行案件审理期限制度的若干规定》（法释〔2000〕29 号，节录）

第一条第一款　适用普通程序审理的第一审刑事公诉案件、被告人被羁押的第一审刑事自诉案件和第二审刑事公诉、刑事自诉案件的期限为一个月，至迟不得超过一个半月;附带民事诉讼案件的审理期限,经本院院长批准,可以延长两个月。有刑事诉讼法第一百二十六条规定情形之一的,经省、自治区、直辖市高级人民法院批准或者决定,审理期限可以再延长一个月;最高人民法院受理的刑事上诉、刑事抗诉案件,经最高人民法院决定,审理期限可以再延长一个月。

第六条第三款 第二审人民法院应当在收到第一审人民法院移送的上(抗)诉材料及案卷材料后的五日内立案。

第八条第一款 案件的审理期限从立案次日起计算。

第九条 下列期间不计入审理、执行期限:

(一)刑事案件对被告人作精神病鉴定的期间;

(二)刑事案件因另行委托、指定辩护人,法院决定延期审理的,自案件宣布延期审理之日起至第十日止准备辩护的时间;

(三)公诉人发现案件需要补充侦查,提出延期审理建议后,合议庭同意延期审理的期间;

(四)刑事案件二审期间,检察院查阅案卷超过七日后的时间;

(五)因当事人、诉讼代理人、辩护人申请通知新的证人到庭、调取新的证据、申请重新鉴定或者勘验,法院决定延期审理一个月之内的期间;

(六)民事、行政案件公告、鉴定的期间;

(七)审理当事人提出的管辖权异议和处理法院之间的管辖争议的期间;

(八)民事、行政、执行案件由有关专业机构进行审计、评估、资产清理的期间;

(九)中止诉讼(审理)或执行至恢复诉讼(审理)或执行的期间;

(十)当事人达成执行和解或者提供执行担保后,执行法院决定暂缓执行的期间;

(十一)上级人民法院通知暂缓执行的期间;

(十二)执行中拍卖、变卖被查封、扣押财产的期间。

第十四条 对于下级人民法院申请延长办案期限的报告,上级人民法院应当在审理期限届满三日前作出决定,并通知提出申请延长审理期限的人民法院。

需要本院院长批准延长办案期限的,院长应当在审限届满前批准或者决定。

第十五条 被告人、自诉人、附带民事诉讼的原告人和被告人通过第一审人民法院提出上诉的刑事案件,第一审人民法院应当在上诉期限届满后三日内将上诉状连同案卷、证据移送第二审人民法院。被告人、自诉人、附带民事诉讼的原告人和被告人直接向上级人民法院提出上诉的刑事案件,第一审人民法院应当在接到第二审人民法院移交的上诉状后三日内将案卷、证据移送上一级人民法院。

第十六条 人民检察院抗诉的刑事二审案件,第一审人民法院应当在上诉、抗诉期届满后三日内将抗诉书连同案卷、证据移送第二审人民法院。

第十八条 第二审人民法院立案时发现上诉案件材料不齐全的,应当在两日内通知第一审人民法院。第一审人民法院应当在接到第二审人民法院的通知后五日内补齐。

第十九条 下级人民法院接到上级人民法院调卷通知后,应当在五日内将全部案卷和证据移送,至迟不超过十日。

《最高人民法院案件审限管理规定》(法〔2001〕164号,节录)

第一条 审理刑事上诉、抗诉案件的期限为一个月,至迟不得超过一个半月;有刑事诉讼法第一百二十六条规定情形之一的,经院长批准,可以延长一个月。

第十三条 二审案件应当在收到上(抗)诉书及案卷材料后的五日内立案。

按照审判监督程序重新审判的案件,应当在作出提审、再审裁定或决定的次日立案。

刑事复核案件、适用法律的特殊请示案件、管辖争议案件、执行协调案件应当在收到高级人民法院报送的案卷材料后三日内立案。

第十五条 案件的审理期限从立案次日起计算。

申诉或申请再审的审查期限从收到申诉或申请再审材料并经立案后的次日起计算。

涉外、涉港、澳、台民事案件的结案期限从最后一次庭审结束后的次日起计算。

第十六条 不计入审理期限的期间依照本院《关于严格执行案件审理期限制度的若干规定》(下称《若干规定》)第九条执行。案情重大、疑难,需由审判委员会作出决定的案件,自提交审判委员会之日起至审判委员会作出决定之日止的期间,不计入审理期限。

需要向有关部门征求意见的案件,征求意见的期间不计入审理期限,参照《若干规定》第九条第八项的规定办理。

要求下级人民法院查报的案件,下级人民法院复查的期间不计入审理期限。

第十七条 结案时间除按《若干规定》第十条执行外,请示案件的结案时间以批复、复函签发日期为准,审查申诉的结案时间以作出决定或裁定的日期为准,执行协调案件以批准协调方案日期为准。

第十八条 刑事案件需要延长审理期限的,应当在审理期限届满七日以前,向院长提出申请。

第二十条 需要院长批准延长审理期限的,院长应当在审限届满以前作出决定。

《最高人民法院关于严格执行案件审理期限制度的若干规定》(法释〔2000〕29号)第十一条、第十四条对申请延长审限的有关问题作了规定。(→参见第二百零八条所附"其他规范",第1479页)

第二百四十四条 【终审判决、裁定】第二审的判决、裁定和最高人民法院的判决、裁定,都是终审的判决、裁定。

立法沿革

本条系沿用1979年《刑事诉讼法》第一百四十三条的规定。

基本规范

《最高人民法院关于适用〈中华人民共和国刑事诉讼法〉的解释》(法释〔2021〕1号,自2021年3月1日起施行)第四百一十三条第三款规定第二审判决、裁定是终审的判决、裁定的,自宣告之日起发生法律效力。(→参见第二百二十九条"基本规范",第1745页)

其他规范

《最高人民法院关于刑事案件终审判决和裁定何时发生法律效力问题的批复》(法释〔2004〕7号,自2004年7月29日起施行)

各省、自治区、直辖市高级人民法院,解放军军事法院,新疆维吾尔自治区高级人民法院生产建设兵团分院:

近来,有的法院反映,关于刑事案件终审判决和裁定何时发生法律效力问题不明确。经研究,批复如下:

根据《中华人民共和国刑事诉讼法》第一百六十三条、第一百九十五条和第二百零八条①规定的精神,终审的判决和裁定自宣告之日起发生法律效力。

---

① 现行《刑事诉讼法》第二百零二条、第二百四十二条和第二百五十九条。——**本评注注**

第二百四十五条 【涉案财物的处置】公安机关、人民检察院和人民法院对查封、扣押、冻结的犯罪嫌疑人、被告人的财物及其孳息,应当妥善保管,以供核查,并制作清单,随案移送。任何单位和个人不得挪用或者自行处理。对被害人的合法财产,应当及时返还。对违禁品或者不宜长期保存的物品,应当依照国家有关规定处理。

对作为证据使用的实物应当随案移送,对不宜移送的,应当将其清单、照片或者其他证明文件随案移送。

人民法院作出的判决,应当对查封、扣押、冻结的财物及其孳息作出处理。

人民法院作出的判决生效以后,有关机关应当根据判决对查封、扣押、冻结的财物及其孳息进行处理。对查封、扣押、冻结的赃款赃物及其孳息,除依法返还被害人的以外,一律上缴国库。

司法工作人员贪污、挪用或者私自处理查封、扣押、冻结的财物及其孳息的,依法追究刑事责任;不构成犯罪的,给予处分。

立法沿革

1996年《刑事诉讼法》第一百九十八条规定:"公安机关、人民检察院和人民法院对于扣押、冻结犯罪嫌疑人、被告人的财物及其孳息,应当妥善保管,以供核查。任何单位和个人不得挪用或者自行处理。对被害人的合法财产,应当及时返还。对违禁品或者不宜长期保存的物品,应当依照国家有关规定处理。""对作为证据使用的实物应当随案移送,对不宜移送的,应当将其清单、照片或者其他证明文件随案移送。""人民法院作出的判决生效以后,对被扣押、冻结的赃款赃物及其孳息,除依法返还被害人的以外,一律没收,上缴国库。""司法工作人员贪污、挪用或者私自处理被扣押、冻结的赃款赃物及其孳息的,依法追究刑事责任;不构成犯罪的,给予处分。"2012年《刑事诉讼法修改决定》对本条规定作了修改:一是增加规定人民法院作出的判决,应当对查封、扣押、冻结的财物及其孳息作出处理;同时,规定人民法院作出的判决生效以后,有关机关应当根据判决对查封、扣押、冻结的财物及其孳息进行处理。二是增加对"查封"的财物及其孳息的处理。三是增加对查封、扣押、冻结的财物及其孳息应当制作清单,随案移送的规定。2018年修改《刑事诉讼法》时对本条规定未作调整。

相关规定

《中华人民共和国海警法》(自2021年2月1日起施行,节录)

第六十一条 海警机构对依法扣押、扣留的涉案财物,应当妥善保管,不得损毁或者擅自处理。但是,对下列货物、物品,经市级海警局以上海警机构负责人批准,可以先行依法拍卖或者变卖并通知所有人,所有人不明确的,通知其他当事人:

(一)成品油等危险品;
(二)鲜活、易腐、易失效等不宜长期保存的;
(三)长期不使用容易导致机械性能下降、价值贬损的车辆、船舶等;
(四)体量巨大难以保管的;
(五)所有人申请先行拍卖或者变卖的。

拍卖或者变卖所得款项由海警机构暂行保存,待结案后按照国家有关规定处理。

第六十二条 海警机构对应当退还所有人或者其他当事人的涉案财物,通知所有人或者其他当事人在六个月内领取;所有人不明确的,应当采取公告方式告知所有人认领。在通知所有人、其他当事人或者公告后六个月内无人认领的,按无主财物处理,依法拍卖或者变卖后将所得款项上缴国库。遇有特殊情况的,可以延期处理,延长期限最长不超过三个月。

《中华人民共和国反有组织犯罪法》(自 2022 年 5 月 1 日起施行,节录)

第四十四条 公安机关、人民检察院应当对涉案财产审查甄别。在移送审查起诉、提起公诉时,应当对涉案财产提出处理意见。

在审理有组织犯罪案件过程中,应当对与涉案财产的性质、权属有关的事实、证据进行法庭调查、辩论。人民法院应当依法作出判决,对涉案财产作出处理。

第四十五条 有组织犯罪组织及其成员违法所得的一切财物及其孳息、收益,违禁品和供犯罪所用的本人财物,应当依法予以追缴、没收或者责令退赔。

依法应当追缴、没收的涉案财产无法找到、灭失或者与其他合法财产混合且不可分割的,可以追缴、没收其他等值财产或者混合财产中的等值部分。

被告人实施黑社会性质组织犯罪的定罪量刑事实已经查清,有证据证明其在犯罪期间获得的财产高度可能属于黑社会性质组织犯罪的违法所得及其孳息、收益,被告人不能说明财产合法来源的,应当依法予以追缴、没收。

第四十六条 涉案财产符合下列情形之一的,应当依法予以追缴、没收:

(一)为支持或者资助有组织犯罪活动而提供给有组织犯罪组织及其成员的财产;
(二)有组织犯罪组织成员的家庭财产中实际用于支持有组织犯罪活动的部分;

（三）利用有组织犯罪组织及其成员的违法犯罪活动获得的财产及其孳息、收益。

第四十八条 监察机关、公安机关、人民检察院发现与有组织犯罪相关的洗钱以及掩饰、隐瞒犯罪所得、犯罪所得收益等犯罪的，应当依法查处。

第四十九条 利害关系人对查封、扣押、冻结、处置涉案财物提出异议的，公安机关、人民检察院、人民法院应当及时予以核实，听取其意见，依法作出处理。

公安机关、人民检察院、人民法院对涉案财物作出处理后，利害关系人对处理不服，可以提出申诉或者控告。

"六部委"规定

《最高人民法院、最高人民检察院、公安部、国家安全部、司法部、全国人大常委会法制工作委员会关于实施刑事诉讼法若干问题的规定》（自2013年1月1日起施行，节录）

36. 对于依照刑法规定应当追缴的违法所得及其他涉案财产，除依法返还被害人的财物以及依法销毁的违禁品外，必须一律上缴国库。查封、扣押的涉案财产，依法不移送的，待人民法院作出生效判决、裁定后，由人民法院通知查封、扣押机关上缴国库，查封、扣押机关应当向人民法院送交执行回单；冻结在金融机构的违法所得及其他涉案财产，待人民法院作出生效判决、裁定后，由人民法院通知有关金融机构上缴国库，有关金融机构应当向人民法院送交执行回单。

对于被扣押、冻结的债券、股票、基金份额等财产，在扣押、冻结期间权利人申请出售，经扣押、冻结机关审查，不损害国家利益、被害人利益，不影响诉讼正常进行的，以及扣押、冻结的汇票、本票、支票的有效期即将届满的，可以在判决生效前依法出售或者变现，所得价款由扣押、冻结机关保管，并及时告知当事人或者其近亲属。

基本规范

《最高人民法院关于适用〈中华人民共和国刑事诉讼法〉的解释》（法释〔2021〕1号，自2021年3月1日起施行）

第十一章 出席法庭

第一节 出席第一审法庭

第四百二十九条 人民检察院对查封、扣押、冻结的被告人财物及其孳息，应当根据不同情况作以下处理：

（一）对作为证据使用的实物，应当依法随案移送；对不宜移送的，应当将其清单、照片或者其他证明文件随案移送。

(二)冻结在金融机构、邮政部门的违法所得及其他涉案财产,应当向人民法院随案移送该金融机构、邮政部门出具的证明文件。待人民法院作出生效判决、裁定后,由人民法院通知该金融机构上缴国库。

(三)查封、扣押的涉案财物,对依法不移送的,应当随案移送清单、照片或者其他证明文件。待人民法院作出生效判决、裁定后,由人民检察院根据人民法院的通知上缴国库,并向人民法院送交执行回单。

(四)对于被扣押、冻结的债券、股票、基金份额等财产,在扣押、冻结期间权利人申请出售的,参照本规则第二百一十四条的规定办理。

第十八章 涉案财物处理

第四百三十七条 人民法院对查封、扣押、冻结的涉案财物及其孳息,应当妥善保管,并制作清单,附卷备查;对人民检察院随案移送的实物,应当根据清单核查后妥善保管。任何单位和个人不得挪用或者自行处理。

查封不动产、车辆、船舶、航空器等财物,应当扣押其权利证书,经拍照或者录像后原地封存,或者交持有人、被告人的近亲属保管,登记并写明财物的名称、型号、权属、地址等详细信息,并通知有关财物的登记、管理部门办理查封登记手续。

扣押物品,应当登记并写明物品名称、型号、规格、数量、重量、质量、成色、纯度、颜色、新旧程度、缺损特征和来源等。扣押货币、有价证券,应当登记并写明货币、有价证券的名称、数额、面额等,货币应当存入银行专门账户,并登记银行存款凭证的名称、内容。扣押文物、金银、珠宝、名贵字画等贵重物品以及违禁品,应当拍照,需要鉴定的,应当及时鉴定。对扣押的物品应当根据有关规定及时估价。

冻结存款、汇款、债券、股票、基金份额等财产,应当登记并写明编号、种类、面值、张数、金额等。

第四百三十八条 对被害人的合法财产,权属明确的,应当依法及时返还,但须经拍照、鉴定、估价,并在案卷中注明返还的理由,将原物照片、清单和被害人的领取手续附卷备查;权属不明的,应当在人民法院判决、裁定生效后,按比例返还被害人,但已获退赔的部分应予扣除。

第四百三十九条① 审判期间,对不宜长期保存、易贬值或者市场价格波动大的财产,或者有效期即将届满的票据等,经权利人申请或者同意,并经院长批

---

① 讨论中,有意见提出,一般情况下先行处置要经权利人的申请或者同意,但是在特殊情况下,无法联系到权利人,不马上处理就会造成物品损毁、灭失、变质、贬值(如(转下页)

准,可以依法先行处置,所得款项由人民法院保管。

涉案财物先行处置应当依法、公开、公平。

第四百四十条 对作为证据使用的实物,应当随案移送。第一审判决、裁定宣告后,被告人上诉或者人民检察院抗诉的,第一审人民法院应当将上述证据移送第二审人民法院。②

第四百四十一条 对实物未随案移送的,应当根据情况,分别审查以下内容:

(一)大宗的、不便搬运的物品,是否随案移送查封、扣押清单,并附原物照片和封存手续,注明存放地点等;

(二)易腐烂、霉变和不易保管的物品,查封、扣押机关变卖处理后,是否随案移送原物照片、清单、变价处理的凭证(复印件)等;

(三)枪支弹药、剧毒物品、易燃易爆物品以及其他违禁品、危险物品,查封、扣押机关根据有关规定处理后,是否随案移送原物照片和清单等。

上述未随案移送的实物,应当依法鉴定、估价的,还应当审查是否附有鉴定、估价意见。

对查封、扣押的货币、有价证券等,未移送实物的,应当审查是否附有原物照片、清单或者其他证明文件。

第四百四十二条 法庭审理过程中,应当依照本解释第二百七十九条的规定,依法对查封、扣押、冻结的财物及其孳息进行审查。

第四百四十三条③ 被告人将依法应当追缴的涉案财物用于投资或者置业

(接上页)即将过期的食品、化妆品)的,是否可以经院长批准后直接处理,建议作出明确。经研究,鉴于《涉案财务处置意见》未明确可以在不经权利人申请或者同意的情况下先行处置涉案财物,故司法解释不宜作出突破规定,宜交由司法实践根据案件具体情况裁量处理。——**本评注注**

② 从实践来看,刑事涉案财物的集中保管制度实施时间不长,各地发展也不均衡,尚需进一步总结经验,故未明确规定集中保管制度。对于集中保管的物品,如果依照规定不需要移送实物的,随案移送清单等材料可以纳入"随案移送"的情形。——**本评注注**

③ 需要注意的问题有二:(1)《财产执行规定》第十条规定:"对赃款赃物及其收益,人民法院应当一并追缴。""被执行人将赃款赃物投资或者置业,对因此形成的财产及其收益,人民法院应予追缴。""被执行人将赃款赃物与其他合法财产共同投资或者置业,对因此形成的财产中与赃款赃物对应的份额及其收益,人民法院应予追缴。""对于被害人的损失,应当按照刑事裁判认定的实际损失予以发还或者赔偿。"《最高人民法院、最高人民检察院、公安部、司法部关于办理黑恶势力犯罪案件若干问题的指导意见》第二十九条规定:"依法应当追缴、没收的财产无法找到、被他人善意取得、价值灭失或者与其 (转下页)

的,对因此形成的财产及其收益,应当追缴。

被告人将依法应当追缴的涉案财物与其他合法财产共同用于投资或者置业的,对因此形成的财产中与涉案财物对应的份额及其收益,应当追缴。

第四百四十四条 对查封、扣押、冻结的财物及其孳息,应当在判决书中写明名称、金额、数量、存放地点及其处理方式等。涉案财物较多,不宜在判决主文中详细列明的,可以附清单。

判决追缴违法所得或者责令退赔的,应当写明追缴、退赔的金额或者财物的名称、数量等情况;已经发还的,应当在判决书中写明。

第四百四十五条① 查封、扣押、冻结的财物及其孳息,经审查,确属违法所得或者依法应当追缴的其他涉案财物的,应当判决返还被害人,或者没收上缴国

(接上页)他合法财产混合且不可分割的,可以追缴、没收其他等值财产。"鉴于执行等额财产的问题较为复杂,实践中尚处于探索阶段,暂不在《刑诉法解释》作出规定。目前,可以根据相关规定执行;条件成熟时,也可以另行制定专门司法解释。(2)本条原本拟规定:"第三人善意取得涉案财物的,执行程序中不予追缴。作为原所有人的被害人对该涉案财物主张权利的,人民法院应当告知其通过诉讼程序处理。"征求意见过程中,有意见提出,《民法典》第三百一十一条规定了善意取得制度,并规定"除法律另有规定外"。《刑法》第六十四条规定,犯罪分子违法所得的一切财物,应当予以追缴或者责令退赔。鉴于相关问题较为复杂,各方存在不同认识,建议不作明确规定。经研究,采纳上述意见。顺带提及的是,关于善意取得制度,司法实践中存在较大认识分歧。例如,通过抢劫取得财物,购物消费的,适用善意取得制度,不再追缴购物消费支付的对价,似无问题;但是,用抢劫取得的财物,偿还此前所欠正常债务的,适用善意取得制度,不再进行追缴,似超出一般人的预期,难以为社会大众所接受。总之,相关问题还需要进一步总结经验,争取形成共识。——**本评注注**

① 需要注意的问题有二:(1)征求意见过程中,有意见提出,本条第三款规定"判决返还被害人的涉案财物,应当通知被害人认领",建议明确由查封、扣押、冻结的机关通知。经研究认为,所涉情况较为复杂,不作明确规定为宜。实践中,如果是扣押在人民法院的,法院向被害人返还;如果是扣押在其他部门的,由其他部门返还,法院在送达判决书时予以释明。(2)征求意见过程中,有意见建议将本条第三款修改为"判决返还被害人的涉案财物及犯罪现场的财物,应当通知被害人及权利人认领;无人认领的,应当公告通知;公告满三个月无人认领的,应当上缴国库"。理由是:在一些毒品案件中,逃跑的犯罪嫌疑人将现金、车辆等财物(无毒品)丢弃在犯罪现场,由于嫌疑人未到案,法院很难将现金、车辆认定为违法所得或供犯罪所用的本人财物,依照《刑法》第六十四条予以没收,通过公告通知,则可解决现场财物的合法没收问题。经研究认为,人民法院处理与案件无关的财物,似于法无据,留待司法实践裁量处理为宜。——**本评注注**

库,但法律另有规定的除外。

对判决时尚未追缴到案或者尚未足额退赔的违法所得,应当判决继续追缴或者责令退赔。

判决返还被害人的涉案财物,应当通知被害人认领;无人认领的,应当公告通知;公告满一年无人认领的,应当上缴国库;上缴国库后有人认领,经查证属实的,应当申请退库予以返还;原物已经拍卖、变卖的,应当返还价款。

对侵犯国有财产的案件,被害单位已经终止且没有权利义务继受人,或者损失已经被核销的,查封、扣押、冻结的财物及其孳息应当上缴国库。

第四百四十六条①② 第二审期间,发现第一审判决未对随案移送的涉案财物及其孳息作出处理的,可以裁定撤销原判,发回原审人民法院重新审判,由原审人民法院依法对涉案财物及其孳息一并作出处理。

判决生效后,发现原判未对随案移送的涉案财物及其孳息作出处理的,由原审人民法院依法对涉案财物及其孳息另行作出处理。

第四百四十七条 随案移送的或者人民法院查封、扣押的财物及其孳息,由第一审人民法院在判决生效后负责处理。

---

① 适用本条规定需要注意:(1)该条第一款规定,二审期间一审判决未对随案移送的涉案财物及其孳息作出处理的,可以裁定撤销原判,发回原审人民法院重新审判,由原审人民法院依法对涉案财物及其孳息一并作出处理。此种情形不违反上诉不加刑原则的要求。(2)该条规定二审对一审漏判涉案财物、判决生效后对原判漏判涉案财物的处理规则,仅限于"随案移送的涉案财物及其孳息"。——**本评注注**

② 此外,《刑诉法解释》原本拟增加规定:"对查封、扣押、冻结的涉案财物及其孳息,应当在对被告人作出判决、裁定的同时一并作出处理。但是,对于涉众型犯罪案件或者其他涉案财物情况复杂的案件,一并处理可能导致对被告人的判决、裁定过分迟延的,可以另行作出处理。"原则上,查封、扣押、冻结的财物及其孳息,应当在对被告人作出判决、裁定的同时一并作出处理。但是,有的涉众型案件,如非法集资案件,因为涉案财物及其孳息的权属等问题过于复杂,在有限的时间内难以理清,为了防止对被告人的判决、裁定过分迟延,可以考虑在判决、裁定后,单独对查封、扣押、冻结的财物及其孳息作出处理。讨论中,对上述规定存在不同认识。有意见认为,新增涉案财物另行处理程序缺乏法律依据。根据法理,同一个诉,应当对涉案事实全部作出处理。如果作此规定,容易引发一系列问题需要界定。包括:(1)对涉案财物处理应当以什么程序审理,审理结束后制作什么形式的法律文书?(2)后续涉案财物处理是否有审限,如何计算审限?(3)对定罪量刑作出的判决、裁定是否生效,能否将罪犯送监服刑?(4)对涉案财物的处理结果能否提出上诉,上诉后是否要全案审查?等等。鉴于对此问题未形成共识,暂未作出明确规定,交由司法实践裁量处理,继续探索。——**本评注注**

实物未随案移送、由扣押机关保管的,人民法院应当在判决生效后十日以内,将判决书、裁定书送达扣押机关,并告知其在一个月以内将执行回单送回,确因客观原因无法按时完成的,应当说明原因。

第四百四十八条　对冻结的存款、汇款、债券、股票、基金份额等财产判决没收的,第一审人民法院应当在判决生效后,将判决书、裁定书送达相关金融机构和财政部门,通知相关金融机构依法上缴国库并在接到执行通知书后十五日以内,将上缴国库的凭证、执行回单送回。

第四百四十九条①　查封、扣押、冻结的财物与本案无关但已列入清单的,应当由查封、扣押、冻结机关依法处理。

查封、扣押、冻结的财物属于被告人合法所有的,应当在赔偿被害人损失、执行财产刑后及时返还被告人。

第四百五十条　查封、扣押、冻结财物及其处理,本解释没有规定的,参照适用其他司法解释的有关规定。

《人民检察院刑事诉讼规则》(高检发释字〔2019〕4号,自2019年12月30日起施行)第二百零八条至第二百一十七条、第六百六十八条至第六百七十条就人民检察院对涉案财物处理的有关问题作了规定。(→参见第一百六十四条、第八条所附"基本规范",第1135—1136、43页)

《公安机关办理刑事案件程序规定》(公安部令第159号修正,修正后自2020年9月1日起施行)第八章"侦查"第六节"查封、扣押"(第二百二十七条至第二百三十六条)、第七节"查询、冻结"(第二百三十七条至第二百四十七条)对涉案财物的查封、扣押等问题作了规定。(→参见第一百四十一条—第

---

① 需要注意的问题有二:(1)《2012年刑诉法解释》第三百六十九条第二款规定"财物未随案移送的,应当通知查封、扣押、冻结机关将赔偿被害人损失、执行财产刑的部分移送人民法院"。从实践来看,需要用被告人合法所有的财物赔偿被害人损失,但相关财物未随案移送的,可以由查封、扣押、冻结机关依据人民法院的判决、裁定作出处理,不一定需要将这部分财物移送人民法院。对此问题,可由司法实践裁量处理。基于此,删去上述规定。(2)征求意见过程中,有意见提出,本条第一款"查封、扣押、冻结的财物与本案无关但已列入清单的,应当由查封、扣押、冻结机关依法处理",没有明确如何处理,根据《刑事诉讼法》第一百四十一条关于"与案件无关的财物、文件,不得查封、扣押"的规定,建议此情形应由法院判决返还权利人。经研究认为,此种情形下,有关财物虽列入清单,但财物本身并未随案移送,如财物与本案无关的,由查封、扣押、冻结机关依法处理,是当然之理,也有利于使财物权利人的权利尽快得到救济。——本评注注

一百四十五条所附"基本规范",第943—945、945—946页)

《海警机构办理刑事案件程序规定》(中国海警局令第1号,自2023年6月15日起施行)

第八章 侦 查
第八节 涉案财物处置

第二百三十七条 查封、扣押、冻结涉案财物,海警机构应当为犯罪嫌疑人及其所扶养的亲属保留必需的生活费用和物品,减少对涉案单位正常办公、生产、经营等活动的影响。能够保证侦查活动正常进行的,可以允许有关当事人继续合理使用涉案财物,但应当采取必要的保值、保管措施。

第二百三十八条 对查封、扣押的财物、文件、邮件、电子邮件、电报,经查明确实与案件无关的,应当在三日以内解除查封、扣押,退还所有人、其他当事人或者原邮政部门、网络服务单位;所有人不明确的,应当采取公告方式告知所有人认领。在通知所有人、其他当事人或者公告后六个月以内无人认领的,按照无主财物处理,依法拍卖或者变卖后将所得款项上缴国库;遇有特殊情况的,可以延期处理,延长期限最长不超过三个月。

第二百三十九条 有关犯罪事实查证属实后,对于有证据证明权属明确且无争议的被害人合法财产及其孳息,且返还不损害其他被害人或者利害关系人的利益,不影响案件正常办理的,应当在登记、拍照或者录音录像和估价后,经海警机构负责人批准,开具发还清单返还,并在案卷材料中注明返还的理由,将原物照片、发还清单和被害人的领取手续存卷备查。

领取人应当是涉案财物的合法权利人或者其委托的人;委托他人领取的,应当出具委托书。侦查人员或者海警机构其他工作人员不得代为领取。

查找不到被害人,或者通知被害人后,无人领取的,应当将有关财产及其孳息随案移送。

第二百四十条 对冻结的债券、股票、基金份额等财产,应当告知当事人或者其法定代理人、委托代理人有权申请出售。

权利人书面申请出售被冻结的债券、股票、基金份额等财产,不损害国家利益、被害人利益、其他权利人利益,不影响诉讼正常进行的,以及冻结的汇票、本票、支票的有效期即将届满的,经海警机构负责人批准,可以依法出售或者变现,所得价款应当继续冻结在其对应的银行账户中;没有对应的银行账户的,所得价款由海警机构在银行指定账户保管,并及时告知当事人或者其近亲属。

第二百四十一条 对冻结的财产,经查明确实与案件无关的,应当在三日以内通知金融机构等单位解除冻结,并通知被冻结的财产所有人。

第二百四十二条 对查封、扣押的涉案财物及其孳息、文件,应当妥善保管,以供核查。任何单位和个人不得违规使用、调换、损毁或者自行处理。

海警机构应当指定内设部门或者专门人员,负责对涉案财物进行统一管理,并设立专门保管场所或者委托社会保管机构,对涉案财物进行集中保管;对特殊的涉案财物,也可以移交有关主管部门进行保管。

对价值较低、易于保管,或者需要作为证据继续使用,以及需要先行返还被害人的涉案财物,可以由办案部门设置专门的场所进行保管。办案部门应当指定不承担办案工作的人员负责本部门涉案财物的接收、保管、移交等管理工作;严禁由负责本案的侦查人员自行保管涉案财物。

第二百四十三条 在侦查期间,对于成品油等危险品,鲜活、易腐、易失效等不宜长期保存的物品,长期不使用容易导致机械性能下降、价值贬损的车辆、船舶,体量巨大难以保管或者所有人申请先行拍卖或者变卖的物品,经市级海警局以上海警机构负责人批准,可以在拍照或者录音录像后委托有关部门拍卖、变卖,拍卖或者变卖所得款项由海警机构暂行保存,待诉讼终结后按照国家有关规定处理。

对于违禁品,应当依照国家有关规定处理;需要作为证据使用的,应当在诉讼终结后处理。

第二百四十四条 对当事人、利害关系人就涉案财物处置提出异议、投诉、举报的,海警机构应当依法及时受理并反馈处理结果。

另,第八章"侦查"第六节"查封、扣押"(第二百二十一条至第二百二十七条)、第七节"查询、冻结"(第二百二十八条至第二百三十六条)对涉案财物的查封、扣押等问题作了规定。(→参见第一百四十一条—第一百四十五条所附"基本规范",第946—947、948—949页)

▰ 其他规范

《最高人民法院关于被告人亲属主动为被告人退缴赃款应如何处理的批复》[法(研)复〔1987〕32号]

广东省高级人民法院:

你院(1986)粤法刑经文字第42号《关于被告人亲属主动为被告人退缴赃款法院应如何处理的请示报告》收悉。经研究,答复如下:

一、被告人是成年人,其违法所得都由自己挥霍,无法追缴的,应责令被告人退赔,其家属没有代为退赔的义务。

被告人在家庭共同财产中有其个人应有部分的,只能在其个人应有部分的范围内,责令被告人退赔。

二、如果被告人的违法所得有一部分用于家庭日常生活,对这部分违法所得,被告人和家属均有退赔义务。

三、如果被告人对责令其本人退赔的违法所得已无实际上的退赔能力,但其亲属应被告人的请求,或者主动提出并征得被告人同意,自愿代被告人退赔部分或者全部违法所得的,法院也可考虑其具体情况,收下其亲属自愿代被告人退赔的款项,并视为被告人主动退赔的款项。

四、属于以上三种情况,已作了退赔的,均可视为被告人退赃较好,可以依法适用从宽处罚。

五、如果被告人的罪行应当判处死刑,并必须执行,属于以上第一、二两种情况的,法院可以接收退赔的款项;属于以上第三种情况的,其亲属自愿代为退赔的款项,法院不应接收。

《海关总署关于贯彻执行〈关于刑事诉讼法实施中若干问题的规定〉的通知》(署法〔1998〕202号,节录)

广东分署、各直属海关:

为了保障《中华人民共和国刑事诉讼法》(以下简称"刑事诉讼法")的正确执行,最高人民法院、最高人民检察院、公安部、国家安全部、司法部、全国人大常委会法制工作委员会于1998年1月19日联合发布了《关于刑事诉讼法实施中若干问题的规定》(以下简称《规定》),自公布之日起施行。《规定》对海关办理移送走私罪嫌疑案件(以及走私、贩卖、运输、制造毒品罪嫌疑案件,下同)更好地依法行政具有重要意义。现将《规定》转发给你们,请各关组织有关人员,特别是调查、法律部门的人员认真学习。现就《规定》执行中的几个问题明确如下:

三、关于走私货物、物品及违法所得的处理

(一)根据刑事诉讼法第一百九十八条和《规定》第48条关于赃款赃物处理程序规定的精神以及《海关法》第五十二条的有关规定,海关在向公安机关移送走私罪嫌疑案件时,只随案移送有关走私货物、物品以及属于走私犯罪分子所有的走私运输工具的清单、照片或其他可起证据作用的证明文件;对查扣的走私罪嫌疑人违法所得,包括根据《海关法行政处罚实施细则》的有关规定,对确属来源于走私行为非法取得的存款、汇款,已通知银行或者邮局暂停支付的,只随案移送有关证明文件。

(二)海关对查扣的依法不移送的走私货物、物品、违法所得和走私运输工具,应当在人民法院判决生效后,依照国务院和海关总署的有关规定处理。对不宜长期保存的物品需要提前处理的,海关应当按照规定报请海关总署批准并且在处理前通知司法机关和货物、物品的所有人。提前处理走私货物、物品应注意留样以备核查;不便留样的可在处理前提请司法机关或有关检验机关对货物、物品作出鉴定。

《最高人民法院、最高人民检察院、海关总署关于办理走私刑事案件适用法律若干问题的意见》(法〔2002〕139号)"二十三、关于走私货物、物品、走私违法所得以及走私犯罪工具的处理问题""二十四、关于走私货物、物品无法扣押或者不便扣押情况下走私违法所得的追缴问题"对涉案财物处置的有关问题作了规定。(→参见第二编"立案、侦查和提起公诉"标题下所附"其他规范",第749、750页)

《最高人民法院关于严格执行有关走私案件涉案财物处理规定的通知》(法〔2006〕114号)

各省、自治区、直辖市高级人民法院,解放军军事法院,新疆维吾尔自治区高级人民法院生产建设兵团分院:

日前,据海关总署反映,有的地方法院在审理走私刑事案件中有不判或部分判决涉案赃款赃物的现象。对人民法院没有判决追缴、没收的涉案财物,海关多以行政处罚的方式予以没收或收缴,从而导致行政诉讼等不良后果。为严肃规范执法,现就有关规定重申如下:

关于刑事案件赃款赃物的处理问题,相关法律、司法解释已经规定的很明确。《海关法》第九十二条规定,"海关依法扣留的货物、物品、运输工具,在人民法院判决或者海关处罚决定作出之前,不得处理";"人民法院判决没收或者海关决定没收的走私货物、物品、违法所得、走私运输工具、特制设备,由海关依法统一处理,所得价款和海关决定处以的罚款,全部上缴中央国库。"《最高人民法院、最高人民检察院、海关总署关于办理走私刑事案件适用法律若干问题的意见》第二十三条规定,"人民法院在判决走私罪案件时,应当对随案清单、证明文件中载明的款、物审查确认并依法判决予以追缴、没收;海关根据人民法院的判决和海关法的有关规定予以处理,上缴中央国库。"

据此,地方各级人民法院在审理走私犯罪案件时,对涉案的款、物等,应当严格遵循并切实执行上述法律、司法解释的规定,依法作出追缴、没收的判决。对于在审理走私犯罪案件中遇到的新情况、新问题,要加强与海关等相关部门的联系和协调,对于遇到的适用法律的新问题,应当及时报告最高人民法院。

《最高人民法院、最高人民检察院、公安部、司法部关于办理黑社会性质组织犯罪案件若干问题的规定》(公通字〔2012〕45号)第十七条至第十九条对办理黑社会性质组织犯罪案件所涉涉案财物处置的有关问题作了规定。(→参见第六十四条所附"其他规范",第476—477页)

《最高人民法院关于刑事裁判涉财产部分执行的若干规定》(法释〔2014〕13号)对涉案财物处置的有关问题作了规定。(→参见第二百七十一条—第二百七十二条所附"其他规范",第1845页)

《最高人民法院、最高人民检察院、公安部关于办理非法集资刑事案件适用法律若干问题的意见》(公通字〔2014〕16号)"**五、关于涉案财物的追缴和处置问题**"对涉案财物处置的有关问题作了规定。(→参见第一百零一条所附"其他规范",第684页)

《中共中央办公厅、国务院办公厅关于进一步规范刑事诉讼涉案财物处置工作的意见》(中办发〔2015〕7号)对进一步规范刑事诉讼涉案财物处置工作提出了相关要求。(→参见第二编"立案、侦查和提起公诉",第二章"侦查"、第六节"查封、扣押物证、书证"标题下所附"其他规范",第938页)

《人民检察院刑事诉讼涉案财物管理规定》(高检发〔2015〕6号)

第一章 总 则

第一条 为了贯彻落实中央关于规范刑事诉讼涉案财物处置工作的要求,进一步规范人民检察院刑事诉讼涉案财物管理工作,提高司法水平和办案质量,保护公民、法人和其他组织的合法权益,根据刑法、刑事诉讼法、《人民检察院刑事诉讼规则(试行)》,结合检察工作实际,制定本规定。

第二条 本规定所称人民检察院刑事诉讼涉案财物,是指人民检察院在刑事诉讼过程中查封、扣押、冻结的与案件有关的财物及其孳息以及从其他办案机关接收的财物及其孳息,包括犯罪嫌疑人的违法所得及其孳息、供犯罪所用的财物、非法持有的违禁品以及其他与案件有关的财物及其孳息。

第三条 违法所得的一切财物,应当予以追缴或者责令退赔。对被害人的合法财产,应当依照有关规定返还。违禁品和供犯罪所用的财物,应当予以查封、扣押、冻结,并依法处理。

第四条 人民检察院查封、扣押、冻结、保管、处理涉案财物,必须严格依照刑事诉讼法、《人民检察院刑事诉讼规则(试行)》以及其他相关规定进行。不得查封、扣押、冻结与案件无关的财物。凡查封、扣押、冻结的财物,都应当及时进行审查;经查明确实与案件无关的,应当在三日内予以解除、退还,并通知有关当事人。

严禁以虚假立案或者其他非法方式采取查封、扣押、冻结措施。对涉案单位违规的账外资金但与案件无关的,不得查封、扣押、冻结,可以通知有关主管机关或者其上级单位处理。

查封、扣押、冻结涉案财物,应当为犯罪嫌疑人、被告人及其所扶养的亲属保留必需的生活费用和物品,减少对涉案单位正常办公、生产、经营等活动的影响。

第五条 严禁在立案之前查封、扣押、冻结财物。立案之前发现涉嫌犯罪的财物,符合立案条件的,应当及时立案,并采取查封、扣押、冻结措施,以保全证据和防止涉案财物转移、损毁。

个人或者单位在立案之前向人民检察院自首时携带涉案财物的,人民检察院可以根据管辖规定先行接收,并向自首人开具接收凭证,根据立案和侦查情况决定是否查封、扣押、冻结。

人民检察院查封、扣押、冻结涉案财物后,应当对案件及时进行侦查,不得在无法定理由情况下撤销案件或者停止对案件的侦查。

第六条 犯罪嫌疑人到案后,其亲友受犯罪嫌疑人委托或者主动代为向检察机关退还或者赔偿涉案财物的,参照《人民检察院刑事诉讼规则(试行)》关于查封、扣押、冻结的相关程序办理。符合相关条件的,人民检察院应当开具查封、扣押、冻结决定书,并由检察人员、代为退还或者赔偿的人员和有关规定要求的其他人员在清单上签名或者盖章。

代为退还或者赔偿的人员应当在清单上注明系受犯罪嫌疑人委托或者主动代为犯罪嫌疑人退还或者赔偿。

第七条 人民检察院实行查封、扣押、冻结、处理涉案财物与保管涉案财物相分离的原则,办案部门与案件管理、计划财务装备等部门分工负责、互相配合、互相制约。侦查监督、公诉、控告检察、刑事申诉检察等部门依照刑事诉讼法和其他相关规定对办案部门查封、扣押、冻结、保管、处理涉案财物等活动进行监督。

办案部门负责对涉案财物依法进行查封、扣押、冻结、处理,并对依照本规定第十条第二款、第十二条不移送案件管理部门或者不存入唯一合规账户的涉案财物进行管理;案件管理部门负责对办案部门和其他办案机关移送的涉案物品进行保管,并依照有关规定对查封、扣押、冻结、处理涉案财物工作进行监督管理;计划财务装备部门负责对存入唯一合规账户的扣押款项进行管理。

人民检察院监察部门依照有关规定对查封、扣押、冻结、保管、处理涉案财物工作进行监督。

第八条 人民检察院查封、扣押、冻结、处理涉案财物,应当使用最高人民检察院统一制定的法律文书,填写必须规范、完整。禁止使用不符合规定的文书查封、扣押、冻结、处理涉案财物。

第九条 查封、扣押、冻结、保管、处理涉及国家秘密、商业秘密、个人隐私的财物,应当严格遵守有关保密规定。

第二章 涉案财物的移送与接收

第十条 人民检察院办案部门查封、扣押、冻结涉案财物及其孳息后,应当及时按照下列情形分别办理,至迟不得超过三日,法律和有关规定另有规定的除外:

(一)将扣押的款项存入唯一合规账户;

(二)将扣押的物品和相关权利证书、支付凭证以及具有一定特征能够证明案情的现金等,送案件管理部门入库保管;

(三)将查封、扣押、冻结涉案财物的清单和扣押款项存入唯一合规账户的存款凭证等,送案件管理部门登记;案件管理部门应当对存款凭证复印保存,并将原件送计划财务装备部门。

扣押的款项或者物品因特殊原因不能按时存入唯一合规账户或者送案件管理部门保管的,经检察长批准,可以由办案部门暂时保管,在原因消除后及时存入或者移交,但应当将扣押清单和相关权利证书、支付凭证等依照本条第一款规定的期限送案件管理部门登记、保管。

第十一条 案件管理部门接收人民检察院办案部门移送的涉案财物或者清单时,应当审查是否符合下列要求:

(一)有立案决定书和相应的查封、扣押、冻结法律文书以及查封、扣押清单,并填写规范、完整,符合相关要求;

(二)移送的财物与清单相符;

(三)移送的扣押物品清单,已经依照《人民检察院刑事诉讼规则(试行)》有关扣押的规定注明扣押财物的主要特征;

(四)移送的外币、金银珠宝、文物、名贵字画以及其他不易辨别真伪的贵重物品,已经依照《人民检察院刑事诉讼规则(试行)》有关扣押的规定予以密封,检察人员、见证人和被扣押物品持有人在密封材料上签名或者盖章,经过鉴定的,附有鉴定意见复印件;

(五)移送的存折、信用卡、有价证券等支付凭证和具有一定特征能够证明案情的现金,已经依照《人民检察院刑事诉讼规则(试行)》有关扣押的规定予以密封,注明特征、编号、种类、面值、张数、金额等,检察人员、见证人和被扣押物品持有人在密封材料上签名或者盖章;

(六)移送的查封清单,已经依照《人民检察院刑事诉讼规则(试行)》有关查封的规定注明相关财物的详细地址和相关特征,检察人员、见证人和持有人签名或者盖章,注明已经拍照或者录像及其权利证书是否已被扣押,注明财物被查封后由办案部门保管或者交持有人或者其近亲属保管,注明查封决定书副本已送达相关的财物登记、管理部门等。

第十二条 人民检察院办案部门查封、扣押的下列涉案财物不移送案件管理部门保管,由办案部门拍照或者录像后妥善管理或者及时按照有关规定处理:

(一)查封的不动产和置于该不动产上不宜移动的设施等财物,以及涉案的车辆、船舶、航空器和大型机械、设备等财物,及时依照《人民检察院刑事诉讼规则(试行)》有关查封、扣押的规定扣押相关权利证书,将查封决定书副本送达有关登记、管理部门,并告知其在查封期间禁止办理抵押、转让、出售等权属关系变更、转移登记手续;

(二)珍贵文物、珍贵动物及其制品、珍稀植物及其制品,按照国家有关规定移送主管机关;

(三)毒品、淫秽物品等违禁品,及时移送有关主管机关,或者根据办案需要严格封存,不得擅自使用或者扩散;

(四)爆炸性、易燃性、放射性、毒害性、腐蚀性等危险品,及时移送有关部门或者根据办案需要委托有关主管机关妥善保管;

(五)易损毁、灭失、变质等不宜长期保存的物品,易贬值的汽车、船艇等物品,经权利人同意或者申请,并经检察长批准,可以及时委托有关部门先行变卖、拍卖,所得款项存入唯一合规账户。先行变卖、拍卖应当做到公开、公平。

人民检察院办案部门依照前款规定不将涉案财物移送案件管理部门保管的,应当将查封、扣押清单以及相关权利证书、支付凭证等依照本规定第十条第一款的规定送案件管理部门登记、保管。

第十三条 人民检察院案件管理部门接收其他办案机关随案移送的涉案财物的,参照本规定第十一条、第十二条的规定进行审查和办理。

对移送的物品、权利证书、支付凭证以及具备一定特征能够证明案情的现金,案件管理部门审查后认为符合要求的,予以接收并入库保管。对移送的涉案款项,由其他办案机关存入检察机关指定的唯一合规账户,案件管理部门对转账凭证进行登记并联系计划财务装备部门进行核对。其他办案机关直接移送现金的,案件管理部门可以告知其存入指定的唯一合规账户,也可以联系计划财务装备部门清点、接收并及时存入唯一合规账户。计划财务装备部门应当在收到款项后三日以内将收款凭证复印件送案件管理部门登记。

对于其他办案机关移送审查起诉时随案移送的有关实物,案件管理部门经商公诉部门后,认为属于不宜移送的,可以依照刑事诉讼法第二百三十四条第一款、第二款的规定,只接收清单、照片或者其他证明文件。必要时,人民检察院案件管理部门可以会同公诉部门与其他办案机关相关部门进行沟通协商,确定不随案移送的实物。

第十四条 案件管理部门应当指定专门人员,负责有关涉案财物的接收、管理和相关信息录入工作。

第十五条 案件管理部门接收密封的涉案财物,一般不进行拆封。移送部门或者案件管理部门认为有必要拆封的,由移送人员和接收人员共同启封、检查、重新密封,并对全过程进行录像。根据《人民检察院刑事诉讼规则(试行)》有关扣押的规定应当予以密封的涉案财物,启封、检查、重新密封时应当依照规定有见证人、持有人或者单位负责人等在场并签名或者盖章。

第十六条 案件管理部门对于接收的涉案财物、清单及其他相关材料,认为符合条件的,应当及时在移送清单上签字并制作入库清单,办理入库手续。认为不符合条件的,应当将原因告知移送单位,由移送单位及时补送相关材料,或者按照有关规定进行补正或者作出合理解释。

第三章 涉案财物的保管

第十七条 人民检察院对于查封、扣押、冻结的涉案财物及其孳息,应当如实登记,妥善保管。

第十八条 人民检察院计划财务装备部门对扣押款项及其孳息应当逐案设立明细账,严格收付手续。

计划财务装备部门应当定期对唯一合规账户的资金情况进行检查,确保账实相符。

第十九条 案件管理部门对收到的物品应当建账设卡,一案一账,一物一卡(码)。对于贵重物品和细小物品,根据物品种类实行分袋、分件、分箱设卡和保管。

案件管理部门应当定期对涉案物品进行检查,确保账实相符。

第二十条 涉案物品专用保管场所应当符合下列防火、防盗、防潮、防尘等要求:

(一)安装防盗门窗、铁柜和报警器、监视器;

(二)配备必要的储物格、箱、袋等设备设施;

(三)配备必要的除湿、调温、密封、防霉变、防腐烂等设备设施;

(四)配备必要的计量、鉴定、辨认等设备设施;

（五）需要存放电子存储介质类物品的,应当配备防磁柜;

（六）其他必要的设备设施。

第二十一条 人民检察院办案部门人员需要查看、临时调用涉案财物的,应当经办案部门负责人批准;需要移送、处理涉案财物的,应当经检察长批准。案件管理部门对于审批手续齐全的,应当办理查看、出库手续并认真登记。

对于密封的涉案财物,在查看、出库、归还时需要拆封的,应当遵守本规定第十五条的要求。

第四章　涉案财物的处理

第二十二条 对于查封、扣押、冻结的涉案财物及其孳息,除按照有关规定返还被害人或者经查明确实与案件无关的以外,不得在诉讼程序终结之前上缴国库或者作其他处理。法律和有关规定另有规定的除外。

在诉讼过程中,对权属明确的被害人合法财产,凡返还不损害其他被害人或者利害关系人的利益、不影响诉讼正常进行的,人民检察院应当依法及时返还。权属有争议的,应当在决定撤销案件、不起诉或者由人民法院判决时一并处理。

在扣押、冻结期间,权利人申请出售被扣押、冻结的债券、股票、基金份额等财产的,以及扣押、冻结的汇票、本票、支票的有效期即将届满的,人民检察院办案部门应当依照《人民检察院刑事诉讼规则(试行)》的有关规定及时办理。

第二十三条 人民检察院作出撤销案件决定、不起诉决定或者收到人民法院作出的生效判决、裁定后,应当在三十日以内对涉案财物作出处理。情况特殊的,经检察长批准,可以延长三十日。

前款规定的对涉案财物的处理工作,人民检察院决定撤销案件的,由侦查部门负责办理;人民检察院决定不起诉或者人民法院作出判决、裁定的案件,由公诉部门负责办理;对人民检察院直接立案侦查的案件,公诉部门可以要求侦查部门协助配合。

人民检察院按照本规定第五条第二款的规定先行接收涉案财物,如果决定不予立案的,侦查部门应当按照本条第一款规定的期限对先行接收的财物作出处理。

第二十四条 处理由案件管理部门保管的涉案财物,办案部门应当持经检察长批准的相关文书或者报告,到案件管理部门办理出库手续;处理存入唯一合规账户的涉案款项,办案部门应当持经检察长批准的相关文书或者报告,经案件管理部门办理出库手续后,到计划财务装备部门办理提现或者转账手续。案件管理部门或者计划财务装备部门对于符合审批手续的,应当及时办理。

对于依照本规定第十条第二款、第十二条的规定未移交案件管理部门保管或者未存入唯一合规账户的涉案财物,办案部门应当依照本规定第二十三条规定的期限报经检察长批准后及时作出处理。

第二十五条 对涉案财物,应当严格依照有关规定,区分不同情形,及时作出相应处理:

(一)因犯罪嫌疑人死亡而撤销案件、决定不起诉,依照刑法规定应当追缴其违法所得及其他涉案财产的,应当按照《人民检察院刑事诉讼规则(试行)》有关犯罪嫌疑人逃匿、死亡案件违法所得的没收程序的规定办理;对于不需要追缴的涉案财物,应当依照本规定第二十三条规定的期限及时返还犯罪嫌疑人、被不起诉人的合法继承人;

(二)因其他原因撤销案件、决定不起诉,对于查封、扣押、冻结的犯罪嫌疑人违法所得及其他涉案财产需要没收的,应当依照《人民检察院刑事诉讼规则(试行)》有关撤销案件时处理犯罪嫌疑人违法所得的规定提出检察建议或者依照刑事诉讼法第一百七十三条第三款的规定提出检察意见,移送有关主管机关处理;未认定为需要没收并移送有关主管机关处理的涉案财物,应当依照本规定第二十三条规定的期限及时返还犯罪嫌疑人、被不起诉人;

(三)提起公诉的案件,在人民法院作出生效判决、裁定后,对于冻结在金融机构的涉案财产,由人民法院通知该金融机构上缴国库;对于查封、扣押且依法未随案移送人民法院的涉案财物,人民检察院根据人民法院的判决、裁定上缴国库;

(四)人民检察院侦查部门移送审查起诉的案件,起诉意见书中未认定为与犯罪有关的涉案财物;提起公诉的案件,起诉书中未认定或者起诉书认定但人民法院生效判决、裁定中未认定为与犯罪有关的涉案财物,应当依照本条第二项的规定移送有关主管机关处理或者及时返还犯罪嫌疑人、被不起诉人、被告人;

(五)对于需要返还被害人的查封、扣押、冻结涉案财物,应当按照有关规定予以返还。

人民检察院应当加强与人民法院、公安机关、国家安全机关的协调配合,共同研究解决涉案财物处理工作中遇到的突出问题,确保司法工作顺利进行,切实保障当事人合法权益。

第二十六条 对于应当返还被害人的查封、扣押、冻结涉案财物,无人认领的,应当公告通知。公告满六个月无人认领的,依法上缴国库。上缴国库后有人认领,经查证属实的,人民检察院应当向人民政府财政部门申请退库予以返还。原物已经拍卖、变卖的,应当退回价款。

第二十七条 对于贪污、挪用公款等侵犯国有资产犯罪案件中查封、扣押、冻结的涉案财物，除人民法院判决上缴国库的以外，应当归还原单位或者原单位的权利义务继受单位。犯罪金额已经作为损失核销或者原单位已不存在且无权利义务继受单位的，应当上缴国库。

第二十八条 查封、扣押、冻结的涉案财物应当依法上缴国库或者返还有关单位和个人的，如果有孳息，应当一并上缴或者返还。

第五章 涉案财物工作监督

第二十九条 人民检察院监察部门应当对本院和下级人民检察院的涉案财物工作进行检查或者专项督察，每年至少一次，并将结果在本辖区范围内予以通报。发现违纪违法问题的，应当依照有关规定作出处理。

第三十条 人民检察院案件管理部门可以通过受案审查、流程监控、案件质量评查、检察业务考评等途径，对本院和下级人民检察院的涉案财物工作进行监督管理。发现违法违规问题的，应当依照有关规定督促相关部门依法及时处理。

第三十一条 案件管理部门在涉案财物管理工作中，发现办案部门或者办案人员有下列情形之一的，可以进行口头提示；对于违规情节较重的，应当发送案件流程监控通知书；认为需要追究纪律或者法律责任的，应当移送本院监察部门处理或者向检察长报告：

（一）查封、扣押、冻结的涉案财物与清单存在不一致，不能作出合理解释或者说明的；

（二）查封、扣押、冻结涉案财物时，未按照有关规定进行密封、签名或者盖章，影响案件办理的；

（三）查封、扣押、冻结涉案财物后，未及时存入唯一合规账户、办理入库保管手续，或者未及时向案件管理部门登记，不能作出合理解释或者说明的；

（四）在立案之前采取查封、扣押、冻结措施的，或者未依照有关规定开具法律文书而采取查封、扣押、冻结措施的；

（五）对明知与案件无关的财物采取查封、扣押、冻结措施的，或者对经查明确实与案件无关的财物仍不解除查封、扣押、冻结或者不予退还的，或者应当将被查封、扣押、冻结的财物返还被害人而不返还的；

（六）违反有关规定，在诉讼程序依法终结之前将涉案财物上缴国库或者作其他处理的；

（七）在诉讼程序依法终结之后，未按照有关规定及时、依法处理涉案财物，经督促后仍不及时、依法处理的；

（八）因不负责任造成查封、扣押、冻结的涉案财物丢失、损毁或者泄密的；

（九）贪污、挪用、截留、私分、调换、违反规定使用查封、扣押、冻结的涉案财物的；

(十)其他违反法律和有关规定的情形。人民检察院办案部门收到案件管理部门的流程监控通知书后，应当在十日以内将核查情况书面回复案件管理部门。

人民检察院侦查监督、公诉、控告检察、刑事申诉检察等部门发现本院办案部门有本条第一款规定的情形的，应当依照刑事诉讼法和其他相关规定履行监督职责。案件管理部门发现办案部门有上述情形，认为有必要的，可以根据案件办理所处的诉讼环节，告知侦查监督、公诉、控告检察或者刑事申诉检察等部门。

第三十二条　人民检察院查封、扣押、冻结、保管、处理涉案财物，应当按照有关规定做好信息查询和公开工作，并为当事人和其他诉讼参与人行使权利提供保障和便利。善意第三人等案外人与涉案财物处理存在利害关系的，人民检察院办案部门应当告知其相关诉讼权利。

当事人及其法定代理人和辩护人、诉讼代理人、利害关系人对人民检察院的查封、扣押、冻结不服或者对人民检察院撤销案件决定、不起诉决定中关于涉案财物的处理部分不服的，可以依照刑事诉讼法和《人民检察院刑事诉讼规则（试行）》的有关规定提出申诉或者控告；人民检察院控告检察部门对申诉或者控告应当依照有关规定及时受理和审查办理并反馈处理结果。人民检察院提起公诉的案件，被告人、自诉人、附带民事诉讼的原告人和被告人对涉案财物处理决定不服的，可以依照有关规定就财物处理部分提出上诉，被害人或者其他利害关系人可以依照有关规定请求人民检察院抗诉。

第三十三条　人民检察院刑事申诉检察部门在办理国家赔偿案件过程中，可以向办案部门调查核实相关查封、扣押、冻结等行为是否合法。国家赔偿决定对相关涉案财物作出处理的，有关办案部门应当及时执行。

第三十四条　人民检察院查封、扣押、冻结、保管、处理涉案财物，应当接受人民监督员的监督。

第三十五条　人民检察院及其工作人员在查封、扣押、冻结、保管、处理涉案财物工作中违反相关规定的，应当追究纪律责任；构成犯罪的，应当依法追究刑事责任；导致国家赔偿的，应当依法向有关责任人员追偿。

第六章　附　则

第三十六条　对涉案财物的保管、鉴定、估价、公告等支付的费用，列入人民检察院办案(业务)经费，不得向当事人收取。

第三十七条　本规定所称犯罪嫌疑人、被告人、被害人，包括自然人、单位。

第三十八条　本规定所称有关主管机关，是指对犯罪嫌疑人违反法律、法规的行为以及对有关违禁品、危险品具有行政管理、行政处罚、行政处分权限的机关和纪检监察部门。

第三十九条 本规定由最高人民检察院解释。

第四十条 本规定自公布之日起施行。最高人民检察院2010年5月9日公布的《人民检察院扣押、冻结涉案款物工作规定》同时废止。

《公安机关涉案财物管理若干规定》（公通字〔2015〕21号，自2015年9月1日起施行）

第一章 总 则

第一条 为进一步规范公安机关涉案财物管理工作，保护公民、法人和其他组织的合法财产权益，保障办案工作依法有序进行，根据有关法律、法规和规章，制定本规定。

第二条 本规定所称涉案财物，是指公安机关在办理刑事案件和行政案件过程中，依法采取查封、扣押、冻结、扣留、调取、先行登记保存、抽样取证、追缴、收缴等措施提取或者固定，以及从其他单位和个人接收的与案件有关的物品、文件和款项，包括：

（一）违法犯罪所得及其孳息；

（二）用于实施违法犯罪行为的工具；

（三）非法持有的淫秽物品、毒品等违禁品；

（四）其他可以证明违法犯罪行为发生、违法犯罪行为情节轻重的物品和文件。

第三条 涉案财物管理实行办案与管理相分离、来源去向明晰、依法及时处理、全面接受监督的原则。

第四条 公安机关管理涉案财物，必须严格依法进行。任何单位和个人不得贪污、挪用、私分、调换、截留、坐支、损毁、擅自处理涉案财物。

对于涉及国家秘密、商业秘密、个人隐私的涉案财物，应当保密。

第五条 对涉案财物采取措施，应当严格依照法定条件和程序进行，履行相关法律手续，开具相应法律文书。严禁在刑事案件立案之前或者行政案件受案之前对财物采取查封、扣押、冻结、扣留措施，但有关法律、行政法规另有规定的除外。

第六条 公安机关对涉案财物采取措施后，应当及时进行审查。经查明确实与案件无关的，应当在三日以内予以解除、退还，并通知有关当事人。对与本案无关，但有证据证明涉及其他部门管辖的违纪、违法、犯罪行为的财物，应当依照相关法律规定，连同有关线索移送有管辖权的部门处理。

对涉案财物采取措施,应当为违法犯罪嫌疑人及其所扶养的亲属保留必需的生活费用和物品;根据案件具体情况,在保证侦查活动正常进行的同时,可以允许有关当事人继续合理使用有关涉案财物,并采取必要的保值保管措施,以减少侦查办案对正常办公和合法生产经营的影响。

第七条 公安机关对涉案财物进行保管、鉴定、估价、公告等,不得向当事人收取费用。

第二章 涉案财物的保管

第八条 公安机关应当完善涉案财物管理制度,建立办案部门与保管部门、办案人员与保管人员相互制约制度。

公安机关应当指定一个部门作为涉案财物管理部门,负责对涉案财物实行统一管理,并设立或者指定专门保管场所,对各办案部门经手的全部涉案财物或者价值较大、管理难度较高的涉案财物进行集中保管。涉案财物集中保管的范围,由地方公安机关根据本地区实际情况确定。

对于价值较低、易于保管,或者需要作为证据继续使用,以及需要先行返还被害人、被侵害人的涉案财物,可以由办案部门设置专门的场所进行保管。

办案部门应当指定不承担办案工作的民警负责本部门涉案财物的接收、保管、移交等管理工作;严禁由办案人员自行保管涉案财物。

第九条 公安机关应当设立或者指定账户,作为本机关涉案款项管理的唯一合规账户。

办案部门扣押涉案款项后,应当立即将其移交涉案财物管理部门。涉案财物管理部门应当对涉案款项逐案设立明细账,存入唯一合规账户,并将存款回执交办案部门附卷保存。但是,对于具有特定特征、能够证明某些案件事实而需要作为证据使用的现金,应当交由涉案财物管理部门或者办案部门涉案财物管理人员,作为涉案物品进行管理,不再存入唯一合规账户。

第十条 公安机关应当建立涉案财物集中管理信息系统,对涉案财物信息进行实时、全程录入和管理,并与执法办案信息系统关联。涉案财物管理人员应当对所有涉案财物逐一编号,并将案由、来源、财物基本情况、保管状态、场所和去向等信息录入信息系统。

第十一条 对于不同案件、不同种类的涉案财物,应当分案、分类保管。

涉案财物保管场所和保管措施应当适合被保管财物的特性,符合防火、防盗、防潮、防蛀、防磁、防腐蚀等安全要求。涉案财物保管场所应当安装视频监控设备,并配备必要的储物容器、一次性储物袋、计量工具等物品。有条件的地方,可以会同人民法院、人民检察院等部门,建立多部门共用的涉案财物管理中心，对涉案财物进行统一管理。

对于易燃、易爆、毒害性、放射性等危险物品，鲜活动植物，大宗物品，车辆、船舶、航空器等大型交通工具，以及其他对保管条件、保管场所有特殊要求的涉案财物，应当存放在符合条件的专门场所。公安机关没有具备保管条件的场所的，可以委托具有相应条件、资质或者管理能力的单位代为保管。

依法对文物、金银、珠宝、名贵字画等贵重财物采取查封、扣押、扣留等措施的，应当拍照或者录像，并及时鉴定、估价；必要时，可以实行双人保管。

未经涉案财物管理部门或者管理涉案财物的办案部门负责人批准，除保管人员以外的其他人员不得进入涉案财物保管场所。

第十二条 办案人员依法提取涉案财物后，应当在二十四小时以内按照规定将其移交涉案财物管理部门或者本部门的涉案财物管理人员，并办理移交手续。

对于采取查封、冻结、先行登记保存等措施后不在公安机关保管的涉案财物，办案人员应当在采取有关措施后的二十四小时以内，将相关法律文书和清单的复印件移交涉案财物管理人员予以登记。

第十三条 因情况紧急，需要在提取后的二十四小时以内开展鉴定、辨认、检验、检查等工作的，经办案部门负责人批准，可以在上述工作完成后的二十四小时以内将涉案财物移交涉案财物管理人员，并办理移交手续。

异地办案或者在偏远、交通不便地区办案的，应当在返回办案单位后的二十四小时以内办理移交手续；行政案件在提取后的二十四小时以内已将涉案财物处理完毕的，可以不办理移交手续，但应当将处理涉案财物的相关手续附卷保存。

第十四条 涉案财物管理人员对办案人员移交的涉案财物，应当对照有关法律文书当场查验核对、登记入册，并与办案人员共同签名。

对于缺少法律文书、法律文书对必要事项记载不全或者实物与法律文书记载严重不符的，涉案财物管理人员可以拒绝接收涉案财物，并应当要求办案人员补齐相关法律文书、信息或者财物。

第十五条 因讯问、询问、鉴定、辨认、检验、检查等办案工作需要，经办案部门负责人批准，办案人员可以向涉案财物管理人员调用涉案财物。调用结束后，应当在二十四小时以内将涉案财物归还涉案财物管理人员。

因宣传教育等工作需要调用涉案财物的，应当经公安机关负责人批准。

涉案财物管理人员应当详细登记调用人、审批人、时间、事由、期限、调用的涉案财物状况等事项。

第十六条　调用人应当妥善保管和使用涉案财物。调用人归还涉案财物时，涉案财物管理人员应当进行检查、核对。对于有损毁、短少、调换、灭失等情况的，涉案财物管理人员应当如实记录，并报告调用人所属部门负责人和涉案财物管理部门负责人。因鉴定取样等事由导致涉案财物出现合理损耗的，不需要报告，但调用人应当向涉案财物管理人员提供相应证明材料和书面说明。

调用人未按照登记的调用时间归还涉案财物的，涉案财物管理人员应当报告调用人所属部门负责人；有关负责人应当责令调用人立即归还涉案财物。确需继续调用涉案财物的，调用人应当按照原批准程序办理延期手续，并交由涉案财物管理人员留存。

第十七条　办案部门扣押、扣留涉案车辆时，应当认真查验车辆特征，并在清单或者行政强制措施凭证中详细载明当事人的基本情况、案由、厂牌型号、识别代码、牌照号码、行驶里程、重要装备、车身颜色、车辆状况等情况。

对车辆内的物品，办案部门应当仔细清点。对与案件有关，需要作为证据使用的，应当依法扣押；与案件无关的，通知当事人或者其家属、委托的人领取。

公安机关应当对管理的所有涉案车辆进行专门编号登记，严格管理，妥善保管，非因法定事由并经公安机关负责人批准，不得调用。

对船舶、航空器等交通工具采取措施和进行管理，参照前三款规定办理。

第三章　涉案财物的处理

第十八条　公安机关应当依据有关法律规定，及时办理涉案财物的移送、返还、变卖、拍卖、销毁、上缴国库等工作。

对刑事案件中作为证据使用的涉案财物，应当随案移送；对于危险品、大宗大型物品以及容易腐烂变质等不宜随案移送的物品，应当移送相关清单、照片或者其他证明文件。

第十九条　有关违法犯罪事实查证属实后，对于有证据证明权属明确且无争议的被害人、被侵害人合法财产及其孳息，凡返还不损害其他被害人、被侵害人或者利害关系人的利益，不影响案件正常办理的，应当在登记、拍照或者录像和估价后，报经县级以上公安机关负责人批准，开具发还清单并返还被害人、被侵害人。办案人员应当在案卷材料中注明返还的理由，并将原物照片、发还清单和被害人、被侵害人的领取手续存卷备查。

领取人应当是涉案财物的合法权利人或者其委托的人，办案人员或者公安机关其他工作人员不得代为领取。

第二十条　对于刑事案件依法撤销、行政案件因违法事实不能成立而作出不予行政处罚决定的，除依照法律、行政法规有关规定另行处理的以外，公安机关应当解除对涉案财物采取的相关措施并返还当事人。

人民检察院决定不起诉、人民法院作出无罪判决,涉案财物由公安机关管理的,公安机关应当根据人民检察院的书面通知或者人民法院的生效判决,解除对涉案财物采取的相关措施并返还当事人。

人民法院作出有罪判决,涉案财物由公安机关管理的,公安机关应当根据人民法院的生效判决,对涉案财物作出处理。人民法院的判决没有明确涉案财物如何处理的,公安机关应当征求人民法院意见。

第二十一条 对于因自身材质原因易损毁、灭失、腐烂、变质而不宜长期保存的食品、药品及其原材料等物品,长期不使用容易导致机械性能下降、价值贬损的车辆、船舶等物品,市场价格波动大的债券、股票、基金份额等财产和有效期即将届满的汇票、本票、支票等,权利人明确的,经其本人书面同意或者申请,并经县级以上公安机关主要负责人批准,可以依法变卖、拍卖,所得款项存入本单位唯一合规账户;其中,对于冻结的债券、股票、基金份额等财产,有对应的银行账户的,应当将变现后的款项继续冻结在对应账户中。

对涉案财物的变卖、拍卖应当坚持公开、公平原则,由县级以上公安机关商本级人民政府财政部门统一组织实施,严禁暗箱操作。

善意第三人等案外人与涉案财物处理存在利害关系的,公安机关应当告知其相关诉讼权利。

第二十二条 公安机关在对违法行为人、犯罪嫌疑人依法作出限制人身自由的处罚或者采取限制人身自由的强制措施时,对其随身携带的与案件无关的财物,应当按照《公安机关代为保管涉案人员随身财物若干规定》有关要求办理。

第二十三条 对于违法行为人、犯罪嫌疑人或者其家属、亲友给予被害人、被侵害人退、赔款物的,公安机关应当通知其向被害人、被侵害人或者其家属、委托的人直接交付,并将退、赔情况及时书面告知公安机关。公安机关不得将退、赔款物作为涉案财物扣押或者暂存,但需要作为证据使用的除外。

被害人、被侵害人或者其家属、委托的人不愿意当面接收的,经其书面同意或者申请,公安机关可以记录其银行账号,通知违法行为人、犯罪嫌疑人或者其家属、亲友将退、赔款项汇入该账户。

公安机关应当将双方的退赔协议或者交付手续复印附卷保存,并将退赔履行情况记录在案。

第四章 监督与救济

第二十四条 公安机关应当将涉案财物管理工作纳入执法监督和执法质量

考评范围;定期或者不定期组织有关部门对本机关及办案部门负责管理的涉案财物进行核查,防止涉案财物损毁、灭失或者被挪用、不按规定及时移交、移送、返还、处理等;发现违法采取措施或者管理不当的,应当责令有关部门及时纠正。

第二十五条　公安机关纪检、监察、警务督察、审计、装备财务、警务保障、法制等部门在各自职权范围内对涉案财物管理工作进行监督。

公安机关负责人在审批案件时,应当对涉案财物情况一并进行严格审查,发现对涉案财物采取措施或者处理不合法、不适当的,应当责令有关部门立即予以纠正。

法制部门在审核案件时,发现对涉案财物采取措施或者处理不合法、不适当的,应当通知办案部门及时予以纠正。

第二十六条　办案人员有下列行为之一的,应当根据其行为的情节和后果,依照有关规定追究责任;涉嫌犯罪的,移交司法机关依法处理:

(一)对涉案财物采取措施违反法定程序的;

(二)对明知与案件无关的财物采取查封、扣押、冻结等措施的;

(三)不按照规定向当事人出具有关法律文书的;

(四)提取涉案财物后,在规定的时限内无正当理由不向涉案财物管理人员移交涉案财物的;

(五)擅自处置涉案财物的;

(六)依法应当将有关财物返还当事人而拒不返还,或者向当事人及其家属等索取费用的;

(七)因故意或者过失,致使涉案财物损毁、灭失的;

(八)其他违反法律规定的行为。

案件审批人、审核人对于前款规定情形的发生负有责任的,依照前款规定处理。

第二十七条　涉案财物管理人员不严格履行管理职责,有下列行为之一的,应当根据其行为的情节和后果,依照有关规定追究责任;涉嫌犯罪的,移交司法机关依法处理:

(一)未按照规定严格履行涉案财物登记、移交、调用等手续的;

(二)因故意或者过失,致使涉案财物损毁、灭失的;

(三)发现办案人员不按照规定移交、使用涉案财物而不及时报告的;

(四)其他不严格履行管理职责的行为。

调用人有前款第一项、第二项行为的,依照前款规定处理。

第二十八条　对于贪污、挪用、私分、调换、截留、坐支、损毁涉案财物,以及在涉案财物拍卖、变卖过程中弄虚作假、中饱私囊的有关领导和直接责任人员，应当依照有关规定追究责任；涉嫌犯罪的，移交司法机关依法处理。

第二十九条 公安机关及其工作人员违反涉案财物管理规定，给当事人造成损失的，公安机关应当依法予以赔偿，并责令有故意或者重大过失的有关领导和直接责任人员承担部分或者全部赔偿费用。

第三十条 在对涉案财物采取措施、管理和处置过程中，公安机关及其工作人员存在违法违规行为，损害当事人合法财产权益的，当事人和辩护人、诉讼代理人、利害关系人有权向公安机关提出投诉、控告、举报、复议或者国家赔偿。公安机关应当依法及时受理，并依照有关规定进行处理；对于情况属实的，应当予以纠正。

上级公安机关发现下级公安机关存在前款规定的违法违规行为，或者对投诉、控告、举报或者复议事项不按照规定处理的，应当责令下级公安机关限期纠正，下级公安机关应当立即执行。

第五章 附 则

第三十一条 各地公安机关可以根据本规定，结合本地和各警种实际情况，制定实施细则，并报上一级公安机关备案。

第三十二条 本规定自2015年9月1日起施行。2010年11月4日印发的《公安机关涉案财物管理若干规定》（公通字〔2010〕57号）同时废止。公安部此前制定的有关涉案财物管理的规范性文件与本规定不一致的，以本规定为准。

《全国部分法院审理黑社会性质组织犯罪案件工作座谈会纪要》（最高人民法院，法〔2015〕291号）"五、关于黑社会性质组织犯罪案件审判工作相关问题""（一）涉案财产的处置问题"对涉案财物处置的有关问题作了规定。（→参见第一百八十六条所附"其他规范"，第1340页）

《最高人民法院、最高人民检察院、公安部关于办理电信网络诈骗等刑事案件适用法律若干问题的意见》（法发〔2016〕32号）"七、涉案财物的处理"对涉案财物处置的有关问题作了规定。（→参见第二十五条所附"其他规范"，第212页）

《最高人民法院、最高人民检察院、公安部、司法部关于办理黑恶势力刑事案件中财产处置若干问题的意见》（高检发〔2019〕6号，自2019年4月9日起施行）

为认真贯彻中央关于开展扫黑除恶专项斗争的重大决策部署，彻底铲除黑恶势力犯罪的经济基础，根据刑法、刑事诉讼法及最高人民法院、最高人民检察院、公安部、司法部《关于办理黑恶势力犯罪案件若干问题的指导意见》（法发

〔2018〕1号)等规定,现对办理黑恶势力刑事案件中财产处置若干问题提出如下意见:

一、总体工作要求

1. 公安机关、人民检察院、人民法院在办理黑恶势力犯罪案件时,在查明黑恶势力组织违法犯罪事实并对黑恶势力成员依法定罪量刑的同时,要全面调查黑恶势力组织及其成员的财产状况,依法对涉案财产采取查询、查封、扣押、冻结等措施,并根据查明的情况,依法作出处理。

前款所称处理既包括对涉案财产中犯罪分子违法所得、违禁品、供犯罪所用的本人财物以及其他等值财产等依法追缴、没收,也包括对被害人的合法财产等依法返还。

2. 对涉案财产采取措施,应当严格依照法定条件和程序进行。严禁在立案之前查封、扣押、冻结财物。凡查封、扣押、冻结的财物,都应当及时进行审查,防止因程序违法、工作瑕疵等影响案件审理以及涉案财产处置。

3. 对涉案财产采取措施,应当为犯罪嫌疑人、被告人及其所扶养的亲属保留必需的生活费用和物品。

根据案件具体情况,在保证诉讼活动正常进行的同时,可以允许有关人员继续合理使用有关涉案财产,并采取必要的保值保管措施,以减少案件办理对正常办公和合法生产经营的影响。

4. 要彻底摧毁黑社会性质组织的经济基础,防止其死灰复燃。对于组织者、领导者一般应当并处没收个人全部财产。对于确属骨干成员或者为该组织转移、隐匿资产的积极参加者,可以并处没收个人全部财产。对于其他组织成员,应当根据所参与实施违法犯罪活动的次数、性质、地位、作用、违法所得数额以及造成损失的数额等情节,依法决定财产刑的适用。

5. 要深挖细查并依法打击黑恶势力组织进行的洗钱以及掩饰、隐瞒犯罪所得、犯罪所得收益等转变涉案财产性质的关联犯罪。

二、依法采取措施全面收集证据

6. 公安机关侦查期间,要根据《公安机关办理刑事案件适用查封、冻结措施相关规定》(公通字〔2013〕30号)等有关规定,会同有关部门全面调查黑恶势力及其成员的财产状况,并可以根据诉讼需要,先行依法对下列财产采取查询、查封、扣押、冻结等措施:

(1)黑恶势力组织的财产;

(2)犯罪嫌疑人个人所有的财产;

(3)犯罪嫌疑人实际控制的财产;

(4)犯罪嫌疑人出资购买的财产;
(5)犯罪嫌疑人转移至他人名下的财产;
(6)犯罪嫌疑人涉嫌洗钱以及掩饰、隐瞒犯罪所得、犯罪所得收益等犯罪涉及的财产;
(7)其他与黑恶势力组织及其违法犯罪活动有关的财产。

7. 查封、扣押、冻结已登记的不动产、特定动产及其他财产,应当通知有关登记机关,在查封、扣押、冻结期间禁止被查封、扣押、冻结的财产流转,不得办理被查封、扣押、冻结财产权属变更、抵押等手续。必要时可以提取有关产权证照。

8. 公安机关对于采取措施的涉案财产,应当全面收集证明其来源、性质、用途、权属及价值的有关证据,审查判断是否应当依法追缴、没收。

证明涉案财产来源、性质、用途、权属及价值的有关证据一般包括:
(1)犯罪嫌疑人、被告人关于财产来源、性质、用途、权属、价值的供述;
(2)被害人、证人关于财产来源、性质、用途、权属、价值的陈述、证言;
(3)财产购买凭证、银行往来凭证、资金注入凭据、权属证明等书证;
(4)财产价格鉴定、评估意见;
(5)可以证明财产来源、性质、用途、权属、价值的其他证据。

9. 公安机关对应当依法追缴、没收的财产中黑恶势力组织及其成员聚敛的财产及其孳息、收益的数额,可以委托专门机构评估;确实无法准确计算的,可以根据有关法律规定及查明的事实、证据合理估算。

人民检察院、人民法院对于公安机关委托评估、估算的数额有不同意见的,可以重新委托评估、估算。

10. 人民检察院、人民法院根据案件诉讼的需要,可以依法采取上述相关措施。

三、准确处置涉案财产

11. 公安机关、人民检察院应当加强对在案财产审查甄别。在移送审查起诉、提起公诉时,一般应当对采取措施的涉案财产提出处理意见建议,并将采取措施的涉案财产及其清单随案移送。

人民检察院经审查,除对随案移送的涉案财产提出处理意见外,还需要对继续追缴的尚未被足额查封、扣押的其他违法所得提出处理意见建议。

涉案财产不宜随案移送的,应当按照相关法律、司法解释的规定,提供相应的清单、照片、录像、封存手续、存放地点说明、鉴定、评估意见、变价处理凭证等材料。

12. 对于不宜查封、扣押、冻结的经营性财产,公安机关、人民检察院、人民法院可以申请当地政府指定有关部门或者委托有关机构代管或者托管。

对易损毁、灭失、变质等不宜长期保存的物品，易贬值的汽车、船艇等物品，或者市场价格波动大的债券、股票、基金等财产，有效期即将届满的汇票、本票、支票等，经权利人同意或者申请，并经县级以上公安机关、人民检察院或者人民法院主要负责人批准，可以依法出售、变现或者先行变卖、拍卖，所得价款由扣押、冻结机关保管，并及时告知当事人或者其近亲属。

13. 人民检察院在法庭审理时应当对证明黑恶势力犯罪涉案财产情况进行举证质证，对于既能证明具体个罪又能证明经济特征的涉案财产情况相关证据在具体个罪中出示后，在经济特征中可以简要说明，不再重复出示。

14. 人民法院作出的判决，除应当对随案移送的涉案财产作出处理外，还应当在判决书中写明需要继续追缴尚未被足额查封、扣押的其他违法所得；对随案移送财产进行处理时，应当列明相关财产的具体名称、数量、金额、处置情况等。涉案财产或者有关当事人人数较多，不宜在判决书正文中详细列明的，可以概括叙述并另附清单。

15. 涉案财产符合下列情形之一的，应当依法追缴、没收：

（1）黑恶势力组织及其成员通过违法犯罪活动或者其他不正当手段聚敛的财产及其孳息、收益；

（2）黑恶势力组织成员通过个人实施违法犯罪活动聚敛的财产及其孳息、收益；

（3）其他单位、组织、个人为支持该黑恶势力组织活动资助或者主动提供的财产；

（4）黑恶势力组织及其成员通过合法的生产、经营活动获取的财产或者组织成员个人、家庭合法财产中，实际用于支持该组织活动的部分；

（5）黑恶势力组织成员非法持有的违禁品以及供犯罪所用的本人财物；

（6）其他单位、组织、个人利用黑恶势力组织及其成员违法犯罪活动获取的财产及其孳息、收益；

（7）其他应当追缴、没收的财产。

16. 应当追缴、没收的财产已用于清偿债务或者转让，或者设置其他权利负担，具有下列情形之一的，应当依法追缴：

（1）第三人明知是违法犯罪所得而接受的；

（2）第三人无偿或者以明显低于市场的价格取得涉案财物的；

（3）第三人通过非法债务清偿或者违法犯罪活动取得涉案财物的；

（4）第三人通过其他方式恶意取得涉案财物的。

17. 涉案财产符合下列情形之一的,应当依法返还:

(1) 有证据证明确属被害人合法财产；

(2) 有证据证明确与黑恶势力及其违法犯罪活动无关。

18. 有关违法犯罪事实查证属实后,对于有证据证明权属明确且无争议的被害人、善意第三人或者其他人员合法财产及其孳息,凡返还不损害其他利害关系人的利益,不影响案件正常办理的,应当在登记、拍照或者录像后,依法及时返还。

四、依法追缴、没收其他等值财产

19. 有证据证明依法应当追缴、没收的涉案财产无法找到、被他人善意取得、价值灭失或者与其他合法财产混合且不可分割的,可以追缴、没收其他等值财产。

对于证明前款各种情形的证据,公安机关或者人民检察院应当及时调取。

20. 本意见第 19 条所称"财产无法找到",是指有证据证明存在依法应当追缴、没收的财产,但无法查证财产去向、下落的。被告人有不同意见的,应当出示相关证据。

21. 追缴、没收的其他等值财产的数额,应当与无法直接追缴、没收的具体财产的数额相对应。

五、其　他

22. 本意见所称孳息,包括天然孳息和法定孳息。

本意见所称收益,包括但不限于以下情形:

(1) 聚敛、获取的财产直接产生的收益,如使用聚敛、获取的财产购买彩票中奖所得收益等；

(2) 聚敛、获取的财产用于违法犯罪活动产生的收益,如使用聚敛、获取的财产赌博赢利所得收益、非法放贷所得收益、购买并贩卖毒品所得收益等；

(3) 聚敛、获取的财产投资、置业形成的财产及其收益；

(4) 聚敛、获取的财产和其他合法财产共同投资或者置业形成的财产中,与聚敛、获取的财产对应的份额及其收益；

(5) 应当认定为收益的其他情形。

23. 本意见未规定的黑恶势力刑事案件财产处置工作其他事宜,根据相关法律法规、司法解释等规定办理。

24. 本意见自 2019 年 4 月 9 日起施行。

《**打击非设关地成品油走私专题研讨会会议纪要**》(最高人民法院、最高人民检察院、海关总署,署缉发〔2019〕210 号) "五、关于**涉案货物、财产及运输工具**

的处置"对涉案财物处置的有关问题作了规定。(→参见第二编"立案、侦查和提起公诉"标题下所附"其他规范",第771页)

《最高人民法院、最高人民检察院、公安部关于刑事案件涉扶贫领域财物依法快速返还的若干规定》(高检发〔2020〕12号)

第一条 为规范扶贫领域涉案财物快速返还工作,提高扶贫资金使用效能,促进国家惠民利民政策落实,根据《中华人民共和国刑法》《中华人民共和国刑事诉讼法》等法律和有关规定,制定本规定。

第二条 本规定所称涉案财物,是指办案机关办理有关刑事案件过程中,查封、扣押、冻结的与扶贫有关的财物及孳息,以及由上述财物转化而来的财产。

第三条 对于同时符合下列条件的涉案财物,应当依法快速返还有关个人、单位或组织:

(一)犯罪事实清楚,证据确实充分;

(二)涉案财物权属关系已经查明;

(三)有明确的权益被侵害的个人、单位或组织;

(四)返还涉案财物不损害其他被害人或者利害关系人的利益;

(五)不影响诉讼正常进行或者案件公正处理;

(六)犯罪嫌疑人、被告人以及利害关系人对涉案财物快速返还没有异议。

第四条 人民法院、人民检察院、公安机关办理有关扶贫领域刑事案件,应当依法积极追缴涉案财物,对于本办案环节具备快速返还条件的,应当及时快速返还。

第五条 人民法院、人民检察院、公安机关对追缴到案的涉案财物,应当及时调查、审查权属关系。

对于权属关系未查明的,人民法院可以通知人民检察院,由人民检察院通知前一办案环节补充查证,或者由人民检察院自行补充侦查。

第六条 公安机关办理涉扶贫领域财物刑事案件期间,可以就涉案财物处理等问题听取人民检察院意见,人民检察院应当提出相关意见。

第七条 人民法院、人民检察院、公安机关认为涉案财物符合快速返还条件的,应当在作出返还决定五个工作日内返还有关个人、单位或组织。

办案机关返还涉案财物时,应当制作返还财物清单,注明返还理由,由接受个人、单位或组织在返还财物清单上签名或者盖章,并将清单、照片附卷。

第八条 公安机关、人民检察院在侦查阶段、审查起诉阶段返还涉案财物的,在案件移送人民检察院、人民法院时,应当将返还财物清单随案移送,说明返还的理由并附相关证据材料。

未快速返还而随案移送的涉案财物,移送机关应当列明权属情况、提出处理建议并附相关证据材料。

第九条 对涉案财物中易损毁、灭失、变质等不宜长期保存的物品,易贬值的汽车等物品,市场价格波动大的债券、股票、基金份额等财产,有效期即将届满的汇票、本票、支票等,经权利人同意或者申请,并经人民法院、人民检察院、公安机关主要负责人批准,可以及时依法出售、变现或者先行变卖、拍卖。所得款项依照本规定快速返还,或者按照有关规定处理。

第十条 人民法院、人民检察院应当跟踪了解有关单位和村(居)民委员会等组织对返还涉案财物管理发放情况,跟进开展普法宣传教育,对于管理环节存在漏洞的,要及时提出司法建议、检察建议,确保扶贫款物依法正确使用。

第十一条 发现快速返还存在错误的,应当由决定快速返还的机关及时纠正,依法追回返还财物;侵犯财产权的,依据《中华人民共和国国家赔偿法》第十八条及有关规定处理。

第十二条 本规定自印发之日起施行。

《罚没财物管理办法》(财政部,财税〔2020〕54号,自2021年1月1日起实施)

第一章 总 则

第一条 为规范和加强罚没财物管理,防止国家财产损失,保护自然人、法人和非法人组织的合法权益,根据《中华人民共和国预算法》、《罚款决定与罚款收缴分离实施办法》(国务院令第235号)等有关法律、行政法规规定,制定本办法。

第二条 罚没财物移交、保管、处置、收入上缴、预算管理等,适用本办法。

第三条 本办法所称罚没财物,是指执法机关依法对自然人、法人和非法人组织作出行政处罚决定、没收、追缴决定或者法院生效裁定、判决取得的罚款、罚金、违法所得、非法财物,没收的保证金、个人财产等,包括现金、有价票证、有价证券、动产、不动产和其他财产权利等。

本办法所称执法机关,是指各级行政机关、监察机关、审判机关、检察机关,法律法规授权的具有管理公共事务职能的事业单位和组织。

本办法所称罚没收入是指罚款、罚金等现金收入,罚没财物处置收入及其孳息。

第四条 罚没财物管理工作应遵循罚款决定与罚款收缴相分离,执法与保管、处置岗位相分离,罚没收入与经费保障相分离的原则。

第五条 财政部负责制定全国罚没财物管理制度,指导、监督各地区、各部门罚没财物管理工作。中央有关执法机关可以根据本办法，制定本系统罚没财物管理具体实施办法，指导本系统罚没财物管理工作。

地方各级财政部门负责制定罚没财物管理制度，指导、监督本行政区内各有关单位的罚没财物管理工作。

各级执法机关、政府公物仓等单位负责制定本单位罚没财物管理操作规范，并在本单位职责范围内对罚没财物管理履行主体责任。

第二章 移交和保管

第六条 有条件的部门和地区可以设置政府公物仓对罚没物品实行集中管理。未设置政府公物仓的，由执法机关对罚没物品进行管理。

各级执法机关、政府公物仓按照安全、高效、便捷和节约的原则，使用下列罚没仓库存放保管罚没物品：

（一）执法机关罚没物品保管仓库；

（二）政府公物仓库；

（三）通过购买服务等方式选择社会仓库。

第七条 设置政府公物仓的地区，执法机关应当在根据行政处罚决定，没收、追缴决定，法院生效裁定、判决没收物品或者公告期满后，在同级财政部门规定的期限内，将罚没物品及其他必要的证明文件、材料，移送至政府公物仓，并向财政部门备案。

第八条 罚没仓库的保管条件、保管措施、管理方式应当满足防火、防水、防腐、防疫、防盗等基础安全要求，符合被保管罚没物品的特性。应当安装视频监控、防盗报警等安全设备。

第九条 执法机关、政府公物仓应当建立健全罚没物品保管制度，规范业务流程和单据管理，具体包括：

（一）建立台账制度，对接管的罚没物品必须造册、登记，清楚、准确、全面反映罚没物品的主要属性和特点，完整记录从入库到处置全过程。

（二）建立分类保管制度，对不同种类的罚没物品，应当分类保管。对文物、文化艺术品、贵金属、珠宝等贵重罚没物品，应当做到移交、入库、保管、出库全程录音录像，并做好密封工作。

（三）建立安全保卫制度，落实人员责任，确保物品妥善保管。

（四）建立清查盘存制度，做到账实一致，定期向财政部门报告罚没物品管理情况。

第十条 罚没仓库应当凭经执法机关或者政府公物仓按管理职责批准的书面文件或者单证办理出库手续，并在登记的出库清单上列明，由经办人与提货人共同签名确认，确保出库清单与批准文件、出库罚没物品一致。

罚没仓库无正当理由不得妨碍符合出库规定和手续的罚没物品出库。

第十一条 执法机关、政府公物仓应当运用信息化手段，建立来源去向明晰、管理全程可控、全面接受监督的管理信息系统。

执法机关、政府公物仓的管理信息系统，应当逐步与财政部门的非税收入收缴系统等平台对接，实现互联互通和信息共享。

第三章 罚没财物处置

第十二条 罚没财物的处置应当遵循公开、公平、公正原则，依法分类、定期处置，提高处置效率，降低仓储成本和处置成本，实现处置价值最大化。

第十三条 各级执法机关、政府公物仓应当依照法律法规和本级人民政府规定的权限，按照本办法的规定处置罚没财物。

各级财政部门会同有关部门对本级罚没财物处置、收入收缴等进行监督，建立处置审批和备案制度。

财政部各地监管局对属地中央预算单位罚没财物的处置、收入收缴等进行监督。

第十四条 除法律法规另有规定外，容易损毁、灭失、变质、保管困难或者保管费用过高、季节性商品等不宜长期保存的物品，长期不使用容易导致机械性能下降、价值贬损的车辆、船艇、电子产品等物品，以及有效期即将届满的汇票、本票、支票等，在确定为罚没财物前，经权利人同意或者申请，并经执法机关负责人批准，可以依法先行处置；权利人不明确的，可以依法公告，公告期满后仍没有权利人同意或者申请的，可以依法先行处置。先行处置所得款项按照涉案现金管理。

第十五条 罚没物品处置前存在破损、污秽等情形的，在有利于加快处置的情况下，且清理、修复费用用低于变卖收入的，可以进行适当清理、修复。

第十六条 执法机关依法取得的罚没物品，除法律、行政法规禁止买卖的物品或者财产权利、按国家规定另行处置外，应当按照国家规定进行公开拍卖。公开拍卖应当符合下列要求：

（一）拍卖活动可以采取现场拍卖方式，鼓励有条件的部门和地区通过互联网和公共资源交易平台进行公开拍卖。

（二）公开拍卖应当委托具有相应拍卖资格的拍卖人进行，拍卖人可以通过摇珠等方式从具备资格条件的范围中选定，必要时可以选择多个拍卖人进行联合拍卖。

（三）罚没物品属于国家有强制安全标准或者涉及人民生命财产安全的，应当委托符合有关规定资格条件的检验检疫机构进行检验检测,不符合安全、卫生、质量或者动植物检疫标准的,不得进行公开拍卖。

(四)根据需要,可以采取"一物一拍"等方式对罚没物品进行拍卖。采用公开拍卖方式处置的,一般应当确定拍卖标的保留价。保留价一般参照价格认定机构或者符合资格条件的资产评估机构作出的评估价确定,也可以参照市场价或者通过互联网询价确定。

(五)公开拍卖发生流拍情形的,再次拍卖的保留价不得低于前次拍卖保留价的80%。发生3次(含)以上流拍情形的,经执法机关商同级财政部门确定后,可以通过互联网平台采取无底价拍卖或者转为其他处置方式。

第十七条 属于国家规定的专卖商品等限制流通的罚没物品,应当交由归口管理单位统一变卖,或者变卖给按规定可以接受该物品的单位。

第十八条 下列罚没物品,应当移交相关主管部门处置:

(一)依法没收的文物,应当移交国家或者省级文物行政管理部门,由其指定的国有博物馆、图书馆等文物收藏单位收藏或者按国家有关规定处置。经国家或者省级文物行政管理部门授权,市、县的文物行政管理部门或者有关国有博物馆、图书馆等文物收藏单位可以具体承办文物接收事宜。

(二)武器、弹药、管制刀具、毒品、毒具、赌具、禁止流通的易燃易爆危险品等,应当移交同级公安部门或者其他有关部门处置,或者经公安部门、其他有关部门同意,由有关执法机关依法处置。

(三)依法没收的野生动植物及其制品,应当交由野生动植物保护主管部门、海洋执法部门或者有关保护区域管理机构按规定处置,或者经有关主管部门同意,交由相关科研机构用于科学研究。

(四)其他应当移交相关主管部门处置的罚没物品。

第十九条 罚没物品难以变卖或者变卖成本大于收入,且具有经济价值或者其他价值的,执法机关应当报送同级财政部门,经同级财政部门同意后,可以赠送有关公益单位用于公益事业;没有捐赠且能够继续使用的,由同级财政部门统一管理。

第二十条 淫秽、反动物品,非法出版物,有毒有害的食品药品及其原材料,危害国家安全以及其他有社会危害性的物品,以及法律法规规定应当销毁的,应当由执法机关予以销毁。

对难以变卖且无经济价值或者其他价值的,可以由执法机关、政府公物仓予以销毁。

属于应销毁的物品经无害化或者合法化处理,丧失原有功能后尚有经济价值的,可以由执法机关、政府公物仓作为废旧物品变卖。

第二十一条 已纳入罚没仓库保管的物品,依法应当退还的,由执法机关、政府公物仓办理退还手续。

第二十二条 依法应当进行权属登记的房产、土地使用权等罚没财产和财产权利,变卖前可以依据行政处罚决定、没收、追缴决定、法院生效裁定、判决进行权属变更,变更后应当按本办法相关规定处置。

权属变更后的承接权属主体可以是执法机关、政府公物仓、同级财政部门或者其他指定机构,但不改变罚没财物的性质,承接单位不得占用、出租、出借。

第二十三条 罚没物品无法直接适用本办法规定处置的,执法机关与同级财政商有关部门后,提出处置方案,报上级财政部门备案。

第四章　罚没收入

第二十四条 罚没收入属于政府非税收入,应当按照国库集中收缴管理有关规定,全额上缴国库,纳入一般公共预算管理。

第二十五条 除依法可以当场收缴的罚款外,作出罚款决定的执法机关应当与收缴罚款的机构分离。

第二十六条 中央与省级罚没收入的划分权限,省以下各级政府间罚没收入的划分权限,按照现行预算管理有关规定确定。法律法规另有规定的,从其规定。

第二十七条 除以下情形外,罚没收入应按照执法机关的财务隶属关系缴入同级国库:

(一)海关、公安、中国海警、市场监管等部门取得的缉私罚没收入全额缴入中央国库。

(二)海关(除缉私外)、国家外汇管理部门、国家邮政部门、通信管理部门、气象管理部门、应急管理部所属煤矿安全监察部门、交通运输部所属海事部门中央本级取得的罚没收入全额缴入中央国库。省以下机构取得的罚没收入,50%缴入中央国库,50%缴入地方国库。

(三)国家烟草专卖部门取得的罚没收入全额缴入地方国库。

(四)应急管理部所属的消防救援部门取得的罚没收入,50%缴入中央国库,50%缴入地方国库。

(五)国家市场监督管理总局所属的反垄断部门与地方反垄断部门联合办理或者委托地方查办的重大案件取得的罚没收入,全额缴入中央国库。

(六)国有企业、事业单位监察机构没收、追缴的违法所得,按照国有企业、事业单位隶属关系全额缴入中央或者地方国库。

(七)中央政法机关交办案件按照有关规定执行。

(八)财政部规定的其他情形。

第二十八条 罚没物品处置收入,可以按扣除处置该罚没物品直接支出后的余额,作为罚没收入上缴;政府预算已经安排罚没物品处置专项经费的,不得扣除处置该罚没物品的直接支出。

前款所称处置罚没物品直接支出包括质量鉴定、评估和必要的修复费用。

第二十九条 罚没收入的缴库,按下列规定执行:

(一)执法机关取得的罚没收入,除当场收缴的罚款和财政部另有规定外,应当在取得之日缴入财政专户或者国库;

(二)执法人员依法当场收缴罚款的,执法机关应当自收到款项之日起2个工作日内缴入财政专户或者国库;

(三)委托拍卖机构拍卖罚没物品取得的变价款,由委托方自收到款项之日起2个工作日内缴入财政专户或者国库。

第三十条 政府预算收入中罚没收入预算为预测性指标,不作为收入任务指标下达。执法机关的办案经费由本级政府预算统筹保障,执法机关经费预算安排不得与该单位任何年度上缴的罚没收入挂钩。

第三十一条 依法退还多缴、错缴等罚没收入,应当按照本级财政部门有关规定办理。

第三十二条 执法机关在罚没财物管理工作中,应当按照规定使用财政部门相关票据。

第三十三条 对向执法机关检举、揭发各类违法案件的人员,经查实后,按照相关规定给予奖励,奖励经费不得从案件罚没收入中列支。

第五章 附 则

第三十四条 各级财政部门、执法机关、政府公物仓及其工作人员在罚没财物管理、处置工作中,存在违反本办法规定的行为,以及其他滥用职权、玩忽职守、徇私舞弊等违法违纪行为的,按照《中华人民共和国监察法》、《财政违法行为处罚处分条例》等国家有关规定追究相应责任;构成犯罪的,依法追究刑事责任。

第三十五条 执法机关扣押的涉案财物,有关单位、个人向执法机关声明放弃的或者无人认领的财物;党的纪律检查机关依据党内法规收缴的违纪所得以及按规定登记上交的礼品、礼金等财物;党政机关收到的采购、人事等合同违约金;党政机关根据国家赔偿法履行赔偿义务之后向故意或者有重大过失的工作人员、受委托的组织或者个人追偿的赔偿款等,参照罚没财物管理。国家另有规定的除外。

国有企业、事业单位党的纪检机构依据党内法规收缴的违纪所得,以及按规定登记上交的礼品、礼金等财物,按照国有企业、事业单位隶属关系全额缴入中央或者地方国库。

第三十六条 本办法自2021年1月1日起实施。

本办法实施前已经形成的罚没财物,尚未处置的,按照本办法执行。

《最高人民法院、最高人民检察院、海关总署、公安部、中国海警局关于打击粤港澳海上跨境走私犯罪适用法律若干问题的指导意见》(署缉发〔2021〕141号,节录)

近一时期来,粤港澳海上跨境走私冻品等犯罪频发,严重破坏海关监管秩序和正常贸易秩序。走私冻品存在疫情传播风险,严重危害公共卫生安全和食品安全。走私犯罪分子为实施犯罪和逃避追缉,采取暴力抗拒执法,驾驶改装船舶高速行驶冲撞等方式,严重威胁海上正常航行安全。为严厉打击粤港澳海上跨境走私,现就当前比较突出的法律适用问题提出以下指导意见:

三、犯罪嫌疑人真实姓名、住址无法查清的,按其绰号或者自报的姓名、住址认定,并在法律文书中注明。

犯罪嫌疑人的国籍、身份,根据其入境时的有效证件认定;拥有两国以上护照的,以其入境时所持的护照认定其国籍。

犯罪嫌疑人国籍不明的,可以通过出入境管理部门协助查明,或者以有关国家驻华使、领馆出具的证明认定;确实无法查明国籍的,以无国籍人员对待。

四、对用于运输走私冻品等货物的船舶、车辆,按照以下原则处置:

(一)对"三无"船舶,无法提供有效证书的船舶、车辆,依法予以没收、收缴或者移交主管机关依法处置;

(二)对走私犯罪分子自有的船舶、车辆或者假挂靠、长期不作登记、虚假登记等实为走私分子所有的船舶、车辆,作为犯罪工具依法没收;

(三)对所有人明知或者应当知道他人实施走私冻品等犯罪而出租、出借的船舶、车辆,依法予以没收。

具有下列情形之一的,可以认定船舶、车辆出租人、出借人明知或者应当知道他人实施违法犯罪,但有证据证明确属被蒙骗或者有其他相反证据的除外:

(一)出租人、出借人未经有关部门批准,擅自将船舶改装为可运载冻品等货物用的船舶,或者进行伪装的;

(二)出租人、出借人默许实际承运人将船舶改装为可运载冻品等货物用船舶,或者进行伪装的;

(三)因出租、出借船舶、车辆用于走私受过行政处罚,又出租、出借给同一走私人或者同一走私团伙使用的;

(四)出租人、出借人拒不提供真实的实际承运人信息,或者提供虚假的实

际承运人信息的;

(五)其他可以认定明知或者应当知道的情形。

是否属于"三无"船舶,按照《"三无"船舶联合认定办法》(署缉发〔2021〕88号印发)规定认定。

五、对查封、扣押的未取得国家检验检疫准入证书的冻品,走私犯罪事实已基本查清的,在做好拍照、录像、称量、勘验、检查等证据固定工作和保留样本后,依照《罚没走私冻品处置办法(试行)》(署缉发〔2015〕289号印发)和《海关总署 财政部关于查获走私冻品由地方归口处置的通知》(署财函〔2019〕300号)规定,先行移交有关部门作无害化处理。

六、办理粤港澳海上以外其他地区非设关地走私刑事案件,可以参照本意见的精神依法处理。

《最高人民法院关于充分发挥环境资源审判职能作用 依法惩处盗采矿产资源犯罪的意见》(法发〔2022〕19号,节录)

13. 正确理解和适用《解释》①第十二条规定,加强涉案财物处置力度。对盗采矿产资源犯罪的违法所得及其收益,用于盗采矿产资源犯罪的专门工具和供犯罪所用的本人财物,坚决依法追缴、责令退赔或者没收。对在盗采、运输、销赃等环节使用的机械设备、车辆、船舶等大型工具,要综合考虑案件的具体事实、情节及工具的属性、权属等因素,依法妥善认定是否用于盗采矿产资源犯罪的专门工具。②

---

① 此处指《最高人民法院、最高人民检察院关于办理非法采矿、破坏性采矿刑事案件适用法律若干问题的解释》。——本评注

② 实践中,实施盗采矿产资源犯罪使用的机械设备、车辆、船舶等大型工具的状况十分复杂,应否认定犯罪的专门工具,各种情形难以全面列举。在具体案件中,主要可以从两个角度考量:一是工具的状态及其与犯罪的关联性,比如工具是否手续齐全,是否为了盗采而进行过非法改装、改造,是否初次用于盗采;二是工具权利人的主观认知及其与犯罪的关联性,比如工具是否为盗采矿产资源犯罪分子所有或者实质上归其支配,工具的权利人是否明知用于盗采,盗采矿产资源犯罪分子与工具的权利人之间是否存在真实的租用、借用关系。依法应当没收的不能"手软",不应没收的及时返还。参见黄鹏:《〈关于充分发挥环境资源审判职能作用 依法惩处盗采矿产资源犯罪的意见〉的理解与适用》,载《法律适用》2022年第8期。

第四章

死刑复核程序

第二百四十六条 【死刑核准权】死刑由最高人民法院核准。

第二百四十七条 【死刑核准程序】中级人民法院判处死刑的第一审案件,被告人不上诉的,应当由高级人民法院复核后,报请最高人民法院核准。高级人民法院不同意判处死刑的,可以提审或者发回重新审判。

高级人民法院判处死刑的第一审案件被告人不上诉的,和判处死刑的第二审案件,都应当报请最高人民法院核准。

立法沿革

本两条系关于死刑核准权的规定,分别系沿用 1979 年《刑事诉讼法》第一百四十四条、第一百四十五条的规定。

基本规范

《最高人民法院关于适用〈中华人民共和国刑事诉讼法〉的解释》(法释〔2021〕1 号,自 2021 年 3 月 1 日起施行)

第十七章 死刑复核程序

第四百二十三条 报请最高人民法院核准死刑的案件,应当按照下列情形分别处理:

(一)中级人民法院判处死刑的第一审案件,被告人未上诉、人民检察院未抗诉的,在上诉、抗诉期满后十日以内报请高级人民法院复核。高级人民法院同意判处死刑的,应当在作出裁定后十日以内报请最高人民法院核准;认为原判认定的某一具体事实或者引用的法律条款等存在瑕疵,但判处被告人死刑并无不当的,可以在纠正后作出核准的判决、裁定;不同意判处死刑的,应当依照第二审程序提审或者发回重新审判;

(二)中级人民法院判处死刑的第一审案件,被告人上诉或者人民检察院抗诉,高级人民法院裁定维持的,应当在作出裁定后十日以内报请最高人民法院核准;

（三）高级人民法院判处死刑的第一审案件，被告人未上诉、人民检察院未抗诉的，应当在上诉、抗诉期满后十日以内报请最高人民法院核准。

高级人民法院复核死刑案件，应当讯问被告人。

第四百二十五条 报请复核的死刑、死刑缓期执行案件，应当一案一报。报送的材料包括报请复核的报告，第一、二审裁判文书，案件综合报告各五份以及全部案卷、证据。案件综合报告，第一、二审裁判文书和审理报告应当附送电子文本。

同案审理的案件应当报送全案案卷、证据。

曾经发回重新审判的案件，原第一、二审案卷应当一并报送。

第四百二十六条 报请复核死刑、死刑缓期执行的报告，应当写明案由、简要案情、审理过程和判决结果。

案件综合报告应当包括以下内容：

（一）被告人、被害人的基本情况。被告人有前科或者曾受过行政处罚、处分①的，应当写明；

（二）案件的由来和审理经过。案件曾经发回重新审判的，应当写明发回重新审判的原因、时间、案号等；

（三）案件侦破情况。通过技术调查、侦查措施抓获被告人、侦破案件，以及与自首、立功认定有关的情况，应当写明；

（四）第一审审理情况。包括控辩双方意见，第一审认定的犯罪事实，合议庭和审判委员会意见；

（五）第二审审理或者高级人民法院复核情况。包括上诉理由、人民检察院的意见，第二审审理或者高级人民法院复核认定的事实，证据采信情况及理由，控辩双方意见及采纳情况；

（六）需要说明的问题。包括共同犯罪案件中另案处理的同案犯的处理情况，案件有无重大社会影响，以及当事人的反应等情况；

（七）处理意见。写明合议庭和审判委员会的意见。

第四百二十七条 复核死刑、死刑缓期执行案件，应当全面审查以下内容：

（一）被告人的年龄，被告人有无刑事责任能力、是否系怀孕的妇女；

（二）原判认定的事实是否清楚，证据是否确实、充分；

（三）犯罪情节、后果及危害程度；

---

① 此处规定的"处分"，可以将党纪处分和政务处分等处分形式均纳入其中。——**本评注注**

（四）原判适用法律是否正确，是否必须判处死刑，是否必须立即执行；
（五）有无法定、酌定从重、从轻或者减轻处罚情节；
（六）诉讼程序是否合法；
（七）应当审查的其他情况。

复核死刑、死刑缓期执行案件，应当重视审查被告人及其辩护人的辩解、辩护意见。

《**人民检察院刑事诉讼规则**》（高检发释字〔2019〕4号，自2019年12月30日起施行）**第六百四十八条第一款、第二款**对省级人民检察院负责案件管理的部门收到高级人民法院报请最高人民法院复核的死刑判决书、裁定书副本后的处理程序作了规定。（→参见第二百六十三条所附"基本规范"，第1755页）

其他规范

《**最高人民法院关于报送复核被告人在死缓考验期内故意犯罪应当执行死刑案件时应当一并报送原审判处和核准被告人死缓案卷的通知**》（法〔2004〕115号）

各省、自治区、直辖市高级人民法院，解放军军事法院：

为贯彻我院2003年11月26日，法〔2003〕177号《关于报送按照审判监督程序改判死刑和被告人在死缓考验期内故意犯罪应当执行死刑的复核案件的通知》，正确适用法律、确保死刑案件质量，对报送复核被告人在死缓考验期内故意犯罪，应当执行死刑案件的有关事项通知如下：

一、各高级人民法院在审核下级人民法院报送复核被告人在死缓考验期限内故意犯罪，应当执行死刑案件时，应当对原审判处和核准该被告人死刑缓期二年执行是否正确一并进行审查，并在报送我院的复核报告中写明结论。

二、各高级人民法院报请核准被告人在死缓考验期限内故意犯罪，应当执行死刑的案件，应当一案一报。报送的材料应当包括：报请核准执行死刑的报告，在死缓考验期限内故意犯罪应当执行死刑的综合报告和判决书各十五份；全部诉讼案卷和证据；原审判处和核准被告人死刑缓期二年执行，剥夺政治权利终身的全部诉讼案卷和证据。

《**最高人民法院关于统一行使死刑案件核准权有关问题的决定**》（法释〔2006〕12号，自2007年1月1日起施行）

第十届全国人民代表大会常务委员会第二十四次会议通过了《关于修改〈中华人民共和国人民法院组织法〉的决定》，将人民法院组织法原第十三条修改为第十二条："死刑除依法由最高人民法院判决的以外，应当报请最高人民法院核准。"修改人民法院组织法的决定自2007年1月1日起施行。根据修改后的人民法院组织法第十二条的规定,现就有关问题决定如下:

(一)自2007年1月1日起,最高人民法院根据全国人民代表大会常务委员会有关决定和人民法院组织法原第十三条的规定发布的关于授权高级人民法院和解放军军事法院核准部分死刑案件的通知(见附件),一律予以废止。

(二)自2007年1月1日起,死刑除依法由最高人民法院判决的以外,各高级人民法院和解放军军事法院依法判处和裁定的,应当报请最高人民法院核准。

(三)2006年12月31日以前,各高级人民法院和解放军军事法院已经核准的死刑立即执行的判决、裁定,依法仍由各高级人民法院、解放军军事法院院长签发执行死刑的命令。

附件:

最高人民法院发布的下列关于授权高级人民法院核准部分死刑案件自本通知施行之日起予以废止:

一、《最高人民法院关于对几类现行犯授权高级人民法院核准死刑的若干具体规定的通知》(发布日期:1980年3月18日)

二、《最高人民法院关于执行全国人民代表大会常务委员会〈关于死刑案件核准问题的决定〉的几项通知》(发布日期:1981年6月11日)

三、《最高人民法院关于授权高级人民法院核准部分死刑案件的通知》(发布日期:1983年9月7日)

四、《最高人民法院关于授权云南省高级人民法院核准部分毒品犯罪死刑案件的通知》(发布日期:1991年6月6日)

五、《最高人民法院关于授权广东省高级人民法院核准部分毒品犯罪死刑案件的通知》(发布日期:1993年8月18日)

六、《最高人民法院关于授权广西壮族自治区、四川省、甘肃省高级人民法院核准部分毒品犯罪死刑案件的通知》(发布日期:1996年3月19日)

七、《最高人民法院关于授权贵州省高级人民法院核准部分毒品犯罪死刑案件的通知》(发布日期:1997年6月23日)

八、《最高人民法院关于授权高级人民法院和解放军军事法院核准部分死刑案件的通知》(发布日期:1997年9月26日)

《最高人民法院关于对被判处死刑的被告人未提出上诉、共同犯罪的部分被告人或者附带民事诉讼原告人提出上诉的案件应适用何种程序审理的批复》(法释〔2010〕6号,自2010年4月1日起施行)

各省、自治区、直辖市高级人民法院,解放军军事法院,新疆维吾尔自治区高级人

民法院生产建设兵团分院:

近来,有的高级人民法院请示,对于中级人民法院一审判处死刑的案件,被判处死刑的被告人未提出上诉,但共同犯罪的部分被告人或者附带民事诉讼原告人提出上诉的,应当适用何种程序审理。经研究,批复如下:

根据《中华人民共和国刑事诉讼法》第一百八十六条①的规定,中级人民法院一审判处死刑的案件,被判处死刑的被告人未提出上诉,共同犯罪的其他被告人提出上诉的,高级人民法院应当适用第二审程序对全案进行审查,并对涉及死刑之罪的事实和适用法律依法开庭审理,一并处理。

根据《中华人民共和国刑事诉讼法》第二百条第一款②的规定,中级人民法院一审判处死刑的案件,被判处死刑的被告人未提出上诉,仅附带民事诉讼原告人提出上诉的,高级人民法院应当适用第二审程序对附带民事诉讼依法审理,并由同一审判组织对未提出上诉的被告人的死刑判决进行复核,作出是否同意判处死刑的裁判。

《最高人民法院关于贯彻宽严相济刑事政策的若干意见》(法发〔2010〕9号,节录)

29、要准确理解和严格执行"保留死刑,严格控制和慎重适用死刑"的政策。对于罪行极其严重的犯罪分子,论罪应当判处死刑的,要坚决依法判处死刑。要依法严格控制死刑的适用,统一死刑案件的裁判标准,确保死刑只适用于极少数罪行极其严重的犯罪分子。拟判处死刑的具体案件定罪或者量刑的证据必须确实、充分,得出唯一结论。对于罪行极其严重,但只要是依法可不立即执行的,就不应当判处死刑立即执行。

第二百四十八条 【死缓缓期二年执行核准权】中级人民法院判处死刑缓期二年执行的案件,由高级人民法院核准。

立法沿革

本条系沿用 1979 年《刑事诉讼法》第一百四十六条的规定。

---

① 现行《刑事诉讼法》第二百三十三条。——**本评注注**
② 现行《刑事诉讼法》第二百四十七条第一款。——**本评注注**

基本规范

《最高人民法院关于适用〈中华人民共和国刑事诉讼法〉的解释》（法释〔2021〕1号，自2021年3月1日起施行）

第十七章　死刑复核程序

第四百二十四条　中级人民法院判处死刑缓期执行的第一审案件，被告人未上诉、人民检察院未抗诉的，应当报请高级人民法院核准。

高级人民法院复核死刑缓期执行案件，应当讯问被告人。

第四百二十八条① 高级人民法院复核死刑缓期执行案件，应当按照下列情形分别处理：

（一）原判认定事实和适用法律正确、量刑适当、诉讼程序合法的，应当裁定核准；

（二）原判认定的某一具体事实或者引用的法律条款等存在瑕疵，但判处被告人死刑缓期执行并无不当的，可以在纠正后作出核准的判决、裁定；

（三）原判认定事实正确，但适用法律有错误，或者量刑过重的，应当改判；

（四）原判事实不清、证据不足的，可以裁定不予核准，并撤销原判，发回重新审判，或者依法改判；

（五）复核期间出现新的影响定罪量刑的事实、证据的，可以裁定不予核准，并撤销原判，发回重新审判，或者依照本解释第二百七十一条的规定审理后依法改判；

（六）原审违反法定诉讼程序，可能影响公正审判的，应当裁定不予核准，并撤销原判，发回重新审判。

复核死刑缓期执行案件，不得加重被告人的刑罚。

另，**第四百二十五条至第四百二十七条**对报请复核的死刑缓期执行案件的报送材料要求、复核审查内容等作了规定。（→参见第二百四十六条、第二百

---

① 根据本条第一款第五项的规定，复核期间出现新的影响定罪量刑的事实、证据的，可以有两种选择：一是撤销原判，发回重审；二是依法改判。需要注意的是，直接作出改判只宜针对报请复核案件出现新的影响定罪量刑的事实或者证据的情形，而不宜针对发现漏罪或者新罪的情形。对于复核期间实施新罪或者发现漏罪的，依照本条第一款第五项的规定只能发回重新审判，如果不发回，新罪或者漏罪又通常难以与死刑进行并罚。例如，已进入死缓复核阶段的案件，发现被告人又犯新罪，需要判处三年以下有期徒刑的。此种情形，如果不发回重审，新罪所判处的三年以下有期徒刑，无法与死缓并罚。——本评注注

四十七条所附"基本规范",第 1632—1633 页)

第二百四十九条　【死刑复核合议庭组成】最高人民法院复核死刑案件,高级人民法院复核死刑缓期执行的案件,应当由审判员三人组成合议庭进行。

立法沿革

本条系沿用 1979 年《刑事诉讼法》第一百四十七条的规定。

第二百五十条　【最高人民法院复核死刑案件的处理】最高人民法院复核死刑案件,应当作出核准或者不核准死刑的裁定。对于不核准死刑的,最高人民法院可以发回重新审判或者予以改判。

立法沿革

本条系 2012 年《刑事诉讼法修改决定》增加的规定,2018 年修改《刑事诉讼法》时未作调整。

基本规范

《最高人民法院关于适用〈中华人民共和国刑事诉讼法〉的解释》(法释〔2021〕1 号,自 2021 年 3 月 1 日起施行)

第十七章　死刑复核程序

第四百二十九条　最高人民法院复核死刑案件,应当按照下列情形分别处理:

(一)原判认定事实和适用法律正确、量刑适当、诉讼程序合法的,应当裁定核准;

(二)原判认定的某一具体事实或者引用的法律条款等存在瑕疵,但判处被告人死刑并无不当的,可以在纠正后作出核准的判决、裁定;

(三)原判事实不清、证据不足的,应当裁定不予核准,并撤销原判,发回重新审判;

(四)复核期间出现新的影响定罪量刑的事实、证据的,应当裁定不予核准,并撤销原判,发回重新审判;

(五)原判认定事实正确、证据充分,但依法不应当判处死刑的,应当裁定不

予核准,并撤销原判,发回重新审判;根据案件情况,必要时,也可以依法改判;

(六)原审违反法定诉讼程序,可能影响公正审判的,应当裁定不予核准,并撤销原判,发回重新审判。

第四百三十条 最高人民法院裁定不予核准死刑的,根据案件情况,可以发回第二审人民法院或者第一审人民法院重新审判。

对最高人民法院发回第二审人民法院重新审判的案件,第二审人民法院一般不得发回第一审人民法院重新审判。

第一审人民法院重新审判的,应当开庭审理。第二审人民法院重新审判的,可以直接改判;必须通过开庭查清事实、核实证据或者纠正原审程序违法的,应当开庭审理。

第四百三十一条 高级人民法院依照复核程序审理后报请最高人民法院核准死刑,最高人民法院裁定不予核准,发回高级人民法院重新审判的,高级人民法院可以依照第二审程序提审或者发回重新审判。

第四百三十二条 最高人民法院裁定不予核准死刑,发回重新审判的案件,原审人民法院应当另行组成合议庭审理,但本解释第四百二十九条第四项、第五项规定的案件除外。

第四百三十三条 依照本解释第四百三十条、第四百三十一条发回重新审判的案件,第一审人民法院判处死刑、死刑缓期执行的,上一级人民法院依照第二审程序或者复核程序审理后,应当依法作出判决或者裁定,不得再发回重新审判。但是,第一审人民法院有刑事诉讼法第二百三十八条规定的情形或者违反刑事诉讼法第二百三十九条规定的除外。

◆ 其他规范

《最高人民法院案件审限管理规定》(法〔2001〕164号,节录)

---

① 征求意见过程中,有意见建议将本条修改为:"最高人民法院裁定不予核准死刑,发回重新审判的案件,原第一审或第二审人民法院应当另行组成合议庭审理……"理由是:实践中,对本条规定的"原审人民法院"有不同理解。有的观点认为,此处的"原审人民法院"仅指第一审人民法院,故最高人民法院裁定不予核准死刑,发回第二审人民法院重新审判的,第二审人民法院无须另行组成合议庭审理;也有的观点认为,此处的"原审人民法院"是相对于最高人民法院而言,因此应当包括第一审人民法院和第二审人民法院。为避免产生歧义,建议予以进一步明确。经研究认为,本条规定的"原审人民法院"包括原第一审人民法院和第二审人民法院,此系当然涵义。——**本评注注**

第六条第一款 办理刑事复核案件的期限为两个月;有特殊情况需要延长的,由院长批准。

第十三条第三款 刑事复核案件、适用法律的特殊请示案件、管辖争议案件、执行协调案件应当在收到高级人民法院报送的案卷材料后三日内立案。

第十八条 刑事案件需要延长审理期限的,应当在审理期限届满七日以前,向院长提出申请。

第二十条 需要院长批准延长审理期限的,院长应当在审限届满以前作出决定。

《最高人民法院、最高人民检察院、公安部、司法部关于进一步严格依法办案确保办理死刑案件质量的意见》(法发〔2007〕11号)**第四十一条**对复核死刑案件的阅卷、调查核实等问题作了规定。(→参见本章末所附"其他规范",第1654页)

《最高人民法院关于死刑缓期执行限制减刑案件审理程序若干问题的规定》(法释〔2011〕8号)**第五条**、**第六条**对死刑复核改判死缓限制减刑的有关问题作了规定。(→参见本章末所附"其他规范",第1655、1656页)

司法疑难解析

1. 关于最高人民法院复核死刑案件可以直接改判的问题。1996年《刑事诉讼法》未规定最高人民法院复核死刑案件可以改判。2007年,为统一行使死刑案件核准权,最高人民法院制定了《最高人民法院关于复核死刑案件若干问题的规定》(法释〔2007〕4号,以下简称《复核死刑规定》)。其中,第四条规定:"最高人民法院复核后认为原判认定事实正确,但依法不应当判处死刑的,裁定不予核准,并撤销原判,发回重新审判。"同时,规定了两种"可以改判"的情形,即第六条规定:"数罪并罚案件,一人有两罪以上被判处死刑,最高人民法院复核后,认为其中部分犯罪的死刑裁判认定事实不清、证据不足的,对全案裁定不予核准,并撤销原判,发回重新审判;认为其中部分犯罪的死刑裁判认定事实正确,但依法不应当判处死刑的,可以改判并对其他应当判处死刑的犯罪作出核准死刑的判决。"第七条规定:"一案中两名以上被告人被判处死刑,最高人民法院复核后,认为其中部分被告人的死刑裁判认定事实不清、证据不足的,对全案裁定不予核准,并撤销原判,发回重新审判;认为其中部分被告人的死刑裁判认定事实正确,但依法不应当判处死刑的,可以改判并对其他应当判处死刑的被告人作出核准死刑的判决。"之所以作出上述规定,主要有两点考虑:一是当时对死刑复核能否改判尚有不同认识;二是尽量把改判可能引发的问题解决在地方,避免把矛盾、压力引到北京。2012年《刑事诉讼法》修改,采纳最高人民法院建议,吸收《复核死刑规定》的上述规定,在2012年《刑事诉讼法》第二百三十九条(2018年《刑事诉讼法》第二百五十条)规定:"最高人民法院复核死刑案件,应当作出核准或者不核准死刑的裁定。对于不核准死刑的,最高人民法院可以发回重新审判或者予以改判。"

《2012年刑诉法解释》起草时,结合上述考虑和法律修改的背景,考虑到《复核死刑规定》在司法适用中未出现明显问题,故沿用《复核死刑规定》第四条,在第三百五十条规定:"最高人民法院复核死刑案件,应当按照下列情形分别处理:……(五)原判认定事实正确,但依法不应当判处死刑的,应当裁定不予核准,并撤销原判,发回重新审判……"同时,在第三百五十一条、第三百五十二条,继续沿用了对一人犯数个死罪和一案有两人被判处死刑案件可以部分改判的规定。

此后,有意见建议增加最高人民法院改判的规定。理由:《刑事诉讼法》已经规定,对于不核准死刑的,最高人民法院可以发回重新审判或者予以改判。对仅量刑不当的,最高人民法院复核没有必要全部发回重审。从节约司法资源的角度考虑,应当规定可以改判。但是,也有意见认为,死刑复核程序要体现其特殊性质,防止成为"第三审"。并且,如作出上述修改,可能导致难以把矛盾、风险化解在地方,而是推由最高人民法院改判,导致信访压力加剧。

经综合考虑上述意见,《刑诉法解释》第四百二十九条规定:"最高人民法院复核死刑案件,应当按照下列情形分别处理:……(五)原判认定事实正确、证据充分,但依法不应当判处死刑的,应当裁定不予核准,并撤销原判,发回重新审判;根据案件情况,必要时,也可以依法改判……"同时,删除了《2012年刑诉法解释》第三百五十一条、第三百五十二条规定。主要考虑:从2012年以来的司法实践看,确有案件系由最高人民法院直接改判,例如《刑事审判参考》第117集刊登的"被告人柔柯耶姆·麦麦提故意杀人案",该被告人被新疆阿克苏中级人民法院一审判处死刑,剥夺政治权利终身,在法定期限内无上诉、抗诉,新疆维吾尔自治区高级人民法院经复核同意原判并报最高人民法院核准,最高人民法院审判委员会经讨论依法决定不核准死刑,以故意杀人罪改判被告人死刑缓期二年执行,剥夺政治权利终身。还有一些案件,存在非死刑罪名适用有瑕疵的情况,如由于盗窃罪司法解释调整导致原来的盗窃罪判处的刑罚需要调整,并没有新的事实证据,全案发回重审似意义不大,且过于浪费司法资源。但是,规定最高人民法院在死刑复核程序中可以直接改判,也可能带来一系列问题,需要引起重视。故而,仍应坚持"以发回重审为原则,以依法改判为例外"的原则,即对不予核准死刑的案件,一般应发回重审,只有改判没有"后遗症"的,出于诉讼效率的考虑,才予以直接改判。

2. 关于最高人民法院发回第二审人民法院案件的后续处理规则。从法律规定来看,最高人民法院不核准被告人死刑,依法可以发回第二审人民法院,也可以直接发回第一审人民法院重新审判。最高人民法院认为直接发回第一审人民法院重新审判才能更好查清案件事实的,会直接发回第一审人民法院重新审判。既然最高人民法院没有直接发回第一审人民法院重新审判,而是发回第二审人民法院重新审判,第二审人民法院就应当切实履行二审的监督、纠错职能,依法作出判决或者裁定,原则上不得将案件发回原第一审人民法院重新审判。基于此,《最高人民法院关于适用刑事诉讼法第二百二十五条第二款有关问题的批复》(法释〔2016〕13号,以下简称《死刑批复》)第一条规定:"对于最高人民法院依据《中华人民共和国刑事诉讼法》第二百三十九条和《最高人民法院关于适用〈中华人民共和国刑事诉讼法〉的解释》第三百五十三条裁定不予核准死刑,发回第二审人民法院重新审判的案件,无论此前第二审人民法院是否曾以原判决事实不清楚或者证据不足为由发回重新审判,原则上不得再发回第一审人民法院重新审判;有特殊情况确需发回第一审人民法院重新审判的,需报请最高人民法院批准。"《刑诉法解释》第四百三十条吸收上述规定,第二款规定:"对最高人民法院发回第二审人民法院重新审判的案件,第二审人民法院一般不得发回第一审人民法院重新审判。"同时,未再规定"有特殊情况确需发回第一审人民法院重新审判的,需报请最高人民法院批准",而是交由司法实践裁量把握。

"特殊情况"主要是指由第一审人民法院重新审判,更有利于查明案件事实的特殊情形。具体有三:(1)高级人民法院第一次发回重审时明确提出核实证据、查清事实的具体要求,中级人民法院未予查实又作出死刑判决的;(2)最高人民法院发回重审时提出了核实新的证据、查清新的事实的要求,高级人民法院认为只有发回中级人民法院重新审判,才更有利于查清事实的;(3)其他因事实、证据问题,发回中级人民法院重新审判更有利于查清事实、保障案件审理质量和效果的。

征求意见过程中,有意见建议明确最高人民法院对因事实证据原因不予核准的死刑案件,直接发回第一审法院重新审判。理由是:对于最高人民法院发回第二审法院重新审判的,第二审法院一般不能发回第一审法院。但事实证据的问题,往往在二审阶段难以解决,建议最高人民法院直接发回第一审法院重新审判。而且,由最高人民法院直接发回第一审人民法院,可以减少环节,节约司法资源。经研究,未采纳上述意见。主要考虑:是发回第二审法院重新审判,还是发回第一审法院重新审判,需要结合案件具体情况作出决定。有些案件事实,如立功的查证等,由第二审法院查证即可,没有必要一律发回第一审法院重新审判。

此外,《死刑批复》第二条规定:"对于最高人民法院裁定不予核准死刑,发回第二审人民法院重新审判的案件,第二审人民法院根据案件特殊情况,又发回第一审人民法院重新审判的,第一审人民法院作出判决后,被告人提出上诉或者人民检察院提出抗诉的,第二审人民法院应当依法作出判决或者裁定,不得再发回重新审判。"《刑诉法解释》第四百三十三条吸收上述规定。同时,从实践来看,相关案件在未上诉、未抗诉的情况下,高级人民法院依照复核程序审理时的发回重审规则也需要明确。对于最高人民法院裁定不予核准死刑,发回第二审人民法院重新审判的案件,第二审人民法院根据案件特殊情况,又发回第一审人民法院重新审判的,第一审人民法院作出判决后,被告人未提出上诉、人民检察院未提出抗诉的,高级人民法院应当依照复核审程序审理,《2012年刑诉法解释》第三百五十四条并未限定此种情形下高级人民法院发回重审的次数。有意见提出,不限制发回重审的次数,不利于发挥高级人民法院复核审的作用,不利于死刑案件的办理和矛盾化解。经研究认为,高级人民法院无论是适用第二审程序还是复核审程序,并无本质区别,因此明确规定高级人民法院适用复核审程序发回重审也限于一次。从实践来看,发回重审的案件可能存在第一审程序违法的问题,此种情形下,只能再次发回重新审判。基于上述考虑,《刑诉法解释》第四百三十三条规定:"依照本解释第四百三十条、第四百三十一条发回重新审判的案件,第一审人民法院判处死刑、死刑缓期执行的,上一级人民法院依照第二审程序或者复核程序审理后,应当依法作出判决或者裁定,不得再发回重新审判。但是,第一审人民法院有刑事诉讼法第二百三十八条规定的情形或者违反刑事诉讼法第二百三十九条规定的除外。"

第二百五十一条 【最高人民法院复核的程序要求及最高人民检察院的监督】最高人民法院复核死刑案件,应当讯问被告人,辩护律师提出要求的,应当听取辩护律师的意见。

在复核死刑案件过程中,最高人民检察院可以向最高人民法院提出意见。最高人民法院应当将死刑复核结果通报最高人民检察院。

立法沿革

本条系 2012 年《刑事诉讼法修改决定》增加的规定,2018 年修改《刑事诉讼法》时未作调整。

基本规范

《最高人民法院关于适用〈中华人民共和国刑事诉讼法〉的解释》(法释〔2021〕1 号,自 2021 年 3 月 1 日起施行)

第十七章 死刑复核程序

第四百三十四条 死刑复核期间,辩护律师要求当面反映意见的,最高人民法院有关合议庭应当在办公场所听取其意见,并制作笔录;辩护律师提出书面意见的,应当附卷。

第四百三十五条 死刑复核期间,最高人民检察院提出意见的,最高人民法院应当审查,并将采纳情况及理由反馈最高人民检察院。

第四百三十六条 最高人民法院应当根据有关规定向最高人民检察院通报死刑案件复核结果。

《人民检察院刑事诉讼规则》(高检发释字〔2019〕4 号,自 2019 年 12 月 30 日起施行)

第十三章 刑事诉讼法律监督

第七节 死刑复核监督

第六百零二条 最高人民检察院依法对最高人民法院的死刑复核活动实行法律监督。

省级人民检察院依法对高级人民法院复核未上诉且未抗诉死刑立即执行案件和死刑缓期二年执行案件的活动实行法律监督。

第六百零三条 最高人民检察院、省级人民检察院通过办理下列案件对死刑复核活动实行法律监督:

(一)人民法院向人民检察院通报的死刑复核案件;

(二)下级人民检察院提请监督或者报告重大情况的死刑复核案件;

(三)当事人及其近亲属或者受委托的律师向人民检察院申请监督的死刑复核案件;

(四)认为应当监督的其他死刑复核案件。

第六百零四条 省级人民检察院对于进入最高人民法院死刑复核程序的案件,发现具有下列情形之一的,应当及时向最高人民检察院提请监督:

(一)案件事实不清、证据不足,依法应当发回重新审判或者改判的;
(二)被告人具有从宽处罚情节,依法不应当判处死刑的;
(三)适用法律错误的;
(四)违反法律规定的诉讼程序,可能影响公正审判的;
(五)其他应当提请监督的情形。

第六百零五条 省级人民检察院发现死刑复核案件被告人有自首、立功、怀孕或者被告人家属与被害人家属达成赔偿谅解协议等新的重大情况,影响死刑适用的,应当及时向最高人民检察院报告。

第六百零六条 当事人及其近亲属或者受委托的律师向最高人民检察院提出不服死刑裁判的申诉,由负责死刑复核监督的部门审查。

第六百零七条 对于适用死刑存在较大分歧或者在全国有重大影响的死刑第二审案件,省级人民检察院应当及时报最高人民检察院备案。

第六百零八条 高级人民法院死刑复核期间,设区的市级人民检察院向省级人民检察院报告重大情况、备案等程序,参照本规则第六百零五条、第六百零七条规定办理。

第六百零九条 对死刑复核监督案件的审查可以采取下列方式:
(一)审查人民法院移送的材料、下级人民检察院报送的相关案卷材料、当事人及其近亲属或者受委托的律师提交的材料;
(二)向下级人民检察院调取案件审查报告、公诉意见书、出庭意见书等,了解案件相关情况;
(三)向人民法院调阅或者查阅案卷材料;
(四)核实或者委托核实主要证据;
(五)讯问被告人、听取受委托的律师的意见;
(六)就有关技术性问题向专门机构或者有专门知识的人咨询,或者委托进行证据审查;
(七)需要采取的其他方式。

第六百一十条 审查死刑复核监督案件,具有下列情形之一的,应当听取下级人民检察院的意见:
(一)对案件主要事实、证据有疑问的;
(二)对适用死刑存在较大争议的;
(三)可能引起司法办案重大风险的;
(四)其他应当听取意见的情形。

第六百一十一条 最高人民检察院经审查发现死刑复核案件具有下列情形

之一的,应当经检察长决定,依法向最高人民法院提出检察意见:

(一)认为适用死刑不当,或者案件事实不清、证据不足,依法不应当核准死刑的;

(二)认为不予核准死刑的理由不成立,依法应当核准死刑的;

(三)发现新的事实和证据,可能影响被告人定罪量刑的;

(四)严重违反法律规定的诉讼程序,可能影响公正审判的;

(五)司法工作人员在办理案件时,有贪污受贿、徇私舞弊、枉法裁判等行为的;

(六)其他需要提出检察意见的情形。

同意最高人民法院核准或者不核准意见的,应当经检察长批准,书面回复最高人民法院。

对于省级人民检察院提请监督、报告重大情况的案件,最高人民检察院认为具有影响死刑适用情形的,应当及时将有关材料转送最高人民法院。

其他规范

《最高人民法院、最高人民检察院、公安部、司法部关于进一步严格依法办案确保办理死刑案件质量的意见》(法发〔2007〕11号)第四十条、第四十二条对死刑复核期间听取辩护人意见、讯问被告人等问题作了规定。(→参见本章末所附"其他规范",第1654页)

《最高人民法院、司法部关于充分保障律师依法履行辩护职责确保死刑案件办理质量的若干规定》(法发〔2008〕14号)第十七条就人民法院有关合议庭对死刑案件复核期间被告人的律师提出当面反映意见要求或者提交证据材料的处理作了规定。(→参见第三十五条—第三十六条所附"其他规范",第283页)

《最高人民法院关于办理死刑复核案件听取辩护律师意见的办法》(法〔2014〕346号,自2015年2月1日起施行)

为切实保障死刑复核案件被告人的辩护律师依法行使辩护权,确保死刑复核案件质量,根据《中华人民共和国刑事诉讼法》《中华人民共和国律师法》和有关法律规定,制定本办法。

第一条 死刑复核案件的辩护律师可以向最高人民法院立案庭查询立案信息。辩护律师查询时,应当提供本人姓名、律师事务所名称、被告人姓名、案由,以及报请复核的高级人民法院的名称及案号。

最高人民法院立案庭能够立即答复的,应当立即答复,不能立即答复的,应当在二个工作日内答复,答复内容为案件是否立案及承办案件的审判庭。

第二条　律师接受被告人、被告人近亲属的委托或者法律援助机构的指派,担任死刑复核案件辩护律师的,应当在接受委托或者指派之日起三个工作日内向最高人民法院相关审判庭提交有关手续。

辩护律师应当在接受委托或者指派之日起一个半月内提交辩护意见。

第三条　辩护律师提交委托手续、法律援助手续及辩护意见、证据等书面材料的,可以经高级人民法院同意后代收并随案移送,也可以寄送至最高人民法院承办案件的审判庭或者在当面反映意见时提交;对尚未立案的案件,辩护律师可以寄送至最高人民法院立案庭,由立案庭在立案后随案移送。

第四条　辩护律师可以到最高人民法院办公场所查阅、摘抄、复制案卷材料。但依法不公开的材料不得查阅、摘抄、复制。

第五条　辩护律师要求当面反映意见的,案件承办法官应当及时安排。

一般由案件承办法官与书记员当面听取辩护律师意见,也可以由合议庭其他成员或者全体成员与书记员当面听取。

第六条　当面听取辩护律师意见,应当在最高人民法院或者地方人民法院办公场所进行。辩护律师可以携律师助理参加。当面听取意见的人员应当核实辩护律师和律师助理的身份。

第七条　当面听取辩护律师意见时,应当制作笔录,由辩护律师签名后附卷。辩护律师提交相关材料的,应当接收并开列收取清单一式二份,一份交给辩护律师,另一份附卷。

第八条　当面听取辩护律师意见时,具备条件的人民法院应当指派工作人员全程录音、录像。其他在场人员不得自行录音、录像、拍照。

第九条　复核终结后,受委托进行宣判的人民法院应当在宣判后五个工作日内将最高人民法院裁判文书送达辩护律师。

第十条　本办法自2015年2月1日起施行。

《**人民检察院办理死刑第二审案件和复核监督工作指引(试行)**》(高检发诉二字〔2018〕1号)第五章"死刑复核监督"(第七十五条至第九十二条)对死刑复核监督的有关问题作了规定。(→参见本章末所附"其他规范",第1670—1673页)

《最高人民法院关于死刑复核及执行程序中保障当事人合法权益的若干规定》(法释〔2019〕12号,自2019年9月1日起施行)

为规范死刑复核及执行程序,依法保障当事人合法权益,根据《中华人民共和国刑事诉讼法》和有关法律规定,结合司法实际,制定本规定。

第一条　高级人民法院在向被告人送达依法作出的死刑裁判文书时,应当告知其在最高人民法院复核死刑阶段有权委托辩护律师,并将告知情况记入宣判笔录;被告人提出由其近亲属代为委托辩护律师的,除因客观原因无法通知的以外,高级人民法院应当及时通知其近亲属,并将通知情况记录在案。

第二条 最高人民法院复核死刑案件,辩护律师应当自接受委托或者受指派之日起十日内向最高人民法院提交有关手续,并自接受委托或者指派之日起一个半月内提交辩护意见。

第三条 辩护律师提交相关手续、辩护意见及证据等材料的,可以经高级人民法院代收并随案移送,也可以寄送至最高人民法院。

第四条 最高人民法院复核裁定作出后,律师提交辩护意见及证据材料的,应当接收并出具接收清单;经审查,相关意见及证据材料可能影响死刑复核结果的,应当暂停交付执行或者停止执行,但不再办理接收委托辩护手续。

第五条 最高人民法院复核裁定下发后,受委托进行宣判的人民法院应当在宣判后五日内将裁判文书送达辩护律师。

对被害人死亡的案件,被害人近亲属申请获取裁判文书的,受委托进行宣判的人民法院应当提供。

第六条 第一审人民法院在执行死刑前,应当告知罪犯可以申请会见其近亲属。

罪犯申请会见并提供具体联系方式的,人民法院应当通知其近亲属。对经查找确实无法与罪犯近亲属取得联系的,或者其近亲属拒绝会见的,应当告知罪犯。罪犯提出通过录音录像等方式留下遗言的,人民法院可以准许。

通知会见的相关情况,应当记录在案。

第七条 罪犯近亲属申请会见的,人民法院应当准许,并在执行死刑前及时安排,但罪犯拒绝会见的除外。

罪犯拒绝会见的情况,应当记录在案并及时告知其近亲属,必要时应当进行录音录像。

第八条 罪犯提出会见近亲属以外的亲友,经人民法院审查,确有正当理由的,可以在确保会见安全的情况下予以准许。

第九条 罪犯申请会见未成年子女的,应当经未成年子女的监护人同意;会见可能影响未成年人身心健康的,人民法院可以采取视频通话等适当方式安排会见,且监护人应当在场。

第十条 会见由人民法院负责安排,一般在罪犯羁押场所进行。

第十一条 会见罪犯的人员应当遵守羁押场所的规定。违反规定的,应当予以警告;不听警告的,人民法院可以终止会见。

实施威胁、侮辱司法工作人员,或者故意扰乱羁押场所秩序,妨碍执行公务等行为,情节严重的,依法追究法律责任。

第十二条 会见情况应当记录在案,附卷存档。

第十三条 本规定自2019年9月1日起施行。

最高人民法院以前发布的司法解释和规范性文件,与本规定不一致的,以本规定为准。

《最高人民法院、司法部关于为死刑复核案件被告人依法提供法律援助的规定(试行)》(法〔2021〕348号)对为死刑复核案件被告人依法提供法律援助的有关问题作了规定。(→参见第三十五条—第三十六条所附"其他规范",第295页)

《最高人民法院、最高人民检察院、公安部、司法部关于进一步严格依法办案确保办理死刑案件质量的意见》(法发〔2007〕11号,节录)

中央决定改革授权高级人民法院行使部分死刑案件核准权的做法,将死刑案件核准权统一收归最高人民法院行使,并要求严格依照法律程序办案,确保死刑案件的办理质量。2006年10月31日,全国人大常委会通过《关于修改〈中华人民共和国人民法院组织法〉的决定》,决定从2007年1月1日起由最高人民法院统一行使死刑案件核准权。为认真落实中央这一重大决策部署,现就人民法院、人民检察院、公安机关、司法行政机关严格依法办理死刑案件提出如下意见:

一、充分认识确保办理死刑案件质量的重要意义(略)

二、办理死刑案件应当遵循的原则要求

(一)坚持惩罚犯罪与保障人权相结合

3.我国目前正处于全面建设小康社会、加快推进社会主义现代化建设的重要战略机遇期,同时又是人民内部矛盾凸显、刑事犯罪高发、对敌斗争复杂的时期,维护社会和谐稳定的任务相当繁重,必须继续坚持"严打"方针,正确运用死刑这一刑罚手段同严重刑事犯罪作斗争,有效遏制犯罪活动猖獗和蔓延势头。同时,要全面落实"国家尊重和保障人权"宪法原则,切实保障犯罪嫌疑人、被告人的合法权益。坚持依法惩罚犯罪和依法保障人权并重,坚持罪刑法定、罪刑相适应、适用刑法人人平等和审判公开、程序法定等基本原则,真正做到有罪依法惩处,无罪不受刑事追究。

(二)坚持保留死刑,严格控制和慎重适用死刑

4."保留死刑,严格控制死刑"是我国的基本死刑政策。实践证明,这一政

策是完全正确的,必须继续贯彻执行。要完整、准确地理解和执行"严打"方针,依法严厉打击严重刑事犯罪,对极少数罪行极其严重的犯罪分子,坚决依法判处死刑。我国现在还不能废除死刑,但应逐步减少适用,凡是可杀可不杀的,一律不杀。办理死刑案件,必须根据构建社会主义和谐社会和维护社会稳定的要求,严谨审慎,既要保证根据证据正确认定案件事实,杜绝冤错案件的发生,又要保证定罪准确,量刑适当,做到少杀、慎杀。

(三)坚持程序公正与实体公正并重,保障犯罪嫌疑人、被告人的合法权利

5. 人民法院、人民检察院和公安机关进行刑事诉讼,既要保证案件实体处理的正确性,也要保证刑事诉讼程序本身的正当性和合法性。在侦查、起诉、审判等各个阶段,必须始终坚持依法进行诉讼,坚决克服重实体、轻程序,重打击、轻保护的错误观念,尊重犯罪嫌疑人、被告人的诉讼地位,切实保障犯罪嫌疑人、被告人充分行使辩护权等诉讼权利,避免因剥夺或者限制犯罪嫌疑人、被告人的合法权利而导致冤错案件的发生。

(四)坚持证据裁判原则,重证据、不轻信口供

6. 办理死刑案件,要坚持重证据、不轻信口供的原则。只有被告人供述,没有其他证据的,不能认定被告人有罪;没有被告人供述,其他证据确实充分的,可以认定被告人有罪。对刑讯逼供取得的犯罪嫌疑人供述、被告人供述和以暴力、威胁等非法方法收集的被害人陈述、证人证言,不能作为定案的根据。对被告人作出有罪判决的案件,必须严格按照刑事诉讼法第一百六十二条的规定,做到"事实清楚,证据确实、充分"。证据不足,不能认定被告人有罪的,应当作出证据不足、指控的犯罪不能成立的无罪判决。

(五)坚持宽严相济的刑事政策

7. 对死刑案件适用刑罚时,既要防止重罪轻判,也要防止轻罪重判,做到罪刑相当,罚当其罪,重罪重判,轻罪轻判,无罪不罚。对罪行极其严重的被告人必须依法惩处,严厉打击;对具有法律规定"应当"从轻、减轻或者免除处罚情节的被告人,依法从宽处理;对具有法律规定"可以"从轻、减轻或者免除处罚情节的被告人,如果没有其他特殊情节,原则上依法从宽处理;对具有酌定从宽处罚情节的也依法予以考虑。

三、认真履行法定职责,严格依法办理死刑案件

(一)侦查

8. 侦查机关应当依照刑事诉讼法、司法解释及其他有关规定所规定的程序,全面、及时收集证明犯罪嫌疑人有罪或者无罪、罪重或者罪轻等涉及案件事实的各种证据,严禁违法收集证据。

9. 对可能属于精神病人、未成年人或者怀孕的妇女的犯罪嫌疑人,应当及时进行鉴定或者调查核实。

10. 加强证据的收集、保全和固定工作。对证据的原物、原件要妥善保管,不得损毁、丢失或者擅自处理。对与查明案情有关需要鉴定的物品、文件、电子数据、痕迹、人身、尸体等,应当及时进行刑事科学技术鉴定,并将鉴定报告附卷。涉及命案的,应当通过被害人近亲属辨认、DNA 鉴定、指纹鉴定等方式确定被害人身份。对现场遗留的与犯罪有关的具备同一认定检验鉴定条件的血迹、精斑、毛发、指纹等生物物证、痕迹、物品,应当通过 DNA 鉴定、指纹鉴定等刑事科学技术鉴定方式与犯罪嫌疑人的相应生物检材、生物特征、物品等作同一认定。侦查机关应当将用作证据的鉴定结论告知犯罪嫌疑人、被害人。如果犯罪嫌疑人、被害人提出申请,可以补充鉴定或者重新鉴定。

11. 提讯在押的犯罪嫌疑人,应当在羁押犯罪嫌疑人的看守所内进行。严禁刑讯逼供或者以其他非法方法获取供述。讯问犯罪嫌疑人,在文字记录的同时,可以根据需要录音录像。

12. 侦查人员询问证人、被害人,应当依照刑事诉讼法第九十七条的规定进行。严禁违法取证,严禁暴力取证。

13. 犯罪嫌疑人在被侦查机关第一次讯问后或者采取强制措施之日起,聘请律师或者经法律援助机构指派的律师为其提供法律咨询、代理申诉、控告的,侦查机关应当保障律师依法行使权利和履行职责。涉及国家秘密的案件,犯罪嫌疑人聘请律师或者申请法律援助,以及律师会见在押的犯罪嫌疑人,应当经侦查机关批准。律师发现有刑讯逼供情形的,可以向公安机关、人民检察院反映。

14. 侦查机关将案件移送人民检察院审查起诉时,应当将包括第一次讯问笔录及勘验、检查、搜查笔录在内的证明犯罪嫌疑人有罪或者无罪、罪重或者罪轻等涉及案件事实的所有证据一并移送。

15. 对于可能判处死刑的案件,人民检察院在审查逮捕工作中应当全面、客观地审查证据,对以刑讯逼供等非法方法取得的犯罪嫌疑人供述、被害人陈述、证人证言应当依法排除。对侦查活动中的违法行为,应当提出纠正意见。

(二)提起公诉

16. 人民检察院要依法履行审查起诉职责,严格把握案件的法定起诉标准。

17. 人民检察院自收到移送审查起诉的案件材料之日起三日以内,应当告知犯罪嫌疑人有权委托辩护人;犯罪嫌疑人经济困难的,应当告知其可以向法律援助机构申请法律援助。辩护律师自审查起诉之日起,可以查阅、摘抄、复制本案的诉讼文书、技术性鉴定材料,可以同在押的犯罪嫌疑人会见和通信。其他辩护人经人民检察院许可,也可以查阅、摘抄、复制上述材料,同在押的犯罪嫌疑人会见和通信。人民检察院应当为辩护人查阅、摘抄、复制材料提供便利。

18. 人民检察院审查案件,应当讯问犯罪嫌疑人,听取被害人和犯罪嫌疑人、被害人委托的人的意见,并制作笔录附卷。被害人和犯罪嫌疑人、被害人委托的人在审查起诉期间没有提出意见的,应当记明附卷。人民检察院对证人证言笔录存在疑问或者认为对证人的询问不具体或者有遗漏的,可以对证人进行询问并制作笔录。

19. 人民检察院讯问犯罪嫌疑人时,既要听取犯罪嫌疑人的有罪供述,又要听取犯罪嫌疑人无罪或罪轻的辩解。犯罪嫌疑人提出受到刑讯逼供的,可以要求侦查人员作出说明,必要时进行核查。对刑讯逼供取得的犯罪嫌疑人供述和以暴力、威胁等非法方法收集的被害人陈述、证人证言,不能作为指控犯罪的根据。

20. 对可能属于精神病人、未成年人或者怀孕的妇女的犯罪嫌疑人,应当及时委托鉴定或者调查核实。

21. 人民检察院审查案件的时候,对公安机关的勘验、检查,认为需要复验、复查的,应当要求公安机关复验、复查,人民检察院可以派员参加;也可以自行复验、复查,商请公安机关派员参加,必要时也可以聘请专门技术人员参加。

22. 人民检察院对物证、书证、视听资料、勘验、检查笔录存在疑问的,可以要求侦查人员提供获取、制作的有关情况。必要时可以询问提供物证、书证、视听资料的人员,对物证、书证、视听资料委托进行技术鉴定。询问过程及鉴定的情况应当附卷。

23. 人民检察院审查案件的时候,认为事实不清、证据不足或者遗漏罪行、遗漏同案犯罪嫌疑人等情形,需要补充侦查的,应当提出需要补充侦查的具体意见,连同案卷材料一并退回公安机关补充侦查。公安机关应当在一个月以内补充侦查完毕。人民检察院也可以自行侦查,必要时要求公安机关提供协助。

24. 人民检察院对案件进行审查后,认为犯罪嫌疑人的犯罪事实已经查清,证据确实、充分,依法应当追究刑事责任的,应当作出起诉决定。具有下列情形之一的,可以确认犯罪事实已经查清:(1)属于单一罪行的案件,查清的事实足以定罪量刑或者与定罪量刑有关的事实已经查清,不影响定罪量刑的事实无法查清的;(2)属于数个罪行的案件,部分罪行已经查清并符合起诉条件,其他罪行无法查清的;(3)作案工具无法起获或者赃物去向不明,但有其他证据足以对犯罪嫌疑人定罪量刑的;(4)证人证言、犯罪嫌疑人的供述和辩解、被害人陈述的内容中主要情节一致,只有个别情节不一致且不影响定罪的。对于符合第

(2)项情形的,应当以已经查清的罪行起诉。

25. 人民检察院对于退回补充侦查的案件,经审查仍然认为不符合起诉条件的,可以作出不起诉决定。具有下列情形之一,不能确定犯罪嫌疑人构成犯罪和需要追究刑事责任的,属于证据不足,不符合起诉条件:(1)据以定罪的证据存在疑问,无法查证属实的;(2)犯罪构成要件事实缺乏必要的证据予以证明的;(3)据以定罪的证据之间的矛盾不能合理排除的;(4)根据证据得出的结论具有其他可能性的。

26. 人民法院认为人民检察院起诉移送的有关材料不符合刑事诉讼法第一百五十条规定的条件,向人民检察院提出书面意见要求补充提供的,人民检察院应当在收到通知之日起三日以内补送。逾期不能提供的,人民检察院应当作出书面说明。

(三)辩护、提供法律帮助

27. 律师应当恪守职业道德和执业纪律,办理死刑案件应当尽职尽责,做好会见、阅卷、调查取证、出庭辩护等工作,提高辩护质量,切实维护犯罪嫌疑人、被告人的合法权益。

28. 辩护律师经证人或者其他有关单位和个人同意,可以向他们收集证明犯罪嫌疑人、被告人无罪或者罪轻的证据,申请人民检察院、人民法院收集、调取证据,或者申请人民法院通知证人出庭作证,也可以申请人民检察院、人民法院依法委托鉴定机构对有异议的鉴定结论进行补充鉴定或者重新鉴定。对于辩护律师的上述申请,人民检察院、人民法院应当及时予以答复。

29. 被告人可能被判处死刑而没有委托辩护人的,人民法院应当通过法律援助机构指定承担法律援助义务的律师为其提供辩护。法律援助机构应当在收到指定辩护通知书三日以内,指派有刑事辩护经验的律师提供辩护。

30. 律师在提供法律帮助或者履行辩护职责中遇到困难和问题,司法行政机关应及时与公安机关、人民检察院、人民法院协调解决,保障律师依法履行职责。

(四)审判

31. 人民法院受理案件后,应当告知因犯罪行为遭受物质损失的被害人、已死亡被害人的近亲属、无行为能力或者限制行为能力被害人的法定代理人,有权提起附带民事诉讼和委托诉讼代理人。经济困难的,还应当告知其可以向法律援助机构申请法律援助。在审判过程中,注重发挥附带民事诉讼中民事调解的重要作用,做好被害人、被害人近亲属的安抚工作,切实加强刑事被害人的权益保护。

32. 人民法院应当通知下列情形的被害人、证人、鉴定人出庭作证:(一)人民检察院、被告人及其辩护人对被害人陈述、证人证言、鉴定结论有异议,该被害人陈述、证人证言、鉴定结论对定罪量刑有重大影响的;(二)人民法院认为其他应当出庭作证的。经人民法院依法通知,被害人、证人、鉴定人应当出庭作证;不出庭作证的被害人、证人、鉴定人的书面陈述、书面证言、鉴定结论经质证无法确认的,不能作为定案的根据。

33. 人民法院审理案件,应当注重审查证据的合法性。对有线索或者证据表明可能存在刑讯逼供或者其他非法取证行为的,应当认真审查。人民法院向人民检察院调取相关证据时,人民检察院应当在三日以内提交。人民检察院如果没有相关材料,应当向人民法院说明情况。

34. 第一审人民法院和第二审人民法院审理死刑案件,合议庭应当提请院长决定提交审判委员会讨论。最高人民法院复核死刑案件,高级人民法院复核死刑缓期二年执行的案件,对于疑难、复杂的案件,合议庭认为难以作出决定的,应当提请院长决定提交审判委员会讨论决定。审判委员会讨论案件,同级人民检察院检察长、受检察长委托的副检察长均可列席会议。

35. 人民法院应当根据已经审理查明的事实、证据和有关的法律规定,依法作出裁判。对案件事实清楚,证据确实、充分,依据法律认定被告人有罪的,应当作出有罪判决;对依据法律认定被告人无罪的,应当作出无罪判决;证据不足,不能认定被告人有罪的,应当作出证据不足、指控的犯罪不能成立的无罪判决;定罪的证据确实,但影响量刑的证据存有疑点,处刑时应当留有余地。

36. 第二审人民法院应当及时查明被判处死刑立即执行的被告人是否委托了辩护人。没有委托辩护人的,应当告知被告人可以自行委托辩护人或者通知法律援助机构指定承担法律援助义务的律师为其提供辩护。人民法院应当通知人民检察院、被告人及其辩护人在开庭五日以前提供出庭作证的证人、鉴定人名单,在开庭三日以前送达传唤当事人的传票和通知辩护人、证人、鉴定人、翻译人员的通知书。

37. 审理死刑第二审案件,应当依照法律和有关规定实行开庭审理。人民法院必须在开庭十日以前通知人民检察院查阅案卷。同级人民检察院应当按照人民法院通知的时间派员出庭。

38. 第二审人民法院作出判决、裁定后,当庭宣告的,应当在五日以内将判决书或者裁定书送达当事人、辩护人和同级人民检察院;定期宣告的,应当在宣告后立即送达。

39. 复核死刑案件,应当对原审裁判的事实认定、法律适用和诉讼程序进行全面审查。

40. 死刑案件复核期间,被告人委托的辩护人提出听取意见要求的,应当听取辩护人的意见,并制作笔录附卷。辩护人提出书面意见的,应当附卷。

41. 复核死刑案件,合议庭成员应当阅卷,并提出书面意见存查。对证据有疑问的,应当对证据进行调查核实,必要时到案发现场调查。

42. 高级人民法院复核死刑案件,应当讯问被告人。最高人民法院复核死刑案件,原则上应当讯问被告人。

43. 人民法院在保证办案质量的前提下,要进一步提高办理死刑复核案件的效率,公正、及时地审理死刑复核案件。

44. 人民检察院按照法律规定加强对办理死刑案件的法律监督。

(五)执行

45. 人民法院向罪犯送达核准死刑的裁判文书时,应当告知罪犯有权申请会见其近亲属。罪犯提出会见申请并提供具体地址和联系方式的,人民法院应当准许;原审人民法院应当通知罪犯的近亲属。罪犯近亲属提出会见申请的,人民法院应当准许,并及时安排会见。

46. 第一审人民法院将罪犯交付执行死刑前,应当将核准死刑的裁判文书送同级人民检察院,并在交付执行三日以前通知同级人民检察院派员临场监督。

47. 第一审人民法院在执行死刑前,发现有刑事诉讼法第二百一十一条规定的情形的,应当停止执行,并且立即报告最高人民法院,由最高人民法院作出裁定。临场监督执行死刑的检察人员在执行死刑前,发现有刑事诉讼法第二百一十一条规定的情形的,应当建议人民法院停止执行。

48. 执行死刑应当公布。禁止游街示众或者其他有辱被执行人人格的行为。禁止侮辱尸体。

四、人民法院、人民检察院、公安机关依法互相配合和互相制约

49. 人民法院、人民检察院、公安机关办理死刑案件,应当切实贯彻"分工负责,互相配合,互相制约"的基本诉讼原则,既根据法律规定的明确分工,各司其职,各负其责,又互相支持,通力合作,以保证准确有效地执行法律,共同把好死刑案件的质量关。

50. 人民法院、人民检察院、公安机关应当按照诉讼职能分工和程序设置,互相制约,以防止发生错误或者及时纠正错误,真正做到不错不漏,不枉不纵。人民法院、人民检察院和公安机关的互相制约,应当体现在各机关法定的诉讼活动之中,不得违反程序干扰、干预、抵制其他机关依法履行职权的诉讼活动。

51. 在审判过程中,发现被告人可能有自首、立功等法定量刑情节,需要补充证据或者补充侦查的,人民检察院应当建议延期审理。延期审理的时间不能超

过一个月。查证被告人揭发他人犯罪行为,人民检察院根据犯罪性质,可以依法自行查证,属于公安机关管辖的,可以交由公安机关查证。人民检察院应当将查证的情况在法律规定的期限内及时提交人民法院。

五、严格执行办案责任追究制度

52. 故意违反法律和本意见的规定,或者由于严重不负责任,影响办理死刑案件质量,造成严重后果的,对直接负责的主管人员和其他直接责任人员,由其所在单位或者上级主管机关依照有关规定予以行政处分或者纪律处分;徇私舞弊、枉法裁判构成犯罪的,依法追究刑事责任。

《最高人民法院关于死刑缓期执行限制减刑案件审理程序若干问题的规定》(法释〔2011〕8号,自2011年5月1日起施行)

为正确适用《中华人民共和国刑法修正案(八)》关于死刑缓期执行限制减刑的规定,根据刑事诉讼法的有关规定,结合审判实践,现就相关案件审理程序的若干问题规定如下:

第一条 根据刑法第五十条第二款的规定,对被判处死刑缓期执行的累犯以及因故意杀人、强奸、抢劫、绑架、放火、爆炸、投放危险物质或者有组织的暴力性犯罪被判处死刑缓期执行的犯罪分子,人民法院根据犯罪情节、人身危险性等情况,可以在作出裁判的同时决定对其限制减刑。

第二条 被告人对第一审人民法院作出的限制减刑判决不服的,可以提出上诉。被告人的辩护人和近亲属,经被告人同意,也可以提出上诉。

第三条 高级人民法院审理或者复核判处死刑缓期执行并限制减刑的案件,认为原判对被告人判处死刑缓期执行适当,但判决限制减刑不当的,应当改判,撤销限制减刑。

第四条 高级人民法院审理判处死刑缓期执行没有限制减刑的上诉案件,认为原判事实清楚、证据充分,但应当限制减刑的,不得直接改判,也不得发回重新审判。确有必要限制减刑的,应当在第二审判决、裁定生效后,按照审判监督程序重新审判。

高级人民法院复核判处死刑缓期执行没有限制减刑的案件,认为应当限制减刑的,不得以提高审级等方式对被告人限制减刑。

第五条 高级人民法院审理判处死刑的第二审案件,对被告人改判死刑缓期执行的,如果符合刑法第五十条第二款的规定,可以同时决定对其限制减刑。

高级人民法院复核判处死刑后没有上诉、抗诉的案件,认为应当改判死刑缓期执行并限制减刑的,可以提审或者发回重新审判。

第六条 最高人民法院复核死刑案件,认为对被告人可以判处死刑缓期执行并限制减刑的,应当裁定不予核准,并撤销原判,发回重新审判。

一案中两名以上被告人被判处死刑,最高人民法院复核后,对其中部分被告人改判死刑缓期执行的,如果符合刑法第五十条第二款的规定,可以同时决定对其限制减刑。

第七条 人民法院对被判处死刑缓期执行的被告人所作的限制减刑决定,应当在判决书主文部分单独作为一项予以宣告。

第八条 死刑缓期执行限制减刑案件审理程序的其他事项,依照刑事诉讼法和有关司法解释的规定执行。

《人民检察院办理死刑第二审案件和复核监督工作指引(试行)》(高检发诉二字〔2018〕1号)

第一章 一般规定

第一条 【目的和依据】为了规范人民检察院死刑第二审案件办理以及死刑复核监督工作,根据《中华人民共和国刑事诉讼法》和《人民检察院刑事诉讼规则(试行)》等相关规定,结合检察工作实际,制定本指引。

第二条 【案件与工作范围】本指引所称死刑第二审案件,是指因上诉或者抗诉而进入第二审程序的下列案件:

(一)第一审被告人被判处死刑立即执行的;

(二)第一审被告人被判处死刑缓期二年执行,人民法院决定开庭审理的;

(三)人民检察院认为第一审被告人应当被判处死刑立即执行或者死刑缓期二年执行而提出抗诉的。

本指引所称死刑复核监督工作,是指下列工作:

(一)最高人民检察院对最高人民法院复核死刑案件的监督;

(二)省级人民检察院对高级人民法院复核未上诉且未抗诉的死刑立即执行案件的监督;

(三)省级人民检察院对高级人民法院复核死刑缓期二年执行案件的监督。

第三条 【刑事政策】人民检察院办理死刑第二审案件和复核监督工作应当贯彻宽严相济刑事政策,坚持保留死刑,严格控制和慎重适用死刑政策,严格把握刑法规定的死刑适用条件,确保死刑只适用于极少数罪行极其严重的犯罪分子。

第四条 【原则】人民检察院办理死刑第二审案件和开展复核监督工作,应当遵循惩罚犯罪与保障人权相结合、程序公正与实体公正并重以及证据裁判原则。

第五条 【职责】人民检察院办理死刑第二审案件和开展死刑复核监督工

作应当依法履行法律监督职责,确保死刑的公正、统一、正确适用。

第六条 【工作要求】办理死刑第二审案件和开展复核监督工作,应当坚持最严格的证明标准、最规范的办案程序、最审慎的工作态度。

第二章 死刑第二审案件审查与决定
第一节 案件审查

第七条 【收案】检察人员接收案件后,应当规范使用统一业务应用系统,在案件审查、决定、审结、出庭、裁判等环节及时填录案卡,制作文书。

第八条 【审查的主要内容】检察人员应当客观全面审查在案证据材料,并重点审查以下内容:

(一)第一审判决认定事实是否清楚,证据是否确实、充分;

(二)适用法律是否正确,对有关量刑情节的认定是否准确,量刑是否适当;

(三)被判处死刑的被告人是否罪行极其严重,是否必须立即执行;

(四)被告人被判处死刑缓期二年执行的,决定限制减刑或者终身监禁是否适当;

(五)抗诉、上诉意见与第一审判决存在的分歧,抗诉、上诉理由是否正确、充分;

(六)抗诉、上诉中是否提出或者第一审判决后是否出现了可能影响定罪量刑的新事实、新证据;

(七)有无遗漏罪行或者其他应当追究刑事责任的人;

(八)涉案财物处理是否妥当;

(九)诉讼活动是否存在影响公正判决的违法情形;

(十)被告方与被害方是否达成赔偿谅解;

(十一)是否有涉检信访或者重大舆情等风险;

(十二)其他可能影响定罪量刑的内容。

第九条 【审查方式】检察人员审查案件,应当就第一审判决认定的案件事实和适用法律进行全面审查,重点围绕抗诉、上诉理由开展下列工作:

(一)复核主要证据,必要时到案发现场调查;

(二)讯问被告人,听取被告人的上诉理由或者辩解;

(三)必要时听取辩护人、被害人及其法定代理人或者近亲属的意见;

(四)必要时询问证人;

(五)对证据合法性有疑问的,应当进行调查核实;

(六)对鉴定意见有疑问的,可以重新鉴定或者补充鉴定;

(七)需要侦查机关补充调取和完善的证据,可以要求侦查机关提供,必要

时可以自行调查核实,补充收集相关证据;

(八)应当开展的其他工作。

第十条 【核查证据】对于影响定罪或者量刑的主要证据应当进行复核,重点核查证据是否客观、真实,取证程序是否合法以及证据之间是否存在矛盾。

第十一条 【对物证、书证等证据的审查】加强对物证、书证等证据的审查。物证、书证的收集、送检、保管等不符合法定程序,可能严重影响司法公正的,应当要求侦查机关予以补正或者作出合理解释;不能补正或者无法作出合理解释的,应当予以排除,不能作为定案的根据。

第十二条 【对鉴定意见的审查】对鉴定意见应当重点审查以下内容:

(一)鉴定机构和鉴定人是否具有法定资质,鉴定人是否存在应当回避的情形;

(二)检材的收集、取得、保管、送检是否符合法律及有关规定,与相关提取笔录、扣押物品清单等记载的内容是否相符,检材是否充足、可靠;

(三)鉴定程序是否符合法律及有关规定,鉴定的过程和方法是否符合相关专业的规范要求,鉴定意见是否告知被告人和被害人及其法定代理人或者近亲属;

(四)鉴定意见形式要件是否完备,鉴定意见是否明确,鉴定意见与案件待证事实有无关联,鉴定意见与勘验、检查笔录及相关照片等其他证据是否矛盾,鉴定意见是否存在无法排除的合理怀疑,检验分析是否科学、全面;

(五)有利于被告人和不利于被告人的鉴定意见是否移送。

第十三条 【对勘验、检查笔录的审查】对勘验、检查笔录应当重点审查以下内容:

(一)勘验、检查是否依法进行,笔录的制作是否符合法律及有关规定,勘验、检查人员和见证人是否签名或者盖章;

(二)勘验、检查笔录的内容是否全面、详细、准确、规范,文字记载与实物或者绘图、录像、照片是否相符,固定证据的形式、方法是否科学、规范,现场、物品、痕迹等是否被破坏或者伪造,人身特征、伤害情况、生理状况有无伪装或者变化;

(三)补充进行勘验、检查的,前后勘验、检查的情况是否有矛盾,是否说明了再次勘验、检查的理由;

(四)勘验、检查笔录中记载的情况与被告人供述、被害人陈述、鉴定意见等其他证据能否印证,有无矛盾。

第十四条 【讯问被告人】讯问被告人应当按照以下要求进行:

(一)讯问应当由两名以上检察人员进行;

（二）讯问前认真制作讯问提纲，明确讯问目的，拟定重点解决的问题；

（三）核对被告人的基本情况，告知诉讼权利和义务；

（四）听取被告人的上诉理由、辩解和供述，核查是否有新证据、是否有自首和立功等情节、是否有刑讯逼供等非法取证情况，以及其他需要核实的问题；

（五）规范制作讯问笔录，笔录首部内容应当填写完整，讯问人员应当在讯问笔录上签名；

（六）远程视频提讯的，应当制作同步录音录像。

对讯问过程中出现翻供或者在一审阶段曾经翻供的，应当详细讯问翻供的原因和理由，并重点讯问作案动机、目的、手段、工具以及与犯罪有关的时间、地点、人员等细节。

第十五条　【对技术侦查措施收集证据的审查】侦查机关采取技术侦查措施收集的物证、书证、电子数据等证据材料没有移送，影响定罪量刑的，检察人员可以要求侦查机关将相关证据材料连同批准采取技侦措施的法律文书一并移送，必要时可以到侦查机关技术侦查部门核查原始证据。

第十六条　【调查核实证据合法性】经审查，发现侦查人员以非法方法收集证据的，或者被告人及其辩护人申请排除非法证据，并提供相关线索或者材料的，应当依照相关规定，及时进行调查核实。

调查核实证据合法性可以采取以下方式：

（一）讯问被告人；

（二）询问办案人员；

（三）询问在场人员及证人；

（四）听取辩护律师意见；

（五）调取讯问笔录、讯问录音录像；

（六）调取、查询被告人出入看守所的身体检查记录及相关材料；

（七）调取、查询驻看守所检察人员在侦查终结前的核查材料；

（八）调取、查阅、复制相关法律文书或者案件材料；

（九）进行伤情、病情检查或者鉴定；

（十）其他调查核实方式。

第十七条　【审查同步录音录像的一般规定】检察人员对取证合法性产生疑问的，可以审查相关的录音录像，对于重大、疑难、复杂的案件，必要时可以审查全部录音录像。

第十八条　【审查同步录音录像的主要内容】对同步录音录像应当重点审查以下内容：

（一）是否全程、连续、同步，有无选择性录制，有无剪接、删改；
（二）是否与讯问笔录记载的起止时间一致；
（三）与讯问笔录记载的内容是否存在差异；
（四）是否存在刑讯逼供、诱供等违法行为。

讯问录音录像存在选择性录制、剪接、删改等情形，或者与讯问笔录存在实质性差异，不能排除以非法方法收集证据情形的，对相关证据应当予以排除。

第十九条　【非法证据排除】对采用下列非法方法收集的被告人供述，应当提出依法排除的意见：

（一）采取殴打、违法使用戒具等暴力方法或者变相肉刑的恶劣手段，使被告人遭受难以忍受的痛苦而违背意愿作出的供述；

（二）采用以暴力或者严重损害本人及其近亲属合法权益等进行威胁的方法，使被告人遭受难以忍受的痛苦而违背意愿作出的供述；

（三）采用非法拘禁等非法限制人身自由的方法收集的供述。

采用暴力、威胁以及非法限制人身自由等非法方法收集的证人证言、被害人陈述，应当予以排除。

第二十条　【重复自白的排除及除外情形】采用刑讯逼供方法使被告人作出供述，之后被告人受该刑讯逼供行为影响而作出的与该供述相同的重复性供述，应当提出依法排除的意见，但下列情形除外：

（一）侦查期间，根据控告、举报或者自己发现等，侦查机关确认或者不能排除以非法方法收集证据而更换侦查人员，其他侦查人员再次讯问时告知诉讼权利和认罪的法律后果，犯罪嫌疑人自愿供述的；

（二）审查逮捕、审查起诉和审判期间，检察人员、审判人员讯问时告知诉讼权利和认罪的法律后果，犯罪嫌疑人、被告人自愿供述的。

第二十一条　【对自首、立功等可能影响定罪量刑的材料和线索的审查】被告人、辩护人提出被告人自首、立功或者受到刑讯逼供等可能影响定罪量刑的材料和线索的，人民检察院可以依照管辖规定交侦查机关调查核实，也可以自行调查核实。发现遗漏罪行或者同案犯罪嫌疑人的，应当建议侦查机关侦查。

第二十二条　【案件线索来源存疑、侦破过程不清楚的案件的审查】对于案件线索来源存疑、侦破过程不清楚的，应当要求侦查机关提供相关法律文书或者作出详细的情况说明。

第二十三条　【补充收集证据的一般规定】对死刑第二审案件自行补充收集证据的，应当由两名以上检察人员进行，可以要求侦查机关提供协助，也可以申请本院司法警察协助。上级人民检察院通过下级人民检察院通知侦查机关补充收集证据的,下级人民检察院应当提供协助。

第二十四条 【自行补充收集证据的情形】死刑第二审案件具有下列情形之一的,可以自行补充收集证据:

(一)侦查机关以刑讯逼供等非法方法收集的被告人供述和采用暴力、威胁等非法手段取得的被害人陈述、证人证言,被依法排除后,侦查机关未另行指派侦查人员重新调查取证的;

(二)被告人作出无罪辩解或者辩护人提出无罪辩护意见,经审查后,认为侦查机关取得的言词证据不全面或者有遗漏,或者经审查后认为存在疑问的;

(三)案件在定罪量刑方面存在明显分歧或者较大争议,需要补充关键性言词证据,特别是影响案件定罪量刑的被告人供述、证人证言、被害人陈述等言词类证据的;

(四)认为需要补充收集的事项,侦查机关未补充收集或者补充收集后未达到要求,且自行补充收集具有可行性的;

(五)案件主要事实清楚,主要证据确实、充分,尚需要查明个别事实、情节或者补充个别证据材料的;

(六)其他需要自行补充收集证据的情形。

第二十五条 【保障律师执业权利】检察人员应当依法保障律师的执业权利。

辩护律师要求听取其意见的,应当及时安排在工作时间、工作场所接待,并由两名以上检察人员听取意见、制作笔录。

辩护律师提出的书面意见,或者提交的无罪、罪轻或者减轻、免除刑事责任的证据材料应当附卷,并在审查报告中说明是否采纳及理由。

第二十六条 【保障被害人权益】检察人员应当依法保障被害人及其法定代理人或者近亲属的合法权益。涉及影响案件定罪量刑、社会稳定、司法救助等情况的,应当主动听取被害人及其法定代理人或者近亲属的意见。

第二十七条 【审查报告的内容】死刑第二审案件审查报告一般包括:

(一)被告人及被害人基本情况;
(二)案件诉讼经过;
(三)第一审判决认定的事实及裁判结果、理由;
(四)抗诉或者上诉理由;
(五)辩护人的意见;
(六)审查认定的事实及对证据的综合分析;
(七)对上诉、抗诉理由的分析与意见;

（八）需要说明的问题；
（九）审查意见和理由。

第二十八条 【上诉案件的处理意见】对于上诉案件，审查后视情形提出以下处理意见：

（一）原判决认定事实清楚，证据确实、充分，适用法律正确，量刑适当，审判程序合法的，应当提出建议维持原判的意见；

（二）原判决在事实认定、证据采信、综合评判等方面存在不当之处，但不影响定罪量刑的，可以建议第二审人民法院在依法纠正后维持原判；

（三）原判决认定事实没有错误，但适用法律错误，导致定罪错误或者量刑不当的，应当提出建议改判的意见，但不得违反上诉不加刑原则；

（四）原判决认定事实不清或者证据不足的，可以在查清事实后提出建议改判的意见，也可以提出建议发回重审的意见；

（五）第一审人民法院违反法律规定的诉讼程序，可能影响公正审判的，应当提出建议发回重审的意见。

第二十九条 【抗诉案件的处理意见】对于抗诉案件，审查后视情形提出以下处理意见：

（一）具有《人民检察院刑事诉讼规则（试行）》第五百八十四条规定的情形，原判决确有错误，抗诉意见正确的，应当提出支持抗诉的意见；

（二）原判决确有错误，抗诉意见部分正确的，可以变更、补充抗诉理由，提出部分支持抗诉的意见；

（三）原判决并无不当，抗诉意见不当的，应当提出撤回抗诉的意见。

第三十条 【阅卷时间】人民检察院应当在接到人民法院决定开庭、查阅案卷通知之日起一个月以内阅卷完毕。在一个月以内无法完成的，可以商请人民法院延期审理。

第二节 案件决定

第三十一条 【提请检察官联席会议或者检察委员会讨论的情形】检察人员可以对下列死刑案件提请公诉部门负责人召集检察官联席会议进行讨论，为案件处理提供参考意见。需要提请检察委员会讨论的，应当报检察长决定：

（一）抗诉案件；
（二）在事实认定、证据采信、法律适用等方面存在较大分歧的；
（三）在全国或者当地有重大社会影响的；
（四）当事人或者其近亲属反应强烈，可能引发社会矛盾的；
（五）其他重大、疑难、复杂的死刑案件。

第三十二条 【案件决定】检察长不同意检察人员处理意见,可以要求检察人员复核或者提请检察委员会讨论决定,也可以直接作出决定。要求复核的意见、决定,应当以书面形式作出,并归入案件卷宗。

第三十三条 【检察人员意见与决定不一致的处理】检察人员执行检察长决定时,认为决定错误的,可以提出异议;检察长不改变该决定,或者要求立即执行的,检察人员应当执行。

第三章 死刑第二审案件出席法庭
第一节 出席法庭准备

第三十四条 【确定出席法庭人员和制作相关文书】收到人民法院出席法庭通知书后,人民检察院应当及时确定出席法庭履行职务的检察人员,并制作派员出席法庭通知书送达人民法院。

第三十五条 【出席法庭准备工作】检察人员应当做好以下出席法庭准备工作:

(一)进一步熟悉案情和主要证据,及时了解证据的变化情况和辩护人向法庭提供的新证据,确定需要在法庭上出示的证据,研究与本案有关的法律政策问题以及审判中可能涉及的专业知识;

(二)拟定出庭预案,包括讯问提纲、询问提纲、举证质证提纲、答辩提纲和出庭检察员意见书。重大、疑难、复杂的案件可以制作多媒体示证资料;

(三)在开庭前将需要通知到庭的证人、侦查人员、鉴定人、有专门知识的人的名单以及拟在法庭审理中出示的新证据提交人民法院,并与审判人员做好沟通;

(四)需要对出庭证人等诉讼参与人提供保护的,及时向人民法院提出建议,做好相关工作;

(五)对于重大、疑难、复杂和社会高度关注的案件,应当制作临庭处置方案,应对可能出现的各种复杂情况。

第三十六条 【出庭预案】出庭预案应当重点围绕抗诉、上诉理由,针对需要查证的、与定罪量刑有关的事实进行准备,根据具体案件情况,突出针对性和预见性。对于重大、疑难、复杂和社会高度关注的案件,可以召集检察官联席会议对出庭预案进行讨论。

第三十七条 【出庭检察员意见书】出庭检察员意见书的主要内容包括对第一审判决的全面评价、对抗诉理由的分析或者对上诉理由的评析、对辩解理由和辩护意见的评析等。

出庭检察员意见书应当表明建议法庭维持原判、依法改判或者发回重审的意见。

第三十八条 【与侦查人员、侦查活动相关的庭前准备工作】检察人员认为有必要由侦查人员或者其他人员出席法庭说明情况的,应当通知侦查机关及有关人员做好出席法庭准备;检察人员认为有必要当庭播放侦查活动的相关录音、录像,但录音、录像中有涉及国家秘密、商业秘密、个人隐私或者其他不宜公开的内容的,应当提前做好技术处理。

第二节 参加庭前会议

第三十九条 【参加庭前会议的人员及建议召开庭前会议的情形】人民法院通知人民检察院派员参加庭前会议的,由拟出席法庭的检察人员参加,检察长认为有必要的也可以参加。

对于证据材料较多、案情疑难复杂、社会影响重大等情形,人民法院未召开庭前会议的,可以建议召开庭前会议。

被告人及其辩护人在开庭审理前申请排除非法证据,并依照法律规定提供相关线索或者材料,人民法院未召开庭前会议的,应当建议人民法院召开庭前会议。第一审期间已进行非法证据调查,被告人及其辩护人没有新的线索或者材料,以相同理由再次提出申请的除外。

第四十条 【庭前会议的准备】参加庭前会议前,检察人员应当准备拟提出的问题及意见,预测辩护方可能提出的问题,制定应对方案。

第四十一条 【庭前会议的内容】在庭前会议中,检察人员可以对案件管辖、回避、出庭证人、鉴定人、有专门知识的人的名单、辩护人提供的无罪证据、非法证据排除、不公开审理、延期审理、庭审方案等与审判相关的问题提出和交换意见,了解辩护人收集的证据等情况。

对辩护人收集的证据有异议的,应当提出。

第四十二条 【申请证人、鉴定人、侦查人员、有专门知识的人出席法庭的情形】具有下列情形,检察人员可以在庭前会议中申请人民法院通知证人、鉴定人、侦查人员、有专门知识的人出席法庭:

(一)对证人证言有异议,且该证人证言对案件定罪量刑有重大影响的;

(二)对鉴定意见有异议的;

(三)需要侦查人员就相关证据材料的合法性说明情况的;

(四)需要有专门知识的人就鉴定意见或者专门性问题提出意见的。

第四十三条 【对非法证据进行说明】被告人及其辩护人在庭前会议中提出证据系非法取得,人民法院认为可能存在以非法方法收集证据情形的,检察人员应当通过出示有关证据材料等方式,有针对性地对证据收集的合法性作出说明。

第四十四条 【庭前会议的效力】对于人民法院已在庭前会议中对可能导致法庭审理中断的程序性事项作出处理决定，被告人及其辩护人没有新的理由，在法庭审理中再次提出有关申请或者异议的，检察人员应当建议法庭予以驳回。

第三节 出席法庭

第四十五条 【主要任务】检察人员出席死刑第二审法庭的主要任务是：

（一）支持抗诉或者听取上诉意见，对原审人民法院作出的错误判决或者裁定提出纠正意见；

（二）维护原审人民法院正确的判决或者裁定，建议法庭维持原判；

（三）维护诉讼参与人的合法权利；

（四）对法庭审判活动是否合法进行监督；

（五）依法从事其他诉讼活动。

第四十六条 【对法庭准备工作的监督】在法庭审理开始前，检察人员应当注意发现和纠正以下违法行为：

（一）不公开审理的案件允许旁听；

（二）辩护人没有到庭；

（三）应当配备翻译人员没有配备；

（四）证人、鉴定人、有专门知识的人在旁听席就座等情形。

检察人员在审判长征求对法庭准备工作的意见时应当表明意见。

第四十七条 【对申请检察人员回避的处理】当事人及其法定代理人、辩护人、诉讼代理人申请检察人员回避的，对符合刑事诉讼法第二十八条、第二十九条规定情形的回避申请，应当在人民法院决定休庭后，由人民检察院作出是否回避的决定。对不符合刑事诉讼法第二十八条、第二十九条规定情形的回避申请，检察人员应当建议法庭继续开庭审理。

第四十八条 【对开庭后宣告裁判前申请撤回上诉的处理】被判处死刑立即执行的上诉人，在第二审开庭后宣告裁判前申请撤回上诉的，检察人员应当建议人民法院不予准许撤回上诉，继续按照上诉案件审理。

第四十九条 【对审判长概括内容的意见】审判长就抗诉、上诉未涉及的事实归纳总结后，检察人员认为该部分事实清楚、证据确实充分的，应当表示无异议，当庭予以确认；认为有异议的，应当指出，并提请法庭进行调查。

对于审判长概括的审理重点和焦点问题，检察人员认为需要补充的，应当及时提出。

第五十条 【对已认定为非法证据的处理】人民检察院认定的非法证据,应当予以排除。被排除的非法证据应当随案移送,并写明为依法排除的证据。

第五十一条 【对当事人在法庭审理中申请排除非法证据的处理】被告人及其辩护人在开庭审理前未申请排除非法证据,在法庭审理过程中提出申请的,检察人员应当建议法庭要求其说明理由。

第五十二条 【建议驳回排除非法证据申请的情形】对于被告人及其辩护人法庭审理中申请排除非法证据,但没有提供相关线索或者材料的,或者申请排除的理由明显不符合法律规定的,检察人员可以建议法庭当庭驳回申请。

第五十三条 【建议对排除非法证据申请进行审查的情形】被告人及其辩护人在法庭审理期间发现相关线索或者材料,在法庭审理中申请排除非法证据的,检察人员可以建议合议庭对相关证据的合法性进行审查。

第五十四条 【检察人员对证据合法性的证明方式】对于被告人及其辩护人在法庭审理期间申请排除非法证据,法庭决定进行调查的,检察人员可以出示讯问笔录、提讯登记、体检记录、采取强制措施或者侦查措施的法律文书、侦查终结前对讯问合法性的核查材料等证据材料,有针对性地播放讯问录音录像,提请法庭通知侦查人员或者其他人员出席法庭说明情况。

第五十五条 【法庭审理阶段讯问被告人】检察人员讯问被告人应当根据法庭确定的审理重点和焦点问题,围绕抗诉、上诉理由以及对原审判决、裁定认定事实有争议的部分进行,对没有异议的事实不再全面讯问。上诉案件先由辩护人发问,抗诉案件以及既有上诉又有抗诉的案件先由检察人员讯问。讯问应当注意以下方面:

(一)被告人当庭辩解之前所作的供述不属实的,应当就其提出的不属实部分和翻供理由,进行有针对性的讯问,翻供理由不成立的,应当结合相关证据当庭指出;

(二)被告人供述不清楚、不全面、不合理,或者与案件第一审判决查证属实的证据相矛盾的,应当进行讯问,与案件抗诉、上诉部分的犯罪事实无关的问题可以不讯问;

(三)对于辩护人已经发问而被告人作出客观回答的问题,不进行重复讯问,但是被告人供述矛盾、含糊不清或者翻供,影响对案件事实、性质的认定或者量刑的,应当有针对性地进行讯问;

(四)在法庭调查结束前,可以根据辩护人或者诉讼代理人发问、审判长(审判员)讯问的情况,进行补充讯问。

讯问共同犯罪案件的被告人应当个别进行,讯问中应当注意讯问被告人在共同犯罪中的地位、作用。被告人对同一事实的供述存在矛盾的,检察人员可以建议法庭传唤有关被告人到庭对质。

第五十六条 【禁止诱导性及不当的讯问、发问】检察人员讯问被告人,应当避免可能影响陈述客观真实的诱导性讯问或者其他不当讯问。

辩护人采用诱导性发问或者其他不当发问可能影响陈述的客观真实的,检察人员应当提请审判长予以制止或者要求对该项发问所获得的当庭供述不予采信。

第五十七条 【举证质证的一般规定】检察人员举证质证应当围绕对抗诉、上诉意见及理由具有重要影响的关键事实和证据进行。上诉案件先由被告人及其辩护人举证;抗诉案件以及既有上诉又有抗诉的案件,先由检察人员举证。

第五十八条 【举证】检察人员举证应当注意以下方面:

(一)对于原判决已经确认的证据,如果检察人员、被告人及其辩护人均无异议,可以概括说明证据的名称和证明事项;

(二)对于有争议且影响定罪量刑的证据,应当重新举证;

(三)对于新收集的与定罪量刑有关的证据,应当当庭举证。

第五十九条 【质证】检察人员质证应当注意以下方面:

(一)对于诉讼参与人提交的新证据和原审法院未经质证而采信的证据,应当要求当庭质证;

(二)发表质证意见、答辩意见应当简洁、精练,一般应当围绕证据的合法性、客观性、关联性进行;

(三)对于被告人及其辩护人提出的与证据证明无关的质证意见,可以说明理由不予答辩,并提请法庭不予采纳;

(四)被告人及其辩护人对证人证言、被害人陈述提出质疑的,应当根据证言、陈述情况,针对证言、陈述中有争议的内容重点答辩;

(五)被告人及其辩护人对物证、书证、勘验检查笔录、鉴定意见提出质疑的,应当从证据是否客观、取证程序是否合法等方面有针对性地予以答辩。

第六十条 【举证质证应当采取保护措施的情形】采取技术侦查措施收集的物证、书证及其他证据材料,如果可能危及特定人员的人身安全、涉及国家秘密,或者公开后可能暴露侦查秘密或者严重损害商业秘密、个人隐私的,检察人员应当采取或者建议法庭采取避免暴露有关人员身份、技术方法等保护措施。在必要的时候,可以建议不在法庭上质证,由审判人员在庭外对证据进行核实。

第六十一条 【询问证人】检察人员应当按照审判长确定的顺序询问证人。询问时应当围绕与定罪量刑紧密相关的事实进行,对证人证言中有虚假、遗漏、矛盾、模糊不清、有争议的内容,应当重点询问,必要时宣读证人在侦查、审查起诉阶段提供的证言笔录或者出示、宣读其他证据。

询问证人应当避免可能影响证言客观真实的诱导性询问以及其他不当询问。

第六十二条 【侦查人员出庭作证】对于侦查人员就其执行职务过程中目击的犯罪情况出庭作证的,检察人员可以参照证人出庭有关规定进行询问;侦查人员为证明证据收集的合法性出庭作证的,检察人员应当主要围绕证人证言、被告人供述、被害人陈述的取得,物证、书证的收集、保管及送检等程序、方式是否符合法律及有关规定进行询问。

第六十三条 【鉴定人出庭作证】对于鉴定人出庭作证的,检察人员应当重点围绕下列问题发问:

(一)鉴定人所属鉴定机构的资质情况,包括核准机关、业务范围、有效期限等;

(二)鉴定人的资质情况,包括执业范围、执业证使用期限、专业技术职称、执业经历等;

(三)委托鉴定的机关、时间以及事项,鉴定对象的基本情况,鉴定时间,鉴定程序等;

(四)鉴定意见及依据。

第六十四条 【有专门知识的人出庭作证】有专门知识的人出庭对鉴定意见发表意见的,检察人员应当重点询问鉴定的程序、方法、分析过程是否符合本专业的检验鉴定规程和技术方法要求,鉴定意见是否科学等内容。

第六十五条 【法庭辩论】法庭辩论阶段,检察人员应当在法庭调查的基础上,围绕控辩双方在案件事实、证据、法律适用和量刑方面的争议焦点,依据事实和法律,客观公正地发表出庭意见。

第六十六条 【答辩】对于被告人、辩护人提出的意见可能影响被告人的定罪或者量刑的,检察人员应当答辩。答辩应当观点明确、重点突出、主次分明、有理有据。对于与案件无关或者已经发表意见的问题,可以不再答辩。

第六十七条 【建议延期审理的情形】法庭审理过程中遇有下列情形之一的,检察人员可以建议法庭延期审理:

(一)发现事实不清、证据不足,或者遗漏罪行、遗漏同案犯罪嫌疑人,需要补充侦查或者补充提供证据的;

(二)被告人揭发他人犯罪行为或者提供重要线索,需要查证的;

(三)需要申请人民法院通知证人、鉴定人出庭作证或者有专门知识的人出庭提出意见的；

（四）需要调取新的证据，重新鉴定或者勘验的；

（五）被告人、辩护人向法庭出示检察人员还未掌握的与定罪量刑有关的证据，需要调查核实的；

（六）不能当庭证明证据收集的合法性，需要调查核实的。

第六十八条 【开庭后证据出现新情况的处理】第二审开庭后宣告裁判前，检察人员发现被告人有立功情节、与被害方达成赔偿协议、取得谅解等情形，或者案件证据发生重大变化的，应当及时调查核实，并将有关材料移送人民法院。

上述情形经查证，可能对被告人定罪量刑有影响，可以补充举证质证；也可以变更处理意见，报请检察长审批后，书面送达人民法院。

第四章 死刑案件诉讼监督

第六十九条 【侦查活动监督】对于侦查活动中的违法情形，由检察人员依法提出纠正意见。对于情节较重的违法情形，应当报请检察长或者检察委员会决定后，发出纠正违法通知书。

第七十条 【审判活动监督】人民检察院在审判活动监督中，如果发现人民法院或者审判人员审理案件违反法律规定的诉讼程序的，应当向人民法院提出纠正意见。

出席法庭的检察人员发现法庭审判违反法律规定的诉讼程序的，应当在休庭后及时向检察长报告。需要提出纠正意见的，应当在法庭审理后提出。

第七十一条 【监督意见落实】检察人员对于提出的监督意见，应当逐件跟踪、督促纠正。对于侦查、审判活动中普遍存在的问题，应当归纳、分析并及时提出监督意见。

对于经督促仍不纠正的，可以通过上级人民检察院向被监督单位的上级机关通报，必要时可以向同级人民代表大会常务委员会报告。

第七十二条 【列席审判委员会会议】对于可能判处被告人死刑立即执行或者可能改判无罪的案件以及人民检察院提出抗诉的案件，检察长或者受检察长委托的副检察长可以列席同级人民法院审判委员会会议，发表监督意见。

第七十三条 【对第二审裁判文书的审查】检察人员应当及时了解第二审裁判的情况，督促人民法院依法送达裁判文书。

检察人员应当在收到死刑第二审裁判文书后及时进行审查，对第二审裁判认定事实、适用法律和量刑等提出明确审查意见，并填制二审判决、裁定审查表；省级人民检察院对确有错误的判决、裁定，应当依法及时提请最高人民检察院抗诉或者监督。

审查完毕后,检察人员应当及时在统一业务应用系统点击"流程结束",以便死刑复核监督阶段查阅。

第七十四条 【对司法工作人员违法犯罪的监督】人民检察院公诉部门在诉讼监督活动中,应当注意发现可能影响案件公正处理的司法工作人员违法犯罪问题,加强与相关部门的沟通配合与衔接,形成监督合力。

第五章 死刑复核监督

第七十五条 【死刑复核监督案件范围】人民检察院承办下列死刑复核监督案件:

(一)人民法院通报的死刑复核案件;

(二)死刑复核期间下级人民检察院提请监督或者报告重大情况的案件;

(三)死刑复核期间当事人及其近亲属或者受委托的律师向人民检察院申请监督的案件;

(四)人民检察院认为应当监督的其他死刑复核案件。

第七十六条 【死刑复核监督的主要任务】人民检察院办理死刑复核监督案件的主要任务是:

(一)审查人民法院的死刑适用是否适当,根据案件事实、法律及刑事政策提出监督意见;

(二)审查下级人民检察院的监督意见和重大情况报告,以及当事人及其近亲属或者受委托的律师申请监督的理由;

(三)对人民法院死刑复核活动是否合法进行监督;

(四)发现和纠正侦查、审查起诉和第一审、第二审审判活动中的违法行为;

(五)维护诉讼参与人的合法权益,依法保障人权。

第七十七条 【最高人民法院通报案件受理和审查】最高人民法院向最高人民检察院通报的死刑复核案件,由办理死刑复核案件的公诉部门直接受理、审查。

第七十八条 【提请抗诉与监督】对于高级人民法院第二审判处被告人死刑缓期二年执行的案件,省级人民检察院审查后认为被告人罪行极其严重,应当判处死刑立即执行或者第二审裁判认定事实、适用法律严重错误,应当及时向最高人民检察院提请抗诉。

对于高级人民法院第二审判处死刑立即执行或者维持死刑立即执行判决,且已报最高人民法院复核的案件,省级人民检察院审查后认为不应判处死刑立即执行的,应当及时向最高人民检察院提请监督。

第七十九条 【提请监督、报告重大情况的受理和审查】省级人民检察院对死刑复核案件提请监督或者报告重大情况，由本院案件管理部门报送。最高人民检察院案件管理部门经审查认为案件材料齐全的，移送办理死刑复核案件的公诉部门审查。

第八十条 【申请监督案件的受理和审查】当事人及其近亲属或者受委托的律师向最高人民检察院申请监督的死刑复核案件，由最高人民检察院控告检察部门受理。对于有明确请求和具体理由的，移送办理死刑复核案件的公诉部门审查。

第八十一条 【提请监督的情形】省级人民检察院对高级人民法院死刑第二审裁判进行审查后，发现有下列情形之一的，应当及时向最高人民检察院提请监督：
（一）案件事实不清、证据不足，依法应当发回重新审判或者改判，高级人民法院第二审判处死刑或者维持死刑判决的；
（二）被告人具有从宽处罚情节，依法不应当判处死刑，高级人民法院第二审判处死刑或者维持死刑判决的；
（三）适用法律错误，高级人民法院第二审判处死刑或者维持死刑判决的；
（四）违反法律规定的诉讼程序，可能影响公正审判的；
（五）其他应当提请监督的情形。

第八十二条 【报告重大情况的情形】省级人民检察院发现进入死刑复核程序的被告人有立功、怀孕或者达成赔偿协议、被害方谅解等新的重大情况，可能影响死刑适用的，应当及时向最高人民检察院报告。

第八十三条 【提请监督、报告重大情况的要求】省级人民检察院提请监督或者报告重大情况，应当制作死刑复核案件提请监督意见书或者重大情况报告，加盖印章，连同该案第一审和第二审裁判文书、第二审案件审查报告及新的证据材料等报送最高人民检察院。

第八十四条 【报送备案的要求】对于适用死刑存在较大分歧或者在全国有重大影响的死刑第二审案件，省级人民检察院公诉部门在收到第二审裁判文书后，应当制作死刑复核案件备案函，说明备案理由，加盖印章，连同起诉书、上诉状、抗诉书、第一审和第二审裁判文书、第二审案件审查报告等及时报最高人民检察院公诉部门备案。

第八十五条 【分、州、市级院向省级院提请监督、报告重大情况、备案的程序】在高级人民法院死刑复核期间，分、州、市人民检察院向省级人民检察院提请监督、报告重大情况、备案等程序，参照本指引第七十九条至第八十四条的相关规定办理。

第八十六条 【死刑复核监督案件的审查内容】 办理死刑复核监督案件,应当重点审查以下内容:

(一)据以定罪量刑的事实是否清楚,证据是否确实、充分;

(二)人民法院适用死刑的理由、下级人民检察院提请监督的理由、当事人及其近亲属或者受委托的律师申请监督的理由是否正确、充分;

(三)适用法律是否正确;

(四)是否必须判处死刑;

(五)程序是否合法;

(六)其他应当审查的内容。

第八十七条 【死刑复核监督案件的审查方式】 对死刑复核监督案件可以采取以下方式进行审查:

(一)书面审查人民法院移送的材料、下级人民检察院报送的相关案件材料、当事人及其近亲属或者受委托的律师提交的申诉材料;

(二)向下级人民检察院调取案件审查报告、出庭检察员意见书等材料,了解案件相关情况;

(三)向人民法院调阅或者查阅案件材料;

(四)核实或者委托核实主要证据,就有关技术性问题向专门机构或者专家咨询,或者委托其进行证据审查;

(五)讯问被告人或者听取受委托的律师的意见;

(六)需要采取的其他方式。

第八十八条 【听取下级院意见的情形】 审查死刑复核监督案件,具有下列情形之一的,应当听取下级人民检察院的意见:

(一)对案件主要事实、证据有疑问的;

(二)对适用死刑存在较大争议的;

(三)可能引起司法办案重大风险的;

(四)其他应当听取意见的情形。

第八十九条 【死刑复核监督案件审查报告的内容】 死刑复核监督案件审查报告,应当重点对案件焦点问题进行分析,提出明确的处理意见,并阐明理由和依据。

第九十条 【提交检察官联席会议讨论的情形】 下列死刑复核监督案件应当提交检察官联席会议讨论:

(一)在全国或者当地有重大社会影响的;

(二)案件重大、疑难、复杂,存在较大争议的;
(三)拟向人民法院提出检察意见的;
(四)其他应当讨论的情形。
讨论死刑复核监督案件,可以通知有关下级人民检察院公诉部门派员参加。

第九十一条 【提出检察意见的情形】死刑复核监督案件具有下列情形之一的,人民检察院应当向人民法院提出检察意见:
(一)认为死刑适用确有错误的;
(二)发现新情况、新证据,可能影响被告人定罪量刑的;
(三)严重违反法律规定的诉讼程序,可能影响公正审判的;
(四)司法工作人员在办理案件中,有贪污受贿、徇私舞弊、枉法裁判等行为的;
(五)其他应当提出意见的情形。

第九十二条 【提出检察意见的程序】拟对死刑复核监督案件提出检察意见的,应当提请检察长或者检察委员会决定。

第六章 死刑案件办理指导

第九十三条 【工作指导的要求】上级人民检察院应当加强对死刑案件提前介入侦查、审查起诉、出席第一审法庭、第二审法庭和死刑复核监督工作的指导。

省级人民检察院对可能判处死刑的重大、疑难、复杂案件,应当加强审查起诉和出席第一审法庭的指导工作。对特别重大、疑难、复杂的死刑第二审案件,最高人民检察院应当派员进行指导。

第九十四条 【同步指导】对于下级人民检察院提前介入侦查活动的可能判处死刑的案件以及下级人民检察院办理的其他死刑案件,上级人民检察院在必要时可以进行同步指导。

第九十五条 【向上级院报告重大事项】对于具有重大社会影响可能判处死刑的案件,下级人民检察院公诉部门应当将案件基本情况和出现的重大情况,及时向上一级人民检察院公诉部门书面报告,必要时层报最高人民检察院公诉部门。

第九十六条 【对改变起诉指控事实、罪名的判决的审查】对于人民法院第一审判决改变起诉指控事实、罪名的死刑案件,人民检察院应当在收到判决书后三日以内,将审查报告、起诉书和判决书等案件材料报送上一级人民检察院备案审查。

上级人民检察院收到备案材料后,应当及时审查。认为应当抗诉的,应当及时通知下级人民检察院依法提出抗诉；对于判决有错误但无抗诉必要的，应当及时通知下级人民检察院依法提出纠正意见；对于具有被告人上诉等其他情形的，应当提前做好相应准备工作。

第九十七条 【死刑案件数据统计、分析及报送】人民检察院公诉部门应当做好死刑案件的数据统计、分析工作；省级人民检察院应当在每年3月15日前，将上一年度死刑案件综合分析报告报送最高人民检察院，并严格做好保密工作。

第七章 附 则

第九十八条 【参照执行的案件类型】对于人民法院按照第二审程序提审或者重新开庭审理的其他死刑案件，人民检察院出席第二审法庭的，参照本指引执行。

第九十九条 【效力】最高人民检察院原有的相关规定与本指引不一致的，以本指引为准。

第一百条 【解释权及生效时间】本指引由最高人民检察院负责解释，自下发之日起试行。

第五章
审判监督程序

第二百五十二条 【申诉的主体与效力】当事人及其法定代理人、近亲属,对已经发生法律效力的判决、裁定,可以向人民法院或者人民检察院提出申诉,但是不能停止判决、裁定的执行。

立法沿革

1979年《刑事诉讼法》第一百四十八条规定:"当事人、被害人及其家属或者其他公民,对已经发生法律效力的判决、裁定,可以向人民法院或者人民检察院提出申诉,但不能停止判决、裁定的执行。"1996年《刑事诉讼法修改决定》将"当事人、被害人及其家属或者其他公民"修改为"当事人及其法定代理人、近亲属"。2012年、2018年修改《刑事诉讼法》时对本条规定未作调整。

基本规范

《最高人民法院关于适用〈中华人民共和国刑事诉讼法〉的解释》(法释〔2021〕1号,自2021年3月1日起施行)

第十九章 审判监督程序

第四百五十一条 当事人及其法定代理人、近亲属对已经发生法律效力的判决、裁定提出申诉的,人民法院应当审查处理。

案外人认为已经发生法律效力的判决、裁定侵害其合法权益,提出申诉的,人民法院应当审查处理。

申诉可以委托律师代为进行。

第四百五十二条 向人民法院申诉,应当提交以下材料:

(一)申诉状。应当写明当事人的基本情况、联系方式以及申诉的事实与理由;

(二)原一、二审判决书、裁定书等法律文书。经过人民法院复查或者再审的,应当附有驳回申诉通知书、再审决定书、再审判决书、裁定书;

(三)其他相关材料。以有新的证据证明原判决、裁定认定的事实确有错误为由申诉的,应当同时附有相关证据材料;申请人民法院调查取证的,应当附有相关线索或者材料。

申诉符合前款规定的,人民法院应当出具收到申诉材料的回执。申诉不符合前款规定的,人民法院应当告知申诉人补充材料;申诉人拒绝补充必要材料且无正当理由的,不予审查。①

第四百五十三条 申诉由终审人民法院审查处理。但是,第二审人民法院裁定准许撤回上诉的案件,申诉人对第一审判决提出申诉的,可以由第一审人民法院审查处理。

上一级人民法院对未经终审人民法院审查处理的申诉,可以告知申诉人向终审人民法院提出申诉,或者直接交终审人民法院审查处理,并告知申诉人;案件疑难、复杂、重大的,也可以直接审查处理。

对未经终审人民法院及其上一级人民法院审查处理,直接向上级人民法院申诉的,上级人民法院应当告知申诉人向下级人民法院提出。

第四百五十四条 最高人民法院或者上级人民法院可以指定终审人民法院以外的人民法院对申诉进行审查。被指定的人民法院审查后,应当制作审查报告,提出处理意见,层报最高人民法院或者上级人民法院审查处理。②

第四百五十五条 对死刑案件的申诉,可以由原核准的人民法院直接审查处理,也可以交由原审人民法院审查。原审人民法院应当制作审查报告,提出处理意见,层报原核准的人民法院审查处理。

第四百五十六条 对立案审查的申诉案件,人民法院可以听取当事人和原办案单位的意见,也可以对原判据以定罪量刑的证据和新的证据进行核实。必要时,可以进行听证。

《人民检察院刑事诉讼规则》(高检发释字〔2019〕4号)**第五百九十三条**、第

---

① 征求意见过程中,有意见提出在本条第二款增加规定"申诉符合前款规定的,人民法院应当出具收到申诉材料的回执"的内容,理由是:实践中,申诉人向人民法院提交符合规定的申诉材料时,有些法院不出具任何收到申诉材料或受理的书面手续。这种做法既使提起申诉无凭据可依,又使审查时限无从落实,还会加剧重复上访现象。经研究,采纳上述意见,对本款作出调整。——**本评注注**
② 目前,异地审查(指上级人民法院指定终审人民法院以外的人民法院审查)是人民法院办理再审审查案件的方式之一。"聂树斌案"等冤假错案的再审经过证明,指令异地审查制度有利于保证审查的客观公正,符合申请人和社会公众的期待,有必要通过司法解释予以确认。基于此,本条作了相应规定。——**本评注注**

五百九十四条就人民检察院对不服判决、裁定的申诉的处理作了规定。(→参见第二百五十四条所附"基本规范",第1708页)

其他规范

《最高人民检察院关于调整服刑人员刑事申诉案件管辖的通知》(高检发刑申字〔2003〕1号)

各省、自治区、直辖市人民检察院,军事检察院,新疆生产建设兵团人民检察院:

为了进一步规范检察机关办理服刑人员及其法定代理人、近亲属刑事申诉案件工作,现就服刑人员刑事申诉案件管辖的有关问题通知如下:

一、原由检察机关监所检察部门负责办理的服刑人员及其法定代理人、近亲属的刑事申诉案件,划归刑事申诉检察部门办理(未单设刑事申诉检察部门的,由控告申诉检察部门负责办理)。

二、派驻监管单位的检察人员接到服刑人员及其法定代理人、近亲属向人民检察院提出的刑事申诉案件后,移送本院控告申诉检察部门统一受理,由该部门转原审人民法院所在地的人民检察院刑事申诉检察部门办理。

三、各级人民检察院应根据刑事申诉检察部门刑事申诉案件管辖范围扩大,业务量增加的实际情况,合理调配编制,以适应工作需要。

四、派出检察院仍负责办理其管辖内监狱服刑人员及其法定代理人、近亲属的刑事申诉案件。

五、对本《通知》下发前监所检察部门正在办理的服刑人员刑事申诉案件,可由监所检察部门继续办结。

《人民检察院刑事申诉案件公开审查程序规定》(最高人民检察院,高检发刑申字〔2012〕1号)

第一章 总 则

第一条 为了进一步深化检务公开,增强办理刑事申诉案件透明度,接受社会监督,保证办案质量,促进社会矛盾化解,维护申诉人的合法权益,提高执法公信力,根据《中华人民共和国刑事诉讼法》、《人民检察院复查刑事申诉案件规定》等有关法律和规定,结合刑事申诉检察工作实际,制定本规定。

第二条 本规定所称公开审查是人民检察院在办理不服检察机关处理决定的刑事申诉案件过程中,根据办案工作需要,采取公开听证以及其他公开形式,依法公正处理案件的活动。

第三条 人民检察院公开审查刑事申诉案件应当遵循下列原则:

(一)依法、公开、公正;

(二)维护当事人合法权益;
(三)维护国家法制权威;
(四)方便申诉人及其他参加人。

第四条 人民检察院公开审查刑事申诉案件包括公开听证、公开示证、公开论证和公开答复等形式。

同一案件可以采用一种公开形式,也可以多种公开形式并用。

第五条 对于案件事实、适用法律存在较大争议,或者有较大社会影响等刑事申诉案件,人民检察院可以适用公开审查程序,但下列情形除外:
(一)案件涉及国家秘密、商业秘密或者个人隐私的;
(二)申诉人不愿意进行公开审查的;
(三)未成年人犯罪的;
(四)具有其他不适合进行公开审查情形的。

第六条 刑事申诉案件公开审查程序应当公开进行,但应当为举报人保密。

第二章 公开审查的参加人员及责任

第七条 公开审查活动由承办案件的人民检察院组织并指定主持人。

第八条 人民检察院进行公开审查活动应当根据案件具体情况,邀请与案件没有利害关系的人大代表、政协委员、人民监督员、特约检察员、专家咨询委员、人民调解员或者申诉人所在单位、居住地的居民委员会、村民委员会人员以及专家、学者等其他社会人士参加。

接受人民检察院邀请参加公开审查活动的人员称为受邀人员,参加听证会的受邀人员称为听证员。

第九条 参加公开审查活动的人员包括:案件承办人、书记员、受邀人员、申诉人及其委托代理人、原案其他当事人及其委托代理人。

经人民检察院许可的其他人员,也可以参加公开审查活动。

第十条 原案承办人或者原复查案件承办人负责阐明原处理决定或者原复查决定认定的事实、证据和法律依据。

复查案件承办人负责阐明复查认定的事实和证据,并对相关问题进行解释和说明。

书记员负责记录公开审查的全部活动。

根据案件需要可以录音录像。

第十一条 申诉人、原案其他当事人及其委托代理人认为受邀人员与案件有利害关系,可能影响公正处理的,有权申请回避。申请回避的应当说明理由。

受邀人员的回避由分管检察长决定。

第十二条　申诉人、原案其他当事人及其委托代理人可以对原处理决定提出质疑或者维持的意见,可以陈述事实、理由和依据;经主持人许可,可以向案件承办人提问。

第十三条　受邀人员可以向参加公开审查活动的相关人员提问,对案件事实、证据、适用法律及处理发表意见。受邀人员参加公开审查活动应当客观公正。

第三章　公开审查的准备

第十四条　人民检察院征得申诉人同意,可以主动提起公开审查,也可以根据申诉人及其委托代理人的申请,决定进行公开审查。

第十五条　人民检察院拟进行公开审查的,复查案件承办人应当填写《提请公开审查审批表》,经部门负责人审核,报分管检察长批准。

第十六条　公开审查活动应当在人民检察院进行。为了方便申诉人及其他参加人,也可以在人民检察院指定的场所进行。

第十七条　进行公开审查活动前,应当做好下列准备工作:

(一)确定参加公开审查活动的受邀人员,将公开审查举行的时间、地点以及案件基本情况,在活动举行七日之前告知受邀人员,并为其熟悉案情提供便利。

(二)将公开审查举行的时间、地点和受邀人员在活动举行七日之前通知申诉人及其他参加人。

对未委托代理人的申诉人,告知其可以委托代理人。

(三)通知原案承办人或者原复查案件承办人,并为其重新熟悉案情提供便利。

(四)制定公开审查方案。

第四章　公开审查的程序

第十八条　人民检察院对于下列刑事申诉案件可以召开听证会,对涉案事实和证据进行公开陈述、示证和辩论,充分听取听证员的意见,依法公正处理案件:

(一)案情重大复杂疑难的;

(二)采用其他公开审查形式难以解决的;

(三)其他有必要召开听证会的。

第十九条　听证会应当在刑事申诉案件立案后、复查决定作出前举行。

第二十条　听证会应当邀请听证员,参加听证会的听证员为三人以上的单数。

第二十一条 听证会应当按照下列程序举行：
（一）主持人宣布听证会开始；宣布听证员和其他参加人员名单、申诉人及其委托代理人享有的权利和承担的义务、听证会纪律。
（二）主持人介绍案件基本情况以及听证会的议题。
（三）申诉人、原案其他当事人及其委托代理人陈述事实、理由和依据。
（四）原案承办人、原复查案件承办人阐述原处理决定、原复查决定认定的事实和法律依据，并出示相关证据。复查案件承办人出示补充调查获取的相关证据。
（五）申诉人、原案其他当事人及其委托代理人与案件承办人经主持人许可，可以相互发问或者作补充发言。对有争议的问题，可以进行辩论。
（六）听证员可以向案件承办人、申诉人、原案其他当事人提问，就案件的事实和证据发表意见。
（七）主持人宣布休会，听证员对案件进行评议。
听证员根据听证的事实、证据，发表对案件的处理意见并进行表决，形成听证评议意见。听证评议意见应当是听证员多数人的意见。
（八）由听证员代表宣布听证评议意见。
（九）申诉人、原案其他当事人及其委托代理人最后陈述意见。
（十）主持人宣布听证会结束。
第二十二条 听证记录经参加听证会的人员审阅后分别签名或者盖章。听证记录应当附卷。
第二十三条 复查案件承办人应当根据已经查明的案件事实和证据，结合听证评议意见，依法提出对案件的处理意见。经部门集体讨论，负责人审核后，报分管检察长决定。案件的处理意见与听证评议意见不一致时，应当提交检察委员会讨论。
第二十四条 人民检察院采取除公开听证以外的公开示证、公开论证和公开答复等形式公开审查刑事申诉案件的，可以参照公开听证的程序进行。
采取其他形式公开审查刑事申诉案件的，可以根据案件具体情况，简化程序，注重实效。
第二十五条 申诉人对案件事实和证据存在重大误解的刑事申诉案件，人民检察院可以进行公开示证，通过展示相关证据，消除申诉人的疑虑。
第二十六条 适用法律有争议的疑难刑事申诉案件，人民检察院可以进行公开论证，解决相关争议，以正确适用法律。
第二十七条 刑事申诉案件作出决定后，人民检察院可以进行公开答复，做好解释、说明和教育工作,预防和化解社会矛盾。

第五章 其他规定

第二十八条 公开审查刑事申诉案件应当在规定的办案期限内进行。

第二十九条 在公开审查刑事申诉案件过程中,出现致使公开审查无法进行的情形的,可以中止公开审查。

中止公开审查的原因消失后,人民检察院可以根据案件情况决定是否恢复公开审查活动。

第三十条 根据《人民检察院办理不起诉案件公开审查规则》举行过公开审查的,同一案件复查申诉时可以不再举行公开听证。

第三十一条 根据《人民检察院信访工作规定》举行过信访听证的,同一案件复查申诉时可以不再举行公开听证。

第三十二条 本规定下列用语的含意是:

(一)申诉人,是指当事人及其法定代理人、近亲属中提出申诉的人。

(二)原案其他当事人,是指原案中除申诉人以外的其他当事人。

(三)案件承办人包括原案承办人、原复查案件承办人和复查案件承办人。原案承办人,是指作出诉讼终结决定的案件承办人;原复查案件承办人,是指作出原复查决定的案件承办人;复查案件承办人,是指正在复查的案件承办人。

第六章 附 则

第三十三条 本规定自发布之日起施行,2000年5月24日发布的《人民检察院刑事申诉案件公开审查程序规定(试行)》同时废止。

第三十四条 本规定由最高人民检察院负责解释。

附件:人民检察院公开审查刑事申诉案件文书样式(略)

《最高人民检察院关于办理不服人民法院生效刑事裁判申诉案件若干问题的规定》(高检发〔2012〕1号)

为进一步规范不服人民法院生效刑事裁判申诉案件的办理工作,加强内部监督制约,强化对人民法院生效刑事裁判的监督,根据《中华人民共和国刑事诉讼法》的有关规定,现就人民检察院办理不服人民法院生效刑事裁判申诉案件的有关问题作如下规定。

第一条 当事人及其法定代理人、近亲属认为人民法院已经发生法律效力的刑事判决、裁定确有错误,向人民检察院申诉的,由作出生效判决、裁定的人民法院的同级人民检察院刑事申诉检察部门受理,并依法办理。

当事人及其法定代理人、近亲属直接向上级人民检察院申诉的,上级人民检察院可以交由作出生效判决、裁定的人民法院的同级人民检察院受理;案情重大、疑难、复杂的,上级人民检察院可以直接受理。

第二条 当事人及其法定代理人、近亲属对人民法院已经发生法律效力的判决、裁定的申诉,经人民检察院复查决定不予抗诉后继续提出申诉的,上一级人民检察院应当受理。

第三条 对不服人民法院已经发生法律效力的刑事判决、裁定的申诉,经两级人民检察院办理且省级人民检察院已经复查的,如果没有新的事实和理由,人民检察院不再立案复查。但原审被告人可能被宣告无罪的除外。

第四条 人民检察院刑事申诉检察部门对已经发生法律效力的刑事判决、裁定的申诉复查后,认为需要提出抗诉的,报请检察长提交检察委员会讨论决定。

第五条 地方各级人民检察院对同级人民法院已经发生法律效力的刑事判决、裁定的申诉复查后,认为需要提出抗诉的,经检察委员会讨论决定,应当提请上一级人民检察院抗诉。

上级人民检察院刑事申诉检察部门对下一级人民检察院提请抗诉的申诉案件审查后,认为需要提出抗诉的,报请检察长提交检察委员会讨论决定。

第六条 最高人民检察院对不服各级人民法院已经发生法律效力的刑事判决、裁定的申诉,上级人民检察院对不服下级人民法院已经发生法律效力的刑事判决、裁定的申诉,经复查决定抗诉的,应当制作《刑事抗诉书》,按照审判监督程序向同级人民法院提出抗诉。人民法院开庭审理时,由同级人民检察院刑事申诉检察部门派员出庭支持抗诉。

第七条 对不服人民法院已经发生法律效力的刑事判决、裁定的申诉复查终结后,应当制作《刑事申诉复查通知书》,并在十日内送达申诉人。

第八条 本规定自发布之日起施行。本规定发布前有关不服人民法院生效刑事判决、裁定申诉案件办理的规定与本规定不一致的,以本规定为准。

《人民检察院办理未成年人刑事案件的规定》(高检发研字〔2013〕7 号)第七十五条至第七十八条对人民检察院办理未成年人刑事申诉案件的有关问题作了规定。(→参见第五编"特别程序"第一章"未成年人刑事案件诉讼程序"末所附"其他规范",第 1986—1987 页)

《人民检察院受理控告申诉依法导入法律程序实施办法》(高检发办字〔2014〕78 号)第十八条对控告、申诉的期限作了规定。(→参见第一百一十七条所附"其他规范",第 870 页)

《最高人民法院、最高人民检察院、司法部关于逐步实行律师代理申诉制度

的意见》(法发〔2017〕8号)

实行律师代理申诉制度,是保障当事人依法行使申诉权利,实现申诉法治化,促进司法公正,提高司法公信,维护司法权威的重要途径。为贯彻落实《中共中央关于全面推进依法治国重大问题的决定》和中央政法委《关于建立律师参与化解和代理涉法涉诉信访案件制度的意见》,对不服司法机关生效裁判和决定的申诉,逐步实行由律师代理制度。根据相关法律,结合人民司法工作实际,制定本意见。

一、坚持平等、自愿原则。当事人对人民法院、人民检察院作出的生效裁判、决定不服的,提出申诉的,可以自行委托律师;人民法院、人民检察院,可以引导申诉人、被申诉人委托律师代为进行。

申诉人因经济困难没有委托律师的,可以向法律援助机构提出申请。

二、完善便民工作机制。依托公益性法律服务机构和法律援助机构,运用网络平台,法律服务热线等多种形式,为当事人寻求律师服务和法律援助提供多元化渠道。

三、探索建立律师驻点工作制度。人民法院、人民检察院可以在诉讼服务大厅等地开辟专门场所,提供必要的办公设施,由律师协会派驻律师开展法律咨询等工作。对未委托律师的申诉人到人民法院、人民检察院反映诉求的,可以先行引导由驻点律师提供法律咨询。法律援助机构安排律师免费为申诉人就申诉事项提供法律咨询。

四、明确法律援助范围条件。申诉人申请法律援助应当符合《法律援助条例》、地方法律援助法规规章规定的法律援助经济困难标准和事项范围,且具有法定申诉理由及明确事实依据。

扩大法律援助范围,进一步放宽经济困难标准,使法律援助范围逐步拓展至低收入群体。

五、规范律师代理申诉法律援助程序。申诉人申请法律援助,应当向作出生效裁判、决定的人民法院所在地同级司法行政机关所属法律援助机构提出,或者向作出人民检察院诉讼终结的刑事处理决定的人民检察院所在地同级司法行政机关所属法律援助机构提出。申诉已经人民法院或者人民检察院受理的,应当向该人民法院或者人民检察院所在地同级司法行政机关所属法律援助机构提出。

法律援助机构经审查认为符合法律援助条件的,为申诉人指派律师,并将律师名单函告人民法院或者人民检察院。

六、扩大律师服务范围。律师在代理申诉过程中,可以开展以下工作:听取申诉人诉求,询问案件情况,提供法律咨询;对经审查认为不符合人民法院或者人民检察院申诉立案条件的,做好法律释明工作;对经审查符合人民法院或者人民检察院申诉立案条件的,为申诉人代写法律文书,接受委托代为申诉;经审查认为可能符合法律援助条件的,协助申请法律援助;接受委托后,代为提交申诉材料,接收法律文书,代理参加听证、询问、讯问和开庭等。

七、完善申诉立案审查程序。律师接受申诉人委托,可以到人民法院、人民检察院申诉接待场所或者通过来信、网上申诉平台、远程视频接访系统、律师服务平台等提交申诉材料。

提交的材料不符合要求的,人民法院或人民检察院可以通知其限期补充或者补正,并一次性告知应当补充或者补正的全部材料。未在通知期限内提交的,人民法院或者人民检察院不予受理。

对符合法律规定条件的申诉,人民法院、人民检察院应当接收材料,依法立案审查。经审查认为不符合立案条件的,应当以书面形式通知申诉人及代理律师。

八、尊重代理申诉律师意见。人民法院、人民检察院应认真审查律师代为提出的申诉意见,并在法律规定期限内审查完毕。

对经审查认为申诉不能成立的,依法向申诉人出具法律文书,同时送达代理律师。认为案件确有错误的,依法予以纠正。认为案件存在瑕疵的,依法采取相应补正、补救措施。

九、依法保障法代理申诉律师的阅卷权、会见权。在诉讼服务大厅或者信访接待场所建立律师阅卷室、会见室。为律师查阅、摘抄、复制案卷材料等提供方便和保障。对法律援助机构指派的律师复制相关材料的费用予以免收。有条件的地区,可以提供网上阅卷服务。

十、依法保障代理申诉律师人身安全。对在驻点或者代理申诉过程中出现可能危害律师人身安全的违法行为,人民法院或人民检察院要依法及时制止,固定证据,并做好相关处置工作。

十一、完善律师代理申诉公开机制。对律师代理的申诉案件,除法律规定不能公开、当事人不同意公开或者其他不适宜公开的情形,人民法院、人民检察院可以公开立案、审查程序,并告知申诉人及其代理律师,审查结果。案件疑难,复杂的,申诉人及其代理律师可以申请举行公开听证,人民法院人、民检察院可以依申请或者依职权进行公开听证,并邀请相关领域专家、人大代表、政协委员及群众代表等社会第三方参加。

十二、探索建立律师代理申诉网上工作平台。运用信息技术,探索建立律师事务所、法律援助机构与人民法院、人民检察院之间视频申诉系统,鼓励律师通过视频形式开展工作;开发律师申诉接待平台,实现与人民法院、人民检察院可公开申诉信息的互联互通、共享共用。

十三、建立多层次经费保障机制。 对符合法律援助条件的申诉人,纳入法律援助范围,律师代理申诉属于公益性质的,依靠党委政法委,协调有关部门争取经费,购买服务。全额支付律师在提供服务过程中产生的费用,并给予适当补助及奖励。

对申诉人自行聘请律师代理的,可以按照《律师服务收费管理办法》由双方自愿协商代理费用。

加强法律援助经费保障,明确申诉法律援助案件补贴标准,确保经费保障水平适应开展法律援助参与申诉案件代理工作需要。

十四、建立申诉案件代理质量监管机制。 司法行政部门指导当地律师协会将律师代理申诉业绩作为律师事务所检查考核和律师执业年度考核的重要指标。

十五、强化律师代理申诉执业管理。 对律师在代理申诉过程中,违反《中华人民共和国律师法》《律师执业管理办法》等规定,具有煽动、教唆和组织申诉人以违法方式表达诉求;利用代理申诉案件过程中获得的案件信息进行歪曲、有误导性的宣传和评论,恶意炒作案件;与申诉人订立风险代理协议;在人民法院或者人民检察院驻点提供法律服务时接待其他当事人,或者通过虚假承诺、明示或暗示与司法机关的特殊关系等方式诱使其他当事人签订委托代理协议等行为的,司法行政部门或者律师协会应当相应给予行业处分和行政处罚。构成犯罪的,依法追究刑事责任。

人民法院、人民检察院发现律师存在违法违规行为的,应当向司法行政部门、律师协会提出处罚、处分建议。司法行政部门,律师协会,核查后,应当将结果及时通报建议机关。

十六、建立健全律师代理申诉激励机制。 人民法院、人民检察院、司法行政部门要营造支持律师开展代理申诉工作的良好氛围,全面加强律师代理申诉业务培训和指导,通过将代理申诉业绩作为评选优秀律师事务所、优秀律师等重要条件,定期开展专项表彰,在人才培养、项目分配、扶持发展、办案补贴等方面给予倾斜,同等条件下优先招录表现优异的律师作为法官、检察官等措施,调动律师代理申诉的积极性。

十七、加强有关部门协调配合。 各地区有关部门要依靠党委领导,形成工作合力。根据实际,进一步细化相关制度,推动工作全面开展,促进形成理性表达、依法维权的导向,切实维护人民群众合法利益。

人民法院、人民检察院、司法行政部门、律师协会建立联席会议制度,定期沟通工作情况,共同研究解决律师代理申诉工作中的重大问题,根据各地实际,积极推进律师代理申诉立法工作,提高法制化水平。

《人民检察院刑事申诉案件异地审查规定(试行)》(2017年10月10日,最高人民检察院第十二届检察委员会第七十次会议通过)

第一条 为了进一步规范人民检察院办理刑事申诉案件异地审查工作,强化监督制约机制,保障当事人的合法权益,维护司法公正,根据相关法律规定,结合检察工作实际,制定本规定。

第二条 最高人民检察院发现省级人民检察院管辖的刑事申诉案件原处理决定、判决、裁定有错误可能,且具有下列情形之一的,经检察长或者检察委员会决定,可以指令由其他省级人民检察院进行审查:

(一)应当受理不予受理或者受理后经督促仍拖延办理的;

(二)办案中遇到较大阻力,可能影响案件公正处理的;

(三)因存在回避等法定事由,当事人认为管辖地省级人民检察院不能依法公正办理的;

(四)申诉人长期申诉上访,可能影响案件公正处理的;

(五)其他不宜由管辖地省级人民检察院办理的情形。

第三条 省级人民检察院认为所办理的刑事申诉案件需要异地审查的,可以提请最高人民检察院指令异地审查。

第四条 申诉人可以向省级人民检察院或者最高人民检察院申请异地审查。

第五条 省级人民检察院拟提请或者最高人民检察院拟决定刑事申诉案件异地审查,申诉人未提出申请的,应当征得申诉人同意。

第六条 省级人民检察院决定提请最高人民检察院指令刑事申诉案件异地审查的,应当向最高人民检察院书面报告,阐明理由并附相关材料。

最高人民检察院经审查决定刑事申诉案件异地审查的,应当在十五日以内将案件指令其他省级人民检察院办理,同时通知管辖地省级人民检察院;决定不予异地审查的,应当在十日以内通知管辖地省级人民检察院继续办理。

第七条 最高人民检察院决定刑事申诉案件异地审查的,异地审查的省级人民检察院应当在收到异地审查指令后七日以内通知申诉人。

申诉人向省级人民检察院申请异地审查,省级人民检察院经审查决定不予提请,或者提请后最高人民检察院决定不予异地审查的,应当在作出不予提请决定或者收到不予异地审查的通知后五日以内通知申诉人。

申诉人向最高人民检察院申请异地审查,最高人民检察院经审查决定不予异地审查的,应当在作出决定后十五日以内通知申诉人。

第八条 异地审查的省级人民检察院应当依照《人民检察院复查刑事申诉案件规定》立案复查。审查期限自收到异地审查指令之日起重新计算。

第九条 对不服人民检察院诉讼终结刑事处理决定的申诉案件,异地审查的省级人民检察院复查终结后应当提出复查处理意见,经检察委员会审议决定后,报请最高人民检察院审查。

第十条 最高人民检察院对异地审查的省级人民检察院依据本规定第九条提出的复查意见,分别以下情况作出处理:

(一)同意维持人民检察院原处理决定的,指令管辖地省级人民检察院作出维持的处理决定;

(二)同意撤销或者变更人民检察院原处理决定的,指令管辖地省级人民检察院作出撤销或者变更的决定,也可以直接作出撤销或者变更的处理决定;

(三)不同意复查处理意见的,应当立案复查并书面通知申诉人、管辖地省级人民检察院和异地审查的省级人民检察院;

(四)认为复查意见认定事实不清或者意见不明确、理由不充分的,可以发回异地审查的省级人民检察院重新审查,也可以直接立案复查。

第十一条 对不服人民法院生效刑事判决、裁定的申诉案件,异地审查的省级人民检察院复查终结后,分别以下情况作出处理:

(一)认为需要提出抗诉的,应当经检察委员会审议决定后提请最高人民检察院抗诉,在最高人民检察院作出是否抗诉的决定后制作刑事申诉复查通知书,并在十日以内送达申诉人,同时抄送管辖地省级人民检察院;

(二)认为不需要提出抗诉的,应当经检察委员会审议决定后制作刑事申诉复查通知书,在十日以内送达申诉人,同时抄送管辖地省级人民检察院,并报最高人民检察院。

第十二条 异地审查的省级人民检察院需要调阅案卷材料、补充调查或者送达法律文书的,管辖地省级人民检察院应当予以协助。

第十三条 异地审查的省级人民检察院刑事申诉检察部门应当在结案后十日以内,将刑事申诉复查终结报告、讨论案件记录等材料的复印件或者电子文档以及相关法律文书,报最高人民检察院刑事申诉检察厅备案。

第十四条 被害人不服地市级人民检察院作出的不起诉决定,在收到不起诉决定书后七日以内提出的申诉,依据刑事诉讼法及相关规定办理,不适用本规定。

第十五条 本规定由最高人民检察院负责解释。

第十六条 本规定自发布之日起试行。

《人民检察院办理刑事申诉案件规定》(最高人民检察院,高检发办字〔2020〕55号)

第一章 总 则

第一条 为依法履行法律监督职能,完善内部制约机制,规范刑事申诉案件办理程序,根据《中华人民共和国刑事诉讼法》《中华人民共和国人民检察院组织法》和有关法律规定,结合人民检察院办理刑事申诉案件工作实际,制定本规定。

第二条 本规定所称刑事申诉,是指对人民检察院诉讼终结的刑事处理决定或者人民法院已经发生法律效力的刑事判决、裁定不服,向人民检察院提出的申诉。

第三条 人民检察院通过办理刑事申诉案件,纠正错误的决定、判决和裁定,维护正确的决定、判决和裁定,保护当事人的合法权益,促进司法公正,维护社会和谐稳定,保障国家法律的统一正确实施。

第四条 人民检察院办理刑事申诉案件,应当遵循下列原则:

(一)原案办理与申诉办理相分离;

(二)全案复查,公开公正;

(三)实事求是,依法纠错;

(四)释法说理,化解矛盾。

第五条 人民检察院办理刑事申诉案件,应当根据案件具体情况进行审查和复查,繁简分流,规范有序,切实提高案件办理质效。

第六条 人民检察院办理刑事申诉案件,根据办案工作需要,可以采取公开听证、公开答复等方式,公开、公正处理案件。

第七条 人民检察院办理刑事申诉案件,应当依法保障律师执业权利。

第二章 管 辖

第八条 人民检察院管辖的下列刑事申诉,按照本规定办理:

(一)不服人民检察院因犯罪嫌疑人没有犯罪事实,或者符合《中华人民共和国刑事诉讼法》第十六条规定情形而作出的不批准逮捕决定的申诉;

(二)不服人民检察院不起诉决定的申诉;

(三)不服人民检察院撤销案件决定的申诉;

(四)不服人民检察院其他诉讼终结的刑事处理决定的申诉;

（五）不服人民法院已经发生法律效力的刑事判决、裁定的申诉。

上述情形之外的其他与人民检察院办理案件有关的申诉，不适用本规定，按照《人民检察院刑事诉讼规则》等规定办理。

第九条 不服人民检察院诉讼终结的刑事处理决定的申诉，由作出决定的人民检察院管辖，本规定另有规定的除外。

不服人民法院已经发生法律效力的刑事判决、裁定的申诉，由作出生效判决、裁定的人民法院的同级人民检察院管辖。

不服人民检察院刑事申诉案件审查或者复查结论的申诉，由上一级人民检察院管辖。

第十条 被害人及其法定代理人、近亲属不服人民检察院不起诉决定，在收到不起诉决定书后七日以内提出申诉的，由作出不起诉决定的人民检察院的上一级人民检察院管辖。

第十一条 上级人民检察院在必要时，可以将本院管辖的刑事申诉案件交下级人民检察院办理，也可以直接办理由下级人民检察院管辖的刑事申诉案件。

第三章 受 理

第十二条 人民检察院对符合下列条件的申诉，应当受理，本规定另有规定的除外：

（一）属于本规定第二条规定的刑事申诉；

（二）符合本规定第二章管辖规定；

（三）申诉人是原案的当事人及其法定代理人、近亲属；

（四）申诉材料符合受理要求。

申诉人委托律师代理申诉，且符合上述条件的，应当受理。

第十三条 申诉人向人民检察院提出申诉时，应当递交申诉书、身份证明、相关法律文书及证据材料或者证据线索。

身份证明是指自然人的居民身份证、军官证、士兵证、护照等能够证明本人身份的有效证件；法人或者其他组织的营业执照副本和法定代表人或者主要负责人的身份证明等有效证件。申诉人系正在服刑的罪犯，有效证件由刑罚执行机关保存的，可以提供能够证明本人身份的有效证件的复印件。对身份证明，人民检察院经核对无误留存复印件。

相关法律文书是指人民检察院作出的决定书、刑事申诉审查、复查结论文书，或者人民法院作出的刑事判决书、裁定书等法律文书。

第十四条 申诉人递交的申诉书应当写明下列事项：

（一）申诉人的姓名、性别、出生日期、工作单位、住址、有效联系方式，法人或者其他组织的名称、所在地址和法定代表人或者主要负责人的姓名、职务、有效联系方式；

（二）申诉请求和所依据的事实与理由；

（三）申诉人签名、盖章或者捺指印及申诉时间。

申诉人不具备书写能力口头提出申诉的，应当制作笔录，并由申诉人签名或者捺指印。

第十五条　自诉案件当事人及其法定代理人、近亲属对人民法院已经发生法律效力的刑事判决、裁定不服提出的申诉，刑事附带民事诉讼当事人及其法定代理人、近亲属对人民法院已经发生法律效力的刑事附带民事判决、裁定不服提出的申诉，人民检察院应当受理，但是申诉人对人民法院因原案当事人及其法定代理人自愿放弃诉讼权利或者没有履行相应诉讼义务而作出的判决、裁定不服的申诉除外。

第十六条　刑事申诉由控告申诉检察部门统一接收。控告申诉检察部门对接收的刑事申诉应当在七个工作日以内分别情况予以处理并告知申诉人：

（一）属于本院管辖并符合受理条件的，予以受理；

（二）属于本院管辖的不服生效刑事判决、裁定的申诉，申诉人已向人民法院提出申诉，人民法院已经受理且正在办理程序中的，告知待人民法院处理完毕后如不服再提出申诉；

（三）属于人民检察院管辖但是不属于本院管辖的，移送有管辖权的人民检察院处理；

（四）不属于人民检察院管辖的，移送其他机关处理。

第四章　审　查

第十七条　对受理的刑事申诉案件，控告申诉检察部门应当进行审查。

审查刑事申诉案件，应当审查申诉材料、原案法律文书，可以调取相关人民检察院审查报告、案件讨论记录等材料，可以听取申诉人、原案承办人员意见。

对于首次向人民检察院提出的刑事申诉案件，应当调阅原案卷宗进行审查，并听取申诉人或者其委托代理律师意见。必要时可以采用公开听证方式进行审查。

第十八条　经审查，具有下列情形之一的，应当审查结案：

（一）原判决、裁定或者处理决定认定事实清楚，证据确实充分，处理适当的；

（二）原案虽有瑕疵，但不足以影响原判决、裁定或者处理决定结论的；

（三）其他经审查认为原判决、裁定或者处理决定正确的。

对已经两级人民检察院审查或者复查,作出的结论正确,且已对申诉人提出的申诉理由作出合法合理答复,申诉人未提出新的理由的刑事申诉案件,可以审查结案。

第十九条 控告申诉检察部门经审查,具有下列情形之一的,应当移送刑事检察部门办理:

(一)原判决、裁定或者处理决定存在错误可能的;

(二)不服人民检察院诉讼终结的刑事处理决定首次提出申诉的;

(三)被害人及其法定代理人、近亲属、被不起诉人及其法定代理人、近亲属不服不起诉决定,在收到不起诉决定书后七日以内提出申诉的。

第二十条 原判决、裁定或者处理决定是否存在错误可能,应当从以下方面进行审查:

(一)原判决、裁定或者处理决定认定事实是否清楚、适用法律是否正确;

(二)据以定案的证据是否确实、充分,是否存在矛盾或者可能是非法证据;

(三)处理结论是否适当;

(四)是否存在严重违反诉讼程序的情形;

(五)申诉人是否提出了可能改变原处理结论的新的证据;

(六)办案人员在办理该案件过程中是否存在贪污受贿、徇私舞弊、枉法裁判行为。

第二十一条 对决定移送的刑事申诉案件,应当制作刑事申诉案件移送函,连同申诉书,原判决、裁定、处理决定,人民检察院审查、复查文书等申诉材料移送刑事检察部门。

刑事申诉案件移送函应当载明案件来源、受理时间、申诉理由、审查情况、移送理由等内容。

对决定移送的刑事申诉案件,控告申诉检察部门应当调取原案卷宗,一并移送刑事检察部门。

第二十二条 对移送的刑事申诉案件,刑事检察部门应当对原案卷宗进行审查。经审查,认为原判决、裁定或者处理决定正确的,经检察官联席会议讨论后决定审查结案;认为原判决、裁定或者处理决定存在错误可能的,决定进行复查。

对不服人民检察院诉讼终结的刑事处理决定首次提出申诉的,或者被害人及其法定代理人、近亲属、被不起诉人及其法定代理人、近亲属不服不起诉决定,在收到不起诉决定书后七日以内提出申诉的,应当决定进行复查。

第二十三条 控告申诉检察部门审查刑事申诉案件,应当自受理之日起三个月以内作出审查结案或者移送刑事检察部门办理的决定,并告知申诉人。

刑事检察部门对移送的刑事申诉案件,应当自收到案件之日起三个月以内作出审查结案或者进行复查的决定,并告知申诉人。

重大、疑难、复杂案件,报检察长决定,可以适当延长办理期限。

调取卷宗期间不计入办案期限。

第二十四条 经审查,具有下列情形之一的,上级人民检察院可以交由下级人民检察院重新办理:

(一)首次办理刑事申诉的人民检察院应当调卷审查而未调卷的,或者应当进行复查而未复查的;

(二)对申诉人提出的申诉理由未进行审查,或者未作出合法合理答复的;

(三)其他办案质量不高,认为应当重新办理的。

接受交办的人民检察院应当将重新办理结果向交办的上级人民检察院报告。

第二十五条 审查刑事申诉案件应当制作刑事申诉审查报告。听取意见、释法说理、公开听证等活动应当制作笔录。

第五章 复 查

第一节 一般规定

第二十六条 复查刑事申诉案件应当由检察官或者检察官办案组办理,原案承办人员和原申诉案件承办人员不应参与办理。

第二十七条 复查刑事申诉案件应当全面审查申诉材料和全部案卷。

第二十八条 经审查,具有下列情形之一,认为需要调查核实的,应当拟定调查提纲进行调查:

(一)原案事实不清、证据不足的;

(二)申诉人提供了新的事实、证据或者证据线索的;

(三)有其他问题需要调查核实的。

第二十九条 对与案件有关的勘验、检查、辨认、侦查实验等笔录和鉴定意见,认为需要复核的,可以进行复核,也可以对专门问题进行鉴定或者补充鉴定。

第三十条 复查刑事申诉案件可以询问原案当事人、证人和其他有关人员。

对原判决、裁定确有错误,认为需要提请抗诉、提出抗诉或者提出再审检察建议的,应当询问或者讯问原审被告人。

第三十一条 复查刑事申诉案件应当听取申诉人及其委托代理律师意见,核实相关问题。

第三十二条 复查刑事申诉案件可以听取原申诉案件办理部门或者原案承

办人员、原案承办部门意见,全面了解案件办理情况。

第三十三条 复查刑事申诉案件过程中进行的询问、讯问等调查活动,应当制作调查笔录。调查笔录应当经被调查人确认无误后签名或者捺指印。

第三十四条 刑事申诉案件经复查,案件事实、证据、适用法律和诉讼程序以及其他可能影响案件公正处理的情形已经审查清楚,能够得出明确复查结论的,应当复查终结。

第三十五条 复查终结刑事申诉案件,承办检察官应当制作刑事申诉复查终结报告,在规定的职权范围作出决定;重大、疑难、复杂案件,报检察长或者检察委员会决定。

经检察委员会决定的案件,应当将检察委员会决定事项通知书及讨论记录附卷。

第三十六条 复查刑事申诉案件,应当自决定复查之日起三个月以内办结。三个月以内不能办结的,报检察长决定,可以延长三个月,并告知申诉人。

重大、疑难、复杂案件,在前款规定期限内仍不能办结,确需延长办理期限的,报检察长决定延长办理期限。

第三十七条 接受交办的人民检察院对上级人民检察院交办的刑事申诉案件应当依法办理并报告结果。对属于本院管辖的刑事申诉案件应当进行复查。

对交办的刑事申诉案件,应当自收到交办文书之日起三个月以内办结。确需延长办理期限的,应当报检察长决定,延长期限不得超过三个月。延期办理的,应当向交办的上级人民检察院书面说明情况。

第二节 不服人民检察院诉讼终结的刑事处理决定申诉案件的复查

第三十八条 被害人及其法定代理人、近亲属不服不起诉决定,在收到不起诉决定书后七日以内提出申诉的,由作出不起诉决定的人民检察院的上一级人民检察院进行复查。

第三十九条 被不起诉人及其法定代理人、近亲属不服不起诉决定,在收到不起诉决定书后七日以内提出申诉的,由作出不起诉决定的人民检察院进行复查。

第四十条 被害人及其法定代理人、近亲属、被不起诉人及其法定代理人、近亲属不服不起诉决定,在收到不起诉决定书后七日以内均提出申诉的,由作出不起诉决定的人民检察院的上一级人民检察院进行复查。

第四十一条 被害人及其法定代理人、近亲属、被不起诉人及其法定代理人、近亲属不服不起诉决定,在收到不起诉决定书后七日以内提出申诉的,控告申诉检察部门应当制作刑事申诉案件移送函,连同申诉材料移送刑事检察部门进行复查。

被害人及其法定代理人、近亲属向作出不起诉决定的人民检察院提出申诉的,作出决定的人民检察院刑事检察部门应当将申诉材料连同案卷一并报送上一级人民检察院刑事检察部门进行复查。

第四十二条 被害人及其法定代理人、近亲属、被不起诉人及其法定代理人、近亲属不服不起诉决定,在收到不起诉决定书七日以后提出申诉的,由作出不起诉决定的人民检察院控告申诉检察部门进行审查。经审查,认为不起诉决定正确的,应当审查结案;认为不起诉决定存在错误可能的,制作刑事申诉案件移送函,连同申诉材料移送刑事检察部门进行复查。

不服人民检察院其他诉讼终结的刑事处理决定的申诉案件,依照前款规定办理。

第四十三条 对不服人民检察院诉讼终结的刑事处理决定的申诉案件进行复查后,应当分别作出如下处理:

(一)原处理决定正确的,予以维持;

(二)原处理决定正确,但所认定的部分事实或者适用法律错误的,应当纠正错误的部分,维持原处理决定;

(三)原处理决定错误的,予以撤销;需要重新进入诉讼程序的,将案件移送有管辖权的人民检察院或者本院有关部门依法办理。

第三节 不服人民法院已经发生法律效力的刑事判决、裁定申诉案件的复查

第四十四条 最高人民检察院对不服各级人民法院已经发生法律效力的刑事判决、裁定的申诉,上级人民检察院对不服下级人民法院已经发生法律效力的刑事判决、裁定的申诉,经复查决定提出抗诉的,应当按照审判监督程序向同级人民法院提出抗诉,或者指令作出生效判决、裁定的人民法院的上一级人民检察院向同级人民法院提出抗诉。

第四十五条 经复查认为人民法院已经发生法律效力的刑事判决、裁定确有错误,具有下列情形之一的,应当按照审判监督程序向人民法院提出抗诉:

(一)原判决、裁定认定事实、适用法律确有错误致裁判不公或者原判决、裁定的主要事实依据被依法变更或者撤销的;

(二)认定罪名错误且明显影响量刑的;

(三)量刑明显不当的;

(四)据以定罪量刑的证据不确实、不充分,或者主要证据之间存在矛盾,或者依法应当予以排除的;

(五)有新的证据证明原判决、裁定认定的事实确有错误,可能影响定罪量刑的;

(六)违反法律关于追诉时效期限的规定的;

(七)违反法律规定的诉讼程序,可能影响公正审判的;

(八)审判人员在审理案件的时候有贪污受贿、徇私舞弊、枉法裁判行为的。

经复查认为人民法院已经发生法律效力的刑事判决、裁定,符合前款规定情形之一,经检察长决定,可以向人民法院提出再审检察建议。再审检察建议未被人民法院采纳的,可以提请上一级人民检察院抗诉。

第四十六条 经复查认为需要向同级人民法院提出抗诉或者提出再审检察建议的,承办检察官应当提出意见,报检察长决定。

第四十七条 地方各级人民检察院对不服同级人民法院已经发生法律效力的刑事判决、裁定的申诉案件复查后,认为需要提出抗诉的,承办检察官应当提出意见,报检察长决定后,提请上一级人民检察院抗诉。提请抗诉的案件,应当制作提请抗诉报告书,连同案卷报送上一级人民检察院。

上一级人民检察院对提请抗诉的案件审查后,承办检察官应当制作审查提请抗诉案件报告,提出处理意见,报检察长决定。对提请抗诉的案件作出决定后,承办检察官应当制作审查提请抗诉通知书,将审查结果通知提请抗诉的人民检察院。

第四十八条 人民检察院决定抗诉后,承办检察官应当制作刑事抗诉书,向同级人民法院提出抗诉。

以有新的证据证明原判决、裁定认定事实确有错误提出抗诉的,提出抗诉时应当随附相关证据材料。

第四十九条 上级人民检察院审查提请抗诉的案件,应当自收案之日起三个月以内作出决定。

对事实、证据有重大变化或者特别复杂的刑事申诉案件,可以不受前款规定期限限制。

对不服人民法院已经发生法律效力的死刑缓期二年执行判决、裁定的申诉案件,需要加重原审被告人刑罚的,一般应当在死刑缓期执行期限届满前作出决定。

第五十条 地方各级人民检察院经复查提请抗诉的案件,上级人民检察院审查提请抗诉案件的期限不计入提请抗诉的人民检察院的复查期限。

第五十一条 人民检察院办理按照审判监督程序抗诉的案件,认为需要对原审被告人采取强制措施的,按照《人民检察院刑事诉讼规则》相关规定办理。

第五十二条 对按照审判监督程序提出抗诉的刑事申诉案件,或者人民法院依据人民检察院再审检察建议决定再审的刑事申诉案件,人民法院开庭审理时,由同级人民检察院刑事检察部门派员出席法庭,并对人民法院再审活动实行法律监督。

第五十三条 对按照审判监督程序提出抗诉的刑事申诉案件,或者人民法院依据人民检察院再审检察建议决定再审的刑事申诉案件,人民法院经重新审理作出的判决、裁定,由派员出席法庭的人民检察院刑事检察部门审查并提出意见。

经审查认为人民法院作出的判决、裁定仍然确有错误,需要提出抗诉的,报检察长决定。如果案件是依照第一审程序审判的,同级人民检察院应当按照第二审程序向上一级人民法院提出抗诉;如果案件是依照第二审程序审判的,应当提请上一级人民检察院按照审判监督程序提出抗诉。

第六章 其他规定

第五十四条 人民检察院审查结案和复查终结的刑事申诉案件,应当制作刑事申诉结果通知书,于十日以内送达申诉人,并做好释法说理工作。

下级人民检察院应当协助上级人民检察院做好释法说理、息诉息访工作。

对移送的刑事申诉案件,刑事检察部门应当将刑事申诉结果通知书抄送控告申诉检察部门。

第五十五条 对提请抗诉的案件,提请抗诉的人民检察院应当在上一级人民检察院作出是否抗诉的决定后制作刑事申诉结果通知书。

第五十六条 对不服人民检察院诉讼终结的刑事处理决定的申诉案件进行复查后,依照本规定第四十三条第二项、第三项规定变更原处理决定认定事实、适用法律或者撤销原处理决定的,应当将刑事申诉结果通知书抄送相关人民检察院。

第五十七条 对重大、疑难、复杂的刑事申诉案件,人民检察院可以进行公开听证,对涉案事实、证据、法律适用等有争议问题进行公开陈述、示证、论证和辩论,充分听取各方意见,依法公正处理案件。

第五十八条 申诉人对处理结论有异议的刑事申诉案件,人民检察院可以进行公开答复,做好解释、说明和教育工作,预防和化解社会矛盾。

第五十九条 人民检察院对具有下列情形之一的刑事申诉案件,可以中止办理:

(一)人民法院对原判决、裁定正在审查的;

(二)无法与申诉人及其代理人取得联系的;

（三）申诉的自然人死亡，需要等待其他申诉权利人表明是否继续申诉的；
（四）申诉的法人或者其他组织终止，尚未确定权利义务承继人的；
（五）由于其他原因，致使案件在较长时间内无法继续办理的。

决定中止办理的案件，应当制作刑事申诉中止办理通知书，通知申诉人；确实无法通知的，应当记录在案。

中止办理的事由消除后，应当立即恢复办理。中止办理的期间不计入办案期限。

第六十条　人民检察院对具有下列情形之一的刑事申诉案件，经检察长决定，应当终止办理：
（一）人民检察院因同一案件事实对撤销案件的犯罪嫌疑人重新立案侦查的，对不批准逮捕的犯罪嫌疑人重新作出批准逮捕决定的，或者对不起诉案件的被不起诉人重新起诉的；
（二）人民检察院收到人民法院受理被害人对被不起诉人起诉的通知的；
（三）人民法院决定再审的；
（四）申诉人自愿撤回申诉，且不损害国家利益、社会公共利益或者他人合法权益的；
（五）申诉的自然人死亡，没有其他申诉权利人或者申诉权利人明确表示放弃申诉的，但是有证据证明原案被告人是无罪的除外；
（六）申诉的法人或者其他组织终止，没有权利义务承继人或者权利义务承继人明确表示放弃申诉的，但是有证据证明原案被告人是无罪的除外；
（七）其他应当终止办理的情形。

决定终止办理的案件，应当制作刑事申诉终止办理通知书，通知申诉人；确实无法通知的，应当记录在案。

终止办理的事由消除后，申诉人再次提出申诉，符合刑事申诉受理条件的，应当予以受理。

第六十一条　办理刑事申诉案件中发现原案存在执法司法瑕疵等问题的，可以依照相关规定向原办案单位提出检察建议或者纠正意见。

第六十二条　办理刑事申诉案件中发现原案办理过程中有贪污贿赂、渎职等违法违纪行为的，应当移送有关机关处理。

第六十三条　办理刑事申诉案件中发现原案遗漏罪行或者同案犯罪嫌疑人的，应当移送有关机关处理。

第六十四条　刑事申诉案件相关法律文书应当在统一业务应用系统内制作。

第七章　附　则

第六十五条　本规定由最高人民检察院负责解释。

第六十六条 本规定自发布之日起施行。2014年10月27日发布的《人民检察院复查刑事申诉案件规定》(高检发〔2014〕18号)同时废止；本院此前发布的有关办理刑事申诉案件的其他规定与本规定不一致的，以本规定为准。

第二百五十三条 【对申诉应当重新审判的法定情形】当事人及其法定代理人、近亲属的申诉符合下列情形之一的，人民法院应当重新审判：

(一)有新的证据证明原判决、裁定认定的事实确有错误，可能影响定罪量刑的；

(二)据以定罪量刑的证据不确实、不充分、依法应当予以排除，或者证明案件事实的主要证据之间存在矛盾的；

(三)原判决、裁定适用法律确有错误的；

(四)违反法律规定的诉讼程序，可能影响公正审判的；

(五)审判人员在审理该案件的时候，有贪污受贿，徇私舞弊，枉法裁判行为的。

立法沿革

1996年《刑事诉讼法》第二百零四条规定："当事人及其法定代理人、近亲属的申诉符合下列情形之一的，人民法院应当重新审判：(一)有新的证据证明原判决、裁定认定的事实确有错误的；(二)据以定罪量刑的证据不确实、不充分或者证明案件事实的主要证据之间存在矛盾的；(三)原判决、裁定适用法律确有错误的；(四)审判人员在审理该案件的时候，有贪污受贿，徇私舞弊，枉法裁判行为的。"2012年《刑事诉讼法修改决定》对本条规定作了修改：一是在第一项中增加"可能影响定罪量刑"的限制条件；二是在第二项中增加据以定罪量刑的证据"依法应当予以排除"的情形；三是增加"(四)违反法律规定的诉讼程序，可能影响公正审判的"情形。2018年修改《刑事诉讼法》时对本条规定未作调整。

基本规范

《最高人民法院关于适用〈中华人民共和国刑事诉讼法〉的解释》(法释〔2021〕1号，自2021年3月1日起施行)

第十九章 审判监督程序

第四百五十七条 对立案审查的申诉案件，应当在三个月以内作出决定，至迟不得超过六个月。因案件疑难、复杂、重大或者其他特殊原因需要延长审查期限的,参照本解释第二百一十条的规定处理。

经审查,具有下列情形之一的,应当根据刑事诉讼法第二百五十三条的规定,决定重新审判：

（一）有新的证据证明原判决、裁定认定的事实确有错误,可能影响定罪量刑的；

（二）据以定罪量刑的证据不确实、不充分、依法应当排除的；

（三）证明案件事实的主要证据之间存在矛盾的；

（四）主要事实依据被依法变更或者撤销的；

（五）认定罪名错误的；

（六）量刑明显不当的；

（七）对违法所得或者其他涉案财物的处理确有明显错误的；

（八）违反法律关于溯及力规定的；

（九）违反法定诉讼程序,可能影响公正裁判的；

（十）审判人员在审理该案件时有贪污受贿、徇私舞弊、枉法裁判行为的。

申诉不具有上述情形的,应当说服申诉人撤回申诉；对仍然坚持申诉的,应当书面通知驳回。

第四百五十八条① 具有下列情形之一,可能改变原判决、裁定据以定罪量刑的事实的证据,应当认定为刑事诉讼法第二百五十三条第一项规定的"新的证据"：

（一）原判决、裁定生效后新发现的证据；

（二）原判决、裁定生效前已经发现,但未予收集的证据；

（三）原判决、裁定生效前已经收集,但未经质证的证据；

---

① 《2012年刑诉法解释》第三百七十六条对《刑事诉讼法》第二百五十三条第一项规定的"新的证据"作了列举规定,其中,第四项为"原判决、裁定所依据的鉴定意见、勘验、检查等笔录或者其他证据被改变或者否定的"。征求意见过程中,有意见建议将该项规定修改为"原判决、裁定所依据的鉴定意见、证人证言、被告人供述等言词证据被改变或者否定,经审查具有合理理由的"。理由是：实践中很多申诉人以案件生效后改变的证人证言,或翻供的被告人供述作为新证据提出申诉,司法实践中对此把握不准。建议对于证言、供述虽然有变化,但不影响定罪量刑,或者翻证、翻供没有合理理由,不应视为出现了新证据而启动再审。经研究,采纳上述意见,本条第四项、第五项区分证据种类分别作出相应规定,即"（四）原判决、裁定所依据的鉴定意见、勘验、检查等笔录被改变或者否定的""（五）原判决、裁定所依据的被告人供述、证人证言等证据发生变化,影响定罪量刑,且有合理理由的"。——**本评注注**

（四）原判决、裁定所依据的鉴定意见、勘验、检查等笔录被改变或者否定的；

（五）原判决、裁定所依据的被告人供述、证人证言等证据发生变化，影响定罪量刑，且有合理理由的。

第四百五十九条 申诉人对驳回申诉不服的，可以向上一级人民法院申诉。上一级人民法院经审查认为申诉不符合刑事诉讼法第二百五十三条和本解释第四百五十七条第二款规定的，应当说服申诉人撤回申诉；对仍然坚持申诉的，应当驳回或者通知不予重新审判。

其他规范

《最高人民法院关于办理不服本院生效裁判案件的若干规定》（法发〔2001〕20号）

根据《中华人民共和国刑事诉讼法》、《中华人民共和国民事诉讼法》和《中华人民共和国行政诉讼法》及《最高人民法院机关内设机构及新设事业单位职能》的有关规定，为规范审判监督工作，制定本规定。

一、立案庭对不服本院生效裁判案件经审查认为可能有错误，决定再审立案或者登记立案并移送审判监督庭后，审判监督庭应及时审理。

二、经立案庭审查立案的不服本院生效裁判案件，立案庭应将本案全部卷宗材料调齐，一并移送审批监督庭。

经立案庭登记立案、尚未归档的不服本院生效裁判案件，审判监督庭需要调阅有关卷材料的，应向相关业务庭发出调卷通知。有关业务庭应在收到调卷通知十日内，将有关案件卷宗按规定装订整齐，移送审判监督庭。

三、在办理不服本院生效裁判案件过程中，经庭领导同意，承办人可以就案件有关情况与原承办人或原合议庭交换意见；未经同意，承办人不得擅自与原承办人或原合议庭交换意见。

四、对立案庭登记立案的不服本院生效裁判案件，合议庭在审查过程中，认为对案件有关情况需要听取双方当事人陈述的，应报庭领导决定。

五、对本院生效裁判案件经审查认为应当再审的，或者已经进入再审程序、经审理认为应当改判的，由院长提交审判委员会讨论决定。

提交审判委员会讨论的案件审理报告应注明原承办人和原合议庭成员的姓名，并可附原合议庭对审判监督庭再审审查结论的书面意见。

六、审判监督庭经审查驳回当事人申请再审的，或者经过再审程序审理结案的，应及时向本院有关部门通报案件处理结果。

七、审判监督庭在审理案件中，发现原办案人员有《人民法院审判人员违法审判责任追究办法(试行)》《人民法院审判纪律处分办法(试行)》规定的违法违纪情况的,应移送纪检组(监察室)处理。

当事人在案件审查或审理过程中反映原办案人员有违法违纪问题或提交有关举报材料的,应告知其向本院纪检组(监察室)反映或提交;已收举报材料的,审判监督庭应及时移送纪检组(监察室)。

八、对不服本院执行工作办公室、赔偿委员会办公室办理的有关案件,按照本规定执行。

九、审判监督庭负责本院国家赔偿的确认工作,办理高级人民法院国家赔偿确认工作的请示,负责对全国法院赔偿确认工作的监督与指导。

十、地方各级人民法院、专门人民法院可根据本规定精神,制定具体规定。

《最高人民法院案件审限管理规定》(法〔2001〕164号,节录)

第七条 对不服本院生效裁判或不服高级人民法院复查驳回、再审改判的各类申诉或申请再审案件,应当在三个月内审查完毕,作出决定或裁定,至迟不得超过六个月。

《最高人民法院关于规范人民法院再审立案的若干意见(试行)》(法发〔2002〕13号,自2002年11月1日起施行)

为加强审判监督,规范再审立案工作,根据《中华人民共和国刑事诉讼法》、《中华人民共和国民事诉讼法》和《中华人民共和国行政诉讼法》的有关规定,结合审判实际,制定本规定。

第一条 各级人民法院、专门人民法院对本院或者上级人民法院对下级人民法院作出的终审裁判,经复查认为符合再审立案条件的,应当决定或裁定再审。

人民检察院依照法律规定对人民法院作出的终审裁判提出抗诉的,应当再审立案。

第二条 地方各级人民法院、专门人民法院负责下列案件的再审立案:
(一)本院作出的终审裁判,符合再审立案条件的;
(二)下一级人民法院复查驳回或者再审改判,符合再审立案条件的;
(三)上级人民法院指令再审的;
(四)人民检察院依法提出抗诉的。

第三条 最高人民法院负责下列案件的再审立案:
(一)本院作出的终审裁判,符合再审立案条件的;
(二)高级人民法院复查驳回或者再审改判,符合再审立案条件的;

（三）最高人民检察院依法提出抗诉的；
（四）最高人民法院认为应由自己再审的。

第四条 上级人民法院对下级人民法院作出的终审裁判，认为确有必要的，可以直接立案复查，经复查认为符合再审立案条件的，可以决定或裁定再审。

第五条 再审申请人或申诉人向人民法院申请再审或申诉，应当提交以下材料：

（一）再审申请书或申诉状，应当载明当事人的基本情况、申请再审或申诉的事实与理由；

（二）原一、二审判决书、裁定书等法律文书，经过人民法院复查或再审的，应当附有驳回通知书、再审判决书或裁定书；

（三）以有新的证据证明原裁判认定的事实确有错误为由申请再审或申诉的，应当同时附有证据目录、证人名单和主要证据复印件或者照片；需要人民法院调查取证的，应当附有证据线索。

申请再审或申诉不符合前款规定的，人民法院不予审查。

第六条 申请再审或申诉一般由终审人民法院审查处理。

上一级人民法院对未经终审人民法院审查处理的申请再审或申诉，一般交终审人民法院审查；对经终审人民法院审查处理后仍坚持申请再审或申诉的，应当受理。

对未经终审人民法院及其上一级人民法院审查处理，直接向上级人民法院申请再审或申诉的，上级人民法院应当交下一级人民法院处理。

第七条 对终审刑事裁判的申诉，具备下列情形之一的，人民法院应当决定再审：

（一）有审判时未收集到的或者未被采信的证据，可能推翻原定罪量刑的；

（二）主要证据不充分或者不具有证明力的；

（三）原裁判的主要事实依据被依法变更或撤销的；

（四）据以定罪量刑的主要证据自相矛盾的；

（五）引用法律条文错误或者违反刑法第十二条的规定适用失效法律的；

（六）违反法律关于溯及力规定的；

（七）量刑明显不当的；

（八）审判程序不合法，影响案件公正裁判的；

（九）审判人员在审理案件时索贿受贿、徇私舞弊而导致枉法裁判的。

第八条 对终审民事裁判、调解的再审申请，具备下列情形之一的，人民法院应当裁定再审：

（一）有再审申请人以前不知道或举证不能的证据,可能推翻原裁判的;
（二）主要证据不充分或者不具有证明力的;
（三）原裁判的主要事实依据被依法变更或撤销的;
（四）就同一法律事实或同一法律关系,存在两个相互矛盾的生效法律文书,再审申请人对后一生效法律文书提出再审申请的;
（五）引用法律条文错误或者适用失效、尚未生效法律的;
（六）违反法律关于溯及力规定的;
（七）调解协议明显违反自愿原则,内容违反法律或者损害国家利益、公共利益和他人利益的;
（八）审判程序不合法,影响案件公正裁判的;
（九）审判人员在审理案件时索贿受贿、徇私舞弊并导致枉法裁判的。

第九条 对终审行政裁判的申诉,具备下列情形之一的,人民法院应当裁定再审:
（一）依法应当受理而不予受理或驳回起诉的;
（二）有新的证据可能改变原裁判的;
（三）主要证据不充分或不具有证明力的;
（四）原裁判的主要事实依据被依法变更或撤销的;
（五）引用法律条文错误或者适用失效、尚未生效法律的;
（六）违反法律关于溯及力规定的;
（七）行政赔偿调解协议违反自愿原则,内容违反法律或损害国家利益、公共利益和他人利益的;
（八）审判程序不合法,影响案件公正裁判的;
（九）审判人员在审理案件时索贿受贿、徇私舞弊并导致枉法裁判的。

第十条 人民法院对刑事案件的申诉人在刑罚执行完毕后两年内提出的申诉,应当受理;超过两年提出申诉,具有下列情形之一的,应当受理:
（一）可能对原审被告人宣告无罪的;
（二）原审被告人在本条规定的期限内向人民法院提出申诉,人民法院未受理的;
（三）属于疑难、复杂、重大案件的。
不符合前款规定的,人民法院不予受理。

第十一条 人民法院对刑事附带民事案件中仅就民事部分提出申诉的,一般不予再审立案。但有证据证明民事部分明显失当且原审被告人有赔偿能力的除外。

第十二条 人民法院对民事、行政案件的再审申请人或申诉人超过两年提出再审申请或申诉的,不予受理。

第十三条 人民法院对不符合法定主体资格的再审申请或申诉,不予受理。

第十四条 人民法院对下列民事案件的再审申请不予受理:

(一)人民法院依照督促程序、公示催告程序和破产还债程序审理的案件;

(二)人民法院裁定撤销仲裁裁决和裁定不予执行仲裁裁决的案件;

(三)人民法院判决、调解解除婚姻关系的案件,但当事人就财产分割问题申请再审的除外。

第十五条 上级人民法院对经终审法院的上一级人民法院依照审判监督程序审理后维持原判或者经两级人民法院依照审判监督程序复查均驳回的申请再审或申诉案件,一般不予受理。

但再审申请人或申诉人提出新的理由,且符合《中华人民共和国刑事诉讼法》第二百零四条、《中华人民共和国民事诉讼法》第一百七十九条、《中华人民共和国行政诉讼法》第六十二条及本规定第七、八、九条规定条件的,以及刑事案件的原审被告人可能被宣告无罪的除外。

第十六条 最高人民法院再审裁判或者复查驳回的案件,再审申请人或申诉人仍不服提出再审申请或申诉的,不予受理。

第十七条 本意见自 2002 年 11 月 1 日起施行。以前有关再审立案的规定与本意见不一致的,按本意见执行。

法律适用答复、复函

《最高人民法院研究室关于在审理盗窃案件中有关适用法律问题的答复》
(法研〔2010〕48 号)

青海省高级人民法院:

你院青刑再字〔2009〕7 号《关于在审理盗窃案件中有关适用法律问题的请示报告》收悉。经研究,同意你院审判委员会的第二种意见,即可按审判监督程序审理,加重原审被告人刑罚。理由如下:

1. 判决生效后追回的被盗物品与原判认定的被盗物品属于同一次盗窃行为所得,原审判决却仅涉及部分被盗物品,故可以认定事实不清、适用法律不当为由启动审判监督程序。

2. 本案属于检察院提出抗诉的案件,加重刑罚不受上诉不加刑的限制。

第二百五十四条 【提起再审的主体、方式和理由】各级人民法院院长对本院已经发生法律效力的判决和裁定,如果发现在认定事实上或者在适用法律上确有错误,必须提交审判委员会处理。

最高人民法院对各级人民法院已经发生法律效力的判决和裁定,上级人民法院对下级人民法院已经发生法律效力的判决和裁定,如果发现确有错误,有权提审或者指令下级人民法院再审。

最高人民检察院对各级人民法院已经发生法律效力的判决和裁定,上级人民检察院对下级人民法院已经发生法律效力的判决和裁定,如果发现确有错误,有权按照审判监督程序向同级人民法院提出抗诉。

人民检察院抗诉的案件,接受抗诉的人民法院应当组成合议庭重新审理,对于原判决事实不清楚或者证据不足的,可以指令下级人民法院再审。

立法沿革

1979年《刑事诉讼法》第一百四十九条规定:"各级人民法院院长对本院已经发生法律效力的判决和裁定,如果发现在认定事实上或者在适用法律上确有错误,必须提交审判委员会处理。""最高人民法院对各级人民法院已经发生法律效力的判决和裁定,上级人民法院对下级人民法院已经发生法律效力的判决和裁定,如果发现确有错误,有权提审或者指令下级人民法院再审。""最高人民检察院对各级人民法院已经发生法律效力的判决和裁定,上级人民检察院对下级人民法院已经发生法律效力的判决和裁定,如果发现确有错误,有权按照审判监督程序提出抗诉。"1996年《刑事诉讼法修改决定》明确规定人民检察院按照审判监督程序向"同级"人民法院提出抗诉;同级人民法院接到抗诉后,应当组成合议庭重新审理,不能直接发回下级人民法院审理,对于其中认为原判决事实不清楚或者证据不足的,可以指令下级人民法院重新审理。2012年、2018年修改《刑事诉讼法》时对本条规定未作调整。

基本规范

《最高人民法院关于适用〈中华人民共和国刑事诉讼法〉的解释》(法释〔2021〕1号,自2021年3月1日起施行)

第十九章 审判监督程序

第四百六十条 各级人民法院院长发现本院已经发生法律效力的判决、裁定确有错误的,应当提交审判委员会讨论决定是否再审。

第四百六十一条① 上级人民法院发现下级人民法院已经发生法律效力的判决、裁定确有错误的,可以指令下级人民法院再审;原判决、裁定认定事实正确但适用法律错误,或者案件疑难、复杂、重大,或者有不宜由原审人民法院审理情形的,也可以提审。

上级人民法院指令下级人民法院再审的,一般应当指令原审人民法院以外的下级人民法院审理;由原审人民法院审理更有利于查明案件事实、纠正裁判错误的,可以指令原审人民法院审理。

第四百六十二条 对人民检察院依照审判监督程序提出抗诉的案件,人民法院应当在收到抗诉书后一个月以内立案。但是,有下列情形之一的,应当区别情况予以处理:

(一)不属于本院管辖的,应当将案件退回人民检察院;

(二)按照抗诉书提供的住址无法向被抗诉的原审被告人送达抗诉书的,应当通知人民检察院在三日以内重新提供原审被告人的住址;逾期未提供的,将案件退回人民检察院;

(三)以有新的证据为由提出抗诉,但未附相关证据材料或者有关证据不是指向原起诉事实的,应当通知人民检察院在三日以内补送相关材料;逾期未补送的,将案件退回人民检察院。

决定退回的抗诉案件,人民检察院经补充相关材料后再次抗诉,经审查符合受理条件的,人民法院应当受理。

第四百六十三条 对人民检察院依照审判监督程序提出抗诉的案件,接受抗诉的人民法院应当组成合议庭审理。对原判事实不清、证据不足,包括有新的

---

① 征求意见过程中,有意见建议增加规定:"指令原第二审人民法院以外的人民法院审理或者上级人民法院提审的依照第二审程序进行审判的案件,不得裁定发回重审。"理由是:司法实践中存在这样的现象:如最高人民法院将原大连市中级人民法院一审、辽宁省高级人民法院二审的案件,指令吉林省高级人民法院按照第二审程序再审,吉林省高级人民法院如发回重审,还能否再发回大连市中级人民法院? 如何发回重审,究竟发回哪家中级人民法院重审? 这里存在审级管辖等问题,建议这种情况下吉林省高级人民法院不得再发回重审。经研究认为,上述意见确有道理。除上述所列举的情形外,根据本条规定,对于原大连市中级人民法院二审的案件,最高人民法院指令辽宁省高级人民法院再审的,辽宁省高级人民法院不得将案件发回大连市中级人民法院。但是,鉴于上述情形主要系个案现象,实践中并不常见。而且,作出上述规定后,可能会带来一系列问题,如对于程序违法的案件能否绝对禁止发回重审等。鉴此,未作出明确规定。——**本评注注**

证据证明原判可能有错误,需要指令下级人民法院再审的,应当在立案之日起一个月以内作出决定,并将指令再审决定书送达抗诉的人民检察院。①

《**人民检察院刑事诉讼规则**》(高检发释字〔2019〕4 号,自 2019 年 12 月 30 日起施行)

第十三章 刑事诉讼法律监督

第六节 刑事判决、裁定监督

第五百九十一条 人民检察院认为人民法院已经发生法律效力的判决、裁定确有错误,具有下列情形之一的,应当按照审判监督程序向人民法院提出抗诉:

(一)有新的证据证明原判决、裁定认定的事实确有错误,可能影响定罪量刑的;

---

① 征求意见过程中,有意见建议将本条中的"原判事实不清、证据不足,包括"删除。理由是:《最高人民法院关于审理人民检察院按照审判监督程序提出的刑事抗诉案件若干问题的规定》(法释〔2011〕23 号)第二条规定:"人民检察院按照审判监督程序提出的刑事抗诉案件,接受抗诉的人民法院应当组成合议庭进行审理。涉及新证据需要指令下级人民法院再审的,接受抗诉的人民法院应当在接受抗诉之日起一个月以内作出决定,并将指令再审决定书送达提出抗诉的人民检察院。"《2012 年刑诉法解释》与法释〔2011〕23 号司法解释就指令再审条件规定情形不同。法释〔2011〕23 号司法解释制定的背景就是规范检察机关按照审判监督程序提出的刑事抗诉案件的审判程序,解决司法实践中人民法院处理刑事抗诉案件程序不够明确、不够具体而造成一些案件被多次发回重审或指令再审,一些错误裁判不能及时得到纠正的问题。为确保改革的针对性和实效性,司法解释针对司法实践中普遍存在的"上抗下审"问题,缩小了指令下级法院再审的条件,将《刑事诉讼法》规定的"原判决事实不清或者证据不足"的条件限缩解释为"抗诉涉及新事实、证据"。两个解释对此问题应当一致。经研究认为,相关问题在《2012 年刑诉法解释》起草过程中已作认真研究。《刑事诉讼法》第二百五十四条第四款规定:"人民检察院抗诉的案件,接受抗诉的人民法院应当组成合议庭重新审理,对于原判决事实不清楚或者证据不足的,可以指令下级人民法院再审。"可见"原判事实不清、证据不足"是《刑事诉讼法》明确规定的条件,司法解释不应在法律规定之外增加指令下级法院再审的情形,即不应规定出现新的证据也可以指令下级法院再审。但是,出现新的证据,也表明原审证据欠缺,案件事实也必然存在问题,指令再审并不违反法律规定。基于此,《2012 年刑诉法解释》的表述是"原判事实不清、证据不足,包括有新的证据证明原判可能有错误"。而且,将相关规定调整为"有新的证据"之后,也可能出现再审案件没有新的证据,但原判事实不清、证据不足的情形,此种情形通常也会在启动再审后发回重审,以更好查明案件事实。总之,本条规定是合理的,故维持相关规定不变。——**本评注注**

（二）据以定罪量刑的证据不确实、不充分的；
（三）据以定罪量刑的证据依法应当予以排除的；
（四）据以定罪量刑的主要证据之间存在矛盾的；
（五）原判决、裁定的主要事实依据被依法变更或者撤销的；
（六）认定罪名错误且明显影响量刑的；
（七）违反法律关于追诉时效期限的规定的；
（八）量刑明显不当的；
（九）违反法律规定的诉讼程序，可能影响公正审判的；
（十）审判人员在审理案件的时候有贪污受贿、徇私舞弊、枉法裁判行为的。

对于同级人民法院已经发生法律效力的判决、裁定，人民检察院认为可能有错误的，应当另行指派检察官或者检察官办案组进行审查。经审查，认为有前款规定情形之一的，应当提请上一级人民检察院提出抗诉。

对已经发生法律效力的判决、裁定的审查，参照本规则第五百八十五条的规定办理。

第五百九十二条 对于高级人民法院判处死刑缓期二年执行的案件，省级人民检察院认为确有错误提请抗诉的，一般应当在收到生效判决、裁定后三个月以内提出，至迟不得超过六个月。

第五百九十三条 当事人及其法定代理人、近亲属认为人民法院已经发生法律效力的判决、裁定确有错误，向人民检察院申诉的，由作出生效判决、裁定的人民法院的同级人民检察院依法办理。

当事人及其法定代理人、近亲属直接向上级人民检察院申诉的，上级人民检察院可以交由作出生效判决、裁定的人民法院的同级人民检察院受理；案情重大、疑难、复杂的，上级人民检察院可以直接受理。

当事人及其法定代理人、近亲属对人民法院已经发生法律效力的判决、裁定提出申诉，经人民检察院复查决定不予抗诉后继续提出申诉的，上一级人民检察院应当受理。

第五百九十四条 对不服人民法院已经发生法律效力的判决、裁定的申诉，经两级人民检察院办理且省级人民检察院已经复查的，如果没有新的证据，人民检察院不再复查，但原审被告人可能被宣告无罪或者判决、裁定有其他重大错误可能的除外。

第五百九十五条 人民检察院对已经发生法律效力的判决、裁定的申诉复查后，认为需要提请或者提出抗诉的，报请检察长决定。

地方各级人民检察院对不服同级人民法院已经发生法律效力的判决、裁定的申诉复查后,认为需要提出抗诉的,应当提请上一级人民检察院抗诉。

上级人民检察院对下一级人民检察院提请抗诉的申诉案件进行审查后,认为需要提出抗诉的,应当向同级人民法院提出抗诉。

人民法院开庭审理时,同级人民检察院应当派员出席法庭。

第五百九十六条 人民检察院对不服人民法院已经发生法律效力的判决、裁定的申诉案件复查终结后,应当制作刑事申诉复查通知书,在十日以内通知申诉人。

经复查向上一级人民检察院提请抗诉的,应当在上一级人民检察院作出是否抗诉的决定后制作刑事申诉复查通知书。

第五百九十七条 最高人民检察院发现各级人民法院已经发生法律效力的判决或者裁定,上级人民检察院发现下级人民法院已经发生法律效力的判决或者裁定确有错误时,可以直接向同级人民法院提出抗诉,或者指令作出生效判决、裁定人民法院的上一级人民检察院向同级人民法院提出抗诉。

第五百九十八条 人民检察院按照审判监督程序向人民法院提出抗诉的,应当将抗诉书副本报送上一级人民检察院。

第五百九十九条 对按照审判监督程序提出抗诉的案件,人民检察院认为人民法院再审作出的判决、裁定仍然确有错误的,如果案件是依照第一审程序审判的,同级人民检察院应当按照第二审程序向上一级人民法院提出抗诉;如果案件是依照第二审程序审判的,上一级人民检察院应当按照审判监督程序向同级人民法院提出抗诉。

第六百条 人民检察院办理按照第二审程序、审判监督程序抗诉的案件,认为需要对被告人采取强制措施的,参照本规则相关规定。决定采取强制措施应当经检察长批准。

第六百零一条 人民检察院对自诉案件的判决、裁定的监督,适用本节的规定。

其他规范

《最高人民检察院关于新疆生产建设兵团人民检察院对新疆维吾尔自治区高级人民法院生产建设兵团分院审理的案件实施法律监督有关问题的批复》
(高检发释字〔2006〕1号,自2006年6月14日起施行)
新疆生产建设兵团人民检察院:

你院新兵检发〔2005〕23号《新疆生产建设兵团人民检察院关于对新疆维吾尔自治区高级人民法院生产建设兵团分院审理的案件实施法律监督有关问题的

请示》收悉。经研究,现批复如下:

新疆生产建设兵团人民检察院认为新疆维吾尔自治区高级人民法院生产建设兵团分院刑事第一审的判决、裁定确有错误的时候,应当向最高人民法院提出抗诉。

新疆生产建设兵团人民检察院如果发现新疆维吾尔自治区高级人民法院生产建设兵团分院已经发生法律效力的判决和裁定确有错误,可以向最高人民检察院提请抗诉。

《最高人民检察院关于在检察工作中贯彻宽严相济刑事司法政策的若干意见》(高检发研字〔2007〕2号)第十条对在抗诉工作中正确贯彻宽严相济刑事司法政策的有关问题作了规定。(→参见第八十一条所附"其他规范",第571页)

《最高人民法院关于审理人民检察院按照审判监督程序提出的刑事抗诉案件若干问题的规定》(法释〔2011〕23号)第一条至第三条对人民法院审理人民检察院按照审判监督程序提出的刑事抗诉案件的立案审查及有关问题作了规定。(→参见第二百五十六条所附"其他规范",第1721—1722页)

《最高人民检察院关于加强和改进刑事抗诉工作的意见》(高检发诉字〔2014〕29号)对加强和改进人民检察院刑事抗诉工作的有关问题作了规定。(→参见第二百二十八条所附"其他规范",第1531页)

《人民检察院刑事抗诉工作指引》(高检发诉字〔2018〕2号)第六章"按照审判监督程序抗诉"(第二十八条至第三十六条)对按照审判监督程序重新审判的案件的有关程序问题作了规定。(→参见第二百二十八条所附"其他规范",第1545—1547页)

《最高人民法院关于进一步完善"四类案件"监督管理工作机制的指导意见》(法发〔2021〕30号)第七条规定对人民检察院提出抗诉的案件和指令再审或者发回重审的案件适用"四类案件"的监督管理措施。(→参见第一百八十三条所附"其他规范",第1303页)

指导性案例

陈满申诉案(检例第26号)对再审抗诉的有关问题作了规定。(→参见第五十条所附"指导性案例",第354页)

于英生申诉案(检例第25号)对再审抗诉、检察建议的有关问题作了规定。(→参见第五十五条所附"指导性案例",第383页)

孟某某等人组织、领导、参加黑社会性质组织、寻衅滋事等犯罪再审抗诉案
(检例第181号)

关键词 再审抗诉 裁定准许撤回上诉 自行侦查 补充追加起诉 强化监督履职

要 旨 被告人不服第一审判决,上诉后又在上诉期满后申请撤回上诉、人民法院裁定准许的,如果人民检察院认为该一审判决确有错误,作出准许撤回上诉裁定人民法院的同级人民检察院有权依照审判监督程序提出抗诉。抗诉后人民法院指令按照第一审程序审理的案件,人民检察院发现原案遗漏犯罪事实的,应当补充起诉;发现遗漏同案犯罪嫌疑人的,应当追加起诉,并建议人民法院对指令再审的案件与补充、追加起诉的案件并案审理,数罪并罚。人民检察院在办案中应当强化监督,充分运用自行侦查与侦查机关(部门)补充侦查相结合的方式,加强侦检衔接,深挖漏罪漏犯,推进诉源治理,把监督办案持续做深做实。

指导意义

(一)法院裁定准许撤回上诉后,生效的第一审裁判确有错误应当提出抗诉的,作出裁定的人民法院的同级人民检察院有权依照审判监督程序提出抗诉;法院指令再审后,人民检察院发现漏罪漏犯的,应当补充追加起诉。依据《最高人民法院关于适用〈中华人民共和国刑事诉讼法〉的解释》,在上诉期满后要求撤回上诉的,二审法院经审查作出准许被告人撤回上诉裁定后,第一审判决、裁定自准许撤回上诉裁定书送达上诉人之日起生效。法院对案件作出实体处理并发生法律效力的判决是第一审判决,如果上一级人民检察院认为该判决确有错误的,有权依照审判监督程序提出抗诉。抗诉后人民法院指令按照第一审程序再审的案件,人民检察院发现原案遗漏犯罪事实的,应当补充起诉;发现遗漏同案犯罪嫌疑人的,应当追加起诉,并建议人民法院对指令再审的案件与补充、追加起诉的案件并案审理,数罪并罚。

(二)检察机关要强化监督意识,充分发挥监督职能,加强自行侦查,积极引导侦查取证。对同案不同判、漏罪漏犯的审判监督线索,人民检察院应当以必要性、适度性、有效性为原则,开展自行侦查。灵活运用多种取证手段,通过实地勘查、调取书证、走访询问证人等方式,增强办案亲历性,完善指控证据体系;对事实、证据存在问题的案件,检察机关应当及时退回侦查机关开展补充侦查,列明详细的补充侦查提纲,督促及时补充完善证据。强化检警协作和监检衔接,通报研判案情,准确列明补充侦查提纲,与侦查、调查人员充分沟通查证要点,深挖彻查漏罪漏犯,全面、准确打击犯罪。

（三）人民检察院应当以个案的能动履职、融合履职，助推诉源治理。人民检察院在办案过程中，要全面深入履行法律监督职责，加强立案监督、侦查活动监督和审判监督，深挖漏罪漏犯，监督纠正确有错误的判决，做到罚当其罪；要强化能动履职，将检察办案职能向社会治理延伸，针对个案发现的社会治理问题，通过提出检察建议、开展司法救助、做好普法宣传、开展区域联合、部门协作等方式，促进相关行业、领域健全完善规章制度，推进源头防治；对环境资源领域的犯罪行为，要融合发力，同步提起刑事附带民事公益诉讼，助力生态环境保护，实现"治罪"与"治理"并重，服务经济社会发展大局。

法律适用答复、复函

《最高人民法院研究室关于对无期徒刑犯减刑后原审法院发现原判决确有错误予以改判，原减刑裁定应如何适用法律条款予以撤销问题的答复》（1994年11月7日）

江西省高级人民法院：

你院赣高法〔1994〕110号《关于撤销减刑裁定应当如何适用法律条款的请示》收悉。经研究，答复如下：

被判处无期徒刑的罪犯由服刑地的高级人民法院依法裁定减刑后，原审人民法院发一原判决确有错误并依照审判监督程序改判为有期徒刑的，应当依照我院法（研）复〔1989〕2号批复①撤销原减刑裁定。鉴于原减刑裁定是在无期徒刑基础上的减刑，既然原判无期徒刑已被认定为错判，那么原减刑裁定在认定事实和适用法律上亦应视为确有错误。由此，由罪犯服刑地的高级人民法院根据刑事诉讼法第一百四十九条第一款②的规定，按照审判监督程序撤销原减刑裁定是适宜的。

《最高人民法院研究室关于对刑罚已执行完毕，由于发现新的证据，又因同一事实被以新的罪名重新起诉的案件，应适用何种程序进行审理等问题的答复》（2002年7月31日）

安徽省高级人民法院：

你院〔2001〕皖刑终字第610号《关于对刑罚已执行完毕的罪犯，又因同一案件被以新的罪名重新起诉，应适用何种程序进行审理及原服完的刑期在新

---

① 《最高人民法院关于对无期徒刑犯减刑后原审法院发现原判决确有错误予以改判，原减刑裁定应否撤销问题的批复》（法研复〔1989〕2号，已废止）。——**本评注注**

② 现行《刑事诉讼法》第二百五十四条第一款。——**本评注注**

刑罚中如何计算的请示》(以下简称《请示》)收悉。经研究,答复如下:

你院《请示》中涉及的案件是共同犯罪案件,因此,对于先行判决且刑罚已经执行完毕,由于同案犯归案发现新的证据,又因同一事实被以新的罪名重新起诉的被告人,原判人民法院应当按照审判监督程序撤销原判决、裁定,并将案件移送有管辖权的人民法院,按照第一审程序与其他同案被告人并案审理。

该被告人已经执行完毕的刑罚,由收案的人民法院在对被指控的新罪作出判决时依法折抵,被判处有期徒刑的,原执行完毕的刑期可以折抵刑期。

第二百五十五条 【再审法院】上级人民法院指令下级人民法院再审的,应当指令原审人民法院以外的下级人民法院审理;由原审人民法院审理更为适宜的,也可以指令原审人民法院审理。

立法沿革

本条系 2012 年《刑事诉讼法修改决定》增加的规定,2018 年修改《刑事诉讼法》时未作调整。

基本规范

《最高人民法院关于适用〈中华人民共和国刑事诉讼法〉的解释》(法释〔2021〕1 号,自 2021 年 3 月 1 日施行)**第四百六十一条**对指令再审法院的有关问题作了规定。(→参见第二百五十四条所附"基本规范",第 1706 页)

第二百五十六条 【再审的程序及效力】人民法院按照审判监督程序重新审判的案件,由原审人民法院审理的,应当另行组成合议庭进行。如果原来是第一审案件,应当依照第一审程序进行审判,所作的判决、裁定,可以上诉、抗诉;如果原来是第二审案件,或者是上级人民法院提审的案件,应当依照第二审程序进行审判,所作的判决、裁定,是终审的判决、裁定。

人民法院开庭审理的再审案件,同级人民检察院应当派员出席法庭。

立法沿革

1979 年《刑事诉讼法》第一百五十条规定:"人民法院按照审判监督程序重新审判的案件,应当另行组成合议庭进行。如果原来是第一审案件,应当依照第一审程序进行审判,所作的判决、裁定,可以上诉、抗诉;如果原来是第二审案件,或者是上级人民法院提审的案件,应当依照第二审程序进行审判,所作的判决、裁定,是终审的判决、裁定。"1996年修改《刑事诉讼法》时对本条规定未作调整。2012年《刑事诉讼法修改决定》对本条规定作了修改:一是对于"应当另行组成合议庭进行",增加"由原审人民法院审理的"条件;二是增加第二款规定。2018年修改《刑事诉讼法》时对本条规定未作调整

■ 基本规范

《最高人民法院关于适用〈中华人民共和国刑事诉讼法〉的解释》(法释〔2021〕1号,自2021年3月1日起施行)

第十九章 审判监督程序

第四百六十四条 对决定依照审判监督程序重新审判的案件,人民法院应当制作再审决定书。再审期间不停止原判决、裁定的执行,但被告人可能经再审改判无罪,或者可能经再审减轻原判刑罚而致刑期届满的,可以决定中止原判决、裁定的执行,必要时,可以对被告人采取取保候审、监视居住措施。①

第四百六十五条 依照审判监督程序重新审判的案件,人民法院应当重点针对申诉、抗诉和决定再审的理由进行审理。必要时,应当对原判决、裁定认定的事实、证据和适用法律进行全面审查。

---

① 需要注意的问题有二:(1)《2012年刑诉法解释》第三百八十二条规定:"对决定依照审判监督程序重新审判的案件,除人民检察院抗诉的以外,人民法院应当制作再审决定书……"征求意见过程中,有意见提出,根据本条规定,人民检察院抗诉的案件不出具再审决定书。但根据《最高人民法院关于人民法院案件案号的若干规定》,刑事再审案件多了一类"刑事抗诉再审审查案件",案件类型为"刑抗",经过"刑抗"案件审查后,再审才能进入"刑再"再审审理。目前,各级法院立案庭均依据该规定(参照民事案件的再审抗诉审查程序),对检察院抗诉案件先立"刑抗"抗诉审查案件,此类案件法律文书只能为再审决定书(明确指令下级法院再审还是本院提审),这与该规定不符。经研究,采纳上述意见,删去除外规定,统一规定对决定依照审判监督程序重新审判的案件,无论人民检察院是否抗诉,人民法院应当制作再审决定书。(2)讨论中,有意见建议本条增加规定,对再审可能改变刑罚执行方式(如改判缓刑)的,也可以对被告人采取取保候审、监视居住措施。经研究认为,上述情形可以裁量处理,纳入"必要时"的规制情形。——**本评注注**

第四百六十六条① 原审人民法院审理依照审判监督程序重新审判的案件,应当另行组成合议庭。

原来是第一审案件,应当依照第一审程序进行审判,所作的判决、裁定可以上诉、抗诉;原来是第二审案件,或者是上级人民法院提审的案件,应当依照第二审程序进行审判,所作的判决、裁定是终审的判决、裁定。

符合刑事诉讼法第二百九十六条、第二百九十七条规定的,可以缺席审判。

第四百六十七条 对依照审判监督程序重新审判的案件,人民法院在依照第一审程序进行审判的过程中,发现原审被告人还有其他犯罪的,一般应当并案审理,但分案审理更为适宜的,可以分案审理。②

第四百六十八条 开庭审理再审案件,再审决定书或者抗诉书只针对部分原审被告人,其他同案原审被告人不出庭不影响审理的,可以不出庭参加诉讼。

① 需要注意的问题有二:(1)讨论中,有意见建议,吸收《最高人民法院关于刑事再审案件开庭审理程序的具体规定(试行)》(法释[2001]31号)的规定,扩大再审案件不开庭审理的范围。对此问题,《2012年刑诉法解释》起草过程中曾作过专门研究,经研究认为,既然《刑事诉讼法》规定再审根据一审或者二审的程序进行,那么是否开庭的问题也应当根据一审或者二审的规定执行,不应再单独规定。故而,《2012年刑诉法解释》第三百八十四条未吸收上述司法解释的规定。(2)《2012年刑诉法解释》第三百八十四条第三款规定:"对原审被告人、原审自诉人已经死亡或者丧失行为能力的再审案件,可以不开庭审理。"这一规定是囿于当时尚缺缺席审判程序不得已作出的规定。修改后《刑事诉讼法》第二百九十六条、第二百九十七条设置了再审程序中被告人死亡或者丧失行为能力的缺席审判程序。在此背景下,对《2012年刑诉法解释》第三百八十四条第三款规定无须再保留。基于上述考虑,本条第三款规定:"符合刑事诉讼法第二百九十六条、第二百九十七条规定的,可以缺席审判。"——**本评注注**

② 需要注意的问题有二:(1)概言之,所涉情形以并案审理为原则,以分案审理为例外。主要考虑:①根据刑法的有关规定,如果通过再审撤销原判以后,需要再审改判之罪和被告人所犯其他犯罪都属于判决宣告前的数罪,应当依照《刑法》第六十九条的规定进行数罪并罚;如果分案处理,只能依照《刑法》第七十条的规定或者第七十一条的规定并罚,两者的最终量刑有时会有差异。②从审判实践来看,将再审和其他犯罪的审理合并,程序上可以操作,也有助于提高审判效率。(2)本条强调需要并案审理的,原则上应当依照第一审程序并案审理,但根据案件情况也可以在第一审程序中分案审理,而后在第二审程序中并案审理。通常而言,一审分案审理的,对于再审犯罪和其他犯罪均上诉的,可以在二审合并处理;对于一个犯罪提出上诉,一个犯罪没有提出上诉的,二审可以按照数罪并罚处理;对于一个犯罪宣告有罪,另一个犯罪宣告无罪的,则不宜合并审理,宜全程分案审理。——**本评注注**

第四百六十九条 除人民检察院抗诉的以外,再审一般不得加重原审被告人的刑罚。再审决定书或者抗诉书只针对部分原审被告人的,不得加重其他同案原审被告人的刑罚。

第四百七十条① 人民法院审理人民检察院抗诉的再审案件,人民检察院在开庭审理前撤回抗诉的,应当裁定准许;人民检察院接到出庭通知后不派员出庭,且未说明原因的,可以裁定按撤回抗诉处理,并通知诉讼参与人。

人民法院审理申诉人申诉的再审案件,申诉人在再审期间撤回申诉的,可以裁定准许;但认为原判确有错误的,应当不予准许,继续按照再审案件审理。申诉人经依法通知无正当理由拒不到庭,或者未经法庭许可中途退庭的,可以裁定按撤回申诉处理,但申诉人不是原审当事人的除外。

第四百七十一条 开庭审理的再审案件,系人民法院决定再审的,由合议庭组成人员宣读再审决定书;系人民检察院抗诉的,由检察员宣读抗诉书;系申诉人申诉的,由申诉人或者其辩护人、诉讼代理人陈述申诉理由。

第四百七十二条 再审案件经过重新审理后,应当按照下列情形分别处理:

(一)原判决、裁定认定事实和适用法律正确、量刑适当的,应当裁定驳回申诉或者抗诉,维持原判决、裁定;

(二)原判决、裁定定罪准确、量刑适当,但在认定事实、适用法律等方面有瑕疵的,应当裁定纠正并维持原判决、裁定;

(三)原判决、裁定认定事实没有错误,但适用法律错误或者量刑不当的,应当撤销原判决、裁定,依法改判;

---

① 需要注意的问题有二:(1)《刑事诉讼法》第二百五十七条第一款规定:"人民法院决定再审的案件,需要对被告人采取强制措施的,由人民法院依法决定;人民检察院提出抗诉的再审案件,需要对被告人采取强制措施的,由人民检察院依法决定。"根据本条规定,至少在送达抗诉书之前,应当由人民检察院决定采取强制措施。鉴此,司法实践中可以把握的原则是:人民检察院提出抗诉的再审案件,需要对被告人采取强制措施的,由人民检察院依法决定;由于人民检察院未决定对被告人采取强制措施,导致无法送达抗诉书的,人民法院应当将相关情况通知人民检察院,并要求采取强制措施。(2)征求意见过程中,有意见提出,异地再审存在不少衔接问题,例如实践中对于将浙江的案件指定由广东再审的,应当何地检察院出庭,存在不同认识。经研究,实践操作中,对于跨省指定异地再审的案件,会事先征求意见,故不存在衔接、扯皮问题。《人民检察院刑事诉讼规则》第四百五十四条规定:"人民法院开庭审理再审案件,同级人民检察院应当派员出席法庭。"据此,此种情况下当然是被指定再审的人民法院的同级人民检察院派员出庭。——本评注注

（四）依照第二审程序审理的案件，原判决、裁定事实不清、证据不足的，可以在查清事实后改判，也可以裁定撤销原判，发回原审人民法院重新审判。

原判决、裁定事实不清或者证据不足，经审理事实已经查清的，应当根据查清的事实依法裁判；事实仍无法查清，证据不足，不能认定被告人有罪的，应当撤销原判决、裁定，判决宣告被告人无罪。

第四百七十三条　原判决、裁定认定被告人姓名等身份信息有误，但认定事实和适用法律正确、量刑适当的，作出生效判决、裁定的人民法院可以通过裁定对有关信息予以更正。

《人民检察院刑事诉讼规则》（高检发释字〔2019〕4号，自2019年12月30日起施行）

第十一章　出席法庭

第五节　出席再审法庭

第四百五十四条　人民法院开庭审理再审案件，同级人民检察院应当派员出席法庭。

第四百五十五条　人民检察院对于人民法院按照审判监督程序重新审判的案件，应当对原判决、裁定认定的事实、证据、适用法律进行全面审查，重点审查有争议的案件事实、证据和法律适用问题。

第四百五十六条　人民检察院派员出席再审法庭，如果再审案件按照第一审程序审理，参照本章第一节有关规定执行；如果再审案件按照第二审程序审理，参照本章第四节有关规定执行。

其他规范

《最高人民法院关于刑事再审案件开庭审理程序的具体规定（试行）》（法释〔2001〕31号，自2002年1月1日起施行）

为了深化刑事庭审方式的改革，进一步提高审理刑事再审案件的效率，确保审判质量，规范案件开庭审理的程序，根据《中华人民共和国刑事诉讼法》、最高人民法院《关于执行〈中华人民共和国刑事诉讼法〉若干问题的解释》的规定，制定本规定。

第一条　本规定适用依照第一审程序或第二审程序开庭审理的刑事再审案件。

第二条　人民法院在收到人民检察院按照审判监督程序提出抗诉的刑事抗诉书后，应当根据不同情况，分别处理：

（一）不属于本院管辖的，决定退回人民检察院；

(二)按照抗诉书提供的原审被告人(原审上诉人)住址无法找到原审被告人(原审上诉人)的,人民法院应当要求提出抗诉的人民检察院协助查找;经协助查找仍无法找到的,决定退回人民检察院;

(三)抗诉书没有写明原审被告人(原审上诉人)准确住址的,应当要求人民检察院在七日内补充,经补充后仍不明确或逾期不补的,裁定维持原判;

(四)以有新的证据证明原判决、裁定认定的事实确有错误为由提出抗诉,但抗诉书未附有新的证据目录、证人名单和主要证据复印件或者照片的,人民检察院应当在七日内补充;经补充后仍不完备或逾期不补的,裁定维持原判。

第三条 以有新的证据证明原判决、裁定认定的事实确有错误为由提出申诉的,应当同时附有新的证据目录、证人名单和主要证据复印件或者照片。需要申请人民法院调取证据的,应当附有证据线索。未附有的,应当在七日内补充;经补充后仍不完备或逾期不补的,应当决定不予受理。

第四条 参与过本案第一审、第二审、复核程序审判的合议庭组成人员,不得参与本案的再审程序的审判。

第五条 人民法院审理下列再审案件,应当依法开庭审理:

(一)依照第一审程序审理的;

(二)依照第二审程序需要对事实或者证据进行审理的;

(三)人民检察院按照审判监督程序提出抗诉的;

(四)可能对原审被告人(原审上诉人)加重刑罚的;

(五)有其他应当开庭审理情形的。

第六条 下列再审案件可以不开庭审理:

(一)原判决、裁定认定事实清楚,证据确实、充分,但适用法律错误,量刑畸重的;

(二)1979年《中华人民共和国刑事诉讼法》施行以前裁判的;

(三)原审被告人(原审上诉人)、原审自诉人已经死亡,或者丧失刑事责任能力的;

(四)原审被告人(原审上诉人)在交通十分不便的边远地区监狱服刑,提押到庭确有困难的;但人民检察院提出抗诉的,人民法院应征得人民检察院的同意;

(五)人民法院按照审判监督程序决定再审,按本规定第九条第(五)项规定,经两次通知,人民检察院不派员出庭的。

第七条 人民法院审理共同犯罪再审案件,如果人民法院再审决定书或者人民检察院抗诉书只对部分同案原审被告人(同案原审上诉人)提起再审,其他

未涉及的同案原审被告人(同案原审上诉人)不出庭不影响案件审理的,可以不出庭参与诉讼;

部分同案原审被告人(同案原审上诉人)具有本规定第六条第(三)、(四)项规定情形不能出庭的,不影响案件的开庭审理。

第八条 除人民检察院抗诉的以外,再审一般不得加重原审被告人(原审上诉人)的刑罚。

根据本规定第六条第(二)、(三)、(四)、(五)、(六)项、第七条的规定,不具备开庭条件可以不开庭审理的,或者可以不出庭参加诉讼的,不得加重未出庭原审被告人(原审上诉人)、同案原审被告人(同案原审上诉人)的刑罚。

第九条 人民法院在开庭审理前,应当进行下列工作:

(一)确定合议庭的组成人员;

(二)将再审决定书,申诉书副本至迟在开庭三十日前,重大、疑难案件至迟在开庭六十日前送达同级人民检察院,并通知其查阅案卷和准备出庭;

(三)将再审决定书或抗诉书副本至迟在开庭三十日以前送达原审被告人(原审上诉人),告知其可以委托辩护人,或者依法为其指定承担法律援助义务的律师担任辩护人;

(四)至迟在开庭十五日前,重大、疑难案件至迟在开庭六十日前,通知辩护人查阅案卷和准备出庭;

(五)将开庭的时间、地点在开庭七日以前通知人民检察院;

(六)传唤当事人,通知辩护人、诉讼代理人、证人、鉴定人和翻译人员,传票和通知书至迟在开庭七日以前送达;

(七)公开审判的案件,在开庭七日以前先期公布案由、原审被告人(原审上诉人)姓名、开庭时间和地点。

第十条 人民法院审理人民检察院提出抗诉的再审案件,对人民检察院接到出庭通知后未出庭的,应当裁定按人民检察院撤回抗诉处理,并通知诉讼参与人。

第十一条 人民法院决定再审或者受理抗诉书后,原审被告人(原审上诉人)正在服刑的,人民法院依据再审决定书或者抗诉书及提押票等文书办理提押;

原审被告人(原审上诉人)在押,再审可能改判宣告无罪的,人民法院裁定中止执行原裁决后,可以取保候审;

原审被告人(原审上诉人)不在押,确有必要采取强制措施并符合法律规定采取强制措施条件的,人民法院裁定中止执行原裁决后,依法采取强制措施。

第十二条　原审被告人(原审上诉人)收到再审决定书或者抗诉书后下落不明或者收到抗诉书后未到庭的,人民法院应当中止审理;原审被告人(原审上诉人)到案后,恢复审理;如果超过二年仍查无下落的,应当裁定终止审理。

第十三条　人民法院应当在开庭三十日前通知人民检察院、当事人或者辩护人查阅、复制双方提交的新证据目录及新证据复印件、照片。

人民法院应当在开庭十五日前通知控辩双方查阅、复制人民法院调取的新证据目录及新证据复印件、照片等证据。

第十四条　控辩双方收到再审决定书或抗诉书后,人民法院通知开庭之日前,可以提交新的证据。开庭后,除对原审被告人(原审上诉人)有利的外,人民法院不再接纳新证据。

第十五条　开庭审理前,合议庭应当核实原审被告人(原审上诉人)何时因何案被人民法院依法裁判,在服刑中有无重新犯罪,有无减刑、假释,何时刑满释放等情形。

第十六条　开庭审理前,原审被告人(原审上诉人)到达开庭地点后,合议庭应当查明原审被告人(原审上诉人)基本情况,告知原审被告人(原审上诉人)享有辩护权和最后陈述权,制作笔录后,分别由该合议庭成员和书记员签名。

第十七条　开庭审理时,审判长宣布合议庭组成人员及书记员,公诉人、辩护人、鉴定人和翻译人员的名单,并告知当事人、法定代理人享有申请回避的权利。

第十八条　人民法院决定再审的,由合议庭组成人员宣读再审决定书。

根据人民检察院提出抗诉进行再审的,由公诉人宣读抗诉书。

当事人及其法定代理人、近亲属提出申诉的,由原审被告人(原审上诉人)及其辩护人陈述申诉理由。

第十九条　在审判长主持下,控辩双方应就案件的事实、证据和适用法律等问题分别进行陈述。合议庭对控辩双方无争议和有争议的事实、证据及适用法律问题进行归纳,予以确认。

第二十条　在审判长主持下,就控辩双方有争议的问题,进行法庭调查和辩论。

第二十一条　在审判长主持下,控辩双方对提出的新证据或者有异议的原审据以定罪量刑的证据进行质证。

第二十二条　进入辩论阶段,原审被告人(原审上诉人)及其法定代理人、近亲属提出申诉的,先由原审被告人(原审上诉人)及其辩护人发表辩护意见,然后由公诉人发言,被害人及其代理人发言。

被害人及其法定代理人、近亲属提出申诉的,先由被害人及其代理人发言,公诉人发言,然后由原审被告人(原审上诉人)及其辩护人发表辩护意见。

人民检察院提出抗诉的,先由公诉人发言,被害人及其代理人发言,然后由原审被告人(原审上诉人)及其辩护人发表辩护意见。

既有申诉又有抗诉的,先由公诉人发言,后由申诉方当事人及其代理人或者辩护人发言或者发表辩护意见,然后由对方当事人及其代理人或辩护人发言或者发表辩护意见。

公诉人、当事人和辩护人、诉讼代理人经审判长许可,可以互相辩论。

第二十三条 合议庭根据控辩双方举证、质证和辩论情况,可以当庭宣布认证结果。

第二十四条 再审改判宣告无罪并依法享有申请国家赔偿权利的当事人,宣判时合议庭应当告知其该判决发生法律效力后即有申请国家赔偿的权利。

第二十五条 人民法院审理再审案件,应当在作出再审决定之日起三个月内审结。需要延长期限的,经本院院长批准,可以延长三个月。

自接到阅卷通知后的第二日起,人民检察院查阅案卷超过七日后的期限,不计入再审审理期限。

第二十六条 依照第一、二审程序审理的刑事自诉再审案件开庭审理程序,参照本规定执行。

第二十七条 本规定发布前最高人民法院有关再审案件开庭审理程序的规定,与本规定相抵触的,以本规定为准。

第二十八条 本规定自 2002 年 1 月 1 日起执行。

《最高人民法院关于审理人民检察院按照审判监督程序提出的刑事抗诉案件若干问题的规定》(法释〔2011〕23 号,自 2012 年 1 月 1 日起施行)

为规范人民法院审理人民检察院按照审判监督程序提出的刑事抗诉案件,根据《中华人民共和国刑事诉讼法》及有关规定,结合审判工作实际,制定本规定。

第一条 人民法院收到人民检察院的抗诉书后,应在一个月内立案。经审查,具有下列情形之一的,应当决定退回人民检察院:

(一)不属于本院管辖的;

(二)按照抗诉书提供的住址无法向被提出抗诉的原审被告人送达抗诉书的;

(三)以有新证据为由提出抗诉,抗诉书未附有新的证据目录、证人名单和

主要证据复印件或者照片的;

(四)以有新证据为由提出抗诉,但该证据并不是指向原起诉事实的。

人民法院决定退回的刑事抗诉案件,人民检察院经补充相关材料后再次提出抗诉,经审查符合受理条件的,人民法院应当予以受理。

第二条 人民检察院按照审判监督程序提出的刑事抗诉案件,接受抗诉的人民法院应当组成合议庭进行审理。涉及新证据需要指令下级人民法院再审的,接受抗诉的人民法院应当在接受抗诉之日起一个月以内作出决定,并将指令再审决定书送达提出抗诉的人民检察院。

第三条 本规定所指的新证据,是指具有下列情形之一,指向原起诉事实并可能改变原判决、裁定据以定罪量刑的事实的证据:

(一)原判决、裁定生效后新发现的证据;

(二)原判决、裁定生效前已经发现,但由于客观原因未予收集的证据;

(三)原判决、裁定生效前已经收集,但庭审中未予质证、认证的证据;

(四)原生效判决、裁定所依据的鉴定结论、勘验、检查笔录或其他证据被改变或者否定的。

第四条 对于原判决、裁定事实不清或者证据不足的案件,接受抗诉的人民法院进行重新审理后,应当按照下列情形分别处理:

(一)经审理能够查清事实的,应当在查清事实后依法裁判;

(二)经审理仍无法查清事实,证据不足,不能认定原审被告人有罪的,应当判决宣告原审被告人无罪;

(三)经审理发现有新证据且超过刑事诉讼法规定的指令再审期限的,可以裁定撤销原判,发回原审人民法院重新审判。

第五条 对于指令再审的案件,如果原来是第一审案件,接受抗诉的人民法院应当指令第一审人民法院依照第一审程序进行审判,所作的判决、裁定,可以上诉、抗诉;如果原来是第二审案件,接受抗诉的人民法院应当指令第二审人民法院依照第二审程序进行审判,所作的判决、裁定,是终审的判决、裁定。

第六条 在开庭审理前,人民检察院撤回抗诉的,人民法院应当裁定准许。

第七条 在送达抗诉书后被提出抗诉的原审被告人未到案的,人民法院应当裁定中止审理;原审被告人到案后,恢复审理。

第八条 被提出抗诉的原审被告人已经死亡或者在审理过程中死亡的,人民法院应当裁定终止审理,但对能够查清事实,确认原审被告人无罪的案件,应当予以改判。

第九条 人民法院作出裁判后,当庭宣告判决的,应当在五日内将裁判文书送达当事人、法定代理人、诉讼代理人、提出抗诉的人民检察院、辩护人和原审被告人的近亲属;定期宣告判决的,应当在判决宣告后立即将裁判文书送达当事人、法定代理人、诉讼代理人、提出抗诉的人民检察院、辩护人和原审被告人的近亲属。

第十条 以前发布的有关规定与本规定不一致的,以本规定为准。

《人民检察院刑事抗诉工作指引》(高检发诉字〔2018〕2号)第七章"出席刑事抗诉案件法庭"(第三十七条至第五十条)对人民检察院出席刑事抗诉案件法庭的有关问题作了规定。(→参见第二百二十八条所附"其他规范",第1547—1550页)

法律适用答复、复函

《最高人民法院研究室关于对第二审终审的刑事案件第二审法院进行再审时可否加重刑罚不给上诉权问题的电话答复》(1990年8月16日)
湖北省高级人民法院研究室:

你室鄂法研〔1990〕6号《关于对二审终审的刑事案件第二审法院进行再审时可否加重刑罚不给上诉权问题的请示报告》收悉,经研究答复如下:

"请示报告"所述:被告人李某某因故意伤害罪被判处有期徒刑十二年,上诉后中级人民法院维持原判。被告人亲属不服提出申诉。中级人民法院经审查认为原判量刑不当,需要改判加重刑罚。对于这种案件,我们认为,如果是需将原判有期徒刑十二年改判加重刑罚二、三年(最多只能加重到十五年),这说明原判量刑偏轻,而不是畸轻,因此可不必再审改判;如果确需将原判改为无期徒刑或者死刑,则中级人民法院应撤销原第一、二审判决、裁定,并根据刑事诉讼法第十五条①的规定,由中级人民法院作为第一审,重新审判。对于重新审判后的判决,当事人可以上诉,同级人民检察院可以抗诉。

《最高人民法院研究室关于高级人民法院第二审判处无期徒刑的案件发现原判量刑不当需改判死刑应如何适用程序问题的电话答复》(1991年7月1日)
江西省高级人民法院:

你院《关于高级人民法院第二审判处无期徒刑的案件发现原判量刑不当需改判死刑应如何适用程序的请示》收悉。经研究,我们认为:中级人民法院判处无期徒刑的第一审案件,被告人上诉,经高级人民法院第二审后,裁定维持原判,裁定即已发生法律效力。现高级人民法院发现原判在适用法律上确有错

---

① 现行《刑事诉讼法》第二十一条。——**本评注注**

误,拟按审判监督程序改判死刑的,应当按照刑事诉讼法第一百五十条①的规定,原来是第二审案件,仍应依照第二审程序进行审判。审理后,如果认为应当判处被告人死刑的,可参照刑事诉讼法第一百四十九条第一款②的规定,由审判委员会决定,撤销原第一、二审判决、裁定,发回原第一审法院重新审判。

第二百五十七条 【再审的强制措施与中止原裁判执行】人民法院决定再审的案件,需要对被告人采取强制措施的,由人民法院依法决定;人民检察院提出抗诉的再审案件,需要对被告人采取强制措施的,由人民检察院依法决定。

人民法院按照审判监督程序审判的案件,可以决定中止原判决、裁定的执行。

立法沿革

本条系2012年《刑事诉讼法修改决定》增加的规定,2018年修改《刑事诉讼法》时未作调整。

基本规范

《最高人民法院关于适用〈中华人民共和国刑事诉讼法〉的解释》(法释〔2021〕1号,自2021年3月1日起施行)第四百六十四条规定可以决定中止原判决、裁定的执行及对被告人采取取保候审、监视居住措施的情形。(→参见第二百五十六条所附"基本规范",第1714页)

第二百五十八条 【再审的期限】人民法院按照审判监督程序重新审判的案件,应当在作出提审、再审决定之日起三个月以内审结,需要延长期限的,不得超过六个月。

接受抗诉的人民法院按照审判监督程序审判抗诉的案件,审理期限适用前款规定;对需要指令下级人民法院再审的,应当自接受抗诉之日起一个月以内作出决定,下级人民法院审理案件的期限适用前款规定。

---

① 现行《刑事诉讼法》第二百五十六条。——**本评注注**
② 现行《刑事诉讼法》第二百五十四条第一款。——**本评注注**

立法沿革

本条系 1996 年《刑事诉讼法修改决定》增加的规定,2012 年、2018 年修改《刑事诉讼法》时未作调整。

其他规范

《最高人民法院关于严格执行案件审理期限制度的若干规定》(法释〔2000〕29 号,节录)

第四条第一款 按照审判监督程序重新审理的刑事案件的期限为三个月;需要延长期限的,经本院院长批准,可以延长三个月。

第六条第四款、第五款 发回重审或指令再审的案件,应当在收到发回重审或指令再审裁定及案卷材料后的次日内立案。

按照审判监督程序重新审判的案件,应当在作出提审、再审裁定(决定)的次日立案。

第七条 立案机构应当在决定立案的三日内将案卷材料移送审判庭。

第八条第一款 案件的审理期限从立案次日起计算。

第九条 下列期间不计入审理、执行期限:

(一)刑事案件对被告人作精神病鉴定的期间;

(二)刑事案件因另行委托、指定辩护人,法院决定延期审理的,自案件宣布延期审理之日起至第十日止准备辩护的时间;

(三)公诉人发现案件需要补充侦查,提出延期审理建议后,合议庭同意延期审理的期间;

(四)刑事案件二审期间,检察院查阅案卷超过七日后的时间;

(五)因当事人、诉讼代理人、辩护人申请通知新的证人到庭、调取新的证据、申请重新鉴定或者勘验,法院决定延期审理一个月之内的期间;

(六)民事、行政案件公告、鉴定的期间;

(七)审理当事人提出的管辖权异议和处理法院之间的管辖争议的期间;

(八)民事、行政、执行案件由有关专业机构进行审计、评估、资产清理的期间;

(九)中止诉讼(审理)或执行至恢复诉讼(审理)或执行的期间;

(十)当事人达成执行和解或者提供执行担保后,执行法院决定暂缓执行的期间;

(十一)上级人民法院通知暂缓执行的期间;

(十二)执行中拍卖、变卖被查封、扣押财产的期间。

《最高人民法院案件审限管理规定》(法〔2001〕164号,节录)

第八条 按照审判监督程序重新审理的刑事案件的审理期限为三个月;有特殊情势需要延长的,经院长批准,可以延长三个月。裁定再审的民事、行政案件,根据再审适用的不同程序,分别执行第一审或第二审理期限的规定。

第十三条第二款 按照审判监督程序重新审判的案件,应当在作出提审、再审裁定或决定的次日立案。

第十八条 刑事案件需要延长审理期限的,应当在审理期限届满七日以前,向院长提出申请。

第二十条 需要院长批准延长审理期限的,院长应当在审限届满以前作出决定。

《最高人民法院关于刑事再审案件开庭审理程序的具体规定(试行)》(法释〔2001〕31号)第二十五条、第二十六条对再审案件的审理期限作了规定。(→参见第二百五十六条所附"其他规范",第1721页)

司法疑难解析

刑事再审案件的审理期限问题。征求意见过程中,有意见提出,刑事再审案件因时过境迁,调查核实证据难度大,需要协调的事项多,且多数案件重大、疑难、复杂,《刑事诉讼法》第二百五十八条规定的审理期限未规定延审制度,各级法院强烈建议司法解释对此予以明确。经研究认为,《刑事诉讼法》第二百五十八条规定:"人民法院按照审判监督程序重新审判的案件,应当在作出提审、再审决定之日起三个月以内审结,需要延长期限的,不得超过六个月。""接受抗诉的人民法院按照审判监督程序审判抗诉的案件,审理期限适用前款规定;对需要指令下级人民法院再审的,应当自接受抗诉之日起一个月以内作出决定,下级人民法院审理案件的期限适用前款规定。"受制于《刑事诉讼法》的明确规定,对于再审案件的延审问题,难以通过司法解释或者规范性文件作出突破。

相关规范集成·刑事赔偿

相关规定

《中华人民共和国国家赔偿法》(第二次修正后自2013年1月1日起施行,节录)

第三章 刑事赔偿
第一节 赔偿范围

第十七条 行使侦查、检察、审判职权的机关以及看守所、监狱管理机关及其工作人员在行使职权时有下列侵犯人身权情形之一的,受害人有取得赔偿的权利:

(一)违反刑事诉讼法的规定对公民采取拘留措施的,或者依照刑事诉讼法规定的条件和程序对公民采取拘留措施,但是拘留时间超过刑事诉讼法规定的时限,其后决定撤销案件、不起诉或者判决宣告无罪终止追究刑事责任的;

(二)对公民采取逮捕措施后,决定撤销案件、不起诉或者判决宣告无罪终止追究刑事责任的;

(三)依照审判监督程序再审改判无罪,原判刑罚已经执行的;

(四)刑讯逼供或者以殴打、虐待等行为或者唆使、放纵他人以殴打、虐待等行为造成公民身体伤害或者死亡的;

(五)违法使用武器、警械造成公民身体伤害或者死亡的。

第十八条 行使侦查、检察、审判职权的机关以及看守所、监狱管理机关及其工作人员在行使职权时有下列侵犯财产权情形之一的,受害人有取得赔偿的权利:

(一)违法对财产采取查封、扣押、冻结、追缴等措施的;

(二)依照审判监督程序再审改判无罪,原判罚金、没收财产已经执行的。

第十九条 属于下列情形之一的,国家不承担赔偿责任:

(一)因公民自己故意作虚伪供述,或者伪造其他有罪证据被羁押或者被判处刑罚的;

(二)依照刑法第十七条、第十八条规定不负刑事责任的人被羁押的;

(三)依照刑事诉讼法第十五条、第一百七十三条第二款、第二百七十三条第二款、第二百七十九条规定不追究刑事责任的人被羁押的;

(四)行使侦查、检察、审判职权的机关以及看守所、监狱管理机关的工作人员与行使职权无关的个人行为;

(五)因公民自伤、自残等故意行为致使损害发生的;

(六)法律规定的其他情形。

第二节 赔偿请求人和赔偿义务机关

第二十条 赔偿请求人的确定依照本法第六条的规定。

第二十一条 行使侦查、检察、审判职权的机关以及看守所、监狱管理机关及其工作人员在行使职权时侵犯公民、法人和其他组织的合法权益造成损害的,该机关为赔偿义务机关。

对公民采取拘留措施,依照本法的规定应当给予国家赔偿的,作出拘留决定的机关为赔偿义务机关。

对公民采取逮捕措施后决定撤销案件、不起诉或者判决宣告无罪的,作出逮捕决定的机关为赔偿义务机关。

再审改判无罪的,作出原生效判决的人民法院为赔偿义务机关。二审改判无罪,以及二审发回重审后作无罪处理的,作出一审有罪判决的人民法院为赔偿义务机关。

第三节 赔偿程序

第二十二条 赔偿义务机关有本法第十七条、第十八条规定情形之一的,应当给予赔偿。

赔偿请求人要求赔偿,应当先向赔偿义务机关提出。

赔偿请求人提出赔偿请求,适用本法第十一条、第十二条的规定。

第二十三条 赔偿义务机关应当自收到申请之日起两个月内,作出是否赔偿的决定。赔偿义务机关作出赔偿决定,应当充分听取赔偿请求人的意见,并可以与赔偿请求人就赔偿方式、赔偿项目和赔偿数额依照本法第四章的规定进行协商。

赔偿义务机关决定赔偿的,应当制作赔偿决定书,并自作出决定之日起十日内送达赔偿请求人。

赔偿义务机关决定不予赔偿的,应当自作出决定之日起十日内书面通知赔偿请求人,并说明不予赔偿的理由。

第二十四条 赔偿义务机关在规定期限内未作出是否赔偿的决定,赔偿请求人可以自期限届满之日起三十日内向赔偿义务机关的上一级机关申请复议。

赔偿请求人对赔偿的方式、项目、数额有异议的,或者赔偿义务机关作出不予赔偿决定的,赔偿请求人可以自赔偿义务机关作出赔偿或者不予赔偿决定之日起三十日内,向赔偿义务机关的上一级机关申请复议。

赔偿义务机关是人民法院的,赔偿请求人可以依照本条规定向其上一级人民法院赔偿委员会申请作出赔偿决定。

第二十五条 复议机关应当自收到申请之日起两个月内作出决定。

赔偿请求人不服复议决定的,可以在收到复议决定之日起三十日内向复议机关所在地的同级人民法院赔偿委员会申请作出赔偿决定;复议机关逾期不作决定的,赔偿请求人可以自期限届满之日起三十日内向复议机关所在地的同级人民法院赔偿委员会申请作出赔偿决定。

第二十六条 人民法院赔偿委员会处理赔偿请求,赔偿请求人和赔偿义务机关对自己提出的主张,应当提供证据。

被羁押人在羁押期间死亡或者丧失行为能力的,赔偿义务机关的行为与被羁押人的死亡或者丧失行为能力是否存在因果关系,赔偿义务机关应当提供证据。

第二十七条 人民法院赔偿委员会处理赔偿请求,采取书面审查的办法。必要时,可以向有关单位和人员调查情况、收集证据。赔偿请求人与赔偿义务机关对损害事实及因果关系有争议的,赔偿委员会可以听取赔偿请求人和赔偿义务机关的陈述和申辩,并可以进行质证。

第二十八条 人民法院赔偿委员会应当自收到赔偿申请之日起三个月内作出决定;属于疑难、复杂、重大案件的,经本院院长批准,可以延长三个月。

第二十九条 中级以上的人民法院设立赔偿委员会,由人民法院三名以上审判员组成,组成人员的人数应当为单数。

赔偿委员会作赔偿决定,实行少数服从多数的原则。

赔偿委员会作出的赔偿决定,是发生法律效力的决定,必须执行。

第三十条 赔偿请求人或者赔偿义务机关对赔偿委员会作出的决定,认为确有错误的,可以向上一级人民法院赔偿委员会提出申诉。

赔偿委员会作出的赔偿决定生效后,如发现赔偿决定违反本法规定的,经本院院长决定或者上级人民法院指令,赔偿委员会应当在两个月内重新审查并依法作出决定,上一级人民法院赔偿委员会也可以直接审查并作出决定。

最高人民检察院对各级人民法院赔偿委员会作出的决定,上级人民检察院对下级人民法院赔偿委员会作出的决定,发现违反本法规定的,应当向同级人民法院赔偿委员会提出意见,同级人民法院赔偿委员会应当在两个月内重新审查并依法作出决定。

第三十一条 赔偿义务机关赔偿后,应当向有下列情形之一的工作人员追偿部分或者全部赔偿费用:

(一)有本法第十七条第四项、第五项规定情形的;

(二)在处理案件中有贪污受贿、徇私舞弊、枉法裁判行为的。

对有前款规定情形的责任人员,有关机关应当依法给予处分;构成犯罪的,应当依法追究刑事责任。

第四章 赔偿方式和计算标准

第三十二条 国家赔偿以支付赔偿金为主要方式。

能够返还财产或者恢复原状的,予以返还财产或者恢复原状。

第三十三条 侵犯公民人身自由的,每日赔偿金按照国家上年度职工日平均工资计算。

第三十四条 侵犯公民生命健康权的,赔偿金按照下列规定计算:

(一)造成身体伤害的,应当支付医疗费、护理费,以及赔偿因误工减少的收入。减少的收入每日的赔偿金按照国家上年度职工日平均工资计算,最高额为国家上年度职工年平均工资的五倍;

(二)造成部分或者全部丧失劳动能力的,应当支付医疗费、护理费、残疾生活辅助具费、康复费等因残疾而增加的必要支出和继续治疗所必需的费用,以及残疾赔偿金。残疾赔偿金根据丧失劳动能力的程度,按照国家规定的伤残等级确定,最高不超过国家上年度职工年平均工资的二十倍。造成全部丧失劳动能力的,对其扶养的无劳动能力的人,还应当支付生活费;

(三)造成死亡的,应当支付死亡赔偿金、丧葬费,总额为国家上年度职工年平均工资的二十倍。对死者生前扶养的无劳动能力的人,还应当支付生活费。

前款第二项、第三项规定的生活费的发放标准,参照当地最低生活保障标准执行。被扶养的人是未成年人的,生活费给付至十八周岁止;其他无劳动能力的人,生活费给付至死亡时止。

第三十五条 有本法第三条或者第十七条规定情形之一,致人精神损害的,应当在侵权行为影响的范围内,为受害人消除影响,恢复名誉,赔礼道歉;造成严重后果的,应当支付相应的精神损害抚慰金。

第三十六条 侵犯公民、法人和其他组织的财产权造成损害的,按照下列规定处理:

(一)处罚款、罚金、追缴、没收财产或者违法征收、征用财产的,返还财产;

(二)查封、扣押、冻结财产的,解除对财产的查封、扣押、冻结,造成财产损坏或者灭失的,依照本条第三项、第四项的规定赔偿;

(三)应当返还的财产损坏的,能够恢复原状的恢复原状,不能恢复原状的,按照损害程度给付相应的赔偿金;

(四)应当返还的财产灭失的,给付相应的赔偿金;

(五)财产已经拍卖或者变卖的,给付拍卖或者变卖所得的价款;变卖的价款明显低于财产价值的,应当支付相应的赔偿金;

(六)吊销许可证和执照、责令停产停业的,赔偿停产停业期间必要的经常性费用开支;

(七)返还执行的罚款或者罚金、追缴或者没收的金钱,解除冻结的存款或者汇款的,应当支付银行同期存款利息;

(八)对财产权造成其他损害的,按照直接损失给予赔偿。

第三十七条 赔偿费用列入各级财政预算。

赔偿请求人凭生效的判决书、复议决定书、赔偿决定书或者调解书,向赔偿义务机关申请支付赔偿金。

赔偿义务机关应当自收到支付赔偿金申请之日起七日内,依照预算管理权限向有关的财政部门提出支付申请。财政部门应当自收到支付申请之日起十五日内支付赔偿金。

赔偿费用预算与支付管理的具体办法由国务院规定。

第五章 其他规定

第三十八条 人民法院在民事诉讼、行政诉讼过程中,违法采取对妨害诉讼的强制措施、保全措施或者对判决、裁定及其他生效法律文书执行错误,造成损害的,赔偿请求人要求赔偿的程序,适用本法刑事赔偿程序的规定。

第三十九条 赔偿请求人请求国家赔偿的时效为两年,自其知道或者应当知道国家机关及其工作人员行使职权时的行为侵犯其人身权、财产权之日起计算,但被羁押等限制人身自由期间不计算在内。在申请行政复议或者提起行政诉讼时一并提出赔偿请求的,适用行政复议法、行政诉讼法有关时效的规定。

赔偿请求人在赔偿请求时效的最后六个月内,因不可抗力或者其他障碍不能行使请求权的,时效中止。从中止时效的原因消除之日起,赔偿请求时效期间继续计算。

第四十条 外国人、外国企业和组织在中华人民共和国领域内要求中华人民共和国国家赔偿的,适用本法。

外国人、外国企业和组织的所属国对中华人民共和国公民、法人和其他组织要求该国国家赔偿的权利不予保护或者限制的,中华人民共和国与该外国人、外国企业和组织的所属国实行对等原则。

《中华人民共和国监察法》(自2018年3月20日起施行,节录)

第六十七条 监察机关及其工作人员行使职权,侵犯公民、法人和其他组织的合法权益造成损害的,依法给予国家赔偿。

《中华人民共和国监察法实施条例》(自2021年9月20日起施行,节录)

第八章 法律责任

第二百八十条 监察机关及其工作人员在行使职权时,有下列情形之一的,受害人可以申请国家赔偿:

(一)采取留置措施后,决定撤销案件的;

(二)违法没收、追缴或者违法查封、扣押、冻结财物造成损害的;

(三)违法行使职权,造成被调查人、涉案人员或者证人身体伤害或者死亡的;

(四)非法剥夺他人人身自由的;

(五)其他侵犯公民、法人和其他组织合法权益造成损害的。

受害人死亡的,其继承人和其他有扶养关系的亲属有权要求赔偿;受害的法人或者其他组织终止的,其权利承受人有权要求赔偿。

第二百八十一条 监察机关及其工作人员违法行使职权侵犯公民、法人和其他组织的合法权益造成损害的,该机关为赔偿义务机关。申请赔偿应当向赔偿义务机关提出,由该机关负责复审复核工作的部门受理。

赔偿以支付赔偿金为主要方式。能够返还财产或者恢复原状的,予以返还财产或者恢复原状。

基本规范

《最高人民法院关于适用〈中华人民共和国刑事诉讼法〉的解释》(法释〔2021〕1号,自2021年3月1日起施行)

第十九章 审判监督程序

第四百七十四条 对再审改判宣告无罪并依法享有申请国家赔偿权利的当事人,人民法院宣判时,应当告知其在判决发生法律效力后可以依法申请国家赔偿。

其他规范

《最高人民法院、最高人民检察院关于办理刑事赔偿案件适用法律若干问题的解释》(法释〔2015〕24号,自2016年1月1日起施行)

根据国家赔偿法以及有关法律的规定,结合刑事赔偿工作实际,对办理刑事赔偿案件适用法律的若干问题解释如下:

第一条 赔偿请求人因行使侦查、检察、审判职权的机关以及看守所、监狱管理机关及其工作人员行使职权的行为侵犯其人身权、财产权而申请国家赔偿,具备国家赔偿法第十七条、第十八条规定情形的,属于本解释规定的刑事赔偿范围。

第二条 解除、撤销拘留或者逮捕措施后虽尚未撤销案件、作出不起诉决定或者判决宣告无罪,但是符合下列情形之一的,属于国家赔偿法第十七条第一项、第二项规定的终止追究刑事责任:

（一）办案机关决定对犯罪嫌疑人终止侦查的；

（二）解除、撤销取保候审、监视居住、拘留、逮捕措施后，办案机关超过一年未移送起诉、作出不起诉决定或者撤销案件的；

（三）取保候审、监视居住法定期限届满后，办案机关超过一年未移送起诉、作出不起诉决定或者撤销案件的；

（四）人民检察院撤回起诉超过三十日未作出不起诉决定的；

（五）人民法院决定按撤诉处理后超过三十日，人民检察院未作出不起诉决定的；

（六）人民法院准许刑事自诉案件自诉人撤诉的，或者人民法院决定对刑事自诉案件按撤诉处理的。

赔偿义务机关有证据证明尚未终止追究刑事责任，且经人民法院赔偿委员会审查属实的，应当决定驳回赔偿请求人的赔偿申请。

第三条 对财产采取查封、扣押、冻结、追缴等措施后，有下列情形之一，且办案机关未依法解除查封、扣押、冻结等措施或者返还财产的，属于国家赔偿法第十八条规定的侵犯财产权：

（一）赔偿请求人有证据证明财产与尚未终结的刑事案件无关，经审查属实的；

（二）终止侦查、撤销案件、不起诉、判决宣告无罪终止追究刑事责任的；

（三）采取取保候审、监视居住、拘留或者逮捕措施，在解除、撤销强制措施或者强制措施法定期限届满后超过一年未移送起诉、作出不起诉决定或者撤销案件的；

（四）未采取取保候审、监视居住、拘留或者逮捕措施，立案后超过两年未移送起诉、作出不起诉决定或者撤销案件的；

（五）人民检察院撤回起诉超过三十日未作出不起诉决定的；

（六）人民法院决定按撤诉处理后超过三十日，人民检察院未作出不起诉决定的；

（七）对生效裁决没有处理的财产或者对该财产违法进行其他处理的。

有前款第三项至六项规定情形之一，赔偿义务机关有证据证明尚未终止追究刑事责任，且经人民法院赔偿委员会审查属实的，应当决定驳回赔偿请求人的赔偿申请。

第四条 赔偿义务机关作出赔偿决定，应当依法告知赔偿请求人有权在三十日内向赔偿义务机关的上一级机关申请复议。赔偿义务机关未依法告知，赔偿请求人收到赔偿决定之日起两年内提出复议申请的，复议机关应当受理。

人民法院赔偿委员会处理赔偿申请,适用前款规定。

第五条 对公民采取刑事拘留措施后终止追究刑事责任,具有下列情形之一的,属于国家赔偿法第十七条第一项规定的违法刑事拘留:

(一)违反刑事诉讼法规定的条件采取拘留措施的;

(二)违反刑事诉讼法规定的程序采取拘留措施的;

(三)依照刑事诉讼法规定的条件和程序对公民采取拘留措施,但是拘留时间超过刑事诉讼法规定的时限。

违法刑事拘留的人身自由赔偿金自拘留之日起计算。

第六条 数罪并罚的案件经再审改判部分罪名不成立,监禁期限超出再审判决确定的刑期,公民对超期监禁申请国家赔偿的,应当决定予以赔偿。

第七条 根据国家赔偿法第十九条第二项、第三项的规定,依照刑法第十七条、第十八条规定不负刑事责任的人和依照刑事诉讼法第十五条、第一百七十三条第二款规定不追究刑事责任的人被羁押,国家不承担赔偿责任。但是,对起诉后经人民法院错判拘役、有期徒刑、无期徒刑并已执行的,人民法院应当对该判决确定后继续监禁期间侵犯公民人身自由权的情形予以赔偿。

第八条 赔偿义务机关主张依据国家赔偿法第十九条第一项、第五项规定的情形免除赔偿责任的,应当就该免责事由的成立承担举证责任。

第九条 受害的公民死亡,其继承人和其他有扶养关系的亲属有权申请国家赔偿。

依法享有继承权的同一顺序继承人有数人时,其中一人或者部分人作为赔偿请求人申请国家赔偿的,申请效力及于全体。

赔偿请求人为数人时,其中一人或者部分赔偿请求人非经全体同意,申请撤回或者放弃赔偿请求,效力不及于未明确表示撤回申请或者放弃赔偿请求的其他赔偿请求人。

第十条 看守所及其工作人员在行使职权时侵犯公民合法权益造成损害的,看守所的主管机关为赔偿义务机关。

第十一条 对公民采取拘留措施后又采取逮捕措施,国家承担赔偿责任的,作出逮捕决定的机关为赔偿义务机关。

第十二条 一审判决有罪,二审发回重审后具有下列情形之一的,属于国家赔偿法第二十一条第四款规定的重审无罪赔偿,作出一审有罪判决的人民法院为赔偿义务机关:

(一)原审人民法院改判无罪并已发生法律效力的;

(二)重审期间人民检察院作出不起诉决定的;

(三)人民检察院在重审期间撤回起诉超过三十日或者人民法院决定按撤诉处理超过三十日未作出不起诉决定的。

依照审判监督程序再审后作无罪处理的,作出原生效判决的人民法院为赔偿义务机关。

第十三条 医疗费赔偿根据医疗机构出具的医药费、治疗费、住院费等收款凭证,结合病历和诊断证明等相关证据确定。赔偿义务机关对治疗的必要性和合理性提出异议的,应当承担举证责任。

第十四条 护理费赔偿参照当地护工从事同等级别护理的劳务报酬标准计算,原则上按照一名护理人员的标准计算护理费;但医疗机构或者司法鉴定人有明确意见的,可以参照确定护理人数并赔偿相应的护理费。

护理期限应当计算至公民恢复生活自理能力时止。公民因残疾不能恢复生活自理能力的,可以根据其年龄、健康状况等因素确定合理的护理期限,一般不超过二十年。

第十五条 残疾生活辅助器具费赔偿按照普通适用器具的合理费用标准计算。伤情有特殊需要的,可以参照辅助器具配制机构的意见确定。

辅助器具的更换周期和赔偿期限参照配制机构的意见确定。

第十六条 误工减少收入的赔偿根据受害公民的误工时间和国家上年度职工日平均工资确定,最高为国家上年度职工年平均工资的五倍。

误工时间根据公民接受治疗的医疗机构出具的证明确定。公民因伤致残持续误工的,误工时间可以计算至作为赔偿依据的伤残等级鉴定确定前一日。

第十七条 造成公民身体伤残的赔偿,应当根据司法鉴定人的伤残等级鉴定确定公民丧失劳动能力的程度,并参照以下标准确定残疾赔偿金:

(一)按照国家规定的伤残等级确定公民为一级至四级伤残的,视为全部丧失劳动能力,残疾赔偿金幅度为国家上年度职工年平均工资的十倍至二十倍;

(二)按照国家规定的伤残等级确定公民为五级至十级伤残的,视为部分丧失劳动能力。五至六级的,残疾赔偿金幅度为国家上年度职工年平均工资的五倍至十倍;七至十级的,残疾赔偿金幅度为国家上年度职工年平均工资的五倍以下。

有扶养义务的公民部分丧失劳动能力的,残疾赔偿金可以根据伤残等级并参考被扶养人生活来源丧失的情况进行确定,最高不超过国家上年度职工年平均工资的二十倍。

第十八条 受害的公民全部丧失劳动能力的,对其扶养的无劳动能力人的生活费发放标准,参照作出赔偿决定时被扶养人住所地所属省级人民政府确定的最低生活保障标准执行。

能够确定扶养年限的,生活费可协商确定并一次性支付。不能确定扶养年限的,可按照二十年上限确定扶养年限并一次性支付生活费,被扶养人超过六十周岁的,年龄每增加一岁,扶养年限减少一年;被扶养人年龄超过确定扶养年限的,被扶养人可逐年领取生活费至死亡时止。

第十九条 侵犯公民、法人和其他组织的财产权造成损害的,应当依照国家赔偿法第三十六条的规定承担赔偿责任。

财产不能恢复原状或者灭失的,财产损失按照损失发生时的市场价格或者其他合理方式计算。

第二十条 返还执行的罚款或者罚金、追缴或者没收的金钱,解除冻结的汇款的,应当支付银行同期存款利息,利率参照赔偿义务机关作出赔偿决定时中国人民银行公布的人民币整存整取定期存款一年期基准利率确定,不计算复利。

复议机关或者人民法院赔偿委员会改变原赔偿决定,利率参照新作出决定时中国人民银行公布的人民币整存整取定期存款一年期基准利率确定。

计息期间自侵权行为发生时起算,至作出生效赔偿决定时止;但在生效赔偿决定作出前侵权行为停止的,计算至侵权行为停止时止。

被罚没、追缴的资金属于赔偿请求人在金融机构合法存款的,在存款合同存续期间,按照合同约定的利率计算利息。

第二十一条 国家赔偿法第三十三条、第三十四条规定的上年度,是指赔偿义务机关作出赔偿决定时的上一年度;复议机关或者人民法院赔偿委员会改变原赔偿决定,按照新作出决定时的上一年度国家职工平均工资标准计算人身自由赔偿金。

作出赔偿决定、复议决定时国家上一年度职工平均工资尚未公布的,以已经公布的最近年度职工平均工资为准。

第二十二条 下列赔偿决定、复议决定是发生法律效力的决定:

(一)超过国家赔偿法第二十四条规定的期限没有申请复议或者向上一级人民法院赔偿委员会申请国家赔偿的赔偿义务机关的决定;

(二)超过国家赔偿法第二十五条规定的期限没有向人民法院赔偿委员会申请国家赔偿的复议决定;

(三)人民法院赔偿委员会作出的赔偿决定。

发生法律效力的赔偿义务机关的决定和复议决定,与发生法律效力的赔委员会的赔偿决定具有同等法律效力,依法必须执行。

第二十三条 本解释自 2016 年 1 月 1 日起施行。本解释施行前最高人民法院、最高人民检察院发布的司法解释与本解释不一致的,以本解释为准。

《最高人民法院关于审理国家赔偿案件确定精神损害赔偿责任适用法律若干问题的解释》(法释〔2021〕3 号,自 2021 年 4 月 1 日起施行)

为正确适用《中华人民共和国国家赔偿法》有关规定,合理确定精神损害赔偿责任,结合国家赔偿审判实际,制定本解释。

第一条 公民以人身权受到侵犯为由提出国家赔偿申请,依照国家赔偿法第三十五条的规定请求精神损害赔偿的,适用本解释。

法人或者非法人组织请求精神损害赔偿的,人民法院不予受理。

第二条 公民以人身权受到侵犯为由提出国家赔偿申请,未请求精神损害赔偿,或者未同时请求消除影响、恢复名誉、赔礼道歉以及精神损害抚慰金的,人民法院应当向其释明。经释明后不变更请求,案件审结后又基于同一侵权事实另行提出申请的,人民法院不予受理。

第三条 赔偿义务机关有国家赔偿法第三条、第十七条规定情形之一,依法应当承担国家赔偿责任的,可以同时认定该侵权行为致人精神损害。但是赔偿义务机关有证据证明该公民不存在精神损害,或者认定精神损害违背公序良俗的除外。

第四条 侵权行为致人精神损害,应当为受害人消除影响、恢复名誉或者赔礼道歉;侵权行为致人精神损害并造成严重后果,应当在支付精神损害抚慰金的同时,视案件具体情形,为受害人消除影响、恢复名誉或者赔礼道歉。

消除影响、恢复名誉与赔礼道歉,可以单独适用,也可以合并适用,并应当与侵权行为的具体方式和造成的影响范围相当。

第五条 人民法院可以根据案件具体情况,组织赔偿请求人与赔偿义务机关就消除影响、恢复名誉或者赔礼道歉的具体方式进行协商。

协商不成作出决定的,应当采用下列方式:

(一)在受害人住所地或者所在单位发布相关信息;

(二)在侵权行为直接影响范围内的媒体上予以报道;

(三)赔偿义务机关有关负责人向赔偿请求人赔礼道歉。

第六条 决定为受害人消除影响、恢复名誉或者赔礼道歉的,应当载入决定主文。

赔偿义务机关在决定作出前已为受害人消除影响、恢复名誉或者赔礼道歉,或者原侵权案件的纠正被媒体广泛报道,客观上已经起到消除影响、恢复名誉作用,且符合本解释规定的,可以在决定书中予以说明。

第七条 有下列情形之一的,可以认定为国家赔偿法第三十五条规定的"造成严重后果":

(一)无罪或者终止追究刑事责任的人被羁押六个月以上;

(二)受害人经鉴定为轻伤以上或者残疾;

(三)受害人经诊断、鉴定为精神障碍或者精神残疾,且与侵权行为存在关联;

(四)受害人名誉、荣誉、家庭、职业、教育等方面遭受严重损害,且与侵权行为存在关联。

受害人无罪被羁押十年以上;受害人死亡;受害人经鉴定为重伤或者残疾一至四级,且生活不能自理;受害人经诊断、鉴定为严重精神障碍或者精神残疾一至二级,生活不能自理,且与侵权行为存在关联的,可以认定为后果特别严重。

第八条 致人精神损害,造成严重后果的,精神损害抚慰金一般应当在国家赔偿法第三十三条、第三十四条规定的人身自由赔偿金、生命健康赔偿金总额的百分之五十以下(包括本数)酌定;后果特别严重,或者虽然不具有本解释第七条第二款规定情形,但是确有证据证明前述标准不足以抚慰的,可以在百分之五十以上酌定。

第九条 精神损害抚慰金的具体数额,应当在兼顾社会发展整体水平的同时,参考下列因素合理确定:

(一)精神受到损害以及造成严重后果的情况;

(二)侵权行为的目的、手段、方式等具体情节;

(三)侵权机关及其工作人员的违法、过错程度、原因力比例;

(四)原错判罪名、刑罚轻重、羁押时间;

(五)受害人的职业、影响范围;

(六)纠错的事由以及过程;

(七)其他应当考虑的因素。

第十条 精神损害抚慰金的数额一般不少于一千元;数额在一千元以上的,以千为计数单位。

赔偿请求人请求的精神损害抚慰金少于一千元,且其请求事由符合本解释规定的造成严重后果情形,经释明不予变更的,按照其请求数额支付。

第十一条 受害人对损害事实和后果的发生或者扩大有过错的,可以根据其过错程度减少或者不予支付精神损害抚慰金。

第十二条 决定中载明的支付精神损害抚慰金及其他责任承担方式,赔偿义务机关应当履行。

第十三条 人民法院审理国家赔偿法第三十八条所涉侵犯公民人身权的国家赔偿案件,以及作为赔偿义务机关审查处理国家赔偿案件,涉及精神损害赔偿的,参照本解释规定。

第十四条 本解释自2021年4月1日起施行。本解释施行前的其他有关规定与本解释不一致的,以本解释为准。

《最高人民法院关于审理司法赔偿案件适用请求时效制度若干问题的解释》(法释〔2023〕2号,自2023年6月1日起施行)

为正确适用国家赔偿请求时效制度的规定,保障赔偿请求人的合法权益,依照《中华人民共和国国家赔偿法》的规定,结合司法赔偿审判实践,制定本解释。

第一条 赔偿请求人向赔偿义务机关提出赔偿请求的时效期间为两年,自其知道或者应当知道国家机关及其工作人员行使职权时的行为侵犯其人身权、财产权之日起计算。

赔偿请求人知道上述侵权行为时,相关诉讼程序或者执行程序尚未终结的,请求时效期间自该诉讼程序或者执行程序终结之日起计算,但是本解释有特别规定的除外。

第二条 赔偿请求人以人身权受到侵犯为由,依照国家赔偿法第十七条第一项、第二项、第三项规定申请赔偿的,请求时效期间自其收到决定撤销案件、终止侦查、不起诉或者判决宣告无罪等终止追究刑事责任或者再审改判无罪的法律文书之日起计算。

办案机关未作出终止追究刑事责任的法律文书,但是符合《最高人民法院、最高人民检察院关于办理刑事赔偿案件适用法律若干问题的解释》第二条规定情形,赔偿请求人申请赔偿的,依法应当受理。

第三条 赔偿请求人以人身权受到侵犯为由,依照国家赔偿法第十七条第四项、第五项规定申请赔偿的,请求时效期间自其知道或者应当知道损害结果之日起计算;损害结果当时不能确定的,自损害结果确定之日起计算。

第四条 赔偿请求人以财产权受到侵犯为由,依照国家赔偿法第十八条第一项规定申请赔偿的,请求时效期间自其收到刑事诉讼程序或者执行程序终结的法律文书之日起计算,但是刑事诉讼程序或者执行程序终结之后办案机关对涉案财物尚未处理完毕的,请求时效期间自赔偿请求人知道或者应当知道其财产权受到侵犯之日起计算。

办案机关未作出刑事诉讼程序或者执行程序终结的法律文书,但是符合

《最高人民法院、最高人民检察院关于办理刑事赔偿案件适用法律若干问题的解释》第三条规定情形的,赔偿请求人申请赔偿的,依法应当受理。

赔偿请求人以财产权受到侵犯为由,依照国家赔偿法第十八条第二项规定申请赔偿的,请求时效期间自赔偿请求人收到生效再审刑事裁判文书之日起计算。

第五条 赔偿请求人以人身权或者财产权受到侵犯为由,依照国家赔偿法第三十八条规定申请赔偿的,请求时效期间自赔偿请求人收到民事、行政诉讼程序或者执行程序终结的法律文书之日起计算,但是下列情形除外:

(一)罚款、拘留等强制措施已被依法撤销的,请求时效期间自赔偿请求人收到撤销决定之日起计算;

(二)在民事、行政诉讼过程中,有殴打、虐待或者唆使、放纵他人殴打、虐待等行为,以及违法使用武器、警械,造成公民人身损害的,请求时效期间的计算适用本解释第三条的规定。

人民法院未作出民事、行政诉讼程序或者执行程序终结的法律文书,请求时效期间自赔偿请求人知道或者应当知道其人身权或者财产权受到侵犯之日起计算。

第六条 依照国家赔偿法第三十九条第一款规定,赔偿请求人被羁押等限制人身自由的期间,不计算在请求时效期间内。

赔偿请求人依照法律法规规定的程序向相关机关申请确认职权行为违法或者寻求救济的期间,不计算在请求时效期间内,但是相关机关已经明确告知赔偿请求人应当依法申请国家赔偿的除外。

第七条 依照国家赔偿法第三十九条第二款规定,在请求时效期间的最后六个月内,赔偿请求人因下列障碍之一,不能行使请求权的,请求时效中止:

(一)不可抗力;

(二)无民事行为能力人或者限制民事行为能力人没有法定代理人,或者法定代理人死亡、丧失民事行为能力、丧失代理权;

(三)其他导致不能行使请求权的障碍。

自中止时效的原因消除之日起满六个月,请求时效期间届满。

第八条 请求时效期间届满的,赔偿义务机关可以提出不予赔偿的抗辩。

请求时效期间届满,赔偿义务机关同意赔偿或者予以赔偿后,又以请求时效期间届满为由提出抗辩或者要求赔偿请求人返还赔偿金的,人民法院赔偿委员会不予支持。

第九条 赔偿义务机关以请求时效期间届满为由抗辩,应当在人民法院赔偿委员会作出国家赔偿决定前提出。

赔偿义务机关未按前款规定提出抗辩,又以请求时效期间届满为由申诉的,人民法院赔偿委员会不予支持。

第十条 人民法院赔偿委员会审理国家赔偿案件,不得主动适用请求时效的规定。

第十一条 请求时效期间起算的当日不计入,自下一日开始计算。

请求时效期间按照年、月计算,到期月的对应日为期间的最后一日;没有对应日的,月末日为期间的最后一日。

请求时效期间的最后一日是法定休假日的,以法定休假日结束的次日为期间的最后一日。

第十二条 本解释自2023年6月1日起施行。本解释施行后,案件尚在审理的,适用本解释;对本解释施行前已经作出生效赔偿决定的案件进行再审,不适用本解释。

第十三条 本院之前发布的司法解释与本解释不一致的,以本解释为准。

指导性案例

朱红蔚申请无罪逮捕赔偿案(指导案例42号)

关键词 国家赔偿 刑事赔偿 无罪逮捕 精神损害赔偿

裁判要点

1.国家机关及其工作人员行使职权时侵犯公民人身自由权,严重影响受害人正常的工作、生活,导致其精神极度痛苦,属于造成精神损害严重后果。

2.赔偿义务机关支付精神损害抚慰金的数额,应当根据侵权行为的手段、场合、方式等具体情节,侵权行为造成的影响、后果,以及当地平均生活水平等综合因素确定。

卜新光申请刑事违法追缴赔偿案(指导案例44号)

关键词 国家赔偿 刑事赔偿 刑事追缴 发还赃物

裁判要点

公安机关根据人民法院生效刑事判决将判令追缴的赃物发还被害单位,并未侵犯赔偿请求人的合法权益,不属于《中华人民共和国国家赔偿法》第十八条第一项规定的情形,不应承担国家赔偿责任。

第四编 执行

基本规范

《最高人民法院关于适用〈中华人民共和国刑事诉讼法〉的解释》（法释〔2021〕1号，自2021年3月1日起施行）第二十二章"未成年人刑事案件诉讼程序"第四节"执行"（第五百八十条至第五百八十六条）对未成年罪犯刑罚执行的有关问题作了规定。（→参见第二百八十一条所附"基本规范"，第1937页）

第二百五十九条 【发生法律效力的裁判种类】判决和裁定在发生法律效力后执行。

下列判决和裁定是发生法律效力的判决和裁定：

（一）已过法定期限没有上诉、抗诉的判决和裁定；

（二）终审的判决和裁定；

（三）最高人民法院核准的死刑的判决和高级人民法院核准的死刑缓期二年执行的判决。

立法沿革

本条系沿用1979年《刑事诉讼法》第一百五十一条的规定。

基本规范

《最高人民法院关于适用〈中华人民共和国刑事诉讼法〉的解释》（法释〔2021〕1号，自2021年3月1日起施行）

第十五章 第二审程序

第四百零八条 刑事附带民事诉讼案件，只有附带民事诉讼当事人及其法定代理人上诉的，第一审刑事部分的判决在上诉期满后即发生法律效力。

应当送监执行的第一审刑事被告人是第二审附带民事诉讼被告人的，在第二审附带民事诉讼案件审结前，可以暂缓送监执行。

第四百一十三条第三款 第二审判决、裁定是终审的判决、裁定的，自宣告之日起发生法律效力。

其他规范

《最高人民法院关于刑事案件终审判决和裁定何时发生法律效力问题的批复》（法释〔2004〕7号，自2004年7月29日起施行）

各省、自治区、直辖市高级人民法院，解放军军事法院，新疆维吾尔自治区高级人民法院生产建设兵团分院：

近来，有的法院反映，关于刑事案件终审判决和裁定何时发生法律效力问题不明确。经研究，批复如下：

根据《中华人民共和国刑事诉讼法》第一百六十三条、第一百九十五条和第二百零八条规定的精神，终审的判决和裁定自宣告之日起发生法律效力。

第二百六十条【一审宣判后立即释放】第一审人民法院判决被告人无罪、免除刑事处罚的，如果被告人在押，在宣判后应当立即释放。

立法沿革

本条系沿用1979年《刑事诉讼法》第一百五十二条的规定。

基本规范

《**最高人民法院关于适用〈中华人民共和国刑事诉讼法〉的解释**》（法释〔2021〕1号，自2021年3月1日起施行）第一百七十条对一审宣判后人民法院应当立即释放的情形作了规定。（→参见第九十六条所附"基本规范"，第656页）

《**人民检察院刑事诉讼规则**》（高检发释字〔2019〕4号，自2019年12月30日起施行）

第十四章 刑罚执行和监管执法监督

第二节 交付执行监督

第六百二十六条 人民法院判决被告人无罪、免予刑事处罚、判处管制、宣告缓刑、单处罚金或者剥夺政治权利，被告人被羁押的，人民检察院应当监督被告人是否被立即释放。发现被告人没有被立即释放的，应当立即向人民法院或者看守所提出纠正意见。

《**公安机关办理刑事案件程序规定**》（公安部令第159号修正，修正后自2020年9月1日起施行）

第九章 执行刑罚

第一节 罪犯的交付

第二百九十八条第二款 对人民法院作出无罪或者免除刑事处罚的判决，如果被告人在押，公安机关在收到相应的法律文书后应当立即办理释放手续；对人民法院建议给予行政处理的，应当依照有关规定处理或者移送有关部门。

第二百六十一条 【死刑的执行】最高人民法院判处和核准的死刑立即执行的判决,应当由最高人民法院院长签发执行死刑的命令。

被判处死刑缓期二年执行的罪犯,在死刑缓期执行期间,如果没有故意犯罪,死刑缓期执行期满,应当予以减刑的,由执行机关提出书面意见,报请高级人民法院裁定;如果故意犯罪,情节恶劣,查证属实,应当执行死刑的,由高级人民法院报请最高人民法院核准;对于故意犯罪未执行死刑的,死刑缓期执行的期间重新计算,并报最高人民法院备案。

立法沿革

1979年《刑事诉讼法》第一百五十三条规定:"最高人民法院判处和核准的死刑立即执行的判决,应当由最高人民法院院长签发执行死刑的命令。""被判处死刑缓期二年执行的罪犯,在死刑缓期执行期间,如果确有悔改或者有立功表现应当依法予以减刑的,由执行机关提出书面意见,报请当地高级人民法院裁定;如果抗拒改造情节恶劣、查证属实,应当执行死刑的,高级人民法院必须报请最高人民法院核准。"1996年《刑事诉讼法修改决定》对死缓罪犯执行死刑的条件作了调整,将"抗拒改造情节恶劣、查证属实"修改为"故意犯罪,查证属实"。2012年修改《刑事诉讼法》时对本条规定未作调整。1996年《刑事诉讼法修改决定》对死缓罪犯执行死刑的条件再次作了调整,将"故意犯罪,查证属实"修改为"故意犯罪,情节恶劣,查证属实",并增加规定"对于故意犯罪未执行死刑的,死刑缓期执行的期间重新计算,并报最高人民法院备案"。

基本规范

《最高人民法院关于适用〈中华人民共和国刑事诉讼法〉的解释》(法释〔2021〕1号,自2021年3月1日起施行)

第二十一章 执行程序

第一节 死刑的执行

第四百九十七条 被判处死刑缓期执行的罪犯,在死刑缓期执行期间犯罪的,应当由罪犯服刑地的中级人民法院依法审判,所作的判决可以上诉、抗诉。①

认定故意犯罪,情节恶劣,应当执行死刑的,在判决、裁定发生法律效力

---

① 被判处死刑缓期执行的罪犯,在死刑缓期执行期间犯罪,既有故意犯罪,也有过失犯罪。无论是故意犯罪,还是过失犯罪,均应当由罪犯服刑地的中级人民法院依法审判。需要注意的是,本条针对死缓期间故意犯罪的管辖作了特别规定,故死缓罪犯(转下页)

后,应当层报最高人民法院核准执行死刑。

对故意犯罪未执行死刑的,不再报高级人民法院核准,死刑缓期执行的期间重新计算,并层报最高人民法院备案。备案不影响判决、裁定的生效和执行。

最高人民法院经备案审查,认为原判不予执行死刑错误,确需改判的,应当依照审判监督程序予以纠正。

第四百九十八条① 死刑缓期执行的期间,从判决或者裁定核准死刑缓期执行的法律文书宣告或者送达之日起计算。

死刑缓期执行期满,依法应当减刑的,人民法院应当及时减刑。死刑缓期执行期满减为无期徒刑、有期徒刑的,刑期自死刑缓期执行期满之日起计算。

《人民检察院刑事诉讼规则》(高检发释字〔2019〕4号,自2019年12月30日起施行)

第十四章 刑罚执行和监管执法监督

第六节 死刑执行监督

第六百五十条 判处被告人死刑缓期二年执行的判决、裁定在执行过程中,人民检察院监督的内容主要包括:

(一)死刑缓期执行期满,符合法律规定应当减为无期徒刑、有期徒刑条件的,监狱是否及时提出减刑建议提请人民法院裁定,人民法院是否依法裁定;

(二)罪犯在缓期执行期间故意犯罪,监狱是否依法侦查和移送起诉;罪犯确系故意犯罪,情节恶劣,查证属实,应当执行死刑的,人民法院是否依法核准或者裁定执行死刑。

(接上页)故意犯罪的,即使系脱逃后实施犯罪并在犯罪地被抓获的,也应当适用本条规定,由服刑地的中级人民法院审判。申言之,此种情形不适用《刑诉法解释》第十三条第三款"罪犯在脱逃期间又犯罪的,由服刑地的人民法院管辖。但是,在犯罪地抓获罪犯并发现其在脱逃期间犯罪的,由犯罪地的人民法院管辖"的规定。——**本评注注**

① 《2012年刑诉法解释》第四百一十三条第三款规定:"第二审判决、裁定是终审的判决、裁定的,自宣告之日起发生法律效力。"《最高人民法院关于死刑缓期执行的期间如何确定问题的批复》(法释〔2002〕34号)规定:"甘肃省高级人民法院:你院〔2000〕甘刑他字第536号《关于死缓生效日期如何确定的请示》收悉。经研究,答复如下:根据刑法第五十一条的规定,死刑缓期执行的期间,从判决或者裁定核准死刑缓期二年执行的法律文书宣告或送达之日起计算。"死刑缓刑执行的裁判,可能会存在宣告之日或者送达之日两个时间。具体依据哪个时间起算死刑缓期执行的期间,要视哪个对被告人更为有利而定。基于此,本条第一款沿用《2012年刑诉法解释》第四百一十六条第一款的规定。——**本评注注**

被判处死刑缓期二年执行的罪犯在死刑缓期执行期间故意犯罪,执行机关向人民检察院移送起诉的,由罪犯服刑所在地设区的市级人民检察院审查决定是否提起公诉。

人民检察院发现人民法院对被判处死刑缓期二年执行的罪犯减刑不当的,应当依照本规则第六百三十九条、第六百四十条的规定,向人民法院提出纠正意见。罪犯在死刑缓期执行期间又故意犯罪,经人民检察院起诉后,人民法院仍然予以减刑的,人民检察院应当依照本规则相关规定,向人民法院提出抗诉。

其他规范

《最高人民法院关于对死刑缓期执行期间故意犯罪未执行死刑案件进行备案的通知》(法〔2016〕318号)

各省、自治区、直辖市高级人民法院,解放军军事法院,新疆维吾尔自治区高级人民法院生产建设兵团分院:

为正确适用《中华人民共和国刑法修正案(九)》关于"对于故意犯罪未执行死刑的,死刑缓期执行的期间重新计算,并报最高人民法院备案"的规定,规范相关备案程序,确保死刑缓期执行期间故意犯罪未执行死刑案件办案质量,现对死刑缓期执行期间故意犯罪未执行死刑案件报请我院备案的有关事项通知如下:

一、高级人民法院判决、裁定对死刑缓期执行期间故意犯罪不执行死刑的,应当在裁判文书生效后二十日内报我院备案。备案材料报送我院审判监督庭,具体包括:1.关于被告人死刑缓期执行期间故意犯罪未执行死刑一案的报备报告;2.第一、二审(复核审)裁判文书、审理报告;3.被告人被判处死刑缓期执行的原审(复核审)裁判文书、审理报告。

二、中级人民法院判决对死刑缓期执行期间故意犯罪不执行死刑的,不需要再报高级人民法院核准,应当在判决书生效后二十日内报高级人民法院备案。高级人民法院应当依法组成合议庭进行审查。高级人民法院同意不执行死刑的,再报我院备案。报送材料包括:1.关于被告人死刑缓期执行期间故意犯罪未执行死刑案的报备报告;2.第一审判决书、审理报告,高级人民法院审查报告;3.被告人被判处死刑缓期执行的原第一、二审(复核审)裁判文书、审理报告。

三、高级人民法院、中级人民法院判决、裁定对死刑缓期执行期间故意犯罪不执行死刑的,应当及时宣判并交付执行。报备工作不影响上述判决、裁定的生效和执行。对于高级人民法院报我院备案的死刑缓期执行期间故意犯罪未执行死刑案件,我院将对报送材料予以登记存案,以备审查。经审查认为原生效裁判确有错误的,将按照审判监督程序依法予以纠正。

法律适用答复、复函

《最高人民法院办公厅关于执行死刑命令盖院印问题的电话请示的复函》
(法办〔2003〕65号)
四川省高级人民法院:

根据你院"关于执行死刑命令盖院印问题"的电话请示,经研究,现答复如下:

根据1999年最高人民法院下发的《法院刑事诉讼文书样式65》规定,执行死刑命令的院印应在院长签名以下,压盖在日期之上,但不得压盖院长签名。

司法疑难解析

1. 死缓期间故意犯罪执行死刑的条件"情节恶劣"的把握。 对此,应当根据案件具体情况认定。具体而言:(1)对于"情节恶劣",应当从犯罪类型、情节、后果及应当判处的刑罚等方面进行判断。例如,犯罪手段残忍的,造成严重人身伤害或者重大财产损失的,或者应当判处五年有期徒刑以上刑罚的,可以认定为"情节恶劣"。(2)综合考虑前罪的情况。实践中,有的死缓判决是因证据有一定瑕疵而"留有余地"判处死缓,对此类案件,除非罪犯在死缓期间又犯应当判处死刑立即执行之罪的,否则不能认定为"情节恶劣",不能执行死刑。

2. 死缓期间故意犯罪未执行死刑的死缓期间重新计算的把握。 根据《刑事诉讼法》第二百六十一条第二款的规定,对于死缓期间故意犯罪未执行死刑的,死刑缓期执行的期间重新计算,并报最高人民法院备案。需要注意的是,死刑缓期执行的期间应从新罪判决确定之日而非新罪实施之日起计算。主要考虑如下:(1)《刑法》第五十一条明确规定:"死刑缓期执行的期间,从判决确定之日起计算。"死缓期间故意犯罪未执行死刑的,实际上重新执行死刑缓期执行,自然应当从判决确定之日起计算。(2)死缓期间故意犯罪,主观恶性大,社会危害严重,从新罪判决确定之日起计算,实际上是延后死刑缓期执行期间,体现了对犯罪分子的从严惩处。

第二百六十二条 【死刑的交付执行和停止执行、恢复执行】 下级人民法院接到最高人民法院执行死刑的命令后,应当在七日以内交付执行。但是发现有下列情形之一的,应当停止执行,并且立即报告最高人民法院,由最高人民法院作出裁定:

(一)在执行前发现判决可能有错误的;

(二)在执行前罪犯揭发重大犯罪事实或者有其他重大立功表现,可能需要改判的;

(三)罪犯正在怀孕。

前款第一项、第二项停止执行的原因消失后,必须报请最高人民法院院长再签发执行死刑的命令才能执行;由于前款第三项原因停止执行的,应当报请最高人民法院依法改判。

立法沿革

1979年《刑事诉讼法》第一百五十四条规定:"下级人民法院接到最高人民法院执行死刑的命令后,应当在七日以内交付执行。但是发现有下列情形之一的,应当停止执行,并且立即报告最高人民法院,由最高人民法院作出裁定:(一)在执行前发现判决可能有错误的;(二)罪犯正在怀孕。""前款第一项停止执行的原因消失后,必须报请最高人民法院院长再签发执行死刑的命令才能执行;由于前款第二项原因停止执行的,应当报请最高人民法院依法改判。"1996年《刑事诉讼法修改决定》对死刑停止执行的情形作了修改,增加"在执行前罪犯揭发重大犯罪事实或者有其他重大立功表现,可能需要改判的"规定。2012年、2018年修改《刑事诉讼法》时对本条规定未作调整。

基本规范

《最高人民法院关于适用〈中华人民共和国刑事诉讼法〉的解释》(法释〔2021〕1号,自2021年3月1日起施行)

第二十一章 执行程序

第一节 死刑的执行

第四百九十九条 最高人民法院的执行死刑命令,由高级人民法院交付第一审人民法院执行。第一审人民法院接到执行死刑命令后,应当在七日以内执行。

在死刑缓期执行期间故意犯罪,最高人民法院核准执行死刑的,由罪犯服刑地的中级人民法院执行。

第五百条 下级人民法院在接到执行死刑命令后、执行前,发现有下列情形之一的,应当暂停执行,并立即将请求停止执行死刑的报告和相关材料层报最高人民法院:

(一)罪犯可能有其他犯罪的;

(二)共同犯罪的其他犯罪嫌疑人到案,可能影响罪犯量刑的;

(三)共同犯罪的其他罪犯被暂停或者停止执行死刑,可能影响罪犯量刑的;
(四)罪犯揭发重大犯罪事实或者有其他重大立功表现,可能需要改判的;
(五)罪犯怀孕的;
(六)判决、裁定可能有影响定罪量刑的其他错误的。

最高人民法院经审查,认为可能影响罪犯定罪量刑的,应当裁定停止执行死刑;认为不影响的,应当决定继续执行死刑。①

第五百零一条 最高人民法院在执行死刑命令签发后、执行前,发现有前条第一款规定情形的,应当立即裁定停止执行死刑,并将有关材料移交下级人民法院。

第五百零二条 下级人民法院接到最高人民法院停止执行死刑的裁定后,应当会同有关部门调查核实停止执行死刑的事由,并及时将调查结果和意见层报最高人民法院审核。

第五百零三条 对下级人民法院报送的停止执行死刑的调查结果和意见,由最高人民法院原作出核准死刑判决、裁定的合议庭负责审查;必要时,另行组成合议庭进行审查。

第五百零四条 最高人民法院对停止执行死刑的案件,应当按照下列情形分别处理:
(一)确认罪犯怀孕的,应当改判;
(二)确认罪犯有其他犯罪,依法应当追诉的,应当裁定不予核准死刑,撤销原判,发回重新审判;
(三)确认原判决、裁定有错误或者罪犯有重大立功表现,需要改判的,应当裁定不予核准死刑,撤销原判,发回重新审判;
(四)确认原判决、裁定没有错误,罪犯没有重大立功表现,或者重大立功表现不影响原判决、裁定执行的,应当裁定继续执行死刑,并由院长重新签发执行死刑的命令。

《人民检察院刑事诉讼规则》(高检发释字〔2019〕4号,自2019年12月30日起施行)

第六节 死刑执行监督

第六百四十九条 执行死刑前,人民检察院发现具有下列情形之一的,应当

---

① 本条第二款规定,最高人民法院经审查,认为不影响罪犯定罪量刑的,"应当决定继续执行死刑"。适用中需要注意的是,并不一定要作出"决定"这种文书样式要求继续执行死刑,实践中通常通过发函方式告知继续执行死刑。——**本评注注**

建议人民法院立即停止执行,并层报最高人民检察院负责死刑复核监督的部门:

(一)被执行人并非应当执行死刑的罪犯的;

(二)罪犯犯罪时不满十八周岁,或者审判的时候已满七十五周岁,依法不应当适用死刑的;

(三)罪犯正在怀孕的;

(四)共同犯罪的其他犯罪嫌疑人到案,共同犯罪的其他罪犯被暂停或者停止执行死刑,可能影响罪犯量刑的;

(五)罪犯可能有其他犯罪的;

(六)罪犯揭发他人重大犯罪事实或者有其他重大立功表现,可能需要改判的;

(七)判决、裁定可能有影响定罪量刑的其他错误的。

在执行死刑活动中,发现人民法院有侵犯被执行死刑罪犯的人身权、财产权或者其近亲属、继承人合法权利等违法情形的,人民检察院应当依法提出纠正意见。

第二百六十三条 【死刑执行程序】人民法院在交付执行死刑前,应当通知同级人民检察院派员临场监督。

死刑采用枪决或者注射等方法执行。

死刑可以在刑场或者指定的羁押场所内执行。

指挥执行的审判人员,对罪犯应当验明正身,讯问有无遗言、信札,然后交付执行人员执行死刑。在执行前,如果发现可能有错误,应当暂停执行,报请最高人民法院裁定。

执行死刑应当公布,不应示众。

执行死刑后,在场书记员应当写成笔录。交付执行的人民法院应当将执行死刑情况报告最高人民法院。

执行死刑后,交付执行的人民法院应当通知罪犯家属。

立法沿革

1979年《刑事诉讼法》第一百五十五条规定:"人民法院在交付执行死刑前,应当通知同级人民检察院派员临场监督。""指挥执行的审判人员,对罪犯应当验明正身,讯问有无遗言、信札,然后交付执行人员执行死刑。在执行前,如果发现可能有错误,应当暂停执行,报请最高人民法院裁定。""执行死刑应当公布,不应示众。""执行死刑后,在场书记员应当写成笔录。交付执行的人民法院应当将执行死刑情况报告最高人民法院。""执行死刑后,交付执行的人民法院应当通知罪犯家属。"1996年《刑事诉讼法修改决定》对本条规定作了修改:一是明确死刑执行的方法,增加"死刑采用枪决或者注射等方法执行"的规定;二是明确死刑执行的场所,增加"死刑可以在刑场或者指定的羁押场所内执行"的规定。2012年、2018年修改《刑事诉讼法》时对本条规定未作调整。

▍基本规范

《最高人民法院关于适用〈中华人民共和国刑事诉讼法〉的解释》(法释〔2021〕1号,自2021年3月1日起施行)

第二十一章 执行程序

第一节 死刑的执行

第五百零五条 第一审人民法院在执行死刑前,应当告知罪犯有权会见其近亲属。罪犯申请会见并提供具体联系方式的,人民法院应当通知其近亲属。确实无法与罪犯近亲属取得联系,或者其近亲属拒绝会见的,应当告知罪犯。罪犯申请通过录音录像等方式留下遗言的,人民法院可以准许。

罪犯近亲属申请会见的,人民法院应当准许并及时安排,但罪犯拒绝会见的除外。罪犯拒绝会见的,应当记录在案并及时告知其近亲属;必要时,应当录音录像。

罪犯申请会见近亲属以外的亲友,经人民法院审查,确有正当理由的,在确保安全的情况下可以准许。

罪犯申请会见未成年子女的,应当经未成年子女的监护人同意;会见可能影响未成年人身心健康的,人民法院可以通过视频方式安排会见,会见时监护人应当在场。

会见一般在罪犯羁押场所进行。

会见情况应当记录在案,附卷存档。

第五百零六条 第一审人民法院在执行死刑三日以前,应当通知同级人民检察院派员临场监督。

第五百零七条 死刑采用枪决或者注射等方法执行。

采用注射方法执行死刑的,应当在指定的刑场或者羁押场所内执行。

采用枪决、注射以外的其他方法执行死刑的,应当事先层报最高人民法院批准。

第五百零八条 执行死刑前,指挥执行的审判人员应当对罪犯验明正身,讯问有无遗言、信札,并制作笔录,再交执行人员执行死刑。

执行死刑应当公布,禁止游街示众或者其他有辱罪犯人格的行为。

第五百零九条 执行死刑后,应当由法医验明罪犯确实死亡,在场书记员制作笔录。负责执行的人民法院应当在执行死刑后十五日以内将执行情况,包括罪犯被执行死刑前后的照片,上报最高人民法院。

第五百一十条 执行死刑后,负责执行的人民法院应当办理以下事项:

(一)对罪犯的遗书、遗言笔录,应当及时审查;涉及财产继承、债务清偿、家事嘱托等内容的,将遗书、遗言笔录交给家属,同时复制附卷备查;涉及案件线索等问题的,抄送有关机关;

(二)通知罪犯家属在限期内领取罪犯骨灰;没有火化条件或者因民族、宗教等原因不宜火化的,通知领取尸体;过期不领取的,由人民法院通知有关单位处理,并要求有关单位出具处理情况的说明;对罪犯骨灰或者尸体的处理情况,应当记录在案;

(三)对外国籍罪犯执行死刑后,通知外国驻华使领馆的程序和时限,根据有关规定办理。

《人民检察院刑事诉讼规则》(高检发释字〔2019〕4号,自2019年12月30日起施行)

第六节 死刑执行监督

第六百四十七条 被判处死刑立即执行的罪犯在被执行死刑时,人民检察院应当指派检察官临场监督。

死刑执行临场监督由人民检察院负责刑事执行检察的部门承担。人民检察院派驻看守所、监狱的检察人员应当予以协助,负责捕诉的部门应当提供有关情况。

执行死刑过程中,人民检察院临场监督人员根据需要可以进行拍照、录像。执行死刑后,人民检察院临场监督人员应当检查罪犯是否确已死亡,并填写死刑执行临场监督笔录,签名后入卷归档。

第六百四十八条 省级人民检察院负责案件管理的部门收到高级人民法院报请最高人民法院复核的死刑判决书、裁定书副本后,应当在三日以内将判决书、裁定书副本移送本院负责刑事执行检察的部门。

判处死刑的案件一审是由中级人民法院审理的,省级人民检察院应当及时将死刑判决书、裁定书副本移送中级人民法院的同级人民检察院负责刑事执行检察的部门。

人民检察院收到同级人民法院执行死刑临场监督通知后,应当查明同级人民法院是否收到最高人民法院核准死刑的裁定或者作出的死刑判决、裁定和执行死刑的命令。

《公安机关办理刑事案件程序规定》(公安部令第159号修正,修正后自2020年9月1日起施行)

第九章　执行刑罚

第一节　罪犯的交付

第二百九十九条　对被判处死刑的罪犯,公安机关应当依据人民法院执行死刑的命令,将罪犯交由人民法院执行。

其他规范

《最高人民法院、最高人民检察院、公安部、司法部关于进一步严格依法办案确保办理死刑案件质量的意见》(法发〔2007〕11号)"三、认真履行法定职责,严格依法办理死刑案件""(五)执行"(第四十五条至第四十八条)对死刑执行的有关问题作了规定。(→参见第三编"审判"第四章"死刑复核程序"末所附"其他规范",第1654页)

《最高人民法院关于死刑复核及执行程序中保障当事人合法权益的若干规定》(法释〔2019〕12号)第六条至第十二条对执行死刑前罪犯会见其近亲属的有关问题作了规定。(→参见第二百五十一条所附"其他规范",第1647—1648页)

第二百六十四条　【交付执行的职责分工】罪犯被交付执行刑罚的时候,应当由交付执行的人民法院在判决生效后十日以内将有关的法律文书送达公安机关、监狱或者其他执行机关。

对被判处死刑缓期二年执行、无期徒刑、有期徒刑的罪犯,由公安机关依法将该罪犯送交监狱执行刑罚。对被判处有期徒刑的罪犯,在被交付执行刑罚前,剩余刑期在三个月以下的,由看守所代为执行。对被判处拘役的罪犯,由公安机关执行。

对未成年犯应当在未成年犯管教所执行刑罚。

执行机关应当将罪犯及时收押,并且通知罪犯家属。

判处有期徒刑、拘役的罪犯,执行期满,应当由执行机关发给释放证明书。

立法沿革

1979年《刑事诉讼法》第一百五十六条规定："对于被判处死刑缓期二年执行、无期徒刑、有期徒刑或者拘役的罪犯,应当由交付执行的人民法院将执行通知书、判决书送达监狱或者其他劳动改造场所执行,并且由执行机关通知罪犯家属。""判处有期徒刑、拘役的罪犯,执行期满,应当由执行机关发给刑满释放证。"1996年《刑事诉讼法修改决定》对本条规定作出修改:一是增加规定"对被判处死刑缓期二年执行、无期徒刑、有期徒刑的罪犯,由公安机关依法将该罪犯送交监狱执行刑罚。"二是增加规定"对被判处拘役的罪犯,由公安机关执行"。三是增加规定"对未成年犯应当在未成年犯管教所执行刑罚"。2012年《刑事诉讼法修改决定》对本条规定再次作出修改:一是增加规定交付执行的人民法院"在判决生效后十日以内"将有关的法律文书送达公安机关、监狱或者其他执行机关。二是将看守所代为执行的刑期由"一年以下"缩短为"三个月以下"。2018年修改《刑事诉讼法》时对本条规定未作调整。

相关规定

《中华人民共和国看守所条例》(国务院令第52号,自1990年3月17日起施行,节录)

第九条 看守所收押人犯,须凭送押机关持有的县级以上公安机关、国家安全机关签发的逮捕证、刑事拘留证或者县级以上公安机关、国家安全机关、监狱、劳动改造机关、人民法院、人民检察院、押解人犯临时寄押的证明文书。没有上述凭证,或者凭证的记载与实际情况不符的,不予收押。

第十条 看守所收押人犯,应当进行健康检查,有下列情形之一的,不予收押:

(一)患有精神病或者急性传染病的;

(二)患有其他严重疾病,在羁押中可能发生生命危险或者生活不能自理的,但是;罪大恶极不羁押对社会有危险性的除外;

(三)怀孕或者哺乳自己不满一周岁的婴儿的妇女。

第三十九条 对于被依法释放的人,看守所根据人民法院、人民检察院、公安机关或者国家安全机关的释放通知文书,办理释放手续。

释放被羁押人,发给释放证明书。

《中华人民共和国监狱法》(修正后自2013年1月1日起施行,节录)

第三章 刑罚的执行

第一节 收 监

第十五条 人民法院对被判处死刑缓期二年执行、无期徒刑、有期徒刑的罪犯,应当将执行通知书、判决书送达羁押该罪犯的公安机关,公安机关应当自收到执行通知书、判决书之日起一个月内将该罪犯送交监狱执行刑罚。

罪犯在被交付执行刑罚前,剩余刑期在三个月以下的,由看守所代为执行。

第十六条 罪犯被交付执行刑罚时,交付执行的人民法院应当将人民检察院的起诉书副本、人民法院的判决书、执行通知书、结案登记表同时送达监狱。监狱没有收到上述文件的,不得收监;上述文件不齐全或者记载有误的,作出生效判决的人民法院应当及时补充齐全或者作出更正;对其中可能导致错误收监的,不予收监。

第十七条 罪犯被交付执行刑罚,符合本法第十六条规定的,应当予以收监。罪犯收监后,监狱应当对其进行身体检查。经检查,对于具有暂予监外执行情形的,监狱可以提出书面意见,报省级以上监狱管理机关批准。

第十八条 罪犯收监,应当严格检查其人身和所携带的物品。非生活必需品,由监狱代为保管或者征得罪犯同意退回其家属,违禁品予以没收。

女犯由女性人民警察检查。

第十九条 罪犯不得携带子女在监内服刑。

第二十条 罪犯收监后,监狱应当通知罪犯家属。通知书应当自收监之日起五日内发出。

第五节 释放和安置

第三十五条 罪犯服刑期满,监狱应当按期释放并发给释放证明书。

第三十六条 罪犯释放后,公安机关凭释放证明书办理户籍登记。

第三十七条 对刑满释放人员,当地人民政府帮助其安置生活。

刑满释放人员丧失劳动能力又无法定赡养人、扶养人和基本生活来源的,由当地人民政府予以救济。

第三十八条 刑满释放人员依法享有与其他公民平等的权利。

第六章 对未成年犯的教育改造

第七十四条 对未成年犯应当在未成年犯管教所执行刑罚。

第七十五条 对未成年犯执行刑罚应当以教育改造为主。未成年犯的劳动,应当符合未成年人的特点,以学习文化和生产技能为主。

监狱应当配合国家、社会、学校等教育机构,为未成年犯接受义务教育提供必要的条件。

第七十六条 未成年犯年满十八周岁时,剩余刑期不超过二年的,仍可以留在未成年犯管教所执行剩余刑期。

第七十七条 对未成年犯的管理和教育改造,本章未作规定的,适用本法的有关规定。

《中华人民共和国反恐怖主义法》(修正后自 2018 年 4 月 27 日起施行,节录)

第三十条 对恐怖活动罪犯和极端主义罪犯被判处徒刑以上刑罚的,监狱、看守所应当在刑满释放前根据其犯罪性质、情节和社会危害程度,服刑期间的表现,释放后对所居住社区的影响等进行社会危险性评估。进行社会危险性评估,应当听取有关基层组织和原办案机关的意见。经评估具有社会危险性的,监狱、看守所应当向罪犯服刑地的中级人民法院提出安置教育建议,并将建议书副本抄送同级人民检察院。

罪犯服刑地的中级人民法院对于确有社会危险性的,应当在罪犯刑满释放前作出责令其在刑满释放后接受安置教育的决定。决定书副本应当抄送同级人民检察院。被决定安置教育的人员对决定不服的,可以向上一级人民法院申请复议。

安置教育由省级人民政府组织实施。安置教育机构应当每年对被安置教育人员进行评估,对于确有悔改表现,不致再危害社会的,应当及时提出解除安置教育的意见,报决定安置教育的中级人民法院作出决定。被安置教育人员有权申请解除安置教育。

人民检察院对安置教育的决定和执行实行监督。

《中华人民共和国反有组织犯罪法》(自 2022 年 5 月 1 日起施行,节录)

第十八条第二款 有组织犯罪的罪犯刑满释放后,司法行政机关应当会同有关部门落实安置帮教等必要措施,促进其顺利融入社会。

第三十五条 对有组织犯罪的罪犯,执行机关应当依法从严管理。

黑社会性质组织的组织者、领导者或者恶势力组织的首要分子被判处十年以上有期徒刑、无期徒刑、死刑缓期二年执行的,应当跨省、自治区、直辖市异地执行刑罚。

基本规范

《最高人民法院关于适用〈中华人民共和国刑事诉讼法〉的解释》(法释〔2021〕1 号,自 2021 年 3 月 1 日起施行)

第二十一章 执行程序

第二节 死刑缓期执行、无期徒刑、有期徒刑、拘役的交付执行

第五百一十一条 被判处死刑缓期执行、无期徒刑、有期徒刑、拘役的罪

犯,第一审人民法院应当在判决、裁定生效后十日以内,将判决书、裁定书、起诉书副本、自诉状复印件、执行通知书、结案登记表送达公安机关、监狱或者其他执行机关。①

第五百一十二条　同案审理的案件中,部分被告人被判处死刑,对未被判处死刑的同案被告人需要羁押执行刑罚的,应当根据前条规定及时交付执行。但是,该同案被告人参与实施有关死刑之罪的,应当在复核讯问被判处死刑的被告人后交付执行。

第五百一十三条　执行通知书回执经看守所盖章后,应当附卷备查。

《人民检察院刑事诉讼规则》(高检发释字〔2019〕4号,自2019年12月30日起施行)

第十四章　刑罚执行和监管执法监督
第二节　交付执行监督

第六百二十五条　人民检察院发现人民法院、公安机关、看守所等机关的交付执行活动具有下列情形之一的,应当依法提出纠正意见:

(一)交付执行的第一审人民法院没有在法定期间内将判决书、裁定书、人民检察院的起诉书副本、自诉状复印件、执行通知书、结案登记表等法律文书送达公安机关、监狱、社区矫正机构等执行机关的;

(二)对被判处死刑缓期二年执行、无期徒刑或者有期徒刑余刑在三个月以上的罪犯,公安机关、看守所自接到人民法院执行通知书等法律文书后三十日以内,没有将成年罪犯送交监狱执行刑罚,或者没有将未成年罪犯送交未成年犯管

---

① 《2012年刑诉法解释》第四百二十九条第二款规定:"罪犯需要收押执行刑罚,而判决、裁定生效前未被羁押的,人民法院应当根据生效的判决书、裁定书将罪犯送交看守所羁押,并依照前款的规定办理执行手续。"《刑事诉讼法》第二百六十四条规定:"罪犯被交付执行刑罚的时候,应当由交付执行的人民法院在判决生效后十日以内将有关的法律文书送达公安机关、监狱或者其他执行机关。对被判处死刑缓期二年执行、无期徒刑、有期徒刑的罪犯,由公安机关依法将该罪犯送交监狱执行刑罚。对被判处有期徒刑的罪犯,在被交付执行刑罚前,剩余刑期在三个月以下的,由看守所代为执行。对被判处拘役的罪犯,由公安机关执行。"据此,判决、裁定生效后,将罪犯送交执行的机关是公安机关,人民法院只负责送达有关法律文书。从人民法院的警力配备和执行手段等现实情况看,人民法院也难以承担将罪犯送交看守所羁押的工作。鉴此,《刑诉法解释》第五百一十一条依照《刑事诉讼法》第二百六十四条的规定,删去《2012年刑诉法解释》第四百二十九条第二款关于由人民法院将罪犯送交看守所羁押的规定,并与《刑事诉讼法》第二百六十四条的规定保持一致。——本评注

教所执行刑罚的;

（三）对需要收监执行刑罚而判决、裁定生效前未被羁押的罪犯,第一审人民法院没有及时将罪犯收监送交公安机关,并将判决书、裁定书、执行通知书等法律文书送达公安机关的;

（四）公安机关对需要收监执行刑罚但下落不明的罪犯,在收到人民法院的判决书、裁定书、执行通知书等法律文书后,没有及时抓捕、通缉的;

（五）对被判处管制、宣告缓刑或者人民法院决定暂予监外执行的罪犯,在判决、裁定生效后或者收到人民法院暂予监外执行决定后,未依法交付罪犯居住地社区矫正机构执行,或者对被单处剥夺政治权利的罪犯,在判决、裁定生效后,未依法交付罪犯居住地公安机关执行的,或者人民法院依法交付执行,社区矫正机构或者公安机关应当接收而拒绝接收的;

（六）其他违法情形。

第六百二十七条 人民检察院发现公安机关未依法执行拘役、剥夺政治权利,拘役执行期满未依法发给释放证明,或者剥夺政治权利执行期满未书面通知本人及其所在单位、居住地基层组织等违法情形的,应当依法提出纠正意见。

第六百二十八条 人民检察院发现监狱、看守所对服刑期满或者依法应当予以释放的人员没有按期释放,对被裁定假释的罪犯依法应当交付罪犯居住地社区矫正机构实行社区矫正而不交付,对主刑执行完毕仍然需要执行附加剥夺政治权利的罪犯依法应当交付罪犯居住地公安机关执行而不交付,或者对服刑期未满又无合法释放根据的罪犯予以释放等违法行为的,应当依法提出纠正意见。

《公安机关办理刑事案件程序规定》(公安部令第 159 号修正,修正后自 2020 年 9 月 1 日起施行)

第九章 执行刑罚

第一节 罪犯的交付

第二百九十八条第二款 对被依法判处刑罚的罪犯,如果罪犯已被采取强制措施的,公安机关应当依据人民法院生效的判决书、裁定书以及执行通知书,将罪犯交付执行。

第三百条 公安机关接到人民法院生效的判处死刑缓期二年执行、无期徒刑、有期徒刑的判决书、裁定书以及执行通知书后,应当在一个月以内将罪犯送交监狱执行。

对未成年犯应当送交未成年犯管教所执行刑罚。

第三百零一条 对被判处有期徒刑的罪犯,在被交付执行刑罚前,剩余刑期在三个月以下的,由看守所根据人民法院的判决代为执行。

对被判处拘役的罪犯,由看守所执行。

第三百零三条 对被判处有期徒刑由看守所代为执行和被判处拘役的罪犯,执行期间如果没有再犯新罪,执行期满,看守所应当发给刑满释放证明书。

另,《公安机关办理刑事案件程序规定》(公安部令第 159 号修改)第六章"强制措施"第六节"羁押"(第一百五十三条至第一百五十五条)对看守所收押的有关问题作了规定。(→参见第九十三条所附"基本规范",第 635—636 页)

其他规范

《最高人民法院、最高人民检察院、公安部、司法部关于中国人民武装警察部队人员犯罪案件若干问题的规定》([87]公发 11 号,节录)

六、武警部队人员犯罪,被人民法院判处刑罚,需在监狱或其他劳动改造场所执行的,由司法行政机关指定的场所执行;被判处拘役宣告缓刑、有期徒刑宣告缓刑、管制、剥夺政治权利,没有开除军籍的,由武警部队执行。

七、处理武警部队人员犯罪案件,可以参照人民解放军处理现役军人犯罪案件的有关规定。

《最高人民法院、最高人民检察院、公安部、司法部、民政部、总政治部关于处理移交政府管理的军队离休干部犯罪案件若干问题的规定》([1991]政法字第 003 号,节录)

一、案件的管辖与刑罚的执行

已移交政府管理的军队离休干部的犯罪案件,由地方公安机关、人民检察院、人民法院按照案件管辖范围受理。办案中,需要了解其在部队期间有关情况的,原部队应予以协助。对军队和地方互涉的案件,按照最高人民法院、最高人民检察院、公安部、总政治部《关于军队和地方互涉案件几个问题的规定》(〈1982〉政联字 8 号)以及有关的补充规定办理。

上述人员犯罪,被人民法院依法判处有期徒刑、无期徒刑和死刑缓期二年执行的,由司法行政机关指定的地方劳改场所执行;被判处有期徒刑宣告缓刑、拘役、管制、剥夺政治权利的,由公安机关执行。

《司法部、总政治部关于军人判处刑罚后执行问题的联合通知》(司发通〔1998〕113 号)

各省、自治区、直辖市司法厅(局),各军区、各军兵种、各总部、军事科学院、国防大学、武警部队政治部,各军区、海军、空军、总直属队、武警部队军事法院:

公安部、总政治部 1965 年 8 月 18 日联合下发的《关于军人判处徒刑后执行问题的通知》,对军人被判处刑罚后的执行问题发挥了重要的指导作用。根据新形势下出现的新情况、新问题,现对军人判处刑罚后的执行问题重新作出规定,望遵照执行。

一、因犯罪被判处刑罚并开除军籍的现役军人(含离退休干部、在编职员干部、在编织工)均应在判决生效后,交其原籍或家庭居住地的地方监狱执行刑罚。

二、判处刑罚后,未开除军籍的罪犯和已被开除军籍但判处刑罚前担任副师职以上领导职务的(不含未担任领导职务的副师职以上机关干部和享受相应待遇的专业技术干部)罪犯,由军事监狱执行刑罚。

三、已被开除军籍的罪犯,犯罪前掌握过党、国家、军队的重要机密,不宜送交地方监狱执行刑罚的,仍由军事监狱执行;对其中有明确脱密期的,待脱密期过后再移交地方监狱执行。

四、向地方监狱移交被开除军籍的罪犯,一般应移送到罪犯原籍所在地的监狱。如罪犯的配偶子女所在地与原籍不属同一省、自治区、直辖市,也可由其配偶、子女所在地的地方监狱执行刑罚。向地方监狱移送罪犯,需经过拟移送地的省、自治区、直辖市监狱管理局办理,执行通知的发送由原判军事法院负责,罪犯的押送移交由罪犯原所在师以上单位保卫部门负责。

五、开除军籍后交地方监狱执行的罪犯,刑满后由所在监狱依法办理释放手续。

六、地方监狱在接收被开除军籍的罪犯时,不得收取任何费用。

七、需地方监狱代为管理的其他罪犯及其他有关事宜,由总政保卫部与司法部监狱管理局共同商定办理。

《最高人民法院、最高人民检察院、公安部、司法部关于办理黑社会性质组织犯罪案件若干问题的规定》(公通字〔2012〕45号)"八、刑罚执行"(**第二十五条至第二十八条**)对办理黑社会性质组织犯罪案件所涉刑罚执行的有关问题作了规定。(→参见第六十四条所附"其他规范",第478页)

《看守所留所执行刑罚罪犯管理办法》(公安部令第128号修订,修订后自2013年11月23日起施行,节录)

第二条 被判处有期徒刑的成年和未成年罪犯,在被交付执行前,剩余刑期在三个月以下的,由看守所代为执行刑罚。

被判处拘役的成年和未成年罪犯,由看守所执行刑罚。

第九条 看守所在收到交付执行的人民法院送达的人民检察院起诉书副本

和人民法院判决书、裁定书、执行通知书、结案登记表的当日,应当办理罪犯收押手续,填写收押登记表,载明罪犯基本情况、收押日期等,并由民警签字后,将罪犯转入罪犯监区或者监室。

第十三条　收押罪犯后,看守所应当在五日内向罪犯家属或者监护人发出罪犯执行刑罚地点通知书。对收押的外国籍罪犯,应当在二十四小时内报告所属公安机关。

第四十一条　罪犯服刑期满,看守所应当按期释放,发给刑满释放证明书,并告知其在规定期限内,持刑满释放证明书到原户籍所在地的公安派出所办理户籍登记手续;有代管钱物的,看守所应当如数发还。

刑满释放人员患有重病的,看守所应当通知其家属接回。

第四十二条　外国籍罪犯被判处附加驱逐出境的,看守所应当在罪犯服刑期满前十日通知所属公安机关出入境管理部门。

《最高人民法院关于人民法院办理接收在台湾地区服刑的大陆居民回大陆服刑案件的规定》(法释〔2016〕11号)对人民法院办理接收在台湾地区服刑的大陆居民回大陆服刑案件的有关问题作了规定。(→参见第十八条后"相关规范集成·涉港澳台司法协助"所附"其他规范",第137页)

《最高人民法院、最高人民检察院、公安部、司法部关于办理黑恶势力犯罪案件若干问题的指导意见》(法发〔2018〕1号,节录)

12.对于组织者、领导者和因犯参加黑社会性质组织罪被判处五年以上有期徒刑的积极参加者,可根据《刑法》第五十六条第一款的规定适用附加剥夺政治权利。对于符合《刑法》第三十七条之一规定的组织成员,应当依法禁止其从事相关职业。符合《刑法》第六十六条规定的组织成员,应当认定为罪犯,依法从重处罚。

对于因有组织的暴力性犯罪被判处死刑缓期执行的黑社会性质组织犯罪分子,可以根据《刑法》第五十条第二款的规定同时决定对其限制减刑。对于因有组织的暴力性犯罪被判处十年以上有期徒刑、无期徒刑的黑社会性质组织犯罪分子,应当根据《刑法》第八十一条第二款规定,不得假释。

第二百六十五条　【暂予监外执行的条件和决定程序】对被判处有期徒刑或者拘役的罪犯,有下列情形之一的,可以暂予监外执行:

(一)有严重疾病需要保外就医的;

(二)怀孕或者正在哺乳自己婴儿的妇女；

(三)生活不能自理,适用暂予监外执行不致危害社会的。

对被判处无期徒刑的罪犯,有前款第二项规定情形的,可以暂予监外执行。

对适用保外就医可能有社会危险性的罪犯,或者自伤自残的罪犯,不得保外就医。

对罪犯确有严重疾病,必须保外就医的,由省级人民政府指定的医院诊断并开具证明文件。

在交付执行前,暂予监外执行由交付执行的人民法院决定；在交付执行后,暂予监外执行由监狱或者看守所提出书面意见,报省级以上监狱管理机关或者设区的市一级以上公安机关批准。

第二百六十六条 【检察机关对暂予监外执行在决定前的监督】监狱、看守所提出暂予监外执行的书面意见的,应当将书面意见的副本抄送人民检察院。人民检察院可以向决定或者批准机关提出书面意见。

第二百六十七条 【检察机关对暂予监外执行决定的监督】决定或者批准暂予监外执行的机关应当将暂予监外执行决定抄送人民检察院。人民检察院认为暂予监外执行不当的,应当自接到通知之日起一个月以内将书面意见送交决定或者批准暂予监外执行的机关,决定或者批准暂予监外执行的机关接到人民检察院的书面意见后,应当立即对该决定进行重新核查。

第二百六十八条 【暂予监外执行的罪犯收监执行】对暂予监外执行的罪犯,有下列情形之一的,应当及时收监：

(一)发现不符合暂予监外执行条件的；

(二)严重违反有关暂予监外执行监督管理规定的；

(三)暂予监外执行的情形消失后,罪犯刑期未满的。

对于人民法院决定暂予监外执行的罪犯应当予以收监的,由人民法院作出决定,将有关的法律文书送达公安机关、监狱或者其他执行机关。

不符合暂予监外执行条件的罪犯通过贿赂等非法手段被暂予监外执行的,在监外执行的期间不计入执行刑期。罪犯在暂予监外执行期间脱逃的,脱逃的期间不计入执行刑期。

罪犯在暂予监外执行期间死亡的,执行机关应当及时通知监狱或者看守所。

立法沿革

本四条系关于暂予监外执行的规定。

关于第二百六十五条，1979年《刑事诉讼法》第一百五十七条规定："对于被判处无期徒刑、有期徒刑或者拘役的罪犯，有下列情形之一的，可以暂予监外执行：（一）有严重疾病需要保外就医的；（二）怀孕或者正在哺乳自己婴儿的妇女。""对于监外执行的罪犯，可以由公安机关委托罪犯原居住地的公安派出所执行，基层组织或者原所在单位协助进行监督。"1996年《刑事诉讼法修改决定》对本条规定作了修改：一是将暂予监外执行的对象，由"被判处无期徒刑、有期徒刑或者拘役的罪犯"修改为"被判处有期徒刑或者拘役的罪犯"，并增加规定"对于被判处有期徒刑、拘役，生活不能自理，适用暂予监外执行不致危害社会的罪犯，可以暂予监外执行"。二是增加暂予监外执行的除外条件，增加规定"对于适用保外就医可能有社会危险性的罪犯，或者自伤自残的罪犯，不得保外就医"。三是明确保外就医的证明条件，增加规定"对于罪犯确有严重疾病，必须保外就医的，由省级人民政府指定的医院开具证明文件，依照法律规定的程序审批。发现被保外就医的罪犯不符合保外就医条件的，或者严重违反有关保外就医的规定的，应当及时收监。"1996年《刑事诉讼法修改决定》对本条规定作了再次修改：一是完善暂予监外执行的适用对象，将"生活不能自理，适用暂予监外执行不致危害社会的罪犯"纳入第一款暂予监外执行的适用对象中，并明确对被判处无期徒刑的罪犯，"怀孕或者正在哺乳自己婴儿的妇女"，也可以暂予监外执行。二是完善保外就医的证明条件，规定"对罪犯确有严重疾病，必须保外就医的，由省级人民政府指定的医院诊断并开具证明文件"。三是明确暂予监外执行在不同阶段的审批主体和程序，增加规定"在交付执行前，暂予监外执行由交付执行的人民法院决定；在交付执行后，暂予监外执行由监狱或者看守所提出书面意见，报省级以上监狱管理机关或者设区的市一级以上公安机关批准"。2018年修改《刑事诉讼法》时对本条规定未作调整。

第二百六十六条系2012年《刑事诉讼法修改决定》增加的规定，2018年修改《刑事诉讼法》时未作调整。

关于第二百六十七条，1996年《刑事诉讼法》第二百一十五条规定："批准暂予监外执行的机关应当将批准的决定抄送人民检察院。人民检察院认为暂予监外执行不当的，应当自接到通知之日起一个月以内将书面意见送交批准暂予监外执行的机关，批准暂予监外执行的机关接到人民检察院的书面意见后，应当立即对该决定进行重新核查。"2012年《刑事诉讼法修改决定》将"批准暂予监外执行的机关"修改为"决定或者批准暂予监外执行的机关",将"批准的决定"修改为"暂予监外执行决定"。2018年修改《刑事诉讼法》时对本条规定未作调整。

关于第二百六十八条,1996年《刑事诉讼法》第二百一十六条规定:"暂予监外执行的情形消失后,罪犯刑期未满的,应当及时收监。""罪犯在暂予监外执行期间死亡的,应当及时通知监狱。"2012年《刑事诉讼法修改决定》对本条规定作了修改:一是明确规定应当收监执行的具体情形;二是增加规定收监执行的具体程序;三是增加规定通过非法手段被暂予监外执行及暂予监外执行期间脱逃的如何计算执行刑期;四是对罪犯在暂予监外执行期间死亡应当及时通知的机关中增加规定"看守所"。2018年修改《刑事诉讼法》时对本条规定未作调整。

相关规定

《中华人民共和国监狱法》(修正后自2013年1月1日起施行,节录)
第三章 刑罚的执行
第三节 监外执行
第二十五条 对于被判处无期徒刑、有期徒刑在监内服刑的罪犯,符合刑事诉讼法规定的监外执行条件的,可以暂予监外执行。
第二十六条 暂予监外执行,由监狱提出书面意见,报省、自治区、直辖市监狱管理机关批准。批准机关应当将批准的暂予监外执行决定通知公安机关和原判人民法院,并抄送人民检察院。
人民检察院认为对罪犯适用暂予监外执行不当的,应当自接到通知之日起一个月内将书面意见送交批准暂予监外执行的机关,批准暂予监外执行的机关接到人民检察院的书面意见后,应当立即对该决定进行重新核查。
第二十七条 对暂予监外执行的罪犯,依法实行社区矫正,由社区矫正机构负责执行。原关押监狱应当及时将罪犯在监内改造情况通报负责执行的社区矫正机构。
第二十八条 暂予监外执行的罪犯具有刑事诉讼法规定的应当收监的情形的,社区矫正机构应当及时通知监狱收监;刑期届满的,由原关押监狱办理释放手续。罪犯在暂予监外执行期间死亡的,社区矫正机构应当及时通知原关押监狱。

《中华人民共和国社区矫正法》(自2020年7月1日起施行,节录)
第四十九条 暂予监外执行的社区矫正对象具有刑事诉讼法规定的应当予以收监情形的,社区矫正机构应当向执行地或者原社区矫正决定机关提出收监执行建议,并将建议书抄送人民检察院。
社区矫正决定机关应当在收到建议书后三十日内作出决定,将决定书送达社区矫正机构和公安机关,并抄送人民检察院。

人民法院、公安机关对暂予监外执行的社区矫正对象决定收监执行的,由公安机关立即将社区矫正对象送交监狱或者看守所收监执行。

监狱管理机关对暂予监外执行的社区矫正对象决定收监执行的,监狱应当立即将社区矫正对象收监执行。

◆ 立法解释

《全国人民代表大会常务委员会关于〈中华人民共和国刑事诉讼法〉第二百五十四条第五款、第二百五十七条第二款的解释》(自 2014 年 4 月 24 日起施行)①

全国人民代表大会常务委员会根据司法实践中遇到的情况,讨论了刑事诉讼法第二百五十四条第五款、第二百五十七条第二款的含义及人民法院决定暂予监外执行的案件,由哪个机关负责组织病情诊断、妊娠检查和生活不能自理的鉴别和由哪个机关对予以收监执行的罪犯送交执行刑罚的问题,解释如下:

罪犯在被交付执行前,因有严重疾病、怀孕或者正在哺乳自己婴儿的妇女、生活不能自理的原因,依法提出暂予监外执行的申请的,有关病情诊断、妊娠检查和生活不能自理的鉴别,由人民法院负责组织进行。

根据刑事诉讼法第二百五十七条第二款的规定,对人民法院决定暂予监外执行的罪犯,有刑事诉讼法第二百五十七条第一款规定的情形,依法应当予以收监的,在人民法院作出决定后,由公安机关依照刑事诉讼法第二百五十三条第二款的规定送交执行刑罚。

现予公告。

◆ "六部委"规定

《最高人民法院、最高人民检察院、公安部、国家安全部、司法部、全国人大常委会法制工作委员会关于实施刑事诉讼法若干问题的规定》(自 2013 年 1 月 1 日起施行,节录)

---

① 本立法解释系针对 2012 年《刑事诉讼法》所作解释,其中涉及的"刑事诉讼法第二百五十四条第五款、第二百五十七条第二款"在现行《刑事诉讼法》中为第二百六十五条第五款、第二百六十八条第二款,"刑事诉讼法第二百五十七条第一款"在现行《刑事诉讼法》中为第二百六十八条第一款,"刑事诉讼法第二百五十三条第二款"在现行《刑事诉讼法》中为第二百六十四条第二款。——本评注注

九、执行

33. 刑事诉讼法第二百五十四条第五款①中规定:"在交付执行前,暂予监外执行由交付执行的人民法院决定"。对于被告人可能被判处拘役、有期徒刑、无期徒刑,符合暂予监外执行条件的,被告人及其辩护人有权向人民法院提出暂予监外执行的申请,看守所可以将有关情况通报人民法院。人民法院应当进行审查,并在交付执行前作出是否暂予监外执行的决定。

34. 刑事诉讼法第二百五十七条第三款②规定:"不符合暂予监外执行条件的罪犯通过贿赂等非法手段被暂予监外执行的,在监外执行的期间不计入执行刑期。罪犯在暂予监外执行期间脱逃的,脱逃的期间不计入执行刑期。"对于人民法院决定暂予监外执行的罪犯具有上述情形的,人民法院在决定予以收监的同时,应当确定不计入刑期的期间。对于监狱管理机关或者公安机关决定暂予监外执行的罪犯具有上述情形的,罪犯被收监后,所在监狱或者看守所应当及时向所在地的中级人民法院提出不计入执行刑期的建议书,由人民法院审核裁定。

另,第三十五条明确被决定收监执行的社区矫正人员在逃的,由公安机关负责追捕。(→参见第二百六十九条所附"'六部委'规定",第1812页)

■ 基本规范

《最高人民法院关于适用〈中华人民共和国刑事诉讼法〉的解释》(法释[2021]1号,自2021年3月1日起施行)

第二十一章 执行程序
第二节 死刑缓期执行、无期徒刑、有期徒刑、拘役的交付执行
第五百一十四条 罪犯在被交付执行前,因有严重疾病、怀孕或者正在哺乳自己婴儿的妇女、生活不能自理的原因,依法提出暂予监外执行的申请的,有关病情诊断、妊娠检查和生活不能自理的鉴别,由人民法院负责组织进行。③

---

① 现行《刑事诉讼法》第二百六十五条第五款。——**本评注注**
② 2018年《刑事诉讼法》第二百六十八条第三款。——**本评注注**
③ 需要注意的是,《刑事诉讼法》第二百六十五条第四款的规定:"对罪犯确有严重疾病,必须保外就医的,由省级人民政府指定的医院诊断并开具证明文件。"可见,暂予监外执行的法定情形中,仅第一种情形"有严重疾病需要保外就医的",需要由省级人民政府指定医院诊断,对于其他情形并未限制。但是,《最高人民法院关于罪犯交付执行前暂予监外执行组织诊断工作有关问题的通知》(法[2014]319号)第三条规定:"罪犯交付执行前暂予监外执行组织诊断工作应当由法医人员进行或组织相关专业的临床医学人员和(转下页)

第五百一十五条　被判处无期徒刑、有期徒刑或者拘役的罪犯，符合刑事诉讼法第二百六十五条第一款、第二款的规定，人民法院决定暂予监外执行的，应当制作暂予监外执行决定书，写明罪犯基本情况、判决确定的罪名和刑罚、决定暂予监外执行的原因、依据等。①

人民法院在作出暂予监外执行决定前，应当征求人民检察院的意见。②

人民检察院认为人民法院的暂予监外执行决定不当，在法定期限内提出书面意见的，人民法院应当立即对该决定重新核查，并在一个月以内作出决定。

对暂予监外执行的罪犯，适用本解释第五百一十九条的有关规定，依法实行社区矫正。

人民法院决定暂予监外执行的，由看守所或者执行取保候审、监视居住的公安机关自收到决定之日起十日以内将罪犯移送社区矫正机构。

第五百一十六条　人民法院收到社区矫正机构的收监执行建议书后，经审查，确认暂予监外执行的罪犯具有下列情形之一的，应当作出收监执行的决定：

（接上页）法医人员共同进行，临床医学人员应当具有副主任医师以上职称，法医人员应当具有副主任法医师以上职称。相关医学检查应当在省级人民政府指定的医院进行。"该通知明确要求所有情形的医学检查工作均应当在省级人民政府指定的医院进行，比《刑事诉讼法》的规定更为严格。相关问题需要进一步调研，视情决定是否作出调整。——**本评注注**

① 征求意见过程中，有意见提出，实践中有的地方对作出暂予监外执行决定程序规定不明，建议明确须经合议庭进行审查。经研究认为，是否需要组成合议庭进行审查，宜区分情况作出处理，不应一概而论。有的案件系独任审判，判处有期徒刑，在交付执行前决定暂予监外执行的，组成合议庭进行审查，似不具有可操作性。——**本评注注**

② 《最高人民法院、最高人民检察院、公安部、司法部、国家卫生计生委关于暂予监外执行规定》（司发通〔2014〕112号）第十八条第四款规定："人民法院在作出暂予监外执行决定前，应当征求人民检察院的意见。"但是，讨论中，对将征求人民检察院意见作为人民法院作出暂予监外执行决定的前置程序的规定存在不同认识：(1)有意见提出，人民法院依据被告人的身体状况进行司法鉴定，并据实作出监外执行决定，人民检察院并不具体参与该过程。因此，决定作出后抄送检察机关，由其进行事后监督即可。(2)也有意见认为保留事前监督有合理之处，理由是：①相关规定并非新增规定，只是沿用；如果不予沿用，反而有规避人民法院应尽义务之嫌。②从立法意图上看，规定人民法院作出监外执行决定前要征求人民检察院的意见，最根本的目的还是规范司法决策的公正性、严肃性，加强对于监外执行决定的监督，预防可能存在的司法腐败，防止被告人通过监外执行的方式规避法律的制裁。以此来看，人民法院在作出监外执行决定前要以征求人民检察院的意见作为前置条件是无可厚非的。经研究，采纳后一种意见，本条第二款作了相应规定。——**本评注注**

(一)不符合暂予监外执行条件的;
(二)未经批准离开所居住的市、县,经警告拒不改正,或者拒不报告行踪、脱离监管的;
(三)因违反监督管理规定受到治安管理处罚,仍不改正的;
(四)受到执行机关两次警告,仍不改正的;
(五)保外就医期间不按规定提交病情复查情况,经警告拒不改正的;
(六)暂予监外执行的情形消失后,刑期未满的;
(七)保证人丧失保证条件或者因不履行义务被取消保证人资格,不能在规定期限内提出新的保证人的;
(八)违反法律、行政法规和监督管理规定,情节严重的其他情形。

第五百一十七条 人民法院应当在收到社区矫正机构的收监执行建议书后三十日以内作出决定。收监执行决定书一经作出,立即生效。

人民法院应当将收监执行决定书送达社区矫正机构和公安机关,并抄送人民检察院,由公安机关将罪犯交付执行。

第五百一十八条 被收监执行的罪犯有不计入执行刑期情形的,人民法院应当在作出收监决定时,确定不计入执行刑期的具体时间。①

---

① 《刑事诉讼法》第二百六十八条第三款规定:"不符合暂予监外执行条件的罪犯通过贿赂等非法手段被暂予监外执行的,在监外执行的期间不计入执行刑期。罪犯在暂予监外执行期间脱逃的,脱逃的期间不计入执行刑期。"实践中,个别女性罪犯通过连续怀孕、哺乳逃避刑罚执行的现象较为突出,甚至有的罪犯还利用借此获得的监外执行实施其他新罪,亟须加以规制。针对上述情况,本条原本拟增加两款,旨在针对实践中通过恶意连续怀孕等手段被暂予监外执行,以及在暂予监外执行期间又犯新罪的情形,明确相关期间不计入执行刑期。征求意见过程中,各方普遍认为,相关规定具有重要的现实意义,有利于精准打击、遏制投机取巧的恶意行为。我国台湾地区"刑事诉讼法"也有关于因为怀孕、哺乳、就医停止执行刑罚的相关规定,明确相关事由消除后,重新执行刑罚。例如,其第四百六十七条明确了"停止执行自由刑之事由",规定:"受徒刑或拘役之论知而有左列之情形之一者,依检察官之指挥,于其痊愈或该事故消减前,停止执行:一、心神丧失者。二、怀胎五月以上者。三、生产未满二月者。四、现罹患疾病,恐因执行而不能保其生命者。"后经进一步研究认为,对于在暂予监外执行期间又因怀孕而继续暂予监外执行的,是否应当计入执行刑期,法律未作规定;对于监外执行期间又犯新罪的,直接规定相关期间不计入执行刑期,也没有法律依据。上述规定增加了不计入执行刑期的情形,涉及如何计算罪犯的服刑期限,直接关系限制公民的人身自由,由司法解释作出规定不妥。鉴此,未再作出明确规定。——**本评注注**

《人民检察院刑事诉讼规则》（高检发释字〔2019〕4号，自2019年12月30日起施行）

第十四章 刑罚执行和监管执法监督
第三节 减刑、假释、暂予监外执行监督

第六百二十九条 人民检察院发现人民法院、监狱、看守所、公安机关暂予监外执行的活动具有下列情形之一的，应当依法提出纠正意见：

（一）将不符合法定条件的罪犯提请、决定暂予监外执行的；

（二）提请、决定暂予监外执行的程序违反法律规定或者没有完备的合法手续，或者对于需要保外就医的罪犯没有省级人民政府指定医院的诊断证明和开具的证明文件的；

（三）监狱、看守所提出暂予监外执行书面意见，没有同时将书面意见副本抄送人民检察院的；

（四）罪犯被决定或者批准暂予监外执行后，未依法交付罪犯居住地社区矫正机构实行社区矫正的；

（五）对符合暂予监外执行条件的罪犯没有依法提请暂予监外执行的；

（六）人民法院在作出暂予监外执行决定前，没有依法征求人民检察院意见的；

（七）发现罪犯不符合暂予监外执行条件，在暂予监外执行期间严重违反暂予监外执行监督管理规定，或者暂予监外执行的条件消失且刑期未满，应当收监执行而未及时收监执行的；

（八）人民法院决定将暂予监外执行的罪犯收监执行，并将有关法律文书送达公安机关、监狱、看守所后，监狱、看守所未及时收监执行的；

（九）对不符合暂予监外执行条件的罪犯通过贿赂、欺骗等非法手段被暂予监外执行以及在暂予监外执行期间脱逃的罪犯，监狱、看守所未建议人民法院将其监外执行期间、脱逃期间不计入执行刑期或者对罪犯执行刑期计算的建议违法、不当的；

（十）暂予监外执行的罪犯刑期届满，未及时办理释放手续的；

（十一）其他违法情形。

第六百三十条 人民检察院收到监狱、看守所抄送的暂予监外执行书面意见副本后，应当逐案进行审查，发现罪犯不符合暂予监外执行法定条件或者提请暂予监外执行违反法定程序的，应当在十日以内报经检察长批准，向决定或者批准机关提出书面检察意见，同时抄送执行机关。

第六百三十一条 人民检察院接到决定或者批准机关抄送的暂予监外执行

决定书后,应当及时审查下列内容:

(一)是否属于被判处有期徒刑或者拘役的罪犯;

(二)是否属于有严重疾病需要保外就医的罪犯;

(三)是否属于怀孕或者正在哺乳自己婴儿的妇女;

(四)是否属于生活不能自理,适用暂予监外执行不致危害社会的罪犯;

(五)是否属于适用保外就医可能有社会危险性的罪犯,或者自伤自残的罪犯;

(六)决定或者批准机关是否符合刑事诉讼法第二百六十五条第五款的规定;

(七)办理暂予监外执行是否符合法定程序。

第六百三十二条 人民检察院经审查认为暂予监外执行不当的,应当自接到通知之日起一个月以内,向决定或者批准暂予监外执行的机关提出纠正意见。下级人民检察院认为暂予监外执行不当的,应当立即层报决定或者批准暂予监外执行的机关的同级人民检察院,由其决定是否向决定或者批准暂予监外执行的机关提出纠正意见。

第六百三十三条 人民检察院向决定或者批准暂予监外执行的机关提出不同意暂予监外执行的书面意见后,应当监督其对决定或者批准暂予监外执行的结果进行重新核查,并监督重新核查的结果是否符合法律规定。对核查不符合法律规定的,应当依法提出纠正意见,并向上一级人民检察院报告。

第六百三十四条 对于暂予监外执行的罪犯,人民检察院发现罪犯不符合暂予监外执行条件、严重违反有关暂予监外执行的监督管理规定或者暂予监外执行的情形消失而罪犯刑期未满的,应当通知执行机关收监执行,或者建议决定或者批准暂予监外执行的机关作出收监执行决定。

《公安机关办理刑事案件程序规定》(公安部令第 159 号修正,修正后自 2020 年 9 月 1 日起施行)

第九章 执行刑罚

第二节 减刑、假释、暂予监外执行

第三百零七条 对依法留所执行刑罚的罪犯,有下列情形之一的,可以暂予监外执行:

(一)有严重疾病需要保外就医的;

(二)怀孕或者正在哺乳自己婴儿的妇女;

(三)生活不能自理,适用暂予监外执行不致危害社会的。

对罪犯暂予监外执行的,看守所应当提出书面意见,报设区的市一级以上公安机关批准,同时将书面意见抄送同级人民检察院。

对适用保外就医可能有社会危险性的罪犯,或者自伤自残的罪犯,不得保外就医。

对罪犯确有严重疾病,必须保外就医的,由省级人民政府指定的医院诊断并开具证明文件。

第三百零八条 公安机关决定对罪犯暂予监外执行的,应当将暂予监外执行决定书交被暂予监外执行的罪犯和负责监外执行的社区矫正机构,同时抄送同级人民检察院。

第三百零九条 批准暂予监外执行的公安机关接到人民检察院认为暂予监外执行不当的意见后,应当立即对暂予监外执行的决定进行重新核查。

第三百一十条 对暂予监外执行的罪犯,有下列情形之一的,批准暂予监外执行的公安机关应当作出收监执行决定:

(一)发现不符合暂予监外执行条件的;

(二)严重违反有关暂予监外执行监督管理规定的;

(三)暂予监外执行的情形消失后,罪犯刑期未满的。

对暂予监外执行的罪犯决定收监执行的,由暂予监外执行地看守所将罪犯收监执行。

不符合暂予监外执行条件的罪犯通过贿赂等非法手段被暂予监外执行的,或者罪犯在暂予监外执行期间脱逃的,罪犯被收监执行后,所在看守所应当提出不计入执行刑期的建议,经设区的市一级以上公安机关审查同意后,报请所在地中级以上人民法院审核裁定。

■ 其他规范

《中央社会治安综合治理委员会办公室、最高人民法院、最高人民检察院、公安部、司法部关于加强和规范监外执行工作的意见》(高检会〔2009〕3号,节录)

为加强和规范被判处管制、剥夺政治权利、宣告缓刑、假释、暂予监外执行罪犯的交付执行、监督管理及其检察监督等工作,保证刑罚的正确执行,根据《中华人民共和国刑法》、《中华人民共和国刑事诉讼法》、《中华人民共和国监狱法》、《中华人民共和国治安管理处罚法》等有关规定,结合工作实际,提出如下意见:

一、加强和规范监外执行的交付执行

1.人民法院对罪犯判处管制、单处剥夺政治权利、宣告缓刑的,应当在判决、裁定生效后五个工作日内，核实罪犯居住地后将判决书、裁定书、执行通知书送达罪犯居住地县级公安机关主管部门，并抄送罪犯居住地县级人民检察院监所检察部门。

2. 监狱管理机关、公安机关决定罪犯暂予监外执行的，交付执行的监狱、看守所应当将罪犯押送至居住地，与罪犯居住地县级公安机关办理移交手续，并将暂予监外执行决定书等法律文书抄送罪犯居住地县级公安机关主管部门、县级人民检察院监所检察部门。

3. 罪犯服刑地与居住地不在同一省、自治区、直辖市，需要回居住地暂予监外执行的，服刑地的省级监狱管理机关、公安机关监所管理部门应当书面通知罪犯居住地的同级监狱管理机关、公安机关监所管理部门，由其指定一所监狱、看守所接收罪犯档案，负责办理该罪犯暂予监外执行情形消失后的收监、刑满释放等手续，并通知罪犯居住地县级公安机关主管部门、县级人民检察院监所检察部门。

4. 人民法院决定暂予监外执行的罪犯，判决、裁定生效前已被羁押的，由公安机关依照有关规定办理移交。判决、裁定生效前未被羁押的，由人民法院通知罪犯居住地的县级公安机关执行。人民法院应当在作出暂予监外执行决定后五个工作日内，将暂予监外执行决定书和判决书、裁定书、执行通知书送达罪犯居住地县级公安机关主管部门，并抄送罪犯居住地县级人民检察院监所检察部门。

5. 对于裁定假释的，人民法院应当将假释裁定书送达提请假释的执行机关和承担监所检察任务的人民检察院。监狱、看守所应当核实罪犯居住地，并在释放罪犯后五个工作日内将假释证明书副本、判决书、裁定书等法律文书送达罪犯居住地县级公安机关主管部门，抄送罪犯居住地县级人民检察院监所检察部门。对主刑执行完毕后附加执行剥夺政治权利的罪犯，监狱、看守所应当核实罪犯居住地，并在释放罪犯前一个月将刑满释放通知书、执行剥夺政治权利附加刑所依据的判决书、裁定书等法律文书送达罪犯居住地县级公安机关主管部门，抄送罪犯居住地县级人民检察院监所检察部门。

6. 被判处管制、剥夺政治权利、缓刑罪犯的判决、裁定作出后，以及被假释罪犯、主刑执行完毕后附加执行剥夺政治权利罪犯出监时，人民法院、监狱、看守所应当书面告知其必须按时到居住地公安派出所报到，以及不按时报到应承担的法律责任，并由罪犯本人在告知书上签字。自人民法院判决、裁定生效之日起或者监狱、看守所释放罪犯之日起，在本省、自治区、直辖市裁判或者服刑、羁押的应当在十日内报到，在外省、自治区、直辖市裁判或者服刑、羁押的应当在二十日内报到。告知书一式三份,一份交监外执行罪犯本人,一份送达执行地县级公安机关,一份由告知机关存档。

7.执行地公安机关收到人民法院、监狱、看守所送达的法律文书后,应当在五个工作日内送达回执。

二、加强和规范监外执行罪犯的监督管理

8.监外执行罪犯未在规定时间内报到的,公安派出所应当上报县级公安机关主管部门,由县级公安机关通报作出判决、裁定或者决定的机关。

9.执行地公安机关认为罪犯暂予监外执行条件消失的,应当及时书面建议批准、决定暂予监外执行的机关或者接收该罪犯档案的监狱的上级主管机关收监执行。批准、决定机关或者接收该罪犯档案的监狱的上级主管机关审查后认为需要收监执行的,应当制作收监执行决定书,分别送达执行地公安机关和负责收监执行的监狱。执行地公安机关收到收监执行决定书后,应当立即将罪犯收押,并通知监狱到羁押地将罪犯收监执行。

对于公安机关批准的暂予监外执行罪犯,暂予监外执行条件消失的,执行地公安机关应当及时制作收监执行通知书,通知负责收监执行的看守所立即将罪犯收监执行。

10.公安机关对暂予监外执行罪犯未经批准擅自离开所居住的市、县,经警告拒不改正,或者拒不报告行踪、下落不明的,可以按照有关程序上网追逃。

11.人民法院决定暂予监外执行罪犯收监执行的,由罪犯居住地公安机关根据人民法院的决定,剩余刑期在一年以上的送交暂予监外执行地就近监狱执行,剩余刑期在一年以下的送交暂予监外执行地看守所代为执行。

12.暂予监外执行罪犯未经批准擅自离开所居住的市、县,经警告拒不改正的,或者拒不报告行踪、下落不明的,或者采取自伤、自残、欺骗、贿赂等手段骗取、拖延暂予监外执行的,或者两次以上无正当理由不按时提交医疗、诊断病历材料的,批准、决定机关应当根据执行地公安机关建议,及时作出对其收监执行的决定。

对公安机关批准的暂予监外执行罪犯发生上述情形的,执行地公安机关应当及时作出对其收监执行的决定。

13.公安机关应当建立对监外执行罪犯的考核奖惩制度,根据考核结果,对表现良好的应当给予表扬奖励;对符合法定减刑条件的,应当依法提出减刑建议,人民法院应当依法裁定。执行机关减刑建议书副本和人民法院减刑裁定书副本应当抄送同级人民检察院监所检察部门。

14.监外执行罪犯在执行期、考验期内,违反法律、行政法规或者国务院公安部门有关监督管理规定的,由公安机关依照《中华人民共和国治安管理处罚法》第六十条的规定给予治安管理处罚。

15. 被宣告缓刑、假释的罪犯在缓刑、假释考验期间有下列情形之一的,由与原裁判人民法院同级的执行地公安机关提出撤销缓刑、假释的建议:

(1) 人民法院、监狱、看守所已书面告知罪犯应当按时到执行地公安机关报到,罪犯未在规定的时间内报到,脱离监管三个月以上的;

(2) 未经执行地公安机关批准擅自离开所居住的市、县或者迁居,脱离监管三个月以上的;

(3) 未按照执行地公安机关的规定报告自己的活动情况或者不遵守执行机关关于会客等规定,经过三次教育仍然拒不改正的;

(4) 有其他违反法律、行政法规或者国务院公安部门有关缓刑、假释的监督管理规定行为,情节严重的。

16. 人民法院裁定撤销缓刑、假释后,执行地公安机关应当及时将罪犯送交监狱或者看守所收监执行。被撤销缓刑、假释并决定收监执行的罪犯下落不明的,公安机关可以按照有关程序上网追逃。

公安机关撤销缓刑、假释的建议书副本和人民法院撤销缓刑、假释的裁定书副本应当抄送罪犯居住地人民检察院监所检察部门。

17. 监外执行罪犯在缓刑、假释、暂予监外执行、管制或者剥夺政治权利期间死亡的,公安机关应当核实情况后通报原作出判决、裁定的人民法院和原关押监狱、看守所,或者接收该罪犯档案的监狱、看守所,以及执行地县级人民检察院监所检察部门。

18. 被判处管制、剥夺政治权利的罪犯执行期满的,公安机关应当通知其本人,并向其所在单位或者居住地群众公开宣布解除管制或者恢复政治权利;被宣告缓刑的罪犯缓刑考验期满,原判刑罚不再执行的,公安机关应当向其本人和所在单位或者居住地群众宣布,并通报原判决的人民法院;被裁定假释的罪犯假释考验期满,原判刑罚执行完毕的,公安机关应当向其本人和所在单位或者居住地群众宣布,并通报原裁定的人民法院和原执行的监狱、看守所。

19. 暂予监外执行的罪犯刑期届满的,执行地公安机关应当及时通报原关押监狱、看守所或者接收该罪犯档案的监狱、看守所,按期办理释放手续。人民法院决定暂予监外执行的罪犯刑期届满的,由执行地公安机关向原判决人民法院和执行地县级人民检察院通报,并按期办理释放手续。

三、加强和规范监外执行的检察监督

20. 人民检察院对人民法院、公安机关、监狱、看守所交付监外执行活动和监督管理监外执行罪犯活动实行法律监督,发现违法违规行为的,应当及时提出纠正意见。

21. 县级人民检察院对人民法院、监狱、看守所交付本县(市、区、旗)辖区执行监外执行的罪犯应当逐一登记,建立罪犯监外执行情况检察台账。

22. 人民检察院在监外执行检察中,应当依照有关规定认真受理监外执行罪犯的申诉、控告,妥善处理他们反映的问题,依法维护其合法权益。

23. 人民检察院应当采取定期和不定期相结合的方法进行监外执行检察,并针对存在的问题,区别不同情况,发出纠正违法通知书、检察建议书或者提出口头纠正意见。交付执行机关和执行机关对人民检察院提出的纠正意见、检察建议无异议的,应当在十五日内纠正并告知纠正结果;对纠正意见、检察建议有异议的,应当在接到人民检察院纠正意见、检察建议后七日内向人民检察院提出,人民检察院应当复议,并在七日内作出复议决定;对复议结论仍然提出异议的,应当提请上一级人民检察院复核,上一级人民检察院应当在七日内作出复核决定。

24. 人民检察院发现有下列情形的,应当提出纠正意见:

(1)人民法院、监狱、看守所没有依法送达监外执行法律文书,没有依法将罪犯交付执行,没有依法告知罪犯权利义务的;

(2)人民法院收到有关机关对监外执行罪犯的撤销缓刑、假释、暂予监外执行的建议后,没有依法进行审查、裁定、决定的;

(3)公安机关没有及时接收监外执行罪犯,对监外执行罪犯没有落实监管责任、监管措施的;

(4)公安机关对违法的监外执行罪犯依法应当给予处罚而没有依法作出处罚或者建议处罚的;

(5)公安机关、监狱管理机关应当作出对罪犯收监执行决定而没有作出决定的;

(6)监狱、看守所应当将罪犯收监执行而没有收监执行的;

(7)对依法应当减刑的监外执行罪犯,公安机关没有提请减刑或者提请减刑不当的;

(8)对依法应当减刑的监外执行罪犯,人民法院没有裁定减刑或者减刑裁定不当的;

(9)监外执行罪犯刑期或者考验期满,公安机关、监狱、看守所未及时办理相关手续和履行相关程序的;

(10)人民法院、公安机关、监狱、看守所在监外执行罪犯交付执行、监督管

理过程中侵犯罪犯合法权益的;

(11)监外执行罪犯出现脱管、漏管情况的;

(12)其他依法应当提出纠正意见的情形。

25.监外执行罪犯在监外执行期间涉嫌犯罪,公安机关依法应当立案而不立案的,人民检察院应当按照《中华人民共和国刑事诉讼法》第八十七条的规定办理。

四、加强监外执行的综合治理(略)

《最高人民法院、最高人民检察院、公安部、司法部关于办理黑社会性质组织犯罪案件若干问题的规定》(公通字〔2012〕45号)第二十八条对办理黑社会性质组织犯罪案件所涉暂予监外执行的有关问题作了规定。(→参见第六十四条所附"其他规范",第478页)

《看守所留所执行刑罚罪犯管理办法》(公安部令第128号修订,修订后自2013年11月23日起施行,节录)

第二章 刑罚的执行

第三节 暂予监外执行

第十八条 罪犯符合《中华人民共和国刑事诉讼法》规定的暂予监外执行条件的,本人及其法定代理人、近亲属可以向看守所提出书面申请,管教民警或者看守所医生也可以提出书面意见。

第十九条 看守所接到暂予监外执行申请或者意见后,应当召开所务会研究,初审同意后根据不同情形对罪犯进行病情鉴定、生活不能自理鉴定或者妊娠检查,未通过初审的,应当向提出书面申请或者书面意见的人员告知原因。

所务会应当有书面记录,并由与会人员签名。

第二十条 对暂予监外执行罪犯的病情鉴定,应当到省级人民政府指定的医院进行;妊娠检查,应当到医院进行;生活不能自理鉴定,由看守所分管所领导、管教民警、看守所医生、驻所检察人员等组成鉴定小组进行;对正在哺乳自己婴儿的妇女,看守所应当通知罪犯户籍所在地或者居住地的公安机关出具相关证明。

生活不能自理,是指因病、伤残或者年老体弱致使日常生活中起床、用餐、行走、如厕等不能自行进行,必须在他人协助下才能完成。

对适用保外就医可能有社会危险性的罪犯,或者自伤自残的罪犯,不得保外就医。

第二十一条 罪犯需要保外就医的,应当由罪犯或者罪犯家属提出保证人。

保证人由看守所审查确定。

第二十二条　保证人应当具备下列条件：

（一）愿意承担保证人义务,具有完全民事行为能力；

（二）人身自由未受到限制,享有政治权利；

（三）有固定的住所和收入,有条件履行保证人义务；

（四）与被保证人共同居住或者居住在同一县级公安机关辖区。

第二十三条　保证人应当签署保外就医保证书。

第二十四条　罪犯保外就医期间,保证人应当履行下列义务：

（一）协助社区矫正机构监督被保证人遵守法律和有关规定；

（二）发现被保证人擅自离开居住的市、县,变更居住地,有违法犯罪行为,保外就医情形消失,或者被保证人死亡的,立即向社区矫正机构报告；

（三）为被保证人的治疗、护理、复查以及正常生活提供帮助；

（四）督促和协助被保证人按照规定定期复查病情和向执行机关报告。

第二十五条　对需要暂予监外执行的罪犯,看守所应当填写暂予监外执行审批表,并附病情鉴定、妊娠检查证明、生活不能自理鉴定,或者哺乳自己婴儿证明；需要保外就医的,应当同时附保外就医保证书。县级看守所应当将有关材料报经所属公安机关审核同意后,报设区的市一级以上公安机关批准；设区的市一级以上看守所应当将有关材料报所属公安机关审批。

看守所在报送审批材料的同时,应当将暂予监外执行审批表副本、病情鉴定或者妊娠检查诊断证明、生活不能自理鉴定、哺乳自己婴儿证明、保外就医保证书等有关材料的复印件抄送人民检察院驻所检察室。

批准暂予监外执行的公安机关接到人民检察院认为暂予监外执行不当的意见后,应当对暂予监外执行的决定进行重新核查。

第二十六条　看守所收到批准、决定机关暂予监外执行决定书后,应当办理罪犯出所手续,发给暂予监外执行决定书,并告知罪犯应当遵守的规定。

第二十七条　暂予监外执行罪犯服刑地和居住地不在同一省级或者设区的市一级以上公安机关辖区,需要回居住地暂予监外执行的,服刑地的省级公安机关监管部门或者设区的市一级以上公安机关监管部门应当书面通知居住地的同级公安机关监管部门,由居住地的公安机关监管部门指定看守所接收罪犯档案、负责办理收监或者刑满释放等手续。

第二十八条　看守所应当将暂予监外执行罪犯送交罪犯居住地,与县级司法行政机关办理交接手续。

第二十九条　公安机关对暂予监外执行罪犯决定收监执行的,由罪犯居住地看守所将罪犯收监执行。

看守所对人民法院决定暂予监外执行罪犯收监执行的,应当是交付执行刑罚前剩余刑期在三个月以下的罪犯。

第三十条 罪犯在暂予监外执行期间刑期届满的,看守所应当为其办理刑满释放手续。

第三十一条 罪犯暂予监外执行期间死亡的,看守所应当将执行机关的书面通知归入罪犯档案,并在登记表中注明。

《**暂予监外执行规定**》(最高人民法院、最高人民检察院、公安部、司法部、国家卫生计生委,司发通〔2014〕112号,自2014年12月1日起施行)

第一条 为了规范暂予监外执行工作,严格依法适用暂予监外执行,根据刑事诉讼法、监狱法等有关规定,结合刑罚执行工作实际,制定本规定。

第二条 对罪犯适用暂予监外执行,分别由下列机关决定或者批准:

(一)在交付执行前,由人民法院决定;

(二)在监狱服刑的,由监狱审查同意后提请省级以上监狱管理机关批准;

(三)在看守所服刑的,由看守所审查同意后提请设区的市一级以上公安机关批准。

对有关职务犯罪罪犯适用暂予监外执行,还应当依照有关规定逐案报请备案审查。

第三条 对暂予监外执行的罪犯,依法实行社区矫正,由其居住地的社区矫正机构负责执行。

第四条 罪犯在暂予监外执行期间的生活、医疗和护理等费用自理。

罪犯在监狱、看守所服刑期间因参加劳动致伤、致残被暂予监外执行的,其出监、出所后的医疗补助、生活困难补助等费用,由其服刑所在的监狱、看守所按照国家有关规定办理。

第五条 对被判处有期徒刑、拘役或者已经减为有期徒刑的罪犯,有下列情形之一,可以暂予监外执行:

(一)患有属于本规定所附《保外就医严重疾病范围》的严重疾病,需要保外就医的;

(二)怀孕或者正在哺乳自己婴儿的妇女;

(三)生活不能自理的。

对被判处无期徒刑的罪犯,有前款第二项规定情形的,可以暂予监外执行。

第六条 对需要保外就医或者属于生活不能自理,但适用暂予监外执行可能有社会危险性,或者自伤自残,或者不配合治疗的罪犯,不得暂予监外执行。

对职务犯罪、破坏金融管理秩序和金融诈骗犯罪、组织(领导、参加、包庇、纵容)黑社会性质组织犯罪的罪犯适用保外就医应当从严审批,对患有高血压、糖尿病、心脏病等严重疾病,但经诊断短期内没有生命危险的,不得暂予监外执行。

对在暂予监外执行期间因违法违规被收监执行或者因重新犯罪被判刑的罪犯,需要再次适用暂予监外执行的,应当从严审批。

第七条 对需要保外就医或者属于生活不能自理的累犯以及故意杀人、强奸、抢劫、绑架、放火、爆炸、投放危险物质或者有组织的暴力性犯罪的罪犯,原被判处死刑缓期二年执行或者无期徒刑的,应当在减为有期徒刑后执行有期徒刑七年以上方可适用暂予监外执行;原被判处十年以上有期徒刑的,应当执行原判刑期三分之一以上方可适用暂予监外执行。

对未成年罪犯、六十五周岁以上的罪犯、残疾人罪犯,适用前款规定可以适度从宽。

对患有本规定所附《保外就医严重疾病范围》的严重疾病,短期内有生命危险的罪犯,可以不受本条第一款规定关于执行刑期的限制。

第八条 对在监狱、看守所服刑的罪犯需要暂予监外执行的,监狱、看守所应当组织对罪犯进行病情诊断、妊娠检查或者生活不能自理的鉴别。罪犯本人或者其亲属、监护人也可以向监狱、看守所提出书面申请。

监狱、看守所对拟提请暂予监外执行的罪犯,应当核实其居住地。需要调查其对所居住社区影响的,可以委托居住地县级司法行政机关进行调查。

监狱、看守所应当向人民检察院通报有关情况。人民检察院可以派员监督有关诊断、检查和鉴别活动。

第九条 对罪犯的病情诊断或者妊娠检查,应当委托省级人民政府指定的医院进行。医院出具的病情诊断或者检查证明文件,应当由两名具有副高以上专业技术职称的医师共同作出,经主管业务院长审核签名,加盖公章,并附化验单、影像学资料和病历等有关医疗文书复印件。

对罪犯生活不能自理情况的鉴别,由监狱、看守所组织有医疗专业人员参加的鉴别小组进行。鉴别意见由组织鉴别的监狱、看守所出具,参与鉴别的人员应当签名,监狱、看守所的负责人应当签名并加盖公章。

对罪犯进行病情诊断、妊娠检查或者生活不能自理的鉴别,与罪犯有亲属关系或者其他利害关系的医师、人员应当回避。

第十条 罪犯需要保外就医的,应当由罪犯本人或者其亲属、监护人提出保证人,保证人由监狱、看守所审查确定。

罪犯没有亲属、监护人的,可以由其居住地的村(居)民委员会、原所在单位或者社区矫正机构推荐保证人。

保证人应当向监狱、看守所提交保证书。

第十一条 保证人应当同时具备下列条件:

(一)具有完全民事行为能力,愿意承担保证人义务;

(二)人身自由未受到限制;

(三)有固定的住处和收入;

(四)能够与被保证人共同居住或者居住在同一市、县。

第十二条 罪犯在暂予监外执行期间,保证人应当履行下列义务:

(一)协助社区矫正机构监督被保证人遵守法律和有关规定;

(二)发现被保证人擅自离开居住的市、县或者变更居住地,或者有违法犯罪行为,或者需要保外就医情形消失,或者被保证人死亡的,立即向社区矫正机构报告;

(三)为被保证人的治疗、护理、复查以及正常生活提供帮助;

(四)督促和协助被保证人按照规定履行定期复查病情和向社区矫正机构报告的义务。

第十三条 监狱、看守所应当就是否对罪犯提请暂予监外执行进行审议。经审议决定对罪犯提请暂予监外执行的,应当在监狱、看守所内进行公示。对病情严重必须立即保外就医的,可以不公示,但应当在保外就医后三个工作日以内在监狱、看守所内公告。

公示无异议或者经审查异议不成立的,监狱、看守所应当填写暂予监外执行审批表,连同有关诊断、检查、鉴别材料、保证人的保证书,提请省级以上监狱管理机关或者设区的市一级以上公安机关批准。已委托进行核实、调查的,还应当附县级司法行政机关出具的调查评估意见书。

监狱、看守所审议暂予监外执行前,应当将相关材料抄送人民检察院。决定提请暂予监外执行的,监狱、看守所应当将提请暂予监外执行书面意见的副本和相关材料抄送人民检察院。人民检察院可以向决定或者批准暂予监外执行的机关提出书面意见。

第十四条 批准机关应当自收到监狱、看守所提请暂予监外执行材料之日起十五个工作日以内作出决定。批准暂予监外执行的,应当在五个工作日以内将暂予监外执行决定书送达监狱、看守所,同时抄送同级人民检察院、原判人民法院和罪犯居住地社区矫正机构。暂予监外执行决定书应当上网公开。不予批准暂予监外执行的,应当在五个工作日以内将不予批准暂予监外执行决定书送达监狱、看守所。

第十五条 监狱、看守所应当向罪犯发放暂予监外执行决定书,及时为罪犯办理出监、出所相关手续。

在罪犯离开监狱、看守所之前,监狱、看守所应当核实其居住地,书面通知其居住地社区矫正机构,并对其进行出监、出所教育,书面告知其在暂予监外执行期间应当遵守的法律和有关监督管理规定。罪犯应当在告知书上签名。

第十六条 监狱、看守所应当派员持暂予监外执行决定书及有关文书材料,将罪犯押送至居住地,与社区矫正机构办理交接手续。监狱、看守所应当及时将罪犯交接情况通报人民检察院。

第十七条 对符合暂予监外执行条件的,被告人及其辩护人有权向人民法院提出暂予监外执行的申请,看守所可以将有关情况通报人民法院。对被告人、罪犯的病情诊断、妊娠检查或者生活不能自理的鉴别,由人民法院依照本规定程序组织进行。

第十八条 人民法院应当在执行刑罚的有关法律文书依法送达前,作出是否暂予监外执行的决定。

人民法院决定暂予监外执行的,应当制作暂予监外执行决定书,写明罪犯基本情况、判决确定的罪名和刑罚、决定暂予监外执行的原因、依据等,在判决生效后七日以内将暂予监外执行决定书送达看守所或者执行取保候审、监视居住的公安机关和罪犯居住地社区矫正机构,并抄送同级人民检察院。

人民法院决定不予暂予监外执行的,应当在执行刑罚的有关法律文书依法送达前,通知看守所或者执行取保候审、监视居住的公安机关,并告知同级人民检察院。监狱、看守所应当依法接收罪犯,执行刑罚。

人民法院在作出暂予监外执行决定前,应当征求人民检察院的意见。

第十九条 人民法院决定暂予监外执行,罪犯被羁押的,应当通知罪犯居住地社区矫正机构,社区矫正机构应当派员持暂予监外执行决定书及时与看守所办理交接手续,接收罪犯档案;罪犯被取保候审、监视居住的,由社区矫正机构与执行取保候审、监视居住的公安机关办理交接手续。

第二十条 罪犯原服刑地与居住地不在同一省、自治区、直辖市,需要回居住地暂予监外执行的,原服刑地的省级以上监狱管理机关或者设区的市一级以上公安机关监所管理部门应当书面通知罪犯居住地的监狱管理机关、公安机关监所管理部门,由其指定一所监狱、看守所接收罪犯档案,负责办理罪犯收监、刑满释放等手续,并及时书面通知罪犯居住地社区矫正机构。

第二十一条 社区矫正机构应当及时掌握暂予监外执行罪犯的身体状况以

及疾病治疗等情况,每三个月审查保外就医罪犯的病情复查情况,并根据需要向批准、决定机关或者有关监狱、看守所反馈情况。

第二十二条 罪犯在暂予监外执行期间因犯新罪或者发现判决宣告以前还有其他罪没有判决的,侦查机关应当在对罪犯采取强制措施后二十四小时以内,将有关情况通知罪犯居住地社区矫正机构;人民法院应当在判决、裁定生效后,及时将判决、裁定的结果通知罪犯居住地社区矫正机构和罪犯原服刑或者接收其档案的监狱、看守所。

罪犯按前款规定被判处监禁刑罚后,应当由原服刑的监狱、看守所收监执行;原服刑的监狱、看守所与接收其档案的监狱、看守所不一致的,应当由接收其档案的监狱、看守所收监执行。

第二十三条 社区矫正机构发现暂予监外执行罪犯依法应予收监执行的,应当提出收监执行的建议,经县级司法行政机关审核同意后,报决定或者批准机关。决定或者批准机关应当进行审查,作出收监执行决定的,将有关的法律文书送达罪犯居住地县级司法行政机关和原服刑或者接收其档案的监狱、看守所,并抄送同级人民检察院、公安机关和原判人民法院。

人民检察院发现暂予监外执行罪犯依法应予收监执行而未收监执行的,由决定或者批准机关同级的人民检察院向决定或者批准机关提出收监执行的检察建议。

第二十四条 人民法院对暂予监外执行罪犯决定收监执行的,决定暂予监外执行时剩余刑期在三个月以下的,由居住地公安机关送交看守所收监执行;决定暂予监外执行时剩余刑期在三个月以上的,由居住地公安机关送交监狱收监执行。

监狱管理机关对暂予监外执行罪犯决定收监执行的,原服刑或者接收其档案的监狱应当立即赴羁押地将罪犯收监执行。

公安机关对暂予监外执行罪犯决定收监执行的,由罪犯居住地看守所将罪犯收监执行。

监狱、看守所将罪犯收监执行后,应当将收监执行的情况报告决定或者批准机关,并告知罪犯居住地县级人民检察院和原判人民法院。

第二十五条 被决定收监执行的罪犯在逃的,由罪犯居住地县级公安机关负责追捕。公安机关将罪犯抓捕后,依法送交监狱、看守所执行刑罚。

第二十六条 被收监执行的罪犯有法律规定的不计入执行刑期情形的,社区矫正机构应当在收监执行建议书中说明情况,并附有关证明材料。批准机关进行审核后,应当及时通知监狱、看守所向所在地的中级人民法院提出不计入执行刑期的建议书。人民法院应当自收到建议书之日起一个月以内依法对罪犯的刑期重新计算作出裁定。

人民法院决定暂予监外执行的,在决定收监执行的同时应当确定不计入刑期的期间。

人民法院应当将有关的法律文书送达监狱、看守所,同时抄送同级人民检察院。

第二十七条 罪犯暂予监外执行后,刑期即将届满的,社区矫正机构应当在罪犯刑期届满前一个月以内,书面通知罪犯原服刑或者接收其档案的监狱、看守所按期办理刑满释放手续。

人民法院决定暂予监外执行罪犯刑期届满的,社区矫正机构应当及时解除社区矫正,向其发放解除社区矫正证明书,并将有关情况通报原判人民法院。

第二十八条 罪犯在暂予监外执行期间死亡的,社区矫正机构应当自发现之日起五日以内,书面通知决定或者批准机关,并将有关死亡证明材料送达罪犯原服刑或者接收其档案的监狱、看守所,同时抄送罪犯居住地同级人民检察院。

第二十九条 人民检察院发现暂予监外执行的决定或者批准机关、监狱、看守所、社区矫正机构有违法情形的,应当依法提出纠正意见。

第三十条 人民检察院认为暂予监外执行不当的,应当自接到决定书之日起一个月以内将书面意见送交决定或者批准暂予监外执行的机关,决定或者批准暂予监外执行的机关接到人民检察院的书面意见后,应当立即对该决定进行重新核查。

第三十一条 人民检察院可以向有关机关、单位调阅有关材料、档案,可以调查、核实有关情况,有关机关、单位和人员应当予以配合。

人民检察院认为必要时,可以自行组织或者要求人民法院、监狱、看守所对罪犯重新组织进行诊断、检查或者鉴别。

第三十二条 在暂予监外执行执法工作中,司法工作人员或者从事诊断、检查、鉴别等工作的相关人员有玩忽职守、徇私舞弊、滥用职权等违法违纪行为的,依法给予相应的处分;构成犯罪的,依法追究刑事责任。

第三十三条 本规定所称生活不能自理,是指罪犯因患病、身体残疾或者年老体弱,日常生活行为需要他人协助才能完成的情形。

生活不能自理的鉴别参照《劳动能力鉴定—职工工伤与职业病致残等级分级》(GB/T16180-2006)执行。进食、翻身、大小便、穿衣洗漱、自主行动等五项日常生活行为中有三项需要他人协助才能完成,且经过六个月以上治疗、护理和观察,自理能力不能恢复的,可以认定为生活不能自理。六十五周岁以上的罪犯,上述五项日常生活行为有一项需要他人协助才能完成即可视为生活不能自理。

第三十四条 本规定自 2014 年 12 月 1 日起施行。最高人民检察院、公安部、司法部 1990 年 12 月 31 日发布的《罪犯保外就医执行办法》同时废止。

附件:保外就医严重疾病范围(略)

《最高人民法院关于罪犯交付执行前暂予监外执行组织诊断工作有关问题的通知》(法〔2014〕319 号)

各省、自治区、直辖市高级人民法院,解放军军事法院,新疆维吾尔自治区高级人民法院生产建设兵团分院:

2014 年 4 月 24 日,第十二届全国人民代表大会常务委员会第八次会议通过《关于〈中华人民共和国刑事诉讼法〉第二百五十四条第五款、第二百五十七条第二款的解释》,规定罪犯在被交付执行前,因有严重疾病、妇女怀孕或正在哺乳自己婴儿、生活不能自理等原因,依法提出暂予监外执行申请的,有关病情诊断、妊娠检查和生活不能自理的鉴别,由人民法院负责组织进行。最高人民法院、最高人民检察院、公安部、司法部、国家卫生计生委于同年 10 月 24 日联合发布的《暂予监外执行规定》第十七条规定,被告人及其辩护人提出暂予监外执行申请的,对其病情诊断、妊娠检查和生活不能处理的鉴别,由人民法院依照规定程序组织进行。为贯彻落实上述立法解释和司法解释的要求,现就有关问题通知如下:

一、要规范工作内容。罪犯交付执行前暂予监外执行组织诊断工作,包括对罪犯的病情诊断、妊娠检查和生活不能自理的鉴别。

二、要落实工作责任。中级人民法院司法技术部门负责本辖区罪犯交付执行前暂予监外执行组织诊断工作。高级人民法院司法技术部门负责本辖区罪犯交付执行前暂予监外执行组织诊断工作的监督指导和组织复核诊断工作。最高人民法院司法技术部门监督指导地方各级人民法院罪犯交付执行前暂予监外执行组织诊断工作。

三、要严格工作程序。罪犯交付执行前暂予监外执行组织诊断工作应当由法医人员进行或组织相关专业的临床医学人员和法医人员共同进行,临床医学人员应当具有副主任医师以上职称,法医人员应当具有副主任法医师以上职称。相关医学检查应当在省级人民政府指定的医院进行。

四、要加强工作监督。组织诊断应当采用合议的形式进行,按照少数服从多数的原则出具诊断意见。罪犯或利害关系人对诊断意见有异议的,可在接到诊断意见之日起十日内向本地高级人民法院申请复核诊断,高级人民法院复核诊断意见为最终意见。地方各级人民法院要加强调查研究,对工作中遇到的问题,应当逐级报最高人民法院,上级法院要加强工作的监督指导。

五、高级人民法院应当结合工作实际,制定具体实施细则,并报最高人民法院备案。

《监狱暂予监外执行程序规定》(司法部,司发通〔2016〕78号,自2016年10月1日起施行)

第一章 总 则

第一条 为规范监狱办理暂予监外执行工作程序,根据《中华人民共和国刑事诉讼法》、《中华人民共和国监狱法》、《暂予监外执行规定》等有关规定,结合刑罚执行工作实际,制定本规定。

第二条 监狱办理暂予监外执行,应当遵循依法、公开、公平、公正的原则,严格实行办案责任制。

第三条 省、自治区、直辖市监狱管理局和监狱分别成立暂予监外执行评审委员会,由局长和监狱长任主任,分管暂予监外执行工作的副局长和副监狱长任副主任,刑罚执行、狱政管理、教育改造、狱内侦查、生活卫生、劳动改造等有关部门负责人为成员,监狱管理局、监狱暂予监外执行评审委员会成员不得少于9人。

监狱成立罪犯生活不能自理鉴别小组,由监狱长任组长,分管暂予监外执行工作的副监狱长任副组长,刑罚执行、狱政管理、生活卫生等部门负责人及2名以上医疗专业人员为成员,对因生活不能自理需要办理暂予监外执行的罪犯进行鉴别,鉴别小组成员不得少于7人。

第四条 监狱办理暂予监外执行,应当由监区人民警察集体研究,监区长办公会议审核,监狱刑罚执行部门审查,监狱暂予监外执行评审委员会评审,监狱长办公会议决定。

省、自治区、直辖市监狱管理局刑罚执行部门审查监狱依法定程序提请的暂予监外执行建议并出具意见,报请局长召集暂予监外执行评审委员会审核,必要时可以召开局长办公会议决定。

第五条 违反法律规定和本规定办理暂予监外执行,涉嫌违纪的,依照有关处分规定追究相关人员责任;涉嫌犯罪的,移送司法机关追究刑事责任。

第二章 暂予监外执行的诊断、检查、鉴别程序

第六条 对在监狱服刑的罪犯需要暂予监外执行的,监狱应当组织对罪犯进行病情诊断、妊娠检查或者生活不能自理的鉴别。罪犯本人或者其亲属、监护人也可以向监狱提出书面申请。

第七条 监狱组织诊断、检查或者鉴别,应当由监区提出意见,经监狱刑罚

执行部门审查,报分管副监狱长批准后进行诊断、检查或者鉴别。

对于患有严重疾病或者怀孕需要暂予监外执行的罪犯,委托省级人民政府指定的医院进行病情诊断或者妊娠检查。

对于生活不能自理需要暂予监外执行的罪犯,由监狱罪犯生活不能自理鉴别小组进行鉴别。

第八条 对罪犯的病情诊断或妊娠检查证明文件,应当由两名具有副高以上专业技术职称的医师共同作出,经主管业务院长审核签名,加盖公章,并附化验单、影像学资料和病历等有关医疗文书复印件。

第九条 对于生活不能自理的鉴别,应当由监狱罪犯生活不能自理鉴别小组审查下列事项:

(一)调取并核查罪犯经六个月以上治疗、护理和观察,生活自理能力仍不能恢复的材料;

(二)查阅罪犯健康档案及相关材料;

(三)询问主管人民警察,并形成书面材料;

(四)询问护理人员及其同一监区 2 名以上罪犯,并形成询问笔录;

(五)对罪犯进行现场考察,观察其日常生活行为,并形成现场考察书面材料;

(六)其他能够证明罪犯生活不能自理的相关材料。

审查结束后,鉴别小组应当及时出具意见并填写《罪犯生活不能自理鉴别书》,经鉴别小组成员签名以后,报监狱长审核签名,加盖监狱公章。

第十条 监狱应当向人民检察院通报对罪犯进行病情诊断、妊娠检查和生活不能自理鉴别工作情况。人民检察院可以派员监督。

第三章 暂予监外执行的提请程序

第十一条 罪犯需要保外就医的,应当由罪犯本人或其亲属、监护人提出保证人。无亲属、监护人的,可以由罪犯居住地的村(居)委会、原所在单位或者县级司法行政机关社区矫正机构推荐保证人。监狱刑罚执行部门对保证人的资格进行审查,填写《保证人资格审查表》,并告知保证人在罪犯暂予监外执行期间应当履行的义务,由保证人签署《暂予监外执行保证书》。

第十二条 对符合办理暂予监外执行条件的罪犯,监区人民警察应当集体研究,提出提请暂予监外执行建议,经监区长办公会议审核同意后,报送监狱刑罚执行部门审查。

第十三条 监区提出提请暂予监外执行建议的,应当报送下列材料:

(一)《暂予监外执行审批表》;

(二)终审法院裁判文书、执行通知书、历次刑罚变更执行法律文书;

(三)《罪犯病情诊断书》《罪犯妊娠检查书》及相关诊断、检查的医疗文书复印件,《罪犯生活不能自理鉴别书》及有关证明罪犯生活不能自理的治疗、护理和现场考察、询问笔录等材料;

(四)监区长办公会议记录;

(五)《保证人资格审查表》、《暂予监外执行保证书》及相关材料。

第十四条 监狱刑罚执行部门收到监区对罪犯提请暂予监外执行的材料后,应当就下列事项进行审查:

(一)提交的材料是否齐全、完备、规范;

(二)罪犯是否符合法定暂予监外执行的条件;

(三)提请暂予监外执行的程序是否符合规定。

经审查,对材料不齐全或者不符合提请条件的,应当通知监区补充有关材料或者退回;对相关材料有疑义的,应当进行核查。对材料齐全、符合提请条件的,应当出具审查意见,由科室负责人在《暂予监外执行审批表》上签署意见,连同监区报送的材料一并提交监狱暂予监外执行评审委员会评审。

第十五条 监狱刑罚执行部门应当核实暂予监外执行罪犯拟居住地,对需要调查评估其对所居住社区影响或核实保证人具保条件的,填写《拟暂予监外执行罪犯调查评估委托函》,附带原刑事判决书、减刑裁定书复印件以及罪犯在服刑期间表现情况材料,委托居住地县级司法行政机关进行调查,并出具调查评估意见书。

第十六条 监狱暂予监外执行评审委员会应当召开会议,对刑罚执行部门审查提交的提请暂予监外执行意见进行评审,提出评审意见。

监狱可以邀请人民检察院派员列席监狱暂予监外执行评审委员会会议。

第十七条 监狱暂予监外执行评审委员会评审后同意对罪犯提请暂予监外执行的,应当在监狱内进行公示。公示内容应当包括罪犯的姓名、原判罪名及刑期、暂予监外执行依据等。

公示期限为三个工作日。公示期内,罪犯对公示内容提出异议的,监狱暂予监外执行评审委员会应当进行复核,并告知其复核结果。

对病情严重必须立即保外就医的,可以不公示,但应当在保外就医后三个工作日内在监狱公告。

第十八条 公示无异议或者经复核异议不成立的,监狱应当将提请暂予监外执行相关材料送人民检察院征求意见。

征求意见后,监狱刑罚执行部门应当将监狱暂予监外执行评审委员会暂予监外执行建议和评审意见连同人民检察院意见,一并报请监狱长办公会议审议。

监狱对人民检察院意见未予采纳的,应当予以回复,并说明理由。

第十九条 监狱长办公会议决定提请暂予监外执行的,由监狱长在《暂予监外执行审批表》上签署意见,加盖监狱公章,并将有关材料报送省、自治区、直辖市监狱管理局。

人民检察院对提请暂予监外执行提出的检察意见,监狱应当一并移送办理暂予监外执行的省、自治区、直辖市监狱管理局。

决定提请暂予监外执行的,监狱应当将提请暂予监外执行书面意见的副本和相关材料抄送人民检察院。

第二十条 监狱决定提请暂予监外执行的,应当向省、自治区、直辖市监狱管理局提交提请暂予监外执行书面意见及下列材料:

(一)《暂予监外执行审批表》;

(二)终审法院裁判文书、执行通知书、历次刑罚变更执行法律文书;

(三)《罪犯病情诊断书》、《罪犯妊娠检查书》及相关诊断、检查的医疗文书复印件,《罪犯生活不能自理鉴别书》及有关证明罪犯生活不能自理的治疗、护理和现场考察、询问笔录等材料;

(四)监区长办公会议、监狱评审委员会会议、监狱长办公会议记录;

(五)《保证人资格审查表》、《暂予监外执行保证书》及相关材料;

(六)公示情况;

(七)根据案件情况需要提交的其他材料。

已委托县级司法行政机关进行核实、调查的,应当将调查评估意见书一并报送。

第四章 暂予监外执行的审批程序

第二十一条 省、自治区、直辖市监狱管理局收到监狱报送的提请暂予监外执行的材料后,应当进行审查。

对病情诊断、妊娠检查或者生活不能自理情况的鉴别是否符合暂予监外执行条件,由生活卫生部门进行审查;对上报材料是否符合法定条件、法定程序及材料的完整性等,由刑罚执行部门进行审查。

审查中发现监狱报送的材料不齐全或者有疑义的,刑罚执行部门应当通知监狱补交有关材料或者作出说明,必要时可派员进行核实;对诊断、检查、鉴别有疑义的,生活卫生部门应当组织进行补充鉴定或者重新鉴定。

审查无误后,应当由刑罚执行部门出具审查意见,报请局长召集评审委员会进行审核。

第二十二条　监狱管理局局长认为案件重大或者有其他特殊情况的，可以召开局长办公会议审议决定。

监狱管理局对罪犯办理暂予监外执行作出决定的，由局长在《暂予监外执行审批表》上签署意见，加盖监狱管理局公章。

第二十三条　对于病情严重需要立即保外就医的，省、自治区、直辖市监狱管理局收到监狱报送的提请暂予监外执行材料后，应当由刑罚执行部门、生活卫生部门审查，报经分管副局长审核后报局长决定，并在罪犯保外就医后三日内召开暂予监外执行评审委员会予以确认。

第二十四条　监狱管理局应当自收到监狱提请暂予监外执行材料之日起十五个工作日内作出决定。

批准暂予监外执行的，应当在五个工作日内，将《暂予监外执行决定书》送达监狱，同时抄送同级人民检察院、原判人民法院和罪犯居住地县级司法行政机关社区矫正机构。

不予批准暂予监外执行的，应当在五个工作日内将《不予批准暂予监外执行决定书》送达监狱。

人民检察院认为暂予监外执行不当提出书面意见的，监狱管理局应当在接到书面意见后十五日内对决定进行重新核查，并将核查结果书面回复人民检察院。

第二十五条　监狱管理局批准暂予监外执行的，应当在十个工作日内，将暂予监外执行决定上网公开。

第五章　暂予监外执行的交付程序

第二十六条　省、自治区、直辖市监狱管理局批准暂予监外执行后，监狱应当核实罪犯居住地，书面通知罪犯居住地县级司法行政机关社区矫正机构并协商确定交付时间，对罪犯进行出监教育，书面告知罪犯在暂予监外执行期间应当遵守的法律和有关监督管理规定。

罪犯应当在《暂予监外执行告知书》上签名，如果因特殊原因无法签名的，可由其保证人代为签名。

监狱将《暂予监外执行告知书》连同《暂予监外执行决定书》交予罪犯本人或保证人。

第二十七条　监狱应当派员持《暂予监外执行决定书》及有关文书材料，将罪犯押送至居住地，与县级司法行政机关社区矫正机构办理交接手续。

罪犯因病情严重需要送入居住地的医院救治的，监狱可与居住地县级司法行政机关协商确定在居住地的医院交付并办理交接手续，暂予监外执行罪犯的保证人应当到场。

罪犯交付执行后,监狱应当在五个工作日内将罪犯交接情况通报人民检察院。

第二十八条 罪犯原服刑地与居住地不在同一省、自治区、直辖市,需要回居住地暂予监外执行的,监狱应当及时办理出监手续并将交接情况通报罪犯居住地的监狱管理局,原服刑地的监狱管理局应当自批准暂予监外执行三个工作日内将《罪犯档案转递函》、《暂予监外执行决定书》以及罪犯档案等材料送达罪犯居住地的监狱管理局。

罪犯居住地的监狱管理局应当在十个工作日内指定一所监狱接收罪犯档案,负责办理该罪犯的收监、刑满释放等手续,并书面通知罪犯居住地县级司法行政机关社区矫正机构。

第六章 暂予监外执行的收监和释放程序

第二十九条 对经县级司法行政机关审核同意的社区矫正机构提出的收监建议,批准暂予监外执行的监狱管理局应当进行审查。

决定收监执行的,将《暂予监外执行收监决定书》送达罪犯居住地县级司法行政机关和原服刑或接收其档案的监狱,并抄送同级人民检察院、公安机关和原判人民法院。

第三十条 监狱收到《暂予监外执行收监决定书》后,应当立即赴羁押地将罪犯收监执行,并将《暂予监外执行收监决定书》交予罪犯本人。

罪犯收监后,监狱应当将收监执行的情况报告批准收监执行的监狱管理局,并告知罪犯居住地县级人民检察院和原判人民法院。

被决定收监执行的罪犯在逃的,由罪犯居住地县级司法行政机关通知罪犯居住地县级公安机关负责追捕。

第三十一条 被收监执行的罪犯有法律规定的不计入执行刑期情形的,县级司法行政机关社区矫正机构应当在收监执行建议书中说明情况,并附有关证明材料。

监狱管理局应当对前款材料进行审核,对材料不齐全的,应当通知县级司法行政机关社区矫正机构在五个工作日内补送;对不符合法律规定的不计入执行刑期情形的或者逾期未补送材料的,应当将结果告知县级司法行政机关社区矫正机构;对材料齐全、符合法律规定的不计入执行刑期情形的,应当通知监狱向所在地中级人民法院提出不计入刑期的建议书。

第三十二条 暂予监外执行罪犯刑期即将届满的,监狱收到县级司法行政机关社区矫正机构书面通知后,应当按期办理刑满释放手续。

第三十三条　罪犯在暂予监外执行期间死亡的,县级司法行政机关社区矫正机构应当自发现其死亡之日起五日以内,书面通知批准暂予监外执行的监狱管理局,并将有关死亡证明材料送达该罪犯原服刑或者接收其档案的监狱,同时抄送罪犯居住地同级人民检察院。

第七章　附　则

第三十四条　监区人民警察集体研究会议、监区长办公会议、监狱暂予监外执行评审委员会会议、监狱长办公会议、监狱管理局暂予监外执行评审委员会会议、监狱管理局长办公会议的记录和本规定第二十条规定的材料,应当存入档案并永久保存。会议记录应当载明不同意见,并由与会人员签名。

第三十五条　监狱办理职务犯罪罪犯暂予监外执行案件,应当按照有关规定报请备案审查。

第三十六条　司法部直属监狱办理暂予监外执行工作程序,参照本规定办理。

第三十七条　本规定自2016年10月1日起施行。

《罪犯生活不能自理鉴别标准》(最高人民法院,法〔2016〕305号,具体条文未收录)

《中华人民共和国社区矫正法实施办法》(最高人民法院、最高人民检察院、公安部、司法部,司发通〔2020〕59号,自2020年7月1日起施行,节录)

第三十八条　发现社区矫正对象失去联系的,社区矫正机构应当立即组织查找,可以采取通信联络、信息化核查、实地查访等方式查找,查找时要做好记录,固定证据。查找不到的,社区矫正机构应当及时通知公安机关,公安机关应当协助查找。社区矫正机构应当及时将组织查找的情况通报人民检察院。

查找到社区矫正对象后,社区矫正机构应当根据其脱离监管的情形,给予相应处置。虽能查找到社区矫正对象下落但其拒绝接受监督管理的,社区矫正机构应当视情节依法提请公安机关予以治安管理处罚,或者依法提请撤销缓刑、撤销假释、对暂予监外执行的收监执行。

第四十条　发现社区矫正对象有违反监督管理规定或者人民法院禁止令等违法情形的,执行地县级社区矫正机构应当调查核实情况,收集有关证据材料,提出处理意见。

社区矫正机构发现社区矫正对象有撤销缓刑、撤销假释或者暂予监外执行收监执行的法定情形的,应当组织开展调查取证工作,依法向社区矫正决定机关提出撤销缓刑、撤销假释或者暂予监外执行收监执行建议,并将建议书抄送同级人民检察院。

第四十九条 暂予监外执行的社区矫正对象有下列情形之一的,由执行地县级社区矫正机构提出收监执行建议:

(一)不符合暂予监外执行条件的;

(二)未经社区矫正机构批准擅自离开居住的市、县,经警告拒不改正,或者拒不报告行踪,脱离监管的;

(三)因违反监督管理规定受到治安管理处罚,仍不改正的;

(四)受到社区矫正机构两次警告的;

(五)保外就医期间不按规定提交病情复查情况,经警告拒不改正的;

(六)暂予监外执行的情形消失后,刑期未满的;

(七)保证人丧失保证条件或者因不履行义务被取消保证人资格,不能在规定期限内提出新的保证人的;

(八)其他违反有关法律、行政法规和监督管理规定,情节严重的情形。

社区矫正机构一般向执行地社区矫正决定机关提出收监执行建议。如果原社区矫正决定机关与执行地县级社区矫正机构在同一省、自治区、直辖市的,可以向原社区矫正决定机关提出建议。

社区矫正机构的收监执行建议书和决定机关的决定书,应当同时抄送执行地县级人民检察院。

第五十条 人民法院裁定撤销缓刑、撤销假释或者决定暂予监外执行收监执行的,由执行地县级公安机关本着就近、便利、安全的原则,送交社区矫正对象执行地所属的省、自治区、直辖市管辖范围内的看守所或者监狱执行刑罚。

公安机关决定暂予监外执行收监执行的,由执行地县级公安机关送交存放或者接收罪犯档案的看守所收监执行。

监狱管理机关决定暂予监外执行收监执行的,由存放或者接收罪犯档案的监狱收监执行。

第五十一条 撤销缓刑、撤销假释的裁定和收监执行的决定生效后,社区矫正对象下落不明的,应当认定为在逃。

被裁定撤销缓刑、撤销假释和被决定收监执行的社区矫正对象在逃的,由执行地县级公安机关负责追捕。撤销缓刑、撤销假释裁定书和对暂予监外执行罪犯收监执行决定书,可以作为公安机关追逃依据。

《最高人民法院、最高人民检察院、公安部、国家安全部、司法部、国家卫生健康委关于进一步规范暂予监外执行工作的意见》(司发通〔2023〕24号,自2023年7月1日起施行)

为进一步依法准确适用暂予监外执行,确保严格规范公正文明执法,根据

《中华人民共和国刑事诉讼法》《中华人民共和国监狱法》《中华人民共和国社区矫正法》等有关法律和《暂予监外执行规定》,结合工作实际,提出如下意见:

一、进一步准确把握相关诊断检查鉴别标准

1.《暂予监外执行规定》中的"短期内有生命危险",是指罪犯所患疾病病情危重,有临床生命体征改变,并经临床诊断和评估后确有短期内发生死亡可能的情形。诊断医院在《罪犯病情诊断书》注明"短期内有死亡风险"或者明确出具病危通知书,视为"短期内有生命危险"。临床上把某种疾病评估为"具有发生猝死的可能"一般不作为"短期内有生命危险"的情形加以使用。

罪犯就诊的医疗机构七日内出具的病危通知书可以作为诊断医院出具《罪犯病情诊断书》的依据。

2.《保外就医严重疾病范围》中的"久治不愈"是指所有范围内疾病均应有规范治疗过程,仍然不能治愈或好转者,才符合《保外就医严重疾病范围》医学条件。除《保外就医严重疾病范围》明确规定需经规范治疗的情形外,"久治不愈"是指经门诊治疗和/或住院治疗并经临床评估后仍病情恶化或未见好转的情形。在诊断过程中,经评估确认短期内有生命危险,即符合保外就医医学条件。

3.《保外就医严重疾病范围》关于"严重功能障碍"中的"严重",一般对应临床上实质脏器(心、肺、肝、肾、脑、胰腺等)功能障碍"中度及以上的"的分级标准。

4.《保外就医严重疾病范围》关于患精神疾病罪犯"无服刑能力"的评估,应当以法医精神病司法鉴定意见为依据。精神疾病的发作和控制、是否为反复发作,应当以省级人民政府指定医院的诊断结果为依据。

5.《暂予监外执行规定》中"生活不能自理"的鉴别参照《劳动能力鉴定职工工伤与职业病致残等级(GB/T 16180—2014)》执行。进食、翻身、大小便、穿衣洗漱、自主行动等五项日常生活行为中有三项需要他人协助才能完成,且经过六个月以上治疗、护理和观察,自理能力不能恢复的,可以认定为生活不能自理。六十五周岁以上的罪犯,上述五项日常生活行为有一项需要他人协助才能完成即可视为生活不能自理。

二、进一步规范病情诊断和妊娠检查

6.暂予监外执行病情诊断和妊娠检查应当在省级人民政府指定的医院进行,病情诊断由两名具有副高以上专业技术职称的医师负责,妊娠检查由两名具有中级以上专业技术职称的医师负责。

罪犯被送交监狱执行刑罚前,人民法院决定暂予监外执行的,组织诊断工作由人民法院负责。

7. 医院应当在收到人民法院、公安机关、监狱管理机关、监狱委托书后五个工作日内组织医师进行诊断检查,并在二十个工作日内完成并出具《罪犯病情诊断书》。对于罪犯病情严重必须立即保外就医的,受委托医院应当在三日内完成诊断并出具《罪犯病情诊断书》。

8. 医师应当认真查看医疗文件,亲自诊查病人,进行合议并出具意见,填写《罪犯病情诊断书》或《罪犯妊娠检查书》,并附三个月内的客观诊断依据。《罪犯病情诊断书》《罪犯妊娠检查书》由两名负责诊断检查的医师签名,并经主管业务院长审核签名后,加盖诊断医院公章。

《罪犯病情诊断书》或《罪犯妊娠检查书》应当包括罪犯基本情况、医学检查情况、诊断检查意见等内容,诊断依据应当包括疾病诊断结果、疾病严重程度评估等。罪犯病情诊断意见关于病情的表述应当符合《保外就医严重疾病范围》相应条款。

《罪犯病情诊断书》自出具之日起三个月内可以作为人民法院、公安机关、监狱管理机关决定或批准暂予监外执行的依据。超过三个月的,人民法院、公安机关、监狱应当委托医院重新进行病情诊断,并出具《罪犯病情诊断书》。

9. 医师对诊断检查意见有分歧的,应当在《罪犯病情诊断书》或《罪犯妊娠检查书》中写明分歧内容和理由,分别签名或者盖章。因意见分歧无法作出一致结论的,人民法院、公安机关、监狱应当委托其他同等级或者以上等级的省级人民政府指定的医院重新组织诊断检查。

10. 在暂予监外执行工作中,司法工作人员或者参与诊断检查的医师与罪犯有近亲属关系或者其他利害关系的应当回避。

三、进一步严格决定批准审查和收监执行审查

11. 人民法院、公安机关、监狱管理机关决定或批准暂予监外执行时,采取书面审查方式进行。审查过程中,遇到涉及病情诊断、妊娠检查或生活不能自理鉴别意见专业疑难问题时,可以委托法医技术人员或省级人民政府指定医院具有副高以上职称的医师审核并出具意见,审核意见作为是否暂予监外执行的参考。

12. 对于病情严重适用立即保外就医程序的,公安机关、监狱管理机关应当在罪犯保外就医后三个工作日内召开暂予监外执行评审委员会予以确认。

13. 对在公示期间收到不同意见,或者在社会上有重大影响、社会关注度高的罪犯,或者其他有听证审查必要的,监狱、看守所提请暂予监外执行,人民法院、公安机关、监狱管理机关决定或批准暂予监外执行,可以组织听证。听证意见作为是否提请或批准、决定暂予监外执行的参考。

听证时,应当通知罪犯、其他申请人、公示期间提出不同意见的人等有关人员参加。人民法院、公安机关、监狱管理机关、监狱或者看守所组织听证,还应当通知同级人民检察院派员参加。

人民检察院经审查认为需要以听证方式办理暂予监外执行案件和收监执行监督案件的,人民法院、公安机关、监狱管理机关、监狱或者看守所应当予以协同配合提供支持。

14.人民法院、人民检察院、公安机关、监狱管理机关审查社区矫正机构收监执行的建议,一般采取书面审查方式,根据工作需要也可以组织核查。社区矫正机构应当同时提交罪犯符合收监情形、有不计入执行刑期情形等相关证明材料,在《收监执行建议书》中注明并提出明确意见。人民法院、公安机关、监狱管理机关经审查认为符合收监情形的,应当出具收监执行决定书,送社区矫正机构并抄送同级人民检察院;不符合收监情形的,应当作出不予收监执行决定书并抄送同级人民检察院。公安机关、监狱应当在收到收监执行决定书之日起三日内将罪犯收监执行。

对于人民法院、公安机关、监狱管理机关经审查认为需要补充材料并向社区矫正机构提出的,社区矫正机构应当在十五个工作日内补充完成。

15.对暂予监外执行期间因犯新罪或者发现判决宣告以前还有其他罪没有判决,被侦查机关采取强制措施的罪犯,社区矫正机构接到侦查机关通知后,应当通知罪犯原服刑或接收其档案的监狱、看守所。对被判处监禁刑罚的,应当由原服刑的监狱、看守所收监执行;原服刑的监狱、看守所与接收其档案的监狱、看守所不一致的,应当由接收其档案的监狱、看守所收监执行。对没有被判处监禁刑罚,社区矫正机构认为符合收监情形的,应当提出收监执行建议,并抄送执行地县级人民检察院。

16.对不符合暂予监外执行条件的罪犯通过贿赂等非法手段被暂予监外执行的,应当由原暂予监外执行决定或批准机关作出收监执行的决定并抄送同级人民检察院,将罪犯收监执行。罪犯收监执行后,监狱或者看守所应当向所在地中级人民法院提出不计入执行刑期的建议书。人民法院应当自收到建议书之日起一个月内依法对罪犯的刑期重新计算作出裁定。

人民检察院发现不符合暂予监外执行条件的罪犯通过贿赂等非法手段被暂予监外执行的,应当向原暂予监外执行决定或批准机关提出纠正意见并附相关材料。原暂予监外执行决定或批准机关应当重新进行核查,并将相关情况反馈人民检察院。

原暂予监外执行决定或批准机关作出收监执行的决定后,对刑期已经届满的,罪犯原服刑或接收其档案的监狱或者看守所应当向所在地中级人民法院提出不计入执行刑期的建议书,人民法院审核裁定后,应当将罪犯收监执行。人民法院决定收监执行的,应当一并作出重新计算刑期的裁定,通知执行地公安机关将罪犯送交原服刑或接收其档案的监狱或者看守所收监执行。罪犯收监执行后应当继续执行的刑期自收监之日起计算。

被决定收监执行的罪犯在逃的,由罪犯社区矫正执行地县级公安机关负责追捕。原暂予监外执行决定或批准机关作出的收监执行决定可以作为公安机关追逃依据。

四、进一步强化全过程监督制约

17. 人民检察院应当对暂予监外执行进行全程法律监督。罪犯病情诊断、妊娠检查前,人民法院、监狱、看守所应当将罪犯信息、时间和地点至少提前一个工作日向人民检察院通报。对具有"短期内有生命危险"情形的应当立即通报。人民检察院可以派员现场监督诊断检查活动。

人民法院、公安机关、监狱应当在收到病情诊断意见、妊娠检查结果后三个工作日内将《罪犯病情诊断书》或者《罪犯妊娠检查书》及诊断检查依据抄送人民检察院。

人民检察院可以依法向有关单位和人员调查核实情况,调阅复制案卷材料,并可以参照本意见第6至11条重新组织对被告人、罪犯进行诊断、检查或者鉴别等。

18. 人民法院、公安机关、监狱管理机关、监狱、看守所、社区矫正机构要依法接受检察机关的法律监督,认真听取检察机关的意见、建议。

19. 人民法院、人民检察院、公安机关、监狱管理机关、监狱、看守所应当邀请人大代表、政协委员或者有关方面代表作为监督员对暂予监外执行工作进行监督。

20. 人民法院、公安机关、监狱管理机关办理暂予监外执行案件,除病情严重必须立即保外就医的,应当在立案或收到监狱、看守所提请暂予监外执行建议后五个工作日内将罪犯基本情况、原判认定的罪名和刑期、申请或者启动暂予监外执行的事由,以及病情诊断、妊娠检查、生活不能自理鉴别的结果向社会公示。依法不予公开的案件除外。

公示应当载明提出意见的方式,期限为三日。对提出异议的,人民法院、公安机关、监狱管理机关应当在调查核实后五个工作日内予以回复。

21. 人民法院、公安机关、监狱管理机关应当在决定或批准之日起十个工作日内,将暂予监外执行决定书在互联网公开。对在看守所、监狱羁押或服刑的罪犯,因病情严重适用立即保外就医程序的,应当在批准之日起三个工作日内在看守所、监狱进行为期五日的公告。

22. 各省、自治区、直辖市高级人民法院、人民检察院、公安厅(局)、司法厅(局)、卫生健康委应当共同建立暂予监外执行诊断检查医院名录,并在省级人民政府指定的医院相关文件中及时向社会公布并定期更新。

23. 罪犯暂予监外执行决定书有下列情形之一的,不予公开:
（一）涉及国家秘密的;
（二）未成年人犯罪的;
（三）人民法院、公安机关、监狱管理机关认为不宜公开的其他情形。

人民法院、公安机关、监狱管理机关、监狱应当对拟公开的暂予监外执行决定书中涉及罪犯家庭住址、身份证号码等个人隐私的信息作技术处理,但应当载明暂予监外执行的情形。

五、进一步加强社区矫正衔接配合和监督管理

24. 社区矫正机构应当加强与人民法院、人民检察院、公安机关、监狱管理机关以及存放或者接收罪犯档案的监狱、看守所的衔接配合,建立完善常态化联系机制。需要对社区矫正对象采取限制出境措施的,应当按有关规定办理。

25. 社区矫正机构应当加强暂予监外执行罪犯定期身体情况报告监督和记录,对保外就医的,每三个月审查病情复查情况,并根据需要向人民法院、人民检察院、公安机关、监狱管理机关,存放或者接收罪犯档案的监狱、看守所反馈。对属于患严重疾病、久治不愈的,社区矫正机构可以结合具保情况、家庭状况、经济条件等,延长罪犯复查期限,并通报执行地县级人民检察院。

26. 社区矫正机构根据工作需要,组织病情诊断、妊娠检查或者生活不能自理的鉴别,应当通报执行地县级人民检察院,并可以邀请人民法院、人民检察院、公安机关、监狱管理机关、监狱、看守所参加。人民法院、人民检察院、公安机关、监狱管理机关、监狱、看守所依法配合社区矫正工作。

27. 社区矫正工作中,对暂予监外执行罪犯组织病情诊断、妊娠检查或者生活不能自理的鉴别应当参照本意见第6至11条执行。

六、进一步严格工作责任

28. 暂予监外执行组织诊断检查、决定批准和执行工作,实行"谁承办谁负责、谁主管谁负责、谁签字谁负责"的办案责任制。

29. 在暂予监外执行工作中,司法工作人员或者从事病情诊断检查等工作的相关人员有玩忽职守、徇私舞弊等行为的,一律依法依纪追究责任;构成犯罪的,依法追究刑事责任。在案件办理中,发现司法工作人员相关职务犯罪线索的,及时移送检察机关。

30.在暂予监外执行工作中,司法工作人员或者从事病情诊断检查等工作的相关人员依法履行职责,没有故意或重大过失,不能仅以罪犯死亡、丧失暂予监外执行条件、违反监督管理规定或者重新犯罪而被追究责任。

31.国家安全机关办理危害国家安全的刑事案件,涉及暂予监外执行工作的,适用本意见。

32.本意见自2023年7月1日起施行。此前有关规定与本意见不一致的,以本意见为准。

指导性案例

罪犯王某某暂予监外执行监督案(检例第72号)

关键词 暂予监外执行监督 徇私舞弊 不计入执行刑期 贿赂 技术性证据的审查

要　旨 人民检察院对违法暂予监外执行进行法律监督时,应当注意发现和查办背后的相关司法工作人员职务犯罪。对司法鉴定意见、病情诊断意见的审查,应当注重对其及所依据的原始资料进行重点审查。发现不符合暂予监外执行条件的罪犯通过非法手段暂予监外执行的,应当依法监督纠正。办理暂予监外执行案件时,应当加强对鉴定意见等技术性证据的联合审查。

指导意义

1.人民检察院对暂予监外执行进行法律监督时,应注重发现和查办违法暂予监外执行背后的相关司法工作人员职务犯罪案件。实践中,违法暂予监外执行案件背后往往隐藏着司法腐败。因此,检察机关在监督纠正违法暂予监外执行的同时,应当注意发现和查办违法监外执行背后存在的相关司法工作人员职务犯罪案件,把刑罚变更执行法律监督与职务犯罪侦查工作相结合,以监督促侦查,以侦查促监督,不断提升法律监督质效。在违法暂予监外执行案件中,一些罪犯亲友往往通过贿赂相关司法工作人员等手段,帮助罪犯违法暂予监外执行,这是违法暂予监外执行中较为常见的一种现象,对于情节严重的,应当依法追究其刑事责任。

2.对司法鉴定意见、病情诊断意见的审查,应当注重对其及所依据的原始资料进行重点审查。检察人员办理暂予监外执行监督案件时,应当在审查鉴定意见、病情诊断的基础上,对鉴定意见、病情诊断所依据的原始资料进行重点审查,包括罪犯以往就医病历资料、病情诊断所依据的体检记录、住院病案、影像学报告、检查报告单等,判明原始资料以及鉴定意见和病情诊断的真伪、资料的证明力、鉴定人员的资质、产生资料的程序等问题,以及是否能够据此得出鉴定意见、病情诊断所阐述的结论性意见,相关鉴定部门及鉴定人的鉴定行为是否合法有效等。经审查发现疑点的应进行调查核实,可以邀请有专门知识的人参加。同时,也可以视情况要求有关部门重新组织或者自行组织诊断、检查或者鉴别。

3.办理暂予监外执行案件时,应当加强对鉴定意见等技术性证据的联合审查。司法实践中,负责直接办理暂予监外执行监督案件的刑事执行检察人员一般缺乏专业性的医学知识,为确保检察意见的准确性,刑事执行检察人员在办理暂予监外执行监督案件时,应当委托检察技术人员对鉴定意见等技术性证据进行审查,检察技术人员应当协助刑事执行检察人员审查或者组织审查案件中涉及的鉴定意见等技术性证据。刑事执行检察人员可以将技术性证据审查意见作为审查判断证据的参考,也可以作为决定重新鉴定、补充鉴定或提出检察建议的依据。

社区矫正对象崔某某暂予监外执行收监执行监督案(检例第132号)

关键词 社区矫正监督 重点审查对象 变更执行地 保外就医情形消失 暂予监外执行收监执行

要 旨 人民检察院开展社区矫正法律监督工作,应当加强对因患严重疾病被暂予监外执行以及变更执行地等社区矫正对象的监督管理活动的监督。人民检察院在监督工作中应当准确把握暂予监外执行适用条件,必要时聘请有专门知识的人辅助审查。发现社区矫正对象暂予监外执行情形消失且刑期未满的,应当依法提出收监执行的检察建议,维护刑罚执行公平公正。

指导意义

(一)人民检察院开展社区矫正监督工作,对于保外就医的社区矫正对象是否符合暂予监外执行条件应当加强审查。对于交付社区矫正、变更执行地的保外就医社区矫正对象,检察机关应及时审查是否符合暂予监外执行条件。对于保外就医的职务犯罪、破坏金融管理秩序和金融诈骗犯罪、黑社会性质组织犯罪等社区矫正对象,特别是在监内服刑时间较短、剩余刑期较长的人员,应当予以重点审查。社区矫正期间,人民检察院应监督社区矫正机构及时掌握暂予监外执行社区矫正对象身体状况及疾病治疗等情况,每三个月审查保外就医社区矫正对象病情复查情况。必要时,人民检察院可以自行组织或者要求社区矫正机构对社区矫正对象重新组织诊断、检查或者鉴别。为保证相关结果客观公正,诊断、检查的医疗机构应当与暂予监外执行社区矫正对象日常就诊的医疗机构不同且不存在利益相关。对于暂予监外执行情形消失的,人民检察院应当及时提出收监执行的检察建议,防止"一保到底",切实维护刑罚执行公平公正。

（二）人民检察院开展社区矫正监督工作，可充分结合专家意见，综合判断社区矫正对象是否符合继续保外就医条件。人民检察院在对保外就医社区矫正对象的监督管理活动开展法律监督时，要重点关注社区矫正对象的身体健康状况，依法判断是否仍属于《保外就医严重疾病范围》规定的严重疾病情形。人民检察院在甄别病情是否发生重大变化、保外就医情形是否消失时，可以邀请有专门知识的人参与，辅助对病情复查诊断书及相关化验单、影像学资料、病历、鉴定意见等材料进行审查，并充分考虑专家意见后进行综合判断。

（三）人民检察院应加强对变更社区矫正执行地的监督，切实防止通过变更执行地逃避刑罚执行问题的发生。为促进社区矫正对象顺利融入社会，因工作变动、居所变化、生活需要等正当理由，社区矫正对象可以申请变更社区矫正执行地。人民检察院应当加强对变更社区矫正执行地等情形的法律监督，重点审查变更理由是否合理、相关证明材料是否充分、变更审批手续、交付接收程序等是否合法规范，同时应当监督变更执行地后的社区矫正机构加强对社区矫正对象的监督管理。

第二百六十九条 【社区矫正】对被判处管制、宣告缓刑、假释或者暂予监外执行的罪犯，依法实行社区矫正，由社区矫正机构负责执行。

立法沿革

1979年《刑事诉讼法》第一百五十八条规定："对于被判处徒刑缓刑的罪犯，由公安机关交所在单位或者基层组织予以考察。""对于被假释的罪犯，在假释考验期限内，由公安机关予以监督。"1996年修改《刑事诉讼法》时对本条规定未作调整。2012年《刑事诉讼法修改决定》对本条作了修改，规定对"对被判处管制、宣告缓刑、假释或者暂予监外执行的罪犯"实行社区矫正。2018年修改《刑事诉讼法》时对本条规定未作调整。

相关规定

《中华人民共和国社区矫正法》（自2020年7月1日起施行）

第一章 总 则

第一条 为了推进和规范社区矫正工作，保障刑事判决、刑事裁定和暂予监外执行决定的正确执行，提高教育矫正质量，促进社区矫正对象顺利融入社会，预防和减少犯罪，根据宪法，制定本法。

第二条 对被判处管制、宣告缓刑、假释和暂予监外执行的罪犯，依法实行社区矫正。

对社区矫正对象的监督管理、教育帮扶等活动,适用本法。

第三条 社区矫正工作坚持监督管理与教育帮扶相结合,专门机关与社会力量相结合,采取分类管理、个别化矫正,有针对性地消除社区矫正对象可能重新犯罪的因素,帮助其成为守法公民。

第四条 社区矫正对象应当依法接受社区矫正,服从监督管理。

社区矫正工作应当依法进行,尊重和保障人权。社区矫正对象依法享有的人身权利、财产权利和其他权利不受侵犯,在就业、就学和享受社会保障等方面不受歧视。

第五条 国家支持社区矫正机构提高信息化水平,运用现代信息技术开展监督管理和教育帮扶。社区矫正工作相关部门之间依法进行信息共享。

第六条 各级人民政府应当将社区矫正经费列入本级政府预算。

居民委员会、村民委员会和其他社会组织依法协助社区矫正机构开展工作所需的经费应当按照规定列入社区矫正机构本级政府预算。

第七条 对在社区矫正工作中做出突出贡献的组织、个人,按照国家有关规定给予表彰、奖励。

第二章 机构、人员和职责

第八条 国务院司法行政部门主管全国的社区矫正工作。县级以上地方人民政府司法行政部门主管本行政区域内的社区矫正工作。

人民法院、人民检察院、公安机关和其他有关部门依照各自职责,依法做好社区矫正工作。人民检察院依法对社区矫正工作实行法律监督。

地方人民政府根据需要设立社区矫正委员会,负责统筹协调和指导本行政区域内的社区矫正工作。

第九条 县级以上地方人民政府根据需要设置社区矫正机构,负责社区矫正工作的具体实施。社区矫正机构的设置和撤销,由县级以上地方人民政府司法行政部门提出意见,按照规定的权限和程序审批。

司法所根据社区矫正机构的委托,承担社区矫正相关工作。

第十条 社区矫正机构应当配备具有法律等专业知识的专门国家工作人员(以下称社区矫正机构工作人员),履行监督管理、教育帮扶等执法职责。

第十一条 社区矫正机构根据需要,组织具有法律、教育、心理、社会工作等专业知识或者实践经验的社会工作者开展社区矫正相关工作。

第十二条 居民委员会、村民委员会依法协助社区矫正机构做好社区矫正工作。

社区矫正对象的监护人、家庭成员,所在单位或者就读学校应当协助社区矫正机构做好社区矫正工作。

第十三条 国家鼓励、支持企业事业单位、社会组织、志愿者等社会力量依法参与社区矫正工作。

第十四条 社区矫正机构工作人员应当严格遵守宪法和法律,忠于职守,严守纪律,清正廉洁。

第十五条 社区矫正机构工作人员和其他参与社区矫正工作的人员依法开展社区矫正工作,受法律保护。

第十六条 国家推进高素质的社区矫正工作队伍建设。社区矫正机构应当加强对社区矫正工作人员的管理、监督、培训和职业保障,不断提高社区矫正工作的规范化、专业化水平。

第三章 决定和接收

第十七条 社区矫正决定机关判处管制、宣告缓刑、裁定假释、决定或者批准暂予监外执行时应当确定社区矫正执行地。

社区矫正执行地为社区矫正对象的居住地。社区矫正对象在多个地方居住的,可以确定经常居住地为执行地。

社区矫正对象的居住地、经常居住地无法确定或者不适宜执行社区矫正的,社区矫正决定机关应当根据有利于社区矫正对象接受矫正、更好地融入社会的原则,确定执行地。

本法所称社区矫正决定机关,是指依法判处管制、宣告缓刑、裁定假释、决定暂予监外执行的人民法院和依法批准暂予监外执行的监狱管理机关、公安机关。

第十八条 社区矫正决定机关根据需要,可以委托社区矫正机构或者有关社会组织对被告人或者罪犯的社会危险性和对所居住社区的影响,进行调查评估,提出意见,供决定社区矫正时参考。居民委员会、村民委员会等组织应当提供必要的协助。

第十九条 社区矫正决定机关判处管制、宣告缓刑、裁定假释、决定或者批准暂予监外执行,应当按照刑法、刑事诉讼法等法律规定的条件和程序进行。

社区矫正决定机关应当对社区矫正对象进行教育,告知其在社区矫正期间应当遵守的规定以及违反规定的法律后果,责令其按时报到。

第二十条 社区矫正决定机关应当自判决、裁定或者决定生效之日起五日内通知执行地社区矫正机构,并在十日内送达有关法律文书,同时抄送人民检察院和执行地公安机关。社区矫正决定地与执行地不在同一地方的,由执行地社区矫正机构将法律文书转送所在地的人民检察院、公安机关。

第二十一条 人民法院判处管制、宣告缓刑、裁定假释的社区矫正对象,应当自判决、裁定生效之日起十日内到执行地社区矫正机构报到。

人民法院决定暂予监外执行的社区矫正对象,由看守所或者执行取保候审、监视居住的公安机关自收到决定之日起十日内将社区矫正对象移送社区矫正机构。

监狱管理机关、公安机关批准暂予监外执行的社区矫正对象,由监狱或者看守所自收到批准决定之日起十日内将社区矫正对象移送社区矫正机构。

第二十二条 社区矫正机构应当依法接收社区矫正对象,核对法律文书、核实身份、办理接收登记、建立档案,并宣告社区矫正对象的犯罪事实、执行社区矫正的期限以及应当遵守的规定。

第四章 监督管理

第二十三条 社区矫正对象在社区矫正期间应当遵守法律、行政法规,履行判决、裁定、暂予监外执行决定等法律文书确定的义务,遵守国务院司法行政部门关于报告、会客、外出、迁居、保外就医等监督管理规定,服从社区矫正机构的管理。

第二十四条 社区矫正机构应当根据裁判内容和社区矫正对象的性别、年龄、心理特点、健康状况、犯罪原因、犯罪类型、犯罪情节、悔罪表现等情况,制定有针对性的矫正方案,实现分类管理、个别化矫正。矫正方案应当根据社区矫正对象的表现等情况相应调整。

第二十五条 社区矫正机构应当根据社区矫正对象的情况,为其确定矫正小组,负责落实相应的矫正方案。

根据需要,矫正小组可以由司法所、居民委员会、村民委员会的人员,社区矫正对象的监护人、家庭成员,所在单位或者就读学校的人员以及社会工作者、志愿者等组成。社区矫正对象为女性的,矫正小组中应有女性成员。

第二十六条 社区矫正机构应当了解掌握社区矫正对象的活动情况和行为表现。社区矫正机构可以通过通信联络、信息化核查、实地查访等方式核实有关情况,有关单位和个人应当予以配合。

社区矫正机构开展实地查访等工作时,应当保护社区矫正对象的身份信息和个人隐私。

第二十七条 社区矫正对象离开所居住的市、县或者迁居,应当报经社区矫正机构批准。社区矫正机构对于有正当理由的,应当批准;对于因正常工作和生活需要经常性跨市、县活动的,可以根据情况,简化批准程序和方式。

因社区矫正对象迁居等原因需要变更执行地的,社区矫正机构应当按照有关规定作出变更决定。社区矫正机构作出变更决定后,应当通知社区矫正决定机关和变更后的社区矫正机构,并将有关法律文书抄送变更后的社区矫正机构。变更后的社区矫正机构应当将法律文书转送所在地的人民检察院、公安机关。

第二十八条 社区矫正机构根据社区矫正对象的表现,依照有关规定对其实施考核奖惩。社区矫正对象认罪悔罪、遵守法律法规、服从监督管理、接受教育表现突出的,应当给予表扬。社区矫正对象违反法律法规或者监督管理规定的,应当视情节依法给予训诫、警告、提请公安机关予以治安管理处罚,或者依法提请撤销缓刑、撤销假释、对暂予监外执行的收监执行。

对社区矫正对象的考核结果,可以作为认定其是否确有悔改表现或者是否严重违反监督管理规定的依据。

第二十九条 社区矫正对象有下列情形之一的,经县级司法行政部门负责人批准,可以使用电子定位装置,加强监督管理:

(一)违反人民法院禁止令的;
(二)无正当理由,未经批准离开所居住的市、县的;
(三)拒不按照规定报告自己的活动情况,被给予警告的;
(四)违反监督管理规定,被给予治安管理处罚的;
(五)拟提请撤销缓刑、假释或者暂予监外执行收监执行的。

前款规定的使用电子定位装置的期限不得超过三个月。对于不需要继续使用的,应当及时解除;对于期限届满后,经评估仍有必要继续使用的,经过批准,期限可以延长,每次不得超过三个月。

社区矫正机构对通过电子定位装置获得的信息应当严格保密,有关信息只能用于社区矫正工作,不得用于其他用途。

第三十条 社区矫正对象失去联系的,社区矫正机构应当立即组织查找,公安机关等有关单位和人员应当予以配合协助。查找到社区矫正对象后,应当区别情形依法作出处理。

第三十一条 社区矫正机构发现社区矫正对象正在实施违反监督管理规定的行为或者违反人民法院禁止令等违法行为的,应当立即制止;制止无效的,应当立即通知公安机关到场处置。

第三十二条 社区矫正对象有被依法决定拘留、强制隔离戒毒、采取刑事强制措施等限制人身自由情形的,有关机关应当及时通知社区矫正机构。

第三十三条 社区矫正对象符合刑法规定的减刑条件的,社区矫正机构应当向社区矫正执行地的中级以上人民法院提出减刑建议,并将减刑建议书抄送同级人民检察院。

人民法院应当在收到社区矫正机构的减刑建议书后三十日内作出裁定,并将裁定书送达社区矫正机构,同时抄送人民检察院、公安机关。

第三十四条　开展社区矫正工作,应当保障社区矫正对象的合法权益。社区矫正的措施和方法应当避免对社区矫正对象的正常工作和生活造成不必要的影响;非依法律规定,不得限制或者变相限制社区矫正对象的人身自由。

社区矫正对象认为其合法权益受到侵害的,有权向人民检察院或者有关机关申诉、控告和检举。受理机关应当及时办理,并将办理结果告知申诉人、控告人和检举人。

第五章　教育帮扶

第三十五条　县级以上地方人民政府及其有关部门应当通过多种形式为教育帮扶社区矫正对象提供必要的场所和条件,组织动员社会力量参与教育帮扶工作。

有关人民团体应当依法协助社区矫正机构做好教育帮扶工作。

第三十六条　社区矫正机构根据需要,对社区矫正对象进行法治、道德等教育,增强其法治观念,提高其道德素质和悔罪意识。

对社区矫正对象的教育应当根据其个体特征、日常表现等实际情况,充分考虑其工作和生活情况,因人施教。

第三十七条　社区矫正机构可以协调有关部门和单位,依法对就业困难的社区矫正对象开展职业技能培训、就业指导,帮助社区矫正对象中的在校学生完成学业。

第三十八条　居民委员会、村民委员会可以引导志愿者和社区群众,利用社区资源,采取多种形式,对有特殊困难的社区矫正对象进行必要的教育帮扶。

第三十九条　社区矫正对象的监护人、家庭成员,所在单位或者就读学校应当协助社区矫正机构做好对社区矫正对象的教育。

第四十条　社区矫正机构可以通过公开择优购买社区矫正社会工作服务或者其他社会服务,为社区矫正对象再教育、心理辅导、职业技能培训、社会关系改善等方面提供必要的帮扶。

社区矫正机构也可以通过项目委托社会组织等方式开展上述帮扶活动。国家鼓励有经验和资源的社会组织跨地区开展帮扶交流和示范活动。

第四十一条　国家鼓励企业事业单位、社会组织为社区矫正对象提供就业岗位和职业技能培训。招用符合条件的社区矫正对象的企业,按照规定享受国家优惠政策。

第四十二条　社区矫正机构可以根据社区矫正对象的个人特长,组织其参加公益活动,修复社会关系,培养社会责任感。

第四十三条 社区矫正对象可以按照国家有关规定申请社会救助、参加社会保险、获得法律援助,社区矫正机构应当给予必要的协助。

第六章 解除和终止

第四十四条 社区矫正对象矫正期满或者被赦免的,社区矫正机构应当向社区矫正对象发放解除社区矫正证明书,并通知社区矫正决定机关、所在地的人民检察院、公安机关。

第四十五条 社区矫正对象被裁定撤销缓刑、假释,被决定收监执行,或者社区矫正对象死亡的,社区矫正终止。

第四十六条 社区矫正对象具有刑法规定的撤销缓刑、假释情形的,应当由人民法院撤销缓刑、假释。

对于在考验期限内犯新罪或者发现判决宣告以前还有其他罪没有判决的,应当由审理该案件的人民法院撤销缓刑、假释,并书面通知原审人民法院和执行地社区矫正机构。

对于有第二款规定以外的其他需要撤销缓刑、假释情形的,社区矫正机构应当向原审人民法院或者执行地人民法院提出撤销缓刑、假释建议,并将建议书抄送人民检察院。社区矫正机构提出撤销缓刑、假释建议时,应当说明理由,并提供有关证据材料。

第四十七条 被提请撤销缓刑、假释的社区矫正对象可能逃跑或者可能发生社会危险的,社区矫正机构可以在提出撤销缓刑、假释建议的同时,提请人民法院决定对其予以逮捕。

人民法院应当在四十八小时内作出是否逮捕的决定。决定逮捕的,由公安机关执行。逮捕后的羁押期限不得超过三十日。

第四十八条 人民法院应当在收到社区矫正机构撤销缓刑、假释建议书后三十日内作出裁定,将裁定书送达社区矫正机构和公安机关,并抄送人民检察院。

人民法院拟撤销缓刑、假释的,应当听取社区矫正对象的申辩及其委托的律师的意见。

人民法院裁定撤销缓刑、假释的,公安机关应当及时将社区矫正对象送交监狱或者看守所执行。执行以前被逮捕的,羁押一日折抵刑期一日。

人民法院裁定不予撤销缓刑、假释的,对被逮捕的社区矫正对象,公安机关应当立即予以释放。

第四十九条 暂予监外执行的社区矫正对象具有刑事诉讼法规定的应当予

以收监情形的,社区矫正机构应当向执行地或者原社区矫正决定机关提出收监执行建议,并将建议书抄送人民检察院。

社区矫正决定机关应当在收到建议书后三十日内作出决定,将决定书送达社区矫正机构和公安机关,并抄送人民检察院。

人民法院、公安机关对暂予监外执行的社区矫正对象决定收监执行的,由公安机关立即将社区矫正对象送交监狱或者看守所收监执行。

监狱管理机关对暂予监外执行的社区矫正对象决定收监执行的,监狱应当立即将社区矫正对象收监执行。

第五十条 被裁定撤销缓刑、假释和被决定收监执行的社区矫正对象逃跑的,由公安机关追捕,社区矫正机构、有关单位和个人予以协助。

第五十一条 社区矫正对象在社区矫正期间死亡的,其监护人、家庭成员应当及时向社区矫正机构报告。社区矫正机构应当及时通知社区矫正决定机关、所在地的人民检察院、公安机关。

第七章 未成年人社区矫正特别规定

第五十二条 社区矫正机构应当根据未成年社区矫正对象的年龄、心理特点、发育需要、成长经历、犯罪原因、家庭监护教育条件等情况,采取针对性的矫正措施。

社区矫正机构为未成年社区矫正对象确定矫正小组,应当吸收熟悉未成年人身心特点的人员参加。

对未成年人的社区矫正,应当与成年人分别进行。

第五十三条 未成年社区矫正对象的监护人应当履行监护责任,承担抚养、管教等义务。

监护人怠于履行监护职责的,社区矫正机构应当督促、教育其履行监护责任。监护人拒不履行监护职责的,通知有关部门依法作出处理。

第五十四条 社区矫正机构工作人员和其他依法参与社区矫正工作的人员对履行职责过程中获得的未成年人身份信息应当予以保密。

除司法机关办案需要或者有关单位根据国家规定查询外,未成年社区矫正对象的档案信息不得提供给任何单位或者个人。依法进行查询的单位,应当对获得的信息予以保密。

第五十五条 对未完成义务教育的未成年社区矫正对象,社区矫正机构应当通知并配合教育部门为其完成义务教育提供条件。未成年社区矫正对象的监护人应当依法保证其按时入学接受并完成义务教育。

年满十六周岁的社区矫正对象有就业意愿的,社区矫正机构可以协调有关部门和单位为其提供职业技能培训,给予就业指导和帮助。

第五十六条 共产主义青年团、妇女联合会、未成年人保护组织应当依法协助社区矫正机构做好未成年人社区矫正工作。

国家鼓励其他未成年人相关社会组织参与未成年人社区矫正工作,依法给予政策支持。

第五十七条 未成年社区矫正对象在复学、升学、就业等方面依法享有与其他未成年人同等的权利,任何单位和个人不得歧视。有歧视行为的,应当由教育、人力资源和社会保障等部门依法作出处理。

第五十八条 未成年社区矫正对象在社区矫正期间年满十八周岁的,继续按照未成年人社区矫正有关规定执行。

第八章 法律责任

第五十九条 社区矫正对象在社区矫正期间有违反监督管理规定行为的,由公安机关依照《中华人民共和国治安管理处罚法》的规定给予处罚;具有撤销缓刑、假释或者暂予监外执行收监情形的,应当依法作出处理。

第六十条 社区矫正对象殴打、威胁、侮辱、骚扰、报复社区矫正机构工作人员和其他依法参与社区矫正工作的人员及其近亲属,构成犯罪的,依法追究刑事责任;尚不构成犯罪的,由公安机关依法给予治安管理处罚。

第六十一条 社区矫正机构工作人员和其他国家工作人员有下列行为之一的,应当给予处分;构成犯罪的,依法追究刑事责任:

(一)利用职务或者工作便利索取、收受贿赂的;

(二)不履行法定职责的;

(三)体罚、虐待社区矫正对象,或者违反法律规定限制或者变相限制社区矫正对象的人身自由的;

(四)泄露社区矫正工作秘密或者其他依法应当保密的信息的;

(五)对依法申诉、控告或者检举的社区矫正对象进行打击报复的;

(六)有其他违纪违法行为的。

第六十二条 人民检察院发现社区矫正工作违反法律规定的,应当依法提出纠正意见、检察建议。有关单位应当将采纳纠正意见、检察建议的情况书面回复人民检察院,没有采纳的应当说明理由。

第九章 附则

第六十三条 本法自2020年7月1日起施行。

"六部委"规定

《最高人民法院、最高人民检察院、公安部、国家安全部、司法部、全国人大常委会法制工作委员会关于实施刑事诉讼法若干问题的规定》(自 2013 年 1 月 1 日起施行,节录)

九、执 行

35. 被决定收监执行的社区矫正人员在逃的,社区矫正机构应当立即通知公安机关,由公安机关负责追捕。

基本规范

《最高人民法院关于适用〈中华人民共和国刑事诉讼法〉的解释》(法释〔2021〕1 号,自 2021 年 3 月 1 日起施行)

第二十一章 执行程序

第三节 管制、缓刑、剥夺政治权利的交付执行

第五百一十九条 对被判处管制、宣告缓刑的罪犯,人民法院应当依法确定社区矫正执行地。社区矫正执行地为罪犯的居住地;罪犯在多个地方居住的,可以确定其经常居住地为执行地;罪犯的居住地、经常居住地无法确定或者不适宜执行社区矫正的,应当根据有利于罪犯接受矫正、更好地融入社会的原则,确定执行地。

宣判时,应当告知罪犯自判决、裁定生效之日起十日以内到执行地社区矫正机构报到,以及不按期报到的后果。

人民法院应当自判决、裁定生效之日起五日以内通知执行地社区矫正机构,并在十日以内将判决书、裁定书、执行通知书等法律文书送达执行地社区矫正机构,同时抄送人民检察院和执行地公安机关。人民法院与社区矫正执行地不在同一地方的,由执行地社区矫正机构将法律文书转送所在地的人民检察院和公安机关。

第六节 缓刑、假释的撤销

第五百四十二条 罪犯在缓刑、假释考验期限内犯新罪或者被发现在判决宣告前还有其他罪没有判决,应当撤销缓刑、假释的,由审判新罪的人民法院撤销原判决、裁定宣告的缓刑、假释,并书面通知原审人民法院和执行机关。

第五百四十三条 人民法院收到社区矫正机构的撤销缓刑建议书后,经审查,确认罪犯在缓刑考验期限内具有下列情形之一的,应当作出撤销缓刑的裁定:

(一)违反禁止令,情节严重的;

(二)无正当理由不按规定时间报到或者接受社区矫正期间脱离监管,超过一个月的;

(三)因违反监督管理规定受到治安管理处罚,仍不改正的;

(四)受到执行机关二次警告,仍不改正的;
(五)违反法律、行政法规和监督管理规定,情节严重的其他情形。

人民法院收到社区矫正机构的撤销假释建议书后,经审查,确认罪犯在假释考验期限内具有前款第二项、第四项规定情形之一,或者有其他违反监督管理规定的行为,尚未构成新的犯罪的,应当作出撤销假释的裁定。

第五百四十四条 被提请撤销缓刑、假释的罪犯可能逃跑或者可能发生社会危险,社区矫正机构在提出撤销缓刑、假释建议的同时,提请人民法院决定对其予以逮捕的,人民法院应当在四十八小时以内作出是否逮捕的决定。决定逮捕的,由公安机关执行。逮捕后的羁押期限不得超过三十日。

第五百四十五条 人民法院应当在收到社区矫正机构的撤销缓刑、假释建议书后三十日以内作出裁定。撤销缓刑、假释的裁定一经作出,立即生效。

人民法院应当将撤销缓刑、假释裁定书送达社区矫正机构和公安机关,并抄送人民检察院,由公安机关将罪犯送交执行。执行以前被逮捕的,羁押一日折抵刑期一日。

《人民检察院刑事诉讼规则》(高检发释字〔2019〕4号,自2019年12月30日起施行)

第十四章 刑罚执行和监管执法监督

第四节 社区矫正监督

第六百四十二条 人民检察院发现社区矫正决定机关、看守所、监狱、社区矫正机构在交付、接收社区矫正对象活动中违反有关规定的,应当依法提出纠正意见。

第六百四十三条 人民检察院发现社区矫正执法活动具有下列情形之一的,应当依法提出纠正意见:

(一)社区矫正对象报到后,社区矫正机构未履行法定告知义务,致使其未按照有关规定接受监督管理的;

(二)违反法律规定批准社区矫正对象离开所居住的市、县,或者违反人民法院禁止令的内容批准社区矫正对象进入特定区域或者场所的;

(三)没有依法监督管理而导致社区矫正对象脱管的;

(四)社区矫正对象违反监督管理规定或者人民法院的禁止令,未依法予以警告、未提请公安机关给予治安管理处罚的;

(五)对社区矫正对象有殴打、体罚、虐待、侮辱人格、强迫其参加超时间或者超体力社区服务等侵犯其合法权利行为的;

(六)未依法办理解除、终止社区矫正的;

(七)其他违法情形。

第六百四十四条 人民检察院发现对社区矫正对象的刑罚变更执行活动具有下列情形之一的,应当依法提出纠正意见:

(一)社区矫正机构未依法向人民法院、公安机关、监狱管理机关提出撤销缓刑、撤销假释建议或者对暂予监外执行的收监执行建议,或者未依法向人民法院提出减刑建议的;

(二)人民法院、公安机关、监狱管理机关未依法作出裁定、决定,或者未依法送达的;

(三)公安机关未依法将罪犯送交看守所、监狱,或者看守所、监狱未依法收监执行的;

(四)公安机关未依法对在逃的罪犯实施追捕的;

(五)其他违法情形。

《公安机关办理刑事案件程序规定》(公安部令第 159 号修正,修正后自 2020 年 9 月 1 日起施行)

第九章 执行刑罚
第一节 罪犯的交付

第三百零二条第一款 对被判处剥夺政治权利的罪犯,由罪犯居住地的派出所负责执行。

其他规范

《最高人民法院、最高人民检察院、公安部、司法部关于对判处管制、宣告缓刑的犯罪分子适用禁止令有关问题的规定(试行)》(法发〔2011〕9 号,节录)

第八条 人民法院对判处管制、宣告缓刑的被告人宣告禁止令的,应当在裁判文书主文部分单独作为一项予以宣告。

第九条 禁止令由司法行政机关指导管理的社区矫正机构负责执行。

第十条 人民检察院对社区矫正机构执行禁止令的活动实行监督。发现有违反法律规定的情况,应当通知社区矫正机构纠正。

第十一条 判处管制的犯罪分子违反禁止令,或者被宣告缓刑的犯罪分子违反禁止令尚不属情节严重的,由负责执行禁止令的社区矫正机构所在地的公安机关依照《中华人民共和国治安管理处罚法》第六十条的规定处罚。

第十二条 被宣告缓刑的犯罪分子违反禁止令,情节严重的,应当撤销缓刑,执行原判刑罚。原作出缓刑裁判的人民法院应当自收到当地社区矫正机构提出的撤销缓刑建议书之日起一个月内依法作出裁定。人民法院撤销缓刑的裁定一经作出,立即生效。

违反禁止令,具有下列情形之一的,应当认定为"情节严重":
(一)三次以上违反禁止令的;
(二)因违反禁止令被治安管理处罚后,再次违反禁止令的;
(三)违反禁止令,发生较为严重危害后果的;
(四)其他情节严重的情形。
第十三条 被宣告禁止令的犯罪分子被依法减刑时,禁止令的期限可以相应缩短,由人民法院在减刑裁定中确定新的禁止令期限。

《**人民检察院办理未成年人刑事案件的规定**》(高检发研字〔2013〕7号)第七十三条对人民检察院依法对未成年人的社区矫正进行监督的有关问题作了规定。(→参见第五编"特别程序"第一章"未成年人刑事案件诉讼程序"末所附"其他规范",第1986页)

《**暂予监外执行规定**》(最高人民法院、最高人民检察院、公安部、司法部、国家卫生计生委,司发通〔2014〕112号)**第三条、第十五条、第十六条、第十八条至第二十三条、第二十七条**对社区矫正的有关问题作了规定。(→参见第二百六十五条至第二百六十八条所附"其他规范",第1781、1784—1785、1786页)

《**最高人民法院、最高人民检察院、公安部、司法部关于对因犯罪在大陆受审的台湾居民依法适用缓刑实行社区矫正有关问题的意见**》(法发〔2016〕33号,自2017年1月1日起施行)

为维护因犯罪在大陆受审的台湾居民的合法权益,保障缓刑的依法适用和执行,根据《中华人民共和国刑法》《中华人民共和国刑事诉讼法》和《社区矫正实施办法》等有关规定,结合工作实际,制定本意见。

第一条 对因犯罪被判处拘役、三年以下有期徒刑的台湾居民,如果其犯罪情节较轻、有悔罪表现、没有再犯的危险且宣告缓刑对所居住社区没有重大不良影响的,人民法院可以宣告缓刑,对其中不满十八周岁的人、怀孕的妇女和已满七十五周岁的人,应当宣告缓刑。

第二条 人民检察院建议对被告人宣告缓刑的,应当说明依据和理由。
被告人及其法定代理人、辩护人提出宣告缓刑的请求,应当说明理由,必要时需提交经过台湾地区公证机关公证的被告人在台湾地区无犯罪记录证明等相关材料。

第三条 公安机关、人民检察院、人民法院需要委托司法行政机关调查评估宣告缓刑对社区影响的,可以委托犯罪嫌疑人、被告人在大陆居住地的县级司法行政机关,也可以委托适合协助社区矫正的下列单位或者人员所在地的县级司法行政机关：

(一)犯罪嫌疑人、被告人在大陆的工作单位或者就读学校；
(二)台湾同胞投资企业协会、台湾同胞投资企业；
(三)其他愿意且有能力协助社区矫正的单位或者人员。

已经建立涉台社区矫正专门机构的地方,可以委托该机构所在地的县级司法行政机关调查评估。

根据前两款规定仍无法确定接受委托的调查评估机关的,可以委托办理案件的公安机关、人民检察院、人民法院所在地的县级司法行政机关。

第四条 司法行政机关收到委托后,一般应当在十个工作日内向委托机关提交调查评估报告;对提交调查评估报告的时间另有规定的,从其规定。

司法行政机关开展调查评估,可以请当地台湾同胞投资企业协会、台湾同胞投资企业以及犯罪嫌疑人、被告人在大陆的监护人、亲友等协助提供有关材料。

第五条 人民法院对被告人宣告缓刑时,应当核实其居住地或者本意见第三条规定的有关单位、人员所在地,书面告知被告人应当自判决、裁定生效后十日内到社区矫正执行地的县级司法行政机关报到,以及逾期报到的法律后果。

缓刑判决、裁定生效后,人民法院应当在十日内将判决书、裁定书、执行通知书等法律文书送达社区矫正执行地的县级司法行政机关,同时抄送该地县级人民检察院和公安机关。

第六条 对被告人宣告缓刑的,人民法院应当及时作出不准出境决定书,同时依照有关规定办理边控手续。

实施边控的期限为缓刑考验期限。

第七条 对缓刑犯的社区矫正,由其在大陆居住地的司法行政机关负责指导管理、组织实施;在大陆没有居住地的,由本意见第三条规定的有关司法行政机关负责。

第八条 为缓刑犯确定的社区矫正小组可以吸收下列人员参与：

(一)当地台湾同胞投资企业协会、台湾同胞投资企业的代表；
(二)在大陆居住或者工作的台湾同胞；
(三)缓刑犯在大陆的亲友；
(四)其他愿意且有能力参与社区矫正工作的人员。

第九条 根据社区矫正需要,司法行政机关可以会同相关部门,协调台湾同胞投资企业协会、台湾同胞投资企业等,为缓刑犯提供工作岗位、技能培训等帮助。

第十条 对于符合条件的缓刑犯,可以依据《海峡两岸共同打击犯罪及司法互助协议》,移交台湾地区执行。

第十一条 对因犯罪在大陆受审、执行刑罚的台湾居民判处管制、裁定假释、决定或者批准暂予监外执行,实行社区矫正的,可以参照适用本意见的有关规定。

第十二条 本意见自 2017 年 1 月 1 日起施行。

《最高人民法院、最高人民检察院、公安部、国家安全部、司法部关于适用认罪认罚从宽制度的指导意见》(高检发〔2019〕13 号)"九、社会调查评估"(第三十五条至第三十八条)对委托社区矫正机构进行调查评估等问题作了规定。(→参见第十五条所附"其他规范",第 72—73 页)

《中华人民共和国社区矫正法实施办法》(最高人民法院、最高人民检察院、公安部、司法部,司发通〔2020〕59 号,自 2020 年 7 月 1 日起施行)

第一条 为了推进和规范社区矫正工作,根据《中华人民共和国刑法》《中华人民共和国刑事诉讼法》《中华人民共和国社区矫正法》等有关法律规定,制定本办法。

第二条 社区矫正工作坚持党的绝对领导,实行党委政府统一领导、司法行政机关组织实施、相关部门密切配合、社会力量广泛参与、检察机关法律监督的领导体制和工作机制。

第三条 地方人民政府根据需要设立社区矫正委员会,负责统筹协调和指导本行政区域内的社区矫正工作。

司法行政机关向社区矫正委员会报告社区矫正工作开展情况,提请社区矫正委员会协调解决社区矫正工作中的问题。

第四条 司法行政机关依法履行以下职责:
(一)主管本行政区域内社区矫正工作;
(二)对本行政区域内设置和撤销社区矫正机构提出意见;
(三)拟定社区矫正工作发展规划和管理制度,监督检查社区矫正法律法规和政策的执行情况;
(四)推动社会力量参与社区矫正工作;
(五)指导支持社区矫正机构提高信息化水平;
(六)对在社区矫正工作中作出突出贡献的组织、个人,按照国家有关规定给予表彰、奖励;
(七)协调推进高素质社区矫正工作队伍建设;
(八)其他依法应当履行的职责。

第五条 人民法院依法履行以下职责：

（一）拟判处管制、宣告缓刑、决定暂予监外执行的，可以委托社区矫正机构或者有关社会组织对被告人或者罪犯的社会危险性和对所居住社区的影响，进行调查评估，提出意见，供决定社区矫正时参考；

（二）对执行机关报请假释的，审查执行机关移送的罪犯假释后对所居住社区影响的调查评估意见；

（三）核实并确定社区矫正执行地；

（四）对被告人或者罪犯依法判处管制、宣告缓刑、裁定假释、决定暂予监外执行；

（五）对社区矫正对象进行教育，及时通知并送达法律文书；

（六）对符合撤销缓刑、撤销假释或者暂予监外执行收监执行条件的社区矫正对象，作出判决、裁定和决定；

（七）对社区矫正机构提请逮捕的，及时作出是否逮捕的决定；

（八）根据社区矫正机构提出的减刑建议作出裁定；

（九）其他依法应当履行的职责。

第六条 人民检察院依法履行以下职责：

（一）对社区矫正决定机关、社区矫正机构或者有关社会组织的调查评估活动实行法律监督；

（二）对社区矫正决定机关判处管制、宣告缓刑、裁定假释、决定或者批准暂予监外执行活动实行法律监督；

（三）对社区矫正法律文书及社区矫正对象交付执行活动实行法律监督；

（四）对监督管理、教育帮扶社区矫正对象的活动实行法律监督；

（五）对变更刑事执行、解除矫正和终止矫正的活动实行法律监督；

（六）受理申诉、控告和举报，维护社区矫正对象的合法权益；

（七）按照刑事诉讼法的规定，在对社区矫正实行法律监督中发现司法工作人员相关职务犯罪，可以立案侦查直接受理的案件；

（八）其他依法应当履行的职责。

第七条 公安机关依法履行以下职责：

（一）对看守所留所服刑罪犯拟暂予监外执行的，可以委托开展调查评估；

（二）对看守所留所服刑罪犯拟暂予监外执行的，核实并确定社区矫正执行地；对符合暂予监外执行条件的，批准暂予监外执行；对符合收监执行条件的，作出收监执行的决定；

（三）对看守所留所服刑罪犯批准暂予监外执行的，进行教育，及时通知并

送达法律文书;依法将社区矫正对象交付执行;

(四)对社区矫正对象予以治安管理处罚;到场处置经社区矫正机构制止无效,正在实施违反监督管理规定或者违反人民法院禁止令等违法行为的社区矫正对象;协助社区矫正机构处置突发事件;

(五)协助社区矫正机构查找失去联系的社区矫正对象;执行人民法院作出的逮捕决定;被裁定撤销缓刑、撤销假释和被决定收监执行的社区矫正对象逃跑的,予以追捕;

(六)对裁定撤销缓刑、撤销假释,或者对人民法院、公安机关决定暂予监外执行收监的社区矫正对象,送交看守所或者监狱执行;

(七)执行限制社区矫正对象出境的措施;

(八)其他依法应当履行的职责。

第八条 监狱管理机关以及监狱依法履行以下职责:

(一)对监狱关押罪犯拟提请假释的,应当委托进行调查评估;对监狱关押罪犯拟暂予监外执行的,可以委托进行调查评估;

(二)对监狱关押罪犯拟暂予监外执行的,依法核实并确定社区矫正执行地;对符合暂予监外执行条件的,监狱管理机关作出暂予监外执行决定;

(三)对监狱关押罪犯批准暂予监外执行的,进行教育,及时通知并送达法律文书;依法将社区矫正对象交付执行;

(四)监狱管理机关对暂予监外执行罪犯决定收监执行的,原服刑或者接收其档案的监狱应当立即将罪犯收监执行;

(五)其他依法应当履行的职责。

第九条 社区矫正机构是县级以上地方人民政府根据需要设置的,负责社区矫正工作具体实施的执行机关。社区矫正机构依法履行以下职责:

(一)接受委托进行调查评估,提出评估意见;

(二)接收社区矫正对象,核对法律文书、核实身份、办理接收登记,建立档案;

(三)组织入矫和解矫宣告,办理入矫和解矫手续;

(四)建立矫正小组、组织矫正小组开展工作,制定和落实矫正方案;

(五)对社区矫正对象进行监督管理,实施考核奖惩;审批会客、外出、变更执行地等事项;了解掌握社区矫正对象的活动情况和行为表现;组织查找失去联系的社区矫正对象,查找后依情形作出处理;

(六)提出治安管理处罚建议,提出减刑、撤销缓刑、撤销假释、收监执行等变更刑事执行建议,依法提请逮捕;

(七)对社区矫正对象进行教育帮扶,开展法治道德等教育,协调有关方面开展职业技能培训、就业指导,组织公益活动等事项;

(八)向有关机关通报社区矫正对象情况,送达法律文书;

(九)对社区矫正工作人员开展管理、监督、培训,落实职业保障;

(十)其他依法应当履行的职责。

设置和撤销社区矫正机构,由县级以上地方人民政府司法行政部门提出意见,按照规定的权限和程序审批。社区矫正日常工作由县级社区矫正机构具体承担;未设置县级社区矫正机构的,由上一级社区矫正机构具体承担。省、市两级社区矫正机构主要负责监督指导、跨区域执法的组织协调以及与同级社区矫正决定机关对接的案件办理工作。

第十条 司法所根据社区矫正机构的委托,承担社区矫正相关工作。

第十一条 社区矫正机构依法加强信息化建设,运用现代信息技术开展监督管理和教育帮扶。

社区矫正工作相关部门之间依法进行信息共享,人民法院、人民检察院、公安机关、司法行政机关依法建立完善社区矫正信息交换平台,实现业务协同、互联互通,运用现代信息技术及时准确传输交换有关法律文书,根据需要实时查询社区矫正对象交付接收、监督管理、教育帮扶、脱离监管、被治安管理处罚、被采取强制措施、变更刑事执行、办理再犯罪案件等情况,共享社区矫正工作动态信息,提高社区矫正信息化水平。

第十二条 对拟适用社区矫正的,社区矫正决定机关应当核实社区矫正对象的居住地。社区矫正对象在多个地方居住的,可以确定经常居住地为执行地。没有居住地,居住地、经常居住地无法确定或者不适宜执行社区矫正的,应当根据有利于社区矫正对象接受矫正、更好地融入社会的原则,确定社区矫正执行地。被确定为执行地的社区矫正机构应当及时接收。

社区矫正对象的居住地是指其实际居住的县(市、区)。社区矫正对象的经常居住地是指其经常居住的,有固定住所、固定生活来源的县(市、区)。

社区矫正对象应如实提供其居住、户籍等情况,并提供必要的证明材料。

第十三条 社区矫正决定机关对拟适用社区矫正的被告人、罪犯,需要调查其社会危险性和对所居住社区影响的,可以委托拟确定为执行地的社区矫正机构或者有关社会组织进行调查评估。社区矫正机构或者有关社会组织收到委托文书后应当及时通知执行地县级人民检察院。

第十四条 社区矫正机构、有关社会组织接受委托后,应当对被告人或者罪犯的居所情况、家庭和社会关系、犯罪行为的后果和影响、居住地村(居)民委员会和被害人意见、拟禁止的事项、社会危险性、对所居住社区的影响等情况进行调查了解,形成调查评估意见,与相关材料一起提交委托机关。调查评估时,相关单位、部门、村(居)民委员会等组织、个人应当依法为调查评估提供必要的协助。

社区矫正机构、有关社会组织应当自收到调查评估委托函及所附材料之日起十个工作日内完成调查评估,提交评估意见。对于适用刑事案件速裁程序的,应当在五个工作日内完成调查评估,提交评估意见。评估意见同时抄送执行地县级人民检察院。需要延长调查评估时限的,社区矫正机构、有关社会组织应当与委托机关协商,并在协商确定的期限内完成调查评估。因被告人或者罪犯的姓名、居住地不真实、身份不明等原因,社区矫正机构、有关社会组织无法进行调查评估的,应当及时向委托机关说明情况。社区矫正决定机关对调查评估意见的采信情况,应当在相关法律文书中说明。

对调查评估意见以及调查中涉及的国家秘密、商业秘密、个人隐私等信息,应当保密,不得泄露。

第十五条 社区矫正决定机关应当对社区矫正对象进行教育,书面告知其到执行地县级社区矫正机构报到的时间期限以及逾期报到或者未报到的后果,责令其按时报到。

第十六条 社区矫正决定机关应当自判决、裁定或者决定生效之日起五日内通知执行地县级社区矫正机构,并在十日内将判决书、裁定书、决定书、执行通知书等法律文书送达执行地县级社区矫正机构,同时抄送人民检察院。收到法律文书后,社区矫正机构应当在五日内送达回执。

社区矫正对象前来报到时,执行地县级社区矫正机构未收到法律文书或者法律文书不齐全,应当先记录在案,为其办理登记接收手续,并通知社区矫正决定机关在五日内送达或者补齐法律文书。

第十七条 被判处管制、宣告缓刑、裁定假释的社区矫正对象到执行地县级社区矫正机构报到时,社区矫正机构应当核对法律文书、核实身份,办理登记接收手续。对社区矫正对象存在因行动不便、自行报到确有困难等特殊情况的,社区矫正机构可以派员到其居住地等场所办理登记接收手续。

暂予监外执行的社区矫正对象,由公安机关、监狱或者看守所依法移送至执行地县级社区矫正机构,办理交付接收手续。罪犯原服刑地与居住地不在同一省、自治区、直辖市,需要回居住地暂予监外执行的,原服刑地的省级以上监狱管理机关或者设区的市一级以上公安机关应当书面通知罪犯居住地的监狱管理机关、公安机关,由其指定一所监狱、看守所接收社区矫正对象档案,负责办理其收监、刑满释放等手续。对看守所留所服刑罪犯暂予监外执行,原服刑地与居住地在同一省、自治区、直辖市的,可以不移交档案。

第十八条 执行地县级社区矫正机构接收社区矫正对象后,应当建立社区矫正档案,包括以下内容:
(一)适用社区矫正的法律文书;
(二)接收、监管审批、奖惩、收监执行、解除矫正、终止矫正等有关社区矫正执行活动的法律文书;
(三)进行社区矫正的工作记录;
(四)社区矫正对象接受社区矫正的其他相关材料。
接受委托对社区矫正对象进行日常管理的司法所应当建立工作档案。

第十九条 执行地县级社区矫正机构、受委托的司法所应当为社区矫正对象确定矫正小组,与矫正小组签订矫正责任书,明确矫正小组成员的责任和义务,负责落实矫正方案。
矫正小组主要开展下列工作:
(一)按照矫正方案,开展个案矫正工作;
(二)督促社区矫正对象遵纪守法,遵守社区矫正规定;
(三)参与对社区矫正对象的考核评议和教育活动;
(四)对社区矫正对象走访谈话,了解其思想、工作和生活情况,及时向社区矫正机构或者司法所报告;
(五)协助对社区矫正对象进行监督管理和教育帮扶;
(六)协助社区矫正机构或者司法所开展其他工作。

第二十条 执行地县级社区矫正机构接收社区矫正对象后,应当组织或者委托司法所组织入矫宣告。
入矫宣告包括以下内容:
(一)判决书、裁定书、决定书、执行通知书等有关法律文书的主要内容;
(二)社区矫正期限;
(三)社区矫正对象应当遵守的规定、被剥夺或者限制行使的权利、被禁止的事项以及违反规定的法律后果;
(四)社区矫正对象依法享有的权利;
(五)矫正小组人员组成及职责;
(六)其他有关事项。
宣告由社区矫正机构或者司法所的工作人员主持,矫正小组成员及其他相关人员到场,按照规定程序进行。宣告后,社区矫正对象应当在书面材料上签字,确认已经了解所宣告的内容。

第二十一条 社区矫正机构应当根据社区矫正对象被判处管制、宣告缓刑、假释和暂予监外执行的不同裁判内容和犯罪类型、矫正阶段、再犯罪风险等情况,进行综合评估,划分不同类别,实施分类管理。

社区矫正机构应当把社区矫正对象的考核结果和奖惩情况作为分类管理的依据。

社区矫正机构对不同类别的社区矫正对象,在矫正措施和方法上应当有所区别,有针对性地开展监督管理和教育帮扶工作。

第二十二条 执行地县级社区矫正机构、受委托的司法所要根据社区矫正对象的性别、年龄、心理特点、健康状况、犯罪原因、悔罪表现等具体情况,制定矫正方案,有针对性地消除社区矫正对象可能重新犯罪的因素,帮助其成为守法公民。

矫正方案应当包括社区矫正对象基本情况、对社区矫正对象的综合评估结果、对社区矫正对象的心理状态和其他特殊情况的分析、拟采取的监督管理、教育帮扶措施等内容。

矫正方案应当根据分类管理的要求、实施效果以及社区矫正对象的表现等情况,相应调整。

第二十三条 执行地县级社区矫正机构、受委托的司法所应当根据社区矫正对象的个人生活、工作及所处社区的实际情况,有针对性地采取通信联络、信息化核查、实地查访等措施,了解掌握社区矫正对象的活动情况和行为表现。

第二十四条 社区矫正对象应当按照有关规定和社区矫正机构的要求,定期报告遵纪守法、接受监督管理、参加教育学习、公益活动和社会活动等情况。发生居所变化、工作变动、家庭重大变故以及接触对其矫正可能产生不利影响人员等情况时,应当及时报告。被宣告禁止令的社区矫正对象应当定期报告遵守禁止令的情况。

暂予监外执行的社区矫正对象应当每个月报告本人身体情况。保外就医的,应当到省级人民政府指定的医院检查,每三个月向执行地县级社区矫正机构、受委托的司法所提交病情复查情况。执行地县级社区矫正机构根据社区矫正对象的病情及保证人等情况,可以调整报告身体情况和提交复查情况的期限。延长一个月至三个月以下的,报上一级社区矫正机构批准;延长三个月以上的,逐级上报省级社区矫正机构批准。批准延长的,执行地县级社区矫正机构应当及时通报同级人民检察院。

社区矫正机构根据工作需要,可以协调对暂予监外执行的社区矫正对象进行病情诊断、妊娠检查或者生活不能自理的鉴别。

第二十五条 未经执行地县级社区矫正机构批准,社区矫正对象不得接触其犯罪案件中的被害人、控告人、举报人,不得接触同案犯等可能诱发其再犯罪的人。

第二十六条 社区矫正对象未经批准不得离开所居住市、县。确有正当理由需要离开的,应当经执行地县级社区矫正机构或者受委托的司法所批准。

社区矫正对象外出的正当理由是指就医、就学、参与诉讼、处理家庭或者工作重要事务等。

前款规定的市是指直辖市的城市市区、设区的市的城市市区和县级市的辖区。在设区的同一市内跨区活动的,不属于离开所居住的市、县。

第二十七条 社区矫正对象确需离开所居住的市、县的,一般应当提前三日提交书面申请,并如实提供诊断证明、单位证明、入学证明、法律文书等材料。

申请外出时间在七日内的,经执行地县级社区矫正机构委托,可以由司法所批准,并报执行地县级社区矫正机构备案;超过七日的,由执行地县级社区矫正机构批准。执行地县级社区矫正机构每次批准外出的时间不超过三十日。

因特殊情况确需外出超过三十日的,或者两个月内外出时间累计超过三十日的,应报上一级社区矫正机构审批。上一级社区矫正机构批准社区矫正对象外出的,执行地县级社区矫正机构应当及时通报同级人民检察院。

第二十八条 在社区矫正对象外出期间,执行地县级社区矫正机构、受委托的司法所应当通过电话通讯、实时视频等方式实施监督管理。

执行地县级社区矫正机构根据需要,可以协商外出目的地社区矫正机构协助监督管理,并要求社区矫正对象在到达和离开时向当地社区矫正机构报告,接受监督管理。外出目的地社区矫正机构在社区矫正对象报告后,可以通过电话通讯、实地查访等方式协助监督管理。

社区矫正对象应在外出期限届满前返回居住地,并向执行地县级社区矫正机构或者司法所报告,办理手续。因特殊原因无法按期返回的,应及时向社区矫正机构或者司法所报告情况。发现社区矫正对象违反外出管理规定的,社区矫正机构应当责令其立即返回,并视情节依法予以处理。

第二十九条 社区矫正对象确因正常工作和生活需要经常性跨市、县活动的,应当由本人提出书面申请,写明理由、经常性去往市县名称、时间、频次等,同时提供相应证明,由执行地县级社区矫正机构批准,批准一次的有效期为六个月。在批准的期限内,社区矫正对象到批准市、县活动的,可以通过电话、微信等方式报告活动情况。到期后,社区矫正对象仍需要经常性跨市、县活动的,应当重新提出申请。

第三十条 社区矫正对象因工作、居所变化等原因需要变更执行地的,一般应当提前一个月提出书面申请,并提供相应证明材料,由受委托的司法所签署意见后报执行地县级社区矫正机构审批。

执行地县级社区矫正机构收到申请后,应当在五日内书面征求新执行地县级社区矫正机构的意见。新执行地县级社区矫正机构接到征求意见函后,应当在五日内核实有关情况,作出是否同意接收的意见并书面回复。执行地县级社区矫正机构根据回复意见,作出决定。执行地县级社区矫正机构对新执行地县级社区矫正机构的回复意见有异议的,可以报上一级社区矫正机构协调解决。

经审核,执行地县级社区矫正机构不同意变更执行地的,应在决定作出之日起五日内告知社区矫正对象。同意变更执行地的,应对社区矫正对象进行教育,书面告知其到新执行地县级社区矫正机构报到的时间期限以及逾期报到或者未报到的后果,责令其按时报到。

第三十一条 同意变更执行地的,原执行地县级社区矫正机构应当在作出决定之日起五日内,将有关法律文书和档案材料移交新执行地县级社区矫正机构,并将有关法律文书抄送社区矫正决定机关和原执行地县级人民检察院、公安机关。新执行地县级社区矫正机构收到法律文书和档案材料后,在五日内送达回执,并将有关法律文书抄送所在地县级人民检察院、公安机关。

同意变更执行地的,社区矫正对象应当自收到变更执行地决定之日起七日内,到新执行地县级社区矫正机构报到。新执行地县级社区矫正机构应当核实身份、办理登记接收手续。发现社区矫正对象未按规定时间报到的,新执行地县级社区矫正机构应当立即通知原执行地县级社区矫正机构,由原执行地县级社区矫正机构组织查找。未及时办理交付接收,造成社区矫正对象脱管漏管的,原执行地社区矫正机构会同新执行地社区矫正机构妥善处置。

对公安机关、监狱管理机关批准暂予监外执行的社区矫正对象变更执行地的,公安机关、监狱管理机关在收到社区矫正机构送达的法律文书后,应与新执行地同级公安机关、监狱管理机关办理交接。新执行地的公安机关、监狱管理机关应指定一所看守所、监狱接收社区矫正对象档案,负责办理其收监、刑满释放等手续。看守所、监狱在接收档案之日起五日内,应当将有关情况通报新执行地县级社区矫正机构。对公安机关批准暂予监外执行的社区矫正对象在同一省、自治区、直辖市变更执行地的,可以不移交档案。

第三十二条 社区矫正机构应当根据有关法律法规、部门规章和其他规范性文件,建立内容全面、程序合理、易于操作的社区矫正对象考核奖惩制度。

社区矫正机构、受委托的司法所应当根据社区矫正对象认罪悔罪、遵守有关规定、服从监督管理、接受教育等情况,定期对其考核。对于符合表扬条件、具备训诫、警告情形的社区矫正对象,经执行地县级社区矫正机构决定,可以给予其相应奖励或者处罚,作出书面决定。对于涉嫌违反治安管理行为的社区矫正对象,执行地县级社区矫正机构可以向同级公安机关提出建议。社区矫正机构奖励或者处罚的书面决定应当抄送人民检察院。

社区矫正对象的考核结果与奖惩应当书面通知其本人,定期公示,记入档案,做到准确及时、公开公平。社区矫正对象对考核奖惩提出异议的,执行地县级社区矫正机构应当及时处理,并将处理结果告知社区矫正对象。社区矫正对象对处理结果仍有异议的,可以向人民检察院提出。

第三十三条 社区矫正对象认罪悔罪、遵守法律法规、服从监督管理、接受教育表现突出的,应当给予表扬。

社区矫正对象接受社区矫正六个月以上并且同时符合下列条件的,执行地县级社区矫正机构可以给予表扬:

(一)服从人民法院判决,认罪悔罪;
(二)遵守法律法规;
(三)遵守关于报告、会客、外出、迁居等规定,服从社区矫正机构的管理;
(四)积极参加教育学习等活动,接受教育矫正的。

社区矫正对象接受社区矫正期间,有见义勇为、抢险救灾等突出表现,或者帮助他人、服务社会等突出事迹的,执行地县级社区矫正机构可以给予表扬。对于符合法定减刑条件的,由执行地县级社区矫正机构依照本办法第四十二条的规定,提出减刑建议。

第三十四条 社区矫正对象具有下列情形之一的,执行地县级社区矫正机构应当给予训诫:

(一)不按规定时间报到或者接受社区矫正期间脱离监管,未超过十日的;
(二)违反关于报告、会客、外出、迁居等规定,情节轻微的;
(三)不按规定参加教育学习等活动,经教育仍不改正的;
(四)其他违反监督管理规定,情节轻微的。

第三十五条 社区矫正对象具有下列情形之一的,执行地县级社区矫正机构应当给予警告:

(一)违反人民法院禁止令,情节轻微的;
(二)不按规定时间报到或者接受社区矫正期间脱离监管,超过十日的;
(三)违反关于报告、会客、外出、迁居等规定,情节较重的;

(四)保外就医的社区矫正对象无正当理由不按时提交病情复查情况,经教育仍不改正的;

(五)受到社区矫正机构两次训诫,仍不改正的;

(六)其他违反监督管理规定,情节较重的。

第三十六条 社区矫正对象违反监督管理规定或者人民法院禁止令,依法应予治安管理处罚的,执行地县级社区矫正机构应当及时提请同级公安机关依法给予处罚,并向执行地同级人民检察院抄送治安管理处罚建议书副本,及时通知处理结果。

第三十七条 电子定位装置是指运用卫星等定位技术,能对社区矫正对象进行定位等监管,并具有防拆、防爆、防水等性能的专门的电子设备,如电子定位腕带等,但不包括手机等设备。

对社区矫正对象采取电子定位装置进行监督管理的,应当告知社区矫正对象监管的期限、要求以及违反监管规定的后果。

第三十八条 发现社区矫正对象失去联系的,社区矫正机构应当立即组织查找,可以采取通信联络、信息化核查、实地查访等方式查找,查找时要做好记录,固定证据。查找不到的,社区矫正机构应当及时通知公安机关,公安机关应当协助查找。社区矫正机构应当及时将组织查找的情况通报人民检察院。

查找到社区矫正对象后,社区矫正机构应当根据其脱离监管的情形,给予相应处置。虽能查找到社区矫正对象下落但其拒绝接受监督管理的,社区矫正机构应当视情节依法提请公安机关予以治安管理处罚,或者依法提请撤销缓刑、撤销假释、对暂予监外执行的收监执行。

第三十九条 社区矫正机构根据执行禁止令的需要,可以协调有关的部门、单位、场所、个人协助配合执行禁止令。

对禁止令确定须经批准才能进入的特定区域或者场所,社区矫正对象确需进入的,应当经执行地县级社区矫正机构批准,并通知原审人民法院和执行地县级人民检察院。

第四十条 发现社区矫正对象有违反监督管理规定或者人民法院禁止令等违法情形的,执行地县级社区矫正机构应当调查核实情况,收集有关证据材料,提出处理意见。

社区矫正机构发现社区矫正对象有撤销缓刑、撤销假释或者暂予监外执行收监执行的法定情形的,应当组织开展调查取证工作,依法向社区矫正决定机关提出撤销缓刑、撤销假释或者暂予监外执行收监执行建议,并将建议书抄送同级人民检察院。

第四十一条 社区矫正对象被依法决定行政拘留、司法拘留、强制隔离戒毒等或者因涉嫌犯新罪、发现判决宣告前还有其他罪没有判决被采取强制措施的,决定机关应当自作出决定之日起三日内将有关情况通知执行地县级社区矫正机构和执行地县级人民检察院。

第四十二条 社区矫正对象符合法定减刑条件的,由执行地县级社区矫正机构提出减刑建议书并附相关证据材料,报经地(市)社区矫正机构审核同意后,由地(市)社区矫正机构提请执行地的中级人民法院裁定。

依法应由高级人民法院裁定的减刑案件,由执行地县级社区矫正机构提出减刑建议书并附相关证据材料,逐级上报省级社区矫正机构审核同意后,由省级社区矫正机构提请执行地的高级人民法院裁定。

人民法院应当自收到减刑建议书和相关证据材料之日起三十日内依法裁定。

社区矫正机构减刑建议书和人民法院减刑裁定书副本,应当同时抄送社区矫正执行地同级人民检察院、公安机关及罪犯原服刑或者接收其档案的监狱。

第四十三条 社区矫正机构、受委托的司法所应当充分利用地方人民政府及其有关部门提供的教育帮扶场所和有关条件,按照因人施教的原则,有针对性地对社区矫正对象开展教育矫正活动。

社区矫正机构、司法所应当根据社区矫正对象的矫正阶段、犯罪类型、现实表现等实际情况,对其实施分类教育;应当结合社区矫正对象的个体特征、日常表现等具体情况,进行个别教育。

社区矫正机构、司法所根据需要可以采用集中教育、网上培训、实地参观等多种形式开展集体教育;组织社区矫正对象参加法治、道德等方面的教育活动;根据社区矫正对象的心理健康状况,对其开展心理健康教育、实施心理辅导。

社区矫正机构、司法所可以通过公开择优购买服务或者委托社会组织执行项目等方式,对社区矫正对象开展教育活动。

第四十四条 执行地县级社区矫正机构、受委托的司法所按照符合社会公共利益的原则,可以根据社区矫正对象的劳动能力、健康状况等情况,组织社区矫正对象参加公益活动。

第四十五条 执行地县级社区矫正机构、受委托的司法所依法协调有关部门和单位,根据职责分工,对遇到暂时生活困难的社区矫正对象提供临时救助;对就业困难的社区矫正对象提供职业技能培训和就业指导;帮助符合条件的社区矫正对象落实社会保障措施;协助在就学、法律援助等方面遇到困难的社区矫正对象解决问题。

第四十六条 社区矫正对象在缓刑考验期内,有下列情形之一的,由执行地同级社区矫正机构提出撤销缓刑建议:

(一)违反禁止令,情节严重的;

(二)无正当理由不按规定时间报到或者接受社区矫正期间脱离监管,超过一个月的;

(三)因违反监督管理规定受到治安管理处罚,仍不改正的;

(四)受到社区矫正机构两次警告,仍不改正的;

(五)其他违反有关法律、行政法规和监督管理规定,情节严重的情形。

社区矫正机构一般向原审人民法院提出撤销缓刑建议。如果原审人民法院与执行地同级社区矫正机构不在同一省、自治区、直辖市的,可以向执行地人民法院提出建议,执行地人民法院作出裁定的,裁定书同时抄送原审人民法院。

社区矫正机构撤销缓刑建议书和人民法院的裁定书副本同时抄送社区矫正执行地同级人民检察院。

第四十七条 社区矫正对象在假释考验期内,有下列情形之一的,由执行地同级社区矫正机构提出撤销假释建议:

(一)无正当理由不按规定时间报到或者接受社区矫正期间脱离监管,超过一个月的;

(二)受到社区矫正机构两次警告,仍不改正的;

(三)其他违反有关法律、行政法规和监督管理规定,尚未构成新的犯罪的。

社区矫正机构一般向原审人民法院提出撤销假释建议。如果原审人民法院与执行地同级社区矫正机构不在同一省、自治区、直辖市的,可以向执行地人民法院提出建议,执行地人民法院作出裁定的,裁定书同时抄送原审人民法院。

社区矫正机构撤销假释的建议书和人民法院的裁定书副本同时抄送社区矫正执行地同级人民检察院、公安机关、罪犯原服刑或者接收其档案的监狱。

第四十八条 被提请撤销缓刑、撤销假释的社区矫正对象具备下列情形之一的,社区矫正机构在提出撤销缓刑、撤销假释建议书的同时,提请人民法院决定对其予以逮捕:

(一)可能逃跑的;

(二)具有危害国家安全、公共安全、社会秩序或者他人人身安全现实危险的;

(三)可能对被害人、举报人、控告人或者社区矫正机构工作人员等实施报复行为的;

(四)可能实施新的犯罪的。

社区矫正机构提请人民法院决定逮捕社区矫正对象时,应当提供相应证据,移送人民法院审查决定。

社区矫正机构提请逮捕、人民法院作出是否逮捕决定的法律文书,应当同时抄送执行地县级人民检察院。

第四十九条 暂予监外执行的社区矫正对象有下列情形之一的,由执行地县级社区矫正机构提出收监执行建议:

(一)不符合暂予监外执行条件的;

(二)未经社区矫正机构批准擅自离开居住的市、县,经警告拒不改正,或者拒不报告行踪,脱离监管的;

(三)因违反监督管理规定受到治安管理处罚,仍不改正的;

(四)受到社区矫正机构两次警告的;

(五)保外就医期间不按规定提交病情复查情况,经警告拒不改正的;

(六)暂予监外执行的情形消失后,刑期未满的;

(七)保证人丧失保证条件或者因不履行义务被取消保证人资格,不能在规定期限内提出新的保证人的;

(八)其他违反有关法律、行政法规和监督管理规定,情节严重的情形。

社区矫正机构一般向执行地社区矫正决定机关提出收监执行建议。如果原社区矫正决定机关与执行地县级社区矫正机构在同一省、自治区、直辖市的,可以向原社区矫正决定机关提出建议。

社区矫正机构的收监执行建议书和决定机关的决定书,应当同时抄送执行地县级人民检察院。

第五十条 人民法院裁定撤销缓刑、撤销假释或者决定暂予监外执行收监执行的,由执行地县级公安机关本着就近、便利、安全的原则,送交社区矫正对象执行地所属的省、自治区、直辖市管辖范围内的看守所或者监狱执行刑罚。

公安机关决定暂予监外执行收监执行的,由执行地县级公安机关送交存放或者接收罪犯档案的看守所收监执行。

监狱管理机关决定暂予监外执行收监执行的,由存放或者接收罪犯档案的监狱收监执行。

第五十一条 撤销缓刑、撤销假释的裁定和收监执行的决定生效后,社区矫正对象下落不明的,应当认定为在逃。

被裁定撤销缓刑、撤销假释和被决定收监执行的社区矫正对象在逃的,由执行地县级公安机关负责追捕。撤销缓刑、撤销假释裁定书和对暂予监外执行罪犯收监执行决定书,可以作为公安机关追逃依据。

第五十二条 社区矫正机构应当建立突发事件处置机制,发现社区矫正对象非正常死亡、涉嫌实施犯罪、参与群体性事件的,应当立即与公安机关等有关部门协调联动、妥善处置,并将有关情况及时报告上一级社区矫正机构,同时通报执行地人民检察院。

第五十三条 社区矫正对象矫正期限届满,且在社区矫正期间没有应当撤销缓刑、撤销假释或者暂予监外执行收监执行情形的,社区矫正机构依法办理解除矫正手续。

社区矫正对象一般应当在社区矫正期满三十日前,作出个人总结,执行地县级社区矫正机构应当根据其在接受社区矫正期间的表现等情况作出书面鉴定,与安置帮教工作部门做好衔接工作。

执行地县级社区矫正机构应当向社区矫正对象发放解除社区矫正证明书,并书面通知社区矫正决定机关,同时抄送执行地县级人民检察院和公安机关。

公安机关、监狱管理机关决定暂予监外执行的社区矫正对象刑期届满的,由看守所、监狱依法为其办理刑满释放手续。

社区矫正对象被赦免的,社区矫正机构应当向社区矫正对象发放解除社区矫正证明书,依法办理解除矫正手续。

第五十四条 社区矫正对象矫正期满,执行地县级社区矫正机构或者受委托的司法所可以组织解除矫正宣告。

解矫宣告包括以下内容:

(一)宣读对社区矫正对象的鉴定意见;

(二)宣布社区矫正期限届满,依法解除社区矫正;

(三)对判处管制的,宣布执行期满,解除管制;对宣告缓刑的,宣布缓刑考验期满,原判刑罚不再执行;对裁定假释的,宣布考验期满,原判刑罚执行完毕。

宣告由社区矫正机构或者司法所工作人员主持,矫正小组成员及其他相关人员到场,按照规定程序进行。

第五十五条 社区矫正机构、受委托的司法所应当根据未成年社区矫正对象的年龄、心理特点、发育需要、成长经历、犯罪原因、家庭监护教育条件等情况,制定适应未成年人特点的矫正方案,采取有益于其身心健康发展、融入正常社会生活的矫正措施。

社区矫正机构、司法所对未成年社区矫正对象的相关信息应当保密。对未成年社区矫正对象的考核奖惩和宣告不公开进行。对未成年社区矫正对象进行宣告或者处罚时,应通知其监护人到场。

社区矫正机构、司法所应当选任熟悉未成年人身心特点,具有法律、教育、心理等专业知识的人员负责未成年人社区矫正工作,并通过加强培训、管理,提高专业化水平。

第五十六条 社区矫正工作人员的人身安全和职业尊严受法律保护。

对任何干涉社区矫正工作人员执法的行为,社区矫正工作人员有权拒绝,并按照规定如实记录和报告。对于侵犯社区矫正工作人员权利的行为,社区矫正工作人员有权提出控告。

社区矫正工作人员因依法履行职责遭受不实举报、诬告陷害、侮辱诽谤,致使名誉受到损害的,有关部门或者个人应当及时澄清事实,消除不良影响,并依法追究相关单位或者个人的责任。

对社区矫正工作人员追究法律责任,应当根据其行为的危害程度、造成的后果,以及责任大小予以确定,实事求是,过罚相当。社区矫正工作人员依法履职的,不能仅因社区矫正对象再犯罪而追究其法律责任。

第五十七条 有关单位对人民检察院的书面纠正意见在规定的期限内没有回复纠正情况的,人民检察院应当督促回复。经督促被监督单位仍不回复或者没有正当理由不纠正的,人民检察院应当向上一级人民检察院报告。

有关单位对人民检察院的检察建议在规定的期限内经督促无正当理由不予整改或者整改不到位的,检察机关可以将相关情况报告上级人民检察院,通报被建议单位的上级机关、行政主管部门或者行业自律组织等,必要时可以报告同级党委、人大,通报同级政府、纪检监察机关。

第五十八条 本办法所称"以上""内",包括本数;"以下""超过",不包括本数。

第五十九条 本办法自2020年7月1日起施行。最高人民法院、最高人民检察院、公安部、司法部2012年1月10日印发的《社区矫正实施办法》(司发通〔2012〕12号)同时废止。

指导性案例

社区矫正对象孙某某撤销缓刑监督案(检例第131号)

关键词 社区矫正监督 违反规定外出、出境 调查核实 撤销缓刑

要 旨 人民检察院应当加强对社区矫正机构监督管理和教育帮扶社区矫正对象等社区矫正工作的法律监督,保证社区矫正活动依法进行。人民检察院开展社区矫正法律监督,应当综合运用查阅档案、调查询问、信息核查等多种方式,查明社区矫正中是否存在违法情形,精准提出监督意见。对宣告缓刑的社区矫正对象违反法律、行政法规和监督管理规定的,应当结合违法违规的客观事实

和主观情节,准确认定是否属于"情节严重"应予撤销缓刑情形。对符合撤销缓刑情形但社区矫正机构未依法向人民法院提出撤销缓刑建议的,人民检察院应当向社区矫正机构提出纠正意见;对社区矫正工作中存在普遍性、倾向性违法问题或者有重大隐患的,人民检察院应当提出检察建议。

指导意义

(一)人民检察院开展社区矫正法律监督工作,应依法全面履行法律监督职责,确保社区矫正法的正确实施。《中华人民共和国社区矫正法》规定,对被判处管制、宣告缓刑、假释和暂予监外执行的罪犯,依法实行社区矫正,并规定人民检察院依法对社区矫正工作实行法律监督。人民检察院应当加强对社区矫正机构监督管理和教育帮扶社区矫正对象等社区矫正工作的法律监督,保证社区矫正工作依法进行,促进社区矫正对象顺利融入社会,预防社区矫正对象再次违法犯罪。在开展社区矫正监督工作时,应当加强对社区矫正档案和信息管理平台中社区矫正对象的日常监管教育、请假外出审批、考核奖惩等有关情况的审查。对于发现的违法违规监督线索,要及时开展调查核实,查清违法违规事实,准确适用法律,精准提出监督意见,更好地满足人民群众对司法公正和社会和谐稳定的需求。

(二)人民检察院办理撤销缓刑监督案件时,应当全面考量行为人主客观情形,依法判断是否符合"其他违反有关法律、行政法规和监督管理规定,情节严重"的撤销缓刑情形。现行《中华人民共和国社区矫正法实施办法》第四十六条第一款第五项沿用了2012年3月1日实施的《社区矫正实施办法》(2020年7月1日废止)第二十五条第一款第五项的规定,对社区矫正对象撤销缓刑情形规定了兜底性条款,即有"其他违反有关法律、行政法规和监督管理规定,情节严重的情形",应当提出撤销缓刑建议。认定是否达到"情节严重"时,应当全面考量社区矫正对象违反有关法律、行政法规和监督管理规定行为的性质、次数、频率、手段、事由、后果等客观事实,并在准确把握其主观恶性大小的基础上作出综合认定。具有撤销缓刑情形而社区矫正机构未依法提出撤销缓刑建议的,人民检察院应当向社区矫正机构提出纠正意见,监督社区矫正机构向人民法院提出撤销缓刑建议。

(三)人民检察院应当依法监督社区矫正机构加强对社区矫正对象的监督管理,完善与公安机关等的沟通协作机制,防止社区矫正对象非法出境。社区矫正对象在社区矫正期间应当遵守外出、报告、会客等监管规定。依据《中华人民共和国出境入境管理法》规定,被判处刑罚尚未执行完毕的罪犯,不准出境。人民检察院应当监督社区矫正机构加强对社区矫正对象遵守禁止出境等规定情况的监督管理,督促社区矫正机构会同公安机关等部门完善沟通协作和信息互通机制,防止社区矫正对象非法出境。

(四)对社区矫正工作中存在的普遍性、倾向性违法问题和重大隐患,人民检察院应当充分运用检察建议等提升监督效果。检察建议是检察机关履行法律监督职责的重要方式。人民检察院办理社区矫正监督案件时,发现社区矫正机构存在的普遍性问题和管理漏洞,应充分运用检察建议,依法依规提出有针对性的建议,督促执行机关整改落实、规范管理、堵塞漏洞,最大限度地发挥法律监督促进社会治理的效果,实现法律监督工作和社区矫正工作的双促进、双提升。

第269条

社区矫正对象管某某申请外出监督案(检例第134号)

关键词 社区矫正监督 生产经营需要 申请外出 依申请监督 跟进监督

要 旨 人民检察院开展社区矫正法律监督工作,应当监督社区矫正机构依法履行社区矫正对象申请外出的审批职责。社区矫正对象因生产经营需要等正当理由申请外出,社区矫正机构未予批准,申请人民检察院监督的,人民检察院应当在调查核实后依法监督社区矫正机构批准。社区矫正机构批准外出的,人民检察院应当监督社区矫正机构加强对社区矫正对象外出期间的动态监督管理,确保社区矫正对象"放得出""管得住"。

指导意义

(一)人民检察院开展社区矫正法律监督工作,应当监督社区矫正机构依法开展社区矫正对象外出申请审批工作。开展社区矫正法律监督,应当自觉服务保障经济社会发展大局,依法维护社区矫正对象合法权益,保障正常生产经营活动的开展。对于社区矫正对象因生产经营需要等有正当理由的外出申请,社区矫正机构未批准,申请人民检察院监督的,人民检察院可综合社区矫正对象所在企业经营状况、个人在企业经营中的职责地位、外出理由是否合理紧迫、原犯罪性质和情节、社区矫正期间表现等情况,判断申请外出的必要性和可能发生的社会危险性,准确提出监督意见。对于社区矫正对象确因生产经营、就医、就学等正当理由申请外出且无社会危险性的,应当认定为符合《中华人民共和国社区矫正法》第二十七条第一款规定,建议社区矫正机构依法予以批准。

(二)对于社区矫正机构批准社区矫正对象外出的,人民检察院应当监督社区矫正机构加强对外出社区矫正对象的动态监管。社区矫正对象经批准外出,仍应接受社区矫正机构的监督管理。人民检察院应当监督社区矫正机构将批准外出社区矫正对象列为重点监管对象,按照《中华人民共和国社区矫正法》和相关法律法规规定,采取电话联络、实时视频或者信息化大数据等高科技手段加强动态管理。必要时,可以建议外出目的地社区矫正机构协助进行监督管理,确保社区矫正对象"放得出""管得住"。

社区矫正对象贾某某申请经常性跨市县活动监督案(检例第135号)

关键词 社区矫正监督 经常性跨市县活动 依申请监督 简化审批

要　旨 人民检察院开展社区矫正法律监督工作,应当切实加强社区矫正对象合法权益保障,着力解决人民群众"急难愁盼"问题。对于社区矫正对象因正常工作、生活需要申请经常性跨市县(包含跨不同省份之间的市、县)活动的,人民检察院应当监督社区矫正机构依法予以批准,并简化批准程序和方式。

指导意义

(一)人民检察院开展社区矫正法律监督工作,应当切实加强社区矫正对象合法权益保障,着力解决人民群众"急难愁盼"问题。回应新时代人民群众新要求,着力解决人民群众"急难愁盼"问题,是检察机关落实"司法为民"要求的重要体现。人民检察院履行社区矫正法律监督职责,要立足于厚植党的执政根基、维护社会秩序稳定,办理好事关社区矫正对象等人民群众切身利益的每一起"小案",努力解决人民群众操心事、烦心事、揪心事,不断提升人民群众的获得感、幸福感、安全感。

(二)准确把握立法精神,厘清"经常性跨市、县活动"界限。对社区矫正对象因正常工作和生活需要提出经常性跨市、县活动申请进行审批时,应当将经常性跨市、县活动所指的"市、县"理解为,既包括本省域内的市、县,也包括不同省份之间的市、县。对因正常工作和生活需要,以相对固定时间、频次经常性跨市、县活动的长途货运司机、物流押送员、销售员等特定社区矫正对象,人民检察院应当监督社区矫正机构依法履职,简化批准程序和方式,批准社区矫正对象经常性跨市、县活动的申请。

司法疑难解析

关于撤销缓刑、假释的情形。《刑法》第七十七条第二款规定:"被宣告缓刑的犯罪分子,在缓刑考验期限内,违反法律、行政法规或者国务院有关部门关于缓刑的监督管理规定,或者违反人民法院判决中的禁止令,情节严重的,应当撤销缓刑,执行原判刑罚。"第八十六条第三款规定:"被假释的犯罪分子,在假释考验期限内,有违反法律、行政法规或者国务院有关部门关于假释的监督管理规定的行为,尚未构成新的犯罪的,应当依照法定程序撤销假释,收监执行未执行完毕的刑罚。"可见,缓刑罪犯和假释罪犯违反监督管理规定,撤销缓刑、假释的条件明显不同。为了准确反映法律规定,《刑诉法解释》第五百四十三条对

《2012年刑诉法解释》第四百五十八条第一款作出调整,区分缓刑、假释分别规定了撤销的不同条件,规定:"人民法院收到社区矫正机构的撤销缓刑建议书后,经审查,确认罪犯在缓刑考验期限内具有下列情形之一的,应当作出撤销缓刑的裁定:(一)违反禁止令,情节严重的;(二)无正当理由不按规定时间报到或者接受社区矫正期间脱离监管,超过一个月的;(三)因违反监督管理规定受到治安管理处罚,仍不改正的;(四)受到执行机关二次警告,仍不改正的;(五)违反法律、行政法规和监督管理规定,情节严重的其他情形。""人民法院收到社区矫正机构的撤销假释建议书后,经审查,确认罪犯在假释考验期限内具有前款第二项、第四项规定情形之一,或者有其他违反监督管理规定的行为,尚未构成新的犯罪的,应当作出撤销假释的裁定。"

需要注意的是,刑法虽然没有将"情节严重"规定为撤销假释的条件,但并不意味着只要在假释考验期限内有违反监督管理规定的行为,不问情节轻重,一律撤销假释,仍应当根据具体情况综合考量,对于情节明显较轻的不应撤销假释。

第二百七十条 【剥夺政治权利的执行】对被判处剥夺政治权利的罪犯,由公安机关执行。执行期满,应当由执行机关书面通知本人及其所在单位、居住地基层组织。

立法沿革

1979年《刑事诉讼法》第一百五十九条规定:"对于被判处管制、剥夺政治权利的罪犯,由公安机关执行。""执行期满,应当由执行机关通知本人,并向有关群众公开宣布解除管制或者恢复政治权利。"1996年修改《刑事诉讼法》时对本条规定未作调整。2012年《刑事诉讼法修改决定》将期满后解除的方式,由"执行机关通知本人,交向有关群众公开宣布解除管制或者恢复政治权利"修改为"执行机关书面通知本人及其所在单位、居住地基层组织"。2018年修改《刑事诉讼法》时对本条规定未作调整。

基本规范

《最高人民法院关于适用〈中华人民共和国刑事诉讼法〉的解释》(法释〔2021〕1号,自2021年3月1日起施行)

第二十一章 执行程序

第三节 管制、缓刑、剥夺政治权利的交付执行

第五百二十条 对单处剥夺政治权利的罪犯,人民法院应当在判决、裁定生

效后十日以内,将判决书、裁定书、执行通知书等法律文书送达罪犯居住地的县级公安机关,并抄送罪犯居住地的县级人民检察院。

《公安机关办理刑事案件程序规定》(公安部令第159号修正,修正后自2020年9月1日起施行)

第九章 执行刑罚

第一节 罪犯的交付

第三百零二条第二款 对被判处剥夺政治权利的罪犯,由罪犯居住地的派出所负责执行。

第三节 剥夺政治权利

第三百一十一条 负责执行剥夺政治权利的派出所应当按照人民法院的判决,向罪犯及其所在单位、居住地基层组织宣布其犯罪事实、被剥夺政治权利的期限,以及罪犯在执行期间应当遵守的规定。

第三百一十二条 被剥夺政治权利的罪犯在执行期间应当遵守下列规定:

(一)遵守国家法律、行政法规和公安部制定的有关规定,服从监督管理;

(二)不得享有选举权和被选举权;

(三)不得组织或者参加集会、游行、示威、结社活动;

(四)不得出版、制作、发行书籍、音像制品;

(五)不得接受采访,发表演说;

(六)不得在境内外发表有损国家荣誉、利益或者其他具有社会危害性的言论;

(七)不得担任国家机关职务;

(八)不得担任国有公司、企业、事业单位和人民团体的领导职务。

第三百一十三条 被剥夺政治权利的罪犯违反本规定第三百一十二条的规定,尚未构成新的犯罪的,公安机关依法可以给予治安管理处罚。

第三百一十四条 被剥夺政治权利的罪犯,执行期满,公安机关应当书面通知本人及其所在单位、居住地基层组织。

第二百七十一条 【罚金的执行】被判处罚金的罪犯,期满不缴纳的,人民法院应当强制缴纳;如果由于遭遇不能抗拒的灾祸等原因缴纳确实有困难的,经人民法院裁定,可以延期缴纳、酌情减少或者免除。

第二百七十二条 【没收财产的执行】没收财产的判决,无论附加适用或者独立适用,都由人民法院执行;在必要的时候,可以会同公安机关执行。

立法沿革

本两条系关于财产刑执行的规定。

关于第二百七十一条,1979年《刑事诉讼法》第一百六十条规定:"被判处罚金的罪犯,期满不缴纳的,人民法院应当强制缴纳;如果由于遭遇不能抗拒的灾祸缴纳确实有困难的,可以裁定减少或者免除。"1996年、2012年修改《刑事诉讼法》时对本条规定未作调整。2018年《刑事诉讼法修改决定》在减免罚金之外增加"延期缴纳"的规定,并将适用范围扩大为"由于遭遇不能抗拒的灾祸等原因"。

第二百七十二条系沿用1979年《刑事诉讼法》第一百六十一条的规定。

基本规范

《最高人民法院关于适用〈中华人民共和国刑事诉讼法〉的解释》(法释〔2021〕1号,自2021年3月1日起施行)

第二十一章 执行程序

第四节 刑事裁判涉财产部分和附带民事裁判的执行

第五百二十一条 刑事裁判涉财产部分的执行,是指发生法律效力的刑事裁判中下列判项的执行:

(一)罚金、没收财产;

(二)追缴、责令退赔违法所得;

(三)处置随案移送的赃款赃物;

(四)没收随案移送的供犯罪所用本人财物;

(五)其他应当由人民法院执行的相关涉财产的判项。

第五百二十二条 刑事裁判涉财产部分和附带民事裁判应当由人民法院执行的,由第一审人民法院负责裁判执行的机构执行。

第五百二十三条 罚金在判决规定的期限内一次或者分期缴纳。期满无故不缴纳或者未足额缴纳的,人民法院应当强制缴纳。经强制缴纳仍不能全部缴纳的,在任何时候,包括主刑执行完毕后,发现被执行人有可供执行的财产的,应当追缴。

行政机关对被告人就同一事实已经处以罚款的,人民法院判处罚金时应当折抵,扣除行政处罚已执行的部分。

第五百二十四条 因遭遇不能抗拒的灾祸等原因缴纳罚金确有困难,被执行人申请延期缴纳、酌情减少或者免除罚金的,应当提交相关证明材料。人民法院应当在收到申请后一个月以内作出裁定。符合法定条件的,应当准许;不符合条件的,驳回申请。

第五百二十五条 判处没收财产的,判决生效后,应当立即执行。①

第五百二十六条 执行财产刑,应当参照被扶养人住所地政府公布的上年度当地居民最低生活费标准,保留被执行人及其所扶养人的生活必需费用。

第五百二十七条 被判处财产刑,同时又承担附带民事赔偿责任的被执行人,应当先履行民事赔偿责任。②

第五百二十八条 执行刑事裁判涉财产部分、附带民事裁判过程中,当事人、利害关系人认为执行行为违反法律规定,或者案外人对被执行标的书面提出

---

① 《刑事诉讼法》第二百七十二条规定:"没收财产的判决,无论附加适用或者独立适用,都由人民法院执行;在必要的时候,可以会同公安机关执行。"从《刑法》的规定来看,未见单独判处没收财产的规定。——本评注注

② 需要注意的问题有二:(1)《2012年刑诉法解释》第四百四十一条第二款规定:"判处财产刑之前被执行人所负正当债务,需要以被执行的财产偿还的,经债权人请求,应当偿还。"征求意见过程中,有意见建议删去该款,理由是:该条规定与《财产执行规定》第十三条规定并不完全一致,第十三条并没有将其他民事债权产生的时间限定在判处财产刑之前。经研究,如果被执行人确有财产可供执行,则无论其正当债务产生于判处财产刑之前还是之后,债权人提出请求的,均可以被执行的财产偿还。鉴此,采纳上述意见,删去该款。(2)《刑诉法解释》原本拟吸收《财产执行规定》第十三条第一款,规定执行顺序,明确"民事优先"原则的具体适用规则,即"执行刑事裁判涉财产部分和附带民事裁判,应当按照下列顺序执行:(一)人身损害赔偿中的医疗费用;(二)退赔被害人的损失;(三)其他民事债务;(四)罚金;(五)没收财产。""债权人对执行标的依法享有优先受偿权,其主张优先受偿的,人民法院应当在前款第一项规定的医疗费用受偿后,予以支持。"讨论中,有意见认为,第三项"其他民事债务"不好界定,在目前刑事自身财产性判项无法得到有效立案执行的情况下,再将其他民事债务也牵涉进来,将导致刑事裁判涉财产部分和附带民事裁判的执行更加复杂、更加难以落实,反而可能导致履行渠道的进一步梗塞,不利于执行工作的开展。建议暂不吸收《财产执行规定》第十三条的规定,维持原有规定不变。征求意见过程中,有意见提出:"《刑法》第六十四条规定,犯罪分子违法所得的一切财物,应当予以追缴或者责令退赔;对被害人的合法财产,应当及时返还。具有民事优先受偿权的债权优于退赔被害人的损失得到执行,与《刑法》上述规定的精神似不一致,不利于保护刑事被害人的合法权益,建议进一步研究。"经研究认为,鉴于所涉问题十分复杂,认识分歧很大,不作规定,交由司法实践根据其他专门司法解释和案件具体情况作出处理。——本评注注

异议的，人民法院应当参照民事诉讼法的有关规定处理。①

第五百二十九条 执行刑事裁判涉财产部分、附带民事裁判过程中，具有下列情形之一的，人民法院应当裁定终结执行：

（一）据以执行的判决、裁定被撤销的；

（二）被执行人死亡或者被执行死刑，且无财产可供执行的；

（三）被判处罚金的单位终止，且无财产可供执行的；

（四）依照刑法第五十三条规定免除罚金的；

（五）应当终结执行的其他情形。

裁定终结执行后，发现被执行人的财产有被隐匿、转移等情形的，应当追缴。

第五百三十条 被执行财产在外地的，第一审人民法院可以委托财产所在地的同级人民法院执行。

第五百三十一条 刑事裁判涉财产部分、附带民事裁判全部或者部分被撤销的，已经执行的财产应当全部或者部分返还被执行人；无法返还的，应当依法赔偿。

第五百三十二条 刑事裁判涉财产部分、附带民事裁判的执行，刑事诉讼法及有关刑事司法解释没有规定的，参照适用民事执行的有关规定。

《人民检察院刑事诉讼规则》（高检发释字〔2019〕4号，自2019年12月30日起施行）

第十四章 刑罚执行和监管执法监督

第五节 刑事裁判涉财产部分执行监督

第六百四十五条 人民检察院发现人民法院执行刑事裁判涉财产部分具有

---

① 《民事诉讼法》第二百三十二条、第二百三十四条对执行过程中当事人、利害关系人异议的处理规则作了明确。鉴此，本条明确执行刑事裁判涉财产部分和附带民事裁判过程中，当事人、利害关系人认为执行行为违反法律规定，或者案外人对被执行财产书面提出权属异议，并提供相关证据的，依照《民事诉讼法》的有关规定处理。《民事诉讼法》第二百三十二条规定："当事人、利害关系人认为执行行为违反法律规定的，可以向负责执行的人民法院提出书面异议。当事人、利害关系人提出书面异议的，人民法院应当自收到书面异议之日起十五日内审查，理由成立的，裁定撤销或者改正；理由不成立的，裁定驳回。当事人、利害关系人对裁定不服的，可以自裁定送达之日起十日内向上一级人民法院申请复议。"第二百三十四条规定："执行过程中，案外人对执行标的提出书面异议的，人民法院应当自收到书面异议之日起十五日内审查，理由成立的，裁定中止对该标的的执行；理由不成立的，裁定驳回。案外人、当事人对裁定不服，认为原判决、裁定错误的，依照审判监督程序办理；与原判决、裁定无关的，可以自裁定送达之日起十五日内向人民法院提起诉讼。"——本评注注

下列情形之一的,应当依法提出纠正意见:

(一)执行立案活动违法的;

(二)延期缴纳、酌情减少或者免除罚金违法的;

(三)中止执行或者终结执行违法的;

(四)被执行人有履行能力,应当执行而不执行的;

(五)损害被执行人、被害人、利害关系人或者案外人合法权益的;

(六)刑事裁判全部或者部分被撤销后未依法返还或者赔偿的;

(七)执行的财产未依法上缴国库的;

(八)其他违法情形。

人民检察院对人民法院执行刑事裁判涉财产部分进行监督,可以对公安机关查封、扣押、冻结涉案财物的情况,人民法院审判部门、立案部门、执行部门移送、立案、执行情况,被执行人的履行能力等情况向有关单位和个人进行调查核实。

第六百四十六条 人民检察院发现被执行人或者其他人员有隐匿、转移、变卖财产等妨碍执行情形的,可以建议人民法院及时查封、扣押、冻结。

公安机关不依法向人民法院移送涉案财物、相关清单、照片和其他证明文件,或者对涉案财物的查封、扣押、冻结、返还、处置等活动存在违法情形的,人民检察院应当依法提出纠正意见。

其他规范

《中国人民银行、最高人民法院、最高人民检察院、公安部、司法部关于查询、停止支付和没收个人在银行的存款以及存款人死亡后的存款过户或支付手续的联合通知》([80]银储字第18号)

根据《中华人民共和国宪法》第九条规定:国家保护公民的合法收入、储蓄、房屋和其他生活资料的所有权。个人将合法收入存入银行的存款,归个人所有,不得侵犯;银行实行存款自愿,取款自由,为储户保密的原则。银行工作人员对储户的存款情况,应严守秘密,不得泄露,违反者视其情节轻重追究责任。

为了加强社会主义法制,依法保护公民储蓄,对法院、检察、公安部门向银行查询、要求停止支付和没收个人在银行的存款以及存款人死亡后的存款过户或支付手续问题,现作如下规定:

一、关于查询、停止支付和没收个人存款

(一)人民法院、人民检察院和公安机关因侦查、起诉、审理案件,需要向银行查询与案件直接有关的个人存款时,必须向银行提出县级和县级以上法院、检察院或公安机关正式查询公函,并提供存款人的有关线索,如存款人的姓名、存款日期、金额等情况;经银行县、市支行或市分行区办一级核对后,指定所属储蓄所提供资料。查询单位不能径自到储蓄所查阅账册;对银行提供的存款情况,应保守秘密。

(二)人民法院、人民检察院和公安机关在侦查、审理案件中,发现当事人存款与案件直接有关,要求停止支付存款时,必须向银行提出县级和县级以上人民法院、人民检察院和公安机关的正式通知,经银行县、市支行或市分行区办一级核对后,通知所属储蓄所办理暂停支付手续。

停止支付的期限最长不超过六个月。逾期自动撤销。有特殊原因需要延长的,应重新办理停止支付手续。

如存款户在停止支付期间因生活必需而需要提取用款时,银行应及时主动与要求停止支付的单位联系,并根据实行情况,具体处理。

(三)人民法院判决没收罪犯储蓄存款时,银行依据人民法院判决书办理。人民法院判决民事案件中有关储蓄存款的处理,执行时应由当事人交出存款单(折),银行、储蓄所凭存款单(折)办理;如当事人拒不交出存款单(折),须强制执行时,由人民法院通知人民银行,人民银行凭判决书或裁定书,由县、市支行或市分行区办一级核对后办理,当事人的原存款单(折)作废,将判决书或裁定书收入档案保存。

(四)查询、暂停支付华侨储蓄存款时,公安机关由地(市)以上的公安厅(局)、处依照上述规定手续办理;人民法院、人民检察院由对案件有法定管辖权的法院、检察院依照上述规定手续办理。

(五)为了严密制度、手续,特制定有关查询、停止支付个人储蓄存款的几种文书格式,随文附发。使用这些法律文书时,应统一编号,妥慎保管。

二、关于存款人死亡后的存款过户或支付手续

存款人死亡后的存款提取、过户手续问题涉及的内容比较复杂,应慎重处理。

(一)存款人死亡后,合法继承人为证明自己的身份和有权提取该项存款,应向当地公证处(尚未设立公证处的地方向县、市人民法院,下同)申请办理继承权证明书,银行凭以办理过户或支付手续。如该项存款的继承权发生争执时,应由人民法院判处。银行凭人民法院的判决书、裁定书或调解书办理过户或支付手续。

(二)在国外的华侨、中国血统外籍人和港澳同胞在国内银行的存款或委托银行代为保管的存款,原存款人死亡,如其合法继承人在国内者,凭原存款人的死亡证(或其他可以证明存款人确实死亡的证明)向当地公证处申请办理继承权证明书,银行凭以办理存款的过户或支付手续。

(三)在我国定居的外侨(包括无国籍者)在我国银行的存款,其存款过户或提取手续,与我国公民存款处理手续相同,应按照上述规定办理。与我国订有双边领事协定的外国侨民应按协定的具体规定办理。

(四)继承人在国外者,可凭原存款人的死亡证明和经我驻在该国使、领馆认证的亲属证明,向我公证机关申请办理继承权证明书,银行凭以办理存款的过户或支付手续。

继承人所在国如系禁汇国家,按上述规定办理有困难时,可由当地侨团、友好社团和爱国侨领、友好人士提供证明,并由我驻所在国使领馆认证后,向我公安机关申请办理继承权证明书,银行再凭以办理过户或支付手续。

继承人所在国如未建交,应根据特殊情况,特殊处理。

居住国外的继承人继承在我国内银行的存款,能否汇出国外,应按我国外汇管理条例的有关规定办理。

(五)存款人死亡后,无法定继承人又无遗嘱的,经公证部门的证明,暂按财政部规定:全民所有制企、事业、国家机关、群众团体的职工存款,上缴财政部门入库收归国有。集体所有制企、事业单位的职工,可转归集体所有。此项上缴国库或转归集体所有的存款都不计利息。

以上各项希研究执行,望将执行中的问题及时反映。

过去有关查询、停止支付和没收个人在银行的存款以及存款人死亡后的存款的过户或支付手续如与此规定相抵触时,以此文件为准。

附:查询、停止支付储蓄存款的几种文书格式(略)

《中国人民银行、最高人民法院、最高人民检察院、公安部、司法部关于没收储蓄存款缴库和公证处查询存款问题几点补充规定》([83]银发字第203号)

中国人民银行各省、市、自治区分行,各省、市、自治区高级人民法院,人民检察院,公安厅,司法厅:

在办理经济领域中的违法犯罪案件中,涉及没收个人在银行的储蓄存款问题,除经人民法院判决的案件按照(80)储字第18号联合通知的规定办理外,现对人民检察院、公安机关直接处理的案件以及收到当事人以匿名或化名的方式交出的存款单(折),应如何处理等问题,补充规定如下:

一、人民检察院决定免予起诉、撤销案件或者不起诉的案件,被告人交出或者被人民检察院、公安机关查获的被告人的储蓄存款单(折),经查明确系被告人非法所得的赃款,人民检察院作出没收的决定之后,银行依据人民检察院的《免予起诉决定书》(附没收清单)或者由检察长签署的《没收通知书》和存款单(折),办理提款或者缴库手续。

二、对于收到匿名或化名的方式交出的储蓄存款单(折),凡由人民检察院、公安机关受理的,经认真调查仍无法找到寄交人的,在收到该项存款单(折)半年以后,并经与银行核对确有该项存款的,根据县以上(含县)人民检察院检察长或者公安局局长签署的决定办理缴库手续。如属于其他单位接受的,由接受单位备函开具清单送交县以上人民检察院或公安机关办理缴库手续。

三、没收缴库的储蓄存款,银行采取转帐方式支付,并均不计付利息。

四、没收的储蓄存款缴库后,如查出不该没收的,由原经办单位负责办理退库手续,并将款项退还当事人。上缴国库后一段时间应付储户的利息由财政上负担。

五、公证处在办理继承权公证的过程中,需要向银行核实有关储蓄存款情况时,须提供存款储蓄所的名称、户名、帐号、日期、金额等线索,银行应协助办理。

以上各点希研究贯彻执行。

《最高人民法院关于严格执行案件审理期限制度的若干规定》(法释〔2000〕29号,节录)

第五条第三款、第四款 刑事案件没收财产刑应当即时执行。

刑事案件罚金刑,应当在判决、裁定发生法律效力后三个月内执行完毕,至迟不超过六个月。

第九条 下列期间不计入审理、执行期限:

(一)刑事案件对被告人作精神病鉴定的期间;

(二)刑事案件因另行委托、指定辩护人,法院决定延期审理的,自案件宣布延期审理之日起至第十日止准备辩护的时间;

(三)公诉人发现案件需要补充侦查,提出延期审理建议后,合议庭同意延期审理的期间;

(四)刑事案件二审期间,检察院查阅案卷超过七日后的时间;

(五)因当事人、诉讼代理人、辩护人申请通知新的证人到庭、调取新的证据、申请重新鉴定或者勘验,法院决定延期审理一个月之内的期间;

(六)民事、行政案件公告、鉴定的期间;

(七)审理当事人提出的管辖权异议和处理法院之间的管辖争议的期间;

(八)民事、行政、执行案件由有关专业机构进行审计、评估、资产清理的期间;

(九)中止诉讼(审理)或执行至恢复诉讼(审理)或执行的期间;

(十)当事人达成执行和解或者提供执行担保后,执行法院决定暂缓执行的期间;

(十一)上级人民法院通知暂缓执行的期间;

(十二)执行中拍卖、变卖被查封、扣押财产的期间。

《最高人民法院关于刑事裁判涉财产部分执行的若干规定》(法释〔2014〕13号,自2014年11月6日起施行)

为进一步规范刑事裁判涉财产部分的执行,维护当事人合法权益,根据《中华人民共和国刑法》、《中华人民共和国刑事诉讼法》等法律规定,结合人民法院执行工作实际,制定本规定。

第一条 本规定所称刑事裁判涉财产部分的执行,是指发生法律效力的刑事裁判主文确定的下列事项的执行:

(一)罚金、没收财产;

(二)责令退赔;

(三)处置随案移送的赃款赃物;

(四)没收随案移送的供犯罪所用本人财物;

(五)其他应当由人民法院执行的相关事项。

刑事附带民事裁判的执行,适用民事执行的有关规定。

第二条 刑事裁判涉财产部分,由第一审人民法院执行。第一审人民法院可以委托财产所在地的同级人民法院执行。

第三条 人民法院办理刑事裁判涉财产部分执行案件的期限为六个月。有特殊情况需要延长的,经本院院长批准,可以延长。

第四条 人民法院刑事审判中可能判处被告人财产刑、责令退赔的,刑事审判部门应当依法对被告人的财产状况进行调查;发现可能隐匿、转移财产的,应当及时查封、扣押、冻结其相应财产。

第五条 刑事审判或者执行中,对于侦查机关已经采取的查封、扣押、冻结,人民法院应当在期限届满前及时续行查封、扣押、冻结。人民法院续行查封、扣押、冻结的顺位与侦查机关查封、扣押、冻结的顺位相同。

对侦查机关查封、扣押、冻结的财产,人民法院执行中可以直接裁定处置,无须侦查机关出具解除手续,但裁定中应当指明侦查机关查封、扣押、冻结的事实。

第六条 刑事裁判涉财产部分的裁判内容,应当明确、具体。涉案财物或者被害人人数较多,不宜在判决主文中详细列明的,可以概括叙明并另附清单。

判处没收部分财产的,应当明确没收的具体财物或者金额。

判处追缴或者责令退赔的,应当明确追缴或者退赔的金额或财物的名称、数量等相关情况。

第七条 由人民法院执行机构负责执行的刑事裁判涉财产部分,刑事审判部门应当及时移送立案部门审查立案。

移送立案应当提交生效裁判文书及其附件和其他相关材料,并填写《移送执行表》。《移送执行表》应当载明以下内容:

(一)被执行人、被害人的基本信息;

(二)已查明的财产状况或者财产线索;

(三)随案移送的财产和已经处置财产的情况;

(四)查封、扣押、冻结财产的情况;

(五)移送执行的时间;

(六)其他需要说明的情况。

人民法院立案部门经审查,认为属于移送范围且移送材料齐全的,应当在七日内立案,并移送执行机构。

第八条 人民法院可以向刑罚执行机关、社区矫正机构等有关单位调查被执行人的财产状况,并可以根据不同情形要求有关单位协助采取查封、扣押、冻结、划拨等执行措施。

第九条 判处没收财产的,应当执行刑事裁判生效时被执行人合法所有的财产。

执行没收财产或罚金刑,应当参照被扶养人住所地政府公布的上年度当地居民最低生活费标准,保留被执行人及其所扶养家属的生活必需费用。

第十条 对赃款赃物及其收益,人民法院应当一并追缴。

被执行人将赃款赃物投资或者置业,对因此形成的财产及其收益,人民法院应予追缴。

被执行人将赃款赃物与其他合法财产共同投资或者置业,对因此形成的财产中与赃款赃物对应的份额及其收益,人民法院应予追缴。

对于被害人的损失,应当按照刑事裁判认定的实际损失予以发还或者赔偿。

第十一条 被执行人将刑事裁判认定为赃款赃物的涉案财物用于清偿债务、转让或者设置其他权利负担,具有下列情形之一的,人民法院应予追缴:

(一)第三人明知是涉案财物而接受的;

(二)第三人无偿或者以明显低于市场的价格取得涉案财物的;

(三)第三人通过非法债务清偿或者违法犯罪活动取得涉案财物的;

(四)第三人通过其他恶意方式取得涉案财物的。

第三人善意取得涉案财物的,执行程序中不予追缴。作为原所有人的被害人对该涉案财物主张权利的,人民法院应当告知其通过诉讼程序处理。

第十二条 被执行财产需要变价的,人民法院执行机构应当依法采取拍卖、变卖等变价措施。

涉案财物最后一次拍卖未能成交,需要上缴国库的,人民法院应当通知有关财政机关以该次拍卖保留价予以接收;有关财政机关要求继续变价的,可以进行无保留价拍卖。需要退赔被害人的,以该次拍卖保留价以物退赔;被害人不同意以物退赔的,可以进行无保留价拍卖。

第十三条　被执行人在执行中同时承担刑事责任、民事责任,其财产不足以支付的,按照下列顺序执行:

(一)人身损害赔偿中的医疗费用;

(二)退赔被害人的损失;

(三)其他民事债务;

(四)罚金;

(五)没收财产。

债权人对执行标的依法享有优先受偿权,其主张优先受偿的,人民法院应当在前款第(一)项规定的医疗费用受偿后,予以支持。

第十四条　执行过程中,当事人、利害关系人认为执行行为违反法律规定,或者案外人对执行标的主张足以阻止执行的实体权利,向执行法院提出书面异议的,执行法院应当依照民事诉讼法第二百二十五条的规定处理。

人民法院审查案外人异议、复议,应当公开听证。

第十五条　执行过程中,案外人或被害人认为刑事裁判中对涉案财物是否属于赃款赃物认定错误或者应予认定而未认定,向执行法院提出书面异议,可以通过裁定补正的,执行机构应当将异议材料移送刑事审判部门处理;无法通过裁定补正的,应当告知异议人通过审判监督程序处理。

第十六条　人民法院办理刑事裁判涉财产部分执行案件,刑法、刑事诉讼法及有关司法解释没有相应规定的,参照适用民事执行的有关规定。

第十七条　最高人民法院此前发布的司法解释与本规定不一致的,以本规定为准。

《最高人民法院关于人民法院立案、审判与执行工作协调运行的意见》(法发〔2018〕9号,节录)

4.立案部门在对刑事裁判涉财产部分移送执行立案审查时,重点审查《移送执行表》载明的以下内容:

(1)被执行人、被害人的基本信息;

(2)已查明的财产状况或者财产线索;

(3)随案移送的财产和已经处置财产的情况;

(4)查封、扣押、冻结财产的情况;

(5)移送执行的时间;

(6)其他需要说明的情况。

《移送执行表》信息存在缺漏的,应要求刑事审判部门及时补充完整。

13.刑事裁判涉财产部分的裁判内容,应当明确、具体。涉案财物或者被害人人数较多,不宜在判决主文中详细列明的,可以概括叙明并另附清单。判处没收部分财产的,应当明确没收的具体财物或者金额。判处追缴或者责令退赔的,应当明确追缴或者退赔的金额或财物的名称、数量等有关情况。

15.执行机构发现本院作出的生效法律文书执行内容不明确的,应书面征询审判部门的意见。审判部门应在15日内作出书面答复或者裁定予以补正。审判部门未及时答复或者不予答复的,执行机构可层报院长督促审判部门答复。

执行内容不明确的生效法律文书是上级法院作出的,执行法院的执行机构应当层报上级法院执行机构,由上级法院执行机构向审判部门征询意见。审判部门应在15日内作出书面答复或者裁定予以补正。上级法院的审判部门未及时答复或者不予答复的,上级法院执行机构层报院长督促审判部门答复。

执行内容不明确的生效法律文书是其他法院作出的,执行法院的执行机构可以向作出生效法律文书的法院执行机构发函,由该法院执行机构向审判部门征询意见。审判部门应在15日内作出书面答复或者裁定予以补正。审判部门未及时答复或者不予答复的,作出生效法律文书的法院执行机构层报院长督促审判部门答复。

法律适用答复、复函

《最高人民法院研究室关于如何执行没收个人全部财产问题的研究意见》(2012年)[①]

刑法第五十九条规定:"没收财产是没收犯罪分子个人所有财产的一部或者全部。没收全部财产的,应当对犯罪分子个人及其扶养的家属保留必需的生活费用。""在判处没收财产的时候,不得没收属于犯罪分子家属所有或者应有的财产。"第六十四条规定:"犯罪分子违法所得的一切财物,应当予以追缴或者责令退赔。"据此,作为附加刑的没收个人全部财产,应当是没收犯罪分子个人合法所有的全部财产。如相关财产属于违法所得,应通过追缴、退赔程序予以追回;如相关财产确属犯罪分子家属所有或者应有的财产,也不得作为没收对象。在没收财产前,如犯罪分子的财产与其他家庭成员的财产处于共有状态,应当从

[①] 《最高人民法院研究室关于如何执行没收个人全部财产问题的研究意见》,载张军主编:《司法研究与指导》(第1辑),人民法院出版社2012年版。

中分割出属于犯罪分子个人所有的财产后予以没收。

《最高人民法院办公厅关于刑事裁判涉财产部分执行可否收取诉讼费意见的复函》（法办函〔2017〕19号）

国家发展改革委办公厅：

你厅《关于商请明确人民法院可否收取刑事案件涉财产执行诉讼费有关问题的函》收悉。经研究，我院认为，刑事裁判涉财产部分执行不同于民事执行，人民法院办理刑事裁判涉财产部分执行案件，不应收取诉讼费。

司法疑难解析

罚金变更的把握。根据《刑事诉讼法》第二百七十一条的规定，由于遭遇不能抗拒的灾祸等原因缴纳确实有困难的，经人民法院裁定，可以延期缴纳、酌情减少或者免除。需要注意如下问题：(1)罚金变更的缘由为"由于遭遇不能抗拒的灾祸等原因缴纳确实有困难的"情形。由于遭遇不能抗拒的灾祸缴纳确实有困难的，主要是因遭受火灾、水灾、地震等灾祸而丧失财产；因重病、伤残等而丧失劳动能力，或者需要其扶养的近亲属患有重病，需支付巨额医药费等，确实没有财产可供执行的情形。对于灾祸以外的其他原因确实没有财产可供执行的，也可以依法向人民法院申请罚金变更。(2)罚金变更方式除了"酌情减少""免除"，还包括"延期缴纳"。所谓"延期缴纳"，是指对罚金的数额不作变更，但是对判决确定的罚金的具体缴纳日期往后推延。

第二百七十三条【刑罚执行期间对新罪、漏罪的追诉和减刑、假释的程序】罪犯在服刑期间又犯罪的，或者发现了判决的时候所没有发现的罪行，由执行机关移送人民检察院处理。

被判处管制、拘役、有期徒刑或者无期徒刑的罪犯，在执行期间确有悔改或者立功表现，应当依法予以减刑、假释的时候，由执行机关提出建议书，报请人民法院审核裁定，并将建议书副本抄送人民检察院。人民检察院可以向人民法院提出书面意见。

第二百七十四条【检察机关对减刑、假释裁定的监督】人民检察院认为人民法院减刑、假释的裁定不当，应当在收到裁定书副本后二十日以内，向人民法院提出书面纠正意见。人民法院应当在收到纠正意见后一个月以内重新组成合议庭进行审理，作出最终裁定。

立法沿革

本两条系对新罪、漏罪的追诉和减刑、假释的规定。

关于第二百七十三条，1979年《刑事诉讼法》第一百六十二条规定："罪犯在服刑期间又犯罪的，或者发现了判决时所没有发现的罪行，监狱和劳动改造机关应当移送人民检察院处理。""被判处管制、拘役、有期徒刑或者无期徒刑的罪犯，在执行期间确有悔改或者立功表现，应当依法予以减刑、假释的时候，由执行机关提出书面意见，报请人民法院审核裁定。"1996年《刑事诉讼法修改决定》将第一款中的"监狱和劳动改造机关"修改为"监狱和其他执行机关"。2012年《刑事诉讼法修改决定》增加规定执行机关向人民法院提出减刑、假释建议书的，应当"将建议书副本抄送人民检察院。人民检察院可以向人民法院提出书面意见"。2018年修改《刑事诉讼法》时对本条规定未作调整。

第二百七十四条系1996年《刑事诉讼法修改决定》增加的规定，2012年、2018年修改《刑事诉讼法》时未作调整。

相关规定

《**中华人民共和国监狱法**》（修正后自2013年1月1日起施行，节录）

第三章　刑罚的执行

第四节　减刑、假释

第二十九条　被判处无期徒刑、有期徒刑的罪犯，在服刑期间确有悔改或者立功表现的，根据监狱考核的结果，可以减刑。有下列重大立功表现之一的，应当减刑：

（一）阻止他人重大犯罪活动的；

（二）检举监狱内外重大犯罪活动，经查证属实的；

（三）有发明创造或者重大技术革新的；

（四）在日常生产、生活中舍己救人的；

（五）在抗御自然灾害或者排除重大事故中，有突出表现的；

（六）对国家和社会有其他重大贡献的。

第三十条　减刑建议由监狱向人民法院提出，人民法院应当自收到减刑建议书之日起一个月内予以审核裁定；案情复杂或者情况特殊的，可以延长一个月。减刑裁定的副本应当抄送人民检察院。

第三十一条　被判处死刑缓期二年执行的罪犯，在死刑缓期执行期间，符合法律规定的减为无期徒刑、有期徒刑条件的，二年期满时，所在监狱应当及时提出减刑建议，报经省、自治区、直辖市监狱管理机关审核后，提请高级人民法院裁定。

第三十二条 被判处无期徒刑、有期徒刑的罪犯,符合法律规定的假释条件的,由监狱根据考核结果向人民法院提出假释建议,人民法院应当自收到假释建议书之日起一个月内予以审核裁定;案情复杂或者情况特殊的,可以延长一个月。假释裁定的副本应当抄送人民检察院。

第三十三条 人民法院裁定假释的,监狱应当按期假释并发给假释证明书。

对被假释的罪犯,依法实行社区矫正,由社区矫正机构负责执行。被假释的罪犯,在假释考验期限内有违反法律、行政法规或者国务院有关部门关于假释的监督管理规定的行为,尚未构成新的犯罪的,社区矫正机构应当向人民法院提出撤销假释的建议,人民法院应当自收到撤销假释建议书之日起一个月内予以审核裁定。人民法院裁定撤销假释的,由公安机关将罪犯送交监狱收监。

第三十四条 对不符合法律规定的减刑、假释条件的罪犯,不得以任何理由将其减刑、假释。

人民检察院认为人民法院减刑、假释的裁定不当,应当依照刑事诉讼法规定的期间向人民法院提出书面纠正意见。对于人民检察院提出书面纠正意见的案件,人民法院应当重新审理。

《中华人民共和国社区矫正法》(自 2020 年 7 月 1 日起施行)第三十三条、第四十六条至第四十八条对社区矫正对象减刑、撤销假释等问题作了规定。(→参见第二百六十九条所附"相关规定",第 1807、1809 页)

《中华人民共和国反有组织犯罪法》(自 2022 年 5 月 1 日起施行,节录)

第三十六条 对被判处十年以上有期徒刑、无期徒刑、死刑缓期二年执行的黑社会性质组织的组织者、领导者或者恶势力组织的首要分子减刑的,执行机关应当依法提出减刑建议,报经省、自治区、直辖市监狱管理机关复核后,提请人民法院裁定。

对黑社会性质组织的组织者、领导者或者恶势力组织的首要分子假释的,适用前款规定的程序。

第三十七条 人民法院审理黑社会性质组织犯罪罪犯的减刑、假释案件,应当通知人民检察院、执行机关参加审理,并通知被报请减刑、假释的罪犯参加,听取其意见。

第三十八条 执行机关提出减刑、假释建议以及人民法院审理减刑、假释案件,应当充分考虑罪犯履行生效裁判中财产性判项、配合处置涉案财产等情况。

基本规范

《最高人民法院关于适用〈中华人民共和国刑事诉讼法〉的解释》(法释〔2021〕1号,自2021年3月1日起施行)

第二十一章 执行程序

第五节 减刑、假释案件的审理

第五百三十三条 被判处死刑缓期执行的罪犯,在死刑缓期执行期间,没有故意犯罪的,死刑缓期执行期满后,应当裁定减刑;死刑缓期执行期满后,尚未裁定减刑前又犯罪的,应当在依法减刑后,对其所犯新罪另行审判。

第五百三十四条① 对减刑、假释案件,应当按照下列情形分别处理:

(一)对被判处死刑缓期执行的罪犯的减刑,由罪犯服刑地的高级人民法院在收到同级监狱管理机关审核同意的减刑建议书后一个月以内作出裁定;

(二)对被判处无期徒刑的罪犯的减刑、假释,由罪犯服刑地的高级人民法院在收到同级监狱管理机关审核同意的减刑、假释建议书后一个月以内作出裁

---

① 需要注意的问题有二:(1)《社区矫正法》第三十三条规定:"社区矫正对象符合刑法规定的减刑条件的,社区矫正机构应当向社区矫正执行地的中级以上人民法院提出减刑建议,并将减刑建议书抄送同级人民检察院。""人民法院应当在收到社区矫正机构的减刑建议书后三十日内作出裁定,并将裁定书送达社区矫正机构,同时抄送人民检察院、公安机关。"本条第二款作了照应性规定。根据本条第二款规定,对社区矫正对象的减刑,由社区矫正执行地的中级以上人民法院处理。其中,对于被判处管制、宣告缓刑、暂予监外执行的罪犯的减刑,以及有期徒刑假释的罪犯的减刑,由社区矫正执行地的中级人民法院处理;对于无期徒刑假释的罪犯的减刑,由社区矫正执行地的高级人民法院处理。(2)关于被宣告缓刑的罪犯可否减刑,在《2012年刑诉法解释》起草过程中即有不同认识。有意见提出,缓刑是有条件的不执行原判刑罚,缓刑考验期间不是刑罚执行期间,法律并没有规定对宣告缓刑的可以予以减刑。如确有必要,应由法律作出规定,司法解释予以规定不妥。反对者认为,一是缓刑考验实际也带有执行性质,如《刑事诉讼法》第二百六十九条规定:"对判处管制、宣告缓刑、假释或者暂予监外执行的罪犯,依法实行社区矫正,由社区矫正机构负责执行。"而根据《刑法》第七十八条的规定,被判处管制、拘役、有期徒刑的犯罪分子,"在执行期间"有悔改或立功表现的,可予减刑。因此,规定缓刑犯可以减刑,并不违反法律规定。二是实践中个别缓刑犯确有重大立功表现,如不能对其减刑,不利于体现刑罚公正,也不利于获得好的矫正效果。经研究,考虑到法律确实没有明确规定,《刑诉法解释》未作明确规定,但在实践中,有关司法解释文件曾明确缓刑犯可以减刑,因此,对于确有重大立功表现的缓刑犯,可以考虑减刑并相应缩短缓刑考验期。——本评注注

定,案情复杂或者情况特殊的,可以延长一个月;

(三)对被判处有期徒刑和被减为有期徒刑的罪犯的减刑、假释,由罪犯服刑地的中级人民法院在收到执行机关提出的减刑、假释建议书后一个月以内作出裁定,案情复杂或者情况特殊的,可以延长一个月;

(四)对被判处管制、拘役的罪犯的减刑,由罪犯服刑地的中级人民法院在收到同级执行机关审核同意的减刑建议书后一个月以内作出裁定。

对社区矫正对象的减刑,由社区矫正执行地的中级以上人民法院在收到社区矫正机构减刑建议书后三十日以内作出裁定。

第五百三十五条 受理减刑、假释案件,应当审查执行机关移送的材料是否包括下列内容:

(一)减刑、假释建议书;

(二)原审法院的裁判文书、执行通知书、历次减刑裁定书的复制件;

(三)证明罪犯确有悔改、立功或者重大立功表现具体事实的书面材料;

(四)罪犯评审鉴定表、奖惩审批表等;

(五)罪犯假释后对所居住社区影响的调查评估报告;

(六)刑事裁判涉财产部分、附带民事裁判的执行、履行情况;

(七)根据案件情况需要移送的其他材料。

人民检察院对报请减刑、假释案件提出意见的,执行机关应当一并移送受理减刑、假释案件的人民法院。

经审查,材料不全的,应当通知提请减刑、假释的执行机关在三日以内补送;逾期未补送的,不予立案。

第五百三十六条 审理减刑、假释案件,对罪犯积极履行刑事裁判涉财产部分、附带民事裁判确定的义务的,可以认定有悔改表现,在减刑、假释时从宽掌握;对确有履行能力而不履行或者不全部履行的,在减刑、假释时从严掌握。

第五百三十七条 审理减刑、假释案件,应当在立案后五日以内对下列事项予以公示:

(一)罪犯的姓名、年龄等个人基本情况;

(二)原判认定的罪名和刑期;

(三)罪犯历次减刑情况;

(四)执行机关的减刑、假释建议和依据。

公示应当写明公示期限和提出意见的方式。

第五百三十八条 审理减刑、假释案件,应当组成合议庭,可以采用书面审理的方式,但下列案件应当开庭审理:

（一）因罪犯有重大立功表现提请减刑的；
（二）提请减刑的起始时间、间隔时间或者减刑幅度不符合一般规定的；
（三）被提请减刑、假释罪犯系职务犯罪罪犯，组织、领导、参加、包庇、纵容黑社会性质组织罪犯，破坏金融管理秩序罪犯或者金融诈骗罪犯的；
（四）社会影响重大或者社会关注度高的；
（五）公示期间收到不同意见的；
（六）人民检察院提出异议的；
（七）有必要开庭审理的其他案件。

第五百三十九条　人民法院作出减刑、假释裁定后，应当在七日以内送达提请减刑、假释的执行机关、同级人民检察院以及罪犯本人。人民检察院认为减刑、假释裁定不当，在法定期限内提出书面纠正意见的，人民法院应当在收到意见后另行组成合议庭审理，并在一个月以内作出裁定。

对假释的罪犯，适用本解释第五百一十九条的有关规定，依法实行社区矫正。

第五百四十条　减刑、假释裁定作出前，执行机关书面提请撤回减刑、假释建议的，人民法院可以决定是否准许。

第五百四十一条　人民法院发现本院已经生效的减刑、假释裁定确有错误的，应当另行组成合议庭审理；发现下级人民法院已经生效的减刑、假释裁定确有错误的，可以指令下级人民法院另行组成合议庭审理，也可以自行组成合议庭审理。

另，第六百五十条规定人民法院审理减刑、假释案件，可以根据情况采取视频方式。（→参见第三百零八条后"相关规范集成·在线诉讼"所附"基本规范"，第2124页）

《人民检察院刑事诉讼规则》（高检发释字〔2019〕4号，自2019年12月30日起施行）

第十四章　刑罚执行和监管执法监督
第三节　减刑、假释、暂予监外执行监督

第六百三十五条　人民检察院收到执行机关抄送的减刑、假释建议书副本后，应当逐案进行审查。发现减刑、假释建议不当或者提请减刑、假释违反法定程序的，应当在十日以内报经检察长批准，向审理减刑、假释案件的人民法院提出书面检察意见，同时也可以向执行机关提出书面纠正意见。案情复杂或者情况特殊的，可以延长十日。

第六百三十六条　人民检察院发现监狱等执行机关提请人民法院裁定减刑、假释的活动具有下列情形之一的，应当依法提出纠正意见：

（一）将不符合减刑、假释法定条件的罪犯，提请人民法院裁定减刑、假释的；

（二）对依法应当减刑、假释的罪犯，不提请人民法院裁定减刑、假释的；

（三）提请对罪犯减刑、假释违反法定程序，或者没有完备的合法手续的；

（四）提请对罪犯减刑的减刑幅度、起始时间、间隔时间或者减刑后又假释的间隔时间不符合有关规定的；

（五）被提请减刑、假释的罪犯被减刑后实际执行的刑期或者假释考验期不符合有关法律规定的；

（六）其他违法情形。

第六百三十七条　人民法院开庭审理减刑、假释案件，人民检察院应当指派检察人员出席法庭，发表意见。

第六百三十八条　人民检察院收到人民法院减刑、假释的裁定书副本后，应当及时审查下列内容：

（一）被减刑、假释的罪犯是否符合法定条件，对罪犯减刑的减刑幅度、起始时间、间隔时间或者减刑后又假释的间隔时间、罪犯被减刑后实际执行的刑期或者假释考验期是否符合有关规定；

（二）执行机关提请减刑、假释的程序是否合法；

（三）人民法院审理、裁定减刑、假释的程序是否合法；

（四）人民法院对罪犯裁定不予减刑、假释是否符合有关规定；

（五）人民法院减刑、假释裁定书是否依法送达执行并向社会公布。

第六百三十九条　人民检察院经审查认为人民法院减刑、假释的裁定不当，应当在收到裁定书副本后二十日以内，向作出减刑、假释裁定的人民法院提出纠正意见。

第六百四十条　对人民法院减刑、假释裁定的纠正意见，由作出减刑、假释裁定的人民法院的同级人民检察院书面提出。

下级人民检察院发现人民法院减刑、假释裁定不当的，应当向作出减刑、假释裁定的人民法院的同级人民检察院报告。

第六百四十一条　人民检察院对人民法院减刑、假释的裁定提出纠正意见后，应当监督人民法院是否在收到纠正意见后一个月以内重新组成合议庭进行审理，并监督重新作出的裁定是否符合法律规定。对最终裁定不符合法律规定的，应当向同级人民法院提出纠正意见。

《公安机关办理刑事案件程序规定》（公安部令第159号修正，修正后自2020年9月1日起施行）

第九章 执行刑罚

第二节 减刑、假释、暂予监外执行

第三百零五条 对依法留看守所执行刑罚的罪犯,符合减刑条件的,由看守所制作减刑建议书,经设区的市一级以上公安机关审查同意后,报请所在地中级以上人民法院审核裁定。

第三百零六条 对依法留看守所执行刑罚的罪犯,符合假释条件的,由看守所制作假释建议书,经设区的市一级以上公安机关审查同意后,报请所在地中级以上人民法院审核裁定。

第四节 对又犯新罪罪犯的处理

第三百一十五条 对留看守所执行刑罚的罪犯,在暂予监外执行期间又犯新罪的,由犯罪地公安机关立案侦查,并通知批准机关。批准机关作出收监执行决定后,应当根据侦查、审判需要,由犯罪地看守所或者暂予监外执行地看守所收监执行。

第三百一十六条 被剥夺政治权利、管制、宣告缓刑和假释的罪犯在执行期间又犯新罪的,由犯罪地公安机关立案侦查。

对留看守所执行刑罚的罪犯,因犯新罪被撤销假释的,应当根据侦查、审判需要,由犯罪地看守所或者原执行看守所收监执行。

其他规范

《监狱提请减刑假释工作程序规定》(司法部令第130号,修订后自2014年12月1日起施行)

第一章 总则

第一条 为规范监狱提请减刑、假释工作程序,根据《中华人民共和国刑法》、《中华人民共和国刑事诉讼法》、《中华人民共和国监狱法》等有关规定,结合刑罚执行工作实际,制定本规定。

第二条 监狱提请减刑、假释,应当根据法律规定的条件和程序进行,遵循公开、公平、公正的原则,严格实行办案责任制。

第三条 被判处有期徒刑和被减刑为有期徒刑的罪犯的减刑、假释,由监狱提出建议,提请罪犯服刑地的中级人民法院裁定。

第四条 被判处死刑缓期二年执行的罪犯的减刑,被判处无期徒刑的罪犯的减刑、假释,由监狱提出建议,经省、自治区、直辖市监狱管理局审核同意后,提请罪犯服刑地的高级人民法院裁定。

第五条 省、自治区、直辖市监狱管理局和监狱分别成立减刑假释评审委员

会,由分管领导及刑罚执行、狱政管理、教育改造、狱内侦查、生活卫生、劳动改造、政工、监察等有关部门负责人组成,分管领导任主任。监狱管理局、监狱减刑假释评审委员会成员不得少于9人。

第六条　监狱提请减刑、假释,应当由分监区或者未设分监区的监区人民警察集体研究,监区长办公会议审核,监狱刑罚执行部门审查,监狱减刑假释评审委员会评审,监狱长办公会议决定。

省、自治区、直辖市监狱管理局刑罚执行部门审查监狱依法定程序提请的减刑、假释建议并出具意见,报请分管副局长召集减刑假释评审委员会审核后,报局长审定,必要时可以召开局长办公会议决定。

第二章　监狱提请减刑、假释的程序

第七条　提请减刑、假释,应当根据法律规定的条件,结合罪犯服刑表现,由分监区人民警察集体研究,提出提请减刑、假释建议,报经监区长办公会议审核同意后,由监区报送监狱刑罚执行部门审查。

直属分监区或者未设分监区的监区,由直属分监区或者监区人民警察集体研究,提出提请减刑、假释建议,报送监狱刑罚执行部门审查。

分监区、直属分监区或者未设分监区的监区人民警察集体研究以及监区长办公会议审核情况,应当有书面记录,并由与会人员签名。

第八条　监区或者直属分监区提请减刑、假释,应当报送下列材料:

(一)《罪犯减刑(假释)审核表》;

(二)监区长办公会议或者直属分监区、监区人民警察集体研究会议的记录;

(三)终审法院裁判文书、执行通知书、历次减刑裁定书的复印件;

(四)罪犯计分考核明细表、罪犯评审鉴定表、奖惩审批表和其他有关证明材料;

(五)罪犯确有悔改表现或者立功、重大立功表现的具体事实的书面证明材料。

第九条　监狱刑罚执行部门收到监区或者直属分监区对罪犯提请减刑、假释的材料后,应当就下列事项进行审查:

(一)需提交的材料是否齐全、完备、规范;

(二)罪犯确有悔改或者立功、重大立功表现的具体事实的书面证明材料是否来源合法;

(三)罪犯是否符合法定减刑、假释的条件;

(四)提请减刑、假释的建议是否适当。

经审查,对材料不齐全或者不符合提请条件的,应当通知监区或者直属分监区补充有关材料或者退回;对相关材料有疑义的,应当提讯罪犯进行核查;对材料齐全、符合提请条件的,应当出具审查意见,连同监区或者直属分监区报送的材料一并提交监狱减刑假释评审委员会评审。提请罪犯假释的,还应当委托县级司法行政机关对罪犯假释后对所居住社区影响进行调查评估,并将调查评估报告一并提交。

第十条　监狱减刑假释评审委员会应当召开会议,对刑罚执行部门审查提交的提请减刑、假释建议进行评审,提出评审意见。会议应当有书面记录,并由与会人员签名。

监狱可以邀请人民检察院派员列席减刑假释评审委员会会议。

第十一条　监狱减刑假释评审委员会经评审后,应当将提请减刑、假释的罪犯名单以及减刑、假释意见在监狱内公示。公示内容应当包括罪犯的个人情况、原判罪名及刑期、历次减刑情况、提请减刑假释的建议及依据等。公示期限为5个工作日。公示期内,如有监狱人民警察或者罪犯对公示内容提出异议,监狱减刑假释评审委员会应当进行复核,并告知复核结果。

第十二条　监狱应当在减刑假释评审委员会完成评审和公示程序后,将提请减刑、假释建议送人民检察院征求意见。征求意见后,监狱减刑假释评审委员会应当将提请减刑、假释建议和评审意见连同人民检察院意见,一并报送监狱长办公会议审议决定。监狱对人民检察院意见未予采纳的,应当予以回复,并说明理由。

第十三条　监狱长办公会议决定提请减刑、假释的,由监狱长在《罪犯减刑(假释)审核表》上签署意见,加盖监狱公章,并由监狱刑罚执行部门根据法律规定制作《提请减刑建议书》或者《提请假释建议书》,连同有关材料一并提请人民法院裁定。人民检察院对提请减刑、假释提出的检察意见,应当一并移送受理减刑、假释案件的人民法院。

对本规定第四条所列罪犯决定提请减刑、假释的,监狱应当将《罪犯减刑(假释)审核表》连同有关材料报送省、自治区、直辖市监狱管理局审核。

第十四条　监狱在向人民法院提请减刑、假释的同时,应当将提请减刑、假释的建议书副本抄送人民检察院。

第十五条　监狱提请人民法院裁定减刑、假释,应当提交下列材料:

(一)《提请减刑建议书》或者《提请假释建议书》;

(二)终审法院裁判文书、执行通知书、历次减刑裁定书的复印件;

(三)罪犯计分考核明细表、评审鉴定表、奖惩审批表;

(四)罪犯确有悔改或者立功、重大立功表现的具体事实的书面证明材料;

（五）提请假释的，应当附有县级司法行政机关关于罪犯假释后对所居住社区影响的调查评估报告；

（六）根据案件情况需要提交的其他材料。

对本规定第四条所列罪犯提请减刑、假释的，应当同时提交省、自治区、直辖市监狱管理局签署意见的《罪犯减刑（假释）审核表》。

第三章 监狱管理局审核提请减刑、假释建议的程序

第十六条 省、自治区、直辖市监狱管理局刑罚执行部门收到监狱报送的提请减刑、假释建议的材料后，应当进行审查。审查中发现监狱报送的材料不齐全或者有疑义的，应当通知监狱补充有关材料或者作出说明。审查无误后，应当出具审查意见，报请分管副局长召集评审委员会进行审核。

第十七条 监狱管理局分管副局长主持完成审核后，应当将审核意见报请局长审定；分管副局长认为案件重大或者有其他特殊情况的，可以建议召开局长办公会议审议决定。

监狱管理局审核同意对罪犯提请减刑、假释的，由局长在《罪犯减刑（假释）审核表》上签署意见，加盖监狱管理局公章。

第四章 附 则

第十八条 人民法院开庭审理减刑、假释案件的，监狱应当派员参加庭审，宣读提请减刑、假释建议书并说明理由，配合法庭核实相关情况。

第十九条 分监区、直属分监区或者未设分监区的监区人民警察集体研究会议、监区长办公会议、监狱评审委员会会议、监狱长办公会议、监狱管理局评审委员会会议、监狱管理局局长办公会议的记录和本规定第十五条所列的材料，应当存入档案并永久保存。

第二十条 违反法律规定和本规定提请减刑、假释，涉嫌违纪的，依照有关处分规定追究相关人员责任；涉嫌犯罪的，移送司法机关依法追究刑事责任。

第二十一条 监狱办理职务犯罪罪犯减刑、假释案件，应当按照有关规定报请备案审查。

第二十二条 本规定自2014年12月1日起施行。

《最高人民法院关于减刑、假释案件审理程序的规定》（法释〔2014〕5号，自2014年6月1日起施行）

为进一步规范减刑、假释案件的审理程序，确保减刑、假释案件审理的合法、公正，根据《中华人民共和国刑法》《中华人民共和国刑事诉讼法》有关规定，结合减刑、假释案件审理工作实际，制定本规定。

第一条 对减刑、假释案件，应当按照下列情形分别处理：

（一）对被判处死刑缓期执行的罪犯的减刑，由罪犯服刑地的高级人民法院在收到同级监狱管理机关审核同意的减刑建议书后一个月内作出裁定；

（二）对被判处无期徒刑的罪犯的减刑、假释，由罪犯服刑地的高级人民法院在收到同级监狱管理机关审核同意的减刑、假释建议书后一个月内作出裁定，案情复杂或者情况特殊的，可以延长一个月；

（三）对被判处有期徒刑和被减为有期徒刑的罪犯的减刑、假释，由罪犯服刑地的中级人民法院在收到执行机关提出的减刑、假释建议书后一个月内作出裁定，案情复杂或者情况特殊的，可以延长一个月；

（四）对被判处拘役、管制的罪犯的减刑，由罪犯服刑地中级人民法院在收到同级执行机关审核同意的减刑、假释建议书后一个月内作出裁定。

对暂予监外执行罪犯的减刑，应当根据情况，分别适用前款的有关规定。

第二条 人民法院受理减刑、假释案件，应当审查执行机关移送的下列材料：

（一）减刑或者假释建议书；

（二）终审法院裁判文书、执行通知书、历次减刑裁定书的复印件；

（三）罪犯确有悔改或者立功、重大立功表现的具体事实的书面证明材料；

（四）罪犯评审鉴定表、奖惩审批表等；

（五）其他根据案件审理需要应予移送的材料。

报请假释的，应当附有社区矫正机构或者基层组织关于罪犯假释后对所居住社区影响的调查评估报告。

人民检察院对报请减刑、假释案件提出检察意见的，执行机关应当一并移送受理减刑、假释案件的人民法院。

经审查，材料齐备的，应当立案；材料不齐的，应当通知执行机关在三日内补送，逾期未补送的，不予立案。

第三条 人民法院审理减刑、假释案件，应当在立案后五日内将执行机关报请减刑、假释的建议书等材料依法向社会公示。

公示内容应当包括罪犯的个人情况、原判认定的罪名和刑期、罪犯历次减刑情况、执行机关的建议及依据。

公示应当写明公示期限和提出意见的方式。公示期限为五日。

第四条 人民法院审理减刑、假释案件，应当依法由审判员或者由审判员和人民陪审员组成合议庭进行。

第五条 人民法院审理减刑、假释案件，除应当审查罪犯在执行期间的一贯表现外，还应当综合考虑犯罪的具体情节、原判刑罚情况、财产刑执行情况、附带民事裁判履行情况、罪犯退赃退赔等情况。

人民法院审理假释案件,除应当审查第一款所列情形外,还应当综合考虑罪犯的年龄、身体状况、性格特征、假释后生活来源以及监管条件等影响再犯罪的因素。

执行机关以罪犯有立功表现或重大立功表现为由提出减刑的,应当审查立功或重大立功表现是否属实。涉及发明创造、技术革新或者其他贡献的,应当审查该成果是否系罪犯在执行期间独立完成,并经有关主管机关确认。

第六条 人民法院审理减刑、假释案件,可以采取开庭审理或者书面审理的方式。但下列减刑、假释案件,应当开庭审理:

(一)因罪犯有重大立功表现报请减刑的;

(二)报请减刑的起始时间、间隔时间或者减刑幅度不符合司法解释一般规定的;

(三)公示期间收到不同意见的;

(四)人民检察院有异议的;

(五)被报请减刑、假释罪犯系职务犯罪罪犯,组织(领导、参加、包庇、纵容)黑社会性质组织犯罪罪犯,破坏金融管理秩序和金融诈骗犯罪罪犯及其他在社会上有重大影响或社会关注度高的;

(六)人民法院认为其他应当开庭审理的。

第七条 人民法院开庭审理减刑、假释案件,应当通知人民检察院、执行机关及被报请减刑、假释罪犯参加庭审。

人民法院根据需要,可以通知证明罪犯确有悔改表现或者立功、重大立功表现的证人,公示期间提出不同意见的人,以及鉴定人、翻译人员等其他人员参加庭审。

第八条 开庭审理应当在罪犯刑罚执行场所或者人民法院确定的场所进行。有条件的人民法院可以采取视频开庭的方式进行。

在社区执行刑罚的罪犯因重大立功被报请减刑的,可以在罪犯服刑地或者居住地开庭审理。

第九条 人民法院对于决定开庭审理的减刑、假释案件,应当在开庭三日前将开庭的时间、地点通知人民检察院、执行机关、被报请减刑、假释罪犯和有必要参加庭审的其他人员,并于开庭三日前进行公告。

第十条 减刑、假释案件的开庭审理由审判长主持,应当按照以下程序进行:

(一)审判长宣布开庭,核实被报请减刑、假释罪犯的基本情况;

（二）审判长宣布合议庭组成人员、检察人员、执行机关代表及其他庭审参加人；

（三）执行机关代表宣读减刑、假释建议书，并说明主要理由；

（四）检察人员发表检察意见；

（五）法庭对被报请减刑、假释罪犯确有悔改表现或立功表现、重大立功表现的事实以及其他影响减刑、假释的情况进行调查核实；

（六）被报请减刑、假释罪犯作最后陈述；

（七）审判长对庭审情况进行总结并宣布休庭评议。

第十一条　庭审过程中，合议庭人员对报请理由有疑问的，可以向被报请减刑、假释罪犯、证人、执行机关代表、检察人员提问。

庭审过程中，检察人员对报请理由有疑问的，在经审判长许可后，可以出示证据，申请证人到庭，向被报请减刑、假释罪犯及证人提问并发表意见。被报请减刑、假释罪犯对报请理由有疑问的，在经审判长许可后，可以出示证据，申请证人到庭，向证人提问并发表意见。

第十二条　庭审过程中，合议庭对证据有疑问需要进行调查核实，或者检察人员、执行机关代表提出申请的，可以宣布休庭。

第十三条　人民法院开庭审理减刑、假释案件，能够当庭宣判的应当当庭宣判；不能当庭宣判的，可以择期宣判。

第十四条　人民法院书面审理减刑、假释案件，可以就被报请减刑、假释罪犯是否符合减刑、假释条件进行调查核实或听取有关方面意见。

第十五条　人民法院书面审理减刑案件，可以提讯被报请减刑罪犯；书面审理假释案件，应当提讯被报请假释罪犯。

第十六条　人民法院审理减刑、假释案件，应当按照下列情形分别处理：

（一）被报请减刑、假释罪犯符合法律规定的减刑、假释条件的，作出予以减刑、假释的裁定；

（二）被报请减刑的罪犯符合法律规定的减刑条件，但执行机关报请的减刑幅度不适当的，对减刑幅度作出相应调整后作出予以减刑的裁定；

（三）被报请减刑、假释罪犯不符合法律规定的减刑、假释条件的，作出不予减刑、假释的裁定。

在人民法院作出减刑、假释裁定前，执行机关书面申请撤回减刑、假释建议的，是否准许，由人民法院决定。

第十七条　减刑、假释裁定书应当写明罪犯原判和历次减刑情况，确有悔改表现或者立功、重大立功表现的事实和理由，以及减刑、假释的法律依据。

裁定减刑的,应当注明刑期的起止时间;裁定假释的,应当注明假释考验期的起止时间。

裁定调整减刑幅度或者不予减刑、假释的,应当在裁定书中说明理由。

第十八条　人民法院作出减刑、假释裁定后,应当在七日内送达报请减刑、假释的执行机关、同级人民检察院以及罪犯本人。作出假释裁定的,还应当送达社区矫正机构或者基层组织。

第十九条　减刑、假释裁定书应当通过互联网依法向社会公布。

第二十条　人民检察院认为人民法院减刑、假释裁定不当,在法定期限内提出书面纠正意见的,人民法院应当在收到纠正意见后另行组成合议庭审理,并在一个月内作出裁定。

第二十一条　人民法院发现本院已经生效的减刑、假释裁定确有错误的,应当依法重新组成合议庭进行审理并作出裁定;上级人民法院发现下级人民法院已经生效的减刑、假释裁定确有错误的,应当指令下级人民法院另行组成合议庭审理,也可以自行依法组成合议庭进行审理并作出裁定。

第二十二条　最高人民法院以前发布的司法解释和规范性文件,与本规定不一致的,以本规定为准。

《最高人民检察院关于对职务犯罪罪犯减刑、假释、暂予监外执行案件实行备案审查的规定》(高检发监字〔2014〕5号)

第一条　为了强化对职务犯罪罪犯减刑、假释、暂予监外执行的法律监督,加强上级人民检察院对下级人民检察院办理刑罚变更执行案件工作的领导,根据《中华人民共和国刑法》、《中华人民共和国刑事诉讼法》和《中华人民共和国监狱法》等有关规定,结合检察工作实际,制定本规定。

第二条　人民检察院对职务犯罪罪犯减刑、假释、暂予监外执行案件实行备案审查,按照下列情形分别处理:

(一)对原厅局级以上职务犯罪罪犯减刑、假释、暂予监外执行的案件,人民检察院应当在收到减刑、假释裁定书或者暂予监外执行决定书后十日以内,逐案层报最高人民检察院备案审查;

(二)对原县处级职务犯罪罪犯减刑、假释、暂予监外执行的案件,人民检察院应当在收到减刑、假释裁定书或者暂予监外执行决定书后十日以内,逐案层报省级人民检察院备案审查。

第三条　人民检察院报请备案审查减刑、假释案件,应当填写备案审查登记表,并附下列材料的复印件:

(一)刑罚执行机关提请减刑、假释建议书;

(二)人民法院减刑、假释裁定书;
(三)人民检察院向刑罚执行机关、人民法院提出的书面意见。
罪犯有重大立功表现裁定减刑、假释的案件,还应当附重大立功表现相关证明材料的复印件。

第四条 人民检察院报请备案审查暂予监外执行案件,应当填写备案审查登记表,并附下列材料的复印件:
(一)刑罚执行机关提请暂予监外执行意见书或者审批表;
(二)决定或者批准机关暂予监外执行决定书;
(三)人民检察院向刑罚执行机关、暂予监外执行决定或者批准机关提出的书面意见;
(四)罪犯的病情诊断、鉴定意见以及相关证明材料。

第五条 上级人民检察院认为有必要的,可以要求下级人民检察院补报相关材料。下级人民检察院应当在收到通知后三日以内,按照要求报送。

第六条 最高人民检察院和省级人民检察院收到备案审查材料后,应当指定专人进行登记和审查,并在收到材料后十日以内,分别作出以下处理:
(一)对于职务犯罪罪犯减刑、假释、暂予监外执行不当的,应当通知下级人民检察院依法向有关单位提出纠正意见。其中,省级人民检察院认为高级人民法院作出的减刑、假释裁定或者省级监狱管理局、省级公安厅(局)作出的暂予监外执行决定不当的,应当依法提出纠正意见;
(二)对于职务犯罪罪犯减刑、假释、暂予监外执行存在疑点或者可能存在违法违规问题的,应当通知下级人民检察院依法进行调查核实。

第七条 下级人民检察院收到上级人民检察院对备案审查材料处理意见的通知后,应当立即执行,并在收到通知后三十日以内,报告执行情况。

第八条 省级人民检察院应当将本年度原县处级以上职务犯罪罪犯减刑、假释、暂予监外执行的名单,以及本年度职务犯罪罪犯减刑、假释、暂予监外执行的数量和比例对比情况,与人民法院、公安机关、监狱管理机关等有关单位核对后,于次年一月底前,报送最高人民检察院。

第九条 对于职务犯罪罪犯减刑、假释、暂予监外执行的比例明显高于其他罪犯的相应比例的,人民检察院应当对职务犯罪罪犯减刑、假释、暂予监外执行案件进行逐案复查,查找和分析存在的问题,依法向有关单位提出意见或者建议。

第十条 最高人民检察院和省级人民检察院应当每年对职务犯罪罪犯减刑、假释、暂予监外执行情况进行分析和总结,指导和督促下级人民检察院落实有关要求。

第十一条 本规定中的职务犯罪,是指贪污贿赂犯罪,国家工作人员的渎职犯罪,国家机关工作人员利用职权实施的非法拘禁、非法搜查、刑讯逼供、暴力取证、虐待被监管人、报复陷害、破坏选举的侵犯公民人身权利、公民民主权利的犯罪。

第十二条 本规定自发布之日起施行。

附件:
1. 职务犯罪罪犯减刑、假释、暂予监外执行备案审查登记表(略)
2. 职务犯罪罪犯减刑、假释、暂予监外执行名单一览表(略)
3. 职务犯罪罪犯减刑、假释、暂予监外执行数量和比例情况对比表(略)

《人民检察院办理减刑、假释案件规定》(最高人民检察院,高检发监字〔2014〕8号)

第一条 为了进一步加强和规范减刑、假释法律监督工作,确保刑罚变更执行合法、公正,根据《中华人民共和国刑法》、《中华人民共和国刑事诉讼法》和《中华人民共和国监狱法》等有关规定,结合检察工作实际,制定本规定。

第二条 人民检察院依法对减刑、假释案件的提请、审理、裁定等活动是否合法实行法律监督。

第三条 人民检察院办理减刑、假释案件,应当按照下列情形分别处理:

(一)对减刑、假释案件提请活动的监督,由对执行机关承担检察职责的人民检察院负责;

(二)对减刑、假释案件审理、裁定活动的监督,由人民法院的同级人民检察院负责;同级人民检察院对执行机关不承担检察职责的,可以根据需要指定对执行机关承担检察职责的人民检察院派员出席法庭;下级人民检察院发现减刑、假释裁定不当的,应当及时向作出减刑、假释裁定的人民法院的同级人民检察院报告。

第四条 人民检察院办理减刑、假释案件,依照规定实行统一案件管理和办案责任制。

第五条 人民检察院收到执行机关移送的下列减刑、假释案件材料后,应当及时进行审查:

(一)执行机关拟提请减刑、假释意见;

(二)终审法院裁判文书、执行通知书、历次减刑裁定书;

(三)罪犯确有悔改表现、立功表现或者重大立功表现的证明材料;

(四)罪犯评审鉴定表、奖惩审批表;

(五)其他应当审查的案件材料。

对拟提请假释案件,还应当审查社区矫正机构或者基层组织关于罪犯假释后对所居住社区影响的调查评估报告。

第六条 具有下列情形之一的,人民检察院应当进行调查核实:

(一)拟提请减刑、假释罪犯系职务犯罪罪犯,破坏金融管理秩序和金融诈骗犯罪罪犯,黑社会性质组织犯罪罪犯,严重暴力恐怖犯罪罪犯,或者其他在社会上有重大影响、社会关注度高的罪犯;

(二)因罪犯有立功表现或者重大立功表现拟提请减刑的;

(三)拟提请减刑、假释罪犯的减刑幅度大、假释考验期长、起始时间早、间隔时间短或者实际执行刑期短的;

(四)拟提请减刑、假释罪犯的考核计分高、专项奖励多或者鉴定材料、奖惩记录有疑点的;

(五)收到控告、举报的;

(六)其他应当进行调查核实的。

第七条 人民检察院可以采取调阅复制有关材料、重新组织诊断鉴别、进行文证鉴定、召开座谈会、个别询问等方式,对下列情况进行调查核实:

(一)拟提请减刑、假释罪犯在服刑期间的表现情况;

(二)拟提请减刑、假释罪犯的财产刑执行、附带民事裁判履行、退赃退赔等情况;

(三)拟提请减刑罪犯的立功表现、重大立功表现是否属实,发明创造、技术革新是否系罪犯在服刑期间独立完成并经有关主管机关确认;

(四)拟提请假释罪犯的身体状况、性格特征、假释后生活来源和监管条件等影响再犯罪的因素;

(五)其他应当进行调查核实的情况。

第八条 人民检察院可以派员列席执行机关提请减刑、假释评审会议,了解案件有关情况,根据需要发表意见。

第九条 人民检察院发现罪犯符合减刑、假释条件,但是执行机关未提请减刑、假释的,可以建议执行机关提请减刑、假释。

第十条 人民检察院收到执行机关抄送的减刑、假释建议书副本后,应当逐案进行审查,可以向人民法院提出书面意见。发现减刑、假释建议不当或者提请减刑、假释违反法定程序的,应当在收到建议书副本后十日以内,依法向审理减刑、假释案件的人民法院提出书面意见,同时将检察意见书副本抄送执行机关。案情复杂或者情况特殊的,可以延长十日。

第十一条 人民法院开庭审理减刑、假释案件的,人民检察院应当指派检察人员出席法庭,发表检察意见,并对法庭审理活动是否合法进行监督。

第十二条 出席法庭的检察人员不得少于二人,其中至少一人具有检察官职务。

第十三条 检察人员应当在庭审前做好下列准备工作:

(一)全面熟悉案情,掌握证据情况,拟定法庭调查提纲和出庭意见;

(二)对执行机关提请减刑、假释有异议的案件,应当收集相关证据,可以建议人民法院通知相关证人出庭作证。

第十四条 庭审开始后,在执行机关代表宣读减刑、假释建议书并说明理由之后,检察人员应当发表检察意见。

第十五条 庭审过程中,检察人员对执行机关提请减刑、假释有疑问的,经审判长许可,可以出示证据,申请证人出庭作证,要求执行机关代表出示证据或者作出说明,向被提请减刑、假释的罪犯及证人提问并发表意见。

第十六条 法庭调查结束时,在被提请减刑、假释罪犯作最后陈述之前,经审判长许可,检察人员可以发表总结性意见。

第十七条 庭审过程中,检察人员认为需要进一步调查核实案件事实、证据,需要补充鉴定或者重新鉴定,或者需要通知新的证人到庭的,应当建议休庭。

第十八条 检察人员发现法庭审理活动违反法律规定的,应当在庭审后及时向本院检察长报告,依法向人民法院提出纠正意见。

第十九条 人民检察院收到人民法院减刑、假释裁定书副本后,应当及时审查下列内容:

(一)人民法院对罪犯裁定予以减刑、假释,以及起始时间、间隔时间、实际执行刑期、减刑幅度或者假释考验期是否符合有关规定;

(二)人民法院对罪犯裁定不予减刑、假释是否符合有关规定;

(三)人民法院审理、裁定减刑、假释的程序是否合法;

(四)按照有关规定应当开庭审理的减刑、假释案件,人民法院是否开庭审理;

(五)人民法院减刑、假释裁定书是否依法送达执行并向社会公布。

第二十条 人民检察院经审查认为人民法院减刑、假释裁定不当的,应当在收到裁定书副本后二十日以内,依法向作出减刑、假释裁定的人民法院提出书面纠正意见。

第二十一条 人民检察院对人民法院减刑、假释裁定提出纠正意见的,应当监督人民法院在收到纠正意见后一个月以内重新组成合议庭进行审理并作出最终裁定。

第二十二条　人民检察院发现人民法院已经生效的减刑、假释裁定确有错误的,应当向人民法院提出书面纠正意见,提请人民法院按照审判监督程序依法另行组成合议庭重新审理并作出裁定。

第二十三条　人民检察院收到控告、举报或者发现司法工作人员在办理减刑、假释案件中涉嫌违法的,应当依法进行调查,并根据情况,向有关单位提出纠正违法意见,建议更换办案人,或者建议予以纪律处分;构成犯罪的,依法追究刑事责任。

第二十四条　人民检察院办理职务犯罪罪犯减刑、假释案件,按照有关规定实行备案审查。

第二十五条　本规定自发布之日起施行。最高人民检察院以前发布的有关规定与本规定不一致的,以本规定为准。

《最高人民法院关于办理减刑、假释案件具体应用法律的规定》(法释〔2016〕23号,自2017年1月1日起施行)

为确保依法公正办理减刑、假释案件,依据《中华人民共和国刑法》《中华人民共和国刑事诉讼法》《中华人民共和国监狱法》和其他法律规定,结合司法实践,制定本规定。

第一条　减刑、假释是激励罪犯改造的刑罚制度,减刑、假释的适用应当贯彻宽严相济刑事政策,最大限度地发挥刑罚的功能,实现刑罚的目的。

第二条　对于罪犯符合刑法第七十八条第一款规定"可以减刑"条件的案件,在办理时应当综合考察罪犯犯罪的性质和具体情节、社会危害程度、原判刑罚及生效裁判中财产性判项的履行情况、交付执行后的一贯表现等因素。

第三条　"确有悔改表现"是指同时具备以下条件:

(一)认罪悔罪;

(二)遵守法律法规及监规,接受教育改造;

(三)积极参加思想、文化、职业技术教育;

(四)积极参加劳动,努力完成劳动任务。

对职务犯罪、破坏金融管理秩序和金融诈骗犯罪、组织(领导、参加、包庇、纵容)黑社会性质组织犯罪等罪犯,不积极退赃、协助追缴赃款赃物、赔偿损失,或者服刑期间利用个人影响力和社会关系等不正当手段意图获得减刑、假释的,不认定其"确有悔改表现"。

罪犯在刑罚执行期间的申诉权利应当依法保护,对其正当申诉不能不加分析地认为是不认罪悔罪。

第四条 具有下列情形之一的,可以认定为有"立功表现":
(一)阻止他人实施犯罪活动的;
(二)检举、揭发监狱内外犯罪活动,或者提供重要的破案线索,经查证属实的;
(三)协助司法机关抓捕其他犯罪嫌疑人的;
(四)在生产、科研中进行技术革新,成绩突出的;
(五)在抗御自然灾害或者排除重大事故中,表现积极的;
(六)对国家和社会有其他较大贡献的。
第(四)项、第(六)项中的技术革新或者其他较大贡献应当由罪犯在刑罚执行期间独立或者为主完成,并经省级主管部门确认。

第五条 具有下列情形之一的,应当认定为有"重大立功表现":
(一)阻止他人实施重大犯罪活动的;
(二)检举监狱内外重大犯罪活动,经查证属实的;
(三)协助司法机关抓捕其他重大犯罪嫌疑人的;
(四)有发明创造或者重大技术革新的;
(五)在日常生产、生活中舍己救人的;
(六)在抗御自然灾害或者排除重大事故中,有突出表现的;
(七)对国家和社会有其他重大贡献的。
第(四)项中的发明创造或者重大技术革新应当是罪犯在刑罚执行期间独立或者为主完成并经国家主管部门确认的发明专利,且不包括实用新型专利和外观设计专利;第(七)项中的其他重大贡献应当由罪犯在刑罚执行期间独立或者为主完成,并经国家主管部门确认。

第六条 被判处有期徒刑的罪犯减刑起始时间为:不满五年有期徒刑的,应当执行一年以上方可减刑;五年以上不满十年有期徒刑的,应当执行一年六个月以上方可减刑;十年以上有期徒刑的,应当执行二年以上方可减刑。有期徒刑减刑的起始时间自判决执行之日起计算。

确有悔改表现或者有立功表现的,一次减刑不超过九个月有期徒刑;确有悔改表现并有立功表现的,一次减刑不超过一年有期徒刑;有重大立功表现的,一次减刑不超过一年六个月有期徒刑;确有悔改表现并有重大立功表现的,一次减刑不超过二年有期徒刑。

被判处不满十年有期徒刑的罪犯,两次减刑间隔时间不得少于一年;被判处十年以上有期徒刑的罪犯,两次减刑间隔时间不得少于一年六个月。减刑间隔时间不得低于上次减刑减去的刑期。

罪犯有重大立功表现的,可以不受上述减刑起始时间和间隔时间的限制。

第七条 对符合减刑条件的职务犯罪罪犯,破坏金融管理秩序和金融诈骗犯罪罪犯,组织、领导、参加、包庇、纵容黑社会性质组织犯罪罪犯,危害国家安全犯罪罪犯,恐怖活动犯罪罪犯,毒品犯罪集团的首要分子及毒品再犯,累犯,确有履行能力而不履行或者不全部履行生效裁判中财产性判项的罪犯,被判处十年以下有期徒刑的,执行二年以上方可减刑,减刑幅度应当比照本规定第六条从严掌握,一次减刑不超过一年有期徒刑,两次减刑之间应当间隔一年以上。

对被判处十年以上有期徒刑的前款罪犯,以及因故意杀人、强奸、抢劫、绑架、放火、爆炸、投放危险物质或者有组织的暴力性犯罪被判处十年以上有期徒刑的罪犯,数罪并罚且其中两罪以上被判处十年以上有期徒刑的罪犯,执行二年以上方可减刑,减刑幅度应当比照本规定第六条从严掌握,一次减刑不超过一年有期徒刑,两次减刑之间应当间隔一年六个月以上。

罪犯有重大立功表现的,可以不受上述减刑起始时间和间隔时间的限制。

第八条 被判处无期徒刑的罪犯在刑罚执行期间,符合减刑条件的,执行二年以上,可以减刑。减刑幅度为:确有悔改表现或者有立功表现的,可以减为二十二年有期徒刑;确有悔改表现并有立功表现的,可以减为二十一年以上二十二年以下有期徒刑;有重大立功表现的,可以减为二十年以上二十一年以下有期徒刑;确有悔改表现并有重大立功表现的,可以减为十九年以上二十年以下有期徒刑。无期徒刑罪犯减为有期徒刑后再减刑时,减刑幅度依照本规定第六条的规定执行。两次减刑间隔时间不得少于二年。

罪犯有重大立功表现的,可以不受上述减刑起始时间和间隔时间的限制。

第九条 对被判处无期徒刑的职务犯罪罪犯,破坏金融管理秩序和金融诈骗犯罪罪犯,组织、领导、参加、包庇、纵容黑社会性质组织犯罪罪犯,危害国家安全犯罪罪犯,恐怖活动犯罪罪犯,毒品犯罪集团的首要分子及毒品再犯,累犯以及因故意杀人、强奸、抢劫、绑架、放火、爆炸、投放危险物质或者有组织的暴力性犯罪的罪犯,确有履行能力而不履行或者不全部履行生效裁判中财产性判项的罪犯,数罪并罚被判处无期徒刑的罪犯,符合减刑条件的,执行三年以上方可减刑,减刑幅度应当比照本规定第八条从严掌握,减刑后的刑期最低不得少于二十年有期徒刑;减为有期徒刑后再减刑时,减刑幅度比照本规定第六条从严掌握,一次不超过一年有期徒刑,两次减刑之间应当间隔二年以上。

罪犯有重大立功表现的,可以不受上述减刑起始时间和间隔时间的限制。

第十条 被判处死刑缓期执行的罪犯减为无期徒刑后,符合减刑条件的,执行三年以上方可减刑。减刑幅度为:确有悔改表现或者有立功表现的,可以减为二十五年有期徒刑；确有悔改表现并有立功表现的，可以减为二十四年以上二十五年以下有期徒刑；有重大立功表现的，可以减为二十三年以上二十四年以下有期徒刑；确有悔改表现并有重大立功表现的，可以减为二十二年以上二十三年以下有期徒刑。

被判处死刑缓期执行的罪犯减为有期徒刑后再减刑时，比照本规定第八条的规定办理。

第十一条 对被判处死刑缓期执行的职务犯罪罪犯，破坏金融管理秩序和金融诈骗犯罪罪犯，组织、领导、参加、包庇、纵容黑社会性质组织犯罪罪犯，危害国家安全犯罪罪犯，恐怖活动犯罪罪犯，毒品犯罪集团的首要分子及毒品再犯、累犯以及因故意杀人、强奸、抢劫、绑架、放火、爆炸、投放危险物质或者有组织的暴力性犯罪的罪犯，确有履行能力而不履行或者不全部履行生效裁判中财产性判项的罪犯，数罪并罚被判处死刑缓期执行的罪犯，减为无期徒刑后，符合减刑条件的，执行三年以上方可减刑，一般减为二十五年有期徒刑，有立功表现或者重大立功表现的，可以比照本规定第十条减为二十三年以上二十五年以下有期徒刑；减为有期徒刑后再减刑时，减刑幅度比照本规定第六条从严掌握，一次不超过一年有期徒刑，两次减刑之间应当间隔二年以上。

第十二条 被判处死刑缓期执行的罪犯经过一次或者几次减刑后，其实际执行的刑期不得少于十五年，死刑缓期执行期间不包括在内。

死刑缓期执行罪犯在缓期执行期间不服从监管、抗拒改造，尚未构成犯罪的，在减为无期徒刑后再减刑时应当适当从严。

第十三条 被限制减刑的死刑缓期执行罪犯，减为无期徒刑后，符合减刑条件的，执行五年以上方可减刑。减刑间隔时间和减刑幅度依照本规定第十一条的规定执行。

第十四条 被限制减刑的死刑缓期执行罪犯，减为有期徒刑后再减刑时，一次减刑不超过六个月有期徒刑，两次减刑间隔时间不得少于二年。有重大立功表现的，间隔时间可以适当缩短，但一次减刑不超过一年有期徒刑。

第十五条 对被判处终身监禁的罪犯，在死刑缓期执行期满依法减为无期徒刑的裁定中，应当明确终身监禁，不得再减刑或者假释。

第十六条 被判处管制、拘役的罪犯，以及判决生效后剩余刑期不满二年有期徒刑的罪犯，符合减刑条件的，可以酌情减刑，减刑起始时间可以适当缩短，但实际执行的刑期不得少于原判刑期的二分之一。

第十七条 被判处有期徒刑罪犯减刑时，对附加剥夺政治权利的期限可以酌减。酌减后剥夺政治权利的期限，不得少于一年。

被判处死刑缓期执行、无期徒刑的罪犯减为有期徒刑时,应当将附加剥夺政治权利的期限减为七年以上十年以下,经过一次或者几次减刑后,最终剥夺政治权利的期限不得少于三年。

第十八条 被判处拘役或者三年以下有期徒刑,并宣告缓刑的罪犯,一般不适用减刑。

前款规定的罪犯在缓刑考验期内有重大立功表现的,可以参照刑法第七十八条的规定予以减刑,同时应当依法缩减其缓刑考验期。缩减后,拘役的缓刑考验期限不得少于二个月,有期徒刑的缓刑考验期限不得少于一年。

第十九条 对在报请减刑前的服刑期间不满十八周岁,且所犯罪行不属于刑法第八十一条第二款规定情形的罪犯,认罪悔罪,遵守法律法规及监规,积极参加学习、劳动,应当视为确有悔改表现。

对上述罪犯减刑时,减刑幅度可以适当放宽,或者减刑起始时间、间隔时间可以适当缩短,但放宽的幅度和缩短的时间不得超过本规定中相应幅度、时间的三分之一。

第二十条 老年罪犯、患严重疾病罪犯或者身体残疾罪犯减刑时,应当主要考察其认罪悔罪的实际表现。

对基本丧失劳动能力,生活难以自理的上述罪犯减刑时,减刑幅度可以适当放宽,或者减刑起始时间、间隔时间可以适当缩短,但放宽的幅度和缩短的时间不得超过本规定中相应幅度、时间的三分之一。

第二十一条 被判处有期徒刑、无期徒刑的罪犯在刑罚执行期间又故意犯罪,新罪被判处有期徒刑的,自新罪判决确定之日起三年内不予减刑;新罪被判处无期徒刑的,自新罪判决确定之日起四年内不予减刑。

罪犯在死刑缓期执行期间又故意犯罪,未被执行死刑的,死刑缓期执行的期间重新计算,减为无期徒刑后,五年内不予减刑。

被判处死刑缓期执行罪犯减刑后,在刑罚执行期间又故意犯罪的,依照第一款规定处理。

第二十二条 办理假释案件,认定"没有再犯罪的危险",除符合刑法第八十一条规定的情形外,还应当根据犯罪的具体情节、原判刑罚情况,在刑罚执行中的一贯表现,罪犯的年龄、身体状况、性格特征,假释后生活来源以及监管条件等因素综合考虑。

第二十三条 被判处有期徒刑的罪犯假释时,执行原判刑期二分之一的时间,应当从判决执行之日起计算,判决执行以前先行羁押的,羁押一日折抵刑期一日。

被判处无期徒刑的罪犯假释时,刑法中关于实际执行刑期不得少于十三年的时间,应当从判决生效之日起计算。判决生效以前先行羁押的时间不予折抵。

被判处死刑缓期执行的罪犯减为无期徒刑或者有期徒刑后,实际执行十五年以上,方可假释,该实际执行时间应当从死刑缓期执行期满之日起计算。死刑缓期执行期间不包括在内,判决确定以前先行羁押的时间不予折抵。

第二十四条 刑法第八十一条第一款规定的"特殊情况",是指有国家政治、国防、外交等方面特殊需要的情况。

第二十五条 对累犯以及因故意杀人、强奸、抢劫、绑架、放火、爆炸、投放危险物质或者有组织的暴力性犯罪被判处十年以上有期徒刑、无期徒刑的罪犯,不得假释。

因前款情形和犯罪被判处死刑缓期执行的罪犯,被减为无期徒刑、有期徒刑后,也不得假释。

第二十六条 对下列罪犯适用假释时可以依法从宽掌握:
(一)过失犯罪的罪犯、中止犯罪的罪犯、被胁迫参加犯罪的罪犯;
(二)因防卫过当或者紧急避险过当而被判处有期徒刑以上刑罚的罪犯;
(三)犯罪时未满十八周岁的罪犯;
(四)基本丧失劳动能力、生活难以自理,假释后生活确有着落的老年罪犯、患严重疾病罪犯或者身体残疾罪犯;
(五)服刑期间改造表现特别突出的罪犯;
(六)具有其他可以从宽假释情形的罪犯。

罪犯既符合法定减刑条件,又符合法定假释条件的,可以优先适用假释。

第二十七条 对于生效裁判中有财产性判项,罪犯确有履行能力而不履行或者不全部履行的,不予假释。

第二十八条 罪犯减刑后又假释的,间隔时间不得少于一年;对一次减去一年以上有期徒刑后,决定假释的,间隔时间不得少于一年六个月。

罪犯减刑后余刑不足二年,决定假释的,可以适当缩短间隔时间。

第二十九条 罪犯在假释考验期内违反法律、行政法规或者国务院有关部门关于假释的监督管理规定的,作出假释裁定的人民法院,应当在收到报请机关或者检察机关撤销假释建议书后及时审查,作出是否撤销假释的裁定,并送达报请机关,同时抄送人民检察院、公安机关和原刑罚执行机关。

罪犯在逃的,撤销假释裁定书可以作为对罪犯进行追捕的依据。

第三十条 依照刑法第八十六条规定被撤销假释的罪犯,一般不得再假释。但依照该条第二款被撤销假释的罪犯,如果罪犯对漏罪曾作如实供述但原判未予认定,或者漏罪系其自首,符合假释条件的,可以再假释。

被撤销假释的罪犯,收监后符合减刑条件的,可以减刑,但减刑起始时间自收监之日起计算。

第三十一条 年满八十周岁、身患疾病或者生活难以自理、没有再犯罪危险的罪犯,既符合减刑条件,又符合假释条件的,优先适用假释;不符合假释条件的,参照本规定第二十条有关的规定从宽处理。

第三十二条 人民法院按照审判监督程序重新审理的案件,裁定维持原判决、裁定的,原减刑、假释裁定继续有效。

再审裁判改变原判决、裁定的,原减刑、假释裁定自动失效,执行机关应当及时报请有管辖权的人民法院重新作出是否减刑、假释的裁定。重新作出减刑裁定时,不受本规定有关减刑起始时间、间隔时间和减刑幅度的限制。重新裁定时应综合考虑各方面因素,减刑幅度不得超过原裁定减去的刑期总和。

再审改判为死刑缓期执行或者无期徒刑的,在新判决减为有期徒刑之时,原判决已经实际执行的刑期一并扣减。

再审裁判宣告无罪的,原减刑、假释裁定自动失效。

第三十三条 罪犯被裁定减刑后,刑罚执行期间因故意犯罪而数罪并罚时,经减刑裁定减去的刑期不计入已经执行的刑期。原判死刑缓期执行减为无期徒刑、有期徒刑,或者无期徒刑减为有期徒刑的裁定继续有效。

第三十四条 罪犯被裁定减刑后,刑罚执行期间因发现漏罪而数罪并罚的,原减刑裁定自动失效。如漏罪系罪犯主动交代的,对其原减去的刑期,由执行机关报请有管辖权的人民法院重新作出减刑裁定,予以确认;如漏罪系有关机关发现或者他人检举揭发的,由执行机关报请有管辖权的人民法院,在原减刑裁定减去的刑期总和之内,酌情重新裁定。

第三十五条 被判处死刑缓期执行的罪犯,在死刑缓期执行期内被发现漏罪,依据刑法第七十条规定数罪并罚,决定执行死刑缓期执行的,死刑缓期执行期间自新判决确定之日起计算,已经执行的死刑缓期执行期间计入新判决的死刑缓期执行期间内,但漏罪被判处死刑缓期执行的除外。

第三十六条 被判处死刑缓期执行的罪犯,在死刑缓期执行期满后被发现漏罪,依据刑法第七十条规定数罪并罚,决定执行死刑缓期执行的,交付执行时对罪犯实际执行无期徒刑,死缓考验期不再执行,但漏罪被判处死刑缓期执行的除外。

在无期徒刑减为有期徒刑时,前罪死刑缓期执行减为无期徒刑之日起至新判决生效之日止已经实际执行的刑期,应当计算在减刑裁定决定执行的刑期以内。

原减刑裁定减去的刑期依照本规定第三十四条处理。

第三十七条 被判处无期徒刑的罪犯在减为有期徒刑后因发现漏罪,依据刑法第七十条规定数罪并罚,决定执行无期徒刑的,前罪无期徒刑生效之日起至新判决生效之日止已经实际执行的刑期,应当在新判决的无期徒刑减为有期徒刑时,在减刑裁定决定执行的刑期内扣减。

无期徒刑罪犯减为有期徒刑后因发现漏罪判处三年有期徒刑以下刑罚,数罪并罚决定执行无期徒刑的,在新判决生效后执行一年以上,符合减刑条件的,可以减为有期徒刑,减刑幅度依照本规定第八条、第九条的规定执行。

原减刑裁定减去的刑期依照本规定第三十四条处理。

第三十八条 人民法院作出的刑事判决、裁定发生法律效力后,在依照刑事诉讼法第二百五十三条、第二百五十四条的规定将罪犯交付执行刑罚时,如果生效裁判中有财产性判项,人民法院应当将反映财产性判项执行、履行情况的有关材料一并随案移送刑罚执行机关。罪犯在服刑期间本人履行或者其亲属代为履行生效裁判中财产性判项的,应当及时向刑罚执行机关报告。刑罚执行机关报请减刑时应随案移送以上材料。

人民法院办理减刑、假释案件时,可以向原一审人民法院核实罪犯履行财产性判项的情况。原一审人民法院应当出具相关证明。

刑罚执行期间,负责办理减刑、假释案件的人民法院可以协助原一审人民法院执行生效裁判中的财产性判项。

第三十九条 本规定所称"老年罪犯",是指报请减刑、假释时年满六十五周岁的罪犯。

本规定所称"患严重疾病罪犯",是指因患有重病,久治不愈,而不能正常生活、学习、劳动的罪犯。

本规定所称"身体残疾罪犯",是指因身体有肢体或者器官残缺、功能不全或者丧失功能,而基本丧失生活、学习、劳动能力的罪犯,但是罪犯犯罪后自伤致残的除外。

对刑罚执行机关提供的证明罪犯患有严重疾病或者有身体残疾的证明文件,人民法院应当审查,必要时可以委托有关单位重新诊断、鉴定。

第四十条 本规定所称"判决执行之日",是指罪犯实际送交刑罚执行机关之日。

本规定所称"减刑间隔时间",是指前一次减刑裁定送达之日起至本次减刑报请之日止的期间。

第四十一条　本规定所称"财产性判项"是指判决罪犯承担的附带民事赔偿义务判项,以及追缴、责令退赔、罚金、没收财产等判项。

第四十二条　本规定自2017年1月1日起施行。以前发布的司法解释与本规定不一致的,以本规定为准。

《最高人民法院关于办理减刑、假释案件具体应用法律的补充规定》(法释〔2019〕6号,自2019年6月1日起施行)

为准确把握宽严相济刑事政策,严格执行《最高人民法院关于办理减刑、假释案件具体应用法律的规定》,现对《中华人民共和国刑法修正案(九)》施行后,依照刑法分则第八章贪污贿赂罪判处刑罚的原具有国家工作人员身份的罪犯的减刑、假释补充规定如下:

第一条　对拒不认罪悔罪的,或者确有履行能力而不履行或者不全部履行生效裁判中财产性判项的,不予假释,一般不予减刑。

第二条　被判处十年以上有期徒刑,符合减刑条件的,执行三年以上方可减刑;被判处不满十年有期徒刑,符合减刑条件的,执行二年以上方可减刑。

确有悔改表现或者有立功表现的,一次减刑不超过六个月有期徒刑;确有悔改表现并有立功表现的,一次减刑不超过九个月有期徒刑;有重大立功表现的,一次减刑不超过一年有期徒刑。

被判处十年以上有期徒刑的,两次减刑之间应当间隔二年以上;被判处不满十年有期徒刑的,两次减刑之间应当间隔一年六个月以上。

第三条　被判处无期徒刑,符合减刑条件的,执行四年以上方可减刑。

确有悔改表现或者有立功表现的,可以减为二十三年有期徒刑;确有悔改表现并有立功表现的,可以减为二十二年以上二十三年以下有期徒刑;有重大立功表现的,可以减为二十一年以上二十二年以下有期徒刑。

无期徒刑减为有期徒刑后再减刑时,减刑幅度比照本规定第二条的规定执行。两次减刑之间应当间隔二年以上。

第四条　被判处死刑缓期执行的,减为无期徒刑后,符合减刑条件的,执行四年以上方可减刑。

确有悔改表现或者有立功表现的,可以减为二十五年有期徒刑;确有悔改表现并有立功表现的,可以减为二十四年六个月以上二十五年以下有期徒刑;有重大立功表现的,可以减为二十四年以上二十四年六个月以下有期徒刑。

减为有期徒刑后再减刑时,减刑幅度比照本规定第二条的规定执行。两次减刑之间应当间隔二年以上。

第五条　罪犯有重大立功表现的,减刑时可以不受上述起始时间和间隔时间的限制。

第六条 对本规定所指贪污贿赂罪犯适用假释时,应当从严掌握。

第七条 本规定自 2019 年 6 月 1 日起施行。此前发布的司法解释与本规定不一致的,以本规定为准。

《最高人民法院、最高人民检察院、公安部、司法部关于加强减刑、假释案件实质化审理的意见》(法发〔2021〕31 号)

减刑、假释制度是我国刑罚执行制度的重要组成部分。依照我国法律规定,减刑、假释案件由刑罚执行机关提出建议书,报请人民法院审理裁定,人民检察院依法进行监督。为严格规范减刑、假释工作,确保案件审理公平、公正,现就加强减刑、假释案件实质化审理提出如下意见。

一、准确把握减刑、假释案件实质化审理的基本要求

1. 坚持全面依法审查。审理减刑、假释案件应当全面审查刑罚执行机关报送的材料,既要注重审查罪犯交付执行后的一贯表现,同时也要注重审查罪犯犯罪的性质、具体情节、社会危害程度、原判刑罚及生效裁判中财产性判项的履行情况等,依法作出公平、公正的裁定,切实防止将考核分数作为减刑、假释的唯一依据。

2. 坚持主客观改造表现并重。审理减刑、假释案件既要注重审查罪犯劳动改造、监管改造等客观方面的表现,也要注重审查罪犯思想改造等主观方面的表现,综合判断罪犯是否确有悔改表现。

3. 坚持严格审查证据材料。审理减刑、假释案件应当充分发挥审判职能作用,坚持以审判为中心,严格审查各项证据材料。认定罪犯是否符合减刑、假释法定条件,应当有相应证据予以证明;对于没有证据证实或者证据不确实、不充分的,不得裁定减刑、假释。

4. 坚持区别对待。审理减刑、假释案件应当切实贯彻宽严相济刑事政策,具体案件具体分析,区分不同情形,依法作出裁定,最大限度地发挥刑罚的功能,实现刑罚的目的。

二、严格审查减刑、假释案件的实体条件

5. 严格审查罪犯服刑期间改造表现的考核材料。对于罪犯的计分考核材料,应当认真审查考核分数的来源及其合理性等,如果存在考核分数与考核期不对应、加扣分与奖惩不对应、奖惩缺少相应事实和依据等情况,应当要求刑罚执行机关在规定期限内作出说明或者补充。对于在规定期限内不能作出合理解释的考核材料,不作为认定罪犯确有悔改表现的依据。

对于罪犯的认罪悔罪书、自我鉴定等自书材料,要结合罪犯的文化程度认真进行审查，对于无特殊原因非本人书写或者自书材料内容虚假的，不认定罪犯确有悔改表现。

对于罪犯存在违反监规纪律行为的，应当根据行为性质、情节等具体情况，综合分析判断罪犯的改造表现。罪犯服刑期间因违反监规纪律被处以警告、记过或者禁闭处罚的，可以根据案件具体情况，认定罪犯是否确有悔改表现。

6. 严格审查罪犯立功、重大立功的证据材料，准确把握认定条件。对于检举、揭发监狱内外犯罪活动，或者提供重要破案线索的，应当注重审查线索的来源。对于揭发线索来源存疑的，应当进一步核查，如果查明线索系通过贿买、暴力、威胁或者违反监规等非法手段获取的，不认定罪犯具有立功或者重大立功表现。

对于技术革新、发明创造，应当注重审查罪犯是否具备该技术革新、发明创造的专业能力和条件，对于罪犯明显不具备相应专业能力及条件、不能说明技术革新或者发明创造原理及过程的，不认定罪犯具有立功或者重大立功表现。

对于阻止他人实施犯罪活动，协助司法机关抓捕其他犯罪嫌疑人，在日常生产、生活中舍己救人，在抗御自然灾害或者排除重大事故中有积极或者突出表现的，除应当审查有关部门出具的证明材料外，还应当注重审查能够证明上述行为的其他证据材料，对于罪犯明显不具备实施上述行为能力和条件的，不认定罪犯具有立功或者重大立功表现。

严格把握"较大贡献"或者"重大贡献"的认定条件。该"较大贡献"或"重大贡献"，是指对国家、社会具有积极影响，而非仅对个别人员、单位有贡献和帮助。对于罪犯在警示教育活动中现身说法的，不认定罪犯具有立功或者重大立功表现。

7. 严格审查罪犯履行财产性判项的能力。罪犯未履行或者未全部履行财产性判项，具有下列情形之一的，不认定罪犯确有悔改表现：

（1）拒不交代赃款、赃物去向；

（2）隐瞒、藏匿、转移财产；

（3）有可供履行的财产拒不履行

对于前款罪犯，无特殊原因狱内消费明显超出规定额度标准的，一般不认定罪犯确有悔改表现。

8. 严格审查反映罪犯是否有再犯罪危险的材料。对于报请假释的罪犯，应当认真审查刑罚执行机关提供的反映罪犯服刑期间现实表现和生理、心理状况的材料，并认真审查司法行政机关或者有关社会组织出具的罪犯假释后对所居住社区影响的材料，同时结合罪犯犯罪的性质、具体情节、社会危害程度、原判刑罚及生效裁判中财产性判项的履行情况等，综合判断罪犯假释后是否具有再犯罪危险性。

9. 严格审查罪犯身份信息、患有严重疾病或者身体有残疾的证据材料。对于上述证据材料有疑问的，可以委托有关单位重新调查、诊断、鉴定。对原判适用《中华人民共和国刑事诉讼法》第一百六十条第二款规定判处刑罚的罪犯，在刑罚执行期间不真心悔罪，仍不讲真实姓名、住址，且无法调查核实清楚的，除具有重大立功表现等特殊情形外，一律不予减刑、假释。

10. 严格把握罪犯减刑后的实际服刑刑期。正确理解法律和司法解释规定的最低服刑期限，严格控制减刑起始时间、间隔时间及减刑幅度，并根据罪犯前期减刑情况和效果，对其后续减刑予以总体掌握。死刑缓期执行、无期徒刑罪犯减为有期徒刑后再减刑时，在减刑间隔时间及减刑幅度上，应当从严把握。

三、切实强化减刑、假释案件办理程序机制

11. 充分发挥庭审功能。人民法院开庭审理减刑、假释案件，应当围绕罪犯实际服刑表现、财产性判项执行履行情况等，认真进行法庭调查。人民检察院应当派员出庭履行职务，并充分发表意见。人民法院对于有疑问的证据材料，要重点进行核查，必要时可以要求有关机关或者罪犯本人作出说明，有效发挥庭审在查明事实、公正裁判中的作用。

12. 健全证人出庭作证制度。人民法院审理减刑、假释案件，应当通知罪犯的管教干警、同监室罪犯、公示期间提出异议的人员以及其他了解情况的人员出庭作证。开庭审理前，刑罚执行机关应当提供前述证人名单，人民法院根据需要从名单中确定相应数量的证人出庭作证。证人到庭后，应当对其进行详细询问，全面了解被报请减刑、假释罪犯的改造表现等情况。

13. 有效行使庭外调查核实权。人民法院、人民检察院对于刑罚执行机关提供的罪犯确有悔改表现、立功表现等证据材料存有疑问的，根据案件具体情况，可以采取讯问罪犯、询问证人、调取相关材料、与监所人民警察座谈、听取派驻监所检察人员意见等方式，在庭外对相关证据材料进行调查核实。

14. 强化审判组织的职能作用。人民法院审理减刑、假释案件，合议庭成员应当对罪犯是否符合减刑或者假释条件、减刑幅度是否适当、财产性判项是否执行履行等情况，充分发表意见。对于重大、疑难、复杂的减刑、假释案件，合议庭必要时可以提请院长决定提交审判委员会讨论，但提请前应当先经专业法官会议研究。

15. 完善财产性判项执行衔接机制。人民法院刑事审判部门作出具有财产性判项内容的刑事裁判后，应当及时按照规定移送负责执行的部门执行。刑罚执行机关对罪犯报请减刑、假释时，可以向负责执行财产性判项的人民法院调取罪犯财产性判项执行情况的有关材料，负责执行的人民法院应当予以配合。刑罚执行机关提交的关于罪犯财产性判项执行情况的材料，可以作为人民法院认定罪犯财产性判项执行情况和判断罪犯是否具有履行能力的依据。

16. 提高信息化运用水平。人民法院、人民检察院、刑罚执行机关要进一步提升减刑、假释信息化建设及运用水平，充分利用减刑、假释信息化协同办案平台、执行信息平台及大数据平台等，采用远程视频开庭等方式，不断完善案件办理机制。同时，加强对减刑、假释信息化协同办案平台和减刑、假释、暂予监外执行信息网的升级改造，不断拓展信息化运用的深度和广度，为提升减刑、假释案件办理质效和加强权力运行制约监督提供科技支撑。

四、大力加强减刑、假释案件监督指导及工作保障

17. 不断健全内部监督。人民法院、人民检察院、刑罚执行机关要进一步强化监督管理职责，严格落实备案审查、专项检查等制度机制，充分发挥层级审核把关作用。人民法院要加强文书的释法说理，进一步提升减刑、假释裁定公信力。对于发现的问题及时责令整改，对于确有错误的案件，坚决依法予以纠正，对于涉嫌违纪违法的线索，及时移交纪检监察部门处理。

18. 高度重视外部监督。人民法院、人民检察院要自觉接受同级人民代表大会及其常委会的监督，主动汇报工作，对于人大代表关注的问题，认真研究处理并及时反馈，不断推进减刑、假释工作规范化开展；人民法院、刑罚执行机关要依法接受检察机关的法律监督，认真听取检察机关的意见、建议，支持检察机关巡回检察等工作，充分保障检察机关履行检察职责；人民法院、人民检察院、刑罚执行机关均要主动接受社会监督，积极回应人民群众关切。

19. 着力强化对下指导。人民法院、人民检察院、刑罚执行机关在减刑、假释工作中，遇到法律适用难点问题或者其他重大政策问题，应当及时向上级机关请示报告。上级机关应当准确掌握下级机关在减刑、假释工作中遇到的突出问题，加强研究和指导，并及时收集辖区内减刑、假释典型案例层报。最高人民法院、最高人民检察院应当适时发布指导性案例，为下级人民法院、人民检察院依法办案提供指导。

20. 切实加强工作保障。人民法院、人民检察院、刑罚执行机关应当充分认识减刑、假释工作所面临的新形势、新任务、新要求，坚持各司其职、分工负责、相互配合、相互制约的原则，不断加强沟通协作。根据工作需要，配足配强办案力量，加强对办案人员的业务培训，提升能力素质，建立健全配套制度机制，确保减刑、假释案件实质化审理公正、高效开展。

指导性案例

宣告缓刑罪犯蔡某等 12 人减刑监督案（检例第 70 号）

关键词 缓刑罪犯减刑 持续跟进监督 地方规范性文件法律效力 最终裁定纠正违法意见

要　旨 对于判处拘役或者三年以下有期徒刑并宣告缓刑的罪犯,在缓刑考验期内确有悔改表现或者有一般立功表现,一般不适用减刑。在缓刑考验期内有重大立功表现的,可以参照刑法第七十八条的规定予以减刑。人民法院对宣告缓刑罪犯裁定减刑适用法律错误的,人民检察院应当依法提出纠正意见。人民法院裁定维持原减刑裁定的,人民检察院应当继续予以监督。

指导意义

1. 人民法院减刑裁定适用法律错误,人民检察院应当依法监督纠正。人民检察院在办理减刑、假释案件时,应准确把握法院减刑、假释裁定所依据规范性文件。对于地方人民法院、人民检察院制定的司法解释性文件,应当根据《最高人民法院 最高人民检察院关于地方人民法院、人民检察院不得制定司法解释性质文件的通知》予以清理。人民法院依据地方人民法院、人民检察院制定的司法解释性文件作出裁定的,属于适用法律错误,人民检察院应当依法向人民法院提出书面监督纠正意见,监督人民法院重新组成合议庭进行审理。

2. 人民法院对没有重大立功表现的缓刑罪犯裁定减刑的,人民检察院应当予以监督纠正。减刑、假释是我国重要的刑罚执行制度,不符合法定条件和非经法定程序,不得减刑、假释。根据有关法律和司法解释的规定,判处拘役或者三年以下有期徒刑并宣告缓刑的罪犯,一般不适用减刑;在缓刑考验期限内有重大立功表现的,可以参照刑法第七十八条的规定,予以减刑。因此,对缓刑罪犯适用减刑的法定条件限是在缓刑考验期限内有重大立功表现。根据《社区矫正法》的有关规定,人民检察院依法对社区矫正工作实行法律监督,发现社区矫正机构对宣告缓刑的罪犯向人民法院提出减刑建议不当的,应当依法提出纠正意见;发现人民法院对于确有悔改表现或者有一般立功表现但没有重大立功表现的缓刑罪犯裁定减刑的,应当依法向人民法院发出《纠正不当减刑裁定意见书》,申明监督理由、依据和意见,监督人民法院重新组成合议庭进行审理并作出最终裁定。

3. 人民检察院发现人民法院已经生效的减刑、假释裁定仍有错误的,应当继续向人民法院提出书面纠正意见。人民检察院对人民法院减刑、假释的裁定提出纠正意见后,应当监督人民法院在收到纠正意见后一个月内重新组成合议庭进行审理，并监督人民法院重新作出的裁定是否符合法律规定。人民法院重新作出的裁定仍不符合法律规定的，人民检察院应当继续向人民法院提出纠正意见，提请人民法院按照审判监督程序依法另行组成合议庭重新审理并作出裁定。对人民法院仍然不采纳纠正意见的，人民检察院应当提请上级人民检察院继续监督。

罪犯康某假释监督案（检例第71号）

关键词 未成年罪犯　假释适用　帮教

要　旨 人民检察院办理未成年罪犯减刑、假释监督案件，应当比照成年罪犯依法适当从宽把握假释条件。对既符合法定减刑条件又符合法定假释条件的，可以建议刑罚执行机关优先适用假释。审查未成年罪犯是否符合假释条件时，应当结合犯罪的具体情节、原判刑罚情况、刑罚执行中的表现、家庭帮教能力和条件等因素综合认定。

指导意义

1. 罪犯既符合法定减刑条件又符合法定假释条件的，可以优先适用假释。减刑、假释都是刑罚变更执行的重要方式，与减刑相比，假释更有利于维护裁判的权威和促进罪犯融入社会、预防罪犯再犯罪。目前，世界其他法治国家多数是实行单一假释制度或者是假释为主、减刑为辅的刑罚变更执行制度。但在我国司法实践中，减刑、假释适用不平衡，罪犯减刑比例一般在百分之二十多，假释比例只有百分之一左右，假释适用率低。人民检察院在办理减刑、假释案件时，应当充分发挥减刑、假释制度的不同价值功能，对既符合法定减刑条件又符合法定假释条件的罪犯，可以建议刑罚执行机关提请人民法院优先适用假释。

2. 对犯罪时未满十八周岁的罪犯适用假释可以依法从宽掌握，综合各种因素判断罪犯是否符合假释条件。人民检察院办理犯罪时未满十八周岁的罪犯假释案件，应当综合罪犯犯罪情节、原判刑罚、服刑表现、身心特点、监管帮教等因素依法从宽掌握。特别是对初犯、偶犯和在校学生等罪犯，假释后其家庭和社区具有帮教能力和条件的，可以建议刑罚执行机关和人民法院依法适用假释。对罪犯"假释后有无再犯罪危险"的审查判断，人民检察院应当根据相关法律和司法解释的规定，结合未成年罪犯犯罪的具体情节、原判刑罚情况，其在刑罚执行中的一贯表现、帮教条件（包括其身体状况、性格特征、被假释后生活来源以及帮教环境等因素）综合考虑。

3. 对犯罪时未满十八周岁的罪犯假释案件，人民检察院可以建议罪犯的父母参加假释庭审。将未成年人罪犯父母到庭制度引入假释案件审理中，有助于更好地调查假释案件相关情况，客观准确地适用法律，保障罪犯的合法权益，督促罪犯假释后社会帮教责任的落实,有利于发挥司法机关、家庭和社会对罪犯改造帮教的合力作用,促进罪犯的权益保护和改造教育,实现办案的政治效果、法律效果和社会效果的有机统一。

4.人民检察院应当做好罪犯监狱刑罚执行和社区矫正法律监督工作的衔接,继续加强对假释的罪犯社区矫正活动的法律监督。监狱罪犯被裁定假释实行社区矫正后,检察机关应当按照《中华人民共和国社区矫正法》的有关规定,监督有关部门做好罪犯的交付、接收等工作,并应当做好对社区矫正机构对罪犯社区矫正活动的监督,督促社区矫正机构对罪犯进行法治、道德等方面的教育,组织其参加公益活动,增强其法治观念,提高其道德素质和社会责任感,帮助其融入社会,预防和减少犯罪。

社区矫正对象王某减刑监督案(检例第133号)
关键词 社区矫正监督 见义勇为 重大立功 减刑监督 检察听证
要 旨 人民检察院开展社区矫正法律监督工作,应当坚持客观公正立场,既监督纠正社区矫正中的违法行为,又依法维护社区矫正对象合法权益。发现宣告缓刑的社区矫正对象有见义勇为、抢险救灾等突出表现的,应当监督相关部门审查确定是否属于重大立功情形,是否符合减刑条件。对有重大社会影响的减刑监督案件,人民检察院可以召开听证会,围绕社区矫正对象是否符合重大立功等重点内容进行听证,结合原判罪名情节、社区矫正期间表现等依法提出检察建议。

指导意义
(一)人民检察院开展社区矫正法律监督工作,发现宣告缓刑社区矫正对象有重大立功线索的,应当监督社区矫正机构进行调查核实,依法维护社区矫正对象合法权益。根据有关法律和司法解释的规定,宣告缓刑的罪犯,一般不适用减刑;在缓刑考验期内有重大立功表现的,可以参照《中华人民共和国刑法》第七十八条的规定,予以减刑。因此,人民检察院在监督工作中发现社区矫正对象有见义勇为等突出表现,可能构成重大立功的,应当监督社区矫正机构及时进行调查,依法予以确认。必要时,人民检察院可以自行开展调查核实。

(二)人民检察院在办理减刑监督案件时,可以通过公开听证方式听取各方意见,最大程度凝聚共识,确保案件办理质效。人民检察院办理有重大社会影响的社区矫正对象减刑监督案件,可以运用公开听证方式开展案件审查工作,广泛听取意见,并通过以案释法,弘扬社会主义核心价值观。在听证过程中,应重点围绕社区矫正对象的行为是否符合《中华人民共和国刑法》第七十八条规定的重大立功情形听取意见。人民检察院综合听证员意见,结合社区矫正对象见义勇为的具体表现、有效避免或阻止发生的危害后果,以及原判罪名情节、社会危害程度和社区矫正期间表现等因素,经审慎研究,依法认定符合减刑条件的,应当向刑罚执行机关提出提请减刑的检察建议。

法律适用答复、复函

《最高人民法院研究室关于罪犯在服刑期间又犯罪被服刑地法院以数罪并罚论处的现前罪改判应当由哪一个法院决定执行刑罚问题的电话答复》(1991年6月18日)

福建省高级人民法院：

你院[1991]闽法刑二字第79号《关于罪犯在服刑期间又犯罪被服刑地法院以数罪并罚论处的,现前罪改判应当由哪一个法院决定执行刑罚问题的请示》收悉。经研究,答复如下:

这类问题,我们曾于1989年答复过湖北省高级人民法院,答复意见是:对于再审改判前因犯新罪被加刑的罪犯,在对其前罪再审时,应当将罪犯犯后罪时判决中关于前罪与后罪并罚的内容撤销,并把经再审改判后的前罪没有执行完的刑罚和后罪已判处的刑罚,按照刑法第六十六条的规定实行数罪并罚。关于原前罪与后罪并罚的判决由哪个法院撤销,应当视具体情况确定:如果再审法院是对后罪作出判决的法院的上级法院,或者是对后罪作出判决的同一法院,可以由再审法院撤销,否则,应当由对后罪作出判决的法院撤销。

请你们按照上述意见办理。

第二百七十五条　【执行机关对错案、申诉的处理】 监狱和其他执行机关在刑罚执行中,如果认为判决有错误或者罪犯提出申诉,应当转请人民检察院或者原判人民法院处理。

立法沿革

1979年《刑事诉讼法》第一百六十三条规定:"监狱和劳动改造机关在刑罚执行中,如果认为判决有错误或者罪犯提出申诉,应当转请人民检察院或者原判人民法院处理。"1996年《刑事诉讼法修改决定》将"监狱和劳动改造机关"修改为"监狱和其他执行机关"。2012年、2018年修改《刑事诉讼法》时未作调整。

相关规定

《中华人民共和国看守所条例》(国务院令第52号,自1990年3月17日起

施行,节录)

第四十五条　看守所在人犯羁押期间发现人犯中有错拘、错捕或者错判的,应当及时通知办案机关查证核实,依法处理。

第四十六条　对人犯的上诉书、申诉书,看守所应当及时转送,不得阻挠和扣押。

人犯揭发、控告司法人员违法行为的材料,应当及时报请人民检察院处理。

《中华人民共和国监狱法》(修正后自2013年1月1日起施行,节录)

第三章　刑罚的执行
第二节　对罪犯提出的申诉、控告、检举的处理
第二十一条　罪犯对生效的判决不服的,可以提出申诉。
对于罪犯的申诉,人民检察院或者人民法院应当及时处理。

第二十二条　对罪犯提出的控告、检举材料,监狱应当及时处理或者转送公安机关或者人民检察院处理,公安机关或者人民检察院应当将处理结果通知监狱。

第二十三条　罪犯的申诉、控告、检举材料,监狱应当及时转递,不得扣压。

第二十四条　监狱在执行刑罚过程中,根据罪犯的申诉,认为判决可能有错误的,应当提请人民检察院或者人民法院处理,人民检察院或者人民法院应当自收到监狱提请处理意见书之日起六个月内将处理结果通知监狱。

《中华人民共和国社区矫正法》(自2020年7月1日起施行)第三十四条对社区矫正对象申诉、控告和检举的有关问题作了规定。(→参见第二百六十九条所附"相关规定",第1808页)

基本规范

《公安机关办理刑事案件程序规定》(公安部令第159号修正,修正后自2020年9月1日起施行)

第九章　执行刑罚
第一节　罪犯的交付
第三百零四条　公安机关在执行刑罚中,如果认为判决有错误或者罪犯提出申诉,应当转请人民检察院或者原判人民法院处理。

其他规范

《看守所留所执行刑罚罪犯管理办法》(公安部令第128号修订,修订后自2013年11月23日起施行,节录)

第十六条 对罪犯向看守所提交的控告、检举材料,看守所应当自收到材料之日起十五日内作出处理;对罪犯向人民法院、人民检察院提交的控告、检举材料,看守所应当自收到材料之日起五日内予以转送。

看守所对控告、检举作出处理或者转送有关部门处理的,应当及时将有关情况或者处理结果通知具名控告、检举的罪犯。

第二百七十六条 【检察机关对刑罚执行合法性的监督】人民检察院对执行机关执行刑罚的活动是否合法实行监督。如果发现有违法的情况,应当通知执行机关纠正。

立法沿革

1979 年《刑事诉讼法》第一百六十四条规定:"人民检察院对刑事案件的判决、裁定的执行和监狱、看守所、劳动改造机关的活动是否合法,实行监督。如果发现有违法的情况,应当通知执行机关纠正。"1996 年《刑事诉讼法修改决定》将监督的对象,由"刑事案件的判决、裁定的执行和监狱、看守所、劳动改造机关的活动"修改为"执行机关执行刑罚的活动"。2012 年、2018 年修改《刑事诉讼法》时未作调整。

基本规范

《人民检察院刑事诉讼规则》(高检发释字〔2019〕4 号,自 2019 年 12 月 30 日起施行)

第十四章 刑罚执行和监管执法监督

第一节 一般规定

第六百二十一条 人民检察院依法对刑事判决、裁定和决定的执行工作以及监狱、看守所等的监管执法活动实行法律监督。

第六百二十二条 人民检察院根据工作需要,可以对监狱、看守所等场所采取巡回检察、派驻检察等方式进行监督。

第六百二十三条 人民检察院对监狱、看守所等场所进行监督,除可以采取本规则第五百五十一条规定的调查核实措施外,还可以采取实地查看禁闭室、会见室、监区、监舍等有关场所,列席监狱、看守所有关会议,与有关监管民警进行谈话,召开座谈会,开展问卷调查等方式。

第六百二十四条 人民检察院对刑罚执行和监管执法活动实行监督,可以根据下列情形分别处理:

（一）发现执法瑕疵、安全隐患，或者违法情节轻微的，口头提出纠正意见，并记录在案；

（二）发现严重违法，发生重大事故，或者口头提出纠正意见后七日以内未予纠正的，书面提出纠正意见；

（三）发现存在可能导致执法不公问题，或者存在重大监管漏洞、重大安全隐患、重大事故风险等问题的，提出检察建议。

对于在巡回检察中发现的前款规定的问题、线索的整改落实情况，通过巡回检察进行督导。

第八节　监管执法监督

第六百五十四条　人民检察院发现看守所收押活动和监狱收监活动中具有下列情形之一的，应当依法提出纠正意见：

（一）没有收押、收监文书、凭证，文书、凭证不齐全，或者被收押、收监人员与文书、凭证不符的；

（二）依法应当收押、收监而不收押、收监，或者对依法不应当关押的人员收押、收监的；

（三）未告知被收押、收监人员权利、义务的；

（四）其他违法情形。

第六百五十五条　人民检察院发现监狱、看守所等执行机关在管理、教育改造罪犯等活动中有违法行为的，应当依法提出纠正意见。

第六百五十六条　看守所对收押的犯罪嫌疑人进行身体检查时，人民检察院驻看守所检察人员可以在场。发现收押的犯罪嫌疑人有伤或者身体异常的，应当要求看守所进行拍照或者录像，由送押人员、犯罪嫌疑人说明原因，在体检记录中写明，并由送押人员、收押人员和犯罪嫌疑人签字确认。必要时，驻看守所检察人员可以自行拍照或者录像，并将相关情况记录在案。

第六百五十七条　人民检察院发现看守所、监狱等监管场所有殴打、体罚、虐待、违法使用戒具、违法适用禁闭等侵害在押人员人身权利情形的，应当依法提出纠正意见。

第六百五十八条　人民检察院发现看守所违反有关规定，有下列情形之一的，应当依法提出纠正意见：

（一）为在押人员通风报信，私自传递信件、物品，帮助伪造、毁灭、隐匿证据或者干扰证人作证、串供的；

（二）违反规定同意侦查人员将犯罪嫌疑人提出看守所讯问的；

（三）收到在押犯罪嫌疑人、被告人及其法定代理人、近亲属或者辩护人的

变更强制措施申请或者其他申请、申诉、控告、举报,不及时转交、转告人民检察院或者有关办案机关的;

(四)应当安排辩护律师依法会见在押的犯罪嫌疑人、被告人而没有安排的;

(五)违法安排辩护律师或者其他人员会见在押的犯罪嫌疑人、被告人的;

(六)辩护律师会见犯罪嫌疑人、被告人时予以监听的;

(七)其他违法情形。

第六百五十九条 人民检察院发现看守所代为执行刑罚的活动具有下列情形之一的,应当依法提出纠正意见:

(一)将被判处有期徒刑剩余刑期在三个月以上的罪犯留所服刑的;

(二)将留所服刑罪犯与犯罪嫌疑人、被告人混押、混管、混教的;

(三)其他违法情形。

第六百六十条 人民检察院发现监狱没有按照规定对罪犯进行分押分管、监狱人民警察没有对罪犯实行直接管理等违反监管规定情形的,应当依法提出纠正意见。

人民检察院发现监狱具有未按照规定安排罪犯与亲属或者监护人会见、对伤病罪犯未及时治疗以及未执行国家规定的罪犯生活标准等侵犯罪犯合法权益情形的,应当依法提出纠正意见。

第六百六十一条 人民检察院发现看守所出所活动和监狱出监活动具有下列情形之一的,应当依法提出纠正意见:

(一)没有出所、出监文书、凭证,文书、凭证不齐全,或者出所、出监人员与文书、凭证不符的;

(二)应当释放而没有释放,不应当释放而释放,或者未依照规定送达释放通知书的;

(三)对提押、押解、转押出所的在押人员,特许离监、临时离监、调监或者暂予监外执行的罪犯,未依照规定派员押送并办理交接手续的;

(四)其他违法情形。

第九节 事故检察

第六百六十二条 人民检察院发现看守所、监狱、强制医疗机构等场所具有下列情形之一的,应当开展事故检察:

(一)被监管人、被强制医疗人非正常死亡、伤残、脱逃的;

(二)被监管人破坏监管秩序,情节严重的;

(三)突发公共卫生事件的;

(四)其他重大事故。

发生被监管人、被强制医疗人非正常死亡的,应当组织巡回检察。

第六百六十三条 人民检察院应当对看守所、监狱、强制医疗机构等场所或者主管机关的事故调查结论进行审查。具有下列情形之一的,人民检察院应当调查核实:

(一)被监管人、被强制医疗人及其法定代理人、近亲属对调查结论有异议的,人民检察院认为有必要调查的;

(二)人民检察院对调查结论有异议的;

(三)其他需要调查的。

人民检察院应当将调查核实的结论书面通知监管场所或者主管机关和被监管人、被强制医疗人的近亲属。认为监管场所或者主管机关处理意见不当,或者监管执法存在问题的,应当提出纠正意见或者检察建议;认为可能存在违法犯罪情形的,应当移送有关部门处理。

其他规范

《最高人民检察院、国家安全部关于国家安全机关设置的看守所依法接受人民检察院法律监督有关事项的通知》(高检会〔1997〕2号)

各省、自治区、直辖市人民检察院,国家安全厅(局):

近年来,国家安全机关根据工作需要,在各省、自治区、直辖市陆续建成一批看守所,依法收押了一批危害国家安全的犯罪嫌疑人、被告人。为保障刑事诉讼活动的顺利进行,维护国家法律统一正确实施,根据《中华人民共和国刑事诉讼法》、《中华人民共和国看守所条例》的规定,人民检察院应当对国家安全机关设置的看守所实行法律监督,现将有关事项通知如下:

一、人民检察院对国家安全机关设置的看守所的执法活动实行法律监督,由主管该看守所的国家安全机关的同级人民检察院负责。

二、人民检察院对国家安全机关设置的看守所的执法活动进行检察的方式,可根据其羁押人数、监管任务轻重决定派驻检察或定期巡回检察。

三、国家安全机关设置的看守所应当依法接受人民检察院的法律监督,定期向对该看守所有法律监督职责的人民检察院通报监管情况;对人民检察院提出纠正违法的意见,应当认真进行研究,并对违法情况及时采取有效措施予以纠正;对发生的有关犯罪案件,要主动配合检察机关依法查处。

《最高人民法院、最高人民检察院、公安部、司法部关于对判处管制、宣告缓刑的犯罪分子适用禁止令有关问题的规定(试行)》(法发〔2011〕9号)第十条规定人民检察院对社区矫正机构执行禁止令的活动实行监督。(→参见第二百六十九条所附"其他规范",第1814页)

《人民检察院办理未成年人刑事案件的规定》(高检发研字〔2013〕7号)第七十条至第七十四条就人民检察院对未成年犯刑罚执行法律实行监督的有关问题作了规定。(→参见第五编"特别程序"第一章"未成年人刑事案件诉讼程序"末所附"其他规范",第1986页)

《监狱罪犯死亡处理规定》(最高人民检察院、民政部、司法部,司发〔2015〕5号)

第一章 总 则

第一条 为规范监狱罪犯死亡处理工作,保障罪犯合法权益,维护监狱安全和社会和谐稳定,根据《中华人民共和国刑事诉讼法》《中华人民共和国国家赔偿法》《中华人民共和国监狱法》等有关法律、法规,结合监狱工作实际,制定本规定。

第二条 罪犯死亡分为正常死亡和非正常死亡。

正常死亡是指因人体衰老或者疾病等原因导致的自然死亡。

非正常死亡是指自杀死亡,或者由于自然灾害、意外事故、他杀、体罚虐待、击毙以及其他外部原因作用于人体造成的死亡。

第三条 罪犯死亡处理,监狱、人民检察院、民政部门应当分工负责,加强协作,坚持依法、公正、及时、人道的原则。

第四条 人民检察院依法对罪犯死亡处理情况实施法律监督。

第二章 死亡报告、通知

第五条 罪犯死亡后,监狱应当立即通知死亡罪犯的近亲属,报告所属监狱管理机关,通报承担检察职责的人民检察院和原审人民法院。

死亡的罪犯无近亲属或者无法通知其近亲属的,监狱应当通知死亡罪犯户籍所在地或者居住地的村(居)民委员会或者公安派出所。

第六条 罪犯死亡后,监狱、人民检察院应当按照有关规定分别层报司法部、最高人民检察院。

第三章 死亡调查、检察

第七条 罪犯死亡后,对初步认定为正常死亡的,监狱应当立即开展以下调查工作:

（一）封存、查看罪犯死亡前十五日内原始监控录像，对死亡现场进行保护、勘验并拍照、录像；

（二）必要时，分散或者异地分散关押同监室罪犯并进行询问；

（三）对收押、监控、管教等岗位可能了解死亡罪犯相关情况的民警以及医生等进行询问调查；

（四）封存、查阅收押登记、入监健康和体表检查登记、管教民警谈话教育记录、禁闭或者戒具使用审批表、就医记录等可能与死亡有关的台账、记录等；

（五）登记、封存死亡罪犯的遗物；

（六）查验尸表，对尸体进行拍照并录像；

（七）组织进行死亡原因鉴定。

第八条　监狱调查工作结束后，应当作出调查结论，并通报承担检察职责的人民检察院，通知死亡罪犯的近亲属。人民检察院应当对监狱的调查结论进行审查，并将审查结果通知监狱。

第九条　人民检察院接到监狱罪犯死亡报告后，应当立即派员赶赴现场，开展相关工作。具有下列情形之一的，由人民检察院进行调查：

（一）罪犯非正常死亡的；

（二）死亡罪犯的近亲属对监狱的调查结论有疑义，向人民检察院提出，人民检察院审查后认为需要调查的；

（三）人民检察院对监狱的调查结论有异议的；

（四）其他需要由人民检察院调查的。

第十条　人民检察院在调查期间，监狱应当积极配合，并提供便利条件。

第十一条　人民检察院调查结束后，应当将调查结论书面通知监狱和死亡罪犯的近亲属。

第十二条　监狱或者人民检察院组织进行尸检的，应当通知死亡罪犯的近亲属到场，并让其在《解剖尸体通知书》上签名或者盖章。对死亡罪犯无近亲属或者无法通知其近亲属，以及死亡罪犯的近亲属无正当理由拒不到场或者拒绝签名或者盖章的，不影响尸检，但是监狱或人民检察院应当在《解剖尸体通知书》上注明，并对尸体解剖过程进行全程录像，并邀请与案件无关的人员或者死者近亲属聘请的律师到场见证。

第十三条　监狱、人民检察院委托其他具有司法鉴定资质的机构进行尸检的，应当征求死亡罪犯的近亲属的意见；死亡罪犯的近亲属提出另行委托具有司法鉴定资质的机构进行尸检的，监狱、人民检察院应当允许。

第十四条　监狱或者死亡罪犯的近亲属对人民检察院作出的调查结论有异

议、疑义的,可以在接到通知后三日内书面要求作出调查结论的人民检察院进行复议。监狱或者死亡罪犯的近亲属对人民检察院的复议结论有异议、疑义的,可以向上一级人民检察院提请复核。人民检察院应当及时将复议、复核结论通知监狱和死亡罪犯的近亲属。

第十五条 鉴定费用由组织鉴定的监狱或者人民检察院承担。死亡罪犯的近亲属要求重新鉴定且重新鉴定意见与原鉴定意见一致的,重新鉴定费用由死亡罪犯的近亲属承担。

第十六条 罪犯死亡原因确定后,由监狱出具《死亡证明》。

第四章 尸体、遗物处理

第十七条 人民检察院、死亡罪犯的近亲属对监狱的调查结论无异议、疑义的,监狱应当及时火化尸体。

监狱、死亡罪犯的近亲属对人民检察院调查结论或者复议、复核结论无异议、疑义的,监狱应当及时火化尸体。对经上一级人民检察院复核后,死亡罪犯的近亲属仍不同意火化尸体的,监狱可以按照国家有关规定火化尸体。

第十八条 除法律、法规另有特别规定外,罪犯尸体交由就近的殡仪馆火化处理。

监狱负责办理罪犯尸体火化的相关手续。殡仪馆应当凭监狱出具的《死亡证明》和《火化通知书》火化尸体,并将《死亡证明》和《火化通知书》存档。

第十九条 尸体火化自死亡原因确定之日起十五日内进行。

死亡罪犯的近亲属要求延期火化的,应当向监狱提出申请。监狱根据实际情况决定是否延期。尸体延长保存期限不得超过十日。

第二十条 尸体火化前,监狱应当将火化时间、地点通知死亡罪犯的近亲属,并允许死亡罪犯的近亲属探视。死亡罪犯的近亲属拒绝到场的,不影响尸体火化。

尸体火化时,监狱应当到场监督,并固定相关证据。

第二十一条 尸体火化后,骨灰由死亡罪犯的近亲属在骨灰领取文书上签字后领回。对尸体火化时死亡罪犯的近亲属不在场的,监狱应当通知其领回骨灰;逾期六个月不领回的,由监狱按照国家有关规定处理。

第二十二条 死亡罪犯的近亲属无法参与罪犯死亡处理活动的,可以书面委托律师或者其他公民代为参与。

第二十三条 死亡罪犯尸体接运、存放、火化和骨灰寄存等殡葬费用由监狱支付,与殡仪馆直接结算。

第二十四条 死亡罪犯系少数民族的,尸体处理应当尊重其民族习惯,按照有关规定妥善处置。

死亡罪犯系港澳台居民、外国籍及无国籍人的,尸体处理按照国家有关法律、法规的规定执行。

第二十五条 死亡罪犯的遗物由其近亲属领回或者由监狱寄回。死亡罪犯的近亲属接通知后十二个月内不领取或者无法投寄的,按照国家有关规定处理。

第二十六条 监狱应当将死亡罪犯尸体和遗物处理情况记录在案,并通报承担检察职责的人民检察院。

第五章 法律责任

第二十七条 在调查处理罪犯死亡工作中,人民警察、检察人员以及从事医疗、鉴定等相关工作人员应当严格依照法律和规定履行职责。对有玩忽职守、滥用职权、徇私舞弊等违法违纪行为的,依法依纪给予处分;构成犯罪的,依法追究刑事责任。

第二十八条 监狱及其工作人员在行使职权时,违法使用武器、警械、殴打、虐待罪犯,或者唆使、放纵他人以殴打、虐待等行为造成罪犯死亡的,依法依纪给予处分;构成犯罪的,依法追究刑事责任,并由监狱按照《中华人民共和国国家赔偿法》予以赔偿。

对不属于赔偿范围但死亡罪犯家庭确实困难、符合相关救助条件的,死亡罪犯的近亲属可以按照国家有关规定向民政部门申请救助。

第二十九条 死亡罪犯的近亲属及相关人员因罪犯死亡无理纠缠、聚众闹事,影响监狱正常工作秩序和社会稳定的,监狱应当报告当地公安机关依法予以处置;构成犯罪的,依法追究刑事责任。

第六章 附 则

第三十条 本规定由司法部、最高人民检察院、民政部负责解释。

第三十一条 本规定自印发之日起施行。

《中华人民共和国社区矫正法实施办法》(最高人民法院、最高人民检察院、公安部、司法部,司发通〔2020〕59号)**第五十七条**对人民检察院纠正意见和检察建议处理的有关问题作了规定。(→参见第二百六十九条所附"其他规范",第1832页)

《人民检察院巡回检察工作规定》(最高人民检察院,2021年12月8日)

第一章 总 则

第一条 为规范监狱、看守所巡回检察工作,增强法律监督实效,根据《中华人民共和国人民检察院组织法》《中华人民共和国刑事诉讼法》《中华人民共和国监狱法》《中华人民共和国看守所条例》等有关规定,结合工作实际,制定本规定。

第二条 人民检察院对监狱、看守所实行巡回检察,保障被监管人合法权益,维护监管秩序稳定,纠防冤错案件,促进监狱、看守所严格执法,保障刑事诉讼活动顺利进行,保证国家法律在刑罚执行和监管活动中的正确实施。

人民检察院应当结合对监狱、看守所的巡回检察,对承担派驻检察职责的检察机关履职情况进行检查,推动检察监督和监管执法水平的共同提升。

第三条 巡回检察可以采取常规、专门、机动、交叉等方式,由设区的市级以上人民检察院或者刑事执行派出检察院根据本规定分层级组织实施。

第四条 人民检察院对监狱、看守所进行巡回检察,与监管机关分工负责、互相配合、互相制约,共同推进监管执法规范化,维护国家法制的权威统一和刑事执行的公平公正。

第五条 巡回检察应当严格按照法律规定的职责、权限和程序进行,准确认定事实和适用法律。

第六条 巡回检察的任务是依法监督纠正监狱、看守所执行刑罚活动和监管执法活动中的违法情形。每次巡回检察可以有针对性地确定具体工作任务。

第七条 巡回检察实行检察官办案责任制,落实权责统一的司法权力运行机制。参加巡回检察的人员依法对其履职行为承担司法责任。

第二章 对监狱、看守所的检察

第八条 人民检察院对监狱进行巡回检察,重点监督监狱刑罚执行、罪犯教育改造、监管安全等情况,注重对减刑、假释、暂予监外执行是否合法的监督。发现违法情形的,依法进行纠正;发现司法工作人员相关职务犯罪线索的,依法立案侦查或者按照规定移送监察机关处理。

人民检察院对看守所进行巡回检察,重点监督看守所监管执法、执行羁押期限、罪犯留所服刑等情况,注重对在押人员合法权益保障的监督。发现违法情形的,依法进行纠正;发现司法工作人员相关职务犯罪线索的,依法立案侦查或者按照规定移送监察机关处理。

第九条 设区的市级人民检察院或者刑事执行派出检察院负责组织实施对辖区内监狱、看守所的常规、专门、机动巡回检察。

省级人民检察院负责组织实施对辖区内监狱、看守所的交叉巡回检察,对看守所的交叉巡回检察根据情况也可以由设区的市级人民检察院组织实施。

最高人民检察院领导全国的监狱、看守所巡回检察工作,可以采取随机抽查等方式对各地巡回检察工作情况进行检查,必要时可以直接组织省级人民检察院进行跨省交叉巡回检察。

第十条 设区的市级人民检察院或者刑事执行派出检察院对同一监狱的常规巡回检察每年至少一次,每次应当不少于十五日,其中现场检察的时间不少于十日。

设区的市级人民检察院对同一看守所的常规巡回检察每年至少一次,每次应当不少于七日,其中现场检察的时间不少于四日。

第十一条 交叉巡回检察应当对监狱、看守所执行刑罚和监管执法活动深层次问题进行重点监督,并对承担派驻检察职责的人民检察院刑事执行检察工作进行全面检查。

省级人民检察院对监狱的交叉巡回检察原则上每年不少于辖区内监狱总数的三分之一,每次检察时间应当不少于一个月,其中现场检察的时间不少于二十日。

省级人民检察院、设区的市级人民检察院每年选取辖区内一定比例的看守所进行交叉巡回检察,并报上一级人民检察院备案,每次检察时间应当不少于十日,其中现场检察的时间不少于七日。

第十二条 对服刑人员、在押人员数量较少或者有其他特殊情形的监狱、看守所,可以适当缩短常规、交叉巡回检察时间,并报上一级人民检察院备案。

第十三条 针对监狱、看守所发生被监管人非正常死亡、脱逃、突发公共卫生事件等重大事故,以及为推进相关重点任务、专项工作,可以进行专门巡回检察。

对相关事故开展专门巡回检察按照有关规定进行,应当查明事故发生经过、主要事实,确定事故原因及性质,监督监狱、看守所对事故依法处置。

专门巡回检察时间根据工作内容确定,每次一般不少于三个工作日。

第十四条 针对监狱、看守所日常监督工作中发现的问题、线索,常规、交叉巡回检察发现问题的整改落实情况,或者根据实际工作需要,可以进行机动巡回检察。

机动巡回检察应当坚持必要性、时效性原则,每次一般不少于三个工作日。

第三章 对派驻检察工作的检查

第十五条 人民检察院在巡回检察中,应当对派驻监狱检察履职情况进行同步检查,重点包括以下内容:

(一)对罪犯收监、出监、计分考核、立功奖惩等活动进行监督情况;

(二)对监狱特殊岗位罪犯选用、老病残罪犯认定等活动进行监督情况;

(三)对监狱教育改造活动进行监督情况;

（四）办理或者协助办理减刑、假释、暂予监外执行监督案件情况；

（五）办理或者协助办理事故检察案件情况；

（六）其他派驻检察职责履行情况。

第十六条 人民检察院在巡回检察中，应当对派驻看守所检察履职情况进行同步检查，重点包括以下内容：

（一）对看守所收押、出所、提讯提解、教育管理、留所服刑等活动进行监督情况；

（二）对在押犯罪嫌疑人、被告人羁押期限进行监督情况；

（三）对公安机关、国家安全机关侦查的重大案件在侦查终结前开展讯问合法性核查情况；

（四）办理或者协助办理事故检察案件情况；

（五）其他派驻检察职责履行情况。

第十七条 人民检察院在巡回检察中，应当对派驻监狱、看守所检察室工作进行同步检查，重点检查以下工作任务完成情况：

（一）在监管场所工作期间，每日抽查重点时段、重点部位监控录像，重点人员、重点环节监管信息，并做好记录；

（二）每周深入监区、监舍进行实地查看，开启检察官信箱，与被监管人个别谈话；

（三）列席减刑、假释、暂予监外执行评审会，监狱狱情分析会或者看守所所情分析会等有关会议；

（四）及时接收、登记、办理被监管人及其法定代理人、近亲属控告、举报和申诉；

（五）需要完成的其他相关工作。

派驻监狱、看守所检察室应当配备不少于二名检察人员，其中至少一人为检察官。派驻检察人员每月在检察室工作时间原则上不得少于十二个工作日，并保证每个工作日都要有检察人员在岗，每三年应当在刑事检察等部门之间轮岗交流一次。

第十八条 人民检察院进行巡回检察应当注重通过对检察机关履职情况，以及派驻检察人员轮岗交流等制度落实情况的检查，督促派驻检察切实发挥日常监督基础作用。

第十九条 人民检察院进行巡回检察应当加强与派驻检察的衔接配合，派驻检察人员应当做好与巡回检察的工作对接，并在巡回检察结束后监督落实整改意见。

第四章 巡回检察组织与人员

第二十条 人民检察院应当根据每次巡回检察方式和内容,合理组成巡回检察组。

监狱常规、交叉巡回检察组人员分别为十人左右和十五人左右。看守所常规、交叉巡回检察组人员分别为五人左右和七人左右。监狱、看守所专门和机动巡回检察组人员不少于三人。巡回检察期间,每次进入监区、监舍等场所工作不少于二人。

第二十一条 巡回检察组主办检察官一般由组织实施巡回检察的人民检察院承担刑事执行检察工作的检察官担任;检察长、副检察长参加巡回检察时,由检察长、副检察长担任。

第二十二条 巡回检察组成员主要由组织实施巡回检察的人民检察院承担刑事执行检察工作的检察人员组成,也可以抽调下级人民检察院承担刑事执行检察工作的检察人员或者安排本院其他相关部门的检察人员参加。

第二十三条 人民检察院根据巡回检察工作需要,可以按照有关规定邀请司法行政、财会审计、消防安监、卫生防疫、法医鉴定等部门中具有专门知识的人参加巡回检察。

第二十四条 人民检察院可以结合实际,建立巡回检察人才库、专家人才库并制定相关管理制度。根据每次巡回检察工作需要,可以从人才库中抽取部分人员参加巡回检察。

第二十五条 人民检察院可以邀请人大代表、政协委员和人民监督员参加巡回检察工作,自觉接受外部监督,增强工作透明度,提高司法公信力。

第五章 巡回检察工作实施

第二十六条 巡回检察前应当制定巡回检察工作方案,内容一般包括人员组成、检察对象、检察内容、检察方法、日程安排、职责分工、后勤保障等。

第二十七条 巡回检察前根据需要可以进行巡回检察业务培训,培训内容主要包括:

(一)熟悉巡回检察工作方案,明确各项工作要求;

(二)学习相关法律法规、监管执法规定;

(三)了解被巡回检察监狱、看守所的基本情况和存在问题;

(四)组织开展巡回检察实训;

(五)其他相关内容。

第二十八条 巡回检察前应当通过相关工作平台和联系制度等,收集以下狱情或者所情信息、监管执法信息:

（一）监狱、看守所关押人员构成、重点被监管人分布等情况；

（二）上一轮巡回检察情况，包括反馈意见、纠正违法通知书、检察建议书以及整改落实情况；

（三）派驻检察室日常检察监督情况，包括制发的各类法律文书以及监狱、看守所采纳情况；

（四）派驻检察室处置控告、举报、申诉情况；

（五）其他监管执法工作情况。

第二十九条　人民检察院一般应当在进行巡回检察三日前将巡回检察的时间、人员、内容、联系人等书面告知监狱或者看守所，特殊情况下可以在巡回检察当日告知。

第三十条　人民检察院应当会同监狱、看守所召开巡回检察动员部署会，向监狱、看守所通报巡回检察工作安排。

人民检察院可以在监区、监舍、会见场所以及办公场所等区域醒目位置张贴巡回检察公告，并在适当位置设置巡回检察信箱。具备条件的可以将巡回检察公告在监狱、看守所内部网络、广播站台、电子显示屏等平台上及时发布。公告内容应当包括巡回检察单位、时间、内容和联系方式等。

第三十一条　巡回检察可以采取以下工作方法：

（一）调阅、复制有关案卷材料、档案资料，包括有关账表、会议记录、计分考核、奖励材料等资料，调看监控录像和联网监管信息，复听被监管人与其亲属的亲情电话及会见录音等；

（二）实地查看监区、监舍、禁闭室、会见室、医疗场所以及被监管人生活、学习、劳动等场所；

（三）对监狱、看守所清查违禁品、危险品情况进行检查；

（四）与被监管人个别谈话，重点与即将出监或者出所人员、控告举报申诉人员、受到重大奖惩人员等进行谈话；

（五）与监管民警谈话或者召开座谈会，重点与监区民警、负责刑罚执行工作民警等进行谈话；

（六）听取监狱、看守所工作情况介绍，列席监狱狱情分析会或者看守所所情分析会等有关会议；

（七）进行问卷调查；

（八）受理被监管人及其近亲属、辩护人的控告、举报、申诉，受理监管民警举报；

（九）需要采取的其他工作方法和措施。

第三十二条　巡回检察应当制作检察记录,记载巡回检察情况。

第三十三条　进行专门、机动巡回检察,参照适用本章之规定。进行交叉巡回检察的,应当提前与同级监狱管理机关、公安机关做好沟通协调,通报有关情况。

第六章　巡回检察情况反馈与督促整改

第三十四条　巡回检察结束后,应当及时制作巡回检察报告。内容包括巡回检察工作基本情况、发现的问题、处理意见及措施、下一步工作意见或者建议等。

第三十五条　巡回检察组应当向检察长汇报巡回检察工作情况,经检察长决定,制作反馈意见。

巡回检察组应当至迟在巡回检察结束后三十日内召开巡回检察工作情况反馈会,向监狱、看守所或者其上级主管机关通报巡回检察发现的问题,送达反馈意见。

对在巡回检察中发现检察履职方面存在的问题,巡回检察组应当向承担派驻检察职责的人民检察院反馈,必要时向其上级人民检察院反馈。

第三十六条　经调查核实后,针对巡回检察发现的问题或者线索,巡回检察组应当根据情况作出以下处理:

(一)发现轻微违法情况和工作漏洞、安全隐患的,向监狱、看守所提出口头纠正意见或者建议,并记录在案;

(二)发现严重违法情况或者存在可能导致执法不公和重大监管漏洞、重大安全隐患、重大事故风险等问题的,按照规定以相关人民检察院名义向监狱、看守所制发纠正违法通知书或者检察建议书,并指定专人督促纠正;

(三)属于检察机关管辖的司法工作人员相关职务犯罪案件线索,移送省级人民检察院统一处置;

(四)不属于检察机关管辖的案件线索,按照规定移送有关机关处理。

第三十七条　发出纠正违法通知书十五日后或者发出检察建议书二个月后,监狱、看守所仍未纠正整改、采纳或者回复意见的,应当及时向上级人民检察院报告,由上级人民检察院建议同级司法行政机关、公安机关督促纠正。

第三十八条　监狱、看守所对人民检察院的纠正意见或者检察建议提出异议的,人民检察院应当按照《人民检察院刑事诉讼规则》等有关规定,认真进行复查,并依法作出处理决定。

第三十九条　对巡回检察中发现的司法工作人员涉嫌违纪违法或者职务犯罪线索,由负责组织实施巡回检察的人民检察院安排专人跟踪了解案件线索办理情况。

第四十条　常规、交叉巡回检察结束后三个月内,针对整改意见的落实情况,应当进行专项督办。专项督办可以采取专门、机动巡回检察方式,参加人员主要从原巡回检察组抽选。

第四十一条　人民检察院应当建立与公安机关、司法行政机关、监狱、看守所的情况通报、信息共享、联席会议等制度。巡回检察中发现的重大问题和事项,及时向上一级人民检察院和地方党委请示报告。

第七章　巡回检察保障与纪律要求

第四十二条　优化巡回检察队伍结构,加强对巡回检察人员分类培训和专题培训,强化巡回检察人员的政治素质、业务素质和职业道德素质,提高巡回检察人员的履职能力和水平。

第四十三条　进行巡回检察应当充分运用信息化、智能化等手段。巡回检察案件应当按照有关规定在检察业务应用系统中办理。

第四十四条　司法警察可以协助巡回检察组依法履行职责。司法警察参与巡回检察工作的,按照规定办理用警手续。

第四十五条　巡回检察人员应当严格遵守国家法律、办案纪律和检察职业道德,严格执行监狱、看守所相关安全管理规范,严格保守在巡回检察工作中知悉的国家秘密和工作秘密,依法履行检察职责,确保办案安全。

第四十六条　巡回检察人员在工作中,对监狱、看守所存在的严重违法问题应当发现而没有发现的,应当依据规定追究有关人员失职的责任。发现后不予报告、未依法提出整改纠正意见或者不督促整改落实的,应当依据规定追究有关人员渎职的责任。

第八章　附　则

第四十七条　巡回检察工作结束后,按照最高人民检察院《人民检察院诉讼档案管理办法》立卷归档,纳入组织实施巡回检察的人民检察院诉讼档案统一管理。

第四十八条　对社区矫正等其他刑事执行活动进行巡回检察,参照本规定执行。未成年犯管教所巡回检察工作由省级人民检察院负责组织实施。

第四十九条　省级人民检察院可以根据本规定,结合本地实际,制定具体实施办法。

第五十条　本规定由最高人民检察院负责解释。

第五十一条　本规定自印发之日起施行。《人民检察院监狱巡回检察规定》同时废止;最高人民检察院以前发布的其他相关规范性文件与本规定不一致的,以本规定为准。

第五编 特别程序

第一章
未成年人刑事案件诉讼程序

> **相关规定**

《中华人民共和国未成年人保护法》(第二次修订后自2021年6月1日起施行,节录)

第一章 总 则

第二条 本法所称未成年人是指未满十八周岁的公民。

第四条 保护未成年人,应当坚持最有利于未成年人的原则。处理涉及未成年人事项,应当符合下列要求:

(一)给予未成年人特殊、优先保护;

(二)尊重未成年人人格尊严;

(三)保护未成年人隐私权和个人信息;

(四)适应未成年人身心健康发展的规律和特点;

(五)听取未成年人的意见;

(六)保护与教育相结合。

第二章 家庭保护(略)

第三章 学校保护(略)

第四章 社会保护(略)

第五章 网络保护(略)

第六章 政府保护(略)

第七章 司法保护(略)

第一百条 公安机关、人民检察院、人民法院和司法行政部门应当依法履行职责,保障未成年人合法权益。

第一百零一条 公安机关、人民检察院、人民法院和司法行政部门应当确定专门机构或者指定专门人员,负责办理涉及未成年人案件。办理涉及未成年人案件的人员应当经过专门培训,熟悉未成年人身心特点。专门机构或者专门人员中,应当有女性工作人员。

公安机关、人民检察院、人民法院和司法行政部门应当对上述机构和人员实行与未成年人保护工作相适应的评价考核标准。

第一百零二条　公安机关、人民检察院、人民法院和司法行政部门办理涉及未成年人案件,应当考虑未成年人身心特点和健康成长的需要,使用未成年人能够理解的语言和表达方式,听取未成年人的意见。

第一百零三条　公安机关、人民检察院、人民法院、司法行政部门以及其他组织和个人不得披露有关案件中未成年人的姓名、影像、住所、就读学校以及其他可能识别出其身份的信息,但查找失踪、被拐卖未成年人等情形除外。

第一百零四条　对需要法律援助或者司法救助的未成年人,法律援助机构或者公安机关、人民检察院、人民法院和司法行政部门应当给予帮助,依法为其提供法律援助或者司法救助。

法律援助机构应当指派熟悉未成年人身心特点的律师为未成年人提供法律援助服务。

法律援助机构和律师协会应当对办理未成年人法律援助案件的律师进行指导和培训。

第一百零五条　人民检察院通过行使检察权,对涉及未成年人的诉讼活动等依法进行监督。

第一百零六条　未成年人合法权益受到侵犯,相关组织和个人未代为提起诉讼的,人民检察院可以督促、支持其提起诉讼;涉及公共利益的,人民检察院有权提起公益诉讼。

第一百零七条　人民法院审理继承案件,应当依法保护未成年人的继承权和受遗赠权。

人民法院审理离婚案件,涉及未成年子女抚养问题的,应当尊重已满八周岁未成年子女的真实意愿,根据双方具体情况,按照最有利于未成年子女的原则依法处理。

第一百零八条　未成年人的父母或者其他监护人不依法履行监护职责或者严重侵犯被监护的未成年人合法权益的,人民法院可以根据有关人员或者单位的申请,依法作出人身安全保护令或者撤销监护人资格。

被撤销监护人资格的父母或者其他监护人应当依法继续负担抚养费用。

第一百零九条　人民法院审理离婚、抚养、收养、监护、探望等案件涉及未成年人的,可以自行或者委托社会组织对未成年人的相关情况进行社会调查。

第一百一十条　公安机关、人民检察院、人民法院讯问未成年犯罪嫌疑人、被告人,询问未成年被害人、证人,应当依法通知其法定代理人或者其成年亲属、所在学校的代表等合适成年人到场,并采取适当方式,在适当场所进行,保障未成年人的名誉权、隐私权和其他合法权益。

人民法院开庭审理涉及未成年人案件,未成年被害人、证人一般不出庭作证;必须出庭的,应当采取保护其隐私的技术手段和心理干预等保护措施。

第一百一十一条 公安机关、人民检察院、人民法院应当与其他有关政府部门、人民团体、社会组织互相配合,对遭受性侵害或者暴力伤害的未成年被害人及其家庭实施必要的心理干预、经济救助、法律援助、转学安置等保护措施。

第一百一十二条 公安机关、人民检察院、人民法院办理未成年人遭受性侵害或者暴力伤害案件,在询问未成年被害人、证人时,应当采取同步录音录像等措施,尽量一次完成;未成年被害人、证人是女性的,应当由女性工作人员进行。

第一百一十三条 对违法犯罪的未成年人,实行教育、感化、挽救的方针,坚持教育为主、惩罚为辅的原则。

对违法犯罪的未成年人依法处罚后,在升学、就业等方面不得歧视。

第一百一十四条 公安机关、人民检察院、人民法院和司法行政部门发现有关单位未尽到未成年人教育、管理、救助、看护等保护职责的,应当向该单位提出建议。被建议单位应当在一个月内作出书面回复。

第一百一十五条 公安机关、人民检察院、人民法院和司法行政部门应当结合实际,根据涉及未成年人案件的特点,开展未成年人法治宣传教育工作。

第一百一十六条 国家鼓励和支持社会组织、社会工作者参与涉及未成年人案件中未成年人的心理干预、法律援助、社会调查、社会观护、教育矫治、社区矫正等工作。

第八章 法律责任(略)

第九章 附 则(略)

第一百三十一条 对中国境内未满十八周岁的外国人、无国籍人,依照本法有关规定予以保护。

《**中华人民共和国预防未成年人犯罪法**》(修订后自 2021 年 6 月 1 日起施行,节录)

第一章 总 则

第二条 预防未成年人犯罪,立足于教育和保护未成年人相结合,坚持预防为主、提前干预,对未成年人的不良行为和严重不良行为及时进行分级预防、干预和矫治。

第六条 国家加强专门学校建设,对有严重不良行为的未成年人进行专门教育。专门教育是国民教育体系的组成部分,是对有严重不良行为的未成年人进行教育和矫治的重要保护处分措施。

省级人民政府应当将专门教育发展和专门学校建设纳入经济社会发展规划。县级以上地方人民政府成立专门教育指导委员会,根据需要合理设置专门学校。

专门教育指导委员会由教育、民政、财政、人力资源社会保障、公安、司法行政、人民检察院、人民法院、共产主义青年团、妇女联合会、关心下一代工作委员会、专门学校等单位,以及律师、社会工作者等人员组成,研究确定专门学校教学、管理等相关工作。

专门学校建设和专门教育具体办法,由国务院规定。

第七条 公安机关、人民检察院、人民法院、司法行政部门应当由专门机构或者经过专业培训、熟悉未成年人身心特点的专门人员负责预防未成年人犯罪工作。

第二章 预防犯罪的教育(略)

第三章 对不良行为的干预(略)

第四章 对严重不良行为的矫治

第三十八条 本法所称严重不良行为,是指未成年人实施的有刑法规定、因不满法定刑事责任年龄不予刑事处罚的行为,以及严重危害社会的下列行为:

(一)结伙斗殴、追逐、拦截他人、强拿硬要或者任意损毁、占用公私财物等寻衅滋事行为;

(二)非法携带枪支、弹药或者弩、匕首等国家规定的管制器具;

(三)殴打、辱骂、恐吓,或者故意伤害他人身体;

(四)盗窃、哄抢、抢夺或者故意损毁公私财物;

(五)传播淫秽的读物、音像制品或者信息等;

(六)卖淫、嫖娼,或者进行淫秽表演;

(七)吸食、注射毒品,或者向他人提供毒品;

(八)参与赌博赌资较大;

(九)其他严重危害社会的行为。

第四十条 公安机关接到举报或者发现未成年人有严重不良行为的,应当及时制止,依法调查处理,并可以责令其父母或者其他监护人消除或者减轻违法后果,采取措施严加管教。

第四十一条 对有严重不良行为的未成年人,公安机关可以根据具体情况,采取以下矫治教育措施:

(一)予以训诫;

(二)责令赔礼道歉、赔偿损失;
(三)责令具结悔过;
(四)责令定期报告活动情况;
(五)责令遵守特定的行为规范,不得实施特定行为、接触特定人员或者进入特定场所;
(六)责令接受心理辅导、行为矫治;
(七)责令参加社会服务活动;
(八)责令接受社会观护,由社会组织、有关机构在适当场所对未成年人进行教育、监督和管束;
(九)其他适当的矫治教育措施。

第四十二条 公安机关在对未成年人进行矫治教育时,可以根据需要邀请学校、居民委员会、村民委员会以及社会工作服务机构等社会组织参与。

未成年人的父母或者其他监护人应当积极配合矫治教育措施的实施,不得妨碍阻挠或者放任不管。

第四十三条 对有严重不良行为的未成年人,未成年人的父母或者其他监护人、所在学校无力管教或者管教无效的,可以向教育行政部门提出申请,经专门教育指导委员会评估同意后,由教育行政部门决定送入专门学校接受专门教育。

第四十四条 未成年人有下列情形之一的,经专门教育指导委员会评估同意,教育行政部门会同公安机关可以决定将其送入专门学校接受专门教育:
(一)实施严重危害社会的行为,情节恶劣或者造成严重后果;
(二)多次实施严重危害社会的行为;
(三)拒不接受或者配合本法第四十一条规定的矫治教育措施;
(四)法律、行政法规规定的其他情形。

第四十五条 未成年人实施刑法规定的行为、因不满法定刑事责任年龄不予刑事处罚的,经专门教育指导委员会评估同意,教育行政部门会同公安机关可以决定对其进行专门矫治教育。

省级人民政府应当结合本地的实际情况,至少确定一所专门学校按照分校区、分班级等方式设置专门场所,对前款规定的未成年人进行专门矫治教育。

前款规定的专门场所实行闭环管理,公安机关、司法行政部门负责未成年人的矫治工作,教育行政部门承担未成年人的教育工作。

第四十六条 专门学校应当在每个学期适时提请专门教育指导委员会对接受专门教育的未成年学生的情况进行评估。对经评估适合转回普通学校就读的,专门教育指导委员会应当向原决定机关提出书面建议,由原决定机关决定是否将未成年学生转回普通学校就读。

原决定机关决定将未成年学生转回普通学校的,其原所在学校不得拒绝接收;因特殊情况,不适宜转回原所在学校的,由教育行政部门安排转学。

第四十七条 专门学校应当对接受专门教育的未成年人分级分类进行教育和矫治,有针对性地开展道德教育、法治教育、心理健康教育,并根据实际情况进行职业教育;对没有完成义务教育的未成年人,应当保证其继续接受义务教育。

专门学校的未成年学生的学籍保留在原学校,符合毕业条件的,原学校应当颁发毕业证书。

第四十八条 专门学校应当与接受专门教育的未成年人的父母或者其他监护人加强联系,定期向其反馈未成年人的矫治和教育情况,为父母或者其他监护人、亲属等看望未成年人提供便利。

第四十九条 未成年人及其父母或者其他监护人对本章规定的行政决定不服,可以依法提起行政复议或者行政诉讼。

第五章 对重新犯罪的预防

第五十条 公安机关、人民检察院、人民法院办理未成年人刑事案件,应当根据未成年人的生理、心理特点和犯罪的情况,有针对性地进行法治教育。

对涉及刑事案件的未成年人进行教育,其法定代理人以外的成年亲属或者教师、辅导员等参与有利于感化、挽救未成年人的,公安机关、人民检察院、人民法院应当邀请其参加有关活动。

第五十一条 公安机关、人民检察院、人民法院办理未成年人刑事案件,可以自行或者委托有关社会组织、机构对未成年犯罪嫌疑人或者被告人的成长经历、犯罪原因、监护、教育等情况进行社会调查;根据实际需要并经未成年犯罪嫌疑人、被告人及其法定代理人同意,可以对未成年犯罪嫌疑人、被告人进行心理测评。

社会调查和心理测评的报告可以作为办理案件和教育未成年人的参考。

第五十二条 公安机关、人民检察院、人民法院对于无固定住所、无法提供保证人的未成年人适用取保候审的,应当指定合适成年人作为保证人,必要时可以安排取保候审的未成年人接受社会观护。

第五十三条 对被拘留、逮捕以及在未成年犯管教所执行刑罚的未成年人,应当与成年人分别关押、管理和教育。对未成年人的社区矫正,应当与成年人分别进行。

对有上述情形且没有完成义务教育的未成年人,公安机关、人民检察院、人民法院、司法行政部门应当与教育行政部门相互配合,保证其继续接受义务教育。

第五十四条　未成年犯管教所、社区矫正机构应当对未成年犯、未成年社区矫正对象加强法治教育,并根据实际情况对其进行职业教育。

第五十五条　社区矫正机构应当告知未成年社区矫正对象安置帮教的有关规定,并配合安置帮教工作部门落实或者解决未成年社区矫正对象的就学、就业等问题。

第五十六条　对刑满释放的未成年人,未成年犯管教所应当提前通知其父母或者其他监护人按时接回,并协助落实安置帮教措施。没有父母或者其他监护人、无法查明其父母或者其他监护人的,未成年犯管教所应当提前通知未成年人原户籍所在地或者居住地的司法行政部门安排人员按时接回,由民政部门或者居民委员会、村民委员会依法对其进行监护。

第五十七条　未成年人的父母或者其他监护人和学校、居民委员会、村民委员会对接受社区矫正、刑满释放的未成年人,应当采取有效的帮教措施,协助司法机关以及有关部门做好安置帮教工作。

居民委员会、村民委员会可以聘请思想品德优秀,作风正派,热心未成年人工作的离退休人员、志愿者或其他人员协助做好前款规定的安置帮教工作。

第五十八条　刑满释放和接受社区矫正的未成年人,在复学、升学、就业等方面依法享有与其他未成年人同等的权利,任何单位和个人不得歧视。

第五十九条　未成年人的犯罪记录依法被封存的,公安机关、人民检察院、人民法院和司法行政部门不得向任何单位或者个人提供,但司法机关因办案需要或者有关单位根据国家有关规定进行查询的除外。依法进行查询的单位和个人应当对相关记录信息予以保密。

未成年人接受专门矫治教育、专门教育的记录,以及被行政处罚、采取刑事强制措施和不起诉的记录,适用前款规定。

第六十条　人民检察院通过依法行使检察权,对未成年人重新犯罪预防工作等进行监督。

第六章　法律责任(略)

第七章　附　则(略)

其他规范

《中央综治委预防青少年违法犯罪工作领导小组、最高人民法院、最高人民检察院、公安部、司法部、共青团中央关于进一步建立和完善办理未成年人刑事案件配套工作体系的若干意见》(综治委预青领联字〔2010〕1号)

为进一步贯彻落实对违法犯罪未成年人"教育、感化、挽救"的方针及"教育为主,惩罚为辅"的原则,贯彻落实《中华人民共和国未成年人保护法》、《中华人民共和国预防未成年人犯罪法》和"宽严相济"的刑事政策,完善我国未成年人司法制度,现就进一步建立和完善办理未成年人刑事案件相互配套工作体系的若干问题,提出如下意见。

一、进一步建立、巩固和完善办理未成年人刑事案件专门机构

建立健全办理未成年人刑事案件的专门机构,是做好未成年人司法保护,预防、矫治、减少未成年人违法犯罪工作的重要保障。各级公安机关、人民检察院、人民法院、司法行政机关应当充分重视,加强办理未成年人刑事案件专门机构和专门队伍建设。

1. 公安部、省级和地市级公安机关应当指定相应机构负责指导办理未成年人刑事案件。区县级公安机关一般应当在派出所和刑侦部门设立办理未成年人刑事案件的专门小组,未成年人刑事案件数量较少的,可以指定专人办理。

2. 最高人民检察院和省级人民检察院应当设立指导办理未成年人刑事案件的专门机构。地市级人民检察院和区县级人民检察院一般应当设立办理未成年人刑事案件的专门机构或专门小组,条件不具备的,应当指定专人办理。

3. 最高人民法院和高级人民法院应当设立少年法庭工作办公室。中级人民法院和基层人民法院一般应当建立审理未成年人刑事案件的专门机构,条件不具备的,应当指定专人办理。

4. 司法部和省级司法行政机关应当加强对办理未成年人刑事案件配套工作的指导,成立相关工作指导小组。地市级和区县级司法行政机关所属法律援助机构应当成立未成年人法律援助事务部门,负责组织办理未成年人的法律援助事务,条件不具备的,应当指定专人办理。司法行政机关社区矫正工作部门一般应当设立专门小组或指定专人负责未成年人的社区矫正工作。

5. 各级公安机关、人民检察院、人民法院、司法行政机关应当选任政治、业务素质好,熟悉未成年人特点,具有犯罪学、社会学、心理学、教育学等方面知识的人员办理未成年人刑事案件,并注意通过加强培训、指导,提高相关人员的专业水平。对办理未成年人刑事案件的专门人员应当根据具体工作内容采用不同于办理成年人刑事案件的工作绩效指标进行考核。

6、有条件的地区,办理未成年人刑事案件的专门机构可以根据实际情况办理被害人系未成年人的刑事案件。

二、进一步加强对涉案未成年人合法权益的保护

在办理未成年人刑事案件中,加强对涉案未成年人的保护,是维护人权、实现司法公正的客观要求,是保障刑事诉讼活动顺利进行的需要。各级公安机关、人民检察院、人民法院、司法行政机关应当在办理未成年人刑事案件的各个阶段积极采取有效措施,尊重和维护涉案未成年人的合法权益。

(一)对未成年犯罪嫌疑人、被告人、罪犯合法权益的保护

1. 办理未成年人刑事案件,在不违反法律规定的前提下,应当按照最有利于未成年人和适合未成年人身心特点的方式进行,充分保障未成年人合法权益。

2. 办理未成年人刑事案件过程中,应当注意保护未成年人的名誉,尊重未成年人的人格尊严,新闻报道、影视节目、公开出版物、网络等不得公开或传播未成年人的姓名、住所、照片、图像以及可能推断出该未成年人的其他资料。

对违反此规定的单位,广播电视管理及新闻出版等部门应当提出处理意见,作出相应处理。

3. 办理未成年人刑事案件,应当在依照法定程序办案和保证办理案件质量的前提下,尽量迅速办理,减少刑事诉讼对未成年人的不利影响。

4. 未成年人与成年人共同犯罪的案件,一般应当分案起诉和审判;情况特殊不宜分案办理的案件,对未成年人应当采取适当的保护措施。

5. 在未成年犯罪嫌疑人、被告人被讯问或者出庭审理时,应当通知其法定代理人到场。看守所经审核身份无误后,应当允许法定代理人与办案人员共同进入讯问场所。

对未成年人采取拘留、逮捕等强制措施后,除有碍侦查或者无法通知的情形以外,应当在24小时以内通知其法定代理人或家属。

法定代理人无法或不宜到场的,可以经未成年犯罪嫌疑人、被告人同意或按其意愿通知其他关系密切的亲属朋友、社会工作者、教师、律师等合适成年人到场。讯问未成年犯罪嫌疑人、被告人,应当根据该未成年人的特点和案件情况,制定详细的讯问提纲,采取适宜该未成年人的方式进行,讯问用语应当准确易懂。讯问时,应当告知其依法享有的诉讼权利,告知其如实供述案件事实的法律规定和意义,核实其是否有自首、立功、检举揭发等表现,听取其有罪的供述或者无罪、罪轻的辩解。讯问女性未成年犯罪嫌疑人、被告人,应当由女性办案人员进行或者有女性办案人员参加。讯问未成年犯罪嫌疑人、被告人一般不得使用戒具,对于确有人身危险性,必须使用戒具的,在现实危险消除后,应当立即停止使用。

6. 办理未成年人刑事案件,应当结合对未成年犯罪嫌疑人背景情况的社会调查,注意听取未成年人本人、法定代理人、辩护人、被害人等有关人员的意见。应当注意未成年犯罪嫌疑人、被告人是否有被胁迫情节,是否存在成年人教唆犯罪、传授犯罪方法或者利用未成年人实施犯罪的情况。

7. 公安机关办理未成年人刑事案件,对未成年人应优先考虑适用非羁押性强制措施,加强有效监管;羁押性强制措施应依法慎用,比照成年人严格适用条件。办理未成年人刑事案件不以拘留率、逮捕率或起诉率作为工作考核指标。

对被羁押的未成年人应当与成年人分别关押、管理,有条件的看守所可以设立专门的未成年人监区。有条件的看守所可以对被羁押的未成年人区分被指控犯罪的轻重、类型分别关押、管理。

未成年犯罪嫌疑人、被告人入所后服从管理、依法变更强制措施不致发生社会危险性,能够保证诉讼正常进行的,公安机关、人民检察院、人民法院应当及时变更强制措施;看守所应提请有关办案部门办理其他非羁押性强制措施。

在第一次对未成年犯罪嫌疑人讯问时或自采取强制措施之日起,公安机关应当告知未成年人及其法定代理人有关诉讼权利和义务,在告知其有权委托辩护人的同时,应当告知其如果经济困难,可以向法律援助机构申请法律援助,并提供程序上的保障。

8. 人民检察院办理未成年人刑事案件,应当讯问未成年犯罪嫌疑人,坚持依法少捕慎诉。对于必须起诉的未成年人刑事案件,查明未成年被告人具有法定从轻、减轻情节及悔罪表现的,应当提出从轻或者减轻处罚的建议;符合法律规定的缓刑条件的,应当明确提出适用缓刑的量刑建议。办理未成年人刑事案件不以批捕率、起诉率等情况作为工作考核指标。

在审查批捕和审查起诉阶段,人民检察院应当告知未成年犯罪嫌疑人及其法定代理人有关诉讼权利和义务,在告知其有权委托辩护人的同时,应当告知其如果经济困难,可以向法律援助机构申请法律援助,并提供程序上的保障。

人民检察院应当加强对未成年人刑事案件侦查、审判、监管和刑罚执行活动的法律监督,建立长效监督机制,切实防止和纠正违法办案、侵害未成年人合法权益的行为。

9. 未成年犯罪嫌疑人及其法定代理人提出委托辩护人意向,但因经济困难或者其他原因没有委托的,公安机关、人民检察院应当依法为其申请法律援助提供帮助。

开庭时未满十八周岁的未成年被告人没有委托辩护人的,人民法院应当指定承担法律援助义务的律师为其提供辩护。

10. 对开庭审理时未满十六周岁的未成年人刑事案件,一律不公开审理。对开庭审理时已满十六周岁未满十八周岁的未成年人刑事案件,一般也不公开审理;如有必要公开审理的,必须经本级人民法院院长批准,并应适当限制旁听人数和范围。

11. 看守所、未成年犯管教所和司法行政机关社区矫正工作部门应当了解服刑未成年人的身心特点,加强心理辅导,开展有益未成年人身心健康的活动,进行个别化教育矫治,比照成年人适当放宽报请减刑、假释等条件。

12. 对于未成年犯罪嫌疑人、被告人及其法定代理人的法律援助申请,法律援助机构应当优先审查;经审查符合条件的,应当提供法律援助。人民法院为未成年被告人指定辩护的,法律援助机构应当提供法律援助。

(二)未成年被害人、证人合法权益的保护

1. 办理未成年人刑事案件,应当注意保护未成年被害人的合法权益,注意对未成年被害人进行心理疏导和自我保护教育。

2. 办理未成年人刑事案件,应当注意保护未成年被害人的名誉,尊重未成年被害人的人格尊严,新闻报道、影视节目、公开出版物、网络等不得公开或传播该未成年被害人的姓名、住所、照片、图像以及可能推断出该未成年人的资料。

对违反此规定的单位,广播电视管理及新闻出版等部门应当提出处理意见,作出相应处理。

3. 对未成年被害人、证人,特别是性犯罪被害人进行询问时,应当依法选择有利于未成年人的场所,采取和缓的询问方式进行,并通知法定代理人到场。

对性犯罪被害人进行询问,一般应当由女性办案人员进行或者有女性办案人员在场。

法定代理人无法或不宜到场的,可以经未成年被害人、证人同意或按其意愿通知有关成年人到场。应当注意避免因询问方式不当而可能对其身心产生的不利影响。

4. 办理未成年人刑事案件,应当告知未成年被害人及其法定代理人诉讼权利义务、参与诉讼方式。除有碍案件办理的情形外,应当告知未成年被害人及其法定代理人案件进展情况、案件处理结果,并对有关情况予以说明。

对于可能不立案或撤销案件、不起诉、判处非监禁刑的未成年人刑事案件,应当听取被害人及其法定代理人的意见。

5. 对未成年被害人及其法定代理人提出委托诉讼代理人意向,但因经济困难或者其他原因没有委托的,公安机关、人民检察院、人民法院应当帮助其申请法律援助,法律援助机构应当依法为其提供法律援助。

6. 未成年被害人、证人经人民法院准许的,一般可以不出庭作证;或在采取相应保护措施后出庭作证。

7. 公安机关、人民检察院、人民法院、司法行政机关应当推动未成年犯罪嫌疑人、被告人、罪犯与被害人之间的和解,可以将未成年犯罪嫌疑人、被告人、罪

犯赔偿被害人的经济损失、取得被害人谅解等情况作为酌情从轻处理或减刑、假释的依据。

三、进一步加强公安机关、人民检察院、人民法院、司法行政机关的协调与配合

公安机关、人民检察院、人民法院、司法行政机关在办理未成年人刑事案件中建立的相互协调与配合的工作机制,是我国未成年人司法制度的重要内容,也是更好地维护未成年人合法权益、预防和减少未成年人违法犯罪的客观需要。为此,各级公安机关、人民检察院、人民法院、司法行政机关应当注意工作各环节的衔接和配合,进一步建立、健全配套工作制度。

(一) 对未成年犯罪嫌疑人、被告人的社会调查

公安机关、人民检察院、人民法院、司法行政机关在办理未成年人刑事案件和执行刑罚时,应当综合考虑案件事实和社会调查报告的内容。

1. 社会调查由未成年犯罪嫌疑人、被告人户籍所在地或居住地的司法行政机关社区矫正工作部门负责。司法行政机关社区矫正工作部门可联合相关部门开展社会调查,或委托共青团组织以及其他社会组织协助调查。

社会调查机关应当对未成年犯罪嫌疑人的性格特点、家庭情况、社会交往、成长经历、是否具备有效监护条件或者社会帮教措施,以及涉嫌犯罪前后表现等情况进行调查,并作出书面报告。

对因犯罪嫌疑人不讲真实姓名、住址,身份不明,无法进行社会调查的,社会调查机关应当作出书面说明。

2. 公安机关在办理未成年人刑事案件时,应当收集有关犯罪嫌疑人办案期间表现或者具有逮捕必要性的证据,并及时通知司法行政机关社区矫正工作部门开展社会调查;在收到社会调查机关作出的社会调查报告后,应当认真审查,综合案情,作出是否提请批捕、移送起诉的决定。

公安机关提请人民检察院审查批捕或移送审查起诉的未成年人刑事案件,应当将犯罪嫌疑人办案期间表现等材料和经公安机关审查的社会调查报告等随案移送人民检察院。社区矫正工作部门无法进行社会调查的或无法在规定期限内提供社会调查报告的书面说明等材料也应当随案移送人民检察院。

3. 人民检察院在办理未成年人刑事案件时,应当认真审查公安机关移送的社会调查报告或无法进行社会调查的书面说明、办案期间表现等材料,全面掌握案情和未成年人的身心特点,作为教育和办案的参考。对于公安机关没有随案移送上述材料的,人民检察院可以要求公安机关提供,公安机关应当提供。

人民检察院提起公诉的未成年人刑事案件,社会调查报告、办案期间表现等

材料应当随案移送人民法院。

4. 人民法院在办理未成年人刑事案件时,应当全面审查人民检察院移送的社会调查报告或无法进行社会调查的书面说明、办案期间表现等材料,并将社会调查报告作为教育和量刑的参考。对于人民检察院没有随案移送上述材料的,人民法院可以要求人民检察院提供,人民检察院应当提供。

人民法院应当在判决生效后,及时将社会调查报告、办案期间表现等材料连同刑罚执行文书,送达执行机关。

5. 执行机关在执行刑罚时应当根据社会调查报告、办案期间表现等材料,对未成年罪犯进行个别化教育矫治。人民法院没有随案移送上述材料的,执行机关可以要求人民法院移送,人民法院应当移送。

6. 司法行政机关社区矫正工作部门、共青团组织或其他社会组织应当接受公安机关、人民检察院、人民法院的委托,承担对未成年人的社会调查和社区矫正可行性评估工作,及时完成并反馈调查评估结果。

社会调查过程中,公安机关、人民检察院、人民法院应为社会调查员提供必要的便利条件。

(二)未成年犯罪嫌疑人、被告人年龄的查证与审核

1. 公安机关在办理未成年人刑事案件时,应当查清未成年犯罪嫌疑人作案时的实际年龄,注意农历年龄、户籍登记年龄与实际年龄等情况。特别是应当将未成年犯罪嫌疑人是否已满十四、十六、十八周岁的临界年龄,作为重要案件事实予以查清。

公安机关移送人民检察院审查批捕和审查起诉的未成年人刑事案件,应当附有未成年犯罪嫌疑人已达到刑事责任年龄的证据。对于没有充分证据证明未成年犯罪嫌疑人作案时已经达到法定刑事责任年龄且确实无法查清的,公安机关应当依法作出有利于未成年人的认定和处理。

2. 人民检察院在办理未成年人刑事案件时,如发现年龄证据缺失或者不充分,或者未成年犯罪嫌疑人及其法定代理人基于相关证据对年龄证据提出异议等情况,可能影响案件认定的,在审查批捕时,应当要求公安机关补充证据,公安机关不能提供充分证据的,应当作出不予批准逮捕的决定,并通知公安机关补充侦查;在审查起诉过程中,应当退回公安机关补充侦查或自行侦查。补充侦查仍不能证明未成年人作案时已达到法定刑事责任年龄的,人民检察院应当依法作出有利于未成年犯罪嫌疑人的认定和处理。

3. 人民法院对提起公诉的未成年人刑事案件进行审理时,应当着重审查未成年被告人的年龄证据。对于未成年被告人年龄证据缺失或者不充分,应当通知人民检察院补充提供或调查核实,人民检察院认为需要进一步补充侦查向人民法院提出建议的,人民法院依法可以延期审理。没有充分证据证明被告人实施被指控的犯罪时已经达到法定刑事责任年龄且确实无法查明的,人民法院应当依法作出有利于未成年被告人的认定和处理。

(三)对未成年犯罪嫌疑人、被告人的教育、矫治

1、公安机关、人民检察院、人民法院、司法行政机关在办理未成年人刑事案件和执行刑罚时,应当结合具体案情,采取符合未成年人身心特点的方法,开展有针对性的教育、感化、挽救工作。

对于因犯罪情节轻微不立案、撤销案件、不起诉或判处非监禁刑、免予刑事处罚的未成年人,公安机关、人民检察院、人民法院应当视案件情况对未成年人予以训诫、责令具结悔过、赔礼道歉、责令赔偿等,并要求法定代理人或其他监护人加强监管。同时,公安机关、人民检察院、人民法院应当配合有关部门落实社会帮教、就学就业和生活保障等事宜,并适时进行回访考察。

因不满刑事责任年龄不予刑事处罚的未成年人,应当责令法定代理人或其他监护人加以管教,并落实就学事宜。学校、法定代理人或其他监护人无力管教或者管教无效,适宜送专门学校的,可以按照有关规定将其送专门学校。必要时,可以根据有关法律对其收容教养。

2.公安机关应当配合司法行政机关社区矫正工作部门开展社区矫正工作,建立协作机制,切实做好未成年社区服刑人员的监督,对脱管、漏管等违反社区矫正管理规定的未成年社区服刑人员依法采取惩戒措施,对重新违法犯罪的未成年社区服刑人员及时依法处理。人民检察院依法对社区矫正活动实行监督。

3.人民检察院派员出庭依法指控犯罪时,要适时对未成年被告人进行教育。

4.在审理未成年人刑事案件过程中,人民法院在法庭调查和辩论终结后,应当根据案件的具体情况组织到庭的诉讼参与人对未成年被告人进行教育。对于判处非监禁刑的未成年人,人民法院应当在判决生效后及时将有关法律文书送达未成年人户籍所在地或居住地的司法行政机关社区矫正工作部门。

5.未成年犯管教所可以进一步开展完善试工试学工作。对于决定暂予监外执行和假释的未成年犯,未成年犯管教所应当将社会调查报告、服刑期间表现等材料及时送达未成年人户籍所在地或居住地的司法行政机关社区矫正工作部门。

6.司法行政机关社区矫正工作部门应当在公安机关配合和支持下负责未成年社区服刑人员的监督管理与教育矫治,做好对未成年社区服刑人员的日常矫治、行为考核和帮困扶助、刑罚执行建议等工作。

对未成年社区服刑人员应坚持教育矫正为主,并与成年人分开进行。

对于被撤销假释、缓刑的未成年社区服刑人员,司法行政机关社区矫正工作部门应当及时将未成年人社会调查报告、社区服刑期间表现等材料送达当地负责的公安机关和人民检察院。

7. 各级司法行政机关应当加大安置帮教工作力度,加强与社区、劳动和社会保障、教育、民政、共青团等部门、组织的联系与协作,切实做好刑满释放、解除劳动教养未成年人的教育、培训、就业、戒除恶习、适应社会生活及生活保障等工作。

8. 对未成年犯的档案应严格保密,建立档案的有效管理制度;对违法和轻微犯罪的未成年人,有条件的地区可以试行行政处罚和轻罪纪录消灭制度。非有法定事由,不得公开未成年人的行政处罚记录和被刑事立案、采取刑事强制措施、不起诉或因轻微犯罪被判处刑罚的记录。

四、建立健全办理未成年人刑事案件配套工作的协调和监督机制

建立健全办理未成年人刑事案件配套工作的协调和监督机制,开展规范有序的协调监督工作,是促进未成年人司法配套工作体系建设,形成工作合力的重要举措。

1. 各级预防青少年违法犯罪工作领导小组是办理未成年人刑事案件配套工作的综合协调机构,应当定期主持召开未成年人司法工作联席会议,及时研究协调解决存在的问题和困难,总结推广成熟有效的工作经验。

2. 各级预防青少年违法犯罪工作领导小组应当协调有关部门和社会组织做好被帮教未成年人的就学、就业及生活保障等问题。

3. 预防青少年违法犯罪工作领导小组负责每年对公安机关、人民检察院、人民法院、司法行政机关执行《意见》及未成年人司法制度建设的情况进行考评,考评结果纳入平安建设、社会治安综合治理目标考核体系。对于在办理未成年人刑事案件过程中涌现出的先进集体和个人予以表彰。

第二百七十七条 【未成年人刑事案件的办案方针、原则及总体要求】 对犯罪的未成年人实行教育、感化、挽救的方针,坚持教育为主、惩罚为辅的原则。

人民法院、人民检察院和公安机关办理未成年人刑事案件,应当保障未成年人行使其诉讼权利,保障未成年人得到法律帮助,并由熟悉未成年人身心特点的审判人员、检察人员、侦查人员承办。

立法沿革

第 277 条 本条系 2012 年《刑事诉讼法修改决定》增加的规定，2018 年修改《刑事诉讼法》时未作调整。

基本规范

《最高人民法院关于适用〈中华人民共和国刑事诉讼法〉的解释》（法释〔2021〕1 号）第五百四十六条至第五百五十二条对未成年人刑事案件的审理原则等作了规定。（→参见第二百八十一条所附"基本规范"，第 1931—1932 页）

《人民检察院刑事诉讼规则》（高检发释字〔2019〕4 号）第四百五十七条至第四百五十九条对人民检察院办理未成年人刑事案件的原则等作了规定。（→参见第二百八十二条至第二百八十四条所附"基本规范"，第 1950 页）

《公安机关办理刑事案件程序规定》（公安部令第 159 号修改）第三百一十七条至第三百一十九条对公安机关办理未成年人刑事案件的办案原则等作了规定。（→参见第二百八十一条所附"基本规范"，第 1938 页）

《海警机构办理刑事案件程序规定》（中国海警局令第 1 号）第二百八十九条至第二百九十一条对海警机构办理未成年人刑事案件的办案原则等作了规定。（→参见第二百八十一条所附"基本规范"，第 1940 页）

其他规范

《人民检察院办理未成年人刑事案件的规定》（高检发研字〔2013〕7 号）第一章"总则"（第一条至第十二条）对人民检察院办理未成年人刑事案件的原则等作了规定。（→参见本章末所附"其他规范"，第 1973—1975 页）

《未成年人刑事检察工作指引(试行)》（高检发未检字〔2017〕1 号）第一章"总则"第一节"目的与范围"、第二节"模式与机制"、第三节"基本要求"（**第一条至第二十三条**）对人民检察院办理未成年人刑事案件的原则等作了规定。（→参见本章末所附"其他规范"，第 1987—1990 页）

《最高人民法院关于加强新时代未成年人审判工作的意见》（法发〔2020〕45 号，节录）

一、提高政治站位，充分认识做好新时代未成年人审判工作的重大意义（略）

二、深化综合审判改革，全面加强未成年人权益司法保护

5.深化涉及未成年人案件综合审判改革,将与未成年人权益保护和犯罪预防关系密切的涉及未成年人的刑事、民事及行政诉讼案件纳入少年法庭受案范围。少年法庭包括专门审理涉及未成年人刑事、民事、行政案件的审判庭、合议庭、审判团队以及法官。

有条件的人民法院,可以根据未成年人案件审判工作需要,在机构数量限额内设立专门审判庭,审理涉及未成年人刑事、民事、行政案件。不具备单独设立未成年人案件审判机构条件的法院,应当指定专门的合议庭、审判团队或者法官审理涉及未成年人案件。

6.被告人实施被指控的犯罪时不满十八周岁且人民法院立案时不满二十周岁的刑事案件,应当由少年法庭审理。

7.下列刑事案件可以由少年法庭审理:
(1)人民法院立案时不满二十二周岁的在校学生犯罪案件;
(2)强奸、猥亵等性侵未成年人犯罪案件;
(3)杀害、伤害、绑架、拐卖、虐待、遗弃等严重侵犯未成年人人身权利的犯罪案件;
(4)上述刑事案件罪犯的减刑、假释、暂予监外执行、撤销缓刑等刑罚执行变更类案件;
(5)涉及未成年人,由少年法庭审理更为适宜的其他刑事案件。

未成年人与成年人共同犯罪案件,一般应当分案审理。

……

三、加强审判机制和组织建设,推进未成年人审判专业化发展

……

15.探索通过对部分城区人民法庭改造或者加挂牌子的方式设立少年法庭,审理涉及未成年人的刑事、民事、行政案件,开展延伸帮教、法治宣传等工作。

……

四、加强专业队伍建设,夯实未成年人审判工作基础(略)
五、加强审判管理,推动未成年人审判工作实现新发展(略)
六、加强协作配合,增强未成年人权益保护和犯罪预防的工作合力(略)
七、加强调查研究,总结推广先进经验和创新成果(略)

《最高人民检察院关于加强新时代未成年人检察工作的意见》(2020年4月21日,节录)

为深入学习贯彻习近平新时代中国特色社会主义思想,全面贯彻党的十九大和十九届二中、三中、四中全会精神,认真落实新时代检察工作总体部署,全

面提升未成年人检察工作水平,现就加强新时代未成年人检察工作提出如下意见。

一、新时代未成年人检察工作的总体要求(略)

二、从严惩治侵害未成年人犯罪

4. 依法从严从快批捕、起诉侵害未成年人犯罪。坚持零容忍,严厉打击宗教极端、民族分裂等敌对势力向未成年人灌输极端思想、组织利用未成年人实施恐怖活动犯罪和极端主义犯罪。突出打击性侵害未成年人,拐卖、拐骗儿童,成年人拉拢、迫使未成年人参与犯罪组织,组织未成年人乞讨或进行其他违反治安管理活动的犯罪。依法惩处危害校园安全、监护侵害、侵害农村留守儿童和困境儿童犯罪。坚持依法从严提出量刑建议,积极建议适用从业禁止、禁止令。上级检察院对重大案件要坚持挂牌督办,加强跟踪指导。坚持和完善重大疑难案件快速反应、介入侦查引导取证机制。加强与侦查、审判机关的沟通交流,通过典型案例研讨、同堂培训、一体推行司法政策等方式凝聚共识,统一司法尺度,形成打击合力。

5. 强化刑事诉讼监督。牢固树立"在办案中监督、在监督中办案"理念,拓展监督线索来源,完善监督方式,提升监督质效。对违反诉讼程序尤其是未成年人刑事案件特别程序规定,侵犯涉案未成年人诉讼权利的行为,要及时监督纠正。注重强化与公安机关执法办案管理中心等平台的沟通与衔接,深入开展立案监督、侦查活动监督,重点监督对性侵害未成年人案件有案不立、立而不侦、有罪不究、以罚代刑等问题。积极推进涉及未成年人案件刑事审判监督、刑罚执行监督,重点监督重罪轻判、有罪判无罪、特殊管教措施虚置、社区矫正空转等问题,确保罚当其罪、执行到位。

6. 持续推进"一站式"办案机制。加强与公安机关沟通,努力实现性侵害未成年人案件提前介入、询问被害人同步录音录像全覆盖,切实提高一次询问的比例,避免和减少二次伤害。会同公安机关、妇联等部门积极推进集未成年被害人接受询问、生物样本提取、身体检查、心理疏导等于一体的"一站式"取证、救助机制建设。2020年底各地市(州)至少建立一处未成年被害人"一站式"办案场所。

7. 加强未成年被害人关爱救助工作。认真落实《最高人民检察院关于全面加强未成年人国家司法救助工作的意见》等规定,实现符合条件对象救助全覆盖,重点加强对孤儿、农村留守儿童、困境儿童、事实无人抚养儿童及进城务工人员子女等特殊被害人群体的关爱救助。主动协调职能部门,借助社会力量,提供身心康复、生活安置、复学就业、法律支持等多元综合救助,帮助被害人及其家庭摆脱困境。会同司法行政部门,健全完善刑事案件未成年被害人法律援助制度。

三、依法惩戒、精准帮教罪错未成年人

8. 坚持惩治与教育相结合。克服简单从轻、单纯打击和帮教形式化倾向,对于主观恶性大、犯罪性质恶劣、手段残忍、后果严重的未成年人,依法惩处,管束到位,充分发挥刑罚的教育和警示功能;对于主观恶性不大、初犯偶犯的未成年人,依法从宽,实施精准帮教,促进顺利回归社会。准确把握未成年人定罪量刑标准,深入研究涉罪未成年人成长环境、犯罪心理,把个案情况吃透,将党和国家有关处理未成年人犯罪的统一方针、原则,个别化、精准化运用到每一个司法案件中。对未成年人涉黑涉恶案件要准确理解刑事政策和案件本质,认真全面审查事实证据,从严把握认定标准,不符合规定的依法坚决不予认定。对拟认定未成年人构成黑恶犯罪并提起公诉的案件,要逐级上报省级检察院审查把关。

9. 深入落实未成年人特殊检察制度。强化对未成年人严格限制适用逮捕措施,科学把握社会危险性、羁押必要性和帮教可行性。改进社会调查收集、审查方式,科学评估调查质量,解决调查报告形式化、同质化等问题,努力实现社会调查全覆盖,充分发挥社会调查在办案和帮教中的参考作用。加强合适成年人履职能力培训,推动建立稳定的合适成年人队伍。委托心理、社会工作等领域专家开展心理疏导、心理测评等工作,规范运用心理疏导、心理测评辅助办案的方式方法。准确把握附条件不起诉的意义和价值,对符合条件的未成年犯罪嫌疑人积极予以适用,确保适用比例不断提高。落实犯罪记录封存制度,联合公安机关、人民法院制定关于犯罪记录封存的相关规定,协调、监督公安机关依法出具无犯罪记录相关证明,并结合司法办案实践,适时提出修改完善封存制度的意见建议。

10. 准确适用认罪认罚从宽制度。依法履行主导责任,用符合未成年人认知能力的语言,阐明相关法律规定,发挥法定代理人和辩护人作用,帮助其理性选择,同时依法保障未成年被害人的参与、监督、救济等权利。发挥认罪认罚从宽制度的程序分流作用,依法积极适用相对不起诉、附条件不起诉。拟提起公诉的,在依法提出量刑建议的同时,探索提出有针对性的帮教建议。自2020年开始,未成年人犯罪案件认罪认罚从宽制度总体适用率达到80%以上。

11. 加强涉罪未成年人帮教机制建设。探索"互联网+"帮教模式,促进涉罪未成年人帮教内容和方式多元化。引入人格甄别、心理干预等手段,提高帮教的精准度、有效性。加强对附条件不起诉未成年人的考察帮教,积极开展诉前观护帮教,延伸开展不捕、相对不起诉后的跟踪帮教,把帮教贯穿刑事案件办理全过程。探索帮教工作案件化办理。建立流动涉罪未成年人帮教异地协作机制,联合开展社会调查、心理疏导、监督考察、社区矫正监督等工作,确保平等司法保护。

12. 推动建立罪错未成年人分级干预体系。加强与公安、教育等职能部门的配合协作,建立健全严重不良行为、未达刑事责任年龄不予刑事处罚未成年人的信息互通、线索移送和早期干预机制,推动完善罪错未成年人临界预防、家庭教育、保护处分等有机衔接的分级干预制度。认真落实《关于加强专门学校建设和专门教育工作的意见》,积极推动解决招生对象、入学程序、效果评估等方面的难题,探索建立检察机关与专门学校的工作衔接机制,把保护、教育、管束落到实处,切实发挥专门学校独特的教育矫治作用。全面加强家庭教育指导,督促父母提升监护能力,落实监护责任。

四、不断深化未成年人检察业务统一集中办理改革

13. 发挥统一集中办理特色与优势。未成年人刑事执行、民事、行政、公益诉讼检察业务统一由未成年人检察部门集中办理是实现未成年人综合司法保护的客观需要。在办案监督的同时,更加注重对涉案未成年人的帮教和救助。贯彻未成年人利益最大化理念,更加强调监督的主动性、及时性和有效性。注重从所办理的未成年人刑事案件中发现线索,发挥与传统未成年人刑事检察工作紧密相连的效率优势,更好地维护未成年人合法权益。

14. 突出统一集中办理工作重点。认真落实《社区矫正法》《人民检察院刑事诉讼规则》相关规定,积极开展羁押必要性审查,灵活运用派驻检察、巡回检察等方式,加强对看守所、未成年犯管教所监管未成年人活动的监督,配合做好对未成年人的教育,推动对在押未成年人分别关押、分别管理、分别教育落地落实。以纠正脱管漏管、落实特殊矫正措施为重点,加强对未成年人社区矫正活动的监督。切实强化监护侵害和监护缺失监督,稳步推进涉及未成年人抚养、收养、继承、教育等民事行政案件的审判监督和执行活动监督,补强未成年人重大利益家事审判活动监督"短板"。进一步加强对留守儿童等特殊群体民事行政权益保护工作的监督。对食品药品安全、产品质量、烟酒销售、文化宣传、网络信息传播以及其他领域侵害众多未成年人合法权益的,结合实际需要,积极、稳妥开展公益诉讼工作。

15. 有序推进统一集中办理工作。检察机关涉未成年人刑事、民事、行政、公益诉讼案件原则上可由未成年人检察部门统一集中办理,没有专设机构的,由未成年人检察办案组或独任检察官办理,其他部门予以全力支持配合。稳步推进、适时扩大试行范围。具备条件的地方,可以在省级检察院指导下开展试点工作。各省级检察院可以择优确定重点试点单位,打造试点工作"升级版",促进试点成果转化运用,推动"试验田"向"示范田"转变。上级检察院要切实承担对下指导责任,总结分析基层试点成效和经验,推出一批体现未成年人检察特色的指导性案例、典型案例,研究解决新情况新问题,并及时将有关情况报送高检院。争取自2021年起,未成年人检察业务统一集中办理工作在全国检察机关全面推开。

16.完善统一集中办理工作长效机制。研究制定统一集中办理工作业务指引,明确受案范围、履职方式和工作标准。加强与公安机关、人民法院、民政、共青团、妇联等单位的协作,完善与刑事、民事、行政、公益诉讼检察部门的分工负责、互相配合机制,建立内外部信息通报、线索移交、协商沟通、衔接支持制度,形成工作合力。条件成熟时,联合有关单位出台统一集中办理未成年人案件工作指导意见。

五、积极促进未成年人保护社会治理现代化建设

17.抓好"一号检察建议"监督落实。把"一号检察建议"监督落实作为各级人民检察院的"一把手"工程,没完没了抓落实,努力做成刚性、做到刚性。加强与教育行政部门、学校等沟通配合,各司其职、各负其责,深入中小学校、幼儿园以及校外培训机构等开展调研检查,建立问题整改清单,监督限期整改。积极推动健全事前预防、及时发现、有效处置的各项制度,跟踪监督落实落地。完善问责机制,对造成严重后果的失职、渎职人员,依法移送纪检监察部门追责问责。深刻认识督促落实"一号检察建议"的本质要求是把未成年人保护有关法律规定不折不扣地落到实处,真正形成政治、法治和检察监督的"三个自觉",以性侵案件为切入点、突破口,以"一号检察建议"为牵引,助推各职能部门依法履职,促进未成年人保护社会治理。

18.全面推行侵害未成年人案件强制报告和入职查询制度。加快推进、完善侵害未成年人案件强制报告制度,督促有关部门、密切接触未成年人行业的各类组织及其从业人员严格履行报告义务。积极沟通协调,联合公安部、教育部等部门,建立教职员工等特殊岗位入职查询性侵害等违法犯罪信息制度,统一管理,明确查询程序及相应责任,构筑未成年人健康成长的"防火墙"。

六、深入开展未成年人法治宣传教育(略)

七、持续加强未成年人检察专业化规范化建设(略)

八、积极推进未成年人检察社会化建设

32.规范未成年人观护基地建设。加强和规范涉罪未成年人社会观护工作,鼓励流动人口较多的地区根据工作需要在社区、企业等建立未成年人观护基地,组织开展帮扶教育、技能培训等活动。研究出台检察机关未成年人观护基地建设指导意见,规范观护流程、内容及经费保障等工作。

九、切实加强对未成年人检察工作的组织领导(略)

《最高人民法院、最高人民检察院、公安部、司法部关于办理性侵害未成年人刑事案件的意见》(高检发〔2023〕4号)"一、总则"(第二条至第四条)对办理性侵害未成年人犯罪案件的原则等作了规定。(→参见第二百八十一条所附"其他规范",第1942—1943页)

指导性案例

阻断性侵犯罪未成年被害人感染艾滋病风险综合司法保护案(检例第172号)

关键词 奸淫幼女 情节恶劣 认罪认罚 艾滋病暴露后预防 检察建议

要　旨 检察机关办理性侵害未成年人案件,在受邀介入侦查时,应当及时协同做好取证和未成年被害人保护救助工作。对于遭受艾滋病病人或感染者性侵的未成年被害人,应当立即开展艾滋病暴露后预防并进行心理干预、司法救助,最大限度降低犯罪给其造成的危害后果和长期影响。行为人明知自己系艾滋病病人或感染者,奸淫幼女,造成艾滋病传播重大现实风险的,应当认定为奸淫幼女"情节恶劣"。对于犯罪情节恶劣,社会危害严重,主观恶性大的成年人性侵害未成年人案件,即使认罪认罚也不足以从宽处罚的,依法不予从宽。发现类案风险和社会治理漏洞,应当积极推动风险防控和相关领域制度完善。

指导意义

(一)对于性侵害未成年人犯罪案件,检察机关受邀介入侦查时应当同步开展未成年被害人保护救助工作。性侵害未成年人案件存在发现难、取证难、危害大的特点,检察机关在受邀介入侦查时,应当建议侦查机关围绕犯罪嫌疑人主观恶性、作案手段、被害人遭受侵害后身心状况等进行全面取证。同时,建议或协同公安机关第一时间核查犯罪嫌疑人是否系艾滋病病人或感染者。确定犯罪嫌疑人系艾滋病病人或感染者的,应当立即协同公安机关和卫生健康部门开展艾滋病暴露后预防,切实保护未成年被害人健康权益。检察机关应当发挥未成年人检察社会支持体系作用,从介入侦查阶段就及时启动心理干预、司法救助、家庭教育指导等保护救助措施,尽可能将犯罪的伤害降至最低。

(二)犯罪嫌疑人明知自己是艾滋病病人或感染者,奸淫幼女,造成艾滋病传播重大现实风险的,应当认定为奸淫幼女"情节恶劣"。行为人明知自己患有艾滋病或者感染艾滋病病毒,仍对幼女实施奸淫,放任艾滋病传播风险的发生,客观上极易造成被害人感染艾滋病的严重后果,主观上体现出行为人对幼女健康权、生命权的极度漠视,其社会危害程度与《中华人民共和国刑法》第二百三十六条第三款第二项至六项规定的情形具有相当性,应当依法认定为奸淫幼女"情节恶劣",适用十年以上有期徒刑、无期徒刑或者死刑的刑罚。对成年人性侵害未成年人犯罪,应综合考虑案件性质、主观恶性、具体情节、社会危害等因素,从严适用认罪认罚从宽制度。对于犯罪性质和危害后果严重、犯罪手段残忍、社会影响恶劣的,可依法不予从宽。

(三)办理案件中发现未成年人保护工作机制存在漏洞的,应当着眼于最有利于未成年人原则和社会公共利益维护,推动相关领域制度机制完善。对于案件中暴露出的未成年人保护重大风险隐患,检察机关应当深入调查,针对性采取措施,促进相关制度和工作机制完善,促使职能部门更加积极有效依法履职尽责,推动形成损害修复与风险防控相结合,事前保护与事后救助相结合的未成年人综合保护模式。艾滋病暴露后预防有时间窗口,及时发现和确定性侵犯罪嫌疑人系艾滋病人或感染者是关键。办案机关同卫生健康部门之间建立顺畅有效的相关信息沟通核查机制是基础。检察机关针对这方面存在的机制漏洞,会同相关部门建章立制、完善制度措施,有利于最大化保护性侵害案件未成年被害人的生命健康权。

惩治组织未成年人进行违反治安管理活动犯罪综合司法保护案(检例第173号)

关键词 组织未成年人进行违反治安管理活动罪 有偿陪侍 情节严重 督促监护令 社会治理

要 旨 对组织未成年人在KTV等娱乐场所进行有偿陪侍的,检察机关应当以组织未成年人进行违反治安管理活动罪进行追诉,并可以从被组织人数、持续时间、组织手段、陪侍情节、危害后果等方面综合认定本罪的"情节严重"。① 检察机关

---

① 当然,对于组织未成年人进行有偿陪侍的行为认定为组织未成年人进行违反治安管理活动罪,尚有不同认识。有观点主张应当作慎重认定;当然,对于所涉行为构成其他犯罪的,可以按照相关犯罪论处。主要考虑:(1)《治安管理处罚法》并未明确规定有偿陪侍属于治安管理处罚的行为。组织未成年人进行"有偿陪侍"是否在组织未成年人进行违反治安管理活动罪的规制范围之内,有待进一步研究。(2)《娱乐场所管理条例》第十四条第一款规定:"娱乐场所及其从业人员不得实施下列行为,不得为进入娱乐场所的人员实施下列行为提供条件:……(四)提供或者从事以营利为目的的陪侍;……"第四十三条规定:"娱乐场所实施本条例第十四条禁止行为的,由县级公安部门没收违法所得和非法财物,责令停业整顿三个月至六个月;情节严重的,由原发证机关吊销娱乐经营许可证,对直接负责的主管人员和其他直接责任人员处一万元以上二万元以下的罚款。"根据上述规定,《娱乐场所管理条例》的处罚对象为娱乐场所,《治安管理处罚法》的处罚对象为行为人,二者处罚方式不同,也没有上下位阶关系,似不能得出违反《娱乐场所管理条例》就属于违反治安管理行为的结论。

应当针对案件背后的家庭监护缺失、监护不力问题开展督促监护工作,综合评估监护履责中存在的具体问题,制发个性化督促监护令,并跟踪落实。检察机关应当坚持未成年人保护治罪与治理并重,针对个案发生的原因开展诉源治理。

指导意义

(一)准确把握组织未成年人有偿陪侍行为的定罪处罚,从严惩处侵害未成年人犯罪。《刑法修正案(七)》增设组织未成年人进行违反治安管理活动罪,旨在加强未成年人保护,维护社会治安秩序。《娱乐场所管理条例》将以营利为目的的陪侍与卖淫嫖娼、赌博等行为并列,一并予以禁止,并规定了相应的处罚措施,明确了该行为具有妨害社会治安管理的行政违法性。处于人生成长阶段的未成年人被组织从事有偿陪侍服务,不仅败坏社会风气,危害社会治安秩序,更严重侵害未成年人的人格尊严和身心健康,构成组织未成年人进行违反治安管理活动罪。检察机关办理此类案件,可以围绕被组织人数众多、犯罪行为持续时间长、采用控制手段的强制程度、色情陪侍方式严重损害未成年人身心健康等情形,综合认定为"情节严重"。

(二)聚焦案件背后的问题,统筹使用督促监护令、检察建议等方式,以检察司法保护促进家庭、社会、政府等保护责任落实。在办理涉未成年人案件过程中,检察机关应当注重分析案件暴露出的家庭、社会等方面的问题,结合办案对未成年人的生活环境、家庭教育、监护人监护履责状况等进行调查评估,制定个性化督促监护方案,并跟踪落实,指导、帮助和监督监护人履行监护职责。检察机关应当依法能动履行法律监督职能,督促相关职能部门加强管理、落实责任。检察机关还可以加强与相关部门的协作联动,形成整体合力,积极促进区域未成年人保护制度完善和社会综合治理,更好保护未成年人合法权益和公共利益。

第二百七十八条 【对未成年犯罪嫌疑人、被告人指派辩护律师】未成年犯罪嫌疑人、被告人没有委托辩护人的,人民法院、人民检察院、公安机关应当通知法律援助机构指派律师为其提供辩护。

立法沿革

1979年《刑事诉讼法》第二十七条第二款规定:"被告人是聋、哑或者未成年人而没有委托辩护人的,人民法院应当为他指定辩护人。"1996年《刑事诉讼法修改决定》明确指定辩护的律师是承担法律援助义务的律师。2012年《刑事诉讼法修改决定》将人民法院"指定辩护"修改为由人民法院、人民检察院和公安机关通知法律援助机构指派律师提供辩护,并移至特别程序中未成年人刑事案件诉讼程序中加以规定,形成本条。2018 年修改《刑事诉讼法》时对本条规定未作调整。

"六部委"规定

《最高人民法院、最高人民检察院、公安部、国家安全部、司法部、全国人大常委会法制工作委员会关于实施刑事诉讼法若干问题的规定》(自 2013 年 1 月 1 日起施行,节录)

二、辩护与代理

5. 刑事诉讼法第三十四条、第二百六十七条、第二百八十六条①对法律援助作了规定。对于人民法院、人民检察院、公安机关根据上述规定,通知法律援助机构指派律师提供辩护或者法律帮助的,法律援助机构应当在接到通知后三日以内指派律师,并将律师的姓名、单位、联系方式书面通知人民法院、人民检察院、公安机关。

基本规范

《最高人民法院关于适用〈中华人民共和国刑事诉讼法〉的解释》(法释〔2021〕1 号,自 2021 年 3 月 1 日起施行)第五百六十四条、第五百六十五条对为未成年被告人指定辩护的有关问题作了规定。(→参见第二百八十一条所附"基本规范",第 1934 页)

《人民检察院刑事诉讼规则》(高检发释字〔2019〕4 号)第四百六十条对为未成年犯罪嫌疑人指定辩护的有关问题作了规定。(→参见第二百八十二条至第二百八十四条所附"基本规范",第 1950 页)

《公安机关办理刑事案件程序规定》(公安部令第 159 号修改)第三百二十条对为未成年犯罪嫌疑人指定辩护的有关问题作了规定。(→参见第二百八十一条所附"基本规范",第 1938 页)

《海警机构办理刑事案件程序规定》(中国海警局令第 1 号)第二百九十二条对为未成年犯罪嫌疑人指定辩护的有关问题作了规定。(→参见第二百八十一条所附"基本规范",第 1940 页)

---

① 现行《刑事诉讼法》第三十五条、第二百七十八条、第三百零四条。——本评注注

其他规范

《人民检察院办理未成年人刑事案件的规定》(高检发研字〔2013〕7号)第十一条、第二十二条对为未成年犯罪嫌疑人指定辩护的有关问题作了规定。(→参见本章末所附"其他规范",第1974、1977页)

《未成年人刑事检察工作指引(试行)》(高检发未检字〔2017〕1号)第二章"特殊检察制度"第一节"法律援助"(第二十四条至第二十七条)对人民检察院办理未成年人刑事案件所涉法律援助的有关问题作了规定。(→参见本章末所附"其他规范",第1991页)

《未成年人法律援助服务指引(试行)》(司法部公共法律服务管理局、中华全国律师协会,司公通〔2020〕12号,具体条文未收录)

第二百七十九条 【社会调查】公安机关、人民检察院、人民法院办理未成年人刑事案件,根据情况可以对未成年犯罪嫌疑人、被告人的成长经历、犯罪原因、监护教育等情况进行调查。

立法沿革

本条系2012年《刑事诉讼法修改决定》增加的规定,2018年修改《刑事诉讼法》时未作调整。

基本规范

《最高人民法院关于适用〈中华人民共和国刑事诉讼法〉的解释》(法释〔2021〕1号,自2021年3月1日起施行)第五百六十八条对人民法院接受社会调查报告及补充社会调查的有关问题作了作了规定。(→参见第二百八十一条所附"基本规范",第1934页)

《人民检察院刑事诉讼规则》(高检发释字〔2019〕4号)第四百六十一条对社会调查的有关问题作了规定。(→参见第二百八十二条至第二百八十四条所附"基本规范",第1950页)

《公安机关办理刑事案件程序规定》(公安部令第159号修改)第三百二十二条对调查报告的有关问题作了规定。(→参见第二百八十一条所附"基本规范",第1938页)

《**海警机构办理刑事案件程序规定**》(中国海警局令第 1 号)第二百九十四条对调查报告的有关问题作了规定。(→参见第二百八十一条所附"基本规范",第 1940 页)

其他规范

《**人民检察院办理未成年人刑事案件的规定**》(高检发研字〔2013〕7 号)第九条、第十五条对社会调查的有关问题作了规定。(→参见本章末所附"其他规范",第 1974、1975 页)

《**未成年人刑事检察工作指引(试行)**》(高检发未检字〔2017〕1 号)第二章"特殊检察制度"第二节"社会调查"(第二十八条至第四十五条)对人民检察院办理未成年人刑事案件所涉社会调查的有关问题作了规定。(→参见本章末所附"其他规范",第 1991—1994 页)

《**最高人民法院、最高人民检察院、公安部、国家安全部、司法部关于规范量刑程序若干问题的意见**》(法发〔2020〕38 号)第十八条对未成年人社会调查报告的有关问题作了规定。(→参见第一百九十八条所附"其他规范",第 1426 页)

指导性案例

牛某非法拘禁案(检例第 106 号)对检察机关审查社会调查报告及补充社会调查的有关问题作了规定。(→参见第二百八十二条至第二百八十四条所附"指导性案例",第 1959 页)

第二百八十条 【严格限制适用逮捕措施及与成年人的分别关押、管理和教育】对未成年犯罪嫌疑人、被告人应当严格限制适用逮捕措施。人民检察院审查批准逮捕和人民法院决定逮捕,应当讯问未成年犯罪嫌疑人、被告人,听取辩护律师的意见。

对被拘留、逮捕和执行刑罚的未成年人与成年人应当分别关押、分别管理、分别教育。

立法沿革

本条系 2012 年《刑事诉讼法修改决定》增加的规定,2018 年修改《刑事诉讼法》时未作调整。

■ 基本规范

《最高人民法院关于适用〈中华人民共和国刑事诉讼法〉的解释》(法释〔2021〕1号)第五百五十三条规定对未成年被告人应当严格限制适用逮捕措施。(→参见第二百八十一条所附"基本规范",第1932页)

《人民检察院刑事诉讼规则》(高检发释字〔2019〕4号)第四百六十二条至第四百六十四条对审查逮捕未成年犯罪嫌疑人的有关问题作了规定。(→参见第二百八十二条至第二百八十四条所附"基本规范",第1950—1951页)

《公安机关办理刑事案件程序规定》(公安部令第159号修改)第三百二十七条、第三百二十八条就对未成年犯罪嫌疑人采取强制措施的有关问题作了规定。(→参见第二百八十一条所附"基本规范",第1939页)

《海警机构办理刑事案件程序规定》(中国海警局令第1号)第二百九十九条就对未成年犯罪嫌疑人采取强制措施的有关问题作了规定。(→参见第二百八十一条所附"基本规范",第1941页)

■ 其他规范

《最高人民检察院关于在检察工作中贯彻宽严相济刑事司法政策的若干意见》(高检发研字〔2007〕2号)第七条、第十一条就对未成年犯罪嫌疑人、被告人严格限制适用逮捕措施的有关问题作了规定。(→参见第八十一条所附"其他规范",第570、571页)

《人民检察院办理未成年人刑事案件的规定》(高检发研字〔2013〕7号)第二章"未成年人刑事案件的审查逮捕"(第十三条至第二十一条)对未成年人刑事案件审查逮捕的有关问题作了规定。(→参见本章末所附"其他规范",第1975—1977页)

《未成年人刑事检察工作指引(试行)》(高检发未检字〔2017〕1号)第五章"未成年人刑事案件审查逮捕"(第一百四十四条至第一百六十六条)对人民检察院审查逮捕未成年犯罪嫌疑人的有关问题作了规定。(→参见本章末所附"其他规范",第2012—2018页)

第二百八十一条 【讯问、审判、询问未成年诉讼参与人的特别规定】对于未成年人刑事案件,在讯问和审判的时候,应当通知未成年犯罪嫌疑人、被告人的法定代理人到场。无法通知、法定代理人不能到场或者法定代理人是共犯的,也可以通知未成年犯罪嫌疑人、被告人的其他成年亲属,所在学校、单位、居住地基层组织或者未成年人保护组织的代表到场,并将有关情况记录在案。到场的法定代理人可以代为行使未成年犯罪嫌疑人、被告人的诉讼权利。

到场的法定代理人或者其他人员认为办案人员在讯问、审判中侵犯未成年人合法权益的,可以提出意见。讯问笔录、法庭笔录应当交给到场的法定代理人或者其他人员阅读或者向他宣读。

讯问女性未成年犯罪嫌疑人,应当有女工作人员在场。

审判未成年人刑事案件,未成年被告人最后陈述后,其法定代理人可以进行补充陈述。

询问未成年被害人、证人,适用第一款、第二款、第三款的规定。

立法沿革

1979 年《刑事诉讼法》第十条第二款规定:"对于不满十八岁的未成年人犯罪的案件,在讯问和审判时,可以通知被告人的法定代理人到场。"1996 年修改《刑事诉讼法》时对上述规定未作调整。2012 年《刑事诉讼法修改决定》在上述规定的基础上,增加本条规定。2018 年修改《刑事诉讼法》时对本条规定未作调整。

基本规范

《最高人民法院关于适用〈中华人民共和国刑事诉讼法〉的解释》(法释〔2021〕1 号,自 2021 年 3 月 1 日起施行)

第二十二章 未成年人刑事案件诉讼程序

第一节 一般规定

第五百四十六条 人民法院审理未成年人刑事案件,应当贯彻教育、感化、挽救的方针,坚持教育为主、惩罚为辅的原则,加强对未成年人的特殊保护。

第五百四十七条 人民法院应当加强同政府有关部门、人民团体、社会组织等的配合,推动未成年人刑事案件人民陪审、情况调查、安置帮教等工作的开展,充分保障未成年人的合法权益,积极参与社会治安综合治理。

第五百四十八条 人民法院应当加强同政府有关部门、人民团体、社会组织等的配合,对遭受性侵害或者暴力伤害的未成年被害人及其家庭实施必要的心理干预、经济救助、法律援助、转学安置等保护措施。

第五百四十九条 人民法院应当确定专门机构或者指定专门人员,负责审理未成年人刑事案件。审理未成年人刑事案件的人员应当经过专门培训,熟悉未成年人身心特点、善于做未成年人思想教育工作。

参加审理未成年人刑事案件的人民陪审员,可以从熟悉未成年人身心特点、关心未成年人保护工作的人民陪审员名单中随机抽取确定。

第五百五十条 被告人实施被指控的犯罪时不满十八周岁、人民法院立案时不满二十周岁的案件,由未成年人案件审判组织审理。

下列案件可以由未成年人案件审判组织审理:

(一)人民法院立案时不满二十二周岁的在校学生犯罪案件;

(二)强奸、猥亵、虐待、遗弃未成年人等侵害未成年人人身权利的犯罪案件;

(三)由未成年人案件审判组织审理更为适宜的其他案件。

共同犯罪案件有未成年被告人的或者其他涉及未成年人的刑事案件,是否由未成年人案件审判组织审理,由院长根据实际情况决定。

第五百五十一条 对分案起诉至同一人民法院的未成年人与成年人共同犯罪案件,可以由同一个审判组织审理;不宜由同一个审判组织审理的,可以分别审理。

未成年人与成年人共同犯罪案件,由不同人民法院或者不同审判组织分别审理的,有关人民法院或者审判组织应当互相了解共同犯罪被告人的审判情况,注意全案的量刑平衡。

第五百五十二条 对未成年人刑事案件,必要时,上级人民法院可以根据刑事诉讼法第二十七条的规定,指定下级人民法院将案件移送其他人民法院审判。

第五百五十三条 对未成年被告人应当严格限制适用逮捕措施。

人民法院决定逮捕,应当讯问未成年被告人,听取辩护律师的意见。

对被逮捕且没有完成义务教育的未成年被告人,人民法院应当与教育行政部门互相配合,保证其接受义务教育。

第五百五十四条 人民法院对无固定住所、无法提供保证人的未成年被告人适用取保候审的,应当指定合适成年人作为保证人,必要时可以安排取保候审的被告人接受社会观护。

第五百五十五条 人民法院审理未成年人刑事案件,在讯问和开庭时,应当通知未成年被告人的法定代理人到场。法定代理人无法通知、不能到场或者是共犯的,也可以通知合适成年人到场,并将有关情况记录在案。①

---

① 需要注意的问题有二:(1)讨论中,有意见建议在"法定代理人无法通知、不能到场或者是共犯"的基础上增加"不宜到场"的情形,如法定代理人侵害未成年被告人、(转下页)

到场的法定代理人或者其他人员,除依法行使刑事诉讼法第二百八十一条第二款规定的权利外,经法庭同意,可以参与对未成年被告人的法庭教育等工作。

适用简易程序审理未成年人刑事案件,适用前两款规定。

第五百五十六条 询问未成年被害人、证人,适用前条规定。

审理未成年人遭受性侵害或者暴力伤害案件,在询问未成年被害人、证人时,应当采取同步录音录像等措施,尽量一次完成;未成年被害人、证人是女性的,应当由女性工作人员进行。

第五百五十七条 开庭审理时被告人不满十八周岁的案件,一律不公开审理。经未成年被告人及其法定代理人同意,未成年被告人所在学校和未成年人保护组织可以派代表到场。到场代表的人数和范围,由法庭决定。经法庭同意,到场代表可以参与对未成年被告人的法庭教育工作。

对依法公开审理,但可能需要封存犯罪记录的案件,不得组织人员旁听;有旁听人员的,应当告知其不得传播案件信息。

第五百五十八条 开庭审理涉及未成年人的刑事案件,未成年被害人、证人一般不出庭作证;必须出庭的,应当采取保护其隐私的技术手段和心理干预等保护措施。

第五百五十九条 审理涉及未成年人的刑事案件,不得向外界披露未成年人的姓名、住所、照片以及可能推断出未成年人身份的其他资料。

查阅、摘抄、复制的案卷材料,涉及未成年人的,不得公开和传播。

第五百六十条 人民法院发现有关单位未尽到未成年人教育、管理、救助、看护等保护职责的,应当向该单位提出司法建议。

第五百六十一条 人民法院应当结合实际,根据涉及未成年人刑事案件的特点,开展未成年人法治宣传教育工作。

(接上页)未成年被告人十分抵触法定代理人等情形。经研究认为,上述意见具有实践合理性,但《刑事诉讼法》第二百八十一条第一款明确规定可以通知合适成年人到场的情形是"无法通知、法定代理人不能到场或者法定代理人是共犯"。如作出上述调整,恐会导致与法律规定不一致。具体案件处理中,也可能出现法定代理人以未通知其到场质疑审判程序合法性的问题。当然,对法定代理人不宜到场的情形,可以交由司法实践裁量把握。(2)实践中,有案件讨论过未成年犯罪嫌疑人指认、辨认是否需要通知法定代理人和合适成年人到场的问题。经研究认为,应当通知到场,实践中可以按此把握。——**本评注注**

第五百六十二条　审理未成年人刑事案件,本章没有规定的,适用本解释的有关规定。

第二节　开庭准备

第五百六十三条　人民法院向未成年被告人送达起诉书副本时,应当向其讲明被指控的罪行和有关法律规定,并告知其审判程序和诉讼权利、义务。①

第五百六十四条　审判时不满十八周岁的未成年被告人没有委托辩护人的,人民法院应当通知法律援助机构指派熟悉未成年人身心特点的律师为其提供辩护。②

第五百六十五条　未成年被害人及其法定代理人因经济困难或者其他原因没有委托诉讼代理人的,人民法院应当帮助其申请法律援助。

第五百六十六条　对未成年人刑事案件,人民法院决定适用简易程序审理的,应当征求未成年被告人及其法定代理人、辩护人的意见。上述人员提出异议的,不适用简易程序。

第五百六十七条　被告人实施被指控的犯罪时不满十八周岁,开庭时已满十八周岁、不满二十周岁的,人民法院开庭时,一般应当通知其近亲属到庭。经法庭同意,近亲属可以发表意见。近亲属无法通知、不能到场或者是共犯的,应当记录在案。③

第五百六十八条　对人民检察院移送的关于未成年被告人性格特点、家庭情况、社会交往、成长经历、犯罪原因、犯罪前后的表现、监护教育等情况的调查报告,以及辩护人提交的反映未成年被告人上述情况的书面材料,法庭应当接受。

必要时,人民法院可以委托社区矫正机构、共青团、社会组织等对未成年被

---

① 此外,人民法院在向未成年人的法定代理人及合适成年人送达起诉书副本时,也可以讲明有关规定,确保诉讼的顺利进行。——**本评注注**

② 本条规定的"审判时"宜理解为"立案时",只要人民法院受理案件时系未成年被告人的,就属于应当提供法律援助的情形,即使开庭审理时其已经成年。——**本评注注**

③ 1991年《最高人民法院研究室关于未成年人犯罪案件法定代理人出庭及上诉问题的电话答复》规定,对于开庭时已满十八周岁的被告人,应当通知其原法定代理人到庭,但没有规定原法定代理人的诉讼权利。实践中各地法院做法不尽相同。有意见认为,对于开庭时年龄较大的被告人,完全可以自行辩护,通知原法定代理人到庭没有实际意义,且增加法院的工作负担,不必一律通知。经研究认为,审判时已满十八周岁的被告人,已能够独立行使诉讼权利,一律通知原法定代理人到庭不合实际,故本条自《2012年刑诉法解释》作了修改,并赋予到庭的近亲属发表意见的权利。——**本评注注**

告人的上述情况进行调查,或者自行调查。

第五百六十九条 人民法院根据情况,可以对未成年被告人、被害人、证人进行心理疏导;根据实际需要并经未成年被告人及其法定代理人同意,可以对未成年被告人进行心理测评。

心理疏导、心理测评可以委托专门机构、专业人员进行。

心理测评报告可以作为办理案件和教育未成年人的参考。

第五百七十条 开庭前和休庭时,法庭根据情况,可以安排未成年被告人与其法定代理人或者合适成年人会见。

第三节 审 判

第五百七十一条 人民法院应当在辩护台靠近旁听区一侧为未成年被告人的法定代理人或者合适成年人设置席位。

审理可能判处五年有期徒刑以下刑罚或者过失犯罪的未成年人刑事案件,可以采取适合未成年人特点的方式设置法庭席位。

第五百七十二条 未成年被告人或者其法定代理人当庭拒绝辩护人辩护的,适用本解释第三百一十一条第二款、第三款的规定。

重新开庭后,未成年被告人或者其法定代理人再次当庭拒绝辩护人辩护的,不予准许。重新开庭时被告人已满十八周岁的,可以准许,但不得再另行委托辩护人或者要求另行指派律师,由其自行辩护。

第五百七十三条 法庭审理过程中,审判人员应当根据未成年被告人的智力发育程度和心理状态,使用适合未成年人的语言表达方式。

发现有对未成年被告人威胁、训斥、诱供或者讽刺等情形的,审判长应当制止。

第五百七十四条 控辩双方提出对未成年被告人判处管制、宣告缓刑等量刑建议的,应当向法庭提供有关未成年被告人能够获得监护、帮教以及对所居住社区无重大不良影响的书面材料。

第五百七十五条① 对未成年被告人情况的调查报告,以及辩护人提交的

---

① 需要注意的问题有二:(1)实践中,法庭通知社会调查员出庭说明其作出的社会调查报告,并接受控辩双方和法庭的询问已成为一种效果较好的审查方式。社会调查员当庭对控辩双方和法庭就调查程序、报告内容、形式等提出的疑问进行解释说明,对开展的具体工作进行更详细的介绍,有利于法庭对社会调查报告进行全面、客观的审查。鉴于未成年人社会调查报告内容很丰富,有的可能很长,法庭调查前,控辩双方通常都已收到调查报告的书面材料,基本上没有当庭宣读的必要性,但可以让调查人员出庭就(转下页)

有关未成年被告人情况的书面材料,法庭应当审查并听取控辩双方意见。上述报告和材料可以作为办理案件和教育未成年人的参考。

人民法院可以通知作出调查报告的人员出庭说明情况,接受控辩双方和法庭的询问。

第五百七十六条① 法庭辩论结束后,法庭可以根据未成年人的生理、心理特点和案件情况,对未成年被告人进行法治教育;判决未成年被告人有罪的,宣判后,应当对未成年被告人进行法治教育。

对未成年被告人进行教育,其法定代理人以外的成年亲属或者教师、辅导员等参与有利于感化、挽救未成年人的,人民法院应当邀请其参加有关活动。

适用简易程序审理的案件,对未成年被告人进行法庭教育,适用前两款规定。

第五百七十七条 未成年被告人最后陈述后,法庭应当询问其法定代理人是否补充陈述。

第五百七十八条 对未成年人刑事案件,宣告判决应当公开进行。

对依法应当封存犯罪记录的案件,宣判时,不得组织人员旁听;有旁听人员的,应当告知其不得传播案件信息。

(接上页)调查的过程和结果作必要的说明,并接受控辩双方和法庭的询问。基于此,本条第二款的表述是"出庭说明调查情况"而非"宣读调查报告"。(2)征求意见过程中,有意见建议在本条第二款中增加规定"社会调查员出庭作证,参照适用本解释关于有专门知识的人出庭作证的相关规定"。理由是:本条第一款规定了"调查报告可以作为量刑的参考",直接关系到未成年被告人的人身权利。故从充分保护未成年被告人的角度出发,对于社会调查员出庭的,也应作出相关的程序规定。同时,为避免篇幅过于冗长,建议规定参照适用有专门知识的人出庭的相关条文。经研究认为,作出社会调查报告的人员的角色定位有别于有专门知识的人,其出庭的程序也应不同于有专门知识的人。关于相关人员的出庭具体操作,可以交由司法实践裁量把握。——**本评注注**

① 实践中需要注意的是:(1)如果在宣判之前已进行法庭教育的,宣判有罪后不必再行教育;如果宣判前没有进行教育,则宣判有罪后必须进行教育。(2)被告人及其法定代理人或者辩护人提出无罪意见的,在庭审中不进行法庭教育,但是判决宣告有罪后仍然要进行教育。(3)对未成年被告人进行教育,其法定代理人以外的成年亲属或者教师、辅导员等参与有利于感化、挽救未成年人的,人民法院应当邀请其参加有关活动。(4)法庭教育,可以围绕违法行为对社会的危害和应当受到处罚的必要性、导致违法行为发生的主客观原因及应当吸取的教训、正确对待人民法院的裁判等内容进行。(5)适用简易程序的案件,也应当进行法庭教育。——**本评注注**

第五百七十九条 定期宣告判决的未成年人刑事案件,未成年被告人的法定代理人无法通知、不能到场或者是共犯的,法庭可以通知合适成年人到庭,并在宣判后向未成年被告人的成年亲属送达判决书。①

第四节 执 行

第五百八十条 将未成年罪犯送监执行刑罚或者送交社区矫正时,人民法院应当将有关未成年罪犯的调查报告及其在案件审理中的表现材料,连同有关法律文书,一并送达执行机关。

第五百八十一条 犯罪时不满十八周岁,被判处五年有期徒刑以下刑罚以及免予刑事处罚的未成年人的犯罪记录,应当封存。

司法机关或者有关单位向人民法院申请查询封存的犯罪记录的,应当提供查询的理由和依据。对查询申请,人民法院应当及时作出是否同意的决定。

第五百八十二条 人民法院可以与未成年犯管教所等服刑场所建立联系,了解未成年犯的改造情况,协助做好帮教、改造工作,并可以对正在服刑的未成年罪犯进行回访考察。

第五百八十三条 人民法院认为必要时,可以督促被收监服刑的未成年罪犯的父母或者其他监护人及时探视。

第五百八十四条 对被判处管制、宣告缓刑、裁定假释、决定暂予监外执行的未成年罪犯,人民法院可以协助社区矫正机构制定帮教措施。

第五百八十五条 人民法院可以适时走访被判处管制、宣告缓刑、免予刑事处罚、裁定假释、决定暂予监外执行等的未成年罪犯及其家庭,了解未成年罪犯的管理和教育情况,引导未成年罪犯的家庭承担管教责任,为未成年罪犯改过自新创造良好环境。

第五百八十六条 被判处管制、宣告缓刑、免予刑事处罚、裁定假释、决定暂予监外执行等的未成年罪犯,具备就学、就业条件的,人民法院可以就其安置问题向有关部门提出建议,并附送必要的材料。

另,第八十七条、第九十条、第九十三条、第九十四条对未成年证人证言、未成年被告人供述应当重点审查是否通知其法定代理人或者合适成年人到场,有关人员是否到场,以及有关人员未到场的处理作了规定。(→参见第五十五条后"相关规范集成·证据分类收集提取与审查判断"所附"基本规范",第385、387、388、389页)

---

① 适用本条应当注意的是,合适成年人到庭旁听宣判的,法庭在宣判后应当向未成年被告人的成年亲属送达判决书,但可以不向其他代表送达判决书。——**本评注注**

《公安机关办理刑事案件程序规定》(公安部令第159号修正,修正后自2020年9月1日起施行)

第十章 特别程序

第一节 未成年人刑事案件诉讼程序

第三百一十七条 公安机关办理未成年人刑事案件,实行教育、感化、挽救的方针,坚持教育为主、惩罚为辅的原则。

第三百一十八条 公安机关办理未成年人刑事案件,应当保障未成年人行使其诉讼权利并得到法律帮助,依法保护未成年人的名誉和隐私,尊重其人格尊严。

第三百一十九条 公安机关应当设置专门机构或者配备专职人员办理未成年人刑事案件。

未成年人刑事案件应当由熟悉未成年人身心特点、善于做未成年人思想教育工作,具有一定办案经验的人员办理。

第三百二十条 未成年犯罪嫌疑人没有委托辩护人的,公安机关应当通知法律援助机构指派律师为其提供辩护。

第三百二十一条 公安机关办理未成年人刑事案件时,应当重点查清未成年犯罪嫌疑人实施犯罪行为时是否已满十四周岁、十六周岁、十八周岁的临界年龄。

第三百二十二条 公安机关办理未成年人刑事案件,根据情况可以对未成年犯罪嫌疑人的成长经历、犯罪原因、监护教育等情况进行调查并制作调查报告。

作出调查报告的,在提请批准逮捕、移送审查起诉时,应当结合案情综合考虑,并将调查报告与案卷材料一并移送人民检察院。

第三百二十三条 讯问未成年犯罪嫌疑人,应当通知未成年犯罪嫌疑人的法定代理人到场。无法通知、法定代理人不能到场或者法定代理人是共犯的,也可以通知未成年犯罪嫌疑人的其他成年亲属,所在学校、单位、居住地或者办案单位所在地基层组织或者未成年人保护组织的代表到场,并将有关情况记录在案。到场的法定代理人可以代为行使未成年犯罪嫌疑人的诉讼权利。

到场的法定代理人或者其他人员提出侦查人员在讯问中侵犯未成年人合法权益的,公安机关应当认真核查,依法处理。

第三百二十四条 讯问未成年犯罪嫌疑人应当采取适合未成年人的方式,耐心细致地听取其供述或者辩解,认真审核、查证与案件有关的证据和线索,并针对其思想顾虑、恐惧心理、抵触情绪进行疏导和教育。

讯问女性未成年犯罪嫌疑人,应当有女工作人员在场。

第三百二十五条 讯问笔录应当交未成年犯罪嫌疑人、到场的法定代理人或者其他人员阅读或者向其宣读；对笔录内容有异议的，应当核实清楚，准予更正或者补充。

第三百二十六条 询问未成年被害人、证人，适用本规定第三百二十三条、第三百二十四条、第三百二十五条的规定。

询问未成年被害人、证人，应当以适当的方式进行，注意保护其隐私和名誉，尽可能减少询问频次，避免造成二次伤害。必要时，可以聘请熟悉未成年人身心特点的专业人员协助。

第三百二十七条 对未成年犯罪嫌疑人应当严格限制和尽量减少使用逮捕措施。

未成年犯罪嫌疑人被拘留、逮捕后服从管理、依法变更强制措施不致发生社会危险性，能够保证诉讼正常进行的，公安机关应当依法及时变更强制措施；人民检察院批准逮捕的案件，公安机关应当将变更强制措施情况及时通知人民检察院。

第三百二十八条 对被羁押的未成年人应当与成年人分别关押、分别管理、分别教育，并根据其生理和心理特点在生活和学习方面给予照顾。

第三百二十九条 人民检察院在对未成年人作出附条件不起诉的决定前，听取公安机关意见时，公安机关应当提出书面意见，经县级以上公安机关负责人批准，移送同级人民检察院。

第三百三十条 认为人民检察院作出的附条件不起诉决定有错误的，应当在收到不起诉决定书后七日以内制作要求复议意见书，经县级以上公安机关负责人批准，移送同级人民检察院复议。

要求复议的意见不被接受的，可以在收到人民检察院的复议决定书后七日以内制作提请复核意见书，经县级以上公安机关负责人批准后，连同人民检察院的复议决定书，一并提请上一级人民检察院复核。

第三百三十一条 未成年人犯罪的时候不满十八周岁，被判处五年有期徒刑以下刑罚的，公安机关应当依据人民法院已经生效的判决书，将该未成年人的犯罪记录予以封存。

犯罪记录被封存的，除司法机关为办案需要或者有关单位根据国家规定进行查询外，公安机关不得向其他任何单位和个人提供。

被封存犯罪记录的未成年人，如果发现漏罪，合并被判处五年有期徒刑以上刑罚的，应当对其犯罪记录解除封存。

第三百三十二条 办理未成年人刑事案件，除本节已有规定的以外，按照本规定的其他规定进行。

《**海警机构办理刑事案件程序规定**》(中国海警局令第1号,自2023年6月15日起施行)

第九章 特别程序
第一节 未成年人刑事案件诉讼程序

第二百八十九条 海警机构办理未成年人刑事案件,实行教育、感化、挽救的方针,坚持教育为主、惩罚为辅的原则。

第二百九十条 海警机构办理未成年人刑事案件,应当保障未成年人行使其诉讼权利并得到法律帮助,依法保护未成年人的名誉和隐私,尊重其人格尊严。

第二百九十一条 未成年人刑事案件应当由熟悉未成年人身心特点、善于做未成年人思想教育工作、具有一定办案经验的侦查人员办理。

第二百九十二条 未成年犯罪嫌疑人没有委托辩护人的,海警机构应当通知法律援助机构指派律师为其提供辩护。

第二百九十三条 海警机构办理未成年人刑事案件时,应当重点查清未成年犯罪嫌疑人实施犯罪行为时是否已满十二周岁、十四周岁、十六周岁、十八周岁的临界年龄。

第二百九十四条 海警机构办理未成年人刑事案件,根据情况可以对未成年犯罪嫌疑人的成长经历、犯罪原因、监护教育等情况进行调查并制作调查报告。

作出调查报告的,在提请批准逮捕、移送审查起诉时,应当结合案情综合考虑,并将调查报告与案卷材料一并移送人民检察院。

第二百九十五条 讯问未成年犯罪嫌疑人,应当通知未成年犯罪嫌疑人的法定代理人到场。无法通知、法定代理人不能到场或者法定代理人是共犯的,也可以通知未成年犯罪嫌疑人的其他成年亲属,所在学校、单位、居住地或者海警机构所在地基层组织或者未成年人保护组织的代表到场,并将有关情况记录在案。到场的法定代理人可以代为行使未成年犯罪嫌疑人的诉讼权利。

到场的法定代理人或者其他人员提出侦查人员在讯问中侵犯未成年人合法权益的,海警机构应当认真核查,依法处理。

第二百九十六条 讯问未成年犯罪嫌疑人应当采取适合未成年人的方式,耐心细致地听取其供述或者辩解,认真审核、查证与案件有关的证据和线索,并针对其思想顾虑、恐惧心理、抵触情绪进行疏导和教育。

讯问女性未成年犯罪嫌疑人,应当有女工作人员在场。

第二百九十七条 讯问笔录应当交未成年犯罪嫌疑人、到场的法定代理人或者其他人员阅读或者向其宣读;对笔录内容有异议的,应当核实清楚,准予更正或者补充。

第二百九十八条 询问未成年被害人、证人,适用本规定第二百九十五条、第二百九十六条、第二百九十七条的规定。

询问未成年被害人、证人,应当以适当的方式进行,注意保护其隐私和名誉,尽可能减少询问频次,避免造成二次伤害。必要时,可以聘请熟悉未成年人身心特点的专业人员协助。

第二百九十九条 对未成年犯罪嫌疑人应当严格限制和尽量减少使用逮捕措施。

未成年犯罪嫌疑人被拘留、逮捕后服从管理,依法变更强制措施不致发生社会危险性,能够保证诉讼正常进行的,海警机构应当依法及时变更强制措施;人民检察院批准逮捕的案件,海警机构应当将变更强制措施情况及时通知人民检察院。

第三百条 人民检察院在对未成年人作出附条件不起诉的决定前,听取海警机构意见时,海警机构应当提出书面意见,经海警机构负责人批准,移送所在地相应人民检察院。

第三百零一条 认为人民检察院作出的附条件不起诉决定有错误的,应当在收到不起诉决定书后七日以内制作要求复议意见书,经海警机构负责人批准,移送所在地相应人民检察院复议。

要求复议的意见不被接受的,可以在收到人民检察院的复议决定书后七日以内制作提请复核意见书,经海警机构负责人批准后,连同人民检察院的复议决定书,一并提请上一级人民检察院复核。

第三百零二条 未成年人犯罪的时候不满十八周岁,被判处五年有期徒刑以下刑罚的,海警机构应当依据人民法院已经生效的判决书,将该未成年人的犯罪记录予以封存。

犯罪记录被封存的,除司法机关为办案需要或者有关单位根据国家规定进行查询外,海警机构不得向其他任何单位和个人提供。

被封存犯罪记录的未成年人,如果发现漏罪,合并被判处五年有期徒刑以上刑罚的,应当对其犯罪记录解除封存。

第三百零三条 办理未成年人刑事案件,除本节已有规定的以外,按照本规定的其他规定进行。

其他规范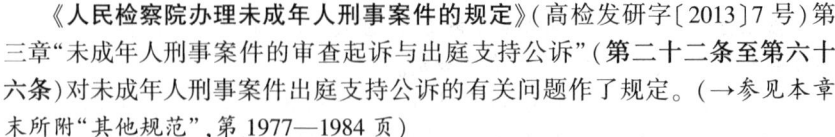

第281条

《人民检察院办理未成年人刑事案件的规定》(高检发研字〔2013〕7号)第三章"未成年人刑事案件的审查起诉与出庭支持公诉"(第二十二条至第六十六条)对未成年人刑事案件出庭支持公诉的有关问题作了规定。(→参见本章末所附"其他规范",第1977—1984页)

《未成年人刑事检察工作指引(试行)》(高检发未检字〔2017〕1号)第二章"特殊检察制度"第二节"社会调查"(第二十八条至第四十五条)对人民检察院办理未成年人刑事案件所涉社会调查的有关问题作了规定,第三章"讯问未成年犯罪嫌疑人"、第四章"询问未成年被害人、证人"(第九十四条至第一百四十三条)对人民检察院讯问未成年犯罪嫌疑人、询问未成年被害人、证人的有关问题作了规定,第六章"未成年人刑事案件审查起诉"第五节"出席法庭"(第二百一十六条至二百二十一条)对出席未成年人刑事案件法庭的有关问题作了规定。(→参见本章末所附"其他规范",第1991—1994、2005—2012、2030—2031页)

《最高人民法院、最高人民检察院、公安部、司法部关于办理性侵害未成年人刑事案件的意见》(高检发〔2023〕4号,自2023年6月1日起施行)

为深入贯彻习近平法治思想,依法惩治性侵害未成年人犯罪,规范办理性侵害未成年人刑事案件,加强未成年人司法保护,根据《中华人民共和国刑法》《中华人民共和国刑事诉讼法》《中华人民共和国未成年人保护法》等相关法律规定,结合司法实际,制定本意见。

一、总 则

第一条 本意见所称性侵害未成年人犯罪,包括《中华人民共和国刑法》第二百三十六条、第二百三十六条之一、第二百三十七条、第三百五十八条、第三百五十九条规定的针对未成年人实施的强奸罪,负有照护职责人员性侵罪,强制猥亵、侮辱罪,猥亵儿童罪,组织卖淫罪,强迫卖淫罪,协助组织卖淫罪,引诱、容留、介绍卖淫罪,引诱幼女卖淫罪等。

第二条 办理性侵害未成年人刑事案件,应当坚持以下原则:

(一)依法从严惩处性侵害未成年人犯罪;

(二)坚持最有利于未成年人原则,充分考虑未成年人身心发育尚未成熟、易受伤害等特点,切实保障未成年人的合法权益;

(三)坚持双向保护原则,对于未成年人实施性侵害未成年人犯罪的,在依法保护未成年被害人的合法权益时,也要依法保护未成年犯罪嫌疑人、未成年被告人的合法权益。

第三条 人民法院、人民检察院、公安机关应当确定专门机构或者指定熟悉未成年人身心特点的专门人员,负责办理性侵害未成年人刑事案件。未成年被害人系女性的,应当有女性工作人员参与。

法律援助机构应当指派熟悉未成年人身心特点的律师为未成年人提供法律援助。

第四条 人民法院、人民检察院在办理性侵害未成年人刑事案件中发现社会治理漏洞的,依法提出司法建议、检察建议。

人民检察院依法对涉及性侵害未成年人的诉讼活动等进行监督,发现违法情形的,应当及时提出监督意见。发现未成年人合法权益受到侵犯,涉及公共利益的,应当依法提起公益诉讼。

二、案件办理

第五条 公安机关接到未成年人被性侵害的报案、控告、举报,应当及时受理,迅速审查。符合刑事立案条件的,应当立即立案侦查,重大、疑难、复杂案件立案审查期限原则上不超过七日。具有下列情形之一,公安机关应当在受理后直接立案侦查:

(一)精神发育明显迟滞的未成年人或者不满十四周岁的未成年人怀孕、妊娠终止或者分娩的;

(二)未成年人的生殖器官或者隐私部位遭受明显非正常损伤的;

(三)未成年人被组织、强迫、引诱、容留、介绍卖淫的;

(四)其他有证据证明性侵害未成年人犯罪发生的。

第六条 公安机关发现可能有未成年人被性侵害或者接报相关线索的,无论案件是否属于本单位管辖,都应当及时采取制止侵害行为、保护被害人、保护现场等紧急措施。必要时,应当通报有关部门对被害人予以临时安置、救助。

第七条 公安机关受理案件后,经过审查,认为有犯罪事实需要追究刑事责任,但因犯罪地、犯罪嫌疑人无法确定,管辖权不明的,受理案件的公安机关应当先立案侦查,经过侦查明确管辖后,及时将案件及证据材料移送有管辖权的公安机关。

第八条 人民检察院、公安机关办理性侵害未成年人刑事案件,应当坚持分工负责、互相配合、互相制约,加强侦查监督与协作配合,健全完善信息双向共享机制,形成合力。在侦查过程中,公安机关可以商请人民检察院就案件定性、证据收集、法律适用、未成年人保护要求等提出意见建议。

第九条 人民检察院认为公安机关应当立案侦查而不立案侦查的,或者被害人及其法定代理人、对未成年人负有特殊职责的人员据此向人民检察院提出异议,经审查其诉求合理的,人民检察院应当要求公安机关说明不立案的理由。人民检察院认为不立案理由不成立的,应当通知公安机关立案,公安机关接到通知后应当立案。

第十条 对性侵害未成年人的成年犯罪嫌疑人、被告人,应当依法从严把握适用非羁押强制措施,依法追诉,从严惩处。

第十一条 公安机关办理性侵害未成年人刑事案件,在提请批准逮捕、移送起诉时,案卷材料中应当包含证明案件来源与案发过程的有关材料和犯罪嫌疑人归案(抓获)情况的说明等。

第十二条 人民法院、人民检察院办理性侵害未成年人案件,应当及时告知未成年被害人及其法定代理人或者近亲属有权委托诉讼代理人,并告知其有权依法申请法律援助。

第十三条 人民法院、人民检察院、公安机关办理性侵害未成年人刑事案件,除有碍案件办理的情形外,应当将案件进展情况、案件处理结果及时告知未成年被害人及其法定代理人,并对有关情况予以说明。

第十四条 人民法院确定性侵害未成年人刑事案件开庭日期后,应当将开庭的时间、地点通知未成年被害人及其法定代理人。

第十五条 人民法院开庭审理性侵害未成年人刑事案件,未成年被害人、证人一般不出庭作证。确有必要出庭的,应当根据案件情况采取不暴露外貌、真实声音等保护措施,或者采取视频等方式播放询问未成年人的录音录像,播放视频亦应当采取技术处理等保护措施。

被告人及其辩护人当庭发问的方式或者内容不当,可能对未成年被害人、证人造成身心伤害的,审判长应当及时制止。未成年被害人、证人在庭审中出现恐慌、紧张、激动、抗拒等影响庭审正常进行的情形的,审判长应当宣布休庭,并采取相应的情绪安抚疏导措施,评估未成年被害人、证人继续出庭作证的必要性。

第十六条 办理性侵害未成年人刑事案件,对于涉及未成年人的身份信息及可能推断出身份信息的资料和涉及性侵害的细节等内容,审判人员、检察人员、侦查人员、律师及参与诉讼、知晓案情的相关人员应当保密。

对外公开的诉讼文书,不得披露未成年人身份信息及可能推断出身份信息的其他资料,对性侵害的事实必须以适当方式叙述。

办案人员到未成年人及其亲属所在学校、单位、住所调查取证的,应当避免驾驶警车、穿着制服或者采取其他可能暴露未成年人身份、影响未成年人名誉、隐私的方式。

第十七条 知道或者应当知道对方是不满十四周岁的幼女,而实施奸淫等性侵害行为的,应当认定行为人"明知"对方是幼女。

对不满十二周岁的被害人实施奸淫等性侵害行为的,应当认定行为人"明知"对方是幼女。

对已满十二周岁不满十四周岁的被害人,从其身体发育状况、言谈举止、衣着特征、生活作息规律等观察可能是幼女,而实施奸淫等性侵害行为的,应当认定行为人"明知"对方是幼女。

第十八条　在校园、游泳馆、儿童游乐场、学生集体宿舍等公共场所对未成年人实施强奸、猥亵犯罪,只要有其他多人在场,不论在场人员是否实际看到,均可以依照刑法第二百三十六条第三款、第二百三十七条的规定,认定为在公共场所"当众"强奸、猥亵。

第十九条　外国人在中华人民共和国领域内实施强奸、猥亵未成年人等犯罪的,在依法判处刑罚时,可以附加适用驱逐出境。对于尚不构成犯罪但构成违反治安管理行为的,或者有性侵害未成年人犯罪记录不适宜在境内继续停留居留的,公安机关可以依法适用限期出境或者驱逐出境。

第二十条　对性侵害未成年人的成年犯罪分子严格把握减刑、假释、暂予监外执行的适用条件。纳入社区矫正的,应当严管严控。

三、证据收集与审查判断

第二十一条　公安机关办理性侵害未成年人刑事案件,应当依照法定程序,及时、全面收集固定证据。对与犯罪有关的场所、物品、人身等及时进行勘验、检查,提取与案件有关的痕迹、物证、生物样本;及时调取与案件有关的住宿、通行、银行交易记录等书证,现场监控录像等视听资料,手机短信、即时通讯记录、社交软件记录、手机支付记录、音视频、网盘资料等电子数据。视听资料、电子数据等证据因保管不善灭失的,应当向原始数据存储单位重新调取,或者提交专业机构进行技术性恢复、修复。

第二十二条　未成年被害人陈述、未成年证人证言中提到其他犯罪线索,属于公安机关管辖的,公安机关应当及时调查核实;属于其他机关管辖的,应当移送有管辖权的机关。

具有密切接触未成年人便利条件的人员涉嫌性侵害未成年人犯罪的,公安机关应当注意摸排犯罪嫌疑人可能接触到的其他未成年人,以便全面查清犯罪事实。

对于发生在犯罪嫌疑人住所周边或者相同、类似场所且犯罪手法雷同的性侵害案件,符合并案条件的,应当及时并案侦查,防止遗漏犯罪事实。

第二十三条　询问未成年被害人,应当选择"一站式"取证场所、未成年人住所或者其他让未成年人心理上感到安全的场所进行,并通知法定代理人到场。

法定代理人不能到场或者不宜到场的,应当通知其他合适成年人到场,并将相关情况记录在案。

询问未成年被害人,应当采取和缓的方式,以未成年人能够理解和接受的语言进行。坚持一次询问原则,尽可能避免多次反复询问,造成次生伤害。确有必要再次询问的,应当针对确有疑问需要核实的内容进行。

询问女性未成年被害人应当由女性工作人员进行。

第二十四条　询问未成年被害人应当进行同步录音录像。录音录像应当全程不间断进行,不得选择性录制,不得剪接、删改。录音录像声音、图像应当清晰稳定,被询问人面部应当清楚可辨,能够真实反映未成年被害人回答询问的状态。录音录像应当随案移送。

第二十五条　询问未成年被害人应当问明与性侵害犯罪有关的事实及情节,包括被害人的年龄等身份信息、与犯罪嫌疑人、被告人交往情况、侵害方式、时间、地点、次数、后果等。

询问尽量让被害人自由陈述,不得诱导,并将提问和未成年被害人的回答记录清楚。记录应当保持未成年人的语言特点,不得随意加工或者归纳。

第二十六条　未成年被害人陈述和犯罪嫌疑人、被告人供述中具有特殊性、非亲历不可知的细节,包括身体特征、行为特征和环境特征等,办案机关应当及时通过人身检查、现场勘查等调查取证方法固定证据。

第二十七条　能够证实未成年被害人和犯罪嫌疑人、被告人相识交往、矛盾纠纷及其异常表现、特殊癖好等情况,对完善证据链条、查清全部案情具有证明作用的证据,应当全面收集。

第二十八条　能够证实未成年人被性侵害后心理状况或者行为表现的证据,应当全面收集。未成年被害人出现心理创伤、精神抑郁或者自杀、自残等伤害后果的,应当及时检查、鉴定。

第二十九条　认定性侵害未成年人犯罪,应当坚持事实清楚、证据确实、充分,排除合理怀疑的证明标准。对案件事实的认定要立足证据,结合经验常识,考虑性侵害案件的特殊性和未成年人的身心特点,准确理解和把握证明标准。

第三十条　对未成年被害人陈述,应当着重审查陈述形成的时间、背景,被害人年龄、认知、记忆和表达能力,生理和精神状态是否影响陈述的自愿性、完整性,陈述与其他证据之间能否相互印证,有无矛盾。

低龄未成年人对被侵害细节前后陈述存在不一致的,应当考虑其身心特点,综合判断其陈述的主要事实是否客观、真实。

未成年被害人陈述了与犯罪嫌疑人、被告人或者性侵害事实相关的非亲历不可知的细节，并且可以排除指证、诱证、诬告、陷害可能的，一般应当采信。

未成年被害人询问笔录记载的内容与询问同步录音录像记载的内容不一致的，应当结合同步录音录像记载准确客观认定。

对未成年证人证言的审查判断，依照本条前四款规定进行。

第三十一条 对十四周岁以上未成年被害人真实意志的判断，不以其明确表示反对或者同意为唯一证据，应当结合未成年被害人的年龄、身体状况、被侵害前后表现以及双方关系、案发环境、案发过程等进行综合判断。

四、未成年被害人保护与救助

第三十二条 人民法院、人民检察院、公安机关办理性侵害未成年人刑事案件，应当根据未成年被害人的实际需要及当地情况，协调有关部门为未成年被害人提供心理疏导、临时照料、医疗救治、转学安置、经济帮扶等救助保护措施。

第三十三条 犯罪嫌疑人到案后，办案人员应当第一时间了解其有无艾滋病，发现犯罪嫌疑人患有艾滋病的，在征得未成年被害人监护人同意后，应当及时配合或者会同有关部门对未成年被害人采取阻断治疗等保护措施。

第三十四条 人民法院、人民检察院、公安机关办理性侵害未成年人刑事案件，发现未成年人的父母或者其他监护人不依法履行监护职责或者侵犯未成年人合法权益的，应当予以训诫，并书面督促其依法履行监护职责。必要时，可以责令未成年人父母或者其他监护人接受家庭教育指导。

第三十五条 未成年人受到监护人性侵害，其他具有监护资格的人员、民政部门等有关单位和组织向人民法院提出申请，要求撤销监护人资格，另行指定监护人的，人民法院依法予以支持。

有关个人和组织未及时向人民法院申请撤销监护人资格的，人民检察院可以依法督促、支持其提起诉讼。

第三十六条 对未成年人因被性侵害而造成人身损害，不能及时获得有效赔偿，生活困难的，人民法院、人民检察院、公安机关可会同有关部门，优先考虑予以救助。

五、其 他

第三十七条 人民法院、人民检察院、公安机关、司法行政机关应当积极推动侵害未成年人案件强制报告制度落实。未履行报告义务造成严重后果的，应当依照《中华人民共和国未成年人保护法》等法律法规追究责任。

第三十八条 人民法院、人民检察院、公安机关、司法行政机关应当推动密切接触未成年人相关行业依法建立完善准入查询性侵害违法犯罪信息制度，建立性侵害违法犯罪人员信息库,协助密切接触未成年人单位开展信息查询工作。

第三十九条　办案机关应当建立完善性侵害未成年人案件"一站式"办案救助机制,通过设立专门场所、配置专用设备、完善工作流程和引入专业社会力量等方式,尽可能一次性完成询问、人身检查、生物样本采集、侦查辨认等取证工作,同步开展救助保护工作。

六、附　　则

第四十条　本意见自 2023 年 6 月 1 日起施行。本意见施行后,《最高人民法院 最高人民检察院 公安部 司法部关于依法惩治性侵害未成年人犯罪的意见》(法发〔2013〕12 号)同时废止。

第二百八十二条　【附条件不起诉】对于未成年人涉嫌刑法分则第四章、第五章、第六章规定的犯罪,可能判处一年有期徒刑以下刑罚,符合起诉条件,但有悔罪表现的,人民检察院可以作出附条件不起诉的决定。人民检察院在作出附条件不起诉的决定以前,应当听取公安机关、被害人的意见。

对附条件不起诉的决定,公安机关要求复议、提请复核或者被害人申诉的,适用本法第一百七十九条、第一百八十条的规定。

未成年犯罪嫌疑人及其法定代理人对人民检察院决定附条件不起诉有异议的,人民检察院应当作出起诉的决定。

第二百八十三条　【对附条件不起诉未成年犯罪嫌疑人的监督考察】在附条件不起诉的考验期内,由人民检察院对被附条件不起诉的未成年犯罪嫌疑人进行监督考察。未成年犯罪嫌疑人的监护人,应当对未成年犯罪嫌疑人加强管教,配合人民检察院做好监督考察工作。

附条件不起诉的考验期为六个月以上一年以下,从人民检察院作出附条件不起诉的决定之日起计算。

被附条件不起诉的未成年犯罪嫌疑人,应当遵守下列规定:

(一)遵守法律法规,服从监督;

(二)按照考察机关的规定报告自己的活动情况;

(三)离开所居住的市、县或者迁居,应当报经考察机关批准;

(四)按照考察机关的要求接受矫治和教育。

第二百八十四条　【附条件不起诉的撤销与不起诉决定】被附条件不起诉的未成年犯罪嫌疑人,在考验期内有下列情形之一的,人民检察院应当撤销附条件不起诉的决定,提起公诉:

（一）实施新的犯罪或者发现决定附条件不起诉以前还有其他犯罪需要追诉的；

（二）违反治安管理规定或者考察机关有关附条件不起诉的监督管理规定，情节严重的。

被附条件不起诉的未成年犯罪嫌疑人，在考验期内没有上述情形，考验期满的，人民检察院应当作出不起诉的决定。

立法沿革

本三条系 2012 年《刑事诉讼法修改决定》增加的规定，2018 年修改《刑事诉讼法》时未作修改，仅对所引用的条文序号作了调整。

立法解释

《全国人民代表大会常务委员会关于〈中华人民共和国刑事诉讼法〉第二百七十一条第二款的解释》(自 2014 年 4 月 24 日起施行)①

全国人民代表大会常务委员会根据司法实践中遇到的情况，讨论了刑事诉讼法第二百七十一条第二款的含义及被害人对附条件不起诉的案件能否依照第一百七十六条的规定向人民法院起诉的问题，解释如下：

人民检察院办理未成年人刑事案件，在作出附条件不起诉的决定以及考验期满作出不起诉的决定以前，应当听取被害人的意见。被害人对人民检察院对未成年犯罪嫌疑人作出的附条件不起诉的决定和不起诉的决定，可以向上一级人民检察院申诉，不适用刑事诉讼法第一百七十六条关于被害人可以向人民法院起诉的规定。

现予公告。

基本规范

《最高人民法院关于适用〈中华人民共和国刑事诉讼法〉的解释》(法释〔2021〕1号，自 2021 年 3 月 1 日起施行)第三百二十条对不服人民检察院对未成年犯罪嫌疑人作出的附条件不起诉决定或者附条件不起诉考验期满后作出的不起诉决定，向人民法院提起自诉的处理规则作了规定。(→参见第二百一

---

① 本立法解释系针对 2012 年《刑事诉讼法》所作解释，其中涉及的"刑事诉讼法第二百七十一条第二款"在现行《刑事诉讼法》中为第二百八十二条第二款，"刑事诉讼法第一百七十六条"在现行《刑事诉讼法》中为第一百八十条。——**本评注注**

十一条所附"基本规范",第 1498 页)

《**人民检察院刑事诉讼规则**》(高检发释字〔2019〕4 号,自 2019 年 12 月 30 日起施行)

第十二章 特别程序

第一节 未成年人刑事案件诉讼程序

第四百五十七条 人民检察院办理未成年人刑事案件,应当贯彻"教育、感化、挽救"方针和"教育为主、惩罚为辅"的原则,坚持优先保护、特殊保护、双向保护,以帮助教育和预防重新犯罪为目的。

人民检察院可以借助社会力量开展帮助教育未成年人的工作。

第四百五十八条 人民检察院应当指定熟悉未成年人身心特点的检察人员办理未成年人刑事案件。

第四百五十九条 人民检察院办理未成年人与成年人共同犯罪案件,一般应当对未成年人与成年人分案办理、分别起诉。不宜分案处理的,应当对未成年人采取隐私保护、快速办理等特殊保护措施。

第四百六十条 人民检察院受理案件后,应当向未成年犯罪嫌疑人及其法定代理人了解其委托辩护人的情况,并告知其有权委托辩护人。

未成年犯罪嫌疑人没有委托辩护人的,人民检察院应当书面通知法律援助机构指派律师为其提供辩护。

对于公安机关未通知法律援助机构指派律师为未成年犯罪嫌疑人提供辩护的,人民检察院应当提出纠正意见。

第四百六十一条 人民检察院根据情况可以对未成年犯罪嫌疑人的成长经历、犯罪原因、监护教育等情况进行调查,并制作社会调查报告,作为办案和教育的参考。

人民检察院开展社会调查,可以委托有关组织和机构进行。开展社会调查应当尊重和保护未成年人隐私,不得向不知情人员泄露未成年犯罪嫌疑人的涉案信息。

人民检察院应当对公安机关移送的社会调查报告进行审查。必要时,可以进行补充调查。

人民检察院制作的社会调查报告应当随案移送人民法院。

第四百六十二条 人民检察院对未成年犯罪嫌疑人审查逮捕,应当根据未成年犯罪嫌疑人涉嫌犯罪的性质、情节、主观恶性、有无监护与社会帮教条件、认罪认罚等情况,综合衡量其社会危险性,严格限制适用逮捕措施。

第四百六十三条 对于罪行较轻,具备有效监护条件或者社会帮教措施,没有社会危险性或者社会危险性较小的未成年犯罪嫌疑人,应当不批准逮捕。

对于罪行比较严重,但主观恶性不大,有悔罪表现,具备有效监护条件或者社会帮教措施,具有下列情形之一,不逮捕不致发生社会危险性的未成年犯罪嫌疑人,可以不批准逮捕:

(一)初次犯罪、过失犯罪的;

(二)犯罪预备、中止、未遂的;

(三)防卫过当、避险过当的;

(四)有自首或者立功表现的;

(五)犯罪后认罪认罚,或者积极退赃,尽力减少和赔偿损失,被害人谅解的;

(六)不属于共同犯罪的主犯或者集团犯罪中的首要分子的;

(七)属于已满十四周岁不满十六周岁的未成年人或者系在校学生的;

(八)其他可以不批准逮捕的情形。

对于没有固定住所、无法提供保证人的未成年犯罪嫌疑人适用取保候审的,可以指定合适的成年人作为保证人。

第四百六十四条 审查逮捕未成年犯罪嫌疑人,应当重点查清其是否已满十四、十六、十八周岁。

对犯罪嫌疑人实际年龄难以判断,影响对该犯罪嫌疑人是否应当负刑事责任认定的,应当不批准逮捕。需要补充侦查的,同时通知公安机关。

第四百六十五条 在审查逮捕、审查起诉中,人民检察院应当讯问未成年犯罪嫌疑人,听取辩护人的意见,并制作笔录入卷。辩护人提出书面意见的,应当附卷。对于辩护人提出犯罪嫌疑人无罪、罪轻或者减轻、免除刑事责任、不适宜羁押或者侦查活动有违法情形等意见的,检察人员应当进行审查,并在相关工作文书中叙明辩护人提出的意见,说明是否采纳的情况和理由。

讯问未成年犯罪嫌疑人,应当通知其法定代理人到场,告知法定代理人依法享有的诉讼权利和应当履行的义务。到场的法定代理人可以代为行使未成年犯罪嫌疑人的诉讼权利,代为行使权利时不得损害未成年犯罪嫌疑人的合法权益。

无法通知、法定代理人不能到场或者法定代理人是共犯的,也可以通知未成年犯罪嫌疑人的其他成年亲属,所在学校、单位或者居住地的村民委员会、居民委员会、未成年人保护组织的代表到场,并将有关情况记录在案。未成年犯罪嫌疑人明确拒绝法定代理人以外的合适成年人到场,且有正当理由的,人民检察院可以准许,但应当在征求其意见后通知其他合适成年人到场。

到场的法定代理人或者其他人员认为检察人员在讯问中侵犯未成年犯罪嫌

疑人合法权益提出意见的，人民检察院应当记录在案。对合理意见，应当接受并纠正。讯问笔录应当交由到场的法定代理人或者其他人员阅读或者向其宣读，并由其在笔录上签名或者盖章，并捺指印。

讯问女性未成年犯罪嫌疑人，应当有女性检察人员参加。

询问未成年被害人、证人，适用本条第二款至第五款的规定。询问应当以一次为原则，避免反复询问。

第四百六十六条 讯问未成年犯罪嫌疑人应当保护其人格尊严。

讯问未成年犯罪嫌疑人一般不得使用戒具。对于确有人身危险性必须使用戒具的，在现实危险消除后应当立即停止使用。

第四百六十七条 未成年犯罪嫌疑人认罪认罚的，人民检察院应当告知本人及其法定代理人享有的诉讼权利和认罪认罚的法律规定，并依照刑事诉讼法第一百七十三条的规定，听取、记录未成年犯罪嫌疑人及其法定代理人、辩护人、被害人及其诉讼代理人的意见。

第四百六十八条 未成年犯罪嫌疑人认罪认罚的，应当在法定代理人、辩护人在场的情况下签署认罪认罚具结书。法定代理人、辩护人对认罪认罚有异议的，不需要签署具结书。

因未成年犯罪嫌疑人的法定代理人、辩护人对其认罪认罚有异议而不签署具结书的，人民检察院应当对未成年人认罪认罚情况，法定代理人、辩护人的异议情况如实记录。提起公诉的，应当将该材料与其他案卷材料一并移送人民法院。

未成年犯罪嫌疑人的法定代理人、辩护人对认罪认罚有异议而不签署具结书的，不影响从宽处理。

法定代理人无法到场的，合适成年人可以代为行使到场权、知情权、异议权等。法定代理人未到场的原因以及听取合适成年人意见等情况应当记录在案。

第四百六十九条 对于符合刑事诉讼法第二百八十二条第一款规定条件的未成年人刑事案件，人民检察院可以作出附条件不起诉的决定。

人民检察院在作出附条件不起诉的决定以前，应当听取公安机关、被害人、未成年犯罪嫌疑人及其法定代理人、辩护人的意见，并制作笔录附卷。

第四百七十条 未成年犯罪嫌疑人及其法定代理人对拟作出附条件不起诉决定提出异议的，人民检察院应当提起公诉。但是，未成年犯罪嫌疑人及其法定代理人提出无罪辩解，人民检察院经审查认为无罪辩解理由成立的，应当按照本规则第三百六十五条的规定作出不起诉决定。

未成年犯罪嫌疑人及其法定代理人对案件作附条件不起诉处理没有异

议,仅对所附条件及考验期有异议的,人民检察院可以依法采纳其合理的意见,对考察的内容、方式、时间等进行调整;其意见不利于对未成年犯罪嫌疑人帮教,人民检察院不采纳的,应当进行释法说理。

人民检察院作出起诉决定前,未成年犯罪嫌疑人及其法定代理人撤回异议的,人民检察院可以依法作出附条件不起诉决定。

第四百七十一条　人民检察院作出附条件不起诉的决定后,应当制作附条件不起诉决定书,并在三日以内送达公安机关、被害人或者其近亲属及其诉讼代理人、未成年犯罪嫌疑人及其法定代理人、辩护人。

人民检察院应当当面向未成年犯罪嫌疑人及其法定代理人宣布附条件不起诉决定,告知考验期限、在考验期内应当遵守的规定以及违反规定应负的法律责任,并制作笔录附卷。

第四百七十二条　对附条件不起诉的决定,公安机关要求复议、提请复核或者被害人提出申诉的,具体程序参照本规则第三百七十九条至第三百八十三条的规定。被害人不服附条件不起诉决定的,应当告知其不适用刑事诉讼法第一百八十条关于被害人可以向人民法院起诉的规定,并做好释法说理工作。

前款规定的复议、复核、申诉由相应人民检察院负责未成年人检察的部门进行审查。

第四百七十三条　人民检察院作出附条件不起诉决定的,应当确定考验期。考验期为六个月以上一年以下,从人民检察院作出附条件不起诉的决定之日起计算。

第四百七十四条　在附条件不起诉的考验期内,由人民检察院对被附条件不起诉的未成年犯罪嫌疑人进行监督考察。人民检察院应当要求未成年犯罪嫌疑人的监护人对未成年犯罪嫌疑人加强管教,配合人民检察院做好监督考察工作。

人民检察院可以会同未成年犯罪嫌疑人的监护人、所在学校、单位、居住地的村民委员会、居民委员会、未成年人保护组织等的有关人员,定期对未成年犯罪嫌疑人进行考察、教育,实施跟踪帮教。

第四百七十五条　人民检察院对于被附条件不起诉的未成年犯罪嫌疑人,应当监督考察其是否遵守下列规定:

(一)遵守法律法规,服从监督;

(二)按照规定报告自己的活动情况;

(三)离开所居住的市、县或者迁居,应当报经批准;

(四)按照要求接受矫治和教育。

第四百七十六条 人民检察院可以要求被附条件不起诉的未成年犯罪嫌疑人接受下列矫治和教育：

（一）完成戒瘾治疗、心理辅导或者其他适当的处遇措施；

（二）向社区或者公益团体提供公益劳动；

（三）不得进入特定场所，与特定的人员会见或者通信，从事特定的活动；

（四）向被害人赔偿损失、赔礼道歉等；

（五）接受相关教育；

（六）遵守其他保护被害人安全以及预防再犯的禁止性规定。

第四百七十七条 考验期届满，检察人员应当制作附条件不起诉考察意见书，提出起诉或者不起诉的意见，报请检察长决定。

考验期满作出不起诉的决定以前，应当听取被害人意见。

第四百七十八条 考验期满作出不起诉决定，被害人提出申诉的，依照本规则第四百七十二条规定办理。

第四百七十九条 被附条件不起诉的未成年犯罪嫌疑人，在考验期内具有下列情形之一的，人民检察院应当撤销附条件不起诉的决定，提起公诉：

（一）实施新的犯罪的；

（二）发现决定附条件不起诉以前还有其他犯罪需要追诉的；

（三）违反治安管理规定，造成严重后果，或者多次违反治安管理规定的；

（四）违反有关附条件不起诉的监督管理规定，造成严重后果，或者多次违反有关附条件不起诉的监督管理规定的。

第四百八十条 被附条件不起诉的未成年犯罪嫌疑人，在考验期内没有本规则第四百七十九条规定的情形，考验期满的，人民检察院应当作出不起诉的决定。

第四百八十一条 人民检察院办理未成年人刑事案件过程中，应当对涉案未成年人的资料予以保密，不得公开或者传播涉案未成年人的姓名、住所、照片、图像及可能推断出该未成年人的其他资料。

第四百八十二条 犯罪的时候不满十八周岁，被判处五年有期徒刑以下刑罚的，人民检察院应当在收到人民法院生效判决、裁定后，对犯罪记录予以封存。

生效判决、裁定由第二审人民法院作出的，同级人民检察院依照前款规定封存犯罪记录时，应当通知下级人民检察院对相关犯罪记录予以封存。

第四百八十三条 人民检察院应当将拟封存的未成年人犯罪记录、案卷等相关材料装订成册，加密保存，不予公开，并建立专门的未成年人犯罪档案库，执行严格的保管制度。

第四百八十四条 除司法机关为办案需要或者有关单位根据国家规定进行查询的以外，人民检察院不得向任何单位和个人提供封存的犯罪记录，并不得提供未成年人有犯罪记录的证明。

司法机关或者有关单位需要查询犯罪记录的，应当向封存犯罪记录的人民检察院提出书面申请。人民检察院应当在七日以内作出是否许可的决定。

第四百八十五条 未成年人犯罪记录封存后，没有法定事由、未经法定程序不得解封。

对被封存犯罪记录的未成年人，符合下列条件之一的，应当对其犯罪记录解除封存：

（一）实施新的犯罪，且新罪与封存记录之罪数罪并罚后被决定执行五年有期徒刑以上刑罚的；

（二）发现漏罪，且漏罪与封存记录之罪数罪并罚后被决定执行五年有期徒刑以上刑罚的。

第四百八十六条 人民检察院对未成年犯罪嫌疑人作出不起诉决定后，应当对相关记录予以封存。除司法机关为办案需要进行查询外，不得向任何单位和个人提供。封存的具体程序参照本规则第四百八十三条至第四百八十五条的规定。

第四百八十七条 被封存犯罪记录的未成年人或者其法定代理人申请出具无犯罪记录证明的，人民检察院应当出具。需要协调公安机关、人民法院为其出具无犯罪记录证明的，人民检察院应当予以协助。

第四百八十八条 负责未成年人检察的部门应当依法对看守所、未成年犯管教所监管未成年人的活动实行监督，配合做好对未成年人的教育。发现没有对未成年犯罪嫌疑人、被告人与成年犯罪嫌疑人、被告人分别关押、管理或者违反规定对未成年犯留所执行刑罚的，应当依法提出纠正意见。

负责未成年人检察的部门发现社区矫正机构违反未成年人社区矫正相关规定的，应当依法提出纠正意见。

第四百八十九条 本节所称未成年人刑事案件，是指犯罪嫌疑人实施涉嫌犯罪行为时已满十四周岁、未满十八周岁的刑事案件。

本节第四百六十条、第四百六十五条、第四百六十六条、第四百六十七条、第四百六十八条所称的未成年犯罪嫌疑人，是指在诉讼过程中未满十八周岁的人。犯罪嫌疑人实施涉嫌犯罪行为时未满十八周岁，在诉讼过程中已满十八周岁的，人民检察院可以根据案件的具体情况适用上述规定。

第四百九十条 人民检察院办理侵害未成年人犯罪案件，应当采取适合未成年被害人身心特点的方法,充分保护未成年被害人的合法权益。

第四百九十一条 办理未成年人刑事案件,除本节已有规定的以外,按照刑事诉讼法和其他有关规定进行。

《公安机关办理刑事案件程序规定》(公安部令第 159 号修改)**第三百二十九条、第三百三十条**对公安机关涉附条件不起诉的有关问题作了规定。(→参见第二百八十一条所附"基本规范",第 1939 页)

《海警机构办理刑事案件程序规定》(中国海警局令第 1 号)**第三百条、第三百零一条**对海警机构涉附条件不起诉的有关问题作了规定。(→参见第二百八十一条所附"基本规范",第 1941 页)

其他规范

《最高人民检察院关于在检察工作中贯彻宽严相济刑事司法政策的若干意见》(高检发研字〔2007〕2 号)**第八条、第十一条、第十九条**就对未成年人犯罪案件提起公诉的有关问题作了规定。(→参见第八十一条所附"其他规范",第 570、571 页)

《人民检察院办理未成年人刑事案件的规定》(高检发研字〔2013〕7 号)第三章"未成年人刑事案件的审查起诉与出庭支持公诉"第三节"附条件不起诉"(**第二十九条至第五十条**)对附条件不起诉的有关问题作了规定。(→参见本章末所附"其他规范",第 1978—1982 页)

《未成年人刑事检察工作指引(试行)》(高检发未检字〔2017〕1 号)第六章"未成年人刑事案件审查起诉"第三节"附条件不起诉"(**第一百八十一条至二百零五条**)对附条件不起诉的有关问题作了规定。(→参见本章末所附"其他规范",第 2021—2027 页)

指导性案例

胡某某抢劫案(检例第 103 号)

关键词 抢劫 在校学生 附条件不起诉 调整考验期

要 旨 办理附条件不起诉案件,应当准确把握其与不起诉的界限。对于涉罪未成年在校学生附条件不起诉,应当坚持最有利于未成年人健康成长原则,找准办案、帮教与保障学业的平衡点,灵活掌握办案节奏和考察帮教方式。要阶段性评估帮教成效,根据被附条件不起诉人角色转变和个性需求,动态调整考验期限和帮教内容。

指导意义

（一）办理附条件不起诉案件，应当注意把握附条件不起诉与不起诉之间的界限。根据刑事诉讼法第一百七十七条第二款，检察机关对于犯罪情节轻微，依照刑法规定不需要判处刑罚或者可以免除刑罚的犯罪嫌疑人，可以决定不起诉。而附条件不起诉的适用条件是可能判处一年有期徒刑以下刑罚，符合起诉条件，但有悔罪表现的未成年犯罪嫌疑人，且只限定于涉嫌刑法分则第四章、第五章、第六章规定的犯罪。对于犯罪情节轻微符合不起诉条件的未成年犯罪嫌疑人，应依法适用不起诉，不能以附条件不起诉代替不起诉。对于未成年犯罪嫌疑人涉嫌刑法分则第四章、第五章、第六章规定的犯罪，根据犯罪情节和悔罪表现，尚未达到不需要判处刑罚或者可以免除刑罚程度，综合考虑可能判处一年有期徒刑以下刑罚，适用附条件不起诉能更好地达到矫正效果，促使其再社会化的，应依法适用附条件不起诉。

（二）对涉罪未成年在校学生适用附条件不起诉，应当最大限度减少对其学习、生活的影响。坚持最有利于未成年人健康成长原则，立足涉罪在校学生教育矫治和回归社会，应尽可能保障其正常学习和生活。在法律规定的办案期限内，检察机关可灵活掌握办案节奏和方式，利用假期和远程方式办案帮教，在心理疏导、隐私保护等方面提供充分保障，达到教育、管束和保护的有机统一。

（三）对于已确定的考验期限和考察帮教措施，经评估后认为不能适应教育矫治需求的，可以适时动态调整。对于在考验期中经历考试、升学、求职等角色转变的被附条件不起诉人，应当及时对考察帮教情况、效果进行评估，根据考察帮教的新情况和新变化，有针对性地调整考验期限和帮教措施，巩固提升帮教成效，促其早日顺利回归社会。考验期限和帮教措施在调整前，应当充分听取各方意见。

庄某等人敲诈勒索案（检例第 104 号）

关键词　敲诈勒索　未成年人共同犯罪　附条件不起诉　个性化附带条件　精准帮教

要　旨　检察机关对共同犯罪的未成年人适用附条件不起诉时，应当遵循精准帮教的要求对每名涉罪未成年人设置个性化附带条件。监督考察时，要根据涉罪未成年人回归社会的不同需求，督促制定所附条件执行的具体计划，分阶段评估帮教效果，发现问题及时调整帮教方案，提升精准帮教实效。

指导意义

（一）附条件不起诉设定的附带条件，应根据社会调查情况合理设置，具有个性化，体现针对性。检察机关办理附条件不起诉案件，应当坚持因案而异，根据社会调查情况,针对涉罪未成年人的具体犯罪原因和回归社会的具体需求等设置附带条件。对共同犯罪未成年人既要针对其共同存在的问题,又要考虑每名涉罪未成年人的实际情况,设定符合个体特点的附带条件并制定合理的帮教计划,做到"对症下药",确保附条件不起诉制度教育矫治功能的实现。

(二)加强沟通,争取未成年犯罪嫌疑人及其法定代理人、学校的理解、配合和支持。检察机关应当就附带条件、考验期限等与未成年犯罪嫌疑人充分沟通,使其自觉遵守并切实执行。未成年犯罪嫌疑人的法定代理人和其所在学校是参与精准帮教的重要力量,检察机关应当通过释法说理、开展家庭教育指导等工作,与各方达成共识,形成帮教合力。

(三)加强对附带条件执行效果的动态监督,实现精准帮教。检察机关对于附条件不起诉所附带条件的执行要加强全程监督、指导,掌握落实情况,动态评估帮教效果,发现问题及时调整帮教方式和措施。为保证精准帮教目标的实现,可以联合其他社会机构、组织、爱心企业等共同开展帮教工作,帮助涉罪未成年人顺利回归社会。

李某诈骗、传授犯罪方法牛某等人诈骗案(检例第105号)

关键词　涉嫌数罪　听证　认罪认罚从宽　附条件不起诉　家庭教育指导　社会支持

要　旨　对于一人犯数罪符合起诉条件,但根据其认罪认罚等情况,可能判处一年有期徒刑以下刑罚的,检察机关可以依法适用附条件不起诉。对于涉罪未成年人存在家庭教育缺位或者不当问题的,应当突出加强家庭教育指导,因案因人进行精准帮教。通过个案办理和法律监督,积极推进社会支持体系建设。

指导意义

(一)办理未成年人犯罪案件,对于涉嫌数罪但认罪认罚,可能判处一年有期徒刑以下刑罚的,也可以适用附条件不起诉。检察机关应当根据涉罪未成年人的犯罪行为性质、情节、后果,并结合犯罪原因、犯罪前后的表现等,综合评估可能判处的刑罚。"一年有期徒刑以下刑罚"是指将犯罪嫌疑人交付审判,法院对其可能判处的刑罚。目前刑法规定的量刑幅度均是以成年人犯罪为基准设计,检察机关对涉罪未成年人刑罚的预估要充分考虑"教育、感化、挽救"的需要及其量刑方面的特殊性。对于既可以附条件不起诉也可以起诉的,应当优先适用附条件不起诉。存在数罪情形时,要全面综合考量犯罪事实、性质和情节以及认罪认罚等情况,认为并罚后其刑期仍可能为一年有期徒刑以下刑罚的,可以依法适用附条件不起诉,以充分发挥附条件不起诉制度的特殊功能,促使涉罪未成年人及早摆脱致罪因素,顺利回归社会。

(二)加强家庭教育指导,提升考察帮教效果。未成年人犯罪原因往往关联家庭,预防涉罪未成年人再犯,同样需要家长配合。检察机关在办理附条件不起诉案件中,不仅要做好对涉罪未成年人自身的考察帮教,还要通过家庭教育指导,争取家长的信任理解,引导家长转变家庭教育方式,自愿配合监督考察,及时解决问题少年背后的家庭问题,让涉罪未成年人知法悔过的同时,在重温亲情中获取自新力量,真正实现矫治教育预期目的。

(三)依托个案办理整合帮教资源,推动未成年人检察工作社会支持体系建设。检察机关办理未成年人犯罪案件,要在社会调查、人格甄别、认罪教育、不公开听证、监督考察、跟踪帮教等各个环节,及时引入司法社工、心理咨询师等各种专门力量,积极与教育、民政、团委、妇联、关工委等各方联合,依托党委、政府牵头搭建的多元化协作平台,做到专业化办案与社会化支持相结合,最大限度地实现对涉罪未成年人的教育、感化和挽救。

牛某非法拘禁案(检例第106号)

关键词 非法拘禁　共同犯罪　补充社会调查　附条件不起诉　异地考察帮教

要　旨 检察机关对于公安机关移送的社会调查报告应当认真审查,报告内容不能全面反映未成年人成长经历、犯罪原因、监护教育等情况的,可以商公安机关补充调查,也可以自行或者委托其他有关组织、机构补充调查。对实施犯罪行为时系未成年人但诉讼过程中已满十八周岁的犯罪嫌疑人,符合条件的,可以适用附条件不起诉。对于外地户籍未成年犯罪嫌疑人,办案检察机关可以委托未成年人户籍所在地检察机关开展异地协作考察帮教,两地检察机关要各司其职,密切配合,确保帮教取得实效。

指导意义

(一)办理附条件不起诉案件,应当进行社会调查,社会调查报告内容不完整的,应当补充开展社会调查。社会调查报告是检察机关认定未成年犯罪嫌疑人主观恶性大小、是否适合作附条件不起诉以及附什么样的条件、如何制定具体的帮教方案等的重要参考。社会调查报告的内容主要包括涉罪未成年人个人基本情况、家庭情况、成长经历、社会生活状况、犯罪原因、犯罪前后表现、是否具备有效监护条件、社会帮教条件等,应具有个性化和针对性。公安机关、人民检察院、人民法院办理未成年人刑事案件,根据法律规定和案件情况可以进行社会调查。公安机关侦查未成年人犯罪案件,检察机关可以商请公安机关进行社会调查。认为公安机关随案移送的社会调查报告内容不完整、不全面的,可以商请公安机关补充进行社会调查,也可以自行补充开展社会调查。

（二）对于犯罪时系未成年人但诉讼过程中已满十八周岁的犯罪嫌疑人，可以适用附条件不起诉。刑事诉讼法第二百八十二条规定，对于涉嫌刑法分则第四章、第五章、第六章规定的犯罪，可能判处一年有期徒刑以下刑罚，符合起诉条件，但有悔罪表现的未成年人刑事案件，可以作出附条件不起诉决定。未成年人刑事案件是指犯罪嫌疑人实施犯罪时系未成年人的案件。对于实施犯罪行为时未满十八周岁，但诉讼中已经成年的犯罪嫌疑人，符合适用附条件不起诉案件条件的，人民检察院可以作出附条件不起诉决定。

（三）对外地户籍未成年人，可以开展异地协作考察帮教，确保帮教效果。被附条件不起诉人户籍地或经常居住地与办案检察机关属于不同地区，被附条件不起诉人希望返回户籍地或经常居住地生活工作的，办案检察机关可以委托其户籍地或经常居住地检察机关协助进行考察帮教，户籍地或经常居住地检察机关应当予以支持。两地检察机关应当根据被附条件不起诉人的具体情况，共同制定有针对性的帮教方案并积极沟通协作。当地检察机关履行具体考察帮教职责，重点关注未成年人行踪轨迹、人际交往、思想动态等情况，定期走访被附条件不起诉人的法定代理人以及所在社区、单位，并将考察帮教情况及时反馈办案检察机关。办案检察机关应当根据考察帮教需要提供协助。考验期届满前，当地检察机关应当出具被附条件不起诉人考察帮教情况总结报告，作为办案检察机关对被附条件不起诉人是否最终作出不起诉决定的重要依据。

唐某等人聚众斗殴案（检例第107号）

  关键词 聚众斗殴 违反监督管理规定 撤销附条件不起诉 提起公诉

  要 旨 对于被附条件不起诉人在考验期内多次违反监督管理规定，逃避或脱离矫治和教育，经强化帮教措施后仍无悔改表现，附条件不起诉的挽救功能无法实现，符合"违反考察机关监督管理规定，情节严重"的，应当依法撤销附条件不起诉决定，提起公诉。

  指导意义

（一）针对被附条件不起诉人的实际表现，及时调整监督矫治措施，加大帮教力度。检察机关对干预矫治的情形和再犯风险应当进行动态评估，发现被附条件不起诉人在考验期内违反帮教协议的相关规定时，要及时分析原因，对仍有帮教可能性的，应当调整措施，通过延长帮教期限、心理疏导、司法训诫、家庭教育指导等多种措施加大帮教力度，及时矫正被附条件不起诉未成年人的行为认知偏差。

（二）准确把握"违反考察机关监督管理规定"行为频次、具体情节、有无继续考察帮教必要等因素，依法认定"情节严重"。检察机关经调查核实、动态评估后发现被附条件不起诉人多次故意违反禁止性监督管理规定,或者进入特定场所后违反治安管理规定,或者违反指示性监督管理规定,经检察机关采取训诫提醒、心理疏导等多种措施后仍无悔改表现,脱离、拒绝帮教矫治,导致通过附条件不起诉促进涉罪未成年人悔过自新、回归社会的功能无法实现时,应当认定为刑事诉讼法第二百八十四条第一款第(二)项规定的"情节严重",依法撤销附条件不起诉决定,提起公诉。

防止未成年人滥用药物综合司法保护案(检例第171号)

关键词 综合履职 附条件不起诉 行政公益诉讼 滥用药物 数字检察

要 旨 检察机关办理涉未成年人案件,应当统筹发挥多种检察职能,通过一体融合履职,加强未成年人综合司法保护。对有滥用药物问题的涉罪未成年人适用附条件不起诉时,可以细化戒瘾治疗措施,提升精准帮教的效果。针对个案中发现的社会治理问题,充分运用大数据分析,深挖类案线索,推动堵漏建制、源头保护,提升"个案办理—类案监督—系统治理"工作质效。

指导意义

(一)统筹运用多种检察职能,推动完善一体履职、全面保护、统分有序的未检融合履职模式,综合保护未成年人合法权益。检察机关应当充分发挥未检业务集中统一办理优势,强化系统审查意识和综合取证能力,在办理涉未成年人刑事案件过程中,一并审查未成年人相关公共利益等其他权益是否遭受损害。对经审查评估需要同步履行相关法律监督职责的案件,应当依法融合履职,综合运用法律赋予的监督手段,系统维护未成年人合法权益。

(二)附条件不起诉考验期监督管理规定的设定,应当以最有利于教育挽救未成年人为原则,体现帮教考察的个性化、精准性和有效性。检察机关对未成年人作出附条件不起诉决定时,应当考虑涉罪未成年人发案原因和个性需求,细化矫治教育措施。对共同犯罪的未成年人,既要考虑其共性问题,又要考虑每名涉罪未成年人的实际情况和个体特点,设置既有共性又有个性的监督管理规定和帮教措施,并督促落实。对存在滥用药物情形的涉罪未成年人,检察机关应当会同未成年人父母或其他监护人,要求其督促未成年人接受心理疏导和戒断治疗,并将相关情况纳入监督考察范围,提升精准帮教效果,落实附条件不起诉制度的教育矫治功能,帮助涉罪未成年人顺利回归社会。

(三)能动运用大数据分析,提升法律监督质效,做实诉源治理。检察机关要综合研判案件背后的风险因素、类案特质,主动应用数字思维,通过数字建模进行数据分析和比对,深挖药品流通过程中的问题,系统梳理类案监督线索,精准发现案发领域治理漏洞,通过开展公益诉讼等方式实现协同治理,促进有关方面依法履职、加强监管执法,推动从顶层设计上健全制度机制,完善相关领域社会治理,实现办案法律效果和社会效果的有机统一。

第二百八十五条 【不公开审理及其例外】审判的时候被告人不满十八周岁的案件,不公开审理。但是,经未成年被告人及其法定代理人同意,未成年被告人所在学校和未成年人保护组织可以派代表到场。

立法沿革

1979年《刑事诉讼法》第一百一十一条第二款规定:"十四岁以上不满十六岁未成年人犯罪的案件,一律不公开审理。十六岁以上不满十八岁未成年人犯罪的案件,一般也不公开审理。"1996年修改《刑事诉讼法》时对上述规定未作调整。2012年《刑事诉讼法修改决定》在上述规定的基础上,增加本条规定。2018年修改《刑事诉讼法》时对本条规定未作调整。

基本规范

《最高人民法院关于适用〈中华人民共和国刑事诉讼法〉的解释》(法释〔2021〕1号,自2021年3月1日起施行)第五百五十七条对未成年人刑事案件不公开审理的有关问题作了规定。(→参见第二百八十一条所附"基本规范",第1933页)

其他规范

《人民检察院办理未成年人刑事案件的规定》(高检发研字〔2013〕7号)第六十八条对未成年人刑事案件不公开审理的法律监督作了规定。(→参见本章末所附"其他规范",第1985页)

第二百八十六条 【犯罪记录封存】犯罪的时候不满十八周岁,被判处五年有期徒刑以下刑罚的,应当对相关犯罪记录予以封存。

犯罪记录被封存的,不得向任何单位和个人提供,但司法机关为办案需要或者有关单位根据国家规定进行查询的除外。依法进行查询的单位,应当对被封存的犯罪记录的情况予以保密。

立法沿革

本条系 2012 年《刑事诉讼法修改决定》增加的规定,2018 年修改《刑事诉讼法》时未作调整。

基本规范

《最高人民法院关于适用〈中华人民共和国刑事诉讼法〉的解释》(法释〔2021〕1 号,自 2021 年 3 月 1 日起施行)第五百七十八条、第五百八十一条对依法应当封存犯罪记录案件的宣判、未成年人的犯罪记录封存的有关问题作了规定。(→参见第二百八十一条所附"基本规范",第 1936、1937 页)

《人民检察院刑事诉讼规则》(高检发释字〔2019〕4 号)第四百八十一条至第四百八十七条对犯罪记录封存的有关问题作了规定。(→参见第二百八十二条至第二百八十四条所附"基本规范",第 1954—1955 页)

《公安机关办理刑事案件程序规定》(公安部令第 159 号修改)第三百三十一条对犯罪记录封存的有关问题作了规定。(→参见第二百八十一条所附"基本规范",第 1939 页)

《海警机构办理刑事案件程序规定》(中国海警局令第 1 号)第三百零二条对海警机构涉犯罪记录封存的有关问题作了规定。(→参见第二百八十一条所附"基本规范",第 1941 页)

其他规范

《最高人民法院、最高人民检察院、公安部、国家安全部、司法部关于建立犯罪人员犯罪记录制度的意见》(法发〔2012〕10 号)

犯罪记录是国家专门机关对犯罪人员情况的客观记载。犯罪记录制度是现代社会管理制度中的一项重要内容。为适应新时期经济社会发展的需要,进一步推进社会管理创新,维护社会稳定,促进社会和谐,现就建立我国犯罪人员犯罪记录制度提出如下意见。

一、建立犯罪人员犯罪记录制度的重要意义和基本要求

建立犯罪人员犯罪记录制度,对犯罪人员信息进行合理登记和有效管理,既有助于国家有关部门充分掌握与运用犯罪人员信息,适时制定和调整刑事政策及其他公共政策,改进和完善相关法律法规,有效防控犯罪,维护社会秩序,也有助于保障有犯罪记录的人的合法权利,帮助其顺利回归社会。

近年来,我国犯罪人员犯罪记录工作取得较大进展,有关部门为建立犯罪

人员犯罪记录制度进行了积极探索。认真总结并推广其中的有益做法,在全国范围内开展犯罪人员信息的登记和管理工作,逐步建立和完善犯罪记录制度,对司法工作服务大局,促进社会矛盾化解,推进社会管理机制创新,具有重要意义。

建立犯罪人员犯罪记录制度,开展有关犯罪记录的工作,要按照深入贯彻落实科学发展观和构建社会主义和谐社会的总体要求,在司法体制和工作机制改革的总体框架内,全面落实宽严相济刑事政策,促进社会和谐稳定,推动经济社会健康发展。要立足国情,充分考虑现阶段我国经济社会发展的状况和人民群众的思想观念,注意与现有法律法规和其他制度的衔接。要充分认识我国的犯罪记录制度以及有关工作尚处于起步阶段这一现状,抓住重点,逐步推进,确保此项工作能够稳妥、有序开展,为进一步完善我国犯罪记录制度、健全犯罪记录工作机制创造条件。

二、犯罪人员犯罪记录制度的主要内容

(一)建立犯罪人员信息库

为加强对犯罪人员信息的有效管理,依托政法机关现有网络和资源,由公安机关、国家安全机关、人民检察院、司法行政机关分别建立有关记录信息库,并实现互联互通,待条件成熟后建立全国统一的犯罪信息库。

犯罪人员信息登记机关录入的信息应当包括以下内容:犯罪人员的基本情况、检察机关(自诉人)和审判机关的名称、判决书编号、判决确定日期、罪名、所判处刑罚以及刑罚执行情况等。

(二)建立犯罪人员信息通报机制

人民法院应当及时将生效的刑事裁判文书以及其他有关信息通报犯罪人员信息登记机关。

监狱、看守所应当及时将《刑满释放人员通知书》寄送被释放人员户籍所在地犯罪人员信息登记机关。

县级司法行政机关应当及时将《社区服刑人员矫正期满通知书》寄送被解除矫正人员户籍所在地犯罪人员信息登记机关。

国家机关基于办案需要,向犯罪人员信息登记机关查询有关犯罪信息,有关机关应当予以配合。

(三)规范犯罪人员信息查询机制

公安机关、国家安全机关、人民检察院和司法行政机关分别负责受理、审核和处理有关犯罪记录的查询申请。

上述机关在向社会提供犯罪信息查询服务时,应当严格依照法律法规关于升学、入伍、就业等资格、条件的规定进行。

辩护律师为依法履行辩护职责,要求查询本案犯罪嫌疑人、被告人的犯罪记录的,应当允许,涉及未成年人的犯罪记录被执法机关依法封存的除外。

(四)建立未成年人犯罪记录封存制度

为深入贯彻落实党和国家对违法犯罪未成年人的"教育、感化、挽救"方针和"教育为主、惩罚为辅"原则,切实帮助失足青少年回归社会,根据刑事诉讼法的有关规定,结合我国未成年人保护工作的实际,建立未成年人轻罪犯罪记录封存制度,对于犯罪时不满十八周岁,被判处五年有期徒刑以下刑罚的未成年人的犯罪记录,应当予以封存。犯罪记录被封存后,不得向任何单位和个人提供,但司法机关为办案需要或者有关单位根据国家规定进行查询的除外。依法进行查询的单位,应当对被封存的犯罪记录的情况予以保密。

执法机关对未成年人的犯罪记录可以作为工作记录予以保存。

(五)明确违反规定处理犯罪人员信息的责任

负责提供犯罪人员信息的部门及其工作人员应当及时、准确地向犯罪人员信息登记机关提供有关信息。不按规定提供信息,或者故意提供虚假、伪造信息,情节严重或者造成严重后果的,应当依法追究相关人员的责任。

负责登记和管理犯罪人员信息的部门及其工作人员应当认真登记、妥善管理犯罪人员信息。不按规定登记犯罪人员信息、提供查询服务,或者违反规定泄露犯罪人员信息,情节严重或者造成严重后果的,应当依法追究相关人员的责任。

使用犯罪人员信息的单位和个人应当按照查询目的使用有关信息并对犯罪人员信息予以保密。不按规定使用犯罪人员信息,情节严重或者造成严重后果的,应当依法追究相关人员的责任。

三、扎实推进犯罪人员犯罪记录制度的建立与完善

犯罪记录制度是我国一项崭新的法律制度,在建立和实施过程中不可避免地会遇到各种各样的问题和困难,有关部门要高度重视,精心组织,认真实施,并结合自身工作的性质和特点,研究制定具体实施办法或实施细则,循序渐进,在实践中不断健全、完善,确保取得实效。

犯罪记录制度的建立是一个系统工程,各有关部门要加强协调,互相配合,处理好在工作起步以及推进中可能遇到的各种问题。要充分利用政法网以及各部门现有的网络基础设施,逐步实现犯罪人员信息的网上录入、查询和文件流转,实现犯罪人员信息的共享。要处理好犯罪人员信息与被劳动教养、治安管理处罚、不起诉人员信息以及其他信息库之间的关系。要及时总结,适时调整工作思路和方法，保障犯罪记录工作的顺利展开，推动我国犯罪记录制度的发展与完善。

《人民检察院办理未成年人刑事案件的规定》（高检发研字〔2013〕7号）**第六十二条至第六十六条、第六十九条**对犯罪记录封存的有关问题作了规定。（→参见本章末所附"其他规范"，第1984、1985页）

《未成年人刑事检察工作指引（试行）》（高检发未检字〔2017〕1号）第二章"特殊检察制度"第八节"犯罪记录封存"（第八十二条至第九十三条）对犯罪记录封存的有关问题作了规定。（→参见本章末所附"其他规范"，第2002—2004页）

《公安机关办理犯罪记录查询工作规定》（公安部，公通字〔2021〕19号，自2021年12月31日起施行，节录）

第十条 查询结果的反馈，应当符合《中华人民共和国刑事诉讼法》关于未成年人犯罪记录封存的规定。

对于个人查询，申请人有犯罪记录，但犯罪的时候不满十八周岁，被判处五年有期徒刑以下刑罚的，受理单位应当出具《无犯罪记录证明》。

对于单位查询，被查询对象有犯罪记录，但犯罪的时候不满十八周岁，被判处五年有期徒刑以下刑罚的，受理单位应当出具《查询告知函》，并载明查询对象无犯罪记录。法律另有规定的，从其规定。

《最高人民法院、最高人民检察院、公安部、司法部关于未成年人犯罪记录封存的实施办法》（高检发办字〔2022〕71号，自2022年5月30日起施行）

第一条 为了贯彻对违法犯罪未成年人教育、感化、挽救的方针，加强对未成年人的特殊、优先保护，坚持最有利于未成年人原则，根据刑法、刑事诉讼法、未成年人保护法、预防未成年人犯罪法等有关法律规定，结合司法工作实际，制定本办法。

第二条 本办法所称未成年人犯罪记录，是指国家专门机关对未成年犯罪人员情况的客观记载。应当封存的未成年人犯罪记录，包括侦查、起诉、审判及刑事执行过程中形成的有关未成年人犯罪或者涉嫌犯罪的全部案卷材料与电子档案信息。

第三条 不予刑事处罚、不追究刑事责任、不起诉、采取刑事强制措施的记录，以及对涉罪未成年人进行社会调查、帮教考察、心理疏导、司法救助等工作的记录，按照本办法规定的内容和程序进行封存。

第四条 犯罪的时候不满十八周岁，被判处五年有期徒刑以下刑罚以及免予刑事处罚的未成年人犯罪记录，应当依法予以封存。

对在年满十八周岁前后实施数个行为，构成一罪或者一并处理的数罪，主要犯罪行为是在年满十八岁周岁前实施的，被判处或者决定执行五年有期徒刑以下刑罚以及免予刑事处罚的未成年人犯罪记录，应当对全案依法予以封存。

第五条 对于分案办理的未成年人与成年人共同犯罪案件，在封存未成年人案卷材料和信息的同时，应当在未封存的成年人卷宗封面标注"含犯罪记录封存信息"等明显标识，并对相关信息采取必要保密措施。对于未分案办理的未成年人与成年人共同犯罪案件，应当在全案卷宗封面标注"含犯罪记录封存信息"等明显标识，并对相关信息采取必要保密措施。

第六条 其他刑事、民事、行政及公益诉讼案件，因办案需要使用了被封存的未成年人犯罪记录信息的，应当在相关卷宗封面标明"含犯罪记录封存信息"，并对相关信息采取必要保密措施。

第七条 未成年人因事实不清、证据不足被宣告无罪的案件，应当对涉罪记录予以封存；但未成年被告人及其法定代理人申请不予封存或者解除封存的，经人民法院同意，可以不予封存或者解除封存。

第八条 犯罪记录封存决定机关在作出案件处理决定时，应当同时向案件被告人或犯罪嫌疑人及其法定代理人或近亲属释明未成年人犯罪记录封存制度，并告知其相关权利义务。

第九条 未成年人犯罪记录封存应当贯彻及时、有效的原则。对于犯罪记录被封存的未成年人，在入伍、就业时免除犯罪记录的报告义务。

被封存犯罪记录的未成年人因涉嫌再次犯罪接受司法机关调查时，应当主动、如实地供述其犯罪记录情况，不得回避、隐瞒。

第十条 对于需要封存的未成年人犯罪记录，应当遵循《中华人民共和国个人信息保护法》不予公开，并建立专门的未成年人犯罪档案库，执行严格的保管制度。

对于电子信息系统中需要封存的未成年人犯罪记录数据，应当加设封存标记，未经法定查询程序，不得进行信息查询、共享及复用。

封存的未成年人犯罪记录数据不得向外部平台提供或对接。

第十一条 人民法院依法对犯罪时不满十八周岁的被告人判处五年有期徒刑以下刑罚以及免予刑事处罚的，判决生效后，应当将刑事裁判文书、《犯罪记录封存通知书》及时送达被告人，并同时送达同级人民检察院、公安机关，同级人民检察院、公安机关在收到上述文书后应当在三日内统筹相关各级检察机关、公安机关将涉案未成年人的犯罪记录整体封存。

第十二条 人民检察院依法对犯罪时不满十八周岁的犯罪嫌疑人决定不起

诉后,应当将《不起诉决定书》《犯罪记录封存通知书》及时送达被不起诉人,并同时送达同级公安机关,同级公安机关收到上述文书后应当在三日内将涉案未成年人的犯罪记录封存。

第十三条　对于被判处管制、宣告缓刑、假释或者暂予监外执行的未成年罪犯,依法实行社区矫正,执行地社区矫正机构应当在刑事执行完毕后三日内将涉案未成年人的犯罪记录封存。

第十四条　公安机关、人民检察院、人民法院和司法行政机关分别负责受理、审核和处理各自职权范围内有关犯罪记录的封存、查询工作。

第十五条　被封存犯罪记录的未成年人本人或者其法定代理人申请为其出具无犯罪记录证明的,受理单位应当在三个工作日内出具无犯罪记录的证明。

第十六条　司法机关为办案需要或者有关单位根据国家规定查询犯罪记录的,应当向封存犯罪记录的司法机关提出书面申请,列明查询理由、依据和使用范围等,查询人员应当出示单位公函和身份证明等材料。

经审核符合查询条件的,受理单位应当在三个工作日内开具有/无犯罪记录证明。许可查询的,查询后,档案管理部门应当登记相关查询情况,并按照档案管理规定将有关申请、审批材料、保密承诺书等一同存入卷宗归档保存。依法不许可查询的,应当在三个工作日内向查询单位出具不许可查询决定书,并说明理由。

对司法机关为办理案件、开展重新犯罪预防工作需要申请查询的,封存机关可以依法允许其查阅、摘抄、复制相关案卷材料和电子信息。对司法机关以外的单位根据国家规定申请查询的,可以根据查询的用途、目的与实际需要告知被查询对象是否受过刑事处罚、被判处的罪名、刑期等信息,必要时,可以提供相关法律文书复印件。

第十七条　对于许可查询被封存的未成年人犯罪记录的,应当告知查询犯罪记录的单位及相关人员严格按照查询目的和使用范围使用有关信息,严格遵守保密义务,并要求其签署保密承诺书。不按规定使用所查询的犯罪记录或者违反规定泄露相关信息,情节严重或者造成严重后果的,应当依法追究相关人员的责任。

因工作原因获知未成年人封存信息的司法机关、教育行政部门、未成年人所在学校、社区等单位组织及其工作人员、诉讼参与人、社会调查员、合适成年人等,应当做好保密工作,不得泄露被封存的犯罪记录,不得向外界披露该未成年人的姓名、住所、照片,以及可能推断出该未成年人身份的其他资料。违反法律规定披露被封存信息的单位或个人,应当依法追究其法律责任。

第十八条①　对被封存犯罪记录的未成年人，符合下列条件之一的，封存机关应当对其犯罪记录解除封存：

（一）在未成年时实施新的犯罪，且新罪与封存记录之罪数罪并罚后被决定执行刑罚超过五年有期徒刑的；

（二）发现未成年时实施的漏罪，且漏罪与封存记录之罪数罪并罚后被决定执行刑罚超过五年有期徒刑的；

（三）经审判监督程序改判五年有期徒刑以上刑罚的；

被封存犯罪记录的未成年人，成年后又故意犯罪的，人民法院应当在裁判文书中载明其之前的犯罪记录。

第十九条　符合解除封存条件的案件，自解除封存条件成立之日起，不再受未成年人犯罪记录封存相关规定的限制。

第二十条　承担犯罪记录封存以及保护未成年人隐私、信息工作的公职人员，不当泄漏未成年人犯罪记录或者隐私、信息的，应当予以处分；造成严重后果，给国家、个人造成重大损失或者恶劣影响的，依法追究刑事责任。

第二十一条　涉案未成年人应当封存的信息被不当公开，造成未成年人在就学、就业、生活保障等方面未受到同等待遇的，未成年人及其法定代理人可以向相关机关、单位提出封存申请，或者向人民检察院申请监督。

第二十二条　人民检察院对犯罪记录封存工作进行法律监督。对犯罪记录应当封存而未封存，或者封存不当，或者未成年人及其法定代理人提出异议的，人民检察院应当进行审查，对确实存在错误的，应当及时通知有关单位予以纠正。

有关单位应当自收到人民检察院的纠正意见后及时审查处理。经审查无误的，应当向人民检察院说明理由；经审查确实有误的，应当及时纠正，并将纠正措施与结果告知人民检察院。

第二十三条　对于2012年12月31日以前办结的案件符合犯罪记录封存条件的，应当按照本办法的规定予以封存。

第二十四条　本办法所称"五年有期徒刑以下"含本数。

---

① 《刑法》第一百条第二款免除了未成年人特定犯罪的前科报告义务，即对犯罪记录"封存"但非"消灭"。这是对未成年人利益最大化原则的体现，旨在促使未成年罪犯及时改过自新、更好融入社会，避免重归正途的未成年人在入伍、升学、就业等活动中被歧视。对于被封存犯罪记录的解除封存情形，本条作了规定，并明确被封存犯罪记录的未成年人，成年后又故意犯罪的，人民法院应当在裁判文书中载明其之前的犯罪记录。——**本评注注**

第二十五条 本办法由最高人民法院、最高人民检察院、公安部、司法部共同负责解释。

第二十六条 本办法自2022年5月30日起施行。

附件：1. 无犯罪记录证明
　　　2. 保密承诺书

无犯罪记录证明

×公/检/法/司（×）证字[　]××号

经查，被查询人：　　　　　，国籍　　　　　，证件名称：　　　　　，证件号码：　　　　　，证件号码：　　　　　，在××××年××月××日至××××年××月××日期间，未发现有犯罪记录。

业务编号及二维码

单位（盖章）

××××年××月××日

注：1. 此证明书只反映出具证明时信息查询平台内的犯罪记录信息情况。
　　2. 如未注明查询时间范围，即查询全时段信息。
　　3. 此证明书自开具之日起3个月内有效。

保密承诺书

_____:
　　为了_____(目的),根据_____,
我(我们)受_____委派,查询贵单位_____卷宗。为保证该案
未成年人犯罪记录不被泄露,特作出以下承诺:
　　1.查询获得的未成年人犯罪信息仅用于以上事由,不超越范围使用。
　　2.严格控制知情人范围,除必需接触的人员外,不向任何个人和单位
披露。
　　3.对获取的信息,采取严格的保密措施,谨防信息泄露。
　　违背以上承诺,造成后果的,愿意承担相应责任。

　　承诺人:　　　　　　单位:

　　　　　　　　　　　　　　　　　　　　　　　年　月　日

司法疑难解析

　　1.未成年人轻罪犯罪记录封存制度的适用范围。具体而言,包括未成年被告人被判处五年以下有期徒刑、拘役、管制、单处罚金、驱逐出境以及免予刑事处罚的情形。需要注意的是,对于判决依法不负刑事责任、免于追究刑事责任的未成年人的行为记录,虽然不是犯罪记录,但属于未成年人的不良行为记录,也应当封存。

　　《预防未成年人犯罪法》第五十九条第二款已经将未成年人接受专门矫治教育、专门教育的记录,以及被行政处罚、采取刑事强制措施和不起诉的记录,纳入封存范围。

　　2.被判处五年有期徒刑以下刑罚,并且正在管制服刑期间或者缓刑、假释考验期内的未成年人犯罪记录的处理。本评注认为,由于行为人人身自由没有被剥夺,只是受到一定限制,可能面临就学、就业的问题,在此期间是否报告所受刑事处罚对行为人有重大影响。虽然《刑事诉讼法》没有明确规定,但为最大程度地消除刑事处罚记录给未成年人带来的不利影响,更全面保护其权益,其犯罪记录也应当封存。

3. 行为人在十八周岁前后连续实施数个行为,构成一罪,被判处五年有期徒刑以下刑罚的处理。本评注认为,行为人连续实施数个行为构成一罪的,如盗窃、诈骗或者抢劫等,犯罪数额累计计算,定罪量刑是综合衡量数个行为后作出的,其十八周岁之前的行为没有作单独评价,无法进行封存,不适用前科封存的规定。但是,如果行为人的主要犯罪事实发生在十八周岁之前,而单独衡量十八周岁之后的行为不能构成犯罪的,人民法院可以决定封存。人民法院决定封存的,应当书面通知当事人、诉讼参与人和其他负有封存义务的机关。

4. 对于被封存犯罪记录的解除封存情形。对犯罪记录"封存"但非"消灭"。这是对未成年人利益最大化原则的体现,旨在促使未成年罪犯及时改过自新、更好融入社会,避免重归迷途的未成年人在入伍、升学、就业等活动中被歧视。对于被封存犯罪记录的未成年人,成年后又故意犯罪的,是否应当解除封存,过去存在不同认识。鉴此,《最高人民法院、最高人民检察院、公安部、司法部关于未成年人犯罪记录封存的实施办法》(高检发办字〔2022〕71号)第十八条对被封存犯罪记录的解除封存情形作了规定,并明确被封存犯罪记录的未成年人,成年后又故意犯罪的,人民法院应当在裁判文书中载明其之前的犯罪记录。

5. 前科记录被封存后的查询。前科记录被封存后,司法机关为办案需要,或者有关单位根据国家规定,可以提请查询。根据《刑法》第九十六条的规定,"国家规定"指全国人民代表大会及其常委会制定的法律和决定,国务院制定的行政法规、规定的行政措施、发布的决定和命令,不包括部门规章和地方性法规。例如,现行有效的《公务员法》《法官法》《检察官法》《警察法》《律师法》《教师法》《执业医师法》等法律以及相关法规、规定,对曾受过刑事处罚的人就业作出严格的限制性规定,有关单位可以依据上述国家规定查询。需要注意的是,查询的是犯罪记录,而不是案卷材料。

第二百八十七条 【未成年人刑事案件的法律适用】办理未成年人刑事案件,除本章已有规定的以外,按照本法的其他规定进行。

立法沿革

本条系2012年《刑事诉讼法修改决定》增加的规定,2018年修改《刑事诉讼法》时未作调整。

基本规范

《最高人民法院关于适用〈中华人民共和国刑事诉讼法〉的解释》(法释〔2021〕1号,自2021年3月1日起施行)第五百六十二条规定审理未成年人刑事案件,第二十二章"未成年人刑事案件诉讼程序"没有规定的,适用该解释的有关规定。(→参见第二百八十一条所附"基本规范",第1934页)

《人民检察院刑事诉讼规则》(高检发释字〔2019〕4号)第四百九十一条规定办理未成年人刑事案件,除第十二章"特别程序"第一节"未成年人刑事案件诉讼程序"已有规定的以外,按照刑事诉讼法和其他有关规定进行。(→参见第二百八十二条至第二百八十四条所附"基本规范",第1956页)

《公安机关办理刑事案件程序规定》(公安部令第159号修改)第三百三十二条规定办理未成年人刑事案件,除第十章"特别程序"第一节"未成年人刑事案件诉讼程序"已有规定的以外,按照该规定的其他规定进行。(→参见第二百八十一条所附"基本规范",第1939页)

其他规范

《人民检察院办理未成年人刑事案件的规定》(高检发研字〔2013〕7号)

第一章 总 则

第一条 为了切实保障未成年犯罪嫌疑人、被告人和未成年罪犯的合法权益,正确履行检察职责,根据《中华人民共和国刑法》、《中华人民共和国刑事诉讼法》、《中华人民共和国未成年人保护法》、《中华人民共和国预防未成年人犯罪法》、《人民检察院刑事诉讼规则(试行)》等有关规定,结合人民检察院办理未成年人刑事案件工作实际,制定本规定。

第二条 人民检察院办理未成年人刑事案件,实行教育、感化、挽救的方针,坚持教育为主、惩罚为辅和特殊保护的原则。在严格遵守法律规定的前提下,按照最有利于未成年人和适合未成年人身心特点的方式进行,充分保障未成年人合法权益。

第三条 人民检察院办理未成年人刑事案件,应当保障未成年人依法行使其诉讼权利,保障未成年人得到法律帮助。

第四条 人民检察院办理未成年人刑事案件,应当在依照法定程序和保证办案质量的前提下,快速办理,减少刑事诉讼对未成年人的不利影响。

第五条 人民检察院办理未成年人刑事案件,应当依法保护涉案未成年人的名誉,尊重其人格尊严,不得公开或者传播涉案未成年人的姓名、住所、照片、图像及可能推断出该未成年人的资料。

人民检察院办理刑事案件,应当依法保护未成年被害人、证人以及其他与案件有关的未成年人的合法权益。

第六条 人民检察院办理未成年人刑事案件,应当加强与公安机关、人民法院以及司法行政机关的联系,注意工作各环节的衔接和配合,共同做好对涉案未成年人的教育、感化、挽救工作。

人民检察院应当加强同政府有关部门、共青团、妇联、工会等人民团体,学校、基层组织以及未成年人保护组织的联系和配合,加强对违法犯罪的未成年人的教育和挽救,共同做好未成年人犯罪预防工作。

第七条 人民检察院办理未成年人刑事案件,发现有关单位或者部门在预防未成年人违法犯罪等方面制度不落实、不健全,存在管理漏洞的,可以采取检察建议等方式向有关单位或者部门提出预防违法犯罪的意见和建议。

第八条 省级、地市级人民检察院和未成年人刑事案件较多的基层人民检察院,应当设立独立的未成年人刑事检察机构。地市级人民检察院也可以根据当地实际,指定一个基层人民检察院设立独立机构,统一办理辖区范围内的未成年人刑事案件;条件暂不具备的,应当成立专门办案组或者指定专人办理。对于专门办案组或专人,应当保证其集中精力办理未成年人刑事案件,研究未成年人犯罪规律,落实对涉案未成年人的帮教措施等工作。

各级人民检察院应当选任经过专门培训,熟悉未成年人身心特点,具有犯罪学、社会学、心理学、教育学等方面知识的检察人员承办未成年人刑事案件,并加强对办案人员的培训和指导。

第九条 人民检察院根据情况可以对未成年犯罪嫌疑人的成长经历、犯罪原因、监护教育等情况进行调查,并制作社会调查报告,作为办案和教育的参考。

人民检察院开展社会调查,可以委托有关组织和机构进行。开展社会调查应当尊重和保护未成年人名誉,避免向不知情人员泄露未成年犯罪嫌疑人的涉罪信息。

人民检察院应当对公安机关移送的社会调查报告进行审查,必要时可以进行补充调查。

提起公诉的案件,社会调查报告应当随案移送人民法院。

第十条 人民检察院办理未成年人刑事案件,可以应犯罪嫌疑人家属、被害人及其家属的要求,告知其审查逮捕、审查起诉的进展情况,并对有关情况予以说明和解释。

第十一条 人民检察院受理案件后,应当向未成年犯罪嫌疑人及其法定代理人了解其委托辩护人的情况,并告知其有权委托辩护人。

未成年犯罪嫌疑人没有委托辩护人的,人民检察院应当书面通知法律援助机构指派律师为其提供辩护。

第十二条 人民检察院办理未成年人刑事案件,应当注重矛盾化解,认真听取被害人的意见,做好释法说理工作。对于符合和解条件的,要发挥检调对接平台作用,积极促使双方当事人达成和解。

人民检察院应当充分维护未成年被害人的合法权益。对于符合条件的被害人,应当及时启动刑事被害人救助程序,对其进行救助。对于未成年被害人,可以适当放宽救助条件、扩大救助的案件范围。

人民检察院根据需要,可以对未成年犯罪嫌疑人、未成年被害人进行心理疏导。必要时,经未成年犯罪嫌疑人及其法定代理人同意,可以对未成年犯罪嫌疑人进行心理测评。

在办理未成年人刑事案件时,人民检察院应当加强办案风险评估预警工作,主动采取适当措施,积极回应和引导社会舆论,有效防范执法办案风险。

第二章 未成年人刑事案件的审查逮捕

第十三条 人民检察院办理未成年犯罪嫌疑人审查逮捕案件,应当根据未成年犯罪嫌疑人涉嫌犯罪的事实、主观恶性、有无监护与社会帮教条件等,综合衡量其社会危险性,严格限制适用逮捕措施,可捕可不捕的不捕。

第十四条 审查逮捕未成年犯罪嫌疑人,应当重点审查其是否已满十四、十六、十八周岁。

对犯罪嫌疑人实际年龄难以判断,影响对该犯罪嫌疑人是否应当负刑事责任认定的,应当不批准逮捕。需要补充侦查的,同时通知公安机关。

第十五条 审查逮捕未成年犯罪嫌疑人,应当审查公安机关依法提供的证据和社会调查报告等材料。公安机关没有提供社会调查报告的,人民检察院根据案件情况可以要求公安机关提供,也可以自行或者委托有关组织和机构进行调查。

第十六条 审查逮捕未成年犯罪嫌疑人,应当注意是否有被胁迫、引诱的情节,是否存在成年人教唆犯罪、传授犯罪方法或者利用未成年人实施犯罪的情况。

第十七条 人民检察院办理未成年犯罪嫌疑人审查逮捕案件,应当讯问未成年犯罪嫌疑人,听取辩护律师的意见,并制作笔录附卷。

讯问未成年犯罪嫌疑人,应当根据该未成年人的特点和案件情况,制定详细的讯问提纲,采取适宜该未成年人的方式进行,讯问用语应当准确易懂。

讯问未成年犯罪嫌疑人，应当告知其依法享有的诉讼权利，告知其如实供述案件事实的法律规定和意义，核实其是否有自首、立功、坦白等情节，听取其有罪的供述或者无罪、罪轻的辩解。

讯问未成年犯罪嫌疑人，应当通知其法定代理人到场，告知法定代理人依法享有的诉讼权利和应当履行的义务。无法通知、法定代理人不能到场或者法定代理人是共犯的，也可以通知未成年犯罪嫌疑人的其他成年亲属，所在学校、单位或者居住地的村民委员会、居民委员会、未成年人保护组织的代表等合适成年人到场，并将有关情况记录在案。到场的法定代理人可以代为行使未成年犯罪嫌疑人的诉讼权利，行使时不得侵犯未成年犯罪嫌疑人的合法权益。

未成年犯罪嫌疑人明确拒绝法定代理人以外的合适成年人到场，人民检察院可以准许，但应当另行通知其他合适成年人到场。

到场的法定代理人或者其他人员认为办案人员在讯问中侵犯未成年犯罪嫌疑人合法权益的，可以提出意见。讯问笔录应当交由到场的法定代理人或者其他人员阅读或者向其宣读，并由其在笔录上签字、盖章或者捺指印确认。

讯问女性未成年犯罪嫌疑人，应当有女性检察人员参加。

询问未成年被害人、证人，适用本条第四款至第七款的规定。

第十八条 讯问未成年犯罪嫌疑人一般不得使用械具。对于确有人身危险性，必须使用械具的，在现实危险消除后，应当立即停止使用。

第十九条 对于罪行较轻，具备有效监护条件或者社会帮教措施，没有社会危险性或者社会危险性较小，不逮捕不致妨害诉讼正常进行的未成年犯罪嫌疑人，应当不批准逮捕。

对于罪行比较严重，但主观恶性不大，有悔罪表现，具备有效监护条件或者社会帮教措施，具有下列情形之一，不逮捕不致妨害诉讼正常进行的未成年犯罪嫌疑人，可以不批准逮捕：

（一）初次犯罪、过失犯罪的；

（二）犯罪预备、中止、未遂的；

（三）有自首或者立功表现的；

（四）犯罪后如实交待罪行，真诚悔罪，积极退赃，尽力减少和赔偿损失，被害人谅解的；

（五）不属于共同犯罪的主犯或者集团犯罪中的首要分子的；

（六）属于已满十四周岁不满十六周岁的未成年人或者系在校学生的；

（七）其他可以不批准逮捕的情形。

对于不予批准逮捕的案件，应当说明理由，连同案卷材料送达公安机关执行。需要补充侦查的,应当同时通知公安机关。必要时可以向被害方作说明解释。

第二十条 适用本规定第十九条的规定,在作出不批准逮捕决定前,应当审查其监护情况,参考其法定代理人、学校、居住地公安派出所及居民委员会、村民委员会的意见,并在审查逮捕意见书中对未成年犯罪嫌疑人是否具备有效监护条件或者社会帮教措施进行具体说明。

第二十一条 对未成年犯罪嫌疑人作出批准逮捕决定后,应当依法进行羁押必要性审查。对不需要继续羁押的,应当及时建议予以释放或者变更强制措施。

第三章 未成年人刑事案件的审查起诉与出庭支持公诉
第一节 审 查

第二十二条 人民检察院审查起诉未成年人刑事案件,自收到移送审查起诉的案件材料之日起三日以内,应当告知被害人及其法定代理人或者其近亲属、附带民事诉讼的当事人及其法定代理人有权委托诉讼代理人。

对未成年被害人或者其法定代理人提出聘请律师意向,但因经济困难或者其他原因没有委托诉讼代理人的,应当帮助其申请法律援助。

未成年犯罪嫌疑人被羁押的,人民检察院应当审查是否有必要继续羁押。对不需要继续羁押的,应当予以释放或者变更强制措施。

审查起诉未成年犯罪嫌疑人,应当听取其父母或者其他法定代理人、辩护人、被害人及其法定代理人的意见。

第二十三条 人民检察院审查起诉未成年人刑事案件,应当讯问未成年犯罪嫌疑人。讯问未成年犯罪嫌疑人适用本规定第十七条、第十八条的规定。

第二十四条 移送审查起诉的案件具备以下条件之一,且其法定代理人、近亲属等与本案无牵连的,经公安机关同意,检察人员可以安排在押的未成年犯罪嫌疑人与其法定代理人、近亲属等进行会见、通话:

(一)案件事实已基本查清,主要证据确实、充分,安排会见、通话不会影响诉讼活动正常进行;

(二)未成年犯罪嫌疑人有认罪、悔罪表现,或者虽尚未认罪、悔罪,但通过会见、通话有可能促使其转化,或者通过会见、通话有利于社会、家庭稳定;

(三)未成年犯罪嫌疑人的法定代理人、近亲属对其犯罪原因、社会危害性以及后果有一定的认识,并能配合司法机关进行教育。

第二十五条 在押的未成年犯罪嫌疑人同其法定代理人、近亲属等进行会见、通话时,检察人员应当告知其会见、通话不得有串供或者其他妨碍诉讼的内容。会见、通话时检察人员可以在场。会见、通话结束后,检察人员应当将有关内容及时整理并记录在案。

第二节 不起诉

第二十六条 对于犯罪情节轻微,具有下列情形之一,依照刑法规定不需要判处刑罚或者免除刑罚的未成年犯罪嫌疑人,一般应当依法作出不起诉决定:
(一)被胁迫参与犯罪的;
(二)犯罪预备、中止、未遂的;
(三)在共同犯罪中起次要或者辅助作用的;
(四)系又聋又哑的人或者盲人的;
(五)因防卫过当或者紧急避险过当构成犯罪的;
(六)有自首或者立功表现的;
(七)其他依照刑法规定不需要判处刑罚或者免除刑罚的情形。

第二十七条 对于未成年人实施的轻伤害案件、初次犯罪、过失犯罪、犯罪未遂的案件以及被诱骗或者被教唆实施的犯罪案件等,情节轻微,犯罪嫌疑人确有悔罪表现,当事人双方自愿就民事赔偿达成协议并切实履行或者经被害人同意并提供有效担保,符合刑法第三十七条规定的,人民检察院可以依照刑事诉讼法第一百七十三条第二款的规定作出不起诉决定,并可以根据案件的不同情况,予以训诫或者责令具结悔过、赔礼道歉、赔偿损失,或者由主管部门予以行政处罚。

第二十八条 不起诉决定书应当向被不起诉的未成年人及其法定代理人宣布,并阐明不起诉的理由和法律依据。

不起诉决定书应当送达公安机关,被不起诉的未成年人及其法定代理人、辩护人,被害人或者其近亲属及其诉讼代理人。

送达时,应当告知被害人或者其近亲属及其诉讼代理人,如果对不起诉决定不服,可以自收到不起诉决定书后七日以内向上一级人民检察院申诉,也可以不经申诉,直接向人民法院起诉;告知被不起诉的未成年人及其法定代理人,如果对不起诉决定不服,可以自收到不起诉决定书后七日以内向人民检察院申诉。

第三节 附条件不起诉

第二十九条 对于犯罪时已满十四周岁不满十八周岁的未成年人,同时符合下列条件的,人民检察院可以作出附条件不起诉决定:
(一)涉嫌刑法分则第四章、第五章、第六章规定的犯罪;
(二)根据具体犯罪事实、情节,可能被判处一年有期徒刑以下刑罚;
(三)犯罪事实清楚、证据确实、充分,符合起诉条件;

（四）具有悔罪表现。

第三十条 人民检察院在作出附条件不起诉的决定以前，应当听取公安机关、被害人、未成年犯罪嫌疑人的法定代理人、辩护人的意见，并制作笔录附卷。被害人是未成年人的，还应当听取被害人的法定代理人、诉讼代理人的意见。

第三十一条 公安机关或者被害人对附条件不起诉有异议或争议较大的案件，人民检察院可以召集侦查人员、被害人及其法定代理人、诉讼代理人、未成年犯罪嫌疑人及其法定代理人、辩护人举行不公开听证会，充分听取各方的意见和理由。

对于决定附条件不起诉可能激化矛盾或者引发不稳定因素的，人民检察院应当慎重适用。

第三十二条 适用附条件不起诉的审查意见，应当由办案人员在审查起诉期限届满十五日前提出，并根据案件的具体情况拟定考验期限和考察方案，连同案件审查报告、社会调查报告等，经部门负责人审核，报检察长或者检察委员会决定。

第三十三条 人民检察院作出附条件不起诉的决定后，应当制作附条件不起诉决定书，并在三日以内送达公安机关、被害人或者其近亲属及其诉讼代理人、未成年犯罪嫌疑人及其法定代理人、辩护人。

送达时，应当告知被害人或者其近亲属及其诉讼代理人，如果对附条件不起诉决定不服，可以自收到附条件不起诉决定书后七日以内向上一级人民检察院申诉。

人民检察院应当当面向未成年犯罪嫌疑人及其法定代理人宣布附条件不起诉决定，告知考验期限、在考验期内应当遵守的规定和违反规定应负的法律责任，以及可以对附条件不起诉决定提出异议，并制作笔录附卷。

第三十四条 未成年犯罪嫌疑人在押的，作出附条件不起诉决定后，人民检察院应当作出释放或者变更强制措施的决定。

第三十五条 公安机关认为附条件不起诉决定有错误，要求复议的，人民检察院未成年人刑事检察机构应当另行指定检察人员进行审查并提出审查意见，经部门负责人审核，报请检察长或者检察委员会决定。

人民检察院应当在收到要求复议意见书后的三十日以内作出复议决定，通知公安机关。

第三十六条 上一级人民检察院收到公安机关对附条件不起诉决定提请复核的意见书后，应当交由未成年人刑事检察机构办理。未成年人刑事检察机构应当指定检察人员进行审查并提出审查意见，经部门负责人审核，报请检察长或者检察委员会决定。

上一级人民检察院应当在收到提请复核意见书后的三十日以内作出决定,制作复核决定书送交提请复核的公安机关和下级人民检察院。经复核改变下级人民检察院附条件不起诉决定的,应当撤销下级人民检察院作出的附条件不起诉决定,交由下级人民检察院执行。

第三十七条 被害人不服附条件不起诉决定,在收到附条件不起诉决定书后七日以内申诉的,由作出附条件不起诉决定的人民检察院的上一级人民检察院未成年人刑事检察机构立案复查。

被害人向作出附条件不起诉决定的人民检察院提出申诉的,作出决定的人民检察院应当将申诉材料连同案卷一并报送上一级人民检察院受理。

被害人不服附条件不起诉决定,在收到附条件不起诉决定书七日后提出申诉的,由作出附条件不起诉决定的人民检察院未成年人刑事检察机构另行指定检察人员审查后决定是否立案复查。

未成年人刑事检察机构复查后应当提出复查意见,报请检察长决定。

复查决定书应当送达被害人、被附条件不起诉的未成年犯罪嫌疑人及其法定代理人和作出附条件不起诉决定的人民检察院。

上级人民检察院经复查作出起诉决定的,应当撤销下级人民检察院的附条件不起诉决定,由下级人民检察院提起公诉,并将复查决定抄送移送审查起诉的公安机关。

第三十八条 未成年犯罪嫌疑人及其法定代理人对人民检察院决定附条件不起诉有异议的,人民检察院应当作出起诉的决定。

第三十九条 人民检察院在作出附条件不起诉决定后,应当在十日内将附条件不起诉决定书报上级人民检察院主管部门备案。

上级人民检察院认为下级人民检察院作出的附条件不起诉决定不适当的,应当及时撤销下级人民检察院作出的附条件不起诉决定,下级人民检察院应当执行。

第四十条 人民检察院决定附条件不起诉的,应当确定考验期。考验期为六个月以上一年以下,从人民检察院作出附条件不起诉的决定之日起计算。考验期不计入案件审查起诉期限。

考验期的长短应当与未成年犯罪嫌疑人所犯罪行的轻重、主观恶性的大小和人身危险性的大小、一贯表现及帮教条件等相适应,根据未成年犯罪嫌疑人在考验期的表现,可以在法定期限范围内适当缩短或者延长。

第四十一条 被附条件不起诉的未成年犯罪嫌疑人,应当遵守下列规定:

（一）遵守法律法规，服从监督；
（二）按照考察机关的规定报告自己的活动情况；
（三）离开所居住的市、县或者迁居，应当报经考察机关批准；
（四）按照考察机关的要求接受矫治和教育。

第四十二条 人民检察院可以要求被附条件不起诉的未成年犯罪嫌疑人接受下列矫治和教育：
（一）完成戒瘾治疗、心理辅导或者其他适当的处遇措施；
（二）向社区或者公益团体提供公益劳动；
（三）不得进入特定场所，与特定的人员会见或者通信，从事特定的活动；
（四）向被害人赔偿损失、赔礼道歉等；
（五）接受相关教育；
（六）遵守其他保护被害人安全以及预防再犯的禁止性规定。

第四十三条 在附条件不起诉的考验期内，人民检察院应当对被附条件不起诉的未成年犯罪嫌疑人进行监督考察。未成年犯罪嫌疑人的监护人应当对未成年犯罪嫌疑人加强管教，配合人民检察院做好监督考察工作。

人民检察院可以会同未成年犯罪嫌疑人的监护人、所在学校、单位、居住地的村民委员会、居民委员会、未成年人保护组织等的有关人员定期对未成年犯罪嫌疑人进行考察、教育，实施跟踪帮教。

第四十四条 未成年犯罪嫌疑人经批准离开所居住的市、县或者迁居，作出附条件不起诉决定的人民检察院可以要求迁入地的人民检察院协助进行考察，并将考察结果函告作出附条件不起诉决定的人民检察院。

第四十五条 考验期届满，办案人员应当制作附条件不起诉考察意见书，提出起诉或者不起诉的意见，经部门负责人审核，报请检察长决定。

人民检察院应当在审查起诉期限内作出起诉或者不起诉的决定。

作出附条件不起诉决定的案件，审查起诉期限自人民检察院作出附条件不起诉决定之日起中止计算，自考验期限届满之日起或者人民检察院作出撤销附条件不起诉决定之日起恢复计算。

第四十六条 被附条件不起诉的未成年犯罪嫌疑人，在考验期内有下列情形之一的，人民检察院应当撤销附条件不起诉的决定，提起公诉：
（一）实施新的犯罪的；
（二）发现决定附条件不起诉以前还有其他犯罪需要追诉的；
（三）违反治安管理规定，造成严重后果，或者多次违反治安管理规定的；
（四）违反考察机关有关附条件不起诉的监督管理规定，造成严重后果，或者多次违反考察机关有关附条件不起诉的监督管理规定的。

第四十七条 对于未成年犯罪嫌疑人在考验期内实施新的犯罪或者在决定附条件不起诉以前还有其他犯罪需要追诉的，人民检察院应当移送侦查机关立案侦查。

第四十八条 被附条件不起诉的未成年犯罪嫌疑人，在考验期内没有本规定第四十六条规定的情形，考验期满的，人民检察院应当作出不起诉的决定。

第四十九条 对于附条件不起诉的案件，不起诉决定宣布后六个月内，办案人员可以对被不起诉的未成年人进行回访，巩固帮教效果，并做好相关记录。

第五十条 对人民检察院依照刑事诉讼法第一百七十三条第二款规定作出的不起诉决定和经附条件不起诉考验期满不起诉的，在向被不起诉的未成年人及其法定代理人宣布不起诉决定书时，应当充分阐明不起诉的理由和法律依据，并结合社会调查，围绕犯罪行为对被害人、对本人及家庭、对社会等造成的危害，导致犯罪行为发生的原因及应当吸取的教训等，对被不起诉的未成年人开展必要的教育。如果侦查人员、合适成年人、辩护人、社工等参加有利于教育被不起诉未成年人的，经被不起诉的未成年人及其法定代理人同意，可以邀请他们参加，但要严格控制参与人范围。

对于犯罪事实清楚，但因未达刑事责任年龄不起诉、年龄证据存疑而不起诉的未成年犯罪嫌疑人，参照上述规定举行不起诉宣布教育仪式。

第四节 提起公诉

第五十一条 人民检察院审查未成年人与成年人共同犯罪案件，一般应当将未成年人与成年人分案起诉。但是具有下列情形之一的，可以不分案起诉：

（一）未成年人系犯罪集团的组织者或者其他共同犯罪中的主犯的；

（二）案件重大、疑难、复杂，分案起诉可能妨碍案件审理的；

（三）涉及刑事附带民事诉讼，分案起诉妨碍附带民事诉讼部分审理的；

（四）具有其他不宜分案起诉情形的。

对分案起诉至同一人民法院的未成年人与成年人共同犯罪案件，由未成年人刑事检察机构一并办理更为适宜的，经检察长决定，可以由未成年人刑事检察机构一并办理。

分案起诉的未成年人与成年人共同犯罪案件，由不同机构分别办理的，应当相互了解案件情况，提出量刑建议时，注意全案的量刑平衡。

第五十二条 对于分案起诉的未成年人与成年人共同犯罪案件，一般应当同时移送人民法院。对于需要补充侦查的，如果补充侦查事项不涉及未成年犯罪嫌疑人所参与的犯罪事实，不影响对未成年犯罪嫌疑人提起公诉的，应当对未成年犯罪嫌疑人先予提起公诉。

第五十三条　对于分案起诉的未成年人与成年人共同犯罪案件,在审查起诉过程中可以根据全案情况制作一个审结报告,起诉书以及出庭预案等应当分别制作。

第五十四条　人民检察院对未成年人与成年人共同犯罪案件分别提起公诉后,在诉讼过程中出现不宜分案起诉情形的,可以建议人民法院并案审理。

第五十五条　对于符合适用简易程序审理条件的未成年人刑事案件,人民检察院应当在提起公诉时向人民法院提出适用简易程序审理的建议。

第五十六条　对提起公诉的未成年人刑事案件,应当认真做好下列出席法庭的准备工作:

(一)掌握未成年被告人的心理状态,并对其进行接受审判的教育,必要时,可以再次讯问被告人;

(二)与未成年被告人的法定代理人、合适成年人、辩护人交换意见,共同做好教育、感化工作;

(三)进一步熟悉案情,深入研究本案的有关法律政策问题,根据案件性质,结合社会调查情况,拟定讯问提纲、询问被害人、证人、鉴定人提纲、举证提纲、答辩提纲、公诉意见书和针对未成年被告人进行法制教育的书面材料。

第五十七条　公诉人出席未成年人刑事审判法庭,应当遵守公诉人出庭行为规范要求,发言时应当语调温和,并注意用语文明、准确,通俗易懂。

公诉人一般不提请未成年证人、被害人出庭作证。确有必要出庭作证的,应当建议人民法院采取相应的保护措施。

第五十八条　在法庭审理过程中,公诉人的讯问、询问、辩论等活动,应当注意未成年人的身心特点。对于未成年被告人情绪严重不稳定,不宜继续接受审判的,公诉人可以建议法庭休庭。

第五十九条　对于具有下列情形之一,依法可能判处拘役、三年以下有期徒刑,有悔罪表现,宣告缓刑对所居住社区没有重大不良影响,具备有效监护条件或者社会帮教措施,适用缓刑确实不致再危害社会的未成年被告人,人民检察院应当建议人民法院适用缓刑:

(一)犯罪情节较轻,未造成严重后果的;

(二)主观恶性不大的初犯或者胁从犯、从犯;

(三)被害人同意和解或者被害人有明显过错;

(四)其他可以适用缓刑的情节。

建议宣告缓刑,可以根据犯罪情况,同时建议禁止未成年被告人在缓刑考验期限内从事特定活动,进入特定区域、场所,接触特定的人。

人民检察院提出对未成年被告人适用缓刑建议的,应当将未成年被告人能够获得有效监护、帮教的书面材料于判决前移送人民法院。

第六十条 公诉人在依法指控犯罪的同时,要剖析未成年被告人犯罪的原因、社会危害性,适时进行法制教育,促使其深刻反省,吸取教训。

第六十一条 人民检察院派员出席未成年人刑事案件二审法庭适用本节的相关规定。

第六十二条 犯罪的时候不满十八周岁,被判处五年有期徒刑以下刑罚的,人民检察院应当在收到人民法院生效判决后,对犯罪记录予以封存。

对于二审案件,上级人民检察院封存犯罪记录时,应当通知下级人民检察院对相关犯罪记录予以封存。

第六十三条 人民检察院应当将拟封存的未成年人犯罪记录、卷宗等相关材料装订成册,加密保存,不予公开,并建立专门的未成年人犯罪档案库,执行严格的保管制度。

第六十四条 除司法机关为办案需要或者有关单位根据国家规定进行查询的以外,人民检察院不得向任何单位和个人提供封存的犯罪记录,并不得提供未成年人有犯罪记录的证明。

司法机关或者有关单位需要查询犯罪记录的,应当向封存犯罪记录的人民检察院提出书面申请,人民检察院应当在七日以内作出是否许可的决定。

第六十五条 对被封存犯罪记录的未成年人,符合下列条件之一的,应当对其犯罪记录解除封存:

(一)实施新的犯罪,且新罪与封存记录之罪数罪并罚后被决定执行五年有期徒刑以上刑罚的;

(二)发现漏罪,且漏罪与封存记录之罪数罪并罚后被决定执行五年有期徒刑以上刑罚的。

第六十六条 人民检察院对未成年犯罪嫌疑人作出不起诉决定后,应当对相关记录予以封存。具体程序参照本规定第六十二条至第六十五条规定办理。

第四章 未成年人刑事案件的法律监督

第六十七条 人民检察院审查批准逮捕、审查起诉未成年犯罪嫌疑人,应当同时依法监督侦查活动是否合法,发现有下列违法行为的,应当提出纠正意见;构成犯罪的,依法追究刑事责任:

(一)违法对未成年犯罪嫌疑人采取强制措施或者采取强制措施不当的;

(二)未依法实行对未成年犯罪嫌疑人与成年犯罪嫌疑人分别关押、管理的；

（三）对未成年犯罪嫌疑人采取刑事拘留、逮捕措施后，在法定时限内未进行讯问，或者未通知其家属的；

（四）讯问未成年犯罪嫌疑人或者询问未成年被害人、证人时，未依法通知其法定代理人或者合适成年人到场的；

（五）讯问或者询问女性未成年人时，没有女性检察人员参加；

（六）未依法告知未成年犯罪嫌疑人有权委托辩护人的；

（七）未依法通知法律援助机构指派律师为未成年犯罪嫌疑人提供辩护的；

（八）对未成年犯罪嫌疑人威胁、体罚、侮辱人格、游行示众，或者刑讯逼供、指供、诱供的；

（九）利用未成年人认知能力低而故意制造冤、假、错案的；

（十）对未成年被害人、证人以暴力、威胁、诱骗等非法手段收集证据或者侵害未成年被害人、证人的人格尊严及隐私权等合法权益的；

（十一）违反羁押和办案期限规定的；

（十二）已作出不批准逮捕、不起诉决定，公安机关不立即释放犯罪嫌疑人的；

（十三）在侦查中有其他侵害未成年人合法权益行为的。

第六十八条　对依法不应当公开审理的未成年人刑事案件公开审理的，人民检察院应当在开庭前提出纠正意见。

公诉人出庭支持公诉时，发现法庭审判有下列违反法律规定的诉讼程序的情形之一的，应当在休庭后及时向本院检察长报告，由人民检察院向人民法院提出纠正意见：

（一）开庭或者宣告判决时未通知未成年被告人的法定代理人到庭的；

（二）人民法院没有给聋、哑或者不通晓当地通用的语言文字的未成年被告人聘请或者指定翻译人员的；

（三）未成年被告人在审判时没有辩护人的；对未成年被告人及其法定代理人依照法律和有关规定拒绝辩护人为其辩护，合议庭未另行通知法律援助机构指派律师的；

（四）法庭未告知未成年被告人及其法定代理人依法享有的申请回避、辩护、提出新的证据、申请重新鉴定或者勘验、最后陈述、提出上诉等诉讼权利的；

（五）其他违反法律规定的诉讼程序的情形。

第六十九条　人民检察院发现有关机关对未成年人犯罪记录应当封存而未封存的，不应当允许查询而允许查询的，或者不应当提供犯罪记录而提供的，应当依法提出纠正意见。

第七十条　人民检察院依法对未成年犯管教所实行驻所检察。在刑罚执行监督中，发现关押成年罪犯的监狱收押未成年罪犯的，未成年犯管教所违法收押成年罪犯的，或者对年满十八周岁时余刑在二年以上的罪犯留在未成年犯管教所执行剩余刑期的，应当依法提出纠正意见。

第七十一条　人民检察院在看守所检察中，发现没有对未成年犯罪嫌疑人、被告人与成年犯罪嫌疑人、被告人分别关押、管理或者对未成年犯留所执行刑罚的，应当依法提出纠正意见。

第七十二条　人民检察院应当加强对未成年犯管教所、看守所监管未成年罪犯活动的监督，依法保障未成年犯的合法权益，维护监管改造秩序和教学、劳动、生活秩序。

人民检察院配合未成年犯管教所、看守所加强对未成年罪犯的政治、法律、文化教育，促进依法、科学、文明监管。

第七十三条　人民检察院依法对未成年人的社区矫正进行监督，发现有下列情形之一的，应当依法向公安机关、人民法院、监狱、社区矫正机构等有关部门提出纠正意见：

（一）没有将未成年人的社区矫正与成年人分开进行的；

（二）对实行社区矫正的未成年人脱管、漏管或者没有落实帮教措施的；

（三）没有对未成年社区矫正人员给予身份保护，其矫正宣告公开进行，矫正档案未进行保密，公开或者传播其姓名、住所、照片等可能推断出该未成年人的其他资料以及矫正资料等情形的；

（四）未成年社区矫正人员的矫正小组没有熟悉青少年成长特点的人员参加的；

（五）没有针对未成年人的年龄、心理特点和身心发育需要等特殊情况采取相应的监督管理和教育矫正措施的；

（六）其他违法情形。

第七十四条　人民检察院依法对未成年犯的减刑、假释、暂予监外执行等活动实行监督。对符合减刑、假释、暂予监外执行法定条件的，应当建议执行机关向人民法院、监狱管理机关或者公安机关提请；发现提请或者裁定、决定不当的，应当依法提出纠正意见；对徇私舞弊减刑、假释、暂予监外执行等构成犯罪的，依法追究刑事责任。

第五章　未成年人案件的刑事申诉检察

第七十五条　人民检察院依法受理未成年人及其法定代理人提出的刑事申

诉案件和国家赔偿案件。

人民检察院对未成年人刑事申诉案件和国家赔偿案件，应当指定专人及时办理。

第七十六条 人民检察院复查未成年人刑事申诉案件，应当直接听取未成年人及其法定代理人的陈述或者辩解，认真审核、查证与案件有关的证据和线索，查清案件事实，依法作出处理。

案件复查终结作出处理决定后，应当向未成年人及其法定代理人当面送达法律文书，做好释法说理和教育工作。

第七十七条 对已复查纠正的未成年人刑事申诉案件，应当配合有关部门做好善后工作。

第七十八条 人民检察院办理未成年人国家赔偿案件，应当充分听取未成年人及其法定代理人的意见，对于依法应当赔偿的案件，应当及时作出和执行赔偿决定。

第六章 附　则

第七十九条 本规定所称未成年人刑事案件，是指犯罪嫌疑人、被告人实施涉嫌犯罪行为时已满十四周岁、未满十八周岁的刑事案件，但在有关未成年人诉讼权利和体现对未成年程序上特殊保护的条文中所称的未成年人，是指在诉讼过程中未满十八周岁的人。犯罪嫌疑人实施涉嫌犯罪行为时未满十八周岁，在诉讼过程中已满十八周岁的，人民检察院可以根据案件的具体情况适用本规定。

第八十条 实施犯罪行为的年龄，一律按公历的年、月、日计算。从周岁生日的第二天起，为已满××周岁。

第八十一条 未成年人刑事案件的法律文书和工作文书，应当注明未成年人的出生年月日、法定代理人或者到场的合适成年人、辩护人基本情况。

对未成年犯罪嫌疑人、被告人、未成年罪犯的有关情况和办案人员开展教育感化工作的情况，应当记录在卷，随案移送。

第八十二条 本规定由最高人民检察院负责解释。

第八十三条 本规定自发布之日起施行，最高人民检察院2007年1月9日发布的《人民检察院办理未成年人刑事案件的规定》同时废止。

《未成年人刑事检察工作指引(试行)》(高检发未检字〔2017〕1号)

第一章　总　则

第一节　目的与范围

第一条　【目的】 为进一步提高人民检察院未成年人刑事检察(以下简称未

检）工作专业化、规范化水平，细化未检工作的具体标准和操作程序，确保未检工作的质量和效果，根据《中华人民共和国宪法》、《中华人民共和国刑法》、《中华人民共和国刑事诉讼法》、《中华人民共和国未成年人保护法》、《中华人民共和国预防未成年人犯罪法》、《人民检察院刑事诉讼规则》等法律及司法解释、规范性文件的规定，结合未检工作实际，制定本指引。

第二条 【适用范围】人民检察院未检部门办理未成年人刑事案件和不宜分案办理的未成年人与成年人共同犯罪案件、侵害未成年人人身权利案件以及开展相关诉讼监督、帮教救助、犯罪预防等工作，适用本指引。

第三条 【参照适用】对于实施犯罪时未满十八周岁，但诉讼过程中已满十八周岁，实际由未检部门受理的，根据案件具体情况，可以参照本指引办理。

第四条 【未成年人刑事案件】本指引所称未成年人刑事案件，是指犯罪嫌疑人实施涉嫌犯罪行为时不满十八周岁的刑事案件。

已满十四周岁不满十六周岁的未成年人，实施刑法第十七条第二款规定犯罪的，应当承担刑事责任，适用本指引。

第五条 【侵害未成年人人身权利案件】本指引所称侵害未成年人人身权利案件，是指由成年人实施、未成年人是被害人的刑法分则第四章"侵犯公民人身权利、民主权利罪"规定的犯罪以及其他章节规定的实际侵害未成年人身心健康的以危险方法危害公共安全（刑法第一百一十四条、第一百一十五条）、危险驾驶（刑法第一百三十三条之一）、教育设施重大安全事故（刑法第一百三十八条）、抢劫（刑法第二百六十三条）、向未成年人传授犯罪方法（刑法第二百九十五条）、引诱未成年人聚众淫乱（刑法第三百零一条）、非法组织、强迫未成年人出卖血液（刑法第三百三十三条）、强迫、引诱、教唆、欺骗、容留未成年人吸毒（刑法第三百五十三条、第三百五十四条）、组织、强迫、引诱、容留、介绍未成年人卖淫（刑法第三百五十八条、第三百五十九条）、向未成年人传播淫秽物品（刑法第三百六十四条）、组织未成年人进行淫秽表演（刑法第三百六十五条）等犯罪案件。

第六条 【未达刑事责任年龄的处理】人民检察院对于犯罪时未达到刑事责任年龄的未成年人，应当加强与公安机关、学校、社会保护组织等单位及未成年人家庭的协调、配合，通过责令加以管教、政府收容教养、实施社会观护等措施，预防其再犯罪。

第二节 模式与机制

第七条 【工作模式】人民检察院未检部门实行捕、诉、监、防一体化工作模式，同一个检察官或者检察官办案组负责同一刑事案件的审查逮捕、审查起诉、诉讼监督和犯罪预防等工作，以利于全面掌握未成年人案件情况和未成年人身心状况，有针对性地开展帮助、教育，切实提高工作质量和效果。

第八条 【专用工作设施】人民检察院应当建立适合未成年人身心特点的未检专用工作室，配备同步录音录像、心理疏导、心理测评等相关办案装备和设施，为讯问、询问未成年人，教育感化涉罪未成年人和保护救助未成年被害人，司法听证、宣布、训诫提供合适场所和环境。

第九条 【内部联动机制】人民检察院未检部门在工作中发现侵害未成年人合法权益的犯罪线索，应当及时移送有关部门予以查处，并协调做好保护未成年人工作。其他检察业务部门在工作中发现侵害未成年人合法权益或者涉案未成年人需要心理疏导、救助帮教等情况，应当及时移送未检部门处理或者通知未检部门介入协助干预。

对于涉及未成年人权益保护的具有重大社会影响、疑难复杂等案件，上级人民检察院要加大对下级人民检察院的业务指导和案件督办。下级人民检察院应当及时将有关情况报告上级人民检察院。

第十条 【异地协作机制】对于异地检察机关提出协助进行社会调查、附条件不起诉监督考察、观护帮教、社区矫正监督、犯罪记录封存、被害人救助等请求的，协作地检察机关应当及时予以配合。

委托地检察机关应当主动与协作地检察机关就委托事项的办理进行充分沟通，提供相应法律文书、工作文书、情况说明等材料。必要时，可以通过委托地和协作地共同的上级检察机关未检部门进行沟通协调。

第十一条 【外部联动机制】人民检察院应当加强与政法机关及教育、民政等政府部门、未成年人保护组织等机构的联系，积极促进和完善合作机制，形成司法保护与家庭保护、学校保护、政府保护、社会保护的衔接一致。

第十二条 【借助专业力量】人民检察院可以通过政府购买服务、聘请专业人士等方式，将社会调查、合适成年人到场、心理疏导、心理测评、观护帮教、附条件不起诉监督考察等工作，交由社工、心理专家等专业社会力量承担或者协助进行，提高未成年人权益保护和犯罪预防的专业化水平，推动建立健全司法借助社会专业力量的长效机制。

第三节 基本要求

第十三条 【特殊、优先保护】人民检察院应当根据未成年人的身心特点给予特殊、优先保护。对于确有特殊困难、特殊需求的未成年人，应当予以特殊帮助。

第十四条 【平等对待】人民检察院应当对所有涉案未成年人进行全面保

护。不论未成年人性别、民族、种族、户籍、家庭财产状况、宗教信仰等，应当平等对待，不得有任何歧视或者忽视。

第十五条 【教育挽救】人民检察院办理未成年人刑事案件要切实贯彻"教育、感化、挽救"方针和"教育为主、惩罚为辅"原则，落实好刑事诉讼法规定的特殊制度、程序和要求。坚持教育和保护优先，为涉罪未成年人重返社会创造机会，最大限度地减少羁押措施、刑罚尤其是监禁刑的适用。

第十六条 【诉讼权利保障】人民检察院应当充分保障未成年人行使其诉讼权利，保证未成年人得到充分的法律帮助。

第十七条 【区别对待】人民检察院办理未成年人刑事案件，应当区别于成年人，充分考虑未成年人的身心特点、认知水平，在事实认定、证据采信、罪与非罪、此罪与彼罪、情节把握等方面，提出有针对性的意见。

第十八条 【分案处理】人民检察院办理未成年人与成年人共同犯罪案件时，一般应当将未成年人与成年人分案处理。不宜分案处理的，应当对未成年人采取特殊保护措施。

对于被拘留、逮捕和被执行刑罚的未成年人，应当监督相关机关落实与成年人分别关押、分别管理、分别教育的规定。

第十九条 【隐私保护】人民检察院应当依法保护涉案未成年人的名誉、隐私和个人信息，尊重其人格尊严，不得公开或者传播能够单独或者与其他信息结合识别未成年人个人身份的各种信息，包括姓名、出生日期、身份证号码、个人生物识别信息、住址、电话号码、照片、图像等。

第二十条 【快速办理】在保证教育、挽救和保护救助效果的前提下，人民检察院办理涉及未成年人的案件，应当快速办理，不得有任何不必要的拖延，尽可能减少未成年人的诉讼负累。

第二十一条 【双向保护】人民检察院办理未成年人刑事案件，既要注重保护涉罪未成年人的合法权益，也要注重维护社会利益，积极化解矛盾，使被害人得到平等保护，尤其要注重对未成年被害人的权益维护和帮扶救助。

第二十二条 【综合施策】人民检察院应当加强与有关单位、组织的联系与配合，充分发挥社会力量的作用，采取经济、行政、刑事等各种手段，综合解决未成年人违法犯罪、权益保护等问题。

第二十三条 【风险评估】人民检察院办理未成年人刑事案件，应当加强办案风险评估预警工作，主动采取适当措施，积极回应和引导社会舆论，有效防范执法办案风险。

第二章　特殊检察制度
第一节　法律援助

第二十四条　【基本要求】人民检察院办理未成年人刑事案件,应当保障未成年犯罪嫌疑人得到法律帮助,并加强与辩护人的沟通,认真听取辩护人的意见,共同做好涉罪未成年人的教育、感化、挽救工作。

人民检察院应当加强与公安机关、人民法院、司法行政机关的沟通协调,通过建立法律援助律师值班制度、完善法律援助相互衔接机制、组建专业化未成年人法律援助律师队伍等措施,确保强制辩护和被害人法律援助制度有效落实。

第二十五条　【及时通知】人民检察院办理未成年人刑事案件,应当首先了解未成年犯罪嫌疑人委托辩护人及得到法律援助的情况。没有委托辩护人的,应当及时告知未成年犯罪嫌疑人及其法定代理人有权委托辩护人。未成年犯罪嫌疑人及其法定代理人没有委托辩护人且没有得到法律援助的,应当及时通知所在地法律援助机构指派律师为其提供辩护。

第二十六条　【督促公安机关】对于公安机关在侦查环节未通知法律援助机构指派律师为未成年人提供辩护的,人民检察院应当认真履行监督职责,依法督促公安机关予以纠正。

第二十七条　【另行指定】未成年犯罪嫌疑人拒绝法律援助机构指派的律师为其辩护的,人民检察院应当查明原因,有正当理由的,应当准许;同时告知未成年犯罪嫌疑人及其法定代理人另行委托辩护人。未成年犯罪嫌疑人及其法定代理人未另行委托辩护人的,应当及时书面通知法律援助机构另行指派律师为其提供辩护。未成年犯罪嫌疑人再次拒绝且无正当理由的,不予准许。

对于法律援助律师怠于履行职责、泄露隐私和违规辩护的,人民检察院应当依法履行监督职责,通知法律援助机构变更法律援助律师,并书面建议司法行政机关依法作出相应处理。

第二节　社会调查

第二十八条　【基本要求】人民检察院办理未成年人刑事案件,应当对公安机关或者辩护人提供的社会调查报告及相关材料进行认真审查,并作为审查逮捕、审查起诉、提出量刑建议以及帮教等工作的重要参考。

第二十九条　【应当调查】对于未成年人刑事案件,一般应当进行社会调查,但未成年人犯罪情节轻微,且在调查案件事实的过程中已经掌握未成年犯罪嫌疑人的成长经历、犯罪原因、监护教育等情况的,可以不进行专门的社会调查。

第三十条　【督促调查】对于卷宗中没有证明未成年犯罪嫌疑人的成长经历、犯罪原因、监护教育等情况的材料或者材料不充分的,人民检察院应当要求公安机关提供或者补充提供。

未成年犯罪嫌疑人不讲真实姓名、住址,身份不明,无法进行社会调查的,人民检察院应当要求公安机关出具书面情况说明。无法进行调查的原因消失后,应当督促公安机关开展社会调查。

第三十一条 【自行调查】人民检察院对于公安机关移送审查起诉的未成年人刑事案件,未随案移送社会调查报告及其附属材料,经发函督促七日内仍不补充移送的;或者随案移送的社会调查报告不完整,需要补充调查的;或者人民检察院认为应当进行社会调查的,可以进行调查或补充调查。

第三十二条 【知情权保护】开展社会调查应当充分保障未成年人及其法定代理人的知情权,并在调查前将调查人员的组成、调查程序、调查内容及对未成年人隐私保护等情况及时告知未成年人及其法定代理人。

第三十三条 【隐私权保护】开展社会调查时,调查人员不得驾驶警车、穿着检察制服,应当尊重和保护未成年人名誉,避免向不知情人员泄露未成年人的涉罪信息。

第三十四条 【调查方式、程序】人民检察院自行开展社会调查的,调查人员不得少于二人。

开展社会调查应当走访未成年犯罪嫌疑人的监护人、亲友、邻居、老师、同学、被害人或者其近亲属等相关人员。必要时可以通过电话、电子邮件或者其他方式向身在外地的被害人或其他人员了解情况。

经被调查人同意,可以采取拍照、同步录音录像等形式记录调查内容。

第三十五条 【心理测评】社会调查过程中,根据需要,经未成年犯罪嫌疑人及其法定代理人同意,可以进行心理测评。

第三十六条 【调查内容】社会调查主要包括以下内容:

(一)个人基本情况,包括未成年人的年龄、性格特点、健康状况、成长经历(成长中的重大事件)、生活习惯、兴趣爱好、教育程度、学习成绩、一贯表现、不良行为史、经济来源等;

(二)社会生活状况,包括未成年人的家庭基本情况(家庭成员、家庭教育情况和管理方式、未成年人在家庭中的地位和遭遇、家庭成员之间的感情和关系、监护人职业、家庭经济状况、家庭成员有无重大疾病或遗传病史等)、社区环境(所在社区治安状况、邻里关系、在社区的表现、交往对象及范围等)、社会交往情况(朋辈交往、在校或者就业表现、就业时间、职业类别、工资待遇、与老师、同学或者同事的关系等);

(三)与涉嫌犯罪相关的情况,包括犯罪目的、动机、手段、与被害人的关系等；犯罪后的表现，包括案发后、羁押或取保候审期间的表现、悔罪态度、赔偿被害人损失等；社会各方意见，包括被害方的态度、所在社区基层组织及辖区派出所的意见等，以及是否具备有效监护条件、社会帮教措施；

（四）认为应当调查的其他内容。

第三十七条 【调查笔录】调查情况应当制作笔录，并由被调查人进行核对。被调查人确认无误，签名后捺手印。

以单位名义出具的证明材料，由材料出具人签名，并加盖单位印章。以个人名义出具的证明材料，由材料出具人签名，并附个人身份证复印件。

第三十八条 【制作报告】社会调查结束后，应当制作社会调查报告，由调查人员签名，并加盖单位印章。

社会调查报告的主要内容包括：

（一）调查主体、方式及简要经过；

（二）调查内容；

（三）综合评价，包括对未成年犯罪嫌疑人的身心健康、认知、解决问题能力、可信度、自主性、与他人相处能力以及社会危险性、再犯可能性等情况的综合分析；

（四）意见建议，包括对未成年犯罪嫌疑人的处罚和教育建议等。

社会调查人员意见不一致的，应当在报告中写明。

调查笔录或者其他能够印证社会调查报告内容的书面材料，应当附在社会调查报告之后。

第三十九条 【委托调查】人民检察院开展社会调查可以委托有关组织或者机构进行。当地有青少年事务社会工作等专业机构的，应当主动与其联系，以政府购买服务等方式，将社会调查交由其承担。

委托调查的，应当向受委托的组织或者机构发出社会调查委托函，载明被调查对象的基本信息、案由、基本案情、调查事项、调查时限等，并要求其在社会调查完成后，将社会调查报告、原始材料包括调查笔录、调查问卷、社会调查表、有关单位和个人出具的证明材料、书面材料、心理评估报告、录音录像资料等，一并移送委托的人民检察院。

第四十条 【保密及回避原则】人民检察院委托进行社会调查的，应当明确告知受委托组织或机构为每一个未成年人指派两名社会调查员进行社会调查；不得指派被调查人的近亲属或者与本案有利害关系的人员进行调查。社会调查时，社会调查员应当出示社会调查委托函、介绍信和工作证，不得泄露未成年犯罪嫌疑人的犯罪信息、个人隐私等情况，并对社会调查的真实性负法律责任。

第四十一条 【了解情况】经人民检察院许可,社会调查员可以查阅部分诉讼文书并向未检检察官了解案件基本情况。

社会调查员进行社会调查,应当会见被调查的未成年犯罪嫌疑人,当面听取其陈述。未成年犯罪嫌疑人未被羁押的,可以到未成年犯罪嫌疑人的住所或者其他适当场所进行会见。未成年犯罪嫌疑人被羁押的,经公安机关审查同意,可以到羁押场所进行会见。

会见未在押的未成年犯罪嫌疑人,应征得其法定代理人的同意。

第四十二条 【审查认定】人民检察院收到公安机关或者受委托调查组织或者机构移送的社会调查报告及相关材料后,应当认真审查材料是否齐全、内容是否真实,听取未成年犯罪嫌疑人及其法定代理人或者其他到场人员、辩护人的意见,并记录在案。

第四十三条 【重新调查】对公安机关或者受委托调查组织或者机构出具的社会调查报告,经审查有下列情形之一的,人民检察院应当重新进行社会调查:

(一)调查材料有虚假成分的;

(二)社会调查结论与其他证据存在明显矛盾的;

(三)调查人员系案件当事人的近亲属或与案件有利害关系,应当回避但没有回避的;

(四)人民检察院认为需要重新调查的其他情形。

第四十四条 【文书表述】承办人应当在案件审查报告中对开展社会调查的情况进行详细说明,并在决定理由部分写明对社会调查报告提出的处罚建议的采纳情况及理由。

人民检察院在制作附条件不起诉决定书、不起诉决定书、起诉书等法律文书时,应当叙述通过社会调查或者随案调查查明的未成年犯罪嫌疑人、被不起诉人、被告人的成长经历、犯罪原因、监护教育等内容。

第四十五条 【移送法院】人民检察院提起公诉的案件,社会调查报告及相关资料应当随案移送人民法院。

社会调查报告的内容应当在庭审中宣读,必要时可以通知调查人员出庭说明情况。委托调查的,可以要求社会调查员出庭宣读社会调查报告。

第三节 法定代理人、合适成年人到场

第四十六条 【基本要求】人民检察院办理涉及未成年人的刑事案件,应当依法通知未成年犯罪嫌疑人、被害人、证人的法定代理人在场,见证、监督整个讯问或者询问过程,维护未成年人合法权益。

对于法定代理人具有下列情形之一,不能或者不宜到场的,要保证未成年人的其他成年亲属,所在学校、单位或者居住地的村民委员会、居民委员会、未成年人保护组织的代表等合适成年人到场,并将有关情况记录在案:

(一)与未成年犯罪嫌疑人构成共同犯罪的;
(二)已经死亡、宣告失踪或者无监护能力的;
(三)因身份、住址或联系方式不明无法通知的;
(四)因路途遥远或者其他原因无法及时到场的;
(五)经通知明确拒绝到场的;
(六)阻扰讯问或者询问活动正常进行,经劝阻不改的;
(七)未成年人有正当理由拒绝法定代理人到场的;
(八)到场可能影响未成年人真实陈述的;
(九)其他不能或者不宜到场的情形。

讯问、询问女性未成年人的,一般应当选择女性合适成年人到场。

通知到场的法定代理人或者合适成年人一般为一名。

法定代理人不能或者不宜到场的情形消失后,人民检察院应当及时通知法定代理人到场。

第四十七条 【权利义务】到场的合适成年人享有下列权利:

(一)向办案机关了解未成年人的成长经历、家庭环境、个性特点、社会活动以及其他与案件有关的情况;
(二)讯问或者询问前,可以在办案人员陪同下会见未成年人,了解其健康状况、是否告知权利义务、合法权益是否被侵害等情况;
(三)向未成年人解释有关法律规定,并告知其行为可能导致的法律后果;
(四)对未成年人进行法制宣传,有针对性地进行提醒教育;
(五)发现办案机关存在诱供、逼供或其他侵害未成年人合法权益的情形,可以当场提出意见,也可以在笔录上载明自己的意见,并向办案机关主管部门反映情况;
(六)阅读讯问、询问笔录或者要求向其宣读讯问、询问笔录;
(七)法律法规规定的其他权利。

到场的合适成年人应当履行下列义务:

(一)接到参与刑事诉讼通知后持有效证件及时到场;
(二)向未成年人表明自己的身份和承担的职责;
(三)在场发挥监督作用和见证整个讯问、询问过程,维护未成年人基本权利;

（四）抚慰未成年人，帮助其消除恐惧心理和抵触情绪；

（五）帮助未成年人正确理解讯问或者询问程序，但不得以诱导、暗示等方式妨碍其独立思考回答问题，不得非法干涉办案机关正当的诉讼活动；

（六）保守案件秘密，不得泄露案情或者未成年人的个人信息；

（七）发现本人与案件存在利害关系或者其他不宜担任合适成年人的情况后，应当及时告知办案机关或者所在地未成年人保护组织；

（八）法律法规规定的其他义务。

到场的法定代理人除了具有上述规定的权利义务外，还可以代为行使未成年犯罪嫌疑人、被告人的诉讼权利。

第四十八条 【同一原则】人民检察院对同一名未成年人进行多次讯问、询问的，一般应当由同一合适成年人到场。

合适成年人参与其他诉讼活动的，参照上述规定。

第四十九条 【人员变更】未成年人要求更换合适成年人且有正当理由的，应当予以准许。

未成年人虽然没有提出更换合适成年人，但表露出对合适成年人抗拒、不满等情形，导致诉讼活动不能正常进行的，检察人员可以在征询未成年人的意见后，及时更换合适成年人。

更换合适成年人原则上以两次为限，但合适成年人不能正确行使权利、履行义务，不能依法保障未成年人合法权益的除外。

第五十条 【人员选择】选择合适成年人应当重点考虑未成年人的意愿和实际需要，优先选择未成年人的近亲属。

近亲属之外的合适成年人一般由熟悉未成年人身心特点，掌握一定未成年人心理、教育或者法律知识，具有较强社会责任感，并经过必要培训的社工、共青团干部、教师、居住地基层组织的代表、律师及其他热心未成年人保护工作的人员担任。所在地政府部门或者未成年人保护委员会等组织组建了青少年社工或者合适成年人队伍的，应当从社工或者确定的合适成年人名册中选择确定。

人民检察院应当加强与有关单位的沟通协调，制作合适成年人名册，健全运行管理机制，并开展相关培训，建立起一支稳定的合适成年人队伍。

第五十一条 【选任限制】人民检察院应当对到场合适成年人的情况进行审查。有下列情形之一的，不得担任合适成年人：

（一）刑罚尚未执行完毕或者处于缓刑、假释考验期间的；

（二）依法被剥夺、限制人身自由的；

（三）无行为能力或者限制行为能力的；

(四)案件的诉讼代理人、辩护人、证人、鉴定人员、翻译人员以及公安机关、检察机关、法院、司法行政机关的工作人员;

(五)与案件处理结果有利害关系的;

(六)其他不适宜担任合适成年人的情形。

第五十二条 【支持保障】由社会组织的代表担任合适成年人的,其在人民检察院审查逮捕、审查起诉阶段因履行到场职责而支出的交通、住宿、就餐等费用,人民检察院应当给予补助。

对上述合适成年人因履职所需要的其他必要条件,人民检察院应当予以保障。

第五十三条 【加强监督】人民检察院应当对侦查活动中合适成年人到场以及履职情况进行认真审查。发现讯问未成年犯罪嫌疑人、询问未成年被害人应当有合适成年人到场但没有到场,笔录内容无法和同步录音录像相互印证,且无法作出合理解释的,对该证据应当予以排除。

发现询问未成年证人应当有合适成年人到场但没有到场的,或者应当通知法定代理人而通知合适成年人的,应当要求侦查机关进行解释,不能作出合理解释的,对该证据予以排除。

人民检察院应当认真履行监督职责,依法督促公安机关予以纠正。

第四节 亲情会见

第五十四条 【会见条件】人民检察院对于具备下列条件之一,且未成年犯罪嫌疑人的法定代理人、近亲属等与本案无牵连的,经公安机关同意,可以安排在押的未成年犯罪嫌疑人与其法定代理人、近亲属等进行会见:

(一)案件事实已基本查清,主要证据确实、充分,安排会见、通话不会影响诉讼活动正常进行的;

(二)未成年犯罪嫌疑人有认罪、悔罪表现,或者虽尚未认罪、悔罪,但通过会见有可能促使其转化,或者通过会见有利于社会、家庭稳定的;

(三)未成年犯罪嫌疑人的法定代理人、近亲属对其犯罪原因、社会危害性以及后果有一定的认识,并能配合司法机关进行教育的;

(四)其他可以安排会见的情形。

第五十五条 【审查答复】未成年犯罪嫌疑人及其法定代理人或近亲属提出要求进行亲情会见的,人民检察院应当及时审查。对于符合条件的,原则上应当在三个工作日内安排会见。不符合条件的,要对有关情况予以说明和解释。

审查及答复过程应当记录在案。

第五十六条 【会见安排】安排会见应当提前告知看守所会见的时间、人员、地点和方式。

亲情会见可以通过进入羁押场所会见或者视频会见以及通电话等形式进行。

审查逮捕、审查起诉阶段原则上可以各安排一次会见,参加会见的法定代理人或者近亲属限三人以下,每次会见时间一般不超过一个小时。

第五十七条 【会见要求】会见前,应当同未成年犯罪嫌疑人的法定代理人、近亲属等就会见的内容进行沟通交流,告知其会见不得有串供、谈论案情或者其他妨碍诉讼行为,了解其能否使用普通话或者办案当地通俗易懂的方言。对于不能通晓普通话或办案当地通俗易懂方言的,人民检察院可以安排翻译人员在场,以便更好地对未成年犯罪嫌疑人进行教育、感化和挽救。

会见时,应当有检察人员在场进行引导、监督。确定使用电话方式进行亲情会见的,一般应当采用免提通话形式。

会见人员违反法律或者会见场所规定、影响案件办理的,在场检察人员有权提出劝阻或警告;对不听劝阻或警告的,应当终止会见。

会见结束后,检察人员应当将有关内容及时整理并记录在案。

第五节 心理测评与心理疏导

第五十八条 【基本要求】人民检察院根据需要可以对涉罪未成年人(包括未达法定刑事责任年龄而不负刑事责任的未成年人)、未成年被害人、未成年证人(特别是目睹暴力者)进行心理疏导。必要时,经未成年人及其法定代理人同意,可以对未成年人进行心理测评。心理测评应当由具有心理咨询师资质的检察人员或者委托具有执业资质的心理咨询师进行。

对于遭受性侵害的未成年被害人,人民检察院尤其应当做好心理安抚、疏导工作。

第五十九条 【心理危机干预】对于在工作中发现未成年人有自杀、自残倾向或者相关行为表现的,人民检察院应当及时指派或者委托具有专业知识的人员进行心理危机干预。

第六十条 【流程步骤】开展心理测评前,应当告知被测评人员测评的原则、目的,消除其紧张情绪。

心理测评后,应当及时出具心理测评报告,由测评人员签字,为进一步开展心理干预、心理疏导、心理矫正工作提供依据,并可以根据需要以合适的方式向涉案未成年人及其法定代理人反馈和解释。

对涉案未成年人进行心理疏导时应当记录工作情况,并可以根据情况开展后续跟踪心理矫正工作。

对依法提起公诉的案件，可以将办案过程中形成的心理测评报告、心理疏导、矫正记录等材料移送人民法院，保证工作的连续性。

第六十一条　【亲职教育】对因家庭成员沟通和相处方式存在明显问题，影响涉案未成年人心理健康发育的，经涉案未成年人的法定代理人、监护人同意，可以对涉案未成年人及其法定代理人、监护人共同开展家庭教育和相处方式的心理咨询，并联合社会帮教力量启动亲职教育和亲子沟通辅导，帮助构建和谐健康的家庭模式。

第六十二条　【工作延伸】人民检察院在提前介入侦查活动、审查逮捕时发现未成年犯罪嫌疑人需要进行心理测评、心理疏导的，应当及时通知侦查机关，建议开展心理测评、心理疏导工作；有条件的地区也可以自行开展心理测评、心理疏导工作。发现未成年被害人存在严重心理障碍的，应当及时进行心理疏导。

第六十三条　【资料管理】心理测评、心理疏导工作记录，应当连同相关表格、报告等资料单独建档，妥善保存，并严格执行保密制度。

第六十四条　【保障机制】各级人民检察院应当鼓励未检工作人员积极参加心理学专业知识培训以及考取心理咨询师专业资格，并按照规定解决相关费用。

第六节　当事人和解

第六十五条　【基本要求】人民检察院办理未成年人刑事案件，应当注重化解矛盾，修复社会关系，鼓励未成年犯罪嫌疑人及其法定代理人通过赔礼道歉、赔偿损失等方式获得被害人谅解，积极促成双方当事人达成和解。

第六十六条　【目标把握】对于未成年人刑事案件的和解，人民检察院应当在充分关注被害人需要、促进恢复被损害的社会关系同时，注重对未成年犯罪嫌疑人的教育、感化和挽救，促使其认识错误、真诚悔悟，从而为其重新回归社会、健康成长创造有利条件。

第六十七条　【适用范围及告知】对于符合下列条件的未成年人刑事案件，一方当事人请求和解，或者未成年犯罪嫌疑人真诚悔罪的，人民检察院可以主动征求未成年犯罪嫌疑人及其法定代理人、被害人及其法定代理人适用和解程序的意见，告知其相关法律依据、法律后果以及当事人的权利、义务等，并记入笔录附卷：

（一）案件事实清楚、证据确实充分；

（二）涉嫌刑法分则第四章、第五章规定的犯罪，可能被判处三年有期徒刑以下刑罚；

（三）过失犯罪。

被害人死亡的，其法定代理人、近亲属可以与未成年犯罪嫌疑人和解。被害人系无行为能力或者限制行为能力人的，其法定代理人可以代为和解。

第六十八条 【促成和解】对于符合条件的未成年人刑事案件，人民检察院可以应双方当事人的申请促成和解或者通过人民调解委员会等中立的第三方进行和解。申请可以口头提出，也可以书面提出，均应记录在案。

开展和解应当不公开进行。人民检察院应当告知参与人不得泄露未成年人的案件信息。

第六十九条 【和解协议】对于当事人双方自愿达成和解协议的，人民检察院可以依法主持制作和解协议书。

协议书应当包括如下内容：

（一）未成年犯罪嫌疑人认罪并向被害方赔礼道歉；

（二）有赔偿或补偿内容的，明确具体数额、履行方式和具体时间；

（三）被害方（包括未成年被害人）表示对未成年犯罪嫌疑人的谅解，以及对犯罪嫌疑人从宽处理的明确意见。

和解协议书一式三份，当事人及代理人签字、盖章确认后，涉案双方各持一份，另一份附卷。

第七十条 【和解审查】对于双方当事人自行达成和解，或者在人民调解组织、村（居）民委员会、当事人所在单位等相关组织调解后达成和解的，人民检察院应当对和解的自愿性、合法性、真实性进行审查，对符合条件的，认可其效力，并将和解协议书附卷备查；对不符合条件的，不予认可。

人民检察院在和解过程中，应当充分尊重当事人和解的意愿，尤其要维护和解协议达成的自愿性、合法性。

第七十一条 【和解效力】对于达成和解协议的未成年人刑事案件，人民检察院可以作出不批准逮捕的决定；已经逮捕的，应当进行羁押必要性审查，对于不需要继续羁押的，及时建议公安机关释放或者自行变更强制措施。

符合法律规定条件的，人民检察院可以决定不起诉或者附条件不起诉；依法提起公诉的，人民检察院应当向人民法院提出从轻、减轻或者免除处罚的量刑建议。

对案件审查终结前，和解协议未能全部履行完毕，且需要依法提起公诉的，人民检察院应当在量刑建议中向人民法院说明情况，将刑事和解协议及已履行部分的证明材料随案移送人民法院。

因客观原因无法履行和解协议或者加害方有和解意愿，但因客观原因无法达成和解协议的,可以参照上述规定执行。

第七十二条 【加强监督】对于下列情形,人民检察院认为处理不当、不利于保护涉案未成年人合法权益的,应当按照法律规定提出纠正意见:

(一)侦查机关适用刑事和解而撤销案件的;

(二)和解违背当事人自愿原则的;

(三)和解内容侵害第三方合法权益或者违背公序良俗的;

(四)人民检察院认为应当予以监督的其他情形。

第七十三条 【反悔应对】人民检察院对于达成和解后当事人反悔的,应当根据不同情况采取不同措施。

对于未成年犯罪嫌疑人骗取被害人信任并与之签订协议,在得到司法机关从轻、减轻或者免除处罚后,故意拖延履行或者不履行协议的,应当撤销相关决定,依法重新作出处理。

对于被害人获得经济赔偿后,又要求司法机关继续追究未成年犯罪嫌疑人的刑事责任的,应当认真审查,综合全案事实、情节,对相关决定进行评估,依法作出处理。

第七节 被害人救助

第七十四条 【基本要求】人民检察院应当充分维护未成年被害人的合法权益,协调相关部门,综合运用司法救助、心理救助、社会救助等多种方式和手段,帮助其健康成长。

第七十五条 【法律援助】人民检察院应当自收到移送审查起诉的案件材料之日起三日内,书面告知被害人及其法定代理人或者其他近亲属有权委托诉讼代理人,电话告知的应当记录在案;未成年被害人及其法定代理人因经济困难或者其他原因没有委托诉讼代理人的,人民检察院应当帮助其申请法律援助。

遭受性侵害的女性未成年被害人,一般应由女性律师提供法律援助。

第七十六条 【司法救助】未成年被害人具有下列情形之一的,人民检察院应当告知未成年被害人及其法定代理人或者其他近亲属有权申请司法救助:

(一)受到犯罪侵害急需救治,无力承担医疗救治费用的;

(二)因遭受犯罪侵害导致受伤或者财产遭受重大损失,造成生活困难或者学业难以为继的;

(三)赔偿责任人死亡或者没有赔偿能力、不能履行赔偿责任,或者虽履行部分赔偿责任,但不足以解决未成年被害人生活困难的;

(四)人民检察院认为应当救助的其他情形。

未成年被害人及其法定代理人或者其他近亲属提出司法救助申请的,未成年人检察部门应当及时将当事人情况、案件基本事实及救助申请等材料转交刑事申诉检察部门办理。

对于符合救助条件但未成年被害人及其法定代理人或者其他近亲属未提出申请的,未成年人检察部门可以主动启动救助程序,收集相关材料,提出救助意见,移送刑事申诉检察部门办理。

第七十七条 【心理救助】人民检察院对于遭受性侵害、监护侵害以及其他犯罪侵害,严重影响心理健康的未成年被害人,应当按照本章第五节的规定对其进行心理救助。

第七十八条 【社会救助】人民检察院可以根据未成年被害人的特殊困难及本地实际情况,协调有关部门按照社会救助相关规定进行救助。

未成年被害人家庭符合最低生活保障条件或者本人未满十六周岁,符合特困供养人员条件的,人民检察院可以帮助被害人向有关部门提出申请。

未成年被害人的监护人无法履行监护职责、生活无着的,人民检察院可以征询其本人意见,协调有关部门安置或者将其妥善送交其他愿意接收的亲属。

适龄未成年被害人有劳动、创业等意愿但缺乏必要的技能或者资金的,人民检察院可以协调有关部门为其提供技能培训、就业岗位申请等帮助。

第七十九条 【综合救助】未成年被害人同时面临多种严重困难的,人民检察院应当协调有关部门进行综合救助。

对于未成年人进行救助的情况应当记录在案,并随案将救助情况移送有关部门。

第八十条 【回访监督】人民检察院应当定期对接受救助的被害人进行回访,了解其实际情况,考察救助效果。

发现有其他严重困难需要继续救助的,应当积极协调相关部门予以救助。

发现未成年被害人及其法定代理人或者近亲属采用虚报、隐瞒或者伪造证据等方式骗取救助的,应当给予严肃批评,及时建议相关部门撤回救助;情节严重,构成犯罪的,移送有关部门处理。

第八十一条 【参照适用】对未成年犯罪嫌疑人需要救助的,可以参照本节规定适用。

第八节 犯罪记录封存

第八十二条 【基本要求】对于犯罪时不满十八周岁,被判处五年有期徒刑以下刑罚以及免除刑事处罚的未成年人的犯罪记录,人民检察院应当在收到人民法院生效判决后,对犯罪记录予以封存。

对于犯罪记录封存的未成年人,人民检察院应当告知其在入学、入伍、就业时,免除报告自己曾受过刑事处罚的义务。

对于二审案件,上级人民检察院封存犯罪记录时,应当通知下级人民检察院对相关犯罪记录予以封存。

对于在年满十八周岁前后实施数个行为,构成一罪或者数罪,被判处五年有期徒刑以下刑罚的以及免除刑事处罚的未成年人的犯罪记录,人民检察院可以不适用犯罪记录封存规定。

第八十三条 【具体操作】人民检察院应当将拟封存的有关未成年人个人信息、涉嫌犯罪或者犯罪的全部案卷、材料,均装订成册,加盖"封存"字样印章后,交由档案部门统一加密保存,执行严格的保管制度,不予公开,并应在相关电子信息系统中加设封存模块,实行专门的管理及查询制度。未经法定查询程序,不得对封存的犯罪记录及相关电子信息进行查询。

有条件的地方可以建立专门的未成年人犯罪档案库或者管理区,封存相关档案。

第八十四条 【共同犯罪封存】对于未分案处理的未成年人与成年人共同犯罪案件中有未成年人涉罪记录需要封存的,应当将全案卷宗等材料予以封存。分案处理的,在封存未成年人材料的同时,应当在未封存的成年人卷宗封皮标注"含犯罪记录封存信息",并对相关信息采取必要保密措施。

对不符合封存条件的其他未成年人、成年人犯罪记录,应当依照相关规定录入全国违法犯罪人员信息系统。

第八十五条 【封存效力】未成年人犯罪记录封存后,没有法定事由、未经法定程序不得解封。

除司法机关为办案需要或者有关单位根据国家规定进行查询的以外,人民检察院不得向任何单位和个人提供封存的犯罪记录,并不得提供未成年人有犯罪记录的证明。

前款所称国家规定,是指全国人民代表大会及其常务委员会制定的法律和决定,国务院制定的行政法规、规定的行政措施、发布的决定和命令。

第八十六条 【不起诉封存】人民检察院对未成年犯罪嫌疑人作出不起诉决定后,应当对相关记录予以封存。具体程序参照本指引第八十二条至八十五条规定办理。

第八十七条 【其他封存】其他民事、行政与刑事案件,因案件需要使用被封存的未成年人犯罪记录信息的,应当在相关卷宗中标明"含犯罪记录封存信息",并对相关信息采取必要保密措施。

第八十八条 【出具无犯罪记录的证明】被封存犯罪记录的未成年人本人或者其法定代理人申请为其出具无犯罪记录证明的,人民检察院应当出具无犯罪记录的证明。如需要协调公安机关、人民法院为其出具无犯罪记录证明的，人民检察院应当积极予以协助。

第八十九条 【查询封存】司法机关或者有关单位需要查询犯罪记录的，应当向封存犯罪记录的人民检察院提出书面申请，列明查询理由、依据和目的，人民检察院应当在受理之后七日内作出是否许可的答复。

对司法机关为办理案件需要申请查询的，可以依法允许其查阅、摘抄、复制相关案卷材料和电子信息。

其他单位查询人民检察院不起诉决定的，应当不许可查询。

依法不许可查询的，人民检察院应当向查询单位出具不许可查询决定书，并说明理由。

许可查询的，查询后，档案管理部门应当登记相关查询情况，并按照档案管理规定将有关申请、审批材料一同存入卷宗归档保存。

第九十条 【共同犯罪查询】确需查询已封存的共同犯罪记录中成年同案犯或者被判处五年有期徒刑以上刑罚未成年同案犯犯罪信息的，人民检察院可以参照本指引第八十九条的规定履行相关程序。

第九十一条 【保密要求】对于许可查询被封存的未成年人犯罪记录的，人民检察院应当告知查询犯罪记录的单位及相关人员严格按照查询目的和使用范围使用有关信息，严格遵守保密义务，并要求其签署保密承诺书。不按规定使用所查询的犯罪记录或者违反规定泄露相关信息，情节严重或者造成严重后果的，应当依法追究相关人员的责任。

第九十二条 【解除封存】对被封存犯罪记录的未成年人，符合下列条件之一的，应当对其犯罪记录解除封存：

（一）实施新的犯罪，且新罪与封存记录之罪数罪并罚后被决定执行五年有期徒刑以上刑罚的；

（二）发现漏罪，且漏罪与封存记录之罪数罪并罚后被决定执行五年有期徒刑以上刑罚的。

第九十三条 【封存监督】未成年人及其法定代理人向人民检察院提出或者人民检察院发现应当封存未成年人犯罪记录而未依法封存的，或者相关单位违法出具未成年人有犯罪记录的证明的，人民检察院应当依法履行法律监督职责，提出纠正意见，督促相关部门依法落实未成年人犯罪记录封存制度。

第三章 讯问未成年犯罪嫌疑人

第一节 一般规定

第九十四条 【基本原则】人民检察院讯问未成年犯罪嫌疑人，应当充分照顾不同年龄段未成年人的身心特点，注意营造信任、宽松的沟通氛围，采用平和的讯问方式和通俗易懂的语言，做到耐心倾听、理性引导。

第九十五条　【主要任务】讯问未成年犯罪嫌疑人，不仅要查明犯罪事实、核实主体身份以及是否有自首、立功、坦白等情节，听取其有罪的供述或者无罪、罪轻的辩解，还应当深入了解未成年犯罪嫌疑人的成长经历、犯罪原因、监护教育等相关情况，充分获取其不良行为、违法犯罪、是否曾经遭受侵害以及回归社会的实际需求、有利条件、不利因素等方面的信息，并适时对未成年犯罪嫌疑人进行教育引导。

第九十六条　【人员要求】讯问未成年犯罪嫌疑人，应当由两名熟悉未成年人身心特点的检察人员进行。讯问女性未成年犯罪嫌疑人，应当有女性检察人员参加。

讯问聋、哑或者不通晓当地语言、文字的未成年犯罪嫌疑人，应当有通晓聋、哑手势或者当地语言、文字且与本案无利害关系的人员进行翻译。未成年犯罪嫌疑人的聋、哑或者不通晓当地语言、文字以及翻译人员的姓名、性别、工作单位和职业等情况应当记录在案。

第九十七条　【地点选择】讯问未被羁押的未成年犯罪嫌疑人，一般应当在检察机关专设的未成年人检察工作室进行。未成年犯罪嫌疑人及其法定代理人的住所、学校或者其他场所更为适宜的，也可以在上述地点进行讯问。

讯问被羁押的未成年犯罪嫌疑人，羁押场所设有专门讯问室的，应当在专门讯问室进行；没有设立的，应当协调公安机关设立适合未成年犯罪嫌疑人身心特点的专门讯问室。

第九十八条　【时间要求】讯问未成年犯罪嫌疑人的时间应当以减少对其不利影响为前提。未成年人为在校学生的，应当避免在正常教学期间进行讯问。

在讯问过程中，应当根据未成年犯罪嫌疑人的心理状态、情绪变化等实际情况，及时调整讯问的时间和节奏，避免对其身心造成负面影响，保证讯问活动顺利进行。

第九十九条　【尊重人格】讯问未成年犯罪嫌疑人要维护其人格尊严，不得使用带有暴力性、贬损性色彩的语言。

讯问未成年犯罪嫌疑人一般不得使用械具。对于确有人身危险性，必须使用械具的，在现实危险消除后，应当立即停止使用。

第一百条　【隐私保护】讯问未成年犯罪嫌疑人可以不着检察制服，但着装应当朴素、简洁、大方。

办案人员到未成年犯罪嫌疑人住所、学校或者工作单位进行讯问的，应当避免穿着制服、驾驶警车或者采取其他可能暴露未成年犯罪嫌疑人身份、隐私,影响其名誉的方式。

第一百零一条 【讯问方式】讯问未成年犯罪嫌疑人的语言要符合未成年人的认知能力,能够被未成年人充分理解。

讯问可以采取圆桌或座谈的方式进行。

讯问未成年犯罪嫌疑人应当采取非对抗的讯问方式,详细告知其如实供述案件事实的法律规定和国家对未成年人的保护政策,鼓励其理性决策。

讯问过程中要注意耐心倾听,让未成年犯罪嫌疑人有充分的机会表达自己观点。对于未成年犯罪嫌疑人提出的疑问或者法律问题,应当充分予以解释和说明。

第一百零二条 【专家辅助】根据案件具体情况,人民检察院在讯问未成年犯罪嫌疑人时可以聘请心理专家给予必要的辅助,并记录在案。

第一百零三条 【心理疏导和测评】讯问过程中,应当全程对未成年犯罪嫌疑人的生理、心理、精神状态予以关注,必要时可以进行心理疏导和测评。

第一百零四条 【录音录像】有下列情形之一的,可以对讯问未成年犯罪嫌疑人的过程进行录音录像:

(一)犯罪嫌疑人不认罪的;

(二)犯罪嫌疑人前后供述不一的;

(三)辩护人提出曾受到刑讯逼供、诱供的;

(四)其他必要的情形。

录音录像应当全程不间断进行,保持完整性,不得选择性地录制,不得剪接、删改。

第二节 讯问前准备

第一百零五条 【了解情况】讯问前,办案人员应当认真审查案卷材料。必要时可以调取公安机关同步录音录像资料,并与公安侦查人员、管教干警、法定代理人、法律援助律师等进行沟通,了解未成年犯罪嫌疑人的相关情况;也可以通过电话、信函、走访等方式开展调查,以提高讯问的针对性。

第一百零六条 【制定讯问提纲】办案人员应当根据案件具体情况和未成年犯罪嫌疑人身心特点、成长经历、家庭情况等,制定详细的讯问提纲或者讯问方案。

第一百零七条 【告知文书】讯问未成年犯罪嫌疑人应当准备以下告知法律文书:

(一)未成年犯罪嫌疑人权利义务告知书;

（二）法定代理人或者合适成年人到场通知书；
（三）法定代理人或者合适成年人权利义务告知书；
（四）传唤证或者提讯提解证；
（五）根据案件具体情况应当准备的其他告知文书，如心理测评告知书等。

第一百零八条 【通知到场】讯问未成年犯罪嫌疑人，应当通知其法定代理人到场。无法通知、法定代理人不能到场或者法定代理人是共犯的，可以通知合适成年人到场，并将有关情况记录在案。

讯问前应当将讯问的时间、地点提前通知法定代理人或者合适成年人，并要求其携带到场通知书、身份证或者工作证、户口簿等身份证明文件。

需要对到场参与讯问的法定代理人取证的，应当先行对其进行询问并制作笔录。

目睹案件发生过程，提供证人证言的，不适宜担任合适成年人。

第三节 讯 问

第一百零九条 【介绍参与人员】讯问开始时，办案人员应当首先向未成年犯罪嫌疑人表明身份，告知其讯问人员的姓名、单位、法律职务。

合适成年人到场的，办案人员应当向未成年犯罪嫌疑人介绍合适成年人的身份、职业等基本情况以及合适成年人制度的法律意义等，并让合适成年人与未成年犯罪嫌疑人就生活、学习、家庭等非涉案情况进行短暂交流。交谈情况应当记录在案。

第一百一十条 【权利义务告知】办案人员应当告知未成年犯罪嫌疑人及其法定代理人或者合适成年人依法享有的诉讼权利、相关法律规定以及案件的进展情况。告知时，应当以未成年人可以理解的语言进行解释说明，并通过由未成年犯罪嫌疑人亲笔书写告知内容或者让其复述等方式，以确保未成年人真正理解其诉讼权利、义务以及供述可能产生的法律后果。告知的情形应当记录在案。

第一百一十一条 【缓解情绪】正式讯问开始前，办案人员应当尽可能缓解未成年犯罪嫌疑人的紧张情绪，与其建立信任友善关系，为正式讯问打下良好的基础。

第一百一十二条 【核查主体】讯问未成年犯罪嫌疑人主体方面内容应当注意：

（一）核实未成年犯罪嫌疑人的年龄身份情况，问明出生年月日、公历还是农历、生肖属相、每年何时过生日、就学就业经历、家庭成员的年龄情况等；

（二）掌握未成年犯罪嫌疑人的健康情况，问明是否有影响羁押的严重疾病、生理发育是否有缺陷、是否有病史特别是精神病史、女性未成年犯罪嫌疑人是否处于怀孕或者哺乳期等；

（三）核实未成年犯罪嫌疑人的前科情况；

（四）了解未成年犯罪嫌疑人的监护状况，问明其法定代理人的基本情况及联系方式、父母和亲属是否在本地、是否具备监护能力或者有无其他愿意承担监护责任的人选等；

（五）了解未成年犯罪嫌疑人的生活背景、成长经历，问明其家庭环境、学校教育、社区环境、社会交往、兴趣爱好、脾气性格等；

（六）其他应当注意的内容。

第一百一十三条　【核查客观方面】讯问未成年犯罪嫌疑人客观方面内容应当注意：

（一）讯问实施犯罪行为的具体时间、地点，参与人员、侵害对象、手段、结果，以及在共同犯罪中的地位与作用；

（二）了解被害人是否有过错以及过错程度；

（三）讯问犯罪对象、作案工具的主要特征，与犯罪有关的财物的来源、数量以及去向，核实退赔赃款赃物的情况；

（四）其他应当注意的问题。

第一百一十四条　【核查主观方面】讯问未成年犯罪嫌疑人主观方面内容应当注意：

（一）详细讯问未成年犯罪嫌疑人的作案动机目的，实施犯罪行为时所持有的心理态度等；

（二）共同犯罪的，要问明是否有预谋和分工，是否被他人胁迫、引诱或者被教唆；

（三）问明中止犯罪的原因及案发后到案的情况，以及是否具有自首、立功表现等；

（四）有犯罪前科的，要问明再犯罪的原因，以及犯罪后的主观悔罪认识。

第一百一十五条　【探究犯罪原因】讯问过程中，应当以预防再犯罪为目标，深入探究未成年人走上犯罪道路的主客观原因以及回归社会的不利因素和有利条件。

第一百一十六条　【自书供述】未成年犯罪嫌疑人请求自行书写供述的，办案人员应当准许。必要时，办案人员也可以要求其亲笔书写供述。

第一百一十七条　【适时教育】主要犯罪事实讯问完毕后，办案人员可以结合案情及未成年犯罪嫌疑人个体情况，有针对性地开展教育。

讯问过程中要注意把握教育感化的契机,适时向其讲解相关法律,帮助其明辨是非,促使其认罪悔罪,增强法治意识。

第一百一十八条 【及时鼓励】办案人员要注意掌握未成年犯罪嫌疑人的优点、特长并予以肯定,未成年犯罪嫌疑人认错悔罪或者表现好时,应予及时鼓励。

第一百一十九条 【写致歉信】为释放未成年犯罪嫌疑人的心理压力,促使其深刻反省错误,办案人员根据情况可以建议其给被害人写致歉信。

第一百二十条 【掌控情境】讯问过程中,要注意防止未成年犯罪嫌疑人发生抵触、烦躁、悲观等消极情况。如果发生,应当保持冷静,及时予以安抚、引导。

第一百二十一条 【在场监督】法定代理人或者合适成年人认为办案人员的讯问行为侵犯了未成年犯罪嫌疑人的合法权益时,可以提出意见。对于合理意见,办案人员应当接受并纠正;对于不合理意见,应当说明理由。相关内容应当记录在案。

第一百二十二条 【中止讯问】当未成年犯罪嫌疑人出现恐慌、紧张、激动、疲劳等不宜继续讯问的情形时,办案人员应当及时中止讯问,在法定代理人或者合适成年人协助下消除上述情形后再行讯问。必要时,可以由具有心理咨询师资质的检察人员或者专门的心理咨询师进行心理干预和情绪疏导。

第一百二十三条 【制作笔录】办案人员应当忠实记录讯问过程,讯问笔录应当充分体现未成年人的语言风格。

第一百二十四条 【签名确认】讯问完毕后,讯问笔录应当交未成年犯罪嫌疑人、到场的法定代理人或者合适成年人阅读或者向其宣读。经未成年犯罪嫌疑人、法定代理人、合适成年人核对无误后,分别在讯问笔录上签名并捺指印确认。

第四章 询问未成年被害人、证人

第一节 一般规定

第一百二十五条 【主要任务】询问未成年被害人,不仅要查明案件事实,还应当深入了解未成年人因犯罪行为在身体、心理、生活等方面所遭受的不良影响以及确保健康成长的需求等情况,并注重对其合法权益的保护。

第一百二十六条 【地点选择】询问未成年被害人应当选择未成年人住所或者其他让未成年人感到安全的场所进行。

经未成年人及其法定代理人同意,可以通知未成年被害人到检察机关专设的未成年人检察工作室接受询问。

第一百二十七条 【时间要求】询问未成年被害人的时间应当以不伤害其

身心健康为前提。

询问不满十四周岁未成年人,由办案人员根据其生理、心理等表现确定时间,每次正式询问持续时间一般不超过一小时,询问间隔可以安排适当的休息。

询问过程中,应当根据未成年被害人的心理状态、情绪变化等实际情况,及时调整询问节奏,避免对其身心造成负面影响,保证询问活动顺利进行。

第一百二十八条 【呵护身心】询问未成年被害人要注意呵护其身心健康,维护人格尊严。

第一百二十九条 【次数限制】询问未成年被害人应当以一次询问为原则,尽可能避免反复询问造成二次伤害。公安机关已询问未成年被害人并制作笔录的,除特殊情况外一般不再重复询问。

第一百三十条 【参与询问】对于性侵害等严重侵害未成年人人身权利的犯罪案件,可以通过提前介入侦查的方式参与公安机关询问未成年被害人工作。对询问过程一般应当进行录音录像,尽量避免在检察环节重复询问。

第一百三十一条 【语言方式】询问未成年被害人的语言要符合未成年人的认知能力,能够被未成年人所充分理解。

询问可以采取圆桌或者座谈的方式进行。

询问过程中要注意耐心倾听,让未成年被害人有充分的机会表达自己观点。尽可能避免程式化的一问一答取证方式,确保其陈述的连贯性和完整性。

对于未成年被害人提出的疑问或者法律问题,应当认真予以解释和说明。

第一百三十二条 【录音录像】询问未成年被害人时,一般应当对询问过程进行录音录像,录音录像应当全程不间断进行,保持完整性,不得选择性地录制,不得剪接、删改。

第一百三十三条 【依照办理】询问被害人时的基本原则、人员选择、隐私保护、专家辅助、心理疏导和测评等方面的内容依照第三章第一节的有关规定办理。

第二节 询问前准备

第一百三十四条 【询问提纲】办案人员应当根据案件具体情况和未成年被害人身心特点、成长经历、家庭情况等制定详细的询问提纲或者询问方案。

第一百三十五条 【告知文书】询问未成年被害人应当告知的法律文书主要包括:

(一)未成年被害人诉讼权利义务告知书;

(二)法定代理人或者合适成年人到场通知书;

(三)法定代理人或者合适成年人权利义务告知书;

（四）询问通知书；

（五）根据案件具体情况需要准备的其他告知文书，如心理测评告知书等。

第一百三十六条 【通知到场】询问未成年被害人，有关通知其法定代理人或者合适成年人到场的要求依照本指引第一百零八条的规定办理。

第三节 询 问

第一百三十七条 【权利告知】办案人员应当告知未成年人及其法定代理人或者合适成年人依法享有的诉讼权利、相关法律规定以及案件的进展情况，并要求未成年人及其法定代理人或者合适成年人在权利义务告知书上签字确认（年幼的未成年人可以由法定代理人或合适成年人代签）。告知诉讼权利时，应当进行解释说明，重点告知未成年被害人及其法定代理人提起附带民事诉讼及获得赔偿的权利。告知的情形应当记录在案。

第一百三十八条 【作证能力评估】询问年幼的未成年被害人，要认真评估其理解能力和作证能力，并制定交流的基本规则，未成年人的回答可以是"我不理解"。

第一百三十九条 【询问内容】询问未成年被害人主要有以下内容：

（一）核实未成年人，特别是性侵害案件未成年被害人的年龄身份情况，问明具体出生年月日、公历还是农历、生肖属相、每年何时过生日、就学就业经历、家庭成员的年龄情况等；

（二）了解未成年人的健康状况，问明生理发育是否有缺陷、是否有病史特别是精神病史，受侵害后身体、心理康复及生活状况等；

（三）问明案发时间、地点、经过、被侵害具体情况，尤其是侵害者是谁。要根据未成年人的年龄和心理特点突出询问重点，对与定罪量刑有关的事实应当进行全面询问；

（四）了解未成年被害人案发后获得赔偿的情况及其对侵害人的处理意见；

（五）其他应当询问的内容。

第一百四十条 【不同策略】对不同年龄段的未成年人要采取不同的询问策略，防止机械、武断的成年人思维方式和行为伤害到未成年人的身心健康及合法权益。

第一百四十一条 【注意事项】询问中应当尽量使用开放性问题，便于未成年人自由叙述回答，以此获取准确信息。注意避免诱导性询问或者暗示性询问以及对同一问题的反复询问，防止其因产生熟悉感而作出虚假性陈述。对未成年人的回答，办案人员不得用明示或者暗示的方式予以赞赏或者表示失望。

第一百四十二条 【适时引导】询问过程中，对于有过错的未成年被害人,办案人员应当结合具体案情及未成年被害人的个体情况,适时开展有针对性的行为规范和法治教育。

第一百四十三条 【依照适用】询问未成年被害人、证人时,有关介绍参与人员、缓解情绪、在场监督、中止询问、制作笔录及签名确认的要求依照本指引第三章第三节的有关规定办理。

询问未成年证人,适用本章规定。

第五章 未成年人刑事案件审查逮捕

第一节 一般规定

第一百四十四条 【基本要求】人民检察院审查逮捕未成年犯罪嫌疑人,应当根据其涉嫌的犯罪事实、主观恶性、成长经历、犯罪原因以及有无监护或者社会帮教条件等,综合衡量其妨碍诉讼或者继续危害社会的可能性大小,严格限制适用逮捕措施,可捕可不捕的不捕。

对于依法批准逮捕未成年人的,应当认真做好跟踪帮教考察工作,进行羁押必要性审查,一旦发现不需要继续羁押的,及时建议公安机关释放或者变更强制措施。

第一百四十五条 【法律援助】人民检察院受理审查逮捕未成年人刑事案件后,应当首先了解未成年犯罪嫌疑人是否有辩护人,没有辩护人的,应当通知公安机关纠正,并可以在二十四小时内通知法律援助机构指派律师。

第一百四十六条 【再行提请】公安机关对不在案的未成年犯罪嫌疑人提请批准逮捕的,可以要求公安机关在未成年犯罪嫌疑人归案后再行提请批准逮捕。

第一百四十七条 【应当讯问】人民检察院审查逮捕未成年犯罪嫌疑人,应当对其进行讯问,并制作笔录附卷。

第二节 案件审查

第一百四十八条 【听取意见】人民检察院审查逮捕未成年犯罪嫌疑人,应当听取辩护人意见,并制作笔录附卷。

对辩护人提出的意见及提供的证据材料,应当在审查逮捕意见书中说明是否采纳的情况及理由。必要时可以对辩护人进行说明解释。

对于被害人是未成年人的案件,应当听取被害人及其法定代理人的意见。

第一百四十九条 【及时帮助】人民检察院发现未成年犯罪嫌疑人身体存在严重疾患的,应当及时提供必要的帮助。发现未成年人心理存在问题的,可以根据需要,督促公安机关委托或者自行委托专业人员对其进行心理测评和疏导。

第一百五十条 【精神病鉴定】人民检察院发现未成年犯罪嫌疑人可能存

在精神疾患或者智力发育严重迟滞的，应当作出不批准逮捕决定，并通知公安机关依法进行鉴定。

第一百五十一条 【社会调查】人民检察院应当督促公安机关全面收集未成年人犯罪原因、违法情况、不良行为史、成长经历、家庭背景等相关材料。对于公安机关没有提供社会调查报告的，人民检察院应当要求公安机关提供，也可以自行或者委托有关组织和机构进行调查。必要时可以介入侦查，引导取证。

第一百五十二条 【年龄审查】人民检察院审查未成年人刑事案件，应当注重对未成年人年龄证据的审查，重点审查是否已满十四、十六、十八周岁。

对于未成年人年龄证据，一般应当以公安机关加盖公章、附有未成年人照片的户籍证明为准。当户籍证明与其他证据存在矛盾时，应当遵循以下原则：

（一）可以调取医院的分娩记录、出生证明、户口簿、户籍登记底卡、居民身份证、临时居住证、护照、入境证明、港澳居民来往内地通行证、台湾居民来往大陆通行证、中华人民共和国旅行证、学籍卡、计生台帐、防疫证、(家)族谱等证明文件，收集接生人员、邻居、同学等其他无利害关系人的证言，综合审查判断，排除合理怀疑，采纳各证据共同证实的相对一致的年龄。

（二）犯罪嫌疑人不讲真实姓名、住址，年龄不明的，可以委托进行骨龄鉴定或者其他科学鉴定。经审查，鉴定意见能够准确确定犯罪嫌疑人实施犯罪行为时的年龄的，可以作为判断犯罪嫌疑人年龄的证据参考。若鉴定意见不能准确确定犯罪嫌疑人实施犯罪行为时的年龄，而且显示犯罪嫌疑人年龄在法定应负刑事责任年龄上下，但无法查清真实年龄的，应当作出有利于犯罪嫌疑人的认定。

第一百五十三条 【事实证据审查】人民检察院在审查批准逮捕过程中，应当着重查清以下事实：

（一）现有证据是否足以证明有犯罪事实的发生；

（二）现有证据是否足以证实发生的犯罪事实是犯罪嫌疑人所为；

（三）证明犯罪嫌疑人实施犯罪行为的证据是否已经查证属实。

第一百五十四条 【监护帮教审查】符合下列条件之一的，可以认定为具有有效监护或者帮教条件：

（一）能够提供有固定住所和稳定收入、具有监护帮教条件的成年亲友作为保证人的；

（二）未成年犯罪嫌疑人在本地就读、就业，案发后父母亲或者其他监护人表示愿意到本地生活，对犯罪嫌疑人实施有效监护，或者学校、就业单位愿意对其进行观护和帮教的；

(三)居民委员会、村民委员会、社会团体、企事业单位等机构和组织愿意提供条件进行帮教的；

(四)公安、司法机关能够为未成年犯罪嫌疑人提供帮教场所或者临时监护人的；

(五)其他具有有效监护或者帮教条件的。

第一百五十五条 【社会危险性审查】人民检察院应当从以下方面审查未成年犯罪嫌疑人的社会危险性：

(一)审查公安机关提供的社会危险性证明材料，包括被害人、被害单位或者案发地社区出具的相关意见，未成年犯罪嫌疑人认罪、悔罪表现等。公安机关没有提供社会危险性证明材料，或者提供的材料不充分的，人民检察院应当要求公安机关提供或者补充；

(二)审查社会调查报告；

(三)审查未成年犯罪嫌疑人实施犯罪行为的情节、严重程度、犯罪次数等；

(四)审查其他证明未成年犯罪嫌疑人具有社会危险性的材料。

第一百五十六条 【不公开听证】人民检察院对于在押的未成年犯罪嫌疑人是否应当逮捕存在较大争议的，可以举行不公开听证，当面听取各方面意见。

决定举行不公开听证的，一般应当通知未成年犯罪嫌疑人及其法定代理人或者合适成年人、辩护人、侦查人员、被害人及未成年被害人的法定代理人、诉讼代理人等到场。必要时，可以通知羁押场所监管人员、社会调查员等到场。

听证过程应当形成书面记录，交听证参与各方签字确认。听证情况应当在审查逮捕意见书中载明。

对犯罪嫌疑人没有在押的，不宜进行听证。犯罪嫌疑人在押的，可以在看守所举行听证，也可以采用远程视频方式进行听证。

第一百五十七条 【查清犯罪诱因】审查逮捕未成年犯罪嫌疑人，应当注意查明是否有被胁迫、引诱的情节，是否存在他人教唆犯罪、传授犯罪方法或者利用未成年人实施犯罪等情况。

第三节 作出决定

第一百五十八条 【应当不捕】对具有下列情形之一的未成年犯罪嫌疑人，应当作出不批准逮捕决定：

(一)未达刑事责任年龄的；

(二)不存在犯罪事实或者犯罪事实非其所为的；

(三)情节显著轻微、危害不大，不认为是犯罪的；

(四)犯罪已过追诉时效期限的；

（五）经特赦令免除刑罚的；
（六）依照刑法规定告诉才处理的犯罪，没有告诉或者撤回告诉的；
（七）其他法律规定免予追究刑事责任的情形。

第一百五十九条　【证据不足不捕】对于现有证据不足以证明有犯罪事实，或者不足以证明犯罪行为系未成年犯罪嫌疑人所为的，应当作出不批准逮捕决定。

对犯罪嫌疑人实际年龄难以判断，影响对该犯罪嫌疑人是否应当负刑事责任认定的，应当不批准逮捕。需要补充侦查的，同时通知公安机关。

第一百六十条　【无社会危险性不捕】对于未成年犯罪嫌疑人可能被判处三年有期徒刑以下刑罚，具备有效监护条件或者社会帮教措施，不逮捕不致再危害社会和妨害诉讼正常进行的，人民检察院一般应当不批准逮捕。

对于罪行较重，但主观恶性不大，有悔罪表现，具备有效监护条件或者社会帮教措施，具有下列情形之一，不逮捕不致再危害社会和妨害诉讼正常进行的，可以不批准逮捕：

（一）初次犯罪、过失犯罪的；
（二）犯罪预备、中止、未遂的；
（三）防卫过当、避险过当的；
（四）犯罪后有自首或者立功表现的；
（五）犯罪后如实交待罪行，真诚悔罪，积极退赃，尽力减少和赔偿损失，与被害人达成和解的；
（六）不属于共同犯罪的主犯或者集团犯罪中的首要分子的；
（七）属于已满十四周岁不满十六周岁的未成年人或者系在校学生的；
（八）身体状况不适宜羁押的；
（九）系生活不能自理人的唯一扶养人的；
（十）其他可以不批准逮捕的情形。

对于罪行较轻，具备有效监护条件或者社会帮教措施，没有社会危险性或者社会危险性较小，不逮捕不致妨害诉讼正常进行的，应当不批准逮捕。

依据在案证据不能认定未成年犯罪嫌疑人符合逮捕社会危险性条件的，应当要求公安机关补充相关证据，公安机关没有补充移送的，应当作出不批准逮捕的决定。

第一百六十一条　【说理解释】人民检察院对于不批准逮捕的案件，应当制作不批准逮捕理由说明书，连同案卷材料送达公安机关。需要补充侦查的，应当同时通知公安机关。必要时可以向被害人释法说理。

不批准逮捕理由说明书一般应当从事实、证据和法律等方面阐明，但侧重点应当有所不同：

（一）应当不批准逮捕案件。重点围绕不具备犯罪构成要件或者符合刑事诉讼法第十五条规定的不追究刑事责任情形进行说理。

（二）证据不足不批准逮捕案件。重点围绕证据客观性、关联性、合法性进行说理。证据不足的，应当向公安机关提出补充侦查建议；存在瑕疵证据的，应当要求公安机关说明情况予以补证；因非法证据而予以排除的，应当指出违法行为，并说明排除的理由。

（三）无社会危险性不捕案件。重点围绕涉嫌犯罪的性质、社会危害程度、认罪悔罪表现、法定从轻或者减轻、免除处罚情节，以及具备取保候审、监视居住条件、不羁押不致危害社会或者妨碍诉讼、存在不适宜羁押情形等进行说理。因公安机关不移送证明逮捕必要性的证据决定不捕的，应当明确指出。

第一百六十二条　【复议复核】公安机关认为人民检察院不批准逮捕决定有错误要求复议的，人民检察院应当另行指派检察人员进行全面审查，并在收到提请复议意见书和案卷材料后七日内作出决定，并通知公安机关。

公安机关因复议意见不被接受向上一级人民检察院提请复核的，上级人民检察院应当在收到提请复核意见书和案卷材料后十五日内，作出是否变更的决定，通知下级人民检察院和公安机关执行。

第一百六十三条　【不捕帮教】对于作出不批准逮捕决定的未成年犯罪嫌疑人，人民检察院应当进行帮教。必要时可以会同家庭、学校、公安机关或者社会组织等组成帮教小组，制定帮教计划，共同开展帮教。

（一）对于犯罪情节轻微，无逮捕必要而不批准逮捕的，帮助其稳定思想和情绪，促使其认罪悔罪，保障刑事诉讼的顺利进行。

（二）对于确有违法行为，且认知和行为偏差已达到一定程度，因证据不足而未被批准逮捕的，在敦促其配合侦查取证的同时，应加强教育矫治。

（三）对于因未达刑事责任年龄而作出不批准逮捕决定的，责令其家长或者监护人加以管教。根据案件的不同情况，予以训诫或者责令赔礼道歉、赔偿损失、具结悔过等，并开展教育矫治工作。必要时，可以交由政府收容教养。

（四）对于情节显著轻微，危害不大，不认为是犯罪的未成年人，应当对其加强法治教育，预防其违法犯罪。

第一百六十四条　【应当逮捕】人民检察院对有证据证明有犯罪事实，可能判处徒刑以上刑罚的未成年犯罪嫌疑人，采取取保候审尚不足以防止发生下列情形的，应当予以逮捕：

(一)可能实施新的犯罪的;
(二)有危害国家安全、公共安全或者社会秩序的现实危险的;
(三)可能毁灭、伪造证据,干扰证人作证或者串供的;
(四)可能对被害人、举报人、控告人实施打击报复的;
(五)企图自杀或者逃跑的。

有证据证明有犯罪事实是指同时具备下列情形:
(一)有证据证明发生了犯罪事实;
(二)有证据证明该犯罪事实是犯罪嫌疑人实施的;
(三)证明犯罪嫌疑人实施犯罪行为的证据已经查证属实的。

犯罪事实既可以是单一犯罪行为的事实,也可以是数个犯罪行为中任何一个犯罪行为的事实。

对有证据证明有犯罪事实,可能判处十年有期徒刑以上刑罚的,或者有证据证明有犯罪事实,可能判处徒刑以上刑罚,曾经故意犯罪或者身份不明的,应当予以逮捕。但是,曾经故意犯罪被判处五年有期徒刑以下刑罚,经帮教真诚悔罪的,可以不予逮捕。

身份不明是指犯罪嫌疑人不讲身份信息,通过指纹比对、网上户籍信息查询等方式无法确定其真实身份或者虽有供述,但经调查,明显虚假或者无法核实的。

第一百六十五条 【可以转捕】未成年犯罪嫌疑人有下列违反监视居住、取保候审规定行为,人民检察院可以予以逮捕:
(一)故意实施新的犯罪的;
(二)企图自杀、自残的;
(三)毁灭、伪造证据、串供或者企图逃跑的;
(四)对被害人、证人、举报人、控告人及其他人员实施打击报复的。

未成年犯罪嫌疑人有下列违反取保候审、监视居住规定的行为,属于刑事诉讼法第七十九条第三款规定中的"情节严重",人民检察院可以予以逮捕:
(一)未经批准,擅自离开所居住的市、县或者执行监视居住的处所,造成严重后果的;
(二)两次未经批准,无正当理由擅自离开所居住的市、县或者执行监视居住的处所的;
(三)未经批准,擅自会见他人或者通信,造成严重后果的;
(四)经传讯无正当理由两次不到案的;
(五)经过批评教育后依然违反规定进入特定场所、从事特定活动,或者发现隐藏有关证件,严重妨碍诉讼程序正常进行的。

对于符合上述规定情形的,人民检察院应当核实原因,并结合帮教效果等有关情况慎重作出逮捕决定。

第一百六十六条 【作出逮捕决定】人民检察院办理未成年犯罪嫌疑人审查逮捕案件,应当制作审查逮捕意见书,作出批准逮捕决定的,应当制作批准逮捕决定书,连同案卷材料送达公安机关执行,执行回执附卷。

第六章 未成年人刑事案件审查起诉

第一节 一般规定

第一百六十七条 【基本要求】人民检察院审查起诉未成年人刑事案件,应当全面审查起诉意见书、案卷证据以及社会调查报告等材料,根据其涉嫌犯罪的性质、情节、主观恶性以及其年龄、身心发育状况、成长经历、犯罪原因、有无监护或者社会帮教条件等,综合衡量起诉的必要性,尽可能作出不起诉或者附条件不起诉的决定。对于确有起诉必要的,应当起诉并依法提出量刑建议;对于可以不判处监禁刑的,应当依法提出适用非监禁刑的建议。

第一百六十八条 【羁押必要性审查】对于未成年犯罪嫌疑人被羁押的,人民检察院应当审查是否有必要继续羁押。对不需要继续羁押的,应当予以释放或者变更强制措施。

第一百六十九条 【法律援助】人民检察院受理审查起诉未成年人刑事案件后,应当首先审查未成年犯罪嫌疑人是否有辩护人。没有辩护人的,应当告知未成年犯罪嫌疑人及其法定代理人可以委托一至二人作为辩护人。未成年犯罪嫌疑人及其法定代理人未明确表示委托辩护人的,人民检察院应当通知法律援助机构指派律师为其提供辩护。

第一百七十条 【讯问询问】人民检察院审查起诉未成年人刑事案件,应当讯问未成年犯罪嫌疑人,并制作笔录附卷。

必要时,可以询问未成年被害人、证人,并制作笔录附卷。

第一百七十一条 【听取意见】人民检察院审查起诉未成年人刑事案件,应当当面听取未成年犯罪嫌疑人的法定代理人、辩护人、未成年被害人及其法定代理人、诉讼代理人的意见,并记录在案。未成年犯罪嫌疑人的法定代理人、辩护人、未成年被害人及其法定代理人、诉讼代理人提出书面意见的,应当附卷。

当面听取意见有困难的,可以通知未成年犯罪嫌疑人的法定代理人、辩护人、被害人及其法定代理人、诉讼代理人及时提出书面意见,或者电话联系听取意见,并制作电话记录附卷。电话联系听取意见的,应当有两名检察人员在场,并在电话记录上签字。

第一百七十二条 【精神病鉴定】在审查起诉过程中，发现未成年犯罪嫌疑人可能存在精神疾患或者智力发育严重迟滞的，人民检察院应当退回公安机关委托或者自行委托鉴定机构对未成年犯罪嫌疑人进行精神病鉴定。

未成年犯罪嫌疑人的法定代理人、辩护人或者近亲属以该未成年犯罪嫌疑人可能患有精神疾病而申请对其进行鉴定的，人民检察院应当委托鉴定机构对未成年犯罪嫌疑人进行鉴定，鉴定费用由申请方承担。

第一百七十三条 【及时帮助】人民检察院在审查起诉中发现未成年犯罪嫌疑人、未成年被害人身体存在严重疾患的，应当及时提供必要的帮助；发现未成年犯罪嫌疑人、未成年被害人心理存在问题的，应当及时对其进行心理疏导，或者委托专业机构或者有资质的人员对其进行心理疏导。

第二节 不起诉

第一百七十四条 【绝对不起诉】人民检察院经审查后，对于符合以下情形之一的未成年犯罪嫌疑人，经检察长或者检察委员会决定，应当对其作出不起诉决定：

（一）未达法定刑事责任年龄的；
（二）不存在犯罪事实或者犯罪事实非其所为的；
（三）情节显著轻微、危害不大，不认为是犯罪的；
（四）犯罪已过追诉时效期限的；
（五）经特赦令免除刑罚的；
（六）依照刑法规定告诉才处理的犯罪，没有告诉或者撤回告诉的；
（七）犯罪嫌疑人死亡的；
（八）其他法律规定免予追究刑事责任的情形。

发现犯罪事实并非未成年犯罪嫌疑人所为，需要重新侦查的，应当在作出不起诉决定后书面说明理由，将案卷材料退回公安机关并建议公安机关重新侦查。

第一百七十五条 【存疑不起诉】人民检察院对于二次退回补充侦查的案件，仍然认为证据不足，不符合起诉条件的，经检察长或者检察委员会决定，应当作出不起诉决定。

人民检察院对于经过一次退回补充侦查的案件，认为证据不足，不符合起诉条件，且没有退回补充侦查必要的，可以作出不起诉决定。

第一百七十六条 【相对不起诉】对于犯罪情节轻微，具有下列情形之一，依照刑法规定不需要判处刑罚或者免除刑罚的未成年犯罪嫌疑人，一般应当依法作出不起诉决定：

（一）被胁迫参与犯罪的；

（二）犯罪预备、中止、未遂的；
（三）在共同犯罪中起次要或者辅助作用的；
（四）系又聋又哑的人或者盲人的；
（五）因防卫过当或者紧急避险过当构成犯罪的；
（六）有自首或者立功表现的；
（七）其他依照刑法规定不需要判处刑罚或者免除刑罚的情形。

对于未成年人轻伤害、初次犯罪、过失犯罪、犯罪未遂以及被诱骗或者被教唆实施犯罪等，情节轻微，确有悔罪表现，当事人双方自愿就民事赔偿达成协议并切实履行，或者经被害人同意并提供有效担保，符合刑法第三十七条规定的，人民检察院可以依照刑事诉讼法第一百七十三条第二款的规定作出不起诉决定，并根据案件的不同情况，予以训诫或者责令具结悔过、赔礼道歉、赔偿损失，或者由主管部门予以行政处罚。

第一百七十七条　【不公开听证会】人民检察院对于社会影响较大或者争议较大的案件，在作出相对不起诉决定前，可以邀请侦查人员、未成年犯罪嫌疑人及其法定代理人、合适成年人、辩护人、被害人及其法定代理人、诉讼代理人、社会调查员、帮教人员等，召开不起诉听证会，充分听取各方的意见和理由，并制作听证笔录，由参与人员签字确认。

不起诉听证会应当不公开进行。人民检察院应当告知参与人员不得泄露涉案信息，注意保护未成年人的隐私。

第一百七十八条　【送达告知】人民检察院决定不起诉的案件，应当制作不起诉决定书，并在三日内送达公安机关、被害人或者其近亲属及其诉讼代理人、被不起诉的未成年人及其法定代理人、辩护人。

送达时应当告知被害人或者其近亲属及其诉讼代理人，如果对不起诉决定不服，可以自收到不起诉决定书后七日以内向上一级人民检察院申诉，也可以不经申诉，直接向人民法院起诉；告知被不起诉的未成年人及其法定代理人，如果对不起诉决定不服，可以自收到不起诉决定书后七日以内向人民检察院申诉。

送达时应当告知被送达人，检察机关将对被不起诉未成年人的不起诉记录予以封存，被送达人不得泄露未成年人的隐私；告知被不起诉的未成年人及其法定代理人，如有单位或个人泄露已被封存的不起诉记录，可以向检察机关反映情况。

上述告知情况应当记录在案。

第一百七十九条　【宣布教育】对于决定不起诉的案件，人民检察院应当举行不起诉宣布教育仪式，向被不起诉的未成年人及其法定代理人宣布不起诉决定书,阐明不起诉的理由和法律依据,并结合社会调查等情况,围绕犯罪行为对被害人、被不起诉的未成年人及其家庭、社会等造成的危害,导致犯罪行为发生的原因及应当吸取的教训等,对被不起诉的未成年人开展必要的教育。如果侦查人员、合适成年人、辩护人、帮教人员等参加有利于教育被不起诉的未成年人的,可以邀请他们参加,但要严格控制参与人员范围并告知其负有保密义务。

人民检察院可以根据案件的不同情况,对被不起诉的未成年人予以训诫或者责令具结悔过、赔礼道歉、赔偿损失,必要时,可以责令家长严加管教。

未成年犯罪嫌疑人没有犯罪事实,或者证据不足以证实其存在违法犯罪事实或者不良行为的,不适用前款规定。

第一百八十条 【后续处理】不起诉决定书自公开宣布之日起生效。被不起诉人在押的,应当立即释放,被采取其他强制措施的,应当通知执行机关解除。

对被不起诉人需要给予行政处罚或者需要没收其违法所得的,应当提出检察意见,连同不起诉决定书一并移送有关主管机关处理,并要求有关主管机关及时通知处理结果。

对于扣押、查封、冻结的财产,应当书面通知作出扣押、查封、冻结决定的机关或者执行扣押、查封、冻结决定的机关解除扣押、查封、冻结。

第三节 附条件不起诉

第一百八十一条 【适用条件】对于符合以下条件的案件,人民检察院可以作出附条件不起诉的决定:

(一)犯罪嫌疑人实施犯罪行为时系未成年人的;
(二)涉嫌刑法分则第四章、第五章、第六章规定的犯罪的;
(三)可能被判处一年有期徒刑以下刑罚的;
(四)犯罪事实清楚,证据确实、充分,符合起诉条件的;
(五)犯罪嫌疑人具有悔罪表现的。

人民检察院可以参照《最高人民法院关于常见犯罪的量刑指导意见》并综合考虑全案情况和量刑情节,衡量是否"可能判处一年有期徒刑以下刑罚"。

具有下列情形之一的,一般认为具有悔罪表现:

(一)犯罪嫌疑人认罪认罚的;
(二)向被害人赔礼道歉、积极退赃、尽力减少或者赔偿损失的;
(三)取得被害人谅解的;
(四)具有自首或者立功表现的;
(五)犯罪中止的;
(六)其他具有悔罪表现的情形。

对于符合附条件不起诉条件,实施犯罪行为时未满十八周岁,但诉讼时已成年的犯罪嫌疑人,人民检察院可以作出附条件不起诉决定。

第一百八十二条 【积极适用】人民检察院对于符合条件的未成年人刑事案件,应当依法积极适用附条件不起诉,促使未成年犯罪嫌疑人积极自我改造,从而达到教育挽救的目的。对于不具备有效监护条件或者社会帮教措施的未成年犯罪嫌疑人,人民检察院应当积极为其创造条件,实现对未成年人的平等保护。

第一百八十三条 【结合适用】人民检察院可以将附条件不起诉制度与当事人和解制度相结合,通过促使未成年犯罪嫌疑人认真悔罪、赔礼道歉或者赔偿损失等方式,化解矛盾纠纷,修复受损的社会关系,达到对被害人精神抚慰、物质补偿的同时,加速未成年犯罪嫌疑人回归社会的进程。

第一百八十四条 【具体把握】人民检察院对于既可以附条件不起诉也可以起诉的未成年犯罪嫌疑人,应当优先适用附条件不起诉。

对于既可以相对不起诉也可以附条件不起诉的未成年犯罪嫌疑人,应当优先适用相对不起诉。如果未成年犯罪嫌疑人存在一定的认知偏差等需要矫正,确有必要接受一定时期监督考察的,可以适用附条件不起诉。

第一百八十五条 【征求意见】人民检察院在作出附条件不起诉决定前,应当征求未成年犯罪嫌疑人及其法定代理人、辩护人的意见。征求意见时应当让其全面获知和理解拟附条件不起诉决定的基本内容,包括适用附条件不起诉的法律依据、适用程序、救济程序、考察程序、附加义务及附条件不起诉的法律后果等,并给予一定的时间保障。必要时,可以建议未成年犯罪嫌疑人及其法定代理人与其辩护人进行充分沟通,在准确理解和全面权衡的基础上,提出意见。

未成年犯罪嫌疑人及其法定代理人应当在人民检察院书面征求意见书上签署意见,明确表明真实意愿,且一般应当由未成年犯罪嫌疑人及其法定代理人同时签署。确因特殊情况只能以口头方式提出的,人民检察院应当记录在案。

对于未成年犯罪嫌疑人与其法定代理人意见存在分歧的,人民检察院可以综合案件情况,本着有利于对未成年犯罪嫌疑人教育挽救的原则作出决定。

第一百八十六条 【异议处理】对于未成年犯罪嫌疑人及其法定代理人对附条件不起诉决定提出异议的,应当区别对待:

(一)未成年犯罪嫌疑人及其法定代理人对于犯罪事实认定、法律适用有异议并提出无罪意见或辩解的,人民检察院应当认真审查后依法提起公诉。

(二)未成年犯罪嫌疑人及其法定代理人对案件作附条件不起诉处理没有异议,仅对所附条件及考验期有异议的,人民检察院可以依法采纳其合理的意见,对考察的内容、方式、时间等进行调整。但其意见不利于对未成年犯罪嫌疑人帮教的,应当进行耐心的释法说理工作。经说理解释后,若未成年犯罪嫌疑人及其法定代理人仍有异议坚持要起诉的,应当提起公诉。

(三)未成年犯罪嫌疑人及其法定代理人对于适用附条件不起诉有异议的,应当审查后决定是否起诉。

人民检察院作出起诉决定前,未成年犯罪嫌疑人及其法定代理人可以撤回异议。撤回异议的,应当制作笔录附卷,由未成年犯罪嫌疑人及其法定代理人签字确认。

第一百八十七条 【听取意见】人民检察院在作出附条件不起诉决定前,应当听取公安机关、被害人及其法定代理人、诉讼代理人、辩护人的意见。

对公安机关应当采用书面征求意见的方式听取意见,并要求公安机关书面反馈意见。

对被害人及其法定代理人、诉讼代理人听取意见,参照本指引第一百七十一条办理。

对于被害人不同意附条件不起诉的,人民检察院可以作出附条件不起诉决定,但要做好释法说理和化解矛盾工作。

对于审查起诉阶段无法联系到被害人,经审查符合附条件不起诉条件的,可以作出附条件不起诉决定。

第一百八十八条 【不公开听证】对于公安机关或者被害人对附条件不起诉有异议,或者案件本身争议、社会影响较大等,人民检察院可以举行不公开听证会。具体要求参照本指引第一百七十七条。

第一百八十九条 【决定程序】适用附条件不起诉的审查意见,应当由办案人员在审查起诉期限届满十五日前提出,并根据案件的具体情况拟定考验期限和考察方案,连同案件审查报告、社会调查报告等,报请检察长或者检察委员会决定。

第一百九十条 【送达宣布】人民检察院决定附条件不起诉的案件,应当制作附条件不起诉决定书,并在三日内送达公安机关、被害人或者其近亲属及其诉讼代理人、未成年犯罪嫌疑人及其法定代理人、辩护人。

送达时,应当告知被害人或者其近亲属及其诉讼代理人如果对附条件不起诉决定不服的,可以自收到附条件不起诉决定书后七日内向上一级人民检察院申诉,并进行必要的释法说理。

人民检察院应当当面向未成年犯罪嫌疑人及其法定代理人宣布附条件不起诉决定,同时告知考验期限、在考验期内应当遵守的规定和违反规定可能产生的法律后果,以及可以对附条件不起诉决定提出异议等,并制作宣布笔录。

第一百九十一条 【复议、复核】公安机关认为附条件不起诉决定有错误的,可以向同级人民检察院要求复议。人民检察院应当另行指定检察人员进行审查并提出审查意见,报请检察长或者检察委员会决定。人民检察院应当在收到要求复议意见书后的三十日内作出复议决定,并通知公安机关。

公安机关对人民检察院的复议结果不服的,可以向上一级人民检察院提请复核。上一级人民检察院收到公安机关对附条件不起诉决定提请复核的意见书后,应当交由未成年人检察部门办理。未成年人检察部门应当指定检察人员进行审查并提出审查意见,报请检察长或者检察委员会决定。上一级人民检察院应当在收到提请复核意见书后的三十日内作出决定,制作复核决定书送交提请复核的公安机关和下级人民检察院。经复核改变下级人民检察院附条件不起诉决定的,应当撤销下级人民检察院作出的附条件不起诉决定,交由下级人民检察院执行。

第一百九十二条 【被害人申诉】被害人不服附条件不起诉决定,在收到附条件不起诉决定书后七日以内申诉的,由作出附条件不起诉决定的人民检察院的上一级人民检察院立案复查。

被害人向作出附条件不起诉决定的人民检察院提出申诉的,作出决定的人民检察院应当将申诉材料连同案卷一并报送上一级人民检察院受理。

上述申诉的审查由未成年人检察部门负责。承办人员审查后应当提出意见,报请检察长决定后制作复查决定书。

复查决定书应当送达被害人、被附条件不起诉的未成年犯罪嫌疑人及其法定代理人和作出附条件不起诉决定的人民检察院。

被害人不服附条件不起诉决定,在收到附条件不起诉决定书七日后提出申诉的,由作出附条件不起诉决定的人民检察院未成年人检察部门另行指定检察人员审查后决定是否立案复查。

上级人民检察院经复查作出起诉决定的,应当撤销下级人民检察院的附条件不起诉决定,由下级人民检察院提起公诉,并将复查决定抄送移送审查起诉的公安机关。

被害人不能向人民法院提起自诉。

第一百九十三条 【强制措施】未成年犯罪嫌疑人在押的,作出附条件不起诉决定后,人民检察院应当作出释放或者变更强制措施的决定。

考验期未满、取保候审期限届满的,应当解除取保候审强制措施,继续进行监督考察。

第一百九十四条 【考验期确定】附条件不起诉考验期为六个月以上一年以下,考验期的长短应当与未成年犯罪嫌疑人所犯罪行的性质、情节和主观恶性的大小相适应。可能判处的刑罚在六个月以下的,一般应当将考验期限确定为六个月;可能判处的刑罚在六个月以上的,可以参考未成年犯罪嫌疑人可能判处的刑期确定具体考察期限。

考验期从人民检察院作出附条件不起诉的决定之日起计算。考验期不计入审查起诉期限。

在考验期的前两个月要密切关注被附条件不起诉的未成年犯罪嫌疑人的表现,帮助、督促其改正不良行为,形成良好习惯。根据未成年犯罪嫌疑人在考验期内的表现和教育挽救的需要,人民检察院作出决定后可以在法定期限范围内适当缩短或延长考验期。

第一百九十五条 【所附条件】人民检察院对被附条件不起诉的未成年犯罪嫌疑人应当附下列条件:

(一)遵守法律法规,服从监督;
(二)按照考察机关的规定报告自己的活动情况;
(三)离开所居住的市、区(县)或者迁居,应当报经考察机关批准;
(四)按照考察机关的要求接受矫治和教育。

前款第四项"按照考察机关的要求接受矫治和教育"包括以下内容:

(一)完成戒瘾治疗、心理辅导或者其他适当的处遇措施;
(二)向社区或者公益团体提供公益劳动;
(三)不得进入特定场所、与特定的人员会见或者通信、从事特定的活动;
(四)向被害人赔偿损失、赔礼道歉等;
(五)接受相关教育;
(六)遵守其他保护被害人安全以及预防再犯的禁止性规定。

所附条件应当有针对性,注意考虑未成年犯罪嫌疑人的特殊需求,尤其避免对其就学、就业和正常生活造成负面影响。

第一百九十六条 【监督考察】在附条件不起诉的考验期内,人民检察院应当对被附条件不起诉的未成年犯罪嫌疑人进行监督考察。监督未成年犯罪嫌疑人履行义务、接受帮教的情况,并督促未成年犯罪嫌疑人的监护人对未成年犯罪嫌疑人加强管教,配合人民检察院做好监督考察工作。

人民检察院可以会同司法社工、社会观护基地、公益组织或者未成年犯罪嫌疑人所在学校、单位、居住地的村民委员会、居民委员会、未成年人保护组织等相关机构成立考察帮教小组,明确分工及职责,定期进行考察、教育,实施跟踪帮教。

考察帮教小组应当为考察对象制作个人帮教档案,对考察帮教活动情况及时、如实、全面记录,并在考察期届满后三个工作日内对考察对象进行综合评定,出具书面报告。

第一百九十七条　【心理学运用】人民检察院在附条件不起诉决定适用、监督考察等过程中,可以运用心理测评、心理疏导等方式,提高决策的科学性和考察帮教的针对性。

第一百九十八条　【考察届满】考验期届满,检察人员应当制作附条件不起诉考察意见书,提出起诉或者不起诉的意见,报请检察长决定。

人民检察院应当在审查起诉期限内作出起诉或者不起诉的决定。

作出附条件不起诉决定的案件,审查起诉期限自人民检察院作出附条件不起诉的决定之日起中止计算,自考验期届满之日起或者撤销附条件不起诉决定之日起恢复计算。

第一百九十九条　【不起诉决定】被附条件不起诉的未成年犯罪嫌疑人在考验期内没有本指引所列撤销附条件不起诉的情形,考验期满后,承办人应当制作附条件不起诉考察意见书,报请检察长作出不起诉决定。作出不起诉决定之前,应当听取被害人意见。

第二百条　【送达告知】人民检察院对于考验期满后决定不起诉的,应当制作不起诉决定书,并在三日内送达公安机关、被害人或者其近亲属及其诉讼代理人、被不起诉的未成年犯罪嫌疑人及其法定代理人、辩护人。

送达时,应当告知被送达人,检察机关将对未成年犯罪嫌疑人涉嫌犯罪的不起诉记录予以封存,被送达人不得泄露未成年犯罪嫌疑人的隐私;告知未成年犯罪嫌疑人及其法定代理人,如有单位或者个人泄露已被封存的不起诉记录,可以向检察机关投诉;告知被害人及其诉讼代理人或者其近亲属,如果对不起诉决定不服,可以自收到不起诉决定书后七日以内向上一级人民检察院申诉。上述告知情况应当记录在案。

第二百零一条　【宣布教育】对被不起诉人应当举行宣布教育仪式,具体依照本指引第一百七十九条规定办理。

第二百零二条　【申诉办理】被害人对不起诉决定不服申诉的,依照本指引第一百九十二条规定办理。

第二百零三条　【回访帮教】人民检察院对于经过附条件不起诉考察后作出不起诉决定的,可以与被不起诉的未成年人及其监护人、学校、单位等建立定期联系,在不起诉决定宣布后的六个月内,随时掌握未成年人的思想状态和行为表现，共同巩固帮教成果，并做好相关记录。经被不起诉的未成年人同意，可以在三年以内跟踪了解其回归社会情况，但应当注意避免对其造成负面影响。

第二百零四条 【撤销附条件不起诉】在考验期内，发现被附条件不起诉的未成年犯罪嫌疑人有下列情形之一的，案件承办人应当制作附条件不起诉考察意见书，报请检察长或者检察委员会作出撤销附条件不起诉、提起公诉的决定：

（一）实施新的犯罪并经人民检察院查证属实的；

（二）发现决定附条件不起诉以前还有其他犯罪需要追诉并经人民检察院查证属实的；

（三）违反治安管理规定，造成严重后果，或者多次违反治安管理规定的；

（四）违反考察机关有关附条件不起诉的监督管理规定，造成严重后果，或者多次违反的。

未成年犯罪嫌疑人如实供述其他犯罪行为，但因证据不足不予认定，在被作出附条件不起诉决定后查证属实的，可以不作出撤销附条件不起诉、提起公诉的决定。

第二百零五条 【漏罪或新罪的处理】人民检察院发现被附条件不起诉的未成年犯罪嫌疑人在考验期内实施新的犯罪或者在决定附条件不起诉以前还有其他犯罪需要追诉的，应当将案件线索依法移送有管辖权的公安机关立案侦查。

被附条件不起诉的未成年犯罪嫌疑人在考验期内实施新的犯罪或者在决定附条件不起诉以前还有其他犯罪，经查证属实的，人民检察院应当将案件退回公安机关补充侦查。原移送审查起诉的公安机关对新罪或者漏罪无管辖权的，应当通知其与有管辖权的公安机关协商，依法确定管辖权，并案侦查。

对于被附条件不起诉的未成年犯罪嫌疑人在考验期内因实施新的犯罪或者因决定附条件不起诉以前实施的其他犯罪被公安机关立案侦查，能够在审查起诉期间内将新罪、漏罪查清的，人民检察院可以一并提起公诉；不能查清的，应当对前罪作出不起诉处理，新罪、漏罪查清后另行起诉。

第四节 提起公诉

第二百零六条 【提起公诉】人民检察院对于犯罪事实清楚，证据确实、充分，未成年犯罪嫌疑人可能被判处一年有期徒刑以上刑罚的，综合考虑犯罪的性质、情节、主观恶性及其成长经历、犯罪原因、监护教育等情况，认为起诉有利于对其矫治的；或者虽然未成年犯罪嫌疑人可能被判处一年有期徒刑以下刑罚，但不符合附条件不起诉条件或者未成年犯罪嫌疑人及其法定代理人不同意检察机关作出附条件不起诉决定的，人民检察院应当提起公诉。

第二百零七条 【量刑建议】对提起公诉的未成年人刑事案件，可以综合衡量犯罪事实、情节和未成年被告人的具体情况,依法提出量刑建议。对符合法定条件的,可以提出适用非监禁刑或者缓刑的建议,并视情况建议判处禁止令。

第二百零八条 【分案起诉】人民检察院审查未成年人与成年人共同犯罪案件,一般应当将未成年人与成年人分案起诉,并由同一个公诉人出庭。但是具有下列情形之一的,可以不分案起诉:

(一)未成年人系犯罪集团的组织者或者其他共同犯罪中的主犯的;

(二)案件重大、疑难、复杂,分案起诉可能妨碍案件审理的;

(三)涉及刑事附带民事诉讼,分案起诉妨碍附带民事诉讼部分审理的;

(四)具有其他不宜分案起诉的情形。

第二百零九条 【分案审查】共同犯罪的未成年人与成年人分别由不同级别的人民检察院审查起诉的,未成年人犯罪部分的承办人应当及时了解案件整体情况;提出量刑建议时,应当注意全案的量刑平衡。

第二百一十条 【先予起诉】对于分案起诉的未成年人与成年人共同犯罪案件,一般应当同时移送人民法院。对于需要补充侦查的,如果补充侦查事项不涉及未成年犯罪嫌疑人所参与的犯罪事实,不影响对未成年犯罪嫌疑人提起公诉的,应当对未成年犯罪嫌疑人先予提起公诉。

第二百一十一条 【文书制作】对于分案起诉的未成年人与成年人共同犯罪案件,在审查起诉过程中可以根据全案情况制作一份审查报告,起诉书以及量刑建议书等应当分别制作。

第二百一十二条 【并案审理】人民检察院对未成年人与成年人共同犯罪案件分别提起公诉后,在诉讼过程中出现不宜分案起诉情形的,可以建议人民法院并案审理。

第二百一十三条 【简易程序】人民检察院对于符合下列条件的未成年人刑事案件,应当建议人民法院适用简易程序审理:

(一)案件事实清楚、证据确实、充分的;

(二)犯罪嫌疑人承认自己所犯罪行,对被指控的犯罪事实没有异议的;

(三)犯罪嫌疑人及其法定代理人或者合适成年人、辩护人对适用简易程序没有异议的。

第二百一十四条 【建议适用缓刑】对于具有下列情形之一,依法可能判处拘役、三年以下有期徒刑,有悔罪表现,宣告缓刑对所居住社区没有重大不良影响,具备有效监护条件或者社会帮教措施,适用缓刑确实不致再危害社会的未成年被告人,人民检察院应当建议人民法院适用缓刑:

(一)犯罪情节较轻,未造成严重后果的;

(二)主观恶性不大的初犯或者胁从犯、从犯；
(三)被害人同意和解或者被害人有明显过错的；
(四)其他可以适用缓刑的情形。

人民检察院提出对未成年被告人适用缓刑建议的，应当将未成年被告人能够获得有效监护、帮教的书面材料于判决前移送人民法院。

第二百一十五条 【建议适用禁止令】 人民检察院根据未成年被告人的犯罪原因、犯罪性质、犯罪手段、犯罪后的认罪悔罪表现、个人一贯表现等情况，充分考虑与未成年被告人所犯罪行的关联程度，可以有针对性地建议人民法院判处未成年被告人在管制执行期间、缓刑考验期限内适用禁止令：

(一)禁止从事以下一项或者几项活动：

1.因无监护人监管或监护人监管不力，经常夜不归宿的，禁止在未经社区矫正机构批准的情况下在外留宿过夜；

2.因沉迷暴力、色情等网络游戏诱发犯罪的，禁止接触网络游戏；

3.附带民事赔偿义务未履行完毕、违法所得未追缴、退赔到位，或者罚金尚未足额缴纳的，禁止进行高消费活动。高消费的标准可根据当地居民人均收入和支出水平确定；

4.其他确有必要禁止从事的活动。

(二)禁止进入以下一类或者几类区域、场所：

1.因出入未成年人不宜进入的场所导致犯罪的，禁止进入夜总会、歌舞厅、酒吧、迪厅、营业性网吧、游戏机房、溜冰场等场所；

2.经常以大欺小、以强凌弱进行寻衅滋事，在学校周边实施违法犯罪行为的，禁止进入中小学校区、幼儿园园区及周边地区。确因本人就学、居住等原因的除外；

3.其他确有必要禁止进入的区域、场所。

(三)禁止接触以下一类或者几类人员：

1.因受同案犯不良影响导致犯罪的，禁止除正常工作、学习外接触同案犯；

2.为保护特定人员，禁止在未经对方同意的情况下接触被害人、证人、控告人、举报人及其近亲属；

3.禁止接触其他可能遭受其侵害、滋扰的人或者可能诱发其再次危害社会的人。

建议适用禁止令，应当把握好禁止令的针对性、可行性和预防性，并向未成年被告人及其法定代理人阐明适用禁止令的理由，督促法定代理人协助司法机关加强监管，促进未成年被告人接受矫治和回归社会。

第五节 出席法庭

第二百一十六条 【圆桌审判】人民检察院对于符合下列条件之一的未成年人刑事案件,在提起公诉时,可以建议人民法院采取圆桌审判方式审理:

(一)适用简易程序的;

(二)十六周岁以下未成年人犯罪的;

(三)可能判处五年有期徒刑以下刑罚或者过失犯罪的;

(四)犯罪情节轻微,事实清楚,证据确实、充分,被告人对被指控的犯罪事实无异议的;

(五)犯罪性质较为严重,但被告人系初犯或者偶犯,平时表现较好,主观恶性不大的;

(六)其他适合的案件。

第二百一十七条 【庭前准备】提起公诉的未成年人刑事案件,检察人员应当认真做好下列出席法庭的准备工作:

(一)掌握未成年被告人的心理状态,并对其进行接受审判的教育。必要时,可以再次讯问被告人;

(二)进一步熟悉案情,深入研究本案的有关法律政策,根据案件性质,结合社会调查情况,拟定讯问提纲、询问被害人、证人、鉴定人提纲、举证提纲、答辩提纲、公诉意见书和法庭教育词。

法庭教育词可以包括以下内容:

(一)刑事违法性,即未成年被告人的行为已经触犯刑法,具有应受刑罚处罚的必要性,促使其正确对待判决,树立法治意识;

(二)社会危害性,包括对被害人、未成年被告人本人及其家庭、社会等造成的伤害,促使其深刻反思;

(三)犯罪原因及应当吸取的教训;

(四)未成年被告人自身优点,对今后工作、学习、生活提出有针对性的要求,增强其回归社会的信心;

(五)对监护人的教养方式等提出建议;

(六)其他有针对性的教育、感化、挽救内容。

适用简易程序的,可以根据实际需要简化操作。

第二百一十八条 【庭前沟通】提起公诉的未成年人刑事案件,可以在开庭前与未成年被告人的法定代理人、合适成年人、辩护人等交换意见,共同做好教育、感化工作。

充分听取未成年被告人及其法定代理人意见后,可以与审判人员沟通是否有选择地通知未成年被告人所在学校、单位、居住地基层组织或者未成年人保护组织代表、社区矫正部门人员等到场。

第二百一十九条 【庭前会议】人民法院通知人民检察院派员参加庭前会议的,由出席法庭的检察人员参加,必要时可以配备书记员担任记录。

人民检察院可以根据案件具体情况,建议人民法院通知未成年被告人及其法定代理人参加庭前会议。

第二百二十条 【出庭要求】出席未成年人刑事案件法庭,出庭检察人员应当根据未成年被告人的智力发育程度和心理状态,使用适合未成年人的语言表达方式。发言时应当语调平和,所提问题简要、明确,并注意用语文明、准确,通俗易懂。

出庭检察人员在庭审活动中,既要严格执行庭审程序,树立法律权威,体现法律的严肃性;又要结合未成年人的身心特点,避免给未成年被告人造成不良影响。遇到未成年被告人及其法定代理人、辩护人等辩护意见不正确时,以正面说理为主,做到有理、有节。必要时,可以建议审判长休庭,针对法定代理人、辩护人的错误行为,在庭下予以纠正,并引导他们从未成年人长远利益的角度考虑问题,帮助未成年被告人树立法治观念和正确价值观。

对于与被害人、诉讼代理人意见不一致的,应当认真听取被害人、诉讼代理人的意见,并阐明检察机关的意见和理由。说理时要温和、理性,避免造成二次伤害。

对于未成年被告人情绪严重不稳定,不宜继续接受审判的,出庭检察人员应当建议休庭。休庭后及时安抚未成年被告人的情绪,在法定代理人或者合适成年人、辩护人的协助下消除上述情形后继续开庭审理。必要时,由具有心理咨询师资质的检察人员或委托专门的心理咨询师进行心理干预和疏导。

第二百二十一条 【法庭教育】出庭检察人员在整个庭审过程中,应当在依法指控犯罪的同时,将有关法律规定、社会危害后果、未成年被告人的犯罪原因及其应当吸取的教训等予以充分阐述,尤其对未成年被告人在庭审中暴露出的错误认识,要及时、耐心地予以纠正。

根据具体情况,出庭检察人员可以提请法庭安排社会调查员、帮教人员、心理疏导人员等发言,对未成年被告人进行帮助教育。

在法庭作出有罪判决后,出庭检察人员应当配合法庭对未成年被告人进行教育。在此阶段,可以依据庭审中所查明的犯罪事实,对未成年被告人进行认罪服法或悔过教育,使其认识到自己的犯罪性质、危害后果和应受处罚。重点是指明今后的出路,使未成年被告人感到司法机关不仅仅是对其进行审判,而且还对其进行教育和挽救,使其树立改过自新的信心和决心,实现惩教结合的目的。

第二章
当事人和解的公诉案件诉讼程序

其他规范

《未成年人刑事检察工作指引(试行)》(高检发未检字〔2017〕1号)第二章"特殊检察制度"第六节"当事人和解"(第六十五条至第七十三条)对未成年人刑事案件和解的有关问题作了规定。(→参见本编第一章末所附"其他规范",第1999—2001页)

《最高人民检察院、公安部关于依法妥善办理轻伤害案件的指导意见》(高检发办字〔2022〕167号)第十一条要求充分适用刑事和解制度。(→参见第二编"立案、侦查和提起公诉"标题下所附"其他规范",第791页)

第二百八十八条 【和解程序的适用范围】下列公诉案件,犯罪嫌疑人、被告人真诚悔罪,通过向被害人赔偿损失、赔礼道歉等方式获得被害人谅解,被害人自愿和解的,双方当事人可以和解:

(一)因民间纠纷引起,涉嫌刑法分则第四章、第五章规定的犯罪案件,可能判处三年有期徒刑以下刑罚的;

(二)除渎职犯罪以外的可能判处七年有期徒刑以下刑罚的过失犯罪案件。

犯罪嫌疑人、被告人在五年以内曾经故意犯罪的,不适用本章规定的程序。

立法沿革

本条系2012年《刑事诉讼法修改决定》增加的规定,2018年修改《刑事诉讼法》时未作调整。

基本规范

《最高人民法院关于适用〈中华人民共和国刑事诉讼法〉的解释》(法释

〔2021〕1号,自 2021 年 3 月 1 日起施行)

第二十三章　当事人和解的公诉案件诉讼程序

第五百八十七条　对符合刑事诉讼法第二百八十八条规定的公诉案件,事实清楚、证据充分的,人民法院应当告知当事人可以自行和解;当事人提出申请的,人民法院可以主持双方当事人协商以达成和解。

根据案件情况,人民法院可以邀请人民调解员、辩护人、诉讼代理人、当事人亲友等参与促成双方当事人和解。①

第五百八十八条　符合刑事诉讼法第二百八十八条规定的公诉案件,被害人死亡的,其近亲属可以与被告人和解。近亲属有多人的,达成和解协议,应当经处于最先继承顺序的所有近亲属同意。②

被害人系无行为能力或者限制行为能力人的,其法定代理人、近亲属可以代为和解。

第五百八十九条　被告人的近亲属经被告人同意,可以代为和解。

被告人系限制行为能力人的,其法定代理人可以代为和解。

被告人的法定代理人、近亲属依照前两款规定代为和解的,和解协议约定的赔礼道歉等事项,应当由被告人本人履行。

《人民检察院刑事诉讼规则》(高检发释字〔2019〕4 号,自 2019 年 12 月 30 日起施行)

第十二章　特别程序

第二节　当事人和解的公诉案件诉讼程序

第四百九十二条　下列公诉案件,双方当事人可以和解:

---

① 需要注意的问题有二:(1)人民法院主持协商以达成和解,应当坚持自愿、合法原则,应当恪守中立,充分发挥人民调解员、辩护人、诉讼代理人、当事人亲友等的作用,尽可能由第三方而不是由法院促成双方当事人和解。(2)鉴于公诉案件的和解与刑事处罚密切相关,人民法院不宜将案件委托给人民调解组织处理而自己置之不理。在人民调解员、辩护人、诉讼代理人、当事人亲友等参与促成下,双方当事人达成和解的,应当按照法律规定,由审判人员在听取当事人和其他有关人员意见基础上,对和解的自愿性、合法性进行审查,并主持制作和解协议书。——**本评注**
② 关于近亲属的范围,依照《刑事诉讼法》第一百零八条第六项的规定,包括夫、妻、父、母、子、女、同胞兄弟姊妹,分别处于不同继承顺序。对于存在第一顺序继承人的情形,第一序位的近亲属未同意和解的,即使第二继承顺序的全部近亲属全部同意和解,也无权和被告人达成和解协议。基于此,本条第一款专门规定"近亲属有多人的,达成和解协议,应当经处于最先继承顺序的所有近亲属同意"。——**本评注**

（一）因民间纠纷引起，涉嫌刑法分则第四章、第五章规定的犯罪案件，可能判处三年有期徒刑以下刑罚的；

（二）除渎职犯罪以外的可能判处七年有期徒刑以下刑罚的过失犯罪案件。

当事人和解的公诉案件应当同时符合下列条件：

（一）犯罪嫌疑人真诚悔罪，向被害人赔偿损失、赔礼道歉等；

（二）被害人明确表示对犯罪嫌疑人予以谅解；

（三）双方当事人自愿和解，符合有关法律规定；

（四）属于侵害特定被害人的故意犯罪或者有直接被害人的过失犯罪；

（五）案件事实清楚，证据确实、充分。

犯罪嫌疑人在五年以内曾经故意犯罪的，不适用本节规定的程序。

犯罪嫌疑人在犯刑事诉讼法第二百八十八条第一款规定的犯罪前五年内曾经故意犯罪，无论该故意犯罪是否已经追究，均应当认定为前款规定的五年以内曾经故意犯罪。

第四百九十三条 被害人死亡的，其法定代理人、近亲属可以与犯罪嫌疑人和解。

被害人系无行为能力或者限制行为能力人的，其法定代理人可以代为和解。

第四百九十四条 犯罪嫌疑人系限制行为能力人的，其法定代理人可以代为和解。

犯罪嫌疑人在押的，经犯罪嫌疑人同意，其法定代理人、近亲属可以代为和解。

第四百九十五条 双方当事人可以就赔偿损失、赔礼道歉等民事责任事项进行和解，并且可以就被害人及其法定代理人或者近亲属是否要求或者同意公安机关、人民检察院、人民法院对犯罪嫌疑人依法从宽处理进行协商，但不得对案件的事实认定、证据采信、法律适用和定罪量刑等依法属于公安机关、人民检察院、人民法院职权范围的事宜进行协商。

第四百九十六条 双方当事人可以自行达成和解，也可以经人民调解委员会、村民委员会、居民委员会、当事人所在单位或者同事、亲友等组织或者个人调解后达成和解。

人民检察院对于本规则第四百九十二条规定的公诉案件，可以建议当事人进行和解，并告知相应的权利义务，必要时可以提供法律咨询。

《公安机关办理刑事案件程序规定》（公安部令第159号修正，修正后自2020年9月1日起施行）

第十章　特别程序

第二节　当事人和解的公诉案件诉讼程序

第三百三十三条 下列公诉案件,犯罪嫌疑人真诚悔罪,通过向被害人赔偿损失、赔礼道歉等方式获得被害人谅解,被害人自愿和解的,经县级以上公安机关负责人批准,可以依法作为当事人和解的公诉案件办理:

(一)因民间纠纷引起,涉嫌刑法分则第四章、第五章规定的犯罪案件,可能判处三年有期徒刑以下刑罚的;

(二)除渎职犯罪以外的可能判处七年有期徒刑以下刑罚的过失犯罪案件。

犯罪嫌疑人在五年以内曾经故意犯罪的,不得作为当事人和解的公诉案件办理。

第三百三十四条 有下列情形之一的,不属于因民间纠纷引起的犯罪案件:

(一)雇凶伤害他人的;

(二)涉及黑社会性质组织犯罪的;

(三)涉及寻衅滋事的;

(四)涉及聚众斗殴的;

(五)多次故意伤害他人身体的;

(六)其他不宜和解的。

《海警机构办理刑事案件程序规定》(中国海警局令第1号,自2023年6月15日起施行)

第九章 特别程序
第二节 当事人和解的公诉案件诉讼程序

第三百零四条 下列公诉案件,犯罪嫌疑人真诚悔罪,通过向被害人赔偿损失、赔礼道歉等方式获得被害人谅解,被害人自愿和解的,经海警机构负责人批准,可以依法作为当事人和解的公诉案件办理:

(一)因民间纠纷引起,涉嫌《中华人民共和国刑法》分则第四章、第五章规定的犯罪案件,可能判处三年有期徒刑以下刑罚的;

(二)除渎职犯罪以外的可能判处七年有期徒刑以下刑罚的过失犯罪案件。

犯罪嫌疑人在五年以内曾经故意犯罪的,不得作为当事人和解的公诉案件办理。

第三百零五条 有下列情形之一的,不属于因民间纠纷引起的犯罪案件:

(一)雇凶伤害他人的;

(二)涉及黑社会性质组织犯罪的;

(三)涉及寻衅滋事的;

(四)涉及聚众斗殴的;

(五)多次故意伤害他人身体的;

(六)其他不宜和解的情形。

其他规范

《最高人民法院、最高人民检察院、公安部、国家安全部、司法部关于适用认罪认罚从宽制度的指导意见》(高检发〔2019〕13号)第十七条对促进和解谅解的有关问题作了规定。(→参见第十五条所附"其他规范",第69页)

司法疑难解析

和解程序的适用范围。本评注认为,如下两个问题值得注意:(1)对于"民间纠纷"的内涵,尚有不同意见,若从民事角度对民间纠纷进行明确界定,反而不利于部分刑事案件的处理。比如盗窃案件,可能并不涉及公民之间有关人身、财产权益和其他日常生活中发生的纠纷,但是也可以和解。基于此,有关规范未对民间纠纷予以明确,以留下解释空间。(2)对于如何理解"可能判处三年有期徒刑以下的刑罚",应当结合案件具体情节以及司法审判惯例进行评价,而不能仅以法定最高刑是否为三年作为标准。一般而言,在不考虑和解的情况下,根据被告人的犯罪事实、情节,应当判处的刑罚在三年有期徒刑以下的,就可以适用和解程序。比如,被告人参与故意伤害犯罪致人重伤,法定刑是三年以上十年以下有期徒刑,但其系从犯,依法应当判处的刑罚是二年有期徒刑左右,此时,对该被告人就可适用和解程序。

第二百八十九条 【对和解的审查】双方当事人和解的,公安机关、人民检察院、人民法院应当听取当事人和其他有关人员的意见,对和解的自愿性、合法性进行审查,并主持制作和解协议书。

立法沿革

本条系2012年《刑事诉讼法修改决定》增加的规定,2018年修改《刑事诉讼法》时未作调整。

基本规范

《最高人民法院关于适用〈中华人民共和国刑事诉讼法〉的解释》(法释〔2021〕1号,自2021年3月1日起施行)

第二十三章 当事人和解的公诉案件诉讼程序

第五百九十条 对公安机关、人民检察院主持制作的和解协议书,当事人提出异议的,人民法院应当审查。经审查,和解自愿、合法的,予以确认,无须重新制作和解协议书;和解违反自愿、合法原则的,应当认定无效。和解协议被认定无效后,双方当事人重新达成和解的,人民法院应当主持制作新的和解协议书。①

第五百九十一条 审判期间,双方当事人和解的,人民法院应当听取当事人及其法定代理人等有关人员的意见。双方当事人在庭外达成和解的,人民法院应当通知人民检察院,并听取其意见。经审查,和解自愿、合法的,应当主持制作和解协议书。②

第五百九十二条③ 和解协议书应当包括以下内容:

(一)被告人承认自己所犯罪行,对犯罪事实没有异议,并真诚悔罪;

---

① 需要注意的问题有二:(1)对于公安机关、人民检察院主持制作的和解协议书,如果没有相反证据,应当直接确认和解协议的自愿性、合法性以及和解协议内容的真实性,故案件起诉至人民法院后,人民法院无须主动对和解协议书的自愿性、合法性进行审查。但是,当事人对和解协议书的自愿性、合法性提出异议的,人民法院应当进行审查。(2)认定和解协议无效的,无须制作专门法律文书认定和解无效或者撤销和解协议,只需在裁判文书中客观叙述,不认定双方当事人已达成和解协议即可。——**本评注注**

② 需要注意的问题有二:(1)审查的方式和内容。主要是通过听取当事人和其他有关人员意见的方式,确认双方当事人是否自愿达成和解协议,和解协议的内容是否合法。关于听取意见的人员范围,未作统一规定,可以根据案件情况掌握。关于和解协议内容合法性的审查,需要综合相关法律法规以及社会公序良俗予以认定,不能简单地认为,超出了法定的赔偿范围和标准,就不合法。(2)和解协议书的证明力。由于当事人和解是重要的量刑情节,和解协议书原则上应当在法庭上出示,并进行质证,查证属实后才能作为量刑的证据。但是,对于双方当事人在开庭后才达成和解的,可以庭外征求人民检察院的意见,而不必再次开庭举证、质证。——**本评注注**

③ 需要注意的问题有三:(1)和解协议书能否涉及被告人的量刑问题。一些意见主张和解协议中应当包含被害人对被告人表示谅解并同意对其从宽处罚的内容;而反对意见认为,量刑是司法机关的权限,不容许当事人之间协商。经研究认为,和解与量刑密切相关,双方当事人有权就赔偿与量刑的关系问题进行协商,并在和解协议中写明被害人请求或者同意对被告人从宽处罚的内容,但双方当事人不宜对量刑作出具体、明确的约定;即使约定的,对司法机关也没有约束力。(2)和解协议内容是否可以保密。但是,对于双方当事人达成和解协议这一事实,不能保密。(3)和解协议何时生效。可以参照民事契约的规定,和解协议书自双方当事人签名之日起生效。实践中,如果双方当事人事先达成了口头的和解协议,但在主持制作和解协议书的过程中,一方当事人反悔并拒绝在和解协议书上签字的,应当认为双方当事人未达成和解协议。——**本评注注**

（二）被告人通过向被害人赔礼道歉、赔偿损失等方式获得被害人谅解；涉及赔偿损失的，应当写明赔偿的数额、方式等；提起附带民事诉讼的，由附带民事诉讼原告人撤回起诉；

（三）被害人自愿和解，请求或者同意对被告人依法从宽处罚。

和解协议书应当由双方当事人和审判人员签名，但不加盖人民法院印章。

和解协议书一式三份，双方当事人各持一份，另一份交人民法院附卷备查。

对和解协议中的赔偿损失内容，双方当事人要求保密的，人民法院应当准许，并采取相应的保密措施。

《人民检察院刑事诉讼规则》（高检发释字〔2019〕4号，自2019年12月30日起施行）

第十二章　特别程序
第二节　当事人和解的公诉案件诉讼程序

第四百九十七条　人民检察院应当对和解的自愿性、合法性进行审查，重点审查以下内容：

（一）双方当事人是否自愿和解；

（二）犯罪嫌疑人是否真诚悔罪，是否向被害人赔礼道歉，赔偿数额与其所造成的损害和赔偿能力是否相适应；

（三）被害人及其法定代理人或者近亲属是否明确表示对犯罪嫌疑人予以谅解；

（四）是否符合法律规定；

（五）是否损害国家、集体和社会公共利益或者他人的合法权益；

（六）是否符合社会公德。

审查时，应当听取双方当事人和其他有关人员对和解的意见，告知刑事案件可能从宽处理的法律后果和双方的权利义务，并制作笔录附卷。

第四百九十八条　经审查认为双方自愿和解，内容合法，且符合本规则第四百九十二条规定的范围和条件的，人民检察院应当主持制作和解协议书。

和解协议书的主要内容包括：

（一）双方当事人的基本情况；

（二）案件的主要事实；

（三）犯罪嫌疑人真诚悔罪，承认自己所犯罪行，对指控的犯罪没有异议，向被害人赔偿损失、赔礼道歉等。赔偿损失的，应当写明赔偿的数额、履行的方式、期限等；

（四）被害人及其法定代理人或者近亲属对犯罪嫌疑人予以谅解，并要求或者同意公安机关、人民检察院、人民法院对犯罪嫌疑人依法从宽处理。

和解协议书应当由双方当事人签字,可以写明和解协议书系在人民检察院主持下制作。检察人员不在当事人和解协议书上签字,也不加盖人民检察院印章。

和解协议书一式三份,双方当事人各持一份,另一份交人民检察院附卷备查。

《公安机关办理刑事案件程序规定》(公安部令第159号修正,修正后自2020年9月1日起施行)

第十章　特别程序

第二节　当事人和解的公诉案件诉讼程序

第三百三十五条　双方当事人和解的,公安机关应当审查案件事实是否清楚,被害人是否自愿和解,是否符合规定的条件。

公安机关审查时,应当听取双方当事人的意见,并记录在案;必要时,可以听取双方当事人亲属、当地居民委员会或者村民委员会人员以及其他了解案件情况的相关人员的意见。

第三百三十六条　达成和解的,公安机关应当主持制作和解协议书,并由双方当事人及其他参加人员签名。

当事人中有未成年人的,未成年当事人的法定代理人或者其他成年亲属应当在场。

第三百三十七条　和解协议书应当包括以下内容:

(一)案件的基本事实和主要证据;

(二)犯罪嫌疑人承认自己所犯罪行,对指控的犯罪事实没有异议,真诚悔罪;

(三)犯罪嫌疑人通过向被害人赔礼道歉、赔偿损失等方式获得被害人谅解;涉及赔偿损失的,应当写明赔偿的数额、方式等;提起附带民事诉讼的,由附带民事诉讼原告人撤回附带民事诉讼;

(四)被害人自愿和解,请求或者同意对犯罪嫌疑人依法从宽处罚。

和解协议应当及时履行。

《海警机构办理刑事案件程序规定》(中国海警局令第1号,自2023年6月15日起施行)

第九章　特别程序

第二节　当事人和解的公诉案件诉讼程序

第三百零六条　双方当事人和解的,海警机构应当审查案件事实是否清楚,被害人是否自愿和解,是否符合规定的条件。

海警机构审查时,应当听取双方当事人的意见,并记录在案;必要时,可以听取双方当事人亲属、当地居民委员会或者村民委员会人员以及其他了解案件情况的相关人员的意见。

第三百零七条 达成和解的,海警机构应当主持制作和解协议书,并由双方当事人及其他参加人员签名。

当事人中有未成年人的,未成年当事人的法定代理人或者其他成年亲属应当在场。

第三百零八条 和解协议书应当包括以下内容:

(一)案件的基本事实和主要证据;

(二)犯罪嫌疑人承认自己所犯罪行,对指控的犯罪事实没有异议,真诚悔罪;

(三)犯罪嫌疑人通过向被害人赔礼道歉、赔偿损失等方式获得被害人谅解;涉及赔偿损失的,应当写明赔偿的数额、方式等;提起附带民事诉讼的,由附带民事诉讼原告人撤回附带民事诉讼;

(四)被害人自愿和解,请求或者同意对犯罪嫌疑人依法从宽处罚。

和解协议应当及时履行。

其他规范

《最高人民检察院关于办理当事人达成和解的轻微刑事案件的若干意见》
(高检发研字〔2011〕2号)

为了保证人民检察院在审查逮捕和公诉工作中依法正确办理当事人达成和解的轻微刑事案件,根据《中华人民共和国刑法》、《中华人民共和国刑事诉讼法》等有关法律规定,结合检察工作实际,提出如下意见:

一、指导思想和基本原则

人民检察院办理当事人达成和解的轻微刑事案件的指导思想是:按照中央关于深入推进三项重点工作的总体要求,正确贯彻宽严相济刑事政策,充分发挥检察机关在化解社会矛盾和构建社会主义和谐社会中的职能作用,维护社会公平正义、促进社会和谐稳定。

办理当事人达成和解的轻微刑事案件,必须坚持以下原则:

1. 依法办案与化解矛盾并重;

2. 惩罚犯罪与保障人权并重;

3. 实现法律效果与社会效果的有机统一。

二、关于适用范围和条件

对于依法可能判处三年以下有期徒刑、拘役、管制或者单处罚金的刑事公诉案件,可以适用本意见。

上述范围内的刑事案件必须同时符合下列条件:

1. 属于侵害特定被害人的故意犯罪或者有直接被害人的过失犯罪;
2. 案件事实清楚,证据确实、充分;
3. 犯罪嫌疑人、被告人真诚认罪,并且已经切实履行和解协议。对于和解协议不能即时履行的,已经提供有效担保或者调解协议经人民法院确认;
4. 当事人双方就赔偿损失、恢复原状、赔礼道歉、精神抚慰等事项达成和解;
5. 被害人及其法定代理人或者近亲属明确表示对犯罪嫌疑人、被告人予以谅解,要求或者同意对犯罪嫌疑人、被告人依法从宽处理。

以下案件不适用本意见:

1. 严重侵害国家、社会公共利益,严重危害公共安全或者危害社会公共秩序的犯罪案件;
2. 国家工作人员职务犯罪案件;
3. 侵害不特定多数人合法权益的犯罪案件。

三、关于当事人和解的内容

当事人双方可以就赔偿损失、恢复原状、赔礼道歉、精神抚慰等民事责任事项进行和解,并且可以就被害人及其法定代理人或者近亲属是否要求或者同意公安、司法机关对犯罪嫌疑人、被告人依法从宽处理达成一致,但不得对案件的事实认定、证据和法律适用、定罪量刑等依法属于公安、司法机关职权范围的事宜进行协商。

双方当事人或者其法定代理人有权达成和解,当事人的近亲属、聘请的律师以及其他受委托的人,可以代为进行协商和解等事宜。双方达成和解的,应当签订书面协议,并且必须得到当事人或者其法定代理人的确认。犯罪嫌疑人、被告人必须当面或者书面向被害人一方赔礼道歉、真诚悔罪。

和解协议中的损害赔偿一般应当与其承担的法律责任和对被害人造成的损害相适应,并且可以酌情考虑犯罪嫌疑人、被告人及其法定代理人的赔偿、补救能力。

四、关于当事人达成和解的途径与检调对接

当事人双方的和解,包括当事人双方自行达成和解,也包括经人民调解委员会、基层自治组织、当事人所在单位或者同事、亲友等组织或者个人调解后达成和解。

人民检察院应当与人民调解组织积极沟通、密切配合,建立工作衔接机制,及时告知双方当事人申请委托人民调解的权利、申请方法和操作程序以及达成调解协议后的案件处理方式,支持配合人民调解组织的工作。

人民检察院对于符合本意见适用范围和条件的下列案件,可以建议当事人进行和解,并告知相应的权利义务,必要时可以提供法律咨询:

1. 由公安机关立案侦查的刑事诉讼法第一百七十条第二项规定的案件;
2. 未成年人、在校学生犯罪的轻微刑事案件;
3. 七十周岁以上老年人犯罪的轻微刑事案件。

犯罪嫌疑人、被告人或者其亲友、辩护人以暴力、威胁、欺骗或者其他非法方法强迫、引诱被害人和解,或者在协议履行完毕之后威胁、报复被害人的,不适用有关不捕不诉的规定,已经作出不逮捕或者不起诉决定的,人民检察院应当撤销原决定,依法对犯罪嫌疑人、被告人逮捕或者提起公诉。

犯罪嫌疑人、被告人或者其亲友、辩护人实施前款行为情节严重的,依法追究其法律责任。

五、关于对当事人和解协议的审查

人民检察院对当事人双方达成的和解协议,应当重点从以下几个方面进行审查:

1. 当事人双方是否自愿;
2. 加害方的经济赔偿数额与其所造成的损害是否相适应,是否酌情考虑其赔偿能力。犯罪嫌疑人、被告人是否真诚悔罪并且积极履行和解协议或者是否为协议履行提供有效担保或者调解协议经人民法院确认;
3. 被害人及其法定代理人或者近亲属是否明确表示对犯罪嫌疑人、被告人予以谅解;
4. 是否符合法律规定;
5. 是否损害国家、集体和社会公共利益或者他人的合法权益;
6. 是否符合社会公德。

审查时,应当当面听取当事人双方对和解的意见、告知被害人刑事案件可能从轻处理的法律后果和双方的权利义务,并记录在案。

六、关于检察机关对当事人达成和解案件的处理

对于公安机关提请批准逮捕的案件,符合本意见规定的适用范围和条件的,应当作为无逮捕必要的重要因素予以考虑,一般可以作出不批准逮捕的决定;已经批准逮捕,公安机关变更强制措施通知人民检察院的,应当依法实行监督;审查起诉阶段,在不妨碍诉讼顺利进行的前提下,可以依法变更强制措施。

对于公安机关立案侦查并移送审查起诉的刑事诉讼法第一百七十条第二项规定的轻微刑事案件，符合本意见规定的适用范围和条件的，一般可以决定不起诉。

对于其他轻微刑事案件，符合本意见规定的适用范围和条件的，作为犯罪情节轻微，不需要判处刑罚或者免除刑罚的重要因素予以考虑，一般可以决定不起诉。对于依法必须提起公诉的，可以向人民法院提出在法定幅度范围内从宽处理的量刑建议。

对被不起诉人需要给予行政处罚、行政处分或者需要没收其违法所得的，应当提出检察意见，移送有关主管机关处理。

对于当事人双方达成和解、决定不起诉的案件，在宣布不起诉决定前应当再次听取双方当事人对和解的意见，并且查明犯罪嫌疑人是否真诚悔罪、和解协议是否履行或为协议履行提供有效担保或者调解协议经人民法院确认。

对于依法可能判处三年以上有期徒刑刑罚的案件，当事人双方达成和解协议的，在提起公诉时，可以向人民法院提出在法定幅度范围内从宽处理的量刑建议。对于情节特别恶劣，社会危害特别严重的犯罪，除了考虑和解因素，还应注重发挥刑法的教育和预防作用。

七、依法规范当事人达成和解案件的办理工作

人民检察院适用本意见办理案件，应当遵守《中华人民共和国刑事诉讼法》、《人民检察院刑事诉讼规则》等有关办案期限的规定。

根据本意见，拟对当事人达成和解的轻微刑事案件作出不批准逮捕或者不起诉决定的，应当由检察委员会讨论决定。

人民检察院应当加强对审查批捕、审查起诉工作中办理当事人达成和解案件的监督检查，发现违法违纪，情节轻微的，应当给予批评教育；情节严重的，应当根据有关规定给予组织处理或者纪律处分；构成犯罪的，依法追究刑事责任。

第二百九十条【对和解案件的从宽处理】 对于达成和解协议的案件，公安机关可以向人民检察院提出从宽处理的建议。人民检察院可以向人民法院提出从宽处罚的建议；对于犯罪情节轻微，不需要判处刑罚的，可以作出不起诉的决定。人民法院可以依法对被告人从宽处罚。

立法沿革

本条系 2012 年《刑事诉讼法修改决定》增加的规定，2018 年修改《刑事诉讼法》时未作调整。

基本规范

《最高人民法院关于适用〈中华人民共和国刑事诉讼法〉的解释》(法释〔2021〕1号,自2021年3月1日起施行)

第二十三章　当事人和解的公诉案件诉讼程序

第五百九十三条　和解协议约定的赔偿损失内容,被告人应当在协议签署后即时履行。①

和解协议已经全部履行,当事人反悔的,人民法院不予支持,但有证据证明和解违反自愿、合法原则的除外。

第五百九十四条　双方当事人在侦查、审查起诉期间已经达成和解协议并全部履行,被害人或者其法定代理人、近亲属又提起附带民事诉讼的,人民法院不予受理,但有证据证明和解违反自愿、合法原则的除外。②

第五百九十五条　被害人或者其法定代理人、近亲属提起附带民事诉讼后,双方愿意和解,但被告人不能即时履行全部赔偿义务的,人民法院应当制作附带民事调解书。③

第五百九十六条　对达成和解协议的案件,人民法院应当对被告人从轻处罚;符合非监禁刑适用条件的,应当适用非监禁刑;判处法定最低刑仍然过重的,可以减轻处罚;综合全案认为犯罪情节轻微不需要判处刑罚的,可以免予刑事处罚。

共同犯罪案件,部分被告人与被害人达成和解协议的,可以依法对该部分被告人从宽处罚,但应当注意全案的量刑平衡。

第五百九十七条　达成和解协议的,裁判文书应当叙明,并援引刑事诉讼法

---

① 对于被告方提供了相应担保,被害方自愿同意延期履行、分期履行,如果有附带民事诉讼的,可以根据《刑诉法解释》第五百九十五条的规定,依法制作附带民事调解书,以保障被害人权益。同时,法院可依法对被告人酌情从轻处罚,但不得根据《刑事诉讼法》第二百九十条的规定对其减轻、免除处罚。——**本评注**

② 此外,如果出现了签署和解协议时不能预见的情况,比如,当时伤情稳定,但后来伤情恶化,增加了大量医疗费,被害人以新的事实起诉要求增加赔偿费用的,人民法院可以受理;如果和解协议确实显失公平,被害人以和解违反合法原则起诉的,人民法院也可以受理。——**本评注**

③ 此种情形下,可依法对被告人酌情从轻处罚,但不得根据《刑事诉讼法》第二百九十条的规定对其减轻、免除处罚。——**本评注**

的相关条文。

《**人民检察院刑事诉讼规则**》(高检发释字〔2019〕4 号,自 2019 年 12 月 30 日起施行)

第十二章　特别程序

第二节　当事人和解的公诉案件诉讼程序

第四百九十九条　和解协议书约定的赔偿损失内容,应当在双方签署协议后立即履行,至迟在人民检察院作出从宽处理决定前履行。确实难以一次性履行的,在提供有效担保并且被害人同意的情况下,也可以分期履行。

第五百条　双方当事人在侦查阶段达成和解协议,公安机关向人民检察院提出从宽处理建议的,人民检察院在审查逮捕和审查起诉时应当充分考虑公安机关的建议。

第五百零一条　人民检察院对于公安机关提请批准逮捕的案件,双方当事人达成和解协议的,可以作为有无社会危险性或者社会危险性大小的因素予以考虑。经审查认为不需要逮捕的,可以作出不批准逮捕的决定;在审查起诉阶段可以依法变更强制措施。

第五百零二条　人民检察院对于公安机关移送起诉的案件,双方当事人达成和解协议的,可以作为是否需要判处刑罚或者免除刑罚的因素予以考虑。符合法律规定的不起诉条件的,可以决定不起诉。

对于依法应当提起公诉的,人民检察院可以向人民法院提出从宽处罚的量刑建议。

第五百零三条　人民检察院拟对当事人达成和解的公诉案件作出不起诉决定的,应当听取双方当事人对和解的意见,并且查明犯罪嫌疑人是否已经切实履行和解协议、不能即时履行的是否已经提供有效担保,将其作为是否决定不起诉的因素予以考虑。

当事人在不起诉决定作出之前反悔的,可以另行达成和解。不能另行达成和解的,人民检察院应当依法作出起诉或者不起诉决定。

当事人在不起诉决定作出之后反悔的,人民检察院不撤销原决定,但有证据证明和解违反自愿、合法原则的除外。

第五百零四条　犯罪嫌疑人或者其亲友等以暴力、威胁、欺骗或者其他非法方法强迫、引诱被害人和解,或者在协议履行完毕之后威胁、报复被害人的,应当认定和解协议无效。已经作出不批准逮捕或者不起诉决定的,人民检察院根据案件情况可以撤销原决定,对犯罪嫌疑人批准逮捕或者提起公诉。

《公安机关办理刑事案件程序规定》(公安部令第 159 号修正,修正后自 2020 年 9 月 1 日起施行)

第十章 特别程序

第二节 当事人和解的公诉案件诉讼程序

第三百三十八条 对达成和解协议的案件,经县级以上公安机关负责人批准,公安机关将案件移送人民检察院审查起诉时,可以提出从宽处理的建议。

《海警机构办理刑事案件程序规定》(中国海警局令第 1 号,自 2023 年 6 月 15 日起施行)

第九章 特别程序

第二节 当事人和解的公诉案件诉讼程序

第三百零九条 对达成和解协议的案件,经海警机构负责人批准,海警机构将案件移送人民检察院审查起诉时,可以提出从宽处理的建议。

其他规范

《最高人民法院、最高人民检察院关于常见犯罪的量刑指导意见(试行)》(法发〔2021〕21 号,自 2021 年 7 月 1 日起施行,节录)

三、常见量刑情节的适用

(十二)对于当事人根据刑事诉讼法第二百八十八条达成刑事和解协议的,综合考虑犯罪性质、赔偿数额、赔礼道歉以及真诚悔罪等情况,可以减少基准刑的 50% 以下;犯罪较轻的,可以减少基准刑的 50% 以上或者依法免除处罚。

司法疑难解析

和解案件"对被告人从宽处罚"的理解。《刑事诉讼法》第二百九十条规定的"从宽处罚",应当包括从轻、减轻和免除处罚。对此,《刑诉法解释》第五百九十六条作了专门规定。虽然在程序法上规定从宽处罚情节确属罕见,但《刑事诉讼法》作为基本法律,其规定的"从宽处罚",绝非简单的政策导向,应当具有实质的法律含义。"从宽"的内涵显然大于"从轻",立法之所以使用"从宽",正是为了明确对被告人可以减轻,甚至免除处罚。立法机关编著的有关资料也明确,"从宽处罚"包括减轻处罚。① 因此,应当视为《刑事诉讼法》第二百九十条规定了和解从宽的法定量刑情节,人民法院据此对被告人减轻处罚的,应当援引该条文作为法律依据,无须层报最高人民法院核准。

---

① 参见全国人大常委会法制工作委员会刑法室编著:《〈关于修改刑事诉讼法的决定〉释解与适用》,人民法院出版社 2012 年版,第 285—286 页。

第三章
缺席审判程序

第二百九十一条 【犯罪嫌疑人、被告人在境外的缺席审判】对于贪污贿赂犯罪案件,以及需要及时进行审判,经最高人民检察院核准的严重危害国家安全犯罪、恐怖活动犯罪案件,犯罪嫌疑人、被告人在境外,监察机关、公安机关移送起诉,人民检察院认为犯罪事实已经查清,证据确实、充分,依法应当追究刑事责任的,可以向人民法院提起公诉。人民法院进行审查后,对于起诉书中有明确的指控犯罪事实,符合缺席审判程序适用条件的,应当决定开庭审判。

前款案件,由犯罪地、被告人离境前居住地或者最高人民法院指定的中级人民法院组成合议庭进行审理。

第二百九十二条 【缺席审判的送达】人民法院应当通过有关国际条约规定的或者外交途径提出的司法协助方式,或者被告人所在地法律允许的其他方式,将传票和人民检察院的起诉书副本送达被告人。传票和起诉书副本送达后,被告人未按要求到案的,人民法院应当开庭审理,依法作出判决,并对违法所得及其他涉案财产作出处理。

第二百九十三条 【缺席审判的辩护】人民法院缺席审判案件,被告人有权委托辩护人,被告人的近亲属可以代为委托辩护人。被告人及其近亲属没有委托辩护人的,人民法院应当通知法律援助机构指派律师为其提供辩护。

第二百九十四条 【缺席审判判决书的送达和上诉、抗诉】人民法院应当将判决书送达被告人及其近亲属、辩护人。被告人或者其近亲属不服判决的,有权向上一级人民法院上诉。辩护人经被告人或者其近亲属同意,可以提出上诉。

人民检察院认为人民法院的判决确有错误的,应当向上一级人民法院提出抗诉。

第二百九十五条 【缺席审判被告人到案的处理和财产处理错误的救济】在审理过程中,被告人自动投案或者被抓获的,人民法院应当重新审理。

罪犯在判决、裁定发生法律效力后到案的，人民法院应当将罪犯交付执行刑罚。交付执行刑罚前，人民法院应当告知罪犯有权对判决、裁定提出异议。罪犯对判决、裁定提出异议的，人民法院应当重新审理。

依照生效判决、裁定对罪犯的财产进行的处理确有错误的，应当予以返还、赔偿。

立法沿革

本五条系 2018 年《刑事诉讼法修改决定》增加的规定。

相关规定

《中华人民共和国监察法实施条例》（自 2021 年 9 月 20 日起施行，节录）

第二百三十三条 监察机关立案调查拟适用缺席审判程序的贪污贿赂犯罪案件，应当逐级报送国家监察委员会同意。

监察机关承办部门认为在境外的被调查人犯罪事实已经查清、证据确实、充分，依法应当追究刑事责任的，应当依法移送审理。

监察机关应当经集体审议，出具《起诉意见书》，连同案卷材料、证据等，一并移送人民检察院审查起诉。

在审查起诉或者缺席审判过程中，犯罪嫌疑人、被告人向监察机关自动投案或者被抓获的，监察机关应当立即通知人民检察院、人民法院。

基本规范

《最高人民法院关于适用〈中华人民共和国刑事诉讼法〉的解释》（法释〔2021〕1 号，自 2021 年 3 月 1 日起施行）

第二十四章 缺席审判程序

第五百九十八条 对人民检察院依照刑事诉讼法第二百九十一条第一款的规定提起公诉的案件，人民法院应当重点审查以下内容：

（一）是否属于可以适用缺席审判程序的案件范围；

（二）是否属于本院管辖；

（三）是否写明被告人的基本情况，包括明确的境外居住地、联系方式等；

（四）是否写明被告人涉嫌有关犯罪的主要事实，并附证据材料；

（五）是否写明被告人有无近亲属以及近亲属的姓名、身份、住址、联系方式等情况；

（六）是否列明违法所得及其他涉案财产的种类、数量、价值、所在地等，并

附证据材料;

（七）是否附有查封、扣押、冻结违法所得及其他涉案财产的清单和相关法律手续。

前款规定的材料需要翻译件的,人民法院应当要求人民检察院一并移送。

第五百九十九条 对人民检察院依照刑事诉讼法第二百九十一条第一款的规定提起公诉的案件,人民法院审查后,应当按照下列情形分别处理:

（一）符合缺席审判程序适用条件,属于本院管辖,且材料齐全的,应当受理;

（二）不属于可以适用缺席审判程序的案件范围、不属于本院管辖或者不符合缺席审判程序的其他适用条件的,应当退回人民检察院;

（三）材料不全的,应当通知人民检察院在三十日以内补送;三十日以内不能补送的,应当退回人民检察院。

第六百条 对人民检察院依照刑事诉讼法第二百九十一条第一款的规定提起公诉的案件,人民法院立案后,应当将传票和起诉书副本送达被告人,传票应当载明被告人到案期限以及不按要求到案的法律后果等事项;应当将起诉书副本送达被告人近亲属,告知其有权代为委托辩护人,并通知其敦促被告人归案。①

第六百零一条 人民法院审理人民检察院依照刑事诉讼法第二百九十一条第一款的规定提起公诉的案件,被告人有权委托或者由近亲属代为委托一至二名辩护人。委托律师担任辩护人的,应当委托具有中华人民共和国律师资格并依法取得执业证书的律师;在境外委托的,应当依照本解释第四百八十六条的规定对授权委托进行公证、认证。

被告人及其近亲属没有委托辩护人的,人民法院应当通知法律援助机构指派律师为被告人提供辩护。

被告人及其近亲属拒绝法律援助机构指派的律师辩护的,依照本解释第五十条第二款的规定处理。

第六百零二条 人民法院审理人民检察院依照刑事诉讼法第二百九十一条第一款的规定提起公诉的案件,被告人的近亲属申请参加诉讼的,应当在收到起

---

① 之所以规定人民法院可以将起诉书副本送达被告人近亲属,主要考虑:一是被告人近亲属系缺席审判程序中的重要诉讼参与人,享有多项权利,有可能要代为委托辩护人,其本人也可能参加诉讼,应当保障被告人近亲属对案件相关情况的知悉权;二是送达有利于让被告人近亲属敦促被告人归案参加诉讼。——**本评注注**

诉书副本后、第一审开庭前提出,并提供与被告人关系的证明材料。有多名近亲属的,应当推选一至二人参加诉讼。

对被告人的近亲属提出申请的,人民法院应当及时审查决定。

第六百零三条 人民法院审理人民检察院依照刑事诉讼法第二百九十一条第一款的规定提起公诉的案件,参照适用公诉案件第一审普通程序的有关规定。被告人的近亲属参加诉讼的,可以发表意见、出示证据,申请法庭通知证人、鉴定人等出庭,进行辩论。①

第六百零四条② 对人民检察院依照刑事诉讼法第二百九十一条第一款的规定提起公诉的案件,人民法院审理后应当参照本解释第二百九十五条的规定作出判决、裁定。

作出有罪判决的,应当达到证据确实、充分的证明标准。

经审理认定的罪名不属于刑事诉讼法第二百九十一条第一款规定的罪名的,应当终止审理。

适用缺席审判程序审理案件,可以对违法所得及其他涉案财产一并作出处理。

第六百零八条 人民法院缺席审理案件,本章没有规定的,参照适用本解释的有关规定。

《人民检察院刑事诉讼规则》(高检发释字〔2019〕4号,自2019年12月30日起施行)

第十二章 特别程序

第三节 缺席审判程序

---

① 针对缺席审判的判决,《刑事诉讼法》第二百九十四条规定:"……被告人或者其近亲属不服判决的,有权向上一级人民法院上诉……"既然被告人的近亲属有权就缺席审判的判决独立提出上诉,自然应当赋予其参加庭审的权利,否则无法有效行使上诉权。基于此,本条专门规定近亲属参加诉讼的,应当允许其发表意见、出示证据、进行辩论以及申请法庭通知证人、鉴定人出庭作证。——**本评注注**

② 需要注意的问题有二:(1)根据《刑事诉讼法》第二百九十一条第一款的规定,人民检察院对缺席审判案件提起公诉的前提是"犯罪事实已经查清,证据确实、充分,依法应当追究刑事责任"。那么,通过缺席审判认定被告人有罪的证明标准,自然也应当遵从一般刑事案件的证明标准,即"证据确实、充分"。(2)对违法所得或者其他涉案财产一并作出处置的具体程序,本条未作明确规定。**本评注认为**,缺席审判程序可以直接对涉案财物作出处理;而且适用缺席审判程序需要将传票、起诉书副本送达被告人,没有必要再适用违法所得没收程序中的公告程序。

第五百零五条 对于监察机关移送起诉的贪污贿赂犯罪案件,犯罪嫌疑人、被告人在境外,人民检察院认为犯罪事实已经查清,证据确实、充分,依法应当追究刑事责任的,可以向人民法院提起公诉。

对于公安机关移送起诉的需要及时进行审判的严重危害国家安全犯罪、恐怖活动犯罪案件,犯罪嫌疑人、被告人在境外,人民检察院认为犯罪事实已经查清,证据确实、充分,依法应当追究刑事责任的,经最高人民检察院核准,可以向人民法院提起公诉。

前两款规定的案件,由有管辖权的中级人民法院的同级人民检察院提起公诉。

人民检察院提起公诉的,应当向人民法院提交被告人已出境的证据。

第五百零六条 人民检察院对公安机关移送起诉的需要报请最高人民检察院核准的案件,经检察委员会讨论提出提起公诉意见的,应当层报最高人民检察院核准。报送材料包括起诉意见书、案件审查报告、报请核准的报告及案件证据材料。

第五百零七条 最高人民检察院收到下级人民检察院报请核准提起公诉的案卷材料后,应当及时指派检察官对案卷材料进行审查,提出核准或者不予核准的意见,报检察长决定。

第五百零八条 报请核准的人民检察院收到最高人民检察院核准决定书后,应当提起公诉,起诉书中应当载明经最高人民检察院核准的内容。

第五百零九条 审查起诉期间,犯罪嫌疑人自动投案或者被抓获的,人民检察院应当重新审查。

对严重危害国家安全犯罪、恐怖活动犯罪案件报请核准期间,犯罪嫌疑人自动投案或者被抓获的,报请核准的人民检察院应当及时撤回报请,重新审查案件。

第五百一十条 提起公诉后被告人到案,人民法院拟重新审理的,人民检察院应当商人民法院将案件撤回并重新审查。

司法疑难解析

1. 缺席审判程序的适用案件范围。根据《刑事诉讼法》第二百九十一条的规定,缺席审判程序适用于贪污贿赂犯罪案件和严重危害国家安全犯罪、恐怖活动犯罪案件,但后两类犯罪案件的适用有严格限制,须经最高人民检察院核准。(1)关于贪污贿赂犯罪案件的范围。《刑法》分则第八章的章名即为"贪污贿赂罪",相关罪名均属于贪污贿赂犯罪,对此应无疑义。有意见提出,刑法分则其他章节还有一些条文规定按照第八章规定的罪名定罪处罚,相关条文所涉案件是否属于贪污贿赂犯罪案件的范围?**本评注认为**,其他章节中规定的按照第八章相关条文定罪处罚的犯罪,最终需要适用《刑法》分则第八章规定的罪名,无疑也属于"《刑法》分则第八章规定的贪污贿赂犯罪案件"。例如,《刑法》第一百八十三条第二款规定:"国有保险公司工作人员和国有保险公司委派到非国有保险公司从事公务的人员有前款行为的,依照本法第三百八十二条、第三百八十三条的规定定罪处罚。"这一条文实际上只是提示性规定,并未创设新的罪刑规范,所涉犯罪当然是《刑法》分则第八章规定的贪污贿赂犯罪案件的范畴。(2)关于危害国家安全犯罪案件的范围。《刑法》分则第一章的章名即为"危害国家安全罪",相关罪名均属于危害国家安全犯罪,对此应无疑义。需要进一步研究的是,《刑法》分则其他章节还规定了危害国家安全的犯罪,相关条文所涉案件是否属于危害国家安全犯罪案件的范围?对此存在不同认识。**本评注认为**,从有力惩治危害国家安全犯罪的角度出发,不宜将《刑事诉讼法》第二百九十一条规定的"危害国家安全犯罪"案件人为限缩为《刑法》分则第一章规定的犯罪案件。具体而言,《刑事诉讼法》第二百九十一条规定的"危害国家安全犯罪"案件,是指《刑法》分则第一章规定的危害国家安全犯罪案件以及危害国家安全的其他犯罪案件。(3)关于恐怖活动犯罪案件的范围。《刑法》分则第二章"危害公共安全罪"中部分犯罪的罪状带有"恐怖主义、极端主义"或者"恐怖活动"字样,相关罪名均属于恐怖活动犯罪,对此应无疑义。但是,对于恐怖活动组织、恐怖活动人员实施的杀人、爆炸、绑架等犯罪,根据刑法规定适用其他罪名定罪处罚的①,也应当认定为恐怖活动犯罪。基于此,**本评注认为**,《刑事诉讼法》第二百九十一条规定的"恐怖活动犯罪案件"是指《刑法》分则第二章规定的相关恐怖活动犯罪案件,以及恐怖活动组织、恐怖活动人员实施的杀人、爆炸、绑架等犯罪案件。

2.缺席审判程序案件的管辖。《刑事诉讼法》第二百九十一条第二款规定:"前款案件,由犯罪地、被告人离境前居住地或者最高人民法院指定的中级人民法院组成合议庭进行审理。"据此,缺席审判程序案件由犯罪地、被告人离境前居住地或者最高人民法院指定的中级人民法院管辖。对此需要注意的是,司法实践中,多数贪污贿赂犯罪案件在基层法院审理,如果被告人逃匿境外,基层法院只能中止审理;如果相关案件符合缺席审判程序适用条件的,宜由人民检察院

---

① 例如,《刑法》第一百二十条第一款规定了组织、领导、参加恐怖组织罪,第二款进一步规定:"犯前款罪并实施杀人、爆炸、绑架等犯罪的,依照数罪并罚的规定处罚。"

撤回起诉，而后由上一级人民检察院适用缺席审判程序向中级人民法院提起公诉。

3. 对依照缺席审判程序提起公诉的案件的实质审查。2018年10月22日《全国人民代表大会宪法和法律委员会关于〈中华人民共和国刑事诉讼法（修正草案）〉审议结果的报告》指出："草案二次审议稿第二十五条中规定，对于人民检察院提起公诉要求缺席审判的案件，人民法院进行审查后，对于起诉书中有明确的指控犯罪事实的，应当决定开庭审判。有的常委会组成人员和专家学者提出，缺席审判程序是刑事诉讼中的特别程序，法院在案件入口审查上应严格把关。除了审查起诉书是否具有明确的指控犯罪事实外，还应当对是否符合缺席审判程序适用条件进行审查。宪法和法律委员会经研究，建议采纳上述意见，在人民法院决定开庭缺席审判的条件中增加相应规定。"根据《刑事诉讼法》的规定和修法精神，应当认为对依照缺席审判程序提起公诉的案件，人民法院应当进行实质审查。

需要注意的是，关于被告人基本情况的审查，特别是"明确的境外实际居住地、联系方式等"内容，基于修法精神应当认为，在提起公诉时就应查明、写明被告人在境外的实际居住地、联系方式。这是保证相关法律文书能够送达、缺席审判程序能够顺利推进的前提和基础。但是，从《刑事诉讼法》第二百九十一条第一款的规定本身来看，确实未明确要求提起公诉时对被告人查明"明确的境外实际居住地、联系方式等"，但要求确认"犯罪嫌疑人、被告人在境外"。正是基于此，《人民检察院刑事诉讼规则》第五百零五条第四款规定："人民检察院提起公诉的，应当向人民法院提交被告人已出境的证据。"在此背景下，《刑诉法解释》第五百九十八条第一款第三项规定的人民法院应当重点审查的"是否写明被告人的基本情况，包括明确的境外居住地、联系方式等"应当理解为一项提示性规定，即对于相关案件在提起公诉前查明境外的实际居住地、联系方式的，应当写明相关情况，以便于后续缺席审判程序的开展；对于未查明相关情况的，则可以不予写明，不能因此影响缺席审判程序的适用。当然，对于后者，人民法院似可以要求人民检察院提供无法查明相关情况的书面说明，以便于人民法院受理案件后根据书面说明情况再通过请求司法协助等方式进一步查明被告人的境外实际居住地、联系方式等情况。

《刑诉法解释》第五百九十九条进一步规定了缺席审判程序案件立案审查后针对不同情形的处理规则。需要注意的是，实践中与在境外的适用缺席审判程序的被告人、犯罪嫌疑人取得联系，往往比较困难。设立刑事缺席审判制度的初衷，是强化反腐败境外追逃追赃工作。而且，从《刑事诉讼法》第二百九十一条第一款的规定来看,能够与被告人取得联系也并非缺席审判程序的适用条件。基于此,似不宜以无法与被告人取得联系为由将案件退回人民检察院。对于有证据证明在境外,但尚未明确具体下落的被告人,人民法院可以通过请求外国刑事司法协助等方式查找。

4. 缺席审判程序的案件重新审理。根据《刑事诉讼法》第二百九十二条的规定,人民法院向被告人送达传票和人民检察院的起诉书副本,应当通过有关国际条约规定的或者外交途径提出的司法协助方式,或者被告人所在地法律允许的其他方式。需要注意的问题有二:(1)刑事诉讼法明确允许的送达方式为司法协助方式或者被告人所在地法律允许的其他方式。特别是,对于司法协助以外的送达方式,在缺席审判程序中适用时,应当注意是否为被告人所在地法律所允许。(2)从刑事诉讼法的明确规定来看,似难以直接得出"有证据证明被告人在境外拒绝接受向其传递、送达文书的,视为被告人已经收到该文书"和"被告人授权其辩护人或者近亲属代收文书的,人民法院向其辩护人或者近亲属送达视为向被告人送达"的结论。因此,上述两种情形,能不能视为《刑事诉讼法》第二百九十二条规定的"送达",似尚需进一步研究论证。特别是,考虑到缺席判决旨在尽可能得到被告人所在国承认和配合执行,上述问题需要结合被告人所在地法律加以考虑。

4. 缺席审判程序的案件重新审理。根据《刑事诉讼法》第二百九十五条的规定,对于缺席审判案件的重新审理应当区分情况作出处理:被告人在审理过程中自动投案或者被抓获的,人民法院应当重新审理;罪犯在判决、裁定发生法律效力后到案的,交付执行刑罚前,人民法院应当告知罪犯有权对判决、裁定提出异议,并根据其是否提出异议决定是否重新审理。

(1)缺席审理过程中被告人到案的重新审理。①准许撤诉与终止审理。《刑事诉讼法》对缺席审判程序被告人被抓获的情形下是否应当终止审理,确实没有明确规定。但是,可以类比的是,针对违法所得没收程序,《刑事诉讼法》第三百零一条第一款规定:"在审理过程中,在逃的犯罪嫌疑人、被告人自动投案或者被抓获的,人民法院应当终止审理。"既然在违法所得没收程序中被告人到案的,人民法院应当对违法所得没收这一特别程序终止审理;同理,在缺席审判程序中被告人到案的,人民法院也应当对缺席审判程序终止审理。此外,《人民检察院刑事诉讼规则》第五百一十条规定:"提起公诉后被告人到案,人民法院拟重新审理的,人民检察院应当商人民法院将案件撤回并重新审查。"按照上述规定,对于被告人自动投案或者被抓获的,人民检察院应当商人民法院将案件撤回。鉴此,**本评注认为**,可以考虑如下程序设计:人民检察院依照《刑事诉讼法》

第二百九十一条第一款提起公诉的案件过程中，被告人自动投案或者被抓获，人民检察院申请撤回起诉的，人民法院应当裁定准许；人民检察院未申请撤回起诉的，应当裁定终止审理。人民检察院重新提起公诉的，人民法院应当重新审理。而且，需要注意的是，缺席审理中被告人归案的，不论是在一审程序还是在二审程序中，均应按照公诉案件的第一审普通程序重新审理。②关于审判组织的问题。考虑到同一审判组织对案件更为熟悉等因素，**本评注认为**，此种情形下，人民检察院向原受理案件的人民法院重新提起公诉的，可以由同一审判组织审理。而且，此种情形下由同一审判组织审理，也不会影响司法公正。

（2）罪犯在裁判生效后到案的重新审理。①罪犯到案后提出异议的应当重新审理。**本评注认为**，可以考虑如下程序设计：对人民检察院依照《刑事诉讼法》第二百九十一条第一款提起公诉的案件，人民法院作出的判决、裁定发生法律效力后，罪犯到案并对判决、裁定提出异议的，人民法院应当撤销原判决、裁定。人民检察院重新提起公诉的，人民法院应当重新审理。需要注意的是，此种情形下应当由人民检察院重新提起公诉。主要考虑：基于基本的刑事诉讼法理，缺席审判程序中，人民检察院提起公诉适用的是缺席审判程序，似不宜在对席审判中直接适用。而且，缺席审判程序的一审法院是中级人民法院，而被告人或者罪犯归案后的重新审理可能由基层人民法院一审。此种情形下，如果不由人民检察院重新提起公诉，而是在人民法院之间直接移送案件，因涉及与人民检察院的协调，在操作上可能存在一定难度。②关于审判组织的问题。考虑到此种情形下罪犯对缺席的判决、裁定提出了异议，另行组成合议庭审理更有利于保障其诉讼权利和维护司法公正。故而，此种情形下，人民检察院向原受理案件的人民法院重新提起公诉的，人民法院应当另行组成合议庭审理。

顺带提及的是，基于人民法院的自身情况和属性，对于《刑事诉讼法》第二百九十五条规定的"罪犯在判决、裁定发生法律效力后到案的，人民法院应当将罪犯交付执行刑罚"，应当与《刑事诉讼法》第二百六十四条第一款"罪犯被交付执行刑罚的时候，应当由交付执行的人民法院在判决生效后十日以内将有关的法律文书送达公安机关、监狱或者其他执行机关"的规定作统一理解，即此处人民法院将罪犯交付执行刑罚，主要是将有关法律文书送交执行机关。

第二百九十六条　【被告人因病无法出庭案件的缺席审判】因被告人患有严重疾病无法出庭，中止审理超过六个月，被告人仍无法出庭，被告人及其法定代理人、近亲属申请或者同意恢复审理的，人民法院可以在被告人不出庭的情况下缺席审理，依法作出判决。

立法沿革

本条系 2018 年《刑事诉讼法修改决定》增加的规定。

基本规范

《最高人民法院关于适用〈中华人民共和国刑事诉讼法〉的解释》（法释〔2021〕1 号，自 2021 年 3 月 1 日起施行）

第二十四章　缺席审判程序

第六百零五条① 因被告人患有严重疾病导致缺乏受审能力，无法出庭受审，中止审理超过六个月，被告人仍无法出庭，被告人及其法定代理人、近亲属申请或者同意恢复审理的，人民法院可以根据刑事诉讼法第二百九十六条的规定缺席审判。

符合前款规定的情形，被告人无法表达意愿的，其法定代理人、近亲属可以代为申请或者同意恢复审理。

《人民检察院刑事诉讼规则》（高检发释字〔2019〕4 号，自 2019 年 12 月 30 日起施行）

第十二章　特别程序

第三节　缺席审判程序

第五百一十一条　因被告人患有严重疾病无法出庭，中止审理超过六个月，被告人仍无法出庭，被告人及其法定代理人、近亲属申请或者同意恢复审理的，人民检察院可以建议人民法院适用缺席审判程序审理。

司法疑难解析

"被告人患有严重疾病无法出庭"的理解。 本评注认为：(1) 根据《刑事诉讼法》第二百九十六条的规定，此种缺席审判的适用对象是患有严重疾病无法出

---

① 需要注意的问题有二：(1) 被告人缺乏受审能力，不少情况下无法表达意愿，应当允许其法定代理人、近亲属代为申请或者同意恢复审理。否则，《刑事诉讼法》第二百九十六条规定将流于形式，在实践中无法适用。(2) 征求意见过程中，有意见建议明确是否限定申请或同意恢复审理人员的顺序，法定代理人不同意的，其他近亲属同意是否有效，是否仅需近亲属中一人同意即可。经研究认为，相关问题宜交由司法实践裁量把握。实践中，如绝大多数近亲属反对，只有个别近亲属申请或者同意恢复审理的，原则上不宜适用缺席审判程序；但是现有证据证明被告人无罪，可能作出无罪判决的，也可以视情考虑恢复审理。——本评注注

庭的被告人。此处规定的"患有严重疾病无法出庭"实际上是指没有受审能力,而不能作其他泛化解释,更不能将被告人因身体残疾不便到庭参加诉讼就理解为此处规定的"患有严重疾病无法出庭"。(2)司法实践之中,对于"被告人患有严重疾病无法出庭"的判断,应当等同于受审能力的判断。对此,《刑诉法解释》第六百零五条作了相应规定。征求意见过程中,有意见建议删除"缺乏受审能力"的表述。理由是:被告人"患有严重疾病,无法出庭"并不等于"没有受审能力"。实践中,司法精神病鉴定机构的鉴定项目包括"受审能力"项,主要是指被告人不能感知、理解诉讼活动的内涵和后果,不具有相应的认知、判断和表达能力,故无法接受审判的情形。而被告人"患有严重疾病、无法出庭"也包括被告人因身体原因,如靠呼吸机维持生命等,无法出席法庭接受审判,但其对诉讼活动的认知、判断、理解能力并不一定受限,不宜简单将二者画等号。对于后一种情形,可以通过到医院开庭等便民方式予以解决。采用缺席审判方式,恐不利于对被告人诉讼权利的保护,也不符合设立缺席审判制度的初衷。

第二百九十七条 【被告人死亡案件的缺席审判】被告人死亡的,人民法院应当裁定终止审理,但有证据证明被告人无罪,人民法院经缺席审理确认无罪的,应当依法作出判决。

人民法院按照审判监督程序重新审判的案件,被告人死亡的,人民法院可以缺席审理,依法作出判决。

立法沿革

本条系2018年《刑事诉讼法修改决定》增加的规定。

基本规范

《最高人民法院关于适用〈中华人民共和国刑事诉讼法〉的解释》(法释〔2021〕1号,自2021年3月1日起施行)

第二十四章 缺席审判程序

第六百零六条① 人民法院受理案件后被告人死亡的,应当裁定终止审理;

---

① 司法实践中,人民法院受理案件后被告人死亡,如果在案证据足以证明被告人有罪,则应当裁定终止审理;经审查认为被告人可能无罪的,包括指控犯罪的证据不足、不能认定被告人有罪的,应当缺席审理。缺席审理后,确认被告人无罪或者证据不足、不能认定被告人有罪的,应当依法作出无罪判决。——**本评注注**

但有证据证明被告人无罪,经缺席审理确认无罪的,应当判决宣告被告人无罪。

前款所称"有证据证明被告人无罪,经缺席审理确认无罪",包括案件事实清楚,证据确实、充分,依据法律认定被告人无罪的情形,以及证据不足,不能认定被告人有罪的情形。

第六百零七条 人民法院按照审判监督程序重新审判的案件,被告人死亡的,可以缺席审理。有证据证明被告人无罪,经缺席审理确认被告人无罪的,应当判决宣告被告人无罪;虽然构成犯罪,但原判量刑畸重的,应当依法作出判决。①

司法疑难解析

1. 量刑畸重再审案件中被告人死亡的处理。对此,《刑事诉讼法》未作明确规定。**本评注认为**,对于原审量刑畸重的案件是否纠正,关系到裁判公正和国家赔偿问题。在审判监督程序已经启动情况下,即使被告人死亡,也应当继续审理,依照法律作出改判。

2. 涉案财物处置错误再审案件中被告人死亡的处理。对于再审被告人定罪量刑没有问题,但是涉案财物处理有错误的,是否需要通过缺席审理作出改判,存在不同认识。**本评注认为**,从法理上讲,如果原审对涉案财物的判决确有错误,涉及的财物价值又很巨大,即便被告人死亡,也应当实事求是依法纠正,不宜简单终止审理。

---

① 司法实践中,人民法院按照审判监督程序重新审判的案件,被告人死亡的,如果是人民检察院认为原判量刑畸轻(包括因定罪错误导致量刑畸轻)而提起抗诉的、人民法院因原审量刑畸轻而启动审判监督程序的,或者经审查认为原判没有问题或者量刑畸轻的,应当裁定终止审理。除此之外,应当缺席审理。经审理,确认被告人无罪或者证据不足,不能认定被告人有罪的,或者虽然构成犯罪但是原判量刑畸重的,应当依法作出判决。——本评注注

第四章

犯罪嫌疑人、被告人逃匿、
死亡案件违法所得的没收程序

相关规定

《中华人民共和国监察法》(自2018年3月20日起施行,节录)

第四十八条 监察机关在调查贪污贿赂、失职渎职等职务犯罪案件过程中,被调查人逃匿或者死亡,有必要继续调查的,经省级以上监察机关批准,应当继续调查并作出结论。被调查人逃匿,在通缉一年后不能到案,或者死亡的,由监察机关提请人民检察院依照法定程序,向人民法院提出没收违法所得的申请。

《中华人民共和国监察法实施条例》(自2021年9月20日起施行,节录)

第二百三十二条 对于贪污贿赂、失职渎职等职务犯罪案件,被调查人逃匿,在通缉一年后不能到案,或者被调查人死亡,依法应当追缴其违法所得及其他涉案财产的,承办部门在调查终结后应当依法移送审理。

监察机关应当经集体审议,出具《没收违法所得意见书》,连同案卷材料、证据等,一并移送人民检察院依法提出没收违法所得的申请。

监察机关将《没收违法所得意见书》移送人民检察院后,在逃的被调查人自动投案或者被抓获的,监察机关应当及时通知人民检察院。

《中华人民共和国反有组织犯罪法》(自2022年5月1日起施行,节录)

第四十七条 黑社会性质组织犯罪案件的犯罪嫌疑人、被告人逃匿,在通缉一年后不能到案,或者犯罪嫌疑人、被告人死亡,依照《中华人民共和国刑法》规定应当追缴其违法所得及其他涉案财产的,依照《中华人民共和国刑事诉讼法》有关犯罪嫌疑人、被告人逃匿、死亡案件违法所得的没收程序的规定办理。

第二百九十八条 【违法所得没收的适用范围及申请程序】对于贪污贿赂犯罪、恐怖活动犯罪等重大犯罪案件,犯罪嫌疑人、被告人逃匿,在通缉一年后不能到案,或者犯罪嫌疑人、被告人死亡,依照刑法规定应当追缴其违法所得及其他涉案财产的,人民检察院可以向人民法院提出没收违法所得的申请。

公安机关认为有前款规定情形的,应当写出没收违法所得意见书,移送人民检察院。

没收违法所得的申请应当提供与犯罪事实、违法所得相关的证据材料,并列明财产的种类、数量、所在地及查封、扣押、冻结的情况。

人民法院在必要的时候,可以查封、扣押、冻结申请没收的财产。

立法沿革

本条系 2012 年《刑事诉讼法修改决定》增加的规定,2018 年修改《刑事诉讼法》时未作调整。

"六部委"规定

《最高人民法院、最高人民检察院、公安部、国家安全部、司法部、全国人大常委会法制工作委员会关于实施刑事诉讼法若干问题的规定》(自 2013 年 1 月 1 日起施行,节录)

十、涉案财产的处理

37. 刑事诉讼法第一百四十二条第一款①中规定:"人民检察院、公安机关根据侦查犯罪的需要,可以依照规定查询、冻结犯罪嫌疑人的存款、汇款、债券、股票、基金份额等财产。"根据上述规定,人民检察院、公安机关不能扣划存款、汇款、债券、股票、基金份额等财产。对于犯罪嫌疑人、被告人死亡,依照刑法规定应当追缴其违法所得及其他涉案财产的,适用刑事诉讼法第五编第三章②规定的程序,由人民检察院向人民法院提出没收违法所得的申请。

38. 犯罪嫌疑人、被告人死亡,现有证据证明存在违法所得及其他涉案财产应当予以没收的,公安机关、人民检察院可以进行调查。公安机关、人民检察院进行调查,可以依法进行查封、扣押、查询、冻结。

人民法院在审理案件过程中,被告人死亡的,应当裁定终止审理;被告人脱逃的,应当裁定中止审理。人民检察院可以依法另行向人民法院提出没收违法

---

① 2018 年《刑事诉讼法》第一百四十四条第一款。——**本评注注**
② 现行《刑事诉讼法》第五编第四章。——**本评注注**

所得的申请。

> **基本规范**

《最高人民法院关于适用〈中华人民共和国刑事诉讼法〉的解释》(法释〔2021〕1号,自2021年3月1日起施行)

第二十五章 犯罪嫌疑人、被告人逃匿、死亡案件违法所得的没收程序

第六百零九条 刑事诉讼法第二百九十八条规定的"贪污贿赂犯罪、恐怖活动犯罪等"犯罪案件,是指下列案件:

(一)贪污贿赂、失职渎职等职务犯罪案件;①

(二)刑法分则第二章规定的相关恐怖活动犯罪案件,以及恐怖活动组织、恐怖活动人员实施的杀人、爆炸、绑架等犯罪案件;

(三)危害国家安全、走私、洗钱、金融诈骗、黑社会性质组织、毒品犯罪案件;

(四)电信诈骗、网络诈骗犯罪案件。

第六百一十条 在省、自治区、直辖市或者全国范围内具有较大影响的犯罪案件,或者犯罪嫌疑人、被告人逃匿境外的犯罪案件,应当认定为刑事诉讼法第二百九十八条第一款规定的"重大犯罪案件"。

第六百一十一条 犯罪嫌疑人、被告人死亡,依照刑法规定应当追缴其违法所得及其他涉案财产,人民检察院提出没收违法所得申请的,人民法院应当依法受理。

第六百一十二条 对人民检察院提出的没收违法所得申请,人民法院应当审查以下内容:

(一)是否属于可以适用违法所得没收程序的案件范围;

(二)是否属于本院管辖;

(三)是否写明犯罪嫌疑人、被告人基本情况,以及涉嫌有关犯罪的情况,并附证据材料;

(四)是否写明犯罪嫌疑人、被告人逃匿、被通缉、脱逃、下落不明、死亡等情

---

① 《监察法》第四十八条规定:"监察机关在调查贪污贿赂、失职渎职等职务犯罪案件过程中,被调查人逃匿或者死亡,有必要继续调查的,经省级以上监察机关批准,应当继续调查并作出结论。被调查人逃匿,在通缉一年后不能到案,或者死亡的,由监察机关提请人民检察院依照法定程序,向人民法院提出没收违法所得的申请。"据此,与法释〔2017〕1号解释第一条相比,本项规定中新增了"失职渎职等职务犯罪案件"。——**本评注注**

况,并附证据材料;

(五)是否列明违法所得及其他涉案财产的种类、数量、价值、所在地等,并附证据材料;

(六)是否附有查封、扣押、冻结违法所得及其他涉案财产的清单和法律手续;

(七)是否写明犯罪嫌疑人、被告人有无利害关系人,利害关系人的姓名、身份、住址、联系方式及其要求等情况;

(八)是否写明申请没收的理由和法律依据;

(九)其他依法需要审查的内容和材料。

前款规定的材料需要翻译件的,人民法院应当要求人民检察院一并移送。

第六百一十三条 对没收违法所得的申请,人民法院应当在三十日以内审查完毕,并按照下列情形分别处理:

(一)属于没收违法所得申请受案范围和本院管辖,且材料齐全、有证据证明有犯罪事实的,应当受理;

(二)不属于没收违法所得申请受案范围或者本院管辖的,应当退回人民检察院;

(三)没收违法所得申请不符合"有证据证明有犯罪事实"标准要求的,应当通知人民检察院撤回申请;

(四)材料不全的,应当通知人民检察院在七日以内补送;七日以内不能补送的,应当退回人民检察院。

人民检察院尚未查封、扣押、冻结申请没收的财产或者查封、扣押、冻结期限即将届满,涉案财产有被隐匿、转移或者毁损、灭失危险的,人民法院可以查封、扣押、冻结申请没收的财产。

第六百二十六条 在审理案件过程中,被告人脱逃或者死亡,符合刑事诉讼法第二百九十八条第一款规定的,人民检察院可以向人民法院提出没收违法所得的申请;符合刑事诉讼法第二百九十一条第一款规定的,人民检察院可以按照缺席审判程序向人民法院提起公诉。

人民检察院向原受理案件的人民法院提出没收违法所得申请的,可以由同一审判组织审理。

《人民检察院刑事诉讼规则》(高检发释字〔2019〕4号,自2019年12月30日起施行)

第十二章 特别程序

第四节 犯罪嫌疑人、被告人逃匿、死亡案件违法所得的没收程序

第四章 犯罪嫌疑人、被告人逃匿、死亡案件违法所得的没收程序

第五百一十二条 对于贪污贿赂犯罪、恐怖活动犯罪等重大犯罪案件,犯罪嫌疑人、被告人逃匿,在通缉一年后不能到案,依照刑法规定应当追缴其违法所得及其他涉案财产的,人民检察院可以向人民法院提出没收违法所得的申请。

对于犯罪嫌疑人、被告人死亡,依照刑法规定应当追缴其违法所得及其他涉案财产的,人民检察院也可以向人民法院提出没收违法所得的申请。

第五百一十三条 犯罪嫌疑人、被告人为逃避侦查和刑事追究潜逃、隐匿,或者在刑事诉讼过程中脱逃的,应当认定为"逃匿"。

犯罪嫌疑人、被告人因意外事故下落不明满二年,或者因意外事故下落不明,经有关机关证明其不可能生存的,按照前款规定处理。

第五百一十四条 公安机关发布通缉令或者公安部通过国际刑警组织发布红色国际通报,应当认定为"通缉"。

第五百一十五条 犯罪嫌疑人、被告人通过实施犯罪直接或者间接产生、获得的任何财产,应当认定为"违法所得"。

违法所得已经部分或者全部转变、转化为其他财产的,转变、转化后的财产应当视为前款规定的"违法所得"。

来自违法所得转变、转化后的财产收益,或者来自已经与违法所得相混合财产中违法所得相应部分的收益,也应当视为第一款规定的违法所得。

第五百一十六条 犯罪嫌疑人、被告人非法持有的违禁品、供犯罪所用的本人财物,应当认定为"其他涉案财产"。

第五百一十七条 刑事诉讼法第二百九十九条第三款规定的"利害关系人"包括犯罪嫌疑人、被告人的近亲属和其他对申请没收的财产主张权利的自然人和单位。

刑事诉讼法第二百九十九条第二款、第三百条第二款规定的"其他利害关系人"是指前款规定的"其他对申请没收的财产主张权利的自然人和单位"。

第五百一十八条 人民检察院审查监察机关或者公安机关移送的没收违法所得意见书,向人民法院提出没收违法所得的申请以及对违法所得没收程序中调查活动、审判活动的监督,由负责捕诉的部门办理。

第五百一十九条 没收违法所得的申请,应当由有管辖权的中级人民法院的同级人民检察院提出。

第五百二十条 人民检察院向人民法院提出没收违法所得的申请,应当制作没收违法所得申请书。没收违法所得申请书应当载明以下内容:

(一)犯罪嫌疑人、被告人的基本情况,包括姓名、性别、出生年月日、出生地、户籍地、公民身份号码、民族、文化程度、职业、工作单位及职务、住址等;

（二）案由及案件来源；

（三）犯罪嫌疑人、被告人的犯罪事实及相关证据材料；

（四）犯罪嫌疑人、被告人逃匿、被通缉或者死亡的情况；

（五）申请没收的财产种类、数量、价值、所在地以及查封、扣押、冻结财产清单和相关法律手续；

（六）申请没收的财产属于违法所得及其他涉案财产的相关事实及证据材料；

（七）提出没收违法所得申请的理由和法律依据；

（八）有无近亲属和其他利害关系人以及利害关系人的姓名、身份、住址、联系方式；

（九）其他应当写明的内容。

上述材料需要翻译件的，人民检察院应当随没收违法所得申请书一并移送人民法院。

第五百二十一条 监察机关或者公安机关向人民检察院移送没收违法所得意见书，应当由有管辖权的人民检察院的同级监察机关或者公安机关移送。

第五百二十二条 人民检察院审查监察机关或者公安机关移送的没收违法所得意见书，应当审查下列内容：

（一）是否属于本院管辖；

（二）是否符合刑事诉讼法第二百九十八条第一款规定的条件；

（三）犯罪嫌疑人基本情况，包括姓名、性别、国籍、出生年月日、职业和单位等；

（四）犯罪嫌疑人涉嫌犯罪的事实和相关证据材料；

（五）犯罪嫌疑人逃匿、下落不明、被通缉或者死亡的情况，通缉令或者死亡证明是否随案移送；

（六）违法所得及其他涉案财产的种类、数量、所在地以及查封、扣押、冻结的情况，查封、扣押、冻结的财产清单和相关法律手续是否随案移送；

（七）违法所得及其他涉案财产的相关事实和证据材料；

（八）有无近亲属和其他利害关系人以及利害关系人的姓名、身份、住址、联系方式。

对于与犯罪事实、违法所得及其他涉案财产相关的证据材料，不宜移送的，应当审查证据的清单、复制件、照片或者其他证明文件是否随案移送。

第五百二十三条 人民检察院应当在接到监察机关或者公安机关移送的没收违法所得意见书后三十日以内作出是否提出没收违法所得申请的决定。三

第四章 犯罪嫌疑人、被告人逃匿、死亡案件违法所得的没收程序

十日以内不能作出决定的,可以延长十五日。

对于监察机关或者公安机关移送的没收违法所得案件,经审查认为不符合刑事诉讼法第二百九十八条第一款规定条件的,应当作出不提出没收违法所得申请的决定,并向监察机关或者公安机关书面说明理由;认为需要补充证据的,应当书面要求监察机关或者公安机关补充证据,必要时也可以自行调查。

监察机关或者公安机关补充证据的时间不计入人民检察院办案期限。

第五百二十四条 人民检察院发现公安机关应当启动违法所得没收程序而不启动的,可以要求公安机关在七日以内书面说明不启动的理由。

经审查,认为公安机关不启动理由不能成立的,应当通知公安机关启动程序。

第五百二十五条 人民检察院发现公安机关在违法所得没收程序的调查活动中有违法情形的,应当向公安机关提出纠正意见。

第五百二十六条 在审查监察机关或者公安机关移送的没收违法所得意见书的过程中,在逃的犯罪嫌疑人、被告人自动投案或者被抓获的,人民检察院应当终止审查,并将案卷退回监察机关或者公安机关处理。

第五百二十七条 人民检察院直接受理侦查的案件,犯罪嫌疑人死亡而撤销案件,符合刑事诉讼法第二百九十八条第一款规定条件的,负责侦查的部门应当启动违法所得没收程序进行调查。

负责侦查的部门进行调查应当查明犯罪嫌疑人涉嫌的犯罪事实,犯罪嫌疑人死亡的情况,以及犯罪嫌疑人的违法所得及其他涉案财产的情况,并可以对违法所得及其他涉案财产依法进行查封、扣押、查询、冻结。

负责侦查的部门认为符合刑事诉讼法第二百九十八条第一款规定条件的,应当写出没收违法所得意见书,连同案卷材料一并移送有管辖权的人民检察院负责侦查的部门,并由有管辖权的人民检察院负责侦查的部门移送本院负责捕诉的部门。

负责捕诉的部门对没收违法所得意见书进行审查,作出是否提出没收违法所得申请的决定,具体程序按照本规则第五百二十二条、第五百二十三条的规定办理。

第五百二十八条 在人民检察院审查起诉过程中,犯罪嫌疑人死亡,或者贪污贿赂犯罪、恐怖活动犯罪等重大犯罪案件的犯罪嫌疑人逃匿,在通缉一年后不能到案,依照刑法规定应当追缴其违法所得及其他涉案财产的,人民检察院可以直接提出没收违法所得的申请。

在人民法院审理案件过程中,被告人死亡而裁定终止审理,或者被告人脱逃

而裁定中止审理，人民检察院可以依法另行向人民法院提出没收违法所得的申请。

第五百三十三条 对于刑事诉讼法第二百九十八条第一款规定以外需要没收违法所得的，按照有关规定执行。

《公安机关办理刑事案件程序规定》（公安部令第159号修正，修正后自2020年9月1日起施行）

第十章 特别程序

第三节 犯罪嫌疑人逃匿、死亡案件违法所得的没收程序

第三百三十九条 有下列情形之一，依照刑法规定应当追缴其违法所得及其他涉案财产的，经县级以上公安机关负责人批准，公安机关应当写出没收违法所得意见书，连同相关证据材料一并移送同级人民检察院：

（一）恐怖活动犯罪等重大犯罪案件，犯罪嫌疑人逃匿，在通缉一年后不能到案的；

（二）犯罪嫌疑人死亡的。

犯罪嫌疑人死亡，现有证据证明其存在违法所得及其他涉案财产应当予以没收的，公安机关可以进行调查。公安机关进行调查，可以依法进行查封、扣押、查询、冻结。

第三百四十条 没收违法所得意见书应当包括以下内容：

（一）犯罪嫌疑人的基本情况；

（二）犯罪事实和相关的证据材料；

（三）犯罪嫌疑人逃匿、被通缉或者死亡的情况；

（四）犯罪嫌疑人的违法所得及其他涉案财产的种类、数量、所在地；

（五）查封、扣押、冻结的情况等。

第三百四十一条 公安机关将没收违法所得意见书移送人民检察院后，在逃的犯罪嫌疑人自动投案或者被抓获的，公安机关应当及时通知同级人民检察院。

第十四章 附　则

第三百八十五条 本规定所称"危害国家安全犯罪"，包括刑法分则第一章规定的危害国家安全罪以及危害国家安全的其他犯罪；"恐怖活动犯罪"，包括以制造社会恐慌、危害公共安全或者胁迫国家机关、国际组织为目的，采取暴力、破坏、恐吓等手段，造成或者意图造成人员伤亡、重大财产损失、公共设施损坏、社会秩序混乱等严重社会危害的犯罪，以及煽动、资助或者以其他方式协助实施上述活动的犯罪。

《海警机构办理刑事案件程序规定》（中国海警局令第 1 号，自 2023 年 6 月 15 日起施行）

第九章　特别程序
第三节　犯罪嫌疑人逃匿、死亡案件违法所得的没收程序
第三百一十条　有下列情形之一，依照《中华人民共和国刑法》规定应当追缴违法所得及其他涉案财产的，经海警机构负责人批准，海警机构应当出具没收违法所得意见书，连同相关证据材料一并移送所在地相应人民检察院：

（一）恐怖活动犯罪等重大犯罪案件，犯罪嫌疑人逃匿，在通缉一年后不能到案的；

（二）犯罪嫌疑人死亡的。

犯罪嫌疑人死亡，现有证据证明其存在违法所得及其他涉案财产应当予以没收的，海警机构可以进行调查。海警机构进行调查，可以依法进行查封、扣押、查询、冻结。

第三百一十一条　没收违法所得意见书应当包括以下内容：
（一）犯罪嫌疑人的基本情况；
（二）犯罪事实和相关的证据材料；
（三）犯罪嫌疑人逃匿、被通缉或者死亡的情况；
（四）犯罪嫌疑人的违法所得及其他涉案财产的种类、数量、所在地；
（五）查封、扣押、冻结的情况等。

第三百一十二条　海警机构将没收违法所得意见书移送人民检察院后，在逃的犯罪嫌疑人自动投案或者被抓获的，海警机构应当及时通知所在地相应人民检察院。

其他规范

《最高人民检察院关于审查起诉期间犯罪嫌疑人脱逃或者患有严重疾病的应当如何处理的批复》（高检发释字〔2013〕4 号）**第五条**规定对在审查起诉期间犯罪嫌疑人脱逃或者死亡的，人民检察院可以向人民法院提出没收违法所得的申请。（→参见第一百七十一条所附"其他规范"，第 1157 页）

《最高人民法院、最高人民检察院关于适用犯罪嫌疑人、被告人逃匿、死亡案件违法所得没收程序若干问题的规定》（法释〔2017〕1 号）**第一条至第六条、第二十四条**对违法所得没收程序启动的有关问题作了规定。（→参见本章末所附"其他规范"，第 2075—2077、2084 页）

指导性案例

彭旭峰受贿、贾斯语受贿、洗钱违法所得没收案(检例第128号)对违法所得没收程序适用的有关问题作了规定。(→参见本节末所附"指导性案例",第2085页)

任润厚受贿、巨额财产来源不明违法所得没收案(检例第130号)对涉嫌巨额财产来源不明犯罪的人在立案前死亡案件适用违法所得没收程序的有关问题作了规定。(→参见本章末所附"指导性案例",第2087页)

司法疑难解析

被告人死亡案件违法所得没收程序的适用。需要注意的是,被告人死亡的,如果依照《刑法》规定应当追缴其违法所得及其他涉案财产,人民检察院提出没收违法所得申请,人民法院应当依法受理,不受罪名限制。

第二百九十九条 【违法所得没收的审理程序】没收违法所得的申请,由犯罪地或者犯罪嫌疑人、被告人居住地的中级人民法院组成合议庭进行审理。

人民法院受理没收违法所得的申请后,应当发出公告。公告期间为六个月。犯罪嫌疑人、被告人的近亲属和其他利害关系人有权申请参加诉讼,也可以委托诉讼代理人参加诉讼。

人民法院在公告期满后对没收违法所得的申请进行审理。利害关系人参加诉讼的,人民法院应当开庭审理。

立法沿革

本条系2012年《刑事诉讼法修改决定》增加的规定,2018年修改《刑事诉讼法》时未作调整。

基本规范

《最高人民法院关于适用〈中华人民共和国刑事诉讼法〉的解释》(法释〔2021〕1号,自2021年3月1日起施行)

第二十五章 犯罪嫌疑人、被告人逃匿、死亡案件违法所得的没收程序

第六百一十四条 人民法院受理没收违法所得的申请后,应当在十五日以内发布公告。公告应当载明以下内容:

(一)案由、案件来源;

（二）犯罪嫌疑人、被告人的基本情况；
（三）犯罪嫌疑人、被告人涉嫌犯罪的事实；
（四）犯罪嫌疑人、被告人逃匿、被通缉、脱逃、下落不明、死亡等情况；
（五）申请没收的财产的种类、数量、价值、所在地等以及已查封、扣押、冻结财产的清单和法律手续；
（六）申请没收的财产属于违法所得及其他涉案财产的相关事实；
（七）申请没收的理由和法律依据；
（八）利害关系人申请参加诉讼的期限、方式以及未按照该期限、方式申请参加诉讼可能承担的不利法律后果；
（九）其他应当公告的情况。
公告期为六个月，公告期间不适用中止、中断、延长的规定。

第六百一十五条　公告应当在全国公开发行的报纸、信息网络媒体、最高人民法院的官方网站发布，并在人民法院公告栏发布。① 必要时，公告可以在犯罪地、犯罪嫌疑人、被告人居住地或者被申请没收财产所在地发布。最后发布的公告的日期为公告日期。发布公告的，应当采取拍照、录像等方式记录发布过程。

人民法院已经掌握境内利害关系人联系方式的，应当直接送达含有公告内容的通知；直接送达有困难的，可以委托代为送达、邮寄送达。经受送达人同意的，可以采用传真、电子邮件等能够确认其收悉的方式告知公告内容，并记录在案。

人民法院已经掌握境外犯罪嫌疑人、被告人、利害关系人联系方式，经受送达人同意的，可以采用传真、电子邮件等能够确认其收悉的方式告知公告内容，并记录在案；受送达人未表示同意，或者人民法院未掌握境外犯罪嫌疑人、被告人、利害关系人联系方式，其所在国、地区的主管机关明确提出应当向受送达人送达含有公告内容的通知的，人民法院可以决定是否送达。决定送达的，应当依照本解释第四百九十三条的规定请求所在国、地区提供司法协助。

第六百一十六条　刑事诉讼法第二百九十九条第二款、第三百条第二款规定的"其他利害关系人"，是指除犯罪嫌疑人、被告人的近亲属以外的，对申请没收的财产主张权利的自然人和单位。

第六百一十七条　犯罪嫌疑人、被告人的近亲属和其他利害关系人申请参加诉讼的，应当在公告期间内提出。犯罪嫌疑人、被告人的近亲属应当提供其与

---

① 与法释〔2017〕1号解释第十二条"公告应当……在人民法院公告栏张贴……"有所不同，此处作了微调，主要考虑目前很多法院已经不再设置张贴纸质公告的公告栏，而是升级为电子公告栏。——本评注注

犯罪嫌疑人、被告人关系的证明材料,其他利害关系人应当提供证明其对违法所得及其他涉案财产主张权利的证据材料。

利害关系人可以委托诉讼代理人参加诉讼。委托律师担任诉讼代理人的,应当委托具有中华人民共和国律师资格并依法取得执业证书的律师;在境外委托的,应当依照本解释第四百八十六条的规定对授权委托进行公证、认证。

利害关系人在公告期满后申请参加诉讼,能够合理说明理由的,人民法院应当准许。

第六百一十八条 犯罪嫌疑人、被告人逃匿境外,委托诉讼代理人申请参加诉讼,且违法所得或者其他涉案财产所在国、地区主管机关明确提出意见予以支持的,人民法院可以准许。

人民法院准许参加诉讼的,犯罪嫌疑人、被告人的诉讼代理人依照本解释关于利害关系人的诉讼代理人的规定行使诉讼权利。

第六百一十九条 公告期满后,人民法院应当组成合议庭对申请没收违法所得的案件进行审理。

利害关系人申请参加或者委托诉讼代理人参加诉讼的,应当开庭审理。没有利害关系人申请参加诉讼的,或者利害关系人及其诉讼代理人无正当理由拒不到庭的,可以不开庭审理。

人民法院确定开庭日期后,应当将开庭的时间、地点通知人民检察院、利害关系人及其诉讼代理人、证人、鉴定人、翻译人员。通知书应当依照本解释第六百一十五条第二款、第三款规定的方式,至迟在开庭审理三日以前送达;受送达人在境外的,至迟在开庭审理三十日以前送达。

第六百二十条 开庭审理申请没收违法所得的案件,按照下列程序进行:

(一)审判长宣布法庭调查开始后,先由检察员宣读申请书,后由利害关系人、诉讼代理人发表意见;

(二)法庭应当依次就犯罪嫌疑人、被告人是否实施了贪污贿赂犯罪、恐怖活动犯罪等重大犯罪并已经通缉一年不能到案,或者是否已经死亡,以及申请没收的财产是否依法应当追缴进行调查;调查时,先由检察员出示证据,后由利害关系人、诉讼代理人出示证据,并进行质证;

(三)法庭辩论阶段,先由检察员发言,后由利害关系人、诉讼代理人发言,并进行辩论。

利害关系人接到通知后无正当理由拒不到庭,或者未经法庭许可中途退庭的,可以转为不开庭审理,但还有其他利害关系人参加诉讼的除外。

第六百二十七条 审理申请没收违法所得案件的期限,参照公诉案件第一审普通程序和第二审程序的审理期限执行。

公告期间和请求刑事司法协助的时间不计入审理期限。

第六百二十九条 人民法院审理申请没收违法所得的案件,本章没有规定的,参照适用本解释的有关规定。

《**人民检察院刑事诉讼规则**》(高检发释字〔2019〕4号,自2019年12月30日起施行)

第十二章 特别程序

第四节 犯罪嫌疑人、被告人逃匿、死亡案件违法所得的没收程序

第五百二十九条 人民法院对没收违法所得的申请进行审理,人民检察院应当承担举证责任。

人民法院对没收违法所得的申请开庭审理的,人民检察院应当派员出席法庭。

第五百三十条 出席法庭的检察官应当宣读没收违法所得申请书,并在法庭调查阶段就申请没收的财产属于违法所得及其他涉案财产等相关事实出示、宣读证据。

■ 其他规范

《最高人民法院、最高人民检察院关于适用犯罪嫌疑人、被告人逃匿、死亡案件违法所得没收程序若干问题的规定》(法释〔2017〕1号)第七条至第十五条对没收违法所得审理程序的有关问题作了规定。(→参见本章末所附"其他规范",第2077—2081页)

第三百条 【没收裁定的作出及上诉、抗诉】 人民法院经审理,对经查证属于违法所得及其他涉案财产,除依法返还被害人的以外,应当裁定予以没收;对不属于应当追缴的财产的,应当裁定驳回申请,解除查封、扣押、冻结措施。

对于人民法院依照前款规定作出的裁定,犯罪嫌疑人、被告人的近亲属和其他利害关系人或者人民检察院可以提出上诉、抗诉。

■ 立法沿革

本条系2012年《刑事诉讼法修改决定》增加的规定,2018年修改《刑事诉讼法》时未作调整。

"六部委"规定

《最高人民法院、最高人民检察院、公安部、国家安全部、司法部、全国人大常委会法制工作委员会关于实施刑事诉讼法若干问题的规定》(自 2013 年 1 月 1 日起施行,节录)

十、涉案财产的处理

39. 对于人民法院依法作出的没收违法所得的裁定,犯罪嫌疑人、被告人的近亲属和其他利害关系人或者人民检察院可以在五日内提出上诉、抗诉。

基本规范

《最高人民法院关于适用〈中华人民共和国刑事诉讼法〉的解释》(法释〔2021〕1 号,自 2021 年 3 月 1 日起施行)

第二十五章 犯罪嫌疑人、被告人逃匿、死亡案件违法所得的没收程序

第六百二十一条 对申请没收违法所得的案件,人民法院审理后,应当按照下列情形分别处理:

(一)申请没收的财产属于违法所得及其他涉案财产的,除依法返还被害人的以外,应当裁定没收;

(二)不符合刑事诉讼法第二百九十八条第一款规定的条件的,应当裁定驳回申请,解除查封、扣押、冻结措施。

申请没收的财产具有高度可能属于违法所得及其他涉案财产的,应当认定为前款规定的"申请没收的财产属于违法所得及其他涉案财产"。巨额财产来源不明犯罪案件中,没有利害关系人对违法所得及其他涉案财产主张权利,或者利害关系人对违法所得及其他涉案财产虽然主张权利但提供的证据没有达到相应证明标准的,应当视为"申请没收的财产属于违法所得及其他涉案财产"。

第六百二十二条 对没收违法所得或者驳回申请的裁定,犯罪嫌疑人、被告人的近亲属和其他利害关系人或者人民检察院可以在五日以内提出上诉、抗诉。

第六百二十三条 对不服第一审没收违法所得或者驳回申请裁定的上诉、抗诉案件,第二审人民法院经审理,应当按照下列情形分别处理:

(一)第一审裁定认定事实清楚和适用法律正确的,应当驳回上诉或者抗诉,维持原裁定;

(二)第一审裁定认定事实清楚,但适用法律有错误的,应当改变原裁定;

(三)第一审裁定认定事实不清的,可以在查清事实后改变原裁定,也可以撤销原裁定,发回原审人民法院重新审判;

(四)第一审裁定违反法定诉讼程序,可能影响公正审判的,应当撤销原裁

定,发回原审人民法院重新审判。

第一审人民法院对发回重新审判的案件作出裁定后,第二审人民法院对不服第一审人民法院裁定的上诉、抗诉,应当依法作出裁定,不得再发回原审人民法院重新审判;但是,第一审人民法院在重新审判过程中违反法定诉讼程序,可能影响公正审判的除外。

第六百二十四条 利害关系人非因故意或者重大过失在第一审期间未参加诉讼,在第二审期间申请参加诉讼的,人民法院应当准许,并撤销原裁定,发回原审人民法院重新审判。

《人民检察院刑事诉讼规则》(高检发释字〔2019〕4号,自2019年12月30日起施行)

第十二章 特别程序
第四节 犯罪嫌疑人、被告人逃匿、死亡案件违法所得的没收程序
第五百三十一条 人民检察院发现人民法院或者审判人员审理没收违法所得案件违反法律规定的诉讼程序,应当向人民法院提出纠正意见。

人民检察院认为同级人民法院按照违法所得没收程序所作的第一审裁定确有错误的,应当在五日以内向上一级人民法院提出抗诉。

最高人民检察院、省级人民检察院认为下级人民法院按照违法所得没收程序所作的已经发生法律效力的裁定确有错误的,应当按照审判监督程序向同级人民法院提出抗诉。

其他规范

《最高人民法院、最高人民检察院关于适用犯罪嫌疑人、被告人逃匿、死亡案件违法所得没收程序若干问题的规定》(法释〔2017〕1号)第十六条至第二十三条对没收违法所得审理结果作出、第二审程序及执行等有关问题作了规定。(→参见本章末所附"其他规范",第2081—2083页)

指导性案例

白静贪污违法所得没收案(检例第127号)就人民检察院对于申请没收的财产属于违法所得进行证明的有关问题作了规定。(→参见本章末所附"指导性案例",第2084页)

黄艳兰贪污违法所得没收案(检例第129号)对申请没收财产的证明等作了规定。(→参见本章末所附"指导性案例",第2086页)

第三百零一条 【违法所得没收程序的终止和没收错误的救济】在审理过程中,在逃的犯罪嫌疑人、被告人自动投案或者被抓获的,人民法院应当终止审理。

没收犯罪嫌疑人、被告人财产确有错误的,应当予以返还、赔偿。

立法沿革

本条系2012年《刑事诉讼法修改决定》增加的规定,2018年修改《刑事诉讼法》时未作调整。

基本规范

《最高人民法院关于适用〈中华人民共和国刑事诉讼法〉的解释》(法释〔2021〕1号,自2021年3月1日起施行)

第二十五章 犯罪嫌疑人、被告人逃匿、死亡案件违法所得的没收程序

第六百二十五条 在审理申请没收违法所得的案件过程中,在逃的犯罪嫌疑人、被告人到案的,人民法院应当裁定终止审理。人民检察院向原受理申请的人民法院提起公诉的,可以由同一审判组织审理。

第六百二十八条 没收违法所得裁定生效后,犯罪嫌疑人、被告人到案并对没收裁定提出异议,人民检察院向原作出裁定的人民法院提起公诉的,可以由同一审判组织审理。

人民法院经审理,应当按照下列情形分别处理:

(一)原裁定正确的,予以维持,不再对涉案财产作出判决;

(二)原裁定确有错误的,应当撤销原裁定,并在判决中对有关涉案财产一并作出处理。

人民法院生效的没收裁定确有错误的,除第一款规定的情形外,应当依照审判监督程序予以纠正。

《人民检察院刑事诉讼规则》(高检发释字〔2019〕4号,自2019年12月30日起施行)

第十二章 特别程序

第四节 犯罪嫌疑人、被告人逃匿、死亡案件违法所得的没收程序

第五百三十二条 在审理案件过程中,在逃的犯罪嫌疑人、被告人自动投案或者被抓获,人民法院按照刑事诉讼法第三百零一条第一款的规定终止审理的,人民检察院应当将案卷退回监察机关或者公安机关处理。

指导性案例

李华波贪污案(检例第74号)对违法所得没收裁定生效后,在逃的职务犯罪嫌疑人自动投案或者被抓获的处理规则作了规定。(→参见本章末所附"指导性案例",第2084页)

其他规范

《最高人民法院、最高人民检察院关于适用犯罪嫌疑人、被告人逃匿、死亡案件违法所得没收程序若干问题的规定》(法释〔2017〕1号,自2017年1月5日起施行)

为依法适用犯罪嫌疑人、被告人逃匿、死亡案件违法所得没收程序,根据《中华人民共和国刑事诉讼法》《中华人民共和国刑法》《中华人民共和国民事诉讼法》等法律规定,现就办理相关案件具体适用法律若干问题规定如下:

第一条① 下列犯罪案件,应当认定为刑事诉讼法第二百八十条第一款②规定的"犯罪案件":

(一)贪污、挪用公款、巨额财产来源不明、隐瞒境外存款、私分国有资产、私分罚没财物犯罪案件;

(二)受贿、单位受贿、利用影响力受贿、行贿、对有影响力的人行贿、对单位行贿、介绍贿赂、单位行贿犯罪案件;

(三)组织、领导、参加恐怖组织,帮助恐怖活动,准备实施恐怖活动,宣扬恐怖主义、极端主义,煽动实施恐怖活动,利用极端主义破坏法律实施,强制穿戴宣扬恐怖主义、极端主义服饰、标志,非法持有宣扬恐怖主义、极端主义物品犯罪案件;

---

① 鉴于我国违法所得没收程序适用的罪名范围相比国外民事没收制度适用的罪名范围以及《联合国反腐败公约》明确的没收制度适用的罪名范围要窄,本条最初规定了兜底项。后有不少观点建议,鉴于没收违法所得申请案件毕竟是在犯罪嫌疑人、被告人缺席的情况下进行审判,在一定程度上限制了犯罪嫌疑人、被告人陈述、辩解等诉讼权利,对其适用范围应当审慎把握,不宜将罪名范围过于扩大,故本条在具体列举罪名后未规定兜底项。参见裴显鼎等:《〈关于犯罪嫌疑人、被告人逃匿、死亡案件适用违法所得没收程序若干问题的规定〉的理解与适用》,载《人民司法》2017年第16期。

② 现行《刑事诉讼法》为第二百九十八条第一款。——**本评注注**

(四)①危害国家安全、走私、洗钱、金融诈骗、黑社会性质的组织、毒品犯罪案件。

电信诈骗、网络诈骗犯罪案件,依照前款规定的犯罪案件处理。

第二条 在省、自治区、直辖市或者全国范围内具有较大影响,或者犯罪嫌疑人、被告人逃匿境外的,应当认定为刑事诉讼法第二百八十条第一款②规定的"重大"。

第三条③ 犯罪嫌疑人、被告人为逃避侦查和刑事追究潜逃、隐匿,或者在刑事诉讼过程中脱逃的,应当认定为刑事诉讼法第二百八十条第一款④规定的"逃匿"。

犯罪嫌疑人、被告人因意外事故下落不明满二年,或者因意外事故下落不明,经有关机关证明其不可能生存的,依照前款规定处理。

第四条⑤ 犯罪嫌疑人、被告人死亡,依照刑法规定应当追缴其违法所得及

---

① 本项是类罪,包括洗钱罪及其上游犯罪。从体系上讲,似乎应当将破坏金融管理秩序罪规定在内,但在征求意见过程中,不少观点提出破坏金融管理秩序罪在实践中难以妥善处理,建议删去破坏金融管理秩序罪。经研究,基于实践可操作性的考虑,删去破坏金融管理秩序罪,保留了洗钱罪。参见裴显鼎等:《〈关于犯罪嫌疑人、被告人逃匿、死亡案件适用违法所得没收程序若干问题的规定〉的理解与适用》,载《人民司法》2017年第16期。

② 现行《刑事诉讼法》为第二百九十八条第一款。——**本评注注**

③ 需要注意的问题有二:(1)犯罪嫌疑人、被告人离开居住地、工作地,逃避侦查和刑事追究的,属于最典型的逃匿;犯罪嫌疑人、被告人未离开居住地、工作地,在原地隐匿起来逃避侦查和刑事追究的,亦属于逃匿情形;犯罪嫌疑人、被告人为了将来逃避侦查和刑事追究逃匿境外,后因各种原因不能或者不愿回国受审的,均应视为逃匿。(2)值得提及的是,《民事诉讼法》还规定了公民下落不明满四年的宣告死亡情形。此种情形相对于犯罪嫌疑人、被告人实施犯罪后不久下落不明,更有理由推定犯罪嫌疑人、被告人具有逃避侦查和刑事追究的目的。如犯罪嫌疑人、被告人实施犯罪后下落不明满四年,在没有客观意外情况发生的情况下,更有理由认定犯罪嫌疑人、被告人逃匿。故此类情形可直接依照一般逃匿情形处理。参见裴显鼎等:《〈关于犯罪嫌疑人、被告人逃匿、死亡案件适用违法所得没收程序若干问题的规定〉的理解与适用》,载《人民司法》2017年第16期。

④ 现行《刑事诉讼法》为第二百九十八条第一款。——**本评注注**

⑤ 需要注意的问题有三:(1)只要犯罪嫌疑人、被告人逃匿、死亡,符合没收违法所得申请条件,即应提起没收违法所得申请。至于审理后是否有剩余财产予以没收上缴国库,不能作为检察机关是否提出没收违法所得申请的依据。(2)对于行为人在纪检监察阶段或者在公安立案侦查前就死亡,能否适用违法所得没收程序存在一定争(转下页)

其他涉案财产的,人民检察院可以向人民法院提出没收违法所得的申请。

第五条① 公安机关发布通缉令或者公安部通过国际刑警组织发布红色国际通报,应当认定为刑事诉讼法第二百八十条第一款②规定的"通缉"。

第六条 通过实施犯罪直接或者间接产生、获得的任何财产,应当认定为刑事诉讼法第二百八十条第一款③规定的"违法所得"。

违法所得已经部分或者全部转变、转化为其他财产的,转变、转化后的财产应当视为前款规定的"违法所得"。

来自违法所得转变、转化后的财产收益,或者来自已经与违法所得相混合财产中违法所得相应部分的收益,应当视为第一款规定的"违法所得"。

第七条 刑事诉讼法第二百八十一条第三款④规定的"利害关系人"包括犯罪嫌疑人、被告人的近亲属和其他对申请没收的财产主张权利的自然人和单位。刑事诉讼法第二百八十一条第二款、第二百八十二条第二款⑤规定的"其他利害关系人"是指前款规定的"其他对申请没收的财产主张权利的自然人和单位"。

第八条 人民检察院向人民法院提出没收违法所得的申请,应当制作没收违法所得申请书。

(接上页)议。经研究认为,刑事诉讼法表述的"犯罪嫌疑人"的外延包括但不限于刑事立案后的主体。行为人在纪检监察阶段或者在公安立案侦查前就死亡的,适用违法所得没收程序没有法律障碍。值得注意的是,在具体案件中,是表述为犯罪嫌疑人还是被告人,不是以行为人逃匿、死亡后法院是否受理没收违法所得申请案件为标准,而是以行为人逃匿、死亡前案件是否起诉到法院为标准。如行为人逃匿、死亡前,案件已起诉到法院,行为人应表述为"被告人",否则,应表述为"犯罪嫌疑人"。(3)有观点认为,无论犯罪是否已过追诉期限,对违法所得及涉案财产都应当予以没收。理由是:所有权各项权能的分离是暂时的,最终都要回复到所有权中来。无论时间过多久,国家或者被害人的财产所有权不因追诉期限已过而丧失;基于不让犯罪者通过犯罪受益的原理,无论时间过多久,只要犯罪者通过犯罪获取利益,就要一追到底。鉴于所涉问题复杂,本条未对此予以明确。参见裴显鼎等:《〈关于犯罪嫌疑人、被告人逃匿、死亡案件适用违法所得没收程序若干问题的规定〉的理解与适用》,载《人民司法》2017年第16期。

① 不应将网上追逃、协查通报、内部通报纳入通缉的范围。参见裴显鼎等:《〈关于犯罪嫌疑人、被告人逃匿、死亡案件适用违法所得没收程序若干问题的规定〉的理解与适用》,载《人民司法》2017年第16期。
② 现行《刑事诉讼法》为第二百九十八条第一款。——**本评注注**
③ 现行《刑事诉讼法》为第二百九十八条第一款。——**本评注注**
④ 现行《刑事诉讼法》为第二百九十九条第三款。——**本评注注**
⑤ 现行《刑事诉讼法》为第二百九十九条第二款、第三百条第二款。——**本评注注**

没收违法所得申请书应当载明以下内容：①

（一）犯罪嫌疑人、被告人的基本情况；

（二）案由及案件来源；

（三）犯罪嫌疑人、被告人涉嫌犯罪的事实及相关证据材料；

（四）犯罪嫌疑人、被告人逃匿、被通缉、脱逃、下落不明、死亡的情况；

（五）申请没收的财产的种类、数量、价值、所在地以及已查封、扣押、冻结财产清单和相关法律手续；

（六）申请没收的财产属于违法所得及其他涉案财产的相关事实及证据材料；

（七）提出没收违法所得申请的理由和法律依据；

（八）有无利害关系人以及利害关系人的姓名、身份、住址、联系方式；

（九）其他应当载明的内容。

上述材料需要翻译件的，人民检察院应当将翻译件随没收违法所得申请书一并移送人民法院。

第九条 对于没收违法所得的申请，人民法院应当在三十日内审查完毕，并根据以下情形分别处理：②

（一）属于没收违法所得申请受案范围和本院管辖，且材料齐全、有证据证明有犯罪事实的，应当受理；

（二）不属于没收违法所得申请受案范围或者本院管辖的，应当退回人民检察院；

（三）对于没收违法所得申请不符合"有证据证明有犯罪事实"标准要求

---

① 需要注意的问题有二：(1)对于申请没收的财产，部分在境内，部分在境外的，宜一并提出申请，即在同一没收申请中提出。(2)申请书应当载明相关的犯罪事实及证据，这些犯罪事实及证据的认定一般是围绕犯罪构成要件进行的，如不明确罪名，反而显得检察机关缺乏申请没收财产的法律依据，甚至容易引发外界法律质疑，故在认定事实时应当确定相关罪名。参见裴显鼎等：《〈关于犯罪嫌疑人、被告人逃匿、死亡案件适用违法所得没收程序若干问题的规定〉的理解与适用》，载《人民司法》2017年第16期。

② 需要注意的问题有二：(1)将"有证据证明有犯罪事实"的审查作为人民法院受理条件，是对立案审查的一个创设性规定。"有证据证明有犯罪事实"在普通刑事程序中是法院审理阶段认定的内容。但对于没收违法所得申请案件，如将此项内容的审查提前至立案审查阶段，既可以有效解决庭审难题，又可以提前对犯罪事实证据进行审查，避免合法财产因没收申请错误而遭受不必要的损害。(2)应当退回人民检察院的文书形式。经研究认为，退回人民检察院不宜采用裁定形式，宜采用决定形式。参见裴显鼎等：《〈关于犯罪嫌疑人、被告人逃匿、死亡案件适用违法所得没收程序若干问题的规定〉的理解与适用》，载《人民司法》2017年第16期。

的,应当通知人民检察院撤回申请,人民检察院应当撤回;

(四)材料不全的,应当通知人民检察院在七日内补送,七日内不能补送的,应当退回人民检察院。

第十条 同时具备以下情形的,应当认定为本规定第九条规定的"有证据证明有犯罪事实":

(一)有证据证明发生了犯罪事实;

(二)有证据证明该犯罪事实是犯罪嫌疑人、被告人实施的;

(三)证明犯罪嫌疑人、被告人实施犯罪行为的证据真实、合法。

第十一条 人民法院受理没收违法所得的申请后,应当在十五日内发布公告,公告期为六个月。公告期间不适用中止、中断、延长的规定。

公告应当载明以下内容:

(一)案由、案件来源以及属于本院管辖;

(二)犯罪嫌疑人、被告人的基本情况;

(三)犯罪嫌疑人、被告人涉嫌犯罪的事实;

(四)犯罪嫌疑人、被告人逃匿、被通缉、脱逃、下落不明、死亡的情况;

(五)申请没收的财产的种类、数量、价值、所在地以及已查封、扣押、冻结财产的清单和相关法律手续;

(六)申请没收的财产属于违法所得及其他涉案财产的相关事实;

(七)申请没收的理由和法律依据;

(八)利害关系人申请参加诉讼的期限、方式以及未按照该期限、方式申请参加诉讼可能承担的不利法律后果;

(九)其他应当公告的情况。

第十二条① 公告应当在全国公开发行的报纸、信息网络等媒体和最高人民法院的官方网站刊登、发布,并在人民法院公告栏张贴。必要时,公告可以在犯罪地、犯罪嫌疑人、被告人居住地或者被申请没收财产所在地张贴。公告最后被刊登、发布、张贴日期为公告日期。人民法院张贴公告的,应当采取拍照、录像等方式记录张贴过程。

---

① 在国内公告后没必要再在国外公告。目前,刑事司法协助合作的内容不包括请求外国协助进行相关公告。我国部分在全国发行的报纸以及信息网络等媒体,特别是最高人民法院官方网站,在世界其他国家也可以阅悉,因此没必要将公告再发布在外国报纸和网站。参见裴显鼎等:《〈关于犯罪嫌疑人、被告人逃匿、死亡案件适用违法所得没收程序若干问题的规定〉的理解与适用》,载《人民司法》2017年第16期。

人民法院已经掌握境内利害关系人联系方式的,应当直接送达含有公告内容的通知;直接送达有困难的,可以委托代为送达、邮寄送达。经受送达人同意的,可以采用传真、电子邮件等能够确认其收悉的方式告知其公告内容,并记录在案;人民法院已经掌握境外犯罪嫌疑人、被告人、利害关系人联系方式,经受送达人同意的,可以采用传真、电子邮件等能够确认其收悉的方式告知其公告内容,并记录在案;受送达人未作出同意意思表示,或者人民法院未掌握境外犯罪嫌疑人、被告人、利害关系人联系方式,其所在地国(区)主管机关明确提出应当向受送达人送达含有公告内容的通知的,受理没收违法所得申请案件的人民法院可以决定是否送达。决定送达的,应当将公告内容层报最高人民法院,由最高人民法院依照刑事司法协助条约、多边公约,或者按照对等互惠原则,请求受送达人所在地国(区)的主管机关协助送达。

第十三条 利害关系人申请参加诉讼的,应当在公告期间内提出,并提供与犯罪嫌疑人、被告人关系的证明材料或者证明其可以对违法所得及其他涉案财产主张权利的证据材料。

利害关系人可以委托诉讼代理人参加诉讼。利害关系人在境外委托的,应当委托具有中华人民共和国律师资格并依法取得执业证书的律师①,依照《最高人民法院关于适用〈中华人民共和国刑事诉讼法〉的解释》第四百零三条②的规定对授权委托进行公证、认证。

利害关系人在公告期满后申请参加诉讼,能够合理说明理由的,人民法院应当准许。

第十四条 人民法院在公告期满后由合议庭对没收违法所得申请案件进行审理。

利害关系人申请参加及委托诉讼代理人参加诉讼的,人民法院应当开庭审理。利害关系人及其诉讼代理人无正当理由拒不到庭,且无其他利害关系人和其他诉讼代理人参加诉讼的,人民法院可以不开庭审理。③

---

① 特别强调的是,中华人民共和国律师通常指的是中国内地(大陆)执业律师,不包括港澳台执业律师。参见裴显鼎等:《〈关于犯罪嫌疑人、被告人逃匿、死亡案件适用违法所得没收程序若干问题的规定〉的理解与适用》,载《人民司法》2017年第16期。

② 现行《刑诉法解释》为四百八十六条。——**本评注注**

③ 同理之,对于已经开庭审理的案件,利害关系人及其诉讼代理人无正当理由退庭,且无其他利害关系人和其他诉讼代理人参加诉讼的,人民法院可以转为不开庭审理。参见裴显鼎等:《〈关于犯罪嫌疑人、被告人逃匿、死亡案件适用违法所得没收程序若干问题的规定〉的理解与适用》,载《人民司法》2017年第16期。

人民法院对没收违法所得申请案件开庭审理的,人民检察院应当派员出席。①

人民法院确定开庭日期后,应当将开庭的时间、地点通知人民检察院、利害关系人及其诉讼代理人、证人、鉴定人员、翻译人员。通知书应当依照本规定第十二条第二款规定的方式至迟在开庭审理三日前送达;受送达人在境外的,至迟在开庭审理三十日前送达。

第十五条 出庭的检察人员应当宣读没收违法所得申请书,并在法庭调查阶段就申请没收的财产属于违法所得及其他涉案财产等相关事实出示、宣读证据。

对于确有必要出示但可能妨碍正在或者即将进行的刑事侦查的证据,针对该证据的法庭调查不公开进行。

利害关系人及其诉讼代理人对申请没收的财产属于违法所得及其他涉案财产等相关事实及证据有异议的,可以提出意见;对申请没收的财产主张权利的,应当出示相关证据。

第十六条 人民法院经审理认为,申请没收的财产属于违法所得及其他涉案财产的,除依法应当返还被害人的以外,应当予以没收;申请没收的财产不属于违法所得或者其他涉案财产的,应当裁定驳回申请,解除查封、扣押、冻结措施。

第十七条② 申请没收的财产具有高度可能属于违法所得及其他涉案财产

---

① 实践中,可以将出庭的检察人员席位设置在审判台的右侧,利害关系人及其诉讼代理人席位并排设置在审判台左侧,证人、鉴定人、翻译人员席位设置在审判台对面两侧(通常检察机关申请出庭的证人、鉴定人设置在审判台对面右侧,即靠近检察人员席位一侧;利害关系人申请出庭的证人、鉴定人设置在审判台对面左侧,即靠近利害关系人席位一侧)。犯罪嫌疑人、被告人委托诉讼代理人参加诉讼,人民法院准许的,犯罪嫌疑人、被告人的诉讼代理人席位设置在证人席位与利害关系人及其诉讼代理人席位中间。参见裴显鼎等:《〈关于犯罪嫌疑人、被告人逃匿、死亡案件适用违法所得没收程序若干问题的规定〉的理解与适用》,载《人民司法》2017 年第 16 期。

② 此外,"违法所得没收程序中证明犯罪事实的证据标准与犯罪嫌疑人、被告人在何种诉讼阶段死亡无关,被告人在案件发回重审期间因病死亡,检察机关随后提出违法所得没收申请,法院对是否涉嫌犯罪应适用'有证据证明'的证明标准,对申请没收的财产属于违法所得应适用'高度可能'的证明标准。违法所得没收程序中高度可能证明标准的认定应重点从以下几个方面考量:(1)申请机关出示的申请没收的财产属于违法所得的证据是否连贯、完整;(2)利害关系人是否提出申请没收的财产属于合法财产的证据;(3)申请机关所提出证据的证明力是否明显大于利害关系人一方所提出的证据;(4)认定申请没收财产属于违法所得是否符合逻辑推理和生活经验。"参见《如何理解与适用违法所得没收程序中高度可能的证明标准》(编号 012),载《职务犯罪审判指导》(第 1 辑),法律出版社 2022 年版。——本评注注

的,应当认定为本规定第十六条规定的"申请没收的财产属于违法所得及其他涉案财产"。

巨额财产来源不明犯罪案件中,没有利害关系人对违法所得及其他涉案财产主张权利,或者利害关系人对违法所得及其他涉案财产虽然主张权利但提供的相关证据没有达到相应证明标准的,应当视为本规定第十六条规定的"申请没收的财产属于违法所得及其他涉案财产"。

第十八条 利害关系人非因故意或者重大过失①在第一审期间未参加诉讼,在第二审期间申请参加诉讼的,人民法院应当准许,并发回原审人民法院重新审判。

第十九条 犯罪嫌疑人、被告人逃匿境外,委托诉讼代理人申请参加诉讼,且违法所得或者其他涉案财产所在地国(区)主管机关明确提出意见予以支持的,人民法院可以准许。

人民法院准许参加诉讼的,犯罪嫌疑人、被告人的诉讼代理人依照本规定关于利害关系人的诉讼代理人的规定行使诉讼权利。

第二十条 人民检察院、利害关系人对第一审裁定认定的事实、证据没有争议的,第二审人民法院可以不开庭审理。

第二审人民法院决定开庭审理的,应当将开庭的时间、地点书面通知同级人民检察院和利害关系人。

第二审人民法院应当就上诉、抗诉请求的有关事实和适用法律进行审查。

第二十一条 第二审人民法院对不服第一审裁定的上诉、抗诉案件,经审理,应当按照下列情形分别处理:

(一)第一审裁定认定事实清楚和适用法律正确的,应当驳回上诉或者抗诉,维持原裁定;

(二)第一审裁定认定事实清楚,但适用法律有错误的,应当改变原裁定;

(三)第一审裁定认定事实不清的,可以在查清事实后改变原裁定,也可以撤销原裁定,发回原审人民法院重新审判;

---

① "非因故意或者重大过失"在外延上比"客观原因"更广。客观原因,仅限于客观情由,而非因故意或者重大过失,除了客观情由外,还包括主观上的轻微过失。即如果利害关系人因不可抗力等客观因素或主观上轻微过失而在第一审期间未申请参加诉讼,在第二审期间申请参加诉讼的,人民法院应当准许,并发回原审人民法院重新审判。参见裴显鼎等:《〈关于犯罪嫌疑人、被告人逃匿、死亡案件适用违法所得没收程序若干问题的规定〉的理解与适用》,载《人民司法》2017年第16期。

(四)第一审裁定违反法定诉讼程序,可能影响公正审判的,应当撤销原裁定,发回原审人民法院重新审判。

第一审人民法院对于依照前款第三项规定发回重新审判的案件作出裁定后,第二审人民法院对不服第一审人民法院裁定的上诉、抗诉,应当依法作出裁定,不得再发回原审人民法院重新审判。

第二十二条 违法所得或者其他涉案财产在境外的,负责立案侦查的公安机关、人民检察院等侦查机关应当制作查封、扣押、冻结的法律文书以及协助执行查封、扣押、冻结的请求函,层报公安、检察院等各系统最高上级机关后,由公安、检察院等各系统最高上级机关依照刑事司法协助条约、多边公约,或者按照对等互惠原则,向违法所得或者其他涉案财产所在地国(区)的主管机关请求协助执行。

被请求国(区)的主管机关提出,查封、扣押、冻结法律文书的制发主体必须是法院的,负责立案侦查的公安机关、人民检察院等侦查机关可以向同级人民法院提出查封、扣押、冻结的申请,人民法院经审查同意后制作查封、扣押、冻结令以及协助执行查封、扣押、冻结令的请求函,层报最高人民法院后,由最高人民法院依照刑事司法协助条约、多边公约,或者按照对等互惠原则,向违法所得或者其他涉案财产所在地国(区)的主管机关请求协助执行。

请求函应当载明以下内容:

(一)案由以及查封、扣押、冻结法律文书的发布主体是否具有管辖权;

(二)犯罪嫌疑人、被告人涉嫌犯罪的事实及相关证据,但可能妨碍正在或者即将进行的刑事侦查的证据除外;

(三)已发布公告的,发布公告情况、通知利害关系人参加诉讼以及保障诉讼参与人依法行使诉讼权利等情况;

(四)请求查封、扣押、冻结的财产的种类、数量、价值、所在地等情况以及相关法律手续;

(五)请求查封、扣押、冻结的财产属于违法所得及其他涉案财产的相关事实及证据材料;

(六)请求查封、扣押、冻结财产的理由和法律依据;

(七)被请求国(区)要求载明的其他内容。

第二十三条 违法所得或者其他涉案财产在境外,受理没收违法所得申请案件的人民法院经审理裁定没收的,应当制作没收令以及协助执行没收令的请求函,层报最高人民法院后,由最高人民法院依照刑事司法协助条约、多边公约,或者按照对等互惠原则,向违法所得或者其他涉案财产所在地国(区)的主管机关请求协助执行。

请求函应当载明以下内容：

（一）案由以及没收令发布主体具有管辖权；

（二）属于生效裁定；

（三）犯罪嫌疑人、被告人涉嫌犯罪的事实及相关证据，但可能妨碍正在或者即将进行的刑事侦查的证据除外；

（四）犯罪嫌疑人、被告人逃匿、被通缉、脱逃、死亡的基本情况；

（五）发布公告情况、通知利害关系人参加诉讼以及保障诉讼参与人依法行使诉讼权利等情况；

（六）请求没收违法所得及其他涉案财产的种类、数量、价值、所在地等情况以及查封、扣押、冻结相关法律手续；

（七）请求没收的财产属于违法所得及其他涉案财产的相关事实及证据材料；

（八）请求没收财产的理由和法律依据；

（九）被请求国（区）要求载明的其他内容。

第二十四条　单位实施本规定第一条规定的犯罪后被撤销、注销，单位直接负责的主管人员和其他直接责任人员逃匿、死亡，导致案件无法适用刑事诉讼普通程序进行审理的，依照本规定第四条的规定处理。

第二十五条　本规定自2017年1月5日起施行。之前发布的司法解释与本规定不一致的，以本规定为准。

指导性案例

李华波贪污案（检例第74号）

关键词　违法所得没收程序　犯罪嫌疑人到案　程序衔接

要　旨　对于贪污贿赂等重大职务犯罪案件，犯罪嫌疑人、被告人逃匿，在通缉一年后不能到案，如果有证据证明有犯罪事实，依照刑法规定应当追缴其违法所得及其他涉案财产的，应当依法适用违法所得没收程序办理。违法所得没收裁定生效后，在逃的职务犯罪嫌疑人自动投案或者被抓获，监察机关调查终结移送起诉的，检察机关应当依照普通刑事诉讼程序办理，并与原没收裁定程序做好衔接。

白静贪污违法所得没收案（检例第127号）

关键词　违法所得没收　证明标准　鉴定人出庭　举证重点

要　旨　检察机关提出没收违法所得申请，应有证据证明申请没收的财产直接或者间接来源于犯罪所得，或者能够排除财产合法来源的可能性。人民检察院出席申请没收违法所得案件庭审,应当重点对于申请没收的财产属于违法所得进行举证。对于专业性较强的案件,可以申请鉴定人出庭。

指导意义

(一)准确把握认定违法所得的证明标准,依法提出没收申请。检察机关提出没收违法所得申请,应当有证据证明有犯罪事实。除因犯罪嫌疑人、被告人逃匿无法收集的证据外,其他能够证明犯罪事实的证据都应当收集在案。在案证据应能够证明申请没收的财产具有高度可能系直接或者间接来源于违法所得或者系犯罪嫌疑人、被告人非法持有的违禁品、供犯罪所用的本人财物。对于在案证据无法证明部分财产系犯罪嫌疑人、被告人违法所得及其他涉案财产的,则不应列入申请没收的财产范围。

(二)证明申请没收的财产属于违法所得,是检察机关庭审举证的重点。人民法院开庭审理申请没收违法所得案件,人民检察院应当派员出席法庭承担举证责任。针对犯罪嫌疑人、被告人实施了法律规定的重大犯罪出示相关证据后,应当着重针对申请没收的财产属于违法所得进行举证。对于涉及金融证券类等重大复杂、专业性强的案件,检察机关可以申请人民法院通知鉴定人出庭作证,以增强证明效果。

彭旭峰受贿,贾斯语受贿、洗钱违法所得没收案(检例第128号)

关键词 违法所得没收 主犯 洗钱罪 境外财产 国际刑事司法协助

要 旨 对于跨境转移贪污贿赂所得的洗钱犯罪案件,检察机关应当依法适用特别程序追缴贪污贿赂违法所得。对于犯罪嫌疑人、被告人转移至境外的财产,如果有证据证明具有高度可能属于违法所得及其他涉案财产的,可以依法申请予以没收。对于共同犯罪的主犯逃匿境外,其他共同犯罪人已经在境内依照普通刑事诉讼程序处理的案件,应当充分考虑主犯应对全案事实负责以及国际刑事司法协助等因素,依法审慎适用特别程序追缴违法所得。

指导意义

(一)依法加大对跨境转移贪污贿赂所得的洗钱犯罪打击力度。犯罪嫌疑人、被告人逃匿境外的贪污贿赂犯罪案件,一般均已先期将巨额资产转移至境外,我国刑法第一百九十一条明确规定此类跨境转移资产行为属于洗钱犯罪。《最高人民法院、最高人民检察院关于适用犯罪嫌疑人、被告人逃匿、死亡案件违法所得没收程序若干问题的规定》明确规定对于洗钱犯罪案件,可以适用特别程序追缴违法所得及其他涉案财产。检察机关在办理贪污贿赂犯罪案件中,应当加大对涉嫌洗钱犯罪线索的审查力度,对于符合法定条件的,应积极适用违法所得没收程序追缴违法所得。

（二）准确认定需要没收违法所得的境外财产。《最高人民法院、最高人民检察院关于适用犯罪嫌疑人、被告人逃匿、死亡案件违法所得没收程序若干问题的规定》明确规定对于适用违法所得没收程序案件，适用"具有高度可能"的证明标准。经审查，有证据证明犯罪嫌疑人、被告人将违法所得转移至境外，在境外购置财产的支出小于所转移的违法所得，且犯罪嫌疑人、被告人没有足以支付其在境外购置财产的其他收入来源的，可以认定其在境外购置的财产具有高度可能属于需要申请没收的违法所得。

（三）对于主犯逃匿境外的共同犯罪案件，依法审慎适用特别程序追缴违法所得。共同犯罪中，主犯对全部案件事实负责，犯罪后部分犯罪嫌疑人、被告人逃匿境外，部分犯罪嫌疑人、被告人在境内被司法机关依法查办的，如果境内境外均有涉案财产，且逃匿的犯罪嫌疑人、被告人是共同犯罪的主犯，依法适用特别程序追缴共同犯罪违法所得，有利于全面把握涉案事实，取得较好办案效果。

黄艳兰贪污违法所得没收案（检例第129号）

关键词 违法所得没收　利害关系人异议　善意第三方

要　旨 检察机关在适用违法所得没收程序中，应当承担证明有犯罪事实以及申请没收的财产属于违法所得及其他涉案财产的举证责任。利害关系人及其诉讼代理人参加诉讼并主张权利，但不能提供合法证据或者其主张明显与事实不符的，应当依法予以辩驳。善意第三方对申请没收财产享有合法权利的，应当依法予以保护。

指导意义

（一）利害关系人对申请没收财产提出异议或主张权利的，检察人员出庭时应当作为质证重点。根据《最高人民法院、最高人民检察院关于适用犯罪嫌疑人、被告人逃匿、死亡案件违法所得没收程序若干问题的规定》第十五条的规定，利害关系人在诉讼中对检察机关申请没收的财产属于违法所得及其他涉案财产等相关事实及证据有异议的，可以提出意见；对申请没收财产主张权利的，应当出示相关证据。对于其提供的证据不合法，或其异议明显与客观事实不符的，出庭检察人员应当围绕财产状态、财产来源、与违法犯罪的关系等内容，有针对性地予以驳斥，建议人民法院依法不予支持。

（二）善意第三方对申请没收财产享有合法权益的，应当依法保护。对申请没收财产因抵押而享有优先受偿权的债权人，或者享有其他合法权利的利害关系人，如果在案证据能够证明其在抵押权设定时对该财产系违法所得不知情，或者有理由相信该财产为合法财产，依法应当认定为善意第三方，对其享有的担保物权或其他合法权利，依法应当予以保护。

任润厚受贿、巨额财产来源不明违法所得没收案（检例第130号）

关 键 词　违法所得没收　巨额财产来源不明　财产混同　孳息

要　　旨　涉嫌巨额财产来源不明犯罪的人在立案前死亡，依照刑法规定应当追缴其违法所得及其他涉案财产的，可以依法适用违法所得没收程序。对涉案的巨额财产，可以由其近亲属或其他利害关系人说明来源。没有近亲属或其他利害关系人主张权利或者说明来源，或者近亲属或其他利害关系人主张权利所提供的证据达不到相应证明标准，或说明的来源经查证不属实的，依法认定为违法所得予以申请没收。违法所得与合法财产混同并产生孳息的，可以按照违法所得占比计算孳息予以申请没收。

指导意义

（一）涉嫌贪污贿赂等重大犯罪的人立案前死亡的，依法可以适用违法所得没收程序。违法所得没收程序的目的在于解决违法所得及其他涉案财产的追缴问题，不是追究被申请人的刑事责任。涉嫌实施贪污贿赂等重大犯罪行为的人，依照刑法规定应当追缴其犯罪所得及其他涉案财产的，无论立案之前死亡或立案后作为犯罪嫌疑人、被告人在诉讼中死亡，都可以适用违法所得没收程序。

（二）巨额财产来源不明犯罪案件中，本人因死亡不能对财产来源作出说明的，应当结合其近亲属说明的来源，或者其他利害关系人主张权利以及提供的证据情况，依法认定是否属于违法所得。已死亡人员的近亲属或其他利害关系人主张权利或说明来源的，应要求其提供相关证据或线索，并进行调查核实。没有近亲属或其他利害关系人主张权利或说明来源，或者近亲属或其他利害关系人虽然主张权利但提供的证据没有达到相应证明标准，或者说明的来源经查证不属实的，应当依法认定为违法所得，予以申请没收。

（三）违法所得与合法财产混同并产生孳息的，可以按照比例计算违法所得孳息。在依法查封、扣押、冻结的犯罪嫌疑人财产中，对违法所得与合法财产混同后产生的孳息，可以按照全案中合法财产与违法所得的比例，计算违法所得的孳息数额，依法申请没收。对合法财产及其产生的孳息，及时予以返还。

第五章

依法不负刑事责任的精神病人的强制医疗程序

相关规定

《中华人民共和国精神卫生法》(修正后自 2018 年 4 月 27 日起施行,具体条文未收录)

指导性案例

徐加富强制医疗案(指导案例 63 号)

关键词 刑事诉讼 强制医疗 有继续危害社会可能

裁判要点 审理强制医疗案件,对被申请人或者被告人是否"有继续危害社会可能",应当综合被申请人或者被告人所患精神病的种类、症状、案件审理时其病情是否已经好转,以及其家属或者监护人有无严加看管和自行送医治疗的意愿和能力等情况予以判定。必要时,可以委托相关机构或者专家进行评估。

第三百零二条 【强制医疗的适用范围】 实施暴力行为,危害公共安全或者严重危害公民人身安全,经法定程序鉴定依法不负刑事责任的精神病人,有继续危害社会可能的,可以予以强制医疗。

立法沿革

本条系 2012 年《刑事诉讼法修改决定》增加的规定,2018 年修改《刑事诉讼法》时未作调整。

基本规范

《最高人民法院关于适用〈中华人民共和国刑事诉讼法〉的解释》(法释〔2021〕1 号,自 2021 年 3 月 1 日起施行)

第二十六章 依法不负刑事责任的精神病人的强制医疗程序

第六百三十条 实施暴力行为,危害公共安全或者严重危害公民人身安全,社会危害性已经达到犯罪程度,但经法定程序鉴定依法不负刑事责任的精神病人,有继续危害社会可能的,可以予以强制医疗。

《人民检察院刑事诉讼规则》(高检发释字〔2019〕4号,自2019年12月30日起施行)

第十二章 特别程序

第五节 依法不负刑事责任的精神病人的强制医疗程序

第五百三十四条 对于实施暴力行为,危害公共安全或者严重危害公民人身安全,已经达到犯罪程度,经法定程序鉴定依法不负刑事责任的精神病人,有继续危害社会可能的,人民检察院应当向人民法院提出强制医疗的申请。

提出强制医疗的申请以及对强制医疗决定的监督,由负责捕诉的部门办理。

《公安机关办理刑事案件程序规定》(公安部令第159号修正,修正后自2020年9月1日起施行)

第十章 特别程序

第四节 依法不负刑事责任的精神病人的强制医疗程序

第三百四十二条 公安机关发现实施暴力行为,危害公共安全或者严重危害公民人身安全的犯罪嫌疑人,可能属于依法不负刑事责任的精神病人的,应当对其进行精神病鉴定。

《海警机构办理刑事案件程序规定》(中国海警局令第1号,自2023年6月15日起施行)

第九章 特别程序

第四节 依法不负刑事责任的精神病人的强制医疗程序

第三百一十三条 海警机构发现实施暴力行为,危害公共安全或者严重危害公民人身安全的犯罪嫌疑人,可能属于依法不负刑事责任的精神病人的,应当对其进行精神病鉴定。

第三百零三条 【强制医疗的决定程序和临时保护性约束措施】根据本章规定对精神病人强制医疗的,由人民法院决定。

公安机关发现精神病人符合强制医疗条件的,应当写出强制医疗意见书,移送人民检察院。对于公安机关移送的或者在审查起诉过程中发现的精神病人符合强制医疗条件的,人民检察院应当向人民法院提出强制医疗的申请。人民法院在审理案件过程中发现被告人符合强制医疗条件的,可以作出强制医疗的决定。

> 对实施暴力行为的精神病人，在人民法院决定强制医疗前，公安机关可以采取临时的保护性约束措施。

立法沿革

本条系 2012 年《刑事诉讼法修改决定》增加的规定，2018 年修改《刑事诉讼法》时未作调整。

基本规范

《**最高人民法院关于适用〈中华人民共和国刑事诉讼法〉的解释**》（法释〔2021〕1 号，自 2021 年 3 月 1 日起施行）

第二十六章　依法不负刑事责任的精神病人的强制医疗程序

第六百三十一条　人民检察院申请对依法不负刑事责任的精神病人强制医疗的案件，由被申请人实施暴力行为所在地的基层人民法院管辖；由被申请人居住地的人民法院审判更为适宜的，可以由被申请人居住地的基层人民法院管辖。

《**人民检察院刑事诉讼规则**》（高检发释字〔2019〕4 号，自 2019 年 12 月 30 日起施行）

第十二章　特别程序

第五节　依法不负刑事责任的精神病人的强制医疗程序

第五百三十五条　强制医疗的申请由被申请人实施暴力行为所在地的基层人民检察院提出；由被申请人居住地的人民检察院提出更为适宜的，可以由被申请人居住地的基层人民检察院提出。

第五百三十六条　人民检察院向人民法院提出强制医疗的申请，应当制作强制医疗申请书。强制医疗申请书的主要内容包括：

（一）涉案精神病人的基本情况，包括姓名、性别、出生年月日、出生地、户籍地、公民身份号码、民族、文化程度、职业、工作单位及职务、住址，采取临时保护性约束措施的情况及处所等；

（二）涉案精神病人的法定代理人的基本情况，包括姓名、住址、联系方式等；

（三）案由及案件来源；

（四）涉案精神病人实施危害公共安全或者严重危害公民人身安全的暴力行为的事实，包括实施暴力行为的时间、地点、手段、后果等及相关证据情况；

（五）涉案精神病人不负刑事责任的依据，包括有关鉴定意见和其他证据材料；

(六)涉案精神病人继续危害社会的可能;
(七)提出强制医疗申请的理由和法律依据。

第五百三十七条 人民检察院审查公安机关移送的强制医疗意见书,应当查明:

(一)是否属于本院管辖;
(二)涉案精神病人身份状况是否清楚,包括姓名、性别、国籍、出生年月日、职业和单位等;
(三)涉案精神病人实施危害公共安全或者严重危害公民人身安全的暴力行为的事实;
(四)公安机关对涉案精神病人进行鉴定的程序是否合法,涉案精神病人是否依法不负刑事责任;
(五)涉案精神病人是否有继续危害社会的可能;
(六)证据材料是否随案移送,不宜移送的证据的清单、复制件、照片或者其他证明文件是否随案移送;
(七)证据是否确实、充分;
(八)采取的临时保护性约束措施是否适当。

第五百三十八条 人民检察院办理公安机关移送的强制医疗案件,可以采取以下方式开展调查,调查情况应当记录并附卷:

(一)会见涉案精神病人,听取涉案精神病人的法定代理人、诉讼代理人意见;
(二)询问办案人员、鉴定人;
(三)向被害人及其法定代理人、近亲属了解情况;
(四)向涉案精神病人的主治医生、近亲属、邻居、其他知情人员或者基层组织等了解情况;
(五)就有关专门性技术问题委托具有法定资质的鉴定机构、鉴定人进行鉴定。

第五百三十九条 人民检察院应当在接到公安机关移送的强制医疗意见书后三十日以内作出是否提出强制医疗申请的决定。

对于公安机关移送的强制医疗案件,经审查认为不符合刑事诉讼法第三百零二条规定条件的,应当作出不提出强制医疗申请的决定,并向公安机关书面说明理由。认为需要补充证据的,应当书面要求公安机关补充证据,必要时也可以自行调查。

公安机关补充证据的时间不计入人民检察院办案期限。

第五百四十条　人民检察院发现公安机关应当启动强制医疗程序而不启动的，可以要求公安机关在七日以内书面说明不启动的理由。

经审查，认为公安机关不启动理由不能成立的，应当通知公安机关启动强制医疗程序。

公安机关收到启动强制医疗程序通知书后，未按要求启动强制医疗程序的，人民检察院应当提出纠正意见。

第五百四十一条　人民检察院对公安机关移送的强制医疗案件，发现公安机关对涉案精神病人进行鉴定违反法律规定，具有下列情形之一的，应当依法提出纠正意见：

（一）鉴定机构不具备法定资质的；

（二）鉴定人不具备法定资质或者违反回避规定的；

（三）鉴定程序违反法律或者有关规定，鉴定的过程和方法违反相关专业规范要求的；

（四）鉴定文书不符合法定形式要件的；

（五）鉴定意见没有依法及时告知相关人员的；

（六）鉴定人故意作虚假鉴定的；

（七）其他违反法律规定的情形。

人民检察院对精神病鉴定程序进行监督，可以要求公安机关补充鉴定或者重新鉴定。必要时，可以询问鉴定人并制作笔录，或者委托具有法定资质的鉴定机构进行补充鉴定或者重新鉴定。

第五百四十二条　人民检察院发现公安机关对涉案精神病人不应当采取临时保护性约束措施而采取的，应当提出纠正意见。

认为公安机关应当采取临时保护性约束措施而未采取的，应当建议公安机关采取临时保护性约束措施。

第五百四十三条　在审查起诉中，犯罪嫌疑人经鉴定系依法不负刑事责任的精神病人的，人民检察院应当作出不起诉决定。认为符合刑事诉讼法第三百零二条规定条件的，应当向人民法院提出强制医疗的申请。

《公安机关办理刑事案件程序规定》（公安部令第159号修正，修正后自2020年9月1日起施行）

第十章　特别程序
第四节　依法不负刑事责任的精神病人的强制医疗程序

第三百四十三条　对经法定程序鉴定依法不负刑事责任的精神病人，有继续危害社会可能，符合强制医疗条件的，公安机关应当在七日以内写出强制医疗意见书,经县级以上公安机关负责人批准,连同相关证据材料和鉴定意见一并移送同级人民检察院。

第三百四十四条　对实施暴力行为的精神病人,在人民法院决定强制医疗前,经县级以上公安机关负责人批准,公安机关可以采取临时的保护性约束措施。必要时,可以将其送精神病医院接受治疗。

第三百四十五条　采取临时的保护性约束措施时,应当对精神病人严加看管,并注意约束的方式、方法和力度,以避免和防止危害他人和精神病人的自身安全为限度。

对于精神病人已没有继续危害社会可能,解除约束后不致发生社会危险性的,公安机关应当及时解除保护性约束措施。

《海警机构办理刑事案件程序规定》(中国海警局令第1号,自2023年6月15日起施行)

第九章　特别程序
第四节　依法不负刑事责任的精神病人的强制医疗程序

第三百一十四条　对经法定程序鉴定依法不负刑事责任的精神病人,有继续危害社会可能,符合强制医疗条件的,海警机构应当在七日以内写出强制医疗意见书,经海警机构负责人批准,连同相关证据材料和鉴定意见一并移送所在地相应人民检察院。

第三百一十五条　对实施暴力行为的精神病人,在人民法院决定强制医疗前,经海警机构负责人批准,海警机构可以采取临时的保护性约束措施。必要时,可以将其送精神病医院接受治疗。

第三百一十六条　采取临时的保护性约束措施时,应当对精神病人严加看管,并注意约束的方式、方法和力度,以避免和防止危害他人和精神病人自身的安全为限度。

对于精神病人已没有继续危害社会可能,解除约束后不致发生社会危险性的,海警机构应当及时解除保护性约束措施。

第三百零四条　【强制医疗案件的审理】人民法院受理强制医疗的申请后,应当组成合议庭进行审理。

人民法院审理强制医疗案件,应当通知被申请人或者被告人的法定代理人到场。被申请人或者被告人没有委托诉讼代理人的,人民法院应当通知法律援助机构指派律师为其提供法律帮助。

立法沿革

本条系 2012 年《刑事诉讼法修改决定》增加的规定,2018 年修改《刑事诉讼法》时未作调整。

相关规定

《中华人民共和国法律援助法》(自 2022 年 1 月 1 日起施行,节录)

第二十八条 强制医疗案件的被申请人或者被告人没有委托诉讼代理人的,人民法院应当通知法律援助机构指派律师为其提供法律援助。

"六部委"规定

《最高人民法院、最高人民检察院、公安部、国家安全部、司法部、全国人大常委会法制工作委员会关于实施刑事诉讼法若干问题的规定》(自 2013 年 1 月 1 日起施行,节录)

5. 刑事诉讼法第三十四条、第二百六十七条、第二百八十六条①对法律援助作了规定。对于人民法院、人民检察院、公安机关根据上述规定,通知法律援助机构指派律师提供辩护或者法律帮助的,法律援助机构应当在接到通知后三日以内指派律师,并将律师的姓名、单位、联系方式书面通知人民法院、人民检察院、公安机关。

基本规范

《最高人民法院关于适用〈中华人民共和国刑事诉讼法〉的解释》(法释〔2021〕1 号,自 2021 年 3 月 1 日起施行)

第二十六章 依法不负刑事责任的精神病人的强制医疗程序

第六百三十二条 对人民检察院提出的强制医疗申请,人民法院应当审查以下内容:

(一)是否属于本院管辖;

(二)是否写明被申请人的身份,实施暴力行为的时间、地点、手段、所造成的损害等情况,并附证据材料;

(三)是否附有法医精神病鉴定意见和其他证明被申请人属于依法不负刑事责任的精神病人的证据材料;

(四)是否列明被申请人的法定代理人的姓名、住址、联系方式;

---

① 现行《刑事诉讼法》为第三十五条、第二百七十八条、第三百零四条。——**本评注注**

（五）需要审查的其他事项。

第六百三十三条　对人民检察院提出的强制医疗申请,人民法院应当在七日以内审查完毕,并按照下列情形分别处理：

（一）属于强制医疗程序受案范围和本院管辖,且材料齐全的,应当受理；

（二）不属于本院管辖的,应当退回人民检察院；

（三）材料不全的,应当通知人民检察院在三日以内补送；三日以内不能补送的,应当退回人民检察院。

第六百三十四条　审理强制医疗案件,应当通知被申请人或者被告人的法定代理人到场；被申请人或者被告人的法定代理人经通知未到场的,可以通知被申请人或者被告人的其他近亲属到场。

被申请人或者被告人没有委托诉讼代理人的,应当自受理强制医疗申请或者发现被告人符合强制医疗条件之日起三日以内,通知法律援助机构指派律师担任其诉讼代理人,为其提供法律帮助。

第六百三十五条　审理强制医疗案件,应当组成合议庭,开庭审理。但是,被申请人、被告人的法定代理人请求不开庭审理,并经人民法院审查同意的除外。

审理强制医疗案件,应当会见被申请人,听取被害人及其法定代理人的意见。

第六百三十六条　开庭审理申请强制医疗的案件,按照下列程序进行：

（一）审判长宣布法庭调查开始后,先由检察员宣读申请书,后由被申请人的法定代理人、诉讼代理人发表意见；

（二）法庭依次就被申请人是否实施了危害公共安全或者严重危害公民人身安全的暴力行为、是否属于依法不负刑事责任的精神病人、是否有继续危害社会的可能进行调查；调查时,先由检察员出示证据,后由被申请人的法定代理人、诉讼代理人出示证据,并进行质证；必要时,可以通知鉴定人出庭对鉴定意见作出说明；

（三）法庭辩论阶段,先由检察员发言,后由被申请人的法定代理人、诉讼代理人发言,并进行辩论。

被申请人要求出庭,人民法院经审查其身体和精神状态,认为可以出庭的,应当准许。出庭的被申请人,在法庭调查、辩论阶段,可以发表意见。

检察员宣读申请书后,被申请人的法定代理人、诉讼代理人无异议的,法庭调查可以简化。

第六百三十七条　对申请强制医疗的案件,人民法院审理后,应当按照下列情形分别处理：

（一）符合刑事诉讼法第三百零二条规定的强制医疗条件的，应当作出对被申请人强制医疗的决定；

（二）被申请人属于依法不负刑事责任的精神病人，但不符合强制医疗条件的，应当作出驳回强制医疗申请的决定；被申请人已经造成危害结果的，应当同时责令其家属或者监护人严加看管和医疗；

（三）被申请人具有完全或者部分刑事责任能力，依法应当追究刑事责任的，应当作出驳回强制医疗申请的决定，并退回人民检察院依法处理。

第六百三十八条 第一审人民法院在审理刑事案件过程中，发现被告人可能符合强制医疗条件的，应当依照法定程序对被告人进行法医精神病鉴定。经鉴定，被告人属于依法不负刑事责任的精神病人的，应当适用强制医疗程序，对案件进行审理。

开庭审理前款规定的案件，应当先由合议庭组成人员宣读对被告人的法医精神病鉴定意见，说明被告人可能符合强制医疗的条件，后依次由公诉人和被告人的法定代理人、诉讼代理人发表意见。经审判长许可，公诉人和被告人的法定代理人、诉讼代理人可以进行辩论。

第六百四十条 第二审人民法院在审理刑事案件过程中，发现被告人可能符合强制医疗条件的，可以依照强制医疗程序对案件作出处理，也可以裁定发回原审人民法院重新审判。

第六百四十九条 审理强制医疗案件，本章没有规定的，参照适用本解释的有关规定。

《**人民检察院刑事诉讼规则**》（高检发释字〔2019〕4号，自2019年12月30日起施行）

第十二章 特别程序

第五节 依法不负刑事责任的精神病人的强制医疗程序

第五百四十四条 人民法院对强制医疗案件开庭审理的，人民检察院应当派员出席法庭。

第五百四十八条第一款 人民法院在审理案件过程中发现被告人符合强制医疗条件，适用强制医疗程序对案件进行审理的，人民检察院应当在庭审中发表意见。

司法疑难解释

1. **强制医疗案件的审理**。《刑事诉讼法》第三百零四条第一款规定："人民法院受理强制医疗的申请后,应当组成合议庭进行审理。"据此,**本评注认为:**(1)独任审判员在简易程序案件审理过程中发现被告人符合强制医疗条件的,应当转为合议庭审理。(2)对于强制医疗案件,原则上应当开庭审理。当然,作为例外,被申请人、被告人的法定代理人请求不开庭审理,并经人民法院审查同意的,可以不开庭审理。①(3)开庭审理强制医疗案件,可以不公开进行。《精神卫生法》第四条第三款规定:"有关单位和个人应当对精神障碍患者的姓名、肖像、住址、工作单位、病历资料以及其他可能推断出其身份的信息予以保密;但是,依法履行职责需要公开的除外。"司法实践中也一般将精神病病情作为个人隐私加以保护。因此,人民法院审理强制医疗程序案件,根据案件情况,对于确实涉及个人隐私的,可以依法决定不公开审理。

2. 法定代理人、近亲属经通知不到场的处理。《刑事诉讼法》第三百零四条第二款规定:"人民法院审理强制医疗案件,应当通知被申请人或者被告人的法定代理人到场。被申请人或者被告人没有委托诉讼代理人的,人民法院应当通知法律援助机构指派律师为其提供法律帮助。"实践中,被申请人或者被告人的法定代理人、近亲属经通知均不到场的,是否影响审理进行,存在不同认识:(1)有意见认为不影响审理进行。主要考虑:法院为其申请法律援助律师就可以保障被申请人、被告人的权益,其法定代理人、近亲属不到场,不影响案件的审理。(2)也有意见建议增加指派援助律师,作为法定代理人及近亲属不到场的救济措施。主要考虑:《刑事诉讼法》规定"应当通知被申请人或者被告人的法定代理人到场"。从语义上看,人民法院只负有通知法定代理人的义务,不负有保障其到场的义务,但为保障被告人或被申请人权利,在法定代理人不到场时,让近亲属到场,或者增加指派法律援助律师,更能体现司法文明。**本评注认为**,上述意见所反映的情况在司法实践中客观存在。审理强制医疗案件时,被申请人或被告人的法定代理人不愿履行义务,害怕承担赔偿责任,接到法院通知也不到场,有的经法院反复做工作仍不到场。而且,其法定代理人不到场的情况下,近亲属更会推诿不到场。法院为其申请法律援助律师就可以保障被申请人、

---

① 主要考虑:(1)对精神病人强制医疗势必在一定程度上限制或剥夺被申请人的人身自由,因此,应当赋予其不低于普通程序中被告人的诉讼权利,应当保障其接受开庭审理的权利。(2)开庭时,虽然被申请人不能出庭,但根据《刑事诉讼法》规定,应当通知其法定代理人到场,且如果被申请人没有委托诉讼代理人的,人民法院应当通知法律援助机构指派律师为其提供法律帮助,担任其诉讼代理人。加之申请人必须到场,因此,具有诉辩式庭审的特征,适宜开庭审理。

被告人的权益，其法定代理人、近亲属不到场，不影响案件的审理。在法律没有明确规定的情况下，《刑诉法解释》亦未对相关问题作出统一规定。对此，司法实践可以在个案中裁量把握。

3. 审理刑事案件过程中发现被告人可能符合强制医疗条件的处理。本评注认为：(1)人民法院在审理刑事案件过程中发现被告人可能属于不负刑事责任的精神病人的，不需要将该案退回人民检察院，由人民检察院提出强制医疗的申请，而是在审理刑事案件过程中一并解决，以提高审判效率。但为了更好地维护被告人的诉讼权利和其他合法权益，在确认被告人属于依法不负刑事责任的精神病人后，不宜径行作出强制医疗的决定，而是应当通知被告人的法定代理人到场，参与被告人是否符合强制医疗条件的审理，具体程序依照《刑诉法解释》第六百三十八条的规定进行。① (2)对于经查明被告人符合强制医疗条件的，是一并在宣告被告人不负刑事责任的判决中决定对被告人强制医疗，还是另行制作对被告人强制医疗的决定书？经研究认为，两种做法各有优缺点，前者有利于节约司法资源，提高审判效率，但需要在判决书中分别写明对判决部分不服的上诉、抗诉期限是十日，对强制医疗决定部分不服申请复议的期限是五日；后者虽然需要多制作一份决定书，但有利于分别由被告人、自诉人和人民检察院针对判决在十日以内提出上诉、抗诉，由被决定强制医疗的人、被害人针对决定在五日以内申请复议。《刑诉法解释》暂未明确采取哪种做法，实践中可以裁量处理。(3)《刑诉法解释》第六百四十条规定："第二审人民法院在审理刑事案件过程中，发现被告人可能符合强制医疗条件的，可以依照强制医疗程序对案件作出处理，也可以裁定发回原审人民法院重新审判。"据此，人民法院在二审中发现被告人可能属于不负刑事责任的精神病人的，也可以参照强制医疗程序审理后作出强制医疗的决定，无须一律发回重新审判，以提高审判效率、节约司法资源。但是，高级人民法院在二审中查明被告人属于不负刑事责任的精神病人，可能符合强制医疗条件的，可以裁定发回原审人民法院重新审判，也可以仅判决被告人不负刑事责任，但原则上不宜同时作出强制医疗的决定，否则，不服强制医疗决

---

① 主要考虑：(1)强制医疗有其特定的适用条件，原来的庭审不可能对相关事实、证据作出全面审查；(2)《刑事诉讼法》有关通知法定代理人到场、通知法律援助机构指派律师提供法律帮助的规定，不只适用于人民检察院申请强制医疗的案件，也应当适用于人民法院自行决定强制医疗的案件；(3)此类案件原是由人民检察院按照被告人具有完全或者部分刑事责任能力提出有罪指控的，如不按强制医疗程序进行审理，直接作出强制医疗决定，有违程序正义。

定向上一级人民法院申请复议的,案件就到了最高人民法院,将无谓增加最高人民法院的办案压力,也不利于案件得到及时处理。对于人民法院判决被告人不负刑事责任,未同时作出强制医疗决定的,如果人民检察院发现被告人符合强制医疗条件的,可以另行向基层人民法院提出强制医疗的申请。

第三百零五条　【强制医疗决定的作出及复议】 人民法院经审理,对于被申请人或者被告人符合强制医疗条件的,应当在一个月以内作出强制医疗的决定。

被决定强制医疗的人、被害人及其法定代理人、近亲属对强制医疗决定不服的,可以向上一级人民法院申请复议。

立法沿革

本条系 2012 年《刑事诉讼法修改决定》增加的规定,2018 年修改《刑事诉讼法》时未作调整。

基本规范

《最高人民法院关于适用〈中华人民共和国刑事诉讼法〉的解释》(法释〔2021〕1 号,自 2021 年 3 月 1 日起施行)

第二十六章　依法不负刑事责任的精神病人的强制医疗程序

第六百三十九条　对前条规定的案件,人民法院审理后,应当按照下列情形分别处理:

(一)被告人符合强制医疗条件的,应当判决宣告被告人不负刑事责任,同时作出对被告人强制医疗的决定;

(二)被告人属于依法不负刑事责任的精神病人,但不符合强制医疗条件的,应当判决宣告被告人无罪或者不负刑事责任;被告人已经造成危害结果的,应当同时责令其家属或者监护人严加看管和医疗;

(三)被告人具有完全或者部分刑事责任能力,依法应当追究刑事责任的,应当依照普通程序继续审理。

第六百四十一条　人民法院决定强制医疗的,应当在作出决定后五日以内,向公安机关送达强制医疗决定书和强制医疗执行通知书,由公安机关将被决定强制医疗的人送交强制医疗。

第六百四十二条　被决定强制医疗的人、被害人及其法定代理人、近亲属对强制医疗决定不服的,可以自收到决定书第二日起五日以内向上一级人民法院申请复议。复议期间不停止执行强制医疗的决定。

第六百四十三条 对不服强制医疗决定的复议申请,上一级人民法院应当组成合议庭审理,并在一个月以内,按照下列情形分别作出复议决定:

(一)被决定强制医疗的人符合强制医疗条件的,应当驳回复议申请,维持原决定;

(二)被决定强制医疗的人不符合强制医疗条件的,应当撤销原决定;

(三)原审违反法定诉讼程序,可能影响公正审判的,应当撤销原决定,发回原审人民法院重新审判。

第六百四十四条 对本解释第六百三十九条第一项规定的判决、决定,人民检察院提出抗诉,同时被决定强制医疗的人、被害人及其法定代理人、近亲属申请复议的,上一级人民法院应当依照第二审程序一并处理。

司法疑难解析

1. 强制医疗决定的作出。《刑事诉讼法》第三百零二条规定:"实施暴力行为,危害公共安全或者严重危害公民人身安全,经法定程序鉴定依法不负刑事责任的精神病人,有继续危害社会可能的,可以予以强制医疗。"第三百零五条第一款规定:"人民法院经审理,对于被申请人或者被告人符合强制医疗条件的,应当在一个月以内作出强制医疗的决定。"**本评注认为**:(1)"继续危害社会可能"的评估较为复杂,《刑诉法解释》未作明确规定,实践中应综合被申请人所患精神疾病的类型,被申请人实施暴力行为的起因、过程,被申请人有无接受治疗的条件等情况进行判断。鉴于精神疾病的复杂性和专业性,法官对被申请人是否有继续危害社会可能的评估,可以在咨询专家和专业医疗人员的意见后,依法作出判断。此外,精神病人实施暴力行为后,其家属或者监护人愿意并且有能力、有条件严加看管和医疗,保证不会继续危害社会的,是否就可认定为没有继续危害社会可能,从而不予强制医疗?对此,仍需具体情况具体分析。(2)人民法院不宜决定强制医疗的期限。主要考虑:强制医疗主要是为了使精神病人不致再危害社会,达到这个目的后,就可以解除强制医疗措施。可何时能够达到这个目的,在作出强制医疗的决定时难以判断,且即使是精神科专家也无法准确预计。《刑事诉讼法》第三百零六条规定了对被强制医疗的精神病人予以定期诊断评估的制度,一旦被强制医疗的精神病人经治疗后已不具有人身危险性,不再需要强制医疗时,不仅医疗机构应当及时提出解除意见,被强制医疗的人及其近亲属也有权申请解除强制医疗,人民法院届时可依法作出是否解除强制医疗的决定。

2. 不服强制医疗决定复议申请的审理。对此,《刑事诉讼法》及《刑诉法解释》有相应规定。**本评注认为:**(1)复议申请一般较为简单,原则上采取书面形式审理即可。(2)抗诉和申请复议并存时,应当依照第二审程序一并处理,并在二审裁判文书中一并作出复议决定,不再另行制作复议决定书。

第三百零六条 【定期评估与强制医疗的解除】强制医疗机构应当定期对被强制医疗的人进行诊断评估。对于已不具有人身危险性,不需要继续强制医疗的,应当及时提出解除意见,报决定强制医疗的人民法院批准。

被强制医疗的人及其近亲属有权申请解除强制医疗。

立法沿革

本条系 2012 年《刑事诉讼法修改决定》增加的规定,2018 年修改《刑事诉讼法》时未作调整。

基本规范

《最高人民法院关于适用〈中华人民共和国刑事诉讼法〉的解释》(法释〔2021〕1号,自2021年3月1日起施行)

第二十六章 依法不负刑事责任的精神病人的强制医疗程序

第六百四十五条 被强制医疗的人及其近亲属申请解除强制医疗的,应当向决定强制医疗的人民法院提出。

被强制医疗的人及其近亲属提出的解除强制医疗申请被人民法院驳回,六个月后再次提出申请的,人民法院应当受理。

第六百四十六条 强制医疗机构提出解除强制医疗意见,或者被强制医疗的人及其近亲属申请解除强制医疗的,人民法院应当审查是否附有对被强制医疗的人的诊断评估报告。

强制医疗机构提出解除强制医疗意见,未附诊断评估报告的,人民法院应当要求其提供。

被强制医疗的人及其近亲属向人民法院申请解除强制医疗,强制医疗机构未提供诊断评估报告的,申请人可以申请人民法院调取。必要时,人民法院可以委托鉴定机构对被强制医疗的人进行鉴定。

第六百四十七条 强制医疗机构提出解除强制医疗意见,或者被强制医疗的人及其近亲属申请解除强制医疗的,人民法院应当组成合议庭进行审查,并在一个月以内,按照下列情形分别处理:

（一）被强制医疗的人已不具有人身危险性，不需要继续强制医疗的，应当作出解除强制医疗的决定，并可责令被强制医疗的人的家属严加看管和医疗；

（二）被强制医疗的人仍具有人身危险性，需要继续强制医疗的，应当作出继续强制医疗的决定。

对前款规定的案件，必要时，人民法院可以开庭审理，通知人民检察院派员出庭。

人民法院应当在作出决定后五日以内，将决定书送达强制医疗机构、申请解除强制医疗的人、被决定强制医疗的人和人民检察院。决定解除强制医疗的，应当通知强制医疗机构在收到决定书的当日解除强制医疗。

司法疑难解析

1. 解除强制医疗申请被驳回后的程序救济。根据《刑事诉讼法》第三百零五条的规定，对于强制医疗决定不服的，只能向上一级人民法院进行复议，不能上诉。按照这一精神，对解除强制医疗申请予以驳回的，似亦不能上诉，但在六个月后再次提出申请的，人民法院应当受理。鉴此，《刑诉法解释》第六百四十五条第二款规定："被强制医疗的人及其近亲属提出的解除强制医疗申请被人民法院驳回，六个月后再次提出申请的，人民法院应当受理。"据此，被强制医疗的人及其近亲属提出的解除强制医疗申请被人民法院驳回后六个月内，如果没有新的事实、证据，不得再次提出申请，否则人民法院不予受理。当然，对于强制医疗机构则无此约束，一旦符合解除强制医疗的条件，就应当及时提出申请。

2. 解除强制医疗案件审查方式的把握。根据《刑诉法解释》第六百四十七条第二款的规定，对于解除强制医疗案件，"必要时，人民法院可以开庭审理"。据此，对于解除强制医疗的案件审查方式，应当根据案件具体情况确定，一般可采用书面方式审查，但应当询问被强制医疗的人及其近亲属，听取强制医疗机构、有精神病医学专门知识的人的意见；如有关方面存在意见分歧的，特别是强制医疗机构提出解除申请，但经初步审查认为不符合解除条件，拟不予同意，或者被强制医疗的人及其近亲属提出解除申请，经初步审查认为符合条件，但强制医疗机构提出异议的，则应考虑开庭审查。

第三百零七条【检察机关对强制医疗程序的监督】人民检察院对强制医疗的决定和执行实行监督。

■ **立法沿革**

本条系 2012 年《刑事诉讼法修改决定》增加的规定,2018 年修改《刑事诉讼法》时未作调整。

■ **基本规范**

《**最高人民法院关于适用〈中华人民共和国刑事诉讼法〉的解释**》(法释〔2021〕1 号,自 2021 年 3 月 1 日起施行)

第二十六章 依法不负刑事责任的精神病人的强制医疗程序

第六百四十八条 人民检察院认为强制医疗决定或者解除强制医疗决定不当,在收到决定书后二十日以内提出书面纠正意见的,人民法院应当另行组成合议庭审理,并在一个月以内作出决定。

《**人民检察院刑事诉讼规则**》(高检发释字〔2019〕4 号,自 2019 年 12 月 30 日起施行)

第十二章 特别程序

第五节 依法不负刑事责任的精神病人的强制医疗程序

第五百四十五条 人民检察院发现人民法院强制医疗案件审理活动具有下列情形之一的,应当提出纠正意见:

(一)未通知被申请人或者被告人的法定代理人到场的;

(二)被申请人或者被告人没有委托诉讼代理人,未通知法律援助机构指派律师为其提供法律帮助的;

(三)未组成合议庭或者合议庭组成人员不合法的;

(四)未经被申请人、被告人的法定代理人请求直接作出不开庭审理决定的;

(五)未会见被申请人的;

(六)被申请人、被告人要求出庭且具备出庭条件,未准许其出庭的;

(七)违反法定审理期限的;

(八)收到人民检察院对强制医疗决定不当的书面纠正意见后,未另行组成合议庭审理或者未在一个月以内作出复议决定的;

(九)人民法院作出的强制医疗决定或者驳回强制医疗申请决定不当的;

(十)其他违反法律规定的情形。

第五百四十六条 出席法庭的检察官发现人民法院或者审判人员审理强制医疗案件违反法律规定的诉讼程序,应当记录在案,并在休庭后及时向检察长报告,由人民检察院在庭审后向人民法院提出纠正意见。

第五百四十七条　人民检察院认为人民法院作出的强制医疗决定或者驳回强制医疗申请的决定,具有下列情形之一的,应当在收到决定书副本后二十日以内向人民法院提出纠正意见:

(一)据以作出决定的事实不清或者确有错误的;

(二)据以作出决定的证据不确实、不充分的;

(三)据以作出决定的证据依法应当予以排除的;

(四)据以作出决定的主要证据之间存在矛盾的;

(五)有确实、充分的证据证明应当决定强制医疗而予以驳回的,或者不应当决定强制医疗而决定强制医疗的;

(六)审理过程中严重违反法定诉讼程序,可能影响公正审理和决定的。

第五百四十八条第二款　人民法院作出宣告被告人无罪或者不负刑事责任的判决和强制医疗决定的,人民检察院应当进行审查。对判决确有错误的,应当依法提出抗诉;对强制医疗决定不当或者未作出强制医疗的决定不当的,应当提出纠正意见。

第五百四十九条　人民法院收到被决定强制医疗的人、被害人及其法定代理人、近亲属复议申请后,未组成合议庭审理,或者未在一个月以内作出复议决定,或者有其他违法行为的,人民检察院应当提出纠正意见。

第五百五十条　人民检察院对于人民法院批准解除强制医疗的决定实行监督,发现人民法院解除强制医疗的决定不当的,应当提出纠正意见。

第十四章　刑罚执行和监管执法监督

第七节　强制医疗执行监督

第六百五十一条　人民检察院发现人民法院、公安机关、强制医疗机构在对依法不负刑事责任的精神病人的强制医疗的交付执行、医疗、解除等活动中违反有关规定的,应当依法提出纠正意见。

第六百五十二条　人民检察院在强制医疗执行监督中发现被强制医疗的人不符合强制医疗条件或者需要依法追究刑事责任,人民法院作出的强制医疗决定可能错误的,应当在五日以内将有关材料转交作出强制医疗决定的人民法院的同级人民检察院。收到材料的人民检察院负责捕诉的部门应当在二十日以内进行审查,并将审查情况和处理意见反馈负责强制医疗执行监督的人民检察院。

第六百五十三条　人民检察院发现公安机关在对涉案精神病人采取临时保护性约束措施时有违法情形的,应当依法提出纠正意见。

其他规范

《人民检察院强制医疗执行检察办法（试行）》（高检发执检字〔2016〕9号）
第一章 总 则
第一条 为了加强和规范强制医疗执行检察工作，根据《中华人民共和国刑法》、《中华人民共和国刑事诉讼法》等法律规定，结合检察工作实际，制定本办法。
第二条 人民检察院强制医疗执行检察的任务，是保证国家法律法规在强制医疗执行活动中正确实施，维护被强制医疗人的合法权利，保障强制医疗执行活动依法进行。
第三条 人民检察院强制医疗执行检察的职责是：
（一）对人民法院、公安机关的交付执行活动是否合法实行监督；
（二）对强制医疗机构的收治、医疗、监管等活动是否合法实行监督；
（三）对强制医疗执行活动中发生的职务犯罪案件进行侦查，开展职务犯罪预防工作；
（四）受理被强制医疗人及其法定代理人、近亲属的控告、举报和申诉；
（五）其他依法应当履行的监督职责。
第四条 对人民法院、公安机关交付执行活动的监督，由同级人民检察院负责。
对强制医疗执行活动的监督，由人民检察院刑事执行检察部门负责。
第五条 人民检察院案件管理部门收到人民法院的强制医疗决定书副本后，应当在一个工作日内移送本院刑事执行检察部门。刑事执行检察部门应当及时填写《强制医疗交付执行告知表》，连同强制医疗决定书复印件一并送达承担强制医疗机构检察任务的人民检察院刑事执行检察部门。
第六条 对强制医疗所的强制医疗执行活动，人民检察院可以实行派驻检察或者巡回检察。对受政府指定临时履行强制医疗职能的精神卫生医疗机构的强制医疗执行活动，人民检察院应当实行巡回检察。
检察强制医疗执行活动时，检察人员不得少于二人，其中至少一人应当为检察官。
第二章 交付执行检察
第七条 人民法院作出强制医疗决定后，人民检察院应当对下列强制医疗交付执行活动实行监督：
（一）人民法院的交付执行活动是否符合有关法律规定；

（二）公安机关是否依法将被决定强制医疗的人送交强制医疗机构执行；
（三）强制医疗机构是否依法收治被决定强制医疗的人；
（四）其他应当检察的内容。

第八条　交付执行检察的方法：
（一）赴现场进行实地检察；
（二）审查强制医疗决定书、强制医疗执行通知书、证明被强制医疗人无刑事责任能力的鉴定意见书等相关法律文书；
（三）与有关人员谈话；
（四）其他方法。

第九条　人民法院、公安机关、强制医疗机构在交付执行活动中有下列情形之一的，人民检察院应当依法及时提出纠正意见：
（一）人民法院在作出强制医疗决定后五日以内未向公安机关送达强制医疗决定书和强制医疗执行通知书的；
（二）公安机关没有依法将被决定强制医疗的人送交强制医疗机构执行的；
（三）交付执行的相关法律文书及其他手续不完备的；
（四）强制医疗机构对被决定强制医疗的人拒绝收治的；
（五）强制医疗机构收治未被人民法院决定强制医疗的人的；
（六）其他违法情形。

第三章　医疗、监管活动检察

第十条　医疗、监管活动检察的内容：
（一）强制医疗机构的医疗、监管活动是否符合有关规定；
（二）强制医疗机构是否依法开展诊断评估等相关工作；
（三）被强制医疗人的合法权利是否得到保障；
（四）其他应当检察的内容。

第十一条　医疗、监管活动检察的方法：
（一）查阅被强制医疗人名册、有关法律文书、被强制医疗人的病历、诊断评估意见、会见、通信登记等材料；
（二）赴被强制医疗人的医疗、生活现场进行实地检察；
（三）与强制医疗机构工作人员谈话，了解情况，听取意见；
（四）与被强制医疗人或者其法定代理人、近亲属谈话，了解有关情况；
（五）其他方法。

第十二条　人民检察院发现强制医疗机构有下列情形之一的，应当依法及时提出纠正意见：

(一)强制医疗工作人员的配备以及医疗、监管安全设施、设备不符合有关规定的;

(二)没有依照法律法规对被强制医疗人实施必要的医疗的;

(三)没有依照规定保障被强制医疗人生活标准的;

(四)没有依照规定安排被强制医疗人与其法定代理人、近亲属会见、通信的;

(五)殴打、体罚、虐待或者变相体罚、虐待被强制医疗人,违反规定对被强制医疗人使用约束措施,或者有其他侵犯被强制医疗人合法权利行为的;

(六)没有依照规定定期对被强制医疗人进行诊断评估的;

(七)对被强制医疗人及其法定代理人、近亲属提出的解除强制医疗的申请,没有及时审查处理,或者没有及时转送作出强制医疗决定的人民法院的;

(八)其他违法情形。

第四章 解除强制医疗活动检察

第十三条 解除强制医疗活动检察的内容:

(一)对于已不具有人身危险性,不需要继续强制医疗的被强制医疗人,强制医疗机构是否依法及时提出解除意见,报送作出强制医疗决定的人民法院;

(二)强制医疗机构对被强制医疗人解除强制医疗的活动是否符合有关法律规定;

(三)被解除强制医疗的人离开强制医疗机构有无相关凭证;

(四)其他应当检察的内容。

第十四条 解除强制医疗活动检察的方法:

(一)查阅强制医疗机构解除强制医疗的法律文书和登记;

(二)与被解除强制医疗的人进行个别谈话,了解情况;

(三)其他方法。

第十五条 人民检察院发现强制医疗机构有下列情形之一的,应当依法及时提出纠正意见:

(一)对于不需要继续强制医疗的被强制医疗人,没有及时向作出强制医疗决定的人民法院提出解除意见,或者对需要继续强制医疗的被强制医疗人,不应当提出解除意见而向人民法院提出解除意见的;

(二)收到人民法院作出的解除强制医疗决定书后,不立即解除强制医疗的;

(三)被解除强制医疗的人没有相关凭证或者凭证不全的;

(四)被解除强制医疗的人与相关凭证不符的;

（五）其他违法情形。

第五章 事故、死亡检察

第十六条 强制医疗事故检察的内容：

（一）被强制医疗人脱逃的；

（二）被强制医疗人发生群体性病疫的；

（三）被强制医疗人非正常死亡的；

（四）被强制医疗人伤残的；

（五）其他事故。

第十七条 强制医疗事故检察的方法：

（一）检察人员接到事故报告后，应当立即赶赴现场了解情况，并及时报告检察长和上一级人民检察院；

（二）深入现场，调查取证；

（三）与强制医疗机构共同分析事故原因，研究对策，完善医疗、监管措施。

第十八条 被强制医疗人在强制医疗期间死亡的，依照最高人民检察院关于监管场所被监管人死亡检察程序的规定进行检察。

第六章 受理控告、举报和申诉

第十九条 人民检察院应当依法受理被强制医疗人及其法定代理人、近亲属的控告、举报和申诉，并及时审查处理。人民检察院刑事执行检察部门应当自受理之日起十五个工作日以内将处理情况书面反馈控告人、举报人、申诉人。

人民检察院刑事执行检察部门对不服强制医疗决定的申诉，应当移送作出强制医疗决定的人民法院的同级人民检察院公诉部门办理，并跟踪督促办理情况和办理结果，及时将办理情况书面反馈控告人、举报人、申诉人。

第二十条 人民检察院应当在强制医疗机构设立检察官信箱，接收控告、举报、申诉等有关信件。检察人员应当定期开启检察官信箱。

检察人员应当及时与要求约见的被强制医疗人或者其法定代理人、近亲属等谈话，听取情况反映，受理控告、举报、申诉。

第二十一条 人民检察院收到被强制医疗人或者其法定代理人、近亲属提出的解除强制医疗的申请后，应当在三个工作日以内转交强制医疗机构审查，并监督强制医疗机构是否及时审查申请、诊断评估、提出解除意见等活动是否合法。

第二十二条 人民检察院在强制医疗执行监督中发现被强制医疗人不符合强制医疗条件，人民法院作出的强制医疗决定可能错误的，应当在五个工作日以内报经检察长批准，将有关材料转交作出强制医疗决定的人民法院的同级人民检察院。收到材料的人民检察院公诉部门应当在二十个工作日以内进行审查,并将审查情况和处理意见书面反馈负责强制医疗执行监督的人民检察院。

第七章　纠正违法和检察建议

第二十三条　人民检察院在强制医疗执行检察中,发现违法情形的,应当按照下列程序处理:

(一)检察人员发现轻微违法情况且被监督单位可以现场纠正的,可以当场提出口头纠正意见,并及时向刑事执行检察部门负责人或者检察长报告,填写《检察纠正违法情况登记表》;

(二)发现严重违法情况,或者在提出口头纠正意见后被监督单位在七日以内未予纠正且不说明理由的,应当报经检察长批准,及时发出纠正违法通知书,并将纠正违法通知书副本抄送被监督单位的上一级机关;

(三)人民检察院发出纠正违法通知书后十五日以内,被监督单位仍未纠正或者回复意见的,应当及时向上一级人民检察院报告,上一级人民检察院应当监督纠正。

对严重违法情况,刑事执行检察部门应当填写《严重违法情况登记表》,向上一级人民检察院刑事执行检察部门报告。

第二十四条　被监督单位对人民检察院的纠正违法意见书面提出异议的,人民检察院应当及时复议,并将复议决定通知被监督单位。

被监督单位对于复议结论仍然有异议的,可以向上一级人民检察院申请复核。上一级人民检察院应当及时作出复核决定,并通知被监督单位和下一级人民检察院。

人民检察院刑事执行检察部门具体承办复议、复核工作。

第二十五条　人民检察院发现强制医疗执行活动中存在执法不规范、安全隐患等问题的,应当报经检察长批准,向有关单位提出检察建议。

第二十六条　人民检察院发现公安机关、人民法院、强制医疗机构的工作人员在强制医疗活动中有违纪违法行为的,应当报请检察长决定后及时移送有关部门处理;构成犯罪的,应当依法追究刑事责任。

第八章　附　则

第二十七条　被强制医疗人是指被人民法院依照刑事诉讼法的规定决定强制医疗并送强制医疗机构执行的精神病人。

第二十八条　对2012年12月31日以前公安机关依据《中华人民共和国刑法》第十八条的规定决定强制医疗且2013年1月1日以后仍在强制医疗机构被执行强制医疗的精神病人,人民检察院应当对其被执行强制医疗的活动实行监督。

第二十九条　公安机关在强制医疗机构内对涉案精神病人采取临时保护性约束措施的,人民检察院参照本办法对临时保护性约束措施的执行活动实行监督,发现违法情形的,应当提出纠正意见。

第三十条　检察人员在强制医疗执行检察工作中有违纪违法行为的,应当按照有关规定追究违纪违法责任;构成犯罪的,应当依法追究刑事责任。

第三十一条　本办法自发布之日起试行。

《人民检察院强制医疗决定程序监督工作规定》(高检发诉字〔2018〕1号,自 2018 年 2 月 1 日起施行)

第一条　为了规范人民检察院强制医疗决定程序监督工作,维护公共安全,维护诉讼参与人的合法权利,保障强制医疗程序的正确实施,根据《中华人民共和国刑法》《中华人民共和国刑事诉讼法》等规定,结合检察工作实际,制定本规定。

第二条　强制医疗决定程序的监督,由人民检察院公诉部门负责。涉及未成年人的,由未成年人检察部门负责。

第三条　人民检察院办理公安机关移送的强制医疗案件,应当审查公安机关移送的强制医疗意见书,以及鉴定意见等证据材料,并注意发现和纠正以下违法情形:

(一)对涉案精神病人的鉴定程序违反法律规定的;

(二)对涉案精神病人采取临时保护性约束措施不当的;

(三)其他违反法律规定的情形。

第四条　人民检察院办理公安机关移送的强制医疗案件,可以会见涉案精神病人,询问办案人员、鉴定人,听取涉案精神病人法定代理人、诉讼代理人意见,向涉案精神病人的主治医生、近亲属、邻居、其他知情人员或者基层组织等了解情况,向被害人及其法定代理人、近亲属等了解情况,就有关专门性技术问题委托具有法定资质的鉴定机构、鉴定人进行鉴定,开展相关调查。

相关调查情况应当记录并附卷。

第五条　人民检察院发现公安机关应当启动强制医疗程序而不启动的,可以要求公安机关在七日以内书面说明不启动的理由。

经审查,认为公安机关不启动理由不能成立的,应当通知公安机关启动强制医疗程序。

公安机关收到启动强制医疗程序通知书后,未按要求启动强制医疗程序的,人民检察院应当向公安机关提出纠正意见。

第六条 人民检察院办理公安机关移送的强制医疗案件,发现公安机关对涉案精神病人进行鉴定的程序有下列情形之一的,应当依法提出纠正意见:
(一)鉴定机构不具备法定资质,或者精神病鉴定超出鉴定机构业务范围、技术条件的;
(二)鉴定人不具备法定资质,精神病鉴定超出鉴定人业务范围,或者违反回避规定的;
(三)鉴定程序违反法律、有关规定,鉴定的过程和方法违反相关专业的规范要求的;
(四)鉴定文书不符合法定形式要件的;
(五)鉴定意见没有依法及时告知相关人员的;
(六)鉴定人故意作虚假鉴定的;
(七)其他违反法律规定的情形。
人民检察院对精神病鉴定程序进行监督,可以要求公安机关补充鉴定或者重新鉴定,必要时,可以询问鉴定人并制作笔录,或者委托具有法定资质的鉴定机构进行补充鉴定或者重新鉴定。

第七条 人民检察院发现公安机关对涉案精神病人采取临时保护性约束措施,有下列情形之一的,应当依法提出纠正意见:
(一)不应当采取而采取临时保护性约束措施的;
(二)采取临时保护性约束措施的方式、方法和力度不当,超过避免和防止危害他人和精神病人自身安全的必要限度的;
(三)对已无继续危害社会可能,解除约束措施后不致发生社会危害性的涉案精神病人,未及时解除保护性约束措施的;
(四)其他违反法律规定的情形。
人民检察院认为公安机关有必要采取临时保护性约束措施而公安机关尚未采取的,可以建议公安机关采取临时保护性约束措施。

第八条 人民检察院对人民法院强制医疗案件审理活动实行监督,主要发现和纠正以下违法情形:
(一)未通知被申请人或者被告人的法定代理人到场的;
(二)被申请人或者被告人没有委托诉讼代理人,未通知法律援助机构指派律师为其提供法律帮助的;
(三)未组成合议庭或者合议庭组成人员不合法的;
(四)未经被申请人、被告人的法定代理人请求直接作出不开庭审理决定的;

（五）未会见被申请人的；
（六）被申请人、被告人要求出庭且具备出庭条件，未准许其出庭的；
（七）违反法定审理期限的；
（八）收到人民检察院对强制医疗决定不当的书面纠正意见后，未另行组成合议庭审理或者未在一个月以内作出复议决定的；
（九）人民法院作出的强制医疗决定或者驳回强制医疗申请决定不当的；
（十）其他违反法律规定的情形。
人民检察院发现人民法院强制医疗案件审理活动有前款规定的违法情形的，应当依法提出纠正意见。

第九条　人民法院对强制医疗案件开庭审理的，人民检察院应当派员出席法庭，审查人民法院作出的强制医疗决定、驳回强制医疗申请的决定、宣告被告人依法不负刑事责任的判决是否符合法律规定。

第十条　人民检察院对人民法院强制医疗案件审理活动实行监督，可以参照本规定第四条规定的方式开展调查。相关调查情况应当记录并附卷。

第十一条　出席法庭的检察人员发现人民法院审理强制医疗案件违反法律规定的诉讼程序，应当记录在案，并在休庭后及时向检察长报告，由人民检察院在庭审后向人民法院提出纠正意见。

第十二条　人民法院拟不开庭审理的强制医疗案件，人民检察院认为开庭审理更为适宜的，可以建议人民法院开庭审理。

第十三条　人民检察院认为被申请人的身体和精神状况适宜到庭，且到庭更有利于查明案件事实的，可以建议人民法院准许其到庭。

第十四条　人民检察院审查同级人民法院强制医疗决定书或者驳回强制医疗申请决定书，可以听取被害人及其法定代理人、近亲属的意见并记录附卷。

第十五条　人民检察院发现人民法院作出的强制医疗的决定或者驳回强制医疗申请的决定，有下列情形之一的，应当在收到决定书副本后二十日以内向人民法院提出书面纠正意见：
（一）据以作出决定的事实不清或者确有错误的；
（二）据以作出决定的证据不确实、不充分的；
（三）据以作出决定的证据依法应当予以排除的；
（四）据以作出决定的主要证据之间存在矛盾的；
（五）有确实、充分的证据证明应当决定强制医疗而予以驳回，或者不应当决定强制医疗而决定强制医疗的；
（六）审理过程中严重违反法定诉讼程序，可能影响公正审理和决定的。

第十六条　对于人民检察院提起公诉的案件,人民法院在审理案件过程中发现被告人可能符合强制医疗条件,决定依法适用强制医疗程序进行审理的,人民检察院应当在庭审中发表意见。

对人民法院作出的宣告被告人无罪或者不负刑事责任的判决、强制医疗决定,人民检察院应当进行审查。对判决确有错误的,应当依法提出抗诉,对强制医疗决定或者未作出强制医疗的决定不当的,应当提出书面纠正意见。

人民法院未适用强制医疗程序对案件进行审理,或者未判决宣告被告人不负刑事责任,直接作出强制医疗决定的,人民检察院应当提出书面纠正意见。

第十七条　在强制医疗执行过程中发现强制医疗决定确有错误的,由作出决定的人民法院的同级人民检察院向人民法院提出书面纠正意见。

前款规定的工作由人民检察院公诉部门办理。

第十八条　人民法院收到被决定强制医疗的人、被害人及其法定代理人、近亲属复议申请后,未组成合议庭审理,或者未在一个月内作出复议决定,或者有其他违法行为的,由收到复议决定的人民法院的同级人民检察院向人民法院提出书面纠正意见。

第十九条　人民检察院在办理强制医疗案件中发现公安机关的违法情形,对于情节较轻的,可以由检察人员以口头方式向侦查人员或者公安机关负责人提出纠正意见,并及时向本部门负责人汇报;必要的时候,由部门负责人提出。对于情节较重的违法情形,应当报请检察长批准后,向公安机关发出纠正违法通知书。构成犯罪的,移送有关部门依法追究刑事责任。

人民检察院在办理强制医疗案件中发现人民法院的违法情形,参照前款规定执行。

人民检察院在强制医疗执行监督中发现被强制医疗的人不符合强制医疗条件或者需要依法追究刑事责任,将有关材料转交作出强制医疗决定的人民法院的同级人民检察院的,收到材料的人民检察院公诉部门应当在二十日以内进行审查,并将审查情况和处理意见反馈负责强制医疗执行监督的人民检察院。

第二十条　公安机关、人民法院对纠正意见申请复查的,人民检察院应当在七日以内进行复查,并将复查结果及时通知申请复查机关。经过复查,认为纠正意见正确的,应当及时向上一级人民检察院报告;认为纠正意见错误的,应当及时予以撤销。

上一级人民检察院经审查,认为下级人民检察院纠正意见正确的,应当及时通知同级人民法院、公安机关督促下级人民法院、公安机关根据纠正意见进行纠正;认为下级人民检察院纠正意见不正确的,应当书面通知下级人民检察院予以撤销,下级人民检察院应当执行,并及时向人民法院、公安机关及有关人员说明情况。有申诉人、控告人的,应当将处理结果及时回复申诉人、控告人。

第二十一条 人民检察院应当及时了解公安机关、人民法院对纠正意见的执行情况。

人民检察院提出的纠正意见,公安机关和人民法院没有正当理由不纠正的,应当向上一级人民检察院报告。上级人民检察院认为下级人民检察院意见正确的,应当及时通知同级公安机关、人民法院督促下级公安机关、人民法院纠正;上级人民检察院认为下级人民检察院纠正违法的意见错误的,应当通知下级人民检察院撤销书面纠正意见,并通知同级公安机关、人民法院。

第二十二条 各省、自治区、直辖市人民检察院可以结合本地实际,对实施强制医疗决定程序监督的检察官权力清单作出规定。

第二十三条 本规定由最高人民检察院负责解释。

第二十四条 本规定自印发之日起施行。

司法疑难解析

"人民检察院对强制医疗的决定和执行实行监督"的理解。《刑事诉讼法》第三百零七条规定:"人民检察院对强制医疗的决定和执行实行监督。"**本评注认为:**(1)《刑诉法解释》第六百四十七条第二款规定:"……必要时,人民法院可以开庭审理,通知人民检察院派员出庭。"这一规定旨在便于人民检察院更好地对强制医疗的解除履行法律监督职责。需要注意的是,通知人民检察院出庭,主要是听取其关于解除强制医疗的意见。(2)根据《刑事诉讼法》第三百零五条第二款的规定,提出强制医疗申请的人民检察院对人民法院的强制医疗决定不服的,不能向上一级人民法院申请复议。据此,人民检察院对强制医疗决定不服的,只能向作出决定的人民法院提出书面纠正意见,人民法院应当另行组成合议庭审理。另外,人民检察院还可以对强制医疗的执行实行监督,如果发现被强制医疗的人已经符合解除条件,但强制医疗机构没有提出解除意见的,可以责令该医疗机构改正。

附则

第三百零八条 【军队保卫部门、中国海警局、监狱的侦查权】军队保卫部门对军队内部发生的刑事案件行使侦查权。

中国海警局履行海上维权执法职责,对海上发生的刑事案件行使侦查权。

对罪犯在监狱内犯罪的案件由监狱进行侦查。

军队保卫部门、中国海警局、监狱办理刑事案件,适用本法的有关规定。

立法沿革

1996年《刑事诉讼法》第二百二十五条规定:"军队保卫部门对军队内部发生的刑事案件行使侦查权。""对罪犯在监狱内犯罪的案件由监狱进行侦查。""军队保卫部门、监狱办理刑事案件,适用本法的有关规定。"2012年修改《刑事诉讼法》时未作调整。2018年《刑事诉讼法修改决定》增加规定中国海警局的刑事侦查权。

相关规定

《全国人民代表大会常务委员会关于中国人民解放军保卫部门对军队内部发生的刑事案件行使公安机关的侦查、拘留、预审和执行逮捕的职权的决定》(自1993年12月29日起施行)

中国人民解放军保卫部门承担军队内部发生的刑事案件的侦查工作,同公安机关对刑事案件的侦查工作性质是相同的,因此,军队保卫部门对军队内部发生的刑事案件,可以行使宪法和法律规定的公安机关的侦查、拘留、预审和执行逮捕的职权。

《中华人民共和国监狱法》(修正后自2013年1月1日起施行,节录)

第六十条 对罪犯在监狱内犯罪的案件,由监狱进行侦查。侦查终结后,写出起诉意见书,连同案卷材料、证据一并移送人民检察院。

《全国人民代表大会常务委员会关于中国海警局行使海上维权执法职权的决定》(自2018年7月1日起施行)

为了贯彻落实党的十九大和十九届三中全会精神,按照党中央批准的《深化党和国家机构改革方案》和《武警部队改革实施方案》决策部署,海警队伍整体划归中国人民武装警察部队领导指挥,调整组建中国人民武装警察部队海警总队,称中国海警局,中国海警局统一履行海上维权执法职责。现就中国海警局相关职权作出如下决定:

一、中国海警局履行海上维权执法职责,包括执行打击海上违法犯罪活动、维护海上治安和安全保卫、海洋资源开发利用、海洋生态环境保护、海洋渔业管理、海上缉私等方面的执法任务,以及协调指导地方海上执法工作。

二、中国海警局执行打击海上违法犯罪活动、维护海上治安和安全保卫等任务,行使法律规定的公安机关相应执法职权;执行海洋资源开发利用、海洋生态环境保护、海洋渔业管理、海上缉私等方面的执法任务,行使法律规定的有关行政机关相应执法职权。中国海警局与公安机关、有关行政机关建立执法协作机制。

三、条件成熟时,有关方面应当及时提出制定、修改有关法律的议案,依照法定程序提请审议。

四、本决定自2018年7月1日起施行。

《中华人民共和国海警法》(自2021年2月1日起施行,节录)

第三十八条 海警机构办理海上发生的刑事案件,依照《中华人民共和国刑事诉讼法》和本法的有关规定行使侦查权,采取侦查措施和刑事强制措施。

基本规范

《最高人民法院关于适用〈中华人民共和国刑事诉讼法〉的解释》(法释〔2021〕1号,自2021年3月1日起施行)

第二十七章 附 则

第六百五十四条 本解释有关公安机关的规定,依照刑事诉讼法的有关规定,适用于国家安全机关、军队保卫部门、中国海警局和监狱。①

《人民检察院刑事诉讼规则》(高检发释字〔2019〕4号,自2019年12月30日起施行)

第十七章 附 则

第六百八十条 人民检察院办理国家安全机关、海警机关、监狱移送的刑事案件以及对国家安全机关、海警机关、监狱立案、侦查活动的监督,适用本规则关于公安机关的规定。

---

① 需要注意的是,由于职责有所差异,本司法解释关于公安机关的规定,并不必然适用于其他侦查机关,具体哪些可以适用,需要根据《刑事诉讼法》的有关规定具体分析。——本评注注

其他规范

《办理军队和地方互涉刑事案件规定》(最高人民法院、最高人民检察院、公安部、国家安全部、司法部、解放军总政治部,政保〔2009〕1号,自2009年8月1日起施行)

第一条　为了规范办理军队和地方互涉刑事案件(以下简称军地互涉案件)工作,依法及时有效打击犯罪,保护国家军事利益,维护军队和社会稳定,根据刑法、刑事诉讼法和其他有关规定,制定本规定。

第二条　本规定适用于下列案件:

(一)军人与地方人员共同犯罪的;

(二)军人在营区外犯罪的;

(三)军人在营区侵害非军事利益犯罪的;

(四)地方人员在营区犯罪的;

(五)地方人员在营区外侵害军事利益犯罪的;

(六)其他需要军队和地方协作办理的案件。

第三条　办理军地互涉案件,应当坚持分工负责、相互配合、及时规范、依法处理的原则。

第四条　对军人的侦查、起诉、审判,由军队保卫部门、军事检察院、军事法院管辖。军队文职人员、非现役公勤人员、在编职工、由军队管理的离退休人员,以及执行军事任务的预备役人员和其他人员,按照军人确定管辖。

对地方人员的侦查、起诉、审判,由地方公安机关、国家安全机关、人民检察院、人民法院管辖。列入中国人民武装警察部队序列的公安边防、消防、警卫部队人员,按照地方人员确定管辖。

第五条　发生在营区的案件,由军队保卫部门或者军事检察院立案侦查;其中犯罪嫌疑人不明确且侵害非军事利益的,由军队保卫部门或者军事检察院与地方公安机关或者国家安全机关、人民检察院,按照管辖分工共同组织侦查,查明犯罪嫌疑人属于本规定第四条第二款规定管辖的,移交地方公安机关或者国家安全机关、人民检察院处理。

发生在营区外的案件,由地方公安机关或者国家安全机关、人民检察院立案侦查;查明犯罪嫌疑人属于本规定第四条第一款规定管辖的,移交军队保卫部门或者军事检察院处理。

第六条　军队和地方共同使用的营房、营院、机场、码头等区域发生的案件,发生在军队管理区域的,按照本规定第五条第一款的规定办理;发生在地方管理区域的，按照本规定第五条第二款的规定办理。管理区域划分不明确的，由军队和地方主管机关协商办理。

军队在地方国家机关和单位设立的办公场所、对外提供服务的场所、实行物业化管理的住宅小区，以及在地方执行警戒勤务任务的部位、住处发生的案件，按照本规定第五条第二款的规定办理。

第七条 军人入伍前涉嫌犯罪需要依法追究刑事责任的，由地方公安机关、国家安全机关、人民检察院提供证据材料，送交军队军级以上单位保卫部门、军事检察院审查后，移交地方公安机关、国家安全机关、人民检察院处理。

军人退出现役后，发现其在服役期内涉嫌犯罪的，由地方公安机关、国家安全机关、人民检察院处理；但涉嫌军人违反职责罪的，由军队保卫部门、军事检察院处理。

第八条 军地互涉案件管辖不明确的，由军队军区级以上单位保卫部门、军事检察院、军事法院与地方省级公安机关、国家安全机关、人民检察院、人民法院协商确定管辖；管辖有争议或者情况特殊的案件，由总政治部保卫部与公安部、国家安全部协商确定，或者由解放军军事检察院、解放军军事法院报请最高人民检察院、最高人民法院指定管辖。

第九条 军队保卫部门、军事检察院、军事法院和地方公安机关、国家安全机关、人民检察院、人民法院对于军地互涉案件的报案、控告、举报或者犯罪嫌疑人自首的，都应当接受。对于不属于自己管辖的，应当移送主管机关处理，并通知报案人、控告人、举报人；对于不属于自己管辖而又必须采取紧急措施的，应当先采取紧急措施，然后移送主管机关处理。

第十条 军人在营区外作案被当场抓获或者有重大犯罪嫌疑的，地方公安机关、国家安全机关、人民检察院可以对其采取紧急措施，二十四小时内通知军队有关部门，及时移交军队保卫部门、军事检察院处理；地方人员在营区作案被当场抓获或者有重大犯罪嫌疑的，军队保卫部门、军事检察院可以对其采取紧急措施，二十四小时内移交地方公安机关、国家安全机关、人民检察院处理。

第十一条 地方人员涉嫌非法生产、买卖军队制式服装，伪造、盗窃、买卖或者非法提供、使用军队车辆号牌等专用标志，伪造、变造、买卖或者盗窃、抢夺军队公文、证件、印章，非法持有属于军队绝密、机密的文件、资料或者其他物品，冒充军队单位和人员犯罪等被军队当场查获的，军队保卫部门可以对其采取紧急措施，核实身份后二十四小时内移交地方公安机关处理。

第十二条 军队保卫部门、军事检察院办理案件，需要在营区外采取侦查措施的，应当通报地方公安机关、国家安全机关、人民检察院，地方公安机关、国家安全机关、人民检察院应当协助实施。

地方公安机关、国家安全机关、人民检察院办理案件,需要在营区采取侦查措施的,应当通报军队保卫部门、军事检察院,军队保卫部门、军事检察院应当协助实施。

第十三条 军队保卫部门、军事检察院、军事法院和地方公安机关、国家安全机关、人民检察院、人民法院相互移交案件时,应当将有关证据材料和赃款赃物等随案移交。

军队保卫部门、军事检察院、军事法院和地方公安机关、国家安全机关、人民检察院、人民法院依法获取的证据材料、制作的法律文书等,具有同等法律效力。

第十四条 军队保卫部门、军事检察院、军事法院和地方公安机关、国家安全机关、人民检察院、人民法院办理案件,经军队军区级以上单位保卫部门、军事检察院、军事法院与地方省级以上公安机关、国家安全机关、人民检察院、人民法院协商同意后,可以凭相关法律手续相互代为羁押犯罪嫌疑人、被告人。

第十五条 军队保卫部门、军事检察院、军事法院和地方公安机关、国家安全机关、人民检察院、人民法院对共同犯罪的军人和地方人员分别侦查、起诉、审判的,应当及时协调,依法处理。

第十六条 军人因犯罪被判处刑罚并开除军籍的,除按照有关规定在军队执行刑罚的以外,移送地方执行刑罚。

地方人员被军事法院判处刑罚的,除掌握重要军事秘密的以外,移送地方执行刑罚。

军队和地方需要相互代为对罪犯执行刑罚、调整罪犯关押场所的,由总政治部保卫部与司法部监狱管理部门或者公安部、国家安全部监所管理部门协商同意后,凭相关法律手续办理。

第十七条 战时发生的侵害军事利益或者危害军事行动安全的军地互涉案件,军队保卫部门、军事检察院可先行对涉嫌犯罪的地方人员进行必要的调查和采取相应的强制措施。查清主要犯罪事实后,移交地方公安机关、国家安全机关、人民检察院处理。

第十八条 军队保卫部门、军事检察院、军事法院和地方公安机关、国家安全机关、人民检察院、人民法院应当建立健全办案协作机制,加强信息通报、技术支持和协作配合。

第十九条 本规定所称军人,是指中国人民解放军的现役军官、文职干部、士兵及具有军籍的学员和中国人民武装警察部队的现役警官、文职干部、士兵及具有军籍的学员;军人身份自批准入伍之日获取,批准退出现役之日终止。

第二十条　本规定所称营区,是指由军队管理使用的区域,包括军事禁区、军事管理区,以及军队设立的临时驻地等。

第二十一条　中国人民武装警察部队(除公安边防、消防、警卫部队外)保卫部门、军事检察院、军事法院办理武警部队与地方互涉刑事案件,适用本规定。

第二十二条　本规定自2009年8月1日起施行。1982年11月25日最高人民法院、最高人民检察院、公安部、总政治部《关于军队和地方互涉案件几个问题的规定》和1987年12月21日最高人民检察院、公安部、总政治部《关于军队和地方互涉案件侦查工作的补充规定》同时废止。

《最高人民法院、最高人民检察院、司法部关于对燕城监狱在押罪犯狱内又犯罪案件起诉及审判管辖工作的通知》(司发通〔2011〕308号)

北京市高级人民法院、北京市人民检察院、司法部燕城监狱、最高人民检察院驻司法部燕城监狱检察室:

根据《中华人民共和国刑事诉讼法》、《中华人民共和国监狱法》的有关规定,现就司法部燕城监狱在押罪犯狱内又犯罪案件起诉及审判管辖的有关问题通知如下:

一、司法部燕城监狱在押罪犯狱内又犯罪系普通刑事案件的,起诉工作由北京市通州区人民检察院负责,一审和二审法院为北京市通州区人民法院和北京市第二中级人民法院。

二、司法部燕城监狱在押罪犯狱内又犯罪系危害国家安全、外国人犯罪以及可能判处无期徒刑、死刑的普通刑事案件,起诉工作由北京市人民检察院第二分院负责,一审和二审法院为北京市第二中级人民法院和北京市高级人民法院。

三、司法部燕城监狱狱内又犯罪案件的其他有关事宜,由燕城监狱、最高人民检察院驻燕城监狱检察室与北京市高级人民法院、北京市人民检察院共同协商解决。

《最高人民法院、最高人民检察院、公安部、司法部关于监狱办理刑事案件有关问题的规定》(司发通〔2014〕80号)

为依法惩治罪犯在服刑期间的犯罪活动,确保监狱持续安全稳定,根据有关法律规定,结合工作实际,现就监狱办理刑事案件有关问题规定如下:

一、对监狱在押罪犯与监狱工作人员(监狱警察、工人)或者狱外人员共同犯罪案件,涉案的在押罪犯由监狱立案侦查,涉案的监狱工作人员或者狱外人员由人民检察院或者公安机关立案侦查,在侦查过程中,双方应当相互协作。侦查终结后,需要追究刑事责任的,由侦查机关分别向当地人民检察院移送审查起诉。如果案件适宜合并起诉的,有关人民检察院可以并案向人民法院提起公诉。

二、罪犯在监狱内犯罪,办理案件期间该罪犯原判刑期即将届满需要逮捕的,在侦查阶段由监狱在刑期届满前提请人民检察院审查批准逮捕,在审查起诉阶段由人民检察院决定逮捕,在审判阶段由人民法院决定逮捕;批准或者决定逮捕后,监狱将被逮捕人送监狱所在地看守所羁押。

三、罪犯在监狱内犯罪,假释期间被发现的,由审判新罪的人民法院撤销假释,并书面通知原裁定假释的人民法院和社区矫正机构。撤销假释的决定作出前,根据案件情况需要逮捕的,由人民检察院或者人民法院批准或者决定逮捕,公安机关执行逮捕,并将被逮捕人送监狱所在地看守所羁押,同时通知社区矫正机构。

刑满释放后被发现,需要逮捕的,由监狱提请人民检察院审查批准逮捕,公安机关执行逮捕后,将被逮捕人送监狱所在地看守所羁押。

四、在押罪犯脱逃后未实施其他犯罪的,由监狱立案侦查,公安机关抓获后通知原监狱押回,监狱所在地人民检察院审查起诉。罪犯脱逃期间又实施其他犯罪,在捕回监狱前发现的,由新罪犯罪地公安机关侦查新罪,并通知监狱;监狱对脱逃罪侦查终结后移送管辖新罪的公安机关,由公安机关一并移送当地人民检察院审查起诉,人民法院判决后,送当地监狱服刑,罪犯服刑的原监狱应当配合。

五、监狱办理罪犯在监狱内犯罪案件,需要相关刑事技术支持的,由监狱所在地公安机关提供协助。需要在监狱外采取侦查措施的,应当通报当地公安机关,当地公安机关应当协助实施。

《中央军委关于军队执行〈中华人民共和国刑事诉讼法〉若干问题的规定》(自2023年1月1日起施行)以《刑事诉讼法》等相关法律法规为依据,适应军队改革发展需要,结合军队司法实践,重点对刑事案件适用对象、管辖分工、辩护代理、证据规则、强制措施、起诉审判、刑罚执行、特别程序等内容作了明确具体的规定,为军队政法部门执法办案提供基本依据。(具体条文未收录)

相关规范集成·在线诉讼

基本规范

《最高人民法院关于适用〈中华人民共和国刑事诉讼法〉的解释》(法释〔2021〕1号,自2021年3月1日起施行)

第二十七章　附　则

第六百五十条　人民法院讯问被告人,宣告判决,审理减刑、假释案件等,可以根据情况采取视频方式。

其他规范

《人民法院在线诉讼规则》(法释〔2021〕12号,自2021年8月1日起施行)

为推进和规范在线诉讼活动,完善在线诉讼规则,依法保障当事人及其他诉讼参与人等诉讼主体的合法权利,确保公正高效审理案件,根据《中华人民共和国刑事诉讼法》《中华人民共和国民事诉讼法》《中华人民共和国行政诉讼法》等相关法律规定,结合人民法院工作实际,制定本规则。

第一条　人民法院、当事人及其他诉讼参与人等可以依托电子诉讼平台(以下简称"诉讼平台"),通过互联网或者专用网络在线完成立案、调解、证据交换、询问、庭审、送达等全部或者部分诉讼环节。

在线诉讼活动与线下诉讼活动具有同等法律效力。

第二条　人民法院开展在线诉讼应当遵循以下原则:

(一)公正高效原则。严格依法开展在线诉讼活动,完善审判流程,健全工作机制,加强技术保障,提高司法效率,保障司法公正。

(二)合法自愿原则。尊重和保障当事人及其他诉讼参与人对诉讼方式的选择权,未经当事人及其他诉讼参与人同意,人民法院不得强制或者变相强制适用在线诉讼。

(三)权利保障原则。充分保障当事人各项诉讼权利,强化提示、说明、告知义务,不得随意减少诉讼环节和减损当事人诉讼权益。

(四)便民利民原则。优化在线诉讼服务,完善诉讼平台功能,加强信息技术应用,降低当事人诉讼成本,提升纠纷解决效率。统筹兼顾不同群体司法需求,对未成年人、老年人、残障人士等特殊群体加强诉讼引导,提供相应司法便利。

(五)安全可靠原则。依法维护国家安全,保护国家秘密、商业秘密、个人隐私和个人信息,有效保障在线诉讼数据信息安全。规范技术应用,确保技术中立和平台中立。

第三条　人民法院综合考虑案件情况、当事人意愿和技术条件等因素,可以对以下案件适用在线诉讼:

(一)民事、行政诉讼案件;

(二)刑事速裁程序案件,减刑、假释案件,以及因其他特殊原因不宜线下审理的刑事案件；

（三）民事特别程序、督促程序、破产程序和非诉执行审查案件；

（四）民事、行政执行案件和刑事附带民事诉讼执行案件；

（五）其他适宜采取在线方式审理的案件。

第四条 人民法院开展在线诉讼，应当征得当事人同意，并告知适用在线诉讼的具体环节、主要形式、权利义务、法律后果和操作方法等。

人民法院应当根据当事人对在线诉讼的相应意思表示，作出以下处理：

（一）当事人主动选择适用在线诉讼的，人民法院可以不再另行征得其同意，相应诉讼环节可以直接在线进行；

（二）各方当事人均同意适用在线诉讼的，相应诉讼环节可以在线进行；

（三）部分当事人同意适用在线诉讼，部分当事人不同意的，相应诉讼环节可以采取同意方当事人线上、不同意方当事人线下的方式进行；

（四）当事人仅主动选择或者同意对部分诉讼环节适用在线诉讼的，人民法院不得推定其对其他诉讼环节均同意适用在线诉讼。

对人民检察院参与的案件适用在线诉讼的，应当征得人民检察院同意。

第五条 在诉讼过程中，如存在当事人欠缺在线诉讼能力、不具备在线诉讼条件或者相应诉讼环节不宜在线办理等情形之一的，人民法院应当将相应诉讼环节转为线下进行。

当事人已同意对相应诉讼环节适用在线诉讼，但诉讼过程中又反悔的，应当在开展相应诉讼活动前的合理期限内提出。经审查，人民法院认为不存在故意拖延诉讼等不当情形的，相应诉讼环节可以转为线下进行。

在调解、证据交换、询问、听证、庭审等诉讼环节中，一方当事人要求其他当事人及诉讼参与人在线下参与诉讼的，应当提出具体理由。经审查，人民法院认为案件存在案情疑难复杂、需证人现场作证、有必要线下举证质证、陈述辩论等情形之一的，相应诉讼环节可以转为线下进行。

第六条 当事人已同意适用在线诉讼，但无正当理由不参与在线诉讼活动或者不作出相应诉讼行为，也未在合理期限内申请提出转为线下进行的，应当依照法律和司法解释的相关规定承担相应法律后果。

第七条 参与在线诉讼的诉讼主体应当先行在诉讼平台完成实名注册。人民法院应当通过证件证照在线比对、身份认证平台认证等方式，核实诉讼主体的实名手机号码、居民身份证件号码、护照号码、统一社会信用代码等信息，确认诉讼主体身份真实性。诉讼主体在线完成身份认证后，取得登录诉讼平台的专用账号。

参与在线诉讼的诉讼主体应当妥善保管诉讼平台专用账号和密码。除有证据证明存在账号被盗用或者系统错误的情形外，使用专用账号登录诉讼平台所作出的行为，视为被认证人本人行为。

人民法院在线开展调解、证据交换、庭审等诉讼活动，应当再次验证诉讼主体的身份；确有必要的，应当在线下进一步核实身份。

第八条　人民法院、特邀调解组织、特邀调解员可以通过诉讼平台、人民法院调解平台等开展在线调解活动。在线调解应当按照法律和司法解释相关规定进行，依法保护国家秘密、商业秘密、个人隐私和其他不宜公开的信息。

第九条　当事人采取在线方式提交起诉材料的，人民法院应当在收到材料后的法定期限内，在线作出以下处理：

（一）符合起诉条件的，登记立案并送达案件受理通知书、交纳诉讼费用通知书、举证通知书等诉讼文书；

（二）提交材料不符合要求的，及时通知其补正，并一次性告知补正内容和期限，案件受理时间自收到补正材料后次日重新起算；

（三）不符合起诉条件或者起诉材料经补正仍不符合要求，原告坚持起诉的，依法裁定不予受理或者不予立案；

当事人已在线提交符合要求的起诉状等材料的，人民法院不得要求当事人再提供纸质件。

上诉、申请再审、特别程序、执行等案件的在线受理规则，参照本条第一款、第二款规定办理。

第十条　案件适用在线诉讼的，人民法院应当通知被告、被上诉人或者其他诉讼参与人，询问其是否同意以在线方式参与诉讼。被通知人同意采用在线方式的，应当在收到通知的三日内通过诉讼平台验证身份、关联案件，并在后续诉讼活动中通过诉讼平台了解案件信息、接收和提交诉讼材料，以及实施其他诉讼行为。

被通知人未明确表示同意采用在线方式，且未在人民法院指定期限内注册登录诉讼平台的，针对被通知人的相关诉讼活动在线下进行。

第十一条　当事人可以在诉讼平台直接填写录入起诉状、答辩状、反诉状、代理意见等诉讼文书材料。

当事人可以通过扫描、翻拍、转录等方式，将线下的诉讼文书材料或者证据材料作电子化处理后上传至诉讼平台。诉讼材料为电子数据，且诉讼平台与存储该电子数据的平台已实现对接的，当事人可以将电子数据直接提交至诉讼平台。

当事人提交电子化材料确有困难的,人民法院可以辅助当事人将线下材料作电子化处理后导入诉讼平台。

第十二条 当事人提交的电子化材料,经人民法院审核通过后,可以直接在诉讼中使用。诉讼中存在下列情形之一的,人民法院应当要求当事人提供原件、原物:

(一)对方当事人认为电子化材料与原件、原物不一致,并提出合理理由和依据的;

(二)电子化材料呈现不完整、内容不清晰、格式不规范的;

(三)人民法院卷宗、档案管理相关规定要求提供原件、原物的;

(四)人民法院认为有必要提交原件、原物的。

第十三条 当事人提交的电子化材料,符合下列情形之一的,人民法院可以认定符合原件、原物形式要求:

(一)对方当事人对电子化材料与原件、原物的一致性未提出异议的;

(二)电子化材料形成过程已经过公证机构公证的;

(三)电子化材料已在之前诉讼中提交并经人民法院确认的;

(四)电子化材料已通过在线或者线下方式与原件、原物比对一致的;

(五)有其他证据证明电子化材料与原件、原物一致的。

第十四条 人民法院根据当事人选择和案件情况,可以组织当事人开展在线证据交换,通过同步或者非同步方式在线举证、质证。

各方当事人选择同步在线交换证据的,应当在人民法院指定的时间登录诉讼平台,通过在线视频或者其他方式,对已经导入诉讼平台的证据材料或者线下送达的证据材料副本,集中发表质证意见。

各方当事人选择非同步在线交换证据的,应当在人民法院确定的合理期限内,分别登录诉讼平台,查看已经导入诉讼平台的证据材料,并发表质证意见。

各方当事人均同意在线证据交换,但对具体方式无法达成一致意见的,适用同步在线证据交换。

第十五条 当事人作为证据提交的电子化材料和电子数据,人民法院应当按照法律和司法解释的相关规定,经当事人举证质证后,依法认定其真实性、合法性和关联性。未经人民法院查证属实的证据,不得作为认定案件事实的根据。

第十六条 当事人作为证据提交的电子数据系通过区块链技术存储,并经技术核验一致的,人民法院可以认定该电子数据上链后未经篡改,但有相反证据足以推翻的除外。

第十七条 当事人对区块链技术存储的电子数据上链后的真实性提出异

议,并有合理理由的,人民法院应当结合下列因素作出判断:

(一)存证平台是否符合国家有关部门关于提供区块链存证服务的相关规定;

(二)当事人与存证平台是否存在利害关系,并利用技术手段不当干预取证、存证过程;

(三)存证平台的信息系统是否符合清洁性、安全性、可靠性、可用性的国家标准或者行业标准;

(四)存证技术和过程是否符合相关国家标准或者行业标准中关于系统环境、技术安全、加密方式、数据传输、信息验证等方面的要求。

第十八条 当事人提出电子数据上链存储前已不具备真实性,并提供证据证明或者说明理由的,人民法院应当予以审查。

人民法院根据案件情况,可以要求提交区块链技术存储电子数据的一方当事人,提供证据证明上链存储前数据的真实性,并结合上链存储前数据的具体来源、生成机制、存储过程、公证机构公证、第三方见证、关联印证数据等情况作出综合判断。当事人不能提供证据证明或者作出合理说明,该电子数据也无法与其他证据相互印证的,人民法院不予确认其真实性。

第十九条 当事人可以申请具有专门知识的人就区块链技术存储电子数据相关技术问题提出意见。人民法院可以根据当事人申请或者依职权,委托鉴定区块链技术存储电子数据的真实性,或者调取其他相关证据进行核对。

第二十条 经各方当事人同意,人民法院可以指定当事人在一定期限内,分别登录诉讼平台,以非同步的方式开展调解、证据交换、调查询问、庭审等诉讼活动。

适用小额诉讼程序或者民事、行政简易程序审理的案件,同时符合下列情形的,人民法院和当事人可以在指定期限内,按照庭审程序环节分别录制参与庭审视频并上传至诉讼平台,非同步完成庭审活动:

(一)各方当事人同时在线参与庭审确有困难;

(二)一方当事人提出书面申请,各方当事人均表示同意;

(三)案件经过在线证据交换或者调查询问,各方当事人对案件主要事实和证据不存在争议。

第二十一条 人民法院开庭审理的案件,应当根据当事人意愿、案件情况、社会影响、技术条件等因素,决定是否采取视频方式在线庭审,但具有下列情形之一的,不得适用在线庭审:

(一)各方当事人均明确表示不同意,或者一方当事人表示不同意且有正当理由的；

（二）各方当事人均不具备参与在线庭审的技术条件和能力的；

（三）需要通过庭审现场查明身份、核对原件、查验实物的；

（四）案件疑难复杂、证据繁多，适用在线庭审不利于查明事实和适用法律的；

（五）案件涉及国家安全、国家秘密的；

（六）案件具有重大社会影响，受到广泛关注的；

（七）人民法院认为存在其他不宜适用在线庭审情形的。

采取在线庭审方式审理的案件，审理过程中发现存在上述情形之一的，人民法院应当及时转为线下庭审。已完成的在线庭审活动具有法律效力。

在线询问的适用范围和条件参照在线庭审的相关规则。

第二十二条 适用在线庭审的案件，应当按照法律和司法解释的相关规定开展庭前准备、法庭调查、法庭辩论等庭审活动，保障当事人申请回避、举证、质证、陈述、辩论等诉讼权利。

第二十三条 需要公告送达的案件，人民法院可以在公告中明确线上或者线下参与庭审的具体方式，告知当事人选择在线庭审的权利。被公告方当事人未在开庭前向人民法院表示同意在线庭审的，被公告方当事人适用线下庭审。其他同意适用在线庭审的当事人，可以在线参与庭审。

第二十四条 在线开展庭审活动，人民法院应当设置环境要素齐全的在线法庭。在线法庭应当保持国徽在显著位置，审判人员及席位名称等在视频画面合理区域。因存在特殊情形，确需在在线法庭之外的其他场所组织在线庭审的，应当报请本院院长同意。

出庭人员参加在线庭审，应当选择安静、无干扰、光线适宜、网络信号良好、相对封闭的场所，不得在可能影响庭审音频视频效果或者有损庭审严肃性的场所参加庭审。必要时，人民法院可以要求出庭人员到指定场所参加在线庭审。

第二十五条 出庭人员参加在线庭审应当尊重司法礼仪，遵守法庭纪律。人民法院根据在线庭审的特点，适用《中华人民共和国人民法院法庭规则》相关规定。

除确属网络故障、设备损坏、电力中断或者不可抗力等原因外，当事人无正当理由不参加在线庭审，视为"拒不到庭"；在庭审中擅自退出，经提示、警告后仍不改正的，视为"中途退庭"，分别按照相关法律和司法解释的规定处理。

第二十六条 证人通过在线方式出庭的，人民法院应当通过指定在线出庭场所、设置在线作证室等方式，保证其不旁听案件审理和不受他人干扰。当事人对证人在线出庭提出异议且有合理理由的,或者人民法院认为确有必要的,应当要求证人线下出庭作证。

鉴定人、勘验人、具有专门知识的人在线出庭的,参照前款规定执行。

第二十七条 适用在线庭审的案件,应当按照法律和司法解释的相关规定公开庭审活动。

对涉及国家安全、国家秘密、个人隐私的案件,庭审过程不得在互联网上公开。对涉及未成年人、商业秘密、离婚等民事案件,当事人申请不公开审理的,在线庭审过程可以不在互联网上公开。

未经人民法院同意,任何人不得违法违规录制、截取、传播涉及在线庭审过程的音频视频、图文资料。

第二十八条 在线诉讼参与人故意违反本规则第八条、第二十四条、第二十五条、第二十六条、第二十七条的规定,实施妨害在线诉讼秩序行为的,人民法院可以根据法律和司法解释关于妨害诉讼的相关规定作出处理。

第二十九条 经受送达人同意,人民法院可以通过送达平台,向受送达人的电子邮箱、即时通讯账号、诉讼平台专用账号等电子地址,按照法律和司法解释的相关规定送达诉讼文书和证据材料。

具备下列情形之一的,人民法院可以确定受送达人同意电子送达:

(一)受送达人明确表示同意的;

(二)受送达人在诉讼前对适用电子送达已作出约定或者承诺的;

(三)受送达人在提交的起诉状、上诉状、申请书、答辩状中主动提供用于接收送达的电子地址的;

(四)受送达人通过回复收悉、参加诉讼等方式接受已经完成的电子送达,并且未明确表示不同意电子送达的。

第三十条 人民法院可以通过电话确认、诉讼平台在线确认、线下发送电子送达确认书等方式,确认受送达人是否同意电子送达,以及受送达人接收电子送达的具体方式和地址,并告知电子送达的适用范围、效力、送达地址变更方式以及其他需告知的送达事项。

第三十一条 人民法院向受送达人主动提供或者确认的电子地址送达的,送达信息到达电子地址所在系统时,即为送达。

受送达人未提供或未确认有效电子送达地址,人民法院向能够确认为受送达人本人的电子地址送达的,根据下列情形确定送达是否生效:

(一)受送达人回复已收悉,或者根据送达内容已作出相应诉讼行为的,即为完成有效送达;

（二）受送达人的电子地址所在系统反馈受送达人已阅知，或者有其他证据可以证明受送达人已经收悉的，推定完成有效送达，但受送达人能够证明存在系统错误、送达地址非本人使用或者非本人阅知等未收悉送达内容的情形除外。

人民法院开展电子送达，应当在系统中全程留痕，并制作电子送达凭证。电子送达凭证具有送达回证效力。

对同一内容的送达材料采取多种电子方式发送受送达人的，以最先完成的有效送达时间作为送达生效时间。

第三十二条 人民法院适用电子送达，可以同步通过短信、即时通讯工具、诉讼平台提示等方式，通知受送达人查阅、接收、下载相关送达材料。

第三十三条 适用在线诉讼的案件，各方诉讼主体可以通过在线确认、电子签章等方式，确认和签收调解协议、笔录、电子送达凭证及其他诉讼材料。

第三十四条 适用在线诉讼的案件，人民法院应当在调解、证据交换、庭审、合议等诉讼环节同步形成电子笔录。电子笔录以在线方式核对确认后，与书面笔录具有同等法律效力。

第三十五条 适用在线诉讼的案件，人民法院应当利用技术手段随案同步生成电子卷宗，形成电子档案。电子档案的立卷、归档、存储、利用等，按照档案管理相关法律法规的规定执行。

案件无纸质材料或者纸质材料已经全部转化为电子材料的，第一审人民法院可以采用电子卷宗代替纸质卷宗进行上诉移送。

适用在线诉讼的案件存在纸质卷宗材料的，应当按照档案管理相关法律法规立卷、归档和保存。

第三十六条 执行裁决案件的在线立案、电子材料提交、执行和解、询问当事人、电子送达等环节，适用本规则的相关规定办理。

人民法院可以通过财产查控系统、网络询价评估平台、网络拍卖平台、信用惩戒系统等，在线完成财产查明、查封、扣押、冻结、划扣、变价和惩戒等执行实施环节。

第三十七条 符合本规定第三条第二项规定的刑事案件，经公诉人、当事人、辩护人同意，可以根据案件情况，采取在线方式讯问被告人、开庭审理、宣判等。

案件采取在线方式审理的，按照以下情形分别处理：

（一）被告人、罪犯被羁押的，可以在看守所、监狱等羁押场所在线出庭；

（二）被告人、罪犯未被羁押的，因特殊原因确实无法到庭的，可以在人民法院指定的场所在线出庭；

(三)证人、鉴定人一般应当在线下出庭,但法律和司法解释另有规定的除外。

第三十八条 参与在线诉讼的相关主体应当遵守数据安全和个人信息保护的相关法律法规,履行数据安全和个人信息保护义务。除人民法院依法公开的以外,任何人不得违法违规披露、传播和使用在线诉讼数据信息。出现上述情形的,人民法院可以根据具体情况,依照法律和司法解释关于数据安全、个人信息保护以及妨害诉讼的规定追究相关单位和人员法律责任,构成犯罪的,依法追究刑事责任。

第三十九条 本规则自2021年8月1日起施行。最高人民法院之前发布的司法解释涉及在线诉讼的规定与本规则不一致的,以本规则为准。

附录

附录一

《全国人民代表大会常务委员会关于军队战时调整适用〈中华人民共和国刑事诉讼法〉部分规定的决定》（自 2023 年 2 月 25 日起施行）

为贯彻落实党的二十大精神,完善中国特色军事法治体系,从法律制度上保障人民军队有效履行新时代使命任务、提高打赢能力,第十三届全国人民代表大会常务委员会第三十九次会议决定:军队战时开展刑事诉讼活动,遵循《中华人民共和国刑法》《中华人民共和国刑事诉讼法》确定的基本原则、基本制度、基本程序,适应战时刑事诉讼特点,保障诉讼当事人合法权益,维护司法公平正义,可以调整适用《中华人民共和国刑事诉讼法》关于管辖、辩护与代理、强制措施、立案、侦查、起诉、审判、执行等部分具体规定。具体由中央军事委员会规定。

本决定自 2023 年 2 月 25 日起施行。

附录二
刑诉基本规范的共用条文[*]

《最高人民法院关于适用〈中华人民共和国刑事诉讼法〉的解释》(法释〔2021〕1号,自2021年3月1日起施行)

目 录

第一章　管　辖

第二章　回　避

第三章　辩护与代理

第四章　证　据

　　第一节　一般规定

　　第二节　物证、书证的审查与认定

　　第三节　证人证言、被害人陈述的审查与认定

　　第四节　被告人供述和辩解的审查与认定

　　第五节　鉴定意见的审查与认定

　　第六节　勘验、检查、辨认、侦查实验等笔录的审查与认定

　　第七节　视听资料、电子数据的审查与认定

　　第八节　技术调查、侦查证据的审查与认定

　　第九节　非法证据排除

　　第十节　证据的综合审查与运用

第五章　强制措施

第六章　附带民事诉讼

第七章　期间、送达、审理期限

第八章　审判组织

第九章　公诉案件第一审普通程序

---

[*] 如引文部分所述,刑事诉讼的四大基本规范条文数量较大,且不少条文系对共性问题的规定,系共用条文。为了避免读者忽视这些共用条文的存在,避免出现理解与适用上的偏差,兹以附录的形式予以收录。——本评注

第一节　审查受理与庭前准备
　　第二节　庭前会议与庭审衔接
　　第三节　宣布开庭与法庭调查
　　第四节　法庭辩论与最后陈述
　　第五节　评议案件与宣告判决
　　第六节　法庭纪律与其他规定
第十章　自诉案件第一审程序
第十一章　单位犯罪案件的审理
第十二章　认罪认罚案件的审理
第十三章　简易程序
第十四章　速裁程序
第十五章　第二审程序
第十六章　在法定刑以下判处刑罚和特殊假释的核准
第十七章　死刑复核程序
第十八章　涉案财物处理
第十九章　审判监督程序
第二十章　涉外刑事案件的审理和刑事司法协助
　　第一节　涉外刑事案件的审理
　　第二节　刑事司法协助
第二十一章　执行程序
　　第一节　死刑的执行
　　第二节　死刑缓期执行、无期徒刑、有期徒刑、拘役的交付执行
　　第三节　管制、缓刑、剥夺政治权利的交付执行
　　第四节　刑事裁判涉财产部分和附带民事裁判的执行
　　第五节　减刑、假释案件的审理
　　第六节　缓刑、假释的撤销
第二十二章　未成年人刑事案件诉讼程序
　　第一节　一般规定
　　第二节　开庭准备
　　第三节　审　判
　　第四节　执　行
第二十三章　当事人和解的公诉案件诉讼程序
第二十四章　缺席审判程序

第二十五章　犯罪嫌疑人、被告人逃匿、死亡案件违法所得的没收程序
第二十六章　依法不负刑事责任的精神病人的强制医疗程序
第二十七章　附　则

引　言　2018年10月26日,第十三届全国人民代表大会常务委员会第六次会议通过了《关于修改〈中华人民共和国刑事诉讼法〉的决定》。为正确理解和适用修改后的刑事诉讼法,结合人民法院审判工作实际,制定本解释。

第二十七章　附　则

第六百五十一条①　向人民法院提出自诉、上诉、申诉、申请等的,应当以书面形式提出。书写有困难的,除另有规定的以外,可以口头提出,由人民法院工作人员制作笔录或者记录在案,并向口述人宣读或者交其阅读。

第六百五十二条②　诉讼期间制作、形成的工作记录、告知笔录等材料,应当由制作人员和其他有关人员签名、盖章。宣告或者送达裁判文书、通知书等诉

---

① 本条是关于口头提出诉求、申请的规定。《刑事诉讼法》只明确规定,报案、控告、举报和上诉,可以口头提出。《刑事诉讼法》第一百一十一条规定:"报案、控告、举报可以用书面或者口头提出。接受口头报案、控告、举报的工作人员,应当写成笔录,经宣读无误后,由报案人、控告人、举报人签名或者盖章。"第二百二十七条规定:"被告人、自诉人和他们的法定代理人,不服地方各级人民法院第一审的判决、裁定,有权用书状或者口头向上一级人民法院上诉。被告人的辩护人和近亲属,经被告人同意,可以提出上诉。"当前,社会经济文化发展水平有了较大提高,法律援助范围也逐步扩大,有必要确立以书面形式提出的原则。同时,鉴于确实仍有个别当事人书写困难,为充分保障其诉讼权利,也应当允许其口头提出。实践中应注意三点:一是法律、司法解释明确规定应当以书面形式提出的,不得以口头形式提出。二是对于书写有困难,也无人帮忙代写的,由人民法院工作人员制作笔录或者记录在案,并向口述人宣读或者交其阅读后由其签名。三是"制作笔录"和"记录在案"有所差别。"制作笔录"往往是指制作形成单独或者专门的笔录,而"记录在案"则无此要求,可以在其他笔录中顺带记录。——**本评注注**
② 需要注意的问题有二:(1)本条是关于签名、盖章、捺指印的规定。《刑事诉讼法》及相关司法解释条文中,频频出现"签名、盖章""签名或者盖章""签名、盖章、捺指印"等表述,其适用条件和含义究竟有无区别,签名、盖章的人员范围应当如何掌握,当事人拒绝签名的如何处理;等等。《刑诉法解释》作了统一规范。实践中应注意三点:一是对于自然人,应当签名,不要求盖章。未签名的,应当捺指印。自然人盖章的,也还应当捺指印,因为个人印章往往没有备案,难以鉴定其真伪。二是对于单位,应当盖章,不要求其法定代表人或者其他个人签名,除非另有规定,因为此系一贯做法,且单位印章一般有备案,容易鉴定其真伪。三是根据审判实践通常做法,对刑事被告人作出特殊要求,(转下页)

讼文书的,应当由接受宣告或者送达的人在诉讼文书、送达回证上签名、盖章。

诉讼参与人未签名、盖章的,应当捺指印;刑事被告人除签名、盖章外,还应当捺指印。

当事人拒绝签名、盖章、捺指印的,办案人员应当在诉讼文书或者笔录材料中注明情况,有见证人见证或者有录音录像证明的,不影响相关诉讼文书或者笔录材料的效力。

第六百五十五条 本解释自 2021 年 3 月 1 日起施行。最高人民法院 2012 年 12 月 20 日发布的《关于适用〈中华人民共和国刑事诉讼法〉的解释》(法释〔2012〕21 号)同时废止。最高人民法院以前发布的司法解释和规范性文件,与本解释不一致的,以本解释为准。①

《人民检察院刑事诉讼规则》(高检发释字〔2019〕4 号,自 2019 年 12 月 30 日起施行)

目 录

第一章 通 则
第二章 管 辖
第三章 回 避
第四章 辩护与代理
第五章 证 据
第六章 强制措施
　第一节 拘 传
　第二节 取保候审
　第三节 监视居住
　第四节 拘 留

(接上页)即除签名外,还应当捺指印。如果系被告单位,则可只盖章,不要求其法定代表人或者其他个人捺指印。(2)征求意见过程中,有意见建议增加电子签名和电子指纹捺印法律效力的相关内容,明确在刑事诉讼活动中,诉讼参与人在电子法律文书上电子签名、电子指纹捺印与其在纸质法律文书上手写签名、按捺指印具有同等法律效力。经研究认为,对于相关问题可以按照有关规定执行,待时机成熟再作明确规定为宜。——**本评注注**

① 需要注意的是,本条只明确废止了《2012 年刑诉法解释》。此外,最高人民法院以前发布的司法解释和规范性文件,与本解释不一致的,以本解释为准;与本解释不冲突的,在明令废止前仍可适用。——**本评注注**

第五节　逮　捕
　　　第六节　监察机关移送案件的强制措施
　　　第七节　其他规定
　第七章　案件受理
　第八章　立　案
　　　第一节　立案审查
　　　第二节　立案决定
　第九章　侦　查
　　　第一节　一般规定
　　　第二节　讯问犯罪嫌疑人
　　　第三节　询问证人、被害人
　　　第四节　勘验、检查
　　　第五节　搜　查
　　　第六节　调取、查封、扣押、查询、冻结
　　　第七节　鉴　定
　　　第八节　辨　认
　　　第九节　技术侦查措施
　　　第十节　通　缉
　　　第十一节　侦查终结
　第十章　审查逮捕和审查起诉
　　　第一节　一般规定
　　　第二节　认罪认罚从宽案件办理
　　　第三节　审查批准逮捕
　　　第四节　审查决定逮捕
　　　第五节　延长侦查羁押期限和重新计算侦查羁押期限
　　　第六节　核准追诉
　　　第七节　审查起诉
　　　第八节　起　诉
　　　第九节　不起诉
　第十一章　出席法庭
　　　第一节　出席第一审法庭
　　　第二节　简易程序
　　　第三节　速裁程序

第四节　出席第二审法庭
　　第五节　出席再审法庭
第十二章　特别程序
　　第一节　未成年人刑事案件诉讼程序
　　第二节　当事人和解的公诉案件诉讼程序
　　第三节　缺席审判程序
　　第四节　犯罪嫌疑人、被告人逃匿、死亡案件违法所得的没收程序
　　第五节　依法不负刑事责任的精神病人的强制医疗程序
第十三章　刑事诉讼法律监督
　　第一节　一般规定
　　第二节　刑事立案监督
　　第三节　侦查活动监督
　　第四节　审判活动监督
　　第五节　羁押必要性审查
　　第六节　刑事判决、裁定监督
　　第七节　死刑复核监督
　　第八节　羁押期限和办案期限监督
第十四章　刑罚执行和监管执法监督
　　第一节　一般规定
　　第二节　交付执行监督
　　第三节　减刑、假释、暂予监外执行监督
　　第四节　社区矫正监督
　　第五节　刑事裁判涉财产部分执行监督
　　第六节　死刑执行监督
　　第七节　强制医疗执行监督
　　第八节　监管执法监督
　　第九节　事故检察
第十五章　案件管理
第十六章　刑事司法协助
第十七章　附　则

第一章 通 则

第一条 为保证人民检察院在刑事诉讼中严格依照法定程序办案,正确履行职权,实现惩罚犯罪与保障人权的统一,根据《中华人民共和国刑事诉讼法》《中华人民共和国人民检察院组织法》和有关法律规定,结合人民检察院工作实际,制定本规则。

第二条 人民检察院在刑事诉讼中的任务,是立案侦查直接受理的案件、审查逮捕、审查起诉和提起公诉、对刑事诉讼实行法律监督,保证准确、及时查明犯罪事实,正确应用法律,惩罚犯罪分子,保障无罪的人不受刑事追究,保障刑事法律的统一正确实施,维护社会主义法制,尊重和保障人权,保护公民的人身权利、财产权利、民主权利和其他权利,保障社会主义建设事业的顺利进行。

第三条 人民检察院办理刑事案件,应当严格遵守《中华人民共和国刑事诉讼法》以及其他法律的有关规定,秉持客观公正的立场,尊重和保障人权,既要追诉犯罪,也要保障无罪的人不受刑事追究。

第五条 人民检察院办理刑事案件,根据案件情况,可以由一名检察官独任办理,也可以由两名以上检察官组成办案组办理。由检察官办案组办理的,检察长应当指定一名检察官担任主办检察官,组织、指挥办案组办理案件。

检察官办理案件,可以根据需要配备检察官助理、书记员、司法警察、检察技术人员等检察辅助人员。检察辅助人员依照法律规定承担相应的检察辅助事务。

第六条 人民检察院根据检察工作需要设置业务机构,在刑事诉讼中按照分工履行职责。

业务机构负责人对本部门的办案活动进行监督管理。需要报请检察长决定的事项和需要向检察长报告的案件,应当先由业务机构负责人审核。业务机构负责人可以主持召开检察官联席会议进行讨论,也可以直接报请检察长决定或者向检察长报告。

第七条 检察长不同意检察官处理意见的,可以要求检察官复核,也可以直接作出决定,或者提请检察委员会讨论决定。

检察官执行检察长决定时,认为决定错误的,应当书面提出意见。检察长不改变原决定的,检察官应当执行。

第八条 对同一刑事案件的审查逮捕、审查起诉、出庭支持公诉和立案监督、侦查监督、审判监督等工作,由同一检察官或者检察官办案组负责,但是审查逮捕、审查起诉由不同人民检察院管辖,或者依照法律、有关规定应当另行指派检察官或者检察官办案组办理的除外。

人民检察院履行审查逮捕和审查起诉职责的办案部门,本规则中统称为负责捕诉的部门。

第九条 最高人民检察院领导地方各级人民检察院和专门人民检察院的工作,上级人民检察院领导下级人民检察院的工作。检察长统一领导人民检察院的工作。

上级人民检察院可以依法统一调用辖区的检察人员办理案件,调用的决定应当以书面形式作出。被调用的检察官可以代表办理案件的人民检察院履行出庭支持公诉等各项检察职责。

第十条 上级人民检察院对下级人民检察院作出的决定,有权予以撤销或者变更;发现下级人民检察院办理的案件有错误的,有权指令下级人民检察院予以纠正。

下级人民检察院对上级人民检察院的决定应当执行。如果认为有错误的,应当在执行的同时向上级人民检察院报告。

第十一条 犯罪嫌疑人、被告人自愿如实供述自己的罪行,承认指控的犯罪事实,愿意接受处罚的,可以依法从宽处理。

认罪认罚从宽制度适用于所有刑事案件。人民检察院办理刑事案件的各个诉讼环节,都应当做好认罪认罚的相关工作。

第十二条 人民检察院办理刑事案件的活动依照规定接受人民监督员监督。

第十七章 附 则

第六百八十一条 军事检察院等专门人民检察院办理刑事案件,适用本规则和其他有关规定。

第六百八十二条 本规则所称检察官,包括检察长、副检察长、检察委员会委员、检察员。

本规则所称检察人员,包括检察官和检察官助理。

第六百八十三条 本规则由最高人民检察院负责解释。

第六百八十四条 本规则自 2019 年 12 月 30 日起施行。本规则施行后,《人民检察院刑事诉讼规则(试行)》(高检发释字〔2012〕2 号)同时废止;最高人民检察院以前发布的司法解释和规范性文件与本规则不一致的,以本规则为准。

《公安机关办理刑事案件程序规定》（公安部令第 159 号修正，修正后自 2020 年 9 月 1 日起施行）

目 录

第一章 任务和基本原则
第二章 管　辖
第三章 回　避
第四章 律师参与刑事诉讼
第五章 证　据
第六章 强制措施
　第一节 拘　传
　第二节 取保候审
　第三节 监视居住
　第四节 拘　留
　第五节 逮　捕
　第六节 羁　押
　第七节 其他规定
第七章 立案、撤案
　第一节 受　案
　第二节 立　案
　第三节 撤　案
第八章 侦　查
　第一节 一般规定
　第二节 讯问犯罪嫌疑人
　第三节 询问证人、被害人
　第四节 勘验、检查
　第五节 搜　查
　第六节 查封、扣押
　第七节 查询、冻结
　第八节 鉴　定
　第九节 辨　认
　第十节 技术侦查
　第十一节 通　缉
　第十二节 侦查终结

第十三节　补充侦查
第九章　执行刑罚
　　第一节　罪犯的交付
　　第二节　减刑、假释、暂予监外执行
　　第三节　剥夺政治权利
　　第四节　对又犯新罪罪犯的处理
第十章　特别程序
　　第一节　未成年人刑事案件诉讼程序
　　第二节　当事人和解的公诉案件诉讼程序
　　第三节　犯罪嫌疑人逃匿、死亡案件违法所得的没收程序
　　第四节　依法不负刑事责任的精神病人的强制医疗程序
第十一章　办案协作
第十二章　外国人犯罪案件的办理
第十三章　刑事司法协助和警务合作
第十四章　附　则

第一章　任务和基本原则

第一条　为了保障《中华人民共和国刑事诉讼法》的贯彻实施,保证公安机关在刑事诉讼中正确履行职权,规范办案程序,确保办案质量,提高办案效率,制定本规定。

第七条　公安机关进行刑事诉讼,应当建立、完善和严格执行办案责任制度、执法过错责任追究制度等内部执法监督制度。

在刑事诉讼中,上级公安机关发现下级公安机关作出的决定或者办理的案件有错误的,有权予以撤销或者变更,也可以指令下级公安机关予以纠正。

下级公安机关对上级公安机关的决定必须执行,如果认为有错误,可以在执行的同时向上级公安机关报告。

第八条　公安机关办理刑事案件,应当重证据,重调查研究,不轻信口供。严禁刑讯逼供和以威胁、引诱、欺骗以及其他非法方法收集证据,不得强迫任何人证实自己有罪。

第十条　公安机关办理刑事案件,应当向同级人民检察院提请批准逮捕、移送审查起诉。

第十二条　公安机关办理刑事案件,各地区、各部门之间应当加强协作和配合,依法履行协查、协办职责。

上级公安机关应当加强监督、协调和指导。

第十四章　附　则

第三百八十六条　当事人及其法定代理人、诉讼代理人、辩护律师提出的复议复核请求,由公安机关法制部门办理。

办理刑事复议、复核案件的具体程序,适用《公安机关办理刑事复议复核案件程序规定》。

第三百八十七条　公安机关可以使用电子签名、电子指纹捺印技术制作电子笔录等材料,可以使用电子印章制作法律文书。对案件当事人进行电子签名、电子指纹捺印的过程,公安机关应当同步录音录像。

第三百八十八条　本规定自2013年1月1日起施行。1998年5月14日发布的《公安机关办理刑事案件程序规定》(公安部令第35号)和2007年10月25日发布的《公安机关办理刑事案件程序规定修正案》(公安部令第95号)同时废止。

《海警机构办理刑事案件程序规定》(中国海警局令第1号,自2023年6月15日起施行)

目　录

第一章　总　则
第二章　管　辖
第三章　回　避
第四章　律师参与刑事诉讼
第五章　证　据
第六章　强制措施
　第一节　拘　传
　第二节　取保候审
　第三节　监视居住
　第四节　拘　留
　第五节　逮　捕
　第六节　羁　押
　第七节　其他规定
第七章　受案、立案、撤案
　第一节　受　案
　第二节　立　案
　第三节　撤　案

第八章 侦 查
    第一节 一般规定
    第二节 讯问犯罪嫌疑人
    第三节 询问证人、被害人
    第四节 勘验、检查
    第五节 搜 查
    第六节 查封、扣押
    第七节 查询、冻结
    第八节 涉案财物处置
    第九节 鉴 定
    第十节 辨 认
    第十一节 技术侦查
    第十二节 通 缉
    第十三节 侦查终结
    第十四节 补充侦查
第九章 特别程序
    第一节 未成年人刑事案件诉讼程序
    第二节 当事人和解的公诉案件诉讼程序
    第三节 犯罪嫌疑人逃匿、死亡案件违法所得的没收程序
    第四节 依法不负刑事责任的精神病人的强制医疗程序
第十章 涉外案件办理
第十一章 办案协作
第十二章 附 则

第一章 总 则

第一条 为了保证海警机构在刑事诉讼中正确履行职权,规范办案程序,确保办案质量,提高办案效率,根据《中华人民共和国刑事诉讼法》、《中华人民共和国海警法》和其他有关法律,制定本规定。

第九条 海警机构办理刑事案件,应当重证据,重调查研究,不轻信口供;严格按照法律规定的证据裁判要求和标准收集、固定、审查、运用证据;严禁刑讯逼供和以威胁、引诱、欺骗以及其他非法方法收集证据,不得强迫任何人证实自己有罪。

第十条 海警机构办理刑事案件,应当加强执法规范化建设,建立健全并严

格执行办案责任制度、执法过错责任追究制度等内部执法监督制度。

在刑事诉讼中，上级海警机构发现下级海警机构作出的决定不当或者办理的案件有错误的，有权指令下级海警机构予以纠正，也可以予以撤销或者变更。下级海警机构应当执行上级海警机构的决定和命令，如果认为有错误，应当在执行的同时向上级海警机构报告。

第十一条　海警机构办理刑事案件，应当向所在地相应人民检察院提请批准逮捕、移送审查起诉。

第十二条　海警机构办理刑事案件，各单位之间应当加强协作和配合，依法履行协查、协办职责。

上级海警机构应当加强监督、协调和指导。

第十二章　附　　则

第三百四十一条　本规定所称"海警机构负责人"是指海警机构的正职领导。"海警机构办案部门"是指海警机构内部负责案件办理的内设机构、直属机构；未编设相应内设机构、直属机构的海警工作站，本规定关于办案部门负责人的职责权限由该海警工作站负责人行使。

第三百四十二条　海警机构可以使用电子签名、电子指纹捺印技术制作电子笔录等材料，可以使用电子印章制作法律文书。对案件当事人进行电子签名、电子指纹捺印的过程，海警机构应当同步录音录像。

第三百四十四条　中国海警局直属局办理刑事案件，行使省级海警局同等权限。

第三百四十五条　本规定自2023年6月15日起施行。

附录三
刑事诉讼立法、司法解释及相关文件总目录

一、刑事诉讼法

《中华人民共和国刑事诉讼法》 >>1

《全国人民代表大会常务委员会关于军队战时调整适用〈中华人民共和国刑事诉讼法〉部分规定的决定》 >>2135

二、相关规定

1.《中华人民共和国宪法》 >>35

2.《中华人民共和国刑法》 >>86

3.《中华人民共和国民法典》(自2021年1月1日起施行) >>689

4.《全国人民代表大会常务委员会关于对中华人民共和国缔结或者参加的国际条约所规定的罪行行使刑事管辖权的决定》(1987年6月23日) >>99

5.《中华人民共和国看守所条例》(国务院令第52号,自1990年3月17日起施行) >>597

6.《全国人民代表大会常务委员会关于中国人民解放军保卫部门对军队内部发生的刑事案件行使公安机关的侦查、拘留、预审和执行逮捕的职权的决定》(自1993年12月29日起施行) >>2117

7.《中华人民共和国人民警察使用警械和武器条例》(国务院令第191号) >>672

8.《全国人民代表大会常务委员会关于新疆维吾尔自治区生产建设兵团设置人民法院和人民检察院的决定》(自1998年12月29日起施行) >>186

9.《中华人民共和国引渡法》(自2000年12月28日起施行) >>113

10.《全国人民代表大会常务委员会关于司法鉴定管理问题的决定》(自2005年10月1日起施行,2015年4月24日修正) >>1006

11.《中华人民共和国人民警察法》(修正后自 2013 年 1 月 1 日起施行) >>601

12.《中华人民共和国监狱法》(修正后自 2013 年 1 月 1 日起施行) >>1757

13.《中华人民共和国出境入境管理法》(自 2013 年 7 月 1 日起施行) >>1095

14.《中华人民共和国反间谍法》(修订后自 2023 年 7 月 1 日起施行) >>12

15.《中共中央办公厅、国务院办公厅关于进一步规范刑事诉讼涉案财物处置工作的意见》(中办发〔2015〕7 号) >>938

16.《领导干部干预司法活动、插手具体案件处理的记录、通报和责任追究规定》(中共中央办公厅、国务院办公厅,中办发〔2015〕23 号,自 2015 年 3 月 18 日起施行) >>16

17.《中华人民共和国全国人民代表大会和地方各级人民代表大会代表法》(第三次修正后自 2015 年 8 月 29 日起施行) >>487

18.《全国人民代表大会常务委员会关于特赦部分服刑罪犯的决定》(自 2015 年 8 月 29 日起施行) >>87

19.《中华人民共和国律师法》(第三次修正后自 2018 年 1 月 1 日起施行) >>249

20.《中华人民共和国监察法》(自 2018 年 3 月 20 日起施行) >>33

21.《中华人民共和国人民陪审员法》(自 2018 年 4 月 27 日起施行) >>56

22.《中华人民共和国反恐怖主义法》(修正后自 2018 年 4 月 27 日起施行) >>1759

23.《中华人民共和国英雄烈士保护法》(自 2018 年 5 月 1 日起施行) >>717

24.《全国人民代表大会常务委员会关于中国海警局行使海上维权执法职权的决定》(自 2018 年 7 月 1 日起施行) >>2117

25.《中华人民共和国国际刑事司法协助法》(自 2018 年 10 月 26 日起施行) >>115

26.《中华人民共和国人民法院组织法》(修订后自 2019 年 1 月 1 日起施行) >>18

27.《全国人民代表大会常务委员会关于在中华人民共和国成立七十周年

之际对部分服刑罪犯予以特赦的决定》(自2019年6月29日起施行) >>87

28.《中华人民共和国法官法》(修订后自2019年10月1日起施行) >>227

29.《中华人民共和国社区矫正法》(自2020年7月1日起施行) >>1803

30.《行政执法机关移送涉嫌犯罪案件的规定》(国务院令第730号修订,修订后自2020年8月7日起施行) >>795

31.《中华人民共和国海警法》(自2021年2月1日起施行) >>511

32.《中华人民共和国全国人民代表大会组织法》(修正后自2021年3月12日起施行) >>487

33.《中华人民共和国未成年人保护法》(第二次修订后自2021年6月1日起施行) >>1903

34.《中华人民共和国预防未成年人犯罪法》(修订后自2021年6月1日起施行) >>1905

35.《中共中央关于加强新时代检察机关法律监督工作的意见》(2021年6月15日) >>35

36.《中共中央办公厅、国务院办公厅关于依法从严打击证券违法活动的意见》(2021年7月6日) >>60

37.《中华人民共和国军人地位和权益保障法》(自2021年8月1日起施行) >>718

38.《中华人民共和国安全生产法》(第三次修正后自2021年9月1日起施行) >>718

39.《中华人民共和国监察法实施条例》(自2021年9月20日起施行) >>34

40.《中华人民共和国个人信息保护法》(自2021年11月1日起施行) >>718

41.《中华人民共和国民事诉讼法》(第四次修正后自2022年1月1日起施行) >>687

42.《中华人民共和国法律援助法》(自2022年1月1日起施行) >>273

43.《中华人民共和国监察官法》(自2022年1月1日起施行) >>228

44.《中华人民共和国反有组织犯罪法》(自2022年5月1日起施行) >>375

45.《中华人民共和国反垄断法》(修正后自2022年8月1日起施行)

>>718

46.《中华人民共和国反电信网络诈骗法》(自 2022 年 12 月 1 日起施行) >>718

47.《中华人民共和国妇女权益保障法》(修订后自 2023 年 1 月 1 日起施行) >>718

48.《中华人民共和国农产品质量安全法》(修订后自 2023 年 1 月 1 日起施行) >>719

三、立法解释

1.《全国人民代表大会常务委员会关于〈中华人民共和国刑事诉讼法〉第七十九条第三款的解释》(自 2014 年 4 月 24 日起施行) >>562

2.《全国人民代表大会常务委员会关于〈中华人民共和国刑事诉讼法〉第二百七十一条第二款的解释》(自 2014 年 4 月 24 日起施行) >>1949

3.《全国人民代表大会常务委员会关于〈中华人民共和国刑事诉讼法〉第二百五十四条第五款、第二百五十七条第二款的解释》(自 2014 年 4 月 24 日起施行) >>1768

四、立法工作机关意见

1.《全国人大常委会法制工作委员会关于人大代表由刑事拘留转逮捕是否需要再次许可问题的意见》(2005 年 4 月 20 日) >>611

2.《全国人民代表大会常务委员会法制工作委员会对刑法追诉时效制度有关规定如何理解适用的答复意见》(法工办发〔2014〕277 号) >>89

五、"六部委"规定

1.《最高人民法院、最高人民检察院、公安部、国家安全部、司法部、全国人大常委会法制工作委员会关于实施刑事诉讼法若干问题的规定》(自 2013 年 1 月 1 日起施行) >>13

六、基本规范

1.《最高人民法院关于适用〈中华人民共和国刑事诉讼法〉的解释》(法释〔2021〕1 号,自 2021 年 3 月 1 日起施行)

2.《人民检察院刑事诉讼规则》(高检发释字〔2019〕4 号,自 2019 年 12 月 30

3.《公安机关办理刑事案件程序规定》(公安部令第 159 号修正,修正后自 2020 年 9 月 1 日起施行)

4.《海警机构办理刑事案件程序规定》(中国海警局令第 1 号,自 2023 年 6 月 15 日起施行)

七、其他规范

(一)综合类

1.《最高人民法院关于严格执行公开审判制度的若干规定》(法发〔1999〕3 号) >>54

2.《最高人民法院案件审限管理规定》(法〔2001〕164 号) >>1479

3.《最高人民检察院关于在检察工作中贯彻宽严相济刑事司法政策的若干意见》(高检发研字〔2007〕2 号) >>570

4.《最高人民法院关于贯彻宽严相济刑事政策的若干意见》(法发〔2010〕9 号) >>1635

5.《最高人民法院、最高人民检察院、公安部关于办理侵犯知识产权刑事案件适用法律若干问题的意见》(法发〔2011〕3 号) >>369

6.《公安部、最高人民法院、最高人民检察院、国家安全部、工业和信息化部、中国人民银行、中国银行业监督管理委员会关于办理流动性团伙性跨区域性犯罪案件有关问题的意见》(公通字〔2011〕14 号,自 2011 年 5 月 1 日起施行) >>207

7.《最高人民法院、最高人民检察院、公安部、国家安全部、司法部关于推进以审判为中心的刑事诉讼制度改革的意见》(法发〔2016〕18 号) >>1252

8.《最高人民检察院关于贯彻执行〈最高人民法院、最高人民检察院关于办理贪污贿赂刑事案件适用法律若干问题的解释〉的通知》(高检发办字〔2016〕17 号) >>573

9.《最高人民法院关于全面推进以审判为中心的刑事诉讼制度改革的实施意见》(法发〔2017〕5 号) >>1255

10.《中华人民共和国人民法院法庭规则》(2015 年 12 月 21 日修正,修正后自 2016 年 5 月 1 日起施行) >>1249

11.《最高人民检察院、公安部关于公安机关办理经济犯罪案件的若干规

定》(公通字〔2017〕25号,自2018年1月1日起施行)　>>757

12.《人民法院办理刑事案件庭前会议规程(试行)》(法发〔2017〕31号,自2018年1月1日起试行)　>>1260

13.《人民法院办理刑事案件排除非法证据规程(试行)》(法发〔2017〕31号,自2018年1月1日起试行)　>>1264

14.《人民法院办理刑事案件第一审普通程序法庭调查规程(试行)》(法发〔2017〕31号,自2018年1月1日起试行)　>>1270

15.《最高人民检察院关于人民检察院立案侦查司法工作人员相关职务犯罪案件若干问题的规定》(2018年11月24日)　>>153

16.《打击非设关地成品油走私专题研讨会会议纪要》(最高人民法院、最高人民检察院、海关总署,署缉发〔2019〕210号)

17.《最高人民法院、最高人民检察院、公安部关于刑事诉讼中应用电子签名和电子指纹捺印有关问题的意见》(公通字〔2019〕18号)　>>741

18.《人民检察院办理网络犯罪案件规定》(高检发办字〔2021〕3号)　>>773

19.《人民法院在线诉讼规则》(法释〔2021〕12号,自2021年8月1日起施行)　>>2124

20.《最高人民法院、最高人民检察院关于常见犯罪的量刑指导意见(试行)》(法发〔2021〕21号,自2021年7月1日起施行)　>>82

21.《最高人民法院关于充分发挥环境资源审判职能作用 依法惩处盗采矿产资源犯罪的意见》(法发〔2022〕19号)　>>1630

22.《最高人民法院、最高人民检察院、公安部关于办理信息网络犯罪案件适用刑事诉讼程序若干问题的意见》(法发〔2022〕23号,自2022年9月1日起施行)　>>784

(二)任务和基本原则

23.《全国人民代表大会常务委员会关于国家安全机关行使公安机关的侦查、拘留、预审和执行逮捕的职权的决定》(自1983年9月2日起施行)　>>12

24.《外交部、最高人民法院、最高人民检察院、公安部、安全部、司法部关于处理涉外案件若干问题的规定》(外发〔1995〕17号)　>>110

25.《最高人民法院关于适用刑法时间效力规定若干问题的解释》(法释〔1997〕5号)　>>91

26.《最高人民法院关于审判工作请示问题的通知》(法〔1999〕13 号) >>24

27.《海峡两岸共同打击犯罪及司法互助协议》(自 2009 年 6 月 25 日起施行) >>127

28.《最高人民法院关于人民法院办理海峡两岸送达文书和调查取证司法互助案件的规定》(法释〔2011〕15 号,自 2011 年 6 月 25 日起施行) >>130

29.《最高人民法院关于进一步规范人民法院涉港澳台调查取证工作的通知》(法〔2011〕243 号) >>136

30.《最高人民检察院关于办理核准追诉案件若干问题的规定》(高检发侦监〔2012〕21 号) >>91

31.《最高人民法院关于加强司法建议工作的意见》(法〔2012〕74 号) >>34

32.《中央政法委关于切实防止冤假错案的规定》(中政委〔2013〕27 号) >>6

33.《最高人民法院关于建立健全防范刑事冤假错案工作机制的意见》(法发〔2013〕11 号) >>8

34.《司法机关内部人员过问案件的记录和责任追究规定》(中央政法委,中政委〔2015〕10 号) >>20

35.《人民法院落实〈领导干部干预司法活动、插手具体案件处理的记录、通报和责任追究规定〉的实施办法》(最高人民法院,法发〔2015〕10 号) >>22

36.《最高人民检察院关于检察机关贯彻执行〈领导干部干预司法活动、插手具体案件处理的记录、通报和责任追究规定〉和〈司法机关内部人员过问案件的记录和责任追究规定〉的实施办法(试行)》(2015 年 5 月 15 日) >>22

37.《最高人民法院、最高人民检察院、公安部、国家安全部、司法部关于进一步规范司法人员与当事人、律师、特殊关系人、中介组织接触交往行为的若干规定》(2015 年 9 月 6 日) >>22

38.《人民检察院案件请示办理工作规定(试行)》(2015 年 12 月 30 日) >>26

39.《最高人民法院关于人民法院办理接收在台湾地区服刑的大陆居民回大陆服刑案件的规定》(法释〔2016〕11 号,自 2016 年 5 月 1 日起施行) >>137

40.《人民陪审员选任办法》(司法部、最高人民法院、公安部,司发〔2018〕6 号) >>57

41.《人民检察院检察建议工作规定》(高检发释字〔2019〕1号)　>>44

42.《最高人民法院、最高人民检察院、公安部、国家安全部、司法部关于适用认罪认罚从宽制度的指导意见》(高检发〔2019〕13号)　>>65

43.《人民检察院办理认罪认罚案件监督管理办法》(高检发办字〔2020〕35号)　>>77

44.《最高人民法院关于法律适用问题请示答复的规定》(法〔2023〕88号)　>>29

45.《最高人民检察院、中国海警局关于健全完善侦查监督与协作配合机制的指导意见》(高检发办字〔2023〕71号)　>>48

(三) 管辖

46.《最高人民检察院关于对服刑罪犯暂予监外执行期间在异地又犯罪应由何地检察院受理审查起诉问题的批复》(高检发释字〔1998〕5号)　>>201

47.《公安部关于打击拐卖妇女儿童犯罪适用法律和政策有关问题的意见》(公通字〔2000〕25号)　>>202

48.《最高人民检察院关于新疆生产建设兵团各级人民检察院案件管辖权的规定》(高检发研字〔2001〕2号,自2001年6月21日起施行)　>>188

49.《最高人民法院关于新疆生产建设兵团人民法院案件管辖权问题的若干规定》(法释〔2005〕4号,自2005年6月6日起施行)　>>187

50.《最高人民法院、最高人民检察院关于办理侵犯知识产权刑事案件具体应用法律若干问题的解释(二)》(法释〔2007〕6号,自2007年4月5日起施行)　>>150

51.《最高人民法院、最高人民检察院、公安部、司法部关于依法惩治拐卖妇女儿童犯罪的意见》(法发〔2010〕7号)　>>205

52.《最高人民法院关于规范上下级人民法院审判业务关系的若干意见》(法发〔2010〕61号)　>>25

53.《最高人民法院、最高人民检察院、公安部关于信用卡诈骗犯罪管辖有关问题的通知》(公通字〔2011〕29号)　>>209

54.《最高人民法院、最高人民检察院、公安部、国家安全部、司法部关于外国人犯罪案件管辖问题的通知》(法发〔2013〕2号)　>>181

55.《最高人民法院关于巡回法庭审理案件若干问题的规定》〔法释〔2015〕3号,根据《最高人民法院关于修改〈最高人民法院关于巡回法庭审理案件若干问

题的规定〉的决定》(法释〔2016〕30号)修正] >>184

56.《最高人民法院关于人民法院推行立案登记制改革的意见》(法发〔2015〕6号) >>150

57.《最高人民法院关于人民法院登记立案若干问题的规定》(法释〔2015〕8号,自2015年5月1日起施行) >>149

58.《最高人民法院关于审理拒不执行判决、裁定刑事案件适用法律若干问题的解释》[法释〔2015〕16号,根据《最高人民法院关于修改〈最高人民法院关于人民法院扣押铁路运输货物若干问题的规定〉等十八件执行类司法解释的决定》(法释〔2020〕21号)修正,修正后自2021年1月1日起施行] >>152

59.《最高人民法院、最高人民检察院、公安部关于办理电信网络诈骗等刑事案件适用法律若干问题的意见》(法发〔2016〕32号) >>210

60.《最高人民法院关于拒不执行判决、裁定罪自诉案件受理工作有关问题的通知》(法〔2018〕147号) >>153

61.《最高人民检察院、公安部关于公安机关办理经济犯罪案件的若干规定》(公通字〔2017〕25号,自2018年1月1日起施行) >>757

62.《最高人民法院、最高人民检察院、公安部、司法部关于办理恐怖活动和极端主义犯罪案件适用法律若干问题的意见》(高检会〔2018〕1号) >>182

63.《国家监察委员会、最高人民法院、最高人民检察院、公安部、司法部关于在扫黑除恶专项斗争中分工负责、互相配合、互相制约严惩公职人员涉黑涉恶违法犯罪问题的通知》(2019年10月20日) >>155

64.《最高人民法院、最高人民检察院、公安部、司法部关于办理利用信息网络实施黑恶势力犯罪刑事案件若干问题的意见》(2019年10月21日) >>212

65.《最高人民法院、最高人民检察院、中国海警局关于海上刑事案件管辖等有关问题的通知》(海警〔2020〕1号) >>213

66.《公安部刑事案件管辖分工规定》(公通字〔2020〕9号) >>158

67.《最高人民法院关于加强和规范案件提级管辖和再审提审工作的指导意见》(法发〔2023〕13号,自2023年8月1日起施行) >>191

(四)回避

68.《检察人员任职回避和公务回避暂行办法》(最高人民检察院,高检发〔2000〕18号) >>231

69.《最高人民法院对外委托鉴定、评估、拍卖等工作管理规定》(法办发

〔2007〕5号） >>247

70.《最高人民法院关于审判人员在诉讼活动中执行回避制度若干问题的规定》（法释〔2011〕12号，自2011年6月13日起施行） >>234

71.《最高人民法院关于对配偶父母子女从事律师职业的法院领导干部和审判执行人员实行任职回避的规定》（法发〔2020〕13号，自2020年5月6日起施行） >>236

72.《最高人民法院、最高人民检察院、公安部、国家文物局关于办理妨害文物管理等刑事案件若干问题的意见》（公通字〔2022〕18号） >>217

（五）辩护与代理

73.《最高人民法院、司法部关于充分保障律师依法履行辩护职责确保死刑案件办理质量的若干规定》（法发〔2008〕14号） >>281

74.《办理法律援助案件程序规定》（司法部令第148号修订，自2023年9月1日起施行） >>283

75.《最高人民法院、最高人民检察院、公安部、国家安全部、司法部关于进一步规范司法人员与当事人、律师、特殊关系人中介组织接触交往行为的若干规定》（2015年9月6日） >>22

76.《最高人民法院、最高人民检察院、公安部、国家安全部、司法部关于依法保障律师执业权利的规定》（司发〔2015〕14号） >>255

77.《最高人民法院关于依法切实保障律师诉讼权利的规定》（法发〔2015〕16号） >>262

78.《最高人民法院、最高人民检察院、公安部、国家安全部、司法部、中华全国律师协会关于建立健全维护律师执业权利快速联动处置机制的通知》（司法通〔2017〕40号） >>344

79.《律师会见监狱在押罪犯规定》（司法部，司法通〔2017〕124号） >>319

80.《公安部、司法部关于进一步保障和规范看守所律师会见工作的通知》（公监管〔2019〕372号） >>321

81.《法律援助值班律师工作办法》（最高人民法院、最高人民检察院、公安部、国家安全部、司法部，司规〔2020〕6号） >>290

82.《最高人民法院、司法部关于为律师提供一站式诉讼服务的意见》（法发〔2021〕3号） >>324

83.《最高人民法院、最高人民检察院、司法部关于进一步规范法院、检察院

84.《人民法院工作人员近亲属禁业清单》(最高人民法院,法〔2021〕266号) >>266

85.《检察人员配偶、子女及其配偶禁业清单》(最高人民检察院,2021年9月29日) >>267

86.《最高人民法院、司法部关于为死刑复核案件被告人依法提供法律援助的规定(试行)》(法〔2021〕348号) >>295

87.《最高人民检察院、司法部、中华全国律师协会关于依法保障律师执业权利的十条意见》(高检发办字〔2023〕28号) >>347

88.《最高人民法院、司法部关于开展刑事案件律师辩护全覆盖试点工作的办法》(司发通〔2017〕106号) >>298

89.《最高人民法院、司法部关于扩大刑事案件律师辩护全覆盖试点范围的通知》(司发通〔2018〕149号) >>302

90.《最高人民法院、最高人民检察院、公安部、司法部关于进一步深化刑事案件律师辩护全覆盖试点工作的意见》(司发通〔2022〕49号) >>304

(六)证据

91.《最高人民法院、最高人民检察院、公安部、国家安全部、司法部关于办理死刑案件审查判断证据若干问题的规定》(法发〔2010〕20号,自2010年7月1日起施行) >>397

92.《最高人民法院、最高人民检察院、公安部、国家安全部、司法部关于办理刑事案件排除非法证据若干问题的规定》(法发〔2010〕20号,自2010年7月1日起施行) >>458

93.《最高人民检察院关于适用〈关于办理死刑案件审查判断证据若干问题的规定〉和〈关于办理刑事案件排除非法证据若干问题的规定〉的指导意见》(高检发研字〔2010〕13号) >>408

94.《最高人民法院、最高人民检察院、公安部关于办理侵犯知识产权刑事案件适用法律若干问题的意见》(法发〔2011〕3号) >>369

95.《公安部关于公安机关办理醉酒驾驶机动车犯罪案件的指导意见》(公交管〔2011〕190号) >>359

96.《最高人民法院、最高人民检察院、公安部、司法部关于办理黑社会性质组织犯罪案件若干问题的规定》(公通字〔2012〕45号,自2012年9月11日起

施行)　>>474

97.《最高人民法院、最高人民检察院、公安部关于办理醉酒驾驶机动车刑事案件适用法律若干问题的意见》(法发〔2013〕15号)　>>360

98.《最高人民法院、最高人民检察院、公安部关于办理刑事案件收集提取和审查判断电子数据若干问题的规定》(法发〔2016〕22号,自2016年10月1日起施行)　>>413

99.《公安机关办理刑事案件证人保护工作规定》(公安部,公通字〔2017〕2号,自2017年3月1日起施行)　>>479

100.《最高人民法院、最高人民检察院、公安部、国家安全部、司法部关于办理刑事案件严格排除非法证据若干问题的规定》(法发〔2017〕15号,自2017年6月27日起施行)　>>461

101.《公安机关办理刑事案件电子数据取证规则》(公通字〔2018〕41号,自2019年2月1日起施行)　>>422

102.《最高人民法院、最高人民检察院、公安部关于办理电信网络诈骗等刑事案件适用法律若干问题的意见(二)》(法发〔2021〕22号)　>>361

(七)强制措施

103.《最高人民检察院关于严格执行人民代表大会代表执行职务司法保障规定的通知》(高检发研字〔1994〕7号)　>>491

104.《最高人民检察院关于认真执行〈中华人民共和国戒严法〉的通知》(高检发研字〔1996〕2号)　>>492

105.《最高人民检察院、最高人民法院、公安部关于严格执行刑事诉讼法关于对犯罪嫌疑人、被告羁押期限的规定坚决纠正超期羁押问题的通知》(高检会〔1998〕1号)　>>660

106.《最高人民检察院关于对报请批准逮捕的案件可否侦查问题的批复》(高检发释字〔1998〕2号)　>>616

107.《最高人民检察院关于对危害国家安全案件批捕起诉和实行备案制度等有关事项的通知》(〔1998〕高检办发第4号)　>>624

108.《最高人民法院、最高人民检察院、公安部关于羁押犯罪嫌疑人、被告人实行换押制度的通知》(公通字〔1999〕83号)　>>668

109.《最高人民检察院、公安部关于适用刑事强制措施有关问题的规定》(高检会〔2000〕2号)　>>493

110.《最高人民检察院、公安部关于依法适用逮捕措施有关问题的规定》(高检会〔2001〕10号) >>628

111.《最高人民检察院关于在检察工作中防止和纠正超期羁押的若干规定》(高检发〔2003〕12号) >>661

112.《公安机关适用继续盘问规定》(公安部令第75号发布,根据2020年8月6日公安部令第160号〈公安部关于废止和修改部分规章的决定〉修正) >>601

113.《最高人民检察院、公安部关于公安机关向检察机关随案移送电子文档的通知》(2005年8月18日,高检会〔2005〕3号) >>612

114.《最高人民检察院关于对涉嫌盗窃的不满十六周岁未成年人采取刑事拘留强制措施是否违法问题的批复》(高检发释字〔2011〕1号,自2011年1月25日起施行) >>667

115.《最高人民检察院关于切实履行检察职能防止和纠正冤假错案的若干意见》(高检发〔2013〕11号) >>499

116.《最高人民法院、最高人民检察院、公安部关于羁押犯罪嫌疑人、被告人实行换押和羁押期限变更通知制度的通知》(公监管〔2014〕96号) >>669

117.《最高人民检察院、公安部关于逮捕社会危险性条件若干问题的规定(试行)》(高检会〔2015〕9号) >>572

118.《最高人民法院、最高人民检察院、公安部、国家安全部关于机关事业单位工作人员被采取刑事强制措施和受刑事处罚实行向所在单位告知制度的通知》(高检会〔2015〕10号) >>504

119.《人民检察院办理羁押必要性审查案件规定(试行)》(2016年1月22日) >>641

120.《最高人民检察院刑事执行检察厅关于贯彻执行〈人民检察院办理羁押必要性审查案件规定(试行)〉的指导意见》(2016年7月8日) >>644

121.《检察机关办理电信网络诈骗案件指引》(高检发侦监字〔2018〕12号) >>574

122.《检察机关办理侵犯公民个人信息案件指引》(高检发侦监字〔2018〕13号) >>581

123.《人民检察院审查案件听证工作规定》(最高人民检察院,高检发办字〔2020〕53号) >>653

124.《人民检察院羁押听证办法》(2021年8月17日) >>616

125.《最高人民法院、最高人民检察院、公安部、国家安全部关于取保候审若干问题的规定》(公通字〔2022〕25号,自2022年9月5日起施行) >>514

(八)附带民事诉讼

126.《最高人民法院关于行政机关工作人员执行职务致人伤亡构成犯罪的赔偿诉讼程序问题的批复》(法释〔2002〕28号,自2002年8月30日起施行) >>684

127.《最高人民法院关于审理未成年人刑事案件具体应用法律若干问题的解释》(法释〔2006〕1号,自2006年1月23日起施行) >>692

128.《中共中央政法委员会、财政部、最高人民法院、最高人民检察院、公安部、司法部关于建立完善国家司法救助制度的意见(试行)》(中政委〔2014〕3号) >>702

129.《最高人民法院、最高人民检察院、公安部关于办理非法集资刑事案件适用法律若干问题的意见》(公通字〔2014〕16号) >>684

130.《最高人民法院关于加强和规范人民法院国家司法救助工作的意见》(法发〔2016〕16号) >>704

131.《人民检察院国家司法救助工作细则(试行)》(2016年8月16日) >>708

132.《最高人民检察院关于全面加强未成年人国家司法救助工作的意见》(2018年2月27日) >>714

133.《最高人民法院、最高人民检察院关于检察公益诉讼案件适用法律若干问题的解释》(法释〔2020〕20号,根据《最高人民法院关于修改〈最高人民法院关于人民法院民事调解工作若干问题的规定〉等十九件民事诉讼类司法解释的决定》修正) >>719

134.《最高人民法院、最高人民检察院关于人民检察院提起刑事附带民事公益诉讼应否履行诉前公告程序问题的批复》(法释〔2019〕18号,自2019年12月6日起施行) >>721

135.《人民检察院公益诉讼办案规则》(高检发释字〔2021〕2号,自2021年7月1日起施行) >>721

136.《最高人民法院、最高人民检察院关于办理强奸、猥亵未成年人刑事案件适用法律若干问题的解释》(法释〔2023〕3号,自2023年6月1日起施行) >>693

(九)期间、送达

137.《最高人民检察院关于以检察专递方式邮寄送达有关检察法律文书的若干规定》(高检发释字〔2015〕1号,自2015年2月13日起施行)　>>739

(十)立案

138.《最高人民检察院关于"人民检察院发出〈通知立案书〉时,应当将有关证明应该立案的材料移送公安机关"问题的批复》(高检发释字〔1998〕3号)　>>847

139.《公安部关于刑事案件如实立案的通知》(公通字〔2000〕40号)　>>841

140.《最高人民检察院、公安部关于刑事立案监督有关问题的规定(试行)》(高检会〔2010〕5号,自2010年10月1日起试行)　>>847

141.《最高人民法院、最高人民检察院、人力资源和社会保障部、公安部关于加强涉嫌拒不支付劳动报酬犯罪案件查处衔接工作的通知》(人社部发〔2014〕100号)　>>798

142.《人民检察院举报工作规定》(2014年7月21日修订)　>>830

143.《公安机关办理刑事复议复核案件程序规定》(公安部令第133号,自2014年11月1日起施行)　>>840

144.《公安部关于改革完善受案立案制度的意见》(公通字〔2015〕32号)　>>831

145.《公安机关受理行政执法机关移送涉嫌犯罪案件规定》(公通字〔2016〕16号)　>>800

146.《环境保护行政执法与刑事司法衔接工作办法》(环境保护部、公安部、最高人民检察院,环环监〔2017〕17号)　>>802

147.《安全生产行政执法与刑事司法衔接工作办法》(应急管理部、公安部、最高人民法院、最高人民检察院,应急〔2019〕54号)　>>807

148.《最高人民检察院关于推进行政执法与刑事司法衔接工作的规定》(高检发释字〔2021〕4号)　>>816

149.《最高人民法院、最高人民检察院、公安部、司法部关于进一步加强虚假诉讼犯罪惩治工作的意见》(法发〔2021〕10号,自2021年3月10日起施行)　>>813

150.《最高人民法院、最高人民检察院、公安部、工业和信息化部、住房和城乡建设部、交通运输部、应急管理部、国家铁路局、中国民用航空局、国家邮政局关于依法惩治涉枪支、弹药、爆炸物、易燃易爆危险物品犯罪的意见》(法发〔2021〕35号,自2021年12月31日起施行) >>818

151.《国家药品监督管理局、国家市场监督管理总局、公安部、最高人民法院、最高人民检察院关于印发药品行政执法与刑事司法衔接工作办法的通知》(国药监法〔2022〕41号,自2023年2月1日起施行) >>820

(十一)侦查

152.《最高人民法院、最高人民检察院、公安部关于如何处理有同案犯在逃的共同犯罪案件的通知》〔〔82〕公发(审)53号〕 >>1120

153.《人民检察院法医工作细则(试行)》(高检办发字〔1988〕第5号) >>907

154.《精神疾病司法鉴定暂行规定》(最高人民法院、最高人民检察院、公安部、司法部、卫生部,卫医字〔89〕第17号) >>1012

155.《最高人民法院、最高人民检察院、公安部、国家计委关于统一赃物估价工作的通知》(法发〔1994〕9号) >>1063

156.《最高人民法院、最高人民检察院、公安部关于对冻结、扣划企业事业单位、机关团体在银行、非银行金融机构存款的执法活动加强监督的通知》(法〔1996〕83号) >>949

157.《中共中央政法委关于司法机关冻结、扣划银行存款问题的意见》(政法办〔1996〕120号) >>949

158.《中国人民银行关于贯彻落实中共中央政法委关于司法机关冻结、扣划银行存款问题的意见的通知》(银发〔1997〕94号) >>950

159.《扣押、追缴、没收物品估价管理办法》(国家计划委员会、最高人民法院、最高人民检察院、公安部,计办〔1997〕808号) >>1064

160.《最高人民法院、最高人民检察院、公安部、司法部、海关总署关于走私犯罪侦查机关办理走私犯罪案件适用刑事诉讼程序若干问题的通知》(署侦〔1998〕742号) >>148

161.《最高人民检察院关于走私犯罪侦查机关提请批准逮捕和移送审查起诉的案件由分、州、市级人民检察院受理的通知》(高检发研字〔1999〕2号) >>180

162.《最高人民法院、最高人民检察院、公安部、司法部、新闻出版署关于公安部光盘生产源鉴定中心行使行政、司法鉴定权有关问题的通知》(公通字〔2000〕21号) >>1014

163.《最高人民法院关于审理生产、销售伪劣商品刑事案件有关鉴定问题的通知》(法〔2001〕70号) >>1015

164.《最高人民法院、国家保密局关于执行〈关于审理为境外窃取、刺探、收买、非法提供国家秘密、情报案件具体应用法律若干问题的解释〉有关问题的通知》(法发〔2001〕117号) >>1016

165.《金融机构协助查询、冻结、扣划工作管理规定》(中国人民银行,银发〔2002〕1号,自2002年2月1日起施行) >>950

166.《最高人民法院、最高人民检察院、海关总署关于办理走私刑事案件适用法律若干问题的意见》(法〔2002〕139号) >>747

167.《公安部关于贯彻落实〈全国人民代表大会常务委员会关于司法鉴定管理问题的决定〉进一步加强公安机关刑事科学技术工作的通知》(2005年4月20日) >>1028

168.《最高人民检察院关于贯彻〈全国人民代表大会常务委员会关于司法鉴定管理问题的决定〉有关工作的通知》(高检发办字〔2005〕11号) >>1030

169.《司法鉴定机构登记管理办法》(经国务院批准,司法部令第95号,自2005年9月30日起施行) >>1016

170.《司法鉴定人登记管理办法》(经国务院批准,司法部令第96号,自2005年9月30日起施行) >>1022

171.《公安机关办理伤害案件规定》(公安部,公通字〔2005〕98号,自2006年2月1日起施行) >>750

172.《公安机关适用刑事羁押期限规定》(公安部,公通字〔2006〕17号,自2006年5月1日起实施) >>1103

173.《人民检察院鉴定机构登记管理办法》(高检发办字〔2006〕33号,自2007年1月1日起实施) >>1031

174.《人民检察院鉴定人登记管理办法》(高检发办字〔2006〕33号,自2007年1月1日起实施) >>1036

175.《人民检察院鉴定规则(试行)》(高检发办字〔2006〕33号,自2007年1月1日起实施) >>1040

176.《最高人民法院、最高人民检察院、公安部、监察部、国家安全生产监督

管理总局关于严格依法及时办理危害生产安全刑事案件的通知》(高检会〔2008〕5号) >>920

177.《最高人民法院、最高人民检察院、公安部、中国证券监督管理委员会关于查询、冻结、扣划证券和证券交易结算资金有关问题的通知》(法发〔2008〕4号,自2008年3月1日起实施) >>954

178.《国家发展和改革委员会、最高人民法院、最高人民检察院、公安部、财政部关于扣押追缴没收及收缴财物价格鉴定管理的补充通知》(发改厅〔2008〕1392号) >>1068

179.《最高人民法院、最高人民检察院、公安部关于公安部证券犯罪侦查局直属分局办理经济犯罪案件适用刑事诉讼程序若干问题的通知》(公通字〔2009〕51号,自2010年1月1日起施行) >>755

180.《公安机关代为保管涉案人员随身财物若干规定》(公通字〔2012〕40号,自2012年9月1日起施行) >>957

181.《公安部关于进一步加强和改进刑事执法办案工作切实防止发生冤假错案的通知》(公通字〔2013〕19号) >>1121

182.《公安机关办理刑事案件适用查封、冻结措施有关规定》(最高人民法院、最高人民检察院、公安部等,公通字〔2013〕30号) >>960

183.《最高人民检察院、公安部关于规范刑事案件"另案处理"适用的指导意见》(高检会〔2014〕1号) >>1122

184.《司法部关于进一步发挥司法鉴定制度作用防止冤假错案的意见》(司发通〔2014〕10号) >>1043

185.《人民检察院受理控告申诉依法导入法律程序实施办法》(最高人民检察院,高检发办字〔2014〕78号) >>868

186.《公安机关讯问犯罪嫌疑人录音录像工作规定》(公安部,公通字〔2014〕33号,自2014年10月1日起施行) >>893

187.《银行业金融机构协助人民检察院公安机关国家安全机关查询冻结工作规定的通知》(中国银监会、最高人民检察院、公安部、国家安全部,银监发〔2014〕53号,自2015年1月1日起施行) >>970

188.《公安机关刑事案件现场勘验检查规则》(公通字〔2015〕31号) >>908

189.《人民检察院刑事执行检察部门预防和纠正超期羁押和久押不决案件工作规定(试行)》(最高人民检察院,2015年6月1日) >>1108

190.《国家文物局关于指定北京市文物进出境鉴定所等13家机构开展涉案文物鉴定评估工作的通知》(文物博函〔2015〕3936号) >>1071

191.《价格认定规定》(国家发展改革委,发改价格〔2015〕2251号) >>1069

192.《最高人民法院、最高人民检察院、司法部关于将环境损害司法鉴定纳入统一登记管理范围的通知》(司发通〔2015〕117号) >>1050

193.《司法部、环境保护部关于规范环境损害司法鉴定管理工作的通知》(司发通〔2015〕118号) >>1050

194.《人民检察院办理延长侦查羁押期限案件的规定》(高检发侦监字〔2016〕9号) >>1110

195.《国家文物局关于指定第二批涉案文物鉴定评估机构的通知》(文物博函〔2016〕1661号) >>1072

196.《司法鉴定程序通则》(司法部令第132号,自2016年5月1日起施行) >>1044

197.《办理毒品犯罪案件毒品提取、扣押、称量、取样和送检程序若干问题的规定》(最高人民法院、最高人民检察院、公安部,公禁毒〔2016〕511号,自2016年7月1日起施行) >>977

198.《公安机关缴获毒品管理规定》(公安部,公禁毒〔2016〕486号,自2016年7月1日起施行) >>989

199.《文物鉴定评估管理办法》(最高人民法院、最高人民检察院、国家文物局、公安部、海关总署,文物博发〔2018〕4号) >>1072

200.《司法部、国家市场监管总局关于规范和推进司法鉴定认证认可工作的通知》(司发通〔2018〕89号) >>1052

201.《最高人民法院、最高人民检察院、公安部关于办理非法集资刑事案件若干问题的意见》(高检会〔2019〕2号) >>994

202.《国家监察委员会办公厅、自然资源部办公厅关于不动产登记机构协助监察机关在涉案财物处理中办理不动产登记工作的通知》(国监办发〔2019〕3号,自2020年1月1日起实施) >>1001

203.《国家监察委员会办公厅、公安部办公厅关于规范公安机关协助监察机关在涉案财物处理中办理机动车登记工作的通知》(2020年6月24日) >>1003

204.《最高人民检察院、公安部、国家安全部关于重大案件侦查终结前开展

讯问合法性核查工作若干问题的意见》（高检发办字〔2020〕4号） >>878

205.《公安机关鉴定机构登记管理办法》（公安部令第155号，修订后自2020年5月1日起施行） >>1052

206.《公安机关鉴定人登记管理办法》（公安部令第156号，修订后自2020年5月1日起施行） >>1058

207.《公安部关于进一步依法严格规范开展办案协作的通知》（公法制〔2020〕535号） >>593

208.《最高人民检察院、公安部关于健全完善侦查监督与协作配合机制的意见》（高检发〔2021〕13号） >>1125

209.《国家文物局关于指定第三批涉案文物鉴定评估机构的通知》（文物博函〔2022〕653号） >>1080

210.《公安机关反有组织犯罪工作规定》（公安部令第165号，自2022年10月1日起施行） >>862

211.《最高人民检察院、公安部关于依法妥善办理轻伤害案件的指导意见》（高检发办字〔2022〕167号） >>789

（十二）提起公诉

212.《人民检察院起诉案件公开审查规则（试行）》（最高人民检察院，〔2001〕高检诉发第11号） >>1209

213.《人民检察院办理不起诉案件质量标准（试行）》（最高人民检察院，高检诉发〔2007〕63号） >>1211

214.《人民检察院办理起诉案件质量标准（试行）》（最高人民检察院，高检诉发〔2007〕63号） >>1182

215.《最高人民检察院关于进一步加强公诉工作的决定》（高检发诉字〔2002〕17号） >>1184

216.《人民检察院开展量刑建议工作的指导意见（试行）》（〔2010〕高检发诉21号） >>1186

217.《最高人民检察院关于审查起诉期间犯罪嫌疑人脱逃或者患有严重疾病的应当如何处理的批复》（高检发释字〔2013〕4号） >>1156

218.《最高人民检察院关于下级人民检察院对上级人民检察院不批准不起诉等决定能否提请复议的批复》（高检发释字〔2015〕5号，自2015年12月25日起施行） >>1214

219.《最高人民检察院关于加强检察法律文书说理工作的意见》(高检发研字〔2017〕7号) >>1189

220.《最高人民法院、最高人民检察院、公安部、司法部关于办理恶势力刑事案件若干问题的意见》(法发〔2019〕10号,自2019年4月9日起施行) >>1157

221.《最高人民检察院、公安部关于加强和规范补充侦查工作的指导意见》(高检发〔2020〕6号,自2020年3月27日起施行) >>1170

222.《关于建立涉案企业合规第三方监督评估机制的指导意见(试行)》(最高人民检察院、司法部等九部委,高检发〔2021〕6号) >>1225

223.《人民检察院办理认罪认罚案件听取意见同步录音录像规定》(高检发办字〔2021〕117号,自2022年3月1日起实施) >>1164

224.《人民检察院办理认罪认罚案件开展量刑建议工作的指导意见》(高检发办字〔2021〕120号,自2021年12月3日起施行) >>1193

225.《涉案企业合规建设、评估和审查办法(试行)》(中华全国工商业联合会办公厅、最高人民检察院办公厅、司法部办公厅等九部委办公厅,全联厅发〔2022〕13号) >>1230

226.《〈关于建立涉案企业合规第三方监督评估机制的指导意见(试行)〉实施细则》(中华全国工商业联合会办公厅、最高人民检察院办公厅、司法部办公厅等九部委办公厅,全联厅发〔2022〕66号) >>1233

227.《涉案企业合规第三方监督评估机制专业人员选任管理办法(试行)》(中华全国工商业联合会办公厅、最高人民检察院办公厅、司法部办公厅等九部委办公厅,全联厅发〔2022〕66号) >>1240

228.《最高人民检察院关于先后受理同一犯罪嫌疑人涉嫌职务犯罪和其他犯罪的案件审查起诉期限如何起算问题的批复》(高检发释字(2022)2号,自2022年11月18日起施行) >>1160

229.《人民检察院办理知识产权案件工作指引》(最高人民检察院,2023年4月26日) >>586

230.《最高人民检察院关于依法惩治和预防民营企业内部人员侵害民营企业合法权益犯罪、为民营经济发展营造良好法治环境的意见》(高检发办字〔2023〕100号) >>1200

(十三)审判组织

231.《最高人民法院关于人民法院合议庭工作的若干规定》(法释〔2002〕25

号,自 2002 年 8 月 17 日起施行) >>1281

232.《最高人民法院关于进一步加强合议庭职责的若干规定》(法释〔2010〕1 号,自 2010 年 2 月 1 日起施行) >>1284

233.《最高人民法院关于改革和完善人民法院审判委员会制度的实施意见》(法发〔2010〕3 号) >>1319

234.《最高人民法院、最高人民检察院关于人民检察院检察长列席人民法院审判委员会会议的实施意见》(法发〔2010〕4 号) >>1323

235.《最高人民法院关于完善人民法院司法责任制的若干意见》(法发〔2015〕13 号) >>1286

236.《最高人民法院关于进一步全面落实司法责任制的实施意见》(法发〔2018〕23 号) >>1294

237.《最高人民法院关于适用〈中华人民共和国人民陪审员法〉若干问题的解释》(法释〔2019〕5 号,自 2019 年 5 月 1 日起施行) >>1301

238.《最高人民法院关于健全完善人民法院审判委员会工作机制的意见》(法发〔2019〕20 号,自 2019 年 8 月 2 日起施行) >>1324

239.《最高人民法院关于完善人民法院专业法官会议工作机制的指导意见》(法发〔2021〕2 号,自 2021 年 1 月 12 日起施行) >>1329

240.《最高人民法院关于进一步完善"四类案件"监督管理工作机制的指导意见》(法发〔2021〕30 号,自 2021 年 11 月 5 日起施行) >>1302

241.《最高人民法院关于规范合议庭运行机制的意见》(法发〔2022〕31 号,自 2022 年 11 月 1 日起施行) >>1312

242.《最高人民法院关于具有专门知识的人民陪审员参加环境资源案件审理的若干规定》(法释〔2023〕4 号,自 2023 年 8 月 1 日起施行) >>1306

(十四)公诉案件第一审程序

243.《办理骗汇、逃汇犯罪案件联席会议纪要》(最高人民法院、最高人民检察院、公安部,公通字〔1999〕39 号) >>1337

244.《最高人民法院关于审理死刑缓期执行期间故意犯罪的一审案件如何制作裁判文书有关问题的通知》(1999 年 11 月 18 日) >>1465

245.《最高人民法院关于审理拐卖妇女案件适用法律有关问题的解释》(法释〔2000〕1 号,自 2000 年 1 月 25 日起施行) >>1338

246.《最高人民法院关于刑事裁判文书中刑期起止日期如何表述问题的批

复》(法释〔2000〕7号,自2000年3月4日起施行) >>1466

247.《最高人民法院关于严格执行案件审理期限制度的若干规定》(法释〔2000〕29号,根据2008年12月16日发布的《最高人民法院关于调整司法解释等文件中引用〈中华人民共和国民事诉讼法〉条文序号的决定》调整) >>1478

248.《最高人民法院关于推行十项制度切实防止产生新的超期羁押的通知》(法发〔2003〕22号) >>1480

249.《最高人民法院关于加强人民法院审判公开工作的若干意见》(法发〔2007〕20号) >>1354

250.《最高人民法院关于裁判文书引用法律、法规等规范性法律文件的规定》(法释〔2009〕14号,自2009年11月4日起施行) >>1466

251.《办理黑社会性质组织犯罪案件座谈会纪要》(最高人民法院、最高人民检察院、公安部,法〔2009〕382号) >>1338

252.《最高人民法院关于处理自首和立功若干具体问题的意见》(法发〔2010〕60号) >>1404

253.《最高人民法院关于在裁判文书中如何表述修正前后刑法条文的批复》(法释〔2012〕7号,自2012年6月1日起施行) >>1467

254.《最高人民检察院关于加强出庭公诉工作的意见》(高检发诉字〔2015〕5号) >>1362

255.《最高人民法院关于人民法院案件案号的若干规定》(法〔2015〕137号,根据《最高人民法院关于修改〈关于人民法院案件案号的若干规定〉的决定》修改) >>1457

256.《全国部分法院审理黑社会性质组织犯罪案件工作座谈会纪要》(最高人民法院,法〔2015〕291号) >>1339

257.《最高人民法院关于人民法院在互联网公布裁判文书的规定》(法释〔2016〕19号,自2016年10月1日起施行) >>1461

258.《最高人民法院关于在同一案件多个裁判文书上规范使用案号有关事项的通知》(法〔2016〕27号) >>1459

259.《最高人民法院关于人民法院庭审录音录像的若干规定》(法释〔2017〕5号,自2017年3月1日起施行) >>1357

260.《最高人民检察院关于指派、聘请有专门知识的人参与办案若干问题的规定(试行)》(高检发释字〔2018〕1号) >>1412

261.《最高人民法院、司法部关于依法保障律师诉讼权利和规范律师参与庭

审活动的通知》(司发通[2018]36号)　>>1431

262.《最高人民法院关于加强和规范裁判文书释法说理的指导意见》(法发[2018]10号,自2018年6月13日起施行)　>>1439

263.《人民检察院公诉人出庭举证质证工作指引》(最高人民检察院,2018年7月3日)　>>1365

264.《最高人民法院关于建立法律适用分歧解决机制的实施办法》(法发[2019]23号,自2019年10月28日起施行)　>>1442

265.《司法部关于进一步规范和完善司法鉴定人出庭作证活动的指导意见》(司规[2020]2号)　>>1388

266.《最高人民法院关于统一法律适用加强类案检索的指导意见(试行)》(法发[2020]24号,自2020年7月31日起试行)　>>1443

267.《最高人民法院关于完善统一法律适用标准工作机制的意见》(法发[2020]35号)　>>1445

268.《最高人民法院、最高人民检察院、公安部、国家安全部、司法部关于规范量刑程序若干问题的意见》(法发[2020]38号,自2020年11月6日起施行)　>>1423

269.《最高人民法院关于深入推进社会主义核心价值观融入裁判文书释法说理的指导意见》(法[2021]21号)　>>1449

(十五)第二审程序

270.《最高人民法院关于被告人亲属主动为被告人退缴赃款应如何处理的批复》[法(研)复[1987]32号]　>>1599

271.《最高人民检察院关于抗诉案件向同级人大常委会报告的通知》(高检发[1995]15号)　>>1561

272.《最高人民检察院办公厅关于执行高检院〈关于抗诉案件向同级人大常委会报告的通知〉中若干问题的通知》(高检办发[1995]40号)　>>1561

273.《海关总署关于贯彻执行〈关于刑事诉讼法实施中若干问题的规定〉的通知》(署法[1998]202号)　>>147

274.《刑事抗诉案件出庭规则(试行)》(最高人民检察院,[2001]高检诉发第11号)　>>1570

275.《最高人民检察院关于新疆生产建设兵团人民检察院对新疆维吾尔自治区高级人民法院生产建设兵团分院审理的案件实施法律监督有关问题的批

复》(高检发释字〔2006〕1号,自2006年6月14日起施行)　>>1709

276.《最高人民法院关于严格执行有关走私案件涉案财物处理规定的通知》(法〔2006〕114号)　>>1601

277.《最高人民检察院关于加强和改进刑事抗诉工作的意见》(高检发诉字〔2014〕29号)　>>1531

278.《人民检察院刑事诉讼涉案财物管理规定》(高检发〔2015〕6号)　>>1602

279.《公安机关涉案财物管理若干规定》(公通字〔2015〕21号,自2015年9月1日起施行)　>>1611

280.《人民检察院刑事抗诉工作指引》(高检发诉字〔2018〕2号)　>>1537

281.《最高人民法院、最高人民检察院、公安部、司法部关于办理黑恶势力刑事案件中财产处置若干问题的意见》(高检发〔2019〕6号,自2019年4月9日起施行)　>>1617

282.《最高人民法院、最高人民检察院、公安部关于刑事案件涉扶贫领域财物依法快速返还的若干规定》(高检发〔2020〕12号)　>>1622

283.《罚没财物管理办法》(财政部,财税〔2020〕54号,自2021年1月1日起实施)　>>1623

(十六)死刑复核程序

284.《最高人民法院关于报送复核被告人在死缓考验期内故意犯罪应当执行死刑案件时应当一并报送原审判处和核准被告人死缓案卷的通知》(法〔2004〕115号)　>>1633

285.《最高人民法院关于统一行使死刑案件核准权有关问题的决定》(法释〔2006〕12号,自2007年1月1日起施行)　>>1633

286.《最高人民法院、最高人民检察院、公安部、司法部关于进一步严格依法办案确保办理死刑案件质量的意见》(法发〔2007〕11号)　>>1648

287.《最高人民法院关于对被判处死刑的被告人未提出上诉、共同犯罪的部分被告人或者附带民事诉讼原告人提出上诉的案件应适用何种程序审理的批复》(法释〔2010〕6号,自2010年4月1日起施行)　>>1634

288.《最高人民法院关于办理死刑复核案件听取辩护律师意见的办法》(法〔2014〕346号,自2015年2月1日起施行)　>>1645

289.《人民检察院办理死刑第二审案件和复核监督工作指引(试行)》(高检

发诉二字〔2018〕1号) >>1656

290.《最高人民法院关于死刑复核及执行程序中保障当事人合法权益的若干规定》(法释〔2019〕12号,自2019年9月1日起施行) >>1646

(十七)审判监督程序

291.《最高人民法院关于办理不服本院生效裁判案件的若干规定》(法发〔2001〕20号) >>1700

292.《最高人民法院关于刑事再审案件开庭审理程序的具体规定(试行)》(法释〔2001〕31号,自2002年1月1日起施行) >>1717

293.《最高人民法院关于规范人民法院再审立案的若干意见(试行)》(法发〔2002〕13号,自2002年11月1日起施行) >>1701

294.《最高人民检察院关于调整服刑人员刑事申诉案件管辖的通知》(高检发刑申字〔2003〕1号) >>1677

295.《最高人民检察院关于新疆生产建设兵团人民检察院对新疆维吾尔自治区高级人民法院生产建设兵团分院审理的案件实施法律监督有关问题的批复》(高检发释字〔2006〕1号,自2006年6月14日起施行) >>1709

296.《最高人民法院关于审理人民检察院按照审判监督程序提出的刑事抗诉案件若干问题的规定》(法释〔2011〕23号,自2012年1月1日起施行) >>1721

297.《人民检察院刑事申诉案件公开审查程序规定》(最高人民检察院,高检发刑申字〔2012〕1号) >>1677

298.《最高人民检察院关于办理不服人民法院生效刑事裁判申诉案件若干问题的规定》(高检发〔2012〕1号) >>1681

299.《最高人民法院、最高人民检察院关于办理刑事赔偿案件适用法律若干问题的解释》(法释〔2015〕24号,自2016年1月1日起施行) >>1732

300.《最高人民法院、最高人民检察院、司法部关于逐步实行律师代理申诉制度的意见》(法发〔2017〕8号) >>1682

301.《人民检察院刑事申诉案件异地审查规定(试行)》(2017年10月10日,最高人民检察院第十二届检察委员会第七十次会议通过) >>1686

302.《人民检察院办理刑事申诉案件规定》(最高人民检察院,高检发办字〔2020〕55号) >>1688

303.《最高人民法院关于审理国家赔偿案件确定精神损害赔偿责任适用法

律若干问题的解释》(法释〔2021〕3号,自2021年4月1日起施行) >>1737

304.《最高人民法院关于审理司法赔偿案件适用请求时效制度若干问题的解释》(法释〔2023〕2号,自2023年6月1日起施行) >>1739

(十八)执行

305.《中国人民银行、最高人民法院、最高人民检察院、公安部、司法部关于查询、停止支付和没收个人在银行的存款以及存款人死亡后的存款过户或支付手续的联合通知》(〔80〕银储字第18号) >>1841

306.《中国人民银行、最高人民法院、最高人民检察院、公安部、司法部关于没收储蓄存款缴库和公证处查询存款问题几点补充规定》(〔83〕银发字第203号) >>1843

307.《最高人民法院、最高人民检察院、公安部、司法部关于中国人民武装警察部队人员犯罪案件若干问题的规定》(〔87〕公发11号) >>1762

308.《最高人民法院、最高人民检察院、公安部、司法部、民政部、总政治部关于处理移交政府管理的军队离休干部犯罪案件若干问题的规定》(〔1991〕政法字第003号) >>1762

309.《最高人民检察院、国家安全部关于国家安全机关设置的看守所依法接受人民检察院法律监督有关事项的通知》(高检会〔1997〕2号) >>1889

310.《司法部、总政治部关于军人判处刑罚后执行问题的联合通知》(司发通〔1998〕113号) >>1762

311.《中央社会治安综合治理委员会办公室、最高人民法院、最高人民检察院、公安部、司法部关于加强和规范监外执行工作的意见》(高检会〔2009〕3号) >>1774

312.《最高人民法院、最高人民检察院、公安部、司法部关于对判处管制、宣告缓刑的犯罪分子适用禁止令有关问题的规定(试行)》(法发〔2011〕9号) >>1814

313.《看守所留所执行刑罚罪犯管理办法》(公安部令第128号修订,修订后自2013年11月23日起施行) >>1763

314.《最高人民法院关于减刑、假释案件审理程序的规定》(法释〔2014〕5号,自2014年6月1日起施行) >>1859

315.《最高人民检察院关于对职务犯罪罪犯减刑、假释、暂予监外执行案件实行备案审查的规定》(高检发监字〔2014〕5号) >>1863

316.《人民检察院办理减刑、假释案件规定》(最高人民检察院,高检发监字〔2014〕8号) >>1865

317.《暂予监外执行规定》(最高人民法院、最高人民检察院、公安部、司法部、国家卫生计生委,司发通〔2014〕112号,自2014年12月1日起施行) >>1801

318.《监狱提请减刑假释工作程序规定》(司法部令第130号,修订后自2014年12月1日起施行) >>1856

319.《最高人民法院关于刑事裁判涉财产部分执行的若干规定》(法释〔2014〕13号,自2014年11月6日起施行) >>1845

320.《最高人民法院关于罪犯交付执行前暂予监外执行组织诊断工作有关问题的通知》(法〔2014〕319号) >>1787

321.《监狱罪犯死亡处理规定》(最高人民检察院、民政部、司法部,司发〔2015〕5号) >>1890

322.《最高人民法院关于办理减刑、假释案件具体应用法律的规定》(法释〔2016〕23号,自2017年1月1日起施行) >>1868

323.《监狱暂予监外执行程序规定》(司法部,司发通〔2016〕78号,自2016年10月1日起施行) >>1788

324.《罪犯生活不能自理鉴别标准》(最高人民法院,法〔2016〕305号) >>1794

325.《最高人民法院、最高人民检察院、公安部、司法部关于对因犯罪在大陆受审的台湾居民依法适用缓刑实行社区矫正有关问题的意见》(法发〔2016〕33号,自2017年1月1日起施行) >>1815

326.《最高人民法院、最高人民检察院、公安部、司法部关于办理黑恶势力犯罪案件若干问题的指导意见》(法发〔2018〕1号) >>1764

327.《最高人民法院关于人民法院立案、审判与执行工作协调运行的意见》(法发〔2018〕9号) >>1847

328.《最高人民法院关于办理减刑、假释案件具体应用法律的补充规定》(法释〔2019〕6号,自2019年6月1日起施行) >>1876

329.《中华人民共和国社区矫正法实施办法》(最高人民法院、最高人民检察院、公安部、司法部,司发通〔2020〕59号,自2020年7月1日起施行) >>1794

330.《最高人民法院、最高人民检察院、公安部、司法部关于加强减刑、假释

案件实质化审理的意见》(法发〔2021〕31号) >>1877

331.《人民检察院巡回检察工作规定》(最高人民检察院,2021年12月8日) >>1893

332.《最高人民法院、最高人民检察院、公安部、国家安全部、司法部、国家卫生健康委关于进一步规范暂予监外执行工作的意见》(司发通〔2023〕24号,自2023年7月1日起施行) >>1795

(十九)未成年人刑事案件诉讼程序

333.《中央综治委预防青少年违法犯罪工作领导小组、最高人民法院、最高人民检察院、公安部、司法部、共青团中央关于进一步建立和完善办理未成年人刑事案件配套工作体系的若干意见》(综治委预青领联字〔2010〕1号) >>1909

334.《最高人民法院、最高人民检察院、公安部、国家安全部、司法部关于建立犯罪人员犯罪记录制度的意见》(法发〔2012〕10号) >>1963

335.《人民检察院办理未成年人刑事案件的规定》(高检发研字〔2013〕7号) >>1973

336.《未成年人刑事检察工作指引(试行)》(高检发未检字〔2017〕1号) >>1987

337.《未成年人法律援助服务指引(试行)》(司法部公共法律服务管理局、中华全国律师协会,司公通〔2020〕12号) >>1928

338.《最高人民法院关于加强新时代未成年人审判工作的意见》(法发〔2020〕45号) >>1918

339.《最高人民检察院关于加强新时代未成年人检察工作的意见》(2020年4月21日) >>1919

340.《公安机关办理犯罪记录查询工作规定》(公安部,公通字〔2021〕19号,自2021年12月31日起施行) >>1966

341.《最高人民法院、最高人民检察院、公安部、司法部关于未成年人犯罪记录封存的实施办法》(高检发办字〔2022〕71号,自2022年5月30日起施行) >>1966

342.《最高人民法院、最高人民检察院、公安部、司法部关于办理性侵害未成年人刑事案件的意见》(高检发〔2023〕4号,自2023年6月1日起施行) >>1942

(二十)当事人和解的公诉案件诉讼程序

343.《最高人民检察院关于办理当事人达成和解的轻微刑事案件的若干意见》(高检发研字〔2011〕2号) >>2040

(二十一)犯罪嫌疑人、被告人逃匿、死亡案件违法所得的没收程序

344.《最高人民法院、最高人民检察院关于适用犯罪嫌疑人、被告人逃匿、死亡案件违法所得没收程序若干问题的规定》(法释〔2017〕1号,自2017年1月5日起施行) >>2075

(二十二)依法不负刑事责任的精神病人的强制医疗程序

345.《人民检察院强制医疗执行检察办法(试行)》(高检发执检字〔2016〕9号) >>2105

346.《人民检察院强制医疗决定程序监督工作规定》(高检发诉字〔2018〕1号,自2018年2月1日起施行) >>2110

(二十三)附则

347.《办理军队和地方互涉刑事案件规定》(最高人民法院、最高人民检察院、公安部、国家安全部、司法部、解放军总政治部,政保〔2009〕1号,自2009年8月1日起施行) >>2119

348.《最高人民法院、最高人民检察院、司法部关于对燕城监狱在押罪犯狱内又犯罪案件起诉及审判管辖工作的通知》(司发通〔2011〕308号) >>2122

349.《中央军委关于军队执行〈中华人民共和国刑事诉讼法〉若干问题的规定》(自2023年1月1日起施行) >>2123

八、指导性案例

(一)最高人民法院指导性案例

1. 朱红蔚申请无罪逮捕赔偿案(指导案例42号) >>1741
2. 卜新光申请刑事违法追缴赔偿案(指导案例44号) >>1741
3. 徐加富强制医疗案(指导案例63号) >>2088
4. 郭明升、郭明锋、孙淑标假冒注册商标案(指导案例87号) >>382

5. 张永明、毛伟明、张鹭故意损毁名胜古迹案(指导案例147号) >>1062

6. 武汉卓航江海贸易有限公司、向阳等12人污染环境刑事附带民事公益诉讼案(指导性案例202号)① >>734

7. 左勇、徐鹤污染环境刑事附带民事公益诉讼案(指导性案例203号) >>734

8. 江西省上饶市人民检察院诉张永明、张鹭、毛伟明生态破坏民事公益诉讼案(指导性案例208号) >>1062

(二)最高人民检察院指导性案例

9. 忻元龙绑架案(检例第2号) >>1551

10. 陈邓昌抢劫、盗窃,付志强盗窃案(检例第17号) >>1551

11. 郭明先参加黑社会性质组织、故意杀人、故意伤害案(检例第18号) >>1551

12. 张某、沈某某等七人抢劫案(检例第19号) >>1551

13. 马世龙(抢劫)核准追诉案(检例第20号) >>93

14. 丁国山等(故意伤害)核准追诉案(检例第21号) >>93

15. 杨菊云(故意杀人)不核准追诉案(检例第22号) >>93

16. 蔡金星、陈国辉等(抢劫)不核准追诉案(检例第23号) >>94

17. 于英生申诉案(检例第25号) >>383

18. 王玉雷不批准逮捕案(检例第27号) >>466

19. 周辉集资诈骗案(检例第40号) >>620

20. 张凯闵等52人电信网络诈骗案(检例第67号) >>376

21. 姚晓杰等11人破坏计算机信息系统案(检例第69号) >>621

22. 宣告缓刑罪犯蔡某等12人减刑监督案(检例第70号) >>1881

23. 罪犯康某假释监督案(检例第71号) >>1882

24. 罪犯王某某暂予监外执行监督案(检例第72号) >>1801

25. 李华波贪污案(检例第74号) >>2084

26. 金某某受贿案(检例第75号) >>1202

---

① 自第192号案例始,最高人民法院指导性案例的编号由"指导案例××号"调整为"指导性案例××号"。——**本评注注**

27. 张某受贿,郭某行贿、职务侵占、诈骗案(检例第76号) >>623

28. 无锡F警用器材公司虚开增值税专用发票案(检例第81号) >>83

29. 钱某故意伤害案(检例第82号) >>84

30. 琚某忠盗窃案(检例第83号) >>84

31. 林某彬等人组织、领导、参加黑社会性质组织案(检例第84号) >>85

32. 刘远鹏涉嫌生产、销售"伪劣产品"(不起诉)案(检例第85号) >>1216

33. 盛开水务公司污染环境刑事附带民事公益诉讼案(检例第86号) >>734

34. 李卫俊等"套路贷"虚假诉讼案(检例第87号) >>52

35. 许某某、包某某串通投标立案监督案(检例第90号) >>850

36. 温某某合同诈骗立案监督案(检例第91号) >>851

37. 上海甲建筑装饰有限公司、吕某拒不执行判决立案监督案(检例第92号) >>852

38. 丁某某、林某某等人假冒注册商标立案监督案(检例第93号) >>853

39. 宋某某等人重大责任事故案(检例第95号) >>370

40. 黄某某等人重大责任事故、谎报安全事故案(检例第96号) >>854

41. 广州卡门实业有限公司涉嫌销售假冒注册商标的商品立案监督案(检例第99号) >>855

42. 胡某某抢劫案(检例第103号) >>1956

43. 庄某等人敲诈勒索案(检例第104号) >>1957

44. 李某诈骗、传授犯罪方法牛某等人诈骗案(检例第105号) >>1958

45. 牛某非法拘禁案(检例第106号) >>1959

46. 唐某等人聚众斗殴案(检例第107号) >>1960

47. 白静贪污违法所得没收案(检例第127号) >>2084

48. 彭旭峰受贿,贾斯语受贿、洗钱违法所得没收案(检例第128号) >>2085

49. 黄艳兰贪污违法所得没收案(检例第129号) >>2086

50. 任润厚受贿、巨额财产来源不明违法所得没收案(检例第130号) >>2087

51. 社区矫正对象孙某某撤销缓刑监督案(检例第131号) >>1832

52.社区矫正对象崔某某暂予监外执行收监执行监督案(检例第132号) >>1802

53.社区矫正对象王某减刑监督案(检例第133号) >>1883

54.社区矫正对象管某某申请外出监督案(检例第134号) >>1834

55.社区矫正对象贾某某申请经常性跨市县活动监督案(检例第135号) >>1835

56.防止未成年人滥用药物综合司法保护案(检例第171号) >>1961

57.阻断性侵犯罪未成年被害人感染艾滋病风险综合司法保护案(检例第172号) >>1924

58.惩治组织未成年人进行违反治安管理活动犯罪综合司法保护案(检例第173号) >>1925

59.孙旭东非法经营案(检例第177号) >>1175

60.王某等人故意伤害等犯罪二审抗诉案(检例第178号) >>1552

61.刘某某贩卖毒品二审抗诉案(检例第179号) >>1553

62.李某抢劫、强奸、强制猥亵二审抗诉案(检例第180号) >>1554

63.孟某某等人组织、领导、参加黑社会性质组织、寻衅滋事等犯罪再审抗诉案(检例第181号) >>1711

64.宋某某危险驾驶二审、再审抗诉案(检例第182号) >>1555

九、法律适用答复、复函

1.《最高人民法院关于定期宣判的案件人民陪审员因故不能参加宣判时可否由审判员开庭宣判问题的批复》(〔81〕法研字第23号) >>1464

2.《最高人民法院、最高人民检察院、公安部关于办理罪犯在服刑期间又犯罪案件过程中,遇到被告刑期届满如何处理问题的批复》(〔1982〕高检发(监)17号) >>561

3.《最高人民法院研究室关于对第二审终审的刑事案件第二审法院进行再审时可否加重刑罚不给上诉权问题的电话答复》(1990年8月16日) >>1723

4.《最高人民法院研究室关于罪犯在服刑期间又犯罪被服刑地法院以数罪并罚论处的现前罪改判应当由哪一个法院决定执行刑罚问题的电话答复》(1991年6月18日) >>1884

5.《最高人民法院研究室关于高级人民法院第二审判处无期徒刑的案件发现原判量刑不当需改判死刑应如何适用程序问题的电话答复》(1991年7月

1日) >>1723

6.《最高人民检察院关于对由军队保卫部门军事检察院立案的地方人员可否采取强制措施问题的批复》(高检发研字〔1993〕3号) >>506

7.《最高人民法院研究室关于对无期徒刑犯减刑后原审法院发现原判决确有错误予以改判,原减刑裁定应如何适用法律条款予以撤销问题的答复》(1994年11月7日) >>1712

8.《中国人民银行关于对银行协助执行有关问题的复函》(银条法〔1997〕36号) >>995

9.《公安部对〈关于鉴定淫秽物品有关问题的请示〉的批复》(公复字〔1998〕8号) >>1063

10.《公安部关于对公安机关因侦查破案需要可否检查军车问题的批复》(公复字〔1998〕9号) >>931

11.《最高人民法院研究室关于企业犯罪后被合并应当如何追究刑事责任问题的答复》(1998年11月18日) >>1487

12.《公安部关于如何处理无法查清身份的外国籍犯罪嫌疑人问题的批复》(公复字〔1999〕1号) >>110

13.《最高人民检察院关于CPS多道心理测试鉴定结论能否作为诉讼证据使用问题的批复》(高检发研字〔1999〕12号) >>355

14.《最高人民检察院关于"骨龄鉴定"能否作为确定刑事责任年龄证据使用的批复》(高检发研字〔2000〕6号) >>356

15.《公安部关于受害人居住地公安机关可否对诈骗犯罪案件立案侦查问题的批复》(公复字〔2000〕10号) >>218

16.《公安部关于刑事追诉期限有关问题的批复》(公复字〔2000〕11号) >>94

17.《最高人民法院关于人民法院对原审被告人宣告无罪后人民检察院抗诉的案件由谁决定对原审被告人采取强制措施并通知其出庭等问题的复函》(〔2001〕刑监他字第1号) >>507

18.《公安部关于如何没收逃跑犯罪嫌疑人保证金问题的批复》(公复字〔2001〕22号) >>537

19.《最高人民法院研究室关于人民法院不受理人民检察院就移送管辖裁定提出抗诉问题的答复》(2001年6月21日) >>1556

20.《司法部关于律师以非律师身份参与诉讼并提供伪造证据是否适用〈律

师法〉予以处罚的批复》(司复〔2002〕5号) >>337

21.《公安部关于〈人民警察法〉第十四条规定的"保护性约束措施"是否包括使用警械的批复》(公法〔2002〕32号) >>675

22.《最高人民检察院法律政策研究室关于对同案犯罪嫌疑人在逃对解除强制措施的在案犯罪嫌疑人如何适用〈人民检察院刑事诉讼规则〉有关问题的答复》(2002年5月29日) >>1176

23.《最高人民法院研究室关于对刑罚已执行完毕,由于发现新的证据,又因同一事实被以新的罪名重新起诉的案件,应适用何种程序进行审理等问题的答复》(2002年7月31日) >>1712

24.《最高人民法院办公厅关于执行死刑命令盖院印问题的电话请示的复函》(法办〔2003〕65号) >>1750

25.《最高人民法院研究室关于对参加聚众斗殴受重伤或者死亡的人及其家属提出的民事赔偿请求能否予以支持问题的答复》(法研〔2004〕179号) >>693

26.《最高人民检察院关于人民检察院立案侦查的案件改变定性后可否直接提起公诉问题的批复》(高检发研字〔2006〕8号) >>1146

27.《公安部关于正确执行〈公安机关办理刑事案件程序规定〉第一百九十九条的批复》(公复字〔2008〕5号) >>923

28.《公安部关于刑事案件现场勘验检查中正确适用提取和扣押措施的批复》(公复字〔2009〕3号) >>919

29.《最高人民法院研究室关于上级人民检察院向同级人民法院撤回抗诉后又决定支持抗诉的效力问题的答复》(法研〔2009〕226号) >>1562

30.《最高人民法院研究室关于在审理盗窃案件中有关适用法律问题的答复》(法研〔2010〕48号) >>1704

31.《最高人民法院研究室关于二审开庭审理过程中检察员当庭提出发回重审建议后人民法院能否对案件继续审理问题的答复》(法研〔2010〕207号) >>1757

32.《公安部关于公安机关在办理刑事案件中可否查封冻结不动产或投资权益问题的批复》(公复字〔2011〕17号) >>995

33.《最高人民法院研究室关于如何执行没收个人全部财产问题的研究意见》(2012年) >>1848

34.《最高人民法院研究室关于上诉发回重审案件重审判决后确需改判的

应当通过何种程序进行的答复》(2014年2月24日) >>1580

35.《最高人民法院研究室关于交通肇事刑事案件附带民事赔偿范围问题的答复》(法研〔2014〕30号) >>694

36.《最高人民法院关于被告人林少钦受贿请示一案的答复》(〔2016〕最高法刑他5934号) >>95

37.《最高人民法院办公厅关于刑事裁判涉财产部分执行可否收取诉讼费意见的复函》(法办函〔2017〕19号) >>1849

38.《最高人民法院研究室关于如何理解和适用1997年刑法第十二条第一款规定有关问题征求意见的复函》(法研〔2019〕52号) >>95

39.《最高人民法院、司法部关于〈中华人民共和国人民陪审员法〉实施中若干问题的答复》(法发〔2020〕29号) >>60

图书在版编目(CIP)数据

实务刑事诉讼法评注／喻海松编著. —北京：北京大学出版社，2023.9
ISBN 978-7-301-34064-6

Ⅰ.①实… Ⅱ.①喻… Ⅲ.①刑事诉讼法—研究—中国 Ⅳ.①D925.204

中国国家版本馆 CIP 数据核字(2023)第 101281 号

书　　　名	实务刑事诉讼法评注 SHIWU XINGSHISUSONGFA PINGZHU
著作责任者	喻海松　编著
策 划 编 辑	杨玉洁
责 任 编 辑	方尔埼　任翔宇
标 准 书 号	ISBN 978-7-301-34064-6
出 版 发 行	北京大学出版社
地　　　址	北京市海淀区成府路 205 号　100871
网　　　址	http://www.pup.cn　http://www.yandayuanzhao.com
电 子 邮 箱	编辑部 yandayuanzhao@pup.cn　总编室 zpup@pup.cn
新 浪 微 博	@北京大学出版社　@北大出版社燕大元照法律图书
电　　　话	邮购部 010-62752015　发行部 010-62750672 编辑部 010-62117788
印 刷 者	南京爱德印刷有限公司
经 销 者	新华书店
	880 毫米×1230 毫米　A5　69.375 印张　2952 千字 2023 年 9 月第 1 版　2023 年 9 月第 1 次印刷
定　　　价	198.00 元

未经许可，不得以任何方式复制或抄袭本书之部分或全部内容。
版权所有，侵权必究
举报电话：010-62752024　电子邮箱：fd@pup.cn
图书如有印装质量问题，请与出版部联系，电话：010-62756370